1943년	1월 13일, 37세에 마리아 폰 베데마이어와 약혼하다. 4월 5일, 한스 폰 도나니 부부, 요제프 뮐러 부부와 함께 체포되다.
1944년	1월, 수사책임자 뢰더가 교체되어 기소가 무기한 연기되다. 7월 20일, 슈타우펜베르크가 히틀러 암살을 시도하다. 9월 22일, 게슈타포 수사관 존더레거가 초센 방첩대 방공호에서 문서철을 적발하다. 10월, 탈주 계획을 세웠으나 같은 달 5일 클라우스 본회퍼, 뤼디거 슐라이허, 에버하르트 베트게 등이 체포되는 바람에 연좌제를 우려하여 계획을 포기하다. 8일에 프린츠-알브레히트 슈트라세 게슈타포 지하 감옥으로 이송되다.
1945년	2월 7일, 부헨발트 강제수용소로 이송되다. 4월 3일, 부헨발트에서 레겐스부르크로 이송되고, 이틀 뒤 히틀러의 정오 면담에서 말살 명령이 떨어지다. 4월 6일, 쇤베르크(바이에른 삼림지대)로 이송되다. 이틀 뒤 플로센뷔르크로 이송되어, 야간에 즉결 재판을 받다. 4월 9일 새벽, 플로센뷔르크 강제수용소에서 빌헬름 카나리스, 한스 오스터, 칼 자크, 테오도르 슈트룅크, 루트비히 게레 등과 함께 39세의 나이로 교수형에 처해지다. 한스 폰 도나니는 작센하우젠에서 살해당하고, 같은 달 23일에는 클라우스 본회퍼와 뤼디거 슐라이허, F. J. 페렐스가 베를린에서 총살당하다.

복 있는 사람

오직 여호와의 율법을 즐거워하여 그 율법을 주야로 묵상하는 자로다.
저는 시냇가에 심은 나무가 시절을 좇아 과실을 맺으며 그 잎사귀가 마르지 아니함 같으니
그 행사가 다 형통하리로다.(시편 1:2-3)

에버하르트 베트게의 본회퍼 전기는 스승이자 친구인 본회퍼에 대한 사랑과 존경 없이는 도무지 쓸 수 없는 책이다. 더 이상 요구할 수 없을 정도로 자세하고, 사태 자체를 공정하게 드러낸다. 대학생 시절 나는 본회퍼를 『옥중서신』을 통해서 먼저 알았고, 『신도의 공동생활』과 『나를 따르라』를, 그리고 『윤리학』 일부를 읽었다. 그때의 나에게는 그의 삶보다는 사상이 우선이었다. 그런데 이제, 본회퍼의 사상은 철저한 이론적 탐구와 치열한 삶의 만남에서 나왔다는 것을 베트게를 통해서 배우게 되었다. 『디트리히 본회퍼』는 본회퍼가 자신에게 주어진 순간마다 얼마나 민감하고 빠르게, 그리고 정확하게 반응하고 예측하고 끊임없이 자신을 바꾸어 나갔는지 보여준다. 어떤 상황에서도 그리스도만을 따르고자 하는 사람의 전형을 본회퍼에게서 찾아볼 수 있도록, 베트게는 우리 앞에 그의 삶을 성공적으로 드러낸다. 이 전기를 통해서 우리는 오직 주 예수 그리스도에게 순종한 한 신학자, 그리스도인, 투쟁가, 그리고 그 아래 줄곧 깔려 있는 한 인간을 더하거나 빼지 않고 있는 그대로 보게 된다. 기독교가 사람의 욕구를 채우는 '종교'가 되어 버린 이 땅에서, 우리의 기대와 예측과는 전혀 다른 방식으로 찾아오시는 하나님을 전적으로 신뢰하는 '믿음'이 어떤 것인지 알기 위해서라도 우리는 본회퍼를 주목하고 배워야 한다. 때로는 이 책을 베개 삼아 잠을 자는 일이 있더라도 가까이 두고 읽고 또 읽었으면 좋겠다. 급속하게 세속화되어 가고 있는 우리 사회와 문화, 그리고 교회 안에서 여전히 그리스도를 믿는 믿음이 의미 있는지, 현실 속에서 어떻게 생각하며, 어떻게 행동해야 할지 물을 때, 본회퍼는 없어서는 안 될 우리의 대화 상대자다. 진지한 신앙인이라면 누구에게나 필독을 권한다.

강영안 서강대학교 철학과 교수, 한국기독교철학회 회장

이 책은 디트리히 본회퍼 전기의 기념비적 결정판이다. 기로에 선 한국교회에 나침반이 될 이 명저가 그의 서거 70주년을 기해 한국어로 출간되어 더욱 기쁘다.

채수일 한신대학교 총장

신학자이며 목사인 본회퍼는 나치 정권에 저항하다 순교한 인물로 잘 알려져 있다. 그러나 그가 실제로 어떤 사람인가에 대해 바르게 알고 이해하고 있는 사람은 많지 않다. 이 전기 『디트리히 본회퍼』는 그를 바르게 이해하는 데 좋은 안내서가 될 것이다. 본회퍼는 하나님의 값비싼 은혜를 값싼 은혜로 변질시키지 않는 올바른 삶의 모습을 자신의 삶으로 보여주었다. 우리는 그를 통해, 우리 시대에서 진정 그리스도를 따르는 바른 삶을 배우게 될 것이다.

임영수 모새골 공동체 담임목사

추천을 위해 원고를 읽는 데 꼬박 사흘이나 걸린 경우는 전에도 없었고 앞으로도 없을 것 같다. 좀 더 차분하게 읽지 못한 점이 아쉽지, 바쁜 와중에 삼일이라는 긴 시간을 투자한 것은 전혀 아깝지 않다. 본서는 위대한 전기라고 해도 손색이 없을 정도로, 거의 완벽에 가까운 밀도 높은 자료와 분석과 필치로 한 인물의 삶과 사상과 정황을 흥미로우면서도 생동감 있게 담아내었다. 아직도 신비와 편견과 오해의 베일이 완전히 벗겨지지 않은 화제의 인물, 본회퍼를 제대로 이해하려면 꼭 읽어야 할 책이라고 생각한다. 본회퍼의 진면목을 여과 없이 볼 수 있게 해줄 뿐 아니라 그의 역작 『나를 따르라』와 『신도의 공동생활』, 그리고 『윤리학』과 『옥중서신』에 나타나는 그의 신학적 흐름과 발전을 파악할 수 있는 시야를 열어 준다. 나아가 기독교가 국수주의의 시녀로 전락하는 것을 보면서도 모두가 침묵할 때, 분연히 일어나 항거하는 신학, 행동하는 신앙양심이 구체적으로 어떤 것인지를 보여준다. 전 유럽을 불바다로 만드는 히틀러의 광란을 저지하려고 투신했다 오히려 거대한 악의 수레바퀴에 짓이겨진 한 젊은 신학자, 저항자의 전기는 불의에 쉽게 타협하는 이 시대에 유난히도 큰 울림으로 와 닿는다. 그의 희생은 무모한 것 같았지만 그가 믿었던 십자가의 능력, 곧 무력(無力)의 힘은 그가 그토록 소망한 십자가의 그리스도가 통치하는 성숙한 세상의 도래에 밑거름이 되었을 것이다.

박영돈 고려신학대학원 교의학 교수

디트리히 본회퍼, 그는 진정 예수 그리스도의 증인으로 살고 죽었다. 우리는 그에게서 한 민족의 고민, 아니 전 세계의 고민을 지고 죽은 그리스도를 만난다.

고(故) **문익환** 목사

나는 본회퍼 목사님을 존경한다. 그분을 생각할 때마다 안타깝고 마음이 아프고 나 자신이 부끄러워진다. 본회퍼 목사님은 철저한 신앙심과 예민한 통찰력과 탁월한 상상력과 진정한 용기와 따뜻한 마음을 가졌던 신학자, 교수, 목사였다. 진정한 예수 그리스도의 제자로 살려고 비장하게 분투하다가 처형된 분이다.

서정운 미주장로회신학대학교 선교신학 교수

본회퍼는 짧고 옹차게 살았다. 그리스도를 따랐기 때문이다. 자유주의 신학이 전파한 값싼 은혜와 히틀러가 강요하는 국가 사회주의가 야합해 널브러질 때, 그는 성령의 값진 은혜가 그리스도의 몸인 교회에서 죄인을 의롭게 하고 세상에서 의인으로 거룩함을 이루게 한다고 가르쳤고, 고난 중에도 자신의 가르침을 그대로 실천했다. 베트게의 전기 『디트리히 본회퍼』는 위기를 맞은 한국교회가 세상 속에서 그리스도를 따르고 순종하도록 도울 것이다.

유해무 고려신학대학원 교의학 교수

우리는 왜 다른 이들의 삶에 관심을 갖는 것일까? 그들이 빚어 낸 삶의 이야기를 통해 자기가 서 있는 자리를 가늠해 보는 동시에 나아가야 할 길을 발견하고 싶은 욕망 때문일 것이다. 이 책은 평범한 행복을 추구하던 한 비범한 사람 본회퍼가 역사의 격랑 속에서 어떻게 자기의 한계를 뛰어넘어 영원과 접속했는지를 보여준다. 이 책을 읽는 이들은 이 혼돈의 역사 속에서 그리스도인이 된다는 것이 무엇을 의미하는지를 배우게 될 것이다.

김기석 청파교회 담임목사

이 전기는 제2차 세계대전 이전의 유럽 근세사를 읽는 듯한 느낌을 줄 정도로 방대하기 이를 데 없다. 본회퍼라는 한 인물이 태어나는 가계의 이야기를 포함해서 그가 경험한 시대의 질곡, 짧은 생애에 비추어 볼 때 믿어지지 않을 만큼 다양한 체험들이, 마치 여러 사람의 인생을 한꺼번에 살아 낸 것 같은 위대한 신학자요 사상가요 행동가요 신앙인인 한 사람의 생애를 보여준다. 학문적 탁월성과 깊이와 경건성, 그리고 생명을 아끼지 않고 불의에 대한 하나님의 혐오를 몸으로 드러낼 수 있는 결단력을 함께 가진 사람을 찾기는 얼마나 어려운가! 우리는 이 전기를 통해, 시대를 관통하여 참으로 보기 드문 한 신앙인의 전범을 보게 된다. 이런 사람은 인류의 암울한 시대에 내려 주시는 하나님의 특별한 선물이며, 모든 시대를 진정한 신앙으로 이끄는 참 빛이다. 아벨을 가리켜 "그가 죽었으나 그 믿음으로써 지금도 말하느니라"(히 11:4)고 한 것처럼, 본회퍼는 39년이라는 짧은 생애를 넘어 지금도, 그리고 아마 앞으로도 오랫동안 인류에게 무엇인가를 말해 줄 것이다. 이 책을 통해 그 말을 듣기 원한다.

손희영 행복을나누는하나교회 담임목사

이 책 『디트리히 본회퍼』는 지금까지 출간된 본회퍼의 전기류, 단행본 연구서, 그리고 심지어 본회퍼 자신의 저작물까지 총망라해 본회퍼의 성장 과정, 신학자로서의 입문과 발전, 목회자로서의 영적 분투, 그리고 저항적 순교사에 이르는 전 생애를 가장 입체적으로 그려 내고 있다. 본회퍼를 사랑하는 사람은 물론이요, 본회퍼를 급진적인 저항가로만 알고 있는 사람들에게도 이 책은 벅찬 감동을 안겨 줄 것이다. 한국교회는 본회퍼의 이 통전적인 기독교 신앙과 신학 유산을 절실히 계승해야 한다. 독자들은 이 책을 읽고 한 인물이 살아 낸 발자취가 이토록 세심하게 검토되고 기술되고 탐구될 수 있다는 사실에 새삼 놀랄 것이며, 본회퍼를 우리 믿음의 선진으로 세워 주신 하나님께 감사할 것이다.

김회권 숭실대학교 기독교학과 교수

어떤 신학자도 본회퍼처럼 여러 권의 전기로 그의 삶이 조명된 적은 없을 것이다. 그가 짧은 생을 살았다는 점에서 볼 때 더욱 그렇다. 이것은 그의 삶의 궤적을 들여다보고 싶은 사람들이 많다는 뜻이다. 본회퍼가 목사와 신학자였으면서 동시에 히틀러 암살시도에 가담했다가 발각되고, 감옥에 갇혔다가 독일의 항복을 눈앞에 둔 채 사형으로 생애를 마감한 것이 사람들의 마음을 건드리고 있기 때문이다. 자신이 처한 시대를 살면서, 통합될 수 없을 것 같은 두 역할이 한 신앙인의 삶에서 어떻게 통합될 수 있었는지에 대한 해답은 본회퍼의 삶과 신학에 대한 깊은 고찰을 통하지 않고는 찾아내기 쉽지 않을 것이다. 이 책 『디트리히 본회퍼』에는 본회퍼의 삶과 사상이 세밀하고 방대하게 그려져 있다. 본회퍼에 대한 그 어떤 책보다 그를 올바르게 이해할 수 있는 대작이 이렇게 출간된 것은 참으로 반가운 일이 아닐 수 없다.

한철호 선교한국 파트너스 상임위원장

감동이다. 대단한 역작이다. 대학교 1학년 때 『신도의 공동생활』을 읽으며 처음 접했던 본회퍼의 생을 이토록 생생하게, 인간의 모든 희노애락을 담아 그려 낸 전기라니! 본회퍼의 생애 자체도 놀랍고 감동적이지만, 그의 삶을 극도의 섬세함으로 복기해 낸 저자와 방대한 분량의 번역을 완성해 낸 역자의 노고에도 감동하며 읽었다. 본회퍼의 시대와 우리의 시대에 닮은 점이 많아서일까? 그의 삶의 결말을 잘 알면서도, 고뇌와 꿈에 함께 공감하고 설레며 읽어 내려가게 된다. 본회퍼를 사랑하는 사람이라면, 또 그리스도인의 시대적 사명에 대해 고민하는 사람이라면 방대한 분량에도 불구하고 손에서 뗄 수 없는 필독서라 할 것이다.

김종호 한국기독학생회(IVF) 대표

『디트리히 본회퍼』의 추천사를 요청받은 것은 세월호 참사가 일어나고 두 달쯤 지난 때였다. 추하고 무능한 우리네 민낯을 직면하며 마음이 어려웠다. 한국의 시민사회, 한국교회에 대한 염려도 있었지만 한 사람의 시민으로 또 신앙인으로도 곤혹스러운 시간이었다. 이 진창을 빠져나갈 내일을 꿈꿀 수 있을까? 희망을 가져 볼 만한 무언가가 아직 남아 있을까? 본회퍼의 삶의 여정을 따라가며 수없이 이 질문을 던졌다. 이 질문에 그는 담담히 자신의 삶으로 답했다. 기쁨과 승리도 있었지만 갈등과 번민도 숨기지 않았다. 그리고 마지막에 이렇게 묻는다. "나는 더 고상하고 가치 있는 것을 선택하기 위해 대가를 지불했다. 당신은 그 값을 치르고 있는가?" 한 명의 재능 있는 신학자가 진정한 신앙인으로, 그리고 역사의식 있는 시민으로, 현 세대뿐만 아니라 오는 세대의 희망의 노래가 되는 일은 '목숨까지 걸 만한 하나님 은혜를 소유한 사람과 공동체'로만 가능한 일임을 본회퍼는 증명했다. 그는 그 은혜를 지켜 내기 위해 값을 치렀고, 금방 꺼질 것 같던 연약한 희망은 역사가 되고 교회가 되어 온 세상을 가득 채웠다. 한국사회, 한국교회의 희망 역시 다르지 않을 것이다. 이 책을 읽고 고민하며 아파하는 당신과 당신이 일굴 공동체가 바로 우리의 희망이다.

이윤복 죠이선교회 대표

우리가 본회퍼를 읽어야 할 이유는 무엇일까? 그리스도인들이 자주 이야기하곤 하는 '진리에 대한 확신'과 '삶과 행동으로 고백되는 양심'을 그는 교수형의 공포 앞에서도 보여주었기 때문일 것이다. 저자인 에버하르트 베트게는 본회퍼의 제자이자 친구였고, 한 시대의 아픔을 같이한 사람으로 누구보다도 선명하게 마치 살아 있는 본회퍼를 보는 것처럼 우리를 안내한다. 이 책은 "나는 누구인가?"라는 질문에 자신의 모든 삶으로 응답한 한 그리스도인을 만날 수 있게 해준다.

김성희 기독대학인회(ESF) 대표

디트리히 본회퍼는 독일 기독교가 히틀러의 사상에 동조해 심각한 위기 가운데 있을 때, 그리스도의 참 제자로서의 삶이 무엇인지 고민하고 그렇게 살기 위해 몸부림치며 용기 있게 행동했던 참 그리스도인이었다. 기독교가 왜곡되고 참 제자가 그리운 이 시대, 에버하르트 베트게의 『디트리히 본회퍼』는 우리 각자가 서 있는 현장에서 그리스도인으로 어떻게 살아야 할지에 대한 큰 도전과 각성을 줄 것이다.

송재홍 학생신앙운동(SFC) 대표

본회퍼는 독일교회가 윤리, 이웃 사랑, 섬김, 그리스도를 본받음, 평화 운동, 정치 등을 외면할 때, 그 참여의 필요를 처음부터 예민하게 느끼고 그리스도인의 책무를 감당하다가 순교자가 되었다. 그는 "하나의 신학적 기적"을 이루었고, 한 사람의 참된 그리스도인의 모본을 살아 냈다.

칼 바르트

디트리히 본회퍼는 "죽기까지 충성을 다한" 그리스도인의 모범이다.

존 스토트

디트리히 본회퍼는 1930년대 독일의 상황 속에서 '제자도'를 이야기한다. 독일 교회가 히틀러에게 충격적으로 타협하는 모습을 보며, 본회퍼는 교회가 복음을 삶과 아무런 상관이 없는 '값싼 은혜'로 바꾸어 버렸다고 일갈한다. 진정한 은혜는 십자가라는 값비싼 희생에 의해 우리에게 오며, '값싼 은혜'는 누구의 삶도 변화시킬 수 없다. 우리는 복음의 본성에 대해 깊이 고민한 본회퍼의 삶의 이야기에 귀 기울일 필요가 있다.

티모시 켈러

디트리히 본회퍼와 그의 글은 내가 기독교인으로 발돋움하는 데 핵심적인 영향을 미쳤다. 그의 글은 내가 제자도에 대한 진지한 헌신을 발견할 수 있는 유일한 공간이다. 그의 글 덕분에 나는 믿음을 저버리지 않을 수 있었다.

리처드 포스터

우리는 디트리히 본회퍼의 삶을 통해, 죽음이 코앞에 닥친 삶을 살아가면서도 어떻게 공동체 안에서 그리스도인으로 살 수 있는지에 대한 통찰을 얻을 수 있다. 그는 진실하고 자연스러운 공동체, 형제의 연합과 일상 속에서의 예배를 추구했다. 그의 책은 우리 시대를 위한 깊은 통찰을 준다. 안락한 상황이 아니라 갇혀서 죽음이 눈앞에 있는 상황에서 쓰인 그 단어들은, 우리 모두가 꿈꾸고 많은 이들이 갈망하지만, 소수만이 그 추구를 끝까지 밀고 나가는 급진적 제자도를 맛보여 준다.

존 파이퍼

에버하르트 베트게는 이 책을 통해 본회퍼의 삶과 작품은 서로 분리해서 이해할 수 없다는 사실을 명백하게 보여준다. 나는 본회퍼로부터 신학적 사유를 배웠고, 그의 책은 제자도가 추상화될 수 없는 것이라는 확신을 주었다. 본회퍼의 삶은 신학적인 동시에 정치적이었다. 히틀러가 교회마저 장악하려 했던 나치 시대에, 그는 가장 강력하고 통찰력 있는 교회의 증인이었다.

스탠리 하우어워스

디트리히 본회퍼는 나에게 믿음의 세계를 설명해 주었다. 그는 영성과 도덕 사이, 종교와 공적인 삶 사이, 믿음과 정치 사이에 긴밀한 연결을 제공해 준다. 그는 기도의 사람이었으나, 바로 그 믿음 때문에 행동의 사람이 되었다. 그는 사색가인 동시에 행동가였고, 이 두 가지는 그의 인생에서 더없이 완벽하게 조화를 이루었다. 오늘날 예수 그리스도를 따르고자 하는 이들은 본회퍼의 삶에 주목할 것이다. 그에게 예수 그리스도 중심성은 그가 믿고 행한 모든 것의 핵심이었다. 그의 이야기는 믿는 이들이 세상에서 사는 삶에 영향을 끼쳐 왔다. 또한 영성을 갈망하는 이들은 본회퍼에게 주목할 것이다. 그러나 그의 영성은 내적이고 개인적인 느낌에 따라 행동하는 것이 아니었다. 오히려 그의 영성은 그를 매우 정치적이고 체제 전복적으로 만들었다. 매일의 기도와 묵상에 대한 그의 헌신은 그를 지탱시키고, 정치적 저항을 위한 용기를 주었다. 오늘날 교회를 사랑하고 교회의 갱신을 열망하는 이들도 본회퍼에게 주목할 것이다. 교회를 향한 본회퍼의 주된 관심은 세상 속에서 그리스도에 충성하는 것이었다. 그가 정치적 방관이라는 쉬운 길을 거절하고, 감옥에 들어가 마침내는 자기 생명을 포기했기 때문에, 디트리히 본회퍼는 믿음으로 인해 최종적 희생을 감내한 많은 그리스도인들과 어깨를 나란히 하고 서 있다.

짐 월리스

이 책『디트리히 본회퍼』에서, 에버하르트 베트게는 본회퍼의 삶과 신학에 대한 치밀하고 최종적인 이야기를 묘사해 준다. 모든 페이지마다 독자를 대단히 흥미로운 독서로 이끈다. 아돌프 히틀러에 대항한 본회퍼의 고투에 주로 흥미가 있다면, 이 책에서 무슨 일이 일어났는지에 대한 상세한 보고서를 발견할 것이다. 고백교회 안에서 본회퍼의 용감한 리더십에 주로 흥미가 있다면, 이 책을 통해 한 사람의 통찰력과 열정, 그리고 인내에 감동받고, 때로는 놀랄 것이다. 베트게는 이 책에서 본회퍼 신학의 발전 과정을 그 시작부터 끝까지 치밀하게 추적했다.

코넬리우스 반 틸

본회퍼의 이야기는 마땅히 기록되어야 한다. 그의 이야기는 현대판 사도행전이라고 할 수 있다. 그는 삼십 대 초반의 나이였음에도 실질적으로 저항한 가장 영향력 있는 지도자 가운데 한 사람이었다. 그는 실로 굽힐 줄 모르는 사람, 가장 용감한 사람이었다. 그의 삶과 죽음이야말로 새로운 독일에서 새롭게 탄생할 교회를 위해 마련된 은총의 원천 가운데 하나일 것이다. 우리는 그의 삶이 전후(戰後) 교회의 활동을 위해 준비된 것이라고 믿어 의심치 않는다. 그는 놀라울 정도로 선명한 종교적 통찰을 지녔을 뿐 아니라 모든 것을 여읜 영혼의 순수함까지 지닌 인물이다.

라인홀드 니부어

이 전기 『디트리히 본회퍼』는 신학생과 신학자, 그리스도인뿐만 아니라 신앙으로 고백한 그리스도교가 오늘 우리가 사는 세상에서 얼마나 새롭고 놀라운 의미가 있는지 알고자 하는 누구에게나 대체 불가능한 책이다.

헬무트 골비처

에버하르트 베트게의 『디트리히 본회퍼』는 가장 권위 있는 본회퍼 전기다. 베트게는 본회퍼의 가장 가까운 친구이자 동료였다. 만일 베트게가 아니었다면 본회퍼는 사람들에게서 잊혔을지도 모른다. 베트게는 자료를 모으고, 증언들을 수집하고, 사람들을 인터뷰하고, 기억을 검토하고, 계속해서 쓰며 몇십 년간 본회퍼의 신학에 깊이 연결되어 있었다. 본회퍼에 관해 알고자 하는 누구든 베트게의 본회퍼 전기를 읽어야 하고, 적어도 일부분이라도 읽어서 본회퍼에 대해 가지고 있던 기존의 생각들을 보충해야 한다.

로저 올슨

나는 본회퍼 학자가 아니지만 수년 동안 그의 책을 즐겁게 읽어 왔다. 그의 저작들은 매우 고무적이고 지적 자극을 주며, 더욱이 나치에 대항한 그의 삶은 누구에게나 큰 감명을 준다.

칼 트루먼

"보라, 얼마나 멋진 남자가 이 지구상에 살았는지를!" 1945년, 게슈타포의 손에서 맞이한 그의 불굴의 죽음, 2년간 갇힌 상태에서 쓴, 희망을 주는 편지와 글들, 기독교인의 생각과 행동에 관해 그의 죽음이 미친 위대한 영향력……. 본회퍼의 삶과 글, 인간관계를 비롯해 세상을 떠나는 순간에도 결코 잃지 않았던 높은 영적 수준에 이르기까지 모든 것이 그를 20세기의 뛰어난 인물로 확증해 준다. 그의 친구, 제자, 가까운 조력자인 에버하르트 베트게가 그에 관한 기념비적인 연구를 내놓았다. 『디트리히 본회퍼』는, 확신하건대 이 주제에 관해 가장 결정적이고 권위 있는 작품이다. 이 책을 읽는 것은 우리 시대의 영웅에 대한 매혹적인 탐사 그 이상이다. 이것은, 말하자면 영적인 경험이다.

말콤 머거리지

이 책에는 20세기 기독교 순교자의 삶이 충실하고 열정적으로 그려져 있다. 본회퍼를 아주 많이 존경하고 대단히 사랑하는 우리 모두에게 크나큰 선물이다.

로버트 콜스 하버드 대학교 명예교수

출간 이후부터, 에버하르트 베트게의 『디트리히 본회퍼』는 본회퍼를 연구하는 데 없어서는 안 되는 필수 요소가 되었다.

래리 라스무센 유니온 신학교 사회윤리 교수

아무리 냉철하게 말하려 해도, 이 책은 "사건"이다. 독일 작가들이 쓴 수많은 전기들을 두고는 결코 할 수 없는 말이다. 여기 파란만장한 삶을 감동적으로, 손에 땀을 쥐게 하며, 유려한 문체로, 풍부한 자료를 갖춰 묘사한 위대한 작품이 있다. 전후(戰後) 독일 전기 문학은 여기에서 정점을 찍었다. 에버하르트 베트게는 우정을 뛰어넘는 업적을 이뤘다. 베트게는 본회퍼의 비범한 삶을 묘사함으로 독일 국민에게, 특히 젊은이들에게 본보기를 제시하고 있다.

「디 차이트」

디트리히 본회퍼

Eberhard Bethge

Dietrich Bonhoeffer

Theologe-Christ-Zeitgenosse

Eine Biographie

신학자-그리스도인-동시대인

DIETRICH BONHOEFFER

에버하르트 베트게 지음 / 김순현 옮김

복 있는 사람

디트리히 본회퍼

2014년 8월 25일 초판 1쇄 발행
2014년 11월 10일 초판 2쇄 발행

지은이 에버하르트 베트게
옮긴이 김순현
펴낸이 박종현

도서출판 복 있는 사람
주소 서울특별시 마포구 연남동 246-21(성미산로23길 26-6)
전화 02-723-7183, 7734(영업·마케팅) 팩스 02-723-7184
이메일 blesspjh@hanmail.net
등록 1998년 1월 19일 제1-2280호

ISBN 978-89-6360-137-3 03230

이 도서의 국립중앙도서관 출판시도서목록(CIP)은
서지정보유통지원시스템 홈페이지(http://seoji.nl.go.kr)와 국가자료공동목록시스템(http://www.nl.go.kr/kolisnet)에서 이용하실 수 있습니다. (CIP제어번호 : CIP2014024503)

Dietrich Bonhoeffer. Eine Biographie
by Eberhard Bethge

차례

10

1936-1937

핑켄발데

3부 독일의 운명에 참여하다

7판 서문

에버하르트 베트게Eberhard Bethge의 방대한 전기 『디트리히 본회퍼』는 처음 출간된 해1967에 이미 "우리 세기의 위대하고 영속적인 전기들 가운데 하나"로 환영받았다. 그 이후 지금까지 30년이 훌쩍 지나도록 계속되는 영향력으로 보건대, 이 평가는 오늘날까지도 정당하다고 할 수 있다.

이 판본은 일제 퇴트가 현실에 맞게 손보고, 1999년 이후에 17권으로 완간된 『디트리히 본회퍼 전집』을 참조하여 나온 것으로 에버하르트 베트게 사후에 처음 선보이는 것이다. 에버하르트 베트게는 2000년 3월 18일에 90세의 나이로 세상을 떠났다. 베트게는 자신의 본회퍼 전기가 판갈이를 할 때마다 쓴 여러 서문에서 이 책을 근본적으로 수정할 필요 및 그 가능성을 묻는 물음과 씨름했다. 그는 5판1983 서문에서 그 질문을 처음으로 명확히 제기했다. "1967년에 고정된 그림을 이제 수정할 때가 된 게 아닐까?" 당시 개작을 지지하는 이들이 상당수 있었고, 개작할 이유들도 있었다. 베트게는 개작할 주제들을 직접 언급하는데, "전혀 새로운 구도와 정확한 표현 그리고 부연"을 촉구하는 주제들이었다. 새로 발견된 자료들로 인해, 본회퍼가 1940년부터 1943년 어간에 감행한 공모 출장을 새롭게 기술하는 것이 가장 시급해 보였다. 게다가 본회퍼의 『윤리학』에 대한 관심도 다시 깨어나고 있었다. 그사이에 국제적으로 이루어진 본회퍼 연구의 성과들도 전기에 반영될 필요가 있었다. 베트게는 그 상황에서 이런 결정을 내렸다. "그러한 견해들을 모르는 바는 아니지만, 이 책을 완전히 새롭게 개작하는 일에 나의 남은 시간을 쓰겠다는 결심이 서지 않는다." 베트게는 이 결정을 고수했고, 개별적인 것들을 교정하고 보충한 것을 제외하면 이후의 판본들도 본래의 내용을 고치지 않고 장정본과 카이저 문고본의 형태로 출간되었다.

베트게는 "남은 시간"을 다른 방식으로 활용했다. 1983년, 그는 그때까지 자신이 출판한 논문집 두 권에 이어 세 번째와 네 번째 논문집도 출판할 것임을 예고했다. 모두 합쳐 934쪽에 달하는 이 논문집들은 본회퍼 전기의 분량에 육박한다. 우리는 이 논문집들을 다른 식으로 시도한 보충 기록으로 읽을 수 있을 것이다. 이 논문집들에 수록된 기고문들(논문들, 강연문들, 대담들, 성서 연구들, 설교들)은 내용에 해당하는 전기의 장(章)과 표현들을 화제의 실마리로 삼는 가운데 새로운 통찰과 연구결과들을 수용하여 심화시키고 세분화하고 보완한다. 이 보충 기록 가운데 베트게에게 가장 중요한 일은 "본회퍼와 유대인들"이라는 주제를 계속 연구하는 것이었다. 여기서 가장 중요한 강조점의 변화가 일어난다. 제3제국 시기에 유대인들을 거부하여 공동 책임을 지게 된 교회의 신학적 교리 근거들을 묻는 가운데 "유대인들과 그리스도인들의 관계를 신학적으로 정정해야 한다"는 주장이 대두되었고, "그 근거들을 재숙고해야 했기에" 베트게는 5판 서문에서 그 과제를 언급하며 생의 마지막 20년을 거기에 바치겠다고 말한다.

그로부터 11년 뒤 베트게는 카이저 문고본으로 나온 판본(KT 69, 1994)의 새 서문에서 한 번 더 말한다. "개정판을 내려는 생각이 간절했다." 개정판을 내려는 생각을 돌리게 된 것은 무엇보다도 세 가지 주제 때문이다. 첫째, "바뀐 이스라엘 신학"을 바로잡아 회복하려는 마음이 또다시 들었기 때문이다. 둘째, 디트리히 본회퍼와 마리아 폰 베데마이어 사이에 오간 연애편지들이 1992년에 출판되었기 때문이다. 베트게는 그 편지들의 출판을 가리켜 "내 말년에 만난 뜻밖의 사건"이라고 말한다. 셋째, 에버하르트 베트게가 인생의 황혼에 의식적으로 관심을 기울인 "우정"이라는 주제도 주의를 끌었으리라. "사적 영역이……그동안 침해받았기" 때문이다.

그러나 개정판을 내려는 생각을 접게 된 결정적 이유는 『디트리히 본회퍼 전집』 간행 때문이다. 1994년 판본의 서문을 쓸 무렵 전집 가운데 1차분 책들이 "전기 전체의 소재에 맞게 현저한 확충과 교정을 거쳐" 출판되었던 것이다. 베트게는 전집이 완간되어야 "전기의 개정판을 시도할 수 있다. 따라서 현재의 전기는 한동안 유효할 것이다!"라고 말한다. 에버하르트 베트게가 세상을 떠나고 없는 지금, 저자가 자신의 작품에 적용한 구도와 범위 그리고 형태로 보아도 이 책은 고무적인 유산으로 간주될 것이다. 이 책은 "형제들 가운데에서 예수 그리스도를 증언한 이"에 대한 기억을 앞으로도 생생히 유지할 것이다. 이 책은 디트리히 본회퍼를 신학자-그리스도인-동시대인으로 기억하는 전기로 남을 것이다.

2001년 8월 28일

크리스티안 그레멜스

지은이 서문

디트리히 본회퍼Dietrich Bonhoeffer는 그의 전기가 세상에 선을 보이기 전에 이미 국가와 교파의 경계를 넘어 널리 알려진 인물이다. 그를 우리 시대의 믿을 만한 그리스도인으로 여기고 주목하는 것은 그가 새로운 길을 걷고 제시했기 때문이다.

본회퍼는 교회와 서양 그리스도교와 그 신학이 쇠락의 길을 걷던 시기, 조국 독일이 몰락해 가던 시기의 인물이다. 하지만 그는 당대를 넘어서 미래의 모델을 향해 손을 뻗쳤으며, 그것을 확고히 하는 일에 목숨을 걸었다. 그는 독일 시민계급의 가장 뛰어난 전통을 구현한 교수 일가의 아들로서 신학을 필생의 과제로 삼았다. 어느 날 신학의 요청을 받은 그는 그리스도의 교회와 인격적인 결속을 다졌고, 그리스도의 교회는 그로 하여금 국수주의적 경향들에 맞서 에큐메니칼 운동에 투신하게 했다. 결국 그는 정치적으로 절박한 시기의 요구들에 응했다. 이는 목사인 그의 신분에 어울리는 일이 아니라 그의 시민계급에 어울리는 일이었다. 일신의 안녕을 단념하고, 곤경에 처한 조국에 응답하자 미래의 그리스도교상이 보였고, 본회퍼는 대담하게 새로운 신학을 구상했다. 다재다능한 천재가 신학자에서 그리스도인으로, 그리스도인에서 동시대인으로 걸음을 옮기되 통일성을 잃지 않은 것은 본회퍼의 짧은 생애에서 특이한 일인 것 같다. 걸음을 옮긴 순서도 그러하다.

본회퍼에 대해 무언가를 쓰려면, 그가 일찍이 농담조로 말했던 특정한 문장까지 떠올려야 하는데 나는 잊어버리고 말았다. 어찌어찌하다가 그의 전기 작가가 되긴 했지만, 이는 꿈에도 생각하지 못했던 일이다. 1946년부터 1948년까지 나는 그의 원고를 정리하여 『윤리학』을 펴내는 것을 나의 의무로 삼았고, 그의 옥중 서신을 가려 뽑아 『저항과 복종』의 출간을 감행했다. 하지만 거기서 예기치 않은 문제가 끝없이 빚어졌고, 이는 현존하는 그의 저서들과 함께 그의 사상적 발전을 『전집』1956-1961의 형태로 완전하게 선보일 것을 요구했다. 그렇게 전집 작업이 이루어지면서 비로소 전기를 구상하게 되었다.

한프리트 뮐러Hanfried Müller가 본회퍼를 독일어로 더없이 상세하게 연구한 것은 신학을 사랑해서였지만, 내가 본회퍼의 저작에 달려들어 그와 함께 새로운 그리스도교의 길을 보여주려고 한 것은 신학을 사랑해서가 아니었다. 나를 본회퍼의 주위로 점점 더 가까이 잡아끈 것은 다름 아닌 운명이었다. 운명이라고 표현한 까닭은 내가 본회퍼를 십 년간 수행하면서 사적으로 오간 문헌의 상당수를 입수했기 때문이다.

1935년, 나는 신설된 칭스트 핑켄발데 신학원에 목사후보생으로 들어갔다. 그때까지 나는 그 신학원 원장인 본회퍼에 관해 아는 것이 전혀 없었다. 나는 "형제의 집"의 일원으로서 1937년 말 그곳이 해체될 때까지 핑켄발데에 머물렀다. 그 후 본회퍼는 나를 두 곳의 "수련목회자 모임" 가운데 한 곳의 연구장학관으로 불렀고, 신학원수업은 1940년 3월까지 은밀하게 지속되었다. 그렇게 나는 본회퍼가 고백교회를 위해 5년간 수행한 교육 활동을 거의 쉬지 않고 함께 체험했다. 그 시기에 함께 일하면서 우정이 돈독해지자, 그는 이따금 나를 데리고 자신이 살고 공부하던 곳, 특히 베를린으로 데리고 갔다. 그때부터 나는 베를린에 있는 그의 본가에서 자주 머물렀고, 1943년에는 레나테 슐라이허와 결혼했다. 레나테는 그의 누이 우르줄라의 딸이었다. 본회퍼가 체포되어 1차 심문을 받고 난 후 그와 나는 활발하게 비밀 서신을 교환했고, 면회도 몇 차례 가졌다. 그 일은 1944년 10월, 내가 체포되어 접촉이 중단될 때까지 계속되었다.

본회퍼가 세상을 떠난 뒤에 그의 신학 유고가 내게 넘겨졌고, 그의 부모가 세상을 떠난 뒤에는 그의 서고에 있던 나머지 원고들과 가족이 소장하고 있던 여러 원고들 또한 내게 넘겨졌다. 본회퍼가 생전에 남긴 진술들은 사적인 영역을 넘어선 것들이었고, 지인들만 알고 있어서는 안 되는 것들이었다. 그리하여 그의 원고들을 알기 쉽고 해석이 가능하게 정리할 필요가 있었다. 이 전기는 그런 과정을 거쳐 태어난 것이다.

전기의 발생사로 보건대 이 전기를 중립적이라고 할 수는 없을 것이다. 나는 주인공을 상대역의 행위와 견해보다 더 돋보이게 했다. 상대역의 행위와 견해의 복잡한 배후관계를 충분히 고려하지 않은 때도 있었다. 골수 지지자라면 지지할 필요가 없는 것까지 지지하고, 고수할 필요가 없는 것까지 고수할 것이다. 하지만 주관적인 관점은 장점도 제시한다. 흔히들 시각을 제한받으면 결정적인 세월을 허송하지만, 본회퍼는 시각이 제한된 상황에서도 그 세월을 조마조마하고 아슬아슬하게 헤쳐 나갔다.

본서에 수록된 수많은 묘사의 출처에 대해 해명을 해야겠다. 몇몇 문헌은 이제껏 입수하기 어려웠거나 발견되지 않은 채로 남아 있던 것들이다. 이를테면 외무부, 문교부, 케를의 종무부(宗務部), 게슈타포 청사에서 입수한 문서들, 다양한 에큐메니칼 문서실에서 입수한 문서들, 개인 소장자들에게서 입수한 문서들 등이 그러하다. 새로 발견된 문서들은 『전집』의 부록을 내는 데 도움이 될 것이다. 이 전기에 사용하기 위해 나는 본회퍼가 베를린 대학교에서 행한 주요 강의들을 재구성하고자 했다. 그 강의들은 전집에 수록되지 못했는데, 그 강의들을 뒷받침하는 필기 노트가 한두 권밖에 없었기 때문이다. 이 잠정적인 출판물이 당시의 수강생들을 자극하고, 그들 자신의 필기 노트를 찬찬히 살피게 하여, 본회퍼의 강의들이 신뢰할 수 있는 형태로 구성되기를 바란다.

독자는 이 책에서 본회퍼 개인의 이야기뿐 아니라 현대사, 교회투쟁사, 저항 운동사, 에큐메니칼 운동 초기의 단면과 신학의 단면도 볼 수 있을 것이다. 역사에 관심 있는 독자는 신학을 다룬 장을 통해서, 신학적인 물음을 던지는 독자는 역사를 샅샅이 살펴봄으로써 자신의 생각을 보완할 수 있을 것이다. 중간제목들은 그때그때 읽기에 성가신 부분을 건너뛰고 읽을 수 있도록 도움을 줄 것이다. 독자는 본서를 읽는 도중에 여러 개념어들을 접하게 될 것이다. 그 단어들은 더 좋은 표현으로 바꾸기 위해 수없이 논의하고 나서 거둔 결과물들이다. 하지만 본회퍼의 연구주제인 "비종교적 해석" 같은 개념을 만족스러운 다른 말로 대체한 이는 아직까지 없다. "공모자"(共謀者)라는 부담스러운 단어도 피할 수 없는 개념이다. 빌헬름 텔의 전통을 지닌 스위스 사람은 그리스도교적이고 서민적인 독일 사람보다 그 단어에 충격을 덜 받을 것이다. 영국의 옥스퍼드 사전도 "공모"conspiracy의 뜻을 "좋은 뜻이나 나쁜 뜻에서 서로 협력하는 행위"로 풀이하고 있다. 우리(독일인)의 문맥에서 "공모자"라는 개념은 단일하고 완고한 의미로 머무를 수밖에 없었다. 공모자로 태어나거나 공모자가 되도록 양육된 적이 없는 사람들과 그리스도인들이 독일 역사에서 처음으로 "공모자"가 되었다.

여러 해에 걸쳐 이루어진 이 작업은 비판적이고 사심 없는 동료들의 성실한 도움이 없었다면 완성되지 못했을 것이다. 그들 중 적어도 몇몇 이들에게 감사를 표하고 싶다. 문헌을 소개하여 이 전기의 장들을 풀어 가도록 도움을 준 이는 빌헬름 니묄러, 아르민 보엔스, 그리고 볼프-디터 침머만이다. 요르겐 글렌트요는 그와 동시에 본회퍼 연구에 가장 유익한 문서철을 제공해 주었다. 울리히 카비츠와 에른스트 파일은 본서가 최종적인 형태를 갖추도록 귀중한 도움을 주었다. 내 아내와 함께 우르줄라 슐라이허, 자비네 라이프홀츠, 도로테 브라허, 오토 두추스, 율리우스 리거, 롤프 핑켄타이, 위르겐 자임, 에른스트 랑게가 원고를 읽고 비판적인 조언을 아끼지 않았다. 출판사는 끝없이 인내하면서 이 방대한 작업을 마무리해 주었다.

1966년 8월, 렝스도르프

에버하르트 베트게

추천의 글

독자는 지금 20세기에 인류에게 주신 가장 위대한 영혼 중 한 사람인 디트리히 본회퍼의 전기를 들고 있다. 이 전기의 축약판인 『디트리히 본회퍼』가 2006년에 같은 출판사에서 같은 번역자의 손에 의해 출간된 적이 있다. 나는 그 축약판 전기에 추천의 글을 쓰게 되었는데, 본회퍼 전문가로서가 아니라 그에게 깊은 영향을 받은 사람으로서 글을 썼다. 나의 신학과 인생의 형성 과정에 가장 큰 영향을 준 사람이 본회퍼이기 때문이다. 신학을 시작하면서 읽은 『나를 따르라』와 『신도의 공동생활』, 그리고 여러 경로를 통해 알게 된 그의 삶의 궤적에 나는 깊고 강한 영향을 받았다. 그랬기에 축약판 전기는 그를 더 깊이 알고 싶은 나의 내적 갈증을 한층 더 자극시켰다. 아마도 출판사와 번역자에게도 같은 갈증이 있었던 것 같다. 그 결과, 이 완역판 전기가 독자의 손에 들려지게 된 것이다. 이 방대한 저작을 번역하는 일은 고행과 같은 여정이었을 것이며 출판사로서는 재정적인 손실을 감수해야 하는 일이다. 그럼에도 불구하고 완역판을 탄생시킨 이유는 그만큼 우리 시대에 본회퍼의 영혼과 정신과 삶의 이야기가 필요하다는 믿음 때문일 것이다.

1967년에 독일어판으로 처음 출간된 에버하르트 베트게의 『디트리히 본회퍼: 신학자-그리스도인-동시대인』은 반세기가 넘은 지금까지도 본회퍼 전기의 '결정판'the definitive biography으로 인정받고 있다. 그사이에 다른 저자에 의해 여러 권의 전기가 출간되었고, 그중 몇 권은 우리말로 번역되기도 했다. 하지만 그 어떤 전기도 이 전기를 대신할 수 없다. 에버하르트 베트게는 이 전기가 출간된 후로도 33년을 더 살았는데, 그 시간의 거의 전부를 본회퍼에 대한 연구와 저작과 강연을 위해 사용했다. 그 기간 동안 전면 개정판을 내야 할 필요성과 그러고 싶은 열망이 끊임없이 그를 괴롭혔다. 하지만 그는 결국 부분적인 수정에 만족하기로 했다. 두 가지 이유 때문이었다. 첫째는 초판의 내용만으로도 본회퍼가 어떤 사람인지를 전하기에 손색이 없기 때문이었고, 둘째는 『디트리히 본회퍼 전집』의 간행이 끝나지 않았기 때문이었다. 지금 이 전기를 읽고 본회퍼에 대해 더 알아보기를 원하는 사람이라면, 반세기 이상 축적된 본회퍼 연구의 실적으로 신뢰할 만한 문헌들을 얼마든지 찾아볼 수 있다.

에버하르트 베트게는 본회퍼를 가장 잘 아는 사람이었고 또한 본회퍼를 세상에 알린 사람이다. 어떤 사람은 "베트게가 아니었다면 본회퍼는 독일 역사 속에 묻혀 버렸을 것이다"라고 말할 정도로, 베트게는 본회퍼가 위대한 신학자로 인정받는 과정에서 중요한 역할을 했다. 그는 26세의 나이에 고백교회가 세운 신학원에 입학했는데, 그곳에서 책임자로 있던 세 살 위의 본회퍼를 처음 만난다. 그 이후 둘은 절친한 친구로 그리고 동료로 우정을 심화시켜 간다. 1943년에 테겔 형무소에 수감된 이후 본회퍼는 가족과 가까운 지인들, 특히 친구인 베트게와 많은 편지(때로는 비밀편지)를 주고받았는데, 그것이 나중에 『옥중서간』으로 세상에 공개되었다. 베트게가 본회퍼의 조카인 레나테 슐라이허와 결혼할 때 옥중에 있던 본회퍼는 그 결혼식을 위한 설교를 써 보낸다. 불행하게도 본회퍼는 히틀러의 나치 정권이 몰락하기 며칠 전에 교수형을 당하지만, 불행 중 다행으로 본회퍼와의 연루 의혹으로 베를린 형무소에 수감되어 있던 베트게는 본회퍼의 교수형이 집행된 지 두 주 후 러시아가 베를린을 점령했을 때 자유의 몸이 된다.

그 이후로 베트게는 교회와 학교를 오가며 여러 가지 직책을 맡아 열정적으로 활동한다. 하지만 90세를 일기로 세상을 떠날 때까지, 그의 마음과 영혼은 오직 본회퍼 연구에 집중되었다. 본회퍼가 남긴 유고를 정리하여 『윤리학』1949을 세상에 내보인 것도 그의 공헌이며, 『옥중서간』1951을 탄생시킨 것도 그의 노력의 결과다. 그는 아주 작은 단서만 발견해도 집요하게 추적하여 알려지지 않은 본회퍼의 글들을 찾아내고 세상에 알려 왔다. 뿐만 아니라 그는 신학자로서 본회퍼의 사상을 해석하고 평가하는 연구 논문들을 꾸준히 써서 발표했다. 그 노력으로 본회퍼가 세계적인 명성을 얻자, 베트게는 노령에 이르기까지 강연 초청을 받아 세계 여러 나라를 다니며 본회퍼의 삶과 사상과 영성을 전파했다.

이 전기를 '결정판'이라고 부르는 이유가 바로 여기에 있다. 베트게 자신이 서문에서 "이 전기를 중립적이라고 할 수는 없을 것이다. 나는 주인공을 상대역의 행위와 견해보다 더 돋보이게 했다"라고 인정하듯이, 그는 절친이자 동료로서 본회퍼를 비판적으로 보지 못하는 한계 안에 갇혀 있다. 하지만 객관적이고 비판적인 시각만이 사안을 제대로 보는 방법이라는 것은 우리 시대의 거대한 오해 중 하나다. 베트게는 가장 오랫동안 본회퍼를 알았고 그와 뜨거운 우정을 나눈 사람이다. 그렇기 때문에 베트게는 본회퍼의 내면을 그 누구보다 가장 잘 이해하고 해석할 수 있는 사람이다. 주관 안에 갇히면 객관성을 잃어버리지만, 주관을 초월하면 진정한 객관성에 이를 수 있다. 나는 베트게가 이 전기 안에서 주관적 통찰을 통해 객관적 진실에 접근했다고 평가한다.

위대한 영혼의 삶의 이야기를 읽어 가다 보면, 나의 영혼이 정화되고 삶에 대한 자세가 새로워질 뿐 아니라 삶의 방향이 선명해지는 경험을 하곤 한다. 한 문장 한 문장 '번역의 고행'을 감수한 번역자와 재정적인 부담을 각오한 출판사의 결단이 독자들에게도 전해져서, 부디 한 장 한 장 경건한 마음으로 정독할 수 있기를 기대한다. 이 전기를 정독하는 것은 '독자 몫의 고행'이겠지만, 그것도 본회퍼가 말했던 제자 됨의 값을 치르는 일이 될 것이며, 정독하는 동안 독자들은 이전의 왜곡된 신학과 신앙의 껍질로부터 '탈각'(脫殼)하게 될 것이다. '구원파적 신앙'—삶의 변화가 수반되지 않는 신앙, 내세적이고 타계(他界)적이며 자기중심적인 신앙—이 스스로 정통이라고 주장하는 교회들 안에까지 깊숙이 침투한 한국 교계에, 본회퍼의 영성과 정신과 삶이 이 책을 통해 큰 울림을 만들어 내기를 간절히 소망한다.

2014년 7월, 미국 버지니아

김영봉(와싱톤한인교회 담임목사)

디트리히 본회퍼의 초상

디트리히 본회퍼는 체격이 다부졌다. 큰 몸집은 어머니의 혈통, 곧 폰 하제 가문과 크고 육중한 칼크로이트 가문의 혈통을 이어받았고, 넘치는 힘은 본회퍼 가문의 조상들에게서 이어받았다. 그는 날렵하고 민첩하게 움직였으며, 더딘 산보를 견디기 어려워했다. 학창시절에는 멀리뛰기 선수와 단거리 선수로 이름을 날렸고, 강사시절에도 스포츠 분야에서 대학생들에게 뒤지지 않았다. 병에 걸려 지장이라도 받으면 약간 인내하며 견디다 다량의 약으로 앓는 기간을 단축시키려 했다. 힘겨운 시기에는 거리낌 없이 수면제를 복용하여 수면을 조절하기도 했다.

그는 좋은 옷감을 구입했으며, 자신이 살고 있는 지역의 풍토에 알맞은 옷을 입고 다녔지만 복장으로 남의 이목을 끌려고 하지는 않았다. 잘 먹는 법을 알고 있었고, 여러 지역의 유명한 음식에도 정통했다. 그는 자기가 딴 버섯과 딸기를 누군가가 엉망으로 조리해도 화를 내지 않았다.

두상은 길지 않고 둥근 편이었지만 넓은 어깨 위에서 맞춤하게 움직였다. 짤막한 코는 이마와 입 부위를 더 돋보이게 했다. 본회퍼의 쌍둥이 여동생은 아버지의 거무스름한 머리카락과 커다란 갈색 눈동자를 타고난 반면, 디트리히는 어머니의 금발과 푸른색 눈동자를 타고났다. 그의 머리숱은 이른 시기에 줄었다. 근시 때문에 안경을 써야 했고, 테 없는 안경을 즐겨 썼다.

그의 예민한 입과 도톰하면서 날렵한 입술은 아버지에게서 물려받은 것이다.

이따금 누군가가 그에게 눈짓으로 비웃는 기미를 보여도, 그는 무척 다정하게 미소 지으며 돌아보았다. 그는 사투리를 쓰지 않았고, 환담을 나눌 때에도 눈에 띌 정도로 빨리 말했다. 설교할 때의 어조는 무거워 거의 숨이 막힐 정도였다. 두 손은 가냘파 보여도 힘이 대단했다. 대화를 나눌 때면 대개 왼손가락에 낀 반지를 만지작거리곤 했는데, 거기에는 본회퍼 가문의 문장이 새겨져 있었다. 음악 연주를 시작할 때면 반지를 빼서 피아노 왼쪽 귀퉁이에 놓곤 했다.

까다로운 토론에 참여하거나 집중해서 글을 쓸 때에는 담배를 많이 피웠다. 대담 중에는 주의 깊게 경청하고 상대에게 자신감을 주어 더 많은 것을 보고 말하게 하는 방식으로 질문했다. 그가 사람을 냉대하는 것은 상상도 할 수 없는 일이었다. 그는 큰 단체보다는 작은 동아리를 더 좋아했다. 상대에게 초점을 맞추고 일체감을 갖는 데 익숙했기 때문이다. 그는 누군가에게 너무 가까이 다가가지도 않았고, 누군가가 너무 가까이 다가오게 하지도 않았다. 상당수의 사람이 그를 오만한 이로 느낄 정도였다. 그의 태도에서 그 점이 분명하게 드러났다. 노여움이 일 때면, 그는 큰소리보다는 낮은 소리로 노여움을 표시했다. 그의 주위에서는 노여움보다는 무관심을 무례한 것으로 여겼다. 분명하게 말하면, 그의 생활권에서 우선적으로 꼽은 무관심의 사례는 영국인 상당수의 사례였다. 이를테면 영국인들은 일상생활에서 흔히 접할 수 있는 사건들을 대단히 진지하게 취급하고, 모든 것이 걸려 있는 정말로 자극적인 사건들은 대수롭지 않은 것으로 받아들이며, 감정적 흥분이 격하면 격할수록 그 흥분을 더더욱 무의미한 말과 몸짓으로 표현한다는 것이다.

디트리히 본회퍼는 대단히 올곧게 일하며 자신의 과제를 지체 없이 받아들였다. 하지만 중단할 줄 아는 능력, 어우러져 놀며 음악을 즐기고자 하는 왕성한 욕구도 지니고 있었다. 그는 체스, 브리지 게임, 알아맞히기 놀이를 즐겼고, 자신처럼 상대도 승부욕이 강하기를 바랐으며, 필요할 경우에는 상대에게 져 주기도 했다. 그는 생애의 극도로 긴장되는 시기에도 여가시간을 포기하지 않았다. 아이들과 즐겨 대화하고 그들을 세심하게 보살폈다. 옆집 정원에 앉아 숙제를 하고 있는 조카들에게 자기 집 창을 통해 초콜릿을 던져 주기도 했다.

본회퍼는 특히 강인한 사람이었다. 늘 자기 앞에 닥쳐 있던 일, 곧 강의와 글쓰기에 몰두하고, 결단을 내리고, 그 근거들을 추적하고, 사람들을 돕거나 그들의 주의를 일깨우는 기질이 강했다. 요컨대 그는 자신의 압축된 생애가 제시하거나 요구하는 것을 성취하기 위해 힘을 다했다.

약어표

aaO (위와) 동일한 곳.
AELKZ 『개신교 루터교회 신문』(*Allgemeine Evangelisch-Lutherische Kirchenzeitung*).
Anm. 각주.
APU 구프로이센 개신교회 연맹(Evangelische Kirche der Altpreußischen Union).
Aufl. 판(版).
Bd. (전집이나 시리즈물의) 권, 책.
BK, B. K. 고백교회(Bekennende Kirche).
CW 『그리스도교 세계』(*Christliche Welt*).
DBW 디트리히 본회퍼 전집(Dietrich Bonhoeffer Werke).
DC 독일그리스도인연맹(Glaubensbewegung Deutsche Christen).
DCSV 독일 그리스도교 학생회(Deutsche Christliche Studentenvereinigung).
DEK 독일개신교회(Deutsche Evangelische Kirche).
DNVP 독일국민당(Deutschnationale Volkspartei).
ebda. 방금 언급한 대목에서.
EKD 독일 개신교회(Evangelische Kirche in Deutschland).
EOK 개신교 최고관리 위원회(Evangelischer Oberkirchenrat).
EvTh 『개신교 신학』(*Evangelische Theologie*).
f. 이어지는 쪽 내지 이어지는 구절.
ff. 이어지는 두 쪽 내지 이어지는 구절들.
GKR 장로회(Gemeindekirchenrat).
GS 전집. (Dietrich Bonhoeffer) I-VI 1956-1961.
hg. 출판된, 편집된.
HJ 히틀러 청년단(Hitlerjugend).
IBF 국제 본회퍼-공개토론(Internationales Bonhoeffer-Forum, 총서).
Jg. 연도분.
JK 『젊은 교회』(*Junge Kirche*).
Kap. 장(章).
KD 『교회교의학』(*Kirchliche Dogmatik*).
MPTh 『월간 목회신학』(*Monatsschrift für Pastoraltheologie*).
MW 『성년이 된 세상』(*Die Mündige Welt*). (Dietrich Bonhoeffer) I-V 1959-1963.
NSDAP 국가사회주의 독일노동당(Nationalsozialistische Deutsche Arbeiterpartei).
no. 영어판 호수.
OKH 육군 최고사령부(Oberkommando des Heeres).
OKW 국방군 최고사령부(Oberkommando der Wehrmacht).
Pg 당원(Parteigenosse).
RGG 『역사 속 종교와 현재의 종교』(*Die Religion in Geschichte und Gegenwart*). 종교 백과사전.
RKA 제국교회 위원회(Reichskirchenausschuß).
RKZ 「개혁교회신문」(*Reformierte Kirchenzeitung*).
RSHA 제국보안본부(Reichssicherheitshauptamt).
SA 나치스 돌격대(Sturm-Abteilung).
SD 나치스 친위대 정보기관(SS-Sicherheitsdienst).
SS 나치스 친위대(Schutzstaffel).
Sp. (신문 등의) 난(欄), 단(段).
SPD 독일사회민주당(Sozialdemokratische Partei Deutschlands).
StzSTh 『조직신학 논총』(*Studien zur Systematischen Theologie*, 총서).
ThBl 『신학 신문』(*Theologische Blätter*).
ThExh (NF) 오늘의 신학적 실존(Theologische Existenz heute, 총서). (신판)
ThLZ 『신학 문예 신문』(*Theologische Literaturzeitung*).
ThZ 『신학 잡지』(*Theologische Zeitschrift*, 바젤).
u. a. 등등, 기타, 그중에서도, 특히.
u. ö. 그 밖에도 더 자주.
UdSSR 『사회주의 소비에트공화국 연맹』(*Union der Sozialistischen Sowjetrepubliken*).
v. 폰(von), 성(性) 앞에 붙어 귀족을 뜻하는 전치사.
VKL 독일 개신교회 임시 교회지도부.
VL 독일 개신교회 임시지도부.
vol. (영어로 된 전집이나 시리즈물의) 권, 책(Volumen).
WA 마르틴 루터 전집(바이마르 판).
WUG 부크, 국방군 수사 감옥(Wehrmachtuntersuchungsgefängnis).
WCC 세계교회협의회(World Council of Churches).
YMCA 그리스도교 청년회(Young Men's Christian Association).
YWCA 그리스도교 여자 청년회(Young Women's Christian Association).
ZNTW 『신약성서학』(*Zeitschrift für die Neutestamentliche Wissenschaft*).
ZThK 『신학과 교회』(*Zeitschrift für Theologie und Kirche*).
ZZ 『시간과 시간 사이에서』(*Zwischen den Zeiten*).

조포니아스 프란츠 본회퍼
Jofonias Franz Bonhöffer

1797.5.29, 슈베비슈 할
~1872.10.17, 슈베비슈 할

루이제 하스펠
Luise Haspel

1800.11.10, 슈베비슈 할
~1863.1.17, 빌덴티어바흐

크리스티안 프리드리히 아우구스트 타펠
Christian Friedrich August Tafel

1798.5.27, 슐츠바흐
~1856.9.24, 외링겐

카롤리네 프리데리케 오스발트
Karoline Friederike Oswald

1805.5.12, 칸슈타트
~1889.8.4, 슈투트가르트

프리드리히 본회퍼
Friedrich Bonhoeffer

1828.7.16, 오버슈테텐
~1907.1.11, 튀빙겐

율리 타펠
Julie Tafel

1842.8.21, 외링겐
~1936.1.13, 베를린

칼 본회퍼
Karl Bonhoeffer

1868.3.31, 네레스하임
~1948.12.4, 베를린

1898.3.5, 결혼

칼-프리드리히
Karl-Friedrich

1899.1.13, 브레슬라우
~1957.5.15, 괴팅겐

1930.3.22, 결혼

그레테 폰 도나니
Grete von Dohnanyi

1903.3.7, 부다페스트
~1992.9.6, 뮌헨

발터
Walter

1899.12.10, 브레슬라우
~1918.4.28, 프랑스 프랑콘쿠르

클라우스
Klaus

1901.1.5, 브레슬라우
~1945.4.23, 모아비트

1930.9.3, 결혼

엠미 델브뤼크
Emmi Delbrück

1905.5.13, 베를린
~1991.3.12, 뒤셀도르프

우르줄라
Ursula

1902.5.21, 브레슬라우
~1983.10.7, 함부르크

1923.5.15, 결혼

뤼디거 슐라이허
Rüdiger Schleicher

1895.1.14, 슈투트가르트
~1945.4.23, 모아비트

칼 아우구스트 폰 하제
Karl August von Hase

1800.8.25, 니더슈타인바흐
~1890.1.3, 예나

파울리네 헤르텔
Pauline Härtel

1809.4.12, 라이프치히
~1885.3.20, 예나

슈타니슬라우스 폰 칼크로이트 백작
Stanislaus Graf von Kalckreuth

1820.12.25, 코츠민
~1894.11.25, 뮌헨

안나 엘레오노레 카우어
Anna Eleonore Cauer

1829.7.5, 본
~1881.12.1, 쾰른

칼 알프레트 폰 하제
Karl Alfred von Hase

1842.7.12, 예나
~1914.1.1, 브레슬라우

클라라 폰 칼크로이트 백작
Clara Gräfin von Kalckreuth

1851.10.17, 뒤셀도르프
~1903.12.2, 브레슬라우

파울라 폰 하제
Paula von Hase

1876.12.30, 쾨니히스베르크
~1951.2.1, 베를린

1898.3.5, 결혼

크리스티네
Christine

1903.10.26, 쾨니히스베르크
~1965.2.2, 카셀

1925.2.22, 결혼

디트리히
Dietrich

1906.2.4, 브레슬라우
~1945.4.9, 플로센뷔르크

1943.1.13, 약혼

자비네
Sabine

1906.2.4, 브레슬라우
~1999.7.7, 괴팅겐

1926.4.6, 결혼

주잔네
Susanne

1909.8.22, 브레슬라우
~1991.1.15, 베를린

1929.11.14, 결혼

한스 폰 도나니
Hans von Dohnanyi

1902.1.1, 빈
~1945.4.9, 작센하우젠

마리아 폰 베데마이어
Maria von Wedemeyer

1924.4.23, 노이마르크
~1977.11.16, 보스턴

게르하르트 라이프홀츠
Gerhard Leibholz

1901.11.15, 베를린
~1982.2.19, 괴팅겐

발터 드레스
Walter Dreß

1904.6.18, 베를린
~1979.2.6, 베를린

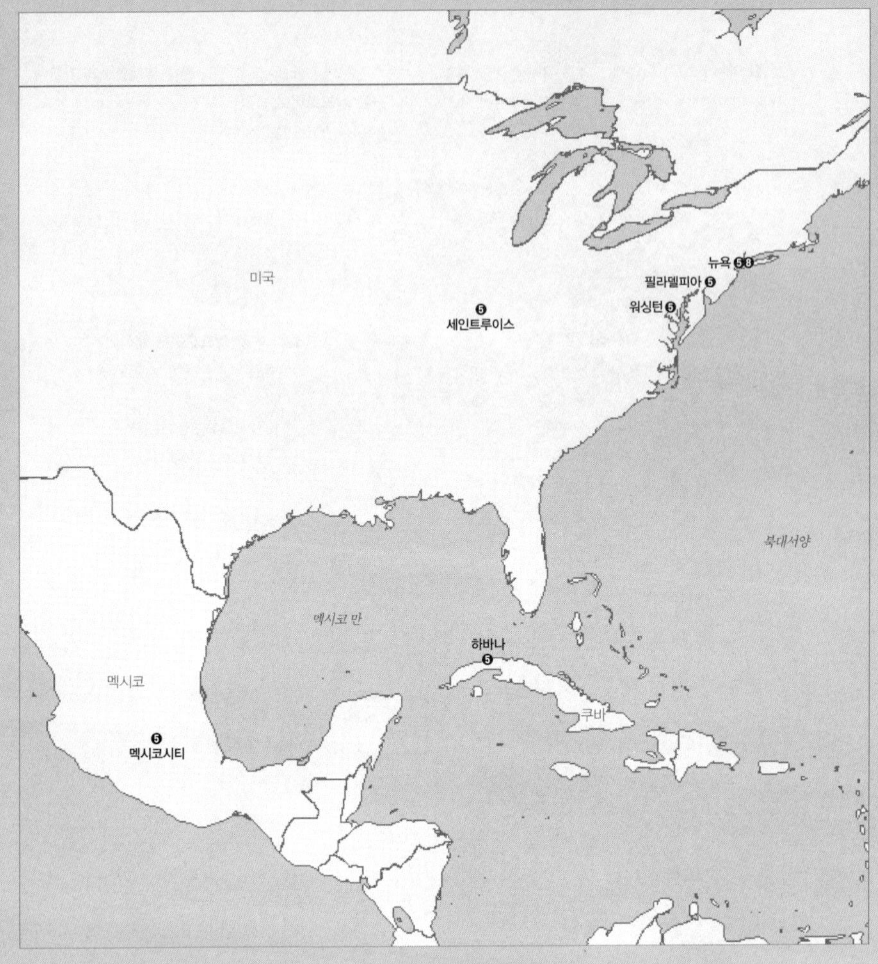

❶ 유년·청소년기 1906-1923

브레슬라우 / 현재, 브로츠와프(폴란드) ➤ 뷜펠스그룬트 / 현재, 미엥지구제(폴란드) ➤ 베를린(독일) ➤ 프리드리히스브룬(독일)

❷ 대학 공부 1923-1927

튀빙겐(독일) ➤ 볼로냐(이탈리아) ➤ 로마(이탈리아) ➤ 시칠리아(이탈리아) ➤ 트리폴리(리비아) ➤ 피렌체(이탈리아) ➤ 밀라노(이탈리아)

❸ 바르셀로나의 수련목회자 1928

파리(프랑스) ➤ 바르셀로나(스페인) ➤ 마드리드(스페인) ➤ 마요르카(스페인) ➤ 톨레도(스페인) ➤ 코르도바(스페인) ➤ 그라나다(스페인) ➤ 아비뇽(프랑스) ➤ 제네바(스위스)

❹ 베를린 대학교 조교 1929-1930

베를린(독일)

❺ 미국 체류 1930-1931

뉴욕(미국) ➤ 필라델피아(미국) ➤ 워싱턴(미국) ➤ 하바나(쿠바) ➤ 세인트루이스(미국) ➤ 멕시코시티(멕시코)

활동 도시

❻ 강사·목회 생활 1931-1933

본(독일) ➤ 케임브리지(영국) ➤ 런던(영국) ➤ 베스터부르크(독일) ➤ 체르노호르스케 쿠펠레 / 현재, 날레프코보(슬로바키아) ➤ 제네바(스위스) ➤ 글랑(스위스) ➤ 헤른후트(독일) ➤ 바젤(스위스) ➤ 소피아(불가리아) ➤ 비텐베르크(독일)

❼ 런던 목회 1933-1935

브래드퍼드(영국) ➤ 치체스터(영국) ➤ 파뇌(덴마크) ➤ 뷔르츠부르크(독일) ➤ 브뤼에(프랑스)

❽ 신학원 1935-1940

칭스트(독일) ➤ 핑켄발데(독일) / 현재, 지로예(폴란드) ➤ 하노버(독일) ➤ 코펜하겐(덴마크) ➤ 룬드(스웨덴) ➤ 웁살라(스웨덴) ➤ 스톡홀름(스웨덴) ➤ 샹뷔(스위스) ➤ 쾨슬린 / 현재, 코샬린(폴란드) ➤ 슐라베 / 현재, 스바브노(폴란드) ➤ 옥스퍼드(영국) ➤ 뉴욕(미국)

❾ 저항과 투쟁 1940-1945

클라인-크뢰신 / 현재, 크로신코(폴란드) ➤ 뮌헨(독일) ➤ 취리히(스위스) ➤ 제네바(스위스) ➤ 키코브 / 현재, 티호보(폴란드) ➤ 오슬로(노르웨이) ➤ 스톡홀름(스웨덴) ➤ 베네치아(이탈리아) ➤ 페치히 / 현재, 피아세치노(폴란드) ➤ 부헨발트(독일) ➤ 쇤베르크(독일) ➤ 플로센뷔르크(독일)

※ **일러두기** 이 책에 인용된 성경 구절은 주로 새번역을 따랐으며, 간혹 옮긴이의 사역(私譯)도 있다.

1

신학에 끌리다

1 유년기와 청소년기

1906-1923

디트리히와 자비네 두 쌍둥이는 1906년 2월 4일에 태어났다. 그들은 8남매 가운데 여섯째와 일곱째로 자랐다. 그들의 부모, 곧 정신의학 및 신경학 교수인 칼 본회퍼Karl Bonhoeffer와 폰 하제 가문에서 태어난 파울라 본회퍼Paula Bonhoeffer는 그 당시 브레슬라우에서 살았다. 그러나 가계도는 뿌리가 슐레지엔이 아니라 슈바벤과 튀링겐 그리고 프로이센임을 보여준다.

조부모와 외조부모 가운데 타펠 태생이자 슈바벤 출신의 친할머니 율리 본회퍼Julie Bonhoeffer만이 디트리히 본회퍼의 인생 중 적잖은 시기 동안 생존했다. 그녀는 디트리히의 성인기 가운데 결정적으로 중요한 몇 해를 함께 보내기도 했다. 조부와 외조부모는 그가 태어나기 전이나 그의 유년기 초기에 세상을 떠났다. 그러나 그들이 품었던 여러 이상과 규범들은 그 집안에 생생히 살아 있었다. 하제 가문 및 칼크로이트 가문의 튀링겐-프로이센 세계와 본회퍼 가문의 뷔르템베르크 세계가 고스란히 살아 있었다.

I. 선조들

칼크로이트 태생의 백작부인 외할머니 클라라 폰 하제

외할머니 클라라 폰 하제Clara von Hase는 1903년 12월 2일, 불과 52세의 나이에 디트리히의 조부모와 외조부모 가운데 가장 먼저 세상을 떠났다. 그녀는 엄청난 활기와 우아함은 물론이고 각종 예술가적 소질까지 타고났다. 그녀는 클라라 슈만Klara Schumann과 프란츠 폰 리스트Franz von Liszt에게 피아노 교습을 받았으며 노래도 즐겨 불렀다. 그녀의 풍부한 가곡집은 디트리히의 어머니를 거쳐 본회퍼 가(家)의 형제자매들에게 전해졌다.

음악과 마찬가지로 미술도 이 외할머니를 통해 본회퍼의 의식 속에 일찌감치 들어왔다. 클라라의 아버지는 슈타니슬라우스 칼크로이트Stanislaus Kalckreuth, 1820-1894 백작이었다. 그는 선조 대대로 이어 온 군인의 직(職)을 화가의 직과 맞바꾸었고, 크로이츠나허 조각가 집안인 카우어Cauer 가문의 딸과 결혼하여 바이마르 대공의 미술학교 설립자 및 교장이 되었다. 그의 아들이자 클라라의 남동생 레오폴트 칼크로이트Leopold Kalckreuth, 1855-1928 백작은 아버지보다 뛰어난 화가였다. 뮌헨의 피나코테크 같은 여러 미술관에는 슈타니슬라우스의 빼어난 알프스 풍경화들이 걸려 있고, 특히 함부르크 미술관에는 레오폴트의 초상화들이 걸려 있다.[1]

디트리히는 외가와 친가에서 위에 언급한 두 부자의 그림들은 물론이고 그 스승들과 친구들, 렌바흐Lenbach, 아헨바흐Achenbach, 폴츠Voltz, 쉬르머Schirmer, 폰 슐리히트von Schlicht, 페데르젠Feddersen 같은 제자들의 그림들에 둘러싸여 자랐다. 집 안쪽 벽에는 온통 19세기 말엽의 이 그림들과 자유롭고 웅대한 자연 묘사들, 그리고 으스스한 느낌의 초상화들이 걸려 있어서 다른 시대의 그림과 다른 양식의 그림들을 위한 공간이 없었다. "그것은 하나의 아름다움이네. 고전적이거나 악마적이지 않고, 단지 세속적이며 그 자체의 고유한 권리를 지닌 아름다움 말일세."[1a] 친가에서 디트리히가 지내던 방에는 외증조부 슈타니슬라우스가 갈색 계열의 밝은 장미색으로 알프스를 스케치한 미완의 작은 그림과 외종조부 레오폴트가 슐레지엔의 마을 연못을 그린 수채화가 걸려 있었다. 디트리히는 1943년 그 방에서 연행되었다. 디트리히는 1931년 첫 강의에서 세기 전환기에 두 개의 상반된 가치를 동시에 소유한 사회의 한 예로 레오폴트의 정신적 특징을 언급하기도 했다.[2]

칼크로이트 집안에는 프로이센 세계의 한 부분도 녹아 있었다. 1871년 바이마르에서 열린 클라라와 칼 알프레트 폰 하제Karl Alfred von Hase의 결혼식은 두 쌍의 합동결혼식이었다. 클라라의 언니 안나 폰 칼크로이트Anna von Kalckreuth가 슐레지엔의 구트 클라인-욀스에 사는 한스 폰 요르크 폰 바르텐부르크Hans von Yorck von Wartenburg 백작과 결혼한 것이다. 안나가 1879년에 세상을 떠나자, 요르크 백작은 처제인 헬레네 폰 칼크로이트Helene von Kalckreuth와 재혼했다. 장차 디트리히의 대부가 될 그는 빌헬름 딜타이Wilhelm Dilthey와 서신을 교환하여 유명세를 탄 철학자 파울 폰 요르크 폰 바르텐부르크Paul von Yorck von Wartenburg의 동생이었다. 클라라와 헬레네의 여동생 파울리네 폰 칼크로이트Pauline von Kalckreuth는 포츠담에서 황태자 프리드리히 3세의 아내 빅토리아Viktoria의 시녀가 되었다. 디트리히의 어머니도 1889년부터 1894년까지 부모와 함께 포츠담 궁정 환경에서 살았다.

디트리히의 어머니는 친정어머니 클라라 폰 하제에게 활기찬 생활 양식을 익혔고, 이는 본회퍼 가문에 활력을 불어넣는 계기가 되었다. 튀링겐의 친척이 이상하게 여길 정도로, 일단의 조력자가 필요할 때면 클라라가 딸들을 데리고 방문하곤 했다. 자녀들은 야단법석을 떨지 않으면서 다양한 연주로 파티를 아름답게 하는 법을 배웠다. 브레슬라우의 교수이자 시인인 펠릭스 단Felix Dahn조차 자기 집에서 공연이 열릴 때면 늘 그들의 참여를 기대할 정도였다.

클라라가 일찍 세상을 떠나자, 자식 없이 클라인-욀스에서 살았던 동생 헬레네가 외할머니 역할을 맡아 브레슬라우 시절의 아이들을 보살폈다. 클라라와는 방법이 달랐지만 그녀도 상상력이 풍부한 예술가였다. 그녀의 수예 작품과 장식용 목걸이들은 삼사 대에 걸쳐 소중히 간직되었고, 본회퍼 가의 아이들이라면 누구나 그녀의 오락거리들을 알고 있었다. 연하장 만들기도 그 가운데 하나였다. 그녀가 연하장에 삽화를 그리면 그녀의 남편 한스 요르크Hans Yorck가 시를 적어 넣곤 했다. 어린 디트리히는 정기적으로 클라인-욀스에 편지를 써 보냈다. 열 살 무렵에는 외종조모 헬레네에게 다음과 같이 자랑스레 보고하기도 했다. "저는 지금

에드바르 그리그Edvard Grieg를 조금 연주하고 있습니다.……아르투르 니키쉬Arthur Nikisch의 협주곡에 다시 한 번 빠졌습니다."[3] 그는 칼크로이트 가문의 음악성을 어느 정도 타고난 반면, 쌍둥이 여동생은 조각가 소질을 더 많이 타고나 모형 만들기를 좋아했다.

본회퍼 가의 형제자매들은 2차 세계대전 중 정치적 저항을 하면서 외종조모 헬레네의 5촌이자 클라인-욀스 태생인 페터 폰 요르크 폰 바르텐부르크(고위 사무관)Peter von Yorck von Wartenburg와 파울 폰 요르크 폰 바르텐부르크(대사)Paul von Yorck von Wartenbug를 다시 만나게 된다.

외할아버지 칼 알프레트 폰 하제

1842년 예나에서 태어나 총회 위원과 실천신학 교수가 된 칼 알프레트 폰 하제는 아내 클라라보다 10년 더 오래 살았다. 그는 디트리히 쌍둥이에게 세례를 베풀었고, 어린 디트리히는 1909년에 막내 여동생 주잔네에게 세례를 베푸는 그의 모습을 볼 수 있었다. 그가 세상을 떠날 때 디트리히는 여덟 살이었다.

외할아버지는 본회퍼 가족과 몇 구역 떨어져 살았다. 거기에서 외손자는 외할아버지의 서재를 가득 채운 외증조부의 유물들과 에를랑겐 출판사의 화려한 루터 전집을 볼 수 있었다. 이 전집은 나중에 디트리히의 소유가 된다. 서재의 벽에는 수차례의 로마 여행에서 입수한 동판화들과 예루살렘 체류 때 입수한 올리브나무 십자가가 걸려 있었다.

외할아버지는 유명한 아버지, 곧 예나 대학교의 교회사 교수와 교리사 교수를 역임한 칼 아우구스트 폰 하제Karl August von Hase의 유품들을 정성껏 간직했다. 디트리히는 이 위대한 선조의 이미지에 깊은 인상을 받았다. 그의 전공 분야와 신학 방향을 제 것으로 삼지는 않았지만, 그의 생애에 흠뻑 반했다.

칼 아우구스트는 아들 칼 알프레트에게 편한 직업을 정해 준 반면, 정작 자신은 작센 주에서 사역하던 목사의 아들로서 일찍 고아가 되는 바람에 필생의 사업을 무(無)에서 일으킬 수밖에 없었다. 그는 자신의 책 『이상과 오류』*Ideale und Irrtümer*에서 그 파란 많은 청소년기에 대해 상기했다. 이 책의 7판이 1917년 일선 장병들을 위해 출판되었고, 디트리히도 한 권을 선사받았다.

칼 아우구스트는 부르셴샤프트 회원(조국애의 함양과 학생생활의 향상을 목적으로 한 각 대학교의 대학생 협의회. 칼 아우구스트는 1818년 라이프치히 대학생 협의회, 1821년 에를랑겐 대학생 협의회의 회원이었다—옮긴이)Burschenschafter이라는 이유로 라이프치히와 에를랑겐에서 추방되자 튀빙겐에서 대학 사회의 경력을 쌓기 시작했다. 그러다가 그곳에서 당국에 적발되어 1824-1825년 어간에 호엔아스페르크 요새에 수감되었다. 그 후 예나에 정착하여 그곳 대학교에서 60년간 가르쳤다.

그를 예나 대학교에 초빙한 이는 바이마르 대공의 주무 장관 요한 볼프강 폰 괴테Johann Wolfgang von Goethe였다. 칼 아우구스트는 1차 이탈리아 여행을 마치고 돌아와 그를 예방했다. 그러고는 약혼녀에게 보내는 1830년 8월 23일자 편지에서 그 연로한 장관이 집무실에서 주노 루도비시Juno Ludovisi의 거대한 두상과 함께 자신을 맞아 주었다고 하면서 아래와 같이 기록했다.

> 대화는 시종일관 적절하고 차분했습니다. 그분은 인간적인 면모나 다정한 구석은 없지만 대체로 호의적인 것 같습니다. 처음에는 예나 대학교가 나에게 제공하는 것과 나에게서 기대하는 것을 놓고 상당히 업무적인 대화가 오갔습니다.……주노 루도비시에 대한 물음과 그저 그렇다는 대답이 우리를 이탈리아에 대한 문답으로 이끌었고, 나는 그분께 이야기를 해드릴 수 있었습니다.[4]

요한 볼프강 폰 괴테의 여자친구 민나 헤르츨리프Minna Herzlieb가 모과나무로 만든 찬장을 하제 집안으로 보냈고, 이것은 1944년에 디트리히 본회퍼에게로 넘어갔다. 디트리히는 그것을 생일선물로 받고 기뻐했다.[5]

1831년, 외증조부 칼 아우구스트는 파울리네 헤르텔Pauline Härtel과 결혼했다. 라이프치히 출판업자의 딸 파울리네 헤르텔은 그에게 새로운 동아리를 소개해 주었다. 화가 프리드리히 프렐러Friedrich Preller, 『프랑스 벽난로 가에서 꾼 꿈들』*Träumereien an französischen Kaminen*을 쓴 조카 리하르트 폴크만-레안더Richard Volkmann-Leander가 그 동아리 소속이었다. 1870년, 그는 자신의 세 아들이 프로이센 사람은 아니지만 프로이센의 깃발 아래 프랑스로 진군하고 있다는 소식을 듣고 기뻐했다.

외증조부는 신학 교수와 저술가로서 대단한 성공을 거두었다. 그의 책들은 수차례 판갈이를 했다. 교리사 교과서 『되살아난 후터』*Hutterus redivivus*는 디트리히 본회퍼가 대학생이던 시절에도 시험 보조 자료로 귀중하게 평가받았다. 그는 자신의 집에 마련한 강당에 크리스티안 라우흐Christian Rauch가 조각한 프리드리히 에른스트 다니엘 슐라이어마허Friedrich Ernst Daniel Schleiermacher의 흉상을 설치했다. 한편으로는 절친한 조각가를 위해, 다른 한편으로는 신학적 합리주의를 극복한 사람으로 여겨지는 슐라이어마허에게 경의를 표하기 위해 한 일이었다. 그는 자신의 과격한 기질에도 불구하고 페르디난트 크리스티안 바우르Ferdinand Christian Baur처럼 신랄한 신학 혁명가가 되지 않고 오히려 그에 맞서 싸웠다. 역사적 생성물에 감정을 이입하는 능력이 탁월했던 그는 개신교도로서 로마 가톨릭의 입장이 되어 "자유와 그리스도교의 유구하고 신실한 동맹"을 대변하려 했다. 그래서 그는 정통파 루터교도 에른스트 빌헬름 헹스텐베르크Ernst Wilhelm Hengstenberg를 아래와 같이 논박했다.

> 어떤 사람은 종교를 고대의 교리 형식 속으로 되밀어 넣지 않으면 우리 민족에게서 종교가 사라질 것이라는 걱정을 효과적으로 유포했다. 이는 이미 깨어난 민족의 오성을 거스르는, 양쪽 모두에게 불리한 시도일 뿐이다.[6]

1870년에 있었던 9차 로마 여행에서, 칼 아우구스트는 제1차 바티칸 공의회의 반대 집단과 연락하기 시작했다. 그 집단은 교황 무류설 공포에 반대하여 칼 요제프 폰 헤펠레Karl Josef von Hefele 주교의 지휘 아래 등장한 집단이었다. 더 이상 결정을 막을 수 없음이 분명해지자, 칼 아우구스트도 반대 집단과 함께 귀로에 올랐다. 그 후 그는 프로이센 사람들에게 가망 없는 문화투쟁을 중단하라고 간절히 권했다.

뷔르템베르크 왕은 그를 호엔아스페르크에 수감시킨 일에 대한 화해의 뜻으로 세습이 안 되는 귀족 작위를 수여했는데, 바이마르 대공은 예나 대학교에서 이루어진 60년간의 교수 활동을 마치는 자리에서 그에게 세습 귀족 작위를 수여했다.

아들 칼 알프레트 폰 하제는 아버지가 우직하게 거둔 것과 같은 대성공을 거두지 못했다. 젊은 목사 시절, 그는 서평을 발표하여 에르네스트 르낭Ernest Renan의 불쾌할 정도로 급진적인 『예수의 생애』*Das Leben Jesu*를 반박했다. 그 후 그는 종교개혁사에 특히 몰두했다. 그는 자신을 "교회 실증 신학자들" 가운데 한 사람으로 여겼지만, 그들은 동의하지 않았다. 교리적인 이유로 징계 절차를 밟고 있는 극도로 급진적인 칼 야토Carl Jatho 목사가 쾰른에 있는 목사관에 체류할 수 있도록 그가 보증을 섰기 때문이다. 칼 알프레트 폰 하제는 요한 크리스토프 블룸하르트Johann Christoph Blumhardt에게 관심이 생겨 바트 볼Bad Boll로 찾아가기도 했다.

1870-1871년 어간에 프랑스 출정이 있은 뒤, 그는 하노버에서 사단 군목이 되었고, 1876년에는 쾨니히스베르크에서 수석 군목으로 임명되었다. 그리하여 딸 파울라가 1876년 12월 30일에 동프로이센에서 태어났다. 그는 설교로 빌헬름 1세Wilhelm I와 프리드리히 3세Friedrich III에게 호평을 받았고, 1889년 빌헬름 2세Wilhelm II에 의해 포츠담 궁정 설교사로 임명되었다. 그러나 처음부터 힘든 상황이었다. 가족이 프리드리히 3세를 더 존경했으며, 시녀로 봉직하는 처제 파울리네가 미망인 황후 빅토리아와 함께 지내고 있었기 때문이다. 2년 6개월 뒤, 칼 알프레트는 사직서를 제출했다. 가족들은 그 이유를 두 가지로 꼽는다. 첫째는 직접 설교하려고 하는 빌헬름 2세의 열망에 칼 알프레트가 맞섰기 때문이고, 둘째는 그 황제가 프롤레타리아를 "개떼"라고 딱 잘라 말할 때 칼 알프레트가 그의 말을 감히 가로막았기 때문이다. 칼 알프레트는 자신이 직접 출판한 가족연대기에서 충직하게도 이 사임 배경에 대해 한마디도 언급하지 않았다.

1894년, 그는 브레슬라우로 이사하여 총회에 입회하고 객원교수직을 얻었다. 당시 대단히 진보적으로 변한 신학부에서 그는 힘겹게 채용되었다. 교수들은 실천신학과의 동료이자 교회임원인 그를 달가워하지 않았으나, 하제 집안의 개방성과 폭넓은 교유(交遊)를 알고 나서 상황이 바뀌었다. 하제 집안은 시간이 흐르면서—무엇보다도 클라라의 수완 덕분에—여러 학부 친구들 사이의 구심점이 되었다. 법학부 소속의 펠릭스 단은 클라라의 은혼식을 위해 축제극 대본을 썼으며, 클라라가 세상을 떠났을 때에는 단호한 무신론자이면서도 1903년 12월 4일자 「슐레지셰 차이퉁」*Schlesische Zeitung*에서 그녀의 우아함을 기렸다. "지금도 천사들이 지상에 살고 있다는 생각이 이 이교도에게도 드는군요." 의사들 중에서는 외과의사 요한 폰 미쿨리츠Johann von Mikulicz 같은 이가 하제 집안을 드나들었다. 그의 조교는 젊은 외과 의사 페르디난트 자우어브루흐Ferdinand Sauerbruch였다. 프로이센 문화부 장관을 지냈으며 대학 재단 이사로 활동하는 로베르트 폰 체들리츠Robert von Zedlitz 백작도 하제 집안의 친구가 되었다. 그는 루트 폰 클라이스트-레초브Ruth von Kleist-Retzow의 아버지였고, 루트 폰 클라이스트-레초브는 30년 뒤 포메른에서 디트리히 본회퍼의 든든한 후원자이자 전우가 된다.

어느 날 이 사교 모임의 테두리 안에 젊은 전문의 한 사람이 갑자기 등장하는 사건이 일어났다. 바로 의학박사 칼 본회퍼Karl Bonhoeffer였다. 그는 자신의 회고록에서 당시 상황에 대해 아래와 같이 이야기한다.

> 1896년 겨울의 어느 한가한 저녁, 나는 푸른 눈과 금발의 젊은 아가씨를 만났다. 몸가짐이 거리낌 없고 자연스러운데다 눈매는 또 어찌나 정직하고 서글서글한지, 그녀가 방에 처음 들어서자마자 푹 빠지고 말았다. 미래의 신붓감을 처음 보던 그 순간이 내 기억 속에 대단히 신비롭고 생생한 인상으로 남아 있다. 그날 저녁 우리는 곧바로 친해졌고, 병원과 튀빙겐 대학교 동문 서너 명만 생각하던 내 생활 방식도 바뀌었다. 나는 그녀를 만날 요량으로, 아침마다 주임 의사를 모시고 슈바이트니처 외호(外濠)로 가서 스케이트를 탄 다음 여러 집으로 왕진을 가서 그녀를 만나곤 했다.……그녀는 테레제 단Therese Dahn(시인 펠릭스 단의 아내)의 어린 친구였다. 물론 테레제 단은 그녀의 환심을 사려고 애쓰는 나를 다소 싫어했다. 자신도 그녀에게 몹시 집착했기 때문이다. 테레제 단은 자신이 그녀에게 규칙적으로 해주던 라틴어수업이 불규칙하게 바뀌고, 고전어에 대한 그녀의 관심이 서서히 줄어드는 것을 지켜볼 수밖에 없었다. 그래서 자신의 동아리를 방해하고 분방한 환경의 그 동아리에 진지해 보이지도 않는 그 젊은 의사를 조심하라고 주의시킬 필요가 있다고 여겼다. 그러나 우리는 곧 좋은 친구가 되었다. 우리는 펠릭스 및 테레제와 함께 성대한 파티를 여러 차례 열기도 했다.[7]

1914년 정월 초하루에 외할아버지 칼 알프레트 폰 하제가 세상을 떠났다. 이 시기에 본회퍼 가족은 더 이상 브레슬라우에 살지 않았다. 그럼에도 손자들은 외할아버지가 앓고 있는 암의 진행 단계들을 알고 있었다. 그들은 외할아버지가 마지막 순간까지 자기 일에 몰두했다는 이야기에 평생 잊히지 않을 인상을 받았다.

외할아버지가 세상을 떠난 뒤에는 외삼촌 한스 폰 하제(파울라의 오빠)Hans von Hase, 1873-1958가 집안의 영적 예식을 담당하는 목사가 되었다. 소년 디트리히에게 교회와 목사직을 생생히 보여준 곳은 슐레지엔과 브란덴부르크에서 목회한 한스 폰 하제의 시골교회 목사관이었다. 그의 목사관은 1차 세계대전 시절과 그 이후에 사촌 형제자매들로 인해, 또한 그의 농사로 인해서도 낙원 같은 휴가 장소가 되었다.

칼 알프레트 폰 하제가 쓴 『우리 집안의 연대기』*Unsre Hauschronik*는 하제 가문의 역사를 세세히 기록한 책이다. 그 책에서 칼 아우구스트가 가장 많은 분량을 차지한다. 물론 본회퍼 집안사람들이 그 칭찬할 만한 노고를 늘 진지하게 대한 것은 아니다. 그들은 자신들의 가계와 그 역사에 대한 일종의 자부심을 노골적으로 드러내는 외가 사람들을 놀려 대곤 했다. 1943년 디트리히 본회퍼가 테겔 감방에서 구상한 소설 초안에는 가상의 삼촌이 등장한다. 이 삼촌은 집안의 연대기만을 생각하는 사람이어서, 그가 상투적으로 설명할 때 아이들은 빈정거림을 감추지 않았다(DBW 7:91f.).

브레슬라우 외가가 대표하는 사회 계층은 19세기 말엽의 독일에서 국가의 중추가 되었다. 그 계층의 고결함은 폭넓은 관용과 연결되어 있었고, 교육 이상(理想)은 주로 남유럽의 영향을 받았으며 서유럽의 영향은 극히 적었다. 수차례의 이탈리아 여행으로 지식과 취향을 풍부하게 갖추었으나 정치적 비판 기능은 전혀 하지 못했다. 그들은 지중해 반도에서 일고 있던 시대의 혁명적 조짐을 부차적인 것으로 여겼다. 독일 군주제의 기형적인 몸집을 보는 안목이 전혀 없지 않았으나, 상류사회 전반을 공격하지 않고 주어진 영역에서만 업적을 쌓았다. 민족정신은 상위 가치로만 머물렀다. 그들은 자신과 가족에게 부여된 높은 수준의 인도주의적 권리들이 민족정신과 상충한다고 여기지 않았다. 폰 하제 집안에서 태어난 파울라 본회퍼는 아들들의 운명을 접하면서 난생 처음 인도주의적 권리들과 민족정신의 불화를 맛보지 않으면 안 되었다.

친할아버지 프리드리히 본회퍼

슈바벤 선조들은 디트리히 본회퍼의 생애에 다른 요소를 심어 주었다. 그 요소는 내향적 기질과 잠재적 열정이었다. 이 두 요소는 무엇보다도 정치적으로 적극적인 타펠 사람들의 특징이었다.

판 덴 뵌호프van den Boenhoff가 네덜란드 네이메헨에서 이주한 1513년부터 본회퍼 가문 사람들은 슈베비슈 할에서 금 세공사로 일했고, 17세기부터는 성직자, 의사, 시의회 의원, 시장으로 활약했다. 지금도 슈베비슈 할의 아름다운 가옥들에서 본회퍼 가문의 문장(紋章)을 볼 수 있다. 1590년에 내린 본회퍼 가의 문장 하사증은 본회퍼 가의 문장을 다음과 같이 결정하고 있다. "푸른 땅을 딛고 앞발로 콩 넝쿨 한 줄기를 붙잡고 있는 사자 한 마리." 디트리히 본회퍼가 끼고 다닌 유일한 장신구는 그 문장이 새겨진 인장반지였다. 게르트 분더Gerd Wunder는 디트리히 본회퍼의 조상들 중에서 시의원을 지낸 일흔여덟 명을 헤아리면서 그들을 "빈틈없이 사고하는 위풍당당한 가문"의 상징이라 부른다.[8] 슈베비슈 할에 있는 미하엘 교회의 여러 벽면에는 그들 중 몇 명의 얼굴이 바로크 양식으로 새겨져 방문객들을 내려다보고 있다. 1794년에 그려진 주목할 만한 유화 「아름다운 본회퍼 아가씨」Schöne Bonhoefferin도 그 벽면에 걸려 있다. 그녀는 처녀의 신분으로 여러 가지 선행을 베풀어 고귀한 이들과 함께 벽면의 한 자리를 차지한 인물이다. 그 모사화 한 점이 디트리히의 친가에 걸려 있었다.

디트리히가 친할아버지 프리드리히 에른스트 필립 토비아스 본회퍼Friedrich Ernst Philip Tobias Bonhoeffer, 1828-1907를 알게 된 것은 아버지와 친할머니의 이야기를 통해서였다. 친할아버지는 조상 전래의 거주지 슈베비슈 할을 떠났지만 슈바벤 지역을 떠나지는 않았다. 그는 뷔르템베르크 전역을 관할하는 고등법원 판사로서 슈바벤에 있는 여러 소도시의 법원에서 일했다. 그의 아들이자 디트리히의 아버지 칼이 1868년 3월 31일에 태어나게 된 것도 그 때문이었다. 당시 그는 네레스하임에서 재직 중이었다. 미래의 어느 날, 칼 본회퍼는 자신이 슈베비슈 할의 시민권을 잃어버리고도 그것을 되찾는 일에 소홀했던 것을 두고 아쉬움을 표했다. 프리드리히 본회퍼는 울름 지방 법원장으로 자신의 직업 경력을 마감했다. 그 후 그는 은퇴하여 튀빙겐으로 이사했고, 국왕에게서 세습이 안 되는 작위를 수여받았다. 칼 본회퍼는 아버지가 운명한 해에 아버지에 대해 아래와 같이 기록했다.

> 나는 아버님의 특징 가운데 검소함과 정직을 우리 아이들이 물려받기를 바랐다. 나는 아버님에게서 허튼소리를 들어 보지 못했다. 아버님은 말씀을 적게 하셨으며, 온갖 유행어와 부자연스러운 말을 몹시 싫어하셨다(섣달 그믐날 일기).

그는 야심이 없어서 자기 경력의 이해와 관계된 일을 결코 꾀하지 않았으며, 공적인 무대에 서는 것을 꺼려서 공무에 필요한 대화를 수일 전부터 걱정하곤 했다. 부단한 활동이 그의 특징이었다. 앉아서 대화하기를 달가워하지 않고 이리저리 걸으며 대화하기를 좋아했다. 이는 디트리히의 형들에게도 나타나는 특징이었다. 또한 그는 일할 때 서서 작업할 수 있게 면이 비스듬히 기울어진 책상을 선호했다. 후일 디트리히도 똑같이 그 책상을 선호하고 소중히 여겼다.

집에서 그는 가족에게 자신의 일에 대해 이야기하지 않는 편안한 아버지였다. 그는 빠른 걸음으로 장거리를 산책하는 것을 높이 평가했다. 그래서 두 아들 칼 본회퍼와 오토 본회퍼Otto Bonhoeffer는 어린 시절에 슈투트가르트에 사는 친척을 방문하기 위해 아버지와 함께 튀빙겐에서 쇤부흐를 거쳐 슈투트가르트까지 40킬로미터를 걸어가야 했다. 그는 길가에서 자라는 모든 것을 알고 있었다. 아들 칼은 자신이 예과 졸업 시험 중 식물학 시험에서 "일등한 것"을 아버지의 공로로 돌렸으며, 손자 디트리히는 할아버지에게서 물려받은, 버섯에 관한 정확한 지식을 자랑스러워했다. 할아버지가 그랬듯이 디트리히도 자신의 후각으로 숲을 음미하곤 했다.

프리드리히 본회퍼의 정치 성향은 보수적이었다. 그럼에도 그는 뷔르템베르크의 배타적 애향심을 혐오했다. 1862년, 그는 독일 동맹이 프로이센의 지배를 받게 될 것이라고 확신했다.

그는 교회와 적극적인 관계를 유지했다. 이는 슈베비슈 할에 뿌리를 둔 집안 전통에 어울리는 일이었다. 그러나 아들 칼은 그 사실을 놓고 아래와 같이 말했다.

대체로 내가 받은 인상에 의하면 아버님은 예배 출석으로 기분이 좋아지기보다는 괴로워하셨던 것 같다. 아버님은 아들들이 나이가 들자 예배 출석을 권하지 않으셨지만, 견신례 이전의 학창시절에는 일요일마다 예배에 출석하도록 하셨다. 성금요일은 음산한 날이었다. 통상적인 오후 산책을 하면서 그 고장의 음식점에 들를 수 없었고, 그 행위가 신성모독으로 여겨졌다. 내가 생각하기에, 아버님은 슈바벤 민주제에 비위가 상하셨는데, 이는 슈바벤 민주제가 교회에 대해 방종한 태도나 거부하는 태도를 보였기 때문인 것 같다.[9]

타펠 태생의 친할머니 율리 본회퍼

프리드리히 본회퍼의 부인이자 친정의 성이 타펠인 율리를 통해 기나긴 과거가 디트리히 본회퍼의 생애 속으로 들어왔다. 1842년 8월 21일에 태어난 그녀는 에두아르트 뫼리케Eduard Mörike와 유스티누스 케르너Justinus Kerner의 시절까지 거슬러 올라가 이야기해 줄 수 있었다. 1933년 4월 1일, 나치스 돌격대가 타우엔친슈트라세에 있는 "서부 백화점" 앞에서 유대인 상점 배척 동맹 시위를 벌이자, 그녀는 91세의 단신으로 그 보초선을 뚫고 들어가기까지 했다.

율리 타펠과 프리드리히 본회퍼의 결혼으로 디트리히 본회퍼의 선조들 속에 혁명적인 요소가 섞이게 되었다. 이 대목에서 대학생 협의회 회원, 열렬한 공화주의자, 사회주의자, 프리메이슨 단원, 망명자, 에마누엘 폰 스베덴보리Emanuel von Swedenborg 신봉자가 등장한다. 율리의 아버지 크리스티안 프리드리히 아우구스트 타펠Christian Friedrich August Tafel, 1798-1856은 일찍 고아가 되어 주목할 만한 성과를 거두고 유명해진 네 명의 타펠 형제 가운데 한 사람이었다.

율리의 아버지와 그의 동생 고틀로프 타펠Gottlob Tafel은 법학을 전공했다. 그들은 대학생 협의회 회원이고 민주주의자라는 이유로 뷔르템베르크에서 일시적으로 추방되었다. 고틀로프는 1824년 호엔아스페르크 요새에서 동료 수감자이자 신학자 칼 아우구스트 하제를 만났다. 칼 아우구스트는 자신의 청년기를 회고하면서 이 만남을 아래와 같이 설명한다.

"뷔르템베르크의 우수한 변호사들 가운데 하나인 거친 성격의 타펠은 그의 세 형과 달리 대단히 독특한 별명을 가지고 있었다. 그의 세 형은 씻긴 자, 아름다운 자, 신심 깊은 타펠 같이 덜 독특한 별명을 가지고 있었다. 신심 깊은 타펠은 튀빙겐 대학교 사서로서 스베덴보리 신봉자였다." 타펠은 예심판사에게 자신의 혐의를 쉽게 인정하지 않았다. 그는 "판사에게 대단히 친절하게 말했다. '폰 프리저von Prieser 씨, 당신이 우리를 함정에 빠뜨리면 그 대가로 확실히 출세하게 될 겁니다.'"[10]

고틀로프 타펠은 이후 1848년에 국회의원이 되었고, 1868년에는 관세의회 의원이 되었다(관세의회는 1860년대에 독일 관세 동맹을 개혁하려는 시도로 생겨났다. 1868년부터 1870년 사이에 개최되었다—옮긴이). 율리 본회퍼도 회상한 바 있듯이, 1848년 이후 그녀의 친가는 정치적 망명자들과 수감자 친척들의 피난처가 되었다. 크리스티안 타펠은 프리메이슨 단원이었다. 조사(弔辭)에 언급된 대로, 그의 집은 "그 도시에서 손님을 극진히 환대하는 집"으로 통했다.

기존 체제에 대한 저항은 다른 형들 안에도 살아 있었다. 신학자 임마누엘 타펠Immanuel Tafel은 스베덴보리 신봉자와 친구 사이였다. 1839년, 그는 스베덴보리 설명서 한 권을 예나에 있는 칼 아우구스트 하제에게 증정하기도 했다. 사람들이 그를 목사관에서 쫓아내려 했지만, 그는 자신의 신념을 접지 않았다. 결국 그는 튀빙겐 대학교의 수석 사서와 교수가 되었다. 디트리히 본회퍼는 진외증조부(친할머니의 숙부)의 서재에 있던 스베덴보리 서적을 상당수 받았다. 그러나 그 서적들은 그를 자극하지 못했으며, 그는 그 방면을 연구하지 않았다. 타펠 형제들 가운데 셋째인 어문학자 레온하르트 타펠Leonhard Tafel은 자기 가족을 데리고 정든 고향을 떠나 미국에서 성공했다. 칼-프리드리히 본회퍼와 디트리히 본회퍼가 도미했을 때, 필라델피아에 있던 그 후손들이 그들을 초대했다.

율리 세대에 타펠 집안의 혁명 열기는 전혀 식을 줄 몰랐다. 칼 본회퍼는 슈투트가르트에 있는 타펠 집안을 방문하여 목격한 열띤 대화를 떠올리곤 했다. 그의 천진난만한 심성을 조금도 불안하게 하지 않는 대화였다. 그는 이졸데 쿠르츠Isolde Kurz와 함께 피렌체를 여러 차례 다녀온 이모를 특히 떠올렸다.

이모가 우리 집을 방문할 때면, 그녀의 자유주의적이고 철저히 민주주의적인 견해와, 왕국과 프로이센의 통치를 열렬히 찬성하는 아버지의 견해 사이에서 활발하게 벌어지는 격렬한 정치 논쟁이 심각한 불화로 이어질까 봐 조마조마하긴 했지만, 그래도 우리는 즐거워했다. 우리가 이모와 그녀의 상냥한 활기며 자유로운 성향(우리 사내아이들이 약간 진지하게 받아들인 성향)을 무척 좋아하지 않았다면, 그리고 우리가 우리 자신의 판단으로가 아니라 아버지의 권위를 신뢰하여 그녀의 흑·적·황 삼색기의 신념을 거부했다면, 그 정치 논쟁은 우리를 몹시 가슴 아프게 했을 것이다.[11]

칼 본회퍼는 1890년 뮌헨에서 수학하던 시절에 헤르만 타펠Hermann Tafel이라는 이름의 외사촌을 만났다. 헤르만은 화가이자 예술평론가였다.

나는 어느 지하실에서 그와 함께 여러 차례 근사한 저녁시간을 보냈다. 당시 그는 칼 마르크스Karl Marx의 자본론을 읽고 거기에 영향을 받은 상태였다.……그와 그보다 나이 많은 외사촌 로베르트 타펠Robert Tafel은 높은 이상을 지녔으나 당에 선서하지 않은 사회주의자였다. 그들이 시민계급 집안의 일원이라는 것이 약간 두렵기도 하고 불편하기도 했지만, 두 사람 모두 평균을 넘어서는 학식으로 나에게 상당히 많은 가르침을 주었고, 나는 인간적으로 그들을 매우 높이 평가했다.[12]

율리 타펠도 선조들의 깨어 있는 감각과 비판적인 감각을 얼마간 물려받았다. 그래서 여성 문제 논의에 왕성한 관심을 보이고, 뷔르템베르크에서 여성 양로원 건립이나 소녀 직업훈련소의 설립 같은 실제적이고 조직적인 계획에 몰두했다. 그녀는 특이하게도 두 아들 칼과 오토에게 공직이나 장교직을 택하지 말라고 권했다. 그 직업이 "전혀 유동적이지 않고 평생 종속관계를 의미하기" 때문이었다. 칼 본회퍼는 자기 자신을 돌아보며 회고록에 아래와 같이 덧붙인다.

이 점에서 나에게는 어려움이 전혀 없었다. 나는 일요일마다 설교하거나 교사

친할아버지 프리드리히 본회퍼. 뷔르템베르크 전역을 관할하는 고등법원 판사로 일했다.
친할머니 율리 본회퍼. 타펠 태생으로, 여성 문제, 유대인들이 겪는 차별에 각별한 관심을 기울였다.

외할아버지 칼 알프레트 폰 하제. 브레슬라우에서 총회 위원과 실천신학 교수로 일했다.
외할머니 클라라 폰 하제. 칼크로이트 태생으로, 예술가적 기질을 타고났으나 1903년 52세의 나이로 일찍 세상을 떠났다.

가 되는 것을 특별히 꺼려서, 국가고시를 치른 다음 신학 경력이나 철학 경력을 쌓겠다는 생각을 버리고 처음부터 의학을 지향했다.[13]

친할머니는 1924년까지 튀빙겐에 거주하면서 디트리히 본회퍼의 첫 두 학기를 보살펴 주었다. 그런 다음 자식들을 위해 베를린으로 이사했다. 프리드리히스브룬에서 맞이한 그녀의 90회 생일은 자식들과 손자들과 증손자들에게 커다란 잔치나 다름없었다. 그 자리에서 세 살이 채 안 된 크리스토프 폰 도나니Christoph von Dohnanyi가 외증조할머니를 위해 다음과 같은 시를 암송했다.

당신이 지금의 나만큼 어렸을 때
사람들은 말을 타고 다녔지요.
내가 언젠가 지금의 당신만큼 나이를 먹으면
사람들은 달나라로 발사될 거예요…….

그녀의 걸음새는 여전히 정정했다. 그녀는 왕성한 편지 왕래로 손자들에게 관심을 기울이고 정치적 사건들의 흐름에 대한 우려를 표명했다. 디트리히가 그녀의 관 옆에서 말한 대로, 말년의 그녀는 유대인들이 겪는 고통을 보고 괴로워했다.[14]

이런 선조들의 풍부한 세계가 디트리히 본회퍼에게 삶의 척도를 제공해 주었다. 그 덕분에 디트리히는 판단과 태도에 확실함을 지닐 수 있었다. 이런 확실함은 한 세대 안에서 얻을 수 없는 것이었다. 그는 교육의 참된 요소들이 학교에 있지 않고, 역사의 위대한 유산과 정신적 전통의 수호자가 되어야 한다는 뿌리 깊은 의무감에 있다고 여기는 집안에서 성장했다. 디트리히 본회퍼는 그 의무감을, 자기 앞 세대가 생각해 내고 삶으로 녹여 낸 것을 이해하고 존중하는 태도로 이해했다. 하지만 거기에는 그 자신이 기여해야 할 것도 있었다. 그 기여는 사실에 의거하여 선조들과는 다른 결정을 내리고, 바로 그런 방식으로 선조들을 존중하는 것까지 의미했다. 또한 그것은 선조들의 세계에 대해 부득이하게 내려진 판결을 기꺼이 수용하되, 그 세계를 품위 있게 대변하는 이들의 흉을 깨뜨리지 않는 것도 의미했다.

신도시

슈바벤 사람에게 브레슬라우 같은 도시는 바람직한 것과는 거리가 먼 도시였다. 어쨌든 칼 본회퍼는 정신의학 원로 칼 베르니케Carl Wernicke의 조교 자리를 수락했고, 1893년의 지리적 관점에서 그것을 일종의 유배로 여겼다. 그는 1947-1948년 어간에 회고록에서 그 도시를 아래와 같이 기술했다.

> 괴를리츠를 뒤로하고 동쪽 방향의 평야가 열렸을 때, 방향을 되돌리는 것이 나았을 것이다.……하젠베르크에서 슈투트가르트로 가는 것과 비교해 볼 때, 내가 거대하고 높다란 가옥들과 굴뚝들이 즐비한 그 도시로 들어가면서 받은 인상은 그다지 낙관적이지 않았다.[15]

그럼에도 그의 업무와 아내와 자녀들이 그를 슐레지엔의 그 대학 도시에 튼튼히 뿌리내리게 해주어, 그는 한동안 그 도시를 자신의 마지막 도시로 여겼다.

그는 칼 베르니케 곁에서 수습 기간을 보내는 가운데 알코올 정신병자들을 대상으로 특별연구를 수행했다. 브레슬라우가 낮은 생활수준과 그곳에 퍼진 음주와 함께 특별한 관찰 영역을 제공했기 때문이다.[16] 놀랍게도 어느 날 칼 베르니케가 그에게 대학교수 자격을 취득할 기회를 열어 주었다. 칼 본회퍼는 그 기회를 재빨리 잡았다. 칼 베르니케 편에서 그 일로 너무 놀라 심각해질 정도였다. 그 후 칼 본회퍼는 슐레지엔에 있는 정신병자 관측 병동의 정신병 학자로서 중요한 직책을 맡았다. 그는 이 신분으로 퇴행성 정신병자들에 관해 연구했다.

그는 이 독자적 활동 초기인 1898년 3월 5일 파울라 폰 하제와 결혼했다. 파울라 폰 하제는 클라인-욀스에 있는 이모 헬레네의 집에 머물면서 집안일을 익힌 상태였다.

5년 뒤 칼 본회퍼는 난생 처음 쾨니히스베르크 대학교로 초빙되었다. 하지만

1903년과 1904년 사이의 겨울학기에만 그곳에서 강의했다. 하이델베르크 대학교가 그에게 더 나은 연구 기회를 약속했다. 하지만 그가 1904년 여름 하이델베르크 대학교에서 겨우 한 학기를 보냈을 뿐인데도 브레슬라우 대학교에서 그의 스승 칼 베르니케의 자리(교수직)를 제안했다. 그는 같은 해에 아내의 고향 도시로 돌아갔다. 브레슬라우는 교육상으로나 임상적인 면으로 보나 그의 신선한 학문에 최상의 활동 공간을 제공하는 것으로 보였다. 비로소 정신의학이 의학의 필수 과목이 된 것이다.

본회퍼 가의 아이들은 넓은 집에서 자랐다. 집은 신축된 브레슬라우 정신병원 옆에 자리했고, 브레슬라우 정신병원은 샤이트니히 공원에 접해 있었다. 집에 딸린 거대한 정원에서는 굴도 파고 천막도 칠 수 있었다. 바로 옆에는 테니스장이 있었고, 그곳에서 아버지가 테니스를 치거나 겨울철에는 아이들에게 스케이팅을 가르쳤다. 집에는 공간이 넉넉하여 교탁을 갖춘 교실과 공작실이 있었고, 도마뱀, 뱀, 다람쥐, 비둘기를 사육하고 딱정벌레와 나비를 수집하여 보관하는 방이 있어서 가정부들이 깜짝깜짝 놀랄 정도였다. 집 맞은편에는 가톨릭 묘지가 있었다. 아이들은 창문을 통해 장례식 절차를 관찰하고, 검은 천을 덮어 쓰고 영구차를 끄는 말도 구경할 수 있었다. 근처에는 오데르 강 지류가 흘렀다.

외할아버지 댁은 7분 거리에 있었다. 외할머니가 숨을 거둔 뒤로 어머니의 자매 엘리자베트 폰 하제Elisabeth von Hase 이모가 외할아버지 댁 살림을 꾸렸다. 그녀는 아이들의 축제에 꼭 필요한 인물이었다.

아이들의 수가 빠르게 늘어나자 부모는 피서용 별장을 구입하기로 결심했다. 별장은 글라츠 산악지대의 외진 산림 골짜기 뵐펠스그룬트에 자리하고 있었다. 그곳에서의 체류는 낯선 사람들의 방해를 전혀 받지 않았다. 기껏해야 고루한 산림 관리원의 침해가 있었을 뿐이다. 1943년 디트리히가 테겔 감방에서 습작한 소설에서 그 산림 관리원은 "노란 장화"로 등장한다(DBW 7:113-117). 손위 아이들에게 뵐펠스그룬트의 수상(樹上) 망루와 드넓은 초원은 후일 휴가 장소를 물색할 때 적용할 수 있는 표준이 되었다.

아버지

칼 본회퍼가 아버지로서 전면에 나서는 경우는 그다지 많지 않았다. 그의 연구실과 진료시간은 철저히 배려해 주어야 할 밀실과 같았다. 그러나 그는 대학교수, 임상의, 자문 의사로서 갖는 온갖 부담에도 불구하고 온 가족이 함께하는 공동 식사시간을 소홀히 하지 않았다. 공동 식사 분위기는 다소 엄숙했다. 아이들의 식사 예절은 엄격한 감독을 받았다. 아이들은 그날의 질문에 대답하지 않으면 안 될 경우에만 말해야 했다. 아이들의 걱정거리 가운데 어느 것이 아버지 앞에 다다를지를 결정하는 것은 대체로 어머니의 몫이었다. 하지만 해마다 열리는 대축제일이 되면 아버지는 온전히 아이들 차지가 되었다. 그럴 때면 딸들이 아버지를 인형의 방으로 초대하여 손수 차린 음식을 드시게 했다. 디트리히의 손위 남매들이 아직 어릴 때에는 아버지가 그들을 뵐펠스그룬트 숲으로 데려가 함께 휴가를 보내기도 했다. 그러나 디트리히 시절에는 그런 일이 드물었고, 대개 어머니가 그를 먼 피서지로 데려갔다.

내성적 기질에도 불구하고 아버지에게서는 대단히 인상적인 힘이 흘러나왔다. 그는 늘 낮은 목소리로 말했다. 모든 이의(異議) 제기가 멎을 정도로 그의 두 눈은 단어들에 확고함을 부여했다. 언젠가 딸 크리스티네가 기술한 대로, 꾸지람은 이런 식으로 끝났다. "내가 너라면 지금은 아무 말도 하지 않고 차분히 잘 생각해 보겠다. 네가 원한다면, 저녁에 나와 함께 다시 얘기할 수 있어." 크리스티네가 이어서 말한 대로, 대개는 다시 얘기하려 하지 않았다. 용건이 제대로 받아들여졌음을 알았기 때문이다. "아버지는 우리가 수염을 쓰다듬으며 애칭을 붙여 불러도 되는 분이 아니었다. 우리가 필요로 할 때면 아버지는 바위가 되셨다. 아버지는 우리의 숨은 고충을 늘 알아내셨는데, 그것은 지금까지 나에게 하나의 신비로 남아 있다."

디트리히의 쌍둥이 여동생 자비네는 아버지를 아래와 같이 묘사한다.

> 아버지는 허튼소리를 싫어하셔서, 우리 가운데 몇몇은 말을 더듬거나 자신하지 못할 때가 이따금 있었다. 하지만 그것은 우리가 어른이 되어 유행어, 험담, 진부한 말, 수다를 더 이상 즐기지 않게 하는 효과를 발휘했다.……이따금 아

버지는 우리에게 개념들과 사건들을 정의해 보라고 말씀하시는 것을 낙으로 삼으셨다. 우리는 그 일을 명쾌하고 모호하지 않게 해냄으로써 아버지를 기쁘게 해드리곤 했다.……아버지는 신중한 분이셔서 우리를 압박하거나 쥐락펴락하는 일이 없으셨다. 그저 두고 보시면서 우리가 자라기를 기다리시고, 누구도 무리하게 속박하려 하지 않으셨다.[17]

칼 본회퍼는 자신의 회고록에서 동료들과의 사귐과 관련하여 다음과 같이 덧붙여 말하는 것으로 자기 자신을 묘사했다. "나는 늘 이런 견해를 가지고 있었다. 말하자면 정신병 학자의 자격은 의견을 달리하는 이들을 이해하는 능력은 물론이고 특별히 감정을 제어하는 능력이 발달되었느냐 아니냐의 여부로 밝혀져야 한다는 것이다."[18] 우리는 이 논평의 실마리로 잠언 25:28을 꼽을 수 있다. "자기의 마음을 제어하지 아니하는 자는 성읍이 무너지고 성벽이 없는 것과 같으니라(개역개정)."

그는 다른 이들의 감정과 견해를 존중하고, 자신의 한계를 알고, 조화로운 삶을 살도록 가르치는 것을 자녀교육으로 이해했다.

본회퍼 가의 살림은 오늘날의 기준으로 보아도 규모가 어마어마했지만, 아버지는 검소하고 욕심 없는 삶에서 벗어나는 것을 허용하지 않았다. 자녀들 앞에서는 돈 이야기를 하지 않았다. 뵐펠스그룬트 별장은 공간과 공기는 넉넉했을는지 몰라도 설비는 소박했다. 후일 베를린에서 오가며 관리한 프리드리히스브룬 별장은 1943년 가을에야 전기가 들어왔다(DBW 8:149). 어머니는 그곳으로 기차 여행을 할 때 불결한 객실 바닥에 떨어진 장난감을 재빨리 주워 달리는 기차 밖으로 던질 정도로 깔끔한 사람이었지만, 지저분하고 불편한 별장을 수리하려는 마음은 전혀 먹지 않았다. 옷을 위한 것이든 집을 위한 것이든 유행을 좇는 사치는 조금도 고려하지 않았다.

그러나 큰 무리의 자녀들이 행복하게 자라도록 하는 일이라면 힘들 게 전혀 없었다. 여덟째가 태어난 뒤인 1909년 그믐밤, 아버지는 일기에 아래와 같이 적었다.

요즘 같은 시대에는 굉장히 많아 보이는 8남매를 두었지만, 우리는 자식이 그다지 많지 않다고 생각한다. 집은 널찍하고, 아이들은 정상적으로 자라고 있다. 우리 부부의 나이도 그다지 많지 않다. 우리는 아이들을 응석받이로 키우지 않고, 아이들이 어린 시절을 마음 편히 보내게 하려고 애쓰고 있다.

1944년의 어느 날, 디트리히 본회퍼는 감방에서 장인 한스 폰 베데마이어Hans von Wedemeyer의 회고록을 읽고 난 후 약혼녀에게 아래와 같은 내용의 편지를 부쳤다.

이 가혹한 부자관계는 위대한 힘과 내적 확신을 보여주는 표지입니다.……현대인들은 대체로 너무나 약해서 자식들의 사랑을 잃을까 불안해하고, 자신들이 자식들의 동료 및 친구로 낮아지다가 결국에는 쓸모없는 존재가 되면 어쩌나 염려합니다. 내가 보기에 가정교육이랄 것도 없는 이런 교육은 고약한 교육이 아닐 수 없습니다. 나는 그 점에서 그대의 친가와 나의 친가가 비슷한 견해를 가지고 있다고 생각합니다.[19]

어머니

파울라 본회퍼가 책임을 맡은 살림 방식은 과거 시대의 방식이었다. 그녀는 적어도 도우미 다섯 명을 마음대로 부릴 수 있었다. 큰아이들을 가르치는 여자 가정교사, 작은아이들을 돌보는 보모, 하녀, 청소부, 여자 요리사가 그들이었다. 1차 세계대전 이전에는 프랑스 여성 한 명을 잠시 두었으며, 그 후에는 간호사 한 명과 운전사 한 명도 두었다. 어머니는 그들을 능숙하게 부렸으며, 그 때문에 그 집안과 무관한 이들도 그 집안의 여독재자를 짐작할 수 있었다. 그러나 조금 더 꼼꼼히 들여다본 사람은 부부가 서로의 장점을 그때그때마다 적절하고 훌륭하게 보완해 주는 것을 볼 수 있었다. 금혼식 석상에서 그들은 이런 말을 했다고 한다. "결혼 50년을 통틀어 우리 부부가 서로 떨어져 지낸 날을 일일이 합산해 보아도 채 한 달이 되지 않는다."

어머니는 자녀교육을 직접 담당했다. 자택 학습은 당시에는 충격적인 일이었다. 하지만 이미 청년 시절에 여교사 임용시험 응시 자격을 갖춘 상태였다. 그리하여 그녀는 손위 자녀들과 가장 어린 자녀들은 물론이고 친한 교수들의 자녀들까지 자택에서 가르쳤고, 그때그때의 연말 국가시험에서 자기 학생들이 두각을 나타내게 했다. 그들이 뛰어난 성적을 거두었던 것이다. 이 기초수업 덕분에 자녀들은 학년을 월반할 수 있었고, 나중에는 눈에 띌 정도로 이른 나이에 대학 입학 자격시험을 치를 수 있었다. 이는 디트리히만 보아도 알 수 있는 사실이다.

물론 이렇게 자택 학습을 실시하게 된 데에는 기존의 학교에 대한 비판이 자리하고 있었다. 부모는 학령기 이전의 자녀들을 낯선 손길에 맡기고 싶지 않았다. 집안에서는 다음과 같이 극단적인 격언이 떠돌았다. "독일인들은 살면서 등뼈가 두 번 부러진다. 한 번은 학교에서, 한 번은 군대에서."

파울라 본회퍼는 결코 포기할 줄 모르는 어머니, 대단히 고무적인 어머니였다. 그녀는 모든 과제를 재미있게 해결하는 법, 심리적 압박을 극복하게 해주는 법을 알고 있었다. 그녀는 시집이나 가곡집 혹은 대본 없이도 시, 가곡, 연극을 풍부하게 전수했다. 할머니가 되어서도 자기 생일에 「빨간 모자 소녀」라는 가족 인형극을 상연할 정도였다.

그녀는 재봉을 배운 적이 없었다. 하지만 옷이 맞지 않아 딸들이 다가오면 곧바로 바늘과 가위를 집어 들었다. 아이들이 입을 덧옷은 그녀가 직접 디자인했다. 대부분 로이틀링겐 스타일이었다. 그녀는 기성복을 "대단히 평범하게" 여겨서, 구입한 옷을 자기 몸에 걸치는 것을 상상도 하지 못했다.

그녀는 아이들은 물론이고 어른들에게도 자신의 의지를 관철시키는 법을 알고 있었으며, 끊임없이 적절한 수단과 방법을 찾아냈다. 셋째 아들 클라우스가 수영장에서 수심 깊은 인공 수조에 뛰어들기를 망설이자 그녀는 수영을 배운 적이 없으면서도 아들보다 먼저 뛰어들었다. 한 번은 백화점 직원이 욕조의 크기가 충분하다고 장광설을 늘어놓으며 그녀를 설득하려 했다. 증명해 보이라는 그녀의 요구에 그 직원은 증거를 제시한답시고 그 진열품 속에 눕지 않으면 안 되었다.

힘겹던 1930년대에 그녀는 편지와 전화 통화를 통해 그렇지 않았으면 닫히고 말았을 가능성들을 여러 차례 열어 주었다. 그녀는 아들의 친구 목사들 가운데 하나가 잘못되기 전에 조치를 취함으로써 그의 보호와 도주를 돕기도 했다. 이처럼 교회 정치상 여러 차례의 중요한 중개가 그녀를 통해 이루어졌다. 그녀는 쉽게 물러서지 않았다. 그녀는 직접 말한 대로 겁쟁이들과 소심한 이들을 차분한 추진력

결혼 직후의 칼 본회퍼와 파울라 본회퍼.

아버지 칼 본회퍼. 베를린 대학교에서 정신의학 및 신경학 교수로 일했다.
어머니 파울라 본회퍼. 하제 가문 태생으로, 어린 자녀들을 자택에서 직접 교육했다.

으로 "닦달했다."

교회와 정치에 대한 그녀의 생각은 편협하지 않았지만 친정의 특징도 드러냈다. 자연과학보다는 인간적인 것에 관심을 더 기울였으며, 빌펠스그룬트나 프리드리히스브룬에서 장거리 산책을 할 때면 남편과 달리 숲과 작은 동물에 대해 그다지 많이 알지 못했다. 그녀는 끊임없이 환담하고 경청하고 조언하고 싶어 했다. 다음 조치들을 숙고하는 데 온전히 몰두함과 동시에 에너지가 넘치는 사람이었음에도 불구하고 다른 이에게서 싹트고 있는 것을 결코 질식시키지 않았다. 어딘가에서 운동 단체가 나타나면 즉시 그 단체에 가입하고 자기 나름의 방법으로 후원했다.

그녀의 판단은 틀림이 없었다. 의료 업무에 몸담고 있는 남편의 휴식을 위한 판단도 그랬다. 그녀는 고귀하고 경건한 것을 마음껏 느끼고 마음껏 표현했다. 늘 부정확한 박자로 베토벤의 크리스티안 퓌르히테고트 겔러트Christian Fürchtegott Gellert 가곡들을 부르는 일에 몰두했고, 가사를 틀리는 것보다는 지루하게 부르는 것을 용납하지 못했다.

우리는 그녀의 성향들 가운데 상당수를 디트리히 본회퍼의 모습에서 다시 발견하게 될 것이다.

형제자매들

8남매는 10년에 걸쳐 태어났다. 먼저 태어난 세 아들은 칼-프리드리히Karl-Friedrich, 1899-1957, 발터Walter, 1899-1918, 클라우스Klaus, 1901-1945였다. 맏아들 칼-프리드리히는 아버지의 자연과학적 유산을 나름의 방법으로 계승하여 탁월한 물리학자가 되었지만 아버지의 신중한 불가지론도 물려받았다. 둘째 아들 발터는 숲과 그 속에 사는 동물들을 가장 잘 알았고 어린 나이에 언어 능력으로 주목을 받았으나 1차 세계대전에서 전사했다. 셋째 아들 클라우스는 법률가가 되었다. 아버지는 그를 가장 괴팍하면서도 가장 유쾌하고 총명한 아들로 여겼다.

이들 아래로 두 명의 큰 자매 우르줄라Ursula, 1902-1983와 크리스티네Christine, 1903-1965가 있었다. 대단히 아름답고, 즉각적인 판단 감각과 추진력을 구비한 우르줄라는 법률가 뤼디거 슐라이허Rüdiger Schleicher, 1895-1945와 결혼했다. 크리스티네는 동급생과 동창생들에 비해 섬세하고 비판적인 재능을 보였다. 그녀의 남편은 한스 폰 도나니Hans von Dohnanyi, 1902-1945였다.

끝으로 "꼬마 삼총사" 디트리히1906-1945와 자비네Sabine, 1906-1999 그리고 주잔네Susanne, 1909-1991가 있었다. 자비네는 헌법학자 게르하르트 라이프홀츠Gerhard Leibholz, 1901-1982와 결혼했다. 쾌활하고 조금은 응석받이로 자란 주잔네는 신학자 발터 드레스Walter Dreß, 1904-1979의 아내가 되었다.

갓 태어난 두 쌍둥이의 발육은 유명한 아동 임상의 아달베르트 체르니Adalbert Czerny가 맡아 감독했다. 디트리히는 건강한 체질이어서 부모에게 그다지 근심을 끼치지 않았다. 어린 시절에 받은 질병 치료라고는 1917년에 받은 맹장 수술이 전부였다. 이때 그는 힐데브란트 교수의 병원에서 흥미로운 몇 주를 보냈다. 그래서인지는 몰라도 디트리히는 아버지의 섣달 그믐날 일기에 손위 형들과 막내 여동생보다 더 적게 등장한다. 꼬마 삼총사 가운데 디트리히는 힘과 빠르기 면에서 두 여동생을 능가했으며, 자신이 기사라도 되는 양 어린 여동생들을 잘 보살폈다. 여동생들의 증언에 의하면 디트리히는 자기를 희생하면서까지 이 과제를 주도면밀하게 수행했다고 한다. 학부 교수단에는 아버지의 친구들, 곧 루틀로프Ludloff, 휘르틀레Hürthle, 리하르트 아베크Richard Abegg가 있었고, 본회퍼 가의 형제자매들은 그들의 자녀들과 뛰놀면서 성대한 어린이 축제를 준비하곤 했다. 그러나 이 형제자매들 가운데 디트리히만은 또래사이의 더 넓은 우정을 전혀 필요로 하지 않았다. 사실상 그는 대학생이 될 때까지 별다른 친구 없이 지냈다. 유년시절에는 누이들과 함께 인형의 방에서 놀았다. 하지만 브레슬라우에서 난생 처음 받고 싶은 선물을 서툴게 적은 크리스마스 소망표에는 이런 글귀가 쓰여 있었다. "마개 달린 권총, 병정들!"

언젠가 나이 어린 디트리히가 신체상의 이유로 따돌림받는 동급생을 향해 돌진한 적이 있었다. 그 아이의 어머니는 본회퍼 가의 아이들이 반유대주의를 교육받은 게 아니냐는 의미심장한 추측을 했다. 그러나 디트리히의 어머니는 자기 집 아들이 그러한 것을 조금도 들어 본 적이 없을 거라고 대답했다. 그렇게 폭력을 행사한 뒤부터 그는 억눌린 이들을 배려하고 그들에게 자신감을 불어넣기 위해 특히 고심했다.

브레슬라우는 두 쌍둥이에게 때 묻지 않은 어린이 낙원이었다. 1912년 베를린으로 이사한 뒤에야 그들에게 정규수업이 실시되었기 때문이다. 하지만 튼튼하고 명예심으로 똘똘 뭉친 디트리히는 형들과 누나들이나 할 수 있는 일을 무엇이든 하려고 했다. 아버지가 브레슬라우에서 마지막으로 쓴 섣달 그믐날 일기에는 이렇게 쓰여 있다. "두 쌍둥이는 올해도 수업을 받지 않고 지냈다. 하지만 집안에 도움이 되려고 애를 쓴다. 디트리히는 향학열에 불타고 있다. 바라건대 계속 그랬으면 좋겠다."

자녀들은 교육의 권위자인 부모에게 이의를 전혀 제기하지 않았다. 본회퍼 가의 형제자매들은 자신들이 받은 가정교육을 특히 만족스럽게 여겼다. 부모는 무례하게 굴거나 헛소리를 하는 자녀는 혹독하게 벌한 반면, 창유리를 깨거나 옷을 찢은 자녀는 크게 나무라지 않았다. 재능이 있는 자녀는 조기에 뒷바라지했고, 간절한 소원은 반드시 들어주었다. 누군가의 소원이 성취되면 다들 기뻐해 주었다. 부모의 부탁은 지체 없이 들어 드려야 했고, 따져서는 안 되었다. 공부에 대해 불평하거나 부당한 일을 겪고서 우는 소리를 해서도 안 되었다. 하루 일과는 정확하게 안배되었다. 다들 자신이 어디에 있는지를 알았으며, 그것을 압박으로 여기지 않았다. 어찌해야 부모님이 깜짝 선물을 주시고 소풍을 계획하시는지 알고 있었기 때문이다.

디트리히 본회퍼는 후일 안전한 친가와 그곳에서 행복하게 지내는 형제자매들을 이따금 불안하게 하기도 했다. "이 집이 나를 삶의 음지에서 격리시키고 사회적 피해자들에게서 멀어지게 했다"라고 갑자기 토로한 것이다. 이 형제자매들 사이에서는 사회적 피해자들이 푸짐한 축제선물을 받는 대상이거나 기부 또는 특별 초청을 받는 대상이었던 것 같다. 어쨌든 처녀 시절의 우르줄라 누이는 남편이 술꾼인 전직 가정부의 집에 몇 주 동안 파견되기도 했다. 그 가정부가 병을 얻어서 그녀의 가계를 꾸려 주기 위해서였다. 그럼에도 디트리히 본회퍼는 친가에서 삶이 차폐되고 있다고 여겼다. 그는 대학생 시절에 막내 여동생과 함께한 도보 여행 중에 아래와 같이 건방지게 말했다.

나는 한 번이라도 안전에서 벗어나고 싶어. 우리에게는 다른 이들을 이해할 기회가 없어. 모든 버거운 짐을 덜어 주시는 부모님이 늘 우리와 함께 계시기 때문이야. 우리가 아무리 멀리 떨어져 있어도, 부모님이 늘 우리와 함께 계시다는 사실이 우리에게 뻔뻔스러울 정도의 안전을 제공해 주거든.[20]

이 우려가 그를 테겔 감방까지 데려갔다. 그가 수감생활 중 습작한 희곡 대본에서는 한 젊은 프롤레타리아가 상대역, 곧 의사 집안 출신의 중산층 자식을 비난한다. 디트리히 자신이 누리던 안전을 비난하게 한 것이다.[21] 디트리히 본회퍼는 아주 어린 시절부터 희생자보다는 뛰어난 자가 되는 데 익숙한 몸이었다.

물론, 이 말은 형제자매 집단 및 그 공동체 고유의 상황과 관련하여 제한적으로만 옳다. 형제자매 서열 속에서 디트리히 본회퍼가 차지한 자리는 그의 발전과 직업 선택에도 어느 정도 영향을 미쳤다. 디트리히는 두 여동생과 함께 결성한 "꼬마 삼총사" 무리 속에서 막내 축에 드는 자신들의 득실을 모두 경험했다. 다부지고 재능 있는 소년이 크고 월등한 형들을 따라잡거나 밀어제치려고 시도하는 것은 당연한 일이었다. 밝혀진 바와 같이, 그는 실제로 음악 분야에서 그들을 능가했다. 이 은밀한 경쟁을 배경으로 신학 역시 형들과 함께 특수 임무를 수행하도록 디트리히 본회퍼에게 자극을 주었음에 틀림없다. 형제자매 집단들 사이의 거리를 더 벌려 놓은 것은 전쟁이었다. 가장 어린 꼬맹이들이 집에 머무른 반면, "큰아이들"은 일찍부터 전쟁의 가혹한 현실에 익숙해진 상태였다.

손위 형들의 중요한 경험 영역에서 제외되었다는 사실이 본회퍼의 초기 사유 속에서 몇 년 동안 일정한 역할을 했다. 바르셀로나 교구 수련목회자로 지내던 1929년 초의 공동체 강연에서 그는 아래와 같이 말했다.

내가 제대로 본 것이라면, 오늘날 우리는 현재의 독일에서 인간 집단을 네 부류로 분류할 수 있을 것 같습니다. 이들 집단은 역사 발전을 통해 상이한 윤리관에 다다르게 되었습니다. 첫째 집단은 전쟁 개시 이전에 사춘기와 성인기를 맞이한 집단이고, 둘째 집단은 전쟁을 경험하며 자란 집단이며, 셋째 집단은 1918년부터 1923년까지의 기간에 깨어나 형성된 혁명청년 세대입니다. 끝으

1908년, 브레슬라우에서 형제자매들.
오른쪽부터 칼-프리드리히, 발터, 클라우스, 우르줄라, 크리스티네, 디트리히, 자비네.

1913년, 본회퍼 가 8남매와 어머니 파울라 본회퍼.

1910년, 피서용 별장 뵐펠스그룬트에서 온 가족이 함께.

로 잊지 말아야 할 세대는 미래의 주인으로서 풍문을 통해서만 전쟁과 혁명을 아는 세대입니다.……채 스무 해도 안 되는 세월에 걸쳐 차례로 일어난 사건들이 네 부류의 정신적인 세대를 양산해 낸 것입니다.[22]

본회퍼가 언급한 1923년은 그가 대학 입학 자격시험을 치른 해다. 1933년 2월 초에 행한 '젊은 세대의 지도자와 개인'Der Führer und der Einzelne in der jungen Generation이라는 라디오 방송 강연에서 그는 동일한 주제를 약간 수정하여 다룬다.

전쟁을 겪은 세대와 붕괴의 시대에 깨어나 자란 세대 사이에는, 눈에 보이지 않지만 극복하기 어려운 경계선이 자리하고 있습니다. 나이 든 세대보다는 젊은 세대가 이것을 더 많이 느낍니다.……어린 동생들은 나이 든 형들과의 대립으로 말미암아 자신을 독창적으로 표현하고, 기존의 것을 책임감 있게 받아들여 참기보다는 철저한 비판을 통해 자기만의 생활 방식을 마음껏 창출하기에 이르렀습니다.[23]

능히 눈치챌 수 있는 사실이지만, 본회퍼는 위의 글에서 형들과 자기 자신에 대해 이야기하고 있는 것이다. 전쟁 경험이 그와 그의 형들을 가르는 요소였다. 그는 형들이 겪은 여러 위험을 풍문으로만 들어 알았을 뿐이다. 흥미로운 사실은 디트리히 본회퍼에게 중대한 시기였던 1933년이 지나면서 이 경계선 의식이 사라졌다는 것이다. 그 뒤부터는 고립된 세대라는 주제가 그에게서 더 이상 나타나지 않는다. 그러나 신학 활동과 교회 활동을 병행하면서 회의론자이자 불가지론자인 형 칼-프리드리히에 맞서 자기 생각을 밝히고자 하는 욕구는 여전히 유효했다.[24]

III. 베를린

칼 본회퍼는 1912년 베를린 대학교의 초빙에 응하여 정신의학 및 신경학 교수직을 맡았다. 독일에서 으뜸가는 교수직이었다. 게다가 지금보다 현저하게 영향권이 넓은 과제들도 맡았다. 신경학 협회 의장직, 『월간 정신의학과 신경학』 *Monatsschrift für Psychiatrie und Neurologie* 발행, 「신경학 및 정신의학계를 위한 중앙신문」 발행 등등. 여기에 그를 중심으로 학과 친구들과 제자들로 이루어진 동아리가 형성되었다. 이 동아리 출신의 다수가 독일 대학교들의 정신의학 교수로 임용되었다. 동료 교수들과 제자들 중에서 크뤼크만Krückmann, 크라머Kramer, H. G. 크로이츠펠트Creutzfeld, 칼만Kallmann, 파울 요스만Paul Jossmann, 추트Zutt, 로겐바우Roggenbau 등이 본회퍼 집안과 친교를 맺었고, 나중에는 막스 셸러Max Scheller와 마르틴 보르만Martin Bormann 박사 부인도 그랬다. 이들 가운데 상당수가 1930년대의 정치적 대재앙으로 떨어져 나갔고, 다른 이들은 이 집안과의 연대감, 곧 저항의 시기에 회복된 연대감을 입증했다.[25] 베를린에서 칼 본회퍼는 대학교의 정신의학 및 신경학계에서 명성을 얻었다. 그가 있는 것만으로도 베를린은 지크문트 프로이트Sigmund Freud와 칼 구스타프 융Carl Gustav Jung의 정신분석학이 침입해 들어오는 것을 막는 보루가 되었다. 이는 그가 정통이 아닌 학설들에 귀를 기울이지 않았다거나, 정신 작용 중에서 아직 탐구되지 않은 영역을 조사하는 수고를 인정하지 않았다는 말이 아니다. 하지만 그는 프로이트와 접촉한 적이 전혀 없었다.

에른스트 요네스Ernst Jones의 방대한 프로이트 전기에는 멀고도 불행한 관계가 한 차례만 언급된다. 그 전기에 의하면 칼 본회퍼가 베를린에서 활동을 개시하던 초기에, 프로이트가 히스테리 문제에 관해 의학 백과사전에 기고하려 하자 동료 기고가 칼 본회퍼의 속 좁은 동아리에서 거부했다고 한다.[26] 학과 동료로 공동 연구시간을 보낸 뒤부터 칼 본회퍼와 친구가 된 하이델베르크 대학교 교수 로베르트 가우프Robert Gaupp는 이 소원한 관계의 원인을 아래와 같이 설명한다.

> 내가 보기에, 그는 정신병 의사로서 감정이입 능력이 탁월하고 예민한 사람이었다. 그는 히스테리 증상의 본질에 관해 최고의 학설을 제시했으면서도, 지크문트 프로이트, 알프레트 아들러Alfred Adler, 칼 구스타프 융, 여타의 '정신분석가들'이 제시한 학설에 대하여 지성인들이 논쟁을 벌일 때 원칙적으로 상세한 입장을 보이지 않은 것 같다. '정신분석'은 '감정을 이입하는 심리학의 모든 방법

을 동원하여 한 사람의 정신 질환을 꼼꼼히 관찰하고' 편견 없이 '분석하는 것'을 가리킨다. 이처럼 감정을 이입하는 심리학과 꼼꼼한 관찰 면에서는 칼 본회퍼를 능가할 자가 없었다. 하지만 그는 칼 베르니케 학파 출신이었다. 그 학파는 연구방향을 대뇌에 맞추고 대뇌병리학 사상으로부터 떨어져 나가는 것을 용인하지 않았다. 그는 자신의 개인적인 소질과 성향을 토대로 감정을 이입하여 이해하는 심리학 훈련을 쌓았다. 관찰되지 않고 무의식 속에 살아 있다가 의식 속으로 돌진하는 것에 대한 이론적 해석은 그의 주특기가 아니었다. 그에게 직관은 낯선 것이 아니었다. 그에게 직관은 필생의 과업이었다. 그럼에도 그는 어둡고 증명할 수 없는 것의 영역, 대담하지만 공상으로 가득한 해석의 영역, 주장은 분분하지만 입증은 적은 영역으로 뛰어들지 않았다.……그는 자신의 천성에 맞게 통찰력과 비판력을 갖추었으나, 철학적인 것에 대해서는 신중하고 겸손한 편이어서 자기에게 열려 있는 경험 세계의 경계 안에 머물렀다. 그는 반세기가 넘는 학술적 경력을 쌓고 여든 살이 되었을 때에도, 일찍이 자기가 가르친 내용을 조금도 철회하지 않았다. 이는 1897년의 연구자 본회퍼와 1948년의 연구자 본회퍼를 비교해 보면 알 수 있는 사실이다. 그는 자기 인생 경험에 따라 신중하게, 그러면서도 확실하게 그린 선 안에 머물렀다.[27]

간과할 수 없는 사실은 정신분석이 목회 상담이라는 인접 분야에서 필요로 하는 것일 텐데도 디트리히 본회퍼의 후기 저작 속에서 역할을 전혀 못하거나 기껏해야 경멸받는 역할만 한다는 것이다. 물론 예단(豫斷)은 칼 바르트Karl Barth의 의미에서 신학의 기초가 된다. 하지만 아버지의 은밀한 영향도 부인할 수 없다. 본회퍼는 칼 구스타프 융의 『현대의 영혼 문제』*Seelenprobleme der Gegenwart*, 1931와 에두아르트 슈프랑거Eduard Spranger의 『청소년 시절의 심리학』*Psychologie des Jugendalters*을 소장하고 만져 보기는 했지만, 자신이 프로이트, 아들러, 융의 책과 씨름했다는 언급은 일절 하지 않는다. 그는 처음부터 끝까지 아버지가 새겨 준 경계선 안에 머물렀다.

칼 본회퍼는 1912년부터 줄곧 베를린 대학교의 정신병 학자와 신경학자로 살다가 1948년에 세상을 떠났다. 위대한 정신의학 창시자 크레펠린Kraepelin의 교수직을 맡아 달라는 뮌헨 대학교의 초빙에 응할 것인지를 두고 1922년에만 고심했을 뿐이다. 뮌헨으로 오라고 그를 재촉한 이는 당시 뮌헨 대학교의 학장이자 브레슬라우에서 요한 폰 미쿨리츠와 함께 지내던 시절에 그와 알게 된 페르디난트 자우어브루흐였다. 그러나 칼 본회퍼는 생각을 접었다. 그사이에 온 가족이 베를린에 깊이 뿌리내렸기 때문이다.

그리하여 디트리히 본회퍼는 슈바벤, 튀링겐, 슐레지엔의 특징을 지녔음에도 불구하고 형제자매들과 마찬가지로 베를린 사람이 되었다. 이 중심지를 빼놓고는 그의 파란만장한 이야기를 생각할 수 없다. 브레슬라우, 튀빙겐, 바르셀로나, 뉴욕, 런던, 핑켄발데처럼 그의 삶 속에 중요하게 자리한 곳들도 그에게 영향을 미쳤지만, 그의 내면에 복합적이고 다채로운 곳으로 남아 있는 곳은 단연 베를린이었다. 베를린은 제국의 요소, 공화국의 요소, 우물쭈물하는 국가사회주의의 요소가 뒤섞인 도시, 진보적인 색채와 종교적인 색채, 보수적인 색채와 세계를 향해 개방된 색채, 학술적인 요소와 노동자계급의 요소를 두루 갖춘 도시, 음악당과 박물관이 즐비한 도시, 시가전과 음모가 펼쳐지는 도시였다. 1928년, 여행을 많이 한 클라우스 본회퍼는 자신의 친구이자 매부 한스 폰 도나니에게 보낸 편지에서 이렇게 말했다. "내가 보기에 베를린은 현재 세계에서 가장 활기찬 도시인 것 같네. 우리도 그것을 즐기는 세대가 된 것 같네." 디트리히 본회퍼는 베를린에서 태어나지도 죽지도 않았다. 하지만 그는 사고와 행동의 중대한 전환을 할 때마다 그 도시에 있었다. 그의 저작 가운데 처음에는 경탄을 자아내다 결국에는 논쟁을 불러일으킨 것들도 그 도시에서 씌어졌다. 그는 베를린에서 자기 생활권의 온갖 특권을 누렸고, 결국에는 그 빚을 모조리 갚지 않으면 안 되었다.

브뤼켄알레

디트리히가 여섯 살이 되던 1912년 부활절 무렵, 본회퍼 가 사람들은 베를린 브뤼켄알레에 있는 주택으로 이사했다. 베를린에 처음 마련한 주택으로 벨레뷰 공원(황실 공원) 근처에 있었다. 동물원 북쪽에 위치한 이 지역은 당시 자선병원(베를린 대학병원)의 동료들을 위해 마련된 교수 집단 거주지였다. 한 세대가 한 층을 다 쓰긴 했지만, 부모에게는 볼품없는 "베를린식 침실"과 자그마한 정원이 딸린 아파트가 넓은 공간의 브레슬라우 주택에 비해 "조금은 지하 감옥처럼" 보였다. 반면에 아이들에게는 모든 것이 대단히 매혹적이었다. 아스팔트길은 롤러스케이트장으로 쓰였고, 집 뒤에는 평행봉과 철봉이 있었다. 그러나 무엇보다도 인접한 벨레뷰 공원을 볼 수 있었다.

겨우 한 골목 떨어진 곳에 친정의 성이 마이어인 바베테 칼크로이트Babette Kalckreuth가 살았다. 1916년까지 그곳에 거주한 그녀는 디트리히의 외증조부 슈타니슬라우스 칼크로이트의 둘째 부인으로, 유대인 집안 출신이었다. 부모는 그녀의 기품을 존경했다. "쫓기듯 하는 삶, 분주한 삶, 사회적으로 지나치게 향상된 삶과는 대조적으로" 그녀의 가족은 "대단히 검소하게 살았다." 부모에게는 그녀의 가족이 "눈에 띌 정도로 평온해" 보였다.[28] 그녀는 1860년대와 1870년대에 베를린에서 좌중의 분위기를 이끌었던 것과 마찬가지로 말년에도 사교계의 사람들을 자기 주위로 불러 모으곤 했다. 바베테 칼크로이트는 일찍이 오토 폰 비스마르크(독일 제국 창건자—옮긴이)Otto von Bismarck 가문을 자주 출입한 사람이었다. 본회퍼 가의 아이들은 그녀의 집에서 이미 90세의 몸으로 그들에게 여러 편의 시와 그림 소품들을 선물로 준 마리 폰 올페르스Marie von Olfers, 문필가 에른스트 폰 빌덴브루흐Ernst von Wildenbruch의 동생 루트비히 폰 빌덴브루흐Ludwig von Wildenbruch 장군, 신학자 볼프 빌헬름 폰 바우디신Wolf Wilhelm von Baudissin 백작을 이따금 볼 수 있었다. 디트리히 본회퍼의 방에는 황동(黃銅) 재질의 망원경이 설치되어 있었는데, 이는 바베테 칼크로이트가 물리학자이자 생리학자인 헤르만 폰 헬름홀츠Hermann von Helmholtz에게서 선사받은 것이었다.

뵐펠스그룬트 별장은 거리가 너무 멀어서 매각할 수밖에 없었다. 베를린 거주지에서 보다 빨리 닿을 수 있는 곳이 필요했고, 그리하여 1913년에 하르츠 동부 프리드리히스브룬에 소재한 집 한 채를 매입했다. 전에 산지기가 살던 집으로 숲의 가장자리에 자리 잡고 있었다. 형편 좋은 피난처는 아니었지만 전쟁의 궁핍한 시기에는 괜찮은 곳이었다. 자손을 여럿 거느린 가족과 그들의 친구들에게 프리드리히스브룬은 2차 세계대전 중에도 이상적인 장소였다. 뵐펠스그룬트가 손위 형들을 위한 곳이었다면, 프리드리히스브룬은 디트리히를 위한 곳이었다. 1943년, 그는 테겔 형무소에서 아래와 같이 편지를 써 보냈다.

나는 자연 속에서, 즉 프리드리히스브룬 근처의 숲속에서 살거나, 브로켄 산 위의 트레제 성이 건너다보이는 비탈에서 사는 내 모습을 상당히 많이 상상한다네. 나는 잔디밭에 누워, 산들바람을 따라 푸른 하늘을 가로지르며 흘러가는 구름들을 바라보고, 숲속에서 바스락거리는 소리를 귀여겨듣는다네. 이러한 유년시절의 기억들이 한 사람의 사고방식 전체에 큰 영향을 미친다는 것은 주목할 만한 사실이네. 이를테면 내 경우에는 고산지대나 바닷가에서 사는 것이 불가능하고 나의 천성에도 맞지 않는 것 같네. 나의 천성에 맞는 곳은 중간급 산악지대라네. 하르츠 지대, 튀링겐 숲, 베저 산맥 같은 곳이지. 그곳들이 나를 형성해 주었다네.[29]

베를린으로 이사하면서 쌍둥이의 삶이 바뀌었다. 이 무렵에 학업이 시작되었기 때문이다. 어머니는 가르치는 짐을 더 이상 혼자 지지 않았다. 첫해에는 주로 교육자 마리아 호른Maria Horn의 자매 카타리나 호른Katharina Horn이 쌍둥이를 가르쳤다. 그런 다음 디트리히는 1913년 가을부터 형들처럼 인근의 프리드리히-베르더 김나지움으로 통학했다. 아버지와 형들의 자연과학적 성향에도 불구하고 쌍둥이는 거리낌 없이 손위 크리스티네와 함께 인문계열의 김나지움에 다녔다.

처음에는 통학로가 디트리히에게 심각한 곤경을 안겨 주었다. 학교까지 가는 길을 두려워했기 때문이다. 그러나 그 두려움은 이내 사라졌다. 그는 "저학년"에서 시작하여 자신이 배워야 할 과목들을 거뜬히 마쳤다. 1915년, 아버지는 섣달 그믐날 일기에 이렇게 적었다. "디트리히는 자기 공부를 스스로 하고 썩 잘하지만, 싸움을 좋아한다. 그것도 아주 많이."

얼마 지나지 않아 디트리히는 형들의 자연과학적 소질을 나누어 갖지 못했다는 의구심을 말끔히 불식시켰다. 그럼에도 불구하고 그는 흥미진진한 책들을 즐겨 읽고 음악에서 비범한 성과를 올렸다. 다른 형제자매들에게도 음악적 소질이 있었다. 클라우스는 주목할 만한 감수성으로 첼로를 연주했으며, 형제자매들 가운데 누구도 온 가족이 함께하는 야간음악회를 기피하지 않았다. 하지만 디트리히는 단연 음악성도 뛰어나고 피아노를 치는 기교도 뛰어났다. 한동안 자신은 물론이고 부모까지 그가 음악에 온전히 헌신할 것이라고 생각할 정도였다.

디트리히가 수준 높은 가정 음악의 아름다움을 난생 처음 맛본 것은 본회퍼 집안과 친분이 있는 피부과 의사 나이서Neisser의 집에서였다. 나이서의 고향집은 브레슬라우 음악계에 비중 있는 집안이었다. 열 살 무렵 디트리히는 볼프강 아마데우스 모차르트Wolfgang Amadeus Mozart의 소나타를 연주해 보였다. 열한 살 무렵에는 아르투르 니키쉬가 지휘하는 9번 교향곡을 경청했다는 내용의 편지로 튀빙겐에 있는 할머니에게 충격을 주기도 했다. 자기만의 가곡집을 시도하기도 했다. 김나지움 7학년 시절에는 프란츠 슈베르트Franz Schubert의 가곡 「잘 자라」Gute Ruh를 삼중주로 편곡하여 클라우스 및 자비네와 함께 부모 앞에서 연주하기도 했다. 시편 42:5 “내 영혼아, 네가 어찌하여 그렇게 낙심하며, 어찌하여 그렇게 괴로워하느냐?”를 토대로 칸타타를 작곡하기도 했다. 이 시편은 그가 후일 즐겨 설교한 본문이었다. 토요일 밤에는 프란츠 슈베르트, 로베르트 슈만Robert Schumann, 요하네스 브람스Johannes Brahms, 후고 볼프Hugo Wolf의 가곡들을 디트리히가 노련하게 반주하고, 어머니와 고운 목소리를 타고난 우르줄라 누나가 반주에 맞춰 노래했다. 나중에는 노래 부르는 이가 틀린 음으로 불러도 평정을 잃지 않았다. 구애받지 않고 연주하도록 조기교육을 받았기 때문이다. 열일곱 살 무렵에는 가족축제와 야간음악회에서 자신의 목소리를 반주 삼아 누이와 함께 손님들에게 민요를 들려주기도 했다.

이처럼 디트리히 본회퍼는 청소년기에 학교와 학생들 사이에서 음악으로 특별 대우를 받았다. 형제자매들도 그의 음악성을 인정했다. 그가 형들의 비웃음을 산 것은 학교 운동회를 마치고 어깨에 화환을 걸친 채 귀가했을 때뿐이었다.

전쟁

디트리히 본회퍼가 여덟 살이 되고 6개월이 지났을 무렵, 1차 세계대전이 발발했다. 칼 본회퍼는 회고록에서 그날의 인상을 아래와 같이 설명했다.

> 삼국 협상을 통한 봉쇄가 으스스하게 감지되고 있었는데도 사람들은 전쟁이 임박했다고 생각하지 않았다. 하지만 나는 1913년에서 1914년으로 해가 바뀌던 겨울철에 군 참모 몇 명과 교제하면서 불길한 느낌을 받았던 것 같다. 조만

간 군사적 대결이 불가피하다는 느낌이었다. 하지만 사람들은 대체로 안심했다. "위태위태한 방어"를 놓고 그때그때 공허한 언행으로 허풍을 떨기는 했지만, 황제가 실제로는 평화애호가이며 다양하게 연결된 국제적 이해관계가 군사적 충돌을 저지해 줄 것이라고 여겼기 때문이다.…… 영국의 선전포고가 있던 날 저녁의 격앙된 분위기가 특히 인상 깊다. 그날 저녁, 우리 부부는 큰 아들 셋과 함께 운터 덴 린덴(베를린 중심가)에 있었다. 이튿날 대낮이 될 때까지 군중이 거리에서, 궁궐 앞에서, 정부 청사 앞에서 우왕좌왕하며 목소리를 높였지만, 그들의 목소리는 침울한 침묵으로 바뀌었고, 그 침묵은 대단히 무거운 장면을 연출했다.[30]

처음에 꼬마 삼총사에게는 비상사태가 자극적이고 매력적인 것으로 보였다. 그들은 프리드리히스브룬에서 푹푹 찌는 휴가철을 보내다가, 7월 마지막 날에 서둘러 집으로 돌아오라는 통보를 받았다. 여자아이들 중 하나가 집으로 뛰어 들어가며 "만세, 전쟁이다!" 하고 외치다가 뜻밖의 따귀를 맞았다. 디트리히는 어린아이답게 독일 군대의 첫 전과에 열광했다. 아홉 살 때 그는 프리드리히스브룬에서 부모에게 편지를 보내어 전선 뉴스가 담긴 기사 스크랩을 보내 달라고 했으며, 형들과 학교에서 배운 대로 지도 위에 색깔 있는 핀을 꽂아 전황을 표시했다.

양식이 부족했다. 그는 "심부름꾼과 식량 배급처 정탐꾼"으로서 예상 밖의 능력을 발휘하여 아버지에게 칭찬을 받았다. 맛좋은 식품의 암시장 가격을 알고 있었으며, 구매자들이 가게들 앞에 장사진을 치고 있는 것을 알고서 점원에게 새치기를 허용하지 말라고 요구하기도 했다. 할머니나 여행 중인 부모에게 보낸 그의 편지들은 할렌제의 외진 곳에서 직접 찾아낸 자두들, 프리드리히스브룬에서 손수 말린 버섯들, 축사에 있으나 음식찌꺼기가 없어서 아무것도 먹지 못한 염소들, 외삼촌 한스 폰 하제의 목사관에서 했던 이삭줍기에 관한 보고들로 가득하다. 여러 아이에게 줄 우유를 확보하기 위해 어미 염소를 화물 열차에 태워 프리드리히스브룬으로 데려가기도 했다. 생일에는 부서진 사탕만 차려 주어도 절정이 될 판이었다. 용돈은 닭 한 마리를 사는 데 썼다. 이 시기에 그는 이미 돈에 인색하지 않았다. 어느 날 그는 아버지가 환자들에게 보수를 청구했다는 것을 알고 울음보

1913년, 저녁 독서 시간. 온 가족이 둘러앉아 있다.

1915년, 디트리히와 자비네 쌍둥이 남매. 두 아이는 은밀한 암호와 비밀들을 나누곤 했다.

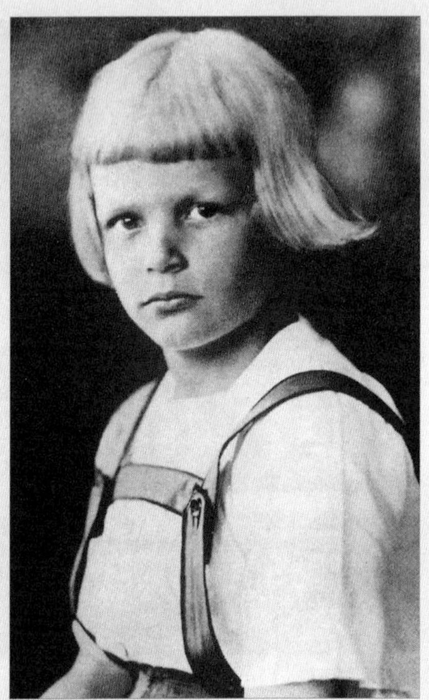

를 터뜨렸다. 환자들에게서 돈을 받아선 안 되었기 때문이다.

본회퍼 가문도 차차 가혹한 전쟁의 마수를 느끼게 되었다. 1914년에 이미 뒤셀도르프의 오토 본회퍼 숙부와 백작부인이자 이모인 한나 폰 데어 골츠Hannah von der Goltz에게서 부고가 날아와, 8남매도 사촌들이 전사하거나 중상을 입었다는 소식을 들어 알고 있었다. 그사이에 전쟁은 점점 확대되었다. 맏형과 둘째형은 학생이긴 했지만 다 자란 성인이었고, 징병검사도 다가온 상태였다. 1916년 연말, 평화 협상이 있을지도 모른다는 약간의 희망이 있었다. 칼 본회퍼는 섣달 그믐날 일기에 아래와 같이 적었다.

> 오늘 우리는 협상을 확실히 거부하겠다는 답변을 기다리고 있다. 우리 쪽을 편드는 미국의 강화 제의는 믿을 것이 못 된다고 사료된다. 왜냐하면 우리는 미국이 영국과 제휴하여 불시의 강화협상으로 중재할지도 모른다는 우려를 갖고 있기 때문이다.……검열된 신문으로는 독자적인 판단을 내릴 수 없다. 정치적인 사건은 종종 사람들을 불안하게 하고 마음 졸이게 하는 특성을 갖고 있다. 전혀 의심하지 않는 신민(臣民) 근성에 계속 호소하는 것으로는 기운을 북돋울 수 없다. 그것은 후회만 허락할 뿐이다.

1917년, 두 형 칼-프리드리히와 발터가 입대하지 않으면 안 되었다. 부모는 다양한 연줄을 동원하여 두 아들의 군 진로를 어느 정도 조종할 수도 있었지만 그러지 않았다. 두 아들은 보병이 크게 부족하니 보병부대에 입대하겠다고 고집했다. 그들은 장교가 되겠다는 의도 없이 슈판다우에 자리한 5 친위연대에 입대했다. 부모는 "뒷배 역할을 하려 하지 않고" 무거운 마음으로 두 아들을 떠나보냈다.

그들은 짧은 신병교육을 받은 뒤 전선으로 갔다. 전도유망한 대학생 칼-프리드리히는 배낭 속에 물리학 서적을 휴대하고 다녔다. 발터는 독일어 과목에서 비범한 성적을 거두며 대학 입학 자격시험을 마친 상태였다. 발터의 수송 열차가 전선으로 떠나기 전날 밤, 열두 살도 안 된 디트리히가 집에서 「마침내 우리는 그대를 호송하여 여행을 떠나보내네」라는 피아노 자작곡을 연주하면서 형에게 노래를 불러 주었다. "이튿날 우리는 발터를 역으로 데려갔다. 기차가 이미 도착해 있었다. 어머니가 기차와 나란히 뛰면서 발터에게 소리쳐 알렸다. '우리를 떼어 놓는 건 공간뿐이란다!' 이 말이 우리를 오랫동안 감동시켰다."[31]

1918년 4월 23일, 발터가 진군 중에 부상을 당했다. 4월 28일, 그는 죽기 세 시간 전에 야전병원에서 마지막 편지를 받아쓰게 했다.

> 내 사랑하는 이들이여! 나는 오늘 두 번째 수술을 받았답니다. 그리 달가운 수술은 아니었지요. 파편이 너무 깊이 박혀 있었기 때문입니다. 그 후 시차를 두고 장뇌 주사를 두 차례나 맞았습니다. 하지만 저는 이것으로 불행이 끝나기를 바라고 있습니다. 고통을 아무렇지 않게 생각하는 기술이 이곳에서도 발휘되어야 했습니다. 하지만 세상에는 내가 입은 부상보다 훨씬 중요한 사실이 있답니다. 끝없이 이어진 케멜 산과 오늘 우리가 점령했다고 보도된 이페른 지역은 우리에게 많은 희망을 줍니다. 내가 속해 있던 가련한 연대(聯隊)는 떠올리기도 싫습니다. 최후가 너무나 끔찍했기 때문입니다. 다른 사관생도들은 어떠할까요? 이렇게 멀리 떨어져서 여러분 모두를 생각하고, 여러분이 보여준 사랑, 여러분과 함께 보낸 기나긴 세월의 순간순간을 떠올리노라면 그리움이 북받칩니다.

어머니의 기력이 약해진 것 같았다. 그녀는 이웃에 있는 쇠네Schöne 씨 집에서 몇 주 동안 누워 지냈다. 그해 크리스마스 축제는 물론이고 이듬해 크리스마스 축제를 앞두고 큰딸 우르줄라가 어린 형제자매들의 소원을 편지에 담아 튀빙겐에 있는 할머니에게 보낼 정도로 어머니는 아무것도 할 수 없었다. 부모는 그해부터 10년 동안 섣달 그믐날 일기에 아무것도 기록하지 않았다.

1918년 10월 전투에서 칼-프리드리히가 부상을 입었지만 경상으로 밝혀졌다. 클라우스도 17세에 짧은 신병훈련을 마치고 서부전선으로 가서 스파에 있는 최고사령부 전령으로 배치되었다. 그리하여 "생김새와 거동이 동상처럼 절도 있는"[32] 파울 폰 힌덴부르크Paul von Hindenburg가 황제에게 마지막으로 퇴위를 건의하고 회의실을 떠나는 모습을 목격할 수 있었다.

발터 형의 죽음과 어머니의 견잡을 수 없는 고통이 소년 디트리히 본회퍼에게 지울 수 없는 인상을 주었다. 3년 뒤 어머니는 견신례를 받는 디트리히에게 성서를 건네주었다. 발터가 1914년에 받은 성서였다. 디트리히 본회퍼는 개인 성서묵상과 예배 때 평생토록 그 성서를 활용했다. 후일 그는 국민 애도일(1926년 처음으로 시행된 1차 세계대전 전몰장병 추모의 날. 1952년부터는 모든 국가의 전쟁과 폭력 희생자를 추모하는 날로 바뀌었다—옮긴이)에 목사후보생들 앞에서 설교의 문제를 다루는 가운데 그 자리에 있는 사람들이 경외심을 느낄 만큼 형의 모습, 곧 형이 무슨 생각을 했으며 어떻게 죽었는지를 떠올렸다. 당시 그는 개인적으로 오래전부터 평화주의를 숙고해 온 상태였다.[33]

방겐하임슈트라세

발터가 전사할 무렵 가족은 이미 베를린 시 그루네발트 구역 방겐하임슈트라세 14번지에 거주하고 있었다. 1916년 3월, 그들은 할렌제 역에서 멀지 않은 대형 단독주택으로 이사했다. 본회퍼 가족은 1935년까지 이곳에서 살았다. 정원은 증가하는 식량부족에 직면하여 부득이 갈아엎어지긴 했지만, 전에 "꼬맹이들"이 외삼촌 한스 폰 하제의 목사관 정원에서 익힌 놀이들을 허락하기도 했다. 그 휴가지의 목가적 생활은 그 매력을 조금도 잃지 않았다. 이는 디트리히가 열두 살 때 외사촌에게 보낸 편지에서 여실히 드러난다.

> 사랑하는 한스-크리스토프!
> 네 편지를 하루도 거르지 않고 기다렸는데 오지 않더라. 어째서 보내지 않은 거니? 네가 부쳤는데 도착하지 않은 것일까? 어쨌든 나는 갈 수 없어. 너에게 가겠다고 더 이상 말하지 못하겠어. 여자애들만 갈 거야. 그러니 편지해. 너는 자주 할 수 있을 거야!
>
> 내가 가지 못하고, 또 우리가 세운 멋진 계획들을 이룰 수 없어서 참으로 애석해. 정말 유감이야!……우리는 지금 땅굴도 파고 통로도 만들고 있어. 통로는 정자의 한쪽에서 땅굴로 이어지게 되어 있어. 클라우스가 우리를 또 다시 때리면 우리가 땅굴로 들어가거나 뒤에서 적을 공격할 수 있게 말이야. 땅굴 앞에는 장벽을 세우고 함정도 팔 거야. 대단히 깊은 감옥도 만들 거야. 누군가가 떨

어지면, 우리가 그를 그곳에 끌어넣을 거거든. 한스 외삼촌, 엘리자베트 이모, 외사촌 누이들에게 안부 전해 줘. 편지하는 거 잊지 말고.

안녕. 너의 디트리히.[34]

그루네발트 구역은 정교수 집단 거주지로 조성된 곳이었다. 거기에는 임상의(臨床醫) 히스His, 플랑크(에르빈 플랑크와 막스 플랑크—옮긴이)Planck 가족, 힐데브란트 가족, 해부학자 헤르트비히Hertwig, 에른스트 헤켈Ernst Haeckel의 제자 한 명 등 친분 있는 몇 명의 자연과학자들이 살았다.

몇 집 떨어진 곳에는 델브뤼크Delbrück 가족이 살고 있었다. 매주 수요일마다 역사학자 델브뤼크의 집에서 유명한 저녁 모임이 이루어졌다. 아돌프 폰 하르낙Adolf von Harnack, 에른스트 트뢸치Ernst Troeltsch, 프리드리히 마이네케Friedrich Meinecke, 헤르크너Herkner가 회원이었다. 테오도르 호이스Theodor Heuss도 모임에 참석하고, 그루네발트 김나지움 교장 빌헬름 필마르Wilhelm Vilmar도 참석하곤 했다. 빌헬름 필마르는 장차 디트리히가 다니게 될 김나지움의 교장이었다. 1차 대전이 진행되는 동안 이 동아리에서는 다들 평화 계획을 반대하고, 독일어권 전체를 점유 획득하겠다는 비현실적인 생각도 반대했다. 그들은 동료 교수들 중에서 단호한 국수주의자들을 공격했다. 이 국수주의자들의 중심은 디트리히 셰퍼Dietrich Schäfer, 구스타프 뢰테Gustav Roethe, 울리히 프라이헤르 폰 빌라모비츠Ulrich Freiherr von Wilamowitz였다. 라인홀트 제베르크Reinhold Seeberg도 이들 편이었다. 본회퍼 가의 자녀들은 아직은 수요 모임 동아리에 볼일이 없었지만 그 모임의 분위기와 성향에 영향을 받았다. 클라우스는 델브뤼크 집안의 아들들 가운데 하나이자 동갑내기인 유스투스Justus와 친한 친구가 되었고, 그의 누이 엠미Emmi와 결혼했다. 1944년, 클라우스 본회퍼와 유스투스 델브뤼크는 같은 교도소에 수감되었다.

방겐하임슈트라세 시절부터 본회퍼 집안사람들과 알고 지내던 에른스트 폰 하르낙Ernst von Harnack도 그 교도소에서 생을 마감했다. 하르낙 집안은 다른 길목에서 살았으며 델브뤼크 집안과 친척이었다. 맞은편에는 메셀Messel이 건축한 대저택이 있었고, 거기에 쇠네 집안이 살고 있었다. 헤르텔 혈통의 쇠네 집안은 디트리히의 어머니와 조상이 같았다. 디트리히의 할머니와 노부인 헬레네 쇠네Helene Schöne는 활발히 교류했다. 헬레네 쇠네의 남편 리하르트 쇠네Richard Schöne는 베를린 박물관 관장이었다. 역사학자였던 테오도르 몸젠Theodor Mommsen과 하인리히 폰 트라이츠케Heinrich von Treitschke는 리하르트 쇠네의 집을 자주 드나들었고, 리하르트 쇠네의 딸 요한나 쇠네Johanna Schöne는 본회퍼 집안을 위해 발터의 흉상을 제작하기도 했다. 쇠네 집안은 베를린 박물관 소장품들을 관람하도록 디트리히와 클라우스를 특히 자극했다.

새 학교는 새로운 교우관계를 탄생시켰다. 폰 도나니 형제자매들과의 교유가 대표적이었다. 견신례수업을 통해 게르하르트 라이프홀츠가 가까워져, 클라우스 본회퍼, 유스투스 델브뤼크, 한스 폰 도나니로 이루어진 동아리의 회원이 되었다. 디트리히는 처음에는 이 동아리에 끼지 못했지만, 얼마 지나지 않아 그 속에 들어가 성장했다. 신학의 열정을 품은 그는 이처럼 친구 사이, 나중에는 친척 사이가 된 동아리에서 다른 학부 및 다른 교육 세계와 활발히 교류했다.

1919년 부활절 무렵, 6학년이었던 디트리히 본회퍼는 그루네발트 김나지움으로 전학했다. 그루네발트 김나지움은 디트리히가 프리드리히-베르더 김나지움에서 전학한 학교로 배타성을 어느 정도 지니고 있었다. 그 학교의 교장 빌헬름 필마르는 헤센 지방의 호전적 신학자이자 문학사가인 아우구스트 프리드리히 크리스티안 필마르August Friedrich Christian Vilmar의 5촌 조카로 독일어와 역사를 가르쳤다. 그는 그루네발트 집단 거주지의 보수적 종교계와 달리 독일국민당 당원으로서 같은 당 소속 헤르만 프리베Hermann Priebe 목사와 함께 거의 좌파나 다름없이 활동했다. 본회퍼 집안 아이들은 발터 크란츠Walther Kranz 박사를 특히 존경했다. 발터 크란츠는 탁월한 교육학자이자 고대 그리스 어문학자였다.[35] 본회퍼 가의 아이들은 그가 나치스에게 박해받을 때까지 그와 교분을 이어 갔다. 디트리히는 김나지움 졸업논문의 주제를 임의로 정해 그의 지도를 받으며 썼다.

혁명

1918년 11월 9일, 칼 본회퍼는 여느 때와 마찬가지로 레어터Lehrter 역에서 인발리덴슈트라세 아래쪽을 거쳐 자선병원으로 걸어가고 있었다. 그는 회고록에서 그날을 아래와 같이 묘사했다.

무질서하게 행진하는 부대들이 민간인들과 뒤섞여 있었다. 민간인들은 피켓을 들고 있었는데, "쏘지 마시오!"라는 글이 쓰여 있었다. 굶주려 핼쑥한 형상들이 땀에 흠뻑 젖은 채 격앙된 제스처를 취하며 군인들에게 대들었다. 군인들이 저항했다. 그러자 그들은 군인들의 손에서 소총을 잡아 빼앗았다. 그 옆의 보도 위에서는 다른 사람들이 멀찍이 떨어져 평소보다 빨리 직장으로 급히 달려가고 있었다. 총성은 울리지 않았다. 병원에서는 수위가 붉은 휘장을 들고 계단에서 나에게 대들었다. 보아하니 내가 사무실로 들어가는 것을 방해하거나 적어도 나와 말다툼할 의도를 품은 것 같았다. 내가 그에게 더 이상 주의를 기울이지 않고 평소처럼 습관적인 인사를 건네며 사무실로 들어가자, 그는 더 이상의 말다툼을 단념했다.[36]

두 달 뒤 열세 살도 안 된 디트리히가 튀빙겐에 사는 할머니에게 편지를 보내, 정부군과 스파르타쿠스단 단원들 사이에 교전이 있었으며, 밤중에 스파르타쿠스단 단원들이 할렌제 역을 점령하려고 두 차례나 시도했다고 전했다.

오늘 아침 일찍 우리는 집중포격 소리를 들었어요. 지금 다시 쿵쿵 소리가 들리네요. 칼-프리드리히 형이 마침내 자선병원 밖으로 뛰쳐나갔어요. 어떻게 해서든지 그 사태에 관여하려고요. 하지만 어머니와 아버지는 동의하지 않으셨어요. 고맙게도 지금은 정부군에게 유리하네요. 우리의 방학은 1월 17일까지 연장되었어요. 불안 때문이거나 석탄 때문일 거예요.[37]

칼-프리드리히 본회퍼는 11월 혁명을 통해 책임을 떠맡은 사민당 정부와 자신을 동일시했다. 그는 이미 전선에서 이 태도를 확립한 상태였고, 베를린 이사 전에는 그것을 두고 다른 가족들과 한바탕 논쟁한 상태였다. 아버지는 그를 내버려두었다. 그렇지만 칼-프리드리히는 이 입장 때문에 방겐하임슈트라세에서 외톨박이나 다름없었다. 클라우스는 칼 마르크스의 『자본론』을 진지하게 읽기 시작했지만, 친구들과 함께 관심을 둔 정당은 독일국민당과 독일민주당이었다. 후일 그들의 정치적 희망을 성취한 이가 구스타프 슈트레제만Gustav Stresemann과 하인리히 브뤼닝Heinrich Brüning이다. 이 시기에 가족의 정치적 입장을 좀 더 적절히 대변한 이는 칼-프리드리히가 아니라 클라우스였다.

디트리히 본회퍼는 11월 혁명과 혁명 이후의 시기를 겪으면서 정치적 사건에 관심을 보이기 시작했다. 튀빙겐 할머니 댁에 보낸 1919년 2월 10일자 편지에서 그는 이렇게 예측했다. "수상은 필립 샤이데만Philipp Scheidemann이 되고 임시 대통령은 프리드리히 에버트Friedrich Ebert가 될 거예요"(DBW 9:20). 1919년은 삼국 협상의 평화 조건들이 알려지면서 민족주의적 감정이 새롭게 타오른 해였다. 디트리히 본회퍼는 "부모님께서는 평화 조건들을 어찌 생각하시는지요?"라고 물으면서 부모에게 자기 견해를 밝혔다.

> 이런 형식은 받아들일 수 없을 것 같아요. 받아들였다가는 전반적인 운동이 일어나 데모로 번질 테니까요. 우리가 염두에 두어야 할 점은, 우리가 받아들이지 않으면 식량을 얻을 수 없을 것이라고 적들이 말하리라는 것입니다. 자르 지역과 오버슐레지엔(현재 폴란드의 영토—옮긴이)을 할양해 주면 경제 전반이 붕괴할 것입니다. 그렇지만 식량을 확보하지 못해도 똑같은 일이 벌어질 것입니다. 제가 바라는 것은, 프리드리히 에베르트가 책임을 혼자 짊어지기보다는 국민투표를 실시하는 것입니다.[38]

새로운 독일을 건설해야 할 국회는 궁지에 빠져 있었고, 국회의 인준을 받은 정부는 전쟁 책임과 배상금 지불 결정으로 말미암아 아직 확정되지 않은 어마어마한 부채에 직면해 있었다. 국민 다수는 새로운 정부가 좌초하기만을 기다렸고, 극도로 상이한 집단들이 쿠데타를 시도했다. 이 붕괴 현상은 질서의 중심을 구성하려면 모종의 조치가 필요하다는 생각을 부추기기도 했다. 갖가지 쇄신 운동과 단체가 민족적·국제적 차원에서 생겨났다. 동기와 설정된 목표가 일치하지 않는 청소년 운동(20세기 초 독일에서 일어난 문화 쇄신 운동—옮긴이)Jugendbewegung도 다시 출현했다. 이 운동이 열세 살배기 소년의 마음, 곧 김나지움 6학년생의 마음을 사로잡았다. 디트리히가 소년단('길을 찾는 이'라는 뜻으로 영국의 보이스카우트를 본떠 창설된 단체. 나중에 히틀러 청년단의 창설로 없어졌다—옮긴이)Pfadfinder에 가입한 것이다.

청소년 운동

소년단은 디트리히 본회퍼가 독일 청소년 운동의 일환으로 가입하여 활동한 유일한 단체다. 소년단이 청소년 담당관의 기획으로 청소년 운동에 포함되었는지 아닌지는 여전히 의문으로 남아 있다. 청소년을 선도한 이가 청소년이 아니라 보다 나이 든 이들, 고등학교 정교사들이었기 때문이다. 1차 대전 이전의 청소년 운동 지지자들, 곧 호어 마이스너 선언[1913년 반더포겔(Wandervogel)의 통합단체 설립에 즈음하여 채택된 선언이다. 반더포겔은 독일어로 "철새"를 뜻하며 "독일 청소년 도보 여행 장려회"의 명칭이다. 생소한 산이나 들판 등을 걸으며 널리 자연과 접하고 견문을 넓혀 건전한 인간을 형성하는 것을 목표로 삼았다. 1913년 호어 마이스너에서 반더포겔 대회를 개최하여 다음과 같은 취지의 대회 선언을 채택했다. "자기 양심에 입각하여 스스로 결정하고, 자기의 책임으로 행동하고, 새로운 인생을 형성한다—옮긴이] 지지자들은 자유분방한 청소년의 자치를 위해 교사들의 청소년 선도를 반대했다. 이 청소년 운동 초기에 본회퍼 가의 아이들은 전혀 관계를 맺지 않았다.

1차 대전 후 청소년 운동의 두 번째 물결로 "연합 청소년단"이 결성되었다. 1919년, 소년단 독일 지부는 외곽 단체였음에도 불구하고 조직상 이 연합 청소년단의 일부로 독일 청소년 운동에 합류했다. 소년단 독일 지부는 청소년 선도자들이 설계한 훈련을 받고 있었음에도 불구하고 독일 청소년 운동의 흡입력에서 벗어날 수 없었다.

1919년 여름, 디트리히 본회퍼는 학우 몇 명과 함께 소년단에 가입하고 처음 얼마 동안은 매우 즐거워했다. "우리는 일요일 오전마다 훈련을 하고, 전쟁놀이를 하거나 그 비슷한 놀이를 해요. 그럴 때면 기분이 무척 좋아진답니다."[39] 일요일 오전은 예배 출석에 할애해야 하는데도 그 당시에는 그러지 않았다. 겨울철에는 음악가로서 소년단에 큰 도움을 주었으며, 야간공연 중에는 슈베르트를 연주하고 요제프 하이든Joseph Haydn의 삼중주곡 연주단을 꾸리기도 했다.

1920년이 지나가면서 소년단 활동은 이미 끝난 상태였다. 소년단 활동을 빨리 접어야 했던 절박한 이유는 명확하지 않다. 어쩌면 그는 군중 속에서 행진하고 봉사하는 것을 시간 낭비로 여겼을지도 모른다. 급진주의적 성향이 그가 속한 소년단을 향해 손을 뻗었을 수도 있다. 전쟁놀이를 혐오하는 형들과 누나들이 영향을 미쳤음에 틀림없다. 어쨌든 그는 소년단 활동을 오래 지속하지 않았다.

후일 개신교 청소년 연합 단체가 줄지어 생겨나 다양한 활동을 펼칠 때에도 본회퍼는 그 단체들 가운데 어느 것에도 가입하지 않았다. 1923년, 여러 청소년 연합 단체가 호어 마이스너 선언 10주년 기념식을 산 위에서 거행했지만, 가족 가운데 거기에 참석한 이는 아무도 없었다.

본회퍼 가의 형제자매들은 다양한 특색의 청소년 운동을 꺼리는 편이었지만 그 운동에 영향을 받기도 했다.

단체생활 방식, 작은 세모꼴 깃발, 배지, 낭만주의적 야영, 부자연스러운 관습 등 이 모든 것이 형제자매들의 비웃음을 샀다. 그들은 합리적인 것에 대한 적대행위와 기이한 행색을 싫어했다. 고루한 사람과 위선자에 대한 공공연한 항의도 그들의 관심을 받지 못했다. 본회퍼 집안에는 청소년 운동권에서 규탄하는 부자(父子)관계의 문제도 존재하지 않았다. 독자적으로 살면서도 매력적인 요구사항들을 들어줄 만큼 여력이 있었으므로 이 방면에서는 격한 감정이 쌓이거나 폭발하는 일이 전혀 없었다. 형제자매들은 청소년 운동권의 부정적인 측면과 친가를 구분할 줄 알았다. 친가에는 알찬 삶, 객관적인 사고방식, 온기가 자리하고 있었기 때문이다.

다른 한편 그들은 청소년 운동의 다소 특징적인 요소들을 받아들이기도 했다. 전후에 그들도 도보나 자전거로 독일 북부와 중부를 여행하기 시작했다. 『기타의 한스』(20세기 초에 발간된 청소년 도보 여행 장려회의 가요집—옮긴이) *Zupfgeigenhansl* 가 그들의 노래 사랑을 넓혀 주었다. 디트리히는 류트(구식 현악기)를 연주하며 칼 프리드리히 첼터 Karl Friedrich Zelter 의 「가장 화창한 봄날에」 An dem reinsten Frühlingsmorgen 를 부르거나 리카르다 후흐 Ricarda Huch 의 30년 전쟁 노래 「폭풍이 어찌 부는지를, 아이야 들어 봐, 잘 들어 봐」 Horch Kind, horch, wie der Sturmwind weht 를 불렀다.[40]

본회퍼 형제들 가운데 청소년 운동권에 가장 가까이 다가간 이는 막내(디트리히)였다. 그가 소년단에 가입한 사건은 가족과 교실의 울타리를 넘어서려는 시도이자, 형제자매들로부터 떨어져 자기만의 체험 영역을 발견하려는 첫 번째 시도였다. 동급생 여럿이 함께 참여했고, 디트리히는 어디서든 그들과 구별되기를 원하지 않았다. 몇 년 뒤 그는 청소년 운동의 여러 측면과 관련한 약간의 지식을 내비치며 평가를 내린다. "윤리적으로 잘못 생성된 문화 전반의 폭풍에 맞서려면 진리의 족쇄를 풀어야 한다는 소리가 도처에서 들린다. 완전한 회의론자로 남지 않으려면 그렇게 해야 한다. 그래야 운동의 가장 윤리적인 성격이 보장된다." 이는 그가 1929년 바르셀로나 교구 강연에서 한 말이다.[41] 더욱이 그는 1930년에서 1931년으로 넘어가는 어간에 독일에 있는 한 연합 단체와의 연대를 표명했다. 국제 평화에 헌신하는 단체였다. 당시는 이미 민족주의적인 표어들과 "종대(縱隊) 행진"이 모든 것을 압도하기 시작하던 시기였다. 그는 미국에서 그러한 평화주의 공동체의 대변자인 양 직설적으로 말했다.[42] 그는 1933년에 가진 한 라디오 방송 강연에서 위태롭게 변질된 지도자 개념을 경고하는 가운데 자신이 평화의 반대쪽도 잘 알고 있음을 보여주었다.[43]

그가 청소년 운동의 가치들에 영향을 받기는 했지만, 청소년 운동이 특정 시점의 그에게 인생의 의미가 되었을 것이라고 말하는 것은 지나친 언사일 것이다. 소년단 단원이 되어 빚은 촌극은 얼마 지나지 않아 신학에 대한 관심으로 대체되었고, 그는 신학에 완전히 매료된다.

디트리히는 김나지움 최종 학년 시절, 점점 더 위압적 태도를 취하는 극우파에 맞서겠다는 결심을 분명하게 다진다. 마지막 여름방학 여행을 떠난 그는 부모에게 보내는 편지에서 자신이 열차 객실에서 "갈고리 십자가를 착용한 사람"의 맞은편에 앉아 내내 그와 논쟁을 벌일 수밖에 없었다고 하면서 이렇게 말했다. "그는 정말로 속 좁은 우익이었습니다."[44]

이보다 며칠 전인 1922년 6월 24일, 발터 라테나우Walther Rathenau가 암살당했다. 교실에 있던 디트리히 본회퍼는 여러 발의 치명적인 총성이 쾨니히스알레에서 교실로 넘어와 울리는 소리를 들었다. 한 동급생은 당시의 상황을 아래와 같이 말한다.

라테나우가 암살되던 날 본회퍼의 모습이 특히 기억나는군요. 그루네발트 김나지움에 있던 우리 학급의 평균 나이는 열일곱 살이었습니다. 망명생활을 자발적으로 끝맺은 G. S.와 그는 겨우 열여섯 살이었습니다. 수업 중에 들려온 여러 발의 총성이 기억납니다. 쉬는 시간이 되어 운동장에 있는데 사건의 전말이 알려졌습니다.……내 친구 본회퍼의 격렬한 의분, 그의 깊고 자발적인 분노가 지금도 생각납니다.……독일의 가장 뛰어난 지도자를 살해하다니 독일은 앞으로 어찌 될 것인가 하고 묻던 그의 모습이 떠오릅니다. 내가 그의 모습을 떠올리는 것은, 어떤 사람이 자신이 서 있는 자리를 그리도 정확히 알 수 있다는 사실에 놀랐기 때문입니다.[45]

발터 라테나우의 조카딸 우르줄라 안드레에Ursula Andreae도 같은 교실에 앉아 있었다. 그녀는 저명한 유대인 가문 자녀들 가운데 하나였다. 법률가 바이게르트Weigert의 딸 마리아 바이게르트Maria Weigert와 마리온 빈터[훗날 페터 요르크(Peter Yorck) 백작의 부인이 되어 요르크 백작부인으로 불리게 된다]Marion Winter도 저명한 유대인 가문 자녀들 축에 끼었다. 우르줄라 안드레에는 본회퍼와 마찬가지로 신학에 관심이 있어서 후일 아돌프 폰 하르낙의 세미나에 그와 함께 참석하기도 했다.

이 동아리의 정치적 입장은 클라우스가 1922년 5월에 대형 강의실에서 한스 폰 도나니에게 보낸 편지에서 생생히 드러난다.

나는 그들(학우들)을 정치적 관점에서 알게 되었지만, 그 일을 생각하노라면 메스꺼움을 느껴.……얼마 전에 집회가 열려 라이프치히 대학교의 발터 괴츠Walter Goetz 교수가 '대학생과 새 시대'라는 제목으로 연설했어. 개인적인 격분이나 정략적인 격분을 전혀 토해 내지 않고 민주적인 근거에서 한 연설이었지. 대학생들이 고래고래 소리 지르고 발로 바닥을 구르며 그를 인격적으로 모욕했어.……이곳의 역사학자 요하네스 할러Johannes Haller도 동료 교수를 무례하게 모욕하면서 칠칠맞게 굴었어. 조잡한 선동이었는데도 활달한 군중이 환호하더군. 사람들이 눈치챘을지 모르지만, 나는 경악하고 말았어. 어쨌든 나는 뒷사람—외알 안경의 불쾌한 퇴역 장교—과 함께 헐값의 신간 서적을 받았어.……

우리가 장래를 위해 믿고 의지하는 자들이 궤변만 늘어놓고, 1870-1871년을 끊임없이 지향하며 텅 빈 깃펜으로 그리하는 모습을 보는 것은 슬픈 일이 아닐 수 없어.……하지만 한스, 우리가 장차 형제들과 함께 할 일을 생각했으면 해. 내가 조금이라도 더 앞서면 좋으련만!

IV. 신학을 공부하기로 결심하다

본회퍼는 어떤 계기로 그리고 무엇을 실마리 삼아 직업을 선택하게 되었는가? 이 물음에 관심을 기울이는 이는 가설적 요소가 없는 답을 결코 얻지 못할 것이다. 본회퍼는 자신이 내린 결단의 실마리를 놓고 어디서도 자전적 해명을 한 적이 없기 때문이다. 그러나 여기서 드러나는 빈틈은 다음의 중요한 생각을 가리키는 것인지도 모른다. 말하자면 가장 내적인 소명 의식의 동기와 단초는 비밀로 남아 있어야 한다는 것이다. 본회퍼도 감지한 바 있듯이, 소명 의식을 확인하고 싶어 하다가는 자기 파괴적인 힘을 풀어 줄 뿐이다. 따라서 우리는 소명 의식과 관련하여 결정적인 요인들과 자료들을 조사하려고 할 때 어느 정도의 불확실성을 감수하지 않으면 안 된다.

교회와 그리스도교적 특성

본회퍼의 청소년 시절, 친가에는 지역교회에 소속되어 활동하는 것과 같은 교회주의가 전혀 없었다. 아이들을 어린이 주일 예배에 보내지 않았으며, 대축제일에도 예배 출석을 하지 않았다. 집안에 예배 의식이 있을 때에는 그 지역 목사관에 의뢰하지 않고 친지에게 의뢰하곤 했다. 처음에는 디트리히의 외조부가, 그다음에는 디트리히의 외삼촌 한스 폰 하제가 예배 의식을 맡았다. 아이들은 "가내(家內) 세례" 놀이를 특히 즐겨했다. 그럼에도 국민교회의 관습을 멀리하고 싶지는 않아서 아이들을 견신례수업에 참석시키기도 했다. 어머니는 자녀들을 위한 이 수업을 가급적 진지하게 유지하려고 했다. 그러나 견신례수업을 놓고 형제자매들 사이에서 괴상망측한 얘기가 돌 때에는 그러기가 쉽지 않았다.

어머니를 포함하여 가족들은 성서의 문헌 자료는 물론이고 교회사 사료 및 전승들과 독자적으로 관계를 맺으면서도 교회의 감독을 받지 않는 즐거움을 누렸다. 기성 교회와의 직접적인 관계는 쓸데없는 일로 여겼다. 이 시기에 본회퍼의 사회적 관계 안에는 교회임원이나 목사가 없었다. 방학을 맞아 목사관(외삼촌댁)을 찾아가거나 친가에서 친하게 지낸 외사촌 한스-크리스토프를 제외하면, 본회퍼의 이전 친구들 중에도 교회와 관련된 집안 출신이 없었다. 대학생활 중반에야 비로소 베를린-브란덴부르크 교회가 나타나 그의 성장 기반이 되어 주었다. 현실 교회를 위해 신학자가 된 것은 나중 일이었다.

본회퍼의 친가를 "신심이 깊다"고 할 수는 없지만, 그렇다고 비(非)그리스도교 집안으로 분류하는 것은 잘못된 처사일 것이다. 적어도 어머니의 경우는 그 반대였다. 그녀는 청년 시절에 헤른후트에서 몇 달을 보내며 젊은이다운 집중력으로 헤른후트 형제단Brüdergemeine의 이상들을 받아들였다. 신혼 초에는 이 이상들이 표면 아래에 머물렀다. 그녀는 독실한 체하며 다그치는 분위기를 자기 주변에 결코 허용하지 않았다. 카타리나 호른이 디트리히와 자비네 두 쌍둥이의 교육을 맡게 되자 자신은 종교교육을 맡아, 성서 이야기들을 외워서 자녀들에게 들려주었다. 또 율리우스 슈노르 폰 카롤스펠트Julius Schnorr von Carolsfeld의 그림성서 삽화를 활용하기도 했다. 디트리히 본회퍼는 자신이 직접 가르치기 시작할 때 어머니의 그림성서 삽화 활용법을 부작정 흉내 냈다. 그러다 한참 뒤에야 이 미화된 그림들 속에 위험이 도사리고 있음을 깨달았다. 성서 이야기에 대한 아이들의 상상력에 선입견을 주입할 위험이었다. 1908년부터 1923년까지 사랑받은 여자 가정교사 마리아 호른도 열심 있는 헤른후트 형제단 회원이었다. 하지만 그녀가 경건 영역에서 아이들에게 미친 영향은 그다지 크지 않았다. 다들 그녀를 가족의 일원이나 마찬가지로 여겼는데, 이는 그녀의 열정 때문이었다. 그녀의 열정은 감동을 자아낼 만큼 한결같았다. 모두 다 그녀의 열정을 존중했지만 그녀의 경건 표현만은 묵묵히 견뎠다. 물론 그녀는 부모의 양해와 동의를 얻지 않고 경건을 표현하지는 않았을 것이다. 아이들은 그녀와 죽이 잘 맞았다. 클라우스에 대해서는 이런 이야기가 전해지고 있다. 밤마다 침대에서 독서 금지를 어기고 싶어 그가 흥미진진한 읽을거리를 성서의 검정색 표지 사이에 끼워 놓자, 그 모습을 본 호른 양이 방해하지 않고 전등을 켜 두었다고 한다.

본회퍼의 집안에서는 그리스도교적 가풍을 장려하고, 그 내용도 말로 표현해야 했다. 식사기도는 그때그때 아이들 가운데 하나가 했다. 저녁기도는 어둔 방에서 진행되었으며, 그럴 때면 누구도 자신을 드러내거나 다른 사람의 거동을 관찰할 생각을 하지 않았다. 어려서는 자장가 「피곤해서 잘래요」Müde bin ich, geh zur Ruh를 불렀고, 조금 더 커서는 주기도문을 외며 자신들이 고른 성가를 불렀다. 그리하여 아이들은 다수의 악절을 잊히지 않는 재산으로 마음에 새길 수 있었다. 크리스마스이브에는 어머니가 누가복음서의 크리스마스 이야기를 읽어 주었고, 섣달그믐날 밤은 시편 90편과 파울 게르하르트Paul Gerhardt의 새해맞이 성가 「저희가 가까이 가게 하소서」Nun laßt uns gehn und treten로 마감했다. 아버지도 그 자리에 참석하여, 다른 이들의 감정과 표현을 어떻게 존중하고 공유할 수 있는지를 모범적으로 보여주었다. 하지만 이 모든 게 어머니의 이상(理想)임을 다들 알고 있었다. 이와 관련해서는 갈등이 전혀 없었다. 종교적으로 격해지거나 부자연스러운 것은 모두 한마음으로 거부했다. 비판을 제기하더라도 냉소로 감정을 상하게 하지만 않으면, 의심과 양심의 가책까지도 주목을 받았다. "무슨 뜻인지 도통 모르겠어"라는 아버지의 말은 뛰어난 유머 감각을 담고 있었지만, 자신이 인간 이성의 불충분함을 알고 있음을 어느 정도 느끼게 하고, 창피하지만 당사자와 같은 마음임을 드러냈다.

이처럼 이 집안에서는 그리스도교적 특성이 배후와 저변에 자리하고 있음을 느낄 수 있었다. 집안의 지배적인 분위기는 중산층의 경험주의적 분위기였다. 형들과 그들의 친구관계와 관심사도 그 방면을 지향했다. 아버지의 비판적이고 객관적인 정신도 그쪽으로 영향을 미쳤다.

직업 선택

본회퍼는 목사와 신학자가 되겠다는 바람을 이미 소년 시절에 품고 끈질기게 고수하여 기어이 실현했다.

교회를 위해 헌신하겠다는 열네 살짜리 소년에게 형들이 "소시민적이고 따분하고 허약한 기관이 바로 교회야"라고 비난하면서 "너는 가장 미미한 저항의 길을 걷고 있는 거야!" 하고 말하자, 그는 "내가 개혁하면 되지 뭐!"라고 당차게 대꾸했다.

당시 친척들 사이에서는 그 소년이 그쪽 방향으로 생각하기를 기대하고 있었다. 그의 대부 한스 폰 하제가 이를 문서로 증명하고 있다. 그의 열네 번째 생일을 맞아 그에게 보낸 편지에서 "너의 길이 너를 신학으로 이끌기를 바란다"라고 말한 것이다. 그루네발트 교회에서 헤르만 프리베 목사가 지도하는 견신례수업이 그 뒤를 이었다.[45a] 본회퍼는 그 수업에서 한스 베른트 폰 헤프텐Hans Bernd von Haeften과 친하게 지냈다고 한 차례 언급만 할 뿐, 그 수업에 대해서는 더 이상 언급하지 않았다. 한스 폰 헤프텐은 장차 1944년 7월 20일 사건의 공모자가 된다. 그 수업의 일부는 흥미로웠고, 일부는 따분하기 그지없었다. 그는 이미 오래전부터 견신례수업을 위해 독자적으로 성서를 읽어 온 상태였고, 성서의 검정색 표지 사이에 소설을 끼우지도 않았다.

이 무렵 직업을 놓고 숙고하면서 직업 변경 시도를 마지막으로 경험했다. 부모는 음악이 적합한 길이 아닐까 생각하고 그 점을 명확히 알고 싶어, 디트리히가 빈 음악학교의 거장 피아니스트 레오니트 크로이처Leonid Kreuzer 앞에서 시연할 수 있도록 주선했다. 결과는 분명치 않았다. 부모는 물론이고 디트리히도 자신이 없었다. 김나지움 8학년 초의 어느 날 정오 무렵, 그는 지나가는 말로 암시했다. 히브리어를 선택 과목으로 택하겠다는 거였다. 이 최종 결정을 내렸을 때 그의 나이는 열다섯이었다. 1921년 3월의 어느 날, 그는 절친한 길베르트Gilbert 집안에서 열리는 축제에 클라우스와 함께 가야 하는데도 수난절이 시작되었다는 이유로 가기를 거부했다. 그것이 친구들에게 깊은 인상을 주었다. 자신들은 이제까지 그와 같은 것을 생각해 본 적이 없었기 때문이다. 그는 기회 있을 때마다 예배에 참석했고, 어머니도 이따금 그와 동행했다.

그가 결정을 내리자 집안에서도 그를 존중해 주었다. 아버지는 이 직업 선택을 놓고 자신이 어찌 생각했는지를 십여 년이 지난 뒤에 단 한 차례 밝혔을 뿐이다.

그 당시 네가 신학을 하겠다고 결심했을 때, 나는 차분한 마음으로 여러 차례 생각했단다. 내가 슈바벤에 계신 내 숙부에게서 느꼈던 목사상(像), 에두아르트 뫼리케가 묘사한 것처럼 조용하고 냉담한 목사상이 네게 해가 될 것이라고 말이다. 나는 냉담한 것이 싫었단다. 종교의 영역에도 그런 위험이 있을 수 있다는 게 학자인 내게는 있을 수 없는 일로 여겨졌단다.[46]

내적 동인들

직업 선택의 내적 동기를 물을 때, 우리는 능히 생각할 수 있는 몇 가지 사항을 배제하지 않으면 안 된다. 국가교회도 지역교회도 그러한 동기를 주지 못했다. 견신례수업도 동기를 주지 못했다. 본회퍼는 어떤 위대한 정신의 모범에 이끌리지도 않았다. 살면서 비범한 인물에게 열광하는 편도 아니었다. 물론 꽤 오랜 시간이 흐른 뒤에 칼 바르트를 만나고 나서 열광했던 적은 있었다.

자립에 대한 근본적 갈망이 그의 진로 결정을 푸는 내적 단서 가운데 하나일 것이다. 그렇다고 다방면에서 받아들이고자 하는 끝없는 욕구가 그에게 없었던 것은 아니다. 하지만 자립에 대한 갈망이 암시하는 것처럼, 그의 생애를 지배한 것은 뚜렷이 구별되는 자기실현의 욕구였다. 선조들 가운데 자리한 신학자들이 그의 직업 결정을 난데없는 것으로 보이게 하지 않고 나름의 역할을 했을 테지만 결정적인 역할은 아니었을 것이다. 형제자매들 속에서 다양하게 경험한 고립이 그의 내면에 자리한 포부, 곧 형제자매들이 이루지 못할 무언가를 자신이 이루고야 말리라는 포부에 자양분을 훨씬 많이 공급했을 것이다. 혹자는 다음과 같이 다소 날카롭게 말할는지도 모르겠다. "그는 고독해서 신학자가 되었고, 신학자가 되었기에 고독했다."

1차 대전 경험이 보다 깊은 영향을 미쳤다. 유년시절에 본 브레슬라우 묘지 광경이 갑자기 친근하게 다가왔다. 형의 죽음과 그로 인한 당혹감, 어머니의 상심도 가깝게 느껴졌다. 어린아이 같은 심성의 그는 열렬한 내세 동경으로, 그리고 입 밖에 낸 적은 없지만 다른 이들에게 영생의 확신을 심어 주고자 하는 갈망으로 화답했다. 그것을 보여주는 출처는 두 가지다. 첫 번째 출처는 쌍둥이 여동생의 기억이다.

우리는 손위 사촌들과 급우들의 아버지들이 전사했다는 소식을 들었다. 그래서 우리는 밤마다 기도와 찬송을 마친 뒤에 자리에 누워……오랫동안 자지 않고 "죽음"과 영생을 상상해 보려고 시도했다. 우리는 밤마다 영생에 조금 더 가까이 다가가려고 애쓰면서, 영생이라는 단어만 생각하고 다른 생각은 떨쳐 버리기로 작정했다. 영생이 대단히 길어 보이고 으스스하게 느껴졌다. 우리는 상당히 오랫동안 집중한 뒤에 종종 어지럼증을 느끼곤 했다. 우리는 스스로 택한 훈련을 오랫동안 고수했다. 서로에게 꼭 달라붙은 채 각자 마지막까지 깨어 있으면서 "잘 자"라는 인사를 상대에게 한 번 더 건네려고 했다. 그런 인사를 끝없이 주고받으며 서로를 잠에서 깨우려고 애쓰던 일이 기억난다. 당시 나는 "악마조차도" 디트리히를 "삼키지 못할 것"이라고 여겼다. 이 모든 것은 우리 두 쌍둥이만 아는 절대 비밀이었다.……당시 디트리히가 특히 좋아한 노래는 「영혼은 어디서 고향과 안식을 찾는가」Wo findet die Seele die Heimat, die Ruh, 「제 영혼을 기다려 주소서」Harre meine Seele, 「예수님, 앞서 가소서」Jesu, geh voran, 「저를 보내소서」Laßt mich gehen였다. 디트리히는 이 노래들을 "붉은색" 노래라고 불렀다. 우리에게는 다음과 같은 "검정색" 노래들도 있었다. 「주님을 찬양하여라」Lobe den Herren, 「모두 다 하나님께 감사하여라」Nun danket alle Gott.……이것 역시 우리가 비밀에 부친 우리만의 암호였다.……전등을 끄고 나면 인광(燐光) 십자가가 우리의 친구가 되어 주었다. 그 빛이 우리의 마음을 진정시켜 주었다. 하지만 십자가 형태만큼은 이따금 우리를 겁먹게 했다.……디트리히가 열두 살이 되어 자기 방을 얻게 되었을 때, 우리는 서로 약속했다. 주지(주잔네)와 내가 "하나님을 묵상해야" 할 때가 되면 디트리히가 밤마다 벽을 쾅쾅 두드려 주기로. 이처럼 쾅쾅 소리로 주의를 환기시키는 일은 규칙적으로 이루어지고 관례가 되어, 우리 자매를 두세 차례 잠에서 깨우곤 했다. 우리 자매가 잠에서 깨어난 것을 눈치챈 뒤에야 디트리히는 그 일을 그만두었다.[47]

다른 출처는 작성 연도가 1932년으로 기입되어야 할 제목 없는 원고로서[48] 그의 신학과 삶이 근본적 변혁을 겪던 시기의 글이다. 당시 자신의 허영심을 깨닫고 진지한 자기성찰에 돌입한 그가 무슨 계기로 혹은 누구를 위해 이 단편을 쓰기 시작했는지는 알 수 없다. 하지만 이 단편은 그가 죽음을 어떻게 극복하는지를 보려고 매혹자Faszinosum가 그를 일생 동안 따라다니며 죽음에 몰두하게 했음을 보여준다.[49] 그 내용은 아래와 같다.

그는 죽음을 즐겨 숙고했다. 이미 소년 시절에 임종의 자리에 누워 있는 자신의 모습, 자기를 아끼는 사람들에게 둘러싸여 그들에게 마지막 말을 하는 자신의 모습을 즐겨 상상한 터였다. 그 순간에 무슨 말을 할 것인지를 놓고 종종 남몰래 숙고하기도 했다. 죽음은 그에게 무거운 것도 낯선 것도 아니었다. 젊어서도 기꺼이 맞이했을 것이다, 멋지고 경건한 죽음을. 그들은 알았어야 했다, 죽음은 괴로운 것이 아니라, 하나님을 믿는 이들에게 영광스러운 것임을. 밤마다 피로에 지쳐 잠자리에 들 때면, 그는 이따금 "지금이 바로 그때야"라고 말하곤 했다. 가벼운 현기증이 그를 자주 놀라게 했고, 그러면 그는 살아 있음과 고통을 느끼려고 혀를 깨물었다. 그러고는 죽음을 예감하지 못했다는 이유로 하나님께 소리 지르며 죽음의 유예를 요청했다. 이 경험들이 그의 마음을 상당히 혼란스럽게 했다. 그는 죽고 싶지 않았고 게다가 나약하기까지 했다. 그는 자신의 부자연스러운 연기에 욕지기를 느꼈다. 그럼에도 불구하고 중요한 순간에는 종종 기도했다. "하나님, 저를 끝까지 구해 주십시오. 저의 동물적 생활이 제 앞에서 저를 끊임없이 조롱하고, 저로 하여금 갈피를 못 잡게 할 뿐이지, 사실 저는 죽을 각오가 되어 있답니다."

그러던 어느 날 괴이한 생각이 그를 덮쳤다. 자신이 희귀한 불치병에 걸린 사람인지도 모른다고 생각한 것이다. 말하자면 자신이 죽음을 두려워하는 엄청난 병, 무엇으로도 없앨 수 없는 병에 걸렸다는 것이다. 자신이 어느 날 정말로 죽을지도 모른다는 생각이 그를 덮쳤고, 그는 말없이 떨며 이 불가피성을 노려보았다. 누구도 그를 이 질병에서 해방시켜 주지 못하리라. 그것은 불가피한 것이어서 애초부터 질병이 아니라 가장 자연스럽고 가장 당연한 것이기 때문이다. 그는 자제력을 잃고 이 사람에게서 저 사람에게로 도망 다니며 도움을 구걸했다. 의사들은 머리를 가로젓기만 할 뿐 아무 답도 줄 수 없었다. 현실적인 것을 진정한 것으로 여기는 것이 그의 병이었으므로 그의 병은 치료할 수 있는 병이 아니었다. 그는 이 생각을 잠시도 견딜 수 없었다. 그날부터 그는 속마음을 감추었고, 그것을 오랫동안 이야기하거나 숙고하는 일도 없었다. 그가 토론과 상상용으로 애지중지하던 주제가 갑자기 쓴맛을 내고 만 것이다. 그는 멋지고 경건한 죽음에 대해 입도 뻥긋하지 않았으며 그것을 생각하지도 않았다 (DBW 11:373f.).

신학을 공부하겠다는 결정에 미친 초기의 영향들이 위의 글에서 언급되고 있다. 그 영향들은 쇠렌 키르케고르Søren Kierkegaard가 후기에 다룬 것들이기도 하다. 어쨌든 그 결정 자체에는 특별한 유혹들이 있었다.

죽음을 다룬 단편 외에도 거의 같은 시기에 작성된 또 다른 단편이 존재한다. 그 단편은 신학자가 겪는 절망을 절박하게 묘사한다. 말하자면 신학자 자신이 신학의 길에 들어서게 된 계기들에 관심을 기울이는 순간, 경건한 참됨이 사악한 거짓됨으로 정체를 드러내고, 신학자는 자기 자신을 역겨워하건만 남들은 그 신학자를 보고 경탄한다는 것이다. 그 단편은 청소년 시절의 것이 아니고, 1932년에 "창조와 타락"Schöpfung und Fall이라는 강의에서 행한 것처럼 죄에서 비롯된 종교성을 반성하던 시기의 것이다. 필치마다 그 단편과 우리 시대의 밀접한 연관이 드러난다. 그 단편을 읽다 보면 본회퍼의 회랍어 선생 발터 크란츠가 눈앞에 아른거리는 듯하다. 본회퍼는 슬픔과 우울tristitia und acedia을 자신의 동반자로 여기고 두려워했다.[50] 그는 그러한 것들이 자신에게 있음을 어릴 적부터 알고 있었다. 활달하고 원만한 것으로 여겨지는 소년이 활기찬 대화에서 갑자기 물러나 고독에 잠기곤 한다. 1932년에 그려진 이 스케치는 본회퍼의 명예심이 신학자가 되겠다는 결정에 얼마나 강력하게 개입했는지를 상당히 정확하게 보여준다. 어느 정도 성장한 어느 날, 신학자가 되게 한 계기들을 숙고하지 않는 데에 그리스도인의 실존Christsein이 있음을 깨달았음에 틀림없다. 1932년에 작성된 이 단편의 내용은 아래와 같다.

김나지움 상급 학년 시절의 어느 날, 그는 선생님의 질문에 낮은 목소리로 "저는 신학을 공부하려고 해요"라고 대답하면서 얼굴을 붉혔다. 그는 한 번도 일어서서 발표한 적이 없었다. 방금 한 말은 급히 내뱉은 말이었다. 선생님의 시선과 급우 전체의 시선을 자신의 성적에 쏠리게 하지 않고 자신의 인격에 쏠리게 하면서 난데없이 자발적으로 말한 것이다. 질문과 대답을 통해 당혹스러움을 자아내는 것은 학급 관례를 위반한 것이나 다름없었다. 이 뜻밖의 사건으로 그는 허영심과 겸손 사이에서 갈팡질팡했다. 선생님도 그 점을 분명히 느껴서인지 자신의 시선을 그에게 평소보다 조금 길게 보내며 압박하다가 이내 그를 유쾌하게 풀어 주었다.

선생님은 자신의 수석 학생과 똑같이 낮은 목소리로 당혹스러워하며 말했다. "자네는 또 한 번 놀라게 할 셈이군." 원래 그가 하려던 말은 "얼마나 오래 할 셈인가?"였다. 하지만 일찍이 신학 연구를 열정적으로 시작하다 갑자기 포기한 자신의 비밀을 언급하게 될까 봐—게다가 오랫동안 알고 지내며 아껴 온 그 소년에게 더 나은 말을 해주지 못하는 자신이 불만스러워—당황하는 낯빛으로 가벼이 헛기침을 하면서 희랍어 교재를 향해 손을 뻗었다.

그 소년은 이 짧은 순간을 깊이 흡입했다. 이례적인 사건이 일어났고, 그는 이 이례적 사건을 즐김과 동시에 부끄러워했다. 저들 모두 알게 되었고, 그도 저들 모두에게 털어놓은 셈이었다. 이제야 그의 삶의 비밀이 드러난 것이다. 지금은 그가 하나님 앞과 급우들 앞에 엄숙히 서 있었다. 지금은 그가 중심이었다. 그는 지금의 모습이 자신이 바라던 모습인지, 자신의 표정이 진지하고 단호하게 비칠 것인지를 생각했다. 까다로워서였겠지만, 그는 그 생각을 즉시 떨쳐버리고 자신의 숭고한 고백과 사명을 마음속에 떠올렸다. 자기 때문에 모종의 당혹감에 젖어들면서 동시에 자기를 흡족히 바라보던 선생님의 모습도 놓치지 않았다. 그 순간이 부풀어 올라 깊은 만족을 주고, 교실이 한없이 넓어졌다. 그는 자신의 깨달음과 자신의 이상을 선포하고 가르치는 이로서 세상의 중심에 서 있었고, 다른 모든 이는 입을 다문 채 그의 말을 귀여겨듣지 않으면 안 되었다. 영원의 희열이 그의 말과 그의 머리 위에 머물렀다. 그런 다음 그는 또 다시 부끄러워했다. 자신의 가련한 허영심을 잘 알고 있었기 때문이다.

이미 그는 허영심을 극복하려고 여러 차례 시도한 상태였다. 하지만 그것은 늘 몰래 기어 들어와 이 순간의 흥까지 깨고 있었다. 오오, 열일곱 살의 그는 자신을 너무나 잘 아는 사람이었다. 자기 자신을 아는 것은 물론이고 자신의 결점들까지 속속들이 아는 사람이었다. 그는 자기가 자신을 잘 안다는 사실까지 알고 있었다. 그런데도 이 앎의 소용돌이를 틈타 그의 심한 허영심이 그의 영혼의 집으로 기어 들어와 그를 깜짝깜짝 놀라게 했다.

그는 프리드리히 폰 실러Friedrich von Schiller의 책을 읽는 가운데 "인간이 신처럼 되려면 얼마 안 되는 작은 결점들에 무감각해져야 한다"는 글귀를 접했고, 이 글귀가 그에게 비길 데 없는 인상을 주었다. 그때부터 실러가 잠복한 채 그를 떠나지 않았다. 그는 실러가 이 투쟁에서 영웅이 될지도 모른다는 생각에 노심초사했다. 그는 방금 전에 엄숙히 맹세한 상태였다. 그의 길은 예정된 것이었다. 이미 열네 살 때 자기가 걷게 되리라고 분명하게 의식한 길이었다. 하지만 그가 거부하면 어찌되는 것인가? 그가 투쟁에서 패하면 어찌되는 것인가? 그가 그 길을 끝까지 고수하지 않으면 어찌되는 것인가?

"자네는 또 한 번 놀라게 할 셈이군"이라는 말이 갑자기 그의 귓속을 울렸다. 도대체 무슨 이유로 그리 말씀하신 걸까? 무슨 뜻으로 하신 말씀일까? 캐기 좋아하고 의심하고 따분해하는 듯한 급우들의 저 눈빛, 실망하고 비웃는 듯한 급우들의 저 눈빛은 무슨 뜻일까? 그가 그렇게 하리라는 것을 믿지 못하겠다는 말인가? 그의 정직한 계획을 다 믿는 것은 아니라는 말인가? 그도 모르는 무언가를 그에게서 본 것일까?

어찌하여 그대들은 나를 그런 식으로 바라보는가? 선생님, 도대체 무슨 이유로 당혹스러워 하십니까? 저를 끝까지 지켜봐 주십시오! 제가 자기 말조차 믿지 않는 거짓되고 허영심 강한 녀석이라고 꾸짖어 주십시오! 그러나 저를 이해하신다는 듯이 사려 깊게 침묵하지는 말아 주십시오! "저렇게 비열하고 어리석은 녀석도 없을 거야. 도저히 못 봐주겠군!" 하고 솔직하게 비웃어 주십시오!

대중이 자리하고 있다. 그는 그 가운데서 연설하고 또 연설하다 달아올라 감격한다. 그는 점점 고조된다. 납처럼 무거운 침묵이 대중을 내리누른다. 대중이 소름끼치는 무언의 조소를 보낸다. 아니, 그럴 수는 없는 일이다. 그는 사람들이 생각하는 그런 사람이 아닌 것이다. 그는 정말로 심각하게 생각한다. "저들은 나를 경멸할 자격이 없어. 저들 모두 부당한 일을 저지르고 있는 거야!" 그러고는 기도하기 시작한다.

"하나님, 제가 당신을 진지하게 생각하는지 아닌지를 직접 말씀해 주소서. 제가 거짓말을 하거든 저를 당장 없애 주소서. 아니면 저들 모두에게 벌을 내려 주소서. 저들은 저의 적이자 당신의 적이기 때문입니다. 저들은 저를 신뢰하지 않습니다. 제가 선하지 않다는 것은 저도 잘 아는 사실입니다. 하지만 저는 당신이 하나님이시라는 것도 잘 압니다. 저는 다른 이들이 필요하지 않습니다. 저는 저이기 때문입니다. 저는 이길 것입니다. 보고 계십니까, 제가 어떻게 이기는지를? 보이나요, 퇴각하는 저들의 모습이? 보이나요, 깜짝 놀라는 저들의 모습이? 저는 당신과 함께 있습니다! 저는 강합니다. 하나님, 저는 당신과 함께 있습니다.

제 기도를 듣고 계신가요? 아니면 안 듣고 계신가요? 도대체 제가 누구에게 하소연하겠습니까? 저에게 하소연하겠습니까? 당신께 하소연하겠습니까? 아니면 이 자리에 있는 저들에게 하겠습니까?

도대체 누가 하소연하는 것일까요? 제 믿음이 하소연하는 것일까요? 저의 허영심이 하소연하는 것일까요?

하나님, 저는 신학을 공부하고 싶습니다. 그래요, 전에 말씀드린 그대로입니다. 당신께서 그 모든 말을 귀담아 들으셨습니다. 더 이상 후퇴는 없습니다. 저는 꼭 할 것입니다. 그러나……?"

회오리바람이 다시 돌듯이, 선생님의 음성이 아련하게 들려왔다. "컨디션이 안 좋은가? 힘들어 보이는군." 그는 그제야 깨어나 난해한 희랍어 텍스트를 여느 때와 마찬가지로 독해했다(DBW 11:369-372).

김나지움 최종 학년

김나지움 7학년 말경, 열네 살 소년이 아래와 같은 내용의 편지를 자신의 부모에게 부쳤다.

저희는 두려울 정도로 우스꽝스러운 일을 벌였답니다. 희랍어 선생님이 "다음 시간에는 쓰기 시험을 볼 거야"라고 말씀하셨습니다. 그러고는 단어 몇 개를 불러 주셨습니다. 저희가 말했습니다. "그 시험은 이미 치렀는데요." 그러자 선생님은 이렇게 말씀하셨습니다. "치른 게 아니라 시도만 했을 뿐이야." 저는 어휘 사전에서 모두 찾아내어 급우들 모두에게 알려 주었답니다. 그동안에 희랍어 선생님은 며칠 말미를 얻어 여행을 다녀오셨습니다. 받아쓰기 시험은 라틴어 선생님께 맡기고요. 라틴어 선생님은 저희가 다 찾아냈다는 말을 유스투스를 통해 전해 들으시고는 그 사실을 모든 선생님에게 이야기하셨지요. 희랍어 선생님만 빼고요. 그렇게 저희는 정식 시험을 다 치렀고, 희랍어 선생님만 그 사실을 몰랐던 거예요.……교장 선생님께서 상당히 어리석은 숙제들을 내주셨습니다.……한 숙제는 이렇습니다. "나무들이 나에게 전하는 말." 그분은 굉장히 진부한 표현을 얻고 싶어 하십니다. 하지만 저는 그 숙제를 크리스텔Christel에게[51] 맡기려고 합니다. 자연과학의 관점으로 나무들의 해부학과 생리학에 대해 다룰 생각입니다. 나무들이 저에게 그렇게 하라고 말하는군요.[52]

어린 나이에 신학을 공부하겠다고 결정했지만, 본회퍼는 학우들과 교양에 대한 관심을 결코 줄이지 않았다. "당시 그를 아는 모든 이가 그의 명랑한 성격에 깊은 인상을 받았으며, 그의 들뜬 기분은 그칠 줄 몰랐다."[53]

그는 늘 많은 책을 읽었다. 유년시절에는 칼-프리드리히가 빌헬름 하우프Wilhelm Hauff의 동화 『차가운 심장』*Das kalte Herz*을 토대로 연극을 꾸미고 형제자매들의 도움을 받아 그것을 상연할 때에도 열심히 참여했다. 조금 더 자라서는 친구들과 함께 후고 폰 호프만스탈Hugo von Hofmansthal의 「하얀 부채」Der weiße Fächer를 연출하기도 했다. 열세 살 무렵에는 프리드리히스브룬에서 휴가를 보내는 동안 처음으로 고전에 흠뻑 빠져 지냈다. 고학년 시절에는 헤르만 헤세Hermann Hesse의 초기 작품들을 읽었다. 그는 무엇보다도 헨릭 입센Henrik Ibsen을 좋아했고, 이후에도 끊임없이 입센의 극본들에 깊은 인상을 받았다.

그는 큰형 칼-프리드리히의 회의주의에 맞서는 가운데 자극을 받아 이른 시기에 인식의 문제들에 관심을 기울였다. 그리하여 김나지움 최종 학년 때에 철학을 집중적으로 파고들었다. 1921년 2월, 그는 한 스터디 그룹에서 레오폴트 폰 랑케Leopold von Ranke와 외증조부 칼 아우구스트 폰 하제의 저작들을 토대로 플로티누스Plotinus와 배교자 율리아누스Julianus der Apostat를 논평하고, 1922년 8월에는 에두아르트 마이어Eduard Meyer의 『고대사』*Geschichte des Altertums*를 근거로 에우리피데스Euripides의 철학적인 면을 논평했다. 슐라이어마허의 『종교론』*Reden über die Religion*도 그가 김나지움 학생 시절에 읽은 책이다. 김나지움 최상급생 시절에는 형들의 권유로 프리드리히 나우만Friedrich Naumann의 『종교에 관한 서간집』*Briefe über Religion*을 접하고 꼼꼼히 숙독했다. 그때부터 그는 나우만의 냉정하면서도 열정적인 분석을 결코 잊을 수 없었다. 나우만은 "그리스도교라는 종교는 자신의 국지성을 결코 극복하지 못할 것이다"라고 하면서 이렇게 분석했다. "가난한 사람들에게 실제적으로 도움을 주는 것은 상인의 오른손과 자선가의 왼손이다.……복음의 모든 외침은, 먼 하늘에 떠 있어 동경을 자아내는 흰 구름처럼, 우리 시대의 모든 실제적 활동에서 동떨어져 떠다닐 뿐이다."[54] 본회퍼는 이러한 분리에 절대로 만족하려 하지 않았다.

클라우스 본회퍼와 그의 친구들을 통해 막스 베버Max Weber의 문제 제기들을 소개받기도 했다. 당시 그는 페르디난트 퇴니스Ferdinand Tönnies의 『공동 사회와 이익 사회』*Gemeinschaft und Gesellschaft*도 이미 입수한 상태였다. 막스 베버의 동생 알프레트 베버Alfred Weber는 디트리히의 아버지 칼 본회퍼의 대학 친구였다. 그는 칼 본회퍼를 자기 형에게 한 차례 소개하기까지 했다. 칼 본회퍼와 알프레트의 우의는 끊이지 않고 계속 이어졌다.

본회퍼가 김나지움 졸업 시험을 앞두고 입수한 문헌들 중에는 현대 신학 서적으로 소개할 만한 것이 별로 없다. 그의 장서들 중에는 1921년에 두 권으로 출간된 에두아르트 마이어의 『그리스도교의 기원과 발단』*Ursprung und Anfänge des Christentums*이 있었다. 그는 그 책들을 1921년에 구입하고는, 아직 김나지움 학생이었음에도 불구하고 "신학"theol이라는 덧붙임말과 함께 자기 이름을 써넣었다. 하지만 대학교 1학년 때에는 아돌프 폰 하르낙 및 빌헬름 하이트뮐러Wilhelm Heitmüller와 함께 역사학자 마이어를 여러 차례 비판적으로 논평했던 것 같다. 어쨌든 그는 대학 공부를 시작하기 전에 이미 신약성서에 대한 약간의 역사-비평적 지식과 종교사적 지식을 갖추고 있었다. 이와 달리 1919년에 출간된 칼 바르트의 『로마서』*Römerbrief*는

1920-1921년 무렵, 그루네발트 김나지움에서. 두 번째 줄 오른쪽에서 두 번째가 디트리히.

폭넓은 독자층을 얻지 못한 상태였다. 1921년에 출간된 또 다른 주요 출판물들, 곧 프리드리히 고가르텐Friedrich Gogarten의 『종교적 결단』*Die religiöse Entscheidung*이나 루돌프 불트만Rudolf Bultmann의 『공관복음서 전승사』*Geschichte der synoptischen Tradition*는 본회퍼가 다니던 김나지움의 종교수업에서 전혀 다루어지지 않았다. 그 학교에서는 아돌프 폰 하르낙의 권위가 결정적이었다. 그러나 눈에 띄게 본회퍼의 마음을 사로잡지는 못했다. 하르낙이 바르트를 반박하며 『그리스도교 세계』*Christliche Welt*라는 잡지에 공개 서신을 기고하여 세상을 떠들썩하게 한 것도 1923년 이후의 일이었다. 그루네발트 집단 거주지의 사람들은 바르트 계열의 사회주의 목사로서 베를린-모아비트 구역에서 사역하고 있던 귄터 덴Günther Dehn도 모르고 있었다.[55] 본회퍼가 베를린-오스트의 프리드리히 지크문트-슐체Friedrich Siegmund-Schultze, 1885-1969 동아리와 접촉하게 된 것도 훨씬 뒤의 일이었다. 이 접촉은 아버지를 통해 이루어졌을 것이다. 지크문트-슐체의 사회사업과 칼 본회퍼의 정신병원 사이에 전문 직종의 교류가 이루어지고 있었기 때문이다. 1922년 이미 디트리히 본회퍼의 큰누나가 안나 폰 기르케Anna von Gierke의 사회교육대학에서 지크문트-슐체의 강의를 청강하고, 클라우스가 그의 보호관찰소에서 잠시 일했건만, 디트리히는 아직 관계가 없었다. 대학에서 공부하는 동안 새로운 변증법적 신학을 발견하고서야 비로소 귄터 덴 및 지크문트-슐체와 같은 이들에게 이르는 길이 그에게 열렸다.

본회퍼는 김나지움 졸업 시험을 위해 주제를 임의로 정하여 발터 크란츠 밑에서 논문을 썼다. 이 논문은 고대 순수문학 주제인 '서정시인 카툴루스와 호라티우스'를 논하기만 할 뿐(DBW 9:201-218), 신학적으로 별다른 성찰들을 보여주지 않는다. 본회퍼는 카툴루스를 호의적으로 평가했다. 그는 열여섯 살의 격정으로 이렇게 끝맺었다. "호라티우스가 꾀하는 명상시는 순수 감정 면에서 난센스다. 세상을 정복한 것은 성찰이 아니라 감정이었다.[55a] 사상은 제아무리 위대해도 사라질 수밖에 없지만, 위대한 감정은 영원하다"(DBW 9:218). 발터 크란츠는 다음과 같이 논평했다. "감정은 허무하고, 예술은 영원하다. 예술은 성찰에도 영원성을 부여할 수 있다. 그리고 영원한 진리도 있다!" 그러고는 논문이 "활기차고, 착상이 훌륭하며, 꽤 상세하다"는 평도 덧붙였다.[56]

김나지움 시절이 끝나갈 무렵, 부모와 형제자매들이 정확히 알아챈 대로, 디트리히 본회퍼는 신학 공부를 고대했다. 하지만 자신이 품은 계획의 내적 위기에 대해서는 한마디도 하지 않았다. 그는 아직 전개되지 않은 과제와 씨름하지 않으면 안 되었다. 그가 신학을 공부하기로 한 것은 교회를 사랑해서가 아니었다. 신학적으로 분명한 주제를 설정해서도 아니었다. 성서를 깨닫고 그것을 주석하고 싶어서도 아니었다. 신학에 대한 그의 관심은 여전히 세계관과 철학에 물들어 있었다.

본회퍼의 신학 여정은 친가의 그리스도교적 바탕에도 불구하고 "세속적인 것으로" 규정된 생활권에서 시작되었다. 처음에는 소년기의 허영심으로 인해 "소명 의식"에 사로잡혔다. 이는 다소 막연하고 기이해 보였다. 그다음에는 지적 호기심을 가지고 학문으로서의 신학에 달려들었다. 그러고 난 뒤에야 교회가 그의 시야에 들어왔다. 본회퍼는, 교회 및 신학과 연관된 집안에서 태어나 "세상"이 존재함을 깨달은 신학자들과 달리, 어느 날 교회를 발견하는 쪽으로 옮겨 갔다.

신학을 공부하기로 한 본회퍼의 결심 속에 잠정성과 명예심이 어느 정도 내재해 있기는 했지만, 그는 자신의 소명을 조건부로 여기지 않았다. 아마도 처음에는 신학이라는 폭넓은 영역에서 자유로이 견문을 넓히다가, 어느 시점에선가 의무감을 가지고 헌신하겠다는 결단을 내렸을 것이다. 그는 "알고자" 하는 마음만큼이나 헌신하고자 하는 마음도 강했다.

다소 막연하고 조금은 불확실한 생각이기는 하지만, 본회퍼의 신학적 관심사에서 드러나는 실제적 순서는 일종의 "소명 의식"이 학문적 연구보다 시간적으로 앞선다는 것이다. 논쟁의 여지가 없을 만큼 명백한 자료도 있다. 학구적 집안에서 태어난 그는 정반대쪽을 우선시했다. 그가 처음부터 중립을 원하여 변증에 대한 본능적 혐오감을 드러냈던 것은 아니다.

그는 신학 공부에 돌입하면서 자신이 친가에서 경험한 세계에 믿음을 입증해 보이고, 불명료해 보이는 믿음에 그 세계를 요구하려 했던 것 같다. 하지만 겉으로 표명하지는 않았다. 이 은밀한 의도가 그에게 활력을 주어 미래를 맞이하게 했다.

2 대학 공부

1923-1927

대학 공부는 열일곱 살 청소년을 난생 처음 부모의 집에서 끌어내어, 자주적인 사고와 참여의 영역을 열어 주었다. 디트리히 본회퍼는 철학자들과 신학자들이 잇달아 제시하는 것을 열심히 받아들였다. 그는 부모의 집을 떠나서도 온갖 도움과 해방감을 맛보며 자신의 목표를 향해 나아갔다.

그렇지만 그는 가족 안에 뿌리를 확고히 내리고 있었다. 동료 학우들 사이에서는 흔치 않은 일이었다. 그는 결정하기 전에 부모와 상의하지 않는 경우가 별로 없었다. 그는 자신이 여러 차례 찾아다닌 당대의 위대한 스승들이 자신의 마음을 사로잡으려고 할 때에는 늘 뒷걸음쳤다. 우리는 그가 1년간 떨어져 지낸 후 그루네발트로 되돌아가는 것을 보게 될 것이다. 타지가 아닌 그곳에서 확신들이 무르익었고, 그 확신들이 그를 신학자로 각인시켜 주었다.

가족

디트리히 본회퍼의 대학생활 시절, 형제자매들의 모습이 변하고 그들의 생활 범위도 해가 갈수록 넓어졌다.

1923년, 칼-프리드리히는 스물네 살의 나이로 카이저 빌헬름 연구소의 물리화학 조교가 되어, 양자론에서 요구되는 두 종류의 수소 원자를 검출하여 분리시키는 데 성공했다. 한 번은 동생에게 다음과 같이 까다로운 문제를 알아 두어야 한다고 요구하기도 했다.

우리[칼-프리드리히와 그의 친구 파울 하르텍(Paul Harteck)]는 한 실험을 염두에 두고 있었어. 몇몇 이론가가 주장하는 대로 보통의 수소가 화합물이라는 사실을 실험을 통해 보여주는 것이지. 대단히 흥미롭지 않니? 요즘 우리는 잘 지내고 있어. 이 실험이 흥미롭다는 것을 아는 이가 우리 두 사람밖에 없기 때문이야. 그러나 당분간은 잘 되지 않을 거야. 헛고생을 하느라 머리카락의 절반이 빠졌단다.[1]

그는 자신의 연구성과로 하버드 대학교, 프라하 대학교, 취리히 대학교, 카르코브 대학교에서 영예로운 초빙을 받았다. 하지만 서른한 살이 되어서야 프랑크푸르트 대학교의 물리학 정교수로 초빙되었다.

클라우스는 튀빙겐 대학교와 하이델베르크 대학교를 거쳐 베를린 대학교에서 법학박사 학위를 취득했다. 그러고는 임용 시험을 치른 뒤 제네바에 있는 국제연맹 본부에서 국제법에 종사했다.

큰누나 우르줄라는 1923년 슈투트가르트 의사 집안의 아들 뤼디거 슐라이허와 결혼했다. 형제자매 가운데 거행된 첫 번째 결혼식이었다. 디트리히는 (결혼식에 참석하기 위해) 튀빙겐 학기 중에 베를린으로 돌아왔는데, 그때가 인플레이션 시기였음을 감안하면 이는 재정적인 면에서 모험과 다름없었다. 그가 식사 중에 한 연설은 비판적인 아버지가 보기에 만족스러운 것이었다. 슐라이허 박사는 법학자였다. 국가교통부의 시보(試補)로 베를린에서 지내던 시절, 그는 칼 본회퍼를 자주 방문하곤 했다. 칼 본회퍼가 튀빙겐 대학교 학우회 "고슴도치"의 "선배 회원"이자 자기 아버지의 동창이었기 때문이다. 그는 철학 및 정치에 대한 관심과 바이올리니스트로서의 재능을 토대로 커다란 동아리의 환영을 받았으며, 급기야 이 집안과 영구히 연결되기까지 했다.

크리스티네는 1925년 초에 두 살 연상의 동창생 한스 폰 도나니와 결혼했다. 한스는 에른스트 폰 도나니Ernst von Dohnanyi와 그의 부인 엘자 폰 도나니Elsa von

Dohnanyi의 아들이었다. 에른스트는 헝가리 출신의 작곡가이자 베를린 고등음악원의 임시교수였고, 친정의 성이 쿤발트Kunwald인 엘자는 뛰어난 피아니스트였다. 처음에 한스 폰 도나니는 외무부에서 일했다. 1871년부터 1914년까지 유럽 내각들의 정책과 관련된 정부 간행물을 출판하는 일이었다. 1925년에 그는 부인과 함께 함부르크로 이사하여, 1929년까지 그곳 대학교의 해외 정책 연구소에서 근무했다.

디트리히의 쌍둥이 여동생 자비네는 1926년 헌법학자 게르하르트 라이프홀츠의 부인이 되었다. 게르하르트 라이프홀츠는 유대인 가문 출신으로, 베를린에서 스승 하인리히 트리펠Heinrich Triepel의 지도 아래 대학교수 자격을 취득하고 민주주의와 파시즘의 문제를 연구했다. 그는 1929년 그라이프스발트 대학교의 공법 담당 교수가 되었다. 당시 스물여덟 살이었던 그는 독일 최연소 정교수들 가운데 한 사람이었다.

막내 여동생 주잔네는 1927년 신학자 발터 드레스와 약혼했다. 드레스는 몇 학기 전에 튀빙겐 대학교 "고슴도치" 학우회의 동료 회원이었으며 디트리히와 함께 아돌프 폰 하르낙의 세미나에 참석하기도 했다. 그는 베를린 대학교에서 교회사와 교리사로 대학교수 자격을 취득했다.

가족은 마리아 호른과 고전어 정교사 리하르트 체판Richard Czeppan 박사의 결혼식을 자기 집안의 결혼식처럼 거행했다. 체판은 클라우스를 가르치고, 1922년에는 디트리히와 함께 메클렌부르크를 도보로 여행했으며, 형제들에게 고대 로마의 신비를 알려 준 인물이었다. 그는 피아노 사중주의 연주자로 환대를 받았지만, 우익 성향 때문에 본회퍼 가의 형제자매들에게 조롱을 받기도 했다.

직업도 관심사도 다양했지만, 디트리히와 그의 매부들은 운명적으로 긴밀히 연결되었다. 그리하여 나중에는 디트리히가 그들의 전기 속에 등장하듯이, 그들도 디트리히의 전기 속에 등장하게 된다.

부모는 약혼식, 결혼식, 세례식들로 이어진 시기를 보내는 가운데 파티를 거행할 용기를 다시 얻었다. 이 파티들은 이웃 사람들, 대학생들, 베를린 자선병원 직원들의 입에 오르내릴 만큼 명성이 자자했다. 아버지는 가장무도회에서 자기 집의 임시 고용인으로 출연했다. 어찌나 교묘하게 변장했던지 조교수들도 알아보지 못할 정도였다. 디트리히는 결혼식이 있을 때마다 요한 볼프강 폰 괴테의 「마녀의 부엌」풍으로 시를 지어 축하했다.

흉년이 지나가자 여행 제한도 끝났다. 이 시기에 형제자매들은 동부 해안과 메클렌부르크, 할리히(만조 때 물에 잠기는 섬—옮긴이)Hallig와 황야, 튀링겐과 프랑켄 지방을 두루 탐방하고, 뒤셀도르프 미술관과 에센 폴크방 미술관(북구 신화에 등장하는 프레이야 여신의 궁전 이름으로 명명된 현대 미술관—옮긴이)Folkwang도 관람했다. 1922년에는 게르하르트 폰 라트Gerhard von Rad 및 그의 친구들과 함께 난생 처음 국경을 넘어 세자플라나를 등정했다. 크리스마스에 온 가족이 모일 때면 그들의 세계가 상당히 넓어져 있었다.

I. 튀빙겐

튀빙겐 대학교에서 대학 공부를 시작하는 것은 집안의 전통이었다. 튀빙겐 대학교는 아버지의 모교였다. 당시 튀빙겐에는 할머니가 거주하고 있었다. 전선에서 돌아온 칼-프리드리히가 이미 1919년에 네카 강 옆에서 자연과학 연구를 시작한 상태였고, 클라우스도 자신의 법학부 첫 번째 학기를 위해 그를 따라 튀빙겐에 와 있었다. 자비네는 1922년에 할머니 댁에서 여름학기 대학생활을 누렸다. 디트리히가 신학을 시작할 즈음, 크리스티네도 튀빙겐에서 생물학을 공부하고 있었다.

디트리히 본회퍼가 먼 곳에서 시작한 처음 두 학기는 정치·경제적으로 절박한 상황에 처해 있었다. 프랑스가 루르 지역을 점령했고, 바이에른과 작센에서 소요가 일어났으며, 전국에 비상사태가 선포되고 인플레이션이 가속화되었다. 본회퍼는 1923년 4월 말에 비용 절감을 이유로 당시 4등급 열차인 "완행열차"를 타고 베를린에서 튀빙겐으로 갔다. 꼬박 48시간이 걸렸다. 본가에서 부친 돈이 튀빙겐에 도착할 즈음이면 가치가 송금액의 일부분밖에 안 되었다. 본회퍼는 1923년 5월 말 부모에게 부친 편지에서 이렇게 말했다. "이미 칼 폰 뮐러Karl von Müller의 교회사 가격이 5만5천 마르크에서 7만 마르크로 뛰었습니다"(DBW 9:53). 1923년 10월

27일자 편지에서는 이렇게 말했다. "식사할 때마다 10억 마르크가 듭니다"(DBW 9:60). 그 후에는 대학생들이 50끼의 식비로 25억 마르크를 미리 지불하지 않으면 안 되는 지경에까지 이르렀다(DBW 9:62).

공교롭게도 인플레이션이 최고조에 달했을 때 아버지가 자신의 생명 보험금 10만 마르크를 수령했다. 계약대로 지급한 액수였다. 그는 그것으로 포도주 한 병과 딸기를 사 오기로 약속했지만 약속을 지킬 수 없었다. 수십 년간 납입한 보험금으로 집에 가져갈 수 있는 것은 딸기 1파운드뿐이었다. 이러한 시국에도 불구하고 부모는 네 자녀의 대학 공부를 끝까지 뒷받침했다. 그 일이 가능했던 것은 당시 베를린의 특이한 상황 덕분이었다. 베를린에서는 꽤 많은 외국인들이 외환을 지니고 다니는 데 익숙해져 있었다. 터무니없이 적은 금액의 외환만 있어도 토지와 대지, 고대 예술품과 현대 예술품을 매입할 수 있음은 물론이고, 가장 탁월한 정신의학 전문가에게 상담과 치료를 받을 수 있었다. 다들 가치가 변치 않는 달러나 프랑을 선호했다. 아버지는 어머니와 동료 한 사람을 데리고 예나를 방문하여 나흘 동안 5달러로 승차권, 호텔 객실 투숙 비용, 모든 식사 비용을 해결했다고 이따금 이야기하곤 했다.

디트리히는 다른 형제자매들과 마찬가지로 비상금 1프랑만 주머니에 지니고 남독일로 떠나 처음으로 그곳에서 1923년 여름을 보냈다. 10월에 칼 헬퍼리히Karl Helfferich의 렌텐마르크Rentenmark가 인플레이션을 정지시키고 안정된 통화로 되돌렸다. 그 덕분에 튀빙겐 대학교의 두 번째 학기가 격동의 여름학기에 덧붙여질 수 있었다.

"고슴도치" 학우회

본회퍼의 활달한 삶은 강의실에만 국한되지 않았다. 그는 "고슴도치"라는 학우회의 초대를 받았다. 아버지가 가입하고, 1905년에는 루돌프 불트만도 가입한 학우회였다. 고슴도치 학우회 사무실은 "트빙기아" 성의 마름돌벽 뒷면과 같은 높이에 자리 잡고 있었다. 대학생들 사이에서 "맥주 교회"라 불리던 술집에서 시작하여, 아래로는 아름다운 녹색 섬을 에워싼 네카 강 지류까지 훤히 내려다보이는 곳이었다. 디트리히는 칼 본회퍼의 아들들 중에서 유일하게 새내기 회원인 '여우' Fuchs의 신분으로 이 동아리에 가입했다.

"고슴도치"는 슈바벤풍의 동아리로서 보다 큰 협회에는 속하지 않고 튀빙겐에만 한정된 동아리였다. 1871년에 결성되었으며, 새로운 독일 제국을 꾀하는 조국의 이념에 집착했다. "고슴도치" 학우회는 자기 몸에 상처를 내며 색깔 있는 휘장을 달고 다니는 여러 동아리의 부자연스러운 거동을 처음부터 의식적으로 거부했다. 그런 이유로 다른 동아리들의 천연색 모자 대신 빳빳한 고슴도치 가죽을 쓰고, 다른 동아리들의 다채로운 가슴 띠 대신 회색·담회색·진회색이 담긴 띠를 둘렀다. 물론 세대가 변함에 따라 "고슴도치" 학우회도 여러 동아리들과 마찬가지로 어느 날 치명적인 사회 통념에 굴복하고 1933년에는 아리안 조항까지 수용했다.

칼 본회퍼도 형 오토와 마찬가지로 1887년 튀빙겐 토박이로서 모자와 띠에 열광하는 동아리가 아니라 "고슴도치"에 가입했다. 그는 회고록에서 습관적인 술집 출입을 비판적으로 회상하는 가운데 고슴도치 시대의 소득을 아래와 같이 기술했다.

> 나는 누구나 인정하는 술집을 찾아가서 밤새도록 앉아 있는 것을 즐겼는데, 그럴 때면 신학도, 법학도, 철학도, 의학도들이 세계관을 놓고 논쟁을 벌이곤 했다. 정치적으로 상이한 견해는 전혀 없었다. 다들 비스마르크(독일 제국 창건자)의 견해에 대체로 동의하고 늙은 황제를 존경했으며, 이따금 선거 때나 여타의 정치적 용건이 있을 때에만 대(大)독일 민주주의자들의 흑·적·황 삼색기를 "황제의 접견실"에 내거는 것에 격분했다. 다들 프로이센의 지휘 아래 독일이 하나가 된 것을 무조건 기뻐했다.……동아리 사무실에서는 다음과 같은 형태로 견해를 표출했다. 그들은 독일 북부지역까지 획득하여 슈바벤의 분립주의를 불식시키는 데에 특별한 가치를 두었다. 나는 학우회의 공로가 거기에 있다고 생각한다. 생명을 고수하는 수많은 우호관계가 남독일과 북독일 사이에서 발전되어 왔음은 분명한 사실이다. 비교적 많은 수의 독일 북부 출신 교수들이 튀빙겐에 거주하면서 그들의 일족과 친척들이 동아리에 가입하게 된 것이다. 이는 동아리 회원을 선발하거나 정신적 수준을 높이는 데에 불리한 조건이 아니다.[2]

이처럼 아버지 본회퍼도 물리화학자 리하르트 아베크나 학과 동료 로베르트 가우프와의 우정을 유지하고 있었다. 그리고 1943년 크리스티네 폰 도나니가 감옥에서 출소할 수 있도록 도움을 준 이는 군 사법부에서 일하는 동료 "고슴도치" 회원 알프레트 슈라크Alfred Schrag였다.

디트리히의 형들은 아버지를 모방하여 "고슴도치"회에 가입하겠다는 마음을 먹지 못했다. 칼-프리드리히는 처음에는 흔들리다가 1919년에 가입을 단호히 거부했다. 동아리에서 새내기들과 고참들에게 슈투트가르트 봉기 진압과 뮌헨 봉기 진압에 가담할 것을 요구했기 때문이다. 그는 학우회가 국수주의의 압박을 받게 되었다고 이의를 제기했다. 같은 시기에 아버지와 친한 라틴어 문학 연구자 칼 포슬러Karl Voßler도 "고슴도치"회에서 탈퇴한 상태였다. 후일 칼-프리드리히는 당시 "고슴도치"회와 여타 국수주의적 동아리들의 차이를 전혀 발견할 수 없었다고 한 차례 이야기했다. 이와 마찬가지로 그의 동생 클라우스도 가입할 마음이 없었다.

반면에 디트리히는 1923년 "고슴도치"회에 대한 정치적 의구심을 전혀 품지 않았다. 그가 매제 발터 드레스와 함께 "고슴도치"회에서 과시하듯 탈퇴한 것은 1933년 이후의 일이었다. 그 이유는 "고슴도치"회의 몇몇 회원이 관제화를 오래된 이상의 성취로 예찬했기 때문이다. 1936년 3월에 발간된 "튀빙겐 '고슴도치'회 선배 회원 회보"는 그의 탈퇴를 다음과 같은 기록으로 증명하고 있다. "지난해에 탈퇴한 이…… 디트리히 본회퍼……."

본회퍼가 새내기 회원이던 시절, "고슴도치"회에서는 당시의 사회 문제를 놓고 활발한 토론을 벌이고 있었다. 한 무리의 "고슴도치" 회원들이 루르 지역을 탐방하기도 했다. "고슴도치"회에서는 프리드리히 나우만의 영향이 특히 뚜렷했다. 매형 뤼디거 슐라이허는 슈바벤의 수많은 민주주의자들처럼 사회복지와 자유주의적 사고의 결합을 지향하는 프리드리히 나우만의 이념을 높이 평가했다.

본회퍼가 형제들 가운데 유일하게 이 동아리에 가입한 것은 형제자매들 사이에서 그가 처한 위치와 관계가 있을 것이다. 형들이 젊은이들과 섞여 사는 경험을 풍부하게 쌓은 반면 그는 그런 적이 없었다. 그러다 "고슴도치"회에서 형제자매와 학급을 넘어설 기회를 얻게 된 것이다. 이는 꼭 필요한 자아 체험의 일부였다.

학우들은 대체로 마음에 들었다. "사람들이 대단히 좋은 느낌을 주었다. 이곳 튀빙겐 대학교 재학 시절.

1923년, “고슴도치” 학우회 새내기 회원들.
본회퍼는 이곳에서 형제자매와 김나지움을 넘어서는 폭넓은 관계를 경험하게 되었다. 앞줄에 앉아 있는 빌헬름 드라이어, 본회퍼의 왼쪽에는 로베르트 헬트, 오른쪽에는 테오도르 파이저, 그 뒤 오른쪽에는 아르눌프 클레트.

에서 한 학기를 지내는 동안 대단히 잘 지낼 것 같다.……그들이 방금 학우회 사무실에 새 피아노 한 대를 들여놓았다. 내가 수시로 연주할 수 있을 것 같다. 빌헬름 프레셀Wilhelm Pressel도 나에게 그러라고 말했다.[3] 학우회 사무실에서는 음악 활동을 상당히 많이 했다."[4] 그는 새내기 담당 선배로 바이올린 연주자이자 튀빙겐 고전어문학자 빌헬름 슈미트Wilhelm Schmid의 아들인 에른스트 프리츠 슈미트Ernst Fritz Schmid를 택했다(DBW 9:53). 자기 시간을 가치 있게 쪼개 쓰는 데 익숙해지긴 했지만, 그는 새내기 회원의 의무 가운데 상당량을 근근이 감당했다. 그는 틀에 박힌 탐방을 싫어했다. 한번은 대학생 복지 사업을 홍보하기 위해 여행을 떠난 적이 있었다. 새내기 회원이 떠맡은 여행이었다. 그는 이 여행을 슈베비슈 할을 방문하는 기회로 활용했다. 그는 동아리에서 일을 떠맡는 것을 성공적으로 피했다.

"고슴도치" 회원들이 보내온 여러 통의 편지를 읽어 보면, 이 새내기가 그들 사이에서 얼마나 강력한 중심이 되었는지를 알 수 있다. 그는 가입을 망설이는 친구들에게 학우회를 능숙하게 소개하여 가입을 결정하게 하는 법을 알고 있었다. 부당한 공적 요구로부터 자신을 지키는 방법으로 특별한 명성을 얻기도 했다. 또 어머니처럼 의약품 정보에도 밝아 망설임 없이 처방했다. 필적을 감정하는 능력도 경탄을 자아냈다. "다들 그 결과를 보고 혀를 내두를 정도였다."[5] "자네도 알다시피, 나는 대학생 시절에 그 일(필적 감정)로 대성공을 거두었네. 그러나 그 일이 괴로워서 그만두고 말았네."[6]

동갑내기 회원들은 그를 아래와 같이 평가한다.

> 내가 조금이라도 중요하게 여긴 거의 모든 분야에서 그는 이미 자수성가한 사람이었으며, 신학자, 음악가, 철학자, 노련한 사교가,……신체적으로 대단히 날렵하고 강인한 젊은이로서의 자기를 유감없이 보여주었다.……당시 그는 이미 본질적인 것을 꿰뚫어 보는 형형한 안목과, 모든 것을 철저히 규명하려는 강렬한 열망을 지니고 있었다. 그는……대단히 자연스럽고 대단히 개방적인 사람이었다.……그는 남들을 세련된 방법으로 웃기고, 유머 감각도 뛰어났다. 그는 우쭐대지 않고 비판을 잘 소화해 냈다.[7]

> 1923년 디트리히 본회퍼가 나와 함께 '고슴도치'회 동아리실로 갔을 때, 그의 나이는 열일곱 살이었다.……그는 이미 정신적으로 파란만장한 세계의 사람이었다.……디트리히 본회퍼의 격정적인 기질과 확실한 태도에 비하면 나는 아무것도 아니었다.[8]

난생 처음 그를 중심으로 친구 동아리 같은 것이 형성되었다. 그 동아리는 주로 비신학도들로 이루어졌다. 다들 몇 년 동안 편지 왕래를 하고, 서로 방문하고, 도보 여행을 함께 떠나기도 했다. 그러나 그가 원한 것은 그를 꽃피워 주고 타일러 주기도 하는 동아리였다. 이 동아리는 그에게 그렇게 해주지 못했다. 자신의 역량들을 정말로 요구하는 곳, 암시와 약간의 몸짓만 보고도 속마음을 알고 의문이 풀리는 곳, 의무 이행과 책임을 다하는 것이 구체화되는 곳. 그곳은 언제나 친가와 그 주변이었다. 1933년 이후 본회퍼는 "고슴도치" 시절에 대해 한마디도 언급하지 않았다. 그 시절이 그에게서 영원히 묻히고 만 것이다.

검은 제복의 국방군

튀빙겐에서 두 번째 학기를 맞이한 겨울에 "고슴도치"회가 특별 막간극을 주선했다. 그는 두 주 동안 울름 소총부대에서 군인이 되었다. 검은 제복 국방군의 일원이 된 것이다.

이 사건을 바탕으로 끔찍한 이야기가 생겨났다. 그러니까 입소 둘째 날 본회퍼가 개숫물을 유리창 밖으로 쏟아 붓는 바람에 칫솔로 내무반을 직접 문질러 닦아야 했다는 거다. 그러지 않았다면 본회퍼는 즉시 튀빙겐의 강의실로 다시 돌아가야 했을 것이다. 이 일화는 저급한 의도에 복종하는 본회퍼의 모습을 보기가 얼마나 어려운지를 보여준다. 그러나 이 일화는 정확하지 않거나 다른 누군가의 이야기가 그의 이야기로 둔갑된 것이다. 아마도 1918년 클라우스에게 일어난 사건이 아니었을까 싶다. 어쨌든 디트리히 본회퍼는 1923년 11월 말경 열린 울름 훈련에 자원해서 참여했다.

젊은이들이 10만 군대의 지도를 받아 군인으로 양성되고 있다는 것은 공공연한 비밀이었다. 상당수의 학생들이 학기 중 평일에도 훈련을 받으러 갔다. 당시 베르사유 평화 조약에서 금한 병역 의무의 대체 복무를 환영한 쪽은 민족주의 세력만이 아니었다. 정치적 중도파나 좌파에서도 1923년의 위기 때 혹여 있을지도 모를 유혈 충돌에 대비하여 군비를 갖추고 있었다. 바이에른 같은 여러 주에서는 위헌적인 부대들이 대규모의 무기를 비축하고 있었다. 작센에서는 인민 공화국이 잠시 집권했고, 뮌헨에서는 에리히 루덴도르프Erich Ludendorff와 히틀러가 쿠데타를 시도하다가 펠트헤른할레에서 괴멸한 상태였다. 프랑스가 루르 지역을 점령하자 다들 그 이상의 침공, 특히 동쪽에 인접한 국가들의 침공을 우려했다. 사민당과의 연립에 동의한 구스타프 슈트레제만은 우익으로부터 "조약 이행 정치인"이라는 비방을 받았다. 루르 지역 점령에도 불구하고 그가 레이몽 푸앵카레Raymond Poincaré와 협상하고 저항 대신 타협을 선언하기 시작했던 것이다. 그 와중에 중앙 정부는 군 최고사령부의 성급한 준비에 맞닥뜨렸다. 슈투트가르트 군관구 사령관 라인하르트Reinhardt 장군[9] 같은 이도 대학생 군사 훈련 계획을 장려했다. 다른 쪽에서는 연합국 관리 위원회가 불법적인 훈련 조직을 없애는 일에 모든 것을 걸고 있었다.

1923년 11월 14일, 본회퍼는 부모에게 보내는 편지에서 아래와 같이 말했다.

> 오늘 제가 들은 소식입니다. 오후에 있을 군사 훈련이 무산되었습니다. 튀빙겐에서 그런 훈련을 하는 것은 첩보 활동에 노출될 위험이 있기 때문입니다. 그 대신 튀빙겐 대학교의 동아리들은 물론이고 동아리에 속하지 않은 학생들까지 예외 없이 2주간의 훈련을 받으러 아침 일찍 울름으로 옮겨 갔습니다. 처음에 저는 그 훈련에 참여할 수 없고 방학 중에 참여하겠다고 말했습니다. 하지만 12월 1일부터 연합국 관리 위원회가 훈련을 감독하게 되리라는 소식을 듣고 나서 그 의무를 곰곰이 생각했습니다. "고슴도치"회와 여타의 동아리들도 전원 가고 있기에, 저는 거기로 갈 두세 사람과 상의하고, 폰 라트와도 상의했습니다. 그랬더니 다들 가급적 빨리 훈련을 받으라고 충고하더군요. 그 의무는 국방군이 라인하르트의 개인적인 동의를 얻어 대학생들과 여타의 사람들을 울름과 콘스탄츠에서 14일 동안 훈련시키는 것입니다. 하지만 날짜를 방학 때로

잡아선 안 된다는군요. 하루 동안 고지하고, 결정적인 사정이 있을 때에는 강요하지 않겠다고 합니다. 유일한 목적은 관리 위원회가 설치되기 전에 가급적 많은 사람을 훈련시키는 것입니다. 하루만 고지되고, "고슴도치"회의 모든 회원이 훈련을 받으러 갑니다. 7학기 미만의 회원들이지요. 신청한 인원보다 적은 인원이 가도 어려움이 없겠지만, 저는 먼저 부모님의 회답이 올 때까지 기다리다 화요일쯤에 가겠다고 말했습니다. 부모님이 특별히 반대하시면 튀빙겐으로 돌아가겠습니다. 처음에는 아직 시간이 있을지도 모르니 학기 중에 떠나지 않는 게 더 나을 거라고 생각했습니다. 하지만 이제는 의무를 이행하여 우리도 위기 상황에 대처할 수 있다는 안도감을 갖는 게 빠르면 빠를수록 좋다고 생각합니다. 할머니도……제가 그래야 한다고 생각하십니다. 외르크 슐라이허(뤼디거 슐라이허의 동생)Jörg Schleicher도 저와 함께 갑니다(DBW 9:66f.).

그 후 얼마 안 되어 본회퍼는 다시 한 번 어머니에게 확언했다. "물론 훈련은 다른 어떤 의무도 지우지 않습니다. 필요할 경우 이 연대에 재입대해야 할 이들은 뷔르템베르크 주민들뿐입니다"(DBW 9:69).

부모는 걱정하며 동의했다. 그러나 그때는 이미 디트리히가 입소한 뒤였다.

열일곱 살 사나이는 울름에서 두 주를 보내는 동안 엄격한 복무를 힘들이지 않고 이겨 내어 만족스러웠다. 그가 집에 편지한 대로, 교관들은 놀랍게도 단정하고 "친절했다"(DBW 9:69). 자유시간에는 책을 읽었다. 그러나 튀빙겐에 돌아와서는 이렇게 생각했다. "다시 식탁보가 덮인 식탁에서 나이프와 포크로 식사하고, 자기 집에서 자기 침대에 누워 잠자고, 무엇보다도 따뜻한 물로 씻을 수 있게 되다니 놀랍기 그지없다"(DBW 9:73).

모험이 그를 흥분시키면 흥분시킬수록, 정치적 관점에서 목격한 것은 그를 불안하게 했다.

국방군은 대체로 좋은 인상을 풍깁니다. 물론 거의 모든 병사가 상당히 보수적입니다.……그곳에서는 다들 루덴도르프의 군대가 더 나아지기를,[10] 즉 국방군을 증원하여 사태를 수습하기를 바랍니다. 그런 바람은 이곳 사무실에[11] 있

는 사람들의 바람과는 정반대입니다. 이들은 루덴도르프의 군대를 모조리 죽이고 싶어 합니다.[12]

본회퍼가 울름에서 막간극을 연출하게 된 것은 극우파의 은밀한 충동질 때문이 아니었다. 그는 관례를 따라 극우파는 물론이고 군기를 수여하는 목사들에게도 별다른 의미를 두지 않았다. 당시 그가 속한 개신교회에는 그러한 목사가 전혀 없었다. 오히려 그는 1923년 가을방학 때 형들과 함께 베를린에서 간행되는 사민당 기관지 「전진」*Vorwärts*을 읽었다. 칼-프리드리히가 프리드리히스브룬으로 주문한 신문이었다. 다른 한편, 부모에게 보낸 편지에서 분명히 드러나듯이, 그는 연대감을 대단히 중시했으며, 다른 이들에게서 떨어지려 하지 않았다. 그는 의무란 자기가 긍정하는 국가에 봉사하는 것이라고 확신했다. 대항 능력을 갖춘 국민의 미래상이 보이지 않았기 때문이다. 그 일화는 금방 잊히고 말았다. 대학생활 초기에 경험한 병영 막간극을 핑켄발데에서 한두 차례 즐겁게 얘기했을 뿐이다.

대학 공부

본회퍼에게는 "고슴도치"회 활동만 있었던 게 아니라 공부도 있었다. 교회는 여전히 아무 역할도 하지 못했다. 독일 그리스도교 학생회DCSV와의 관계는 입증할 수 없다. 당시 튀빙겐이 그 연맹의 이성이기는 했다.[13] 하지만 그는 두 학기 동안 대형 강의실과 세미나실을 집중적으로 찾아다녔다. "이번 학기 내내 제 관심 분야의 강의들이 제 마음을 특히 사로잡는군요. 저는 거의 온종일 강의실에 앉아 지낸답니다."[14]

본회퍼가 이미 튀빙겐에서 나름의 신학 방향을 택했는지는 알 수 없다. 그가 우선시한 것은 철학이었다. 변증법적 신학이 가시적으로 나타난 것은 1923년 『시간과 시간 사이에서』*Zwischen den Zeiten*라는 정기 간행물을 창간하여 목청을 얻게 된 한 단체가 글자 그대로 세상을 떠들썩하게 하고 난 뒤의 일이었다. 그러나 그 간행물은 당시 본회퍼에게까지 배포되지 않았다.

그에게 지속적으로 영향을 미친 이는 아돌프 슐라터Adolf Schlatter 한 사람뿐이었다. "지금까지 제 관심을 끈 분은 슐라터 교수님입니다."[15] 1923년 여름학기에만 그의 강의를 수강했으므로 그와의 인격적인 만남이 이루어지지는 않았을 것이다. 북독일 사람에게는 이례적인 일이었지만, 본회퍼는 슐라터의 변증법 전반을 이해할 수 있었다. 그는 슐라터의 요한복음서 강의를 열심히 받아 적었다. 부모에게 알린 대로, 요한복음서 서문의 신비가 철학에 관심하던 그를 매료시킨 것이다.

확실히 슐라터의 장려에 힘입어 본회퍼 안에 있던 친화력이 신학적 욕구, 곧 구체적인 세상을 가급적 가까이 받아들이려는 노력과 부합했다. 이는 신약성서에 등장하는 "선"(善)과, "자연의" 영역에 대한 책임 의식에 활동의 여지를 허용하고, 이 책임 의식을 단순히 종교개혁자가 말하는 "죄의 밤"과 동일시하지 않는 슐라터의 세심함 덕분이었다(DBW 6:164). 이따금 본회퍼는 슐라터를 거의 잊었던 같다. 그러나 『나를 따르라』*Nachfolge*의 시기에 이르러서는 목사후보생들에게 신약성서에 등장하는 선인들과 의인들에 대한 슐라터의 평가에 주목하라고 촉구하기를 잊지 않았다. 말하자면 그들의 선과 의는 악의와 기만으로 변질되지 않는다는 것이다.[16] 본회퍼가 후기 저작에서 온전히 옹호한 이는 루터였고, 자주 활용한 이는 슐라터였다.

1933년, 슐라터가 "베텔 고백"에 반대 입장을 표명하자 본회퍼는 그 태도에 격노했다.[17] 하지만 슐라터의 성서 연구는 여전히 존경했다. 그는 슐라터가 전에 가톨릭 신학자들에게 넘어간 신학 주제들을 자각하고, 그리스도론과의 긴밀한 연결을 통해 그것들을 풀고 엮어 자기에게까지 넘겨준 점을 높이 평가했다.[18]

1943년, 본회퍼는 테겔 감방에서 대학생 시절에 들었던 슐라터의 말을 떠올렸다. "말없이 구류를 겪는 것은 그리스도교도다운 국민의 의무입니다." 그 자리에서 그는 슐라터에게 "그것은 '윤리학 속에' 들어 있는 내용입니다"라고 말했다.[19] 하지만 1923년에서 1924년으로 넘어가는 겨울 무렵, 슐라터는 윤리학 강의는 전혀 하지 않고 마태복음서와 누가복음서 강의만 했다. 그 기억은 독서회와 관련된 것이거나 어느 한가한 밤에 이루어진 슐라터의 발언과 관련된 기억이었을 것이다. 1943년, 본회퍼가 옥중서간에서 이 독서회를 일부러 언급한 것은 수사 책임자인 만프레트 뢰더Manfred Roeder 법무관에게 읽히기 위해서였다. 당시에는 기억의 정확도보다는, 국가에 충성하는 척하며 태연하게 말하는 내용을 뢰더가 읽었느냐에 모든 것이 달려 있었다.

이미 김나지움에서 히브리어를 익힌 본회퍼는 튀빙겐 대학교에서 파울 폴츠Paul Volz와 빌헬름 루돌프Wilhelm Rudolph의 시편 및 구약성서신학을 수강했다. 대단히 이른 수강이었다! "예언자들의 열정"Leidenschaft der Propheten이 그의 마음을 사로잡았다. 빌헬름 하이트뮐러에게서는 로마서를 수강했다(1923-1924년 겨울학기). 하이트뮐러는 종교사학파의 유력한 성서 해석학자 가운데 한 사람으로서 1923년 튀빙겐 대학교로 초빙된 인물이었다. 로마서 서론 문제와 진정성 문제가 중요한 역할을 했다. 본회퍼의 필기 노트에 따르면 바르트의 『로마서』도 1차 참고문헌 목록에 들어 있었던 것 같다. 하지만 논평시간에 반박할 내용으로 제시된 들러리 글 중에서 바르트의 『로마서』는 한 페이지도 안 되었다. 수강생이 주목할 수 있을 정도의 분량이 아니었다. 그 수업에서 중시한 것은 로마서를 넘어서는 신학적 근본 문제의 인식이 아니라 고대 문헌의 해부였다. 다들 그렇게 배웠고, 본회퍼도 꼼꼼히 받아 적었다. 71세의 칼 폰 뮐러에게서는 중세교회사를 수강했다. 이로써 장차 있을 로마 여행을 준비한 셈이 되었다.

두 번째 학기에 그는 교의학을 더 이상 멀리하지 않고, 칼 하임Karl Heim에게서 교의학 II를 수강했다. 하임을 튀빙겐 대학교에 초빙하도록 후원한 이는 슐라터였다. 하임이 자연과학을 자신의 사상 속에 끌어들이려고 시도했기 때문이다. 본회퍼는 하임의 이력에 끌리지 않고 비판적인 거리를 유지하면서도 하임의 신학을 정확하게 알고 있었다.[20]

칼 하임이 자신은 슐라이어마허 신학 개론과 알브레히트 리츨Albrecht Ritschl 신학 개론에 집중하겠다고 광고하자, 본회퍼는 여름방학을 맞이하여 전부터 가지고 있던 슐라이어마허의 책을 프리드리히스브룬으로 가져갔다. "저는 요즘 슐라이어마허의 『종교론』에 푹 빠져 지내고 있습니다. 두 번째 독서인데 대단히 흥미롭습니다.[21] 저는 이 책을 체계적으로 숙독하고 있습니다. 다음 학기에 그것에 대한 강의를 수강할 생각이거든요."[22] 그가 가지고 있던 책은 G. C. B. 퓐예르Pünjer가 1879년에 펴낸 슐라이어마허 비평본이었는데, 원래 외증조부 칼 아우구스트 폰 하제가 지니고 있던 책이었다. 수많은 밑줄과 여백의 메모는 본회퍼가 얼마나 꼼꼼히 비판적으로 읽었는지를 여실히 보여준다. 그 책의 둘째 강연에 보면 다음과 같은 슐라이어마허의 문장이 나온다. "그러나 무한자 안에서 모든 유한자는 방해받지 않고 공존합니다. 모든 것은 하나입니다. 그리고 모든 것은 참입니다."[23] 본회퍼는 이 문장 옆에다 다음과 같이 썼다. "실존을 진술하기 위해 개별적인 정의(定義)를 파기하고 있군. 모든 것이 참이라면 거짓이라는 개념이 파기될 것이고, 그러면 참이라는 개념이 반발할 것이다. 무한자 안에서 모든 속성이 사라지면, 정의(定義) 없는 존재만 남거나 보편타당한 말만 남을 것이다."

본회퍼는 튀빙겐 대학교에서 종교사 공부와 철학 공부에 많은 시간을 들임으로써 무언가를 기대했다. 그는 집으로 부친 편지에서 이렇게 말했다. "야코프 빌헬름 하우어Jakob Wilhelm Hauer의 종교사 강의가 저를 기쁘게 하는군요."[24] 하우어가 효과적인 교수 활동을 시작한 것이다. 인도학 학자 하우어는 후일 비운의 "독일 신앙 운동" 지도자가 된다. 그의 강의와 연관된 본회퍼의 필기 노트는 존재하지 않는다. 필기를 포기한 게 아닐까 싶다. 철학자 칼 그로스Karl Groos는 본회퍼가 튀빙겐 대학교에서 여름학기와 겨울학기에 모두 수강한 유일한 교수였다. 그로스는 한때 놀이의 심리학적 의미와 생물학적 의미를 연구한 사람이었다. 그런 이유로 그가 아버지 본회퍼에게 알려졌을 것이다. 그러나 1923년 그로스는 인식론의 문제를 파고들었다. 여름학기에는 네 시간짜리 논리학 강의로, 겨울학기에는 "최근 철학의 역사"라는 제목으로 다섯 시간 동안 강의하여 본회퍼에게 깊은 인상을 주었다. 본회퍼는 칸트의 순수이성비판을 다루는 세미나에 참여하여 발제를 맡기도 했다. "오늘 그로스 교수의 세미나가 시작되었습니다.……제 마음에 쏙 드는 세미나입니다."[25] 이외에 그는 여름학기에 하세Hasse 교수의 "베토벤 교향곡 형식"을 수강하고, 겨울학기에는 로베르트 빌브란트Robert Wilbrandt 교수의 "사회-정치학"도 수강했다.

1925년 청년 디트리히 본회퍼와의 기이한 만남이 있은 뒤, 라인홀트 제베르크는 베를린 대학교 평의회 회의에서 동료 교수 칼 본회퍼를 만나 경탄을 늘어놓았다. "아드님이 눈부신 철학적 소양과 현대 철학에 대한 포괄적 지식을 갖추고 있더군요."

자신을 고정하지 않으려는 보편적인 태도, 인식론 분야에 대한 집요한 탐색, 이것이 튀빙겐 시절의 특징이었다.

디트리히 본회퍼가 얼음을 지치다 넘어져 심하게 부상을 입자, 부모가 튀빙겐에 있는 그 회복기 환자를 찾아왔다. 넘어지고 난 후 장시간 실신했었다는 소식을 듣고 불안했기 때문이다. 부모가 찾아온 날은 그의 열여덟 번째 생일날이었다. 이 상봉으로 로마 견학 소원이 성취되었다. 1924년 2월 5일, 디트리히는 쌍둥이 여동생에게 아래와 같이 편지했다.

> 그냥 생각만 해봐. 다음 학기에 로마에서 공부하게 될 것 같아!……얼마나 멋진 경험이 될지 상상도 못하겠어! 부모님께서 악셀 폰 하르낙Axel von Harnack에게[26] 문의해 보시겠대.……나에게 조언을 퍼붓는 건 괜찮지만, 그럴 때에도 샘은 내지 말았으면 해.……아직도 아빠는 내가 로마 여행을 연기해야 하지 않을까 하고 생각하셔.……집에서 나의 로마 여행을 두고 많이 얘기했으면 해. 그것만으로도 도움이 될 거야(DBW 9:77).

여행이 실제로 이루어졌다. 때마침 법학 시험에 합격한 클라우스와 함께하는 여행이었다. 4월 4일, 두 형제는 브레너 고개를 넘어갔다. "환상이 현실로 바뀌기 시작한다"(일기, DBW 9:81).

칼-프리드리히도 해외 연구를 소망한 적이 있었다. 하지만 1919년에는 생각할 수도 없는 일이었다. "고슴도치"회가 계속 부담을 주고 있어서, 이를 피하려면 어찌해야 하는지를 숙고하다가 여행 계획들이 디트리히의 머리에 갑자기 떠올랐던 것이다.

모든 계획의 목적지는 로마였다. 런던도 뉴욕도 파리도 아니었다. 로마는 폰 하제 가문의 도시였다. 외증조부의 선례가 오랜 영향을 끼쳤다. 외증조부는 로마 여행을 스무 차례나 하고, 페르디난트 그레고로비우스Ferdinand Gregorovius, 아돌프 폰 힐데브란트Adolf von Hildebrand, 베르텔 토르발센Bertel Thorvaldsen 등 핀치오 언덕에 사는 나사렛 신자들과 우의를 다진 분이었다. 외조부도 여행 목적지로 이탈리아만 고려했다. 그루네발트 김나지움 교실 벽에는 로마의 공공 집회장 모사화들이 걸려 있었다. 김나지움 정교사 발터 크란츠 박사는 눈에 띄는 이탈리아 전문가였고, 리하르트 체판 박사는 걸어 다니는 고대 로마 사전이었다. 앞선 세대가 보기에 로마는 다른 모든 교양 중심지를 능가하는 도시였다.

디트리히 본회퍼의 세대에 이르러 확실한 변화가 일어났다. 전쟁과 청소년 운동이 모든 여행의 목적지를 국경 안쪽으로 후퇴시켜 자기 고향을 발견하게 했다. 그리하여 본회퍼 가의 자녀들도 처음에는 뮌스터 폰 도베란, 빌제더 고지에 인접한 거석(巨石) 묘지, 키켈한 인근의 전나무 비탈과 같은 여행지를 택했다.

그러나 그들 안에 잠자고 있던 선조들의 남유럽 동경을 일깨우는 것은 약간의 자극만 있으면 되는 일이었다. 재정 능력을 확보하자마자 곧바로 논의된 곳은 서유럽의 풍광이 아니라 남유럽이었다. 여유 있는 사람조차 한동안 서유럽을 외면했다. 베르사유 조약이 곤궁한 독일에서 앗아 간 모든 것이 그곳에 있었기 때문이다. 아직 그들은 보편적인 생각과 그 추진력을 모르는 상태였다. 당시의 지평에서는 서양 민주주의의 발상지에서 자기 나라의 정치 현실을 숙고할 수도 없었고, 게다가 그곳에서 신학적 통찰을 기대할 수도 없었다. 그러나 그들은 고대 가톨릭 도시 로마에서 자기 문화의 유래를 연구한다는 계획으로 생생한 찬성을 이끌어 내고, 갖가지 도움, 적어도 어머니 쪽에서 오는 도움까지 확보했다.

열여덟 살 청년은 가톨릭보다는 고대 로마에 더 조예가 깊었다. 가톨릭교도와 개신교도의 관계를 규정하는 것은 여전히 낯섦과 두려움이었다. 디트리히 본회퍼는 이미 어린 학생 시절에 베를린 박물관의 고대 예술품을 두루 관람하여 익히 아는 상태였다. 김나지움 7학년 때에는 노르트하우젠의 하르츠 지대를 탐방하는 중에 한 가톨릭교회에 들어가 볼 마음이 들기도 했다. 그는 부모에게 보내는 편지에서 그 교회의 휘황함에 깜짝 놀랐다고 말하기까지 했다(DBW 9:27f.). 그러고는 튀빙겐 대학교의 여름학기가 되어서야 가톨릭 관습에 대해 조금 알아볼 기회를 얻었다. 그는 기꺼이 로텐부르크 성체 축일 행렬을 참관하며 가톨릭의 순수한 특색을 관찰했다(DBW 9:54). 이제는 가급적 있는 그대로 감동받을 만반의 준비를 하고서 남쪽으로 갔다.

이 여행 기록을 담은 작은 일기장이 지금도 보존되고 있다. 전에는 일기장을 휴대한 적이 없었다. 하지만 이제는 어마어마한 해외여행을 하면서 결정적인 느낌을 이따금 묘사하곤 했다. 이 기록에 의하면 그는 여행 준비를 꼼꼼히 하고 이탈리아어 대화도 연습한 것 같다. "나는 여행을 시작하면서 베데커(여행 안내서) Baedeker를 줄줄 욀 수 있게 되었다"(DBW 9:81).

우리는 그 일기에서 다음과 같은 사실을 눈치채게 된다. 클라우스의 마음을 사로잡으며 모험에 유쾌함을 불어넣은 것은 고대 유적들과 화려한 남유럽이었고, 디트리히의 마음을 사로잡은 것은 로마 가톨릭이었다. 디트리히는 베드로 대성당의 모습을 좀처럼 떨쳐 버릴 수 없었다. 여느 개신교 신자라면 로마를 여행하면서 그 영원한 도시를 보고 깜짝 놀라 비위가 상했을 테지만, 그는 그러지 않았다. 오히려 그는 그 도시를 끊임없이 그리워했다. 그는 1944년 테겔 감방에서 이렇게 편지했다. 그 도시는 "내가 무척 사랑하는 세계라네."[27]

고대와 북아프리카

각자 자기 관심 분야를 더 철저히 파고들기 위해 이따금 떨어져 다닐 때면, 디트리히는 그 도시가 고대의 명소로 제공하는 곳을 하나도 빠뜨리지 않고 둘러보았다. 상당수의 첫 방문객과 마찬가지로, 그도 처음에는 성 베드로 대성당의 모습에 실망하고 콜로세움의 모습에 압도당했다.

> 고대는 결코 죽지 않았다. 잠시만 들여다보아도 "위대한 판 신(神)은 죽었다"Pan ho megas thethneken는 말이 거짓임을 분명히 알 수 있다. 콜로세움은 어마어마하게 크고 가장 화려한 초목, 종려나무, 실측백나무, 소나무, 약초, 온갖 종류의 풀로 치장되어 있다. 거기에 한 시간가량 앉아 있었다.……팔라티노 언덕 위의 세베루스 개선문이 나를 한 시간 동안 사로잡았다. 숙소로 가는 내내 이런 생각을 했다. "위대한 판은 죽지 않았다"(일기, DBW 9:83f.).

바티칸에서는 특별한 목적지를 서둘러 찾아갔다.

가장 먼저 도착하여 입구에 머무르지 않고 조바심을 치며 전망대로 갔다. 그곳에서 난생 처음 라오콘Laokoon을 보았다. 온몸에 전율이 일었다. 어마어마했다. 라오콘과 아폴론 곁에서 한 시간을 보냈다(일기, DBW 9:89).

그는 로마에 체류할 때마다 라오콘을 찾아갔다. 테겔 감방에 수감되어 있을 때에도 이 "고대의 수난자"가 잘 있는지를 물을 정도였다.[28]

베수비오 화산 분화구 가장자리에서 우연히 옛 스승 발터 크란츠 박사를 만나 로마의 폐허들을 함께 둘러보았다. 밤이 이슥하도록 핀치오 언덕에 앉아 있기도 했다. 물론 배낭에 넣어 간 칸트의 책을 읽기 위해서였다.

클라우스가 새로운 모험을 떠올렸고, 그도 마다하지 않았다. 그리하여 두 형제는 시칠리아로 떠났다. 그곳에서 아프리카를 둘러보고 싶다는 유혹을 받았다. 그들은 부모에게 알리지 않고 도항(渡航)하여 트리폴리와 리비아 사막에서 열흘을 보냈다. 베두인 족장에게 성대한 영접을 받고 조금 지나자 혼란이 일어났다. 사람들이 두 형제를 "성가신 손님"으로 여겨 쫓아냈기 때문이다. 일기는 아프리카 모험에 대해 한마디도 언급하지 않는다. 디트리히는 예정 밖의 여행이 끝나 갈 무렵 부모에게 부치는 편지에서 이슬람 세계와의 첫 만남을 아래와 같이 묘사했다.

가톨릭을 포함한 전 그리스도교계와 달리, 이슬람에서는 일상생활과 종교가 전혀 분리되어 있지 않습니다. 우리의 경우는 가까스로 교회에 갔다가 돌아와 전혀 다른 삶을 다시 시작하지만 말입니다.……이슬람과 이스라엘의 경건은 뚜렷한 율법종교임에 틀림없습니다. 그만큼 민족적 요소와 제의적(祭儀的) 요소가 섞이고 겹쳐 있지요. 두 요소의 경계를 아무리 날카롭게 설정하려고 해도 그런 식으로밖에 되지 않습니다.……이슬람 땅에서 이슬람을 좀 더 오래 연구하면 흥미로울 것입니다. 하지만 그 땅으로 들어가기가 대단히 어렵습니다. 오늘 저희는 난생 처음 이슬람 사원에 들어가 보았답니다. 물론 카디(이슬람 국가의 재판관)Kadi의 허락을 받고 한 일입니다.[29]

아프리카 여행은 지갑이 홀쭉해져서야 끝났다. 시칠리아에 도착한 본회퍼는

1924년 5월 10일 일기에 이렇게 썼다. "준비 없이 아프리카로 장기 여행을 떠나서는 안 된다. 두려움이 대단히 크고 날이 갈수록 더 커진다. 유럽으로 돌아오게 되어 기쁘다"(DBW 9:100).

로마교회

로마 가톨릭의 매력은 본회퍼의 사유에 지속적으로 영향을 미치는 요소가 된다. 그것이 그의 비판적인 주의력을 손상시켰을 거라고 말할 수는 없다. 그러나 그는 칼 바르트의 신학을 접하고 새로운 통찰을 얻기 전에도 로마에서 교회와 그 전례(典禮)의 보편성을 접하고 압도되었다. 이 관점에서 보니 고국에 있는 개신교회가 대단히 협소하고 국수주의적이고 소시민적이고 편협해 보였다. 그는 로마에서 보낸 편지와 일기들에서 자기가 소속해 있는 교파를 "교회"라 부르지 않고 언제나 "신교"Protestantismus라 불렀다(DBW 9:115). 이는 친가에서 하던 그대로였다. 자유로운 친가에서는 "신교"라는 개념이 더 많은 신망과 중요성을 얻었기 때문이다. 로마에서 그의 시야에 들어온 것과 같은 "교회"에 대한 헌신, 에클레시아Ecclesia의 보편적 자의식은 그에게 전혀 새로운 것이었다.

두 형제는 로마로 가는 길에 볼로냐에서 하룻밤을 체류하면서 한 젊은 사제와 친해졌다(DBW 9:82). 그도 로마로 가는 길이었다. "저희는 볼로냐에서부터 그 사제와 함께했고, 저는 그에게 많은 것을 캐묻고 있습니다."[30] 그는 본회퍼를 안내하며 부활절 주간의 광경을 두루 보여주고, 세심한 미사 절차를 알기 쉽게 설명해 주기도 했다(DBW 9:91f.).

종려주일에 본회퍼는 성 베드로 대성당에서 다양한 피부색의 신학생, 수도사, 사제들로 이루어진 무리에 섞여 첫 번째 장엄 미사를 체험했다. 그는 일기에 "교회의 보편성"이라는 글귀를 적어 넣었다. 저녁에는 트리니타 데이 몬티Trinità dei Monti 교회(삼위일체 교회)에서 바치는 저녁기도 소리를 듣곤 했다. 그는 감옥에서도 그 기도 소리의 천상적 아름다움을 떠올렸다.[31] "나는 핀치오 언덕을 조금 걸었다. 오늘 하루는 찬란한 하루였다. 낭만 등에 대해서가 아니라 로마 가톨릭에 대해서 뭔가 실제적인 것을 처음으로 접한 날이었다. 나는 교회라는 개념을 이해하기 시작한 것 같다"(일기, DBW 9:89f.).

이튿날은 대참회일이었다. 본회퍼는 산타 마리아 마기오레Santa Maria Maggiore 교회에서 여러 시간을 보냈다.

> 사람들이 모든 고해소를 채우고, 기도하는 이들이 쇄도하고 있다. 이곳에서 대단히 진지한 표정들을 보게 되어 기쁘다. 그들을 보면서 로마 가톨릭을 반박하는 것은 옳지 않다. 아이들도 정말로 열심히 고해한다. 그 모습이 대단히 통절해 보인다. 이 사람들 상당수에게 고해는 "의무"가 아니라 욕구인 것 같다. 고해는 비양심적 행동에 이바지해서는 안 된다. 그랬다가는 그런 행동이 숨어 있다 나타날 것이고 가장 진지한 사람들에게도 거듭해서 나타날 것이다. 고해는 교화 제도인 것만이 아니다. 고해는 가장 기본적으로는 하나님과 대화할 수 있는 유일한 가능성이고, 종교적으로 멀리 보는 이들에게는 고해와 면죄로 성취되는 교회 사상의 구현이기도 하다(일기, DBW 9:89f.).

그는 성금요일에 성 베드로 대성당에서 네다섯 시간 동안 무리에 섞여 있으면서(DBW 9:919f.) 초대교회의 부활절 예식을 함께 체험했다. 클라우스가 먼저 떠날 수밖에 없게 되자, 그는 일기에 이렇게 기입했다. "성 베드로 대성당. 클라우스가 마침내 갔다. 나는 그의 입장이 되어 보려고 하다가 마음이 바뀌어 찬란한 4주간이 오기를 바랐다"(DBW 9:103). 1924년 6월 3일, 그는 성 베드로 대성당의 테데움 성가를 들으며 영원한 도시에서의 체류를 마감했다.

> 나는 성 베드로 대성당에서 아름다운 것을 한 차례 더 체험하고 싶었다.……끝무렵에 가톨릭이 무엇인지를 다시 한 번 보았다.……오후에 온 시내를 쏘다녔다. 판테온을 거쳐 트레비 분수로 가서 동전 몇 푼을 기부했다.……작별이 생각보다 쉬웠다고 말해야겠다. 감상적인 기분에 젖어들지 않고 대체로 잘 되었다. 하지만 마지막으로 성 베드로 대성당을 보는 순간 마음이 아렸다. 나는 곧 시내전차에 올라 그곳을 떠났다(DBW 9:111).

하지만 압도적인 인상들에도 불구하고 비판적인 관찰도 몇 가지 존재한다. 본회퍼는 교황 피우스 11세Pius XI를 알현하고서 크게 실망했다. "알현은 인간미 없고 차갑고 의례적이었다. 교황은 상당히 냉담한 인상을 풍겼다. 교황다운 면모가 전혀 없었다. 위엄도 없었다"(DBW 9:110). 그는 볼로냐의 한 젊은 사제와 여러 차례 논쟁하는 가운데 개신교의 입장에서 격렬히 맞서기도 했다.

> 숙소로 가면서 P와 교회에 대해 이야기했다. 양측 사이에 담소가 오랫동안 활발히 오갔다. 그는 칸트에 맞서려고 하다가 본의 아니게 가톨릭의 습관적인 순환논증에 빠졌다. 그는 세계의 합목적성에서 벗어난 신(神) 존재 증명을 인식이라 여기고, 논리학의 인식과 믿음의 인식을 혼동했다. 그가 순환논법에 빠진 것은 그 때문이었다. 그는 나를 개종시키려 하면서 자기의 방법이 대단히 신뢰할 만한 것이라고 확신했다. 그런 시도를 통해 그가 얻은 것은 극히 적었다. 물론 그는 궤변적인 기교만을 구사한 것은 아니었다. 그와 담소를 나누고 나서 나는 또다시 가톨릭에 덜 공감하게 되었다. 가톨릭 교의학은 온갖 이상적인 것을 로마 가톨릭에 덧씌운다, 그것이 무엇인지도 모른 채. 고해와 고해 교리 사이에는 엄청난 차이가 있다. 유감스럽게도 "교회"와 교의학 속의 교회도 그러하다!(일기, DBW 9:94)

그럼에도 불구하고 이 경험은 그가 자신의 교회, 즉 자신이 이제까지 쌀쌀맞게 대해 온 고국의 교회를 끊임없이 새롭게 숙고하는 계기가 되었다.

> 가톨릭과 신교의 통합은 불가능할 것입니다. 하지만 성사되면 양측에 최소한 일부라도 이로울 것입니다. 국민이 신교를 여전히 고수하고, 이 어마어마한 구역에서 연출되는 이곳의 장엄함에 비해 작은 분파와 다름없는 자신의 개신교회를 위해 축배를 들고 있지만, 가톨릭은 신교 없이도 더 오래 더 멀리 갈 수 있습니다.[32]

한 자세한 메모는 열여덟 살 청년의 아직은 희미한 생각들, 에른스트 트뢸치와 막스 베버의 영향으로 본국에서 토의하게 될 내용들과 유사한 것들을 보여주고, 이 해1924 봄에는 아직 칼 바르트의 영향을 전혀 받지 않았음을 보여준다. 하지만 본회퍼의 인생에서 우위를 점하는 사상들, 예컨대 교회는 국가교회의 특권과 국가 의존도에서 벗어나야 한다는 생각, 자기 자신으로 만족하겠다는 배짱, 고해 속에서 복음이 구체화되고 있다는 시각도 보여준다. 그 메모의 내용은 아래와 같다.

> 신교가 국가교회가 되려는 의도를 품지 않고 보다 커다란 분파로 머물렀더라면, 현재와 같은 곤경에 처하지는 않았을 것이다. 전파력을 지닌 국가교회는 자신이 모든 이에게 무언가를 줄 수 있다고 생각한다. 발생 당시에 신교가 그런 생각을 갖게 된 데에는, 지금은 더 이상 논의되지 않는 문제들의 정치적 변화가 결정적으로 한몫했을 것이다. 정치적 상황이 바뀌면 바뀔수록, 대중을 사로잡는 신교의 힘도 줄어들었던 것이다. 신교라는 명칭 아래 도사리고 있는 것 상당수는 물질주의라 불러도 무방한 것들이다. 신교에서 자유사상의 가능성을 쥐꼬리만큼 존중하고 주목하는 것도 그 때문일 것이다. 하지만 종교개혁자들은 자유사상의 가능성을 전혀 다른 의미로 생각했었다. 국가와 교회의 공식적인 유대관계가 없어지는 곳에서만 교회는 진리 앞에 설 수 있다. 교회는 너무 오랫동안 의지할 데 없는 영들의 피난소, 미개한 계몽의 여인숙이었다. 교회가 국가교회가 되지 않았더라면, 상황이 훨씬 달랐을 것이다. 그랬더라면 교회는 적지 않은 수의 열광적인 신자들을 여전히 얻으면서 그 크기를 고려하여 분파라고 불리지도 않았을 것이고, 비범한 종교생활의 사례, 보다 진지하고 보다 심원한 경건의 특별한 사례를 대변했을 것이다. 오늘날 다양하게 추구되고 있는 이상적인 종교 형식이 되었을 것이다.……현재의 모습과 같지 않고 종교개혁자들이 의도한 교회가 되었을 것이다. 교회의 비참한 곤경을 구제할 길이 여기에 있는 것 같다. 말하자면 교회는 모든 관계 속에서, 특히 영적 교사와 물질 사이에서 자신에게 만족하고 자신을 선택하기 시작해야 한다는 것이다. 어쨌든 교회는 가급적 빨리 국가와 완전히 분리되는 것은 물론이고 종교수업의 권리까지 포기해야 한다.……이것도 하나의 해법이 되지 않을까? 거기에 모든 것이 달려 있지 않을까? 머지않아 친목을 표방하며, 유일하게 구원을 베푸는 교회의 품으

로 돌아가지 않을까? 사람들은 그것을 알고 싶어 할 것이다(일기, DBW 9:109f.).

본회퍼는 편견 없는 관심을 가지고 로마를 대했음에 틀림없다. 그는 자신이 개신교 혈통을 타고났음을 철저히 의식하는 가운데 모든 우상숭배를 넘고 모든 교훈적 선입견을 물리쳤다. 그는 자신의 교육배경과 시야를 넓히고자 하는 갈망을 품고서 상대방을 탐색하고 그 상대적 권리를 모색했다. 그는 자신의 종파가 전적으로 옳음을 입증해 주는 증서들을 모으기 위해 간 것이 아니었다. 그는 처음부터 실증적인 것만을 목표로 겨냥했다. 그의 내면에서 타오른 것은 비판적인 사랑과 애정이 깃든 비판이었다. 우리는 그가 1944년 감방에서 로마에 체류 중인 친구에게 한 조언들에서 그러한 사랑과 비판을 어렴풋이 느낄 수 있다.[33]

예비 연구

가톨릭 신학을 체계적으로 연구하기에는 시간이 많지 않았다. 부활절 주간 체험, 고대 로마 폐허 탐방, 시칠리아 여행으로 4월을 보내고, 북아프리카 모험으로 5월의 절반을 보냈다. 트리폴리에서의 재정 손실이 새로운 모험의 열의를 완화시켰다. 그러고 나서 얼마 지나지 않아 로마에 있는 신학교들을 예정대로 탐방했다. 그는 집으로 보낸 편지에서 이렇게 말했다. "저는 이탈리아어로 진행되는 강의들을 잘 알아들었습니다. 이곳 신학교들은 대단히 흥미롭습니다. 교의학을 강의하지 않아 유감스러웠지만, 다른 관점에서 이루어진 교회사 강의는 대단히 흥미로웠습니다."[34] 그는 모자이크들과 지하묘지들을 체계적으로 조사했다. "이곳에서 오랫동안 연구하는 것도 매혹적인 일일 것 같습니다. 그리스도교 성화(聖畵)들이 교의학과 종교사의 굉장한 원천이기 때문입니다."[35]

유감스럽게도 일기는 이 예비 연구의 내용에 관해 아무것도 보여주지 않는다. 본회퍼는 자신이 연구한 곳이 어디인지도 언급하지 않는다. 그곳은 게르마니쿰(독일인 사제후보생 양성을 위한 신학교—옮긴이)Germanicum, 그레고리우스 대학, 혹은 국립대학교가 아니었을까?

가족이 본회퍼를 다그치기 시작했다. 베를린 대학교의 여름학기에 맞춰 등록하려면 로마 체류를 끝내야 한다는 거였다. 그는 두 달 동안의 압도적인 경험에 만족스러워하면서, 다시금 자신의 책과 그랜드 피아노에 둘러싸이기를, 그리고 여태껏 본 것을 갈무리하게 되는 날을 서서히 고대하기 시작했다.

> 이곳에 더 머무르는 것도 매력적인 일이겠지만, 제가 그리하면 이곳에서도 방에만 틀어박히게 될 것이라는 생각이 드는군요.……저는 베를린 대학교에서 이 분야와 좀 더 관련이 있는 강의들을 수강할 생각입니다. 그렇게 하는 것이 결국에는 저에게 더 의미가 있을 것 같습니다. 물론 이곳에서 얻은 것과 같은 관점을 늘 유지하는 것은 대단히 멋진 일일 것입니다. 저는 이번 주간에 상당히 많은 것에 관심을 기울였습니다. 이제 이곳에서는 할 수 없는 일이지만, 그것을 개괄적으로라도 연구할 생각입니다. 저는 베를린을 간절히 고대하고 있답니다.[36]

귀국길에 접한 시에나의 환경이 뷔르템베르크 지역으로 귀향하는 것과 같은 감흥을 불러일으켰다(DBW 9:112). 피렌체, 밀라노, 튀빙겐 대학교 "고슴도치"회 회원들과의 짧은 재회도 그를 붙잡지 못했다. 그는 마지막 등록 기한에 맞춰 베를린에 도착했으며 여름학기에 등록했다. 그의 학생증에는 1924년 6월 16일이라는 일부인(日附印)이 찍혀 있다.

잠깐 동안 그는 외증조부 폰 하제가 초대 그리스도교 유물들과 중세교회 유물들을 향해 품었던 사랑을 자기 것으로 삼을 수 있을 것 같았다. 하지만 그의 지식욕과, 베를린 대학교의 교의학 분야에서 이례적으로 일어난 새로운 대치 때문에 그러한 숙고는 급속도로 잊히고 말았다.

여파

그렇지만 로마에서 받은 생생한 교회의 인상들은 그의 교의학에 대한 관심에 지속적으로 영향을 미쳤다. 더군다나 교의학에만 영향을 미친 게 아니었다! 그는 바르셀로나에서 수련목회자로 사역하던 시절인 1928년 7월 29일 고린도전서 12:26 이하를 토대로 한 설교에서 아래와 같이 말했다.

가톨릭교도에게는 그냥 듣기만 해도 온갖 사랑의 감정과 기쁨의 감정을 불러일으키는 한 단어가 있습니다. 그것은 심판의 공포와 전율에서 하나님을 가까이하는 삶의 달콤함에 이르기까지 가톨릭교도의 내면에 자리한 온갖 종교 감정의 심층을 파 올립니다. 또한 그 단어는 본향에 있는 것 같은 감정을 일깨우기도 합니다. 이를테면 감사, 외경, 희생적인 사랑으로 살아가는 어머니를 향해 아이가 느끼는 것과 같은 감정을 일깨우고, 시간이 오래 지난 뒤 우리가 본가에 발을 들여놓거나, 유년시절에 뛰놀던 고향에 발을 들여놓을 때 엄습하는 것과 같은 감정을 불러일으키지요.

개신교 신자에게는 한없이 식상한 것, 다소 냉담하고 쓸데없는 것의 울림처럼 들리는 한 단어가 있습니다. 그 단어는 개신교 신자의 가슴을 두근거리게 하지 못하고, 종종 권태감과 연결되기도 합니다. 우리의 종교 감정에 전혀 활기를 주지 못하는 단어이지요. 하지만 우리가 그 단어에서 새로운 의미를 길어 올리거나 태곳적 의미를 회복하지 못하는데도 그 단어는 우리의 운명을 결정합니다. 안타깝게도 이 단어가 우리에게 중요하게 다가오지 않으면, 우리 삶의 관심사도 그리되고 말 것입니다.

그래요, 우리가 그 의미를 망각한 단어는 다름 아닌 "교회"입니다. 오늘은 교회가 얼마나 장엄하고 얼마나 고귀한지를 조금이나마 살펴보고자 합니다(DBW 10:486).

바르셀로나에서 사역하던 시절, 그는 한 지인에게 자신이 로마 가톨릭에 정말로 끌렸음을 실토하기도 했다.[37] 그의 "고슴도치"회 친구 빌헬름 드라이어Wilhelm Dreier도 본회퍼가 로마를 다녀온 후 "종종 가톨릭의 가치를 옹호하며 영적 오만을 경계했다"라고 증언한다.[38]

1927년, 본회퍼는 그루네발트 김나지움 학생 동아리와 함께 정기 저녁토론회를 꾸리고, 스물두 개의 토론 주제들 중에 자기 몫으로 한 주제만을 남겨 놓았다. 그 주제는 "가톨릭교회에 대하여"였다. 아직은 "에큐메니칼 운동에 대하여"와 같은 주제를 떠올리지 못했다. 그는 김나지움 6-7학년생 앞에서 성례전, 성직, 계시의 유일성을 몇 절에 걸쳐 다룬 뒤 가톨릭의 관점을 곁들여 개신교의 견해를 피력했다. 하지만 이는 칼 바르트를 만난 뒤 새로운 지평으로 무장하고 나서 한 일이었다.

가톨릭교회가 자신의 역사 속에서 유럽 문화와 전 세계를 위해 세운 공로는 아무리 과대평가해도 지나치지 않다. 가톨릭교회는 야만인들을 그리스도교 신자로 변화시키고 문명인으로 탈바꿈시켰으며, 오랫동안 과학과 예술의 유일한 수호자 노릇을 해왔다. 가톨릭 수도원들이 이 방면의 선두다. 가톨릭교회는 비할 데 없는 영적 능력을 발휘했다. 가톨릭교회가 공교회성이라는 원리를 유일하게 구원을 베푸는 교회라는 원리와 결합시키고, 관용을 불관용과 결합시킨 방식을 보면 지금도 감탄을 금할 수 없다. 가톨릭교회는 하나의 세계 그 자체다. 무수한 다양성이 그 속에 녹아들고, 이 다채로운 그림은 가톨릭교회에 저항할 수 없는 매력을 더해 준다[대립자들의 종합(complex compositorum)]. 어느 나라도 가톨릭교회만큼 다양한 사람들을 만들어 내지 못했다. 가톨릭교회는 경탄할 만한 능력을 발휘하여 다양성 속에 일치를 유지하는 법, 대중들의 사랑과 존경을 얻는 법, 강력한 공동체 의식을 일깨우는 법을 알아냈다.

그러나 이 위대함 때문에 우리는 다음과 같이 중대한 물음을 제기하지 않을 수 없다. 가톨릭교회의 이러한 세계는 정말로 그리스도의 교회로 지내 왔는가? 가톨릭교회는 하나님께 이르는 길의 이정표가 되기는커녕 그 길의 장벽이 되지는 않았는가? 가톨릭교회는 유일하게 구원을 베푸는 길을 가로막지는 않았는가?

그러나 누구도 하나님의 길을 막지 못했다. 가톨릭교회는 여전히 성서를 소유하고 있다. 가톨릭교회가 성서를 소유하는 한 우리는 가톨릭교회 안에도 거룩한 그리스도교회가 자리하고 있다고 믿어야 한다. 우리에게 선포되든, 우리의 자매교회에 선포되든, 하나님의 말씀은 결코 헛나가지 않는다(사 55:11).

우리는 같은 신앙고백을 표현하고, 같은 주기도문을 바치고, 예로부터 이어 내려온 여러 관습을 공유한다. 이것이 우리를 묶어 주기 때문에 우리가 이 다른 자매교회와 평화로이 병존하고 싶어 하는 것이다. 그러나 우리는 우리가 하나님의 말씀으로 알고 있는 것을 조금도 빼앗기고 싶은 마음이 없다. 가톨릭이든 개신교든 명칭이 중요한 것이 아니다. 중요한 것은 하나님의 말씀이다.

달리 말해, 우리는 다른 이의 믿음을 억압할 생각이 전혀 없다. 하나님은 마지못해서 하는 섬김을 원치 않으신다. 하나님은 각자에게 양심을 주셨다. 우리는 우리의 자매교회가 자기를 성찰하고 하나님의 말씀만을 바라보기를 바란다(고전 2:2). 그런 날이 올 때까지 우리는 인내심을 가져야 한다. 설령 거짓으로 어두워져 "유일하게 구원을 베푸는 교회"가 우리의 교회를 향해 저주를 퍼부을지라도 우리는 그것마저 참아야 할 것이다. 가톨릭교회는 더 나은 것을 알지 못하고 이단자를 미워하지 않는다. 다만 이단을 미워할 뿐이다. 말씀을 우리의 유일한 피난처로 삼기만 한다면, 우리는 마음 편히 미래를 내다보게 될 것이다(DBW 9:583f.).

로마 체험은 그가 학창시절에 처음으로 겪은 강력한 체험이었다. 이는 1923년 튀빙겐 대학교에서 인식론 훈련을 쌓은 뒤의 일이자 1925년 칼 바르트의 신학을 결정적으로 접하기 전의 일이었다. 위의 글에서 그의 초기 신학적 테마의 단초들을 알 수 있다고 말하는 것은 지나친 언사다. 바르트와 그 계열의 학자들이 초창기에 "계시"라는 테마 주위를 맴돌고, 신학의 여타 항목들을 그것과 연관시켰던 반면, 본회퍼는 곧장 "교회" 현상에 관심을 기울였기 때문이다. 앞으로 살펴보겠지만, 그는 처음부터 신학 개요들을 이 모호하면서도 구체적인 조직(교회)과 연관지었다. 로마 여행은 "교회"라는 테마를 명확히 표현하는 데 본질적 도움이 되었다. 이 발단의 진정한 토대는 형이상학적 사변에 잠기지 않는 것, 곧 구체화라는 모티프였다.

III. 베를린

본회퍼가 돌아와 보니 베를린은 "세계 무대"의 베를린도 아니고, 거대한 정치 퍼레이드가 펼쳐지는 베를린도 아니었다. 예전의 베를린은 대규모 미술전람회, 필하모닉 관현악단, 성악학교의 도시였다. 물론 막스 라인하르트Max Reinhardt가 연출을 맡아 연극을 상연하는 도시이기도 했다. 베르너 예거Werner Jaeger, 헤르만 온켄Hermann Oncken, 슈프랑거, 아우구스트 비어August Bier가 강의하는 도시이자 카이저 빌헬름 학회의 도시이기도 했다. 바로 그 학회에서 본회퍼의 형 칼-프리드리히가 막스 폰 라우에Max von Laue, 발터 네른스트Walther Nernst, 알베르트 아인슈타인Albert Einstein, 막스 플랑크 휘하에서 연구를 수행하고 있었다.

그의 "고슴도치"회 친구 몇 명이 그를 뒤따라 왔다. 그들은 프루흐트슈트라세에서 활동하는 지크문트-슐체를 찾아가 그의 사회사업 공동 연구 모임인 베를린-오스트 빈민구호소에서 배우고 함께 일했다. 그러나 본회퍼는 여전히 그 구호소와 그 세계에 별다른 주의를 기울이지 않았다.

그의 마음을 힘껏 사로잡은 것은 베를린 대학교의 신학이었다. 교회조차도 베를린 대학교의 신학만큼 그의 마음을 사로잡지는 못했다. 당시 베를린에서 활동하던 독일그리스도교대학생연맹도 그의 시야 바깥에 있었다.

그는 어느 정도 외톨이생활을 유지했다. 그가 필요에 의해 찾아간 것보다 "고슴도치"회 친구들과 학우들이 그를 더 많이 찾아왔다. 어느 집단을 만나든, 그는 처음부터 그 집단을 방겐하임슈트라세에서 제공하고 요구하고 기대하던 것과 비교하지 않을 수 없었다. 본회퍼가 실토한 대로, 친가에서는 처음 들어오는 이들을 면밀히 관찰했다. 이런 배경 때문에 그는 대단히 배타적이고 거만하다는 인상을 주었을 것이다.

그는 대학생 정치 서클에도 가입할 마음이 없었고, 사회주의자들이나 우익 단체들과도 관계할 마음이 없었다. 이 방면에서 그가 견지한 방향이 있다면, 그것은 프리드리히 나우만의 사상과 막스 베버의 사상이었다. 이 두 사람의 사상이 가장 일찍부터 그의 태도를 결정했다. 물론 그의 유고 가운데에는 공산당 선언에서 블라디미르 일리치 레닌Vladimir Ilyich Lenin에 이르기까지 노동 운동의 역사를 다룬 상세한 기록이 있기는 하다. 그는 그 기록을 절친한 여신학도에게 맡겼다. 우리는 『성도의 교제』*Sanctorum Communio*에서 그 내용이 프롤레타리아와 관련된 절에 약간 반영되고 있음을 알아챌 수 있다.[39]

실제로 그는 별다른 참여 활동을 하지 않았다. 신학 연구만이 그의 길이었다.

본회퍼는 1924년 6월부터 1927년 7월까지 베를린 대학교에 등록해서 공부했다. 1925년, 그는 느닷없이 스칸디나비아에서 공부할 마음을 먹었다. 칼 홀Karl Holl, 아돌프 폰 하르낙, 라인홀트 제베르크에게 몹시 시달리게 될까 봐 두려웠기 때문이다. 하지만 그는 곧바로 이 계획을 단념했다. 라인홀트 제베르크의 지도 아래 박사 학위 논문 작업이 진행되어 그를 붙잡았기 때문이다. 그는 튀빙겐 대학교에서 두 학기를 수강하고, 베를린 대학교에서는 일곱 학기를 수강했다. 그 학기들이 본회퍼의 신학에 필요한 예비지식을 형성해 주었다.

베를린 대학교 재학 초기에는 여전히 막연하면서도 강렬한 지식욕이 있었다. 베를린 대학교의 자유주의적이고 "실증적인" 신학의 폭넓은 전선이 위대한 스승들 안에서 구체화되어 그에게 나타났다. 베를린 대학교 재학 후기에 본회퍼는 대단히 독보적이고 탁월한 학업 성적으로 자신을 입증해 보였다. 이미 그때 있음직하지 않은 연구과제를 끝낸 상태였다. 그러나 장차 그의 진로를 결정할 전환점이 된 해는 변증법적 신학이—간접적인 경로로 입수된 문헌을 통해서—그를 쥐고 흔든 해였다. 그 시기에 그는 열여덟 내지 열아홉 살이었다.

신학부

당시 100주년을 갓 넘긴 베를린 대학교 신학부는 그 역사를 자랑하며 전 세계에 영향을 미치고 있었다. 신학부의 창립자 슐라이어마허는 그 신학부의 현(現) 대표이자 전부터 논란의 여지가 있던 아돌프 폰 하르낙만큼이나 결정적인 인물이었다. 1924년, 본회퍼가 그곳에서 공부하기 시작할 때, 그 신학부는 상당한 명성을 누리고 있었다. 베를린 대학교에는 에른스트 트뢸치만 있었던 게 아니다. 본회퍼도 들어서 알고 있었을 대(大)학자들이 포진하고 있었다.

1. 아돌프 폰 하르낙. 아돌프 폰 하르낙의 권위는 신학부의 경계를 오래전에 넘어선 상태였다. 그는 바이마르 제국헌법을 기초하는 일에 프리드리히 나우만과 함께 참여한 사람이었다. 그만큼 그의 권위는 교회, 학교, 학문에까지 두루 미쳤고, 급기야 1919년에는 국립대학교 신학부들의 위태위태한 입지를 새로이 강화

시키기까지 했다.[40] 실제로는 1921년 70회 생일을 맞아 정년퇴직했으나, 1923년 한스 리츠만Hans Lietzmann이 그의 자리를 이을 때까지 가르쳤다. 하르낙은 1923년부터 엄선된 모임에서 강의도 하고 교회사 세미나도 열었다. 그가 할렌제 역으로 서둘러 갈 때면 종종 이웃집의 디트리히 본회퍼가 그를 수행하곤 했다. 하르낙은 얼마 안 있어 자기 집에서 세미나를 개최했으며, 1929년에 그만둘 때까지 이어나갔다. 본회퍼는 적어도 세 학기 동안 대학생 자격으로, 그다음에는 교수 자격 취득 지원자 자격으로 이 특별 세미나에 참여하여 명성을 날렸다. 이 세미나에서 열중한 것은 원시 그리스도교 교회사와 초대 그리스도교 교회사였다. 시인 알브레히트 괴스Albrecht Goes의 형 헬무트 괴스Helmut Goes는 자신이 하르낙의 세미나에서 본회퍼를 어떻게 만났는지를 다음과 같이 묘사했다. "당시 본회퍼는 초면인 나에게 키르케고르에 대한 주의를 환기시켰다. 그는 세미나가 끝나고 나면 이따금 이렇게 청했다. '어이 괴스, 오늘밤 우리 집에 춤추러 오지 않겠나?' 무도회는 은밀히 권할 만한 호화 주택에서 화려하고 활기차게 열렸다. 디트리히는 춤도 잘 추고 피아노도 잘 쳤으며 담소도 세련되게 이끌었다." 헬무트 괴스는 하르낙의 세미나에 대해 아래와 같이 묘사했다. 그 세미나는 1925년에서 1926년으로 이어지는 겨울학기에 아우구스티누스Augustinus의 『신국』*De Civitate Dei*을 다루었다.

> 이미 첫 모임 자리에서 나는 디트리히 본회퍼에게 주목했다. 내가 정말 감동한 건 디트리히가 신학 지식과 학식 면에서 우리 모두를 능가해서만이 아니었다. 내가 디트리히 본회퍼에게 강력히 끌린 이유는 이 자리에 있는 한 사람이 어떤 대가의 말verba과 글scripta을 익히고 주워 담는 것은 물론이고, 독자적으로 사색하고 자기가 무엇을 원하는지를 이미 알아서 그것을 손에 넣으려 한다는 사실을 알았기 때문이다. 나는 금발의 한 젊은 학생이 박식가 폰 하르낙 각하에게 반론을 제기하는 모습, 정중하되 의문의 여지가 없는 신학적 근거로 논박하는 모습을 목격했다. 그것은 우려스러우면서도 대단히 신선한 사건이었다! 하르낙이 해명해도 그 학생은 몇 번이고 반박했다. 토론 주제는—아마도 칼 바르트와 관련된 주제였을 것이다—제대로 생각나지 않는다. 하지만 내가 남몰래 감격한 것만은 생생히 기억난다. 나는 신학에서 자유롭고 비판적이고 독자적인 사고

를 보고 그렇게 느꼈다.[41]

또 다른 학우는 본회퍼가 다음과 같이 말했다고 회상한다. "하르낙 교수는 클레멘트 서신을 벗어나지 못할 거야! 그분이 종교개혁에 관한 세미나를 한 번이라도 개최했으면 좋으련만."[42]

이 특별 세미나에서 1926년 5월 7일 75회 생일을 맞은 대가를 위해 디트리히 본회퍼가 제안하고 편집한 공동 논문집이 제작되었다. "기쁨"chara이라는 개념을 다룬 논문집이었다(DBW 9:410-430). 모든 참가자가 저마다 신약성서 저자들 내지 사도적 교부들 중에서 한 사람씩 맡아, 그들의 글에서 나타나는 "기쁨"이라는 개념의 특별한 용법을 부각했다. 신약성서 저자들과 사도적 교부들의 글 중에서 그들이 각자 맡은 부분은 요한복음서, 바울 서신, 공관복음서 저자들, 히브리서, 헤르마스의 목자 서신, 디다케였다. 본회퍼는 내용을 과감히 삭제하거나 덧붙이면서 모든 논문을 교정했고, 자신도 개괄적인 논문을 썼다. 제목은 「원시 그리스도교 안에서 사용된 '기쁨'이라는 개념. 하나의 개괄 시도」였다(DBW 10:422-430). 전체적으로 어법과 기본 이념을 담으려 의도했다. 그 이념은 나중에 키텔 사전에서 꼼꼼히 실현되었다. 그것은 본회퍼가 역사-비평 방법을 얼마만큼 훈련받았는지를 보여준다. 본회퍼는 바울이 "신카이레인"synchairein이라는 개념을 만들어 냈다고 말하면서, 자신이 『성도의 교제』에서 점화한 사회적 기본 개념을 참조하도록 지시한다. 바울이 사용하는 "기쁨"이라는 개념은 "요한의 경우처럼 개인의 종교생활에 근거하지 않고" 선교 활동에 근거한 것이었다. 이 시기에 본회퍼는 바울을 요한보다 더 가까이한다. 헬무트 괴스의 두운전환Schüttelreimen 작업이 끝나자(DBW 10:410f. Anm. 1) 다들 그 공동 작품을 75세의 대가에게 헌정했다. 아돌프 폰 하르낙은 다음 모임에서 그 역작을 대단히 호의적으로 논평했다. 그 와중에 본회퍼는 이제까지 역사학과 신학 분야의 비범한 인물로서 이 세미나의 좌장 역할을 해온 베르타 슐체Bertha Schulze의 뒤를 이어 아돌프 폰 하르낙의 마지막 좌장이 되었다. 아돌프 폰 하르낙은 크리스마스 때나 여타의 기회가 있을 때마다 손수 인쇄소에 맡긴 것을 그 젊은 이웃에게 선사하곤 했다. 그는 자신의 세미나를 영구 폐쇄한 뒤 작별에 즈음하여 클레멘트 제1서신에 대한 자신의 마지막 연구서를 이 모임에 헌정했다. 『고대교회사 개론』*Einführung in die alte Kirchengeschichte*이라는 제목의 연구서였다. 본회퍼는 동료 참가자들의 이름으로 그에게 사의를 표했다.[43] 본회퍼는 박사 학위 취득 후 감사의 마음을 담아 작별을 고하고 싶었다. 그리하여 발표 요지에 몇 마디를 기록했다. 그가 아돌프 폰 하르낙에게 말하려고 한 문장은 다음과 같다. "제가 교수님의 세미나에서 익히고 터득한 것은 저의 인격 전체와 밀접하게 연결되어 있어서 앞으로도 잊히지 않을 것입니다"(DBW 9:477).[44]

2. 칼 홀. 아돌프 폰 하르낙과 절친한 칼 홀 교수는 영향력 있는 루터 해석자였다. 본회퍼는 1925년 두 학기 동안 칼 홀 교수의 교회사 세미나실에 앉아 있었다. 1925년, 칼 홀은 베를린 대학교 총장직이라는 과중한 짐을 짊어지고 있었다. 1926년 5월, 그는 60회 생일을 맞이하고 여드레 뒤에 세상을 떠났다. 하르낙이 추도 연설을 맡았다. 본회퍼는 그의 추도 연설을 듣고 이렇게 말했다고 한다. "홀 교수를 달리 묘사하고, 죄에 대한 그분의 정확한 해석을 중점적으로 제시하면 좋았을 텐데."[45]

본회퍼는 칼 홀이 이해한 루터의 칭의론을 열심히 배웠다. 칼 홀이 **"오직 은혜"** *sola gratia*를 **"교회의 존망이 달린 교리"***articulus stantis et cadentis ecclesiae*로 이해한 것은 잊을 수 없는 일이었다. 칼 홀은 경건한 사람도 하나님을 진정으로 사랑하지 못한다고 분명히 설명했다. 그때부터 본회퍼는 루터의 명언 "자기 안으로 굽은 마음"*cor incurvatum in se*을 열쇠말로 삼았다.[46] 그는 이 명언을 인식론 영역에도 늘 새롭게 적용시켜, 자신의 낙천적 사고 속에 도사린 관념론에 타격을 주고, 하나님을 자신의 의식에 국한시키기를 거부했다. 그러나 본회퍼는 루터가 말하는 믿음을 "양심의 종교"로 해석하는 칼 홀의 입장에 일찍부터 비판적인 태도를 취했다. 믿음은 "나의 밖에서"*extra me* 온다는 확증이 위협을 받는 것처럼 보였기 때문이다.[47] 칼 홀은 루터가 말한 칭의론의 핵심을 획기적으로 파고들었고, 이 점이 본회퍼의 마음에 들었다. 루터의 그리스도론을 적게 다루기는 했지만 칼 홀의 인상은 오래 남았다.[47a] 본회퍼는 1943년 테겔 형무소에서 세 권으로 된 칼 홀의 논문집을 들여보내 달라고 부탁하기까지 했다.[48] 대학생 시절에는 칼 홀과 함께 계속 연구하는 것을 진지하게 고려하기도 했다. 하지만 칼 홀의 죽음으로 그러지 못했다.

본회퍼가 러시아 정교회 내지 동방 정교회를 접하게 된 것도 칼 홀 덕분이었던 것 같다. 당시 신학자 모임에서 표도르 도스토옙스키Fyodor Dostoevskii를 선호하고 처음으로 동방 연구의 전성기를 야기한 장본은 변증법적 신학자들만이 아니었다. 칼 홀도 동방 연구를 힘껏 장려했다. 그는 특히 레프 니콜라예비치 톨스토이Lev Nikolaevich Tolstoi를 연구하기 위해 직접 러시아어를 배우기까지 했다. 김나지움 7학년 시절에 톨스토이를 탐독한 적이 있던 본회퍼는 새로 나온 한스 에렌베르크Hans Ehrenberg의 『동방 그리스도교』*Östliches Christentum*를[49] 구입했다. 특히 니콜라이 알렉산드로비치 베르다예프Nikolai Aleksandrovich Berdyaev를 다룬 절과[50] 에렌베르크의 발문을[51] 숙독하기 위해서였다. 물론 그는 도스토옙스키의 작품에도 심취했다. 1925년 3월 13일, 그는 부모에게 보내는 편지에서 아래와 같이 말했다.

> 저는 요즘 도스토옙스키가 알렉산드르 푸시킨Aleksandr Pushkin을 두고 한 홍미진진한 말을 지니고 다닌답니다. 그는 푸시킨을 러시아적인 것과 유럽적인 것을 구분할 줄 알았던 첫 번째 사람으로, 러시아인의 전형을 널리 알린 사람으로 제시하더군요. 푸시킨이 알린 러시아인의 전형은 "초민족적 범(汎)인간성" die übernationale Allmenschlichkeit이었습니다. 한 민족의 전형이 어떻게 민족으로서의 자신을 넘어설 수 있는지 그저 묘하기만 합니다. 도스토옙스키는 이 사상을 필수불가결한 것으로 여기고 반복적으로 강조하며 그리스도교 사상과 연결합니다. 엄밀히 말해 초기 그리스도교 사상은 여기에서 자신의 진정한 "공교회적" 특성을 얻는다는 것입니다.

이 동방 그리스도교의 발견으로 아돌프 다이스만Adolf Deißmann, 1866-1937은 1927년에 슈테판 찬코브Stefan Zankow에게 베를린 대학교에서 "동방 정교회"에 관한 일련의 강의를 위촉하기도 했다. 이 강의들은 푸르헤 출판사Furche-Verlag에서 책의 형태로 출간되었다. 본회퍼는 후일 에큐메니칼 회의장에서 찬코브를 만나게 되는데, 이는 전혀 준비 없이 만난 게 아니었다. 변증법적 신학과 칼 홀이 동방 그리스도교에 대한 그의 관심을 일깨웠다. 물론 그 자극을 받아서 동방의 문제를 독자적으로 추적한 것은 아니지만 말이다.[52]

3. 라인홀트 제베르크. 라인홀트 제베르크는 베를린 대학교에서 본회퍼가 좋아하는 분야를 대표하는 사람이었다. 그 분야는 조직신학이었다. 본회퍼는 1925년 여름학기부터 1927년 폐강될 때까지 그의 세미나에 빠짐없이 참여했다. 그런데 본회퍼가 제베르크를 논문 지도 교수로 삼자, 다소 미묘한 상황이 연출되었다. 원래 서로 친하게 지내던 제베르크와 아돌프 폰 하르낙 사이에 냉기가 감돌았기 때문이다. 발트 해 연안 제국 출신인 그들은 정치적으로 대립하는 단체들에 속해 있었다. 제베르크는 독일의 국경을 리플란트와 쿠를란트까지 포함하여 최대한 확장하는 데 찬성했고, 하르낙은 그것을 대단히 위험한 주장으로 여겼다. 그러나 본회퍼가 선택한 분야의 정교수는 제베르크였다. 마침내 본회퍼가 역사-비평학자들과 소위 "실증적인 사람들" 사이의 위대한 중개자에게 정착한 것이다. 그는 신학적 논쟁과 마주치긴 했지만 제베르크에게 많은 것을 배웠다. 그리고 제베르크는 새로 들어온 제자에게 관심을 기울였다. 공손하면서도 뻣뻣한 제자였다.

본회퍼는 제베르크의 다섯 권짜리 교리사를 초기에 소장했다. 그는 그 책에서 상당히 많은 것을 얻었다. 아우구스티누스, 토마스 아퀴나스Thomas Aquinas, 스콜라 철학자들, 필립 멜란히톤Philipp Melanchton에 관한 본회퍼의 지식은 모두 그 책에서 얻은 것이었다. "제베르크는 세미나에서 자신이 중세 교리사 자료를 얼마나 능숙하게 활용하는지를 보여주었다."[53] 제베르크의 그 책들 속에는 본회퍼가 가장 좋아하는 루터의 명언들이 수록되어 있었다.[54] 제베르크와 칼 홀의 루터 중개로, 본회퍼는 어마어마하게 습격해 오는 바르트 신학을 비판적인 관심으로 마주하는 자리에 서게 되었다. 그는 이때 제베르크의 위대한 모범들—슐라이어마허, 게오르크 빌헬름 프리드리히 헤겔Georg Wilhelm Friedrich Hegel, 알브레히트 리츨—을 두루 섭렵했다. 까다로운 전문용어집도 구입했다. 거기에는 제베르크가 좋아하는 헤겔의 개념들이 수두룩하다. "객관적 정신과 절대적 정신"의 구별이 그중 하나다. 향후 5년 동안 그의 신학을 열어 갈 특별한 열쇠도 이 시기에 만들어졌다. 그 개념은 "공동체로서 존재하는 그리스도"Christus als Gemeinde existierend였다. 본회퍼는 나중에야 그 읽기 힘든 용어집에서 벗어났다. 하지만 제베르크의 사상에서 유래한 세 가지 주요 원리만은 남아 있었다.[54a] 그가 나름의 방법으로 만들어 낸 원리들이었다.

a)제베르크는 신학 주제들Loci을 인식론 영역에 맡기지 않고, 그 의지론적 요소

들을 강조했다. 그는 존재Sein를 의지Wille와 같은 것으로 여기고, 믿음을 원(原)의지에 의해 창조된 의지의 깨달음으로 여겼다. 이것이 본회퍼의 반(反)사변적 성향을 고무했다.

b)제베르크는 알브레히트 리츨이 형이상학을 혐오했다고 말했다. 이 혐오가 이미 광범위한 그리스도 중심주의로 나아가고 있던 그를 더욱 가속화했다.

c)제베르크는 본회퍼에게 사회의 기본 개념을 진지하게 대해야 한다고 가르쳤다. 제베르크는 역사성은 물론이고 사회성도 인간의 본질적 특징으로 여겼다. 본회퍼는 사회성을 모든 신학 개념들의 본질적 표지로 여겼다.

그러나 그때는 바르트에게 매료되기 시작하던 때였다. 그는 제베르크와 관계를 맺자마자 곧바로 신랄한 비판을 가했다. 그는 성서와 근대정신의 조화, 루터와 관념론의 조화, 신학과 철학의 조화를 꾀하는 제베르크의 시도를 즉석에서 격렬히 반대했다. 제베르크는 "종교의 선험적 인식"das religiöse Apriori을 중시했는데,[55]

> 종교의 선험적 인식은 창조된 정신 내지 자아das Ich의 순수 형식적 천부적 재능이다. 그것은 자아에게 능력을 주고, 절대적 정신을 직접 깨달으라고 다그친다. 이것은 다음 두 가지를 포함한다. 하나는 창조된 의지가 일부러 원(原)의지를 깨달으려 한다는 것이고, 다른 하나는 이로 말미암아 영감을 얻는 능력이 이성에게 주어진다는 것이다.[56]

당시 본회퍼는 위대한 19세기와 그 세기의 위대한 교부 슐라이어마허를 존경하기는 했지만, 종교의 선험적 인식이 종교개혁을 모호하게 한다고 여겼다. 그는 인간학과 신학에 도사린 이러한 낙관론 때문에 제베르크와 그의 친구들이 1차 대전 이후의 몰락과 위기를 파악하지 못하고, 자기 세대를 설명하지도 못하는 것이라고 여겼다. 몰락은 근본적인 수정을 몰고 오지 못했고, 전쟁은 불행한 사건으로 남았다. 본회퍼의 눈에는 종교의 선험적 인식이 그의 절박한 확신의 문제를 얕잡아 보는 것처럼 보였다. 그는 종교의 선험적 인식이 자신에게 무슨 소용이 있는지를 알려고 고투한 뒤에, 인간의 종교적 능력을 참조하도록 지시하여 자기 탐구로 이끄는 모든 것에 격렬히 저항했다.

제베르크의 교리사 루터 편에는 다음과 같은 글귀가 기록되어 있다. "여기에서 루터가 성서뿐 아니라 종교 **체험**까지도 진리의 증인과 표준으로 활용하는 특이한 현상을 이해할 수 있다. 그러나 그 경우에도 그것은 성서의 내용을 먼저 확신하게 하는 경험이어야 한다."[57] 본회퍼는 그 글귀 옆에 다음과 같은 메모를 적어, 제베르크를 반박하는 자신의 신학적 입장을 밝혔다. "천만에! 먼저 확신해야 할 것은 성서의 주님과 교회를 통한 설교다!" 이는 베를린 대학교 신학부에 의아한 느낌을 주었음에 틀림없는 사유구조였다. 그럼에도 본회퍼는 제베르크에게 신의를 지켰다.

> 익숙하고 호의적인 수업에 출석하기 위해 금요일 저녁마다 스승님의 세미나실로 가던 모습을 간절한 그리움으로 떠올리며, 다시 한 번 스승님의 수강생들 가운데 앉아, 스승님과 함께 "역사의 의미"를 숙고하고 싶군요.……지난 4년간 스승님과 함께 보낸 시간들을 떠올리노라면 감사의 마음이 북받칩니다.[58]

본회퍼는 모든 것이 상당히 음침하고 호전적인 것처럼 보이는 칼 홀 교수와 아돌프 폰 하르낙 교수에게서 뛰어난 정신력을 느끼긴 했지만, 그토록 위대한 맞수의 손아귀에 절대로 들어가지 않았다. 그가 언젠가 실제적인 권위를 인정한 이는 칼 바르트와 조지 케네디 알렌 벨George Kennedy Allen Bell, 1883-1958뿐이었다. 하지만 그때에도 처음부터 끝까지 홀로 결단을 내리고 고투했다. 그가 베를린 대학교에서 마침내 제베르크를 스승으로 선택한 것은 독립 욕구에 따른 것이었다. 제베르크에게서 그가 받은 압박과 부담은 얼마 되지 않았다. 또 한편 그는 다른 방식으로 가르치는 이에게 존경을 표하고 배울 만큼 넓이를 갖추고 있었는데, 이는 아버지의 훈육과 모범 덕분이었다. 생각에만 머물던 반대 입장을 반대 행동으로 표출하고 모든 개인적 왕래를 거부한 것은 1933년 교회투쟁에 돌입하고 나서의 일이었다. 그때에는 제베르크에게도 예외를 두지 않았다.

4. 아돌프 다이스만. 본회퍼는 게오르크 베르트람Georg Bertram이 조교를 담당했던 아돌프 다이스만의 신약성서 세미나에 두 학기 동안 드나들었다. 본회퍼가 베

를린 대학교 학생이던 시절에, 다이스만은 청소년 에큐메니칼 운동의 독일 측 지도자로서 1925년 스톡홀름에서 열린 "생활과 실천"Life and Work 국제회의와 1927년 로잔에서 열린 "신앙과 직제"Faith and Order 국제회의에서 중요한 역할을 했다. 이 회의들과 그 대의(大義)를 본회퍼가 간과했을 리 만무하지만, 그것들이 아직은 그에게 알려지지 않은 상태였다. 그 회의에서는 선동적인 개혁들이 전개되고 있었다. 한 학우가 그에게 편지를 보냈다. 자신의 태도를 적절히 반영한 편지였다. "회의에[59] 참여하면 참여할수록, 우려스러운 회의라는 느낌이 들어. 이 회의가 더 이상 윤리 문화 육성을 위한 국제 동맹이 되려 하지 않을 때에만 우려가 사라질 거야. 하지만 이 회의는 더더욱 그리 되려고 해! 하나님 나라를 세우겠다는 것이지!"[60] 그럼에도 불구하고 다이스만은 후일 본회퍼에게 에큐메니칼 세계에 이르는 문을 열어 주고 가장 마음에 드는 추천장을 써 주어, 본회퍼가 그 길에 이를 수 있게 해주었다.

학적 증명서에 따르면 본회퍼는 베를린 대학교에 등록한 첫 학기에 아돌프 폰 하르낙, 후고 그레스만Hugo Greßmann, 칼 홀, 한스 리츠만 교수의 강의를 수강하고, 두 번째 학기에는 에른스트 젤린Ernst Sellin, 아르투르 티티우스Arthur Titius, 1864-1936, 아돌프 다이스만 교수의 강의를 수강했다. 아직은 제베르크의 강의를 수강하지 않았다. 그는 제베르크의 강의를 수강하려고 "인식론"에 몰두하여, 비판적 실재론을 대변하는 하인리히 마이어Heinrich Maier 교수의 "자유와 필연" 세미나, 리페르트Rieffert 교수의 "논리학의 정신사"를 수강했으며, 막스 베르트하이머Max Wertheimer 교수의 "심리학"과 볼프강 쾰러Wolfgang Köhler 교수의 "형태 이론"을 잠시 수강했다. 베르트하이머와 쾰러는 베를린 대학교의 위대한 형태심리학자였다. 세 번째 학기에 접어든 뒤에야 비로소 신학에 전념하고, 1926-1927년 겨울학기에 슈프랑거 교수의 "문화철학"을 한 차례만 즐겼다. 지크문트-슐체가 1926년부터 신학부 객원교수가 되었지만, 본회퍼는 그에게 배우지 않았다.

변증법적 신학

본회퍼가 바르트 신학을 발견한 것은 로마 체류 시기와 박사 학위 논문을 시작하던 시기 사이에 이루어진 일이었다. 발견 시기를 좁히면 1924년에서 1925년으로 이어지는 초겨울 무렵일 것이다.

1924년, 그는 종강이 얼마 남지 않은 여름학기의 몇 주 동안 몇 가지 일을 하지 않으면 안 되었다. "저는 역사 과목과 철학 과목을 조금 더 파고들고, 히브리어도 다시 시작하지 않으면 안 됩니다.……게다가 저는 매주 한 차례 다른 신학생을 만나 함께 교회사를 청강합니다."[61] 방학 중에는 철학, 사회학, 종교사에 흠뻑 빠져 지냈다. "저는 잠시 대단히 흥미로운 공부를 하고 있습니다. 내용은 막스 베버의 종교사회학입니다.……베버를 공부한 뒤에는 에른스트 트뢸치도 공부할 생각입니다. 그의 그리스도교 윤리 사회학을 읽고, 에드문트 후설Edmund Husserl의 책도 끝까지 숙독할 겁니다. 슐라이어마허의 책을 꼼꼼히 읽을 시간도 얻을 수 있으면 좋겠습니다."[62] 가을에 친구들에게 보낸 여러 통의 편지에서는 막스 베버, 국가와 국민과 인종 같은 사회학의 기본 개념들, 윤리적 공동체의 표지들을 논구하는 것은 물론이고 칸트, 루터, 칼 홀, 에드문트 후설, 헤겔이 정의한 객관적 정신까지 논구했다. 안타깝게도 이를 입증할 증거 자료로 남아 있는 것은 친구들의 답신뿐이다.[63] 본회퍼가 그들에게 보낸 편지들은 남아 있지 않다.

1925년 5월과 6월에 갑자기 이 편지들의 내용이 달라진다. 그가 느닷없이 프리드리히 고가르텐의 『종교적 결단』을[64] 놓고 빌헬름 드라이어와 논쟁을 벌인 것이다. 고가르텐의 『종교적 결단』은 "전적인 타자"der ganz Andere에 대해 떠벌이는 책이다. 어머니는 아들 디트리히의 관심사를 적극적으로 공유하려고 여러 차례 시도하는 가운데 1925년 초에 에른스트 트뢸치의 논문들까지 읽은 상태였다. 하지만 1925년 8월 그녀는 아들에게 다음과 같은 부탁을 했다. "이 논문들은 다 읽었으니 방학 때 '바르트의 책'을 보내다오"(DBW 9:155). 그 책은 1924년 카이저Chr. Kaiser 출판사에서 출판한 바르트의 첫 강연집 『하나님의 말씀과 신학』*Das Wort Gottes und die Theologie*이었다. 디트리히 본회퍼는 이 책의 광고 담당이 되어, 1925년 여름에는 외삼촌이자 교구감독으로서 이따금 편지로 조언을 아끼지 않은 한스 폰 하제에게 선물하기까지 했다.

본회퍼는 1924년에서 1925년으로 이어지는 겨울에 그 어느 때보다 왕성한 독서욕으로 많은 책을 읽었다. 유행성 감기에 걸렸을 때에만 독서를 쉬었을 뿐이다. 헨릭 입센의 극작 「브란」Brand과 「페르귄트」Peer Gynt가 바르트의 저작물들로 바뀌었다.

그는 베를린 대학교에서 『시간과 시간 사이에서』라는 신간 잡지를 매호 입수했던 것 같다. 이 잡지에서도 새로운 무언가가 지평선 위에 떠올랐다는 소문이 떠돌았다. 그러나 그가 그 소문을 알아보겠다고 결정적으로 마음먹게 된 몇 가지 직접적인 계기가 있었다.

본회퍼의 유작 중에는 다음과 같은 필기 노트가 있다. 당시에는 다들 손으로 무언가를 힘겹게 필기했다. "칼 바르트, '그리스도교 강요 강의' 1-2를 위해 구술한 논제들." 이는 바르트가 1924년 여름학기와 1924-1925년 겨울학기에 괴팅겐 대학교에서 교의학을 강의하며 자신의 학생들에게 불러 준 교의학의 기본 원칙들이다. 이것은 1927년에 출간된 바르트의 『그리스도교 교의학』*Christliche Dogmatik* 제1권 서문으로 확대된다. 친구들이 그 논제들을 이 대학교에서 저 대학교로 돌렸다. 본회퍼는 친구들 덕분에 그 작품을 처음 일별할 수 있었다. 바르트가 자신의 『로마서』를 기초로 하여 세운 작품이었다. 다른 한편, 1925년 여름학기에 그의 절친한 외사촌 한스 크리스토프 폰 하제Hans Christoph von Hase가 괴팅겐 대학교에서 물리학을 공부하기 시작했다. 그런데 당시 괴팅겐 대학교에서 강의 중이던 바르트에게 커다란 감동을 받고는 곧바로 신학으로 전과했다. 그해 8월, 두 사촌이 마인 강가를 함께 걸으며 화제로 삼은 이는 바르트였다.

본회퍼는 늦어도 1924-1925년 겨울학기에 결투에 끌려 들어갔던 것 같다. 난생 처음 아돌프 폰 하르낙의 세미나실에 들어갔을 때, 다들 그 결투를 놓고 떠드는 중이었다. 다들 교부들을 철저히 공부하면서도 대가의 격분에 관심을 나타냈다. 1923년 『그리스도교 세계』라는 잡지에서 벌어진 바르트와 아돌프 폰 하르낙의 격렬한 논쟁에 관심을 기울인 것이다.[65] 양측 모두 한 발도 양보하지 않고, 잔뜩 우려하면서 상대방이 이기면 신학의 미래가 좋지 않게 될 거라고 예언했다. 양측 모두 상대방이 배제하는 지평 위에서 말했다.

바르트는 이렇게 말했다. "우리 신학자들은 하나님이 직접 무언가를 말씀하시고 무언가를 행하셨다는 증언, 모든 인간적인 말과 사건의 상관관계 바깥에 있던 새로운 것이 이 관계 속으로 들어와 또 다른 말씀과 사건이 되었다는 증언, '도무지 종잡을 수 없고' 알아들을 수도 없으며 전혀 믿기지 않는 증언, 그저 분노만 불러일으키는 증언을 회의적으로 그러나 분명하게 기억하면서 우리의 신학을 시작할 용기를 내서는 안 되는 것인가?"[66]

아돌프 폰 하르낙은 자기 친구 마르틴 라데Martin Rade에게 이렇게 편지했다. "우리의 현대 신학이 진심으로 그렇게 말하고 가장 중요한 일을 다룬다면, 이는 참으로 기쁘고 대단한 일이 될 걸세. 그러나 학문으로서의 신학은 대단히 취약하고, 그 지평은 대단히 협소하고 종파적이며……그 논리적 방법은 대단히 표현주의적이고, 그 역사 인식은 대단히 근시안적이라네!……내가 보기에 알브레히트 리츨은 오늘날 바르트 계열의 사람들이 화제의 실마리로 삼을 만한 것을 상당히 많이 제공함에도 불구하고 경멸받는 자가 되고 말았네. 그러나 아들들은 조부들보다는 아버지들에게 더 적대적인 법이라네."[67]

아돌프 폰 하르낙은 1929년에도 씁쓸히 회상하면서 젊은 본회퍼에게 편지했다. 종교생활이 "학문적 신학에 대한 경멸과 비학문적 신학으로 인해 위협받고 있네. 그러면 그럴수록 종교생활은 자신을 돕는 참된 학문의 기치를 더욱 확신에 차서 높이 쳐들어야 할 것이네."[68]

변증법적 신학이 출현하자, 본회퍼는 방황하며 불안해하기는커녕 자신만만하게 좀 더 명확한 태도를 취했다. 실제로는 그 사건을 즐겼던 것이다. 그것은 해방이나 다름없었다. 이미 새로운 신학이 나타나, 설교처럼 혼동할 수 없는 과제, 곧 하나님의 말씀을 인간의 반복되는 말 속에 담아 현실적·구체적으로 입증하는 과제에 종사하고 있었고, 이것이 그를 사변의 유희에서 잡아챈 것이다. 그 신학적 시도는 수상쩍은 세련미를 전혀 보여주지 않았다. 양측의 논쟁에서 한쪽이 퇴각하며 구차하게 변명하다가 경멸을 받았고, 승부가 가려졌을 때 남은 것은 당혹감뿐이었다. 그리고 본회퍼는 철학과 인간학에 기대지 않고도 수많은 명제들에 충분히 맞설 수 있음을 깨닫고, 신학의 생존권은 오로지 신학 자체로부터만 획득할 수 있다고 확신하게 되었다. 안전한 논제들과 영역들이 사라지고, 어린 시절의 그에게 형들과 누나들이 회의를 표하던 과제가 마침내 독립을 확보한 것이다. 전력투구해도 좋을 만큼 가치 있는 독립이었다. 그것은 천재적 혁명가이자 논객인 칼 바르트를 아는 지적인 기쁨보다 훨씬 큰 기쁨이었다.

바르트는 이 세대의 정체를 섬뜩하게 폭로한 인간 상황을 훑어보라고 거듭 촉구했다. 그러고는 종교 체험을 대수롭지 않은 것이 되게 했다. 본회퍼가 오랫동안 진지하게 추구한 체험, 그를 고통스럽게 한 체험이었다. 그 체험이 대수롭지 않은 것이 되자, 그가 중시한 확신도 인간의 몫이 아니라 장엄한 하나님의 몫이 되었다. 비로소 하나님만이 독자적인 주제가 된 것이다. 다수의 사람들이 바르트를 상당히 침울한 사람으로 여긴 반면, 본회퍼는 바르트를 진정한 "힐라리타스"(쾌활함)hilaritas를 지닌 이로 여겼다.[69]

이 새로운 신학이 젊은 본회퍼를 납득시킬 수 있었던 것은 그 신학에도 이렇다 할 의미가 있었던 게 아닐까? 철학을 집중적으로 공부하고 당시의 역사-비평학 방법에 정통한 사람, 바르트 계열의 젊은 신학생들 다수처럼 위기에 흔들리는 청년 동맹자도 아니고 상도(常道)에서 벗어나지도 않은 사람, 자신을 교육하는 것에 반발하는 경건주의자도 아닌 사람을 납득시킨 것이기 때문이다. 그야말로 견실한 사람을 대의(大義) 하나로 얻은 격이었다. 폭넓은 가문에서 폭넓은 재능을 타고난 한 사람, 맹목적 열심에 빠지지 않고 정확히 볼 줄 아는 한 사람을 얻은 것이기도 했다.

본회퍼는 본질적인 것을 접하게 되어 크게 감사하면서도 비판적인 숙의(熟議)의 탁월성을 속박할 마음은 없었다. 그러나 동맹자로서 비판하기는 했다. 그는 자신의 약점으로 여겨지는 대목에서 다른 안들을 제시했다. 그의 비판은 그의 내적 욕구의 특징적인 지점에서 나타났다. 바르트처럼 "하나님의 장엄은 그 무엇에도 속박받지 않고, 사람이 마음대로 처분할 수 있는 것이 아니다"라고 강조할 경우, 세상의 구체화와 중요성이 위협을 받아 사라질 것이라고 생각한 것이다. 이를 입증해 줄 작은 증거가 하나 있다. 바르트의 저작을 처음 접한 시기에 나온 것이다. 당시에 읽은 것은 막스 슈트라우흐Max Strauch의 소책자였다.[70] 칼 바르트의 신학을 소개하고 옹호하는 데 도움이 된 자료였다. 슈트라우흐가 그 소책자에 기술한 것은 이 세상과 새로운 세상의 무한한 질적 차이를 강조하는 종말론적 이원론이었다. "직관 가능한 모든 것 대(對) 직관할 수 없는 것, 모든 여기 대(對) 헤아릴 수 없는 저기, 모든 물성(物性)과 허무 대(對) 기원과 끝의 세계."[71] 본회퍼는 "기원과 끝"에 밑줄을 긋고 난외에 이렇게 썼다. "현재를 참고 견디는 신앙의 기원과 끝이 아니다!" 그 소책자 속에는 그의 질문들과 정정도 들어 있다. "자유롭고 처분 불가능한 하나님의 장엄은 이 세계에서 벗어나야 명료해지는 것인가? 오히려 하나님의 장엄이 이 세계 **안으로** 들어온 게 아닐까? 하나님의 자유는 인격적인 공동체 안으로 들어와 스스로를 그 공동체와 연결하기 때문이다."[72]

본회퍼는 바르트가 아돌프 폰 하르낙에 맞서 견지한 관점을, 단순히 온건한 자유주의에 맞서는 신(新)스콜라적 정통 고수의 의미에서 보려 하지 않았다. 그는 갓 나온 바르트의 교의학이 『로마서』에 비해 후퇴했다는 우려를 품고서 한 학우와 함께 그것을 공정히 검열하며 환담했다. 당시에 공동으로 품은 우려는 리하르트 비트만Richard Widmann의 일기에서 확인할 수 있다. 그들은 바르트의 『로마서』 5판 서문에서 다음과 같은 알림글을 읽었다. "모든 것이 신기루가 되지 않게 하려면, 교회의 곤경과 희망에 제대로 부응하려면, 지금 말해야 할 것과 행해야 할 것을 끊임없이 말하고 행해야 한다." 그러나 교의학 II의 '그리스도론' 장에서는 바르트가 다음과 같이 말하는 소리를 들었다. "나는 신약성서에서 예수상(像)을 혼자 힘으로 일으켜 세우기보다는 차라리 칼케돈 교부들과 함께 헤매고 싶다."[73] 본회퍼는 칼 홀 교수의 세미나시간에 알게 된 이 학우에게 자신이 가지고 있던 바르트 기록물을 이미 보낸 상태였다. 우리는 리하르트 비트만이 본회퍼에게 보낸 1926년 2월 25일자 편지에서, 본회퍼가 새로운 대가의 "반동적 제스처"를 얼마나 크게 우려했는지를 유추할 수 있다. 그 우려는 테겔 옥중서간에서 다시 표출된다. 리하르트 비트만이 본회퍼에게 보낸 편지의 내용은 아래와 같다.

> 나는 바르트의 『교의학 II』를 여전히 논구 중입니다. 기쁘게도 이 책에서는 『로마서』에서보다 많은 것을 더 낫고 더 명확하게 말하고 있더군요. 문제들이 『로마서』에서보다 훨씬 분명하게, 훨씬 신중하게 좁혀진 것처럼 보입니다. 바르트가 이 책에서 더 체계적으로 대처한 까닭이겠지만, 문제들이 사유 운동 안에서 제자리를 얻고 적절한 무게를 유지하고 있습니다. 『로마서』는 세상을 떠들썩

하게 하고 상당히 선정적인 반면, 『교의학』은 훨씬 사실적입니다. 나는 두 책의 우열을 가리지 못하겠습니다.

당신은 바르트가 이 『교의학』에서 취한 굴종의 자세를 유감스럽게 생각하며 이의를 제기했습니다. 그가 고지식하게 조심하면서 고대 교의학자들의 족적을 따르려 한다고 말입니다. 나는 이 반동적인 제스처를 잘못된 것으로 여기지 않습니다. 그에게 당분간 중요한 것은 일보 후퇴한 뒤에 접속을 모색하는 것이 아닐까 싶습니다. 접속뿐만 아니라 힘의 보강까지 모색하는 것이지요. 도움, 동력, 풍부한 사고……. 다들 그러한 교의학을 손쉽게 털어 버리지 못할 것입니다. 바르트가 아우기아스의 외양간(그리스 신화에 등장하는 30년간 청소하지 않은 외양간으로서, 헤라클레스가 하루 만에 청소했다고 한다. 혼돈, 무질서로도 번역된다—옮긴이) Augiasstall을 청소할 테니 말입니다. 그리할 경우 그는 자신의 정통적인 조수들에게 사의를 표할 것입니다. 그러나 나는 이러한 반동적 지팡이를 짚지 않고 나오는 교의학도 필요하다고 생각합니다. 일보 전진하고 나서 접속을 모색하는 교의학 말입니다. 『로마서』는 표현 면에서……훨씬 덜 반동적입니다. 이 점에서 현재의 『교의학』은 일보 후퇴한 셈입니다. 아마도 바르트는 자신의 『교의학』이 "전략상의 목적"을 달성하고 나면—더 이상 고대인들에게 기댈 필요가 없게 되면—다음번에는 이보 전진할 것입니다(DBW 9:160f.).

벵트-에릭 벵트손Benkt-Erik Benktson이 주목한 대로,[74] 본회퍼는 1944년에 바르트를 비종교적 해석의 방향에서 "사고하기 **시작**했지만 이 사고를 **관철하지** 못한" 사람으로 묘사한다.[75] 바르트는 어디에서 "시작"했는가? 벵트손은 바르트가 1920년 아라우에서 행한 강연 '성서의 문제들, 통찰들 그리고 전망들'을 참조하라고 지시한다. 이는 본회퍼가 1924-1925년에 나온 『하나님의 말씀과 신학』에서 열심히 읽은 강연이다. 이 강연에는 본회퍼의 『저항과 복종』*Widerstand und Ergebung*에 나오는 것과 상당히 유사한 단어로 이루어진 표현이 수두룩하다.

"비종교적인 사람들은 특별한 사람들이었다. 그들은 하나님 물음의 중요성을 온전히 느낀 사람들이었다"(73). "성서적 경건은 본래 독실한 척하는 것이 아니다. 우리는 성서적 경건을 충분히 사고된 실질적 세상성으로 불러야 한다."……"세상적 사실성"(80). "사고와 말을 전체에서 전체로."……"성서적 노선의 세상성"(84). "(하나님은) 차안과 나란히 피안이 되고 싶어 하지 않으신다.…… 그분은 종교사의 토대를 다지려 하지 않으시고 우리 삶의 주인이 되려 하신다"(85). "성서의 역사는……무엇보다도 인간 역사다"(97).

본회퍼의 귀에 쟁쟁히 울렸을 목소리들이다. 그는 이 목소리들을 듣고서 바르트가 "시작"했을지는 모르나 "철저히 밀고 나가지는 못했다"고 여긴 것 같다.

그러나 초기 바르트의 이 방향이 본회퍼 안에서 효과를 발휘한 것은 나중의 일이다. 본회퍼가 차용한 것은 바르트가 수행한 종교와 믿음의 구별이었다. 바르트는 종교가 인간의 자기 정당화에 불과하다고 여겼다. 본회퍼가 수정한 대목도 있다. 계시를 출발점으로 삼은 바르트와 달리 교회를 출발점으로 삼은 것이다. 그는 이런 의문을 품었다. "바르트가 제시한 순서대로 계시에서 출발하여 교회로 나아가면 구원론의 요소가 부차적인 것이 되지 않겠는가?" 그는 구원론의 터전을 도외시한 채 계시만 사고하려 하지 않았다.

IV. 박사 학위 논문

본회퍼는 로마에서 돌아와 한 해를 알차게 보내고 나서 박사 학위 논문을 시작했다. 열아홉 살 청년이 이른 시기에 그렇게 하는 것도 이목을 끄는 일이었지만, 휴가나 기한 연장이나 특별 대우를 요구하지 않고 정상적인 공부를 하면서 그토록 집중적인 부담을 짊어지는 것도 좀처럼 보기 드문 일이었다. 논문 주제는 남이 부과해 주는 대로 정하지 않고 자기가 원하는 대로 정했다. 몇 단계를 거치고 나서야 결정적인 논지가 뚜렷해졌다. 그는 그 단계를 거치면서 전공 및 논문 주제와 관련하여 다른 방향의 기대들을 실망시켰다.

1. 본회퍼가 예비 박사 과정 시절에 가장 먼저 주시한 이는 아돌프 폰 하르낙이었다. 1924-1925년 겨울학기에 본회퍼는 그에게 세미나 논문을 제출했다. 베를린 대학교에서 처음 쓴 논문이었다. 57쪽 분량의 논문을 읽어 달라고 노대가에게 청한 것이다. 성적을 받고는 어리둥절했다. 1943년, 그는 테겔 감방에서 「마태수난곡」을 듣는 중에 1925년의 상황을 다시 한 번 생생히 떠올린다. "저는 열여덟 살 때 하르낙의 세미나에 참여했습니다. 세미나 중에 하르낙은 저의 첫 세미나 논문을 매우 호의적으로 논평하면서, 제가 장차 교회사로 교수 자격을 취득하기 바란다고 말했습니다. 저는 연주회장에 도착해서도 온통 그 생각에 사로잡혀 있었습니다."[76]

그 논문 제목은 「클레멘트 제1서신에서 드러나는 유대교의 요소. 잔재 그리고 전체와의 관계」Das jüdische Element im 1. Clemensbrief; Bestand und Verhältnis zum Ganzen였다(DBW 9:220-271). 아돌프 폰 하르낙이 내린 평가는 아래와 같다.

> 구상과 완성도로 보나, 완벽하고 정확한 관점으로 보나, 기울인 노력으로 보아도 대단히 훌륭하다[밑줄이 두 번 그어져 있다—지은이, "대단히 훌륭하다"라는 표현은 "수"(秀)에 해당한다—옮긴이]sehr gut. 이 논문을 다시 한 번 꼼꼼히 다듬고, (주제가 요구하는 것은 아니지만) 그리스-로마의 요소를 보다 정확하고 상세하게 설명하면, 서신의 분석과 역사적 이해 면에서 실질적인 진보를 보여주게 될 것이다. 1925년 2월 2일 폰 하르낙(DBW 9:270 Anm. 278).

그 논문은 역사-비평의 수단들을 동원하여 텍스트를 꼼꼼히 분석했음을 보여준다. 본회퍼는 그 수단들에 정통해 있었다. 그러나 전문가들에게 넘긴 뒤에는 그 수단과 방법들을 더 이상 써먹지 않았다.

본회퍼는 이 관심에서 비롯된 성과에 도리어 부담을 느꼈다. 유명한 선조의 선례를 따라 교회사 쪽으로 방향을 트는 게 차라리 낫지 않았을까? 호의적인 이웃, 훌륭한 이웃을 실망시키는 게 옳은 일이었을까? 아무튼 그는 에른스트 트뢸치 연구를 통해 역사주의의 문제점을 선명히 알게 되었다. 하지만 에른스트 트뢸치 연구를 더 이상 속행하지 않고, 조직신학 초미의 쟁점들만 받아들이려고 했다.

2. 본회퍼는 칼 홀의 세미나에서 두 번째 논문을 작성했다. 「말년의 루터가 자신의 업적에 대해 취한 입장들. 그의 1540-1546년 서신교환(E. L. 엔더스와 G. 카베라우 편집, 12-18권)을 중심으로」Luthers Stimmungen gegenüber seinem Werk in seinen letzten Lebensjahren, nach seinem Briefwechsel von 1540-1546, Enders-Kawerau Bd. 12-18가 논문 제목이었다(DBW 9:271-305). 그는 1925년 6월에 그것을 제출했다. 아돌프 폰 하르낙이 앞선 논문을 "수"로 평가했듯이, 칼 홀도 이번 논문을 "I"(수)로 평가했다. 이 논문도 원전을 꼼꼼히 파고든 역사 논문이었다. 그런데 본회퍼는 묵시록의 임박한 종말을 간절히 고대한 노년의 루터를 파고들면서 큰 자극을 받았다. "종말, 종말, 종말이 임박했다"finis, finis, finis instat라는 문장이 개인적 믿음의 문제로 다시 한 번 그를 엄습했다. 루터가 그에게 깊은 인상을 준 것이다. 그는 칼 홀과 한패가 되는 게 낫지 않았을까?

3. 이렇게 역사 분야에서 출중한 성적을 두 차례나 받은 뒤, 그는 자신이 좋아하는 과목인 교의학에 손을 댔다. 그러고는 거의 낙제할 뻔했다. 조직신학 세미나의 첫 과제물은 「성서에 대한 역사적 주석과 영적 주석은 구분이 가능한가? 그리고 교의학은 어느 위치에 있는가?」였다(DBW 9:305-323). 라인홀트 제베르크는 본회퍼가 제출한 논문 밑에 "양(良). 1925. 7. 31. 제베르크"라고 적었다(DBW 9:323 Anm. 98). 본회퍼의 논문이 우려스러운 바르트 학설로 보였기 때문이다! 여러 페이지의 가장자리에는 제베르크가 단 물음표들, 다른 견해들, 반대 표현들이 수두룩하며, "좋아요!"라고 쓰인 곳은 한 군데뿐이다. 그렇지만 이 논제는 박사 학위 논문을 결정하는 계기가 되었다.

세미나 논문은 아래와 같이 시작된다.

> 그리스도교 종교는 볼 줄 아는 눈, 들을 줄 아는 귀를 지닌 이들을 위해 역사 속에서 실현되고 구체화되고 가시화된 신적 계시에 대한 믿음과 함께 흥하기도 하고 쇠하기도 한다. 그리스도교 종교는, 오늘날 우리가 역사와 정신의 관계에 대하여 제기하는 물음, 혹은 성서에 적용하여 문자와 영, 성서와 계시, 인간의 말과 하나님의 말씀의 관계에 대해 제기하는 물음을 자신의 가장 내밀한 터전

속에 품고 있다(DBW 9:305f.).

결론은 다음과 같다.

모든 영적 주석의 시도는 기도행위이자, 성령을 청하는 행위다(당연하게도 제베르크는 이 대목에다 "그것뿐인가?"라는 표시를 단다—지은이). 성령만이 경청과 이해를 자신의 뜻대로 가능하게 한다. 성령이 없으면 제아무리 재치 있는 주석이라도 허사가 되고 만다. 성서 이해, 해석, 설교, 곧 하나님 인식은 "오소서, 창조의 영이시여"veni creator spiritus라는 청원기도에 포함된다(DBW 9:322).

처음에 본회퍼는 자신이 아돌프 폰 하르낙의 세미나와 칼 홀의 세미나에서 입증했던 방법을 비난한다. 텍스트를 다루는 역사 비평에는 "파편들과 뼛조각들"만 남아 있다는 것이다(DBW 9:307). 텍스트들은 원천 자료일 뿐만 아니라 계시의 운반자이기도 하고, 편집된 파편들이 아니라 정경(正經)이라는 것이다. 그러면서 그리 말하는 것이야말로 후세의 임무라고 밝힌다. 그러고는 방향을 바꾸어, 텍스트에 대한 역사적 연구가 수행되어야 한다면서 이렇게 단언한다. "우리 가운데 누구도 비평 시기 이전으로 돌아갈 수 없다"(DBW 9:317). 우리는 이 논문에서 본회퍼가 최근의 양식사에 얼마나 조예가 깊었는지를 알 수 있다. 그러나 그는 바르트의 관점을 발견하고 나서부터는 양식사를 별로 다루지 않는다, 본회퍼는 "비평 시기 이전으로 돌아갈 수 없다"는 말이 무슨 뜻인지를 설명하지 않은 채, 역사 비평은 "성서"의 증언을 그다지 중시하지 않고 상대화한다고 말한다. 이 대목에서 그는 에두아르트 투르나이젠Eduard Thurneysen이 주석에 빗대어 말한 비유, 곧 "얼음덩이에서 얼음덩이로 껑충 뛰며 꽁꽁 언 강 건너기"를 인용한다(DBW 9:320). 그는 후일 그 비유를 즐겨 써먹었다. 성서 안에는 계시가 자리하고 있다. 하나님이 성서 안에서 말씀하시기 때문이다. 이는 추론하거나 근거를 댈 수 있는 것이 아니다. 공표만 할 수 있을 뿐이다. 인간이 하나님의 계시를 하나님의 계시로 인식할 수 있는 것은 "성령" 덕분이다. 본회퍼는 장래를 위해 바르트의 열쇠 문장, 곧 "같은 것은 같은 것을 통해서만 알 수 있다"는 말을 자기 것으로 삼아 이렇게 말했다. "하나님은 하나님으로부터만 알 수 있다. 논리 정연한 계시 개념은 실체로 여겨지지 않고 기능으로 여겨진다는 사실이 여기서 분명해진다. 계시 개념은 존재가 아니라 성서 안에 자리한 하나님의 판단이자 하나님의 의지다"(DBW 9:312f.). 그는 이렇게도 말했다. "역사는 성서를 원천 자료에 불과한 것으로 여기지만, 성령론은 성서를 증언으로 여긴다"(DBW 9:320).

오늘날의 시각으로 보면 이 결론들이 협소해 보이지만, 당시에 본회퍼와 그의 친구들은 역사주의의 난제들을 극복한 결과로 여겼다.

제베르크는 "영적 주석"—나중에 "신학적 주석"이라 불린다—이 유행처럼 번져 자신의 세미나실에까지 쳐들어온 것에 격분하여 곧바로 관련된 논문을 발표했다.[77] 본회퍼가 그에게 제출한 이 첫 번째 논문에서 "종교의 선험적 인식" 이론을 가차 없이 논박했기 때문이다.

1925년 여름방학이 시작되기 전, 제베르크는 베를린 대학교 평의회 회의에서 칼 본회퍼와 이야기를 나누면서 이 반항아에 대한 의견을 구했다. 그는 본회퍼와 한 번 더 충분히 얘기하고 싶어 했다. 그러나 본회퍼는 그 와중에 뢴을 거쳐 북해 연안을 도보로 여행하고 있었다. 어찌 처신해야 할지 결정하지 못한 채였다. 1925년 8월 25일, 그는 브레멘 레줌에 있는 빌헬름 드라이어의 집에서 편지로 아버지에게 문의했다. 빌헬름 드라이어는 "고슴도치" 학우회 시절부터 알고 지낸 친구였다.

> 특히 저는 제베르크 교수님을 어찌 대해야 할지를 놓고 친애하는 아버님의 의견을 알고 싶습니다. 아버님께서 그분과 담소를 나누실 때 제가 어떤 식으로든 동석해야 할까요? 그분이 참으로 저의 미래 논문 내지 과제물을 놓고 저와 얘기를 더 나누려 할까요?(DBW 9:154)

아버지는 즉시 회신했다.

> 제베르크는 네가 한 번 방문해 주기를 바라더구나. 조직신학이나 역사학의 문제에 대해 전반적으로 논의하고, 네가 이 분야를 좋아하는지 저 분야를 좋아하

는지를 두고 상의한 것을 빼면, 네가 그의 세미나에서 발표한 논문을 두고는 따로 의논하지 않았단다. 네가 그의 곁에서 공부할 것인지를 분명히 밝히지 않으니, 나는 너를 대신하여 그에게 이렇게 말하려 한단다. 네가 베를린에 머무르게 될지 아직 확실치 않고, 어쩌면 독일 밖에서 한 학기를 공부하게 될지도 모른다고 말이야. 어쨌든 네가 그를 찾아가 그의 의사를 더 정확히 알아보는 것이 적절할 것 같구나(DBW 9:154f.).

어머니는 아무리 생각해도 이해되지 않는 결정을 놓고 아들이 괴로워하고 있음을 감지하고 나서 불안해했다. 아버지가 편지를 보낸 뒤에 어머니도 곧바로 편지를 보냈다. "홀 교수 밑에서 역사학-교의학으로 학위 논문을 쓰는 것도 괜찮지 않을까 싶구나. 그러고 나서 제베르크가 떠나고 없을 때 조직신학 논문으로 교수 자격을 취득해도 될 거야. 한번 고려해 보렴."[78]

결국 그는 결단을 내리고, 1925년 9월 21일 베를린에서 부모에게 그 사실을 알렸다.

(제베르크 교수가) 베를린으로 돌아왔습니다.……베를린에 하루만 머무를 것이니 오전 7시에 자신을 기차역으로 바래다 달라고 저에게 부탁하시더군요. 저는 이미 숙고를 마친 상태였습니다. 칼 홀 교수나 하르낙 교수 밑에서 논문을 쓰는 것은 의미가 없고, 제베르크 교수 밑에서 교의학-역사학 논문을 써도 무방하리라고 말입니다. 이 사람에게 가서 논문을 쓰나 저 사람에게 가서 논문을 쓰나 매한가지이니까요. 저는 제베르크 교수도 대체로 호의적인 분이라고 생각합니다. 그리하여 저는 만약을 대비하여 제베르크 교수 곁에 남았고, 반은 역사적이고 반은 조직신학적인 주제를 제안했습니다. 그분도 그 주제에 흔쾌히 동의했습니다.

그것은 종교적 공동 사회와 관련된 주제입니다. 언젠가 저녁에 부모님께 "그 주제가 저의 관심을 끈다"라고 잠시 말씀드린 적도 있습니다. 그 주제로 논문을 쓰려면 여러 가지 역사 연구를 수행해야 하지만 그래도 상관없습니다. 어쨌든 제베르크 교수도 그 연구를 상당히 흥미로워하는 것 같습니다. 그 주제에 대해 연구할 사람을 오랫동안 기다려 왔는데, 이제야 제가 거기에 매진하는 것을 보게 되어 기분이 좋다고 말하더군요. 그런 다음 그분은 언급은 없었지만 아버님과 나눈 담소를 떠올리는 듯하다가, 모든 것이 잘될 것이며, 당시 이미 제 과제물에서 그렇게 될 줄 알았노라고 말했습니다! 제가 약간 웃자, 다시 한 번 그리 말했습니다. 그리하여 저는 이제 그분과 함께 주제를 정한 상태입니다. 그 주제는 대단히 근사한 주제라고 생각합니다.

하지만 어려움도 있습니다. 논문에 필요한 것들이 있거든요. 논문을 시작하려면—정말로 시작할 생각입니다—책 몇 권이 필요한데, 제베르크 교수님 말씀으론 제가 계속 사용해야 할 책입니다. 도서관에서 빌리기도 어렵고, 또 대부분 대출중이라 입수할 수 없는 책들입니다. 그것들을 구입하기에는 제 용돈이 충분치 않군요. 가장 중요한 책을 사는 데 25마르크에서 30마르크가 들 것 같습니다. 헤겔, 허버트 스펜서Herbert Spencer,79 막스 베버의 책들이 그러합니다. 제가 구입해도 될는지요? 저는 낮에 연구와 복습과 독서를 하고 산책도 많이 하고 있습니다. 어제는 주제(주잔나)와 함께 할머니를 모시고 오페라 「박쥐」(요한 슈트라우스의 오페라—옮긴이) 공연장에 다녀왔습니다(DBW 9:156f.).

「성도의 교제」

본회퍼는 여섯째 학기(1925-1926년 겨울학기) 초에 시작한 박사 학위 논문을 18개월 만에 완성하고, 1927년 8월 1일 신학부에 제출했다(DBW 9:179 참조). 시간 배분과 목표 지향적 태도가 탁월했음에 틀림없다. 그사이에 적어도 일곱 편의 세미나 논문과 아홉 편의 교리문답 개요 및 설교학 개요를 제출하고, 그것도 모자라 주일학교 어린이반을 맡아 책임을 다했기 때문이다. 방학을 맞아 북이탈리아와 프리드리히스브룬에 있을 때에는 헬무트 뢰슬러Helmut Rößler와 같은 새로운 친구들과 테니스 경기를 벌이는 것도 포기하지 않았다. 헬무트 뢰슬러는 프리드리히스브룬에서 그에게 프란츠 베르펠Franz Werfel의 문학을 처음 소개해 준 이였다. 그는 이토록 많은 일을 하면서 가족이 전혀 눈치채지 못하게 했다. 친가에서는 무리하게 일하는 것을 부적절한 처신으로 여겼기 때문이다. 본회퍼는 자신의 문헌 자료들을 피상적으로 다룬 것처럼 보인다. 혹자는 그가 무엇보다도 헤겔의 자료를 발췌 형태나 수기(手記) 형태로 받아들였다고 증언한다.[80] 그럼에도 제베르크와 티티우스 같은 당시 신학부의 평가자와 논평자는 그러한 피상성을 전혀 공격하지 않았다.

그리하여 그는 자신의 주제인 교회를 파고들었다. 교회는 그에게 수수께끼이자 동경의 대상이었다. 교회는 누구인가? 교회는 무엇인가? 교회는 어디에 있는가? "교회사회학에 대한 교의학적 연구"가 부제(副題)였다.

> 교회의 역사성을 사랑하고 그 역사성의 의미를 교의학적으로 깊이 통찰한 까닭에 루터는 로마교회를 떠나기가 쉽지 않았다. 우리의 역사적 개신교는 적개심과 교의학적 경박함에 사로잡혀서는 안 된다.[81]……신자들의 모임은 우리의 어머니이다.[82]

주제가 불확실했던 것일까? 새로운 연구에 대해 알리는 본회퍼의 편지에 학우 리하르트 비트만이 아래와 같은 내용의 답장을 보내왔다.

> 하지만 당신의 학위 논문은 여러 가지 현실적인 결론들을 얻을 수도 있습니다. 파울 알트하우스Paul Althaus와 그의 「살아 있는 공동체」를 보십시오. 『시간과 시간 사이에서』 최근 호에 실린 바르트의 강연도 읽어 보십시오. 두이스부르크-마이데리히에서 한 강연이랍니다.[83] 키르케고르의 『공격』을 읽어 보시고, 청소년 운동의 최근 "경향"도 살펴보십시오. 이 둘 모두 "동맹", "공동 사회", "공동체"를 외치고 있습니다. 바이에른 종교 협약도 읽어 보십시오![84]

알트하우스도 같은 주제를 파고들었다. 그의 논문 제목은 「성도의 교제. 루터의 교회사상에서 공동체를 보다」Communio Sanctorum. Die Gemeinde im lutherischen Kirchengedanken였다. 그는 이렇게 말했다. "오늘날 우리에게 맡겨진 과제는 교회론의 회복이다. 우리는 루터가 기초를 닦은 공동 사회 사상사에서 그 비결을 배워야 한다."[85]

오늘날의 눈으로 보면 이 두 사람의 공동체 개념은 일종의 낭만주의처럼 보인다. 그러나 본회퍼의 단초는 알트하우스와 달리 다방면에 다리를 걸치고 있었다.

그는 상이한 것을 이어 붙이려고 했다. 한쪽에는 역사주의와 사회학이 버티고 있었고, 다른 한쪽에는 계시 신학이 버티고 있었다. 외사촌 한스 크리스토프 폰 하제는 그사이에 마르부르크 대학교에서 수학하고 있었다. 그는 그곳에서 마르틴 하이데거Martin Heidegger와 루돌프 불트만을 둘러싸고 벌어지는 색다른 일들을 본회퍼에게 알리곤 했다. 어느 날에는 본회퍼에게 보내는 편지에서 이렇게 말했다. "바르트주의자들이 사회학에 관심을 기울이고 사회학자들이 바르트에게 관심을 기울이니, 많은 이들이 그 상황을 이해하지 못할 거야."[86]

그러나 본회퍼는 자신의 상이한 계통수(系統樹)들을 억지로 연결할 생각이 전혀 없었다. 사회학과 비평 전통을 계시 신학과 무리하게 연결하거나, 에른스트 트뢸치를 바르트와 무리하게 연결할 마음을 아예 품지 않았다. 그는 헤겔의 저서 『절대적 종교』*Die absolute Religion*에서 채굴하여 다듬은 공식 "공동체로서 존재하는 그리스도"를 상이한 두 사람(트뢸치와 바르트)에게 들이대며 구체적인 교회를 참조하도록 제안했다. 『절대적 종교』에 들어 있는 공식은 "공동체로서 존재하는 하나님"Gott als Gemeinde existierend이었다.[87] 헤겔에게 공동체는 성령이 절대 정신으로서 거주하는 처소였고, 제베르크에게 공동체는 성령이 절대 의지로서 거주하는 처소였다. 본회퍼는 이 둘을 그리스도론 쪽으로 변형시켰다. 이런 식으로 그는 트뢸치와 바르트 중에서 어느 한쪽을 택하지 않고 양자를 포괄하는 제3의 입장에 도달하려고 했다. 후대의 비평가들은 그것을 이전보다 훨씬 잘된 것으로 여겼다.

하나님의 말씀을 사회학적 인격 공동체 안에 고정시키려 한 본회퍼의 구상 속에는 개인적인 바람이 깃들어 있었다. 살아 있는 교회 안에서 구원이 "extra me" 속에서 "pro me"를("extra me"는 "나의 밖에서"를, "pro me"는 "나를 위하여"를 의미한다—옮긴이) 유지함으로써 어느 한쪽이 다른 한쪽을 위하여 사라지는 일이 없기를 바란 것이다.

본회퍼는 이러한 교회론의 표현 수단을 당시의 나-너 인격주의에서 찾아냈다. 그는 프리드리히 고가르텐의 책을 읽음으로써 에버하르트 그리제바흐Eberhard Grisebach를 발견했던 것 같다.[88] 그는 나-너 관계를 절대화한 그리제바흐를 비판하고, 그 관계를 자신의 그리스도론적 교회론에 삽입함으로써 그 관계가 새로운 관념론으로 되돌아가는 것을 막고자 시도했다. 그러나 그는 이미 제베르크의 인간 규정에서 인간의 사회성과 사교성도 접한 상태였다. 그는 이러한 수단들을 활용하여 계시의 현세성은 물론이고 계시의 초월성까지 기술하려고 했다. 그가 이 수단들을 기꺼이 붙잡으려고 한 것은 다음과 같은 우려 때문이었다. 말하자면 바르트처럼 하나님의 분리(떨어져 계심)Diastase를 강조하다 보면 "편들기도 하시고"für-seiende "맞서기도 하시는"gegenstehende 하나님의 현존을 위태롭게 할 수 있었기 때문이다.[89] 당시 본회퍼가 이 인격주의의 출처로 불리는 페르디난트 에프너Ferdinand Ebner의 문헌을 접했는지는 알 수 없다.

딱딱하게 굳어 버린 신학 주제들의 사회적 성격을 본회퍼가 드러내자, 그 주제들이 그를 위해 움직이기 시작했다. 그가 이때 피력한 무언가가 나중에 "인간 상호간 관계성"Mitmenschlichkeit이라는 개념으로 유포된다. 형제의 은사를 뒷받침하는 방법으로 언급한 것이 나중에 고해의 재발견으로 이어진 것이다. 이 일은 처음에는 신학적으로 그다음에는 실제적으로 이루어졌다. 테겔 감방에서 만들어 낸 공식 "타자를 위한 현존재"Für andere da sein도 여기에 뿌리를 두고 있다. 인용구로 판단하건대, 바르트는 「성도의 교제」에서 역할이 미미했다. 하지만 본회퍼는 그에게 뒷배 역할을 맡긴 것이었다. 그가 바르트에게 제기한 주요 문제는 이러하다. 말하자면 바르트가 계시 개념을 강조한 나머지 교회를 소홀히 한 게 아니냐는 것이다. 비평가들의 견해에 의하면, 본회퍼는 바르트가 그리스도와 공동체를 구별한 것을 알고 나서부터 그러한 구별을 없애기 위해 그리스도와 공동체를 일치시키는 데로 나아갔으며, 종말론의 비판 기능으로 교회의 잠정적 성격을 사라지게 하거나, 오늘날 흔히 말하는 것처럼 "역사성"의 표지가 없음을 한탄하게 했다고 한다. 그러나 레긴 프렌터Regin Prenter가 옳게 지적한 대로, 본회퍼는 "공동체로서 존재하는 그리스도"라는 자신의 공식을 왜곡하거나 곡해한 적이 결코 없다.[90]

어쨌든 본회퍼의 초기 신학을 지배한 것은 교회론이었다. 이 교회론은 그리스도론도 담고 있었다. 나중에야 그 순서가 바뀌었다. 개념상 무르익지 않은 구석, 애매한 구석, 잘못 받아들인 구석이 있긴 하지만, 그에게 이러한 예비 정돈은 형이상학적 사변을 막고, 하나님이 초월로 사라지는 것을 막는 목책(木柵)이나 다름없었다. 멀리 있는 하나님이 가깝고도 구체적인 만남이 되었고, 믿음은 공동체와의 연결이 되었으며, 인간 됨Menschsein이 이웃 됨Mitmenschsein을 통해 가능하게 되었다. 이는 그의 신학 언어가 변함으로써 유지된 것들이다.

그를 사로잡은 것은 선조들에게서 경험한 문화의 중요성이나 로마에서 경험한 교회의 역사적 품격이 아니었다. 그를 사로잡은 것은 설교와 찬양과 기도와 형제 섬김을 통해 계시가 발생하는 곳이었다. 그곳은 간헐적으로 존재하는 것이 아니라 사회학적으로 파악할 수 있게 끊임없이 지속되는 숭고한 곳이었다.

이 완결된 첫 시도가 오락가락을 오래 거쳐 마침내 인쇄되었을 때에는 독자가 전혀 없었다.[90a] 20년 뒤에 단편 모음집 『저항과 복종』이 나타나고 나서야 이 기발한 초기 저작이 관심을 얻기 시작했다. 1955년에는 스스로를 저자의 알려지지 않은 비판적 동지로 여기는 한 사람의 경의까지 받았다. 바르트는 『교회교의학』*Kirchliche Dogmatik*에서 아래와 같이 말했다.

> 라인홀트 제베르크에게 정당성이 있다면, 그의 학파에서 이 사람과 이 박사 학위 논문이 탄생한 데에 있을 것이다. 나는 이 논문에 심심한 경의를 표한다. 이는 당시의 상황을 고려해서만이 아니라, 이 논문이 이제까지 교회의 문제에 대해 기술한 온갖 명저보다 훨씬 교육적이고 흥미롭고 계몽적이며 참으로 "유익하게" 읽히기 때문이다.……솔직히 말하건대, 본회퍼가 당시에 도달한 경지를 이 자리(교회교의학)에서 최소한이라도 유지하고, 그 젊은이가 당시에 했던 것보다 못하지도 약하지도 않게 나의 자리에서 나의 언어로 말해야 한다는 압박감이 나를 짓누르고 있다.[91]

V. 세미나 논문들

본회퍼의 연구 계획서는 모든 기초과목 세미나에 적극적으로 참여했다는 증명을 요구했다. 그는 이 과목들 가운데 상당수에 자극을 받았고, 일부 과목은 한숨지으며 보충해야 했다. 더 이상 미룰 수 없었다. 이 시기에 그에게 보다 정확한 통찰을 제공한 분야와 주제들에서 우리는 당시의 신학 학술 활동을 엿보는 것은 물론이고, 본회퍼의 사유에 끊임없이 자양을 공급한 토대들도 보게 된다.

1. 그는 여덟째 학기가 되어서야 에른스트 젤린 교수의 구약성서 세미나에서 요구하는 기준을 충족했다. 본회퍼는 이 세미나를 너무 늦게 수강했다. 그의 마지막 세미나 논문은 「욥기에서 드러나는 고난 문제의 다양한 해법들」이었다(DBW 9:452-473). 아마 너무 서둘렀던 것 같다. 참고문헌 목록을 빠뜨려 에른스트 젤린에게 책망을 받았기 때문이다(DBW 9:473 Anm. 49). 본회퍼는 구약성서의 "신학적" 해석을 전혀 어려워하지 않았다. 그러기는커녕 그 과목의 어휘 전체를 동원했다. "윤리적 수준", "그리스도교적 심화"(DBW 9:472), "거인의 반항" 등등. 그는 정확한 역사-비평 방법으로 다양한 문헌 자료들을 부각했다. 김나지움 최상급반 시절, 호라티우스와 카툴루스를 다룰 때 그랬던 것처럼, 그는 "시인의 업적"(DBW 9:473)을 찾아내는 일에서 기쁨을 얻었다. 박사 학위 취득 논제 발표와 그 방어를 위해서는 구약성서의 증명도 필요했다. 논제는 이랬다. "욥기 38-41장에 등장하는 하나님의 말씀은 욥기 본래의 초안에 속하지 않는다."[92]

2. 본회퍼가 아돌프 다이스만의 신약성서 세미나에서 발표한 논문은 「요한복음 15장과 바울」이었다(1926년 여름학기, DBW 9:441-452). 이 발표문에서 본회퍼는 루돌프 불트만이 갓 발표한 종교사 논문을 논구했다. 만다야교 신화에 등장하는 포도나무와 생명나무를 비교한 논문이었다.[93] 그는 요한이 말하는 "en emoi"(내 안에)를 바울이 피력하는 그리스도의 몸 사상과 연결하면서(DBW 9:442f.) 이렇게 결론짓는다. "다양한 외적 일치는 두 사람(요한과 바울)의 내적 대립성을 더 뚜렷하게 인식시킨다"(DBW 9:452). 그는 바르트의 기본 개념들을 무비판적으로 동원하여 바울의 "그리스도 안에"를 해결하려고 시도한다. "그리스도 안에"라는 표현은 "그리스도 예수 안에서 나타나는 이 인간 지양(止揚) 속에 우리가 통합되는 것을 의미한다. 새사람으로서의 인간은 그 지양에 근거를 두고 있다"(DBW 9:444).

본회퍼는 부정적인 입장에서 "extra me"를 보증하려고 시도하다가 곧 비판적인 자세를 취하며 취소한다. 새 사람의 구체성이 바르트의 유명한 문구인 "천상적 제2의 자아"himmlischer Doppelgänger[94] 속으로 증발하고, "extra me" 속에서 "pro me"가 사라질 수 있었기 때문이다.

3. 그는 칼 홀 교수의 교회사 세미나에서 두 번째 논문을 썼다(그는 칼 홀 교수의

세미나에 두 학기 동안 참여했다. 세미나 논문은 한 학기에 한 편씩 썼다—옮긴이). 칼 홀 교수가 죽기 석 달 전의 일이었다. 논문 제목은 「1535년부터 1545년까지 펼쳐진 논쟁들에 의거하여 살펴본 루터의 성령관」이었다(DBW 9:355-410). 이를 위해 막대한 발췌 작업을 해야 했다. 전지 서른두 장에 기록한 작업이었다. 이는 본회퍼가 그러한 원전 연구를 얼마나 비실용적으로 수행했는지를 여실히 보여준다. 카드식으로 정리할 마음이 없었던 것이다. 이 논문에서는 본회퍼가 칼 홀 교수의 칭의 해석에 크게 영향받았음이 여실히 드러난다. 칼 홀 교수의 루터 서술이 곳곳에서 눈에 띈다. 예컨대 본회퍼는 이렇게 말한다. "홀에 의하면 루터는 스콜라 신학의 내재적 삼위일체론에 맞서 경륜적 삼위일체론을 대변했다."[95] 그는 루터의 성령 이해와 스콜라 신학의 성령 이해를 뚜렷이 대조하면서 말한다. "스콜라 신학의 성령 이해는 형이상학적 삼위일체 체계에 사로잡혀 있다. 하지만 성령은 형이상학적 판단력을 야기하는 것이 아니라, 윤리적 판단력을 야기한다. 성령은 율법의 심판 진술과 복음서의 은혜 진술 속에서 장엄한 의지로서 나타난다."

4. 본회퍼는 제베르크의 조직신학 세미나에서 앞서 언급한 첫 번째 논문 외에 네 편 이상의 발표문을 써서 첫 번째 논문과 달리 우수한 점수를 받는다.

a)그는 역사적 주석과 영적 주석으로 성급히 돌진하고 나서 1925년 11월에 이성과 계시, 철학과 신학의 관계를 묻는 고전적 주제에 매달리지 않으면 안 되었다. 발표문 제목은 '고(古)루터파 교의학에 등장하는 이성과 계시'였다.[96] 본회퍼는 신조일치서Konkordienformel, 1577에서 출발한다. 이 신조일치서에서 독립적인 이성은 연약하기는 해도 성서 규범의 지배를 받거나 성서 규범과 나란히 존재하는 것으로 이해된다. 그는 이 조항이 루터의 초기 스콜라 신학에서 멜란히톤의 영향을 받아 형성되었다고 서술한다. 그러면서 의견 표명 없이 갑자기 원고를 중단한다.

b)1926년 1월, 그는 '교회와 종말론 또는 교회와 하나님 나라'라는 제목으로 발제했다(DBW 9:336-354). 발표문의 첫 문장은 아래와 같다.

> 종말론이 다시 신학의 한 분야가 된다면, 19세기의 신학에서 자주 눈에 띄는 것처럼, 사람들이 종말론을 교의학의 부록으로 몇 페이지라도 의무적으로 다룬다면, 사람들이 종교개혁자들의 선례를 따라 종말론을 모든 것이 관계된 종

착점과 목적지로 여긴다면, 이는 종교의 힘과 실제적 진지함을 보여주는 표지가 될 것이다.……종교개혁자들에게 종말론 없는 칭의론(義認論)은 기피 대상이었다. 의롭다 인정받은 자는 아직 현실 속의 의인이 아니라 희망 속의 의인이다(DBW 9:336f.).

본회퍼의 "하나님 나라" 정의들은 알브레히트 리츨의 영향을 받은 것이다. 그럼에도 불구하고 그는 알브레히트 리츨 및 제베르크와 견해를 달리하여, 교회 안에서 실현된 구원과 미래에 이루어질 구원 사이의 윤리적 발달을 배제한다.

c)1926년 5월, 본회퍼는 종말론 문제를 한 차례 더 발제했다. 제목은 '개신교 정통주의 교의학이 가르치는 죽음 이후의 삶과 종말'이었다(DBW 9:430-440).

개신교 정통주의 교의학은 "대체로 성서의 진술들을 있는 그대로 넘겨받아 형식주의적으로 가르쳤다." 개신교 정통주의 교의학은 "만유 회복설Apokatastasis이나 천년설처럼 성서의 까다로운 문제를 내용적으로 충분히 간파하지 못한 채 무시하거나 정죄했고……요한 문서의 종말론 문제를 전혀 건드리지 않았다.……한마디로 우리는 종말론을 전개하면서 생산적이고 체계적인 힘을 거의 보여주지 못했다.……하지만……역사 개벽 사상, 초월적인 하나님 나라 개념처럼 중요한 것은 모두 처음부터 보존되었다.……그러나 우리가 간과하지 말아야 할 것이 더 있다. 성서적 종말론을 철저히 받아들이려면 종교적 역량과 윤리적 역량을 적잖이 기울여야 하며, 이 단계를 거쳐야 독립적인 미래 세대들이 다시는 얻지 못할 진지함을 기를 수 있다는 것이다.……우리가 개신교 정통주의 선조들로부터 조금이라도 배울 게 있다면, 그것은 그들이 교의학의 각 장(章)에 기울인 어마어마한 진지함과 외경심일 것이다"(DBW 9:439f.).

흔히들 본회퍼의 신학이 종말론의 요소를 소홀히 한다고 비난한다. 마르틴 호네커Martin Honecker는 아래와 같이 말한다.

본회퍼의 모든 문서에서는 종말론적 차원이 눈에 띄게 후퇴한다. 그리스도의 몸은 미래의 도상에 있지 않고 이 세상에 있다는 것이다. 그러나 교회는 죄인들의 공동체Peccatorum Communio와 성도의 공동체Sanctorum Communio 사이에 자리하고 있다. 이 변증법을 극복하는 길은 하나님 나라뿐이다. 하지만 역사적 예수 사건을 제시하고 믿음을 현실 교회와 연결하는 순간, 하나님 나라의 도래를 바라는 희망은 뒷걸음질할 수밖에 없다. 본회퍼의 교회론에 깔려 있는 실증주의적 특성을 하나 꼽는다면 이 종말론적 조건의 축소가 아닐까 싶다. 종말론이 교회론에 대해 갖는 의의는 이러하다. 이를테면 교회를 꾸짖어, 사도의 교회로서 역사에서 비롯되고 보편적인 교회로서 현재 속에서 활동하는 것은 물론이며, 하나님의 유랑민이 되어 자신의 미래인 **하나의 거룩한 교회**una sancta ecclesia를 소망하게 하는 것이다.[97]

본회퍼의 신학이 종말론의 요소를 소홀히 한다는 비난과, 이와 유사하게 그가 역사의 차원을 제대로 보지 못했다는 비난도 보다 자세히 조사해 볼 가치가 있는 것 같다.

그는 이 세미나 작업 시기에 종말론이라는 주제를 두 차례나[98] 붙잡고 씨름하는 가운데 종말론적 긴장을 발견했다. 신약성서를 "더 이상 아니다"Nicht mehr와 "아직 아니다"Noch nicht의 변증법 속에 있는 것으로 이해한 것이다. 우리는 이 발견이 얼마나 새로웠을 것인지를 상상해 보아야 한다. 이 시기에 알트하우스의 책 『종말』*Die letzten Dinge*이 처음 출간되어, 주목할 만한 변경을 몇 차례 거치며 판갈이를 거듭했다. 다른 한쪽에서는 종말론이라는 주제가 본회퍼를 대단히 흥분시켰다. 그 주제는 일상적인 활동 도중에 그에게 다가왔던 것 같다. 그 주제와 씨름한 이라면 누구나, 본회퍼가 무엇보다도 설교와 교리문답에서 종말론적인 요소를 현재의 요소로 진지하게 받아들였음을 알아챌 수 있었다. 그 주제는 후일 『나를 따르라』의 시기 전체를 지배했다. 그가 말년에 그 주제를 눈에 띌 정도로 후퇴시켰다면, 그것은 절망적인 처지에서 거짓 피난처를 세우지 않으려는 모종의 본능 때문이었을 것이다. 그는 말년에 그리스도론을 종말론에 포함시키기보다는 종말론을 그리스도론에 포함시키는 것을 더 선호했다.

d)1926년 11월, 본회퍼는 제베르크의 세미나에서 에를랑겐 학파의 신학에 대

해 발제하면서 제베르크의 스승 프란츠 헤르만 라인홀트 폰 프랑크Franz Hermann Reinhold von Frank를 다루었다. 발표문 제목은 '그리스도교적 확신 체계와 그리스도교적 진리 체계에 의거하여 서술해 본 프랑크의 성령 이해와 은총 이해'였다(DBW 17:30-48).

요한 크리스티안 콘라트 폰 호프만Johann Christian Konrad von Hofmann의 제자 프랑크는 슐라이어마허의 기본 원리들을 변형시켜 거듭남의 주관적 경험을 연구하고, 이를 토대로 자신의 "그리스도교적 진리 체계"를 발전시켰다. 본회퍼는 성령이 칭의(稱義)를 수행한 뒤에 새 자아das Ich가 독립적으로 이에 동의한다는 대목을 비판했다. 프랑크는 에를랑겐 학파를 동원하여 알브레히트 리츨과 격렬히 논쟁한 인물이다. 본회퍼는 프랑크와 알브레히트 리츨을 한 절씩 공정하게 다룬다. 그는 프랑크가 형이상학에서 벗어나지 못했다고 여기고, 그의 내재적 삼위일체론을 비판하며 이렇게 말한다. "프랑크는 가톨릭 교의학에 흔한 내재적 삼위일체론, 루터가 극복했으나 그의 사후에 개신교 정통주의가 다시 받아들인 내재적 삼위일체론을 가르친다." 그러나 동시에 알브레히트 리츨을 반박하면서 프랑크를 인정한다. "프랑크는 성령과 은총의 연결을 인격적으로 그리고 윤리적으로 이해했다. 프랑크의 서술 수준에서 보면 이는 형이상학을 실질적으로 극복한 것이라고 할 수 있다." 에를랑겐 학파 연구는 본회퍼에게 지속적인 자극이 되었다.[99] 그는 프랑크 전집과 호프만 전집을 서재에 들여놓았으며, 교회투쟁 시절 "고백"을 발견할 때에는 프랑크의 네 권짜리 『신조일치서 신학』*Theologie der Concordienformel*을 즐겨 이용했다.[100] 호프만의 해석학도 그의 마음을 사로잡기 시작했다.

본회퍼의 연구 시기에 나온 이 문헌 자료들은 그가 당시에 무엇을 가까이하고 무엇을 멀리했는지를 여실히 보여준다. 그가 베를린 대학교에서 씨름한 것은 역사-비평 방법, 초기 그리스도교, 루터, 루터교, 19세기였다. 구약성서, 요한 칼뱅과 그의 세계—이것은 거의 완전하게 제외되어 있었다—그리고 중세의 위대한 신학자들은 눈에 띌 정도로 뒷전이었다. 반면에 변증법적 신학의 새로운 세계는 전적으로 그 자신의 발견이었다.

본회퍼는 실천신학 세미나에도 눈에 띌 정도로 열심히 참여하며, 원래 제출해야 하는 것보다 더 많은 개요를 제출했다. 사람들, 특히 어린이들을 다루는 재능을 타고난 까닭에 그 재능을 직접 확인하고자 힘썼다. 변증법적 신학도 도움을 주었다. 변증법적 신학은 실제적인 선포에서 유래하여 그 속에서 신학적 실존의 영예를 보기 때문이다. 본회퍼는 상당수의 학우들과 달리 프리드리히 말링Friedrich Mahling 교수 밑에서 하는 공부를 부록으로 여기지 않았다. 그는 말링 교수의 교리문답을 기꺼운 마음으로 재빨리 기록했으며, 수준 낮고 판에 박힌 문-답 원고들을 강요받을 경우에만 한숨지었다. 그는 후일 자기가 맡은 목사후보생들에게 그러한 원고들을 일절 요구하지 않았다. 그는 핵심어들보다는 상세하게 설명된 문장들 속에서 드러나는 명확한 사고 과정을 더 선호했다.

현존하는 원고들은 흥미로운 특징들을 보여준다. 그는 누가복음 9:57-62에 등장하는 세 명의 따르는 이를 토대로 첫 교리문답을 작성하지 않으면 안 되었다. 이 본문은 그가 10년 후인 1935년에 목사후보생들을 상대로 "제자도"에 관해 긴장감 넘치는 강의를 시작할 때 활용한 본문이기도 하다. 하지만 그때와는 약간 차이가 있다! 지금은 군인들과 특별 파견대에게 말하듯 한다(DBW 9:521-524). 그는 세 명의 따르는 이 가운데 첫 번째 사람을 "먼저 숙고하고 다음에 행동하라!"는 공식으로, 두 번째 사람은 "전부 아니면 무(無)!"라는 공식으로, 세 번째 사람은 "적에게 돌진!"이라는 공식으로 단순화한다(DBW 9:532). 정당하게도 말링은 이렇게 평가했다. "어린이들은 생기 있게 다루어야 한다. 현실적이고 실제적인 삶과 충분히 연관된 활기가 요구된다"(DBW 9:532 Anm. 63). 말링은 신학적인 내용에는 그다지 관심이 없었다. 반면에 본회퍼가 대체로 우선시한 것은 교리문답이 아니라 전문적이고 비판적인 주석이었다.[101]

교리문답서 제2항목의 사도신경을 다룬 개요에서(DBW 9:546-549), 본회퍼는 "외아들"이라는 개념에서 신화적·신학적 표상들이 깨어날 수도 있음을 경고한다. 그러면서 아돌프 폰 하르낙의 견해에 전적으로 동조하여, 사도신경이 예수의 지상생활을 충분히 언급하고 있지 않음을 아쉬워한다.

세리 삭개오 이야기(눅 19:1-9)를 다룬 개요에서, 그는 그림을 동원하여 성서 이야기를 극화하는 것이 얼마나 위험한 일인지를 뼈저리게 느꼈다고 노골적으로 말한다. 그는 이야기를 생생히 전하는 재능을 소유하고 있었다. 자신의 생각을 자유로이 추가하는 이 재능은 어머니에게서 물려받은 것이었다. 말링은 그에게 그런 재능을 발휘하지 못하게 했다. 당시 본회퍼는 본문을 정확히 옮기는 과정에 그다지 신경 쓰지 않았기 때문이다.

"명예"를 다루는 수업시간에(DBW 9:585-598) 본회퍼는 결투와 전쟁에 대해 이런 의견을 표명했다. "결투는 상처 입은 명예를 회복하기 위한 수단이므로 마땅히 거부되어야 한다. 전쟁 역시 동일한 목적에 이용되는 한 마땅히 거부되어야 한다"(DBW 9:586).

묘하게도 그는 자신의 가장 자연스러운 재능에 잘 어울리는 그 과목에서 가장 낮은 점수를 받았다. 마태복음 8:5-13을 토대로 한 교리문답 시험이었다(DBW 17:53-65). 바르셀로나 교회에서 수련목회자로 사역할 무렵에야 그 시험 평가서가 그에게 배송되었다. 그는 부모에게 보낸 편지에서 이렇게 말했다. "총회에서 교부한 성적증명서들을 보내 주신 덕분에 저의 오후가 대체로 즐거웠습니다"(DBW 10:46). 교리문답과 관련한 성적증명서의 내용은 아래와 같았다.

> 교수법으로 보나 방법적인 면으로 보나 교리문답은 현저한 결점들을 보여주고 있다.……비슷한 사상들, 이른바 어린이들에게 익히 알려진 일련의 사상들을 연결하는 능력이 빈약하다.……어린이들의 마음에 적용하는 능력도 부족하다. 교리문답 전체가 본문을 해명하는 데 그치고 있다. 어린이들이 지루해할 만큼 지나치게 이론적이다.……누가복음 본문 비평은 교시(教示) 축에도 끼지 못한다.……그럼에도 과제물을 작성할 때 오인할 여지가 없는 것으로 입증된 열심을 고려하여, 그리고 후보자가 교리문답 방면과 심리학 방면의 연장교육을 진지하게 받으리라 예상하여 "합격" 판정을 내린다(DBW 9:186f.).

본회퍼는 교리문답보다는 난생 처음 해보는 설교 실험에서 더 많은 흥분을 느꼈다. 하지만 그는 이 분야에서 실패와 성공, 활기 없는 수용과 생명을 창출하는 행위 사이를 오락가락했다. 그는 다섯째 학기 중인 1925년 10월 18일, 무익한 종의 비유(눅 17:7-10)를 본문으로 슈탄스도르프 교회에서 설교했다. 여름철 내내 그 본문과 설교의 현상을 놓고 "고슴도치"회 친구 빌헬름 드라이어와 편지 교환을 한 뒤에 행한 설교였다. 편지 교환에서 드라이어는 본회퍼를 부러워했다. 본회퍼가 연구 이유와 목적을 정확히 말했기 때문이다. 하지만 본회퍼는 설교단으로 이어진 길이 모종의 유혹으로 기를 꺾을지도 모르며, 자신의 생각과 남의 생각이 답답하게 뒤얽힐 때 허망한 자아 체험이 그 길에 잠복하고 있을지도 모른다고 말했다.

그것은 부자연스러운 설교가 되고 말았다. 죄인의 칭의에 초점을 맞추고 윤리적으로 완벽한 인간을 거부하는 내용의 설교였다. 그는 바르트가 제시한 이미지를 차용하여 그러한 윤리성을 바벨탑 쌓기로[102] 규정했으며, 시편 127:1을 토대로 한 설교에서도(DBW 9:510-516) 그 이미지를 써먹었다.[103]

야고보서 1:21-25을 토대로 설교하면서는 기쁨을 맛보았다. 1926년 7월 청소년 예배에서 한 설교로, 제목은 '말씀을 행하는 자가 되십시오'였다(DBW 9:533-546). 특색 없는 공동체의 통상적인 주일 오전 예배보다 훨씬 편안하게 느껴지는 예배였다. 그는 수많은 가짜 권위가 움켜쥐기 전에 참된 권위에 복종할 것을 요구하면서 탁월한 문장력으로 아래와 같이 설교를 마친다.

> 주님은 성채를 꿰뚫어 보는 분이시니, 아담이여, 숨지 마십시오. 사람이여, 방공호에서 미풍이 자유로이 부는 곳으로, 탄환이 휙휙 소리 내며 지나가는 곳으로 걸어 나오십시오. 형제여, 거기 그대 뒤에는 아무도 없으니, 거기서 중요한 것은 이것입니다. "결단하라, 행동하라! 믿고 복종하라!"(DBW 9:546)

말링은 이 설교 전체가 "내용과 형식으로 판단해 보아도, 당찬 기개와 정중한 친절, 순수한 진실과 성실한 진지함이 어우러진 어법으로 보아도" 흠잡을 데 없이 훌륭하다고 평가했다(DBW 9:546 Anm. 74). 본회퍼는 이 설교에 앞서 쓴 주석에서(DBW 9:533-539) 클레멘트 제1서신을 주석하면서 얻은 지식을 활용하여 역사-비평 작업을 상세히 제시한다. 그러면서 야고보서의 저자 문제 논의를 단호히 기각하고, 루터가 야고보서를 "지푸라기 서신"으로 평가한 것을 논박한다(DBW 9:537).

그는 불친절한 사마리아인들 이야기, 곧 누가복음 9:51-56을 본문으로 한 설교 시험(DBW 9:599-613)을 치르는 가운데 교회 공동체 앞에서 자신의 해석학을 아래와 같이 개진했다.

> 우리 앞에는 수세기의 장벽이 놓여 있습니다. 우리는 이 장벽이 무너질 때까지 본문을 들여다보고, 그 이야기의 영원한 핵심에 주의를 기울여야 합니다(DBW 9:605).

그러고는 아래와 같이 자세히 설명했다.

> 우리가 장면의 세세한 부분을 명확히 들여다볼 때에만, 그 이야기와 우리를 가르던 수세기의 장벽도 허물어질 것입니다. 예수를 마주 보고 사마리아인들을 보며 제자들의 말을 듣게 된다면, 우리는 그 장면을 두려워하게 되지 않을까요? 정신이 번쩍 들지 않을까요? 우리의 두 귀가 먹먹하지 않을까요? 이 장면 속에서 우리의 시대를 알게 되지 않을까요? 우리 모두 우리가 서 있어야 할 바른 자리를 지정받게 되지 않을까요?(DBW 9:607f.)

심사자들은 말링과 달리 호의적이지 않았다. 그들의 평가는 이랬다. "즐겁게 개진하는 능력은 믿을 만하지만, 작성자는 많은 것을 내려놓고 많은 것을 배워야 할 것이다. 그리해야 실로 흠 없는 설교를 수행하게 될 것이다.……그에게는 고상한 자연스러움이 없다.……에른스트 폰 드리안더Ernst von Dryander, 파울 콘라트Paul Conrad, 파울 알트하우스와 같은 모범적인 설교자들을 연구하고……그때그때 가장 중요한 것을 이해하며……소탈하고 고귀한 단순성을 기를 것을 권한다"(DBW 9:185f.).

아돌프 폰 하르낙.
베를린 대학교 신학부 대표를 역임했다. 디트리히는 하르낙의 특별 세미나에 참여하여 명성을 날렸다.

칼 바르트.
디트리히는 1924-1925년 겨울학기에 바르트 신학을 발견하고 거기에 매료되었다.

라인홀트 제베르크.
디트리히는 라인홀트 제베르크 밑에서 「성도의 교제」로 박사학위를 취득했다.

아버지는 관구총감독 오토 디벨리우스Otto Dibelius, 1880-1967가 서명한 편지에 위의 평가서를 동봉하여 아들에게 보내면서 이렇게 덧붙였다. "우리는 총회에서 교부한 평가서의 취지를 읽고는 즐거워했단다. 네가 교회 당국의 어조를 익히려면 시범 설교들을 많이 읽어야겠더구나. 나의 경우는 달랐단다. 칼 베르니케 교수는 나에게 이렇게 말했지. '자네는 정신 요법 참고도서를 한 권도 읽지 말게. 그런 것은 바보를 만들 뿐이네.'"[104]

VI. 국민교회에 첫발을 들여놓다

박사 학위 논문 작업을 시작하던 때와 거의 같은 시기인 1925년 말, 본회퍼는 주일학교를 맡아 실제로 섬기기 시작했다. 시간을 요하는 "성도의 공동체" 강의를 시작함과 동시에 어린이반을 맡은 것이다. 그는 이 어린이반을 위해 매주 몇 시간을 할애하여 꼼꼼히 준비했다. 어린이들이 그를 간절히 필요로 했기 때문이다.

그루네발트 교회 어린이 주일학교

교회 규정에 따라 신학생이 1차 신학고시를 치르려면 자신을 관할하는 교구감독의 증명서를 제출해야 했다. 지역교회에서 사역했음을 증명하는 서류였다. 당시 그루네발트 교회가 속해 있던 교구(쾰른 지역 교구 I, 현재는 빌머스도르프 교구)의 감독은 슈바벤 사람 막스 디스텔Max Diestel, 1872-1949이었다. 디스텔은 리히터펠트 바울교회를 맡고 있었다. 그는 혈통의 절반이 슈바벤계인 본회퍼에게 각별한 관심을 기울였다. 본회퍼는 박사 학위를 취득하기 위해 학문적으로 특별하게 긴장을 유지해야 했으므로, 교회 사역을 최소한으로 하고 증명서를 쉽게 받을 수도 있었다. 그러나 본회퍼는 그런 것을 원하지 않았다.

그루네발트 교회 담임목사는 그의 견신례 집례자 헤르만 프리베였다. 그 교회 어린이 주일학교는 마흔 살의 칼 모이만Karl Meumann 목사가 맡고 있었다. 본회퍼는 금요일 저녁마다 그가 주관하는 준비 모임에 참석했다. 일요일이 되면 그는 대개 서류들을 준비하고 어린이들을 상대로 교리문답을 실시했다. 얼마 지나지 않아 그는 막내 여동생 주잔네에게 봉사자 모임과 어린이 주일학교에 같이 가자고 설득했다. 어린이들의 요구가 늘어나자, 본회퍼와 주잔네는 그들을 연주회에 여러 차례 초대하고, 그들을 데리고 소풍도 여러 차례 갔다.

본회퍼는 자기가 맡은 반 어린이들에게 가급적 실질적으로 설교했다. 그는 성서 이야기들을 전설처럼 흥미진진하게 혹은 동화처럼 편안하게 전했으며, 이것을 가장 훌륭한 방법으로 여겼다. 그는 자기가 맡은 반의 교육을 준비하기 위해 무슨 이야기를 어떻게 재현할 것인지, 설교를 무슨 내용으로 어떻게 할 것인지를 생각하여 사전에 꼼꼼히 기록하곤 했다. 예컨대 이렇게 기록했다. 아름다운 성에 사는 한 임금 이야기: 왕이 전령들을 파견했는데 전령들이 돌아오지 않는다. 악마 이야기: 악마는 온통 붉은 색의 훔친 항아리에 볼품없는 버섯을 그려 넣고, 거기에 허영심을 주입한다(DBW 9:505f.). 눈보라를 맞으며 닫힌 문 앞에 서 있는 노인 이야기: 강림절 이야기로 쓸 것(DBW 9:564f.). 예언자 예레미야와 하나냐가 예언의 신뢰성과 권위를 놓고 벌인 대결을 극적으로 묘사할 것(DBW 9:566-572). 이처럼 그는 성서 본문을 능숙하게 다룰 줄 알았으므로 전혀 불안해하지 않았다.

본회퍼는 어린이들이 무언가를 기대할 때에만 제한적으로 전달해선 안 된다는 것을 알았다. 그러나 심리적인 것과 개인적인 것이 어떤 역할을 하는지, 개인적인 것이 사실을 어떻게 위협하는지도 감지했다. 어린이 주일학교에서 중요한 것은 '사실'이었다. 그가 맡은 반으로 어린이들이 몰려들기 시작했고, 이것이 그를 난감하게 했다. 갓 생겨난 의무들로 불안해지자 그는 자신보다 나이 많은 학우 리하르트 비트만에게 조언을 구했다. 비트만은 이미 뷔르템베르크에서 목사직을 수행하는 중이었다. 비트만은 현존하지 않는 본회퍼의 편지에 아래와 같이 답신했다.

> 어린이들이 더 늘어난다고 가정하더라도 성공하기만 한다면 그다지 걱정스럽지 않을 것 같습니다.……나라면 다른 반 어린이들을 받지 않겠습니다. 자기 이익보다 대의를 먼저 챙겨야 할 것 같습니다. 그러지 않으면 어린이들 사이에 엄청난 동요, 대단히 위험한 동요가 일어날 것입니다.[105]

본회퍼는 실제적인 교회 사역에 발을 처음 들여놓으면서, 이 행보를 신학고시 허락을 받기 위해 규정된 의무를 이행하는 것으로 여기지 않았다. 본의 아니게 그는 상당히 개인적인 문제를 들추어냈다. '실천 사역이 자신의 신학적 실존과 배치되어야 하는 것인가, 정반대의 관계가 되어서는 안 되는 것인가'라고 물은 것이다. 이는 대학생활 초기에 튀빙겐 대학교에서 자유로이 보내고 난 뒤에 분명하게 정리한 문제였다. 이를테면 (실천 사역과 신학적 실존을 가르는) 도랑이 사라졌으니, 적어도 이 도랑을 인정해서는 안 된다는 거였다. 그리하여 그는 뷔르템베르크에 있는 옛 학우에게, 바르트의 가장 중요한 신학적 진술Theologumenon을 이 그루네발트 교회 어린이들에게 실질적으로 전할 수 없다면, 그 진술은 무가치한 것이 될 것임을 분명하게 설명하려고 시도했다.

바르트주의자 리하르트 비트만은 시골교회 목사관에서 본회퍼에게 보낸 편지에서, 신학자 본회퍼와 그의 농부들 및 부르주아를 가르는 사회학적 도랑이 존재한다고 역설했다.

> 오늘날 볼 수 있듯이, 교회는 두 계급과 연결되어 있습니다. 한쪽은 중산층 시민계급이고, 다른 한쪽은 시골 사람들, 곧 농민들입니다. 이것은 교의학과 윤리학까지 파고드는 상황입니다. 나의 소속은 시민계급도 아니고 농민계급도 아닙니다. 나의 소속은 지성계입니다. 이 지성계는 교회 안에 있지 **않은** 까닭에 필연적으로 종파도 없습니다. "교회"라는 문제에 그다지 중요하지 않을 수도 있지만, 나는 교회의 사회학적 제약을 가장 중요하게 여깁니다. 내가 서 있는 세계는 내 청중의 세계와는 다릅니다. 그럴 수밖에 없습니다. 내가 말을 거는 세계, 나의 말이 나오는 세계가 교회에 속해 있지 않기 때문입니다. "의당 해야 할 말과 해야 할 행동을 끊임없이 말하고 행하여" 교회의 문을 활짝 여는 능력이 자신에게 있음을 사람들이 믿지 않는다는 이유로, 내가 나의 과거를 부정하고 바르트처럼 부득이 반동분자가 된다고 해도, 이는 그리 심한 처사가 아닐 것입니다. 그다지 중요한 것도 아닐 것입니다. 하지만 나는 나의 과거를 부정할 마음이 없습니다.
>
> 내가 이미 경험한 사실이지만, 청중에게 알기 쉽게 설명하려고 심리학을 동

원하여 설교하는 것은 별 도움이 되지 않습니다. 청중은 다른 세계를 감지하고 그 세계를 거부할 것입니다. 대학교수가 되는 것이 가능하지 않을 경우, 지성적인 목사에게 남아 있는 패는 자신이 지금까지 서 있던 세계를 포기하거나 자신의 직무를 버리는 것뿐입니다.

설교는 대화입니다. 하지만 지성인과 부르주아 혹은 지성인과 농민 사이의 대화는 더 이상 가능하지 않습니다. 양측 모두 서로 친하게 지내지도 않습니다. 나는 지성적인 목사라는 이유로 비난을 받으며 비참한 고독에 처해 있습니다.

바르트의 로마서 신학은 근대 세계의 토대 위에서 자라난 것으로서 시민계급교회의 설교단과 농민계급교회의 설교단을 위한 것이 결코 아닙니다. 바르트의 신학은 오늘날의 교회에 결정적이지 않은 특정한 사회학적 전제들을 깔고 있습니다. 바르트는 교회 안에 머무르다가 반동분자가 되었습니다. 그래서 문제가 우리에게까지 나타난 것입니다. 당분간 나는 형세를 관망하면서 휴식을 취하려고 합니다. 교회를 사회학적 소여(所與)로 진지하게 받아들이고 거기에서 결론을 도출하는 것에 대해 당신은 무어라 말하겠습니까?[106]

본회퍼의 답장은 남아 있지 않다. 하지만 리하르트 비트만의 메모장이 증명하는 것처럼, 그는 곧바로 회신했다.[107] 비트만이 그다음에 보낸 4월 26일자 편지에서 볼 수 있듯이, 본회퍼는 이 영리한 질문에 부정적으로 답했다. 그러면서 비트만이 바르트의 신학에서 "비변증법적인 결론들을" 도출했다고 질책했다(DBW 9:163). 그는 "궁극과 차극(次極)"(으뜸과 버금)das Letzte und das Vorletzte을 구분하면서(DBW 9:164) 비트만을 비난했다. 말하자면 비트만이 차극을 결정적인 표준으로 삼는 바람에 결국 어느 것도 중요하지 않게 되었다는 것이다. "궁극과 차극"의 구분은 후일 그의 『윤리학』*Ethik*에서 중요한 원리가 된다. 비트만은 이렇게 되물었다. "궁극만이 누군가를 결단으로 몰아갈 수 있다고 여기는 건가요?"(DBW 9:164)

물론 본회퍼는 자신을 거칠게 몰아세우는 이 서신 왕래 상대보다 나이도 어리고 경험도 부족한 처지였다. 그러나 구체적인 교회에 첫발을 들여놓은 그는 교회의 공간들에서 벗어나야 한다는 리하르트 비트만의 말에 동의할 수 없었다. 처음부터 그는 새롭게 발견한 복음이 현실 교회의 사회학적 한계들에 부딪혀 멈추면 멈추는 대로 내버려 두려고 했다. 후일 본회퍼는 양측 사이에 가로놓인 도랑의 다양한 변형을 인정하고 숙고하지 않으면 안 되었다. 하지만 지금은 자신의 연구와 자신의 사역을 전혀 조정하려고 하지 않았다. 그는 장차 존경받고 특권을 누리면서 의무는 지지 않는 교수 경력 대신에 실천 사역을 붙잡아선 안 되는가를 여러 차례 숙고했다. 당시에 그는 비트만의 편지를 읽고도 불안해하지 않고, 자신이 알고 있던 것을 직접 검증해 보려고 했다.

그는 바르셀로나에서 며칠 동안 일기를 쓰기 시작하면서 아래와 같이 기록했다.

> 교회 사역을 마치고 작별할 때가 가까이 다가왔다. (1928년) 1월 18일, 우리 교사들은 어린이 주일 예배를 마치고 칼 모이만 목사와 마지막을 함께했다. 모이만 목사는 진심으로 기분 좋게 말해 주었다. 나는 짤막하게 답사했다. 사역하는 동안 우리는 우리가 알던 것보다 훨씬 가까운 사이가 되어 있었다. 1월 22일, 어린이 주일 예배를 마지막으로 인도했다. 나는 중풍병자들에 대해 이야기하고 특히 "네 죄 사함을 받았다"는 말씀을 설명하며, 어린이들에게 복음의 핵심을 한 번 더 밝혀 주려고 시도했다. 어린이들이 주의 깊게 듣고 약간의 감동을 받은 것 같다.……모이만 목사가 회중기도를 하면서 나를 위해 기도해 주었다. 나에게 이 공동체의 기도는 오랫동안 하나의 사건이 될 것이다. 지난 2년간 나와 함께한 어린이들이 내 편을 들어 주었을 때보다 더 비길 데 없이, 종종 나를 오싹하게 하는 사건이 될 것이다(DBW 10:20f.).

목요 동아리

그사이에 어린이 주일학교에서 수준 높은 청소년 동아리가 생겨났다. 본회퍼는 1927년 4월부터 매주 목요일마다 어린이 주일학교에서 성장한 김나지움 학생 몇 명을 방겐하임슈트라세에 마련한 "야간 독서토론회"에 초대했다. 그는 조직신학, 종교학, 윤리학, 종파, 정치, 문화의 주제들을 청소년대학과 연계하는 프로그램을 기획했다. 청소년들이 개론적인 강의를 맡고, 자신도 직접 가톨릭에 대해 발제했다.[108] 다 함께 오페라극장과 연주회장을 찾기도 했다. 본회퍼는 그들에게 「파르지팔」을 소개하고, 그들을 그 공연장으로 데리고 가기도 했다.

이 동아리는 조숙한 청소년 동아리였다. 그들 가운데 상당수가 그루네발트 구역의 유대인 가문 출신이었다. 그들은 자신들이 습작한 감상적인 시, 니체주의적인 시, 무신론적인 시를 본회퍼에게 보냈으며, 그가 바르셀로나에 체류하거나 뉴욕에 체류할 때에도 편지를 보냈다.

> 선생님은 이런 대화를 기억하실 겁니다. 제가 예술 분야에서 드러난 신적 계시를 열심히 옹호하자, 선생님은 그렇게 되면 하나님 개념이 저급해질 것이라고 말씀하셨지요."……"근대 서정시 가운데 불후의 시는 라이너 마리아 릴케Rainer Maria Rilke의 시밖에 없는 것 같습니다. 하지만 한스 카로사Hans Carossa의 시 역시 다 좋은 것 같습니다. 그리고 괴테는 가장 아름답고 가장 단순하고 노래에 가장 적합한 시를 변함없이 쓴 것 같습니다.
>
> 저는 지금 브람스의 두 번째 광시곡을 연주하고 있습니다. 처음 두 악장이 웅장합니다.
>
> 최근에 파르지팔 3막이 중계되었습니다. 저는 피아노 연주용 악보로 그것을 추적했습니다. 당시 선생님께서 저희를 데리고 가셔서 설명까지 해주셨는데 기억하시는지요? 저는 그 점에 대해 선생님께 늘 감사하고 있습니다. 그리고 저는 쿤트리와 함께 그리스도교의 본질들 가운데 일부를 이해했다고 생각합니다.
>
> 국방군 시험에 응시했습니다. 선생님은 제가 장교가 되리라고 생각하지 않으셨을 겁니다. 저도 그리 되리라고 생각하지 않았지만, 아버지의 간절한 바람 때문에 군의관이 되려고 애썼습니다.……모든 대학생의 희망이 가차 없이 줄어드는 곳에서는 사람들이 그저 일을 하게 되는 것만으로도 기뻐한답니다.
>
> 접이식 보트에 올라탈 수 있을 만큼 부활절 때까지 많은 돈을 저축하게 되어 이루 말할 수 없을 정도로 기쁩니다.[109]

바르셀로나로 가기 위해 작별할 즈음, 청소년들이 알베르트 슈바이처의 『물과 원시림 사이에서』*Zwischen Wasser und Urwald*를 그에게 선물했다. 아직 김나지움 학생이었던 괴츠 그로쉬Götz Grosch가 목요 동아리를 맡았다. 7년 뒤, 그는 본회퍼의 핑켄발데 신학원 목사후보생이 되었다. 본회퍼는 바르셀로나에서 적은 일기에 아래와 같이 기록했다.

> 1월 18일에는 목요 동아리와 마지막 모임을 가졌다. 새내기 회원 페터 로젠바움Peter Rosenbaum이 동석했다. 지성과 감정이입 능력이 대단히 발달한 청소년이었다. 그는 루터의 임재설Realpräsenz을 옹호했다! 청소년들이 질문할 거리를 가져왔고, 우리는 함께 논평했다. 마지막으로 나는 그들에게 이런 물음을 던졌다. "그리스도교가 다른 많은 종교들에 맞서 세계를 정복한 것을 어찌 생각하는가?" 우리는 그리스도교의 본질을 묻는 물음에 이르렀고, 계시와 종교의 관계, 계시와 종교의 대립을 놓고 이야기를 나누었다(DBW 10:21).

이 동아리의 회원 거의 모두가 히틀러에게 희생당했고, 괴츠 그로쉬는 전선에서 죽었다.

신학고시

1927년 12월 17일, 빛나는 박사 학위 수여식과 함께 베를린 대학교에서 보낸 학창시절이 끝났다(학위증: DBW 9:181-183). 라인홀트 제베르크, 아돌프 다이스만, 프리드리히 말링, 에른스트 젤린, 한스 리츠만을 거치며 시험을 치른 뒤, 본회퍼는 세 명의 학우, 곧 로베르트 슈투페리히Robert Stupperich, 헬무트 뢰슬러, 매제 발터 드레스에 맞서 자신의 박사 학위 논제들을 공개적으로 방어했다. 그는 자신의 열한 개 논제 발표문[110] 위에 몇 가지를 메모했다. 그는 네 번째 논제를 방어하기 위해 루돌프 불트만의 개념 "잠재성"에 주목하여 이렇게 썼다. "잠재성 실현을 위한 원인이 하나님 안에만 있으면 잠재성이 불필요해진다. 그 원인이 인간 속에만 있으면 하나님의 전능이 불필요해진다"(DBW 9:477). 그리스도교 역사수업의 취소를 다룬

열한 번째 논제에 대해서는 다음과 같이 썼다. "그리스도교 역사철학과 역사적 기도시간이 있다. 역사수업은 역사적 위인들과 그 맥락들을 가급적 객관적으로 서술함과 동시에 가급적 타당하게 평가하는 것을 목표로 삼는다. 우리는 외모만 볼 뿐 심장을 보지 못한다. 그리고 우리는 세계 심판자가 아니다. 때문에 모든 역사적인 것은 엄밀히 말하자면 **그리스도교의** 평가를 회피한다"(DBW 9:478f.). 그런 다음 그는 신학부에 감사를 표하기 위해 짧은 글귀 몇 개를 적었다. 하르낙과 제베르크를 특히 추어올리는 글귀였다(DBW 9:476f.). 본회퍼는 "최우수"summa cum laude 평점을 받았다. 좀처럼 받기 힘든 평점이었다(DBW 9:182).

4주 뒤, 그는 박사 학위 논문을 참작하여 마르크 브란덴부르크 총회가 주관한 1차 신학고시를 치르고 "우"(優) 평점을 받았다(DBW 9:184). 그가 모(母)교회(그루네발트 교회)에서 수련 과정을 밟게 된 것은 그 뒤의 일이었다. 장차 그에게는 목사직과 교수직이 활짝 열려 있었다. 그의 가족은 그가 당연히 대학 사회의 길을 택할 것이며, 그 길에는 방해물이 아니라 유쾌한 가속도만 기다리고 있을 것이라고 여겼다. 그러나 그는 대학 사회에 진입하는 것이 아니라 거기에서 벗어나는 것을 중시했다. 설교단으로 이어진 길이 교수직으로 이어진 길보다 그를 더 흥분시킨 것이다. 1927년 성탄절에는 대가족이 한 사람도 빠짐없이 방겐하임슈트라세에 모였다. 그해에 칼-프리드리히가 교수 자격을 취득하고, 클라우스가 (고위 관직) 임용 후보자가 되었으며, 디트리히가 박사 학위를 취득했기 때문이다. 칼 본회퍼는 발터의 죽음 이후 처음으로 섣달 그믐날 일기를 다시 썼다.

> 올 성탄절에는 자식들이 다시 한 번 우리 부부의 집에 모두 모였다. 오래된 일기를 다시 집어 들고 그간의 일을 다시 기록하려 한다.……봄에는 성대한 가장 무도회가 집에서 열렸다.……오늘 밤에는 슐라이허 가족과 도나니 가족이 우리 부부, 칼-프리드리히, 클라우스, 디트리히와 함께하고 있다. 디트리히는 새해에 바르셀로나에 있게 될지도 모르겠다.

바르셀로나에서 수련목회자로 사역하다

3

1928

본회퍼는 전혀 다른 환경에서 수련목회자 시절을 보냈다. 다시 집어 든 일기에 쓴 대로, 그는 이 변화를 하나의 "첫 출발"로 여겼다(DBW 10:20). 스페인과 관계하면서 내적으로 느낀 것은 1924년 이탈리아와 관계하면서 느낀 것과는 전혀 달랐다. 새로운 환경에서 사람들과도 좋은 관계를 맺지 못했다. 그들의 기질이 낯설게만 느껴졌다. 상인 기질의 그들은 소시민적으로 사고하는 재외 독일인들이었다. 그루네발트 구역에서 한 번도 접해 본 적이 없는 무리였다. 고국에서 느낀 분망한 전후 시대와 베를린의 실험 욕구를 이곳에서는 전혀 느낄 수 없었다. 그 작은 해외 개신교 공동체는 자신들의 낡은 관습과 사고방식에 젖어 있었다. 본회퍼는 바르셀로나에 도착하고 두 주가 지난 뒤에 한 가정을 심방했다. "붙임성이 있기는 하지만, 우리에게 익숙한 것과는 전혀 다른 환담이 이루어지고 있다. 이곳에 온 이래로 나는 베를린 그루네발트 스타일의 환담을 나누어 본 적이 한 번도 없다"(일기, DBW 10:25).

조금 전만 해도 본회퍼는 대학 세계와 교류하면서 연극, 연주회, 서적 광고물을 보며 마음에 드는 것을 고르고, 날마다 식탁에서 정보통들이 벌이는 정치 토론과 철학 토론을 즐기던 신세였었다. 그러다가 이제는 갑자기 단절되어 그 익숙한 세계와 우편으로 연결할 시간마저 내지 못하는 신세가 되고 말았다.

조금 전만 해도 그는 여러 세미나에 참여하며 엄정한 신학 논쟁에 시간을 쓰고, 신간 서적들을 자연스럽게 입수할 수 있는 신세였었다. 바르셀로나 독일인 거류지에서는 그러기는커녕 지역합창단과 체조 협회, 교회임원 회의와 면담에 시간을 써야 했다. 남은 시간은 심방과 예배 준비에 써야 했다.

이제까지는 모든 계획과 모든 걸음을 친가의 거대한 공동체 안에서 숙고했지만, 이제는 직접 결정하고 직접 판단해야 했다. 그러나 이것은 "최근 몇 년 몇 달 동안 내 안에서 끊임없이 강화된 바람, 곧 이제까지 알고 지내던 사람들로부터 한 번이라도 오래 벗어나 온전히 자립하고 싶은 바람을 현실화하는 길"이기도 했다 (일기, DBW 10:19).

그는 자신이 타고나고 자신에게 각인된 특권을 포기한 적이 없었고, 한때 언급한 대로[1] 안전에서 벗어나 "다른 이들과" 연대하는 것을 경험하지도 못한 상태였다. 우선은 성직에 대한 호기심이 그의 내면을 가득 채우고 있었다. 그는 성직 체험 비슷한 것을 난생 처음 경험했다.

> 연구와 삶이 실제로 하나가 되는 것을 보는 건 대단히 진기한 경험입니다. 나는 우리 모두가 학창시절에 찾아 헤매다 좀처럼 찾아내지 못한 종합을 보고 있습니다. 연구와 실생활을 병행하지 않고 한쪽만 산다면, 그것은 절반만 사는 것입니다. 실생활은 연구를 가치 있게 해주고, 연구하는 이에게 객관성을 안겨 줍니다. 이를테면 자신의 한계를 인식하게 해주는 것이지요. 그런 것은 구체적인 생활에서만 얻을 수 있습니다.[2]

그가 자신의 인격, 자신의 시간, 자신의 재능을 걸고서 자기 교회의 구체적인 직무에 임한 것도 처음 있는 일이었고, 평범한 담임목사의 명령에 복종한 것도 처음 있는 일이었다. 귀족 출신이자 시민계급 출신으로서 그리고 방겐하임슈트라세의 아들로서 성취와 심미안을 요구하고 몸가짐과 어법의 조화를 요구하던 그가 이제는 교회 공동체의 공동체, 그것도 이따금 진지한 척하며 쉽게 만족하는 공동체에 맡겨진 것이다. 그러나 요구와 현실화 사이의 딜레마는 그를 압박하지 않고 오히려 그의 열심을 자극했다.

본회퍼는 바르셀로나에서 지낸 1년 동안 에큐메니칼 이념 내지 에큐메니칼 야심과 전혀 관계하지 않았으며, 대학생 때와 마찬가지로 그런 것을 전혀 생각하지 않았다.

그의 교구감독 막스 디스텔은 당시 "세계교회친선연맹"Weltbund für Freundschaftsarbeit 베를린 지부에서 대단히 적극적으로 활동하고 있었다. 본회퍼의 장서에는 디스텔이 건넨 책들도 있다. 찰스 스테드먼 맥팔랜드Charles Stedman Macfarland의 『국제 그리스도교 운동』*Die internationalen christlichen Bewegungen*과 레네 하인리히 발라우René Heinrich Wallau의 『교회 일치』*Die Einigung der Kirche*가 그것이다. 둘 다 1925년에 출판되었고, 세계교회친선연맹을 다룬 대목들 가장자리에 특별히 선이 그어져 있다. 본회퍼가 그은 것이다. 하지만 그는 이 책들을 미국 여행 중에 읽기 시작했을 것이다.

이 시기에 본회퍼의 관심사와 에큐메니칼 관심사가 한 차례 맞아떨어진 적이 있는데, 바르셀로나에서 귀국하는 도중에 형 클라우스를 방문하여 며칠 간 제네바에 머무를 때였을 것이다.[3] 본회퍼는 그곳에 머무는 내내 "세계교회친선연맹"의 소관 업무인 연구주제가 그곳 국제연맹Völkerbund에 있는지 알아보려고 했다. 게다가 1929년 그 주제를 놓고 글까지 쓸 생각이었다.

> 제가 도착하자 클라우스 형이 국제연맹에서 교회와 국제연맹 문제에 대해 알아보는 게 어떻겠느냐고 제안했습니다. 클라우스 형이 그곳의 사서와 가까운 사이여서 저에게 자료를 얻어 줄 수 있다는 거였습니다. 저는 어제 처음 그곳을 찾아갔지만 지금까지 찾아낸 게 전혀 없습니다. 오늘은 아동보호 문제, 소수민족 문제, 달력 개정 문제를 열람하고, 무언가가 튀어나오면 그것으로 짧은 논문 한 편을 준비할 생각입니다.[4]

물론 이 논문은 작성되지 않았다. 아무튼 본회퍼는 이미 베를린 대학교 신학부에서 가르치는 아돌프 다이스만, 율리우스 리히터Julius Richter, 1862-1940, 지크문트-슐체와 같은 세계교회친선연맹 인사들을 통해 그 연맹의 활동 분야에 대해 들었을 것이다. 하지만 당시에는 에큐메니칼 운동을 자신의 과제로 삼지 않았다.

교회에서 수련할 수 있도록 젊은 본회퍼를 추천하는 것은 교구감독 막스 디스텔의 소관이었다. 그는 자기 교구 목사후보생들의 밤에 본회퍼를 알게 되었고, 1927년 여름에는 본회퍼의 신학고시 원서를 총회에 제출했으며, 바르셀로나 독일인 교회 담임목사 프리츠 올브리히트Fritz Olbricht가 수련목회자의 도움을 간청하자 어느 날 본회퍼를 천거하기까지 했다. 올브리히트의 청을 독일 개신교 교회연합회에 전달한 이는 총회 수석회원 한스 베지히Hans Besig였다. 박사 학위 소지자 테오도르 헤켈Theodor Heckel, 1894-1967이 1928년부터 독일 개신교 교회연합회에서 일하고 있었다.

1927년 11월 초, 막스 디스텔이 전화를 걸어 왔다. 본회퍼는 일기에 이렇게 기록했다. "나는 전화통화를 하고 나서 나의 책무를 확신하게 되었다"(DBW 10:19). 그는 곧바로 바르셀로나에 있는 올브리히트에게 편지하면서 많은 것을 문의했다. 정기 축제일 기간에 가도 괜찮은지, 자신이 하는 연구에 많은 시간을 제공해 줄 수 있는지, 피아노를 연주해도 되는지, 오페라극장이 있는지, 바르셀로나에서 겨울을 나는 데 필요한 것으로 추천할 만한 것이 있는지 등등(DBW 10:15).

그러나 당국은 당시에도 일처리를 신속히 하지 않았다. 아직 시간이 많이 남아 있었고, 그는 바르셀로나로 가면 대학 사회의 온상에서 멀어지지 않겠느냐는 둥, 그곳은 실제적 수련을 위한 자리가 아니라는 둥, 그곳으로 가면 그루네발트 공동체 동아리와의 연결이 끊어지지 않겠느냐는 둥 많은 충고를 들었다. 견신례 주례 목사 헤르만 프리베와 여타의 사람들이 숙고하라며 준 충고였다. 전혀 틀린 말은 아니었다. 하지만 그는 일기에 이렇게 썼다. "반대할 결정적 이유가 없어서 나는 가급적 먼 곳에 있게 되었다. 그러한 결단이 어떻게 일어나는지는 불확실하다.……하지만 이 명확한 결단은 지적인 것이 아니라 본능적인 것이다. 결단이 이루어진 다음에 그 결단의 근거를 충분히 댈 수 있을지는 별개의 문제다"(일기, DBW 10:20).

1928년 2월 초, 그는 온 가족의 환송을 받으며 파리행 완행열차에 올라 출발했다(DBW 10:21). 그루네발트 김나지움 동창생 페터 H. 올덴Peter H. Olden이 파리에서 그를 맞이했다. 둘은 함께 루브르 박물관, 「리골레토」, 「카르멘」을 관람했다(DBW 10:22). 그러나 그를 매료시킨 것은 샤크레 쾨르 대성당에서 거행된 장엄 미사였다.

> 교인들은 거의 다 몽마르트에서 온 이들이었다. 매춘부들과 그들의 남자들도 미사에 참석하여 모든 의식에 복종했다.……비운과 죄책감으로 인해 가장 무거운 짐을 짊어진 사람들이 복음의 핵심에 얼마나 가까이 있는지를 다시 한 번 분명하게 볼 수 있었다. 나는 오래전부터 베를린 홍등가 타우엔친슈트라세가 대단히 비옥한 사역지가 될 수 있을 거라고 생각해 왔다. 나에게는 기도하는 살인자, 기도하는 매춘부를 상상하는 것이 허영심 강한 사람이 기도하는 것을 상상하는 것보다 훨씬 쉬운 일이다. 허영심만큼 기도와 사이가 나쁜 것도 없을 것이다(일기, DBW 10:22).

1928년 2월 15일, 본회퍼는 겨울비에 젖은 파리를 뒤로하고 편도나무들과 자귀나무들이 꽃을 활짝 피우고 서 있는 바르셀로나에 도착했다. 그는 가난한 스페인 여인 세 명이 운영하는 집에서 하숙했다. "모든 것이 상당히 원시적이었지만, 디트리히는 그곳에서 대단히 잘 지내고 있답니다. 씻을 수 있는 곳이라곤 화장실밖에 없답니다. 화장실은 흔들거리지 않는 것만 빼면 독일 기차의 삼등칸 화장실 같답니다."[5]

II. 스페인

1928년의 스페인은 이례적일 만큼 정치적으로 평온했다. 스페인 내부의 소요와 모로코 소요 사이의 파도를 타던 미구엘 프리모 데 리베라Miguel Primo de Rivera 장군의 제왕적 군부독재에 잠시 휴식이 찾아든 것이다. 왕정이 종식되려면 3년이 경과해야 했고, 무자비한 내전이 스페인을 덮치려면 5년이 더 경과해야 했다.

본회퍼는 극심한 사회적 대립을 목격하고 깜짝 놀라는 한편, 보다 강력한 저항이 눈에 띄지 않는 것을 의아하게 여겼다. 강력한 저항이 눈에 띄기는커녕 다음과 같은 광경만 눈에 띄었다. "유복한 이들, 부자들, 속물들, 정말로 가난해 보이는 이들이 커피숍에 뒤섞여 있다. '사회 문제'가……아무 역할도 못하는 것 같다. 이 곳 구시가지의 믿기지 않는 상황이 그것을 여실히 증명하고 있다"(일기, DBW 10:25).

본회퍼는 항구, 오래된 대학, 빼어난 환경을 지닌 바르셀로나가 대단히 마음에 들었다. 물론 구시가지는 "나폴리보다 훨씬 불결"했다(DBW 10:23). "스페인의 풍경은 어떤 식으로든 역사와 긴밀하게 결합되어 있답니다.……바르셀로나의 환경은 스페인의 가장 아름다운 풍경에 속하는 것 같습니다. 저는 바르셀로나의 환경을 점점 더 많이 향유하고 있답니다."[6]

유감스러운 점도 있었다. 교양 있는 스페인 사람과 제대로 접촉할 수 없었기 때문이다. 그가 자주 만난 교수의 경우처럼 한 차례 기회가 있기는 했지만, 그들은 지독한 교권 반대론에 사로잡혀 있었다(DBW 10:83 참조). 그는 괜찮은 현대 스페인 문학을 탐색하는 중에도 동일한 교권 반대론에 부딪혔다.

> 바르셀로나는 이상하리만치 활기 넘치는 도시, 가장 큰 규모의 경제발전에 골몰하는 대도시입니다.……훌륭한 연주회장, 무척 구식이기는 하지만 훌륭한 극장도 있습니다. 하지만 없는 것도 있습니다. 학술적 의견 교환이 그것입니다. 아무리 찾아도 스페인 학술 협회 회원에게서는 그런 것을 찾을 수 없었습니다. 나는 그 스페인 사람을 비범한 재능의 소유자로 여기지만 게으른 사람으로 여기기도 한답니다. 훈련을 전혀 쌓지 않았거든요. 그의 태연함, 참을성, 게으름은 확실히 근동의 특성을 보여줍니다. 언어, 춤, 음악, 가장 평범한 운동들조차 근동에 가깝다는 인상을 풍깁니다. 나로서는 스페인이 다시 깨어날지를 판단하지 못하겠습니다. 하지만 이 민족 안에는 진기한 것과 예로부터 전해 온 것 상당수가 미개발 상태로 숨어 있다가 갑자기 다시 나타나 활동하기도 한답니다. 나는 지금 아라비아 신학자들과 그리스도교 신학자들이 경합을 벌이며 상연한 고대 연극들, 오늘날에도 지방 소도시들에서 상연되는 연극들을 탐색 중입니다.[7]

그는 스페인어로 된 『돈키호테』*Don Quijote*도 읽었다(DBW 10:122 참조). 2차 세계대전 중에는 그 책의 독일어 번역서를 구입하기까지 했다. 『윤리학』을 집필하던 시기와 테겔 형무소 수감 시기에 그에게 중심인물로서 강렬한 인상을 준 이는 원리원칙을 고수하는 그 고귀한 기사였다.[8]

가톨릭을 새로이 발견하는 본회퍼의 즐거움에 강력한 제동이 걸렸다. 로마를 여행하던 때와는 모든 것이 달라 보였다.

> 엘 그레코El Greco의 그림들을 실제로 기억하는 수도사들과 사제들도 있지만, 흔히 보이는 평범한 사제들은 놀라우리만치 교양 없고 속된 얼굴들을 하고 있습니다. 로마와는 정반대 모습입니다. 이곳에서는 종교를 통해 국민을 어리석게 하는 표어가 모종의 권리를 행사하고 있는 것 같습니다.[9]

> 다들 사제에게는 거의 접근하지 않습니다. 나는 우연히 한 사제와 아는 사이가 되었지만, 사람들의 표정을 보고는 그 사제와 더 가까이 지내고 싶은 마음이 싹 사라졌습니다.[10]

그럼에도 그는 성체 축일에 기이한 행렬과 민간 풍습의 매력을 하나도 빠뜨리지 않고 경험했다(DBW 10:62f.).

그에게는 사람들이 이질적이면서도 사랑스럽게 보였다. 그는 그들에게 중요한 것이면 무엇이나 늘 새롭게 이해하려고 했다. 편지에 수록된 관찰 내용들은 관찰 대상보다는 관찰자 자신에 대해 더 많은 것을 보여준다.

> 스페인은 이탈리아와는 정반대입니다. 그리스도교 이전 시대와 르네상스 시대에 형성된 교육의 모든 영향이 그냥 지나가 버린 나라, 400년 동안 동양 문화의 지배를 받은 나라입니다. 스페인은 인문주의의 교육을 받으며 자란 사람에게는 대단히 낯선 나라, 도무지 이해되지 않는 나라입니다. 그러면서도 스페인은 역사적인 스페인으로 여겨질 뿐만 아니라 현재의 스페인으로 여겨지기도 한답니다.

하지만 이 낯섦에는 친밀감 같은 모종의 공감이 따라붙습니다. 이탈리아에 대해서는 가질 수 없는 감정이지요. 이는 고전 시대의 교육과 인문주의의 교육을 바라보는 견해 차이 때문인 것 같습니다. 이탈리아에서는 인문주의와 그리스·로마 시대가 모든 문제의 해결로 여겨지는 반면, 스페인에는 인문주의와 그리스·로마 시대에 대한 반항이 자리하고 있습니다. 독일에서도 어느 정도까지는 되풀이해서 나타나는 반항이지요. 인문주의에 마음을 완전히 열어 본 적이 없고, 인문주의의 흔적만 여전히 남아 있다는 점에서 스페인과 독일은 서로 통하는 것 같습니다.[11]

스페인 사람은 교만한 사람을 만나든 젠체하는 사람을 만나든 누구를 만나도 비웃지 않습니다. 나는 종종 독일의 강점과 약점에 대해 스페인 사람들과 이야기를 나누곤 하는데, 그럴 때면 그들은 가장 단순한 사람들에 이르기까지 그들의 특성이 되어 버린 방식, 곧 대단히 세심한 방식으로 말한답니다. 우리가 거드름이라 부르는 것이 그들에게는 낯설다고 말입니다. 나는 우리 독일인들이 해외에서 그런 식으로 거드름을 피우다가 많은 것을 잃었다고 생각합니다.……스페인 사람은 우리처럼 남을 깔보지도 않고, 우리처럼 건방지지도 않습니다.……스페인은 주인과 하인이 커피숍의 같은 탁자에 나란히 앉는 나라, 누군가가 잘 차려입고 도시의 어둔 구역을 통과해 가도 뒤에서 큰소리로 야료를 부리지 않는 나라입니다.……스페인에서는 낮은 사람도 없고 높은 사람도 없습니다. 누구도 자신을 남보다 천하게 여기지 않고, 누구도 남을 얕잡아 보지 않습니다. 커피숍, 전차, 거리를 막론하고 삶 구석구석에서 그런 입장이 드러납니다. 물론 이곳에도 폐쇄적인 이익 사회가 있기는 합니다. 이는 당연한 일이며, 사회적인 감각에 어긋나는 것이 아니라 바람직한 일일 것입니다.

스페인 사람은 이탈리아 사람과 달리 외국인을 비굴하게 대하지 않고 신중하고 냉정하게 대하는 편입니다. 카탈로니아 사람들은 이보다 더 무뚝뚝한데, 이는 그들이 정치적으로 프랑스에 기울어 있기 때문인 듯합니다.[12]

흥미롭게도 예전의 태도와 앞뒤가 안 맞기는 하지만, 본회퍼는 10년 뒤 자신이 맡은 목사후보생들에게 스페인의 투우 의식을 되풀이해서 묘사하곤 했다. 여태껏 권투 시합에서조차 이렇다 할 의미를 얻지 못하던 그가 이 사건에 몰두한 것을 보고 다들 의외의 일로 여겼다. 하지만 그는 힘과 격조를 갖춘 이 스페인 공연의 미묘한 차이를 전문적인 지식을 동원하여 생생히 묘사했다. 당연히 그의 쌍둥이 여동생은 이렇게 편지했다. "그 기회가 주어져도 나라면 보지 않겠어. 그것에 비하면 권투 시합은 전혀 무해한 것임에 틀림없어."[13]

클라우스 본회퍼가 1928년 부활절에 찾아오자, 두 사람은 투우의 마법에 걸리기 시작했다. 디트리히는 부활절 설교 후 클라우스와 함께 투우장으로 갔다. 클라우스는 어찌나 깊은 인상을 받았던지, 스페인 일주 여행을 하는 내내 대형 투우장에서 벌어지는 투우 경기를 빠짐없이 관람하고, 그리하여 마드리드와 세비야에 있는 "왕립 투우장"을 찾아내기까지 했다. 디트리히 본회퍼는 그 체험을 이렇게 기술했다.

> 수많은 사람이 자신들의 중부 유럽 문명 때문에 투우 경기를 보고 놀라는 것이 당연하다고 생각하지만, 저는 그것을 보고도 놀라지 않았습니다. 어쨌든 사납게 날뛰는 힘과 무분별한 격정이 잘 훈련된 용기, 냉철한 정신, 노련한 솜씨에 맞서 싸우다가 마침내 굴복하는 것을 보는 것은 엄청난 사건입니다. 무시무시한 요소는 별다른 역할을 하지 않습니다. 최근의 투우 경기부터 말들이 복대(腹帶)를 착용하기 때문입니다. 그래서 제가 투우를 처음 접할 때 보았던 끔찍한 모습은 전혀 없답니다. 흥미로운 건 말들이 복대를 착용하기까지 오랜 투쟁이 있었다는 겁니다. 구경꾼들 대다수는 유혈이 낭자하는 끔찍한 모습을 보고 싶어 하는 것 같습니다.
>
> 대체로 이곳 사람들은 강렬한 열정을 마음껏 분출한답니다. 직접 보시면 흠뻑 빠져드실 겁니다. 가장 침울하고 가장 쌀쌀맞은 가톨릭 국가에 투우가 확고하게 자리매김하고 있는 것은 결코 우연이 아닌 것 같습니다. 이곳에는 대단히

1928년, 바르셀로나에서 뤼디거 슐라이허에게 보낸 엽서 "투우사가 전하는 안부."

열정적인 삶의 잔재가 자리하고 있는데, 투우가 바로 그 잔재가 아닐까 싶습니다. 투우는 온 국민의 영혼을 흥분과 광란의 도가니로 이끎으로써, 그 외의 삶에 비교적 수준 높은 도덕성이 자리하게 한답니다. 다들 투우로 열정을 제어하기 때문입니다. 일요 투우는 주일 미사의 필수적인 짝이라고 할 것입니다.[14]

부모가 늦여름에 방문하자, 본회퍼는 결국 그들을 투우장으로 안내했다.

본회퍼의 담임목사는 그가 마음껏 여행할 수 있게 허락했으며, 이따금 그를 마요르카 섬이나 마드리드로 보내 자신의 직무를 대신 처리하게 했다. 클라우스가 오자, 그는 본회퍼에게 휴가를 주었고, 본회퍼와 클라우스는 톨레도, 코르도바, 세비야, 그라나다, 알헤시라스를 여행했다. 아프리카 연안이 다시 한 번 두 사람을 유혹했다. 두 형제는 칼리프의 환대를 받았지만, 당시 스페인-모로코는 리비아보다 심하게 유럽화한 상태였다. 클라우스는 자신이 가장 고무적인 동행자임을 또 다시 보여주었다(DBW 10:53f., 54-56 참조).

디트리히는 마드리드와 톨레도에서 위대한 화가 엘 그레코의 작품을 감상하는 법을 익혔다. 후일 그는 기회가 닿을 때마다 뉴욕 미술관과 런던 미술관을 찾아가 그의 그림들을 감상하곤 했다. 그는 부모를 그라나다로 꼭 안내하리라 마음먹고 있었다. 하지만 부모의 도착은 거듭거듭 지연되었다. 1928년, 아버지가 베를린 대학교 총장직을 맡게 될 것으로 기대되었기 때문이다. 결국에는 다른 의사가 총장이 되었다. 하지만 부모가 스페인을 찾은 몇 날은 쾌청한 가을날이었다. 디트리히는 부모에게 몬세라트 성산을 보여준 다음 아를, 아비뇽, 님으로 안내했다.

파블로 피카소

본회퍼는 바르셀로나라는 가장 풍부한 환경 속에서 고물가게들과 골동품가게들을 특히 좋아했다. 그리하여 나중에는 상당수의 세련된 소품에 둘러싸이게 되었다. 이 소품들 중에는 책상 위의 값비싼 벽걸이 양탄자와 구리 화로도 있었다. 양탄자에는 십자가에 못박힌 그리스도상이 짜여 있었다. 구리 화로는 핑켄발데 신학원의 목사후보생 모두가 기억하는 소품으로서 테겔 옥중서간 중 한 편에서도 검열관을 위해 마지막 소임을 다해야 했다. 1943년, 본회퍼는 부모에게 이렇게 편지했다. "최근에 저는 구리 용기(容器) 신고 의무사항을 읽었습니다. 제가 스페인에서 입수한 구리 화로도 거기에 해당됩니다. 18세기의 예술품이라도 중요한 게 아니라면 기입해야 한다는군요. 그러한 시대의 그와 같은 물건들을 중시하지 않다니 참 기묘한 일이 아닐 수 없습니다"(DBW 8:129).

하지만 가장 짜릿한 습득물은 클라우스와 그가 터무니없이 싼값에 구입한 그림이었다. 그림에는 "파블로 피카소"라는 서명이 달려 있었다.

> 매제 가족에게 한 여인의 사진을 동봉하여 보내네.……유화 속 여인은 내가 마드리드에 있는 고물가게에서 구입한 사람이라네. 그림의 진위를 조사할 수 있도록 독일인 학교 교사가 그녀를 사진에 담아 나에게 주었다네.……그 그림은 마드리드 독일인 거류지에서 센세이션을 일으켰네. 그림의 가치를 두고 의견이 분분했지. 그러나 내가 보기에는 누구도 그 그림을 이해한 것 같지 않네.[15]

클라우스는 그림에 정통한 사람이었다. 바르셀로나의 한 스페인 화가가 "그 그림으로 매우 신이 나 있습니다"라고 디트리히가 부모에게 편지를 보내자,[16] 클라우스는 곧바로 아래와 같이 답신했다.

> 네가 전해 준 피카소 정보가 대단히 흥미롭구나. 그 화가가 그 그림을, 우리가 마르크스의 집에서 본 초상화와 비교해 보았다는 말이지? 그리고 그 그림을 그 초상화의 모사화로 여긴다는 말이지?……그 그림이 베를린으로 오면, 베일이 아주 빨리 제거될 거야. 그 그림이 베를린에서 가짜로 판명되면, 이제까지 진짜라고 말한 모든 논거들이 무용지물이 될 것 같아 애석할 따름이야.[17]

베를린의 일류 화상(畵商)이 5,000라이히스마르크(독일 제국의 화폐단위—옮긴이) Reichsmark를 제시했다. 미국인 중개상은 네 배의 값을 불렀다. 에센 폴크방 미술관 관장도 관심을 보였다. 첫 번째 입찰자가 그 그림의 사진을 피카소에게 직접 의뢰해 보았다며 진상을 밝혔다. "피카소는 마드리드에 사는 한 친구가 종종 자기 작품을 모사한다고 하더군요."[18] 다양한 논의가 베를린, 함부르크, 에센, 파리를 오갔다. 클라우스는 결정을 미루었다. 결국 진위 문제는 밝혀지지 않았다. 어쨌든 그의 집에 있던 "피카소"라는 서명은 모든 친구에게 부러움 섞인 화젯거리가 되었다. 1945년 봄, 그 서명은 다른 모든 습득물과 함께 소이탄에 희생되고 말았다.

인도 계획

스페인 체류 시기에 계획 하나가 세워지기 시작했다. 이후 8년 동안 본회퍼를 계속해서 사로잡은 계획이었다. 그때그때 두드러졌던 그의 동인들 가운데 이 계획은 본질적으로 그의 인생관이나 다름없었다. 하지만 실행에 옮겨지지는 못했다. 1928년 2월, 할머니는 그에게 보내는 편지에서 이렇게 말했다. "내가 너라면 시간을 내어 동양의 세계를 알아보겠다. 나는 지금 인도, 곧 부처와 그의 세계만 생각하고 있단다." 그녀는 타펠식 사고방식에서 비롯된 이 기발한 생각을 떨쳐 버릴 수 없었다.

본회퍼는 바르셀로나에서 테네리페로 항해하는 것을 꿈꾸었다(DBW 10:115). 할머니가 그 꿈을 이루도록 그에게 경제적 도움을 주었다. 그러나 대학교수 자격 취득을 위해 급히 귀국하는 바람에 이 서쪽 여행은 성사되지 못했다. 그는 할머니가 보내 준 여비를 꿈에 그리던 극동 여행에 쓰려고 따로 저축했다. 1929년 2월, 그는 그 여비를 받고 나서 할머니에게 이렇게 편지했다. "동양 계획이 임박했습니다"(DBW 10:115). 그가 다른 정신세계와의 만남을 갈망한 것은 닥치는 대로 섭렵하는 신학자의 일반적인 지식욕 때문이기도 했지만, 당시 모한다스 카람찬드 간디 Mohandas Karamchand Gandhi라는 인물이 풍기는 매력 때문이기도 했을 것이다. 튀빙겐 대학교의 한 동창이 1924-1925년 겨울의 어느 날 밤에 나눈 대화를 떠올린 바에 의하면, 대화의 중심 소재는 그 위대한 인도인의 인격과 활동이었다고 한다.[19]

올브리히트 목사는 새 수련목회자를 관대하게 대했다. 본회퍼가 보기에 프리츠 올브리히트는 선량하고 상냥한 사람이었다. 그가 평가한 대로, 프리츠 올브리히트는 열정이나 오만한 구석이 없이 직무를 수행하면서 사회사업에 능한 사람이었다. 사회사업은 해외교회의 현실을 규정하는 현저한 특징이었다. 본회퍼는 사람들과 함께 지내며 그들에게 몰두하는 것도 나름대로 옳다고 여겼다. 그는 이 현실을 그르치지 않으려고 바짝 긴장하는 가운데, 스페인어로 쓴 3월 10일자 일기에 이렇게 기록했다. "나의 신학이 인도주의 쪽으로 기울기 시작하고 있다. 이것은 무슨 뜻일까? 바르트는 이제껏 해외에서 지내본 적이 있을까?"(DBW 10:27)

담임목사가 주로 읽는 책은 "민족주의적인 서적과 잡지"였다(DBW 10:136). 프리츠 올브리히트가 베를린으로 연차 휴가를 떠나자, 본회퍼는 부모에게 보내는 편지에서 그가 찾아갈 거라고 미리 알렸다. "그는 형편없는 설교보다는 좋은 포도주 한 잔과 좋은 궐련 한 개비를 더 좋아하는 부류의 사람입니다!"(DBW 10:86) 교인들은 프리츠 올브리히트에게 많은 것을 요구하지 않았으며 그를 좋아했다. 그를 불안하게 하는 것이 있었다면, 영적 돌봄을 강화하고자 하는 수련목회자의 왕성한 노력이었을 것이다. 1928년에서 1929년으로 이어지는 겨울에 교인들이 주말기도회가 있으면 좋겠다는 바람을 공공연히 피력하자, 본회퍼는 그 기도회의 신설을 슬기롭게 반대했다. 담임목사와의 마찰을 피하기 위함이었다. 그는 최종 보고서에서 자신의 담임목사를 아래와 같이 묘사했다.

> 나는 그와 잘 지냈다. 1년만 있으면 된다는 생각으로 많은 요구를 수락했다. 그렇지 않았다면 그의 요구들을 들어주지 않았을 것이다.……그는 내가 기획한 강연회에 사람들이 쇄도하자 곤혹스러워했고, 내가 연출한 성탄극이 대성공을 거두자 화를 내기도 했다. 이때 한 차례 언쟁이 있었다. 그 밖에는 모든 것이 좋았다.……내가 어디서나 그를 지지한다는 것을 그가 알게 되었고, 그리하여 유종의 미를 거두게 되었다. 우리는 1년간 신학적인 문제는 물론이고 종교적인

문제에 대해서도 전혀 이야기하지 않았다. 우리는 서먹서먹한 사이면서도 서로 좋아했다. 그는 내게 일체의 자유를 주었다. 나는 그 점이 고마울 따름이다 (DBW 10:137).

온갖 자유를 누리고 여행도 마음껏 했음에도, 목회를 배우고 목회를 우선시하려는 본회퍼의 의지는 감소되지 않았다. "이곳에서 하는 일의 양은 제가 어찌하느냐에 달린 것 같습니다. 마음만 먹으면 한없이 빈둥거리며 지낼 수도 있고, 온갖 종류의 일을 할 수도 있는 것 같습니다."[20] 예배와 목회 활동 이외에 별다른 활동이나 별다른 공동체 활동이 없었음에도 그는 온갖 일감을 받았다. 그는 시간의 반을 연구에 쓰고, 나머지 반은 교회와 독일인 거류지 사이에서 이루어지는 사회 참여 활동에 썼다.

1885년에 설립된 통합교회는 종파 의식이 없었다. 다들 스스로를 "개신교인"이라 불렀다. 설립 당시에는 개혁파교회로 출발했다. 임원회는 "장로회 교회 관리 위원회"라 불렀다. 동독일에서 성장한 어머니가 되물어 본 바에 따르면 사실이 그랬다. 장로들은 존경할 만한 상인들로서 헌금은 성실히 했지만, 예배에 꼬박꼬박 참석하는 편은 아니었다. "이곳 사람들은 스포츠나 독일국민당과는 물론이고 교회와도 잘 지내는 편이다. 적은 수의 사람들만이 열성적이다."[21] 독일인 이민자 6,000명 중에서 교인은 대략 300명 정도였고, 그 가운데 평균 40명이 예배에 참석했다. 본회퍼는 교인 대다수가 무더운 휴가철을 맞아 몇 주간 북부로 찾아가고 없을 때 예배 참석 인원이 예상과 달리 평균치를 넘어서자 대단히 기뻐했다. 하지만 이는 묘한 결과를 낳았다. 처음 몇 달간 교인들에게 발송하는 회보에 그때그때의 설교자를 미리 게재하던 담임목사가 설교자 이름 공지를 중단했던 것이다.

언뜻 보면 그 독일인 교회는 독일인 이민자들의 여러 활발한 클럽들 가운데 하나로 보였다. 겉으로 보면 점잖고 대단히 부자연스러운 사교 모임 같았다. 본회퍼는 바르셀로나에 도착하고 닷새를 지낸 뒤 부모에게 보내는 편지에서 아래와 같이 말했다.

이곳에서는 어디서나 가장 호의적이고 가장 황송한 대접을 받는답니다.……

오늘 이곳 독일 은행의 장이 저에게 이런 이야기를 하더군요. "무도회 장식에만 1만 페세타를 들인다고 하니, 백포도주를 몇 병이나 마시겠습니까? 놀랍게도 고작 여든네 병밖에 안 되더군요. 클럽 무도회에서 물랭 루즈의 무희 세 명을 소개하여 모든 이를 놀라게 하더군요. 아무개 씨가 그녀들을 소개했습니다.……" 말하자면 소도시에 돈이 이토록 많다는 겁니다! 하지만 그들은 세상의 많은 것을 보았으면서도 대단히 선량한 사람들인 것 같습니다. 제가 그들과 얼마나 가까운 사이인지 한번 보시기 바랍니다.[22]

그는 사람들을 대할 때마다 그들의 처지를 철두철미 이해하면서 대했다.

이곳 사람들 대다수는 전쟁과 특히 혁명 시대에 관심이 없는 것 같습니다. 이는 흔히 생각하듯 나쁜 면만 가지고 있는 게 아닙니다. 우리가 독일에서 신물 나게 경험하는 것과 같은 신경과민과 지나친 언행, 지적인 허세와 부자연스러움은 없으니까요.……이곳에서는 인간적으로 대단히 탁월한 특징들, 곧 예의 바름, 성실함, 단순함, 스스로를 아무렇지도 않게 여기는 태도를 볼 수 있답니다.[23]

그는 형제자매를 기쁘게 해주기 위해 단체 회원증을 점점 더 많이 취득했다. 처음에는 신중을 기하느라 가입하지 않다가 나중에 가입한 독일인 가면무도회 클럽의 회원증, 꼬박꼬박 참여한 테니스 클럽 회원증, 과감히 피아노 반주를 맡은 독일인 합창단 회원증 등. 베를린 출신 수련목회자의 최신식 둥근 모자는 독일인 학교 최상급생들 사이에서 그날의 주요 화제가 되었다. "이곳에서는 다들 그런 식으로 자기를 소개한답니다."[24] 그는 자신의 음악적 재능과 체스 실력이 인간관계에 도움이 되었다며 이렇게 말했다. "저에게 부족한 것은 스카트Skat 게임(19세기 초 알텐부르크 시에서 개발한, 독일에서 가장 인기 있고 전 세계 독일인들이 즐기는 카드 게임—옮긴이) 실력뿐이랍니다. 이곳에서는 그것을 썩 잘해야 한답니다. 그것도 배우게 될 것 같습니다."[25] 이 세계는 그를 지루하게 하기보다는 더 즐겁게 해주었다. 다만 사교계에서 이루어지는 한 가지만은 견디기 어려웠다. 그것은 과도한 험담이었다. 그는 험담에 단호히 대처하려고 했다. "그런 것은 아예 모르고, 아예 관심을 기울이지 않는 게 가장 나은 듯합니다."[26]

그는 바르셀로나 독일인 교회가 이제까지 익숙하게 알고 있던 것보다 훨씬 성실하게 심방을 수행했다. 그러면서 독일인 거류지에서 이루어지는 삶의 전혀 다른 면을 보게 되었다. 이 시기에 상업도시의 독일인 상인들은 경제적으로 어려운 상황에 몰리고 있었다. 서쪽 국가들 출신 상인들과의 과도한 경쟁이 그들 중 상당수를 파산으로 몰아갔다. 그는 휴가 중인 담임목사를 대신하여 난생 처음 자살 사건을 상대하기도 했다. 자살한 이는 독일인 교회의 명망 있는 교인이자 평판 좋은 상인이었다. 본회퍼는 지독한 가난과 "수많은 실업"도 목격했다(DBW 10:72). 부득이한 경우에는 부모에게 숨김없이 부탁했다. 의료적 조언, 진단서나 처방전을 문의하는 것은 물론이고 무이자 대출까지 부탁했다. 쓸데없이 아버지에게 부탁하는 일은 없었다. 그는 크리스마스 때 그 대출금을 하숙집 세 여주인에게 선사했다(DBW 10:116, 123).

그는 총영사관의 루돌프 보브리크Rudolf Bobrik 박사와 그의 공무원들 중에서 관계자를 만나 "독일 자선회"Deutscher Hilfsverein의 사회복지 사업에 열중했다. 그는 이 일을 위해 매일 오전 면담시간을 따로 냈다.

> 이곳은 가장 기이한 사람들을 상대해야 하는 곳이야. 그러지 않고서는 그들과 좀처럼 말을 섞을 수 없어. 세계 각국을 여행하는 사람들, 유랑자들, 쫓기는 범법자들, 수많은 외인부대 병사들, 스페인을 순회 중인 크로네 서커스단에서 도망쳐 나온 사자 조련사들과 맹수 조련사들, 버라이어티 쇼 무대에서 춤추는 독일 여인들, 정치인을 암살하고 쫓기는 독일인들. 이들 모두 자신이 겪은 비운의 삶을 자세히 들려주지. 이곳에서는 자기 마음대로 베풀거나 거부하기가 대단히 힘들어. 하지만 그러한 사정만을 듣고는 근본적인 문제를 찾아낼 수 없기에 개인의 인상으로 결정해야 해. 그리고 그 인상에 곧잘 속기도 해.……그래서 다들 실제로 곤경에 처해 보조를 충분히 받지 못하는 이들에게 시간을 가지고 보다 엄정하게 관심을 기울이려고 해. 내가 이곳에 머무는 동안 이미 다음과 같은 일이 두 차례나 일어났기 때문이야. 말하자면 오래도록 거주해 온 유복한 이들이 재정적으로 완전히 파산하여 자녀들의 수업료와 옷값을 더 이상 낼 수

없게 된 거지.……어제는 대단히 뻔뻔한 사람이 나를 찾아왔어. 생전 처음 보는 사람이었어. 목사가 자신의 서명을 위조했다고 주장하더군. 나는 호통을 치며 그를 쫓아냈어.……그는 황급히 떠나면서 저주와 욕설을 퍼붓고 협박까지 하더군. 내가 자주 듣던 협박이었지. "우리는 다시 만나게 될 거요. 항구에 오기만 해보시오!" 그 후 영사관에 문의했더니 유명한 사기꾼이래. 오랫동안 이 지역에서 어슬렁거린 사기꾼이었던 거야. 나는 그를 다소 거칠게 쫓아낸 것을 무척 기뻐했어. 하지만 나는 대체로 사람들을 친절하고 다정하게 대하는 편이 가장 낫다는 것을 경험하고 있어.……프리츠 올브리히트는 누군가가 마음에 들지 않을 경우 꾸짖음과 내쫓음으로 거칠게 대해야 한다고 주장하는 편이야. 그것이 더 많은 문제를 일으키는 것 같아.……실제로 도움을 주어서 기쁨을 맛보게 되는 경우는 극히 드물어. 도움을 받는 대다수의 사람들에게서 돈이 너무나 빨리 빠져나가기 때문이야.……잘못은 원칙적으로 이것인 것 같아. 말하자면 우리가 직업을 소개해 주지는 않으면서 이곳의 업무가 과중해서 그럴 수 없다고 탓만 한다는 것이지. 그래서 독일인들이 떠나가고 있어.……우리는 끊임없이 독일 사람들을 고국으로 돌려보내지만, 그렇다고 고국이 더 나아 보이지도 않아.[27]

사정이 그러하다 보니 그는 아버지에게 이런 부탁까지 했다. "친애하는 아버지, 아버지께서 유랑생활에 대해 쓰신 책 한 권을 보내 주실 수 있는지요?[28] 그러한 사람들을 돌보면서 그 책을 읽으면 대단히 좋을 것 같습니다."[29]

청소년 사역

본회퍼가 느끼기에 독일인 거류지 청소년들은 베를린 청소년들과 상당히 달랐다.

그들은 전쟁, 혁명, 이 시대의 후유증을 전혀 경험하지 못한 채 쾌적하고 편안한 환경에서 지내고 있다. 그것도 늘 쾌청한 날씨 속에서. 그러니 어찌 달리 살려고 하겠는가? 이곳에는 독일을 휩쓴 청소년 운동의 흔적이 전혀 보이지 않는다(일기, DBW 10:26).

> 이곳의 열 살 소년들에게 "커서 무엇이 되고 싶으냐?" 물으면, 그들은 종종 "아버지의 가게를 넘겨받을 거예요"라고 대답한답니다. 다른 것을 생각할 수 없을 만큼 그것은 자명한 사실입니다. 물론 편안한 구석도 있습니다. 이곳 사람들은 거만한 태도와 같은 가소로운 것을 조금도 모른답니다. 이곳 사람들은 교제할 때 자기가 대단한 사람이라고 생각하지 않습니다.[30]

본회퍼가 독일인 교회 청소년 사역의 첫 시도로 착수하는 일은 어린아이들과 그 위 연령대의 아이들에게 도움이 되는 일이어야 했다. 무엇보다도 어린이 주일 예배의 조직이 중요했다. 이 일을 할 때에는 담임목사와 한편이었지만, 김나지움 학생들을 지도하기 위해 계획을 세울 때에는 그러지 못했다.

어린이 주일 예배의 시작은 미약하기 그지없었다. 첫 초대에 여자아이 한 명이 달랑 출석했다. 하지만 그다음 주일에는 어린이 열다섯 명이 출석했다.

> 그들은 대단히 활달하고 발랄하다. 나는 그들에게 어린이 주일 예배에 자리하는 영광들을 묘사했고, 그것이 불을 붙였다. 다음번에도 그러한지 살펴보아야겠다. 나는 이 시간을 통해 변하고 있다. 실천 사역이 제대로 되지 않으면 어쩌나 하는 경미한 염려가 사라졌다. 이유를 알았으니 멈추지 않고 계속해야겠다. 어린이들이 이미 내 편이 된 것 같다. 이제 내가 취할 다음 조치는 학교에서 종교수업을 실시하는 것이다. 그러나 우선은 어린이 주일 예배를 우뚝 세워야겠다. 어쩌면 거기에서 문이 열릴지도 모른다(일기, DBW 10:24f.).

곧바로 그는 전에 출석하다 그만둔 어린이들의 집을 심방했다. 그다음 주일에 서른 명이 출석했다. 그때부터 예배를 드릴 때마다 매번 서른 명가량이 출석했다.

> 4월 3일은 찬란한 날이었다. 전주(前週)에 출석한 수의 두 배가 어린이 주일 예배에 출석했다. 나는 잃어버린 낙원 이야기를 전했다. 종교적인 물음과 관련된

1928년, 바르셀로나 주일학교에 출석한 아이들과 함께.
본회퍼가 부임하고 나자, 한 명뿐이던 어린이 주일 예배 출석 인원이 서른 명가량으로 늘었다.

> 어린이들의 무지가 놀랍다. 책임감을 가득 느낀다. 학교 선생들을 상대로 설문 조사를 한 결과, 내가 맡은 아이들이 가장 까다로운 아이들인 것 같다. 게으름뱅이들, 말썽꾸러기들, 올된 아이들 등등. 주중에 그들 가운데 몇 명의 집을 찾아갔다. 두 아이는 학교에서 평판이 좋지 않았지만 집에서 보니 상냥한 아이, 가정교육을 잘 받은 아이였다(일기, DBW 10:122).

그는 본가에 연락하여 율리우스 슈노르 폰 카롤스펠트의 그림성서를 보내 달라고 했다. 어린 시절 어머니의 교육을 통해 그에게 익숙해진 책이었다. 이때에도 그는 나사렛파 양식의 그 그림성서에서 미심쩍은 면을 전혀 감지하지 못했다. 바르셀로나 독일인 교회에는 대단히 낯선 것이었지만, 그는 성탄극을 준비하면서 연극 애호 성향을 유감없이 발휘했다. 아이들이 맡은 일을 어찌나 헌신적으로 잘하던지 그 모습을 보고 감동을 받지 않을 수 없었다(DBW 10:122).

그는 자신이 맡은 "말썽꾸러기들" 외에 독일인 학교와도 접촉하려고 했다. 슈바벤 출신의 한 교사가 같은 하숙집에서 그와 함께 지내고 있었는데, 둘 다 음악에 관심이 있다는 것을 알고 나서 친하게 지내는 사이였다. 목사관과 독일인 교회는 독일인 학교와 공식적인 연결이 전혀 없었으며, 독일인 학교에는 종교수업이 없었다.

얼마 지나지 않아 본회퍼의 방은 한 무리의 김나지움 학생들로 가득 찼다. 그는 학내 문제를 처리하고, 낙제 성적을 개선하고, 성난 교사들을 격려하여 학생들을 너그러이 평가하게 하는 법을 알고 있었다. 한 어린이에게는 자전거를 선물하고, 다른 어린이에게는 방수 텐트를 선물하기도 했다. 학생들은 그 수련목회자에게 성대한 크리스마스를 안겨 주었다. 그가 가족들로부터 떨어져 처음 맞이한 성탄절이었다.

본회퍼는 김나지움에서 정규 종교수업을 실시하려고 애썼지만, 운이 거의 없었다. 교사진만 그에게 반발한 것이 아니었다. 담임목사도 이 개선안을 지지하지 않았다. 어느 날 그 부가적인 과제를 자기 혼자 떠맡을지도 모르는 일이어서 달갑지 않았던 것이다. 본회퍼는 이 실패를 딛고서 1928-1929년 겨울에 일련의 강연회를 갖겠다고 예고했다. 이 강연은 우선 김나지움 최상급생들에게 행해졌고, 이를 통해 토론 동아리가 꾸려졌다. 그는 친가에 보내는 편지에서 이렇게 말했다. "그 동아리가 무척 마음에 듭니다"(DBW 10:114f.).

> 학교 측의 황당무계한 준비로 인해 아무것도 모르는 상태였지만, 다들 집중해서 듣더군요. 우리는 지금 그리스도교의 본질에 대해 이야기를 나누고 있는 중입니다. 그다음에는 개별적인 문제들, 무엇보다도 영생의 문제를 논의할 생각입니다. 그러려면 김나지움 최상급생들이 무언가를 읽고, 그것에 대해 발제하고, 논쟁도 해야 할 것입니다. 이곳에 있는 이 연령대의 청소년들과 그 아래 연령대의 청소년들은 독일에 있는 청소년들과 다른 것 같습니다. 예절 및 직업 문제와 관련해서는 성숙한 상태이지만, 다른 문제들에서는 대단히 순진하답니다. 지적인 거만함이나 교만은 거의 없답니다. 어쨌든 이곳에서는 지식인층을 과대평가하지 않습니다. 다들 대단히 성실하고 사려 깊다는 인상을 풍깁니다. 이는 스페인의 영향에서 비롯된 것 같습니다.[31]

설교

교회 사역의 경험 영역은 이러한 해외 상황에 한정되었다. 본회퍼는 생기 넘치는 독일인 교회 공동체와 비교하여 "성서 읽기시간, 청년회, 야간 강연회, 종교수업"이 없는 것을 아쉬워했다.[32] 그러나 그가 목사직의 핵심으로 여긴 설교와 관련해서는 아쉬운 게 전혀 없었다. 이곳에서 스물두 살의 그는 자기 위 연배의 수련목회자들이 수련 규정에 따라 해야 하는 것보다 많은 설교를 하게 되었다. 그는 1928년 한 해 동안 열아홉 편의 설교를 작성하고 선포해야 했다.

그는 설교 한 편 한 편에 많은 노력을 기울였다. "설교 작성이 저에게 상당히 많은 시간을 요구하는군요. 저는 실제로 한 주 내내 설교를 작성하고 날마다 그 작업에 열중한답니다."[33] 그럼에도 그는 담임목사가 자신에게 설교단을 맡길 때마다 그 작업을 기쁘게 수행했다. "강림절 첫째 주에 한 번 더 설교할 수 있을 것 같습니다. 프리츠 올브리히트가 그다음 주에야 오거든요. 설교를 할 수 있게 되어 무척 기쁩니다."[34]

저처럼 당신도 잘 지내고 계실 줄로 믿습니다. 다들 자기에게 주어진 값진 30분을 어찌 사용하는지 모르겠습니다. 저는 저에게 가능할 것 같지 않던 설교를 여러 차례 하고 있거든요.……그리고 그 일을 제법 잘해 내고 있어서 감사한답니다.……자부심이라는 주관적인 기쁨과 객관적인 감사가 혼합된 셈입니다. 하지만 이 주관적인 것과 객관적인 것의 혼합은 모든 종교에 대한 심판이 아닐까 싶습니다. 다들 그것을 고상하게 하려고만 할뿐 철저히 근절하려 하지는 않으니 말입니다. 신학자는 다음과 같은 물음 때문에 이중의 고통을 겪는답니다. 한편으로는 "가득 찬 교회를 보고 기뻐해서는 안 되는가? 여러 해 동안 출석하지 않던 사람들이 출석하는 것을 보고 기뻐해서는 안 되는가?"라는 물음 때문에 고통을 겪고, 다른 한편으로는 "누가 감히 이 기쁨을 분석하겠는가? 이 기쁨에 어둠의 씨앗이 전혀 없다고 누가 감히 확신하겠는가?"라는 물음 때문에 고통을 겪는답니다.

저는 설교가 가장 영향력 있는 수단이라는 것을 알았습니다. 한 편의 동화가 어린이들에게 낯선 나라에 대해 이야기하듯이, 저는 복음에 대해 호소력 있게 이야기했습니다.……이번 주일에는 마태복음 5:8을 토대로 설교하려고 합니다. 설교를 앞두고 이처럼 두근거린 적이 없는데, 주일이 기다려지는군요.[35]

본회퍼는 현시점을 분석하거나 정확한 성서 주해를 전달하는 것으로 만족하지 않았다. 그는 이렇다 할 무언가를 원했으며, 꼭 해야 할 중요한 말이 있을 거라고 여겼다. 사람들을 압박하고 자극하고 뒤흔들어, 그들을 얻는 말이어야 했다. 그는 이 목적을 이루기 위해 자신의 방법들과 본문을 지나치게 꼼꼼히 다루지 않고, 정확히 다루지도 않았다. 그러나 다른 한편으로는, 자신이 설교단 밑에 있는 상인들에게 대단히 전문적인 신학 지식의 잔재를 들이대며 얼마나 무리한 요구를 하고 있는지를 전혀 알아채지 못했다. 하지만 신뢰가 도움이 되어 지극히 정교하고 난해한 내용 표현을 극복할 수 있었다. 그는 나중에 이런 식으로 해명했다. "말씀은 말하는 이와 무관하게 청중에게 도달하는 법이 거의 없다. 말씀은 전달자들을 이용한다. 전달자들은 심부름꾼에 지나지 않지만, 저마다 대단히 특정한 전달자이며, 또 그리되기를 원해야 한다." 본회퍼가 자신의 청중들에게 열정적으로 개진한 내용 대부분은 그들의 지평을 넘어서는 것이었다. 하지만 그는 그들에게 말했고, 그때까지 행해지지 않던 방법으로 그 주간 내내 친절과 조언을 동원하며 그들에게 파고들었다.

본문 선택 방식에서도 그가 자신의 설교에서 조금이라도 원했던 단호함이 드러난다. 그는 성서 일과에 의지하지 않고, 언제나 짧은 구절들을 선택했다. 후일 핑켄발데 신학원에서는 이 훈련을 더 이상 명백히 옳은 것으로 여기지 않았다. 하지만 그때에도 자신의 설교학에서 다음과 같은 원칙을 여전히 고수했다. 이를테면 그때그때 본문을 자유로이 선택하더라도 가급적 고정된 순서들이나 연속적인 본문들을 고수해야 하며, 꾸준한 성서 읽기에 집중하면 할수록 독자적인 본문 선택의 자유를 더 많이 갖게 된다는 것이다.[36] 그러나 지금은 설교자가 매주일 설교단에서 말하려고 하는 바를 즐겨야 한다는 견해였다. 그가 경멸한 것은 선조들의 말을 귀담아듣는 행위가 아니라, 지시받은 일을 하면서 기쁨을 느끼지 못하는 종의 자세였던 것 같다.

그는 바르셀로나 독일인 교회에서 설교하면서 주제를 정연하게 유지했다. 그루네발트 교회 어린이 주일 예배에서 했던 대로 자신의 방법을 거침없이 활용하여 장면들을 각색하거나 "시편 시인"의 입장이 되어 보기도 했다(DBW 10:479 참조). 당시 그의 언어는 오늘날의 기호에 맞게 화려하다. 그는 엄청난 진술들을 제시한다. 하지만 은어는 전혀 사용하지 않는다. 어휘는 쿠르퓌르스텐담(베를린에서 가장 유명한 거리. 일명 쿠담 거리로 불린다—옮긴이)Kurfürstendamm, 신문 내지 그림 잡지들에서 공급받은 것이 아니라, 동화 세계와 전설들에서 공급받거나 자연스럽게 넘겨받았을 것이다. 본회퍼는 무거운 분위기를 꺼리지 않았다. 그는 자신이 받은 교육의 세계에서 자신에게 좋아 보이는 것이면 무엇이나 끌어다 썼다. 그리스·로마 시대로부터는 헤라클레이토스Heraclitus(DBW 10:499), 거인 안타이오스(DBW 10:516)를 끌어다 썼고, 19세기로부터는 요한 볼프강 폰 괴테(DBW 10:495, 521)와 프리드리히 니체Friedrich Nietzsche(DBW 10:500)의 인류학적 분석을 끌어다 썼다. 첫 번째 설교와 마지막 설교(DBW 10:456, 535), 그리고 그사이에 있는 여러 편의 설교들은 불안해하는 마음과 관련하여 다음과 같은 아우구스티누스의 말도 인용했다. "당신 안에서 안식할 때까지는 우리의 마음이 편안하지 않습니다."[37] "바벨탑 쌓기"라는 바르트의 표현도 종종 반복해서 사용했다(DBW 10:457, 459). 이는 "종교"의 위험성을 고발하는 핵심 사례였다.

게다가 이 첫 설교들은 그의 신학 작업과 관점의 모든 단계를 보여준다.

1. 그는 믿음과 종교를 끊임없이 적대적으로 대결시키며, 모든 본문에서 그러한 대립을 새롭게 발견해 냈다.

> 종교는 무엇 때문에 존재하는가? 예컨대 인간들에게 삶을 견딜 만하게 해주려고 존재하는 것인가? 아니면 불의한 자들이 얻지 못할 무언가를 신심 깊은 이들에게 주려고 존재하는 것인가?……그러나 잘못 생각하면 할수록, 진리는 섬뜩하게 일그러진다(DBW 10:506 Anm. 3).

> 우리의 삶이 어느 날 실패하고 부서지고 와르르 무너진다면, 이는 두려운 일일 것입니다. 그러나 이 세상에는 훨씬 더 두려운 사실이 있습니다. 그것은 종교와 도덕에서 비롯합니다. 하나님께서 우리에게 놓으시는 가장 괴로운 짐은 이 세상의 행복을 포기하는 것이 아니라 선(善), 곧 하나님 자신을 포기해야 한다는 것입니다. 그것이야말로 우리의 가장 무거운 짐, 우리를 쓰러뜨리는 짐입니다(DBW 10:508).

> 이로써 다음의 사실이 분명해집니다. 말하자면 종교는 이 세상이 거부하는 것을 우리에게 채워 주는 것도 아니고, 현세에 행복을 가져다주는 것도 아니라는 것입니다. 종교에 대해 "아니오"라고 말해야 불행, 불안, 이 세상에서의 체념이 힘 있게 이루어집니다. 은혜의 말씀은 이 세상에서 일어나는 모든 것에 맞섭니다(DBW 10:509).

> 분명한 사실은 그리스도의 십자가가 '종교=행복' 방정식을 깨뜨렸다는 것입니다(DBW 10:511).

> 이로써 그리스도교와 다른 모든 종교의 차이가 분명해졌습니다. 이쪽은 은

혜, 저쪽은 행복. 이쪽은 십자가, 저쪽은 왕관. 이쪽은 하나님, 저쪽은 인간(DBW 10:507).[38]

"이는 은혜로 된 것이지, 행위의 공로로 된 것이 아닙니다"라는 로마서 11:6을 토대로 바르셀로나 독일인 교회에서 한 첫 번째 설교도 이 같은 해석의 결과였다. 그 설교 내용의 일부는 아래와 같다.

마음의 불안과 걱정에서 벗어나 영원한 것에 이르려는 인간의 모든 시도 가운데 가장 압도적이고 가장 은근한 것은 종교입니다.……다음의 한 가지, 곧 하나님은 하나님이시고 은총은 은총이라는 사실만 없다면, 인류는 자기 정신의 절정을 의기양양하게 가리킬 수도 있을 것입니다.……종교가 우리를 하나님 앞에서 선하게 하는 것이 아닙니다. 하나님만이 우리를 선하게 하십니다.……종교와 도덕은 신적 은총을 인식하지 못하게 하는 가장 심각한 위험 요소입니다.……하지만 은총이 있는 한 그것들은 연약한 시도로서, 연기(演技)로서, 제물로서 존재할 필요가 있습니다. 하나님께서 그것들에 대해 마음 내키시는 대로 "그렇다와 아니다"를 말씀하실 수 있게 말입니다. 우리가 차차 이해하게 되었듯이, 우리의 도덕으로는 하나님을 만족시켜 드릴 수 없습니다. 루터가 말한 대로, 종교도 인간의 육에 속합니다. 본문은 우리에게 바로 그 점을 말하고 있습니다(DBW 10:457).

2. 종교의 가면을 벗기고 장엄한 하나님을 위해 신앙을 제대로 보호하는 것도 필요하지만, 그리스도께서 경계를 정하고 요구하시는 당신das Du으로서 교회 안에 현존하신다는 사실을 엄하게 가르치는 것도 필요한 일이었다. 본회퍼는 고린도전서 12:26-27을 토대로 설교하면서(DBW 10:486-492) 교회를 서로 내어 줌의 은총이 일어나는 곳, 서로를 위한 중보기도가 일어나는 곳, 개인의 참회가 일어나는 곳이라고 말했다. 그는 개신교의 궁색한 교회 이해와 가톨릭의 교회 이해를 비교 묘사하기도 했다.[39] '성도의 공동체'라는 제목의 설교에서는 자기 신학의 사회적·윤리적 초월성을 아래와 같이 선포했다.

예수께서는 말씀으로 우리와 함께하십니다.……그분은 말씀 안에서 우리와 함께하고 싶어 하시고, 말씀 안에서 우리를 평가하십니다. 예수 그리스도, 하나님 자신은 각 사람을 통해 우리에게 말을 거십니다. 타자, 곧 이 수수께끼 같고 침투할 수 없는 당신이 우리에게 말을 거시는 하나님입니다. 이 당신이 바로 우리를 만나는 거룩한 하나님입니다.[40]

인간이 있는 동안은 그리스도께서 여러분의 이웃으로서 이 세상을 거니십니다. 하나님께서는 그 이웃을 통해 여러분을 부르시고, 여러분에게 말을 거시고 요구하십니다. 이것이야말로 강림절 보도의 엄숙함이자 대(大)환희입니다. 그리스도께서 문 앞에 서 계십니다. 그분께서 인간의 모습을 하시고서 우리 가운데 살고 계십니다. 여러분은 그분 앞에서 문을 닫으시렵니까? 그분께 문을 열어드리렵니까?[41]

3. 이 설교들에는 구체적인 것, 현세적인 것에 대한 열망을 암시하는 요소들이 자리하고 있다. 그는 동시대의 현재가 종말론적인 미래의 파트너로서 꼭 필요하다고 역설한다. 그는 부모가 바르셀로나 독일인 교회의 설교단 바로 아래 앉아 있을 때 로마서 12:11을 토대로 설교했다('시간을 섬기십시오', 1928년 9월 23일, DBW 10:512-517). 그 설교에서 그는 현대성의 문제에서 출발하여 시간 개념과 씨름했다.

세계사 전체 안에는 언제나 단 하나의 의미심장한 시간이 있을 뿐입니다. 그것은 다름 아닌 현재입니다.……인간이 관계하는 것은 시류입니다. 그것은 좋은 것이 될 수도 있고 비루한 것이 될 수도 있습니다. 하나님이 관계하시는 것은 시간입니다. 시간을 섬긴다는 것은 인간을 섬기는 것이 아니라 하나님을 섬긴다는 뜻입니다. 그리스도인은 현대인도 아니고 시대에 뒤진 이도 아닙니다. 그리스도인은 자신의 시간을 섬길 따름입니다……(DBW 10:514).

여기에 정치적·경제적·도덕적 현재와 구체적으로 연대해야 한다는 목소리가 뒤따른다.

인류 안에서 연대감이 무엇인지를 이해하는 게 중요합니다(DBW 10:515).……하나님이 보고 싶어 하시는 것은 대지를 멀리하는 유령들이 아닙니다. 하나님은 인간을 보고 싶어 하십니다.……하나님께서는 대지를 우리의 어머니로 삼으셨습니다(DBW 10:516).……하나님을 원하십니까? 그렇다면 이 세상을 고수하십시오.……여러분이 영원을 찾고 싶다면, 당장 시간을 섬기십시오.(DBW 10:513)

요한일서 2:17("이 세상도 사라지고, 이 세상의 욕망도 사라지지만")을 토대로 한 설교에서는 이와 대조되는 것, 종말론적인 것을 말하기도 했다. 그는 "시간과 죽음은 같은 것입니다!"라고 단정적으로 말했다(1928년 8월 26일, DBW 10:500). 이 설교에서 그는 "궁극과 차극"이라는 공식과 씨름하기도 했다(DBW 10:501f.).

메시지를 정치와 연관 지어 선포한 대목은 흔치 않다. 그는 고별 설교에서 세계 평화를 위한 노력들을 확실히 언급했다(DBW 10:536). 하지만 이 설교는 평화가 모든 이성보다 뛰어나다고 말하는 계기가 되었을 뿐이다.

일련의 강연들

본회퍼는 설교단을 특히 좋아했지만 머뭇거리지 않고 강연단도 차렸다. 그는 프리츠 올브리히트 목사가 휴가 중이므로 상황을 감안하여 겨울철을 이용하기로 했다. "저는 겨울철에 하려고 일련의 강연문을 준비했습니다. 강연은 교회에서 할 생각입니다."[42]

그는 사흘 밤에 걸쳐 할 강연 주제를 확정했다. 첫 번째 주제로는 구약성서를 다루고, 두 번째 주제로는 신약성서를, 마지막 주제로는 윤리를 다룰 계획이었다.

그는 첫째 날 저녁에 청중 전체에게 방침을 제시하면서 "현대 정신 운동들의 투쟁과 그 위기 속으로 함께 들어가 협력하자"라고 부탁했다.

겉보기에는 시대에 뒤지고 구식인 듯하지만, 우리가 다룰 문제는 대단히 현대적인 문제입니다. 무슨 말을 하든, 현대로부터 시작하여 현대를 위해 할 작정입니다.……우리는 우리의 현대를 사랑해야 합니다. 그래야 희망 속에서는 물론이고 곤경 속에서도 현대와의 연대감을 표명할 테니까요(DBW 10:285).

그는 현대를 이렇게 규정했다. "발밑의 토대가 우리에게서 가차 없이 떨어져 나가고 있으니, 일상의 영역을 말하는 것이 좋겠습니다"(DBW 10:285f.). 그는 일상의 영역이 정치적으로, 교육적으로, 윤리적으로, 종교적으로 불안한 시대에 처해 있으니(DBW 10:285) 저마다 자신의 토대를 재고해야 하며, 아시아, 유럽, 미국이 협력하는 공동의 과정만이 답이라고 말했다. 엄청난 말이었지만, 그는 자신의 말을 철석같이 믿었다.

1. 1928년 11월 13일에 한 강연의 제목은 '현대의 종교적 상황에서 살펴본 곤경과 희망. 예언자 정신의 비극적 요소와 그것의 영속적 의미'였다. 그는 예언자들을 내세워 하나의 이정표를 세우고자 했다. 그들이 그가 "대단히 좋아하는 연구대상"(DBW 10:287)이기도 했거니와, 자신들의 시대 안에서 옛 세계의 붕괴와 다른 세계의 시작을 알리는 사람들이기도 했기 때문이다. "하나님과 동행한다는 것은 거친 길, 곧 최선의 생명이 흘러나오고 흘러 들어가는 길을 간다는 뜻입니다. 이는 예언자들의 이미지가 우리에게 충분히 가르쳐 준 사실입니다"(DBW 10:302). 하지만 현대와 분명히 연관 지어 말하지는 못했다. 예언자들의 세계를 소개하느라 강연시간 대부분을 흘려보냈다. 그는 거의 금지된 바나 다름없는 동일시의 방법으로 위대한 예언자들, 특히 당시에 그가 좋아한 예레미야의 입장(DBW 10:292-294)이 되어 예언자들의 세계를 소개했다. 이 대목에서 하나님을 상대해야 했으므로, 그는 이 "부름받은 자들"을 심리학적으로 해석해서는 안 된다고 말했다(DBW 10:291f., 294). 그러면서도 정작 자신은 심리학적으로 해석하는 태도를 취했다.

그는 일련의 강연을 위해 본가에 연락하여 베른하르트 둠Bernhard Duhm의 책 『이스라엘의 예언자들』*Isreals Propheten*을 보내 달라고 했다. 그러고는 그 번역본을 활용했다. 다만 자신의 언어로 매끄럽게 다듬었다. 그는 둠의 신학 진술과 바르트의 신학 진술을 거리낌 없이 뒤섞었다. 슈테판 츠바이크Stefan Zweig의 희곡 「예레미야」도 끌어다 썼다(DBW 10:293). 우리는 "부름받은 자"를 묘사하는 대목에서 본회퍼의 열정을 느끼게 된다. 하나님과 한편이라는 이유로 고생하는 사람, 보편적인 하나님께서 국수주의의 파괴를 당부하시는 사람, 제의적 숭배행위가 인간의 "퇴폐

행위"와 "냉소주의"(DBW 10:301)를 은폐할 때 그것을 방관하지 않는 사람, 그가 바로 "부름받은 자"였다.

2. 1928년 12월 11일 둘째 저녁, 그는 '예수 그리스도 그리고 그리스도교의 본질에 대하여'라는 제목으로 강연했다. 본회퍼는 친가에 보낸 편지에서 이 강연에 대해서만 평가를 내렸다. "화요일에 두 번째 강연을 했습니다. 첫 번째 강연 때보다 훨씬 많은 이들이 참석했습니다. 하지만 두 번째 강연은 썩 마음에 들지는 않았습니다"(DBW 10:117). 그랬을 것이다. 이번에는 전제와 해답들이 이 교회 공동체의 상인들에게 대단히 낯설었기 때문이다. 게다가 그들은 중산층이자 인본주의자들이었다. 본회퍼의 어법과 사고를 유도하는 방식도 상당히 복잡했다. 그는 신약성서의 개별 원문들을 역사-비평 방법으로 풀이하여 소개하고 그것을 종교사의 유사 신화들에 편입시킴으로써 그들을 어리둥절하게 했음에 틀림없다. 그는 변증법적 신학에서 말하는 자유로운 하나님, 전혀 다른 하나님의 이름으로 인본주의적이고 관념론적인 "종교"의 영향력을 제거했다. 이는 너무나 낯설고 자극적이었을 것이다.

그러나 이 강연은 첫 번째 강연보다 우리의 관심을 더 많이 잡아끈다. 이 강연에는 낱낱의 공식에 이르기까지 여운과 통찰들이 들어 있다. 본회퍼의 마지막 창작 시기에 힘차게 나타나는 것들로서 이제껏 상술한 적이 없는 것들이었다.

a)본회퍼는 강연의 서두를 열면서 그리스도의 대의가 국지성에 귀속되고 말았다는 생각을 개진했다. 이는 『저항과 복종』에 현저히 등장하게 될 생각이자, 그가 아주 이른 시기에 프리드리히 나우만에게서 받아들인 생각이었다.[43]

> 그리스도는 사실상 우리 삶에서 제거되었습니다.……그리스도는 삶의 주제가 되지 못하고, 교회만의 주제가 되거나 인간 집단의 교회주의의 주제가 되고 말았습니다. 19-20세기 정신을 위한 훌륭한 방의 역할을 종교가 하고 있습니다.……우리가 그리스도에게 우리네 영성생활의 작은 영역만을 내어 드린다면, 이는 그리스도를 제대로 이해하지 못한 것입니다.……그리스도의 종교는 빵을 먹고 나서 입에 넣는 한입거리 진미가 아닙니다. 그리스도의 종교는 어엿한 빵입니다. 그렇지 않다면 그것은 아무것도 아닙니다(DBW 10:302f.).

b) 예수의 독자성proprium을 부각하기 위해, 본회퍼는 역사화한 신약성서의 현상을 먼저 소개한다. 말하자면 예수상(像)이 그리스의 구속 신화와 관념들에 편입되고 동화 모티프들과 전설 같은 기적 보도들에 뒤덮이는 바람에, "예수의 생애가 기록되지 못했다"Vita Jesu scribi non potest는 것이다. 또한 그는 신약성서가 오로지 퀴리오스[주(主)]Kyrios를 신격화하고 알리는 데에만 관심을 가질 뿐, "심리학적 해석과 역사성의 강조"에는 "관심"을 전혀 갖지 않았다고 말한다(DBW 10:304f.). 이처럼 본회퍼는 당시의 모든 연구결과와 자신을 동일시한다. 그 모든 연구결과는 그가 아돌프 폰 하르낙에게서 듣고 불트만의 책에서 읽은 내용이었다.

그는 이처럼 신약성서를 그 역사적 주위 세계에 편입시켜 그리스도교 메시지의 모든 독자성을 부정하는 것을 단절로 여겼다. 그것은 역사에 새로운 것을 허락하지 않고 자신이 발견해 내는 것만 아는 관념론 철학 때문에 일어난 타락이었다(DBW 10:306f.).

> 그러나 우리는 신약성서가 진정으로 말하게 하여 그저 청취자의 자리에 머무르면서 이 책이 힘차게 내세우는 주장을 청취하고, 실제로 만난 사실의 한복판에서 역사와 씨름해야 합니다.

c) 그리하여 그는 예수를 유별난 주장을 하면서 동시에 자신의 "인격"을 걸고 길을 가리키며, 하나님의 뜻을 뚜렷이 드러내는 분으로 파악한다. 그는 헨릭 입센의 「브란」과 표도르 도스토옙스키의 『대심문관』을 예로 들어 견고한 주장을 증명한다(DBW 10:310f.). 하지만 그는 놀랍게도 이러한 판단에 부합되게 어린아이(DBW 10:312), 사회의 부랑자들, "제5계급"으로 방향을 돌린다(DBW 10:313). 그는 이 역설적인 주장의 통일성을 "예수의 신관(神觀)"에서 발견한다. "이 세상을 완전히 능가하시는 하나님, 전적 타자……그분은 인간의 철저한 겸허를 요구하십니다.……그분은 인간 안에 텅 빈 공간이 자리하기를 원하시고, 직접 그 공간 안으로 들어가십니다"(DBW 10:314).

d) 그는 바벨탑 쌓기에 불과한 "종교의 길"을 다시 거론한다. "종교와 도덕 안에는 심연의 싹이 도사리고 있습니다.……역설적으로 들리겠지만, 그리스도교의

메시지는 원칙적으로 도덕과 무관하고, 종교와도 무관합니다"(DBW 10:315). 그는 이 대목에서 이전보다 한 걸음 더 나아간다. 예전 같으면 가시적 교회의 신학적 요소들을 중시하여, 교회를 그리스도 곁으로 아슬아슬하게 바짝 붙이고 교회를 그리스도와 거의 동일시했겠지만, 이제는 그리스도론을 더 강력하게 전면에 내세우고, 교회를 그리스도와 완전히 대립하는 것으로 보이게 했다. 이 대목의 내용은 아래와 같다.

> 그러나 이로써 우리는 신성으로 돌진하려고 하는 인간의 모든 시도 가운데 가장 엄청난 시도인 교회를 근본적으로 비판했습니다. 그리스도교는 교회에 적대적인 세균을 자기 안에 감추고 있습니다.……하지만 그리스도교는 교회를 필요로 합니다.……윤리와 종교와 교회는 인간이 하나님께로 나아가는 것에 불과합니다. 그러나 그리스도께서는 오로지, 하나님께서 인간에게로 다가오시는 것에 대해서만 말씀하십니다(DBW 10:316).

e)본회퍼는 종교는 물론이고 인본주의, 그리스 정신, 신비주의, 문화 개신교도 좋지 않게 평가한다(DBW 10:317-319). 이는 청중을 대단히 괴롭게 했거나, 그들이 이해하지 못할 내용이었음에 틀림없다. 본회퍼도 그것을 느꼈다.

> 인간 쪽에서 하나님을 알아가는 것이라고 할 수 있는 윤리와 종교와 교회로 방향을 돌리고, 인본주의와 신비주의와 문화 개신교로 방향을 돌리는 것은 인류가 소유했던 최상의 것을 인류에게서 빼앗는 것처럼 보입니다. 다음 시간에는 그리스도교의 모든 것이 어떻게 철두철미 제한적이고 상대적인 권리 속으로 편입되었는지를 보여드리겠습니다(DBW 10:319).

f)그는 사랑과 죽음이 얽혀 있는 십자가에서 모든 것을 이해할 수 있다고 말한다. "예수의 신관은 바울의 십자가 해석에 반영되어 있습니다. 십자가가 그리스도교 메시지의 중심, 곧 역설적 상징이 된 것입니다"(DBW 10:320). **그리스도교적 종교는 하나님께로 나아가는 길이어서 타 종교들과 다르지 않았다.** 하지만 **그리스**

도는 달랐다. "그리스도는 새로운 종교를 가져온 분이 아니라, 하나님을 모셔 온 분입니다"(DBW 10:321). 이 문장은 1944년에 쓴 『저항과 복종』에 나오는 문장과 거의 흡사하다. 그 문장은 다음과 같다. "예수는 우리를 새로운 종교로 부르시는 것이 아니라, 삶으로 부르신다네."[44] 이는 앞 문장을 완벽하게 확충한 것이라고 할 수 있다. 본회퍼는 강연에서 계속 말한다. "그리스도의 선물은 **그리스도교적 종교**가 아니라 십자가에서 절정에 이른 하나님의 은혜와 사랑입니다"(DBW 10:321).

본회퍼는 청소년 운동, 인지학(人智學), 선정적인 것에 대한 쾌감으로 표현되는 20세기의 "갈증"을 언급하며 강연을 끝맺었다. 이 "갈증"은 그가 후일 자신의 10년을 묘사하면서 자주 쓴 표현이기도 하다. 강연에서 말한 대로, 이 "갈증"은 음주를 통해 더욱 심해지다가 죽음만을 낳을 뿐이다(DBW 10:321). 오직 십자가를 앎으로써만 진정된다.

3. 고별 설교를 하고 작별을 코앞에 둔 1929년 2월 8일, '그리스도교 윤리의 근본 문제들'이라는 제목으로 세 번째 강연이 이루어졌다. "마지막 강연이 모레로 다가왔군요. 그 일을 마쳐야 귀국을 생각할 수 있을 것 같습니다."[45]

이 강연은 세 강연 가운데 가장 구체적인 강연이자 가장 예사롭지 않은 강연이기도 하다. 그는 여러 지점에서 어린 청중에게 감동을 주었음에 틀림없다. 그는 니체에 호응하여 자유에 대해 이야기하고, 니체의 『선악의 피안에서』*Jenseits von Gut und Böse*를 "그리스도교 메시지의 구금된 극선(極善)"과[46] 격돌시킨다. 그는 "그리스도교에는 도덕규범이 존재하지 않고 또 존재할 수도 없다"는 이유로 윤리행위의 연속성을 지체 없이 부정했다(DBW 10:323). 윤리적 순간에 대한 신뢰, "존재하지 않는 상황"(DBW 10:333)에 대한 신뢰가 추락해야만 안심이 되었던 것일까?

a)윤리는 보편적으로 적용할 수 있는 규범 체계가 아니라 역사의 속박을 받는다(DBW 10:323). 윤리는 민족적 장소에 따라 달라진다. 독일에서는 윤리를 전쟁 경험 및 혁명 경험과 떼어 놓고 파악하는 것이 불가능했다(DBW 10:324). 본회퍼도 자신이 이 경험과 연결되어 있으며 거기에 책임이 있음을 느낀다. 그러나 그는 주제의 정치적인 면에 대해 장광설을 늘어놓지 않고, 그 시대의 문헌에 머문다(DBW 10:325).

새로운 윤리를 형성하여 삶을 관통하려는 의지가 있기는 하지만 참된 출발점이 없다는 것이 현재의 상황입니다. 이 출발점을 보여주려고 시도하는 것, 그것이 우리의 과제여야 합니다(DBW 10:326).

b)본회퍼가 숙고를 요구하는 사랑 계명은 그리스도교 고유의 것이 아니다. 힐렐Hillel이나 세네카Seneca에게서도 그 계명을 입증할 수 있다는 것이다.

예수의 윤리적 계명(과 산상수훈) 전체의 의의는 인간에게 이렇게 말하는 데 있습니다. "너는 하나님의 눈앞에 서 있다. 하나님의 은혜가 너를 다스린다. 그런데도 너는 이 세상에서 다른 것에게 친절을 베푸는구나.……이 의지가 어떤 것인지는 순간이 너에게 말해 줄 것이다."[47]……예수께서는 인간을 매 순간 새롭고도 다르게 하나님께 복종시키심으로써 인간이 잃어버렸던 가장 강력한 선물을 인간에게 되돌려 주십니다. 그것은 다름 아닌 자유입니다.[48]

이제 새로운 십계명을 만드는 이는 니체의 초인이 아니라 그리스도인이다(DBW 10:331). 그러나 1928-1929년에 내린 그의 결론에서 힘을 떨치는 것은 세상의 옛 계명(誡命), 곧 강자의 권리다. 스물두 살의 그는 원리와 원칙에 의거하여 톨스토이와 병역 기피자를 서슴없이 비판한다(DBW 10:332). 그는 모든 것을 일반화하는 그리스도인들의 허약함에 분명히 맞서면서 섬뜩한 발언을 한다.

(성령은) 관념과 원리들 속에서 반짝이는 것이 아니라 순간의 결단 속에서 반짝입니다(DBW 10:338).……능력도 하나님으로부터 비롯되고, 힘과 승리도 하나님으로부터 비롯됩니다. 하나님께서는 인간과 민족에게 청년을 주시고, 청년을 좋아하시기 때문입니다. 또한 하나님 자신이 영원히 젊으시고 강인하시며 백전백승이시기 때문입니다(DBW 10:339).……하나님께서는 우리 때문에 입으시는 상처들, 우리가 그분 때문에 입는 상처들을 치료하는 법도 알고 계실 것입니다(DBW 10:340).

c)이제 그는 전쟁을 언급한다. 그는 루터교의 상투적인 방법으로 전쟁—과 산상수훈—에 대해 가르치며 막강한 순간윤리Augenblicksethik로 마무리한다. 그 미래의 평화주의자(본회퍼)는 민족들의 경제 전쟁과 생존 경쟁에서 강자의 상대적 권리를 선언하고 뒷받침한다. 잘못된 세계 도피보다는 그것이 훨씬 낫다는 것이다!(DBW 10:341) 니체에게 대지(大地)를 넘겨주기보다는 그것이 훨씬 낫다는 것이다! 물론 우리는 본회퍼가 전쟁을 "죄와 악", "경악스러운 것, 무시무시한 것, 살육"이라 불렀음을 간과해서는 안 된다. 그는 전쟁이 양심을 억압한다고 말한다(DBW 10:338). 하지만 그는 이렇게 공식화하기도 한다. "내가 무엇을 가지고 있건 간에, 나는 이 민족을 사랑합니다. 내가 무엇이건 간에, 나는 나의 민족으로 인해 존재합니다"(DBW 10:337). 뜻밖에도 그는 재외 독일인의 상황 속에서 "여지없이 민족 생각"에 푹 빠진다.

그럼에도 우리는 본회퍼를 그런 부류의 사람으로 분류해서는 안 된다. 전에는 설교에서도, 편지에서도 그런 식으로 말한 적이 없었다.[49] 그와 같은 공식들은 오래전부터 독일 개신교인들의 교의였다. 하지만 처음에는 국민당원들과 독일민주당원들의 것이었다. 그러다 완전히 우익 쪽으로 미끄러져 유대인 배척용으로, 맹목적 애국주의용으로 해석되었다. 여기서 본회퍼는 자신의 언어로 말하지 않는다. 사실 "우리 생활의 토대인 생존 경쟁의 자연조건들"이라는 표현은 프리드리히 나우만에게서 온 거였다. 본회퍼는 이 강연에서 그 표현을 명시적으로 끌어다 썼다(DBW 10:340).[50] 물론 다른 근거로 한 것이긴 하지만, 막스 베버에게서도 유사한 표현을 끌어다 썼다.

본회퍼가 대지에 대한 불굴의 충성에 도사린 자기기만을 깨닫기까지는 오랜 시간이 걸리지 않았다. 전혀 다른 쪽의 연결이 임박해 있었다. 권터 덴이 1928년 9월 6일 전쟁 문제를 놓고 냉철하게 강연하자, 이에 대한 반발로 마그데부르크 독일국민당원들의 결의가 이루어졌으며, 1929년 3월 16일 베를린 『타크』*Tag*지가 그 결의를 게재한 것이다. "빨갱이 덴"에 대한 비방이 시작되었고, 본회퍼는 바로 이 시점부터 그를 가까이하기 시작했다.[51] 하지만 미국 체류 경험과 "세계교회친선연맹" 경험도 다음과 같은 사실을 인식하게 해주었다. 말하자면 적어도 바르트의 체계와 재래식 루터교 윤리의 저 기이한 결합이 개조되어야 한다는 것이다. 이제껏 윤리는 본회퍼의 신학 작업에서 의붓자식이나 다름없었다. 게다가 그는 이 강연을 세 차례의 강연 가운데 마지막으로 밀어낸 상태였다. 마지막 강연에 윤리를 새롭게 잡아매고, 윤리를 가리켜 "하나님께서 우리에게 행하신 것에 대한 감사에서 비롯된 연약한 의지의 표현"이라고 부른 것만 보아도 모종의 불안정한 태도가 드러나는 것 같다. 그는 이렇게 말한다. "인간의 행위는 하나님이 인류에게 내리신 은혜를 깨닫고 자기 자신을 깨닫는 데에서 싹틉니다. 인간의 행위는 하나님의 은혜가 임하기를 바라고, 하나님의 은혜는 인간을 시대의 곤경에서 해방시킵니다."[52] 결국 그는 윤리적 순간의 바늘 끝에서 중심 잡는 행위를 다음과 같은 종말론적 탄식으로 바로잡는다.

> 세상 나라, 윤리 나라의 진지함과 깊이와 곤경을 속속들이 맛보고 밖을 동경하는 사람만이 다음과 같은 바람을 이해하게 될 것입니다. "우리의 세상이 사라지게 하시고, 당신의 나라가 오게 하소서."[53]

2년 뒤에는 시급한 윤리 문제와 산상수훈에 대해 의견을 말하면서도 전혀 불편해하지 않았다. **십자가의 신학**theologia crucis과 확장된 시야가 제 몫을 다한 것이다.

Ⅳ. 미래 설계

1928년 11월, 바르셀로나 독일인 교회의 "장로회 교회 관리 위원회"는 본회퍼에게 격식을 갖추어 문의했다. 바르셀로나에 머물지 않겠느냐는 거였다. 본회퍼는 잠시 숙고하고 나서 거절했다. 바르셀로나에 더 머무는 것은 그가 생각한 교회 참여가 아니었다. 사실 그는 목사가 될 것인지, 교수가 될 것인지를 아직 결정하지 못한 상태였다. 그는 당분간 두 길 모두를 열어 놓고 싶어 했다. 장차 목사안수를 받고 교수 자격도 취득하고 나서 결정할 생각이었다.

목회의 길에는 당시 그가 불필요한 정거장으로 여긴 벽 하나가 버티고 있었다.

바로 신학원이었다. 새 목회 규정은 신학원 출석을 의무화했다. 하지만 그는 그 의무를 준수할 마음이 전혀 없었다. 이미 1928년 5월에 어머니가 다음과 같은 의견을 말한 상태였다. "대관절 돔칸디다텐슈티프트(빌헬름 황제 기념 교회에서 베를린 중심가에 설립한 신학원—옮긴이)Domkandidatenstift에 출석해야 한다고 하는데 너는 어찌 생각하느냐? 그 신학원이 목사후보생들에게 대문 열쇠도 주지 않고, 목사후보생들이 다른 신학원에 출석하는 것도 막는다고 다들 비꼬는데, 너는 그 의무를 어찌 피할 생각이냐? 그전에 무언가 조치를 취해야 할 거야. 교수 자격 취득 논문을 쓰는 것도 괜찮을 거야."

대학교수 자격 취득이 묘책이었다. 본회퍼는 제베르크를 통해 조교에 응모하려고 했다. 부모도 한스 리츠만의 도움을 받아 그것을 해결해 줄 수 있었다. 하지만 제베르크의 은퇴가 임박한 상태여서 몇 가지 어려움을 예상하지 않으면 안 되었다. 본회퍼는 신학적으로 제베르크와 가까운 사람이 제베르크의 교수직을 차지할 거라고 추정하지 않았다. 알트하우스가 거명되었지만, 제베르크는 이 제안을 후원하지 않았다. 빌헬름 쾨프Wilhelm Koepp도 그 자리를 희망하는 것 같았다. 결국 후임자의 이름이 낙점되었다. 바로 빌헬름 뤼트게르트Wilhelm Rütgert였다. 그러자 본회퍼는 이렇게 생각했다. "제베르크가 그를 부추긴 것 같습니다. 뤼트게르트는 제베르크와 달리 제 논문을 이해하지 못할 겁니다."[54] 나중에 이 우려는 근거 없는 것으로 드러났다. 그사이에 집에서는 다들 아들이 이 상황에서 대학 강단으로 이어진 길을 포기할지도 모른다고 걱정하고 있었다. 아버지는 그에게 이렇게 편지했다. "하르낙이 네 안부를 물으며 너에게 이런 말을 전해 달라고 하더구나. '자네는 가급적 빨리 대학교수 자격을 취득해야 하네. 강의를 함으로써 대단히 많은 것을 배우게 될 걸세.'"[55]

이 시기에 본회퍼는 이미 교수 자격 취득 논문의 주제를 적극적으로 숙고하는 중이었다. 그는 수련목회자로 사역하면서도 신학에 시간을 투자할 수 있었다. 수련목회자 시절의 처음 몇 주 동안은 인쇄를 위해 박사 학위 논문을 다듬는 데 몰두했고, 마지막 몇 주 동안은 새로운 주제에 집중한 상태였다.

박사 학위 논문의 출판과 관련된 상황은 좋지 않았다. 그리하여 본회퍼는 제베르크에게 보내는 편지에서 아래와 같이 말했다.

저는 제 논문을 삭제하고 축약하는 일에 몰두하고 있습니다. 약속드린 대로, 11월 초쯤이면 이 논문을 교수님께 상쾌한 마음으로 보내 드릴 수 있을 것 같습니다. 저는 많은 내용을 새로 쓰고, 몇몇 커다란 대목을 아예 생략해야 할 것 같습니다. 실망스럽게도 원죄 및 그 사회적 의미를 두고 제가 전개한 것과 유사한 생각을 에밀 브룬너Emil Brunner의 『중재자』에서 발견했거든요.[56]

박사 학위 논문 수정을 어느 정도 마쳐 가고 있습니다. 물론 예상한 것만큼 축약하거나 삭제할 것이 많지는 않았습니다. 그렇지만 4부나 5부는 삭제하려고 합니다. 최근에 알트하우스의 책을 소개하는 비평을 읽었습니다. 올가을에 『성도의 교제』라는 제목으로 출간될 예정이라는군요.[57] 그 책을 기다리는 것과, 그것과 무관하게 제 논문을 인쇄소에 맡기는 것 가운데 어느 것이 나을지를 교수님께서 추천해 주시겠습니까?[58]

제베르크는 알트하우스의 새 책을 기다리는 것에 동의하지 않으면서 이렇게 말했다. "자네 논문의 출간과 관련하여 상당한 시간이 지나야 한다는 게 염려될 뿐이네. 출판사 주인이 바뀌었고 게다가 일처리도 대단히 더디게 진행되고 있으니 말일세."[59] 그리하여 본회퍼의 논문 출판은 경제 대공황의 소용돌이에 휘말리고 말았다.

그는 과거의 것을 축약하고 마무리하는 작업보다는 미래의 책에 몰두하는 것을 더 기쁘게 여겼다.

저는 다른 주제를 구상 중입니다. 물론 역사와 관련된 것이 아니라 조직신학과 관련된 주제입니다. 신학에 자리한 의식(意識)의 문제와 양심의 문제를 화제로 삼고, 루터의 방대한 갈라디아서 주석에서 따온 구절들도 화제로 삼을 생각입니다.[60] 교수님도 언젠가 세미나에서 의식의 문제를 제기하신 적이 있습니다. 하지만 이번에는 심리학적 연구가 아니라 신학적 연구가 될 것입니다.[61]

이는 1년 뒤 『행위와 존재』*Akt und Sein*라는 제목으로 구체화될 것을 처음으로 암시한 것이다. 여전히 인식론이 윤리학보다 먼저였다. 그는 믿음이 불가피하게 종교가 될 때, 그것이 믿는 자 안에서 어떤 형태를 띠는지를 신학적으로 확인하고 싶어 했다. 헬무트 뢰슬러에게 보낸 편지에서 자신의 설교와 어린이 주일 예배에 대해 말한 대로,[62] 그는 종교 의식(意識)의 문제를 어린이의 현상과 연결 지으려 했다.

그러나 제베르크는 그 저돌적인 사람을 어떻게 해서든지 역사학의 울타리 안에 가두어 두려고 했다. 노련한 스승은 자기 제자의 취약점을 파악했던 것일까? 그는 본회퍼에게 보낸 1928년 10월 19일자 편지에서 아래와 같이 말했다.

> 이 분야의 문제 제기와 방법에 익숙해지려면 역사 방면이나 성서 방면을 선택하는 것이 영리할 듯싶네. 예컨대 이런 물음들을 고려해 보는 것은 어떨까? 12세기의 스콜라 철학에서 윤리 문제가 강하게 뒷걸음질한 것은 무엇 때문인가? 솔즈베리의 요한Johannes von salisbury의 『메탈로지쿠스』*metalogicus*에 나타난 서술은 어찌 평가될 수 있는가? 이것은 보기에 불과하니, 자네 마음에 드는 다른 문제가 있다면, 그것을 택하는 것이 더 좋을 것이네. 하지만 윤리와 도덕의 역사도 오늘날 젊은이가 목표로 삼을 만한 분야일세. 산상수훈으로부터 우리 시대에 이르기까지 윤리적 교리사를 훑어보는 것도 그러하다네.[63]

그러나 그는 본회퍼에게 영향을 주지 못했다. 본회퍼가 스스로 선택한 연구주제로 돌아가기를 고대했기 때문이다. "이곳 사정이 한결같다고 말씀드릴 수는 없지만……한동안 생활 방식이 다소 불안정할 것 같습니다. 그동안은 제가 충분히 해온 글쓰기보다는 읽기를 더 많이 할 것 같습니다. 저는 그리되기를 간절히 바라고 있습니다."[64]

읽지 않은 책들을 상자에 담아 본가로 보낸 상태였다. 이번에는 정말로 그 책들을 읽을 참이었다. 그는 1929년 2월 17일에 눈 덮인 그루네발트 본가에 돌아가 있었다.

그러나 베를린의 대학 세계로 돌아왔다고 해서 스페인이 기억에서 묻힌 것은 아니었다. 베를린에 있을 때는 물론이고 프리드리히스브룬에서 휴가를 보내고 있을 때에도 교사들과 청년들이 그를 찾아왔다. 1930년 4월, 그는 시험들과 미국행을 앞두고 있었음에도 불구하고 바르셀로나를 한 번 더 여행했다.[65] 그는 바르셀로나에 체류하면서 그 도시 위에 우뚝 솟은 산, 악마가 세상 나라들을 보여주며 예수를 유혹했다는 "티비다보"Tibidabo 산정에서 맛좋은 커피와 형편없는 과자를 맛보고, 돈 호세Don José가 부르는 「카르멘」을 청취하고, 투우의 매력에 다시 한 번 흠뻑 빠졌다.

베를린 대학교 조교 시절

4

1929-1930

고국에 돌아온 본회퍼는 정치권력 이동이 중대하게 진행되고 있음을 곧바로 감지했다.

이 시점의 독일은 국제 채무 경감을 앞두고 있었다. 배상금 문제가 도스 안Dawes Plan 국면에서 영 안Young Plan 국면으로 접어들고 있었다(도스 안은 1차 대전 이후 독일의 전쟁배상금 지불에 관한 계획안으로서 미국 재무장관 찰스 G. 도스의 주재 아래 전문가 위원회가 작성하고 1924년 8월 16일 연합국과 독일의 승인을 받은 안을 가리킨다. 첫해에 금화 10억 마르크를 지불하여 1928년까지 금화 25억 마르크로 증액하게 되어 있었다. 영 안은 미국의 오언 D. 영을 의장으로 한 새 위원회가 1929년 6월 7일에 작성한 보고서로서 독일로부터 받을 배상금의 총액을 59년간 1,210억 라이히스마르크로 낮추는 안을 가리킨다. 히틀러의 집권으로 이 안에 명시된 모든 주요 의무들이 거부되었다—옮긴이). 영 안은 1930년 5월 17일에 발효되었다. 이로써 제국이 경제적·재정적 자주 독립권을 되찾고, 라인란트 지구가 자유를 얻었다.

그러나 우익 단체들은 구스타프 슈트레제만과 율리우스 쿠르티우스Julius Curtius가 애써 성사시킨 외교 정책상의 모든 진전을 선전 선동을 통해 은폐하고, 이 두 사람을 포기 정책 지지자와 조약 이행 정책 지지자로 몰며 비방했다. 1929년 가을, "철모단"(1918년에 창립된 재향군인회—옮긴이)Stahlhelm, 독일국민당원들, 국가사회주의자들이 "국민 발안"을 공동으로 결성했다. 영 안이 독일 국민을 노예화한다고 보고 이를 저지하는 법률을 입안하겠다는 거였다. 교계도 이 블록 형성에 필요한 10퍼센트를 마련해 줌으로써 제국 의회를 압박하여 국민 발안을 법안으로 심사하게 했다. 그들은 국민 발안에 반대하는 정치적 중도파와 좌파를 매국노로 낙인찍으며 한목소리로 투쟁 구호를 외쳐 댔다. 제국 의회는 과반수의 표로 이 법안을 기각했다.

1929년 10월 3일에 구스타프 슈트레제만이 죽었고, 몇 주 뒤인 1929년 10월 24일에는 뉴욕 증시가 요란한 소리를 내며 붕괴했다. 독일에서는 세계 경제위기의 반작용이 반민주적 정치 세력에게 도움을 주며 대단히 심각한 사태 전개를 초래했다. 과격한 군중이 거리로 나와 시위를 벌였다. 같은 해에 NSDAP(국가사회주의 독일노동당) 베를린 지부장 요제프 괴벨스Joseph Goebbels가 자기 당의 중앙 선전부장으로 임명된 것은 결코 우연이 아니었다. 1년 뒤 사회민주당(사민당)이 실각하자, 이제까지 국가를 떠받치던 세력들이 심각하게 와해되었다. 1930년 3월 말경, 하인리히 브뤼닝이 처음으로 수상이 되었다. 시름시름 앓고 있던 바이마르 공화국을 구출하기 위한 마지막 시도로 "긴급 조치" 시대가 시작되었다.

본회퍼 일가는 수상직에 오른 하인리히 브뤼닝에게 그의 수행 능력 이상의 것을 기대했다. "브뤼닝이 수상직에 오르면서 전반적인 상황은 외교와 경제 부문에서 타협의 길과 상승의 길이 열리는 것을 보장해 줄 것처럼 보였다."[1] 그러나 이 시기는 자유주의 전통과 인도주의 전통의 조종(弔鐘)을 상징하기도 했다. 본회퍼 일가와 바로 이웃해 살면서 희생적인 충성으로 바이마르 공화국에 줄곧 도움을 준 두 사람이 이 시기에 죽었기 때문이다. 1929년 여름, 이웃집의 한스 델브뤼크가 눈을 감았다. 그는 역사학자로서 클라우스 본회퍼의 장인이었다. 이로부터 1년 뒤에는 아돌프 폰 하르낙이 숨을 거두었다. 한스 델브뤼크와 아돌프 폰 하르낙은 칼 본회퍼보다 훨씬 적극적으로 정치 활동에 참여했으며, 아돌프 슈퇴커Adolf Stoecker의 유대인 배척 활동을 차단하는 일에 오랫동안 함께 투신하여, 개신교 사회 협회Evangelisch-Sozialer Kongress에 유대인 문제를 문의하려고 하는 슈퇴커의 시도를 저지하고 그를 협회에서 탈퇴시킨 이들이었다. 그들은 20년 동안 개신교회의 정치 행로를 우려스럽게 지켜보기도 했다. 제왕적 국교회 수장 때문에 군주제와 유대인 배척주의가 중단되지 않았기 때문이다. 에릭 페테르손Erik Peterson은 아돌프 폰 하르낙에게 보내는 편지에서 이렇게 말했다. "정신-사회학적으로 볼 때, 독일 개신교회는 대체로 독일국민당의 정신-사회학적 위상과 일치하는군요."[2]

비이성적 국수주의가 되살아나, 아돌프 폰 하르낙과 델브뤼크가 모범적으로 구현한 것을 급속도로 평가절하하거나 경원시하고, 돌격 준비가 된 "조직 국가"를 타락시키는 도덕으로 여기기까지 했다. 그리스도교 시민계급은 그러한 국수주의를 그다지 지지하지 않았다. 한스 체러Hans Zehrer, 에드가 융Edgar Jung, 에른스트 윙거Ernst Jünger를 중심으로 결성된 "활동계(界)"의 반자유주의적 출판물들이 점점 더 큰 반향을 얻었다. 우익 시민계급은 권위주의적 질서를 동경했다. 그리스도교 중산층은 떠들썩한 국가사회주의자들에게 호감을 전혀 갖지 않았지만, 민주주의가 "서구의 퇴폐 문화"를 선사했다는 소문을 즐겨 엿듣고, 애국적인 민족 공동체 안에서 독일 민족정신이 부활해야 1918년에 겪은 패배를 승리로 바꿀 수 있다고 여겼다.

그러나 본회퍼의 형들과 매형들은 직업상의 책임을 맡으면 맡을수록 스스로를 바이마르 공화국과 더 동일시했다.

"무관심"

물론 디트리히 본회퍼도 이러한 사태 전개를 적잖이 우려했다. 하지만 오로지 신학에만 몰두하며 형들보다 더 신중을 기했다.

그는 방겐하임슈트라세의 활기찬 친가에서 지낸 까닭에 그날그날 일어나는 정치적 사건을 멀리할 수 없었다. 더구나 그는 신문을 꼼꼼히 읽는 독자이기도 했다. 그는 부모가 지지하는 민주적 신문 「포시셰 차이퉁」*Vossische Zeitung*은 물론이고 형들이 집으로 가져오는 온갖 성향의 신문들까지 읽었다. 바로 그해에 매형 도나니의 가족이 함부르크를 떠나 베를린 리하르트 쇠네 씨 집으로 이사했다. 쇠네 씨 집은 친가 맞은편에 있었다. 한스 폰 도나니는 제국법무부 장관의 개인 보좌관 자리를 떠맡았다. 그 자리의 전임자는 게르하르트 라이프홀츠였다. 친가에서는 도나니를 통해 정치적 사건과 그 배후관계들을 심도 있게 접할 수 있었다.

디트리히 본회퍼는 해외에서 1년간 지내면서 고국에 대한 판단력을 예리하게 갈무리한 상태였다. 바르셀로나 강연에서 했던 것과 같은 민족주의적 표어를 더 이상 입에 담지 않았지만, 그는 가는 곳마다 그러한 표어가 민족주의적인 구호로 활용되고 유대인 배척 선동과 엮이는 것을 목격했다. 그는 1929년의 "국수주의적 야당"과도 관계하지 않고, 보수 정당들의 국민 발안에도 관여하지 않았다. 바로 이 무렵 그는 난생 처음 유대인(모계) 혈통의 한 신학도 프란츠 힐데브란트Franz Hildebrandt와 긴밀한 우호관계를 맺었다. 제한된 평화주의가 내면에서 형성되기 시작한 것도 이 무렵의 일이다. 이는 당시의 교계와 신학계에서 극히 드문 일이었다. 그는 1929년과 1930년에 예배에 출석할 경우—물론 아직은 규칙적으로 하지 않았다—권터 덴이 사역하는 베를린 모아비트 구역의 교회에 출석하곤 했다. 권터 덴의 정치적 입장을 알아볼 필요가 있었기 때문이다. 교계와 신학계의 국수주의적 투사들이 애국적 시민계급의 아들인 그조차 소중하게 여기는 것을 찬탈하고 있었고, 그는 바르트주의자들에 가까운 자신의 신학을 통해 그들에 맞서 싸울 수단을 얻을 수 있었다.

그럼에도 본회퍼는 이 시기에 정치적으로 어딘가에 참여할 생각을 품지 않았다. 그 후 10년 동안 우리는 비극을 더 뚜렷이 보게 된다. 본회퍼와 같은 입장의 신학자들이 나름의 방식으로 인본주의적 "서방 세계"에 맞서 자신들을 부각시키려고 노력했지만, 그들의 "위기 신학"이 강력한 반자유주의적 성향을 띠었던 것이다. 게다가 바르트주의자들 중에는 출신 성분상 바이마르 공화국에 동조하지 않는 이들도 상당수 있었다. 본회퍼는 칼 바르트가 1945년에 '전쟁포로가 된 독일 신학자들에게'라는 제목의 연설에서 아래와 같이 한 고백에 동조했을 것이다.

> 여러분에게 솔직히 고백하지만, 제가 독일에서 보낸 세월을 돌아보며 저 자신을 질책할 무언가가 있다면, 그것은 제가 그 당시에 저의 교회-신학적 사명에 요란스레 집중하느라……저를 둘러싼 교회와 세상 안에서……그 경향들을 암시적으로든 명시적으로든, 비공식적으로든 공식적으로든 경고하지 않았다는 것입니다![3]

본회퍼는 이미 1932년에 자신의 "무관심"을 부끄러워하며 그것을 "참으로 경솔한 짓"이라 불렀다.[4]

하지만 1929년의 본회퍼는 우파 정치나 좌파 정치에 관심을 기울이기보다는 오로지 신학에만 관심을 기울였다. 그는 바르셀로나에서 실제적인 교회 참여와 사회 참여를 마친 뒤 새로운 열정을 품고 학문 연구의 세계로 돌아온 상태였다. 따라서 목회 실습 규정에는 필요한 만큼만 주의를 기울였다. 이러한 태도를 취한 것은 총회 활동과 지역교회 활동을 과소평가했기 때문이다. 그는 학술적 신학을 심화시킴으로써만 판단, 개혁, 구원을 기대할 수 있다고 여겼다. 학술적 신학의 심화를 통해서만 참되고 당연한 권위를 얻을 수 있다는 게 본회퍼의 당시 생각이었다.

그는 목표 지향적 태도에도 불구하고 자신의 과제를 제대로 알지 못했다. 그러기는커녕 1929년에서 1930년으로 이어지는 시기 내내 남모르게 불안해했다. 이 해에 그의 심정이 어떠했는지를 알려 주는 자료는 비교적 드물다. 하지만 궁극적 소명 의식을 앞두고 동요했음에 틀림없다. 스스로 선정한 주제가 책상 위에 놓여 있었고, 그는 친가와 도시가 풍부하게 제공하는 기분 전환을 단호하게 멀리했다. 하지만 이 연구가 목표였을까? 이 모든 것의 목적은 무엇이었는가?

> 나는 교수 자격 취득 논문을 제출하기 직전입니다.……조만간 바르셀로나에 있는 나의 공동체를 찾아가 그곳에서 14일을 보낼 것입니다. 내가 상당히 의지하는 공동체거든요. 학계에는 그리 오래 머물지 않을 것 같습니다. 하지만 학문적 예비지식을 가급적 꼼꼼히 쌓는 것이 대단히 중요하다고 생각합니다.……내가 실제로 귀담아듣는 이의 말은 레온하르트 펜트Leonhard Fendt와 덴의 말뿐입니다.[5]

5년 뒤 본회퍼는 이 해의 자신을 두고 다음과 같이 비판했다. "나는…… 연구에만 몰두했습니다.……여러 사람이 내게서 명예심을 보았고, 그 명예심이 내 삶을 힘겹게 했습니다."[6] 그럼에도 이때 이미 새로운 무언가가 뚜렷해지고 있었음에 틀림없다. 그것은 후일 거침없는 전환으로 이어지게 된다. 현존하지 않는 본회퍼의 편지에 대한 답신이 이와 관련된 언급을 담고 있다. "저는 선생님께서 스스로를 두고 쓰신 것, 특히 새로운 관찰들을 통해 선생님의 철학과 신학을 쇄신하시겠다는 말씀을 알아들은 것 같습니다."[7] 우리는 이것을 그의 미국 체류 시기에 보게 될 것이다.

I. 대학교수 자격 취득

베를린 대학교 신학부는 전도유망한 박사 학위 예정자가 교수 자격까지 취득하기를 기대했다. 하지만 이와 연관된 문제들이 일거에 해결된 것은 아니었다. 문제는 세 가지였다. 1. 연소한 사람이 자신에게 대학인의 칭호를 줄 일자리를 어떻게 찾을 것인가? 2. 교수 자격 취득에 꼭 필요한 박사 학위 논문 「성도의 교제」 출판을 어떻게 실행할 것인가? 3. 교수 자격 취득 논문의 주제와 초안으로 어떤 것을 정할 것인가?

수습 조교

본회퍼는 라인홀트 제베르크의 교수직이 할레 출신 빌헬름 뤼트게르트에게 넘어갈 무렵에 돌아왔다. 그 무렵 신학부에서 가장 결정적인 변화가 일어났다. 뤼트게르트가 처음에는 신약성서를 가르치는 교수로 있다가 마르틴 켈러Martin Kähler를 통해 명성을 날린 조직신학 교수직을 차지하게 된 것이다. 게다가 그는 독일 관념론 전문가로서 관념론에 대한 변증법적 신학의 가혹한 요약을 참지 못하는 사람이었다.

그럼에도 제베르크는 그 방향으로부터 위협받는 자기 제자를 후임자에게 효과적으로 천거했다. 1929년 여름학기가 시작될 무렵, 본회퍼는 베를린 대학교 조직신학 세미나의 "수습 조교"가 되어, 1930년 9월까지 그 명칭을 달고 지냈다.

그는 전임교수를 위해 조교의 일을 수행했다. 하지만 그 일은 특별한 소질을 요구하지 않았다. 열쇠 나눠 주기와 돌려받기, 세미나실 관리하기, 신간도서의 주문을 건의하기, 다른 조직신학 교수(티티우스)와 접촉하여 그의 세미나 욕구를 들어주기, 눈덩이처럼 불어나는 대학생들에게 세미나 논문 나눠 주기, 세미나 논문 검열하기, 표절 찾아내기 등등이 그가 하는 일이었다. 1929년 4월, 그는 자신의 조교 시절을 하이데거 토론회로 시작하지 못하고, 도서관 이전과 도서 재정비, 새 도서관 이용 규정을 세미나에 소개하는 것으로 시작했다. 하지만 본회퍼는 이를 통해 소망하던 연구를 수행하고 자신이 필요로 하는 것에 접근할 수 있었다. 게다가 자신에게 조금이라도 도움이 되는 것들을 찾아내는 능력까지 입증해 보였다. 그는 그 자리에 있으면서 시간을 잡아먹는 것으로 여겨지는 다른 의무들, 예컨대 담당 교구감독이 주관하는 목사후보생의 밤에 출석하는 것과 같은 의무를 거부할 수 있었다.

그가 1928년에 제베르크에게 문의하면서 상상한 것은 "수습 조교"가 아니었다. 그가 원래 기대한 것은 아르놀트 슈톨첸부르크Arnold Stolzenburg가 차지하고 있던 전임 조교 자리가 제베르크의 정년퇴임으로 공석이 되는 거였다. 하지만 그 자리는 본회퍼의 미국 체류 이후 슈톨첸부르크가 사회윤리 세미나를 맡고 나서야 공석이 되었다.

뤼트게르트는 나름대로 새 수습 조교의 가치를 인정했다. 하지만 자신이 본회퍼의 진로 변경에 영향을 전혀 미치지 못하리라는 것을 알아챘다. 언젠가 그는 본회퍼가 미국으로 떠난 뒤에 그 자리를 물려받은 한스 크리스토프 폰 하제에게 다음과 같은 소견을 말했다. "내가 자네 외사촌을 떠맡긴 했지만, 나는 그의 철학에 더 많은 압력을 가하고 싶었다네." 이는 뤼트게르트가 하이데거를 비판적으로 언급하고 뒤이어 한 발언이었다. 뤼트게르트는 하이데거를 신토마스주의자로 여겨 반대한 사람이었다. 한스 크리스토프는 자기 외사촌을 옹호하려고 했다. 본회퍼가 하이데거의 사람이 결코 아니라는 거였다. 뤼트게르트는 그 말에 미심쩍은 표정으로 머리를 가로젓기만 했다.

어려운 출판 여건

「성도의 교제」 출판 여건이 여전히 불만족스러웠다. 논문을 완성하여 제출한 지 2년이 지났건만 얻은 게 전혀 없었다. 박사 학위 취득 요건을 충족시키면서도 원고 인쇄를 저렴하게 할 수도 있었다. 그러나 본회퍼는 어엿한 책으로 출판하기를 원했다. 자신이 소화하고 비평한 변증법적 신학을 그 신학자들의 눈앞에 들이밀고 싶었던 것이다. 이미 그는 1926년에 이렇게 쓴 상태였다. “교의학을 신론에서 시작하지 않고 교회론에서 시작하는 것도 좋을 것이다.”[8] 그랬건만 이제는 칼 바르트가 그의 제안을 알지도 못한 채 『그리스도교 교의학』의 첫 절반을 내놓은 상황이었다. 게다가 연소한 본회퍼는 신경과민까지 얻었다. 동일한 제목으로 파울 알트하우스에게 추월당해, 이제껏 앞질러 달린 거리마저 잃고 말았기 때문이다. 알트하우스는 이미 마음 편히 평판을 얻고 있었건만, 자신은 여전히 발행인을 헛되이 찾고 있었다. 제베르크의 추천 같은 권위 있는 추천이 있었음에도 출판인은 점증하는 경제위기에 직면하여 달이 갈수록 출판을 사양했다. 이는 박사 학위 논문 인쇄 중단을 예견하게 했다.

본회퍼가 1,000라이히스마르크 이상의 인쇄 비용을 지불하기로 한다면, 트로비치Trowitzsch 출판사가 떠맡을 용의가 있음을 밝혔다. 제국 의회 의원이자 그리스도교 사회봉사회 회원인 라인하르트 뭄Reinhard Mumm이 제베르크 재단과 프로이센 문화부에서 보조금을 타내고, 아돌프 폰 하르낙이 “독일 학문 긴급 공동체”에 연락하여 나머지 보조금을 타낸 덕분에, 본회퍼는 출판사가 요구하는 인쇄 비용 전부를 지불하겠다고 보증할 수 있었다. 하지만 그사이에 이미 알트하우스의 책이 시장에 나오고 말았다. 그것도 『성도의 교제』*Communio Sanctorum*라는 제목으로.[9] 마침내 본회퍼는 1930년 3월 말에 자신의 원고를 트로비치 출판사에 넘겼다. 초고와 비교할 때 변경한 대목이 몇 군데 있기는 했지만, 각주 몇 개를 제외하면[10] 알트하우스와 다툴 것이 더는 없었다.

초판본이 인도된 것은 퇴고하고 3년이 훌쩍 지난 뒤의 일이었고, 본회퍼는 배에 올라 미국으로 가고 있었다. 그 바람에 그 책을 친구들과 후원자들에게 직접 증정할 수 없었다. 우체국에서 초판본 소포에 증액된 인쇄비 청구서를 동봉해 보냈고, 부모가 대신 갚았다.

그사이에 본회퍼는 이 작품에 대한 흥미를 아예 잃은 상태였다. 『행위와 존재』를 마무리하고 그것을 출판하는 일에 생각이 쏠려 있었기 때문이다. 1931년 초, 트로비치 출판사가 불평을 해댔다. 본회퍼가 책에 신경을 전혀 쓰지 않는다는 둥, 책의 광고 글을 한 줄도 쓰지 않는다는 둥, 책을 비평할 신문을 지정하지 않는다는 둥, 18라이히스마르크에 내놓아도 책이 팔리지 않을 거라는 둥.

본회퍼의 신학 작가 데뷔는 사실상 성공적이지 못했다. 처녀작에 대한 반향은 미미하기만 했다. 게오르크 보버민Georg Wobbermin이 그를 잘못 생각하여 쓴 비평이 『신학 문예신문』*Theologische Literaturzeitung*에 실렸다.[11] 그는 본회퍼가 현상학 안에서 신학과 일반 학문의 협력을 위한 공통 근거를 추구했다고 생각했다. 빌헬름 니젤Wilhelm Niesel이 1931년 3월 호 『개혁교회 신문』*Reformierte Kirchenzeitung* 문예부록에 그 책을 간략하게 소개하며 본회퍼의 사회학 도구들이 교회 이해에 부적절하다고 비평했다. "우리가 그의 작품에 주의를 기울인 까닭은 그것이 대단히 유익한 개별 관찰들을 상당수 담고 있고, 제베르크의 한 제자가 고가르텐과 바르트에게 얼마나 많은 것을 배웠는지를 여실히 보여주기 때문이다."[12] 다소 어리둥절하지만 매력적인 일도 있었다. 아돌프 폰 하르낙의 장례식 때 낭독한 추도사를 계기로 본회퍼를 주목하고,[13] 스스로를 아돌프 폰 하르낙의 제자로 부르는 사람 안에서 순수 조직신학자를 발견하고 깜짝 놀란 빌헬름 슈브링Wilhelm Schubring이 그 책을 고찰하여 『프로테스탄트신문』*Protestantenblatt*에 기고한 것이다.[14] 1933년에는 에른스트 볼프Ernst Wolf가 『시간과 시간 사이에서』에 게재한 「가톨릭의 사유에서 본 인간과 교회」라는 논문 속에 『성도의 교제』에 대한 긍정적 평가를 끼워 넣기도 했다.[15]

그럼에도 그 책은 당시의 일반적인 토론 풍토에서 주목을 받지 못했다. 디트리히의 기대와 달리 변증법적 신학자들은 그 책을 거론하지 않았고, 교수들은 그 책을 읽을거리로 추천하지 않았다.

본회퍼 자신도 그 책을 푸대접했다. 그는 자신이 출간한 책을 대체로 푸대접하는 편이었다. 그는 질질 끄는 논쟁들과 개정판을 싫어하고, 새 글 쓰는 것을 더 좋아했다. 1935년 핑켄발데에서 『나를 따르라』의 생성 과정을 함께 지켜본 그의 목사후보생들은 본회퍼의 초기 저작들이 존재한다는 것을 전혀 알지 못했다. 그 책들이 서점에 비치되지 않았기 때문이다. 1931-1932년에 베를린 대학교에서 본회퍼에게 배운 제자들도 그 책들을 인용하지 않았고, 본회퍼 자신도 그 책들을 잊은 것 같았다.

『성도의 교제』 인쇄에 얽힌 일화는 후원을 넉넉히 받은 본회퍼가 세계 경제위기를 맞아 궁핍한 시기를 보내는 독일 학계에 공물을 납부하지 않으면 안 되었음을 보여준다. 그러나 그 일화는 그가 자신의 성과를 의식하면서 자신의 작품을 푸대접했다는 사실도 보여준다. 후일 『나를 따르라』에 쏟아진 비판의 목소리 때문에 그의 목사후보생들이 수정을 제안하자, 그는 웃으면서 그 무리한 요구를 다음과 같이 물리쳤다. "일단 썼으면 그걸로 된 거야."

『행위와 존재』

1929년 여름학기와 겨울학기에 걸쳐 본회퍼의 두 번째 책 『행위와 존재』가 만들어졌다. 그는 『성도의 교제』가 취한 노선, 곧 계시의 구체화를 새로운 단초로 다시 받아들였지만, 그 시대의 민감한 신학 논쟁에 관여함으로써 그 노선의 방향을 더 선명하게 강조했다. 그는 바르트주의자들에 대한 비판적 질의를 이전보다 훨씬 명료하고 단호하게 공식화한 다음, 질의로 그들을 공격하지 않고 그들 편을 들었다. 바르트주의자들은 『성도의 교제』에 자리한 대화 통로는 물론이고 새로운 대화 통로도 그다지 알아주지 않았다. 그는 후일 예리한 교회투쟁 참전자로 이름을 올리고 환영받기는 했지만, 그러기 전의 신학 파트너와 비평가로서는 그러지 못했다.

제목을 『행위와 존재: 조직신학 안에서 본 초월철학과 존재론』으로 잡은 것은 제베르크나 뤼트게르트의 제안에 따른 것이 아니었다. 그는 바르셀로나에 체류할 때 이미 이렇게 썼다. "나는 갈팡질팡하며 교수 자격 취득을 위한 사전 작업을 숙고하고 있어."[16] 그는 바르셀로나에서 무더운 여름철 몇 주 동안 숙고했던 것—어린이의 문제—을 영예로운 결말 부분의 공식으로 삼았다. 그리스도 안에서 행위와 존재를 아우르는 새 존재를 "어린이"라는 표제어로 기술하는 것이었다(DBW 2:157-161). 그는 이 대목에서 적대적인 두 형제, 곧 초월론자들과 존재론자들, 행위 신학자들과 존재 신학자들, 바르트주의자들과 루터주의자들을, "공동체로서 존재하는 그리스도"라는 공식을 통해 평정된 교회 이해 안에 함께 우겨넣었다.

본회퍼는 조직신학 논문을 쓰기로 결심했지만, 제베르크는 그가 이번에는 역사 분야 내지 성서 분야와 씨름하기를 바랐다. 본회퍼는 제베르크의 바람에 동의하지 않았다. 그가 파악하고 비판하면서 전진하고 싶어 한 대상은 1920년대의 논쟁이 이른바 바르트의 존재론과 불트만의 존재론, 그들의 전제들, 그들이 자신들의 관심사를 위해 활용한 적절한 수단들과 부적절한 수단들을 둘러싸고 가장 격렬하게 요동친 무대였다. 노회한 페르디난트 카텐부쉬Ferdinand Kattenbusch는 『그리스도교 세계』라는 잡지에 백발노인의 유머를 담아 그 장면을 아래와 같이 묘사했다.

> "연구한다"고 하는 신학자들이 저마다 전문 철학자를 업고 다니면서 자신이 그 철학자와 한패라고 떠벌리는 것은 일면 웃기는 일이 아닐 수 없다. 우연히 맺어진 장소 연대감이 "세계 조망" 방법의 문제를 파악하는 "공동 사회"를 초래했다는 인상이 든다.……변증법적 신학자들이 저마다 자신의 철학자를 업고 다니면서, 하나님과 세계를 가르는 잘못된 방법을 **기획하고** 있다. 다들 그 방법에 줏대 없이 예속되어 있으면서도 그것을 어느 정도 **극복할** 생각은 하지 않는다.[17]

"장소 연대감"은 마르부르크 대학교의 한 쌍인 불트만과 하이데거, 예나 대학교의 2인조인 프리드리히 고가르텐과 에버하르트 그리제바흐를 의미한다. 카텐부쉬의 라이프치히 대학교 동료 교수 호르스트 슈테판Horst Stephan은 "종교개혁 시대 이래로" 교의학 분야에서 "간결하고 다면적인 삶이 지배한" 적이 거의 없음을 발견하고, 신학에 연구의 중심이 없어서 신학이 정력을 소모하고 있는 것이라고 주장했다.[18] 카텐부쉬는 사태를 달리 보았다.

> 나는 우리 젊은이들이 부럽다.……그러나 한 가지만은 부럽지 않다. 그들은 젠체하며 논쟁에 뛰어들어서는 변증법적 신학에게 이런 부탁을 하곤 한다. 이를테면 우리 늙은이들이 이해하지 못할 **난해한 문제들**로 처음부터 끝까지 고문해

달라는 것이다. 나는 특히 하이데거가 철학적 협력자로 있는 곳에서 앞으로 나아갈 바를 알지 못하고, **신학자들**이 **자신들의** 주제에 대해 이야기할 의향이 있기나 한 것인지를 이해하지 못할 때도 자주 있다.[19]

그러나 본회퍼는 저 문제들이 비롯되는 곳을 제압하려고 했다. 베를린 대학교에서 훈련을 쌓는 동안, 칸트와 신칸트주의, 관념론과 하이데거의 기초존재론이 어디에서 신학의 질문을 규정하는지를 명확히 이해했기 때문이다.

본회퍼는 하이데거와 더 철저하게 씨름했다. 1927년에 『존재와 시간』*Sein und Zeit*이 출간되었고, 한스 크리스토프 폰 하제가 마르부르크 대학교에서 하이데거의 강의를 수강하고 나서 바르셀로나에 있는 그에게 그 책을 읽어 보았느냐고 물은 뒤의 일이었다. 『행위와 존재』의 색인에서 하이데거는 루터 뒤 두 번째 자리에 위치하고 있다. 이는 바르트 앞자리다. 하이데거 이외에 에드문트 후설, 막스 셸러, 에버하르트 그리제바흐, 폴 틸리히Paul Tillich도 눈에 띈다. 그는 불트만이 하이데거에 의존하는 것을 먼저 비판한다. 불트만이 "잠재성"이라는 개념을 그리스도교적 결단에 소개함으로써 하나님의 자유로운 행위의 신학적 근거를 파괴하고, 게다가 반성을 위해 모든 확신을 파괴한다는 것이다.[20] 이와 달리 바르트는 하나님의 자유를 형식적으로 이해했다는 지적을 받는다.[21] 베를린 대학교의 시조 슐라이어마허는 본회퍼의 시야에서 사라진 것처럼 보이지만,[22] 실제로는 본회퍼가 칼 홀에 이르기까지 다룬 철학들과 신학들의 뒷배로 자리한다. 당시 해외에서 현대 독일 신학의 대표 역할을 한 루돌프 오토Rudolf Otto는 전혀 언급되지 않는다.[23]

사실상 본회퍼는 『행위와 존재』에서 철학자들과 대화하는 가운데 자기 결정die Ich-Beschlossenheit이라는 관념론의 원죄를 조목조목 들이대며 그들을 꼼짝 못하게 한다. 그들은 본회퍼가 가지를 잘라 가지런히 보여주는데도 자기를 재인식하려 하지 않는다.[24] 본회퍼는 바르트와도 대화하면서 그에게 초월론적 철학의 위험성을 경고하고 그를 "루터의" 사람으로 만들려고 한다. "finitum capax infiniti"(유한은 무한을 수용할 수 있다)라는 말을 놓고 그와 이야기하면서 "하나님은 우리가 소유할 수 있는habbar 분이시다"라고 말하고 싶었던 것이다. 본회퍼는 양측 사이에 있었다. 한쪽에는 그가 김나지움 학생 시절부터 읽고 논박한 철학자들이 있었고, 다른 한쪽에는 그에게 자기 주제의 독자성을 확신하게 해준 바르트가 있었다.

첫 번째 책에서 이루어진 고투는 공동체의 유대 형태를 띤 계시의 구체성을 신학적·사회학적으로 확보하기 위한 고투였고, 두 번째 책에서 이루어진 고투는 동일한 구체성을 신학적·인식론적으로 확보하기 위한 고투였다. 『행위와 존재』의 고전적인 대목은 아래와 같다.

> 계시에서 중요한 것은 계시의 피안에 있는 하나님의 자유, 영원히 홀로 머무르심, 하나님의 자존성Aseität Gottes이 아니다. 계시에서 중요한 것은 자신을 박차고 나오시는 하나님, 하나님이 **주신** 말씀, 하나님이 친히 자신을 결부시켜 맺으신 언약이다. 역사적 인간들에게 자발적으로 매이시고, 인간의 처분에 자신을 맡기시는 것으로 스스로를 가장 강력하게 입증하는 하나님의 자유가 중요하다. 하나님은 인간 없이 계시는 것이 아니라 인간을 위해 계신다. 그리스도는 하나님의 자유의 말씀이다. 하나님은 현존하신다. 하나님은 영원한 비대상성으로 존재하시는 것이 아니라, 잠정적으로 말하면 교회 안에 있는 그분의 말씀 안에서 소유할 수 있게habbar, 파악할 수 있게faßbar 존재하신다. 바로 이 대목에서 하나님의 자유에 대한 실질적 이해가 하나님의 자유에 대한 형식적 이해를 저지한다.[25]

본회퍼는 오래된 "Extra Calvinisticum"("로고스는 인간 본성과 하나가 된 뒤에도 인간 본성 밖에 머문다"는 칼뱅의 교의—옮긴이)에 이의를 제기한다. 하나님의 영광이 이 세상 속으로 온전히 들어오는 것을 이 교의가 방해한다는 것이다. 그는 바르트가 칸트의 초월론을 활용하여 하나님의 장엄을 확보하는 것을 보면서 "Extra Calvinisticum"이 작동하고 있다고 추정한다. 더 단순하게 말하자면, 초기 바르트가 하나님의 장엄을 선언하려는 바람으로 그분을 멀리 밀어내기 시작하는 반면, 본회퍼는 하나님의 장엄을 주장하려는 동일한 바람으로 하나님을 가까이 끌어오기 시작한다.

그리하여 본회퍼의 길은 『행위와 존재』의 신학적·인식론적 지평 위에서 다시 교회론으로 이어진다. 그는 『성도의 교제』에서 따온 주요 주제를 진지하게 다룬다. “교회는 신학의 기본 전제다.” 교회의 현실이 “공동체로서 존재하는 그리스도”로 다시 이해되고, 여태껏 옳다고 인정된 관심들 사이의 긴장을 생산적으로 조성한다. 그 관심들의 한쪽은 실존주의의 행위 신학이다. 이 신학은 바르트에게서 신(神) 중심 신학으로 형성되고 불트만에게서는 인간 중심 신학으로 형성되었다. 다른 한쪽은 “순수 교리”의 신정통주의의 존재 신학이다. 본회퍼는 양측 사이에 긴장을 조성함으로써 양측이 필요로 하는 것, 곧 계시의 우발성과 계시의 연속성을 함께 보존한다.

그러나 문외한이 도저히 따라잡지 못할 추상적 담론 이면에는 개인의 열정적 관여가 숨어 있다. 구원의 “extra nos”와 구원의 “pro nobis”를(“extra nos”는 “우리 밖에서”를, “pro nobis”는 “우리를 위하여”를 의미한다—옮긴이) 주장하는 바람에 본회퍼의 가장 독창적인 주제가 다시 위험에 처한다. 난국에 부딪힌 그는 치명적인 자기반성이 체계의 틈을 파고 들어와 은밀한 지배를 확립하려 한다는 것을 선명하게 의식한다. 그리하여 그는 바르트와 불트만이 지속적 반성이라는 위험 요소를 신앙에 소개했다고 비난한다. 바르트는 믿는 자아로 하여금 그 비(非)자아를 끊임없이 반성하게 하고, 불트만은 “잠재성”에 직면한 신앙을 결단의 상황으로 내몬다는 것이다. 본회퍼는 바로 그것이 신앙을 죽인다고 격렬히 이의를 제기한다. 신앙은 자기 자신에게 초점을 맞추어선 안 된다. 신앙은 전적으로 그리스도에게 초점을 맞추어야 한다. 반성은 그리스도를 도외시하고 끝내 고독 속에 머물고 만다. 반면에 신앙은 화육하시고 십자가에 달리시고 부활하신 분의 구체적 임재를 경험하는 것이자 어느 모로 보나 대화의 연대성이며, 이미 수직선과 수평선 안에서 끊임없이 성취되었고 끊임없이 새롭게 성취되는 사회성이다. 본회퍼는 거기에 희망을 건다.

본회퍼가 『행위와 존재』에서 정당하게 떠맡은 일방적 서술과 개념적 단순화는 그의 시대에 선견지명을 갖춘 현대적인 시도였다. 사실 그가 붙잡으려 한 것은 일체의 변화에도 불구하고 유효하게 남아 있는 중요한 내용이었다. 그가 비평한 것들의 일부는 타당한 것으로 받아들여지고, 일부는 질문으로 남아 있다.

『행위와 존재』가 우리의 전기적 관심사에 중요한 까닭은, 15년 뒤 옥중서간에서 “비종교적 해석”으로 구체화될 수많은 표상들이 『성도의 교제』에 이어 『행위와 존재』에서도 유포되고 있기 때문이다.[25a] 그것들은 우연히 만들어진 것이 아니라, 흔히 가정하는 것보다 훨씬 준비 과정을 잘 거친 표상들이라고 할 수 있다. 1930년에 생성된 표현들이 15년간 가라앉은 듯하다가 1944년에 갑자기 다시 떠오른다. "예수, 타자를 위한 인간"이라는[26] 탁월한 공식은 『행위와 존재』에서 비롯된 것이다. 이 공식은 철학적·형이상학적 초월성과 상반되는 이웃의 사회적·윤리적 초월성—이미 『성도의 교제』에서 견지된—을 표현한 것이다. 나중에 지속적이고 본질적인 경계 없애기 속에서 세상을 자신의 소유지로 여기긴 하지만, 『행위와 존재』에서는 여전히 교회에 관심을 기울인다.

1930년 2월, 본회퍼는 교수 자격 취득 논문 작성을 마무리하고 평가를 위해 신학부에 제출했다. 절차가 정상적으로 진행되어, 1930년 7월 18일 대학교수 자격 수여식이 거행되었다. 7월 31일, 베를린 대학교 총장 에르하르트 슈미트Erhard Schmidt가 스물네 살 대학 강사의 교수 취임 강연에 사람들을 모았다. 강연 주제는 '현대 철학과 신학에서 본 인간 문제'였다. 이 강연에서 본회퍼는 방금 평가를 마친 『행위와 존재』의 새 무기를 동원하여 그 시대의 인간학을 논하고, 인간의 자기이해에 관한 자신의 논제를 옹호했다. 그 무기는 다음과 같다. "하나님이 먼저 나에게 나의 실존을 열어 주시는 한, 하나님은 나의 실존보다 더 나에게 가까이 계신다." 왜냐하면 "반성된 신학적 사고에서는 내가 나의 실존보다는 하나님과 더 가까운 연관성을 갖기" 때문이다.[27] 그는 이렇게 결론지었다. "모든 신학적 개별 문제는 그리스도의 교회 현실을 뒤에서 가리키기만 하는 것이 아니다. 신학적 사고는 전체적인 면에서 자신이 교회의 전유물임을 인정한다."[28]

『행위와 존재』의 작성을 완료했을 때에도, 『성도의 교제』 원고는 여전히 인쇄업자의 수중에 넘어가 있지 않았다. 반면에 『행위와 존재』를 출판하는 데는 1년만 기다리면 되었다. 뤼트게르트가 그를 베르텔스만Bertelsmann 출판사에 연결시켜 주었다. 베르텔스만은 기존 인쇄비에 추가 인쇄비로 200라이히스마르크만 요구했다. 그 논문이 『그리스도교 신학 진흥을 위한 논문들』이라는 총서에 포함되려면 알트하우스의 심사가 있어야 했다. 본회퍼는 그 심사를 다섯 달 동안 기다릴 수밖에 없었다. 그러나 그 뒤에 훈훈한 추천이 이루어졌다. 1931년 3월 4일, 알트하우스가 본회퍼의 부모에게 다음과 같은 편지를 보낸 것이다. "나는 이 논문을

1930년, 24세 디트리히의 교수 취임 강연 원고. 주제는 '현대 철학과 신학에서 본 인간 문제'였다.

Die Frage nach dem Menschen in der gegenwärtigen Philosophie und Theologoe.

Die Frage nach dem Menschen wird durch zweierlei lebendig gehalten, einmal durch das Werk des Menschen, zum andern durch die Erfahrung, die dem Menschen physisch, intellektuell oder voluntativ seine Grenzen zeigt. Dort wo der Mensch zu staunen beginnt über das, was er selbst kann, über sein Werk, und dort wo dem Menschen rücksichtslos durch die Wirklichkeit seine Grenzen gewiesen werden, brechen die alten biblischen Fragen auf : „was ist der Mensch, Herr dass Du sein gedenkest, Du hast ihn wenig niedriger gemacht denn Gott", und die andere : „was ist der Mensch, dass Du ihn heimsuchest jeden neuen Morgen, ihn jeden Augenblick versuchst" (Hiob 7,17). Geschichtlich gesprochen heisst das, dass einerseits ein Jahrhundert der Ingenieure, das eine neue Welt auf dem Boden der alten aufgebaut hat, und andrerseits ein verlorner Krieg für uns die Frage nach dem Menschen neu und verschärft stellen müssen. Zwei grossen Möglichkeiten tun sich auf : der Mensch sucht sich zu verstehen aus seinem Werk oder aus seinen Grenzen. Verstehen gibt es nur aus einem ruhenden Einheitspunkt heraus. Diesen sucht der Mensch in seinem Werk oder in seinen Grenzen zu finden, das heisst dort wo sein Wesen der zeitlichen Veränderung enthoben scheint, wo es im Zustand der Ruhe, der Objektivation erfasst werden zu können scheint. Einheit des Menschen bedeutet, dass erstens seine Existenz wirklich betroffen ist und dass zweitens diese Existenz in Kontinuität vorgestellt werden kann. Das sind die formalen Bestimmungen innerhalb derer die Frage nach dem Menschen gestellt und beantwortet werden muss. Werk und Grenze des Menschen sind als die Orte, von denen aus Selbstverständnis gesucht wird, tief in der Idee der Frage des Menschen nach dem Menschen begründet. Die Frage nach dem Menschen unterscheidet sich von allen andern Fragen entscheidend dadurch, dass der jeweils Fragende selbst Mensch ist,

대단히 의미심장한 성취로 여깁니다. 이 논문은 아무 조건 없이 가급적 빨리 인쇄되어야 합니다." 부모는 이 편지를 미국에 있는 아들에게 보내면서 다음과 같이 말했다. "즐겁겠지만, 거만해선 안 된다."[29] 그 책은 본회퍼가 미국에서 귀국한 뒤인 1931년 가을에야 배부되었다.

본회퍼는 그 책을 친구들에게 증정하고, 권터 덴에게도 헌사를 담아 한 부 증정했다. 하지만 그 책은 그의 고유한 질문(윤리)을 미루고 쓴 책이었다. 1932년 2월 28일, 그는 새 친구 에르빈 주츠Erwin Sutz에게 보내는 편지에서 이렇게 말했다. "요사이 이 작품이 내 비위를 상당히 상하게 했네"(DBW 11:63). 그 "작품"은 1929년에 생성된 것을 가리킨다. 그사이에 그의 미국 체류, 교수 활동과 설교 활동, 에큐메니칼 참여가 이루어졌던 것이다.

『행위와 존재』에 대한 비판적 반향은 『성도의 교제』보다는 조금 폭넓은 것이었지만, 이번에도 비교적 미미했다. 앞서 언급한 대로, 힌리히 크니터마이어Hinrich Knittermeyer가 1933년 『시간과 시간 사이에서』에서 『행위와 존재』를 상당히 비판적으로 평가했다. 하인츠 에리히 아이젠후트Heinz Erich Eisenhuth도 『신학 문예신문』에서 그러했다.[30] 비평가들이 보기에, 본회퍼는 칭의론 안에서 신학적 인식론을 엄격하게 고수하려고 시도하는 가운데,[30a] '철학은 인식 문제를 지나치게 단순화한 나머지 그 문제를 끊임없이 관념론의 문제로 환원하여 억눌렀다'며 철학을 일방적으로 몰아세운 사람이었다. 1956년 신판이 나온 뒤에도 "하이데거와 불트만에 대한 본회퍼의 평가는 믿을 만한 것이 못 된다"는 비난을 받았다.

> 전통적 존재론의 의미에서 이루어진 그의 하이데거 해석은 형이상학 극복의 토대가 이미 『시간과 존재』에서 마련되었음을 부인한다. 이는 본회퍼의 책 2부와 3부에서 벌어지고 있는 누워서 침 뱉기의 상황이다. 그의 책 2부와 3부가 형이상학적 기본 전제들의 영역에 머물러 있기 때문이다. 그 전제들은 그가 어렴풋이 느끼기는 해도[30] 그 사정거리 안에서 고찰하지는 않은 것들이다.[31]

하지만 되돌아보면 다음의 본질적인 면이 뚜렷해진다. 말하자면 한편으로는 실증주의의 교회 열광 시대 한복판에서, 다른 한편으로는 교회와 거리를 두면서 교회를 심하게 비판하는 시대 한복판에서, 교회 비판으로 되돌아가지 않으면서 경험적 교회를 새롭게 발견하고 긍정하는 한 젊은 목소리가 경청을 필요로 했던 것이다. 이렇게 그는 다가오는 폭풍우를 견뎌 낼 든든한 토대를 마련했다.

> 교회투쟁의 전야나 다름없던 그 시대의 신학은 "행위 신학"의 전선과 "존재 신학"의 전선, 신(神) 중심적 단초의 전선과 인간 중심적 단초의 전선으로 쪼개져 있었다. 젊은 본회퍼가 그 단초들을 의식한 것도 주목할 만한 사실이지만, 그가 그 대립들을 지양하기 위해 동원한 방법도 주목할 만하다. 『행위와 존재』가 중재 신학의 걸작이긴 하지만, 그는 결코 중재 신학자가 아니다. 그는 그 대립들이 진짜 대립, 최후의 대립이라고 여기지 않는다. 본회퍼가 교회투쟁에서 진짜 전선을 가장 엄격하게 유지하면서 보여주는 경탄할 만한 자유는 가짜 전선을 신학적으로 적법하게 극복하는 능력으로 나타난다.[32]

II. 사귐

이 1년 반 동안 집안에서 세 차례의 결혼식이 거행되면서 연구의 리듬을 끊곤 했다. 각 결혼식마다 디트리히의 참여를 기대했다. 휴가 중에 프리드리히스브룬에서 보낸 한 편지는 이렇게 보도한다. "저희는 이곳 북쪽에서 믿기지 않을 만큼 느즈러진 생활을 하고 있습니다.……저희는 많은 곳으로 여행 중입니다. 집 걱정이 결혼식 전야 모임을 무겁게 하는군요."[33] 막내 여동생 주잔네가 1929년에 발터 드레스와 결혼하고, 맏형 칼-프리드리히가 1930년에 한스 폰 도나니의 누이 그레테Grete와 결혼했으며, 디트리히가 미국으로 떠나기 전에 클라우스가 친구 유스투스 델브뤼크의 여동생 엠미 델브뤼크와 결혼했다. 그리하여 형제자매 무리 중에서 디트리히만 유일하게 친가에 남았다.

이 무렵, 친숙한 방겐하임슈트라세 구역과 베를린 대학교 신학도들이 그에게 친구 동아리를 안겨 주었다. 한스 크리스토 폰 하제가 박사 학위 논문을 쓰면서[34] 디트리히와 그것에 관해 상의하곤 했다. 발터 드레스는 「요한 제르송」Johannes Gerson이라는 논문으로 교수 자격을 취득한 상태였다.[35] 그는 신학 외에도 식물학적 발견을 중시하는 그루네발트에서 본회퍼와 즐겨 어울려 다녔다. 발터 드레스는 식물학적 발견에 정통한 친구였다. 헬무트 뢰슬러는 이미 변경지역의 한 목사관에 자리 잡고서 자신의 오랜 대화 상대에게 자기 마을을 방문해 달라고 요구하곤 했다. 본회퍼는 아돌프 폰 하르낙의 마지막 개인 세미나에서 베르타 슐체도 다시 만났다. 슐체는 논문에 필요한 텍스트를 그에게 쉴 새 없이 소개하고 사서(司書) 보조의 일을 수행했다. 본회퍼는 먼 친척뻘 사촌 누이 엘리자베트 친Elisabeth Zinn과 처녀작을 주고받는 사이였다. 엘리자베트 친은 뤼트게르트 밑에서 18세기 뷔르템베르크의 신지학자 프리드리히 크리스토프 외팅거Friedrich Christoph Oetinger의 신학을 다룬 논문으로 박사 학위를 받은 여인이었다.[36] 본회퍼는 이 논문에서 뽑아낸 외팅거의 말을 즐겨 인용하곤 했다. 그 인용구는 다음과 같다. "육체성은 하나님의 길 가운데 최고의 길이다."

늘 어울려 다닌 프란츠 힐데브란트와의 우정이 성과가 컸다. 그 우정은 본회퍼가 장차 여러 차례 결단을 내릴 때마다 개인적인 절박함을 더해 주었다. 힐데브란트의 아버지는 베를린 대학교에서 예술사를 가르치는 교수였고, 어머니는 유대인 혈통이었다. 본회퍼보다 세 살 아래였던 힐데브란트는 1929년에 루터의 "Est"(라틴어 be동사 "esse"의 단수 3인칭—옮긴이)와 관련하여 박사 학위 논문을 쓰기 시작했다. 본회퍼가 다정하게 완성을 다그친 덕분에, 그는 1931년 「Est. 루터의 원리」라는 제목으로 논문을 출간할 수 있었다.[37] 그리고 티티우스와 하필이면 게오르크 보버민이 그 논문을 "조직신학 연구" 총서로 출판했다. 게오르크 보버민은 후일 "독일그리스도인연맹"(나치스에 충성하고 협력한 개신교 단체—옮긴이)Deutsche Christen의 회원이 될 자다.

본회퍼와 프란츠 힐데브란트는 본회퍼의 박사 학위 논문 논제 방어를 앞둔 어느 날 오전에 제베르크의 세미나에서 처음 만났다. 당시 그들은 구약성서와 신약성서의 관계를 놓고 논쟁을 벌였다. 힐데브란트는 마르시온Marcion을 편들었다. 1929년 성금요일에는 마태수난곡 공연이 이루어지고 있던 베를린 음악원에서 우연히 만나기도 했다.

그들의 우정은 끝없이 이어진 재치 있는 언쟁을 통해 자랐다. 한쪽이 다른 쪽에게 헤겔의 범주와 바르트의 범주를 수상쩍게 혼합했다는 꼬투리를 잡으면, 그 다른 쪽이 "이것은 하르낙 때문이야"라고 말하는 식이었다. 그럼에도 그들은 후일 모든 실질적 문제들 속에서 함께 결단을 내렸다. 두 사람은 자신이 어찌 행동하고 반응할 것인지를 서로 털어놓는 사이였다. 프란츠 힐데브란트는 본회퍼가 더 강력한 성서주의로 방향을 틀도록 영향을 미쳤으며, 종종 어마어마한 기억력으로 본회퍼에게 결정적인 성서 구절들과 루터 인용구들을 공급하기도 했다. 1930년 7월 31일에는 루터의 말을 성서 구절과 함께 담은 소책자 속에 다음과 같은 글귀를 적어 넣어 그에게 선물하기도 했다. "옛 철천지원수의 교수 자격 취득을 축하하며! 힐데브란트." 본회퍼는 그의 어설픈 위트와 빠른 이해력을 좋아했다. 그리하여 힐데브란트는 곧바로 방겐하임슈트라세에 사는 가족들에게도 환영을 받았다. 그는 활달한 음악성 덕분에 대리 연주자로 환영받았다. 디트리히가 가족음악회에 참여하지 못할 경우, 그가 디트리히를 대신하여 피아노 반주를 맡았다. 이는 본회퍼가 난생 처음 실제적으로 맺은 친밀한 우정이었다. 힐데브란트가 1937년 망명길에 오르면서 가슴 아픈 이별을 한 뒤에도 그 우정은 빛을 잃지 않았다.

아돌프 폰 하르낙의 죽음

본회퍼는 1929년 여름학기에 78세의 아돌프 폰 하르낙이 주관하는 마지막 교회사 세미나에 친구들과 함께 참석했다. 그루네발트의 한 음식점에서 소풍 겸 종강 모임을 가졌다. 그 자리에서 본회퍼는 이렇게 말했다. "선생님께서 수많은 시간 동안 우리의 스승님이셨다는 사실은 과거의 사실이지만, 우리가 스스로를 스승님의 제자로 부르는 것만은 여전한 사실로 남을 것입니다."[38]

본회퍼가 신학고시 준비와 여행 준비에 한창일 때 비보가 날아들었다. 노스승이 1930년 6월 10일 하이델베르크에서 카이저-빌헬름 학회의 연회(年會)를 열다가 숨졌다는 소식이었다. 6월 15일, 베를린에 있는 하르낙의 집 괴테 홀에서 카이저-빌헬름 학회가 장례식을 주관했다. 국무부 장관 프리드리히 슈미트-오트Friedrich Schmidt-Ott, 교수 한스 리츠만, 내무부 장관 요제프 비르트Josef Wirth, 문화부 장관 아돌프 그리메Adolf Grimme, 국립도서관장 후고 안드레스 크뤼스Hugo Andres Krüss가 애도를 표한 뒤, 당시 제자 명부에 들어 있던 디트리히 본회퍼가 아래와 같이 애도를 표했다.

> 저희가 스승님을 통해 분명히 알게 된 것은 자유로부터만 진리가 태어난다는 것입니다. 저희가 보기에 스승님은 이전에 인정된 진리를 거침없이 표현하는 투사이셨습니다. 스승님은 자신의 소신을 몇 번이고 새롭게 갈무리하셔서, 다수가 두려움에 떨며 자제할 때에도 그것을 분명하게 표현하셨습니다. 이로써……스승님은 스승님께서 바라신 대로 자기 견해를 기탄없이 밝히는 모든 청년의 친구가 되셨습니다. 최근에 저희의 학문이 진척을 보이자 스승님은 이따금 관심을 표명하거나 경고하기도 하셨는데,[39] 이는 생소한 사실을 순수 진리 추구와 혼동할까 우려하셨기 때문입니다. 그러나 저희는 믿음직하고 사려 깊은 스승님이 저희와 함께하고 계심을 알 수 있었습니다. 저희는 스승님을 성채로 여겼습니다. 스승님은 모든 천박하고 혼탁한 것들, 지적인 삶을 도식화하는 일체의 것에 맞서는 보루이셨습니다.[40]

본회퍼는 손위 연배의 유명한 연사들과 어깨를 나란히 함으로써 깊은 인상을 남겼다. 그가 옛 스승에게 표한 애도의 폭과 통찰력에 다들 놀랐다. 그가 다른 길을 걷고 있다는 게 분명했기 때문이다. 조사(弔辭)에서 표한 이 고백 외에 다른 신념들도 자리하고 있음을 전혀 알지 못한 채, 빌헬름 슈브링이 그 조사를 『프로테스탄트신문』에 조심스럽게 게재했다. 하지만 이는 최근에 그 신문에서 벌어지고 있던 반(反)하르낙 편지질에 반대하도록 본회퍼를 일깨운 셈이 되었다.[41]

본회퍼의 독서열은 일생 동안 그때그때의 연구에 필요한 전공 서적에 국한되지 않았다. 그는 자기 시대의 문학을 발견해 내기도 했다. 이 시기에 그의 마음속에 오래도록 깊은 인상을 준 만남이 이루어진다. 가톨릭 세계에 대한 관심을 유지하고 있던 그가 프랑스 작가 조르주 베르나노스George Bernanos의 작품을 접한 것이다. 조르주 베르나노스의 처녀작은 1927년과 1929년에 헤그너 출판사에서 나온 『사탄의 태양 아래』*Die Sonne Satans*와 『변절자』*Der Abtrünnige*였다. 본회퍼는 그 책들을 읽으면서 자신의 가장 내밀한 문제들을 재발견하고는 경악했다. 유혹자(사탄)의 선택 대상인 성직자와 성자(聖者), **절망**desperatio과 **교만**superbia의 잇따른 공격을 견디지 못하는 한 남자를 본 것이다. 하나님을 위한 특별 봉사직으로 부름받는다는 것이 어떤 것일 수 있는지를 그는 이미 알아채지 않았던가? 어린 시절에 이루어진 헌신을 알고 싶었던 것일까? 그가 나중에 멈춘 것을 알고 감사하게 될 **우울**acedia을 만났던 것일까?[42]

> 그는 기억을 하나하나 되짚어 보지만 소용이 없다. 자기 삶을 한 글자씩 더듬거려 보지만 소용이 없다. 따져 보면 옳은데, 이야기에는 더 이상 의미가 없다. 그는 자기 자신의 경험에 낯선 자가 된다. 그 경험 속에서 자신의 모습을 알아보지 못한다.……평범한 지성이 너무 멀리 간 것인지도 모르기 때문이다. 자신은 상징들과 허상의 안개를 뚫고 들어가 실재에 이르렀다고 생각할는지 모르지만, 그는 강자들의 몫을 차지하지 못했다. 이는 실재에 대한 인식이라기보다는 우리의 무력감과 같은 것이었다. 실재를 파악하거나 붙잡아 두는 것이 불가능하다는 무력감…….[43]

> 주님, 우리가 당신을 저주했다는 것은 사실이 아닙니다. 속이는 자, 거짓 증인, 당신의 적수가 경멸과 비웃음 때문에 멸망하게 하소서.……내가 죽고 나면 다른 사람이, 그 뒤에는 또 다른 사람이 십자가를 안고서 똑같은 절규 소리를 지르리니…….[44]

그리고 변절한 성직자는 지적 회의론자다. 그는 자신의 완고한 생각을 무기 삼아 은총에 맞선다. 그는 여러 권의 신학 서적을 쓰는 사람이다. "교활하고 완고한 작품을, 독한 마음으로 쓴 모호하고 열매 맺지 못하는 책들을, 걸작들을!"[45]

본회퍼가 조르주 베르나노스의 초기 저작들을 만난 것은, 우리가 아는 한 이 시기에 이루어진 가장 개성적인 특징이라고 할 수 있다. 무엇에 자기의 목숨을 걸고 뛰어들 것인가 하는 물음은 여느 때와 마찬가지로 긴급한 문제였다. 그는 조르주 베르나노스의 작품을 접하고 흥분한 나머지 좀처럼 하지 않던 일까지 감행했다. 자신이 읽은 것을 아버지에게 소개하여 흥미를 갖게 한 것이다. 아버지는 아들이 선물한 책, 반역의 냄새를 약간 풍기는 그 책을 읽고서 "그 책이 내 마음을 사로잡더구나"라며 다정하면서도 냉정한 필치로 아들에게 편지했다.

> 내가 다 이해했는지는 모르겠지만, 그는 지적 이해를 중시하기보다는 일종의 다른 의식 상태 속으로 신비하게 들어가는 것을 중시하는 사람인 것 같구나. 대화 부분도 다채로워, 그사이에 놓인 생각의 고리들을 찾아내기가 쉽지 않더구나. 현세 초월 체험, 꿈 같은 환상, 그의 악마적 관점과 농부 같고 지적이지 않은 단순함의 교차가 너무나 생생하여 심리학적으로 불안한 상태더구나. 이것은 현대 가톨릭의 신비주의냐? 아니면 중세 가톨릭의 신비주의냐?[46]

본회퍼는 이 작가의 뒤를 밟으며 그가 새로 낸 책은 무엇이나 장서에 편입시켰다. 1936년에 독일어로 번역되어 나온 『어느 시골 신부의 일기』*Tagebuch eines Landpfarrers*는 본회퍼의 조언으로 신학원의 목사후보생 다수가 구입한 책이었다.

베를린 교회

베를린 교회는 이 1년 6개월 동안 자신의 후보생인 본회퍼를 그다지 많이 볼 수 없었다. 담당 교구감독 막스 디스텔이 본회퍼의 수련 과정을 조정해 주었고, 그래서 관료주의의 암초에 부딪히는 불상사가 전혀 일어나지 않았다. 본회퍼는 자신이 대학교에서 얻은 위상과 교수 자격 취득을 위한 엄청난 작업 덕분에 돔칸디다텐슈티프트 출석을 면할 수 있었다.

또 다른 문제가 2차 신학고시 일정과 함께 나타났다. 규정에 따르면 본회퍼는 1차 신학고시 후 2차 신학고시를 치르려면 1년 6개월을 기다리거나 4년을 기다려야 했다. 가장 이른 2차 신학고시가 1929년 가을에 치러질 예정이었지만, 그는 목사안수를 받을 수 있다고 규정된 스물다섯 살이라는 최소 연령에 훨씬 못 미치는 나이였다. 1930년 미국 계획이 구체화되면서 모든 것이 압박을 받았다. 그는 2차 신학고시를 미리 치렀다. 그러나 본회퍼에게 곧바로 목사안수를 베풀어 미국으로 보내자는 막스 디스텔의 제안은 당국의 완고한 반대에 부딪혔다.

그루네발트 어린이들이 긴 방학을 맞아 흩어지기 전에 신학고시용 시험 설교와 교리문답이 적시에 이루어졌다. 교수 자격 취득 논문 『행위와 존재』를 신학고시 답안으로 평가해 준 덕분에 본회퍼는 1930년 7월 5일부터 8일까지 구술시험을 마치고 총점 "우"를 받았다. 이번에 평가용 교리문답은 탁월하다는 평가를 받았지만, 글로 쓴 것은 한 편만 남아 있다(DBW 10:185). 평가용 설교는 다음과 같이 진기한 평가를 받았다. "설교 자세: 꾸밈없고 자연스럽고 품위 있음. 목소리: 힘차나 더 깊은 음역의 보강이 필요함. 강조: 의미에 맞게 잘함. 제스처 취하기: 활달함"(DBW 10:186).

당시의 관구총감독 오토 디벨리우스가 시험 성적을 공표하면서 본회퍼에게 다가가, 그가 실천의 사람이 되기를 바란다며 신중하게 말했다. "자네를 위해 공과대학 교목직을 신설하여 예약해 놓겠네. 그 자리는 자네가 미국에서 돌아올 때까지 기다릴 것이네." 목사안수는 1931년 말로 연기할 수밖에 없었다. 본회퍼는 목사안수를 받고 "1년간의 자원봉사"를 거친 뒤인 1932년 하반기에나 완벽한 목사 임용 자격을 획득할 수 있었다.

본회퍼는 1929-1930년의 교회 정치 사건들에 그다지 신경 쓰지 않았다. 그는 어느 단체에도 가입하지 않았다. 귄터 덴의 설교들과 그의 마가복음 개론[『하나님의 아들』(*Der Gottessohn*)]을 소중히 여기긴 했지만, 종교사회주의자들의 단체에도 가입하지 않았다. 복음전도에 적극적인 독일 그리스도교 학생회에도 가입하지 않았다. 독일 그리스도교 학생회는 당시 『하나님 앞에 선 대학생』이라는 선집을 펴내 많은 주목을 받았다. 알트하우스, 칼 하임, 아돌프 쾨베를레Adolf Köberle, 한스 릴에Hans Lilje, 게오르크 문트쉬크Georg Muntschick, 라인홀트 폰 타덴Reinhold von Thadden의 기고문을 담은 책이었다. 그는 베를린 교권 정치와의 연계도 추구하지 않았다. 보라색 『교회의 세기』*Jahrhundert der Kirche*에[47] 맞서 바르트가 '도대체 언제까지'Quousque tandem라는 연설로 베를린을 비난하고, 디벨리우스가 베를린 대학교 종합 강당에서 용감하게 반박했지만, 이는 본회퍼가 이미 미국에 도착한 뒤에 벌어진 일이었다. 국가사회주의자들이 산발적으로 독일 시골교회를 접수하려고 시도하고 있었지만, 누구도 그 시도를 심각하게 여기지 않았다. 1929년 보훔의 한 목사는 자신의 교회를 갈고리 십자기(十字旗)로 장식하게 한 반면, 이웃의 가톨릭교회는 제복 차림의 국가사회주의자들이 하나님의 집에 들어오는 것을 허락하지 않았다. 베를린 성 십자가 장로회가 성탄절 축제 때 자기 교회를 "철모단"(재향군인회) 마음대로 쓰게 하면서도 흑·적·황 제국 깃발 신청에 부정적으로 회답하자, 베를린 총회가 그 단체에 거부 입장을 표명했다.[48] 본회퍼는 그러한 논쟁에 시간을 낭비하는 것은 물론이고 공개적인 입장 표명을 약속할 필요도 전혀 느끼지 않았다. 국가사회주의자들이 1930년 9월 선거에서 대성공을 거두고 새로운 발판을 마련하고 있었지만, 뉴욕에 갓 도착한 본회퍼는 그 소식을 전혀 모르고 있었다.

III. 미국 계획

1929년 하반기에 1년간 미국 방문객으로 지내볼 생각이 떠올랐다. 막스 디스텔이 에큐메니칼 활동을 염두에 두고 그 생각을 자극했다. 하지만 본회퍼는 그러한 관점보다는 새로운 연구와 새로운 세계 경험을 더 중시했다.

"세계교회친선연맹"이 1929년 카셀에서 연회(年會)를 개최하여 많은 주목을 받았다. 이 연회에서 영국인 연사와 독일인 연사가 "베르사유 조약"이라는 뜨거운 감자를 대담하게 거론했다. 1929년 여름, 베를린 대학교 신학부가 미국의 모범을 따라 "베를린 대학교 신학 계절학기"를 열고 거기에 아돌프 폰 하르낙, 라인홀트 제베르크, 한스 리츠만, 에른스트 젤린 등을 투입했다. 그러나 본회퍼는 이쪽에도 저쪽에도 마음 쓰지 않았다. 그는 그해 여름철에 프리드리히스브룬에서 몇 주를 보냈다. 자신이 다른 활동 영역에 참여하여 어떤 이익을 보게 될 것인지를 아직은 예견할 수 없었기 때문이다.

먼저 영국을 방문하여 대화를 나누고, 그런 다음 미국에서 1년간 체류했다. 미국에는 이미 만형이 가 있었다. 서양 세계가 벌써 그를 알아보았던 것이다. 칼-프리드리히는 1929년 미국 강의 초청에 응했다. 클라우스는 국제법 문제를 연구하느라 영국에서 몇 달을 보내고 있었다. 디트리히가 그리로 갈 수 있도록 막스 디스텔이 길을 열어 주었다. "나는 그에게 이렇게 권했습니다. '아직 젊으니……먼저 세계를 더 둘러보게나.'……봄에 그를 영국으로 보내고 싶습니다. 그러면 그는 영국에서 몇 달을 지내며 언어를 습득하는 한편……미국으로 가는 여느 젊은이들처럼 영국의 다양한 단과대학 시스템과 그곳의 학문 연구 방법을 생생히 관찰할 수 있을 것입니다."[49] 막스 디스텔이 노린 것은 학술 교류처가 주선하는 미합중국 장학금이었다.

교회연합회 사무국의 최고관리국 위원 아우구스트 빌헬름 슈라이버August Wilhelm Schreiber, 1861-1945가 지원을 약속하고, 아돌프 다이스만이 미국으로 보내는 추천장을 써주었다. 박사 학위 논문의 우수성을 강조하는 한편 추천받은 이의 훌륭한 예의범절을 상투적으로 강조하는 추천서였다.

그럼에도 본회퍼는 동의하기를 주저했다. 그를 기다리고 있을 무언가에 대한 불신이 그를 불안하게 했다. 신세계가 그의 호기심을 충분히 자극한 것만은 아니다. 교수 자격까지 취득한 그가 굳이 대학생 신분이 되어 임의로 배정된 곳에서 1년을 보내는 게 마뜩치 않았던 것이다. 그는 "교과서 취급 방식"에 대한 소문을 듣고, 미국에는 신학이 존재하지 않는다고 여겼다.

그리하여 그는 기존의 장학생 요하네스 샤텐만Johannes Schattenmann에게 문의했다. 답변은 고무적이지 않았다. 아마도 이랬을 것이다. "단순한 대학생 신분으로 건너가 신용카드 시스템에 굴복하고 강의와 세미나와 리포트로 충분한 점수를 받아야 합니다. 이는 비자를 발부하는 미국 영사관의 요구사항입니다. 독일의 김나지움을 상상하면 될 것입니다. 독일 대학의 자유표상에서 보면 김나지움은 그리 실망스럽지 않을 테니까요. 당신의 조직신학 분야에서는 배울 것이 전혀 없을 겁니다. 엄밀히 말하면 뉴욕 유니온 신학교가 그래도 유용할 겁니다. 그 학교에서 그나마 색다른 것을 제공하니까요. 하지만 하트퍼드나 세인트루이스에 배정될 수도 있습니다. 프린스턴에 배정될 수도 있고요. 프린스턴에서는 지금도 17세기 정통주의 신학이 판을 치고 있답니다." 이 정보 제공자는 본회퍼에게 교수 자격으로 건너갈 수 있을 때까지 기다리라고 권했다.

본회퍼는 주저했다. 제국 의회 의원 라인하르트 뭄을 통해 자리 선정에 영향을 미치려고 시도하면서도, 이렇게 하다가는 아무 일도 되지 않을 거라고 장광설을 늘어놓았다. 하지만 클라우스는 생일을 맞은 그에게 보내는 편지에서 이렇게 말했다. "내가 장담하건대, 너는 여행을 떠나게 될 거고, 결국 1년간의 미국 체류를 원하게 될 거야. 그곳이 중요하기는 해도 결정적이지는 않지만 말이야."[50] 5월 초, 더 이상 망설일 게 없었다. 유니온 신학교에서 공부할 수 있는 자리를 확보한 것이다.

본회퍼는 이를 위해 꼼꼼히 준비했다. 어학 지식을 구비함은 물론이고 미국 정치와 미국 신학 및 미국교회와 관련해서도 대비했다. 미국 신학과 미국교회의 경우 눈이 휘둥그레질 만한 문헌이 많지 않았다. 막스 디스텔이 그에게 한두 가지 문헌을 보내 주었다. 빌름 아돌프 피스르트 호프트Willem Adolf Visser't Hooft가 1929년에 출간한 『사회 복음의 배경』*The Background of the Social Gospel*과, 당시 베를린 통합교회 목사였던 헤르만 자세Hermann Sasse, 1895-1976가 미국 신학과 미국교회를 두고 쓴 글이었다. 이것으로 보건대, 본회퍼가 대변하는 신학이 미국에 파고드는 것은 말도 안 되는 일이었다. 에밀 브룬너가 1919-1920년에 직접 교환학생 신분으로 미국에서 행한 일련의 강의들을 엮어 1929년 『위기의 신학』*Theology in Crisis*이라는 제목으로 뉴욕 스크리브너Scribner 출판사에서 발간했다. 이 제목은 신중하게 정한 거였다. 1928년에는 더글러스 호턴Douglas Horton이 바르트의 책을 영어로 번역하여 미국에 처음 소개했다. 제목은 『하나님의 말씀과 인간의 말』*The Word of God and the Word of Man*이었다. 제목을 이렇게 잡은 것은 출판인이 서적 판매에 도움이 되지 않는 어휘가 있다는 이유로 제목에 "신학"이라는 단어가 들어가선 절대 안 된다고 고집했기 때문이다. 호턴이 붙인 책 제목과 달리, 에밀 브룬너의 책 제목은 미국인들의 의식 속에 달라붙어, 당시 미국에서 바르트가 받은 관심보다 훨씬 숙명적인 관심을 받는 상표가 되었다.

본회퍼가 미국 관용어들을 설명해 놓은 노트에는 몇 가지 주목할 만한 메모도 들어 있다. 정치적 논쟁에 대비하려는 그의 시도 가운데 일부를 보여주는 메모다. "전쟁 책임 문제에 들이댈 논거들, 독일의 전적인 전쟁 책임을 규정한 베르사유 조약 231조 원문, 이 조항에 반대하는 미국의 견해와 프랑스의 견해. 미국인 엘리후 루트Elihu Root의 섬뜩한 문장들도 준비할 것." 엘리후 루트는 미국 국무 장관이 되고 나서 1917년 미국인의 전쟁 목적을 글로 쓰고 여러 차례의 군중집회에서 아래와 같이 연설했다.

> 독일인들은 문명에 이바지하는 모든 이들 중에서 절반만 문명화된 자들입니다. 독일은 야만의 특징이라고 할 수 있는 비정상적 본능, 독일을 여타의 문명국과 구별해 주는 본능을 가지고 있습니다.……이번 전쟁은 미국 문명과 과거의 반(半)문명 사이에서 벌이는 전쟁입니다.……독일인 대다수는 더러워져 요주의 인물들, 기피 대상들, 경멸 대상들, 술 취한 사람들처럼 이 세상을 걸어 다녀야 할 것입니다.……우리는 이번 전쟁에서 우리나라를 야만의 발호로부터 구해야 합니다. 유아들이 총검에 매달리는 일이 없게 해야 합니다. 벨기에에서 그런 일이 있었거든요.[51]

독일에 대해 그렇게 말해도 되는 것이었을까? 본회퍼는 미국에서 지내는 동안, 고국의 그리스도인들과 달리 미국 그리스도인들이 전쟁 구호를 입에 담지 않는다는 것을 알고서 엘리후 루트의 발언을 잊었다. 하지만 미국 청소년들 앞에서 연설해야 했을 때에는 베르사유 조약과 그 결과들을 숨기지 않았다.[52] 1929년과 1930년, 이 조약은 독일 내 "세계교회친선연맹"의 여러 동아리 안에서도 가장 고통스러운 주제였다. 지크문트-슐체는 1929년 카셀에서 개최된 "세계교회친선연맹" 회의에서 이렇게 공식화했다. "이번 전쟁은 우리를 가르쳐 평화로 이끌었고, 이번 평화는 우리를 가르쳐 전쟁으로 이끌었습니다."[53] 그는 민족주의적 편견과는 거리가 먼 사람이었다. 『그리스도교 세계』 편집자 마르틴 라데는 지크문트-슐체의 이 명제에 명시적으로 찬성의 뜻을 표했다. 그는 우익 정당을 전혀 지지하지 않는 사람이었다.

하지만 뉴욕에 있는 동안, 본회퍼는 꼼꼼히 준비한 자료로 논거를 제시하는 일을 그리 오래 하지 않았다. 오히려 그는 미국에서 낡은 편견을 제거하는 것이 전에 추정한 것보다 훨씬 많이 진척되었다고 확신했다.

마침내 본회퍼는 난생 처음 서쪽을 향해 출발했다. 기대의 기쁨이 크기는 했지만, 그가 원하던 것을 이루지 못하면 어쩌나 하는 불안감도 있었다. 도항(渡航)을 시작하면서 여행 증명서류가 가리키는 세계와는 다른 세계, 이른바 극동 세계에 다다르기를 소망했기 때문이다. 하지만 그는 사실상 영어를 말하는 서쪽으로 방향을 튼 것이나 다름없었다. 집안 내력이긴 하겠지만, 망설이면서 결심한 이 방향 전환은 그가 청소년시절부터 꿈꿔 온 다른 여행 목적지보다 훨씬 지속적으로 그의 생을 특징지었고, 그와 그의 판단을 끊임없이 보증하는 친구들까지 얻게 해주었다.

어느 날 그는 이 새로운 서양 친구들에게, 오래전에 잊은 엘리후 루트의 주장, 곧 독일에 대한 버릇없는 주장이 공포를 자아내는 사실로 입증되었다고 실토했다.

미국 체류

1930-1931

> 부모님은 저와 함께 두 시간 동안 배 위에 계시다가 내려가셨습니다.……하루 동안 떠 있었는데도 배는 반제 호수 위에 있는 것처럼 흔들림이 없었습니다.……제 선실은……선복(船腹) 깊숙이 자리하고 있습니다. 선실을 함께 쓰는 동반자의 얼굴은 아직 보지 못했습니다. 그가 놓아둔 물건들을 보면서 모습을 그려 보려고 했습니다. 테가 있는 모자, 단장(短杖), 그리고 시모어Seymour의 소설 한 권으로 보건대 교양 있는 미국인 청년이 아닐까 싶습니다.……저는 식욕이 어찌나 왕성한지 두 끼 식사를 게걸스럽게 했습니다. 한마디로 말해서 이 배에서 할 수 있는 한 즐거운 시간을 보낼 생각입니다.[1]

디트리히 본회퍼는 자유로운 배움의 마지막 한 해를 시작했다. 학문 분야나 교회 분야에서 직업상 이력에 필요한 것들을 만족스럽게 수행하여 뛰어난 성과를 거두었다. 그는 연단도 설교단도 책임질 필요가 없었다. 이전에도 이후에도 그렇게 자유로웠던 적이 없었다. 필요한 것이 갖추어지고 모든 길이 활짝 열려 있었다.

그러나 그를 미국으로 잡아끈 것이 그것뿐이었을까? 그는 서쪽행을 준비하면서 지구의 다른 쪽에서 귀국하기로 마음먹었다. 여행을 앞두고 프리드리히스브룬에서 형제자매들과 여러 차례 산책하면서 미국 방문에 이어 인도 방문 가능성을 놓고 의논한 상태였다.

> 리젠품프가 머리를 손질해 드릴 때에는 부모님이 감동을 더디 받으시는 것 같아. 네가 이곳에서 일자리를 얻고, 금방 결혼하지 않겠다고 굳게 약속한다면, 네가 다시 그 일을 해드릴 수 있을 거야. 대체로 부모님은 네 이상(理想)을 속속들이 이해하시는 것 같아. 결국에는 잘될 거야.[2]

"콜럼부스 호" 선상의 동행자는 유복한 미국인이자 인도 라호르에 있는 단과대학 학장 루카스Lucas 박사였다. 그는 인도 여행에 필요한 조언을 해주는 것은 물론이고 라호르에 오면 자기 집을 찾아 달라고 초대하기까지 했다. 잘하면 이듬해 여름에 그와 함께 인도의 산악지대로 들어갔다가 바라나시, 알라하바드, 아그라, 델리를 탐방할 수 있을 터였다.[3] 뉴욕에 도착한 본회퍼는 캘리포니아로 계속 여행할 동료 장학생들과 헤어졌다. "캘리포니아로 들어가는 해협에서 작별 인사를 나누었다!" 그는 뉴욕 유니온 신학교에서 새로 사귄 친구 폴 레만Paul Lehmann과 함께 여러 선착장을 전전하며, 저렴한 비용으로 인도에 데려다 줄 화물선 선장을 찾아다녔다. 그러다가 여행 중개소에 신청했다. 클라우스가 마닐라에 있는 처제에게 자기 동생의 인도 방문 계획을 미리 알리고, 동생에게는 그녀를 수마트라에 사는 지인이라고 말했다.

더 자세히 알아보니 근동지역을 넘어가는 노선보다 태평양 노선이 훨씬 비쌌다. 그 점이 일차적으로 기를 꺾었고, 그사이에 신세계가 유혹의 손길을 펼치기 시작했다. 고국에서 그의 이상을 힘차게 대변하던 누이가 실망한 나머지 이렇게 편지했다. "네가 네 여행 계획들을 고수하지 않아서 유감이야. 더 이상 믿지 않을 거야."[4] 그러나 어머니는 이렇게 위로했다. "인도 여행을 위해 이곳에서 휴가를 얻어 더 잘 준비한 다음 더 나은 때에 떠날 수도 있을 거야. 그러나 귀국하라는 말을 못하겠구나."[5]

극동에 다다르려는 이 새로운 시도는 첫 번째 시도 때보다 훨씬 구체적인 시도였다. 몇 년 뒤 3차 시도가 이어져, 그 시대의 새롭고 절박한 문제들과 맞물려 집중적으로 표명되고 촉진된다.

1930년, 뉴욕. 본회퍼는 미국에서 "자유로운 배움의 마지막 한 해"를 보냈다.

맏형 칼-프리드리히의 마음을 거듭해서 잡아끈 것도 동쪽이었다. 그의 마음을 잡아끈 것은 수수께끼 같은 러시아, 러시아 사람들, 러시아의 정치적 행로였다. 반면에 본회퍼는 자신이 대변하는 철학 및 신학의 대척점인 인도에서의 생활 경험을 갈망했다. 그는 종교의 세계를 믿음과 반대되는 세계로 여겼으므로, 그곳 사람들이 그것에 대해 어찌 생각하는지를 더 자세히 살펴보고 싶었던 게 아닐까? 이제까지 전쟁 문제 속에서 책임적 자기주장 의무라는 루터교의 일상적 교의를 시험해 온 그였지만, 모한다스 카람찬드 간디의 본보기가 그의 마음을 불안하게 하며 사로잡았던 게 아닐까?[6]

본회퍼는 수년간 자신의 세계 경험을 확장하기 위해 동양으로 나아가는 일에 몰두해 온 상태였다. 하지만 이제는 서양에서 자신의 세계 경험이 확장됨을 느꼈다. 이제부터 그 경험의 확장이 시작된다.

I. 미국

본회퍼는 허드슨 강과 이스트리버 사이에 있는 뉴욕의 거대한 석조 건물들에 압도당했다. 맨해튼 남부가 도시의 윤곽을 내려다보고 있었고, 맨해튼 북부에는 아직 록펠러 센터가 없었다. 엠파이어스테이트 빌딩은 건축 중이었다.

하지만 곧이어 다른 면들도 보였다. 사람들은 실업 때문에 우려했다. 1930년 미국의 실직자 수를 백분율로 환산하면 독일보다 훨씬 높았다. 1년 전 대공황이 일어난 이래로 경기 침체가 활개치고 있었다. 금주법이 일반 대중을 격앙시켰다. "금주법을 반대하는 측에서" 그 법의 파기를 위해 시위를 벌였고, "금주법을 찬성하는 측에서도" 그 법의 실시를 더 효과적으로 관철시키기 위해 시위를 벌였다. "이 경사스러운 때에 포도주 한 잔을 들며 너를 위해 건배할 수 없어서 유감이야. 연방법이 음주를 금하고 있거든. 아무도 지키지 않는 이 금주령은 정말 짜증나."[7] 독일의 전쟁 야욕을 두고 다들 공공연히 우려를 표했다. 본회퍼에게는 그 모습이 희한하게만 보였다. 그는 국가사회주의자들이 독일의 9월 선거에서 거둔 이례적

득표를 아직 모르는 상태였다.[8] 독일-오스트리아 관세 동맹 계획이 합병 우려를 낳았다. 쿠데타 소문들이 대서양 너머에까지 다다랐다. 본회퍼는 마음이 불안하여 본국에 문의했다. 아버지는 아래와 같은 내용으로 아들의 마음을 달래 주었다.

> 독일에서 그쪽으로 넘어가는 소식들이 불쾌한 내용이라고 썼더구나. 기쁘게 하는 소식은 아니지만, 공산주의자들과 나치스의 영원한 드잡이는 기존의 긴장을 보여주는 표지일 뿐이야. 하지만 오래전에 예언된 쿠데타들은 실현되지 않을 게다. 빌헬름 그뢰너Wilhelm Groener 휘하의 국방군이 끄떡없으니 어느 정파든 쿠데타에 성공하지 못할 거야.……네가 뉴욕에서 보낸 편지에 따르면, 그곳 사정도 경제적인 면과 사회적인 면에서 유쾌하지 않은 것 같더구나. 어쨌든 네가 돌아올 때까지는 이곳에서 우려할 만한 소요가 일어나지 않을 거야.[9]

> 우리는 관세 동맹 문제에서 독일-오스트리아의 견해가 관철될 거라고 믿는단다. 전쟁을 입에 담는 것은 당치 않은 일이야. 그 밖의 모든 것을 제외하면, 나치스는 우리가 전쟁을 벌일 수 있다고 생각할 정도로 어리석지는 않을 거야.[10]

그때부터 본회퍼는 발언해야 할 곳 어디에서든 독일의 평화 계획과 그 지지자들에 대해 상세히 이야기했다.[11] 이 상세한 설명은 고국에서 벌어지고 있는 사태에 대한 전문적 판단을 전달한 것이라기보다는 평화 문제에 대한 자신의 개인적 입장을 반영한 것이라고 할 수 있다.

본회퍼는 뉴욕 교회들의 분주한 활동을 곧바로 알아차렸지만, 초대를 받을 때면 언제든 응했다. "나는 지금 대단히 다양한 자리에서 연설과 강연을 계속 해야 해. 모레는 영어로 설교하고, 다음 주에는 1,000명이 넘는 학령기 아동들 앞에서 독일에 관해 강연할 예정이야."[12] 다음은 한 감리교회가 인쇄한 초청장 내용이다.

> 베를린 대학교 교수 디트리히 본회퍼 박사가 강연합니다. 독일 심장부에서 온 그가 "전쟁"에 관한 메시지를 전할 것입니다. 독일 사람들이 전쟁을 어찌 생각하는지 궁금히 여긴 적이 있습니까? 이번 강연은 좀처럼 접할 수 없는 기회가

될 것입니다. 놓치지 마십시오![13]

루터교와 유니테리언교를 망라한 대학생 단체들이 초청 연사와 친해지려고 애썼다. "네가 97개 민족으로 이루어진 국제단체의 회원이 되려고 한다니 대단히 엄청나구나"라고 아버지가 편지할 정도였다. 거론된 단체는 "YMCA 대학연맹"이었다.

그러나 본회퍼는 무분별하게 정력을 소모하지 않으려고 조심했다. 사실상 그는 할렘이라는 흑인 구역의 요청에만 응했다. 할렘은 유니온 신학교가 자리하고 있는 구역에 바싹 붙어 있었다. 그는 그곳에서 거의 꼬박꼬박 주일과 수많은 저녁을 보냈다. 그는 연구 일정을 조정해 가며 "흑인들의 생활과 문화의 중심인 할렘 탐방"에 참여했다. 할렘은 1제곱마일 위에 17만 명이 거주하는 시내 구역 위로 뻗쳐 오는 중이었다. 그는 흑인 투쟁 기구인 "유색인종 발전 협회"의 자료를 수집하고, 흑인 영가 음반 수집에 몰두했다. 5년 뒤 그의 목사후보생들은 이 음반들을 감상하면서 미지의 세계에 맞닥뜨리게 된다. 그는 흑인 문학에도 심취했다.

저는 한 젊은 흑인의 뛰어난 소설을 반복해서 읽었습니다. 이 소설은 기존의 냉소적이거나 감상적인 미국 문학과 달리 대단히 생산적인 힘과 온기를 가지고 있는 것 같습니다. 인간 자체를 알고자 하는 바람을 일깨우거든요.[14]

그가 의지한 것은 라인홀드 니부어Reinhold Niebuhr가 "현대 문학에 등장하는 윤리적 관점"이라는 제목의 세미나에서 흑인 문학을 추천하며 제시한 기나긴 목록이었다. 그는 제임스 웰던 존슨James Weldon Johnson의 『한때 흑인이었던 남자의 자서전』*Autobiography of Ex-Colored Man*을 읽고 제출한 세미나 논문에서 미국 사회의 통합 능력과 변화 능력에 경탄하면서 다음과 같이 결론지었다. "현대 흑인 문학의 전체 분위기와 연관 지어 볼 때, 인종 문제는 전환점에 이른 것 같다. 갈등을 종교나 윤리로 극복하려고 하는 시도가 끝나고 강력한 정치적 저항이 시작될 것이다"(DBW 10:392). 시점(時點)만 틀렸을 뿐, 본회퍼의 판단은 옳았다. 그는 1939년 동일한 상황을 접했을 때에도 그 판단을 변함없이 고수했다.[15]

본회퍼의 학우 앨버트 프랭클린 피셔Albert Franklin Fisher도 흑인이었다.[16] 그가 본회퍼에게 할렘의 현실을 자세히 그리고 가까이 들여다볼 수 있게 해주었다. 본회퍼는 그와 함께 우중충하고 초라한 웨스트 138번가 128번지에 자리한 아비시니안 침례교회를 찾아가 그 교회 주일학교와 여러 동아리의 정식 협력자가 되었다. 그리하여 여러 집에 초대를 받기도 하고, 워싱턴 D.C.에 소재한 흑인 대학교 하워드 칼리지를 피셔와 함께 방문하기도 했다.

그는 부러울 만큼 사회생활을 잘하는 백인교회들이 인종 문제 해결에 걸림돌이 되고 있음을 알고 아연실색했다. 흑인 예배의 감동적인 열정과 상상력에 강렬한 영향을 받은 나머지, 흑인 청소년들이 온갖 차별을 너그러이 감내한 선조들의 신앙으로부터 눈에 띄게 멀어지는 것을 크게 우려하기도 했다.[17] 그가 이 점을 거론하며 보낸 편지에, 맏형 칼-프리드리히가 프랑크푸르트에서 아래와 같은 내용의 편지를 부쳐 왔다.

> 흑인 문제를 철저히 연구할 기회를 얻었다니 기쁘구나. 나도 거기에 있을 때, 흑인 문제가 진짜 문제라는 인상을 받았단다. 아무튼 양심적인 사람들이라면 흑인 문제를 진짜 문제로 여길 거야. 하버드 대학교에 초빙되었을 때, 내가 거기로 완전히 건너가는 것을 꺼린 근본적인 이유도 그 문제 때문이었어. 나 자신이 그런 유산을 상속받고 싶지도 않았고, 내 미래의 자녀들에게 넘겨주고 싶지도 않았거든. 사실상 그 문제를 바로잡는 것을 볼 수 없을 거야.

칼-프리드리히는 장차 어떤 유산이 자신의 나라에 상속될 것인지를 전혀 알아채지 못한 채 다음과 같이 이어서 말했다. "어쨌든 우리의 유대인 문제는 미국의 인종 차별에 견주면 장난에 불과해. 이곳 독일에는 자신들이 억압받고 있다고 주장하는 사람이 많지 않을 거야. 어쨌든 프랑크푸르트에는 그런 이들이 없을 거야."[18] 한없이 넓은 미국이 본회퍼의 마음을 꾀어 뉴욕 시를 넘어가게 했다. 그의 첫 여행지는 퀘이커교와 미국 의회 정치의 발상지인 필라델피아였다. 친정의 성이 타펠인 할머니 본회퍼의 친척이 거기에 살고 있었다. 추수감사절에 앨버트 프랭클린 피셔가 그를 안내하여 대규모로 조성된 수도 워싱턴을 구경시켜 주었다.

그는 거기에서 열린 "미국교회협의회"Federal Council of Churches 연회에 독일에서 온 손님으로 소개되었다. "미국교회협의회"는 "전미그리스도교회협의회"National Council of Churches of Christ in USA의 전신이었다. 그 협의회의 교회-신학적 내용은 열광할 만한 것이 없었다.[19] 하지만 그는 그 연회가 전쟁 책임 문제와 관련된 결의안을 통과시키는 모습을 보면서 깊은 인상을 받았다. 그 결의안은 독일 그리스도교 형제들에게 보내는 메시지로서, 미국교회협의회는 "독일의 전적인 책임론에 동의하지 않는다"는 내용을 담고 있었다.[20] 그는 이 경험에 힘입어 미국에서 여러 차례 강연하고, 이듬해1931에는 에마누엘 히르쉬Emanuel Hirsch와 알트하우스의 해명에 신랄한 반응을 보이기도 했다. 그들이 독일 에큐메니칼 진영에게 조국애가 없는 국제주의라는 오명을 씌웠던 것이다.[21]

본회퍼는 성탄절에 초대를 받아 스위스인 학우 에르빈 주츠와 함께 쿠바로 갔다. 하바나 독일인 학교에서 일하는 마리아 호른과 카타리나 호른 자매의 집을 찾아간 거였다. 그는 그녀들의 수업시간을 할애받아 그곳에서 설교했다. 오랜만에 하는 설교였다. 그는 성탄절 예배 때 독일인 거류지의 지체들에게 음울한 그림을 그려 보여주었다.

> 크리스마스를 축하한다는 게 이상하기만 합니다. 실직자들, 전 세계에서 비참하게 살아가는 수백만의 어린이들, 중국에서 굶주리는 이들, 인도와 여타의 불행한 나라들에서 억압받는 이들이 우리 눈앞에 있거든요.……그런 걸 깊이 생각한 사람이라면, 누가 거리낌 없이 약속의 땅으로 들어가겠습니까?(DBW 10:586f., 584)

그는 이 설교를 위해 이례적인 본문을 택했다. 간절히 바라던 약속의 땅을 눈앞에 둔 채 느보 산에서 숨을 거두는 모세 이야기가 그 본문이었다.[22]

미국에서 공부하는 시간이 끝나갈 즈음 본회퍼는 프랑스인 친구 장 라세르Jean Lassere와 멕시코를 여행했다. 가톨릭 문화와 스페인을 생각나게 하는 것들이 캘리포니아의 새로움보다 강한 매력을 발산했다. 멕시코 여행은 모험이나 다름없었다. 처음에는 운전면허증 때문에 순조롭지 않았다. 후일 본회퍼는 자신이 뇌물을 바치지 않아 운전면허 시험에 두 차례나 낙방했다고 즐겨 이야기하곤 했다. 그다음에는 주츠도 동행하겠다고 해서 출발이 지연되었다. 주츠가 카네기홀에서 열리는 요한 제바스티안 바흐Johann Sebastian Bach의 B단조 미사곡 합창 공연에 단원으로 참여해야 했기 때문이다. 그런 다음 뉴올리언스를 피하라는 부모의 경고를 받았다. 그 지역이 말라리아 위험 지역으로 알려져 있었기 때문이다. 1931년 5월 5일, 마침내 폴 레만이 친구들을 시카고까지 태워다 주었다. 당시에는 유료 고속도로turnpike가 없었다. 주츠가 세인트루이스에서 돌아갔다. "콜럼부스 호"를 타고 도항할 때 알게 된 지인이 빌려 준 자동차, 곧 낡고 다리가 긴 올즈모빌이 멕시코 국경에 이를 때까지 계속 말썽을 부렸다. 멕시코에 들어갈 때에는 그것을 더 이상 이용하지 않았다.

장 라세르는 멕시코에 친구가 있었다. 본회퍼는 장 라세르와 함께 빅토리아시티의 교사훈련대학에서 평화를 주제로 강연했다. "빅토리아시티 주민들에게는 한 독일인과 한 프랑스인의 연설을 함께 듣는 것이 엄청난 사건이었습니다!"[23] 그들은 멕시코시티에서 한 주 이상을 머물고, 피라미드와 희생 제단 유적지들을 탐방했다.

돌아오는 길에 미국 국경검문소에서 그들의 재입국을 막았다. 멕시코 주재 독일 대사와 폴 레만이, 그 세계 일주 여행자들은 미국 노동시장에 부담을 주는 자들이 아니며, 뉴욕에서 발행한 브레멘행 배표도 이미 끊어 놓은 상태라는 내용의 전보를 보내어 국경 감시원들을 납득시킨 뒤에야 재입국할 수 있었다. 그들은 본회퍼의 승선에 늦지 않게 6월 20일 무더위에 지친 뉴욕으로 무사히 돌아왔다. 그들이 멕시코에서 기차를 타고 움직인 거리는 2,000킬로미터였고, 미국에서 올즈모빌을 타고 움직인 거리는 6,000킬로미터였다.

II. 친구들

후일 교회투쟁에 돌입하면서 본회퍼는 학창시절에 맺은 여러 친구관계를 갑자기

콜럼부스 호에서 만난 10살 소년 리처드 언과 함께.
본회퍼는 이 가족에게서 "낡고 다리가 긴 올즈모빌"을 빌려 멕시코 국경까지 갈 수 있었다.

중단했다. 하지만 유니온 신학교 시절에 형성된 우정만은 계속 유지했다. 그는 1930-1931년에 미국에서 네 명의 친구를 얻었다. 그의 일생 동안 의미심장한 역할을 한 네 친구 가운데 두 사람은 미국인이고 두 사람은 유럽인이었다.

본회퍼의 유럽인 친구 가운데 첫 번째 친구는, 신세계의 대형 강의실에서 오래된 유럽의 신학을 풀이하는 시지포스의 노동을 하는 와중에 본회퍼의 동지가 되어 준 사람이었다. 그는 다름 아닌 스위스인 에르빈 주츠였는데, 본회퍼의 불편한 심기가 어디에서 유래하고, 본회퍼의 논거가 어디로 향하는지를 알아준 친구였다. 그 밖에 피아노 연주에 대한 열정도 두 사람을 연결시켜 주었다. 음악 연주를 반기는 자리에 함께 있을 때면 두 사람 다 서로를 추천했다. 베를린에서 연주회를 까다롭게 찾아다니던 감상자가 보기에 그다지 훌륭한 편은 아니었지만, 두 사람은 아르투로 토스카니니Arturo Toscanini의 연주회에도 함께 찾아갔다(DBW 10:227). 주츠는 친구가 가족과 접촉하기 위해 "우체국"과 "웨스턴 유니언"(전보 송수신 전문 업체—옮긴이)Western Union에 돈을 쏟아붓는 것을 보고 놀라는 한편 재미있어 했다. 본회퍼가 축하 전문을 보내거나 어마어마하게 많은 친척의 직업 및 질병과 관련하여 안부를 묻는 일이 계속 이어졌던 것이다. 본회퍼와 칼 바르트의 인격적 제휴를 성사시킨 이도 다름 아닌 에르빈 주츠다. 주츠는 바르트와 에밀 브룬너 밑에서 수학한 이였다. 본회퍼가 바르트에게 비판적인 물음을 던지고도 그것을 미국인 학우들에게 꼭꼭 숨긴 사실이 친구들 사이에 화제가 되었다. 주츠는 본에 있는 바르트에게 자신의 새 친구에 대해 주저 없이 알렸다. 그 덕분에 본회퍼는 1931년 베를린으로 돌아가기 전에 본에서 두 주를 족히 보내면서, 자신을 신학의 핵심으로 가장 진지하게 이끌어 준 이를 난생 처음 만날 수 있었다. 본회퍼를 에밀 브룬너에게 소개한 이도 주츠였다. 그는 2차 세계대전 중에 본회퍼와 봉쇄된 서양을 연결해 주는 중요하고 믿을 만한 접촉점이 되었다.

다른 유럽인 친구는 동갑내기 장 라세르였다. 본회퍼는 처음에는 그를 동지로 여기지 않았다. 난생 처음 그리스도교 평화주의자와 관계를 맺는 것이 달갑지 않았기 때문이다. 게다가 그는 독일인이 쉽사리 적개심을 털어 버릴 수 없는 프랑스인이기도 했다. 하지만 그는 같은 연배의 미국인들에게 하듯 교리사도 모르는 무식쟁이라고 매도할 수 없는 유럽 신학자이기도 했다. "유니온 신학교"의 젊은 신학도들 가운데 다수를 차지하는, 멋모르고 진지하기만 한 신학도들과 달리, 장 라세르는 예수의 평화 계명에 대한 복종을 본회퍼에게 들이댔다. 이제껏 접해 보지 못한 내용이었다. 본회퍼가 곧바로 평화주의자가 되었다는 말이 아니다. 엄밀히 말하면 그는 그런 사람이 되지 못했다! 하지만 중요한 것은 성서의 평화 계명에 대한 구체적 응답, 전쟁 노력에 반대하는 구체적 행보였다. 이 만남 이후 그는 성서의 평화 계명을 결코 떨쳐 버리지 않았다. 장 라세르가 그에게 준 인상은 당시 그가 예견했던 것보다 훨씬 깊은 것이었다. 본회퍼는 1944년 7월 20일 히틀러 암살 시도 실패 이후에 보낸 테겔 옥중서간에서 그를 "성자"(聖者)로 대한다.[24] 장 라세르는 본회퍼의 역작 『나를 따르라』에 가장 먼저 자극을 준 인물이기도 하다.

본회퍼는 신적 은총을 구체화하고자 하는 갈망을 품는 한편, 그 은총의 접근을 지적으로 거부하지 않고자 깨어 있었다. 그러면서 놀랍게도 장 라세르와 일치해 갔다. 장 라세르가 그에게 제기한 문제는 하나님의 말씀과 그 전달자의 관계였다. 하나님의 말씀을 전달하는 이는 하나의 인격이자 현실 세계의 동시대인이었다. 본회퍼는 산상수훈에 접근하는 새 통로를 확보하고, 자신이 공동 책임을 맡은 에큐메니칼 협의회에 그 내성적인 프랑스인을 끌어들여 그의 견해가 효력을 발휘하게 했다. 본회퍼가 1934년 파뇌에서 평화를 주제로 연설할 때 장 라세르도 마침 그곳에 있었다. 본회퍼는 1930-1931년 뉴욕에서 대화를 나누는 중에 평화의 성서적 근거와, 독일 노동계 및 청소년 운동 안에서 이루어지고 있던 평화 운동의 단초들을 전에 보지 못한 방식으로 강조했다.[25] 이 대목에서 분명해지는바, 본회퍼는 독일에 나타난 미미한 평화주의 사조를 이미 아는 상태였다. 하지만 장 라세르를 만나고 에큐메니칼 세계를 난생 처음 접하면서 루터교 윤리에 대한 그의 서랍 속 지식은 그리스도의 평화 말씀에 몰두하는 지식, 그리스도의 평화 말씀과 일치하는 지식으로 바뀐다. 그러면서 그리스도의 몸을 뒷받침하는 쪽으로 나아간다. 그는 후일 그리스도의 몸을 더 힘차게 확장한다.

> 우리 민족과 모든 민족 안에는 여러분의 형제자매가 있습니다. 그것을 잊지 마십시오. 우리는 다음 사실을 잊어선 안 됩니다. 말하자면 하나님의 백성은 **하나가 된** 그리스도교 백성이라는 것입니다. 우리가 하나가 되기만 한다면, 민족주

의라든가 인종적 증오라든가 계급 증오 같은 것이 공격할 수 없을 것입니다.[26]

장 라세르는 1953년 자신의 책 『전쟁과 복음』*La Guerre et l'Évangile*에서 그것을 아래와 같이 뒷받침했다.

성서 안에 있는 어떤 것도 그리스도의 몸을 파괴할 권한을 그리스도인에게 주지 않는다. 원하면 그 근거를 끌어낼 수도 있다. 거룩한 공교회와 성도가 서로 교제하는 것을 믿는가? 아니면 프랑스의 영원한 선교를 믿는가?……그리스도인이면서 동시에 민족주의자일 수는 없다.[27]

1930년 이 사상은 본회퍼에게 친숙한 사상이 아니었다. 극소수의 사람만이 확신하는 사상이었다.

앞서 암시한 대로, 세 번째 친구 앨버트 프랭클린 피셔와의 관계가 강의실을 넘어 일간 프로그램과 주간 프로그램을 함께하는 가운데 발전했다. 피셔는 호리호리한 흑인으로서 눈에 띌 정도로 세련된 인상을 풍겼다. 이 친구관계가 폴 레만과의 사귐처럼 허심탄회하게 이루어진 것은 아니었다. 이 관계가 허심탄회하게 되기까지는 반복적인 확인이 필요했다. 그러나 디트리히 본회퍼는 불편부당한 파트너 관계를 설득력 있게 제시하는 데에 뛰어난 솜씨를 발휘하는 사람이었다. 한번은 친구 넷이 이름난 음식점에 들어갔는데, 음식점에서 피셔의 음식 시중을 들려고 하지 않았다. 그들은 여봐란듯이 그 식당을 박차고 떠났다. 백인과 유색인의 개인적인 관계를 곱지 않게 바라보던 시절이었지만, 놀랍게도 본회퍼는 할렘이라는 부랑자들의 지역에 깊이 받아들여졌다. 그는 상처 입기 쉬운 민감한 이의 자존심을 진정으로 되찾아 주는 능력을 어느 정도 갖추고 있었다.

인상적이었던 것은 그가 독서와 수차례의 할렘 방문을 통해, 흑인 청소년 사역 참여를 통해, 흑인 공동체와의 주목할 만한 동일시를 통해 흑인 문제를 가장 세밀한 부분에 이르기까지 이해하려고 했다는 것입니다. 급기야 그는 전혀 외부인이 아닌 것처럼 받아들여졌습니다.[28]

앨버트 프랭클린 피셔 덕분에 쌓은 체험과 경험들이 후일 본회퍼의 미국 이야기에서 중요한 역할을 했다. 독일로 돌아간 그는 다른 세 친구를 다시 만났지만 피셔만은 다시 만나지 못했다. 피셔는 마침내 교수가 되어 조지아 대학교와 애틀랜타 대학교에서 가르치다가 1960년에 숨졌다.

본회퍼에게 변함없는 우정의 장소가 되어 준 곳은 폴 레만과 메리언 레만Marion Lehmann 부부의 집이었다. 그가 자신의 스물다섯 번째 생일을 축하한 곳도 그곳이었다. 그는 레만과 함께 수다도 떨고 논쟁도 할 수 있었다. 레만은 유럽식 교육과 유럽 신학의 미묘한 차이들까지 아는 사람이었다. 그는 "개신교 개혁교회" 출신으로서(나중에 장로회에 입회했다) 유니온 신학교에서 박사 학위 논문을 쓰면서 조직신학 조교로 일하고 있었다. 그는 본회퍼가 교수들과 신학생들의 "신학적" 표현들에 "당치 않아!"라며 반항하는 이유를 아는 사람이었다.

레만이 보기에 본회퍼는 독일식으로 사고하는 것은 물론이고 신학교육을 철저하게 받고, 문제를 해결하는 엄밀한 방법을 갖추기까지 한 사람이었다. "그는 예절이나 행위 혹은 문화라는 단어가 의미하는 일체의 것에 완벽한 열정을 지닌 독일인이었습니다. 요컨대, 그는 최고의 귀족 기질을 지닌 사람이었습니다."

그러나 그는 본회퍼에게서 독일인의 관례적인 모습과 어울리지 않는 면들도 발견했다.

> 그의 귀족 기질은 틀림없는 사실이지만, 그렇다고 눈에 거슬리는 것은 아니었습니다. 이는 어느 곳에 처하든 새로운 환경에 대한 끝없는 호기심과 무한한 유머 감각에 기인하는 것 같습니다. 그는 상대방의 기분을 상하게 하지 않고 넌지시 이렇게 말할 줄 아는 사람이었다. "우리는 테니스를 함께할 수 없네. 나는 자네가 갖추지 못한 경기 기량을 어느 정도 갖추었거든."……새로운 것과 색다른 것에 대한 이 호기심, 지칠 줄 모르는 이 유머 감각이……인간의 열망과, 상처입지 않으려는 마음 사이의 부조화를 풍부한 동료관계로……자신의 관점과는 다른 관점으로 자신과 세계를 보는 능력으로 바꾸어 주었습니다. 제가 보기에는 본회퍼 안에 자리하고 있던 혈통과 민족성의 역설이 그를 온갖 종류의 편협성을 극복하는 흥미진진하고 분명한 보기로 만든 것 같습니다.[29]

레만은 본회퍼가 장차 미국에서 교수 자격으로 기여하며 당시에 통용되던 "유신론의 무대"를 흔들어 주기를 바랐다. 그리하여 그는 1939년 본회퍼를 구출하여 미국에 붙잡아 두기 위해 자신만이 할 수 있는 모든 일을 다했다. 그는 훌륭한 친구의 무리한 요구들에 너그러이 동의하여, 그를 교수로 초빙하도록 주선했다. 하지만 본회퍼는 이 초빙을 거절했고, 이로 인해 레만은 동료 교수들과 단과대학 총장들에게 오해를 받았다. 결국 그는 모든 노력이 수포로 돌아간 것을 받아들일 수밖에 없었다. 본회퍼의 심정을 충분히 헤아렸기 때문이다. 이렇게 그는 본회퍼가 인생의 가장 중요한 전환점에 이르렀을 때 그의 악기와 반주자가 되어 주었다.[30]

III. 유니온 신학교

본회퍼는 다른 계획들 못지않게 미국 여행의 본질적인 목적, 곧 뉴욕에 있는 신학대학교에서 연구하는 일도 소홀히 하지 않았다. 그는 이 연구 시기를 경탄할 만한 방식으로 활용하여 이제껏 밀쳐 둔 분야들을 열린 마음으로, 그러나 비판적으로 조사하고 진지하게 음미했다. 그러고는 청년의 엄밀함으로 예리한 보고서를 남겼다.[31]

유니온 신학교는 당시 거의 100년의 역사를 자랑했으며, 미국의 상황을 고려할 때 오랜 전통을 가진 연구기관이라고 할 수 있었다. 일찍이 장로교 소속 단과대학이었으나, 100주년을 맞이할 즈음 창립 정관을 변경하고 초교파적 신학대학교가 되어, 진보적이고 자유로운 정신들의 중심이 되었다. 하지만 근본주의적인 교회들의 불신도 받았다. 물론 그 교회들의 문하생 가운데 적지 않은 수가 교회의 고위층 인사들의 의지에 맞서 이 매력적인 대학에 다녔다. 유니온 신학교는 정치적 보수주의, 사회적 보수주의, 보수적 교회들을 비판하는 악명 높은 성채, 그러면서도 존경받는 성채였다.[32]

당시 "유니온 신학교"는 최고의 명성을 구가하고 에큐메니칼 야망들을 장려하면서 유럽 손님들에게 유리한 목적지로 여겨졌다. 아돌프 다이스만도 1929년에 그곳을 거쳐 갔다. 총장직은 헨리 슬론 코핀Henry Sloane Coffin이 맡고 있었다. 그는 가장 좋은 의미에서 "교회 정치가"이자, 매디슨 애비뉴에 소재한 "중앙 장로교회"의 탁월한 설교자였다. 헨리 슬론 코핀이 수완을 발휘하여 일련의 주요 인사들을 유니온 신학교에 불러 모았다. 은행가 집안 출신으로서 알브레히트 리츨의 제자이자 당시 독보적인 에큐메니칼 활동가였던 윌리엄 애덤스 브라운William Adams Brown은 막 안식년에 돌입한 상태였다. 하지만 본회퍼는 얼마 지나지 않아 그를 에큐메니칼 회의 석상에서 만날 수 있었다. 글래스고 출신의 제임스 모팻James Moffat은 교회사를 가르쳤다. 라인홀드 니부어는 1928년 "응용 그리스도교" 교수로 임명받았다. 존 베일리John Baillie는 1930년 조직신학 정교수에 취임하여 "종교의 논리"를 강의했다. 헨리 피트니 반 두센Henry Pitney van Dusen은 베일리의 조교였고, 존 C. 베넷John C. Bennet은 "전임강사"였다. 리버사이드처치 설교자 해리 에머슨 포스딕Harry Emerson Fosdick과 매디슨 애비뉴 감리교회 설교자 랠프 워싱턴 삭맨Ralph Washington Sockman은 그 시대에 맞는 설교 테크닉을 가르쳤다. 라인란트 출신의 율리우스 아우구스트 베버Julius August Bewer는 "구약성서 문학사"를 가르쳤다. 본회퍼는 그의 강의를 수강하지 않았지만 그와 친하게 지냈다. 1939년에는 중요한 결단을 앞두고 그의 조언을 경청하기도 했다.[33]

본회퍼는 1930년 "슬론 장학금"의 임자가 되었다. 이 장학금은 윌리엄 슬론William Sloane 여사가 희사하여 조성한 기금으로서, 처음에는 한 프랑스인 유학생의 1년 주거비로 지정되었다가 세 명의 "유럽인 유학생들"로 수혜자가 확대되었다. 장 라세르의 선배로서 그 장학금을 수혜한 이들은 본회퍼가 후일 자신의 대학생들에게 이따금 이야기한 병역 기피자 베르니에Vernier, 로제 제제켈Roger Jézéquel, 나중에 프랑스 에큐메니칼 지도자가 된 윌프레드 모노Wilfred Monod였다. 본회퍼의 선배로서 그 장학금을 수혜한 이들은 바이에른 출신의 요하네스 샤텐만과 뷔르템베르크 출신의 에리히 아이헬레Erich Eichele였다. 본회퍼의 후배로서 그 장학금을 받은 이는 한스 슈트로Hans Stroh와 외사촌 한스 크리스토프 폰 하제였다1933-1934.

대학생활은 병영생활 같아서 새롭기는 해도 본회퍼의 마음에 들지는 않았다. 다들 문을 제대로 닫지 않고 지내서 괴로웠고, "사생활"을 포기하고 지내서 놀랐다. 그러나 좋은 면들도 눈에 띄었다. 대학생들이 누구를 만나든 스스럼없이 흉금을 털어놓았던 것이다. 학우들만 그런 것이 아니라 교수들도 그랬다. 본회퍼는 필수적인 "신용"을 쌓고, 강의와 세미나에 필요한 학점을 이수했다. 논문 대여섯 편을 썼지만, 시험을 치르지는 않았다. 베를린에서 취득한 학위들 외에 다른 학위가 필요하지 않았기 때문이다. 반면 그의 친구 에르빈 주츠와 장 라세르는 신학석사 학위를 취득했다. 장 라세르는 "최우수" 평점을 받았다. 본회퍼는 당시 유니온 신학교에서 드리는 아침 예배에 꼬박꼬박 참석하지는 않았다.

바르트주의자

본회퍼는 유럽 신학자의 우월감을 좀처럼 억누르지 못하고 날마다 세미나에서 진짜 신학적인 물음을 던지며 시비를 걸었다. 그는 그곳에서 들은 내용을 신학으로 여기지 않고 시대에 뒤진 종교철학으로 여겼다. 그러다가 그 전제들도 연구해 보아야겠다는 생각을 하게 되었다. 하지만 대학생들이 루터의 『노예의지론』 *De servo arbitrio*에서 따온 인용구를 접하고 그것을 우습게 여겨 폭소를 터뜨리자 다시 인내심을 잃기도 했다.[34] 하지만 분개한 마음을 뤼트게르트처럼 표현할 생각은 없었다. "미국인들은 너무 순진해서 자신들의 목적을 위해서라면 공장에서 자동차를 주문하듯이 신학과 철학까지 주문할 것이네."[35] 본회퍼가 자신이 보낸 연구년을 놓고 작성하여 교회연합회 사무국에 보낸 보고서는 그의 눈에 비친 현상들의 강한 면모들, 곧 그 자신의 것이 편협해 보일 만큼 강한 면모들에 대한 비판과 그 면모들을 얻고자 하는 포괄적 노력의 변증법을 반영하고 있다. 바르트를 변함없이 편들기는 했지만, 이 시기의 끝 무렵에는 유럽 신학의 자신만만한 태도만 결정적인 것으로 여기지는 않았다.

본회퍼는 보고서에서 자신의 경험들을 토대로 유니온 신학교의 신학적 형편을 절망적으로 묘사하지만, 적절한 순간에 마땅히 있어야 할 자리에 이르렀다. 더글러스 호턴의 바르트 번역서와 에밀 브룬너의 강의록은 이미 언급한 바 있다. 존 베일리는 1956년에 행한 기념 강연에서 아래와 같이 이야기한다.

제가 미국에 온 지 10년이 조금 넘었을 무렵,[36] 새로운 상황이 정체를 드러내기

1931년, 유니온 신학교 동료들과 함께.
왼쪽부터 디트리히, 클렘, 메리언 레만, 폴 레만, 에르빈 주츠.

1930-1931년 2월, 유니온 신학교.
스코트 교수(1), H. F. 워드(2), 라인홀드 니부어(3), 헨리 슬론 코핀 총장(4), 존 베일리(5), 율리우스 아우구스트 베버(6), 제임스 모팻(7), 에르빈 주츠(8), 폴 레만(9), 디트리히 본회퍼(10), 앨버트 프랭클린 피셔(11).

시작했습니다. 1930년에서 1931년으로 이어지던 겨울철이 생각나는군요. 대서양 이쪽에서 바르트 운동의 영향을 처음 느끼던 때였습니다.……바르트 운동이 미국에 늦게 도달한 감이 없지 않았습니다.……1933년이었던 것 같은데, 우연히 저는 유니온 신학교의 한 간담회에서 논문을 낭독할 기회를 얻었습니다. 제가 낭독한 논문은 「바르트주의 서설」이었습니다. 저 자신은 바르트주의자라고 할 수도 없었지만, 제 동료 교수들 중에는 그 운동을 중시하지 않는 이들이 있었습니다. 실례지만 저는 그 운동이 예시하는 바를 어느 정도 이해했다고 생각했습니다.……본회퍼는 제가 1930-1931년에 이 신학교에서 만난 대학생이었습니다. 그는 당시 우리 가운데 출현한 바르트 박사의 가장 듬직한 제자였습니다. 게다가 자유주의의 완고한 대적자로서 제게 다가왔습니다.[37]

1929-1930년에 펴낸 유니온 신학교 요람에는 "위기의 신학"을 다룬 박사 학위 논문이 한 편도 등장하지 않는 반면, 1931-1932년에 펴낸 요람에는 "새로운 상황"을 암시하는 박사 학위 논문 주제가 처음 등장한다. 그 주제는 다름 아닌 "슐라이어마허의 신학과 위기 신학의 도전"이다. 그나마 "유니온 신학교"에는 선구자 그룹이라도 있었지만, 교파 소속 신학대학교들에는 그런 그룹이 아예 없었다.

헨리 피트니 반 두센이 보좌하는 베일리의 세미나에서 새로운 "충격"이 선명하게 나타났다. 본회퍼가 이 세미나에서 폴 레만의 지지를 받으며 논쟁을 종결지은 것이다. 베일리는 본회퍼가 아돌프 폰 하르낙 추도사에서 자신(베일리)이 의지하는 이 위대한 알브레히트 리츨의 제자에 대해 얼마나 적극적으로 말했는지를 상상도 하지 못했던 것 같다. 또한 그는 본회퍼가 『행위와 존재』에서 바르트에게 비판적인 물음들을 던지며 그것들을 정식화한 사실도 모르고 있었다. 그랬다, 본회퍼는 그 비판적인 물음들을 철저히 숨겼다. 베일리의 세미나에 제출한 그의 평론에서 드러나는 것처럼, 그는 자신의 신학 진술을 바르트의 표현과 뒤섞고, 부지중에 바르트의 견해와 같은 것을 제시했다.[38]

베일리는 본회퍼에게 자신의 세미나에서 바르트의 사상을 상세히 설명하며 강의해 달라고 부탁했다. 본회퍼는 베일리의 세미나에서 아래와 같이 말하며 바르트의 사상을 소개했다.

바르트의 사상과 실제로 접촉하고 싶습니까? 그러시다면 이전에 배운 모든 것을 이 한 시간 동안만이라도 잊어버리십시오.[39]

베일리는 열려 있는 사람이어서 최신 정보에 정통했다. 그래서 본회퍼에게 하이데거에 대한 상세한 강의를 맡기기도 하고, 본회퍼의 세미나 논문 「그리스도교의 신관에 대하여」Concerning the Christian Idea of God(DBW 10:423-433)가 『종교 저널』*Journal of Religion*에 실리도록 힘써 주기까지 했다.

1939년 미국을 다시 찾은 본회퍼는 그사이에 무슨 일이 일어났는지를 그려 보려고 시도하다가, 전에 자신이 모습을 보인 이후 실제로 어떤 일이 벌어졌는지 알아챘다. 당시1931-1932 그와 논쟁하던 사람들, 그중에서도 라인홀드 니부어를 통해 무슨 일이 벌어졌던 것이다. 물론 말씀의 신학에 대한 열정보다 『위기의 신학』이 더 팽배한 것처럼 보였다. 제목이 내용을 덮어버린 것이다.[40]

연구년인 1930-1931년에 본회퍼는 유니온 신학교의 강의 목록을 보고 놀랐음에 틀림없다. 주석이나 교의학 강의는 아예 없고, 그 대신 현대 미국 철학, 현대 미국 문학, 미국의 현대 사회 환경을 분석하고 밝히려고 하는 강의들과 요란한 윤리학만 넘쳐 났기 때문이다. 미래의 목사들은 그러한 것들에만 정통할 뿐, 신경(信經)의 신학 주제들과 교리사의 신학 주제들에는 정통하지 못할 터였다. 독일의 신학부에서는 시사 문제를 제대로 판단하고 정치적 결정을 내리는 것이 교육 프로그램의 가장 먼 가장자리에 자리하고 있었다. 반면에 미국의 신학도는 "일상생활의 문제들에 대해 더 많이 알고" 있었다.[41] 이 점이 본회퍼의 주목을 끌었다. 오늘날은 유니온 신학교의 강의 목록도 신학에 초점을 더 철저하게 맞추는 것 같다. 이제는 다들 그 일반적인 주제들을 고등학교와 단과대학에서 다룰 주제로 여기는 것 같다. "신학"이 대학원의 중심으로 옮겨지긴 했지만, 그렇다고 "사회 복음"이 완전히 잊힌 것은 아니다.

본회퍼가 연구년에 수강하면서 "학점"을 쌓은 실습 및 강의들 목록은 아래와 같았을 것이다.

종교와 윤리(니부어), 현대 철학의 종교적 국면들[유진 라이먼(Eugene Lyman)], 교회

와 공동체: 교회와 사회성 형성 및 성격 형성 매개자들의 협력[찰스 클래런스 웨버(Charles Clarence Webber)], 윤리적 해석[해리 프레드릭 워드(Harry Frederick Ward)와 니부어], 현대문학에 등장하는 윤리적 관점(워드와 니부어), 사회 질서에서 본 윤리적 쟁점들(워드), 신학 I: 세계 및 인간과 하나님의 관계에서 본 하나님 관념(베일리), 철학적 신학 세미나(베일리와 라이먼), 간결한 설교(포스딕), 목사와 개인의 협력(코핀)(DBW 10:643 참조).

본회퍼는 자신의 세미나 논문에서 계시 신학, 칭의론, 종말론만 논하고 현실을 제대로 다루지 않았다. 이 점이 교수들을 곤혹스럽게 했다. 라인홀드 니부어와 존 베일리는 그 독일 손님의 복잡하고 도전적인 논문들을 애써 혹평했다. 라이먼(DBW 10:423 Anm. 1 참조)은 독일 신학이 "은폐성 속의 계시"와 같은 불가능한 개념 조합을 선호하는 것을 비난하면서 이렇게 평했다. "이것은 잘못된 표현이 아닌가?"(DBW 10:429 Anm. 38) 그는 본회퍼가 (관념론에서 말하는) 사유와 실재 사이에 파 놓은 도랑을 비판했다. 그러한 것이 다소 억지스럽고 과격해 보였던 것이다.

라인홀드 니부어는 당시 서른여덟 살이었다. 본회퍼는 그의 강의 서두를 다음과 같이 받아 적었다. "종교는 거룩한 초월의 경험, 선(善)의 경험, 미(美)의 경험, 진(眞)의 경험, 성(聖)의 경험이다." 그러고는 더 이상 받아 적지 않았다. 하지만 젊은 니부어가 윤리 영역에 대한 의존, "종교 권위주의의 윤리적 수단과 그 한계", 종교 조직 존중주의의 미심쩍은 결과들을 거론하고, ("루터는 종교적 개인주의를 편들고, 칼뱅은 윤리적 개인주의를 편들었다"며) 개인주의를 웃음거리로 만드는 거침없고 활달한 방식만은 그의 마음에 들었다. 니부어는 정치에 무관심한 것 같은 본회퍼의 논제를 경쾌하게 논박했다. 그는 "섭리의 하나님"은 "칭의의 하나님"으로부터만 인식될 수 있다는 가르침에 만족하지 않고, '하나님의 섭리는 윤리적으로 무엇을 의미하는가'라고 물으며 아래와 같이 평했다.

자네는 은혜를 초월적인 것으로 여기는데, 나는 자네가 그러한 것에 어떤 윤리적 중요성을 부여할 수 있는지 알지 못하겠네. 하나님의 의지에 대한 복종은 종교적 경험이긴 하지만, 사회적인 것으로 평가될 수 있는 행위들이 되지 않으면 그것은 윤리적 경험이 아닐세. 행위를 결과로 평가하지 않고 관념들로만 판단하는 것은 "윤리"에서 내용을 제거하고, 윤리를 형식적인 것으로 만들 뿐이네.[42]

계시의 윤리적 구체성은 얼마나 중요한가? 이 물음이 본회퍼의 마음을 처음부터 끝까지 불안하게 했다.[43] 하지만 이 시점의 그는 올바른 전제들의 우위를 대담하게 고수하면서, 그 전제들은 윤리적 효과들에 대한 성급한 관심과 무관하게 머물러야 한다고 주장했다.

문학과 시사 문제

신학 분야에서는 반론에 귀 기울일 준비가 별로 되어 있지 않았지만, 그가 무제한의 관심을 기울인 분야가 있다. 그는 그 분야에서 새로운 지식을 기대하고 명백한 방법과 판단력을 찾아냈다. 두 번째 학기에 접어든 그는 다음 세 분야에 특별히 집중했다. 그의 눈에 기이해 보이는 모든 것의 배후에 서 있는 미국 철학, 새로운 문학 연구, 정치·사회 연구 및 답사. 이 분야들에서 어찌나 많은 자극을 받았던지 본국에 다음과 같이 알릴 정도였다. "저는 쇄도하는 감홍들을 다 소화하지 못했지만 기분은 좋습니다. 뉴욕을 정말로 실컷 즐기려 들면 거의 녹초가 되고 말 것입니다."[44]

1. 종교철학 교수 라이먼이 유니온 신학교에서 통용되는 전문 용어의 배후관계들을 그에게 소개했다. 본회퍼는 그의 조언에 따라 연구하면서 이렇게 썼다. "윌리엄 제임스William James의 철학 전집이 내 마음을 깊이 사로잡고, 존 듀이John Dewey, 랠프 바튼 페리Ralph Barton Perry, 버트런드 러셀Bertrand Russell, 존 브로더스 왓슨John Broadus Watson과 행동주의 토론 문헌도 내 마음을 사로잡았다. 알프레드 노스 화이트헤드Alfred North Whitehead, 앨버트 코넬리우스 크누드슨Albert Cornelius Knudson, 조지 산타야나 이 보러스George Santayana y Borras 연구는 경험을 중시하는 급진적 사상가들보다 유익하다고 할 수 없었다. 그들, 특히 제임스의 작품 속에 현대 신학 용어와 계몽된 미국인들의 사고방식을 이해할 수 있는 열쇠가 들어 있었다.……그들에게 칸트의 인식 문제 같은 물음들은 '시시한 물음'이다. 그들은 그 물음들을 전혀

중시하지 않는다. 그것들이 삶을 앞으로 나아가게 하지 않는다는 이유로. 그들은 진리를 '중시하지' 않고 활동을 중시한다. 그것이 그들의 기준이다."[45] 그는 미국 체류를 마칠 즈음 미국 철학과 미국 신학의 실용주의적 배경에 관한 논문을 구상하고 이를 위해 교회연합회 사무국에 휴가 연장을 요청하기까지 했다. 하지만 구상한 대로 되지 않고, 보고서에서 사실을 짤막하게 언급하는 데 그쳤다.[46]

2. 라인홀드 니부어가 현대 문학가들에 대한 비평에 착수했다. 본회퍼도 미국 신학생들과 똑같이 문학 작품을 읽고 비평문을 써야 했다. 그가 쓴 비평문들에는 그 시대의 흥미로운 걸작들이 등장한다. 니부어는 미국 문학 외에 유럽 문학, 특히 당시에 출간된 『전사한 학도병들의 전쟁서간』, 에리히 마리아 레마르크Erich Maria Remarque와 루트비히 렌Ludwig Renn의 소설들, 영국 작가 로버트 코드릭 셰리프Robert Codric Sheriff의 희곡 『여행의 끝』과 같은 최신 세계대전 문학책도 읽게 했다. 본회퍼는 셰리프의 희곡에 푹 빠졌다. "그 희곡은 위대한 이상주의적 감정을 얕보지도 않고(오히려 그것을 민감하게 느낀다!), 있는 그대로의 현실을 감추지도 않는다"(DBW 10:391). 그러나 그는 문학을 통한 전쟁 경험의 환기에 대체로 비판적인 입장을 보였다.

그는 독일의 표현주의자 에른스트 톨러Ernst Toller와 그의 작품 『군집 인간』*Masse Mensch*과 『기계인간』*Maschinenmenschen*도 비평했지만, 체코 작가 카렐 차페크Karel Čapek를 더 좋아했다(DBW 10:398). 또한 그는 자신이 오래전부터 신뢰하고 말년에도 높이 평가한 헨릭 입센의 작품,[47] 곧 타협에 맞서 투쟁하되 **사랑의 하나님**deus caritas 앞에서 무너지는 「브란」의 진가를 인정한다(DBW 10:393). 반면에 조지 버나드 쇼George Bernard Shaw의 통렬한 노련미는 유감스럽게도 그의 냉소주의로 인해 본회퍼에게 감동을 주지 못했던 것 같다. "내가 아는 한, 버나드 쇼는 윤리적으로 중요한 문제나 종교적으로 중요한 문제를 전혀 다루지 않았다"(DBW 10:394). 공교롭게도 그가 오해한 버나드 쇼의 작품은 그가 후일 런던 시드넘 교회에서 세계문학으로 소개한 단편 「안드로클레스와 사자」Androcles and the Lion였다.[48] 10년 뒤에 읽었다면, 본회퍼는 쇼의 그 단편에 등장하는 페로비우스Ferrovius를 다른 눈으로 보았을 것이다. 페로비우스는 북소리가 울리자 자신이 했던 그리스도교적 서원을 모두 잊어버리고 전에 거부했던 군대로 서둘러 달려간 인물이다. 하지만 이때의 본회퍼는 그 단편에서 순수 상대주의 그 이상을 보지 못했다.

그는 흑인 문학에 대해서도 논문 한 편을 썼다.[48a] 그는 유대인이 미국에 동화되는 것을 반대하는 루트비히 레비존Ludwig Lewisohn의 『스티븐 에스코트』*Stephen Escott*와 『미드채널』*Midchannel*을 읽고, 시어도어 드라이저Theodore Dreiser의 단편집 『자유와 그 밖의 단편들』*Free and other stories*을 좋아했다. 싱클레어 루이스Sinclair Lewis의 『엘머 갠트리』*Elmer Gantry*를 읽으면서는 장황, 과장, 무례한 표현들을 알아채기도 했지만, 편협한 경건주의와 영적 위엄의 남용에 대한 묘사에서 대가다움을 발견하기도 했다. "다수의 목사에게 엘머 갠트리는 가톨릭의 고해를 있는 그대로 비추는 거울이 될 수 있다"(DBW 10:395-397).

3. 사회·정치 연구는 다음의 두 가지 실습에 집중되었다. "교회와 공동체"라는 제목으로 찰스 클래런스 웨버가 이끈, 도시의 사회복지 정책 중심지 견학과, 해리 F. 워드가 "윤리적 해석"이라는 제목으로 주도한, 현대 문제에 대한 정치적 비평.

a) 웨버의 지도 아래 노동 문제, 이윤 통제, 시민권, 청소년 범죄, 그리고 교회들이 이들 분야에서 하는 일을 조사했다. 다들 "전국 여성 노동조합연맹"National Women's Trade Union League과, 계급 의식이 있는 "노동자 교육 연합회"Worker's Education Association에서 탄생한 "미국 노동자 교육국"Worker's Education Bureau of America을 탐방했다. 그러고는 어느 교파가 자기 교단의 "교육 위원회"와 함께 이 일에 참여했는지, 어느 교파가 자기 교단의 "노동자 학교"를 설립했는지를 규명했다. 이 학교의 광고 문구는 다음과 같았다. "아는 것이 힘이다, 적절히 사용되기만 한다면." "전국아동노동위원회"National Child Labor Committee는 공장들의 아동 고용을 막기 위해 안간힘을 쓰고 있었다. 최초로 영국에서 창설된 "협동조합 운동"Cooperative Movement과 "전국 소비자연맹"National Consumer League에서는 교회들의 도움을 받아 적정 구입 가격 및 구매자 동맹파업과 같은 문제들을 조사했다. 언론의 자유, 출판의 자유, 집회의 자유, 파업권, 인종 평등을 위해 투쟁하는 "미국 자유인권협회"American Civil Liberties Union에서는 하루를 꼬박 보내며, 무기를 손에 들려 하지 않았다는 이유로 한 여인에게 미국 시민권을 허락하지 않은 대법원 판결과 씨름했다. 그 판결에 일반 대중의 관심이 쏠려 있었기 때문이다. "보이스카우트 연맹"과 "의형제·의자매 맺기 운동"Big Brother and Big Sister Movement은 자신들의 성공을 위해 청소년 범죄 퇴치 운동에 관심을

기울이고 있었다. 보고에 의하면 시카고만 해도 1,313개의 청소년 "갱단"이 있었고, 이 운동 단체들이 돌보는 청소년들 가운데 재범 청소년은 7퍼센트밖에 안 되었다.

교회들과 협회들이 운동을 벌여 프롤레타리아 문제들을 다루고, 신학생들이 "유니온 신학교" 안에서 기꺼이 실직자들과 운명을 함께하는 것에[49] 어찌나 자극을 받았던지, 본회퍼는 1932년에 베를린 대학교 대학생들과 합력하여 실직자들을 돌보고, 기금을 요청하고, 청소년 숙소를 짓는 일에 골몰하기까지 했다.[50] 그래서 신학적 의구심에도 불구하고 "사회 복음"을 경솔하게 깎아내리거나 평가절하하지 않았다.[51]

b) 워드의 세미나는 훨씬 더 정치적이었다. 그리스도교 윤리 교수 해리 F. 워드는 감각이 예민하고, 사상도 예리했다. 사회주의적 성향의 열정적 비타협주의자였던 그는 30년 뒤 매카시즘의 희생양이 되고 만다.

그의 세미나에서는 다들 신문 기사와 잡지 기사를 분석하여, 국내 정세와 국제 정세에 대한 적절한 판단력을 획득하지 않으면 안 되었다. 이 세미나의 몇몇 주제는 본회퍼와 친가의 편지 왕래에서 화제가 되기도 했다.

이 가운데 첫 번째로 화제가 된 것은 미국 국내 정책과 관련된 투쟁, 곧 '위커샴 위원회의 금주법 보고서'였다(DBW 10:399f.). 이 보고서는 금주법의 파기가 아니라 개정을 권했다. 이 법이 1919년 이래로 소기의 목적인 도덕 개선보다는 범죄 증가를 야기했기 때문이다. 본회퍼의 아버지는 이 실험을 자세히 묘사해 달라고 부탁했다. 브레슬라우에 체류하던 시절과 1차 세계대전 중에 금단 문제를 연구한 상태여서 그 법이 의학적으로 그의 관심을 끌었던 것이다. 디트리히는 뉴욕 정신병원에서 펴낸 정신착란 통계를 그에게 우송했다.[52] 금주법은 결국 1933년에 파기된다. 본회퍼가 1940년대에 쓴 『윤리학』에도 이 연구가 반영되어 있다.[53] 본회퍼는 『윤리학』에서 그 에피소드를 미국교회의 결정적인 경험으로 서술한다. 금주법 제정을 추진하는 세력이었던 교회가 그 법의 파기를 편들었기 때문이다.

워드는 실업 보험 체계와 은행 도산의 결과들도 조사하게 했다(DBW 10:400f.). 본회퍼는 35만 명의 예금자가 저마다 소액 예금 400달러의 손해를 입었다는 말을 듣고 이렇게 기록했다. "이 모든 이야기는 대단히 암울한 상황……사회적 책임

의식의 결여를 명백히 보여준다. 미국의 실질적 주인은 강대한 은행들이다"(DBW 10:401). 그는 실업 보험이 없는 미국의 신학대학교에 국가, 고용주, 근로자가 보험료 조달에 협력하는 독일의 사례를 제시했다. 미국에서는 "제너럴 일렉트릭사" 같은 소수의 민간 기업만이 보험 가입에 착수한 상태였다. 본회퍼는 배상 채무 부담 때문에 절박한 상황에 처해 있는 독일과 관련하여 아래와 같이 결론지었다(DBW 10:407).

> 예컨대 독일이 재정적으로 견디지 못할 게 틀림없지만, 기간이 길어지면 미국의 상황도 현저히 나빠질 것이다. 전쟁 채무 문제를 새로 조정하고, 미국이 그 채무를 탕감해 줄 때에만, 탈출구를 모색하여 이 모든 상황에서 벗어날 수 있을 것 같다.

집에서 보내온 급보의 내용은 아래와 같았다.

> 주된 악은 가난과 실업이란다. 어쨌거나 실직자 500만 명과 함께 겨울을 나는 게 가능했다는 사실, 다들 그 사실을 정부의 업적으로 여긴단다. 나는 봄에 노사관계가 개선되어 긴장 상태가 다소 누그러지기를 줄곧 바라고 있단다. 라인 지역 거대 기업가들에 의하면, 임금이 14퍼센트까지 삭감되어야—이미 6퍼센트나 삭감되었단다—경쟁력을 갖출 수 있다는구나. 쾰른에 있는 영국산 석탄이 루르 지역에서 생산한 석탄보다 저렴한 게 현재의 실정이란다.[54]

50킬로미터 길이의 테네시 급류발전소 완공을 계기로 새 에너지 센터를 민간에서 운영할 것인지, 아니면 국가에서 운영할 것인지를 두고 공화당원들과 민주당원들 사이에 논쟁이 벌어졌다. 본회퍼는 1930년 워드의 세미나에서 다음과 같이 해석했다. "미국의 경쟁 시스템이 소비자 요금을 적잖이 올리고 있다. 뉴욕의 소비자는 정부에서 발전소를 운영하는 캐나다 소비자보다 요금을 다섯 배나 더 납부한다. 프랭클린 D. 루스벨트Franklin D. Roosevelt는 정부에 의한 조정을 요구하지만, 대기업들이 반대한다"(DBW 10:402).

본회퍼는 **산아 제한**도 다루어야 했다. 이 문제를 두고 개신교도는 가톨릭교도의 가장 격렬한 저항에 부딪혔다. 미국교회협의회는 1930년 많은 이들의 이목을 끈 보고서에서 이렇게 말했다. "기혼자들의 피임에 의한 산아 제한은 타당하고 도덕적이다"(DBW 10:406). 가톨릭의 자유주의 신문 『공공의 복지』*Commonweal*는 이렇게 썼다. "몇몇 루터교도들까지 이의를 제기하는 것을 보면, 미국교회협의회의 이 문서는 종교개혁의 죽음이나 다름없다." 본회퍼는 자기 보고서에서 다음과 같이 결론지었다. "흥미로운 사실은, 개신교도와 가톨릭교도 사이의 쟁점이 윤리적 쟁점이라는 것이다. 개신교도는 교리를 전혀 이해하지 못하고 있다"(DBW 10:406).

이 밖에도 워드는 당시 국제 정세에 긴장을 조성하는 지역들을 조사하고 숙고하게 했다. 그 지역들은 인도(DBW 404f.), 러시아(DBW 10:403f.), 폴란드, 독일과 오스트리아(DBW 10:404f.)였다. 런던에서 원탁회의가 열리던 시기이자, 간디와 로드 핼리팩스Lord Halifax 총독이 줄다리기를 하던 시기였다. 본회퍼는 세계 경제위기가 러시아에 미친 영향을 열거했다. "실업을 모면한 나라는 러시아뿐이다. 하지만 전반적인 가격 붕괴가 생산 활동을 건드리자, 러시아는 덤핑 가격에 의지해 수출을 늘리고 있다. 프랑스가 관세 인상으로 버티는 반면, 이탈리아는 그러지 않고 있다. 이것이 러시아를 반(反)프랑스 블록에, 곧 이탈리아와 독일에 더 가까이 다가가게 하고 있다"(DBW 10:403f.).

폴란드의 문제들을 눈여겨보니 상반되는 세력들이 경합을 벌이고 있었다. 폴란드는 서쪽 국경의 최종 확정을 명시적으로 주장하기 위해 동맹 체제를 가동했다. 프랑스, 유고슬라비아, 체코슬로바키아가 폴란드를 비호했다. 본회퍼는 폴란드의 위협적인 태도가 독일인들을 동프로이센에서 떠나가게 하고 있으며,[55] 이것이 실업 문제에 다시 부정적인 영향을 미치고 있다고 주의를 환기시켰다(DBW 10:404).

이 몇 달 동안 프랑스는 적대 국가들의 동맹을 우려하면서 독일-오스트리아 관세 동맹 협상에 관심을 집중하고 있었다. 이것이 외교에 관한 세미나 논문의 마지막 주제였다. 본회퍼는 아버지가 자신에게 써 보내온 글을 알리면서 이렇게 결론지었다. "이 모든 사건은 독일의 재정적 위기 상황 때문에 빚어진 것이다. 전쟁 배상금 지불이 독일을 그 상황으로 몰고 간 것이다. 이 상황은 온갖 골칫거리를 미

국에 안겨 주고 말 것이다!"(DBW 10:405)

본회퍼는 자신이 착수한 것을 마무리하지 못했다. 미국 체류 기간이 끝났기 때문이다. 라인홀드 니부어와 존 베일리는 그가 유럽 정통주의의 본거지로 돌아간 뒤에도 그를 기억 속에 간직했다.

> 그는 우리 학생들이 관심을 기울이던 정치 문제들이 대체로 그리스도인의 삶과 무관하다고 여긴 사람이었다. 그는 독일로 돌아가고 얼마 지나지 않아 윤리적 쟁점과 정치적 쟁점들에 상당히 많은 관심을 기울이고, 한동안은 인도로 가서 간디의 운동을 연구할 마음을 먹기까지 했다.……한때 정치에 무관심한 사람이었으나 대단히 빈틈없는 정세 분석가가 된 것이다.[56]

1932년 본회퍼는 헬무트 뢰슬러의 비난을 받고 나서 자신이 한때 반정치적 발언을 한 사람으로 기억되는 것을 달가워하지 않았다. 그리하여 헬무트 뢰슬러에게 아래와 같은 내용의 편지를 보냈다.

> 당신은 내가 오래전에 말한 "무관심"이라는 표현을 오해하지 않을 것입니다. 나는 그 표현을 더 이상 기억하지 않으렵니다. 요즘은 그 표현이 정말로 경박해 보이는군요. 그 표현은 내가 울타리를 둘러치고 교회의 사실을 통해 이 문제들을 보고 있음을 가리킬 뿐이기 때문입니다.[57]

그는 프랭클린 D. 루스벨트의 뉴딜 정책이 시작되기 직전의 미국, 경제 재앙 속에서 이루어진 교회들과 대학생들의 활동, "사회 복음"의 활기를 잊을 수 없었다. 그가 자신의 신학적 신념을 굳게 고수하면 고수할수록, "새로운 현실에 대한 끊임없는 호기심"이 그를 강하게 이끌었다.[58] 그때부터 본회퍼는 단순한 책상물림을 수상쩍게 여겼다. 이제껏 의심해 본 적이 없는 사유 세계와 감각 세계가 갑자기 일면적인 것으로 여겨진 것이다. 그 세계들을 재고해 볼 필요가 있었다.

물론 그가 보기에는 미국 신학의 관점이 그리스도의 현재성을 왜곡하거나 축소시키는 것처럼 보였다. 하지만 대서양의 다른 쪽에서도 그리스도의 현재성을 축소시킨 게 아닐까? 그리스도의 현재성은 어떻게 저 상이한 현재성들과 결합한 것일까? 본회퍼는 『나를 따르라』의 시기와 교회투쟁의 시기에도 뉴욕에서 배운 것을 결코 잊지 않았다. 미국에서 보낸 시절이 하나님 말씀의 구체적 현실에 대한 그의 근본적 관심을 한 번 더 강화해 주었던 것이다. 귀국할 때 정한 기본 방침을 거스르는 것이 아니라 그 기본 방침을 토대로 말씀의 구체성을 더 잘 펼치려면 어찌해야 하는가? 이제부터는 이 물음에 답하기 위해 애쓰지 않으면 안 되었다.

> 미국에 체류하면서……분명히 알게 된 것은 공동 작업의 절대적 필요성과, 그러한 협력을 불가능하게 하는 것처럼 보이는 수수께끼 같은 단절입니다. 저기 저쪽에서 보면 우리의 입장과 신학이 너무나 편협해 보입니다. 전 세계에서 독일만이, 그리고 저쪽에서는 몇 사람만이 복음의 요체를 알고 있다는 말은 전혀 납득이 되지 않는 말입니다. 내 눈에는 예전의 어디에서도 복음이 보이지 않는군요.[59]

IV. 고향

본회퍼가 뉴욕에서 친가로 보낸 생생한 편지는 거의 분실되고 몇 통만 남아 있다. 하지만 그가 받은 일련의 편지들은 그가 부담스러워하기도 하고 멀리하기도 했지만 베를린에서 온 정보들을 얼마나 강렬한 관심을 가지고 받아들였는지를 보여준다. 그 정보들은 정세 전개, 교회 당국의 계획들, 베를린 대학교에서 일어난 사건들과 관련된 것들이었다.

1. 그는 미국에 도착하여 소란스러운 첫 주를 보낸 뒤에, 독일에서 실시된 9월 선거의 결과를 파악하고, 실업률이 꾸준히 상승하고 있다는 기사를 읽었다. 그러면서 사건들의 추이를 먼 곳에서 판단하는 것이 얼마나 어려운 일인지를 절감하고 우울해했다. 매제 라이프홀츠에게 닥칠지도 모를 위험들이 가장 먼저 떠올랐다. 라이프홀츠가 알려 온 대로, 그라이프스발트 교수 동아리 안에서 유대인을 배

척하는 "나치스"가 자신들의 존재를 알리기 시작했기 때문이다. 새 정부의 강력한 긴축 법안들도 여러 우려를 자아냈다. 자칫하면 자형들이 해고 조치나 임용 연기에 휩쓸릴 수 있었다. 그의 형 클라우스가 정치 환경의 변화를 아래와 같이 알려왔다.

> 선거 이후 모(某) 씨가 완전히 제거되기 직전이야. "암울한 11월 혁명"에 대한 보복의 날이 다가온 것이지. 네가 떠난 이래로 정치적 상황이 크게 변했어. 선거에서 성공한 국가사회주의가 광범위한 계층에게 지난 10년간의 민주 정부가 실패했음을 납득시키고, 세계 경제위기의 결과들도 국내 정치 때문이라고 떠들어 댔거든. 다들 파시즘에 추파를 던지고 있어. 이 과격한 물결이 지식인 계층의 마음을 사로잡아, 시인들과 사상가들의 민족이 사라지게 될까 두렵구나.[60]

프로이센 지역에서는 사민당원들이 우세했다. 하지만 소위 국가 정당 안에 있는 민주-시민 중도파를 효과적으로 일신하려는 시도는 "철모단"(재향군인회)이 프로이센 주에서 재선거를 실시해야 한다며 제기한 국민 발안에 발목이 잡혀 실패하고 말았다.

본국 소식들 중에는 위안이 되는 소식도 있었다.

> 이곳에서는 미래가 온통 비관적으로 보인단다. 많은 이들이 나치스가 집권하여 모든 경제와 신용을 무너뜨릴지도 모른다고 우려하고 있단다. 하지만 나는 그리 생각하지 않는단다.[61]

> 사태가 신문들이 보도하는 것처럼 돌아가고 있지는 않단다. 다들 브뤼닝 정부가 어느 정도 적절한 생활 형편을 이루어 주기를 바라고 있단다. 생활비를 다소 떨어뜨리는 데 성공하기만 하면, 과격파의 기세가 한풀 꺾일 거야.[62]

> 솔직하고 차분한 인격의 제국수상이 꿋꿋이 자기 길을 가고 있어서 안심이야.[63]

반면에 그의 친구 헬무트 뢰슬러가 프리크니츠에서 보내온 편지는 갑자기 뒤늦게 광분하는 독일 농촌 주민의 모습을 상세히 묘사했다.[64] 본회퍼는 그 편지를 머릿속에서 지울 수 없어서, 미국 친구 동아리에서 그것을 낭독하고 논평했다. 1931년 2월의 일이었다.

1931년 여름에 상황이 다소나마 진정되었다. 위안이 되는 편지들이 가족에게서 끊임없이 도착했다. 라이프홀츠가 5월에 괴팅겐 대학교의 교수로 초빙되고, 도나니는 함부르크에서 검사직을 얻었다. 도나니는 검사직을 9개월 정도 수행하고 1933년 1월에 법무 장관 보좌관으로 되돌아갔다. 두 사람 다 대단히 젊은 나이에 승진한 거였다.

2. 교회와 관련된 사건들은 여전히 부수적인 역할만 했다. 그럼에도 본회퍼는 막스 디스텔에게 이렇게 편지했다. "목사직에 더욱 마음이 끌립니다."[65] 막스 디스텔의 목사후보생 동아리에서는 다들 『성도의 교제』를 읽기 시작한 상태였다. 그 교구감독은 본회퍼의 외삼촌 한스 폰 하제에게 이렇게 말했다. "당신의 조카는 독일어를 더 익혀야겠습니다." 베를린 리히터펠데에 있는 교구감독 관저에서 고위성직자 모임이 있었고, 부모는 이 모임에서 하루 저녁을 보냄으로써 아들의 마음을 흡족하게 해주었다. 1931년 2월 23일, 어머니는 그 일을 아래와 같이 알렸다.

> 최근에 나는 막스 디스텔의 관저에서 디벨리우스와 자리를 함께 했단다. 그는 너에 대해 대단히 솔직하게 말하고, 네가 언제 돌아오느냐고 물은 뒤 이렇게 말하더구나. "저는 당신의 아드님이 공과대학 학생들 사이에서 목사로 활동하다가 장차 완전한 목사직을 얻었으면 좋겠습니다." 최고관리국 위원 슈라이버도 너를 칭찬하더구나(DBW 10:244).

이 교목 자리를 놓고 교회 당국과의 편지 교환이 진행되기 시작했다. 디벨리우스가 직접 본회퍼에게 편지했다. 베를린을 관할하는 관구총감독 에밀 알베르트 오스발트 카로브Emil Albert Oswald Karow가 본회퍼의 귀국을 학수고대하고 있다는 내용이었다. 총회에서 허락한 본회퍼의 뉴욕 휴가는 1931년 8월 1일에 끝나게 되어 있었다. 그는 미국 철학에 관한 논문을 작성하기 위해 휴가를 두 달 더 연장하려고 시도했지만 총회의 이해를 얻지 못했다. 막스 디스텔이 총회에서 얻어 낸 것은 1931년 9월에 케임브리지에서 열릴 "세계교회친선연맹" 회의에 자신의 목사후보생을 참석시키는 것뿐이었다. 하지만 본회퍼는 당시 그 회의에 대해 아무것도 모르는 상태였다.

3. 교회와 관련된 업무보다는 베를린 대학교에서 일어난 사건들이 본회퍼의 관심을 강하게 끌었다.

1930-1931년 겨울, 전임 제국수상 베른하르트 폰 뷜로브Bernhard von Bülow 후작의 회고록이 출간되자, 교수 동아리들이 격분했다. 그 회고록에서 뷜로브가 베를린 대학교의 저명인사들을 편파적인 관점으로 혹평했기 때문이다. 예컨대 라인홀트 제베르크의 아들 에리히 제베르크Erich Seeberg 같은 교수들이 강의 중에 비판적 입장을 표명하고 정정을 요구할 정도였다. 본회퍼의 가족들도 그 회고록을 보고 반발했다. 명사들 가운데 아돌프 폰 하르낙도 끼여 있었기 때문이다. 1930년 11월 9일, 어머니는 아들에게 이렇게 편지했다. "최근에 출판된 뷜로브의 회고록에서 작고한 하르낙이 거친 욕을 먹고 있는데, 너는 알고 있니? 온 가족이 뷜로브의 문서를 하르낙에게 보내고 싶어 할 정도란다." 아버지는 신문 기사를 작성하여 기고하기까지 했다. 1931년 3월 24일자 「도이체 알게마이네 차이퉁」*Deutsche Allgemeine Zeitung* 1면에 실린 "뷜로브 후작의 회고록에 대한 정신병리학적 평가"에서 칼 본회퍼는 증상들을 면밀히 분석하며 이렇게 말했다. "그 회상록에 완전한 책임 의식의 잣대를 들이대어 평가하기보다는 그 회상록을 병적인 노화의 표현으로 여기는 게 더 적절해 보인다." 모든 공공연한 행동을 꺼리는 이 사람(칼 본회퍼)에게 이것은 이례적인 행위였다.

이 화젯거리가 잦아들 무렵, 이보다 훨씬 중요한 사건이 세상을 떠들썩하게 했다. 하이델베르크 대학교와 할레 대학교에서 귄터 덴의 초빙을 둘러싸고 한바탕 소동이 일어났다.[66] 폴 틸리히가 할레 대학교 실천신학 교수직을 거절하자, 문화부 장관 아돌프 그리메가 귄터 덴을 그 교수직에 곧바로 임명했고, 그러자 이에 반발하여 국가사회주의 대학생 단체들이 첫 항의 시위를 벌인 것이다. 이 소식이 뉴욕에 있는 본회퍼의 귀에까지 들렸다. 물론 그는 나중에야 미약하게나마 지원을 시도할 수 있었다.[67]

기타를 치고 있는 본회퍼.
그는 어렸을 때부터 음악 분야에서 두각을 나타냈고, 특히 피아노에 뛰어났다.

그가 없는 동안 베를린 대학교에서는 국수주의적 단체들이 유대계 동료 학우들에게 폭력을 행사하는 사건들이 일어났다. 그 단체들은 대학교 현관에서 "유다는 뒈져라" 하고 외치며 폭행을 가하고, 대학교 교정에서 떠들어 댔다. 베를린 대학교 총장이자 신학자인 아돌프 다이스만은 궁지에 빠져 이러지도 저러지도 못하는 상황이었다. 경찰의 구내 진입을 허락하지 않았기 때문이다. 하지만 그 당시 신학부를 이보다 더 흥분시킨 사건은 베를린 대학교 대형 강의실 "코모데"에서 열린 바르트와 디벨리우스의 논쟁이었다. 바르트가 1931년 1월 31일 '개신교회의 곤경'이라는 제목으로 강의하자,[68] 2월 6일 디벨리우스가 같은 연단에서 '교회의 책임'이라는 제목으로 응수한 것이다. 이 사건이 막스 디스텔의 관저에서 열린 저녁 모임의 화젯거리가 되었고, 어머니는 아들에게 보내는 편지에서 그 내용을 이렇게 알렸다. "개신교 언론사의 모(某) 씨가 그 자리에 있었는데, 바르트의 강연을……대단히 무례하게 혹평하더구나. 디벨리우스가 그를 나무라며 '바르트는 그런 식으로 매도해도 될 인물이 아니다'라고 말했단다."[69] 프란츠 힐데브란트는 친구에게 보내는 편지에서 바르트가 공교롭게도 슐라이어마허의 연단에서 공격한 것을 재미있어 했다.

본회퍼는 자신이 다니던 신학부에서 일어난 변화들에 특히 관심을 기울였다. 겨울에 레온하르트 펜트가 실천신학자 말링의 후임자가 되었다. 어머니는 아들에게 보낸 1931년 3월 13일자 편지에 이렇게 썼다. "펜트가 자신의 취임 강연에서 네 글을 우스꽝스럽게 인용하며[70] 이렇게 말하더구나. '여러분 모두 잘 아는 디트리히 본회퍼는 이렇게 말했답니다.'"

1930년, 아르놀트 슈톨첸부르크가 브레슬라우 대학교의 조직신학 교수 후보 가운데 한 사람이 되었다. 하지만 그 교수직은 프리드리히 고가르텐에게 돌아갔다. 그 후 한스 크리스토프 폰 하제가 1931년 봄에 외사촌(본회퍼)에게 이런 내용의 편지를 보냈다. "라인홀트 제베르크의 사무실에서 이런 말을 들었어. 슈톨첸부르크는 이제부터 사회윤리 연구소를 맡고, 너는 조직신학 조교 자리에 그의 후임자로 선발되리라는 거였어." 어쨌든 조직신학 세미나의 이 임시직은 불안정한 대학 강사생활에 재정적 보장과 덤을 약속해 주는 자리였다.

그리하여 본회퍼가 뉴욕에서 열심히 활동하면서 세운 장래 계획이 확실한 방향을 잡았다. 학문 활동과 목회 활동이 결합된 이중 직무가 그를 기다리고 있었다. 상아탑에서의 새 출발을 염려한 아버지는 아들에게 1931-1932년 겨울학기 요람에 실을 수 있도록 학장에게 강의 계획표를 제때에 제출하라고 재촉했다. 본회퍼가 멕시코 여행을 떠난 것은 그렇게 하고 난 뒤의 일이었다.

이제 그의 일정표에는 인도 여행을 위한 자리가 더 이상 존재하지 않았다. "모든 것을 마치고 독일로 돌아가게 되어 정말 기쁘다."[71]

2

그리스도인 됨의 대가(代價)

대학 강사생활과 목회생활

1931-1932

> 나는 남들을 실망시킬까 봐 겁을 내지는 않네.……하지만 우리에게 주어진 공적인 삶의 전례 없는 국면에서……어찌해야 올바른 일을 할 수 있는지는 간혹 모르겠네.[1]

> 이 사람들에게 그러한 것을 어찌 설교해야 할까요? 도대체 누가 그것을 믿을까요? 불가시성이 우리를 파괴하고 있습니다.……이처럼 보이지 않는 하나님에게로 터무니없이 계속 되던져지는 것, 이것은 누구도 견디지 못할 것입니다.[2]

본회퍼가 귀국한 1931년은 정치 변혁 및 교회 변혁이 이루어지는 1933년보다 훨씬 강렬한 전환점으로서 중요한 의미를 갖는다. 그의 인생행로의 위대한 제2장이 시작된 해는 1933년이 아니라 1931년이다.

배움과 유랑의 시기가 끝났다. 이제 본회퍼는 가르침과 설교를 병행하기 시작했다. 가르침은 베를린 대학교 신학부에서, 설교는 교회에서 베풀었다. 하지만 신학부의 신학은 그의 신학과 같지 않았고, 교회의 자의식은 기초가 없는 것처럼 보였다. 그가 편입된 사회는 정치적·사회적·경제적 상황이 혼돈을 향해 치닫는 사회였다.

1928년 바르셀로나에서 실천 사역을 시작하면서 그가 마주한 것은 연구와 실생활의 융합이었다. "실생활은 연구를 가치 있게 해주고, 연구하는 이에게 객관성을 안겨 주기" 때문이다.[3] 하지만 1931년에 그가 마주한 것은 난생 처음 자신의 것을 공적으로 책임지는 사람의 고독이었다. 스승들과 신중하게 거리를 유지하는 시간을 갖고 난 뒤에 그는 이따금 "정말로 스승이 되어 줄" 조언자, 연장자를 간절히 갈망하면서 이렇게 말했다. "어째서 그것이 나에게 주어지지 않는지 모르겠다. 내가 그것을 견디지 못했던 건 아닐까?"[4]

본회퍼는 인간의 예속을 좀처럼 참지 못했다. 그가 주장하는 객관적이고 인간적인 탁월함과 맞지 않았기 때문이다. 그래서 훗날 그가 핑켄발데에서 "형제"에게 고개를 숙인 것은 마치 하나의 대극(對極)처럼 더욱 강렬한 인상을 주었다. 그러나 그럴 때에도 그에게 조언하는 것은 쉬운 일이 아니었다. 그는 다른 이의 결정에 자신을 맡길 만큼 순진하지 않았다. 게다가 그는 통제되지 않는 상황들의 기습을 받아 다른 대안을 확보하지 못하게 되는 것을 본능적으로 두려워했다. 이 점에서 그는 "신뢰"를 갖기가 정말로 어려웠다. 그는 그러한 "신뢰"를 게으름이라 불렀을 것이다.

2년 뒤의 결단들도 조언자 없이 이루어졌다. 그 결단들은 두 책의 기초를 마련하는, 극도로 긴장된 연구과제를 수행하는 가운데 이루어졌다. 그 두 책이 다름 아닌 『나를 따르라』와 『신도의 공동생활』*Gemeinsames Leben*이다. 『성도의 교제』와 『행위와 존재』가 개념을 차용해서 말한 반면, 『나를 따르라』와 『신도의 공동생활』은 본회퍼가 신학과 교회에 기여하고자 한 바를 독자적 어법으로 말한다. 바야흐로 본회퍼의 인생에서 이 열매들이 무르익는 시기가 시작된 것이다.

본회퍼는 자기가 속한 교회, 교회의 신학, 교회의 윤리, 교회와 루터의 관계에 새로운 물음들을 던진다. 이 물음들은 순수 학술적 차원을 명백히 포기한다. 이 물음들이 둘러싸고 있는 결정적인 지점은, 윤리와 목회에 권한을 주어 구속력 있는 것을 말하게 하는 곳이다. 그는 교회의 불충분한 권한을 분석하고, 거기에 공신력이 없는 것을 아쉬워한다. 그런 다음 에큐메니칼 운동권까지 분석한다. 교회론은 이전 시기보다 훨씬 구체성을 띠면서도 교회에 훨씬 비판적이다. 사실상 그리스도론이 중심으로 뛰어든다. 그리고 이 새로운 시기 초엽의 설교들은 갑갑한 기조를 띤다. 그 기조는 1933년에야 사라진다.

이 몇 달 동안 그의 개인적인 삶에서 무언가가 일어났다. 우리 눈에 쉽게 포착되지는 않지만, 그 영향들이 현저하게 두드러진다. 그 자신은 그것을 "회심"이라 부르지 않았을 것이다. 하지만 그것이 직접 전환을 비준하여 이 시기의 모든 것을 떠받친다. 『나를 따르라』, 핑켄발데, 형제의 집, 에큐메니칼 활동과 교회투쟁에서 이루어진 의견 표명을 떠받친다. 그 전환으로 생애의 한 시기가 열렸고, 그 시기는 본회퍼가 1939년에 넘어설 때까지 지속된다.

우리는 스물다섯 살 청년 본회퍼가 앞으로 2년간 하게 될 활동을 다음의 세 가지 관점에서 정리할 수 있다.

1. 학문. 본회퍼는 베를린 대학교 신학부에서 매 학기 두 시간 이상의 강의와 세미나를 구상하고 수행한다. 유감스럽게도 나는 그의 강의 원고를 하나도 찾아내지 못했다. 그 원고들이 있었다면 본회퍼의 새로운 물음들과 답변들을 가장 확실하게 알아낼 수 있을 텐데 그러지 못해서 아쉽다. 따라서 우리는 몇 권 안 되는 필기 노트를 토대로 그의 사유 과정들을 개관하는 것으로 만족해야 한다.[5]

2. 목회. 본회퍼는 교목 신분으로 설교 봉사와 강의 봉사를 수행하고, 베딩 지역의 견신례수업을 맡는다.

친교. 그는 비젠탈에 대학생들과 견신례수업 학생들을 위한 주말 막사를 설치하고, 샤를로텐부르크 공과대학 안에 실직자들을 위한 청년의 집을 세우고, 프롤레타리아 거주지 베를린 동부지역에서 목사직을 수행하고자 애쓴다.

3. 에큐메니칼 활동. 본회퍼는 "세계교회친선연맹"과 실천적 그리스도교를 위한 에큐메니칼 협의회("생활과 실천" 협의회)에서 청년 간사 직위를 맡아 여행하고 강연하고 개혁한다.

그는 이처럼 온 힘을 기울이면서 친가의 지원을 당연하다는 듯이 요구했다. "지난 몇 달 동안 제 온갖 일 때문에 집에서도 다소 소란스러웠던 것 같습니다.……집에서 고요한 여름을 보내고 싶군요."[6] 물론 "고요한 여름"은 더 이상 없었다.

이처럼 이중 내지 삼중 활동이 제대로 시작되기에 앞서, 이미 1931년 늦여름 몇 주에 걸쳐 세 가지 영역이 시작되었다. 활동해야 할 영역은 대학교, 교회, 에큐메니칼 운동권이었다. 먼저 본회퍼는 본으로 가서 칼 바르트를 만나고, 새 교리문답서의 저술을 돕고, 케임브리지로 가서 "세계교회친선연맹" 회의에 참석했다. 에르빈 주츠의 주선으로 성사된 본 방문은 본회퍼가 연구하면서 개인적으로 품었던 만남의 욕구를 풀어준 방문이었다. 교리문답서는 프란츠 힐데브란트의 요청으로 이루어진 우정의 봉사였다. 케임브리지 방문은 필생의 과제인 에큐메니칼 활동으로 들어가는 계기가 되었다. 이는 막스 디스텔이 닦아 놓은 길이었다.

원래 교회 당국은 본회퍼에게 휴가 연장을 허락하지 않았다. 하지만 대학 강사 일과 교목 일은 가을에 새 학기와 함께 시작될 터였다. 그 때문에 교회의 상관이자 관구총감독 카로브가 방금 귀국한 이에게 1931년 10월 1일까지 근무지 거주 의무 면제를 자발적으로 승인해 주었다. 그리하여 본회퍼는 반은 자기가 원하는 일을 하고, 반은 자기가 해야 할 일을 했다.

I. 본

칼 바르트를 처음 만나다

본회퍼는 귀국하자마자 베를린에서 직무상 필요한 방문만 하고, 7월 10일 본으로 3주간의 여행을 떠났다. 이미 봄에 프리드리히스브룬에서 휴식을 갖는 게 어떻겠느냐는 부모의 매력적인 제안을 뿌리쳤을 만큼, 이 여행은 그에게 대단히 중요한 여행이었다. 그는 가급적 본 대학교의 학기 말에 방문하려고 했다. 드디어 거의 일방적으로 주선된 만남, 곧 마흔다섯 살 바르트와 스물다섯 살 본회퍼의 첫 만남이 이루어졌다.

본회퍼가 본에서 중개자 에르빈 주츠에게 보낸 첫 소식은 내용이 빈약했다. "나는 이곳에서 완전히 홀로 지내며 남은 날을 하릴없이 낭비하고 있다네."[7] 반면에 부모에게 보낸 소식은 첫 감흥이 어땠는지를 짐작케 한다.

드디어 바르트와 아는 사이가 되었습니다. 그의 자택에서 열린 저녁 토론회에서[8] 그를 상당히 잘 알게 되었습니다. 저는 그를 무척 좋아하게 되었고, 그의 강의에 깊은 감명을 받았습니다. 대단히 잘 작성된 강의 원고였고, 기계적인 구석이 전혀 없었습니다. 이곳에서 지내는 동안 아주 많은 걸 얻을 것 같습니다.[9]

후일 본회퍼의 학생들 사이에 떠돈 이야기에 의하면, 그가 바르트의 세미나에서 "이따금 하나님의 귀에는 타락한 자들의 악담이 경건한 이들의 할렐루야보다 더 좋게 들린다"는 루터의 말을 꺼내자, 바르트는 그 말이 마음에 들어 "이 자리에 누가 그런 말을 가져왔는지요?" 하고 물었다고 한다. 두 사람의 만남은 그렇게 시작되었다.[10]

1931년 7월 23일, 바르트가 그 젊은 방문객을 식사와 장시간의 대화에 초대했다. 드디어 단둘이 마주 앉게 된 것이다. 본회퍼는 묻고 이론을 제기하고 또 다시 물으면서 의외의 사실을 발견했다.

바르트는 자신의 저서들에 등을 기대고 서 있었네. 그는 솔직 담백하고, 이의를 제기하되 정곡을 찌르고, 정신을 집중하며, 사람들이 의기양양하게 말하거나 삼가며 말할 때 혹은 완고하게 말하거나 미심쩍게 말할 때면 그게 사실이냐고 다그친다네.[11]

바르트를 찾은 수많은 사람이 그랬듯이, 본회퍼도 "문서로는 파악하기 어려운" 이 사람이 자신의 토론 상대에게 엄청난 관심을 기울이는 것을 경험했다. "나는 그의 글과 강의보다는 그의 토론 모습에 더 많은 감동을 받았네. 그는 정말로 그 자리에 온전히 있는 사람이라네. 일찍이 어디서도 그런 모습을 보지 못했네."[12]

이 방문이 어찌나 인간적으로 진행되었던지, 곧바로 허심탄회함과 사안에 따른 솔직한 비난이 두 사람의 교제의 품격을 규정할 정도였다. 산발적인 편지 교환이 시작되면서 두 사람은 스스럼없는 사이가 되었다. 본회퍼에게서는 공경하는 태도가 여실히 드러났고, 바르트는 어떤 장애물도 마음에 두지 않았다.

본에 있는 바르트의 제자 동아리에 받아들여지는 것이 훨씬 어려운 일이었다.

본회퍼는 자신을 "정통한 전문가들" 사이에 끼여 있는 "신학적 서자"로 즐겨 말하곤 했다. "이곳에서는 다들 순종 말의 예민한 후각을 지니고 있다네. 이곳의 '흰둥이'에게는 검둥이가 허용되지 않는다네. 이제껏 내가 받은 환대는 무명의 이방인으로서 받은 것이었네."[13] 에르빈 주츠의 친구 한스 피셔Hans Fischer가 그 이방인에게 마음을 써 주어, 자신이 필기한 바르트 강의 노트들을 한가한 시간에 보라며 그에게 주었다. 본회퍼는 사람들이 헬무트 골비처Helmut Gollwitzer의 주도로 열다섯 살 시절의 칼 바르트를 연극으로 상연하는 자리에 초대받기도 했다(DBW 11:22).

본회퍼는 1933년 영국으로 떠날 때까지 자주 본으로 가서 바르트를 만났다. 바르트가 베를린에서 묵곤 하던 게르트루트 슈테벤Gertrud Staewen을 알게 된 것은 귄터 덴을 통해서였다. 바로 이 슈테벤의 집에서 베를린 동지들의 작은 동아리가 생겨났다. 1932년 4월에는 바르트와 그의 친구 루돌프 페스탈로치Rudolf Pestalozzi를 베를린에서 만났다. 이곳에서 바르트는 '현대 신학과 선교'라는 제목으로 강의했다.[14] 이번에는 오토 디벨리우스의 반론 제기가 없는 대신 베를린 선교학회장 지크프리트 크나크Siegfried Knak의 답례 강의가 있었다. 이 강의가 『시간과 시간 사이에서』에 고스란히 게재되어 격한 논쟁과, 변증법적 신학자들에 대한 국수주의의 격분을 불러 일으켰다.[15] 본회퍼는 베를린 대학교 신학부 일원들과 교회지도자들로 이루어진 동아리에서 주최한 저녁 모임을 그다지 호의적으로 기술하지 않았다.

> 질문해 달라는 청이 있었지만, 길고 난처한 침묵만 감돌았다. 누구도 창피당하고 싶지 않았기 때문이다. 그 침묵이 불길하게 바뀌기 시작할 즈음, 크나크가 질문하기 시작했다. 스위스의 민족 감정과 프로이센의 민족 감정에 어떤 차이가 있는지를 묻는 질문이었다. 결국 한다는 질문의 수준이 고작 그 정도였다.[16]

이 몇 달 어간에 할레에서 일어난 "덴 사건"이 절정에 달해, 우익 계열 대학생들이 덴과 문화부 장관 아돌프 그리메 반대 시위를 벌였다. 바르트와 그의 노선을 따르는 이들은 "덴 사건"을 자신들의 사건으로 받아들였다.[17] 당시 본회퍼는 아버지를 경유하여 베를린 대학교 타 학부 교수들이 덴에게 일어난 부당한 일에 관심을 갖게 하고자 애썼다. 또한 그는 이를 위해 포괄적인 자료를 작성하여 아버지에게 드리기도 했다.[18] 하지만 이는 본회퍼와 바르트의 만남이 여러 차례 이루어지긴 했지만, 1932년에 이미 정치와 교회의 미래를 두고 일어난 소요에 강력하게 제압된 나머지, 본회퍼의 바람과 달리 신학적인 문제들을 충분히 논의할 시간을 더 이상 갖지 못했음을 암시한다.

바르트가 『교회교의학』 제1권 서문을 마무리한 직후인 1932년 9월 초, 본회퍼는 스위스 베르클리로 가서 바르트를 만나고, 주츠의 주선으로 에밀 브룬너도 알게 되었다.

그해 겨울, 베를린 대학교에 몸담고 있던 티티우스의 교수직이 공석이 되자, 본회퍼는 자신의 가족관계를 동원하여 바르트를 새 교수직에 끌어들이려 했다. 그러는 중에 1933년이 되었고, 게오르크 보버민이 그 교수직을 꿰찼다. 사민당 소속이라는 이유로 바르트가 본 대학교에서 자리를 유지하기 어려워지자, 본회퍼가 그를 위해 프로이센 문화부에 있는 연줄을 이용하려고 시도한 것이다. 바르트는 이를 알고 본회퍼에게 보내는 편지에서 아래와 같이 말했다.

> 제국수상 히틀러의 시대에는 게오르크 보버민이 슐라이어마허의 강좌를 나보다 더 내실 있게 채울 겁니다. 당신이 나를 강력히 지지했다는 말이 들리는군요.……나는 틀림없이 수락했을 겁니다.……세상이 혼란스러운 상태입니다. 하지만 우리는 결코 호각 소리가 사라지게 해서는 안 됩니다. 안 그렇습니까?[19]

바르트와 본회퍼의 관계는 나중보다는 이때 훨씬 친밀했다.

관계의 단계

우리는 두 신학자의 관계 전체를 네 단계로 구분하고, 그 단계들을 짧은 글귀들로 설명할 수 있다.

1. 1925년에 문서 자료를 통해 시작된 일방적인 앎의 단계. 본회퍼는 바르트의 메시지를 열렬히 반기며 받아들이는 한편, 1927년과 1929년에 "유한은 무한을 수용할 수 있다"는 명제를 고수하면서 바르트에게 신학적·인식론적 물음들을 제

기한다. 그러나 『성도의 교제』와 『행위와 존재』의 형태로 된 이 물음들은 본회퍼의 사후에야 바르트에게 제대로 알려진다.

2. 1931년부터 1933년까지 열렬히 추구한 만남의 단계. 본회퍼는 교회의 윤리적·구체적 계명에 관심을 기울이면서 바르트의 도움을 기대하지만 바람과 달리 도움을 받지 못한다.

3. 긴밀한 교회 정치 동맹에 뛰어들면서 신학적으로 거리를 유지하는 시기. 본회퍼는 칭의와 성화 조항을 바르트와 무관하게 탐색하면서도 그에게 부담을 주어 그의 마음을 사로잡기를 은근히 갈망한다. 하지만 『나를 따르라』는 본회퍼가 세상을 떠나고 난 뒤에야 바르트의 격찬을 받는다.

4. 1944년 옥중서간에서 새로운 물음을 간접적으로 던지는 시기. 이 시기에 "계시실증주의"라는 수상쩍은 표현이 부수적으로 만들어진다. 이는 바르트가 받아들이지 않을 표현이었다. 바르트는 본회퍼의 펜 끝에서 나온 이 표현을 달가워하지 않았을 것이다.

본회퍼의 초기 질문들과 후기 질문들에서 어떤 결론들이 드러나든 간에, 그 자신은 이 네 단계를 거치며 비판적으로 논평한 것들을, 바르트가 가리키는 주제들 안에서 일어난 운동으로 이해하려 했다. 한때 바르트의 전우였던 이들이 바르트에게서 떨어져 나갈 때, 그는 프리드리히 고가르텐과 에밀 브룬너 편에 가담하지 않고, 그 분리주의자들을 바르트와 함께 강력하게 공격했다. 두 번째 단계와 세 번째 단계의 본회퍼와 바르트는 그 정도로 끈끈한 사이였다.

관심 분야의 이동

본회퍼는 바르트를 처음 만나던 해는 물론이고 그다음 몇 해에도, 1927년과 1929년에 바르트에게 던졌던 일련의 비판적인 물음을 까마득히 잊은 것처럼 보인다. 그렇다고 해도 이 말이 전적으로 옳은 것은 아니다. 1931년에 시작한 대학 강의에서도 그 물음들이 나타나기 때문이다. 하지만 이때에도 그는 바르트를 통해 베를린 광장에서 일어난 위대한 신학적 전환을 가급적 적극적으로 해석하려는 의도에 사로잡혀 그리한 것이다. 1931년부터 1933년까지 이루어진 맞대면과 관련된 자료들에는 그러한 물음이 전혀 나타나지 않는다. 본회퍼는 대화의 주제를 윤리 문제의 영역과, 그리스도의 교회를 통해 계명을 힘차게 선포하는 쪽으로 옮기고, 그것을 힘차게 고수했다.

1931년 두 사람은 자신들이 배열한 관심사의 특정한 지점에서 일치했다. 하지만 서로에 대한 호감에도 불구하고 그들의 발전 단계는 전혀 달랐다. 한 사람은 그 지점에 도달하여 그 자리에 머물렀고, 다른 한 사람은 그 지점을 떠나 자신이 추구하는 곳으로 나아갔다.

바르트의 상황

바르트는 1931년 자기 앞에 앉아 있는 사람이 어떤 사람인지 전혀 상상할 수 없었다. 『성도의 교제』는 그의 책상 위에 있지 않았고, 그에 대한 논박으로 중요해진 『행위와 존재』는 교정 중이었다. 본회퍼는 자신의 논문을 미리 보내는 사람이 아니었다. 바르트는 자신의 단초, 자신이 강력하게 표현한 계시 서술을 본회퍼가 초월철학을 통해 주도면밀하게 반박했다는 사실을 전혀 알지 못하고, 본회퍼가 제안한 교회론도 모르고 있었다. "무한을 수용할 수 없다"incapax infiniti는 명제에 대해 본회퍼가 반감을 품었다는 사실도, 신앙행위 속에서 반성을 고려하는 것에 대해 본회퍼가 격렬히 저항했다는 사실도, 본회퍼가 신앙의 내용인 그리스도만 알면 되며 자기 자신을 알 필요가 없다고 말했다는 사실도 모르고 있었다.[20] 바르트는 본회퍼가 1930년 교수 취임 강연에서 자신의 신학적 입장을 아래와 같이 요약하여 말했다는 사실도 모르고 있었다(DBW 10:357-378).

> 계시의 현실성을 도외시하고는 계시의 가능성을 말할 수 없습니다.……피안에 있는 계시를 강조하다 보면, "유한은 수용할 수 없다"finitum incapax는 고정된 명제에 대한 거부가 뒤따를 수밖에 없습니다.[21]

본회퍼의 책들이 잡지 『시간과 시간 사이에서』의 종합 "문헌 목록"에 언급되기 시작한 것은 힌리히 크니터마이어가 1933년 『행위와 존재』에 대한 비평문을 기고한 뒤의 일이었다.

덧붙여 말하건대, 본회퍼가 저작물을 통해 바르트 학파의 지평선에 모습을 드러낸 것은 『나를 따르라』를 출판하고 난 뒤의 일이다. 그 책이 그의 상표가 된다. 다들 그가 이전에 밟은 신학적 배경을 알지 못한 채 그 신출내기를 재능 있는 이로 여겼다. 하지만 그에게 폭넓은 지식이 있다고는 믿지 않았을 것이다.

바르트가 저작물을 통해 본회퍼를 처음 알게 된 것은 1932년 말 칼 하임에 대한 그의 비판적 소론을 읽고 나서였다(DBW 12:213-231). 본회퍼가 그 소론을 그에게 송부했던 것이다. 하지만 그때는 그의 신학적 의견 표명이 지적 논쟁에서 실존적 결단의 영역으로 옮겨 가기 시작한 때였다.[22] 아래의 논문에서 본회퍼는 1929년에 했던 것만큼 바르트를 인식론적으로 예리하게 비판하지는 않는다.

> 바르트는 자신이 "하나님을 사유 대상"으로 삼는 죄에서 자신을 지키지 못하고, 자신의 원칙들도 "하나님 자신을 막는 수단, 곧 그분이 우리의 삶에 개입하시는 것을 막는 최후의 수단"이 될 위험에 처해 있다고 주저 없이 자백한다. 이 위험에서 자신을 지킬 수 없다고 생각하면서도 이 위험을 고려하며 끊임없이 사고하는 것이 그의 신학의 특징이다. 그는 성령만이 가장 구체적인 것concretissimum을 말할 수 있으며, 인간의 말이 아무리 구체적concretum이어도 성령이 직접 말하지 않으면 추상적인 것abstractum이 되고 만다는 것을 알고 있다. 이것이 그의 신학적 고투에 제한을 가한다.[23]

본회퍼는 같은 해에 다른 글에서도 이와 유사하게 바르트를 변호했다. "바르트는 완전한 이성이 아무것도 아니라는 것을 알면서도 그것 없이는 살 수 없다는 것을 아는 까닭에, 이성의 궁극적 권리를 지켜 주려고 하는 자보다 더 거침없이 '이성적으로' 말한다."[24]

이처럼 문서에 의한 동의를 마주하여 바르트는 1933년 초 자신의 입장을 공공연히 변호해 주는 본회퍼에게 맞대꾸하지 않았다. 그 후 얼마 지나지 않아 『창조와 타락』이 출판되었다. 이 책은 본회퍼가 생존해 있을 때 바르트가 참조한 첫 번째 책이자 유일한 책이다. 바르트는 본회퍼가 말한 **관계의 유비**analogia relationis에 동

의를 표명했다.[25]

여러 해 뒤, 바르트는 본회퍼의 초기 저작물들을 발견하고서 전적인 동의의 뜻을 표했다.[26] 『나를 따르라』로 표출된 본회퍼의 진로에 의구심을 표하던 시기와, "계시실증주의"와 "비종교적 해석"이라는 용어에 대해 머리를 가로젓던 시기가 있고 나서 이루어진 동의였다.

어쨌든 1931년 여름, 본회퍼를 두고 바르트 측에서 그린 그림은 이랬다. 베를린 출신이자 미심쩍은 라인홀트 제베르크 학파 출신, 게다가 미국을 다녀온 풋내기. 놀랍게도 토론하면 할수록 민첩함, 객관성, 박학다식함을 드러내는 젊은이. 희망을 일깨우는 젊은이.

본회퍼의 상황

본회퍼는 바르트를 어떻게 보았는가? 1931년 여름, 본회퍼는 자신이 오랫동안 숙고하기 전에 먼저 참조한 상대가 "유감스럽게도 백과사전을"[27] 읽는 사람이 아니고 "윤리학"을 읽는 사람이라는 것을 알아차렸다. 자기는 조직신학 안에서 오랫동안 절박한 물음을 품었건만, 정작 그는 조직신학을 읽는 사람이 아니었다. 이로써 화제가 바뀌었고, 본회퍼는 자신의 예전 분야를 상세히 설명함으로써 그를 괴롭히는 실례를 범하고 싶지 않았다.

바르트와 달리, 본회퍼는 상대의 저작물을 상당히 정확히 알고 있었다. 그는 머지않아 바르트의 단초 변화를 읽게 되리라는 것도 알고 있었다. 『안셀무스의 신(神) 존재 증명』*Anselms Beweis der Existenz Gottes*이 인쇄 중이었고,[28] 『교회교의학』 제1부도 마무리를 앞두고 있었다. 바르트는 『교회교의학』 제1부에서 이렇게 해명했다. "나는 1판에서 실존 철학을 뒷받침하고 지지하거나 신학만을 정당화하는 것처럼 보이던 모든 것을 이 2판에서 가급적 배제했다."[29] 본회퍼가 의구심을 곧바로 털어 버린 것 같지는 않다. "안셀무스를 다룬 바르트의 책은 나에게 커다란 기쁨을 준다.……물론 객관적으로 말하면 미심쩍은 구석이 전혀 없는 것은 아니다."[30] 그러나 그가 초기에 품었던 의문은 그 절박함을 잃은 상태였다. 다른 의문들이 부상했기 때문이다. 게다가 바르트는 수많은 결정적 비판을 수용한 상태였다. 본회퍼가 만난 바르트는 예전에 책으로 접하던 바르트가 아니었다. 이제 바르트는 말씀 안에서 **일어나는** 계시의 현실을 외부의 도움 없이 이전보다 분명하게 전제하고, 주석을 토대로 그 현실을 더 뚜렷하게 탐구하고, 교회의 가장 중요한 사실에 대해 속속들이 새롭게 설명하는 사람이었다. 철학적 전제들이 신학의 독자적 생존을 더 이상 위협하는 것처럼 보이지 않았다.

본회퍼는 바르트와 생각이 대체로 같았다. 그는 본Bonn 회동이 있고 얼마 지나지 않은 1931-1932년 겨울학기 첫 강의에서 아래와 같이 말했다.

> 새 저작물에서 바르트는 누구도 따라잡지 못할 만큼 진지하더군요.……바르트는 『로마서』에서 신칸트주의의 초월론을 가까이하는 것이 얼마나 위험한 일인지를 전혀 알지 못했던 것 같습니다. 하지만 이제 그는 구체적인 계시와 함께 시작합니다. 파울 나토르프Paul Natorp와 폴 틸리히가 "하나님 아닌 것"Nicht-Gott을 말하는 자리에서 그는 "예수 그리스도"를 말하고 있거든요.[31]

어찌나 깊은 인상을 받았던지, 본회퍼는 "필요하다면 (자신의) 노트들까지 정정하겠다"라고 말할 정도였다.[32] 이처럼 바르트는 이미 다른 사람이 되어 있었다. 혹시 본회퍼가 다른 사람이 되어 있었던 것은 아닐까?

근본적으로 이 만남은 본회퍼에게 훨씬 흥미진진한 만남이었다. 그 자신이 1927년 및 1929년의 자신과 더 이상 같은 사람이 아니었기 때문이다. 그는 미국에 체류하는 동안 전례 없이 윤리적인 물음과 씨름한 상태였다. 오랫동안 은혜의 현재 상태에 관심하던 상태에서 장 라세르와 앨버트 프랭클린 피셔를 통해 쇄신되어, 은혜가 요구하는 행위와 우직한 복종에 관해 묻는 상태로 바뀐 것이다. 그러나 그는 교회에서 규칙적으로 선포하기 위해 목사안수를 눈앞에 두고 있었다.

바르트는 일찍이 설교단에서 강단으로 나아간 사람이었다. 그가 강단에서 던진 물음과 답변은 설교의 곤궁에서 싹튼 것이었다. 설교자가 조직신학자를 갈망한 것이다. 그가 전적 타자, 멀리 계셔서 서먹서먹한 하나님을 언급한 것은 설교단에서 하나님의 장엄이 값싸게 낭비되는 것을 막기 위해서였다. 그는 신심 없는 상태로 변하고 마는 구체화를 피하려면 어찌해야 하는지를 숙고했다.

반면에 본회퍼는 이제껏 대학으로 규정된 세계에서 벗어나 설교단으로 나아가고자 애썼다. 조직신학자가 설교자를 갈망한 것이다. 손을 뻗치시는 하나님, 대단히 가까이 계신 하나님을 숙고하고, 은혜가 명하는 것을 구체화하는 가운데 하나님을 선포하려고 한 것도 설교단에서 하나님의 장엄이 값싸게 낭비되는 것을 막기 위해서였다. 대가 앞에 마주 앉은 그는 절반은 조직신학자로서, 절반은 설교자로서 자기 말의 권위와 공신력에 관해 묻는 사람이었다. 이 물음에 비하면 예전에 품었던 물음은 지엽적인 문제 수준에 불과했다.

만남의 이 측면을 다룬 편지 자료들은 유감스럽게도 표현이 함축적이다. 본회퍼는 1931년 본에서 "곧장 윤리 문제로" 나아갔다고 말한다.[33] 그가 『행위와 존재』에서 암시적으로 다루기만 하고 더 이상의 주의를 기울이지 않은 문제였다. 그는 『행위와 존재』에서 이렇게 말했다. 바르트—초기 바르트임을 유념하라—에게서는 어떠한 역사적 순간도 "무한을 수용할 수 없는" 까닭에, "인간의 경험적 행위—믿음과 복종—는 기껏해야 하나님의 행위에 대한 암시일 뿐, 결코 인간의 역사성 속에서 믿음과 복종 자체가 될 수 없다."[34] 하지만 본회퍼는 이 말에 만족하려 하지 않았다.

1931년 7월, 본회퍼는 바르트의 집에서 무조건적인 은혜와 복종에 대해서 말했던 것 같다. 바르트가 복종 자체를 종말론적으로 제한했는데도 그것을 전혀 고려하지 않고 한 말이었다. 쌍방의 입장이 좁혀지기는커녕 각자 자기 생각을 상대에게 전달할 수 없을 정도였다.[35] 본회퍼에게는 바르트가 너무 신중해 보였고, 바르트에게는 본회퍼가 너무 성급해 보였다. 본회퍼는 바르트가 종말론의 보장을 위해 계명 선포의 근거와 내용을 "암시"로, 윤리를 "시범"으로 규정한 것에 이의를 제기했다. 거기서 은혜를 회피할 가능성과 은혜의 구속력을 떨어뜨릴 가능성을 간파했기 때문이다. 의문을 강하게 품으면 품을수록, "교회를 통해 구체적인 계명을 선포할 가능성이 있지 않을까?"라는 물음이 그를 교회와 에큐메니칼 세계의 실천 사역 속으로 점점 더 깊이 끌어당겼다.

> 엄밀히 말하면 이 모든 것은 윤리 문제, 곧 "교회를 통해 구체적인 계명을 선포할 가능성이 있지 않을까?"라는 물음에 달려 있네.……요즘 나를 휘몰아 대는

문제는 선포의 구체화라네.[36]

대단히 중요한 지점이 있다면, 그것은 이 지점이 아닐까 싶습니다. 내가 보기에는 이 지점에서만 바르트에게 다가갈 수 있는 것 같습니다. 올해 나는 이 문제들을 두고 그와 여러 차례 논의했습니다. 성과가 대단히 컸습니다.[37]

그러나 구체적 명령에 대한 이 열망은 교회와 그 설교에 대한 과도한 요구가 아니었을까? 교회는 도대체 어디에서 권위를 얻어야 하는가? 권한 문제와 공신력 문제의 압박이 점점 커졌음에 틀림없다. 본회퍼는 그 점을 생각하고 이렇게 인정했다. "우리의 교회는 오늘날 구체적인 계명을 말할 수 없습니다. 다만 이런 물음을 던질 수 있을 뿐입니다. 이 계명은 교회의 본질에—종말을 통해 제한받는 교회에—속한 것일까요? 아니면 실체의 감소이자 손실일까요?"[38] 헬무트 뢰슬러에게 던진 물음은 사실상 칼 바르트에게 던진 물음이자, 수수께끼 같은 교회의 권위를 겨냥한 것이었다. 바르트는 잘못된 권위들을 우려하여 교회론과 윤리 속에서 종말론적 요소들을 강화했지만, 본회퍼는 그렇게 하다 보면 종말론적 유보로 인해 구체적인 조치를 취하고 요구하는 교회의 실질적인 권위를 지나쳐 버릴지도 모른다고 우려했다. 조리 있고 바른 바르트의 경고가 사실상 계명 선포를 삼켜 버리면, 교회와 그 권위는 어떤 신세가 되겠는가!

교회가 권위를 먼저 취하고 이 권위에 의거하여 행동하는 것이 아니라, 계명이 하나님의 계명으로 들리는 한, 이 "자의적" 계명 선포를 통해서만 자신의 모든 말에 자신의 권위 전체를 거는 것이야말로 (모든 권위와 구별되는) 교회의 권위의 특징이다.[39]

바르트는 계명 선포를 위해 교회의 "목사직"을 택한 사람을 거들떠보지 않고(알트하우스에 대한 의구심), 교회의 권위와 적법성을 형이상학적·신비적으로 명문화하기 위해 "창조 질서"Schöpfungsordnungen 신학을 택한 사람도 거들떠보지 않았다(브룬너에 대한 의구심). 그럼에도 본회퍼의 솔직함에 대해서는 언짢아하지 않았다. 하지만 그는 "종말을 통한 제한"을 더 선호했다.

아마도 이것이 쟁점이었을 것이다. 1932년 4월, 본회퍼는 베를린에서 바르트와 회동하고 나서 친구에게 보내는 편지에서 그 쟁점에 대해 아래와 같이 말했다.

> 나에게는 분명한 것이건만, 바르트 자신은 이 점에서 나를 지지하지 않는다네. 그는 내가 여전히 그리 생각하는지를 다시 묻고, 이 점이 그의 마음을 여전히 언짢게 한다고 노골적으로 말했네.[40]

이 문제로 온통 어수선해진 그의 마음은 역대하 20:12을 접하면서 사그라졌다. 프란츠 힐데브란트가 주의를 환기시킨 구절이었다. "우리……는……어찌할 바도 알지 못하고, 이렇게 주님만 바라보고 있을 뿐입니다." 본회퍼는 1932년 부활절 여섯 번째 주일에 이 구절을 토대로 설교했다.[41] "그때 나는 나의 절망을 모두 털어 버렸다."[42] 그는 1933년 10월 런던에서 바르트에게 보낸 편지에서도 그 구절을 언급했다.[43]

교회의 권위 있는 명령을 위해 고심하는 가운데 그는 교회가 하나님과 세상에 대해 끊임없이 논평하고 부수적으로 언급하기보다는 침묵하는 것이 교회의 권위에 더 도움이 될 수 있다고 생각하기도 했다. 그는 이미 이른 시기에 "결정적인 침묵"에 관심을 기울인 적이 있었다.[44] 그것은 대학생들에게는 전혀 낯선 관점이었다. 하지만 교회의 "권위", 교회의 "구체적 명령", 교회의 "결정적 침묵"과 같은 개념은 그에게 같은 것을 의미했다. 그것은 다름 아닌 설교의 모험이었다.

1931-1932년 겨울학기에 그의 강의 "20세기 조직신학의 역사"를 필기한 한 대학생의 노트를 보면 그는 아래와 같이 결론짓는다.

> 윤리를 시범으로 간주하는 바르트는 모든 구체적인 것과 모든 원칙, 곧 윤리를 배제한다.……그리스도를 구체적으로 선포한다는 것은 언제나 구체적인 상황에서 선포하는 것을 의미하기도 한다. 윤리의 기초는 무엇인가? 보편적인 복종을 구체적으로 요구하는 원칙은 어디에 있는가? 우리의 교회에서 선포하는 메시지가 힘이 없는 까닭은 중심 메시지들이 보편적인 원칙과 구체적인 상황에

서 벗어났기 때문이다. 교회의 곤경은 언제나 신학부의 곤경이기도 하건만, 아무도 그 곤경을 주목하지 않는다. 루터는 『노예 의지론』과 이자 수입에 관한 서류를 함께 작성할 수 있었다. 어째서 우리는 그러지 못하는가? 우리에게 루터를 보여줄 이는 누구인가?(DBW 11:212f.)

1932년에서 1933년으로 넘어갈 무렵, 본회퍼는 바르트에게 보내는 감사 편지에서 자신이 신학의 심연에서 허우적거리다가 빠져 죽을 것 같다면서, 자신이 바른 주제에서 벗어나는 것을 바르트만이 막아 줄 수 있다고 말했다.

8월 무렵에 저의 완고하고, 언젠가 교수님이 말씀하신 대로 "불경스러운" 질문으로 교수님에게 부담을 안겨 드렸다면, 부디 용서해 주시기를 바랍니다. 그러나 교수님도 아시다시피, 저를 이 끈질긴 물음에서 해방시켜 줄 수 있는 이는 교수님 한 분뿐입니다.……저는 교수님과 대화하는 순간, 그동안 먼발치에서 빙빙 돌기만 하던 주제 근처로 곧장 나아가게 되었습니다.……올해 교수님과 짧은 시간을 함께 보내면서, 끊임없이 "불경스러운" 물음에 빠지려 하는 제 생각을 다잡고 주제에서 벗어나지 않을 수 있었습니다.[45]

이 감사 편지는 바르트와 본회퍼의 관계가 2단계에서 3단계로 넘어가는 어간에 보낸 것이다. 본회퍼의 물음이 "불경스러워" 보인 이유는, 구체적인 선포를 강요하다 보면 본래의 권한에 대한 관심이 주목을 받고 절대화되어, 계시 자체가 그 위엄을 빼앗길 위험이 있었기 때문이다. 바르트는 본회퍼에게 공통의 기초를 상기시켰던 것 같다. 본회퍼는 나중에 그의 말이 옳았다고 또 한 번 시인했다. 『나를 따르라』에 이르는 자신의 길이 위험한 길이었다고 감옥에서 말한 것이다.[46] 그러나 지금은 그 길에서 벗어날 수 없었다. 권위와 공신력에 대한 "끈질긴 물음들"이 점점 더 심화되기만 했다. 그 물음들은 필생의 답을 원했다. 그는 자신의 개인적이고 인격적인 삶, 교회 사역, 에큐메니칼 사역에서 그 답을 추구했다. 장엄한 계시의 효력을 위해 사전에 변명하지 않고 무방비 상태로 복종하겠다고 결단하고 싶었던 것이다.

교회투쟁에 돌입하여 분리주의자들과 변절자들에 맞서 싸우는 가운데 바르트와 본회퍼의 전우애가 모종의 방식으로 한층 더 끈끈해지기는 했지만, 이 3단계에서는 두 사람 사이에 공간적 거리만 벌어져 있었던 것이 아니다. 저 신뢰에 찬 감사 편지가 보여주듯이, 본회퍼는 자신의 길에서 불안해하지 않았다. 그는 상대가 보지 못하는 것들을 보려고 했다. 바르트가 직접 표현한 대로, 이 젊은이는 언제나 심상치 않은 면모를 지니고 있었다. 다르게 보는 방법을 익혀 끊임없이 새로운 관점으로 놀라게 했기 때문이다. 게다가 그는 바르트의 제자가 아니었다. 1931년, 바르트는 동지에 대한 자신의 불충분한 지식보다는 이 생소함을 더 무겁게 여겼다.

본회퍼는 고마움을 담아 연대감을 표할 때에도 전에 말한 것을 되풀이하며 표현하는 사람이 아니라, 비판적인 숙고와 대담한 새 발언으로 표현하는 사람이었다. 이제 그에게 중요한 것은 산상수훈이었고, 바르트에게서는 이와 관련한 도움을 얻을 수 없었다.

> 그 뒤에 찾아오는 본격적인 전투는 그저 믿으면서 견디는 것이어야 하네. 그럴 때에만 하나님께서 자신의 교회에서 자신의 말씀과 함께 고백되실 것이네. 하지만 그때까지는 많이 믿고, 많이 기도하고, 많이 견뎌야 하네. 자네도 알다시피 나는……산상설교에서 모든 게 결정된다고 생각하네. 바르트의 신학은 또한 번 멈칫할 것이네.……그리고 이 사실이 분명히 인정받게 될 것이네.[47]

본 회동과 런던행 사이에 위치한 두 번째 단계는 바르트와 본회퍼 사이에 이루어진 관계들의 정점이었다. 이 단계는 다가오는 교회투쟁의 행복한 서막을 형성하며, 사실상 결코 무너지지 않는 공동 연구 모임을 교회의 사활이 걸린 문제 속으로 유도했다. 그러나 그 만남은 신학적으로 너무 늦게 이루어졌다. 본회퍼가 이 시기에 자신의 물음과 관련하여 바르트에게서 들은 답변은 그를 그리 오래 지탱해 주지 못했다. 그는 『나를 따르라』에서 직접 하나의 답변을 제시했고, 이 답변은 본회퍼가 숨진 뒤에야 바르트의 동의를 얻었다.

그럼에도 본회퍼가 당대의 인물들 중에서 칼 바르트에게 하듯이 속마음을 터놓은 이가 없다는 것은 틀림없는 사실이다. 그는 1931년 7월 본에서 주츠에게 이런 내용의 편지를 보냈다. “나는 신학을 공부하던 지난날에 내가 하지 않은 한 가지 일을 놓고 간혹 후회한다네. 좀 더 일찍 바르트를 방문하지 않은 것 말일세” (DBW 11:19). 양측의 독립 열망이 다른 부류의 상대에 대한 관심과 결부되어 그 만남을 본회퍼의 생애 속에서 가장 큰 기쁨을 주는 만남 가운데 하나로 만들어 주었다. 1943년, 내가 바젤에서 받은 바르트의 안부를 테겔 형무소에 있는 그에게 전했을 때, 그는 그 기쁨을 이렇게 표현했다. “지금 내 앞에는 칼이 보내 준 담배들이 놓여 있는데, 정말 믿기지 않는 사실일세. 그는 참으로 친절하고 이해심 많은 사람이지 않은가?”[48]

II. 교리문답서

본회퍼는 1931년 7월 본 방문과 9월 케임브리지 방문 사이의 기간에 “루터교 교리문답 소론”을 작성했다. ‘믿어라, 그러면 얻게 될 것이다’라는 제목의 글이었다.[49] 이 작은 문건은 본회퍼가 조직신학과 실천신학을 공정하게 잇는 작업에 몰두하여 거둔 성과물이다. 이 작업은 직접적인 강의에서 비롯된 것이 아니었다. 그는 몇 달 뒤에 베딩 지역에서 견신례수업을 맡게 되지만, 아직은 그것에 대해 전혀 모르는 상태였다. 그에게 자극을 주어 이 작업에 참여하게 한 이는 다름 아닌 프란츠 힐데브란트였다. 힐데브란트는 당시 목회자가 되어 있었다.

힐데브란트는 베를린 동부지역에서 사역하는 지크문트-슐체 밑에서 수습 목사로 사역한 뒤, 변경의 소도시 도브릴루크에서 사역하는 연로한 목사 헤르만 샤데 Hermann Schade 밑에서 남은 수습 기간을 채우고 있었다. 그는 2주 휴가를 내어 베를린에서 친구와 함께 이 혁신적인 작업에 몰두했다. 그때 본회퍼는 『행위와 존재』 초판본 한 부를 그에게 증정했다. 증정본에는 다음과 같은 증정사가 담겨 있었다. “이것도 하나의 교리문답서가 되지 않을까?” 하지만 본회퍼에게 기쁨을 주는 것은 수업이었다. 게다가 그는 할렘 주일학교에서 형식에 구애받지 않고 가르친

적이 있었다.

본회퍼는 새 교리문답서의 필요성을 확신하는 사람이었다. 그가 직접 쓴 교리문답서 두 편이 지금도 보존되어 있다. 하나는 1931년에 작성한 것이고, 다른 하나는 1936년에 작성한 것이다(DBW 14:786-819). 이 두 편이 제안하는 내용은 대단히 상이하다. 첫 번째 교리문답서는 대략 40문항으로 되어 있어서 다루기가 쉽고 짤막한 반면, 두 번째 교리문답서는 너무 길고 문항도 170개나 된다. 두 편 다 교리문답과 학습법 면에서 그다지 설득력이 없다. 교훈은 일차적 관심사가 아니었다. "루터교 신앙이 **오늘날** 말하는 내용을 공식화하는 것"이 시급했다. "집중해서 읽을 수 있게 질문과 답변이 이루어져 있다."[50]

1931년, 두 사람은 교리문답서를 아돌프 폰 하르낙에 가깝게 구상했다. 그들이 근거로 삼은 것은 사도신경이 아니라 힐데브란트가 박사 학위 논문을 쓰면서 발견한 루터의 자유 신조였다.[51] 그때부터 본회퍼는 그 신조를 애용했다. 자신의 전례집에 담아 두고, 가장 정통적인 고백 예배 때 사도신경 대신 그 신조를 이따금 활용할 정도였다. 루터가 존재적 진술과 기능적 진술을 곧장 그 윤리적 함의들과 연결한 것이 그의 마음에 들었다. 루터의 정식은 교리문답서를 원칙적으로 삼등분하여 삼위일체 신조처럼 제시했다. 그리하여 견신례수업의 가장 오래된 신조인 사도신경이 기초로서 살아남고, 고대교회의 또 다른 신조인 주기도문은 누락된다. 물론 「소교리문답서」에 담긴 루터의 구상은 더 이상 알려지지 않는다. 십계명도 눈에 띄지 않는다. 혹자는 "그리스도인은 그때그때마다 자신의 십계명을 만들어야 한다"라고 말한 바르셀로나 강연을 떠올릴지도 모르겠다. 본회퍼는 이 교리문답서에서 모든 것을 다음의 물음 아래 세운다. "복음이란 무엇인가?" 그러고는 "오늘 말씀하시는 하나님의 구원, 하나님의 나라, 하나님의 뜻에 대한 메시지"라고 답한다(DBW 11:229). 끝부분에서는 루터의 신조에서 따온 후렴구를 반복한다. 본회퍼는 그 후렴구를 "자신의 설교들, 강연들, 서신들에서" 여러 번 "하나의 교독문"처럼 받아들였다.[52] 그 후렴구는 다음과 같다. "그러나 그리스도교 신앙은 이것이니: 곧 그대가 어찌해야 하는지를 알고, 그대에게 무엇이 선사되었는지를 아는 것이다"(DBW 11:229). 상위 물음에는 "너는 …해야 한다" 식의 문장들이 따르지 않고, 현재 시제의 "…이다" 식 문장들과 행위 문장들이 따른다. 경찰의 말투가 아닌 군주의 말투가 전체를 관통한다. 하지만 이 교리문답서는 현대인이 제기하고 답변해야 할 성질의 물음도 다룬다.

> 나는 어디서 하나님을 아는가?……증명은 어디에 있는가?……창조는 과학과 모순되는가?……정의의 하나님이 불의를 허락하실 수 있는가?……자기 보존 욕구는 죄가 되는가?……전쟁 중에 생명을 파괴해도 되는가?……그리스도인은 정치적으로 어떤 태도를 취해야 하는가?……예수는 생존했는가?……교회가 이토록 많은 이유는 무엇인가?……나는 교회가 필요한가?(DBW 11:229-233, 235)

전쟁 문제, 평화 문제, 에큐메니칼 주제를 교회의 기초교육에 포함시킨 것은 대단히 참신해 보인다. 바르셀로나 강연에서 했던 것과 같은 상투적 전쟁 정당화 시도는 전혀 눈에 띄지 않는다. 당시에 그는 이렇게 말했었다. "전쟁을 정당화하는 것도……내 민족을 사랑하는 길이 된다."[53] 그 후 그는 그런 말을 다시는 내뱉지 않았다. 그는 각 사람에게 병역 기피를 요구하지도, 권유하지도 않는다—1936년에 쓴 교리문답서도 마찬가지다!—하지만 그는 모름지기 교회는 아래와 같아야 한다고 말한다.

> 교회는 성전(聖戰)이 뭔지 모른다. 전쟁은 비인간적인 생존 경쟁의 수단에 불과하다. 주기도를 바치는 교회는 하나님께 평화만을 구해야 한다.[54]

그는 장 라세르에게서 들은 대로 인류의 하나 됨에 의거하여 민족주의를 탈피한 평화 제안의 기초를 다진다. 그는 민족들의 정치적 생존 경쟁이 진행된 것에 대한 교회의 공동 책임과 에큐메니칼 운동의 기초 다지기를 1931년 가을부터 수용하여 다시는 버리지 않았다.

1936년, 본회퍼는 대단히 힘겨운 상황에 처하여 이 교리문답서를 대신할 또 하나의 교리문답서를 작성했다. 그는 개인적으로 의도한 것을 쓰지 않고, 교회의 교리문답이 무엇을 말할 수 있고, 무엇을 말해야 하는지를 썼다. 먼저 그는 1936년 초안에 "그리스도인은 전쟁에 가담해도 되는가?"라고 쓰고 줄을 그어 지웠다. 그러고는 "하나님은 전쟁에 대해 무어라 말씀하시는가?"라고 적은 다음 또 다시 지웠다(DBW 14:795 Anm. 54). 본회퍼는 이 무렵에 병역 거부 쪽으로 마음이 기운 것 같다. 하지만 그는 자신과 절친한 고백교회 설교자후보생들에게 병역 거부를 납득시키려고 한 번도 시도하지 않았다.

> 그리스도인은 전쟁 중에 어찌 처신해야 하는가? 이와 관련된 하나님의 명시적인 계명은 존재하지 않는다. 교회는 전쟁과 무기를 축복해서는 안 된다. 그리스도인은 결코 부당한 전쟁에 가담해서는 안 된다. 검을 드는 그리스도인은 날마다 하나님께 죄의 용서와 평화를 간청해야 한다.[55]

1936년에 쓴 두 번째 교리문답서 소론에서 본회퍼는 보수적인 스케치로 돌아갔다. 설교자후보생들이 독일그리스도인연맹의 현대적 날조에 맞서 교회 선조들의 신조를 최신식으로 표현하는 방법을 배우지 않으면 안 되었던 것이다. 본회퍼는 루터가 「소교리문답서」에서 구상한 것을 다시 고수했다. 그는 '복종에 대하여'라는 제목으로 십계명을 풀이하기 시작했다. 계명들은 "우리가 지키라고" 있는 것이며,[56] "우리"는 다름 아닌 예수의 공동체라는 것이다. 그는 루터의 계명들을 열거하지 않고 성서의 계명들을 열거한다. 1931년에 쓴 교리문답서에서는 루터가 자리를 차지한 반면, 1936년에 쓴 교리문답서에서는 성서 구절들이 되풀이해서 자리를 차지한다. 그는 구약성서로 새 "이스라엘"을 생생히 묘사하고, 예수의 가르침과 고난을 중심에 위치시킨다. 또한 그는 "바르멘 신학 선언"을 교리문답의 한 조항으로 다루고, 인종 문제도 언급한다. "공동체 안에는 유대인도 없고 독일인도 없다."[57] 부당한 당국 아래서 어찌 살아야 하는가라는 물음을 수록한 것은 실로 참신한 것Novum이었다.[58] 그는 세례 문항과 성만찬 문항이 차지하는 지면을 합한 것보다 훨씬 많은 지면을 할애하여 고해를 다룬다(DBW 14:817f.). 고해 문항은 1931년에는 언급하지 않은 문항이었다.

1936년, 본회퍼는 자신의 목사후보생들에게 그 초안을 강의하면서 직접 실험해 보라고 격려했다. 이 위태로운 시기에 공개적인 고백의 문제와 관련하여 교회 공동체 안에서 그리고 교회 공동체에 관해서 무조건 말해야 하는 내용을 정식화해 달라는 그들의 요청에 따라 기도회시간에 행한 강의였다. 그는 이 강의를 하고 나서 원고를 다시 끄집어내어 더 이상 논구하지 않았다. 고백교회가 새 교리문답서의 공식화를 제안하고 정식으로 준비하자, 자기가 그것을 생각해 보겠다고 제안한 상태였기 때문이다.

하지만 두 초안 중에서 더 중요한 것은 1931년에 작성된 초안일 것이다. 힐데브란트와 본회퍼가 그 초안 작성을 가속화하여 발표까지 했기 때문이다.[59] 1933년에는 그 인쇄본을 목사 회의에 배포하여 논의하기도 했다.[60] 그러나 그해에 찾아온 새로운 도전 때문에 이 열정적이고, 자유롭고, 중요한 시도에 대한 관심이 저자들에게서 밀려났다. 전혀 다른 신앙 고백을 정식화하는 것이 중요했던 것이다.

교훈적인 가치가 있건 없건 간에, 1936년에 작성한 초안도 우리의 관심을 끈다. 공동체가 최소한 진술해야 할 내용으로서 본회퍼가 무엇을 꼽으려 했는지를 그 초안이 간추려 제시하기 때문이다. 그 초안은 다른 이의 교정이 일절 첨가되지 않은 최초의 단편 형태로 남아 있다. 그는 성서와 용어 색인만 가지고 질이 나쁜 원고지 위에 무언가를 단시간에 썼다. 편찬자처럼 해당 문헌들에 둘러싸여 폭넓은 전체를 짜 맞춘 것이 아니다.

하지만 본회퍼는 견신례수업을 직접 실시할 때 자신이 고정시켜 제안한 것에 전혀 구애받지 않았다. 1938년 루트 폰 클라이스트-레초브의 손자(막시밀리안 폰 베데마이어)를 교육하여 견신례를 베풀 때 대체로 그랬다(DBW 15:476 Anm. 1, 482).

III. 케임브리지

귀국과 직업생활의 시작 사이, 곧 여름철 휴식기에 일어난 세 가지 사건 가운데 가장 성과가 큰 것은 케임브리지에서 열린 에큐메니칼 회의에 참석한 것이었다. 본회퍼는 에큐메니칼 임무를 임시로 맡을 생각이었지만, 그 임무에 완전히 매료되고 말았다. 에큐메니칼 과업이 장차 그의 일부가 될 정도였다. 조만간 우리는 안에서는 그 임무 수행을 위해서 맹렬히 싸우고, 밖에서는 그 임무를 기꺼이 옹호하는 그의 모습을 보게 될 것이다. 갓 태동된 개신교 에큐메니칼 협의회가 그의 신학, 그의 교회투쟁, 그의 정치 참여의 본질적 요소가 되었다.

교구감독 막스 디스텔을 필두로 하는 베를린 대학교의 에큐메니칼 활동가들이 본회퍼를 "세계교회친선연맹" 연례 회의에 독일 청년 대표단 일원으로 파견했다. 이 연례 회의는 1931년 9월 1일부터 5일까지 케임브리지에서 열렸다. 집행 위원회가 그를 세 명의 유럽 청년 간사 가운데 한 사람으로 임명했다. 이는 국제 정세의 위기로 에큐메니칼 활동이 자발적으로 새롭게 태동되던 시점에 이루어진 일이었다.

본회퍼가 에큐메니칼 활동에 뛰어든 사정을 이해하려면, 당시 베를린 대학교의 에큐메니칼 활동을 개략적으로나마 생생히 묘사하고, 그런 다음 세계교회친선연맹의 역할을 대략적으로 말하고, 이어서 독일 측이 케임브리지 대회에 참석하게 된 배경을 조명할 필요가 있다.

베를린의 에큐메니칼 활동

베를린은 비교적 이른 시기부터 명실상부한 독일 에큐메니칼 중심지였다. 선두에는 베를린 대학교 신학부가 있었다. 영국에서는 고위 성직자들이 에큐메니칼 사상의 지지자였던 반면, 독일에서는 주로 교수들이 에큐메니칼 사상의 주요 지지자였다. 해외에서도 독일 에큐메니칼 운동의 대표성을 그런 식으로 보았다. 이는 교회투쟁에서 좋은 결과를 내지 못했다. 교수들이 교회를 대표하지 못하고, 제3제국 공무원 신분으로 치명적인 속박을 받았기 때문이다.

1930년대 초, 독일에서 베를린 대학교 신학부만큼 저명한 에큐메니칼 활동가를 많이 배출한 곳은 없었다. 베를린 대학교 신학부는 1930년 여름철에 한 것과 똑같이 1931년에도 "여름 계절학기"를 열었다. 주제는 "그리스도교와 국가"였다. 이 시기에 베를린 대학교에서 에큐메니칼 활동에 적극적으로 참여한 교수들은 아래와 같다.

아돌프 다이스만: 신약성서신학 교수. 전쟁 전해부터 독일 에큐메니칼 활동가

들 가운데 한 사람으로서 존경받았다. 세계교회친선연맹 창립 회원, 실천적 그리스도교를 위한 에큐메니칼 협의회(1925년 스톡홀름에서 창립된 "생활과 실천" 협의회) 집행 위원회 위원이자 현역 신학자 위원회 위원장, 정통주의자들과의 협력을 도모하기 위한 위원회 위원장, 신앙과 교회 제도를 위한 운동(1927년 로잔에서 창립된 "신앙과 직제" 협의회) 회원이자 그 실행 위원회 위원장 대리, 조지 K. A. 벨 주교와 더불어 에큐메니칼 모음집의 공동 발행인.

아르투르 티티우스: 조직신학 교수. 세계교회친선연맹 연구 위원회 부위원, "생활과 실천" 협의회 집행 위원회 위원, "생활과 실천" 협의회 사회 위원회 위원, "생활과 실천" 협의회 홍보 위원회 위원, 에큐메니칼 잡지 『스톡홀름』*Stockholm*의 공동 발행인. 3개 국어로 발행된 『스톡홀름』은 1931년 재정위기로 폐간되고 만다. 1927년 로잔 대회 참가자.

율리우스 리히터: 선교학 교수. 1910년에 창립된 에든버러 선교학회 회원이자 그 실행 위원회 위원, 1919년 10월에 우드 바세나르에서 창립된 미묘한 "영적 평화 협회" 참가자, 『스톡홀름』을 위해 열린 제네바 사전 토의1920 참가자, 세계교회친선연맹 노동 위원회 위원, 세계교회친선연맹 교육 위원회 위원, 세계교회친선연맹 재정 위원회 위원.

프리드리히 지크문트-슐체: 사회교육학 교수. 세계교회친선연맹, "생활과 실천" 협의회(스톡홀름), "신앙과 직제" 협의회(로잔 대회) 창립에 가장 큰 공을 세운 창립 회원, 세계교회친선언맹 국제 간사, 세계교회친선연맹 집행 위원회 간사, 세계교회친선연맹 노동 위원회 간사, 가장 영향력 있고 저명한 에큐메니칼 잡지 『떡갈나무』*Die Eiche* 창간인이자 발행인. 『떡갈나무』는 후일 모음집 『에클레시아』*Ekklesia*가 된다.

아우구스트 힌더러 August Hinderer, 1877-1945: 개신교 언론 협회 회장이자 저널리즘 강사 위촉을 받은 교수. 국제 그리스도교 언론 위원회 위원장, 세계교회친선연맹과 "생활과 실천" 협의회 회원이자 두 단체의 언론 위원회 위원장, "신앙과 직제" 협의회(로잔 대회) 참가자.

카유스 파브리시우스 Cajus Fabricius, 1884-1950: 조직신학 교수. "신앙과 직제" 협의회(로잔 대회) 참가자.

위에 열거한 이름들은 본회퍼가 이제껏 친분을 쌓지 않은 인사들의 이름이다. 지크문트-슐체만이 본회퍼가 가까이한 인사였다. 하지만 본회퍼가 그를 가까이한 것은 자유주의적 요소를 드러내는 그의 에큐메니칼 활동 때문이 아니라, 베를린 동부지역에서 이루어지고 있던 빈민구호소 실험들 때문이었다. 본회퍼가 이 실험들에 주목하게 된 것은 프란츠 힐데브란트를 통해서였다. 힐데브란트는 수습 목사 시절의 일부를 그곳에서 보내다 교회 당국과 마찰을 빚기도 했다. 지크문트-슐체 밑에서 활동한 것을 교회 당국이 수련 기간으로 인정하지 않으려 했기 때문이다. 힐데브란트가 그 활동에 대해, 그리고 베를린 동부지역의 청소년 단체들, 실직자들을 위한 세계관 강좌에서 일한 경험, 회의론자 동아리들과의 만남에 대해 편지글로 알렸던 것이다(DBW 10:217). 본회퍼는 지크문트-슐체가 평화 문제를 끊임없이 개진하는 모습에 마음이 끌렸다. 힐데브란트는 미국으로 보낸 편지들에서 프루흐트슈트라세에서 일어난 일을 이례적으로 많이 언급한 반면, 에큐메니칼 업무나, 그곳에 사무실을 둔 『떡갈나무』는 전혀 언급하지 않았다.

교계 지도층으로서 에큐메니칼 활동에 주도적으로 참여한 인사들 가운데 상당수도 베를린에 자리를 잡고 있었다.[60a]

헤르만 카플러 Hermann Kapler, 1867-1941: 독일 개신교 교회연합회 의장. 1931년 봄 나탄 죄더블롬Nathan Söderblom 사후에 윈체스터의 주교와 함께 실천적 그리스도교를 위한 에큐메니칼 협의회 공동 의장을 맡았고, 윈체스터 주교 사후에는 치체스터의 조지 K. A. 벨 주교와 공동 의장을 맡았다. "생활과 실천" 협의회(스톡홀름 대회) 준비 위원회가 "신앙과 직제" 협의회 문제를 수용하지 않기로 결정할 때, 카플러는 이런 말을 인용했다. "교리는 가르지만, 예배는 통합한다."

오토 디벨리우스: 브란덴부르크 관구총감독. "생활과 실천" 협의회(스톡홀름 대회)와 "신앙과 직제" 협의회(로잔 대회) 참가자. "신앙과 직제" 협의회에서는 연사 가운데 한 사람으로 나서기도 했다.

헤르만 게오르크 부르크하르트 Hermann Georg Burghart, 1865-1954: 개신교 최고관리 위원회 부위원장. "생활과 실천" 협의회 회원, 1929년 이래로 세계교회친선연맹 독일 지부장.

프리드리히 알베르트 슈피커 Friedrich Albert Spiecker, 1854-1936: 국내 선교회 회장. 평신도. 1차 세계대전 전에 하르낙 및 지크문트-슐체와 함께 영국-독일 우호 노력의 발기인 가운데 한 사람이 되었다. 이 노력이 세계교회친선연맹 창립의 주춧돌이 되었다. 1929년까지 세계교회친선연맹 독일 지부장을 역임했다.

아우구스트 빌헬름 슈라이버: 전임 북독일 선교 협회 회장, 교회연합회 최고관리국 위원, 1919년 바세나르와 1920년 제네바에서 열린, 논란이 분분한 회의 참가자. 베를린 자택에서 에큐메니칼 저녁 모임을 정기적으로 주최하고, 이 저녁 모임을 토대로 상이한 에큐메니칼 단체들이 연합하여 "중심지"라는 공동 연구 모임을 발전시켰다. 1933년 북독일 선교 협회로 돌아갔다.

요하네스 호제만 Johannes Hosemann, 1881-1947: 개신교 최고관리 위원회 최고관리 위원, "생활과 실천" 협의회 자문 회원.

테오도르 헤켈: 바이에른 출신의 베를린 교회연합회 관리 위원.

이들 가운데 최고관리국 위원 슈라이버는 본회퍼가 미국 유학을 계기로 알게 된 인사였고, 오토 디벨리우스는 본회퍼가 베를린 교회 앞에서 신학고시를 치르면서 만나게 된 인사였다.

베를린 교계에서는 아래의 인사들이 에큐메니칼 활동으로 두드러졌다.

막스 디스텔: 교구감독. 한때 영국에서 목회했다. 1931년부터 세계교회친선연맹 독일 지부장 대리를 맡았다. 지부장 헤르만 게오르크 부르크하르트가 주요 업무를 그에게 맡겼다.

칼-군터 슈바이처 박사 Carl-Gunther Schweitzer, 1889-1965: 슈판다우에 소재한 그리스도교 변증 센터 소장. 실천적 그리스도교를 위한 에큐메니칼 협의회의 신학자 위원회 위원.

헤르만 자세: 교파 연구교수. 베를린 마리아 교회 목사, "신앙과 직제" 협의회 협력자. 독일 측 보고서를 작성하여 로잔 대회에 넘기고, 에큐메니칼 사건들을 신학적으로 예리하게 판단하고 『교회 연감』에 정기적으로 보고했다.

리하르트 테오도르 요르단 목사 Richard Theodor Jordan, 1889년생: 지크문트-슐체의 뒤를 이어 세계교회친선연맹 독일 지부 서기를 맡았다. 지크문트-슐체는 1929년 세계교회친선연맹 국제사무국을 맡았다.

헤르만 자세 역시 장학생 신분으로 미국에 다녀온 인물이었다. 본회퍼는 에큐메니칼 활동에 참여하면서 그를 주목하게 되었음에 틀림없다. 두 사람이 만난 때는 사정이 비슷해 보이는 불만을 품고 교회-신학 작업의 기초를 다질 무렵이었다. 본회퍼는 히틀러 시대가 다가왔을 때 헤르만 자세의 확고한 정치적 판단력에 깊은 인상을 받았다. 유감스럽게도 헤르만 자세가 교조주의적 루터교도의 모습을 드러내는 바람에, 두 사람은 교회투쟁에서 갈라서고 만다.

이 학자 집단과 교계 인사 집단 외에도 그리스도교 청년회Christlicher Verein Junger Männer, CVJM(독일 YMCA) 및 DCSV와 같은 연합체들이 에큐메니칼 활동과의 연계를 오래전부터 장려했다. DCSV는 견문 넓은 한스 릴예가 이끌었다. 헤르베르트 페트리크Herbert Petrick가 이끄는 침례교도들과 같은 자유교회 단체들도 에큐메니칼 활동과의 연계를 장려했다. 그러나 본회퍼는 아직 이들 단체들과 접촉하지 않은 상태였다.

세계교회친선연맹

본회퍼는 세계교회친선연맹에서 에큐메니칼 활동 경력을 쌓기 시작하면서, 이를 토대로 실천적 그리스도교를 위한 에큐메니칼 협의회("생활과 실천" 협의회)에도 가입했다. 하지만 신앙과 교회 제도를 위한 운동("신앙과 직제" 협의회)에는 적극적으로 관여하지 않았다.

세계교회친선연맹의 출발은 의미심장한 동시에 파격적이었다. 확실히 세계교회친선연맹은 자유주의 신학과 앵글로색슨계의 인본주의 신학을 강하게 내세우는 에큐메니칼 기구였다. 하지만 여타의 운동처럼 대체로 교회를 강조하지 않는 가장 자유로운 운동이기도 했다. 세계교회친선연맹은 자신의 주제인 평화 작업으로 가장 구속력 있는 것을 다루었다.

자신의 이미지에 조금이라도 신경 쓰는 신학자라면, 더구나 바르트주의자들을 좋아하는 신학자라면 강한 의구심을 품었을 테지만 그러지 않았다. 바르트 자신도 오랫동안 저항하다가 마침내 멀리 내다보고 1932년에 "생활과 실천" 협의회의 신학자 위원회 위원으로 선출되었다.

"신앙과 직제" 협의회는 교파를 따지는 신학 전문가들, 자격을 갖춘 신학 전문가들의 발판을 자처했다. "생활과 실천" 협의회는 스톡홀름 대회 이래로 독일 개신교 교회연합회의 공식적 소유지가 되었다. 더 오래된 기구인 세계교회친선연맹은 사정이 달랐다. 세계교회친선연맹은 가장 상이한 교단들, 교회 형태를 절반만 갖춘 단체들, 교회와 무관한 단체들에 닻을 내리고 있었다. 이는 스톡홀름("생활과 실천" 협의회)과 로잔("신앙과 직제" 협의회)에서는 입도 뻥긋할 수 없는 일이었다. 헤르만 자세는 1931년 교회 연감에 이렇게 썼다. "세계교회친선연맹은 국가분회와 지방분회를 거쳐 교회 공동체들까지 망라하는 유일한 에큐메니칼 기구다. 세계교회친선연맹은 교회의 평화 작업 사상은 물론이고 에큐메니칼 사상을 교회에 소개하는 막중한 임무를 띠고 있다." 세계교회친선연맹에는 전임 제국대법원장 발터 지몬스Walter Simons 박사처럼 유력한 평신도들이 속해 있었다. 예컨대 율리우스 쿠르티우스 장관은 세계교회친선연맹 보고자 가운데 한 사람이었고, 본회퍼의 견신례 동료이자 청소년 시절의 친구 한스 폰 헤프텐은 1930년 덴마크에 있는 세계교회친선연맹 청년휴양소로 가서 시보(試補) 자격으로 '국제법과 그 실행'이라는 제목으로 연설하기도 했다.[61]

세계교회친선연맹은 1931년 독일에서 절정의 홍보 효과를 거두었지만, 동시에 가장 심각한 위험, 치명적인 위험에 맞닥뜨리기도 했다. 세계 경제위기로 인해 그 활동이 재정적인 위기 상황에 몰렸던 것이다. 막스 디스텔마저 세계교회친선연맹 사무국을 폐쇄하고 교구감독 관할 지역 사무실로 물러날 정도였다. 출장 여행은 생각도 할 수 없었다. 그러나 무엇보다도 심각한 위험은 국수주의 진영에서 에큐메니칼 "국제주의자들", 주로 세계교회친선연맹 회원들을 겨냥하여 벌이기 시작한 배척 운동이었다. 우리는 그것을 좀 더 살펴보게 될 것이다. 3년 뒤, 세계교회친선연맹 독일 지부는 자발적으로 해체하지 않으면 안 되었다. 에큐메니칼 활동은 다양한 단체들로 이루어진 자유롭고 유익한 동맹 형태에서 "생활과 실천" 협의회와 "신앙과 직제" 협의회라는 교회 제도상의 지평으로 나아갈 수밖에 없었다. 이 지평 위에서만 국가사회주의 정부의 통제를 받으면서 그나마 에큐메니칼 활동의 명맥을 근근이 이어 갈 수 있었다.

세계교회친선연맹의 추진력과 실질적 구속력이 완전히 중단된 것은 엄청난 손실이었다. 화해 호소라는 예언자적 모험이 뒷걸음질하고, 훨씬 신중한 교회 단체들 속에서 새로운 표현을 모색하지 않으면 안 되었다.

물론 세계교회친선연맹 안에서 자유주의적이고 인본주의적인 노선이 활개 치는 것을 보는 것은 본회퍼와 같은 유형의 젊은 독일인 신학자에게는 괴로운 일이었을 것이다. 다들 모든 종교들 사이의 우호관계를 장려하려 했기 때문이다. 당시 본회퍼 혼자서는 세계교회친선연맹에 이르는 길을 찾지 못했을 것이다. 그가 세계교회친선연맹에 관심을 갖게 된 것은 막스 디스텔의 집요함 때문이었다. 그러나 막스 디스텔 혼자만의 힘으로는 그를 계속 붙잡아 두지 못했을 것이다. 본회퍼가 신학이 빈약한 세계교회친선연맹을 꽉 붙잡고 견딜 수 있었던 것은 평화 문제와, 독일에서 새롭게 일고 있던 배척의 물결 때문이었다. 세계교회친선연맹 회의 석상에서 간디의 벗 찰스 프리어 앤드류스Charles Freer Andrews 같은 인사를 만날 수 있었던 것도 그의 마음을 끌었다. 게다가 본회퍼의 신학 속에는 교회의 자기 목적적 시도를 불신하게 하는 요소도 자리하고 있었다. 세계교회친선연맹과 그 관심사에는 그러한 자기 목적성이 거의 없었다. 그는 신학이 부족해 보이는 것을 크게 우려하긴 했지만 케임브리지 대회에 푹 빠져 아래와 같이 보고했다.

> 온갖 비판점에도 불구하고 분명한 것은 각 사람의 영혼에서 시급히 타올라야 할 일, 우리가 이제껏 알지 못한 일을 하고 있다는 것이다. 우리는 그 일을 더 잘, 더 빨리 추진할 수 있을 것이다.[62]

국수주의 진영의 반발

케임브리지 대회에 참석하긴 했지만 독일 대표단은 이미 교계의 압박, 정치적 압박, 경제적 압박을 받고 있었다. 이는 장차 에큐메니칼 사역에 온갖 달갑지 않은 현상이 따라붙을 것임을 알리는 서막이었다.

a)본회퍼와 장 라세르가 멕시코 피라미드 유적지를 탐방하고 평화의 인사를 전할 무렵, 고국에서 에큐메니칼 활동과 관련된 스캔들이 일어났다. 교계 신학 잡지에서 오랫동안 세상을 떠들썩하게 한 스캔들이었다.

케임브리지 대회를 위한 준비 회의가 1931년 6월 1일부터 3일까지 독일 함부르크에서 개최되었다. 이 회의가 개최되기 전날 밤, 막스 디스텔은 무엇이 세계교회친선연맹과 그 회의를 기다리고 있는지를 전혀 알아채지 못한 채 본회퍼에게 이렇게 편지했다. "나는 내일 아침 일찍 세계교회친선연맹 회의에 참석하기 위해 함부르크로 간답니다. 나에게 많은 번거로움을 안겨 준 회의이지요.……나는 부르크하르트 대신 참석할 것입니다.……독일 교계와 철모단 사람들이 엄청난 제스처를 취하겠지만, 그 배후에 무슨 저의가 있지는 않을 것입니다."[63] 함부르크 회의는 케임브리지 대회에 보내는 독일의 입장 표명을 부결시켰다. 독일의 입장 표명은 다음과 같은 세 주제로 되어 있었다. 1. 국가 채무와 국제 채무, 2. 군축, 3. 소수민족 문제. 함부르크 회의에는 외국 손님들이 참석하기로 되어 있었다. 특히 세계교회친선연맹의 불굴의 의장 윌로비 디킨슨Willoughby Dickinson 경이 런던에서 오기로 되어 있었고, 후일 고백교회의 변함없는 지인과 친구가 될 오베 발데마르 아문센Ove Waldemar Ammundsen 감독이 덴마크에서 오기로 되어 있었다.

개회일 아침, 「함부르크 신문」*Hamburger Nachrichten*의 한 기사가 "개신교와 국제적 상호 이해"라는 헤드라인을 달고 첫 회의 석상으로 돌진해 들어왔다. 특히 아래의 기사가 눈에 들어왔다.

> 우리의 판단에 의하면 현 상황에서[64] 우리 독일과 세계대전 승전국들 사이에는 상호 이해가 존재하지 않는다. 우리에 맞선 전쟁이 계속되는 동안은 상호 이해가 있을 수 없다고 증언하는 일만 있을 뿐이다.……뭇매를 맞더라도 우리는 다음과 같이 요구한다. 인위적인 모양새의 온갖 연대를 쳐부수라. 다른 나라들이 우리의 의사에 반하여 가혹한 정책을 강요하는 한, 그리스도교 교회가 민족들의 화해 문제를 놓고 협력하거나 상호 이해에 도달하는 것은 있을 수 없는 일이라고 무조건 고백하라.
>
> 오늘날 다른 방법으로 상호 이해에 종사할 수 있다고 여기는 자는 독일의 운

명을 거부하고 국내외 양심적인 사람들을 혼란에 빠뜨리는 자다. 그가 진실을 존중하지 않기 때문이다.

교수 파울 알트하우스, 에를랑겐

교수 에마누엘 히르쉬, 괴팅겐

나라 안의 모든 우익 신문이 그 기사를 곧바로 자신들의 지면에 게재했다.[65] 총알이 적중했고, 총성이 이듬해까지 사방에서 메아리쳤다.

알트하우스와 히르쉬의 성명을 공식적으로 후원한 집단은 독일 개신교 동맹이었다. 『개신교 루터교회 신문』*Allgemeine Evangelische Lutherische Kirchenzeitung*이 히르쉬에게 지면을 제공하여 상세히 해명할 수 있게 하고, 비판적인 목소리를 되받아치게 했다. 알트하우스는 국가사회주의 독일노동당NSDAP 소속이 아니었음에도—히르쉬도 그 당원이 아니었다—다음과 같이 천명했다. "나는 대학 청년 대부분을 사로잡은 그 운동을 지지한다.……국제적 상호 이해라는 천박한 은어를 또 한 번 반대한다."[66] 슈판다우 그리스도교 변증 센터에서 "민족의 문제"를 놓고 목회자 강좌를 개최했다. 마르틴 라데가 알트하우스와 히르쉬의 성명서를 격렬히 논박했고, 칼 루트비히 슈미트Karl Ludwig Schmidt도 그 성명서를 신학적으로, 교회적으로, 정치적으로, 인간적으로 있을 수 없는 일이라고 성토했다. 헤르만 자세는 알트하우스와 히르쉬가 신학 선생이면서도 교계의 활동에 맞서는 정치 행동을 시작했으며, 교회의 문제를 민족 문제에 종속시키려 했을 거라며 아래와 같이 말했다.

우리는 그들이 자신들의 심중을 애매하게 표현했다고 추정할 수밖에 없다.……독일 루터교가 평화 작업이라는 과제에서 뒷걸음질한다면, 이는 그 과제를 다른 세력에게 떠넘기는 꼴이 될 것이다. 그러면 독일 루터교는 비생산적인 이의를 제기할 게 빤하다. 정계는 그 이의를 열렬히 수용하겠지만, 그 궁극적 의도는 전혀 이해하지 못할 것이다.[67]

함부르크에서 열린 세계교회친선연맹 회의도 그 정치적 문제를 나름의 방식으로 이해했다. 지크문트-슐체가 그것을 『떡갈나무』에 보도했다.[68] 함부르크 회의에서 작성한 결의안의 내용은 아래와 같다.

> 독일 그리스도인들이 주시하며 심히 괴로워하는 사실은 군축 의무의 빈번한 연기가……점증하는 배신감과, 정의와 평화에 대한 절망감을 일으키고 있다는 것이다. 유럽의 현 상태가 폭력을 통해서만 바로잡히거나 바뀌리라는 확신이 도처에서 점점 강화되고 있다.……(세계교회친선연맹 독일 협회는) 마침내 결정된 군축 회의 소집을 환영한다. 하지만 회의 성공의 전제 조건인 동등한 권리와……동등하고 전반적인 군축 목표를 사전 토의를 통해 확보하지 못한 것은 심히 우려스러운 사실이다.
>
> 이런 상황에서 세계교회친선연맹 독일 협회는 케임브리지에서 군축 문제를 새롭게 논의하려는 세계교회친선연맹의 의도를 환영하며, 세계교회친선연맹이 이미 프라하에서 채택된 원칙들과 그사이에 강화된 절박성을 명명백백하게 강조해 주기를 바란다.[69]

그 밖에 함부르크 회의는 외국 손님들과 근사한 합의를 도출했다. 케임브리지에서 군축 문제를 독일 대표단이 제기하지 않고, 다른 대표단이 발언권을 얻어 제기하기로 한 것이다.

이때는 본회퍼가 에큐메니칼 데뷔를 앞두고 본에서 주츠에게 다음과 같은 내용의 편지를 보내던 시기였다. "8월 15일이 되면, 나는 3주 동안 영국에 파견되어 케임브리지 대회에 참석할 예정이네. 교회 친선 작업에 대해 미국 대표단에게 뭐라고 말해야 할까? 어쨌든 최근에 히르쉬가 보인 행동만큼 어리석은 짓도 없을 것이네."[70]

b)1931년 7월, 은행들, 저축은행들, 증권거래소가 일시 폐쇄되었다. 긴급 조치가 여타의 것들을 결제 통제와 현금 지급 제한으로 내몰았다. 2주도 지나지 않아 어음 할인율이 7퍼센트에서 15퍼센트로 뛰었다. 8월 말, 1,000라이히스마르크 이상의 외환을 보유한 이는 누구나 신고를 해야 했다. 그다음에는 국내 정치의 새 불안 요소가 될 텐데도 급료 삭감, 연금 삭감, 임금 삭감이 관철되고, 실업 급여 기간이 단축되고, 긴축명령이 제국의 모든 주에 공포되었다.

이 조치들에는 여행 자금을 강력하게 제한하는 내용도 포함되어 있어서, 큰 협회들의 중앙사무국들 실무자들에게 굴욕감을 주는 상황이 발생했다. 재정이 협회들에 어떻게 분배되느냐에 따라 회의 참가단의 규모가 조절되었다. 반면에 본회퍼는 숨김없이 자신이 필요하다고 생각하는 금액을 강력히 요청했다. 그가 공동 책임을 지고 여러 회의를 준비해야 했기 때문이다. 하지만 경비를 타내기 위해서는 그 자신은 물론이고 다른 이들도 활동의 필요성을 명심하겠다고 끊임없이 새롭게 다짐하지 않으면 안 되었다. 본회퍼는 자신의 자금을 여유 있게 투입한 까닭에 다른 이들에게도 주저 없이 희생을 요구했다.

경제적 재앙이 케임브리지 대회에도 직접적인 영향을 미쳤다. 세계 경제위기가 각종 전쟁 의연금과 연관되어 있다고 역설한 이는 독일 대표단만이 아니었다. 성공적인 군축 회의와, 이와 연결된 독일의 동등한 권리는 세계 경제위기의 극복에 기여할 것임에 틀림없었다. 이는 지크문트-슐체가 기사를 작성하면서 끊임없이 지적한 사항이었다. 케임브리지 대회에 참석한 미국 대표단은 자기들의 대통령인 허버트 후버Herbert Hoover가 미국의 이익을 생각하여 대규모의 채무 면제를 제안한 상태였으므로 그 점을 잘 알고 있었을 것이다. 반면에 프랑스 대표단은 그 점을 이해하기는커녕 케임브리지 대회에서 이의를 제기할 게 빤했다.

뉴욕에 있을 때 그러한 사정들에 맞닥뜨린 적이 있었으므로, 본회퍼는 이제 새로운 지식을 진지하게 받아들였다.

> 자네가 베를린으로 갈 무렵에는 긴급 조치가 없을 것이네. 앞서 편지에서 말한 대로 나는 케임브리지 대회에 참석해야 하네. 내가 아직 잘 모르는 것에 대해 강연하는 임무가 그냥 나를 비껴갔으면 좋겠네. 그것은 그렇다 치고 나는 지금 국민 경제학을 열심히 공부하고 있네. 자네와 무관한 것이 아니니, 그것과 관련된 책, 곧 정말로 자네의 주의를 끄는 쉬운 책 몇 권을 읽어 보게나.[71]

그가 국민 경제학에 심취한 것은 케임브리지 대회에서 사실들을 들이대며 논증함은 물론이고 조만간 맡게 될 공과대학 교목직을 염두에 둔 것이기도 했다. 경제적 재앙에 대한 객관적 지식이 필요하면 필요할수록, 그는 참된 신학적 요소들을 이용해야겠다는 생각을 더욱 절실히 하게 되었다. 그렇게 하는 데에는 유니온 신학교에서 경험한 것들이 효과를 발휘했다.

c)본회퍼가 새로운 임무를 맡게 된 것은 부분적으로 문서에 의한 방법으로 이루어졌다. 막스 디스텔은 본회퍼가 여러 나라 말을 구사하는 사람이니 충분한 시간적 여유가 있어야 영적 영역에서 활동할 수 있을 거라며 그의 휴가를 총회에 청원한 다음, 그에게 아래와 같이 편지했다.

> 나는 귀하를 청년 대표로 저쪽에 알렸습니다. 릴예 목사와 여타의 목사들도 이 깃발을 들고 갈 것입니다.……다들 귀하가 토론회에서 발언권을 얻어 "국가 채무와 국제 채무"에 대해 말하고……세계교회친선연맹이 말하는 의미에서 이 양면적인 채무에 대해 청년의 입장에서 원칙적이고 실제적인 것을 말해 주기를 기대하고 있답니다.[72]

본회퍼는 베를린에 있을 때 지크문트-슐체의 집에서 열린 케임브리지 대회 참석자 사전 토의에 참석했다. 이 사전 토의에서는 특히 까다로운 독일-프랑스 관계가 화제가 되어 그 밖의 문제들을 그늘지게 했다. 지크문트-슐체는 이렇게 알렸다.

> 케임브리지에서는 독일 대표가 군축 문제에 대해 발언하지 않을 것이다. 그것은 불필요한 일이다. 프랑스 대표들을 제외한 그리스도교의 다른 모든 대표들이 소위 "독일 테제"를 지지할 것이고, 게다가 이 테제는 독일만의 테제가 아니라 인류의 테제이기 때문이다.[73]

케임브리지 대회 이래로 세계교회친선연맹 회의에서 프랑스 대표들만큼 본회퍼가 빨리 가까워지고 친하게 지낸 이들도 없다. 하지만 그 회의 이후 두 해 동안은 독일-프랑스 문제가 그에게도 가장 중요한 문제였다. 지크문트-슐체는 지난 몇 년 동안 이루어진 독일 대표들과 프랑스 대표들의 서먹서먹한 사이를 『떡갈나무』에서 언급하면서 프랑스인들이 케임브리지 대회에 제출한 활동 보고서의 일부를 게재했다.

독일 개신교회의 태도가 프랑스 개신교회를 심한 우려와 가슴 아픈 경악으로 가득 채우지 않았다면, 논쟁이 훨씬 덜 격해졌을 것이다. 전쟁의 광기가 사라졌을 때, 우리 프랑스 개신교회가 기대한 것은 독일 개신교회가 이미 일어난 일에 대해 유감을 표시하고, 자기 민족을 정의와 형제애의 길로 이끌겠다고 말하는 거였다. 우리가 그들에게 요구한 것은 참회행위가 아니라 약탈당하고 파괴된 프랑스 교회에 대한 동정의 말 한마디뿐이었다. 하지만 독일 개신교회에서는 아무 말도 없었다. 독일 개신교회는 자기 민족이 결백하다면서 자기 민족의 고통만을 비통해했다. 독일에 있는 형제교회의 이 같은 태도에 직면하여 우리 프랑스 개신교회가 불신과 의심을 품는 것은 그 때문이다.[74]

케임브리지 대회

본회퍼의 영국 출장 여행은 세 단계로 진행되었다. 먼저 세인트 레너즈와 웨스트 클리프 온 시에서 열린 청년회합에 참석하고, 곧이어 세계교회친선연맹 청년회합에 참석했으며, 마지막으로 본회의에 참석했다.

세인트 레너즈에서 열린 청년회합에 대해서는 알려진 것이 별로 없다.

케임브리지 대회는 예전의 회의들과 달리 두 가지 특색을 띠었다. 첫째, 세계대전에 주도적으로 가담한 나라의 본토에서 세계교회친선연맹 대회를 개최하는 것이 가능하게 되었다. 이는 이제껏 엄두도 내지 못한 일이었지만, 세계교회친선연맹에 대한 오해가 차차 사라지고 있음을 의미했다.

둘째, 케임브리지 대회는 난생 처음 청년 대표들에게 무제한의 참여를 허락하려 했다. 대회 의장 오베 발데마르 아문센 감독은 세계교회친선연맹이 "정직한 단체가" 될 위험에 처했다고 말했다. 이 말로 약간의 비판을 받기는 했지만,[75] 실험은 관철되었다. 각 나라의 연맹에서는 자기 대표단의 총인원 가운데 청년 대표를 절반까지 채울 수 있었다. 그리고 청년 대표들은 본회의는 물론이고 위원회 회의들에도 참여할 수 있었다. 이는 세계교회친선연맹 안에서 청년들의 활동이 갑자기 강화되어, "생활과 실천" 협의회로 확산되는 결과를 낳았다. 제네바에 있는 상근자들이 골머리를 앓을 정도였다.

본회퍼 자신이 중요하게 여긴 회의는 8월 29일부터 31일까지 열린 청년회합이었다. 세계교회친선연맹 청년 위원회가 구성된 것은 패전국들에게 한 약속을 엄수하라고 연합국들에게 처음으로 호소했던 1928년 프라하 회의 때부터였다. 하지만 1931년까지 청년 위원회 모임은 1929년 아비뇽에서 한 차례 모인 게 전부였다. 이 위원회 소속 인사로서 후일 유명해진 인사들은 다음과 같다. 리판의 주교 E. A. 버로스Burroughs, 교수 헤밀카 알리비사토스Hemilcar Alivisatos, 한때 프랑스의 알프스 산악병이었다가 평화주의자가 된 대위 에티엔느 바흐Etienne Bach, 후일 노동당 의원과 재무 장관이 된 영국인 스태퍼드 크립스Stafford Cripps, 요제프 로마드카Josef Hromádka, 피스르트 호프트, 덴마크에서 온 스파링-페테르센Sparring-Petersen, 뮌스터에서 온 빌헬름 슈텔린Wilhelm Stählin. 케임브리지 청년회합은 보다 강력한 활성화를 촉구했다. "우리를 편입시켜 달라. 우리에게 할 일을 달라. 우리에게 번듯한 조직을 달라!"[76] 다들 교계의 청년들이 국제적인 과제들에 협력하는 안을 놓고 토론을 벌였다.

대표들은 건의안에 세 가지 구체적 제안을 담아 본회의에 제출했다. 본회퍼에게는 세 번째 제안이 결정적이었다. 세 가지 제안은 이러하다. 1. 청년 위원회의 확대. 2. 청년 위원회 의장 버로스를 보좌할 수 있도록 상임 간사 1명을 임명하여 제네바에 상근시킬 것. 이미 세계교회친선연맹과 "생활과 실천" 협의회 총무를 맡고 있던 스위스인 앙리 루이 앙리오Henry Louis Henriod가 상임 간사로 추대된 상태였다. 3. 세계교회친선연맹의 자금으로 출장을 다니며 조정자의 역할을 할 수 있도록 세 명의 명예직 국제 청년 간사를 임명할 것. 대영제국, 미국, 극동지역을 담당할 간사로는 영국인 F. W. 토마스 크래스크Thomas Craske가 추대되고, 프랑스, 라틴 유럽, 발칸 반도, 폴란드, 체코슬로바키아를 담당할 간사로는 프랑스인 피에르 C. 투레유Pierre C. Toureille가 추대되었으며, 독일, 중유럽, 북유럽, 헝가리, 오스트리아를 담당할 간사로는 디트리히 본회퍼가 추대되었다. 이 세 건의안은 9월 4일 세계교회친선연맹 "집행 위원회"의 동의와 재청을 받았다. 다들 곧바로 세 청년 간사를 집행 위원회 위원과 협의회 회원으로 임명했다.

이처럼 본회퍼가 세계교회친선연맹 소속 단체의 신임 위원으로 선출된 것은 대단히 큰 수확이었다. 본회퍼가 협의회의 **공식 회원 자격으로**ex officio 1933년 소피아 대회와 1934년 파뇌 대회에 참가할 수 있게 되었기 때문이다. 그는 독일이 이들 회의에 파견하든 안 하든 상관없이 참가할 수 있었다. 그 신출내기의 진로는 그렇게 결정되었다.

공식적인 회의 외에 독일-프랑스 젊은이들의 특별 만남이 이루어졌다. 이 만남은 밤이 이슥해질 때까지 이어졌다. 다들 양국의 젊은 신학자들의 능력과 바람과 비판이 상당히 일치한다는 것을 알아챌 수 있었다. 로제 제제켈은 1931년 9월 30일 『신앙과 삶』*Foi et Vie*에 아래와 같이 기고했다.

> 그 자리에는 다른 독일인도 있었다. 그는 젊은 대학교수였다. 우리는 10분간 환담하고 나서 우리가 신학적으로 같은 입장을 취하고 있음을 알아챘다. 갑자기 친교의 신비가 종교적 연결 속에 자리하고 있다는 확신이 우리 안에서 싹텄다. 안전, 토의안의 수정, 평화주의의 홍보를 놓고도 그랬다.……실제로 우리는 그리스도교를 참되게 하고, 그리스도교를 가시화하는 일에 의견의 일치를 보았다.[77]

윗글에서 "대학교수"로 잘못 표기된 이는 본회퍼였다.

피에르 C. 투레유는 본회퍼와 함께 케임브리지 대학교의 환영 포스터를 보고 약간 놀려 대기도 했다. 포스터의 글귀는 이랬다. "세계 평화는 군축에 달려 있고, 군축은 그대에게 달려 있다!" 덴마크에서 온 스파링 페테르센은 전체회의의 주요 연사 가운데 한 사람이었다. 그는 군비와 전쟁을 그리스도교적으로 정당화하려고 하는 시도를 열정적인 연설로 반대했다. 토론회에 발언자로 선정된 이는 청년회합의 위임을 받은 피에르 C. 투레유였다. 그가 본회퍼와 함께 준비한 발표문의 내용은 다음과 같다. "인도적 노력들로는 결코 전쟁을 사라지게 할 수 없다. 전쟁 반대투쟁은 다른 정신적 깊이와 더 큰 복종에서 싹터야 한다."[78] 이 발표문을 통해 본회퍼의 목소리가 케임브리지 대회장에 울려 퍼진다.

영국 언론과 독일 언론이 케임브리지 대회를 자세히 보도한 반면, 프랑스 언론은 전혀 그러지 않았다. 하지만 군축 회의에 대한 희망이 꺼진 것은 아니었다. 본회퍼 자신도 기사를 작성하여 1931년 9월 12일자 「쾨니히스베르크-하르퉁 신문」에 게재하고, 알트하우스와 히르쉬의 성명서를 게재한 적이 있는 『신학 신문』 *Theologische Blätter* 에도 자세한 기사를 써 보냈다.[79] 그 두 사람에게 노골적으로 맞대꾸하며 시작하는 기사였다. 이 기사에서 그는 "대참사가 또 한 번 닥치고, 그래서 교회가 훨씬 구체적으로 발언해야 할 때 어떤 태도를 취할 것인지를 놓고"(DBW 11:127f.) 케임브리지 대회가 좀 더 구체적으로 입장을 표명했어야 한다는 자신의 바람을, 한 인도인이 총회에서 한 발언인 것처럼 인용했다. 그는 "대륙 사람들", 특히 프랑스 사람들 및 덴마크 사람들과의 협조도 묘사했다(DBW 11:129). 이들 중에는 후일 오르후스 대학교수가 된 레긴 프렌터도 있었다. 본회퍼는 본회의가 군축 결의안을 공포하는 것에 동의하면서도, 청년회합이 "대륙 사람들"을 통해 독자적 성명서를 발표하는 것에는 동의하지 않았다(DBW 11:128). 그리하여 청년회합이 총회에 제출한 보고서의 내용은 아래와 같다.

> 이 며칠간의 결과가 우리에게 하나의 성명서보다 중요한 것을 발견하게 해주었다. 바로 개인의 책임 의식과 공동의 책임 의식, 그리고 하나님의 도우심으로 그 책임에 성실히 응답하는 것이다.[80]

차차 살펴보겠지만, 본회퍼는 결의안을 작성하려는 청년회합의 의욕에 1년 6개월 동안 격렬히 반대하다가, 1933년에는 갑자기 여러 결의안들을 작성하지 않으려는 청년회합의 미적지근한 태도에 맞서 싸운다. 둘 다 동일한 근거에서 이루어진 행위였다. 결의안으로 복음을 증언하는 것이 너무 천박했기 때문이고, 결의안으로 복음을 지지하지 않는 것이 너무 천박했기 때문이다.

케임브리지에서 열린 세계교회친선연맹 회의를 계기로 "생활과 실천" 협의회 집행 위원회도 회의를 소집했다. "생활과 실천" 협의회도 청년 위원회를 두고 있었다. 이 위원회의 위원장 대리는 독일 개신교 청년 사역의 파수꾼 에리히 슈탕게 Erich Stange 박사였다. 이 회의가 우리의 관심을 끄는 것은 "생활과 실천" 협의회 청년 위원회가 세계교회친선연맹 청년 위원회와 긴밀한 협력을 꾀하여 체계화하기로 결의하고 기어이 그 협력을 성사시켰기 때문이다. 하지만 이 시점에서는 주도권이 세계교회친선연맹에 있었다.

본회퍼는 케임브리지 대회 때문에 1932년을 분주하게 보냈다. 에큐메니칼 청년 사역을 활성화하느라 만남을 끊임없이 가졌던 것이다. 그러다가 교회투쟁에 돌입하면서 어쩔 수 없이 에큐메니칼 간사 직위에서 서서히 멀어졌다. 1931년에 시작하고 1932년에 그토록 애썼지만 에큐메니칼 사상의 성공과 대중화로 이어지지는 않았다. 본회퍼는 케임브리지 대회 이후 6개월이 지난 뒤에 런던에서 열린 위원회 회의 석상에서 아래와 같이 보고했다.

> 케임브리지 대회가 독일에서 거둔 성과는 미미하다. 국수주의적 신학 교수들이 세계교회친선연맹 사역을 방해하기 때문이다.[81]

케임브리지에서 신임 청년 간사들이 1932년도 계획을 함께 협의했다. 그들의 원래 생각은 실업 문제를 실질적으로 조사하는 것 외에 신학 문제도 철저히 파고드는 거였다. 그들은 열악한 외환 사정에도 주눅 들지 않고 일정을 확정하여 필요한 조직 자금을 미리 확보해 둘 생각이었다.

하지만 청년 위원회의 뚜렷한 발전과 조직의 위상 제고가 케임브리지 대회에 참석한 모든 이에게 기쁨을 안겨 준 것은 아니었다. 세계교회친선연맹과 에큐메니칼 협의회의 제네바 사무국 간사들에게 청년 위원회의 활성화는 일이 현저하게 꼬이는 것을 의미했다. 생긴 지 얼마 안 되었지만 간사 한스 쇤펠트Hans Schönfeld의 지도 아래 신학 문제와 신학 프로그램을 책임지고 있던, 에큐메니칼 협의회 연구분과가 조정의 필요를 제기했다. 세계교회친선연맹 청년 간사들이 조정을 허락했을까? 그 자리에서 곧바로 에큐메니칼 협의회 회원 몇 사람과 위원회 위원 몇 사람의 불만이 터져 나왔다. 젊은이들이 회의 주제들을 찬탈하고 제네바 사무국에서 하는 일을 기만했다는 거였다.[82]

그리하여 본회퍼와 제네바 사무국의 관계는 모종의 부담과 함께 시작되었다. 그는 그것을 느끼면서도 대수롭게 여기지 않았다. 그러나 그것은 드러나지 않았다 뿐이지 막후에 무겁게 도사리고 있었다. 그러던 어느 날, 독일 내의 상이한 집단들이 심히 반목하는 진영들로 갈라지면서 그것이 현저한 크기로 분명하게 드러났다. 이 비극적 사태 전개를 역으로 추적해 보건대, 본회퍼는 제네바 사무국들과의 관계를 그다지 돈독하게 유지하지 않았던 것 같다. 아마도 모든 것이 순조롭게 될 것이라고 너무 오래 믿었던 것 같다.

IV. 신학자에서 그리스도인으로

본회퍼는 1944년 테겔 형무소에서 쓴 회상록에서 자신의 생애를 "사실상" 단절 없는 발전으로 평가했다. 하지만 변화도 인정했다.

> 나는 나 자신이 그다지 변한 게 없다고 생각하네. 변한 때가 있다면 첫 외국 나들이로 감동을 받은 시기와, 아버지의 인격에 처음으로 감화된 때였던 것 같네. 당시 일어난 것은 상투적인 것에서 현실적인 것으로의 전환이었네.……우리 둘은 살아오면서 한 번의 단절도 경험한 적이 없네.……물론 우리는 여러 사람과 의식적으로 관계를 끊기도 했네.……전에 나는 그러한 단절을 여러 차례 동경했었네. 하지만 지금은 다르게 생각하네.[83]

본회퍼는 이 편지글에서 디모데전서와 디모데후서에 있는 구절에 의지한다. "내가 전에는 훼방자요, 박해자요, 폭행자였습니다. 그러나 그러한 행동은, 내가 믿지 않을 때에 알지 못하고 한 것이므로, 하나님께서 나에게 자비를 베푸셨습니다", "조상 때부터 그렇게 한 것과 같이, 내가 깨끗한 양심으로 섬기는 하나님께 감사를 드립니다"(딤전 1:13; 딤후 1:3).

본회퍼가 순화하여 말하기는 했지만, "상투적인 것에서 현실적인 것으로의 전환"과 "그러한 단절을 여러 차례 동경했었네"라는 표현은, 정확히 들여다보면, 특정한 시기에 일어난 전환을 표현한 것이라고 할 수 있다. 그 특정한 시기는 그가 대학교, 교회, 에큐메니칼 협의회에서 활동을 시작하던 시기가 아닌가 싶다. 대학생들이 자신들의 대학 강사에게서 관찰할 수 있었던 표면적 징후를 빼면, 후발 연구자는 중대한 변화를 보여주는 남모르는 증언, 곧 본회퍼가 직접 쓴 증언을 거의 찾아내지 못할 것이다.

이 대목에서 우리는 루터의 소위 "탑 체험"과 관련된 난제들을 떠올릴지도 모른다. 루터는 "탑 체험"을 언급만 할 뿐 문서화하여 상세히 언급하거나 직접 명시적으로 이야기한 적이 없다. 루터가 품었던 의문들은 "일상적인 의무를 이행하는 가운데", 곧 비텐베르크 대학교에서 강의하는 가운데 풀렸다.[84] 본회퍼도 자신이 맡은 직책의 일상적 의무들 한가운데에서 자신의 신학적 실존에 대한 새로운 요구들에 실제적이고 그리스도교적인 복종의 걸음으로 응했다.

그 시기에 본회퍼가 그러한 변화를 알리기 위해 직접 진술한 문건은 없다. 그는 결단들을 내리고도 그것들을 진술 대상이나 이야기 대상으로 삼지 않았다. 바로 여기서 그 결단들의 진지함이 여실히 드러난다. 실로, 그는 "소명 체험"을 고대하거나 문서화하는 것을 삼가도록 단단히 주의를 주었다. 그는 1933년 다음과 같은 내용을 메모지에 써서 학생들에게 주었다. "신학 연구의 입구에 있는 것은 소명 체험이 아니라, 신학을 냉정하고 진지하고 책임 있게 공부하겠다는 단호한 결심이다."[85]

1931년 이래로 그를 만난 이는 누구나 그의 폭넓은 지식, 집중적인 연구 에너지, 분석적이고 비판적인 사고력에 깊은 인상을 받았지만, 실천적인 행동 방식으로 가시화된 한결같은 인격적 참여에도 크게 놀랐다. 그를 만난 사람은 누구나 변화의 결과들을 보았지만, 변화 자체를 보지는 못했다. 전부터 그를 잘 알았던 이의 눈에만 변화들이 보였다. 예컨대 1933년 베를린에서 본회퍼를 다시 만난 폴 레만의 눈에 그렇게 보였다.[86] 대학생들 눈에는 늘 한결같아 보였다. 폴 레만이 뉴욕에서 보았을 때와 달리, 본회퍼는 이제 예배 출석을 꼬박꼬박 하는 사람이었다. 전에는 주석과 설교를 위해 성서를 활용하는 사람이었다면, 이제는 성서와 교제하며 성서 말씀을 묵상하는 데 몰두하는 사람이었다. 1932년에 열린 한 기도회에서 그의 학생들은 이 낯선 훈련 방식에 몹시 놀라, 다들 그것을 두고 빈정대는 투의 말을 빠뜨리지 않았다. 그는 고해에 대해 신학적으로 설명하는 것은 물론이고, 실제로도 실행해야 할 의식이라고 말하기도 했다. 그것은 학생들이 교회나 대학 사회에서 들어 본 적이 없는 내용이었다. 종종 그는 복종과 기도 속에서 이루어지는 공동체생활을 넌지시 언급하면서, 개인주의에 매몰된 채 특권을 누리는 목사직이 그러한 공동체생활을 통해 신뢰의 회복을 경험할 수 있다고 말했다. 그러한 공동체생활은 종교개혁 신학이 반대하기는커녕 오히려 뒷받침하는 생활이었다. 본회퍼는 산상수훈을 점점 더 많이 인용했다. 그에게 산상수훈은 거울로 삼으라고 있는 것이 아니라 그대로 살라고 요구하는 말씀이었다. 갑자기 대학생들과 목사들 가운데서 그리스도교 평화주의를 편들기도 했다. 당시 누구도 들어본 적이 없는 내용이었다. 본회퍼의 경건은 학생들에게 지나치게 다그치는 것이 되었을지도 모른다. 그의 경건이 감동적이었던 것은 그것이 신학적 엄밀성과 폭넓은 문화적 소양을 갖추고 있었기 때문이다. 아래의 기억은 1932년에 있었던 한 기도회와 관계가 있다.

> 교회투쟁이 있기 전, 그는 알렉산더 광장에서 우리에게 소박하게 이렇게 말했다. 일찍이 노년의 톨루크Tholuck가 했을 법한 어투였다. "잊지 마십시오. 성서의 모든 단어는 하나님께서 우리에게 인격적으로 보내시는 연애편지랍니다." 그런 다음 우리에게 예수를 사랑하느냐고 물었다.[87]

그러나 이는 그의 친밀한 대학생 동아리 안에서만 이루어진 일이었다. 어쨌든 경건 훈련disciplina pietatis의 세계는 부수적으로만 언급한 것이 아니었다.

본회퍼는 대학생 시절인 1925년 바르트를 발견하고서 처음으로 결정적인 심화를 경험했다. 자신의 신학적 실존의 추론 불가능한 자의식을 발견하고 붙잡은 것이다. 그 자의식이 연구와 목사직에 강력한 자극을 주었다. 어쩌면 본회퍼는 이제 막 일어난 일을 언급했을지도 모른다. 주츠에게 보낸 편지에서 『행위와 존재』를 가리켜 "그동안 이 작품이 내 비위를 상당히 상하게 했다네"라고 말했기 때문이다.[88] 하지만 그 일을 직접 언급한 것은 딱 한 차례뿐이다. 1936년 초, 한 지인에게 보낸 편지에 그 내용이 들어 있다. 그 지인은 그가 한동안 특별한 사이로 지낸 사람이었다. 그는 전기체로 주워 담은 회고 글에서 아래와 같이 말한다.

> 나는 대단히 비(非)그리스도교적인 방식으로 일했습니다. 여러 사람이 내게서 명예심을 보았고 그 명예심이 내 삶을 힘겹게 했지요.……그러고 나서 오늘에

이르기까지 내 삶을 변화시키고 당혹시킨 무언가가 다가왔습니다. 나는 난생 처음 성서로 다가갔습니다.……여러 차례 설교했고, 교회가 지닌 수많은 문제를 보았고, 거기에 대해 이야기도 하고 글로 쓰기도 했지만, 아직 그리스도인이 되지 못한 상태였습니다.……나는 당시에 내가 예수 그리스도의 대의들로 나 자신의 이익을 챙겼다는 걸 잘 알고 있습니다. 지금은 그런 일이 다시는 일어나지 않게 해달라고 하나님께 기도하고 있습니다. 전에는 기도를 전혀 하지 않거나, 하더라도 아주 조금만 했지요. 고독했지만 혼자 있는 게 좋았습니다. 그때 성서가, 특히 산상수훈이 나를 자유롭게 했습니다. 그때 이후 모든 게 달라졌습니다. 나는 그것을 분명하게 느꼈고, 주위 사람들도 그것을 느꼈습니다. 그것은 엄청난 해방이었습니다. 예수 그리스도를 섬기는 사람의 삶은 교회에 속해 있어야 한다는 게 분명한 사실로 다가왔고, 차츰 뚜렷해졌습니다. 아무리 갈 길이 멀어도 예수 그리스도를 섬기는 사람의 삶은 교회에 속해 있어야 합니다.

그러고 나서 1933년에 곤경이 찾아왔습니다. 그러면 그럴수록 생각은 더욱 굳어졌습니다. 나는 함께 그 목표를 공유할 사람들을 얻었습니다. 나는 교회를 개혁하고 목사직을 쇄신하는 일에 모든 것을 바쳤습니다.……전에 내가 격렬히 반대했던—게르하르트 야코비Gerhard Jacobi도 그 자리에 있었습니다—그리스도교 평화주의가 갑자기 자명한 원리로 내게 다가와 차츰차츰 지평을 넓혀 가더군요. 나는 더 이상 다른 것을 거들떠보거나 생각하지 않았습니다.……나는 나의 소명을 분명히 압니다. 하나님께서 나의 소명을 가지고 무슨 일을 하실 것인지는 모르겠습니다.……나는 그 길을 따르지 않을 수 없습니다. 그리 먼 길은 아닐 것 같습니다. 우리는 이따금 그리되기를 바랍니다(빌 1:23). 그러나 내가 이 소명을 깨달은 것은 잘한 일입니다.……이 소명이 얼마나 고귀한지는 장차 다가올 시간과 사건들 속에서 분명히 드러날 것입니다. 우리가 견딜 수 있다면 말입니다![89]

1935년 1월, 그는 맏형 칼-프리드리히에게 보낸 편지에서 이보다 훨씬 조심스럽게, 그러면서도 온전한 진실은 감춘 채 아래와 같이 말했다.

어쩌면 형님이 보기에는 내가 몇몇 일에 미친 듯이 달려드는 사람처럼 보일지도 모르겠습니다. 나도 이따금 그 점이 두렵습니다. 하지만 내가 더 합리적인 사람이 되는 날에는, 솔직히 말해서 나의 신학 전체를 포기하지 않으면 안 될 거라는 걸 알고 있습니다. 신학에 첫발을 들여놓던 때에는 생각이 전혀 달랐습니다. 훨씬 학술적이었던 것 같습니다. 이제는 생각이 전혀 다르게 바뀌었습니다. 이제까지의 생에서 난생 처음 바른 길에 서게 되었다고 생각합니다. 종종 그 점을 떠올릴 때면 행복감이 밀려옵니다.……내가 산상수훈을 진지하게 받아들이기 시작할 때 비로소 내면이 깨끗해지고 반듯해지리라는 걸 잘 알고 있습니다. 바로 여기에 온갖 마법과 유령을 한꺼번에 허공으로 흩어 버릴 유일한 힘의 원천이 자리하고 있습니다.……나는 형님이 사실상 나의 이 모든 생각을 완전히 미친 것으로 여길 거라고 생각하지 않습니다. 타협 없이 옹호해야 할 만큼 가치 있는 것이 있습니다. 그것은 평화, 사회 정의, 그리고 그리스도인 것 같습니다.[90]

자형 뤼디거 슐라이허는 "정통주의자"가 된 디트리히와 달리 아돌프 폰 하르낙과 나우만의 사상에 가까운 사람이었다. 본회퍼는 1936년 4월에 그에게 보낸 편지에서 아래와 같이 말했다.

내가 하나님의 이 낯선 말씀인 성시를 포기하기는커녕 "여기서 하나님이 우리에게 말씀하려고 하시는 게 무엇이지?" 하고 온 힘을 다해 묻고 있다면, 자형은 그것을 이해할 수 있는지요? 성서 이외의 장소는 내게 너무나 불확실한 곳이 되었습니다. 성서 이외의 장소에서 신적인 유령과 마주칠까 염려되는군요.……상당히 개인적인 경험을 말씀드리고 싶군요. 그때 이후로 나는 성서를 그런 식으로 읽는 법을 익혔습니다. 그렇게 한 지 그리 오래되지 않았음에도 성서가 날마다 점점 더 경이롭게 다가오더군요.……그러나 여러 신학의 숲길에서 이 원시적인 것으로 돌아올 때 그 기쁨이 어떠할지 자형은 상상도 못할 것입니다.[91]

이 세 증언, 곧 직접 증언 한 편과 간접 증언 두 편은 "신학자는 그리스도인이

기도 하다"는 마음자세를 얻기 위한 고투가 마무리되고 그 열매들이 무르익던 시기에 터져 나온 것들이다. 그것들은 날짜까지 분명하게 달고 있다. 그러나 참여에 대한 확신과 기쁨은 더 오랜 기간의 고투 속에서 생겨났을 것이다. 내가 이렇게 말하는 첫 번째 이유는, 그가 뉴욕에서 어린 시절의 그루네발트 친구들 중 한 명에게 보낸 편지에서 자신의 철학과 신학을 변화시킨 "새로운 통찰들"에 대해 말하기 때문이다. 두 번째 이유는 김나지움 최상급반을 무대로 한 소명 의식 폭로와 죽음 동경에 대한 자학적이고 내밀한 스케치가 1932년 하반기에 나온 것 같기 때문이다.[92] 이 시기는 그가 "창조와 죄"라는 강의에서 누구도 알 수 없고 알아서도 안 되는 "태초"에 대해 집중적으로 연구하고 강의하던 시기였다.

본회퍼는 이 생각들의 전기적 배경을 학생들에게 한 번도 암시하지 않았다. 그의 대학생들은 그가 의식한 전환 시점에 대해 한마디도 듣지 못했다. 그는 경건한 체하는 자의 의도적인 회심 이야기를 끊임없이 밀쳐 냈다. 그러나 무르익은 결단, 장차 미래를 짊어질 결단, 말년에 짊어질 책임, 곧 세상에 대한 새로운 책임은 회피하지 않았다.

V. 대학교

본회퍼의 베를린 대학교 소속은 이중으로 정해졌다. 먼저, 그는 1930년에 강의와 세미나를 실시할 수 있는 교수 자격venia legendi을 얻었다. 강의 주제, 횟수, 범위를 마음대로 정할 수 있었고, 제때 알리고 강의를 위한 공간을 청구하기만 하면 되었다. 물론 어두운 면도 있었다. 고정급을 받지 못하는 대학 강사였고, 그의 강의에 관심을 가진 대학생들, 그에게 수강하는 대학생들의 얼마 안 되는 수강료에 의지했기 때문이다.

둘째, 본회퍼는 뤼트게르트의 제안 덕분에 조직신학 세미나 수습 조교 자리를 넘겨받았다. 아르놀트 슈톨첸부르크가 물러나 공석이 된 자리로서, 공무원의 지위를 보장하지는 않았다. 물론 본회퍼는 그런 지위에 관심을 보이지 않았다. 하지만 그 자리는 그에게—당시의 긴급 조치 조항 때문에 삭감된 것이기는 하지만—다달이 214라이히스마르크의 수입을 보장하는 든든한 계약직이었다(DBW 11:55 Anm. 3 참조). 1931년 8월 1일로 소급된 그 계약은 1932년 초에 만료되었고, 소급된 기간의 급료를 포함한 전액이 한꺼번에 지급되었다. 그는 그 돈으로 비젠탈에 있는 가건물을 구입했다. 널빤지와 타르지로 이루어진 건물이었다(DBW 11:80f. 참조). 우리는 이 건물에 대해 더 듣게 될 것이다. 이 조교 자리는 그에게 별도의 일을 요구하지 않았다. 정교수인 뤼트게르트가 본회퍼에게 자기를 계발할 일체의 여유를 준 것이다.

본회퍼 동아리

대학 강사로 출발하기에는 1931년의 여건이 불리하지 않았다. 베를린 대학교는 신학 연구의 전반적인 "붐"에 크게 일조했다. 당시 신학부의 신학생 수는 1,000여 명에 달했다. 대형 강의실과 세미나실마다 신학생들로 넘쳐 났다. 로마노 과르디니Romano Guardini 같은 인사들이 노련한 강의로 다수의 마음을 끌기는 했지만, 초보자 본회퍼의 몫으로도 어느 정도의 신학생들이 남아 있었다. 강의가 너무 지루해서 실격 판정만 받지 않으면 되었다. 신출내기 강사의 능력과 비범함에 감동받은 소수의 충성스러운 신학생들이 서서히 드러났다. 그는 신학생들의 의욕과 갈망을 성실히 마주했다. 베를린 대학교의 세련되고 엄밀한 신학을 마주할 때는 물론이고 조야한 정치 선전을 마주할 때에도 적절히 반응할 줄도 모르고, 부담을 느낄 줄도 모르던 이들이었다. 그들은 지적인 부담을 더 많이 받았다. 본회퍼는 주츠에게 보낸 편지에서 이런저런 신학생들을 잇달아 초대하곤 하던 어느 저녁 모임에 대해 이렇게 말했다. "미리 말하건대, 대학 강사들보다는 신학생들이 신학에 더 많은 관심을 기울이고 있네."[93]

당시는 이미 상당수의 신학생들이 히틀러 정당에 기운 상태였다. 그들 가운데 『공격』(나치스 기관지—옮긴이)*Angriff*의 독자가 『포시셰 차이퉁』 독자보다 훨씬 많았다. 1930년 말 『그리스도교 세계』가 한 대학교에 대해 보도한 대로, "거의 모든 신학생이 나치스 당원이었으며……개신교 신학자의 90퍼센트가 NSDAP 배지를 달고 강의실에 나타나곤 했다." 신학원에서도 이런 탄식이 흘러나왔다. "설교자 후보생들 가운데…… 히틀러 추종자가 절반 이상에 달한다."[94] 베를린 대학교는 아직 그 정도는 아니었지만, 벌써 정치적 분열이 영향을 미치기 시작하고 있었다.

서서히 다가오는 폭풍우 앞에 홀로 선 본회퍼는, 이 시기에 새로운 자석에 더 이상 강하게 반응하지 않는 신학생들의 관심을 끌지 않으면 안 되었다. 본회퍼는 베를린 대학교 신학부에서 2년간 활동하면서 상당한 규모의 청취자층과 단골 세미나 수강생 무리에게 서서히 다가갔다. 강단 위의 젊디젊은 강사가 작은 화젯거리가 되고, 그 소문이 두루 퍼졌다. 지적이고 인격적인 요구들을 통해 제자 동아리의 경계가 저절로 정해졌다. 본회퍼 근처에는 독일그리스도인연맹 소속 대학생들이 얼씬도 하지 않았다. 아마도 그러한 대학생들은 처음부터 나치스와 정치적으로 한패가 될 생각이었을 것이다.

1932년에 세미나, 한가한 저녁 모임, 근거리 소풍을 자주 주최하면서 대학생들로 이루어진 "본회퍼 동아리"가 형성되었다. 이 동아리에서 교회투쟁의 동지들과 핑켄발데 형제의 집 공동 지지자들이 배출되었다. 그들의 이름은 다음과 같다. 요아힘 카니츠Joachim Kanitz, 알브레히트 쇤헤르Albrecht Schönherr, 빈프리트 메흘러Winfried Maechler, 오토 두추스Otto Dudzus, 위르겐 빈터하거Jürgen Winterhager, 볼프-디터 침머만Wolf-Dieter Zimmermann, 헤르베르트 옐레Herbert Jehle, 크리스토프 하르하우젠Christoph Harhausen, 루돌프 퀸Rudolf Kühn, 라인하르트 뤼테니크Reinhard Rütenik, 잉게 카르딩Inge Karding, 헬가 침머만Helga Zimmermann, 클라우스 블로크Klaus Block, 한스-헤르베르트 크람Hans-Herbert Kramm. 이들은 모두 야권 성향의 베를린-브란덴부르크 청년 신학자 형제단을 결성하는 데 결정적으로 일조했다. 1932년에는 다들 감자와 밀가루와 채소를 손수레에 싣고 슈테틴 역으로 가곤 했다. 변두리에서 주말을 함께 보내기 위해서였다. 처음에는 프레벨로브 유스 호스텔에서, 나중에는 비젠탈 가건물에서 주말을 보냈다. 그럴 때면 다들 신학에 몰두하고, 주저하면서 영적 훈련에 잠기고, 산책도 하고, 본회퍼의 흑인 영가 음반도 들었다. 형제애를 기반으로 한 결속, 규율 있는 영성생활을 위한 자기 의무, 빈민구호소 봉사 여부를 놓고 처음으로 이야기를 나눴다. 하지만 아직은 조직적 실행과는 거리가 먼 상태였다. 모든 것이 아주 느슨한 기초 위에 서 있었다. 본회퍼는 억지로 시키는 법이 없었다. 하지만

1932년, 베를린 외곽 비젠탈의 주말 오두막 앞에서.

장차 핑켄발데에서 형태를 갖추고 『신도의 공동생활』(DBW 5)이라는 소책자로 나오게 될 무언가가 여기에서 조심스럽게 시작되고 있었다.

이 집단에서 DCSV와의 관계가 시작되고, 본회퍼가 대학교 예배를 통해 더 넓은 대학생 동아리에 알려지게 되었다. 그는 베를린 DCSV에 초청받아 강연과 성서 강해를 하는 일이 잦았다. DCSV 간사 마르틴 피셔Martin Fischer의 요청을 받아 마가복음을 토대로 성서공부를 자주 주도했고 토론회도 여러 차례 열었다. 위르겐 빈터하거가 DCSV 저녁 모임에 대해 기록한 필기 노트가 남아 있는데, 그 당시 본회퍼가 파뇌 평화연설의 의미와 『나를 따르라』의 개념들을 가지고 대학생들과 얼마나 강렬한 대화를 나눴는지를 여실히 보여준다. "그리스도와 평화"라는 제목으로 나눈 대화였다. 그 필기 노트에 따르면, 본회퍼는 제네바 군축 회의의 실패에서 시작하여[95] 마태복음 22:37-38을 근거로 대화를 전개하여 당시의 청중에게 강렬한 충격을 주었다고 한다. 노트에 기록된 네 가지 논제는 아래와 같다(DBW 17:116-120 참조).

우리는 신약성서의 중심점에서 출발하여, 이 문제를 가장 중요하고 가장 큰 계명 아래 놓아야 한다. 우리는 세속 정부의 발언 하나하나를 신약성서의 전체 문맥과 연관 지어 따져보아야 하며, 그리스도께서 선포한 하나님 나라는 온 세상이 거스르는 나라, 세속 정부와 적대관계에 있는 나라라고 오해해서는 안 된다.

제1논제. 그리스도는 우리의 안정을 위해 상황을 변화시키시는 분이 아니다. 더구나 우리가 그렇게 할 수 있는 것도 아니다. 제자도는 우직한 신앙을 전적으로 지지하고, 신앙은 제자도 안에서만 참될 수 있다. 신자들은 부름을 받지만, 세상은 그리스도의 평화 증언 때문에 심판을 받는다. 신앙은 우직해야 한다. 그렇지 않으면 신앙은 복종을 일으키지 못하고 반성만 일으킬 뿐이다. 안전이 보장된 평화는 존재하지 않는다. 그리스도는 신앙을 바탕으로 해서만 평화를 시도하신다. 인간끼리 직접 친목을 도모하는 일은 있을 수 없다. 적에게 접근하면서 모든 민족의 주님께 기도하는 길만이 있을 뿐이다.

제2논제. 율법과 복음의 관계에 대한 오해, 즉 인간의 일상적이고 현세적인 생활을 건드리지 못하는 죄 용서와 율법의 관계에 대한 오해. 지금도 인간은 죄인이라고 한다. 하지만 인간은 더 이상 죄의 속박을 받지 않는다. 은혜를 목표로 죄를 범하는 우리가 어찌 죄의 용서와 하나님께 바치는 기도를 진지하게 대하겠는가? 우리는 은혜를 싸구려로 만들고, 십자가를 통한 죄인의 칭의와, 죄를 옹호한 적이 없는 주님의 부르짖음을 쉽게 잊는다. "살인하지 마라", "원수를 사랑하라." 이 명령은 우직하게 복종하는 이에게 주신 계명이다. 모든 군복무, 모든 전쟁 준비는 그리스도인에게 금지된 사항이다. 율법을 자의적으로 처리하여 율법에서 벗어나려고 하는 신앙은 인간을 위한 신앙이자 하나님을 무시하는 신앙일 뿐이다. 우직한 복종은 선악을 알지 못하고 제자도 안에서 저절로 이해된 일을 할 뿐이다.

제3논제. 우리가 먼저 형제 및 이웃과 화목하게 지내지 않으면 민족들에게 평화를 선포할 수 없다. 민족이 하나님의 계명을 귀담아들으려 하지 않을 때, 그리스도인들은 민족에게 평화의 증인이 되어야 한다. 그러나 다음 사실에도 주의해야 한다. 말하자면 죄인인 우리가 평화를 선포하는 것은 사랑으로 하는 것이지 안전과 정치적 목적을 위한 열정으로 하는 것이 아니라는 것이다.

제4논제. 참 평화는 하나님 안에 있으며 하나님으로부터만 온다. 평화는 복음과 떼려야 뗄 수 없는 관계다. 때문에 종교적 세계관들과 화해하는 것은 평화가 아니다. 죄인에게는 용서가 중요하다. 하지만 죄 및 잘못된 교의와 화해하는 것은 있을 수 없는 일이다. 고난 속에서 순화된 신앙과 사랑만이 무기이다. 하나님과 그분의 계명을 먼저 구하는 참 사랑은 피로 더러워진 우리의 영혼보다는 무방비 상태로 죽은 형제를 더 좋아한다. 사랑은 그리스도인에게 절대로 검을 겨누지 않는다. 그리스도인에게 검을 겨누는 것은 그리스도에게 검을 겨누는 것이기 때문이다. "하나님께서 그러한 것을 우리에게 명령하시겠느냐?"는 질문은 뱀의 질문이다.

이 자리에서 그 필기 노트를 요약하여 제시한 까닭은 그것이 다음의 사실을 입증하기 때문이다. 말하자면 본회퍼의 『나를 따르라』와 『신도의 공동생활』이 1933년의 상황을 돌파하며 집중한 결과를 제시한 게 아니라는 것이다. 『나를 따르라』는 본회퍼가 정치 변혁에 앞서 오랫동안 독자적으로 걸어온 길에서 태어난 작품이다. 그 내용은 그가 신조어 하나하나에 이르기까지 그의 대학생 동아리에서 언급한 것이었다.

하지만 중요한 것은 열광적인 슬로건의 유포가 아니라, 믿음과 복종의 공동 모험을 모색하는 거였다. 이례적인 일을 혼자 감행하기를 대체로 꺼린다는 터무니없는 소문이 자신의 구체적인 걸음에 따라붙은 뒤에야 그는 공적인 설교, 강의, 강연에서 그렇게 노골적으로 말할 마음을 먹은 것 같다.[96] 외국에서 에큐메니칼 인사들과 만날 때 그는 처음부터 끝까지 솔직한 사람이었다. 거기에서는 다른 전통 출신의 형제들이 비슷한 물음들을 품고 그를 맞이하곤 했다. 그는 빌헬름 슈텔린이 1932년 4월에 열린 베를린 중앙회의에서 "확실히 우유부단한 평화주의의 이념"이라고 비난했을 때에는 에둘러 답변했지만,[97] 체르노호르스케 쿠펠레에서는 아래와 같이 분명하게 말했다.

> "우리는 평화주의라는 단어를 두려워하지 않을 것입니다." 다음 전쟁은 "한 계명—제5계명(한국 개신교에서는 제5계명이 "네 부모를 공경하라"이지만, 독일에서는 제5계명이 "살인하지 말라"다—옮긴이)—을 다른 계명보다 더 장려"하기 위해 금지되는 것이 아니라, "오늘 우리에게 적합한 하나님의 계명, 즉 계시를 보지 못하게 하는 전쟁이 더 이상 있어서는 안 된다는 계명에 복종"하기 때문에 금지되어야 합니다.[98]

DCSV도 본회퍼를 초청하여 대규모의 청중 앞에서 연설하게 했다. 1932년 속죄의 날 주간에는 고등학교 교장 요하네스 퀴네Johannes Kühne가 그를 초청하여 베를린-포츠담 호프바우어 재단에서 예술가들 및 문인들과 나란히 강연하게 했다. 본회퍼는 '당신의 나라가 오게 하소서'라는 제목으로 강연했다.[99] 이 강연은 앞서 말한 네 가지 논제의 입장이 완벽지향적인 경건의 게토(고립 상태)를 지향한 것이 아니라, 바로 이 세상에 대한 논박임을 보여준다. 그는 "세상 뒤로 물러나" 자족하는 교회를 거침없이 논박한다. 복음의 보편적이고 현세적인 요구가 이전보다 훨씬 강력하게 그의 신학 속에 등장한다.

거칠 것 없는 대학생들은 신학부의 고도로 전문화된 붙박이 스승들 다수보다는 본회퍼의 신학 방법에 본능적으로 더 쉽게 적응했다. 붙박이 스승들은 모종의 긴장과 불신을 품고서 자기 신학부의 새싹이자 문하생인 본회퍼가 얼마나 잘나가는지 예의주시했다. 본회퍼는 친구 주츠에게 보내는 편지에서 동료 교수진의 첫인상을 이렇게 묘사했다. "이곳 사람들은 내 신학의 혈통을 서서히 의심하고 있네. 가슴 속에 뱀 한 마리를 품어 기르고 있다고 생각하는 것 같네."[100] 그는 동료 교수들의 신학 전제들을 문제 삼는 것은 물론이고, 전혀 다른 태도를 추구하는 것처럼 보였다. 그의 학생들은 거동이 부자연스럽고 관념적인 교수보다 그를 더 돋보이게 하는 본질적인 무언가를 곧바로 알아보았다.

그 자신도 따돌림을 어느 정도 느꼈지만, 그것을 곧바로 없애려 하지는 않았다. 그는 스위스 베르클리를 방문하고 나서 예전에 바르트의 집에서 보낸 여름날을 "신학 노숙자의 피난처"로 묘사했다. "나는 이곳 북쪽의 차가운 고독 속에서 애수에 젖어 그때를 회상하고 있네."[101]

본회퍼는 대학교에서 2년간 가르치면서 학기마다 새로운 강의 원고들과 세미나 원고들을 작성했지만, 독백 투의 강의를 짐스럽게 여겼다. 그는 스터디 그룹과 세미나를 좋아한 반면, 학생들은 그 반대를 좋아했다. 그는 무언가를 반복하는 것을 달가워하지 않고, 신선한 개념들을 끊임없이 추구했다. 하지만 자신이 즐겨 포착하고 진술하려고 한 주제에서 멀리 벗어났다고 느낄 때면, 자신이 확정한 해답들에 회의를 표하기도 했다. 그는 미지의 세계로 깊이 들어가면 들어갈수록 정정과 대화를 갈망했다.

본회퍼의 강의 자료들과 세미나 원고들은 몽땅 망실된 것 같다.[101a] 1932-1933년 겨울학기에 "창조와 죄"라는 제목으로 강의한 원고만 현존한다(DBW 3). 본회퍼가 학생들의 성화에 못 이겨 그것을 인쇄할 뜻을 내비쳤기 때문이다.

본회퍼가 그 두 해 동안 무엇에 몰두했는지를 전반적으로 알려면, 드문드문 남아 있는 간접적인 자료들, 곧 대학생들이 작성한 필기 노트들에 의지해야 한다. 그들의 스케치에 의지해서만 본회퍼에게 신학적으로 깊은 인상을 준 이 시기의 대략적인 그림을 얻을 수 있다.

강의 목록에서 본회퍼는 "20세기 조직신학의 역사"라는 주제로 자신을 조심스럽게 소개했다(DBW 11:139-213). 내용은 도발적이지 않고, 특별히 수준 높은 것도 아니었다. 강의는 신학 지형도 위에 자신의 현 위치를 견고하게 스케치하려고 시도했다. 신학사의 중요한 전환기에 이르렀다는 자기 평가가 강의 전체의 요점이었다. 그는 팽팽한 긴장을 유지하면서 자료를 제시했다.

본회퍼는 이 첫 번째 현 위치 측정을 토대로 다음 학기 내내 문제 많은 구역들, 곧 교회론, 윤리학, "신학적" 성서 해석, 그리스도론을 공략했다. 그가 대학교에서 활동하면서 여러 학기에 걸쳐 강의한 주제들은 다음과 같다.

1931-1932년 겨울학기: "20세기 조직신학의 역사"(강의), "철학의 이념과 프로테스탄트 신학"(세미나).

1932년 여름학기: "교회의 본질"(강의)(DBW 11:293-303), "그리스도교 윤리는 존재하는가?"(세미나)(DBW 11:303-313).

1932-1933년 겨울학기: "창조와 죄. 창세기 1-3장의 신학적 주석"(강의)(DBW 3), "최근 신학. 조직신학 신간 서적 비평"(강의)(DBW 12:153-178), "교의학 훈련: 신학적 인간학의 문제"(세미나)(DBW 12:178-199).

1933년 여름학기: "그리스도론"(강의)(DBW 12:279-348), "교의학 훈련: 헤겔의 종교철학"(세미나)(IBF 8 참조).

1933-1934년 겨울학기: "신앙과 말씀"(강의), "최근 신학"(강의), "교의학 훈련"(세미나).

1931-1932년 겨울학기: 현 위치 측정

애석하게도 "20세기 조직신학의 역사" 강의 첫 시간들에 대해 글로 기록한 필기 노트는 현존하지 않는다.[102] 본회퍼는 조직신학 탐사를 인식론적으로 시작하지 않고, 현대 세계의 정신사를 스케치하는 것으로 시작했다. 필기 노트에 기록된 짤막한 표현들로 알 수 있듯이, 본회퍼는 비판적인 사랑을 담아 자기의 출처를 다음과 같이 묘사한다. 아버지는 마음이 열려 있는 시민계급 출신, 어머니는 궁정교회 환경에서 태어남, 레오폴트 폰 칼크로이트의 경험적인 조형예술. 한 세계가 가라앉고 있다. 부모가 그랬듯이, 그도 그 세계를 진심으로 사랑한다. 그는 1944년 감방에서 그 세계를 또 한 번 편들게 된다.

그는 강의에서 에른스트 트뢸치와 프리드리히 나우만에 대한 대단한 관심을 드러낸다. 이들은 본회퍼가 바르트를 접하기 전에 알게 된 사람들이다. 불트만과 하이데거는 가장자리에 머문다. 본회퍼는 자신이 칼 바르트를 통해 엄청난 방향 전환을 하게 되었다고 밝힌다. 그러나 이제 철저하게 갱신된 교회론의 지속적인 자극이 신학의 자기 이해와 윤리에 미치기를 고대한다.

불트만과 하이데거는 세미나에서 더 강력한 효과를 발휘한 것 같다. 유감스럽게도 세미나 내용을 담은 필기 노트는 존재하지 않는다. 주제와 본회퍼가 손수 쓴 메모용 쪽지만 존재한다.[103] 그 밖의 것은 추측에 맡긴다. 주제는 다음과 같다. "철학의 이념과 프로테스탄트 신학." 쪽지에는 하이데거와 에버하르트 그리제바흐에 대한 메모가 담겨 있다. 아마도 세미나는 『행위와 존재』와 교수 취임 강연의 논제들을 화제로 삼고, 철학과 신학의 관계도 더 면밀히 논구했을 것이다.

그 밖에 우리가 아는 것은 본회퍼가 이 세미나를 강의보다 더 높이 평가했다는 것이다. "세미나는……정말로 대단하고 재미있었네. 바르트와 고가르텐의 머슴 두 명을 얻었네. 대단히 활기찬 사람들이라네."[104]

1932년 여름학기: 신학과 윤리의 근원인 교회

"교회의 본질"[105]

본회퍼는 신학의 현 위치를 측정하고 나서, 전에 시작한 적이 있는 주제로 독자적인 강의안을 제시했다. 그 주제는 교회였다. 그는 두 시간 동안 고지하고, 못 말리는 늦잠꾸러기이면서도 아침 여덟 시에 강의를 강행했다. 대형 강의실이 꽉 찼다. 다들 결정적이고 구체적인 것을 기대했다.

선행 강의에서 말한 "전환"과 더불어 변화된 자기 이해와 새로운 삶을 야기하는 교회의 본질은 무엇이었는가? 교회론과 그리스도론은 서로 어떤 관계였는가?

그리스도론은 교회론을 살렸을까, 아니면 교회론을 파괴했을까? 본회퍼가 구체성과 자신의 확신을 갈망하면서 많이 의지한 것은 교회론이었다. 『성도의 교제』에서 따온 다음의 글귀는 오래전부터 그에게 하나의 명제 그 이상이었다. "그리스도만 인간에게 선물donum이자 모범exemplum인 것이 아니다. 한 사람도 다른 사람에게 그러하다."[106] 그럼에도 불구하고 본회퍼는 교회론이 그리스도론으로 인해 몰려날까 봐 평생 동안 불안해했다. 그는 에르빈 주츠에게 이렇게 편지했다. "나는 교회의 본질을 강의하느라 애를 많이 쓰고 있다네."[107] 어찌해야 교회의 권위를 확실히 말할 수 있는가?[108] 어찌해야 성역이 아니라 대지(大地), 곧 온 세상이 교회의 활동 영역이 될 수 있는가?[109] 교회의 권한은 어떻게 규정되는가? "어느 정도의 확신을 가지고 구원과 율법을 선포할 수 있는가? 교권(教權)의 해석 문제도 여기에 속한다."[110]

수강생들은 그의 강의에 매료되었다. 놀랍게도 조직신학자가 각각의 주제를 다루면서 실천신학을 깊이 다룬 까닭이다. 교회의 최근 과거를 알기 쉽게 풀이하는 것처럼 보였다. 그는 신학의 면밀한 추론을 미래 목회 분야 및 교회 정치 분야에서 있을 수 있는 결론들과 매끄럽게 연결했다. 오늘날처럼 모든 것에 우선하는 "교회"의 지위에 맞서 격렬히 저항하는 시대에, 1932년 교회를 신학과 윤리의 근원으로 표현한 이 명제들이 얼마나 전위적으로 여겨졌을지는 상상하기 어렵다.

본회퍼는 예전에 강조한 그리스도와 교회의 일치("공동체로서 존재하는 그리스도")(DBW 11:285) 외에 그 반대도 별도로 정식화했다. 이 "교회"에서 언제나 중요한 것은 이곳—이 강의에서는 구(舊)프로이센 개신교연맹—의 현실 교회라는 발언은 학생들에게 잊히지 않을 만큼 깊이 각인되었다. 낯설기는 했지만, 교회에 대한 집중은 이미 "세상을 위한 교회"의 단초들도 담고 있었다. 본회퍼는 "중보기도의 경계는 공동체의 중보기도가 미치는 곳까지 넓어진다"(DBW 11:294)처럼 의아한 표현을 계속해서 제시했다. 그는 "비밀훈육"Arkandisziplin(DBW 11:285)과 "세상성"Weltlichkeit(DBW 11:298)을 개별적인 표현 하나하나에 이르기까지 세세히 알려 주기도 했다. 다음과 같은 표현보다 현대적인 표현은 없을 것이다. 예수의 종교 공동체는 그 설립자와 함께 죽었으며, "그분은 교회의 설립자가 아니라 교회의 기초이시다"(DBW 11:271).

본회퍼는 강의의 마지막 몇 장에 걸쳐 하나님 나라의 경계와 국가의 경계를 고찰한 다음(DBW 11:301-303), 겨울에 발표한 두 논문에서 그 경계들의 현실성을 더 첨예하게 대립시켰다. 두 논문은 「당신의 나라가 오게 하소서」와 「교회란 무엇인가?」였다. 그는 프리츠 죌만Fritz Söhlmann의 『전진』*Vormarsch*에 기고한 논문 「교회란 무엇인가?」에서 그 경계들을 더 간결하게 정식화한다.[111] 이를테면 부활, 고해의 기적, 형제단의 기적이 죽음과 고독과 "목마름"이라는 세 가지 세력을 꺾는다는 것이다. 그는 이 세력들이 교회에서 극복되고, 국가에서는 억제된다고 말한다.

"그리스도교 윤리는 존재하는가?"[112]

본회퍼는 1932년 여름학기 세미나 주제를 더 중요하게 여겼던 것 같다. 바르셀로나에서 강연한 이래로 윤리에 대한 생각이 바뀐 상태였다. 그는 이 목적을 위해 바르트에게 계몽적인 말을 듣고 싶어 했다. 에큐메니칼 단체들이 사회윤리 성명에 그의 협력을 요구했고, "창조 질서" 신학의 광신적 주장을 마주하여 이 성명에 근거 있는 입장을 담아야 했으며, 그도 이 성명에서 산상수훈의 계명에 대한 복종 문제를 더 정확히 들여다보고 싶었던 것이다.

짤막한 표현들이 불충분하게 남아 있기는 하지만, 어쨌든 주제들은 본회퍼가 이 시기에 쓴 서간과 에큐메니칼 기고문들에서 우리가 발견하는 것이 사실임을 입증해 준다. "창조 질서"라는 개념이 잘못 이해되어 남용되는 것을 막는 공식으로서 "유지 질서"Erhaltungsordnungen(DBW 11:312)라는 개념이 1932년을 지배한다. 이제 그는 바르셀로나에서 윤리를 언급하던 때와 달리 종말론을 계명에 대한 가르침의 주된 요소로 삼는다. 이를테면 교회가 자신의 설교 속에서 구체적으로 명령해야 한다는 것이다. 그가 체르노호르스케 쿠펠레와 글랑에서 열정적으로 설파한 것도 그 내용이었고,[113] 1932년 부활절 후 여섯 번째 주일에 설교한 것도 그런 내용이었다.[114] 그렇게 명령할 권한—평화를 실제적으로 명령할 권한—은 모험 자체에 깃들므로, 그 권한을 기다리기만 해서는 안 된다는 것이다.[115]

1932-1933년 겨울학기: 문학 전선

"창조와 타락" 본회퍼는 여름학기 세미나에서 양심의 문제를 거론하고, "창조 질서"를 둘러싼 국수주의 진영의 소란에 맞서 경계를 설정한 다음, 창세기 1-3장을 마주했다. 당시 그는 창세기—그는 창세기를 거침없이 "설화"로 불렀다—를 짤막하게 해석해 놓은 상태였다. 이제 그는 두 시간짜리 강의를 반으로 쪼개어 한 시간 동안 "창조와 죄. 창세기 1-3장에 대한 신학적 주석" 내지 "최근 신학"을 읽곤 했다.

창조론은 이제껏 본회퍼의 문서에서 아무 역할도 못한 상태였다. 『행위와 존재』에서는 부수적으로만 언급했다. 하지만 이는 다가올 위기를 겨냥한 언급이기도 했다. "신학 안에는 그리스도와 동떨어진 범주들, 본질적으로 창조에 적합한 존재론적 범주들이 존재하지 않는다."[116] 하지만 그사이에 논쟁이 벌어졌다. 창조 질서를 옹호하는 신학적 논증은 찬송가에 가까웠고, "귄터 덴 사건"에서 볼 수 있듯이, 창조 질서 반대자들에 대한 파문 위협이라는 폭력적 형태를 띠기까지 했다. 다가올 논쟁들에 대비하는 것이 필요했다.

게다가 본회퍼는 자신이 오랫동안 씨름해 온 주제인 양심과 반성은 물론이고 새 주제인 계명까지 이 고전적인 텍스트를 토대로 예증하지 않으면 안 되었다. 이미 암시한 대로, "한 처음"(태초)의 문제도 상당히 개인적인 배경을 가지고 있었다. 1940년에 시편 119편을 놓고 작성한 묵상 글에서 본회퍼의 마음을 움직인 것도 그 문제였다.[117]

본회퍼는 자신의 행위를 "신학적 주석"이라 명명했다. 겸손하면서도 품위 있는 명명이었다. 미래 구약성서학자의 전문 분야를 침해하여 구약성서의 역사적 연구와 언어학적 연구를 바로잡으려 한 게 아니었다. 창세기도 교회의 성서에 속해 있는 까닭에 교회를 전제로 그 텍스트의 말씀을 엿듣고 싶었을 뿐이다. "그 해석 방법은……(언어학적 연구 방법과 역사적 연구 방법을 통해 찾아낼 수 있는) 텍스트로부터 이 전제로 끊임없이 되돌아오는 것이다. 이것이 신학적 주석 방법의 객관성이다."[118] 그는 바르트적 "전환"을 경험하고 나서, **현존하시는 그리스도**Christus praesens의 말씀을 경청하는 가운데 성서 **전체**를 교회의 책으로 해석한 것 같다. 그는 바르트

1932년, 프레벨로브에서 베를린 대학교 학생들과 함께 휴가를 즐기며.
왼쪽에서 두 번째가 후일 동독의 감독이 된 알브레히트 쇤헤르.

1932년, 비젠탈에서 대학생들과 함께.
왼쪽부터 크리스토프 하르하우젠, 옐레, 메흘러, 빈터하거, 루돌프 퀸, 디트리히,
칼 포크트, 리디아 기슬러, 볼프-디터 침머만, 라인하르트 뤼테니크, 에른스트 틸리히.

처럼 그리스도를 중심에 놓고 구약성서와 씨름하며 성급히 결론을 도출한다. 그러고는 사도신경의 첫 번째 조항과 씨름하며 이 조항이 동떨어진 것이 되지 않게 한다.

강의는 열띤 호응을 받았다. 대학생들이 본회퍼에게 원고를 인쇄소에 맡기라고 권유할 정도였다. 본회퍼 자신은 번듯한 책을 전혀 생각하지 않았다는 듯이, 각주를 성서 인용구와 문헌 인용구로 풍요롭게 하는 수고를 하지 않았다. 이전에 낸 책들에서 한 것과는 다른 태도였다. 강의의 성격을 고스란히 유지하는 수밖에 없었다. 제목만 바뀌었는데, 이는 에마누엘 히르쉬와의 혼동을 피하기 위해서였다. 히르쉬가 "창조와 죄"라는 제목을 이미 1931년에 모르 출판사에서 써먹었기 때문이다. 물론 이 제목에는 다음과 같이 전혀 다른 덧붙임 말이 붙어 있었다. "개체 인간의 자연적 현실에서 본……" 본회퍼가 책 제목을 『창조와 타락』으로 바꾼 것은 그 때문이었다.

하지만 그는 서문을 새로 썼다. 강의에서는 이렇게 시작했다. "하나님께서는 이 세 장에서 오늘의 우리에게, 곧 그리스도와 함께 십자가에 달린 공범자 신세의 우리에게 말씀하신다."[119] 그는 이 신학적 주석 방법에 대해 조금 더 자세히 설명했다. 그러나 이 서문을 작성하던 때는 1933년이 벌써 상당히 진행된 무렵이었다. 때문에 짤막한 문장들은 강의실에서 강의하던 때와는 다른 강세를 띠게 되었다. 강의 당시에는 대체로 종말론처럼 여겨지던 것이 이제는—"창조"와 관련하여—더 한층 종말론적인 것으로 여겨졌다.

> 그리스도의 교회는 만물의 마지막에 대해 증언한다. 교회는 종말의 관점에서 살고, 종말의 관점에서 생각하고, 종말의 관점에서 행동하고, 종말의 관점에서 선포한다.……물론 종말은 교회를 심히 격분시키기도 한다. 낡은 세계의 자식들이 교회, 곧 새것을 자기 것이라고 주장하려 하기 때문이다. 그들은 새것을 원하지만 옛것만 알 뿐이다. 그들이 그리스도 주를 거부하는 것은 그 때문이다.[120]

당시 크리스티안 카이저 출판사Chr. Kaiser Verlag의 신학 고문들은 본회퍼의 강의 원고에 전혀 열광하지 않았다. 그의 구약성서 해석이 일정한 규격에서 크게 벗어난 것으로 보였던 것이다. 원고가 인쇄될 수 있었던 것은 출판사 사장 오토 잘로몬Otto Salomon의 고집 덕분이었다.

사실상 그 소책자는 문학적으로 처음 거둔 작은 성과였다. 어머니는 런던에 있는 그에게 이렇게 편지했다. "너는 이 소식을 들으면 기뻐할 거야. 『크로이츠차이퉁』*Kreuzzeitung*이 지난주에 너의 책 『창조와 타락』에 대해 대단히 뛰어난 서평을 게재했단다."[121] 방법, 문체, 사상이 주목을 끌었다. 빌헬름 비셔Wilhelm Vischer의 『구약성서의 그리스도 증언』*Christuszeugnis des Alten Testamentes*이 출간된 것은 1년 뒤의 일이었다. 다들 그 책을 어떻게 생각했을까?

1934년 11월, 『뷔르템베르크 교계 신문』*Kirchlicher Anzeiger für Württemberg*이 다음과 같이 간결하게 말했다. "'불합리하기 때문에 믿는다'Credo, quia absurdum는 유명한 말을 본회퍼의 신학적 원칙으로 여길 수 있을 것이다." 구약성서학자의 전문 분야를 침해한 것에 대한 민감한 반응이었다. 『신학 신문』은 이렇게 평했다. "우리 시대에 비전문가들이 창세기 1-3장에 대한 주석을 시도하고 발표한 것은 구약성서학계에 영예로운 일이 아니다."[122] 본회퍼가 『성도의 교제』에서 한 것처럼 양다리를 걸쳤던 것이다. 주석학자들은 그 해석을 조직신학으로 여기고, 조직신학자들은 그 해석을 주석으로 여겼다. 한쪽은 분개하고, 다른 한쪽은 거들떠보지도 않았다.[123]

앞서 말한 대로, 『창조와 타락』은 본회퍼의 책 중에서 바르트가 알아본 첫 번째 책이었다.[124] 그도 비판적이긴 했지만, 빌헬름 비셔의 시도보다는 본회퍼의 시도가 텍스트에 훨씬 가깝다고 여겼다.

본회퍼는 "신학적 주석"을 시도하면서 공정함을 잃지 않았다. "신학 방법"을 증명하기보다는 내용으로 말하는 것이 훨씬 중요했다. 오늘날 대다수의 사람들이 이 방법에 의혹을 품더라도, 그의 깊이 있는 진술만큼은 외면할 수 없을 것이다. 부인할 수 없는 사실은 그가 전열을 잘 정비하여 시대의 기만적인 술책을 간파하고 그것에 저항했다는 것이다. 이 종말론적 창조론은 사실상 세상을 전혀 회피하지 않았다. 『창조와 타락』이 손을 뻗은 곳은 "삶의 한복판"이었다. 이제껏 본회퍼의 작품에서 삶의 "한복판"이라는 개념이 삶의 경계와 가장자리에 비해 이토록 중요한 역할을 한 적은 없었다.

본회퍼가 이 강의 주제에 매달린 것은 윤리적인 우려 때문이었다. 10년 뒤 그가

"우리는 하나님을 현실의 경계에서가 아니라 현실 한복판에서 찾아야 한다"라고 말하면서 "한복판"이라는 개념을 다시 받아들인 것도 윤리적 우려 때문이었다.

"최근 신학 –조직신학 신간 서적 비평"[125]

두 번째 강의에서는 바르트의 『안셀무스의 신 존재 증명』이 본회퍼에게 자극을 준 것 같다. 이제 그는 대가에 대한 비판적 질의를 더 한층 뒤로 물렸다. 하지만 구체적 계명에 대한 질의를 뒤로 물린 것은 아니었다. 시대가 심각해지고 있었으므로, 학생들은 신학적 지형도를 잘 파악하지 않으면 안 되었다. 본회퍼는 그들에게 칼 하임, 파울 쉬츠Paul Schütz, 칼 바르트, 프리드리히 고가르텐, 힌리히 크니터마이어, 알프레드 드 퀘르벵Alfred de Quervain, 빌헬름 슈타펠Wilhelm Stapel, 에밀 브룬너, 한스 크리스티안 아스무센Hans Christian Asmussen의 신간 서적들을 예리하게 분석하는 통찰력을 보여준다. 이미 우리에게 알려진 대로, 본회퍼는 비평을 통해 다음과 같은 문제들을 표준과 기본 원칙으로 제시한다. 교회의 우선적 규범성, 윤리의 거짓 원천인 "창조 질서"에 대한 투쟁, 교회를 통해 구체적으로 선포되는 계명.

본회퍼는 이제껏 현실 논평을 위해 강의를 중단한 적이 없었고, 1933년에도 그랬다. 하지만 1932-1933년 겨울학기 강의가 어느 정도 실질적 현실성을 띠면서 현상(現像)은 더 자극적이고 더 당혹스럽게 정치 변혁 쪽으로 전개되었다. 1932년 11월 말, 본회퍼는 철학 동향과 국수주의 운동의 친화성을 언급하며 에버하르트 그리제바흐와 하이데거를 거명했다(DBW 12:155). 1933년 1월 마지막 주간에는 프리드리히 고가르텐의 『정치 윤리』*Politische Ethik*를 비평할 차례였다(DBW 12:162-168). 본회퍼는 그리스도교 보수주의자들에 대한 논박으로서 혁명법에 대한 논의를 슬쩍 추가하기도 했다(DBW 12:166f.). 1933년 2월에는 빌헬름 슈타펠의 『그리스도교 정치 지도자』*Der Christliche Staatsmann*(DBW 12:169-173)와 한스 크리스티안 아스무센의 알토나 고백(DBW 12:177f.)을 맞대결시켰다. 본회퍼는 1932년에 가장 많이 인용한 성서 구절을 끌어다 대며 학기의 마지막 시간을 끝맺었다. "우리 편을 드시는 하나님, 그들에게 벌을 내리지 않으시렵니까? 우리를 치러 온 저 큰 대군을 대적할 능력이 우리에게는 없고, 어찌할 바도 알지 못하고, 이렇게 주님만 바라보고 있을 뿐입니다"(대하 20:12).

"교의학 훈련 –신학적 인간학의 문제들"[126]

1932-1933년 겨울학기 세미나는 단편적으로만 복원할 수 있다. 이때부터 세 학기 동안은 강의 목록에 "교의학 훈련"이라고만 고지했다. 현존하는 불완전한 필기 노트는 본회퍼가 다루기로 한 소재에 대한 상세한 개요를 제공하지만, 제목이 없어 아쉽다. 내용에 맞게 제목을 달면 "신학적 인간학의 문제들"이 될 것이다.

본회퍼는 자신이 불트만 및 하이데거와 대결하되, 철학 입문으로부터 출발할 생각은 없다고 고지하면서 시작했다(DBW 12:178 Anm. 2). 그는 브룬너의 베를린 강연 '성서의 심리학'Biblische Psychologie을[127] 검토해 보라고 추천했다. 1930년 7월 교수 취임 강연에서 인간학을 거론하던 무렵에는 그 강연을 알지 못한 상태였다. 그는 이 세미나 프로그램을 위해 1925년부터 1932년까지 이루어진 자신의 연구논문들, 곧 칼 홀 교수 밑에서 노년의 루터에 관해 쓴 세미나 논문, 『행위와 존재』에 대해 쓴 글, 자신의 최근 논제들에 대해 쓴 논문에 의지했다. 칸트로부터 바르트에 이르고, 바르트로부터 규칙적인 예배 출석 문제에까지 이르는 프로그램이었다(DBW 12:193, 198). 처음에는 실존 이해와 자기 이해를 중심으로 토론을 진행하고, 그다음에는 믿음과 경건에 대한 이해를 중심으로 토론을 진행했다. 그는 믿음과 경건에 대한 이해를 대단히 꼼꼼하게 숙고하여 다음과 같이 엄청난 문장을 기록했다.

> 믿음은 경건의 시간적·역사적 행위이다. 경건행위에 자격을 주는 것은 그리스도께서 직접 정하신 그리스도 지향성이다.……그리스도가 예수 안에 감추어져 있듯이, 믿음도 경건 속에 감추어져 있다(DBW 12:187 참조).

그는 습관habitus과 존재esse에 대한 이해를 숙고하면서 습관을 "차극"Vorletztes으로 기술하고, 그리스도교적 품성 "훈련"을 위해 교회주의, 묵상, 경건 훈련에 대한 대단히 실제적인 진술로 끝맺는다(DBW 12:197-199). 이를 신학적으로 정돈하고 뒷받침한 것은 다름 아닌 비젠탈 실험이었다.

본회퍼는 1933년까지 그런 식으로 가르쳤다. 그는 종교개혁자들 및 칼 바르트의 저작물을 활용하여, "칭의"가 무엇이고, "계시"가 무엇이며, "하나님의 말씀"이 무엇인지를 새로이 판독하는 법을 배우고 가르치려 했다. 그러는 동안 그의 설명에서 다음의 세 개념이 분명하게 드러났다. "평화", "계명", "교회주의." 몇 년 뒤, 이 세 개념은 또 한 번 다른 식으로 들린다. 바뀐 세 개념은 이러하다. "정의", "제자도", "공동생활." 제자도는 1933년이 시작되면서 이미 나타난 상태였다. 이 신학 선생은 자신의 대학생들을 새로운 길로 내몰았다. 그 길들은 주제넘은 길이었는가? 아니면 적절한 길이었는가? 비젠탈을 통한 대형 강의실 보완은 어떠했는가?

1933년 여름학기 세미나: 기초에 관한 물음

"그리스도론"[128]

1933년 여름 정국은 소란스러웠다. 그럼에도 본회퍼는 그 여름학기에 학술적으로 정점에 달했다.

매회 두 시간 동안 진행하는 이 강의 임무는 선행 강의들보다 훨씬 힘들어 보였다. 방해가 잦았기 때문이 아니라, 이제껏 숙고하고 언급하고 실험한 것을 한데 묶고, 증명하고, 그 최종 근거를 토대로 평가해야 했기 때문이다.

그는 칼 홀 교수의 루터 세미나에서 그리스도론을 유난히 등한히 했던 것 같다. 그랬던 그리스도론이 마침내, 그가 1932년 강의에서 자백한 "전환"의 배경이 되었다. 그리스도론은 1932년 강의 "교회의 본질"에서 끌어당기거나 밀어내는 자석의 중심이었다. 그리스도론이 윤리를 떠받치고, "창조 질서"의 오용을 막은 것이다. 그리스도론이 다음과 같은 물음들을 명확히 설명해 주었음에 틀림없다. 신조들의 자유로운 해체는 어디에서 권한을 얻고, 어디에서 얻지 못하는가? 새 계시신학은 옛 신조들의 취지들을 어디에서 노출시키는가? 교회의 속박과 경건 의무는 어디에서 확실한 권위를 얻는가?

학생들은 이렇다 할 내용을 기대했다. 오토 두추스는 200명가량의 수강생이 불안정한 여름 내내 수준 높은 강의에 끝까지 참석했다고 말한다.

> 그가 강단에 오를 때면 대학생 같아 보였다. 그러나 이내 자신의 말로 우리 모두를 사로잡았다. 대단히 이른 아침이었음에도 불구하고 다들 강의실에 출석한 것은 그가 너무 젊어서가 아니라 강의 내용 때문이었다. 나는 이제껏 이 강의만큼 나에게 깊은 인상을 준 강의를 들어 본 적이 없다.

본회퍼가 이 강의를 위해 손수 쓴 메모는 어디서도 찾을 수 없었다. 하지만 우리는 훨씬 많은 수의 필기 노트를 토대로 강의를 제법 충분히 재구성할 수 있다. 개요는 당시에 새롭고 독창적이었다. 본회퍼는 앞의 강의들과 마찬가지로 말씀과 성례전과 공동체 안에 현존하시는 그리스도로부터 출발했다. 공동체 안에 현존하시는 그리스도는 그의 세 번째 상표나 다름없었다. 그런 다음 "역사적 그리스도"를 논하고, 교리사의 운명에 처한 위기의 그리스도론, 옛 실체Substanz 개념과 새로운 힘Dynamis 개념 사이에서 동요하는 그리스도론을 다루었다. 결론부에서는 자신의 긍정적 그리스도론을 전개하려고 시도했다(DBW 12:340-348). 그러기에는 시간이 별로 없었지만, 제안도 하고 공식들도 만들어 냈다. 10년 뒤, 그가 자신의 신학을 새로이 표현하기 시작하면서 다시 떠올린 것도 그 공식들이었다.

"교의학 훈련 -헤겔의 종교철학"

"교의학 훈련"으로만 고지된 1933년 여름학기 세미나도 수강자가 많았다. 발제가 모든 수강생에게 다 돌아가지 못할 정도였다. 문제 소개는 본회퍼가 맡고, 헤겔 종교철학의 각 장 발제는 참여자들이 맡았다. 본회퍼는 수시로 강의하며 특정한 논점을 자신의 시각으로 매듭지었다. 후일 핑켄발데에서 설교자후보생이 발제를 마쳤을 때에도 그렇게 했다. 이 교의학 훈련을 필기한 노트는 아직까지 발견되지 않았다. 하지만 본회퍼가 활용한 헤겔의 책들은 남아 있다. 그가 줄까지 그어 가며 열심히 공부한 책들이었다. 그가 숙독한 장들 가운데 한 장에는 작은 종이쪽지가 끼워져 있었다. 토론을 위해 몇 가지 짤막한 표현을 연필로 메모한 쪽지였다. 그 내용은 다음과 같다.

목적: 계몽주의의 극복. 이성과 종교의 화해. 하나님 인식.

1. 진리 문제. 교의, 교리, 신앙을 토대로 하는 교회.

2. 현실 문제. 감각적인, 역사, 추상화에 대한 반대!

3. 신학적 문제=교회 문제. 공동체 안에 존재하는 하나님. 구원.

비난: 주지주의? 아니다. 하나님을 마음대로 처리할 수 있는가? 헤겔은 이렇게 말한다. 하나님은 인간을 좌지우지하시고, 위로부터 생각하신다. 은혜? 죄? 용

서? 이 모든 것이 헤겔에게서 중심을 차지한다.

(뒷면)

그러나 한 지점에서, 이른바 사건 개념 자체에서 변증법이 끊긴다.……그런 일이 일어난다.……"당신의 뜻이 이루어지게 하소서!"가 아니라 "당신의 뜻이 이루어집니다!"이다.

악마를 끌어대지 않는다. 그래서 일이 계획대로 잘 진행된다. 각각의 개념(죄 등등)이 정확해 보이지만, 완전히 외부에서 일어나는 것으로는 이해되지 않는다.

진리 문제. 현실 문제. 교회.

이성을 통한 오성의 극복.

그러나 성령을 통한 이성의 극복.

성령은 악마를 쫓아낸다(IBF 8:107).

1933년 여름학기의 이 작업과 함께 본회퍼의 대학 사역이 끝났다. 런던으로 가게 될지 아직 결정되지 않은 상태여서 그는 1933-1934년 겨울학기를 위해 강의 두 개를 고지했다. 하나는 주제가 "믿음과 행위"였다. 이는 나중에 『나를 따르라』가 될 내용에 접근하려는 의도로 마련한 주제였다. 이를테면 종교개혁 단초를 재숙고하고 재이해하는 것이다. 다른 강의 주제는 "최근 신학"이었다. 본회퍼는 위대한 변혁에 대해 의견을 표명하는 신간 서적들을 충분히 다룰 생각이었다. 세미나 주제로 고지한 것은 "교의학 훈련"이었다.

2년 뒤, 본회퍼는 핑켄발데에서 가르치는 가운데 아직 상실되지 않은 **교수 자격** venia legendi을 이용하여 몇 달 동안 베를린에서 "나를 따르라"를 강의하다가, 징계 차원에서 교수 자격을 박탈당했다. 그의 강사 자격이 되살아난 것은 투쟁 상황 때문이었다. 이 상황에서 고백교회 인사들은 명시적으로 금지되지 않은 활동 영역들을 가급적 오랫동안 활용했다. 하지만 그것은 정찰대 시도에 머물렀다. 그사이에 본회퍼는 전혀 다른 자리에서 활동의 무게중심을 찾은 상태였다.

본회퍼는 1933년 학술상의 정점에 이르러 대학생들에게 지속적으로 영향을 미치다가 갑자기 이 활동을 중단했다. 그는 칼 하임의 책을 읽고 쓴 논평을[128a]

『그리스도교와 학문』*Christentum und Wissenschaft* 12월 호에 투고했다. 이는 특정 주제에 관해 동시대 신학과 가진 마지막 논쟁이었다. 이런 방식의 상호 논쟁도 바야흐로 종말을 고하고 있었다. 본회퍼는 자신이 이처럼 빼어난 독자란(讀者欄)과 교류할 줄 아는 사람임을 입증해 보였지만, 이제 그의 관심사는 특권을 지닌 환경을 더 이상 견디지 못했다. 강단과 그의 신학이 더 이상 서로 맞지 않았던 것이다. 베를린 대학교 조직신학 제2석좌교수이자 뤼트게르트의 동료 티티우스는 1933년에 노령의 몸으로 이렇게 말했다. "우리 신학부 최선의 희망이 교회투쟁에 의해 소진되다니 참으로 딱한 일입니다."

VI. 교회

목사안수

1931년 11월 15일, 디벨리우스의 동료이자 노이마르크와 라우지츠를 대표하는 관구총감독 에른스트 비츠Ernst Vits가 포츠담 광장 근처의 마태 교회 오전 예배에서 디트리히 본회퍼에게 목사안수를 베풀었다. "목사안수 의식 비용으로 교회 집사의 두 손에" 5라이히스마르크를 지불한 뒤의 일이었다.[129] 지역 목사 다메로브Damerow와, 총회 수석회원이자 교회연합회 사무국 에큐메니칼 대리자 A. W. 슈라이버가 보좌했다. 드디어 베를린-브란덴부르크 교회가 자신의 종에게 "성직자계급의 권리"를 위임한 것이다. 1년 전에는 최소 연령으로 규정된 스물다섯 살이 되지 않았다는 이유로 그에게 위임하기를 거부한 권한이었다.

당시 본회퍼 주위에는 사도적 전승을 구체적으로 보증하기 위해 안수하는 것을 놓고 논구하는 이가 없었다. 몇 년 뒤, 본회퍼는 안수 의식을 준비하고 거행하는 가운데 설교자후보생들에게 그날을 잊지 않게 해주면서 안수에 엄청난 중요성을 부여했다. 이는 위임의 확신이 올바른 교회 치리권에서 온다는 사실과 관련이 있었다. 하지만 1931년 11월 15일의 본회퍼는 안수행위에 그다지 중요성을 부여하지 않았다. 그는 안수 베푸는 이들을 직접 고르지 않았다. 그들 가운데에는 그와 영적으로 혹은 개인적으로 친한 이가 전혀 없었다. 후일 그는 이날에 대해 한마디도 언급하지 않았으며, 집에서도 별도의 잔치를 벌이지 않았다. 이날 오후, 본회퍼는 하일스브로넨 교회의 담임목사 레온하르트 펜트 밑에서 수련목회자로 사역하는 프란츠 힐데브란트를 찾아갔다. 헤겔 사망 100주기를 맞아 선포하는 그의 설교를 경청하기 위해서였다.

물론 그에게 중요한 것은 특권이나 다름없는 "성직자계급의 권리"가 아니라, 선포와 성례전을 위해 **규정대로 임명받았다**rite vocatus는 확신이었다. 그는 "성직자계급의 권리"를 통해서는 권위 문제와 권한 문제가 보증되기보다는 오히려 위협받는다고 여겼다. 이 몇 주간 동안 권한 부여 문제가 그를 무겁게 짓눌렀다. "이 사람들에게 그것을 어찌 선포해야 할까요?……불가시성이 우리를 파괴하는군요."[130] 본회퍼가 규정대로 임명받은 때는 하르츠부르크 전선(나치당, 독일국가인민당 등 보수 우익 세력이 하르츠부르크에 결집하여 결성한 우익 동맹—옮긴이), 곧 국수주의적 야권의 시위가 세상을 떠들썩하게 하던 무렵이었다. 1931년 10월 11일, 히틀러, 알프레트 후겐베르크Alfred Hugenberg, 프란츠 젤테Franz Seldte, 얄마 샤흐트Hjalmar Schacht가 시위를 벌이며 자신들이 혼돈을 청산할 구원자라고 선전하던 때였다. 그러나 본회퍼는 그리스도교 독일의 그러한 수호자들에게서 희망을 보지 않았다.

> 그러나 우리의 교회가 재앙을 극복할까? 우리가 곧바로 전혀 다른 사람이 되어 다르게 말하고 다르게 살지 않는다면 완전히 끝난 게 아닐까?[131]

교목

이제 본회퍼는 목사안수를 받고 교회에서 사역할 수 있는 대학 강사였다. 하지만 그는 마음대로 목회 자리를 구해도 되는 자유인이 아니었다. 1930년 총회의 기본방침에 따르면, 그는 교회 당국이 정한 "자원봉사" 규정을 1년 동안 따라야 했다.

케임브리지에서 귀국했을 때, 이미 기한이 지난 독촉장이 그를 기다리고 있었다. 총회의 딱딱한 어투로 부모와 형제자매들에게 어느 정도 기쁨을 안겨 준 독촉장이었다.

> 우리는 귀하에게 베를린 시내에서 부목사 신분으로 자원봉사를 해달라고 부탁합니다.……귀하는 늦지 않게 관구총감독을 찾아가야 합니다.……그가 귀하의 교회 자원봉사에 대해 결정을 내리고, 사역에 필요한 지시를 내릴 것입니다. 또한 귀하는 담당 교구감독과 담당 목사에게 자신을 소개하고, 활동에 필요한 지시를 청해야 합니다.……사례비는……1930년 12월 1일자 공화국 대통령령에 의거하여 생계와 재정의 안정을 위해 매달 183.68라이히스마르크가 될 것입니다.……귀하가 자원봉사를 개시하게 되는 날짜를 곧장 우리에게 알려 주시기 바랍니다.[132]

샤를로텐부르크 공과대학에 신설된 교목직을 맡음으로써 "베를린 시내에서 부목사 신분으로 수행하는 자원봉사"가 이루어졌다. 이 자리는 이제껏 전임자가 없었다. 『그리스도교 세계』가 1931-1932년 겨울에 집계한 바에 따르면,[133] 독일 전체 대학에서 가톨릭 교목은 37명이었던 반면, 개신교 교목은 20명에 불과했다. 깨어 있는 관구총감독 오토 디벨리우스가 공과대학 교목직을 끊임없이 요구했고, 1930년 드디어 그의 요구가 받아들여졌던 것이다. 그 구역을 관할하는 관구총감독 카로브가 본회퍼에게 아래와 같이 임무를 지시했다.

> 귀하의 직무는 공과대학에서 목회자 신분으로 대학생들을 섬기는 것입니다. 귀하가 힘을 기울이게 될 밭은 이제껏 경작된 적이 없는 밭입니다. 나는 귀하가 베를린 대학교 대학생들을 책임지고 있는 에른스트 브로니쉬-홀체Ernst Bronisch-Holtze 목사와 협조하여 일하기를 바랍니다. 귀하의 동료 목사가 교구 목사이기도 한 까닭에 귀하가 할 일의 종류는 다양할 것입니다. 귀하는 고정된 설교 장소를 갖고 그의 집과 교구회관에 있는 공간들을 마음대로 쓸 수 있습니다. 그는 그 분야에서 경험을 쌓은 사람입니다. 나는 귀하가 그와 연락을 취하여, 일을 어떻게 시작할 것인지 계획하여 나에게 제출해 주기를 바랍니다.[134]

본회퍼의 교목 사역은 실패나 다름없었다. 자신의 직무와 계획을 제때에 알린 것도 아니었다. 그리스도교 대학생 단체의 선구자라고 할 수 있는 DCSV도 샤를로텐부르크 공과대학에서 미미한 보루만을 마련했을 뿐이다. 본회퍼의 영향 아래 있을 때에도 그리스도교 대학생 단체 같은 것이 생기지 않았다. DCSV가 강제 해산될 위기가 닥치고 나서야 그리스도교 대학생 단체가 생겨났다. 그제야 교회의 존재에 대한 새로운 이해가 싹트고, 그 존재 방식이 수용된 것이다. 본회퍼의 공과대학 재직 기간은 정신과학자들이 교회의 전체주의적 압력에 밀려나고 자연과학자들이 교회와 새로운 관계를 맺던 전환기 직전에 시작되었다.

본회퍼는 게시판을 직접 마련했다. 하지만 쓸데없는 게시물이 넘치는 바람에 게시판은 전혀 제구실을 못했다. 그는 학생회관 가건물에 접견실을 차리고 매주 두 시간 동안 면담을 나누었다. 주중 예배를 위한 공간도 어딘가에 마련했다. 짤막한 기도문 네 편이 보존되어 있다.[135] 그는 여러 학우회와 접촉하려고 애썼다. 어느 날 저녁에는 독일대학생연합VDSt, Verein Deutscher Studenten에서 그리스도교와 기술에 관해 강의하기도 했다. 1932년 1월과 2월에는 DCSV 총무이자 케임브리지 대회 동석자 한스 릴예와 함께 공과대학에서 일련의 강의를 준비했다. 릴예는 '기술-인간-하나님'이라는 제목으로 강의하고, 아르놀트 슈톨첸부르크는 '밀교와 그리스도교'라는 제목으로 강의했으며, 본회퍼는 '자기주장의 권리'라는 제목으로 강의했다(DBW 11:215-226). 본회퍼는 자기 시대 대학생의 기본 감정에 호소하고, 들불처럼 번지는 국가사회주의자들의 생물학적 사고방식을 논구하고자 했다. 그는 대체 가능한 다중인간—학술용어로는 프롤레타리아—으로부터 시작하여, 타자와 민족과 인류를 위한 자발적 희생에서 생겨나는 생존권을 언급하며 강의를 끝맺었다. 강의는 본회퍼가 인도India의 본질적 이상에 강한 감동을 받았음을 여실히 보여준다. 그는 중대한 문제에 대한 "서양의" 답변에 "인도의" 답변을 맞세웠다. 폭력을 행사하는 삶보다는 고난이 더 낫다는 것이다. 그랬다, 본회퍼는 신중하게 평화주의의 지평을 열었다. 전쟁과 기계는 서구적 해결 방식이지만, "기계는 자연을 인간에게 예속시키고 인간을 살리겠다는 자신의 이념을 따르는 것은 물론이고 자신의 현실을 따르면서 전쟁을 불가능하게 하기도 했다"는 것이다.[136]

본회퍼는 이 일련의 강의를 알리는 광고를 학보에 실을 수 있었다. 학보 마감

무렵에 한 일이었다. 그 학보에는 아래와 같이 "대학생 목회"를 소개하는 글도 실려 있었다.[137] 대학생들에게 말을 걸고, 교회의 적절한 자의식을 전달하려는 눈물겨운 시도였다.

> 오늘날의 보통 대학생은 교회를 멀리한다. 이는 누구나 다 아는 사실이며, 설득력 있는 이유이자 반복해서 제기되는 이유다. 다들 그 점을 알고 있고, 교회도 알고 있다. 일반적으로 교회는 이 현상을 흔히들 생각하는 것보다 훨씬 더 진지하게 숙고하고 있다. 이것이 얼마나 성공적일지는 부차적인 문제다. 하지만 성과가 교회에만 달려 있는 것은 아니다. 어쨌든 현재의 상황은 가장 상이한 세계관의 집단들이 교회 안에서 일어나는 일에 주목하는 실정이다. 그러나 교회가 필요로 하는 이는 구경꾼이 아니라 협력자다. 교회가 대학생에게 가급적 강력하게 호소하는 것도 그 때문이다. 사태를 진지하게 주시하는 이는 미래 교회의 형태와 미래 독일의 형태가 본질적으로 연결되어 있음을 간과하지 않을 것이다. 그러나 교회가 대학생의 의견 표명과 참여를 촉구하는 것은 미래의 독일 때문이 아니라 교회가 교회이기 때문이다.
>
> 하지만 교회는 자기 자신을 최종적으로 진지하게 대하지 않고, 자신에게 주어진 것을 진지하게 대한다. 교회는 세계관이 극심하게 분열된 시대에 세계관들이 끝장나고 새로운 것, 궁극적인 것이 시작되는 곳으로 찾아나서는 일체의 진지함을 신뢰한다. 교회는 자신이 소유한 것을 자랑스럽게 보존하되 그것을 기만적인 이름으로 매물처럼 선전하지 않을 것이다. 교회는 사람들이 정말로 자신(교회)을 원하는 곳에서 자신이 가진 일체의 것으로 돕는 것보다 더 나은 일을 알지 못한다. 그것이야말로 교회가 대학생 전체에게 말하는 내용이자, 교회가 그들 속에 교목을 두는 이유다.
>
> 오늘날 자신의 삶만 도모할 수 있다고 여기는 자는 환상에 빠져 사는 것이다. 이 때문에 문제가 너무 어려워지는 것이다. 오늘날 개신교 목사보다 그 점을 더 잘 아는 이는 없을 것이지만, 특별히 대학생도 그 점을 알고 있다. 그리고 이 인식이 교회를 싸고 있다. 함께 질문하는 곳에서 답도 함께 모색해 보는 것은 어떨까?

본회퍼는 교회를 상당히 흥미로운 일이 일어나는 곳으로 만들 수 있다고 생각한다. 다른 영역이 더 이상 답하지 못하는 곳에서 답을 제시하는 곳이 교회라는 것이다. 하지만 그가 생각하는 교회는 모든 것과 모든 이를 무작정 따르는 교회가 아니다. 그리고 이 점에서만 그는 교회와 동일시되고 싶어 하는 것 같다! 그는 교회에 자기 동일성과 연대감을 추가하려고 시도한다.

본회퍼가 교목으로서 선포한 설교들에서 볼 수 있듯이, 그는 공학자들과 자연과학자들이 설교단 앞에 앉아 있다는 사실에 그다지 영향을 받지 않았다. 그러나 본회퍼는 공과대학에서 근무하는 동안 자신만의 설교 장소가 따로 없었다. 그는 카로브의 편지에서 언급된 베를린 대학교 교목 에른스트 브로니쉬-홀체의 설교 계획 속에 설교자로 편입되어 있었다. 하지만 에른스트 브로니쉬-홀체는 훨씬 오래전부터 베를린 구도심에 위치한 삼위일체 교회의 담임목사였다. 그런 까닭에 본회퍼의 청중은 대체로 베를린 대학교 대학생들이 될 수밖에 없었다.

1931년부터 1933년까지 본회퍼의 "제단"(祭壇)mensa을 형성한 것은 샤를로텐부르크 공과대학 교목직이었다. 그 대학은 그가 요구한 설교단을 다른 장소에라도 마련할 수 있게 해주었다. 그 설교단에서 지역 대학생 단체가 생겨났다. 베를린 대학교에서 베푼 그의 강의와, 에른스트 브로니쉬-홀체의 영향권 안에서 행한 그의 설교를 듣고 결성된 단체였다. 그가 샤를로텐부르크 청년의 집을 위해 협력자를 구하자, 신학생 두 명이 그를 찾아왔다. 하지만 공과대학 학생 한 명만 쓸 수 있었다. 그가 1933년 런던으로 떠난 것은 베를린에서 목회할 수 있는 자리를 두 차례나 진지하게 모색하고 난 뒤의 일이었다. 공과대학 교목직의 영향력에 대한 그의 평가는 부정적이었다. 새로운 정치적 난제들에 직면하여 교목직의 속행을 우선적으로 생각할 수 없었다. 본회퍼는 후임자가 임명되리라는 보장도 받지 못한 채 떠났다. 그의 결산 보고를 토대로 관구총감독 카로브가 공과대학에 있는 한 신학자에게 시범적으로 세계관 강사직을 맡겨 보자고 제안했다. 하지만 그것은 1934년에는 더욱 실현 불가능한 일이었다.

베딩 지역 견신례수업 학생들

강의에 힘쓰고, 에큐메니칼 계획을 수립하고, 목회를 시작한 "자원봉사 의무자"에게 총회의 새로운 지시가 떨어졌다. 베딩 지역 시온 교회의 통제 불가능한 견신례 수업을 인계받으라는 지시였다. 담당 목사 막스 뮐러Max Müller의 기력이 다한 상태였기 때문이다. 그는 정말로 몇 주 뒤에 죽었다. 본회퍼는 주츠에게 보내는 편지에서 사람들이 그 목사를 "글자 그대로 무지 열받게 하여 죽였다"라고 말했다.[138]

본회퍼 자신의 이야기에 의하면, 가을에 50명의 거친 소년들 사이에서 이루어진 첫 수업은 다음과 같이 전개되었다고 한다. 연로한 목사는 본회퍼와 함께 계단을 통해 높은 학교 건물을 올라갔다. 위에서는 아이들이 난간에 매달려 몹시 떠들며, 천천히 계단을 오르는 두 사람에게 오물을 떨어뜨렸다. 아이들이 있는 층에 도착하자 목사는 고함을 지르며 완력을 동원하여 거친 무리를 교실 안으로 밀어 넣었다. 그러고는 그들을 가르칠 새 목사를 데려왔다고, 이름은 본회퍼라고 알려주려 했다. 아이들은 이름도 제대로 듣지 못하고 점점 크게 "본, 본, 본!"을 외쳐댔다. 연로한 목사는 체념하고 교실을 떠났고 본회퍼는 두 손을 주머니에 찔러 넣고 말없이 벽을 등지고 서 있었다. 그렇게 몇 분이 흘렀다. 새 목사가 아무 반응도 보이지 않자 소음이 서서히 낮아졌다. 본회퍼가 맨 앞줄에 앉은 소년들만 알아들을 수 있게 작은 목소리로 말하기 시작했다. 갑자기 모두가 쥐 죽은 듯 조용해졌다. 본회퍼는 아이들이 부린 소동이 인상적이었다며 이어서 할렘 이야기를 들려주었다. 아이들이 귀여겨듣자 다음번에는 더 많은 이야기를 들려주겠다고 했다. 그런 다음 아이들을 자유롭게 풀어 주었다. 그때부터 본회퍼는 아이들에게 주의력이 없다고 하소연할 필요가 없었다.

이곳은 베를린 지역 가운데 가장 광포한 곳일세. 사회·정치적으로 가장 다루기 힘든 관계들이 뒤얽혀 있는 곳이지. 처음에는 청소년들이 미친 듯이 행동했네. 나는 처음으로 규율을 엄격하게 적용했네. 하지만 이곳에서도 다음의 한 가지가 도움이 되었네. 나는 청소년들에게 성서의 자료들, 특히 종말론적인 구절들을 알차게 전달했네. 흑인 청소년들도 비집고 들어왔네. 이제는 진정한 평안이

자리 잡았다네. 청소년들이 나서서 그 평안을 깨지 않으려고 마음을 쓰고 있다네.[139]

베딩 체험은 본회퍼에게 깊은 인상을 주었다. 그는 견신례수업을 맡기로 하면서 그 밖의 의무들을 최대한 줄였다. 그는 가구가 딸린 방을 오데르베르거 거리에 세냈다. 무산계급 출신의 아이들과 같은 구역에 살게 된 것이다. 아이들은 그곳에서도 그를 만나고, 그의 친가에서도 그를 만날 수 있었다. 그는 큰 수술을 앞둔 한 소년을 도우려고, 강의실에 있는 대학생들을 거리낌 없이 기다리게 하기도 했다.[140] "나는 견신례수업 학생들을 위해 학기의 절반을 거의 온전히 희생했다네."[141] 그는 자신이 수업을 어떻게 시작했는지를 주츠에게 생생히 이야기했다.

교리문답을 배우는 것 외에도 다른 무언가가 있다는 게 그들에게는 그저 신기할 따름이었네. 나는 수업시간 내내 공동체 사상에 대해 가르쳤네. 날마다 정당 조직들에 대해 듣던 청소년들이 무엇이 중요한지를 대단히 정확하게 알게 된 것이지.[142]

이제부터 자발적인 저녁 모임은 견신례수업 학생들 차지였다. 그들은 예고 없이 그를 찾아가 체스를 두거나 영어를 배웠다. 성탄절에는 저마다 소포를 하나씩 받았다. 그는 주말이 되면 그들과 함께 유스호스텔로 소풍을 가곤 했다. 그러한 형태의 공동생활은 여느 교회 공동체에서는 보지 못한 것이었다.

그들은 한계들도 상당히 정확하게 본다네. 우리가 공동체 안에 계시는 성령에 대해 말할 때 이런 항변도 있었네. "현실은 전혀 다른데요." 말하자면 교회는 모든 면에서 청소년 정치 단체나 스포츠클럽보다 훨씬 못하다는 것이지. 스포츠클럽은 집처럼 편안하게 느껴지건만, 교회는 그렇게 느껴지지 않는다는 거야.[143]

그는 수업에서 기쁨을 맛보고, 완고하고 거친 청소년들의 점진적 신뢰에서 기뻄을 맛보기도 했지만, 절망적인 목회 심방 경험에 부딪히기도 했다. 본회퍼는 자신은 심방을 감당할 능력이 없으며, 신학교육이 심방에 필요한 지식을 주지 않았다고 말했다. 달갑지 않은 마음으로 낯선 현관의 초인종을 누르며 자신의 용건을 밝히는 것은 엄청난 극기를 요하는 일이었다. 연결점도 있었지만, 느낌은 대체로 다음과 같았다.

> 나 같은 사람이 목회상담을 수행하려니 그 시간이 얼마나 괴롭겠는가? 그런 상담이 얼마나 지지부진하겠는가?……나는 이런 유의 목회가 전에 존재한 적이 없는 것이며 전혀 비그리스도교적인 것이라고 여기며 이따금 스스로를 위로한다네. 그러나 우리가 이 일에 실패한다면, 이는 정말로 우리 그리스도교의 끝이 되고 말 것이네. 우리는 설교하는 법을 반복해서 배웠지만, 목회는 그다지 배우지 못한 것 같네.[144]

5년 뒤 본회퍼는 핑켄발데 설교자후보생들에게 무엇보다도 목회를 장려했다. 그로부터 5년 뒤에는 베딩 지역 사람들과 그리 멀지 않은 유형의 사람들을 가까이 하며 그들에게 적절한 말을 베풀었다. 함께 옥살이하는 처지에서 한 일이었다.

견신례를 거행할 날이 가까이 다가오자, 본회퍼는 옷감을 듬뿍 구입하여 넉넉히 끊어 주고는 그것으로 옷을 지어 견신례 때 입게 했다. 청소년들은 견신례를 받는 날에 듣고 싶은 내용을 말함으로써 설교 준비에 도움을 주기도 했다. 1932년 3월 13일 견신례를 거행하는 날에 선거 열기가 거리를 뒤덮었다. 히틀러가 처음으로 공화국 대통령직에 입후보했다. [힌덴부르크는 49퍼센트, 히틀러는 30퍼센트, 에른스트 텔만(Ernst Thälmann)은 13퍼센트, 뒤스테르베르크(Duesterberg)는 7퍼센트의 지지표를 획득했다.] 그러나 예배는 순조롭게 진행되었다. 본회퍼는 얍복의 야곱을 토대로 설교했다.[145]

> 누구도 여러분에게서 신앙을 앗아 가지 못할 것입니다. 하나님께서 여러분에게 대낮과 태양과 아침놀을 마련해 주셨으니 말입니다. 하나님께서는 지금도 우리를 이 태양 곧 그리스도에게 소개하고 계십니다. 그분께서는 정의와 평화

와 사랑이 다스리는 약속의 땅을 우리에게 보여주실 것입니다(DBW 11:414).

그는 청소년들에게서 받은 서약문을 고쳐, 거짓 맹세나 불가능한 약속이 담기지 않게 했다. 그러고는 그것을 오래 간직했다. 1938년에 거행한 견신례를 위해 그가 작성한 것이 지금도 보존되어 있을 정도다.[146] 이틀 뒤 그는 그들을 저녁 예배에 초대하여 성찬식에 참여하게 했다.

며칠 뒤 그는 견신례를 받은 이들 가운데 일부를 데리고 프리드리히스브룬으로 갔다. 자비를 들인 여행이었다. 부모가 그에게 별장을 내주어 부활절 몇 날을 보내게 하고 여행 경비의 일부를 댔다. 당시 베딩 지역 청소년들에게는 250킬로미터의 여행이 진짜 세계 여행처럼 보였다.

본회퍼가 부모에게 보낸 감사 편지의 내용은 아래와 같다.

견신례를 받은 소년들과 이곳에 올라오게 되어 무척 기쁩니다. 아이들은 숲과 자연을 아주 잘 이해하지는 못하지만, 보데 계곡에서 등반도 열심히 하고, 초원에서 축구도 한답니다. 대단히 반사회적인 이 소년들을 관리하기 쉽지 않을 때가 종종 있습니다. 하지만 이곳에서는 그들이 스스로 가사를 분담하고 거동도 조심스럽게 하고 있어서 큰 도움이 되고 있습니다. 나중에 보시면 아실 테지만, 이 소년들 때문에 집이 엉망이 되지는 않았습니다. 창유리 한 장이 깨진 것 말고는 모두 멀쩡합니다.……이 프롤레타리아의 방문에 S 부인이 약간 화가 났을 뿐입니다. 한스 크리스토프가 이곳에 함께 있으면서 저에게 많은 도움을 주고 있습니다. "이른" 아침시간(글자 그대로 7-9시)에 일하러 갔다가 다들 잠들 무렵인 저녁 늦게 돌아오지만 말입니다. 목요일이면 모든 게 끝납니다. 그때쯤이면 이러한 시도가 얼마나 많은 의미를 지닐 수 있는지 자문하게 될 겁니다. 그러나 이와 같은 일에는 기다리는 법을 배워야 할 것 같습니다.[147]

견신례를 거행함으로써 베딩 사역의 공적인 측면이 끝났지만, 그의 영향력과 돌봄은 끝나지 않고 지속되었다. "견신례수업이 얼마나 강렬했던지, 그들과 헤어질 수 없었네."[148] "나는 베를린 외곽에 대략 18에이커 가량의 땅을 임차했고, 지금은 작은 목조 가옥을 짓고 있네. 견신례를 받은 청소년들 및 대학생들과 그곳에서 주말을 보낼 생각이네."[149] 베딩 지역 청소년들은 마음이 내킬 때면 언제든지 비젠탈에 가도 되었다. 상당수의 청소년이 2차 세계대전의 소용돌이에 휘말릴 때까지 본회퍼와 연락을 유지했다. 그들 가운데 한 사람으로서 본회퍼의 형 클라우스의 변호사 사무실에 취직한 리하르트 로터Richard Rother는 짤막한 스케치 속에서 본회퍼의 견신례수업을 묘사하기도 했다.[150]

청년의 집

베딩 체험에 이어 샤를로텐부르크 청년의 집이라는 새로운 실험이 이루어졌다. 이 생각을 하게 된 데에는 뉴욕 체류 시절 해리 워드 밑에서 쌓은 경험들이 한몫했지만, 지크문트-슐체 및 그의 베를린 동부 사회사업 공동 연구 모임과 교류한 것도 한몫했다. 그 모임과 관계하는 힐데브란트와 새로운 에큐메니칼 임무들이 그 교류를 촉진했다.

후원자들 중에는 비(非)그리스도인도 일부 있었고, 교회와 무관한 이들도 일부 있었다. 디트리히의 쌍둥이 누이 자비네의 학우이자 유대인 가문 출신으로서 공부 중인 안넬리제 슈누르만Annelise Schnurmann이 자신의 사회교육학 과제를 위한 자금의 일부를 쓸 수 있게 해주었다. 계획은 1932년 여름 어머니 파울라 본회퍼의 방에서 허물없이 나눈 대화 속에서 세워졌다. 어머니는 그 계획을 격려하고 다음 행보를 함께 숙고해 주었다. 본회퍼는 한스 브란덴부르크Hans Brandenburg에게서 조언도 받았다. 당시 베를린 선교 감독관으로서 시민을 상대로 선교 활동을 하고 있던 한스 브란덴부르크는 파울 르 죄르Paul Le Seur의 "자유 청년단"을 이끌고 있었다. 이 청년단의 토론 모임에는 사회주의 청년 단체들과 공산주의 청년 단체들도 참여했다. 이 청년단에서는 실직자를 위한 자발적 근로봉사와 야간강좌를 실시하고 있었다. 본회퍼는 "교회-사회 협회 공동 연구 모임"에서 한스 브란덴부르크를 알게 되어, 그의 부탁으로 도시선교회의 청년 동아리에서 창세기 1:1을 놓고 한 차례 성서공부시간을 갖기도 했다. 1932년 10월 23일, 그가 이 동아리에 문의한 내용은 아래와 같다.

1932년, 베를린 베딩 지역의 견신례수업 학생들과 함께.
본회퍼는 완고하고 거칠었던 이 소년들을 위해 많은 힘을 쏟았다.

제가 잘 아는 숙녀분이 다음 겨울철에 실직자를 위한 청년의 집 건립에 매달 430라이히스마르크를 쓸 수 있게 해주었습니다. 난방시설을 갖춘 주간 휴게실을 건립하여 유익한 직업준비 업무와 연결하는 것이 중요한 것 같습니다. 관리자는 여느 가르치는 이들이 학생 후생 복지 기구를 통해 하는 것처럼 "대학의 자조 기구"를 어렵지 않게 찾을 수 있을 것입니다.……저는 특히 다음 문제들을 여러분과 논의하고 싶습니다. 무료로 사용할 수 있는 공간들이 있을까요? 시유지로 방향을 틀어야 할까요? 여러분이 특별히 권장하는 직업은 무엇인지요? 작업장 건립을 위해 어느 곳의 재료를 써야 할까요? 430라이히스마르크로 이룰 수 있는 일이 무엇일까요? 다들 "농장과 취사장 건립을 위한 비상대책협의회"에 가입할 것을 그 숙녀분에게 제안하더군요. 여러분은 그것을 어찌 생각하는지요? 교파와 정파에 무관해야 하는 까닭에, 이 가입은 권할 만한 것이 아닌 것 같습니다. 그 숙녀분은 일단 앞서 말한 6개월분의 비용 지급을 보증하고, 그 기간이 지난 뒤에도 그 일을 계속할 생각을 품고 있지만, 지금으로서는 확신할 수 없습니다(DBW 11:112f.).

한스 브란덴부르크는 본회퍼에게 시유지 몇 군데를 지목했다. 본회퍼는 안넬리제 슈누르만과 함께 테오도르 몸젠 세대 법학자 오토 폰 기르케Otto von Gierke의 딸 안나 폰 기르케를 찾아가, 계획을 재빨리 진행하기 시작했다. 안나 폰 기르케는 핑켄크루크에 있는 샤를로텐부르크 청소년회관을 운영하는 이로서 시 행정과 청소년복지 경험의 소유자였다. 그녀의 소개로 두 여성을 찾아갔다. 청년의 집을 관리할 사람들이었다. 한 사람은 사회교육학 세미나 여교사 E. 아스트팔크Astfalk였고, 다른 한 사람은 공작 교사 한나 나켄Hanna Nacken이었다.

1932년 가을, 샤를로텐부르크 슐로스슈트라세에서 사업이 시작되었다. 성과도 있었고, 허풍선이 및 술꾼들과의 말다툼도 있었으며, 젊은 공산주의자들과의 생생한 토론도 있었다.

청년의 집에는 다소 불안정한 것이 있습니다.……Z와 A가 함께 청년들의 눈 밖에 난 것 같습니다. 최근에 Z가 만취 상태에서 청년의 집 관리자로 자처한 것

> 같습니다. 그를 가급적 빨리 내보내야 할 것 같습니다. 그러지 않으면 정말로 소란이 일어날 것입니다. 내쫓는 것이 훨씬 낫습니다. 하지만 우리는 이사도 고려해야 합니다. 너무 비좁거든요. 당신은 어찌 생각하는지요? 신학생 두 명이 함께 일하고 있습니다. 공학도도 한 명 있습니다. 그는 월 25마르크를 받으며 즐거이 종사하고, 한 주에 세 차례 저녁마다 근무하게 될 것입니다.[151]

11월 말, 새로운 공간들을 마련하고, 청년의 집 젊은 학생들이 적극적으로 협력하여 그 공간들을 꾸몄다. 이사는 12월 1일에 했다. 12월 8일, 본회퍼는 안넬리제 슈누르만에게 아래와 같이 제막식을 알렸다.

> 작은 소시지, 케이크, 담배가 있어야겠습니다. 지난 며칠 동안 청년들이 정말로 알차게 일했으니, 이런 기쁨이라도 그들에게 주어야겠습니다. 20라이히스마르크의 비용이 들 것 같습니다.……공학도 문제를 생각해 보았는데, 그가 한 주에 세 차례 저녁마다 와서 속기술을 가르치고, 그 대가로 H. P. 목사관 금고에서 15라이히스마르크, 당신에게서 15라이히스마르크를 받으면 될 것 같습니다(DBW 12:31).

청년의 집이 누린 전성기는 극히 짧았다. 1933년 1월 30일 히틀러의 집권으로 인해 안나 폰 기르케가 샤를로텐부르크에서 쫓겨났기 때문이다. 안넬리제 슈누르만이 독일을 떠나야 했고, 청년의 집에 속한 공산주의자들이 거리에서 곤욕을 치렀다. 본회퍼는 그들을 비젠탈 오두막에 잠시 은신시켰다. 청년의 집 소탕이 임박했다는 소문이 돌았기 때문이다. 공산주의자들은 시의 다른 구역으로 뿔뿔이 흩어졌다. 청년의 집 명부가 수색당하면서 어쩔 수 없이 폐쇄하지 않으면 안 되었다. 활동 도중에 추방된 이들을 염려하는 대신, 이제는 가차 없이 낙인찍힌 이들, 곧 유대인들을 염려해야 했다.

새로운 계획들

할렘에서 시작하여 베딩과 청년의 집을 거친 본회퍼는 인구밀집 지역인 베를린 동부 교구 목사직을 꿈꾸기 시작했다. 앞서 말한 자원봉사 기간도 1932년 가을에 만료되었다. 이제는 교회 목사 선발에 독자적으로 응모해도 되는 몸이었다. 교목 생활에는 더 이상 흥미가 없었다. 소속 지역인 베를린 서부가 너무 싱거운 길로 여겨지고, 프롤레타리아 밀집지인 베를린 동부에서 사역하는 것이 훨씬 긴급한 일로 여겨졌다.

1932년 그의 대학생들로 이루어진 스터디 그룹에[152] 볼프-디터 침머만이 들어왔다. 본회퍼는 그 스터디 그룹을 거쳐 침머만의 친가를 자주 찾아갔다. 볼프-디터의 아버지는 알렉산더 광장에서 북동쪽에 위치한 교구의 감독 리하르트 침머만Richard Zimmermann이었다. (이 교구의 정식 명칭은 베를린 시 제1교구였다. 뒤에 이 교구에서 프리드리히스하인 교구가 분할되었다.) 이 교구감독은 그 젊은 대학 강사에게 자기 교구 목사 회의에서 강의하게 했고, 본회퍼는 이 불안한 교구의 목사직에 지원하는 것을 놓고 그와 협의했다. 그는 베를린 선교 협회 맞은편에 있는, 쾨니히 성문 근처 성 바르톨로메우스 교회에서 폭풍우를 잠잠케 한 본문을 토대로 설교했다.[153] 대학교로 갈 것인지, 베를린 동부지역에서 사역할 것인지, 선택을 앞둔 본회퍼는 어느 쪽에서 부르건 간에 따를 준비가 되어 있었다.

> 나는 부활절에 베를린 동부 프리드리히스하인 교구 목사직을 맡을 것인지를 두고 대단히 심각한 고민에 빠져 있습니다.……형님이 다음번에 베를린에 오시면, 프리드리히스하인 교구 목사관에서 나를 만날 수도 있고, 그러지 못할 수도 있을 것입니다.[154]

그러나 본회퍼에게는 경쟁자가 있었다. 하벨베르크의 교구감독으로서 본회퍼보다 열다섯 살 위인 에른스트 페촐트Ernst Pätzold가 그 경쟁자였다. 그는 대중적인 설교자이자 친절한 목사였다. 1933년 2월 28일, 본회퍼는 해당 교회 의회의 표결에서 25대 47로 졌다.[155]

교구 목사직을 위한 1차 시도는 실패였다. 그는 너무 젊었고, 그의 설교 방식은 너무 근엄했으며, 주장은 너무 섬뜩했다. 본회퍼는 훗날 이 실패에 대해 한마디도 언급하지 않았다. 다음 시도도 실패했는데, 그것은 그에게 더 인상 깊은 실패였다.

본회퍼는 프란츠 힐데브란트와 함께 베를린 동부지역에서 사역할 생각을 버리지 않았다. 침머만의 교구에 목사 자리가 생겼다. 이번에는 두 사람을 위한 자리로 여겨졌다. 프랑크푸르트 알레와 바르샤우 브뤼케 사이의 동부지역에 훨씬 크게 자리한 라자루스 교회의 목사직이었다. 그러나 그 교회에서도 아리안 조항이 효력을 발휘하고 있었다. 때문에 힐데브란트의 지원서가 통과될지 확신할 수 없었다. 본회퍼는 바르트에게 보내는 편지에서 이렇게 말했다.

> 나는 내가 그토록 바라던 목사직을 그 지역에서 받아서는 안 된다고 생각했습니다. 아리안 조항을 받아들인 교회에 맞서 싸우기를 그만두고 싶지 않았고, 내가 속해 있던 공동체에 믿지 못할 사람으로 비치고 싶지 않았던 것입니다. 또한 나는 유대계 그리스도인 목회자들과의 연대에서 발을 빼고 싶지도 않았습니다. 나의 가장 절친한 벗이 그들 가운데 있었고, 그가 절망적인 상황에 처해 있었기 때문입니다.……대학 강사로 남든가 아니면 목사로 남든가 하는 양자택일만 남아 있었습니다. 어쨌든 프로이센 지역에서는 목사로 활동하고 싶지 않았습니다.[156]

그렇게 노동자 세계를 더 집중적으로 접하고자 하는 본회퍼의 바람은 정치적 격변으로 인해 수포로 돌아가고 말았다. 1934년 9월, 북프랑스 탄광지대에 있는 장 라세르의 공동체를 방문했을 때, 그 오래된 바람이 생생한 기억으로 되살아났다. 10년 뒤 테겔 형무소에서 군복 차림의 프롤레타리아를 경험할 때에는 베딩과 청년의 집이 생생히 떠올랐다. 테겔 형무소에서 습작한 희곡에는 신비스럽고 재능 있는, 그러면서도 불신 가득한 프롤레타리아 하인리히가 등장한다.[157] 이 습작에서 중요하게 다루는 것은 중산층 크리스토프와 무산자의 만남이다. 두 사람 모두 전쟁으로 인해 부상을 입고 죽음을 목전에 두고 있다. 뿌리 없는 사람의 불신을 압도적 신뢰로 극복하려는 시도가 돋보인다.

본회퍼에게는 1931년부터 1933년 사이에 교계에서 일어난 정치적 사건에 개입할 시간이 거의 없었다. 그는 지나치게 신중했던 것으로 보인다. 1931년에는 이미 쾨니히스베르크 교회에서 갈색 제복 차림으로 호르스트 베셀-리트[호르스트 베셀이 작사한 「깃발을 높이 들어라」로서 나치스의 공식 당가(黨歌)를 가리킨다—옮긴이]Horst Wessel-Lied를 부르며 결혼식을 거행하는 상황이 빚어졌다. 1931년 그라이프스발트 대학교가 한 신학생을 상대로 명예훼손 소송을 걸었다. 그 신학생이 "돈을 위해 조국을 배반하는" 자들과 연대하고 싶지 않아 공화국 대학생연맹의 초대를 거부했던 것이다.[158] 1932년, 참모장 에른스트 룀Ernst Röhm이 돌격대Sturmabteilung, SA 성직자를 돌격대 참모부에 배치했고, 요제프 괴벨스는 개신교회 안에서 제단 위의 갈고리 십자기(十字旗)를 우러르게 했다.[159] 그리고 베를린에서는 "독일그리스도인 연맹"이 1932년 11월 교단 선거에서 2,282명을 확보하여 "찬성표"를 던진 2,419명에 맞서게 했다. 이 같은 사태 전개가 정말로 본회퍼의 주의를 끌지 못했던 것일까?

본회퍼는 국수주의의 문제를 둘러싸고 교계에서 공공연히 일고 있던 논쟁에 취향상의 이유로 관여하지 않았던 것 같다. 그는 헬무트 모리츠 슈라이너Helmuth Moritz Schreiner가 『하나님 물음에 직면한 국가사회주의』*Der Nationalsozialismus vor der Gottesfrage*, 1931라는 책자에서 보인 실증적이고 비판적인 모습을 진지하지 못한 것으로 여겼다. 그는 폭넓은 논쟁을 불러일으킨 레오폴트 클로츠 출판사Leopold Klotz Verlag의 책 『교회와 제3제국』*Die Kirche und das Dritte Reich*, 1932에도 찬반을 표명하지 않았다. 강의에서도 그 책을 전혀 인용하지 않았다. 그는 단체를 결성했다. 출판이나 신문을 통한 활동은 그에게 중요한 일이 아니었다.

1932년, 이 젊은 목사는 동료 목회자들의 작은 동아리에 가입했다. 장차 마르틴 니묄러Martin Niemöller의 목사긴급동맹에 꼭 필요한 세포 조직이 될 동아리였다. 카이저-빌헬름 기념 교회 담임목사 게르하르트 야코비의 목사관에서 연구 동아리가 결성되었다. 신학적으로 활기찬 몇몇 목사가 "교회와 목사직"이라는 주제로 아헨바흐슈트라세에 모여 결성한 동아리였다.[159a] 발기인은 야코비와, 마리아 교회 담임목사 헤르만 자세였다. 본회퍼는 "교회-사회 협회 공동 연구 모임"에도 이따금 모습을 드러냈지만, 자신은 야코비의 동아리 소속이라고 느꼈다. 그는 이 동아리에 속해 있으면서 그리스도교 평화주의 쪽으로 방향을 틀었고, 그런 다음 갑자기 그것을 신앙의 한 가능성으로 신봉했다.[160] 1933년 4월, 그는 그 동아리에서 아리안 조항에 반대하는 첫 번째 선전문을 발표했다(DBW 12:349 Anm. 1 참조). 하지만 그의 비판과 이례적인 논제들은 그로 하여금 그 동아리를 지지하도록 자극함과 동시에 그를 어느 정도 고립시키기도 했다. 그는 이렇게 추정했다. "이 동아리에는 의욕 넘치는 이들이 많기는 하지만 신학적으로 조리 있게 말할 줄 아는 이는 하나도 없는 것 같네."[161] "어쩐지 우리 두 사람은 교회의 변두리에 머무는 사람들인 것 같네."[162]

이 모든 행동거지 이면에는 그가 알고 싶어 하고 경험하고자 하는 무언가에 대한 확신이 자리하고 있었다. 그는 자신을 내맡길 만한 차원들을 인도 사람이 제공해 줄 것이라고 여겼다.

> 그것(미국 체류)을 생각하노라니 이번에는 기필코 동양에 가고 싶다는 생각이 미칠 듯이 밀려오는군. 그때가 언제가 될지는 아직은 모르겠네. 머지않아 그리 될 것이네. 이 세상에는 우리보다 더 많이 알고 더 많은 일을 할 수 있는 이들이 있음에 틀림없네. 그곳으로 가서 배우지 않는다면 속물이나 다름없을 것이네. 어쨌든 나치스는 우리가 찾아가서 배울 만한 자들이 아닐세. 내가 지난겨울에 가까이 지내며 알게 된 공산주의자들도 마찬가지일세. 독일인들은 특정한 방향에 고정된 채 어쩌지 못하고 있네. 미국인들보다 더 많이 보고, 더 많이 알고 있지만, 그것으로는 충분치 않다네.[163]

1932년 가을에 교회 "자원봉사 기간"이 만료되면서 인도 여행 계획이 가족 대화 속에서 새롭게 떠올랐다. 1932년 12월 1일, 그는 안넬리제 슈누르만에게 이렇게 편지했다. "아무튼 당신은 이 엽서를 보고 위안을 삼게 될 것입니다. 나는 아직 인도에 있지 않고, 이곳에서 몹시 바쁘게 지내고 있거든요"(DBW 12:28).

설교

이 시기에 본회퍼는 직접적인 참여를 자학적으로 추구함으로써 우리를 깜짝 놀라게 한다. 한쪽으로 치우친 교회 신학을 구상하는 그의 모습은 미숙해 보이기까지 한다. 그는 목적지에 이른 것 같지 않은데도 목적지를 피하거나 새로운 사건들로 나아간다. 이제 그는 생생한 설교자의 모습으로 나타난다. 그는 거리낌 없이 그리고 거침없이 설교한다. 그는 설교를 위대한 사건으로 여긴다. 참여도 설교로 말미암아 하는 것이고, 일체의 치열한 신학행위도 설교로 말미암아 하는 것이며, 국가교회에 대한 비판적인 사랑도 설교로 말미암아 하는 거라는 것이다. 왜냐하면 평화를 실현하고 호소하는 그리스도가 설교 속에서 선포되기 때문이다. 엄밀히 말해서 본회퍼에게 설교만큼 중요한 것은 없었다.

그가 바르셀로나에서 베푼 설교들에는 발랄한 발견의 기쁨이 따라다녔다. 뉴욕에서는 다음의 사실을 발견하고 충격을 받기도 했다. "설교가 시대적 사건들에 대한 교회의 방주(傍註)로 평가절하 되고 있다. 유익한 예화가 설교 행세를 하고……사실에 부합하지 않는 종교 경험을 기꺼이 알리는 것이 설교 행세를 하고 있다."[164] 1931-1932년에 그가 베를린에서 행한 설교는 절박함을 띤다. 나름의 질문과 파악이 생생하게 이루어진다. 그는 설교에 기만이나 종교적 마취가 일절 존재할 수 없다고 생각한다. 그는 프란츠 힐데브란트에게 이렇게 말했다. "살아 계신 예수께서 설교단에서 직접 세상을 향해 말씀하시네. 그분이 방문하시는 이는 누구나 경외에 빠질 정도이지."[165] 또한 그는 "모든 설교는 하나의 사건이 되어야 하네"라며 아래와 같이 말하기도 했다.

> 복음을 충분히 알기 쉽게 설교하는 것은 쉽지 않은 일이네. 참으로 복음적인 설교는 아이에게 잘 익은 사과 하나를 내밀거나 목마른 사람에게 시원한 물 한 잔을 건네면서 "드셔 보실래요?" 하고 묻는 것과 같아야 하네.[166]

바르셀로나에서 행한 설교는 비교적 벽촌 업무에 가까웠다. 그 젊은 설교자가 그곳에서 의지할 것은 자신의 체험 세계와 신앙 세계 그리고 자기 자신뿐이었다.

누구도 그에게 도전하거나 그를 평가하지 않았다. 이제 그는 위기의 몇 달 동안 베를린 중심부에서 선동받을 대로 선동받은 비판적 청중 앞에 서 있었다.

본회퍼는 모범을 찾았다. 한스 피셔를 통해 바르트의 1931년 나사로 설교를 입수했고, 이 본문을 토대로 전혀 다르게 설교했다.[167] 그는 주츠에게 도움을 청했다.

> 나는 모든 것을 다 말하려고 시도하는 설교를 넘어서지 못하고, 결국에는 주제를 소홀히 했다는 견디기 힘든 압박을 받는다네.……자네가 즐겨 하는 설교를 들어 보고 싶네. 그러면 내 설교의 무엇이 문제인지 더 잘 알 수 있을 것 같네.[168]

본회퍼는 매달 해야 할 설교를 그때그때 미리 준비하는 편이었다. 일단 생각이 무르익어 꼴을 갖추면 그것을 힘찬 필치로 기록하고 너무 많이 정정하지는 않았다. 그런 이유로 거의 모든 설교가 그의 사후에 출판될 수 있었다.

원고 없이 한 설교는 바르셀로나 시절에 비해 훨씬 드문 편이었다. 하지만 성서 구절은 여전히 임의로 골랐다. 성서 구절을 고르고 나면 상황에 맞게 설교했다. 본문을 따르되 주제에 맞게 본문에서 끌어낸 것을 전달하는 진술이 주로 이루어졌다. 그 진술은 청중의 가슴에 깊이 새겨졌다. 그는 야코비를 대신하여 두 주일 연속으로 설교하기도 했다. 골로새서의 같은 본문을 토대로 주제를 전혀 다르게 잡아 카이저-빌헬름 기념 교회에서 행한 설교였다.[169] 그는 후일 핑켄발데에서 행한 설교와 달리 그리스도 중심의 설교만 하지도 않았고, 런던에서 한 설교들과 달리 종말론적으로 달아올라 설교하지도 않았다.

본회퍼는 자신이 선정한 본문들을 대단히 능숙하게 다루는 한편, 시국과 교회 정책에 대한 방주가 되는 것을 피했다. 그럼에도 불구하고 그의 설교는 우리가 재구성할 수 있을 정도로 시사 문제와 뚜렷이 연결되어 있다. 그러면 그럴수록 동시대인은 더 힘차게 느끼고 확실한 지침을 얻었다.

1931년 추수감사절 설교 이면에는 그해 겨울의 위협적인 실업과 식량난이 도사리고 있다. 본회퍼는 그것을 독일의 협소한 국경을 넘어 일목요연하게 설명한다. "겨울에는 독일에서만 700만 명의 사람이 일자리를 얻지 못할 것으로, 즉

1,500만 명에서 2,000만 명의 사람이 굶주림을 겪을 것으로 추산됩니다. 영국에서는 1,200만 명 내지 그 이상이 굶주림을 겪고, 미국에서는 2,000만 명이 굶주림을 겪을 것입니다. 현재 중국에서는 1,600만 명이 굶어 죽어 가고 있고, 인도의 형편이 더 나은 것도 아닙니다."[170] 1932년 국민 애도일에 영웅 예찬에 맞서 행한 설교는 귄터 덴에 대한 할렌제 시위를 배경으로 하고 있다. 1932년만큼 국민 애도일 예배가 무거운 긴장감 속에 거행된 적이 없었다. 본회퍼는 아래와 같이 말했다.

> 우리가 너나없이 느끼는 사실이지만, 이 자리에 있는 모든 이는 교란을 원치 않고, 불화를 원치 않으며, 모든 이가 예외 없이 협력하기를 원할 뿐, 이 자리에 있는 누군가가 남이 보지 못하는 특별한 무언가를 보는 것을 원치 않습니다. 이 자리에 있는 누군가가 그 특별한 무언가를 볼 경우, 다들 그를 외면하려고 시도할 것입니다. 그리고 그러한 예언자들이 축제 모임에서 수치스럽게 쫓겨나고, 그들이 섬기려고 하는 국민으로부터 추방당하는 일이 벌어질 것입니다.…… 그러한 시대에는 적어도 예언자가 인기가 없는 까닭에, 교회 역시 인기가 없을 것입니다.[171]

6월 초 프란츠 폰 파펜Franz von Papen이 결국 정부 수반이 되고, 하인리히 브뤼닝이 물러났다. 그리스도인 상당수는 그리스도교 보수 정부에 새로운 안정을 기대했다. 그러나 본회퍼는 1932년 7월 12일 카이저-빌헬름 기념 교회에서 파펜 정부가 하나님의 이름을 오용하는 것을 겨냥하여 아래와 같이 설교했다.

> 우리가 읽은 대로, 정부는 온 국민이 그리스도교 세계관을 통해 파산에서 벗어나야 할 거라고 포고하더군요. 그래서 우리는 개인과 국민 할 것 없이 불가해한 마지막 낭떠러지 앞에서 도피중입니다. "하나님 이름으로, 아멘"이라는 말은 "종교가 다시 장려되고 그리스도교적 세계관이 확산되는 것"을 의미해야 합니다. 하지만 다음의 모든 물음은 대단히 미약하게, 빈약하게, 애처롭게 울릴 뿐입니다. 우리는 "하나님 이름으로, 아멘"이라는 말에 정말로 다시 사로잡힐 것이라고 생각하는가? 우리의 모든 행위가 정말로 그러한 표현에 의해 규정될

것이라고 여기는가? 부유한 이들과 가난한 이들, 프랑스인들과 독일인들이 이 하나님의 이름으로 한데 묶일 것이라고 여기는가? 아니면 자유의지에 대한 우리의 엄청난 갈망, 곧 하나님의 이름으로 우리의 마음에 드는 것만 행하고, 그리스도교적 세계관의 이름으로 한 민족성과 다른 민족성의 반목을 부추겨 어부지리를 얻으려는 갈망이 우리의 종교적 성향 배후에 도사리고 있지는 않은가?……신심이 깊지 않은 게 불순종은 아닙니다. 신심이 깊다고 하면서도, 어떤 정부가 그리스도교적 세계관을 표방할 때 그것으로 만족하고 마는 것이 불순종입니다.……신심 깊은 척하면 할수록, 우리는 하나님이 위험한 분이시라는 사실, 하나님이 자신을 조롱하도록 내버려 두지 않으신다는 사실을 간과하게 될 것입니다.[172]

한 주 뒤, 그는 다시 카이저-빌헬름 기념 교회에서 골로새서에 있는 "위에 있는 것들을 생각하십시오"라는 구절을 왜곡하여 사용하는 교회에 맞서 싸웠다. "아래", 곧 "땅에서" 완고한 저항이 펼쳐지는 까닭은 교회가 땅을 거짓 만족의 아편으로 삼기 때문이라는 것이다. 그런 다음 본회퍼는 아래와 같이 말씀을 선포했다. 설교자 자신에게도 감추어져 있던 투시력이 10년 뒤에야 명백해질 말씀이었다.

순교자의 피를 요구하는 시대가 우리의 교회에 거듭 닥친다고 하더라도, 우리는 놀라지 말아야 합니다. 그러나 우리가 용기와 신의를 갖추지 않은 채 그러한 피를 흘린다면, 그것은 초대교회 증인들의 피만큼 순결하게 빛나지 못할 것입니다. 우리가 흘린 피 위에는 어마어마한 죄과, 곧 무익한 종의 죄과가 놓이게 될 것입니다.[173]

어울리지 않을 만큼 비관적 표현으로 여겨졌다. 그러나 본회퍼의 판단력은 예수의 부르심을 부동자세로 귀여겨듣고, 이 부르심을 선포할 권한을 물음으로써 생긴 것이었다.

본회퍼는 이 시기의 정서들을 제대로 파악하고 있었다. 그리고 속속들이 간파하고 있었다.

지금 자유에 대해 이야기하는 것은 어렵지 않습니다. 독일인의 열정을 일깨우고, 그의 내면에 있는 모든 것을 전율시키고, 그로 하여금 다른 모든 것을 잊게 하는 것에 대해 이야기하는 것도 어려운 일이 아닙니다. 오늘날 독일에는 옛적에 사로잡힌 이스라엘 사람들처럼 자기에게만 깊이 몰두하면서 자유만 동경하는 이들이 상당수 있는 것 같습니다. 그들은 고매한 환상들 속에서 자유의 그림을 보고, 그것을 붙잡으려고 합니다. 그러다 환상에서 깨어나고, 그림은 소실되고 말 텐데 말입니다.[174]

이는 1932년 7월 24일에 행한 설교였다. 7월 31일, 독일인 38퍼센트가 히틀러당을 찍었다.

본회퍼가 1932년 늦여름 방학을 마치고 설교단에 올랐을 때는 이미 또 한 차례의 선거가 있은 뒤였다. 히틀러의 득표율은 대략 33퍼센트로 떨어졌다. 본회퍼의 설교는 국민을 겨냥한 것이 아니라, 종교개혁 기념제를 거행하는 교회를 겨냥한 거였다. 전보다 훨씬 선동적인 설교였다.

우리에게 서서히 분명해지고 있는 사실이지만, 우리는 지금 우리 개신교 생애의 열두 시에 처해 있습니다. 이대로 끝장날 것인지, 아니면 새날을 시작할 것인지를 결단할 시간이 별로 남아 있지 않습니다. 종교개혁 팡파르가 장례식을 위한 팡파르 취주가 되고 있습니다. 종교개혁 기념주일은 참으로 고약한 날입니다.……지금 위독한 독일에 대해 증언하는 1,000곡의 팡파르 사이에서 교회의 죽음을 세상에 고하는 팡파르도 동시에 울리고 있습니다.……종교개혁의 교회는……사신이 "하나님"을 이야기할 때마다 이 하나님이 교회 자체에 맞서신다는 것을 전혀 모르고 있습니다. 우리는 "내 주는 강한 성이요"라고 노래하지만, 하나님께서는 이렇게 말씀하십니다. "그러나 너에게 나무랄 것이 있다!"[175] 종교개혁을 경축하는 교회라면 옛적의 루터가 잠들어 있게 하지 않을 것입니다. 그를 깨워서, 오늘날 교회 안에서 일어나고 있는 온갖 악행을 저지하게 할 것입니다. 그 죽은 자를 우리의 교회로 들여보내고, 그로 하여금 손을 뻗쳐 이 교회를 가리키게 하고, 자신 있는 열정으로 "내가 여기에 서 있다. 나는 바뀔 수 없다!"라고 끊임없이 외치게 할 것입니다.……우리가 "우리는 바뀔 수 있다!"는 말 뒤로 숨어 버린다면, 그것은 참이 아니거나 용서받지 못할 경거망동 내지 교만이 되고 말 것입니다.[176]

이어서 그는 "어째서 오늘날 예배에서 세속주의와 무신성, 로마 가톨릭 교의, 불신, 악습에 이의를 제기하지 않고, 이 시대의 저항에 주의를 기울이지 않는 모든 이들에게 항의하지 않는 것인가요?"라고 물으면서 이렇게 말했다. "작고한 루터에게 안식을 허락하고 복음을 귀여겨들으십시오!" 결론부에서 그는 "오직 믿음으로만"을 배운 종교개혁 공동체에게 아래와 같이 말했다.

종교개혁 기념일에 이런 말씀은 무례한 것처럼 들립니다.……"처음에 하던 일을 하여라!"……불신자들로 인한 예루살렘 파괴의 역사가 섬뜩할 정도로 우리에게 닥쳐오기 시작하고 있습니다. 어쨌든 이러한 붕괴 속에서 전몰장병들의 무훈에는 찬사를 보내고 싶은 마음이 없습니다. 하나님은 주님이십니다.[177]

공화국 대통령 힌덴부르크가 이 예배에 참석했다는 소문이 있지만, 이는 틀린 소문일 것이다. 이따금 저녁에도 거행되는 교목의 정규 "대학 예배" 외에 아침에 간헐적으로 거행되는 "대학 예배"도 있었다. 이 예배에서는 대학교수들이 설교했고, 본회퍼는 그들 축에 들지 못했다. 따라서 힌덴부르크는 그 종교개혁 기념일에 베를린 대학교에서 주관한 예배에 참석했을 것이다. 그 예배는 개강 예배이기도 했다. 힌덴부르크는 거기에 모습을 나타내곤 했고, 그럴 때면 예배는 훨씬 호화찬란했다. 학생조합들, 학우회들, 향우회들이 축제 예복을 입은 채 깃발을 들고 나타났기 때문이다. 보통 때보다 장엄하기는 했지만 그다지 놀랄 정도는 아니었다.

본회퍼의 설교들은 몇 주도 지나지 않아 새로운 반향을 얻었다. 그의 설교들은 더 위로가 넘치고, 승리를 더 확신하고, 더 도전적이기까지 했다. 히틀러의 권력 승계 뒤에 행한 첫 설교는 아주 적은 수의 병사를 데리고 출전하여 승리를 거둔 하나님의 용사 기드온을 다룬 것이었다(DBW 12:447-454).

가족에게 목사의 역할을 해야 할 경우, 그는 약간 완고하게 처신했다. 본문을 요약한 것이 분명한데도 가족들이 그것을 알아채지 못할 수 있다는 우려 때문에 개인적으로 더욱 신중할 수밖에 없었다. 사정이 여의치 않을 경우에는 축제를 벌이고, 핵심을 말하되 가족이 공동으로 펼치는 공연을 화제의 실마리로 삼기 위해 고심했다.[178]

VII. 에큐메니칼 활동

귀국해서 수행한 활동

에큐메니칼 청년 간사 직위를 맡고 케임브리지에서 귀국한 그는 이미 독일에서 활동 중인 에큐메니칼 단체들을 더 잘 알게 되자마자 될 수 있는 대로 빨리 그들의 활동에 끼어들 수밖에 없었다. 상당수가 본회퍼를 고무자로서 환대했지만, 다른 이들은 그를 성가신 침입자로 여겼다.

청년 간사 직위를 맡은 그는 본국에서 무엇을 발견했는가?

그가 중시한 단체는 "에큐메니칼 친선 활동을 위한 초교파 개신교 청년단"이었다. 이 청년단은 1930년에 결성되어 지크문트-슐체와 대부대자(代父代子)관계임을 드러내는 단체였다. 그 청년단에서는 개신교 청년단체연맹, 자유교회 연합, 독립교회 연합 대표들이 제휴하여 하나의 공동 연구 모임을 발족한 상태였다. 이 길에는 예컨대 동독일 청소년연맹 피수꾼이자 목사인 프리드리히 페터Friedrich Peter도 있었다. 일찍이 NSDAP 당원이 되어 1933년 독일-그리스도교단 마그데부르크 감독이 된 그는 1933년 이전에 에큐메니칼 활동에 뛰어든 사람이었다. 공동 연구 모임의 과제는 에큐메니칼 사상을 각 연합체에게 알리는 것이었다. 1930년 10월부터 『뉴스 보도』Nachrichtendienst라는 회지를 발간했다. 실권은 침례교도 헤르베르트 페트리크가 쥐고 있었다. 그는 지크문트-슐체와 함께 케임브리지 대회 독일 청년 대표단을 꾸린 인물이었다.[179]

세계교회친선연맹 독일 협회는 독자적인 베를린 대학생 동아리를 거느리고 있었다. 이미 1929년과 1930년에 볼테르스도르프에 소재한, 단호한 그리스도교를 위한 동맹 건물에서 회의를 개최한 동아리였다. 이 회의에서 발표한 이는 막스 디스텔, 칼 티메Karl Thieme 박사, 발터 구트켈히Walter Gutkelch 박사였다.

라인란트와 베스트팔렌에서는 관구총감독 빌헬름 쵤너Wilhelm Zoellner의 제안으로 젊은 목사들의 공동 연구 모임이 결성되었다. 주로 "신앙과 직제" 문제들을 연구하는 모임이었다.

A. W. 슈라이버의 제안으로 가장 상이한 참여자들이 그의 관저에 모여 에큐메니칼 저녁 모임을 가진 것에 대해서는 이미 말한 바 있다.

이 모든 것은 광범위한 군소 단체들이거나 영향력이 큰 군소 단체들이었다. 하지만 전부터 이름을 떨친 신학부 교수들 및 세계회의가 열릴 때마다 신문에 이름이 오르내리는 교계 저명인사들은 물론이고 이들 단체도 히틀러가 집권하기 이전의 독일에서 새로운 운동이 상당히 깊게 뿌리내렸음을 보여준다.

본부

디트리히가 아직 미국에 있을 무렵, 저 산재한 단체들로부터 조정자 역할을 하는 상부조직, 곧 "에큐메니칼 청년 활동 독일 본부"라는 이름의 상부조직이 생겨났다. 슈라이버 박사와 교회연합회 사무국이 주요 후원자였다. 다들 현 조직 외에 다른 조직을 두지 않고, 공동의 관심사를 더 잘 대변하려고 했다. 뮌스터 출신의 빌헬름 슈텔린 교수가 본부의 관리자였고, 세계교회친선연맹 사무실의 페트리크가 먼저 본부 서기를 맡았다. 본부의 과업은 세 가지였다. a)에큐메니칼 협의회에 알려진 문제들을 신학적으로 철저하게 연구하기. 때문에 처음부터 "청년 활동"의 범위를 넘어서는 경향이 있었다. 1932년 4월에 열린 더 큰 규모의 1차 대회 석상에는 실제로 더 나이 많고 노련한 신학자들이 등장했다. b)에큐메니칼 사상을 더 효과적으로 전파하기. c)보도기관 마련, 회의 계획, 해외교류 추진.

본회퍼가 케임브리지에서 돌아왔을 때에는 이미 중개소가 존재하고 있었다. 그는 그곳을 토대와 수단으로 삼아 일할 수 있었다. 얼마 지나지 않아서는 국제간사 자격으로 이 환경에서 결정적인 역할을 하면서 페트리크를 대신하기도 했다. 또한 사무실 직원 자격으로 교회연합회 사무국에서 슈라이버의 에큐메니칼 서적 단평을 마음껏 이용할 수 있었다.

본회퍼는 주로 재정적 어려움과 정치적 장애 요소 때문에 활동에 어려움을 겪었다. 케임브리지 대회가 끝나자마자 성급하게 계획을 세우는 청년 간사들에게 H. L. 앙리오가 케임브리지 대회 결의사항이라며 이렇게 편지했다. "청년 위원회는 최소 경비로 활동하면서 최대 효과를 발휘해야 합니다."[180] 하지만 본회퍼가 그에게 "현재로서는 독일 측 관계자에게 자비로 이바지하기를 기대할 수 없습니다"라고 통지하자,[181] 앙리오는 제네바 예산이 증액되었다고 답신하며 안심시켰다.

본회퍼는 본국에서 정치적 난제를 해결하지 않으면 안 되었다. 히르쉬와 알트하우스가 1931년에 낸 성명서가 청년 분과에서 특히 효과를 발휘했다. 1932년 2월 1일자 『그리스도교 세계』는 아래와 같이 보도했다.

> 독일 개신교 청년 연합의 파수꾼 D. 슈탕게가 국제회의 초대장을 받고 이렇게 답했다. "독일에서 파견할 거라고 생각하지 말고, 부당한 처사와 억압에 대한 저항의 말을 기다려야 할 것이다."[182]

제네바 군축 회의가 시작되기 전에 터져 나온 답변이었다. 독일 YMCA가 슈탕게의 입장 표명에 명시적으로 동조했다. 본회퍼는 4월 4일에 런던에서 열린 위원회 회의에서 반대에 관해 보고하고, 그것을 해결하기 위해 취할 수 있는 조치에 대해서도 보고했다. 회의록 내용은 아래와 같다.

> 독일 YMCA는 올해 국제회의에 어떤 대표도 파견하지 않겠다고 한다. 에큐메니칼 청년 활동 독일 본부가 결성되어 회의에 참석할 대표를 물색하는 일에 협조했다. 의장은 슈텔린이 맡고, 서기는 본회퍼 씨가 맡았다. 그들이 국제회의에 기꺼이 참석할 젊은이들의 명단을 제출했다.[183]

본회퍼가 찾아낸 대표들은 칼 게르하르트 슈테크Karl Gerhard Steck, 칼 놀트Karl Nold, 디트리히 폰 오펜Dietrich von Oppen, 베르너 코흐Werner Koch 등이었다. 릴예가 베르너 코흐를 추천했다. 게다가 프리츠 죌만도 대표단에 합류했다. 그는 후일 『젊은 교회』Junge Kirche의 편집자가 될 사람으로서 당시에는 『전진』과 『개신교 월간지 정치와 문화』Evangelische Monatsschrift für Politik und Kultur의 편집자였다. 에버하르트 뮐러Eberhard Müller, 에른스트 추어 니덴Ernst zur Nieden, 안나 파울젠Anna Paulsen, 헤르만 자세, 헤르만 슈트라트만Hermann Strathmann이 이들 잡지의 기고자들이었다. 결국 본회퍼는 자신의 대학생들로 이루어진 더 친밀한 동아리에 차츰차츰 의지했다. (파뇌 대회에서는 독일 대표단이 그들로만 꾸려졌다!) 그들 모두 배척에도 불구하고 그러한 "국제회의"에 참여할 준비가 되어 있었다.

국내 회의들

a) 에큐메니칼 청년 활동 독일 본부는 1932년 4월 29-30일에 교회연합회 사무국에서 신학 회의로 자신을 확실히 소개했다. 이 회의는 전형적인 독일식 회의로서 디트리히 본회퍼의 작품이었다. 전형적인 독일식 회의라고 한 것은 에큐메니칼 활동을 신학적으로 정초하는 것이 관건이었기 때문이다. 1934년 언젠가 윌리엄 템플은 아내에게 보내는 편지에서 아래와 같이 다소 성급하게 말했다.

> 독일인들은 자신들의 견해가 창조 안에 깃든 신의 의도에 의지하고 있음을 보여주지 않고는 내일 무슨 일을 할지 논의하는 법이 없다오. 그 의도의 존재가 먼저 확정되어야 한다는 거요.[184]

"창조 안에 깃든 신의 의도"가 대단히 중요했다. 1933년, 이 "의도"에 대해 생각하는 것에 비례하여 아주 가혹한 결과들이 가시화되었다. 회의는 본회퍼가 에큐메니칼 활동의 근본 문제로 간주한 다음의 두 가지를 다루었다. "교회와 교회들"과 "교회와 민족들." 하나는 종파 문제를 거론한 거였고, 다른 하나는 평화 문제를 거론한 거였다. 달리 말하면 하나는 전통의 지속이었고, 다른 하나는 시급한 사명이었다. 민족의 문제와 "창조에 걸맞은" 민족의 품위 문제를 두고 논쟁하는 데 주안점을 두었다. 결과적으로 심각한 균열들이 드러나고, "심한 당혹감"이 확인되어, 가을에 회의를 반드시 속개하기로 했지만(DBW 11:317), 본회퍼는 이 회의를 성심껏 준비하고(DBW 11:73f.), 거기에 엄정함을 보태어 상세히 보고하기까지 했다.[185] 본회퍼의 보고서는 여러 견해차를 드러내는데, 이는 나중에 일어날 교회투쟁의 다음과 같은 전선들을 미리 암시한다. 독일그리스도인연맹과 교회 위원회들, 루터교 협의회, 온건파 고백교회와 급진파 고백교회.

발표와 보충발표는 빌헬름 췰너와 슈텔린이 맡았다. 좀 더 나이 든 에큐메니칼 전문가 중에서는 아돌프 다이스만, 막스 디스텔, 지크프리트 크나크가 발언했고, 좀 더 젊은 에큐메니칼 전문가 중에서는 릴예와 헤켈과 국가사회주의 목사 페터가 발언했다. 헤켈은 당시 교회연합회 사무국 해외 담당자이자 훌륭한 개혁 신학자로서 이름을 날렸다. 특히 페터가 꼬치꼬치 따지며 격렬히 언쟁했다. 본회퍼는 토론 참여자 가운데 가장 나이가 어렸다. 그는 개진된 신학적 논거들 가운데 어느 것에도 만족하지 않았다. 그는 릴예의 지지로 연장자들을 논박하고, "이단" 개념과 "이단" 문제를 새로 파악하지 않으면(DBW 11:321) 에큐메니칼 활동이 진리를 약화시키게 될 거라고 주장했다. 그는 빌헬름 슈텔린이 자신의 논제에 끼워 넣은 "창조 질서"를 가장 비판적으로 논박했다(DBW 11:323f.). 지치지 않는 구변을 지닌 페터는 "군복무 준비가 된 장정들"이 국가 유지와 민족 유지를 위해 행진해야 한다(DBW 11:326)고 설교조로 말하고는 토론회에서 발언한 장황한 내용의 글을 가장 먼저 본회퍼에게 넘겼다(DBW 11:92). 본회퍼가 인쇄를 담당했기 때문이다.

b)본회퍼가 『떡갈나무』에 게재한 토론 결과 보고서는 1932년 12월 9-10일에 열릴 2차 본부 회의 준비 작업으로 여겨졌다. 12월 회의를 위한 새 초대장에는 다음과 같은 내용이 쓰여 있었다. "이제껏 이루어진 토론과 관련하여 이번에는 앞서 언급한 두 가지 문제, 곧 **민족**의 신학적 장소와 **종파**의 의미를 에큐메니칼 운동과 엮어 지어 논의할 것이다." 이 초대장에는 슈텔린과 본회퍼의 서명이 담겨 있었다. 이번 회의는 "독일 에큐메니칼 공동 연구 모임"의 베를린 회의를 겸해 열렸다(DBW 12:21). 스톡홀름, 로잔, 세계교회친선연맹이 하위 위원회들과 함께 상당히 화기애애하게 보조를 같이했다. 소집 안건에 새로운 메모가 추가되었다. 다들 페터를 대체하고 싶어 했기 때문이다. 본부 관리자 슈텔린이 아래와 같이 제안했다.

최근에 나는 그리스도교청년연맹 소속 대학생 공동 연구 모임에서 (베를린 선교 협회의) 선교 감독관 바이헤르트와 유익한 대화를 나누고, 그의 진지함과 선견지명에 큰 감동을 받았습니다. 나는 그가 국가사회주의 독일노동당 수뇌부 일원이라는 이유로 다들 그를 초청하는 것을 달가워하지 않는 것을 이해합니다. 하지만 그는 페터와는 수준이 전혀 다른 인물입니다.[186]

본회퍼가 슈라이버에게 투표를 제안했고, 결국 바이헤르트가 초대를 받았다. 바이헤르트는 장차 1933년 5월 16일에 출판된, 훨씬 온건한 『독일그리스도인연맹 지침』의 공동 저자가 될 사람이었다. 복음전도의 특색과 유대인 문제에 대해 그다지 공격적이지 않은 표현들을 담고 있는 이 책에는 루트비히 뮐러, 칼 페처Karl Fezer, 요아힘 호센펠더Joachim Hossenfelder, 루트비히 바이헤르트Ludwig Weichert의 서명이 박혀 있다. 바이헤르트는 1933년 5월 31일 독일그리스도인연맹을 탈퇴했다.

12월 본부 회의 보고서를 『떡갈나무』에 게재하는 안이 부결되었다. 보고서가 4월 회의에 비해 "본질적으로 새로운 내용을 담지" 못했고,[187] 봄에 열릴 교회연합회 사무국 회의에 다들 몰두했기 때문이다.

c)1933년 3월 6일부터 9일까지 교회연합회 사무국 회의가 다셀에서 열렸다. 사회는 빌헬름 죌너가 맡고, 오토 첸커Otto Zänker와 슈텔린이 강연을 맡았다. 울예Ulje, 헤르만 자세, 발터 프라이타크Walter Freytag, 빌헬름 멘Wilhelm Menn, 요하네스 에거Johannes Eger, 아우구스트 마라렌스August Marahrens, 막스 디스텔이 그 자리에 참석했다. 의제는 본부 의제와 흡사하여, "국가적인 것과 국제적인 것", "종파와 진리"라는 문제를 주시했다. 1932-1933년 세계교회친선연맹 연차 보고서는 다셀 회의를 "1932년 12월 9일 세계교회친선연맹 베를린 본부에서 '독일 에큐메니칼 사역의 공동 관점'을 주제로 열린 회의의 속개"로 기술했다.

토론회에서 본회퍼가 고백 문제를 거론하며 한 발언 두 가지가 보존되어 있다.[188] 요약된 이 두 발언에서 본회퍼는 의식적 루터교도로 정체를 드러낸다. 그는 에큐메니칼 협의회에서 언제나 루터교도이고자 했고, 1935년에 쓴 기조 논설과 투쟁 강령에서는 자신이 의식적 루터교도임을 드러냈다. 그는 다음 두 가지를 똑같이 고수하고자 했다. 종파 상대주의의 위험 피하기와 종파 절대주의의 완고함 해결하기. 그는 진리에 관한 다셀 의제를 말씀의 양면적 진실에 관한 의제로 이해하고자 했다. 진리는 하나님의 말씀으로 나타남과 동시에 공동체가 고백하는 말씀으로 나타나기 때문이다.

> 에큐메니칼 대화는 신앙고백 속에서 그리고 여타의 진술을 인간적으로 보류하는 가운데 실현된다.……루터교의 메시지는 참회하는 교회의 인식이다.[189]

우리는 에큐메니칼 협의회에 고백교회의 자리를 마련하기 위한 본회퍼의 투쟁 속에서 이 다셀 회의의 신학적 단초를 발견할 수 있다. 이 투쟁은 후일 거듭해서 폭넓게 전개된다.[190]

지역적 협력

본회퍼는 세계교회친선연맹 지역 조직과 세계교회친선연맹 국가 조직의 요구사항들도 외면할 수 없었다. 따지고 보면 그 조직은 그의 토대나 다름없었다. 그를 에큐메니칼 활동에 입문시킨 것도 그 조직이었다. 베를린에서는 1932년을 위해 집중적인 연구 프로그램을 마련했다. 본회퍼는 이 프로그램에서 신선한 느낌을 담아 **사회 복음**을 발제했다(DBW 12:203-212). 그는 자신의 느낌들만 신뢰하지 않고, 이 주제를 다룬 피스르트 호프트의 입수하기 힘든 책을 구하려고 몇 차례 편지를 보내기도 했다(DBW 12:29, Anm. 4). 본회퍼의 입에서 실제로 터져 나온 비판은 그다지 격하지 않았다. 해외 회의석상에서는 **사회 복음**의 단견을 혹평했지만, 이 자리에서는 국내의 청중 앞에서 사회 복음의 공로를 높이 평가하는 것이 더 중요했기 때문이다. "하나님 나라를 둔세적으로 이해하기보다는 현세에서 하나님 나라를 이루는 것이 확실히 성서적이고 옳다"는 것이다.[191]

세계교회친선연맹의 국가적 지평에서 느낀 대로, "국제주의"의 지평과, 평화주의의 성향을 지닌 것으로 비난받는 에큐메니칼 활동가들의 지평을 향해 역풍이 점점 거세게 불어왔다. 이미 1932년에 세계교회친선연맹 독일 연차회의를 취소하지 않으면 안 되었다. 창립 무렵 사람들이 비참한 재정 상태만 보고했기 때문이다. 그럼에도 불구하고 1933년에 대표단들과 방문객들을 헤른후트로 초대했다. 하지만 이번에는 명백히 정치적인 이유로 그들의 초대를 또 다시 취소하지 않으면 안 되었다. 세계교회친선연맹은 독일 영토 내의 지역 조직들 속에서 잠시 명맥을 이어갔지만, 국가적 지평에서는 1932년에 가동을 멈춘 상태였다. 1933년, 지역 조직들은 본회퍼가 복음서에서 끄집어내어 열정적으로 대변한 평화 계명을 고수하고, 불가피해진 "종파"를 토대로 그 계명에 새롭게 매진하려 했고, 그래서 일체의 공개 활동을 포기한 채 지하로 숨어들 수밖에 없었다.

"생활과 실천" 협의회와 "신앙과 직제" 협의회는 형편이 조금 나았다.

이들 협의회는 1932년에 몇 차례 만난 이후 신학을 두드러지게 강조하는 젊은 신학자에게도 관심을 보이기 시작했다. 1933년, "신앙과 직제" 협의회가 디트리히 본회퍼에게 로잔 운동 독일 준비 위원회에 입회해 달라고 청했다. 그를 가을 회의에 초대한 것이다.[192] 이 협의회에는 빌헬름 촐너, 마르틴 디벨리우스Martin Dibelius, 헤르만 자세, 게오르크 보버민, 하인츠 렌케비츠Heinz Renkewitz, 아우구스트 랑August Lang이 선구자로 참여하고 있었다. 본회퍼는 곧바로 여러 공동 연구 모임 가운데 하나를 이끌어야 했다. 1937년에 열릴 "신앙과 직제" 협의회 10주년 회의를 준비하는 모임이었다. 본회퍼가 런던으로 떠나면서 이 계획은 수포로 돌아갔다. 그러다 1935년에야 총무 레너드 호지슨Leonard Hodgson을 통해 본회퍼와 "신앙과 직제" 협의회의 접촉이 다시 이루어졌다. 그 후 중요한 서신 왕래가 서서히 이루어졌지만, 협력은 전혀 이루어지지 않고, 심각하고 비극적인 차이들만 드러났다.[193]

국제 청년 간사

본회퍼는 에큐메니칼 활동을 하면서 외국 교회들과의 관계에 주안점을 두었다. 당시의 독일 신학자들에게서는 좀처럼 보기 어려운 풍부한 외국어 실력과 신학적 소양 그리고 해외 경험을 두루 겸비한 그는 대다수 독일인 동료 신학자들보다 뛰어난 사람이었다. 해외 파트너들, 특히 영어를 말하는 이들이 보기에 그는 이따금 전형적인 독일인, 거추장스럽고 비실용적인 신학 분석을 선호하는 사람처럼 보였다. 그들이 알아챈 것은 그의 집요함만이 아니었다. 그들은 그의 매력과 유머, "선한 사람"에 대한 이해력도 알아챘다.

그는 자기장 속에, 곧 끌어당기기도 하고 밀어내기도 하는 흐름 속에 있는 듯, 이 에큐메니칼 영역 속에서 자신이 강인하게 바뀌고 있다고 느꼈다. 그는 평화 사명을 끊임없이 호소하면서 이 외국인들 가운데 수많은 동지를 만났지만, 이 동지들은 그의 신학적 기초를 전혀 이해하지 못했다.

케임브리지 대회가 끝나고 얼마 지나지 않은 1931년 10월, 본회퍼는 자신이 책임지고 있는 유럽 권역에 첫 번째 서한을 발송했다. 1932년에 있을 대규모 청년 대회를 준비하기 위해서였다. 사안들에 대한 사전 논의를 진행시키고, 예컨대 실업자 문제 논의를 위한 사실과 논제들을 미리 숙지시키고 싶었기 때문이다(DBW 11:34).

1932년에 열린 스위스 글랑 대회가 첫 번째 과녁이었다. 그 외에 여러 해 전부터 이어져 온 전통 속에서 소위 지역 회의를 계획했다. 본회퍼가 참여할 첫 번째 회의 장소는 그의 책임 권역 밖에 있었다. 그곳은 다름 아닌 런던 엡솜이었다. 엡솜 회의는 런던에서 열린 청년 위원회 전체 정기 회의와 연계한 것이었다.

런던 엡솜

본회퍼에게는 회의 시점이 불리했다. 그는 1932년 4월 4일 런던 회의에 참석하기 위해 프리드리히스브룬에 있던 베딩 견신례수업 학생들 곁을 미리 떠날 수밖에 없었다. 하지만 10일에는 베를린에 돌아와 있고 싶었다. 생애 두 번째 맞이하는 대통령 선거 투표를 놓치고 싶지 않았기 때문이다. 게다가 이날은 바르트가 베를린에 오기로 한 날이었다.[194] 때문에 본회퍼는 케임브리지에서 사귄 새 친구들을 서둘러 만날 수밖에 없었다. 게다가 긍정적인 보고 내용도 많지 않았다. 피에르 C. 투레유의 처지가 훨씬 나았다. 회의록 내용은 다음과 같다. "대체로 (프랑스) 청년들은 국제주의에 호의적인 반면……부모들은 그렇지 않았다. 독일은 정반대였다." 회의에서는 주로 글랑 회합을 다루었다. 이 회의에는 헨리 왓슨 폭스Henry Watson Fox, R. E. 벌링엄Burlingham, P. C. 스틸Steele을 통해 "생활과 실천" 협의회도 참석했다. "생활과 실천" 협의회도 글랑에서 회의를 함께 개최하기로 되어 있었기 때문이다.

엡솜 회의는 F. W. 토마스 크래스크와 피에르 C. 투레유의 책임 아래 열린 프랑스-영국 지역 회의였다. 본회퍼는 비판적인 손님이었다. 『떡갈나무』에 실린 그의 보고서가 그 점을 여실히 보여준다.[195] 그는 모임의 기초에 엄밀한 신학 연구가 없음을 아쉬워하면서 "기분 좋은 국제 우호 감정"의 결함을 주로 지적했다(DBW 11:316). 그는 빈약한 정보에 조바심을 냈다. 주츠에게 보낸 개인 편지에서 그는 융숭한 환대를 치하하면서도 "대단히 쓸데없는 회의"라고 다소 화난 투로 평가했다.[196]

베스터부르크 회의

그는 7월 12일부터 14일까지 베스터발트 베스터부르크에서 열린 독일-프랑스 지역 회의를 훨씬 긍정적으로 평가했다. 그가 피에르 C. 투레유와 함께 책임지고 개최한 회의였다(DBW 11:37, 75f., 358f.). 의제는 "가톨릭과 볼셰비즘 사이에 놓인 독일-프랑스 신교의 일치"였다(DBW 11:358). 독일과 프랑스 사이에 오랫동안 조성되어 온 긴장이 이 기간에 새로운 압박으로 참여자들을 짓눌렀다. 프랑스 측의 완고한 대변자가 제네바 군축협상을 어림없는 일이라고 주장하자 독일 대표단이 퇴장했기 때문이다. 그러나 청년들이 직접 얼굴을 맞대고 견해차에 맞서 싸우는 것은 유익한 과제였다. 토의를 위해 "논제와 발표문"들을 오랫동안 준비하고 일부는 교환해서 읽기까지 했다(DBW 11:358). 본회퍼가 소개말을 맡고, 칼 놀트와 프랑스인 한 명이 주제 발표를 맡았다. 저녁에는 독일 측의 프리츠 졸만과 아우구스트 데 하아스August de Haas가 보고했다. 아우구스트 데 하아스는 드레스덴 출신의 개혁파교회 목사로서 후일 고백교회의 비타협적 논객이 된다. 본회퍼는 프랑스인들에게 국가사회주의로부터 무엇을 기대할 수 있는지를 설명했다. 그는 이 토의에서 논의된 내용을 『떡갈나무』에 보도하면서 다음과 같이 비난했다. 1941년 제네바에서 영국으로 보낸 그의 각서 속에서도 그대로 사용된 그 비난의 내용은 이러하다. "국가사회주의가 현재의 형태를 취하게 된 데는 외국의 정책의 책임이 가장 크다."[197] 회의는 성과가 컸다. 1933년 재회를 준비하는 연구 동아리가 결성될 정도였다. 그해 말에 본회퍼는 공과대학 예배에서 베스터부르크 회의를 다시 화제로 삼았다.

> 이 본문(다니엘 10장)이 난생 처음 저에게 인상 깊게 다가온 그날을 잊지 못하겠습니다. 독일 청년들과 프랑스 청년들의 한 모임에서 있었던 일입니다. 우리는

교회라는 공동의 기초 위에 모여 우리 사이에 놓인 문제들에 관해 이야기하고, 하나님께서 우리 시대에 내리신 계명, 곧 "이 땅 위에서 평화를 이루라"는 계명에 복종하고자 했습니다.……우리의 복음이 걱정되었기 때문입니다.……우리가 다소 겁을 내며 모였을 때, 한 프랑스 청년이 바로 이 말씀을 읽었습니다.……그가 "평안하여라. 강건하고 강건하여라"는 대목에 이르렀을 때, 우리는 이렇게 말할 수 있었습니다. "주님, 당신께서 저희를 강하게 하셨으니, 이제 말씀하소서!"[198]

체르노호르스케 쿠펠레 회의

베스터부르크 회의가 있고 열흘 뒤, 7월 31일에 있을 선거를 위해 베를린에서 선거전이 한창 진행될 무렵, 본회퍼는 다시 열차 속에 앉아 있었다. 와병 중인 막스 디스텔 대신 3주 동안 여러 회의에 참석하기 위해 체코슬로바키아로 떠나는 길이었다(DBW 11:84). 마지못해 맡은 것이기는 하지만 그는 이 과제를 통해 에큐메니칼 활동과 평화 문제를 다룬 가장 중요한 논문 가운데 하나를 쓸 수 있었다(DBW 11:327-344).

카르파티아 산맥—오스트리아 영토일 때에는 바트 슈바르첸베르크로 불렸다—의 체르노호르스케 쿠펠레에서 회의를 열고 난 뒤, 본회퍼는 국제 청년-평화 대회에 초대받았다. 이 대회의 실권은 신생 체코슬로바키아 교회와 그 총대주교 프로하스카가 쥐고 있었다. 교회의 장애 요소, 재정적 장애 요소, 정치적 장애 요소는 프란츠 M. 흐니크Franz M. Hnik가 해결해 주었다. 흐니크는 체코슬로바키아 교회 최고 위원회 국제 서기로서 자기 나라 교회를 에큐메니칼 상부구조에 편입시키고 에큐메니칼 협의회의 증서를 얻기 위해 효과적으로 힘쓴 인물이었다.[199] 이 회의에는 케임브리지 청년 협회 지도자 I. C. 베이컨Bacon, 세계교회친선연맹 지부 서기 R. E. 벌링엄, 런던에서 온 헨리 왓슨 폭스, 총대주교 구스타프 아돌프 프로하스카Gustav Adolf Procházka, 주교 요제프 로스티슬라프 스테예스칼Josef Rostislav Stejskal, 프라하에서 온 조직신학자 알로이스 스피사르Alois Spisar, 교수 에마누엘 라들Emanuel Rádl, 프라하 후스 신학대학교 학장 프란티제크 칠카Frantisek Zilka, 파리에서 온 피에르 C. 투레유, 빈에서 온 마르가레테 호퍼Margarete Hoffer 등이 참석했다. "현대 젊은이들 그리고 그들과 영적 이상의 관계" 내지 "여론과 세계 평화" 같은 주제들 중에서 본회퍼가 강연을 위해 잡은 주제는 "세계교회친선연맹 사역의 신학적 정초를 위하여"였다. 눈에 띌 정도로 한심하고 지루한 주제였다. 실제로 상당수 참가자들에게는 쓸데없고 지루한 것으로 여겨졌을 것이다. 하지만 숙고를 요하는 내용이었다. 어쨌든 각 사람의 손에는 잘 준비된 논제 쪽지가 들려 있었다.[200]

본회퍼가 이 자리에서 강연한 내용은 이 회의의 테두리를 훨씬 넘어서는 것이었다. "에큐메니칼 운동에는 신학이 전혀 없다"(DBW 11:327)는 도발적인 서론과 결론들을 어느 누가 평가할 수 있었겠는가! 이제까지 세계교회친선연맹은 본회퍼가 강연에서 지적한 것과 똑같은 모습으로 보였던 것일까? 그는 그렇게 보았던 것일까? 본회퍼는 약간 한적한 곳에서 성찰하는 가운데 다음의 사실을 알아챘다. "대단히 평범한 회의를 마치고……방금 돌아왔네. 이 에큐메니칼 활동 전체의 가치에 대해 갈피를 잡을 수 없게 하는 회의였네." 그는 적절한 토론이 없었음을 아쉬워하며 자신의 강연과 관련하여 자기비판을 계속했다. "(나는) 내 신학적 양심을 달래려 했지만 대단히 많은 물음표만 단 격이었네."[201]

본회퍼의 공격은 세 방면을 겨냥하여 이루어졌다.

1. 에큐메니칼 협의회의 연로한 실무자들에 대한 공격. 이들은 자신들의 활동을 신학적으로 뒷받침하는 것을 회피한 채 에큐메니칼 기구들을 목적조직으로 만들어 정치적 경기변동에 종속시키는 자들이다. 그들은 "신앙과 직제" 협의회의 존재로 만족하면서 그 협의회를 에큐메니칼 신학의 발생지로 여긴다. 그러나 그것은 착각이다. 세계교회친선연맹이 최근에 다음과 같은 비난에 무방비 상태가 된 것은 에큐메니칼 신학의 결핍 때문이다. "에큐메니칼 활동에 몸담은 자는 조국애가 없는 자, 거짓된 자라는 비난을 받을 수밖에 없다. 말대꾸해 봐야 소용이 없다."[202]

2. 『개신교 루터교회 신문』이 히르쉬와 알트하우스의 선전 선동에 지면을 할애한 것처럼, 종파주의와 야합한 민족주의에 대한 공격. 본회퍼는 "창조 질서"라는 기본 개념에 신학적으로 맞서 싸운다(DBW 11:335-338).

3. 회의의 성급한 결의에서 드러난 앵글로색슨계의 하나님 나라 이상 및 평화 이상에 대한 공격.

세계교회친선연맹이 추진하는 것과 같은 타협 작업은 "크게 통합하는 선포" 속에서만 의미를 갖는다(DBW 11:342). 그는 그 선포를 중시하지 않는 회의를 "헛되이 지껄이는 시간"이라 부른다(DBW 11:343). "본질적이고 참된 의미에서 타협은 현재에 충실한 선포와 신학을 통해서만 존재할 수 있다."[203] 하지만 세계교회친선연맹이 그리하려면 "교회"가 되라는 도전, 거의 불가능한 도전을 받아들여야 했다. 본회퍼는 그보다 못한 것을 결코 바라지 않았다. 이 단서는 세계교회친선연맹이 교회들을 비교하여 통계를 내는 단계를 넘어, 종파 문제를 해결하려고 시도해야 함을 의미했다. 그러나 그 요구대로 세계교회친선연맹이 "교회"가 되려면, 자신이 특별히 파악한 평화 메시지를 실행에 옮기지 않으면 안 되었다. 세계교회친선연맹이 할 일은 평화 계명의 진리를 뒷받침하는 것이 아니라, 평화 계명을 실천에 옮기는 거였다. "교회는……하나님의 계명을 정당화하려는 모든 시도를 포기해야 한다. 하나님의 계명을 실행에 옮기는 것이 교회다. 그렇지 않으면 교회는 아무것도 아니다."[204] 교회가 이행하지 않으면, 하나님의 계명은 새된 불협화음이 되고 말 것이다. 그 이유는 "진리가 갈가리 찢어지기 때문이다. 그리고 그것은 우리의 말을 허약한 말, 거짓말로 만들 수밖에 없다."[205] 그런 뒤에야 그것은 에큐메니칼 실존을 위한 노력을 한층 더 장려할 것이다.

이처럼 본회퍼는 에큐메니칼 운동을 수준 높게 보았다. 이 운동 속에서 소수만이 그를 따랐다. 후일 교회투쟁 속에서 다수는 결과를 헤아리는 것을 너무도 경솔한 짓으로 여겼다. 1932년, 본회퍼처럼 집요하게 물음을 던지고, 종파 문제와 평화 문제의 관계를 알아챈 소수 가운데 한 사람은 헤르만 자세였다.

당시 본회퍼의 숙고에 주목한 이는 지크문트-슐체 한 사람뿐이었다. 그도 세계교회친선연맹의 인본주의-자유주의적 기초가 어떻게 무너질 것인지를 알아챘던 것이다. 그는 1932년 『떡갈나무』의 마지막 논설에서[206] 국제주의의 명예훼손을 에큐메니칼 위기의 "가장 두드러진 면"이라고 부른다. 그는 에큐메니칼 신학에 필요한 작업이 세계교회친선연맹을 더 확실한 길로 이끌지 않으면, 세계교회친선연맹이 정치 상황에 종속되어 망할 수밖에 없다는 본회퍼의 언급이 옳다고 인정한다.

본회퍼는 체르노호르스케 쿠펠레 회의에 대한 짧은 보고서에서 훨씬 고무적인 어투로 말했다.[207] 평화의 길을 닦고, "국제주의자들"에게 필요한 도움을 주어야 한다는 거였다. 2년 뒤 사정이 훨씬 위태로워졌을 때, 그는 이 회의에서 만난 여러 친구를 파뇌에서 다시 만나게 된다. 그는 체르노호르스케 쿠펠레에 늦게 도착한 상태였으면서도 서둘러 귀로에 올랐다. 7월 31일, 히틀러와 독일국민당에 반대표를 던지기 위해서였다.

제네바 회의들 본회퍼는 글랑 대회를 계기로 세계교회친선연맹 연구 위원회 전체 회의에 난생 처음 참석했다. 그 직전에는 "생활과 실천" 에큐메니칼 협의회도 제네바에서 회의를 개최했다1932. 8. 7-14. 본회퍼는 이 회의에 참석하지 않았다. 그래서 그 협의회의 거물들을 다 알 수는 없었다.

그러나 여기서 몇 가지 결정들이 이루어졌다. 아직 알려지지는 않았지만, 이후 몇 년 동안 소란스러운 이야기가 그 의미를 드러낼 결정들이었다. 칼 바르트가 "생활과 실천" 협의회 신학자 위원회 위원으로 선임되고, 앙리오가 세계교회친선연맹 총무와 "생활과 실천" 협의회 총무가 됨으로써 청년 위원회들의 합병이 시작되었으며, 규정과 달리 치체스터의 주교 조지 K. A. 벨이 에큐메니칼 협의회 의장에 선출되었다. 1932년까지 의장직을 수행한 윈체스터의 주교가 사망하자, 대주교 랜덜 데이비슨Randall Davidson이 조지 K. A. 벨 박사를 파견한 것이다. 제네바 회의에서는 다른 에큐메니칼 협의회들과의 관계 재정립과 새로운 세계 대회(1937년 옥스퍼드 대회!)의 준비 때문에 이 노련한 사람의 지속적인 활동이 필요하다는 카플러의 제안에 따라 그의 임기를 2년 더 연장했다. 이 결정이 얼마나 중요했는지는 이후 몇 년이 지나면서 입증되었다. 하지만 1933년과 1934년의 고백교회는 그를 자신의 직위와 영향력을 이용하여 월권을 일삼는 사람으로 알고 있었다. 1935년과 1936년에는 정교회 대주교 루카스 판텔레온 게르마노스Lukas Panteleon Germanos가—순번에 따라—에큐메니칼 협의회 의장직을 맡았다. 하지만 그는 조지 K. A. 벨과 달리 제국감독 루트비히 뮐러Ludwig Müller와의 싸움을 수행하지 못했던 것 같다.

1932년 8월, 본회퍼는 에큐메니칼 협의회 회의에 참석하지 않고, 세계교회친선연맹 연구 위원회 회의1932. 8. 19-22에 참석했다(DBW 11:90 Anm. 19, 101). 그는 자신에게 관심을 보이는 사람들 가운데 연구 위원회 위원장인 덴마크 사람 오베 발데마르 아문센 감독과 가까이 지냈다. 아문센 감독은 본회퍼가 장차 조지 K. A. 벨 이외에 커다란 희망을 걸 또 다른 인물이었다. 본회퍼는 거기에서 간디의 친구 C. F.

앤드류스를 만나기도 했다. "생활과 실천" 협의회에는 전혀 알려지지 않은 인물이었다.

세계교회친선연맹과 에큐메니칼 협의회의 합병은 아직 중시되지 않았다. 아문센은 "국제 그리스도교 기구들의 분열을 방지하려면 어찌해야 하는가"라는 조지 K. A. 벨의 문의를 받고 아래와 같이 말했다.

> "생활과 실천" 협의회는 가장 광범위하고 가장 중요한 기구입니다. 그 조직이 대단히 거대한 반면, 그 재정 상태는 상당히 위태위태합니다. 세계교회친선연맹은 "생활과 실천" 협의회보다 제한적인 목적을 갖고 있지만, 그 중심 조직은 "생활과 실천" 협의회보다 효율적이고, 재정 상태는 교회 평화 재단의 보조금 덕분에 다소 낫습니다. 합병으로 세계교회친선연맹이 훨씬 거대한 기구와 하나가 되어, "생활과 실천" 협의회에 그다지 도움이 되지 못할까 봐 걱정입니다.[208]

합병은 성사되지 않았다. 세계교회친선연맹은 1948년에 해체되었다. 세계교회친선연맹이 원하는 것은 10년 뒤 프라하 평화 대회에서 약간 다른 방식으로 새롭게 표현되었다.

저 무더운 8월 며칠 동안 제네바 국제학교[École internationale]에서 열린 회의의 논점들이[(DBW 11:104)] 실러 풍의 깃 차림을 한 새내기 회원의 마음을 다 사로잡은 것은 아니었다.

1. 지난 몇몇 회의에서 옴짝달싹 못하고 헛발질한 것에 대한 실망의 표시로, 군축 회의에 대한 새로운 입장 표명이 이루어졌다.[209] 대주교 윌리엄 템플[William Temple]은 제네바 군축 회의 개회식에서 아래와 같이 설교했다.

> 기존의 보고서에는 원칙적으로 그리스도교의 양심을 거스르는 조항이 하나 있습니다. 그 조항의 삭제를 위해 그리스도교의 적절한 권위가 이의를 제기해야 합니다. 이 조항은 세계대전 참가국 가운데 어느 한 집단에게 그 전쟁 책임 전체를 덮어씌우는 조항이거든요.……우리는 전쟁에서 진 쪽에만 청구해서는 안 되고, 대지를 화약으로 뒤덮은 쪽에도 청구해야 합니다.[210]

2. 소수자 위원회도 오래전부터 세계교회친선연맹의 기구 가운데 하나였다. 이 위원회 위원장도 아문센이었다. 1933년 소피아 대회에서 보게 될 사실이지만, 본회퍼는 그의 엄호를 받아 아리안 조항의 위험성을 알리고 그에 대한 저항을 제안할 수 있었다.

3. 독일인들이 완고한 프랑스 민족주의자로 여기곤 하던 윌프레드 모노가 세계교회친선연맹의 원칙과 과제의 점검을 촉구하는 각서를 제출했다. 본회퍼와 프랑스인 동료 간사 피에르 C. 투레유에게는 뜻밖의 일이었다. 본회퍼가 체르노호르스케 쿠펠레에서 그리스도교 일치의 원칙과 평화 계획의 원칙을 성서적으로, 교의학적으로 연구하고 전략을 해명해야 한다고 대략적으로 말한 것과 같은 맥락의 각서였다. 신학적 문제 제기에 개입하기를 몹시 꺼리는 노련한 전문가들과 "에큐메니칼 신학"을 더 활발히 요구하는 "소장파"의 논쟁이 곧바로 달아올랐다.[211] 이 논쟁의 결과로 본회퍼는 1933년 소피아에서 연구 위원회의 위촉을 받았다. 모노의 각서에 대해 의견을 표명해 달라는 거였다.[212] 본회퍼의 의견 표명은 이루어지지 않았다. 하지만 본회퍼가 한 파뇌 평화연설이 모노의 촉구에 대한 직접적인 응답이라고 할 수 있다.

4. C. F. 앤드류스가 동아시아 지역을 이제까지와는 전혀 다르게 연구할 것을 강력히 촉구하면서 대표단 파견을 제안했다. 하지만 이 제안은 관철되지 않았다.

5. 끝으로 출판 위원회를 설치하자는 제안이 언급되었다. 다들 위원장으로 본회퍼를 추천했다. 정보 안내지 『뉴스 레터』*News Letter*의 발간이 출판 위원회의 목표였다.

글랑 8월 25일부터 31일까지 모든 대륙의 대표 60여 명이 제네바 해안 글랑에서 열리는 세계교회친선연맹과 에큐메니칼 협의회 연합 청년회합에 참석했다. 리판의 주교 에드워드 아서 버로스가 의장직을 맡고, 세 명의 청년 간사와 "생활과 실천" 협의회의 P. C. 스틸이 지도부를 맡았다.

기나긴 예비 협상 끝에 결정한 전체 의제는 "현 위기 속에서 전 그리스도교계가 보내는 호소"였다(DBW 11:34 Anm. 3). 따라서 실업자 문제는 하위 주제가 될 수밖에 없었다. 본회퍼는 자신이 제안한 주제와 연구가 인정받지 못했음을 알았다. 그가 보기에 경제적·국제적 "위기"에 대해서는 너무 많이 다루는 반면, 그리스도교 회합에 훨씬 적절해 보이는—체르노호르스케 쿠펠레 강연을 보라—전 그리스도교계의 호소에 대해서는 너무 적게 다루는 것 같았다. 본회퍼는 주츠에게 초대장을 보냈다. "이 대회는 내가 일부만 지도하고 있다네. 어쨌든 나는 진행에 책임감을 느끼지 않네. 영국인들이 이미 법석을 너무 많이 떨었거든.……그 모든 것에도 불구하고 흥미로울 것이네."[213]

그는 칼 놀트의 대리를 맡기로 한 베르너 코흐에게 아래와 같이 편지했다. 하지만 코흐가 참석하지 못하고 칼 게르하르트 슈테크가 참석했다.

> 프로그램 때문에 꼼짝도 못하는군요. 프로그램이 앵글로색슨족의 마음에 들도록 되어 있는 것 같습니다. 이 같은 상황에서 우리가 무엇을 할 수 있는지는 부차적인 문제입니다.……제가 예전의 경험들을 토대로 중요하게 여기는 것은 이것입니다. 이를테면 우리의 신학적 관심사를 강력하게 표현해야 한다는 것입니다.[214]

본회퍼가 보기에는 유럽 대륙과 앵글로색슨계 국가들이 하나님 나라 개념을 상이하게 이해하고, 토론을 통해 그것을 만족스럽게 해결하지 않은 것이 문제였다.

피에르 C. 투레유와 니콜라스 체르노프Nicolas Zernov 그리고 본회퍼가 전반적인 주제와 관련하여 짤막하게 개회사를 발표했다. 본회퍼의 연설은 보존되어 있지 않다. 리판의 주교가 「요크셔 포스트」*Yorkshire Post*에[215] 기고한 기사에 반영된 내용만 알 수 있을 뿐이다.

> 세계교회친선연맹의 프랑스 측 "청년 간사"와 독일 측 "청년 간사"의 개막 연설은 이 두 민족의 기본적인 접근법을 언급한 연설이었다. 프랑스 측 청년 간사는[216] 우리가 직면하고 있는 것과 같은 상황에는 값싼 해결책이 존재하지 않는다고 역설했다. 독일인 청년 간사는 다음과 같은 구약성서의 말씀으로 맞장구를 쳤다. "어찌할 바를 모르고, 이렇게 당신만 바라보고 있습니다." 소극적 태도에

가까운 비관론을 표현한 것이었다. 뒤이어 연설한 러시아 청년은[217] 사랑이 창조적 원리로 작동하는 "유기적인 사회"를 훨씬 건설적인 그림으로 제시했다.

본회퍼는 부활절 후 여섯째 주일에 한 설교와[218] 체르노호르스케 쿠펠레에서 한 발언들의 의미에서 개막 연설을 시작했다. 그는 너무 조급하게 잡힌 프로그램에 대한 격렬한 항의를 영국인들에게 납득시킬 수 없었을 뿐만 아니라, "소극적 태도에 가까운 비관론을 표현한 것이었다"는 오해를 막을 안전 조치를 취할 수도 없었다. 그럼에도 그는 독일 대표단 바깥에서도 지지를 얻었다. 에드워드 아서 버로스가 인도 대표 다코어Thacore 씨의 발언을 다음과 같이 인용한 것이다. "교회는 그리스도교 신앙과 품격보다는 그리스도교적 행동을 더 빨리 창출했다."

하위 주제들을 위해 다채로운 연사 선정이 이루어졌다. 제네바 국제 노동 기구의 두 수장 타이트Tait와 폰 하안Baron von Haan 남작, 앙드레 필립André Philip, B. 피카르Piccard 교수, C. F. 앤드류스, 파리에서 온 로가Lauga, 뉴욕에서 온 헨리 스미스 레이퍼Henry Smith Leiper 등등(DBW 11:360 참조).

네 개의 토론 그룹 가운데 본회퍼는 독일어권 그룹을 맡았다. 그는 토론을 자유롭게 진행하면서 많은 시간을 할애하여 자본주의, 기계시대, 인도에서 벌어지고 있는 상황—C. F. 앤드류스가 내내 참석했다!—을 논의할 수 있게 했다. 그랬는데도 그의 토론 그룹과 불어권 토론 그룹에서 다음과 같은 보고서가 작성되었다. 본회퍼의 의향에 가까운 보고서였다.

> 교회는 예수의 이름으로 대단히 까다로운 요구를 명확히 말해야 한다. 자본주의와 민족주의에 심판을 선언해야 한다.……오늘날 그러한 신적 메시지를 성취하려면 새로운 교회가 필요하다(회의록).

그러나 영어권 그룹에서 일반 대중에게 내보일 결의를 다음과 같이 총회에 제안하면서 논쟁이 달아올랐다. "왜냐하면 우리는 교회에 대한 노골적 비판과 명백한 무관심에도 불구하고 청년들이 메시지에 귀 기울일 것이라고 믿기 때문이다"(회의록). 반면에 본회퍼는 "결정적인 침묵"을 찬성하고 이러한 종교적 낭비에 대

1932년 8월 19-22일, 제네바에서 열린 세계교회친선연맹 회의에서 연구 위원회와 함께.
앉아 있는 이들은 앞줄 왼쪽부터 마크스 양(영국-제네바), 파이시(불가리아), 앙리오(제네바), 제제켈 부인(프랑스), 윌로비 디킨슨(영국), 아문센(덴마크), 앳킨슨(미국), 드러먼드(영국), 성명 미상, 프란티제크 칠카(체코슬로바키아), 리히터(독일). 서 있는 이들 중 첫째 줄은 앙리오의 여비서 토스코즈, 필립(인도), 콤바(이탈리아), 폴(인도), 가이(이탈리아), 파울 블라우 부부(폴란드), 슈테판 찬코브(불가리아). 둘째 줄은 성명 미상, 성명 미상, 데 보에르(헝가리), 지크문트-슐체(독일), 성명 미상, 헤르만 마아스(독일), 이르베(리투아니아), 성명 미상, 플리드너(스페인), 다 실바(포르투갈). 맨 위쪽 줄은 성명 미상, 헨리 왓슨 폭스(영국), 성명 미상, 레이퍼(미국), J. C. 비싱(네덜란드), 닐스 칼스트룀(스웨덴), 피에르 C. 투레유(프랑스), 디트리히, F. W. 토마스 크래스크(영국).

해서는 반대 의사를 표명함으로써 성공을 거두었다. 그는 보고서에 이렇게 썼다. "때문에 앵글로색슨족이 제기한 결의 제안이나 공식적 성명 제안은 이번에도 완강히 거부되었다.……이 청년 활동 전체는 처음부터 과도한 부담을 받아서는 안 된다. 다들 기다릴 줄 알아야 한다."[219]

대회가 진행되는 동안 본회퍼는 주목할 만한 권위를 얻었다. 대회 말미에 "요약 메시지"를 대회에 청원하기로 한 아문센 감독이 갑자기 취소하면서 다들 본회퍼에게 이 과제를 맡아 달라고 부탁했다. 무리한 요구였다.[220] 이번에 그는 영국인들에게 자신의 의사를 더 잘 납득시킬 수 있었다. 그는 자신의 기본 입장이 비관론이 아니냐는 물음을 관심을 갖고 다루면서(DBW 11:351) 국제 정세에 구체적으로 초점을 맞추었다(DBW 11:354f.). 하지만 교회와 신학에 대한 요구를 줄이지는 않았다.

> 우리는 교회 활동만을 목적으로 하는 조직이 아닙니다. 우리는 특정한 형태의 교회 자체입니다.……세계교회친선연맹은 사람들이 놀라고 주목하고 걱정하는 그리스도의 교회……주님을 초청하는 교회입니다.[221]

회의가 진행될수록 개인적인 우려가 그를 점점 더 압박했다.

> 우리는 성서의 견해보다는 우리 자신의 생각을 더 좋아합니다. 우리는 더 이상 성서를 진지하게 읽지 않고 있습니다. 성서를 읽어도 우리를 거슬러 읽는 것이 아니라, 우리를 위해서만 읽지요.[222]

그런 다음 그는 평화를 호소했다. 리판의 주교가 귀담아 듣고 「요크셔 포스트」에 다음과 같은 기사를 실었다.

> 회기 후반에 독일인 지도자가 앞서 언급한 비관적 강조를 교회의 열정적 선포로 바로잡으며 이렇게 끝맺었다. "유럽은 그리스도에 의해, 그리고 그리스도를 위해 재차 정복되어야 합니다. 준비되었습니까?"(DBW 11:357)

그러나 이는 에드워드 아서 버로스가 조금 변경시켜 십자군 구호로 만든 것이었다. "그리스도를 위해"라는 말은 본회퍼가 한 말이 아니었다. 그는 결코 그리 말하지 않았다.

버로스는 자신의 기사에서, 이번에는 독일인들 중에서 완벽한 국가사회주의자도 한 명 회의에 참석했다고 알린다. "그는 완벽한 '나치'로서 우리에게 나치의 견해를 감동적으로 그리고 선동적으로 진술했다." 더욱이 본회퍼의 대학생들 가운데는 독일에 대한 자신들의 장래 희망을 히틀러 당과 동일시하는 자들이 상당수 있었다. 본회퍼는 그 대학생을 즉시 돌려보내지 않고, 위급한 경우에 그를 다른 지평으로 끌어당길 수 있다고 믿었다. 그리고 기어이 그리했다. 이곳 글랑에서 그가 노린 것은 에큐메니칼 친구들에게 독일 집권층의 대리인을 보여주고, 그 국가사회주의자에게는 다른 차원의 국제적 모범을 보여주는 거였다. 독일인들이 프랑스인들을 다시 만나 여러 시간을 함께 보낸 것은 그가 글랑 대회에 며칠간 참석했기에 가능한 일이었다.

주츠와 함께 리기 산을 등반하고 베르클리에서 브룬너와 바르트를 방문하는 것으로 그가 스위스에서 보낸 몇 주가 끝났다(DBW 11:106f.).

겨울 활동 본회퍼는 1932년 가을과 겨울을 1933년 계획을 세우는 데 요긴하게 활용했다. 1933년 계획은 지난해 계획과 유사하게 지역 대회와 국제 대회 그리고 여러 위원회 회의와 함께 진행되어야 했다. 그러나 이 새해는 기복이 많은 해였다.

본회퍼는 장로교회의 초대로 자신의 학생 가운데 하나인 요아힘 카니츠를 미국으로 보낼 수 있었다.[223] 이미 개별적으로 확정된 오스트리아 출장 여행은 정치적 사태가 급변함으로 인해 불발하고 말았다.

조지 K. A. 벨과의 친분이 서서히 싹틀 무렵, 지크문트-슐체가 본회퍼에게 조지 K. A. 벨의 책 『영국교회 개요』*A Brief Sketch of the Church of England*의 번역을 의뢰했다. 본회퍼는 그 책의 번역을 지인에게 맡기고, 자신은 번역 원고만 검토했다(DBW 11:108, Anm. 2).

그는 출판 위원회 위원장직과 그 위원회의 『뉴스 레터』를 맡음으로써 골머리를 잃었다. 그는 여러 대회의 내용을 『떡갈나무』와 『일상의 동향』*Tägliche Rundschau*에 신중하게 보도하긴 했지만, 저널리즘에 대한 애착을 느끼지는 않았다. 사람들이 그를 어느 정도 예리한 비평가로 여겨 이 직무를 맡긴 것임을 그는 추측이나 했을까? 그는 『뉴스 레터』에 대한 평과 제언을 앙리오에게 문서로 보내어 환대를 받았다. 하지만 1933년 3월에 첫 호가 발간되었을 때 본회퍼는 다른 일을 염두에 둔 상태였고, 세계교회친선연맹 집행 위원회와 "생활과 실천" 협의회 행정 위원회가 하나가 되어 개최한 중요한 회의 기간에 그 직무를 반납했다. 공교롭게도 그 회의는 1933년 1월 30일에 에큐메니칼 협의회의 주요 인사들이 베를린에서 하나가 된 자리였다(DBW 11:25, Anm. 6).

독일에서 벌어지고 있는 곤란한 상황 때문에 출판 위원회가 활동을 전개하는 것이 불가능한 것으로 판명되었다. 본회퍼 박사는 다른 사람을 위원장직에 임명해 달라고 청했다.[224]

제네바 사람들이 보기에도 1933년 1월의 상황은 대단히 위험해 보였다. 베를린에서 회의하며 계획한 공개적인 행사들을 실제로 치를 수 있을 것인지를 그들도 의심할 정도였다. 앙리오는 본회퍼에게 의견을 구했다.

베를린행에 대해 어찌 생각하시는지 당신의 의견을 듣고 싶군요. 지크문트-슐체 씨가 몇 달 전부터 1월 말 한 주 동안 나를 만나고 싶어 한다는 것을 당신도 틀림없이 알고 계실 것입니다. 현재의 정치 상황과 사람들의 격앙을 고려할 때, 제네바에서 생활하며 불어를 쓰는 사람이 공개적인 대회에 참석하면 커다란 난관에 봉착하지 않을까요?

본회퍼는 어쨌든 베를린 대학교에 출현하는 한 괜찮을 거라며 그를 안심시켰다(DBW 11:25 Anm. 6).

본회퍼는 이 시기 말에 자기 사유의 양극을 더 구체적으로, 더 폭넓게 확정한 것처럼 보인다. 그 양극은 계시라는 종말론적 장엄의 요소와 현실 세계의 중요성이다. 이 현실 세계는 그에게서 개인적으로, 지리적으로, 정치적으로 힘차게 확대되고 세분화된 세계였다. 두 극은 서로 끌어당길 것인가, 아니면 밀어낼 것인가? 종말론이 확실히 강렬해지지만, 현실 세계도 더욱 생생해진다.

본회퍼는 몇 주에 걸쳐 "프로메테우스의 권리"를 종전보다 열정적으로 역설한다. "이 권리가 프로메테우스로 하여금 세상을 등진 나약한 도망자에 맞서 하나님 나라를 가까이하게 하는 까닭은, 그가 대지, 곧 '만물의 어머니'(집회서 40:1)인 대지를 사랑하기 때문이다."[225] 공동체, 그것은 "세상의 자녀로서 고립되지 않고, 세상의 개선을 위해 특별 제안을 말해선 안 되고, 세상보다 더 나을 것도 없지만, 세상 한복판에서, 세상의 심연에서, 세상의 일상성과 예속성 안에서 함께 참고 견디는 공동체다."[226] 이는 1944년에 쓴 테겔 옥중서간에도 등장할 문장들이었다.

그러나 이 공동체는 이제 말하지 않으면 안 되는 공동체, 종말론적 계시를 증언하지 않으면 안 되는 공동체다. 본회퍼는 중대한 시련을 예고한다.

> 교회는 사실을 인식하던 상태에서 하나님의 말씀, 즉 전능한 말씀을 지금 여기에서 가장 구체적인 방식으로 말할 수 있어야 한다. 그렇지 않으면 교회는 전혀 다른 말, 인간적인 말, 무력한 말을 하게 될 것이다. 교회는 늘 참된 원리를 선포하는 것이 아니라 오늘 참된 계명만을 선포해야 한다. 왜냐하면 "늘" 참인 것이 "오늘" 참인 것은 아니기 때문이다. 하나님은 "늘 오늘"의 하나님이시다.[227]

이처럼 본회퍼는 1933년의 문턱에 이른 모습을 보여준다. 대지에 사로잡힌 공동체의 전권과 그 공신력을 둘러싸고 처절한 투쟁이 시작된다. 바야흐로 두 극이 다시 한 번 서로 마주 보고 새로운 관계 속으로 돌입하게 된다.

베를린

7

1933

마그데부르크 교회의 둥근 지붕 속 제단 주위에 갈고리 십자가가 숲을 이루었다. 그 교회 담임목사 에른스트 마르틴Ernst Martin이 설교단에서 그 광경을 아래와 같이 해석했고, 상당수 교계 인사도 유사하게 발언했다.

> 그것은 희망찬 독일의 상징이 되었습니다. 이 상징을 비방하는 자는 우리의 독일을 비방하는 자입니다.……제단 주위의 갈고리 십자가가 언젠가는 밝은 날이 오리라는 희망을 발산하는군요.[1]

본회퍼는 히틀러의 집권 후에 베를린 삼위일체 교회에서 행한 첫 설교에서 아래와 같이 말했다.

> 교회 안에는 제단이 하나뿐입니다. 그 제단은 지극히 높으신 분의 제단입니다. 그 제단 앞에서는 모든 피조물이 무릎을 꿇어야 합니다.……이와 다른 것을 원하는 자는 제단에서 멀리 떨어져 있어야 합니다. 그는 하나님의 집에서 우리와 함께 있을 수 없습니다.……교회 안에는 설교단이 하나밖에 없고, 그 설교단에서는 하나님을 믿는 믿음만을 선포해야 합니다. 아무리 좋아도 그 밖의 다른 믿

음이나 다른 의지를 선포해서는 안 됩니다.[2]

1월 30일 정오 무렵, 히틀러가 힌덴부르크에게서 정권을 넘겨받았다. 그날 저녁, 디트리히의 자형 뤼디거 슐라이허가 집으로 들어서며 방 안에 대고 몇 마디 했다. "이건 전쟁을 의미해!" 본회퍼 일가의 모든 이는 물론이고 디트리히도 그리 말했다. 이후 몇 년 동안 친구들이 본회퍼에게 이 표현이 지나치게 비관적이라고 말하자, 그는 자신의 일정표를 수정해야 할 것 같다고 말하면서도 그 사실 자체를 철회하지는 않았다. 본회퍼 일가 사람들은 같은 계급의 사람들과 달리 1933년 1월 30일을 심각하게 받아들였다. 그들은 히틀러가 지닌 능력의 정도를 과소평가하면서도 그의 파렴치함만은 과소평가하지 않았던 것 같다. 15년 뒤, 본회퍼의 아버지는 회고록에서 아래와 같이 평가했다.

처음부터 우리는 1933년에 있은 국가사회주의(나치즘)의 승리와 히틀러의 수상 취임을 불행으로 여겼다. 온 가족이 같은 의견이었다. 나는 히틀러를 싫어하고 신뢰하지 않았다. 선전하고 선동하는 연설, 포템파 살인 사건에 공감을 표시한 그의 전보(電報), 말채찍을 든 채 자동차로 온 나라를 휘젓고 다니는 모습, 그가 선택한 동료들 때문이었다. 우연히 우리는 베를린에 살면서 다른 지역에 사는 이들보다 그들의 자질을 더 잘 알게 되었다. 그리고 무엇보다 나의 동료들에게서 히틀러의 정신병 증상을 전해 들었기 때문이다.[3]

그러나 1933년 1월 30일의 정변은 본회퍼의 생애도 새로운 방향으로 밀어붙였다. 그렇다고 그가 개인적인 신념과 자기 신학의 방향을 바꾼 것은 아니었다. 난지 과제들이 학술적 토론의 지평에서 실행의 지평으로 더 분명하게 옮겨 갔을 뿐이다. 특권을 가진 교수직의 방벽과 "성직자계급의 권리 및 의무"라는 방벽을 과감히 포기하고, 무력(無力)의 권능이야말로 믿을 만한 것임을 입증해 보여야 했던 것이다.

그러나 저 정변은 활동력의 제약을 의미하고, 이 제약이 위협적으로 지속될 것임을 의미했다. 바로 이것이 독립적 결단에 대한 욕구와 함께 그를 특별히 힘들게 했다. 하지만 오히려 그의 인생행로를 돋보이게 하기도 한다. 그는 자포자기 속에서 자유를 제때 새롭게 되찾고, 자신의 길이 지시하는 바로 그곳에서 명백한 계획을 신학적으로, 교회적으로, 시대사적으로 구상한다.

저 정변은 본회퍼가 미지의 영역에서 그날그날의 투쟁에 돌입했음을 의미했다. 그렇게 4년이 흐른 뒤에야 그는 다음 책을 완성할 수 있었다. 대학 강사와 설교자로서 그는 교회에 대한 중대한 물음을 던지는 가운데 그때까지 어떤 결단도 내리지 않았으며, 이렇다 할 견해를 갖추지도 않았다. 그랬다, 그는 그러한 것을 동경하지도 않았다. 하지만 이제 스물일곱 살의 그는 여태껏 알려진 이름들을 압도할 만큼 악명을 떨치는 자들 한가운데 서 있었다. 기존 집단들은 더 이상 옳지 않았고, 새 집단들은 교회 조직으로 손을 뻗었다. 이제껏 바르게 살아온 본회퍼의 사생활이 공적 의의를 얻었다. 어찌나 정신없이 지냈던지 기분 나쁠 정도였다. "나는 이따금 한적한 목사관을 간절히 동경한다네."[4] 그가 런던에 가기로 결정한 데에는 다음과 같은 이유도 있었다. "그런 결정을 하게 된 명확한 이유들 중 가장 유력한 이유를 꼽자면, 제게 닥친 문제와 요구를 더는 감당할 수 없었기 때문일 겁니다."[5]

본회퍼에게 조금이나마 중요했던 변혁이 우정까지 새된 불협화음으로 끝나게 했다. 그는 친하게 지낸 대학생들—이들 중에는 나치당원들도 있었다—을 욕보이지 않고 사실을 납득시켰지만, 아리안 조항에 굴복한 교계 인사들과는 더 이상 교류할 수도, 교류하고 싶지도 않았다. 그는 절교 편지를 보냈고, 최상의 동기들과 의도들까지 받아들이지 않았다.

그는 오래전에 품었던 인도 여행 계획을 새롭게 떠올렸다. 비폭력 저항의 윤리와 그 실천을 더 잘 알고 싶었기 때문이다.

그가 베를린에서 보낸 1933년을 담은 원천 자료가 그리 많지는 않은데, 이는 많은 편지를 쓸 시간과 여유가 없었기 때문이다. "나는 더 이상 이곳의 상황을 쓸 수가 없네. 자네도 알다시피, 요즘은 통신 비밀이 유지되지 않기 때문이네."[6]

히틀러가 권력을 장악하던 며칠 동안 본회퍼의 일정표가 꽉 채워졌다. 대학교에서 하는 정규 강의와 DCSV에서 하는 성서 연구논문 발표 외에 "베를린 방송시간"이라는 라디오 프로그램에서 강연을 한 것이다. 게다가 1월 30일 전후로 베를린에서 회동한 에큐메니칼 기구의 방문객들과 그 회의들이 그를 필요로 했다.[7]

지도자 개념

1933년 2월 1일, 본회퍼가 어떻게 포츠담 슈트라세에 소재한 "폭스-하우제"의 마이크 앞에 서게 되었는지는 불분명하다. "젊은 세대 안에서 일어난 지도자 개념의 변화"Wandlungen des Führerbegriffs in der jungen Generation라는 정신사적·세대사적 주제가 쥘만이 맡고 있는 『전진』의 시야에 포착되었을 수도 있다. 다른 한편, 베를린 대학교가 이 강연을 주선했을 수도 있다. 본회퍼의 아버지도 그보다 앞서, 곧 1933년 1월 17일과 24일에 방송전파를 통해 정신병자를 주제로 강연한 상황이었다. 하지만 디트리히 본회퍼라는 이름을 추천한 이는 볼프-디터 침머만이었을 것이다. 당시 그는 쿠르트 뵈메Kurt Böhme 박사 밑에서 수습생으로 일하는 중이었고, 뵈메는 개신교 언론 협회의 라디오 방송국을 맡아 하랄트 브라운Harald Braun 및 요헨 클레퍼Jochen Klepper와 함께 "베를린 방송시간"에서 일하고 있었다. 본회퍼가 이 미묘한 주제를 놓고 강연을 구상한 것은 히틀러가 수상직에 오르기 전의 일이었다. 본회퍼는 히틀러가 빌헬름 광장에서 대중의 환호를 받고 이틀이 지난 뒤에 방송을 통해 강연했다. 미리 차단되었어야 마땅한 강연이었다.

본회퍼는 지도자 사상의 발생과, 전후(戰後) 시대 청년 운동 안에서 일어난 그 사상의 변화를 분석한다. 그는 "옛적의 궁정 광대들이 우쭐거리며 만들어 낸 청년기의 부자연스러운 자기 조명"에 대해 경멸을 느끼게 한다.[8] 본회퍼가 민주주의와 자유주의를 토대로 지도자 숭배를 반박한 것이라고 주장한다면, 이는 잘못된 주장일 것이다. 이 강연은 보수적 질서관을 토대로 행한 강연이자,[8a] 대단히 파괴적 질서관인 "차극"(버금)에 맞서 "궁극"(으뜸)을 효과적으로 부각시킨 강연이었다. 본회퍼는 참된 권위의 수립을 중시한다. 지도자 개념이 최근의 발전과 함께 역사적·심리적 필연성을 획득했다면, 그 권위 역시 논증되고 제한되어야 한다는 것이다. 그러지 않으면 그 개념은 "집산주의의 형태를 띠다가 강화된 개인주의로 바뀌고 만다"는 것이다.[9] 본회퍼는 청년들의 마음을 움직인 지도자 사상이 최근의 정치적 표현으로 발전하는 와중에 이미 그런 일이 일어나고 있다고 여긴다. 아무튼 그가 히틀러의 권력 장악이 있고 이틀이 지난 뒤에 그토록 노골적으로 경고할 수 있었던 것은 그의 신학적 통찰력 덕분이 아닐까 싶다. "지도자가 자신을 우상화하기 위해 국민을 현혹하고, 국민이 그에게서 우상을 기대한다면, 그 지도자상은 조만간 악마의 상으로 변질되고 말 것입니다.……자신을 우상화하는 지도자와 직책은 하나님을 조롱하게 마련입니다."[10]

이 마지막 문장들이 전파를 타기 전에 본회퍼의 마이크가 갑자기 꺼졌다. 정말로 제한시간 초과가 문제였을까? 히틀러가 정권을 잡은 지 이틀밖에 안 되었는데도 요제프 괴벨스의 똘마니들이 전파를 완전히 장악했던 것일까? 누군가가 강연의 결론 부분을 참을 수 없는 것으로 여겨 개입한 것이었을까? 어쨌든 강연 원고는 그가 자구(字句) 하나하나까지 세심하게 헤아리고 고려했음을 보여준다. 늘 일어나는 일이라고 해도, 가장 중요한 대목에서 차단이 일어났고, 이는 적어도 불길한 징조나 다름없었다. 본회퍼는 몹시 격분했다. 신랄한 결론을 제시하지 않으면, 사람들에게 그 자신도 전반적인 환호에 동의한다는 오해를 받을 수 있었기 때문이다. 그런 이유로 그는 난처하게도 강연이 도중에 차단되었으며, 이로 인해 "전체 그림이 일그러졌다"는 해명서와 함께 강연문 복사본을 연락 가능한 친구들과 지인들에게 발송했다(DBW 12:47).

본회퍼는 술수를 부릴 수 있는 매체에 다시는 응하지 않았다.

그는 강연문 전체(DBW 12:242-260)를 보수적 성향의 『크로이츠차이퉁』에도 게재했다. 당시 베를린 정치대학의 교수였던 테오도르 호이스는 본회퍼에게 3월 초에 그 대학에서 더 확대된 형태로 강연해 달라고 부탁하기도 했다.[11]

베를린에서 열린 에큐메니칼 회의

공교롭게도 그 시기에 세계교회친선연맹 지도자들과 실천적 그리스도교를 위한 에큐메니칼 협의회 지도자들이 베를린에 머물렀다. 세계교회친선연맹 집행 위원회 회의, 제네바 사무국 간사 회의, "생활과 실천" 협의회 행정 위원회 회의가 잇달아 열린 것이다. 아문센 감독은 1월 30일 밤에 빌헬름 광장에서 소리치며 노래하는 군중 사이를 비집고 지나갔다. 치체스터의 조지 K. A. 벨 주교는 바다처럼 깃발의 물결에 온통 휩싸인 베를린에서 자신의 50회 생일날을 보낸 것을 끊임없이 회상했다. 영국에서 온 윌로비 디킨슨 경과 윌리엄 해밀턴 드러먼드William Hamilton Drummond, 미국에서 온 윌리엄 애덤스 브라운과 헨리 에이버리 앳킨슨Henry Abery Atkinson과 윌리엄 피어슨 메릴William Pierson Merril, 프랑스에서 온 로제 제제켈과 샤를 귀용Charles Guillon, 스웨덴에서 온 닐스 칼스트룀Nils Karlström과 파울 산데그렌Paul Sandegren, 네덜란드에서 온 J. C. 비싱Wissing, 폴란드에서 온 율리우스 부르셰Julius Bursche, 그리스에서 온 알리비사토스, 불가리아에서 온 슈테판 찬코브, 체코슬로바키아에서 온 프란티제크 칠카가 히틀러의 집권을 목격했다. 『뉴스 레터』 3월 호에서는 아래와 같이 보도했다.

> 히틀러의 제국수상 취임식과 집행 위원회 회의가 동시에 열리면서 세계교회친선연맹 지도자들은 자신들이 손님 자격으로 방문한 나라의 큰 난제들과, 자신들이 세우고 있는 계획이 얼마나 연약한지를 다시 한 번 여실히 확인했다.[12]

베를린 신학계가 아돌프 다이스만의 안내로 하르낙 기념관에서 손님들에게 성대한 환영파티를 베풀었고, 베를린 교계가 카플러의 진행으로 교회연합회 사무국에서 그들을 맞이했다. 끝으로 독일 교계 인사들과 신학자들이 비교적 한마음이 되어 에큐메니칼 대표들을 친절하게 맞이했다. 이제부터 매번 새 회의가 열릴 때마다 독일 측 인사들은 누가 누구를 대표할 것인지를 놓고 긴장과 난처한 상황에 시달려야 했다. 마지막으로 가진 더 큰 에큐메니칼 행사도 있었다. 지크문트-슐체와 그의 사무실이 프루흐트슈트라세에서 주최한 행사였다. 그는 6개월 뒤 독일에서 추방되어, 2차 세계대전이 끝난 뒤에야 스위스에서 돌아올 수 있었다.

본회퍼는 이미 1933년 1월 25일에 사전 토의를 위해 베를린 대학교 신학 세미나실에서 앙리오를 만났다. 그곳은 앙리오가 베를린 대학교 대학생들 앞에서 "국가적 교회 활동과 초국가적 교회 활동"에 대해 강의하기로 한 곳이었다. 앙리오는 독일어로 강의했고(DBW 12:25, Anm. 6), 청강생들이 자신들의 위기에 대해 어찌 생각하는지를 들으려고 했다. 회의 순서 가운데 본회퍼에게 중요한 것은 세계교회친선연맹 청년 위원회와 "생활과 실천" 협의회 청년 위원회의 합병을 가속화하는 협의였다. 긴밀한 동아리의 독일-프랑스 회동을 위한 토의들도 그에게는 중요했다. 이 회동은 바젤에서 갖기로 했다. 소피아에서 세계교회친선연맹 비공식 회합을 갖기로 한 것도 중요했다. 그는 9월에 이 회합에서 의외의 역할을 할 터였다.

실천적 그리스도교를 위한 에큐메니칼 협의회가 2월 3일과 4일에 위원회 회의를 개최했고, 이로써 베를린에서 열린 에큐메니칼 회의들이 끝났다. 방문객들은 자신들이 독일 국민의 격렬한 열광을 목격한 자가 되었다는 느낌을 안고 출국했다. 베를린 교계 수뇌부는 곧바로 그들에게 서한을 보냈다. 그들이 함께 체험한 것을 혁명이 전례 없는 질서 상태로 유도했다는 내용이었다. 그들의 짧은 방문으로는 어떤 해결책이 제시될 것인지를 미리 알 수 없었다.

불안한 몇 주

히틀러는 2월 1일자 「민족의 관찰자」*Völkischer Beobachter*에 게재된, 독일 국민에게 보내는 호소문에서 "우리네 모든 도덕의 기초인" 그리스도교를 자신의 확고한 피난처로 삼겠다고 약속했다. 다들 그의 약속을 어찌 평가했을까?

1933년 2월, 스스로 물러나는 것이 금지되지 않았는데도 기성 정당 가운데 어느 당도 물러날 의향이 없었다. 3월 5일 선거 이전에는 어느 당도 기권하지 않았다. 시가지 전투가 여기저기서 벌어졌다. 각 당마다 유혈 시위로 죽은 당원들의 명단을 자당 기관지에 발표했다. 『그리스도교 세계』의 한 독자는 "정당에 가입하지 않은 채 이 내전에서 희생된 자들의 명단은 없는 것인가?"라고 물을 정도였다.[13] 그것은 진짜 혼란이었는가? 아니면 유도된 혼란이었는가?

돌격대가 백주대로에서 중앙당의 아담 슈테거발트Adam Stegerwald 같은 정치인들을 습격했다. 빌헬름 프리크(제3제국 내무 장관)Wilhelm Frick는 제국을 향해, 그리고 헤르만 괴링Hermann Göring은 프로이센을 향해, 경찰 법령과 보조경찰 법령이 무질서 상태를 모든 이가 바라는 새로운 질서 상태로 바꾸었다고 일방적으로 호도했다. 제국 의회 의사당 화재로 괴이한 혼란이 절정에 달했다. 이 화재 사건은 히틀러의 위협적인 공포 통치의 시작을 알리고, 그의 단호한 입법행위를 유도했다. 선거 한 주 전, 좌익신문들이 간행을 금지당하고, 칼 폰 오시에츠키Carl von Ossietzky가 구속되고, 4,000명의 공산주의자들이 가택에서 연행되었다.

본회퍼의 가족은 이 사건에 직접적으로 연루되지는 않았다. 하지만 2월 3일 베른하르트 루스트Bernhard Rust가 프로이센 교육부 장관에 임명되었다. 이는 철두철미 학문을 지향하는 한 가족에게 비상사태를 의미했다. 루스트는 교육부 장관에 임명되던 날 저녁에 발표한 담화문에서 이와 같이 통보했다. "월요일 아침에 문화 볼셰비즘의 침략을 물리쳤습니다.……나는 교회들이 우리와 손잡고 볼셰비즘에 맞서 싸우기를 원하는지 그렇지 않은지를 분명히 물을 것입니다." 그는 온 가족과 함께 청사로 들어가 자신의 임무를 완수할 때까지 그곳을 떠나지 않겠노라 말하기도 했다.[14] 본회퍼의 매제 게르하르트 라이프홀츠는 자신의 유대인 혈통 때문에 그러한 문화부 장관의 예고를 가벼이 생각할 수 없었다. 하지만 그 무렵에는 법의 개입 가능성은 없고, 난동만 있었다. 처음에 난동은 교회들과 대학교들의 정문 앞에서만 이루어졌다.

2월 무렵 교계의 고위 당국에서는 그런 난동이 거의 일어나지 않았지만, 지역 교회에서는 점점 더 많이 일어났다. 정당 시위대가 광장에서 교회 구역으로 밀고 들어왔다. 정복욕만이 득세했던 것일까? 아니면 새로운 복음전도의 시간이 다가왔던 것일까?

돌격대가 제복 차림으로 예배에 참석했다. 상당수의 교회 정문에서 다른 정치 단체들과의 드잡이가 빚어졌다. 베를린 마리아 교회 담임목사 빌헬름 슈브링이 독일그리스도인연맹의 지도자 호센펠더에게 교회 안과 교회 앞에서 그러한 시위가 행해지지 않도록 노력해 달라고 부탁할 정도였다. 감독이 있는 교회의 직원은 총에 맞아 죽은 나치스 경찰관의 시신을 공개적으로 안치할 수 있게 해달라는 청탁을 받았지만, 청을 거절했다. NSDAP의 카셀 지구당은 2월 12일에 자신을 위한 특별 예배를 요구했다. 전국 곳곳에서 이와 유사한 일이 일어났다. 호센펠더의 1932년 독일그리스도인연맹 지침은 이렇게 선언했다. "NSDAP는 교회의 생명력 없이는 조국을 구할 마음이 없다." 혁명의 시간이 정말로 복음전도의 시간이었던 것은 아닐까? 그 시간을 무시해도 되는 것이었을까? 그 시간에 열광해도 되지 않았을까?

디트리히 본회퍼는 제국 의회 의사당 화재 전날에 설교해야 했다. 그의 대학생들은 그가 "네가 거느린 군대의 수가 너무 많다"(삿 7:2)는 말씀의 풀이와 함께 기드온을 토대로 행한 설교를 영원히 잊지 못했다.

> 강한 사람, 유력한 사람, 고명한 사람, 존경받는 사람이 되려고 하지 마십시오. 하나님만이 여러분의 힘, 여러분의 영광, 여러분의 영예가 되게 하십시오.…… 근심과 의심을 떨치고 믿음으로 옮겨 간 기드온이 유일하신 하나님의 제단 앞에서 우리와 나란히 무릎을 꿇고 있습니다. 기드온이 우리와 함께 이렇게 기도하고 있습니다. "십자가에 달리신 주님, 당신만이 저희 주님이십니다. 아멘."[15]

II. 3월: 히틀러 법령

히틀러는 의도된 혼란을 바탕으로 단기간에 국가의 입법을 자기 뜻을 관철시키는 수단으로 삼았다. 국민은 국가의 신기원에 열광하면서 법령과 법규를 잇달아 받아들였다. 글자 그대로 진짜 자유를 빼앗기고 있는데도 국민은 새로운 자유를 경험하고 있는 줄로 착각했다.

1. 2월 27일에서 28일로 넘어가는 밤에 아무도 통행할 수 없는 경찰 차단선 뒤에서 제국 의회 의사당이 소실되고, 이튿날 아침에 히틀러의 긴급 조치 "국민과 국가를 보호하기 위한 대통령령"이 공포되었다. 가장 효과적인 조치였다. 긴급 조치는 "한동안" 지속되다가 1945년 5월 8일에야 끝났다. 그것은 헌법이 보장하

는 개인의 모든 권리를 사실상 무효화시키고, 강제수용소 설치를 가능하게 했다. 사실상 독일 국민 다수는 3월 5일 선거를 통해 1933년 2월 28일에 발효된 긴급 조치 1호를 받아들인 것이나 다름없었다.

> 개인의 자유, 자유로운 의견 표시의 권리, 언론의 자유, 집회의 권리와 결사의 권리 등을 제한하고, 우편, 전보, 전화를 통한 통신 비밀유지의 권리를 침해하고, 가택 수색영장과 몰수 명령서를 발부하고, 소유권을 제한하는 등의 조치가 별도로 규정된 법의 한계를 넘어 시행될 수 있다.[16]

히틀러는 이 수단을 이용하여 자신이 바라던 일체의 권력을 장악했다. 그가 그 권력을 집행할 능력이 없는 사람으로 드러나느냐, 아니면 이미 닦은 기틀을 발전시킬 것이냐 하는 문제만 남아 있었다.

화재의 밤과 이 긴급 조치의 성공적 발효 이후, 교회들과 대학교들은 긴급 조치가 직접적인 무언가에 착수했음을 전혀 알아채지 못했다. 그들 대다수는 새로운 질서 의지가 작동하고 있음을 보고 그것에 고마워했다. 스스로를 전지전능한 경찰의 희생양으로 여기는 것은 개신교가 지난 몇 백 년 동안 경험해 보지 못한 것이었다. 그러니 어찌 의심을 하겠는가?

본회퍼 일가는 경찰의 방겐하임슈트라세 출현에 대비해야 할 만큼 위험에 처하지는 않았다. 상당수의 현역 정치인들만큼 자신을 노출한 적이 없기 때문이다. 이 정치인들 중에는 이 주간에 긴급 조치의 집행을 모면하기 위해 밤마다 다른 잠자리를 찾는 이들이 적지 않았다.

"국제주의적" 관계들을 맺고 있고 게나가 라디오 방송 강연까지 한 뒤여서 디트리히 본회퍼에게는 우편 감시와 통신 감시가 달가울 리 없었다.[17] 그의 친가에서도 다들 정치적 내용을 경솔하게 큰소리로 떠드는 것을 삼갔다. 그 집에는 가사 도우미들도 유숙하고 있었기 때문이다. 4월 초 유니온 신학교 시절의 친구를 만나기 위해 뉴욕에서 아내를 대동하고 베를린을 방문한 폴 레만은 잊히지 않을 만큼 진기한 광경을 목격했다. 전혀 해롭지 않은 대화를 나누는 중인데도 클라우스가 때때로 자리에서 일어나, 누군가가 문 뒤에서 엿듣고 있지는 않은지 확인하곤 했던 것이다.

얼마 지나지 않아 가족이 뜻하지 않게 제국 의회 의사당 화재 사건에 휘말렸다. 당시 제국대법원을 거쳐 간 한스 폰 도나니가 1933년 5월부터 제국법무 장관, 곧 히틀러에 의해 내각에 영입된 프란츠 귀르트너Franz Gürtner 휘하에서 법무부의 참관인 자격으로 방화 혐의자 마리누스 판 더 루베Marinus van der Lubbe 소송에 참석해야 했기 때문이다. 베를린, 라이프치히, 다시 베를린을 오가며 진행된 소송이었다. 그것으로 충분치 않았던지, 판 더 루베가 3월에 단식에 돌입하는 바람에 예심판사가 본회퍼의 아버지와 그의 동료 추트 박사에게 판 더 루베의 정신감정을 의뢰했다. 추트는 후일 프랑크푸르트 대학교 정교수가 된다. 이처럼 진짜 수수께끼로 둘러싸이고 감정에 휩싸인 사건에 연루됨으로써 온 가족이 1년간 시달렸다.[18] 칼 본회퍼와 추트는 판 더 루베를 3월에 세 차례 면회하고, 그런 다음 그가 라이프치히에서 돌아온 9월과 10월에 한 차례씩 면회했으며, 11월에는 네 차례나 면회했다. 외국에서는 헤르만 괴링이 부하들을 시켜 제국 의회 의사당에 불을 질렀으며 판 더 루베는 본의 아니게 그들의 꼭두각시가 된 거라는 소문이 퍼졌다. 외국에서는 독일의 객관적이고 확고한 최고의 정신의학자가 다른 이들이 대지 못할 설득력 있는 증거를 제시해 주기를 바랐다. 수많은 기대의 눈빛이 그 정신감정에 쏠려 있었다. 그러나 의사의 정신의학적 감정은 유무죄 문제를 전혀 언급하지 않고, 루베가 사주받았을 가능성도 언급하지 않았다. 의사들이 관찰한 결과 마약의 영향이 의심된다는 정황 증거도 없었다. 그러자 다들 크게 실망했다. 격분한 편지들이 본회퍼 집안으로 빗발쳤고, 비방성 전단도 날아들었다.

하지만 1933년 칼 본회퍼가 자기 이름을 걸고 순수 의학적 관점 이외의 관점들을 참작하여 정신감정을 하게 되리라고는 생각도 못한 일이었다. 대단히 객관적이고 전문적인 표현에도 불구하고 환자에 대한 어느 정도의 온정을 보여주는 이 정신감정은 『월간 정신의학과 신경학』에 게재되었다.[19] 칼 본회퍼는 여기서 자신의 의료 윤리를 바탕으로 정치적 의도 전체를 배제했듯이, 7년 뒤에도 생물학적 철학들을 단호하게 배제했다. 그 철학들이 순수 의료 윤리적 관점을 약화시켜 소위 살 가치가 없는 생명을 제거하려 했기 때문이다. 칼 본회퍼는 자신의 회고록에서 판 더 루베 사건을 아래와 같이 언급했다.

집권당 의원들 중 몇 사람을 만날 기회가 있었다. 상당수가 라이프치히 대법원에서 열리는 재판에 우르르 몰려와 참석했다. 그렇게 모인 의원들의 얼굴을 보니 기분이 좋지 않았다. 심문이 진행되는 동안 대법원장의 냉정하고 성실한 객관성이 증인석에 앉은 의원들의 무절제한 태도와 묘한 대조를 이뤘다. 또 다른 피고인 공산당 지도자 게오르기 디미트로프Georgi Dimitroff는 지적으로 탁월하다는 인상을 주었다. 법정에 앉아 있던 수상 헤르만 괴링은 그 모습을 보고 무슨 까닭인지 격분했다. 루베는 인간적으로 말하면 차갑지 않은 젊은이, 사이코패스, 얼빠진 모험가였다. 변론이 진행되는 동안 몰지각한 반항으로 대들다가 사형 집행 직전에야 그만두었다.[20]

4년 6개월 뒤 본회퍼의 핑켄발데 신학원과 형제의 집이 폐쇄되고 하인리히 히믈러Heinrich Himmler의 수하들에 의해 봉인된 것은 힌덴부르크의 서명이 담긴 "제국 의회 의사당 화재 법령" 때문이었다. 디트리히 본회퍼는 이 법령을 통해 설치된 강제수용소 중 한 곳에서 세상을 떠났다. 그 법령이 무효화되기 한 달 전의 일이었다. 칼 디트리히 브라허Karl Dietrich Bracher는 그 법령을 "국가사회주의 독재가 일차적으로 의지한 근본적인 예외 법규"라고 부른다. 그 법령은 3월 24일에 발효된 수권법보다 훨씬 중대한 법령이었다.[21]

2. 제국 의회 의사당 화재 사건이 일어난 뒤인 3월 5일, 제국 의회 의원 선거가 제한적으로 실시되었다. 독일에서 치러진 마지막 자유선거로서 공공단체들의 반(半)자발적이고 반(半)강제적인 호소로 시작된 선거였다. 예컨대 독일 개신교 동맹은 "1918년에 일어난 불행한 혁명의 황무지 위에 새로운……독일을 의식적인 하나님 신앙 안에서 건설하려고 하는 강력한 민족 세력들"을 신전하기 위해 열을 올리면서 이렇게 말했다. "14년 동안 **국제적** 연계 세력들, 곧 중앙당, 사민당, 공산주의가 독일 정치와 우리 국민의 문화생활에 특징을 부여해 왔다.……투쟁하라……혁명에 반대하는 민족 운동이 합법적인 방법으로 승리하도록."[22] 카플러를 필두로 한 독일 개신교 교회 위원회는 조금 더 품위 있는 호소문을 발표했다. 선거에서 여덟 번째 계명을 진지하게 대하고 "모든 것에 우선하는 것, 곧 국민과 조국에" 헌신하라는 내용의 호소문이었다.

디트리히 본회퍼는 다셀 회의에 참석하러 떠나기 전에 프란츠 힐데브란트와 함께 투표하러 갔다. 그러나 본회퍼는 힐데브란트에게, 자신이 확고부동함과 독립성을 기대하는 정당은 가톨릭 중앙당뿐이며, 이는 그 당의 "국제적 연계성" 때문이라고 단언했다. 이는 당시에 개신교 목사로서는 대단히 대담한 행보였다.

국가사회주의 독일노동당은 44퍼센트밖에 득표하지 못했다. 위축된 독일국민당의 도움에 의지할 수밖에 없었다. 독일국민당이 히틀러의 입법을 엄호하리라는 것은 불을 보듯 빤한 사실이었다.

3. 3월 21일, 히틀러는 **포츠담 수비대 교회에서 치러진 국가 의식**에서 교활하게 국민의 상상력을 사로잡았다. 힌덴부르크는 디벨리우스가 니콜라이 교회에서 주관하는 예배에 참석한 반면, 히틀러와 요제프 괴벨스는 자기 당 전사자 묘지에서 "기념식"을 거행했다. 대중은 그 국가적 의식을 "합법적 무혈혁명"의 종결로 여겼다. 본회퍼는 며칠 전에 디벨리우스의 집에서 열린 티타임에 초대받아, 교회는 환호만 하고 있어서는 안 된다고 피력했다.[23] 실제로 디벨리우스는 설교에서 대대적인 갈채를 보내는 한편 다음과 같이 말하기도 했다. "국가의 직무가 개인의 자의(恣意)와 뒤섞여서는 안 될 것입니다! 질서가 회복되면, 정의와 사랑이 다시 다스려야 합니다."[24]

4. 3월 21일, **반역행위 관련법**이 공표되었다. 정치적 사법 조치의 그물을 보다 촘촘히 끌어당기는 법령이었다. 이 법령은 "허무맹랑한 주장이나 심하게 왜곡된 주장, 곧 국가의 안녕 내지 주(州)의 안녕, 중앙 정부의 명성 내지 주 정부의 명성, 이 정부들을 뒷받침하는 정당이나 연합체의 명성을 심하게 해치는 주장을 고의로 제기하거나 유포하는 모든 이를 위협했다."[25] 반역행위 관련법은 2월 28일에 발동된 긴급 조치와 함께 본회퍼와 같은 사람을 위협적으로 압박했다. 그가 독일에 대한 충성을 히틀러 정권에 대한 긍정과 동일시하려 하지 않았기 때문이다.

그 법령은 유대인들과 공산주의자들에 대한 점증하는 폭행과 함께 재빨리 발효되어, 4월 1일 유대인 상점 배척 동맹에서 절정에 이르렀고, 1차 비(非)아리아인 "직업공무원계급 재건"법과 맞물렸다.[26]

우리가 이미 들은 대로, 본회퍼의 할머니는 베를린 서부백화점 앞에 자리한 돌격대 저지선을 아무 동요 없이 뚫고 지나갔다.[27] 본회퍼의 부모는 그날 사위 라이프홀츠와 딸 자비네를 만나러 괴팅겐으로 가고 있었다. 시위가 벌어질 경우 그들을 돕기 위해서였다. 디트리히와 클라우스 본회퍼는 미국에 있는 적절한 단체들, 특히 전미 수석 랍비 스티븐 새뮤얼 와이즈Stephen Samuel Wise에게 사건의 진상을 알리려면 어찌해야 하는지를 두고 폴 레만과 상의했다. 스티븐 새뮤얼 와이즈는 본회퍼가 1930-1931년 어간에 알게 된 인물이었다. 본회퍼가 그렇게 "반역행위"라는 죄를 저지를 무렵, 교계의 고위층 인사들은 정반대의 부역을 마지못해 승낙했다.

NSDAP 지침의 10조에는 4월 1일 유대인 상점 배척 동맹과 관련하여 아래와 같은 내용이 들어 있었다.

> 집단행동추진 위원회들은 앞으로도 계속 다음의 과제를 맡는다. 이를테면 외국과 연락을 취할 수 있는 독일인은 누구나 이를 활용하여, 독일에는 안정과 질서가 지배하고 있으며, 독일 국민은 안심하고 생업에 전념하면서 다른 세계와 평화로이 지내는 것만을 소망하고 있으며, 유대인의 무자비한 흑색선전에 맞선 투쟁을 순수 방어전으로 수행하고 있음을 우편, 전보, 전화로 퍼뜨린다.……국가사회주의자들이여! 토요일 정각 10시에 유대인 사회는 알게 될 것이다, 자신이 도전한 상대가 누구인지를.[28]

이에 따라 지방교회와 자유교회의 고위층 에큐메니칼 활동가들이 3월 30일경 자신들의 외국 파트너들 내지 영국과 미국에 있는 자매교회들에게 온갖 형식을 갖추어 서한을 보냈다. 자신들은 독일의 새 질서를 비방하는 무리들에게 용감히 맞서 싸울 것이며, 모든 것이 질도 있게 안정될 것이라고 생각한다는 내용의 서한이었다. 카플러는 조지 K. A. 벨, 루카스 핀텔레온 게르마노스, S. 파크스 캐드먼Parkes Cadman, 앙리오에게 그런 의미의 서한을 보냈다. 오토 디벨리우스는 단파송신기로 미국 감리교 감독 존 루이스 누엘슨John Louis Nuelsen에게 상황을 묘사했다. 베를린이 참으로 평화로워 보이고, 투옥된 자들이 적절히 대우받고 있다는 내용이었다.[29]

반역행위 관련법은 모든 해외접촉을 끊임없이 위협했다. 자신의 영역에서는 자명한 말이었을 텐데도 후일 에큐메니칼 협의회에 보낸 여러 확언에 놀라 고백교회가 주춤거릴 정도였다.

5. 3월 24일에 발효된 **수권법**이 종지부를 찍었다. 수명이 다한 제국 의회 회의에 앞서, 히틀러가 2월 28일에 발동된 긴급 조치를 수단으로 일단의 국회의원을 체포하게 하여 의원직을 빼앗고, 크롤로퍼 오페라 하우스에서 열리는 제국 의회 회의의 질서 유지 업무를 돌격대와 친위대에게 맡긴 것이다. 수권법은 "국민과 국가의 곤경 극복을 위한 법률"이라는 제목을 달고 있었다.[30] 이 법률은 입법권을 정부에 이양하고, 정부의 과거 법령과 미래 법령을 합법으로 인정하고, 히틀러에게 헌법의 거추장스러운 규정 준수 의무를 면제시켜 주었다. 히틀러가 곧 법이었다. 그 일이 있고 6개월 뒤에 찬성파 정당들도 존재하기를 멈추었다. 입법부의 구속력은 히틀러에게 더 이상 두려움의 대상이 아니었다. 그나마 그에게 두려움의 대상이 된 것은 사법부, 행정부, 군부, 문화계에서 국가를 떠받치는 전통적인 세력들이었다.

히틀러는 수권법이 발효되기 전날에 행한 장황한 연설에서 교회들에게 다음과 같이 선언했다. "국가 정부는 우리 국민성을 유지하는 데에 가장 중요한 요소들이 그리스도교의 두 종파(구교와 신교) 안에 있음을 알고 있다." "교회에 걸맞은 영향력을 인정함과 동시에 보장할 것이며", "우리 국민의 윤리생활과 도덕생활의 확고한 기초를 그리스도교 안에서" 찾겠다는 거였다.[31] 교계는 "영향력"이라는 말을 듣고 안심했지만, "교회에 걸맞은"이라는 수식어에는 그다지 주의를 기울이지 않았다. 몇 주 지나지 않아 혁명이 교계의 현관문을 두드리리라는 것을 아직은 상상하기 어려웠던 것이다.

III. 4월: 독일그리스도인연맹

본회퍼에게 4월 초의 몇 날은 더없이 기쁜 나날이 될 수도 있었을 것이다. 풀 레만과의 재회를 몰고 온 날들이었기 때문이다. 두 사람 다 딴 사람이 되어 있었다. 1931년, 골수 급진 사회주의자 해리 워드의 『종교는 어떤 길인가?』*Which Way Religion?*

를 선물하며 디트리히를 떠나보냈던 레만이 이제는 본으로 가서 칼 바르트의 강의를 들은 다음 베를린에 도착하여 디트리히에게 라인홀드 니부어의 신간 『도덕적 인간과 비도덕적 사회』*Moral Man and Immoral Society*를 선물했다. 종교개혁 비판에서 시작하여 자유주의의 종말을 주장하는 책이었다. 본회퍼는 비도덕적 관계들 속에서 도덕적 개인의 상황이 여지없이 폭로된다는 언급에 깊은 인상을 받았지만, 평화주의에 대한 비판에는 동의하지 않았다. 1940년에는 "미국 종교철학자 라인홀드 니부어"에게서 나타나는 개인과 사회의 "추상적" 구분을 다시 화제로 삼았다.[32]

레만이 보기에 뉴욕 체류 시절의 디트리히는 끊임없이 농담을 던지던 젊은이였지만 이제는 "삶을 진지하게 대하는" 사람으로 바뀌어 있었다. 디트리히와 클라우스 본회퍼는 히틀러의 통치가 그다지 오래 가지 못할 것이라고 예측했다. 하지만 이 시기는 대단히 위험한 시기였다. 이 시기에 디트리히는 비(非)아리아인 문제에 골몰했다.

레만은 방겐하임슈트라세에 자리한 본회퍼의 집을 대단히 고풍스럽게 여겼다. 모서리마다 정선된 가구가 놓여 있고, 벽마다 그림이 걸려 있었다. 가사(家事)의 역학이 신비스러울 정도로 정확하게 작동하고 있었다. 어머니는 남의 시선을 끌지 않으려고 낮은 목소리로 지시하곤 했다. 본회퍼는 손님을 시내로 데리고 가서 베딩 지역을 구경시켜 주고, 리하르트 슈트라우스Richard Strauss의 「엘렉트라」Elektra 공연을 함께 관람하기도 했다.

제국 집회

폴 레만과 보내는 몇 날을 그늘지게 한 것은 유대인 배척 동맹만이 아니었다. 4월 3일과 4일에 베를린에서 열린 독일그리스도인연맹의 휘황찬란한 제국 집회도 그랬다. 1월 30일의 동력이 1932년에 결성된 국가사회주의 "독일그리스도인 신앙운동"을 거쳐 교회 안으로까지 밀려들었다. 외국에 공개적으로 선언한 혁명 종료라는 허구를 유지하느라 히틀러의 마음고생이 여간 심한 게 아니었다.

적잖은 수의 개신교도들이 질투심에 휩싸여 가톨릭교도를 흘겨보았다. 가톨릭이 제3제국과 밀착하여 거래하는 것처럼 보였고, 제3제국과 종교 협약을 맺어 제한된 범위의 평화를 얻어 냈기 때문이다. 그러나 겉보기와 달리 가톨릭교도도 무조건적인 밀착을 즐거워하지만은 않았다. 이는 개신교도들이 나중에야 알게 된 사실이다.[33] 어쨌든 개신교 측의 힘이 꺾이고 말았다. 국가사회주의 이데올로기가 지역총회의 평신도 회원뿐만 아니라 지도 기구의 목사들 상당수까지 전염시켰기 때문이다. 그리하여 그들은 나치당의 도구로 전락하거나 자신들의 자유재량권을 넘겨주고 결국에는 일체의 자주성을 포기하고 말았다.

4월 3일과 4일에 열린 제국 집회는 교계의 모든 계층에 변혁을 불러일으켰다. 빌헬름 프리크와 헤르만 괴링이 강당에 모습을 드러냈다. 대관구 지도관이자 나치당의 프로이센 주 의회 교섭단체장 빌헬름 쿠베Wilhelm Kube가 발언했다. 정부 위원 레오나르도 콘티Leonardo Conti와 한스 힌켈Hans Hinkel이 집회의 반(半)공식적 성격을 강화했다. 라디오 방송도 마음대로 사용할 수 있었다. 과격하고 확고부동한 독일그리스도인연맹만 참석한 게 아니었다. 기초가 튼튼한 신학자들도 참석했다. 상당수가 총통원리와 종(種) 적합성이라는 나치당 원칙을 독일의 단일 교계에 곧장 전파하길 원했고, 다른 이들은 종 적합성을 온건하게 해석하는 가운데 순수한 복음전도 열정에 고무되었다. 예컨대 튀빙겐 대학교 교수 칼 페처와 베를린 선교 감독관 루트비히 바이헤르트가 그랬다. 물론 제국 집회에서 발언권을 독차지하고 사실상 교계에서 소란스런 작용과 반작용을 연쇄적으로 주도한 집단은 첫 번째 집단이었다. 그들은 이질적 혈통은 설교단에 적합하지 않으니 독일 개신교 제단들 앞에 감히 나서선 안 된다고 말했다. 쿠베는 카플러가 충성을 맹세했음에도 불구하고 그를 공격했다. 그는 디벨리우스도 비방했다. 디벨리우스가 목사들에게 보내는 3월 8일자 편지에서, 혁명에 동의하면서도 단서들을 덧붙였기 때문이다. 그는 교회 안에서도 정부 위원들이 임명될 것임을 암시하며, 주 의회 소관의 예산 편성권을 이용하여 국비를 박탈하겠다고 공개적으로 으름장을 놓았다.

제국 집회의 슬로건은 관제화, 총통원리, 제국교회, 종(種) 적합성이었다. 상당수의 신학자들이 "제국교회"와 "종 적합성"이 교회로 하여금 바람직하게 활동할 수 있게 해주지 않을까를 두고 숙고하기 시작했다.

4월 16일, 호센펠더가 독일 개신교 교회연합회 의장 카플러에게 무리한 요구

1933년 4월 3일, 베를린에서 열린 독일그리스도인연맹의 제국 집회 모습.
국가사회주의 이데올로기에 물들어 "관제화, 총통원리, 제국교회, 종(種) 적합성"을 슬로건으로 내세운 이 집회는 교계의 모든 계층에 변혁을 불러일으켰다.

를 했다. 개신교 최고관리 위원회, 교회원로원, 종교국, 지방종무국 등이 회의를 열 때마다 독일그리스도인연맹도 참석할 수 있게 해달라는 거였다. 4월 22일, 메클렌부르크 교회가 첫 번째 정부 위원을 일시적으로 받아들였다. 4월 26일, 히틀러가 이미 일어난 혼란을 이용할 속셈으로 그때까지 알려지지 않은 쾨니히스베르크 군관구 목사 루트비히 뮐러를 "개신교회 문제를 해결할 믿을 만한 사람"이자 자신의 "대리인"으로 임명했다. 뮐러는 상스러운 은어를 쓰는 하찮은 자였다. 교계 수뇌부와 교회 당국이 총통원리를 소개하려 하지 않다가 결국에는 더 열성적으로 소개하자, 독일그리스도인연맹은 조리에 맞지 않게 민주적 책략으로 되돌아가 4월 30일 교회 재선거를 요구했다.

뒤처질지 모른다는 사실에 부담을 느낀 기성 교계 지도층은 4월 중에 스물여덟 개의 독립적 지방교회 대신 통일된 제국교회를 구성하자는 요구를 받아들였다. 그들은 통일된 제국교회의 새 장정(章程)을 마련하기 위해 기구를 가동했다. 지방에서도 기존의 갈라진 독일 개신교 실행 기구를 위한 제안들과 구상들이 들쭉날쭉 출현했다. 4월 13일에 나온 빌헬름 쵤너의 호소문이 가장 널리 알려졌다. 그는 구프로이센 연맹을 해체하고 루터교와 개혁파교회로 구성된 제국교회를 만들고자 했다. 헤켈도 이 구상에 동조했다.[34] 신학 전문가들은 하천에 빠진 이 상황에서 긍정적이고 합당한 결과가 나오리라는 진지한 희망들을 품었다. 다들 진지한 숙고를 그쯤 하면 독일그리스도인연맹을 무시할 수 있을 거라고 여겼다. 4월 14일, 본회퍼는 에르빈 주츠에게 아래와 같이 편지했다.

> 지금 보이는 바와 같이 새로운 교회 기구가 생겨날 것 같네. 독일그리스도인연맹은 이 기회에 두 교단과의 관계를 끊을 것이네. 대단히 두려운 일이지. 그렇게 우리 **인간의 혼돈과 하나님의 섭리**hominem confusione et dei providentia가 또 한 번 교회를 보존할 것이네.[35]

칼 바르트가 본회퍼에게 보낸 1933년 4월 18일자 편지는 그 이외의 결과를 예측하기가 얼마나 어려웠는지를 여실히 보여준다.

내가 이처럼 바뀐 독일에서 내적으로 중심을 잡아 나갈 수 있는지, 어떻게 그럴 수 있는지는 전혀 다른 문제입니다. 췰너가 말하는 "독일 민족 개신교회"에서도 그러합니다. 이미 이 약속받은 젖먹이의 이름이……! 그러나 나는 이와 관련해서도 되도록 마음 편히 기다리려고 합니다. 이번에는 교회의 지위가 1914년과는 조금 다름을 보여주는 수많은 징후를 관찰할 수 있어서 기쁩니다.[36]

개신교 최고관리 위원회와 교회원로원이 새 장정을 독자적으로 시도하겠다고 예고했다. 그들은 성명서에서 민족 갱신과 국가 갱신에 대해 언급하고, 순수한 복음의 완전한 선포에 대해서도 언급했다. 4월 25일, 카플러 의장, 하노버 감독 아우구스트 마라렌스, 엘버펠트의 개혁파교회 목사 헤르만 자세로 이루어진 3인방이 대표로 선출되었다. 그들은 독일 개신교 교회 위원회의 위임을 받아 새로운 제국교회 장정을 입안해야 했다. 그러나 이 독자적 행보는 좌절되고 말았다. 히틀러가 뮐러를 임명하고 독일그리스도인연맹이 선거를 요구했기 때문이다.

5월 4일, 3인방이 로쿰에서 3주간의 비공개 연구 작업에 돌입했을 때, 갑자기 3인방이 4인방이 되었다. 루트비히 뮐러가 특별한 기대에 부풀어 3인방과 함께 테이블에 앉은 것이다. 그 바람에 통일된 "제국교회"에 대한 복잡한 바람과 나란히 "총통원리"도 건성으로 넘길 수 없는 의제가 되었다. 세 번째 항목인 종(種) 적합성은 아직 누구도 거론하지 않았다. 그러나 이 문제 역시 갈고리 십자 계급장을 착용한 과격파 두서넛의 도를 넘은 언행에서 터져 나와 신학적으로 진지하게 검토되었다. 다들 다음과 같은 문제를 놓고 숙고하기 시작했다. 복음전도에 영향력이 큰 제국교회의 본질적인 능력을 중시할 경우, 아리안 조항—교회 안에서 이 조항과 실제로 관련된 집단은 사라져 가는 한 집단뿐이었다—과 같은 문제가 소동을 일으키지 않겠느냐는 거였다. "유대인 문제가 교회를 상당히 골치 아프게 하고 있네. 그 바람에 가장 총명하다는 사람들마저 자신들의 두뇌와 성서를 내팽개치고 있네."[37]

어떻게 본회퍼는 그토록 빨리 명석한 판단에 이르게 되었는가?

4월 초 목회자 동아리가 야코비의 목사관에서 본회퍼의 소개로 유대인 문제를 논의하려고 하자, 야코비의 교회 소속 동료 목회자 중 하나가 이 문제를 전면에 세우는 것을 놓고 당혹감을 노골적으로 표시했다. 가장 중요한 회원 가운데 하나인 레온하르트 펜트가 동아리를 탈퇴했다. 펜트는 본회퍼가 그의 교회를 곧잘 찾아가서 설교까지 한 인물이었다. 라인란트에서는 일부 국민이 거리에서 소란을 피우는 동안 빌헬름 멘이 4월 1일 국가 혁명에 대한 교계의 환호를 놓고 관구총감독에게 불만을 토로했다. 관구총감독은 멘에게 아래와 같이 답장했다. 그다운 답장이었다.

> 나는 언론사, 증권시장, 극장 등을 지배하는 유대인 사회가 우리에게 행한 것을 놓고 그간 쌓인 앙심이 한바탕 울분을 푼 것이라는 데에 상당히 동의하는 편입니다. 반유대주의를 표방하지 않는 이들도 그런 앙심을 품고 있지요. 내 마음속과 내 집에는 흑·적·황 삼색기를 단 1초라도 꽂을 자리가 없답니다. 지금도 나는 정치적으로 열렬한 우익이거든요.[38]

교계의 시민계급은 유대인 배척 동맹 방법에 대해서는 화를 냈지만, 유대인 배척주의 자체에 대해서는 그다지 화를 내지 않았던 것 같다. 성직자들은 아리안 조항을 이유로 교회와 관련된 제3제국의 바람에 맞서는 것을 불쾌하게 여김은 물론이고 그러한 저항을 근시안적인 것으로 여겼다. 게다가 교계는 보호도 받고 새로운 영향력도 유지해야 했다. 8월과 9월, 독일그리스도인연맹이 국가의 아리안 조항을 교회에 이식한 뒤에야, 목회자 세계에서 이렇다 할 운동이 일어났다. 하지만 그 무렵에 본회퍼가 예견한 일도 일어났다. 신학 교수들과 목사들이 교회의 아리안 입법을 신학적으로 정당화하기 시작한 것이다.

1933년 4월 7일, 국가에서 아리안 법을 만들 무렵, 본회퍼는 이미 책상에 앉아 국가와 교회의 관점에서 일어날 결과들을 논구한 몇 안 되는 사람 가운데 한 사람이었다. 게다가 그는 누구보다 먼저 이 상황을 임박한 투쟁의 근본 문제로 제기했던 것 같다.[39] 물론 그보다 먼저 인종 사상을 논한 신학자들이 있기는 했다. 하인츠 클로펜부르크Heinz Kloppenburg는 인종 문제에 관한 소론을 1932년 12월 17일자 「올덴부르크 교회일보」*Oldenburger Kirchenblatt*에 발표했고, 당시 도브리코프 마을 목사였던 하인리히 포겔Heinrich Vogel은 1933년 4월 27일자 「일상의 동향」에서 독일그리스도인연맹과 격론을 벌이고, '십자가와 갈고리 십자가'라는 제목의 소론을 일찌감치 발표했다. 본회퍼는 자신의 소론 밑에 "1933년 4월 15일 완성"이라고 썼다. 그러나 그는 그 소론을 『전진』 6월 호에나 게재할 수 있었다. 그러한 비평문을 게재할 경우 자칫 『전진』이 기나긴 목숨을 더는 부지하지 못할 수도 있었다.

유대인 문제를 다룬 본회퍼의 논문(「유대인 문제에 직면한 교회」—옮긴이)은 2부로 구성되어 있다. 처음에는 따로따로 작성한 글이었다. 제2부의 여섯 논제는[40] 야코비 동아리를 위해 3월 마지막 날과 4월 초하루에 작성한 것으로 보인다. 그 논제들은 유대계 그리스도인들의 교회 회원 자격 문제를 다룬다. 본회퍼는 그들의 회원 자격을 판단하거나 결정할 권한이 국가에 없다고 말한다. 그러면서 생물학적 이유로 지체를 밀어내는 "독일계"(DBW 12:357) 교회의 신학적 바보짓을 웃음거리로 만든다. 그는 "아리아인-공동체"의 특권이 치명적인 것이 되고 있다는 생각을 아직은 명확히 표현하지 않는다. 그는 아래와 같이 말한다.

> 우리 독일계 교인들이 교회 안에서 유대인들과의 사귐을 계속 받아들여야 하느냐는 물음은 절대로 중요하지 않다. 그리스도교적 설교의 과제는 다음과 같은 사실을 선포하는 것이다. "교회는 유대인과 독일인이 하나님의 말씀을 받드는 곳에 있다. 바로 거기에서만 교회는 여전히 교회인지 아닌지가 판명된다."[41]

1933년 8월에는 유대인을 배척하는 교회의 일원이 되어서는 안 된다고 단호하게 결론짓지만, 4월에는 유대계 그리스도인의 회원 자격을 교회를 통해 거부하려는 생각이 아직은 추상적이어서 그 현실화를 우려할 단계가 아니었다.

제2부를 쓴 것은 4월 1일에 벌어진 유대인 상점 배척 동맹 때문이었다. 본회퍼는 비(非)아리아인 공무원법이 4월 7일에 공포되리라는 소식을 도나니에게 들어

알고 있었다. 그가 새로운 장을 제2부의 여섯 논제들 앞에 배치한 것은 그 때문이었다.[42] 상당히 보수적인 색채와 섞여 있기는 했지만, 그의 소론에서 훨씬 자극적이고 훨씬 중요한 부분이었다. 본회퍼는 다음과 같이 문제를 제기한다. "교회는 소속 인종을 이유로" 유대인을 "특별법 아래 두는 국가의 이 처사를 어찌 판단하는가?" 이는 완전한 "인종 표준"이 얼마나 미심쩍은 것인가를 암시한다. "이로부터 발생하는 교회의 과제는 무엇인가?"[43] 그는 유대계 그리스도인의 교회 회원 자격은 물론이고 유대인 문제 자체를 화제로 삼는다. 그러면서 고백교회가 자기주장을 위한 투쟁 속에서 회원 자격만 부각시키고, 유대인 문제를 완전히 묻어 버린 것을 유감스러워한다. 하지만 그는 멈추지 않고 다음과 같은 성서 구절을 인용한다. "너는 벙어리처럼 말 못하는 이들을 위하여 입을 열어라!"(잠 31:8, 옮긴이 사역)[44]

본회퍼는 루터에 정통한 신학자로서 소론의 다음과 같은 대목에서 교회가 정치 활동에 끼어들어도 되는지, 어째서 그런지를 놓고 격렬하게 씨름한다. "교회는 국법을 찬양해서도 안 되고 비난해서도 안 된다."[45] 10년 뒤에는 이 발언이 그의 귀에 어떻게 들렸을까! 하지만 본회퍼가 1933년에 한 발언은 인본주의-자유주의 전선에 반대하여 빈번히 정식화한 신학적 언어로 말한 거였다. 물론 다른 강조점들도 있었다. 게다가 "강력한 국가"도 반대와 항의를 필요로 하며, 이것을 "어느 정도 장려해야" 한다는 발언은 상당히 민주적인 발언으로 여겨졌다.[46]

본회퍼가 혁명적 발언을 하게 된 것은, 그리스도교의 증언을 통해 역사를 돌파해야 한다는,[47] 당시에 그가 품은 신학적 지론 때문이었다. 『전진』 6월 호가 요제프 괴벨스의 검열을 모면한 것에 다들 놀랄 정도의 발언이었다. 검열관이 도입부의 난해한 신학 기초 작업에 너무 일찍 싫증을 냈을 수도 있다. 하지만 본회퍼는 1933년 4월 초 자신의 교회에 바라는 바를 노골적으로 말한다. 그는 교회가 책임져야 할 분명한 과제를 다음 세 가지로 보았다.

1. 교회는 국가에게 이렇게 물어야 한다. "**국가의** 행위가 **적법하게** 이루어졌다고 책임 있게 답할 수 있는가?……교회는 오늘날 유대인 문제와 관련하여 이 질문을 분명하게 제기해야 한다."[48] 그러나 누구도 "분명하게" 묻지 않았고, 멘이 관구총감독에게 던진 물음에 누구도 답하지 않았다. 그 무렵에는 거의 모든 사람이 혁명 중에는 제한된 범위의 폭력을 행사할 수 있다고 말하는 편이었다. 마르틴 라

데까지도 『그리스도교 세계』에서 그리 말했다.[49] 교계에서 국가의 행위에 대해 제기한 이의, 귀담아들을 만한 이의는 1936년 히틀러에게 보낸 항의서가 처음이었다.[50] 10년 뒤, 본회퍼는 "제한된 범위의 폭력 행사 권한"을 신봉한다. 이는 교회 법규에 따라 그리한 것으로 보인다.

2. 본회퍼는 두 번째 과제를 국가의 행위에 희생당한 이들을 돕는 것으로 보았다. "교회는 모든 사회 질서에 희생당한 사람들에게 무조건적인 빚을 지고 있다. 설령 그들이 그리스도교 공동체에 속해 있지 않다고 해도 마찬가지다."[51] 이는 별도로 한 발언임에 틀림없다. 1933년 4월 초부터 이후 몇 년에 걸쳐 박해가 몇 곱절로 늘어나자, 고백교회의 이 책무를 하인리히 그뤼버Heinrich Grüber의 사무실에서[51a] 떠맡았다.

본회퍼는 교회가 처음 두 과제를 시급히 떠맡을 시점이 언제인지를 탐구했다. 그는 "법규와 정의가 과도하거나 과소해서" "국가 신민 가운데 어떤 집단이 법의 보호를 받지 못하는" 경우를 그 시점으로 꼽았다. 그의 답변은 구속력이 없지도, 애매하지도 않았다. "유대인 문제에서 교회가 첫 두 과제를 시급히 떠맡을 시점은 바로 오늘이다."[52] 이 입장은 본회퍼가 이 소론을 발표하고 몇 달 뒤, 침묵하는 고백교회에 실망하여 고백교회를 저버리리라 생각할 정도로 보기 드문 입장이었다. 그의 런던행 결정도 이 실망과 관계가 있었다.

3. 세 번째 과제는 무엇이었는가? 그는 자신이 개인적으로 가능하다고 여기는 경계까지 나아갔다. 그는 이렇게 말했다. 국가가 법규와 권한을 파렴치할 정도로 많이 행사하거나 적게 행사할 경우, 교회는 "바퀴에 깔린 희생자를 싸매어 줄 뿐 아니라, 바퀴 자체를 저지해야 한다."[53] 바퀴 저지하기! 누가 그 일을 할 수 있고, 누가 그 일을 떠맡아야 하는가? 본회퍼는 자기가 한 말의 내용을 분명히 알고 있었다. 그가 첫 두 과제에서 본 가능성은 개개의 그리스도인들이 스스로를 일깨워 "특정한 경우 도덕에 어긋나게 행동하는 국가를 고소할 줄" 아는 거였다.[54] 그러나 세 번째 과제를 언급한 것은 당시 유토피아적인 희망만을 언급한 거였다. "이와 반대로 교회의 직접적인 정치 활동의 불가피성은 그때그때마다 개신교 공의회에 의해 결정되어야 하며, 그전에 결의론적으로 조작되어서는 안 된다."[55] 이미 본회퍼는 혁명적 행위의 구속력 있는 기준을 미리 제시하는 것이 얼마나 위험하

고 얼마나 불가능한 일인지를 상당히 명확하게 알고 있었다. 그는 해가 갈수록 자기 교회와 에큐메니칼 운동에 대한 실망과 곤경이 예기치 못한 방향으로 커지자 "공의회"에 책임을 지우기보다는 자신이 직접 책임을 떠맡았다. 이 무렵의 그 젊은 신학자는 교회와 국가 조직을 위태롭게 하는 것이 문제가 될 때 개인적인 결단에 의지하는 것을 아직은 주저했다. 그러나 그의 인생행로의 여러 에움길에서 집단적인 결단의 도움을 논하지 않고 셋째 단계의 책임이 점점 더 전면에 부각되었다. 어느 날, 그는 그 책임을 떠맡았고, 그런 다음 교회의 평판을 포기했다.

실제로 이 4월은 불안한 달이었다. "어찌할 것인지를 아직은 제대로 전망하지 못하겠네."[56] 매제 라이프홀츠를 볼 때면 국가에서 진행하는 유대인 문제 처리의 결과가 끊임없이 떠올랐고, 프란츠 힐데브란트를 볼 때면 교회에서 진행하는 유대인 문제 처리의 결과가 계속 눈앞에 아른거렸다.

4월 11일, 게르하르트 라이프홀츠의 아버지가 사망했다. 세례를 받지 않은 이였다. 디트리히의 형제자매는 디트리히가 장례식을 거행해 주기를 바랐을 것이다. 하지만 그는 이 상황에서 관할 관구총감독에게 문의하기로 결정했고, 관구총감독은 그에게 유대인의 장례식을 거행하지 말라고 급히 충고했다. 그 일이 있고 몇 달 뒤인 11월 23일, 디트리히는 매제에게 아래와 같이 편지했다.

> 그때 누이와 매제의 부탁을 들어주어야 했는데도 그러지 않았던 것을 생각하면 지금도 마음이 괴롭습니다. 솔직히 말하면, 무엇이 나를 그렇게 처신하게 했는지 알 수가 없습니다. 어째서 그 당시에 그토록 두려워했던 걸까요? 그때의 일은 누이와 매제에게도 이해할 수 없는 일이었을 겁니다. 그런데도 누이와 매제는 아무 말도 하지 않았지요. 하지만 그때의 일은 지금도 내 마음을 괴롭히고 있습니다. 도저히 만회할 길이 없으니 말이에요. 그저 나의 나약함을 용서해 주기를 바랄 뿐입니다. 지금은 확실히 알고 있지만, 그때 나는 달리 처신해야 했습니다(DBW 13:34f.).

처음부터 본회퍼는 개인적인 이유와 신학적인 이유에서 유대인 문제를 놓고 국가사회주의와 "세계관" 논쟁을 벌일 마음이 조금도 없었다. 그때부터 그는 "복음전도"를 조금도 생각하지 않고, 나치스 돌격대에 대한 복음전도 열의를 온건파 독일그리스도인연맹과 그들의 전단지에 맡겼다. 아리안 조항에 맞서 싸우느라 기력을 소진했기 때문이다. 그는 전부를 건 뒤에야 제공할 가치가 있는 메시지가 가시화될 거라고 여겼다.

그의 교회 고위층 인사들과 그의 동료들이 아직은 부차적인 문제로 여기던 집단, 그의 가족을 처음부터 불안하게 한 집단 때문에, 본회퍼가 교회투쟁에서 가장 먼저 발언한 것은 그의 인격과 그의 신학에 걸맞은 일이었다.

해직 사태

이 몇 주 동안 대학 사회에서 첫 번째 절박한 위기들이 발발했다. 직업공무원 재건법이 소위 비(非)아리아인 대학교수들과 좌익 성향의 교수들을 상심시켰다. 4월 1일, 대학 사회의 국가사회주의 집단행동추진 위원회에 결의안을 도출하라는 지시가 떨어졌다. 대학 연구기관, 특히 의학과 법학 분야에서 유대인들이 차지하고 있는 몫을 제한하라는 요구가 담긴 결의안이었다. 4월 7일에 발효될 법령의 준비 작업이었지만, 칼자루는 장관이 쥐고 있었다.

문화교육부 장관 베른하르트 루스트가 이미 3월에 킬 대학교의 신학 교수이자 종교사회학자인 에밀 푹스Emil Fuchs를 면직시킨 상태였다. 프랑크푸르트 대학교의 폴 틸리히, 할레 대학교의 귄터 덴, 본 대학교의 루트비히 슈미트를 표적으로 집단행동추진 위원회의 선전선동이 이어졌다. 이들은 얼마 지나지 않아 해직되거나 국외로 추방당했다.

곧바로 모든 눈이 본으로 쏠렸다. 사민당 당원증을 소지한 칸 바르트에게는 무슨 일이 일어날 것인가? 본회퍼는 베를린에서 게오르크 메르츠Georg Merz를 만났다. 바르트가 위기에 처했다고 그에게 알린 이였다. 본회퍼는 곧바로 동료들과 벗들을 규합하여 바르트를 구명하기 위한 공개적 입장 표명을 그러모으려고 시도했다. 게다가 그는 에큐메니칼 협의회의 벗들에게도 부탁했다. 해외에서 문화교육부를 몰아붙여 달라는 내용이었다. 우리가 이미 읽은 대로, 그는 문화교육부 공무원과의 연줄을 활용하여 "치명적인 실수를 방지하려고" 했다.[57] 그러나 바르트는 곧바로 그에게 편지했다. 사민당에서 탈당하지 않겠다고 베른하르트 루스트에게 통보해도, 자신이 귄터 덴을 편들어도, 당분간은 "여느 때처럼" 별일이 없을 거라는 내용이었다.[58]

당시 본회퍼가 정면 돌파와 같은 것이 가능하다고 여긴 것은 과연 옳은 생각이었다. 아직은 명망 있는 인물들에 대한 조치를 놓고 소란을 피우는 것이 쓸모가 있었기 때문이다. 예컨대 슈프랑거가 새 학기에 항의의 뜻으로 사표를 제출하자, 다들 그로 하여금 그의 사직을 철회하게 하려고 애썼던 것이다. 이 국면에서 국가는 해외에 각인될 자신의 명성 때문에 베르너 예거, 빌헬름 뢰프케Wilhelm Röpke, 파울 힌데미트Paul Hindemith 같은 인사들의 사직을 가벼이 여기지 않았다.

4월 7일 법령을 근거로 해직 캠페인이 벌어지자 힌덴부르크 대통령이 개입하여 최소한 비(非)아리아인 참전자만이라도 법령의 적용을 받지 않게 했다. 이 와중에 본회퍼의 매제 라이프홀츠의 해직도 연기할 수 있었다. 라이프홀츠는 1935년 3월이 되어서야 해고되었다.

그러나 개인별 행동들에도 불구하고 전반적인 사태 전개는 달라진 게 없었다. 베를린 대학교는 그 대학교 역사상 학문적으로 역량 있는 사람들을 대거 잃었다. 본회퍼는 6개월 뒤 런던 독일인 교회 담임목사가 되어 이 1차 해직 여파로 이주한 사람들에게 새로운 삶의 가능성을 찾아주기 위해 수고를 아끼지 않았다.[59]

에큐메니칼 협의회

이 초유의 사건들이 있고 나서 베를린이 모든 있을 수 있는 방문객들, 곧 새로운 상황을 현장에서 확인하고자 하는 사람들의 회합 장소가 된 것은 전혀 놀라운 일이 아니었다.

치체스터의 주교이자 실천적 그리스도교를 위한 에큐메니칼 협의회 의장 조지 K. A. 벨은 카플러가 3월 30일에 보낸 저 서한을 받은 상태였다.[60] 벨이 「타임스」*Times*에서 읽은 내용은 카플러가 보증한 것과는 정반대였다. 「타임스」에서는 베를린의 불안한 상황을 날마다 새롭게 보도하고 있었다. 그래서 그는 독일교회를 위해 장기적인 조치들 가운데 첫 번째 조치를 취했다. 그 자신은 편도선 절제 수술 때문에 4월 내내 누워 지냈다. 때문에 4월 중순경 앙리오를 제네바에서 베를린으로 보내어 정보들을 직접 얻게 했다. 한스 쇤펠트와 닐스 에렌스트룀Nils Ehrenström 이 앙리오와 동행했다. 본회퍼는 앙리오를 만났다. 그들의 대화는 방문 전후의 메모로만 존재한다(DBW 12:54 Anm. 6 참조).

본회퍼는 그들이 도착하기 전에 닐스 에렌스트룀에게 앙리오에 대한 정보를 청하면서 아래와 같이 말했다.

> 그가 이곳에 도착한 뒤에 그에게 직접 이야기하는 것이 대단히 중요한 것 같습니다.……상황이 앙리오 씨에게도 상당히 엄중할 것 같습니다.……이 불안한 며칠을 보내면서 품는 가장 큰 바람은 평온한 부활절을 맞이하는 것입니다.[61]

본회퍼는 모든 공식적인 방문에 앞서 앙리오에게 유대인 문제와 바르트 문제에 대해 알리고 싶었을 것이다. 사실 그는 도나니를 통해 대다수의 사람들보다 훨씬 많은 것을 알고 있었다. 그는 동료들과 교계 수뇌부가 앙리오에게 상황을 너무 낙관적으로 묘사할까 봐 걱정했다. 그들이 앙리오를 안심시키려 시도하며, 초기 위기를 겪고 있는 독일 전체를 외부에서 교란하지 말아 달라고 부탁할지도 모르는 일이었고, 무신론적 동향에 맞서 강력한 치안방벽을 세우는 것이 중요하다고 속일지도 모르는 일이었다. 이 모든 것은 결코 본회퍼의 견해가 아니었다.

4월 초, 앙리오는 자신의 일기장에다 베를린에 대해 다음과 같이 기록했다. "독일 사람들은 독일이 볼셰비즘에 맞설 방벽을 세우고 있는 것에 외국이 감사하지 않는 것을 이상하게 생각한다." "생활과 실천" 협의회 연차 보고서에는 다음과 같은 내용도 들어 있다.

> 독일 교계 지도자들은 교회가 직면하고 있는 어려움들을 그들에게 설명하고, 자신들이 그 어려움들에 대처하기 위해 취하고 있는 조치들에 대해서도 설명했다. 그러면서 동료 그리스도인들에게 참을성을 가져 줄 것과, 섣부른 조치를 강요하지 말 것을 요구했다.[62]

당시에는 헤켈 같은 사람까지도 본회퍼의 비관적인 분석에 동조했다. 앙리오의 일기에는 이렇게 기록되어 있다. "4월 19일, 헤켈과 조찬을 가졌다. 그는 상황을 대단히 비관적으로 보았다."

세계교회친선연맹 연차 보고서도 본회퍼의 견해에 의거하여 베를린 교계의 너무나 조심스러운 태도를 아래와 같이 묘사했다.

> 이 토의 과정에서 서서히 분명해진 것은, 독일의 현 상황을 판단하건대, 외국들이 다음의 사실을 간과해선 안 된다는 것이다. 말하자면 독일인들이 겪고 있는 것은 정권 교체나 개혁이 아니라 혁명이라는 것이다. 상황이 이러하므로 교계의 사정이나 세계교회친선연맹 사역과 관련하여 딱히 결정적으로 언급할 것이 별로 없다.[63]

그러나 본회퍼는 발언을 가급적 적게 해주기를 바라는 쪽은 국가사회주의자들일 거라고 생각했다. 하지만 그 때문에라도 발언하지 않으면 안 되었다.

본회퍼는 베를린에서 제네바 사람들을 만났을 때 북프랑스에서 열리는 영-불 대회와 청년 위원회 회의 불참을 통보했다.[64] 청년 위원회 회의는 세계교회친선연맹 청년 위원회와 "생활과 실천" 협의회 청년 위원회의 합병이 이루어지는 자리였다. 앙리오가 3월 17일에도 "당신은 회의에 꼭 참석해야 합니다"(DBW 12:53)라며 그를 재촉했지만, 유대인 문제, 대학교 문제, 에큐메니칼 연합, 그는 이 세 가지 중에서 어디에 자신을 노출시켜야 했는가? 이 회의 참석 거절은 그가 에큐메니칼 운동과 관련하여 행한 여러 거절 가운데 첫 번째 거절이었다.

학기 초

방겐하임슈트라세 사람들은 다들 학기 초 준비를 했다. 새로운 문화 정책이 눈에 띄게 대학교들로 손을 뻗었다. 칼 본회퍼는 베를린 대학교의 여름학기 처음 몇 주를 아래와 같이 떠올리며 수치스러워했다.

> 나는 대학교의 공식적인 축제가 있을 때면 문화교육부 장관 베른하르트 루스트의 첫 번째 식사(式辭)에만 마지못해 참석하는 편이었다. 유감스럽게도 이번에는 나나 다른 교수들이 교수들에 대한 장관의 모욕적인 태도를 보고도 용기를 내어 강당을 박차고 나가지 못했다.[65]

> 지금껏 한 번도 본 적 없는 젊은 수련의들이 나치당의 대표 자격으로 다가와 여러 병동 책임자들에게 유대인 의사를 즉각 해고하라고 말했다. 몇몇은 설득당하는 분위기였다. 그런 문제는 당의 소관이 아니라 내각 소관이라는 이의 제기가 있었지만, 곧바로 위협을 받았다. 학장이 의료진을 설득하여 단체로 당에 가입시키려 했다. 하지만 의사들이 차례로 반대하는 바람에 좌절되고 말았다. 처음에 내각은 유대인 조수들을 해고하라는 요구에 응하지 않았다. 하지만 개인 진료실에서 일하는 의사들은 당에 대한 태도를 조직적으로 염탐당했다.…… 내가 맡고 있는 진료실에서는 대체로 조수들 다수가 압력에 저항하는 편이었다. "대학 교원관리부"의 눈엣가시나 다름없는 진료실이었다. 나는 1938년에 퇴직할 때까지 히틀러의 초상화 설치를 저지했다. 자선병원에서 그렇게 한 곳은 나의 진료실이 유일할 것이다. 내 후임자가 진료실 입구에 설치한 히틀러 흉상은 훨씬 큰 것이었다.[66]

처음에 신학부에서는 사정이 다소 유리했다. 하지만 미래 교회의 종을 양성하는 신학 교수들도 공무원 신분으로 아리안 조항에 굴복하고 말았다. 몇 주도 안 되어 독일그리스도인연맹이 신학생들 사이를 헤집고 다녔다.

5월 10일, 독일의 다른 대학 도시들과 마찬가지로 베를린의 오페른 광장에서도 분서(焚書) 의식과 함께 새로운 문화적 "삶의 의지"가 찬양되었다. 대학생들이 대학교 앞 알렉산더 폰 훔볼트Alexander von Humboldt와 빌헬름 폰 훔볼트Wilhelm von Humboldt 형제 기념상 아래에서 수백 권의 책을 불 속에 던지며, 자신들에게 낯선 저자들의 이름을 외쳐 댔다. 그들이 외쳐 댄 저자들의 이름은 다음과 같다. 알베르트 아인슈타인, 토마스 만Thomas Mann, 지크문트 프로이트, 발터 라테나우, 슈테판 츠바이크, 에리히 마리아 레마르크, 테오도르 호이스. 요제프 괴벨스가 울리히 폰 후텐Ulrich von Hutten의 다음과 같은 구호로 반지성적 축제에 종지부를 찍었다. "오오 세기여! 오오 과학이여! 살아남은 것은 기뻐하게 되리라!"

그 "퇴폐적인 저자들" 중에는 신학자도 두서넛 있지 않았을까? 신생 교계신문 「제3제국 복음」*Evangelium im Dritten Reich* 19호(5월 7일자)는 신학부들이 너무 느릿느릿 반응을 보였다며 아래와 같이 말했다.

> 신학부들의 관제화.……굳이 몇몇 신학부의 이름을 꼽자면, 킬, 마르부르크, 본에서는 노쇠한 마르크스주의자들이 강단을 차지한 채 오래전에 썩어 문드러진 자유주의를 장려하고 있다. 정통한 소식통에 의하면 베를린 대학교 신학부는 공석인 교수직의 신규 임용을 위해 한 박물관장에게 영예가 될 제안을 했다고 한다.……우리는 독일 신학부에서 독일그리스도인연맹만 활동할 때까지 몇 년간은 이미 비어 있거나 앞으로 비게 될 교수직이 우리 노선을 따르는 신학자로만 채워질 것을 요구한다.[67]

티티우스의 정년퇴임으로 공석이 된 베를린 대학교 신학부 교수직을 게오르크 보버민이 차지했다. 제3제국에서 그에게 기대한 일을 수행한 자였다. 하지만 신학부에서는 곧바로 균열이 일어나지는 않았다. 다들 지크문트-슐체가 정치적 불순분자로 낙인찍혀 여름에 퇴출당하는 것을 그냥 두고 보기만 했다. 본회퍼는 대학 강사였으므로 신학부 정책을 조금도 공격하지 못했다. 그는 조정자를 거쳐서만 영향력을 확보하려고 했다. 하지만 그럴 만한 이들이 전혀 없었다. 그래서 자신의 강의 중에서 가장 난해한 강의, 곧 그리스도론 강의에 매진하려고 했다.

1차 저항

4월에 독일그리스도인연맹이 선제공격을 시작하자, 교계의 지도 기구는 전술적으로 헌법에 기초하여 교회의 독립성을 옹호했다. 신학적 성향의 동아리들도 독일그리스도인연맹의 선제공격에 저항했다. 그 동아리들은 처음으로 자유롭게 연합하여 새로운 도전들 사이에서 교회의 본질을 적절하게 표현하고 옹호할 수 있는 슬로건을 모색했다. 슬로건은 어려움에 처한 교계 지도층에 대한 원조에서부터 교계 지도층에 대한 언짢은 비판에 이르기까지 다양했다. 4월 말에는 시도우형제단의 게오르크 슐츠Georg Schulz가 '영들을 분별하라'라는 격문을 발표했고, 5월에는 베스트팔렌 지역에 사는 목사 11명이 '유대계 그리스도인을 교회에서 밀어내는 것은 이단적 교회분열이나 다름없다'라는 성명서를 발표했다. 이들 중에는 장차 순교자가 될 루트비히 슈타일Ludwig Steil이 있었고, 그들의 성명서는 본회퍼가 발표한 소론과 상당히 흡사했다. 하인리히 포겔도 '여덟 조항의 개신교 교리'를 발표했다.

5월 초, "젊은 개혁자 운동"이라는 저항 세력의 핵심이 방금 거론한 사람들보다 훨씬 온건한 모습으로 출현했다. 다양한 단체로 이루어진 포괄적 세력이었다. 이 단체는 완전한 개혁 신학을 원했지만 교회 정치 활동도 추구했으며 그럴 수밖에 없었다. 샤를로텐부르크 모퉁이에 소재한 한 카페에 게르하르트 야코비, 발터 퀴네트Walter Künneth, 헬무트 모리츠 슈라이너, 한스 릴예가 모였다. 저마다 상이한 색채의 집단을 대표하는 이들이었다. 5월 9일, 그들은 유명한 인사들의 명단과 함께 호소문을 발표하여 전국적으로 엄청난 효과를 낳았다. 그러나 전문가들의 경우는 사정이 달랐다. 그들이 불러일으킨 희망은 대단히 미숙한 견해 차이들에 기초하고 있었다. 그러한 견해 차이들이 신학사적으로 그리고 교회사적으로 그들의 명성을 구체화해 주기라도 하는 것 같았다. 그러자 상당수의 인사들이 곧바로 뿔뿔이 흩어졌다가 타협하여 다시 뭉쳤다. 그들의 이름은 다음과 같다. 한스 단넨바움Hans Dannenbaum, 마르틴 되르네Martin Doerne, 에두아르트 엘바인Eduard Ellwein, 테오도르 엘바인Theodor Ellwein, 프리드리히 고가르텐, 베르너 괴르난트Werner Görnandt, 헤켈, 칼 하임, 게르하르트 야코비, 구스타프 코흐하임Gustav Kochheim, 크루켄베르크Krukenberg, 발터 퀴네트, 레만Lehmann, 한스 릴예, 빌헬름 뤼트게르트, 뮐러, 한스 루돌프 뮐러-슈베페Hans Rudolf Müller-Schwefe, 엘리자베트 니체Elisabeth Nitzsche, 안나 파울젠, 오토 리트뮐러Otto Riethmüller, 칼 베른하르트 리터Karl Bernhard Ritter, 헬무트 모리츠 슈라이너, 게오르크 슐츠, 빌헬름 슈텔린, 막달레네 폰 틸링Magdalene von Tiling, 오트마르 프라이헤르 폰 페어슈어Ottmar Freiherr von Verschuer, 한스 폰 베데마이어, 하인츠-디트리히 벤틀란트Heinz-Dietrich Wendland, 엘리자베트 친(DBW 12:66 참조). 당분간은 '평정을 호소하며'라는 제목 그대로였다. 다들 로쿰에서 새 장정을 마련 중인 4인방—3인방이 아니다!—을 후원하고, 새로운 독일국가를 상당히 "흔쾌하게 찬성"하고, 교회의 영향력을 요구하고, "교회의 본질을 바탕으로 한" 교회 갱신을 강력히 호소했다. (호소문에서 고딕체로 인쇄된 부분은 "교회의 본질을 바탕으로 한"이라는 부분뿐이었다.) 그리고 7조에 들어 있는 비(非)아리아인 배제를 거부하는 것도 잊지 않았다. 개혁자가 되려는 의지가 자유주의를 반대하는 성향을 강하게 띠더니 급기야 독일그리스도인연맹과 현저하게 가까워지고 말았다. 7조만이 분명한 차이점이었다(DBW 12:64f.).

베를린 책임자들은 그 호소문을 부록과 함께 발송했다. 분명히 더 날카롭고 이미 "고백을 의식한" 듯 보이는 부록이었다.[68] 부록에는 후일 교회투쟁의 전면에 나서게 될 베를린 사람 37명의 이름이 담겨 있었다. 여기에 마르틴 니묄러의 이름이 처음으로 등장한다. 헤르만 자세와 본회퍼도 위에서 언급한 호소문에 서명하지 않고 이 부록에 서명했다. 베를린 부록은 독자성을 보여준다. 그것은 "우리가 우리 교회의 새로운 형성을 위한 연구 프로그램으로 적합하게 여기는 기본 원칙들"로서 '평정을 호소하며'를 훨씬 능가한다. 그것은 "현혹 및 오용"과 같은 강력한 어휘들을 동원하여 끝맺는다(DBW 12:66f.).

젊은 개혁자 운동이 발표한 호소문의 타협적 성격은 본회퍼에게서도 드러난다. 바르트를 초대한 적 있는 베를린 사람 게르트루트 슈테벤은 바르트에게 보낸 편지에서 젊은 개혁자 운동에 대한 의구심을 표현하며 이렇게 말했다. "본회퍼도 그들 가운데 한 사람인 것 같아 답답합니다." 그러나 본회퍼는 교회의 독립성 요구와 아리안 조항 거부가 젊은 개혁자 운동 속에서 관철되거나, 아니면 "독일 민족교회"의 위험 요소들이 그 속에 주입되는 것을 대수롭지 않게 여겼을 것이다. 그가 젊은 개혁자 운동에 가담한 것은 그래서였을 것이다. 우리는 본회퍼가 후일 자신의 젊은 개혁자 운동 소속 대학생 집단을 발판으로 무슨 일을 했는지 살펴보게 될 것이다.

아직은 전선들이 주목할 정도로 경색되지 않은 상황이었다. 놀랍게도 젊은 개혁자들 상당수는 의회 방식을 거부하고 반(反)자유주의를 표방함으로써 자신들이 동프로이센 진영의 독일그리스도인연맹과 상당히 가깝다는 것을 알고 즐거워했다. 양측 다 옛 교회를 거부하고 새 교회를 강력히 희망했다. 그러나 5월 하반기에 로쿰 장정에 규정된 제국교회의 미래 수장을 놓고 문제가 불거지자 다시 격돌했다.

독일그리스도인연맹은 예수 승천 주간에 루트비히 뮐러를 자신들의 후보로 지명했다. 히틀러의 신뢰를 받는 자만이 제국감독이 될 수 있다는 거였다. 반면에 아이제나흐에서 로쿰 장정을 결의한 지방교회 지도자들은 5월 27일 근소한 과반수로 프리드리히 폰 보델슈빙Friedrich von Bodelschwingh을 제국감독으로 선출했다. 이 지도자들 가운데 지몬 쇠펠Simon Schöffel, 테오필 부름Theophil Wurm, 하인리히 렌토르프Heinrich Rendtorff는 루트비히 뮐러를 지지했다. 젊은 개혁자들도 보델슈빙을 후원했다. 그러나 독일그리스도인연맹은 나치당 출판매체와 사무실을 가동시켜 보델슈빙 선출을 무효화하려 했다. 이로 인해 젊은 개혁자들은 공개적인 논쟁에서 자신들의 바람보다 더 빨리 각광을 받았다. 그러나 그들은 전혀 알지 못했다. 히틀러가 5월 17일에 평화연설을 하고 나서 전반적인 안정을 중시했기 때문에 자신들에게 어느 정도 유리한 시간이 있었다는 것을.

설교들

1933년 5월 28일, 프란츠 힐데브란트는 클라인-마흐노브에 있는 자신의 설교단에서 다음과 같이 노골적으로 말했다. "보델슈빙을 반대하는 자는 자기 영혼의 밑

바닥까지 부끄러워해야 합니다." 본회퍼는 이날 카이저-빌헬름 기념 교회에서 야코비 대신 설교하면서 훨씬 더 깊이 있게 설교했다. 그는 황금 송아지에 대해 설교했다.[69] 이번에도 임의로 선택한 본문이었다.

> 무작정 기다린다고 해서 교회가 되는 것일까요? 아닙니다. 우리의 교회는 우리가 교회 안에서 보고 싶어 하는 무언가를 지니고 있어야 합니다.……사실 악한 관심사는 전혀 없습니다.……사람들은 제사장을 쫓아내지 않고 이렇게 말합니다. "당신의 일을 하십시오. 민족의 믿음을 북돋우십시오. 예배를 인도하십시오."……그는 자신의 직무, 자신을 성별하는 일에 주의를 기울이고, 민족을 소중히 여깁니다. 그는 민족의 조급함, 그들의 활동 욕구, 그들의 독실한 척하는 소동을 그저 좋게만 여깁니다. 그러고는 굴복합니다(DBW 12:462).
>
> 인류는 희생양이 되어, 스스로를 칭송하고 자신의 업적을 우상화하려 합니다.……아닙니다, 아론의 교회는 아낌이 없습니다. 아론의 교회는 자잘하지 않습니다. 아론의 교회는 자기 하나님에게 아끼지 않습니다.……그러나……그때 그들 가운데 예기치 못한 예언자가 나타납니다.……"나는 주 네 하나님이다"(DBW 12:463).

V. 6월: 정부-위원

바젤

성령강림절이 지난 6월 7일부터 9일까지 프랑스인 4명과 독일인 4명이 바젤에 있는 이젤린Iselin 목사의 집에서 만났다. 윌로비 디킨슨 경과 앙리오도 세계교회친선연맹 간부 자격으로 참석했다. 지난겨울에 본회퍼, 피에르 C. 투레유, 앙리오가 희망에 부풀어 약속한 모임이었고, 프랑스 측에서는 윌프레드 모노가, 독일 측에서는 지크문트-슐체가 오래전부터 그 어떤 여론에도 아랑곳하지 않고 소망하던 모임이었다.

막상 만남이 이루어지자 그동안 기대했던 전제 조건들이 싹 바뀌었다. '베르사유 조약, 군축, 동등한 권리'라는 쟁점들이 예전과 마찬가지로 해결되지 않은 상태였다. 양측 모두 지난 세월의 비극적 실수(태만)를 절감했다. 그러나 독일 측에서는 새로운 독일 국가에 충성할 것인지 불충할 것인지가 명확히 해결되지 않은 반면, 프랑스 측에서는 오래된 불신이 강화되어 있었다. 게다가 교계의 우려스러운 발언들도 있었다. 1933-1934년 세계교회친선연맹 연차 보고서에는 다음과 같이 기록되어 있다. "프랑스 대표들은 상당한 불안을 표출했다. 앞서 말한 혁명의 몇 가지 측면과 독일 개신교의 지향이 자신들을 불안하게 한다는 거였다."[70]

사흘간의 대화를 기록한 의사록은 존재하지 않는다. 지금까지 참석자의 이름이 다 밝혀진 것도 아니다. 독일 측에서는 지크문트-슐체와 리하르트 테오도르 요르단 목사가, 프랑스 측에서는 피에르 C. 투레유가 참석한 것만은 분명하다. 본회퍼가 참석했는지는 불분명하다. 다만 그가 전체 계획을 함께 세우고, 그 주간에 스위스에 있는 주츠의 집에서 지냈으며, 그 기간(만남 기간)에 베를린 대학교에 없었던 것만은 틀림없는 사실이다(DBW 12:59 Anm. 10 참조). 피에르 C. 투레유가 테오도르 드 펠리스Théodore de Félice에게 보낸 1933년 6월 10일자 우편엽서의 내용은 다음과 같다. "어제는 바젤에 있었습니다. 노장파는 자국 정부의 정책을 옹호하느라 열을 올렸고, 소장파는 반대로 그 모습을 보고 화를 냈습니다." 두 민족성을 가로질러 진행된 이 모임에서는 다들 본회퍼를 좋게 여겼을 것이다.

앙리오는 1932-1933년 세계교회친선연맹 활동 보고서에 이렇게 기록했다.

> 국가사회주의 혁명이 진행 중이고, 교회 구성의 철저한 변화가 이루어지고 있는 시기에 회의가 열렸다. 질문과 정보를 교환하고 세계교회친선연맹의 목적들에 동의한다는 견해를 다시 확고하게 선언하면서 회의가 대단히 중요하다는 사실이 입증되었다.

지크문트-슐체가 더 이상 독일에서 생활할 수 없을지도 모른다는 우려가 회의 분위기를 그늘지게 했다. 그의 사회사업 공동 연구 모임과 자발적 근로봉사단이 이미 해체된 상태였다. 그는 마지막 몇 주 동안 해외 이주를 하지 않으면 안 되는 비(非)아리아인 공직자와 학자들을 돕는 데 매진했다. 결국 히틀러 법령 때문에 3주 뒤인 1933년 6월 24일 독일에서 추방되었다. 이 회의가 열리던 6월 초 며칠 동안은 보델슈빙이 당선되면 사태가 정리될 것이라는 일말의 희망이 있었다.

보델슈빙

베텔 공동체의 지도자가 제국감독에 당선되자마자, 독일그리스도인연맹은 누구나 인정할 만큼 정직하고 겸손한 그 지도자를 공격 목표로 삼았다. 그리고 이것이 전국적으로 독일그리스도인연맹의 공감을 자아냈다. 루트비히 뮐러는 선거일 저녁에 정상적인 시대라면 영구 실격 판정을 받았을 방식으로 라디오 방송을 통해 웃음거리가 되었다. 5월 27일, 패배한 그가 독일그리스도인연맹에 이렇게 선언했던 것이다. "교회 당국들은 시대의 부름에 귀를 기울이지 않았습니다.……제국감독 문제에서 그들이 우리에게 제안하는 해법은 종래의 우매한 수백만 명을 통해 믿음, 소망, 사랑에 다가가는 것과는 아무 관련이 없습니다."[71]

보델슈빙은 마지못해 베를린으로 가서 교회연합회 사무국 사무실들을 접수했다. 그는 베스트팔렌 출신 목사 게르하르트 슈트라텐베르트Gerhard Stratenwerth를 데려가 자신을 보좌하게 하고, 일찍이 베스트팔렌에서 목회하다가 이제는 달렘에서 목회하고 있는 마르틴 니묄러 목사를 특별 보좌역에 임명했다. 이때부터 마르틴 니묄러는 혼란을 겪고 있는 교계의 공적인 무대를 떠나지 않았다. 마르틴 니묄러는 야코비의 집에서 모이는 동아리에도 이따금 모습을 드러냈다. 그 동아리에서 교계 정치를 논의하면 논의할수록 그것은 점점 더 시끄럽게 전개되었다. 마르틴 니묄러가 본회퍼를 알게 된 것도 그 동아리에서였다.

독일그리스도인연맹은 "용인할 수 없는" 제국감독 반대 캠페인을 날이 갈수록 강화해 갔다. 그들은 그의 히틀러 접견을 방해하고, 아이제나흐 선거의 절차상 하자에 대한 법적 감정을 받아 보고, "들끓는 민심"이라는 시위운동을 전국에 걸쳐 조직했다. 이런 식으로 보델슈빙을 반대하고 뮐러를 지지하도록 선동하는 시위의 물결이 어느 날 대학교들에까지 밀어닥쳤다. 그 바람에 본회퍼는 혼란을 겪는 교계에서 난생 처음 공공연한 활동을 할 수밖에 없었다.

그 후 얼마 지나지 않아 소동이 일어났다. 독일그리스도인연맹이 열망하던 소동이었다. 그달1933. 6 말경에 문화교육부 장관이 카플러의 뒤를 잇는 승계 규정에서 교계의 계약위반을 찾아내어 곧바로 정부 위원을 임명할 수 있게 된 것이다. 그러자 사태는 히틀러가 바라던 것보다 훨씬 격렬하게 전개되었다.

투쟁 집회

6월에 독일그리스도인연맹은 거의 모든 대학교에서 "독일 그리스도인 대학생 투쟁 동맹"을 결성했다. 이 동맹이 다른 대학생 조직들의 지지를 일부 얻어 집회를 개최함으로써 루트비히 뮐러를 지지하는 결의안을 얻어 내려 했다. 그들은 국수주의를 강요하며 자신들의 의도를 관철시켰다.

젊은 개혁자 운동의 간행물로서 한스 릴예와 프리츠 죌만이 창간한 『젊은 교회』는 브레슬라우에서 열린 대학생 집회에 대해 다음과 같이 보도했다. "루트비히 뮐러를 지지하는 결의안을 통과시키려 하자 출석자 300명 가운데 200명이 그 자리를 떠났다."

베를린 대학교에서는 정부 위원의 임명이 끝난 그 극적인 주간에 논쟁들이 시작되었다. 두 종류의 집회가 열렸다. 하나는 6월 19일 월요일에 독일그리스도인연맹이 개최한 집회였고, 다른 하나는 교목들이 저항 세력과 함께 후원하여 6월 22일 목요일에 개최한 집회였다. 두 번째 집회는 상반되는 입장들의 논쟁으로서 신중하게 마련되었지만, 첫 번째 집회 주최자들이 갑자기 난입하여 위협하는 바람에 다들 집회의 성공을 의심하기 시작했다. 첫 번째 집회에서 본회퍼는 뒷전에 머무르면서 자신의 학생들이 막시뭄 강당에서 활동하게 한 반면, 두 번째 집회에서는 직접 연단에 올라 입장을 공공연하게 표명했다.

당시에 저항 세력은 오로지 교회 위협과 루트비히 뮐러 후원의 반대편에 서기만 할 뿐, 국가에 대한 자신들의 충성에 이의를 제기하는 것은 떨떠름하게 여겼다. 그러면서도 자신이 "반대 세력"으로 입증되기를 바랐다. 이 사실을 직시할 때에만 이 기간의 시도들과 청원들을 이해할 수 있다. 히틀러에게 정치적으로도 화를 내는 사람이라면 이러한 적대적 태도에 호소하지 않고 차라리 기소되기를 바랐을 것이다.

본회퍼는 급히 자신의 동아리와 함께 월요일에 있을 독일그리스도인연맹 집회에 대한 저항 활동을 준비했다. 저항은 루트비히 뮐러 지지 결의가 이루어지려 할 즈음 퇴장 신호를 보내는 것으로 이루어졌다. 그럴 경우 이 행위는 반동적이고 반민족적인 행위로 평가되고, 저항 세력에게는 대표들의 퇴출과 집회 금지가 공포될 위험이 있었다. 그러면 6월 22일 집회가 위협받을 게 빤했다.

6월 17일 토요일, 본회퍼는 교목 에른스트 브로니쉬-홀체와 함께 내각사무처 서기관 한스-프리드리히 람메르스Hans-Friedrich Lammers와 연락을 시도했다. 람메르스는 두 사람에게 내각사무처 예비 면담을 월요일 아침에 정부 부처 참사관 리하르트 빈슈타인Richard Wienstein의 집에서 갖자고 했다.[72] 본회퍼와 에른스트 브로니쉬-홀체는 월요일 정오에 있을 대학생 집회가 위협받을 경우 좋지 않은 인상을 주게 될 것이며, 그럴 경우 사실상 국가사회주의 성향의 대학생들을 포함하여 대학생 대다수가 보델슈빙을 지지하고 루트비히 뮐러를 지지하지 않게 될 것이라고 상세히 설명했다. 빈슈타인은 이의 제기를 메모하기만 하고 두 사람에게는 소관 부처인 문화교육부로 가 보라고 지시했다(DBW 12:79f.).

오후 한 시경 대학생 수백 명이 대학교의 막시뭄 강당에 모였다. 「일상의 동향」 보도에 따르면, 집회 소집자는 "독일 그리스도교 학생회"였다. 교회와 전혀 무관한 단체였다. 그러나 그러한 악용은 당시의 과도한 열기 속에서는 흔한 일이었다. 본회퍼는 넉 달 뒤 브래드퍼드에서 이렇게 보고했다. "DCSV가 집회를 소집했습니다. 그러나 이는 잘못된 생각일 것입니다. 그 시기에 독일 그리스도교 학생회가 궁극적 '관제화'를 놓고 비판적인 논쟁에 휩싸여 있었기 때문입니다."[73] 예견한 대로 집회는 "독일 그리스도교 학생회"가 독일그리스도인 신앙운동에 자발적으로 가입하는 안을 결의하려고 했다. 하지만 6월 20일자 「일상의 동향」이 보도한 대로, "감독후보자 루트비히 뮐러 군목 지지 결의안을 낭독할 무렵 집회 참석자의 90퍼센트가 강당을 떠났다"(DBW 12:78 Anm. 3). 집회장에서 나온 저항 세력은 곧바로 헤겔 동상 옆에 모여 즉석 집회를 열었다(DBW 12:79). 그 가운데에는 당원들과 돌격대 대원들도 끼어 있었다. 그들은 막시뭄 강당에서 있었던 일들을 거부하면서도 국가에 대한 충성을 표현했다. 「일상의 동향」은 당시의 모습을 이렇게 표현했다. "그들은 시위를 벌이며 아돌프 히틀러의 정치적 영도력에 복종했다"(DBW 12:78 Anm. 3).

예정에 없던 일을 벌여 엄청난 긴장을 유발한 이 두 시위가 있고 나서 두 교목은 "보델슈빙 단체" 출신의 대학생 둘을 데리고 문화교육부로 갔다. 이 대학생들은 돌격대 복장을 하고 있었다. 후일 본회퍼가 브래드퍼드에서 이야기한 대로, 그들은 문화교육부 장관 베른하르트 루스트를 만나지 않고 문화교육부 국장 게오르크 게룰리스Georg Gerullis를 만나[74] 사건의 자초지종을 말했다. 같은 날, 본회퍼는 신중을 기하기 위해 사건들에 대한 짤막한 서술을 내각사무처의 빈슈타인에게 보냈고, 빈슈타인은 그것을 람메르스에게 보냈다.[75] 본회퍼는 그 서술문에서 루트비히 뮐러를 반대하는 대학생들의 태도를 다음과 같이 기술했다. "곧이어 간단한 집회가 열렸고, 한 대학생이 제국수상 만세를 외치자[75a] 다수의 대학생이 그대로 따라했다"(DBW 12:79).

사흘 뒤인 6월 22일, 훨씬 진지한 집회가 강당에서 열렸다. 생기가 넘치긴 했지만 월요일에 열린 집회보다 학술적이어서 누구도 진행을 방해하지 않았다.

이번에는 "개신교 대학생 연구 위원회"가 소집하고(DBW 12:81 Anm. 1 참조), 교목실이 후원하는 집회였다. 이 단체는 에른스트 브로니쉬-홀체가 1930년에 학우회에 속한 개신교 대학생들과 학우회에 속하지 않은 개신교 대학생들을 느슨하게 규합하여 명칭을 부여한 단체였다. 이 "연구 위원회"는 독일그리스도인연맹 단체도 피하고 DCSV도 끌어들이지 않았다. "교회를 위한 투쟁"이 주제로 고지되었다. 연사로는 에마누엘 히르쉬, 루트비히 뮐러의 동역자 에리히 포겔장Erich Vogelsang, 카유스 파브리시우스 교수가 독일그리스도인연맹 대표로 참석했고, 베를린 대학교 교수들인 아돌프 다이스만, 에른스트 젤린, 빌헬름 뤼트게르트, 할레 대학교 교수인 프리드리히 칼 슈만Friedrich Karl Schumann이 중도파를 대표하여 참석했으며, 본회퍼는 젊은 개혁자 운동의 대표로 참석했다(DBW 12:81f.). 200여 명으로 추정되는 출석 대학생 앞에서 대학교수들과 대학생 두서넛의 격렬한 논쟁이 벌어졌다.

히르쉬는 자신의 친구들과 공조하여 새 국가에 대한 일체의 거리 두기를 중지하고, 복음전도의 중요한 기회를 활용할 필요가 있다고 역설했다. 빈터하거에 의하면, 프리드리히 칼 슈만이 양측을 향해 정중하게 발언하자, 본회퍼가 행사 뒤에 그를 맹렬히 비난했다고 한다. 회의록에는 그의 발언 내용이 아래와 같이 기록되어 있다.

> 본회퍼는 투쟁의 의의에 동의하면서 이렇게 말했다. "하나님께서 교회를 투쟁 속에 두신 것은 교회를 겸손하게 하기 위해서다. 따라서 이 논쟁에는 독선을 위한 여지가 없다. 자신을 비난하지 않고 남을 비난하는 자는 투쟁의 의미를 모르는 자다. (교회의 힘은 참회하는 능력에 있다.)
>
> 지금 우리는 로마서 14장에 나오는 믿음이 강한 자와 믿음이 연약한 자의 대립을 다시 보고 있다. 누구도 몰아내지 않는 자가 믿음이 강한 자이고, 공동체의 경계를 제한하는 자는 믿음이 연약한 자다. 오늘날 믿음이 연약한 자들은 인종 차별 법률을 야기할 것이다. 믿음이 강한 자들의 면모는 믿음이 연약한 자들의 관심사에 마음을 여는 것으로 이루어진다. 그러나 믿음이 강한 자들은 깨어 있어야 한다. 열성적 활동가들, 개혁자들도 믿음이 연약한 자가 될 수 있기 때문이다. (믿음이 강한 자들과 믿음이 연약한 자들의 긴장 상태에서 중요한 것은 교회의 본질이다.)
>
> 신앙 운동은 고백을 하찮게 여겨서는 안 된다(유대인 문제와 관련한 카유스 파브리시우스의 발언에 대한 반박). 원시 그리스도교에서 이 사건이 터졌을 때 첫 번째 공의회가 소집되었다.
>
> 오늘날에도 공의회는 요구되어야 한다. 공의회에서 결정된 사안들은 구속력을 갖게 될 것이다. (저마다 신조 앞에서 자신의 신분을 증명해야 한다.) 분리는 신교가 최후에 취할 수 있는 수단이다. 지금 중요한 것은 신앙고백이다. 민감한 교의 두 가지를 결정해야 한다. 그것은 교회에 관한 교의와 창조에 관한 교의다. 교회투쟁은 커다란 선물이다. 그러나 가장 큰 선물은 평화다.[76]

『젊은 교회』는 그 집회에 대해 아래와 같이 보도했다.

> 그러나 이번 집회에서 가장 깊은 인상을 준 것은 대학 강사 본회퍼의 연설이었

다. 그는 교회 내 투쟁의 가능성과 한계를 제시하며 이렇게 말했다. "이 투쟁은 죄의 용서에 대한 공동의 인식과 '판단하지 않는 자'의 정신 속에서만 수행해야 한다. 믿음이 강한 자들은 믿음이 연약한 자들이 아리안 조항과 같은 법령을 교회의 입구에 세우려 할 때 로마서 14장에 따라 형제애로 참아 주어야 한다.[77] 하지만 믿음이 연약한 자들의 법령이 실제로 교회법이 되려고 할 경우에는 개신교 공의회만이 그것을 판결할 수 있다. 하나님이 개인에게 계시하실 수 있다는 예언자적이고 개혁적인 가능성을 제외하더라도 이 공의회는 교회의 본질과 관련된 모든 문제를 판결할 권위 있는 법정이 될 것이다. 이 개신교 공의회가 교회의 일치와 분리를 결정해야 할 것이다. 교회는 고백의 시간에 하나님께 감사해야 하지만, 하나님이 자신의 교회에게 주시는 선물이 평화라는 것도 늘 알고 있어야 한다.[78]

우리는 이 보고서에서 다음의 세 가지를 분명하게 알 수 있다.

1. 본회퍼는 분열되지 않은 교회 안에서도 서로 투쟁할 수 있다고 진지하게 생각한다.

2. 신학자들이 지난 몇 주에 걸쳐 성서를 뒤적거리며, 아리안 조항을 받아들일 가능성이 있지 않을까를 고심해 온 상태였다. 이제부터 우리는 다음과 같은 논거를 여러 번 마주치게 될 것이다. "새로운 분류법을 토대로 믿음이 연약한 자들을 위해 공동체 구성원 가운데 종이 부적합한 특정 구성원들을 제거해야 한다." 본회퍼는 이 논거가 "약자들"의 술책임을 폭로한다. 말하자면 "약자들"이 자기들의 바람을 "강자들"의 이교적 법령으로 만들기 위해 그런 논거를 제시한다는 것이다. 아직은 아니지만 "약자들"은 기어이 그리했다!

3. "믿음이 연약한 자들"이 이길 경우에는 결국 갈라섬이 이루어져야 한다. 이 대목에서 본회퍼는 공의회의 결정이라는 자신의 이상을 소개한다. 그것은 청중 대다수에게 교회의 케케묵은 무기고에서 대단히 오래된 도끼창을 끄집어내는 것으로 여겨졌을 것이다. 그러자 슈만이 토론회 발언에서 "분리"에 대한 생각을 단호히 반대했다(DBW 12:86). 하지만 본회퍼의 발언에서 드러난 이 입장이 소문으로 퍼졌다. 게르트루트 슈테벤이 보낸 엽서에는 다음과 같은 내용이 들어 있다. "한

연설에서 당신이 '공의회' 소집을 제안했다는 소식이 들리더군요."[79] 본회퍼는 청중에게 교회의 구체성에 대한 믿음을 제시하여 그들을 당혹스럽게 한다. 그러자 슈만이 "교회를 우상화"하지 말라고 경고했다(DBW 12:86). 결정하기 좋아하는 공의회가 성사되면 어찌 되겠느냐는 거였다. 그러나 본회퍼는 공의회를 높이 평가하며 이렇게 말했다. "독립교회와 에큐메니칼 교회는 자신을 믿고 자신의 구체적인 회합을 더욱 굳게 믿는 쪽으로 옮겨 가야 한다." 이는 개신교의 관용과 아량이라는 거룩한 선(善)을 위반한 게 아닐까?

자유주의의 유산을 속속들이 물려받았던 본회퍼는 이제 사실상 반자유주의자가 된다. 1933년의 그는 정치적으로 그리고 신학적으로 주목할 만한 자유주의가 고상한 **자유방임주의** 내지 연약한 **자유방임주의** 속에서 결정권을 독재자들에게 넘겨줌으로써 자기 무덤의 관리인이 되고 말았음을 탁월한 본능으로 직감했다. 그는 도도주의(이것"도" 수용하고 저것"도" 수용하는 태도—옮긴이)Sowohl-Als의 시대가 사라지고 명백한 가부(可否)Ja und Nein의 시대가 다가왔음을 알아챘다. 그리하여 본회퍼는 1932년과 1933년에 자신의 생각들을 표출하면서 소속 교회와 에큐메니칼 협의회를 향해 "공의회", "이단", "고백 결정과 교의 결정"을 새로이 찾아낼 것을 요구했다. 이는 회의(懷疑)가 노련한 이들을 마비시키고, 노장파가 그 젊은이를 몽상가로만 여기던 시기에 한 일이었다.

하지만 본회퍼는 몽상에 잠긴 것이 아니었다. 그로부터 1년 뒤, 기쁘게도 그가 보았던 것이 현실이 되었기 때문이다. 바르멘 총회와 달렘 총회가 신앙을 고백하고, 하나의 공의회로서 교의를 결정하고, 이단자를 가리키고, 교회에게 그 이단자로부터 벗어나 복음에 복종하라고 호소했던 것이다. 드러난 바와 같이, 본회퍼는 그 자리에 참석한 대다수보다 더 진지하게, 더 구체적으로 총회를 믿었다. 그는 총회 회원들이 "공의회 참석자"로서의 자기이해를 가져야 한다며 총회 회원들과 격론을 벌이다가 결국 자기 소속 교단과 에큐메니칼 협의회에서 패하고 말았다.

본회퍼의 입장 표명 배후에 인간적으로 자리한 것은 가족과의 집중적인 협의와 그 자신의 결단력이었고, 신학적으로 자리한 것은 성령에 대한 그의 신뢰였다. 그는 일단 결정을 내렸으면 그 결정에 대해 신의를 지키는 것만이 아량이라는 값진 자산을 독재 시대 너머로 구출할 수 있다고 여겼던 것 같다. 그랬다, 본회퍼가 억압받는 옛 자유주의자의 단순한 반응들 속에서 기진하지 않고, 독재에 반대하여 반독재를 제시한 것이야말로 진정한 아량의 표현이었다.

베를린 대학교에서 이 투쟁 집회가 개최되고 이틀 뒤에 사태가 근본적으로 변했다. 그때에도 본회퍼는 매우 구체적인 이상을 품고 있었다. 동료들에게 지나친 요구처럼 보이고, 환상에 빠진 것처럼 보이는 이상이었다.

아우구스트 예거

같은 날인 6월 22일 목요일, 카플러가 독일 개신교 교회연합회 의장직과 (프로이센) 개신교 최고관리 위원회 위원장직에서 물러났다. 교회원로원이 라인 관구총감독 에른스트 슈톨텐호프Ernst Stoltenhoff를 개신교 최고관리 위원회 위원장으로 임명했다. 슈톨텐호프는 카플러의 후임자로서 임시로 임명된 자에 불과했다. 새로운 국가에 대한 긍정적 입장을 지닌 슈톨텐호프가 기대에 전혀 부응하지 못하자, 문화교육부 장관은 이를 개입의 기회로 여겼다. 교계는 1931년에 국가와 계약을 체결한 상태였다. 그 계약에 따르면 프로이센 주 정부가 임용권을 가지고 있었고, 프로이센 주 정부의 현 수장은 헤르만 괴링이었다. 문화교육부 장관은 교계의 계약 위반을 확인하자마자 국가비상사태를 선언하고 6월 24일 토요일—공교롭게도 혁명 의식(儀式)은 대개 토요일에 개최되었다!—비스바덴 지방법원 판사 아우구스트 예거August Jäger를 프로이센 정부 위원으로 임명하여, 이제 막 시작된 "교회 투쟁을 종식시키게" 했다. 아우구스트 예거는 곧바로 정부 위원들을 임명하여 그들에게 구프로이센 주(州)교회들과 큰 무리들을 맡겼다. 그 위원들은 곧바로 지역 총회 의장들의 책상을 접수했다. 그들 가운데 일부는 돌격대 제복 차림이었다. 6월 27일, 예거는 라디오 방송을 통해 이 조치에 대한 저항을 "민족과 국가에 대한 반역"이라 부르며, 다들 그것을 "국가의 권위에 대한 반발과 반란"으로 여겨 진압해야 한다고 역설했다. 그는 경찰서장들에게 모든 명령거부행위를 저지해 달라고 당부하고, 교계의 모든 대표들의 해산, 개신교 최고관리 위원회 직원들의 면직과 관구총감독들의 파면을 선언했다. 그는 몇 년간 두드러진 역할을 하게 될 변호사 프리드리히 베르너Friedrich Werner 박사를 개신교 최고관리 위원회 위원장으로 임명하고, 호센펠더에게는 성직자 출신 부위원장직을, 루트비히 뮐러에게는 구프로이센 연맹과 교회연합회 사무국의 수장직을 맡겼다. 6월 28일, 루트비히 뮐러는 돌격대를 시켜 교회연합회 사무국을 점거하게 했다.

충격과 혼란이 말로 다할 수 없을 만큼 컸다. 이제껏 한 번도 접해 보지 못한 사태였다. 6월 24일, 정부 위원 임명에 대한 항의의 뜻으로 보델슈빙이 제국감독직을 내려놓았다. 디벨리우스가 아래와 같이 이의를 제기했고, 그의 입장 표명은 전국적인 지지를 받았다.

> 그 어떤 정부 위원도 이처럼 가장 내밀한 나의 직무를[80] 면직시킬 수 없다.[81]

7월 2일 일요일, 극단적인 조치들이 극적으로 이루어졌다. 호센펠더가 구프로이센 최고 성직자 자격으로 찬양 예배와 감사 예배 시에 갈고리 십자기로 꾸밀 것을 지시하고, 설교단에서는 아래와 같은 자신의 말을 낭독하도록 지시한 것이다.

> 이 위대한 변혁의 시기에 우리 교회의 안정적인 형태를 위해 고심하는 모든 이는……어마어마한 과제를 수행 중인 국가가 교회를 새롭게 정돈하면서 엄청난 짐과 부담을 떠맡은 것에 깊이 감사해야 한다.[82]

정각 10시에 루트비히 뮐러가 감독좌 교회Domkirche에서, 호센펠더는 카이저-빌헬름 기념 교회에서 예배 의식을 거행하며 이 통고문을 낭독했다.

반면에 파면된 관구총감독들은 7월 2일에 참회 예배와 기도 예배를 권했다. 젊은 개혁자들이 베를린에서 온갖 수단을 동원하여 널리 알린 예배였다. 슈테글리츠에서는 그로스만Grossmann 목사가 돌격대 대원에게 체포당했다. 교회투쟁으로 처음 체포된 이였다. 저녁에는 야코비가 카이저-빌헬름 기념 교회에서 참회 예배를 주관하며 즉석에서 동료 목사 슈테글리츠의 체포 소식을 알리고 중보기도를 촉구했다. 달렘 예수 그리스도 교회에서는 교구의 세 목사, 곧 프리츠 뮐러Fritz Müller와 에버하르트 뢰리히트Eberhard Röhricht와 마르틴 니묄러가 예배 참석자들 앞에 함께 등장했다. 예배 참석자들은 사도신경의 두 번째 조항을 말하며 함께 신앙고백에 돌입했다. 그때부터는 매번 그랬고, 그 관습이 독일 온 교회에 퍼졌다.

불안이 눈사태처럼 증폭되었다. 저항 세력 대표단과 교수들이 몰려가 내각사무처에 모습을 드러냈다. 본회퍼는 '대(大)베를린 목사들의 성명'을 추진하여 7월 6일에 마무리하고 거기에 106인의 서명을 담아 제국총통에게 보냈다.[83] 보델슈빙이 힌덴부르크를 만나 사정을 이야기했고, 힌덴부르크가 히틀러에게 이의를 제기했다. 외교 정책상의 진정 국면에 몰두하며 가톨릭교회에 더 유리한 느낌을 가지게 하려고 골몰하던 히틀러는 개신교회를 신속히 만족시키겠다고 힌덴부르크에게 약속했다. 내무 장관 빌헬름 프리크는 28개 지방교회 지도부와 함께 제국교회를 위한 새 장정의 마무리를 앞당길 수밖에 없었다. 정부 위원들이 철수하고, 관구총감독들과 최고관리 위원들이 복직되었다. 7월 14일, 히틀러는 장정 작업의 완료를 선언했다. 뜻밖에도 그는 7월 23일에 교회 보통선거를 실시하겠다고 공표했다. 갑자기 모든 것이 히틀러가 7월 6일에 "혁명이 끝났다!"라고 말한 대로 되었다. 게다가 제3제국은 7월 20일에 교황청과 종교 협약까지 체결했다. 훨씬 나은 일이었다.

투쟁은 격렬했지만, 그 기간은 대단히 짧았다. 승리를 쟁취했을까? 공격이 실제로 취소되었을까?

성직 수행 거부

갑자기 투쟁 대상이 확대되었다. 교계의 일부는 물론이고 국가와 그 조치들까지 투쟁의 과녁이 되었다. 본회퍼와 그의 대학생들은 3주를 빠듯하게 보내며 극적인 투쟁을 함께 전개했다. 대학생들은 파면된 이들에게 꼭 필요한 정보를 제공함은 물론이고, 독자적인 항의서까지 작성하여 배포했다. 이 성명서들 가운데 하나는 본회퍼의 협력관계를 두드러지게 보여준다. 거기에는 이미 일종의 짤막한 고백이 담겨 있다. 이 고백은 그 시대를 향한 성서적이고 개혁적인 진실을 세 가지 논제로 말한다. 순수 선포로 복귀할 때에만 개혁이 있을 수 있고, 인종 차별 없이 누구나 교회 안에서 교인이 될 수 있으며, 목사직은 영적 관점에 의해서만 임용될 수 있다. "우리는 …한다" 형식—"우리는 본다", "우리는 원한다", "우리는 믿는다"

형식—으로 작성된 이 고백 전체는 다음과 같이 구체적인 시대적 요구로 끝난다. "우리는 …을 거부한다.……우리는 …을 요구한다.……간섭도 안 되고, 호센펠더도 안 된다."[84]

관구총감독들을 지지하는 성명, 저항 세력 대표단을 지지하는 성명, 참회 예배를 호소하는 성명도 고무적으로 진행되었다. 바르트도 7월 초에 도착했다. 그러나 본회퍼는 그것으로 만족하지 않았다. 목사 회의의 답답한 반응이 그를 불안하게 했다. 그는 성직자들이 국가의 간섭에 더 격렬히, 더 효과적으로 대응해야 하며, 여기에는 수뇌부뿐만 아니라 온 교회도 포함됨을 모두가 구체적으로 느낄 수 있게 해야 한다고 생각했다.

본회퍼와 힐데브란트는 회의 석상에서 목사들과 관구총감독들이 성직 수행 거부를 표명해야 한다는 생각을 피력했다. 이를테면 정부 위원들이 지배하는 동안은 장례 집전 거부를 통고하고 관철시켜야 한다는 것이다. 그러나 성직 수행 거부를 촉진하려는 일체의 시도는 실패로 끝났다. 누구도 두 젊은이의 간절한 주장을 이해해 주지 않았다. 일부는 국가의 규율을 무시하는 처사에 대해 분개했고, 일부는 자신들이 상대방보다 더 영향력이 있다는 것을 이해하지 못했다. 사람들의 생각과 달리, 그 견해는 결코 허황된 것이 아니었다. 1941년, 노르웨이 목회자들이 그러한 성직 수행 거부를 즉시 결심하고 실행에 옮겨 잊히지 않는 성과를 거두었기 때문이다.[85]

이 시기에 그 두 친구는 방겐하임슈트라세에서 종종 가족과 함께 숙의하는 가운데 처음으로 이런 교회에서 탈퇴해야 하지 않을까를 놓고 숙고했다. 마르틴 니묄러도 분리 행보를 고려했다.[86] 아우구스트 예거와 호센펠더 그리고 루트비히 뮐러가 교회 권력을 찬탈하기 한 주 전인 6월 18일, 힐데브란트가 목사안수를 받았다. 친구들은 어용(御用)교회, 곧 "종 적합성" 관련 규정들을 공포한 교회에서 목사안수를 받는 것이 무슨 의미가 있는지를 당혹스럽게 자문했다. 그 규정들은 방금 안수받은 이를 직무(목사직)에서 합법적으로 배제하는 것들이었다. 때문에 그들은 이 조직에 "교회"라는 명칭을 붙이는 것은 논의의 여지가 있다고 생각했다. 대학생 성명서에서 공포로 벌벌 떨면서 암시한 경계선, 곧 잠재적 **고백의 상황**status confessionis에 예상보다 빨리 도달한 것 같았다.

본회퍼와 힐데브란트는 투쟁을 대단히 반동적으로 전개하여 옛적의 확실한 관점을 되찾는 쪽으로 최단 시일에 성공을 거두어야 한다고 생각했다. 그러나 그들은 위기를 토대로 갱신된 교회가 탄생하기를 바랐다. "서서히 그러면서도 끊임없이 와해되는 상황이 일어날까 봐 걱정이네. 다들 결연한 행동을 하기 위한 힘을 더는 가지고 있지 않기 때문이지. 그렇게 와해되면 결국 비밀 집회로 물러나고 말 것이네."[87] "결연한 행동", 그것은 다름 아닌 성직 수행 거부였다.

두 친구가 조급한 마음으로 숙고하는 동안, 시국을 명쾌하게 정리한 글이 본에서 발표되었다. 그것은 칼 바르트가 쓴 「오늘의 신학적 실존」Theologische Existenz heute이었다. 이 논문 3만 부가 바람처럼 빠른 속도로 전국에 유포되었다.

VI. 7월: 교회 선거

1933년 교회 선거가 광범위하게 조작되고 독일그리스도인연맹의 승리를 조금도 의심할 수 없었지만, 젊은 개혁자들에게는 선거에 참여하여 최선의 결과를 끌어내는 것 외에 별다른 수가 없었다. 본회퍼는 절망적인 선거전에 사양하지 않고 뛰어들었다.

> 요즘 나는 교회 정치 사건 때문에 몹시 바쁘다네. 지금 우리는 결정에 직면해 있네. 교회 정책상 대단히 중요한 의미를 지닌 결정이지. 독일그리스도인연맹이 승리할 것이고, 그것과 관련하여 새로운 교회의 윤곽이 대단히 빨리 두드러질 것이네. 우리가 그것을 교회로 떠받들 것인지는 확실치 않지만 말일세.[88]

선거 전망

중앙 정부의 갑작스런 명령은 처음부터 공정성이 의심스러웠다. 독일그리스도인연맹을 일방적으로 총애하는 명령이었다. 독일그리스도인연맹은 나치당 조직들과 그 출판매체를 마음껏 활용했다. 선거 공고가 있고 한 주도 지나지 않아 선거가 실시되는 까닭에, 조직이 없는 저항 세력은 가망 없는 싸움을 벌일 수밖에 없었다. 하지만 그렇게라도 하지 않았으면 공정, 중립, 선거의 품격을 국가에 단호하게 알려 줄 반대 세력이 있기나 했을까? 관구총감독들과 개신교 최고관리 위원회 위원들이 자신들의 사무실로 다시 진입한다고 해도 그러한 반대 세력은 활동은커녕 아예 결성되지도 못했을 것이다.

국가는 비서관 한스 푼트너Hans Pfundtner를 내무 장관 대리인으로 임명하여 교회 선거가 중립적으로 실시되는지를 감독하게 하면서 이런 담화문을 발표했다. "선거는 자유투표로 실시될 것이며, 강제수단을 동원하여 선거에 영향을 미치는 행위는 금한다." 그러나 무수히 많은 곳에서 자행되는 위협을 누가 조사하여 본보기로 징계하겠는가? 저항 세력을 위해 보도하던 유일한 일간지 「일상의 동향」이 발행을 금지당하고, 돌격대 대원들은 저항 세력의 선거 집회를 해산시켰다. 독일그리스도인연맹에게 적대행위를 하다가 나치스 국가의 배신자로 입증될 경우, 그 사람을 면직시켜 경제적 손해를 입히겠다는 협박이 비일비재했다. 히틀러는 루트비히 뮐러에게 보내는 7월 19일자 서한에서 다음과 같이 분명하게 말했다. "나는 귀하와 독일그리스도인연맹에게……감사하며, 귀하에게 나의 특별한 신뢰를 영원히 약속합니다."[89] 독일그리스도인연맹의 입후보자 명단에 대한 대안으로 젊은 개혁자들을 여러 선거구에 내세울 수 있었던 것은 거의 기적에 가까운 일이었다.

습관적으로 교회 선거에 나서던 교회 정당들, 이른바 적극적 연맹당과 자유당이 감쪽같이 사라졌다. 갑자기 자유당 당원들과 정통당 당원들이 독일그리스도인연맹과도 뭉치고, 젊은 개혁자들과도 뭉쳤다. 상당수의 사람들이 놀란 표정으로 새 동지들을 부끄러워했다. 하지만 다들 옛것이 극복되었으니 히틀러 국가의 최선을 위해 자신의 온 힘을 기울이겠다고 거듭거듭 공언하느라 열을 올렸다. 젊은 개혁자들도 정치적 중상을 모면하려고 온 힘을 다했다. 『젊은 교회』까지 아래와 같이 썼다.

> "우리는 감사하는 마음과 결연한 마음을 담아 우리나라의 두 영도자인 힌덴부르크와 히틀러를 후원한다. 이 두 분은 이제껏 교회를 장악함으로써 자유에 이

르는 길을 열어 왔다."……교회 안에는 정치적 반항과 교회 정치적 반항의 여지가 있어서는 안 된다.……"우리는 복종과 사랑으로 우리나라를 돕는다. 이번 선거에서 우리에게 중요한 것은 교회뿐이다."[90]

다른 진영은 곧바로 차이점을 찾아냈다. 그쪽의 다수는 힌덴부르크도 총통도 들먹이지 않고, 이 두 사람을 순서대로 거명하지도 않았다. 그들의 혀 놀림은 다른 내용을 말했다. 호센펠더만 그런 게 아니었다. 에리히 슈탕게처럼 영향력이 크고 진실한 교회인사들도 아래와 같이 말했다.

오늘날 원죄를[91] 명백하고 분명하게 참회하는 국가를 교회가 두 팔 벌려 환영하기는커녕 부자연스러운 거리를 고수한다면, 이는 용서할 수 없는 일이다.[92]

한스 쇼메루스Hans Schomerus는 독립 조직인 교회를 해체하여 신앙고백을 토대로 "그리스도교 제국 성직자계급"을 결성하고, 국가의 행정 조치를 통해 대감독을 "제국 성직자계급의 최고지도자"로 임명하자고 제안하기까지 했다.[93]

제3제국에 대한 열띤 충성 증명에도 불구하고 유권자들은 "아돌프 히틀러의 새 국가 안에서 그리스도의 새 교회를 세우자!"는 독일그리스도인연맹의 구호와 "복음과 교회"라는 젊은 개혁자들의 구호를 제대로 구분했다.

비밀(국가)경찰

본회퍼는 떠들썩한 소란에도 불구하고 그리스도론 강의를 계속했다. 하지만 선거일이 낀 주간에는 휴강했다. 그는 자신의 강의를 듣는 대학생들과 함께 밤낮을 잊은 채 선거준비를 열심히 했다. 그는 친가, 아버지의 자동차와 그 운전사를 마음껏 활용했다. 주말인 7월 15일과 16일에는 전단지를 작성하여 등사했다.[94]

하지만 7월 17일 월요일 저녁에 비밀경찰이 달렘에 소재한 젊은 개혁자 운동 사무실에 난입하여 전단지와 입후보자 명단을 압수하고 많은 수고를 기울인 준비 작업을 허사로 만들었다.[95] 법원이 가처분 결정을 내리도록 독일그리스도인연맹이 영향력을 행사한 것이다. 젊은 개혁자들이 맨 먼저 선택한 후보등록 명부의 명칭, 곧 "개신교 교회 명부"라는 명칭을 사용하지 못하게 하는 것이 가처분 결정의 내용이었다.

본회퍼와 야코비는 이 조치에 충격을 받아 7월 18일(DBW 12:100 Anm. 4 참조) 장차 악명을 떨치게 될 프린츠-알브레히트 슈트라세로 찾아갔다. 게슈타포(비밀 국가경찰)가 본회퍼와 야코비의 뒤를 밟은 것이 아니라 본회퍼와 야코비가 게슈타포의 뒤를 밟은 것이다.

야코비의 이야기에 따르면, 당시 게슈타포 청사에서는 방금 말한 것과 같은 출입을 기록하게 되어 있었다. 그는 1차 대전 때 받은 철십자 훈장 두 개를 착용한 상태였다. 게슈타포 청사는 젊은 개혁자 운동에 몸담고 있으면서 돌격대 복장을 한 그를 반가이 맞아들였다. 본회퍼와 야코비는 단호한 태도로 루돌프 딜스Rudolf Diels 서장에게 돌진해 들어갔다. 그들은 딜스 서장과 담당자에게, 국가가 자유 비밀 선거를 보장하겠다고 약속했지만 어제의 처사는 명백한 선거방해와 부정 선거개입에 해당한다고 지적했다. 딜스는 "개신교 교회"라는 명부 명칭을 완전히 빼는 것을 조건으로 제시했다.[96] 그는 "개신교 교회"라는 명칭 대신 "복음과 교회"라는 명칭을 사용해도 되겠느냐는 야코비의 제안에 동의하고, 압수된 전단지의 일부를 되돌려 주었다. 딜스는 두 사람에게 약속 엄수의 책임을 지웠다. 이전의 구호나 그와 유사한 구호가 담긴 전단지, 독일그리스도인연맹을 모욕하는 내용의 전단지를 배포할 경우에는 그 두 사람이 책임을 져야 한다는 거였다.

이는 선거일 닷새 전에 일어난 일이었다. 야코비와 본회퍼는 같은 날 오후에 회람용 편지를 발송하여 딜스와 약속한 것을 지키되 선거 절차 위반사항들을 목격했을 경우 즉시 안심하고 신고해 달라고 부탁했다.[97] 7월 17일에 발간된 『젊은 교회』 4호가 한 차례 더 인쇄되고, 젊은 개혁자 운동의 새 전단지 「제국관리」 Reichsleitung도 발행되었다.

두 목사의 1차 게슈타포 방문으로 소문들이 생겨났다. 이 소문들은 외국에까지 극적으로 퍼졌다. 이 소문들이 9월 사건으로 인해 새로운 활력을 얻었을 때, 지크문트-슐체가 스위스에서 본회퍼에게 다음과 같이 문의했다. "에큐메니칼 운동의 주요 인사들까지 잘못된 정보를 가지고 있더군요. 예컨대, 당신이 강제수용소로 보내질 것이며, 당신이 그것을 모면하게 될지 확신할 수 없다는 겁니다."[98] 본회퍼는 이렇게 답장했다. "물론 나는 강제수용소에 있지 않습니다. 경찰 최고책임자가 나와 나의 동료에게 교회 선거를 계기로 그곳을 약속하긴 했지만 말입니다."[99]

선거 전날 밤, 히틀러는 바이로이트에서 열린 리하르트 바그너Richard Wagner 정기 기념 공연의 휴식시간에 라디오 중계를 통해 대국민 연설을 했다. "나는 여러분이 일요일인 내일 나의 위대한 업적을 지지해 주기를 바라고, 독일그리스도인연맹 소속으로서 의식적으로 국가사회주의 국가의 토대 위에 서는 세력에게 투표해 주기를 바랍니다."[100]

선거 결과는 압도적이면서 동시에 충격적이었다. 7월 23일, 독일그리스도인연맹이 곳곳에서 70퍼센트를 득표하여 교회의 요직을 차지하게 된 것이다. 그들이 지르는 승리의 환호가 끝없이 이어졌다.

7월 23일, 본회퍼는 삼위일체 교회에서 지옥의 문턱이 넘볼 수 없는 반석에 대해 설교했다.

> 우리에게서 결단이나 영분별 같은 것을 제거하지 못할 것입니다.……교회를 잃어버린 이들이여, 오십시오. 우리 다시 성서로 돌아갑시다. 함께 교회를 찾아 나섭시다.……지금 이 시대는 인간의 판단으로는 몰락의 시대이지만 그리스도께는 위대한 건설의 시대이기도 합니다.……교회여, 교회로 머무르십시오.……신앙을 고백하고 또 고백하고 또 고백하십시오![101]

패배

일단의 개신교 최고관리 위원회 위원들과 오토 디벨리우스가 선거일 다음날 "변화된 정세에 대한 공정한 평가"를[102] 발표하며 일시 휴직을 청했다. 교계 수뇌부는 열띤 선거 주간에 주목할 만큼 "객관적인" 자제와 중립 유지에 온 힘을 기울인 상태였다. 루트비히 뮐러의 주도 아래 9월 말에 전국총회가 소집될 때까지 보다 온건한 독일그리스도인연맹이 독일 개신교회Deutsche Evangelische Kirche 사무 처리를 위임받았다. 튀빙겐의 칼 페처 교수, 함부르크의 쇠펠 감독, 할레의 프리드리히 칼 슈만 교수, 코프만Koopmann 총회장이 그들이었다. 그들은 루트비히 뮐러를 "지방 감독"이라 부르며 개신교 최고관리 위원회 위원장으로 임명하여 구프로이센 연맹을 맡겼다. 그러고는 총통원리에 따라 그에게 전권을 부여하여 개신교 최고관리 위원회의 권한을 독자적으로 행사할 수 있게 했다. 그들은 교회원로원 의장에게도 그리할 수 있게 해주었다. 이 의장은 새로 형성된 구프로이센 일반총회를 9월 초로 잡았다. 이에 상응하여 새로 구성된 베를린 주(州)총회도 8월 하반기에 개최해야 했다. 이미 총통원리와 "종 적합성"이 회자되는 상황이었다. 이 총회들에서 그것들의 적법한 형식과 효력을 결정할 필요가 있었다. 다수결로 결정할 게 빤했다. 하지만 복음전도에 치중하는 온건파 독일그리스도인연맹과 과격파 독일그리스도인연맹 사이의 긴장이 무르익지는 않았다고 해도 사태가 심각해지면 무언가를 기대할 수도 있지 않았을까?

젊은 개혁자들은 선거일 다음날 교계 정치에서 철수하겠다고 선언하며 자신들의 패배를 신속하고 간결하게 결산했다. 젊은 개혁자들은 이 운동의 창립 정신에 맞게 교계 정치를 부수적으로 전개해야 하는데도 그 의도와 달리 책략에 빠지고 말았다, 이제는 선거에서 이긴 새 집권자에게 전적으로 책임이 있다, 이제부터 젊은 개혁자들은 선교 활동에 힘을 기울이겠다는 내용이었다.

이 성명서에는 미래를 위한 표어가 들어 있었고, 이로써 발전의 새 장이 시작된 거나 다름없었다. 말하자면 독일그리스도인연맹은 이제 구체적인 설교의 장에서 다음과 같은 물음을 마주하여 결단을 강요받을 수밖에 없다는 거였다. "종교개혁교회는 이 1933년에 무엇을 포기할 수 없는 것으로 고백해야 하는가?" 독일그리스도인연맹은 적절한 고백을 연구하여 요약하지 않으면 안 되었다.[103]

7월 23일, 교계의 권력 문제는 결정되었지만, 진리 문제는 해결된 게 아니었다. 권력과 진리가 뚜렷이 갈라지기를 기대하는 수밖에 없었다. 적은 소수파가 더 이상 침묵해선 안 될 한계가 조만간 드러날 터였다. 생소한 분야에서 생소한 투쟁이 기대되었다. 이미 전부터 고백의 중심과 한계들을 다룬 이는 누구였는가? 3년 전 구프로이센 연맹 일반총회에서 교회생활 질서에 관해 협의하던 중 특정한 구절이 삭제되었다. 그 구절에 "신앙고백"이라는 용어가 들어 있고, "신앙고백을 놓고 표결하는 것은 총회의 과제가 될 수 없다"는 것이 그 이유였다.[104]

7월 24일과 25일, 젊은 개혁자 운동이 새 진로를 결정하면서 구속력 있는 고백을 공식화할 때 마르틴 니묄러도 결정적으로 관여했다. 이 결정은 이제껏 개인들이 산발적으로 착수해 온 신앙고백 실험을 인상 깊게 요약하려고 했다. 그것은 곧바로 시작되고 잠정적으로 확정되었다. 조언자들 가운데 최연소자인 본회퍼와 헤르만 자세가 8월에 속세를 벗어난 베텔 공동체로 가서 1차 초안을 마련하는 과제를 맡았다. 두 사람은 보델슈빙의 권위를 등에 업고—이는 독일교회 전체를 위해 일하라는 요구나 다름없었다—게오르크 메르츠와 빌헬름 비셔를 끌어들여 함께 작업했다. 결과물은 보델슈빙의 서명을 담아 DEK(독일 개신교회) 전체의 신학 권위자들에게 읽힐 예정이었다. 보델슈빙이 본회퍼와 헤르만 자세에게 게르하르트 슈트라텐베르트를 붙여 주어 서기 역할을 하게 했다.

때문에 본회퍼는 휴가를 신청하고 베텔로 가서 8월 한 달을 보냈다. 그의 관구 총감독은 그에게 보내는 7월 26일자 편지에서 이렇게 말했다. "귀하의 중간휴식을 기꺼이 허락합니다. 우리는 지난주에 육체적 긴장보다 더한 내적 긴장을 겪었으니 말입니다"(DBW 12:105f.). 관구총감독 카로브는 이 휴가 신청 배후에 다른 의도가 자리하고 있음을 아직 모르는 상태였다.

런던

베를린에서 베텔로 가는 여행은 폭넓은 우회로에서 일어난 일이었다. 7월 27일, 본회퍼는 먼저 런던으로 갔다. 7월 30일, 그는 런던 동부에 소재한 성 바울 개혁교회와 런던 시드넘에 소재한 연합 교회에서 설교했다(DBW 12:104 참조). 목회지를 염두에 둔 설교였다. 어느 길을 택할 것인지를 놓고 "내적인 긴장", "득유의 불안"이 새로운 요인으로 확대되고 있었지만 조금도 해결되지 않은 상태였다.

본회퍼가 이 여름철 몇 주 동안 에큐메니칼 지역 청년 대회와 국제 청년 대회에 대한 책무를 포기한 것은 당연한 일이었다. 그는 런던으로 가는 길에 베스터부르크 대회에 대한 답례로 프랑스에서 열리는 대회에 참석할 예정이었지만, 선거일이 낀 주간이라서 단념하고 말았다. 2차 글랑 대회의 경우에는 베텔 공동체 방문으로 인해 참석할 수 없었다. 그는 프리츠 죌만을 대리인으로 보냈으나, 리판의 주교가 아래와 같이 한 번 더 참석을 촉구했다.

당신이 독일 대표단과 함께 참석하기를 간절히 바랍니다. 이것이 수포로 돌아가면, 그 대회는 현 시점에서 갖는 가치의 상당 부분을 잃게 될 것입니다.[105]

정부 위원들이 직무를 마지막으로 수행하던 주간인 7월 중순, 독일 개신교 교회연합회 사무국의 최고관리 위원 헤켈이 본회퍼에게 런던행을 제안했고, 본회퍼는 분주한 선거주간에 그 제안에 관심을 보였다.[106] 헤켈은 에큐메니칼 청년 활동 독일 본부 회의 이래로 본회퍼를 여러 차례 만났고, 봄철에는 젊은 개혁자 운동에서도 그를 만난 상태였다. 앞서 언급한 런던의 두 교회가 해외 독일인 교회 담당자인 그에게 연로한 프리드리히 W. 징거Friedrich W. Singer 목사의 후임자를 보내 달라고 재촉했다. 본회퍼는 안팎의 어려움을 털어 버릴 이 기회에 관심을 보였다. 게다가 프란츠 힐데브란트도 최근의 사태 전개 때문에 외국에서 목사직을 구하는 계획을 여러 차례 언급한 상태이기도 했다.

얼마 안 있으면 나의 개인적인 미래가 결정적인 전환을 맞이할 것 같네. 에큐메니칼 사역의 특수 임무를 띠고 독일인 목사의 자격으로 런던에 가는 것이 어떻겠느냐고 누군가가 제안했거든. 나는 그 제안을 곰곰이 숙고하면서, 교회를 위해 숙고할 모든 가능성 가운데 특정한 경우에는 영국교회와 긴밀한 관계를 유지하는 것이 대단히 중요하다고 생각한다네.[107]

하지만 본회퍼는 유혹에 마음이 끌리면서도 불안을 가누지 못한 채 올바른 결정을 모색하면서 가까운 모든 이를 성가시게 했다.

그는 런던행을 놓고 리판의 주교에게 자문을 구했고, 리판의 주교는 아래와 같이 답했다.

당신에게 제안된 런던행에 관해서 말하자면, 베를린 학계를 떠나는 것이 더 좁은 영향권을 받아들이는 길이 될지, 아니면 이와 반대로 더 자유로운 발전의 기회와 폭넓은 경험의 기회를 얻는 길이 될지는 당신만이 아는 사실입니다. 당신은 세계교회친선연맹이 보완하고자 하는 능력을 독일에서는 발휘할 수 없다고 말하는데, 어쩌면 그것이 영국행의 충분한 이유가 될 것 같군요. 당신은 영국에서 독일 해석자로 쓸모가 있을 겁니다. 그러한 해석자들이 절실히 필요한 시기이거든요.[108]

헤르만 자세는 그를 다음과 같이 추천했다. "나는 그가 독일 최고의 신학자 가운데 한 사람이라고 생각합니다. 나는 그가 게슈타포 및 알프레트 로젠베르크Alfred Rosenberg와 작은 전쟁을 벌이다가 망하는 것을 바라지 않았습니다."[109] 런던 거주 독일인들은 헤켈이 "개인적으로 내 마음에 쏙 드는 사람이자 여러 곳에서 좋은 평을 듣는 사람"이라고 추천한 본회퍼의 런던행을 재촉했다.[110] 이는 그들이 그의 시험 설교를 듣고 난 뒤에 한 일이었다. 그럼에도 그는 즉석에서 확약하지 않았다. 베텔에서 고백 초안을 작성하다가 실망스러운 일을 겪고, 베를린 주(州)총회와 관련된 사태 전개에 직면한 뒤에야 비로소 런던행을 결정했다. 그의 관구총감독은 그에게 보내는 편지에서 아래와 같이 말하며 체념했다.

귀하와 같은 신학자들이 독일교회에서 활동의 여지를 찾을 수 없다고 생각하다니 대단히 슬프군요. 외국과 연결된 귀하의 에큐메니칼 활동이 귀하의 결정에 적극적인 역할을 했군요. 그러니 귀하는 적어도 전도유망한 길을 걷고 있는 것입니다. 이곳에서 활동하는 것보다는 해외에서 활동하는 것이 귀하에게 독일 개신교와 독일 정신을 위해 더 값지게 수고할 기회를 제공할 것입니다.[111]

VII. 8월: 베텔 고백

영국에서 돌아온 본회퍼는 베텔에서 힐데브란트를 만났다. 힐데브란트는 네덜란드 헹겔로에서 돌아와 있었다. 한 사람은 런던에서 열린 문을 발견한 반면, 다른 한 사람은 목적을 이루지 못하고 귀국한 것이다. 본회퍼는 친구에게 약속했다. "다가오는 총회에서 그 일(나의 런던 목회)이 꼭 필요한 일이라고 결정하면, 내가 자네를 런던으로 데려가겠네."

프리드리히 폰 보델슈빙이 새로 임명된 고백 전문가들을 맞이하여 직접 안내하며 공동체 시설들을 구경시켜 주었다. 그때까지 본회퍼는 베텔 공동체를 모르는 상태였다. 베텔 공동체 탐방이 어찌나 생생했던지, 그는 할머니에게 아래와 같이 편지하기까지 했다. 할머니는 지난 몇 주간의 사건들에 생생히 참여하고 나서 프리드리히스브룬에서 휴가를 보내는 중이었다.

> 석가모니는 한 중환자를 만나고 나서 회심했다고 합니다. 병자를 법령을 통해 제거할 수 있다거나 제거해야 한다고 생각한다면, 이는 명백한 정신착란일 것입니다. 그것은 천벌받아 마땅한 바벨탑 쌓기나 다름없습니다.[112]

본회퍼는 베텔 공동체 체류 중에 에드문트 슐링크Edmund Schlink, 로베르트 프리크Robert Frick, 빌헬름 비셔, 게오르크 메르츠 같은 신학 교수들을 만나기도 했다.

의도

베를린에서 헤르만 괴링이 독일그리스도인연맹의 세력 확장을 위해 시위를 주도하고, 8월 4일 루트비히 뮐러를 프로이센 추밀원 고문관으로 임명하는 동안, 베텔에서는 헤르만 자세와 본회퍼가 독일그리스도인연맹을 진리 물음 앞에 세울 문서를 작성하기 시작했다. 때가 무르익은 것처럼 보였다. 이미 전국 곳곳에서 고백 초안들이 발표되고 있었다.

바르트, 빌헬름 괴터스Wilhelm Goeters, 빌헬름 니젤, 알프레드 드 퀘르벵을 중심으로 결성된 라인 동아리가 이미 5월에 '교회 형태에 대한 신학 선언'을 발표한 상태였고, 6월부터는 베스트팔렌에서 보다 많은 동아리들이 유사한 초안 작성에 몰두한 상태였다. 테클렌부르크 교구회의 동료 목회자들은 8월에 열린 베스트팔렌 지방총회에서 소위 '테클렌부르크 고백'을 낭독하기도 했다. 독일 남부에서는 헤르만 자세의 주도로 '리데라우 테제'를 마련하여 테오도르 엘바인과 크리스티안 슈톨Christian Stoll이 출판했다.[113] 교회의 새 장정 선포일인 7월 14일에는 마르틴 니묄러와 한스 릴예가 젊은 개혁자 운동을 대표하여 성명서를 발표했다. "이단사설"Irrlehre이라는 조금은 생소한 개념을 사용한 성명서였다. 그 내용 가운데 일부는 다음과 같다.

> 고백의 불가침성을 이야기하는 것으로는 충분치 않다. 고백이 오늘날에도 정당하다는 것을 인정하고 그것을 선포의 준거로 진지하게 대하는 것이 중요하다.[114]

마르틴 니묄러는 새로운 상황을 훨씬 날카롭게 표현했다. 그는 7월 2일 젊은 개혁자 운동에 몸담고 있는, 신뢰할 만한 사람들의 모임에서 7월 24-25일에 결정된 것들을 16개의 독자적 논제로 낭독했다.[115]

> 종교개혁 교리와 독일그리스도인연맹이 선포하는 것의 원칙적 구별은 신학적인가? 우리는 두려워하며 "그렇다"라고 말하고, 저들은 "아니다!"라고 말한다. 우리는 시의적절한 고백을 통해 이 불명료함을 제거해야 한다. 곧바로 될 것 같지도 않지만, 다른 쪽에서 그리하지 않으면 우리 쪽에서라도 그리해야 한다. 다른 쪽으로 하여금 저 물음에 대해 "그렇다"와 "아니다" 가운데 어느 하나를 말하지 않으면 안 되게 해야 한다.[116]

고백 문제가 신학 전문가 무리의 경계를 넘어서기 시작했다. 8월 말, 젊은 개혁자들은 교회 안에서 고백을 논의하도록 격려했다.

> 종교개혁 고백서는 물론이고 '알토나 지역 목회자 고백'이나 본회퍼 박사와 힐데브란트 박사의 '루터교 교리문답 시론'처럼 현대적 고백도 논의되었다.[117] 얼마 지나지 않아 우리 동아리에서도 고백을 발표하여 그러한 공동체 훈련에 가장 적합한 기초를 제시했다.[118]

본회퍼와 헤르만 자세는 이처럼 기대에 찬 여론과 분명한 과제를 등에 업고, 인상 깊은 작업을 베텔에서 시작했다. 9월 말에 있을 전국총회를 위해 유효적절한 것을 미리 마련하여 폭넓은 층에서 받아들일 수 있게 하는 것이 그들의 의도였다. 그들은 8월 15일에 그 일을 시작했다.

헤르만 자세에 따르면, 그 1차 작업 단계는 "행복한 협력 작업"이었다고 한다. 8월 20일, 본회퍼는 회의(懷疑)와 기쁨의 감정을 섞어 할머니에게 아래와 같이 편지했다.

> 이곳에서 하는 일이 우리를 대단히 기쁘게도 하고 대단히 힘들게도 하는군요. 우리는 독일그리스도인연맹에게 그들의 목적이 무엇인지 묻고 분명한 입장을 밝히게 하려고 애쓰고 있습니다. 물론 성공할지 자신은 없습니다. 왜냐하면 독일그리스도인연맹이 입장을 표명하며 공식적으로 굴복한다고 해도, 그 배후에 도사린 압박이 너무 강력하여, 조만간 모든 약속을 파기할 것이기 때문입니다. 아무래도 국수주의에 기반을 둔 거대한 국민 국교(國教) 교회가 태어날 것 같습니다. 그리스도교의 본질은 그 교회를 더 이상 참아내지 못할 겁니다. 우리는 전혀 새로운 길을 향해 마음을 단단히 준비하고 그 길을 걷지 않으면 안 될 것입니다. 그리스도교냐 독일 국민성이냐, 이것이 문제입니다. 충돌이 빨리 드러나면 빨리 드러날수록 좋을 겁니다. 위장은 대단히 위험하니까요.[119]

고백을 직접 작성한 한스 에렌베르크도 한스 피셔를 베텔로 보내 자신의 견해를 제시하게 했다. 본회퍼는 이렇게 말했다. "그는 정말 열심히 협력했습니다."[120]

베텔 사람들은 교의들을 신학적으로 성실하게 현실화하려고 했다. 본회퍼가 영국 브래드퍼드에서 해외 목회자들을 앞에 놓고 성격을 규정한 대로,[121] 이 작업은 삼위일체론에서 종말론에 이르기까지 고백에 합당한 경계를 설정하는 작업이었다. 그들은 칭의론을 분명하게 설명했다. 루트비히 뮐러가 그리스도교를 진부한 신앙론과 예의바른 머슴론으로 단순화시켜 그것만을 중요시하고 있음을 폭로하기 위해서였다. 그들은 십자가론도 분명하게 설명했다. 십자가를 국가사회주의의 명제, 곧 "공익이 사익에 우선한다"는 명제의 상징으로 해석한 독일그리스도인연맹의 궁정 신학자 프리드리히 비네케Friedrich Wieneke를 웃음거리로 만들기 위해서였다. 또한 그들은 필리오케filioque를 회복시켜 그리스도론적으로 만들어진 성령론을 분명하게 설명했다(DBW 12:370). 이는 에마누엘 히르쉬, 파울 알트하우스, 칼 페처가 창조계시Schöpfungsoffenbarung를 지나치게 강조하여 빌헬름 슈타펠의 독립된 민족규범Volksnomos을 초래한 것을 반박하기 위해서였다(DBW 13:40f.). 빌헬름 비셔는(DBW 12:402 Anm. 74) 유대인 문제에 대한 초안을 보내 주어 본회퍼를 기쁘게 했다(DBW 12:402-406).

이 작업의 끝은 처음과 달리 그다지 만족스럽지 못했다. 완벽을 기하려는 모종의 성향이 처음부터 베텔 고백 초안 작성자들에게 성과에 대한 부담을 가중시켰고, 베텔 고백이 너무 루터에 가까웠기 때문이다. 어쨌든 베텔 고백은 검토자들에게 실망스러운 대접을 받았다. 전혀 예기치 못한 일이었다. 개인과 지역의 고백 시도에서 시작되어 베텔 습작을 거쳐 마침내 영향력 있는 바르멘 고백의 결정으로 이어지는 길은 본회퍼와 헤르만 자세가 당시에 예견했던 것보다 훨씬 멀고 고통스러운 길이었다.

수용

초안 작성자들은 8월 25일경 작업을 포기했다(DBW 12:362-407). 본회퍼가 보기에 절충 기간이 시작되면서 초안의 선명한 노선이 흐릿해지고 말았기 때문이다. 결국 그는 최종안 편집에 협력하기를 거부했다.

검토자 스무 명의 명단도 그의 마음에 들지 않았다. 보델슈빙이 8월 31일에 고백 초안을 발송하여 검토자들의 평가와 서명을 받았다.[122] 초안 수령자는 미르텐니묄러, 발터 퀴네트, 릴예, 야코비, 에렌베르크, 아스무센, 바르트, 슐라터, 하임 등등이었다. 본회퍼는 예컨대 칼 하임과 슐라터가 초안을 전혀 받아들이지 않을 거라고 짐작했다. 아니나 다를까 슐라터가 곧바로 신랄한 거부 의사를 보내왔다. 굳이 알리자면, 이는 정반대 방향, 곧 본Bonn 때문이었다. 그것은 칼 바르트에 대한 반감의 표시였다. 본회퍼는 브래드퍼드 지역 목회자들 앞에서 "보델슈빙의 유별난 노선"이 고백행위의 진척을 무산시켰다고 말했다.[123]

게다가 시간표도 지켜지지 않았다. 총회가 임박했는데도 검토자들에게 기한을 너무 길게 주었던 것이다. 본회퍼는 베를린에서 발터 퀴네트, 마르틴 니묄러, 야코비를 찾아가 수정안을 직접 수거했다. 하지만 그것은 아무짝에도 소용이 없는 일이었다.

뿐만 아니라 그가 느끼기에는 가장 중요한 대목에서 예봉이 꺾여 있었다. 하필이면 비셔가 제기한 유대인 문제의 예리함이 뭉툭해져 있었다(DBW 12:402 Anm. 74). 국가를 다룬 부분에는 국가의 목표에 대한 "유쾌한 협력"이라는 아첨 투의 글귀가 들어 있었고, 민족 채무의 공동 부담이라는 문장은 "민족의 명예와 채무에 대한" 교회의 참여로 바뀌어 있었다.

결국 서명을 놓고 토의하는 중에 원안 고수자들이 새로운 의구심을 표출했고, 게다가 헤르만 자세와 게오르크 메르츠는 개혁교회 신도들과 함께 출석하여 서명을 거부하기까지 했다.

어느 날 메르츠는 마르틴 니묄러에게 다음의 사실을 털어놓았다. 이미 런던에 있은 지 오래된 본회퍼가 "수정안에 대해 반대 의사를 단호히 밝히고, 현재 상태로 발표하는 것을 반대한다"는 내용이었다.[124] 보델슈빙은 노장파 신학자들과 소장파 신학자들이 서로 단결하지 않는 모습을 보고 애석하게 여겼다. 하지만 마르틴 니묄러는 결국 수정된 형태의 베텔 고백을 발행하고 말았다.[125] 이는 칼 뤼킹 Karl Lücking, 게르하르트 슈트라텐베르트, 게오르크 메르츠의 강요를 받고 한 일이었다.

아무튼 베텔 고백은 판을 거듭하며 인쇄되었지만 기대와 달리 추진력은 처음만 못했다. 본회퍼의 머리에 떠오른 대로 되기에는 아직 시간이 무르익지 않았던 것이다. 그는 바르트에게 자신이 런던으로 물러가는 이유를 밝히면서 이렇게 덧붙였다. "베텔 고백이 이해를 전혀 얻지 못할 조짐도 있었습니다."[126]

베를린에서 일어난 비상사태

베텔에서 돌아온 본회퍼는 런던행을 최종적으로 결심했다(DBW 12:114f.). 에리히 제베르크 학장이 그에게 휴직을 허락해 주었다. 그러면서 다음과 같이 호의적인 발언도 덧붙였다. "티티우스의 교수직을 대신할 사람의 초빙을 논의할 때 자네의 이름도 커다란 칭찬과 함께 거명되었네."[127] 그러나 늦여름에 베를린에서 일어난 사건들이, 멀리 떠나려고 하는 사람의 발걸음을 되돌리려고 안간힘을 썼다. 결국 본회퍼는 런던 독일인 교회 취임을 10월 중순으로 미뤘다. 독일그리스도인연맹이 선거에서 대승을 거둔 뒤에 닥치게 될 일이 그를 또 한 번 필요로 했던 것이다.

그는 귀로에 프리드리히스브룬에 들러 그곳의 숲속을 거닐었다. 6개월 만의 일이었다.

그 어간인 8월 24일, 야코비가 베를린 주(州)총회에서 적은 소수파와 한 패가 되어 절망적인 투쟁을 벌이고 있었다. 그는 총회 다수파를 저지하려고 시도하면서 젊은 개혁자 운동의 새 노선에 따라 다음과 같은 건의안을 제출했다. 총회가 현재의 선포를 위한 지침을 논구해야 한다는 안이었다. 이 건의안은 지역종무국에 회부되었다. 이는 사실상 거부나 다름없었다.[128] 하지만 이보다 더 심각한 일이 벌어졌다. 베를린 주(州)총회가 국가의 아리안 공무원법을 교회 안에 받아들이기로 신속히 결의할 때, 야코비와 소수파가 이를 저지하지 못한 것이다. 이는 조만간 개최될 여러 총회에 폭풍을 예고했다. 본회퍼는 그 소식을 듣고 베를린으로 향했다. 하지만 그는 이미 사전 작업을 마친 상태였다. 그것은 분리를 의미했다! 동료 목회자들에게는 무엇을 의미했는가?

VIII. 9월: 아리안 조항

위기는 9월에 정점에 달했다. 그달 말에 개최된 전국총회 때문이 아니라, 그달 초에 개최된 프로이센 총회, 일명 "갈색 총회" 때문이었다. 젊은 개혁자 운동이 전선에서 물러나고, 목사긴급동맹이 그 자리를 대신하여 고백교회로 가는 길목에서 가장 중요한 중개자가 되었다.

전단지

8월 몇 주 동안은 총회들이 교회의 "종 적합성"과 관련하여 실제로 무언가를 결정할 가능성이 열려 있었다. 온건한 형태의 아리안 조항이 성사될 것인가? 아니면 가혹한 형태의 아리안 조항이 성사될 것인가? 그것은 유대-그리스도교 공동체를 철저히 배제하는 것이 될 것인가? 아니면 가능한 한 공무원 자격과 관련된 법령만 결정될 것인가? 그 법령은 갓 목사안수받은 이에게만 적용되고 이미 목사안수받은 이에게는 적용되지 않을 것인가?

본회퍼는 전단지를 작성했다.[129] 위의 여러 경우에 상응하는 결과들을 담은 전단지였다. 그는 런던과 베텔에 머무르던 8월 초 무렵에 베를린에서 그 초안을 잡았던 것 같다.[129a] 그것은 '교회 안의 아리안 조항'이라는 제목으로[130] 총회 회원들과 교회들에게 제때에 발송되어 어느 정도 영향을 미쳤다. 베를린 선교학회장 지크프리트 크나크는 리히터 교수에게 다음과 같은 내용의 편지를 보냈다. "조직에[131] 속한 다른 이들은 교회 안에서 이루어지고 있는 유대인과 독일인의 차별도 당연히 비난했습니다. 특히 본회퍼의 작은 격문이 상당수의 사람들을 이 방향으로 이끌었습니다."[132] 그로부터 몇 주 뒤, 교회연합회 사무국은 "그러한 입장을 지닌" 본회퍼를 "외국에 파송할 수 없다"고 생각했다.[133]

그 전단지는 힐데브란트가 작성한 선거용 전단지들을[134] 이해하기 쉽고 간결한 형태로 다음과 같이 정식화했다. "독일그리스도인연맹은 말하고, 우리는 대답한다." 4월에 유대인 문제가 발생했고 이와 관련하여 제기된 논제들에 직면하여 다음과 같이 새로운 쟁점들이 논의되었다. 어느 민족이 하나님의 민족인지를 따지는 "민족 등급"에 대한 논의, 몇 백 명밖에 안 되는 유대계 그리스도인들을 떼어내고 수백만 명의 동포에게 복음을 전할 가능성에 대한 논의, 이도저도 아닌 자들Adiaphoron에 대한 논의, 그리고 바울이 인정한 "믿음이 연약한 자들"에 대한 논의.

본회퍼는 다음의 세 가지 가능성을 곰곰이 따진 뒤 그것들을 비난했다.

1. 비(非)아리아인들이 제국교회에서 분리되어 별도의 공동체에 통합될 것이다. 이는 곧바로 제국교회로부터의 탈퇴를 야기할 것이다. 이 탈퇴가 일어나면, "나는 내 소속 교회와의 연대를 접을 것이다. 나는 온전한 진리와 그 진리의 모든 결과만

받들 것이다." 하지만 1933년 총회들은 이와 같은 결심을 이해하지 못했다.

2. 국가 공무원법이 교회임원들에게도 적용될 것이다. 그것은 목사직의 포기를 야기할 수밖에 없다. 이 대목에서 치명적 특권에 대한 본회퍼 특유의 논증이 등장한다. "그런 이유로 목사들은 자신들의 교회를 위해 할 수 있는 유일한 봉사를 다음과 같이 이해해야 한다. 말하자면 **특권이 되어 버린 목사직**을 내려놓는 것이다." 이 발언으로 8월 24일에 열린 베를린 지방총회와 9월 5-6일에 열린 일반총회가 발칵 뒤집혔다.

3. 1933년 7월 14일에 공포된 제국교회 장정은 기존의 대학생 권리에 대해 침묵함과 동시에 유대계 그리스도인 목사 후진 양성을 아예 배제했다. 이에 대해 누구도 화를 내지 않았다. 본회퍼와 힐데브란트는 광야에서 말하기로 작정하지 않으면 안 되었다. 때문에 본회퍼는 전단지에서 다음과 같은 가능성을 염두에 둔다. 말하자면 교회가 유대계 그리스도인들에게 기존 대학교를 넘어 목사직에 이르는 다른 길들을 열어 주어야 한다는 것이다. "그러지 않으면 교회는 아리안 조항 전체에 대한 책임을 지게 될 것이다."

이 마지막 논점은 본회퍼가 대체로 교계에서 입장을 표명하는 가운데 그의 소속 교회가 유대인 문제 자체에 대해 아무 말도 하지 않고 잠자코 있는 것을 재차 문제 삼은 거였다. 이로써 그는 외로운 신세가 되고 말았다. 동료들의 눈에는 그가 너무 멀리 나간 것으로 보였다. 게다가 젊은 개혁자들 중에는 베르너 엘러트 Werner Elert와 알트하우스 학파 출신의 탁월한 맞수들도 있었다. 그리고 엘러트와 알트하우스는 곧바로 치명적인 에를랑겐 소견서에[135] 서명까지 한 상태였다. 그 소견서에는 이런 내용이 들어 있었다. "따라서 교회는 유대계 그리스도인들이 목회자가 되는 것을 저지해야만 한다."[136]

마르틴 니묄러 같은 사람에게도 아리안 조항과 관련하여 입장을 표명하는 것은 쉬운 일이 아니었다. 니묄러가 당시에 올바른 입장과 올바른 시점에 대하여 실제로 발언하기는 했지만, 그가 1933년 11월 2일 수많은 질의를 염두에 두고 발표한 '교회 안의 아리안 문제에 대한 발언들'에서는 여전히 그러한 머뭇거림이 감지된다.[137] 그는 자신이 아리안 조항을 사소한 일로 여겼음을 감추지 않았다. 본회퍼의 발언과 니묄러의 발언을 대조해 보면, 의견이 완전히 일치하는 실천 행동을 할 때에도 두 사람이 여전히 상이한 입장을 강조하고 있음이 드러난다. 니묄러는 고린도전서 8장과 "믿음이 연약한 자들"이라는 개념을 근거로 들어 유대계 그리스도인이 교회의 목사가 되는 것을 제지할 수 있다고 시인했다.[138] 반면에 본회퍼는 다음과 같이 숙고를 요구했다. "교회의 형편 때문에 공동체에게 그토록 불쾌한 일을 요구해서야 되겠는가?……이런 요구에 해당되지 않고 특권을 누리는 이들은[139] 교회 안에서 특권을 사용하기보다는 차라리 권리를 덜 누리는 형제들을 감싸고 보호하려고 할 것이다"(DBW 12:413f.).

갈색 총회

"신앙의 승리"라는 제목으로 뉘른베르크에서 열린 전당 대회가 끝나가던 날, 구프로이센 일반총회가 이틀간의 일정으로 베를린 귀족원에서 열렸다. 마르틴 니묄러는 이 섬뜩한 총회의 의사록 작성을 맡지 않으면 안 되었다.

베스트팔렌 종교 회의 의장 칼 코흐Karl Koch가 아주 적은 수의 젊은 개혁자들을 인솔했다. 9월 5일 회의장에 발을 들여놓는 순간, 군대식 쇼가 기다리고 있었다. 다수가 "갈색 예복" 차림으로 참석해 있었기 때문이다. 베르너 박사가 총회 의장으로 선출되고, 독일그리스도인연맹의 지도자 호센펠더와 아우구스트 예거가 그의 대리인으로 선출되었다.

총회는 처음부터 통상적인 회무를 목적으로 삼지 않고 시위의 성격을 띠었다. 2주 전에 야코비가 "우리 민족에게 선포하기 위한 지침들을 강조해야 합니다. 교회의 고백이 목사들에게 그 의무를 부과하고 있습니다"라며[140] 제출한 건의안을 의장단이 독단적으로 거부했다. 회의가 최대한 빨리 진행되었다. 구프로이센 관구총감독들을 파면하고 지방 감독 루트비히 뮐러 휘하에 열 개의 관구를 설치한다는 감독법이 통과되었고,—본회퍼의 관구총감독 카로브가 베를린 감독이 되었다—"성직자와 교회임원의 법적 관계를 규정한 교회법"이 통과되었다. 이 교회법에 의하면 "국가사회주의 국가와 독일 개신교회를 무조건" 편들고 혈통이 아리아계인 사람만이 성직자가 될 수 있었다.

총회에 참석한 관구총감독들은 이미 임용된 비(非)아리아계 성직자나 비(非)아리아인과 결혼한 성직자를 해고하는 것에 반대하면서도, 앞으로는 그러한 사람을 더 이상 임용하지 말아야 한다는 견해에는 찬성표를 던졌다. 포메른 지방의 관구총감독 칼무스Kalmus는 다른 관구총감독들을 대신하여 다음과 같이 말했다. "우리는 국가의 조치를 이해하고 높이 평가하며, 개신교회도 독일 혈통을 유지하는 가운데 깨어 있어야 함을 인정합니다."[141] 카로브는 이미 목사안수를 받은 사람만이라도 지킬 수 있게 된 것을 기쁘게 환영했다.

베스트팔렌 종교 회의 의장 코흐가 법령에 대한 저항 세력의 의구심을 낭독하려 하자 글자 그대로 고함이 빗발쳤다. 그러자 그는 추종자들과 함께 강당에서 퇴장했다. 비텐베르크 전국총회에 참석할 프로이센 지역 대표들이 선출될 무렵에는 소수파 가운데 그 자리에 남아 있는 이가 하나도 없었다. 그리하여 프로이센 지역의 젊은 개혁자들 중 단 한 명도 대표가 되지 못했다. 비텐베르크 총회가 개최되었을 때에는 젊은 개혁자들 가운데 몇 명만이 총회를 방해하기 위한 전단지를 배포하러 비텐베르크의 몇몇 거리에 나타났을 뿐이다.

분리

베텔 고백 작성 작업, 야코비의 총회 건의안, 온건파 독일그리스도인연맹과의 대화 가능성, 이 모든 것이 갑자기 주변으로 밀려났다.

일반총회 폐회일인 9월 6일 저녁, 불굴의 사람들이 총회의 저항 세력과 함께 야코비의 집에서 회동하고 이튿날에는 마르틴 니묄러의 집에서 회동했다. 본회퍼와 힐데브란트는 즉각적인 사직(辭職) 개시를 위해 열심히 분투했다. 그들이 보기에 그들 모두가 속해 있는 진영을 위해 다른 진영이 자신들의 아리안 조항으로 분리를 수행한 것이나 다름없었다. 이 분리 수행을 확실히 인정하는 수밖에 도리가 없었다. 본회퍼가 보기에, 힐데브란트에게도 적용될 수 있는 예외 규정들은 다른 진영이 분리 결정을 진지하게 대하는 것을 가로막는 연막에 불과했다.

그런데도 본회퍼와 힐데브란트는 아헨바흐슈트라세(야코비의 집)에서도, 체칠리엔알레(마르틴 니묄러의 집)에서도[141a] 지지를 얻지 못했다. 분리 문제를 유대인 배척 문제와 연계시키는 것은 이 동아리에게도 어려운 일이었다. 하지만 아리안 조항과 관련된 프로이센 지역 목회자 11명에게는 그렇지 않았다. 지크프리트 크나크가 아리안 조항에 반대했다. 그가 아리안 조항에 반대한 것은 그 조항이 미래 유대계 그리스도인들의 목회를 차단하기 때문이 아니라, 그 조항이 이미 목사안수를 받은 이들에게까지 소급될 수 있었기 때문이다.[142] 그리하여 그 동아리는 크나크의 지휘 아래 분리 조치를 적어도 전국총회 때까지 연기하기로 결의했다. 본회퍼와 힐데브란트는 곧 일어날 대탈출Exodus은 신학적으로도 논리에 맞을 뿐만 아니라 교회 정치상으로도 무작정 기다리는 것보다 훨씬 효과적이라며 자신들의 생각을 굽히지 않았다. 힐데브란트는 당분간은 독일에서 설교단에 오르지 않겠다고 선언했다. 본회퍼는 교수들과 에큐메니칼 동지들에게 자신의 견해를 유포하겠다고 예고했다.

전국총회가 임박한 까닭에 동아리는 저항에 몸담고 있는 목회자들의 공동 선언을 고려했다. "파괴되지 않은" 루터파 지방교회들(교회투쟁 시기인 1933년 7월 23일, 교회법을 무시하며 강제로 시행된 교회 선거에서 독일그리스도인연맹이 과반수 득표를 하지 못해 교회의 요직을 차지하지 못한 뷔르템베르크, 하노버, 바이에른, 베스트팔렌 주교회들을 가리킨다—옮긴이)의 감독들이 저항을 더 효과적으로 수행할 수 있게 하기 위해서였다. 본회퍼는 선언서 작성의 결정적인 협력자로 위촉받았다.

9월 5일, 그는 앙리오에게 전보를 쳤다. 발칸반도에서 에큐메니칼 대회가 열리기 전에 닿기를 바라며 띄운 전보의 내용은 아래와 같다.

> 일반총회가 끝났습니다. 관구총감독이 모두 파면되었습니다. 게르만계 그리스도인들만 전국총회 참석을 허락받았습니다. 아리안 조항이 실시되고 있으니, 이에 대한 항의서를 작성하여 언론에 곧바로 알려 주시기 바랍니다. 분리가 진행되고 있습니다. 더 많은 정보는 소피아에서 알려 드리겠습니다(DBW 12:122).

그런 다음 그는 그사이에 에를랑겐에서 교수직에 취임한 헤르만 자세와(DBW 12:128) 본에 있는 바르트에게(DBW 12:124f.) 편지를 보냈다. 그들의 의견을 듣기 위해서였다.

헤르만 자세는 의미심장한 결정을 놓고 본회퍼의 견해에 동조했다. 그러면서도 전국총회를 기다리라고 권했다. 그는 비텐베르크의 루터교 감독 한스 마이저 Hans Meiser에게 더 중요한 책임을 지우라고 충고했다.[143] 헤르만 자세는 한스 마이저가 전국총회에서 결정을 유도할 것이라고 기대했지만, 유감스럽게도 그것은 환상임이 입증되었다.

본회퍼는 바르트에게 아래와 같이 문의했다.

> 우리 가운데 몇몇은 자유교회의 이상에 끌리고 있습니다.……나는 당신이 무어라 말할지 잘 압니다. 당신은 내쳐질 때까지 기다리라고 충고하겠지요.……그러나 이미 누군가가 내쳐지고 있습니다.……그러니 어찌 목사들의 상호연대가 이루어지겠습니까?[144]

9월 11일, 바르트는 이 편지를 받고 나서 즉시 베르클리에서 답장했다. "나도 고백의 상황이 주어졌다고 생각합니다." 그러나 이는 먼저 교회 당국에 직접적으로 그리고 공개적으로 다음과 같이 말하는 것을 의미했다. "그대들은 이 점에서 더 이상 그리스도의 교회가 될 수 없소!" 그렇게 결정된 항의 조치에는 입막음 조치와 제명이 이루어질 때까지 더 많은 일이 일어나야 한다는 거였다. "분리가 이루어진다면, 그것은 다른 쪽에서 이루어져야 합니다." 본회퍼는 바르트마저 "더 핵심적인 사안에서 충돌이 일어날 때까지" 기다리라고 말했다는 사실에 의아해했다. 바르트는 본회퍼에게 지금 이루어진 결의가 먼저 효과를 발휘하게 하라고, "말하자면 이미 형성된 사실이 확실해지게 하라"라고 권하며 아래와 같이 말했다.

> 적의를 다지며 적극적으로 기다리는 것이야말로 후일 어떤 경우에도 후회할 필요가 없게 해줄 것입니다.……이 싸움에서는 탄약을 최대한 아끼되 목표물을 가장 정확히 조준하여 가차 없이 쏠 줄 아는 이들이 이기게 될 것입니다. 이번 한번만 이 말을 믿어 주십시오. 그러면 호센펠더 무리가 적잖은 악취를 남기고 뿔뿔이 흩어질 것입니다.[145]

실제로 호센펠더는 석 달도 안 되어 완전히 몰락했다. 그러나 그를 품어 주던 교회는 멀쩡했다. 하지만 아리안 조항만큼 "핵심적인 문제"가 있었을까? 본회퍼와 힐데브란트는 바르트에게 약간 실망했다. 반면에 다른 친구들은 바르트가 말한 대로 "적의를 다지며 적극적으로 기다리는" 자세를 어느 정도 유지했다. 힐데브란트와 관련이 있는 본질적인 문제에 직접적으로 반응하지 않고 냉담하게 반응한 것이다.

목사긴급동맹의 탄생

9월 6-7일에 가진 회동의 결과로 목회자 동맹이 결성되어 갑자기 전국으로 퍼져 나갔다. 그것은 "비아리아계" 동료 성직자들과의 연대행위였다. 갈색 총회가 목사긴급동맹의 탄생을 직접적으로 촉발한 것이다.

이 동맹은 교회 당국에 대한 항의서를 토대로 태어났다. 항의서에는 네 개 항의 유명한 자기 의무가 담겨 있었다. 본회퍼가 마르틴 니묄러와 함께 이 항의서를 작성한 것은, 보델슈빙으로 하여금 그들의 동아리에 소속된 모든 이의 이름으로 그것을 새 요직에 오른 자들에게 발송하게 하기 위해서였다. 9월 7일, 본회퍼와 마르틴 니묄러는 항의서에 자신들의 서명을 담아 속달로 보델슈빙에게 보냈다. 그 내용은 아래와 같다.

1. 우리 교회의 고백에 따르면 교회의 교직(教職)은 오로지 규정대로 임명받았다는 의식과 결부될 따름이다. 신설 교회 공무원법의 "아리안 조항"으로 인해 이 근본적인 고백 명제와 모순되는 권리가 생겨났다. 부당한 것으로 여겨져야 할 상태가 교회의 권리로 선언되고 고백이 훼손된 것이다.
2. 목사안수를 받은 성직자들은—공무원법에 적용을 받기는 해도—공식적인 조치를 통해 성직자계급의 권리를 박탈당하지 않는 한, 종교개혁 고백(신조)들 위에 세워진 구프로이센 연맹의 개신교회 안에서 말씀을 자유로이 선포하고 성례전을 자유로이 집전할 수 있는 권리를 충분히 갖는다. 이는 의심할 여지없이 분명한 사실이다.
3. 고백 파괴에 찬성하는 자는 교회 공동체에서 탈퇴하는 자다. 때문에 우리는

구프로이센 연맹의 개신교회를 그리스도교 교회에서 분리시키는 이 법을 즉시 폐기할 것을 촉구한다.[146]

9월 8일, 보델슈빙은 곧바로 동료 두서넛을 소집했다. 그러나 소집 통지문에는 다음과 같은 내용이 첨부되어 있었다. "나는 항의서 셋째 항의 첫 문장에 대해 의구심을 품고 있습니다." 아직은 제명 위협을 실행할 수 없는 것처럼 보였다. 그러나 보델슈빙은 9월 11일 위의 제안을 대폭 응용하여 항의서를 루트비히 뮐러에게 보냈다. 그는 첫째 항의 둘째 문장을 아래와 같이 부드럽게 다듬었다.

새로운 교회 공무원법의 아리안 조항 가운데 목사직에 돌입하려고 하는 성직자를 배제하는 규정들은 우리 교회의 근본적인 고백과 모순된다.

이로써 그는 앞으로 더 이상 목사안수를 받지 못하는 비(非)아리아인에 대한 논의의 여지를 열어놓은 셈이었다. 그러고는 아래와 같은 청으로 셋째 항의 예봉을 무디게 했다.

나는 구프로이센 연맹 개신교회로 하여금 자신의 고백에 합당한 토대를 포기하게 하는 이 법규들의 즉각적인 폐기를 고려해 줄 것을 간절히 청한다.[147]

본회퍼와 마르틴 니묄러가 9월 7일에 작성한 세 가지 논점에는 새 법령 내지 강제 조치에 당혹해하는 이들에 대한 지원 약속을 덧붙일 필요가 있었던 반면, "목사긴급동맹"의 자기 책무를 규정한 네 가지 논점에는 결함이 전혀 없었다. 9월 12일, 마르틴 니묄러는 독일인 목사들에게 항의를 촉구하며 다음의 네 가지 책무를 일깨웠다. 1. 성서와 고백(신조)들에 대한 새로운 헌신의 책무, 2. 성서와 고백(신조)들을 위반하는 것에 대한 저항의 책무, 3. 법령 내지 강제력 때문에 피해를 입은 이들에 대한 지원 약속의 책무, 4. 아리안 조항을 거부할 책무. 그는 "다수의 외로운 이들과 우리 교회를 위해, 그리고 프로이센 일반총회의 고백 위반 결정으로 위협을 받는 모든 이를 위해" 젊은 개혁자 운동의 신뢰할 만한 자들을 거쳐 독일

전역의 목사들에게 이 문건을 발송했다.[147a]

목사긴급동맹의 자기 책무를 규정한 문건이 나온 뒤에 '전국총회에 고함'이라는 호소문도 나왔다.[148] 본회퍼와 마르틴 니묄러가 9월 7일에 작성한 성명서가 이 호소문의 골자였다. 본회퍼는 바르트에게 보낸 9월 9일자 편지에서 베를린 젊은 개혁자 소속 목사들의 이름으로 아래와 같이 말했다.

> 우리는 먼저 성명서를 작성했습니다. 아리안 조항 때문에 구프로이센 연맹 개신교회가 그리스도의 교회에서 떨어져 나가게 되었음을 교회 당국에게 알리려고요.[148a]

기대를 뛰어넘을 정도로 반응이 뜨거웠다. 처음에 이 호소문에 서명한 이는 22명이었지만, 이 호소문을 발송하고 얼마 지나지 않아 비텐베르크에서만 이 호소문에 동의하는 목사가 2,000명으로 늘어나 항의 대열에 합류했다. 연말에는 목사긴급동맹의 회원이 6,000명으로 늘어났다. 10월 20일, 목사긴급동맹이 "형제협의회" 소집과 함께 확고한 기구가 되었다. 당시 목사긴급동맹의 신뢰할 만한 이들은 다음과 같은 이들을 위원으로 선출했다. 교구감독 후고 한(드레스덴)Hugo Hann, 목사 게르하르트 야코비(베를린), 목사 에버하르트 클뤼겔(하노버)Eberhard Klügel, 목사 칼 뤼킹(도르트문트), 교구감독 루돌프 뮐러(하일리겐슈타트)Rudolf Müller, 목사 게오르크 슐츠(바르멘), 목사 루트비히 하이트만(함부르크)Ludwig Heitmann. 형제협의회는 박해받는 동료들을 위해 자발적으로 납부한 회비를 히틀러 시기 말까지 관리하고 배분했다. 어느 날 본회퍼도 저 박해받는 무리에 속하게 되었다.

5월에 결성된 젊은 개혁자 그룹보다[149] 훨씬 동질적인 그룹이 향후 교회 저항의 새로운 장을 주도했다. 5월 초였다면, 저 첫 번째 그룹에게 아리안 조항을 단 하나의 요점이라고 말할 수 없었을 것이다. 그랬다면 다들 그 당시에 뿔뿔이 흩어지고 말았을 것이다.

An die Nationalsynode
der Deutschen Evangelischen Kirche zu Wittenberg.

Die Nationalsynode von Wittenberg soll einen neuen Abschnitt in der Geschichte unserer evangelischen Kirche einleiten. In dieser Stunde erheben wir im Namen von 2000 evangelischen Pfarrern unsere Stimme. Die Nationalsynode darf nicht durch ihr feierliches Gepräge den Anschein einer geeinten Kirche erwecken, solange die Gemeinden von tiefsten Gegensätzen zerrissen sind. Die Aufreißung der Gegensätze sehen wir als ein Gericht Gottes über unsere Kirche an. Wir wissen uns mit hineingestellt in dieses Gericht und wollen es mit allen tragen, die sich mit uns unter den Spruch Gottes beugen, damit der Herr Christus sich uns wieder zuwenden möge.

Die Nationalsynode tagt an der Stätte, an der Luther in seinen Invocavit-Predigten gegen die Verkehrung der Kirche Christi in falsches Wesen vom Evangelium her Einspruch erhoben hat. So dürfen wir erwarten, daß nicht alle Synodalen zu den heute umkämpften Fragen mutlos schweigen, zumal wir wissen, daß manche unter ihnen genau wie wir in ihrem Gewissen beschwert sind. Und wenn keiner von ihnen den Mut aufbringt, so fordern wir von den lutherischen Bischöfen, besonders von dem künftigen Reichsbischof, daß sie um der Wahrheit willen ein klares Wort sagen. Die Kirche darf auf ihrer ersten Nationalsynode sich nicht nur mit Worten zum Evangelium bekennen, sondern muß mit der Tat die ihr auferlegten Fragen evangeliumgemäß entscheiden.

Damit die Kirche nicht mit einer verborgenen Schuld ihren Weg beginnt, erklären wir um der Wahrheit und der Liebe willen Folgendes:

1. Die Art und Weise, in der neue Ordnungen in der Kirche eingeführt wurden und angewandt werden, hat schwere innere Not über ungezählte ernste Christen gebracht. Auf entscheidend wichtigen Synoden hat die jetzige Mehrheit den Vertretern der Minderheit die gründliche Beratung und freie Aussprache versagt, auch bei Fragen, die das innerste Wesen der Kirche und ihren Auftrag berühren. Das kirchliche Leben steht seit einigen Monaten unter dem Druck der Gewalt einer kirchlichen Gruppe. Es darf aber nicht sein, daß die Kirche Jesu Christi unter Verleugnung der brüderlichen Liebe durch Herrschaft der Gewalt zu einem Reich dieser Welt wird.

2. Unter stillschweigender Billigung des neuen Kirchenregiments sind auf landeskirchlichen Synoden Gesetze beschlossen und in Kraft gesetzt, die mit der Heiligen Schrift und dem Bekenntnis der Kirche im Widerspruch stehen. Hier ist insbesondere der Arierparagraph zu nennen. Wir stellen fest, daß mit der landeskirchlichen Einführung solcher Gesetze der Reichsgesetzgebung der deutschen Kirche vorgegriffen ist, und fordern von der Nationalsynode, daß sie ihre Vollmachten nicht anderen Instanzen abgibt, sondern selber derartige bekenntniswidrige landeskirchliche Gesetze aufhebt. Es darf nicht sein, daß das Evangelium durch menschliche Gesetze begrenzt oder gar außer Kraft gesetzt wird.

3. Das kirchliche Amt ist in höchstem Maße dadurch gefährdet, daß Pfarrer und Kirchenbeamte deswegen verfolgt werden, weil sie der in der Kirche zur Zeit herrschenden Gruppe nicht zu folgen vermögen. Hierdurch wird das Amt in einem Maße menschlichem Druck unterworfen, daß die Diener des Wortes in Gefahr stehen, das Gebot: „Man muß Gott mehr gehorchen als den Menschen!" zu verletzen und Menschenknechte zu werden. Wir fordern von der Nationalsynode, daß sie durch klare Beschlüsse die volle Freiheit der evangelischen Verkündigung und ihrer Träger sicherstellt. Es darf nicht sein, daß sich die kirchliche Verkündigung menschlichen Ansprüchen beugt.

In dieser ernsten Stunde, da wir aus schwerer Gewissensnot diesen Protest aussprechen müssen, geloben wir vor Gott, alle unsere Kräfte daran zu setzen, daß die Heilsbotschaft rein und lauter unter uns verkündet werde als die Offenbarung des lebendigen Gottes in Christus.

Wir geloben, diesen unseren Auftrag als Diener des Wortes allein in der Bindung an die Heilige Schrift nach dem in den Bekenntnisschriften gewiesenen Verständnis auszurichten.

Wir geloben, in unserer Kirche dem Geist der Wahrheit und der Liebe nach bestem Vermögen Raum zu schaffen, aller Unwahrheit und Lieblosigkeit offen zu begegnen und durch unsern Dienst als Seelsorger für uns und unsere Gemeinden die Bruderschaft derer zu verwirklichen, die Christus angehören.

Wir werden also nicht aufhören, all das zu bekämpfen, was die Kirche in ihrem Wesen zerstört.

Wir werden nicht aufhören, gegen jede Verletzung des Bekenntnisses laut und weithin vernehmlich Einspruch zu erheben.

Wir werden nicht aufhören, in treuem Gehorsam gegen unser Ordinationsgelübde unbeirrt am Aufbau der Deutschen Evangelischen Kirche zu arbeiten.

Wir vertrauen dem Herrn der Kirche und bitten ihn, er möchte unserer Kirche neues Leben aus seinem Geist und seinen Frieden schenken!

Berlin, den 27. September 1933.

Bonhoeffer Burckhardt Figur Fricke Grüneisen Hildebrand Hildebrandt Hitzigrath
Jacobi Eduard Lindenmeyer Friedrich Lindenmeyer Link Messow Moldaenke Müller-Dahlem Niemöller
Petersen Praetorius Puttkammer Schwebel Stupperich Wendland-Steglitz.

1933년, 목사 2,000명이 서명한 호소문 '전국총회에 고함.'
디트리히 본회퍼와 마르틴 니묄러가 9월 7일에 작성한 성명서가 이 호소문의 골자를 이루었다.

소피아

9월 15일부터 20일까지 소피아에서 세계교회친선연맹 회의가 열렸다. 정규 에큐메니칼 회의로서는 본회퍼가 몹시 바쁜 1933년에 불참을 통보하지 않은 유일한 회의였다. 그에게 절대적으로 중요한 회의였기 때문이다.

여느 때와 마찬가지로 세계교회친선연맹 회의와 "생활과 실천" 협의회 회의가 나란히 열렸다. 노비사드에서 열린 "생활과 실천" 협의회 회의에 본회퍼가 참석한 것은 아니지만 그 회의의 미묘한 차이와, 본회퍼에게 미친 그 회의의 결과가 우리의 관심을 끈다.

소피아에서는 독일인들 중에서 본회퍼가 두드러진 역할을 한 반면, 노비사드에서는 헤켈이 그랬다. 헤켈은 갈색 총회에서 자신의 직위에 걸맞은 이렇다 할 결과를 도출하지 못했고, 9월 6일과 7일에 이루어진 젊은 개혁자들의 회동에도 참여하지 않았다. 그랬던 그가 이제는 독일 개신교회DEK의 해외 담당관 자격으로 본회퍼의 윗사람이 되었다. 노비사드와 소피아는 이 두 사람이 정반대 방향으로 얼마나 멀리 접어들었는지를 보여준다. 헤켈은 전혀 다른 노선을 추구했다. 배처럼 앞뒤로 흔들리는 독일교회와 해외 독일인 교회 공동체를 암초 사이로 몰고 가는 노선이었다. 그는 독일그리스도인연맹의 회원이 아니었다. 그럼에도 그는 히틀러 시대의 지속에 자기 이름을 겂으로써 본회퍼의 친구들 안팎에서 신망을 완전히 잃고 말았다. 본회퍼가 보기에 헤켈의 행보는 자포자기와 다름없었다. 본회퍼는 헤켈의 정략을 교회와 에큐메니칼 협의회에 대한 배신으로 여겼다. 마르틴 니묄러 같은 선한 친구들 사이에서도 새 국가에 대한 긍정적인 목소리가 흘러나왔지만, 헤켈은 새 국가에 대한 긍정적인 목소리를 넘어 실제로 동조하겠다고 결정까지 한 셈이었다. 본회퍼는 이를 두고 화를 내지 않을 수 없었다.

1. 9월 9일부터 12일까지 치체스터의 주교가 사회를 보는 가운데 "생활과 실천" 협의회 집행 위원회 회의가 노비사드에서 열렸다. 헤켈, 슈라이버, 한스 발Hans Wahl, 아우구스트 힌더러가 DEK 대표로 참석했다. 카플러의 퇴임이 이 자리에서도 효력을 미쳐 헤켈을 더 전면에 내세웠다. 조지 K. A. 벨 주교가 봄에 일어난 교계의 갈등과 관련하여 자신이 취한 첫 번째 행보를 해명한 뒤, 헤켈의 보고가 이

어졌다. 의사록에는 이와 관련된 내용이 아래와 같이 기록되어 있다.

> (헤켈은) 민족, 국가, 교회에서 일어나고 있는 폭넓은 변혁과 임시 재건을 빤빤하게 묘사하며, 에큐메니칼 협의회에 몸담고 있는 교회들의 과제 전체에 특별히 중요한 문제들을 해명하려고 시도했다.[150]

물론 헤켈에게 부여된 까다로운 임무는 일반총회와 전국총회 어간에 외국에서 외국인들을 앞에 두고 자국의 광경을 해명하는 것이었다. 충돌이 일어날 수밖에 없었다.

윌프레드 모노가 헤켈의 해명을 통과시키지 못하게 하면서, 헤켈이 얼마 전에 이루어진 갈색 총회의 결의사항들과 유대계 그리스도인의 차별대우처럼 시급한 관심을 요하는 몇 가지 쟁점을 이 그리스도교 회합에서 침묵으로 어물쩍 넘긴 것을 유감스러워했다. 열띤 논쟁이 있고 나서 두 가지가 결의되었고, 독일 대표단이 결의안들에 대한 자신들의 거부를 의사록에 반영시키는 일이 난생 처음 벌어졌다. 조지 K. A. 벨의 제안으로 먼저 결의된 것은 아래와 같은 내용의 성명서였다.

> 유럽과 미국의 다양한 교계 대표들은 특히 유대계 혈통의 사람들에게 취해진 심각한 조치와, 독일에서 사상과 표현의 자유에 대해 가해진 엄격한 제한과 관련하여 심각한 우려를 표했다.

그다음 이루어진 결의로 조지 K. A. 벨 주교가 독일의 현 교회 당국에 서한을 보내는 과제를 맡았다. 이 결의로 루트비히 뮐러와의 유명한 편지 교환이 이루어졌다. 이 편지 교환은 조지 K. A. 벨이 10월 23일 뮐러에게 보낸 편지와 함께 시작되어 조지 K. A. 벨이 에큐메니칼 회원교회들에 보낸 "1934년 예수 승천일 교서"에서 절정에 달했다.[151] 이 편지 교환에서 조지 K. A. 벨의 주요 조언자는 디트리히 본회퍼였다. 이로 인해 헤켈은 저항 세력 진영이 조지 K. A. 벨과 같은 인사들에게 정보를 제공하고 영향력을 행사하는 것을 통제할 수 없었다. 이 인사들은 제2의 수뇌부에 관해 이미 잘 알고 있었다. 본회퍼가 9월 5일에 앙리오에게 보낸 전보 덕분이었다. 물론 우리는 이와 관련하여 에큐메니칼 협의회가 일치된 견해를 가지고 있었다고 생각해선 안 된다. 제네바는 본회퍼에게 최상의 파트너가 아니었다. 그곳에서는 시간이 흐를수록 헤켈의 기관과 훨씬 긴밀한 접촉을 유지했기 때문이다. 차차 밝혀지겠지만, 에큐메니칼 협의회에서도 소수의 사람만이 본회퍼의 견해를 이해했을 뿐이다. 하지만 가까운 장래에 조지 K. A. 벨 주교와 아문센처럼 영향력 있는 인사들이 본회퍼와 긴밀한 관계를 유지했다.

2. 예정대로 대표단 몇 명이 노비사드에서 소피아로 갔다. 그들 가운데 아문센은 세계교회친선연맹 회의의 의장직을 맡은 이였다. 독일에서는 71세의 율리우스 리히터와 27세의 본회퍼만 참석했다. 지크문트-슐체는 스위스에서 몸져누워(DBW 13:15 Anm. 1 참조), 세계교회친선연맹 회의가 독일 문제들에 대해 너무 적대적인 견해를 표명하여 자신에게 남아 있는 세계교회친선연맹 활동마저 없애 버리는 것은 아닌지 우려했다(DBW 13:16). 그가 펴내던 잡지 『떡갈나무』는 사실상 1933년에 발간이 중단된 상태였다.

회의 참석 인원은 달러 가치의 하락 때문에(DBW 12:72 참조) 집행부 회원 11명과 연구 위원회 위원 몇 명(전체 30명)으로 제한되었다. 본회퍼도 이들 가운데 한 사람이었다. 1934년 파뇌에서 열릴 세계교회친선연맹 대회—이 시기에는 부다페스트에서 열릴 예정이었다—의 연사 가운데 한 사람으로 예정되어 있었기 때문이다. 7월 1일, 앙리오가 그 사실을 그에게 통지하고 참석을 재촉하며, 네덜란드인들과 프랑스인들이 소피아에서 소수 인종 문제의 처리를 고수할 것이라고 언급했던 것이다(DBW 12:73, Anm. 6).

군축 문제와 두 청년 위원회 합병 문제를 다룬 뒤, 조만간 있을 대회(부다페스트 대회 내지 파뇌 대회)를 놓고 협의했다. 세계교회친선연맹 프랑스 지부장직을 내려놓은 모노가 1932년에 평화 문제와 관련하여 발의한 신학 제안서를 로제 제제켈을 통해 보내왔고, 토론은 1934년에 있을 국제 대회의 계획으로 이어졌다.

> 이루어진 제안은 다음과 같다. 부다페스트 대회를 위한 평화 교리문답서를 좀 더 간결하게 공식화해 달라고 모노 교수에게 청할 것, 이 교리문답서를 두세 명의 사람에게 보낼 것,……부다페스트 비망록을 공동으로 작성해 달라고 그들

에게 청할 것, 이 회원들과 함께 청년 위원회 소속 회원 한 명에게 대회 참석을 요청할 것.……모노 박사에게는 발표문을 준비해 달라고 부탁하고, 본회퍼 박사와 슈테판 찬코브 교수 그리고 리판의 주교에게도 각자의 발표문을 준비해 달라고 부탁하자는 데에 다들 동의했다.[152]

모노는 1935년에야 에큐메니칼 회의에 다시 참석하여 헤켈과 논쟁을 벌일 수 있었다.[153] 파뇌 대회에는 부비에Bouvier가 대신 참석했다. 돌연사한 리판의 주교 대신 부주교 조지 헨리 마틴George Henry Marten이 파뇌 대회에 참석했다. 에큐메니칼 활동을 한 지 두 해밖에 안 되었는데도, 본회퍼가 이 파뇌 "평화 교리문답서" 과제를 맡게 되었다는 것은 그가 이 분야에서 명성을 얻었음을 보여주는 징표라고 하겠다.

본회퍼는 의사일정 가운데 다음 문제이자 시급한 문제인 "소수 인종" 문제를 위해 전체 회의장 밖에서 사전 작업을 했다. 아문센 감독, 윌리엄 애덤스 브라운, 헨리 에이버리 앳킨슨, 피에르 C. 투레유, 앙리오가 야간에 본회퍼와 함께 앙드레 부비에의 호텔 방에 모였다. 앙리오는 일기에 아래와 같이 기록했다.

소피아에서 있었던 비공개 모임에서 본회퍼가 우리에게 독일의 실제 상황과 독일그리스도인연맹의 가혹하고 비타협적인 태도에 대해 알려 주었다. 우리는 그에게 이렇게 말했다. "당신의 친구들에게 이 말을 전해 주십시오. 1. 당신들은 외국의 진지한 공감과 지지를 기대해도 좋습니다. 2. 우리는 신흥 독일교회를 승인해도 될 것인지를 뚜렷하게 밝히기 위해 대표단을 독일에 파견할 것입니다." 우리는 함께 기도하며 모임을 마쳤다. 본회퍼는 깊은 감동을 받은 눈치였다.[154]

본회퍼는 지크문트-슐체에게 보낸 편지에서 그 야간 모임에 대해 아래와 같이 말했다.

이참에 나는 유대인 문제, 교회 안의 아리안 조항, 일반총회, 소수 인종의 미래 문제에 대해 솔직하게 털어놓고 많은 이해를 얻었습니다.……이 작은 모임에서 대표단을 독일교회 당국에 파견하는 안이 결의되었습니다. 그 안이 이곳 런던에서 계속 추진되고 있습니다.[155]

본회퍼는 현실 인식을 둔화시키려는 온갖 시도에 맞서 9월 6일과 7일에 처음 제안한 것들을 계속 진척해 나갔다. 이를테면 에큐메니칼 협의회가 신설 교회 당국의 승인을 보류하고 대표단을 파견해야 한다는 것이었다. 그는 그 안을 고수했다. 11월 6일 지크문트 슐체에게 보낸 편지에서는 이렇게 말했다. 대표단 파견 계획이 "이곳 런던에서 계속 추진되고 있습니다.……며칠 전 나는 이곳의 에큐메니칼 인사들과 함께 있었습니다"(DBW 13:23). 결국 본회퍼는 자신이 구상한 것을 이곳(소피아)에서도 성사시키지 못했다. 뜻대로 되지는 않았지만, 그는 힘없는 세계기구가 진정한 승리를 거둔 것이나 다름없다고 여겼다. 그 일로 베를린에서 외국의 반응들에 대해 잔뜩 짜증을 부렸던 것이다. 본회퍼는 아문센 및 브라운과 이야기할 때에도, 뒤에 치체스터의 주교와 이야기할 때에도 자신의 제안에 대한 분명한 호응을 얻었다. 헤켈은 "외부로부터의 간섭"을 차단하고, 에큐메니칼 협의회를 통한 부당한 권한 남용의 근거를 제시하는 괴로운 과제를 끊임없이 맡지 않으면 안 되었다. 이를 위해 그는 에큐메니칼 동맹자들을 서서히 얻어 나갔다. 사실 본회퍼의 기대는 너무 과도한 것이었다. 그는 느슨한 에큐메니칼 기구들의 권한을 신중히 고려하는 사람이라기보다는, 장차 에큐메니칼 기구들에 적합한 사명을 촉구하고 다양한 요구로 에큐메니칼 기구들의 틀을 만드는 사람이었다.

소피아 전체 회의장에서 유대인 문제에 대한 성명서를 놓고 논쟁이 벌어졌다. 기존의 결의안에 반감을 품은 본회퍼가 강력한 영향을 미쳤다. 앙리오는 자신의 일기에 아래와 같이 기록했다.

9월 20일. 헨리 에이버리 앳킨슨이 발의하고 본회퍼가 내용의 일부 수정을 제안한 소수 인종 결의안이 통과되었다.

소피아 회의에서 통과된 결의안은 노비사드에서 통과된 결의안보다 훨씬 의미심장했다. 그 내용은 아래와 같다.

> 우리는 유대계 독일인들에 대한 독일 정부의 조치가 여론에 영향을 미쳐 일부 집단이 유대인을 열등한 인종으로 여기게 하고 있음을 특히 개탄한다. 우리는 프로이센 일반총회와 기타 총회들이 국가의 아리안 조항을 교회에 적용하고, 우연히 비(非)아리아인으로 태어난 목사들과 교회 공직자들의 자격을 박탈하기 위해 통과시킨 결의안에 대해 이의를 제기한다. 이는 예수 그리스도의 명백한 가르침과 복음 정신을 부정한 것이나 다름없기 때문이다.[156]

"예수 그리스도의 명백한 가르침과 복음 정신을 부정했다"는 판단이 세계교회 친선연맹의 신학을 독일 고백교회의 신학과 상당히 가깝게 해주었다. 하지만 그 신학은 여러 참석자를 극한까지 몰고 가기도 했다. 야간 모임에 대해 모르고 있던 율리우스 리히터는[157] 전체 회의에서 유대인 문제에 대한 논쟁이 시작되자 본회퍼와 자신이 소피아 주재 독일 대사관으로 가서, 독일 정부를 겨냥한 것이 아님을 확신시켜야 한다고 재촉하기까지 했다(DBW 12:138 참조). 후일 리히터는 지크문트-슐체에게 보낸 편지에서 아래와 같이 말했다.

> 아문센 감독은 회의장에서 벌어진 이 논쟁에 충격을 받아 하마터면 눈물을 흘릴 뻔했습니다.……아침 예배시간에 본회퍼가 가장 좋고 가장 심오한 것을 주었습니다.[158]

노비사드에서 헤켈이 은폐하고 입장 표명을 저지하려고 안간힘을 쓴 반면, 소피아에서 본회퍼는 폭로하고 분명한 발언을 촉구하기 위해 애썼다.

심각한 상황이었음에도 불구하고 본회퍼와 피에르 C. 투레유는 불가리아의 여러 시장을 거닐며 동유럽의 골동품을 구매하는 일도 빠뜨리지 않았다.

스위스에서 망명생활을 하고 있던 지크문트-슐체는 소피아 소식과 그 결의안을 받아 들고는 약간의 의구심을 품었다. 그는 본회퍼에게 보낸 편지에서 결의안으로 인해 독일 내 세계교회친선연맹의 입지에 미칠 광범위한 결과들이 발생할 것이라고 말했다.[159] 그는 참석자 본회퍼와 리히터가 장차 위험에 처할 것으로 여겨 그들이 어려움에 빠지지 않게 하려고 『떡갈나무』 마지막 호에서 사실을 신중히 보도했다.[160] 하지만 이 보도는 다음의 사실도 폭로했다. 현 체제를 더 이상 위험에 빠뜨리지 않으려고 현 시점에서 회의를 방해하여 공공연히 발언하지 못하게 하려는 시도가 먼저 있었고, 그 때문에 의장단과 사무국은 집행부 회의로 축소된 회의에서 혹여 결의안이 통과되더라도 그 결의안의 정당성을 인정하지 않기로 합의했다. 그렇지만 그 사태가 준 인상과 본회퍼의 영향으로 그 합의가 무산되었다는 것이다. 이로써 우리는 본회퍼가 런던에서 지크문트-슐체에게 보낸 11월 6일자 편지에서 세계교회친선연맹 총무인 "앙리오의 요청으로" 야간 모임이 성사되었다고 강조한 이유를 이해할 수 있다(DBW 13:23).

『떡갈나무』의 소피아 회의 보도는 아래와 같이 대단한 선의로 포장된 설명을 담고 있다.

> 하지만 집행 위원회는 소피아 회의 석상에서 이 합의를 무시하고 인종 문제에 대한 결의안을 통과시켰다. 독일교회의 상태에 집중된 결의안이었다. 여러 강대국 교회 대표들은 올해 개최되는 세계교회친선연맹의 여러 위원회 회의 가운데 한 회의가 전 그리스도교계에 미칠 이 문제에 대해 입장을 표명하지 않으면 이는 세계교회친선연맹 활동의 최후를 의미하게 될 것이라고 선언했다. 회의에 참석한 독일 대표들은 결의안이 통과되는 것을 막을 수 없었다. 그들은 이 회의에서 자국 정부에 대한 비판이 이루어지지 않게 하고, 독일 자체 안에서 논란이 되고 있는 교회의 조치들에 대한 발언만 이루어지도록 애썼다. 이 결의안을 독일에서 비밀로 한다면, 이는 공정한 처사가 아닐 것이다.……결의안 사본은 다음과 같다.

11월 6일, 본회퍼는 런던에서 신중한 지크문트-슐체에게 아래와 같은 내용으로 편지했다.

> 사실상 나는 그 결의안을 적합하고 지지할 만한 것으로 여깁니다. 하지만 나는 표현 면에서도 뒤로 물러나지 않을 것입니다.……아리안 조항으로 상당한 곤란을 겪은 독일그리스도인연맹이 소피아 결의안에 대해 많은 조치를 취할 것인지는 확실치 않아 보입니다. 그 결의안이 어떤 공식적 형태로 교회 당국에 전달되지 않을 수 없지만, 사람들이 그것을 입수하게 되리라는 것은 분명한 사실입니다. 나는 우리가 그것을 가급적 널리 알리는 것을 두려워할 필요가 없다고 생각합니다. 『젊은 교회』도 그것을 게재할 것입니다(DBW 13:23f.).

본회퍼는 소피아 회의로 인해 정계와의 마찰은 직접 겪지 않았지만, 교계와의 마찰은 여러 차례 겪었다. 물론 교회 당국은 과정을 훤히 알고 있었다. 본회퍼는 지크문트-슐체에게 보낸 편지에서 이렇게 말했다. "나의 파견을 놓고 성직자단에서 역겨운 소동이 있었습니다. 담당관 헤켈이 그 일로 거의 쓰러질 지경이었지요."[161]

노비사드 회의와 소피아 회의의 결과를 접한 헤켈은 모든 해외 독일인 교회 목사들에게 자신의 서술과 입장 표명을 담은 글을 발송하지 않으면 안 되었다. 본회퍼도 런던에서 통신기관을 통해 그 편지를 받았다. 편지의 내용은 아래와 같다.

> "독일 대표단은 집행 위원회의[162] 상세한 입장 표명 시도를 여러 차례의 까다로운 협의를 통해 저지하고, 마침내 적절하고 비교적 무의미한 결의안이 통과되게 했습니다."……해외 독일인 교회 목사들은 다른 나라 교회와의 관계를 악화시킬 위험을 예방하기 위해 함께 돕고, 잘못된 이의 제기들을 바로잡고, 커다란 맥락에서 발전을 도모해야 합니다.……"앞서 상술한 바와 같이, 반격에 신학적으로 대비하고, 외국의 공격이 토대로 삼고 있는 잘못된 신학과 세계관 그리고 이데올로기를 신학적으로 반박할 필요가 있습니다. 대체로 해외 동아리들은 개별적인 것들에 대한 강의를 상당히 잘 받아들이는 편이지만, 그렇다고 독일

교계에서 이루어지고 있는 전반적인 발전을 올바로 판단할 만한 자리에 있는 것은 아닙니다.……그러나 독일그리스도인연맹은 새로운 것의 형성을 특히 힘차게 떠맡은 공로를 자신의 것이라고 주장할 수 있습니다.……이 발전의 근본적 특징에 비하면 개별적인 현상들은 그다지 중요하지 않습니다. 특히 교회 안의 아리안 조항에 관한 한, 그 중요성이 대단히 크다고 하겠습니다."……최근 11월 16일에 발효된 법령을 통해 지방교회들의 미심쩍은 규정들이 정지되었습니다. "신중을 기하기 위해 지적하지만, DEK의 경우 아리아인 문제가 아직 해결되지 않았습니다. 이미 입안된 DEK의 총괄 법규 안에 완화된 형태로라도 그에 상응하는 규정들을 포함시키는 것은 고려할 만한 일입니다. 다들 국가사회주의 소속의 강력한 세력은 교회를 통한 아리안 조항의 거부를 이해하지 못할 것이며, 이 때문에 독일 국민 속에서 교회의 활동이 다시 방해받거나 위협받게 될지도 모른다고 생각하고 있습니다.……지금 외국이 중시하는 것은 바로잡는 것이 아니라, 미리 알아내는 것입니다. 무엇보다도 해외교회 동아리들은 앞으로 공공연한 성명을 피해야 할 것입니다. 외교상의 위치에서 행하는 그러한 성명은 대체로 정치적 시위의 인상을 주기 때문입니다. 특히 이전의 적국에서는 그러한 견해 표명을 삼가야 합니다. 독일 국민이 보기에 그러한 견해 표명은 독일의 상황을 판단할 도덕적 권리를 상실한 짓이기 때문입니다.……대표로 헤켈 올림."[163]

헤켈은 독일그리스도인연맹에 진정한 공로를 돌리고 복음전도의 가능성을 위한답시고 아리안 조항을 옹호함으로써, 본회퍼의 동료들, 곧 영국 독일인 교회 목사들의 신뢰를 잃고 말았다. 몇 년 뒤, 이 관계는 재정적으로 베를린에 종속된 해외 독일인 교회 공동체들의 처지가 효과를 발휘하면서 다시 바뀌었다.

전국총회

본회퍼는 비텐베르크 전국총회를 놓치지 않으려고 적시에 소피아에서 돌아왔다. 그가 없는 동안 몇 가지 사건이 일어났다.

갈색 총회가 국제적으로 추악한 영향을 끼치고 난 뒤에 정부 측에서 외무부가 개입했다. 외무부의 요구사항은 아리안 조항을 비텐베르크에서 처리해서는 안 되며 전국총회가 통과시켜서도 안 된다는 거였다. 실제로 외무부는 9월 27일에 감시인 한 명을 루터의 도시로 보냈다. 본회퍼는 그 정보를 알고 있었다.

목사긴급동맹 성명서 '전국총회에 고함'에 이미 2,000명이 서명한 상태였다.

교계에서는 다양한 단체가 아리안 조항에 대한 소견서를 받았다. 몇몇 신학부와 대학 강사 두서넛이 보낸 소견서였다. 마르부르크에서는 한스 프라이헤르 폰 조덴Hans Freiherr von Soden의 서명이 담긴 소견서, 신약성서 신학 교수 22명이 발표한 명백하고 중요한 소견서, 추후에 불트만이 발표한 소견서를 통해 동맹이 형성되었다. 그러나 에를랑겐에서는 다른 소견서, 곧 아리안 조항을 뚜렷하게 거부하지 않는 "에를랑겐" 소견서가 나왔다. 알트하우스와 엘러트의 서명이 담긴 소견서였다.[164] 학계마저 명확한 결론에 이르지 못한 것이다. 게오르크 보버민은 마르부르크 사람들과 22명의 신약성서 신학자들을 가리켜 "경솔한 사람들, 믿을 수 없는 사람들"이라며 단호하게 반박했다. 갈색 총회에서 통과된 법령이 "타당하고 정당하다"는 거였다. 그는 다음과 같은 이유로 예외가 있어선 안 된다고 말했다. "왜냐하면 교회가 독일 정신생활의 통일성을 해칠 수도 있기 때문이다. 지금은 독일 정신생활의 통일성을 보호하는 것이 대단히 중요하며, 개신교회를 위해서도 철두철미 그러하다."[165] 2년 뒤 본회퍼가 "신앙과 직제" 협의회 총무 레너드 호지슨 교수와 논쟁을 벌일 때, 공교롭게도 레너드 호지슨은 게오르크 보버민의 주장을 증거로 끌어댔다.[166]

아무튼 "비텐베르크" 문턱에서 항의의 물결이 감동적일 만큼 절정에 달했다.

눈부신 가을날 이른 아침, 본회퍼는 아버지의 운전사가 운전하는 자동차를 타고 비텐베르크로 갔다. 게르트루트 슈테벤 여사와 힐데브란트도 그와 함께 동승했고, 차 뒤쪽에는 '전국총회에 고함'이라는 전단지 뭉치가 놓여 있었다. 비텐베르크에서는 "작센에 소재한 아우구스투스부르크 지도자 양성 학교의 제1신학 의장대가 암회색 복장으로 배낭을 메고 나부끼는 깃발을 든 채 장래 제국감독의 창 앞에 양쪽으로 도열해 있었다."[167] 슈투트가르트의 테오필 부름 감독이 개회 설교를 했다. 본회퍼는 슐로스키르헤[성(城) 교회]의 구석진 곳에서 토의 과정을 지켜보았다. 루트비히 뮐러가 경위서를 제출했다. 그 속에 "종 적합성"이라는 말이 들어 있었지만, 그는 9월 5일에 통과된 일반총회 법령에 대한 입장 표명을 알리지도 않고, 신학부의 소견서나 2,000명이 동의한 호소문을 언급하지도 않았다. 그 때문에 본회퍼와 힐데브란트는 점심 휴식시간에 루트비히 뮐러에게 전보를 쳐서, 오후에 그것에 대해 해명해 달라고 요구했다(DBW 13:39 참조). 하지만 아무 일도 일어나지 않았다. 그들은 친구들과 함께 전단지를 군중 속으로 가져가서 가로수에 붙였다. 나중에 「제3제국 복음」은 아래와 같이 보도했다.

> 그사이에 소문들이 비텐베르크 시내를 가로지르고 있다. 믿기지 않겠지만 사실이다. 적들이 자신들의 존재를 알리고 있다. 인쇄소 이름이 없는 호소문들, 의사록들, 성명서들이 떠돌고 있다. 그러나 지도자들이 확신을 가지고 침착하게 조치를 취하고 있다.

하지만 오후시간이 그토록 고요히 경과한 것은 아니었다. 제국감독 선출과 성직자단 보직을 놓고 격렬한 논쟁이 벌어졌다. 루터교 감독인 한스 마이저와 테오필 부름과 쇠펠이 교파의 비례에 따라 성직자단 내의 자리를 배분하는 것을 놓고 호센펠더와 언쟁을 벌였다. 하지만 루트비히 뮐러를 우두머리로 선출하는 데에는 다들 의견이 일치했다. 호센펠더는 루터의 무덤 위에 세워진 비텐베르크 성 교회에서 이렇게 외쳤다. "나의 제국감독님, 감축 드립니다!"(DBW 13:39)

그 와중에 힐데브란트는 본회퍼에게 이렇게 속삭였다. "나는 성(城) 교회 안에 있는 루터의 유골이 진짜 순환한다Realrotation는 교리를 이제야 믿네."

두 사람은 비텐베르크 전국총회의 결과를 재앙으로 여겼다. 예상했던 일이 벌어졌기 때문이다. 구프로이센 밖의 지방교회들, 특히 이제껏 언급하지 않은 남독일 지방교회들은 꼭 해야 할 일이었음에도 불구하고 이의를 제기하지 않았다. 이단적인 것이 결의된 것은 아니었지만, 결정적인 것이 중단된 상태였다. 비텐베르크 법령들은 사실상 갈색 총회의 승인이나 다름없었다. 갈색 총회가 적법하다는 거였다. 독일 개신교회[호센펠더, 프리드리히 베르너, 오토 베버(Otto Weber), 지몬 쇠펠]를 펀드는 "성직자단"과 구프로이센의 밀착은 독일그리스도인연맹의 권한과 권력만

1933년 9월, 전국총회 기간에 비텐베르크 광장에서 시위하는 제국감독 루트비히 뮐러(가운데).
이곳에서 거둔 성과로 독일그리스도인연맹은 권력의 정점에 오르게 되었다.

을 강화시켜 주었다. "신앙고백에 위배되는 국가교회법"이 무효라는 언급이 전혀 없었다. 교회 영역 가운데 아직 손대지 않은 고유 영역을 유지하게 해주는 대가로 루터교 감독들은 침묵했다. 성직자단이 통치권을 마음대로 휘두르고 나서 내놓은 유화책들은 사실상 아무 의미도 없었다.

이제 본회퍼와 힐데브란트는 자유교회로 가는 여정이 시작될 수 있지 않을까를 숙고했다. 10월 1일 일요일, 그들은 그 가능성들을 알아보기 위해 베를린-빌머스도르프 나사우 거리에 있는 고(古)루터파 교도를 찾아갔다. 그 거리의 입구에도 기다란 갈고리 십자기가 걸려 있었다. 하지만 그들은 두 사람을 진심으로 환영했다. 그러면서도 그 두 사람이 자기들의 공동체도 이끌고 오기를 요구했다.[168] 물론 이 여정은 해결책이 아니었다. 하지만 "자유교회"라는 테마는 바르멘 총회를 통해 새로운 국면이 조성될 때까지 그들을 오랫동안 절박하게 따라다녔다.

비텐베르크에서 성과를 거둔 덕분에 독일그리스도인연맹이 권력의 정점에 올랐다. 예술원이 토마스 만, 프리츠 폰 운루Fritz von Unruh, 프란츠 베르펠을 치욕적으로 파문시키자 리카르다 후흐가 항의의 뜻으로 예술원을 떠난 반면, 신임 제국감독이 헤켈과 함께 학술원 명예원로의원으로 선임되었다. 루트비히 뮐러의 취임을 위해 마그데부르크 교회가 "예전에 개신교에서 단 하나밖에 없던 대(大)감독좌 교회"로 선정되었다. 그러면 평화가 지배해야 마땅했다. 하지만 취임도 평화도 그리 간단한 게 아니었다.

작별

1. 8월에 런던행을 결정하긴 했지만, 그때부터 많은 사건이 일어났다. 본회퍼의 무사 출국을 기대할 수 없을 정도였다. 10월 초, 헤켈이 출국을 허락하지 않을 수도 있음을 그에게 알려 왔다. 본회퍼는 자신은 아무것도 철회하지 않을 것이며 에큐메니칼 활동 자제를 요구하는 서류에 서명하지 않겠다고 답장했다. 그는 루트비히 뮐러와의 면담을 고집했다. 그런 다음 루트비히 뮐러에게 이렇게 말했다. "나는 해외에서 독일그리스도인연맹의 이상을 대변할 마음이 없으며 에큐메니칼 직책을 변함없이 맡을 것입니다. 그러니 출국을 금지하는 게 나을 것입니다"

(DBW 13:22 참조). 그러자 루트비히 뮐러는 이렇게 부탁했다. 교계 내부에서 맡은 책무들 때문에 결심을 바꾸게 되었노라고 선언해 달라는 부탁이었다. 본회퍼는 마음을 바꾸지 않았다. 헤켈은 탄식조로 말했다. "그대들은 참으로 이해할 수 없는 사람들이로군요!"[169] 그 후 며칠 뒤 제국감독이 본회퍼에게 다음과 같이 알려 왔다. "출국해도 좋소." 비텐베르크 성공 후 몇 주 동안 평정 시도를 한 뒤에 이루어진 조치였다.

> 이곳 공동체들이 갈가리 찢어질지도 모른다는 우려가 더 컸던 것 같습니다. 그래서 나에게 런던으로 가 달라고 부탁하더군요. 나는 제국감독과 면담을 갖고, 독일그리스도인연맹교회의 대리인 노릇을 결코 하지 않겠다며 법령들에 대한 나의 입장 표명을 받아들이게 했습니다.[170]

본회퍼는 법령들에 대한 자신의 성명서에서[171] 독일에 대한 충성 서약으로 "해외선전"과 관련된 위험한 소문들을 잠재우는 것도 잊지 않았다.[171a] 그러면서 자신이 충성을 맹세하는 대상은 "국가사회주의 국가"가 아니라 "독일"이라고 말했다. 이 대목에서 그는 자신의 혈통을 언급하고 "추밀원 고문관이자 노동 신탁 관리인"인 사촌을 언급하는 것도 빠뜨리지 않았다. 교회투쟁의 장에서조차 일체의 외국 접촉을 "외국 언론의 흑색선전"에 협력하는 행위와 동일시했고—반역행위 관련법을 보라!—이러한 경향을 가벼이 여길 수 없었기 때문이다. 1934년 1월, 악명 높은 수상의 교계지도자 환영 파티에서 헤르만 괴링이 독일 교계 상황에 대한 외국 언론 보도 목록을 가지고 엄청난 영향을 미쳤다. 독일교회들이 전반적인 재건을 신경질적으로 방해하고 있다는 내용의 보도였다.

상황을 우호적으로 오인한 율리우스 리히터는 지크문트-슐체에게 보내는 편지에서 본회퍼가 교회 현안에서 루트비히 뮐러와 상극이었을 텐데도 "새 교회 당국을 위해 에큐메니칼 관심사를 계속 유지하라"는 부수적인 과제와 함께 본회퍼의 파견이 이루어진 것은 루트비히 뮐러 측의 "양해를 보여주는 불가사의한 표지"가 아니겠냐고 말했다.

요르겐 글렌트요Jørgen Glenthøj가 찾아낸 편지, 곧 비르거 포렐Birger Forell이 자신의 대감독에게 보낸 10월 6일자 편지가 생생한 그림을 전달하고 있다. 그 편지에 따르면 본회퍼는 비텐베르크 서명으로 인해 출국하지 못하게 되었다고 한다. "그 서명이 교회의 단일성에 대한 저격을 포함하고 있었기 때문입니다."

제국감독이 B(본회퍼)를 불러, 그 서명을 앞으로도 계속 고수할 것이냐고 물었습니다. B는 아우크스부르크 신경 7장을 지적하면서 그 서명을 고수하겠다고 대답했습니다. B가 7장 전체를 라틴어로 낭독하자, M(뮐러)은 조금 불쾌한 기색을 띠더니 면담을 나중에 계속하자고 제안했습니다.

포렐은 외무부가 이런 암시를 주었다고 말한다.

대외적으로 교회 대변을 과업으로 삼는 사무실을 점거할 경우, 당사자는 외국의 신임을 얻고 있는 것으로 고려될 수 있다.[172]

2. 본회퍼는 자신이 가르치던 대학생들과 작별하기가 쉽지 않았다. 그는 그들에게 「오늘날 신학생은 어찌해야 하는가?」라는 훌륭한 논문을[173] 작은 유산으로 남겼다. 의미심장한 것은 그가 신학의 학술적 영역을 떠나면서도 그 논문에서 "신학에 대해 경멸적으로 말하는 것"을 금했으며, 신학 고유의 품위를 단념하는 행위인데도 "그리스도의 교회 안에서 영들을 시험해 보라"라고 요구했다는 것이다. 신학도는 "유식한 체하는 행동이나 독선으로 사는 것이 아니라 죄의 용서에 의해서만 산다는 것"을 신학생들에게 알리고 싶었던 것이다. 본회퍼가 1933년에 신학도들에게 준 다음과 같은 경고성 글은 우리에게 그의 1944년 진술에 관심을 갖게 한다. "신학도가 즐겨 다루는 세상성Weltlichkeit은 그에게 정말로 나쁜 장난을 칠 수 있다. 참으로 알 수 없는 사실은 어째서 불굴의 세상성이 훌륭한 신학도에게 결정적인 기준이 되어야 하느냐다."[174] 우리는 1944년에 복음의 "세상성"을 발견한 본회퍼가 비변증법적으로 이해된 세상성을 위해 1933년에 한 이 경고를 취소하지 않았음을 알 수 있다.

본회퍼가 이 논제들을 쓴 때는 런던과 베텔을 오가며 잠시 베를린에 머무르던

8월 초이거나 작별하기 얼마 전인 10월이었을 것이다. 런던 방문과 베텔 방문 어간에 자신의 세미나에 출석하는 학생들을 마르크 브란덴부르크 소풍에 한 번 더 초대한 적이 있는 본회퍼는 이제 더 친밀한 제자 동아리를 인솔하고 프레벨로브로 가서 코코아와 작은 빵을 들며 놀았다. 빈프리트 메흘러에 따르면, 본회퍼는 다음과 같은 고별사로 작별을 고했다고 한다. "지그시 참으면서 독일그리스도인 연맹의 호화 건물 도처에 진리의 불쏘시개를 놓는 것이 중요합니다. 그러다 보면 언젠가는 건물 전체가 우지직 소리를 내며 무너질 것입니다."[175]

본회퍼가 "교회의 청년 사역을 위한 논제들"을[176] 놓고 토론을 벌인 것도 이곳이거나 아니면 8월 초 세미나 소풍에서 한 일일 것이다. 1933년 8월, 발두르 폰 쉬라흐Baldur von Schirach가 청년들이 히틀러 청년단과 교파별 청년단에 이중으로 가입하는 것을 금했고, 이 금지령이 수많은 청년들과 수많은 공동체들을 덮쳐 어마어마한 불안을 퍼뜨렸다. 본회퍼는 자신의 논제들에서 공동체의 진정한 자각을 촉구하고, 모든 청년 우상화를 거부하라고 촉구했다.[177]

3. 본회퍼가 런던으로 출발하기 이틀 전인 1933년 10월 14일, 히틀러가 독일의 국제연맹 탈퇴를 선언했다. 독일의 "동등한 권리"를 거절당한 것에 대한 수상의 이 대응은 국민의 열렬한 갈채를 받았다. 교회 저항 세력도 갈채를 보냈다. 마르틴 니묄러는 즉시 목사긴급동맹을 대표하여 "총통"에게 감사와 성실한 충성 맹세가 담긴 전보를 띄웠다.

본회퍼와 힐데브란트는 그 일에 결코 동의하지 않았다. 율리우스 리거Julius Rieger는 동물원 근처의 "필젠"이라는 음식점에서 장차 자신과 함께 사역할 동료 목사를 만나고 나서, 당시 자신이 지나친 언사로 여겼던 본회퍼의 다음과 같은 발언을 일기에 적었다. "이로써 전쟁의 위험이 상당히 커졌습니다."[178]

본회퍼는 힐데브란트와 함께 달렘에서 '하나님은 신실하시다'라는 제목으로[179] 행하는 에버하르트 뢰리히트 목사의 설교를 경청했다. 그러고는 힐데브란트와 헤어지면서 이렇게 말했다. "나는 자네가 조만간 런던으로 와서 나와 함께 지내기를 바라네." 두 사람은 당분간 수입을 서로 나눠 쓸 생각이었다.

며칠 뒤 프란츠 힐데브란트는 자신을 조직의 일원으로 임명하겠다는 목사긴급동맹의 제안을 거부했다. 그는 마르틴 니묄러에게 보낸 편지에서 자신은 조만간 본회퍼를 따라 런던으로 갈 것이라며 아래와 같이 말했다.

> "동등한 권리"를 끊임없이 방해하는 교회에 대해 반대 의사를 분명하게 표명하지 않으면서, 같은 순간에 제네바에서 이루어지고 있는 정치적 행보를 기쁘게 환영하다니 나로서는 도무지 이해되지 않는군요.……나는 "더 젊은 사람"으로서, 게다가 괴로움을 겪는 사람으로서 이미 6월 말부터 우리 동아리에서 반복해서 부르던 노래가 또 한 번 반복되게 할 마음도 없고, 공적으로 울려 퍼지게 할 마음도 없습니다. "공적인 것"이라고 할 만한 게 우리에게 있기나 한지요? 지금 나의 몫은 침묵입니다. 이 점을 너그러이 봐주시기 바랍니다. 진심으로 당신의 안녕을 빌며. 힐데브란트.[180]

8 런던

1933-1935

지난 반년간의 논쟁들이 본회퍼를 기존의 영향권 너머로 멀리 밀어냈다. 하지만 그 논쟁들은 그의 견해가 전우들의 견해와 얼마나 다른지도 드러냈다. 모든 제안이 퇴짜를 맞다시피 했고, 이로 인해 그는 외로운 신세가 되고 말았다.

7월 초에 제안한 성직 수행 거부는 동료 목회자들에게 허황된 것으로 여겨졌다. 9월에 있었던 자유교회에 대한 고려들도 무위로 끝나고 말았다. 교회 입법이 국가의 아리안 조항을 넘겨받자, 본회퍼가 목사들에게 마음의 준비를 시키려고 했던 분리도 이루어지지 않았다. "베텔 고백"은 발언에 무게가 있던 단체들을 약화시켰다. 친구들은 그가 9월에 발언한 광범위한 사직(辭職) 결의를 무기한 연기했다. 그리고 사퇴 시기는 오지 않았다. 그와 친한 신학자들, 곧 바르트와 헤르만 자세는 "종 적합성"을 따지는 공무원법보다 더 "심각한" 이단을 기다렸다. 노회한 전우들은 외국의 결의안들과 외국의 파견단들을 기뻐하기는커녕 두려워했다. 교회 저항 세력의 지휘자는 본회퍼와 달리 히틀러의 국제연맹 탈퇴를 환영했다. 베를린 아헨바흐슈트라세에 있는 목사 동아리마저 통찰력을 갖추었다고 하면서도 본회퍼가 남몰래 품은 인도 동경과 모한다스 카람찬드 간디의 투쟁 방식에 대한 관심을 이해하지 못했다. 본회퍼만 외로이 평화주의에 대한 애착을 품었다.

불안했던 것일까? 본회퍼는 칼 바르트에게 보낸 편지에서 아래와 같이 말했다.

나는 내가 급진적인 저항 세력 내에서 모든 친구들과 불가해할 정도로 대립하고 있다고 느꼈습니다. 나는 개인적으로 그들과 가장 친밀한 관계를 유지하고 있었지만 정세에 대한 내 견해 때문에 점점 고립되어 갔습니다. 그 모든 것이 나를 불안하게 하고 뒤숭숭하게 했습니다. 독선 때문에 길을 잃을까 봐 두려웠습니다. 내가 유능한 목사들보다 사태를 더 정확히 보고 있다고 확신할 만한 근거도 찾지 못했습니다. 잠시 광야로 들어가서 묵묵히, 아무 사심 없이 목회할 때가 되었다고 생각했습니다. 현재의 상황에서 제스처를 취하는 것이 침묵하는 것보다 더 위험해 보였습니다. 정말 그래 보였습니다.[1]

1933년 늦여름에 본회퍼와 가까이 지낸 친구들은 본회퍼가 자신의 다음 여정과 관련하여 이따금 보인, 고뇌에 찬 망설임을 떠올린다. 그 망설임은 런던행 결정이 이루어지고 나서도 잦아들지 않았다. 본회퍼와 바르트 사이에 가장 생생한 편지 교환이[2] 이루어진 것은 고적한 해외 독일인 교회 목사로 섬기겠다는 힘겨운 결단 덕분이다. 본회퍼의 편지들에서 볼 수 있듯이, 그는 신뢰할 만한 조언을 구하면서도 독립 욕구를 품는다.

이 시기에 그는 바르트의 말 외에는 누구의 말도 들으려 하지 않았다. 그럼에도 그는 돌이킬 수 없는 상태가 되고 나서야 바르트에게 편지를 보냈다. 그가 첫 번째 편지에서 말한 대로, 그가 바르트에게 결정을 의뢰하지 않은 것은 자신이 보기에도 불가해한 일이었다. 바르트는 곧바로 격하고 솔직하게 답장했다. “당신은 어떤 일이 있어도 로뎀나무 아래 있는 엘리야나 박 넝쿨 아래 있는 요나 역할을 해서는 안 됩니다.……당신은 다음 배를 타고 반드시 돌아와야 합니다!”[3] 바르트의 답신에 깊은 인상을 받은 그는 그 답신을 아버지에게 부쳤다. 아버지는 그것을 받고 이렇게 답장했다.

참으로 기개가 넘치는 훌륭한 글이다. 주제 자체에 대해 감히 의견을 말할 수가 없구나. 사태를 밖에서 꿰뚫어 보고, 거기서 감화를 주고, 무엇보다도 적절한 시점을 위해 말을 아끼는 것도 그의 진가라는 생각이 드는구나.[4]

"적절한 시점", 이는 본회퍼가 결심할 때 그를 불안하게 하기도 하고 이끌기도 하던 것을 아버지가 가리켜 말한 것이다. 그는 자신의 출동 방법과 출동 시점을 다른 사람의 결정에 맡기려 하지 않았다. 그는 젊은 개혁자 운동의 시기, 목사긴급동맹의 시기, 칼 바르트의 시기와 함께 자신의 때가 온 것은 아닌가 하고 자문했다. 계속 자문했다. 여름에 몇 가지 사건을 겪고 나서 자신의 때가 더욱 불확실해졌기 때문이다. 그는 다른 것을 보았다.

> 나는 온 힘을 다해 교회투쟁에 협력하기는 했지만, 이 저항이 전혀 다른 저항 단계로 이행하는 잠정적 과도기에 불과하며, 이 1차 전초전에 참여한 사람들 가운데 극히 적은 수가 2차 전투에 참여하리라는 것을 분명히 알았네. '죽을 때까지 저항'하고, 그것을 견뎌 낼 사람들이 있게 해달라고 전 그리스도교계가 기도해야 할 것 같네. 그저 견디는 것, 그것이 중요하네. 그것은 이리저리 휘두르거나 때리거나 찌르는 것이 아니네. 이리저리 휘두르거나 때리거나 찌르는 것은 전초전에서나 허락될 수 있는 것이네. 그 뒤에 찾아오는 본격적인 전투는 그저 성실히 견디는 것이어야 하네. 그러면 하나님께서 다시 자신의 교회를 신뢰하시어 말씀을 맡기실지 모르네.[5]

"전혀 다른 저항"을 놓고 본회퍼가 품은 비전은 새로운 정치 윤리의 특징들을 조금도 드러내지 않는다. 그 저항에 대한 관심은 전적으로 『나를 따르라』의 표상들을 목표로 삼는다. 제자도—와 정치적 저항 자체—는 (대략적으로 구상된 미래 계획과 함께) "전초전", 곧 "때리기와 찌르기"에 깊이와 진지함을 부여하지 않는다. 정치투쟁과 교회투쟁의 명확한 구별 면에서, 본회퍼는 이 시기에 베를린 신학계의 친구들과 그다지 구별되지 않는다. 당시에 본회퍼는 국가기관에서 직무와 직책을 통해 가장 적합한 상태에 있는 사람들이 적극적으로 책임을 지면서 히틀러 국가에 대한 정치적 대안을 마련하거나 민주적 체제를 신중히 고려하기를 고대했다. 그러면서도 그는 더 나아가 간디의 비폭력 저항을 연구하고자 하는 바람을 품고, 국가사회주의의 권력 요구에 맞서기 위해 그리스도인에게 적합한 투쟁 형식을 숙고하기까지 했다.

한편으로는 자신에게 위임된 길에 대한 불안 때문에, 다른 한편으로는 사고와 행동 면에서 아직은 교회의 유일무이한 차원 속으로 몰리지 않기 위해 본회퍼는 베를린을 떠났다. 평온한 소(小)공동체에서 모색과 검증의 기간을 갖고 싶었던 것이다.

그러나 회피 시도는 철저히 실패했다. "무슨 일에든 관여하고 싶지 않을 때에는 사람들이 너무 가까이 있고, 적극적으로 협력하려고 할 때에는 사람들이 너무 멀리 있습니다. 지난 몇 주 동안 나는 그 일이 제일 힘들었습니다."[6] 본회퍼는 런던 독일인 교구들의 환경 속에 있을 때에도 불안정한 베를린과 단 한 주도 거리를 두지 못했다. 항의 서한들이 오가고, 친구들과 공문서 전달자들이 찾아와 그의 입장 표명을 희망했다. 그는 해협 횡단도 비행도 좋아하지 않았지만 시계추처럼 두 주에 한 번 꼴로 런던과 베를린을 오갔다. 포레스트 힐 우체국에서는 전화요금이 갑자기 불어나자 외국인 목사의 통화료를 어지간히 감면해 줄 정도였다. 힐데브란트와 리거는 아직도 이를 기억하고 있다.

그는 런던에서 1년 6개월을 체류하면서 교회투쟁을 벌이고, 에큐메니칼 협의회에 영향력을 행사하면서 시간을 보냈다. 특히 후자에 많은 시간을 들였다. 공동체 사역을 소홀히 한 것은 아니었지만, 대체로 그 사역은 투쟁의 일부가 되었다. 이 시기에 그의 가장 본질적인 참여는 산상수훈과 "제자도"에 대한 숙고 속에서 이루어졌다.

따라서 다음의 두 측면에서 본회퍼를 제시하고자 한다. 한편으로는 교회를 위한 모험에서 친구들 대다수를 앞지르고, 조만간 "고백교회"를 탄생시킬 독일 내 교회 저항 세력의 결정들을 전우들 대다수보다 조금 더 진지하게 받아들이고, 행동에 옮겨 내일에 대한 상상을 현실화하고, 타격을 받아도 곧바로 새롭게 시도하는 본회퍼를 제시하고, 다른 한편으로는 이따금 낯설어 보이기는 하지만 이 투쟁에 대해 유보적인 자세를 취하고, 자기 종파의 한계 때문에 갑자기 화를 내고, 복음을 전혀 다른 방식으로 현실화하는 것에 대한 비전에 사로잡히는 본회퍼를 제시할 것이다.

1933년 10월 17일, 본회퍼는 런던 남쪽 교외 포레스트 힐에 소재한 목사관으로 이사했다. 목사관은 잘 가꾸어진 호니먼 공원 발치의 한 언덕 남쪽 비탈에 있었다. 그곳에서는 켄트와 서리 방면의 지평선에 이르기까지 빽빽이 들어선 집들이 한눈에 들어왔다. 공원에서 북쪽으로는 도시, 국회의사당, 바울 대성당, 항구가 보였고, 햄스테드 언덕들과 핀스베리 공원까지 보였다.

빅토리아풍의 거대한 목사관은 다양한 나무가 자라는 정원으로 둘러싸여 있었다. 목사관의 주요 공간은 사립 독일인 학교가 사용하고, 북동쪽 창들이 딸린 큰 방 두 개는 본회퍼가 숙소로 사용했다. 이 창문들은 휘어진 문처럼 잘 닫히지 않았다. 강건한 체질의 본회퍼조차 종종 유행성 감기에 걸릴 정도로 외풍과 안개가 심했다. 쥐 피해를 막으려는 것은 가망 없는 싸움이었지만, 그는 방 두 칸에 본가에서 가져온 가구들을 비치하여 살 만한 공간으로 꾸미고, 큼지막한 벡슈타인 피아노도 빠뜨리지 않고 설치했다.

그는 프란츠 힐데브란트를 거의 석 달 동안 이 집에서 지내게 했다. 물리학자이자 평화주의자인 헤르베르트 옐레가 이따금 케임브리지에서 찾아왔고, 베를린 대학생 단체 출신의 볼프-디터 침머만과 위르겐 빈터하거가 몇 주 동안 그의 손님이 되기도 했다. 누이 크리스티네와 주잔네처럼 까다로운 친척들까지 이 집을 찾아왔다.

이곳에서 그는 교구의 청소년 무리와 음악 동아리를 모집하여 성탄극 내지 교회음악 예행연습, 삼중주와 사중주 예행연습을 하고, 이따금 자신이 수집한 음반들 가운데 일부를 경청하기도 했다. 본회퍼는 영국인 합창단들의 빼어난 실력에 감격한 나머지 영어판 B단조 미사 음반을 사들이기도 했다. 음악과 관련해서는 베를린 선교학회장 한스 로키스Hans Lokies의 형제 집안인 로렌스 휘트번Lawrence Whitburn 가문과 교류했다. 이 가문은 그에게 영어로 된 크리스마스 캐럴을 가르쳐 주었다. 그는 적은 급료에도 불구하고 손님맞이를 끊임없이 이어 갔다.

1933-1935년, 런던에 있을 때 생활했던 목사관.

목회

정식 목회는 이번이 처음이었지만, "성직자계급의 권리"를 충분히 누리지는 못했다. 사정은 나중에도 마찬가지였다. 그의 고용상태가 정상화된 적이 없기 때문이다. 이곳 런던의 교구 회의는 법규를 글자 그대로 이행했다. 11월 12일, 교구 회의는 정식 선거를 실시했다(DBW 13:26f.). 하지만 이 선거는 런던 교구가 독일 개신교 교회연합회 내지 현재의 DEK와 맺은 기존 계약에 따라 헤켈의 해외사무국을 통해 공식 인증을 받아야 했다. 처음에 본회퍼는 인증 신청을 미루었고, 1934년 초 베를린에서 루트비히 뮐러를 둘러싼 사건들이 일어난 뒤에는 인증 신청과 관련된 서신 왕래를 잠재웠다. 그는 제국교회 당국의 모든 승인을 받고 싶지 않았다.[7] 이는 노후 연금 수령 자격과 노인 복지 수당을 건 것이나 다름없었다.

본회퍼는 런던에 있는 여섯 개의 독일인 교회 가운데 두 교회를 맡았다. 그 교회들은 자주성과 올곧음을 지니고 있어서 자유교회의 상태를 연상시켰다. 예전에는 저마다 목사 한 명과 오르간 연주자를 두고 봉급을 지급하면서 건물 수리비용까지 대던 교회들이었다. 1차 대전 뒤 그 교회들 가운데 시드넘 교회 및 성 바울 교회와 같은 몇몇 교회가 서로 힘을 합쳐 성직자 한 명을 함께 채용하기로 결의하지 않으면 안 되었다. 하지만 그 교회들은 독일교회의 지위에 비해 어느 정도의 자주성을 행사할 수 있었다.

본회퍼가 맡은 한 교회, 곧 시드넘-포레스트 힐에 있는 교회는 런던 남부에 건물을 두고 있었다. 슈바벤 출신의 선교사이자 복음전도자 엘리아스 슈렌크Elias Schrenk가 1875년에 이 교회를 설립했다. 주로 유복한 상인들이 이 교회에 다녔으며, 1차 대전 이전부터 포레스트 힐 언덕에 거주해 온 독일 대사관 직원들도 출석했다. 1914년 이전에는 콘스탄틴 프라이헤르 폰 노이라트Konstantin Freiherr von Neurath 남작이 공사관 참사관 신분으로 런던에 체류하던 시기에 출석하기도 했다. 본회퍼가 재직하던 시기에는 독일 대사관 일등 서기관 테오도르 랑Theodor Lang이 그 지역에 거주했다. 랑은 본회퍼를 좋아해서 그에게 정치적으로 중요한 정보들을 제공하고, 그를 도와 독일 난민 구호 활동에 나서기도 했다. 시드넘-포레스트 힐 교회는 스스로를 통합교회로 여겼다. 대략 서른 명에서 마흔 명에 이르는 사람들이 본회퍼의 설교단 아래 앉곤 했다.

또 다른 교회인 성 바울 교회는 독일 개혁교회 소속이었다. 이 교회의 역사는 200년이 넘었다. 이 교회는 18세기에 워털루 브리지의 북쪽 교각이 우뚝 솟은 곳에 서 있었지만, 본회퍼의 체류 시기에는 이스트엔드에 자리하고 있었다. 이스트엔드는 폭격으로 파괴된 뒤부터 화이트채플 안에 자리 잡은 페티코트 레인 마켓이 매주 일요일 오전에 고객을 유혹하는 지역이었다. 매주 일요일 저녁에 본회퍼의 교구민 50명가량이 그곳에서 설교를 들은 다음 서로 어울렸다. 독일인 수공업자 가족들, 도축업자, 제빵업자, 재단사로 이루어진 교인들 대다수는 뷔르템베르크 출신으로서 거의 영어로만 말했다. 그들은 1차 대전 때 수많은 적대를 겪고, 일부는 상점까지 폐쇄해야 했다. 그러나 이제는 본회퍼의 호소를 기꺼이 듣고 독일 이민자들을 후원했다. 본회퍼는 자신의 교회임원인 고틀리프 헤네Gottlieb Henne를 변함없이 신뢰했고, 고틀리프 헤네는 2차 대전 이후 시기까지 상당수의 난민이 새로운 삶을 살도록 거들어 주었다.

본회퍼는 임원 회의를 열고 회의록을 작성하는 것을 그다지 반기지 않았다. 그가 중시한 것은 일상적인 업무였다. 그는 신설할 것이 있을 때마다 임원 회의를 통해 권한을 위임받아, 어린이 주일 예배를 도입하고, 청소년 동아리를 꾸리고, 그들과 함께 성탄극과 수난극을 공연했다. 그는 요제프 괴벨스가 제기한 겨울철 빈민 구호를 위해 당시 독일교회에서 일상적으로 이루어지던 모금에 찬성했지만, 그와 동시에 영국에 있는 독일 난민을 위한 모금도 관철시켰다. 독일 대사관이 교회 공동체들과 협력하여 런던에다 "독일 회관"Deutches Haus을 건립하는 계획을 세우자, 그는 자기 교회임원들과 함께 그 계획에 효과적으로 저항하기도 했다.

주요 관심사는 독일에서 건너온 난민 물결 가운데 갓 도착한 이들에게 초점을 맞추었다. "나는 런던에서 이 사람들과 함께 내 시간 대부분을 보냈습니다. 나는 그것을 엄청난 특권으로 여겼습니다."[8] 엡슈타인 가문의 일족과 크롬웰 가문의 일족이 그의 집에서 만났다. 전임 장관 고트프리트 라인홀트 트레비라누스Gottfried Reinhold Treviranus는 자기 아들의 견신례를 본회퍼에게 맡겼다. 뮌스터 출신의 신학교수 오토 피퍼Otto Piper도 그의 집에서 잠시 머물렀다. 본회퍼는 자신의 사촌 누이와 결혼하고 나중에 신학자가 된 변호사 한스 베델Hans Wedell을 조지 K. A. 벨 주교에게 연결해 주어, "비(非)아리아인" 청소년복지 문제를 의논하게 하기도 했다. 또한 그는 이민자 노동허가를 엄격히 제한하는 규정에 맞서 조지 K. A. 벨 주교와 손잡고 싸우기도 했다. "공동체 사역 외에 나는……아주 많은 수의 방문자를 맞이하고 있습니다. 대다수가 유대인인 그들은 어디선가에서 나를 알고 찾아와 무언가를 원한답니다."[9]

그는 예배 참석자들에게 무리수를 두기도 했다. 개정판 외국 성가집을 즉시 도입하려고 시도하거나 크리스마스이브와 섣달 그믐날에 예배를 시도한 것이다. 신실한 수공업자 가족은 영국식 축제 리듬에 마음이 상해 그 예배에 출석하지 않았다. 엄격히 요구하는 그의 설교 방식도 그들의 마음을 편하게 해주지 못했다. 전임자들의 나긋나긋하고 대중적이며 경건한 척하는 설교에 익숙해진 상태였기 때문이다. 반면에 본회퍼의 설교는 너무 부담스럽고 지나치게 다그치는 듯한 인상을 주었다. 몇몇 사람은 멀찍이 떨어져 있어야 그토록 무리한 요구를 피할 수 있다고 생각했다.

그에게는 주일 설교가 부담이었다. 반드시 해야 하는 설교였기 때문이다. 그는 매번 설교문을 토씨 하나 빠뜨리지 않고 작성하여 독일에 있는 지인에게 종종 발송했다. 런던 체류 시절에 발송한 설교 열여섯 편이 지금도 보존되어 있다.[10] 유감스럽게도 산상수훈을 놓고 고심해서 쓴 설교들은 한 편도 발견되지 않았다.

> 자네는 산상수훈을 토대로 어찌 설교하는가? 있는 그대로 한 편만 보내 주게. 나는 산상수훈을 토대로 한 설교를 시도하고 있네. 대단히 솔직하고 단순하게 말일세. 하지만 언제나 중요한 것은 계명을 회피하지 않고 **준수하는** 것이네. 그리스도를 **따르는 것**, 그것이 무엇인지를 나는 알고 싶네. 우리의 신앙 개념 안에서 논구되지 않은 것이지.[11]

"제자도"라는 주제는 그가 1934년 초에 「런던 독일인 교구 회보」에 게재하기 위해 쓴 짧은 논문에서만 눈에 띈다. 그 논문에서 그는 제자 세 명과 관련된 대목을 풀이했다. 나중에 그가 핑켄발데 제자도 강의를 열고, 책으로 출판한 대목이었다.[12]

하지만 본회퍼는 자신이 맡은 교구의 체험 세계 안에서 활동하려고 애썼다. 예컨대 그 세계는 1933년 11월에 웨일즈에서 발생한 대형 갱내 사고에 충격을 받은 세계였다.[13] 그는 우리 인생의 체스 파트너 이야기처럼 알기 쉬운 예화들을 찾아내기도 했다.[14] 한번은 자신이 고른 본문을 다음과 같은 격언으로 대단히 낯설게 표현하기도 했다. "모든 이는 저마다 자기 운명의 창조자다."[15] 그는 1934년 가을에 4주에 걸쳐 일요일마다 사랑의 찬가(고린도전서 13장)를 토대로 설교하여 깊은 인상을 주기도 했다(DBW 13:378-404).

교회투쟁이 의미심장하게 진행되고 있었지만, 그는 설교 중에 거의 그것을 언급하지 않았다. 본회퍼가 중대한 사태 전개를 고대하며 1934년 1월에 선포한 설교에서 그가 교회투쟁에 열정적으로 참여하고 있음을 강하게 느낄 수 있다. 그의 개인적 고백과 다름없는 설교였다. 이를 위해 모범으로 꼽은 인물은 사명으로 인해 하나님께 조롱당하면서도 하나님께 사로잡힌 예언자 예레미야였다(DBW 13:347-351). 1934년 6월 30일, 그는 에른스트 룀 사건으로 대량학살이 일어났음을 알고 설교에서 숨김없이 참회할 것을 권했다(DBW 13:365-372).

본회퍼가 런던에서 선포한 설교들은 주로 종말론적인 열정을 보여준다. 하늘나라에 대한 동경을 분명히 일깨우고 싶었기 때문이다. 1933년 고인 추도 주일을 위한 설교를 준비하다가 매제에게 아래와 같은 내용의 편지를 써 보내기도 했다.

> 이번에 맞이하는 고인 추도 주일은 몹시 슬프게 하는 날이군요. 지난 몇 달 동안 발생한 모든 일을 겪고 나서 다들 모든 불행과 불의, 거짓과 비겁함이 끝나고 찾아오는 궁극적 평화를 몹시 갈망하고 있기 때문입니다.[16]

동료 목사들

영국에 거주해 온 독일인 목사들은 본국에서 일어난 사건들을 멀리서 제대로 판단할 수 없었다. 그런데 본회퍼가 런던에 도착함으로써 그 사건들에 대한 일급 정보의 원천이 열렸다. 그들은 재외(在外) 독일인 대다수와 마찬가지로 봄에 일어난 사건들을 독일의 부활로 여겨 환영하고, 영국 여론의 비우호적인 반응을 고통스럽게 막아 온 이들이었다. 새로운 독일을 꿈꾸던 그들은 지난 몇 달 동안 교계에서 일어난 혼란을 불쾌하게 여기고, "히틀러의 훌륭한 정책"과, 히틀러를 조금도 기쁘게 해주지 못하는 충복들 상당수가 교회의 관심사에 "개입"한 것을 구분했다. 나치당 소속의 한 목사가 1933년 섣달 그믐날에 쓴 편지는 나치당에 호감을 품은 목사들이 당시에 어찌 생각했는지를 적절히 보여준다.

> 나는 2년 6개월 동안 전선에 있으면서 내 조국을 위해 싸우며 피를 흘린 사람입니다. 가장 친한 친구들 가운데 상당수가 나와 함께 조국을 위해 복무하다 목숨을 잃었습니다.……나는 그들의 죽음을 우리에게 주는 성스러운 유언으로 받아들여 젊은이답게 감격했습니다.……독일을 위한 그들의 죽음을 헛되게 하지 않고 잊지 않기 위해 더욱 분투하라는 것입니다. 하지만 독일은 어떤 나라가 되었습니까? 부정과 부패, 우파 권력자들과 좌파 권력자들의 전횡이 난무하는 나라가 되고 말았습니다. 목사인 나에게는 정치 활동을 하거나 정당 정치 활동을 할 권한이 없었습니다.……그때 NSDAP가 권력을 잡았습니다. NSDAP는 윤리적 토대와 종교적 토대를 갖춘 정강을 제시하는 정당이 되는 데에는 마음이 없었습니다. 내가 그 운동의 회원이 된 것은 그 때문이었습니다. 또 다른 이유에서도 그랬습니다. 말하자면 총통의 심오한 도덕성과 종교성 그리고 그의 사상이 그 운동의 하부 기구에 고루고루 스며들고 있지 못했고, 수많은 사람들이 붉은 심장은 갈색 심장으로만 바꿀 수 있다고 여겼으며, 양심 없는 선동가들이 요직을 차지하기 위해 그 운동의 약진을 이용할 수도 있다는 점이 분명해졌기 때문입니다. 나는 "독일그리스도인" 운동이 그런 선동가들 축에 낀다고 여깁니다. 그리되면 복음 선포가 방해를 받아, 조국 건설의 기초를 다질 가능성이 사라질지도 모릅니다.……그런 의미에서 이 운동NSDAP에 협력하는 것이 그리스도의 교회를 위해서나 하나님께서 우리를 배치하신 민족 공동체를 위해서나 꼭 필요하다고 여깁니다. 분명한 것은 회원이 되어야 그 일을 더 잘할 수 있다는 것입니다.……때마침 제시된 진로에 적극 협력할 기회가 분명해지고 있다고 생각합니다. 당은 우리 청소년 단체조차 제국감독의 참담한 모범을 따라 관제화하려고 시도하고 있습니다. 독일에서는 그것이 가능할지도 모릅니다.

하지만 외국에 있는 우리는 그 일에 협력할 수 없습니다.……오늘 지구당 위원장에게 이의를 제기할 것입니다. 확신하건대 그는 당원인 나의 말을 귀담아들어 줄 것입니다. 우리가 하는 사역의 선명한 노선은 결코 변경되지 않을 것입니다.

이 편지의 저자도 본회퍼에게 영향을 받아 독일에서 벌어지고 있는 교회투쟁을 지지했다. 본회퍼가 교회 저항 세력에 몸담고 있을 뿐만 아니라 정치적으로도 NSDAP를 전혀 중요시하지 않는다는 사실이 그의 마음을 흔들었기 때문이다.

런던에 거주하는 동료 목사들은 1933년에 당으로부터 상당히 많은 요구와 아첨을 받고 있었다. 랭커스터 게이트에서는 NSDAP 지구당이 정기적으로 야간토론회를 개최했다. 그러고는 성직자들과 교인들을 초대하여 면세 맥주를 대접하기까지 했다. 목사들은 그 토론회에 참석한 성직자들과 교인들을 "포섭된" 독일인들과 포섭되지 않은 "독일 해외 동포" 사이에서 활동하는 연락원으로 여겨 조심했다. NSDAP는 교구들이 주최하는 야간강연회에 파견단을 보내기까지 했다.

1933년 7월에는 호센펠더가 독일 루터파 성 게오르크 교회와 접촉하여 강연을 하려고 했다. 그 교회 목사와 임원회가 기한을 맞추기 어렵다는 이유를 들어 곤경에서 벗어났다. 프랑크 부흐만Frank Buchman의 초대와 글로스터의 주교 아서 헤들램Arthur Headlam의 요청으로 호센펠더가 늦가을에 2차 방문을 원하면서 교회 논쟁의 전선들이 뚜렷해졌다. 그 지역 교구와 그 교구의 담임목사 율리우스 리거가 호센펠더의 집회를 거부하여 명예실추를 면했다.

런던 북부에서는 두 명의 늙은 목사 프리츠 베어한Fritz Wehrhan과 구스타프 쇤베르거Gustav Schönberger가 재직하고 있었다. 프리츠 베어한은 독일인 목사들 가운데 최고참이었고, 쇤베르거는 정당 안에서도 활동했다. 두 사람은 본회퍼가 런던에 있는 동안 저항 세력 내지 고백교회의 대의를 지지했다. 런던 동부에서는 젊은 목사 율리우스 리거 박사가 활동하고 있었다. 율리우스 리거는 본회퍼와 힐데브란트가 신뢰하는 친구가 되었다.[16a] 그는 본회퍼가 독일로 돌아간 뒤에 그를 대신하여 조지 K. A. 벨 주교와 접촉했다. 조지 K. A. 벨 주교가 독일에서 일어난 사건들에 대한 신속한 정보를 필요로 했기 때문이다. 그 외에 율리우스 리거는 망명자 구호

사업에도 힘썼다. 결국에는 게오르크 교회가 개신교 도피처가 되었고, 1937년에는 급히 도피한 힐데브란트를 맞아들이기도 했다. 지방에서 사역하는 독일인 목사 다섯 명도 런던에 거주하는 이 목사들과 한패가 되었다.

젊음으로 보나 신학적 탁월함으로 보나 베를린 교계와 정계에 정통한 지식으로 보나 그들 중에서 본회퍼가 곧바로 눈에 띄었다. 그 동아리는 동료 한 명을 제외하고 모두 그의 권위를 인정했다. 한두 사람이 본회퍼의 정치적 견해들을 거부했지만, 그 동아리는 고백교회의 결정으로 그가 물러갈 때까지 지속되었다.

런던에서 사역하는 독일인 목사들은 짧은 간격을 두고 정기적으로 회동했다. 해마다 열리는 목사 회의와 "영국 및 아일랜드 소재 독일 개신교 협회" 회의에는 영국 전 지역에서 목사들이 찾아왔다. 협회 대표는 런던의 은행가이자 남작인 브루노 슈뢰더Bruno Schröder였다. 브루노 슈뢰더는 수많은 런던 독일인 재단 기금을 맡아 관리하면서 교계 사정에 왕성한 관심을 표시하고, 혼란 속에서도 본회퍼가 몸담고 있는 저항 세력의 편을 들었다. 총무는 프리츠 베어한이었다.

그 목사들은 "재영(在英) 해외 목사 협회" 회원이기도 했다. 모든 지방의 목사들이 모여 결성한 단체였다. 본회퍼는 그 협회에서 독일의 정세에 관해 강연하기도 했다. 주로 파뇌 사건 이후에 행한 강연이었다. 그 "협회" 일지에는 그가 1933년 12월 4일, 1934년 5월 14일, 1934년 10월 1일에 강연했다고 기록되어 있다. 본회퍼의 성 바울 교회 교인들이 YMCA에서 책임 있는 역할을 감당하고 있었기 때문에 그는 그곳에서도 마음껏 운신했다.[17] 하지만 YMCA 독일 지부인 CVJM에는 만족하지 않았다.

영국에 있는 독일인 교회들이 고국의 교회투쟁에 관심을 가지고 개입하게 된 것은 본회퍼가 런던에 있었기 때문이다. 재외 독일인 교회들은 재외 독일인 사회의 중심이긴 했지만 저항만은 힘겹게 수행했다. 본회퍼도 런던에서 "민족 기강"을 부르짖는 보수 반동 세력을 극복하느라 많은 애를 썼다. "밖에서는 침묵하는 게 좋다"는 명료한 견해가 고백교회까지 분열시켰다. 밖에서 입을 열면 정치적으로 의심받는 처지에 놓일 수 있다고 우려했기 때문이다. 멀리서 벌어지고 있는 "교회 논쟁"에 관여하는 데에는 모종의 불안이 본능적으로 따랐다. 당기관과 관공서들은 "교회투쟁"이라는 용어보다는 "교회 논쟁"이라는 용어를 더 즐겨 썼다.

그들은 교활하게도 성직자의 논쟁과 신학 논쟁에 시달리기 싫어하는 마음이 전국민 속에서 싹트기를 기대했다. 게다가 그들은 선하고 경건한 그리스도인마저 "교회 논쟁"과 거리를 두고 싶어 한다고 여기기까지 했다.

본회퍼는 그러한 것에 그다지 신경 쓰지 않았다. 그는 자신의 견해를 동료 목사들, 브루노 슈뢰더 남작, 자기 교회임원들과 함께 거듭거듭 관철시킬 수 있었다.

II. 교회 당국에 대한 1차 공격, 1933-1934년 겨울

본회퍼가 영국에 체류하기 시작할 무렵에 알려진 두 요소가 런던 독일인 동아리와 에큐메니칼 동아리 안에서 그의 영향력을 증대시켰다.

첫째, 「타임스」를 비롯하여 지방 신문들에 이르기까지 영국 언론들이 목사 2,000명의 비텐베르크 호소문 '전국총회에 고함'을 상세히 게재하여 논평했다. 서명자 22명 가운데 본회퍼의 이름이 (알파벳 순서에 따라) 앞쪽, 이목을 끄는 자리에 있었다.

둘째, 스포츠팔라스트 집회를 둘러싼 소동이 11월에 일어났다. 독일그리스도인연맹 전체와 그들의 교회 당국을 뒤흔든 소동이었다. 전 세계가 상세한 내용, 배후관계, 일어날지도 모르는 결과에 대해 문의해 왔다. 정보통인 본회퍼에게는 이보다 효과적인 창업 자금 지원이 있을 수 없었다. 자신의 대의를 명백하게 입증할 아주 좋은 기회였다.

스포츠팔라스트 집회

프란츠 힐데브란트는 약속대로 11월 11일 토요일에 런던에 도착하는 바람에 베를린의 최근 상황에 대해 보고할 게 거의 없었지만, 기존의 모든 것을 능가할 정도로 떠들썩한 뉴스들이 잇따랐다. 독일그리스도인연맹이 11월 13일 베를린 스포츠팔라스트에서 대규모 집회를 개최했다. 새 교회 당국의 "성직자단"이 참석한 집회였다. 이 집회의 중심은 베를린 지방 대표자 라인홀트 크라우제Reinhold Krause 박사의 연설이었다. 그는 "독일그리스도인연맹의 인사들"이 교계의 요직을 인수함으로써 대규모 면직과 아리안 조항의 신속한 실행이 뒤따라야 한다고 촉구했다. 무엇보다도 그는 "유대인의 금전 윤리가 담긴 구약성서, 가축 상인들과 뚜쟁이들의 이야기를 제거하자"라고 호소했다. 그 자리에 참석한 성직자들과 감독들은 이 연설을 아무 이의 없이 진행시켰다. 이튿날 아침 독일 언론이 그 집회를 상세히 보도했다. 일부 언론은 훨씬 비판적으로 보도했다. 분노가 독일그리스도인연맹 진영 내부에까지 번졌다. 독일그리스도인연맹 진영이 전혀 생각하지 못한 결과였다. 저항 세력은 성직자단이 실패한 뒤 교회 당국의 재편이 일어날 것이라는 희망을 품었다. 목사긴급동맹에서는 제국감독을 새 노선으로 끌어들이거나 그에게 사직(辭職)을 강요할 수 있다고 생각했다.

본회퍼는 스포츠팔라스트 집회 사건 자체에 별로 놀라지 않았지만 그 사건의 결과만은 자신의 계몽 운동에 활용했다. 그는 교회투쟁에서 구별의 기준이 되는 특징들이 다시 더 자세히 드러나면, 베를린에서 크라우제의 방식으로 상스럽게만 반응하는 자들이 결코 오래 버티지 못할 것이라는 헛된 희망에 속지 않았다.

베를린에 있는 친구들을 걱정하다

베를린의 모든 것이 독일그리스도인연맹 진영과 목사긴급동맹 진영으로 양분되어 휩쓸릴 즈음, 런던에 있는 본회퍼와 힐데브란트는 일종의 신경과민에 빠졌다. 자신들에게 닿는 정보가 늘 투명한 것도 아니고, 자기 진영 사람들의 태도가 미더운 것도 아니어서 쉽사리 안심할 수 없었다. 그들은 매일 아침 탁월한 보도 능력을 자랑하는 「타임스」를 가져다 읽고, 저녁에는 맹세라도 한 듯 거의 날마다 게르하르트 야코비, 마르틴 니묄러, 이들처럼 온전히 투쟁에 뛰어든 본회퍼의 어머니와 통화했다.

갈색 총회와 비텐베르크 총회가 통과시키고 관철시킨 모든 것이 스포츠팔라스트 사건의 경과 속에서 재검토될 수 있는 것처럼 보였다. 11월 16일, 루트비히 뮐러는 아리안 조항을 무효화했다. 긴급동맹이 스포츠팔라스트 집회에 대해 설교단에서 성명서를 낭독하자, 내무 장관 빌헬름 프리크가 성명서 압류와 긴급동맹 목사들의 1차 정직 조치를 취하면서 다음과 같은 사실을 알렸다. 히틀러는 더 이상 교회 논쟁에 개입할 의사가 없으며 경찰을 동원하여 조치를 취할 마음도 없다는 내용이었다. 11월 말, 호센펠더의 성직자단은 후퇴를 생각할 수밖에 없었다. 루트비히 뮐러도 12월 3일에 베를린 대교회당(빌헬름 황제 기념 교회)에서 갖기로 한 취임식을 돌연 취소하지 않으면 안 되었다.

승리감에 도취되었던 것일까? 지방교회 지도자들이 베를린에서 새 교회 당국을 놓고 제국감독과 싸울 준비를 했다. 그것은 저항 세력에게 무엇을 의미했을까?

11월 30일, 본회퍼와 힐데브란트는 비텐베르크 총회에서 아무 이의 없이 루트비히 뮐러를 선출한 남독일 감독들과 북독일 감독들이 뮐러와 결탁했는데도, 마르틴 니묄러가 책임지고 개입할 가망이 전혀 없다는 소식을 들었다. 그들은 곧바로 달렘의 마르틴 니묄러에게 편지를 보냈다.

> 우리는 기꺼이 수화기를 다시 집어 들고 젊은이들에게 말할 것입니다. 영향력을 지닌 당신의 두 팔을 붙잡고서 이렇게 간청하라고 말입니다. "배를 불확실한 곳으로 몰고 갔다가 너무 늦게 조타기를 돌려주는 자들에게 배의 지휘권을 넘기지 마십시오." 지난 6월에 있었던 부적절한 치욕과 소심함은 우리의 재앙이었습니다.[18]

그런 다음 그들은 다음과 같은 긴급 강령을 개진하여 마르틴 니묄러를 닦달했다. "1933년 여름에 열린 총회들을 해산해야 한다. 이 총회들에서 대단히 건설적인 새 총회들로 나아가기 원하는 자는 교의(教義) 징계 조치에 복종해야 한다. 긴급동맹은 회원 단속을 실시하여 참패한 독일그리스도인연맹이 유입되는 것을 막아야 한다. 루터교 측에서는 헤르만 자세를, 개혁교회 측에서는 바르트를 새로운 교회지도부에 편입시켜야 한다." 니묄러는 그들에게 전화를 걸어 "개인들과 지위가 중요한 게 아니라, 교회와 그 가르침이 중요하다"라고 말했다. 그들은 이렇게 대꾸했다. "당신과 당신의 친구들은 그런 이유 때문에라도 자제해서는 안 됩니다"(DBW 13:45).

본회퍼와 힐데브란트는 편지를 발송할 무렵 참회 서식 초안을 잡았다. 새로운 조건하에 총회들과 교회 당국 안에서 직책을 다시 맡고 싶어 하는 독일그리스도인연맹을 위한 서식이었다.

편지를 발송하기도 전에, 아군 전우인 마르틴 니묄러와 게르하르트 야코비가 정세 판단과 전략적으로 꼭 필요한 결정들을 놓고 사이가 나빠졌다는 우려스러운 소문이 본회퍼의 귀에 들려왔다. 공교롭게도 본회퍼와 힐데브란트가 영국에 있는 독일인 목사들을 목사긴급동맹에 가입시키기로 결정할 무렵에 벌어진 일이었다. 12월 4일, 동료들이 서둘러 니묄러에게 다음과 같은 내용의 전보를 쳤다.

> 당혹스럽게도 형제협의회의 불화 소식이 들리는군요. 야코비를 토의에서 배제하는 것은 우리를 강제로 탈퇴시키는 것이며, 영국에 있는 독일인 목사들의 임박한 가입을 즉각 무산시키는 것이나 다름없습니다.……책임을 회피했다고 비난받을 만한 중앙 분리선에서 떠나십시오. 형제의 인사를 담아 런던 독일인 목사들 드림.[19]

이 두 의사 표시가 베를린에 당도할 즈음, 상황이 다시 바뀌었다. 제국감독이 명성을 어느 정도 잃긴 했지만, 힘을 크게 잃지는 않았던 것이다. 그는 광범위한 반대 전선에 직면하여 지방교회 지도자들의 제안들을 무시하고 새로운 성직자단을 독자적으로 임명했다. (물론 이 단체도 연말에 스스로 해체하여 없어졌다.)

마르틴 니묄러는 런던에 있는 친구들에게 다음과 같이 답했다. "우리는 개인들을 새 지도부에 임명해서 저항 세력을 와해시키려는 제국감독의 시도에 저항할 수밖에 없었습니다. 그러한 지도부에서는 비상식적인 다수파와 낯선 법령의 지배를 받으며 일해야 할 테니까요."[20] 그러면서도 그는 그들에게 "루터교 감독들"과 "단결하여 대응하겠다"라고 약속했다(DBW 13:48).

그러나 런던에 있는 두 사람은 이 약속 이면에 도사린 위험을 예상했다. 말하자면 루터교 감독들과 손잡을 경우 아리안 조항과 관련하여 국가사회주의 정부에 분명한 요구들을 제기하지 못하고 주춤거릴 수 있었던 것이다.

지금 우리는 모든 면에서, 아리안 조항과 관련해서도 단호해야 합니다. 우리를 성가시게 할지도 모를 결과를 겁내어 뒷걸음쳐서는 안 됩니다. 지금 어떤 식으로든 발을 뺀다면, 이는 여름에 행한 우리의 투쟁 전부를 더럽히는 짓이 될 것입니다. 부디 모든 일이 명료하게, 대담하게, 깔끔하게 되도록 애써 주기 바랍니다.[21]

본회퍼는 베를린에서 일어난 사건들이 저항 세력의 약점을 뚜렷이 드러냈을까 봐 걱정했지만, 의외의 변화를 기뻐하기도 했다.

저는 지난 몇 주에 걸쳐 교회 당국이 붕괴하는 것을 보고 몸 둘 바를 몰랐습니다. 우리가 추구한 노선이 틀렸다고 생각해서가 아닙니다. 틀리기는커녕 참된 노선임이 입증되었지요. 내가 몸 둘 바를 모른 것은 저들이 믿기지 않을 만큼 근시안적이었기 때문이고, 때가 되자 아무것도 아니었다는 듯이 우지직 소리를 내며 무너지는 것들을 저들이 견고하고 안전한 것으로 여겼기 때문입니다.[22]

그러나 그는 방금 출범한 투쟁, 곧 교회의 고백과 권한을 위한 투쟁이 옛 교회의 귀환으로 인해 조기에 중단될까 봐 걱정했다. 이미 그의 사고와 행동은 저항 세력이 새로운 충격을 몇 차례 겪고 몇 달 뒤에야 비로소 도달할 지점에 가 있었다. 바르멘 사건이 일어나려면 5개월이 더 경과해야 했다. 그가 의지하던 세력들이 그 다섯 달 동안 움직이기 시작했다. 1월 3일과 4일, 바르트의 영향 아래 "개혁교회 자유총회"가 라인란트에서 열렸다.[23] 베를린에서는 베를린-브란덴부르크 긴급동맹 목사들과 평신도들이 1월 14일 교구협의회 형식으로 모여 자유총회로 가는 여정의 첫걸음을 뗐다. 이 총회는 1934년 1월 27일에 열기로 했지만, 황당무계하게도 옛 교회의 귀환을 가능하게 만든 사건들의 광범위한 진행에 밀렸다. 바르멘 총회 기간에 저항 세력을 "고백교회"라는 이름의 조직으로 탈바꿈시킨 사건들이었다.

스포츠팔라스트 소동이 있은 뒤, 독일그리스도인연맹과 긴급동맹에 찾아온 위기가 두 친구에게 개인적으로 영향을 미쳤다. 본회퍼와 힐데브란트가 끊임없는 잔소리로 자신들을 강력히 상기시키자, 마르틴 니묄러는 자신이 맡고 있던 목사긴급동맹 업무를 힐데브란트가 맡아 주기를 청했다. 니묄러는 곤경에 처해 있었다. 이제껏 그의 협력자가 되어 준 옛적의 전우 마르틴 슐체Martin Schulze 대위가 그를 떠나야 했기 때문이다(DBW 13:61). "저항 세력"에서 "고백교회"로의 희망찬 발전이 두드러졌으므로, 힐데브란트는 원조 요청에 응했다. 1월 22일, 힐데브란트는 본회퍼와 작별했다. 귀국하고 14일 뒤에 그는 달렘에 있는 설교단 위에 섰다. 그 사이에 니묄러의 설교가 금지되었기 때문이다(DBW 13:93).

브래드퍼드

독일그리스도인연맹이 와해되고 있을 때, 영국에서 사역하는 독일인 목사들의 연례 회의가 11월 27일부터 30일까지 요크셔 지역의 브래드퍼드에서 열렸다.

그 목사들은 여느 때와 마찬가지로 신학 과제를 공부했다. 설명은 본회퍼가 맡았다. 그가 중점적으로 몰두하던 과제였다. "본회퍼가 성직의 사명을 설명했다. 복음으로 이해된 율법 설교의 테두리 안에서 대단히 구체적이고 성서에 근거를 둔 계명들을 파악하고, 교구민들에게 그것들을 오늘날에도 유효한 계명으로 제시하는 것이 그 사명이었다."[24] 그들은 회의를 마칠 무렵 본회퍼에게 다음 회의에서는 주로 "교회의 개념"에 관해 강의해 달라고 부탁했다. 그 밖에도 그들은 우중충한 볼슈타트에서 작은 공동체 강연회를 여러 차례 열었고, 본회퍼는 베를린에서 체험한 것들을 이야기했다. 하지만 이 모임들의 주안점은 베를린에서 발생한 사건들에 대한 입장 표명을 논의하는 데 있었다. 이 논의를 계기로 본회퍼가 난생 처음 동료 목사들 앞에서 자신의 견해를 개진할 기회를 얻게 되었다.

12월 3일 베를린 대교회당에서 거행될 제국감독 취임식에 대표단을 보내라는 요구를 받은 까닭에, 영국 주재 독일인 목사들은 베를린에 보낼 입장 표명을 논의할 필요가 있었다. 브래드퍼드에 모인 그들은 대표단 파견이 취소되리라는 것을 아직 모르고 있었다. 하지만 지난 며칠에 걸쳐 1차 목사 정직 조치가 취해졌다는 소식은 알고 있었다.

본회퍼는 이 시점에서 대표단을 베를린에 파견하는 것을 있을 수 없는 일로 여졌다. 그는 자신의 견해를 관철시킬 수 없게 되자 첨부 서한을 고집했다. 재외 독일인 목사들이 루트비히 뮐러의 통치에 신뢰를 보내기가 얼마나 어려운 일인지를 분명히 밝혀야 한다는 거였다. 이 첨부 서한을 놓고 토론이 진전되었다.

본회퍼는 여름철부터 시작되어 9월 총회를 거쳐(DBW 13:37-41) 포메른 지역 목사 게르하르트 빌데Gerhard Wilde의 정직에 이르기까지 그동안 일어난 사건들을 자세히 설명했다. 빌데에게 정직 조치가 내려진 것은 그가 11월 19일 자신의 교회에서 아래와 같이 발표했기 때문이었다.

> 나는 하나님과 이 교회 앞에서 제국감독, 호센펠더, 페터, 여타의 독일그리스도인연맹을 고소합니다. 그들이 자신들의 방침을 동원하여 교회의 명예를 더럽히고, 그리스도의 교리 정신에 어긋나는 교회법을 공포했기 때문입니다.[25]

결국 영국 주재 독일인 목사들은 '제국교회 당국에 고함'이라는 성명서에 동의했다.[26] 신학 어휘들로 가득한 이 성명서는 제국감독이 11월 14일 "순수 교의를 강한 어조로 지지한" 점을 높이 평가하되, 교회 당국 구성원들이 종교개혁의 칭의 신조와 신구약성서의 통일성을 훼손시킬 경우 "영국 주재 독일 개신교인 디아스포라와 고국교회의 긴밀한 연결을 끊겠다"라고 분명하게 위협한다.

본회퍼는 더 구체적으로 따지자고 제의하면서 아래와 같이 초안을 잡았다.

> 우리는 제국감독께서 독일그리스도인연맹의 후원자이기도 하다는 사실을 납득할 수 없습니다.[27] 그 운동의 수뇌부는 성서와 그리스도의 십자가를 조롱하는 형태로 이루어지고 있는 교회 고백 훼손을 수수방관하며 그것을 옳게 여기고, 공교롭게도 이 집회 석상에서 자신의 행동을 통해 찬성 의사만 표시한 자를[28] 라인홀트 크라우제 박사의 후임자로 삼았는데 말입니다.[29]

하지만 그는 이 제의를 철회할 수밖에 없었다.

영국 주재 독일인 목사들은 뮐러의 취임식이 연기되었다는 소식을 듣고서 처음에 첨부 서한으로 생각했던 성명서를 제국교회 당국에 보내는 우편물과 함께 발송하고, 사본 한 부를 목사긴급동맹에 보냈다. 브루노 슈뢰더 남작이 런던 독일인 목사들과 협의하여, 유사한 내용의 서한을 교구 협회 이름으로 베를린에 보냈다. 브래드퍼드 성명서를 노골적으로 강화한 내용이었다. "정관은 우리가 원할 경우 교회 협회에서 다시 탈퇴할 수 있는 온전한 자유를 우리에게 부여하는군요" (DBW 13:44).

이중 협박이 베를린에서 통했다. 12월 20일, 헤켈이 아래와 같이 답신하면서 달랬던 것이다.

> 그사이에 일어난 사건들이[30] 다음의 사실을 증언하고 있습니다. 말하자면 교회의 침해할 수 없는 토대인 성서와 고백을 유효하게 유지하는 것은 물론이고, 교회 자체에 평화까지 가져다줄 진지한 의향이 있다는 것입니다. 책임감 있는 교회 수뇌부는 영국에 있는 독일 개신교회들의 사정과 특성을 충분히 알고 있습니다.……영국에 있는 독일 개신교회들이 개신교회의 토대를 만장일치로 신봉하고 있음을 성명서를 통해 알게 되어 기쁘고 흐뭇하군요(DBW 13:50).

너무 늦은 진정 조치였다. 최근의 사건들이 오래된 우려들에 대해 유효를 선언하고 도를 넘은 뒤부터, 런던 독일인 목사들은 그 진정 조치를 신뢰하지 않았다. 헤켈이 서한을 발송하던 날, 개신교 청년단을 히틀러 청년단에 편입시키겠다고 서약하는 서류에 제국감독이 서명했다. 12월 초에는 두 번째 성직자단이 해체되었다. 한스 라우어러Hans Lauerer는 직위를 얻지 못했고, 오토 베버는 12월 22일에, 헤르만 볼프강 바이어Hermann Wolfgang Beyer는 1934년 정월 초하루 이후에 물러났다. 루트비히 뮐러는 이미 고지된 진정 시도를 공포하기는커녕 악명 높은 "언론 규제법"Maulkorberlass을 1934년 1월 4일 공포했다. 그는 교회 구역과 출판기관 안에서 행하는 교회투쟁 논의를 제멋대로 금했다. 성직자단의 협력을 받지도 않고, 지방교회 지도자들에게 공동 책임을 지우지도 않은 채 취한 조치였다. 그러고는 이 규제법을 어길 시에는 면직시키겠다고 으르댔다. 그러고도 만족스럽지 않았던지, 그는 11월 16일에 정지시켰던 아리안 조항을 다시 발효시키기까지 했다.

이런 상황에서 런던 독일인 목사들에게는 자신들이 내놓은 브래드퍼드 성명서가 싱거운 사전 경고처럼만 여겨졌다. 런던 독일인 교구에 평화를 가져다주고 "침해하지 않겠다"는 말을 해외 담당관 헤켈이 신뢰할 만한 말로 보이게 하려고 했지만, 제국감독이 그의 시도를 대단히 곤란하게 만든 것이다.

전보

본회퍼와 그의 동료들은 제국교회 당국에서 일어난 일, 목사긴급동맹에서 일어난 일, 이따금 빌헬름슈트라세에서 일어난 일을 재빨리 정확하게 알아냈다. 자신들의 교구들이 DEK와의 연락을 끊을지도 모른다는 사실을 압박수단으로 활용할 수 있었으므로, 그들은 교회 당국의 새로운 조치를 어렵게 만들어 긴급동맹 소속 형제들의 부담을 없애 줄 생각이었다. 그리하여 일련의 전보 전투가 시작되었고,[31] 이 전투는 해외 담당관 헤켈이 끊임없는 동요의 근원을 막기 위해 런던 출장을 결심할 때까지 계속되었다.

1. 그들은 루트비히 뮐러가 개신교 청년단을 히틀러 청년단에 편입시키려는 의도를 가지고 제멋대로 내린 조치들에 맞서 12월 19일 다소 주목할 만한 문서를 아우구스트 마라렌스 감독과 한스 마이저 감독에게 전송했다.

> 루터교 감독님들께 바랍니다. 그리스도교 청년단에는 복음이, DEK에는 명예가 유지될 수 있게 해주십시오. 이곳의 교구들이 극도로 불안해하고 있습니다. 런던 독일인 목사. 프리츠 베어한(DBW 13:49f.).

이 편입 조치가 런던에 있는 독일인 교구들에까지 미쳤다. 정월 초하루 무렵, 나치당 대리인이 나타나 교구 청년부를 나치당 청년단에 내놓으라고 요구했다. 이 부당한 요구는 영국 땅에서 퇴짜를 맞았다.

2. 교회 당국이 "DEK의 질서 상태 회복에 관한 법률"이라는 제목이 붙은 "언론규제법"을 공포하고, 이를 위반할 경우에는 즉각적인 처벌이 따를 것이라고 엄포를 놓으며 일체의 비판 수단을 잠재우려 하자, 그들은 제국교회 당국에 직접 전보를 쳤다.

「타임스」에 실린 오늘자 보도로 인해 런던 독일인 목사들은 1월 6일 이곳 교구들과 고국교회의 관계를 심히 우려하며 사실관계 해명을 요구한다(DBW 13:70).

3. 이 전보를 치던 날, 목사긴급동맹의 설교단 발표문이 런던에 도착했다. 1월 4일에 공표된 법률—"언론 규제법"—을 지키지 말라고 목사들에게 호소하는 글이었다. 이는 **고백의 상황**을 알리는 1차 선언이었다. 몇몇 목사가 긴급동맹의 이 호소문을 1월 7일에 발표했고, 다수는 1월 14일에 발표했다. 런던 독일인 목사들은 1월 7일 곧바로 제국교회 당국에 아래와 같이 전보를 쳤다.

> 우리는 복음과 우리의 양심을 위하여 긴급동맹의 성명에 동조하고, 제국감독 루트비히 뮐러에 대한 우리의 신뢰를 거부한다. 런던 독일인 목사 프리츠 베어한(DBW 13:71).

원래는 영국에서 사역하는 모든 독일인 목사의 이름으로 전보를 치려고 했었다. 하지만 어려운 문제들이 있었다. 본회퍼가 잡은 전보 초안에는 "우리는…… 우리의 신뢰를 거부한다" 대신 "우리는 더 이상 제국감독을 인정하지 않는다"로 적확하게 표현되어 있었다. 긴급동맹이 사용한 "신뢰 축소"라는 표현보다 훨씬 강도가 센 표현이었다. 하지만 동료 목사들이 지나치게 트집을 잡았고, 본회퍼는 어쩔 수 없이 양보했다. 그런데도 리버풀에서 온 칼 하인츠 슈라이너Karl Heinz Schreiner 목사가 이 전보에 참여하지 않았다. 본회퍼와 힐데브란트는 그것을 참았고, 질질 끄는 토론에 끼어들 마음도 없었다. 신속하고 통렬한 대응이 만장일치를 기다리는 것보다 더 중요하다고 여겼기 때문이다.

4. 목사들의 전보에 이어 브루노 슈뢰더가 1월 9일 교구 협회 의장 자격으로 루트비히 뮐러에게 전보를 쳤다.

> 우리 교구들은 성서적 복음에 뿌리를 박고 있다. 교회 당국이 이 토대를 흔들 경우, 그리고 이 토대를 위해 양심을 걸고 고투하는 목사들을 박해할 경우, 우리 교구들은 고국교회를 아낌에도 불구하고 이를 참지 않을 것이다. 이제껏 쌓

아 온 신앙의 교제를 생각하면 심히 유감스러운 일이지만, 나는 숙명적인 결과로서 해외 독일인 교구들과 고국교회의 결별을 예견한다(DBW 13:73).

브루노 슈뢰더 남작은 독립심이 강한 영국인이었다. 그의 전보는 목사들의 항의에 주의를 기울일 것을 강력히 촉구하는 전보였다.

본회퍼는 저항을 위한 신속한 변화들이 가능하다고 여겨, 자기 측근들에게 그러한 기대들을 힘차게 불러일으켰다. 그는 정초에 앙리오에게 보낸 편지에서 아래와 같이 말했다.

지난 만남 이래로 사태가 급변했습니다. 우리 모두가 생각한 것보다 숙청 절차가 훨씬 빨리 진행되었습니다. 저항 세력의 의도가 더더욱 철저해지고 적절해진 것을 보게 되어 대단히 흐뭇합니다. 루트비히 뮐러는 자신의 모든 감독들과 함께 제거되어야 합니다. 그리고 무엇보다도 중요해 보이는 것은 이것입니다. 말하자면 새로운 어용 신학자들—새 정기간행물 『독일 신학』*Deutsche Theologie* 에서 그들의 이름을 확인할 수 있습니다—은 "이단사설을 막는 조치", "교의 징계 조치"를 받아야 합니다. 그들이야말로 독을 내뿜는 진짜 근원이기 때문입니다.……나는 독일그리스도인연맹과의 투쟁이 자리를 잡았다고 해서 교회의 위기가 끝났다고 생각하지 않습니다. 도리어 그것은 머지않아 진행될 더 중대하고 더 위험한 투쟁의 시작일 뿐입니다. 어쨌든 전선들이 명확해졌고, 이는 우리가 바라는 것이기도 합니다.

2월 15일로 예정된 청년 위원회 회의에서는 아무래도 독일에서 다소 뚜렷해진 정세를 다루어야 할 것 같습니다.[32]

본회퍼는 얼마나 더 신중해야 하는지를 모르지 않았지만, 기한을 너무 짧게 잡았다. 게다가 그는 미봉책들을 과소평가하기까지 했다. 그 미봉책들 때문에 다음 몇 주 동안 많은 것이 다시 교착 상태에 빠지고 말았다.

런던 독일인 목사들은 이제껏 네 차례나 전보를 쳤지만 답신을 한 차례도 받지 못했다. 베를린에서는 사건들이 연이어 일어났다. 1월 7일 일요일, 긴급동맹의 호소문을 발표하면서 교회투쟁의 가장 소란스러운 몇 주 가운데 한 주가 시작되었다.

저항 세력은 1월 8일 월요일에 베를린 대교회당에서 항의 예배를 드리기로 했고, 루트비히 뮐러는 경찰에 영향력을 행사하여 금지령을 얻어 냈다. 그 결과 대중이 대교회당 앞에 운집하여 찬송가 「내 주는 강한 성이요」를 큰소리로 부르기 시작했다. 지방교회 지도자 두서넛이 자신들은 루트비히 뮐러의 1월 4일 법령을 이행하지 않겠다고 알렸다. 그들은 1월 13일 베를린에서 협의하기를 원했고, 그 자리에서도 제국교회와의 결별을 의논했다. 72명의 교수들과 대학 강사들이 제국감독에 대한 항의서를 발표하자, 문화교육부 장관이 제3제국 국가공무원인 신학 교수들에게 교회 당국의 업무에 입장을 표명하는 것과 긴급동맹과 같은 저항 단체들에 가입하는 것을 금했다. 1월 11일, 공화국 대통령 폰 힌덴부르크가 루트비히 뮐러를 호출했다. 그를 압박하기 위해서였다. 1월 12일, 보델슈빙과 달렘 교구 소속 재무 장관 루츠 슈베린 폰 크로시크Lutz Schwerin von Krosigk 백작이 폰 힌덴부르크를 찾아갔다. 그사이에 양 진영은 히틀러가 1월 17일로 잡은 면담에 대비했다. 1월 13일, 독일그리스도인연맹과 거리를 유지하는 교회 지도자들이 모여, 탈퇴 협박을 당분간 연기하고, 히틀러와 면담하는 날까지 정쟁을 잠정 중지하기로 제국감독과 협정을 맺었다. 제국감독이 진정 방안을 마련하겠다고 그들에게 다시 한 번 약속했기 때문이다. 교회 지도자들—이들 중에는 테오필 부름과 한스 마이저도 있었다—은 라디오 방송을 통해 자신들의 목회자들에게 긴급동맹의 호소문을 1월 14일에 공표하지 말라고 지시했다. 이때는 벌써 토요일이었다. 하지만 히틀러 면담은 두 차례나 연기되어, 1월 25일에야 성사되었다. 이로 인해 견딜 수 없을 정도의 긴장 기간이 늘어나고, 불명료함과 음모가 막후에서 증대되었다.[33]

수상 면담에 영향력을 행사하다

그사이에 본회퍼는 거의 날마다 베를린에 있는 이들과 전화로 통화했다. 그의 어머니는 자신이 탁월한 정보통임을 입증해 보였다. 그녀는 긴급동맹 소속 지인들을 적극적으로 지지하면서 중요한 접촉을 유지했다. 히틀러가 제국감독을 해임시킬 것인지 아닌지가 아직 결정되지 않은 상태였다. 다들 내각사무처에서 있을 면담 자리에서 그 결정이 이루어지기를 고대했다. 한쪽에서는 힌덴부르크와 빌헬름 프리크가 루트비히 뮐러 해임을 지원하는 듯했고, 다른 쪽에서는 헤르만 괴링과 베른하르트 루스트가 저항 세력을 약화시킬 기회를 모색하는 듯했다. 1월 17일, 본회퍼의 어머니는 아래와 같은 내용의 편지를 런던으로 발송했다.

> 오늘로 잡혔던 제국수상의 루트비히 뮐러 심리가 내일로 연기되었단다. 우리는 감독들이 맺은 정전 협정이 결코 진정한 평화가 아니라는 것을 그에게 충분히 알릴 방법만 생각하고 있단다. 네 이모부 루디Rudi의[34] 도움으로 내가 한 가지 방법을 찾아낸 것 같구나. 우리는 달렘 사람이 노쇠한 대통령을 알현할 수 있게 되기를[35] 바라고 있단다. 이것은 또 다시 기다리는 것을 의미한단다. 하지만 달렘 사람은 굽히지 않고 확신에 차 있단다.[36]

이 상황에서 런던 사람들은 그사이에 교회 당국 주소지를 상대로 한 전보 전투를 넘어선 상태였다. 그들은 직접 관공서로 편지를 발송했다. 1월 15일, 런던 독일인 목사들의 편지 한 통이 공화국 대통령 폰 힌덴부르크에게 닿았다.

> 공화국 대통령 각하께 청합니다. 최근에 교회 일치와 제3제국을 둘러싸고 일어난 무시무시한 위기 상황을 해결해 주시기 바랍니다. 제국감독 루트비히 뮐러가 현직에 있는 한, 탈퇴 위협은 매시간 존속할 것입니다.[37]

이 편지의 사본을 받은 이는 히틀러, 외무 장관 콘스탄틴 프라이헤르 폰 노이라트, 내무 장관 빌헬름 프리크, 재무 장관 슈베린-크로시크, 그리고 제국감독이었다. 이 밖에도 본회퍼는 치체스터의 주교를 부추겨 개신교회 **수석회원**membrum praecipuum 자격으로 힌덴부르크에게 조치를 취하게 했다.[38] 그리하여 조지 K. A. 벨 주교는 실천적 그리스도교를 위한 에큐메니칼 협의회 의장 자격으로 힌덴부르크에게 서한을 발송했다. 이 서한을 독일어로 옮겨 준 이는 본회퍼였다(DBW 13:82-83 참조). 게다가 조지 K. A. 벨은 제국감독에게 신랄한 질문을 퍼붓기도 했다.[39] 예전에도 조지 K. A. 벨은 노비사드의 위임을 받아[40] 제국감독에게 우려를 표명한 적이 있었다.

런던 사람들의 진정서는 베를린에서 적잖은 주목을 받았다.[41] 외무부에서는 콘스탄틴 프라이헤르 폰 노이라트가 이미 1월 17일에 아래와 같이 답장했다.

> 나도 독일 개신교회 안에서 일어나고 있는 사건들을 크게 우려하며 주의 깊게 관찰하고 있습니다.……나는 개신교회 안에서 일고 있는 논쟁에 영향을 미칠 가능성이 생길 때마다 그리해 왔습니다.……어쨌든 나는 영국에 있는 독일 개신교회에 친절한 조언을 드립니다. 의도한 결의를 조금 더 미뤄 달라고 말입니다.[42]

1월 19일, 오토 마이스너Otto Meißner 차관은 힌덴부르크에게 보낸 서한이 도착했음을 확인하며 이렇게 말했다. "대통령 각하께서는 개신교회에서 일어나고 있는 사건들에 특별한 주의를 기울이며 살피고 계십니다."[43] 이 일이 있기 하루 전, 힌덴부르크는 런던 사람들의 서한을 히틀러에게 보내며 다음과 같이 덧붙였다. "나는 첨예한 대립, 특히 그것이 재외 독일인 개신교 공동체들에 미치는 역효과를 크게 우려하며 눈여겨보고 있소. 수상께서……투서들에 주의를 기울여 주면 고맙겠소." 서한이 히틀러 앞에 놓여 있었지만, 히틀러와 헤르만 괴링은 해외 세력의 논거를 전혀 다르게 사용할 생각이었다. 루트비히 뮐러를 논박하는 것으로 활용하지 않고, 저항 세력 진영의 무자비한 흑색 선전자로 추정되는 이들을 논박하는 것으로 활용하려 한 것이다. 헤켈도 곧바로 런던 사람들에게 해외에서의 간섭을 경고했다. 런던 사람들은 그 경고를 차별과 실질적인 협박으로 여겨 물리쳤다.

루트비히 뮐러, 감독들, 마르틴 니묄러가 참여하는 모든 수요 관계자들의 히틀러 면담이 마침내 1월 25일에 이루어졌다. 면담은 최대한 긴장감 넘치게 진행되었고, 저항 세력이 잠시 소망해 온 루트비히 뮐러의 해임은 이루어지지 않았다. 니묄러의 통화 내용 때문이었다. 니묄러가 히틀러에 대한 힌덴부르크의 영향력을 업신여기는 투로 말했고, 헤르만 괴링이 그 내용을 도청해, 면담이 시작되자마자 그 자리에 모인 사람들 앞에서 공개했던 것이다.[44]

겉보기에는 지방교회 지도자들이 면담으로 힘을 얻은 제국감독을 지지하는 쪽으로 완전히 선회한 것처럼 보였다. "위대한 시간에 히틀러와 회동하고 감명을 받은" DEK 지도자들—이들 중에는 테오필 부름, 한스 마이저, 아우구스트 마라렌스도 있었다—이 1월 27일 놀랍게도 아래와 같은 내용의 성명을 발표한 것이다.

> 이 자리에 모인 교회지도자들은 하나도 빠짐없이 제국감독을 후원하고, 그의 조치들과 법령들을 그가 원하는 대로 이행하고, 그것들에 반대하는 교계의 저항 세력을 저지하고, 헌법에 기초한 온갖 수단을 동원하여 제국감독의 권위를 공고히 할 생각이다.[45]

결국 헤켈도 런던에서 온 성가신 진정서들과 전보들에 답했다. 전에는 일반적으로 대응했지만, 이제는 교회지도자들이 1월 27일에 내놓은 성명서를 통지서 삼아 재외 성직자들에게 보내며 아래와 같이 덧붙여 말했다.

> 특별히 나는 재외 성직자들이 교회 정치 활동을 자제하는 일에 힘써 주기를 간절히 바랍니다. 전선에 있는 군인은 작전 계획 전체를 조망할 만한 위치에 있지 않으며, 단지 자신과 직접 관련 있는 임무만을 수행해야 합니다. 나는 재외 성직자들이 자신들의 본분이 무엇이며, 고국에서 독일 개신교회를 구체화하고 있는 교회 당국의 본분이 무엇인지를 잘 구분하기를 바랍니다.[46]

그러나 런던 사람들의 폭넓고 확고한 영향력은 우격으로 없앨 수 있는 게 아니었다. 헤켈이 본회퍼와 그의 동료 목회자들, 브루노 슈뢰더 남작과 치체스터의 주교에게 자신의 영국 방문을 통고한 것은 그 때문이었다.

본회퍼는 히틀러 면담 결과를 심각한 타격으로 받아들였다. 방금 전 제네바에 보낸 편지에서 "아무래도 정세가 뚜렷해진 것 같습니다"라고 말했건만,[47] 이제는 테오도르 드 펠리스에게 보내는 편지에서 "이토록 참담한 순간에 정중한 인사를 드리며, 하시는 일이 잘 되기를 바랍니다!"라고 말할 수밖에 없었다.[48] 하지만 그 타격도 그를 흔들지는 못했다.

그는 나쁜 해결책과 좋은 해결책이 모두 가능한 극도의 긴장 속에서 1월 21일에 할 설교의 본문으로 예레미야 20:7을 골랐다. "주님, 주님께서 저를 유혹하셨으므로……"(DBW 13:347-351). 그는 예레미야를 반항적이기도 하고 고분고분하기도 한 인물로 그렸는데, 이는 공동체 앞에서 행한 일종의 자전적 고백이나 다름없었다.

> 그분이 올가미를 더 단단히 끌어당겨 그를 더 괴롭게 하시자, 예레미야는 자신이 포로라는 것을 깨닫습니다. 그는 포로이기에 따를 수밖에 없습니다. 그의 길은 예정된 길입니다. 그의 길은 하나님이 버리시지 않는 이의 길, 하나님에게서 벗어날 수 없는 이의 길입니다.……예레미야는 평화교란자, 민족의 적이라는 비난을 받았습니다. 여러 세대를 거쳐 오늘날에 이르기까지, 하나님의 소유가 된 사람들, 하나님에게 붙잡힌 사람들, 하나님이 너무나 강력하셔서……평화와 구원을 외칠 수밖에 없는 이들도 그런 비난을 받았습니다(DBW 13:348).
>
> 진실과 정의의 개선 행렬, 온 세계를 관통하는 하나님과 성서의 개선 행렬이 이루어지면, 승리의 전차 뒤를 따르는 포로들의 행렬이 이어질 것입니다. 그분께서는 막판에 우리를 그분의 개선 행렬에 이어 붙이실 것입니다. 우리는 속박과 학대를 당하겠지만 그분의 승리에 참여하게 될 것입니다!(DBW 13:351)

헤켈의 런던 방문

관찰자 상당수가 주장하는 것처럼, 1933년 봄에 있었던 1차 망명자들의 운명보다는 1934년 1월 독일에서 교회를 둘러싸고 일어난 논쟁들이 영국 여론의 참여를 훨씬 강하게 불러일으켰다. 루트비히 뮐러가 1월 25일에 이루어진 히틀러 면담 결과와 함께 거둔 성공이 공고해지려면, 외국 언론의 반응들을 진정시키거나 변화시킬 만한 무언가가 일어나야 했다. 헤켈의 관점에서 보면, 런던에 거주하는 독일인 목사들이 에큐메니칼 동아리들 및 세계 언론들과 접촉하여 멋대로 떠드는 것을 막을 필요가 있었다. 종국에는 그들을 돌이켜 제국감독과 그의 통치에 충성하도록 해야 했다.

헤켈은 2월 8일과 9일에 있을 자신의 방문을 런던 독일인 목사들, 브루노 슈뢰더 남작, 그리고 치체스터의 주교에게 알렸다. 헤켈의 방문은 신학자 프리드리히-빌헬름 크룸마허Friedrich-Wilhelm Krummacher와 교회연합회 사무국 소속 법률가 한스 발을 대동할 정도로 중대한 임무였다. 이 대표단이 베를린에서 출발할 무렵, 런던 사람들이 보기에 1월 25일 이후에 빚어진 교계의 사태 전개는 최선이 아닌 것으로 보였다. 시찰단이 당도하기 전에, 베를린에서 온 신문들과 편지들 그리고 베를린에서 걸려온 전화 통지문들이 불안한 내용을 상세히 알렸기 때문이다.

런던 사람들의 마음을 가장 무겁게 한 것은 마르틴 니묄러가 1월 26일 목사직을 정지당하고 성직 수행 금지령에 동의했다는 소식이었다. 「모닝 포스트」*Morning Post*의 한 기자가 2월 4일 일요일에 저항 세력 소속의 한 인물을 보려고 달렘 예수 그리스도 교회를 방문했다. 그의 보도 기사는 호리호리하고 머리카락이 거무스름한 한 남자가 설교단에 올라가 놀랍게도 첫 마디부터 "또 다른 니묄러"가 설교하고 있다는 인상을 주었다고 극적으로 묘사했다. 그는 다름 아닌 프란츠 힐데브란트였다(DBW 13:93 참조).

시찰단이 도착하기 전, 제국감독이 "획일적인 지휘"를 위해 구프로이센 개신교 연맹 교회원로원의 권한을 자기편 인사에게 위임했다는 사실이 널리 알려졌다. 2월 3일, 프로이센 교회지도부가 "요직에 있는" 성직자를 전근시키는 권한을 가로채어, 목회자의 가장 귀중한 권한 가운데 하나를 침해했던 것이다. 50명 이상의 목사가 2월 초에 직무를 정지당했다. 런던에 있는 동료 성직자들, 곧 평화를 사랑하는 성직자들을 전혀 고려하지 않고 헤켈이 벌인 일이었다.

그러한 소식들에 충격을 받은 본회퍼는 런던에 있는 동료들과 함께 달갑지 않은 시찰에 꼼꼼히 대비했다. 2월 5일, 그들은 6개 항의 메모를 함께 작성했다.

1. 재외 독일인 교구들은 제국감독 법령과 제국교회 당국 법령의 구속력에 신뢰를 보내지 않는다. 옛 계약 당사자인 독일 개신교 교회연합회의 권한들을 신흥 DEK로 넘기면서 또 다른 자유 계약 당사자인 재외 독일인 교구들의 동의를 얻지 않았기 때문이다. 법령들이 구속력을 가지려면 이 문제를 먼저 해결해야 한다.

2. DEK 안에서 시행되고 있는 강압 조치들은 취소되어야 한다. (지난달에도 제국

감독은 업무 협조를 구한답시고 국가경찰에게 개입을 요청한 적이 있다.)

3. 얼마 전까지 독일그리스도인연맹의 후원자였고, 아리안 조항을 교회 안에 도입했다가 취소한 다음 또다시 도입한 제국감독이 다스리는 한, 불신은 계속될 것이다.

4. 교회 청년부를 히틀러 청년단에 편입한 것은 위험한 조치이며, 그래서 제국감독의 권한이 신뢰를 얻지 못하는 것이다.

5. 교회의 최고위 성직자가 자기 목회자들에게 욕설을 퍼붓는다면, 여하한 신뢰도 싹트지 못할 것이다.

6. 브루노 슈뢰더 남작은 이렇게 건의한다. "제국감독은 우리가 고국교회에 잔류하기 위해 내건 조건들을 보장하고 강압 조치들을 취소하겠다고 문서로 보증해야 한다." 우리는 남작의 건의와 같은 의견이다.[49]

2월 8일, 베를린에서 온 3인의 시찰단과 영국에서 사역하는 독일인 목사 일곱 명의 담판이 시작되자마자 격앙된 분위기가 지배했다. 목사들은 3인의 시찰단이 자신들을 먼저 찾지 않고 남작을 먼저 찾아간 것을 옳게 여기지 않았다. 반면에 헤켈은 도대체 어떻게 제국감독의 취임을 겨냥하여 브래드퍼드 성명을 생각할 수 있느냐고 따져 묻고, 1월 15일에 힌덴부르크에게 보낸 진정서의 사본 수령자들을 선정한 것에 이의를 제기했다(DBW 13:97).

회의록에 따르면[50] 헤켈은 교회 내각사무처에서 독일교회의 미래 과제를 놓고 1월 31일에 면밀하게 세운 "종합 기본 계획"을 다음과 같이 읊었다. 1. 독일 신교 조직을 국가의 중앙집권제와 유사하게 통합하기. 2. 청소년 사업 조직, 국내 선교 조직, 개신교 협회 조직을 통합하기. 3. 당면한 문제들, 특히 율법과 복음의 관계를 신학적으로 연구하기. 그러고는 감독들과 교회지도자들이 이 계획에 동의했다고 말했다. 헤켈은 "그러한 동의행위가 완전히 자발적으로 이루어진 행위인지 아니면 확정적인 상황에 충격을 받아 이루어진 행위인지는 굳이 말하지 않겠습니다"라며 슬며시 수상 면담을 언급했다. 그는 이어서 이렇게 말했다. "해외에서는 교회 정치 결사행위를 할 수 없습니다. 재외 교구의 독립성은 침해되지 않을 것이고, 1924년에 발효된 재외 디아스포라 법령은 여전히 유효합니다."

그는 히틀러가 전반적인 상황을 주시하면서, 개신교가 너무 늦게 통합되었고, 절정에 달한 현재의 위기가 다년간의 논쟁 단계에 돌입할 경우, 5개월 안에 개신교의 몰락을 예측해야 할 거라는 견해를 피력했으니, 겉으로라도 질서가 잡히고 회복되어야 한다며 이렇게 말했다. "나는 권한을 부여받아 당신들에게 말합니다. 아리안 조항 문제는 더 이상 걱정할 것이 없습니다." 그러고는 스포츠팔라스트 집회의 결과를 다음과 같이 묘사했다. "국면을 완벽하게 전환시켜 마르틴 니묄러를 성직자단에 끌어들이려다 실패한 시도." 그는 계속해서 말했다. "저항 세력은 제국감독을 후보자 명부에 올릴 수 없다는 이유를 들어 그에게 최후통첩을 보냈습니다. 제국감독이 거절할 수밖에 없는 최후통첩이었습니다. 그럼에도 제국감독은 협상할 용의가 있었습니다. 개신교 청년단을 히틀러 청년단에 편입시키는 것을 놓고 제국감독과 발두르 폰 쉬라흐가 맺은 계약을 교회지도자들이 인가했고, 히틀러는 그 계약을 자기 마음에 쏙 드는 크리스마스 선물로 여겼습니다. 루트비히 뮐러는 당의 보호를 받는 인물이 되었고, 게다가 수상과 면담하고 나서도 변한 것은 전혀 없었습니다." 그러고 나서 그는 이 면담을 묘사했다. 런던 사람들이 1934년 2월 8일에 헤켈의 서술을 핵심 단어로 정리한 의사록에 따르면 면담은 아래와 같이 진행되었다.

히틀러 면담. 니묄러의 장거리 통화 내용: "지금 히틀러는 노쇠한 대통령 곁에 있어. 병자 성사. 속아 넘어갔어. 그가 비서실로 들어오면 진정서를 받을 것이고, 노쇠한 대통령은 이렇게 말할 거야. '꺼져!' 놀랍게도 이 모든 것은 우리가 꾸민 거야." 헤르만 괴링의 면담 개입. 히틀러: "도저히 못 들어 주겠군! 내 수중에 있는 모든 수단을 동원해서 이 반란 세력을 쓸어버리고 말겠어!" 니묄러: "하지만 우리는 제3제국을 열렬히 지지하는데요." 히틀러: "제3제국을 세운 사람이 바로 나란 말이야! 그대는 그대의 설교에나 신경 써!" 히틀러가 제국감독에 대한 이의 제기 이유를 묻는다. 교회지도자들이 침묵한다. 히틀러: "개신교회가 신속히 앞으로 나아가지 않다니 심히 괴롭구려. 나는 가톨릭교회보다는 개신교회에 훨씬 가깝단 말이오." 총통에 대한 충성 맹세가 이어졌다. 니묄러는 헤르만 괴링과 조금 더 대화를 나누었다. 물론 결과는 저항 세력의 실패였다

(DBW 13:99).

그런 다음 헤켈은 목사들에 대한 견책으로 방향을 틀어 저항 세력 목사들에게 불리한 자료에 관해 말했다. "영국 주교와 스웨덴 감독을 통해" 외국에서 영향을 미치는 것은 위험한 짓이라는 것이다. 이는 조지 K. A. 벨과 아문센을 염두에 두고 한 말이었다(DBW 13:99). "루트비히 뮐러에게 맞서는 것은 국가에 맞서는 것과 같은 뜻이라는 걸 명심해야 합니다. 이제 2기 교회 발전이 완료되었으니, 정세를 현실적으로 평가하여 DEK 안에서 고백에 적합한 활동을 위해 신학적 역량을 모아야겠습니다. 니묄러가 이 길을 찾지 못하면, 끔찍한 최후가 찾아올 것입니다"(DBW 13:100). 끝으로 헤켈은 런던 사람들을 달래려고 이렇게 말했다. "루트비히 뮐러의 긴급 조치들은 중대한 경우에만 적용될 것이며, 지금까지 일시 대기발령이 있기는 했지만 면직 조치는 취해지지 않을 것입니다."

런던 사람들의 회의록에 기록된 대로, 토론이 허락되자 본회퍼가 일착으로 이의를 제기하며 다음과 같이 자세히 따져 물었다. "어찌하여 교회 정책과 관련된 사건들만 거론하고 예컨대 구약성서와 고백 같은 근본 문제들은 언급하지 않는 겁니까? 어찌하여 언론 자유의 문제는 언급하지 않는 겁니까? 루트비히 뮐러는 아리안 조항을 도입했다가 취소하고 그런 다음 다시 도입했습니다. 그런데도 그가 교회의 대표가 될 수 있다는 말인가요? 권력을 멋대로 휘둘러도요? 청년 사역 문제에서도 말을 듣지 않잖아요? 교회 정책과 관련된 다음 현안은 교회 조직의 관제화에 있는 것이 아니라 그러한 교회로부터 탈퇴하는 데 있는 게 아닌가요?"

헤켈은 이렇게 대답했다. "구약성서 문제는 미해결 상태입니다. 언론 자유는 잘 보장되고 있습니다. 루스트 법령에도 불구하고 『젊은 교회』와 발터 퀴네트의 『하나님 앞에 선 민족』*Nation vor Gott* 같은 출판물의 간행이 가능하거든요. 전에 아리안 조항의 도입을 취소하자고 제안한 쪽은 루터교 감독들이 아니라 독일그리스도인연맹 측 감독들입니다. '국가와의 관계'를 규정한 조항들은 아리안 조항에 대한 공개 토론을 금하고 있습니다. 어쨌든 감독들이 합의하고 나면 그 조항은 집행되지 않을 것입니다"(DBW 13:100f.). "합의 내용은 다음과 같을 것입니다. '1. 아리안 조항은 제국교회에는 적용되지 않고, 몇몇 지방교회에만 적용된다. 2. 그 조항은 성직에만 적용된다. 3. 그 조항은 외국에는 적용되지 않는다. 4. 앞으로는 불안하게 하는 요소가 없을 것이다.' 제국감독이 독단적으로 내린 긴급 조치(1934년 1월 26일에 발효된 '구프로이센 개신교연맹을 통합적으로 지도하는 것을 보장하기 위한 법령')는 불가피한 것이었습니다. 그렇지 않으면 당국이 아무 일도 할 수 없었을 테니까요. 예컨대 교회원로원에는 '정파'가 다섯 개뿐입니다. 원래는 제국감독도 아리안 조항을 원치 않았습니다. 개신교 청년단을 히틀러 청년단으로 전환한 것은 순조롭게 이루어진 일입니다. 제국감독의 어투는 '오늘날 군인이 쓰는 속어'일 뿐입니다. 트란실바니아의 감독 빅토르 글론디스Viktor Glondys는 루트비히 뮐러의 전술적 판단력을 칭송한답니다. 루트비히 뮐러는 해외 사역을 정말로 아낀답니다."

한스 발 박사는 헤켈의 부연설명을 보완하며 이렇게 말했다. "DEK야말로 독일 개신교 교회연합회의 권리 계승자입니다."

토론이 끝날 무렵, 헤켈은 이번 출장의 실제 목적을 우회적으로 표현했다. "나는 런던에서 발송한 1월 15일자 전보들과 서한들에 담긴 제국감독 불신임 결의—좋지 않은 과격화의 표지—보다는 동료 형제들의 충성 맹세를 베를린으로 가져가 '전체가 주목할 수 있게' 하고 싶습니다"(DBW 13:101 참조).

이튿날에 이루어진 두 번째 모임이 틈을 더 심화시키기 전에, 헤켈과 크룸마허와 발은 애서니엄 클럽[런던의 폴 몰(Pall Mall) 107번지에 자리한 신사들의 클럽. 대형 도서관으로 유명하며, 오랫동안 성직자들의 클럽으로 여겨졌다. 주교들, 각료들, 귀족들이 회원이다—옮긴이]Athenaeum Club에 있는 조지 K. A. 벨 주교를 찾아가 두 시간 가량을 보냈다. 하지만 그곳에서도 모든 것이 뜻대로 되지 않았다. 헤켈은 조지 K. A. 벨과의 대화를 위해 미리 한스 쇤펠트와 상의하고, 그의 조언을 받은 상태였다. 근본적인 문제를 전면에 내세우고, "구체적인 문제"에는 응하지 말고, 정치적이고 자유주의적인 성향의 서구 신학과 거리를 유지하면서 루터교의 교회-신학적 관심사를 알기 쉽게 설명하려고 시도하라는 게 한스 쇤펠트의 조언이었다.[51] 하지만 대화는 "구체적인 문제" 속으로 급속히 흘러 들어갔다. 헤켈은 조지 K. A. 벨에게 독일 문제에 개입하지 말라고 권고했다. 앞으로 6개월 동안—사실상 파뇌 대회 때까지—모든 발언을 자제해 주지 않겠느냐며 검토를 요구한 것이다. 조지 K. A. 벨은 헤켈의 요구에 거부 의사를 표시했다.

애서니엄에서 진행된 이 면담에 관한 기사가 독일 언론에 다음과 같이 실렸다. "의견 교환은 에큐메니칼 협의회와 DEK의 관계 개선에 이바지했다. 이제는 이 관계를 완전한 관계로 간주해도 될 것이다." 그러자 조지 K. A. 벨 주교는 3월 10일자 「타임스」에 격렬한 보복성 글을 기고했다. "정반대로 나는 매끄럽게 해결되지 않은 문제들을 사절단에 제기했다. 1월 18일자 서한에서 표현한 대로, 제국감독에 대한 항의를 누그러뜨릴 수 없었고, 유감스럽게도 그사이에 새로운 불만사항들이 추가되었기 때문이다."[52] 교회연합회 사무국 시찰단은 베를린에서도 런던에서도 편안하게 있지 못했을 것이다.

조지 K. A. 벨과 대화하고 나서 목사들과 가진 2차 모임도 불행하게 진행되다가 급작스럽게 끝났다. 목사들이 내놓은 성명서를 협의하고 거기에 서명할 것인가, 아니면 헤켈이 작성한 충성 맹세를 협의하고 거기에 서명할 것인가가 쟁점이었다.

소극적 의미에서든 적극적 의미에서든 "해외에서 영향을 미치는" 목사들이라는 문구가 말다툼 뒤에서 으르렁거리며 튀어나왔다. 교회 지도자들이 수상과 면담하고 나서 다음과 같은 문장들을, 앞서 인용한 자신들의 성명서에 써넣은 것은 우연이 아니었다. 헤켈이 그것들을 재외 독일인 목사들에게 즉시 써먹은 것도 우연이 아니었다.

> 교회지도부는 국가와 민족 그리고 유용한 운동을 비판하려는 모든 음모, 제3제국을 음해하려는 일체의 음모에 유죄 판결을 내린다. 특별히 교회지도부는 교계에서 벌어지고 있는 논쟁을 국가에 맞서는 투쟁처럼 보이게 하려고 외국 언론을 이용할 경우 그것에 유죄 판결을 내린다.[53]

이 대목에서 목사들은 헤켈이 전날 서술한 것과 「타임스」가 정기적으로 게재한 기사들이 대체로 일치한다는 점을 지적하며, 런던 목사들이 왜곡 보도 때문에 저항 세력에 가담하게 되었다는 것은 말도 안 된다고 말했다(DBW 13:101f.).

런던 목사들이 앞서 준비한 메모의 취지로 성명서를 제시하자, 헤켈은 성명서 수령을 거부하면서 이렇게 말했다. "DEK는 영국 소재 독일인 교구들의 업무에 끼어들 생각이 조금도 없으니, 그쪽도 DEK의 업무에 끼어드는 일이 없기를 바랍니다."

본회퍼는 곧바로 맞받아쳤다. "재외 목사들을 떠나가지 않게 하는 연대감, 곧 독일교회와의 믿을 만하고 신뢰할 만한 연대감에 중요한 것은 '간섭의 문제'가 아니라 대단히 신학적인 관심사입니다." 하지만 목사 동아리 안에서 그 관심사가 조각나기 시작했다. 리버풀에서 온 동료 목사 칼 하인츠 슈라이너가 자신은 헤켈의 상세한 설명에 만족하며, 런던 동료들이 저항 세력에 몸담고 있기 때문에 전에 그들이 발표한 성명에서 발을 뺄 수밖에 없다고 말한 것이다(DBW 13:102). 뒤이어 헤켈은 자신이 작성한 성명서를 큰 소리로 낭독했다. 그 내용은 아래와 같다.

> 나는 1934년 2월 8일에 모인 영국 주재 독일 개신교 성직자들 앞에서, 영국에 있는 독일 개신교 교구들의 교구 협회와 런던 주재 독일 개신교 목사들 측에서 올 1월에 취한 조치들을 근거로 교계 전체의 정세를 소상히 보고했다. 나는 제국교회가 아리안 조항을 법령화하지 않았으니 그 조항과 관련해서는 불안해할 것이 전혀 없다는 성명을 신문 매체 이용 금지 지시에 따라 보류하고 있다가 이참에 발표했다. 성서 수정에 대한 우려가 영국 주재 독일 개신교 교구들 안에서 떠오를 때, 나는 독일 개신교회의 그러한 의도를 거부했다. 기존에 이루어진 영국 주재 독일 개신교 교구들과 DEK의 연관관계에 관한 한, 나는 DEK 장정(章程)이 발효되더라도 해외 디아스포라 법령에 주어진 법적 근거들은 결코 변경되지 않을 것이라는 법적 견해를 밝혔다. 나는 독일 개신교 성직자들이 DEK의 권위를 보호할 의향이 있음을 보증하면서 다음과 같은 사항을 문서로 표명해 줄 것을 제국감독에게 제안할 준비가 되어 있음을 밝혔다. 말하자면 영국 주재 독일 개신교 교구들이 현재 마주하고 있는 고백의 상황을 보호해 주고, 이제까지 맺어 온 연관관계 속에서 독립성을 보장해 주겠다고 DEK 측에서 표명해야 한다는 것이다. 이 성명서는 1934년 2월 9일 모임에서 영국 주재 독일 개신교 목사들의 일치된 동의를 얻었다(DBW 13:105f.).

헤켈이 목사들에게 부탁했다. 회의록 형식의 이 성명서에 서명해 달라는 거였다. 구스타프 쇤베르거가 곧바로 외쳤다. "이 진정제는 나를 심히 불안하게 하는군요"(DBW 13:103). 본회퍼는 이렇게 단언했다. "이 성명서는 헤켈이 중요하게 여기는 것들만 참작하고, 동료들이 제기하는 비판점은 전혀 참작하지 않는군요. 재외교구들의 독립성은 어떠한 특별 약속도 필요로 하지 않습니다. 재외 교구들의 독립성은 의문의 여지가 없습니다. 현 교회 당국을 공격한 것은 재외 교구들의 독립성을 얻기 위함이 아니었습니다."

헤켈은 이 담판의 결과에 대해 심한 유감을 표명하며 말했다. "나는 '아무 성과 없이 고국으로 돌아갈' 마음이 없습니다. 그러니 내가 작성한 문건의 복사물을 배포하여 정확히 검토할 기회를 제공해 주십시오." 그러면서 그는 불행하게도 이런 말을 덧붙였다. "저항하는 자들은 자신들의 이해와 관련하여 다음의 사실을 명심해야 할 것입니다. 즉, 그들이 고분고분하지 않을 경우, 그들은 무조건 '프라하 이주자들'로 간주되리라는 것입니다"(DBW 13:104). "프라하 이주자들"이라는 표현은 도주한 언론인과 좌파 정치가를 통칭하는 개념으로서 당시 "민족과 교회를 아끼는 사람들"에게 굉장히 모욕적으로 들리는 표현이었다. 게다가 헤켈이 반역 시도의 보기를 열거하자, 본회퍼, 율리우스 리거, 헤르만 오토 에발트 슈타이니거Hermann Otto Ewald Steiniger가 항의의 뜻으로 자리를 박차고 나갔다.

구스타프 쇤베르거와 프리츠 베어한은 헤켈이 제시한 성명서를 추후에 검토할 길을 모색했다. 헤켈은 남아 있던 동아리에게 자신이 작성한 초안을 맡기며 그 초안에 서명들이 담기기를 바란다는 희망을 피력했다. 회의는 그렇게 아무 합의 없이 끝났다(DBW 13:104).

본회퍼와 제국교회의 관계는 완전히 깨진 것은 아니지만 극도의 긴장을 유지했고, 그와 헤켈의 관계는 최악의 상태에 다다르고 말았다. 처음에는 서로 관심을 표하는 사이였지만 이제는 상대를 에큐메니칼 분야에서 맞닥뜨린 적으로 여겼다. 두 사람 다 자신의 탁월한 재능 때문에 상대를 만만치 않은 인물, 그러면서도 위험한 인물로 여겼다. 그 기조는 비통함이었을 것이다. 하지만 각자 자기 과제와 자기 집단에 몰두한 까닭에 후퇴도 하지 않고, 상종도 하지 않았다.

런던 사람들과 헤켈 시찰단의 회의는 논의사항의 해석 면에서 즉시 난관을 야기했다.

그 회의가 있던 주의 주말에 본회퍼는 첫 번째 결과를 감지했다. 시드넘 교회임원들이 반란을 일으킨 것이다. 2월 9일 저녁, 그들은 런던 주재 독일 대사관의 초청으로 시찰단 3인방과 면담했다. 그 자리에서 헤켈이 그들을 구워삶아 그들로 하여금 자신의 견해를 지지하게 했다. 그리하여 그들마저 갑자기 교회투쟁을 성가신 "교회 논쟁"으로 여기게 된 것이다. 그들의 담임목사는 율리우스 리거와 함께 그 면담에 불참한 상태였다. 시드넘 교회 고위임원 몇몇이 담임목사에게 다음과 같은 물음을 던지며 답변을 요구했다. "재외 교구들을 국내 논쟁들에 끌어넣다니 어찌된 일입니까? 영국에 있는 재외 교구가 고백전선Bekenntnisfront과 같은 독일 운동 단체와 한패가 되어야 하는 이유가 무엇인지요?" 밤중에 자기 교회임원들과 오랫동안 이야기하고 나서 본회퍼는 예배 후에 교구민들에게 설명할 권한을 얻어 냈다. 무슨 일이 일어났고, 그 일을 어떻게 그리고 왜 다루어야 하는지를 설명하는 권한이었다. 본회퍼의 보고를 접한 교구 회의는 투표를 통해 본회퍼에게 만장일치의 신뢰를 표명했다.

2월 9일에 이루어진 회의 진행 과정의 실상을 둘러싸고 논쟁이 더 꼴사나워졌다. 헤켈이 출국 전에 브루노 슈뢰더 남작을 방문하여, 양측 모두 평정을 촉구하여 정치와 교회를 구별하고 교구들을 단결시키는 데 온 힘을 기울이겠다는 전반적인 약속을 교환했기 때문이다.[54]

동료 목사들은 자신들에게 남겨진 성명서가 일정 부분 조작되는 것을 처음부터 우려하여, 이 성명서는 전반적인 동의를 얻기는커녕 오히려 항의에 부딪혀 동조를 얻지 못했다고 의사록에 기록했다. 또한 그들은 다음과 같은 글귀를 덧붙였다. "목사들이 정치적 중상모략의 가능성을 느낀 까닭에 이 성명서에 대한 논의는 심한 제약을 받았다"(DBW 13:107). 외무부에서 여권을 취소할 것이라는 소문이 그들 사이에 돌았다.

다들 베를린에서 보낸 시찰단이 회의 결과를 "낙관적으로" 서술할지도 모른다고 추측했고, 이는 헤켈이 5월 8일 브루노 슈뢰더에게 아래와 같은 내용의 편지를 보냄으로써 사실로 드러났다.

존경하는 남작님! 지난 2월에 우리가 런던에서 협의하면서 의견의 일치를 볼 때, 남작님께서는 내가 런던 목사들 전체의 동의를 얻어 그들에게 전달한 성명서를 교구 협회 위원회에 제출하여, 남작님이 제국감독에게 보내신 전보와 런던 목사들이 제국교회 당국에게 보낸 전보로 인해 빚어진 상황을 완전히 해소하겠다고 하셨습니다. 남작님께 이런 문의를 드려도 될는지요? 그 위원회가 열렸는지요? 그 위원회에서 협의하여 어떤 결론이 났는지요? 존경을 가득 담아 인사드리며. 헤켈 삼가 올림(DBW 13:136f.).

브루노 슈뢰더는 5월 25일 아래와 같이 답장했다.

존경하는 감독님, 제가 돌아와 보니 감독님이 보내신 5월 8일자 편지가 이곳에 도착해 있더군요. 편지해 주셔서 대단히 감사합니다. 대단히 불투명한 독일 내 교계 사정을 감안하여 말씀드리건대, 이곳 교구들은 당분간 답변하지 못할 것 같습니다. 바라건대 독일 개신교회의 화합이 다시 이루어져 우리가 이곳 교구들의 문제를 다시 협의할 날이 왔으면 좋겠습니다. 오해를 피하기 위해 말씀드리는데, 올 2월 9일자 성명서에 대해서는 만장일치의 동의가 없었습니다. 브루노 슈뢰더 올림(DBW 13:149).

헤켈의 평정 조치는 점점 어렵게 되고 말았다. 이 서신 왕래가 이루어지던 5월은 이미 "법정관리자" 예거가 대규모의 지방교회들을 중앙집권제적 DEK에 강제로 편입시키기 시작함으로써 울름 고백행위와 바르멘 고백행위를 촉발하는 상황이었다.

결국 2월 9일은 교회 당국에서 본회퍼의 마음을 강제로 되돌리려고 마지막으로 시도한 날이나 다름없었다. 하지만 다른 맥락에서는 이 시도가 여전히 진행되었다. 본회퍼가 런던에서 에큐메니칼 활동을 지속하면서 교회-해외사무국을 눈에 띌 정도로 성가시게 했기 때문이다.

Ⅲ. 치체스터의 주교 조지 K. A. 벨

스포츠팔라스트 집회와 그 결과는 본회퍼에게 이롭게 작용하여, 그를 예상보다 빨리 영국 사회와 연결시켜 주었다. 영국 사회는 신뢰할 만한 해석자를 환대했다. "나는 영국 교계 인사들, 주요 정치인들 몇몇과 대화를 나누고 갖가지 계획을 세웠습니다."[55] 본회퍼는 단순한 이주자가 되고 싶지 않았다. 그래서 이 대화들과 계획들을 토대로 위험천만한 상황들을 전개시킬 수밖에 없었다.

영국인 접촉

1933년 10월, 본회퍼가 도착하기 사흘 전에 독일인 두 명이 런던에 먼저 도착해 있었다. 베를린의 감독이자 성직자단의 일원인 호센펠더와 튀빙겐 대학교 교수이자 독일그리스도인연맹 강령의 기초자인 칼 페처가 그들이었다. 투쟁 방법과 신학으로 볼 때, 둘은 그다지 어울리지 않는 짝이었다. 이 두 사람은 1933년 12월 3일에 베를린 대교회당(빌헬름 황제 기념 교회)에서 치르기로 한 제국감독 취임식에 에큐메니칼 인사들을 참석시킬 생각이었다. 하지만 런던으로 오라고 그들을 초대한 이는 영국 성공회 주교들 가운데 한 사람이 아니라, 프랑크 부흐만의 옥스퍼드 운동 단체였다. 그들은 이 단체를 기반으로 삼아 런던과 옥스퍼드에서 독일교회에 관해 안심시키는 성명을 발표하고, 10월 21일자 「도이체 알게마이네 차이퉁」이 보도한 대로, "독일 교인들의 위대함을 독일어로" 전했다.

런던 신문들은 이 "위대함"에 대해 싸늘한 반응을 보이는 한편, 베를린 소식을 상세히 보도했다. 저 두 사람의 상급자인 루트비히 뮐러가 그사이에 예사롭지 않은 연설을 하면서 외국의 눈치를 보지 말고 아리안 조항을 굳건히 고수해야 한다고 주장했다는 거였다. 에큐메니칼 동아리에서는 호센펠더와 페처가 난데없이 접근해 올지도 몰라 불안해했다. 하지만 본회퍼는 지크문트-슐체에게 아래와 같이 보고했다.

> 호센펠더는 캔터베리와 면담할 기회를 갖지 못했습니다. 그저께 치체스터의 주교가 나에게 자세히 전해 준 이야기입니다. 캔터베리는 그 면담을 어림없는 것으로 여기지는 않았지만 그럼에도 그것을 거절했습니다. 그러한 면담으로 있을 수 있는 온갖 오해와 악용을 피하고 싶었기 때문입니다. 호센펠더는 글로스터의 주교와[56] 면담했습니다. 아마도 글로스터의 주교가 호센펠더의 꾐에 넘어간 것 같습니다. 치체스터의 주교가 은밀히 전해 준 이야기에 의하면, 제국감독 취임식에 영국 주교들이 참여하는 것을 놓고 이루어진 이 면담에서 오해가 생겼지만, 그 후에 서면으로 해명되었다고 합니다. 호센펠더가 런던에 있게 된 것은 옥스퍼드 운동 단체의 초청 덕분이었습니다. 그는 초청을 받고 감격했지만 환영회는 특별할 것이 전혀 없었습니다. 그는 유력한 유대인들이 임원으로 있는 이곳의 한 독일인 교구 강당에서 연설을 하고 싶어 했지만 그러지 못했습니다.[57] 그래서 회쉬의[58] 집에서 저녁식사를 하고 난 뒤 연설을 했습니다. 목사들과 교회임원들도 초대받은 자리였습니다. 연설은 제대로 전달되지도, 감명을 주지도 못했습니다. 신문들은 호센펠더의 방문에 대해서는 전혀 다루지 않고, 그가 옥스퍼드 운동에 참석한 것만 게재했습니다. 제가 알기로는 두 신문에서 네다섯 행으로만 다룬 것 같습니다. 영국 교계에 자신을 소개하려는 명백한 저의가 명백하게 실패한 셈입니다.[59]

제국감독이 파견한 이들과 달리 본회퍼는 런던에 도착하고 2주 뒤에 이미 유력한 에큐메니칼 인사들의 대열에 합류해 있었다. 11월 2일부터 4일까지 세계교회친선연맹 집행부가 실무 회의를 위해 런던에 모이고, 치체스터의 조지 K. A. 벨 주교가 의장을 맡은 "생활과 실천" 협의회 집행부도 그랬다. 본회퍼는 이를 계기로 리판의 주교 에드워드 아서 버로스와, 청년 위원회 활동을 하면서 잘 알고 지내던 F. W. 토마스 크래스크를 만났다. 그는 지크문트-슐체의 지시에 따라 세계교회친선연맹 영국 지부 총무 헨리 왓슨 폭스와도 연락을 개시했다(DBW 13:26). 이 회의 기간 가운데 어느 날, 조지 K. A. 벨 주교가 본회퍼를 처음으로 초대했다. 폴몰에 있는 그의 애서니엄 클럽에서 식사하기 위해서였다. 본회퍼는 지크문트-슐체에게 보낸 11월 6일자 편지에서 이렇게 말했다. "며칠 전 저는 이곳 에큐메니칼 인사들과 함께 있었습니다"(DBW 13:23).

치체스터

치체스터의 주교 조지 K. A. 벨은 1932년 여름에 열린 제네바 회의 때부터 본회퍼와 안면이 있었다.[60] 그가 문서를 통해 본회퍼를 알게 된 것은 본회퍼가 그의 책 『영국교회 개요』의 번역 원고를 검토할 때부터였다.[61]

조지 K. A. 벨 주교에 비하면 본회퍼는 이제까지 세계교회친선연맹 위원회의 수많은 회원 가운데 한 사람에 불과하여, 더 특별한 책무를 짊어진 그와는 결코 접촉할 수 없는 처지였다. 그랬던 관계가 이제 근본적으로 바뀌게 된 것이다.

본회퍼는 조지 K. A. 벨이 1925년 스톡홀름 회의 기간에 알게 된 아돌프 다이스만 교수의 소개서를 지니고 갔지만, 조지 K. A. 벨의 흥미를 돋운 것은 앙리오의 편지였다. 앙리오가 조지 K. A. 벨에게 보낸 1933년 10월 3일자 편지는 아래와 같다.

> 그 행사와[62] 관련하여 의장님께 보고합니다. 우리 가운데 몇 사람이 본회퍼와 대화를 나누었습니다. 베를린 대학교 강사이자 독일에서 가장 전도유망한 젊은이 가운데 하나인 그가 우리에게 기탄없이 말하면서 소피아 대회에 참석한 우리 모두에게 깊은 인상을 주었습니다.……그는 독일에서 편지를 보낼 때 거기에 서명을 담지 않고 우리가 동의한 표식을 담아 보내기로 약속했습니다. 그 결과로 제가 이 정보를 의장님께 보내 드릴 수 있게 된 것입니다. 그는 무슨 고난이든 달게 받겠다고 각오하는 이들 가운데 한 사람이자, 도의상 비텐베르크에서 생겨난 신흥 교회에 머무르지 않을 사람입니다.[63]

조지 K. A. 벨 주교는 애서니엄에서 본회퍼를 만난 뒤부터 그 젊은 독일인을 다

영국 런던에 있는 애서니엄 클럽.
본회퍼는 1933년에 조지 K. A. 벨 주교의 초대를 받아 이곳에서 식사하며 대화했다.

른 영국인 친구들에게 꾸준히 소개했다. 며칠 뒤 그는 영국 성공회 저교회파의 대표적 인물로서 맨체스터 대성당 참사회 회원이자 윌리엄 템플의 친구인 피터 그린Peter Green에게 아래와 같이 편지했다.

> 자네가 독일 교계의 사정을 다룬 정보를 직접 얻고 싶다면, 디트리히 본회퍼 씨를 만나 보게나. 그는 독일인 목사 신분으로 방금 베를린에서 이쪽으로 온 사람이라네. 개신교 목사 2,000인 선언서에 서명한 이들 가운데 한 사람이지. 또 다이스만의 제자이기도 하다네. 다이스만은 그를 가장 뛰어난 젊은 신학자 가운데 한 사람으로 나에게 소개하더군. 그는 서른 살이 안 되었고, 미혼이며, 영어를 완벽하게 구사한다네. 게다가 이례적으로 독일교회의 현 지도부를 비판하는 사람이기도 하다네. 물론 그를 곤경에 빠뜨리지 않도록 조심해야 할 것이네.[64]……본회퍼가 나에게 전해 준 이야기에 의하면, 프랑크 부흐만이 글로스터의 주교에게 호센펠더를 대단한 선교 은사를 지닌 "빈민굴 목사"로 묘사했지만, 사실 호센펠더는 "빈민굴 목사"가 아니라는군. 호센펠더는 베를린에서 대단히 작은 교구를 맡고 있는데, 공교롭게도 베를린에 있는 교구들 중에서 1933년 7월 23일에 있은 교회 선거에서 독일그리스도인연맹을 지지하지 않은 두 교구 가운데 한 곳이라더군.

곧이어 조지 K. A. 벨은 필립 헨리 로디언Philip Henry Lothian 경과 같은 유력한 정치인들에게도 본회퍼를 소개했다. 차차 목격하게 되겠지만, 본회퍼는 자신의 위치가 예사롭지 않다고 느꼈다.

두 사람이 인상적으로 신속하게 접촉했음에도 불구하고, 첫 번째 11월 회의(11월 2-4일에 런던에서 열린 세계교회친선연맹 집행부 실무 회의와 "생활과 실천" 협의회 집행부 실무 회의—옮긴이)에서는 에큐메니칼 운동권에서 무슨 일이 이루어져야 하는지를 두고 의견 일치가 이루어지지 않았다. 본회퍼는 런던에서 열린 두 회의 석상에서 전에 소피아에서 그랬던 것처럼 이번에도 자신의 역할을 순수 정보 전달에 국한하지 않고 그것을 넘어 자신이 구상한 대표단 파견을 줄기차게 추진하려고 했다. "대표단 파견이 이곳 런던에서 계속 추진되고 있습니다."[65] 회의 참석자들은 적정

성과 적절한 시점을 고려하는 가운데 그 계획을 논의하다가 당분간 보류하기로 했다. 처음부터 조지 K. A. 벨은 노비사드에서 결의되어 자신이 루트비히 뮐러에게 보낸 10월 23일자 서한의 효과가 발휘되기를 기다리며, 제국감독에게 적어도 시간상의 기회를 주려고 했다. 제네바에 있는 두 에큐메니칼 기구 총무들은 본회퍼가 구상한 대표단 파견의 가치를 처음부터 그다지 높이 평가하지 않았다. 이 시점에서 한스 쇤펠트는 루트비히 뮐러에게 항의하는 대표단의 파견보다는 루트비히 뮐러가 간청한 대표단의 파견을 더 낫게 여겼던 것 같다. 어쨌든 조지 K. A. 벨은 스웨덴 대감독 에를링 아이뎀Erling Eidem에게 보낸 11월 11일자 편지에서 "현재로서는 대표단 파견이 성사되지 않았습니다"라고 말하며 이렇게 덧붙였다. "하지만 어쩌면 대표단 파견을 필요로 하는 새로운 상황이 빚어질지도 모릅니다." 본회퍼는 자신이 내놓은 안이 보류된 것을 부결로 여기지 않고, "계속 추진하고" 숙고해야 할 사안으로 여겼다. 그는 그다음 몇 주 동안 그것을 집요하게 물고 늘어졌다. 하지만 실행에 옮기지는 못했다.

서너 달 뒤, 본회퍼의 의도와는 거리가 먼 대표단 파견이 계획되었다. 스웨덴의 파송을 받아 베를린에서 사역하는 비르거 포렐 목사가 한스 쇤펠트와 죽이 맞아, 에를링 아이뎀과 조지 K. A. 벨이 히틀러에게 개인적으로 간섭하는 계획을 추진한 것이다. 조지 K. A. 벨 주교는 본회퍼와 견해를 같이한 까닭에 비르거 포렐과 한스 쇤펠트의 무리한 요구를 외면했다. 위험을 무릅쓰면서까지 히틀러를 교계 혼란을 잠재울 **해결사**(기계장치로 이루어진 신. 본래 연극에서 해결이 곤란한 장면을 해결하기 위해 신을 출현시킨 데에서 유래한 표현—옮긴이)Deus ex machina로 삼고 싶지 않았고, 히틀러에게 개입을 요청하여 그를 영적인 문제의 궁극적인 권위자로 추어올리는 짓을 범하고 싶지 않았기 때문이다.[66] 에를링 아이뎀은 1934년 5월에 히틀러를 실제로 찾아갔다. 하지만 푸대접을 받았다. 그의 방문은 이렇다 할 성과를 내지 못했다.

본회퍼는 조지 K. A. 벨과 마찬가지로 1934년에 히틀러에게 간섭하는 것과 같은 행위에서 아무것도 기대하지 않았다. 또한 그는 스위스인 친구 에르빈 주츠가 예리한 신학적 논거들을 들이대며 내민 유사한 제안을 단호히 거절하면서 아래와 같이 말했다.

이제부터 나는 히틀러와 바르트의 대화를 가망 없는 것으로 여기고, 더 이상 동의하지 않기로 했네. 히틀러는 자신이 누구인지를 여실히 보여주었네. 이제 교회는 청산해야 할 대상이 누구인지를 알아야 하네. 이사야는 산헤립에게 가지 않았네. 우리는 히틀러에게 무엇이 문제인지를 분명히 들려주려고 여러 차례 시도했네. 우리의 의견이 제대로 전달되지 않았으니, 바르트도 제대로 전달할 수 없을 것이네. 히틀러는 자신이 완고하다는 말을 들으려 하지 않고, 도리어 **우리에게** 자신의 말을 들으라고 강요할 것이네. 사실이 그러하다네. 히틀러를 전향시키겠다는 옥스퍼드 운동의 시도는 너무 순진한 시도였네. 그것은 사태를 잘못 본 어리석은 운동이었네. 전향되는 이는 히틀러가 아니라 우리일 것이네.……도대체 칼 브란트Karl Brandt라는 이름의 이 작자는 어떤 사람인가?[67] 나는 사람이 어떻게 히틀러의 측근으로 남아 있을 수 있는지 도무지 이해가 안 되네. 나탄[레싱(Lessing)의 저작에 등장하는 현인—옮긴이]Nathan 같은 사람이거나, 아니면 6월 30일에 일어난 사건과[68] 7월 25일에 일어난 사건의[69] 공범이거나, 8월 19일에 되풀이된 거짓말의[70] 공범이거나, 다음 전쟁의 공범이 아니고서는 그러지 못할 것이네! 부디 나를 용서해 주게. 하지만 나에게 이것들은 대단히 심각해 보인다네. 나는 이 일들 속에서는 어떤 연기도 하고 싶지 않네.[71]

본회퍼가 이 편지를 쓸 무렵, 많은 일이 일어났다. 그사이 조지 K. A. 벨과 본회퍼는 상당히 가까운 사이가 되었다. 본회퍼가 정치적 판단과 신학적 판단을 구별하고 그것들을 다시 밀접하게 연관 지은 이유를 조지 K. A. 벨이 이해한 것이다.

애서니엄에서 첫 만남이 있은 뒤, 11월 13일에 개최된 스포츠팔라스트 집회를 계기로 본회퍼와 조지 K. A. 벨은 활발하게 편지를 주고받게 되었고, 이 편지 왕래로 본회퍼는 치체스터에 있는 주교 관저까지 방문하게 되었다. 본회퍼는 부탁과 무리한 요구로 연장자를 귀찮게 하곤 했다.

본회퍼는 11월 16일자 편지에서[72] 스포츠팔라스트 집회로 인해 발생한 사건들이 오히려 회복의 희망을 유포하고, DEK라는 합법적 교단으로부터 저항 세력의 탈퇴를 재촉하고 있음을 본다. "하지만 그것은 무면허 생존을 의미하여, 국가 지도층에게 경찰력에 의한 감시와 정치적으로 신뢰할 수 없는 이들에 대한 고발을 용이하게 해줄 수 있습니다. 그러니 에큐메니칼 협의회는 자신이 누구를 독일의 진정한 개신교회로 여기는지를 적시에 분명하게 알려야 합니다. 이것은 세계협의회 의장이신 주교님과 밀접한 관계가 있는 일입니다. 따라서 주교님은 다시 제국감독에게 결단을 촉구해야 합니다."

이 편지는 본회퍼 자신의 결단력에서 비롯되었다. 그는 두 개의 상이한 시기에 자신이 어떻게 생각하는지도 거침없이 말한다. 한편, 이 편지는 베를린에 있는 친구들이 실제로 작전을 수행하고 있는 상황을 염두에 두고 쓴 것이다. 말하자면 루트비히 뮐러를 독일그리스도인연맹 측 고문들로부터 분리시킬 가능성이 보이니 조지 K. A. 벨 주교도 편지로 거들어야 한다는 것이다. 다른 한편, 이 편지는 훨씬 뒤에야 다가올 결단, 즉 분리를 내다보며 쓴 것이기도 하다. 1933년 11월, 베를린 친구들은 그것을 전혀 실행하지도, 원하지도 않았다. 하지만 본회퍼는 분리를 피할 수 없는 것으로 여겼다. 이렇게 그는 그때그때마다 대단히 미래 지향적인 요소들을 강조하고, 그것들을 활용하여 사태 전개를 미리 능동적으로 변화시키려고 했다. 이는 상당히 위험한 일이었고, 그의 말을 따르는 이가 없을 경우에는 그를 고립시키고도 남을 일이었다.

조지 K. A. 벨은 즉시 답장했지만, 여전히 꾸물거렸다.[73] 10월 23일자 편지에[74] 대한 루트비히 뮐러의 반응을 여전히 기다리고 있었기 때문이다. 당시 한스 쇤펠트는 루트비히 뮐러를 방문하여 그에게서 즉각적인 답변을 통보할 권한과, 에큐메니칼 대표단을 베를린으로 파견해 달라고 간청할 권한을 위임받은 상태였다. 소피아 대회 이후 절박해진 계획, 곧 에큐메니칼 진영에서 대표단을 파견하여 참견하려는 계획을 입수하여, 그 계획의 방향을 품위 있는 초청으로 변경하는 것, 이것은 루트비히 뮐러가 곰곰이 생각해 낸, 대단히 영악한 계책이었다. 하지만 한스 쇤펠트가 조지 K. A. 벨에게 전할 루트비히 뮐러의 메시지가 나온 것은 스포츠팔라스트 소동이 있기 며칠 전이었고, 그 뒤 스포츠팔라스트 소동이 일어나서 시기를 놓치는 바람에 그 탁월한 계략을 써먹을 수도 없었고, 품위 있는 초청장을 에큐메니칼 진영에 보낼 수도 없었다.

긴급동맹의 발표문으로 인해 직무 정지 사태가 일어났다는 첫 소식이 당도하자, 본회퍼는 에큐메니칼 협의회가 피해자 가족을 위한 원조를 주도해야 한다며 조지 K. A. 벨 주교를 다시 압박했다.[75] 그는 해외 원조로 자신들의 상황을 난처하게 하고 싶지 않은 여러 친구들의 우려에도 아랑곳하지 않았다. 본회퍼의 제안은 현실화되지 못했다. 훨씬 뒤에 비(非)아리아인 목사들이 독일을 버리고 떠날 무렵에야 비로소 치체스터의 주교 관저에서 원조 조치가 시작되었다.

1933년 11월 21일과 22일, 본회퍼는 치체스터에 있는 조지 K. A. 벨을 처음 방문하여 아름답고 고풍스런 공간에서 풍성한 대화를 나누었다(DBW 13:29 참조). 이 방문은 교계 정치로 인해 싹튼 조지 K. A. 벨과 본회퍼의 제휴에 인격적인 만족과 신학적인 만족의 요소를 더해 주었다. 그때부터 두 사람은 하루걸러 한 차례씩 오가며 서로 상의하는 긴밀한 사이가 되었다. 두 사람은 상대방의 실질적인 관심사를 이해했다. 하지만 우정관계만을 지속시키라는 요구도 받았다.

에큐메니칼 협의회 의장인 조지 K. A. 벨은 제네바에 있는 두 총무 앙리오와 쇤펠트를 통해 정보를 입수했다. 여기에 그가 임무를 부여하여 베를린에 파견한 영국 성공회 신부 R. H. 크래그Cragg가 그의 간청으로 편지를 자주 보내왔고, 이 편지가 기존의 정보를 보완하고 수정해 주었다. 게다가 조지 K. A. 벨은 바젤에서 사역하면서 나중에 스위스 교회협의회 의장이 된 알폰스 쾨힐린Alphons Koechlin 목사의 냉철하고 정확한 판단력을 존중했다. 하지만 이제는 본회퍼를 통해 원천적인 정보와 유용한 분석을 제공받았다. 구경꾼의 자리가 아니라 가담자들의 자리 한가운데에서 오는 정보였다. 그는 새 파트너의 신학적 엄정함과, 특정한 구상을 열정적으로 추진하는 능력을 인정함을 물론이고, 그러한 것들을 적극 후원하기까지 했다. 물론 저항 세력과 그들을 대변하는 이 젊은이가 꼭 필요한 신중함을 잃고 일방적인 신학을 옹호하면 어쩌나 하는 우려로 불안하기도 했다. 그가 눈에 띄게 편안해진 것은, 그가 1934년 가을 본회퍼의 추진으로 베스트팔렌 종교 회의 의장 칼 코흐를 예방하여, 선천적으로 보수적이고 신중한 베스트팔렌 사람이 독일 교계에서 급진적인 성향의 동아리를 대표하고 있음을 확인하고 나서였다. 하지만 그는 위기 상황에서는 "신중함"이 결단력 상실의 구실이 된다는 것도 직감적으로 알고 있었다. 사실상 그는 본회퍼가 건네는 정보들과 그의 판단력을 의심하지 않고, 그것들을 곧바로 활용했다. 본회퍼가 지금처럼 고백교회 지도부의 위임을 받아 자신과 관계하든 위임을 받지 않고 관계하든 아랑곳하지 않고 그리했다. 조지

K. A. 벨은 보기 드물 정도로 맞춤하게 조합된 이중 능력의 소유자였다. 그는 조언을 구하고 받아들일 줄 아는 사람이자, 냉철하고 개성적인 독립성을 지킬 줄 아는 사람이기도 했다.

조지 K. A. 벨이 실무적인 이유에서 이 파트너를 탐냈다면, 본회퍼는 더더욱 실무적인 이해관계에서 에큐메니칼 협의회 의장에게 접근했다. 조지 K. A. 벨은 노비사드 대회에서 의장직을 맡았고, 파뇌 대회에서도 의장직을 맡을 예정이었다. 그가 보기에 본회퍼는 독일 교계와 에큐메니칼 그리스도교계의 전례 없는 상황을 누구보다 신속하게 파악하는 사람이었다. 거의 모든 에큐메니칼 활동가가 독일에서 일어난 사건들에 격분하며 피해자들을 위해 무언가를 했다. 하지만 본회퍼는 그 이상의 것이 필요하다는 견해를 내세웠다. 말하자면 독일에 있는 두 교단 사이에서 어느 한쪽을 결정할 필요가 있다는 것이다. 에큐메니칼 동맹들의 정관에는 그러한 자격이 규정되어 있지 않았다. 그런데도 다른 진영에서 한 것처럼 이쪽 진영에서도 과거의 신학적 동지와 적을 가려내야 한다면, 한 교단을 퇴출시키고 다른 한 교단을 인정하기 위해 어떤 기준을 적용해야 하는가? 본회퍼는 연방처럼 조직되어 권한이 없는 에큐메니칼 협의회 안에서는 교회가 신앙고백(신조)의 구속을 받느냐 안 받느냐를 따지는 것이 시급하다고 여겼다. 본회퍼는 망설이지 않고 이 문제를 현 책임자인 조지 K. A. 벨에게 들이댔다. 그러자 놀랍게도 공감을 얻었다.

본회퍼는 조지 K. A. 벨에게 여러 차례의 결정을 기대했음에 틀림없다. 그토록 유력한 의장조차도 에큐메니칼 협의회 같은 느슨한 단체에게 요구하기가 쉽지 않은 결정이었다. 하지만—조지 K. A. 벨과 함께—에큐메니칼 협의회의 자기 이해가 이 새로운 도전을 받고 성장하기를 바랐다. 본회퍼는 최근의 교회사가 에큐메니칼 운동을 생존권의 가장자리로 내몰고 있다고, 물론 공공연한 편들기를 통해서가 아니라 극도의 중립적인 침묵 유지를 통해서 그리하고 있다고 생각했다. 이 같은 상황에서 조지 K. A. 벨은 에큐메니칼 운동의 생존권을 훨씬 대담한 방법으로 확보할 준비가 되어 있는 것으로 여겨졌다. 조지 K. A. 벨의 근처에는 결정을 회피할 표면적인 이유들이 충분히 있었을지도 모른다. 실제로 결정을 회피하라는 권고를 받기도 했지만, 그는 회의 도중에 자신의 집행권을 마음껏 행사했다.

회의 석상—파뇌 회의 석상—에서 아무도 의장직 권한 위반죄를 씌울 수 없을 정도로 능수능란하게 행사했다. 너무 적게 움직일 여지도 있고, 너무 멀리 나아갈 여지도 있었지만, 그는 후자의 경계에 이를 때까지 움직였다. 본회퍼도 그 사실을 알고 그를 지지했다. 그리고 조지 K. A. 벨 주교는 본회퍼의 무리한 요구를 나쁘게 여기지 않았다.

개인적인 관심사를 통해서도 실질적인 상호 접근이 촉진되었다. 조지 K. A. 벨은 고교회파 소속으로서 금욕에 익숙한 교구 주교였다. 게다가 폭넓은 교양을 겸비한 사람이기도 했다. 젊은 시절에는 시(詩) 부문 옥스퍼드 최고상을 수상했고, 캔터베리 대성당 수석 사제 시절에는 "음악제와 연극제"를 제안하여, T. S. 엘리엇Eliot, 크리스토퍼 프라이Christopher Fry, 도로시 L. 세이어스Dorothy L. Sayers와 함께 작업하기도 했다. 에큐메니칼 활동을 겸하는 동안에는 대주교 랜덜 데이비슨의 전기를 탈고하기도 했다. 1,400쪽 분량의 두툼한 전기였다. 그는 이 전기로 영국의 주목할 만한 전기 작가 가운데 한 사람이 되었다. 나탄 죄더블롬은 1925년 스톡홀름 대회를 마친 뒤에 데이비슨에게 이렇게 편지했다. "이 벨은 결코 헛되이 울리지 않는답니다."

본회퍼는 조지 K. A. 벨의 마음에 쏙 들 만큼 행실이 발랐다. 흥분할 때에도 부적당한 말투를 쓰는 법이 없었고, 상대의 말을 경청할 줄 알았으며, 흥분하여 발언을 되풀이하면 그 발언의 무게가 떨어진다는 것도 아는 사람이었다. 두 사람 다 신뢰를 통해 서로에게 호감을 표현했다. 조지 K. A. 벨은 후일 힐데브란트까지 포함시켜 "나의 두 아들"이라 부르며 본회퍼와 힐데브란트를 좋게 평하기까지 했다. 두 사람 모두 생일이 2월 4일이었기에, 해마다 축하인사를 주고받았다. 더 이상 그럴 수 없게 되었을 때에는 조지 K. A. 벨 주교가 영국에 이주한 쌍둥이 누이에게 축하인사를 보냈다. 생애 마지막에 본회퍼가 전해 달라며 마지막으로 한 말도 조지 K. A. 벨을 염두에 두고 한 말이었다.[76]

1948년, 조지 K. A. 벨은 영어판 『나를 따르라』 서문에서 아래와 같이 평가했다.

> 사악한 정권 초기에 나는 그를 런던에서 알게 되었다. 나는 그와 친밀하게 지내면서 그에게서 투쟁의 진정한 성격을 들어 알게 되었다. 그는 영국에서 목사로

사역하는 동안 독일인 교구민들과 함께 훌륭한 일을 했을 뿐만 아니라, 동포들 외에도 많은 이를 가르쳤다. 신념은 맑고 깨끗했고, 그는 젊고 겸손했다. 그는 진실을 바라보고, 그것을 두려움 없이 말했다.[77]

위기

베를린 당국은 본회퍼와 조지 K. A. 벨 주교가 허물없는 사이라는 것을 훤히 알고 있었다. 처음에는 언론 접촉에 관한 소문 때문에, 그다음에는 잡지 『원탁』*The Round Table*에 실린 기사 때문에, 그다음에는 조지 K. A. 벨이 힌덴부르크에게 보낸 서한 때문에, 그다음에는 대주교 접견 때문에 상황이 점점 더 미묘해졌다.

1. 「타임스」가 교계 혼란을 대단히 정확하게 보도하자, 본회퍼가 이 보도와 관련되어 있다는 소문이 크리스마스 시즌에 베를린에서 나돌았다. 그 자신은 상당수 전우들과 달리 국제 언론 보도 사실을 그다지 심각한 것으로 여기지 않았다. 나중에는 정확한 보도를 가능하게 하려고 몇 가지 조치를 더 취하기까지 했다.[78] 하지만 이 시기에는 외국 언론도 혼자 힘으로 정보를 썩 잘 수집할 수 있었다. 게다가 그는 반역행위 관련법에[79] 엮여 체포되는 것을 잘못된 시작으로 여겼다. 그가 그러한 언론 접촉을 펄쩍 뛰며 부인한 것은 그 때문이었다. 1934년 1월 초, 그는 대단히 위험한 중상모략을 접하고서 "성직자단" 소속 헤르만 볼프강 바이어 교수에게 도움을 청했다. 바이어가 요직에 있는 줄로 착각하고 한 부탁이었다.[80] 그는 이와 별도로 율리우스 리거를 시켜, 그러한 추리들은 교구들을 불안하게 하고 교회 당국에 대한 신뢰를 저하시키는 짓임을 베를린에 알리게 했다.

2. 『원탁』은 가장 명망 있는 영국 월간지 가운데 하나였다. 기사들을 익명으로 실어 정확히 알릴 정도로 "두드러진" 잡지였다. 나중에 워싱턴 주재 영국 대사가 될 필립 헨리 로디언 경이 그 잡지사와 친했다. 그는 3월 호에 독일 신교 위기에 대한 분석 기사를 싣고 싶어 연초(年初)에 조지 K. A. 벨에게 도움을 청했다. 조지 K. A. 벨은 "나는 대단히 중요한 잡지에 실을 장문의 기사와 관련하여 당신에게 중요한 제안을 할 수밖에 없군요"라며 필립 헨리 로디언의 청을 본회퍼에게로 넘겼다.[81] 그러고는 1월 2일 편집장에게 편지를 써 보내며 자기가 추천하는 사람에

대해 아래와 같이 말했다.

> 그는 베를린에 있는 독일교회 인사들을 대단히 잘 알고 있으며, 칼 바르트의 추종자이기도 합니다. 또한 베를린에서 전개되고 있는 상황을 거의 날마다 접하는 사람입니다. 더욱이 현재 6,000명으로 불어난 목사긴급동맹의 초창기 회원 가운데 한 사람입니다. 목사긴급동맹의 선구자들이 지난해 9월 프로이센 총회에[82] 제출한 유명한 성명서에는 스무 명 남짓한 사람들의 서명이 담겨 있는데, 그의 이름이 가장 먼저 눈에 띈답니다. 당신이 원하는 것과 같은 기사를 쓸 정도로 권위를 갖춘 이는 그 사람밖에 없다고 생각합니다. 당신도 그의 수완을 확신하게 될 것입니다.……그가 잠시 나와 함께 지내러 오고 있습니다(DBW 13:66).

본회퍼는 이 시기에 루트비히 뮐러의 "언론 규제법"이 공포된 까닭에 부탁을 들어줄 수 없었다. 조지 K. A. 벨은 자신이 쓴 원고를 본회퍼가 교열해야 한다는 단서를 달고 기사 작성의 과제를 맡았다.[82a] 그럼에도 필립 헨리 로디언 경은 본회퍼를 만나 보고 싶어 했다. 그들은 교회 정치상 대단히 조마조마한 순간인 1월 16일에 성 제임스 거리에서 만났다.[83] 영문을 알 수 없지만, 조지 K. A. 벨이 『원탁』 기사를 쓸 때 본회퍼가 도왔다는 사실을 교회연합회 사무국 사람들이 곧바로 알았다.

3. 1934년 1월 베를린에서 사건들이 연이어 터질 때, 조지 K. A. 벨이 루트비히 뮐러와 힌덴부르크에게 항의의 뜻을 표시했다. 교회연합회 사무국이 보기에 이는 앞서 서술한 두 사건의 영향을 능가하는 행위였다. 제국감독은 사실상 1933년 12월 8일에 에큐메니칼 협의회 의장인 조지 K. A. 벨에게 그의 10월 23일자 서한에 대한 답장을 보냈고, 그 답장에는 우호적인 약속들이 담겨 있었다. 이제 그 약속들이 명백한 거짓말이라고 책망을 받은 것이다. 조지 K. A. 벨은 전례 없이 적극적이었다. 첫째, 그는 수상 면담일로 잡혀 있던 1월 17일에 「타임스」에 기고하여(DBW 13:81, Anm. 2 참조), 루트비히 뮐러의 약속 파기를 베를린 사람들이 주목하게 했다. 둘째, 그는 본회퍼의 재촉으로 새로운 서한들을 작성하여, 한 통은 루트비히 뮐러에게, 다른 한 통은 힌덴부르크에게 발송했다(DBW 13:81-83). 본회퍼는 조지

K. A. 벨이 이렇게 써주기를 바랐다. "에큐메니칼 협의회는 루트비히 뮐러에게 실격 판정을 내릴 수밖에 없다."[84] 조지 K. A. 벨은 그 정도까지는 아니었지만 전보다 훨씬 신랄하게 썼고,[85] 공화국 대통령에게까지 도움을 청했다. 셋째, 본회퍼와 조지 K. A. 벨은 베를린에 대표단을 파견하는 안을 고려했다. 무엇보다도 니묄러가 정직된 상태였기 때문이다. 성사되지는 않았지만, 본회퍼의 어머니가 런던으로 보낸 편지에는 그 안과 관련된 언급이 담겨 있다.

> 그러고 나서 나는 다시 게르하르트(야코비)를 찾아가 그와 논의할 생각이란다. 네 쪽 사람들이 조지(벨 주교)와 함께 이곳을 방문할 경우, 그것을 옳게 여기는지를 물어볼 거야. 프란츠(힐데브란트)는 그것에 찬성하더구나. 나는 그가 나중에 오는 것이 나을지 아니면 그 전에 오는 것이 나을지를 놓고 생각했단다.[86] 게르하르트가 어찌 생각하는지를 조만간 편지로 알려 줄게.……어제는 힐데브란트가 그리스도 교회에서 니묄러 대신 아주 멋지게 설교했단다.[87]

헤켈이 수행원과 함께 런던으로 향할 무렵, 본회퍼는 조지 K. A. 벨 주교가 놀라우리만치 정확한 정보를 제공하는 것을 보고, 굳이 저들의 방문을 반대하겠다는 약속을 받아 내어 주의를 딴 쪽으로 돌리게 할 마음이 별로 없었다. 게다가 조지 K. A. 벨은 1934년 1월 28일부터 29일까지 열린 "생활과 실천" 협의회 집행 위원회 회의에서 최근에 자신이 루트비히 뮐러에게 보낸 1월 18일자 서한의 재가를 받은 상태였다.

골칫거리 본회퍼의 영향력을 입증할 증거가 더 이상 필요하지 않았다. 베를린은 다시 한 번 그의 영향력을 잠재우려고 했다. 헤켈은 런던을 떠나 귀국한 뒤 얼마 지나지 않아 그 빌미를 찾아냈다.

4. 어느 날, 캔터베리 대주교가 본회퍼와 면담하고 싶어 한다는 정보가 헤켈의 베를린 집무실 사람들에게 날아들었다(DBW 13:117 참조). 이상하게도 본회퍼 자신이 그 정보를 입수하기 전이었다. 호센펠더와 칼 페처는 램버스 궁(캔터베리 대주교 관저—옮긴이)Lambeth Palace 대문을 열지 못했고, 헤켈의 시찰단은 애서니엄까지만[87a] 전진한 상태였다. 그런데도 대주교가 본회퍼와 면담해야 했을까?

정보의 진행 방향이 달랐던 것은 본회퍼의 빈번한 독일 출장 때문이었다. 그는 런던에서 헤켈과 담판하고 얼마 지나지 않아 2월 13일 하노버에서 열린 목사긴급동맹 회의에 참석했다. 저항 세력이 루트비히 뮐러 휘하의 DEK 안에서 교단의 올바른 모습을 위해 투쟁할 것인가, 아니면 1차 자유총회를 준비하던 때처럼 분리를 추구할 것인가가 회의의 쟁점이었다.[88] 회의가 또 다시 추상적인 논쟁으로 흐르고 분리 행보에 대한 경고들만 무성하자, 본회퍼는 그것에 실망한 나머지 회의장을 뒤로하고 부모가 살고 있는 베를린으로 발걸음을 옮겼다. 그러다 거기에서 독감에 걸려 몸져눕고 말았다.

그 어간인 2월 19일, 런던에서는 대주교 코스모 고든 랭Cosmo Gordon Lang이 베푸는 정례 리셉션이 램버스 궁에서 거행되었다. 런던 주재 외국 성직자들에게 베푼 리셉션이었다. 그 자리에서 조지 K. A. 벨이 독일에서 일어난 사건들에 대해 상의하면서 본회퍼에 대해 보고하자 때마침 대주교가 본회퍼의 안부를 묻고, 부득이한 사정으로 참석하지 못한 그가 다시 참석하면 만나 보고 싶다는 바람을 피력한 것인데, 며칠 뒤에 헤켈의 집무실 사람들이 램버스 궁에서 일어난 작은 사건을 알게 되었던 것이다.

게다가 에큐메니칼 협의회 의장이 독일 대표단을 초대하여[89] 독일 교계 사정을 놓고 기탄없이 상의할 채비를 하고 있으며, 그 자리에서도 본회퍼가 영향을 미칠 것이라는 소식이 들려오자, 다들 그를 붙잡으려고 했다.

소환

본회퍼 가(家)의 먼 친척 크룸마허 박사가 예벤스슈트라세에서 방겐하임슈트라세로 전화를 걸어,[90] 본회퍼가 그사이에 런던으로 떠났다는 소식을 들었다. 헤켈은 곧바로 본회퍼에게 전화를 걸어, 즉시 비행기를 타고 베를린으로 돌아오라고 지시했다. 본회퍼는 3월 5일 비행기를 타고 돌아가 3월 10일까지 베를린에 머물렀다. 그를 감독하는 당국에 대한 마지막 복종행위였다.

논쟁은 진지하게 진행되었다. 에큐메니칼 분야 관할권과 이 분야에 대한 본회퍼의 관심이 쟁점이었다. 거기에 본회퍼의 안전에 대한 약간의 우려도 화제가 되었다.

무엇보다도 관할권 문제를 둘러싸고 첨예하게 대립했다. 2월 21일, 제국감독이 "교회-해외사무국"을 설치하고 그 부서장 헤켈을 감독에 임명하여, 그의 지휘 아래 개신교 재외 디아스포라 업무와, "독일 개신교회와 우호적인 재외교회의 관계 증진 업무를 단일 기구에 통합시켰기" 때문이다.[91] 이는 헤켈이 국가에 대하여 책임을 지게 되었음을 의미했다. 교회 영역에 대한 외국의 태도를 개선시킬 책임을 맡게 된 것이다. 얼마 지나지 않아, 예벤스슈트라세의 허가를 받지 않은 모든 에큐메니칼 활동은 외국의 내정 간섭에 가담하는 것을 의미하게 되었다. 더 나아가 제국감독은 교계 문제에 대한 정보들을 외국에 제공한 목사들에게 "대역죄"를 씌우기까지 했다.

본회퍼는 관할권 통합에 반항하고 국가의 규율이 미치지 않는 곳 근처로 얼렁뚱땅 도망치고 싶었을까? 이는 런던에서 쌓은 그의 입지와 명성을 위태롭게 하는 일이 아니었을까? 예벤스슈트라세에는 물론이고 그 자신에게도 위험한 일이 아니었을까? 이는 재능 있는 젊은이에게 애석한 일이 아니었을까?

헤켈은 논쟁 중에 본회퍼에게 "모든 에큐메니칼 활동에 대한" 관심을 끊으라고 요구했다.[92] 그러고는 문서를 내밀며 거기에 서명하라고 말했다. 물론 본회퍼는 서명하지 않고, 그 문제를 잘 생각해 본 다음 서면으로 답하겠다고 말했다.

3월 18일, 그는 충분히 생각하고 쓴 편지에서 서명을 거부하며 이렇게 말했다.[93] "나는 제국감독에게 보낸 10월 성명서에[94] 무언가를 덧붙일 마음이 없으며, 교회 및 신학과 관련된 순수 에큐메니칼 활동을 계속할 생각입니다." 그러면서 헤켈을 안심시키려고 이렇게 말했다. "나는 파리 회의에 참석하지 않을 것입니다. 대주교가 베푸는 리셉션에 관해서는 더 이상 들은 바가 없으니, 조만간 열리지는 않을 것입니다"(DBW 13:117).

이 편지를 부치자마자, 헨리 왓슨 폭스 신부가 본회퍼에게 초대장을 전달했다. 3월 26일 월요일에 램버스 궁으로 와 달라는 내용이었다. 율리우스 리거의 일기에 기록된 면담 내용은 아래와 같다.

코스모 고든 랭은 본회퍼가 면담과 관련하여 베를린(헤켈)으로부터 곤란한 일들을 겪었다는 것을 알고 있었다. 랭은 보고를 받고 잡다한 것들을 물었다. 랭은 독일의 현 교회 당국을 인정할 마음이 없었다. 그는 헤켈을 접견하지 않겠다는 말로 그 의사를 표시했다. 면담은 45분간 이어졌다. 면담이 끝날 무렵 랭은 본회퍼를 조만간 다시 보고 싶다는 바람을 내비쳤다(DBW 13:118).

본회퍼는 "교회 및 신학과 관련된 순수 에큐메니칼 활동"을 어떻게 이해해야 하는가에 대한 해석을 해외사무국에 맡기지 않았다. 그는 주츠에게 보낸 편지에서 이렇게 말했다. "저들은 나를 이곳(런던)에서 쫓아내기 위해 무슨 짓이든 할 것이네. 내가 완강히 버티고 있는 것은 그 때문이네."[95]

바르멘 준비

1934년 봄, 본회퍼에게 재갈을 물릴 수 있다는 생각은 비현실적인 생각이었다. "교회 및 신학과 관련된" 그의 "순수한" 입장 표명이 그것을 허락하지 않았다. 고국에서 벌어지고 있는 사태 전개도 그것을 더더욱 허락하지 않았다. 고국의 사태는 바르멘 결단의 시간을 향해, 이른바 "고백교회" 탄생의 순간이 된 사건, 갈라졌다 모여 교회투쟁의 중심이 된 사건을 향해 계속 흘러가고 있었다. 그래서 본회퍼는 조지 K. A. 벨 주교와 전반적으로 긴밀히 협력할 수밖에 없었다. 그들은 당연히 제네바 사람들과 함께 첫 비상경보를 발했다.

제국감독은 히틀러에 의해 새롭게 강화된 자부심을 가지고 모든 일을 처리했다. 하지만 분리를 향해 치닫는 흐름을 촉진할 뿐이었다. 그는 3월에 젊고 활동적인 하인리히 오버하이트Heinrich Oberheid 박사를 "참모장"으로 삼고 훈령 하달 권한을 그에게 맡겼다. 오버하이트는 나치당원으로서 제국감독의 고향인 라인지방에서 수련목회자로 있다가 단번에 감독으로 진급한 자였다. 그는 코흐가 의장으로 있는 베스트팔렌 총회를 경찰력을 동원하여 해산하고, 존경스러운 의장을 직위해제했다. 제국감독은 구프로이센에 있는 모든 신학원을 폐쇄하고, 4월 12일에는 1933년 여름부터 정부 위원으로 악명을 떨친 예거 박사를[96] DEK의 "법정관리자"로 임명했다. 이는 새로운 절정이었다. 독립적인 지방교회들을 편입시켜 통제하려는 떠들썩한 시도가 베를린에서부터 시작된 것이다.

저항 세력은 수상 면담 후 희미해진 자신들의 목소리를 차츰차츰 되찾았다. 헤켈이 본회퍼를 베를린으로 소환했지만, 이는 본의 아니게 본회퍼를 1934년 3월 7일 베를린-브란덴부르크 교회에서 열린 1차 "자유총회"에 참여시킨 셈이 되고 말았다(DBW 13:112). 베를린-브란덴부르크 교회는 본회퍼의 모교회였다. 해체되었던 베스트팔렌 총회는 경찰 개입 후 곧바로 다시 구성되어 "고백총회"가 되었다. 독일 전역에서 참여하는 전체 자유총회가 4월 18일 먼저 주목을 받았다. 하지만 편입 소동으로 인해 남부 당사자들과 북부 당사자들은 4월 22일 울름에서 개최된 대규모 "고백전선" 집회에 처음으로 참여했다(DBW 13:126 Anm. 4). 그런 뒤에야 독일 전역에서 참여하는 1차 고백총회, 이른바 바르멘 총회가 5월 29일에 성사되어, 정식으로 독일그리스도인연맹의 교리들을 이단이라 불렀다. 이로써 분리가 본격적으로 이루어졌다.

이 결단의 시점이 가까이 다가오면 다가올수록, 독일과 에큐메니칼 협의회 안에서 그러한 행보를 경고하는 목소리들도 점점 더 절박하게 터져 나왔다. 신중하고 정치적으로 확고한 빌헬름 멘은 3월에 제네바에 있는 한스 쇤펠트에게 편지하며 이렇게 말했다. "고백 공동체의 분리는 불행한 일이 아닐 수 없습니다. '자유교회'가 된 저항 세력과의 연결을 모색하거나 장려하는 자는 자신을 국가전복죄에 내맡기는 셈이 될 것입니다. 에큐메니칼 기관들이 이 저항 세력에게 관심을 기울일 경우, 이는 그 기관들의 최후가 될 것입니다." 이미 11월에 분리 위기를 훤히 내다본 바 있는[97] 본회퍼는 생각이 달랐다. 그는 에큐메니칼 기관들에게 곧 도래할 분리를 인식하고 그것을 함께 실행하라고 단호히 압박했다. 하지만 제네바 사람들에게 자신의 의견을 관철시킬 수 없다는 사실이 두드러지기 시작했다. 다시 견고해진 헤켈 감독의 부서가 영향력을 뚜렷하게 행사하여, 제네바에서 일방적인 조치를 취하지 못하게 만든 것이다.

쇤펠트와 앙리오는 이 어간에 제네바에서 한 가지 계획을 세웠다. 에큐메니칼 정탐꾼을 베를린에 박아, 저항 세력을 가까이함과 동시에 제국교회와의 접촉을 유지하게 하는 계획이었다. 조지 K. A. 벨과 알폰스 쾨힐린은 이 계획을 부적당한 것으로 여겨 반대했다. 이제 앙리오는 조지 K. A. 벨과 함께, 제국교회 당국 선발

인사들과 저항 세력 선발 인사들이 파리에서 에큐메니칼 주요 인사들과 회동하는 것을 준비했다. 회동은 4월 16일과 17일 "교회와 국가"를 주제로 한 에큐메니칼 학술회의에 이어 열릴 예정이었다. 그들은 본회퍼에게 이 학술회의의 공동 강연을 맡겼다.[98] 하지만 본회퍼는 헤켈에게 출장을 다녀온 뒤 교구 일을 이유로 들어 취소함으로써(DBW 13:119), 파리에서 이루어진 에큐메니칼 협의회 의장과의 상의에 불참했다(DBW 13:291-294 참조). 그는 파리 회동 기간에 영국 목사 회의에서 강연했다.

그 전에 앙리오와의 편지 교환이 먼저 이루어졌다. 본회퍼가 1934년 3월 14일에 먼저 보낸 편지는 아직 발견되지 않았다(DBW 13:114, 112 Anm. 4 참조). 헤켈과 담판한 것을 놓고 본회퍼가 앙리오에게 보고하고, 이 같은 상황에서 자신이 헤켈의 파견단을 만나는 것을 망설이더라도 양해해 달라고 부탁하는 내용이었을 것이다. 이렇게 추정하는 이유는 그가 4월 3일 자신이 파리로 가야 하는지 가지 않아도 되는지를 결정해 달라고 청했을 때, 앙리오가 다음과 같은 메모를 쇤펠트에게 건네며 본회퍼에게 답장하도록 시켰기 때문이다. "그는 대단히 유능한 사람이지만, 그것이 그의 입장을 곤란하게 한다면, 그에게 강요하지 마십시오."[99] 쇤펠트는 전보에서 어느 정도는 기꺼이 응하는 게 좋겠다고 말했다. 하지만 앙리오의 3월 16일자 편지에서 알 수 있듯이,[100] 본회퍼가 보낸 편지의 강조점은 에큐메니칼 기관들이 서로 어울리지 않는 두 무리 사이에서 최종 선택을 얼마나 빨리 해야 하는지, 그리고 그 사실을 얼마나 빨리 표명해야 하는지를 인식해 달라고 부탁하는 데 있었다. 앙리오는 3월 16일 조지 K. A. 벨 주교에게 편지하면서 본회퍼의 3월 14일자 편지글을 다음과 같이 인용했다. "이 편지에서 이름을 밝힐 수는 없지만, 나는 에큐메니칼 운동 진영의 명확한 조치를 기대하는 지도자들을 상당수 알고 있습니다. 자칫하면 너무 늦은 조치가 될지도 모릅니다."

앙리오는 본회퍼에게 보낸 3월 16일자 답장에서 에큐메니칼 운동 진영에는 최종 조치를 취할 권한이 없다고 말하고(DBW 13:114), 그런 다음 독일에 있는 "친구들"이 제국교회 당국과의 구체적 단절을 막지만 않으면, 종전처럼 계속 진행할 수 있을 것이라고 대략적으로 말했다(DBW 13:115 참조). 그러자 본회퍼는 다급한 마음에 1934년 4월 7일자 새 편지에서(DBW 13:119-121) 독일 안팎에서 신중히 논의된 내용을 아래와 같이 표현했다.

친애하는 앙리오 씨!……나는 에큐메니칼 협의회의 조치가 지체되는 것은 더 이상 책임 있는 행위가 아니라는 나의 입장을 놓고 당신과 거듭 이야기를 나누었습니다. 지금은 결단할 때이지 하릴없이 하늘의 신호를 기다릴 때가 아닙니다. 하늘의 신호를 기다리는 것은 난제의 해결을 불가능하게 하는 것일 뿐입니다. 에큐메니칼 협의회도 결단해야 합니다. 에큐메니칼 협의회는 오류라는 인간의 보편적인 운명에 종속되어 있습니다. 하지만 다른 형제들—독일에 있는 형제들—이 대단히 중대한 결단을 날마다 새롭게 내리는데도, 오류를 걱정하여 행동하지 않고 입장 표명도 하지 않는다면, 이는 내가 보기에 사랑에 위배되는 것 같습니다. 결단을 늦추거나 결단의 때를 놓치는 것은 믿음과 사랑으로 잘못된 결단을 내리는 것보다 큰 죄가 될 수도 있습니다. 복음서에는 '내가 먼저 가서 …하도록 허락하여 주십시오'(마 8:21)라는 말이 있는데, 아아, 우리는 얼마나 자주 그런 핑계를 대고 있는지요! 그 말은 '지금 결단하지 않으면 결코 할 수 없다'는 뜻입니다. '나중에 하겠다'는 말은 '하지 않겠다'는 말과 같습니다. 에큐메니칼 협의회가 지금을 그때로 여기지 않고, 천국을 "침노하는"(마 11:12, 개역개정) 몇몇 사람이 그렇게 생각하지 않는다면, 에큐메니칼 협의회는 더 이상 교회가 아니라 말만 그럴싸한 무익한 단체가 되고 말 것입니다. "너희가 굳게 믿지 아니하면 너희는 굳게 서지 못하리라"라고(사 7:9, 개역개정) 했습니다. 그러나 믿음은 결단을 의미합니다. 결단이 어느 방향으로 이루어져야 하는가에 대해 의심이 있을 수 있을까요? 고백, 오늘날 독일에 필요한 것은 고백입니다. 에큐메니칼 협의회에 필요한 것도 고백입니다. 이 단어를 두려워하지 맙시다. 그리스도의 대의가 위험에 처해 있습니다. 우리가 잠자고 있는 자로 발견되어서야 쓰겠습니까?

지난번 내게 보내신 편지에서 이와 비슷한 의견을 읽은 것 같아서 이렇게 글을 올립니다. '경험 많고' 노련하며 유능한 사람들이 동참하려 하지 않고 뒷걸음질하거든, 당신이 먼저 시작하십시오. 앞으로 나아가십시오. 머뭇거리거나 당황하지 마십시오. 우리는 무엇이 옳고 그른지를 알고 있습니다. 우리가 우리 자신에게 솔직하다면, 담대하게 두려움 없이 앞장서야 합니다. 당신도 그리하십시오! 정말로 중요한 것은 사람도 아니고 조직의 어려움도 아닙니다. 정말로 중요한 것은 그리스도께서 우리를 굽어보시며, 그분을 믿는다고 고백하는 이가 남아 있는지를 묻고 계신다는 겁니다. 나는 우리가 서로 도우면서 이 문제를 보고 있음을 확신할 필요가 있다고 생각합니다. 진심을 담아 디트리히 본회퍼 드림(DBW 13:120f.).

아직은 발신자와 수신자의 의도와 계획들이 구별할 수 없을 정도로 가까워 보였다. 두 사람 다 상대방에게 비범한 조치를 형제처럼 솔직하게 기대했다. 히틀러가 집권할 무렵에 열린 베를린 회의에서 싹터 소피아 대회를 거치며 무르익은 그들의 교제 방식이 이 신뢰를 입증하는 듯 보였다. 하지만 분리를 둘러싼 '이것이냐 저것이냐'의 현실적 도전이 다가오면서 의견 일치가 차츰차츰 불확실해졌다. 그러다가 갑자기 상황을 근본적으로 다르게 이해하는 일이 일어났다. 한 사람은 관리직에 앉아 자기 기구의 정관을 살피며 절차 문제를 자기 의무로 여기고, 다른 한 사람은 이 기구가 존재 근거를 확보하려면 어찌해야 하는지를 물었다. 에큐메니칼 협의회 총무는 제국교회와의 접촉을 고집했고, 본회퍼는 이 제국교회의 독일그리스도인연맹 측 대표들과 중립적 성향의 대표들이 에큐메니칼 전선에 침투해 들어오는 것을 차단하려고 했다. 게다가 그는 몇 달 뒤에 에큐메니칼 파트너들에게 엄히 가르칠 무언가를 시작한 상태였다. 에큐메니칼 협의회가 이 결단을 회피하면 중요한 경험을 놓치게 될 것이라고 확신했기 때문이다. 그는 제네바 사람들과 세계협의회 사람들이 이 결단을 지지하여 단호한 입장을 표명하는 것이 대단히 어려운 일이라는 말에 속지 않았다.

주교 교서

하지만 이 몇 달 동안 수고한 파트너는 제네바에 있는 두 총무가 아니라 에큐메니칼 기구 전체 의장인 조지 K. A. 벨 주교였다. 몇 주 동안 이루어진 협력의 결과로 조지 K. A. 벨 주교가 1934년 예수 승천일에 세계협의회 전체 회원에게 회람을 보냈다(DBW 13:137-139). 파뇌 대회의 확실한 길을 조심스럽게 규정한 "주교 교서"였다.

본회퍼가 조지 K. A. 벨 주교에게 보낸 편지들 속에서 "최후통첩"이라는 말이 갑자기 등장한다. 본회퍼가 조지 K. A. 벨 주교에게 임박한 바르멘 총회에 대해 보고하면서 꺼낸 것으로서 조지 K. A. 벨이 베를린 교회 당국에게 보내야 할 말이었다. 본회퍼가 1933년 11월에 보낸 편지에는 이런 내용이 들어 있었다. "에큐메니칼 교회 진영의 강력한 요구가 도움이 될 것입니다."[101] 1월에 보낸 편지에는 이런 부탁이 들어 있었다. "에큐메니칼 운동권에서 루트비히 뮐러의 정책을 철저히 반대하고……루트비히 뮐러에게 실격 판정을 확실하게 내려 주십시오."[102] 3월인 지금 앙리오에게 편지하면서 같은 날에 보낸 편지에는 이런 내용이 들어 있었다. "에큐메니칼 대표단 파견과 **최후통첩**의 가능성을 다시 한 번 고려해 주시기를 간곡히 부탁드립니다."[103] 본회퍼는 유럽 그리스도교가 공유하고 있는 이상이 위기에 처해 있으니 그러한 조치를 내려도 "내정 간섭"이라는 비난을 받지 않을 것이라며 조지 K. A. 벨 주교에게 다음과 같이 촉구했다. "부탁드립니다. 주교님께서는 침묵하지 말아 주십시오!"

아우구스트 예거가 복귀했다는 경보를 접한 그는 4월 15일에 이런 내용의 편지를 보냈다. "지금은 최후통첩의 방식으로 하던지, 아니면 저항 세력 목사들에게 동조한다는 뜻을 표명하던지 간에 명확한 태도를 취할 때입니다."[104] 그는 조지 K. A. 벨 주교를 압박하며, 현재의 독일교회 당국이 글로스터의 주교 아서 헤들램에게서 성과를 거둘 때처럼 다시 DEK를 강압적으로 통합하려고 하면서 에큐메니칼 협의회의 인정을 받으려고 애쓸 것이니, 에큐메니칼 협의회 의장 자격으로 모든 회원 교회에 경고하여 현재의 독일교회 당국을 개별적으로 인정하는 조치를 취하지 못하게 해달라고 말했다(DBW 13:123 Anm. 10 참조) "에큐메니칼 운동에 몸담고 있는 다른 모든 교회에 편지를 보내서……경고해 주십시오"(DBW 13:123).

조지 K. A. 벨은 "최후통첩"이라는 말에 부합하는 구체적인 무언가를 떠올릴 수는 없었다. 하지만 경고성 회람을 회원 교회들에 보내라는 제안은 마음에 들어 받아들였다. 그는 그 일을 놓고 고심하기 시작했다.

4월 27일, 조지 K. A. 벨과 본회퍼는 편지 내용을 논의하려고 애서니엄에서 만났다(DBW 13:127). 닷새 전에 울름 소재 "고백전선"이 "전 그리스도교계 앞에서 독일의 합법적인 개신교회 자격으로"[105] 성명을 발표한 상태였다. 본회퍼는 히틀러가 화를 내며 자신은 루트비히 뮐러를 고수할 것이라고 확언했다는 소식을 듣고 조지 K. A. 벨에게 이렇게 제안했다. "저들에게 보내는 강력한 메시지를 편지에 담으시지요."

5월 2일, 조지 K. A. 벨은 본회퍼에게 초안을 보내면서 특유의 겸손함으로 수정, 삭제, 첨가를 부탁했다.[106] 본회퍼는 독일에 있는 두 집단 중 어느 한쪽의 선택 문제를 미해결 상태로 놓아두는 어법을 피하라고 조언했다. 그는 조지 K. A. 벨 주교를 자신이 생각하는 "최후통첩"의 방향으로 거침없이 닦달했다. "파뇌 대회에서 논의만 하겠다고 약속하지 마시고, 조치도 취하겠다고 약속하십시오! 그리해야 제국감독 측 사람들이 두려워할 것입니다."[107]

5월 10일, 에큐메니칼 협의회 의장의 교서가 "독일 개신교회와 관련하여 치체스터의 주교가 전 세계 에큐메니칼 '생활과 실천' 협의회 소속 교회 대표들에게 보내는 교서"라는 제목으로 발송되었다(DBW 13:137). 교서는 본회퍼가 바람직하게 여긴 내용을 다 담고 있지도 않았고, 엄밀한 의미에서 말하면 "최후통첩"도 아니었다. 하지만 편입 소동과 바르멘 총회 사이의 이 중대한 시기에 훨씬 광범위한 수취인에게 결정적인 불만거리들을 부각시키며, 그것들의 이름을 다음과 같이 적나라하게 언급했다. "역사상 유례없고……그리스도교 원리와 전혀 어울리지 않는" 총통원리, 강압적인 정부, 징계 조치들, 인종 차별.[108]

그 밖에 누가 또 그 정도로 멀리 나갔을까? 아문센도 그랬을 것이다. 하지만 이 시기의 그는 조지 K. A. 벨만큼 노출된 자리에 있지 않았다. 본회퍼는 조지 K. A. 벨 주교에게 무조건 감사했다.

> 정곡을 찔러 오해의 여지를 남기지 않을 정도로 간결하군요.……주교님의 교서는 보편적인 책임과 상호 책임을 담은 생생한 문건입니다. 다른 사람들도 주교님의 교서에 영향을 받아 주교님처럼 분명히 말했으면 좋겠습니다.[109]

조지 K. A. 벨 주교는 제국감독이나 헤켈 감독으로부터 이 교서에 대한 답장을 받지 못했다. 초여름에 루트비히 뮐러가 이 교서를 놓고 거친 말투로 "현재의 독일에는 신앙의 위기가 없단 말이야"라고 외쳤을 뿐이다. 그러나 조지 K. A. 벨의 권위는 막강했다. 11월의 어느 날, 히틀러의 외교 특사 요아힘 폰 리벤트로프 Joachim von Ribbentrop까지 치체스터를 방문할 정도였다.

저항 세력은 예수 승천일을 보내고 2주 뒤 이 에큐메니칼 교서의 정신적 후원에 힘입어 바르멘으로 나아갔다. 주교 교서 성사에 주도권을 쥐고 도움을 줌으로써 바르멘 총회에 이바지한 이는 다름 아닌 본회퍼였다. 본회퍼는 이 중대한 교회투쟁 사건에 직접 참여하지는 않았다. 그가 참여했다고 생각할 만한 증거도 없다. 당시 하노버 회의와 같은 준비 회의에만 몇 차례 참석했다.

바르멘 총회의 사회는 베스트팔렌 종교 회의 의장 코흐가 맡았다. 독일그리스도인연맹을 후원하는 교회 당국의 "이단사설"에 맞서 독일 전역의 지방교회에서 온 합법적 대표들이 신앙고백을 복음의 근본진리로 선언하고, "갈색 교회"의 이론과 실제를 버렸다. 그들은 칼 바르트의 초안을 토대로 생성된 바르멘 신학 선언에서 "갈색 교회"의 이론과 실제를 아래와 같이 배격했다.

> 우리는 마치 교회가 그 선포의 원천으로서 이 유일한 하나님의 말씀 이외에 그리고 하나님의 말씀과 나란히 여타의 사건, 권세, 형상, 진리를 하나님의 계시로 인정할 수 있고 또 그래야 한다는 듯이 가르치는 잘못된 교의를 배격한다.……우리는 마치 교회가 자신의 메시지와 직제의 형태를 제멋대로 바꾸거나, 혹은 이념적으로 우세한 신념 내지 정치적으로 우세한 신념의 변화에 맞게 바꾸어도 된다는 듯이 가르치는 사설을 배격한다.……우리는 마치 교회가 통치권을 쥔 특정한 지도자들에게 자신을 내맡길 수 있고, 그래도 된다는 듯이 가르치는 사설을 배격한다.[110]

이제부터 저항 세력은 제국교회 안에서 저항하며 제국교회의 지배를 인정할 수밖에 없는 세력이 아니라, 스스로를 독일 "고백교회"로 이해하지 않으면 안 되었다. 본회퍼는 마음이 홀가분해져 자신의 정당함이 입증되었다고 느꼈다. 그가 오래전부터 자기 말과 행위의 시금석으로 삼고 고수해 온 것을 바르멘 총회가 표명하고 시행했기 때문이다. 바르멘 사건 참여자들과 마찬가지로 그도 "저항 세력"이라는 표현을 대체로 사용했지만, 이전부터 줄곧 염두에 둔 것은 고백교회의 대의와 권리 주장이었다. 이제는 거의 모든 이가 "고백교회"라는 표현을 넘겨받았지만, 실제로는 "저항 세력"이라는 표현을 계속 사랑했다. 본회퍼는 그 점을 이해할 수 없었다. 반면에 조지 K. A. 벨은 본회퍼의 분석과 구상을 이해하고, 이 권리 주장이 어떤 결과를 재촉하는지도 이해하고 있었다.

전체적으로 보건대 서방 에큐메니칼 활동가들의 참여는 실제적이었고, 그런 이유로 정치적이었다. 교회투쟁이 "고백"을 위한 지루한 투쟁으로 바뀌자 그들의 관심이 감소되었고, 경찰의 작전이 세간의 주목을 끌자 곧바로 다시 타올랐다. 본회퍼는 자신의 정치적 관점으로 에큐메니칼 활동가들의 공감을 얻을 수도 있었지만 그러지 않았다. 오히려 그는 두 에큐메니칼 협의회를 "이단" 문제 처리에 몰두시키기 시작함으로써 현저하게 고립되어 갔다. 조지 K. A. 벨 주교와 같은 소수만이 이 위기에 대비했고, 대다수는 정통 고수라는 까다로운 성향만을 보았다.

본회퍼는 유별난 사람이었다. 그는 투쟁 조합 회원이었음에도 불구하고 본국의 고백교회 동료들 사이에서 외톨박이가 되었다. 산상수훈에 대해 끊임없이 물었기 때문이다. 반면 산상수훈으로부터 많은 것을 얻는 외국 친구들 사이에서도 외톨박이가 되었다. 그가 신앙고백과 이단 배격을 고집했기 때문이다. 하지만 본회퍼는 산상수훈으로 인한 비생산성을 막기 위해서는 고백에 입각하여 찬탈자들에게 저항해야 하고, 고백으로 인한 열광주의를 막기 위해서는 산상수훈에 입각하여 저항해야 한다고 생각했다.

Ⅳ. 파뇌

본회퍼는 파뇌 대회를 준비하고 그 대회를 위해 투쟁하면서 1934년 여름을 보냈다. 하지만 이 몇 달을 가득 채운 것은 히틀러에게 결정적 권력 증대를 안겨 준 정치적 사건들이었다. 파뇌 대회에 앞서 그리고 파뇌 대회 기간에 위협적인 배경이 되어 모든 숙고에 영향을 미친 정치적 사건은 다음과 같다. 알마 샤흐트를 둘러싼 위기, "에른스트 룀 반란", 엥겔베르트 돌푸스Engelbert Dollfuß 암살 사건, 힌덴부르크 사후에 두 최고 관직(대통령직과 제국수상직)을 "제국총통직"으로 통합한 사건.

정치적 압박

1934년 초여름은 내각과 나치당 지도부에 위기가 찾아오리라는 모종의 희망과 함께 시작되었다. 히틀러가 "파산하리라"는 1933년 예언들이 적중했던 것일까? 5월경 본회퍼는 일종의 위기 상황이 빚어지고 있다는 소식을 매형 한스 폰 도나니에게서 전해 들었다. 당시의 제국은행 총재 얄마 샤흐트가 사임을 고려하고 있으며, 그가 사임하면 히틀러에게 어려움을 안겨 줄 수 있을 거라는 소식이었다(DBW 13:132 참조). 6월 30일, "에른스트 룀 반란"이 실패했다는 소식이 들려왔다. 히틀러는 제국 의회 의사당 앞에서 자기를 정당화하며 희생자 수를 77명으로 발표했지만(DBW 13:203 Anm. 3 참조), 본회퍼가 매형에게서 입수한 정보는 내용이 달랐다. 율리우스 리거의 일기에는 그 내용이 이렇게 기록되어 있다. "본회퍼는 6월 30일과 7월 1일에 희생된 이가 207명에 달한다는 소식을 법무부를 통해 전해 들었다!"(DBW 13:203) 7월 중에는 국가사회주의자들의 쿠데타 시도 소식이 오스트리아에서 들려왔다. 7월 25일, 빈에서 연방 수상 엥겔베르트 돌푸스가 암살되었으며(DBW 13:182 Anm. 5 참조), 이탈리아 군대가 티롤 국경에 집결했다는 소식이었다. 8월 2일에는 힌덴부르크 대통령이 죽었다. 사람의 마음을 온건하게 해주는 그의 영향력과 결합된 기대들이 정당한 것으로 입증되지 않았는데도, 수많은 사람이 그를 신뢰하는 가운데 일어난 일이었다. 하지만 이제 히틀러는 두 최고 관직을 통합하여 자기가 맡고, 1934년 8월 19일에 실시된 국민투표를 통해 "독일 국민의 총통 겸 제국수상"이라는 관직을 승인받았다.

정치적으로 일촉즉발의 상황인 이 시기에 교계 단체들은 기묘한 상황에 처해 있었다. 한쪽에서는 저항 운동을 꾸준히 방해했다. 내무 장관 빌헬름 프리크가 7월 9일 "민족 공동체 수호를 위한" 법령을 공포하여 공공 집회 장소와 기관지에서 교계 논쟁을 논의하지 못하게 했다. 비교적 영향을 받지 않던 교계 신문도 7월 7일에 공포된 "개신교 언론 관련 교회법"의 통제를 받았다. 8월 9일, 루트비히 뮐러가 전국총회를 움직여 자신의 조치와 법령을 합법화시켰다. 이 총회는 체제 전복의 위기에서 독일을 구원하고 "총통"직을 신설한 것에 감사하여 아래와 같은 취임 선서를 결의했다. 목사안수를 받으면서 국가에 대한 충성을 서약했음에도 불구하고 목사들이 해야 하는 선서였다.

> 나 아무개는……독일 국민과 국가의 총통인 아돌프 히틀러에게 충성하고 복종할 것이며, 독일 국민을 위해서는 독일 개신교인에게 부과된 온갖 희생과 온갖 봉사로 전력투구할 것을 하나님 앞에서 맹세합니다.[111]

헤켈과 그의 부하들도 그것을 결의하고 파뇌 출장을 떠났다. 빌헬름 프리크가 내린 금지령 때문에 누구도 그러한 결의에 공개적으로 이의를 제기하거나 비평할 수 없었다.

다른 쪽에서는 "고백교회"라는 이름의 광범한 동아리가 1934년 7월 8일 예배에서 자신들의 충성심을 강조했다. 그들의 무수한 설교와 기도 속에는 총통이 가장 심각한 위기 앞에서 민족을 보호해 준 것에 대한 감사의 뜻이 담겨 있었다. 런던 독일인 교구 회보도 열광적인 기사를 게재했다. 히틀러가 기회를 잘 포착하여 독일은 물론이고 세계까지 구했다는 거였다! 하지만 고백교회 안에서 수고스럽게 견지해 온 논제, 즉 자기 진영에는 "더 나은 국가사회주의자들"이 있다는 논제는 설 자리를 점점 잃어 가고 있었다. 1934년 4월 말, 본회퍼는 주츠에게 보낸 편지에서 아래와 같이 울분을 토했다.

> 니묄러처럼 현실과 동떨어지고 고지식한 자들은 여전히 자신들이 진정한 국가사회주의자가 될 수 있다고 생각한다네. 어쩌면 그들을 이 착각 속에 담아 두는 것이 하늘의 뜻인지도 모르겠네. 그것은 교회투쟁의 이해와도 관계되는 일일 것이네.[112]

본회퍼는 1934년 7월 8일 자신의 런던 교구민 앞에서 설교했다. 그 뒤 설교 원고가 복사되어 그가 가르치던 대학생들에게 넘어갔다. 그 대학생들은 살육에 대한 열광적인 감사의 설교나 고뇌에 찬 감사의 설교 속에 만연한 자포자기를 마주하다가, 오로지 교구에 집중하는 이 참회설교의 결연한 의지를 느꼈다. 본회퍼는 누가복음 13:1-5에 기록된 고대의 학살 보도, 이른바 성전에서 일어난 갈릴리인 학살 사건과 실로암 탑 붕괴 사건을 본문으로 선택하여 설교했다(DBW 13:365-372).

> 어쩌면 여러분은 이 본문을 읽고 깜짝 놀라, 그것이 오늘날에도 딱 들어맞으니 예배에 위험한 본문이라고 생각할는지도 모르겠습니다. 교회 안에서는 신문의 세계와 세상을 떠들썩하게 하는 뉴스의 세계를 접하고 싶지 않기 때문일 겁니다(DBW 13:365).

본회퍼는 자신과 청중 사이에 팽팽한 긴장이 조성되고 있음에도 불구하고, 잔인한 연극의 결말에 대한 격렬한 물음을 던지면서 단도직입으로 예수의 참회 권고를 내밀었다.

> "너희도 회개하지 않으면, 모두 그렇게 망할 것이다."……지금은 아슬아슬한 상황입니다. 이제 우리는 더 이상 이 사건의 구경꾼, 관찰자, 심판이 아닙니다. 이제 우리는 호명된 자, 당사자입니다. 그 사건이 우리에게서 일어났고, 하나님께서 우리에게 말씀하셨으니, 우리도 당사자인 것입니다. 그 사건이 일어난 곳은 나의 세계입니다.……이 당사자들, 그들은 죄와 증오와 냉담에 휩싸인 나의 형제들, 죄과에 휩싸인 나의 형제들입니다.

그는 다음과 같이 마무리했다.

> 우리가 이 사실을 알고 집으로 돌아가 진지하게 생각하려고 할 때에만, 우리는 신문의 세계, 공포의 세계, 심판의 세계를 극복하게 될 것입니다. 주님, 당신의 백성을 참회로 이끄시고, 우리와 함께 그 일을 시작하소서! 아멘(DBW 13:370-372).

후예들이 보기에 본회퍼가 7월 8일에 교구민 앞에서 행한 설교는 꼭 말해야 할 전체 내용의 일부에 지나지 않는 것처럼 보인다. 나중에 본회퍼 자신도 달리 말하고, 사건들에서 참회 권고를 넘어서는 결론들을 도출했기 때문이다. 하지만 적어도 7월 8일에는 이 설교를 충분한 것으로 여겼다. 이 설교를 이해하려면 앞서 인용한, 다음과 같은 편지글을 알고 있어야 한다. "전향되는 이는 히틀러가 아니라 **우리**일 것이네."[113] 이 "전향"은 여러 차례의 변화를 겪고 나서야 구체적인 형태를 띠었다.

임무 분담

1934년 여름, 바르멘 총회와 정치 상황의 악화가 파뇌 대회를 준비하는 본회퍼에게 결정적인 영향을 미쳤다. 그가 고대하던 두 임무, 곧 청년회합 지도와 강연 외에 제3의 임무가 추가되었다. 맨 처음의 두 임무를 잠시 위태롭게 했던 그 임무는 갓 생겨난 고백교회를 파뇌 대회에 참가시키기 위해 고투하는 거였다.

세계교회친선연맹과 "생활과 실천" 협의회가 파뇌에서 공동으로 개최하는 청년회합 준비와 함께 첫 번째 임무가 청년 간사인 그의 손에 떨어졌다. 본회퍼는 이미 1933년에 청년 위원회에 상당한 관심을 기울이고 나서, 1934년 1월 31일부터 2월 1일까지 파리에서 열린 청년 위원회 회의에서 예전에 자신의 제자였던 위르겐 빈터하거 박사를 조수 겸 청년회합 준비 작업 대리인으로 승인해 달라고 요청한 상태였다. 이 결정은 본회퍼가 앞으로도 계속 책임을 떠맡는다는 전제 아래 동의를 얻었다. 하지만 회의가 열리면 열릴수록 그의 바람과 달리 더 많은 일감이 주어졌다. 특히 파뇌 대회에서도 청년회합을 지도하는 임무가 그에게 통째로 맡겨졌다.

청년 분과를 맡은 본회퍼는 바르멘 총회에서 발표한 이단 배격 성명을 토씨 하나 빠뜨리지 않고 관철할 생각이었다. 그리하여 준비 작업에 다시 힘차게 돌입했다. 파뇌 대회 청년회합에 참석할 독일 대표단의 구성이 중요한 문제였기 때문이다. 이는 독일 측과 제네바 측 모두에게 중요한 문제였다. 그는 제국교회 당국과 더 이상 관계하지 않겠다고 하는 이들만 참가자로 승인할 생각이었고, 실제로 예전에 가르치던 베를린 대학생 몇몇으로 대표단을 구성했다. 그러고는 이 무리 중에서 오토 두추스, 잉게 카르딩, 위르겐 빈터하거, 빈프리트 메흘러를 발표자로 천거했다.[114] 그는 제국교회 당국과 해외사무국에 대한 자신들의 입장을 표명하지 않은 것처럼 보이는 대표들이 CVJM(에리히 슈탕게)과 같은 연맹들과 제네바 사이의 별도 토의를 통해 참가자 명단에 오르는 것을 우려하여 곧바로 아래와 같이 개입했다.

"내가 뮐러 씨에게 초대장을 발송하겠다고 옌쉬 씨에게 약속하기 전에, 이제까지 우리에게 충분히 알려지지 않은 뮐러 씨의 신학적 관점과 교회 정치적 관점이 어떤 식으로든 밝혀져야 합니다."[115] "빈터하거와 나는 벤틀란트 박사를 청년회합에 초대하지 않았습니다. 그가 독일그리스도인연맹의 회원이었거나 지금도 그러하다(?)는 소문을 들었기 때문입니다. 열 명으로 이루어진 우리 독일 청년 대표단은 고백교회의 토대 위에 서 있습니다."[116]

본회퍼는 분명하게 위협했다.

이미 서면을 통해 쇤펠트 씨에게 알려 드린 대로, 우리 측 독일 대표단의 파뇌 대회 참석 여부는 현 제국교회 당국 대표들이 그 회의에 참석할 것이냐에 달려 있습니다. 어쨌든 우리 측 대표단은 교회 당국 대표들이 참석하는 파뇌 회의에 저쪽 대표단이 참석하지 못하게 해야 한다는 데에 의견의 일치를 보았습니다. 이 대안이 분명하게 현실화되었으면 좋겠습니다. 우리는 에큐메니칼 협의회로 하여금 독일 내의 두 교계 가운데 어느 쪽을 편들 것인지를 조속히 표명하게 할 생각입니다. 나는 귀하가 이 일에 도움이 되어 주시기를 바랍니다.[117]

파뇌 대회 집행부는 에른스트 룀 봉기, 엥겔베르트 돌푸스 암살, 힌덴부르크 사망 이후에 정치 상황이 우려스럽게 악화되고 있음을 알고서, 청년 프로그램을 계획할 때 유의해 달라고 부탁했다. 본회퍼는 테오도르 드 펠리스에게 보낸 8월 12일자 편지에서 아래와 같이 알렸다.

현재 우리가 대단히 심각한 상황을 고려하여 중시하는 것은 이것입니다. 말하자면 회기 중에 "유쾌한 저녁 모임"이나 즐거운 행사를 잡지 않는 것입니다. 독일 청년 대표단 일부는 교회 정치상 대단히 곤란한 상황에서 참가하는 것이고, 따라서 파뇌에서 귀국한 뒤 몇 주 안에 자신들과 신앙고백에 충실한 개신교인들 모두에게 어떤 일이 닥칠지 알 수 없기 때문입니다(DBW 13:182).

빈터하거는 두 차례에 걸쳐 런던으로 가서 본회퍼와 함께 여러 주를 보내며, 꼭 해야 할 협의를 하고 본회퍼를 대신하여 목회하기도 했다.

두 번째 임무인 본회의 강연은 이미 소피아 대회 때 본회퍼에게 배정된 상태였다.[118] 소피아 대회가 그로 하여금 대회 파견 문제에 구애받지 않고 분열된 독일인들을 대신하여 강연할 수 있게 해준 것이다. 그는 파뇌 대회 초대장 문제 내지 그것을 둘러싼 제네바 측의 해석에 굴복하기보다는, 차라리 본회의 강연 가운데 하나를 맡는 이 영예로운 임무를 포기할 준비가 되어 있었다. 하지만 파뇌 대회에 참석하기로 결심하고 강연을 준비하면서 제네바 사람들의 속을 꽤 많이 긁었다. 교계 정치를 둘러싸고 본회퍼와 제네바 사람들의 관계가 소원해졌고, 그들의 신학적 차이가 두드러졌다. 특히 쇤펠트와 사이가 좋지 않았다. 본회퍼는 테오도르 드 펠리스에게 보낸 8월 12일자 편지에서 아래와 같이 말했다.

귀하는 내가 파뇌 대회에서 기꺼이 발표하기로 했으며, 그 내용을 현 상황에 맞게 고쳤다는 소식을 쇤펠트에게서 듣거나 마르크스Marcks 양에게서 들었을 것입니다. 나는 지금 (독일) 개신교 고백교회의 파견 대표이긴 하지만, 발표는 **청년 간사** 자격으로 하고자 합니다(DBW 13:181).

제3의 임무에 대한 열심, 곧 바르멘 총회 이후 탄생한 고백교회를 파뇌 대회에 참가시키려는 열심이 청년회합 걱정과 강연 걱정을 한동안 뒷전으로 몰아냈다. 앞의 두 임무가 그와 더 직접적인 관계가 있었지만, 그는 에큐메니칼 협의회가 바르멘 총회의 결정사항을 인정하는지를 보고 앞선 임무의 수행을 결정하려고 했다. 물론 이 세 번째 임무를 준비하면서 앞의 두 임무를 준비할 때보다 훨씬 많은 사람들 및 요소들과 싸우지 않으면 안 되었다.

참가를 둘러싼 위기

바르멘 총회1934. 5. 29-31가 끝나고 며칠 뒤, 파뇌 대회 준비 자료, 지침, 물음이 제네바에서 본회퍼에게로 곧장 당도했다. 쇤펠트가 "교회 그리고 민족들의 세계"Kirche und Völkerwelt라는 주제—본회퍼가 강연할 주제—와 관련된 제안과 논제를 제네바로 보내 달라고 요청하는 편지였다.[119] 쇤펠트는 곧바로 다음과 같은 물음을 던졌다. "결정적으로 새로운 일이 일어나지 않더라도 앞서 맡은 임무를 수행할 수 있는지요? 파뇌 대회에 참석한 제국교회 측 인사들 가운데 누군가를 우연히 마주치지 않을까요? 그들과 한 테이블에 앉을 수 있는지요? 바르멘 총회의 주장에 대한 에큐메니칼 협의회의 입장 표명을 기다리고, 그리스도교 신앙이 무엇을 고백하고 무엇을 배격해야 하는지를 놓고 원래의 독일 개신교회가 정중하게 말하게 하라고 최소한의 자존심이 요구하지 않던가요? 전혀 성과가 없어도 괜찮을는지요?"

본회퍼는 쇤펠트에게 답장하기 전에 베를린으로 가서 6월 19일에 고백총회 의장 칼 코흐와 상의하고(DBW 13:150, 159 참조), 마르틴 니묄러와도 상의했다. 세 사람 모두 고백교회를 대표하여 자신들 가운데 어느 하나라도 초대받지 못할 경우 고백교회 측의 누구도 파뇌 대회에 협력하지 않기로 했다. 본회퍼는 제네바 사람들을 양자택일 앞에 세워, 고백교회 측 대표를 초대할 용의가 제네바 쪽에 있는지, 아니면 자신들이 협력을 단념해야 하는 것인지를 물어보자고 제안했다. 참가하지 않고 침묵하는 것도 충분히 의미심장한 일이며, 다른 교회들에서 영향력 있는 대변자들이 나타날 테니, 고백교회 측 대표를 초대할 용의가 없다고 할 경우, 교회-해외사무국만 에큐메니칼 협의회에 출현시키는 것이 더 나을 터였다. 본회퍼는 세계교회친선연맹 베를린 지부 회의에도 참석하여, 헤켈만이 제국교회를 대표하여 참석할 경우 세계교회친선연맹 독일 대표들이 불참해야 하는 것은 아닌지를 숙고했다.

본회퍼는 고백교회 대표 초대 문제를 깔끔하게 해결하는 과제를 안고 런던으로 돌아갔다. 그는 그 문제를 해결하기 위해 먼저 제네바와 편지왕래를 한 다음,

치체스터의 주교를 앞세워 조치를 취하기 시작했다.

1. 본회퍼는 코흐와 니묄러에게서 전권을 위임받고 쇤펠트에게 곧바로 편지했다. 이 편지는 아직 발견되지 않았다.[120] 하지만 우리는 본회퍼가 무엇을 부탁하고 무엇을 논증했는지를 앙리오의 답장—쇤펠트는 휴가 중이었다—을 통해서 충분히 추론할 수 있다.[121] 앙리오의 답장에 의하면 본회퍼는 바르멘을 통해 조성된 상황을 기술하고, 정치적 긴장 상태를 언급하고, 파뇌 협의회 구성과 고백총회 초청 의향을 묻고, 제국교회만 초대할 경우 자신의 협력을 철회하겠다고 통고했다.

앙리오는 7월 7일자 답장에서 그러한 어려움에 처한 고백교회 인사들에 대한 공감을 적절히 표현하고자 애썼다(DBW 13:163). 그러면서도 교회-해외사무국을 독일 개신교 대표로 파뇌 대회에 초대한다는 기존의 사실을 바꿀 수는 없다고 말했다. 그는 고백총회를 추가로 초대할 방안을 궁리하지 못하고 결단을 고백총회 쪽으로 떠넘겼다. 말하자면 고백총회가 스스로를 제국교회와 어깨를 견주는 제2의 교회로 선언하고, 이 사실을 제네바에 공식적으로 통보해야 한다는 거였다(DBW 13:164).

이미 제네바 쪽에서 본회퍼의 강연 거절을 받아들였다는 소문이 다른 경로를 통해 본회퍼의 귀에 들려왔다. 본회퍼는 신속히 반응하며 이렇게 편지했다. “귀하가 파뇌 대회에서 나 대신 강연할 사람을 그토록 빨리 찾아냈다니 참 반가운 소식이군요.”[122] 그러고는 준비 자료를 제네바로 되돌려 보냈다.

상당수의 사람이 고백교회를 제국교회 이외의 독립적 자유교회로 오해하는 것을 바람직하게 여겼지만, 본회퍼는 그것에 격렬히 반대했다.[123] 저항 세력이 울름과 바르멘에서 선언한 대로, 고백교회는 다른 교회(제국교회)와 달리 신학적으로나 법적으로나 독일 개신교회의 토대 위에 서 있으며, 따라서 고백총회가 제2의 교단을 설립하여 에큐메니칼 협의회의 승인을 요청한다는 통보는 절대로 일어날 수 없고, 그런 이유로 파뇌 사태에 대한 책임은 고백총회의 형제협의회가 아니라 제네바 사무국에 있다는 거였다.

두 에큐메니칼 협의회 총무는 자기가 속해 있는 협의회들의 정관에 묶여 있었다. 독일인들의 이토록 완강하고 무리한 요구를 들어줄 범주가 정관에 담겨 있지 않았던 것이다. 하지만 본회퍼가 보기에 고백교회의 권리 주장과 투쟁은 뒤로 미룰 수 있는 것이 아니었다. 정관들은 정말로 아무것도 할 수 없었을까? 1934년의 본회퍼는 고백교회가 제국교회와 나란히 초대받을 수 있게 하려고 고투했다. 하지만 달렘 총회 이후인 1935년에는 오로지 양자택일만 찬성했다.

2. 다른 시도도 계속되었다. 조지 K. A. 벨 주교와 손잡고 초대장 문제를 풀려는 시도였다.

고백총회의 상태가 제네바로 가는 길을 막았으므로, 본회퍼는 조지 K. A. 벨 주교에게 의장의 권한으로 초대를 고려해 달라고 부탁했다. 그는 늦긴 했지만 자신의 권한 내에서 초대를 성사시킬 적절한 방안을 모색했다. 게다가 고백교회의 합법성 주장이 정당한지를 증명하려고 법률 감정을 구하는 수고까지 마다하지 않았다. 당시 법률 감정을 맡은 이는 독일 제국대법원 판사 빌헬름 플로르Wilhelm Flor 박사였다. 조지 K. A. 벨은 절차상의 실수와 월권을 저질렀다는 비난을 받지 않기 위해 조심해야 했다. 본회퍼가 조지 K. A. 벨 주교의 예수 승천일 교서를 준비하면서 짐작한 그대로, 교회-해외사무국이 에큐메니칼 전선을 눈에 띌 정도로 확대하고, 게다가 제국교회의 온전한 합법성을 인정받기 위해 싸우고 있었기 때문이다. 베를린에 있지만 그때까지 알려지지 않은 "에큐메니칼 문제 대처 본부"로부터 비정규 교수 카유스 파브리시우스의 서명이 담긴 편지 한 통이 대주교 관저로 날아들었다. "독일 개신교회가 위험을 무릅쓰고 그리스도교적이기를 포기하고 있다"라고 주장하는 근거가 무엇이냐며 대주교에게 해명을 요구하는 편지였다.[124] 본회퍼는 조지 K. A. 벨이 대주교에게 보낼 수 있도록 그 근거들의 목록을 작성하고, 카유스 파브리시우스의 배후관계와 그의 처지를 설명해 줄 수밖에 없었다(DBW 13:156-159).

조지 K. A. 벨은 신중을 기하는 가운데 파뇌 대회 공동 책임자이자 세계교회친선연맹 의장인 아문센 감독의 조언을 구했다. 조지 K. A. 벨도 앙리오처럼 각 나라가 누구를 대표로 파견할 것인지를 스스로 결정해야 한다는 점을 분명히 알고 있었다. 하지만 그는 코흐와 헤켈이 대표단 파견을 놓고 상의하지 않으리라는 것도 알고 있었다. 그래서 이 사실을 토대로 자신이 나선 거였다. 그는 아문센에게 보내는 편지에서 그 사실을 말하고, 고백교회 대표의 파뇌 대회 참석이 자신에게 얼마나 소중한 일인지를 암시했다.[125] 아문센은 7월 11일에 조지 K. A. 벨에게 답장했다. 조건을 달긴 했지만 고무적인 내용이었다. 아문센의 편지는 본회퍼의 절친한 친구들이 급격한 진전에 쉽게 동의하지 않을 것이라고 알린다. 그 내용은 아래와 같다.

나는 귀하가 편지에서 제기한 문제에 대해 이렇게 생각합니다.

1. 독일 자유총회를 승인하는 것과 관련하여 우리 쪽에서 여하한 조처를 취하는 것은 시기상조인 것 같습니다. 그 총회가 독일에서 어떤 입장을 취하고 있는지가 아직은 명확하지 않기 때문입니다. 따라서 의장단에서 어떤 조처를 취하여, 에큐메니칼 협의회의 견해를 미리 확정하려고 시도하는 것은 옳지 않은 일인 것 같습니다.

2. 그러한 대표들을 얻는 것은 우리에게 큰 도움이 될 것입니다. 그들이 우리의 호의와 우의를 느낄 수 있다면, 이는 우리의 신념을 지키는 셈이 될 것입니다.

결론은 다음과 같습니다. 문제 해결에 도움이 되는 인사들을 초대하는 권한은 집행부에, 그리고 위급한 경우에는 의장에게 있는 것으로 사료됩니다. 그러니 그 권한에 의거하여 귀하가 고백총회 의장 코흐에게 대표 2인을 파뇌 대회에 보내 달라고 말하십시오. 그 대표 2인은 공식적인 자격은 없지만 우리에게 정보를 제공하여 우리의 결정에 보탬이 되는 전문가여야 합니다. 초대를 받아들이는 것이 현명한 일인지 아닌지는 우리의 독일 친구들이 스스로 결정하게 하십시오.……우리가 사안들을 예단하지만 않는다면, 그러한 인사들을 초대하자는 제안은 근사한 제안인 것 같습니다.

7월 12일, 본회퍼는 약간 초조해하며 치체스터의 주교에게 이렇게 문의했다. "어떤 결정을 내리시려는지요?"(DBW 13:168) 7월 18일, 조지 K. A. 벨은 실제로 고백총회 의장 코흐에게 그토록 원하던 초대장을 발송했다. 대단히 친절하면서도 있을 수 있는 어려움들을 충분히 헤아린 초대장이었다. 초대받는 이들을 정치적으로 민감한 상황에 빠뜨릴 수 있었으므로, 그는 코흐와—가능하다면—보델슈빙이 파뇌 대회에 참석해 주기를 요망했다.[126]

해외사무국은 이 초대장 발송 소식을 듣자마자,—아마도 제네바를 통해 들었을 것이다—고백교회가 에큐메니칼 운동권에 공식적으로 발을 들여놓는 것에 악영향을 미치려고 했다. 불가사의한 네덜란드인 H. W. 반 더 바르트 스미트van der Vaart Smit 박사가 헤켈을 대신하여 베를린, 제네바, 외인하우젠(코흐)을 오가고, 치체스터에도 들르려고 했다. 조지 K. A. 벨과 코흐는 그 중개자에게 전권을 위임하지 않았다. 본회퍼는 베를린에 있는 고백교회 형제협의회의 부탁을 받고서, 형제협의회를 대표하는 임무를 스미트 씨에게 맡길 생각이 없음을 제네바에 알렸다. 코흐는 교회 외교의 도상에서 얻어 낸 초대장을 포기하지 않았다.

이쯤이면 파뇌 대회로 가는 길이 본회퍼에게 활짝 열린 것이 아닐까? 6월 19일에 코흐와 니묄러와 본회퍼가 합의한 조건에 따르면 그렇기도 하고 아니기도 했다. 조지 K. A. 벨은 더 이상의 조치를 취하지 않았다. 하지만 초대장의 격식과 형식은 다음의 사실을 분명히 알렸다. 바르멘에서 제기된 고백교회의 권리 주장, 곧 고백교회만이 한결같은 독일 개신교회라는 주장은 말도 안 된다는 것이다. 그 외에도 조지 K. A. 벨의 예수 승천일 메시지(주교 교서—옮긴이)를 근거로 독일 국내 문제들이 논의되고, 그런 다음 독일의 두 교계가 상이한 입장에 놓일 수밖에 없을 것으로 예상되었다. 게다가 에른스트 룀 학살과 힌덴부르크의 사망 이후 정치적으로 긴장된 분위기이기도 했다. 본회퍼는 파뇌 대회 참석을 망설였고, 코흐도 머뭇거렸다. 지크문트-슐체는 7월 30일에 런던으로 가서 본회퍼를 설득했고(DBW 13:176), 아문센은 본회퍼에게 편지를 보내어, 그가 파뇌 대회에 참석하면 좋겠다고 말했다.[127] 결국 본회퍼는 파뇌 대회에 참석하기로 결심했지만, 코흐와 보델슈빙이 정치적 상황 때문에 참석하지 못할 것이라는 소식을 듣고 실망했다.

8월 1일, 본회퍼는 휴가 여행을 떠났다. 준비에 유익한 여행이었다. 그는 8월 17일부터 파뇌 섬 맞은편에 자리한 에스비에르에 머무르며, 예전에 함께 견신례를 받은 한스 베른트 폰 헤프텐을 만났다. 한스 베른트는 코펜하겐에서 참사관을 지내고 있었다. 본회퍼가 에스비에르에 있을 때 힐데브란트가 찾아와, 베를린과 형제협의회에 관한 최근 소식을 그에게 알리고, 빈터하거와 교대하기 위해 런던으로 떠났다. 8월 22일, 파뇌에서 청년회합이 시작되었고, 8월 24일에는 본회의가 열렸다.

루스 라우즈Ruth Rouse와 스티븐 찰스 닐Stephen Charles Neill은 『에큐메니칼 운동사』*A History of the Ecumenical Movement*에서 파뇌 대회를 아래와 같이 평가한다.

에큐메니칼 협의회가 파뇌에서 개최한 대회는 2년마다 열리는 대회로서 그 역사상 가장 중대하고 가장 결정적인 대회라고 할 수 있다. 이 대회에서 협의회는 "독일그리스도인연맹"보다는 독일 고백교회 진영을 중시하기로 결정함으로써 나치 정권에 반대한다는 암시를 주었다.[128]

대회에서 결의안을 통과시키는 것은 결코 당연한 일이 아니었다. 독일 안팎의 수많은 동아리가 이 시기의 독일 상황에 대해 발언하는 것을 부적절하고 그릇된 행위로 여겼다. 빌헬름 슈타펠과 같은 국가사회주의자들이 파뇌 대회의 국제주의적·서구적·자유주의적인 민주주의에 이의를 제기하고,[129] 고백교회의 인사들도 해외에서 불쾌한 발언이 터져 나올까 봐 전전긍긍하는, 정치적으로 위험한 상황이었다. 본회퍼는 아문센에게 보낸 편지에서 이렇게 말했다. "나는 독일그리스도인연맹보다는 우리 측 사람들이 더 걱정입니다."[130] 독일에 있는 양 진영의 전선에서 "그리스도교 인사들"이 도착한다는 사실에 당혹해하며, "결정"도 원하지 않고 "간섭"도 거부하는 신중한 이들이 독일 외부에도 있었다.

실천적 그리스도교를 위한 세계협의회는 대회 석상에서 조지 K. A. 벨 의장의 예수 승천일 교서(주교 교서)에 대한 입장을 표명하지 않으면 안 되었다. 교서를 가결하여 인준하든지 부결시키든지 둘 중 하나를 택해야 했다. 이 기회를 이용하여 세계교회친선연맹과 공동 결의안을 추진할 수 있을 것인가가 관건이었다.

본회퍼는 자신이 할 수 있는 자리에서 강력한 결의안에 대한 동의를 얻으려고 일찍부터 애쓰기 시작하여 훌륭한 동맹자들을 얻었다. 조지 K. A. 벨 주교야말로 그가 믿을 만한 사람이었다. 8월 8일, 그는 아문센을 마주하고 의견을 말했다.

우리 쪽에서는 애국심이 없는 것처럼 보이지 않기 위해 몇 곱절 조심할 것입니다. 불안 때문이 아니라 명예심 때문입니다. 에큐메니칼 사역에 훨씬 오랫동안 몸담아 온 다수의 사람들마저 우리가 **그리스도인으로서** 이 자리에 모인다는 것을 깨닫지 못하고 믿지도 않는군요. 그들은 의심을 품어서인지 속을 터놓지도 않는답니다. 존경스러운 감독님께서 이 냉담 상태를 해결해 주시고, 이 사람들을 신뢰에 가득 찬 사람들, 온전히 열린 사람들로 만들어 주셨으면 좋겠습니다! 이 자리에서는 예수 그리스도와 에큐메니칼 대의를 위해 **국가에 대한 우리의 위치**를 대단히 솔직하게 논의해야 합니다. 두려운 일이긴 하지만, 국가사회주의자를 지지할 것인가 **아니면** 그리스도인을 지지할 것인가를 결정하는 일이 임박했음을 명백히 알려야 합니다. 우리는 지난해보다 진일보해야 합니다. (감독님이 당시에 그리 말씀하신 것으로 알고 있습니다!)[131] 그것은 우리 모두에게 대단히 어렵고 힘든 일이 될 것입니다. 하지만 외교술에 기대지 않고, 그리스도교적 견해를 가지고 안으로 들어가 돌파해야 합니다. 우리가 그리하면 기도 속에서 거기에 이르는 길을 함께 찾아내게 될 것입니다. 이것이 제가 드리고 싶은 말씀입니다.

저는 결의안이 통과되어야 한다는 의견입니다. 회피는 전혀 도움이 되지 않습니다.……**온전한 진리와 진실**만이 도움이 될 뿐입니다. 저의 독일 친구들 가운데 상당수가 달리 생각한다는 것을 알고 있습니다. 하지만 저는 감독님께서 제 생각에 동의해 주시기를 간절히 바랍니다.[132]

힐데브란트가 전국총회 소식과 형제협의회의 결의사항, 곧 독일에서 파뇌 대회에 아무도 참석하지 않기로 했다는 소식을 전달하자, 본회퍼는 8월 18일 다시 한 번 아문센에게 재촉했다.

그러나 최근의 사건들을 고려하건대, 생활과 실천 협의회뿐만 아니라 세계교회친선연맹도 동일한 결의안을 내놓는 것이 필수적인 것 같습니다. 결의안에 반대하는 강력한 흐름이 있다는 것을 잘 압니다. 하지만 저는 온 힘을 다해 그러한 흐름에 맞설 것입니다.……바라건대 제가 어느 길을 택해야 하는지, 그리고 무엇이 더 중요한 일인지를 감독님께서 일러 주시어 이 문제에서 구해 주시면 고맙겠습니다! 감독님의 도움을 간절히 바랍니다![133]

아문센은 파뇌 대회 불참 결의에 직면하여 상황을 협의하려고 함부르크에서 전국 형제협의회와 회동했다. 그는 초대받은 이들이 예정된 결의안을 통과시키려고 발언권을 얻어 독일을 비방할 가능성이 있음을 인정했다. 그러고는 불참을 결의한 이들에게 어떤 내용의 발언이 금지사항인지를 사안에 따라 일러 주겠다고 약속했다. 본회퍼가 본회의 강연자와 고백교회 대표 자격으로 영국에서 파뇌 대회에 참가하는 것은 더 이상 문제가 되지 않고, 오히려 바람직한 것으로 여겨졌다. 하지만 본회퍼는 다른 이들의 참가 취소를 잘못된 행위로 여겼다. "이곳에서 일이 어찌 진행될지 알고 싶어 못 견디겠습니다. 우리 측에서는 저만 참석합니다. 저는 그것을 큰 실책으로 여기고 있습니다."[134] 회의 첫날인 8월 25일 토요일, 회의장에서 독일의 교계 상황이 논의되기 시작했다. 제국교회 대표단과도 무관하고 고백총회와도 무관하게 파뇌 대회에 참석한 세계교회친선연맹 독일 회원들이 회의가 시작되자마자 아래와 같이 천명했다.

> 세계교회친선연맹 독일 대표단은 독일 정계와 독일 교계에서 전개되고 있는 특이한 사태로 인해 의장님께 청합니다. 회의 시작 전에 다음과 같은 성명을 발표하게 해주십시오. "세계교회친선연맹 독일 대표단은 독일교회 내부 문제를 공개적으로 토론하는 일에 참여할 마음이 없다."[135]

그 때문에 본회퍼의 이름도 토론자 명단에 들지 못하고 결의의 대상이 되고 말았다. 토론자 명단에 드는 것이 꼭 필요한 것도 아니었다.

회의에서 위원회를 설치하여 결의문의 초안을 잡게 했다. 본회퍼는 그 위원회의 구성 방식에 만족했다. 위원회 위원은 다음과 같았다. 조지 K. A. 벨과 아문센, 마르크 뵈그너(나중에 에큐메니칼 협의회 공동 의장이 된다)Marc Boegner, 노르웨이에서 온 요한 리더 브룬Johan Lyder Brun 교수, 스위스에서 온 아돌프 켈러Adolf Keller 교수, 미국에서 온 헨리 스미스 레이퍼 박사, 앙리오. 레이퍼 박사는 교회투쟁에 지대한 관심을 보이는 이였다. 전체토론이 후끈 달아올랐다. 언론의 오보가 한 차례 있고 나서는 이 주제를 다룰 때마다 비공개 회의로 전환했다. 8월 29일 수요일, 제국감독 루트비히 뮐러와 법정관리자 아우구스트 예거가 특별히 파견한 최고관리국 위원 발터 비른바움Walter Birnbaum이 임시 비행기를 타고 와서 발언권을 요청했다. 이는 나중에 본회퍼가 율리우스 리거에게 말한 대로 헤켈에 대한 모욕이나 다름없었다. 헤켈은 유대인 문제 등등을 언급하면서 "그 문제는 내 소관이 아닙니다"라고 말한 상태였다. 율리우스 리거의 일기에 의하면, 비른바움은 발언시간 15분을 허락받아 "터무니없는 횡설수설, 곧 국가사회주의 때문에 그리스도인이 되었다는 사람들과 개인적으로 관계하면서 경험한 이야기를 늘어놓았다"(DBW 13:203).

결의안은 8월 30일에 가결되었다.[136] 조지 K. A. 벨의 조치와 그의 교서가 유효함을 확인하고, 최근의 불만사항들, 이른바 독재 정권, 폭력 행사, 목사 취임 선서, 자유토론 금지를 언급하고, 파뇌 대회에 불참한 진영을 분명하게 두둔하는 결의안이었다. 그 내용은 아래와 같다.

> 협의회는 독일 개신교 고백총회 소속 동료 형제들을 위해 기도하고, 복음의 원칙들을 증언하는 그들에게 진심 어린 공감을 표시하며, 그들과 긴밀히 협력하기로 결의했음을 알리고자 한다.[137]

대회 참석자들은 여봐란 듯이 신입회원 선택권을 행사하여 디트리히 본회퍼와 불참한 고백총회 의장 칼 코흐를 에큐메니칼 "생활과 실천" 협의회 "자문 회원과 신입 회원"으로 선출했다.

헤켈 감독은 이 회의 참석자들과 본국에 있는 위임자들 사이에서 난처한 처지에 있다가 다음 세 가지를 수행했다. 1. 영향력을 행사하여 결의문에 작은 문구를 삽입했다. 대다수에게는 특별히 야단법석을 떨 가치가 없는 것처럼 보였지만, 장차 제국교회에게 문을 약간 열어 주고, 게다가 고백교회로 하여금 목표를 달성할 수 없게 하는 문구였다. 그 내용은 다음과 같다. "협의회는 독일 개신교회 소속의 모든 단체와 우호관계를 유지하기를 원한다."[138] 당장 일어나지 않고 나중에 일어난 일이긴 하지만, 이 문구로 인해 두둔의 효과가 약화되고 말았다. 2. 자기 쪽 대표단을 위해 의사록에 이의를 제기했다.[139] 그는 불만사항들을 부정하거나 다르게 해석하고, 협의회의 월권행위를 비난했으며, 독일의 특이한 집단을 두둔하는 것에 반대했다. 의사록에는 다음과 같은 내용이 기록되어 있다. "독일 대표단은 독일 제국에서 복음을 말과 문서로 자유롭게 선포하는 것이 위협받고 있다는 견해에 반대한다.……그들은 현 독일의 전반적인 상황이 복음 선포의 가능성을 예전보다 훨씬 많이 제공하고 있다고 밝힌다."[140] 3. 본회퍼와 코흐가 선출되자 의사록에 다음과 같은 내용을 고의로 삽입했다. "헤켈은 독일 개신교 내부 상황에 대한 편파적 태도에 반대한다."[141]

세계는 폭력에 대해 항의하고 고백교회를 두둔하는 표현들만을 주목했다. 치체스터의 주교가 탁월한 해설을 「타임스」에 기고한 것이다.[142] 파뇌에서 일어난 일 중에서 고백교회 승인을 중점적으로 다룬 해설이었다. 제국교회 관보와 잡지들은 독일에서 나름의 방식으로 이 관점을 유지하면서 몇 주 동안 "외국의 간섭"을 비난했다. 게다가 『젊은 교회』의 보도마저 오랫동안 괴이한 어조를 띤다.[143] 『젊은 교회』는 7월 9일에 공포된 프리크 법령 때문에 정보를 사실대로 온전히 제공할 수 없었다. 『젊은 교회』마저 헤켈의 항의성명 중 첫째 부분에 찬동하는 뜻을 밝히고 외국의 독일 국내 업무 간섭에 반대했다. 게다가 자기보호를 위해 그랬을 테지만, 고백교회가 파뇌에서 지지를 얻지 못했다는 말을 여러 번 되풀이하기까지 했다.[144] 그 잡지는 본회퍼가 파뇌 대회에 참석하여 본회의장에서 강연하고 협의회 회원으로 선출된 것에 대해서는 언급조차 하지 않았다. 그 바람에 최근의 역사기록에서조차 이 선출을 등한시하는 일이 벌어지고 있다.[144a]

그럼에도 불구하고 독일에 있는 형제협의회 회원들과 에큐메니칼 동료들은 파뇌 대회에서의 대성공을 가장 먼저 알아보았다. 본회퍼는 조지 K. A. 벨과 아문센이 힘써 이루어 낸 것에 대해 진심으로 감사하고,[145] 1년 뒤 에큐메니칼 논문에서 "파뇌 대회는 전 그리스도교계의 비길 데 없는 진보를 의미한다"라고 분명히 밝혔다.[146]

사실 에큐메니칼 협의회는 파뇌 대회에서 고백교회에 대해 입장을 표명한 것 그 이상의 발걸음을 떼려 하지 않았다. 당시에 본회퍼는 이 편들기를 여정의 시작으로 여겼다. 그가 "독일 개신교 소속의 모든 단체와 접촉하기를 바란다"는 수상쩍은 문구를 참고 받아들인 것도 그 때문이었다. 고백교회는 스스로를 중요하게 여길 줄 알아야 했다! 모든 것이 잘 돌아가는 것처럼 보였고, "이단" 개념과 그 문제도 에큐메니칼 협의회에 소개되기 시작했다. 유력한 인사들이 그 일에 협력하고 있었다. 본회퍼는 파뇌 대회가 첫 단계가 아니라 짧은 정점이었음을 나중에야 알았다. 그는 "고백전선" 자체 안에서 세력들이 뿔뿔이 흩어지고 있음을 과소평가했다. 아직은 자기 진영의 결점을 회의적으로 여기지 않았다.

강연: 교회와 민족들의 세계

본회퍼는 자신이 강연과 설교로 기여한 것보다 결의문이 훨씬 선동적이라고 생각했지만, 후세는 대회 참석자들의 극적인 결의문보다는 본회퍼의 파뇌 강연에 훨씬 많은 관심을 기울였다.

1차 회의에서는 "생활과 실천" 협의회가 현안 토의를 위해 의장과 연사들을 세웠고, 그다음 회의에서는 세계교회친선연맹이 그랬다. 1차 회의 주제는 "교회와 현대 국가 문제"였고, 2차 회의 주제는 "교회와 민족들의 세계"였다. 본회퍼의 강연 제목도 '교회와 민족들의 세계'였다. 국제적 현안들에 대해 입장을 표명하는 교회의 권한 문제, 그 방법과 협력의 한계를 거론하고 해결책을 모색하는 자리였다. 본회퍼는 소피아 대회에서 발표된 모노의 "평화 교리문답서"를 둘러싼 논쟁을 강연의 기초로 삼았다.[147] 그가 모노의 논문에 관심을 기울인 이유는 최근에 유럽에서 전개된 사태가 그러한 "평화 교리문답서"를 절박한 것으로 보이게 했기 때문이다.

사실 강연 요지는 이미 7월에 제네바에 도달하여, 그곳에서 여러 사람에게 발송되었어야 했다. 하지만 본회퍼는 일시적인 취소로 인해 8월 초에야 비로소 강연 요지를 작성했다. 이 시기는 이탈리아 군대가 오스트리아 국경에 집결하고, 모든 군축협상이 완전히 실패하고, 곧이어 이탈리아-에티오피아 전쟁이 발발하고, 이에 대한 공동 제재가 무산되는 등 불안이 임박한 시기였다. 본회퍼가 보기에 그것은 새 시대의 진통이 아니라, 그가 오래전에 했던 예언, 곧 "히틀러는 전쟁을 의미해"라는 예언의 섬뜩한 적중이었다.

마침내 간결한 내용의 강연 요지가 제네바에 도착하자,[148] 파뇌 대회 현안 토의를 준비하는 책임을 맡아 4월에 파리에서 본회퍼 없이 특정 현안들을 확정한 에큐메니칼 협의회 연구분과에서 불만을 터뜨렸다. 쇤펠트는 빌헬름 멘에게 보내는 편지에서 이렇게 말했다. "나는 본회퍼 씨가 전쟁 문제에 국한시켜 이곳에 제출한 것을 보고 상당히 놀랐다고 말씀드릴 수밖에 없군요."[149] 그러고는 본회퍼에게 보낸 편지에서 아래와 같이 간결하게 비평했다.

> 요 며칠 동안 나는 덴마크에서 토의할 귀하의 강연 요지를 읽었습니다. 실례하지만 토론에 대비하여, "교회와 민족들의 세계" 내지 "국제성과 보편성"이라는 주제를 귀하의 강연 요지에서 다룬 것보다 더 포괄적으로 머리말에서 다루어 주시기 바랍니다.[150]

본회퍼의 강연 내용은 "현 상황에 맞게 고친"[151] 것이었다. 이는 그의 자주성을 보여줄 뿐만 아니라 그와 쇤펠트가 신학적으로 상이한 차원에서 사고하고 있음을 보여준 것이기도 하다. 쇤펠트는 독일 연사가 이 대회 참석자들에게 "민족"의 권리와 "민족" 개념의 문제, 교회의 자기 민족에 대한 책임, 창조 질서와 유지 질서에 대해 말하고, 에큐메니칼 활동가들에게 이 신학적 전망들을 이해시켜야 한다고 생각했다. 게다가 그는 자신이 맡은 연구분과 속에 "창조 질서와 자연법"을 연구하는 조직을 꾸린 상태였다.[152] 쇤펠트가 1933년 12월에 보낸 편지글은 그가 다른 것을 문제 삼고 있음을 결정적으로 증명한다. 말하자면 「타임스」가 유대인 난민 문제에 대한 캔터베리 대주교의 비난성 편지를 게재하자, 헤켈이 해외사무국 소속 총회 신학위원 크룸마허를 통해 "어찌해야 가장 잘 항의할 수 있을까요?"라고 문의해 온 것이다. 쇤펠트는 항의를 만류하고 오히려 "인종 문제를 근본적으로 그리고 신학적으로 철저히 숙고할 것"을 제안하며 다음과 같이 부언했다. "이 조직에서는 다른 어떤 분야에 대해서도 연구하지 못하게 하십시오!"[153]

본회퍼는 그러한 기대에 부응하기는커녕 모노처럼 임박한 민족 전쟁에 대해 말했다. 독일 루터교 신학자로서 그리스도론에 입각하여 주제를 간결하게 표현한 것인데도, 그의 강연은 서방의 진보적 청중과 죽이 맞았다. 다들 그를 평화주의의 기초 위에 서 있는 사람으로 이해할 정도였다.

본회퍼는 자신의 강연 요지에서 1932년 체르노호르스케 쿠펠레에서 했던 것과 거의 유사하게 세계교회친선연맹의 평화 작업 권한을 중시했다. 그는 그 권한을 인도주의에 입각하여 증명하지 않고, 그리스도론에 입각한 교회론을 토대로 증명했다. 목적 공동체인 세계교회친선연맹이 교회의 공동체인 이유는 그것이 거룩한 평화 말씀을 귀담아 듣고 담대히 명령하기 때문이라는 것이다(DBW 13:295). 그는 1932년과 달리 계명 면제와 계명 이행 면제를 직접적으로 배제한다. 이로써 우리는 "제자도"의 정신세계 안에 들어서게 된다. 그의 표현은 대단히 도발적이었다. 이는 그가 이제까지 전쟁의 정당화만 거부하고, 방어전의 정당화는 거부하지 않다가 한 일이었다.

본회퍼는 주제를 "포괄적으로 다루어 달라"는 쇤펠트의 부탁을 들어주기는커녕 한 글자도 고치지 않았다. 8월 24일에 세 차례에 걸쳐 열린 연사 예비 회의와 8월 28일에 열린 토론회에서도 강연 요지는 8월 초에 구상된 그대로였다. 완성된 강연 원고는 아직 발견되지 않았다.

제네바에서 정리한 8월 28일 토론회 회의록에는 아래와 같이 짤막하게만 기록되어 있다.

> 토론회에서는 구체적인 국제 분쟁들, 특히 전쟁 문제에 대한 교회의 자세를 다루었다. 하지만 국제 질서 수립을 위한 고투에서 전쟁 문제만 유일한 문제로 부각되었다. 교회는 국가들과 민족들 사이에서 진정한 협력을 성취하는 데 유일하게 이바지한 조직으로 인정받았다.[154]

연구 위원회는 세계교회친선연맹 하위 분과들로 하여금 새롭게 시작된 재군비와 활발한 무기 거래에 대한 공동의 입장 표명을 논의하게 하기로 결의했다.[155]

나중에 영국 노동당 정권에서 장관을 지낸 리처드 H. 크로스먼Richard H. Crossman이 자신도 귀담아 들었음을 조지 K. A. 벨에게 암시하고 나서 강연과 토론에 대해 격렬한 비판으로 반응했다. 그에게는 신학적 단초가 낯설었던 것이다. 「교회 활동 회보」*The Churches in Action News Letter*는 사설에서 아래와 같이 묘사했다.

불행하게도 둘째 날에 열린 토론회는 첫째 날에 열린 토론회와 같은 수준의 진지함과 명료함에는 이르지 못했던 것 같다. 시끌벅적한 강연들은 평화주의를 기조로 한 강연이었다. 이 강연들은 찬성과 칭찬의 감정을 불러일으켰다. 하지만 감정은 변덕스러운 안내자다. 평화라는 절박한 문제는 견고하고 명쾌한 사고의 연역, 결단과 의지의 연역을 필요로 하기 때문이다. 크로스먼 씨는 에큐메니칼 협의회에, 철저한 평화주의에 필요한 전체 비용을 인식시키려고 했다.…… 청년회합 결의안은 양심적인 전쟁 반대자의 권리는 물론이고 양심적인 평화 반대자의 권리도 주장했다. 본회퍼 박사는 안전으로는 평화에 이를 수 없으며, 안전 추구 이면에는 전쟁의 근본 원인인 불신과 방어적 태도가 도사리고 있다고 주장했다.[156]

평화 설교

본회퍼가 '교회와 민족들의 세계'라는 제목으로 파뇌에서 행하여 널리 알려진 연설, 이른바 "평화연설"은[157] 그가 그날 아침 예배시간에 한 인사말이었다. 이는 오토 두추스와 같은 참석자들이 확언하는 사실이다.

본회퍼는 그날 아침 시편 85:8을 토대로 설교했다. 이 시편은 그가 당시에 힐데브란트와 자주 토론할 때 그리고 자신의 교구에서 설교할 때 토대로 삼은 본문이기도 했다.[158] 청년회합에 참석한 한 영국인 참석자는 8월 28일 자신의 회의 기록에 이렇게 적었다. "아침, 본회퍼의 인상적인 설교!"

아주 간결하게 정식화해서 말하면, 본회퍼의 이 설교는 평화와 관련하여 우리가 갈무리하고 있는 발언 중에서 가장 일방적이고 가장 강력한 발언이라고 할 수 있다. 그것은 그 암울한 주간의 특징을 지니면서도 히틀러 시절을 넘어 훨씬 멀리까지 미친다. 그는 이 선포 속에서 찬반 문제에 대한 숙고를 넘어섰다. 그는 어찌할 바를 모르는 미해결의 문제들을 주고받는 것에는 관심이 없었다. 오직 위험을 무릅쓰고 확실한 결단을 해야 한다고 직접적으로 촉구하는 일에만 관심이 있었다.

그는 스물여덟 살인 자신이 어떤 권위를 입고 회의 참석자들 앞에 나설 것인지를 숙고했다. 자신은 세계정세 분석 능력을 남들만큼 마음껏 사용할 수 있었다.

게다가 조언을 구하고 조언을 줄 수도 있었을 것이다. 그가 찾아낸 해답은 평화 계명 자체에서 권위를 찾는 수밖에 다른 도리가 없다는 거였다. 그리하여 설교에서 우물쭈물하는 회중에게 그들의 존재 이유를 뜨겁게 설파했다. 그들의 존재 이유는 그들이 평화 복음을 실행에 옮기고 그것을 명령할 때에만 성립될 것이었다. 그는 '공의회'Konzil라는 용어를 다시 사용했다(DBW 12:301). 그 용어는 당시의 청중에게 충격을 주었음에 틀림없다. 그러나 그가 바란 것은 그들이 '협의하거나 결의하는 단체'로서의 자기 이해를 넘어서는 것이었다. 말하자면 선포하고 묶고 풀면서, 스스로 묶이고 풀리는 것이 공의회라는 것이다. 1932년에 수행한 그리스도론 강의, 1933년에 대학생 집회에서 수행한 강연, 1935년에 작성한 에큐메니칼 논문(「고백교회와 에큐메니칼 운동권」—옮긴이)에서 그랬듯이, 그에게 중요한 것은 그리스도의 이름으로 모인 이 공동체의 구체적인 구속력이었다.[159] 그는 공의회의 명령을 개인의 명령 내지 개 교회의 명령보다 더 강력한 명령으로 여겼다. "증오의 힘이……개 교회를 압박하기 때문이다."[160] 이 공의회의 회동 자체가 이미 일차적인 평화 활동이며, 이로부터만 공의회는 더 중요한 발언을 할 수 있다.

이렇게 평화 설교를 했지만, 엄밀히 말하면 본회퍼는 근본적이고 보편적인 평화주의의 신봉자라고 할 수는 없다. 하지만 그가 비폭력을 제자의 방어 포기만큼 단호하게 언급한 것은 전에 없던 일이었다.[161] "그리스도인들은 서로에게 무기를 겨누어서는 안 된다. 그것은 그리스도 자신에게 무기를 겨누는 것이기 때문이다."[162] 이는 그의 "그리스도교 평화주의"를 가장 힘차게 논증한 것이었다.

주목할 만한 사실은 이 발언들이 설교의 성격을 띠고 있다는 것이다. 따라서 그것들은 윤리 안에서 비폭력 저항을 다루며 행동 방식을 연구하고 그 한계를 정하는 장이 아니다. 선포하며 외치는 것은 이의(異議)를 고려하지 않는다. 평화는 토론의 대상이 아니라 그리스도 안에 모인 공동체와 함께 주어지는 현실이다. 따라서 평화는 명령이다.

1934년 8월 28일 파뇌 대회 청중은 본회퍼가 자신의 생애 속에서 마주 보며 설교한 회중 가운데 가장 영향력 있는 회중이었을 것이다. 1936년 베를린 올림픽 기간 중에 했던 것을 빼면, 그가 대규모 군중 앞에서 연설하는 것은 아주 드문 일이었다. 그것은 근본적으로 그의 성미에도 맞지 않는 일이었다. 그가 좋아한 회중은 한눈에 알 수 있는 회중, 함께 생각하고 함께 걷는 회중이었다. 오토 두추스는 그날 아침의 일을 아래와 같이 이야기한다.

> 첫 순간부터 그 집회장에는 숨이 멎을 것 같은 긴장감이 감돌았다. 수많은 사람이 예감했을 것이다. 자신들이 방금 들은 내용을 절대로 잊지 못하리라는 것을.……본회퍼는 그 자리에 있던 협의회 사람들이 따라가지 못할 만큼 멀리 앞서 갔다. 방금 들은 내용을 이상하게 생각하는 이가 있었을까? 다른 한편으로는 그것을 듣고도 양심에 거리낌이 없는 사람이 있었을까?[163]

청년회합

파뇌 청년회합도 루스 라우즈와 스티븐 찰스 닐의 공저(共著)에서 특별한 점수를 받았다.

> 에큐메니칼 청년 위원회도 같은 시간에 회합을 가졌다. 연장자들의 회의보다 훨씬 진전된 회합이었다. 이 회합은 교회들에게 (하나님 말씀의) 보편성을 긍정하지 않는 교회와 절교하라고 재촉했다. 하나님 말씀의 보편성을 긍정하지 않는 것은 그리스도교적인 것이 아니기 때문이다.[164]

청년회합 참석자는 50명이 넘었다. 본회퍼는 프랑스 청년 대표단 속에서 장 라세르를 만났다. 미국에서 사귄 오랜 벗이었다. 전후에 독일에서 프랑스 신부로 알려진 마르셀 스투름Marcel Sturm도 그 대표단에 끼어 있었다. 독일 청년 대표단은 본회퍼가 베를린 대학교에서 가르친 대학생들로 구성되었다. 앞서 거명한 오토 두추스, 잉게 카르딩, 위르겐 빈터하거, 빈프리트 메흘러 이외에 빌리 브란덴부르크Willi Brandenburg, 힐데 엔털라인(후일 알브레히트 쇤헤르의 부인이 된다)Hilde Enterlein, 루돌프 퀸, 에른스트 틸리히Ernst Tillich, 헤르베르트 옐레도 끼어 있었다. 정치적 상황 전개로 인해 소수의 사람들만이 파뇌 대회에 참가할 용기를 낸 것이다. 방금 거명한 이들 거의 모두가 후일 본회퍼의 핑켄발데 신학원에 목사후보생 자격으로 입학한다. 이렇게 구성된 독일 청년 대표단은 이미 보통 수준의 대학생 청년 대표가 아니었다. 그들은 독일 민족주의를 시시하게 여겼으며, 병역 기피를 진지하게 고려할 만한 문제로 여겼다. 따라서 그들은 스웨덴의 한 백사장에서 "목사님, 전쟁이 발발하면 어쩌실 거예요?"라는 질문에 본회퍼가 제시한 답변을 듣고도 전혀 놀라지 않았을 것이다. 본회퍼는 손으로 모래를 한 움큼 퍼 올린 다음 그것을 손가락 사이로 흘려보내며 그 모습을 관찰했다. 그러고는 질문자를 차분히 바라보며 이렇게 대답했다. "무기를 들지 않을 힘을 달라고 하나님께 기도하겠습니다."[165]

본회퍼는 예배와 함께 회합을 시작하며 첫째 날을 인도했다(DBW 13:188). 집단 토의시간에는 당시 반민족주의적인 것으로 간주된 교회의 보편적 성격과 병역 기피 문제를 주로 다루었다. 독일 대학생 열 명이 참여하여 이 위험한 주제들을 선동적으로 토의했는데도 그들에게 심각한 결과가 미치지 않았다. 이는 이 시기의 국가사회주의 당국이 대단히 미약한 정보기관을 가지고 있었으며 그 밖의 다른 일들에 종사했음을 보여준다.

청년회합에서는 두 가지 결의안을 도출했다.[166] 첫 번째 결의안에서는 하나님의 계명이 국가의 그 어떤 권리 주장보다 우선한다는 사실을 논제로 다룸으로써 외국 언론이 독일 국내 사건들에 대해 공격할 수 있는 내적인 권리를 가질 수 있게 했다.[167] 본회퍼는 신적인 계명의 권리 주장을 "여러 국가가 위반할 경우 이는 당연히 여론의 비난을 부르게 마련"이라고 명확히 표현했다(본회퍼의 순서지 위에 적힌 메모). 파뇌 전체 회의에서 그가 중요하게 여긴 것은 그러한 "권리"의 뒷받침이었다. 하지만 그 회의 석상에서 드러난 투표 결과는 다수의 반대표였다. 그의 독일 대학생들 중에도 반대표를 던진 이가 있었다.

두 번째 결의안은 교회가 국가의 의도에 예속되지 않음을 더 급진적으로 명시했다. 그러고는 모든 전쟁을 지지하지 않기로 했다. 이것을 놓고 폴란드 대표단과 헝가리 대표단이 이의를 제기하며, "모든 전쟁"이라는 표현 대신 "침략 전쟁"이라는 표현을 쓰자고 제안했다. 하지만 프랑스 대표단과 영국 대표단이 굴하지 않고 본회퍼와 보조를 같이했다. 토론을 중단하고 공동기도회를 가진 뒤에야 비로소 "모든 전쟁"이라는 표현으로 확정되었다.[168] 한 여성 참가자는 본회퍼가 공동 묵상을 시작하며 참석자들에게 던진 경고들을 아래와 같이 몇 가지 핵심어로 기록했다.

> 첫째 날에 가진 기도회를 떠올리십시오. 이곳 회의장은 이의 제기와 도전으로 가득 차 있습니다. 우리는 이 대회를 큰 구경거리로 만들어, 우리의 신뢰가 담긴 성명서를 결의문이라는 겉만 번드르르한 형식으로 포장할 위험에 처해 있습니다. 하지만 우리는 다양한 견해에도 불구하고 하나의 교회입니다. 교회 건설은 인간의 태도로 이루어지는 것이 아니라, 하나님의 말씀을 함께 귀여겨듣는 것으로 이루어질 것입니다. 이 점에서 우리는 확실히 하나의 교회입니다. 분열을 떠올리는 것은 우리가 받는 주된 유혹 가운데 하나입니다. 하지만 교회 건설은 하나님의 음성을 함께 갈망하고, 교회의 이 확실성을 소중히 여기는 것으로 이루어집니다. 우리가 분열되어 있다는 언급은 비난이 아니라 교회가 처해 있는 심각한 상황에 대한 증언이라고 할 수 있습니다. 분열된 교회에 자리하는 것은 고통뿐입니다. 우리는 헝가리 측 연설자를 환영하며 그와 그의 민족에게 공감을 표합니다. 우리 독일인들은 헝가리 사람들이 느끼는 감정을 다른 어느 민족보다 잘 이해합니다. 그들은 우리가 겪는 고난과 유사한 고난을 겪고 있기 때문입니다. 고난의 동료 의식. 사랑하는 이들과 다투는 것은 괴로운 일입니다. 그것은 우리가 사랑하는 교회, 우리가 치료하고 싶어 하는 교회가 분열되었음을 보여주는 표현입니다. 진실들을 보여주는 데에 강력한 표현만큼 좋은 수단은 없습니다. 하지만 우리는 그러한 진실들을 말하고 나서 이렇게 함께 기도하고 참회하며 예배를 드리고 있습니다(DBW 13:196 Anm. 19).

본회퍼가 본회의장에서 설교와 강연을 하던 날, 청년회합 참석자들은 자신들이 도출한 결의안들을 제출했다. 장 라세르가 그것들을 낭독했다. "양심적인 반대와 교회의 보편성을 토대로 채택된 결의안들"이었다.[169]

파뇌 대회 청년회합에 참가한 독일 대표단은 이듬해에 주목할 만한 활동을 전개했다. 비르거 포렐의 후원 아래 베를린에 위치한 스웨덴 교회 건물에서 "파뇌 회원 친목회"를 여러 차례 개최하고, 친구들과 고백교회 주요 인사들을 초대한 것이다.[170] 본회퍼는 1935년 1월에 열린 청년 위원회 회의에서 아래와 같이 보고했다.

파뇌 대회에 참가했던 독일 대표단은 각각의 대학교에서 상당히 많은 선전 활동을 전개하여 튀빙겐 대학교와 하이델베르크 대학교에서 대단히 고무적인 진전을 이루고, 파뇌 대회에서 발표한 연설문들 가운데 몇 개를 등사하여 대학생들 사이에 배포했습니다. 아무래도 끊임없이 증대하는 군국주의의 영향 때문이겠지만, 그리스도교의 평화 메시지를 진지하게 받아들일 준비가 되어 있는 것 같습니다. 베를린에서는 다양한 국적의 대학생 무리가 청년 위원회의 후원 아래 스웨덴인 목사 포렐의 목사관에서 회동하여 대단히 만족스러운 회의를 열었습니다.[171]

추가 수확: 뷔르츠부르크와 브뤼에

본회퍼는 파뇌에서 먼 길을 돌아 런던 교구로 돌아갔다.

그는 먼저 괴팅겐에 있는 쌍둥이 누이의 집에 들른 다음, 고백총회 의장 코흐의 임명을 받아 9월 3일에 열리는 전국 형제협의회 회의에 참석하기 위해 뷔르츠부르크로 갔다.[172] 본회퍼는 파뇌 대회에 대해 이렇게 보고했다. "파뇌 대회 불참이 사람들을 실망시키고 불명료함을 야기했습니다. 다들 어째서 고백교회가 여전히 DEK 소속 '집단으로' 남아 있는지를 따져 묻더군요." 본회퍼는 그 점을 강조하며, 애초에 달렘 고백총회가 스스로를 독일에서 유일하게 적법한 교회라고 천명하면서 이끌어 낸 결론대로 할 것을 요구했다. 또한 그는 파뇌 성명서의 미진한 대목("모든 단체와 우호관계를 유지하기를 원한다")을 언급하며 이렇게 말했다. "하지만 고백교회가 그 점을 확실히 하지 않는 한, 그것은 기이한 일이 아닙니다. 그럼에도 불구하고 성명서는 고백교회의 반응과 특히 조지 K. A. 벨 주교에 대한 감사를 요구합니다. 따라서 현 상황에서는 고백교회의 에큐메니칼 업무들을 처리하도록 특별히 위임받은 사람이 필요합니다." 마지막 안(案)은 본회퍼가 여러 차례 반복적으로 조언한 것이지만 헛수고나 다름없었다.

뷔르츠부르크 회의 기록에서 다룬 두 가지 우려가 주목할 만하다. 9월 23일에 베를린 빌헬름 황제 기념 교회에서 있을 제국감독 취임식과, 해외교회 대표들이 어느 정도나 참석할 것인가가 중요한 문제였다. 본회퍼는 파뇌 대회 이후 에큐메

1934년, 덴마크 파뇌에서 열린 에큐메니칼 협의회 총회에서 장 라세르와 함께.
장 라세르는 본회퍼가 미국에서 사귄 오랜 벗이었다.

1934년 8월, 파뇌에서 열린 청년회합에서 청년들과 함께.
본회퍼는 이 대회에서 '교회와 민족들의 세계'라는 제목으로 강연했다.

니칼 협의회 내빈을 모집하려는 제국교회의 노력이 실패할 것이라고 확언했다. 본회퍼가 옳게 본 대로, 독일그리스도인연맹에 속하지 않은 감독 중 빌헬름 황제 기념 교회에서 루트비히 뮐러에게 충성을 맹세한 감독은 헤켈뿐이었다. 그는 다른 사안, 곧 루터교의 독자적 방식과 관련하여 이런 물음을 던졌다. "루터교 종파주의자들이 대단하지 않나요? 그들은 고백전선의 분열을 암시하지 않잖아요?"[173]

본회퍼는 뷔르츠부르크를 떠나 브뤼에 앙 아르투아로 갔다. 장 라세르가 가장 가난한 산업 노동자들과 섞여 살면서 목회하는 곳이었다. 이곳에서 회동이 이루어졌다. 파뇌 청년 위원회 책임자들이 합의하여 신속히 결정한 회동으로서 다소 이례적 형태를 띤 프랑스-영국-독일 지역 회동이었다. 그 자리에 모인 이들은 길거리에서 몇 차례 설교를 감행했다.

> 디트리히는 한두 차례 연설했다.……연설은 대단히 솔직했다.……익숙하지 않을 법한 일을 대단히 편안하게 한다는 느낌을 주었다.……그는 정말로 거리에서 사람들에게 복음을 전했다.[174]

런던으로 돌아온 본회퍼는 9월 16일 예배시간에 마태복음 11:28-30, 이른바 "수고하고 무거운 짐 진 자들"에 대한 말씀을 본문 삼아, 자신이 저 광업도시에서 받은 깊은 인상을 묘사했다(DBW 13:372-378). 하지만 사회 문제와의 재회는 교회를 위한 새로운 투쟁으로 인해 곧장 뒷전으로 밀려났다.

V. 교회 당국에 대한 2차 공격, 1934-1935년 겨울

1934년 가을로 접어들면서 본회퍼의 활동은 또 한 번 제국교회 당국과의 논쟁으로 바뀌었다. 1933년에서 1934년으로 이어지는 겨울 무렵에는 신뢰 철회가 중요한 문제였던 반면, 새 국면에 이른 지금은 관계 철회가 중요한 문제였다. 정확히 표현하면, 재외 교구들을 고백교회의 새로운 긴급 교회 당국Notkirchenregiment과 연결하는 일이 중요했다.

베를린 10월 소동

이단적인 독일그리스도인연맹에 대한 바르멘 신학 선언1934. 5의 결과로, 달렘 고백총회1934. 10를 통해 긴급 교회 당국이 구성되었다. 루트비히 뮐러의 거친 조치들로 인해 저항 세력의 분열된 형제들이 단기간에 다시 한 번 규합한 것이다.

9월 23일, 제국감독이 사실상 에큐메니칼 대표성을 인정받지 못한 채 베를린 빌헬름 황제 기념 교회에서 취임식을 거행하자, 힐데브란트는 본회퍼에게 엽서 한 통을 보냈다. 엽서에는 일요일인 그날의 복음서 구절이 담겨 있었다. "누구든지 자기를 높이는 사람은 낮아질 것이요, 자기를 낮추는 사람은 높아질 것이다"(눅 14:11). 실제로 루트비히 뮐러는 몇 주 지나지 않아 낮아지고 말았다.

루트비히 뮐러가 "법정관리자"로 세운 아우구스트 예거가 자신의 강압적 편입 조치들을 남독일 지방교회들로 확대하려고 시도했다. 루트비히 뮐러가 취임한 지 2주도 지나지 않았건만, 예거는 자신에게 대드는 뷔르템베르크 감독 테오필 부름을 가택에 연금시키고, 이로부터 엿새 뒤인 10월 12일에는 바이에른의 감독 한스 마이저에게도 똑같은 조치를 취했다. 이 감독들을 구하기 위해 뮌헨 거리와 슈투트가르트 거리에서 자발적인 시위가 벌어졌다. 국제 언론이 다시 교회투쟁을 머리기사로 다루었다. 전국 형제협의회가 합의하여 10월 말에 전국고백총회를 소집했다. 전국고백총회는 바르멘 일반 선언 이후 교구들에게 다음의 사실을 알려야 했다. 장정을 위반한 제국교회 당국에 복종해선 안 되고, 총회가 소집하는 긴급 교회 기구들에 복종해야 한다는 내용이었다.

이 계획의 일환으로 10월 11일 힐데브란트가 런던에 있는 본회퍼를 찾아갔다. 또한 그는 에큐메니칼 협의회 의장인 조지 K. A. 벨에게 그 사실을 보고하고, 그에게 총회에 참석해 달라고 부탁했다.[174a] 조지 K. A. 벨은 시간을 낼 수 없어서 스위스 교회협의회 의장 알폰스 쾨힐린에게 간청하며 말했다. "당신이 에큐메니칼 협의회 대표 파견을 맡아 주십시오." 힐데브란트는 귀로에 뒤셀도르프에 들러 요아힘 베크만Joachim Beckmann에게서 총회 개최일이 바이에른 사건 때문에 10월 19-20

일로 앞당겨졌다는 소식을 들었다. 알폰스 쾨힐린은 그 기간에도 달렘으로 갈 수 있었다. 본회퍼는 달렘 총회에도 참석하지 못했다.

놀랍게도 1934년 10월 20일 달렘 총회에서 결의안들이 만장일치로 통과되었다. 장정 위반을 이유로 들어 루트비히 뮐러를 탄핵하고, 긴급 기구들을 설치한다는 내용이었다. 게다가 루트비히 뮐러에게 항의하는 물결이 전국에서 들끓었다. 이 때문에 내각사무처에서 새로운 조치를 취했다. 본회퍼가 매형에게서 들은 내용은 이랬다. 말하자면 히틀러가 10월 20일 법무 장관 프란츠 귀르트너를 불러들여 이 같은 교계 사태 전개의 법률적인 면을 상의했다는 것이다(DBW 13:211 Anm. 9 참조). 그리하여 8월 전국총회에서 인가된 DEK 중앙집권 법안이 실제로 파기되었다. 빌헬름슈트라세에서 방향 전환을 아주 진지하게 모색하려 한다는 새 희망들이 갑자기 움트기 시작했다. 그 희망들은 절반밖에 이루어지지 않았으나, 몰락을 부채질한 것만으로도 만족스러웠다. 실제로 아우구스트 예거가 10월 26일 사직하고, 남독일 지방 감독들이 풀려나 10월 30일 히틀러를 접견했던 것이다. 그들은 승리의 개가를 부르며 자신들의 지방으로 돌아가 원래의 직위에 복귀했다. 히틀러는 제국교회에 관여하지 않겠다고 선언했다. 제3제국과 그 총통을 신봉한다고 해서 교단들 가운데 어느 한 교단을 편들지 않겠다는 거였다.

하지만 구프로이센 지방처럼 파괴된 지방교회들에는 무슨 일이 일어났는가? 만장일치로 선언된 달렘 긴급 교회법의 의의는 무엇이었는가? 루트비히 뮐러는 아직 퇴각한 것이 아니었다. 조지 K. A. 벨은 본회퍼에게, 히틀러가 갈등을 좋게 해결할 경우 무슨 일이 일어날 것인지를 문의했다(DBW 13:207). 조지 K. A. 벨과 캔터베리 대주교는 있을지도 모를 그 일을 진척시키기 위해 런던 주재 독일 대사관을 찾아갔다. 캔터베리 대주교는 레오폴트 폰 회쉬Leopold von Hoesch 대사를 만났고, 조지 K. A. 벨은 대사관 참사관 오토 폰 비스마르크Otto von Bismarck를 만났다. 런던 주재 독일 대사관은 베를린에 있는 외무부로부터 권한을 위임받아, 변화들이 임박했음을 대주교와 조지 K. A. 벨에게 알렸다(DBW 13:212f.). 하지만 본회퍼가 도나니의 자문을 받아 조지 K. A. 벨 주교에게 분석해 주자마자, 불확실한 상황은 곧장 그의 분석대로 전개되었다.[175] "히틀러는 달렘 긴급 기구의 승인을 포함한 모든 결정을 자르 지역투표일까지 미룰 것입니다."[176]

히틀러는 "저항 세력"을 너무나 잘 알고 있었던 것이 아닐까? 결정이 연기되고 몇 주 뒤, 모든 사람이 10월 19-20일에 형성된 전선에 균열이 생겼음을 알게 되었다. 고백교회 안에서 달렘 결정을 비판하고 스스로의 용기를 우려하는 목소리가 늘어난 것이다. 제국 정부는 10월에 다소 격하게 자극된 저항 세력을 만족시키기 위해 루트비히 뮐러를 억누르는 것 이외에 별다른 조치를 취할 필요가 없었다.

탈퇴 결의

물론 본회퍼는 자신의 분야에서 달렘 결의문을 거침없이 뒷받침하고 실행에 옮겼다. 달렘 결의문의 내용은 아래와 같다.

> 우리는 그리스도교 교회, 목회자, 장로에게 기존의 제국교회 정부와 그 관청의 지시를 받지 말고, 제국교회 정부에 계속 복종하려고 하는 자들에게 협력하지 말라고 촉구한다. 우리는 그들에게 독일 개신교 고백총회의 지시와 고백총회가 승인한 기구들의 지시를 받으라고 촉구한다.[177]

본회퍼가 1년 전부터 갈망해 온 분명한 목소리였다. 그는 긴급 교회통치가 관철되고 승인받게 될 것인지, 된다면 어느 정도나 될 것인지를 기다릴 수 없었다. 이제는 즉시 승인을 알리고 새로운 질서를 수립하는 것이 중요했다. 신속하고 정확하게 그리해야 했다. 그래야 기정사실이 되어 이미 시작된 길 위에 고백총회와 그 기구들이 굳건히 자리 잡고, 다른 이들이 동조하고, 예벤스슈트라세에서 대항 조치를 취하지 못할 터였다.

1934년 11월 5일, 영국 주재 독일 개신교 교구들의 교회임원들이 런던에 있는 그리스도 교회에서 회동했다. 거의 모든 교구들이 참여한 회동이었다. 본회퍼는 조지 K. A. 벨 주교와의 만남을 취소하면서까지 회의를 준비했다. 프리츠 베어한이 사회를 맡고, 발표는 본회퍼와 율리우스 리거가 맡았다. 본회퍼는 독일 교계 사정에 대해, 율리우스 리거는 해외 투쟁의 효과에 대해 발표했다. 9개 교회의[178] 임원 44명이 아래와 같이 결의했다.

오늘 그리스도 교회에 모인 교회임원들은 속으로 고백교회와 같은 입장을 취하고, 교회 당국들(제국교회 당국의 해외사무국과 고백교회)과의 필요한 담판을 조속히 시도할 것을 선언한다. 1934년 11월 5일 런던. 교회임원:…….[179]

이 결의문은 본회퍼와 율리우스 리거가 거둔 커다란 성과였다. 전에는 여론이 그러한 조치를 별로 달가워하지 않는 것처럼 보였기 때문이다. 프리츠 베어한은 11월 3일 브루노 슈뢰더 남작에게 이렇게 편지했다. "내 생각으로는 고국의 사정이 어찌 되어 가는지를 지켜봐야 할 것 같습니다." 그러자 브루노 슈뢰더 남작은 회동 당일인 11월 5일 아침인데도 이렇게 답했다. "오늘 결정하기에는 독일 개신교의 상황이 대단히 불분명하다는 목사님의 견해에 전적으로 동의합니다." 결의문에 "속으로"라는 말을 삽입한 것은 그래서였을 것이다. 이 한 단어 때문에 나중에 말다툼이 시작되었다. 헤켈과 그의 영향을 받은 자들이 그 단어를 일종의 제한으로, 말하자면 교구들이 제국교회로부터 조직적으로 탈퇴하는 것에 반대하는 것으로 해석한 것이다. 반면에 다른 이들은 교구들이 달렘 총회를 통해 형성된 고백교회와 완전한 의견 일치를 꾀하도록 지원했다. 본회퍼는 조지 K. A. 벨에게 보낸 편지에서 고백교회와의 연결을 도모하는 조치가 마무리되었다고 단언하며 이렇게 말했다. "나는 그 일이 대단히 만족스럽습니다."[180]

런던 사람들은 그리스도 교회에서 결의문을 통과시킨 뒤에 서신을 동봉하여 세 곳으로 보냈다.

11월 10일, 프리츠 베어한과 브루노 슈뢰더 남작이 그것을 교구 협회의 편지지에 작성해 헤켈의 해외사무국으로 보냈다. 동봉한 서한에는 아래와 같은 글귀가 적혀 있었다.

영국에 있는 독일 개신교 교구들은 총통의 선언으로 제3제국과 총통에 대한 의식적인 충성 서약이 어느 한 교단에 속한 회원들에게 맞지 않다는 말을 듣고 크게 기뻐했다. 이 교구들은 수세기 동안 성서와 신앙고백에 근거해 온 까닭에 고백교회가 독일 개신교 교회연합회의 적법한 계승자라고 생각한다. 영국 소재 독일 개신교 교구들은 고국교회와의 관계를 유지하기 위해 1928년에 독일 개신교 교회연합회에 가입한 교구들이다. 1934년 11월 5일 독일 개신교 그리스도 교회에 모인 독일 개신교 교구 대표들은 앞서 말한 내용을 베를린에 있는 교회-해외사무국에 알림과 동시에 외인하우젠에 있는 고백교회와 협의를 개시하기로 결의했다.[181]

11월 13일, 결의문이 고백총회로 날아가 외인하우젠(칼 코흐 의장)에 당도했다. 동봉한 서한에는 본회퍼와 구스타프 쇤베르거 목사가 가입 협의를 맡게 해달라는 요청이 들어 있었다. 본회퍼와 구스타프 쇤베르거는 해외사무국에 준하는 기구를 조속히 설치하자는 제안도 서한에 덧붙였다.[182]

급기야 런던 사람들은 회람을 작성하여 영국 주재 목사 협회의 이름으로 재외독일인 목사들에게까지 발송했다.[183] 그들은 결의문을 공유하며 이 편지가 고백총회 측의 공식적인 조치를 위한 전주곡에 불과하기를 바랐다. 그러면서도 그들은 재외 독일인 동료 목사들에게 런던 청원서에 대한 입장 표명을 가급적 빨리 해주어, 고백총회와의 협의가 "보다 광범위한 토대 위에서" 즉각적으로 이루어질 수 있게 해달라고 부탁했다(DBW 13:243).

1차 반응들

1. 헤켈은 앞서 말한 문서가 런던 책임자들의 손을 떠나 교회-해외사무국에 당도하기 전에 이미 11월 5일 회동에 대한 비밀 정보를 입수했다. 그는 2월 위기에 비해 공식적으로 훨씬 심각한 위기임을 곧바로 알아챘다. 그러고는 첫 번째 조치로 11월 13일 오전에 런던 주재 독일 대사관으로 전화를 걸었다. 런던에서 내각사무처와 히틀러에게 알린 전화 통지문에는 아래와 같은 내용이 기록되어 있다.

오늘 아침 일찍 헤켈 감독이 오토 폰 비스마르크 공에게 전화를 걸어 왔다. 그의 정보에 의하면 이곳 독일 개신교회들이 브루노 슈뢰더 남작과 긴밀히 협력하여 하나도 빠짐없이 고백교회에 가입하기로 결의했다고 한다. 헤켈은 대단히 우려스럽고 불미스러운 외교상의 결과에 대한 자신의 견해를 언급하며 비스마르크에게 부탁했다. 브루노 슈뢰더 남작과 연락하여 그러한 행보를 당분간 막아 달라는 거였다. 독일 국내에서 교계 문제가 해결되지 않았음을 감안하여 그러한 행보를 시기상조로 여겼기 때문이다.

> 오토 폰 비스마르크는 대사관은……외무부의 지시 없이 헤켈 감독이 바라는 개입을 독자적으로 할 수 없다고 대답했다.……이와 관련하여 훈령을 내려 주기 바람. 회쉬.[184]

그러자 헤켈은 바이에른 출신이자 리버풀에서 사역하는 목사 K. H. 슈라이너를 예벤스슈트라세로 불러들였다. 그와 고향도 같고 친분도 있었기 때문이다.

그사이에 헤켈은 법정관리자 예거는 물론이고 제국감독 루트비히 뮐러까지 실각하여 사퇴 압력을 받을 것으로 예상했다. 대형 지방교회들이 루트비히 뮐러의 면직을 추진하고, 여러 신학부에서 그를 사퇴시키기로 결의했으며, 압도적인 다수의 교수들이 거기에 서명했다. 온건한 독일그리스도인연맹까지 루트비히 뮐러에게 불만을 품었고, 그 영향이 헤켈에게도 미쳤다. 그는 재외 독일인 목사들에게 보낸 11월 14일자 비밀 서한에서 아래와 같이 암시했다.

> 이제까지 일해 온 법정관리자의 면직이야말로 위기를 알리는 가시적 표지입니다. 하지만 그것은 해결책을 의미하지 않습니다.……동료 목회자들에게 부탁하건대, 많은 말을 하지 않더라도 내 말을 믿어 주시기 바랍니다.……나는 지난 몇 주 동안 제국감독과 함께 참으로 경건한 결정의 필요성을 놓고 거리낌 없이 솔직하게 대화를 나누었습니다. 나는 함께 일하는 모든 직원의 동의를 받아 간단명료한 것 몇 가지를 제안했습니다(DBW 13:224f.).

그러나 헤켈은 고백총회의 긴급 교회 당국을 공고히 하는 일에 도움이 될 마음이 없었다. 그러기는커녕 이 서한에서 이렇게 단언했다. "교단들의 권리 주장과 관점들보다는 독일교회 해외 사역의 독자성을 지키고 싶습니다. 교회-해외사무국과 마찬가지로 교회-해외 사역도 이러한 대립들보다 상위 개념이니까요"(DBW 13:225). 그럼에도 불구하고 소문이 떠돌았다. 헤켈이 제국감독 공격에 찬성하고,

고백교회를 편들려고 한다는 소문이었다. 이 소문이 런던에까지 다다랐다. 11월 13일, 프리츠 베어한은 칼 코흐 의장에게 런던 목사들의 이름으로 조심스럽게 통보했다. "다들 이 행보를 환영하겠지만, 지난 2월에 헤켈과 마주친 경험에 의거하여 요직에 있는 이 인사를 받아들여선 안 됩니다"(DBW 13:222 Anm. 1 참조).

헤켈과 리버풀에서 사역하는 슈라이너 목사는 런던 결의문의 일부, 곧 제국감독을 용납할 수 없다는 뜻으로 해석될 수 있는 부분은 영향력을 발휘하도록 내버려 두되, 고백총회 가입을 말하는 다른 부분은 지연시키거나 무효화시켜야 한다는 데에 의견이 일치했다. 말하자면 런던 사람들을 방해하여 칼 코흐 의장에게 대표를 파견하지 못하게 해야 한다는 거였다. 슈라이너는 베를린에 있는 내각사무처를 찾아가 루트비히 뮐러에 대한 영국 주재 교구들의 반감을 전하고,[185] 런던에서 시작된 제국교회 탈퇴가 확대되지 않게 하려면 루트비히 뮐러를 면직시키는 수밖에 없다고 말했다. 다른 한편, 그는 11월 16일 브루노 슈뢰더 남작과 율리우스 리거 목사에게 편지하여 자신이 베를린에서 나눈 대화들에 관해 언급했다. 그러고는 "고백전선 인사들과" 나눈 대화에 관해서도 언급했다. "이 행보가[186] 성급한 행보일 수 있다"는 자신의 우려가 커져서, 고백전선 인사들로부터 재외 교구들과 해외사무국을 건드리지 않고 놓아두겠다는 확약을 받았다는 내용이었다. 슈라이너는 율리우스 리거에게 보낸 편지에서 본회퍼를 공격하며, 그의 보고가 부정확하고 쓸데없이 섬뜩하다고 말했다. 그는 당시 중립적인 동아리에서 써먹던 표현을 인용했다. "우리는 고백하는 영웅인 체할 필요가 없습니다." 11월 5일에 이루어진 결정만으로도 충분한 무기가 되며, "그것이 그 이상의 성과를 내지 못한다 해도" 그다지 손실이 아니라는 거였다. 본회퍼의 보고를 놓고 "부정확하다"라고 한 것은 본회퍼가 중립적인 중도파 사람들의 반론과 판단을 상론하는 데에 관심을 두기보다는 사건의 미래지향적인 요소들을 부각시키고 두드러지게 하는 데에 관심을 두었음을 모르고 한 말이었다. 광범위한 "고백전선" 사람들이 누구의 말을 귀담아들을 것이냐가 중요했다. 그리하여 슈라이너는 런던에서 사역하는 동료 목회자들에게 더 이상의 조치를 취하지 말자고 간원했다. 하지만 런던에서 사역하는 목사들은 브루노 슈뢰더 남작과 합의하여, 슈라이너가 돌아와도 그와 협의하지 않고 자신들의 원래 계획대로 하기로 했다.

헤켈은 영국에서 형성된 빈틈없는 전선에 맞서는 일을 더 이상 슈라이너와 함께 도모하지 않고, 보다 나은 세부 지식으로 무장하며 추가 행보를 주시했다.

11월 16일, 헤켈은 11월 5일에 통과된 런던 결의문 발송자에게 처음으로 공식적인 답장을 보냈다. 런던 목사들이 "불충분한 정보들"을 토대로 어마어마한 결정을 내리고, 구두 접촉 없이 통보한 것을 유감으로 생각한다는 내용이었다. 그는 고백교회가 그때까지 국가의 공식적·법적 승인을 받지 못했다는 이유를 들어 고백교회의 법적 지위를 인정하지 않았다. 재외 교구들의 계약 상대자로서 옛 독일 개신교 교회연합회의 권리를 계승한 자는 총통이 1933년 7월 14일 법안에 서명하여 합법화된 DEK뿐이며, 따라서 런던 교구 협회는 탈퇴 문제에서 교구들을 대신할 수 없고, 해약은 각 교구임원회가 승인하고 통고해야 한다는 거였다(DBW 13:229f.). 방금 거론된 논점은 영국에서 정식 절차를 밟아 보충해야 할 사안이었다. 헤켈은 슈라이너가 다녀간 뒤부터 개별 교구의 결정이 11월 5일에 통과된 전체 결의문처럼 만장일치로 통과되지는 않을 것이라고 확신하게 되었다.

결국 헤켈은 런던 사람들이 다른 재외 동료 목사들에게 보낸 회람이 유럽 지역에 미치는 영향을 막을 수 있었다. 그는 (네덜란드) 헤를렌에서 목사로 사역하는 헬무트 뢰슬러와 서로 뜻이 통했다. 헬무트 뢰슬러는 11월 16일(DBW 13:230-235) 서유럽 목사협의회에 보낸 서한에서 고백교회를 위하는 일체의 행동을 하지 말라고 경고했다. 서유럽 목사협의회는 네덜란드, 벨기에, 룩셈부르크, 프랑스에서 사역하는 독일인 목사들이 연합하여 결성한 단체였다. 여타의 재외 목사들에게까지 빠짐없이 발송된 이 경고 서한의 내용은 아래와 같다.

> 고백총회는 제국법무부를 인증(引證)으로 내세워 자구권의 상태를 선포하고 있습니다. 새 교회 장정이 발효되었으니 루트비히 뮐러의 교회 당국이 제정한 예전의 법률은 무효라는 것입니다. 고백총회는 1933년 7월 11일에 발효된 교회 장정을 토대로 기존의 교회 당국을 아예 무시하면서 적법한 새 교단의 설립을 계획하고 있습니다. 다른 한편, 국가는 교회 논쟁의 진행 방향에 크게 실망한 나머지 히틀러의 입을 빌려 교회투쟁 자체에 개입하지도 관여하지도 않겠다고 선언했습니다. 하지만 이 선언을 통해 홀가분해졌음에도 불구하고 고백총회

는—내무 장관 빌헬름 프리크가 지난주에 발표한 담화를 근거로—국가가 교단 자격을 자신들에게 부여하는 것을 기다리지 않는군요.

제3제국이 교계의 모든 문제에서 완전히 손을 떼고, 교회투쟁의 목적이 미국식 자유교회로 미끄러져 들어가는 데 있는 것이 아닌가 하는 심각한 우려도 있습니다. 그리되면 루터 이래로 존재해 온 개신교와 독일 국가의 유대가 끊어지고, 독일 개신교와 제3제국의 운명적인 연대도 끊어지고 말 것입니다. 이전의 독일 개신교 교회 협회에서 하나 내지 그 이상의 자유교단이 생겨나는 것보다 더 중요한 것은 다음과 같이 확실한 전망입니다. 말하자면 국가가 교계 전체, 개신교 신학부들, 교단 소속 학교들, 해외 선교 사역에 제공하는 보조금이 문제가 될지도 모른다는 것입니다. 따라서 현재 시급히 결론지어야 할 점은 이것인 것 같습니다. 고백전선의 완승은 국민교회를 포기하고 자유교회로 나아가는 첫걸음이자, 독일 신교의 최종적인 분열과 같은 의미일 수도 있다는 것입니다.

그런 다음 교회-해외사무국을 옹호하는 내용이 이어진다.

해외사무국은 교회를 산뜻하게 치리하기 위해 애써 왔습니다. 외국에 있는 우리가 고맙게도 교계 내부의 논쟁에 휘말리지 않은 것은 그 덕분입니다.……내 생각에는 수많은 동료 목회자들이 마음속으로 고백교회 소속이라고 느끼면서도, 어째서 자신들이 해외사무국에 굴복해선 안 되는지를 모르는 것 같습니다. 하지만 현 상태에서 고백교회에 소속감을 갖는 것은 해외사무국의 뒷덜미를 치는 짓이 되고 말 것입니다. 해외사무국은 전 세계 독일 신교에 대한 궁극적인 책임을 통감하고, 기존 교단의 완전한 분열을 불필요한 것이 되게 하려고 교회 **전체**를 위해 실제적인 해결책을 모색하고 있습니다.……이 상황에서 재외 교구들의 개별적인 시위행위는 유익보다는 해가 될 수 있습니다. 독일 내부의 교회투쟁에 개입하는 재외 교구들은 언제라도 민족 반역죄로 기소될 수 있습니다. 그리고 일단 기소되면 그 죄목을 반박하느라 진땀을 빼게 될 것입니다.……현재 쟁취하려고 하는 것의 정반대에 이르게 될 것입니다. 말하자면 제3제국 안에서 몇 개의 독일 개신교 국민교회가 생겨나 전 세계 독일 개신교를

대표하게 되는 겁니다.[186a]

본회퍼가 1935년 칼 코흐 의장에게 보고한 성과는 남서아프리카에서 거둔 것뿐이었다.[187] 다른 지역에서 거둔 성과는 보고할 게 없었다. 고백총회는 법적 권리를 행사할 능력이 없었고, 그래서 10월 말에 얻은 강력한 입지를 11월 또다시 잃고 말았다. 헬무트 뢰슬러가 자신의 회람에서 다음과 같이 에둘러서 말한 것은 당연했다. "그래요. 듣자니 고백총회 내부에는 유감스럽게도 전반적인 상황 판단 및 미래 진로 판단과 관련하여 가장 심각한 내적 대립이 존재한다는군요. 과단성을 약화시키는 대립들 말입니다"(DBW 13:234). 때문에 영국에서 보낸 목사 협회의 편지는 별 영향을 미치지 못했다. 특히 영국 이외의 재외 교구들 상당수는 재정적으로 예벤스슈트라세에 훨씬 더 의존하고 있었다. 먼 곳에서 탈퇴를 고려하게 할 정도의 주도권과 판단력을 얻으려면, 그들이 마음대로 이용하던 것과는 전혀 다른 지원이 있어야 했는데 그것이 없었던 것이다.

2. 고백총회는 11월 15일 칼 코흐 의장을 통해 런던 사람들에게 감사의 뜻을 표하고, 본회퍼 목사와 구스타프 쇤베르거 목사에게 가입 협의를 맡아 달라고 부탁했다. 하지만 긴급 교회지도부—11월 22일 아우구스트 마라렌스 감독의 사회로 성사된 "임시 교회지도부"—구성을 둘러싼 고통스런 논쟁들이 출장을 지연시켰던 같다. 본회퍼의 어머니가 11월 13일 화요일에 본회퍼의 누이 자비네 라이프홀츠에게 보낸 편지의 몇몇 문장에는 목표를 신속히 이루고자 하는 본회퍼의 의도와 베를린의 혼란이 엿보인다.

> 우리는 이번 주에 디트리히를 기다리고 있단다. 저쪽에서 사역하는 목사 둘을 데리고 이곳으로 올 거야. 그들 교구들의 고백교회 가입을 내무부에 신고하기 위해서란다.……일이 대단히 순조로워 보이지만, 온건파 독일그리스도인연맹 때문에, 그리고 한편으로는 좀처럼 타협하지 않는 바이에른 사람들과 다른 한편으로는 디트리히 같은 사람들 때문에 많은 어려움이 있단다.

11월 25일, 본회퍼는 고인 추도일 저녁에 성 바울 교회 성가대와 함께 브람스의 레퀴엠을 공연했다. 그러고 나서(DBW 13:236f. 참조) 동료 목사 프리츠 베어한과 구스타프 쇤베르거를 대동하고 외인하우젠과 베를린을 향해 출발했다. 세 사람은 11월 28일에 고백총회를 대표하는 칼 코흐 의장 및 최고관리국 위원 토마스 브라이트Thomas Breit와 협의하거나 임시 교회지도부와 협의했던 것 같다. 전국 형제협의회를 대표하는 아스무센 목사도 참석했을 것이다. 이 대화를 기록한 문서가 존재한다.[188] 이 문서에는 영국의 상황이 설명되어 있을 뿐만 아니라, 해외사무국을 폐쇄하고 해외 사역을 담당할 임시 사무소를 영국에 설치하는 계획이 진술되어 있다. 어떤 결과에 이르고자 했는지, 어떤 계약을 맺고 헤어졌는지를 기록한 메모는 존재하지 않는다. 임시지도부와 전국 형제협의회는 확정적인 것을 밝히지 않고, 런던 사람들의 가입 의향을 받아들이고 미래의 해외 선교 사역을 체계화하는 데 필요한 제안들을 수렴했던 것 같다. 아스무센은 단치히로 보낸[189] 11월 30일자 편지에서 그 상황을 아래와 같이 묘사했다.

> 이제껏 우리는 해외에서 요청이 있을 때에만 재외 독일 개신교인들에게 신경을 쓰는 태도를 취해 왔습니다. 그러면서 우리는 주로 앵글로색슨 세계에 있는 독일 개신교인들하고만 제휴하고 동유럽 세계와는 전혀 제휴하지 못했습니다. 나는 대학 강사 이반트가 리가로 가고 나면 사정이 더 나아질 줄 믿습니다. 귀하는 디트리히 본회퍼 목사와 제휴하는 게 나을 겁니다.……하지만 그도 주로 앵글로색슨 지역을 염두에 두고 있답니다.

본회퍼는 그사이에 코펜하겐에서 돌아온 한스 베른트 폰 헤프텐을 외무부에서 만나고, 아돌프 프로이덴베르크Adolf Freudenberg도 만났다. 아돌프 프로이덴베르크는 외무부 문화국에서 참사관으로 일하다가 나중에 이민을 가서 목사가 되어 에큐메니칼 협의회에서 일한다.[190] 고백교회의 해외 선교 사역을 위한 미래 계획들을 이 방향으로 준비하거나 충족시키려는 의지는 몇몇 관계자들이 사태 전개를 얼마나 유망하게 보았는지를 보여준다. 물론 그 계획들은 실현되지 못했다. 런던 교구의 문서들과, 원천 자료인 교구 협회 문서들은 런던과 에벤스슈트라세 사이의 가장 격렬하고 민첩한 서신 왕래를 보여주는 반면, 고백총회 및 임시 교회지도부와의 서신 왕래는 아주 드물게만 보여준다. 고백총회 및 임시 교회지도부와의 서신 왕래는 얼마 못 가 거의 완전히 끊기고 만다. 이 사태에서 힘과 주도권은 런던 측, 즉 본회퍼에게 있었다. 그에게 베를린 출장은 결정적인 것이 아니었다. 이미 자신의 교구민들과 함께 중요한 결정을 내리고 나서 수행한 출장이었기 때문이다.

고백교회와 재외 교구들의 관계를 보여주는 자료가 부족한 이유는 고백교회가 인적·재정적으로 충분한 힘을 행사하지 못했기 때문이다. 하지만 주된 이유는 임시지도부 안에 도사린 난제들 때문이었다. 임시지도부가 수뇌부로 영입한 이들은 달렘 결의들을 지나치게 포괄적인 것으로 여기는 인사들이었다. 더군다나 임시지도부 의장은 아우구스트 마라렌스 감독이었다. 그는 고백교회를 언급하기보다는 고백 운동을 강조하는 사람이었다. 또 다른 이유는 제국 정부에 대한 호감을 크게 가진 나머지 제국 정부가 임시 교회지도부를 승인해 줄 것으로 기대했기 때문이다. 제국 정부의 승인을 받지 못하게 되면서 달렘 결정은 효과를 발휘하지 못했다. 끝으로 정치적 의심을 받을 가능성도 한몫했다. 다들 그것을 두려워하여 대외관계라는 위험지대에 발을 들여놓으려 하지 않았다.

재외 교구를 위한 사무소를 고백교회 긴급 교회 기구 안에 설치하는 것은 성사되지 않았다. 본회퍼는 그 후에도 사무소 설치를 몇 차례 더 촉구했다.[191] 관구총감독 빌헬름 쵤너 휘하의 교회 위원회 시대가 루트비히 뮐러 시대를 대신했지만, 임시 교회지도부와 재외 교구들의 관계 도모를 위한 제도적 기구는 설치되지 않았다. 이로 인해 1934년 11월 런던에서 쥐고 있던 주도권은 결국 성과를 내지 못했다. 그럼에도 소수의 영국 주재 교구들이 고백교회에 신의를 지킨 것은 놀라운 일이 아닐 수 없다. 11월 5일에 이루어진 탈퇴 결의의 동기는 제도화에 의지하지 않고 그 이상의 진로를 결정할 만큼 강력했고, 헤켈의 반격마저 격퇴시킬 만큼 완강했다.

접전

런던에서 파견한 이들이 베를린으로 가는 동안, 브루노 슈뢰더 남작이 아래와 같은 내용의 편지를 헤켈에게 보냈다.

> 교구들과 내가 귀하와의 사전 협의 없이 우리의 결정을 통고한 것을 잘못된 처사로 여기신다니 유감스럽군요. 우리는 전에 경험한 것들에 의거하여 올해 초에 있었던 것과 같은 형식적인 협의로는 어떠한 성과도 내지 못하리라는 것을 알게 되었습니다. 확신이 무르익고 깊어지면서 이 행보를 결정한 것입니다. 어떤 협의도 우리의 발걸음을 다른 길로 이끌지 못할 것입니다.[192]

헤켈은 자신이 11월 16일에 보낸 서한의 답장을 받기는커녕 목사 셋이 베를린에서 협상 중이라는 소식을 들었다. 그래서 11월 28일 모든 목사와 교구에 일일이 "잘못된 법 해석"에 대한 주의를 환기시켰다.[193] 동요하는 이들이 떨어져 나갈 것을 기대하고 한 일이었다.

그사이에 사퇴 청원의 시기를 넘겼는지 제국감독도 11월 27일자 DEK 법률 공보에 다음과 같이 직접 고시했다. "나는 모든 목사들과 교회임원들에게 장정을 위반한 저 '임시 교회 당국'에 복종하는 것을 금한다."[194]

하지만 런던에서는 헤켈의 말은 물론이고 루트비히 뮐러의 말도 전혀 듣지 않았다. 그러자 헤켈은 반격을 가하고 12월 10일 브루노 슈뢰더 남작과 모든 교구에 서한을 보냈다.[195] 그는 자신의 11월 16일자 서한에서 했던 항변을 되풀이하고, 자신이 런던과 베를린에서 진행되고 있는 일의 세부 정보를 "확실한 소식통을 통해" 정확히 알고 있음을 암시하면서 아래와 같이 말했다.

> 유감스럽게도 나는 런던 교구들의 대표 2인이……베를린에 체류하면서 교회-해외사무국과 협의하려는 시도조차 불필요한 일로 여겼다고 말씀드릴 수밖에 없군요. 그들이 자격도 없으면서 베를린에 있는 관공서에 제안하여 나에게 알려진 것들, 곧 교회-해외 사역 재편에 관한 제안들은 교회적으로 보나 국가적으로 보나 있을 수 없는 복안(腹案)들입니다.[196]
>
> 듣자니 그들이 제안한 계획이 관공서에서 퇴짜를 맞았다는군요. 영국에 있는 독일 개신교 교구들의 두 목사가 어느 정도의 권한을 부여받아 그리 처신했

는지는 모르겠으나, 그것은 이곳의 상식에서 벗어난 행동입니다.[197]

하지만 헤켈은 11월 5일에 이루어진 결의와 그 처리 자체를 주요 공격 대상으로 삼았다. 말하자면 결의문의 강조점이 "속으로"라는 단어에 있고, 이는 해외사무국과의 협의를 염두에 둔 표현이며(DBW 13:258), 전체 결의문이 효력을 발생하려면 교구마다 자신의 성명서를 송부해야 하고, 그럴 경우 교구들은 본국에 복직하여 은퇴하게 될 목사들의 안전을 위험에 빠뜨리게 되리라는 것이다. 그는 다음과 같은 글귀로 서한을 마무리 지었다. "전모를 파악해 보니 리버풀, 브래드퍼드, 사우스실즈, 뉴캐슬에 있는 교구들은 교구 협회의 월권을 인정하지 않는다는군요"(DBW 13:261).

런던 사람들은 두 가지 방식으로 대응했다. 먼저 그들은 자신들의 애국심을 의심하는 해외사무국에 항의했다. 헤켈이 이미 11월 16일자 서한에서 "총통이 재가한 장정의 근거 및 법적 근거에 위배되는 사항"(DBW 13:230)을 언급하고, 12월 10일자 서한에서는 "국가적으로"(DBW 13:258) 있을 수 없는 복안에 대해 경고했기 때문이다. 런던 사람들은 "재차 암시된 그러한 의심"에 맞서 "심각한 결과"를 통보했다.[198] 게다가 그들은 목사들과 교구들과 교구 협회와 그 협회 임원들 사이를 이간질하려는 시도를 물리쳤다(DBW 13:273f.).

다른 한편, 그들은 시드넘 교구 출신 변호사 에두아르트 크뤼제만Eduard Crüsemann을 내세워 조치를 취했다. 교구들의 기존 계약을 들먹이며 탈퇴 결의를 반박하는 짓을 못하게 한 것이다.[199] 브루노 슈뢰더 남작은 에벤스슈트라세에 아래와 같이 통고했다.

> 귀하가 금년에 보낸 11월 28일자 서한과 12월 10일자 서한을 참조하건대, 이곳의 각 교구가 독일 개신교회에서 탈퇴할 생각이라면, 해당 교구임원들의 명시적 결의가 필요하다는 것은 자명한 사실입니다(DBW 13:262 Anm. 1 참조).

1935년 1월 4일, 본회퍼는 안개가 자욱하여 칠흑같이 어두운 런던에서 자신의 교회임원들과 함께 임시 회의를 개최했다. 이 회의에서 아래와 같은 결의문을 만장일치로 채택했다.

> 이곳에 모인 성 바울 교회임원들과 시드넘 교회임원들은 만장일치로 천명한다. 우리는 제국감독 루트비히 뮐러가 이끄는 제국교회 당국의 승인을 거부한다. 성 바울 교구와 시드넘 교구가 보기에 목표와 방법 면에서 복음적 신앙의 가장 기초적인 원칙을 부인하는 교회 당국은 더 이상 봐줄 수 없는 당국일 뿐이다. 게다가 교회임원들은 지난 18개월 동안 이루어진 제국교회 당국의 월권이 외국에 비친 독일의 모습을 가장 심각하게 손상시켰다고 단언한다. 교회임원들은 1933년 7월 15일에 발효된 제국법령에 의거하여 제정된 제국교회 장정(章程)을 연결의 법적 근거로 인정할 용의가 있으며, 이 근거 위에 서 있는 DEK에 전과 마찬가지로 연결되어 있음을 강조한다.[200]

한편, 최근의 머뭇거림을 극복하기 위해 본회퍼의 강력한 영향이 필요했다. 베를린에서 법적 결과와 재정적 결과를 들먹이며 위협하고 있었기 때문이다. 그 결과들을 모든 교구가 똑같이 무시하지는 못했을 것이다. 다른 한편, 그러한 결의문 채택에 도움을 준 것은 이 재외 교구들이 자유교회 성향의 환경 속에서 오래전부터 키워 온 독립의 욕구였다.

하지만 이 대목에서도 애국심과 정치성이 부족하다는 비난을 받고 싶지 않아서 다들 "정치적 상황을 고려하여 자르 지역투표(자르 주민들이 독일의 일부가 되기를 원하는지를 결정하는 투표—옮긴이) 이전에" 결의문을 "통보하지 않고"(DBW 13:265), 1935년 1월 13일 이후에나 베를린에 통보하기로 합의했다.

어중간한 성과

이 결의문은 베를린에 통보되지 않았다. 본회퍼가 곧바로 런던을 떠났던 것이다. 런던에서 진행된 교회투쟁의 법률적 세부사항이 더 이상 그의 관심을 끌지 못했기 때문이다. 이 결의문이 채택되고 2년 뒤, 교회-해외사무국이 본회퍼의 후임자 마르틴 뵈크헬러Martin Boeckheler 목사를 거쳐 예전의 성 바울 교구 및 시드넘 교구와

실을 다시 연결했다. 그때까지도 해외사무국 수장은 헤켈이 맡고 있었다. 이 교구들은 그동안 신의를 지키며 본회퍼의 핑켄발데 신학원에 의연금을 보냈었다. 하지만 해외사무국의 크룸마허 박사가 지적한 대로 서류상으로 탈퇴를 증명하지 않은 상태였다. 마지막 단계의 법적 조치를 소홀히 했기 때문이다. 고백교회와의 완벽한 연결을 법적으로 전혀 승인받지 못한 것이다.

이때부터 율리우스 리거의 게오르크 교구가 예벤스슈트라세에 있는 해외사무국과 끊임없이 새로운 갈등을 빚었다. 율리우스 리거는 게오르크 교회 창립 175주년 기념일에 대외 감독 헤켈을 초대하지 않고, 고백교회 의장 칼 코흐를 초대했다. 그러자 해외사무국은 오르간 제작비 지원을 철회하고, 훨씬 나중에 노골적으로 간섭하고 나서야 그 비용을 뒤늦게 지급했다. 게오르크 교회는 영국으로 도피한 프란츠 힐데브란트에게 첫 일자리를 제공한 교회였다. 원래 본회퍼의 바람은 포레스트 힐에 있는, 자신의 예전 임지를 힐데브란트가 인계받는 거였다. 하지만 1935년 초, 본국에서 고백교회 설립이 활기를 띠고 있었으므로 힐데브란트는 달렘 사역을 접겠다고 결심할 수 없었다. 그러다 1937년 니묄러가 체포되자 허겁지겁 도주할 수밖에 없었고, 성 게오르크 교회가 그를 채용한 것이다. 그때부터 율리우스 리거의 교회는 히틀러 시대가 끝날 때까지 수많은 망명자의 1급 피난처가 되었다. 이로 인해 율리우스 리거와 해외사무국의 관계가 현저하게 악화되었다.

본회퍼가 런던의 시야에서 사라지자마자, 영국에 있는 재외 교구들 다수에 대한 교회투쟁의 영향도 바뀌었다. 관구총감독 빌헬름 췰너의 시대에는 "국민교회 유지"라는 표어가 다수의 마음을 사로잡았다. 영국 주재 독일인 목사 협회 문서들은 본회퍼가 영국에 체류할 때 "성서와 고백"이라는 표현이 결정적인 표현이었음을 보여준다. 하지만 1936년부터는 "국민교회 걱정"이라는 표현이 지배적이 된다. 구스타프 쇤베르거 목사는 런던에서 NSDAP를 위한 활동에 동화된 나머지 더 이상 교회투쟁에 협력하지 않았다. 프리츠 베어한 목사는 1936년 빌헬름 췰너를 예방하고 국민교회의 중요성을 설파하는 연사가 되었다. 1936년 6월에 작성된 목사 협회 회의록에는 한 참석자의 고독한 의견이 다음과 같이 기록되어 있다. "바라건대 내 말을 나쁘게 받아들이지 않았으면 좋겠습니다. 우리는 동의하든 안 하든 몇 년 전부터 본회퍼의 영향을 통해……고백교회를 더 많이 편들어 왔습니다!"[201]

달렘 고백총회의 결정들이 테두리를 확정했고, 향후 5년간 본회퍼의 생애는 그 테두리 안에서 흘러갈 수밖에 없었다. 그 결정들은 고백교회 신학원들의 설립으로 이어졌고, 구프로이센 형제협의회는 본회퍼를 그 신학원들 가운데 한 곳의 원장으로 데려갔다. 본회퍼는 이를 위해 인도 여행 계획을 포기할 수밖에 없었다.

인도

본회퍼는 숙원이었던 인도 여행 계획을 망설이다가 무거운 마음으로 접었다. 마음이 무거웠던 까닭은 이번 계획이 앞서 세운 두 차례의 계획보다 더 실현 가능해 보였기 때문이다. 그가 교회투쟁에 절대적으로 헌신하는 사람의 본보기를 보인 까닭에, 그를 아는 신학계와 교계의 친구들은 그의 인도 여행 계획을 도무지 이해하지 못했다. 그들은 본회퍼의 정신적 열정 배후에 지식욕과 회의주의가 혼재하고 있음을 알아채지 못했다.

> 나는 서양 그리스도교가 최후를 맞이하고 있다고 날마다 확신하고 있습니다. 적어도 서양 그리스도교의 기존 형태와 서양 그리스도교의 기존 해석이 그런 것 같습니다. 나는 독일로 돌아가기 전에 동양에 한 번이라도 가 보고 싶습니다.[202]

이는 그가 런던에 체류하게 된 지 3개월도 안 되었을 때 자신의 형 칼-프리드리히에게 발송한 편지에서 한 말이다. 1934년 4월, 그는 에르빈 주츠에게 아래와 같은 내용의 편지를 발송했다.

> 나는 얼마나 오래 이 교회에서 목사로 있을지 모르겠네. 그리 오래 있지는 않을 것이네. 겨울에 인도에 가 볼 생각이거든.[203]

그는 런던에 체류하게 되자마자 이 계획을 실현할 기회를 얻는 데 주의를 기울였다. 파뇌 대회 때만큼은 아니지만 어떤 위기를 만나도 그 계획을 굽힌 적이 없었다. 그는 할머니에게 보낸 1934년 5월 22일자 편지에서 아래와 같이 말했다.

저는 어딘가에 영주(永住)하기 전에, 인도에 다녀오는 것을 다시 생각하고 있습니다. 저는 최근에 그곳으로 가는 문제를 두고 아주 많은 생각을 했고, 그곳에서 대단히 중요한 것을 배울 수 있을 것이라고 생각하고 있습니다. 어쨌든 제가 보기에 우리의 제국교회 전체보다는 그곳의 "이교" 속에 그리스도교적인 것이 더 많이 자리하고 있는 것 같습니다. 사실 그리스도교 정신은 동양에서 온 것이거든요. 하지만 우리는 그것을 이와 같이 너무나 서구화하고, 그것을 순수 문명적 사고와 뒤섞고 말았습니다. 그래서 우리가 지금 경험하는 바와 같이 그리스도교 정신이 우리에게서 사라지고 말았습니다. 안타깝게도 저는 교회 저항 세력을 그다지 신뢰하지 않습니다. 그들의 일처리 방식이 마음에 들지 않거든요. 저는 그들이 책임을 지겠다고 할 때가 두렵습니다. 그리스도교의 끔찍한 타협을 또 다시 목격할 수밖에 없을 것 같아서요. 인도 여행 계획이 어떻게 진전될 것인지는 아직 불분명합니다. 어쩌면 라빈드라나트 타고르Rabindranath Tagore의 대학교로 갈지도 모르겠습니다. 이것에 대해서는 대학생들에게 알리지 말아 주십시오. 간디에게 가게 된다면 훨씬 좋을 것입니다. 그의 벗들이 대단히 좋게 써 준 추천장도 여러 장 확보한 상태입니다. 손님 자격으로 그곳에 가서 6개월 내지 그 이상을 머무를 수도 있을 것 같습니다. 때가 되어 제가 어떻게든 이 일을 재정적으로 성사시키게 되면, 아마도 겨울쯤 가게 될 것 같습니다.[204]

베를린에서는 다들 본회퍼의 인도 여행 계획을 미친 짓이라고 떠들어 댔다. 급기야 그 소문이 칼 바르트에게까지 닿았다. 칼 바르트는 1936년 10월 다른 이유로 본회퍼에게 보낸 편지에서 아래와 같이 말했다.

당시 내가 당신에 대해 알고 있던 유일한 소식이 무엇이었는지 아십니까? 당신이 인도에 가서 간디 혹은 그곳에 있는 하나님의 친구에게서 어떤 영적 기법을 습득하고, 그것을 서양에 적용하는 것에 커다란 희망을 걸고 있다는 기이한 소식이었습니다![205]

야코비는 본회퍼의 마음을 그러한 생각들에서 돌리기 위해 온 힘을 다하고, 갖은 수를 다 써서 본회퍼를 지체 없이 신학원에 앉히려 했다. 힐데브란트마저도 이 여행을 위해서는 시간을 전혀 내려고 하지 않았다.

그럼에도 본회퍼는 몇 달 내내 자신의 극동 접촉 계획을 견고하게 수정하는 일에 매달렸다. 세계교회친선연맹에서 C. F. 앤드류스를 알게 되면서 문이 활짝 열렸고, 1934년 여름에는 예전 이름이 매들린 슬레이드Madeline Slade이자 영국 제독의 딸인 미라 바이Mira Bai가 영국에 모습을 드러내기도 했다. 미라 바이는 1925년부터 간디의 친한 협력자이자 제자로서 간디의 아쉬람에서 일하고, 한 사람의 인도 여인이 되어 물레질과 가축 기르기를 익히며 스승의 해방투쟁에 온전히 가담한 사람이었다. 또한 그녀는 자신의 사유재산을 포기하고 감옥에서 몇 시간을 간디처럼 침착하게 보낸 사람이었다. 본회퍼는 그녀에 대한 기사를 읽고 그녀의 강연을 경청했다. 그는 아시아적 훈련에 관한 전문 지식을 다룬 책 윈즐로Jack Winslow의 저작물들을 연구하고, 간디와 견해를 같이하는 영국 평화주의자들과의 연결을 모색하면서 이 동아리에서 베벌리 니콜스Beverly Nichols의 책 『폭력 선동!』*Cry Havoc!*을 선물받기도 했다(DBW 13:91). 본회퍼가 파뇌 대회에서 행한 평화설교에도 간디의 생활 방식이 담겨 있었다. "우리가 동양의 비그리스도인들에게 창피를 당해서야 되겠습니까? 이 메시지를 위해 목숨을 거는 그 사람들을 저버릴 작정입니까?"[206]

라인홀드 니부어는 본회퍼가 런던에서 인도 여행 계획을 놓고 자신과 서신을 왕래했다고 말한다.[206a] 본회퍼는 전에 싱가포르에서 지낸 적이 있는 독일 대사관 서기관 테오도르 랑과 여러 차례 저녁시간을 함께 보내며 생활 조건에 대해 상의하고, 열대지역의 의복을 시험 삼아 입어 보기도 했다. 랑 부인이 그의 몸에 꼭 맞게 만들어 준 옷이었다. 이따금 율리우스 리거가 이 계획에 협력했다.[207] 이 여행 준비에 무조건적으로 참여한 친구는 헤르베르트 옐레였다. 옐레는 케임브리지 대학교에서 물리학자와 수학자로 일하면서 산상수훈에 대한 본회퍼의 관심과 평화 사상을 가장 많이 이해하고, 런던 적도 연구소에서 직접 적도 적응 능력 시험을 치르기까지 한 이였다.

1934년 한여름, 본회퍼는 파뇌 대회 때문에 이 여행 계획에서 주의를 잠시 딴 쪽으로 돌렸다. 그러고 나자 신학원과 관련된 요구들이 더 긴박하게 다가왔다. 본회퍼는 이 요구를 회피하기 어려워 임무를 기꺼이 맡고자 했지만, 인도 여행 때문에 신학원 원장 취임을 거듭거듭 미루었다. 결국 그는 고백총회로부터 1935년 봄까지 취임 연기를 허락받았다.

그리하여 그는 여행 계획을 끄집어내어 간디의 초대장을 받고자 시도했다. 본회퍼는 조지 K. A. 벨 주교가 10월에 대륙에서 치체스터로 돌아가자마자 주선을 부탁했다. 조지 K. A. 벨은 간디에게 아래와 같이 편지했다.

> 현재 런던23 Manor Mount, London S. E. 23에서 독일인 교회를 맡아 섬기고 있는 나의 젊은 친구가 간절히 바라는 까닭에, 이렇게 당신에게 소개합니다. 나는 그를 진심으로 추천합니다. 그는 1935년 초 이삼 개월을 인도에서 지내고 싶어 합니다. 그는 독일에서 진행되고 있는 교회 저항 세력과 한편이며, 대단히 훌륭한 신학자이자 가장 진지한 사람으로서, 장차 독일 고백교회의 설교자후보생들을 훈련시키는 임무를 맡게 될 것입니다. 그는 훈련방법과 공동체생활을 공부하고 싶다고 합니다. 그가 당신을 찾아뵙는 것을 허락해 주신다면, 이는 대단히 친절한 행위가 될 것입니다.[208]

헤르베르트 옐레에 의하면, 얼마 지나지 않아 간디의 대단히 호의적인 초대장이 실제로 도착했다고 한다. 아쉬람에서 지내도 되며, 자신이 여행 중일 때에는 잠시 자신과 동행해도 괜찮다는 내용으로 간디가 본회퍼와 그의 친구를 초대한 것이다.[208a]

하지만 이 초청서가 도착한 때는 교구들의 제국교회 탈퇴를 둘러싸고 런던 사태가 최고조에 이른 때였다. 본회퍼는 교구민들과 동료 목회자들을 버릴 수 없었다. 해외사무국과의 논쟁이 수그러들기 시작할 때에는 신학원 개원이 임박하여 여행할 시간을 낼 수 없었다. 본회퍼는 오랫동안 인도와 신학원 중 어느 한쪽을 택하지 않고, 한쪽을 더 잘 실행하기 위해 다른 한쪽을 하려고 시도해 왔지만, 이제는 둘 가운데 어느 한쪽을 택한 셈이 되고 말았다. 인도로 가지 않고 포메른으로 가서, 극동지역을 경험하지 않은 채 자신의 아쉬람인 신학원을 세운 것이다.

그가 1928년에 인도 여행 계획을 세운 이유는 보다 넓은 세계를 경험하려는 욕구 때문이었다. 1931년에 인도 여행 계획을 세운 이유는 그리스도교의 서구적 모습에 대한 회의 때문이었다. 1934년에 인도 여행 계획을 세운 이유는 산상수훈을 간디식으로 실험해 보고 싶었기 때문이었다. 목표에 맞춘 신앙수련과, 독재자로 여겨지는 정부에 맞서는 인도식 저항 방법을 배우고 싶었던 것이다. 당시에 공모(共謀)를 통해 히틀러에 맞서 싸우는 것은 상상도 할 수 없는 일이었다. 하지만 그가 히틀러에게 맞서기 위해 탐색한 모범적인 방법은 두려움 없이 변화를 촉구하는 비폭력 저항이었다. 이러한 탐색 이면에는 남모르는 불안이 똬리를 틀고 있었다. 고백을 다시 말하고 열정적으로 활동하기만 해도 될 텐데 교회투쟁이 목적 자체가 되려고 했기 때문이다. 그리하여 그는 그리스도교 안에서 히틀러에게 합법적으로 맞서 싸울 가능성을 모색했다. 그러한 투쟁은 교회투쟁의 목표와 방법을 넘어서는 것이었다. 그는 교회투쟁에 온 힘을 기울이면서도 속으로는 다른 참여와 그 정당성을 모색했다. 이 요소도 인도에 닿으려고 하는 세 번째 시도에 결정적으로 작용했다.

신학원

목사직, 교회투쟁, 에큐메니칼 활동, 인도 여행 계획은 본회퍼의 시간을 많이 빼앗았다. 하지만 그것들은 잊을 수 없는 것들이었다. 대학교에 재학하면서부터 신학을 배우고 저술하겠다는 욕구와 사명 의식을 느낀 것도 그것들 때문이었다. 본회퍼는 바르트가 본 대학교 교수직을 고수하기 위해 투쟁하고 있다는 소문을 듣고서 자신은 어느 직장에 속할 것인지를 놓고 불안감에 휩싸였다.

> 바르트가 해임되었다는 「타임스」 기사를 방금 읽었습니다. 믿기지 않는 일입니다. 괜찮다면 다시 돌아가 여러 대학교 중 한 곳에서 그러한 것들을 말해야 할 것 같습니다.[209]

그로 하여금 강단으로 돌아갈 마음을 먹게 한 첫 번째 자극은 그의 마음을 불안하게 하는 형식으로 그의 모교에서 다가왔다. 베를린 대학교 신학부 학장 에리히 제베르크는 본회퍼에게 보낸 5월 9일자 편지에서 이렇게 말했다. "하지만 나는 교계의 상황이 차츰 평정되어 귀하의 복귀가 가능하게 되리라는 희망을 접지 않고 있습니다."[210] 이렇게 호의적인 편지를 보내게 된 이유는 휴직 규정들을 재정리했기 때문이다. 문화교육부 장관 베른하르트 루스트가 1934년 여름철 이후부터 대학 강사들의 휴직을 정부의 새 규정에 의거하여 허가하게 한 것이다. 이로 인해 본회퍼의 이름이 베른하르트 루스트의 책상 위에 다시 놓이게 되었다. 하필이면 그의 평판이 나아지지 않은 상황에서 일어난 일이었다. 결국에는 갖가지 변호 능력을 지닌 가족이 대학 사회에서 유지해 온 연줄 덕분에 본회퍼의 대학교 휴직 재연장이 성사되었다. 하지만 이 사건은 그가 언젠가는 "이곳이나 대학교나 전혀 다른 어떤 곳"을 정하지 않으면 안 된다는 사실을 숙고하게 만들었다.[211]

> 결국 저는 대학 사회로 돌아갈 것인지 아닌지를 결정해야 할 것 같습니다. 대학 사회로 돌아가고픈 욕구는 그다지 크지 않습니다. 겨울철이 와도 그 욕구가 크게 자랄 것 같지는 않습니다. 대학생들이 마음에 걸리기는 하지만, 탁 트인 다른 길들이 있을 것입니다.[212]

"탁 트인 다른 길들"은 고백교회 안에 마련된 독자적 신학 교수직으로 이어졌다. 그 교수직이 시작된 것은 1934년 3월 제국감독의 조치로 구프로이센 신학원들이 폐쇄되었기 때문이다. 게다가 신학생들은 이제 자신들의 "아리아" 혈통을 사전에 증명할 때에만 시험에 응시할 수 있었다. 그리하여 고백교회는 어느 날 신학교육, 단과대학들, 신학원들, 고시기관들을 손에 넣지 않으면 안 되었다. 이미 엘버펠트에 있는 개혁파 신학원이 제국감독의 폐쇄 지시를 무시하고 고백교회의 지원을 받아 문을 연 상태였다. 1934년 가을에는 고백교회가 독자적으로 세운 첫 신학원이 빌레펠트-지커에서 새롭게 문을 열었다.

본회퍼는 6월 4일 처음으로 이 새로운 활동 분야에 가급적 참여해 달라는 요청을 받았다. 윤곽이 대단히 막연한 활동 분야였다. 율리우스 리거는 자신의 일기에서 야코비와 힐데브란트가 런던에 있는 본회퍼에게 전화를 걸어 참여를 요청했다며 이렇게 말한다. "긴급동맹 측에서 목사, 수련목회자, 신학생을 교육할 간부를 찾고 있다고 한다. 그들은 본회퍼에게 그 임무를 맡을 의향이 있느냐고 물었다." 베를린에서 파뇌 대회 초청 건을 놓고 코흐 및 니묄러와 상의하고 2주 뒤, 본회퍼는 그 새로운 계획을 친구들과 의논하며 다음 형제협의회 회의 석상에서 자신의 준비 상태를 밝히겠다고 말했다. 7월 4일, 구프로이센 위원회 회의 석상에서 신학원 계획을 다루었다. 야코비가 본회퍼의 지명을 옹호했다. 하지만 반대도 있었다. 본회퍼가 1933년에 내놓은 교회 정치상의 제안들이 기억 속에 너무나 생생하게 남아 있어서 그를 적응력이 충분하고 사려 깊은 스승으로, 말하자면 교회의 스승으로 추천할 수 없다는 거였다. 젊은 신학생들에 대한 그의 영향력은 인정받았지만, 개혁주의 노선 엄수를 보증받지는 못했던 것 같다. 결국은 야코비가 이겼다. 니묄러는 다음과 같이 단언하며 회의를 끝냈다. "본회퍼는 1935년 1월 1일에 베를린-브란덴부르크 신학원 원장으로 취임할 수 있다."[213]

본회퍼는 고백교회 안에서 신학에 종사하는 계획을 매혹적인 것으로 여겼다. 그렇다고 인도 여행 계획을 단념한 것도 아니었다. 본회퍼는 조만간 새로운 조건 아래 이루어질 귀국이 자기 생애의 최종 결정을 만들어 내리라는 것도 감지했던 것 같다. 그는 우유부단했다. 그가 파뇌 대회에 참석하기 위해 덴마크에 있을 때, 힐데브란트가 코흐의 바람이 깃든 소식을 가져왔다. 에큐메니칼 접촉을 위해 다음 겨울이 지날 때까지 본회퍼가 런던에 머물러 주었으면 좋겠다는 거였다. 이 소식을 접한 본회퍼는 할머니에게 이렇게 편지했다. "신학원으로 가는 것을 취소해야 할 것 같습니다. 약간 유감이 아닐 수 없습니다."[214] 그는 주츠에게 보낸 9월 11일자 편지에서 히틀러의 완고함과 다음 전쟁의 공동 책임을 언급하며,[215] 결정을 내리지 못하고 있는 자신의 상태를 말하고 새로운 독일에서 신학이 사리할 곳에 대한 자신의 분명한 견해를 피력했다.

> 나는 신설 중인 신학원의 원장 신분으로 귀국하는 것, 여기에 머무르는 것, 인도로 가는 것 사이에서 어느 하나를 결정하지 못하고 갈팡질팡하고 있네. 자네가 들으면 짜증을 내겠지만, 나는 더 이상 대학교를 믿지 않네. 실은 한 번도 믿

은 적이 없네. 오늘날 차세대 신학자들의 모든 교육은 교회의 수도원식 학교들에서 맡아야 할 것 같네. 그 학교들에서는 순수 교의와 산상수훈과 제의(祭儀)를 진지하게 받아들인다네. 대학교에서는 그것들을 진지하게 받아들인 적이 없네. 현재의 사정도 마찬가지라네. 국가의 행위에 대한 신학적 대응의 자제는 파기되어야 하네. 그러한 대응의 자제는 모두 공포 때문이라네. "너는 벙어리처럼 말 못하는 이들을 위하여 입을 열어라!"(잠 31:8, 옮긴이 사역) 오늘날 교회 안에서 입을 열지 않으면, 이것이 성서가 제시하는 최소한의 요구라는 것을 누가 알겠는가? 병역 문제와 전쟁 문제 등등은…….[216]

힐데브란트는 9월 중순경 런던에서 본회퍼를 대리하는 목회를 마치고 베를린으로 돌아가, 신학원 원장직을 맡겠다는 본회퍼의 약속을 전했다. 그러면서 본회퍼가 1935년 봄철에나 시작할 수 있다는 단서를 달았다.

본회퍼는 조지 K. A. 벨 주교에게 자신을 간디에게 소개해 달라고 부탁하는 한편, 자신을 성공회의 여러 신학교와 여러 수도원에도 추천해 달라고 부탁했다. **공동생활**vita communis을 독자적으로 실험하기 전에 난생 처음 다른 전통들로부터 감동을 받고 싶었기 때문이다. 조지 K. A. 벨 주교는 10월에 그를 위해 머필드에 있는 부활 공동체[에드워드 케블 톨벗(Edward Keble Talbot) 신부]Community of the Resurrection, 켈엄에 있는 신성 선교회[레지널드 허먼 트라이브(Reginald Herman Tribe) 신부]Society of the Sacred Mission, 코울리에 있는 복음사가 성 요한회[W. B. 오브라이언(O'Brien) 신부]Society of St. John's the Evangelist, 캔터베리에 있는 성 아우구스티누스 대학[제임스 윌리엄 새킷 톰린(James William Sacket Tomlin) 대성당 참사회 의원], 옥스퍼드에 있는 위클리프 홀[에릭 그레이엄(Eric Graham) 신부]에 추천서를 보냈다. 앞서 언급한 곳들은 고교회파였던 반면, 위클리프 홀은 저교회파 본부였다.

그는 성직자 수련 및 공동체생활과 관련하여 영국에 있는 우리의 방식들을 조금이나마 알고 싶어 한답니다. 그는 12월 말에 영국을 떠날 예정입니다.[217]

"12월 말"이라는 표현은 혹여 있을지도 모를 인도 여행을 염두에 둔 표현이었다. 본회퍼는 실제로 그곳들을 모두 탐방했다. 하지만 탐방은 1935년 3월에야 비로소 시작되었다. 그가 바란 것과 달리 상세한 탐방은 아니었다. 교회 정책 때문이었다. 머필드에서는 평일에 성무일과를 함께 바치면서 시편 119편을 일곱 차례나 노래했다. 그때부터 이 시편은 본회퍼가 가장 빈번하게 인용한 성서 구절 가운데 하나였다. 그는 율리우스 리거와 함께 켈엄을 탐방했다.[218] 본회퍼는 자유교회 소속의 여러 신학교도 둘러보았다. 예컨대 그는 장로교 신도들, 조합교회 신도들, 침례교도들의 모습을 보면서 그들의 교단과 교구가 재학 중인 목사후보생의 개인생활에 어떤 영향을 미치는지를 마음에 새겼다. 나중에 그는 리치먼드에 소재한 감리교 대학에서 받은 감명을 자주 이야기하곤 했다. 그를 이 학교에 소개한 이는 독일 교환학생 루돌프 베케를링Rudolf Weckerling이었다(DBW 13:305 Anm. 1 참조). 이 학교의 현관에는 이름이 새겨진 동판들이 길게 줄지어 걸려 있었다. 각각의 동판 이면에는 목사취임일과 사망일이 새겨져 있었다. 연도(年度)가 같은 동판도 자주 눈에 띄었는데, 아무개가 아무개와 교대하여 위험한 선교 기지에서 수십 년 동안 사역했다는 식의 글귀가 새겨져 있었다. 본회퍼는 버밍엄 셀리 오크에 있는 퀘이커 본부도 탐방했다. "그곳이 내 마음에 쏙 들었습니다."[219]

그는 교구의 고백총회 가입 문제로 출장을 간 김에 며칠 더 베를린에 머무르며, 12월 초순에 야코비, 마르틴 알베르츠Martin Albertz, 힐데브란트 등의 친구들과 함께 국경 지방으로 가서 적절한 건물을 물색했다. 그가 장차 하게 될 사역의 중요한 전제로 꼽은 것은 대도시 베를린으로부터 멀리 떨어져 있는 곳에서 장소를 찾는 거였다. 하지만 끝내 장소를 선정하지 못했다.

새 업무가 박두하면서 본회퍼가 그 업무의 초점으로 잡은 것은 그가 말년에 몰두한 사상들이었다. 그 사상들은 다음과 같다. 산상수훈의 신학, 묵상하고 예배하는 공동 사회, 비폭력 저항과 보편적 개방성의 확증. 본회퍼가 파리에서 열린 에큐메니칼 청년 위원회 회의에 불참 통보와 함께 보낸 1935년 1월 29일자 비망록은 그가 장래 계획과 관련된 모든 것을 얼마나 유망하게 여기며 움직였는지를 보여준다.

일단의 젊은 그리스도인들이 산상수훈을 기초로 하여 빈민구호소 형태나 여타의 형태로 작은 그리스도교 공동체를 시작하는 것을 놓고 진지하게 숙고하고 있습니다. 우리 측 사람들에게 그리스도교는 타협을 모르는 분명한 저항에 의해서만 생명력이 될 수 있는 것 같습니다. 독일에서 전개되고 있는 교회 논쟁은 점점 일종의 보수적인 그리스도교를 지향하고 있는 것 같습니다. 물론 보수적인 그리스도교는 현재의 국방군 체제와 산업 시스템 아래서 꾸준히 자라고 있는 보수적인 정신과 썩 잘 어울린답니다. 이 젊은 그리스도인 집단은 양심적인 반대와 분명한 저항으로 평화를 지향하려고 합니다.……끝으로, 나는 가까운 장래에 고백총회를 위해 신학원을 시작할 것 같습니다. 그 신학원을 위해 내가 젊은 신학생들과 목사들을 모집할 수 있도록 도와주시려는지요? 나는 그 신학원의 방향을 처음부터 분명하게 에큐메니칼 쪽으로 맞출 생각입니다.[219a] 지금 우리가 생각하고 있는 것은 앞서 말한 그리스도교 공동체의 이상을 새 신학원에 접목하는 것입니다. 어쨌든 에큐메니칼 운동 조직들의 지원이 우리의 계획 실행에 가장 유익할 것 같습니다(DBW 13:278f.).

테오도르 드 펠리스는 1935년 2월 말 제네바에서 에큐메니칼 청년 단체들에게 보낸 자신의 회람 속에 본회퍼의 비망록 일부를 게재했다. 그로부터 2년 뒤 본회퍼는 고백교회 신학원들을 에큐메니칼 교류에 끌어들이려고 시도했다.[220]

반(半)정치 활동

귀국하기 전 몇 주 동안 본회퍼와 조지 K. A. 벨은 교회투쟁의 범위를 넘어서는 분야들에 대한 의견을 한 번 더 주고받았다.

1. 1935년 1월, 자르 지역을 편입시키기 위한 투표일이 다가오자, 본회퍼는 이 사건이 새로운 난민 물결을 초래할 것이라 예견하고, 자기 교구 안에 난민 자녀 수용기관을 조직했다. 국가적 사건인 투표에 전반적으로 환호하는 분위기였으므로 결코 만만한 일이 아니었다. 그는 망명 변호사에게 비망록을 작성하여 난민에 대한 영국의 비상식적인 태도를 제시하게 했다. 한편으로는 난민 피난처가 된 영국이 오만하게 굴고 있다고 국제연맹 이사회에 선언하고, 다른 한편으로는 영국

법이 난민에게 일자리를 주지 못하게 하는 까닭에 난민이 절망적인 처지에 놓여 있다고 설명하는 일이었다. 본회퍼는 이 비망록을 놓고 조지 K. A. 벨 주교에게 조언을 구했다. 조지 K. A. 벨 주교는 곧바로 답장했다. 문제 해결 방안에 대한 언급이 빠진 답장이었다.[221] 조지 K. A. 벨 주교는 1938년에나 상원에서 의석을 얻어 끊임없이 따지는 의원이 될 터였다. 자르 지역에서 건너온 망명자의 수—대략 8,000명—는 앞으로 늘어날 수에 비하면 극미한 수에 불과했다. 그때부터 조지 K. A. 벨 주교는 영국교회 난민 구호 사업의 발기인이 되었다. 게다가 그는 힐데브란트가 말한 대로 자신의 교구를 포기하고 난민들의 주교가 될 마음까지 먹은 사람이었다. 그는 전쟁이 개시되자 부인과 함께 맨 섬Isle of Man 포로수용소에 있는 독일인 망명자들을 방문하면서 실제로 난민들의 주교가 되었다. 당시 그리스도인들은 물론이고 유대인들도 힐데브란트에게 이렇게 부탁했다. "나는 곤경에 처했습니다. 치체스터의 주교에게 편지해 주실래요?"

2. 실패하긴 했지만 또 다른 활동은 1934-1935년 겨울에 추진된 영국-독일 화친과 연관이 있었다.[221a] 주의 깊은 조지 K. A. 벨 주교는 그 화친을 이용하여 자신의 목적을 이룰 생각이었다. 하지만 그의 파트너인 고백교회 측 인사들이 제안을 전반적으로 파악했으면서도 그것을 제대로 이용하지 못했다.

1934년, 히틀러는 영국과의 관계 개선을 중시한 반면, 영국 정부는 현 상태를 인정하고 유지하려 했다. 두 나라 사이의 경제협상이 여러 차례 이루어졌다. 1935년 3월, 앤터니 이든Anthony Eden 장관과 존 사이먼John Simon 장관이 베를린에 있는 히틀러를 방문했다. 협상은 1935년 6월 18일에 체결된 독일-영국 해군 협정으로 절정을 이루었다. 국내 정치에는 무례하게 비쳐졌음에도 불구하고 독일의 동등한 발전을 지지한 영국 측 목소리에는 캔터베리 대주교 코스모 고든 랭의 목소리도 섞여 있었다. 『젊은 교회』는 영국 교계의 그러한 발언들을 짜 맞추어 인쇄하는 것을 유익하게 여겼다.[222]

이 책략이 활기를 띠면서 이미 언급한 대로 1934년 11월 6일 히틀러의 외교 특사 요아힘 폰 리벤트로프가 치체스터에 있는 조지 K. A. 벨 주교를 예방했다(DBW 13:211 Anm. 8 참조). 그는 조지 K. A. 벨 주교가 독일에서 자행되고 있는 교회 강압행위들을 상세히 언급하며 터뜨리는 불만을 경청할 수밖에 없었다. 1935년 6월, 그는 조지 K. A. 벨 주교를 만나기 위해 애서니엄을 찾아갔다(DBW 14:39 Anm. 2 참조). 두 번째 예방이었다. 그는 지난해 9월에 그랬듯이 조지 K. A. 벨 주교가 다시 베를린을 찾아 준다면 히틀러의 대리인 루돌프 헤스Rudolf Heß, 신임 종무부 장관 한스 케를Hanns Kerrl을 소개해 주겠다고 약속했다. 이 2차 예방은 1차 예방보다 훨씬 널리 알려졌다. 그 와중에 개신교 목사들이 처음으로 해직되어 강제수용소로 보내졌다.[222a] 그들 가운데에는 페터 브룬너Peter Brunner도 끼어 있었다.

조지 K. A. 벨 주교는 그토록 유리한 정치적 상황을 이용하지 않고 그냥 넘길 사람이 아니었다. 그는 영국 측 공직 대표들과 고백교회의 저명한 대표들이 회동하는 것을 친구 몇 명과 함께 목표로 삼았다. 양국의 우호관계를 위해 교계가 기여할 수 있는 방안을 논의하는 회동이었다. 게다가 조지 K. A. 벨 주교는 그러한 계획을 재정적으로 후원하는 사람도 확보한 상태였다. 그는 이 회동이 고백교회에 유리하게 작용하여 고백교회가 정치적으로 매력적인 교회로 보이기를 기대했다. 본회퍼는 이 대의를 칼 코흐 의장에게 알리고자 조지 K. A. 벨 주교와 의논했다.

> 세계 평화를 위해 영국 공직 대표단을 고백교회에 파견하는 안을 여전히 생각하고 계신지요? 생각하면 생각할수록 가장 중요하고 유용한 안이라는 생각이 드는군요.[223]

불행하게도 이 계획은 칼 코흐 의장 측의 대표단 파견 바람과 엇갈렸다. 칼 코흐 의장 측의 바람은 생각이 근본적으로 달랐다. 구프로이센 형제협의회는 1935년 3월에 열릴 총회에 대비하여 혈통 숭배, 인종 숭배, 민족성 숭배에 맞서는 강력한 성명서를 마련했다. 그 밖에도 독일교회 전체를 위해 새로운 고백총회를 아우크스부르크에서 열기로 계획했다. 이 총회는 당초 4월에 열리기로 예정되었다가 6월 초에야 열렸다. 형제협의회, 특히 칼 코흐 의장은 긴장하며 고대한 이 계획들을 위해 에큐메니칼 협의회에서 대표단을 파견해 주기를 원했다. 하지만 양측의 소원은 곧바로 어긋나고 말았다. 조지 K. A. 벨의 생각이 순전한 오해에 부딪혔기 때문이다.[224]

1934-1935년 겨울 무렵.

본회퍼가 나에게 보낸 편지에서 크게 우려한 사항은 이러합니다. 평화 문제—파뇌 대회 때 세계교회친선연맹이 제기한 문제—를 논의하기 위해 대표단을 이쪽으로 보내겠다는 치체스터의 제안에 의장님이 이렇게 답하셨다더군요. "나는 그쪽 사람들이 염두에 두지 않는 교회 논쟁 문제를 논의하기를 바랍니다." 치체스터는 약간 당혹해하는군요. 그가 자신의 계획을 우리의 관심사에 중요한 것으로 여겨, 여러 사람에게 그것에 관심을 갖게 했거든요. [예를 들면 조지프 홀즈워스 올덤(Joseph Houldsworth Oldham)이 관심을 가졌지요.] 본회퍼는 치체스터에게 의장님의 두 번째 답장을 받아 내겠다고 약속했습니다. 말하자면 의장님이 언어상의 오해를 해명하고 평화 대표단 파견에 대해 의견을 표명하시는 겁니다.[225]

조지 K. A. 벨과 캔터베리 대주교가 레오폴트 폰 회쉬 대사 및 오토 폰 비스마르크 대사관 참사관과 유대를 맺었건만,[226] 그 계획은 실현되지 못했다.

그럼에도 조지 K. A. 벨 주교는 코흐의 바람을 외면하지 않고, 총회에 몇 차례 참석했던 것 같다. 1935년 4월 15일, 본회퍼가 작별을 고하자, 조지 K. A. 벨은 코흐에게 보내는 메시지를 본회퍼에게 주어 보내며 이렇게 말했다. "내가 공감하고 있으며 위급한 때에는 내가 돕고 싶어 한다는 것을 칼 코흐 의장에게 확신시켜 주세요."[227]

귀국

본회퍼는 직업을 목사직에서 신학원 원장직으로 변경하면서 퇴로를 열어 놓았다. 퇴로를 열어놓는 것이 가능할 때에는 언제나 그랬다.

1933년, 그의 런던 취임 후 DEK 해외 담당 부서는 그에게 베를린 대학교 강사직 포기를 종용했다. 하지만 그는 시드넘 교회임원들과 성 바울 교회임원들을 시켜 다음과 같이 결의하게 했다. "그는 강사직에서 물러나지 않을 것이다"(DBW 13:61f.). 그 시기에는 자원하여 떠나는 것이 아니라 그러한 직장에서 밀려나야 했기 때문이다. 그는 1935년 2월 11일 임원 회의에서 자신의 런던 퇴거를 교구 휴직으로 기록하게 했다. 처음에는 6개월 기한의 휴직이었다(DBW 13:281). 그런 다음 홀 출신의 마르틴 뵈크헬러 목사를 휴직자 직무 대리인으로 채용하게 했다. 1939년 다른 방향의 직업을 택하려 할 때에도 어정쩡한 태도를 취했다. 그때는 모든 퇴로가 차단된 상태였다.

물론 그가 직업을 바꾸어 옮길 때마다 보인 이런 식의 행보는 단순한 안전 욕구와는 별로 관계가 없었다. 그는 자신에게 주어진 성직자계급의 권리에 신경을 써야 했을 것이다. 하지만 그는 이 특권과 관련해서는 그다지 신경 쓰지 않았다. 자유 욕구가 훨씬 컸기 때문이다. 형제협의회가 고용주였는데도, 그는 그 고용주에게 완전히 의지하는 것을 달가워하지 않았다. 이처럼 그가 신중하고 민감하게 추구한 것은 자기 직업의 진로를 열어 놓는 것이었다.

1935년 3월 10일, 본회퍼는 자신의 교구들에서 고별설교를 했다. 여느 때와 마찬가지로 제3제국의 겨울철 빈민 구호 사업을 위한 모금이 진행되었다. 하지만 본회퍼가 예배 중에 단호하게 추천한 모금은 두 번째 모금이었다. 영국 주재 독일인 난민들을 위한 모금이었다. 그런 다음 수도원 일주 여행과 대학 일주 여행이 시작되었다. 그는 이 여행 중에 존 베일리를 만나기 위해 스코틀랜드로 가기도 했다. 그가 뉴욕 유니온 신학교에서 수학하던 시절에 스승으로 모신 이였다.

본회퍼는 칼 바르트가 어쩔 수 없이 독일을 떠날 무렵에 귀국했다. 이미 본회퍼는 1934년 9월 주츠에게 다음과 같이 물은 적이 있었다. "바르트는 지금 스위스에 머물고 있는가?"[228] 칼 바르트는 국가사회주의 국가와 충돌했다. 공무원 자격으로 무조건 해야 하는 선서를 거절했기 때문이다. 고백교회는 이 투쟁에서 그를 홀로 내버려 두었다. 이 때문에 그는 본회퍼가 독일을 위해 새로이 무장할 무렵에 바젤로 퇴각했다. 두 사람은 교회투쟁과 국가사회주의 국가에 대한 저항의 뚜렷한 구별을 유지하고 명심시키기 위해 독일 안팎에서 상당한 노력을 기울인 상태였다. 칼 바르트는 『신학적 실존』 5권에서 아래와 같이 말했다.

> 무엇보다도 나는 사람들이 독일에서 진행되고 있는 교회 저항을 현 정부에 대한 저항의 징후로 해석할 경우 곧바로 교회 저항에 대한 이해가 무너질 것임을 지적하고자 한다.……나는 국가사회주의자가 아니다. 내가 이 간행물에서 수행하는 논쟁은 그것과는 아무 관계가 없다.[229]

1933년 말에 한 발언이었다. 이 자세가 변하지 않고 변함없이 견지되었을까? 본회퍼는 1934년 5월 예수 승천일 교서에 대해 조지 K. A. 벨에게 감사하며 이렇게 말했다. "이 교서는 저항 세력을 도와, 이 투쟁 전체가 교회 내부의 일일 뿐만 아니라 국가사회주의의 뿌리를 치는 것이기도 하다는 것을 알 수 있게 해줄 것입니다."[230] 빌헬름 프리크가 6월에 법령을 공포하여 교회투쟁과 관련된 일체의 공개 논쟁을 금지하자, 그는 이렇게 편지했다. "나는 이참에 목사들이 국가에 맞서기를 바랍니다."[231] 이 무렵, 본회퍼는 히틀러에게 맞서는 새로운 정치적 구상이나 히틀러 제거 이후 시대에 대비하는 정치적 구상을 교회에 결코 기대하지 않았다. 그는 교회가 독재의 문제에 대해 발언하고, 독재의 희생자들을 위해 발언할 경우에만 교회의 존재 이유를 인정했다.

본회퍼는 1935년 4월 17일에야 자신의 새 상관이자 구프로이센 형제협의회 소속 신학원 담당부서를 맡은 빌헬름 니젤에게 자신의 귀국 사실을 신고했다. 신학원 부지를 급히 찾지 않으면 안 되었다. 힐데브란트와 본회퍼는 브란덴부르크 지방을 뒤지며 대농장 소유주 가족의 거처를 찾아다녔지만, 팔려고 내놓은 시설물 중에서 마음에 드는 것을 찾아내지 못했다. 그 무렵 칼 코흐 의장이 본회퍼를 호출했다. 중요한 메시지를 조지 K. A. 벨에게 전달하기 위해서였다. 본회퍼가 부활절 주간에 베를린으로 돌아와 보니 이미 첫 번째 목사후보생들이 빌헬름 니젤의 사무실에 와 있었다. 3월부터 새로운 신학원 입학을 기다린 이들이었다. 부르크하르트하우스에서 개교를 준비하던 차에 4월 25일 발트 해 연안 칭스트에 있는 라인란트 제자 성서 연구회 건물을 여름 해수욕 시즌이 시작될 때까지 사용할 가능성이 열렸다. 대단히 추운 곳이었지만, 고독한 생활을 약속하는 곳이기도 했다. 4월 26일, 목사후보생들은 같은 나이 또래의 원장을 모시고 발트 해 모래언덕 사이에 있는 오두막으로 떠났다.

9 신학원

1935

본회퍼가 자신의 첫 세미나에 등록한 구성원들에게 보낸 편지에는 이런 내용이 기록되어 있다. "1935년 여름은 나에게 직업적으로 그리고 인간적으로 가장 만족스러운 시기였습니다."[1] 마침내 그는 일을 시작하면서 더 이상 의구심을 품지 않았다. 지난 몇 년간 필생의 과업을 찾지 못했다는 생각을 떨쳐 내지 못하다가, 이제야 새 직업을 통해 자기가 열망하던 일을 할 기회를 얻은 것이다.

그는 한눈에 알 수 있게 잘 짜인 제자 동아리와 함께, 무엇에도 방해받지 않고 새로운 신학 주제인 제자도에 관심을 기울일 수 있었다. 그리고 그 일은 경건한 책임 의식 속에서 수행되었다. 본회퍼는 지난 4년간 숙고해 온 생활 공동체를 현실화하고, **경건의 실천**praxis pietatis이 뒷받침된 환경 속에서 신학 열정을 펼쳤다.

그가 한때 의도적으로 기피한 신학원이, 이제는 뜻깊은 활동에 만족하면서 지난 몇 년 동안 의심하며 불안해하던 마음을 떨쳐 버리는 곳이 되었다. 다른 세계들을 동경하여 직접 가서 확인해 보려던 마음이 쑥 들어갔다. 그는 쇠약해진 교회의 젊은 신학도들에게 그들의 소명을 더욱 확실하게 일깨우고, 재산이든 재능이든 자기가 가진 모든 것을 그들과 함께 나누면서 기쁨을 얻었다. 그를 처음 만난 제자들은 그가 자신들을 위해 놀라울 정도로 심도 있는 준비를 갖추었다는 것을 알아챘다.

I. 신학원들

신학원들은 특수 연구소 일부를 제외하고 개신교 지방교회들이 신학교육 제도 안에서 뒤늦게 고안해 낸 기관이었다. 전통에 의하면 신학 수련은 국가에서 임명한 대학교수들이 맡는 중요한 일이었다. 지식의 내용과 연구 과정에 교육적 역량이 추가된 것이다. 그 이외의 "교육"은 독자적 이상을 제시하지 못하고 주목을 받지도 못했다. 20세기에 접어들면서, 교회들은 목사 취임을 앞둔 미래의 성직자들을 확보하는 데 신경을 많이 쓰지 않으면 안 되었다. 그래서 교회 자체적으로 신학원 형식의 교육을 실시했지만, 그 교육은 대학교 형식의 교육에 비해 권리와 명성을 얻지 못하고, 자기만의 표현 방식도 갖추지 못했다. 신학원들은 끊임없는 학문 요구에 시달린 나머지, 목사후보생들이 이미 수준 높은 대학교에서 더 많은 자유를 누리며 자연스럽게 배운 내용을 한 번 더 폭넓게 가르쳤다.

로쿰 신학원, 비텐베르크 신학원, 돔칸디다텐슈티프트처럼 유서 깊은 신학원들은 예전에 대학교에서 신학고시를 치른 이들을 위해 설립된 엘리트 기관, 이를테면 신학 연구과제에 개인적으로 몰두할 수 있는, 그야말로 실속 있는 기관이었다. 이 기관들은 특별 회원들을 위한 옥스퍼드 칼리지와 거의 흡사했다. 대단히 유익한 기관들이었지만, 그 방법을 들여다보면 교회들 자체에 교육 사상이 부족하다는 것을 확인할 수 있었다. 19세기에서 20세기로 전환될 무렵 신학원의 수가 늘고, 1928년에 구프로이센 지역에서 처음으로 출석이 의무화되기 시작하면서, 1차 신학고시와 2차 신학고시 사이의 2년 세월 중에서 6개월—드물게는 1년—을 신학원 출석에 할애해야 했다. 목사후보생들은 신학원 출석 자체를 시간 낭비로 여겼다. 본회퍼와 힐데브란트도 그랬다.[2]

하지만 이제 신학원은 근본적으로 달라져, 교회의 애물단지에서 교회의 귀염둥이가 되어 있었다. 신학부들과 지방교회들의 심각한 위기가 고백교회를 통한 신학원 신설을 재촉했다. 주목할 만한 일도 일어났다. 신설 신학원들이 자신들의 미미한 명성을 지키면서 일시적으로 교회 신학의 발전소로 발전한 것이다. 그 신학원들은 같은 시기에 교회에서 설립한 대학들보다 거침없이 줄기차게 연구했다. 교회에서 설립한 대학들은 국립대학들과의 현저한 대비를 통해 곧바로 대중의 시야에 들었지만, 개교일인 1935년 11월 1일에 금지 조치를 받고 잇달아 지하생활을 하지 않으면 안 되었다. 반면에 신학원들은 구프로이센 연맹의 시국투쟁을 토대로 태어났음에도 불구하고, 직접적인 전선(戰線)에서 멀리 떨어져 장시간 지속되었다. 경찰의 폐쇄 명령이 신학원들에 닿은 것은, 신학원들이 2년 6개월 동안 심도 있는 작업을 수행하고 난 뒤의 일이었다. 신학원들이 번성할 무렵 국가는 스위치를 돌려 신학원들을 가망 없는 불법 기관으로 몰아붙였다. 그리고 얼마 지나지 않아 본회퍼와 그의 상사들과 목사후보생들은 공동 연구활동으로 단호한 국법을 어겼다.

국가의 교회 정책

한편으로 1935년은 고백교회의 조직 확장이 절정에 이른 해였다. 당시에는 다들 저항의 성과, 특히 달렘 결의의 성과를 대단히 구체적인 것으로 여겼다. 형제협의회들은 국가와 지방교회가 긴급 교회기관을 위한 달렘 결정을 결국은 승인해 줄 것이라 믿었다. 독일그리스도인연맹의 실패가 분명하게 드러나고, 루트비히 뮐러가 뒷전으로 물러나는 것 같았기 때문이다.

하지만 다른 한편으로 1935년은 생긴 지 얼마 안 된 고백교회를 안팎으로 와해시키는 법률적 근거가 마련된 해이기도 했다. 이와 관련된 법령 세 가지는 헤르만 괴링의 법령과 히틀러의 두 가지 법령이었다. 이 법령들은 참을성 많은 중개자(국가)가 서로 다투는 목사들의 질서 유지를 돕는 수단처럼 보였다.

1. 1935년 3월, 프로이센 주 정부가 "법률 지원"으로서 구프로이센 지방교회들 안에 **재무 분과**를 설치했다. 교구들의 자산과 헌금을 지키는 분과였나. 사실은 프로이센 주 정부가 모든 교구 목사들과 지방교회 목사들로 하여금 주 정부의 지시를 따르게 하려고 꼼수를 부린 거였다.

2. 1935년 6월, 제국 정부가 독일 개신교회 법률문제 **의결기관**을 설립했다. 고백교회가 정식 재판에서 항소할 때마다 예외 없이 대성공을 거두었기 때문이다. 그 흐름을 저지하는 것이 의결기관의 목표였다. 의결기관의 활동은 독자적인 교

회법 운용에 국가가 무리하게 개입하는 것을 의미했다.

3. 1935년 7월, 히틀러가 종무부Kirchenministerium를 설치하여 한스 케를에게 맡겼다. 그러고는 막연한 희망을 불러일으켰다. 그가 루트비히 뮐러 시대를 종식시키고 새로운 시작을 가능하게 하려 한다는 거였다. 하지만 1935년 9월, 케를의 지배수단이 출현했다. 그것은 **독일 개신교회 보호법**이었다. 이 법은 17개의 여러 시행령으로 세분화되었다. 이 시행령들이 고백교회의 조직을 거의 마비시키고, 고백교회의 노선을 분열시켜 돌이킬 수 없게 했다.

본회퍼의 신학원이 설립되던 해에 교회투쟁 시선의 방향이 완전히 바뀌었다. 독일그리스도인연맹과 그들의 방법에 맞서 지금까지 진행된 저항은 비교적 단순해 보였다. 참신하고 유쾌한 특성들을 갖추고 "이단"이라는 오래된 표현을 되살려 내는 저항이었다. 하지만 이제는 국가를 적으로 겨누고 그 법령들을 어기는 것이 중요했다. 로마서 13장에 대한 기존의 이해로 무장하고 그리했던 것일까? 교회 내 저항과 정치적 저항의 분리를 떠들썩하게 강조한 것을 응징해야 하지 않았을까? 국가사회주의 정권이 독일그리스도인연맹을 동원하여 교회를 공격한 것은 비교적 어설픈 편이었다. 하지만 이제는 공격이 미묘하고 위험하게 진행되었다. 정권이 자기 적의 내부에 자리한 동요 지점을 간파했기 때문이다. 개신교회가 국가의 법령에 저항하는 것은 익숙한 일이 아니었다. 하지만 1935년부터는 이 영역에서도 저항을 수행해야 한다는 사실이 점점 분명해졌다.

처음에 구프로이센 고백교회 신학원들은 별로 걱정하지 않았다. 루트비히 뮐러에 대한 저항에서 비롯된 까닭에 처음부터 활기가 넘쳤다. 그 신학원들의 작업은 당국의 훈령에 따른 것이 아니었다. 목사후보생들, 목사들, 교회 관리 위원회들이 형제협의회 "당국"을 직접 재촉하여 교회 소속 신학원을 열게 했기 때문이다. 수련목회자들은 그러한 연구소들을, 형제협의회들이 자기 자신과 수련목회자들의 요구를 진지하게 받아들이고 이를 위해 위험까지 무릅쓰는지를 시험하는 계기로 여겼다. 그들은 열악한 상태로 시작하는 것을 훈장으로 여기고, 정식 교단의 반대나 국가 당국의 반대로 인해 자신들이 겪는 번거로움을 당연한 것으로 여겼다. 그렇게 "젊은 형제들"의 한결같은 열의로 신학원들이 설립되었다.

구프로이센 신학원들

구프로이센 형제협의회가 설립한 신학원은 다섯 개였다. 1934년 엘버펠트 개혁파 신학원이 가장 먼저 활동을 시작했다. 이 신학원의 원장은 형제협의회의 위임을 받은 헤르만 알베르트 헤세Hermann Albert Hesse 목사였다. 1934년 11월에는 빌레펠트-지커 신학원이 문을 열었다. 원장은 오토 슈미츠Otto Schmitz 교수였다. 1935년에 문을 연 나머지 신학원들은 다음과 같다. 블뢰슈타우에 위치한 동프로이센 신학원[원장은 한스 요아힘 이반트(Hans Joachim Iwand) 교수], 크비사 강변 나움부르크에 소재한 슐레지엔 신학원[원장은 게르하르트 글뢰게(Gerhard Gloege) 박사], 포메른 신학원(원장은 본회퍼). 마지막 신학원은 한동안 라인란트를 담당하기로 되어 있었다. 그래서 목사후보생들도 한동안 뒤셀도르프로 소집될 날을 기다렸다.

원장 다섯 명이 마침내 선임되었다. 젊은 신학자들 사이에서 주목을 받고, 학문적 명성을 얻고, 결단할 준비가 되어 있음을 보여준 이들이었다. 신학원에 들어가는 목사후보생들은 지역이 정해져 있었다. 하지만 가급적 구프로이센의 모든 주에서 온 이들을 섞으려고 주의를 기울였다.

본회퍼가 여름학기에 자신의 신학원을 개원할 무렵, 구프로이센 형제협의회가 자신이 관할하는 5개 신학원 목사후보생 100여 명의 생계를 지원했다. 형제협의회 소속 신학원 담당자는 빌헬름 니젤이었다. 그는 프리드리히베르더 김나지움 시절 본회퍼의 손위 형들과 동창이기도 했다. 빌헬름 니젤은 신학원들을 설립하고, 자금을 대고, 조정하고, 목사후보생들을 배정하는 등 무거운 짐을 졌다.

구프로이센 연맹의 형제협의회 지도부는 5개 신학원의 개교와 함께 막중한 책임을 떠맡았다. 달렘 총회의 긴급 결정과 지시 이후, 구프로이센 전역의 목사안수 후보자 대다수가 형제협의회 지도부에 복종하고, 그 지도부에게 교육과 목사안수식 그리고 교구 활동 지정을 기대했다. 그들은 지도부가 자신들에게 무엇이든 요구하고, 자신들의 양육권을 떠맡아 주기를 희망했다.

하지만 5개 신학원의 개교는 이와 동시에 교회투쟁의 한 국면, 즉 "파괴되지 않은" 루터파 지방교회들이 구프로이센의 파괴된 지방교회들을 철저히 따돌린 국면을 부각시킨다. "파괴되지 않은" 교회들은 달렘 결정들을 이행하는 와중에 "젊은 형제들" 및 그들의 수련과 함께 주어진 재정적·법률적 문제를 전혀 겪지 않았다. 그 교회들은 목사후보생 양육권을 재래의 방식으로 이어 나갔다. 반면에 형제협의회들은 무(無)로부터 그리고 불법적인 상태에서 전혀 새로운 방식들을 발전시킬 수밖에 없었다. 그래서 그들은 해마다 자발적인 기부금으로 양육권을 행사했다. 그렇지만 이로 인해 다른 지방교회들로부터 고립되고 말았다.

바이에른 지방교회들처럼, 혹은 뷔르템베르크 지방교회들처럼 "파괴되지 않은" 루터파 지방교회들은 자신들이 함께 통과시킨 달렘 결정, 제국교회 당국에 대한 복종 거부, 교회 비상사태 법의 공표로부터 차츰차츰 발을 빼면서 자신들의 내부 조직을 지켰다. 반면에 형제협의회들은—발을 뺄 생각을 했다고 하더라도—달렘 결정의 결과들을 무시할 수 없었다. 달렘의 호소에 부응하여 온갖 성과를 올린 무리에 대해 책임이 있었기 때문이다.

바르멘 총회 이후 루터교 협의회 구성이 가속화되었다. 긴급 교회의 곤경들을 전혀 겪지 않은 한 협의체가 고백교회 지도부와 나란히 강화되었다. 이는 서로 격분하며 여러 차례 모욕을 퍼붓는 계기가 되었다. 구프로이센 형제협의회 사람들은 루터교도들에게서 "고백교회"라는 명칭의 사용 권한을 박탈했다. 그러나 당시 형제협의회 사람들 대다수는 그 명칭보다는 "고백 운동" 내지 "고백전선"이라는 표현을 더 언급하고 강조했다. 루터교도들은 이에 맞서 상대편을 "달렘 사람들" Dahlemiten이라고 낙인찍었다. 이 명칭은 "급진적 광신자"를 가리키는 꼬리표가 되어, 특히 신학원 담당자들에게 붙여졌다.

II. 칭스트와 핑켄발데

본회퍼가 소개한 새로운 계획의 내면 양육과 교안은 간결하고 포괄적이었다. 그래서 출발은 즉흥적이고 초라해 보였다.

그는 이제부터 연구소 소장으로서 구프로이센 형제협의회에서 급료를 받는 샐러리맨이었다. 급료는 매달 360라이히스마르크였다. 마지막에는 휴직 상태였지만, 그는 죽을 때까지 이 직위를 유지했다. 앞으로 서약 문제에서 살펴보겠지만,[3] 이 고용관계 덕분에 그는 후일 종교국에서 급료를 받는 목사들과 달리 궁핍을 겪지 않았다.

형제협의회는 라인란트 출신의 젊은 목사 빌헬름 로트Wilhelm Rott, 1908-1967를 신학원의 연구장학관으로 그에게 딸려 보냈다. 로트는 바르트 학파 출신이자 개혁파교회 소속이었다. 상당수의 사람들이 로트의 선임을, 목사후보생들에게 미치는 본회퍼의 영향력과 어느 정도 균형을 맞추려고 심사숙고하여 내린 조치로 여겼다. 로트는 그러한 의도를 전혀 알아채지 못한 채, 자신의 독자적 생활 범위를 알리면서 신학원 공동체와 신학 대화 속에서 독립적이고 중심적인 요소를 형성하려고 했다. 그 일은 간단하지 않았다. 목사후보생들 가운데 일부가 한때 본회퍼의 베를린 대학생 동아리 출신이자 파뇌 대회 대표단 출신으로서 원장의 중요성을 강화하고 원장의 방식을 퍼뜨렸기 때문이다. 그럼에도 로트는 웃으며 이렇게 말했다. "물론 다른 식으로 할 수도 있습니다."[4] 본회퍼와 로트는 서로 자신을 활용하도록 내어 줄 만큼 대체로 관대한 편이었다. 본회퍼는 로트에게 여러 차례 자극을 받았다. 그는 로트의 책꽂이에서 헤르만 프리드리히 콜브뤼게Hermann Friedrich Kohlbrügge와 파울 가이저Paul Geyser의 책을 발견하기도 했다. 베를린 학파의 후예인 자신이 이제껏 관심을 기울이지 않은 책이었다. 그는 이 개혁파교회의 선조들에 대해 파악할 수 있는 것이면 무엇이나 입수하여 활용했다.

목사후보생 대부분은 베를린-브란덴부르크 출신이었다. 이들 가운데 몇몇은 베를린 대학교에서 본회퍼의 "창조와 죄" 강의나 그리스도론 강의를 듣고, 헤겔 세미나에 참석하고, 프레벨로브 유스호스텔과 비젠탈 가건물에서 열린 묵상실험에 정통하고, 대학생 집회에서 본회퍼와 함께 에마누엘 히르쉬의 반대편에 서기도 했다. 이들 가운데 요아힘 카니츠도 끼여 있었다. 그는 베를린 형제협의회의 승낙을 받고 여행하다 돌아오는 길에 새 신학원으로 가라는 지령을 받았다. 지방 경찰이 교구에 있는 그를 심문하려고 구인장을 발부받은 상태였기 때문이다. 그는 신학원에 은거하는 것은 도피나 다름없다는 생각에 시달렸다. 그러다가 본회퍼의 충고를 받고 자신의 거취 결정을 형제협의회에 맡겼던 것이다.

신학원 안에는 세 그룹의 사람들이 있었다. 포메른 출신 그룹, 동프로이센 출신 그룹, 작센 출신 그룹. 본서의 저자는 마지막 그룹에 속해 있었다. 이 그룹 사람들은 이제까지 본회퍼에 대해 아는 게 전혀 없었다. 그들은 그야말로 시골뜨기들이 하는 것처럼 본회퍼를 바라보았다. 작센 출신 목사후보생 넷에게는 이곳이 두 번째 신학원이었다. 달렘 총회 시절에 그들이 소집되어 들어간 첫 번째 신학원은 비텐베르크 신학원이었다. 그들이 그곳에서 달렘 총회의 명령에 따라 루트비히 뮐러의 교회 당국에 대한 복종을 거부하자, 그 학교 건물에 있던 제국감독이 전신(電信) 명령을 내려 퇴교시켰던 것이다.

칭스트

신학원을 개교하고 며칠 지나지 않아 스물세 명의 목사후보생들이 들어와 칭스트 농장의 오두막을 꽉 채웠다. 칭스트 농장은 이상적인 피난처였다. 해변 모래언덕 뒤로 100미터가량 떨어진 농장에는 목조 건물 한 동이 있었고, 딴채 여럿이 그것을 에워싸고 있었다. 딴채들은 급경사의 초가지붕을 달고서 소택지와 바르트 소읍을 향하고 있었다. 이것을 제외하면 넓은 농장 주위는 볼 것이 없었다. 칭스트 마을은 농장에서 서쪽으로 2킬로미터가량 떨어져 있었다. 날씨가 화창할 때 동쪽을 바라보면 뤼겐 섬 앞의 사주(砂州)가 보였다. 신학원 거주자들이 여름철 내내 이곳에서 대단히 즐겁게 보냈더라면 좋았을 텐데 그러지 못했다. 5월의 태양이 허락할 경우에는 다들 모래언덕의 움푹 파인 곳에서 토론을 벌이거나 조스캥 데프레Josquin des Prez의 4성부 악곡을 연주했다. 하지만 6월 14일에는 이사하지 않으면 안 되었다. 안정된 거처를 마련해야 한다는 불안감이 신학원 초기에 끼어들었다.

칭스트에서 갑자기 중단되는 바람에, 결정적인 곳에서 다시 시작할 때까지 목사후보생들은 그라이프스발트에 있는 유스호스텔에서 열흘을 지냈다.[4a] 그사이에 선발대가 피난처를 수리하고 정돈했다.

1935년, 칭스트 농장에서. 이곳은 이상적인 피난처였으나, 금세 다른 곳으로 이사해야 했다.

핑켄발데

보덴제에서 노이루핀 치텐 성에 이르기까지 매물로 나온 것들 중에서 전에 폰 카테von Katte 가문의 소유였던 저택을 선정했다. 저택은 소도시 핑켄발데에 있었다. 핑켄발데는 슈테틴에서 동쪽으로 길게 이어지는 철도 구간의 시발역이었다. 오데르 강 지류들이 흐르기도 하고 고이기도 하면서 북쪽과 서쪽으로 펼쳐져 있었고, 남쪽으로는 오르막 비탈들이 푸른 부흐하이데를 향해 뻗어 있었다. 앞에 있는 농장은 최근에 들어선 공장으로 인해 심하게 손상되었고, 뒤에 있는 주차장 절반은 자갈 채취장에 잠식당한 상태였다. 사립학교를 수용할 목적으로 지은 큼지막한 저택 곁에는 날림으로 지은 체육관이 서 있었지만, 쓸모 있는 부속 공간들도 딸려 있었다. 사립학교에 반감을 품은 국가사회주의의 학교 정책 때문에 문을 닫은 "학교"가 새 임차인을 기다리고 있었다. 그 학교는 여러 모로 볼품없어 보였지만, 장래 신학원의 목적에 맞게 수많은 공간을 이상적으로 갖추고 있었다.

칼 코흐 의장이 구프로이센 고백총회 의장 자격으로 그 건물을 임차하자, 처음에는 헤르만 엘러스Hermann Ehlers가, 그 뒤에는 프리드리히 유스투스 페렐스Friedrich Justus Perels가 베를린 사무실에서 계약과 세무 절차를 마무리했다.

본회퍼가 6월 26일 텅 빈 것이나 다름없는 건물에서 첫 강의를 할 무렵, 이미 선발대가 고백 공동체들에 편지들을 발송한 상태였다. 빈프리트 메흘러가 쓴 '목사후보생이 삼가 청합니다'라는 제목의 편지였다. 그 내용은 아래와 같다.

우리는 지금 슈테틴에 있는
핑켄발데로 가려고 한답니다.
그곳의 오래된 저택이 비어 있거든요.
우리 모두의 숙소도 있고요.
하지만 건물이 휑하니 비어 있어서 다들 생각한답니다.
침대가 몇 개라도 있고
홀에는 책장들이 있으면 좋으련만.
그곳이 마음에 쏙 드는 까닭에

우리의 커다란 바람은
그곳에 가구를 비치하되
후원은 조금만 받는 것이랍니다.
세상에 있는 우리의 교회에는
돈이 대단히 부족하다는 것을
다들 아는 까닭입니다.
……
여러분이 잊지 말았으면 하고
바라는 것은 다음 두 가지입니다.
물품들을 운송비 무료로 보내 주실 것,
우리를 최대한 빨리 행복하게 해주실 것.
친애하는 여러분, 여러분에게
편지한 것이 헛수고가 되지 않기를 바랍니다……(DBW 14:54f.).

교구들과 개별 후원자들의 반응이 대단했다. 사람들이 자기의 신념을 분명하게 표현하고 재력가들이 여기저기서 저항 세력을 지지하는 단계에 교회투쟁이 자리하고 있었기 때문이다. 달렘(니묄러) 교구민들(DBW 14:50f.), 페르벨린[하르더(Harder)] 교구민들(DBW 14:49f.), 쾨슬린[프리드리히 온나쉬(Friedrich Onnasch) 교구감독] 교회 동아리(DBW 14:90), 슈톨프 교회 동아리, 슈테틴 선박회사 소유주 그리벨Griebel이 건물 전체를 정비하는 일을 떠맡았다. 한 신학원이 교구민들의 생생한 관심으로 생겨난 예는 앞으로도 독일 신학원 역사에서 찾아볼 수 없을 것이다.

감사의 인사가 아래와 같이 이어졌다.

친애하는 추밀 고문관 그리벨 씨,
우리를 대단히 기쁘게 해주시고
우리에게 그토록 많은 돈을 보내 주시겠다니
귀하의 생각이 싫지 않군요.

하지만 부탁도 이어졌다.

배가 쪼르륵거리는데
갖가지 방이 딸린
아름다운 집이 무슨 소용이겠습니까?
어찌 책에 땀을 흘리겠습니까?
"식료품 저장실을 닫지 말라!"는
시구를 떠올려 주시기 바랍니다.
무엇이든 먹을 수밖에 없는
젊은이들이 신학원에 있거든요!

그렇게 그해를 넘겼다. 추수감사절에 상자들이 도착했다. 클라이스트 가문의 여러 저택에서 과일과 어마어마하게 큰 축제용 고기들을 담아 보낸 상자들이었다. 1937년 3월의 어느 날, 전화벨이 울렸다. "여기 배송물품이 있습니다. 본회퍼 목사님 앞으로 살아 있는 돼지 한 마리가 방금 도착했습니다." 그 돼지를 도축하고 가공했지만 기술적인 문제가 생기고 말았다. 도축 당일에 미리 당국의 도축 허가를 받아야 했던 것이다. 하지만 그 허가 문제도 술책을 동원해 해결했다.

본회퍼 자신과 목사후보생 상당수도 가구 설비에 한몫했다. 곧바로 음악실에 벡슈타인 피아노 두 대가 설치되었다. 많이 쳐서 닳은 피아노였다. 의자들 위에는 에발트 폰 클라이스트-슈멘친Ewald von Kleist-Schmenzin의 어머니가 손수 만든 방석들이 얹혔다. 체육관은 신학원 학생들이 조각가 빌헬름 그로스Wilhelm Groß의 지도 아래 수성페인트, 상자용 목재, 쐐기풀을 동원하여 신학원 예배당 및 핑켄발데 고백 공동체의 예배당으로 개조했다. 제단성서 덮개는 빌헬름 그로스가 목재를 조각하여 묵직하게 만들었다. 예배당 정면 벽에는 강령 삼아 히브리서(9:26-28)에서 따온 그리스 단어 "HAPAX"(단번에, 단호히)가 금칠되어 빛나고 있었다. 최근의 역사 속에 등장한 독일그리스도인연맹의 이단적인 계시론에 맞서 바르멘 신학 선언의 그리스도 중심적인 제1명제가 고백한 내용을 간결하게 압축한 단어였다. 벽난로가 있는 홀에는 매주 하르먼스 판 레인 렘브란트Harmensz van Rijn Rembrandt의 성화

1935년, 핑켄발데 신학원이 둥지를 틀었던 슈테틴 농가의 정원.
신학원 예배당 및 핑켄발데 고백 공동체의 예배당. 원래 체육관이던 곳을 신학원 학생들이 개조해서 사용했다.

와 동판화가 새롭게 걸렸다. 본회퍼가 네덜란드산 대형 판으로 소장한 그림들이었다. 그가 당시에 수집한 주목할 만한 음반들도 누구나 이용할 수 있었다. 「스윙 로우, 스위트 채리엇」Swing low, sweet chariot처럼 전에 알려진 적이 없는 흑인 영가들이 건물 구석구석에 울려 퍼졌다.

아무것도 없는 상태에서 쓸모 있는 신학원 도서관을 마련하는 것은 훨씬 어려운 일이었다. 본회퍼는 도서관 기금을 대는 한편, 자신이 풍부하게 소장하고 있던 참고 서적, 주석서, 교리사와 교회사 서적들을 베를린에서 보내오게 했다. 외증조부 하제에게서 물려받은 에를랑겐 판 루터 전집도 마음껏 이용할 수 있게 했다. 그는 자신이 가장 아끼는 소유물을 주저하지 않고 공동체에 내놓아 마음껏 쓸 수 있게 함으로써 대단히 고무적인 효과를 거두었다. 2년 6개월 뒤 경찰의 신학원 폐쇄로 인해 본회퍼가 유랑을 계속할 수밖에 없게 되자, 본회퍼의 장서들도 뿔뿔이 흩어지기 시작했다. 본회퍼는 그 책들을 더 이상 한 곳에 모아 두지 못했다.

하루 일과와 작업 방식

핑켄발데 신학원의 첫 교육 과정은 즉흥 강의, 유랑생활, 도서 부족, 교회투쟁으로 인해 교육과 훈련의 성과를 올리지 못했던 것 같다. 하지만 다음 두 가지가 지나치게 빗나가는 것을 막아 주었다. 바로 본회퍼의 하루 준비와, 그의 작업 방식에서 비롯된 자극이었다.

두 차례의 긴 예배가 하루 일과를 에워쌌다. 아침 예배 후 묵상시간이 30분간 이어졌다. 이 훈련은 자동차를 타고 이동하거나 유스호스텔에서 숙박할 때에도 고수되었다. 예배 장소는 교회가 아니라 평일의 식탁 둘레였다. 예배는 합창으로 드리는 시편기도로 시작되어, 임의로 고른 찬송가, 구약성서 한 장 낭독, (평일에 부르려고) 선정한 찬송가, 신약성서 한 장 낭독, 상세한 자유기도, 함께 바치는 "주기도"를 거쳐 정해진 찬송가를 부르며 끝났다. 시편 낭독과 성서 낭독은 **연속 독서**lectio continua로 가급적 생략 없이 수행되었다. 구성은 영국 성공회의 **저녁기도회**Evensong와 유사했다. 본회퍼는 이 낭독 순서와 기도 순서를 신학자에게 가장 적합하고 가장 자연스러운 예배 형식으로 여겼다. 토요일에만 훈화(訓話)—대체로 직접적인 훈화—를 덧붙였다. 그가 골라서 목사후보생들의 관심을 끈 찬송가는 다음과 같다. 게르하르트 테르스테겐Gerhard Tersteegen의 「아이들아, 어서 와서 가자꾸나」Kommt, Kinder, lasst uns gehen, 미하엘 바이세Michael Weiße의 「오 주님 안에서 하나가 된 모든 이들아」O ihr alle, die ihr euch im Herrn vereiniget와 크리스티안 프리드리히 리히터 Christian Friedrich Richter의 열정적인 시구(詩句) "그들은 땅 위를 거닐고 하늘에서 사네" Sie wandeln auf Erden und leben im Himmel.

본회퍼가 있을 때에는 다들 이 일과를 피하려 하지 않았다. 본회퍼는 비좁은 공동생활과 소란스러운 이사 주간에 있을지도 모를 위험을 제거하기 위해 다음과 같은 규칙 하나만이라도 지켜 달라고 부탁했다. 말하자면 동료 목사후보생이 없는 자리에서는 그 사람에 대해 말하지 말고, 할 말이 있으면 반드시 그 사람에게 해달라는 거였다. 이 간단한 규칙 준수에 실패하여 그것에 다시 주의를 기울일 때면, 성서 해석과 설교에 실패했을 때와 마찬가지로 배울 게 있었다. 본회퍼는 오락 요구와 격한 논쟁 요구도 들어주었으므로 신학원에 그러한 규율을 요구해도 되었다.

날씨가 화창할 경우, 본회퍼는 지체 없이 수업을 취소하고 신학원 학생들과 함께 부흐하이데 내지 해안으로 가곤 했다. 일요일에는 책상에서 하는 활동을 허락하지 않고, 할 수 있는 온갖 놀이를 했다. 그는 제자들이 문학적 소양을 제대로 갖추지 못했음을 알고 그들과 함께 고트프리트 켈러Gottfried Keller의 책, 아달베르트 슈티프터Adalbert Stifter의 책, 안네테 폰 드로스테-휠스호프Annete von Droste-Hülshoff의 『유대인의 너도밤나무』*Judenbuche*를 읽었다. 마지막 책은 당시에 그가 의식적으로 강조한 책이었다. 그는 점심식사시간에 낭독을 도입하려 했지만, 다들 그러한 수도원식 관습에 이의를 제기했다. 어쨌든 이런 식으로 칼 뷕셀Karl Büchsel의 『어느 시골 목사의 인생 회고록』*Erinnerungen aus dem Leben eines Landgeistlichen*과 아그네스 폰 찬-하르낙 Agnes von Zahn-Harnack이 자기 아버지에 관해 쓴 전기 『아돌프 하르낙』*Adolf Harnack*을 읽었다. 본회퍼는 과한 점심식사를 가벼운 "점심"lunch으로 대체하고 정찬을 저녁에 들자고 제안했지만 반대를 극복하지 못했다.

그의 음악 애호는 대단히 인상적이었다. 그는 연주해 보라는 권유에 따르기도 하고, 이제껏 자신이 알지 못했던 음악 분야를 찾아내고는 흥분하기도 했다. 그가 프레데릭 쇼팽Frédéric Chopin이나 브람스의 곡 혹은 대단히 우아한 「장미의 기사」(리하르트 슈트라우스의 곡—옮긴이)Rosenkavalier의 일부를 연주할 때면, 그의 낭만적 유산이 여실히 드러났다. 그에게 두 대의 피아노로 요한 제바스티안 바흐의 콘체르트를 연주하자고 해도 아무 문제가 없었다. 핑켄발데 시절에 그는 새로운 세계인 하인리히 쉬츠Heinrich Schütz, 요한 헤르만 샤인Johann Hermann Schein, 자무엘 샤이트Samuel Scheidt의 세계를 소개받고, 쉬츠의 이중창곡 「제가 주님께 한 가지를 청합니다」Eins bitte ich vom Herren나 「주님, 저희가 밤새도록 일했습니다」Meister, wir haben die ganze Nacht gearbeitet의 한 파트를 즐겨 맡아 부르기도 했다.

형제 공동 사회를 체득하고 장래의 설교자를 인격적으로 양성하는 것이 중요했다. 이는 명명백백한 사실이었다. 하지만 이것은 말이 아니라 그때그때의 지적으로 이루어졌다. 그는 영국에 체류할 때 침례교도들의 서원을 적어 둔 적이 있었다. 대학생이 신학원에 들어가기 전에 서약하며 "저는 성직을 받으면 그 직위에 맞게 처신하겠습니다"라고 말하는 내용이었다. 이미 형제들은 칭스트 농장에서 머물던 둘째 날에 그 서원에 상응하는 수업을 받은 상태였다. 설거지를 도와달라는 부엌의 요청을 받고도 형제들이 곧바로 달려가지 않을 경우에는 본회퍼가 식탁에서 말없이 일어나 부엌으로 사라졌다. 그러고는 급히 뒤따르는 이들을 부엌에 들이지 않았다. 그는 식탁으로 돌아오지 않다가 한참 뒤에야 해변에 있는 목사 후보생들 속에 다시 섞였다. 핑켄발데에서는 상당수의 사람이 이따금 공동 침실에서 정돈되지 않은 자신의 침대를 누군가가 말끔히 정돈해 놓은 것을 알고 부끄러워하곤 했다.

작업 방식도 인상적이었다. 평소의 일과보다 중요한 과제가 있을 경우, 그는 두 시간 내지 세 시간 안에 그 과제를 처리했다. 그는 자기 생의 가장 긴장되는 시기에도 휴식시간을 포기하지 않았다. 그의 책상은 정리정돈과는 거리가 멀었다. 크기가 몹시 작고, 얕은 서랍 두 개가 딸린 책상이었는데, 서랍이 많아도 사용할 줄 몰랐을 것이다. 메모카드 정리함과 색연필에 전혀 관심이 없었기 때문이다. 그는 기억력이 뛰어났고, 자신의 기억력을 신뢰했다. 게다가 책을 대단히 빨리 읽는 사람이기도 했다. 그는 이따금 끝이 뭉툭한 연필로 옆의 여백에 줄을 긋거나 물음표를 달기도 했다. 강의와 토론에 써먹으려고 읽은 책에서 따온 핵심어들을 적기도

했다.

핑켄발데 시절에 그가 우선시한 것은 주석 서적이었다. 오늘날의 눈으로 보면 그가 그 시절에 수행한 "신학적 주석"에 반박의 여지가 있는 것처럼 보이지만, 그렇다고 그가 당대의 개별 연구논문들이나 당시에 번성하던 "신학용어집"의 방법과 그 성과들을 무시했을 거라고 추론해선 안 된다. 그러기는커녕 시중에 유통되는 것을 부지런히 입수했다. 그는 주석 서적들 외에 종교개혁 시조들의 저작물과 고백서에도 몰두했다. 교회사는 뒤로 밀려났다. 교회사를 많이 알고 있기는 했지만, 단순히 재현하기만 하는 것은 그의 성미에 맞지 않았다. 마치 자신의 질문과 평가가 요구된다는 듯이, 그는 자료를 분류하고 그것을 자신의 목적에 맞게 능숙하게 이용했다. 그는 본질적인 것을 보는 자신의 능력을 신뢰했지만, 전문가들의 이의 제기를 선입견 없이 경청하고 받아들여, 드러난 문제를 해결하는 새로운 단초로 삼았다.

그는 밤에는 일하지 않았고, 저녁에도 좀처럼 일하는 법이 없었다. 강연이나 설교를 해야 할 때면, 다소 명료하게 정리한 것을 종이에 옮기는 데 몇 시간밖에 걸리지 않았다. 그렇게 옮겨 적은 것은 핵심어들이 아니라 온전한 문장들이었다. 얼핏 보면 그의 원고들은 그의 책상만큼이나 정돈되지 않은 느낌을 준다. 하지만 그 원고들에는 글이 빈틈없이 빼곡하게 쓰여 있다. 출판을 염두에 두고 쓴 것이 아니어도, 그의 원고들은 손대지 않고 인쇄소에 넘길 만한 것들이었다. 그는 먼저 철저히 숙고한 것을 기록하는 사람이었지, 자신이 기록한 말을 좀 더 숙고하여 내보내는 사람이 아니었다. 그렇다고 메모들을 준비 작업에 활용하지 않은 것은 아니다. 메모들은 많이 있지만, 뒤죽박죽 뒤섞여 있는 상태다. 그는 목표가 목전에 보여야 자리에 앉아 집필했다. 이는 그가 자신의 책을 대하는 방식에도 기여했는데, 예를 들어 그는 초판을 낸 뒤 개정판 내기를 거부했다. 개정하려면, 계속 이어지는 무언가가 생겨야 했다. 자신의 생애가 너무 짧게 주어진 것으로 생각되었기 때문이다.

본회퍼는 놀이를 위해 일을 신속히 중단하면서도 시간에 쫓기지 않는 능력의 소유자였다. 이로 인해 시험 문제로 밤낮없이 괴로워하는 이들이 불공평하다고 여기기도 했다. 하지만 그는 그들이 믿지 않은 능력들까지 발휘해 보였다.

평일에는 현실 문제들을 놓고 토론했다. 그 시절의 정치적 사건이 토론의 계기를 넘치게 제공했고, 신학원 공동체는 은거생활에도 불구하고 그 계기를 회피하지 않았다.

1935년 5월 1일, 새 병역법이 발효되었다.[5] 때늦은 눈보라가 내리치는 가운데 히틀러가 템펠호프 공항에서 방위력을 갖춘 민족의 부활을 선언한 것이다. 칭스트에 있던 목사후보생들은 라디오에서 흘러나오는 이 5월 연설을 듣고 기대에 부풀었다. 자신들도 차례가 되면 군복을 입을 생각이었다. 대부분 그날을 고대하면서도 자신들의 원장이 어떻게 느끼고 있는지는 알아채지 못했다. 당시에는 개신교회 소속 병역 기피자의 수가 손에 꼽힐 정도였다. 고백교회 안에서도 루터교의 병역 논증이 확실한 우위를 점했다. "베르사유 치욕을 제거하기" 위해 히틀러가 취한 새 조치를 전반적으로 반기는 분위기였다. 얼마 전까지만 해도 저 유명한 주일 발표문('우상숭배에 맞서라')으로 인해 체포된 700명 가운데 일부였던 목사후보생들마저도 "방위 의지"의 갱신을 당연한 것으로 여겼다. 그들 가운데 상당수가 곧바로 자원하여 입대했다. "국가에 비하면 우리에게는 불행한 사랑—보복과 주권 승인을 고려하지 않는 사랑—만이 남아 있는 것 같습니다.……하지만 저는 모든 일이 잘 진행되면 11월 1일에 갈색 군복을 입을 것입니다."[6] 당시 고백교회 안에는 자기 진영에서 예비역 장교를 가급적 많이 배출하려는 욕구가 팽배해 있었다. 국가의 여러 관공서에서 일하는 상당수의 고결한 사람들도 그리 생각했다. 의무를 반기는 마음이 거기에 영향을 미쳤고, 당과 독일그리스도인연맹의 비방자들에 맞서 자신이 얼마나 흠 없고 애국적인지를 입증해 보이려는 전략적인 욕구도 거기에 영향을 미쳤다. 장교계급은 여전히 적지 않은 존경을 누렸다.

본회퍼는 히틀러의 연설이 진행되는 동안 아무것도 모르는 이들에게 갑자기 질문을 하나 던지면서 자기는 이 문제에 전혀 다르게 반응한다고 넌지시 말했다. 그러고는 격렬한 대화를 제안했다. 저녁 토론이 자연스레 평화주의 문제와 함께 시작될 수밖에 없었다. 형제들 다수가 그리스도인은 병역 기피도 할 수 있다는 그의 말을 전혀 받아들이려 하지 않고, 자신들의 윤리신학자들과 교계 수장들이 내린 결정을 열렬히 두둔했다. 본회퍼의 친구 헤르베르트 옐레가 신학원을 방문했을 때에는 자연과학자인 그의 평화주의 때문에 그의 신학적 순진함을 비난하기까지 했다. 토론 분위기가 서서히 바뀌면서 목사후보생들은 본회퍼가 이 문제를 냉정하게 숙고한 상태이며, 이러한 그리스도교적 처신 가능성에 대한 이해를 일깨우거나, 그리스도의 명령을 이런 식으로 존중해야 한다고 믿는 이들에 대한 존경을 환기시키려 한다는 것을 알아챘다. 그가 선전한 것은 단 하나의 진정한 비폭력 교의였다. 그것 자체를 꾸밈없이 믿고 예수의 요구에 복종하고 싶었기 때문이다. 하지만 본회퍼가 이 토론에서 일반적인 신념에 반대했다는 소문이 교계에 퍼졌다. 어느 날 슈테틴 출신의 헤르만 슈퇴르Hermann Stöhr 박사가 핑켄발데에 나타났다. 독일 "화해 연대"Versöhnungsbund 사무국장으로서 "세계교회친선연맹"에서 활약하는 인사였다. 슈퇴르의 평화주의는 비무장 원칙의 인상을 강하게 풍겼다. 본회퍼는 그것을 불편하게 여기지 않고 오히려 지지했다. 그럼에도 두 사람 사이의 긴밀한 협력은 이루어지지 않았다. 본회퍼가 느끼기에 슈퇴르가 고백교회의 문제에 너무 무관심하고, 그래서인지 조정자이자 에큐메니칼 손님 담당자인 그가 자신과 맞지 않아 보였던 것이다(DBW 14:166). 그는 슈퇴르의 운명에 관심을 보이다가 큰 충격을 받았다. 슈퇴르가 1939년 군 당국에 의해 기소되어 온갖 조정 시도를 무시한 채 1940년 6월에 병역 기피자로 단두대에 올랐기 때문이다.[7]

칼 바르트가 독일에서 축출되었다는 소식을 놓고 또 한 차례 토론이 불붙었다. 바르트가 자신이 내건 조건, 곧 "그리스도인으로서 책임질 수 있는 한에서만"이라는 조건을 인정해 주면 공무원 서약을 하겠노라고 쓸데없이 입장 표명을 한 뒤의 일이었다. 아우크스부르크 전국고백총회1935. 6. 4-6가 다가오면 다가올수록, 고백교회가 "정치적인" 바르트의 문제를 자기의 문제로 삼아 자신 있게 웃음거리가 될 것인지, 그를 교회에서 설립한 대학의 교수로 초빙할 것인지, 아니면 그를 멀리하여 그가 떠났으면 좋겠다는 뜻을 알릴 것인지 하는 물음들이 다급하게 제기되었다. 본회퍼는 이미 런던에서 앞일을 내다보며 자신의 입장을 표명한 상태였다. 그가 칼 코흐 의장에게 보낸 1934년 12월 1일자 편지의 내용은 아래와 같다.

새 교회 당국(달렘 전국총회에서 구성된 임시 기구)이 바르트의 소원을 알아듣기 쉽게 설명하고 그와의 연대를 표명하지 않으면, 에큐메니칼 협의회 인사들이 고백교회에 표하는 관심이 심각한 위협을 받게 될 것입니다. 그러면 다들 이 대목이 고백교회의 고유하고 참된 노선과 다르다는 인상을 받고, 그러한 태도에서 서먹함을 느낄 것입니다. 나는 신교 전체의 눈이 지금 이 순간 새 교회 당국의 결정에 쏠려 있는 것으로 알고 있습니다. 책임감을 느껴 의장님께 알려 드립니다.[8]

명예를 실추시키는 칼 바르트의 참여를 저지하기 위해 "고백전선" 안에서 획책한 다수의 간계는 아우크스부르크 전국고백총회의 서막에 속한다. 신학원에 있는 목사후보생 상당수도 서약을 둘러싼 바르트의 투쟁이 교회가 떠맡아야 할 그리스도교적 문제인지, 아니면 다수의 고백교회 인사들이 생각하는 것처럼 교회가 당연히 멀리해야 할 정치적 문제에 "불과한지"를 놓고 격론을 벌였다. 본회퍼는 평화주의를 둘러싼 논쟁 때와 달리 이 토론에서 목사후보생들을 훨씬 쉽게 납득시켰다. 바르트는 6월 25일 바젤 대학교에 교수로 초빙되었다. 그는 헤르만 알베르트 헤세 목사에게 작별 편지를 보냈고, 그 편지의 사본이 본회퍼에게도 닿았다. 목사후보생들은 그 편지를 등사하여 친구들에게 빠짐없이 보냈다. 무언가 바꿀 게 있어서가 아니라, 몇 시간 전부터 본회퍼의 마음을 불안하게 한 내용을 마침내 읽었기 때문이다. 그 내용은 이랬다. "고백교회는 수백만 명의 부당 피해자를 냉대하고, 가장 단순한 공정성 문제에 대해서도 발언하지 않았습니다. 발언하더라도 늘 자신의 목적 안에서만 발언하고요."[9]

영적 중심

핑켄발데에 섬뜩한 이단들이 출현하여 가톨릭의 의식(儀式)을 거행한다는 소문, 광신적인 평화주의자들과 급진적인 광신자들이 핑켄발데에 우글거린다는 소문이 개신교 전체에 급속도로 퍼졌다. 그러나 핑켄발데는 사람들의 비위를 상하게 하기보다는 사람들의 마음을 사로잡았다. 수많은 사람이 찾아왔다. 여태껏 입 밖에 내지 않은 문제들을 그곳에서 관심을 갖고 다룬다는 것을 알았기 때문이다. 본회퍼는 집사 에르나 슈트루베Erna Struwe 부인과 목사후보생들에게 손님 대접을 후하게 하는 것을 중요시했다. 이는 공간이 넉넉한 핑켄발데가 피난처로 선정된 이유이기도 했다.

1. 한 목사후보생이 집에 보낸 편지에 의하면, 외딴 칭스트 농장에서 지내던 어느 날 "파면된 군수"가 신학원을 방문했다. "그의 부인은 요한 제바스티안 바흐의 노래와 세자르 프랑크César Franck의 노래를 아름답게 불렀다." 그 군수는 테오도르 슈텔처Theodor Steltzer였다. 그의 "베르노이헨 운동"(베르노이헨에서 시작된 예배 갱신 운동—옮긴이)Berneuchenertum보다는 그의 정치적 관점이 본회퍼의 마음에 들었다.[9a] 조각가 빌헬름 그로스, 발터 드레스, 한스 폰 도나니, 헤르만 엘러스도 핑켄발데를 방문했다. 다른 신학원의 사절들도 핑켄발데를 방문하여 소문과 관계가 있는지 직접 확인했다.

2. 자신들이 다니는 신학부에 달렘 총회가 말하는 의미의 분명한 노선이 없어서 아쉬워하던 그라이프스발트 대학생들이 수련회를 개최해 달라고 간청해 왔다. 신학 및 교회 정치의 지원을 받고 자극도 받고 싶었기 때문이다. 핑켄발데 사람들이 그라이프스발트에서 활동을 시작하자, 그곳 신학부가 그들의 활동을 자신의 가장 독자적인 영역을 침해하는 것으로 여겼다. 본회퍼가 구프로이센 협의회를 통해 그라이프스발트 신학부에 요청서를 보내면서 관계가 상당히 경색되었다. 그라이프스발트 대학생들 속에서 정기적으로 활동할 수 있도록 직접 위촉해 달라는 요청서였다. 그 내용은 아래와 같다.

> 형제단은 교회의 교사로서, 이 활동의 주요 책임자가 되어야 할 교수들과 협조하기도 하고 그들의 활동을 보완하기도 하면서……그라이프스발트 청년 신학도들을 대상으로 하는 규칙적인 활동을 통해, 후배들이 교회의 결정들에 대해 정확히 알지 못하고 다시 종교국으로 옮겨 가는 것을 막아야 합니다. 형제단은 그라이프스발트 대학생 협회의 전도양양한 출발을 지원하는 일에 도움이 되려고 애써야 합니다.[10]

당시 게르하르트 크라우제Gerhard Krause가 지도하는 대학생 단체와의 첫 회합이 핑켄발데에서 이루어졌다. 본회퍼는 이 회합에서 처음으로 자신의 시편 이해에 대해 강연했다.[11] 핑켄발데 신학원 전체에도 꼭 필요한 일이었다. 날마다 하는 광범위한 시편 낭독—이는 독일 개신교 전통에 생소한 것이었다—이 문제를 강하게 제기했기 때문이다.

3. 당시 귄터 베쉬Günther Besch와 게르하르트 크라우제가 지도하는 포메른 지방 고백교회 수련목회자 협회가 핑켄발데 공간을 회의 장소로 삼았다. 첫 회의 때 본회퍼는 다윗 왕을 주제로 사흘간의 성서공부를 인도하다가[12] 미래 구약성서학자들의 격렬한 항의에 부딪히기도 했다. 이 회의가 열릴 때면 본회퍼는 정기적으로 강연자 명단에 올랐고, 해가 갈수록 바르멘 총회와 달렘 총회의 인식 및 결정을 따르자고 절박하게 호소할 수밖에 없었다.

4. 인근 교회 동아리들도 핑켄발데 신학원에서 목사 협회 회의를 열었다. 그러다 1936년부터 그들의 방문이 핑켄발데 사람들의 단호한 태도에 방해가 되는 것으로 입증되면서 그들이 더 이상 오지 않았다. 그 뒤에는 목사들의 자유로운 공동연구 모임이 이어졌다. 본회퍼의 조언을 받아 시작된 길을 계속 걸으며 숙고하려는 모임이었다.

5. 1934년 각 주(州)교회마다 고백교회의 청년 신학자 형제단이 결성되어, 1935년 "전국청년신학자형제단"에 통합되었다. 한스 티메Hans Thimme가 모든 지방교회 책임자들의 모임을 계획했다. 형제단 내규와 1935년에 처음으로 감지된 형제단 와해에 대해 상의하는 모임이었다. 본회퍼가 하우테로다에서 열린 작센 지방회에서 티메를 만나 핑켄발데를 모임 장소로 제안했고, 티메는 "형제단이 살고 있는 곳에서 형제단에 대해 논의하는 것"을 다들 반길 거라고 답했다.[13] 본회퍼는 성직자들의 바람직한 기대에 이렇게 답했다. "귀하가 저희 신학원에서 모임을 갖는다면 실로 저희에게 큰 기쁨이 될 것입니다.……신학원 주위에는 아름다운 활엽수림과 소호(沼湖)가 있고 보트도 있답니다!"(DBW 14:75) 일정을 맞추기 어려워 모임이 연말로 연기되었고, 그사이에 설치된 교회 위원회들이 전국형제단 소속 성직자들 상당수를 혼란에 빠뜨려 서로 맞서게 했다. 결국 모임 계획은 수포로 돌아가고 말았다.

아무튼 핑켄발데 실험은 관심을 불러일으키고 독일 신교의 연약한 상처를 어루만져 주었던 것 같다. 빌레펠트-지커 신학원의 한 사절은 핑켄발데 신학원 방명록에 이렇게 적었다. "형제단의 활동과 형제단의 전혀 다른 생활 자세를 일별할 수 있게 해주셔서 감사합니다."

포메른

신학원의 핑켄발데 정착은 그루네발트 학자 동네 출신의 대도시 사람 본회퍼를, 여태껏 그에게 알려지지 않은 환경으로 이주시켰다. 그는 토착화되고 자부심이 강한 교회주의를 발견했다. 대농장을 기반으로 교회를 후원하는 이들이 자주적으로 품은 교회 중심주의였다. 그는 포메른 각성 운동의 생생한 자취를 보고 기뻐했지만, 교회 정치상 꼭 필요한 결단을 내릴 때 꾸물거리는 것을 보고 화를 내기도 했다. 그는 이 포메른에서 새로운 친교를 맺고 그것을 끝까지 유지했다. 이 친교를 바탕으로 정치투쟁을 함께 전개할 때에는 자신의 보수적인 요소, 곧 자신의 유산 속에 숨어 있던 요소를 많이 드러내기도 했다. 그가 장래 신붓감을 알게 된 것도 이 동아리에서였다.

그때까지 본회퍼는 포메른 교계에 관해 아는 게 별로 없었다. 1933-1934년에 투쟁이 전개될 때에도 그의 시야에 들어오지 않은 교계였다. 칭스트 농장은 그가 벽지를 찾다가 우연히 소개받은 곳이었다. 그는 칭스트에서 중립 성향의 포메른 출신 목사를 만났다. 그 목사는 자기 자녀들이 칭스트 농장을 지나가다가 그곳에서 받은 감흥을 그다지 달가워하지 않았지만, 본회퍼에게 설교단을 맡겨 첫 설교를 하게 했다. 본회퍼는 부활절 후 여섯 번째 주 일요일에 시편 42편을 토대로 설교하고,[14] 목사후보생들은 그 교회의 성가대에 힘을 보탰다.

칭스트에서 신학원을 열 무렵, 포메른은 이미 오랫동안 상스러운 독일그리스도인연맹의 칼 톰Karl Thom 감독과 맞서 온 상태였다. 칼 톰은 스스로를 "캄민Cammin의 감독"이라 칭하는 자였다. 라인홀트 폰 타덴의 주도로 고백교회 포메른 지방 형제협의회가 조직되었지만, 바르멘 총회 결의사항과 달렘 총회 결의사항을 관철시킬 수 없었다. 포메른 사람들이 옛날부터 자신들의 "루터교회"에 마음을 두었기 때문이다. "달렘"에 초점을 맞춘 사람들 사이에서도 알트하우스와 엘러트의 에를랑겐 노선이 요지부동의 명성을 얻었다. 바르트의 바르멘 논제들이 창조와 역사 속에 자리한 "원계시"Uroffenbarung를 거부했다는 이유로, 알트하우스와 엘러트가 공개적으로 수행한 바르멘 논제 비판이 상당한 동의를 얻어, 본회퍼를 포메른에서 이상하고 과격한 사람으로 보이게 했다.

본회퍼는 아우크스부르크 전국총회1935. 6. 4-6의 결과에 대체로 만족하지 않는 소수파에 속했다. 그 총회에서 고백교회 전체의 통합이 표면적으로 이루어지고 목회자 양성 문제에 대한 유익한 결의가 이루어졌음에도 그는 이 통합을 신뢰하지 않았다. 그는 바르트 사건을 사소한 것으로 여기지 않고 불길한 징조로 여기며, 아우크스부르크 총회가 저지른 태만죄를 다음 네 가지로 꼽았다.[15] 첫째, 교회의 자유에 대해 분명하게 말하지 않은 점, 둘째, 나치당 정강 24조에 있는 거짓말("적극적 그리스도교")에 대해 아무 말도 하지 않은 점, 셋째, 유대인 문제에 대해 아무 말도 하지 않은 점,—그는 유대인 문제와 관련하여 "뉘른베르크 법령"(히틀러가 뉘른베르크 나치당 집회에서 승인한 두 가지 법령. 첫 번째 법령은 유대인의 독일시민권을 박탈하는 독일 공민법령이고, 두 번째 법령은 유대인과 독일시민 내지 독일계 혈통 간의 결혼과 성관계를 금지하는 혈통보호법령이었다—옮긴이)이 준비되고 있다는 정보를 매형 도나니를 통해 입수한 상태였다—넷째, 공무원 서약에 대한 바르트의 입장 표명이 기각된 이후 그리스도인들이 무조건적으로 받아들여선 안 될 군대 서약에 대해 아무 말도 하지 않은 점. 본회퍼는 절름거리면서라도 달렘 총회의 결정사항을 고수하고, 고지식하게라도 국가에 저항하는 것을 지극히 당연한 일로 여겼다. 마르틴 니묄러가 새로운 결단을 독려하며 '성직에 있는 우리 동료들에게'An unsere Brüder im Amt(DBW 14:66-68)라는 자신의 호소문에 서명해 줄 것을 청해 오자, 그는 흔쾌히 서명했다. 1935년 7월 30일에 발표된 그 호소문에는 요하네스 바르텔트Johannes Bartelt, 에버하르트 바우만Eberhard Baumann, 하인리히 렌토르프와 같은 몇몇 포메른 사람의 이름이 담겨 있었다. 하인리히 렌토르프의 서명이 특히 중요했다. 그가 1933년에 다른 진영에서 그것을 한 차례 시도한 적이 있었기 때문이다. 본회퍼는 니묄러에게 아래와 같이 편지했다.

> 목사님께서 다시 한 번 진군나팔을 불어 주셔서 기쁩니다.……지금은 긴급동맹 속의 긴급동맹을 결성하고, 마태복음 22:21을[16] 기존과 다르게 해석해야 할

때인 것 같습니다. 저는 우리가 이 시점에서 발언하고 결단하기를 바라며, 다른 이들이 이 점에 대해 말하려 하지 않는 경우를 대비해 오늘 미리 발언권을 청합니다. 목사님께서 참으로 정확한 시점을 다시 찾으신 것 같습니다. 그 점에 대해 목사님께 감사드립니다. 신학원 전체가 저와 더불어 심심한 감사 인사를 드립니다.[17]

본회퍼는 법률 지원 및 질서 지원으로 성직자들을 혼란에 빠뜨리는 국가와의 결별이 조만간 이루어질 것으로 여겼다. 그것은 더 이상 제국감독의 법령에 저항하지 않고 국가의 법령에 저항하는 것으로 이루어질 결별이었다.

처음에 본회퍼의 신학원과 포메른 중심지가 몇 차례 마주치면서 불화를 겪은 것은 놀랄 만한 일이 아니다. 포메른 중심지는 신학원 사람들—이들 가운데 한 사람은 다른 이들보다 훨씬 어려 보였다—이 출현하자 핵심적인 견해 차이와 무관심을 드러냈다. 칭스트에서 마감하고 핑켄발데에서 시작하기까지 신학원과 본회퍼는 열흘간의 휴식을 취한 다음, 며칠 더 짬을 내어 그라이프스발트로 가서 그곳에서도 약간의 충격을 받고, 슈테틴에서 열린 3차 포메른 지방 고백총회에 참석했다.

1. 그라이프스발트 여행은 그라이프스발트 대학교 신학부와의 만남과 대학생 복음전도 활동의 일환으로 계획된 여행이었다. 그 도시의 교구감독 칼 폰 셰벤Karl von Scheven이 예배당을 마음껏 이용할 수 있게 해주었다. 당시에 그는 포메른 지방 고백총회 총대(總代)였다. 그러다가 6개월 뒤에는 포메른 주(州)교회 위원회의 간부직을 맡았다. 그라이프스발트 대학교 신학부의 유력한 신학자 루돌프 헤르만Rudolf Hermann은 바르멘 총회와 달렘 총회에 다녀왔으면서도, 달렘 총회의 결정이 새로운 학칙에 좋지 않은 정신을 소개할 수 있다고 말했다. 1933년 가을에 "성지자단 단장"이 된 헤르만 볼프강 바이어는 교회사를 가르쳤다. 그는 본회퍼가 소피아와 비텐베르크에서 어떤 역할을 했는지 알고 있었다. 하지만 실천신학을 가르치는 오토 헨들러Otto Haendler는 자신의 베르노이헨 성향 때문에 핑켄발데 사람들에게 갈채를 받지 못했다. 본회퍼는 루돌프 헤르만을 방문하여, 목사후보생들이 저녁에 그와 허심탄회하게 논쟁을 벌일 수 있게 했다.

그라이프스발트 집회는 동맹자들을 방문한 것이라기보다는 조만간 이루어질 논쟁의 전초전에 가까웠다. 강당에서 진행된 대학생 집회 중에 신학원 학생 한 명이 "우리가 이 자리에 있는 것은 중요한 일이 일어나게 하기 위해서입니다"라고 소리치면서 핑켄발데 사람들 사이에서 회자되는 명언을 마음에 새기게 했다. 그러나 그가 얻은 것은 공감이 아니라 거부감이었다.

2. 이어서 6월 20일부터 22일까지 3차 포메른 지방 고백총회가 슈테틴에 소재한 바르트부르크 교회에서 열렸다. 바르트부르크 교회는 하인리히 렌토르프가 담임하는 교회였다. 재무 분과와 의결기관을 설치하라는 국가의 명령은 당혹스러운 소식, 그 영향을 무시할 수 없는 소식이었다. 강연자는 뒤셀도르프에서 온 요아힘 베크만이었다. 총회는 아우크스부르크 담화문에 이어 젊은 신학생들에게 보내는 호소문을 공표하면서 아래와 같이 냉정하게 선언했다.

> 전국에서 압도적인 다수의 후배 신학생이 고백교회 안으로 줄지어 들어가고 있건만, 포메른 지방에서는 상당수의 젊은 신학생들이 명확한 결단을 꺼려 왔다. 외견상 우리 지방교회들이 평온해 보이고, 다른 지방에 비해 우리 지방에 덜 노골적으로 출현한 독일그리스도인연맹 측 이단사설에 신학생들이 유혹당했기 때문이다.[18]

이 총회는 신학원의 탄생으로 절정에 달했다. 의장이 결정을 발표하여 핑켄발데에 있는 건물을 사용할 수 있게 하자, 여덟 교회가 뭉쳐 "자발적으로" 침실을 하나씩 마련해 주기로 했다(총회의 보고서).

이 총회에서 포메른 지방 형제협의회와의 첫 만남이 이루어졌다. 본회퍼는 이 협의회 안에서 슈테틴 개혁파교회 목사 에버하르트 바우만과 협력하고, 포메른 주지사 대리의 부인이자 형제협의회 사무실 관리자인 슈테파니 폰 마켄젠Stefanie von Mackensen 부인과 긴밀히 협력했다. 그때부터 핑켄발데 목사후보생들이 리처 슈트라세에 자리한 형제협의회 사무실을 정기적으로 드나들며, 형제협의회의 어떤 보수 세력에 대해 불만을 토로하거나 고백 임시공동체 안에서 봉사하기 위해 그 사무실을 마음껏 사용했다.

본회퍼는 교회와 접촉할 때보다는 포메른 지방 귀족과 만나면서 더 큰 성과를 올렸다. 이 만남은 핑켄발데 교사(校舍)를 위한 청원서와 감사장을 보내는 것으로 시작되어, 본회퍼가 종교국의 의지와 상관없이 교회 후원자를 통해 자신의 피후견인을 한 사람씩 교회 공동체에 들여보내려 할 때마다 확대되었다. 당시 대농장을 소유한 교회 후원자는 자신의 독립적인 임용권(목사 임용권)을 행사하거나 폐지함으로써 형제협의회에 시대착오적인 방해물이 되거나 소중한 조력자가 될 수도 있었다. 종교국을 무시하는 것은 교회 후원자 상당수에게 전례 없는 일이 아니었다. 본회퍼는 이 후원자들과 제휴할 필요가 있었다. 그를 그들에게 연결시켜 준 이는 포메른 고백총회 의장 라인홀트 폰 타덴이었다.

그는 그러한 활동을 토대로 여러 가문을 알게 되었다. 그가 신학원 원장 시절 이후까지 드나든 가문은 다음과 같다. 키코브에 있는 클라이스트-레초브 가문, 슈멘친에 있는 에발트 폰 클라이스트 가문, 라스베크에 있는 비스마르크 가문 Bismarcks, 페치히에 있는 폰 베데마이어 가문. 마리아 폰 비스마르크 부인과 폰 베데마이어 부인은 키코브에 사는 클라이스트의 누이였다. 그들의 어머니 루트 폰 클라이스트-레초브는 키코브 인근의 클라인-크뢰신에 노인용 집이 있었지만, 핑켄발데 신학원 시기에는 슈테틴에 주택을 마련하여, 키코브와 라스베크와 페치히에서 온 손자·손녀들이 주도(州都)의 김나지움에 다닐 수 있게 했다. 그녀는 핑켄발데 신학원의 대변자 역할을 하면서 그 신학원이 필요로 하는 것들을 과감히 해결해 주었다. 핑켄발데 신학원이 1935년 가을부터 교내에 마련한 임시 교회에서 정기적으로 예배를 주관하자, 그녀는 매번 손자 몇을 대동하고 핑켄발데로 가서 예배를 드리곤 했다.

브레슬라우에서 백작을 지낸 체들리츠의[19] 딸 루트 폰 클라이스트-레초브는 주목할 만한 여인이었다. 그녀는 한평생 교회 쇄신 운동(포메른 각성 운동—옮긴이)에 참여했으며, 고령의 나이에도 불구하고 칼 바르트의 신간이 나올 때마다 입수해서 읽었다. 그녀는 실질적이고 본질적인 것을 정확하게 감지하는 능력의 소유자로서 자기 견해를 거침없이 솔직하게 말했다. 이런저런 성직자의 자기기만적인 엄살이나 발라맞추는 아첨을 접할 때에는 정신이 번쩍 들게 하는 따끔한 말로 자기 의견을 표시하기도 했다. 본회퍼가 슈테틴의 시야에 출현하면서 그녀의 생은 영적으로 새로운 자극을 받았다. 그때부터 그녀는 자신만이 할 수 있는 영역에서 본회퍼의 대의를 지원했다. 그녀는 여성적인 공정함으로 후원자들에게 그들의 의무를 환기시키고 분명한 후원이 이루어질 때까지 졸라 대기도 했다. 본회퍼가 『나를 따르라』를 쓸 무렵에는 기대에 부풀어 그 책이 어서 나오기만을 손꼽아 기다리기도 했다. 그녀는 지칠 줄 모르고 질문하는 사람이었다. 처음에 본회퍼는 그러한 질문 능력을 접하고 거의 두려움을 느낄 정도였다. 이따금 그는 그러한 열정이 그의 목사후보생들에게도 있었으면 하고 바랐을 것이다. 본회퍼는 수년간 클라인-크뢰신이나 키코브에 있는 한스-위르겐 폰 클라이스트-레초브Hans-Jürgen von Kleist-Retzow의 집에서 휴가를 보내곤 했다. 손자들이 1935년부터 1937년까지 핑켄발데에서 주관하는 예배에 출석하고 정원에서 목사후보생들과 탁구를 치기도 하자, 클라이스트 할머니는 1938년 세 손자의 견신례수업을 디트리히 본회퍼에게 맡기고 자신도 그 수업에 참석하는 안을 관철시켰다. 핑켄발데 신학원의 폐쇄로 그 일이 어렵게 되면서는 알브레히트 쇤헤르가 그 일을 잠시 맡았다. 하지만 마지막 수업과 견신례는 본회퍼가 키코브에서 직접 주관했다.[20] 핑켄발데 신학원에서 주관하는 예배에 출석한 이들 중에는 폰 클라이스트 여사의 손녀 루트-알리세 폰 베데마이어Ruth-Alice von Wedemeyer와 그녀의 약혼자 클라우스 폰 비스마르크Klaus von Bismarck, 그리고 마리아 폰 베데마이어Maria von Wedemeyer도 있었다. 몇 년—견신례를 받은 저들과 헤어지고 2년—뒤 본회퍼는 클라인-크뢰신에서 마리아 폰 베데마이어를 다시 만났다.[21] 본회퍼와 이 손녀의 약혼이 공표되자, 루트 폰 클라이스트-레초브는 당시 테겔 감방에 수감되어 있던 본회퍼에게 자기 시아버지의 전기를 보내기도 했다. 전임 라인 주 장관이자 비스마르크 반대자 한스 후고 폰 클라이스트-레초브Hans Hugo von Kleist-Retzow, 1814-1892의 전기였다.[22] 그 속에는 그녀의 글이 아래와 같이 쓰여 있었다.

> 사랑하는 디트리히, 자네가 확실하게 우리 가족의 일원이 된 이 날, 감사하게도 내 인생에서 결정적인 것을 일깨워 준 자네에게 이 책을 건네게 되어 기쁘네. 사람들이 명료한 축복을 남겨 주었다고 평가하는 분의 전기라네. 자네도 이제 이 복 안에 포함되었네. 1943년 6월 24일 클라인-크뢰신(키코브).

본회퍼는 이 포메른 귀족의 저택들에서 반은 친숙하고 반은 낯선 환경을 접했다. 당시 그루네발트 학자 동네 사람들은 농업 귀족, 정치 귀족, 군부 귀족의 생활 영역과는 밀접한 관계가 거의 없었다. 본회퍼가 자신의 평화주의 애호를 숨기지 않았음에도 융커Junker 귀족들이 그와 친하게 지낸 것은 이례적인 일이었다. 본회퍼가 클라이스트 가문과 신속하고 깊이 있는 소통을 하게 된 데에는 개인적인 이유와 현대사적인 이유가 있었다. 그가 접한 손님맞이 방식, 사교 방식, 교육 방식은 그의 친가에 고유한 방식이기도 했다. 기껏해야 감정과 기호를 어떻게 전달하느냐 하는 정도의 차이가 있을 뿐이었다. 클라이스트 가(家) 사람들은 감정과 기호를 더 직접적으로, 더 감정적으로 표현한 반면, 본회퍼 가 사람들은 그것들을 더 냉정하게 표현했다. 본회퍼 가에서는 평소의 간결하고 핵심적인 몸짓 이면에 강한 감정이 감추어져 있음을 알아채기 위해 숙달된 주의력이 필요했다. 하지만 본회퍼와 융커 귀족의 무조건적인 만남에 더 중요한 역할을 한 것이 있었다. 말하자면 양측 모두 시대의 요구들에 직면하여 각자가 물려받은 정치적 특권과 종교적 특권을 포기할 준비가 되어 있었다는 것이다. 그루네발트 학자 세계를 가로지르는 정신과 융커 동아리를 가로지르는 정신을 구별하고, 올바른 우선순위들에 가치를 두고 그것들을 위해 경주한 것이다. 그리고 이 두 세계에서 그런 식으로 만난 이는 소수였다.

작센 주

핑켄발데 시절은 본회퍼에게 다른 우정도 선사했다. 그의 직접적인 책임 범위 밖에서 이루어진 우정이었다. 작센 주 출신 목사후보생들이 그에게 하우테로다로 가서 1935년 8월 말에 열리는 작센 주 청년 신학자 형제단 회의에 참석하시고 권유했다. 이는 한스 아스무센이 회의 참석을 갑자기 취소한 뒤의 일이었다. 그 시기에 작센 주의 마그데부르크 고백교회에서는 이 젊은 신학자(본회퍼)를 전혀 알지 못했고, 그래서 이 "대리 참석자"에 대한 의구심을 강하게 드러냈다. "신약성서 텍스트의 현재화"라는 주제로 발표하는 것이 그의 과제였다.[23] 대리 참석은 성공적이었다. 그 결과로 본회퍼는 할 수만 있으면 작센 주에서 정기적으로 도울 수 있게 되었다.

그는 하우테로다에서 작센 주의 젊은 고백 신학도들의 스승 볼프강 슈테믈러 Wolfgang Staemmler를 알게 되었다. 슈테믈러는 보기 드물게 개방적인 사람이어서 본회퍼의 마음을 움직인 것까지 받아들였다. 게다가 그는 성서에 대한 분명한 이해와, 자신이 들은 것을 구체적인 발걸음에 담으려고 하는 의지도 갖추고 있었다. 또한 그는 흥분을 가라앉히는 솔직함, 거의 어린아이 같은 솔직함을 지닌 사람이어서 자신이 맡은 사람들에게 많은 것을 요구하고, 그리스도의 교회를 위한 헌신이 중요할 경우에는 문제를 일으키는 엄살을 절대로 용납하지 않았다. 본회퍼도 신학도들에게 그것을 요구했고, 조금 더 고상한 방식으로 그리했다. 첫 만남의 순간부터 본회퍼와 슈테믈러는 젊은 신학도들에게 희생과 양보를 요구하는 것이 자신들의 책무라는 데에 의견이 일치했다. 그러한 단호함은 고백교회 고위층 인사들에게서 좀처럼 찾아보기 어려운 덕목이었다.

본회퍼는 이 첫 만남 이래로 슈테믈러의 지방에서 오는 부탁은 무엇이든 들어주었다. 세속성으로 악명 높은 그 지역의 성의 있는 반응이 그의 마음에 쏙 들었기 때문이다. 그 지역은 그의 형제의 집 계획을 알아준 지역이기도 했다. 그곳 사람들이 그에게 묵상 경험에 관해 심문조로 묻지 않고 기대에 부풀어 질문한 것이다.[24] 슈테믈러는 형제의 집이 문을 열자 목사후보생 한 명을 본회퍼에게 맡겼다. 그러고는 옳든 그르든 상관하지 않고 그 후보생을 공석인 목사직에 앉히려고 본회퍼와 함께 애쓰기도 했다.[25] 급기야 슈테믈러의 이름은 본회퍼가 자신의 장례식을 집전할 시람을 놓고 테겔 감방에서 고심해서 작성한 작은 명단에 오르기까지 했다.[26]

III. 교안

겉으로 드러난 교안만 보면, 핑켄발데 신학원은 이례적인 것이 별로 없었다. 설교학과 교리문답 교시법, 목회상담과 전례학, 교회와 목사직과 공동체에 대한 강의들. 이와 같은 것들은 독일의 모든 신학원에서 가르치는 과목이었다. 처음 2년 6개월 동안은 한 주제만이 본회퍼의 신학원을 다른 신학원들보다 돋보이게 했다. 그것은 다름 아닌 제자도 강의였다. 처음 몇 시간을 보내고 나면, 신참들이 분명히 느끼는 것이 있었다. 이곳에 있으면 모두의 가슴이 두근거린다는 거였다. 그들은 자신들이 신학적인 사건을 함께 체험하고 있음을 알아챘다. 다른 과목들에게 중심을 잡게 해주고 신선한 혈액까지 공급해 주는 사건이었다.

교리문답 분야와 하이델베르크 교리문답서 연구는 로트가 맡았다. 전례학은 신중하게 약간만 다루었다. 하지만 신학원은 자체 예배당에서 연도(連禱, 성직자와 회중이 서로 번갈아 가며 올리는 기도—옮긴이)를 실험하고, 아스무센이 제안한 전례용 노래 부르기도 실험했다.[27] 본회퍼는 시편과 교제하면서부터 전례 문제에 관심을 기울였다. 하지만 그 과목은 혹평을 받고 폐지되었다. 진지한 교회주의자인 것 같으면서도 교회 정치에 무관심한 대다수의 전례학자들로 인해 고백교회 안에서 이루어진 이러한 몰두가 오랫동안 의심과 혹평을 받았기 때문이다. 언젠가 본회퍼가 "유대인들을 위해 목소리를 내는 사람만이 그레고리안 성가를 부를 수 있다"라고 한 것은 그러한 맥락에서였다.[28] 그리하여 핑켄발데에서는 전례 "교육"이 따로 이루어지지 않았다. 그럼에도 본회퍼는 예배의 실제에 대한 감각을 전수했다. 그는 설교학 수업시간 전체를 예배 중에 바르게 말하기와 바르게 행동하기의 내적 근거를 대는 데 사용했다.[29] 또한 그는 교구 예배 때 사용하거나, "공동생활" 속에서 부르고 읽을 수 있도록 대단히 특별한 표현들을 만들기도 했다(DBW 5:38-53). 하지만 이는 근본적으로 전례 연구에서 비롯된 것이 아니라, 참된 신학과 기도 실천에서 비롯된 것이었다.

설교학

본회퍼는 이따금 설교 비평을 연구장학관에게 맡기고, 실제적인 설교론은 언제나 자신이 맡았다.

목사후보생들의 설교는 소심하고 형편없었다. 그럼에도 그는 처음부터 그들의 설교를 방금 선포된 **그리스도의 생생한 음성**viva vox Christi으로 진지하게 받아들였다.

그 모습이 그의 제자들에게 대단히 이례적인 인상을 주었다. 그는 설교 속에 현존하는 그리스도의 음성만큼 구체적인 것은 없다고 분명하게 말했다. 그는 이것을 예배 중에 선포된 설교에 엄격하게 적용했다. 설교는 겸손하게 경청하라고 있는 것이지 분석하라고 있는 것이 아니었다. 때문에 본회퍼는 낭독된 설교, 회중 앞에서 선포되지 않은 설교만을 비평하게 했다. 그럴 때에도 그는 1대1로 무언가를 말했다. 에리히 클라프로트Erich Klapproth가 수업 중에 설교를 낭독했을 때에는 본회퍼가 "아멘"이라 말하고 갑자기 수업을 마친 적도 있었다. 어떤 분석도 추가하고 싶지 않았기 때문이다. 물론 방법의 문제와 형식의 문제도 수업의 일부였다. 하지만 본회퍼의 설교 경청 교육만큼 실질적으로 영향을 미치는 것은 없었다. 아무튼 본회퍼는 어법, 미적 감각, 풍부한 착상을 요구했고, 다들 그 요구를 날마다 명심했다. 이처럼 설교론은 가장 까다로운 것, 곧 세심한 설교 경청을 가르치는 것으로 시작되었다.

초기 본회퍼는 선포의 구체화, 곧 설교가 명하는 것에 관해 필사적으로 물었다. 후기 본회퍼는 전승된 말씀 속에 담긴 메시지의 구체적인 의미가 무엇인지를 우리 세대가 이해할 것인지를 묻게 될 것이다. 하지만 지금은 확신이 전부였다. 말하자면 은혜의 메시지는 구체적이고 명령조이니, 덧붙이거나 생략할 필요가 없다는 것이다. 물론 이 확실한 말씀은 말하는 이의 실존이 신뢰할 만하건 그렇지 않건 간에 그 실존 속에 스며든 말씀이다. 신뢰할 만한 경우에는 기도와 묵상 속에서 무언가가 일어날 수 있다. 본회퍼의 설교학 강의에 "목사와 성서"라는 제목의 특별한 장이 들어 있는 것은 그 때문이다. 그 장은 다음과 같이 세 부분으로 되어 있다. 설교단 위에 놓인 성서, 책상 위에 놓인 성서, 기도용 탁자 위에 놓인 성서.[30]

그는 1932년에 "참으로 복음적인 설교는 아이에게 잘 익은 사과를 내밀거나 목마른 사람에게 시원한 물 한 잔을 건네면서 '드셔 보실래요?' 하고 묻는 것과 같아야 하네"라고 말하며[31] 이 말을 덧붙였다. "우리는 우리네 믿음의 사건들에 대해 이야기하지 않으면 안 되네. 그런 뒤에야 사람들이 우리가 채워 주는 것보다 더 빨리 손을 뻗을 것이네."[32] 당시에는 "…하지 않으면"이라는 접속법(가정법)을 사용했지만, 이제는 더 이상 그러지 않았다. 그는 참으로 복음적인 설교를 더 이상 간절히 동경하지도 않고, 목사후보생들에게 원대한 목표를 제시하지도 않았다.

그랬다가는 그들이 현실에 부딪혀 겁을 낼 게 빤했기 때문이다. 오히려 그는 설교학 강의의 각 장에서 설교자의 손에는 잘 익은 사과가 들려 있으며 그 사과를 나누어 주어야 한다는 전제를 새롭게 확신시켰다. 그러면서 그는 이렇게 말했다. "성서의 현재 의미를 단언하지 마십시오. 현재 의미는 전제되어 있습니다.……하나님의 말씀을 변호하지 말고, 입증하십시오.……여러분을 말씀에 맡기십시오. 말씀은 '수용한도까지 가득 채워진 배(船)'입니다!"(DBW 14:324, 325 Anm. 25; DBW 14:489f. Anm. 39 참조)

본회퍼는 목사후보생들을 합리적이면서도 절망적인 도식, 곧 **설명**explicatio과 그 뒤에 이어지는 **적용**applicatio이라는 도식 너머로 데려가려고 애썼다. 첫 시간부터 논쟁이 시작되었다. 칼 하임을 스승으로 모셨던 한 목사후보생이 이의를 제기했기 때문이다. 그 후보생은 구체적인 "적용"의 의무를 열정적으로 옹호했다. 본회퍼는 무리에게 두 가지를 발표하게 한 뒤, 토론을 위해 자신의 논제를 제시했다. 이는 그가 자주 활용하는 방법이었다. 그가 제시한 논제는 다음과 같다. "하나님만이 구체적이시다.……구체적인 상황은 하나님의 말씀이 끼어드는 자료일 뿐이다. 상황은 구체화의 주체가 아니라 구체화의 객체일 뿐이다."[33]

본회퍼의 설교 이해는 루터의 그리스도론에 입각한 이해였다. 그는 1935년 1차 과정에서 설교를 다음과 같이 교회론에 고정시켰다. 설교는 "자신의 인과성과 목적성"(DBW 14:481)을 교회에 둔다. "교회는 교회를 위해 설교한다. 교회가 존재하기 때문에 설교하는 것이고, 설교하기 때문에 교회가 존재하는 것이다"(DBW 14:482). 하지만 2차 과정에서는 이 논증을 철회하지 않은 채 이 장(章)을 없애고, "성육신에 뿌리내린 설교"라는 장을 선두에 제시한다. "설교의 말씀은 인성을 취하고 짊어지는 그리스도 자신이다. 설교의 말씀은 새로운 성육신이 아니라 인간의 모습을 취하여 세상 죄를 짊어지는 분이다. 설교의 말씀이 받아들이려고 하는 것은 인간이지 그 밖의 어떤 것이 아니다." 성서의 말씀은 설교의 형태를 띠고 공동체에 다가가 공동체를 떠받친다. 설교자는 이처럼 공동체를 지향하는 말씀 고유의 운동이 일어나도록 내버려 두어야지 막아서는 안 된다.[33a] 본회퍼는 루터가 수행한 "말씀"의 의인화를 **"말씀의 성사"**sacramentum verbi로 이해했다(DBW 14:507 Anm. 105). 이는 적어도 다른 교파와 교단에 낯설어 보이는 방식이자, 공감할 수 없는 것으로 여겨지는 방식이었다.

그럼에도 본회퍼의 설교학은(DBW 14:478-530 참조) 대단히 실제적이고 풍부한 조언을 담고 있었다. 사람들로 하여금 조금이라도 시도해 보게 해준 조언들은 다음과 같다. "설교를 대낮에 작성하십시오"(DBW 14:487), "설교를 갑자기 작성하지 마십시오"(DBW 14:487), "그리스도 안에는 조건문을 위한 여지가 없습니다"(DBW 14:325), "설교단에 섰을 때는 처음 몇 분이 가장 기대감에 충만한 순간이니 진부한 말로 그 순간을 낭비하지 말고 전체적인 주제를 던지며 곧바로 회중 속으로 뛰어드십시오"(DBW 14:490), "성서를 많이 읽는 사람은 본문을 임의로 정하여 설교해도 됩니다!"(DBW 14:491) 등. 당시의 목사후보생들이 어디서도 들어 보지 못한 설교론, 베를린 대학교 신학부에서도 할레 대학교 신학부에서도 그라이프스발트 대학교 신학부에서도 들어 보지 못한 설교론이었다. 목사후보생들 가운데 변화되지 않은 이, 교구로 돌아가 자신의 설교 임무를 더 기쁘게 맡지 않은 이가 하나도 없었다. 무언가를 전하고 요구할 수 있다는 믿음과 의지를 기르지 않은 이, 참신한 설교는 특별한 의도 없이 성서와 사귀고 앞에 제시된 것을 믿는 데에 달려 있다고 확신하지 않은 이가 거의 없었다. 이 설교학은 무엇보다도 1930년대에 적합한 것이었다. 그것이 이 설교학의 장점이자 약점이었다.

본회퍼는 설교단과 강단의 혼동을 막고, 설교단으로 하여금 고유의 독자성을 되찾게 했다. 사실 그는 신뢰할 만한 설교 정정이 강단에서 이루어져야 한다고 여겨서 강단의 품위를 높이 평가했다. 하지만 곧바로 그 일을 쓸데없는 짓으로 여겼다. 그 시절에 그가 선포한 설교들은 당혹스러울 정도로 직접적이다. 그 설교들은 꾸짖고 요구한다. 그는 새로운 소통 수단 준비와 해석 기술의 개량을 기다리지 않는다. 이 시기에 그는 자신이 무엇을 원하는지를 알고, 아는 대로 하려고 한다.

성직과 교회

본회퍼는 "성직과 교회"라는 강의에서 현대의 실증주의적 교회학을 제공하지 않고, 그 시대의 가장 격렬한 쟁점을 다루었다. 독일그리스도인연맹의 교회론 문제 해법에 맞서 모든 교리 조항을 흘러간 의견 충돌의 영역에서 당시의 실존적 주장의 영역으로 옮겨 온 것이다. 그는 두 번째 학기 중반에 그 시절의 교회-신학의 경향에 맞게 강의를 고백서 연구와 해석(DBW 14:316-321)에 접목했다. 1935년에 그 고백서들은 목사후보생들에게 거의 알려지지 않았으며, 본회퍼가 베를린 대학교에서 연구하던 시절에도 눈에 띄지 않던 것들이었다.

1935년 여름학기, 본회퍼는 그 시기에 논쟁의 중심을 차지한 일반적인 문제 몇 가지를 먼저 다루고, 독일그리스도인연맹과 그들의 중립 성향 앞잡이들에 대한 반대 결정들의 근거가 고백서들 안에서 어떻게 제시되고 있는지를 보여주었다. 지금 생각해도 대단히 긴장감 넘치는 수업이었다.

a)"성직과 교회" 강의는 장정(章程) 문제와 정의 문제를 다루는 것으로 시작되었다. 목사후보생들은 2년간의 투쟁 속에서 독일그리스도인연맹 측 선생들의 은근한 논제, 즉 소위 장정 문제는 교회의 본질과 무관하다는 논제를 익히 알고 있었다. 루돌프 좀Rudolf Sohm이 말한 이 대단한 논제는 독일그리스도인연맹 측 선생들이 간섭의 근거로 제시하던 논제였다. 이제 목사후보생들은 가시적 교회에 대한 이해로부터 정반대의 견해를 도출하지 않으면 안 되었다. 본회퍼는 교회의 재판권 문제를 언급하면서 교회의 이 권한은 대외용이 아니고 대내용일 뿐이니 교회의 징계 형태로 교회 구성원들에게만 행사해야 하며, 고백과 고난만을 대외용으로 알고 있어야 한다고 가르쳤다. 1934년과 1935년에는 고백 목사들이 새 교회 당국의 조치들을 상대로 세속 법정에 소송을 제기하는 것이 흔한 일이었다. 그럴 때면 고백 목사들이 번번이 승소했다. 목사후보생들은 그것에 크게 만족한 반면, 본회퍼는 의혹을 품은 채 그 소송들을 기껏해야 다음과 같은 관점에서만 인정하려고 했다. **악하게 조성된 공공물이라도 상당히 선하게 조성된 공공물에 도움이 된다**a republica male informata ad rem publicam melius informandam.

b)교회분열과 재결합을 다룬 장, 곧 종파 문제를 다룬 장도 흥미진진하고 민감한 장이었다(DBW 14:307-309). 본회퍼는 이미 칭스트에서 자신의 에큐메니칼 논문과[34] 교회연대에 관한 논문의[35] 기초가 된 논제들을 발전시켰다. 본회퍼는 이제껏 **고백의 상황**status confessionis 속에서 "학파를 형성하는 견해차"가 부득불 "교회를 가르는 견해차"로 강화되고, 교회를 가르는 견해차가 학파 분열을 심화시키는 견해차에 빠지는 과정을 분석했다.[36] 바르멘에서 이루어진 루터교도들과 개혁교회 신도

들의 공동 고백이 모두에게 환기시킨 것에 대한 분석이었다. 본회퍼는 자신이 수행하는 구별의 근거를 변론 방법 VII[Apologie Art. VII]에서 찾아냈다. 변론 방법 VII의 내용은 다음과 같다. 선조들은 "이따금 밀과 가라지가 밭에서 함께 자라게 할지언정 밭을 뒤엎을 생각은 하지 않았다." 따라서 본회퍼는 교회가 나쁜 신학의 가능성을 열어 놓아야 하며, 더 나은 신학이 더 저급한 신학을 추방해서는 안 된다고 힘주어 말했다. 그는 슈말칼덴 조항을 논평하면서 그 점을 다시 화제로 삼았다. 이와 관련하여 그는 루터 종파 특유의 에큐메니칼 개방성을 강조했다. 참회하며 서는 것 자체가 루터 종파 교의의 명백한 내용이기 때문이다(DBW 14:309). 루터 종파는 정통 고수에 머무는 것을 원칙적으로 거부한다. 정통 고수에 머물 경우 그 종파의 교의는 자신이 실제로 말하는 내용과는 반대되는 것을 실행하게 될 것이기 때문이다. 종파 문제가 점점 폭발성을 띠는데도, 에큐메니칼 논쟁이 이 관점을 오랫동안 이용하지 않은 것은 이상한 일이 아닐 수 없다. 본회퍼는 구별이 있어야 고백의 진지함과 에큐메니칼의 진전 가능성을 유지할 수 있다고 믿었건만, 에큐메니칼 논쟁은 그 구별을 이용하지 않았다. 앞으로 더 분명히 살펴보겠지만, 본회퍼는 절박하고 생생한 상황과 새로 깨어난 욕구, 곧 종교개혁의 고백 과정을 파악해 보려는 욕구에서 개념상의 제안들을 받아들였다.

c)본회퍼는 성직과 공동체의 관계를 다룬 장(DBW 14:310-316)에서 사도적 전승을 딱 한 차례 언급했다(DBW 14:310). 그는 영국에서 체류하기도 하고 에큐메니칼 세계를 경험했으면서도 대륙 신교도들이 이 조항을 놓고 벌인 교회 상호간 논쟁을 눈여겨보지 않았었다. 영국 국교도들도 조건부의 의미에서 사도적 전승을 큰 소리로 말하는 정도는 아니었다. 본회퍼는 사도적 전승을 공동체보다는 성직에 우위를 두는 성직 이해의 모델로서 부수적으로만 언급했다. 그러한 이해는 그리스도가 성직을 제정했고 이 성직이 공동체를 만든다는 견해에 근거를 두고 있다. 이는 공동체를 통해 성직이 임명된다는 조합 교회주의의 논제와 상반된다(DBW 14:310f.). 본회퍼는 은총의 수단들과 그것들의 효력을 중개하는 분[Vermittler]에게 빈틈없이 연결됨으로써 역사가 만들어지며, "성직이 없으면 공동체도 없다"는 바른 명제에서 "성직이 공동체를 만든다"는 잘못된 명제가 생겨났다고 비판했다. 그러나 그의 관점에 따르면, 성직 전승이 은총의 수단들을 보증하는 것이 아니라, "성서의 가

르침에 부합하는 것"이 은총의 수단들을 보증한다. 바르트도 자신의 교의학에서 전승 문제에 관해 다루기는 하지만 영국 국교의 전승 이론과 실제는 전혀 논구하지 않았다.[37]

d)하지만 본회퍼는 "성직은 공동체를 **위해** 존재한다"는 바른 명제에서 "성직은 공동체를 **통해** 존재한다"는 잘못된 명제를 도출하는 조합 교회주의의 성직 이해에도 의지하지 않았다. 본회퍼의 논제는 로마 가톨릭, 정교회, 영국 국교의 견해와 조합 교회주의의 견해 중간에 자리했다. 말하자면 성직은 공동체보다 먼저 혹은 나중에 제정된 것도 아니고, 공동체의 위나 아래에 있는 것도 아니며, 공동체 안에서 공동체와 함께 제정되었다는 것이다. 한쪽이 다른 쪽의 주어도 아니고,—양쪽의 주어는 성령이시다(DBW 14:312)—한쪽이 다른 쪽의 목적어도 아니다. 한쪽이 다른 쪽의 목적어가 될 경우, 성직이 공공심에 넘겨지거나, 아니면 교의를 판단하는 권리를 공동체에게서 빼앗게 될 것이다. 이런 식으로 본회퍼는 성직이 만인사제직과 모순되는 것을 막으려고 했다.

e)본회퍼는 교의, 품행, 은사(천부적 재질)와 관련된 전형적인 면직 이유 세 가지를 시사 문제와 직접 연결 지어 이야기했다(DBW 14:314f.). 루트비히 뮐러를 놓고 달렘에서 내린 평결도 여기에 한몫했고, 비(非)아리아인 목사들의 임박한 파면도 한몫했다. 본회퍼는 이단사설로 인한 파면을 공동체의 **의무**로 규정하고, 품행으로 인한 파면은 공동체의 **권리**로 규정했다. 그렇다면 은사로 인한 파면은 어떻게 생각했는가? 이 대목에서는 고민이 많았던 것 같다. 본회퍼는 세미나에서 시의적절한 문제를 제기했다. "목사는 교의와 품행을 통해서는 물론이고 꼭 필요한 은사를 통해서도 올바른 성직자의 자격을 증명해야 한다. 아리안 조항은 이 요구로 설명될 수 있는가?"(DBW 14:315 Anm. 54) 뜨거운 감자와 같은 이 시사 문제는 본회퍼가 1933년에 될 수 있는 대로 명료하게, 가능한 한 공개적으로 입장을 표명한 문제였다. 그는 이 문제를 잘 짜인 목사후보생 동아리 안에서 다음과 같이 논증했다. 은사로 인한 파면은 이단사설로 인한 파면처럼 복음 때문에 이루어지는 것도 아니고 품행으로 인한 파면처럼 공공의 충격 때문에 이루어지는 것도 아니다. 은사로 인한 파면은 "공동체의 결점 때문에"(DBW 14:315) 이루어지는 것이다. 이 경우에는 "파면"이라고 해서는 안 된다. 공동체의 결점에 따른 논증은 사퇴—파면이 아

니다—를 고려할 가능성에 불과해야 한다. 말하자면 은사로 인한 성직 포기는 원칙적으로 이루어져서는 안 되며, 설령 이루어지더라도 공동체의 결함, 즉 공동체의 약점이 그 기준이 되어야 한다. 따라서 은사와 관련해서는 지도부를 통한 파면 의무나 권리가 중요한 것이 아니라, 형제애를 바탕으로 당사자에게 사직해 달라고 **부탁하는 것**이 중요하다. 이 부탁은 모든 정식 파면절차를 배제한다. 이는 본회퍼가 위의 질문에 부정적으로 답했음에도 불구하고, 공동체가 아리안 조항 문제 속에서 일시적으로 자기 확증 및 자기 신앙의 명료함에 이르지 못하게 될 경우에 대비하여 제한적 가능성을 열어 놓은 것이라고 할 수 있다. 물론 본회퍼는 자신이 이러한 제한적 가능성을 승인할 위치에 있지 않다고 생각했다. 그의 비판적인 경고성 발언은 "약점"을 장점인 양 내세우는 공동체를 겨냥한 것이었다.

고백서들

1935년 6월과 7월에 본회퍼는 고백서 연구에 종사했다. 오늘날에는 사람들이 해석학적 문제를 열심히 파고들지만, 당시에는 다들 고백서를 파고드는 분위기였다. 본회퍼는 학기를 거듭할수록 다른 어떤 과목보다도 이 과목에 많은 시간을 투자했다. 종교개혁 교단들이 내놓은 구속력 있는 고백서들의 타당성을 목사직, 교회, 국가, 성서에 관한 교의의 관점에서 조사한 것이다.

a)그는 슈말칼덴 조항을 장황하게 이야기하면서, 교회분열의 문제에서 종교개혁자들이 칭의 조항만을 차이의 근거로 꼽았음을 단호히 보여주고, 다른 조항들, 예컨대 삼위일체론 내지 그리스도론과 같은 조항에서는 가톨릭교도와의 일치를 확립했다고 주장했다. 바르멘과 달렘의 철저한 옹호자인 본회퍼가 그 사실에 대한 주의를 환기시키며 신중을 독려하자, 목사후보생들은 깊은 인상을 받았다. 물론 그들은 옛적에 교회들이 분열될 때 상이한 정신이 작용했으며 그 정신 안에서만 교리가 증명될 수 있음을 신학적으로 교육받은 상태였다. 하지만 현대의 모든 의견 표명 속에 자리한 상이한 정신을 특별히 예민하게 알아챌 줄 아는 본회퍼는 이제 그들에게 이렇게 가르쳤다. '교회의 결정들과 신학들의 현저한 차이에 유의해야 한다. 양측에 대한 존중은 전혀 다른 것이다. 신학들은 정신들만큼 다양하

다. 그것들은 납득시키기도 하고 그러지 못하기도 하는 까닭에 대화 속에 머무를 수밖에 없다. 하지만 결정들은 복종을 요구한다. 교회는 신학들의 일치를 기다릴 것이 아니라 결정을 내리고 이미 내려진 결정에 대한 존중을 기대해야 한다.'

신교도인 본회퍼는 이것을 보는 안목을 에큐메니칼 경험을 통해 넓힌 것 같다. 게다가 그에게는 영국인들이 "정략"policy이라 부르는 것에 대한 감각도 있었던 것 같다. 독일에는 그러한 것을 생각하게 할 만한 사태가 좀처럼 일어나지 않아서 그에 상응하는 단어가 없는데도, 그에게는 그러한 감각이 있었다. 독일 전통에서는 신학이 우선인 반면, 교회의 결정들은 2순위여서 주목을 그다지 받지 못한다. 이미 사람들이 교회의 결정들 속에 도사린 부적절한 신학이나 나쁜 신학의 흔적을 증명하는 법을 알고 있었기 때문이다. 하지만 신학자 본회퍼는 신중하기 위해 애썼다. 바르멘 총회 결정 및 달렘 총회 결정과 관련하여 본회퍼의 태도와 논법을 이해하는 열쇠 가운데 하나가 바로 거기에 있다. 그의 제자들은 당시의 흔하디흔한 노선들을 그렸다. 예전에 자유주의자였던 사람의 길은 그 신학의 방향 때문에 독일그리스도인연맹으로 귀결되고, 예전에 정통 고수자이거나 실증 신학자였던 이의 길은 그 신학의 방향 때문에 고백교회로 귀결된다는 것이다. 본회퍼는 그들에게 반론을 폈다. 그것은 사실상 잘못된 것이며, 지금 내려지는 결정이나 이미 내려진 결정의 요소는 신학에 동화되는 게 아니라는 것이다. 그는 할레 총회1937에서 루터교도로서 성찬식 문제와 관련하여 나쁜 신학이 어떤 것인지를 증명하고, 성찬 공동체를 위한 총회의 신학적 근거를 불충분한 것으로 여기면서도, 총회가 내린 결정을 감사한 마음으로 환영했다. 그러고는 이렇게 말했다. "결과에 찬성하기는 하지만, 신학적 근거는 심히 걱정스럽다."[38]

그는 신학적 모순을 재빨리 알아채는 비판적 감각을 타고났으면서도 그 재능을 신뢰하지 않았다. 그 재능이 종종 결정들을 회피하게 하거나, 이미 내려진 결정들을 고수하지 못하게 했기 때문이다. 신학적으로 완벽하고 사려 깊어 보이는 해결을 요구하는 것이 신뢰할 만한 일로 여겨지는데도, 실제로는 불확실한 기한이 다 찰 때까지 회피하고 미루는 일만 일어났고, 그 속에서 본회퍼는 교회-존재의 무력감을 느꼈던 것이다. 그것은 한편으로 지속적인 교회 파괴에 영향을 미치고, 다른 한편으로는 강압적인 방법으로 강요된 교회 통합을 받아들이게 하는 무력감이었다.

b)본회퍼는 아우크스부르크 신앙고백과 아우크스부르크 신앙고백 변증서의 국가 조항을 둘러싼 격렬한 논쟁을 마치고 세미나를 파하며 이렇게 말했다. “이것 전체가 대단히 어렵군요”(DBW 14:321 Anm. 31). 추상적으로 반복되는 표현들이 (“정부”라는) 기능 개념과 (“국가”라는) 존재 개념 사이에서 약간 당황하며 우왕좌왕하는 모습을 보여주고(DBW 14:318 Anm. 13), 법규의 사실적 절대성과 그것의 구속력 있는 정의의 관계가 미결 상태로 남아 있고, 해답도 미진하다는 것이다. 그런 이유로 본회퍼는 루터의 “모순된 답변” 외에 토마스 뮌처Thomas Münzer의 답변, 스코틀랜드 칼뱅주의자들의 답변, 광신자 멜히오르 호프만Melchior Hoffmann과 제바스티안 프랑크Sebastian Franck의 답변도 제시하되(DBW 14:319f.) 그것들을 딱히 반대하지 않았다. 그러고는 공직자의 저항권과 민간인의 저항권을 구분하려는 시도를 논평했다(DBW 14:321).

본회퍼가 이 수업을 염두에 두고 손수 쓴 원고나 메모는 애석하게도 존재하지 않는다. 현재 입수할 수 있는 불충분한 필기 노트들은 동료 필기자들이 그 자리에서 어찌할 바를 몰라 우왕좌왕하던 모습만을 보여준다. 그들은 다른 강의, 곧 “제자도” 강의에서 들은 내용으로 충만해진 상태였다. “제자도” 강의는 믿음 때문에 공격받는 사람이 거부하지 못할 내용이었다. 본회퍼는 목사후보생들이 어렴풋이 느끼던 것보다 훨씬 강한 불안을 느꼈다. 다른 쪽의 문제들, 곧 변명으로 일관하는 정부 권력, 입법부와 행정부에서 일하는 친척과 지인들의 저항 검토 때문이었다. 그는 베를린에서 한스 폰 도나니와 가족을 만날 때마다 뉘른베르크 법령이 여러 달에 걸쳐 준비되고 있다는 소식을 들었다. 그래서 개신교-루터교의 익숙한 해법들을 비판하고, 혁명적 저항권에 대한 통상적인 거부를 의심한 것인데도 신학원 학생들은 그를 좇으려 하지 않았다.

c)강의의 마지막 부분에서는 일치 신조에만 몰두했다. 본회퍼는 자유의지, 예정설, 원죄설, 선행, 율법과 복음, **율법의 제3용법**tertius usus legis과 칭의를 다루었다. 일치 신조는 그의 전공도 아니었고, 목사후보생들이 대학시절에 공부한 적도 없는 자료였다. 본회퍼가 대학에 다니던 때는 진정한 루터에 관해 물으면서 에른스트 트뢸치의 논제를 놓고 논쟁하던 시기였고, 지금은 가장 격렬한 논쟁 한가운데

에서 교회의 구속력 있는 음성에 귀를 기울여야 하는 시기였다. 본회퍼가 사용한 고백서 표본의 일치 신조에는 매 페이지마다 밑줄, 느낌표, 물음표가 뒤덮여 있다. 후기 핑켄발데 과정에서는 이 일치 신조가 이 강의의 다른 모든 주제를 밀어냈다. 그가 작성한 메모 쪽지에는 81개의 주제와 물음이 담겨 있다. 그가 목사후보생들에게 논해 보라며 차차 제시한 것들이었다. 그는 일치 신조를 아꼈으며, 일치 신조의 의도—구원론의 사실과 구별 이론의 의미를 재래의 철학적 공식으로 진술한 의도—를 밝히는 것을 즐거움으로 삼았다.

본회퍼가 고백서들의 세계에 깊은 인상을 받으면 받을수록, 교회론 문제, 윤리 문제, 종파 문제의 범위도 그만큼 넓어졌다. 그는 근본적인 해석과 관점의 점검을 갈망했다. 1936년, 그는 칼 바르트에게 아래와 같이 편지했다.

> 현 상황에서는 루터파와 개혁파 사이에 놓인 실질적인 문제를 철저히 다루고 논의하는 것이 대단히 중요한 것 같습니다.……통찰력도 없고, 그것을 얻을 시간도 없군요. 슈네켄부르거Schneckenburger의 책에[39] 필적할 만한 후속 작품이 나왔으면 좋겠습니다.[40]

1940년, 도처에서 수행된 고백서 연구의 농익은 성과물로서 에드문트 슐링크의 『루터교 고백서 신학』*Theologie der lutherischen Bekenntnisschriften*이 마침내 출간되었다. 본회퍼는 이를 반기며 때와 장소를 가리지 않고 그 책을 추천했다. 하지만 이때는 그가 다른 일에 시간과 관심을 기울이던 때였다.

제자도

본회퍼는 앞의 두 강의만으로도 원장의 역할을 성실하게 수행하고 있었다. 그것들은 정해진 주제들을 다루었다. 강의를 준비하고 수업을 진행하기에도 시간이 모자랄 판이었다. 하지만 그는 기어이 자신이 선정한 주제를 공략하고 구체화함으로써, 핑켄발데 시절을 자기 생에서 "가장 충만한 시절"(DBW 14:98)로 만들었다. 1931-1932년부터 그를 끊임없이 매료시킨 그 주제는 다름 아닌 "제자도"였다. 이는 핑켄발데 고유의 특징이 되었다. 신입생들은 칭스트에서 처음 몇 시간을 보내면서 숨이 막히도록 놀라운 것을 경험했다. 그러고는 자신들이 칭스트에 온 것은 몇 가지 새로운 설교 기법과 교수법을 익히기 위해서가 아니라 획기적인 새 전제를 소개받기 위해서라는 것을 퍼뜩 알아챘다.

본회퍼는 칭스트에서 책(『나를 따르라』—옮긴이)의 첫 몇 페이지에 등장하는 "투매(投賣) 상품으로서의 은혜"(DBW 4:29)라는 문구로 시작하지 않고, 예수와 베드로의 관계를 구성하는 "부름"의 특징을 분석하는 것으로 시작했다(DBW 4:31f.). 1935년 여름에는 루터의 행적을 분석하는 대목도 없었고, 루터의 일방적 모방자들이 그의 행적을 어떻게 왜곡했는지를 분석하는 대목도 없었다.[41] 본회퍼는 부름의 장면을 다루면서 세리 레위와 누가복음 9장에 등장하는 제자 3인의 사례를 분석했다(DBW 4:45-50). 책에 나오는 열쇠 공식, 곧 "오직 믿는 자만이 복종하고, 오직 복종하는 자만이 믿는다"는[42] 공식은 아직 첫 강의에 들어 있지 않았다. 그는 부자 청년 이야기로 넘어갔다.[43] 책에 등장하는 중요한 중간 연결부, 곧 믿음을 향한 첫 걸음을 다룬 대목도[44] 처음에는 없었다가 이후 과정에서 목회상담 강의의 출발점으로서 부자 청년에 대한 분석과 함께 등장했다.[45] 책에서 세 번째 위치에 나오는 장, 이른바 "단순한 복종"(DBW 4:69-76)이라는 제목의 장도 첫 번째 강의 이후 연구 과정에서 생성된 것이었다. 하지만 "제자도와 십자가"(DBW 4:77-85)는 처음부터 전체의 핵심 요소가 되었다. 본회퍼는 현재의 책에서처럼 "제자도와 개체"(DBW 4:87-95)를 강의하고 나서 산상수훈(DBW 4:99-192)을 다루었다. 그는 산상수훈을 1935년 10월 14일 1차 과정의 종료와 함께 종결했다. (책 속에 들어 있지는 않지만) 한 필기 노트에 따르면 그는 아래와 같은 말로 강의를 마쳤다고 한다.

> 산상수훈은 우리가 다룰 수 있는 말씀이 아닙니다. 말씀이 가지 않으면 그곳에는 충돌이 있을 뿐입니다. 이 말씀은 순종이 이루어지는 곳에서만 움직일 수 있습니다. 이 말씀은 제멋대로 이용하라고, 휴대하라고, 숙고하라고 있는 것이 아닙니다! 이 말씀은 강요하고 지배하는 말씀입니다(DBW 4:191 Anm. 28 참조).

본회퍼는 인쇄할 준비가 된 원고를 들고 신학원에 나타난 게 아니었다. 하지만 그가 신학원에서 강의한 장(章)은 모두 책 속에 담겼다. 그는 수정·삭제 작업을 진행하고 새로운 장을 추가한 뒤에야 최종 원고를 넘겼다. 본질적인 해설 부분들이 작성된 때는 핑켄발데 이전으로 거슬러 올라가지만,[45a] 중요한 체계적 표현들은 집필 막바지에 이르러서야 결정적인 형태를 얻었다. 현재의 책에서 산상수훈과 **바울 서신**corpus Paulinum 사이에 자리하는 장, 곧 "사도들"이라는 제목의 장(DBW 4:193-211)도 나중에야 삽입되었다.

흔히들 말하는 것처럼, 책의 2부인 바울 서신(DBW 4:215-304)은 1부와 같은 완성도를 갖추지 못하고 있다.[46] 실제로 이 두 번째 부분은 본회퍼가—『나를 따르라』에 도움이 되어야 한다는 분명한 전제 아래—핑켄발데 신학원의 2차 과정부터 5차 과정까지 신약성서 강의로 소화한 요약 개정판이라고 할 수 있다. 개정판이라고 한 것은 순서가 바뀌었기 때문이다. 책의 선명성과 활력은 1935년 이전에 시작된 산상수훈과의 씨름에서 비롯된 것임에 틀림없다. 결론들을 바울 서신과 연결 지어 숙고하고 논구한 것은 보조적 조치였다.

『나를 따르라』의 2부는 다음과 같이 핑켄발데에서 행한 강의에서 비롯되었다. 1935-1936년 동계 과정 "가시적 교회"(DBW 14:422-466), 1936년 하계 과정 "바울에게서 드러나는 새로운 삶"(DBW 14:602-623), 1936-1937년 동계 과정 "바울에게서 드러나는 구체적 윤리"(DBW 14:721-738), 1937년 하계 과정 "신약성서에서 드러나는 공동체의 징계와 공동체 건설"(DBW 14:820-843). 본회퍼가 『나를 따르라』를 위해 쓴 원고 전체는 분실되었다. 1차 과정 중에 강의에 매료된 형제의 집은 앞서 말한 주제들로 진행된 강의의 추이를 핑켄발데 회보를 통해 그때그때 떠나간 이들에게 더 널리 전달하려고 노력했다. 그들이 원하는 만큼 진척되지는 않았다.[47] 하지만 본회퍼가 목적을 달성하지 못할 수도 있다는 우려는 학기를 거듭할수록 줄어들었다.

본회퍼는 경찰의 신학원 폐쇄 조치와 거의 동시에 집필을 마쳤다. 핑켄발데에서 형제들에게 마지막으로 보낸 1937년 8월 26일자 회보에는 이렇게 쓰여 있다. "기쁜 소식을 알려도 될 것 같다. 온갖 잡동사니 일에도 불구하고 고대하던 책이 완성되어 인쇄에 들어갔다"(DBW 4:12 참조).

책은 1937년 강림절에 출간되었다. 갓 해체된 형제의 집 형제들이 첫 증정본 몇 부를 받았다. 그 속에는 다음과 같은 글귀가 쓰여 있었다.

1937년 강림절 첫째 주. 2년 6개월 동안 핑켄발데에서 신실한 공동 사회를 이룩하게 되어 감사합니다. 우리의 길이 즐거운 제자도의 길이 되었으면 좋겠습니다. 예수님, 도와주소서Jesu juva!

활동을 은밀하게 재개하며 핑켄발데 사람들 모두에게 보낸 첫 번째 회람에서 본회퍼는 이렇게 말했다.

책이 출간되자마자 나는 마음속으로 이 책을 여러분 모두에게 헌정했습니다. 이 사실을 표지에 쓰지 않은 이유는 나의 사상과 신학을 위한답시고 여러분을 번거롭게 하고 싶지 않았기 때문입니다. 우리의 사귐은 다른 것에 근거를 두고 있습니다. 여러분 각자에게 크리스마스 선물로 책을 보내 드려야겠다는 생각은 애석하게도 물거품이 되었습니다. 재정상의 문제 때문이기도 하지만, 책 속에 어떤 내용이 들어 있는지를 여러분이 아시기 때문입니다.[48]

물론 목사후보생들은 "번거로움"을 기꺼이 겪으려 했을 것이다. 하지만 본회퍼의 신중한 태도는 익숙한 것이었다. 그는 자신의 문제를 알면 그 문제를 떨쳐버리지 못하는 편이었다. 그는 증정본 한 부를 감옥으로 들여보냈다. 그 책 속에는 이런 헌사가 쓰여 있었다. "마르틴 니묄러.……형제애를 담은 감사의 표시로 이 한 권의 책을 드립니다. 그가 이 책을 썼다면 저자보다 훨씬 잘 썼을 것입니다"(DBW 15:21). 다른 한 부는 프란츠 힐데브란트가 받았다. 영국으로 이주하여 "복음과 인도주의 정신"이라는 주제로 논문을 집필하고 있던 그는 계명과 율법에 대한 본회퍼의 질문이 조금은 일방적이라고 생각했다. 본회퍼는 힐데브란트의 비판적인 감사에 아래와 같이 답했다.

내 책에 대한 자네의 동의와 비판을 받고 나도 기뻤네. 나는 아스무센의 갈라디아서 주석이 마태복음 5:17 이하에 대한 나의 해석과 맞지 않다는 것을 기꺼이 인정하네. 하지만 루터의 갈라디아서 주석은 사정이 **전혀** 다르네.

반율법주의자인 자네만이 인도주의 정신의 법칙을 세우는 것은 아니라네!

나는 자네의 작품을 간절히 기다리고 있네. 그것을 받으면 나도 자네가 내 작품에 한 그대로 동의와 비판을 돌려주겠네.[49]

빡빡한 교육 활동, 여러 차례의 출장, 제자들과 친구들의 체포를 무릅쓰고 책을 마무리한 것은 하나의 커다란 성취였다. 본회퍼는 일요일과 저녁시간을 목사후보생들과 함께 보내면서 논문 작성, 성서공부, 강연을 끝까지 멈추지 않았다. 물론 핑켄발데 신학원이 폐쇄되고 난 뒤였다면 책의 완성을 생각할 수 없었을 것이다. 제대로 된 연구실이 없었기 때문이다.

수련목회자 모임 시기1937-1940에 신약성서 연구는 신학생들과 함께 개념을 공부하는 스터디 그룹의 형태를 띠었다(DBW 15:329-367 참조). 형제가 발제를 하면 본회퍼가 자신의 논제를 제시하는 식이었다(당시는 키텔 사전이 2권까지 나온 상태였다). 유고(遺稿) 중에는 본회퍼가 손수 작성한 다수의 쪽지가 단편적인 성서 자료 일람표 및 조직신학의 기본 원칙 일람표와 섞여 있고, 다음과 같은 표제어에 대해 기록한 메모도 있다. Sünde(죄), Gutes Werk(선행), Wandeln und Wachsen(변화와 성장), dokimos(인정받은 자, 단련된 자), Friede(평화), hodos(길), Heiliger Geist(성령), Engel(천사), Zorn Gottes(하나님의 진노), Gesetz(율법), Tod(죽음), Versuchung(유혹), pistis(믿음), Dankbarkeit(감사), eucharistia(성찬식), egkrateia(절제), diakonia(섬김), nikan(승리자), Lasterkataloge(악덕 목록), tapeinophrosyne(겸손), Irrlehrer(거짓 교사). 본회퍼는 이 표제어들을 다룰 때 『나를 따르라』의 여러 장에 의지했다. 어느 정도 깊은 인상을 주는 연구 작업이었지만, 본회퍼가 자신의 회람을 통해 그 성과물을 형제들에게 안겨 준 것은 두 차례뿐이었다. 한 번은 "기쁨"chara에 관한 것이었고, 다른 한 번은 "인내"에 관한 것이었다.[50]

『나를 따르라』는 비교적 빨리 보급되었다. "성화"(聖化)라는 오래된 주제가 다시 관심을 받으며 다루어질 것인지, 교회가 그 주제를 비밀 집회소에서 빼앗아 다시 자기 것으로 삼을 것인지에 다들 촉각을 곤두세웠다. 하지만 서평들로는 보급 상태를 알 수 없고 매상고로만 알 수 있었다. 『나를 따르라』는 더 엄격한 전문가 집단의 경계를 넘어서 자기 길을 넓혀 갔다. 본회퍼는 1940년 베네딕트회 에탈 수도원에서 『윤리학』을 집필하는 가운데 수도사들이 성탄절에 『나를 따르라』를 낭독하는 모습을 직접 목격하기도 했다(DBW 16:102). 1945년 이전에는 아무도 본회퍼의 제자도의 관점에 대해 상세하고 비판적인 입장 표명을 하지 않는다. 처음에 나온 비평들은 신간 신학 서적들의 뛰어난 표준이라며 문체를 칭찬한다. 본회퍼가 다른 많은 이들의 반응보다 더 소중히 여겼을 반응은 너무 늦게 터져 나왔다. 그것은 칼 바르트의 반응이었다(『나를 따르라』에 대한 칼 바르트의 반응은 본회퍼가 형장의 이슬로 사라지고 10년 뒤인 1955년에야 터져 나왔다—옮긴이). 본회퍼는 집필 도중에 바르트에게 보낸 편지에서 아래와 같이 말했다.

> 근본적으로 그 기간 전체는 끊임없이 침묵하며 당신과 씨름하던 기간이었습니다.……물론 당신에게 많은 것을 흔쾌히 묻고 배우고 싶었지만 뜻대로 되지는 않았습니다.[51]

당시에 바르트는 본회퍼의 진의를 알지 못한 채 본회퍼가 "칭의와 성화라는 다 파헤칠 수 없는 주제에 몰두한다"고 여겨 "우려가 없지 않네요"라고 답하며 이렇게 말했다. "일이 되어 가는 형국을 정확히 보아야겠습니다. 그래야 내 생각에도 당신이 생각하는 대로 그것이 가능한지를 당신에게 말해 줄 수 있을 것 같습니다."[52]

이로부터 20년 뒤, 사람들은 『교회교의학』에서 아래와 같은 내용을 읽을 수 있었다.

> 그것에 관해 쓴 최고의 것이 디트리히 본회퍼의 『나를 따르라』라는 책 속에 탁월하게 들어 있는 것 같다. 모든 부분이 아니라 몇몇 부분에서 그러하다. 그 부분들에서는 주제를 대단히 깊이 있게 다루고 대단히 정밀하게 논한다. 기다란 인용문으로 이 글에 삽입하고 싶을 정도다. 그것에 관해 그 책에서 말하는 것보다 더 나은 것을 내가 말할 수 있다고는 생각하지 않기 때문이다.……나 자신의 필치를 따르면서도 이 경우에는 그래도 된다는 듯이 다른 한 사람에게 많이 기대게 되어 기쁘다.[53]

1. 본회퍼는 자신의 책 『나를 따르라』를 내면서 "신앙"이라는 사라진 개념을 온전히 되찾고 싶었다. 『성도의 교제』 시기부터 그리스도의 몸의 구체적인 사회성에 관해 끈질기게 질문하던 그는 어느 날 종교개혁자들이 거부한 **습관**habitus으로서의 신앙을 재검토할 수밖에 없었다. 이 거부는 실제로 악의 존재 차원에 대한 모종의 관심이 존재함을 의미하는 것일까? 이는 그 자신이 배우고 말한 사실이기도 했다. 하지만 그는 늘 교회의 전형적인 두 **표지**notae ecclesiae—말씀과 성례전—에 지상의 공동 사회라는 제3의 **표지**nota를 덧붙이기도 했다.

> 교회는 오늘날 다들 바라는 것처럼 영혼들의 공동 사회가 아니다. 교회는 복음의 선포인 것만도 아니다. 교회는 설교단일 뿐만 아니라, 지상에 실재하는 그리스도의 몸이기도 하다.[54]

그는 종교개혁의 강령인 "믿음", "칭의", "성화"를 "제자도"라는 개념에 의거하여 새롭게 이해하려고 했다. 어쨌든 그가 "오직 믿는 자만이 순종하고, 오직 순종하는 자만이 믿는다"는[55] 열쇠 공식을 만들어 낸 것은 루터가 말한 **오직 믿음**sola fide과 **오직 은혜**sola gratia의 충만한 타당성에 이의를 제기하려는 것이 아니라, 지상의 구체성을 돌려줌으로써 그것들을 다시 유효하게 하려는 것이었다. 그는 여기서 무언가를 뒤틀어 따돌리기를 단호히 거부했다. 그는 칭의를 반박할 수 없는 전제로 남겨 두고 어떠한 보완도 하지 않는다. 장황한 말로 칭의의 가치를 떨어뜨리기보다는 오히려 그 가치를 재발견하고 회복한다. 제자도는 칭의를 이런 식으로 해석한 것이다. 말하자면 죄의 칭의가 아니라 죄인의 칭의가 중요하다는 것이다.

> 칭의는 새로운 인간의 새로운 창조이고, 성화는 예수 그리스도의 날까지 새로운 인간을 유지하고 보존하는 것이다.[56]

그럼에도 본회퍼는 믿음을 현세의 제자도로 해석하며 그것(믿음)의 구체적 시

공간을 강조하고, 신자를 역사적이고 공간적인 결정, 곧 현저한 모순을 지닌 결정에 붙잡아 매는 한편, 새로운 토대 위에서 종교개혁 시대와 씨름하며 바뀐 분위기 속으로 들어갔다. 고백서들에서 따온 여러 인용문으로 자신의 논제를 뒷받침하려고 했지만, 그가 발견한 것은 암시뿐이었다.[57] 본회퍼는 키르케고르를 들먹이며 "루터가 오늘날 살아 있다면 당시에 말했던 것과는 정반대의 것을 주장할 것이다"라고 하면서[58] 실제로 모든 것을 정반대로 말할 수 있다고 했다. 한때 믿음은 수도원 폐쇄를 의미해야 했지만 이제는 수도원 개방을 의미할 수 있고, 정치에 개입하는 것을 의미할 수도 있다는 것이다.

2. 본회퍼는 믿음을 제자도로 이해함으로써 예전에 발견했던 그리스도교 교리 하나하나의 사회적 특성을 약화시키지 않고 더 한층 강화시켜 나갔다.

> 홀로 새로운 인간이 되려는 자는 옛사람으로 머무른다.……새로운 인간은 의롭게 되고 거룩하게 된 개인이 아니라 공동체, 그리스도의 몸, 그리스도다.[59]

물론 그가 『나를 따르라』에서 강조하는 것처럼, 사회 통합은 개인의 헌신으로 완성된다. 사회의 구체화도 개인의 영역에서 수행된다. 예수는 개인을 불러 더 이상 군중 속에 숨지 않게 한다. 제자도는 집단 신앙과 "세계 운동들"에 맞선다. 제자도는 개인의 참여다. 교회는 무턱대고 따르는 대중이 아니라 제자 두서넛에 근거를 둔다. 개인의 제자도와 "개인주의"는 서로를 밀어낸다. 본회퍼는 옥중서간들 속에서 "종교"를 "개인주의"로 규정하면서도(DBW 8:414f.) 『나를 따르라』에서는 개인을 강조한다.

3. 본회퍼는 제자도와 이상을 엄격하게 구별한다. 예수의 부름은 프로그램이나 이데올로기로 변질되어서는 안 된다. 프로그램이나 이데올로기로 변질되면 따름Nachfolgen이 잘못되기 때문이다. 이상(理想)과 프로그램은 기만적인 실현을 탐하게 할 뿐이다. 그것들은 제자의 길에 들어서는 것과는 정반대다. 제자도 안에서만 기만적이고 율법주의적인 프로그램들이 극복된다. 부름받아 따라나서기, 바로 이것이 진정한 그리스도론이다. 부름받았으면서 나서지는 않은 채 프로그램을 정교하게 만들어 이런저런 상황에 적용하기만 하는 것은 거짓 그리스도론

을 보여줄 뿐이다. 그럴 경우 그리스도는 밖으로 밀려나 그때그때 써먹을 수 있는 치료약이 되고 만다. 하지만 부름은 전혀 새로운 실존을 창출하고, 새로운 관계를 열어 주며, 율법주의를 동강 낸다. 그것은 장정(章程)과 규정을 만들어 내는 것이 아니라 서로 베푸는 사람들을 만들어 낸다.

말씀의 "약함"에 관한 인상적인 문장들도 이 문맥에 속한다.

> 말씀은 이념보다 약하다. 따라서 말씀을 증언하는 이들도 이 말씀으로 인해 이념을 선전하는 자들보다 약하다. 그러나 이 약함 속에 있기에 말씀의 증언자들은 광신자들처럼 병적으로 소란을 떨지 않고 말씀과 함께 고난을 겪는다.[60]

그리스도의 말씀은 모든 것을 압도하는 승리의 확신과 혼동될 수 없다. 그리스도의 말씀은 불가능한 것을 인정하고, 앞에 닥친 장애물들을 고려하기도 한다. 그리스도의 말씀은 인격이 찬성하지 않아도 그 인격을 존중한다. 반면에 이념은 인격을 압도한다. 프로그램에는 "불가능"이라는 말이 없다. 그러나 육화한 말씀은 경멸받고 거절당하는 것을 감수한다.

본회퍼는 『행위와 존재』에서 하나님의 자유는 연약하고 불완전한 인격 공동체의 경계 안에 매여 있다고 말했다. 다른 한편, "약한 그리스도", 곧 "약한 말씀"은 본회퍼가 말년에 말한 그리스도론을 암시한다. 무력(無力)의 힘에 대한 믿음은 본회퍼가 줄곧 견지한 근본적인 통찰들 가운데 하나였다.

4. 약한 말씀의 해설과 함께 우리는 다음과 같은 본회퍼의 가장 심오한 표현을 접하게 된다. 그리스도의 대리(代理) 고난에 참여하는 것으로서의 제자도, 십자가에 달리신 분과 사귀는 것으로서의 제자도. 그는 문장들을 통해 자신의 풍부한 경험을 이야기하되, 수많은 찬송가들의 지극히 고통스럽고 자기 동정적인 분위기와 거리를 두고, 신비주의의 황홀과도 거리를 둔다. 대리의 요소는 제자도가 목적 자체가 되거나 내향적인 것이 되지 않도록 방지한다. 제자들은 남들이 뿌리치려고 하는 것을 떠맡는 사람들이다. 『나를 따르라』의 마지막 페이지에는 이렇게 쓰여 있다. "예수 그리스도의 삶은 이 땅에서 아직 끝나지 않았다. 그리스도는 제자들의 삶 속에서 계속 살아 계신다."[61] 이는 『성도의 교제』에서 다룬 단초, 이른바

현존하시는 그리스도 Christus praesens라는 단초가 발전된 것이다. 이 관점은 1938년 위험한 상황 속에서 쓴 성서 논문 「유혹」 속에 집약되어 있으며(DBW 15:371-406), 말년에 작성한 「종교 없는 그리스도교」 속에서도 유지되었다.

5. 본회퍼가 믿음에 앞선 "첫걸음" 내지 믿음을 향한 첫걸음에 관해 언급하는 대목이 흥미롭다.[62] 이 대목에서 그가 나중에 『윤리학』에서 구별한 "궁극과 차극" Letztes und Vorletztes의 초기 형태가 암시된다. 서로 끌어당기고, 서로 영향을 미치고, 서로에게 권한을 부여하여 효력을 발생시키는 것이 궁극과 차극이다(DBW 6:137-162 참조). 그는 『나를 따르라』에서 궁극에 결정적인 관심을 기울이되 구체화를 요구하며 차극에도 밀착한다. 물론 아직은 차극에서 이루어지는 "첫걸음"을 중요하게 취급하지 않고 자주성 없는 간이역으로만 취급한다. 그 걸음의 자주성을 인정한 것은 나중의 일이다. 본회퍼는 나중에 아래와 같이 말했다.

> 궁극의 말씀을 차극의 말보다 먼저 말할 수 없고 그래서도 안 되네.……『나를 따르라』에서 나는 이 생각을 암시만 했고(첫 장에서), 그 후에는 제대로 다루지 못했네. 아무래도 나중에는 다루어야 할 것 같네.[63]

『나를 따르라』의 형성 장소와 평가

한프리트 뮐러는 이렇게 말했다. "『나를 따르라』의 본회퍼는 개신교회의 의식 속에 깊은 인상을 주었다. 이 책이 그의 상표가 된 다음, 그의 옥중서간이 퍼져서 『나를 따르라』가 본회퍼에 대해 남긴 인상을 덮었다. 그러고는 본회퍼가 자기 생애의 압축된 시기에 교회투쟁으로 인해 씨름하게 된 논제들이 유행하기 시작했다."[64]

우리는 본회퍼가 1932년부터 1933년까지 씨름한 논제들, 곧 일정한 폭과 가변성을 지닌 논제들이 퇴조하되 완전히 중단되지 않은 채로 있다가 본회퍼의 말년에 다시 드러나는 과정을 실제로 확인할 수 있다. 때문에 우리는 『나를 따르라』를 특징짓는 전환의 방법과 깊이를 묻지 않을 수 없다. 전환은 실제로 언제 일어나는가? 전환은 시간의 무게 중심을 어디에서 얻는가? 전환은 우발적인 결과들을 어디에서 얻는가? 전도유망한 발전이 1933년부터 10년간 중단된 채로 있다가 1943

년에 다시 연결되어 겨우 2년간 힘겹게 지속되었으니, 전환은 일종의 지적 사고(事故)가 아닌가? 본회퍼는 한마디도 취소하려 하지 않았지만[65] 『나를 따르라』의 분명한 한계를 알았던 것은 아닌가? 1933년이라는 날짜는 어떤 역할을 하는가?

미리 대답하자면 그 내용은 다음과 같다. 『나를 따르라』의 주제와 그 근본 논제는 이미 1933년에 다 개진된 것들이다. 1933년은 오로지 그 주제에만 매달린 해였다.

다들 기억하겠지만, 1928년 바르셀로나 시절의 본회퍼는 산상수훈을 읽을 때 그 뇌관을 제거하고 읽었다. 말하자면 산상수훈을 글자 그대로 이해하는 것은 산상수훈을 율법으로 만드는 짓이며, 그리스도는 그런 짓을 무가치하게 여긴다는 것이다.[66] 미국 체류 시절에는 이 해석에 대해 자신감을 잃기 시작했고, 1932년에는 자신이 맡은 대학생들 앞에서 믿음과 계명과 복종의 관계를 다루며 『나를 따르라』의 방식으로 정식화하는 바람에(DBW 17:117f.) 베를린 대학교 출신 목사후보생들이 칭스트에 있는 동료 목사후보생들 앞에서 전문가 행세를 할 정도였다. 이는 그가 설교단에서 구속력 없는 은총의 메시지를 설교하고 에큐메니칼 운동권에서 피상적인 평화 강연을 하다가 1931년부터 새로운 문제, 곧 인격 전체의 위기 및 결단과 관련된 문제에 봉착하고 나서 한 일이었다. 엄밀히 말하면, 그가 『성도의 교제』에서 그리스도의 몸의 구체적이고 현세적인 형태를 다루고, 『행위와 존재』에서 계시의 지속적 파악 가능성을 다룬 것은 『나를 따르라』의 주제를 겨냥한 것이었다고 할 수 있다. "어린이"의[67] 신학적 중요성, "단순성과 분열"이라는 개념쌍,[68] 반성에 대한 반감이 처음부터 그의 신앙 개념을 형성했다. "신앙은 자기 자신에게 초점을 맞추어선 안 된다. 신앙은 전적으로 그리스도에게 초점을 맞추어야 한다."[69] 이러한 취지의 사고가 그의 책의 핵심적인 통찰이 되었다. "순종은 행위**다**"라는 말은 그가 1932년의 한 강의에서 한 말이었고,[70] "싸구려 은혜"는 DCSV 동아리 강연에서 공식화한 것이었다.[71]

물론 신약성서에 단편적으로 등장하는 부름의 장면과 산상수훈에 대한 명시적 연구는 그가 1933년 여름 몇 차례의 소동을 치른 다음 런던 독일인 교회 목사가 되고 나서 한 일이다. 칭스트에서 더 상세히 강의하기 시작한 세 제자에 대한 글, 곧 누가복음 9장에 등장하는 자청하는 자, 부름받은 자, 뒤돌아보는 자에 대한 강의는 그가 1934년 정초에 교구의 일꾼들을 위한 예배 중에 활용하려고 작성한 글이었다.[72] 1934년 4월, 그는 주츠에게 아래와 같은 내용으로 편지했다.

> 자네는 산상수훈을 토대로 어찌 설교하는가? 있는 그대로 한 편만 보내 주게. 최근 산상수훈을 토대로 한 설교를 시도하고 있네. 대단히 솔직하고 단순하게 말일세. 하지만 언제나 중요한 것은 계명을 회피하지 않고 **준수하는** 것이네. 그리스도를 **따르는 것**, 그것이 무엇인지를 알고 싶네. 우리의 신앙 개념 안에서 논구되지 않은 것이지. 내가 지금 하고 있는 일을 나는 훈련이라고 부르네. 전 단계인 셈이지.[73]

따라서 우리는 이렇게 요약할 수 있다. 1932년까지는 방향을 근본적으로 설정하고 근본적인 물음을 던지며 핵심적인 답안을 마련하는 기간이었고, 1933년은 계획한 완성을 중단한 해였다. 1934년 런던에서 처음으로 문서화되었고, 1935-1937년에는 책 자체가 씌어졌다.[74] 따라서 책은 1933년이 야기한 집중의 결과라기보다는 본회퍼 자신의 신학적·인격적 기초 다지기의 결과라고 할 수 있다. 물론 이 자리에서 그려진 그의 사고 과정은 우리로 하여금 말기의 본회퍼에게로 곧장 달려들게 하는 일시적 일탈이 아니라, 본회퍼가 누구도 무시하지 못할 견해, 즉 신앙과 그리스도론에 대한 자신의 독창적인 견해를 처음으로 피력하는 과정이라고 할 수 있다.

그러나 1933년은 『나를 따르라』에 무의미한 해가 아니었다. 1933년은 본회퍼에게 주제를 더욱 확신시키고, 거기에 전적으로 매달리도록 장려했음에 틀림없다. 1933년은 제약을 받은 해이기도 했지만 중요성을 얻은 해이기도 했다. 『나를 따르라』가 1933년에 일어난 사건들에 대한 가장 강력한 답변 가운데 하나로 보였기 때문이다.

본회퍼는 자기가 자신의 개인적인 주제뿐만 아니라 자신이 속한 교회 전체의 주제까지 아우르고 있음을 분명히 알고 있었다. 때문에 그는 예전에 관심을 뜨겁게 기울이던 다른 주제들까지 포기했다. 1932년에 막 착수한 그리스도의 세계 통치 학설도 발전되지 못하고 중단되었고, 국가에 대한 단호한 입장 표명도 자취를 감추었다. '당신의 나라가 임하게 하소서'라는 글에서나[75] 그것을 읽을 수 있었다. "유지 질서"라는 기본 개념도 1933년부터는 더 이상 눈에 띄지 않는다. 발터 퀴네트 같은 여타의 루터교도가 그 개념을 차용하여 그들 고유의 두 왕국설을 뒷받침하자 그가 그 개념을 버린 것이다. 그는 에밀 브룬너의 논제와 프리드리히 고가르텐의 논제를 계속 논구하는 것에도 관심을 끊었다. 잡지와 일요판 신문에서 새로운 "창조신학"에 대한 소문을 떠들썩하게 다루어도, 이 시기의 본회퍼는 얕보는 투로 침묵했다. 그가 고가르텐, 알트하우스, 엘러트, 히르쉬의 저명한 역작을 마주하여, 자신도 그리스도교 신학의 이 복잡한 주제를 불충분하게 다루었을 것이라는 사실을 인정하지 않았다는 말이 아니다. 하지만 그에게는 그 주제에 집중하는 시간이 지나가는 시간처럼 보였다. 제아무리 철저하고 진지하게 한다고 해도, 지금 그 주제에 관심을 기울이는 것은 히틀러의 제단에 바쳐질 수상한 아첨이나 다름없었다. 그는 1932년에 그 주제의 개념 틀 안에서 이렇게 말한 상태였다. "이제 '질서 신학'에 몰두하는 시간은 가고, '위반 신학'을 위한 시간이 다가오고 있다."[76] 말하자면 창조신학을 강조하기보다는 종말론을 강조해야 한다는 것이다. 그가 보기에 지금 창조신학에 열중하는 것은 무엇보다도 구체화를 거스르는 행위였다. 종말 신학을 위한 시간이 존재할 때에만, 창조신학에 몰두하는 시간이 오는 것도 가능했다.

1933년부터 본회퍼에게 "세상"의 역할이 바뀌었다. 이는 옥중서간의 "비종교적 본회퍼"를 토대로 돌아볼 때 『나를 따르라』의 시기를 우회로로 여기는 자들에게 숙고를 야기한다.

이 본회퍼에게 "세상"은 횡단해 볼 가치가 있으면서도 대단히 위험한 정글이다. 그 세상은 결코 사라지지 않고 대단히 가시적으로 지배하는 곳이다. 그렇다고 해서 본회퍼가 세계 도피를 지향했다고 해석하는 것은 그릇된 해석일 것이다. 『나를 따르라』의 게토ghetto는 경건주의자의 평화로운 오프사이드 위치도 아니고, 광신자의 내세도 아니다. 두 부류 모두 대지에 헌신하지 않는 까닭이다. 『나를 따르라』의 게토는 투쟁의 호소다. 그것은 집중하고 수축하여 무제한의 메시지가 광활한 대지를 다시 차지하게 하는 것이다. 우리는 후기 본회퍼의 전문 용어로 이렇게 말할 수 있다. "차극이 전면에 나서서 자신에 대한 칭찬과 숭배와 제사를 간절히 갈망하고 교회 안에서도 다수의 숭배자를 얻게 되자, 본회퍼가 차극의 이익을 돌보지 않고 궁극에 관심을 기울였다." 그가 경건주의자의 전유물이 되어 버린 주제를 꿰찬 것은 그의 게토적 성격이 전보다 더 불가피해진 시점에서 일어난 일이었다. 하지만 적절한 일이었다. 예수의 게토가 1933년과 함께 실제로 교회의 주제가 되었던 것이다.

따라서 우리는 본회퍼의 신학이 일관성과 연속성을 유지하며 발전했다고 주장할 수 있다. 그의 신학 발전은 방법적 합목적성에 따라 이루어진 것이 아니라, 제한하고 집중하는 성향 속에서 가장 내밀한 필요에 따라 이루어졌다. 1927년에 본회퍼는 사회학적 조직인 교회 안에서 그리스도의 몸의 구체적 본질에 관해 물었다(『성도의 교제』). 1929년에는 그 물음을 다음과 같은 문제로 변경했다. 자유롭고 우발적인 계시의 현세적 지속성을 구체적인 교회와 연관 지어 생각하려면 어찌해야 하는가?(『행위와 존재』) 1932년에는 그리스도의 몸과 세계의 관계를 논구하면서 하나님 계명의 구체적 이행을 물었다. 1933년에는 이미 은밀하게 그의 사유의 기초가 된 그리스도론의 구조를 설명하려고 시도했다. 그리고 이제는 이 그리스도론을 학술적 임종의 자리에서 일으켜 세우고, 그리스도에 대한 신앙을 제자도로 해석한다.

핑켄발데 목사후보생들은 처음부터 본회퍼의 제자도 신학에 기습을 받았다고 느꼈다. 그들 가운데 몇몇은 믿음과 순종의 성스러운 순서—믿음이 먼저였다—를 교환 가능한 개념들의 변증법으로 바꾸는 것에 대담하게 이의를 제기했다. 그럼에도 『나를 따르라』의 본회퍼는 국가사회주의 정권의 기간이 늘어나면 늘어날수록 그들에게는 물론이고 다수의 다른 이에게도 거침없이 말했다. 설교단에서는 종말론을 낯설게 여기는 제자들에 관한 설교가 점점 더 많이 선포되었다. 하지만 다른 일도 서서히 일어났다. 본회퍼의 역동적인 게토가 스스로를 고립시키는 게토, 삭막한 게토의 특징을 차츰차츰 띠게 된 것이다. 이 게토에서 익숙하게 듣는 말은 값비싼 은혜의 삶과 "싸구려" 은혜의 삶이었다.

본회퍼는 전혀 다른 것을 한 번 더 시도해야 한다는 사실을 알아챘던 것 같다. 그것은 곧바로 윤리적으로나 정치적으로나 대단히 뚜렷하고 효과적인 것이 되었고, 신학적으로도 그랬다. 본회퍼는 『나를 따르라』의 집필이 끝나갈 무렵 성서 해석학에 착수할 생각이었다. "여기에는 커다란 균열이 있는 것 같다."[77] 세월이 그 생각을 더 이상 허락하지 않았다. 1944년, 그는 새로 고찰할 것들에 둘러싸여 있었으면서도 『나를 따르라』를 회고하며 이렇게 말했다. "나는 오늘날 그 책이 얼마나 위험한 책인지 분명히 알고 있지만, 전과 마찬가지로 그 책의 입장을 지지할 것이네."[78]

IV. 형제의 집

핑켄발데는 본회퍼에게 『나를 따르라』의 처음 몇 장을 집필할 가능성만 준 것이 아니었다. 핑켄발데는 그에게 공동 단체의 실현도 선사했다. 소위 형제의 집이 신학원 안에 마련된 것이다. "제자도"와 형제의 집은 서로 긴밀하게 연결되어 있었다. "제자도"의 언어를 들어 아는 이는 핑켄발데가 상아탑의 영역을 포기했음을 알아챘다. 그 사실을 알고는 누구도 어중간한 거리를 유지할 수 없었다. 그라이프스발트 대학교의 한 교수가 슈테틴 형제협의회에 보낸 편지에서 다음과 같이 말한 것은 틀린 말이 아니었다. "제가 알기로는 젊은이들이 본회퍼의 종교적 열심, 곧 열정에 감화되어 본회퍼를 지체 없이 따르고 있는 것 같습니다."[79]

본회퍼는 신교도가 수세기 전부터 로마 가톨릭의 기호가 붙은 곳에서만 겨우 볼 수 있었던 것을 당시의 상황과 자신의 신학적 단초가 요구하는 바에 따라서 만들어 낼 생각이었다. 그의 계획에 부합하는 운동들은 1910년대 말에 일어났던 개신교단체 운동들이었다. 1차 세계대전 이후 공식적인 목사 협회와 나란히 결성된 자유단체로는 시도우 형제단Sydower Bruderschaft 및 베르노이헨 운동 소속 미카엘 형제단Michaelsbrüder 등이 있었다. 어느 정도 자기 의무를 지닌 이 자유로운 실험들과 달리, 1934년 고백교회의 모든 지방에서 갑자기 젊은 목사단체들이 마치 땅에서 자라난 것처럼 나타나 교회의 법규를 따르면서 합법적인 형태로 발전하고 싶어 했다. 이 단체들은 형제협의회의 지도에 의식적으로 복종하고 형제협의회의 영적 지도를 단호한 어조로 간청했다. 본회퍼는 후일 이 운동을 형제의 집 설립안의 근거로 삼으면서 이렇게 말했다. "형제애를 기반으로 하는 단체를 위해 이 운동이 제시하는 단초들은 더 확고한 양식을 요구한다."[80] 하지만 그 단체들은 그때까지 **향연**(饗宴)convivium도 시도하지 않고, 전통적인 형태의 교구 목사직을 포기하거나 고전적인 서약을 쇄신할 생각도 하지 않았다.

본회퍼가 수년 전부터 염두에 둔 것은 **공동생활**vita communis이었다. 그가 한눈에 알 수 있도록 잘 짜인 공동체를 구상한 것은 제자도에 대해 숙고하기 시작하던 때부터였다. 그가 프리드리히 파르페르트Friedrich Parpert의 『수도원 제도와 개신교회』*Mönchtum und die evangelische Kirche*를 놓고 1930년에 작성한 서평은[81] 신학적·사회학적 개념들을 해명하려는 학술적 열정만 보여줄 뿐, 공동 단체의 대의 자체에 대해서는 아무것도 보여주지 않는다. 그러나 1932년 프레벨로브와 비젠탈에서 수련회를 가질 때에는 공동체가 완비되어 있었다. 본회퍼는 그 수련회의 일정에 "침묵"과 묵상시간을 끼워 넣었다. 물론 제대로 활용할 줄 아는 이는 본회퍼뿐이었다.[81a] 그는 런던 체류 시절에 빈터하거에게 보낸 편지에서 자신이 인도 여행과 대학교 복귀 사이에서 결심을 못하고 있다며, 오래전부터 숙고해 온 주제에 대해서도 말했다. "우리의 빈민구호소 계획들을 구체화하는 것이 훨씬 중요해 보이는군요."[82] 이 "빈민구호소 계획들"은 1932년에는 사회복지 사업 수행과 긴밀히 연결되어 있었지만, 1933년 이후에는 방향을 바꾸었다. 본회퍼의 형 칼-프리드리히는 그와는 거리가 먼 사람이었는데도, 본회퍼는 그 계획들을 새로운 정치적 관점에서 소개하고자 그에게 아래와 같이 편지했다.

> 산상수훈을 진지하게 다루기 시작할 때 비로소 내면이 깨끗해지고 참으로 반듯해지리라는 것을 잘 알고 있습니다. 나는 산상수훈을 진지하게 대함으로써 힘의 원천을 얻어 온갖 마법과 유령을 허공으로 흩어 버릴 것입니다. 그들을 불꽃으로 살라서 잔해만 약간 남을 때까지 말입니다. 교회의 회복은 실로 새로운 종류의 수도생활에 의해서 이루어질 것입니다. 새로운 수도생활과 옛 수도생활의 유일한 공통점은, 그리스도를 본받으면서 무엇과도 타협하지 않고 산상수훈을 따라서 살아가는 것이 될 것입니다. 지금이야말로 그 일을 위해 사람들을 모을 때라고 생각합니다.[83]

그는 주츠를 마주하여 1차 "제자도" 집필 시도들을 주석이라 부르지 않고 "훈련"Exerzitium이라고 불렀다.[84] 그는 목사 양성이 "순수 교의, 산상수훈, 제의(祭儀)를 진지하게 대하는 교회-수도원 소속 학교로"[85] 옮겨지기를 바랐다. 그가 영국 국교의 수도원 탐방을 감행한 것도 그 때문이었다.[86]

테오도르 드 펠리스에게 보낸 1935년 1월 29일자 비망록에서 알 수 있듯이,[87] 본회퍼는 대단히 확정적인 생각들을 품고 칭스트로 갔다. 물론 그가 칭스트에서 만난 젊은 신학도들 다수는 그 생각들을 전혀 알아채지 못했다. 그들은 장시간이 경과한 뒤에야 그것들을 들을 수 있었다. 하지만 그가 그들을 만난 때는 그들이 최근의 경험에 비추어 적어도 목사직의 변화가 필요하고 거기에 이르는 길은 희생과 맞물려 있다는 것을 알며, 예전에 통상적인 기피 대상으로 여기던 것과 달리 신학원을 새로운 시도에 적합한 곳으로 여길 무렵이었다.

본회퍼는 형제의 집 구상을 곧바로 제시할 마음이 없었다. 그는 7월 말이 되어서야 그것에 대해 여기저기서 말하기 시작했다. 하지만 이와 동시에 신학원 전체의 공동생활과 관련된 전제들도 만들어 냈다. 이제는 그 전제들에 대해 말할 차례다.

묵상

본회퍼는 칭스트에서 일과를 공표하면서 날마다 아침 식사 후 본격적인 신학 작업이 시작되기 전에 30분 동안 묵상시간을 가지라고 지시했다. 그는 소수의 몇 사람이 그때그때마다 함께 합의하여 택한 성서 구절을 중심으로 묵상시간이 돌아가게 하자고 제안했다. 이 구절들은 진행 중인 신학 작업과도 관계가 없고, 설교 본문이나 전례력과도 관계가 없으며, 일체의 용도를 벗어난 것이어야 했다. 그는 더 이상 말하지 않고, 자신이 제안한 것을 그들이 서툴게나마 실행에 옮기게 했다. 그는 자신의 기대를 끊임없이 표명하여, 그대로 해야 한다는 의무감을 느끼게 했다. 하지만 이 와중에 항의, 불평, 당혹감이 누적되어, 어느 날 묵상 의무를 면제할 수밖에 없었다. 이 면제 조치가 곧바로 일어나지 않은 것은 다들 하는 일 없이 30분을 보내겠다고 마음먹고 그것을 최선으로 여겼기 때문이고, 다른 한편으로는 원장 자신이 이 훈련에 집중적으로 몰두하는 모습이 영향을 미쳐 그들을 부끄럽게 했기 때문이다. 하지만 본회퍼가 5월 12일에 전화통화를 통해 베를린으로 호출을 받으면서(게슈타포가 달렘 형제협의회 사무실에 처음으로 모습을 드러냈다) 묵상시간 규칙은 깨지고 말았다. 칼 코흐 의장이 그를 영국에 있는 조지 K. A. 벨 주교에게 출장을 보내는 바람에 그가 거의 두 주 동안 자리를 비운 것이다(DBW 14:39).[87a] 로트는 목사후보생들과 마찬가지로 본회퍼의 묵상시간 구상을 충분히 숙지했으면서도 하루일과 가운데 그 부분을 위한 훈련을 고집하지 않았다. 하지만 본회퍼가 가족 공동체를 위해 새로운 소식은 물론이고 어마어마하게 큰 햄과 뱀장어와 치즈를 배낭에 담아 돌아오자, 그의 제안대로 다시 시도할 마음도 곧바로 자라났다.

결국 그는 저녁시간을 마련하여, 불쾌감을 유발하는 묵상시간에 대해 토론할 수 있게 했다. 대기시간 때문에 이론적인 궤도 위에서만 토론할 수도, 신학적 준비를 상세히 논할 수도 없었다. 다들 자신의 실제 실험과 수많은 실패를 토대로 이야기했다. 무엇이든 얘기할 수 있었다. 하지만 본회퍼는 묵상시간 규칙을 회피하는 일도 없을 것이고, 그것을 다수결에 맡기는 일도 없을 것임을 처음부터 분명하게 못 박은 상태였다. 꾸벅꾸벅 졸았다고 말하는 사람도 더러 있었고, 묵상시간에 설교를 작성했다고 말하는 사람도 더러 있었다. 그렇게라도 하지 않으면 그 시간에 무엇을 시작해야 할지 모르겠다는 거였다. 온전히 집중하지 못하고 주석서를 읽었다는 사람도 더러 있었다. 묵상에 진척을 보이는 이들 중에는, 몇몇 사람이 그것도 모자라 파이프 담배에 불을 붙이기까지 했다고 책망하는 이도 있었다. 하지만 파이프 담배는 본회퍼의 박수를 받았다. 비판은 예배로도 이어졌다. 낭독과 기도가 참을 수 없을 만큼 길다는 거였다. 다른 신학원들에서 보내는 조롱도 언급되었다. "칭스트에서는 이 닦는 시간에 묵상을 한대. 칭스트에서는 목사후보생들에게 비복음적인 율법주의를 강요한대."

본회퍼는 그 자리에서 여러 차례 충고를 하고, 그 시도를 개인의 삶에 꼭 필요한 훈련으로 제시하려 애썼다. 우리는 그것을 「매일 묵상을 위한 안내」Anleitung zur täglichen Meditation,[88] 혹은 『신도의 공동생활』*Gemeinsames Leben*, München, 1939(DBW 5:69-73)에서 확인할 수 있다. 이 토론에서 다음과 같은 결정이 이루어졌다. "1주일에 한 차례 공동 묵상시간에 모여 퀘이커 모임 식으로 성서와 관련된 것을 말하거나 침묵해도 된다." 이 실험이 집중에 도움이 된다는 것이 입증되면서 다들 다른 이들이 언급한 내용을 고독한 묵상에 도입하곤 했다. 시간이 흐를수록 형제들 가운데 이 훈련을 회피하는 이가 점점 줄어들었다. 목사후보생 상당수가 핑켄발데 시절을 보낸 뒤에도 그 훈련을 지속하거나, 적어도 성서가 그들의 직무 수행을 위한 재료 그 이상임을 전보다 더 잘 알게 되었다. 본회퍼가 체포될 때까지 핑켄발데 사람들은 너나없이 회람에서 매주 묵상 본문을 얻고, 이 실험의 축복을 피하지 말라는 격려도 받았다.

본회퍼가 이 실험의 동참자를 얻고, "세상 도피가 아니냐, 신비화가 아니냐, 좁은 온실이 아니냐"라는 의혹을 해소한 데에는 다음과 같은 몇 가지 이유가 있었다.

그 훈련은 날마다 냉철한 신학 작업의 강력한 균형추 역할을 했다. 영적 필요를 돌보는 것과 정신적 훈련을 구별하라고 가르치는 것이 신학 작업이었다. 본회퍼가 상상력과 기지를 발휘하여 마련한 긴장 해소의 시간과 사교시간도 집중의 시간과 균형을 이루었다. 그는 휴식시간을 향유할 줄 모르는 것을 심각한 교양 부족으로 여겼다. 게다가 그날의 교회 정치적 결정들 때문에 그날의 저 규칙이 밀려나는 것을 달가워하지 않고, 그 규칙을 더 잘 존속시키겠다는 각오를 다졌다.

하지만 머뭇거리는 이를 강력하게 제압한 것은 본회퍼 자신의 기도였다. 신학원 예배에서 기도는 본회퍼가 거의 독점적으로 맡았다. 대개는 자유로운 형식의 긴 기도였지만, 가끔은 연도(連禱)를 활용하기도 했다. 그는 신앙의 일들을 하게 해주신 것, 공동생활을 하게 해주신 것, 태양과 바다를 주신 것에 대한 감사로 시작한 다음, 형제단 안에서 날마다 서로 참게 해달라고 간청하곤 했다. 고백교회를 위해, 고백교회 지도부를 위해, 총회를 위해, 갇힌 자들을 위해, 배교자들을 위해, 적들을 위해 기도할 때도 있었다. 신학자와 목회자의 특별한 죄를 고백하기도 하고, 그들을 위해 중보기도를 하기도 했다. 그는 이 기도문들을 작성하고 그것들의 내적 순서를 정하는 데에 시간과 노력을 들였다. 기도할 때는 본론을 벗어나는 법이 없었고, 자화자찬도 하지 않았다. 그의 기도에는 오성과 의지와 마음이 담겨 있었다. 기도할 때에는 언제나 시편의 언어로 하고, 그 언어에 푹 잠겨야 한다는 게 그의 지론이었다.

그는 기도를 가르치기도 하고 배우기도 해야 한다고 확신했다. 하지만 신학부들의 교안과 신학원들의 교안에는 그런 과목이 없었다. 본회퍼가 날마다 보여준 모범은 서서히 열매를 맺었다. 그는 외적인 시간제한을 엄수하고, 기도에 적합한 조언들, 곧 대단히 단순하고 실제적인 조언들을 제공하기도 했다.

> (기도의 빈곤이) 제거되지 않고 있군요. 고백교회를 통해서도 제거되지 않는군요. 그것(묵상시간과 기도시간)을 율법주의라고 비난하는 것은 사실 당치 않습니다. 그리스도인이 기도가 무엇인지를 배우고, 자기 시간의 일부를 거기에 투자하겠다는데 어떻게 그것이 율법주의란 말입니까? 최근에 고백교회의 한 지도자가 내게 이렇게 말하더군요. "우리에게는 묵상할 시간이 없다. 목사후보생들은 설교하는 법을 배우고 교리문답법을 배워야만 한다." 하지만 그것은 오늘날 젊은 신학도가 어떤 상태인지를 모르고 하는 말이자, 설교와 교리문답이 어떻게 생성되는 것인지를 모르고 방자하게 내뱉는 말일 것입니다. 오늘날 젊은 신학도들이 우리에게 진지하게 던지는 물음은 다음과 같습니다. "기도하는 법을 배우려면 어찌해야 합니까?" "성서 읽는 법을 배우려면 어찌해야 합니까?" 우리는 그들에게 도움이 될 수도 있고, 그러지 못할 수도 있습니다. 사실 그것만큼 자명한 것은 없습니다![89]

고해

부활절 후 여섯 번째 일요일에 첫 번째 성찬식이 거행되었다. 본회퍼는 그 전주 내내 아침 예배와 저녁 예배 때 그것을 염두에 두고 기도했다. 성찬식 전날에는 수업도 쉬게 했다. 그는 알맞은 때를 골라 축제는 형제들 사이의 화해를 전제한다고 단호하게 말하면서 각자 개인적으로 형제에게 고해를 하거나 그 자신에게 해도 된다고 넌지시 말해 대다수를 놀라게 했다. 그럼에도 당시에는 그렇게 하겠다고 결심하는 이가 전혀 없었다. 그러기는커녕 답답하고 서먹서먹한 분위기가 감돌았다. 그러한 것은 개신교회 안에서 흔히 있는 일이 아니었던 것이다. 토요일 저녁 예배는 대단히 침울하게 진행되었고, 일요일 아침 축제는 그만큼 더 찬란해 보였다. 본회퍼는 일요일의 남은 시간에 연구보다 소풍을 장려했다. 저녁에는 함께 성서 읽기와 자유로운 게임을 하곤 했다.

형제단은 이 성찬식을 매달 반복적으로 현실화하는 일에 서서히 익숙해졌다. 그러다가 여름철에 누군가가 개인 고해를 하러 여기저기로 찾아가는 일이 일어났다. 다들 누가 그 부류에 속하는지, 그가 얼마나 자주 그리하는지에 대해 이야기하지 않았다. 하지만 다들 무언가가 달라졌음을 느꼈다. 따져 묻는 투의 분위기도 감돌지 않았다. 어느 날에는 본회퍼가 고해를 들어 본 적이 없는 한 형제에게 자신의 고해사가 되어 달라고 청하는 일이 벌어지기도 했다.

본회퍼는 이 고해 과정에 전례 형식을 지시하지 않았다. 임시 교회가 아닌 식당의 식탁에서 예배가 이루어졌듯이, 개인 고해도 예복이나 확정된 형식 없이 이루어졌다. 하지만 그는 고해의 목적과 본령을 정확하게 가르치고, 목회자라면 해마다 고해라는 유익한 선물에 대해 한 차례 정도 설교해야 한다고 권고했다. 말하자면 맞은편에 하나님을 대신하여 앉아 있는 형제에게 양심의 짐을 털어놓을 필요가 있으며, 그 형제가 하나님의 이름으로 하는 면죄는 자기기만과 자기 용서의 위협을 받는 일반 고해 및 면죄보다 훨씬 강한 확신을 일으킨다는 것이다. 그는 고해자가 고해사의 신뢰성을 너무 꼼꼼히 테스트할 것이 아니라, 자신을 낮추고, 다른 이 안에 계신 그리스도께서 맞은편에 앉아 듣고 계심을 믿어야 한다고 조언했다. 본회퍼는 용서에 관한 설교에서 그 점을 염두에 두고 아래와 같이 말했다.

> 친애하는 형제 여러분, 하나님께서 자기를 대죄에서 구해 주시고 용서해 주시는 것을 경험한 사람, 하나님께서 그러한 시간에 자기에게 한 형제를 보내 주시는 것을 경험한 사람, 우리는 바로 그 사람에게 우리의 죄를 고백해도 됩니다. 그 사람은 죄인이 도움을 받고 싶지 않아 도움과 벌이는 고투를 잘 아는 사람이면서, 동료 형제가 하나님의 이름으로 기도하면서 자기의 죄를 면해 주는 것을 경험한 사람, 심판하려는 마음이나 꽁한 마음을 여윈 사람, 오직 다음 한 가지만을 원하는 사람입니다. 끝없이, 조건 없이, 무한히 형제의 짐을 함께 지고, 섬기고, 돕고, 용서하기.[90]

1차 과정이 끝나고 8월 방학이 시작되려면 아직 먼 때였다. 본회퍼는 "형제의 집"에 대해 말하기 시작했다. 널찍한 신학원 건물에서 계속 그와 함께 지내면서 일할 형제단을 꾸려 늦가을에 새로운 목사후보생 과정을 시작할 생각이었다. 잔류할 준비가 된 이들은 7월 말에 1차 토론회를 가졌다. 하지만 방학을 맞아 휴식을 취하는 중에도 그것을 숙고하고 자신들의 교회 상사들과도 의논했다. 방학이 끝나고 9월 초가 되면서 본회퍼는 그들과 함께 형제의 집 건립을 위한 제안서를 작성하여 구프로이센 연맹 형제협의회에 보냈다. 젊은 성직자들과 그에 알맞은 공간을 제공해 달라는 내용이었다. 1935년 9월 6일자의 그 제안서에 담긴 "개신교 형제의 집"이라는 명칭은[91] 듣도 보도 못한 명칭이었다. 이 계획들은 "여러 해 전부터"(DBW 14:76) 몇몇 형제들과 숙고해 온 것이라는 언급은 프레벨로브와 비젠탈 시절부터 베를린 사람들과 논의한 내용을 언급한 것이었다. 그는 계획을 다음과 같이 뒷받침했다.

a)개별적으로 하기보다는 숙련된 형제단이 하는 것이 설교의 내용과 전달을 더 객관적으로, 보다 대담하게 떠받칠 수 있다. 첫째 목표는 선포이지 자기중심적인 묵상이 아니다.

b)도처에서 제기되는 그리스도교적 삶에 대한 물음은 추상적으로 답해서는 안되고, 공동생활을 구체적으로 실험하고 그리스도의 계명을 공동으로 숙고하는 것으로만 답해야 한다. 제자도에 대한 신학적 물음이 둘째 목표다.

c)재래의 특권들을 포기하고 형제단 안에서 대외 사역에 집중하는 목회자들, 상시적으로 활용할 수 있는 목회자들의 집단이 필요하다. 교회투쟁은 새로운 형태의 목사직을 필요로 한다.

d)개별적으로 직무를 수행하는 목사를 위해 형제단 안에 영적 피난처를 마련해야 한다. 이 피난처는 알맞은 때에 그에게 피정과 재충전을 제공하여 계속 사역할 수 있게 해주는 곳이다.

제안서는 **공동생활**vita communis을 매일 기도 규칙, 형제애에 입각한 훈계, 자유로운 개인 고해, 공동 신학 연구, 공동체의 소박한 생계, 교회의 긴급 요청에 언제든

응하는 의무의 형태로 보았다. 탈퇴 가능성은 언제나 열려 있으며, 가입은 형제단이 허락해야 한다는 내용도 들어 있었다.

본회퍼는 자기 자신을 위해서는 이렇게 말했다. "연구의 지속과 신학원 생활방식의 지속을 위해 이 동아리가 필요하다." 그는 1936년 작센 주 출신 형제의 집 회원을 잔류시키기 위해 슈테믈러와 함께 애쓰는 가운데 아래와 같이 편지했다.

> 격동기에 우리 신학원에 있는 형제들은 다음 두 가지를 배워야 합니다. 첫째, 그들은 날마다 예수 그리스도의 뜻에 절대적으로 순종하고, 크건 작건 간에 형제들이 함께 수행하는 사역을 연습하는 가운데 공동생활을 배워야 합니다. 그들은 그리스도교 공동체의 형제 섬김과 공동생활 속에 자리하고 있는 능력과 해방을 깨달을 줄 알아야 합니다. 그들에게는 그것이 필요하기 때문입니다.
>
> 둘째, 그들은 설교와 강의를 준비하면서 성서를 연구하고 해석할 때 오직 진리에 헌신하는 법을 배워야 합니다. 이 두 번째 임무를 수행하는 것은 나의 개인적인 의무입니다. 하지만 첫 번째 임무는 나 혼자서는 완수할 수 없는 임무입니다.
>
> 공동생활을 통해 다른 형제들을 묵묵히 끌어들이는 형제들의 본부가 있어야 합니다. 그것이 바로 형제의 집입니다.[92]

본회퍼는 1935년 9월 6일 참여 의사를 밝힌 이들과 함께 제안서에 서명한 다음 그것을 형제협의회에 보냈다(DBW 14:80 참조). 그는 생소한 제안서가 인정을 받으리라고는 생각하지 않았다. 젊은 신학도 모두가 급히 교구에 활용되는 판국이었기 때문이다. 실제로 의구심이 일고 비판도 끊이지 않았다. 하지만 다들 본회퍼의 명성에 일부러 흠집을 내지는 않았다.

형제 여섯 명이 이적을 허가받았다. 그들은 방학이 끝난 뒤에도 핑켄발데에 잔류하면서 2차 과정과 그 이후의 여러 과정에 투입되었다. 이 여섯 명 가운데 베를린-브란덴부르크 출신은 다음과 같다. 파제발크 개혁파교회와 슈테틴에 있는 몇몇 고백 공동체의 관리를 맡고 신학원의 복습 강의를 맡은 카니츠, 핑켄발데 고백 공동체와 핑켄발데 신학원 임시 교회를 맡은 메흘러, 서신 왕래와 회람 및 대변인 역할과 복습 강의를 맡은 알브레히트 쇤헤르. 동프로이센 출신 호르스트 렉스차스(전사함)Horst Lekszas는 그라이프스발트에서 까다로운 대학생 사역을 맡았다. 포메른 출신의 온나쉬(총살당함)는 고백교회를 지지하는 포데유흐 지방 교구감독에게 수련목회자로 배속되었다. 포데유흐 지방은 핑켄발데에 인접해 있었다. 작센 주 출신의 에버하르트 베트게는 처음에 재정 관리와 복습 강의를 맡았다.

여섯 명 모두 2차 신학고시를 준비하고 있기도 했다. 메흘러와 카니츠와 쇤헤르는 얼마 안 있으면 정규 교구 사역에 소집되고, 결혼도 할 몸이었다. 약간의 변동은 피할 수 없는 일이었고, 다른 형제들도 일시적으로 형제의 집 회원이 되었다. 베를린-브란덴부르크 출신의 빌리 브란덴부르크(전사함)와 리하르트 그루노브Richard Grunow, 포메른 출신의 칼 페르디난트 뮐러Karl Ferdinand Müller, 라인란트 출신의 호르스트 투르만Horst Thurmann, 작센 주 출신의 오토 칼 레르헤(전사함)Otto Karl Lerche, 헤센 출신의 파울 벨데(전사함)Paul Wälde 등이 그랬다.

생계는 각기 다른 형제협의회에서 오는 (혹은 중단되기도 한) 매우 다양한 목사 급료와 수련목회자 급료를 한데 모아 충당했다. 그 가운데 가장 많은 몫이 본회퍼의 주머니에서 나왔다. 형제의 집은 될 수 있는 대로 신학원의 일정에 참여하고 정오에만 본회퍼의 방에 모여 간략히 협의하고 기도했다. 그 시간에 신학원은 찬송가를 불렀다.

형제의 집 제안서와 형제의 집 생활 형식은 전형적인 수도 서원의 최초 단서들을 보여준다. 하지만 그것들을 의도적으로 실행에 옮기거나 가까운 장래에 그러기로 예정하지는 않았다(영국 국교회가 19세기 말에 새로 설립한 머필드 수도원은 서원 도입을 30년 동안 여러 번 미루었다!).

본회퍼가 독신생활을 요구하자, 앞서 언급한 베를린-브란덴부르크 출신의 세 형제가 즉각 반발했다는 소문이 돌았다. 하지만 본회퍼는 이 시기에—동아리 몰래—여자 친구와 헤어진 상태였다. 그가 1920년대 말에 사귀다가 교회투쟁을 시작할 무렵부터 특별히 친하게 지낸 사람이었다. 그가 핑켄발데 시절에 그리고 **공동생활**을 실험할 때 부인을 두려 하지 않은 것도 그러한 소문에 결정적인 역할을 했다. 신학원과 형제의 집을 설립할 무렵에는 자신의 가족에게 제2의 무게중심을 두지 않고 "1년 반 동안 방에 틀어박히는"[93] 것이 대단히 중요한 일이었다. 오랫동안 가슴 속에 품어 온 계획과 관련하여 그에게 남은 것은 양자택일뿐이었다. 그는 자신의 전부를 가지고 형제의 집에 온전히 헌신했다.

형제의 집은 고작 2년 동안 존속하다가, 1937년 가을에 게슈타포가 핑켄발데 신학원을 폐쇄시키면서 끝났다. "수련목회자 모임"이 새로 결성되어 신학원 형태를 띠긴 했지만 형제의 집에서 했던 것과 같은 **공동생활**을 이어가지는 못했다. 본회퍼의 숙원은 "수도원의 은둔생활"을 목표로 삼지 않고 "대외 사역을 위해 가장 깊이 집중하는 것"을[94] 목표로 삼는 것이었다. 하지만 이 숙원은 영원히 미완에 머물렀다.

『신도의 공동생활』

공동체의 조기 해산은 『신도의 공동생활』이라는 소책자가 생겨나는 계기가 되었다(DBW 5:13-102). 이 책은 당시에 그가 쓴 책들 중에서 그가 생존해 있을 때에 가장 널리 유포된 책이었다. 간섭(신학원 폐쇄)이 없었으면 이 책은 결코 집필되지 못했을 것이다. 본회퍼가 자신의 실험을 조기에 소개하거나 검증하지 못한 것의 정당성을 입증하기를 꺼렸기 때문이다. 핑켄발데와 형제의 집이 여러 사람들의 구설수에 오르고, 관심 있는 여러 사람들이 더 자세히 경험하고 싶어 하자, 그는 형제들에게 집필을 맡겼다. 그리하여 슈테믈러의 간청으로 생겨난 것이 「매일 묵상을 위한 안내」였다.[95] 본회퍼는 형제의 집 자체에 관해 직접 집필하기 시작한 초안을 그대로 두었다.[96] 하지만 이 모든 일이 끝나자, 본회퍼는 형제의 집에서 이루어진 경험들을 설명하고 싶어 했다. 그리하여 한 신학도 공동체의 필요를 충족시키기 위해 계획된 핑켄발데 실험이 보편타당한 형태를 갖추게 되었다.

다들 깜짝 놀랐다. 그러한 것은 신교 국가인 독일에서 들어 본 적이 없는 내용이었다. 핑켄발데는 도움이 전혀 없는 곳에서 개신교의 약점을 살짝 건드리며 실제적인 해결책을 파악한 상태였다. 비밀 집회나 소(小)종파 안에 도피해 있던 것, 미카엘 형제단 내지 시도우 형제단과 같은 단체 운동이 추구하던 것을 교회를 위해 탈환하는 것처럼 보였다. 하지만 여기에서 드러난 개신교 생활 공동체의 윤곽들은 개신교회에 맞서서 회복되거나 개신교회 밖에서(한때 헤른후트 형제단에서 그랬던 것처럼!) 회복된 것이 아니라 개신교회 안에서 회복된 생활 공동체, 즉 교회에 대한 새로운 이해를 바탕으로 시도되고 옹호된 생활 공동체의 윤곽이었다. 핑켄발데는 국민교회의 특권을 지닌 목사직의 커다란 위기와 결점 속에서 새로운 형태의 사역을 대안으로 제시했다. 본회퍼는 선포하는 설교자의 포기할 수 없는 직무와 절대로 받아들여선 안 될 목사직을 날카롭게 구분하곤 했다.[97]

19세기에 독일 신교는 부목사Diakone und Diakonisse를 위한 직업교육을 수도원 식으로 펼치려 했던 것 같다. 하지만 영국인들처럼 자유로운 공동 단체를 만들어 내지는 못했다. 그랬다가 비범한 시기인 이제야 핑켄발데에서 그러한 것을 만드는 일에 착수한 것이다(물론 본회퍼의 구상이 싹튼 것은 1933년 이전의 일이었다). 더 정상적인 시기였다면 그는 자신의 생각을 계속 갈고 닦았을 것이다. 하지만 특권을 지닌 국민교회의 커다란 위기가 널리 알려지면서 그의 시도는 시대에 맞는 도구임이 입증되기 시작했다. 이와 같은 숙고와 실험을 위한 지점이 말기 본회퍼의 비밀훈육Arkandisziplin 사상에서도 발견된다. 이를테면 비밀훈육 속에서만 그리스도인들은 자신의 특권을 포기하고, 기도하고, 연구하고, 모든 이의 용도에 해당되지 않는 일, 세간의 주목을 끌지 못하는 일을 수행할 수 있다는 것이다.[98]

핑켄발데와 형제의 집이 세간의 이목을 끌자, 본회퍼를 동맹자로 얻을 수 있겠다 싶어 옥스퍼드 운동 측 사람들이 방문했다. 『나를 따르라』의 "첫걸음"을 뗀 본회퍼는 옥스퍼드 사람들의 전향 강요를 대단히 우려스러운 것으로 여기고, 그들이 성서의 증언을 개인의 전향에 대한 증언으로 대체하고 있다고 여겼다(DBW 14:516 참조). 그들이 사람들에게 그들 자신의 기원들에 관해 곰곰이 반성하도록 유도하는 집단을 그려 보이자, 본회퍼는 격한 반응을 보였다. 그는 『나를 따르라』와 『신도의 공동생활』이 전향 이론의 옹호로 이해되기를 결코 바라지 않았다. 그는 옥스퍼드 운동과 그 친구들에게 십자가를 설교하는 능력이 없음을 안타까워하면서, "종파"에 대한 그들의 무관심과, 교회 정치를 약화시키는 "동요"를 비난했다(DBW 14:516f.).

> 옥스퍼드 운동이 히틀러를 전향시키려 한 것은 너무 순진한 시도였네. 사태를 잘못 본 우스꽝스러운 시도였네.[99]

사태가 대단히 심상치 않은 국면으로 전환되고 있네. 곧바로 교계의 중도파 인사들이 너나없이 이 비정치적인 현상에 온통 관심을 기울이고 거기에 추파를 던지고 있네.[100]

그러나 그는 다른 이들에게 있는 유사점들과의 경계를 정하는 한편 집단들과의 경계도 정했다. 1936년 그는 자신이 좋아하던 친첸도프르의 찬송가들을 강의를 위해 철저히 조사하다가 아래와 같이 말했다.

결국 나는 매우 낙심하고 말았네. 이 경건의 기초가 썩은 냄새를 물씬 풍기더군.……영적인 노래들 속에 그러한 것이 우글거리다니! 그것은 다름 아닌 인간, 경건한 인간이라네! 그는 **유한은 무한을 수용할 수 있다** finitum capax infiniti는 말의 결과들을 무서워한다네. 이 말이 공기처럼 우리를 에워싸고 있음에 틀림없건만, 우리는 우리를 뛰어넘으려 하지 않고 있네. 멀찍이 떨어져 눈으로 바라보기만 할 뿐![101]

그는 전혀 다른 쪽을 향해서도 엄격하게 선 긋기를 하지 않으면 안 된다고 생각했다. 그는 포메른 지역의 베르노이헨 운동 지도자 프리드리히 샤우어Friedrich Schauer 박사에게 보낸 편지에서 아래와 같이 말했다.

귀하에게는 성령이 만장일치의 참된 성서 말씀과 결부된 현실, 우리를 깨달음과 삶으로 묶어 주는 현실일 뿐만 아니라 그리스도교의 이상적인 삶을 형성하는 원리이기도 한 것 같습니다.……누군가가 성령이 일으킨 진리에 대한 순종 이외에 다른 어떤 위대한 것을 소개하여 교회에 새 생명을 준다면, 고백교회는 자신에게 주어진 언약을 포기할 것입니다.[102]

베르노이헨 사람들은 포메른 지역 형제협의회에 참여하곤 했다. 그들은 일찍부터 핑켄발데와 교류해야 했을 것이다. 목사직 쇄신과 교회 평신도 쇄신이 그들에게도 중요했기 때문이다. 하지만 그들과의 관계는 이내 급속도로 악화되다가 단절되었다.[103] 어느 날 그들이 형제협의회마저 등지고 떠났기 때문이다. 하지만 포메른 지역 형제협의회 회원인 에버하르트 바우만과의 관계는 갈수록 두터워졌다. 에버하르트 바우만은 경건한 체하는 비밀 집회를 선천적으로 불신하고, 루터교도인 본회퍼를 대할 때에는 신학적 신중함을 잃지 않았다. 그의 큰 관심사는 수련목회자들의 성장이었다. 그래서 수련목회자들을 특별히 핑켄발데로 보내곤 했다. 그들이 어떤 이유로 신학원의 식구가 될 수 없을 때에는 그곳 생활에 몇 주 동안만 참여시키기도 했다.

1940년, 본회퍼는 수도원의 지혜를 조금이나마 맛본 사람으로서[104] 에탈에서 집필하는 가운데 베네딕트 수도원의 지혜를 접하기도 했다. 전기상으로는 그가 공동 단체의 시기를 잠시 스쳐 지나간 것처럼 보이지만, 이는 사실이 아니다. 그는 대단히 고독한 생활을 해야 했던 1943년과 1944년에도 핑켄발데에서 했던 훈련들이 불후의 버팀목임을 입증해 보였다. 이 버팀목 덕분에 그는 허심탄회하고 열린 상태로 불가지론에 빠진 동료 수감자들을 대할 수 있었다.

V. 에큐메니칼 활동

본회퍼는 핑켄발데 신학원에서 일하는 것과 동시에 에큐메니칼 협의회의 전선에서 물러났다. 그는 1934년 절정의 참여를 한 뒤에 1935년 자신이 맡았던 책임들을 거의 다 내려놓았다. 그는 고백교회 임시지도부가 자기를 필요로 하거나 칼 코흐 의장이 중개를 요청할 경우에만 신학원을 비웠고, 대개는 어느 정도 이유 있는 거절의 형태로 자기의 에큐메니칼 신조를 표현했다.

그는 1935년에 에큐메니칼 문제에 대한 자기의 견해를 표명했는데, 이는 에큐메니칼 협의회 고위직 대표들과 논쟁하는 가운데 전에도 후에도 문서화한 적이 없는 표명이었다.

불가피한 출장

본회퍼는 다시 독일에서 살게 된 까닭에 달렘 총회 때부터 제기된 심각한 문제, 곧 임박한 에큐메니칼 대회 석상에서 고백교회를 옹호하는 문제를 회피할 수 없었다. 그는 전국 고백교회 에큐메니칼 전문가들의 협의회에 두 차례 참석하여 상당수 권위자들과 의견을 달리했다. 그 바람에 그와 제네바의 관계가 위기에 처하고 말았다.

하노버 하노버 회의 날짜가 1935년 5월 13-14일로 잡혔다. 1937년에 있을 옥스퍼드 대회를 준비하는 회의이자 조지프 홀즈워스 올덤 박사가 참석하는 회의였다(DBW 14:39 참조). 올덤은 옥스퍼드 대회의 주제를 준비하는 책임을 맡아 제네바 연구분과와 긴밀히 협력했다. 그는 "생활과 실천" 협의회 집행 위원회 회의에 참석하러 파리로 가는 중이었다. 그곳에서 조지 K. A. 벨에게 독일 소식을 보고하기로 되어 있었다. 본회퍼는 하노버 회의에 참석하라는 전보를 받았다.

본회퍼는 하노버에 도착하면서 교계의 상황이 다시 격화되고 있다는 인상을 받았다. 페터 브룬너와 헤센 지방의 두 목사가 다하우 강제수용소에 한 달 넘게 수용되어 있었고, 형제협의회들이 매주 예배 때마다 그들을 위해 중보기도를 하라고 지시한 상태였다. 5월 11일에는 난데없이 게슈타포가 나타나 달렘 사무실을 수색했다. 본회퍼는 이를 토대로 회의 석상에서 다음 두 가지를 대놓고 밝혔다. 첫째, 해외에서 온 에큐메니칼 대표들은 더 이상 제국교회 측(헤켈)과 고백교회 측이 옥스퍼드 대회를 공동으로 준비하는 것을 기대해서는 안 된다. 둘째, 바르멘 총회와 달렘 총회를 치른 고백교회는 이제 이 두 총회의 요구사항들에 대한 제네바 연구분과의 단호한 입장을 요구해야 한다. 옥스퍼드 대회 준비 작업은 진짜 교회가 인정하는 신학에 의해서만 시작될 수 있는데도, 제네바는 오늘날 독일의 어느 교회가 진짜 교회인지를 결정하려 하지 않는다.

6주 뒤에 베를린에서 열린 회의 석상에서는 당혹감과 격분이 표출되었다. 제네바의 입장이 의사일정의 첫 쟁점으로 논의되었고, 이 자리에서 쇤펠트가 제네바 연구분과의 입장을 옹호하는 문서를 발표하게 한 것이다. 빌헬름 멘과 하인츠-디트리히 벤틀란트가 연구분과를 옹호했고, 한스 릴예도 이따금 그랬다. 쇤펠트는 본회퍼에게 이렇게 대꾸했다. "지금 제네바에서는 옥스퍼드 대회를 위한 완벽한 연구가 교회를 토대로 시작되고 있건만, 이 자리에서 논의되는 것은 스스로를 완전하다고 공언하는 신학뿐이군요. 우리 에큐메니칼 공동 연구 모임의 영역에서 그러한 문제와 씨름하는 것은 가능하지 않습니다."[105] 제네바는 고백교회와 가까운 사이라는 확언에도 불구하고, 본회퍼는 다음과 같은 의견을 고집했다. "제네바에서는 다른 쪽과도 동등하게 협의하고 있더군요. 제네바는 신학적인 문제를 장려하지만, 헤켈은 결정을 방해하려고 그 문제를 이용하는 것입니다. 지금 요구되는 것은 교회의 결정이지 독일그리스도인연맹과의 신학적 대화가 아닙니다."[106] 공식적인 의사록에는 아래와 같이 요약되어 있다.

> 제네바의 쇤펠트 박사가 전달한 발언이 "끝맺지 못한 말"이라는 제목으로 (릴예 박사를 통해) 참석자들에게 공개됨.……그 발언을 두고 논의한 것은 다음과 같다. 제네바에 있는 에큐메니칼 연구분과에게 고백교회에 대한 입장을 묻는 것이 중요함. 몇몇 참석자가 고백교회에 대한 명확한 결정이 없는 것을 아쉬워하며, 제네바 연구분과가 독일그리스도인연맹과도 협의한 것을 두고 성토하자, 다른 쪽에서 신앙고백에 합당한 교회 활동과 연구분과에 대한 강력한 속박을 언급함. 의견이 분분함.[107]

하노버 회의에 참석한 본회퍼는 고백교회에 에큐메니칼 전담 부서를 설치할 것을 다시 한 번 요구하고, 자신의 제안들을 비망록에 담아 제출했지만,[108] 또다시 허사가 되고 말았다. 하지만 "독일 개신교회 임시 교회지도부VKL 에큐메니칼 자문 위원회" 구성은 가결되었다. 물론 이 자문 위원회는 1936년 1기 임시지도부의 실패와 함께 가동이 다시 중지되었다. 그 뒤 2기 임시지도부 안에서 한스 뵘Hans Böhm 박사가 에큐메니칼 관심사에 대한 책임을 맡고, 고백교회의 최후까지 그 책임을 유지했다. 본회퍼는 그와 친밀한 관계를 유지했지만, 그때는 이미 주요 전선(戰線)들이 사라진 뒤였다. 하지만 하노버 회의 시절에는 여전히 확실한 희망을 품고 이렇게 말했다. "내가 보기에는 이 일이 제대로 착수되느냐에 성패가 달려 있는 것 같습니다."[109]

베를린 앞서 말한 VKL의 에큐메니칼 자문 위원회 1차 회의가 6월 27일에 칼 코흐 의장의 주재로 베를린에서 열려, 코앞에 닥친 여름 대회에 대한 입장을 놓고 협의했다. 본회퍼는 얼마 전에 독일그리스도인연맹 대표가 참여하는 "신앙과 직제" 협의회 힌스굴 회의에 불참을 통보한 상태였다.[110] 그는 베를린 회의 석상에서 "신앙과 직제" 협의회를 겨냥하며 이렇게 비난했다. "로잔은 독일교회 문제에 대해 아무 말도 하지 않고 있습니다."[111] 우리는 회의록에서 VKL의 에큐메니칼 자문 위원회가 비상식적인 상황이 다가오는 것을 어찌 생각했는지를 느낄 수 있다.

> 고백교회가 권리를 요구해야 한다고 함. 말하자면 VKL만이 DEK를 합법적으로 대표한다는 것이다. 다른 한편으로는 다들 이런 의구심을 품음. 에큐메니칼 협의회는 그럴 준비가 되어 있는가, 에큐메니칼 협의회는 독일에 있는 두 개신교 교회 당국을 동등하게 대하려고 시도하는 것은 아닌가, 제국교회를 더 이상 교회로 인정하지 않을 용기가 없다고 해도 에큐메니칼 협의회는 자신의 장정을 글자 그대로 해석해야 했는가. 다들 고백교회는 자신의 근본 입장에 의거하여 제국교회-해외사무국과 동등한 취급을 받아서는 안 된다고 말함.
>
> 헤켈 감독이 에큐메니칼 회의에 대표로 참석할 경우, 고백교회는 그 회의의 초대에 응해선 안 된다는 쪽으로 여론이 기움.[112]

이 회의 석상에서 본회퍼에 대한 지지도 이루어졌다. 말하자면 그가 전반적으로 불확실한 상황 속으로 들어가 공공연한 발언을 함으로써 고백교회와 에큐메니칼 협의회가 때를 선용하게 해야 한다는 것이다. 그리하여 「고백교회와 에큐메니칼 운동권」Die Bekennende Kirche und die Ökumene이라는 걸출한 논문이 집필되었다.[113]

런던 핑켄발데에서 여름을 처음 맞이할 즈음, 칼 코흐 의장이 본회퍼를 조지 K. A. 벨 주교에게 두 차례나 출장을 보냈다.

조지 K. A. 벨 주교는 파리 회의에 참석하여, 자신과 아문센 감독의 뒤셀도르프 방문 계획에 대한 의구심이 일고 있다는 소식을 듣고, 자신의 출현으로 형제협의회를 더 위태롭게 하고 싶지 않아서 방문 계획을 단념한 상태였다. 달렘 사무실 수색도 거기에 한몫했을 것이다. 그럼에도 코흐는 조지 K. A. 벨에게 새로운 바람을 품었다. "파괴된 지방교회" 대표들의 대규모 집회 날짜가 5월 22-23일로 잡혀 있었기 때문이다. 하지만 이 집회는 당시에 흔한 일이 되어 버린 경찰의 간섭, 곧 집회 해산을 위한 간섭에 맞서 대단히 은밀하게 진행되었다. 코흐는 "생활과 실천" 협의회 의장이 골펠트 회의를 위한 메시지를 보내 주고, 임박한 고백교회 아우크스부르크 전국총회를 가급적 참관해 주기를 원했다.

그리하여 코흐는 하노버에서 돌아오는 중인 본회퍼를 돌려세워 런던으로 보냈다. 본회퍼는 5월 18일 런던에서 조지 K. A. 벨 주교를 예방했다. 조지 K. A. 벨은 정세가 갑자기 악화되더라도[114] 조만간 알폰스 쾨힐린과 함께 베를린으로 가서 고백교회 친구들과 함께 정세를 논의하겠다고 본회퍼에게 약속했다.

본회퍼는 이 장기 출타를 앞두고 코흐에게 보내는 비망록에 다음과 같이 기록했다. "지속적인 상호 보고를 위해 교회의 지시를 받은 출장비서. 대단히 중요!"[115]

2차 영국 출장이 코흐의 지시로 8월 초부터 2주 동안 진행되었다. 본회퍼는 이 기간을 이용하여 자신과 런던 두 교구가 맺은 휴직관계를 완전히 끝내고 후임자 마르틴 뵈크헬러 목사에게 길을 터 주었다.

다음의 두 가지 이유로 치체스터의 주교에게 독일의 정세에 관해 자세히 보고하지 않으면 안 되었다. 첫째, 헤켈이 1935년 샹뷔 대회에 참석하게 된 바람에 VKL이 그 대회에 불참하기로 결의한 상태였다. 둘째, 조지 K. A. 벨이 샹뷔 대회에 이어 곧바로 독일로 오지 않으면 안 되었다. 요아힘 폰 리벤트로프가 6월에 애서니엄을 방문하여 그에게 루돌프 헤스와 신임 종무부 장관 한스 케를을 소개해 주기로 약속한 상태였고,[116] 조지 K. A. 벨이 이들과 면담하려면, 국가가 교회를 위한다며 밀어붙인 "법률 지원"에 맞서 형제협의회가 내놓은 입장 표명이 필요했기 때문이다.

본회퍼는 니묄러가 7월 30일에 발표한 '우리 동료 목사들에게'An unsere Brüder im Amt라는[117] 호소문을 주머니에 넣고서 조지 K. A. 벨을 찾아갔다. 이 호소문에는 독일 전역의 명사 49명의 서명이 담겨 있었다. 조지 K. A. 벨은 샹뷔 회의 석상에서 그 호소문을 인용하며 다음과 같이 힘주어 말했다. "에큐메니칼 협의회는 개신교 고백교회 안에서 국가의 평정 조치에 반대하는 여론이 비등한 것을 무시해선 안 됩니다."[118] 조지 K. A. 벨은 자신의 독일 방문을 준비해 달라고 부탁했다.

샹뷔 대회 뒤, 조지 K. A. 벨은 9월 12일에 코흐, 아문센, 릴예와 회동했다. 조지 K. A. 벨이 히틀러 대리인 및 제국종무부 장관을 만날 무렵은 이미 뉘른베르크 법령이 공포된 상태였다. 9월 20일, 헤스는 유대인 처리가 이제부터 확정된 법령을 통해 더 질서 있게, 더 잘 이루어질 것이라고 말해 조지 K. A. 벨의 우려를 샀다. 9월 28일, 케를은 "독일 개신교회 보호법"으로 교회에 평화를 돌려주고, 이를 위해 고백교회의 양식 있는 인사들과도 협의하겠다고 호언장담했다.

거절

본회퍼는 직책상 1935년 (8월 1-5일) 샹뷔에서 열릴 청년회합을 함께 준비하고 지휘해야 했지만 그러지 않았다. 어엿한 초대장이 그와 코흐에게 발송된 상태였지만,[119] 같은 초대장이 제국교회 대표들에게도 발송된 까닭에, 그는 선출 회원이면서도 세계교회친선연맹 회의와 에큐메니칼 협의회 회의(1935년 8월 12-18일에 열린 샹뷔 회의 내지 18-22일에 열린 샹뷔 회의)에 참석하지 않았다.

청년회합 처음에 그는 파뇌 대회에 크게 감동받아 청년회합에 관심을 기울였고, 테오도르 드 펠리스에게 보낸 1935년 1월 29일자 비망록에서[120] 대단히 명확한 주제들을 제안하기도 했다. 파뇌 청년회합의 결과로 생겨난 그 주제들은 아래와 같다.

전시에 위생부대에서 복무하는 것이 그리스도교적으로 옹호할 만한 것인가 하는 문제는 아직 답을 찾지 못했습니다.……나는 국제 청년회합을 지지하는 까닭에 양심적인 병역 거부의 문제가 토론 주제 가운데 하나가 되기를 바랍니다. 나는 대단히 중대한 문제 속에서 공통의 명확한 태도를 취하지 못하는 것이야말로 우리 운동이 지닌 결점 가운데 하나라고 생각합니다. 우리는 연장자들이 어떻게 생각하건 간에 계속 행진해야 합니다.……내가 청년회합을 위해 제안하고자 하는 특별 주제들 가운데 하나는 다음과 같습니다. 폭력 행사, 그 권한과 한계. 이 근본적인 문제에 답하지 않으면, 평화주의의 이론적 근거가 대단히 취약해질 것입니다(DBW 13:278f.).

실제로 1935년 샹뷔 청년회합은 병역 기피 주제를 또 한 번 받아들여 간략하게 다루었다. "피에르 C. 투레유 목사가 최근에 프랑스에서 일어난 그리스도인의 양심적 병역 거부 경험들을 발표하여 깊은 감동을 주었다."[121] 그사이에 본회의장에서는 "자유와 권위"라는 주제를 다루었다.

본회퍼는 이 비망록을 보내고 곧바로 청년 위원회에 진지하게 참여할 마음이 없어져서 빈터하거를 대리 참여시켰다. 그는 이 대규모 회합들에서 이단 결정의 문제와 평화 계명에 대한 순종의 문제가 조만간 해결되리라는 믿음을 상실했던 것 같다. 그는 제네바에 있는 총무들 사이에서 자신에 대한 격분이 강화되고 있다는 사실도 알고 있었다. 그리하여 그는 영국 출장을 이유로 불참을 통보했다.

그 무렵 세계교회친선연맹과 제네바 사무국은 에큐메니칼 청년 간사 직위의 개편을 궁리하고 있었다. 제네바 사람들의 눈에 파뇌 청년회합이 다소 위험해 보이고, 연장자들의 조언에도 불구하고 화를 잘 내고, 지나치게 북적거리는 것처럼 보였기 때문이다. 그런 이유로 다들 개편을 예견했고, 앙리오는 자신의 보고서에서 이렇게 설명했다. "장차 청년회합을 따로 개최하는 것을 바람직하게 만드는 몇 가지 이의 제기와 난제들이 있었습니다."[122]

"생활과 실천" 협의회 집행 위원회가 제네바에 있는 본부와 협력하여 상임 청년 간사 1명을 두기로 하자,[123] 세계교회친선연맹이 자금 조달을 약속했다. 가을에 미국의 에드윈 이스파이Edwin Espy가 상임 청년 간사로 지명되었다. 그는 1936년 초에 업무를 개시했다. 그렇다고 명예 청년 간사들이 배제된 것은 아니었다. 에드윈 이스파이의 주요 임무는 범세계적인 청년회합 준비였다. 이 청년회합은 1939년에야 비로소 암스테르담에서 실현되었다. 하지만 다들 제네바 측이 청년 사업을 더 강력히 통제해 주기를 바랐다. 에드윈 이스파이는 1930-1931년 유니온 신학교 시절부터 본회퍼와 아는 사이였으나 친한 사이는 아니었던 것 같다. 그는 본회퍼에게 제네바 측 사람들의 말을 되풀이하며 임박한 1936년 청년회합을 위해 고백교회의 대표들과 타 집단의 대표들로 공동 대표단을 구성하자고 제안하기도 했다.[124] 본회퍼는 이 터무니없는 제안에 일절 대꾸하지 않았다. 급기야 에드윈 이스파이는 1936년 6월에 본회퍼를 베를린에서 만났지만, 그가 앙리오에게 제출한 보고서에는 "본회퍼가 게르스텐마이어를 단호히 거부하고, 자유교회 회원과 루터교 협의회 회원을 청년 대표단에 받아들이되 제국교회 대표단은 절대 받아들여선 안 된다고 했다"는 내용만 들어 있다.[125]

쇤펠트는 에드윈 이스파이의 베를린 방문을 위해 일부러 에드윈 이스파이를 추천하고, 강연자 오이겐 게르스텐마이어Eugen Gerstenmaier에게 에드윈 이스파이와 앙리오의 방문을 알렸다.

> 귀하는 이미 이 에큐메니칼 청년 위원회의 사업과 관련하여 여러 가지 놀라운 소식을 들었을 것입니다. 장담하건대, 우리가 청년 사업의 적임자를 찾아냈는데도 이 사업의 상태가 근본적으로 바뀌지 않을 경우, 나는 그래도 귀하를 이해할 것입니다.……우리가 그러한 해법을 찾아내지 못할 경우, 우리 연구분과에서는 기존의 형태로 진행되는 사업을 저지하기 위해 갖은 수를 다 쓸 것입니다.……귀하는 이스파이 씨가 연구분과의 방법과 완전히 일치되게, 그리고 이곳에서 작성된 문제 제기 및 과제 제기와 일치되게 임무를 수행할 것이라고 확신해도 됩니다.……귀하의 이해를 돕기 위해 모든 것을 밝히지만, 이곳에서도 근본적인 변화가 일어나기 시작했습니다. 개인적으로 나는 오래전부터 본회퍼와 같은 한 사람에 의해서 이 분야의 사업이 결정된 것을 있을 수 없는 일로 여겨왔습니다. 하지만 그것이 정정되면 적당한 사람들이 나타나 이스파이 씨의 일을 후원할 것입니다. 앙리오 씨가 미리 그 일에 대하여 귀하와 이야기할 경우, 부탁하건대 그의 이야기를 경청해 주시기 바랍니다. 그러면 귀하에게 대단히 유

익할 것입니다.[126]

이처럼 제네바에 있는 총무들은 실제로 형제협의회들보다는 헤켈의 사무국과 훨씬 활발히 소통했다.

1935년 샹뷔 대회 1935년 몽트뢰 위쪽에 자리한 샹뷔에서 에큐메니칼 대회가 열렸다. 이 대회 기간에 파뇌 결의안 비준과 1937년에 있을 옥스퍼드 대회를 위한 사전 협의가 토의에 부쳐졌다. 하지만 고백교회 임시지도부와 본회퍼는 초대에 응할 수 없다고 생각했다. 헤켈의 인솔 아래 제국교회 대표단이 그 대회에 참석했기 때문이다.

1934년 여름, 바르멘 "저항 세력"은 제국교회와 나란히 파뇌 대회 초대장을 얻기 위해 투쟁을 전개했었다. 초대장을 얻었고, 고백교회는 사실상의 불참에도 불구하고 결의문과 함께 대성공을 거두었다.[127] 하지만 1935년인 지금은 제국교회와 나란히 초대받기보다는 고백교회 홀로 초대받는 것이 중요했다. 1934년 10월에 열린 달렘 총회의 성명서에 따르면 그것은 논리적으로 당연한 일이었다. 제국교회 당국과 그 기관들이 그리스도의 교회에서 벗어나겠다고 선언하는 바람에 고백교회가 긴급 기구를 구성한 것이기 때문이다. 이제 상황은 반박할 수 없을 만큼 비관적으로 바뀌었다. 한편으로는 제네바 사무국과 그 **위원회**들이 그 결정을 승인하고 그대로 처리하라는 요구를 부당한 요구로 여기고, 다른 한편으로는 고백교회가 권리 주장을 굽히지 않고 자기 뜻을 꺾지 않았기 때문이다.

이 절망적인 상황에서 위와 같은 맥락을 파악하지 못한 국외자들과 에큐메니칼 사람들은, 직접적인 결정을 요구하지 않는 독일교회 단체를 셈에 넣을 수 있게 된 것을 위안거리로 여겨야 했다. "파괴되지 않은" 루터파 지방교회들의 새 기구 안에서, 이를테면 1934년부터 느슨한 형태로 있다가 마침내 결성되어 1936년 3월부터 존재하게 된 루터파 교회협의회 안에서 그러한 단체가 발전했다. 이 단체 사람들은 진지한 신학자와 마주쳐도, 배타적인 달렘 총회에서 이루어진 결정이 정말로 필요했는지 아닌지를 자문하지 않았다. 게다가 교회-해외사무국의 신학자들, 특히 헤켈 감독이 이 루터교도들의 신학 범주를 즐겨 사용하여 혼란을 부채질하기까지 했다. 이 때문에 에큐메니칼 구역에 들어가기 위해 경합을 벌이던 고백교회 형제협의회들은 곤란한 상황에 처할 수밖에 없었다. 게다가 이 형제협의회들은 자기 진영 안에서 혼란이 번지는 것을 방치하기까지 했다. 그들은 전투 지형을 제대로 알지 못한 채 자신들의 권리를 주장했거나, 아니면 별로 내키지 않는 심정으로 그리했을 것이다. 이 과정은 오늘날까지도 석연치 않은 것 같다. 그래서인지 다들 그 과정을 숨기거나 감정적으로만 다루려고 한다.

1935년 샹뷔 대회 의장직을 맡은 이는 순번에 따라 조지 K. A. 벨 주교와 교대한 정교회 대주교 루카스 판텔레온 게르마노스였다. 독일 측에서는 헤켈 감독이 주도권을 넘겨받았다. 그는 자기가 맡고 있던 해외사무국과 함께 루트비히 뮐러 시대의 종말과[127a] 아우구스트 예거 시대의 종말을 썩 잘 이겨 낸 까닭에, 파뇌 대회 때보다 상황이 훨씬 유리했다. 그는 국가가 재무 분과와 의결기관 그리고 얼마 전에 설치된 종무부의 형태로 "법률 지원"을 하고 있으니 독일교회가 발전할 것이라고 안심시키며 낙관적으로 서술했다.[128] 유대인 문제에 관해서도 이렇게 장담했다. "독일에서는 유대인 문제가 1년 전보다 훨씬 공개적으로 처리되고 있습니다. 제국교회가 시작했던 계획들이 이행되고 있습니다." 이는 뉘른베르크 법령이 공포되기 며칠 전에 헤켈이 한 말로서 헤스가 조지 K. A. 벨에게 한 것과 유사한 논거를 제시한 것이었다.

조지 K. A. 벨 주교는 그 자리에 없는 이들을 위해 목소리를 높였다. 그는 형제협의회들이 소위 "법률 지원"이라는 진정제를 거부한 것을 언급하며 이렇게 제안했다. "파뇌 대회에서 채택한 결의문을 승인하여 고백총회와의 친밀한 사귐을 지속하고,……고백총회 지도자들에게 앞으로 열릴 모든 대회에 참석해 주기를 바란다는 위원회의 강력한 뜻을 전하고, 고백교회 당국 지도자들과 그들이 대변하는 이들의 도움이 에큐메니칼 운동에 꼭 필요함을 분명히 밝힙시다."[129] 하지만 헤켈은 바짝 경계하며 이렇게 말했다. "이것은 파뇌 대회 의사록에 언급되어 있는 내용, 곧 독일의 모든 그리스도인 형제들과 우호관계를 유지하고 싶다는 내용이 여전히 유효함을 의미합니다. 독일교회 전체를 합법적으로 동등하게 대표하는 것은 독일 개신교회-해외사무국 임직원입니다."[130]

이 해에 본회퍼는 자신을 향해 새롭고 영예롭게 다가온 "신앙과 직제" 협의회의 초대에 응하지 않았다. 이 와중에 이루어진 서신 왕래는 그의 걸출한 에큐메니칼 논문(「고백교회와 에큐메니칼 운동권」—옮긴이)의 중요한 배경을 형성한다.

대성당 참사회 의원 레너드 호지슨

1935년 6월 17일, "신앙과 직제" 협의회는 총무이자 영국 성공회 대성당 참사회 의원 레너드 호지슨을 통해 본회퍼에게 초대장을 보냈다. 힌스굴에서 열리는 "신앙과 직제" 협의회 후속 위원회의 여름 회의에 참석해 달라는 내용이었다(DBW 14:51 Anm. 1). "신앙과 직제" 협의회를 젊게 만들려는 바람이 공공연해지자, 그를 이 동아리에 끌어들이자고 제안한 이는 스웨덴 사람 잉베 토르크니 브릴리오트Yngve Torgny Brilioth였다. 브릴리오트는 호지슨에게 장차 진지하게 받아들일 만한 독일 측 대화상대자로 세 사람의 이름을 꼽았다. 다이스만, 알트하우스, 본회퍼. 호지슨이 다이스만에게 재차 문의하자 다이스만은 이렇게 답장했다. "우리 베를린 대학교의 강사인 디트리히 본회퍼 목사도 대단히 훌륭한 사람입니다. 그는 스물아홉 살이며 우리 젊은 세대의 뛰어난 대표자 가운데 한 사람입니다."[131]

본회퍼는 초대에 응하지 않았다. 일정을 맞추기 어려워서도 아니고, 과로 때문도 아니었다. "신앙과 직제" 협의회를 오랫동안 비판해 왔기 때문도 아니었다.[132] 그가 응하지 않은 것은 레너드 호지슨이 제국교회, 곧 헤켈과 크룸마허를 참여시키지 않겠다고 약속하지 않았기 때문이다.

> 운동 단체인 우리는 "우리 주 예수 그리스도를 하나님으로, 구세주로 영접하는" 여하한 교회의 대표들을 배제할 수 없습니다.……우리에게는 그들의 차이를 구별할 권한이 없습니다.[133]

사실이었고 바뀌기를 기대할 수도 없었다. 하지만 본회퍼는 다른 것을 기대하여 장문의 편지를 썼다.[134] "제국교회는 얼마 전에 하나님이요 구원자이신 예수 그리스도를 배신했습니다. 이는 고백교회가 적확하게 알린 사실입니다. 그러니 에큐메니칼 운동권은 이로부터 결론을 도출하는 것을 피해선 안 됩니다." 그러면서 이렇게 말했다. "나는 현장에서 조금 떨어져 있는 귀하에게 이 모든 말이 바리새주의적인 말로 들리고, 바람직한 겸손에 위배되는 말로 들리리라는 것을 잘 압니다." 그는 멀리 떨어져 있는 영국인 관찰자에게 자기가 얼마나 중대한 실수를 범했는지를 모르지 않았다. 하지만 그 관찰자는 모든 것이 조화를 이루고 있는 곳에서 위기의 복잡성을 보고 의심하는 법을 배운 사람이었다. 레너드 호지슨은 다음과 같은 말에 얼마나 공감하고 동의했을까? "제국교회는 그리스도의 교회와 관계를 끊었습니다. 이는 고백교회가 밝힌 내용입니다."[135] 공감도 동의도 없었다. 하지만 본회퍼는 이에 굴하지 않고 확신에 차서 ("신앙과 직제" 협의회로부터의—옮긴이) 자기 제명을 감행했다.

> 우리는 그리스도교를 위해서 투쟁하고 있는데, 이는 독일에 있는 교회는 물론이고 전 세계에 있는 교회를 염두에 두고 하는 투쟁입니다.……에큐메니칼 운동, 특히 "신앙과 직제" 운동이 예수 그리스도와 그분의 말씀에 복종하는 가운데 그러한 결정적 문제에 응하고 도전을 진지하게 받아들인다면, 내적 쇄신과 새로운 통합이 에큐메니칼 운동권에 주어질 것입니다.……반면에 에큐메니칼 운동권이 이 문제를 직시하지 않는다면, 이는 스스로에게 유죄 판결을 내리는 짓이 될 것이고, 예수 그리스도의 이름으로 말하고 행동하는 능력을 잃고 말 것입니다.[136]

본회퍼는 자신의 결정과 논증을 뒷받침하기 위해 코흐의 동의를 얻기까지 했다.[137]

에큐메니칼 운동의 합의할 수 없는 요소들, 곧 오늘날까지 에큐메니칼 운동의 진로에 방해가 되기도 하고 비료가 되기도 한 요소들이 전형적인 방식으로 격돌했다. 본회퍼는 정관들을 통해 조직을 속박하는 총무가 아니었다. 그래서 총무와 그 조직에게만 편지해서는 안 된다고 생각했다. 반면에 레너드 호지슨은 바르멘 총회와 달렘 총회 회원이 아니라, 신중하고 회의적인 교회사학자였다. 한 사람은 에큐메니칼 운동을 교회로 여기고 그에 따라 행동하는 사람이었고, 다른 한 사람은 에큐메니칼 운동을 교회의 기반으로만 여기는 사람이었다.

모든 교회에 대표단을 파견해 달라고 요청할 때 우리는 이 점을 보증할 필요가 있습니다. 이를테면 모든 교회를 대표하는 협의회의 조치로 교회의 체면이 손상되는 일은 없으리라는 것입니다.[138]

조지 K. A. 벨 주교는 그리스도의 대의가 위험에 처하면 당장 웃음거리가 될 수밖에 없음을 알고 있었다. 반면에 레너드 호지슨은 그 점을 알지 못한 채 아래와 같이 시인했다.

"생활과 실천" 협의회라면 내가 어떤 의견도 표명하지 못하는 이 문제에 대해 위험을 무릅쓰고 의견을 표명하겠지만, "신앙과 직제" 협의회가 그리하는 것은 자기 소명을 거스르는 짓이 될 것입니다.[139]

그사이에 독일에서 경합하는 두 당사자들과 "신앙과 직제" 협의회의 관계들을 꼼꼼히 조사해 보니, "생활과 실천" 협의회 및 세계교회친선연맹보다는 "신앙과 직제" 협의회가 그 시절에 고백교회의 경쟁자와 훨씬 긴밀한 관계를 유지해 왔음이 확인되었다. 글로스터의 주교이자 "신앙과 직제" 협의회 지도자인 아서 헤들램 박사는 영국에서 수년간 독일그리스도인연맹의 대변자 역할을 한 사람이었다.[140] 레너드 호지슨은 본회퍼에게 보낸 친절하고 세심한 편지에서 제국교회의 권리를 옹호하는 주요 증인으로 게오르크 보버민 교수를 내세움으로써 제국교회와 "신앙과 직제" 협의회의 긴밀한 관계를 교묘하게 언급했다. 게오르크 보버민은 아리안 조항을 노골적으로 지지한 자였다.[141]

경합 중인 두 당사자에게 "신앙과 직제" 협의회가 기반을 제공하여, 그들이 자기 신념을 저버리지 않도록 하는 것이 레너드 호지슨의 생각이었다. 하지만 이 시점에 독일에서 투쟁 중인 교회에게는 중립지대가 있을 수 없었다. "신앙과 직제" 협의회는 양 당사자에게 기반을 제공한다는 최소한의 구상에 머무르며 도전을 친절하게, 그러면서도 단호하게 기각했다. 고백교회는 자신의 불편한 최대요구에서 한 치도 물러서지 않고 그 협의회에 참여하지 않았다. 이 사태에 직면한 본회퍼는 논문 형태의 신중한 도전이 새로운 숙고를 불러일으키기를 기대했다. 하지만 그 논문은 주목을 받지 못했다.

거의 4년 뒤, 레너드 호지슨과의 서신 왕래가 다시 활성화되었지만, 이렇다 할 성과를 유도하지는 못했다.[142]

논문

본회퍼가 6월 말과 7월 보름 사이에 작성하여 1935년 『개신교 신학』*Evangelische Theologie* 7호에 게재한 논문 「고백교회와 에큐메니칼 운동권」은[143] 방향제시의 성격을 지니고 있다. 그는 검토에 그치지 않고 "계명과 순종"이라는 범주로 논문을 끝맺는다. 물론 그는 각각의 조항을 신중히 고려하되 양측, 곧 에큐메니칼 사람들과 고백교회 사람들에게 무언가를 바라고 요구한다. 또한 그는 양측에 일정한 단견(短見)이 있음을 규명하려고 한다. 에큐메니칼 운동권과 고백교회의 대결을 유발한 이 단견으로 인해, 양측 모두 그리스도의 교회를 위해 새롭고 전도유망한 상황을 전혀 이용하지 못하고 있다는 것이다.

흥미롭게도 본회퍼는 지난 2년 동안 에큐메니칼 운동권 안에서 일어난 일을 분석하는 것으로 시작한다. "개신교 에큐메니칼 운동권은 교회 논쟁을 계기로 출현한 것이 아니었다."[144] 그는 자기 진영 사람들을 신랄하게 비난한다. "국제주의라는 정치적 개념이 교계에 도사리고 있다"는 비난 때문에(DBW 14:379) 그들이 에큐메니칼 운동권과 관계하는 것을 겁내고 있다는 것이다. 오늘날에는 결코 공감할 수 없는 일이지만, 당시에는 에큐메니칼 운동권에 대한 관심이 극히 미미했다. 본회퍼는 "에큐메니칼 운동권의 실체가" 파뇌 대회를 통해 "난생 처음 교회 지도자들 여럿의 눈에" 들어오게 되었다고 말한다.[145] 에큐메니칼 운동권은 고백교회의 "구속력 있는 대부(代父) 역할을 했다"(DBW 14:382). 본회퍼가 당시에 이 사실을 알아낸 것은 의외였다. 민족을 의식하는 고백 그리스도인들은 에큐메니칼 운동권을 원래부터 불쾌한 존재, 신학적으로 진지하지 못한 존재로 여기고, 인도주의적이고 자유주의적인 에큐메니칼 사람들은 고백교회를 원래부터 신학적으로 완고하고 별난 존재로 여겼기 때문이다.

본회퍼는 논문의 두 주요부에서 한편으로는 에큐메니칼 운동권이 고백교회의 존재를 통해 어떤 문제와 씨름해야 하는지를 논구하고, 다른 한편으로는 고백교회가 에큐메니칼 운동권의 존재를 통해 어떤 문제와 씨름해야 하는지를 논구한다.

a)고백교회는 종파에 관한 물음을 제기한다(DBW 14:382). 그러면서 "정치의 침입, 사회의 침입, 인본주의의 침입 등 일체의 침입에 맞서 꼭꼭 틀어박힌다. 고백이 고백교회의 공간 전체를 가득 채운다."[146] 하지만 본회퍼는 고백교회가 자신의 결정을 인정해 달라고 요구하면서 다음과 같이 "뻔뻔스럽게 주장"했다는 것을 똑똑히 알고 있다. "에큐메니칼 운동권은 제국교회 당국과의 지리멸렬한 대화를 중단된 대화로 간주해야 한다." 하지만 그는 고백교회가 이 주장을 바꾸었다는 사실도 알고 있다. 이를테면 "독일에서 진행되고 있는 교회투쟁은 제국교회 당국에 맞서는 단호한 투쟁이자 그리스도교를 위한 투쟁이기도 하다"는 것이다.[147] 여기서 계속 문제가 되는 고백은 법률적이고 율법적인 기능을 갖고 있는 것도 아니고 한쪽이 움켜쥔 압력수단도 아니다. 물론 고백은 선을 긋고 구별하는 특성을 갖고 있지만, 내용상으로는 죄의 고백이자 찬미가이기도 하다. 이 사실이 고백을 형식적이기만 한 기능으로부터 구출해 낸다. 이는 논문 말미에 명확하게 표현되지만, 논문 중간중간에도 표현된다.

고백교회가 에큐메니칼 운동권에 던진 첫 번째 물음은 다음과 같다. "에큐메니칼 운동권은 교회인가?"(DBW 14:384) 이 물음은 본회퍼가 에큐메니칼 운동권에 발을 들여놓을 때부터 품었던 물음이다. 그는 에큐메니칼 활동 중에도 그 물음과 씨름했고, 이따금 청중에게도 그 물음을 던져 아리송하게 만들기도 했다. 본회퍼는 이 근본적인 물음을 다른 물음과 직접적으로 연결시킨다. "에큐메니칼 운동권은 어디에서 권한을 얻어 말하고 행동하는가?"(DBW 14:384) 에큐메니칼 사람들과 마찬가지로 본회퍼도 에큐메니칼 운동권이 교회가 아니라는 것을 알고 있었고, 그렇게 말하기도 한다. 하지만 교회를 전제하는 것도 아니고 교회가 되려는 것도 아니라면, 에큐메니칼 운동권은 어떤 근거에서 출발할 수 있는가? 본회퍼는 이 물음을 잠재우지 않는다. 그는 사람들이 오랫동안 이 물음을 회피했음을 인정하면서 이렇게 말한다. "그러나 고백교회는 이 물음을 새롭게 제기하며 해명을 요구한다."[148]

그런 다음 본회퍼는 제네바에 있는 연구분과를 향해 명시적인 찬사를 보내는 한편, "신학적 문제 제기"가 지난 몇 년 동안 단순하고 낙관적인 전선을 교체하거나 돌파했다고 분석한다(DBW 14:385). 본회퍼가 케임브리지 대회로부터 글랑 대회에 이르기까지 강력하게 요구한 것도 신학적 문제 제기였다. 하지만 지금은 이 단계가 지나간 까닭에 "신학적인 대화"(DBW 14:386)에 머무르는 것은 위험한 은폐, 흉악한 은폐나 다름없었다. 이는 신학과 교회에 꼭 필요한 결정들을 소홀히 하거나 아예 거부하는, 참으로 허울 좋은 겉치레에 불과했다. "그리스도교 인사들"(DBW 14:386)의 회합이나 신학자 회의는 더 이상 교회와 관련된 것에 만족하지 않았다. 그는 쇤펠트와 그의 연구분과를 겨냥하여 이렇게 말한다.

> 우리는 고백교회의 물음을 통해 불가피한 신학적 대화의 단계를 이미 넘어선 상태다.[149]

쇤펠트와 그의 연구분과는 교회를 "정의하겠다"고 고집하다가 교회가 "되기"를 거부한 격이었다. 본회퍼는 레너드 호지슨을 향해서는 이렇게 말한다.

> 에큐메니칼 운동권은 이 물음을 있는 그대로 담대하게 받아들이고, 그 밖의 모든 것을 순종 속에서 교회의 주님에게 맡길 때에만 구원을 얻을 것이다. 에큐메니칼 운동권이 평화를 교란하는 이 과제에 종사하다가 강해지고, 이 투쟁을 토대로 더 강력해지는 것은 아닌지 누가 알겠는가?[150]

본회퍼는 심각한 위기를 초래할 수 있는 위협적인 난제들을 알게 되었지만 "파뇌 대회 덕분에 에큐메니칼 운동권이 신기원에 접어들었다"라고[151] 말한다.

그런 다음 본회퍼는 미묘한 물음을 던진다. "에큐메니칼 운동권은 어찌해야 교회가 될 수 있는가? 에큐메니칼 운동권은 어찌해야 고백에 대한 교회의 정당한 의견을 찾아낼 수 있는가?"(DBW 14:389) 하지만 그는 고백의 순수한 통합, 곧 "세계 루터교"가 추구될 때 이 관심사가 충족된다고는 생각하지 않는다. 오히려 그는 재래의 고백 상태와 반대되는 현실적 고백을 제시한다(DBW 14:393).

b)논문의 2부에서는 물음의 방향을 다음과 같이 바꾼다. "고백교회도 에큐메니칼 운동권으로부터 문제 제기를 받을 수 있는가?" 본회퍼는 다음의 세 가지 방식

으로 그리할 수 있다고 주장한다.

첫째, 에큐메니칼 운동권의 긍정적인 존재는 증명의 특성을 갖는 것이 아니라 적절한 조언의 특성을 갖는다(DBW 14:394f.). 에큐메니칼 운동권은 고백교회보다 먼저 존재하고, 고백교회 없이도 이미 존재하고 있다. 그가 더 깊이 숙고해서 말한 내용은 아래와 같다.

> 고백교회가 고백을 요구함으로써 스스로를 고립시키고, 고백교회의 고백이 에큐메니칼 사상에 공간을 열어 두지 않을 경우, 다음과 같은 물음이 아주 진지하게 제기될 것이다. "고백교회 안에는 아직도 그리스도의 교회가 존재하는가?"[152]

그랬다가는 "자기 홀로 자화자찬하는 정통 고수"가 되고 말 것이다(DBW 14:396). 본회퍼는 고백교회를 에큐메니칼 운동권에 참여시킬 때에만 고백 요구의 한계를 인정할 수 있다고 생각한다.

둘째, 고백교회는 다른 교회들과 함께 세례성사를 인정하고, "하나님의 은혜를 교회의 교의**보다 우위에**" 둔다. 물론 이것은 교회분열을 하찮게 여기기 때문이 아니라 답답하게 여기기 때문이다.[153]

셋째, 본회퍼에게는 다음의 사실이 특히 중요하다. 말하자면 루터의 영향을 받은 교회의 고백은 본질상 참회의 고백이라는 것이다(DBW 14:397). "이 교회는 자기의 생명을 자기 자신으로부터가 아니라 외부로부터 받는 까닭에, 자기가 하는 모든 말 속에는 에큐메니칼 운동권 및 교회의 말이 존재한다."[154] 따라서 고백교회가 에큐메니칼 운동권에 참여하는 것은 집단이나 유파로서 참여하거나, 독일 개신교회의 진지한 저항 세력으로서 참여하는 것이 아니라, "교회로서" 참여하는 것이다. 이 일이 에큐메니칼 운동 속에서 즉각 이루어지지는 않았지만, 본회퍼는 조만간 그리되기를 바랐다. 하지만 실제로는 전혀 이루어지지 않았다.

본회퍼는 절대화될 위험이 있는 종파 문제를 토대로, 강력한 계명을 마주하여 오랫동안 품어 온 물음을 두 수취인에게 던지고 답변을 요구하면서 논문을 끝맺는다. 그 물음은 다음과 같다. "에큐메니칼 협의회는 전쟁, 인종적 증오, 사회적

착취에 대해 바른 말을 할 것인가? 모든 민족 안에 있는 모든 개신교인들의 참되고 보편적인 일치를 통해 전쟁 자체가 불가능하게 될 것인가?……필요한 것은 자기 목적을 제멋대로 실현하는 것이 아니라 순종이다."[155] 이 결론은 이제까지 추론한 모든 것과 잘 어울린다. 말하자면 특정 종파의 합법성이 에큐메니칼 운동권을 합법화하는 것이 아니라, 내적인 정당성이 교회로서의 에큐메니칼 운동권을 합법화하거나 쇄신한다는 것이다.

본회퍼가 오랫동안 종파 문제를 전면에 내세운 것은 분리 문제와 이단 문제가 대단히 중요했기 때문이다. 그래서 그는 1년 뒤 다시 펜을 들고 또 하나의 논문을 썼다. 가장 격렬한 반응들을 불러일으킨 논문이었다.[156] 이 논문에서 그는 독일 국내를 겨냥하여 말했지만 전보다 예의에 어긋난다는 비난을 받았다. 본회퍼의 귀에도 그런 비난이 들려왔지만, 그는 대체로 개의치 않았다. 두 논문은 함께 평가되어야 한다.

당시 에큐메니칼 운동권은 독일 신학 잡지에 실린 이 논문을 알지 못했다. 제네바 사무국은 그와 논쟁하지 않고 고백교회 인사들과 협의했고, 이 고백교회 인사들이 수준 높게 말한 내용을 진지하게 받아들이지도 않았다. 그러고는 제국교회 인사들과 협의하면서, 이 인사들이 인종과 혈통과 고국을 토대로 한 국가사회주의의 "국민형성"을 긍정하거나 묵인하는데도 그것을 심각하게 취급하지 않았다. 1935년에는 그러한 것을 무시해도 되었을까? 에큐메니칼 영역에서 그러한 상투어[façon de parler]를 어떻게 해서든지 무대에 남아 있기 위한 전술적 위장으로 받아들여도 되었을까? 당시에 본회퍼는 에큐메니칼 영역에서 그것을 단호히 반대했다.

루스 라우즈와 스티븐 찰스 닐은 『에큐메니칼 운동사』에서 1935년의 극적인 역사를 담은 그 논문을 언급하지 않았다. 그럼에도 불구하고 에큐메니칼 운동의 역사는 본회퍼가 제기한 문제를 차츰차츰 추가했다.[157]

복음전도 여행

핑켄발데 신학원이 마지막 활동의 3분의 1을 시작하기 전이었다. 본회퍼는 방학 중에 목사후보생 무리와 함께 자전거로 포메른 교계인 나우가르트와 다베르를 두루 돌아보고, 발트 해에서 며칠을 보내며 휴식을 취했다. 고백교회의 고독한 목사들을 찾아가 교회에서 저녁 전도 집회를 갖는 것은 쌍방의 필요에 부합하는 일이었다. 1935년 8월의 이 자전거 여행은 복음전도 활동의 서막이나 다름없었다. 이후 이 여행은 핑켄발데에서 계획적으로 추진되었다.

구프로이센 고백총회

핑켄발데 신학원 학생들은 1935년 9월 23일부터 26일까지 베를린-슈테글리츠를 여행했다. 달렘 목사관의 긴급 요청과 본회퍼의 신속한 결단력으로 성사된 여행이었다. 핑켄발데 신학원 학생들은 슈테글리츠 고백총회의 관람석에 앉아 **압력단체** 역할을 매끄럽게 수행했다. 아침에는 "제자도"—재산과 염려에 대한 훈화가 있었다[158]—와 고백서들을 융숭히 대접하고, 저녁에는 베를린-슈테글리츠에서 열린 개회 예배에 전원 참석했다. 하인리히 렌토르프가 신앙고백과 부인(否認)에 관해 설교했다. 이튿날 아침, 한스 요아힘 이반트가 "제자도"를 중심으로 예배를 인도한 뒤에 박진감 넘치는 회의가 시작되었다.

재무 분과 설치, 의결기관 설치, 종무부, (9월 24일에 막 공포된) 보안법 등을 통한 국가의 간섭들이 먼저 구프로이센 연맹교회들에 사정없이 들이닥쳤다. 그것도 모자라 불확실성까지 퍼졌다. 1933년 독일그리스도인연맹의 공격이 진행되던 때와 달리, 이제는 구프로이센 연맹교회들 가운데 상당수가 "법률 지원"의 지엽적인 성격만 보고 거기에서 냉정하고 이성적인 사람들을 발견한 반면, 다른 교회들은 "법률 지원"이 교회의 자유를 옥죄는 대단히 효과적인 목조르기라는 것을 곧바로 알아챘다. 케를의 새 종무부는 다음과 같은 핵심적 표현을 동원하며 활동을 개시했다. "교회를 다시 교회답게 하기" 위한 평정 조치들. 이 조치들을 반대하기보다는 기다렸다가 협상하는 게 낫지 않았을까? 형제협의회들은 희생이 클지도 모를 반대를 더 이상 혼자 책임지지 않고, 총회가 결의를 통해 뒷받침해 주기를 바랐다. 하지만 9월 24일에 열린 총회는 더 이상 만장일치로 반대를 결정하는 회의체가 아니었다.

그 바람에 교회투쟁에서 유일무이한 사건이 벌어졌다. 국가의 대리인이 고백총회 석상에 등장하여 발언권을 얻은 것이다. 종무부 참사관 율리우스 슈탄Julius Stahn 박사가 종무부 장관 케를의 지시를 받아 새로운 법률 지원의 의의와 취지에 흥미를 느끼게 하려고 했다.[159] 핑켄발데 신학생들은 불쾌한 상황이 뚜렷이 드러나도록 야유로 일조했다. 슈탄 박사의 연설 도중과 말미에 일어난 일이었다.

결국 슈테글리츠 총회는 영적인 결정의 독립성을 옹호하면서도, 재무 분과와 의결기관을 설치하라는 국가의 명령은 막지 못했다. 하지만 슈테글리츠 총회는 그것이 실제로 무엇을 의미하는지를 그때그때 재고하는 장치를 스스로 마련했다. 총회는 그 밖에도 교회 자산과 헌금의 독자적 처분 권한을 요구하는 한편, 격렬한 논쟁을 벌이고 나서 고백교회 회원들이 구프로이센 연맹 안에 설치될 재무 분과라는 기구에 협력하는 것을 금했다.

하지만 이 결정들을 반길 수만은 없었다. 논쟁 중에 전선의 취약점이 명백해졌기 때문이다. 얼마 지나지 않아 국가의 법률 지원을 두둔하는 측과 반대하는 측 사이에 틈이 벌어졌다. 슈테글리츠 총회 회원 상당수가 곧바로 케를이 설치한 주(州)교회 위원회의 뜻대로 움직였고, 이제껏 존경받던 관구총감독 빌헬름 쵤너가 그 위원회의 우두머리가 되었다. 이 전선을 비집고 들어온 틈들이 어느 날 여러 신학원의 입구에까지 다다랐다.

그러나 본회퍼가 핑켄발데 신학생들을 베를린으로 데려간 것은 종무부 참사관 율리우스 슈탄 때문도 아니고 법률 지원이 통과될지 모른다는 비상 신호 때문도 아니었다. 그것은 프란츠 힐데브란트가 보내온 충격적인 소식 때문이었다. 힐데브란트가 달렘에서 핑켄발데로 전화를 걸어 경보를 울린 이유는, 고백총회 위원회가 유대인 세례를 위한 총회 의안을 준비하던 중, 갓 공표된 뉘른베르크 법령을 위해 그것을 단호히 유보하려 했기 때문이다.

1935년 9월 15일, 히틀러가 뉘른베르크에서 전당 대회의 박수갈채를 받으며 법령을 공포했다. 제2의 유대인 박해, "더 정교한" 유대인 박해 시대를 개시하는 법령이었다. "독일 공민법령"은 정치적 권리가 없는 제2계급의 "국민"을 "독일 혈통 및 이와 유사한 혈통을 지닌" 독일 국민으로부터 분리시켰고, "혈통보호법령"은 소위 혼합을 금하고, 예컨대 45세 미만의 "아리아인" 여성이 유대인의 집에서 가사노동을 하는 것을 금했다. 본회퍼는 이 법령들의 발전 단계들 가운데 몇 가지를 도나니에게서 들어 알고 있었으며, 도나니가 불가피한 법령들을 완화시키거나 더 호의적인 조정을 모색하여 시행 세칙을 유연하게 하려고 동분서주했다는 것도 알고 있었다.

슈테글리츠 총회는 세례를 염두에 두고 교회 영역에서 아리안 조항을 한 번 더 분명하게 거부할 생각이었지만, 이는 경계를 설정한 셈이 되고 말았다. 유대인 문제를 국가 영역에서 법률로 제정하는 권한이 국가에게 있음을 교회가 명시적으로 인정한 것이다. 뉘른베르크 법령이 공포되고 열흘 뒤에 이 법령에 찬성한 것으로 이해할 수밖에 없는 처사였다. 힐데브란트가 니묄러에게 다음과 같이 밝힌 것도 그 때문이었다. "슈테글리츠 의안들 중에서 새 법령에 반대하는 의안 대신 새 법령을 승인하는 의안이 공공연해질 경우, 나는 목사긴급동맹에서 맡은 직위를 내려놓고 고백교회를 떠날 수밖에 없습니다."

본회퍼는 힐데브란트의 전화 통지에 즉각 반응했다. 슈판다우의 교구감독 알베르츠가 1935년 6월 초에 열릴 아우크스부르크 총회에 대비하여 마르가 모이젤 Marga Meusel에게 「비(非)아리아 혈통 개신교인에 대한 고백교회의 임무」라는 논문을 쓰고 발표하게 했지만, 본회퍼는 그 논문이 유대인 문제(유대인 세례 문제가 아니다!)에 대해 한마디도 언급하지 않았다고 비판한 상태였다. 물론 그도 유대인 세례를 제한해서도 안 되고, 공동체를 세우는 일에만 유대인 세례를 한정해서도 안 된다는 발언에 찬성했다. 하지만 이 발언은 그에게 불쾌한 언사나 다름없었다. 일반적으로 자행되고 있는 유대인 박해에 대한 분명한 증언이 빠져 있었기 때문이다. 하지만 본회퍼는 고립무원의 처지가 아니었다. 엘리자베트 슈미츠Elisabeth Schmitz 박사가 자신의 비망록 「독일에 있는 비(非)아리아인의 상태에 대하여」에서 유대계 그리스도인의 문제를 넘어 유대인 일반에 대한 물리적·법적 박해를 조사하고, 본회퍼가 말하는 의미에서 아래와 같은 물음들을 던졌다는 소문이 파다하게 퍼진 것이다.

> 네 아우 아벨이 어디에 있느냐? 우리에게, 곧 고백교회에 남아 있는 대답은 가인의 대답뿐이다.……철저하게 파괴될까 우려하여 아무 일도 하지 않는다지만, 교회가 어찌 자신의 책무를 모른단 말인가? 어찌 교회가 부당한 고난과 박해를 당하는 이들을 위해 기도하지 않는단 말인가? 어찌 투옥된 목사들을 위해 했던 것과 같은 중보기도 예배가 없단 말인가? 교회가 교회에 대한 지지를 대단히 어렵게 만들고 있다.……고백교회 안에 다음과 같이 생각하는 자들이 있다는 것은 섬뜩한 사실이 아닐 수 없다. "나는 오늘날의 역사적 사건 속에 처한 유대교, 우리가 부과한 고통을 겪고 있는 유대교에게 하나님의 심판과 은혜를 선포할 자격이 있다." 언제부터 악인이 자신의 악행을 하나님의 뜻으로 내세우는 권한을 받았는가? 우리의 죄스러운 행위를 신성한 하나님의 뜻으로 포장하는 일이 없게 하자. 그렇지 않으면 우리는 성전 모독자들이 받은 벌을 받게 될 것이고, 채찍을 휘두르시며 그들을 몰아내신 분의 저주를 받게 될 것이다.

이 논문은 "1935년 9월 중순", 곧 뉘른베르크 법령들이 공포되기 직전에 마무리되었다. 그리고 이 논문의 부록 "뉘른베르크 법령들의 결과"와 "비(非)아리아 혈통 그리스도인 자녀들의 체험담"은 1936년 5월 8일에 마무리되었다. 본회퍼는 사본 한 부를 만들어 런던에 있는 친구 율리우스 리거에게 보냈다. 성 게오르크 교회에서 보관하고 있는 율리우스 리거의 문서들 속에 이 논문의 사본이 들어 있다.[160]

본회퍼는 슈테글리츠 총회 회원이 아니어서 발언 자격이 없었다. 따라서 의사록에는 그의 의견 표명이 기록되어 있지 않다. 하지만 그는 알베르츠 같은 친구들과 한편이었다. 총회는 겁을 낸 나머지 애초에 뉘른베르크 법령들을 겨냥하여 고려했던 주장을 적극적으로 펼치지 못하고, 유대인 선교와 유대인 세례를 옹호하는 내용만을 성명서에 담았다.[161] 유대인들 앞에 내놓기에는 곤혹스러운 내용이었지만, 국가사회주의 국가 앞에서 이 성명서는 국가에 대한 일체의 환호를 뺀 채 스스로를 노출시키는 일종의 고백이나 다름없었다. 총회는 일반적인 유대인 문제를 둘러싸고 불쾌하게 진행된 토론 내용을 결의문에 담아 형제협의회로 회부하여 계속 논의하게 했다. 결의문에 담긴 내용은 아래와 같다.

> 복음과 그리스도교회는 현재 공공연하게 진행되고 있는 유대인 문제의 처리 방식에 대해 대체로 이의를 제기한다. 이 때문에 우리의 교회들을 위협하는 혼란에 직면하여 형제협의회가 이와 함께 제기된 개별적인 문제들을 조속히 맡아서 성서와 고백 쪽으로 방향을 제시하는 답변을 주기 바란다.

"답변"은 사실상 1936년에 고백교회가 히틀러에게 항의서를 보내는 것으로 이루어졌다. 이 항의서에는 그리스도인들에게 강요된 유대인 증오 대신 이웃사랑의 계명이 정당하다고 말하는 내용이 들어 있었다.[162]

본회퍼는 핑켄발데로 돌아가 목사후보생들과 함께 로마서 9-11장을 논했지만(DBW 14:875-877), 울적한 마음을 가눌 길이 없었다. 구프로이센 고백 동료 목사들에게 아우크스부르크 총회 때보다 더 나은 모습을 기대했건만, 뉘른베르크 법령들이 공포되고 열흘 뒤여서 그랬는지 슈테글리츠 총회가 꼴불견을 연출했던 것이다. 본회퍼가 이따금 회상한 대로, 슈테글리츠 총회는 잃어버린 운명의 시간이었다. 그는 슈테글리츠 총회가 "벙어리처럼 말 못하는 이들을 위하여 네 입을 열라"는[162a] 말씀을 향해 나아가기는커녕 자기 이익과 관련된 주제—재정권과 국가의 승인—에만 관심을 기울였다고 생각했다. 슈테글리츠 총회가 "벙어리처럼 말 못하는 이들을 위해 네 입을 열라"는 말씀을 향해 손을 뻗지 못하고, 유대인 세례를 옹호하는 발언에 스스로를 한정한 채 지지부진한 문제들을 형제협의회에 떠넘긴 것은 틀림없는 사실이다.

그가 보기에 구프로이센 고백교회는 슈테글리츠 총회의 유명무실한 승리로 인해 우선순위들을 치명적으로 왜곡하는 짓에 동의한 것이나 다름없었다. 이는 그가 에큐메니칼 논의에서 우려한 사항이기도 했다. 말하자면 고백교회는 위험에 처한 합법성을 정당성에서 새롭게 얻지 않고, 자신의 합법성을 위한 투쟁에서 내적 정당성을 도출했다는 것이다. 그는 정당성은 장정(章程)과 법령을 통해서 보증되는 것이 아니라 벙어리처럼 말 못하는 이들을 위해 증언함으로써만 확보된다고 확신했다. 그가 슈테글리츠 총회를 패배로 여긴 것은 그 때문이었다.

그가 고백교회의 약점을 부끄러워한 데에는 개인적인 이유도 있었다. 방겐하임슈트라세에는 부모와 형제자매들이 다음과 같은 물음을 놓고 협의 중이었다. "쌍둥이 누이의 가족인 라이프홀츠 가족은 자기들에게 닥친 문제를 어찌 처리해야 하는가?" 미지의 어딘가로 이민을 가는 것은 생각만 해도 참을 수 없는 일이었다. 하지만 더 이상 통제할 수 없는 사태 전개 앞에서는 속수무책이었다. 93세의 할머니는 디트리히에게 마지막으로 보낸 편지에서 자기 친구의 손녀 게르트루트 베델Gertrud Wedell과 그 남편 한스 베델—이미 오래전에 뒤셀도르프에서 변호사 개업을 포기한 상태였다—에 관해 아래와 같이 말했다.

> 쉰네 살의 남자가 자녀들을 온전히 양육하기 위해 세상을 돌아다니며 일자리를 찾고 있단다.……한 가족의 삶이 무너진 것이지!……세세한 부분에 이르기까지 모든 것이 영향을 미치고 있단다. 네가 조금이라도 조언해 주거나 도와주겠니?……네가 이 걱정거리들을 두고 곰곰이 생각해서 해결책을 알아냈으면 좋겠구나!(DBW 14:88)

슈테글리츠 총회가 끝나고 한 달도 안 되어 케를이 설치한 전국교회 위원회가 일반 대중 앞에 모습을 드러냈다. 명망 있는 루터교도이자 관구총감독인 빌헬름 쵤너가 그 위원회의 우두머리였다. 슈테글리츠 총회 회원 상당수는 빌헬름 쵤너가 국민교회를 건져 내어 살릴 것이며,—이것이 우선이었을 것이다—자신들의 신앙고백 방식을 보증하고 평화를 조성해 줄 것이라 믿고 그의 뜻대로 했다. 하지만 빌헬름 쵤너가 교회 위원회들에 협력하자며 1935년 10월 19일에 처음 발표한 장문의 호소문에는 다음과 같은 내용이 들어 있었다. "우리는 인종과 혈통과 고국을 토대로 한 국가사회주의의 국민형성에 동의합니다."

1차 과정의 종료

아직은 낙관주의와 투쟁의 열기가 신학원을 지배하고 있었다. 유혹에 굴복하여 종교국의 비호를 받겠다고 생각하는 이가 전혀 없었다. 1935년 10월 16일, 신학원 식구들이 축제 같은 저녁시간을 보낼 무렵, 케를의 교회 위원회 아래로 헤쳐 모이라는 빌헬름 쵤너의 격문이 당도했고, 이로써 핑켄발데 신학원의 1차 과정이 끝나고 말았다.

목사후보생들은 각자 고향 지방으로 돌아갔다. 그들은 곧바로 목사안수를 받고 소위 "불법 목회자"Illegale로 머물렀다. 목사관과 정원이 있는 목회지를 얻는 것은 꿈도 꿀 수 없는 일이었다. 그런 자리를 원하는 이는, 예컨대 포메른 지방의 경우 맞은편 오데르 강변에 위치한 퀴켄뮐레 신학원으로 들어가야 했다. 이 신학원은 종교국의 교회 위원회와 함께 신설된 곳이었다. 중립적인 종교국이나 독일그리스도인연맹의 종교국은, 형제협의회에서 교육을 받고 목사안수를 받은 사람이 정상적으로 마련된 목회 자리에 접근하는 것을 차단했다. 고백교회 목사후보생들은 특정한 경우 목사 임용 권한을 지닌 독립적인 교회 후원자가 목회지로 불러 주는 것을 바랄 수 있었다. 이 경우에 급료는 지방 형제협의회의 자산으로 충당했다. 그들은 대담한 교구감독이 자신들을 수련목회자로 받아 주기를 기대할 수도 있었다. 이 경우에는 대개 당국의 확인 없이 영구 수련목회자 신분으로 재직했다. 또는 신흥 도시의 고백 임시공동체들이 젊은 신학도들을 초빙하기도 했다. 공석인 자리가 나쁘지 않을 경우, 목사후보생들은 본회퍼와 협력하여 교회와 사무실 안으로 들어가려고 애쓰기도 했다. 또는 주 형제협의회와 공동 책임을 지는 조건으로 개인집 안에 임시 교회를 설립하려고 시도하기도 했다. 이는 훨씬 위험한 시도였다.

이로 인해 핑켄발데를 떠나는 이들이 생겨났고, 본회퍼는 서신 왕래와 방문과 휴가를 이용하여 그들에게 일체의 원조를 약속했다.

그러나 처음에는 친가로 가서 휴일을 보냈다. 1935년 10월, 그의 부모는 그가 유년기를 보낸 그루네발트를 떠나 샤를로텐부르크 헤르슈트라세 인근의 새집으로 이사했다. 마리엔부르크 알레 43번지에 소재한 그 집은 그들의 설계도대로 지

1935년 10월 15일, 핑켄발데 신학원의 1차 과정이 끝난 후.
요아힘 카니츠, 에버하르트 베트게를 비롯한 목사후보생들이 이곳에서 본회퍼에게 공동생활을 배웠다.
맨 뒷줄 왼쪽에서 두 번째가 본회퍼, 오른쪽에서 세 번째가 요아힘 카니츠, 그 아랫줄 왼쪽에서 첫 번째가 에버하르트 베트게.

어진 집으로서 키가 큰 유럽소나무들에 둘러싸여 있었다. 서향의 망사르드 다락방은 디트리히의 차지였다. 다락방의 창문을 열면 42번지에 소재한 집이 건너다 보였다. 같은 시기에 지어진 이 집은 디트리히의 자형 슐라이허가 사는 집이었다. 디트리히는 1943년 바로 이 집에서 체포되었고, 그로부터 1년 뒤 그의 형 클라우스도 42번지의 음악실에서 체포되었다.

핑켄발데

1936-1937

1935년부터 1937년까지 이어진 핑켄발데 신학원의 짧은 생애는 독일 교회투쟁의 세 시기, 곧 루트비히 뮐러 시기1933-1935, 빌헬름 쵤너 시기1935-1937, 프리드리히 베르너 시기1937-1945에 두루 닿아 있었다.

핑켄발데 신학원을 개교할 무렵 명목상의 지도자는 루트비히 뮐러였다. 교회를 치리하는 권한이 제국감독의 손아귀에서 고백교회로 넘어올지도 모른다는 희망이 아직 완전히 사라진 것은 아니었다. 교회투쟁이 마지막 활동을 활발히 보여주고 있었다.

그러다가 핑켄발데 신학원의 전성기에 그늘이 드리워졌다. 잘못된 지시로 질서를 잡으려 시도하는 빌헬름 쵤너와 고뇌에 찬 논쟁을 벌였기 때문이다. 신학 경험이 풍부하고 명성이 자자한 빌헬름 쵤너는 종무부 장관 케를의 지시대로 움직이는 꼭두각시였다. 국가의 승인이 교회의 위력적인 표지가 되면서, **교회의** 고전적 **표지**notae ecclesiae였던 말씀과 성례전이 약화되었다. 이 시기의 투쟁은 빌헬름 쵤너의 교회 위원회들, 형제협의회들, 루터교 협의회, 여전히 활동 중인 독일그리스도인연맹 사이의 힘겨운 줄다리기가 되었다. 무엇이 위험에 처했는지를 외부 세계에 알리기가 굉장히 어려웠다. 약간의 극적인 고비가 간혹 여론에 알려지기도 했다. 마침내 빌헬름 쵤너가 국가의 지령을 물리치기로 마음을 먹은 것이다. 그가 영적 권위를 세우려는 자신의 시도가 얼마나 우습게 되었는지를 알아차린 것은 국가의 지령이 그를 견딜 수 없을 만큼 종속시켰기 때문일 것이다.

핑켄발데 신학원이 1937년에 해체될 무렵, 프리드리히 베르너 박사가 교회사무국, 재무 분과, 개신교 최고관리 위원회의 법률상 수장이 되어 지배를 확대하며 일체의 영적 자주성을 질식시키겠다고 으르댔다. 교회 법률가로서 국가의 지시에 고분고분 따르던 그는 파렴치하게도 고백교회가 여전히 간직하고 있던 것을 따돌리는 일에 마음을 썼다. 게다가 교회투쟁은 진정한 "교회투쟁"의 성격을 넘어, 하인리히 히믈러가 지휘하는 경찰과의 이질적인 충돌로 옮겨 갔다.

에큐메니칼 운동권과 고백교회의 관계는 교회투쟁의 두 번째 시기와 세 번째 시기에 두드러지게 악화되었다. 1935년, 제네바에 있는 총무들은 고백교회가 에큐메니칼 운동권에 던진 질문, 곧 "에큐메니칼 운동은 교회인가?"라는 물음에 전혀 답하지 않았다. 1936년, 빌헬름 멘과 앙리오 같은 사람들은 고백교회—특히 본회퍼와 아스무센—가 모든 에큐메니칼 활동을 교회투쟁의 관점에서 보는 것을 놓고 의견을 교환했다. 1937년, 제네바는 초청 문제의 딜레마에서 벗어났다. 한편으로는 고백교회 스스로 참여하지 않았고, 다른 한편으로는 국가가 세계교회협의회 옥스퍼드 대회에 참석할 독일 대표단에게 여권 교부를 거부했기 때문이다.

본회퍼 자신은 교회투쟁의 두 번째 시기(빌헬름 췰너 시기)에 교회의 모든 진영에서 명성을 얻었다. 오명이나 다름없는 명성이었다. 그때까지 교회 대중은 그에 대해 아는 것이 거의 없었다. 『나를 따르라』와 『신도의 공동생활』이 아직 나오지 않았던 것이다. 하지만 1936년 모든 사람이 본회퍼의 수상쩍은 문장에 대해 떠들어 댔다. 교회의 고전적 교리, 곧 "교회 밖에는 구원이 없다"는 교리를 현대적으로 표현한 그 문장은 다음과 같다. "고백교회에서 일부러 이탈하는 자는 구원을 상실한다."[1] 그 바람에 본회퍼의 이름은 그가 신학자로서 쌓은 명성을 무효화시키는 방식으로 알려지기 시작했다. 게다가 그는 『젊은 교회』에 게재한 구약성서 연구논문 때문에도 다음과 같이 격렬한 비난을 받았다. "그는 남의 말을 받아들이지 않을 만큼 과격해. 신학적으로 발악을 하고 있어. 주석을 악용하고 새로운 율법주의와 수도생활을 강요하고 있어."

그럼에도 목사후보생이 모자라지 않았다. 그들은 각자의 주 형제협의회에 출두하여, 되도록 자신들을 핑켄발데 신학원으로 보내 달라고 말했다. 그들은 핑켄발데 신학원에서 본회퍼가 여러 공격에도 굴하지 않고 제3제국에 속한 교회의 내적 정당성에 대해 훨씬 날카로운 물음을 제기하는 것을 똑똑히 목격했다. 하지만 자신들의 원장이 던진 도발적인 명제들 때문에 자신들이 공격을 당하는 것인데도, 그들은 그 명제들을 어찌 해석해야 하는지를 제대로 알지 못했다. 그럼에도 핑켄발데 신학원은 설립되던 날부터 폐쇄되던 날까지 바르멘 총회와 달렘 총회를 통해 시작된 고백교회의 여러 집산지 가운데 하나였다.

1. 시행령 제5조

1935년 11월 중순, 음울한 교회정세 속에서 핑켄발데 신학원의 2차 과정이 활동을 개시했다. 모든 지표로 보건대 지금은 고백교회 조직들의 사활이 걸린 때였다. 겨울학기에 대학 강사 일을 재개하는 바람에 베를린에 자주 갈 수 있게 된 본회퍼는, 베를린에서 힐데브란트와 니묄러를 자주 만나 최신 정보를 안고 돌아오곤 했다.

핑켄발데 식구들은 그동안 흥미를 갖고 기다려 온 세 차례의 면담 소식을 소상히 알게 되었다. 종무부 장관 케를이 "저항의 진원지들에 대한 최종 판결을 내려 그에 상응하는 조치들을 취하기 전에" 면담을 갖기로 약속했던 것이다. 1935년 11월 27일에 이루어진 면담 내용은 아래와 같다.

1. 케를은 먼저 빌헬름 쵤너와 그의 부하들과 면담했다. 이들은 전국교회 위원회를 조직하고 주(州)교회 위원회들을 구성한 자들이었다. 그들 가운데는 이제껏 고백교회 안에서 두각을 나타내던 자도 더러 있었다. 이 첫 번째 면담에서 그들은 케를에게 독일그리스도인연맹의 악명 높은 주(州)교회 종교 회의 의장 오토 에케르트Otto Eckert와 몇몇 감독을 경질해 달라고 요구했다. 하지만 케를은 대답 대신 갑자기 자리를 떴다.

2. 두 번째 면담은 케를이 아우구스트 마라렌스 휘하 1기 임시 교회지도부와 가

진 면담이었다. 케를은 그들에게 이렇게 밝혔다. "며칠 더 기다리다 형제협의회들을 해산할 참이오. 형제협의회들이 먼저 스스로 해산하는 것이 더 좋을 것이오."

3. 세 번째 면담은 핑켄발데 사람들에게 대단히 중요한 면담이었다. 그들의 상급 기관인 구프로이센 형제협의회와 관련된 면담이었기 때문이다. 칼 코흐 의장은 사정상 참석하지 못해서, 대단히 단호하면서도 차분한 달렘의 프리츠 뮐러를 내세워 자신을 대리하게 했다. 케를은 신경질적으로 말했다. "형제협의회가 감히 교회 내부의 일에 간섭하려고 하다니 더는 못 봐주겠소. 교회 위원회들이 인격을 걸고 보증하건대, 고백교회의 가장 내밀한 관심사들은 유지될 것이오.……나는 더 이상 이단사설에 귀 기울이지 않을 것이오.……기한을 정했으니, 이번 주 내내 기다려 보겠소." 프리츠 뮐러가 답변했고, 몇 분 뒤 케를이 그의 말을 끊고 이렇게 말했다. "뭘 그리 장황하게 말하시오? 내가 보기에는 쓸데없는 말이구려." 그러자 뮐러가 말했다. "장관님은 우리가 말하려는 바를 쓸데없는 말로 여기시는군요. 그렇다면 우리는 협상을 중단하겠습니다."[2] 11월 27일, 절박한 희망들이 그런 식으로 사라지고 말았다.

이틀 뒤, 핑켄발데 사람들에게 한 통의 회람이 당도하여, 있을지도 모를 포괄적 금지 조치에 대비하게 했다.

> 향후 며칠 안에 귀하들만 그만두는 것이 아님을 알려 드리기 위해 이렇게 글을 씁니다. 지난 며칠간의 사건을 겪은 우리는 고백교회 금지령—우리 교회지도부 금지라는 위장된 형태의 금지령—에 대비하지 않으면 안 됩니다. 우리 교회지도부는 여느 때와 같이 바르멘 총회와 달렘 총회를 지지할 것입니다.……우리 교회지도부는 금지되기는 했지만 여전히 교회지도부로 남을 것입니다. 우리 교회지도부의 명시적 지시가 없는 한, 우리 교회지도부를 방해하거나 무효화하는 일체의 명령에 복종하지 마십시오.[3]

이 권고에는, "우리 교회지도부"의 단호한 태도는 구프로이센 형제협의회에만 해당될 뿐 상당수의 지방교회와 주(州)교회들에는 해당되지 않는다는 전제가 깔려 있었다. 그 바람에 하노버의 하인츠 브로노테Heinz Brunotte는 "주저하지 말고 전국교회 위원회에 다가갑시다"라고 말했다. "무엇이 더 남았단 말입니까? 구프로이센에는 니묄러의 전략 때문에 옴짝달싹 못하는 작은 동아리밖에 없지 않습니까?"[4] 바이에른, 헤센-나사우, 작센 지방교회들이 교회 위원회에 대한 지지 의사를 밝혔다. 아우구스트 마라렌스는 고백교회 1기 임시 교회지도부의 이름으로 전국교회 위원회에 협력할 용의가 있음을 밝힘으로써, 고백교회의 운명에 종지부를 찍고 빌헬름 쵤너에게 대성공을 안겨 주고 말았다.

12월 2일

12월 2일 월요일 늦은 오후, 한 신학생이 슈테틴에서 돌아와 흥분하며 석간신문을 내놓았다. (당시 독일에는 월요일 조간신문이 없었고, 핑켄발데 신학원에서는 라디오도 청취할 수 없었다.) "독일 개신교회 보호법 시행령 제5조"가 실린 신문이었다. 곧이어 그는 그 신문을 본회퍼의 방에 들여놓았다. 이 시행령은 고백교회의 전면적인 금지를 의미했던 것일까? 전면적인 금지는 아니었지만, 그 내용은 대단히 노골적이었다. "교회 단체나 교회 집단은 교회 당국의 권한 내지 교회 정부의 권한을 행사할 수 없다." 거기에는 장관의 서명도 들어 있었다. "특히" 인사 배치, 발표문, 부담금 인상, 헌금 인상 등이 금지됨은 물론이고 목사고시와 목사안수도 명시적으로 금지되었다. 국가사회주의 장관이 합법성, 목사고시, 목사안수와 같은 영적 문제들을 판결하는 지경이 되고 만 것이다. 구프로이센 형제협의회 같은 "집단"이 행사하던 신학원 관할권도 교회 정부와 교회 당국으로 넘어가고 말았다.

전에는 교회 측에서 루트비히 뮐러가 핑켄발데 신학원에 불법이라는 딱지를 붙였지만, 이제는 국가 측에서 그런 딱지를 붙였다. 교회 위원회들이 이 법령을 시행하면서 목사 양성기관, 시험기관, 목사안수기관을 재정비할 경우, 목사후보생들에게 신학원에 남아 달라고 요구할 수 있겠느냐는 물음이 제기되었다. 얼마 지나지 않아 교회 위원회들은 그 수순을 밟았다. 목사후보생들과 수련목회자들의 고립이 심화될 경우, 신학원을 어찌 지속시킬 수 있겠느냐는 물음도 심화되었다. 형제협의회들이 정보를 전달하기 위해 보내오던 회람도 교회 당국 역할 금지에 묶여 더 이상 오지 않았기 때문이다. 이처럼 교회 내부 활동들과 교회 내부 조직들의 세세한 부분에 이르기까지 직접적인 간섭이 이루어지는 것은 이제까지의 교회투쟁에서 겪어 보지 못한 일이었다. (시행령 제5조 앞에 자리한 네 조항은 전국교회위원회와 지방교회 위원회의 설치와 관련된 조항들이었다.) 이것이 11월 27일 케를과 가진 면담의 결과들이었다.

본회퍼는 이 월요일1935. 12. 2 저녁에 신학원 식구를 모두 불러 모은 다음, 시행령 제5조가 어떤 상황을 야기했는지를 설명했다. 그는 결정을 각자에게 맡기는 것이 중요하다고 생각하여, 신학원의 지속이 몰고 올지도 모를 결과들을 객관적으로 어림잡아 보려고 애썼다. 그는 신학원 일을 계속하겠다는 결의를 확고히 다지고, 형제들을 두루두루 보살피겠다고 모두에게 약속하면서 이렇게 말했다. "형제협의회들이 어떤 답변을 내놓고 자신들이 관할하던 이들에게 어떻게 말할지는 그들 소관입니다. 하지만 형제협의회들은 자신들이 줄곧 '권한'을 행사해 온 사람들의 자립 의지를 절실히 필요로 할 것입니다."

본회퍼의 개방적이고 솔직한 태도가 강한 인상을 주었다. 그날 저녁, 다들 신학원의 일정에 변경이 있어서는 안 되며, 폭력 앞에서만 굴복하자고 서로 약속했다. 본회퍼는 이튿날 니묄러에게 아래와 같이 편지했다.

> 대단히 심각한 상황임에도 불구하고 우리는 대단히 유쾌하고 즐겁게 지내고 있습니다. 게다가 우리는 마티아스 클라우디우스Matthias Claudius의 아름다운 찬송가에 맛을 들이고 있습니다.……"하나님은 내게 날마다 생활에 필요한 만큼만 베푸시네. 지붕 위의 참새에게도 그리하시네. 그분께서 어찌 베풀지 아니하시리요"(DBW 14:103f.).

12월 8일, 한 목사후보생이 침착함을 잃고 친구들에게 아래와 같이 말했다.

> 우리가 하는 모든 일이 불법이고 국법에 저촉된다는군. 신문과 회람이 금지되더니 이제는 등사기로 등사한 것까지 금지되고 있네.……교회 위원회들은 병풍이나 다름없네. 그 병풍 뒤에서 교회가 단도에 찔려 죽어 가고 있네.

하지만 목사후보생들이 바라던 무언가가 그들에게 생기를 불어넣었다. 분명한 권위가 없는 것을 아쉬워하던 참이었는데, 이제 본회퍼가 슈테믈러처럼 그것을 보여준 것이다. 슈테믈러는 자신이 보호하는 이들에게 흔들리지 말 것을 촉구하고, 자신의 냉철한 요구를 귀여겨듣게 하면서 아래와 같이 말했다.

> 귀하들을 위해 내린 결정을 말씀드립니다.……우리는 귀하들이 임용되어 급료를 받고 그 어떤 국가기관의 인정을 받게 될 것이라고 보증할 수 없습니다. 우리는 귀하들에게 이것을 숨기고 싶지도 않고, 그래서도 안 될 것입니다. 귀하들의 앞길이 대단히 힘들어질 수 있으니 말입니다.[5]

이상하게도 시행령 제5조의 직접적인 결과들이 한동안 나타나지 않았다. 조치가 서서히 취해져, 제5조 원문에 언급된 이런저런 분야의 사람들에게 영향을 미친 뒤에야 그 결과들이 나타났다.

처음에는, 뒤로 물러설 것인지 저항할 것인지를 두고 전체 독일 고백 운동권 안에서 격렬한 논쟁이 한 차례 벌어졌다. 이와 관련하여 핑켄발데 신학원은 본회퍼와 함께 제 힘으로 할 수 있는 모든 조치를 취하면서, 불안정해진 수련목회자들과 목사후보생들을 다시 불러들여 케를의 시행령에 맞서 저항할 것을 주장했다.

우려스럽게도 라인란트 형제협의회와 베스트팔렌 형제협의회가 교회 위원회와의 협상을 추진했다. 교회 위원회의 영적 치리권 주장을 단념시키기 위해서였다. 하지만 요아힘 베크만과 칼 코흐가 이 줄타기를 접고 옳다고 여겨지는 길로 되돌아오면서 다들 안도의 한숨을 쉬었다. 핑켄발데 신학원은 시행령 제5조에 맞서 오토 디벨리우스가 갑자기 쓰고 마르틴 니묄러가 발행한 항의서를 사람들에게 배포하는 일에 시간과 비용을 들였다. 항의서의 제목은 「국가 직속 교회가 나타났다」였다. 경찰이 그 소책자를 추적하기 시작한 까닭에 목사후보생들은 넓은 매장의 서점들로 우르르 몰려가서 남은 재고들을 구입하고, 전화로 주문하기도 했다. 핑켄발데에서 우편물들이 급히 포장되었고, 이 우편물들은 멀리 떨어진 우체통들 속에 꽂혔다. 경찰은 여러 목사관 수색을 떠올리긴 했지만, 핑켄발데로 들이닥치지는 않았다. 헤르만 엘러스가 신학원을 방문하여(DBW 14:105 Anm. 1 참조), 항의서를 10만 부 발행해서 그 모두를 압류하려는 것이 얼마나 웃기는 짓인지를 경찰에게 보여줄 생각이었다고 말했다.

슈테틴-브레도브에서 벌인 논쟁

1935년 12월 27일, 포메른 지역에 주(州)교회 위원회가 설치되고, 그라이프스발트 교구감독 칼 폰 셰벤이 수장이 되면서 투쟁이 공공연하게 전개되었다. 혼란이 형제협의회 안으로 확산되었다. 그대로 밀고 나갈 것인지, 그리고 1936년 2월 17-22일로 날짜가 잡힌 외인하우젠 전국고백총회에서 어찌 처신할 것인지를 두고 누구와 상의해야 하는지를 알려면 안목이 필요했다. 그리하여 1936년 1월 10일, 형제협의회가 목사들을 슈테틴-브레도브로 소집했다. 대략 200명이 참석하여 아침부터 저녁까지 함께 고민했다. 핑켄발데 신학원 구성원 전체도 거기에 참석했다.

본회퍼는 연설 도중에 목회와 관련된 자신의 견해를 가급적 굽히지 않고 개진하려고 했다. 그는 존경할 만한 인사들이 거짓 **소명**vocatio에 자신을 내맡긴 불행한 사건에서 시작하며 아래와 같이 말했다.

> 거짓 **소명**은 정치적 평화 때문에 어쩔 수 없이 독일그리스도인연맹의 이단사설에 대해 침묵할 의무를 포함하고 있습니다. 실제로 이미 국민교회의 존속을 바라는 마음이 진리의 공적 발언을 바라는 마음을 질식시켰습니다. 우리는 앞으로 나아가기는커녕 멈춰 선 채 이런 물음을 던지고 있습니다. "도대체 우리는 누구인가? 교회인가? 운동 조직인가? 아니면 단체인가?" 고백교회를 운동 조직이나 중대한 관심사의 지지자 모임으로 여기는 자는 헛짚었습니다. 그런 사람에게는 완고하고 제멋대로인 자들의 딱한 무리, "운동 조직"이라고 할 수 없는 무리만 보일 것입니다. 사실상 순종할 줄 모르는 무리, 규율 없는 무리, 비(非)교회만 보일 것입니다. 하지만 이 자리에서 우리는 우리에게 주의를 기울여선 안 됩니다! 멈춰 서면 모든 것이 무너지고 맙니다. 교회는 그대로 밀고 나아가는 곳에만 존재합니다. 두 총회의 신호등이 앞으로 나아갈 길을 가리키고 있

습니다. 바르멘 총회는 교회의 가르침이 붕괴되는 것을 막는 성탑이고, 달렘 총회는 교회의 질서가 붕괴되는 것을 막는 성탑입니다. 바르멘 총회는 잘 벼린 말씀의 검을 가지고 있습니다. 하지만 달렘 총회가 없으면 바르멘 총회는 낯선 참모부의 손아귀에 맡겨진 무기 신세가 되고 말 것입니다. 국가사회주의 국가가 자신의 재무 분과, 의결기관, 교회 위원회들과 함께 침입해 들어와 고백교회를 여러 집단으로 갈가리 찢고 있습니다. 이번 3차 총회(외인하우젠 총회)는 세상을 통한 교회의 붕괴를 막아야 합니다. 이 자리에 있는 우리는 단 한 차례라도 굴복해선 안 됩니다.[6]

본회퍼가 연설을 마치자 몇 사람이 박수갈채를 보냈다. 반면에 명망 있는 목사가 나와 연설하면서 반대 의견을 주장했을 때에는 불만들이 터져 나왔다. 처음부터 분위기가 후끈 달아오르자 형제협의회가 감정표현의 중지를 당부했지만, 곤혹스러운 감정 폭발이 여러 번 일어났다. 집회에 참석한 양측 모두 자기의 미래를 걸고 설전을 벌였다. 때문에 본회퍼의 연설 뒤에 핑켄발데 목사후보생 동아리의 회원들이 개진한 두 견해도 더 이상 평화 애호의 모범이 되지 못했다.

격렬한 토론 말미에 놀랍게도 참석자 4분의 3이 앞으로도 형제협의회의 교회 치리권을 승인할 의향이 있음을 밝혔다. 하지만 "배반자"가 된 4분의 1도 중요한 사람들이었다. 그라이프스발트와 그 대학교 신학부를 중심으로 뭉친 집단이었기 때문이다.

브레도브 집회는 슈테틴 지역 목사 프리드리히 샤우어 박사와의 고통스러운 서신 왕래로 이어졌다. 베르노이헨 운동 지도자 프리드리히 샤우어는 1933년 갈색 총회 석상에서 이의를 제기한 소수 가운데 한 사람이자, 포메른 지역의 젊은 개혁자 운동을 이끌면서 형제협의회 위원이 된 사람이었다. 하지만 그는 그라이프스발트 사람들과 의견을 같이한 지 오래였다. 그가 핑켄발데 사람들을 가리켜 "규율 없는 자들"이라고 비난하자, 본회퍼는 상세하게 답장했다.[7] 본회퍼는 핑켄발데 사람들이 이번 집회에서 범하지 않았더라면 좋았을 감정 폭발에 대해 "별로 격분할 마음이 없다"면서 아래와 같이 말했다.

그리스도를 증언하는 교회가 신의와 진리의 길을 버린다면, 이는 회복하기 어려운 짓이 될 것입니다. 굳이 말할 필요도 없지만, 나는 모든 규율 없음이 우리가 선포하는 진리를 믿지 못할 것으로 만든다는 귀하의 의견에 동의합니다. 하지만 우리가 받은 언약은 규율 준수가 아니라 그리스도에 대한 참된 증언입니다.……내가 출전하는 집회는 퀘이커 집회처럼 성령의 새로운 지시를 기다리는 집회가 아니라 하나님의 말씀이 인간의 여러 견해와 다투는 전장(戰場)입니다. 이 전장에서 일어나는 것은 진리를 위한 투쟁이지, 불완전하게 실현된 그리스도교적 삶의 제시가 아닙니다(DBW 14:107f., 110f.).

목사후보생 빈프리트 크라우제Winfrid Krause가 자기 견해를 밝히면서 "마라렌스가 교회를 배반했다"라고 말했다. 본회퍼는 그의 말을 옹호하면서 아래와 같이 말했다.

그는 마라렌스가 배반자라고 말하지 않고, 마라렌스가 교회를 배반했다고 말했습니다. 전혀 다른 말을 한 겁니다. 이 발언은 객관적인 결정과 행동을 보고 판단한 것이지, 인격을 보고 판단한 것이 아닙니다. 하지만 이 발언의 신학적 정당성에는 논쟁의 여지가 있습니다. 그 발언에 대해 내가 객관적으로 제기하는 이의는 한 가지입니다. 말하자면 마라렌스는 결코 고백교회를 배반할 수 없다는 것입니다. 그는 고백교회에 속한 적이 없기 때문이다(DBW 14:108).

완고하고 굽힘 없는 말이었다. 그는 이 같은 상황에서 유화적인 태도를 당치 않은 것으로 여겼다. 아우구스트 마라렌스가 후원하는 진영이 맞은편 오데르 강변의 퀴켄뮐레에 교회 위원회 소속 신학원을 설립하고, 핑켄발데 신학원의 내적 정당성에 이론을 제기하며, 목사후보생들이 핑켄발데로 유입되는 것을 차단하려 한 까닭에 더더욱 그럴 수밖에 없었다. 본회퍼가 그토록 격하게 말한 이유는 양측의 문제 제기와 답변이 서로 모순되어 보였기 때문이다.

설교단 발표문

구프로이센 형제협의회는 브레도브 금요 집회 직후인 일요일을 설교단 발표문을 낭독하는 날로 잡았다. 교회 위원회에 대한 입장을 발표하는 날이었다. 경찰의 삼엄한 감시에 직면하여 다들 다음과 같은 물음을 전보다 더 많이 던졌다. "설교단 발표문을 누가 낭독하고, 누가 낭독하지 않을까?" 설교단 발표문을 낭독할 경우, 이는 이제 국가의 법령들에 대한 복종 거부를 의미했기 때문이다. 물론 형제협의회가 의지한 사람이 누구였는지도 조심스럽게 드러날 것이었다. 이 같은 상황에서 은인자중하는 것은 자신의 대의를 해치는 짓이 될 수밖에 없었다.

핑켄발데 신학원은 자체 임시 교회에서 드리는 고백 예배를 1936년 1월 12일로 잡고, 핑켄발데 주민과 슈테틴 주민을 그 예배에 초대했다.

설교는 본회퍼가 맡았다. 그가 선택한 본문은 에스라서와 느헤미야서의 성전 수축 대목이었다.

> 자기 백성에 대한 하나님의 심판은 그분만이 돌이키실 수 있습니다.……하나님이 부르시지도 않고 지시하시지도 않았는데, 누군가가 파괴된 지방교회의 재건에 자발적으로 착수한다면, 이는 하나님의 심판을 거스르는 짓이 될 것입니다. 좀 더 경건한 의지, 좀 더 나은 순수 교의, 좀 더 나은 백성 사랑으로 교회의 재건이 이루어진다고 생각하는 것도 마찬가지입니다.……교회 갱신은 성령을 통한 각성으로 이루어지는 것이지, 복구를 통해서 이루어지거나, 하나님의 심판을 제멋대로 무효화하려는 태도를 통해서 이루어지는 것이 아닙니다. 하나님은 심판을 통해서만 자신의 공동체로 돌아오십니다.[8]

에스라와 느헤미야는 상대편의 원조 제의, 곧 성전 재건을 돕겠다는 제의를 거부했다(스 4:3 참조). 본회퍼와 공동체에게는 수천 년의 간격이 말끔히 사라진 것처럼 보였다.

먼저 할 일은 까다로운 적을 자기편으로 만드는 것입니다. 그것이 훨씬 영리한 일입니다. 그리하려면 가능한 한 자주 양보해야 합니다. 그러면 교회의 적은 교회를 세우는 일에 협력하겠다며 이렇게 말하게 마련입니다. "우리에게 같은 분량의 일을 맡겨 주십시오! 정치력을 가진 이들이여, 교회의 지도자들이여, 우리도 함께 세우게 해주십시오!"[9]

이 설교문은 분실되었다. 하지만 본회퍼는 1936년 4월에 같은 본문을 성서 연구논문으로 확대하여 『젊은 교회』에 게재했다.[10] 이 논문은 그라이프스발트 측의 격렬한 항의서를 촉발했다. 구약성서 오용에 이의를 제기하는 항의서였다.[11] 하지만 수상쩍기는 해도 그 본문을 이용하여 그날의 문제를 제기한 것은 정곡을 찌른 것이었다.

설교에 이어 형제협의회의 설교단 발표문 낭독이 이루어졌다.

장관의 요구에 응하여 교회 치리권을 국가의 교회 위원회에 넘기는 일은 없을 것입니다.……우리는 다음의 사실을 분명히 알아야 합니다. 말하자면 고백교회의 권리 주장을 제멋대로 포기해선 안 된다는 것입니다. 설령 우리가 새로운 고난의 길로 접어든다고 해도 그래선 안 됩니다.[12]

상당수의 목사가 새로운 전국총회가 말하지 않은 것을 미리 말해선 안 된다는 이유를 대며 설교단 발표문 낭독을 피했다. 사실 국가의 법령에 대한 복종 거부를 외로이 지지하며 적대적인 환경 속에서 설교단 발표문을 낭독하려면 대담한 결심이 필요했다. 본회퍼가 이날 보여준 모범이 중요한 것은 그 때문이다. 핑켄발데 신학원 출신 목사들 거의 모두가 그를 따라했다.

자네가 설교단 발표문을 낭독했다니 기쁜 일일세. 낭독하지 않았다면, 약한 양심이 두고두고 자네를 괴롭혔을 것이네. 어제 헤르만 엘러스가 우리에게 확인해 준 바에 의하면, 베를린-브란덴부르크에서는 대략 80퍼센트의 목사가 설교단 발표문을 낭독했다더군.……형제협의회에서는 국가가 동계 올림픽 때문에 그리고 고백교회의 자발적 해체를 방해하지 않기 위해 이 발표문을 받아들일

거라고 하더군.[13]

그러나 핑켄발데는 그 정도로 만족하지 않았다. 예배가 끝나자 예배 참석자들 모두 회의에 소집되었다. 그들은 그때부터 3개월간 모이고 나서 자체적으로 고백 공동체를 창립하자고 결의했다. 참석자들—이들 가운데에는 루트 폰 클라이스트-레초브 여사도 있었다—모두 고백교회의 자기 의무 헌장에 서명했다. 그러한 행위가 막 금지된 순간에 벌인 일이었다. 이날 조직된 핑켄발데 고백 공동체는 신학원이 추방된 뒤에도 오랫동안 살아남아 전쟁이 발발할 때까지 독자적으로 유지되었다.

균열

핑켄발데 사람들이 브레도브 집회에 참석하고, 형제협의회의 설교단 발표문을 낭독한 것은 그들이 무모해서가 아니었다. 핑켄발데 신학원은 공동체 안에서 여러 차례 뼈아픈 경험을 한 상태였다. 가장 차분하고 가장 진지한 목사후보생이 성탄절 휴가를 마치고 본회퍼를 찾아가 통보했다. 교구감독 폰 세벤과 의논하다가 포메른 교회 위원회에 복종하기로 결심했다는 내용이었다(DBW 14:108). 본회퍼는 너무나 괴로워, 날마다 자기와 함께 교회를 위해 기도하던 한 형제가 전향했다는 소식을 그 주간에 알리지 못했다. 긴 대화 뒤에 작별이 이루어졌다. 더 이상 피할 수 없게 된 작별, 공동체를 무겁게 짓누른 작별이었다(DBW 14:109f.). 고백교회 안에서 일어난 균열이 본회퍼 자신의 구역인 핑켄발데로 번진 것은 처음 있는 일이었다. 신학원 자체와 그 공동체에게는 굴욕적인 패배나 다름없었다. 브레도브 집회에 나타난 핑켄발데 공동체는 자신만만한 신학원 공동체가 아니라, 자기 몸에 박힌 가시를 잘 아는 공동체였다. 하지만 이제 그 공동체는 둑이 무너지는 것을 온 힘을 다해 막아야 한다고 확신했다.

그 후 교육 과정이 이어질 때마다 구성원이 공동체를 떠나 교회 위원회나 "종교국으로 가는 일"이 일어났다. 전반적인 발전에 비하면 미미한 수치였지만, 탈퇴가 발생할 때마다 본회퍼는 매번 괴로워했다. 탈퇴를 저지하려고 여러 차례 애써 보기도 했지만 더는 그러지 않았다. "우리의 말이 더 이상 먹혀들지 않았다."[14]

바르멘 총회의 신학 선언이 성서의 가르침에 부합한다는 주장보다 바르멘 신학 선언에 대한 에를랑겐 루터교도들의 신학적 비판이 갑자기 더 강해졌다. 종교국에서 내건 합법화 제안이 불법이라는 모욕을 기꺼이 감수하겠다는 각오를 몰아냈다. 제한된 긴급 교구에서 시무하기보다는 "국민교회"에서 시무하는 것이 훨씬 그럴싸해 보였다. 대단히 완고한 달렘 사람들보다는 국가의 위임을 받은 교회위원회 사람들, 특히 대단히 경건하고 신학적 소양까지 겸비한 사람들이 더 이성적으로 여겨졌다. 사랑의 진리와 진리에 대한 사랑이 격돌한 것이다.

프리드리히 샤우어 목사가 핑켄발데의 "광신"(狂信)Fanatismus을 우려했을 때, 본회퍼가 그간의 과정들을 다음과 같이 서술한 것은 그 때문이었다. "분리가 대단히 엄숙하게 이루어진 까닭에, 바르멘 총회의 결정사항과 달렘 총회의 결정사항으로부터 단 1센티미터도 물러나선 안 됩니다. 분리는 공동의 죄책 고백 속에서 이루어졌습니다. 그래서 서로 접촉하지 않는 것입니다. 분리가 일어난 것은 서로에게 하나님의 은혜를 소개함으로써, 그 은혜가 양쪽을 주재하게 하려는 것입니다" (DBW 14:109f.).

본회퍼는 프리드리히 샤우어 목사에게 보낸 편지를 계기로 "교회연대"에 관한 논문을 썼다.[15]

저항력

놀랍게도 고백교회 기관들에 대한 단호한 조치가 연기되고, 운동의 자유와 항의의 자유가 여전히 존재했다. 그렇게 된 데에는 두 가지 이유가 있었다. 첫째, 고백교회처럼 거대한 조직을 행정 조치와 경찰의 조치를 통해 마비시키는 데에는 기술적인 문제가 있었기 때문이다. 둘째, 종무부 사람들과 제국교회 당국 사람들이 다음과 같이 근거 있는 희망에 빠져 있었기 때문이다. 말하자면 바르멘 사람들과 달렘 사람들로 이루어진 집단의 내부 붕괴와 침식이 그 절친한 동맹자들의 성향이라는 것이다.

국가 측에서는 독일 개신교회 보호법과 그 시행령 제5조의 관철을 위한 경찰

작전과 처벌을 여전히 미루었다. 그 바람에 교회 인사들이 싫증이 날 정도로 서로 다투었다. 게다가 올림픽 개최가 임박하여 외국인이 큰 물결처럼 밀려 들어오고 있었다. 때문에 교회 박해의 경미한 기미라도 피하는 것이 정부의 관심사 중 하나였다. 빌헬름 첼너 같은 교회 인사가 케를의 신질서를 도입하고 있었으므로, 이 와중에 경찰이 개입하는 것은 어울리지 않는 일이었을 것이다. 국가사회주의의 강력한 여론 조직과 그에 걸맞은 보도가 국가의 승인을 받은 교회 당국들을 떠들썩하게 지원함으로써 구프로이센 고백교회 출신의 "평화교란자들", 곧 고집불통의 평화교란자들을 점점 웃음거리로 만들었다. 이 일은 경찰이 광범위한 전선에 출현하는 시간이 다가올 때까지 계속되었다. 시행령 제5조를 반대하는 불손한 설교단 발표문이 제지되지 않고 허용된 것도 그 때문이었다. 하지만 설교단 발표문을 낭독한 이들은 나중에 있을 사변을 위해 꼼꼼히 명부에 기록되었다.

교회 위원회 측에서 보기에는 일이 되어 가는 대로 내버려 두어도 되는 것처럼 보였다. 빌헬름 첼너의 다음과 같은 말은 틀린 말이 아니었다. "바이에른, 뷔르템베르크, 하노버 같은 루터파 지방교회들은, 철두철미 연맹의 치리를 받는 프로이센 고백교회 형제협의회들의 경우와 달리, 처음부터 우리와 대단히 적극적인 관계를 맺었습니다."[16] 그러나 이 루터파 지방교회들에서는 물론이고 구프로이센 자체에서도 분위기가 급변하여 빌헬름 첼너가 성과를 올릴 수 있게 했다. 구프로이센 연맹 사람들이 루터교의 심장을 드러낸 채 바르멘 총회 결정사항들과 달렘 총회 결정사항들에 대해 비판적 의구심을 표명했고, 그 바람에 이 결정사항들이 하나의 권리 주장에서 주목할 만한 "관심사"로 바뀌어, 빌헬름 첼너의 평정 시도에 휘말린 것이다. 동프로이센 고백교회 지도자 테오도르 퀴스너Theodor Kuessner는 자기 휘하의 목사들에게 보낸 11월 25일자 편지에서 아래와 같이 말했다.

> 동프로이센 고백총회는 교회 치리권을 동프로이센 주(州)교회 위원회에 넘겨줄 준비가 되어 있습니다. 당연히 동프로이센 형제협의회는 모든 법률적 사무와 후배 신학도들의 모든 문제를 매우 신중하게 정리할 것입니다.

이제 루터교는 돋보이는 루터교 신학자 본회퍼에게 가장 위험한 적이 되고 말왔다. 루터교가 지친 자들과 어찌할 바를 모르는 자들에게 이데올로기를 정당화했기 때문이다. "나에게는 루터교 협의회가 가장 큰 골칫거리입니다."[17] 루터교 협의회에서는 본회퍼의 입장을 "개혁파교회의 영향을 지나치게 받은 것"으로 여겼다. 하지만 본회퍼는 자신의 입장이 루터의 고백서들을 제대로 해석한 것이고, 저쪽의 입장이 틀린 해석이라고 생각했다. 저쪽이 루터가 확정한 고백 상태를 보호하겠다고 하면서, 실제로는 큰 희생을 치르면서까지 재래의 국민교회만 유지하려 했기 때문이다.

빌헬름 쵤너의 시도는 존경할 만하고 기대할 만한 시도, 곧 1933년에 손상된 국민교회와 그 질서를 회복하고, 그런 다음 신학 선언들에 착수하려는 시도로 여겨진 반면, 본회퍼와 그의 친구들은 사려 깊고 신중한 전술의 정당성을 이해하지 못하는 "극단론자들"로 여겨졌음에 틀림없다.

그러나 사람들이 본회퍼처럼 기존 체제 유지를 지지하지 않고, 이 독일 안에서 특권이 없는 교회에게 진리의 포교를 기대했다면, 다음과 같이 통렬한 판결을 더 잘 이해했을 것이다.

> 저들에게는 소명 의식이 없는 까닭에 처음부터 이렇다 할 선을 기대할 수 없고, 설령 저들이 "성과"를 올린다고 해도, 그 성과는 사탄의 성과가 되고 말 것입니다. 고백교회 총회의 형제협의회들만이 규정대로 임명받은 위원회입니다.[18]

본회퍼가 보기에, 시행령 제5조의 예인용 밧줄을 붙잡고 국민교회를 재건하려고 하는 자는 무자격자나 다름없었다. 달렘 총회와 바르멘 총회를 통해 생겨난 소명 의식을 무시하고, 그것도 모자라 영적 치리권을 국가에 넘겨주고, 진리 증언을 제한하는 일에 합의하는 자였기 때문이다.

1935년에서 1936년으로 바뀌던 달은 본회퍼에게 대단히 피곤한 달이었다. 핑켄발데 신학원에서 진행하는 교육 과정에 주의를 기울여야 했고, 매주 베를린에서 강의를 해야 했기 때문이다. 이미 첫걸음을 뗀 형제의 집은 전원이 참석한 가운데 핑켄발데에서 크리스마스이브를 보냈다. 1차 과정을 마친 형제들은 각자 브란덴부르크, 포메른, 작센에 마련된 자기 임지에서 본회퍼의 방문을 기다렸고, 본회퍼는 그 기다림에 화답했다. 이 주들의 목사 협회들과 청년 신학자 형제단들은 변덕스러운 목사들과 논쟁을 벌일 때 본회퍼가 자신들의 편을 들어 주기를 바랐다. 본가에서는 뉘른베르크 법령들이 가족의 평화를 위협했다.

크리스마스 이후 본회퍼의 할머니가 폐렴에 걸리는 바람에 베를린과 핑켄발데 사이의 전화통화가 날마다 이루어졌다. 1935년 1월 15일(DBW 14:104f.), 디트리히는 그녀에게 조사(弔辭)를 바쳤다(DBW 14:920-925). 그는 온 가족이 해마다 섣달 그믐날 밤에 읽던 시편 90편을 토대로 설교했다. 설교를 마치자 국가 고위직에 있던 그의 사촌이 그와 악수하기를 거부했다. 디트리히 본회퍼가 93세 고령자인 할머니를 두고 아래와 같이 말했기 때문이다.

> 자유로운 사람의 불굴의 정의, 자유로운 사람의 기탄없는 발언, 내뱉은 말의 구속력, 명료하고 객관적인 의견 표명, 사생활과 공적인 삶에서 정직함과 솔직함 유지하기. 이것들이야말로 할머니가 집착하신 가치들이었습니다.……할머니는 이 가치들이 무시당하거나, 인권이 억압되는 것을 두고 보지 않으셨습니다. 그런 이유로 할머니의 말년은 커다란 슬픔으로 얼룩졌습니다. 할머니는 우리 국민의 일원인 유대인들의 운명 때문에 그 슬픔을 겪으셨습니다. 할머니는 그들과 함께 짐을 나눠 지셨고, 고난도 함께 겪으셨습니다. 할머니는 다른 시대, 다른 정신세계에서 오신 분이었습니다. 할머니는 가셨지만, 이 세계는 아직도 남아 있습니다.[19]

핑켄발데 신학원 2학기 중반에 본회퍼는 잘 지내지 못했다. 그가 나중에 언급한 대로 "우울"acedia과 "슬픔"tristitia이 "무시무시한 결과와 함께" 한동안 그를 엄습했던 것이다.[20] 그 우울증은 상실감 때문에 생긴 것도 아니고, 헛된 욕망 때문에 생긴 것도 아니었다. 그때는 다른 이들이 그가 걷는 길의 성공을 굳게 믿고 그의 지도력에 몸을 맡길 무렵이었다. 그 우울증은 약자의 시련이 아니라, 월등한 이의 권태였다. 그는 권태의 속박과 힘과 영향력이 어느 정도인지를 알고 몸서리를 쳤다. 그러고는 자기 자신을 경멸했다. 그가 곧잘 하던 반성이, 그가 효과적으로 감행한 일의 의미를 약화시키겠다고 으르댔다. 불쾌하게도 지성이 신앙을 누른 것이다. 그런 다음 그는 개인 고해 도중에 단순성과, 헌신하라는 권고를 구하고 찾았다.

급기야 그는 독감에 걸려, 핑켄발데 신학원 2학기의 아름다운 마무리인 스웨덴 여행을 무산시킬 뻔했다.

II. 스웨덴 여행[20a]

생일 소원

1936년 2월 초, 신학생들이 본회퍼의 서른 번째 생일을 맞이하여 본회퍼의 스페인산 화로 주위에 모여 앉아 있었다. 생일의 주인공이 바르셀로나와 멕시코와 런던에 대해 이야기해 달라는 요구를 받을 무렵이었다. 누군가가 일어서서, 생일 소원을 말할 사람은 생일을 맞은 사람이 아니라 목사후보생들이니, 학기가 끝나기 전에 원장님이 에큐메니칼 연줄을 통해 목사후보생들의 스웨덴 방문을 성사시켜 주었으면 좋겠다고 말했다. 본회퍼는 자신의 에큐메니칼 청년 간사 직위를 이용하여 그 소원을 3월 1일에 들어주겠다고 천명했다. 오이겐 로제Eugen Rose 박사가 모든 사전 준비의 책임을 맡아, 필요한 스웨덴어를 익히는 일에 착수했다.

자신들을 초대해 주지 않겠느냐고 스웨덴 교계에 갑자기 제안하는 것은 엄밀히 말해서 예의에 어긋나는 일이었다. 게다가 핑켄발데 신학원은 스웨덴 사람들의 후한 대접에 온전히 기댈 수밖에 없었다. 당시에 제국 국민은 국경을 넘을 때 10라이히스마르크 상당의 외환만 소지해야 했기 때문이다. 하지만 제국교회기관과 국가기관이 주목하고 조치를 취해 여행 계획을 저지하기 전에 고백교회 신학원이 국경을 통과하려면, 준비 기간이 짧아야 했다. 여행 결과에서 드러난 대로, 본회퍼가 그것을 고려한 것은 썩 잘한 일이었다. 뿐만 아니라 그는 이참에 에큐메니칼 운동권이 고백교회의 계획에 공공연한 관심을 표시하면, 저들이 신학원을 건드리지 못할 것이라고 생각했다. 처음에 본회퍼는 박자 감각이 떨어져 조금 머뭇거리다가 자신의 에큐메니칼 직위를 이용하여 스웨덴에 무리한 요구를 했다.

본회퍼는 스웨덴에서 파송되어 베를린에서 사역하는 비르거 포렐의 조언을 받아, 2월 11일 닐스 칼스트룀에게 초대를 부탁했다.[21] 칼스트룀은 제네바 대회와 글랑 대회 때부터 그와 알고 지낸 사이로서 현재 웁살라에 있는 스웨덴 에큐메니칼 교회협의회 서기로 사역하고 있었다. 칼스트룀은 즉시 일정 문제와 경비 문제를 해결하기 위해 온갖 노력을 기울이며, 별도로 대리인 아스트리트 프옐모Astrid Fjellmo를 핑켄발데로 보내 여행 계획과 초청 형식을 상의하게 했다. 나중에 국가 당국과 교회 당국이 신경을 쓰기 시작할 때 중요한 역할을 하게 될 초청서가 필요했다. 2월 22일, 칼스트룀의 서명이 담긴 초청서가 스웨덴 에큐메니칼 교회협의회의 이름으로 핑켄발데에 도착했다.

> 3월 1일부터 10일까지 귀 신학원을 스웨덴 견학에 초대하기로 했음을 삼가 알려 드립니다.……이 기간 동안 귀 신학원 형제들의 숙식을 우리가 제공하게 해 주시면 대단히 기쁘겠습니다(DBW 14:118).

핑켄발데 신학원이 이 사실을 보고하고 문의하자, 상급 기관인 구프로이센 형제협의회가 이 에큐메니칼 접촉을 흔쾌히 허락했다. 이제는 참가자 스물여섯 명의 여권과 출국허가를 받는 것이 가장 시급했다. 당시의 보통 시민은 여권이 없었다. 하지만 놀랍게도 목사후보생들은 저마다 자신의 출생지에서 여권과 출국허가를 별 어려움 없이 받아 냈다.

외인하우젠 전국총회1936. 2. 17-22의 결과가 여행의 즐거움을 그늘지게 했다. 총회가 교회 위원회들과 단호히 갈라서기로 결심하지 못했기 때문이다. 하지만 아우구스트 마라렌스의 사퇴 이후 임시지도부가 새롭게 구성되고, 브란덴부르크 목사후보생들의 대부이자 교구감독인 알베르츠가 그 일원이 되었다. 그리하여 핑켄발데 신학원은 스웨덴 여행을 떠나기 직전에 외인하우젠 총회의 결정사항들에 대한 항의서를 임시지도부에 보냈다. 그 내용은 아래와 같다.

> 외인하우젠 총회에 따르면, 형제협의회들이 이제껏 그러지 말라고 간곡히 충

고했음에도 불구하고 교회 위원회들에 협력하거나 복종하는 자들도 고백교회 회원권을 갖게 했다더군요. 교회 위원회들이 주관하는 고시를 치르고 성직에 임명된 자들이 고백교회 회원이라면, 우리 젊은 형제들의 입장이 어떻게 되겠습니까? 우리와 그들의 차이점이 양심의 결정 내지 하나님의 말씀뿐이라는 말인가요?[22]

본회퍼가 여행 참가자들에게 스웨덴에서 가급적 조심스럽게 행동하고 스웨덴 언론계가 저항 세력에 대한 선정적 보도를 하게 해서는 안 된다고 신신당부한 뒤에, 다들 슈테틴 항구에서 배에 올랐다. 다소 과장된 구석이 없지 않지만, 나중에 『젊은 교회』에 실린 여행기에는 다음과 같은 문장이 누락되어 있었다. "기선이 유빙 사이로 움직이기 시작했다. 고백교회 개선 행렬의 시작이다." 이 누락은 본회퍼가 자신에게 갖가지 걱정을 안겨 줄지도 모를 모험에 참견하고 나서 이루어진 일이었다. 게다가 스톡홀름의 여러 신문이 "박해받는 이들"에 대한 기사를 쓴 것도 누락에 한몫했다.

여행

닐스 칼스트룀이 아주 짧은 시간에도 불구하고 썩 잘 준비한 1차 여행지는 코펜하겐이었다(DBW 14:118-120). 본회퍼는 아문센 감독과 베르너 괴르난트 박사를 만났다. 목사후보생들은 독일의 루터교도들이 국가 직속 교회 위원회들에 협력하며, 스칸디나비아 루터교의 순기능을 증거로 끌어댄 것이 정당한 것이었는지를 기회 있을 때마다 문의했다. 그들은 자신들이 바라던 대로 거의 예외 없이 정반대의 답변을 받았다.

알브레히트 쇤헤르는 회람에서 그 여행에 대해 아래와 같이 말했다.

엔스 뇌레고르Jens Nörregaard 교수 및 프레데릭 토름Frederik Torm 교수와 즐거운 시간을 보냈다. 놀랍게도 그분들은 우리의 처지를 정확히 보고 우리의 입장을 이해하고 있었다. 특히 이 루터교 교수들은 우리나라 루터교 감독들의 입장을 단호하게 반대했다. 우리는 그러한 사례를 여러 번 접했다.……우리가 거둔 더 큰 성과는 이것이다. 즉 스웨덴 사람들이 이 루터교회들에 대한 우리의 태도를 비(非)루터적인 것이라고 비난하지 않고 오히려 동의해 주었다는 것이다.……월요일에는 룬드Lund 대학교 교수들과 함께 몇 시간을 보냈다. 룬드 대학교에는 안데르스 니그렌Anders Nygren 교수가 있다. 외국 교계 사정을 속속들이 아는 분이다.……우리는 웁살라에 소재한 스웨덴교회 심장부에 들렀다. 대감독 에를링 아이뎀을 예방하고, 대감독 쥐더블롬의 미망인 댁을 방문하고, 쥐더블롬의 무덤에서 의식을 치른 것은 특히 감동으로 남을 것이다. (핑켄발데 신학원 형제들은 대감독 에를링 아이뎀의 관저와 쥐더블롬 여사의 집에서 유숙했다.)……종착지 스톡홀름의 성격은 완전히 딴판이었다.……시그투나 대학교는 분명한 과도기를 겪고 있었다.……만프레트 뵈르크비스트Manfred Björquist의 강연에서 스웨덴교회의 지배적 입장이 드러났는데, 간략히 요약하면 다음과 같다. "국민교회는 광범위한 그리스도교 문화의 진수이자 절정이다. 시그투나 대학교가 그것을 되찾으려고 애쓰고 있다." 수많은 사람에게 토미즘(토마스 아퀴나스가 세운 신학·철학설—옮긴이)Thomism의 인상을 풍기는 생각이었다. 이곳에서도 절대적인 교회주의가 지배하고 있었다(DBW 14:132f.).

바르트의 『교회교의학』이 나왔음에도 불구하고, 당시의 독일 신학자들에게 교회가 신학을 결정하는 것이지, 신학이 교회를 결정하는 것이 아니라는 말은 여전히 생소한 깨달음이었다. 본회퍼는 1931년 케임브리지 대회 때부터 알고 지내던 스파링 페테르센을 만나고, 브릴리오트, 크누트 베른하르트 베스트만Knut Bernhard Westman, 아르비트 루네스탐Arvid Runestam, 파울 산데그렌과 대화를 나누었다. 만프레트 뵈르크비스트와의 만남은 양측에 어느 정도의 실망을 안겨 주었다. 생각이 너무 달랐기 때문이다. 본회퍼는 만프레트 뵈르크비스트 같은 인사가 당시에 독일에서 일고 있던 신학적 견해들, 곧 바르멘과 달렘을 지지하지 않는 견해들에 동조하는 모습을 보고 가까스로 참았다.

본회퍼는 교회 정치의 방법에 대해서는 물론이고 핑켄발데에서 한 것처럼 제자도의 그리스도론에 대해서도 몇 차례 강연했다. 본회퍼의 질문과 답변 방식은 스웨덴 청중과 목사후보생들에게 조금 더 새롭고 낯선 인상을 주었다. 우리는 게르하르트 로만Gerhard Lohmann의 여행기에서 그가 어느 방향에서 강연했는지를 엿볼 수 있다.

> 그리스도인이 자기를 그리스도인으로 입증해 보이려면 어찌해야 할까요? 그리스도교적 실존은 고분고분한 시민계급의 실존에 불과한 것일까요? 하나님의 벗인 그리스도인의 삶에 필요한 것은 세상의 적이 되는 것이 아닐까요?

> 우리는 더 이상 예전처럼 시민계급의 실존 속에 있으면서 동시에 그리스도교적 실존에 돌입해선 안 됩니다. 오늘날 그리스도교 청년들이 요구해야 할 사항은 다음 세 가지입니다. 첫째는 그리스도께 신앙을 고백하고 이 세상의 모든 우상을 거부하는 것입니다. 둘째는 단순하고 우직하게 그리스도의 말씀에 순종하면서 그리스도를 따르는 것입니다. 셋째는 그리스도의 공동체 안에서, 즉 교회 안에서 공동 사회를 이룩하는 것입니다.

독일인 손님들이 웁살라에서 작별을 고하자, 스웨덴인 초대자는 이렇게 말했다. "모든 신학 문제들에 의견의 일치를 본 것은 아니지만, 우리는 하나의 그리스도교 신앙을 공유하고 있습니다. 우리 스웨덴 사람들은 진즉 여러분의 가슴이 뜨겁게 타오르고 있다는 것을 알아챘습니다."

여행자들은 선상에서 감사의 편지를 쓰면서, 답례로 핑켄발데 신학원과 고백교회를 방문해 달라고 초대하는 것을 잊지 않았다(DBW 14:127f.). 다들 게르하르트 로만의 지도 아래 포괄적 보고서를 작성했고, 『젊은 교회』가 그것을 요약해서 게재했다.[23] 당시 그와 같은 여행은 대단히 별난 일이어서 고백교회 소속 다수의 사람에게 별쇄본이 배포되었다. 국경 저편에서 강력한 관심을 보이며 입국허가까지 내주었음을 알리기 위해서였다.

물론 이 대담한 여행에는 대가가 따랐다. 하지만 그것은 비교적 작은 대가로 평가될 만한 것이었다. 본회퍼의 시대보다는 오늘날 더 분명하게 알 수 있듯이, 고백교회의 이 기획(핑켄발데 신학생들의 스웨덴 여행—옮긴이)과 특히 본회퍼 자신에게 해를 끼치려는 노력들이 경주되었기 때문이다. 교회-해외사무국이 주축이 되어 본회퍼의 영향력을 제약하려 했고, 외무부와 교육부도 거기에 적극적이었다.

이 보복 조치들의 계기를 제공한 이는 본회퍼 자신이었던 것 같다. 일을 정확히 처리하기 위해 상급 기관인 구프로이센 형제협의회에 임박한 여행을 알리고, 출발 직전에 외무부에도 알린 것이다. 2월 25일, 그는 핑켄발데에서 아래와 같은 내용의 서한을 외무부로 발송했다.

> 실례지만 우리 신학원이 스웨덴 에큐메니칼 교회협의회의 초대를 받아 스웨덴을 견학하게 되었음을 알려 드립니다.……이제 이 초대장을 받았으니, 스웨덴에 있는 독일 대사관에 통지해 주시면 고맙겠습니다. 나도 대사관에 출두하여 알리겠습니다. 추밀 고문관 크리게에게 우리의 계획에 대해 더 정확하게 알렸으니, 필요할 경우 그가 더 상세한 정보를 제공해 줄 것입니다.[24]

추밀 고문관 요하네스 크리게Johannes Kriege, 1859-1937는 본회퍼 가(家)는 물론이고 달렘 교회 동아리와도 잘 아는 사이였다. 외무부 법무국장을 지내고 헤이그 평화 회의에도 참여한 그는 외무부 내에서 명성을 날렸지만 지금은 어떤 임무도 맡고 있지 않았다. 때문에 의문의 여지가 없는 그의 명성도 본회퍼에게 그다지 도움이 되지 못했다. 외무부 소속 담당자 프리츠 폰 트바르도브스키Fritz von Twardowski가 곧바로 교회-해외사무국과 함께 본회퍼의 서한을 깔아뭉개고 헤켈에게서 정보를 얻어, 그것들을 근거로 2월 29일 스톡홀름 주재 독일 대사관에 아래와 같이 통지했기 때문이다.

교회 업무들을 담당하는 제국 내각과 프로이센 주 정부 내각 그리고 교회-해외

사무국은 본회퍼 목사를 조심하라고 통고합니다. 그의 활동이 독일의 국익에 도움이 되지 않기 때문입니다. 정부기관들과 교회기관들은 방금 알게 된 그의 해외여행에 대해 강한 의구심을 품고 있습니다. 그의 활동에 대해 그리고 혹여 있을지도 모를 스웨덴 언론계의 논평들에 대해 알려 주시기를 정중히 청합니다. 프리츠 폰 트바르도브스키.[25]

본회퍼는 스톡홀름에 도착하자마자 곧바로 독일 대사관을 찾아가서 공사 빅토르 추 비트Viktor zu Wied 공을 만났다. 하지만 오이겐 로제가 앞서 언급한 전후관계를 알지 못하고 기록한 대로, "추 비트 공은 그를 쌀쌀맞게 맞이했다. 공의 뒤에는 어른의 키만큼 커다란 히틀러의 초상화가 걸려 있었다."

여행을 마치고 돌아온 본회퍼는 외무부에 정확한 태도를 취하기 위해 애쓰는 가운데, 여행을 도운 두 사람, 곧 오이겐 로제와 베르너 코흐를 시켜 공식 보고서를 외무부에 보내게 했다. 그들은 그 보고서를 4월 7일에 발송했다.[26] 보고서에서 그들은 여행 참가자들이 공식적으로 교회 법규를 준수하고, 국익에 이바지하고, 국가 정책에 맞게 처신했다고 강력히 주장했다. 보고서는 여름에 다음과 같은 질의와 함께 헤켈의 책상 위에도 전달되었다. "전국교회 위원회는 핑켄발데 신학생들을 초대한 스웨덴교회 지도부에 이의를 제기하여 어떤 성과를 올렸는지요?"[27] 헤켈이 벌써 오래전에 꼭 필요한 것으로 여겨 직접 취한 온갖 조치를 두고 던진 질문이었다. 이는 헤켈이 2월 말에 스웨덴교회 지도부를 향해 날린 다음과 같은 반격과 경고를 상기시킨 것이었다. "우리는 최근에야 알게 된 이 여행에 강한 의구심을 품고 주시할 것입니다. 외무부도 독일 대사관에 그 여행을 주시하라고 통고했습니다."[28]

그렇게 반격하고 공격했는데도 스웨덴 언론계가 핑켄발데 신학생들을 진지하게 대하자, 헤켈은 며칠 뒤 외무부와의 1차 접촉을 근거로 다시 적극적으로 대응했다. 「다옌스 뉘헤테르」*Dagens Nyheter*가 3월 3일 화요일에도 여느 신문들과 마찬가지로 1면에 핑켄발데 신학생들의 스톡홀름 도착을 보도하고, 이튿날에는 독일인들이 웁살라에서 대감독 에를링 아이뎀을 예방했다고 보도했다. 3월 6일 금요일에는 주요 일간지 모두 스웨덴 수도에서 이루어진 만남들을 담은 사진들과 기사를 게재했다.[29] 헤켈은 이날1936. 3. 6 관구총감독 빌헬름 췰너를 대신하여 크룸마허 및 한스 발과 함께 대감독 에를링 아이뎀에게 보내는 서한 초안을 작성했다. 초안에는 이런 물음이 담겨 있었다. "스웨덴교회는 핑켄발데 신학생들을 초대함으로써 DEK의 책임 있는 지도부에 공식적으로 맞선 것은 아닌가?(한스 발의 초안에는 '맞서려는 것은 아닌가?'로 부드럽게 표현되어 있었다.) 그리고 DEK 지도부와 구프로이센 개신교연맹 지도부를 특히 완강히(크룸마허는 여기에 '일방적으로'라는 말을 덧붙였다) 거부하는 '고백교회'(작은따옴표는 한스 발이 붙인 것이다)를 편든 것은 아닌가?" 하지만 빌헬름 췰너는 "빠른우편 요망"이라는 헤켈의 메모에도 불구하고 이 서한 초안을 3월 13일에야 들여다보고 14일에 에를링 아이뎀에게 발송했다. 그 편지는 외무부와 제국종무부에도 통지되었다.[30]

헤켈은 이 서한 초안을 작성하고 나서 본회퍼를 계속 추적하기 위해 3월 7일 토요일에 아래와 같은 내용의 서한을 작성했다.

> 지방교회 위원회 친전.
> 스웨덴 에큐메니칼 교회협의회가 슈테틴 핑켄발데 고백 신학원 원장인 본회퍼 목사와 그 신학원 학생들을 스웨덴에 손님으로 초대했습니다. 해당 부서들에서 이 조치의 외교적 측면을 논의하고 있기는 하지만, 나는 지방교회 위원회에게 다음의 사실에 주의를 기울이라고 말하지 않을 수 없습니다. 본회퍼 목사가 이 사건을 통해 대중의 조명을 받고 있습니다. 그는 평화주의자이자 국가의 적이라는 비난을 받게 될 것입니다. 그러니 지방교회 위원회는 그를 멀리하고, 그가 젊은 신학도들을 더 이상 교육하지 못하도록 조치를 취하는 편이 좋을 것입니다.
>
> 헤켈 박사.[31]

물론 대외 문제를 담당하는 헤켈 감독은 정부와 제국교회에 몸담고 있는 그의 상관들과 달리 에큐메니칼 지평에서 이루어진 본회퍼의 시도에 소스라치게 놀랐다. 독일 에큐메니칼 관계들을 중앙집권화하고 독점하려고 애쓰다가 뺨을 맞은 격이었다. 게다가 본회퍼와 그의 친구들이 1933년부터 헤켈과 그의 당국을 이

단 가담자라고 계속 비난하는 상황이었다. 헤켈이 싹 쓸어버릴 정도의 예리함을 지닌 무기로 반격한 것은 그 때문이었다. "평화주의자이자 국가의 적"이라는 표현은 1936년에 관공서의 공문에서 교회의 적을 가리킬 때 사용하던 표현으로서 일급 탄핵을 의미함과 동시에, "독일 신학도들"이 본회퍼에게 교육받는 일이 없게 하라는 압박을 의미하기도 했다. 이는 헤켈이 본회퍼와 같은 사람들에게 "이단자"로 불리던 것을 국가사회주의 당국의 관점에서 써먹은 것이었다. 하지만 본회퍼를 "평화주의자이자 국가의 적으로" 고발하기만 했을 뿐, 아직은 본회퍼를 국가사회주의 국가기관들에 넘겨주지는 않았다.

에를링 아이뎀의 딜레마

대감독 에를링 아이뎀은 본회퍼의 감동적인 감사장을 받음과 동시에 빌헬름 쵤너가 보낸 3월 14일자 질의서도 받았다. 그에게 다음과 같이 퇴로를 제공하는 서한이었다. "일단 나는……그 초대를 사적인 용무로 여겨야 한다고 생각합니다."

3월 18일, 에를링 아이뎀은 빌헬름 쵤너에게 이렇게 답장했다. "그간의 과정을 보고서에 담아 보라고 하겠습니다. 미리 말씀드리지만, 우리 에큐메니칼 협의회는 핑켄발데 사람들의 문의에 도움을 주려고 했습니다. 인격적인 초대가 중요하지, 교회 정치에 대한 공식적 입장 표명이 중요한 것은 아니니까요. 독일의 젊은 형제들은 대단히 상냥했습니다. 그들은 교회 정치에 열중하지 않았습니다."

하지만 닐스 칼스트룀의 보고서를 받아든 에를링 아이뎀은 5월 15일에 이렇게 통지할 수밖에 없었다. "하지만 초대장은 반(半)공식적으로 발송되었습니다."

이 즐겁지 않은 정정이 이루어지기 2주 전, 핑켄발데에서 인쇄한 여행기가 『젊은 교회』에 실렸다. 여행기는 명료한 근거들을 대며 이렇게 강조했다. "핑켄발데 신학원은 '스웨덴 에큐메니칼 협의회'Svenska Ekumeniska Nämden 측의 공식 초대를 받았다. 초대장은 대감독 에를링 아이뎀의 개인 비서가 대감독의 동의를 받아 보냈다."[32] 이 출판물은 빌헬름 쵤너의 서한에 맞닥뜨린 대감독의 기분을 상하게 했음에 틀림없다.

반면에 본회퍼는 핑켄발데에서 이 과정들을 전혀 모른 채, 지난 3월 4일 웁살라에서 언급한 에를링 아이뎀의 독일 방문을 즐거운 마음으로 기다리며, 5월 13일 대감독에게 이렇게 편지했다. "우리 교회지도부의 형제들도 이곳에서 대감독님을 뵙고 싶어 한답니다. 우리를 위해 언제 시간을 내실 수 있으신지요?"(DBW 14:155f.)

에를링 아이뎀은 5월 20일에 본회퍼에게 답장하면서 이렇게 얼버무렸다. "나는 슈테틴에 있는 스웨덴 선원 교회만 방문하게 될 것 같습니다. 굳이 이유를 대자면, 『젊은 교회』에 실린 기사가 초대의 공식적인 성격을 너무 지나치게 강조했기 때문입니다. 여행을 교회 정치의 관점에서 판단하는 것은 나의 관심 밖의 일이랍니다. 내가 바란 것은 그저 친절을 베푸는 것이었습니다"(DBW 14:159f.). 본회퍼는 이 편지에 대한 답장에서 『젊은 교회』에 실린 기사를 인쇄 전에 살펴보지 못한 것이 후회스럽다면서 그럼에도 불구하고 다음번에는 꼭 방문해 주기를 바란다고 말했다(DBW 14:162). 핑켄발데 사람들은 전후관계를 전혀 알아채지 못한 채 회람에서 아래와 같이 말했다.

> 유감스럽게도 오늘 대감독 아이뎀의 서한이 도착했다. 뜻하지 않은 이유로 독일 여행을 며칠 단축해야 해서 어디에도 들를 수 없다는 내용의 서한이었다.[33]

에를링 아이뎀이 슈테틴에서 선원 교회를 방문할 때, 본회퍼는 힌터포메른에서 신학원 학생들과 함께 복음을 전도하는 중이었다. 포메른 형제협의회의 이름으로 환영 인사를 적어 슈테틴에 남겨 놓은 뒤였다(DBW 14:165f.). 공교롭게도 이러한 과정이 있고 나서 핑켄발데를 방문하는 것은 스웨덴 대감독에게 불가능한 일이었을 것이다.

이런 식으로 핑켄발데 신학원과 얽힌 적이 있어서인지 스웨덴 사람들은 이후에 독일에서 온 방문자들을 신중하게 대했다. 1936년 9월, 교회 위원회 소속 신학원의 전형이라고 할 만한 베를린 돔칸디다텐슈티프트가 빌헬름 첼너와 헤켈의 후원을 받아 스웨덴 여행을 떠났다. 이 신학원의 원장 빌헬름 쉬츠Wilhelm Schütz 박사도 대감독에게 면회를 청했다. "우리는 지방교회 위원회 소속 신학원입니다. 나는 고백교회 회원이고, 나의 목사후보생들은 신학적으로 성서와 신앙고백을 지지합니다. 그들 대다수는 교회 정치에 엮여 있지 않습니다."[34] 밖으로는 "고백교회 회원"임을 강조하고, 안으로는 "교회 정치에 엮이지 않도록" 권장하는 것, 이것은 형제협의회 소속 신학원이 아니라는 뜻이었다. 그러나 에를링 아이뎀에게 이르는 문은 열리지 않았다. 안됐지만 에를링 아이뎀이 베를린에서 온 신학생들을 만나지 않겠다고 알린 것이다.

1937년, 핑켄발데 신학원 출신의 오이겐 로제가 독일 개신교회 임시지도부의 에큐메니칼 사무국 서기로 승진하여, 대감독 에를링 아이뎀에게 스웨덴 젊은 신학도들의 파견을 청하고 일반 목사후보생들의 교환방문을 제안했다. 하지만 웁살라에서는 미적지근한 답변을 보내왔다. 같은 해에 본회퍼가 스웨덴 단체를 초대하고 싶다는 뜻을 밝히며 베를린 청소년 담당 목사 오이겐 베슈케Eugen Weschke를 스웨덴으로 초대해 달라고 부탁했지만, 이때에도 스웨덴에서는 거절의 뜻을 통보해 왔다(DBW 14:289f.). 본회퍼가 보낸 편지에는 다음과 같은 글귀가 덧붙여져 있었다. "스웨덴 단체가 우리를 방문해 주시면 우리에게 큰 기쁨이 될 것입니다. 우리가 그 기쁨을 기다려도 될는지요?"(DBW 14:290) 에를링 아이뎀은 본회퍼에게 보낸 답장에서 이렇게 부언했다. "조만간 런던 성 바울 대성당에서 옥스퍼드 에큐메니칼 대회가 열립니다. 나는 개회 예배의 죄의 고백시간에 독일어로 기도하려고 합니다"(DBW 14:295f.). 독일 대표단이 대회에 참가하지 않는다는 사실이 이미 알려진 상태였기 때문이다.

1936년 5월, 에를링 아이뎀이 답장을 통해 빌헬름 쵤너의 마음을 어느 정도 진정시키자, 헤켈은 국가 당국에 다음과 같이 알렸다. "스웨덴의 대감독은 호의를 지닌 분입니다. 그분은 핑켄발데 사람들이 스웨덴 방문에 공식적인 성격을 부여한 것에 크게 격분하셨습니다. 교회 정치를 자극한 것에 대해 책임을 져야 할 쪽은 스웨덴교회가 아니라 여행에 참가한 독일인들입니다."[35]

에를링 아이뎀이 "문제를 공식적으로 처리해서는 안 된다는 점을 일관되게 고수했다"는 헤켈의 설명은 터무니없는 과장이었다. 왜냐하면 대감독은 적어도 스물여섯 명의 목사후보생을 자기 관저로 초대하여 영접하고, 인사말을 대단히 적극적으로 하고, 그것을 언론계가 보도하도록 내버려 두었기 때문이다. 게다가 스톡홀름에서는 스웨덴 에큐메니칼 교회협의회가 스웨덴 국왕의 동생 오스카 베르나도테Oskar Bernadotte 공과 함께 환영회를 베풀어 주고, 국왕의 둘째 동생 오이겐 베르나도테Eugen Bernadotte 공을 통해서는 그의 미술관을 관람할 수 있게 해주었기 때문이다(DBW 14:143).

본회퍼 일행의 스웨덴 여행과 교회투쟁의 소용돌이를 떼어놓고 생각하는 것은 불가능한 일이었다. 고백교회는 그 둘을 연결 지어 생각하려고 한 반면, 국가의 공인을 받은 제국교회는 고백교회의 단독대표권을 우려한 나머지 국가의 요구들을 충족시킬 수밖에 없었다. 제국교회가 저항 세력을 마구 때리고, 위를 쳐다보며 자기를 보호한 것도 그래서였다. 양측 다 제3제국 안에서 교회의 역할을 놓고 화해할 수 없는 예선전을 치른 것이다.

본회퍼는 1936년 샹뷔 대회에서 에큐메니칼 청년 간사 직위의 자산이라고 할 수 있는 스웨덴 여행을 "생활과 실천" 협의회 연차 보고서와 세계교회친선연맹 의사록에 거침없이 올렸다. 그 자리에는 헤켈과 그의 사람들도 앉아 있었다.[36]

교수 자격 박탈

스웨덴 여행의 결과는 참으로 가혹했다. 제국교육부가 본회퍼의 베를린 대학교 강사직을 종료시킨 것이다. 교회-해외사무국이 애쓴 결과로 "그가 독일 신학도들을 더 이상 교육하지 못하도록" 조치를 취했던 것일까?

물론 스웨덴 여행은 제국 내각에게, 오랫동안 미루던 일을 실행에 옮길 절호의 기회에 불과했다. 하지만 본회퍼는 오랫동안 예견해 온 일을 아무 저항 없이 받아들일 사람이 아니었다. 그는 모든 수단을 동원하여, 자신이 쌓아 온 대학 경력의 종료를 연기하려고 시도했다.

1935년, 런던에서 돌아온 그는 1933년부터 시작된 휴직 기간이 끝났음을 베를린 대학교 당국에 통지하면서 1935-1936년 겨울학기에 "제자도"를 강의하겠다고 알리고 그대로 했다. 자기가 신학원을 떠맡게 되었다는 사실도 알렸다. 1935년 11월 29일, 베를린 대학교 당국이 종무부 장관(본회퍼가 알릴 때 그 자리에 있지도 않았다!)과 협의하여, 대학 강사가 대학교에서 가르치면서 핑켄발데 신학원을 운영하는 것은 허락되지 않는다는 예비 결정을 내렸다(DBW 14:103). 하지만 이 결정은

1936년, 핑켄발데 신학생들의 스톡홀름 방문.
즐거운 여행이었지만, 제국교회의 개입으로 여행 이후 본회퍼는 베를린 대학교 강사직에서 물러나게 되었다. 왼쪽부터 하인츠 슐레겔, 그 뒤쪽은 하르하우젠, 메흘러, 로만, 로트, 한스-게오르크 베르크, 그 앞쪽은 마르비츠, 디트리히, 렉스차스, 에버하르트 베트게, 볼프강 뷔징, 뤼테니크, K. F. 묄러, 프리드리히 트렌테폴, 에리히 슐라고비스키, 알브레히트 쇤헤르, 오이겐 로제.

1936년 8월, 샹뷔에서 열린 에큐메니칼 협의회 총회에서.
왼쪽부터 관구총감독 빌헬름 쵤너, 고백교회 의장 칼 코흐, 치체스터의 주교 조지 K. A. 벨, 관구총감독 오토 디벨리우스.

몇 달 동안 베를린 대학교 신학부의 서류철 속에서 잠자고 있었고, 본회퍼가 핑켄발데 신학원에 불리하게 될 결정을 내릴 수 없다고 천명할 때까지 처리가 지연되었다.

급기야 본회퍼는 스웨덴에서 대단히 정치적인 설문지를 대학교 당국에 발송하기까지 했다. 현역으로 활동하는 모든 대학 교원, 예컨대 그의 아버지와 그의 맏형도 기재사항을 적어야 하는 설문지였다. 그는 자기가 공산주의 단체나 사회주의 단체에 가입한 적이 없고, 프리메이슨연맹의 일원이었던 적도 없으며, 부모와 조부모가 유대계가 아니라는 사실에 서명하고, 자신의 "아리아 혈통 증거"까지 제출했다. 묘하게도 이 와중에 그에게 조언을 준 사람은 아리아족이 아니라는 이유로 교수직을 잃은 매제 라이프홀츠였다. 1933년부터 미루어 오다가 입장을 정하고 그것을 증명한 이유는, 그동안 고백교회가 관공서의 직위를 스스로 사임하는 것보다는 차라리 면직을 감수하는 것이 더 낫다는 견해를 주장하며 당사자들에게 그리하라고 조언했기 때문이다. 본회퍼는 정치적 전술의 방향에서 그 조언을 처음으로 고려했을 것이다. 어쨌든 그는 자신이 아리아족이라는 증거를 끌어대서라도 대학교의 일자리를 유지하려고 시도했다. 그것은 소심한 타협이 아니라, 대학생들에게서 밀려나지 않고, 더 넓은 공적 생활의 자리에서 멀어지지 않기 위해 어쩔 수 없이 벌인 일이었다.

하지만 너무 늦은 시도였다. 1935년 6월에 공포된 제국교육부 법령에 의하면, 대학 교원이 해외여행을 할 때에는 허가를 받아야 했다. 스웨덴에서 돌아온 본회퍼는 자신이 이 법령을 본의 아니게 위반했음을 알아차렸음에 틀림없다(DBW 14:214). 그는 불행을 막으려고 4월 18일 또 한 번의 휴직을 신청했지만 실패하고 말았다. 1936년 8월 5일, 가르치는 자격을 박탈한다는 통고서가 그에게 당도했다. 그가 시행령 제5조에 따라 더 이상 존재해선 안 되는 신학원을 운영하고 있는 점, "스웨덴 에큐메니칼 교회협의회의 초대 때문에 빚어진 일이긴" 하지만 내각의 허가를 받지 않고 스웨덴 여행을 감행한 점을 자격 박탈의 근거로 제시하는 통고서였다.[37]

사실상 본회퍼는 1936년 2월 14일에 베를린 대학교에서 마지막 강의를 했다. 서른네 살인 매제 게르하르트 라이프홀츠도 같은 시기에 강제 퇴직을 당했다. 그의 아버지도 같은 달에 은퇴했다1936. 4. 1. 하지만 그의 부친은 직무를 2년 더 수행했다. 그리하여 가족과 베를린 대학교의 연줄이 점점 줄어들게 되었다.

핑켄발데 신학원의 2차 과정은 종무부 장관 케를의 새 강제법령 아래 시작되어 스웨덴에서 자유를 체험하는 것으로 끝났다. 하지만 고국에서 심한 충격을 몇 차례 겪고 나서는 교회 정치가 더 나아 보였다. 세력들이 재편되고 있었다.

외인하우젠 총회 이후인 3월 12일, 고백교회 2기 임시지도부가 구성되었다. 모체인 "VKL"(독일 개신교회 임시 교회지도부)과 구별하여 일반적으로 "VL"(독일 개신교회 임시지도부)로 불린 이 지도부는 달렘의 프리츠 뮐러, 오토 프리케Otto Fricke, 알베르츠, 한스 뵘, 베른하르트 하인리히 포르크Bernhard Heinrich Forck로 구성되었다. 수적으로 보나 규모로 보나 이 지도부의 세력권은 아우구스트 마라렌스의 지도를 받은 1기 지도부의 그것보다 훨씬 적었다. 그럼에도 케를의 금지령에 맞서 바르멘 조직과 달렘 조직을 유지하려는 의지만은 비할 데 없이 확고했다.

반면에 독립심 강한 루터교도들은 오랫동안 바르멘 신학 선언을 비판하고 달렘 총회의 결정사항들을 멀리해 온 것도 모자라, 급기야 3월 18일에 "루터교 협의회"까지 조직했다. 협의회 회원은 아우구스트 마라렌스, 한스 마이저, 테오필 부름, 토마스 브라이트, 후고 한, 한스 릴예, 니클로트 베스테Niklot Beste였다. 이들은 한스 릴예를, 베를린에 본부를 둔 협의회 사무국장으로 임명했다. 이 협의회는 고백교회 전국 형제협의회와의 관계를 유지하려 하면서도 "달렘 사람들"에 맞서 자기만의 정책을 추구하려고 했다. 그 결과 이 협의회 소속 교회들은 달렘 사람들이 힘겹게 맞서 싸우고 있는 교회 위원회와 별 어려움 없이 관계를 맺었다.

오래지 않아 독일 개신교회 임시지도부VL와 루터교 협의회의 충돌이 일어났다. 그러고는 전국 형제협의회에서 협의하여 히틀러에게 보낸 항의서를 두고 공공연하게 결별했다.

핑켄발데 신학생들이 스웨덴을 여행하는 동안, 히틀러가 라인란트로 진주하여 정치적 화젯거리가 되었다. 연합국들은 이 재무장에 맞서 아무 조치도 취하지 못했다. 히틀러는 그 성공을 축하하게 하려고 3월 29일에 선거를 실시하여 국민의 99퍼센트가 찬성했다고 다시 한 번 세상에 알렸다.

핑켄발데 신학원은 이 시기에 방학 중이었다. 다행스럽게도 본회퍼는 거주지에서 부재자 투표용지에 투표하지 않아도 되었다. 그는 작센 주의 어느 마을에서 반대표를 던졌다.

그는 방학 여행 중에 슈텐달에서 슈테믈러와 함께 작센 주의 목사후보생 몇 명에게 목사안수를 베풀었다. 케를이 법령을 공포한 뒤부터 이것은 대담한 시도가 되었지만, 교구민들의 생생한 참여 속에 이루어졌다. 본회퍼는 유서 깊은 힐데스하임을 둘러보고(DBW 14:17) 프리드리히스브룬에서 봄을 만끽했다.

III. 교회연대에 관한 논문

1936년 여름학기에 본회퍼의 이름이 뭇 사람의 입에 오르내렸다. 상당수의 사람이 그를 핑계 삼아 그가 속한 집단과 자신들을 더 이상 신학적으로 동일시하지 않았다. 게다가 그는 다른 사람들의 주의까지 끌었다. 그가 『개신교 신학』에 게재한 논문과 『젊은 교회』에 게재한 성서 연구논문이 그 계기를 제공했다. 두 논문 모두 핑켄발데 사람들을 위해 쓴 것이었다.

수료자들을 위한 수련회

1936년의 "수련회"는 일로부터의 도피를 의미하지 않았다. 당시 이 수련회에 참석하지 않은 이는 자신의 태도와 입장을 밝히고 싶지 않아서였을 것이고, 다른 사정 때문에 참석하지 못한 이는 자기가 중요한 가르침을 놓쳐 버렸다는 것을 알고 있었다. 본회퍼는 새로운 과정을 개시할 때마다 가급적 지지난번 수료자들을 위한 수련회를 개최하여 선입생들의 마음에 감화를 주려고 했다.

> 여러분에게 상기시킬 필요도 없는 사실이지만, 우리는 헤어질 때 이 모임에 참석하기로 굳게 약속했습니다.……혹여 이 모임에 참석할 수 없다고 생각하는 이는 즉시 나에게 편지해 주시기 바랍니다. 그러면 이 모임에 꼭 참석해야만 하

는 이유를 편지로 납득시켜 드리겠습니다.[38]

그는 고백교회 교육기관 회의에서 자진해서 이 일을 맡았다. 그러고는 그 시절에 다섯 차례의 수련회를 개최했다. 그가 토론을 위해 제시한 논문들이 지금도 대체로 보존되고 있으며, 그 가운데 일부만이 그의 생전에 출판되어 폭풍을 일으켰다. 『나를 따르라』가 나오기 전의 일이었다. 그 논문들의 날짜와 주제는 아래와 같다.

1936년 4월(1차 과정)—「에스라와 느헤미야의 예루살렘 재건」(성서 연구논문).[39] '교회연대에 관한 물음'(발표문).[40]

1936년 10월(2차 과정)—「하나님의 집을 섬기는 종 디모데」(성서 연구논문).[41] '견신례-교안.'[42]

1937년 4월(1차 과정)—「하나님의 집을 섬기는 종 디모데」. 헤르만 자세의 『루터교란 무엇인가?』에 대한 비평. '신약성서에 나타난 교권과 교회의 징계'(발표문).[43]

1937년 6월(3차 과정)—「신약성서에 나타난 교권과 교회의 징계」. 「할레 결의문들에 의거하여 살펴본 종파 문제」.[44]

1938년 6월 칭스트에서(1-5차 과정)—「유혹」(성서 연구논문).[45]

목록에서 알 수 있듯이, 이 논문들은 수업을 염두에 두고 작성한 것들이다. 이 사실은 「교회연대」라는 제목의 논문에만 관계되는 것이 아니라, 예컨대 「유혹」이라는 제목의 논문에도 절박하고 구체적인 배경을 제공하고, 「에스라와 느헤미야의 예루살렘 재건」이라는 제목의 논문에도 정당성을 부여한다. 무엇이 인간들과 결정들을 변화시키는지를 당장 알아내고자 하는 의지가 지적이고 학문적인 관심을 지배한다. 성서와 고백서들을 보는 시각이 특정한 관점에서 선명해짐과 동시에 다른 관점들로부터 보호된다.

1935년 하계 과정이 진행되던 시기는 아직 교회 위원회라든가 시행령 제5조라든가 하는 것이 없었고, 외인하우젠 총회도 열리지 않은 시기였다. 이 하계 과정을 수료한 이들이 1936년 4월에 핑켄발데로 와서 재회했다. 본회퍼는 다음과 같이 절박한 문제들에 직면하여 새로 조성된 상황을 신학적으로 그리고 교회 내적으로 어떻게 판단해야 하는지에 대한 설명과 전망을 제공했다. 이제까지 우리는 교회 안에서 누구와 함께 있었는가? 그러기 위해서는 무엇이 결정적인 기준이어야 했는가? 한때 사이좋던 친구들이 갈라선 것은 무엇을 의미하는가? 기대해도 되는 결과는 어떤 것인가? 도출해선 안 될 결론은 무엇인가? 공동 사회를 유지하다 파기하기로 결정한 것은 바르멘과 달렘의 대의에 따른 것인가, 아니면 책임감 있는 인물들을 양성하려는 주관적 의지에 따른 것인가? 구프로이센 형제협의회를 교회지도부로 고수한 것은 고백교회의 호의 때문인가, 아니면 고백교회의 고백 때문인가? 저명한 인사들 상당수가 교회 위원회 속에 포진해 있는 것도 당혹스러운 사실이었다. 그들과 거리를 둔 것은 얼마만큼 중요했는가? 외인하우젠 총회의 어중간한 조언들은 얼마만큼 중요했는가?

본회퍼는 이러한 물음과 견해가 복잡하게 뒤얽힌 혼란 속에서 몇 가지 길을 내어 자신감을 되찾아 주고 싶었다. 그러면서 자신이 이 자리에서 강의한 것은 전혀 새로운 것이 아니라고 말했다. 핑켄발데 회람은 핑켄발데 사람들이 **규정대로 임명받았음**rite vocatus(DBW 14:314)을 지난 6개월 동안 줄곧 강조하고, 거짓 **소명** 때문에 이단사설에 대해 침묵할 위험이 있음을 강조해 온 터였다.[46] 결국에는 **규정대로 임명받았느냐**의 쟁점이 사라지고, 고백교회 안에서까지 그에 상응하는 여건이 조성되었다. 따라서 이제는 **소명**vocatio을 다른 방식으로 보는 자들과 공동 사회를 이루는 것이 어떻겠느냐는 물음에 답변하지 않으면 안 되었다. 이것은 외인하우젠 총회가 해야 할 일이었다. 하지만 외인하우젠 총회는 그 물음에 분명하게 답하지 않았다. 핑켄발데 신학원이 스웨덴 여행 직전에 항의서를 보낸 것은 그 때문이었다. "우리가 기다린 발언은 교회 공동 사회 문제를 원칙적으로 처리하고, 교의 징계와 교회 징계를 개시해야 한다는 거였습니다."[47] 외인하우젠 총회는 교회 위원회들과 협력할 것인지 그러지 않을 것인지에 대한 결정을 사실상 주 형제협의회들에 위임하고, 뿔뿔이 흩어짐과 결탁을 방조함으로써 "극도로 무자비하고 형제답지 못한 행태"를 보였다.[48]

본회퍼는 교회의 경계들에 대한 독자적 관심이 생겨나 남의 이목을 끄는 것을 위험하게 여겼다. 그래서 첫 주요부분을 할애하여 "교회에는 경계가 없다"는 원칙을 다루었다. 하지만 이제는 다른 사실을 인정할 수밖에 없었다. 말하자면 교회가 장벽들과 마주치게 되었다는 것이다. 그 장벽들은 "외부에서 교회를 거슬러 쌓은" 장벽들이었다(DBW 14:659f.). 그 장벽들을 어느 정도까지 인정해야 했을까? 본회퍼는 형제가 탈퇴할 때 경험했던, 장벽에 부딪힌 것 같은 암울한 느낌을 프리드리히 샤우어 박사에게 생생히 서술한 상태였다. 경계를 정하는 것은 개인이 아니라 총회에만 요구할 수 있는 일이었다. 그리하여 본회퍼는 1936년 1월 25일 프리드리히 샤우어에게 아래와 같이 편지했다.

> 교회 위원회에 어떤 식으로든 복종하는 자는 한 교회 안에서 우리와 함께 지낼 수 없다는 것이 내 생각입니다. 하지만 여기서 중요한 것은 개인의 확언이 아니라 총회 내지 형제협의회의 확언입니다. 다수의 사람들이 그것을 기다리고 있습니다. 이제까지 이 점을 분명하게 하지 않은 것이 불행을 초래하는 것 같습니다.……교회의 모든 말과 행동에서 내가 중시하는 것은 유일하게 믿을 만하고 참된 하나님의 말씀입니다. 고통스럽더라도, 사람을 이 참된 말씀의 빛 속에 세우는 것만큼 위대한 사랑의 봉사는 없습니다. 하나님의 말씀은 영들을 분별합니다. 중요한 것은 바른 영이 아니라, 하나님께서 자기 교회 안에서 자기 말씀을 가지고 걸으려 하시는 길을 겸손하게, 참으로 놀라면서 인식하는 것입니다. 이 말씀의 경계야말로 우리의 경계입니다.[49]

본회퍼가 논문을 쓴 까닭은 외인하우젠 총회가 허탕을 쳤기 때문이다. 물론 그는 외인하우젠 총회가 놓친 것을 만회할 수 없었다. 하지만 그는 토론을 유도하는 실질적 주제인 "교회 공동 사회에 관한 물음"으로 문제들을 되도록 날카롭게 제기할 수 있었다.

이처럼 짤막한 발언들을 하는 이유는 교회의 결정을 앞지르기 위해서가 아니라, 교회지도부가 이 결정을 내려야 함을 상기시키기 위해서다. 익숙하지 않은 일이지만, 교회지도부가 단계적으로 그리하다 보면 본래의 일을 제대로 할 수 있게 될 것이다. 공동 사회의 파기는 공동 사회의 궁극적 공급이다.[50]

출판

수련회 참가자들은 이 거북한 강의를 되도록 빨리 출판해야 한다는 데에 의견의 일치를 보았다. 이미 에른스트 볼프가 그 강의를 1936년 『개신교 신학』 6월 호에 공개한 상태였다. 논문의 3부에 자리한 명제가 독일 전역의 교회에 들불처럼 유포되었다. 그 명제는 다음과 같다. "일부러 독일 고백교회에서 이탈하는 자는 구원에서 이탈하는 자다."[51] 이 명제는 수백 번의 대화와 목사 회의 속에서 다음과 같이 단순화되어 계속 유포되었다. "'붉은 헌장'을 지니지 않은 자는 천국에 들어갈 수 없다!"[52] 7월 1일, "지방교회 위원회—관구총감독 요하네스 에거가 수장이었다—의 출판국에서 발행하는 구프로이센 개신교연맹 회보"에 그 명제가 고딕체로 인쇄되어 실렸다. 거기에는 다음과 같은 논평이 딸려 있었다.

> 이 명제는 "그리스도의 적"이 고백교회의 대의에 해를 끼치려고 고안해 낸 악의적 이야기 내지 악의적 주장이 아니라, 고백교회 소속의 본회퍼가 글이랍시고 쓴 것이다.……가련하구나, 개신교회 안에서 그러한 것을 떠벌리다니.[53]

이 명제가 명시하는 것만큼 사실을 자신 있게 그리고 엄격하게 말한 것 같지는 않았다. 그 명제를 전체적인 문맥에서 읽을 필요가 있었던 것일까? 한스 리츠만 교수는 에를링 아이뎀 대감독에게 보낸 편지에서 아래와 같이 말했다.

> 재능이 탁월하지만 광신적인 본회퍼 씨가 "교회 밖에는 구원이 없다"extra ecclesiam nulla salus고 선언했습니다. "전국교회 위원회에 협력하는 자는 구원의 교회 밖에 있는 자다"라고 선언한 것입니다.[54]

포메른 지역의 루터교 목사들은 신학 논쟁을 신청하면서 이렇게 말했다. "상당수의 사람들이 그것 때문에 더 이상 헌금하려 하지 않는군요."[55]

6월 중순경, 『개신교 신학』 6월 호가 매진되었다. "'교회연대에 관한 물음'의 별쇄본을 여러분 모두에게 보내 드리고 싶었지만, 더 이상 구할 수 없었답니다."[56] 본회퍼는 소동을 접하고 다소 놀랐다. 그는 자신이 이미 1935년 에큐메니칼 논문(「고백교회와 에큐메니칼 운동권」—옮긴이)에서 같은 내용을 주장했었다고 말했다. "고백교회가 이 주장을 하지 않았다면, 독일에서 벌어지고 있는 교회투쟁은 물론이고 그리스도교를 위한 투쟁도 고백교회에 **반기**를 들었을 것이다."[57] 당시에는 꿈쩍도 하지 않다가, 이제야 이 불쾌한 명제의 핵심 표현 때문에 소동이 일어나 교회 여론이 신경질적으로 변한 것이다. 본회퍼는 바르트에게 보낸 편지에서 이렇게 말했다. "다들 그것 때문에 몹시 분개하고 있습니다. 나는 당연한 것을 썼다고 생각하는데 말입니다."[58] 주츠에게 보낸 편지에서는 아래와 같이 말했다.

> 덧붙여 말하건대 나는 요즘 내 논문 때문에 우리 진영에서 욕을 가장 많이 먹는 사람이[58a] 되었네. 최근에는 "루터교"의 모 협회가 나더러 고백교회의 교직에서 물러나는 게 어떻겠느냐고 제의하기까지 했네. 라인란트 사람들은 나를 잘 도와주고 있네.……우상숭배자들의 숭배를 받는 짐승이 루터의 인상을 일그러뜨리는 날이 올 것이네. 그들은 "예언자들의 무덤을 꾸미는" 자들이라네."[59]

최고 위원회들과 교회의 고위층 인사들이 형제협의회에 본회퍼와 정식으로 절교할 것을 촉구했다.

핑켄발데 사람들은 누구를 만나건 간에 자신들의 스승이 말한 핵심 표현들을 변호하지 않으면 안 되는 난처한 입장에 처했다. 그들은 저 명제에만 매달려서는 안 되고, 본회퍼가 논문의 제1부에서 "교회는 자신의 경계를 지녀야 하고 자신의 범위를 정해야 한다"는 식의 온갖 율법적 견해를 거부했다는 사실도 알고 있어야 했다. 게다가 저 논문에 "고의성"이 숨겨져 있지 않다는 사실도 파악하고 있어야 했다. 그러고 난 뒤에야 다음의 사실을 차차 깨달을 수 있었다. 말하자면 교회에 관한 저 명제가 정적인 계수기가 되거나 "구원받은 자와 잃은 자에 대한 위선적

억측의 전제"(DBW 14:679)가 되어서는 안 된다는 것이다. 본회퍼는 소심한 질문자들에게 끈기 있게 답변했다.[60]

루터교 측에서는 본회퍼에게 "율법주의", "광신", "로마 가톨릭 성향"이라는 꼬리표를 붙이는 일에 치중했다. 하노버의 프리드리히 두엔징Friedrich Duensing 목사는 7월 9일에 발표한 '신앙과 교회를 위하여'라는 글에서 본회퍼가 "개신교의 교회 개념을 율법적으로 이해했다"라고 비난하고, 헬무트 골비처에게 보낸 8월 20일자 편지에서는 아래와 같이 표명했다.

> 다른 계시가 유일한 규범이자 표준인 성서와 어깨를 나란히 하는 바람에 광신이 횡행하게 된 것은 아닌가요? 혹은 이렇게 물을 수도 있을 것입니다. "고백교회"의 이 주장은 교황의 주장을 그대로 받아들인 것이 아닌가요?

발터 퀴네트가 비판한 대로, 1933년 베텔 고백을 함께 작성했던 전우 헤르만 자세도 분리의 깊이를 실감케 했다.

> 바르트와 아스무센이 열망하는 이 고백교회는 루터교회가 인정한 고백 운동과 달리 하나의 교파이자, 독일 신교의 토양에서 출현한 가장 나쁜 교파다. 그리 생각하지 않는 자는 『개신교 신학』 6월 호에 실린 본회퍼와 헬무트 골비처의 논문들을 읽어 보라. 바르멘의 기적에 기반을 두고, 바르트의 신학 진술을 통해 결속을 다지고, 루터와 칼뱅이 고수한 자연신학의 잔재들마저 비난하고, 힘겨운 교회투쟁 경험을 통해 두들겨 맞은 자칭 교회가 저기에 있다.[61]

게오르크 메르츠는 헬무트 골비처에게 보낸 편지에서 이렇게 말했다. "본회퍼의 명제는 루터가 중요하게 여긴 모든 것에 위배됩니다. 그런데도 당신은 그의 명제를 이제껏 신중했던 사람이 무아경 중에 지른 환호성으로만 이해하는군요."[62] 마침내 7월 17일, 루터교 협의회가 아래와 같은 물음을 임시지도부에 던지면서 최고위층의 서신 왕래가 이루어졌다.

임시지도부는 다음의 표현들에서 드러나는 견해들에 대해 어떤 주장을 펼칠 셈인가?[63]……우리는 이 표현들에 대한 분명한 입장 표명을 요구한다. 한 괴짜의 광신적인 이단이 문제가 아니라, 널리 유포되어 여기저기서 단호한 조치를 유발시키는 견해들이 문제이기 때문이다.

임시지도부는 1936년 7월 28일에 아래와 같이 답했다.

본회퍼의 논문은……에큐메니칼 운동권에서 제기한 중대한 물음을 끄집어내어 교회 공동 사회 문제에 대한 신학적 토론을 유도하려고 쓴 것이다. 전체 문맥에서 뽑아낸 모종의 표현으로 본회퍼의 논문을 매도해서는 안 된다. 그가 제기한 문제와, 헤르만 자세가 그것에 반대하여 자신의 책 『일치와 신앙고백』 *Union und Bekenntnis*에서 제기한 논제들은 신학적 연구의 대상이 되어야 하고, 고백총회의 최종적인 확언을 필요로 하는 것들이다.

8월 1일, 라인란트의 관구총감독 에른스트 슈톨텐호프가 고백총회 라인란트 형제협의회에 답변을 요구했다. "귀 협의회에 질의합니다. 귀 협의회는 본회퍼 박사의 주장에 동의합니까? 동의하지 않습니까? 나는 그의 주장을 고약한 이단으로 여길 수밖에 없군요." 라인 협의회는 9월 23일 본회퍼의 주장이 들어 있는 문맥 전체를 언급하면서 아래와 같이 답했다.

본회퍼가 해설한 것들은, "여기에 교회가 있다"는 외침은 "여기에 복음이 있다"는 외침과 의미가 같다(DBW 14:656 참조)는 논제에 기반을 둔 것입니다. 라인 협의회는 이 논제를 종교개혁교회 개념의 타당한 해석으로 여깁니다.……1934년에 고백교회가 소리 높여 외친 명제, 곧 "여기에 교회가 있다, 여기에 복음이 있다"는 명제를 완강히 거부하고 고의로 고백교회와 결별한 자는 선포된 복음과 결별한 자입니다.……전에 독일그리스도인연맹의 관료들에 맞서 경계를 정해야 했듯이, 앞으로 열릴 고백교회 총회도 본회퍼의 제안에 부응하여, 신앙고백을 거스르는 교회 위원회들의 교회 치리권을 행사하고 뒷받침하는 자들에[64] 맞서 교회 공동 사회의 경계를 확정해야 하지 않겠느냐는 물음은 라인 협의회가 지금 이 자리에서 결정할 수 있는 것이 아닙니다. 그것은 고백총회만이 판단할 수 있는 문제입니다. 하지만 라인 협의회는 이제까지 다음과 같이 증언하는 과제를 전체 고백교회와 함께 수행해 왔고, 1936년인 지금도 되도록 모든 이와 함께 수행하고 있습니다. "여기에 교회가 있다, 여기에 복음이 있다."……본회퍼의 주장을 그가 해설한 내용 전체의 빛 아래 살펴본 결과, 우리는 지금도 공격받고 있는 주장, 즉 "일부러 고백교회에서 이탈하는 자는……"이라는 주장 속에서 이단적인 교회 개념을 전혀 발견하지 못했습니다. 따라서 귀하는 우리의 말에 동의해야만 합니다. 파울 훔부르크Paul Humburg 의장.[65]

본회퍼 자신에게 적용된 "이단"이라는 표현이 도처에서 경박하게 회자되기 전에, 본회퍼는 6월에 '고백교회 안에 이단사설이?'(DBW 14:700-713)라는 소견서를 작성하여 포메른 형제협의회에 보냈다. 그 내용은 아래와 같다.

저쪽에서 고백교회의 논거를 역이용하는 것 같습니다.……합법적 교회지도부이자 그 근거인 교회 위원회를 거부한 것이 이단이라는 것입니다. 참된 루터교를 위해 애쓰지 않는 "루터교"의 이름으로 그런 비난이 선언되고 있습니다. 고백교회가 오래전부터 "개혁파교회" 교리의 영향을 지나치게 받았다는 통속학문의 주장도 그런 비난에 합세하고 있습니다. 오늘날 루터교 목사들과 그 교회들에게는 개혁파교회의 "율법주의"를 통한 압제에서 벗어나 교회 위원회 내지 루터교 협의회 아래로 피신하는 것이 중요하다는 것이겠지요.[66]

이 상황에서 에른스트 볼프가 헬무트 골비처에게 『개신교 신학』에서 복잡하고 중대한 오해들에 용감히 맞서달라고 부탁하고, 그렇게 맞선 뒤에는 본회퍼가 한 번 더 발언해 주었으면 좋겠다고 말했다. 헬무트 골비처는 이미 개개인에게 보낸 편지들에서 상당수의 오해를 바로잡으려고 시도하며, 총회의 발언을 하나님의 말씀과 동일시하는 본회퍼의 표현들 가운데 상당수가 재고(再考)를 필요로 하는 것 같다고 말한 터였다.[67] 실제로 본회퍼는 헬무트 골비처의 '암시와 숙고'라는 글에[68] 대해 '물음들'이라는 제목의 글로[69] 응답하며, 이 문제를 변호하지 않고 "증언"이라는 개념을 받아들였다.[70] 다른 한편, 헬무트 골비처는 공격자들이 어째서 그들 자신의 "율법주의", "광신", "로마 가톨릭 성향"을 보지 못하는지를 분명하게 설명했다.

본회퍼의 새 기고문은 과연 특색 있는 글이었다. 그는 주제를 벗어나지 않으면서도 자신의 첫 표현들을 변호하는 데에만 몰두하지 않고, 새로운 공세적 물음들과 외인하우젠의 결점에 대한 비판을 부여잡고 계속 대화하려고 했다. 『개신교 신학』의 독자들은 그가 종파 문제와 관련하여 헬무트 골비처, 발터 퀴네트, 헤르만 자세와 격렬한 논쟁을 벌일 것이라고 기대했지만, 그는 그 기대를 다 충족시켜 주지는 못했다. 논쟁에서 누가 옳았는가 하는 문제는 본래 그의 관심사가 아니었다. 그는 오해들을 유발한 상태였고, 게다가 진지한 비평가들의 말이 옳다고 시인하기까지 했다. 그런 것은 그에게 문제가 되지 않았다.

『개신교 신학』 10월 호에서 논쟁이 재개되었지만 어떤 변화도 일어나지 않았다. 본회퍼의 논문에 대한 온갖 비난이 계속 들끓었다. 논거보다 강력한 예비 결정들이 내려져 이쪽저쪽에 자기 견해를 주장하고, 그때그때의 영향력 있는 조직의 견해가 되었다. 그럼에도 헬무트 골비처는 계속해서 본회퍼의 대변자 역할을 했다. 그는 최고관리국 위원 빌헬름 프레셀에게 아래와 같이 말했다.

> 귀하는……본회퍼가 광신자라고 비난하더군요. 유감스럽게도 귀하는 오늘날 자주 언급되는 이 단어를 어디에서도 정확하게 규정하지 않았더군요.……귀하가 "동일시하여" 공격한 것은 조직화된 광신자 집단과 성인인 척하는 사람들의 교회가 아닙니다. 귀하는 참된 고백을 위해 모이는 가시적 교회의 루터교도들과 그리스도의 참 교회를 공격한 것입니다. 귀하가 본회퍼를 겨냥하여 공격한 것은 루터교 선조들을 겨냥하여 공격한 것과 다름없습니다. 귀하는 우리를 광신자들과 동일시하면 우리 프로이센 형제들에게 "절박한 위험"이 될 것이라고 주장하지만, 이는 진심이 아닐 것입니다.……오늘날 (광신자들처럼) 말씀과 성례전을 회피할 실제적인 위험은 자칭 루터교 신학자들의 창조 질서 신학 속에 있는 것 같습니다. 내가 여전히 안타까워하는 것은 루터교 협의회가 그 신학

에 맞서 선을 분명하게 긋지 않는다는 것입니다.[71]

본회퍼도 아래와 같이 양자택일을 분명하게 밝혔다.

바르멘 신학 선언을 성령을 통해 일어난 신앙고백으로, 즉 주 예수에 대한 신앙고백으로 받아들이면, 그것은 교회를 형성하고 분열시키는 특성을 지니게 될 것이다. 반면에 바르멘 신학 선언을 몇몇 신학자들의 구속력 없는 의사표시로 받아들이면, 그때부터 고백교회는 대단히 그릇된 길 위에 있게 될 것이다.[72]

그가 지나치게 자신만만하고 극단적인 면모를 보이는 이유는, 불안정해진 주위 환경 속에서 다음과 같이 확고한 것이 사라질지도 모른다고 생각했기 때문이다.

첫째, 그는 바람직한 말씀, 곧 교회의 파수꾼인 말씀이 사라질지도 모른다고 생각했다. 그에게는 종파적인 독단도, 교회의 지위를 보수적으로 고집하는 것도 중요하지 않았다. 당시에 독단은 지나치게 용감한 것으로 평가되었고, 기존 체제의 옹호는 지나치게 보잘것없는 것으로 평가되었다. 하지만 그는 벙어리처럼 말 못하는 이들을 위하여 목소리를 낼 수 있는 곳을 유지하거나 새로 마련하는 데에 자신의 명성을 걸었다. 이 몇 주 동안 그는 그 일에 매진하겠다는 각오를 더욱 굳게 다진 반면, 임시지도부는 히틀러의 주소지로 보낼 항의서를 작성하여 스스로를 위험에 빠뜨렸다. 하지만 이는 임시지도부의 건재를 과시하는 일이기도 했다.

둘째, 그는 신앙 고백자들이 이제부터 약속을 깨뜨릴지도 모른다고 생각했다. 그가 할머니의 무덤 앞에서 기린 것은 "자유로운 사람의 기탄없는 발언, 내뱉은 말의 구속력"이었다.[73] 바르멘과 달렘에서 했던 약속이 너무 빨리 파기되었고, 그는 이 사실을 묵과할 수 없었다.

우리는 뜨내기가 아닙니다. 오늘은 이 당국에 복종하고, 내일은 저 당국에 복종하는 떠돌이가 아닙니다. 설령 외부에서 우리에게 다른 교회 당국이 제공된다고 해도, 우리는 기존의 교회 당국에 대한 신의를 저버려선 안 됩니다.[74]

갑자기 바르멘 신학 선언의 실현 방식과 그 동기가 바르멘 신학 선언 자체보다 결정적인 것이 되었다. 그는 이것을 신학과 교회 결정의 치명적인 혼동으로 여겼다. 앞으로 살펴보겠지만, 그는 이 관점을 중시한 까닭에 외인하우젠 총회에 대한 자신의 부정적인 평가와 외인하우젠 총회의 실제적인 결의사항을 구별할 수밖에 없었다. 그는 1936년 샹뷔 대회에 참가할 때 결단력이 부족한 외인하우젠 총회의 실제적인 결과에 굴복했다. 물론 결정이 이루어지리라는 희망을 품고 한 일이었다.[75]

셋째, 그는 새로운 공동체교회의 출현을 우려했다. 이 공동체교회가 국민교회를 보존하겠다며 주목할 만한 시도를 했지만, 그는 들은 체도 하지 않았다. 빌헬름 췰너의 시도 속에서 국민교회 보존의 마지막 가능성을 본 자는, 빌헬름 췰너와 에거처럼 경건한 체하는 보수파 인사들이 국가사회주의의 "국민형성"을 환영하면서 나름의 과업을 시작하는 것을 묵묵히 지켜보았다. 하지만 본회퍼는 국민교회의 보존을 원하지도 않았고, 그러한 것을 입에 담지도 않았다.

여느 해와 달리 1936년의 본회퍼는 자신의 투쟁 문서들 속에서 **교회의** 고전적 **표지**인 말씀과 성례전을 뒤흔들지 않았다. 사실상 국가의 승인이 **교회의 표지** 반열에 올랐거나, "그리스도교 인사들"로 이루어진 교회 위원회들의 구성이 설득력 있는 표지가 되었기 때문이다. 그는 **하나님의 교회**ecclesia Dei가 되는 데 필요한 것은 성례전을 올바르게 집전하고 말씀을 **올바르게 지도하는 것**recte docere뿐이라는 신뢰할 만한 가르침을 신중하게 고수했다. 하지만 그 가르침에 이끌려 개혁파교회의 영향을 강하게 받고 난 뒤에는 1934년과 1935년에 나온 루터교 감독들의 발언들을 활용하여 루터교도들보다 더 루터교도답게 논증했다. 예를 들면 '고백교회 안에 이단사설이?'에서 그랬다.[76] 본회퍼가 굴하지 않은 까닭은 그가 국민교회의 지구력을 과소평가했기 때문이거나, 국민교회의 끈질김을 너무나도 잘 알았기 때문일 것이다. 어쨌든 그의 마음은 국민교회에 있지 않았다.

에스라와 느헤미야

1936년 4월에 개최된 수련회는 구약성서 해석자로서 본회퍼가 누리던 명성마저 떨어뜨렸다. 「에스라와 느헤미야의 예루살렘 재건」이라는 해석이[77] 앞서 다룬 논문보다 실질적인 면에서 그의 처지를 더욱 약화시켰다. 앞서 다룬 논문과 마찬가지로 이 해석도 동일한 자극에서 비롯되어, 당혹해하는 자들의 유사한 해명과 완강한 반대에 부딪혔다. 때문에 이 해석은 흥미진진한 읽을거리라고 할 수 있다. 하지만 본회퍼가 적용한 주석학적 원칙들은 근거가 없다.

1936년 초, 본회퍼는 이와 유사한 성서 연구논문 「다윗 왕」을 『젊은 교회』에 기고했다.[78] 이 논문은 학계의 주목을 거의 받지 못했지만, 국가사회주의 신문 『돌파』*Durchbruch*에서 정치적 주목을 받았다. 프리드리히 임홀츠Friedrich Imholz가 다음과 같은 기사를 썼던 것이다. "1936년인 지금도 감히 세계의 적(敵) 유다 종족을 '영원한 민족', '참으로 고귀한 족속', '하나님의 백성'으로 내세우다니, 근동의 교의를 대변하는 저들에게는 순진한 구석이 많은 것 같다."[79]

본회퍼가 에스라와 느헤미야를 토대로 하여 성서 연구논문을 쓰겠다고 마음먹게 된 것은 1월 12일에 설교단 발표문을 낭독하면서부터였다.[80] 그날 고백 예배에서 행한 설교가 확대되어 4월 21일 수련회에서 발표되었다. 1936년의 사건 때문에 구약성서의 장과 절을 골라서 읽긴 했지만, 동시대의 대소동을 가급적 차단하고 후기 유대 시대의 정경문서에 가까이 다가가는 것은 그의 관심사가 아니었다. 본회퍼는 시간 간격을 의식하지 않고 그것을 없앴다. 이 성서 연구논문은 비판적 텍스트 검증 역할을 한 설교에서 태어났다. 그런 다음 그 논문은 민감한 발언으로서 『젊은 교회』를 찾아갔다.

『젊은 교회』는 민감한 논쟁에 종사하는 잡지였다. 한스 릴예가 편집에 참여했고, 편집장은 프리츠 죌만이었다. 루터교도들, 교회 위원회 소속 친구들, 달렘 사람들이 출판 무기인 이 잡지를 중심으로 본회퍼의 성서 연구논문을 표적 내지 총탄 삼아 소규모 전투를 벌였다. 죌만은 본회퍼에게 보낸 7월 3일자 편지에서 아래와 같이 말했다.

> 나는 성서 연구논문을 특별히 음미하고 있습니다. 내 마음대로 해도 된다면 곧바로 게재했을 것입니다. 릴예 박사가 난색을 보이고 있지만, 나는 크게 신경 쓰지 않습니다. 출판사가 그를 몹시 죄어치는 바람에, 이제까지 주저해 왔

음에도 불구하고 결국에는 공동 편집인 자리에서 물러나야 할지도 모르니까요.……출판사에서 난색을 보일 것으로 예견되지만, 나는 크게 개의치 않습니다. 하지만 이제 막 대토론회를 거쳐 에렌베르크의 논문을[81] 면밀하게 검토했습니다.……오늘 출판사에 편지로 알렸듯이, 나는 다음에 나올 어느 한 호에 당신의 성서 연구논문을 게재할 작정입니다(DBW 14:185f.).

물론 본회퍼는 교회 정치투쟁을 다룬 기고문 이외에 구약성서 텍스트 해석 문제를 다룬 기고문도 보낼 작정이었다. 게다가 이 해석 문제는 1934년 빌헬름 비셔의 『구약성서의 그리스도 증언』이 시장에 나온 이래로 특히 논쟁거리가 된 상태였다. 비셔의 책이 그리스도론을 통해 텍스트의 역사적 시간 간격을 없앰으로써 신학자들을 두 진영으로 분열시켰기 때문이다. 한쪽은 전문가 집단이 선동하는 진영이었고, 다른 한쪽은 칼 바르트 학파가 고무하는 진영이었다. 그리고 본회퍼는 이미 『창조와 타락』을[82] 선보인 뒤부터 두 번째 진영에 포함된 상태였다. 그 역시 "신학적" 해석으로 구약성서의 그리스도를 알리려 했기 때문이다.

7월 18일, 『젊은 교회』가 나오자마자, 그라이프스발트의 구약성서학자 프리드리히 바움게르텔Friedrich Baumgärtel이 슈테틴 형제협의회의 신학 전담자 에버하르트 바우만에게 항의서를 보내고, 또 신랄하게 반박하는 소책자—서문에서 8월 4일에 이미 집필을 끝냈다고 밝힌—를 썼다.[83] 프리드리히 바움게르텔의 비평은 다른 잡지, 예컨대 『개신교 베스트팔렌』에도 실렸다.[84] "바움게르텔이 요구한 해명은 절대적으로 필요하다. 본회퍼의 '성서 연구논문'은 모순이 없지 않다." 바움게르텔과 바우만의 상세한 서신 왕래가 전개되었다.[85] 바우만이 『젊은 교회』의 출판물은 고백교회의 의사 표시가 아니라 토론 주제일 뿐이라고 확언하자, 바움게르텔은 아래와 같이 편지했다.

본회퍼의 습격에 아무 저항도 하지 않는 것을 보니, 젊은 목사들과 목사후보생들에게는 구약성서에 대한 본질적 지식이 없는 것 같습니다. 이 결점을 해결하기 위해 소책자를 써서 보냈습니다. 학생들이 생각을 체계적으로 정리하고 실제적으로 깊이를 갖추는 것은 대단히 어려운 일이니까요. 나는 그들을 돕지 않으면 안 되었습니다. 귀하는 본회퍼의 발언들이 고백교회의 의사 표시가 아니라고 말하지만, 나는 우려를 떨치지 못하겠습니다. 그는 고백교회가 단호히 멀리해야 할 신학적 발언을 일삼는 자입니다. 어찌 그런 사람이 신학 교사의 중책을 맡는단 말입니까?[86]

바움게르텔은 본회퍼가 고려하지 않은 문맥에서, 본회퍼가 구절을 골라 증명한 것과 반대되는 내용을 증명했다. 말하자면 이스라엘이 바빌론에서 귀환할 무렵 "국가의" 현저한 "지원"과 정부 위원들의 후원 아래 에스라와 느헤미야의 "교회" 재건이 이루어졌다는 것이다.

당시에 본회퍼는 전문가들의 공격에 더 이상 개의치 않았다. 물론 그는 언제든 진술할 채비를 갖추고 있었다. 어쩌면 그는 이 해석 방식의 결점까지 알고 있었을 것이다. 그 후 금방 "성서 해석학" 초안 작성을 고려했기 때문이다.[87] 하지만 그것을 더 이상 추진하지는 않았다. 아무튼 우리는 테겔 옥중서간들에서 그의 구약성서 텍스트 처리 방식이 바뀌었음을 발견하게 된다.[87a]

본회퍼는 자신의 주관적인 시대 경험을 토대로 성서 구절들을 취사선택하며 찾아보기를 주저하지 않았다. 게다가 그는 다음과 같이 깊이 생각한 표현들을 동원하여 제자들에게 용기를 주었다. 이를테면 반박의 여지가 있는 개별 주석이 무조건 잘못된 설교로 이어지는 것은 아니며, 주석 결과의 정확한 사용이 잘못된 설교를 방지하는 것도 아니라는 것이다. 그는 성서 구절의 풍부한 어의를 남김없이 파헤쳐야 한다는 사실도 인정하지 않았다. 본회퍼가 주석에서 설교로 넘어가면서 모험을 하지 않았다면, 유다에 대한 설교, 복수의 시편을 토대로 한 설교, 시편 119편에 대한 에세이는 생겨나지도 못했을 것이다.

본회퍼의 에스라 성서 연구논문은 그르기도 하고 옳기도 하다. 그 논문은 성서적·역사적 배경 확인을 거치지 않았다. 하지만 그 설교 진술은 여전히 유효하다. 말하자면 교회는 심판을 피할 수 없으며, 불순한 복구 속에서가 아니라 자주적인 신앙 개혁 속에서만 진리를 발견할 수 있다는 것이다.

바움게르텔이 항의서에서 자신이 중시하는 것은 교회 정치 문제가 아니라 신학 및 주석의 문제라고 힘주어 말하긴 했지만, 그가 그라이프스발트 대학교에서 성서 해석학자 본회퍼에게 신학적 비판을 가한 데에는 괴로운 배경이 깔려 있었다. 1935년 6월 핑켄발데 신학원이 그라이프스발트 대학교를 방문했을 때[88] 낌새를 보이던 견해 차이가 포메른 교회 위원회의 출범과 함께 현격하게 벌어진 것이다. 당시 핑켄발데 신학원은 형제협의회에 잔류하려고 하는 그라이프스발트 대학교 학생들을 상대로 활동하면서, 그 대학교수들의 지원을 받기는커녕 어쩔 수 없이 그들과 대립할 수밖에 없었다. 핑켄발데 사람들이 그라이프스발트 대학 구내에 기숙사까지 설립하자 그 대학교 강사들은 여봐란듯이 기숙사 개소식에 불참했다.

그라이프스발트 활동은 핑켄발데 사람들이 꾸민 일이 아니었다. 고백교회는 전반적으로 각 대학교 신학부 학생들에게 신경을 쓰지 않으면 안 되는 상황이었다. 교회 설립 단과대학들이 불법적인 존재로 낙인찍혀 금지되고, 게다가 대학교들의 나치화가 착착 진행되고 있었다. 따라서 국가에 고용된 교수가 자기 학생들에게 교회투쟁의 사건들에 대해 강의하거나 고백교회의 각서에 동의하는 것은 불가능한 일이었다. 또 압도적인 다수의 교수들—그라이프스발트 대학교수진 전체—이 교회 위원회를 지지하고, 고백교회의 모든 주장들과 관계를 끊는 상황이었다.

> 후배 신학도들이 고백에 합당한 신학을 더 이상 접하지 못할 커다란 위험에 처해 있습니다. 현재 고백교회 신학원들은 완전한 독립을 이루며 가르침과 생활면에서 신앙고백에 걸맞은 태도를 지도할 수 있는 유일한 곳입니다.[89]

임시지도부가 신학생사무국을 개설한 것은 그 때문이었다. 그 가운데 하나가 1936년 여름학기 초에 그라이프스발트에 개설되었다. 처음에는 포메른 형제협의회 및 구프로이센 형제협의회와 상의하여 호르스트 렉스차스가 형제의 집 지부를 맡고, 그다음에는 알브레히트 쇤헤르가 그라이프스발트 대학생들을 상대로 활동했다. 그 학기 말경에는 포메른 형제협의회가 슈테틴-엠마우스에서 "보충강의들"을 실시했다. 에른스트 볼프, 에버하르트 바우만, 하인리히 렌토르프, 본회퍼가 보충강의를 맡았다(DBW 14:195f.).

본회퍼는 베를린 대학교 출장 강의를 단념할 수밖에 없었으므로 1936년 여름 내내 거의 매주 그라이프스발트에 있었다. 호르스트 렉스차스와 학생회장 귄터 슐츠Günther Schultz가 교회들 중에서 집회를 개최할 만한 장소들을 섭외하려고 시도했다. 하지만 이 부분에서도 애를 먹었다. 그라이프스발트 대학교수들이 교회의 장로회에 포진해 있었기 때문이다. 본회퍼 외에도 마르틴 니묄러, 오토 디벨리우스, 한스 아스무센, 라인홀트 폰 타덴, 하인리히 렌토르프, 에도 오스털로Edo Osterloh가 찾아갔다. 베렌호프 교회 후원자 베어Behr 백작부인 가문이 자신들의 거처를 마음대로 사용할 수 있게 해주었다. 학생회장이 학기말에 알린 대로, "교수들이 신학생사무국을 반대하는 일에 의견의 일치를 보였지만", 렉스차스가 "끊임없이 애쓴 덕분에 대학생들은 그라이프스발트 교회 위원회에서 진행하는 강좌에 참여하지 않았다."[90]

1936년 겨울학기 초, 그라이프스발트 활동이 강력한 정지 처분을 받았다. 알브레히트 쇤헤르가 낡은 남학생 회관을 핑켄발데식 생활이 이루어지는 기숙사로 전환했기 때문이다. 교회 섭외가 이루어졌고, 본회퍼가 설교했다. 참석자의 수가 500명을 넘을 때가 한두 번이 아니었다.

불화는 양측 모두에게 피해를 주었다. 본회퍼는 아래와 같이 썼다.

> 알브레히트 쇤헤르가 그라이프스발트 대학교 신학부 전체와 대립하는 것도 어려운 투쟁이지만, 소수의 대학생 무리가 자신들에게 대단히 중요한 신학부와의 관계를 끊는 것도 어려운 투쟁입니다. 그들은 형제협의회를 지지한다는 한 가지 이유만으로 사실상 제명을 당한 것이나 다름없습니다.……안타깝게도 전선들이 조금 냉혹해져 더 이상 받아들일 수 없게 된 것 같습니다. 이곳에서는 사실상 고백교회의 이름으로 고백교회가 갈기갈기 찢기고 있습니다. 사실은 더 이상 견딜 수 없는 상태입니다. 모든 것이 해결을 요구하고 있습니다.…… 그라이프스발트의 상황이 지방의 상황을 예시하는 것 같아 안타깝습니다.[91]

서로 대화하려고 시도했지만 번번이 실패했다. 저쪽은 그라이프스발트 대학교 신학부에 속해 있었고, 이쪽은 고백교회 신학원에 속해 있었다. 바로 이 점이 전에 결속을 다지던 형제들 사이의 극복할 수 없는 대립을 초래했다. 슈테틴 형제협의회 소속 에버하르트 바우만은 본회퍼의 주석 방법에 대한 바움게르텔의 비판에 의견을 같이했다. 하지만 에스라 해석과 느헤미야 해석을 둘러싸고 서신 왕래가 진행되면서 그라이프스발트의 상황이 끼어들었고, 이 대목에서 바우만은 신중한 태도를 유지하면서 본회퍼와 의견을 같이했다. 바우만은 바움게르텔에게 보낸 마지막 편지에서 아래와 같이 말했다.

> 하지만 대학생들의 신뢰는 대학 교원들이 무엇을 **말하느냐**, 곧 그들이 강사 위촉을 받고 나서 관념적으로 무엇을 말하느냐에 달려 있는 것이 아니라, 그것을 넘어 그들이 교회의 결정에 어떤 태도를 취하느냐에 달려 있습니다. 젊은이들은 일관성이 없는 것을 싫어합니다. 사고에서 행동으로 옮겨 갈 때 일관성이 보이지 않으면, 그들은 신뢰를 금방 거두고 말지요. 대학생들의 감성으로 보건대 바로 여기에 결정적으로 중요한 점punctum saliens이 있는 것 같습니다.
>
> 이에 비하면 그다지 중요한 물음이 아니지만, 대학교에 몸담고 있는 개신교 신학 교사들이 국가공무원 신분을 유지하면서 자신들이 속해 있는 개신교회의 취지와 봉사정신에 맞게 가르치는 일이 얼마나 지속될까요? 제3제국의 대학교들에서 연구하고 가르치는 자유가 얼마나 유지될까요? 벌써부터 그런 자유가 사라지고 있는데 말입니다. 이와 같은 것들을 열거하게 되어 그저 유감일 따름입니다.[92]

IV. 히틀러에게 보내는 항의서

본회퍼는 교회의 영적 치리권이 규정대로 임명받은 것인지를 둘러싼 지루한 논쟁에 점점 더 깊이 개입했고, 힘닿는 데까지 그 논쟁에 시간과 노력을 기울였다.

본회퍼는 교회가 규정대로 임명받은 치리권을 가지고 할 말을 하느냐, 그러지 않느냐에 그 자격이 달려 있다고 여겼다. 이제는 교회가 실제로 무언가를 말하지 않으면 안 되는 상황이었다. 본회퍼는 제국수상에게 보내는 항의서 작성에 열정적으로 함께했다. 본회퍼는 그 항의서 덕분에 저 논쟁들이 비로소 진정한 비중을 얻게 되었다고 생각했다. 1936년 봄에 새로운 임시 교회지도부와 전국 형제협의회가 문서를 작성하여 국가 당국의 법률위반과 침해를 따지는 일에 착수했고, 이는 슈테글리츠 총회 결과에 실망을 금치 못하던 그에게 희망의 빛줄기로 여겨졌다. 1935년 및 그 이전에 이루어진 발표들은 고백교회가 본질적으로 교회 영역에 대한 정치적 개입을 막는 데 치중하거나, 신이단의 출현을 경고하는 데 초점을 맞추고 진행한 일들이었다. 그랬던 고백교회가 드디어 교회의 영역이 아닌 생활 영역의 우려스러운 사태 전개에 맞서 "벙어리처럼 말 못하는 이들"을 위하여 자기 목소리를 낸 것이다. 처음에는 항의서를 일반 대중에게 알리지 않고, 히틀러에게만 보냈다. 그에게 공정한 답변 기회를 주기 위해서였다.

각각의 고발 내용에는 짧은 논평이 다수 달려 있었다. 히틀러의 성향을 고려하여, 진실을 말하되 협상의 여지가 열려 있게 하려고 고심해서 쓴 항의서였다. 질문 형식으로 표현한 불만사항은 크게 보아 일곱 가지였다. 1. 국민의 탈그리스도교화가 정부의 공식적인 방침인가? 2. "적극적 그리스도교"라는 당의 표현은 무엇을 말하는가? 혹은 무엇을 위장하는 표현인가? 3. 교계에 대한 새로운 "평정 작업"이 교회들을 탄압하고 있다. 4. "탈교파화"라는 유행어와 함께 젊은이들, 학교들, 대학교들, 언론계가 기존의 계약들을 파기하고 억지로 탈그리스도교화 되고 있다. 5. **유대인을 증오하게 하는** 반유대주의가 새로운 세계관과 함께 사람들에게 강요된다면, 자녀들을 교육하는 부모들은 그것에 저항할 수밖에 없다. 6. 민족주의적 실용도덕, 과잉 충성 서약, 독일 제국국회의원 선거 **조작**, 법치국가에 위배되는 **강제수용소**, 재판관의 확인을 거부하는 **비밀국가경찰**의 조치들이 우려를 자아내고 있다. 7. 염탐과 미행이 유해한 영향을 미치고 있다.[93] 자기 문제만 해도 할 말이 많았지만, 그럼에도 모든 독일인과 관계된 문제를 전에도 이후에도 없을 만큼 폭넓게 다룬 항의서였다.

반유대주의라는 표현은 전반적인 혼란 속에서 대단히 온건하게 쓴 표현이었다. 고백교회 동아리의 한 기사가 그 점을 여실히 보여준다. 라인 고백총회 회보가 1936년 3월 달렘 사람들이 말한 교회 상황에 대한 탁월한 분석과 함께 '작은 연대기'라는 제목으로 게재한 내용은 아래와 같다.

> 유대인 100명 가운데 40-60명이 요직에 있으면서 볼셰비즘의 대의에 헌신하고 있다. 외교 정책, 해외무역 등 중요한 생활 영역에서 요직에 있는 유대인은 무려 95퍼센트에 달한다.[94]

항의서는 1936년 3월 12일 새로운 임시지도부가 구성되면서 작성되었다. 세 위원회가 그 일에 열중했다. 개별적인 불만사항을 미리 준비하고 요약한 두 번째 위원회에는 프란츠 힐데브란트도 끼여 있었다. 그는 논점의 내용과 형식 문제를 두고 본회퍼와 여러 차례 상의했다. 뿐만 아니라 항의서 전문을 최종 편집하는 일에도 깊이 관여했다. 달렘의 프리츠 뮐러, M. 알베르츠, H. 봄, B. H. 포르크, O. 프리케, H. 아스무센, K. 뤼킹, F. 미덴도르프Middendorf, M. 니묄러, R. 폰 타덴, 임시지도부 구성원들, 전국 형제협의회 대표 몇 명이 항의서에 서명했다. 1936년 6월 4일, 빌헬름 얀나쉬Wilhelm Jannasch가 항의서 한 통을 직접 내각사무처에 전달했다. 이제 남은 항의서는 공식적으로 두 통뿐이었다. 한 통은 안전을 위해 비르거 포렐이 맡아 보관했다. 포렐은 그것을 자신이 기거하는 독일 주재 스웨덴 대사관 목사관에 보관했다. 나머지 한 통은 임시지도부의 사무처장이자 전직 지방법원장 프리드리히 바이슬러Friedrich Weißler가 맡아 보관했다.

내막을 잘 아는 이들은 당연히 바짝 긴장했다. 히틀러가 그 진정서에 대해 어떤 반응을 보일지 알 수 없었기 때문이다. 하지만 그 사건은 기대한 것과 전혀 다른 결과를 거두었고, 본회퍼도 그것 때문에 번거로움을 겪어야 했다.

섣부른 공개

히틀러에게서는 항의서를 받았다는 통지도, 항의서에 대한 답서도 오지 않았다. 그로부터 여섯 주가 지난 7월 17일, 히틀러가 도발적 항의서를 받았다는 기사가 영국의 「모닝 포스트」에 실렸다. 7월 23일, 항의서 전문이 토씨 하나 빠지지 않고 「바젤 신문」Basler Nachrichten에 실렸다. 갑자기 온 세상이 원문에 들어 있지도 않은 작성자와 서명자들의 이름까지 알 수 있게 되었다. 발송인에게는 대단히 곤혹스러운 상황이었다. 다들 히틀러가 어느 정도 타당한 반응을 보일 것으로 변함없이 기대했다. 이제 임시지도부는 자신들의 진지함과 충실성을 입증해 보이기 위해 조치를 취하지 않으면 안 되었다. 7월 20일, 임시지도부는 지방교회 지도부들과 지방 형제협의회들 앞으로 다음과 같은 내용의 서한을 보냈다. "임시지도부도 모르는 사이에 공개되고 말았습니다." 주관적으로는 옳은 말이었다. 임시지도부는 제국총통 집무실을 방문하여 항의서 유출자 색출을 부탁했다. 국가 측의 누군가가 고백교회를 이런 식으로 골탕 먹이려고 시도했으리라는 의구심을 떨쳐 버릴 수 없었기 때문이다. 게다가 임시지도부는 비밀 국가경찰에게 유출자를 추적해 달라는 부탁과 함께 외국신문 증정본을 넘기기까지 했다. 이는 게슈타포와 고백교회가 협력한 전무후무한 사례였다.

항의서 보도는 에큐메니칼 세계에 강한 인상을 주었지만, 본국에서는 루터교도들로 하여금 달렘 사람들을 더욱 멀리하게 만들었다.

루터교 협의회는 이 해외보도를 접하고 나서 항의서를 공공연히 멀리했다. 대관구 지도관 홀츠Holtz는 항의서 작성자를 "대역죄인"이라 부르기까지 했다.[95] 임시지도부가 독일 전역의 설교단에서 항의서를 낭독하기로 결정하자, 7월 30일 루터교 협의회 소속 지방교회 대표들이 전국 형제협의회 회의에 불참했다. 그때부터 전국 형제협의회의 활동이 불가능하게 되었다. 게다가 종무부 장관 케를이 임시지도부에 "지도부"라는 명칭을 사용하지 못하게 하고, 모든 당국에게 이 지도부와는 어떤 관계도 유지하지 말라는 지시를 내리면서 고통이 배가되었다. 이 시기에 본회퍼는 옛적의 핑켄발데 사람들에게 아래와 같이 썼다.

> 친애하는 형제 여러분, 우리 모두 알다시피, 우리 교회의 문제가 다시 격랑에 빠져들고 있습니다. 목적지가 어디인지 우리는 모릅니다. 루터교 협의회가 가장 큰 골칫거리입니다. 루터파 제국교회의 선언이 눈앞에 닥쳤지만, 우리에게는 많은 이들이 열망하는 고백교회가 있습니다. 우리가 함께하지 않는다면, 이

는 납득하기 어려운 짓이 될 것입니다. 그러면 우리의 양심은 커다란 곤경과 불안에 빠지게 될 것입니다.……하나님께서 우리 주위에 성벽을 쌓아 주셔서 우리가 함께 지낼 수 있게 되기를.[96]

그리고 베트게에게 보낸 편지에서는 이렇게 말했다.

교회 정치의 불안. "거짓되고 심히 부패한 것은 마음이라." 거짓됨과 부패함. 이 모든 것이 기도 속에 가라앉고 있네.[97]

서명자들이 애초에 히틀러에게 보내려고 생각한 것은 당당한 부탁과 경고였다. 하지만 이제는 자칫하면 해외선전의 앞잡이라는 오명을 뒤집어쓸 판이었다. 그들은 항의서 보도가 어떻게 일어났는지를 전혀 알지 못했다.[98] 하지만 본회퍼는 그 내막을 금방 파악했다. 그의 두 제자가 언론 공개를 주도했던 것이다. 바로 베르너 코흐와 에른스트 틸리히였다.

에른스트 틸리히는 베를린 대학교 대학생 단체 소속으로서 1932년에는 본회퍼와 함께 프레벨로브와 비젠탈로 나들이를 했고,[98a] 청년 대표단의 일원이 되어서는 파뇌 대회에 참석했으며, 그다음에는 이 오래된 관계를 완전히 끊은 상태였다. 라인란트 출신의 베르너 코흐는 한스 릴예가 1932년에 본회퍼에게 글랑 대회 청년 대표로 추천한 사람이었다. 그 뒤 코흐는 1935-1936년 겨울에 진행된 핑켄발데 신학원 2차 과정의 수강자가 되었고, 스웨덴 여행 중에는 방송매체를 활용하는 데 이바지하기도 했다. 속기(速記) 재능이 있었던 그는 해외 연수 이후 칼 바르트의 추천장을 근거로 외국의 주요 언론매체에 정보와 기삿거리를 제공하곤 했다. 본회퍼는 영국에 체류할 때에는 외국 언론매체에 개인적으로 협력하기를 거부했었지만 핑켄발데 신학원의 2차 과정이 시작될 무렵에는 베르너 코흐를 위해 아래와 같은 소개장을 작성하여 아문센 감독에게 보냈다.

내가 관찰한 바로는 (교계의 상황이 긴박해진 뒤부터) 국내와 국외에서 대단히 적은 수의 사람만이 올바른 시각을 가지고 있기에, 우리 고백교회의 젊은 목사들 중한 사람의 활동을 감독님에게 소개하고자 합니다. 베르너 코흐 씨는 몇 달 전부터 외국의 여러 교회 당국과 교회 밖 당국에 직접 쓴 간결한 정보들과 기삿거리들을 제공하고 있습니다.[99]

형제협의회 사람들 상당수는 베르너 코흐의 언론매체 활동을 알고 상당히 불쾌해했다. 그들은 그를 수련목회자로 진급시켜 바르멘으로 파송했다. 그가 베를린과 연락하는 것을 어렵게 하기 위해서였다. 베르너 코흐는 베를린에 정주하는 친구 에른스트 틸리히의 도움을 받아 통신원 활동을 계속 수행했다. 베르너 코흐와 에른스트 틸리히는 훨씬 오래전부터 프리드리히 바이슬러 박사와 연락하는 사이였다.

베르너 코흐는 1948년 7월 12일에 작성한 기록에서 항의서의 언론 공개에 대해 아래와 같이 알린다.

어느 날 밤 바이슬러에게 허락을 받아 유명한 히틀러 항의서를 열람하고, 그날 밤 원문 전체를 몰래 베낀 이는 에른스트 틸리히였습니다. 틸리히가 사실에 대한 간략한 공식 발표와 항의서의 주요 내용을 외국 언론사에 넘긴 것은 바이슬러의 무언의 의도와 나의 명시적 의도로 이루어진 것입니다. 하지만 히틀러는 항의서에 대해 집요하리만치 침묵했고, 고백교회 역시 이제까지와는 다른 내용을 통고했으면서도 히틀러의 침묵으로 끝을 맺기를 원하는 것 같았습니다. 틸리히가 이 항의서의 전문을 언론에 공개하여 그것의 중요성을 알린 것은 그 때문입니다.

본회퍼는 7월 보름 이후부터 베를린에서 자주 활동하게 된 까닭에 항의서가 「모닝 포스트」에 공개되자마자 곧바로 사건의 자초지종을 들어 알게 되었다. 7월 21일, 그는 베트게에게 이렇게 편지했다. "어제 힐데브란트와 통화하고 나서 자네에게 이야기해 준 사건 말인데, 합리적으로 여겨지더라도 마지막의 불쾌한 대목만은 알리지 말게나"(DBW 14:189). 하지만 침묵을 통해 가담자를 노출시키지 않는 것이 얼마나 가능한 일이었을까?

10월 9일 같은 시간에 에른스트 틸리히와 프리드리히 바이슬러가 체포되었고, 베르너 코흐는 11월 13일에 체포되었다. 코흐가 게슈타포에게 심문받으면서 최근에 본회퍼와 접촉한 사실을 숨겼지만, 이내 그 사실이 밝혀졌다. 우리는 뒤셀도르프 국립 문서보관소에서 발견된 게슈타포 문서철에서 다음과 같은 메모를 접하게 된다. "코흐가 연락책과 관련된 유익한 정보들을 틸리히 씨에게 넘긴 것 같다. 이 동아리에서는 작가이자 본회퍼의 친구인 외데Jöde 씨도 중요한 역할을 하고 있다."[100] "외데"라는 이름은 헤르베르트 옐레를 잘못 들은 것임에 틀림없다. 옐레는 그사이에 서방으로 망명한 상태였다.

1937년 2월 13일, 체포된 세 사람은 베를린 알렉산더 광장에서 작센하우젠 강제수용소로 이송되어 수감되었다. 바이슬러는 소위 "완전한 유대인"으로서 나머지 두 사람과 분리되어, 엿새 뒤 가혹행위를 받는 도중에 죽고 말았다. 에른스트 틸리히는 1939년에 사면되었다. 베르너 코흐는 징벌 부대에서 혹독한 시기를 보낸 뒤 1938년 12월 2일에 풀려났다. 핑켄발데에서는 누구도 그를 멀리하지 않았다.

설교단 발표문

임시지도부는 항의서를 작성하는 동안 교회들에게 보낼 적당한 성명서 작성도 고려했다. 그러고는 히틀러가 답서를 보내지 않을 경우에 대비하여 성명서 작성에 착수했다. 1936년 6월에 하인리히 히믈러의 지휘 아래 제국의 모든 경찰력이 통합됨으로써 국가권력이 공고해지고, 게다가 원치 않는 사전 언론 공개로 인해 어느 정도의 불안이 확산되고 있었지만, 공공연한 불의를 마주하여 교회가 다 침묵한 것은 아니라는 사실을 증명해 보이지 않으면 안 되었다. 다시 한 번 게슈타포가 임시지도부의 베를린 사무실에 출현했다. 외국 언론에 공개되어 대역죄의 낙인이 찍힌 사건에 대해 각 지역 성직자에게 설교단 발표를 통해 공동 책임을 지자고 요구하는 것이 가능했을까? 나치당 대변인과 나치당 기관지는 올림픽이 막 시작되었음에도 불구하고 협박을 빠뜨리지 않았다. 본회퍼는 베를린의 한 서점에서 다음과 같은 내용의 시적인 포스터를 발견했다.

올림픽이 끝나면
우리는 B. K.(고백교회)를 쳐서 마멀레이드로 만들고
그다음에는 유대인들을 밖으로 내쫓을 거야.
그러면 B. K.는 끝장나고 말 거야.[101]

국가는 외국인들이 올림픽 관람을 위해 쇄도해 오는 상황이었으므로 극도로 자제했다. 게다가 너무 많은 순교는 빌헬름 췰너가 거둔 성과들에 손해를 입힐 수도 있었다. 그때까지는 국가의 개입이 사실상 미미한 상태였다. 본회퍼는 항의서 발표와 관련하여 상황을 낙관적으로 판단하고 발표를 지지했다.

여러 가지 견해와 소문이 매우 분분하지만, 나는 난폭한 조치가 이루어질 것이라고 생각하지 않네. 자네도 아는 나의 영국인 친구가 그저께 대단히 유익하고 쓸모 있는 정보를 보내왔거든.[102]

마침내 임시지도부는 변경된 항의서 공표를 8월 3일에 결의하고, 8월 23일을 공표일로 잡았다. 게다가 항의서는 전단지 형태로 100만 부가량 인쇄되었다. 라인란트 점령에서 시작하여 베를린-로마 추축, 프란시스코 프랑코 바아몬데Francisco Franco Bahamonde의 승인, 일본과의 반공 협정 체결을 거쳐 화려한 올림픽 개최에 이르기까지 히틀러가 모든 것을 다 이룬 것 같던 해에 공공연한 비판을 감행한 것이다. 과반수의 국민은 이 비판을, 오랜 노력 끝에 성공한 새 독일과 그 총통에 대한 뻔뻔스러운 불평으로 여겼을 것이다.

임시지도부는 항의서를 발표하기로 결의했음을 신속히 알렸다. 루터파 지방교회들은 전국 형제협의회 회의에 대표를 더 이상 보내지 않은 까닭에 너나없이 발표를 보류했다. 종무부 장관 케를이 교회 위원회에 지시를 내려 발표자들에게 단호한 조처를 취하게 했고, 교회 위원회는 교구감독들에게 전보를 쳐서 목사들에게 경고하게 했다.

이 상황에서 임시지도부VL는 본회퍼에게 무슨 일이 있어도 샹뷔에서 열리는 에큐메니칼 협의회 여름 대회에 참석하라고 촉구했다. 본회퍼는 샹뷔로 갈 의향

이 없었고 작센 주에서 열리는 목사후보생 수련회에 협력하기로 약속한 상태였지만, 이 약속을 취소할 수밖에 없었다. 임시지도부의 지시사항은 다음과 같았다. "V. K. L.(독일 개신교회 임시 교회지도부)의 지시사항. 코흐 및 디벨리우스와 함께 제네바로 가서, 20일부터 25일까지 열리는 에큐메니칼 협의회에 참석할 것. 중요."[103] 그리고 얼마 지나지 않아 그는 아래와 같은 내용으로 편지했다.

> 오늘은 이것만 말하겠네. 우리 일행은 대회 기간을 넘겨 스위스에 머물러야 할 것 같네. 그것은 대단히 중요한 일이 될 것이네.……우리는 그곳에서 열흘을 더 머무를 것 같네.[104]……바라건대, 누구에게도 이 사실을 말하지 말게나.……이 시기에 한 사람이라도 그곳에 있는 것이 중요하네. 항의서와 연결지어 하는 말일세.[105]

국가가 설교단 발표문 작성자와 발표문 낭독자들에게 심한 조치를 취할 경우에 대비하여, 에큐메니칼 활동가들 중에서 항의서의 내막을 잘 아는 통역자가 대표단에 다시 들어가 해외에서 취할 수 있는 조치들을 함께 협의해 주었으면 하고 임시지도부가 바랐던 것이다.

드디어 8월 23일 일요일이 다가왔다. 몇몇 대담한 목사들이 설교단에서 발표문을 낭독했다. 핑켄발데를 거쳐 간 사람들 대다수도 각자 자신의 외딴 마을에서 그리했다. 예배가 끝나자 마을학교의 교장 선생이 예전에 목사후보생 신분으로 1차 과정에 참여한 적이 있는 게르하르트 피브란스에게 다가가더니 마침 옆으로 지나가던 경찰관에게 이렇게 소리쳤다. "이 대역죄인을 체포하시오!" 그러자 경찰관은 이렇게 대꾸했다. "그럴 수 없소. 지시를 받지 못했소!"(DBW 14:229 Anm. 6 참조) 말 그대로 어떤 지시도 떨어지지 않았다. 비밀 국가경찰에게 떨어진 것은 무리하게 개입하지 말라는 지시뿐이었다. 당분간은 발표문을 낭독한 이들의 이름만 기록해 가고, 언론계에서는 "매국노들"에 반대하는 선전만 해댈 뿐이었다. 하지만 국가기관들은 빌헬름 췰너의 실험이 한계에 부딪혔으며, 언젠가 그 한계를 극복하려면 다른 수단이 더 필요하다고 판단했다.

발표문을 낭독하고 하루가 지난 월요일 오전, 스위스 신문들에 상세한 기사들이 게재되었다. 샹뷔 대회에 참석한 에큐메니칼 대표들은 독일에 있는 이들만큼 긴장하며 그 기사들을 읽었다. 대표들 가운데 몇 사람은 앙리오가 6월 초에 베를린에서 항의서 한 통을 지니고 국경을 넘은 까닭에[106] 내막을 이미 알고 있었다. 그들은 대회에 참석한 4인의 고백교회 회원들에게 이 조치를 축하했다.[107]

올림픽 대회

올림픽 대회 기간 중 진행된 대표적 낭비 행사 가운데 하나로 제국 수도는 상당히 그리스도교적인 특색을 보여주었다. 고위 당직자들, 그들 가운데 특히 하인리히 히믈러가 프랑크 부흐만을 영접한 것이다. 8월 25일, 부흐만은 귀국길에 「뉴욕 월드 텔레그램」*New York World Telegram*과 한 인터뷰에서 이렇게 말했다. "나는 아돌프 히틀러 같은 사람을 보내 준 하늘에 감사한다. 그가 방어전선을 구축하여 공산주의라는 적그리스도를 막았기 때문이다."

제국교회는 올림픽 경기장 근처에 예배용 대형천막을 설치했다. 다들 그 앞을 지나가면서 고백교회 목사들도 그 예배에 참여시킬 것이라고 생각했다. 본회퍼의 이름도 거기에 들어 있었다. 삼위일체 교회에서는 대학교 교수들과 함께 학술적이고 신학적인 강연 순서를 정하기까지 했다. 베를린 형제협의회도 빈둥거리지 않고 사도 바울 교회에서 '현재 독일 개신교회가 가야 할 길'이라는 제목으로 일련의 강연이 진행될 것임을 예고했다. 야코비, 아스무센, 디벨리우스, 니묄러, 이반트, 본회퍼가 강연자로 잡혀 있었다. 이와 관련하여 본회퍼는 주최 측이 시간의 호의를 이용하려 한 것이 마음에 들지 않았다.

> 나는 모든 것을 기꺼이 거절할 생각이네. 내가 특히 화가 난 것은 사진을 보내야 하기 때문이네. 그들이 우리의 사진을 담아 선전용 소책자를 내놓으려 한 것이지. 나는 그것을 터무니없고 쓸데없는 일로 여기고 있네. 어쨌든 나는 아무것도 보내지 않을 것이네. 나에게 그것은 **너무** 멀리 흘러가 버린 시간이라네. 나는 그들에게 그 점을 써 보낼 참이네.[108]

본회퍼는 매혹적인 화려함과 도처에서 환호하는 히틀러의 성공들 이면에, 히틀러가 오래전부터 예보해 온 전쟁의 새 징후들이 도사리고 있음을 알아보았다. "대체로 상황이 긴박해지고 있는 것 같네. 더더욱 평정을 유지하고 더 많이 기도해야 할 것 같네."[109]

선전용 소책자가 만들어졌지만 곧바로 압류당했다. 그럼에도 집회마다 대만원이었다. 당시 불쾌하게 고백교회에 맞서던 『그리스도교 세계』가[110] 발견한 대로, 교회 위원회가 삼위일체 교회에서 주관한 일련의 강연은 학술적으로 대단히 만족스러웠음에도 불구하고 참석자가 얼마 되지 않았던 반면, 고백교회가 주관한 일련의 강연들은 신학적으로 반박할 여지가 많았음에도 불구하고 참석자가 꽉 찼다. "성대한 예배와 함께 경청하는 대규모 참석자들. 이 사태는 개신교회의 미래와 관련하여 강한 의구심을 자아낼 수밖에 없다"(DBW 14:720 Anm. 37).

8월 5일, 본회퍼는 사도 바울 교회에서 강연하고, 열두 사도 교회에서 열린 유사 행사에서도 강연했다. 그의 생애에서 그가 그토록 많은 군중 앞에 선 것은 그때가 마지막이었다.

> 어젯밤은 대단히 좋았다. 교회가 가득 찼다. 사람들이 제단 층계에도 앉고, 주위에 죽 서 있기도 했다. 나는 강연보다는 설교를 더 하고 싶었다.……거대한 베를린 친구 동아리, 목사들 등이 아이텔-프리드리히 폰 라베나우Eitel-Friedrich von Rabenau의 집에서 회동했다. 그곳에서 나는 자정 무렵에 핑켄발데에 대해 이야기할 수밖에 없었다. 나는 새벽 두 시가 되어서야 귀가했다.[111]

본회퍼가 잡은 강연 제목은 '독일 개신교회의 내적 생명'이었다. 그는 루터, 파울 게르하르트, 니콜라우스 폰 친첸도르프Nikolaus von Zinzendorf, 크리스티안 퓌르히테고트 겔러트, 필립 슈피타Philipp Spitta의 성가들을 토대로 개신교의 기도 방법들, 예컨대 고백교회의 기도에서는 종교개혁 정신이 어떻게 나타나는가를 설명하며 강의를 끝맺었다.[112]

『그리스도교 세계』의 보도자는 이렇게 묘사했다. "여기서 하르낙의 제자가 돋보일 것이라고 생각한 이들은 그러한 '역사 고찰'을 마주하고 대단히 씁쓸했을 것이다"(DBW 14:720 Anm. 37).

V. "대외 봉사"

본회퍼가 형제의 집 건립을 위한 제안서에서[113] 밝힌 "대외 봉사에 전념하기"라는 표현은 단순한 주장에 그치지 않았다. 핑켄발데 신학원의 1936년 하계 과정은 신학원 안에서 이루어지는 생활과 배움 이외에 여타의 일에 몰두함으로써 나름의 특색을 얻었다. 형제의 집의 지지를 받은 본회퍼는 박해받는 동료 목사들의 운명을 신학원의 책무로 삼았다. 다른 한편 그는 형제의 집 온 식구와 함께 포메른 복음전도를 감행했다. 그가 나름의 특성을 부여한 이 복음전도는 핑켄발데 신학원의 관습이 되었다(DBW 14:1068-1070).

8년 뒤, 본회퍼는 자비Mitleiden를 의미하는 그리스도인의 "비밀"Arkanum과 메시지Botschaft의 새 해석을 불가분의 관계로 연결 짓는데, 그 뿌리는 핑켄발데에 있었다. 그 "해석"이 재래의 표현들로 이루어지긴 했지만, 하나가 이미 다른 하나를 떠받쳤고, 참여자 모두 그것이 옳다고 느꼈다.

박해받는 이들과의 연대

1936년은 빌헬름 췰너의 실험이 이루어지고 올림픽 대회가 개최된 해이기도 했지만, 몇 가지 가공할 사건이 일어난 해이기도 했다. 하나하나가 잊히지 않는 사건들이자, 1937년에 일어난 대규모의 구금 사태보다 더 확고한 인상을 남긴 사건들이었다. 본회퍼는 기도를 하거나 예배를 드리거나 묵상을 할 때마다 모든 피해자의 이름을 끊임없이 떠올렸다. 핑켄발데 신학원의 모든 이는 적어도 이 사건들 가운데 어느 하나를 자기 형제의 사건으로 여길 줄 알아야 했고, 그러한 "사건들"을 더 이상 특별하게 여기지 않는 법을 배워야 했다.

1. 핑켄발데 신학원 3차 과정이 시작될 무렵, 브란덴부르크 주에서 사역하는

유대인 혈통의 젊은 목사 빌리 쥐스바흐Willy Süßbach가 나치스 돌격대에게 습격을 당해 심하게 두들겨 맞았다. 본회퍼는 즉시 그를 핑켄발데로 데려와 부상에서 회복되고 충격에서 벗어날 수 있게 해주었다. 그런 다음 그의 망명을 적극적으로 도왔다.

2. 며칠 뒤에는 프랑크푸르트(오데르) 인근의 소도시 젤로브에서 요하네스 페치나Johannes Pecina 목사가 체포되었다. 형제협의회가 그의 임지에 파송한 수련목회자 빌리 브란덴부르크도 체포되었다. 페치나가 종교국이 파송한 목사후보생에게 교회와 목사관을 내어 주지 않고 국가의 추방령에 복종하지 않았다는 이유로 일어난 사건이었다. 핑켄발데 신학원에서 1차 과정을 수료한 아돌프 프로이스Adolf Preuß가 세 번째로 사역을 떠맡았다. 본회퍼는 프랑크푸르트로 가서 형무소 안으로 돌진하려고 했지만 소용없는 일이었다. 그 일이 있고 나서 수감자들과 핑켄발데 신학원 사이의 활발한 편지 교환이 이루어졌다.[114] 본회퍼는 게르하르트 테르스테겐의 찬송가 「아이들아, 어서 와서 가자꾸나」를 즐겨 부르게 했다. "저마다 얼굴의 방향을 완전히 돌려 예루살렘을 똑똑히 향하고 있네"라는 가사와 "약한 자가 쓰러지면, 강한 자가 손을 뻗어 붙잡아 주네"라는 가사가 들어 있는 찬송가였다. 본회퍼는 핑켄발데 신학원 수료자들에게 보낸 회람에 아래와 같이 개인적인 말을 덧붙였다.

> 우리는 장차 시험을 받게 될 그날에 대비하여 육체적 훈련과 영적 훈련을 통해 모든 것을 마련해야 합니다. 나는 갇힌 형제들을 끊임없이 떠올린답니다. 그들은 우리에게 할 말이 많을 것입니다. 지금 우리에게 중요한 것은 날마다 신의를 지키는 것입니다.[115]

페치나와 브란덴부르크는 1936년 8월 말에 석방되어, 핑켄발데로 가서 수개월간의 감금생활에서 회복되었지만,[116] 이미 그 전에 핑켄발데의 일부가 된 것이나 다름없었다. 빌리 브란덴부르크는 핑켄발데 신학원 4차 과정의 회원이 되었고, 결국에는 형제의 집 구성원이 되어, 핑켄발데 사람들의 복음전도를 여러 차례 감행하기까지 했다. 그는 러시아에서 전사했다.[117]

3. 작센 주의 광산노동자 지역인 헬브라에서는 대형 고백 공동체가 국가와 종교국의 후원을 받는 독일그리스도인연맹 측 교회임원회와 힘겨운 투쟁을 벌이고 있었고, 형제협의회는 임기가 정해져 있는 지도부의 교체를 필요로 하고 있었다. 형제의 집에서 베트게를 그리로 투입했다.[118] 이것은 경찰과의 심각한 충돌로 이어지지는 않았지만, 본회퍼의 형제의 집 계획에서 무엇이 우선순위인가를 놓고 본회퍼와 그가 그토록 존경해 마지않던 슈테플러와의 날카로운 서신 왕래로 이어졌다(DBW 14:175-179 참조). 형제협의회들이 형제의 집을 항시 준비된 보충 집단으로 여기는 데 익숙해지기 시작했기 때문이다. 하지만 형제의 집은 자기 요원들이 외부에 장기간 고용될 경우 그 의미를 잃을 수밖에 없었다. 그래서 본회퍼는 임시 고용을 지속하기로 합의한 기간 동안만 형제의 집이 헬브라에 머무르도록 배려했다.[119]

4. 1936년 여름, 핑켄발데 신학원의 2차 과정 회원이었던 볼프강 뷔징Wolfgang Büsing이 자신의 비(非)아리아 혈통 때문에 망명을 결심할 수밖에 없었다. 본회퍼가 베를린과 런던에서 사귐을 유지했던 오랜 친구 헤르베르트 옐레도 조국을 떠나지 않으면 안 되었다. 그의 일관된 평화주의가 교회의 지지를 얻지 못했기 때문이다. 뷔징과 옐레는 핑켄발데 신학원을 자주 찾았다. 본회퍼는 자신의 런던 연줄들을 활용하여 뷔징을 돕고(DBW 14:264, 270 참조), 옐레에게도 떠나라고 조언했다. 본회퍼도 자신과 가족의 망명을 이따금 소망했을 것이다. 하지만 이 시기에는 망명을 진지하게 고려하지 않았다.

5. 베르너 코흐가 구속되어 강제수용소로 이감되자, 본회퍼는 핑켄발데 중보기도 명단에 그의 이름을 추가했다(DBW 14:287 참조). 형제협의회들이 그를 중보기도 명단에 포함시킬 엄두를 내지 못할 때 벌인 일이었다. 본회퍼는 코흐에게 소식을 전할 방도를 찾아냈다. 1936년 크리스마스 때에는 알렉산더 광장에 수감된 코흐에게 "글로케Glocke 형제"의 안부를 전하면서 이렇게 말했다. "그는 가장 신실한 사람 가운데 한 사람입니다. 나는 조만간 그를 다시 만날 것입니다. 그 만남이 몹시 기다려지는군요."[120] 노련한 에큐메니칼 활동가 게릿디나 코흐Gerritdina Koch는 "글로케"가 치체스터의 주교 조지 K. A. 벨을 가리킨다는 것을 알고 있었다. 본회퍼는 베르너 코흐의 약혼녀를 보살피고, 루트 폰 클라이스트-레초브 여사에게 데려

다 주며 이렇게 말했다. "이 시절에 당신은 전보다 더 우리의 가족입니다." 마침내 베르너 코흐가 석방되자, 본회퍼는 그를 환영하는 편지에서 아래와 같이 말했다.

> 기쁨을 필설로 다 표현하지 못하겠습니다. 우리가 날마다 열망하고 기도하던 그대로 되었습니다. 그저 꿈만 같습니다. 이제 당신은 당신의 착한 약혼녀, 우리 모두에게 칭찬을 받는 약혼녀를 다시 곁에 두게 되었군요. 당신에게는 새로운 삶이 주어진 것이나 다름없습니다. 지금 내가 기다리는 한 가지는 당신을 가능한 한 빨리 보는 것입니다. 그래야 당신이 우리 가운데 있다는 확신이 들 것입니다.……할 이야기가 많지만, 당신이 자유의 몸이 된 것을 기뻐하는 것에 비하면 이 모든 것은 아무것도 아닙니다! 지금 당장은 당신에게 무슨 이야기를 해야 할지 정말로 모르겠습니다. 나보다 당신이 가장 중요한 것을 더 잘 알 테니까요.[121]

하지만 그림을 완성하려면, 위기가 닥쳤을 때 본회퍼가 오락과 음악과 여름풍경을 즐기는 자신의 능력을 사람들에게 얼마나 잘 전달했는지를 생생히 표현할 필요가 있다. 그는 자비로 목사후보생 두 명을 비행기에 태워 베를린으로 보내며 기뻐하기도 했다. 그것이 그들의 가장 큰 소원이었고, 그들이 아직 비행기를 타본 적이 없었기 때문이다. 신학원 안에 있던 그랜드 피아노는 침묵하지 않고 예전보다 더 자주 소리를 울렸다. 본회퍼는 자기의 테니스 라켓을 내주기도 하고, 올림픽 대회 입장권을 선물로 주기도 했다. 여름 날씨가 무더워지면 지체 없이 휴강하고, 신학원 식구 전원을 미스드로이 해변으로 데려가 여러 날을 보내기도 했다.

물론 오락을 알맞은 한도와 질서로부터의 이탈로 착각하는 사람이 더러 있었다. 본회퍼가 그 사실을 알아챘을 경우, 그들의 이탈은 부당한 언행으로 이어지기도 했다. 그는 그러한 경우를 접하고 한 차례 충격을 받았다고 말했다.

> 다섯 사람이 나에게 대들고, 자기들끼리도 대들었다.……나는 불의의 습격을 당한 것이나 다름없었다. 나는 간신히 그것에 맞서며 속으로 끊임없이 기도했다.[122]

핑켄발데 사람들의 복음전도 활동

당시에 "복음전도"는 최고의 평판을 얻지 못했다. 공직에 임용된 몇몇 복음전도자는 "교회 논쟁"이 복음전도에 방해와 해가 될 뿐이라는 이유로 중립적인 중도파를 편들었다. 상당수의 사람이 옥스퍼드 운동으로부터 무언가를 기대했다. 하지만 "복음전도의 가능성" 때문에 독일그리스도인연맹을 돕는 이들도 있었다.

하지만 제국감독이 1936년에 독일그리스도인연맹을 다시 한 번 웃음거리로 만들었다. 이번에는 「독일의 하나님 말씀」Deutsche Gottesworte이라는 복음전도용 소책자로 한 짓이었다. 그 서문에서 그는 이렇게 말했다. "나는 제3제국에 있는 동료 여러분을 위해 산상수훈을 번역하지 않고 독일화(化) 했습니다.……여러분의 제국감독." 그는 "온유한 사람은 복이 있다. 그들이 땅을 차지할 것이다"라는 구절을 이렇게 변조했다. "동지애를 잘 지키는 자는 복이 있다. 그는 세상에서 잘 지내게 될 것이다." 그는 십자가를 이렇게 변조하기도 했다. "모욕하는 자와 박해하는 자를 마주하여 품위 있고 차분한 태도를 유지하려고 힘써라."[123] 본회퍼는 그것에 대해 이런 물음을 던졌다. "여기 어디에 신앙과 교회가 있는가?"(DBW 4:194 Anm. 5 참조)

복음전도에 종사하는 동아리들의 고백교회 비판이 어느 정도 옳았던 것은, 실제로 달렘 사람들이 까다로운 법적 다툼에 점점 더 시간과 힘을 낭비할 우려가 있었기 때문이다. 그럼에도 달렘 사람들—과 본회퍼—은 교회투쟁과 "복음전도"를 떼어 놓고 생각하지 않았다. 그러기는커녕 본회퍼는 수용 가능한 메시지만 가까이하면서 "독일의 부상(浮上)"을 꾀하는 자는 복음을 전할 자격이 없다고 생각했다. 핑켄발데는 독자적인 복음전도 계획을 숙고하면서 그 계획이 있는 그대로의 복음을 좀 더 분명하게 드러내는 데 도움이 되는지를 시험해 보지 않으면 안 되었다. "복음전도용 설교는 무슨 일이 있어도 온전한 말씀이어야 한다.……여기에는 조제(調劑)가 있을 수 없다. 온전한 말씀만이 설교의 능력이다."[124] 본회퍼는 자신의 설교학에 복음전도를 논하는 부록을 첨부하여, 복음전도의 탁월성을 느낄 수 있게 했다.[125] "하나님의 말씀은 언제나 스스로 교회를 만들어 낸다는 약속은 참으로 유효하지만, 독일 국민이 회심한다는 약속은 유효하지 않다"(DBW 14:513). 그의 초기에도, 그의 후기에도, 그리고 이처럼 복음을 전하기 위해 힘쓰던 순간에도, 온갖 술책을 동원하여 메시지를 통속적인 것으로 만드는 것은 그의 관심사가 아니었다.

1936년 6월, 핑켄발데 신학원의 온 식구가 힌터포메른의 벨가르트 교계를 찾아갔다. 형제 네 명마다 여섯 개의 교구가 할당되었다(DBW 14:262). 본회퍼는 키코브에 있는 클라이스트-레초브의 집에 머무르면서 저녁때마다 교구들 가운데 한 교구를 찾아갔다. 핑켄발데 신학원은 전에 형제의 집이 우커마르크 교회에서 시험 삼아 시도한 사역 방법을 철저하게 준비하여 써먹었다. 네 명이 한 조가 되어 한 마을에서 꼬박 한 주를 보냈다. 그들은 심방, 야외 아동수업 내지 야외 성서 상담 등을 하면서 온종일을 보냈다. 나흘째 되는 날에는 교회에서 저녁 예배가 이어졌다. 미리 준비되고 분배된 특별한 관점의 주제를 네 명이 설교단에서 10분씩 돌아가며 논했다. 그래도 저녁 예배는 한 시간을 넘지 않았다. 기대한 것보다 많은 주민이 참석했다.

각 조는 저마다 맡은 지역에서 핑켄발데의 공동 예배 리듬과 묵상 리듬을 계속 이어갔다. 이로써 형제의 집 제안서에 들어 있던 표현, 곧 설교의 내용과 확실한 전달은 "형제의 도움과 공동 사회"를 필요로 한다는 표현이[126] 핑켄발데 신학원의 모든 구성원에게 실제적인 경험이 되었다. 본회퍼는 설교학에 첨부한 복음전도 부록에서 아래와 같이 정식화했다.

> 함께 기도하고, 함께 고백하고, 함께 죄를 용서해 주는 가운데, 설교 속에 도사린 유혹의 짐을 형제들과 함께 짊어지겠다는 약속을 받는다. 지역의 핵심인 교회에게 본보기로 책임을 일깨워 남은 일을 떠맡게 하려면 공동 사회가 필요하다.
>
> 형제단 안에서 이 구세주를 공동으로 증언하는 것이야말로 영적인 것을 통해 심리적인 것을 바로잡는 데 도움이 된다. 증언의 황홀한 기쁨이 나타난다.[127]

침체된 공동체들

이 활동을 숙고하는 데 결정적인 역할을 한 것은 다음과 같은 물음이었다. "백성이 설교를 듣고 내팽개친 것은 아닌가?"[128] 목사를 교구에 투입하기보다는 선포에 명료함과 가치를 부여하는 좀 더 뜻깊은 전략적 인력 배치가 낫지 않을까 하는 물음이 본회퍼의 마음을 불안하게 했다. 이미 형제의 집 자체가 거기에 기여했고, 습관이 되어 버린 인력 배치를 자기의 일부로 녹여 낸 상태였다.

초창기 핑켄발데 사람들 가운데 하나인 게르하르트 피브란스가 형제협의회의 파송을 받아 완전히 침체된 공동체로 갔다. 그는 본회퍼에게 아래와 같이 말했다.

> 600명 정도가 살고 있는 나의 슈바이니츠 지(支)교회는 찢어지게 가난한 공동체입니다. 주일마다 대략 한두 명이 예배에 출석합니다.……주일이 되면, 나는 예복을 입고 마을 전체를 통과하며 순례를 하곤 한답니다. 주일은……하는 날이라는 것을 사람들에게 일깨워 주기 위해서이지요.……마을 사람들은 "예배에 출석하는 이가 전혀 없어도 당신은 월급을 받잖아요"라고 하면서 나를 위로하려고 한답니다. 삼위일체 주일에는 여자 교회지기만 출석했습니다.……이곳 사람들은 교회 정치 문제에 대해 관심이 전혀 없습니다. 제국감독이 누구인지, 심지어 제국감독이 무엇인지도 모르거든요(DBW 14:171-173).

본회퍼는 먼저 형제협의회 앞으로 편지를 발송하여, 인력 배치가 달리 이루어졌어야 한다며 다음과 같이 따졌다(DBW 14:178). "한 마을이 귀담아 듣지 않으면, 우리는 다른 마을로 가겠습니다. 한계가 있어서요." 다른 한편, 그는 게르하르트 피브란스에게 몇 가지 실제적인 제안을 써 보냈다.

> 물론 처음에는 고수해야 했을 것입니다.……우리의 조언을 곧이곧대로 따랐다니 우리가 부끄럽군요. 우리의 조언을 너무 곧이곧대로 받아들이지 마세요. 그랬다가는 장차 그 일에 화를 내고 말 것입니다.[129]

그런 다음 본회퍼는 직접 그 마을로 가서 아래와 같이 설교했다.

> 최상의 교회에 열두 사람이 있을 수도 있고, 다른 교회에는 그보다 적은 사람이 있을 수도 있습니다.……나는 피브란스 형제에게 이렇게 충고했습니다. "몇

시간 뒤에 당신의 공동체 전체를 상대로 편지 한 통을 작성하여, 이것은 복음을 마지막으로 제공하는 것일지도 모르며, 일꾼이 너무 적어 말씀에 대한 갈증을 해소하지 못하는 다른 공동체들도 있다고 말하십시오."[130]

이 특수 사례는 전시에 돌입할 때까지 실질적인 효과나 해결 없이 지속되었다. 모든 혁명적인 공격에도 불구하고 국민교회 교구 목사직의 질긴 생명력이 그대로 유지되었다. 그럴수록 진정한 공동체교회가 되고자 하는 교회투쟁의 싹들이 다시 움터 올라 여기저기에서 영향을 미쳤다. 본회퍼의 구상들은 이 경향을 띠었다. 비용을 감당하지 못하고 더 이상의 수입이 없는 자리들을 없애는 것도 그 구상에 속했다. 그에게는 그러한 것을 결정할 용기가 없지 않았다. 그는 교회 형태와 그 직무를 책임지는 것도 선포에 중요하다고 생각했다. 이는 그가 1944년에 한 발언의 일부가 두드러지게 나타난 것이라고 할 수 있다. 그는 1944년에 이렇게 말했다. "교회가 자기의 주제를 말로만 표현할 수 있는 시대는 지나갔네."[131]

이 형제단은 벨가르트 복음전도 경험을 발판 삼아 핑켄발데 신학원이 문을 닫을 때까지 복음전도를 계속 확대하려고 시도했다. 핑켄발데 신학원이 폐쇄될 때까지, 형제단이 복음전도를 위해 찾아간 교구는 무려 서른여섯 개나 되었다. 포메른, 작센 주, 브란덴부르크에 있는 교구들이었다. 1936-1937년 겨울학기에는 벨가르트 복음전도 때보다 훨씬 열악한 상황에서 그라이펜베르크 지역을 찾아갔고, 1937년 여름학기에는 포어포메른 지방의 안클람 지역을 찾아갔다. 게다가 형제의 집은 난생 처음 구벤과 쾨슬린 같은 도시 구역에서 복음전도를 시도하기도 했다.

서서히 에피소드가 쌓였다. 복음전도의 효과를 둘러싼 소문이 퍼졌기 때문이다. 이따금 교회의 사무용 책상이 압류를 당했다. 그 뒤 언젠가는 나치스 지구당 지도자가 지역 주민들을 처벌하겠다고 으르대며, 그들의 집에 묵고 있는 형제의 집 회원들을 퇴거시키라고 강요했다. 하지만 그날 교회는 대만원이었다. 정반대의 경험들도 있었다. 알트마르크의 한 마을에서는 가정방문 전도 중에 농부들과 관계가 틀어지고 말았다. 말할 수 없이 선동적인 기질의 사람들이었다. 노골적인 증오와 정치적 불안 때문에 어떠한 접촉도 이루어질 수 없었다. 다른 마을에서는 견신례수업 학생 마흔네 명 가운데 첫 수업시간에 열다섯 명이 출석하고, 다음 수업시간에는 겨우 세 명이 출석했다. 구약성서의 예언자들에 관한 수업이 이루어졌고, 그 예언자들이 유대인이었기 때문이다. 1937년에는 헌금을 압류당하는 일까지 일어났다. 게다가 이제는 경찰이 형제들을 정기적으로 명부에 올리기까지 했다. 그러다가 1937년이 되면서 선교 활동이 철저히 차단되었다. 형제의 집이 폐쇄되어 더 이상 협력자를 공급할 수 없었기 때문이다. 하지만 이곳저곳에 인접해 있던 핑켄발데 출신들은 서로 하나가 되어, 검증된 방식으로 복음전도를 수행했다.

> 10월에 우리는 루돌프 퀸의 교구에서 복음전도 주간을 가졌습니다. 루돌프 퀸, 오토 칼 레르헤, 에버하르트 페켄슈테트Eberhard Veckenstedt와 제가 함께했습니다. 우리는 모두 그 일로 아주 많은 기쁨을 얻었습니다. 다들 자기 교구에서도 일이 진척되는 것을 보고 그러한 일의 축복을 느낄 것입니다. 저는 이 주간을 보낸 뒤만큼 즐겁게 설교한 적이 없거든요.[132]

모금 활동

1936년 6월에 벨가르트 지역에서 처음으로 대규모 복음전도 활동을 하게 된 데에는 다른 의도도 있었다. 프로이센 형제협의회가 핑켄발데 신학원 교사(校舍)에 더 이상 재정 지원을 할 수 없으니 다른 피난처를 찾아보라고 통보한 상태였다. 본회퍼는 내키지 않았지만 이사를 고려해야 했다. 그 결과로 여러 지방의 형제들이 모금 활동을 시작하는 것 이외에,[133] 핑켄발데 신학원을 돕는 동우회 창립도 고려되었고, 한스 위르겐 폰 클라이스트-레초브가 동우회 창립 자금을 지원할 용의가 있음을 밝혔다. 그래서 본회퍼는 벨가르트 복음전도 활동 마지막 날인 토요일 오후, 주위 친구들과 교회 후원자들을 키코브 농장 대저택으로 초대했다(DBW 14:169 Anm. 2). 본회퍼는 참석자들에게 교회투쟁 상황을 보고하고, 동우회에는 핑켄발데 신학원에 관심을 기울이게 했다. 곧바로 식료품과 기부금이 신학원에 답지했고, 이사를 고려하던 마음이 싹 사라졌다.

이를 계기로 본회퍼는 슈멘친에 있는 에발트 폰 클라이스트를 알게 되어 급속도로 친해졌다. 본회퍼는 키코브에서 휴가를 보낼 때마다 마차를 타고 슈멘친으로 달려가곤 했다. 그는 그곳에서 법률가 파비안 폰 슐라브렌도르프Fabian von Schlabrendorff 박사도 만났다. 에발트 폰 클라이스트와 정치에 관해 종종 상의하는 사람이자, 루트 폰 클라이스트-레초브의 손녀들 가운데 한 사람, 곧 라스베크 출신의 헤르베르트 폰 비스마르크Herbert von Bismarck의 딸과 결혼한 사람이었다. 1944-1945년 겨울, 에발트 폰 클라이스트가 클라우스 본회퍼 및 그의 매제 뤼디거 슐라이허와 함께 레어터 슈트라세 교도소의 사형수 전용 감방에서 지냈다면, 슐라브렌도르프는 제국보안본부 지하 감옥에서 본회퍼와 가까이 지낸 마지막 친구들 가운데 한 사람이었다.

VI. 1936년 샹뷔

본회퍼는 예전에 세운 계획들과 달리 1936년 8월 18일에 베트게와 함께 남쪽으로 가서 샹뷔 에큐메니칼 대회에 참석했다. "생활과 실천" 협의회가 옥스퍼드 세계 대회에 앞서 마지막으로 개최한 대회였다. 본회퍼는 1935년부터 에큐메니칼 교회 정치에 관심이 별로 없었다. 봄에는 이미 라 보르카르데리에서 열리는 에큐메니칼 청년 위원회 회의1936. 3. 28-30에 참석하라는 압박에 굴하지 않고, 프리드리히스브룬, 슈테믈러와의 만남, 다셀에서 열리는 독일 그리스도교 학생회DCSV 대회에 우선순위를 둔 상태였다. 하지만 이제는 참석하지 않으면 안 되었고, 그래서 핑켄발데 신학원의 마지막 몇 주를 맡을 대리인을 급히 찾을 수밖에 없었다. 귄터 덴과 빌헬름 비셔가 대리인이 되겠다고 나섰다. 본회퍼는 곧바로 빌헬름 비셔를 대리인으로 정했다. 에스라-느헤미야 해석을 둘러싼 논쟁이 시작된 상태였기 때문이다.

1936년에 열린 샹뷔 대회의 전사(前史), 샹뷔 대회 자체, 그 뒤에 이어진 해석은 1935년에 열린 샹뷔 대회만큼이나 복잡했다. 빌헬름 쵤너의 교회 위원회가 독일 측 대표권이 자기에게만 있다고 주장했기 때문이다. 제네바 사람들에게는 헤켈을 파트너로 두는 것이 마음 편한 일이었을지 모른다. 그가 더 이상 제국감독의 대변자가 아니라 더 진지한 교회 인사들의 대리인이 되었기 때문이다. 하지만 그것은 베를린에 혼란만 가중시켰다.

1936년에 개최된 샹뷔 대회는 고백교회 대표단이 공식적으로 참석한 처음이자 마지막 대회였다. 그럼에도 대회 의사록에는 고백교회 대표단의 이름이 기록되지 않았다.

초대를 둘러싼 논쟁

임시지도부 에큐메니칼 자문 위원회가 1936년 5월 20일에 (다셀 회의에서) 옥스퍼드 대회 참가에 관해 협의하며 작성한 회의록에 따르면, 본회퍼는 기존의 자기 견해를 고수한 반면 자문 기구는 절망적인 상황에 영향을 받았던 것 같다.

> 본회퍼는 에큐메니칼 협의회가 고백교회의 주요 인사들을 개인 자격으로만 취급하는 것을 더 이상 묵과해서는 안 된다며 주의를 환기시켰다. 고백교회를 단 하나의 합법적인 교회로 승인할 의향이 있는지 에큐메니칼 협의회에 물어야 한다는 것이다. 그래야 신학을 구속력 없이 논하는 위험을 피하게 할 수 있고, 이것이 에큐메니칼 협의회를 위해 할 수 있는 최선의 봉사라는 것이다.
>
> 반면에 반론도 제기되었다. 말하자면 현재의 에큐메니칼 협의회 조직이 승인 문제를 해결하려면 여러 해가 걸릴 테니 그러한 방식은 사실상 가망이 없다는 것이다. 하지만 에큐메니칼 협의회에 문제를 제기해야 한다는 사실에는 다들 의견이 일치했다.[134]

전국 형제협의회와 임시지도부 안에서는 의견이 일치하지 않았다. 이 회의에서는 옥스퍼드 대회와 관련하여 빌헬름 쵤너와 어느 정도 협의할 준비를 하자는 안이 지배적이었다. 칼 코흐 의장이 독일 측의 사전 작업을 문서화하여 세계교회협의회에 보내는 것을 놓고 빌헬름 쵤너와 상의하기로 했다(DBW 14:161, Anm. 6).

그럼에도 임시지도부는 1936년 6월 16일 알베르츠를 시켜 기존의 입장을 제네바에 통보하고 빌헬름 쵤너의 주장을 조심하게 했다.

> 외인하우젠 총회의 결의에 따라 고백교회는 국가가 설치한 교회 위원회를 과도기의 교회지도부와 대표부로 인정하기를 거부합니다. 따라서 우리는 RKA(전국교회 위원회) 의장인 쵤너 박사가 이와 상반되는 주장을 에큐메니칼 협의회에 제기할 경우를 대비해 달라고 귀하에게 부탁드립니다.……우리는 VL(임시지도부)을 DEK의 적격 기관으로 초대해 달라고 에큐메니칼 협의회에 청합니다.[135]

H. L. 앙리오는 조지 K. A. 벨의 지시를 받아 에큐메니칼 협의회 행정 위원회(6월 18-19일에 파리에서 열렸다)와 협의하고 나서 6월 19일에 즉시 답장했다. 그는 모든 독점을 기피하는 범주들, 예컨대 "분회들", "당사자들", "인사들"과 같은 범주를 엄격히 고수하며 다음과 같이 답했다. 1. 1937년 옥스퍼드 대회 대표단 건은 독일교회 자체가 결정해야 함. 2. 행정 위원회는 독일에서 거명한 이들에 대한 비준권을 유보하여, "당사자들"의 동등한 참가를 보장할 것임. 그런 다음 앙리오는 이렇게 덧붙였다. 이것은 영적인 문제를 결정하려는 것이 아님. 그러면서 이처럼 중립적인 입장 때문에 딜레마에서 벗어나기가 어렵다는 속마음을 내비쳤다. 3. 독일 국내의 "분회들"이 특별히 샹뷔 대회를 위해 주요 "인사들"을 지명해 주면, 에큐메니칼 협의회가 그 이상의 인사들을 선출하여, DEK의 여러 "당사자들"이 "에큐메니칼 운동의 생존과 사상에 폭넓고 풍부한 기여"를 할 수 있게 할 것임. 이는 조지 K. A. 벨 주교가 부연할 것임. 4. 에큐메니칼 협의회는 "영적 권한이 없는 단체로서[136]……그 어떤 교회의 장정과 관련된 문제들 속에서 한쪽을 편들지 않고, DEK 소속의 모든 단체와 우호관계를 맺기를 원한다"라고 단언한 파뇌 대회 결의는 여전히 유효함. "회원들은 특정 국가 안의 영적 권한 문제에 대해 판결하는 것을 적절하고 정당한 행위로 여기지 않을 것임. 때문에 그들은 파뇌 대회의 원칙들을 고수하겠다는 단언을 다시 중시할 것임." 샹뷔 대회 독일 공동 대표단 구성을 위한 협의가 실패할 경우, "치체스터의 주교에게 알릴 예정임. 그럼에도

불구하고 그분이 조치를 취해, 우리의 활동에 참여할 인사들의 샹뷔 대회 참석을 가능하게 해줄 것임."[137]

1934년에 헤켈의 요구로 파뇌 성명서에 삽입된 치명적 표현이,[138] 그것이 덧붙여진 주문장(主文章)보다 더 시끄러운 소리를 내게 된 것이다.

조지 K. A. 벨로서는 빌헬름 쵤너의 전국교회 위원회와 관계를 끊을 수 없었다. 그는 그 무렵 알폰스 쾨힐린의 상황 보고를 받았다. 교회 위원회와 관계를 끊지 말라고 고백교회의 여러 동아리가 권하더라는 내용이었다. 조지 K. A. 벨은 앙리오가 6월 8일에 제네바로 밀반입한 항의서 사본을 입수하고 나서 6월 13일에 아래와 같이 지시했다.

> 1. 우리가 파뇌 대회에서 채택한 입장을 유지하고, 파뇌 대회 결의문에서 벗어나지 않는 것이 극히 중요합니다. 2. 우리는 쵤너 박사 및 그가 대표하거나 이끄는 자들과 관계를 끊어서는 안 됩니다.……한 가지가 더 있습니다. 우리는 고백교회와 우리의 관계를 약화시켜서도 안 됩니다.……고백교회가 히틀러에게 보낸 항의서—예리한 문서—를 읽고 위와 같이 지시하는 까닭은, 고백교회에 대한 우리의 지지가 더 한층 필요하기 때문입니다.[139]

앙리오는 이 지시대로 처리했다. 하지만 임시지도부에 있는 수취인들의 눈에는 무슨 일이 있어도 고백교회를 샹뷔 대회에 참석시키려고 하는 조지 K. A. 벨의 배려보다는 중립적인 입장이 더 도드라져 보였음에 틀림없다. 반면에 다른 진영에서는 앙리오의 편지까지도 고백교회를 지나치게 배려하는 것으로 생각되었다.

임시지도부가 샹뷔 대회에 참석하기 위해 이의를 제기했다는 소문이 빌헬름 쵤너의 귀에 들어갔다. 빌헬름 쵤너는 자신의 DEK 대표단 전체와 고백교회 대표단의 동시 참석이 문제가 될 경우 자신은 참석하지 않겠다고 알렸다. 편지와 전보가 몇 차례 오가고, 한스 릴예가 중재한 뒤에야, 빌헬름 쵤너는 조지 K. A. 벨의 지시와 앙리오의 6월 19일자 통지문이 유도하고 제안한 바를 토대로 마음을 누그러뜨렸다.

조지 K. A. 벨은 샹뷔 대회를 마치고 에를링 아이뎀에게 보낸 편지에서 아래와 같이 기술했다.

> 쵤너 박사는 샹뷔 대회에 참석하기 전에 화를 상당히 많이 냈답니다. 내가 고백교회 대표들을 우리 협의회 대회에 초청하는 문서를 칼 코흐 의장에게 보내며, (파뇌 대회에서 선출된) 칼 코흐 의장과 본회퍼 박사 외에 고백교회 대표 두어 사람이 더 참석해 주면 좋겠다고 말했기 때문입니다. 처음에 쵤너 박사는 이런 입장을 취하려 했습니다. 말하자면 이것은 전국교회 위원회가 에큐메니칼 협의회와 관계하는 것을 어렵게 하리라는 것입니다. 하지만 몇 차례의 전화통화와 조정을 거쳐 그의 마음이 누그러졌습니다. 원래 독일에서 오기로 되어 있던 공식 대표단이 도착했고, 게다가 쵤너가 그들을 인솔하기까지 했답니다.[140]

조지 K. A. 벨이 임시지도부에 보낸 초대장에는 "인사들"의 선출을 언급한 앙리오의 공식 서한과 달리 "고백교회 대표들"이라는 표현이 들어 있었다. 임시지도부 사람들은 "고백교회 대표들"로만 여겨지기를 바랐다. 대회 이후 곧바로 이 초대를 둘러싸고 새로운 논쟁이 불붙었다.

원래 파뇌 대회 이래로 **선출 회원**으로서 에큐메니칼 협의회 소속이었던 본회퍼는 샹뷔 대회 직전에 앙리오의 부탁을 받았다. 통역사 자격으로 샹뷔에 와달라는 부탁이었다. 그는 그 부탁을 받아들이지 않고, 절박한 심정으로 이렇게 답장했다. "나는 당연히 고백교회 대표의 일원으로 갈 것입니다." 실제로 대회가 진행되는 동안 다들 임시지도부 사람들을 고백교회 대표단으로 대했다. 대회 기간 동안 항의서—히틀러에게 보낸—에 지지를 표하는 설교단 발표문을 낭독함으로써 그들의 도덕적 영향력이 현저하게 증대되었기 때문이다.

그러나 제네바 사무국의 규정들은 이 대표단이 의사록에 딤기는 것을 허락하지 않았다. 담당자는 의사록을 작성하면서, 고백교회 대표 두 명은 "선출 회원"으로, 다른 두 명은 "(발언권을 가지고) 대회에 초대받은 이"로 표시했다.[141] 1930년대에 개최된 에큐메니칼 협의회 대회에 고백교회가 참석했다거나 회원이 되었음을 입증하는 공식적인 의사록이 단 한 권도 없는 것은 그 때문이다. (파뇌 대회에는) 다들 참석할 수 없었다. (1935년에 개최된 샹뷔 대회에는) 다들 참석하려 하지 않았다.

하지만 1936년에 개최된 샹뷔 대회에서 볼 수 있듯이, 고백교회의 참석을 문서로 확인해 주는 의사록은 존재하지 않는다.

임시지도부와 본회퍼는 제국교회 위원회 대표단과 나란히 참석하는 것을 바람직한 노선으로부터의 이탈로 여겼다. 빌헬름 죌너의 이의 제기를 놓고 상의하는 동안 죌너의 지휘 아래 단일 대표단을 구성하자는 안이 나왔다. 임시지도부는 "죌너가 **우리**를 대표할 수 없으므로" 그 안은 가능하지 않으며, 갈라진 두 개의 독일 대표단을 초대하는 것에 머물러야 한다고 답했다.

본회퍼는 샹뷔로 가라는 임시지도부의 지시를 받고 그대로 복종했다. 그 첫째 이유는 항의서와 설교단 발표문 낭독을 둘러싼 위험천만한 상황 속에서 굳이 몸을 사리고 싶지 않았기 때문이다. 게다가 달갑지 않은 돌발 사건이라도 일어날 경우, 고백교회 대표들 중에서 그만이 영어를 유창하게 구사할 수 있고, 가장 광범위한 인맥을 형성하고 있으며, 조지 K. A. 벨과 아문센의 두터운 신임까지 얻고 있었기 때문이다. 하지만 둘째 이유는, 우리가 앞서 들은 대로, 자신이 대단히 분명하게 표명한 개인적인 견해와, 외인하우젠 총회 안팎에서 고백교회가 내리거나 내리지 않은 결정이 달랐기 때문이다.[142] 1935년에는 제국교회 위원회가 없었지만, 이제는 그것이 존재했고, 고백교회는 그 위원회에 대한 자신의 결정을 단호히 마무리 짓지 못한 상태였다. 에큐메니칼 분야에서 좌절을 겪었음에도 불구하고 본회퍼가 자기 책임을 떠맡은 것은 그 때문이었다. 그의 견해는 변함이 없었고, 그는 사안에 따라 자기 견해를 분명히 표현할 생각이었다.

달렘의 프리츠 뮐러가 8월 12일에 핑켄발데로 가서 본회퍼에게 더 자세한 정보를 전달하며, 니묄러와 아스무센이 샹뷔로 갈 생각이라고 말하자, 그는 그것을 에큐메니칼 협의회의 호의를 구하기 위한 과잉 노력으로 간주하며, 니묄러에게 아래와 같이 편지했다.

> 첫째, 어째서 당신은 공식 대표들과 나란히 그 자리에 있는지를 밝히지 못하게 될 것입니다. 나는 우리와 친한 여러 동아리 사람들이 그곳에서 펼칠 공동 행동에 대해서 거의 다 듣고 있습니다. 아마도 "당신은 코흐에게 맞서거나"[143] 이와 비슷한 일을 하게 될 것입니다.……둘째, 내가 가장 중요하게 여기는 일은 이

것입니다. 말하자면 저쪽에서 온 우리 친구들을 어떤 식으로든 뒤따를 때에는 일체의 겉치레를 피해야 한다는 것입니다. 정반대가 훨씬 낫습니다. 그들을 무조건 필요로 할 때에는 그들에게 너무 강한 인상을 주어서는 안 됩니다. 그러면 다소 명성을 잃겠지만, 그것은 그다지 중요하지 않습니다! 엄밀히 말하자면 그들은 우리가 원하면 우리에게 다가올 정도로 너나없이 우리의 대의에 관심을 가지고 있습니다. 그곳에서는 다들 당신을 공식 대표로만 여길 것입니다. 때문에 당신은 공식적으로 참석하거나, 그게 아니라면 아예 참석하지 말아야 합니다. 결국 해답은 국내 위원회 회의입니다. 그렇다고 거기에 큰 의미를 두어서는 안 됩니다. 내년(옥스퍼드)에는 완전히 달라질 것입니다.[144]

결국 니묄러와 아스무센은 샹뷔에 가지 않았다.

샹뷔 대회

8월 21일 금요일에 샹뷔 대회가 시작되었다. 독일 대표단 세 무리가 협상테이블에 앉았다. 칼 코흐 의장, 오토 디벨리우스, 한스 뵘, 본회퍼가 고백교회 대표였고, 한스 릴예는 루터교 협의회 대표였으며, 빌헬름 췰너, 프리드리히 브룬슈테트Friedrich Brunstäd, 한스 발, 헤켈은 전국교회 위원회 대표였다. 당시 전국교회 위원회 대표들을 수행한 이는 수련목회자 오이겐 게르스텐마이어였다. 의사록은 그를 "내빈들 내지 친구들"이라는 항목 아래 배치했다. 그 밖에도 에리히 슈탕게가 에큐메니칼 협의회 독일 지부 간사 자격으로 참석했고, 아돌프 다이스만과 마르틴 디벨리우스가 에큐메니칼 협의회 상임 신학자 위원회 위원 자격으로 참석했다.

헤켈 주위에 자리한 제국교회 대표단—사실상 쇤펠트도 이 단체 소속이었다—과 다른 쪽에 자리한 고백교회 대표단은 곤혹스럽게도 서로에게서 멀리 떨어져 있으면서 대회 기간 동안 말을 전혀 섞지 않았다. 이와 달리 조지 K. A. 벨의 수고로 코흐, 오토 디벨리우스, 빌헬름 췰너 사이에 모종의 접촉이 이루어졌다. 제국교회가 고백교회의 설교단 발표문 낭독에 대해 온갖 조치를 취했음에도 불구하고 빌헬름 췰너는 이 주제에 반응을 보였다. 그 자신도 탈그리스도교화에 대한 독자적 메모를 계획했기 때문이다. 마침내 조지 K. A. 벨의 인내와 고결함 덕분에 적대적인 형제들이 한자리에 모여, 설교단 발표문 낭독 이후의 상황과, 1937년에 개최될 옥스퍼드 대회 공동 대표단 구성 계획을 협의했다.

그 후에 조지 K. A. 벨 주교는 그 과정을 상세히 설명하는 편지를 웁살라의 에를링 아이뎀에게 보내어, 에큐메니칼 운동권의 다른 친구들도 1937년 옥스퍼드 대회에서 힘닿는 대로 만족스러운 성과를 올릴 수 있게 했다. 에를링 아이뎀은 교회-해외사무국에 대한 나름의 정보들을 갖고 있었으므로 샹뷔 대회에서 무슨 일이 일어나고 무엇이 가능해졌는지를 전해 들을 수밖에 없었다. 조지 K. A. 벨은 아래와 같이 암시했다.

> 헤켈 감독이 독일교회 문제에 관한 사적인 대화를 나누기 위해 나를 찾아올지도 모르겠습니다. 하지만 우리는 헤켈 감독과의 대화에서 대단한 것이 나올 것 같지 않다고 느꼈습니다. 당신이 아문센 감독을 만나면, 그가 우리 "생활과 실천" 협의회의 후원 아래 열린 샹뷔 대회에서 실제로 빛나던 희미한 희망의 빛에 관해 이야기해 줄 것입니다.[145]

본회퍼는 전체 회의의 공식 토의에 관여하지 않았다. 무대 뒤에서 할 일이 많았기 때문이다. 코흐와 그는 대회 첫날 곧바로 조지 K. A. 벨과 오랫동안 동석하여 전반적인 상황을 논의했다. 조지 K. A. 벨은 자신의 행위가 옳은 일이었음을 확인받고 즐거워했다. 케를이 임시지도부에게 "지도부"라는 명칭을 사용하지 못하게 하고 사람들에게 임시지도부와의 교류를 금지한 것에 대해 편지를 써서 「타임스」에 보냈던 것이다(DBW 14:216 Anm. 4). 그가 빌헬름 췰너와 말을 섞은 것은 본회퍼와 코흐의 양해를 얻고 한 일이었다.

조지 K. A. 벨은 빌헬름 췰너가 무엇보다도 "발언을 도맡아 했다"는 것을 알고서 그에게서 확실한 인상을 받았다. 췰너가 전체 회의에서 "그리스도교회의 의무와 증언에 대해 대단히 중요한 연설"을 하면서 그 인상은 더욱 짙어졌다. 에를링 아이뎀에게 보낸 편지에서 조지 K. A. 벨이 말한 대로, 앞선 회의에서는 헤켈과 프리드리히 브룬슈테트가 "교회와 민족"에 관해 자신들의 의견을 발표하면서 "췰너가 인상적으로 강조하는 가장 그리스도교적인 요소들 가운데 일부를 무시하는 것처럼 보였기" 때문이다.

빌헬름 쵤너의 훌륭한 연설이 끝난 뒤 고백교회 대표단은 늦은 밤에 조지 K. A. 벨을 찾아가서, 쵤너에게 그의 연설이 8월 23일자 설교단 발표문의 내용과 "실질적으로" 대단히 유사하다는 사실을 환기시켜 달라고 청했다. 그가 본국에서도 자기가 연설한 대로 행동할 준비가 되어 있지 않겠느냐는 거였다. 이튿날 쵤너는 조지 K. A. 벨에게 이렇게 밝혔다. "이 점에서는 나도 고백교회와 상당히 가깝다고 느낍니다." 여기서 주목할 것은 고백교회의 설교단 발표문이 원래의 항의서와 달리 반유대주의 및 강제수용소에 대한 불만보다는 민족의 탈그리스도교화에 대한 불만을 더 눈에 띄게 했다는 것이다. 쵤너는 후자에 반응을 보였고, 전자에는—다수의 고백교회 사람과 함께!—그다지 반응을 보이지 않았다.

8월 25일 화요일, 조지 K. A. 벨이 빌헬름 쵤너를 코흐와 디벨리우스에게 처음으로 소개했다. 다들 미래의 공동총회, 있을지도 모를 교회 선거와 그 조건들에 관해 검토하고, 옥스퍼드 대회에 참석할 공동 대표단 구성 가능성을 함께 처리하는 데 의견이 일치했다. 하지만 이 대표단을 어느 쪽이 지휘할 것인지에 대해서는 결정을 내리려 하지 않았다. 나중에 아문센 감독이 알린 대로, 쵤너는 대회 말미에 악수와 "강제수용소에서 또 만납시다!"라는 말로[146] 한스 뵘과 헤어졌다. 조지 K. A. 벨은 에를링 아이뎀에게 보낸 편지 끝부분에서 이렇게 말했다. "엄청난 영향을 미칠 조치를 그들이 취할 수 있다면, 이는 물론 첫 단계가 될 것입니다. 따라서 우리는 소망하고 기도해야 합니다."

이 긴장완화 조치는 공식 토의 석상에서 다른 성과도 거두었다. 대회 뒤 부적당하게 이용된 성과였다. 레이퍼, 조지프 홀즈워스 올덤, 마르크 뵈그너와 같은 대회 참가자들 몇몇이 유대인 문제에 대한 새로운 토론과 결의를 제안한 것이나. 반면에 코흐와 디벨리우스는 독일에서 이루어진 항의서 제출과 설교단 발표문 낭독을 고려하건대, 고백교회 사람들이 있는 자리에서 샹뷔 성명서를 낸다면 그것이 본국에 있는 형제들에게 이로운 일이겠느냐며 의구심을 표명했다. 조지 K. A. 벨, 빌헬름 쵤너, 코흐, 디벨리우스는 다시 마련한 대화에서 이번에는 성명서를 다 함께 만류하기로 의견의 일치를 보았다. 조지 K. A. 벨은 마지막 전체 회의 석상에서 그에 상응하는 것을 제안하며 아래와 같이 말했다.

> 나 개인과 행정 위원회 전체는 마지못해 이런 결정을 내렸습니다. 이를테면 상황에 알맞고 사안의 불가피성과 이와 관련된 에큐메니칼 협의회 회원의 권리에도 부합하는 결의안을 채택하는 것은 불가능하다는 것입니다.[147]

본회퍼는 이와 관련해서도 논쟁 중에 자기 의견을 말하지 않았지만 그러한 접근법에 대해서는 의구심을 품었다. 디벨리우스와 빌헬름 횔너가 전체 회의장에서 조지 K. A. 벨이 제안한 성명서 채택 중단을 지지하며 발언하고, 게다가 횔너가 자기 의견을 발표하면서 본회퍼가 1933년부터 잘못된 것으로 여겨 온 것을 아래와 같이 재차 드러냈기 때문이다.

> 지난 수십 년 동안 행해진 공적인 활동, 이를테면 주요 세력인 독일의 유대인 사회가 후원하는 공적인 활동으로 인해 독일이 어떤 심연에 이르게 되었는지는 이 자리에서 이루 다 말할 수 없을 정도입니다.……독일에서 볼셰비즘을 위해 투쟁하는 선구자들과 지도자들이 이 세력이었습니다. 어떤 권력도 그 세력들에게 대항하지 못했습니다.……후일 이 협의회가 세부적인 토의를 철저히 준비하여 인종 문제를 다룬다면, 나는 그것에 대해서는 이의를 제기하지 않겠습니다.……우리는 우리나라에서 엄청난 투쟁을 벌이고 있습니다. 종교개혁의 의미에서 복음에 기초한 개신교회가 전체주의 국가 안에서도 자기 자리를 확보할 수 있게 하려고요.……여러분은 성급한 결의안으로 독일의 개신교회가 가지고 있는 가능성, 곧 스스로 영향력을 발휘하고, 복음을 토대로 무언가를 관철시킬 가능성을 파괴할 셈인가요?[148]

샹뷔 대회 의사록에는 이 연설의 전문이 기록되어 있지도 않고, 이 연설의 의도에 대한 그 어떤 반응도 기록되어 있지 않다. 하지만 레이퍼와 마르크 뵈그너 같은 결의안 지지자들은 이 연설의 의도를 탐탁지 않게 여겼다. 의사록에는 "세계의 여러 지역에서 자기들의 신앙, 자기들의 민족성 내지 자기들의 인종 때문에 고난을 겪는 이들을 심히 걱정하며" 결의안 제안을 행정 위원회에 회부하여 계속 다루게 했다고만 짤막하게 언급되어 있다.[149] 다들 이 해법에 동의하기는 했지만, 이렇게 만장일치로 결의하게 된 동기는 대단히 모순적이었다.

이 주간에 한편에서는 항의서와 설교단 발표문 낭독으로 본회퍼의 마음을 행복하게 해주었지만, 다른 한편에서는 이런 식으로 구성된 에큐메니칼 협의회와 관련하여 절망이 그를 엄습했다. 그가 보기에는 에큐메니칼 협의회가 더 이상 전권을 위임받은 "공의회" 단체가 아니었던 것이다. 그는 며칠 뒤에 앙리오에게 보낸 편지에서 절망과 샹뷔 대회와의 거리감을 아래와 같이 암시했다.

> 언젠가 시간이 주어지면, 현 에큐메니칼 활동의 근본적인 문제들에 관해 내가 꼭 하고 싶었던 말을 기록하여 귀하에게 보내 드리고 싶군요. 나는 샹뷔 대회에서 이유 없이 침묵한 게 아니었습니다. 하지만 그것은 다른 때에 말씀드리지요.[150]

그는 임시지도부가 기대한 대로 자기 의무를 다하고 어중간한 결정들을 함께 짊어졌지만, 2년 전과 달리 이 방향으로부터 더 이상 많은 것을 기대하지 않았다. 다들 긴장을 풀고 빌헬름 춀너와 교류하는데도 그가 그것을 저지하려 하지 않은 것은 그 때문이었다.

이탈리아 휴가 여행

1936년 8월 25일 샹뷔 대회가 끝나자, 본회퍼는 남쪽으로 더 내려갔다. 설교단 발표문 낭독 주일 이후에 본국에서 올 것으로 기대했던 경보는 오지 않았다. 본회퍼는 해외체류 시절에 개설한 작은 계좌 덕분에 외환부족에서 벗어나 며칠 더 지낼 수 있었다. 그는 모든 것을 뒤로하고 베트게와 함께 생플롱을 거쳐 로마로 갔다. 그는 성 베드로 대성당을 재방문하여 동행자에게 그 크고 훌륭한 건축물의 아름다움을 규명하려고 시도했다. 여행 구간 어디서나 꼴사나운 광경이 눈에 띄었다. 그 늦여름에 마을 진입로마다 눈에 띄게 호전적인 포스터가 즐비하게 걸려 아비시니아(에티오피아) 전쟁 승리를 축하하고 있었던 것이다. 고국에서 겪게 될 일을 미리 맛본 셈이었다. 본회퍼는 가지고 있던 외화가 떨어지는 바람에 다시 북쪽으로 갔다. 취리히 인근의 비젠당겐에 거주하는 에르빈 주츠의 집에도 들르고(DBW 14:254), 바젤에 있는 칼 루트비히 슈미트의 집도 방문했지만, 칼 바르트는 만나지 못했다. 본회퍼는 곧바로 『나를 따르라』 집필 작업에 관해 알리는 편지를 보내어, 앞서 언급했던 그 회의적인 답변을 받는다.[151] 그는 베를린을 거쳐 9월 13일 형제의 집으로 제때에 돌아가, 관리자로서의 자신감을 가지고 중병에 걸린 형제의 집 수용자를 건강하게 보살피고, 마침내 『나를 따르라』 집필 작업에 시간을 재투자했다.

보도전쟁

빌헬름 쵤너와 코흐가 샹뷔에서 맺은 화친은 오래가지 않았다. 빌헬름 쵤너는 다른 근심거리들을 가지고 있었다. 그리고 에큐메니칼 운동과 관련된 업무를 계속 수행하는 것은 교회-해외사무국 소관이었다. 그리하여 헤켈은 9월 28일 모든 교회 신문에 공식적인 보고서를 게재하여, 구독하는 목사들에게 전달하게 했다.[152] 이 보고서에서 우리의 관심을 끄는 것은 다음 세 가지다. 헤켈과 프리드리히 브룬슈테트가 샹뷔 대회에서 주장한 것의 요약, 인종 차별에 대한 결의가 어떻게 무산되었는가에 대한 설명, 참석자 명단 작성.

1. 보고서의 내용은 다음과 같다. "제네바 연구분과의 견해와 관련하여 우리는 다음과 같은 점을 분명히 밝힐 수 있었다. '교회 법규에 따라 책임을 의식하는 에큐메니칼 협력자는 자신의 교회와 함께 마주한 민족의 현실을 도외시할 수 없다.' 독일 대표들은 제네바 연구분과가 제출한 수많은 학술 논문들을 토대로 논증함으로써, 처음에 배제되었던 '민족'이라는 개념을 옥스퍼드 대회의 주제에 포함시켜 '교회, 민족, 국가'가 되게 하지 못한 것이 아쉽고, '에큐메니칼 대화에서 국가 현실에 대한 더 깊은 숙고와 참된 지식 없이 〈전체주의 국가〉와 같은 상투어를 사용하는 것'을 막지 못한 것도 아쉽다"(DBW 14:232 참조).

쇤펠트는 프리드리히 브룬슈테트와 헤켈을 통해, 자신이 파뇌 대회에서 본회퍼에게 기대하다가 헛물을 켰던 노선이 효과를 발휘하게 할 수 있었다. 그 당시 그는 이렇게 말했었다. "이 조직에서는 다른 어떤 분야에 대해서도 연구하지 못하게 하십시오!"[152a]

쇤펠트와 친한 오이겐 게르스텐마이어가 헤켈의 자리를 이어받아, 고백교회와 무관한 몇몇 저명한 신학자들의 옥스퍼드 대회용 기고문을 수집했다. 그의 로스토크 대학교 스승 프리드리히 브룬슈테트와 헬무트 슈라이너도 그 신학자들 속에 끼어 있었다. 오이겐 게르스텐마이어는 성과물을 『교회, 민족, 국가. 세계교회협의회 옥스퍼드 대회를 위한 독일 개신교의 목소리』라는 제목으로 1937년 푸르헤 출판사에서 출판했다.[153]

이 기고문 대다수의 언어와 사유 방식은 본회퍼와 그 친구들의 언어 및 사유 방식과는 완전히 딴판이었다. 본회퍼는 한스 쇰의 책임 아래 임시지도부 측이 준비할 수 있도록 논제들을 제출하여 "전쟁과 평화"라는 주제를 뒷받침했다.[154] 이는 헤켈과 그의 친구들이—환영하지 않고—위험한 것으로 여길 것임에 틀림없는 주제였다.

2. 헤켈은 유대인 박해에 대한 결의가 중단된 이유를 아래와 같이 기술했다.

> 마지막 시간에 갑자기 제출된 중대한 결의안, 즉 독일 국내 정치 문제를 다루려는 결의안에 직면하여 관구총감독 **디벨리우스** 박사와 관구총감독 빌헬름 죌너가 단호히 나서서, 예전 방식으로 독일을 규탄하는 일이 진행되지 않게 한 것은 뜻깊은 일이었다.[155]

이는 샹뷔 대회 본회의에 참석한 독일 측 토론자들—디벨리우스를 포함한 토론자들—을, 끊임없이 문의하는 장관들로부터 보호하려고 한 서술이었지만, 독일 목사들에게 사건의 진짜 성격을 은폐하는 서술이기도 했다. 이 서술은 그 목사들을 염두에 두고 작성한 것이었다.

3. 약간 흥미로운 파격이긴 하지만, 테오도르 헤켈은 대표들의 명단을 다음과 같이 알렸다. "에큐메니칼 협의회 정관에 따라 빌헬름 죌너, 테오도르 헤켈, 프리드리히 브룬슈테트, 아돌프 다이스만, 한스 릴예, 한스 발로 구성된 'DEK 당국 대

표단'이 참석했다. **마르틴 디벨리우스**, 에리히 슈탕게, 칼 코흐, '자문 회원' 본회퍼처럼 '이미 오래전부터 직무상의 기능을 수행한 독일 측 회원들'은 멀찍이 떨어져 있었다. VL(임시지도부)이 즉시 따지긴 했지만, 그들은 '**오토 디벨리우스**와 한스 뵘' 처럼 '손님' 자격으로 참석했을 따름이다." 헤켈은 요점을 간추려 다음과 같이 끝맺었다. "따라서 전문 지식을 갖춘 인사들로 가급적 다양하게 구성된 대표단은 DEK 당국 대표단이 **유일**하다."

이 광범위한 서술에 맞서 VL(임시지도부)이 반대 보고를 낸 것은 전혀 놀라운 일이 아니다. 11월 13일, 한스 뵘은 VL의 초대가 이루어지기까지의 우여곡절을 다음과 같이 기술했다. "에큐메니칼 협의회의 조직 속에 도사린 심리적 압박에도 불구하고 DEK의 VL은 치체스터의 주교 조지 K. A. 벨 박사로부터 샹뷔 대회 특별 초대장을 받게 되었다." 한스 뵘은 샹뷔 대회에서 있은 쵤너의 인상적인 기여와 그 결과로 이루어진 화친에 대해 보고하고 나서 아래와 같이 말했다.

> 그러나 이제부터는 독일 개신교회의 쵤너 박사가 폐를 끼쳤다고 말하지 않을 수 없다. 그가 옥스퍼드 대회를 위한 사전 작업을 헤켈 박사에게 맡겼기 때문이다.……DEK의 VL은 DEK의 합법적 대표로서 여느 때와 마찬가지로 전국교회위원회의 기관들과 무관하게 세계교회의 공동 과제를 나름대로 연구할 것이다.[156]

이로써 옥스퍼드 대회를 공동으로 준비할 가망이 다시 멀어지고 말았다.

런던 위원회 회의

1937년 2월 16일, 본회퍼와 한스 뵘은 옥스퍼드 대회 준비 위원회들이 개최하는 여러 회의에 참석하기 위해 런던으로 날아갔다. 하지만 상황은 다시 복잡해지고 말았다.

빌헬름 쵤너는 극적인 상황에서 사퇴한 상태였다. 본회퍼가 이륙하기 전날, 히틀러가 난데없이 교회 선거를 공고했다. 다음과 같은 질문들이 끈질기게 이어졌다. 종무부 장관은 어느 정도까지 강제력을 행사할 것인가? 교회-해외사무국의 영향력과 주장은 어떤 형태가 될 것인가? 한스 뵘과 본회퍼는 바로 이 순간 제국교회와, 예벤스슈트라세에 있는 그 대리인들—쵤너가 실각한 뒤에도 오래도록 살아남은 대리인들—의 구속을 받을 것인가? 헤켈이 아니라 쵤너와 협의하여 이루어진 막연한 합의는 앞으로도 계속 유효할 것인가? 당시 이미 회의적으로 생각했던 본회퍼가 보기에는 전혀 아니었다. 실제로 런던 회의에서 격렬한 충돌이 일어났다. 보다 정확히 말하면 옥스퍼드 대회 청년 대표단에 대한 본회퍼의 공동 책임을 놓고 일어난 충돌이었다.

본회퍼는 청년 간사 직위에서 물러날 생각이었지만, 자신의 오래된 에큐메니칼 직책에 한 번 더 붙잡혔다. 그는 샹뷔 대회 이후 에큐메니칼 청년 회의에[157] 또다시 불참할 수밖에 없었고, 그래서 1936년 9월 19일에 H. L. 앙리오에게 아래와 같이 편지한 상태였다.

> 그 일을 계속할 수 없을 것 같습니다. 귀하에게도 나에게도 심히 불만족스러운 일이니까요. 우리는 자신의 이익을 돌보지 않고 변화에 착수해야 합니다. 직책을 내려놓아야 할 것 같습니다.……옥스퍼드 대회를 치를 때까지는 예전의 직책을 맡겨 주시기 바랍니다. 그럴 만한 결정적인 이유들이 있습니다. 꼭 해야 할 일을 힘닿는 데까지 하겠습니다. 꼭 그래야 합니다.[158]

그 "결정적인" 이유들 중에는 다음과 같은 것이 있었다. 그는 그때까지 늘 대기하고 있던 위르겐 빈터하거를 그의 청년 간사 직무 대행자로 임명할 의향이 더 이상 없었다. 빈터하거가 1937년에 종교국의 위임을 받아 호엔아우엔에 있는 목사 집무실을 떠맡았기 때문이다. 본회퍼는 당시에 베저뮌데에서 목회하며 학생 성서 연구회 간사로 활동하던 우도 슈미트Udo Schmidt를 자신의 자리에 앉히려고 시도했다. 하지만 런던 회의에서 그러기에는 너무 늦은 시도였다.

앙리오, 쇤펠트, 에드윈 이스파이의 참석 사실을 기록한 회의록에 따르면,[159] 본회퍼는 1937년 2월 19일에 이렇게 단언했다고 한다. "교회들 사이의 의견 차이가 너무 커서 제국교회를 대변하는 독일 청년 대표단을 맡고 싶지 않군요." 제네바 사무국 간사들은 그에게 세 명의 대표, 더 정확히 말하면 제국교회, 루터교 협의회, 고백교회에서 대표를 한 명씩 지명해야 한다고 말하며, 공동 대표단을 구성하기로 샹뷔에서 협의하고 합의한 사실을 지적했다. 제네바 사람들은 헤켈을 이 협의의 파트너로 여긴 반면, 본회퍼는 헤켈을 한순간도 그리 여기지 않았다. 더구나 샹뷔 합의 파트너인 빌헬름 쵤너마저 제국교회 안에서 더 이상 책임을 맡을 생각이 없다고 공개적으로 표명한 상태였다. 결국 회의 참석자들은 본회퍼가 최소한 두 명을 지명하고, 남은 한 명의 지명은 앙리오와 "제국교회"의 직접적인 협의에 맡길 의향이 있는지 물었다. 본회퍼는 그냥 동의하지 않고, "그 제안을 독일에 있는 동료들과 상의하여 시일 내에 알려 주겠다고 말했다." 레슬리 S. 헌터Leslie S. Hunter, 에드윈 이스파이, 앙리오는 회신을 받고 나서 "독일에서 진행되는 사태 전개를 고려하여 최선을 찾아낸 다음에 움직일" 수밖에 없었다.[160]

제네바와의 관계 단절과 옥스퍼드 대회 차단

본회퍼는 회의가 끝나자마자 곧바로 조지 K. A. 벨 주교를 찾아가, 샹뷔에서 나눈 대화의 성격과 그 해석을 놓고 그와 이야기를 나누었다. 그는 대화 파트너였던 빌헬름 쵤너와 전국교회 위원회가 배제될 경우, 동등한 권리를 가진 세 명의 독일 대표가 보장되어선 안 된다는 데에 조지 K. A. 벨과 의견이 일치했다. 반면에 앙리오는 "세 집단 모두 참가해야 하며, 그렇지 않으면 어느 집단도 참가해선 안 된다"고 생각했다.[161] 앙리오는 교회-해외사무국과의 관계를 무시할 수도, 그 기관이 대변하는 제국교회를 배제할 수도 없었다.[162] 본회퍼는 그에게 이렇게 편지했다. "독일의 한 집단이 빠졌다고 해서 다른 집단의 참가를 배제하는 것은 말도 안 됩니다."[163] 3월 24일, 본회퍼는 다시 한 번 아래와 같이 분명하게 알리려고 했다.

> 헤켈 박사의 대표를 옥스퍼드 대회에 참가시키는 것이 귀하의 목표였고, 그것을 저지하는 것이 나의 목표였습니다. 미리 말씀드리지만, 나는 귀하가 일을 공정하게 처리하여 온전한 독일교회 대표단을 옥스퍼드 대회에 참가시키려고 애쓰고 있음을 잘 압니다. 하지만 그러한 조정은 겉으로는 공정해 보이지만, 실질

적으로는 이 자리에서 거론하지 않았으나 잘 알려진 다른 이유들 때문에 불공정하고 영적으로 무책임해 보이는군요.……귀하는 무슨 일이 있어도 헤켈의 대표가 옥스퍼드 청년 회의에 참가하는 것을 고수하시는지요?……교회 당국들과 합의하여 독일 청년 대표들을 정하려는 귀하의 결심은 청년 위원회의 정관 및 청년 간사의 직무와 얼마나 조화를 이룰까요? 내가 교회 업무를 하면서 가장 단호하게 맞서 싸울 수밖에 없는 전횡이 여기서 어느 정도까지 예방될까요? 유감스럽게도 우리가 심각하게 충돌하는 것은 이 때문입니다.[164]

콘스탄틴 폰 디츠Constantin von Dietz는 자신의 일기에서 4월 13일에 열린 달렘 회의에 대해 아래와 같이 말한다.

본회퍼. 무슨 일이 있어도 헤켈의 교회 대표를 청년 회의에 참석시켜야 한다는 것이 제네바의 요구사항이다.……앙리오가 본회퍼의 청년 간사 직위 사퇴를 요구했다. 엄밀히 말해 BK(고백교회)에 대한 근본적인 몰이해의 책임을 져야 할 쪽은 앙리오가 아니라, 캔터베리 대주교를 포함한 에큐메니칼 협의회의 전체 환경이다.……예측하건대 앙리오는 헤켈의 대리인을 선발할 것이고, 본회퍼는 참가를 거부할 것 같다.[164a]

급기야 앙리오는 4월 17일에 본회퍼에게 적어도 고백교회의 대표 한 명을 지명해 달라고 부탁했다. 나머지 두 명은 제네바에 도착한 명단을 토대로 자신이 선발하겠다는 거였다. 게다가 그는 서신 왕래의 폭을 넓혀 에드윈 이스파이에게 조언을 청하고 싶어 했다.[165] 이로써 본회퍼와 앙리오의 서신 왕래도 아무 성과 없이 중단되었고, 이와 동시에 제네바 사무국 총무들과의 개인적인 교류도 사실상 끝나고 말았다.

종무부 장관이 여권 박탈과 해외여행 금지 조치로 독일 감리교 감독을 제외한 모든 대표의 파견을 방해함으로써 이제까지 진행된 논쟁들을 쓸데없는 짓으로 만들었다.

이는 케를이 여러 교계와 신학계의 조언을 받아 한 일이었다. 예컨대 조언자 가운데 한 사람인 페터 마인홀트Peter Meinhold는 에큐메니칼 세미나에 관한 문서의 말미에서 아래와 같이 제안했다.

> 해외여행 담당 관청을 만들어 NSDAP 본부 내지 제국교육부에 부속시켜야 한다. 신학자들과 목사들과 대학생들은 그곳에 해외여행 허가를 신청해야 한다. 이 관청은 한 개인의 해외여행이 독일 정치의 이익에 부합하지 않을 경우에 그것을 저지할 수 있다.[166]

에른스트 벤츠Ernst Benz 교수는 1936년 11월 27일자 편지에서[167] 마인홀트의 제안서를 참조하도록 지시하면서 튀링겐 독일그리스도인연맹에 대한 조언과 함께, 옥스퍼드 대회 참가는 물론이고 "독일 대표단들의 에큐메니칼 회의 참석도 아예 금지하자"라고 제안하며, 그럴 경우 "독일 국외 이주자 단체만이 독일 개신교회의 관심사들을 대변할 것이고, 국가사회주의에 반하는 결의가 통과될 수 있습니다"라고만 말했다. 최고관리국 위원 에리히 루펠Erich Ruppel이 1937년 1월 6일에 기록한 문서에 의하면,[168] 에른스트 벤츠는 종무부와 접촉을 유지하는 가운데 헤켈로부터 다음과 같은 "요청"을 받았다고 한다. "에큐메니칼 대회 학술 준비에 협력해 주시고, '교회와 국가'라는 주제를 준비하는 분과에 들어와 주십시오."

한스 뵘과 본회퍼는 1937년 2월 16일부터 24일까지 런던 위원회 회의에 참석했다. 본회퍼는 이 회의 석상에서 자신의 청년 간사 직위를 해제하고 그 직위를 우도 슈미트에게 넘겨줄 것을 요청했다. 이번 참석은 고백교회 지도부 인사들이 정규 에큐메니칼 회의에 마지막으로 출석하는 것을 의미했다. "달렘 사람들"이 주도하여 조직한 고백교회와 제네바에서 조직한 에큐메니칼 협의회 사이의 공식적인 관계들과 초대장을 둘러싼 불편한 관계들이 불행하게 끝나고 만 것이다. 이제부터는 헤켈의 교회-해외사무국 홀로 이 분야에서 활개를 치며 자기의 지위를 이용하여 대리인들을 파견했다. 해외사무국은 자주 그리고 가능한 한 오래도록 그리했다.

고백교회는 1938년에 임시 에큐메니칼 협의회의 구성을 논하고 제네바 사무국 신임 총무 빌름 피스르트 호프트 박사를 선출하는 위트레흐트 대회에도 참석하지 않았고,[169] 암스테르담에서 열리는 청년 대회에도 참석하지 않았다. 에큐메니칼 활동가들 상당수는 에큐메니칼 회의와 대회에서 교회-해외사무국 사절들만 눈에 띄는 것에 익숙해졌다.[169a]

그렇다고 고백교회—와 본회퍼 자신—가 에큐메니칼 운동권의 시야와 그 머릿속에서 곧바로 사라진 것은 아니었다. 고백교회 인사들의 곤경이 새로운 양상을 띠게 되자 다른 경로, 대체로 비공식적인 경로를 통해 구조 활동과 만남들이 이루어졌다. 비공식적이었던 이유는 에큐메니칼 협의회들의 사무국 총무들이 그런 일을 제한적으로만 자기 일로 삼았기 때문이다.

본회퍼는 1937년 2월에 런던을 방문했을 때, 여느 때와 마찬가지로 자신의 계획을 수행하기 위해 노력했다. 그는 조지 K. A. 벨을 두 번째 찾아가 한스 뵘을 소개했다. 형제협의회의 훌륭한 벗이자 덴마크의 감독인 아문센이 1936년 12월 초에 죽었으므로,—본회퍼는 아문센의 죽음을 개인적으로도 손실로 여겼다[170]—고백교회의 에큐메니칼 주제를 발표할 사람에게 더욱 필요한 관계를 열어 주기 위해서였다. 본회퍼는 빌헬름 쵤너의 사퇴와 히틀러의 선거 공고를 놓고 조지 K. A. 벨과 의논했다. 벨 주교는 곧바로 자기 친구들과 「타임스」에 정보를 제공했다. 이를테면 히틀러의 선거 공고를 "기만술"로 여겨야 하는데, 선거와 그 계획이 국가기관에서 기획한 것이 아닐 경우에만 교회에 대한 국가의 진정한 보조가 말이 되기 때문이라는 것이다. 그러면서 그는 이렇게 말했다. "독일 국가로 하여금 교회의 내적 생활에 대한 간섭을 그만두게 합시다."[171] 이 회동에서 본회퍼는 조지 K. A. 벨 주교에게 동료들, 곧 프리드리히 바이슬러 박사, 에른스트 틸리히, 베르너 코흐가 강제수용소에 수용되었으며, 슐레지엔 지역 변호사 아돌프 붕케Adolf Bunke도 글로가우에서 고백교회 집회를 여러 차례 개최하다가 그 일로 수감되었다고 말했다.

당시에 본회퍼는 새로운 실험을 계획했다. 에큐메니칼 운동권의 목사후보생 교환을 고백교회 신학원들에 도입하는 실험이었다. 그는 다음 학기에 곧바로 에큐메니칼 운동권의 목사후보생을 핑켄발데에 초청하고 계획안을 작성했다.[172] 그는 핑켄발데 신학원 출신으로서 베를린 임시지도부의 에큐메니칼 분과에서 일하는 오이겐 로제를 통해 구프로이센 형제협의회와 신학원 원장들을 부추겨 그 계획에 동참하게 했다. 하지만 그 계획은 1937년에 일어난 대대적인 체포 파동 때문에 핑켄발데 사람들의 영국 여행[173] 준비와 함께 무산되고 말았다.

VII. 핑켄발데 신학원의 말년

핑켄발데에서 마지막 두 과정이 진행되는 동안은 이곳의 모든 일이 조만간 끝나리라는 것을 전혀 알아챌 수 없었다. 1936-1937년 겨울학기는 깊이 있는 신학 공부의 절정이었다. 이어진 여름학기는 특별히 수많은 동료 목회자들과 친구들을 포함한 대대적 체포 파동의 영향을 받았다. 본회퍼는 늘어난 출장 과제—1936년만큼 출장을 많이 간 해는 없을 것이다—를 마무리해야 했음에도, 신학원에 틀어박힌 채 형제의 집에서 축제일을 보내기도 하고, 틈틈이 베를린으로 가서 가족들을 만나기도 했다. 물론 핑켄발데 신학원에서 이루어지는 교육과 예배생활은 교회 정치상의 온갖 흉보를 접할 수밖에 없었다. 그럼에도 핑켄발데 신학원은 다른 신학원들에 대한 진짜 소식이나 꾸며 낸 소식을 먹고 사는 비밀 통신실이 되지는 않았다. 묵상과 저녁 중보기도는 나름의 지배력을 입증해 보였다. 그리고 결속을 다지기 위해 오락을 강조하면 강조할수록, 위급한 사태가 다가오는 것처럼 보였다. 본회퍼는 1936년 연보(年報)에서 아래와 같이 말했다.

> 우리들 각자는 우리를 저지하려고 하는 곤경들, 내적 모순, 게으름을 알고 있습니다.……우리는 시간과 경고를 선사받았습니다. 한 사람이 약해지면, 기도 공동체 안에 있는 다른 모든 이들도 눈에 띄건 안 띄건 간에 약화될 것입니다. 하나님의 선물을 업신여기지 맙시다.[174]

가족

형제의 집 시절, 본회퍼는 사생활의 무게중심을 베를린에 있는 가족과의 긴밀한 유대에서 핑겐발데로 옮기려고 의식적으로 노력했다. 하지만 히틀러가 세력을 꾸준히 신장해 가자 가족 구성원들은 마리엔부르크 알레의 두 집을 중심으로 결속을 다졌다.[175] 이 두 집이 정치적 정보를 서로 나누고 상의하는 집결지로서 새로운 의미를 획득했기 때문이다.

칼-프리드리히는 1934년 프랑크푸르트 대학교를 떠나, "빌헬름 오스트발트 Wilhelm Ostwald 이래로 물리화학의 탄생지라 불리는"[176] 라이프치히 대학교의 물리화학 교수직으로 자리를 옮겼다. 이전의 연구 분야인 원자 수소, 파라수소, 중수소에서 전기 화학과 전극법의 동역학으로 분야를 옮겨, 신경자극의 생물학적 과정과 전기 물리학적 기초사실을 규명했다. 그가 이렇게 분야를 옮긴 것은 이전 분야에서 예기치 못한 무기 개발의 앞잡이로 활동하고 싶지 않았기 때문이다. 칼-프리드리히는 종종 베를린으로 가서 디트리히를 만나곤 했다.

클라우스는 루프트한자의 법률고문이 되었다. 1937년에는 법학자 오토 욘Otto John 박사를 조수로 두었는데, 두 사람은 곧바로 정치와 관련하여 서로 의견이 일치한다는 것을 알았다. 클라우스는 벤틀러슈트라세에서 아이히캄프 구역으로 이사했다. 걸어서 10분 거리에 친가가 있었다.

도나니 가족은 1937년에 아이히캄프에서 쿠를렌더 알레로 이사했다. 쿠를렌더 알레는 마리엔부르크 알레 옆에 위치한 평행 도로다. 그들은 친가에서 디트리히를 보는 것은 물론이고 핑켄발데로 가서 그를 만나기까지 했다.

퇴직하여 연금을 받고 있던 게르하르트 라이프홀츠는 내키지 않았지만 외국에서 교수직을 얻기 위해 애썼다. 1936년과 1937년, 마리엔부르크 알레 사람들은 라이프홀츠 가족과의 이별을 미루거나 피할 수 있게 되기를 바랐다. 발터 드레스는 니묄러가 체포되고 나서 달렘의 목사직을 인계받았다.[176a]

어머니 파울라 본회퍼의 60회 생일에는 자손들이 요제프 하이든의 장난감 교향곡을 연주했다. 디트리히는 이웃한 슐라이허의 집에서 진행된 고된 연습에 참여할 수밖에 없었다. 그런 다음 독감에 걸려 계획보다 오래, 즉 1937년 1월 내내 친가에 머물렀다. 그는 이 와병 기간에 조르주 베르나노스를 재발견했다.[177] 『어느 시골 신부의 일기』 독일어본이 1936년에 헤그너 출판사에서 출간되었고, 그는 그 책을 목회상담에 대단히 중요한 책으로 여겨 핑켄발데 사람들에게 지속적으로 추천한 상태였다.[178] 동시대의 문학서 가운데 그 책만큼 오랫동안 그의 의식에 깊이 파고든 것도 없었다.

> 당신은 조르주 베르나노스의 책들을 알고 계시겠지요? 그 책들에서는 성직자들의 말에 무게가 있답니다. 그들의 말이 중요한 까닭은, 그것이 어떤 언어상의 숙고나 관찰에서 나오는 것이 아니라, 십자가에 달리신 예수 그리스도와의 일상적이고 인격적인 사귐에서 나오기 때문입니다. 무게 있는 말은 깊은 곳에서 나와야 합니다.[179]

1937년, 아버지 칼 본회퍼가 정신병원 원장으로 25년 동안 근무한 것을 기념하는 의식이 자선병원에서 거행되었다. 그는 즉석연설에서 자신의 학문적 여정을 회고했다. 그는 규정에 따라 1936년 4월 1일에 정년퇴직했지만, 병원 측의 요청으로 직무를 계속 수행하다가 1938년 여름에야 동료 의사들에 둘러싸여 고별 강연을 했다. 청중 가운데는 세 아들이 의자에 앉아 있었다. 병원의 위대한 시기가 끝나고, 새로운 방식, 곧 나치스 친위대의 막스 데 크리니스Max de Crinis 교수가 뒤를 이었다.[180] 위르크 추트Jürg Zutt 교수는 10년 뒤 스승이자 병원장이었던 칼 본회퍼에게 헌정한 연구논문에서 그의 작업 방법에 대해 아래와 같이 말했다.

> 큰 병원생활을 아는 이라면 놀라겠지만, 칼 본회퍼는 매일 아침 9시 30분 정각에 병원에 출근했다가 오후 2시 30분 정각에 퇴근했다. 남은 시간은 사적인 활동, 환자들, 가족을 챙기는 데 썼다. 다들 의아해하겠지만, 그는 주당 다섯 시간의 강의를 포함하여 위에서 말한 것과 같은 일을 다섯 시간 안에 수행하고, 경험에 근거한 필요를 만족시키고, 조수들 하나하나가 함께 사고한다는 느낌을 줄곧 갖게 했다. 그리하여 각 사람이 자기 일과 관련하여 칼 본회퍼와 대화를 나눌 때면, 그는 그 사람의 일이 절정에 이르게 해주었다. 이 모든 것은 형식적으로 마련된 규정 없이 진행되었다. 회의와 강의는 날마다 정해진 시간에 이루어졌다. 그 밖의 모든 것은 형식적으로 정해져 있지 않았다. 회진 순서도 그랬다.
>
> 이러한 업무 수행은 칼 본회퍼 자신이 필생의 과업에 접목한 내적 질서, 더없

이 완벽한 내적 질서로부터만 이해되고 설명될 수 있다. 그의 시간 엄수는 이 내적 질서가 겉으로 드러난 것일 뿐이다. 모든 구체적 상황을 마주하여 그가 그때그때마다 보여준 관대한 개방성, 정신의학적·신경학적 지식을 골고루 능숙하게 활용하는 능력, 빼어난 기억력과 연결된 탁월한 임상 식별력, 신중하면서도 노련한 판단력이 그로 하여금 병상에서 일어나는 모든 구체적 상황을 훤히 꿰뚫어 보고 가능한 한 명쾌하게 설명하여, 직원들이 계몽과 자극을 받게 했다. 행동할 때에는 서두르거나 대가인 척하는 법이 전혀 없었다. 매사에 신중하고 꾸밈이 없었다. 그는 집중해서 묻고, 듣고, 보고, 연구함으로써 그 자리에 있는 모든 이가 참여하지 않으면 안 되게 했다. 자기 견해를 강제로 받아들이게 하지 않고, 함께 숙고하게 했다. 말을 적게 하고, 쓸데없는 말은 아예 하지 않았다.……일의 본질에 대한 열린 자세는 실제 작업에서 본질적인 것에 대한 집중으로 이어지고, 단시간에 비범한 성과를 올리는 결과로 이어졌다.……다들 쓸데없는 수다를 떨다가도 칼 본회퍼가 나타나면 입을 다물었다. 그는 기초가 부실한 억측들과 터무니없는 이론들, 지나치거나 잘못된 정열, 부자연스러운 유행어를 혐오했다.……침묵도 담화의 한 형식임을 그만큼 잘 가르치는 이도 없었다.……그의 강의는 수사학적으로 매력적인 구석이 없었다. 하지만 그의 말을 받아쓴 이는 누구나 완벽한 텍스트를 얻었다.……그는 모든 이에게 "추밀 고문관"이었고, 제3자의 입에 오르내렸다. 이는 결코 허례허식이 아니었다.[181]

아버지에 대한 이 관찰들 가운데 몇 가지는 아들들에게도 그대로 적용되는 내용이었다. 부모님에게서는 고령의 징후를 찾아볼 수 없었다. 1936년 가을, 부모님은 운전면허 취득 시험에 응시하면서 이렇게 말했다. "우리 두 사람은 우수한 성적을 받지는 못했지만, 마지막일지도 모를 이 시험에 정식으로 합격했다"(섣달 그믐날 일기).

변화들

1936-1937년 겨울, 핑켄발데 건물을 매입하려는 사람이 갑자기 나타나고, 외인

하우젠(칼 코흐 의장), 베를린-달렘(구프로이센 연맹 위원회), 슈테틴에 있는 책임자들 사이에 복잡한 세금 문제가 불거졌다. 프리드리히 유스투스 페렐스가 신학원으로 가서, 구프로이센 위원회의 수석 변호사 자격으로 (그리고 이따금 포메른 형제협의회에 조력했던 사람으로서) 이 문제를 정리했다. 그는 이 사무적인 접촉을 토대로 디트리히 본회퍼와의 우정을 발전시켰고, 이 우정은 두 사람이 죽을 때까지 유지되었다. 그는 냉철하고 냉정한 사람이자 재미없는 베를린식 위트의 소유자였지만, 본회퍼를 괴롭히던 당국의 생트집을 끝장내어 본회퍼를 감격시켰다. 또한 그는 본회퍼의 관심사를 이해하고, 형제의 집에 위기가 닥치지 않게 함으로써 곧바로 핑켄발데에서 신뢰할 수 있는 친구가 되었다. 본회퍼의 교회 정치적 입장이 페렐스의 마음에 쏙 들었다. 체격도 다르고 말씨도 달랐지만 두 사람 다 서로에게 끌렸다. 두 사람 다 겸손했고, 문제의 핵심에 신속히 도달했기 때문이다. 후일 신중을 요하는 사안들을 놓고 의사소통이 필요할 때에는 말을 많이 하지 않고도 한뜻이 되어 공모에 가담했다. 본회퍼는 새로 만난 지인을 매형 한스 폰 도나니와 친형 클라우스에게 소개했다. 1943년 4월, 페렐스는 긴밀한 공모자 동아리의 일원으로서, 본회퍼의 친가를 드나들며 가장 중요한 협력자가 되었다. 본회퍼와 도나니가 투옥되었을 때에는 이 두 사람의 소송 사건을 능숙하게 변호하다 끊임없이 적잖은 위험에 처하기도 했다. 게다가 그는 조부모가 유대 혈통이어서 적잖은 부담감을 안고 살았다.

빌헬름 로트의 연구장학관 임기가 4차 과정과 함께 끝났다. 핑켄발데 개척자들 가운데 한 사람이었던 그는 다른 중요한 자리에서 동지로 계속 활동하기 위해 핑켄발데를 떠났다. 교구감독 알베르츠에게서 VL(임시지도부) IV분과(교육국 및 개혁교회 신도국)를 넘겨받았기 때문이다. 이로써 핑켄발데 출신으로서 베를린 본부에서 근무하는 이가 두 명이나 되었다. 로트가 그 한 사람이었고, 본회퍼가 한스 뵘에게 연결시켜 준 오이겐 로제가 또 한 사람이었다. 이후 소란스러운 몇 해 동안 본회퍼는 베를린을 거의 찾지 못했고, 그래서 로트와도 교회 정치상의 조치를 논의할 수 없었다. 로트와의 관계가 더 중요해진 것은, 프란츠 힐데브란트가 1937년에 조국을 떠날 수밖에 없게 되면서부터였다. 그토록 여러 해를 함께 보내며 서로를 가장 잘 알고 뜻을 같이해 온 친구가 떨어져 나갔지만, 이와 동시에 본회퍼는 지도부에 있는 로트와 페렐스를 탁월한 정보 제공자와 추종자로 얻었다. 본회퍼는 로트가 병역 의무를 면제받게 하려고 갖은 애를 쓰기도 했다. 지도부 사람들이 체포, 입국 금지, 징집으로 떨어져 나가면서 로트가 지도부의 업무를 완전히 홀로 처리해야 했기 때문이다.

흔들림 없는 프리츠 온나쉬Fritz Onnasch가 핑켄발데 신학원의 연구장학관 자리를 넘겨받았다. 형제의 집 회원으로서 처음부터 핑켄발데 신학원의 방식과 리듬 속에서 성장한 사람이 본회퍼를 돕게 된 것이다. 그는 힌터포메른 쾨슬린을 담당하는 교구감독(프리드리히 온나쉬—옮긴이)의 아들이었다. 이 교구감독도 아들과 마찬가지로 흔들림 없는 사람이었다. 이 교구감독과 핑켄발데의 우의는 신학원이 폐쇄된 뒤에도 특별한 가치를 입증해 보였다.

공개 논쟁

1936-1937년 겨울에 진행된 4차 과정은 참된 신학에 대한 갈망으로 두드러진 과정이었다. 이 과정에는 베를린 출신의 두 사람, 곧 에리히 클라프로트와 게르하르트 에벨링Gerhard Ebeling은 물론이고 포메른 출신의 게르하르트 크라우제도 참여했다. 이 과정의 마지막 부분, 곧 "바울에게서 드러나는 율법, 계명, 훈계들"(DBW 14:721-738)에서 이루어진 본회퍼의 제자도 강의, 그리스도론에 입각한 본회퍼의 구약성서 해석, 율법시편들을 매일 예배에 적용하는 실습만으로도 율법의 문제를 남몰래 학기의 주제로 삼기에 충분했을 것이다. 하지만 그것으로는 불충분했던지, 그 시기에 목사 협회에서 다음과 같은 비난이 담긴 전단지가 나돌고 논쟁까지 벌어졌다. "고백교회 안에서 율법과 율법주의가 판치고 있다." 게다가 1935년 말에는 칼 바르트의 유명한 소책자 『복음과 율법』*Evangelium und Gesetz*이 출간된 상태였다. 복음을 율법보다 우위에 둠으로써 루터교도들에게 의아한 느낌을 안겨 주는 소책자였다.

4차 과정에서는 다음과 같은 물음과 관련된 공개 논쟁이 여러 날에 걸쳐 진행되었다. "우리는 어떻게 율법을 설교하는가?" 여러 단체가 몇 주에 걸쳐 구약성서와 신약성서 그리고 고백서들을 자료로 삼아 기본 개념을 연구하여 준비한 논쟁이었다. 사회는 게르하르트 에벨링이 맡았다. 그는 "율법-그리스도, 율법-성서, 율법-세계, 율법-교회"라는 네 가지 관점 아래 41개의 논제를 담은 자신의 초안을 강의하며(DBW 14:778-784) 칼 바르트와 유사한 논조를 보였다. 그의 다섯 번째 논제는 아래와 같다.

> 하나님의 말씀인 율법은 예수 그리스도 안에서 이루어진 하나님의 계시로 둘러싸여 있다. 따라서 이 계시를 도외시할 경우 "율법"이라는 개념을 신학적으로 충분히 정의하는 것이 불가능해진다(DBW 14:779).

이 공개 논쟁을 구상할 때 중시한 것은 동시대인들과의 격론이 아니라, 성서 조사 결과들을 가급적 독자적으로 검증하고, 문제를 체계적으로 이해하려는 시도였다. 아래와 같은 게르하르트 에벨링의 논제(III, 15) 속에는 본회퍼가 윤리학에서 말한 견해도 들어 있다.

> 엄밀한 의미에서 교회의 율법 설교는 오로지 교회의 복음 설교가 지향하는 곳만 겨냥한다(DBW 14:783).

아래의 논제(IV, 3)도 그러하다.

> 이곳에서 설교할 것인지, 아니면 저곳에서 설교할 것인지, 율법을 설교할 것인지, 아니면 복음을 설교할 것인지, 율법과 복음을 명령법으로 설교할 것인지, 아니면 직설법으로 설교할 것인지는 교회가 스스로 결정해서는 안 된다. 교회는 구원의 사실을 성서 해석 속에서만 설교로 충분히 제시하고, 율법과 복음의 논쟁을 말씀의 주체이신 그리스도 자신에게 맡기는 것이 좋다(DBW 14:783).

본회퍼는 이 공개 논쟁에 하나의 질문 목록을 제출했다(DBW 14:785). "율법은 계시인가? 율법은 무엇인가?"라는 의미심장한 의문문에서 시작하여 "교회는 그저 인간적인 것의 편을 들어야만 하는가?"라는 표피적이면서도 당시에 은밀히 제기되었던 질문까지 담은 목록이었다. 필기 노트의 메모에 의하면 본회퍼는 답변에서 "피조물 **전체**보다 뛰어난 하나님의 영광"에 대해 말했다고 한다.[181a] 본회퍼는 1936년 연보에서 "현재의 과정으로" 신학 연구가 "확실히 절정에 이르렀다"면서 아래와 같이 말했다.

> 이 보고서를 쓰고 있는 지금도 이틀 반에 걸쳐 아침부터 저녁까지 "율법 설교"에 관한 공개 논쟁이 진행되고 있습니다. 위임받은 형제 동아리가 몇 주 전부터 휴식시간을 이용하여 준비한 논쟁이지요.[182]

고백교회의 여러 청년 신학자 형제단에서도 율법의 문제를 다루었다. 1937년 8월 말, 본회퍼는 작센 주 슈테클렌베르크의 청년 신학자 형제단에서 율리우스 슈니빈트Julius Schniewind 및 요하네스 하멜Johannes Hamel과 함께 그 문제에 대해 강연했다.[183] 그 당시 이 청강자 동아리는 신간 『나를 따르라』를 이미 알고 있었다.

핑켄발데 신학원의 이 겨울학기가 종료된 뒤에 게르하르트 에벨링에게 박사 학위 문제가 닥쳤다. 그는 1937년에 일어난 새로운 체포 파동과 불법 신학도들의 괴로운 상황에 직면하여, 1년간 떨어져서 차분하게 연구를 수행하는 것을 놓고 망설였다. 그가 속해 있던 베를린-브란덴부르크 형제협의회에서도 그의 휴직을 주저했다. 하지만 본회퍼는 이 지점에서 생각이 달랐다. 그는 도피 내지 신의라는 범주로 판단하는 것을 용인할 마음이 없었다. 물론 그 당시 고백교회에서는 이와 같은 사고가 주류였고, 학술 영역으로 물러나는 이는 누구나 의심을 받았다. 전쟁 후에 알게 된 사실이지만, 그 시기에 고백교회 소속 젊은 신학자들 중에서 학술적으로 진보한 이가 극히 미미했던 것은 그 때문이다. 그럼에도 본회퍼는 게르하르트 에벨링의 휴직 처리를 형제협의회에 요구했다. 누군가를 전선에서 신학 연구로 물러나게 할 수 없고, 그에게 특수 임무를 맡겨 파견할 수 없다면, 고백교회는 말할 것도 없이 끝장나고 말리라는 게 그의 논거였다(DBW 14:273-275). 본회퍼는 여러 대학교의 신학교육에 대해 비판할 때는 물론이고 이 시기에도 현실적인 책임의 척도와 신학의 현재 상태에 대한 판단력을 잃지 않았다. 게르하르트 에벨링은 곧바로 취리히로 가서 프리츠 블랑케Fritz Blanke 밑에서 박사 학위 논문을 썼다.[184] 그런 다음 다시 전선으로 돌아와 베를린-헤름스도르프 형제협의회 소속 불법 목사가 되었다.

본회퍼는 게르하르트 에벨링의 휴직 처리에 관여하여 연구를 지속할 수 있게 해주었을 뿐만 아니라 그의 특별한 해석학적 주제에도 활발히 관여했다. 당시 핑켄발데 신학원 겨울학기 과정에 참여한 게르하르트 크라우제도 그라이프스발트 대학교의 루돌프 헤르만 밑에서 비슷한 취지의 연구를 시작하고 있었다. 게르하르트 에벨링이 복음서들과 관련하여 루터의 해석학을 연구한 반면, 크라우제는 "루터의 소(小)예언서 해석 연구"를 주제로 제출한 상태였다. 물론 그는 러시아에서 상당히 오랫동안 전쟁포로로 지내고 난 뒤에야 게르하르트 에벨링의 조언을 받아 박사 학위 논문을 완성할 수 있었다.

게르하르트 에벨링과 크라우제가 함께하는 과정이 시작되기 전에, 본회퍼는 에르빈 주츠에게 아래와 같은 내용의 편지를 보냈다.

> 지금 나는……나의 책을 완성하기를 바라고 있네. 그런 다음에는 해석학에 몰두할 생각이네. 내가 보기에는 해석학에 커다란 균열이 있는 것 같네.[185]

당시 "해석학"이라는 개념은 그다지 친숙한 개념이 아니었고, 상당수의 신학자가 들어 보지 못한 개념이었다. 하지만 바로 이 시기에 본회퍼는 1880년에 출간된 요한 크리스티안 콘라트 폰 호프만의 『성서 해석학』을 장만하고, 자신의 신학이 충분히 숙고된 것이 아니라는 의구심을 느낄 수밖에 없었다. 1925년, 그는 역사-비평 연구의 아성인 베를린 대학교에서 에리히 제베르크에게 제출한 세미나 논문에서, 바르트에게 방향을 맞추어 역사적 주석과 "영적" 주석의 문제를 다룬 적이 있었다.[186] 1937년 3월 초에는 핑켄발데를 방문한 빌헬름 비셔의 동맹자를 자처하다 구약성서학자들의 격렬한 비판을 받기도 했다. 성서를 무기로 활용하는 것이 교회투쟁을 통해 뜻밖의 새 생명을 얻게 된 것도 한몫했다. 게다가 본회퍼는 과학적 연구 시대 이전에는 참된 해석이 존재하지 않았다는 것을 인정하고 싶지 않았다. 루터의 기초와 단초에 대한 게르하르트 에벨링의 문제 제기와 크라우제의 문제 제기가 그의 관심을 끈 것은 그때부터였다. 혹자는 본회퍼가 이 시기에 말씀을 역사적으로 그리고 조직신학적으로 다양하게 이해할 수 있는 가능성들의 전경과 배경에 대해, "커다란 균열들"에 대해 철저히 해명했을 것이라고 짐작할지도 모르겠다.

하지만 본회퍼는 "커다란 균열"이 있다고 느꼈음에도 불구하고 그것을 해명하지 않았다. 시국이 그 해명을 더 이상 허락하지 않았다. 그가 더 절박하게 제기한 문제는 윤리의 실질적인 문제들이었다. 이 문제들 속에서 그는 필생의 과업을 보았다. 그가 보기에 다른 삶, 다른 시간은 방법의 문제와 관계가 있었다.[187]

겨울학기에 율법 설교에 관한 공개 논쟁이 있은 뒤, 여름학기에 비슷한 주제로 풍성한 논쟁이 더 실제적으로 이어졌다. 교회의 징계 문제들이 고백 공동체들에 끈질기게 달라붙었다. 고백교회의 와해, 나치당의 조종을 받아 이루어진 교회 탈퇴, 같은 사람이 여러 마을에서 예배를 집전하는 것에 대한 조롱……. 이 모든 것이 "붉은 헌장"의 도입 이래로 재고를 요했다. 국민교회의 신학자들은 그럴 준비가 전혀 되어 있지 않았다. 그 가운데 더러는 양심의 가책을 받았고, 더러는 디켄쉬트의 파울 슈나이더Paul Schneider처럼 교회의 징계 조치들을 도입함으로써 자기를 노출시켰으며, 다수는 형제협의회의 지시와 조언을 구하거나, 속수무책인 형제협의회를 비난했다. 본회퍼는 1937년 성령강림주일이 지나자마자 곧바로 포메른, 작센 주, 브란덴부르크 출신의 몇몇 단호한 목사들을 핑켄발데로 초청하여 교회의 징계권과 그 가능성을 놓고 협의했다(DBW 14:284-286). 이 자리에서 그는 '신약성서에 나타난 교권과 공동체의 징계'Schlüsselgewalt und Gemeindezucht im Neuen Testament를 발표했다.[188]

> 공동체의 징계는 온전한 교직(教職)은 물론이고 공동체 안에서 이루어지는 직무들의 바른 질서를 전제한다. 공동체의 질서는 교권을 올바로 행사하는 일에 헌신하고, 그 결과로 이루어지는 공동체의 모든 활동에 헌신해야 한다.……공동체 밖에서 들어온 것을 교회의 직무 안에 삽입하는 것은 신약성서에서는 생각도 할 수 없는 일이다.[189]

국민교회의 현실 속에 도사린 목사직의 무력감이 토론장을 고통스럽게 내리눌렸다. 참석자 모두 견신례 때든 교회 탈퇴 발표 때든 간에 어떤 대목에서 교회의 징계 조치들을 시도하다 정치 법정이나 교회 법정의 분노를 산 적이 있었다. 교구 동아리가 충분히 성숙해져서, 이 조치들을 편협한 차별이 아니라 교회의 징계로서 행사하고 해석하여, 복음이 더 분명하게 드러나게 하는 것. 이것이 본회퍼가 제시한 목표였다.

종파 문제

루터교 협의회 때문에 겪은 곤경들을 별도로 하더라도, 마지막 학기에는 헤르만 자세의 신간 『루터교란 무엇인가?』와[190] 1937년 5월에 열린 구프로이센 연맹의 할레 총회가 루터교와 개혁교회 사이의 성찬식 논쟁 숙고와 함께 종파 문제의 강력한 논의를 촉발시켰다.

그 문제들은 교회투쟁이 시작되기 전에도 베를린에서 찾아볼 수 있었다. 때문에 본회퍼는 헤르만 자세가 출간한 것을 특별히 꼼꼼하게 읽고 날카로운 반대와 우려 섞인 비판을 가하는 한편, 늘 그랬듯이 자신에게 깊은 인상을 주는 것을 찾아내기도 했다. 그는 그 신간을 수련회에서 목사후보생들과 함께 논하기도 했다. 본회퍼는 헤르만 자세가 교회의 보수주의를 토대로 저항을 수행하지 않고, 고백과의 새로운 관계를 토대로 저항을 수행하고 평가했음을 알고 기뻐했다. 하지만 역사적 고백들의 기능과 품격에 대한 평가에서는 심각한 견해차가 드러났다. 헤르만 자세는 자신의 입장에서 본회퍼를 "광신자"로 여겼다. 본회퍼가 공동 고백의 생생한 사건이 변화를 일으켜, 교회를 가르는 견해차를 학파를 가르는 견해차로 축소시킬 수 있다고 믿었기 때문이다. 반면에 본회퍼는 헤르만 자세를 형식주의적 종파주의자, 즉 "한 지점에만 불일치"가 존재하는데도 거기서 "완전히 갈라진" 견해차를 보고 그럼으로써 "루터까지 넘어서는" 종파주의자로 여겼다.[191]

실제로 당시의 신학자들 다수는, 본회퍼가 반론의 여지가 없는 루터 교의의 두서너 명제를 의심하면서도 그리스도론의 기초를 루터에게 둔 것을 기분 나쁘게 여겼다. 그가 의심을 품고 던진 물음은 다음과 같다. "우리 루터교도들은" 너무 협소한 "율법" 개념과 너무 협소한 "복음" 개념을 사용하지 않는가? "율법" 개념은 성서에서 최소한 이중적으로 증언되는데도 대개는 단선적으로만 사용되지 않는가? 성서의 모든 증언을 죄의 용서에 동화시키기만 하면 되는 것인가? 이 물음들은 한동안 잠자코 있다가 1944년 테겔 시기에 한층 더 격렬하게 터져 나온 물음들이기도 하다. 이 맥락에서 그는 루터교도들과 개혁교회 신도들 사이의 쟁점들을 미해결 쟁점들로 간주하면서도 철저히 조사해 볼 가치가 있는 것들로 여겼다. 그는 칼 바르트에게 아래와 같이 편지했다.

> 현재의 상황에서 루터교도들과 개혁교회 신도들 사이에 놓인 실질적인 문제들을 꺼내어 철저히 논구하는 것이 대단히 중요한 것 같습니다. 하지만 내가 보기에 독일에는 그럴 만한 사람이 없는 것 같습니다. 헤르만 자세의 논거들은 완전히 형식적이고, 우리의 모든 반박도 그러하기 때문입니다. 답을 충분히 아는 이가 전혀 없군요.[192]

그는 교파에 매이지 않는 개방성의 소유자로서, 접촉이 금기시된 신조의 혹여 있을지도 모를 약점을 캐묻기는 했지만 그렇다고 성급한 통일주의자가 되지는 않았다. 그는 자신이 크게 환영한 바르멘의 **일치**unio가 신학계와 총회와 교회 당국에서 폭넓게 논의되었듯이, 결정(그는 이것을 꼭 필요한 것으로 여겼다)과 뒷받침(그는 이를 위해 치밀한 신학을 요구했다)이 구별되도록 하는 일에 주의를 기울였다. 그는 형제들에게 보낸 편지에서 할레 결의문에 대해 아래와 같이 말했다.

> 결과에 동의하면 동의할수록, 신학적 뒷받침이 신경 쓰이는군요. 종파 간 성찬식 논쟁에서 임재의 사실을 받아들여 더 폭넓게 논증하는 것을 중시하지 않고 **임재 방식**modus praesentiae을 중시하는 것이 개혁교회의 논제인 것 같습니다. 신조일치서Formula Concordiae를 반대하고 그 관심사들을 아예 받아들이지 않는 것이지요. 이는 총회 결의문에 비추어 볼 때 엄청난 반박인 것 같습니다.[193]

그는 성찬식을 루터교식으로 생각했다. 그러다가 1940년에 또 한 차례 논쟁에 휘말렸다. 개혁교회 소속 슈테틴 형제협의회 위원인 에버하르트 바우만이, 본회퍼가 목사회보에서 성찬식에 관해 한 발언(DBW 15:548-553)을 반박했기 때문이다.[194] 본회퍼 자신이 바란 것은 견해차들을—엄정하고 유익한 분위기의 신학 논쟁 속에서—새롭게, 가급적 포괄적으로 해결하여 꼭 필요한 결정들을 내리는 것이었다. 하지만 하나가 없으면 다른 하나도 있을 수 없었다. 그는 핑켄발데 출신 형제들이 갖가지 고백서들을 토대로 목사안수를 받고, 교구민들 앞에서 이루어지는 목사안수 의식에서 그때그때마다 그것들을 선택하여 진술한다는 말을 듣고 이렇게 말했다. "하지만 그런 식으로는 종파 문제가 해결될 것 같지 않군요."[195] 이와 관련하여 그에게 영향을 미친 것은 완벽주의가 아니라, 자기 자신과 자신의 세대를 속이지 않으려는 욕구였다. 그가 바란 것은 문제들이 반드시 해결되는 게 아니었다. 사람들이 결정을 내리고서 자신들이 어찌했는지를 직접 설명하는 거였다. 1940년 11월, 그는 보편적인 문제와 관련하여 할레 결의문을 다시 화제로 삼았다.

> 우리 루터교도들은 개혁교회 신도들을 어떻게 만났는가? 엄밀히 말하면 신학에 의한 만남이 전혀 아니었다. (할레의 신학적 공식화는 신학적 해결이라기보다는 사실들의 확인이라고 할 수 있다. 그것은 신학적 해결이 전혀 아니다!) 만남은 다음의 두 경로를 통해 이루어졌다. 하나님의 "섭리"(일치, BK)와, 성찬 속에 객관적으로 주어진 것의 인정. 말하자면 그리스도와 그분의 임재에 대한 우리의 생각보다 그리스도가 더 중요하다는 것이다. 둘 다 신학적으로 미심쩍은 근거를 가지고 있었건만, 교회는 믿음 안에서 성찬 공동체 내지 교회 공동체를 택했다. 일치를 하나님의 섭리로 인정하고, 그리스도에 대한 우리의 생각 내지 교의보다는 (개혁교회의 성찬식에서도 이루어지는) 그리스도 임재의 객관성을 전면에 내세우기로 결정한 것이다. 하지만 (할레 결의문을 제외하면) 신학적으로는 의견이 일치하지 않았다!……내가 보기에는 교회들이 신학을 통해 합의한 것이 아니라, 전술한 의미에서 믿음 있는 결정을 통해 합의한 것 같다! 그것은 대단히 의미심장한 도약이다, 확실히! 그것만으로도 모든 것을 할 수 있다! 하지만 BK 안에서 우리는 실제로 그 합의대로 이행하지 않았던가?[196]

좋든 싫든 어중간함과 한계는 남게 마련이다. 하지만 그것들은 식별되고 지칭되어야 한다. 그다음에는 그것들이 남아 있는 이유가 논증되어야 한다. 일치를 이야기하는 본회퍼는 루터와 그의 복음 해석을 당시의 루터교도들에게 맡길 용의가 없었다.

그러나 본회퍼는 자신의 루터 교의로 인해, 그리고 개혁교회의 선에 맞게 수정하려는 자신의 욕구로 인해 완강한 개혁교회 신도들에게 의심을 사고 말았다. 형제의 집 신입 회원 호르스트 투르만이 핑켄발데에서 자신의 영적 스승 헤르만 알베르트 헤세-엘버펠트에게 편지를 보내어, 형제의 집에 대한 의무 면제를 청하면서 다음과 같이 말했던 것이다. "본회퍼의 신학적 발언 상당수는 수정이 필요하고, 그의 특정한 의견 개진은 '감독'이 필요합니다."[197]

포메른에 찾아온 위기

핑켄발데 신학원의 말년에 본회퍼는 수업과 공개 논쟁과 『나를 따르라』의 마무리 작업으로 바빴음에도 불구하고 포메른 논쟁에 연루되고 말았다. 게다가 새로운 과업이 점점 늘어났다. 핑켄발데에 남아 헌신하는 이들이 그의 신학적 영향력이 자신들에게 미치기를 기대했기 때문이다.

1936년 1월에 브레도브 목사 집회가 열리고[198] 몇 달 뒤, 형제협의회 사람들과 교회 위원회 추종자들 사이의 균열이 다시 심화되었다. 구프로이센 고백교회는 5월과 6월에 라인에서 프레겔까지 대규모로 시찰함으로써 영적 과단성을 조금이나마 부축하여 일으키려고 했다. 이로 인해 포메른 위기가 더 한층 격화되었다. 이 위기 격화는 다른 곳보다 조금 늦은 편이었다. 빌레펠드와 뒤셀도르프에서는 칼 코흐 의장과 요아힘 베크만이 교회 위원회와 여러 차례 협상함으로써 이미 불안정한 시기를 맞이한 상태였다. 협상이 실패로 끝나고 합의의 가망이 수포로 돌아가자, 슈테틴에서 광범위한 붕괴가 실제로 일어났다. 1936년 8월 초, 본회퍼는 서쪽 지역의 주들과 관련하여 아래와 같이 기록했다.

전국에서 위기가 극복되고 있는 것 같다. 의장이 냉철함을 되찾았다.……근래

에 코흐가 다시 똑바로 서고 있다! 최악의 상태가 극복된 것 같다.[199]

하지만 포메른에서는 에버하르트 바우만이 아래와 같이 보고했다.

우리 주교회들의 현재 상태는 대단히 심각하다. 고백교회가 완전히 붕괴하거나, 그 다수가 교회 위원회들과 한패가 되기 직전이다.[200]

본회퍼가 아래와 같이 말할 수밖에 없을 정도로 상황이 심각했다.

오늘 접한 소식. 프리드리히 샤우어와 한스 파이스트Hans Faißt가 형제협의회에서 탈퇴했다는군요! 지금까지 친하게 대하던 이들이지요. 고백교회가 위선적이고 율법적이라는군요! 충격이 아닐 수 없습니다. 그런데도 포메른은 끊임없이 꾸물거리는군요.[201]

프리드리히 샤우어와 한스 파이스트는 포메른 형제협의회의 가장 명망 있는 위원들 가운데 한 사람이었다. 한 사람은 고백교회의 개척자였고, 다른 한 사람은 존경받는 교구감독이었다. 두 사람 모두 목사 처우 개선을 위해 한마음으로 힘쓰던 이들이었다.

이로 인해 포메른 형제협의회는 합법성을 완전히 잃든지, 아니면 자신의 합법성을 근본적으로 갱신하든지 양자택일을 하지 않으면 안 되었다. 그럼에도 포메른 형제협의회는 갱신을 위해 1935년 6월에 했던 것과 같은 고백총회를 더 이상 성사시키지 못했다. 1936년 10월 중순, 라인홀트 폰 타덴이 해결책으로 슈테틴 고백교회 "목사전체회의"를 소집했다. 그는 모든 진영에게 발언권을 주어, 형제협의회를 갱신할 것인지 아니면 해체하고 교회 위원회들에 협력할 것인지를 결정하게 하겠다고 약속했다. 이 때문에 라인홀트 폰 타덴은 어려운 상황에 직면하고, 감정의 파고는 높아만 갔다. 니묄러와 아스무센이 베를린에서 급히 달려갔다. 브란덴부르크 주 출신의 교구감독 오토 릴Otto Riehl은 고백교회의 개척자였으면서도 교회 위원회를 두둔했다. 그는 형제협의회가 치리권을 계속 고수할 경우에 일어날 결과들을 상세히 설명했다.

> "더 이상 국가보조금을 받지 못하고, 더 이상 공법 단체가 되지 못하고, 더 이상 대중 속에서 사역하지 못하고, 더 이상 국방군 목회를 하지 못하고, 더 이상 학교에서 종교수업을 하지 못하고, 교구들은 재정을 스스로 해결해야 할 것입니다. 그러면 교회가 어찌되겠습니까? 폐허가 될 밖에요!" 그의 물음은 이런 뜻이었다. "여러분은 그리되기를 원합니까? 아니라면 교회 위원회의 길을 함께 걷고, 여러분의 활동을 위험에 빠뜨리지 않기 위해 모든 반대를 예방하며, 바람대로 되지 않더라도 국가가 교회에 제공하는 기회를 이용해야 합니다."[202]

오토 릴이 마르틴 알베르츠 교구감독과 요하네스 페치나 목사와 빌리 브란덴부르크 목사를 "쓸데없고 무익한 광신자"라 부르며, 페치나와 빌리 브란덴부르크가 체포된 것은 알베르츠의 책임이라고 말하자, 핑켄발데 파견단이 발끈했다. 이 파견단 속에 빌리 브란덴부르크가 앉아 있었기 때문이다. 연사가 본회퍼의 교회 공동체 논문에서 "붉은 헌장을 지니지 않은 자는 구원받을 수 없다"는 말을 인용하며 고백교회의 신학적·율법적 위험성을 설명하자, 본회퍼가 벌떡 일어나 "본회퍼가 여기 있소. 당신이 인용한 것은 틀렸소"라고 소리쳤다. 그런 다음 그는 제8계명("거짓말하지 말라"—옮긴이)을 언급하며 자신의 표현들을 개악하여 사용하지 말라고 말했다. 이후에 진행된 논쟁에서도 본회퍼는 공격을 받았다. 더 정확히 말하면 그가 6월 회람의 '고백교회 안에 이단사설이?'라는 글에서[203] 바르멘 총회와 달렘 총회의 결정사항이 성서의 가르침에 부합한다는 말로 형제협의회의 입장을 뒷받침하려고 시도한 것에 대한 공격이었다. 공격의 내용은 다음과 같았다. "하나님이 고백교회의 팔을 부러뜨리셨다. 이것이 하나님이 보여주시는 현실이다. 이 현실에 역행하는 것은 죄가 아닐 수 없다." 이와 똑같은 의미에서 교회 위원회 사람들은 성서의 가르침에 부합할 것을 요구하는 본회퍼에 맞서 "그리스도의 가르침에 부합할 것"을 요구했다.

목사전체회의는 모든 목사가 저마다 형제협의회의 교회 치리를 필요한 것으로 여기는지 아닌지를 정한 다음 그 내용을 문서에 담아 송부해야 한다고 결의했다.

기대했던 것보다 결과가 좋았다. 목사 회의 참석자 중에서 형제협의회가 교회 치리권을 계속 행사하는 것에 찬성한 이는 181명이었고, 교회 치리권을 주(州)교회 위원회에 양도하는 것에 찬성한 이는 58명이었다.

그럼에도 무너지는 것을 막을 수는 없었다. 교회 위원회는 원군을 변함없이 얻었고, 빌헬름 췰너는 추락하기 얼마 전에 효과적인 직무 수행의 절정에 달해 있었다. 1936년 11월 20일, 지방교회 위원회가 루터교 협의회와 함께 미래의 협력에 관한 성명서를 낸 것이다. 하노버의 성직자 부의장 파울 플라이쉬Paul Fleisch 박사는 그 협력을 "조건부 협력"이라고 불렀다. 반면에 췰너는 그것을 자신의 가장 큰 성공으로 여겼다. 물론 공동 성명서에는 다음과 같은 문장이 들어 있었다. "우리는 독일 국민의 생존을 위해 볼셰비즘에 맞서 싸우는 총통을 지지한다." 아우구스트 마라렌스, 테오필 부름, 한스 마이저 등등이 서명했고, 프로이센 측에서는 관구총감독 요하네스 에거가 서명했다.[204]

당시 단호한 태도를 취하던 이들만이 다음의 사실을 섬광으로 여겼다. 1936년 12월 16일에 열린 APU(구프로이센 연맹) 고백총회(브레슬라우 총회—옮긴이)가, 국립 신학부의 6학기 신학 연구 원칙—법으로 정한 원칙—을 과감히 흔들었다. 신학부 상당수가 더 이상 생산적이지 않았기 때문이다.[205] 그런 이유로 "달렘 사람들"은 현행법에 대한 새로운 저항행위들을 요구했다. 하지만 불법 목회자들 사이에서 교회 위원회 당국들 내지 종교국들이 주관하는 교육, 목사고시, 목사안수를 통해 합법적 지위를 얻고자 하는 욕구가 자라났다. 합법적 지위를 얻어야 정규 목사직, 출근 기록부, 회계과로 이어진 길을 열 수 있었기 때문이다. 1936년 10월에 작성된 라인 지역의 한 보고서에 의하면 설교 목사와 수련목회자 가운데 종교국에 복종한 이는 대략 200명이었고, 형제협의회에 잔류한 이도 대략 200명이었다. 핑켄발데 신학원의 목사후보생 한 명도 본회퍼에게 보낸 편지에서 이렇게 말했다. "파이스트와 샤우어가 이유로 든 것들을 피할 수 없군요." 핑켄발데 회람은 아래와 같이 논평했다.

> 아무개 형제가 사전에 우리 또는 본회퍼 형제와 의논하지 않고 이 같은 조치를 취하여 우리의 마음을 아프게 하는군요.……우리 쪽에서 문의하고 나서야 그

의 조치에 대한 소문이 사실임을 확인할 수 있었습니다. 그 형제는 여름학기에 우리 형제단의 성명서 '여러분은 육체 안에서 끝마치고 싶습니까?'에[206] 함께 서명하기까지 했습니다. 그 형제와 우리를 우리 주님과 그분의 은총에 맡깁니다. 친애하는 형제 여러분, 바라건대 우리 사이에서 BK(고백교회)에 대한 이의가 강하게 제기될 경우, 형제협의회를 확고하게 지지하는 형제에게 또는 핑켄발데에 조언을 청해 주십시오. 그것이 우리 형제단의 의무입니다.[207]

빌헬름 췰너의 최후와 프리드리히 베르너의 승진

빌헬름 췰너는 겨울에 과격한 독일그리스도인연맹에게 반대 의사를 표시하고, 그들이 관리하는 소규모 지방교회들에 대한 조치를 과감히 공표했다. 1937년 2월 4일, 그가 독일그리스도인연맹이 관리하는 뤼베크에서 설교하려고 하자, 비밀국가경찰이 그의 설교단 등단을 저지했다. 2월 12일, 그는 그것을 이유로 들어 제국교회 위원회에 사표를 제출했다.

빌헬름 췰너의 시대가 그렇게 끝났다. 하지만 상당수의 지방교회 위원회들과 주(州)교회 위원회들은 수개월간 직무를 더 유지했다. 헤켈 감독의 해외사무국은 이번에도 존속했다. 당분간은 무슨 일이 일어날지 알 수 없었다. 국가가 대단히 모순된 태도를 취했기 때문이다.

2월 13일, 케를이 잔류한 교회 위원회들을 상대로 불쾌한 연설을 하는 가운데 국가사회주의 국가가 교회보다 우위에 있다며 이렇게 말했다. "교회의 선포는 국가사회주의와 적절한 관계를 맺어야 합니다."[208] 그러고는 장관인 자기가 DEK 사무국을 직접 관리하겠다고 말했다.

1937년 2월 15일, 갑자기 히틀러의 선거 공고가 떨어졌다. "교회가 자기 신도의 결정에 따라 완전한 자유 속에서 새 장정(章程)과 새 법규를 직접 제시해야" 하며, 케를 장관이 총회 선거를 준비하게 될 것이라는 내용의 공고였다.[209] 곧바로 베를린에서 시작하여 제네바에 이르기까지 교회에 호시절이 올 것이라는 새 희망이 움텄지만, 회의론자들은 끄떡도 하지 않았다. 달렘 고백교회로부터 튀링겐 독일그리스도인연맹에 이르기까지 다양한 진영에서 입장 표명들, 통합 제안들,

공론들이 흘러나와 뒤죽박죽 쌓였다. 런던 위원회 회의들에서 알게 된 것처럼, 본회퍼는 확고한 회의론자 가운데 한 사람이었다. 그리고 사실상 선거는 이루어지지 않았다. 선거는 1937년 11월에 공식적으로 취소되었다. 루트비히 뮐러 시대와 빌헬름 쵤너 시대에 이어 이름 없는 제3의 시대가 올 것 같았다.

하지만 어느 날 그 이름이 알려졌다. 이 세 번째 교회투쟁 시기를 특징짓는 이름이었다. 1937년 3월 20일, 한스 케를이 "DEK 보호법" 시행령 13조로 변호사 프리드리히 베르너 박사를 임명하여 "일상 업무의 처리"를 맡긴 것이다. 1937년 여름, 마지막 교회 위원회들이 해체되었다. 1937년 9월에는 케를이 베르너를 DEK 사무국 수장, APU 최고관리 위원회 위원장, 재무 분과 수장으로 삼았다. 베르너가 가장 중요한 세 기관의 수장이 된 것이다. 그의 인사 담당자 가운데 한 사람은 악명 높은 독일그리스도인연맹 소속의 알베르트 프라이타크[Albert Freitag] 박사였다. 완결판은 DEK 보호법 시행령 17조였다. 1937년 12월 10일, 그 시행령은 이렇게 천명했다. "DEK 치리권은 DEK 사무국 수장인 베르너 박사에게 있다."

이제 DEK를 치리하는 이는 더 이상 감독도, 관구총감독도, 성직자단도, 총회도 아니었다. 이 모든 기능을 규합한 이는 이제 신학에 무관심한 변호사 프리드리히 베르너 박사였다. 종무부 소속 서기관 헤르만 무스[Hermann Muhs] 박사가 뒤에서 그를 도왔다. 무스는 힐데스하임의 자치 단체장이었다가 1936년 가을에 종무부에 배속되었다. 그는 종무부에 배속되기 4주 전에 교회에서 탈퇴했다가 종무부에 배속되고는 재빨리 교회에 재등록한 자였다. 교회의 징계 문제는 아무 역할도 하지 못했다! 헤르만 무스는 늘어난 힘을 동원하여 종무부의 업무들을 수행했다. 1941년, 한스 케를이 죽었을 때에도 그는 이제까지 추구해 온 노선을 중단 없이 유지했다. 헤르만 무스와 프리드리히 베르너의 협연은 1945년에 끝날 때까지 계속되었다.

프로이센의 두서너 주에서는 모든 실권이 재무 분과에 있었다. 종교국마저 재무 분과의 지시에 따라 움직여야 했다. 그때그때마다 법률에 정통한 관료들이 종교국 의장직을 맡았다. 그들은 베르너가 공포한 법령들을 하달하고, 국민투표에 참여해 달라는 호소문, 히틀러의 승리 축제 때 종을 울려 달라는 호소문, 기도를 부탁하는 호소문을 교구감독들과 목사들에게 전달하기도 했다.

교회투쟁의 처음 두 시기는 위대한 구석을 어느 정도 가지고 있었다. 제국감독의 시기에는 고백교회의 거침없는 출발이 이루어졌고, 루트비히 뮐러의 사람들도 일부는 어중간한 환희에 들떠 있었다. 빌헬름 쵤너의 시기에는 혼란의 비극성을 어느 정도 알아챌 수 있었다. 고백교회의 실제적 관심사들이 아직 가시화되지도 않았건만, 일찍이 형제애를 바탕으로 하나가 되었던 이들이 국민교회의 존속 때문에 쇠약해지고 사이가 나빠졌다. 이 시기는 엄청난 실망의 시기이기도 했다.

세 번째 시기는 실망마저 허락하지 않았다. 프리드리히 베르너 박사가 재직하던 기간이 가장 파렴치한 기간이었기 때문이다. 이 기간의 진짜 성격이 서서히 드러나자, 사이가 심하게 틀어진 형제들, 달렘 사람들, 루터교 협의회 사람들이 1937년 여름부터 다시 만나기 시작했다. 1937년 3월에는 처음으로 전국 형제협의회 전원이 모여 다시 상의했고, 7월 초에는 VL과 루터교 협의회가 "카셀 협의회"에서 잠시 제휴했다. 하지만 이미 대규모의 체포 파동이 시작되어, 고백교회에 남아서 변함없이 반항하는 이들을 제압하려 했다.

VIII. 핑켄발데의 최후

1937년 핑켄발데 신학원 여름학기 과정의 처음 몇 주 동안은 불안을 유발할 만한 것이 거의 일어나지 않았다. 선거 공고가 방패 역할을 했기 때문이다. 성령강림절 때만 해도 형제협의회 중보기도 명단에 이름이 오른 이들 가운데 추방되거나 발언 금지 조치를 당한 교인은 12명뿐이었다. 하지만 그로부터 몇 달 뒤에는 각 명단에 거명된 이들 가운데 처벌받은 이들과 체포된 이들이 100명을 훨씬 넘는 상황에 다들 익숙해져 있었다. 1937년 말에는 고백교회 회원 가운데 단기 투옥이든 장기 투옥이든 간에 감옥에 갇힌 이가 804명에 달했다.

차단

국가는 세분화된 법령과 금지령들의 촘촘한 그물로 형제협의회 소속 교회들을 마비시켰다. 그물은 이전보다 훨씬 촘촘했고, 종무부가 다른 부서들, 특히 내무부와 공동으로 공포한 그 법령과 금지령들은 주로 파괴된 지방교회들, 곧 구프로이센 연맹의 고백교회들을 겨냥한 것이었다. 이와 관련하여 대다수 루터교 교회들은 구경꾼 역할만 했다.[210] 임의로 뽑은 중보기도 명단, 곧 1937년 10월 13일에 작성된 명단에는 체포된 사람들 73명의 이름이 올라 있는데, 바이에른 지역의 한 목사[칼 슈타인바우어(Karl Steinbauer)]를 제외하면 72명 모두 파괴된 교회 지역의 목사들이었다. 여기에 적용된 방법은 다음과 같았다. 고백교회를 직접 금지하지는 않았지만, 몇 가지 활동 금지와 협박을 통해 고백교회의 점진적인 제거를 노린 것이다.

그리하여 "예배에 부적합한" 임시 교회 장소에서 예배를 거행하는 것과 집회를 개최하는 것이 금지되었다. 이 금지 조치가 겨냥한 곳은 중립적인 교회나 독일그리스도인연맹이 관리하는 교회가 아니라, 분리된 고백 공동체가 모이는 곳, 이 공동체가 소위 불법 목회자를 임시 목사직에 채용한 곳이었다. 다수의 핑켄발데 출신 목사가 그런 조치를 당했다. 처음에 그들은 지역 경찰서의 호출을 받아 하룻밤 내지 이틀 밤 감금당하기도 했다. 하지만 그들은 금지 조치에도 불구하고 직무를 계속 수행하면서 힘겨루기를 감행했다.

1937년 2월 18일, 내무부 장관이 교회 탈퇴를 설교단에서 발표하지 못하게 하고, 교회의 설교단 발표문들을 처리하는 일에 개입했다. 경찰도 고발을 유도하며 중보기도 명단 공표를 저지하려 했다. 구프로이센 형제협의회는 6월에 소속 목사들에게 목회적 관점을 적절히 고려하여 공표 방해에 개의치 말라고 지시했다. 7월 23일, 형제협의회의 한 위원이 프리드리히-베르더 시장에 있는 한 교회에서 체포되자, 형제협의회는 자신이 내린 이 결정이 유효함을 다시 한 번 명시적으로 선언했다.

5월 말, 옥스퍼드 대회에 참석할 두 명의 대표, 곧 니묄러와 알베르츠가 여권을 빼앗겼다. 그 후 얼마 지나지 않아 베를린 지역의 교회들이 설립한 단과대학들에서 불법적으로 계속 종사해 온 강사들에게 강의 금지 통고문이 개별적으로 발송되었다. 이 강사들에게 강의를 듣던 단과대학 학생들까지 퇴학을 당했다. 예컨대 베른하르트 쇠네Bernhard Schöne가 그랬다. 그는 본회퍼 가(家)와 친하게 지내던 외과 의사 게오르크 쇠네Georg Schöne의 아들이었다.

6월 9일, 내무부가 고백교회의 모든 예배 모금행위를 불법행위로 규정함으로써, 국가의 공인을 받은 교회 당국의 모금 계획을 벗어나 모금하는 사람, 국가의 의연금 관련법을 위반한 것으로 추정되는 모든 이에게 그 책임을 물을 수 있게 했다. 이 금지령은 일요일마다 파괴된 지방교회들의 지역에서 활동하는 모든 고백 목사들에게 해당되어, 고백교회 및 그 기관들의 존속을 약화시켰다. 고백교회와 그 기관들은 회원 교회들의 자발적 기부금에 전적으로 의지했기 때문이다.

7월 30일, 나치 선전부가 복사물 형태의 모든 문서 전달을 규제하는 편집자 관련법을 공포했다. 형제협의회들과 그 소속 목사들의 의사소통을 문제 삼은 법령이었다. 이로 인해 핑켄발데 사람들은 회람을 보낼 때 조심하지 않으면 안 되었다. 향후 그들은 회람 봉투에 "개인적인 편지"라는 제목을 달고, 본회퍼도 모든 회람 봉투에 자필로 서명했다. 그들은 사실상 전시에 돌입할 때까지 그 일을 지속하면서 불편함을 느끼지 않았다.

고백교회 지도부와 목사들은 교회 활동을 할 때마다 모종의 법령을 위반할 수밖에 없었고, 때문에 모종의 불행에 빠지지 않는 날이 없었다. 사람들은 더 이상 고백교회를 도울 수도 없었고, 그렇다고 법을 지킬 수도 없었다.

처음에 목사들은 경찰서에 소환되어 다소 자세한 심문을 받았다. 심문 기록에서 볼 수 있듯이, 그들은 고분고분하지 않았다. 처음에 비밀 국가경찰은 책임자들에게 훨씬 강력한 조치를 취했다. 그들은 심의 기구 사무실을 수차례 수색했다. 빌헬름 니젤은 중보기도 명단 공표 금지령에 개의치 말라고 지시했다는 이유로 체포되어, 게르하르트 야코비, 헤르만 엘러스, 뤼츨로브의 빌헬름 폰 아르님Wilhelm von Arnim과 함께 즉결재판을 받았다. 라인홀트 폰 타덴은 불법적인 연구를 요청했다는 이유로 체포되어 기소되었다. 5월 31일, 디켄쉬트의 파울 슈나이더가 나치당 당원들에게 교회의 징계 조치를 통고했다는 이유로 경찰이 그를 연행했다. 6월 23일, 베를린 프리드리히-베르더 교회에서 열린 전국 형제협의회 회의에 게슈타포가 급습하여, 요아힘 베크만, 한스 뵘, 한스 요아힘 이반트, 칼 뤼킹, 하일리겐슈타트의 루돌프 뮐러, 프리드리히 유스투스 페렐스, 아이텔-프리드리히 폰 라베나우, 하인리히 렌토르프를 회의장에서 체포했다. 7월 1일, 게슈타포가 VL 사무실을 봉쇄하고, 마르틴 니묄러를 체포했다.

1937년 7월 1일

6월 16일, 본회퍼는 빌헬름 니젤이 체포되었다는 소식을 듣고 같은 날 저녁에 베를린으로 갔다. 그는 베를린에서 힐데브란트 및 가까이 있는 형제협의회 위원들과 협의했다. 다들 전선에서 퇴각하지 않기로 합의했다. 때마침 런던의 율리우스 리거가 베를린에 와 있었고, 본회퍼는 율리우스 리거에게 믿을 만한 정보들을 제공하여 조지 K. A. 벨 주교에게 전하게 했다. 율리우스 리거는 비르거 포렐과 정세를 논의하고, 닐스 칼스트룀의 집에서 머무르다 돌아갔다.

그리고 얼마 지나지 않아 프리드리히-베르더 교회에서 사건이 발생했다는 경보가 핑켄발데에 다다랐고, 7월 2일에는 빌헬름 니젤, 게르하르트 야코비, 헤르만 엘러스, 뤼츨로브의 아르님 소송이 시작되었다. 본회퍼는 곧바로 베트게와 함께 베를린을 향해 길을 떠났다. 7월 1일 목요일 아침, 두 사람은 아무것도 모른 채 달렘으로 가서 체칠리엔알레 61번지로 들어갔다. 정세에 관해 니묄러 및 힐데브란트와 협의하기 위해서였다.

본회퍼와 베트게는 그곳에서 힐데브란트와, 니묄러가 아침에 만나기로 약속한 오이겐 로제를 만나, 이 두 사람에게서 비밀 국가경찰이 방금 전에 니묄러를 연행해 갔다는 말을 듣게 되었다. 니묄러가 향후 8년 동안 자기 집을 보지 못하리라고는 누구도 생각하지 못했을 것이다. 이들 다섯 사람—니묄러의 부인, 본회퍼, 프란츠 힐데브란트, 오이겐 로제, 에버하르트 베트게—은 몇 분 동안 상의한 뒤 창밖을 내다보았다. 검은색 메르세데스 리무진 행렬이 보였다. 방에 있던 일행은 뒤쪽의 출구를 통해 옥외로 나가려고 시도하다가, 베를린 형제들에게 잘 알려진 게슈타포 형사 횔레Höhle와 맞닥뜨리고 말았다. 다들 방으로 되돌아가, 작전지휘자 폰 셰벤von Scheven의 감시 아래 수색을 받고 가택 연금을 당했다. 일행은 타의에 의해 목격자가 되어, 저들이 일고여덟 시간 동안 니묄러의 서재 구석구석을 뒤지며 그림 뒤의 금고에서 목사긴급동맹 자금 3만 라이히스마르크를 찾아내는 모습을 지켜보았다. 니묄러의 책상 속이 지나칠 정도로 말끔히 정돈되어 있는 것을 보고 다들 놀랐다. 모든 설교가 대단히 깔끔하게 문자로 기록되어 그 속에 들어 있었다. 다혈질인 사람에게 그러한 면이 있으리라고는 상상도 못한 일이었다. 하인리히 포겔의 동생인 고트하르트 포겔Gotthard Vogel 시보(試補)가 들어왔다가 마찬가지로 구금을 당했다. 전화기는 게슈타포 관리들만이 사용할 수 있었다. 그럼에도 어떤 식으로든 경찰의 작전 소식이 본회퍼의 부모에게 다다랐음에 틀림없었다. 오후에 부모의 자동차가 여러 번 보이고, 자동차가 니묄러의 집 앞을 지나갈 때마다 어머니가 그 안에서 근심스런 표정으로 건너다보는 모습이 보였기 때문이다. 저녁에 가택 연금이 풀렸다. 구금되었던 이들은 인적사항을 작성하고 귀가했다. 그것은 본회퍼와 게슈타포의 두 번째 마주침이었다. 1933년 7월에 있은 첫 대면에 비해 이번에는 훨씬 노련한 팀을 상대한 것이었다.

오이겐 로제는 특별히 콘스탄츠와 칼 바르트를 거쳐 조지 K. A. 벨 주교에게 소식을 전했다. 그는 VL 사무실 봉쇄와 자금 압류를 알리고, 언론계와의 관계를 조심하라고 조언했다. 또한 VL에 어떠한 서신도 보내지 말 것을 당부하고, 에큐메니칼 협의회 인사가 베를린으로 와 주면 VL과 수감된 이들에게 도움이 될 것이라고 암시하면서 이렇게 말했다. "자세한 내용은 율리우스 리거에게 들으시면 될 것입니다."[211] 조지 K. A. 벨 주교는 7월 3일 「타임스」에 이렇게 기고했다. "지금은 엄중한 시간이다. 목사 두서너 명의 운명만이 중요한 게 아니다. 그리스도교에 대한 독일 국가의 태도가 문제다." 그의 지시를 받아 치체스터의 수석 사제 A. S. 던컨-존스Duncan-Jones가 베를린으로 가서 내각사무처와 법무부에 항의했다.

7월 5일, 본회퍼는 평정심을 잃지 않고 핑켄발데로 돌아갔다. 8월 8일, 달렘에서 대규모 중보기도 예배가 열릴 예정이었다. 본회퍼는 신학원 대표단을 달렘으로 파견했다. 하지만 그 예배는 교회 주위에 둘러쳐진 경찰의 차단선 때문에 가두시위로 바뀌고 말았다. 차단된 교구 신도들의 항의 행렬은 1930년대에 있었던 극소수의 봉기 사례, 곧 조직화되지 않은 채 국가사회주의에 맞선 "봉기" 사례 가운데 하나라고 할 수 있다. 경찰은 군중을 해산시키려고 몇 차례 쓸데없는 시도를 하다가 저녁에 다수의 사람을 체포했다. 핑켄발데 목사후보생들을 포함하여 대략

250명의 참가자가 짐차로 수송되어 알렉산더 광장 교도소에 잠시 수감되었다.

본회퍼는 니묄러의 체포를 끊임없이 떠올렸다. 그는 니묄러의 생일과 크리스마스를 맞이할 때마다 특별히 고심해서 쓴 인사 글을 엘제 니묄러 여사에게 보내곤 했다. 그가 전시에 스위스에서 조지 K. A. 벨 주교에게 보낸 짤막한 편지들 속에는 "마르틴"의 형편을 알리는 소식이 빠지지 않고 들어 있다. 예컨대 1941년 7월 12일자 편지에는 다음과 같은 내용이 들어 있다. "마르틴은 건강하고 신앙도 견고합니다. 내 친구들 상당수가 그와 함께 있습니다"(DBW 16:185).

1939년에 미국에서 작성한 일기에는 아래와 같은 내용이 들어 있다.

> 나는 이제까지 형제의 공동 사회 안에 있어서 얼마나 행복했는지를 지금에야 다시 깨닫는다. 니묄러는 홀로 2년이나 수감생활을 하고 있다. 상상도 할 수 없는 일이다. 신앙은 얼마나 위대하며, 훈련은 또 얼마나 위대한가! 그리고 하나님의 분명한 활동은 또 얼마나 위대한가![212]

니묄러의 체포는 본회퍼에게 가장 통절한 아픔을 안겨 주었다. 니묄러의 체포로 인해 프란츠 힐데브란트를 잃은 것이다. 힐데브란트는 니묄러가 체포된 뒤 7월 12일과 18일 달렘 교회 예배 인도를 맡아, 형제협의회의 지시대로 중보기도 명단과 고백 헌금자 명단을 공표했다. 그 일로 그도 게슈타포에게 체포되었고, 이튿날 「타임스」에 힐데브란트가 체포되었다는 기사가 실렸다. 본회퍼와 모든 친구들은 그의 상황을 특히 위험하게 여겼다. 그가 유대인이라는 이유로 학대를 훨씬 더 많이 받을 게 빤했기 때문이다. 하지만 본회퍼 일가와 다른 친구들의 집중적인 노력으로 힐데브란트는 4주 뒤 석방되었다. 그의 여권이 발견되지 않고 여전히 유효한 것이 다행이었다. 본회퍼 일가는 곧바로 그를 영국으로 떠나보냈고, 결국 그는 망명자가 되었다. 율리우스 리거가 그를 런던 게오르크 교회의 수련목회자로 받아들였다.

9년간의 친밀한 교류 뒤에 본회퍼에게 찾아온 뼈아픈 이별이었다. 하지만 이는 교회투쟁을 잘 알고 본회퍼와 견해를 같이하는 힐데브란트가 중요한 에큐메니칼 동아리에 가까이 다가가는 계기가 되기도 했다. 게다가 당시에는 다들 정세가 새롭게 바뀌면 머지않아 귀국할 수 있을 것이라는 희망으로 위로를 삼았다.

수감된 핑켄발데 사람들

본회퍼는 폭넓게 흩어져 있는 핑켄발데 신학원 출신자들에게, 설령 여러 금지령이 그들의 마을 교구나 임시 교회 교구에 닥치더라도 그것들에 복종하지 않기를 바랐다. 하지만 이로 인해 형제의 집은 한층 더 신경을 쓰지 않으면 안 되었다. 6월 24일, 그는 회람에서 아래와 같이 말했다.

> 우리 고백교회가 시련을 겪고 있는 요즘, 우리는 여러분 모두를, 특히 대단히 외로운 처지에 있는 이들을 더 자주 생각하며 더 힘차게 기도하고 있습니다. 우리는 지금 이 순간 우리의 연대를 기뻐하며 다 함께 매일 중보기도에 충실하기를 원합니다. 이곳에서 함께 지냈던 형제들의 이름을 묵상시간에 빠짐없이 거명하며 기도해 주시고, 공동으로 기도할 때에도 형제들의 이름을 빠짐없이 떠올려 주십시오. 특히 우리에게서 떨어져 있는 이들을 기억하십시다. 이 시기에 우리는 주기도문의 첫 기원들을 바치는 법을 배우게 될 것입니다. "**당신의** 이름을 거룩하게 하시며, **당신의** 나라가 오게 하시며, **당신의** 뜻이 하늘에서와 같이 땅에서도 이루어지게 하소서." 그리하다 보면 우리는 우리 자신과 우리의 개인적인 형편을 아예 잊거나 하찮게 여기는 법도 익히게 될 것입니다. 다른 이들보다 자신을 더 중시하면서 어찌 확고히 서겠습니까? 우리 교회의 대의가 중요합니다. 이 대의만큼 우리 자신을 맡기기 좋은 곳은 없습니다.[213]

1937년 7월, 박해의 물결이 핑켄발데 신학원 출신자들에게까지 미쳤다. 심문, 가택 수색, 압류, 체포를 알리는 편지들이 답지했다. 첫 피해자들 중에는 베를린의 에리히 클라프로트도 끼어 있었다. 본회퍼는 불법 목회자들의 부모들과도 관계를 맺지 않으면 안 되었다. 이 또한 그들의 아들들이 교회 및 국가와 관련하여 불복종을 감행한 결과들이었다. 한 어머니는 핑켄발데에 있는 자기 아들에게 보낸 편지에서, 자신이 감옥에 갇힌 그의 친구들 가운데 한 사람을 면회했다며 아래와 같이 말했다.

상황이 그러하다는 것을 알고 나니 무섭기도 하고 슬프기도 하구나. 꼭 그래야 하는 것일까? 감방 출입문에 큰 글자로 "개신교 목사"라고 써 붙여 놓았더구나. 그들은 날마다 30분만 감방 밖으로 나갈 수 있단다. 놀랍게도 베른하르트 리머Bernhard Riemer는 "그다지 나쁘지 않습니다"라고 말하더구나. 하지만 나는 그의 말을 믿지 않는단다. 그의 낯빛이 다른 것을 보여주었기 때문이란다. 고통의 기색이 역력하더구나.……사랑하는 가족이 그 속에서 실제로 어찌 지내는지를 목격한다면, 다들 끊임없이 이렇게 물을 거야. 꼭 그래야 하는가? 다른 길은 없는 것인가? 나는 네가 걱정이다. 현실이 만만치 않구나. 하나님께서 네게 길을 밝히 보여주시기를.……언뜻 보면 네 설명들이 명료한 듯한데, 그럼에도 어찌된 영문인지 자꾸 다른 생각을 하게 되는구나.

베른하르트 리머의 어머니는 그것을 달리 보았다.

나는 "아버지, 저들을 용서해 주십시오"라는 기도에 아직 완전히 사로잡히지 못했습니다.……그 아이는 보상을 받았으니, 모두에게 안부를 전해 주시고, 그 아이를 걱정하지 말라고 말해 주십시오. A는 엄살을 부리지 않고 씩씩하답니다. 일요일에 이곳의 하인리히 하이더Heinrich Heider도 체포되어, 교회에서 멀리 떨어진 곳에 갇히고 말았습니다. 때문에 퓔프케에서는 더 이상 예배를 드릴 수 없게 되었습니다. 하이더는 이미 그것까지 염두에 두고, 마지막 설교에서 꼭 필요한 것을 거침없이 말했습니다.……하이더는 일요일까지 아무도 풀려나지 않을 경우, 종소리를 울리지 말고, 예배 의식을 거행하지 말며, 성서 낭독도 하지 말라고 지시했습니다.

이제 본회퍼는 핑켄발데 사람이 체포될 때마다 그 가족에게 즉시 편지를 써 보내기 시작했다.

우리가 하나님의 길과 그분의 교회를 이해하는 것은 쉽지 않은 일입니다. 하지만 아버님의 아드님이 주님을 위해 고난을 당하고 있으며, 예수님의 교회가 그를 위해 중보기도를 바치고 있다고 확신하면, 우리는 평안을 얻게 될 것입니다. 주님은 자신의 종들에게 고난을 주실 때 큰 영예도 주십니다.……그러나 G는 아버님이 모든 것을 하나님의 손에 맡기고, 하나님께서 아버님과 그분의 교회에게 건네시는 모든 것에 감사하기를 바랄 것입니다.[214]

그는 루트 폰 클라이스트-레초브 여사와 협의하여, 체포된 목사들의 젊은 아내들을 클라인-크뢰신에 있는 그녀의 집으로 초대하게 했다.

체포 파동이 절정에 달할 무렵, 구프로이센 연맹의 고백교회는 1937년 8월 23일부터 27일까지 리프슈타트에서 고백총회를 개최했다. 임박한 뉘른베르크 전당 대회에서 전 고백교회 금지령이 공포될지도 모른다고 다들 우려하는 상황이었다.

이러한 분위기에서 리프슈타트 고백총회는 모든 격전지를 향해 흔들리지 말 것을 만장일치로 촉구했다.

우리는 복음을 위하여 교회 본연의 교직(敎職)을 주장하고, 교회의 징계를 고수하여 교회 탈퇴자들의 이름을 거명하고, 처벌받은 이들과 수감자들의 이름을 중보기도 중에 부르고, 헌금 문제에서는 한 걸음도 양보해서는 안 된다.[215]

리프슈타트 고백총회는 독일 교회투쟁 사상 가장 심한 구금 사건의 그늘에 가려진 총회였지만, 이와 동시에 역대 총회 가운데 가장 선명한 총회이기도 했다. 본회퍼에게 리프슈타트 총회는 그의 행보에 특히 바람직한 뒷받침을 의미했다.

1937년 성탄절—이때는 연구장학관 프리츠 온나쉬도 수감자 가운데 한 사람이 되었다—본회퍼는 아래와 같이 결산했다.

올해의 결산은 상당히 명료하고 명백하군요. 여러분의 동아리에서 스물일곱 명이 복역했습니다. 상당수는 여러 달을 복역했습니다. 몇 사람은 대림절 내내 복역하고 지금도 복역 중입니다. 남은 이들 중에도 활동과 사생활에서 반(反)그리스도교 권력의 아슬아슬한 공격을 조금이라도 받지 않은 이가 없습니다.[216]

본회퍼는 면회 사역에 역점을 두었고, 형제의 집은 수감자들의 이름과 주소를 배포했다. 하지만 그는 면회로 인해, 대개는 프리츠 온나쉬나 빌리 로트를 면회하다 상당히 쇠약해지고 말았다. 형제들이 감방살이에 대해 제대로 알고 있는지를 걱정하다 그리된 것이다. 그는 모아비트에서 로트에게 이렇게 말했다. "괴롭게도 갑자기 아무것도 생각나지 않는군요."[217]

봉쇄

1937년 여름, 이상하게도 신학원은 여전히 건재했다. 핑켄발데 교사(校舍)의 임시 교회가 일요일마다 중보기도 명단을 공표하고 헌금을 거두는데도 정부 당국에서는 주목하지 않거나 의도적으로 무시했다. 다른 곳에서도 그랬다. 신학원들의 이름을 명시적으로 거명한 정부 측 금지령이 얼마 동안 알려지지 않았다. 정부 당국에서는 은밀한 복음전도 활동들을 알아채고 있었으면서도 그것들을 완전히 저지하지는 않았다.

본회퍼는 변함없이 계속 활동했다. 『나를 따르라』 집필을 예정대로 마무리하고, 5차 과정을 진행하고, 7월의 화창한 며칠을 발트 해에서 보내고, 늘 하던 대로 작별의 밤을 갖고 나서 1937년 9월 8일에 학기를 마쳤다. 그는 옥스퍼드 에큐메니칼 세계 대회와 에든버러 에큐메니칼 세계 대회를 멀리서 추적하며 외국 신문들을 입수하여 읽는 가운데, 고백교회의 불참과 니묄러의 수감생활이라는 상황이 대표 전원이 참석할 때보다 그 대회들에서 더 지속적으로 영향을 미치리라는 것을 의심하지 않았다.

그런 다음 본회퍼는 베트게와 함께 쾨니히제와 그라이나우로 휴가 여행을 떠났다. 그러나 우중충한 날씨 때문에 북쪽으로 방향을 틀어 괴팅겐에 있는 쌍둥이 누이의 집을 찾아갔다.

1937년 9월 28일이었을 것이다. 그곳에서 휴가를 보내고 있는데 슈테틴에서 걸려 온 전화가 그를 소스라치게 했다. 비밀 국가경찰이 거의 텅 빈 교사(校舍)에 출현했으며, 프리츠 온나쉬와 여자 집사 슈트루베가 폐쇄 명령을 받고 물러설 수밖에 없었고, 관리들이 신학원의 출입문마다 봉인을 붙였다는 내용이었다. 이튿날에야 신문들이 이 폐쇄를 야기한 "친위대 중앙지도자와 독일 경찰 수장"의 포고령을 게재했다. 1937년 8월 29일로 날짜가 적힌 그 포고령이 어찌된 영문인지 이제야 공표된 것이다.

> 소위 고백교회 기구들이 오래전부터 국가가 마련한 제도를 무시하고, 자기 조직을 통해 신학 후진을 양성하고, 목사고시를 실시하면서 보여준 태도는 1935년 12월 2일에 공포된 독일 개신교회 보호법 시행령 제5조를 의도적으로 위반한 것일 뿐만 아니라 국가의 명성과 안녕을 해친 것이기도 하다. 이에 나는 학문, 교육, 성인교육을 담당하는 제국장관 및 프로이센 주 장관과 합의하고, 교회 업무를 담당하는 제국장관 및 프로이센 주 장관과 합의하여 다음과 같이 지시한다. 소위 고백교회 기구들이 설립한 대체대학들, 공동 연구 모임들, 교육기관들, 대학생기관들, 시험기관들을 1933년 2월 28일에 공포한 국민과 국가 수호를 위한 대통령령 제1조를 근거로 해체하고, 그 기구들이 개최하는 신학강좌와 수련회를 전면 금지한다.[218]

고백교회 소속의 다른 신학원들도 곧바로 폐쇄되었다. 도처에서 교회 저항 세력의 본부나 다름없는 이 신학원들의 운명에 커다란 관심을 보였다. 고백교회의 노이루핀 교구는 1937년 9월 29일에 아래와 같은 전단을 배포하기도 했다.

> 비밀 국가경찰이 핑켄발데 신학원을 봉쇄했다고 한다. 때문에 우리는 신학원의 안부, 특히 목사후보생들—이들 중에는 구스타프 자이델Gustav Seydel과 에리히 클라프로트도 끼어 있다—의 운명에 우리의 기부금과 기도로 관심을 표한다. 이 비상시국에 강력하고 진심 어린 기도로 형제들을 하나님의 보호에 맡기는 것이야말로 우리의 의무이기 때문이다.……형제협의회(DBW 14:229).

이 포고령을 아무 반론 없이 받아들여야 했을까? 본회퍼가 가장 좋아하는 일이 그런 식으로 중단되고, 형제의 집이 과거의 일이 되어야 했을까? 이는 본회퍼가 괴팅겐에서 베를린으로 가는 도중에 한 생각이었다. 베를린에 도착한 그는 차단선과 군중들에 막혀 마리엔부르크 알레에 갈 수 없었다. 친가에서 5분 거리에 있는 급행 전철역 헤어슈트라세 대로에서 성대한 환영회가 열렸기 때문이다. 베니토 무솔리니Benito Mussolini의 공식 방문을 위해 히틀러가 베를린에 배치한 환영 인파였다.

온갖 노력이 경주되었다. 포고령이 신학원들에 미치게 해서는 안 된다는 진정서가 작성되었다. 신학원들이 폐쇄를 신청한 적도 없고, 이제껏 "국가가 마련한 제도를 무시하고" 양성한 적도 없었기 때문이다. 페렐스는 슈테틴 경찰서에 청원서를 보냈다. 지역의 특수 사례로 보기에는 너무 도가 지나치지 않느냐며 따지는 내용이었다. 인근의 다른 신학원들은 훨씬 오래 존속했다. 그사이에 아우구스트 폰 마켄젠August von Mackensen의 농장마을인 브뤼소브에서 목사가 된 알브레히트 쇤헤르가 연로한 원수(元帥)를 부추겨 장관에게 친서를 보내게 한 덕분이었다. 10월 26일, 루터교 협의회와 VL이 하인리히 히믈러의 포고령에 공동으로 항의했다. 청원서에는 아우구스트 마라렌스, 토마스 브라이트, 달렘의 프리츠 뮐러의 서명이 나란히 담겨 있었다(DBW 14:298 Anm. 2).

1937년 11월 중순, 법률적 비난이나 청원서나 친서로는 포고령의 개정을 진행시킬 수 없다는 사실이 명백해졌다. 1937년 12월 1일, 핑켄발데 교사 임대차 계약 해지가 통고되었다. 그럼에도 핑켄발데 고백 공동체는 대저택에서 2년 더 모임을 가졌다.

본회퍼는 베를린에서 몇 주를 보내며 궁리에 궁리를 거듭했다. 그는 1937년 11월 26일에 일어난 경제 장관 얄마 샤흐트의 사임과 같은 사건들에 막연한 정치적 희망을 걸기도 했다. 하지만 소명을 재정립하거나 정치적 활동에 뛰어들 생각은 아직 하지 않았다. 그는 자신이 고백교회 소속 교육지도자의 직무를 맡고 있다고 느꼈다. 그 임무를 계속 수행하려면 새로운 형식을 찾아야 했다. 대학교 출강 금지를 빼면 본회퍼에게는 개인적으로 거리낄 것이 전혀 없었다.

그러한 가운데도 본회퍼는 갖가지 논평을 쓰면서, 베를린이 평소 제공하던 것을 결코 포기하지 않았다. 로트의 석방을 축하하기 위해 성대한 저녁 행사를 갖기도 하고, 국립 오페라극장에서 「돈 조반니」Don Giovanni를 관람하기도 했다. 1937년 10월 말에는 베를린에서 독일교회음악제가 개최되었는데, 그는 이 음악제가 내적 망명(국내에 머물며 항거의 표현으로 제반 활동을 중지하는 것—옮긴이) 상황에서도 교회음악에 몰두해 온 작곡가들, 그것도 재능이 가장 탁월한 작곡가들을 알리는 계기가 되었다고 여겼다. 칼 본회퍼는 1937년 섣달 그믐날 일기에 이렇게 적었다. "우리에게는 (국가의) 개입이 좋은 일을 선사했다. 디트리히와 그 애의 친구 베트게가 몇 주 동안 우리와 함께 지냈기 때문이다."

수련목회자 모임

11

1938-1940

본회퍼는 괴팅겐에 있는 쌍둥이 누이 자비네의 텅 빈 집에서 1938년 9월 하순을 베트게와 함께 보냈다. 그녀의 가족을 망명시키고 난 뒤의 일이었다. 이제 그는 매제 게르하르트 라이프홀츠의 서재에서 소책자 『신도의 공동생활』을 집필했다. 하지만 전혀 평온한 시절이 아니었다. 주데텐 위기가 점점 두드러지고, 날을 거듭할수록 영국 라디오 방송과 독일 라디오 방송 보도가 점점 더 위협적으로 들렸다. 전쟁이 벌어진 것일까? 히틀러의 혁명 준비가 선수를 친 것일까? 본회퍼는 집필을 중단하고 급히 베를린으로 돌아갔다.

괴팅겐으로 돌아온 베트게는 당시 친구들에게 아래와 같은 내용의 편지를 보냈다.

> 엄청난 긴장을 하고 난 때문인지 다들 지칠 대로 지쳐 있습니다. 사람들 대다수가 평온을[1] 즐길 여력마저 없는 것 같습니다. 상황이 위태로운 까닭에 우리는 징발된 승용차들과 화물차들을 뚫고 베를린으로 갔습니다. 정세에 관한 좀 더 정확한 정보를 얻고, 전시에 우리가 처하게 될 상황을 고백교회 지도부와 상의하기 위해서였습니다. 우리를 승인해 주어 항전할 수 있게 해달라고 개신교 최고관리 위원회를 압박하려는 목적도 있었습니다. 전시에 고백교회 지도부 전

> 체는 아무 일도 할 수 없을 테니까요.……우리는 우리가 할 수 있는 만큼만 일을 추진해 왔습니다. 사람들 모두 부담을 많이 안고 있었습니다. 일이 돌아가도록 우리가 도울 수 있었던 것은 잘된 일이었습니다.……그러나 이제는 그 모든 것도 더 이상 필요하지 않은 것 같습니다.……원래 우리는 스물네 시간 뒤에 곧바로 이곳으로 돌아올 생각이었습니다. 사건들이 연이어 일어났고, 그 바람에 출발이 시시각각 연기되었습니다.[2]

연이어 일어난 사건은 다음과 같은 것들이었다. 네빌 체임벌린Neville Chamberlain, 에두아르 달라디에Édouard Daladier, 베니토 무솔리니의 갑작스런 독일 방문(히틀러와 뮌헨 협정을 체결하기 위한 방문—옮긴이)이 있었고, 에르빈 폰 비츨레벤Erwin von Witzleben 장군이 쿠데타를 일으킬 계획이 있었다. 이 쿠데타는 히틀러가 체코슬로바키아로 출동 명령을 내리려는 찰나에 시작하기로 되어 있었지만, 연이은 사건들로 인해 저지되고 말았다. 마르틴 알베르츠와 한스 뵘이 "하나님의 심판"을 피하기 위한 참회기도와 기도서를 VL 이름으로 추천한 것과, 이에 대한 「검은 장교단」(나치 친위대 신문—옮긴이)*Schwarzes Korps*과 종무부 장관의 대응도 연이은 사건들 가운데 하나였다.

『신도의 공동생활』과 전쟁, 고백교회와 쿠데타, 목사직과 망명. 이 모든 것이 뒤섞여, 우리가 이제부터 관심을 기울이게 될 생애의 한 시기를 규정하고, 본회퍼가 내린 가장 진지한 결단의 토대가 되었다.

목사후보생 양성기관을 핑켄발데 신학원에서 수련목회자 모임으로 변경한 것은 본회퍼 개인에게도 의미심장한 변화들의 시작이었다. 하지만 새롭게 시작할 때만 해도 그는 물론이고 그에게 의탁하는 사람들도 그 점을 알지 못했다. 외형이 바뀌긴 했지만, 힌터포메른 촌락에서 수행하는 양성 작업이 노린 것은 이제까지 해오던 작업의 직접적인 연장이었다. 수업은 옛날의 활력을 조금도 잃지 않았다. 우유부단함은 이미 다른 방향으로 눈에 띄지 않게 제거된 상태였다.

인생의 새로운 전환점, 곧 제2의 위대한 전환점인 다음 몇 해 동안 아래와 같은 일이 이루어졌다.

1938년, 본회퍼는 교회, 정치, 가족 때문에 애를 태웠다. 그러면서도 예전의 생활보다 조금도 줄어들지 않은 활력을 그대로 유지하려고 했다.

1939년, 그는 영국 친구들과 미국 친구들의 도움에 의지해 자신의 신학적 실존을 계속 이어가려고 했다. 그러기 위해 영국과 미국으로 갔다.

1940년, 독일로 돌아온 그는 자신의 실존을 의심스러워 보이게 하는 임무들을 맡을 준비가 되어 있었다. 하지만 그것들은 신학에 새 자유를 주는 임무들이기도 했다.

이 2년 6개월 동안 전개된 주제는 다음과 같다. 수련목회자 모임, 교회투쟁에 대한 실망, 정치의 소용돌이, 가족의 운명, 서쪽으로의 "도피" 시도, 전쟁이 발발하고 처음 맞이한 겨울에 이루어진 귀국.

1. 힌터포메른의 수련목회자

아우구스트 폰 마켄젠 원수가 1937년 11월에 핑켄발데 신학원을 위해 개입했다가 거절 통보를 받고, 페렐스가 형제협의회의 청원서를 보냈다가 슈테틴 국가경찰지휘부로부터 무뚝뚝한 거절을 당하자, 베를린 사람들은 일을 계속하려면 어찌해야 하는지를 당장은 분명히 알 수 없었다. 빌헬름 니젤과 페렐스와 본회퍼는 새 장소에서 옛 신학원의 형태로 활동을 재개하여 시위의 뜻을 표시해야 하는 것은 아닌지를 숙고했다. "고백교회가 자신의 교육권을 가시적으로 주장하려면 바로 지금 해야 하지 않을까?" 이는 교구감독 프리츠 호이너Fritz Heuner의 책임 아래 도르트문트에서 동프로이센 신학원을 옛 형태로 재개한 한스 요아힘 이반트의 생각이기도 했다. 하지만 모든 이가 체포되고, 나중에는 도르트문트에서도 추방되고 말았다. 게다가 경찰이 엘버펠트 신학원과 빌레펠트-지커 신학원도 해체한 상태였다. 나움부르크 암 크바이스에 소재한 게르하르트 글뢰게의 신학원만이 1938년 3월까지 존속했다. 기존의 활동 방식을 고수하는 것은 끊임없이 의심을 사는 행위였다. 하지만 정말로 목회자를 양성하고 싶었다. 본회퍼는 망설였다. "다른 형태로 슈테틴에 머무르거나, 아니면 포메른에서 완전히 철수하거나 둘 중

하나를 택해야 합니다. 하지만 포메른에서 철수하는 것은 형편이 좋지 않은 형제 협의회 때문에 달갑지 않은 일인 것 같습니다."[3]

결국 일을 계속해야 한다는 관점이 시위의 뜻을 표시해야 한다는 관점을 눌렀다. "수련목회자 모임"Sammelvikariate이라는 형태에 다들 동의했다. 이는 교회의 소수 집단, 예컨대 서부 독일의 개혁교회에서 이미 시행한 적이 있는 제도였다. 다들 다음과 같은 관찰을 토대로 숙고를 거듭하다 그리하기로 했다. 합법적 목사들이 타협을 모르는 고백인사들이라고 해도, 교육 담당 수련목회자가 그들을 돕는 것은 이제까지 어디에서도 이의를 제기한 적이 없었다. 그리하여 목사후보생들을 "교육 담당 수련목회자"로 여러 교구에 나란히 배치할 수 있었다. 그 교구들에는 교육 담당 수련목회자 자리를 마련하여 공동 연장 교육을 은폐해 줄 교구감독과 목사들이 두루 포진해 있었다. 목사후보생들은 저마다 자기 교구 목사의 조수로 경찰서에 등록하여 그 교구에 있는 척하거나 이따금 목회에 투입되기도 했다. 그 밖의 경우에는 연장 교육을 위해 모처로 재집결하여 대부분의 시간을 같은 공간에서 지냈다.

본회퍼의 목사후보생들은 힌터포메른에 있는 두 채의 목사관에서 핑켄발데에서와 같은 방식으로 생활했다. 무리는 적었고, 생활 형편은 열악했다. 수련목회자 모임은 두 개였는데, 둘 다 과정마다 일곱 명에서 열 명의 목사후보생으로 구성되었다. 물론 목사후보생들은 신학원의 거주자처럼 보여서는 안 되었다. 다들 자기 신분을 교구의 교육 담당 수련목회자로 일관되게 주장하면서 교구의 이름을 막힘없이 대야 했다. 조직은 가차 없는 징집 명령이 고백교회 소속의 모든 목사후보생에게 미칠 때까지, 그리고 1940년 3월에 경찰관이 이곳에 출현하여 은신처를 폐쇄할 때까지 중단 없이 가동되었다. 이 2년 6개월 동안 본회퍼의 수련목회자 모임은 핑켄발데에서 그랬던 것처럼 힌터포메른에서도 다섯 차례의 과정을 밟았다. 헤르만 알베르트 헤세가 지도하는 엘버펠트 신학원과, 발터 크레크Walter Kreck와 칼 게르하르트 슈테크가 지도하는 프랑크푸르트(마인) 신학원도 같은 시기에 위장된 형태로 활동했다.

쾨슬린과 슐라베

힌터포메른에서 은신처를 찾기로 한 까닭은 인근에 있는 두 교구감독의 제안 때문이었다. 그들은 위험을 무릅쓰고 곧바로 일에 착수하여 세부적인 사항까지 완벽하게 마무리해 주었다. 두 사람 다 소위 교회 위원회의 혼란기에 단호한 고백교회를 지지하며 자기가 관리하는 목사들 상당수를 지켜 낸 이들이었다. 자신들의 독자적인 교구행정에 남아 있는 온갖 가능성을 활용하는 데 익숙한 이들이기도 했다. 게다가 그들은 두 개의 목사후보생 내지 교육 담당 수련목회자 집단으로 하여금 외진 교구에 합숙소를 정하게 하여 남들의 눈에 띄지 않게 해주기도 했다.

그 두 사람 가운데 하나는 쾨슬린 지방의 교구감독이자 프리츠 온나쉬의 아버지인 프리드리히 온나쉬였다. 지역의 중심도시로 인구 3만 명이 거주하는 쾨슬린은 슈테틴에서 북동쪽으로 160킬로미터 떨어져 있었다. 북동부 독일의 여러 도시와 마찬가지로 쾨슬린의 중심부에도 거대한 성모 교회가 자리하고 있었다. 그 도시의 고백교회 목사 다섯 명과 시골 지역의 목사 몇 명이 교육 담당 수련목회자 내지 목사후보생을 열 명이나 채용해 주었다. 하지만 수련목회자들은 엘리젠슈트라세에 있는 프리드리히 온나쉬 교구감독의 대형 목사관에서 함께 거주했다. 이 목사관에서는 강의를 위한 장소와 본회퍼의 숙소까지 제공되었다. 본회퍼는 한 주의 절반을 쾨슬린에서 지냈지만, 그곳의 경찰서에 신고하지는 않았다. 프리츠 온나쉬가 이 집단의 연구장학관을 맡았다. 그의 아버지가 그를 자기 교구의 수련목회자로 임명함으로써 형제협의회의 급료 지급 부담을 덜어 주었다. 쾨슬린 수련목회자 모임은 힌터포메른의 중심 도시인 쾨슬린 사회에 관여했다. 활기찬 쾨슬린 고백 공동체들이 형제들을 떠맡았다. DCSV 출신으로 알려진 의사 아우구스트 크노르August Knorr 박사와의 정기적인 접촉도 이루어졌다. 쾨슬린에서의 활동은 전쟁 때문에 목사후보생이 부족하여 1939년 가을에 끝나고 말았다.

다른 교구감독 에두아르트 블로크Eduard Block는 슈톨프에서 서쪽으로 40킬로미터 떨어진 곳에 위치한 슐라베 군(郡)에 거주했다. 슐라베의 인구는 채 1만 명이 안 되었다. 군으로 들어가는 두 개의 성문과 육중한 성모 교회가 우뚝 서서, 둥근 머릿돌로 포장한 광장 주위의 가옥들을 내려다보고 있었다. 본회퍼와 연구장학관 베트게는 이곳에서 수련목회자 자리를 얻었다. 본회퍼는 교구감독 관할 지역인 코펠슈트라세를 경찰서에 거주지로 신고했다. 그 바람에 그는 1939년에 이곳에 소재한 병무 담당 사무소 때문에 번거로움을 겪었고, 1940년에는 비밀 국가경찰 슐라베 지휘본부 때문에 번거로움을 겪었다.

본회퍼가 요구하지 않았는데도 에두아르트 블로크는 침대를 준비하여 본회퍼가 언제든지 쓸 수 있게 해주었다. 그는 본회퍼를 위해 당국의 조회와 장거리 통화를 해결해 주고, 경찰이 꼬치꼬치 캐물을 때 능청스럽게 따돌리거나 경찰이 찾는 사람(본회퍼)을 제때에 출석시키기도 했다. 그는 항상 자신이 개발한 암호를 엽서에 적어 정보를 재빨리 알렸다. 누구도 그의 침착함을 흔들 수 없었다. 본회퍼는 그의 부인의 요리 솜씨는 물론이고 그의 행실도 존경했다.

목사후보생들은 동쪽으로 더 나아가 슐라베의 가장 먼 변두리, 곧 그로스-슐뢴비츠에 자리한 목사관에 입주했다. 길쭉하면서도 비스듬히 기운 집이었다. 아주 작은 교구마을은 목사관에서 몇 킬로미터 떨어진 곳, 즉 쾨슬린과 슈톨프를 잇는 2번 국도의 남쪽에 자리하고 있었다. 이곳은 이동 수단을 완비해야만 지낼 수 있는 곳이었다. 그리하여 당시에는 전례 없는 일이었지만, 자동차 한 대와 오토바이 한 대를 구입하는 것으로 활동이 시작되었다. 본회퍼는 대개 주 후반에 슐라베에서 강의하고 그곳에서 주말을 보냈다. 쾨슬린에 있는 목사후보생들에게는 그 밖의 다른 것으로 보상하기 위해 끊임없이 마음을 썼다. 발트 해에서 수련회를 연 것도 그 이유였다. 본회퍼는 매주 두 차례, 날씨에 구애받지 않고 60킬로미터를 달려 두 일터 사이를 오갔다. 그뿐 아니라 교회 정치상의 사유나 개인적인 사유로 베를린 출장도 자주 다녔다.

1년 6개월 뒤 그로스-슐뢴비츠 목사관 관리인이 결혼하여 목사관을 요구하는 바람에, 슐라베 수련목회자 모임은 1939년 4월에 그 목사관에서 몇 킬로미터 떨어진 지구르츠호프로 이사했다. 그곳은 텅 빈 외딴 농가로서 대농장 소유주 폰 클라이스트-벤디슈 티초브von Kleist-Wendisch Tychow가 수련목회자 모임을 위해 교구감독 마음대로 쓸 수 있게 한 곳이었다. 농장마을에서 남쪽으로 3킬로미터 떨어져 있어서, 한적함 면에서는 이제까지 지낸 모든 곳을 능가하는 곳이었다. 지붕이 한참 아래까지 뻗어 있고, 덩굴이 무성하게 타고 올라간 그 집의 전면에는 대단히 작은 창문 네 개가 쓸모없는 안마당을 내려다보고 있었다. 집 뒤로는 목가적인 비퍼 강이 흘러 지나가고 있었다. 물을 길어 올리는 펌프가 울창한 숲 맨 앞쪽의 나무들 아래에 자리하고 있었다. 숲의 남쪽은 오토 폰 비스마르크(독일 제국 창건자—옮긴이) 가문 사유지의 바르친 숲과 닿아 있었다. 그곳은 전기가 들어오지 않았다. 전쟁초기의 경제사정 때문만은 아니었다. 핑켄발데에서부터 성실하게 함께해 온 여집사 슈트루베 부인이 문제를 해결할 수밖에 없었다. 이 환경에서 고요를 맛보지 못하면 숲속 깊은 곳에 자리한 사냥꾼용 통나무집으로 물러날 수도 있었다. 여름철이 되면, 연못에 백작의 고깃배가 떠 있었고, 티초브 가문의 대저택에 딸린 테니스 코트를 마음껏 사용할 수 있었다. 1939-1940년 겨울에 본회퍼는 목사후보생들과 함께 스키를 타기도 하고, 스케이트를 신고 얼음을 지치기도 했다. 생필품 공급이 어려웠지만, 특별한 즐거움들도 있었다.

> 숯이 없어서 걱정입니다. 등유를 얻지 못해서 우리는 양초로만 지내고 있습니다. 저녁이 되면 다들 한 방에 웅크리고 앉아, 놀이도 하고 큰소리로 책도 읽는답니다.[4]

> 저는 어제 이곳에 도착했습니다.……어제 오후에는 스키 타는 사람들과 함께 눈 덮인 숲속을 질주하지 않을 수 없었습니다. 비길 데 없이 아름답고, 다른 모든 일이 허깨비로 여겨질 만큼 평화로웠습니다. 엄밀히 말해서, 저는 특히 지금과 같은 시기에는 시골생활이 도시생활보다 인간에게 훨씬 잘 어울린다는 사실을 더더욱 절감하고 있습니다. 이곳은 대중의 영향력이 미치지 못하는 곳입니다. 오늘은 베를린과 이 궁벽한 농장의 차이가 특히 크게 느껴지는군요.[5]

> 이곳은 지금 눈으로 뒤덮여 고립된 상태입니다. 우편 자동차도 뚫고 들어올 수 없어서, 썰매를 이용하지 않으면 아무것도 얻을 수 없답니다.……기온이 영하 28도군요.……이와 같은 상황에서는 일하기가 훨씬 수월합니다. 우리는 숲에서 2미터 길이의 나무와 100킬로그램의 숯도 얻었습니다. 그러면 이틀 정도 쓸 수 있습니다. 물론 양식 조달은 쉽지 않지만, 아직은 넉넉합니다.……마음 같

아선 도시를 영원히 멀리하고 싶습니다.[6]

엄청난 비가 한 차례 내리고 나면, 이곳의 바닥은 빙판 천지가 됩니다. 주위의 초원이 집에서 10미터 정도 떨어진 곳까지 근사한 스케이트장으로 바뀝니다. 하지만 그것은 농작물에게는 물론이고 야생동물에게도 재앙입니다.……우리는 한 주 동안 땔 수 있을 만큼의 땔감을 마련하고 있습니다.[7]

지난 이틀 동안 다시 폭설이 내렸고, 눈보라가 쉴 새 없이 쳤습니다. 이제는 처음부터 다시 날씨가 풀려야겠습니다. 농사가 굉장히 어려워 보입니다. 며칠간의 해빙을 기뻐하던 사람들이 이제는 풀이 죽어 있네요.[8]

마침내 해빙이 되었다. 1940년 3월 15일, 다들 휴가 여행을 떠났다. 사흘 뒤인 3월 18일, 슈투르베 부인이 핑켄발데에서 그랬던 것처럼 이번에도 비밀 국가경찰의 폐쇄명령을 받았다.

대도시 슈테틴 인근의 드넓은 핑켄발데 교사에서보다는 수련목회자 모임이라는 이 좁은 동아리에서 공부, 묵상, 예배, 설교 이론, 신약성서 개념 연구 등 이 모든 것을 훨씬 더 집중적으로 수행할 수 있었다. 고백교회에서는 본회퍼가 머나먼 오지에서 기존의 일을 계속하고 있음을 알면서도 그 일이 어디에서 어떻게 이루어지고 있는지에 대해서는 묻지 않았다. 그런데도 다음과 같은 소문은 잦아들지 않았다. 이를테면 본회퍼의 연구소 안에는 "율법주의"와 "수도생활"이 똬리를 틀고 있다는 소문이었다. 게다가 고백교회의 새로운 분열과 고백교회 노선을 둘러싼 집요한 투쟁이 그러한 비난을 부채질하기까지 했다. 베를린 출신의 한 목사후보생—전사했다—은 과정을 마치고 나서 본회퍼에게 아래와 같이 편지했다.

내가 슐뢴비츠에 온 것은 유쾌하거나 기대에 부푼 마음을 안고 온 것이 아니었습니다.……나는 정신적으로 그리고 육체적으로 힘든 이 시기를 바라보며 몸서리쳤거든요. 내 생각에 이 시기는 우리가 품위 있게 견뎌야 하고, 자제심을 바탕으로 통과해야 하는 필요악이었습니다.……모든 것이 우려하던 것과는 전혀 달랐습니다. 나는 신학적 위선의 무뚝뚝한 분위기 속으로 들어가기는커녕, 내가 좋아하고 필요로 하는 것을 많이 갖춘 세계에 흠뻑 빠졌습니다. 그 세계는 이런 것을 갖추고 있었습니다. 스스로를 무능력한 자로 여기는 이에게 상처를 주지 않고 기쁘게 일하는 형제들과 사귀는 가운데 이루어지는 명쾌한 신학 작업, 말씀 아래서 우리 모두를 가리지 않고 하나로 묶어 주는 형제애, 타락한 창조 세계를 사랑스럽게 만드는 만물에 대한 개방성과 사랑, 음악, 문학, 스포츠, 대지의 아름다움, 시원시원하게 베푸는 생활 방식.……오늘 되돌아보니, 다음과 같이 선명한 그림이 내 앞에 펼쳐집니다.……벌써 형제들이 자리에 앉아, 잼 바른 빵을 들면서 오후 커피를 마시고 있군요. 소장님이 오랫동안 출타해 있다가 돌아왔습니다.……소장님이 최근 소식을 풀어놓자, 고요하고 단순한 포메른 농장생활에 갑자기 세상사가 뛰어드는군요.……내 기쁨의 중심을 끌어올려 주는 주변이 있었다고 말하면, 당신의 신학적 관점의 객관성을 흐리게 하는 말이 될까요?[9]

변화된 생활 양식

1. 수련목회자 모임은 핑켄발데 신학원에 비해 형제의 집의 원조를 그다지 받지 못했다. 형제의 집은 대내용이라기보다 대외용이었다. 본회퍼는 두 개의 수련목회자 모임 속에 두 명의 연구장학관을 협력자로 두었다. 그들은 이미 1935년부터 공동생활 방식과 그 목표를 익힌 이들이었다. 이 수련목회자 모임들은 형제의 집만큼 규모가 작았지만, 형제의 집 시기에는 가능했던 복음전도와 같은 시도를 더 이상 하지 못했다.

모든 후원이 끊어졌고, 이로 인해 핑켄발데 출신자들과의 교제가 어려워졌다. 처음에는 핑켄발데 출신자들에게 본회퍼의 주소와 수련목회자 모임의 주소를 알리지 않았고, 새로운 작업 구조에 관해서도 알리지 않았다. 그러다 본회퍼가 모든 회람을 일일이 작성했고, 이 회람은 언론 관련법 때문에 어쩔 수 없이 "개인적인 편지"라는 표제를 달아야 했다. 본회퍼가 손수 작성한 회람이 수련목회자 모임 시절에 더 많이 나오는 것은 그 때문이다.

전에 형제들을 상대로 자주 하던 방문도 거리가 멀어서 할 수 없었다. 때문에 본회퍼는 그들에게, 설교문을 자기에게 보내면 자기가 조언을 적어 돌려보내 주겠다고 제안했다(DBW 15:36, 59). 상당수가 이 제안을 감사히 받아들였다(DBW 15:36f. Anm. 9 참조).

본회퍼는 핑켄발데를 거쳐 간 모든 이를 위해 다시 한 번 수련회를 열었다. 고백교회 안에서 가장 격렬한 논쟁이 전개되던 시기인 1938년 6월 말, 그는 마흔다섯 명의 젊은 목사를 신학원 설립 장소인 칭스트로 소집했다. 당시는 종교국이 일부는 협박으로, 일부는 합법화해 주겠다는 매력적인 제안으로 불법 목회자들을 꼬드겨, 완강한 사람들의 전선을 깨뜨리려고 시도하던 시기였다. 히틀러에 대한 목사들의 서약을 놓고 벌이던 투쟁이 거의 사라진 상태였다. 본회퍼는 이 칭스트 수련회 기간에 「유혹」이라는 성서 연구논문을 발표했다(DBW 15:371-406). 수련회 참석자들은 "우리를 버리고 종교국으로 넘어간 형제들을 목자처럼 돌보기로" 약속했다. "그 일은 우리가 해야 할 일이다. 두 명씩 짝을 지어 그 형제들을 끊임없이 찾아가기로 했다."[10]

우리가 「유혹」과 『신도의 공동생활』을 얻게 된 것도 형제의 집이 중단된 덕분이고, 역경에 처한 고백교회 불법 목회자들의 다채로운 생활상을 제공하는 핑켄발데 회람 모음집을 얻게 된 것도 형제의 집이 중단된 덕분이다.

2. 수련목회자 모임을 꾸리면서부터 본회퍼의 생활 양식이 불안정해졌다. 그는 이때부터 죽을 때까지 친가에 있는 자신의 방 이외에 안정적인 거주지를 더 이상 갖지 못했다. 말년의 그는 베를린 체류 금지령에도 불구하고 대개 친가에 있는 자신의 방에서 머물렀다. 그의 작은 책상은 1년 6개월 동안 그로스-슐뢴비츠에 있었고, 그 뒤에는 지구르츠호프에 1년 더 있었다. 하지만 한 주에 3일 정도만 거기에 앉을 수 있었다. 책과 원고들은 한 장소에 모이지 않아서 다시 만져 볼 수도 없었다. 대학교 강의안들과 『나를 따르라』의 초안들은 상자들 속에 계속 처박혀 있었고, 이 상자들은 핑켄발데 공동체의 신실한 회원이 알트담에 있는 자신의 창고에 보관하고 있었다. 그 상자들은 분실되고 말았다(6장, 주 103을 보라). 세련된 가구 가운데 몇 개는 수련목회자 모임의 숙사로 옮겨지고, 나머지는 책 일부와 함께 베를린으로 옮겨졌다. 그 후 전시에 그의 소유물이 또 한 번 흩어졌다. 그는 소중

한 책들, 가구들, 스페인에서 가져온 기념품들을 노이마르크에 있는 약혼녀의 친가로 옮기기도 했다. 하지만 그것들도 1945년에 분실되고 말았다.

그는 1937년 말부터 안정된 연구실도 없이, 이제까지 끊임없이 만지며 읽던 수많은 책도 없이 가르치고 구상하고 집필했다. 전시에 윤리학 집필을 위해서만 딱 한 차례 고가의 관련 서적 총서를 마련하려고 시도했다. 그는 정주할 곳이 마땅찮아서 입은 이 손해에 대해 한마디도 불평하지 않았다. 대신 자신의 기억력을 믿었다. 그의 기억력이 그가 필요로 하는 것을 대체로 제공해 주었기 때문이다.

그런데도 내면에서는 부단한 연구에 대한 갈망이 강하게 자라났다. 그는 그것을 전부 내색하지는 않았지만, 이따금 불만족스러운 떠돌이 신세를 한탄하는 짧고 깊은 한숨소리가 들렸다. 그가 직접 시인한 적은 없지만, 1939년에 이루어진 도피도 이와 같은 배경에서 이루어졌을 것이다. 1938년 9월, 본회퍼는 에르빈 주츠에게 보낸 편지에서 몇 달 동안 차분히 연구에 매진하고자 하는 실현 불가능한 바람을 농담 삼아 진지하게 표현했다. "자네가 나를 1년간 취리히로 데려가 브룬너를 대리하게 하지 않은 것은 유감스러운 일이었네! 그리해도 기분 나쁘지 않았을 텐데 말이네."[11] 외국 친구들이 외국에서 거둔 자신들의 직업적 성공에 대해 이야기할 때면, 그는 그로스-슐뢴비츠와 쾨슬린에서는 털어놓지 않았던 속내를 그들에게 말하곤 했다.

> 기이하게도 아무 걱정 없이 생활하고 있다네. 하루하루가 선물이기 때문이지. 그것을 잊는다면 이따금 다소 성마른 상태가 될 것이고, 그럴 바에는 이만한 "지위"와 나이에 걸맞은 "권리"를 지닌 삶, 정주에 조금 더 가까운 삶을 선택하는 것이 나을 것이네. 하지만 그것은 연구의 포기를 의미할 테니, 당장은 그러고 싶지 않네.[12]

> 장 라세르가 결혼했네. 우리 같은 사람은 엄두도 내지 못할 일이지. 거주가 일정하지 않은 생활을 하고 있으니 말이야. 그 대신 우리는 연구에서 많은 기쁨을 누리고 있네.[13]

연구가 착착 진행되고 있습니다. 다만 유목생활이 조금 지겨워져, 조금 더 집에 틀어박히는 생활, 조금 더 정주에 가까운 생활이 되기를 바랄 따름입니다.…… 하지만 지금은 그럴 수 없습니다. 나는 이곳에서 일하는 것이 즐겁습니다.[14]

수련목회자라는 새로운 신분이 예전에 대학 강사와 신학원 원장이었던 그로 하여금 손해를 느끼게 했던 것이다.

3. 형제의 집이 중단되고 생활이 불안정해지면서, 자연스럽게 그는 자신에게 정착지를 제공해 준 이들을 중요시했다.

본회퍼는 핑켄발데 신학원이 폐쇄된 뒤부터 키코브의 한스-위르겐 폰 클라이스트-레초브가 키코브에 마련해 놓은 휴가처나 그 어머니가 인근의 클라인-크뢰신에 마련해 놓은 휴가처를 자주 찾곤 했다. 노령의 그 귀부인은 "핑켄발데 사람들"을 슈테틴에서 200킬로미터 떨어진 곳으로 이주시키고는 대단히 흡족해 했다. 게다가 그녀는 막 출간된 『나를 따르라』를 슈테틴에 있는 지인들과 함께 공부하기 시작한 까닭에 끊임없이 무언가를 질문할 수밖에 없었다(DBW 15:68 참조).

본회퍼는 휴양이 필요한 이들을 자기가 머무는 지역에서 클라이스트의 대농장으로 꽤 여러 차례 보내기도 했다. 베르너 코흐가 체포되었을 때에는 그의 약혼녀가 그곳에서 휴식을 얻고 친교를 쌓았으며, 코흐 자신도 석방되자마자 클라인-크뢰신으로 초대받았다. 또 다른 목사후보생도 본회퍼가 낸 비용으로 좋은 병원에서 수술을 받고 난 뒤[15] 클라이스트의 대농장에서 요양생활을 했다. 클라이스트 가문의 환대는 그칠 줄 모르고 이어졌다. 본회퍼가 추천한 이는 누구나 환대를 받았다.

그러나 본회퍼가 무엇보다도 주의를 기울인 곳은 친가였다. 한편으로 친가는 공모 단체가 꾸려진 뒤부터 집합장소로서 그리고 정치와 관련된 정보들의 출처로서의 의미를 얻게 되었다. 다른 한편으로 친가는 핑켄발데에서 경찰의 작전이 이루어진 뒤부터 더 긴급한 임무를 수행하는 곳이 되었다. 원래 그런 말을 하는 편이 아니었음에도, 맏형 칼-프리드리히가 막내 남동생에게, 쓸데없는 데모는 사위 라이프홀츠 가족의 운명 때문에 노심초사하는 부모를 더 불안하게 하는 짓이니 그와 같은 짓을 절대로 하지 말라고 권고하는 일이 벌어졌다. 디트리히 본회퍼는 곧바로 형에게 아래와 같이 편지했다.

> 어머니를 불안하게 해드리고, 다른 이들마저 불안 속으로 끌어들이는 일이라고 하시니 심히 유감스럽군요. 하지만 사실은 그럴 이유가 전혀 없습니다. 히틀러의 포고령으로 이미 수백 명에게 닥친 것과 같은 일이 나에게 닥친다고 해도 우리는 더 이상 불안해해서는 안 됩니다. 희생 없이는 교회의 대의를 고수할 수 없습니다. 형님 같은 사람들은 전반적으로 전쟁에 더 많은 것을 투입해 왔습니다. 그런데도 우리가 교회를 위해서 그리하겠다는데 어째서 안 된다는 말입니까? 어째서 우리를 그 길에서 벗어나게 하려고 합니까? 우리 중에는 감옥을 갈구하는 이가 없습니다. 하지만 감옥에 갇히는 일이 닥친다고 해도, 그것은 기쁨일 것입니다. 교회의 대의에 득이 되기 때문입니다.[16]

그가 1943년에 전혀 다른 상황에서 체포되었을 때에는 친가의 누구도 질책하지 않았다.

본회퍼는 전보다 거리가 멀었음에도 불구하고, 핑켄발데에 있을 때보다 베를린 친가를 더 자주 찾아가 더 오래 머무르곤 했다. 다들 바짝 긴장하며 기다릴 즈음이면, 그는 쾨슬린이나 그로스-슐뢴비츠로 돌아와 이런저런 최신 정보를 대략적으로 알려 주곤 했다. 하지만 대화가 그 자신 및 그의 미래 인생행로와 맞닿는 지점에 근접할 경우에는 더 이상 목사후보생들과 상의하지 않았다. 신입생들은 이 지점에서 약간의 거리감이 생겼다는 것을 전혀 낌새채지 못했다. 하지만 더 나이 많은 핑켄발데 사람들 가운데 한두 사람은, 본회퍼가 시대 변화 속에서 낯설고 새로운 분야에 주의를 기울이기 시작했음을 이미 알아채고 있었다.

II. 최악의 상태에 이른 교회투쟁

1938년은 고백교회가 가장 심하게 약화된 해였다.

프리드리히 베르너는 1938년 히틀러의 생일에 맞추어 목사들의 충성 서약을 약속하고, 1939년에는 "고데스베르크 선언"을 공표하여 떠들썩한 업적을 쌓았다. 충성 서약의 문제가 고백교회를 장기간의 마비상태로 내모는 바람에, 고백교회는 프라하 대학교 교수 로마드카에게 보낸 바르트의 편지에 대해, 기도서 때문에 겪는 곤경들에 대해, 그리고 소위 수정의 밤 사건에 대해 아무런 대응도 못하거나, 궁색하게 대응할 수밖에 없었다. 고데스베르크 선언에 대해 분개하면서 비로소 무너져가던 전열이 다시 정비되었다. 이례적으로 일간신문에 게재된 이 계략들에 비하면 그다지 눈에 띄지 않았지만, 젊은 불법 신학자들을 합법화하는 문제가 끊임없이 제기되었다. 그 문제는 교회투쟁의 종반부에 형제협의회의 치리권과 맞물려 주요 문제가 되었다. 본회퍼는 앞서 말한 베르너의 술책보다는 그 문제에 더 주의를 기울였다.

엄밀히 말하면 1938년 초에는 정세의 안정이 어느 정도 두드러져 보였다. 체포된 이의 수가 급속도로 줄었고, 다시 늘 것 같지 않았다. 1937년에 있은 경찰의 우악스러운 조치들 아래 잘 싸웠음인지 목사들 상당수가 흔들리지 않았다. 국가사회주의 국가는 가급적 일반대중의 이목을 피할 생각인 것처럼 보였다. 그 대신 국가는 세분화된 방법을 개발했고, 그 방법은 효과적이었다.

의사소통 마비

중보기도 명단이 오래 지속되기는 했지만, "체포된 이"가 적힌 난(欄)은 크기가 점점 줄었다. 다들 국가가 고백교회의 활동을 방해하기 위해 내린 새로운 난계의 표현에 익숙해지지 않으면 안 되었다. 그 표현은 다음과 같았다. 발언 금지, 추방, 유배, 체류 금지, 출국 금지, 성무 집행 방해 등. 이와 함께 다른 조치들도 언급되었는데, 감방에 넣지 않고 고백교회 지도자들 사이의 의사소통을 불가능하게 하기 위해 단계적으로 고려된 조치들이었다. 이는 대체로 성공적이었다. 예컨대 1938년 9월의 한 중보기도 명단에는 강제수용소를 포함하여 체포가 10건밖에 없는 반면, 성무 집행 방해는 93건, 여행 금지·체류 금지·추방은 도합 97건이나 눈에 띄었다. 전쟁 전날인 1939년 8월 30일자의 한 중보기도 명단에는 성무 집행 방해가 121건, 출국 금지와 체류 금지 내지 추방과 유배가 150건, 발언 금지가 44건이나 있는 반면, 체포된 이는 11명뿐이었고, 강제수용소에 수용된 이는 3명뿐이었다.

"추방"은 예컨대 디켄쉬트의 파울 슈나이더 목사에게 일어난 것처럼 근무지와 고향에서 체류하는 것을 금하고, 그 밖의 전국 어디서 살든 상관하지 않았다. "유배"는 체포된 이에게 고향에서 멀리 떨어진 거주지를 경찰이 지정하는 식으로 이루어졌다. 베스트팔렌의 칼 뤼킹이 변경으로 유배되었고, 쾨슬린의 교구감독 프리드리히 온나쉬도 나중에 그리되었다. "체류 금지"는 베를린에서 열리는 집회들로부터 중요 인사들을 격리시켰다. 빌헬름 니젤, 알베르츠, 한스 뵘, 달렘의 프리츠 뮐러처럼 이 조치를 받은 베를린 사람들은 "출국 금지" 조치까지 받은 까닭에 외국에서도 만날 수 없었다. "성무 집행 방해"는 고백교회 목사들이 특정 교회 건물에 들어갈 권리를 가지고 있음에도 불구하고 그러지 못하게 했다. 국가는 이 주도면밀한 계획으로 "충성 서약" 문제에 대해 전국적으로 협의하는 것을 어렵게 하고, 의견 교란을 효과적으로 부채질했다.

베를린 체류 금지

1938년 1월부터 본회퍼의 이름도 중보기도 명단에, 보다 정확히 말하면 베를린 "체류 금지" 난에 올랐다. 이는 그가 "수련목회자 모임"을 결성하고 나서 제국 수도로 첫 출장을 가는 바람에 빚어진 일이었다.

1938년 1월 11일, 고백교회 소속 교육지도자들과 청년 신학자 형제단 단장들의 회의가 빌헬름 니젤의 사회로 달렘 교구회관에서 열렸다. 금지된 교회 설립 단과대학들의 비밀 강의를 뿌리 뽑을 수 있다는 가정 아래 게슈타포 사람들이 줄줄이 출현하여, 그 자리에 있던 서른 명을 알렉산더 광장으로 연행했다. 게슈타포는 일곱 시간의 심문 끝에 베를린 정주자들에게는 출국 금지령을 내리고, 외지에서 온 이들에게는 베를린 체류 금지령을 내렸다(DBW 15:33f. 참조). 그런 다음 게슈타포는 외지에서 온 이들을 그들의 거주 지역으로 가는 열차에 태워 보내고, 본회퍼와 포메른 청년 신학자 형제단 단장 자격으로 참석한 프리츠 온나쉬는 슈테틴 역으로 가는 열차에 태워 보냈다.

쾨슬린과 그로스-슐뢴비츠에서는 목사후보생들이 가택 수색을 예상하여 모든 책상과 서랍에서 형제협의회의 공문을 치웠다. 막 시작된 수련목회자 모임의 활동을 불시에 조사할지도 모른다고 생각했기 때문이다.

그러나 본회퍼 개인에게는 조치가 취해지지 않았다. "슐라베의 수련목회자"의 활동을 방해하는 일도 일어나지 않았다. 그럼에도 게슈타포와의 이 재회는 전혀 달가운 것이 아니었다. 베를린에서 정치적 위기들이 슬슬 나타나기 시작하던 바로 그 시점에 베를린 체류 금지로 인해 마리엔부르크 알레에 위치한 그의 정보 센터에 접근할 수 없게 된 것이다. 너무나 치명적이었다. 얄마 샤흐트의 사임과 갓 시작된 프리치 사건이 아슬아슬한 희망을 깨우고 있었다. 본회퍼의 아버지는 아들을 베를린에 접근하지 못하게 한 조치에 맞서 비밀 국가경찰에 개입했다. 권위 있는 그의 출동은 효과가 있었다. 체류 금지는 직무상의 업무에만 해당되며, 가족을 방문하는 것은 아들의 결정에 달려 있다는 회답을 받은 것이다(DBW 15:34 참조). 때문에 부모는 2월 초에 슈테틴에 있는 루트 폰 클라이스트-레초브 여사의 집에서 아들을 만나 그 문제를 놓고 의논했다(DBW 15:33). 본회퍼는 곧바로 부모와 함께 베를린으로 돌아갔다. 그사이에 베를린에서는 한스 폰 도나니가 프리치 사건 때문에 번거로움을 겪고, 게다가 니묄러 소송이 시작된 상태였다. 본회퍼는 1월 11일에 열린 회의의 동기를 자신의 입장에서 설명하며 이의를 제기하는 문서를 비밀 국가경찰에게 보내어[17] 체류 금지 해제를 요청했지만, 아무런 답장도 받지 못했다.

이처럼 본회퍼에게 적용된 체류 금지는 전혀 해제되지 않았지만, 아버지는 그 조치의 영향을 약화시킬 수 있었다. 본회퍼는 전보다 더 자주 베를린에 출현했지만 회의에 참석하지는 않았다. 본회퍼는 직무와 관련된 업무나 교회 정치와 관련된 업무를 빌헬름 니젤, 한스 뵘, 페렐스의 집에서 처리하기도 하고, 친가에서 친구들을 맞이하기도 했다. 그는 전화 통화보다는 개인 심부름꾼을 더 선호했다.

엄밀히 말해서 본회퍼는 하찮은 모험이든 대단한 모험이든 간에 무모한 모험을 결코 좋아하지 않았다. 언젠가 오토 두추스가 전해 준 바에 의하면, 본회퍼는 자신의 대학생들이 국경지대에 있는 덴마크 역의 선로 너머로 달려갔을 때 그 월

1938년, 힌터포메른의 그로스-슐뢴비츠에서.
본회퍼는 수련목회자 모임이라는 이곳의 작은 동아리에서 공부와 묵상, 연구 등을 집중적으로 수행할 수 있었다.

1938년, 그로스-슐뢴비츠에 마련된 수련목회자 모임에서 베트게와 함께.

경(越境)을 활용하기는커녕 격분했다고 한다.[18] 그의 책상은 늘 어수선했지만 거기에서는 위험한 쪽지나 메모를 찾아볼 수 없었다. 그는 모든 것이 미리 숙고되어 있지 않으면 몹시 짜증을 내기도 했다. 그는 일어날 수 있는 결과들을 미리 마음속으로 꼼꼼히 따져보는 버릇이 있었다. 그럴 때면 그는 친구를 필요로 하기보다는 자신의 왕성한 상상력에 의지하곤 했다.

충성 서약

그해 4월, 본회퍼는 깃발로 치장한 튀링겐 지역을 통과하여 휴가 여행을 떠났다. 오스트리아 합병 때문인지, 고난 주간임에도 바르트부르크 성 위에서는 거대한 갈고리 십자기가 십자가를 밀어내고 서치라이트를 받고 있었다. 튀링겐 지역의 마르틴 자세Martin Sasse 감독이 3월 15일 자기 휘하의 목사들에게 히틀러에 대한 충성 서약을 별도로 요구하고, 히틀러에게 아래와 같은 내용의 전보를 친 뒤에 벌어진 일이었다.

> 나의 총통님께 보고 드립니다. 역사적으로 위대한 때에 튀링겐 개신교회의 모든 목사는 내면의 명령에 따라 총통과 제국에 충성을 서약하고,……한분이신 하나님께 즐거운 마음으로 충성을 서약했습니다. 이 서약은 믿음 안에서 하나의 같은 복종입니다. 나의 총통 만세![19]

메클렌부르크, 작센, 여타의 지방교회들도 "내면의 명령"을 따랐다.

본회퍼는 곧바로 방향을 돌려 프리드리히스브룬 별장에서 휴식을 구하면서 니묄러 여사(엘제 니묄러)에게 편지했다. "하나님의 섭리대로, 이제 여사님의 집에서 특별한 축복이 시작되어 교구민들과 온 교회로 흘러들 것입니다."[20] 그녀의 남편은 법원에서 무죄 판결을 받고 나서 작센하우젠 강제수용소로 이송된 상태였다. 그런데도 베를린의 프리드리히 베르너 박사는 히틀러에게 보낼 개신교 목사들의 "자발적인" 생일선물을 준비했다.

원래 프리드리히 베르너 박사는 법률 조치, 재정 조치, 행정 조치로 목사들을 제3제국의 질서에 복종시켜야 하는 사람이었다. 하지만 그는 그것을 넘어 히틀러와의 내적 연결을 도모하고 교의를 아리아화(化)하려고 했다. 1933년에 어느 정도 자발적으로 시도된 것을 이제 행정 경로를 통해 가속화시킨 것이다. 하마터면 제국감독이 1934년에 전국총회에서 히틀러에게 충성 서약을 선물할 뻔했지만, 그 시도는 중단된 상태였다. 그러다가 프리드리히 베르너가 오스트리아 합병에 열광하는 물결을 이용하여 1938년 4월 20일자 법률공보에서 모든 적극적인 목사에게 총통에 대한 충성 서약을 지시한 것이다. 충성 서약 지시 및 이와 연결된 훈계는 그가 얼마나 몰염치하고 경박한지를 여실히 보여주었다. 하지만 그 조치는 프리드리히 베르너에게 대성공을 안겨 주었고, 고백교회는 가장 굴욕적인 사건에 빠지고 말았다.

이 전반적인 열광의 순간에, 자신은 이미 목사안수를 받을 때 충성을 서약하고 4월 10일에 실시된 국민투표에서 찬성표를 던졌다고 말하는 사람은 나치당원들에게 의심을 살 만한 신중함을 드러내는 것이나 다름없었다. 법률 공보에 실린 프리드리히 베르너의 포고령 원문에는 아래와 같이 강력한 표현들이 들어 있었다.

> 총통과 국민과 제국에 변함없이 충성하는 사람만이 교회에 재직할 수 있음을 인정하는 취지에서 다음과 같이 포고한다.
>
> 영적 직책에……부름받은 이는 누구나 다음과 같은 서약을 통해 자신의 충성 의무를 분명히 확인해야 한다. "독일 제국과 독일 국민의 총통인 아돌프 히틀러에게 충성하고, 법률에 유의하고, 내 직책의 의무들을 성실히 이행할 것을 맹세합니다. 그러니 하나님은 나를 도우소서."……이 포고령이 발효되기 전에……성직에 부름받은 이는……뒤늦게라도 충성 서약을 해야 한다.……충성 서약을 거부하는 이는 누구나 해고되어야 한다. 1938년 4월 20일.……베르너 박사.

법률 공보에 실린 그 포고령에는 "개신교 최고관리 위원회의" 구속력 있는 "충성 서약 요구"도 딸려 있었다. 그 내용은 다음과 같았다. 이 서약 법령은 "신약 성서가 그리스도인들에게 엄히 부과한 의무, 곧 정부에 복종할 의무 그 이상"을 의미한다. "그것은 제3제국과의 가장 깊은 연대,……이 관계를 창출하고 구체화하는 인사들과의 연대를 의미한다." 충성 서약은 "하나님의 도움을 엄숙히 빌며 총통과 개인적으로 연결되는 것을 의미한다." 그렇다, 충성 서약을 하는 자는 "자신이 목사 취임식에서 위임받은 의무를 이행하면서 총통과 국민과 제국을 끊임없이 의식하고 이들에 대한 책무를 감당할 의향이 있다"라고 증언하는 것이나 다름없다.[21]

이 서약은 당시에 목사들 대다수가 양심상 용납할 수 있는 수준을 넘어서는 것이었다. 그럼에도 그것은 그들이 목사 취임식에서 서약한 것을 하찮은 것으로 만들어 버렸다. 고백교회, 특히 "달렘 사람들"이 보인 첫 번째 반응은 전반적인 거부였다. 본회퍼는 그 서약을 있을 수 없는 일로 여겼다. 하지만 그는 고백교회에 의해서만 부양되는 불법 목회자들과 마찬가지로 기묘한 고용관계 때문에 비정규 목사로 간주되어, 프리드리히 베르너의 당국에 서약 대상자로 등록되지 않은 유리한 상황에 있었다.

궁지에 빠진 고백교회는 양심을 거스르지 않으면서도 국가의 체면을 세워 주려고 했다. 고백교회는 고백교회 소속 목사로서 종교국에 임용된 이들, 곧 다수의 연장자들을 위해 협상에 관여하여, 다음의 네 조건이 충족되어야 서약하겠다고 제시했다. 1. 그리스도의 교회는 어떠한 서약도 도입하지 않는다. 따라서 국가 측에서 분명한 요구를 제시해야 한다. 2. 서약 해설을 겸한 개신교 최고관리 위원회의 인사말이 있어야 한다. 3. 서약을 요구하는 측은 고백교회 소속 목사로서 종교국에 임용된 이들의 설명을 수용해야 한다. 4. 목사 취임식 때 서약한 것이 인정되어야 한다. 국가에서 요구하는 서약이 국가 공무원법으로서 교회에 도입되려면 반드시 그래야 한다.

6월 11일부터 13일까지 구프로이센 고백총회(1938년 리프슈타트 총회—옮긴이)가 열려 이 조건들을 협의했다. 이미 구프로이센 목사단에서 상당수의 목사가 서약하고 나서 이루어진 협의였다. 라인란트에서는 목사의 60퍼센트가, 브란덴부르크에서는 70퍼센트, 작센에서는 78퍼센트, 포메른에서는 80퍼센트, 슐레지엔에서는 82퍼센트, 그렌츠마르크에서는 89퍼센트가 서약한 상태였다. 달렘 성향의 나머지 목사들은 대단히 복잡한 감정을 안고, 마치 언젠가 그러한 것을 실제로 주장하기라도 했다는 듯이, 저 네 가지 조건이 충족되는 시점을 기다렸다. 하지만 프리드리히 베르너 측이 그 조건들을 받아들일 리 만무했다. 1938년 7월 31일, 구프로이센 고백총회 2차 회의가 열려 서약을 자유재량에 맡겼다. 누구도 감히 말하지 않았건만, 이 고백총회는 잔류한 소수파의 건너편을 향해, "모종의 기미로 보건대 저 네 가지 조건은 충족된 것이나 다름없다"라고 결의를 통해 단언했다. 자유재량 의견을 놓고 고통스러운 협의가 진행되면서 누구도 마음이 편치 않았지만, 고백교회 책임자들은 서약 거부의 책임을 감수할 마음이 없었다.

이 주간에 목사 협회 회의가 여러 차례 열렸고, 참석자들은 도저히 치욕을 참을 수 없었다. 본회퍼는 목사후보생들을 데리고 회의가 열리는 곳을 전전했다. 하지만 그의 논거들은 비관련자의 논거로 간주되어 관철되지 않았다. 결국 교구를 맡은 고백교회 소속 목사들 가운데 고집을 꺾지 않은 이는 극소수에 불과했다. 예컨대 에발트 폰 클라이스트가 후원하는 나제반트 교구의 칼-하인리히 라이머Karl-Heinrich Reimer 목사가 그 소수에 들었다. 양심의 가책이 소수파와 다수파 사이의 협의를 짓눌렀고, 서약을 권하는 슈테틴 형제협의회 위원들과 변함없이 거부하는 목사들 사이의 관계를 깨뜨려, 서로 악의에 찬 비난을 퍼붓게 했다.

압도적 다수의 목사가 히틀러에게 충성을 서약한 뒤인 8월 중순경, 마르틴 보르만이 대관구 지도관에게 보낸 편지가 공개되었다. "교회들이 이 명령을 자발적으로 공표했더군요. 교회의 내적인 가치만이 그런 명령을 내릴 수 있다는 뜻일 겁니다. 당과 국가는 성직자가 총통에게 충성을 서약했는지 안 했는지를 구별할 필요가 없습니다. 서약이 의미가 있으려면, 총통의 지시에 따라 당이나 국가가 개인에게 충성 서약을 받아야 합니다."[22]

이는 대단히 충격적인 소식이었다. 루트 폰 클라이스트-레초브 여사는 슈테틴 형제협의회에서 벌어진 사태를 전해 듣고는 본회퍼에게 이렇게 탄식했다. "목사 개개인이 양심의 갈등을 겪고, 상한 양심으로 충성을 서약한 것을 생각하노라니, 내 심장이 멎으려 하는군요.……칼-하인리히 라이머가 자신의 탈퇴를 알리며 대단히 격한 어조의 편지를 보내왔습니다"(DBW 15:69).

칼 바르트는 1938년 7월 31일에 저 서약이 허가되었다는 소식을 듣고 격한 어조의 편지를 베를린으로 부쳤다. 더 이상 반대를 말하는 이가 없으니 자기라도 밖에서 그리해야겠다면서 그는 아래와 같이 말했다.

> 나는 이 결의와 그것을 뒷받침하기 위해 사용된 논거들을 여러 번 읽고 나서 극심한 충격을 받았습니다.……어떻게 이 패배가 가능하고, 어찌 이 패배가 허락될 수 있으며, 어찌 이 패배가 필요하다는 말입니까? 여러분 가운데에 여러분을 곧고 단순한 길로 되돌릴 사람이 정말로 한 명도 없다는 말입니까?……미래와 관련된 고백교회의 신뢰성을 이토록 무시무시한 방법으로 위협하지 말아 달라고 여러분에게 간청하는 이가 아무도 없었단 말입니까?[23]

두서너 사람이 이 편지를 읽었지만, 이들 모두 꿀 먹은 벙어리처럼 아무 답장도 하지 못했다. 기술적으로도, 영적인 의미에서도 그럴 수 없었다.

바르트의 편지가 베를린에 당도할 무렵, 본회퍼의 편지도 베를린에 당도했다. 그가 속해 있던 구프로이센 고백총회가 서약 문제를 처리함으로써, 총회의 권위를 성실히 편들던 그로 하여금 총회에 이전에도 없고 이후에도 없을 반기를 들게 한 것이다. 그는 그 편지에서 아래와 같이 말했다.

> 이제껏 진행된 구프로이센 고백총회의 수고에 크게 감사하고 경의를 표했던 것을 뒤돌아볼 때 고백교회 소속 목사가 하기에는 버거운 결심이지만, 구프로이센 고백총회의 결정사항에 반대 의견을 말하지 않을 수 없군요.[24]

본회퍼는 구프로이센 고백총회가 그러한 문제에서 투표로 소수파를 누르고, "애매모호한 태도"(DBW 15:52)의 책임을 잘못된 쪽에게 지웠다고 비난했다. 구프로이센 고백총회의 이런 태도로 인해 젊은 불법 목회자들에게 희생할 용의를 요구할 수 없게 되었다고 생각한 것이다. 이를테면 총회가 프리드리히 베르너 박사와 성직자단 사이의 애매모호한 태도를 받아들여 이를 토대로 충성 서약을 결정해 놓고서 어떻게 젊은 목사들에게 분명한 태도를 요구할 수 있느냐는 것이다. 그는 서약 조건을 놓고 협의하려는 계획에 자기 혼자서만 반대했음을 밝히며 이렇게 말했다. "이는 젊은 목사들에게 다시 말할 권한을 포기한 것이나 다름없습니다."[25]

서약을 둘러싸고 일어난 사건들은 에피소드 그 이상이었다. 그는 너무나 기괴하고 남부끄러운 서약 요구 자체를 한 번도 언급하지 않았다. 하지만 다들 그 원인이 무엇인지 알고 있었다. 총회의 결정사항은 좀처럼 아물지 않는 제 몸의 상처였다. 게다가 그것을 반기는 쪽은 갈라진 루터교도들이 아니라 자기 측 사람들이었다.

> 우리가 그곳에서 배우게 될까요? 고백교회는 자신의 과오와 분열을 자진해서 공개적으로 고백하게 될까요? 고백교회는 용서를 구하고 그에 걸맞은 새로운 출발을 고려하게 될까요? 고백교회는 진실을 존중하고, 진리만을 갈망하는 갈라진 형제들의 양심을 다시 위로하고, 하나님의 말씀을 자기 의무로 삼을 수 있을까요?……고백교회는 지난번 회의를 통해 자신의 말씀을 위험에 빠뜨렸다는 것을 알고 있는지요? 오늘날 공공연히 떠도는 물음들을 이렇게 던져 봅니다.[26]

자기 가족의 오점을 부끄러워하듯, 본회퍼는 고백교회를 부끄러워했다. 구프로이센 고백총회가 총통에 대한 충성 서약을 권할 무렵, 유대인들로 하여금 그들의 여권에 "J"라는 대문자 낙인을 찍게 하는 법령이 발효되었기 때문이다. 쌍둥이 누이 가족을 위해 중대한 계획을 세우게 하고, 그들을 도피시키는 계기가 된 법령이었다. 게다가 체코슬로바키아에 대한 전쟁 위협이 갈수록 공공연해지고 있었다. 고백교회와의 간격이 점점 벌어지고 있었다.

에센 III

본회퍼의 고립과, 그가 생각한 대로 구프로이센에 있던 소수파의 고립이 착착 진행되었다. 1937년 교회 선거에 대한 기대가 싹트고 케를의 압박이 강화되면서 다수의 사람들이 "전선 확대"라는 이상을 추구했지만, 본회퍼는 긴급한 투쟁 문제들에 대한 분명한 발언이 점점 약화되어 가는 것만을 걱정했다.

뮌헨, 뒤셀도르프, 슈투트가르트, 빌레펠트, 하노버, 베를린의 주요 인사들을 협상 테이블로 다시 끌어들이려는 기도(企圖)가 1938년 내내 진행되었다. 루터교 협의회 지도자들과 임시지도부가 이미 "카셀 협의회"에서 서로 접근하여, 1937년 종교개혁 기념 주일에 로젠베르크에 맞서는 공동 설교단 발표문을 성사시키고, 하인리히 히믈러의 포고령에 대하여 공동으로 항의까지 한 상태였다. 이제 본회퍼는 동료 목사들이 이곳저곳을 여행하며—아직은 그럴 수 있었다!—초안을 끊임없이 작성하고, 모두가 서로 협력하는 모습, 곧 달렘 사람들이 중도파와 협력하고, 루터교도들이 조합교회 신도들과 협력하는 모습을 우려스럽게 지켜보았다.

1938년 4월, 다들 구체적인 목표에 접근하기 시작했다. 한쪽에서는 한스 요아힘 이반트, 칼 코흐, 하인리히 헬트Heinrich Held가, 다른 쪽에서는 한스 마이저와 테오필 부름이, 그리고 중립을 표방하는 쪽에서는 H. G. 부르크하르트가 칼 코흐의 사회로 회동했다. '바르멘 신학 선언'을 다 함께 이해했음을 밝히고, 독일 개신교회 평정을 위한 과도적 법규를 논의하고, 구프로이센 교회지도부 임명 규칙을 상론하기 위한 회동이었다. 다음과 같은 명칭을 단 초안들이 배포되었다. '에센 I'(바르멘-평가), '에센 II'(DEK-법규), '에센 III'[APU(구프로이센 연맹)-지도부].

본회퍼는 구프로이센 연맹의 목사로서 '에센 III'을 직접적으로 공격했다. 칼 코흐와 달렘의 프리츠 뮐러가 기록하여 목사들에게 보낸 초안은 1938년 8월 23일이라는 날짜를 달고 있었다. 본회퍼는 쌍둥이 누이의 가족을 괴팅겐에서 외국으로 떠나보내기 위해 여행하는 도중에 그 초안을 받았다. 그는 누이의 가족을 보내고 나서 '교회지도부 임명을 위한 규칙 초안'에 대해 의견을 표명했다. 그는 광범위한 평정 욕구에서 싹튼 희망—통합과 법규를 약속하는 이 초안이 모든 동료 목사의 찬성을 얻을 것이라는 희망—을 수포로 돌리려고 했다.

> 바르멘 총회와 달렘 총회의 인식은 하나님께서 우리에게 선물해 주신 인식입니다. 그런데도 이 초안에서는 그것을 공공연히 부정하고 있군요. 바르멘 총회와 달렘 총회를 전술적으로 숨겨서는 안 됩니다.……그리되면 불법 목회자들이 어찌되겠습니까? 여러 근거로 볼 때 지금 저항에 열중하는 것은 가장 어리석은 짓이라고 말하지 마십시오. 우리는 이 상황에서 무엇이 영리한 짓이고, 무엇이 어리석은 짓인지를 다 알 수 없습니다. 하지만 하나님의 분명한 지혜를 거

스르고, 인식된 진리를 거스르고, 양심을 거슬러 행동하라는 조언을 받지 않았다는 것만은 틀림없는 사실입니다. 여러분은 고백교회 6차 총회가 어떤 혼란을 야기했는지를 잘 알고 있습니다.[27] 우리는 이 패배 이후에 우리 교회지도부에게 다른 발언, 더 영적인 발언을 고대해 왔습니다. 그런데도 지금 우리에게 추천되고 있는 것은 고백교회의 자포자기이군요. 우리는 더 이상 그러한 것을 따르지 않을 것입니다.[28]

루트 폰 클라이스트-레초브 여사는 이렇게 말했다. "서명들이 뒤죽박죽인 것만 보아도, 에센 초안은 대단히 명백한 불신앙을 있는 그대로 드러내는 것 같군요."[29] 대단히 날카로운 지적이었다. 옛 전우들을 재결합시키려고 하는 까다로운 시도를 고려할 때 특히 그랬다. 하지만 본회퍼도 대체로 그렇게 생각하는 편이었다.

혹자는 본회퍼가 당시에 통합의 문제와 "고백전선"의 확대 문제를 그다지 중시하지 않았다고 비난할지도 모르겠다. 하지만 그는 당시에 개신교회 전체의 분열상을 보고 크게 괴로워하지도 않았고, 별다른 것을 기대하지도 않았다. 그가 정말로 우려한 것은 진리를 인식하기 위한 목소리가 잠잠해지는 거였다. 그는 자연스러운 평정 욕구를 사악한 조언자로 여겼다. 이제껏 국가사회주의 국가의 부당한 요구들에 대해 꿀 먹은 벙어리처럼 침묵하던 자들이 새롭게 규합되었다고 해서 그들이 갑자기 또렷하게 말하겠느냐는 거였다. 본회퍼는 에센 협의에서 또렷한 목소리들이 늘어나기보다는 그 목소리들이 탁해져서 침묵에 가까워질 것으로 예상했다. 유대인 박해의 날(수정의 밤)인 1938년 11월 9일, 그의 우려가 사실로 드러났다. 에센 협의에 참여했던 자들이 하나같이 침묵했기 때문이다.

게르하르트 니묄러Gerhard Niemöller가 기술한 대로, 에센 협의에서 "달렘 사람들"의 고립이 이미 진행되었다.[30] 상당수의 사람들이 달렘 사람들을 더 이상 대면하려 하지 않았다. 본회퍼는 자신이 급진적 기질의 사람으로 비방받는 것에 개의치 않았다. 이제 달렘의 급진주의가 의미하는 것은 보잘것없는 증언의 잔재들에 불과했고, 나중에는 다들 그리되게 한 것을 부끄러워하지 않으면 안 될 터였다. 당시에 공공연하게 떠돌던 "달렘 성향"과 "순교 욕망"이라는 비난은 국가사회주의 국가 안에서 그리스도교의 중대한 문제들을 도외시한 상태에서만 할 수 있는 것이었다. 1938년 "달렘 성향"은 단순히 기질이나 소질로 얻을 수 있는 것보다 훨씬 비싼 값을 치르고 얻은 관심사였다. 본회퍼는 고백교회가 달렘의 특징에 이바지한 공로를 높이 평가하지 않고 독자적인 진로를 고수했다. 그는 "고백 운동"의 창시자 테오필 부름 감독이 국가의 불의에 반대하는 목소리를 높이면서 통합을 시도하는 바람에 일어난 불미스러운 일들, 곧 고백교회와 "고백 운동" 사이에 불거진 언짢은 일들을 나중에는—1943년에는—완전히 잊을 용의가 있었지만,[31] 1938년에는 초라한 집단을 저버리기보다는 차라리 고립되는 쪽을 택했다. 그 초라한 집단은 적어도 처음에는 여기저기서 예언자적 직무를 떠맡고, 투입 가능한 젊은 신학도들의 부양에 적지 않은 돈을 지출한 집단이었다.

로마드카와 기도서

에센 III이 있고 몇 주 뒤, 한편으로는 광범위하게 형성된 중도파—좌파인 달렘 사람들과 우파인 독일그리스도인연맹을 제외하고 형성된 중도파—에 대한 동경을 더욱 부채질하고, 다른 한편으로는 고백교회의 국수주의적 애착을 고통스럽게 드러내는 일이 일어났다. 이 일은 고백교회 구성원 모두가 관련된 일인데도, 다들 당사자들을 멀리하려고 했다.

첫째, 마르틴 알베르츠와 한스 뵘이 1938년 9월 하순에 고백교회 임시지도부를 위해 기도서를 편찬했다. 9월 27일, 히틀러의 전차부대가 베를린 시내를 줄지어 통과하는 동안, 그들은 교회들에게 독일 국민에 대한 죄책 고백—이는 당시에 대단히 용기 있는 일이었다—과, 직접적인 전쟁 위험을 예방하기 위한 기도를 촉구했다. 오늘날에는 특별할 것도 없고 놀라울 것도 없는 것 같지만, 그것은 교회 지도부가 내놓은 영적인 조치였다. 1914년의 전통에 의하면 비할 데 없이 냉철하고 대담한 조치였다.

둘째, 바로 이 시기에 편지 한 통이 공개되었다. 칼 바르트가 바젤에서 프라하 대학교의 동료 교수 로마드카에게 보낸 편지였다. 체코슬로바키아 사람들에게 강력한 군사적 저항을 촉구한 편지의 내용은 아래와 같다.

모든 체코 군인이 독일군에 맞서 싸우며 고생한다면, 이는 우리를 위해 하는 일이 될 것입니다. 솔직히 말씀드리면, 모든 체코 병사는 히틀러와 베니토 무솔리니의 분위기 속에서 조롱의 대상 내지 박멸의 대상이 된 예수의 교회를 위해 그리하게 될 것입니다.[32]

이는 지나친 언사였다. 마르틴 알베르츠와 한스 뵘을 바르트 및 로마드카와 나란히 배열하는 것이 불합리해 보였다. 이 대목에서 누가 누구를 감싸줄 수 있었겠는가?

나치 친위대 신문 「검은 장교단」이 한스 케를과 제휴하여 기도서의 저자들과 고백교회의 임시지도부에 "성직 복장을 한 반역행위"가 있다고 비난했다. 하지만 임시지도부 인사들은 바르트에게 영적인 영역과 정치적인 영역을 이단적으로 혼합했다는 죄를 씌워 그 위험한 친구와 절교했다. 충성 서약을 둘러싼 논쟁이 진행되는 동안, 물밑에서는 정치적 저항에 대한 물음이 근근이 이어져 온 상태였다. 달렘의 특징이기도 했던 그 물음이 미처 준비되지 않은 고백교회 앞에 갑자기 나타나자, 깜짝 놀란 임시지도부가 우파로부터, 나치 친위대로부터, 루터교도들로부터 받은 타격을 좌파에게 가하려고 시도한 것이다. 임시지도부는 모든 지방교회 당국에 보낸 회람에서 다음과 같이 확언했다. "우리는 스위스에서 우리 조국을 겨냥하여 말한 이 정치신학, 민주주의적으로 이념화된 정치신학과 아무 관계가 없습니다. 바르트와 기도서 내지 그 정신 사이에는 아무 관계가 없습니다."[33]

하지만 아무 도움도 되지 못했다. 한 번의 타격으로 "카셀 협의회"와 '에센 I-III'이 쓸데없는 것이 되고 만 것이다. 고백교회의 수많은 친구가 전선들 사이에서 어찌할 바를 몰랐다. 11월 초에 독일 통신사Das Deutsche Nachrichtenbüro에서 아래와 같이 보도했다.

아우구스트 마라렌스, 한스 마이저, 테오필 부름, 율리우스 퀼레바인Julius Kühlewein과 같은 지방 감독을 위시한 그리스도인 전체가 똘똘 뭉쳐, 자신들의 서명을 담아 제국종무부 장관에게 이렇게 단언했다. "우리는 저 회람을 거부하고, 그 속에 표현된 태도를 신랄히 비난합니다. 우리는 그에 대해 책임이 있는 인사들을 해고할 것입니다."

교회 업무를 담당하는 제국종무부 장관이 즉시 급료 전체를 일시적으로 중단하고, 소위 독일 개신교회 임시지도부 회원들의 면직을 목표로 징계 처분을 사주했다. 나중에 이 조치는 여러 지방교회의 형제협의회를 책임지는 사람들, 소위 임시지도부를 후원하는 사람들에게까지 확대되었다.

전후(戰後)에 테오필 부름 감독은 '어둠의 세력이 빛의 세력보다 강했다'라는 글에서 종무부 장관이 자신을 누르고 거둔 이 새로운 승리의 순간을 있는 그대로 묘사하는 정신력을 입증해 보였다.[34]

수정의 밤

이와 같이 고백교회가 절망적인 상황에 처해 있던 11월 9일, 유대계 주민에 대한 온갖 테러행위가 일어났다. 생활의 리듬을 잃고 말문이 막힌 채 살아가는 한 무리의 그리스도인들도 그날을 맞이했다. 수요일에서 목요일로 넘어가던 그날 밤, 쾨슬린에서 유대교 회당이 불탔다. 이때 본회퍼는 주 후반이면 늘 그랬듯이 삼림지대 뒤에 있는 그로스-슐뢴비츠에 가 있었다. 때문에 그는 전국에서 무슨 일이 일어났는지를 나중에야 들을 수 있었다.[35] 그는 베트게를 괴팅겐으로 보내 누이의 집을 건사하게 했다. 집은 훼손되지 않고 온전했다.

본회퍼는 기도시간과 묵상시간에 사용하던 성서의 시편 74편에 있는 구절, "그들은 이 땅에 있는, 하나님을 만나 뵙는 장소를 모두 불살라 버렸습니다"에 밑줄을 긋고, 그 옆에다 "1938년 11월 9일"이라고 썼다. 그다음 구절에는 줄을 긋고 느낌표를 달았다. 그 구절은 이러하다. "우리에게는 어떤 징표도 더 이상 보이지 않고, 예언자도 더 이상 없으므로, 우리 가운데서 아무도 이 일이 얼마나 오래 갈지를 아는 사람이 없습니다." 그는 며칠 동안 작성하여 핑켄발데 출신자들에게 보낸 회람에서(DBW 15:81-84) 이렇게 말했다. "지난 며칠 동안 나는 시편 74편, 스가랴서 2:8, 로마서 9:4 이하와 11-15절을 곱새겼습니다. 그 일이 기도로 이끄는군요."[36] 그러고는 형제들에게 다음 구절을 따라 읽고 곰곰이 곱새겨 달라고 당부했다. "너

1938년 11월 9일, "수정의 밤" 사건으로 불타는 유대교 회당.

희에게 손대는 자는 곧 주의 눈동자를 건드리는 자다."[37] 그는 예전에 자신의 제자들에게 각인시켰던 다음과 같은 명언을 이 시기에도 말했을 것이다. "유대인들을 위해 목소리를 내는 사람만이 그레고리안 성가를 부를 수 있다."[37a]

이 좋지 않은 해에, 본회퍼는 잔뜩 두들겨 맞은 고백교회 잔류 인사들의 승산 없는 양동 작전과 사실상 어느 정도 거리를 두었다.

III. 합법화

소장파 불법 목사들은 고백교회 안에서 일어나고 있는 연쇄적 몰락을 실감했다. 어쨌든 구프로이센 연맹 지역에서는 합법적 목사직에 있는 고백 목사들과 합법적 목사직에서 배제된 달렘 성향 목사들 사이의 차별이 점점 더 강하게 느껴졌다. 제한된 무리만이 이 차별을 느끼고 당혹스러워했다. 따라서 그 무리의 운명은 독일 안팎에서 공공의 관심을 불러일으키지 못했다. 하지만 그들은 본회퍼가 그 무엇보다 더 위해 주던 이들이었다. 그가 볼 때 이 동아리 안에는 바르멘과 달렘이 약속했던 모든 것이 구현되어 있었다. 그는 앞서 말한 민감하고 대체로 가시적인 저 사건들을 위한 투쟁보다는 동아리의 일자리를 위한 투쟁과, 그 일자리의 지속성을 위한 투쟁을 더 중시했다. 여기서 중요한 것은 그의 사람들이었다.

상황

고백교회와 그 기관들만은 프리드리히 베르너의 시기에도 변함없이 건재했다. 하지만 이 기관들의 지배력을 조금이라도 단호하게 행사하거나 거기에 복종하려고 시도하는 사람은 여러 법령의 그물에 걸려들었다. 그런 사람은 반역행위 관련법이나 설교단 관련법, 의연금 관련법, 하인리히 히믈러의 포고령이나 언론·출판법에 의해 기소되었다. 고백 목사는 더 이상 합법적인 사람으로 통하지 않았다. 고백 목사는 드러내 놓고 항의하거나, 자신의 불복종이 묵인되기를 바라는 막연한—때때로 근거가 있는—희망을 품고 행동했다.

1938년, "국민교회"는 전과 마찬가지로 여전히 건물과 이름을 지니고 예배 의식을 거행하며 설교도 했다. 하지만 지난 수십 년 동안 유지해 온 주(州)교회들과의 일치는 더 이상 없었다.

프리드리히 베르너와 국가 재무 분과들은 베를린에서 지배권을 행사하며 교회 당국들을 엄격하게 조종했고, 교회 당국들은 위법을 지시받고도 더 이상 항변하지 않았다.

각 교구의 종교국에서는 노회한 관료들이 신조를 바꾸지 않고 여전히 일하고 있었다. 하지만 그들에게는 결정권이 없었다. 반교회적 행동과 발언을 서슴지 않는 자들도 그곳에서 주름잡고 있었다. 종교국들의 유서 깊은 대학 기구들은 "총통 원리"에 따라 법무 장관을 위해 폐지되었다. 그 바람에 고결한 종교국 회원들은 더 이상 이의를 제기할 수 없었다.

1939년 초, 개(個) 교회에서는 목사가 전부터 갖고 있던 독립성을 잃고 말았다. 당국이 "직무상의 이유로" 면직시키거나 좌천시킬 수 있었기 때문이다. 개 교회는 교회세와 헌금의 처분 권한을 잃었다. 여러 지역의 개 교회에서 어떤 지시들에 저항했다는 이유로, 예컨대 반항적인 목사에게 급료 지급을 정지하지 않거나 그를 내쫓지 않았다는 이유로 장로회가 해산되고 그 대신 재정 위원이 배치되는 일이 벌어졌다.

소장파 불법 목사들이 무리해서라도 이들 개 교회로 돌아가려 했을까? 그 교회들이 그들을 모집하려 했을까? 놀랍게도 1938년도의 지방교회 합법 목사직은 그 모든 것에도 불구하고 일련의 매력적인 특권들—목사관은 말할 것도 없고!—과, 고백교회가 줄 수 있는 것보다 훨씬 평온한 활동 가능성을 제공했다. 프리드리히 베르너가 불법 목사들의 생활을 괴롭게 할 수 있었음은 분명한 사실이다. 그는 그들에게 건물을 제공하는 것을 금지하거나, 그들을 상대로 부동산 점유 회복 소송을 벌이거나, 급료 지급을 중지시키거나, 그들을 부양한 개 교회 장로회에 상환 의무를 지울 수도 있었다. 그는 그대로 했다. 현직에 있는 나이 든 목사들이 젊은 목사들을 받아들이고, 자신들의 합법성으로 그들을 엄호하고, 그들에게 어중간한 일을 맡기려 했을까? 사실상 그것은 대단히 어려운 일이었다.

불법 목사 집단은 이제까지 고백교회의 집단 가운데 비교적 적은 해를 입은 집단이었지만, 이제는 종교국 수장들이 그들을 모집하려고 애쓰기 시작했다. 그들은 1937년 말부터 유화책으로 꾀거나 아니면 끊임없이 "최종" 시한을 설정하며, 자신들에게 의존하면서 완벽하게 구비된 목사직으로 들어오라고 압박했다. 다들 개인적으로 신청하고, 형제협의회에 있던 시험 답안들과 증서들을 동봉하고, 종교국에서 주관하는 추가 시험과 구두시험을 치르고, 서명을 통해 종교국의 치리 기능을 인정해야 했다.

양자택일

형제협의회의 길과 종교국으로 가는 길, 이 두 길 가운데 어느 한쪽을 택하는 것은 고통스러운 일이었다. 다들 1937년의 체포 시기를 대단히 용감하게 견뎠지만, 이제는 독자적으로 활동할 가망이 거의 없었다. 이제까지 제기된 물음들에 최종적으로 던졌던 답들이 다시 의문시되었다.

설교사직Predigtamt을 택할 것인가, 목사직Pfarramt을 택할 것인가의 양자택일에 모든 것이 집중되었다. 공적인 "목사직" 없는 설교사직이 존재할 수 있었을까? 교회투쟁이 발발하기 전에 취임한 목사들이 소유하고 있던 것과 같은 목사직에는 활동의 자유가 어느 정도 보장되어 있었다. 조금만 타협하면 그것을 얻을 수 있었다. 옛날부터 감독권은 국가에 있었고, 다들 공공 단체의 위상을 희생하면서라도 그것을 받아들였다. 그리고 거기에는 교회들도 있었다! 목사가 부족한 까닭에 마음만 먹으면 기회를 이용하여 공직을 차지하고 부족함 없이 살 수 있었다. 교회의 사정이 그러한데도 달렘의 관점은 도무지 변할 줄 몰랐다. 그런 상황에서 설교사직이 무슨 소용이 있었겠는가? 고백교회가 영적 정당성을 가지고 설교사직을 맡겨도, 국민교회 조직의 소관 부서가 그것을 배제하고 기존의 설교사직마저 철회했기 때문이다.

양자택일은 바르멘과 달렘의 연계를 문제 삼고, 그 정당성도 문제 삼았다. 상당수의 사람이 달렘보다는 바르멘이 중요하니, 종교국이 제시하는 합법화를 받아들이면서 바르멘을 지지해도 되지 않을까 하고 생각했다. 달렘을 포기하고 바르멘을 지지한다는 것은 형제협의회를 통한 교육, 시험, 목사안수를 거부하면서 동시에 독일그리스도인연맹의 신학적 동등권과 그들의 지배권 주장을 인정하지 않는 것을 의미했다.

이 양자택일에 직면하여 불안과 피로감이 확산되었다. 수많은 사람이 신학의 재조정을 떠올렸다. 형제협의회 지도부 회원 상당수는 자신들이 교회들을 책임져야 한다는 사실에 깜짝 놀라고, 불법 목사들을 돌보는 자신들의 의무가 인간적인 이유와 재정상의 이유로 끝장날까 봐 두려워했다. 불법 목사들 가운데 다수는 이미 형제협의회의 두서너 인사들에게서 실망스러운 경험을 한 상태이거나 하는 중이었다. 그들은 형제협의회를 통한 서약 문제 처리와 기도서 처리를 칭찬할 만한 일로 여기지 않았다. 게다가 이제는 중립적인 동아리에서도 주목할 만한 개혁신학이 추진되고 있었다.

1938년과 1939년, 본회퍼의 편지철에는 핑켄발데 출신자들이 문의하고 탄식하고 도움을 요청하는 편지들이 수북이 쌓였다.

> 이곳 포메른에서 고백교회가 정말로 끝장날 경우, 어찌해야 할지 모르겠습니다. 다른 직업을 찾아보는 게 좋을까요? 아니면 더 이상 이 직업에 전념할 수 없게 되었으니, 나쁜 줄 알지만 그리고 교회에 대한 나의 견해를 거스르는 것인 줄 알지만 종교국으로 갈 수밖에 없다고 천명하는 게 좋을까요?[38]

> 우리는 온전한 직책을 갈망합니다. 내 생각으로는 다들 종교국으로 가려고 하는 이유가 거기에 있는 것 같습니다. 우리는 일을 충분히 가지고 있고 기쁘게 하고 있지만, 말씀의 직무가 우리에게 더 많은 것을 요구하는 것도 다소 그 이유가 될 수 있습니다. 지금 나는 "성직에 몸담고 있는 형제들"은 자신들의 직무와 집을 우리와 함께 나누어야 한다는 총회의 확언과 의견을 달리하고 있습니다. 바로 여기에 난제가 있기 때문입니다. 말하자면 집을 나눌 수는 있어도 직무를 나눌 수는 없다는 것입니다. 그 직무에 대한 책임이 **하나**뿐이기 때문입니다.[39]

> 최근에 교구의 누군가가 나에게 묻더군요. "소장파 목사들은 마음을 바꾸지 않

겠지요?" 나는 이렇게 대답했습니다. "교구가 마음을 바꾸지 않으면 그럴 겁니다."……보도에 따르면 베스트팔렌에서도 대략 40명의 목사가 마음을 바꾸지 않았다는군요.[40]

나는 지금까지 걸어온 길의 연장을 신학적으로 옳게 여기지도 않고, 다른 이를 위해서나 나를 위해서도 더 이상 그럴 마음이 없습니다. 내가 선생님께 편지를 쓰는 것은 그 때문입니다. 이제껏 선생님의 조언을 즐겨 들었으니, 앞으로도 선생님의 조언 없이 지내고 싶지 않군요. 내가 문의하는 것은 이것입니다. 내가 선생님 및 핑켄발데 사람들과 이제껏 맺었던 형제관계가 계속될 수 있을까요, 없을까요? 나 때문에 그 관계가 깨진 것이 확실하지만, 선생님과 여러분 모두, 그래요, 교회 파괴와 여타의 죄책이 우리에게 있다고 비난할 것임에 틀림없는 여러분 모두가 여전히 우리를 품어 주시려는지요?[41]

본회퍼는 안팎의 압박에 조금도 굴하지 않았다. 그는 방문, 회의, 강연, 회람, 개인적인 편지에서 자기 생각을 신학적으로, 목회적으로 이해시키려고 애썼다.

이제 막 시작된 길도 옳은 길인지를 몇 주 동안 새로이 검토해 보면, 대단히 책임감 있는 행동을 하게 될 것입니다. 심각한 어려움이 나타날 때마다 곧바로 그러한 "책임감 있는 검토"가 이루어진다면, 이는 특히 인상적인 일입니다. 그리되면 스스로 "이 길에는 '참된 기쁨과 확신'이 없구나"라고 이의를 제기하거나, "하나님께서 더 이상 예전처럼 분명한 말씀으로 우리와 함께하시지 않는구나"라고 뼈아픈 말을 하게 될 것입니다. 하지만 엄밀히 말하건대 우리는 신약성서가 "인내"와 "연단"이라 부르는 것을 피하려고만 하고 있습니다. 어쨌든 바울은 저항과 고난이 위협할 때에도 자기가 걷는 길이 옳다는 것을 의심하지 않았습니다.……우리는 하나님께서 오늘날 우리에게 원하시는 것은 새것이 아니라 옛것의 입증이라는 것을 의심해서는 안 됩니다.[42]

그는 자기 주위에서 패배주의적인 목소리가 나오는 것을 허용하지 않았다. 하지만 바로 이 시기에 맏형 칼-프리드리히에게는 아래와 같이 고백했다.

> 지난 몇 주 동안은 부분적으로 상당한 심리적 저하를 겪으며, 얼마나 많은 사람이 온갖 상황에서 온갖 변명과 이유를 들이대며 편안함과 안전을 추구하는지를 지켜보아야 했습니다. 그러한 때에는……심방과 강연 등 상당히 많은 일을 끊임없이 해야 합니다. 커다란 희생을 치르더라도 끝까지 견디는 것이 교회를 위해 중요한 일인 것 같습니다. 잘못된 굴복으로 인해 잃게 될 것에 비하면 지금 하는 희생은 아무것도 아닙니다. 지금 하는 온전한 경주가 이 대의에 쓸모가 없다면 어디에 쓸모가 있겠습니까? 그럴 사람이 얼마나 되겠는가라는 물음은 중요하지 않습니다. 그럴 사람이 몇이라도 있다는 것이 중요합니다.[43]

사태 전개 단계

1. 1937년에서 1938년으로 넘어가는 겨울에 포메른 종교국이 합법화를 제안하는 개인적인 편지들로 불법 목사들을 회유하자, 그동안 지루하게 끌어오던 투쟁이 본회퍼에게 긴급한 투쟁이 되었다. 포메른 종교국은 재시험과 목사안수 확인서 청원을 요구하고 시한을 못 박았다. 하지만 시한은 세 차례나 연장되었다. 1938년 1월 슈테틴에서 프리츠 온나쉬의 사회로 열린 당사자들의 회의에서 목사후보생들과 젊은 목사들 46명이 종교국의 부당한 요구를 단호히 거부했다. 본회퍼는 목회적으로 신중하게 작성한 회람을 그들 각자에게 보냈다.[44] 그는 회람에서 순종과 불순종에 대하여 대단히 직접적으로 말하며, 교회투쟁은 "율법으로서" 수행되거나 존재해서는 안 되고, "복음으로서"만 수행되고 존재해야 한다고 말했다.[45] 본회퍼는 회유받는 이들에게 바르멘과 달렘의 긍정적인—압박하지 않고 열매 맺는—선물을 참조하도록 지시했다. 그는 투쟁에 진저리 치는 것을 예전에 알았던 것에 대한 만성적 불순종으로 여기고, 남들이 "새로운 상황"이라고 부르는 것을 완고하게 "연막"(煙幕)이라 불렀다.

2. 1938년 2월 26일, 프리드리히 베르너 박사가 "비공식적인 일자리에 있다가 시험을 치른 신학자들을 지방교회 직무에 수용하는 것에 관한 법령"을[46] 공표하

면서 불안이 새롭게 싹텄다. 이 법령은 합법화가 종교국의 영적 치리권 인정과 연결되어선 안 된다는 해석을 허락했을까? 4월 5일에 발효된 시행 세칙들은 엄청난 실망을 안겨 주었다. 그것들은 종교국의 요구들을 "법률 지원"—불법 목사들이 닫혀 있던 직무에 진입하도록 후원하는 것—으로만 여기는 것을 허락하지 않았다. 그러기는커녕 저 종교국의 영적 치리권 전체를 온전히 인정할 것을 요구했다.

그럼에도 광범위한 전선에서 토론이 시작되었다. "법률 지원"으로 해석해서는 안 되는가, 개개의 협상에서 이것이 가능하지 않을까, 그러면 형제협의회도 종교국과 나란히 자신의 확실한 영적 토대를 가지고 "내적 치리"를 행사할 수 있지 않을까 등의 물음을 놓고 벌인 토론이었다. 급기야 몇몇 주(州)교회와 그 교구에 속한 몇몇 집단이 스스로 최선의 것을 얻어 내기 시작했다. 구프로이센 형제협의회도 될 수 있는 대로 문제를 조정하려고 시도했다. 목사직을 위해 국가의 감독권을 어느 정도 인정해야 한다는 관점 아래, 구프로이센 형제협의회는 시험 관련 서류를 종교국에 "일괄 제출하는 것"을 옹호하면서도 종교국을 교회지도부로 인정하지 말 것을 당부했다. 그럼에도 주 형제협의회와 집단들은 개별적으로 대응했다. 그들을 승인할 준비가 되어 있는 종교국이 대단히 상이한 태도를 취했기 때문이다. 이번에는 베스트팔렌 형제협의회가 칼 코흐 의장의 지도 아래 특별협정에 참여했다. 불법 목사들의 5분의 4가 타협할 용의가 있는 의장을 지지했고, 타협에 반대하는 이는 5분의 1밖에 안 되었다.[47]

본회퍼는 아래와 같이 격하게 반응했다.

첫째, ……자기만 위하는 자는 교회 공동체를 속이는 자입니다.

둘째, 무슨 일이 있어도 지금 모든 어려움을 해결해야 한다며 우리를 압박하는 자는 나쁜 조언을 하는 자입니다.

셋째, 이미 파괴될 대로 파괴되고, 빼앗길 대로 빼앗기고, 폐쇄될 대로 폐쇄되었으니, 현재의 재고(在庫)라도 건져야 한다고 말하며 우리에게 걱정과 우려를 끼치는 자에게는 이렇게 대꾸해야 합니다. "우리는 현재의 재고 자체에 어떤 기대도 걸지 않는다. 하나님이 파괴하려고 하시는 것은 무엇이든 마땅히 파괴되어야 한다. 우리는 제도와 기관에 집착하지 않으며, 우리 자신의 제도와 기관에도 집착하지 않는다. 소위 교회의 재고에 집착하는 자는 다른 모든 이와 마찬가지로 하나님을 부인하는 자요 우리에게서 상을 앗아 가는 자다. 우리는 하나님께서 불가사의한 방법으로 자신의 말씀과 우리를 구하실 것이라고 굳게 믿는다. 이것이야말로 우리가 고집하는 유일한 재고다."[48]

3. 하지만 포메른에서는 모든 것이 흔들리는 것처럼 보였다. 종교국이 또 한 번 최종 시한을 9월 30일로 잡았다. 9월 1일, 본회퍼와 프리츠 온나쉬는 결단을 내리지 못하고 다음과 같이 묻는 이들을 위해 거의 스물네 시간 동안 애썼다. "고백교회가 충성 서약을 거부하지 않은 것은 스스로를 포기한 것이 아닌가? 고백교회는 스스로 해체해야 할 만큼 영향력이 적은 게 아닌가? 고백교회는 우리를 얼마나 오래 고용하여 재정을 지원할 것인가?"[49] 회의가 끝난 뒤, 형제들은 구프로이센 형제협의회가 제안한 대로 자신들의 서류를 하나도 빠뜨리지 않고 종교국에 제출했다.

포메른 형제협의회는 10월에 어쩔 수 없이 충실한 벗들을 임시 목사 회의에 초청했다. 형제협의회 위원인 라인홀트 폰 타덴, 에버하르트 바우만, 베르너 드 보어 Werner de Boor, 요하네스 바르텔트가 문제들을 털어놓고 본회퍼가 본강연을 맡았다.

라인홀트 폰 타덴이 기를 죽이는 그림을 있는 그대로 보여주었다. 수년 전만 해도 포메른에 임지를 둔 목사 600명 가운데 318명이 고백교회의 자기 의무 헌장에 서명했지만, 이제는 이 318명 가운데 현직 목사 60명만이 형제협의회를 따랐다. 게다가 57명의 젊은 불법 신학자도 따랐다. 이 57명 가운데 정규 목사직에 있는 이는 17명뿐이었고, 22명은 비정규 목사직에 있었으며, 15명은 취직도 안 된 상태였다. 형제협의회는 매월 9,000라이히스마르크를 조달해야 했다. 이 가운데 6,000라이히스마르크가 불법 목사들 몫으로 결정되어 있었지만, 이제는 4,500라이히스마르크만 들어왔다.[50]

회의 준비가 끝나자, 본회퍼가 타협할 용의가 있는 선한 양심의 소유자들을 얻기 위해 신학 강연을 했다.[51] 그가 중시한 물음은 "이제까지 걸어온 길"에 관한 물음이 아니라 바르멘과 달렘의 확실성에 관한 물음이었다.

성서는 "우리의 길"에 대한 물음의 열정과 문제점을 도무지 알지 못합니다.……우리의 길은 자체적으로 중요성이라든가, 문제점이라든가, 특별한 비극을 갖고 있지 않습니다.……(그러나 이제는 다들) 걷기도 전에 길을 보고 싶어 하는군요.……성서가 논증하는 것은 길이 아니라 하나님의 진리입니다. 성서의 증거는 신앙을 아끼지 않고, 우리를 신앙의 모험으로 이끌어 하나님의 말씀에 복종하게 합니다.[52]

그러고는 형제들로부터 성급히 이탈하여 종교국으로 넘어간 자들을 아래와 같이 비난했다.

형제를 곤경에 빠뜨리지 않는 것, 우리가 공격받지 않을 때에도 복음 때문에 공격받는 형제를 위해 나서는 것, 위험과 투쟁과 고난 속에서 서로 편들어 주는 것, 이 모든 것은 굳이 언급할 필요가 없을 만큼 자명한 사실입니다. 꼭 그래야 하는가라는 물음은 이 사실에 문제를 제기하여 이탈로 이끌 뿐입니다.[53]

그는 치리권 문제를 둘러싼 귀찮은 논쟁을 벌이지 말라는 유혹을 물리치며 아래와 같이 말했다.

우리는 저쪽 종교국 진영에 들어가면 실질적인 문제가 전부 풀릴 것이라고 생각하지 않습니다! 저쪽으로 가는 것은 내적인 권한을 포기하는 것이나 다름없습니다. 그것은 진리 안에 머무는 것이 아니기 때문입니다.[54]

이 강연의 메모는 여러 부 복사되어 1939년 주현절 총회에서 영향을 미치고, 여러 주와 여러 단체에서 숙독되고 논의되었으며, 답변서도 몇 차례 받았다.

4. 아직도 바닥을 치지 않았는지, 붕괴가 계속되었다. 하지만 날이 가도 정예 신학자들은 어떠한 논거나 유혹에도 넘어가지 않았다. 그런데 급격한 전향이 시작되자, 1939년 1월 6일 베스트팔렌 이외의 지역에서 활동하는 불법 목사들의 모든 형제단 단장들이 저항을 공동으로 촉구했다.

그러한 당국들이[55] 장래 목사들의 살과 피를[56] 조사하면서도 영적 상태는 조사할 의향이 없거나 그럴 수 없다면, 교회가 세워지겠는가?

그러다가 1939년 1월 28일, 니콜라스 호숫가에서 열린 구프로이센 주현절 총회가 분명한 성명서를 내놓았다.

우리는 설교사직 임명을 교회 당국을 통해 받지 않고 제국교회 당국을 통해 받으려고 하는 형제들에게 경고한다. 그대들은 목사 취임의 위안을 잃고, 거짓 교회 당국을 지지하고, 고백교회 기관들을 회피한 채 제 손으로 꾸려 나가고, 동료 형제를 떠나고, 공동체를 혼란에 빠뜨리는 등의 과오를 범하고 있다.[57]

이 성명서에는 본회퍼의 논거들도 요약 형태로 수록되었다. 그는 끔찍한 1938년을 보내고 나서 열린 이 총회를 오랜 기다림 뒤에 얻은 해방으로 여겼다.

최근에 온갖 예상과 달리 하나님의 선하심을 통해 우리에게 선물로 주어진 새 출발이 숨 막히는 압박에서 우리를 홀가분하게 해주었습니다.……우리는 더 이상 수입이 없어서 서글프고 절망적이며 힘겨운 생활을 했거든요.[58]

몇 주 뒤 악명 높은 '고데스베르크 선언'이 공포되었다.[59] 과격한 독일그리스도인연맹의 관심사를 공식적으로 합법화해 준 것이나 다름없는 선언문이었다. 본회퍼는 형제들에게 아래와 같이 편지했다.

지난번에 편지한 이래로 많은 것이 더 좋아지고 더 분명해졌습니다.……지난 몇 주 사이에 분명해진 대로, 대화 가능성이 어떤 지점에서 사라지고 말았습니다. 하마터면 우왕좌왕하며 논박하느라 거의 기진맥진할 뻔했지만, 다행히 그러지 않았습니다.[60]

5. 주현절 총회 뒤 대다수의 지방에서 종교국의 제안서에 대한 답변으로서 "재

시험"에 응하라는 명령서를 발부했다. 하지만 그것은 노골적으로 "시험"을 의미했다. 앞으로 목사후보생은—온갖 항의와 협상에도 불구하고—"헌금행위 및 설교단 발표와 관련하여 교회법과 국법에 당연히 복종할 마음을 품어야" 한다는 거였다.[61]

그럼에도 겨울철에 기울인 노력이 몇 가지 성과를 거두었음이 드러났다. 재시험에 응하라는 명령을 받은 이들 대다수가 합법화 권유에 응하기를 거절한 것이다.

> 다른 형제들과 마찬가지로 나도 당국이 성서 및 신앙고백과 결부된 양심의 숙고—이미 여러 차례 상세히 개진한 바 있는 숙고—를 거스른 채 자신의 권력 수단을 동원하여 이루려고 하는 일에 가담하기를 거부할 수밖에 없군요.……유감스럽게도, 우리의 권한에 속한 주(州)교회 목사직을, 그 직무에 필요한 선하고 즐거운 양심과 모든 의무와 모든 권리를 유지하면서 수행하는 데에 종교국이 아무 도움도 주지 못하기 때문입니다.[62]

슈테믈러가 당시에 보고한 대로, 작센 주에서는 "거의 모든 이가 예외 없이 고백교회의 길을 계속 걷기"를 원했고, 곧바로 작센 주 형제협의회는 율리우스 슈니빈트와 에른스트 볼프가 가르치는 할레 대학교 신학부 출신의 신학생들이 있는 자리에서 새로운 목사안수를 거행했으며, 안수받은 이는 저마다 일자리를 지정받고 여러 가지 할 일을 얻었다.[63]

베스트팔렌에서도 예상했던 사태는 일어나지 않았다. 그로스-슐뢴비츠 수련목회자 모임의 일원이었던 한 불법 목사는 본회퍼에게 아래와 같이 편지했다.

> '우리의 길에 대한 숙고'를[64] 1월 30일에 받았음을 알려 드립니다. 그 글과 이번 주에 나온 성명서[65] 덕분에 문제 전체를 달리 보게 되었습니다.……저와 베스트팔렌에서 사역하는 여러 동료를 특히 생각해 주시기를 바랍니다![66]

6. 하지만 본회퍼의 거처 인근에 있는 포메른에서는 전선 함락이 극심했다. 명망 있는 형제협의회 회원들이 오래전부터 재시험을 권유해 온 상태였고, 그라이

프스발트 대학교수들은 본회퍼가 1936년에 교회 공동체에 관해 쓴 논문에 담긴 신학을 거듭거듭 공격하며 그 신학이 제시하는 개혁의 토대를 의심했다. 슈테틴 종교국에는 유화적인 성직자들이 포진해 있었고, 불법 목사들 사이에는 전문 지식을 갖춘 대변자들, 곧 재시험 준비에 대단히 많은 서식과 근거를 제공할 수 있는 대변자들이 포진해 있었다. 그들은 유감스러운 중복 처리(이미 치른 시험을 또다시 치르게 하는 것—옮긴이)의 사실을 받아들여 "진로 A" 그룹의 사실과 "진로 B" 그룹의 사실에서 시작하되, 그 모든 것에도 불구하고 함께 머무르는 형제단 안에서 서로를 떠받쳐 주자고 제안했다. "진로 A" 그룹은 프리츠 온나쉬의 주도로 합법화를 단호히 거부하는 이들이었고, "진로 B" 그룹은 게르하르트 크라우제의 주도로 합법화를 지지하는 이들이었다. 이는 괴로운 논쟁으로 이어졌고, 본회퍼도 그 논쟁에 깊숙이 휩쓸려 들어갔다.

슈톨프에서 목회하는 동료 목사 베르너 드 보어가 사분오열된 전우들에게 소개한 한 회람에서 게르하르트 자스Gerhard Saß가 주현절 총회 결의문에 대한 불만을 토로했다. 총회가 내세운 근거들, 곧 총회가 증거로 끌어댄 참된 **소명**vocatio과 참된 교회 당국이 신학적으로 해명되지 않았으며, 국민교회가 교구에 이르는 실제적인 통로를 여전히 제공하고 있고, 종교국이 "목사가 감금 상태인"(DBW 15:142) 교구들에까지 정규 설교자를 보내고 있다는 불만이었다.

> 교회 당국을 둘러싼 투쟁이 고백교회에 도움이 되지 못한 지는 오래되었습니다. 하지만 교회투쟁의 전선은 상당히 넓게 확대되고 있습니다. 결정은 더 이상 교회 당국의 몫이 아닙니다. 그런데도 총회는 계속 결정을 내리려고 애쓰며, 다른 곳에 요긴하게 사용되고 있는 힘들을 속박하고, 적대적인 동료들을 포기하고 있습니다.……진로 A는 빈약한 능력과 빈약한 토대를 가지고 닫힌 문을 향해 끊임없이 달려드는 돌진에 불과합니다.

진로 B의 형제들이 좀 더 유력한 공동 사회를 이루기 위해 "그들의 영적 지도부인 형제협의회를 통해……종교국으로 인도될" 판이었다.[67]

본회퍼는 니콜라우스 폰 친첸도르프의 책[헤른후트 매일묵상집 『로중』(*Die Losungen*)—

옮긴이]에서 예레미야 15:19-21을 다룬 대목을 찾아냈고, 목사후보생들은 그 대목을 유포했다.

> 들리느냐, 너희 주님의 종들아? 너희는 정직 처분을 받기도 하고, 해임되기도 하고, 소득을 잃기도 하고, 성직을 잃기도 하고, 가옥을 잃기도 하겠지만, 다시 설교자가 될 것이다. 이것은 언약의 말씀이다! 누군가가 열두 곳에서 파면되더라도 다시 새 일자리를 얻으면, 그는 열세 번째 교구에서 설교자가 되어, 마치 우리가 그 자리에 있기라도 한 듯이, 우리의 결백, 우리의 십자가, 우리의 신앙을 더욱 힘차게 선포할 것이기 때문이다(DBW 15:430 Anm. 108).

본회퍼와 게르하르트 크라우제는 서신을 왕래하며 "진로 A"와 "진로 B"를 둘러싼 난제들을 신학적으로 그리고 인간적으로 허심탄회하게 논했다. 이렇게 오간 서신 가운데 현존하는 것은 크라우제의 두서너 단편뿐이다. 하지만 이것만으로도 무엇 때문에 다툼이 일어났으며 다툼이 어떻게 진행되었는지를 대략적으로 알 수 있다.

> 그동안 나는 교회가 말할 때까지 침묵하라는 귀하의 충고를 가급적 따랐습니다.……그사이에 고백교회는 저 성명서의 소신을 넘어섰더군요.[68] 내 말을 여러 곳에서 귀담아 들었건만, 고백교회는 그럴 생각이 전혀 없었습니다. "진로 B"의 견해들이 처음보다 더 이치에 맞게 그리고 더 책임감 있게 개진되어야 했는데 말입니다. 우리는 우리를 위해 좋은 해결책을 은밀히 제안하지 않고 고백교회 전체에 도움이 되는 것을 제안할 생각이었습니다. 이제 그것이 거부되었으니, 고백교회와 나 사이에는 대립이 계속되겠군요.……나는 프로이센 총회를 준비하면서 귀하가 쓴 『나를 따르라』의 비교적 긴 부분을 읽었습니다. 내 견해의 재개진을 보류하고 싶었기 때문입니다. 하지만 귀하의 말이 옳았습니다. 귀하가 편지에서 "우리 사이에 자리한 깊디깊은 신학적 불일치"에 대해 언급한 것 말입니다. 정확하게 말할 수는 없지만, 우리 사이에는 불일치가 존재하고 있습니다.……내가 평소 가톨릭 신학에만 있는 것으로 알았던 오류들이 칭의에

관한 교의는 물론이고 교회에 관한 교의에도[특히 '물음들'(DBW 14:655-700) 속에] 훨씬 많이 있는 것 같군요.……다음과 같은 실제적인 물음들과 관련해서는 신학적 견해차보다는 윤리적 견해차가 훨씬 심각한 것 같습니다. 그리스도인들은 독재 정부에 맞서 어찌 처신해야 하는가? 오늘날 그리스도인들의 삶 속에서 대단히 다양하게 이루어지는 부정(否定)은 어디에서 시작되는가? 꼭 필요한 저항은 어디에서 시작되는가? 유감스럽게도 이 물음들은 종종 광범위한 교리 대립을 초래하고, 교회분열의 열의를 부추기는 것 같습니다.……다음과 같은 물음도 여전히 미해결 상태입니다. 무엇이 나로 하여금 한때 믿음으로 내린 결정을 변경하게 했는가?

1. 앞서 말한 신학적 견해차, 날마다 나에게 점점 더 깊은 인상을 준 차이를 언급하자면 다음과 같습니다. 내가 입장 변화를 말하게 된 것은 상당수의 옛 독일그리스도인연맹이 오늘날 진정한 설교자들이고, 교회 당국인 종교국이 오늘날 독재 정권보다 훨씬 덜 이교적이고, 우리의 정치적 상황이 점점 적나라하게 드러나고 있으며, 폭풍의 시간 뒤에 숙고의 시간이 이어지고 있기 때문입니다.

2. 고백교회가 갈라져 나올 때 제자리를 지킨 "다른 이들의 확신"도 나의 입장 변화에 결정적으로 한몫했습니다. 나는 독실한 "중립 인사들"의 생활에 깊이 감동한 나머지, 그들에게서 갈라져 나와야 할 필요성을 이해하지 못했습니다.

3. 결국 나는 가던 길을 멈추고, 공인 교회를 포기하기로 마음먹었습니다. 나의 활동이 고백교회 공동체들의 동아리 안에서만 가능했기 때문입니다.…… 나는 고백교회 동아리를 섬기도록 부름받은 것만이 아니라 고백교회 공동체들 안에서 섬기며 이 공동체들에 경고를 보내고 이 공동체들을 세우라고 부름받았다는 것을 잘 알고 있기 때문입니다.

4. 끝으로 나는 종교국으로 가는 길이 반드시 부정과 믿음 없는 행위로 여겨질 필요는 없다고 생각했습니다. 이번 주에 내가 개인적으로 협상한 것들이 그 점을……확인해 주었습니다. 물론 사람들이 저쪽과 "연결되면", 신학적으로는 교회지도부가 될 자격을 얻지 못할 것입니다. 하지만 그들은 내가 "신앙에 역행하는 짓" 내지 "진리를 거스르는 짓"으로 여겨 거부할 수밖에 없는 합법화를 얘기하면서 아무것도 요구하지 않더군요. 꼭 그대로라면, 내가 보기에 종교국에

대한 항의는 그 필요성을 잃는 것 같습니다. 항거를 위해 목사직, 공인 교회, 같이 믿는 여러 동료들과의 교제를 포기하고 모든 고난을 감내할 필요가 없는 것 같습니다.……내가 고백교회 **안에** 머무를지는 다음의 사실에 달려 있습니다. 내가 핑켄발데 형제단에 머물러도 될까요? 이것이 내가 귀하에게 드리는 부탁이자 질문입니다.[69]

이토록 허심탄회하고 사실과 결부된 어조에도 불구하고 목사 협회 회의는 대체로 열리지 않았다. 형제협의회 내부에 불안이 만연하기 시작해서 목사 회의를 열 수 없었다.

지금 이곳은 모든 것이 악화되고 있습니다. 거의 모든 형제협의회가 베스트팔렌 성향을 띠고 있습니다.……게르하르트 크라우제, 하인리히 렌토르프, 라인홀트 폰 타덴 모두 같은 견해입니다. 재시험을 치르자는 겁니다.……그래서 우리는 편지 한 통을 부쳐서, 우리의 말이 다른 이들의 귀에 건성으로 들리지 않기를 바란다는 뜻과, "포메른에서는 체념"이 그다지 일반적인 게 아니라는 사실을 분명히 밝혔습니다.[70]

2월 중순에 동포메른 목사 회의가 쾨슬린에서 있었다. 목사 50명과 평신도들—이 가운데에는 아우구스트 크노르 박사도 있었다—이 참석하여 "진로 A"에 대해 찬성을 표명했다. 강연은 본회퍼가 맡았다. 온나쉬는 이렇게 보고했다. "진기하게도 우리 가운데 있는 급진주의자들보다는 평신도들이 더 급진적입니다. 그들은 진로 B를 지지하는 자들과 협력하기보다는 차라리 고백교회가 찢어지는 것에 찬성하고 있습니다."[71] 이어서 2월 말에 서포메른 목사 회의("교회 회의"로 불리기도 했다)가 열렸다. 하인리히 렌토르프와 게르하르트 크라우제는 진로 B를 두둔했고, 게르하르트 겔호프Gerhard Gehlhoff와 에버하르트 바우만과 본회퍼는 진로 A를 옹호했다. 게르하르트 크라우제가 "고백교회는 예수 그리스도의 교회다"라는 주장을[72] 논박하며, 합법화된 이들도 계속해서 고백교회 회원으로 간주되어야 한다고 말했다. 에버하르트 바우만은 거짓 교회 당국과 화해하지 않도록 경고했고, 본회퍼는 하인리히 렌토르프가 요한복음 17장, 마태복음 9장과 28장을 읽고 무르익은 추수밭을 찾아내어, 이제는 모든 수단을 동원하여 젊은 목사들을 그 밭으로 보내야 한다고 해석한 것을 논박했다. 본회퍼는 이 구절들에 따르면 누구도 자기 충동에 따라 설교해서는 안 되고, 성서는 자기표현이 아니라 위임의 능력을 가르친다며 이의를 제기했다. 종교국 회원 에른스트 뵈터스Ernst Boeters는 완고한 이들에게 전향을 촉구하고, 고백교회의 영적 자산이 자유 목사단의 영적 자산처럼 교계 전체에 영향을 미칠 수 있게 하자며 이렇게 말했다. "그렇다마다요. 고백교회가 베르노이헨 운동이나 시도우 형제단 같으면 더없이 좋겠습니다."[73]

일주일 뒤, 슈테틴에 있는 젊은 목사들이 투표했다. 열한 명은 종교국을 통한 합법화에 표를 던지고, 스물여덟 명은 무조건 형제협의회에 잔류하는 쪽에 표를 던졌으며, 여섯 명은 기권했다. 마침내 다들 "우리 모두는 상이한 진로에도 불구하고 '진로 A'를 우선시하는 가운데 협력을 시도하기 원한다는 결의문"을 작성했다.[74] 물론 협력 "시도"는 곧바로 엄청난 부담을 겪었다. 한쪽에서는 진로 A의 급진주의자 상당수가 다른 쪽 사람들이 하는 짓이 아무 의미가 없다는 이유로 조화를 거부하고, 다른 쪽에서는 진로 B의 형제들이 대단히 적극적으로 조화를 모색했다. 드 보어와 게르하르트 크라우제는 진로 B의 형제들을 위해 본회퍼에 대한 신학적 소견서를 작성했다. "진로 A의 급진적 형제들을 보고 기분이 몹시 상한" 소견서였다.[75]

포메른의 특수 문제는 조금도 해결되지 않았지만, 본회퍼가 영국과 미국으로 여행을 떠나고, 게르하르트 크라우제 같은 사람들이 징집을 받아 떨어져 나감으로써 끝이 났다. 본회퍼는 주저하지 않고 크라우제와 그의 친구들을 핑켄발데 형제들의 동아리에 포함시켰다. 그러고는 군복무 중인 그들과의 우편 왕래에 집중하되, "진로 A"와 "진로 B"에 대해서는 한 차례도 언급하지 않았다.

구프로이센 연맹에서 이루어진 합법화 투쟁은 참여자들 때문에 그리고 오랜 지속으로 인해 본회퍼를 상당히 피로하게 했음에 틀림없다. 다른 한편, 이 투쟁 덕분에 젊은 형제들에 대한 프리드리히 베르너 측의 공격이 마비되거나 더 타협적인 방안을 갖춘 목표가 마련되기도 했다. 그럼에도 다들 전선 파괴가 강력하게 진행되는 것을 목격할 수밖에 없었다. 게다가 야단법석을 떨지 않고 개별적인 행보를 시도하는 경우도 고백교회 안에서 비일비재하게 일어났다. 형제협의회는 그러한 행보를 저지하지 않거나, 앞뒤가 맞지 않게 조언하곤 했다. 구프로이센 형제협의회의 권위가 현저하게 약화되었다. 젊은 신학자들 중에는 "파괴되지 않은" 루터파 지방교회들에서 일자리를 찾거나, 난공불락의 안전을 베푸는 신학에 관심을 기울이는 이도 있었다.

본회퍼는 이 싸움터에서 예컨대 빌헬름 니젤과 유사하게 한 걸음도 양보하지 않았다. 그는 어떤 실망도 내색하지 않았다. 하지만 그가 포메른의 젊은 신학자들과 격렬하게 논쟁한 곳은 더 이상 그가 살고 사색하던 곳이 아니었다. 그가 1933년과 1935년에 국민교회의 거룩한 특권을 박차고 나온 것을 고려하건대 지방교회 목사직을 위해 프리드리히 베르너 박사와 종교국의 조건들을 지시받게 하는 것은 그의 눈에 불합리해 보였음에 틀림없다. 그가 목사직에 들어선 것은 국가사회주의 국가 안에서 그리스도교의 증언을 걱정하지 않아도 되는 때였다.

Ⅳ. 정치의 소용돌이

우리가 함께하던 시절의 끝 무렵에 본회퍼는 눈으로 덮인 지구르츠호프에서 몇 해 전부터 자기 머리에 떠오른 것을 기록하기 시작했다. 계명에 대해 끝없이 말하는 시편 119편을 묵상한 것(DBW 15:499-535)이었다.[76] 마지막으로 신학을 가르치고 영적 공동생활을 한 이곳에서, 그는 차츰차츰 다가오는 정치적 요구들에 직면하여 19절 "나는 땅 위를 잠시 동안 떠도는 나그네입니다. 주의 계명을 나에게서 감추지 마십시오"에 대해 아래와 같이 썼다.

> 나를 양육한 대지는 나의 활동과 힘에 대한 권한을 가지고 있다. 내가 살도록 발판이 되어 준 대지를 경멸하는 것은 나에게 맞지 않는 일이다. 나는 대지에 충성과 감사를 바쳐야 마땅하다. 손님이 되고 나그네가 되어야만 하는 나의 운명, 하나님께서 나를 이 나그네살이로 부르신 것을 회피한 채 천상만을 생각하

며 이 세상살이를 놓쳐서는 안 된다. 그것은 결코 돌아갈 수 없는 다른 세계에 대한 대단히 사악한 향수병을 안겨 줄 뿐이다. 나는 나그네가 되어, 그것이 포함하는 모든 의미를 받아들여야 한다. 나는 대지의 과업들, 대지의 아픔들, 대지의 기쁨들을 물리쳐서는 안 된다. 나는 하나님의 언약 이행을 끈질기게 기다리되, 현실에 충실하게 기다려야 한다. 하나님의 언약 이행을 기다리지 않고 바람들과 여러 꿈에 빠져 지내선 안 될 일이다.[77]

본회퍼는 여러 해 동안 그리스도인의 "나그네 됨"을 성찰하고, 그것을 개인 활동, 교회 활동, 에큐메니칼 활동에 적용해 온 상태였다. 이제는 또 다른 운명이 그의 시선을 붙잡았다. "땅에서"라는 말이 그의 눈길을 사로잡은 것이다. 그는 이것을 어찌 이해했는가?

헬무트 트라우프Hellmut Traub는 슈테틴에서 이루어진 대단히 독특한 만남에 대해 이야기한다. 1938년 신학자 동아리가 로마서 13장을 놓고 토론하는 자리에서 이루어진 만남이었다. 헬무트 트라우프는 이 첫 만남에서, 자신과 헬무트 골비처와 여타의 사람들이 정치적 저항이라는 주제에 대해 조바심을 내며 격렬히 말하는데도 본회퍼가 대단히 비생산적으로 과묵한 것을 보고 실망했다. 나중에 본회퍼는 그와 따로 면담했다.

내 말을 아주 잘 이해했는지, 그분은 나를 인상적으로 질책했다. "하지만 당신은 논리 정연해야 하고, 전혀 달라야 하며, 전혀 다른 걸음을 내디뎌야 합니다."……나의 눈에 "머뭇거림"으로 비쳐진 것이 전혀 다른 범주에 속해 있었음이 곧바로 분명해졌다.[78]

그 시절에 본회퍼는 이미 정치적 지하 활동의 세부 계획을 둘러싼 비밀을 공유하는 한 사람이었다. 그는 더 이상 토론과 구체적인 행보 사이의 구속력 없는 영역에 머무를 마음이 없었다. 그가 침묵을 유지한 것은, 발설할 경우에 그것이 어떤 결과를 초래할 수 있는지를 잘 알고 있었기 때문이다. 어쩌면 이 새로운 행보들의 방향을 미리 정당화해선 안 된다는 것을 예견했기 때문일 수도 있다.

이와 유사한 이유로 본회퍼에게서는 그가 칼 바르트의 떠들썩한 논문 「칭의와 율법」에 대해 입장을 표명했을 법한데도 그런 글이 한 줄도 보이지 않는다. 바르트는 흔하게 이루어지는 두 왕국 구분에 대한 공격을 그 논문에 담아 1938년에 출간했고, 물론 본회퍼도 그 논문을 알고 있었다. 사실상 그는 나중에야 그 논문을 가까이했다(DBW 16:506-521 참조). 하지만 그는 이미 결행하는 자들의 동아리에 깊이 연루된 상태였고, 게다가 그의 눈에는 독일 신학이 안고 있는 문제가 새롭고 폭넓게 보였다. 다들 그 문제를 체계적인 설명 없이 축소하거나 별도의 것으로 여겨 제거하려는 것처럼 보였다. 1930-1931년의 본회퍼에게서 정치적 소질이 전혀 없음을 확인할 수밖에 없다고 여겼던 라인홀드 니부어는 전후에 『그리스도교와 위기』*Christianity and Crisis*라는 잡지에서 본회퍼를 평가하는 가운데 1939년 봄에 있었던 일을 아래와 같이 떠올렸다.

> 1939년에 런던에서 신학 문제와 정치 문제를 놓고 그와 이야기하던 때가 지금도 생각난다. 그때 그는 바르트가 더 정치적인 사람이 된 것은 옳은 일이었다고 말했다.[79] 그러면서도 그는 바르트가 자신의 입장을 소책자에 담아 밝힌 것을 비판했다. 그는 독일인의 전형적인 방식으로 이렇게 단언했다. "누군가가 원래의 입장을 대단히 많은 분량으로 진술했다면, 그 사람은 자기의 입장 변화를 똑같이 인상적인 분량으로 밝혀야지 소책자에 담아 밝혀서는 안 됩니다."[80]

본회퍼가 진출하기를 망설인 정치 활동은 독일 신학자이자 루터파 그리스도인인 그에게 이제까지 통행한 적이 없는 새로운 땅으로 들어가는 것과 다름없었다. 몇몇 감독들과 고백교회의 저 항의서(히틀러에게 보낸 항의서—옮긴이)가 그랬듯이,[81] 무언의 반대를 하다가 세계관에 입각한 공공연한 항의와 직접적인 경고의 지평으로 들어선 것도 의미심장한 행보였지만, 정치적으로 책임을 져야 하는 체제 전복 계획과 미래 계획에 발을 들여놓는 것은 전혀 다른 행보, 훨씬 까다로운 행보였다. 하지만 본회퍼에게는 이 행보가 중요했다. 그가 홀로 비밀 공유에 동의하고 전적으로 함께 행동하게 된 것은 오랜 시간에 걸쳐 이루어진 일이었다. 그렇지만 이는 1938년과 1939년의 교회 사건, 정치 사건, 개인 사건에서 긍정적인 경험과 부정적인 경험을 하고 난 뒤의 일이었다.

디트리히 본회퍼가 독일 정치 저항 운동에 관여하게 된 과정을 다섯 시기로 나누어 추적해 보면 다음과 같다. 첫째 시기는 1938년 초에 일어난 프리치 사건에서 시작하여 1938년 9월 30일 뮌헨 협정이 체결되는 것으로 끝나고, 둘째 시기는 그때부터 시작하여 1940년 5월 10일에 일어난 프랑스 공격으로 끝난다. 이 두 시기에 비밀 공유의 정황과 거기에 동의하는 과정이 자리한다. 셋째 시기는 프랑스 출정에서 시작하여 1943년 4월 5일—이날 독일군 방첩대Abwehr 안에 있는 저항 세력의 사무실이 마비되었다—에 체포되는 것으로 끝난다. 이 셋째 시기는 본회퍼가 직무를 수행하며 적극적으로 가담하는 시기다. 넷째 시기는 그때부터 시작하여 1944년 7월 20일까지 이어진다. 이 시기에 그는 가담 사실을 은폐한다. 다섯째 시기에는 생존을 위한 투쟁이 내내 이루어진다.

첫째 시기는 본회퍼의 생애에서 정치적 참여가 시작되지만 직업의 변화나 새로운 신학 단초들을 야기하지는 않는 시기다. 그에게서 그리고 그의 주변에서 결정들이 이루어지지만, 그것들이 그가 맡은 교회 직무를 변화시키지는 않는다. 차차 살펴보겠지만, 그 결정들의 특징은 주로 가족과 관련이 있거나(누이가 망명하지 않으면 안 되었다), 그와 개인적으로 관련이 있다(그는 징병검사를 피하고 싶어 했다). 그럼에도 그 결정들은 그의 정치적 참여 전체를 은밀히 암시한다.

비밀의 공유

비밀의 공유는 제3제국에서 위험한 일이었다. 그것은 1944년에 재판관 롤란트 프라이슬러Roland Freisler 앞에서 사형선고를 받는 것을 의미했다. 히틀러 시대 초기에는 다수의 사람들이 호기심을 품고 무슨 일이 일어날 것인지를 알고 싶어 했지만, 시간이 흐르면서 차츰차츰 정보 입수를 본능적으로 혐오했다. 정부도 그러한 혐오를 장려했다. 실제적인 상황에 관해 아는 것, 특히 전쟁 발발에 관해 아는 것은 위험한 일이었다. 그럼에도 본회퍼는 고급 정보를 입수하는 데에 열을 올렸다. 그에게 비밀의 공유는 미래를 맞이하는 데 꼭 필요한 책임 의식의 일부였다.

그는 주저하지 않고 「타임스」와 「바젤 신문」에서 정보를 입수했으며, 외국 방송을 몰래 청취하는 것도 마다하지 않았다. 이를 위해 그는 기술 발달이 덜 된 생활을 개선하는 것에 관심을 기울였다. 1937년 11월에 수련목회자 모임 장소가 확정되었을 때에는 힌터포메른에서 라디오를 청취할 수 있는지를 확인했으며, 지구르츠호프에 전기가 들어오지 않는다는 사실을 알고 나서는 한 기술자를 통해 휴대용 전지식 라디오 수신기를 구입하기도 했다. 당시에는 흔하지 않은 일이었다. 그에게 정보 입수는 독자성을 고수하기 위해 가장 먼저 취해야 할 행위였다. 그는 정보 판단을 다른 누군가에게 맡기려 하지 않았으며, 히틀러의 전격 작전들에도 놀라지 않았다. 그는 뜻하지 않은 사건의 희생자가 되어야 하는 것을 가장 견디기 힘든 일로 여겼다. 그는 감옥에도 어느 정도 의연한 모습으로 들어가고 싶어 했다. 1943년에도 그랬다.

물론 그는 언제 어디서 "기존 질서가 와해될 조짐을 보이는지"를 몹시 듣고 싶어 했다. 이는 당시에 히틀러의 실패를 고대하던 사람들이 에른스트 룀 사건, 힌덴부르크의 사망, 라인란트 점령, 얄마 샤흐트의 사임이 일어날 때마다 하던 표현이었다. 하지만 본회퍼의 가족과 그 친구들이 1933년부터 "히틀러는 전쟁을 의미해"라고 경고한 것처럼, 정보에 밝은 사람들의 예측은 책임감을 가지고 다루는 무기가 되곤 했다. 그럼에도 각각의 예측은 새로운 정보와 지속적인 비밀 공유의 뒷받침을 필요로 했다. 본회퍼가 파뇌에서 한 연설도 상당량의 정보와 치밀한 예측을 토대로 한 것이었다.[82]

이 정치적 비밀 공유는 최종적으로 분리시키는 결과와 결합시키는 결과를 낳았다. 그것은 먼저 결정적인 지점에서 그를 교회의 수많은 동료 목사들로부터 떼어 놓았다. 그러고는 그를 그의 신학 사상과 교회 사상을 공유한 적도 없고 공감한 적도 없는 사람들과 결합시켰다. 그들의 취향이 언제나 그의 취향과 같았던 것은 아니다. 하지만 그는 그들과의 거리를 점차 줄여 가되, 그들의 취향을 자신에게 맞추려고 시도하지는 않았다. 예컨대 슈멘친의 에발트 폰 클라이스트는 확실히 아돌프 폰 하르낙의 그리스도교 이해를 지지하는 사람이었다. 그런데도 본회퍼는 그것에 개의치 않았다. 루트 폰 클라이스트-레초브 여사라면 기꺼이 그랬겠지만, 본회퍼가 클라인-크뢰신에서 슈멘친으로 여러 차례 찾아간 것은 그(에발트 폰 클라이스트)의 생각을 바꿔 놓기 위해서가 아니었다.

본회퍼는 목사치고 비범한 연줄들을 두고 있었다.

본회퍼의 아버지는 페르디난트 자우어브루흐와 잘 아는 사이였다. 자우어브루흐는 고위층 당직자에게서 흘러나오는 최신 정보들을 끊임없이 제공했다. 본회퍼의 어머니는 1944년 7월 20일 이후에 처형된 사촌 파울 폰 하제Paul von Hase와 친분을 쌓고 있었다. 파울 폰 하제는 1940년 베를린 시 사령관이 되었다. 클라우스는 변호사 요제프 비르머Josef Wirmer, 기업가 발터 바우어Walter Bauer, 예상보다 일찍 체포된 니콜라우스 폰 할렘Nikolaus von Halem, 오토 욘, 루이스 페르디난트Louis Ferdinand 공과 교제하고, 정부에 반대하여 국내와 국외에서 중요한 접촉을 유지하고 있는 이들을 설득했다. 클라우스와 디트리히는 독일 사민당 소속이자 메르제부르크의 전임 자치 단체장 에른스트 폰 하르낙과 4중주 야간음악회에서 자주 만나곤 했다. 뤼디거 슐라이허는 군법 기관장 칼 자크Karl Sack 박사와 친한 사이였다. 디트리히 본회퍼는 소년 시절부터 알고 지내던 외무부 소속 한스 베른트 폰 헤프텐과의 교분을 새롭게 다졌다.

하지만 결정적인 몇 해 동안 매형 한스 폰 도나니만큼 그와 친한 사람은 없었다. 본회퍼는 그에게서 정보와 조언들을 얻고, 나중에는 여러 임무까지 맡았다. 반대로 도나니는 본회퍼에게서 윤리적 확신과 명쾌한 대화를 구하곤 했다.

1929년부터 개인 보좌관 자격으로 에리히 코흐-베저Erich Koch-Weser, 요하네스 빅토르 브레트Johannes Viktor Bredt, 쿠르트 요엘Kurt Joel 등의 법무 장관을 보좌한 도나니는 나치당과 전혀 관계가 없고, 당기관들에 가입한 적이 없으며, 한스 프랑크Hans Frank의 국가사회주의 법률가연맹에 가입한 적도 없는데 1933년 5월에 법무 장관 프란츠 귀르트너에게 배속되었다. 초기에 법무부에는 정치적 활동의 자유가 어느 정도 있었으며, 합법성을 유지하기 위한 투쟁도 그다지 절망적이지 않았다. 도나니는 자신의 지위를 이용하여 유용한 조언이나 충고가 교회투쟁에 몸담고 있는 처남에게 제때 닿게 하곤 했다. 크리스티네 폰 도나니가 알려 준 대로, 그는 “귀르트너의 전적인 지원을 끊임없이” 받았다. 프란츠 귀르트너는 “독일법의 무덤을 파도록 정해진, 가장 진정한 의미에서 비극적인 인물”이었다. 도나니는

1935년 라이프치히 대학교의 형법 및 소송법 담당 강사로 초빙되었을 때 프란츠 귀르트너의 바람대로 그 강사직을 거부하기도 했다.

이 몇 해 동안 도나니는 국가사회주의자들의 범죄행위들을 끊임없이 주시하고, 범죄 기록 문서인 '부끄러운 일의 연대기'Skandalchronik를 작성하기 시작했다. 이 문서는 루트비히 베크Ludwig Beck 장군이 새로운 돌히슈토스 설(제1차 세계대전에서 독일이 배후로부터 단도에 찔려 패망했다는 설—옮긴이)Dolchstoßlegende을 반박하기 위해 중시한 문서이자, 몇 부가 제때에 폐기되지 않아 치명적인 역할을 한 문서이기도 했다.[83]

도나니는 오랫동안 무대 뒤에 있었으나, 프리치 사건을 계기로 1차 공모가 진행되면서 처지가 위태로워졌다. 나치당 사무처에서 보낸 마르틴 보르만의 편지가 프란츠 귀르트너에게 도착했다. 도나니처럼 국가사회주의를 멀리하는 자를 장관의 최측근에 허용하는 것을 불평하는 편지였다. 법무부에서 일하는 당원들, 그 가운데 롤란트 프라이슬러가 도나니를 고발한 것이다. 그 젊은이(도나니)가 프란츠 귀르트너의 도움으로 1938년 9월에 라이프치히 고등법원 판사가 된 것은 그 때문이었다. 디트리히 본회퍼는 홍수 같은 정보가 중단되는 것을 우려한 반면, 도나니는 쿠데타 시도의 실패에 따른 변화로 위험한 베를린 무대로부터 멀리 떨어져 있게 된 것을 다행스럽게 여겼다. 11월 초, 그의 가족이 샤를로텐부르크에 있는 쿠를렌더 알레에서 라이프치히로 이사한 것도 그 때문이었다.

하지만 도나니는 매주 베를린에서 강의를 맡은 까닭에 한스 오스터Hans Oster, 칼 프리드리히 괴어델러Carl Friedrich Goerdeler, 울리히 폰 하셀Ulrich von Hassell과 정기적인 회동을 이어 갔다. 이 회동들 가운데 한 회동이 이루어질 무렵인 10월 21일, 히틀러가 체코슬로바키아 점령 준비를 국방군에 지시하자, 방첩대 수장 빌헬름 카나리스Wilhelm Canaris가 오스터를 시켜 도나니에게 이런 말을 전하게 했다. "전쟁이 발발하면, 나는 그대를 방첩대 참모진에 즉시 영입할 생각이오." 이는 앞으로 이야기하게 될 프리치 사건을 기화로 오스터와 도나니 사이에 여러 차례 이루어진 만남의 성과였다.

실제로 도나니는 1939년 8월 25일 특임 지휘관의 직위를 받아 국방군 최고사령부Oberkommando der Wehrmacht 소속 빌헬름 카나리스 제독의 참모진에 배속되었다.

그는 오스터의 중앙국에서 정책 보고서 작성을 맡았지만, 어떤 의미에서는 빌헬름 카나리스의 개인 비서나 다름없었다. 이렇게 된 이상 그는 오랫동안 난공불락의 요새로 있던 정보의 중심부, 공모의 중심부에 틀어박혔다.

그는 전에도 라이프치히에서 베를린으로 출장을 갈 때면 그랬지만, 1939년 8월부터는 아예 마리엔부르크 알레에 있는 처가에서 살았다. 그로 인해 처남 디트리히와의 접선이 대단히 수월해졌다.

한스 폰 도나니는 냉철한 지성과, 거의 과묵하게, 늘 신속하게, 효과적으로 협조하는 마음을 지닌 사람이었다. 지인들이 겪어 아는 것처럼 그는 이따금 천진난만한 모습을 드러내기도 하고, 숙고를 거친 것은 아니지만 놀라운 경건도 갖춘 사람이었다. 그는 비범한 능력 덕분에 일찍이 여러 임무와 직책을 맡았다. 동료들 상당수의 질투를 유발하여 곤란한 상황을 빚어내기도 했던 임무와 직책이었다.

그는 대가족이자 모든 귀감의 보증이라고 할 수 있는 본회퍼 일가에 마음이 끌렸다. 아내 크리스티네 본회퍼와는 동창이었다. 한스 폰 도나니는 클라우스 본회퍼, 게르하르트 라이프홀츠, 유스투스 델브뤼크와 절친한 사이였다. 그랬던 관계가 교회투쟁을 거쳐 여러 해가 흐르면서 바뀌었다. 이제는 디트리히 본회퍼와 더 친해진 것이다. 클라우스 본회퍼의 느린 결단이 그의 마음에 걸렸을 것이다. 법률가인 클라우스는 사실에 포함될 수 있는 것들을 생각해 내고 보아 내는 능력의 소유자였다. 하지만 이는 한스 폰 도나니의 마음을 고무하기보다는 혼란스럽게 했다. 반면에 신학자인 본회퍼에게서는 좀 더 탁월한 현실 감각을 접할 수 있었다. 실제로 디트리히는 다른 이들을 결단으로 이끄는 대단한 능력의 소유자였다.

그래서 도나니는 이 시기에 다른 누구보다도 디트리히 본회퍼에게 속마음을 더 많이 토로했다. 디트리히 본회퍼가 도나니에게서 접한 대로, 그리고 그 밖의 모든 이가 알려 준 대로, 도나니는 말수가 적고 내성적인 성격의 소유자였다. 하지만 디트리히 본회퍼는 자형이 베를린에 머무를 때면 그를 가급적 자주 만났다. 도나니가 비교적 이른 시기에 그를 공모자 동아리에 소개한 것은 그 때문이었다. 어느 날 밤, 디트리히 본회퍼에게 "칼을 쓰는 사람은 모두 칼로 망한다"(마 26:52)라는 신약성서의 말씀은 어찌된 것이냐고 질문한 이도 도나니였다. 그 당시에 본회퍼는 "이 말씀은 유효하며 우리 동아리에도 유효한 말씀입니다"라고 대답하며 이렇게 말했다. "우리는 이 심판에 떨어지는 것을 감수해야 합니다. 지금은 이 말씀의 효력을 감수하는 사람들이 필요합니다."

전거 제시

처음 두 차례의 쿠데타 시기에 본회퍼가 체제 전복 계획을 알고 공모자들과 긴밀히 접촉했음을 알리는 문헌이나 메모는 거의 없다. 하지만 빈약하기는 해도 정황 증거가 두 가지나 된다. 그 증거는 아래와 같다.

본회퍼가 1938년과 1939년에 작성한 메모용 달력에서 저 시기의 결정적인 날들과 관련된 부분은 뜯겨나가고 없다. 1938년 2월 10일부터 20일까지의 페이지들, 곧 베르너 프라이헤르 폰 프리치Werner Freiherr von Fritsch의 항의를 통해 무언가가 진행되리라는 약간의 희망이 싹트던 저 시기의 페이지들도 존재하지 않는다. 1939년 1월의 달력 페이지들, 4월 말부터 5월 초까지의 달력 페이지들, 8월과 9월의 페이지들도 그러하다. 이 기간들은 그가 베를린에서 보낸 기간들이었다. 이 달력 페이지들에는 본회퍼가 그 시기에 기록한 수첩 달력에는 없는 베를린 사람들의 주소들과 전화번호들, 첼렌도르프 지역과 그루네발트 지역, 무엇보다 방첩대가 위치한 티르피츠 강변의 첫 글자들과 숫자들이 적혀 있었다. 설령 가택 수색 중에 그의 메모장들이 게슈타포의 수중에 떨어진다고 해도, 그 표시들만으로는 게슈타포가 그를 신문할 수 없게 되어 있었다.

또 다른 정황 증거는 다음과 같다. 이 시기에 가족과 친구들에게 보낸 편지들에는 암호 문자가 점점 더 빈번하게 등장한다. 오늘날 의미가 일부 잊히는 바람에 본회퍼의 편지 구절 상당수를 수상해 보이게 만드는 그 문자들은 인명과 지명들을 표시한 것이다. 예컨대 "루디 이모부"Onkel Rudi가 특별한 역할을 하는데, 실제로 그런 인물이 있긴 했다. 그는 파울라 본회퍼의 형부이자 연금으로 생활하는 퇴역 장군으로서, 마리엔부르크 알레 인근에 살던 뤼디거 폰 데어 골츠Rüdiger von der Goltz 백작이었다. 그의 이름은 히틀러의 전쟁 준비와 그때그때의 준비 상태를 가리키는 암호였다. "듣자니, 최근의 우리 일에는 기대할 만한 변동사항이 없다더군요. 이는 루디 이모부와 관계가 있지 않을까요?"[84] 이는 군(軍) 동원에 직면하여 불법 목사들에 대한 조처를 기대할 수 없었다는 뜻이다.

프리치 사건

목표를 의식하고 도나니가 가담한 1차 공모에는 히틀러 측근이나 권력 핵심부에 있는 인사들과의 온갖 접촉 시도가 먼저 이루어졌다. 그 바람에 도나니는 히틀러의 전쟁 준비를 조기에 알게 되었다. 히틀러가 1937년 11월 5일에 내각사무처에서 3군 사령관들을 앞에 놓고 전쟁 계획을 연설했다고 도나니에게 알려 준 이는 프리츠 비데만Fritz Wiedemann 대위였다.[85]

1차 세계대전 중에 히틀러의 중대장이었던 비데만 대위는 1935년부터 내각사무처에서 부관으로 일했다. 도나니는 프란츠 귀르트너의 수행원 신분으로 그를 알게 되자마자 곧바로 그의 신임을 얻었다. 비데만이 내각사무처와 오버잘츠부르크에서 일어나는 사건들에 대한 주요 정보를 털어놓은 것은 그 때문이었다. 비데만의 정보에 의하면 히틀러는 1937년 11월 5일 이렇게 말했다고 한다. "모든 세대는 자신들의 전쟁을 필요로 하고 있소. 나는 이 세대도 자신들의 전쟁을 벌이도록 준비하려고 하오." 도나니가 분개하자 비데만은 이렇게 대답했다. "단언하건대 연발 권총만이 효과가 있을 겁니다. 하지만 누가 그 일을 하겠습니까? 나는 나를 신뢰하는 누군가를 죽이는 것을 거들 수 없습니다."[86] 이 중요한 연줄은 비데만이 히틀러의 노여움을 사서 샌프란시스코 총영사로 임명되는 바람에 끊어지고 말았다. 어머니는 디트리히 본회퍼에게 이렇게 편지했다. "아침에 한스가 올 거야. 그 애는 자기 친구의 전임을 유감으로 생각할 거야. 이미 의기소침해 있는 상태이지.……루디 이모부가 어떻게 될지 몹시 걱정이구나."[87]

1937년 11월 5일 내각사무처 모임이 있고 나서, 베르너 프라이헤르 폰 프리치와 베르너 폰 블롬베르크Werner von Blomberg가 정치적·군사적 이의를 제기했다. 두 사람은 그해 말에 불명예스러운 방법으로 축출되었다. 2월 4일, 제한된 무리가 다음과 같은 소식을 전해 들었다. 블롬베르크와 프리치가 파면되었다는 소식이었다. 프리치는 동성애 관계를 지속했다는 죄목으로 고발되기까지 했다. 증인과 증빙 서류를 조작하여 고발한 이는 라인하르트 하이드리히Reinhard Heydrich였다. 히틀러가 직접 국방군 통수권을 넘겨받고, 발터 폰 브라우히치Walter von Brauchitsch가 프리치의 후임자로 육군 최고사령관이 되었다. 히틀러는 프란츠 귀르트너에게 프리치 사건 조사를 명령하며 이렇게 말했다. "귀관은 어느 줄을 잡아야 하는지 잘 알 것이오." 프란츠 귀르트너는 도나니에게 똑같은 말로 서류를 넘기며 계속 추적하게 했다. 물론 도나니는 어느 줄을 잡아야 하는지 잘 알고 있었다.[88] 도나니는 때때로 모든 업무를 내려놓고 프리치 명예훼손 사건을 다루곤 했다.

그는 이 활동을 하면서 군사 재판권을 지닌 칼 자크 박사와 방첩대 중앙국 수장인 오스터 대령을 더 가까이 알게 되었다. 이 여러 차례의 만남을 토대로 첫 번째 탁월한 공모 단체가 결성되고, 일정한 목적을 지닌 치밀한 계획이 수립되었다. 이 공모 단체에는 육군참모총장 루트비히 베크도 속해 있었다. 다들 군이 명예훼손에 개입하는 히틀러를 내버려 두어서는 안 되며, 프리치가 하인리히 히믈러에게 법정 출두를 요구해야 한다는 데에 의견이 일치했다. 이는 정변을 유도하는 행위였다. 도나니가 프리치를 대신하여 히믈러 소환장을 작성했다. 하지만 프리치는 결단을 내리지 못했다. 그 와중에 히틀러가 1938년 3월 12일 오스트리아로 진주했고(오스트리아 합병을 가리킴—옮긴이), 히틀러에게 맞서려고 했던 군 가담자들은 빈Wien 승리에 직면하여 기회를 놓친 것으로 여겼다. 그리고 아무 일도 일어나지 않았다.

흥미롭게도 친위대 여단장이자 후일 비밀 정보기관 수장이 될 발터 셸렌베르크Walter Schellenberg가 자신의 회고록에서 밝힌 바에 따르면, 라인하르트 하이드리히는 실제로 군이 자신을 칠까 봐 두려워했다고 한다.[89]

성과 없이 유야무야되기는 했지만, 1차 공모 시도는 다음과 같이 중요한 인식으로 이어졌다. 이를테면 히틀러 제지를 목표로 삼아 진지하게 생각하는 저항 세력은 히틀러를 제지할 수 있는 강력한 수단을 확보해야 한다는 것이다. 경제 영역과 입법 영역에서의 노력 그리고 외교적 조정의 노력보다는 군에 대한 영향력을 확보하는 것이 더 중요했다. 산발적인 "저항"에서 벗어나 건설적인 공모가 되려면, 저항은 장차 군사적인 모반이 되어야 했다. 이는 1938년 2월의 사례가 분명하게 입증한 사실이자 도나니와 본회퍼가 그제야 깨달은 사실이었다.

본회퍼가 보기에 이 내적 전환에는 제2의 전환이 맞물려 있었다. 이제껏 그는 힘을 내어 "아니오"를 공공연히 말할 줄 아는 인사들, 그러기 위해 자신들의 직책마저 내던지는 인사들을 간절히 고대하며 바라보던 상태였다. 하지만 이제는 명성을 갖춘 인사들이 무슨 일이 있어도 조종간을 붙잡고 있으면서 밀려나지 않는 것이 중요한 시기가 시작되고 있었다. 이와 함께 이제껏 심각한 문제가 되었던 것, 예컨대 히틀러식 경례로 인사하는 것도 그다지 문제가 되지 않았다. "순결한 양심"을 희생시켜서라도 요직에 진입하려고 시도하지 않으면 안 되었다. 이와 함께 위장이 도덕적 의무가 되었다. 그런 이유로 완고한 본회퍼는 오스터와 도나니가 하인리히 히믈러의 참모장이자 친위대 고위 지휘관 칼 볼프Karl Wolff, 베를린 경찰청장 볼프-하인리히 폰 헬도르프Wolf-Heinrich von Helldorf 백작, 제국범죄수사대장 아르투르 네베Arthur Nebe와 같이 대단히 의심스러운 자들과 접촉하는 것을 수긍했다. 기왕 공모했을 바에는 사자굴 속으로 들어가 그 속에서 확고한 기반을 다지지 않으면 안 되었다. 비록 전국에 있는 모든 계층의 권력 박탈을 긴 세월 동안 감수하고, 혁명적인 변화의 희망이 실현되지 않고, 전쟁이 의도적으로 감행되어 다른 민족들이 억압을 당하고, 유대인 문제가 예측불허의 상태로 격화되더라도, 그 일들만은 철저하게 수행하지 않으면 안 되었다. 본회퍼는 도나니에게 그러지 말라고 충고하지도 않았고, 그의 행위를 교정하려고 하지도 않았다. 그가 보기에는 1938년 봄부터 상황이 명백했다. 누군가가 수상한 과업에 종사하지 않으면 안 되었다. 그 과업에 협력하는 것은 목사인 본회퍼의 과제가 아니었지만, 양심을 자유롭게 해주는 것은 그의 과제가 될 수 있었다.

주데텐 위기

1938년 여름, 주데텐 위기가 2차 공모의 단초가 되었다. 5월 28일, 히틀러가 군과 정부와 당 수뇌부에게 체코슬로바키아 제거 계획을 제시했다. 충격이 잇따랐다. 6월 22일에는 민간인 복무 의무가 도입되었고, 7월 13일에는 전 국민의 군사적 목표 이행 법령이 공포되었으며, 8월 17일에는 국방군 이외의 독립부대로서 친위군대가 공식화되었다. 이듬해 초부터 여권에 "Israel"(이스라엘)과 "Sara"(사라)라는 이름을 덧붙이도록 해 유대인들의 활동의 자유를 제한할 것이라는 사실도 8월 17

일에 알려졌다.

8월 18일, 이례적인 일이 일어났다. 육군참모총장 루트비히 베크가 사표를 제출한 것이다. 히틀러의 5월 28일자 연설 이후, 체코슬로바키아 제거 계획에 반대하는 장성들의 단일 입장 표명을 성사시키고 나서 벌인 일이었다. 7월 16일, 그는 히틀러와의 교섭 준비를 위한 비망록을 발터 폰 브라우히치에게 맡기기까지 했다. 영원히 기억할 만한 구절을 담고 있는 항의서의 내용은 아래와 같다.

> 민족의 존속을 위한 최후의 결정들이 위험에 처해 있습니다. 이 지도자들이[90] 국가 정책과 관련된 자신들의 전문적인 지식과 양심에 따라 행동하지 않으면, 역사는 그들에게 살인죄를 씌울 것입니다.
>
> 군인인 여러분의 복종에는 한계가 있습니다. 여러분은 여러분의 지식, 여러분의 양심, 여러분의 책임감이 이행을 허락하는 데까지만 명령에 복종해야 합니다.……그러한 시대에 고위직 군인이 온 국민에 대한 최고의 책임을 의식하지 않은 채 군사적 과제의 제한된 범위에서만 자신의 의무와 임무를 파악한다면, 이는 임무를 심하게 결여한 것이자 임무에 대한 인식을 결여한 것입니다.
>
> 비상 시기에는 비상한 행동이 필요합니다![91]

하지만 발터 폰 브라우히치는 루트비히 베크의 계획을 거부했다. 그 어간인 8월 10일, 히틀러가 베르크호프에서 전쟁 계획으로 소장파 장성들을 열광시켰다. 루트비히 베크가 갑자기 시작된 세계대전에 대해 공동으로 책임지기를 거부하고 사퇴한 것은 이 같은 상황에서였다. 물론 국민은 10월 1일이 되어서야 이 위기에 대해 들어 알게 되었다.

그사이에 국민은 히틀러가 꾸민 극적인 술수의 공모자와 희생자가 된 상태였다. 그 술수는 다음과 같다. 전당 대회 석상에서 주데텐에 있는 독일인들을 구하기 위해 전쟁을 벌이겠다고 으르댄 것, 네빌 체임벌린이 이를 진정시키기 위해 독일에 한두 번 모습을 드러내자 점점 억지스러운 요구안을 던진 것, 마지막 순간에 베니토 무솔리니가 개입하자 군을 동원하고, 9월 29일과 30일 뮌헨 회의에 유럽 강대국 대표들이 참석하자 군 동원을 중단한 것.

온 세상 사람들과 독일인들은 초자연적인 일이라도 일어났다는 듯이 안도의 한숨을 쉬었다. 런던 성 게오르크 교회의 독일인들은 네빌 체임벌린에게 아래와 같이 편지했다.

> 런던에 있는 독일 루터파 성 게오르크 교회 교인들은 오늘 감사 예배를 드리며 수상 각하를 진심으로 생각했습니다.……그들은 수상 각하가 이 숙명적인 몇 주 동안 평화 유지를 위해 기울인 모든 노력에 감사하고 있습니다.……그들의 교회는[92] 영국에서 독일 정신을 상징하는 가장 오래된 교회입니다. 이 교회는 세계대전의 의미를 직접 경험한 까닭에 예수 그리스도의 이름을 고백함으로써 우리 두 나라 사이의 이상인 평화에 이바지하기 위해 온갖 힘을 기울이고 있으며, 같은 목표를 지향하는 각하의 정치 활동을 중보기도로 지지하고 있습니다.[93]

이는 힐데브란트와 율리우스 리거가, 본국에 있는 본회퍼가 그 사건을 어떤 느낌으로 받아들였는지를 알지 못하고 벌인 일이었다. 쿠데타를 바라던 본회퍼의 희망이 다시 물거품이 되고 말았다. 모든 것이 지난봄보다 유리하고, 거사 준비도 지난번보다 잘된 상태였다. 거사가 이루어지면 국민도 군 장성들이 과격한 히틀러에 맞선 것을 조기에 납득할 것이고, 루트비히 베크의 후임자로서 참모총장이 된 프란츠 할더Franz Halder도 히틀러가 체코슬로바키아 공격 명령을 내리자마자 쿠데타를 일으킬 용의가 있음을 밝히며, 당시에 대중의 인기를 어느 정도 누리고 있던 3군단 사령관 에르빈 폰 비츨레벤 장군에게 내각사무처 진격 명령을 내릴 터였다. 거사 시각이 임박했건만, "뮌헨 회의"가 그 거사를 좌절시키고 만 것이다. 온 세상 사람들이 안도의 한숨을 쉬던 그날은 공모자들에게 "불길한 날"dies ater이었다.[94] 9월 30일 이후, 쿠데타를 위한 안팎의 전제 조건들이 완전히 바뀌고 말았다. 저항 활동은 이 타격으로부터 오랫동안 헤어 나오지 못했다. 성공을 거두고 그것을 이용하여 득을 본 자는 히틀러였다. 자기의 정책이 옳았다고 떠벌리는 것은 물론이고 참모부마저 무력화했던 것이다. 참모부는 전통과 달리 총사령관의 결정에 더 이상 책임 있게 관여하지 못하고, 계획들을 비굴하게 입안만 할 수 있었다. 히틀러는 다른 견해들을 "패배주의"라 불렀다. 3군단 사령관이었던 에르빈 폰 비츨레벤은 베를린-브란덴부르크의 요직에서 베스트발로 밀려났다. [그가 새로 맡은 직위는 프랑크푸르트(마인) 담당 집단군 지휘관이었다.] 파울 폰 하제가 베를린 시 사령관이 됨으로써 공모에 정통한 사람이 내각사무처 인근에서 명령권을 다시 얻은 것은 2년 뒤의 일이었다.[94a] 저항 세력에 몸담고 있는 이로서 도나니와 같은 민간인들을 비롯하여, 소수이긴 하지만 오스터처럼 부대 없이 의연하게 활동하는 장교들은 우유부단하면서도 중요한 군인들과의 긴밀한 관계를 오래도록 잃고, 서방 연합국의 태도를 잘못 예측한 비관론자처럼 고립되고 말았다. 충격이 어찌나 길었던지, 공모자들은 새로운 쿠데타—1939년 3월 15일에 일어난 히틀러의 프라하 진주를 계기로 하거나 같은 해 9월에 일어난 폴란드 원정을 계기로 한 쿠데타—를 1938년 9월에 했던 것만큼 준비할 수 없었다. 민간인들이 다시 애쓰긴 했지만 사령관들의 공감을 전혀 얻지 못했다. 1939년에서 1940년으로 접어드는 겨울에 정변의 가능성이 다시 다가왔을 때는 상황이 훨씬 복잡해진 뒤였다.

1938년 여름에 계획들이 수립되는 동안, 히틀러의 전쟁 개시가 강력히 저지되자, 공모자 상당수는 국민의 자발적인 저항을 여전히 가능한 것으로 여기고 있었다. 도나니는 그들보다 더 비관적이어서 히틀러 제거를 포함하는 좀 더 견고한 사전 계획을 두둔했다. 1938년 8월, 슈멘친의 에발트 폰 클라이스트가 윈스턴 처칠Winston Churchill을 찾아가 새 독일 정부 수립 방법들에 대해 협의하자, 처칠은 이렇게 말했다. "귀하들은 무엇이든 할 수 있소. 그러나 먼저 히틀러의 머리를 가져오시오."[95] 하지만 당시에는 암살이 가능하다거나 필요하다고 생각하지 않고, 히틀러를 공개적으로 기소하여 체포하는 것을 염두에 두었다. 칼 본회퍼가 작성한 정신의학적 소견서를 토대로 히틀러를 정신병자로 선언하는 가능성이 논의되었다. 1938년, 공모자들은 장군들에게 자신들의 전문 지식에 대한 의견을 부탁하고, 어떠한 경우에도 히틀러의 계획에 대한 저항이 "모반"으로 비쳐져서는 안 된다는 그들의 생각을 지지했다. 루트비히 베크가 처음부터 모반과 공모를 생각한 것은 아니었다. 그가 처음에 생각한 것은, 서로 얼굴을 맞대고 전문적인 견해를 두둔하는 가운데 이성과 자유의 회복이 이루어져야 하며, 그래야 소견서의 주장이 모든 문제를 말끔히 해결할 수 있다는 거였다. 그 생각은 9월 위기가 끝날 무렵에 회의적인 것으로 판명되었고, 1939년에는 완전한 공상이 되고 말았다. 다음 저항 시기에는 이제껏 주저하던 자들도 모반이 아니고는 히틀러를 축출할 수 없으며 따라서 그에 상응하는 결론을 도출해야 한다는 점을 분명히 알고 있었다.

라이프홀츠 가족의 망명

1938년에 이루어진 두 차례의 쿠데타 시도는 본회퍼 일가에게 뻔뻔스러운 비(非)아리아인 법령의 결과를 피할 수 있다는 어렴풋한 희망을 품게 했고, 디트리히에게는 조만간 닥칠 징병검사의 난제를 피할 수 있다는 희망을 품게 했다. 쿠데타가 성공할 것이라는 희망을 품은 그들은 복잡하게 얽혀 있는 법령들과 규정들 속에서 빠져나갈 구멍을 모색했다. 괴팅겐에 있는 식구들이 조국에서 삶의 터전을 유지할 수 있게 하기 위해서였다.

처음 몇 해 동안은 가족 가운데 누구도 결정적인 이별을 떠올리지 않았다. 망명을 방해하는 객관적인 어려움도 몇 가지 있었다. 법률가는 영어를 말하는 외국에서 자연 과학자에게 주어지는 것과 같은 직업의 기회를 얻기 어려웠다. 재산과 돈을 국경 너머로 반출하는 것은 법으로 금지되어 있었다. 본국의 대가족과 어울려 지내며 그럭저럭 살아가는 것이 더 낫지 않았을까?

라이프홀츠 가족이 망명을 급히 결정하고 실행에 옮긴 것은 1938년에 있은 직접적인 전쟁 위협과, 유대인의 이름과 관련된 법규가 조만간 시행되리라는 한스 폰 도나니의 통지 때문이었다. 다들 전시에는 게르하르트 라이프홀츠도 더 이상 보호받지 못할 것이라고 확신했다. 그사이에 뉘른베르크 법령의 다섯 번째 시행령이 "비(非)아리아인들"을 자유업에서 밀어낸 상태였다. 「검은 장교단」이 게재한 대로, 전쟁이 발발하면 유대인들의 운명은 "남김 없는 말살"이 될 터였다.[96] 그것을 믿었던 것일까? 도피 가능성이 있었던 것일까? 아니면 쿠데타 준비 결과에 의지해야 했을까? 쌍둥이 누이 자비네는 본회퍼에게 보낸 1938년 8월 26일자 편지에서 아래와 같이 말했다.

> 그이는[97] 지난 몇 주 동안 평정을 유지하지 못했어. 급기야 신경까지 쇠약해졌지. 지금은 결정을 내려야 하건만, 그것을 끝까지 숙고하지 못하겠어. 그 점이

신경을 곤두서게 해.……지금 나는 곱절로 조심해야 해. 생계 문제와 절박한 걱정거리, 크고 작은 걱정거리, 아이들이 바라는 것들 등 대단히 다양한 문제를 그이의 머릿속에 들여앉히는 것이 간단하지 않거든.……여행길에 오르기 전에 오빠를 보았으면 해(DBW 15:62f.).

런던 BBC가 1차 영국인 동원령을 보도하고—다들 이 보도를 진지하게 과대평가했다—즉각적인 국경 폐쇄가 우려되자, 디트리히 본회퍼는 9월 9일에 라이프홀츠 가족과 출발했다. 그러고는 그들을 먼 거리까지 바래다주어, 그들이 자정 전에 바젤 국경을 넘을 수 있게 했다.[97a]

그것은 망명을 의미했다. 하지만 당국과 관청 앞에서는 "여행"이라는 허구를 고수했다. 스스로도 어느 정도는 여행으로 여겼다. 쿠데타가 일어날 수 있었고, 그러면 평화로운 시절이 되돌아와, 9월 위기 이전과 같은 괴팅겐 생활을 허락할지도 모르는 일이었다.

하지만 10월 5일, 유대인의 여권 중에서 "J"라는 글자가 찍히지 않은 여권이 무효로 선언되었다. 부모는 곧바로 라이프홀츠 가족에게 전보를 쳤다. "지금 돌아오면 곤란해진단다."

디트리히 본회퍼는 누이동생 가족이 런던에서 살아갈 수 있도록 길을 터주었다. 그만이 할 수 있는 일이었다. 그는 먼저 조지 K. A. 벨 주교와, 1936년 샹뷔에서 알게 된 옥스퍼드 대학교의 월터 모벌리Walter Moberly 경에게 편지를 보냈다(DBW 15:92). 그런 다음 전에 목회하던 교회를 동원했다.

감사하게도 전에 내가 몸담고 섬기던 교회로부터 매제 가족의 안부를 전달받았습니다. 매제 가족이 성대한 환영을 받았다니 기쁘고, 이렇게 첫 초대를 해주어 또 기쁩니다. 그곳에서 조금 살아 보았으니, 처음 며칠보다는 더 마음에 들 것입니다. 예컨대 형편없는 난방은 영국의 어디를 가더라도 피할 수 없는 폐해이지요.……날씨가 좋아져서 매제 가족이 좋은 시절을 보내기를 바랍니다. 그래야 런던에서 지내기가 수월할 테니까요![98]

그는 직접 런던에 가기로 결심했다. 1938년 크리스마스 시기에는 런던 방문을 준비하면서 예전보다 훨씬 많은 편지를 옛 교우들에게 보냈다. 2월 1일, 그는 쌍둥이 누이에게 새로운 희망을 담아 생일 축하 편지를 보냈다.

> 지금은 모든 것이 상당히 달라지고 있지만, 최근에 나는 쌍생아 연구가 밝혀낸 모종의 법칙들이 있으며,—그 법칙들이 우리에게 적용되지 않기만을 바랄 뿐이야—어떤 쌍둥이들은 함께 살지 않아도 인생 경험을 똑같이 한다는 사실을 떠올렸단다. 우리의 형제자매들과 쌍둥이인 우리를 비교해 보아도 그 말이 어느 정도는 맞는 것 같아. 어쨌든 최근에 우리 두 사람은 각자 자기 방식대로 살더라도 전에 생각하던 것과는 다르게 되었구나. 그 점에서 우리는 지금 우리의 인생행로를 특별히 좋게 해석해도 될 것 같아. 엄밀히 말하면 동일한 상황이 우리의 삶을 그토록 단호하게 규정하고, 우리의 삶에 예기치 않은 전환을 가져다 준 셈이지. 하지만 그렇다고 해도, 4일이 되면 우리는 서로를 생각하게 될 것이고, 잡다한 소원들에 희망을 걸기보다는 실제로 서로의 편이 되어 주는 것에 희망을 걸게 될 거야. 재회를 간절히 고대하며(DBW 15:124).

마침내 라이프홀츠는 옥스퍼드에 있는 모들린 대학교와 협력하여 임시 세계교회협의회의 학술 연구 지원금을 따내고, 옥스퍼드에서 정치학을 지도하고 강의도 했다.

게르하르트 라이프홀츠를 조지 K. A. 벨 주교에게 소개한 것은(DBW 15:115 참조) 적절한 시기에 이루어진 일이었다. 조지 K. A. 벨 주교가 1938년 7월부터 영국 상원에 자리를 차지하고서, 전쟁이 임박한 시기에 정치 분야에서 중요한 목소리를 내고 있었기 때문이다. 독일에서 일어난 사건들과 관련하여 정치 전문가 라이프홀츠가 신학자 본회퍼의 조언대로 따른 것은 의미심장한 일이었다. 조지 K. A. 벨은 전시에는 물론이고 그 이후에도 라이프홀츠의 분석과 해석을 많이 이용했다.[99]

징병검사

1938년 정치적 사건들이 전개되면서 병역 문제와 관련하여 개인적인 결단의 시간도 다가온 것처럼 보였다. 본회퍼가 1934년과 1935년에 그리스도의 제자도 때문에 상당히 단호하게 답했던 문제가 이제는 본질적으로 훨씬 까다로운 모습으로 다가온 것이다. 실제로 1938년의 임박한 군 소집은 본회퍼가 가장 적게 언급한 사건이었다. 그의 교단에서 누가 그 문제점을 이해해 주겠는가? 정치적 사건이 좀 더 평온하게 전개되고, 몇 년 뒤 고려할 만한 나이가 지나면, 결단에서 풀려날 수 있을지도 모를 일이었다. 하지만 지금은 히틀러의 전쟁 준비가 걱정스러운 속도로 진행되고 있었다.

가급적 남들이 눈치채지 못할 정도로 재빨리 대처해야 한다는 생각 때문에 이탈리아 휴가 여행 계획도 취소되었다. "쓸데없이 우리의 존재를 병무 담당 사무소에 상기시키지 않으려는 의도 때문에 독일 국경과 관련된 모든 계획을 취소할 수밖에 없었습니다."[100]

1938년 11월 3일, 본회퍼는 공교롭게도 여느 사람과 마찬가지로 자기 거주지 관할 경찰서의 "병적부"에 신고하지 않으면 안 되었다. 그것은 징병검사가 아니었지만, 그는 이제 거류지를 변경하거나 장기 휴가 여행을 떠날 때마다 신고를 해야 했고, 해외여행의 경우에는 특별 허가를 받아야 했다. 1939년 1월 23일, 어머니는 베를린에서 그에게 아래와 같이 편지했다.

> 1906년생과 1907년생의 징병검사 소집을 알리는 글이 광고 기둥에 붙어 있더구나.……2월 15일까지 소집에 응하지 않을 사람은 신청을 해야 한다는구나. 나는 네 여행으로 돌파구가 마련되지 않을까 종종 생각한단다. 우리는 칼-프리드리히의 마흔 번째 생일을 맞아 라이프치히에서 지냈단다. 저녁에는 베르너 하이젠베르크Werner Heisenberg 부부와 죽이 맞았단다(DBW 15:115).

이날, 본회퍼는 형에게 보낸 편지에서 "그 나이에 도달한 형님이 부럽습니다"라고 말하고, 징병검사 동기생들로부터 탈퇴할 길을 궁리했다.

하지만 1939년 1월, 슐라베 방위 지구에 있는 사람들은 베를린에 있는 사람들만큼 먼 사이가 아니었다. 디터 폰 클라이스트Dieter von Kleist 소령이 병무 담당 사무소를 맡고 있었고, 폰 클라이스트와 성(姓)이 같은 친구들과 교구감독 에두아르트 블로크가 그에게 본회퍼를 잘 봐 달라고 부탁했던 것이다. 덕분에 영국 여행과 관련하여 있을 수 있는 난제들이 쉽게 해결되었다. 본회퍼는 3월에 있을 출국을 위해 출국 허가증을 받았지만, 이제는 족쇄에 채워져 더 이상 풀 수 없는 상태에서 한 일이었다.

본회퍼는 영국 여행 뒤에 곧바로 1년간의 미국 체류를 위해 휴직 처리와 출국 허가 증명서를 신청했다. 5월 중순에 징병검사 통지서가 날아왔다. 징병검사일은 5월 22일이었다. 하지만 본회퍼는 이 통지서가 당도하기 전에 일을 해치우고 싶었다. 그래서 휴직 처리 및 출국 허가 증명서 신청과 함께 아래와 같은 일이 급히 진행되었다.

> 부모에게 보낸 4월 13일자 편지. "6월에는 니부어에게 가 있게 될 것 같습니다. 일이 뜻대로만 된다면 말입니다"(DBW 15:165).
> 니부어가 레이퍼에게 보낸 5월 1일자 편지. "시간이 촉박하다는 본회퍼의 메시지를 오늘 받았습니다. 그가 필요한 준비를 할 수 있도록, 해외 전보는 물론이고 확신 서한도 그에게 보내야 합니다"(DBW 15:166).
> 부모에게 보낸 5월 5일자 편지. "휴가 승낙은 아직 떨어지지 않았습니다.…… 아직은 모든 것이 불확실합니다"(DBW 15:166f.).
> 니부어가 레만에게 보낸 5월 11일자 편지. 본회퍼는 "미국에 와서 군 소집을 당분간 피하고 싶어 합니다.……그를 빼내는 데에는 약간의 곤란이 있을 것입니다. 실패하면, 그는 투옥되고 말 것입니다."[101]

그는 곤경에 처하자 아버지에게 도움을 호소했다.

> 그것은 저의 휴가원 자체와는 전혀 관계가 없습니다. 군청에서는 징병검사 문제를 명단에 따라서만 처리하더군요. 아무튼 그 문제를 해결하려면 휴가 허가

서가 필요합니다. 앞으로 닷새 동안은 슐라베에 가지 않을 것이고 (이곳에서 상의한 뒤에) 부득이한 경우에만 직접 갈 생각입니다. 그래서 친애하는 아버지께 부탁드립니다. 아버지께서 폰 클라이스트 소령에게 편지로, 혹은 이것이 더 효과적이라면 전화로 문의해 주실 수 있으신지요? 징병검사 문제가 어찌되고 있는지를 말입니다. 지금 저는 여행 중이며 회답을 간절히 기다리고 있습니다. 가급적 곧바로 여행을 떠나려고요. 저는 신청서를 4월 23일에 발송했고, 거기에는 1939년 5월 1일부터 1940년 5월 1일까지 기한을 명시한 휴가원이 담겨 있습니다. 폰 클라이스트에게 보낸 사신(私信)에는 추천서들이 들어 있으니 다른 데로 새지 않았을 것입니다.……아버지께서 일의 진척에 도움이 될 길을 찾아 주시면 대단히 고맙겠습니다.[102]

개입이 제때에 성공적으로 이루어졌다. 슐라베 병무 담당 사무소에서 징병검사 명령을 실제로 철회하고, 1년 기한의 출국 허가 증명서를 발부할 의향이 있음을 밝혔다. 1939년 6월 2일, 본회퍼는 베를린에서 서쪽 세계로 출발할 수 있었다. 적어도 1년 동안은 그의 개인적인 결단과, 이로 인해 그의 소속 교단이 받을 조롱이 연기된 것 같았다.

그러지 않았으면 그는 5월 22일에, 부대에 배속될 것인지 아니면 병역 기피자가 되어 군사 법정에 설 것인지를 결정해야 했을 것이다. 이미 슈테틴에서는 화해 연대의 헤르만 슈퇴르가 병역 기피 판결을 받은 상태였다. 1년 뒤에는 교구감독 에두아르트 블로크도, 폰 클라이스트 소령도, 아버지도 더 이상 본회퍼에게 도움이 되지 못했다. 도피 시도 뒤, 본회퍼는 자신의 책무를 새롭게 인식하고, 다른 협력자들을 이용했다.

V. 영국, 1939년 3월과 4월

도피

처음에 본회퍼는 해외 체류 생각을 농담으로만 말했다. 취리히에서 브룬너의 교수직을 대리하는 것에 대해 주츠에게 문의할 때에도 그랬고,[103] 폴 레만과 연락을 재개하면서도 그랬다. "그러면 참 좋겠네.……6개월이라도 괜찮으니 자네가 나를 초대해 주면 좋겠네. 그리해도 기분이 나쁘지는 않을 것이네!"[104] 하지만 그 무렵 쌍둥이 누이의 편지들이 도착했다. 타국살이의 애환이 간간이 담긴 편지들이었다. 그는 즉시 율리우스 리거와(DBW 15:94), 자기의 후임으로 시드넘 교회를 맡고 있는 마르틴 뵈크헬러에게(DBW 15:93) 성탄절 기간과 정초에 자신을 런던 교구에 초대해 달라고 부탁했다. 하지만 그사이에 부모가 망명한 자녀들을 네덜란드에서 만나 성탄절을 함께 보내게 되었다는 사실이 알려졌고(DBW 15:95), 그 바람에 그를 초대하는 것이 3월로 연기되었다. 때마침 본회퍼는 라인홀드 니부어가 이 시점에 **기포드 강좌**를 계기로 영국에 있게 되었다는 소식을 듣고, 자기를 만나 달라고 그에게 편지했다. 영국인들이 본회퍼를 위한 묘안을 알지 못하더라도, 니부어라면 틀림없이 도움을 줄 것이었다.

서방 세계 여행을 위한 실질적인 준비가 시작된 것은 망명한 누이의 편지들 덕분이었고, 그 준비가 가속화된 것은 임박한 징병검사 때문이었다. 서방 세계 여행이 목표로 다가오자, 그는 자신의 여행을 놓고 고백교회 임시지도부의 에큐메니칼 대리자 한스 뵘과 의논하여 해외여행에 걸맞은 임무들을 부여받았다. 전에는 회의에 불려가든 형제협의회의 파송을 받아서 가든 간에 에큐메니칼 세계 출장이 주요 임무였고 개인적인 용무가 부차적이었다면, 이제는 자신의 문제가 우선이었고 공적인 임무가 이차적이었다. 물론 공적인 임무의 내용을 하찮게 여긴 것은 아니었다.

교회 영역에서는 충성 맹세, 합병 기도들, 젊은 목사들의 합법화, 기도서와 "수정의 밤"에 대한 대응 등에서 실망스러운 일만 이어졌다. 정치 영역에서는 쿠데타 실패와 전쟁 준비, 도나니가 베를린 동아리에서 축출되는 일이 이어졌다. 개인적인 영역에서는 이미 기술한 대로 수련목회자 모임의 불안한 생활, 임박한 징집, 누이의 망명이 이어졌다.

당연한 일이지만 다음과 같이 미래와 관계있는 절박한 물음들도 연관되어 있었다. 본회퍼는 정말로 이 교회생활과 독일생활에 지쳤던 것일까? 그는 자신의 인생 야망을 누구에게 바쳐야 했는가? 더 유리한 환경 속에서 자신의 가장 중요한 열정인 신학에 몰두해도 되지 않을까? 재능을 자유롭게 계발하는 것이 전 세계교회와 신학에 더 도움이 되지 않을까? 해외 초빙이 그를 기다리고 있지 않을까? 자신을 냉철하게 시험하려면 일단은 밖으로 나가야 하지 않을까? 게다가 그의 소속 교회가 혹여 있을지도 모를 병역 기피를 유해하기 그지없는 단독행위로 여겼던 게 아닐까? 결국 본회퍼는 자신이 독일에 체류하면 할수록 히틀러 제거 공모에 점점 더 깊이 빠져들게 되리라는 것을 알았다. 목사이자 신학자인 그가 방조를 넘어 공모에 가담해야 했을까? 이 딜레마를 피하려고 애쓰는 것이 더 낫지 않을까? 어느 날, 모든 정황이 독일 밖에서 이 문제들에 대해 확신을 얻는 것을 두둔했다.

회고해 보면 1939년에 이루어진 본회퍼의 외유는 "도피"로 명명될 수 있을 것이다. 하지만 그 자신은 그런 식으로 명명하지 않았다. 친구들 앞에서도 그랬고—그들 가운데 누가 얽히고설킨 동기를 알고서도 그에게 이 행보를 해결책이라고 말해 주겠는가?—가족들 앞에서도 그랬다. 설령 그의 외유가 도피이고 그가 떠나 있게 되더라도, 그의 가족들은 그것을 기뻐했을 것이다. 그렇지만 그 자신은 이 외유의 결정적인 이유들을 그다지 명쾌하게 집어서 말하지 않았다.

그는 영국에 체류하는 동안 조지 K. A. 벨 주교에게 고백 투의 편지, 그것도 전체가 아니라 부분만 서술하는 편지를 보냈는데, 아무래도 이 편지가 사실에 가장 가깝지 않을까 싶다.

> 나는 조만간 독일을 떠날 생각입니다. 주된 이유는 강제 징집 때문입니다. 내 연령대(1906년생)의 남자들이 올해 소집을 받게 되거든요. 현재의 상황에서 참전하는 것은 양심상 불가능한 것 같습니다. 다른 한편, 고백교회는 이와 관련하

여 명확한 태도를 취하지 않았고, 지금 상태로는 그러지 못할 것 같습니다. 이와 관련하여 정부가 국가에 대한 교회의 전형적인 적대행위로 간주할 태도를 내가 취한다면, 나는 나의 동료 형제들에게 막대한 손해를 입히게 될 것입니다. 무엇보다도 끔찍한 것은 내가 군대 서약을 해야 한다는 것입니다. 나는 이런 상황 속에서 혼란스러워하고 있습니다. 내가 현재 상태로 복무하는 것을 곤란하게 여기는 것은 그리스도교적인 근거들을 바탕으로 한 것이지만, **나의 태도를 찬성해 줄 친구는 극소수에 불과합니다.**[105] 이 문제에 관해 책도 많이 읽고 고민도 많이 했지만, 다른 환경에서 할 일을 결정한 것도 아닙니다. 그러나 내가 현재 상태로 "지금 여기에서" 무기를 든다면, 나는 나의 그리스도교적 신념을 어길 수밖에 없을 것입니다.[106]

본회퍼는 자신이 개인적인 양심의 결정을 내리더라도 고백교회에 더 이상 부담이 되지 않을 해결책을 모색했다. 동료 형제들은 바르트가 로마드카에게 편지를 보냈다는 소식을 듣고 나서 그가 얼마 동안 떠나 있는 것을 좋게 여겼던 것 같다. 그는 이 같은 의미에서 형제협의회와 의논하여 일시적인 휴직을 얻어 냈다. 그런 다음 그는 라인홀드 니부어에게 그 점을 밝혔고, 니부어는 레이퍼에게 이렇게 말했다. "고백교회 형제협의회는 그가 문제에서 벗어나기를 바라고 있습니다."[107]

하지만 본회퍼는 몇 주 뒤 레이퍼를 마주하여 실상을 전혀 다른 어조로 묘사했다. 본회퍼는 귀국을 염두에 두고 6월에 아래와 같이 말했다.

애초에 그들은[108] 내가 떠나는 것을 마뜩찮게 여겼습니다. 교사가 필요했기 때문입니다. 나의 독일 출국은 내가 그들(형제협의회)에게 어느 정도 쓸모 있는 사람이 되고 싶다는 바람을 피력하고 미국 신학자들 및 미국 성직자들과 접촉하여 이루어진 일입니다. 따라서 고백교회의 관점에서 보면 나의 미국 출장 여행의 목적은 독일에서 고립되고 있는 우리 교회와 이곳(미국)에 있는 친구들 사이를 잇는 에큐메니칼 연결고리가 되는 거였습니다.……병역과 관련된 나의 개인적인 문제와 어려움은 부차적인 고려사항이었습니다. 물론, 동료들은 내가

결정을 적어도 1년간 미룰 수 있게 된 것을 기뻐했습니다.[109]

본회퍼의 이 발언은 형제협의회의 왜곡된 진의를 확실하게 바로잡아 표현한 것이었다.

이는 본회퍼가 한동안 중요한 우선순위를 여러 차례 뒤섞어 생각하다가 한 목적의 무게와 다른 목적의 무게를 모두 경험하고 나서 한 발언이었다. 그는 두 번째 미국 외유 중에야 자신이 실제로 무엇 때문에 외유하게 되었는지를 있는 그대로 설명했다. 그런 다음 그는 사실을 자신의 일기장에—"도피"라는 어휘를 사용하지는 않았지만 사실에 의거하여 충분히 알아듣기 쉽게—털어놓았다. 그 일이 있고 몇 해 뒤, 그는 옥중서신에서 외유에 대해 기술하면서, 귀국은 정상적으로 계획된 사명을 마치고 돌아가는 것과는 전혀 다른 것을 의미했다며 다음과 같이 태연하게 말했다. "나는 1939년에 이루어진 나의 귀국을 한순간도 후회한 적이 없네."[110]

주교의 조언

1939년 3월 10일, 본회퍼는 베를린에서 베트게와 함께 오스텐데행 야간열차에 올랐다. 하지만 열차가 독일 국경 검사소를 통과할 때까지 잠을 청할 수 없었다. 그는 히틀러의 프라하 습격이 임박했음을 이미 알고 있었다. 그런 상황에서 군 소집 일시 면제가 어찌 통용되겠는가?

그는 런던에 도착하자마자 치체스터 방문을 준비했다. 예전의 방문들과 달리 이번에는 개인적인 용무로 방문하고 싶었다. 이는 본회퍼의 생애에서 처음 있는 일이었다. 1931년에 그 "연장자"를 만났더라면 그의 가르침을 자신에게 적용할 수 있었을 텐데 유감스럽게도 그러지 못했다. 그랬다가 이제야 다른 세계에 있으면서 자신의 말을 침착하게 경청해 주는 사람, 고백교회와 가족, 평화주의와 신학, 정치적 공모와 에큐메니칼 운동 중 어느 하나를 택하는 것의 중요성을 이해해 주는 사람을 찾은 것이다. 가족 중에서는 교회 신학에 가까이 관여하는 이를 기대할 수 없었고, 형제협의회의 친구들 중에서는 정치적 사안에 자유롭게 관여하는 이를 기대할 수 없었다. 조지 K. A. 벨은 둘 다에 능통한 사람이었다. 본회퍼는 지난 몇 년 동안 자기 신상과 관련된 결정을 형제의 집과 비판적으로 상의하고, 그곳에서 개인 고해를 통해 매고 푸는 일을 경험한 상태였다. 몇 년 전부터는 동년배 내지 더 연소한 사람들의 우정이 없다고 괴로움을 겪는 일이 전혀 없었다. 그렇다고 이 모든 것이 충분한 대면(對面)을 의미하는 것은 아니었다.

본회퍼는 자기가 아는 연장자가 기도하는 법과 바람직한 일을 요구하는 법에 정통해 있기라도 하다는 듯이 그에게 자기의 속마음을 토로했다. 그의 충고를 듣고 싶었고, 긍정적이든 부정적이든 답변도 듣고 싶었을 것이다. 그런 다음 큰 결정은 나중에 완전히 홀로 내렸다.

주교와 본회퍼 사이에 오간 대화에 대해서는 본회퍼가 사전에 보낸 편지(DBW 15:158-161)와, 조지 K. A. 벨이 나중에 강연하면서 언급한 내용을[111] 통해서만 알 수 있다. 편지에서 본회퍼는 주교에게, 자신은 독일을 떠나 선교 현장, 즉 "정말로 예배를 필요로 하는 어딘가"(DBW 15:160f.)로 가되, 고백교회를—에큐메니칼 간사 신분으로?—섬길 계획이라고 알렸다. 조지 K. A. 벨은 잠시 독일을 떠나려고 하는 본회퍼의 양심의 부담을 덜어 주었던 것 같다. 물론 본회퍼는 고백교회와 에큐메니칼 세계의 관계에 대해 조지 K. A. 벨과 상의하고 양해를 얻었다. 그러고 나서 관계 복원을 기뻐하며 아래와 같이 말했다.

> 독일로 돌아가기에 앞서 치체스터에서 했던 대화에서 주교님이 저에게 베풀어 주신 커다란 도움에 대해 다시 한 번 감사드리고 싶군요. 결과가 어찌될지 알지 못하지만, 우리가 직면하고 있는 양심상의 커다란 문제들을 주교님이 헤아리고 계신다는 사실을 깨달은 것만 해도 저에게는 엄청난 소득입니다.[112]

4월 3일, 본회퍼는 라이프홀츠와 율리우스 리거를 대동하고 서식스의 벡스힐로 갔다. 라인홀드 니부어가 그곳에서 휴가를 보내고 있었다.[113] 1931년과 1939년 사이에 자리한 시간적 간격 때문인지 신학적으로 그리고 개인적으로 할 이야기가 많았다. 폴 레만이 1933년에 본회퍼에게 니부어의 『도덕적 인간과 비도덕적 사회』를 선물한 이래로, 본회퍼는 그 방면에 약간의 관심만 기울였기 때문이다. 니부어는 친절로 똘똘 뭉친 사람이어서 곧바로 자기 친구들, 곧 뉴욕에 있는 미국교회협의회Federal Council of Churches의 헨리 레이퍼와 엘름허스트 대학의 폴 레만(DBW 15:168f.)에게 본회퍼를 초대하도록 부추겼다. 그러고는 본회퍼가 딜레마에서 벗어나려면 어찌해야 하는지를 숙고하여 신속하고도 분명하게 방향을 제시하고, 다른 고려사항들을 차단했다.

직무상의 과제

이 영국 여행은 본회퍼의 개인적인 문제에서 비롯된 것이었지만, 섬나라에서 대부분의 시간을 빼앗은 것은 고백교회를 위한 직무상의 과제였다.

본회퍼는 율리우스 리거의 성 게오르크 교회에서 열린 독일인 목사 회의 석상에서 '목회의 관점에서 본 율법과 복음'이라는 제목으로 강연했다. 1934년에 함께한 전우 가운데 몇몇은 참석하지 않았다. 이미 다른 진영으로 넘어갔기 때문이다. 본회퍼와 재회의 감격을 나눈 이들은 다음과 같다. 프란츠 힐데브란트와 볼프강 뷔징, 한스-헤르베르트 크람, 공사관 참사관으로 일하다가 퇴임하고 이민을 가서 신학자가 된 아돌프 프로이덴베르크. 그사이에 조지 K. A. 벨 주교는 유대계 목사 상당수를 독일 개신교회에서 데려온 상태였다. 시간이 흐르면서 그 목사들의 가구가 마흔 가구나 되었다. 주교는 11월 소수민족 학살(수정의 밤 사건)이 일어난 뒤에 그들 모두를 위해 용의주도하게 자금을 마련하고, 영국 정부에 그들의 보증인이 되어 주었다. 그들과 본회퍼는 조지 K. A. 벨이 비(非)아리아인 그리스도인 위원회 창립을 기념하여 블룸스버리 하우스에서 개최한 환영 파티에 참석했다. 블룸스버리 하우스 운영자는 바바라 머리Barbara Murray와 헬렌 로버츠Helen Roberts였다. 이 모임은 "독일 제국을 통한 뵈멘(보헤미아) 수복과 매렌(모라비아) 수복"에 잔뜩 짓눌려 있었다. "독일 제국을 통한 뵈멘 수복과 매렌 수복"은 히틀러가 3월 15일에 이루어진 자신의 프라하 진주를 두고 한 말이었다. 이날에 망명자와 관련된 새로운 문제가 어느 정도 다시 불거졌던 것일까? 연합국 측의 속수무책이 어느 정도 드러났던 것일까? 한때 시드넘 교회의 열성적 교인이었던 콘스탄틴 프라이헤르 폰 노이라트가 이제는 체코 프라하 성에서 "체코 보호령 총독"이 되었다는 소식이 들려와, 시드넘 교회의 나이 든 교인들을 특히 어리둥절하게 했다.

본회퍼는 이 몇 주 동안 베를린 임시지도부의 지시에 의거하여 에큐메니칼 관계를 활성화하는 일에 집중적으로 마음을 썼다. 베를린에서 출발하기 전에 이미 그 문제에 대해 한스 뵘과 이야기를 나눈 상태였다. 그는 단호한 개혁을 실시한 에큐메니칼 협의회에서 고백교회의 관심사를 더 잘 대변할 수 있는 가능성을 탐색하고, 이를 위한 제안을 협의하며, 힐데브란트처럼 망명한 동료들 중 한 사람을 끌어들여야 했다(DBW 15:157f., 159f. 참조). 1936년 샹뷔 대회 때부터 그랬지만, 1937년 옥스퍼드 대회를 위한 예비 협상이 결렬되면서 귀중한 시간이 지나가 버렸고, 그 바람에 고백교회 자체가 여러 에큐메니칼 대회와 회의에서 배제되고 말았다. 하지만 그사이에 임시 세계교회협의회가 구성되기 시작하여 중요한 인사 문제까지 결정한 상태였다. 이는 세계교회친선연맹 소속의 막스 디스텔, 신학자 위원회 소속의 두서너 교수들, 루터교 협의회 소속의 한스 릴예와 같은 지부 조직의 개별 대표들이 독일 개신교회 임시지도부의 위임을 받고도 참석하지 않은 상태에서 이루어진 일이었다. 공식적인 독일 대표단 없이 **세계교회협의회 임시 위원회** Provisional Committee of the WCC의 토대를 마련한 대회는 1938년 5월에 열린 위트레흐트 대회였다. 이 대회에는 쇤펠트와 지크문트-슐체가 참석했다. 지방 감독 아우구스트 마라렌스가 독일 개신교회를 공식적으로 대표해야 했지만 참석하지 않았다. 다른 초대장들은 교회의 어려운 상황을 고려하여 독일로 발송되지 않았다. 1939년 1월에 생제르맹에서 열린 **임시 위원회** 2차 회의 때에도 그랬다. 쇤펠트의 연구 분과도 생제르맹에서 이틀간의 위원회 회의를 개최했다. 이 회의에 초대받은 이는 오이겐 게르스텐마이어와 빌헬름 멘이었다. 교회-해외사무국은 자기가 바란다고 해서 어디든 참석할 수는 없었다. 하지만 그 소속 인사들은 적어도 형제협의회 주장이나 임시지도부의 주장에 구애받지 않고 여기저기서 "내빈" 행세를 하며 자신들의 관점을 알릴 수 있었다. 그런 이유로 레너드 호지슨은 "**신앙과 직제**" 협의회 연구 위원회의 독일 측 자리 배정을 놓고 헤켈 및 크룸마허와 협의했다. 쇤펠트는 1938년에 오이겐 게르스텐마이어에게, 특정한 경우에는 자신이 독일 개신교회를 대표해도 되겠느냐고 문의했다. 제네바의 한스 뵘은 대표성을 놓고 그런 식으로 문의하는 편지를 받지 못했다. 위트레흐트 대회 때부터 제네바 총무의 업무는 더 이상 H. L. 앙리오가 수행하지 않고, W. A. 피스르트 호프트가 수행했다. 헤켈은 쇤펠트의 도움으로 독일 개신교회를 대표하여 자신의 사무국(해외사무국)을 회의실 탁자에 앉히려 했지만, 피스르트 호프트가 제네바 총무직을 수행하는 바람에 뜻을 이루지 못했다. 그렇다고 해서 그 변화가 곧바로 고백교회에 영향을 미친 것은 아니었다.

이 상황에서 본회퍼는 사정을 자세히 알기 위해 조지 K. A. 벨, 레너드 호지슨, 피스르트 호프트를 찾아다녔다. 본회퍼와 조지 K. A. 벨의 대화는 앞에서 다룬 바와 같다. 본회퍼가 호지슨을 찾아간 것은 계획대로 한 일이었고(DBW 15:157), 피스르트 호프트를 만난 것은 우연히 이루어진 일이었다(DBW 15:158f. 참조). 한편에서는 불쾌한 문제가 다시 불거졌고, 다른 한편에서는 새롭고 희망찬 전망들이 보였다.

대성당 참사회 회원 레너드 호지슨과 벌인 두 번째 씨름

3월 29일, 본회퍼는 라이프홀츠 가족과 함께 옥스퍼드로 갔다. 한스 헤르베르트 크람이 라이프홀츠의 가족에게 대학교를 보여주고, 라이프홀츠가 사회 정책 입안자 윌리엄 헨리 베버리지William Henry Beveridge를 만나는 동안, 디트리히는 "신앙과 직제" 협의회 총무이자 대성당 참사회 회원인 레너드 호지슨을 찾아가 오랫동안 이야기를 나누었다. 본회퍼의 등기 우편(DBW 15:157f.)과 호지슨의 이튿날 메모(DBW 15:161-163)에 상세히 묘사된 대로, 이 두 번째 시도는 상반된 견해를 서로에게 이해시키려는 시도였다.[114]

본회퍼는 고백교회의 상임 대표를 독일 밖에 둘 것을 제안했다. 이미 조지 K. A. 벨에게 보낸 편지에서 제네바 대표부에 대한 불만을 훨씬 노골적으로 표현한 상태였다.[115] 그는 호지슨에게, 정치적 사건의 전개로 보건대 이 시도가 조만간 마지막 시도로 입증될 것 같으니, 고백교회의 상임 대표 건을 신속히 처리해야 한다고 힘주어 말했다. 그가 "대표"를 언급한 것은 프란츠 힐데브란트를 염두에 두고 한 말이었을 것이다. 아직 영국에서 안정된 일자리를 찾지 못했지만, 무엇보다도 통행이나 외환 사정의 어려움에 더 이상 구애받지 않고, 독일 교계에 대한 가장 많은 지식을 소유한 이가 힐데브란트였기 때문이다.

본회퍼의 제안은 열매 맺는 땅에 떨어지지 못했다. 1935년에 그랬듯이, 이번에도 호지슨이 인내심을 가지고 세세하게 열거한 정관 규정 때문에 물거품이 되고 말았다. 본회퍼는 1935년에 했던 것과 달리 고백교회만이 대표성을 가지고 있다는 주장을 펼치지 않았다. 오히려 그의 목소리는 도움을 요청하는 절규처럼 들렸다. 호지슨은 여름에 열릴 클라렌스 대회에 고백교회 임시지도부 대표단을 "내빈"으로 초대하여 제국교회 대표단과 마찬가지로 환대하겠다고 제의했다(DBW 15:162). 본회퍼는 견디기 힘들 만큼 중립적인 이 제스처를 대단히 편파적인 것으로 여겼다. 헤켈과 그 대리인들은 여권과 외환을 마음대로 사용할 수 있었던 반면, 임시지도부 대표단의 해외 출장은 점점 까다로워지고 있었기 때문이다. 앞으로 살펴보겠지만, 이것은 호지슨도 아는 사실이었다.

레너드 호지슨의 메모는 독일교회의 상황이 얼마나 비극적으로 전개되고 있는지, 에큐메니칼 세계가 이 사태 전개를 얼마나 무력하게 받아들였는지를 대단히 명료하게 보여준다. 독일교회는 또 한 차례 두들겨 맞아 곤경에 처해 있었고, 거대한 에큐메니칼 기구들은 잘 짜인 규정을 완화할 수 없었다. 호지슨은 재차 요구를 받고 아래와 같이 말했다.

> 우리는 이런 조언을 받았습니다. 말하자면 현 시점에는 그러한 교회(온 교회의 신뢰를 충분히 얻어 자기 이름으로 대표들을 임명할 수 있는 중심체)가 없으며, 따라서 우리는 그러한 교회 안에서 상이한 집단들을 갈라진 교회들처럼 따로따로 대우하려고 해서는 안 된다는 것입니다.[116]

양쪽 중 어느 쪽도 해치지 않으려는 꼼꼼하면서도 괴로운 시도가 실제로는 고백교회를 배제한 셈이었다. 본회퍼는 고백교회 상임 대표를 "신앙과 직제" 협의회에 두는 것을 생각할 수 없게 되었으며, 임시지도부는 기껏해야 내빈 한 명만을 대회와 회의에 파견할 수 있고, "신앙과 직제" 협의회가 외환을 조달할 준비가 되어 있다고만 보고했다. 하지만 이것은 사실상 에큐메니칼 대회가 대표들을 종래와 같이 파견받고, 보고도 편파적으로 받으리라는 것을 의미했다.

레너드 호지슨은 본회퍼와 대화한 내용을 비망록에 담아 "신앙과 직제" 협의회 의장과 제네바 본부에 보고했다(DBW 15:163 참조). 그 바람에 쇤펠트는 본회퍼가 한동안 침묵하다가 어떻게 자신의 길을 가로막았는지를 알아채지 못했다. 이는 결국 두 사람 사이의 긴박한 위기가 되었지만, 전쟁의 와중에 결정적인 것이 변하면서 본회퍼가 쇤펠트의 관심을 끌게 되었다. 우리는 쇤펠트가 헤켈의 젊은 협력자 빌헬름 바흐만Wilhelm Bachmann—이따금 케임브리지에 머물곤 했다—에게 보낸 1939년 2월 24일자 편지를[117] 통해 그가 문제를 어떤 식으로 보았는지를 알 수 있다. 쇤펠트는 빌헬름 바흐만에게, 개인적인 대화를 나눌 때마다 모든 기회를 활용하여, 헤켈 감독과 오이겐 게르스텐마이어와 해외사무국 사람들이 에큐메니칼 활동을 위해 얼마나 전력투구하는지를 알리라고 종용했다. 그러고는 해외사무국의 실제적 공로에 대한 보고가 부족해서일 테니 될 수 있는 대로 모든 길에서 반대 주장이 제기되지 않는지 유심히 살펴보라고 덧붙여 말했다.

몇 주 뒤 쇤펠트의 외국 친구들은 해외사무국의 활동을 편들 수 없었다. 헤켈이 에큐메니칼 세계의 항의에 직면하여 독일그리스도인연맹의 고데스베르크 선언을 옹호했기 때문이다.[118] 하지만 본회퍼는 쇤펠트의 제네바 사무국과 교회-해외사무국의 연계를 유념하고서 조지 K. A. 벨에게 아래와 같이 편지했다.

> 조만간 우리가 해외에 있는 우리 형제들로부터 완전히 고립될까 두렵습니다.……송구하지만 제네바에 있는 독일 대표들은 고백교회의 대의를 대변할 수 없습니다. 그래서 공석으로 있는 겁니다.[119]

호지슨이 "신앙과 직제" 협의회 임시 위원회 위원장인 요크의 대주교 윌리엄 템플(DBW 15:163 참조)에게 제공한 정보가 중차대한 결과를 초래했다.

어느 모로 보나 윌리엄 템플은 조지 K. A. 벨과 달리 고백교회와 가까운 사이가 아니었다. 그는 디트리히 본회퍼를 만나지 않았고, 본회퍼도 1939년 3월의 이 시기에 그를 방문할 생각이 없었다. 옥스퍼드 에큐메니칼 세계 대회와 에든버러 에큐메니칼 세계 대회 이후 템플의 강력한 돌진으로 에큐메니칼 운동권 안에서 무게중심이 바뀌었는데도 본회퍼가 이를 알아차리지 못했던 것 같다. 위트레흐트 대회 때부터 세계교회협의회 임시 위원회 의장은 윌리엄 템플이었고, 존 모트John Mott, 루카스 판텔레온 게르마노스, 마르크 뵈그너는 공동 의장이었다. 그때까지 템플은 "신앙과 직제" 협의회와 더 친했고, 따라서 본회퍼의 의도 및 생각과 실제로 충돌할 일이 없었다.

윌리엄 템플은 2차 세계대전 이전에 독일 교회투쟁에 관여한 적이 없었으므로 이따금 기묘한 판단을 내리곤 했는데, 지금도 그랬다. 그는 본회퍼와의 협상 내용을 담은 비망록을 보자마자 호지슨에게 "당신의 보고가 대단히 꼼꼼하군요"라면서 이렇게 덧붙였다. "헤켈을 임시 위원회에 편입시키는 안을 전보다 더 간절히 제기하고 싶군요."[120] 물론 이것은 정보를 더 많이 소유한 호지슨의 생각과는 거리가 먼 생각이었다. 호지슨은 템플의 견해를 잘 알겠다고 하면서도, 헤켈이 세계교회협의회 임시 위원회에 편입될 것을 예상하여 "나는 조금 다른 방법을 원합니다"라고 대답했다. 그러고는 본회퍼와 나눈 대화에 대한 새롭고 흥미로운 통찰을 제시한다.

> 지난주에 본회퍼와 나눈 대화에서 분명해진 것이 있습니다. 말하자면 우리 쪽에서 한스 발, 테오도르 헤켈, 크룸마허, 혹은 그 집단의 누군가에게 공식적인 지위를 부여하고, 동시에 한스 뵘이나 그의 동료들 중 누군가에게 동등한 지위를 부여하지 않는다면, 이는 편파적인 조처로 간주되리라는 것입니다. 나는 우리가 지난해에 토론한 것을 그에게 조금 이야기하고, 아우구스트 마라렌스도 회의에 참석해야 헤켈의 임명이 가능하게 될 것이라고 논의한 것도 이야기했습니다. 그는 아우구스트 마라렌스를 헤켈과 균형을 맞출 만한 "고백교회 사람"으로 여기지 않았습니다. 본질적이고 결정적인 문제에서 둘 다(마라렌스와 헤켈) 마음에 들지 않았던 것입니다. 두 자리가 비어 있고, 그래서 헤켈과 고백교회 사람 1명을 편입시킬 수 있다면, 문제가 달라질 것입니다. 하지만 나는 헤켈만 편입시키는 안건이 안으로는 우리 회원들을 분열시키고, 밖으로는 편파적이라는 인상을 줄까 봐 걱정입니다.……임시 위원회는 (두센, 앙리오, 아돌프 켈러

처럼 임시 위원회와 함께 앉을 수 있도록 청하는) 초대장을 헤켈과 고백교회 지도자 1명에게 발송할 수 있지 않을까요? 헤켈만 여권과 자금을 확보하여 참석할 수 있겠지만, 임시 위원회는 공정성을 유지한 셈이 될 것입니다.[121]

윌리엄 템플은 자신의 제안을 고집하지는 않았지만, 어떻게 해서 그런 제안을 하게 되었는지를 다시 한 번 정확히 표현했다.

당신의 판단을 거스르면서까지 이 사안을 강요하지는 않겠습니다. 하지만 최근에 이곳을 다녀간 윌리엄 패튼William Paton이 자신의 생각을 내게 털어놓은 바에 의하면, 피스르트 호프트가 다음과 같은 사실을 놓고 쇤펠트와 같은 견해일 것이라고 하더군요. 말하자면 독일에 있는 모든 단체가 헤켈을 자신들과 외부 세계를 이어줄 통로로 받아들이고 있다는 것입니다. 내가 헤켈 편입 건을 제의한 것은 그 때문이었습니다.[122]

윌리엄 패튼의 정보는 다음과 같은 확대 협상에 뿌리를 두고 있었을 것이다. "카셀 동아리"에서 비롯된 이 확대 협상은 제국교회 동아리들, 루터교도, 고백교회 사람들로 단일 대표단을 구성하는 것을 목표로 삼았고, 본회퍼는 그것을 하찮게 여겼다. 그 확대 협상은 새로운 반발을 겪고 1938년에 실패했다. 우리는 이 편지 왕래를 토대로, "신앙과 직제" 협의회의 템플과 호지슨이 "누가 독일 개신교회 대표로 세계교회협의회 **임시 위원회**에 나타날 것인가"라는 문제에 대해 얼마나 중립적이었는지를 유추할 수 있다. 그들의 눈에는 아우구스트 마라렌스가 헤켈의 맞수 내지 고백교회 대표로 보였다. 물론 템플은 몇 주 뒤에 고데스베르크 선언에 대한 항의서에 서명했다. 이 항의서의 기초자는 피스르트 호프트였다. 템플은 "의사소통의 통로"라는 헤켈이 얼마나 우스운 사람인지를 경험하고, 아우구스트 마라렌스도 (조금 완화된) 고데스베르크 선언에 서명했다는 소식을 들을 수밖에 없었다.

고데스베르크 선언

레너드 호지슨과 윌리엄 템플의 옥스퍼드 대화와 서신 왕래가 있고 난 직후인 1939년 4월 4일, 독일 개신교회 관보에 프리드리히 베르너 박사의 서명이 담긴 '고데스베르크 선언'이 실렸다. 그 내용은 아래와 같았다.

> (국가사회주의는) 세계관과 정치적 관점에 의거하여 마르틴 루터의 작업을 계속 수행하고, 종교적 관점에서는 우리에게 그리스도교 신앙의 참된 이해를 가져다준다.……그리스도교 신앙은 화해하기 어려운 유대교와 종교적으로 대립관계에 있다.……로마 가톨릭의 특징을 지니거나 세계 프로테스탄트의 특징을 지닌 국제 교회주의는 그리스도교의 정치적 타락일 뿐이다. 참된 그리스도교 신앙은 주어진 창조 질서들 안에서만 풍부하게 펼쳐진다.[123]

국교(國敎) 교회의 목소리로 들린 이 문장들은 "독일 국민의 교회생활에 대한 유대인의 영향을 연구하고 제거하기 위한 연구소" 광고와 함께 관보에 실려 있었다.

세계교회협의회 **임시 위원회**는 회원 교회들에게 보내는 성명서에 윌리엄 템플, 마르크 뵈그너, 윌리엄 패튼, 피스르트 호프트의 서명을 담아 공포했다. 피스르트 호프트가 1961년에 필자에게 구두로 알려 준 바에 따르면, 그 성명서는 피스르트 호프트가 주선하고, 바르트가 작성하고, 템플이 수정했다고 한다. 그 내용은 아래와 같다.

> 그리스도교회의 민족적 분류가 생존의 필수요소인 것은 아니다.……인종, 민족, 혈통에 구애받지 않는 영적 일치야말로 교회의 본질에 속한다.……예수 그리스도의 복음은 유대인이 품었던 희망의 성취라고 할 수 있다.……그리스도교회는……복음을 영접한 유대계 사람들과의 관계 유지를 기뻐한다.……교회는 삶의 모든 영역—여기에는 정치와 세계관도 포함된다—에 대한 그리스도의 통치권을 선포해야 한다.[124]

5월 6일, 교회-해외사무국은 제네바에 있는 세계교회협의회 **임시 위원회** 앞으로 헤켈의 서명을 담아 전보를 쳤다.

> 권한을 심하게 위반하면서까지 교회들에 보낸 성명서, 곧 독일 교계의 실제 상황을 잘못 판단하여 독일 국내 문제에 대한 참을 수 없는 간섭을 표명한 성명서의 즉각적인 회수를 고대함. 독일 개신교회.

이것이 독일의 모든 집단이 받아들인 통로, 외부 세계와 이어 줄 "의사소통의 통로"였단 말인가?

피스르트 호프트

사전에 계획한 옥스퍼드 만남은 대단히 불쾌하고 서먹서먹하게 끝났지만, 런던 패딩턴 역에서 자발적으로 이루어진 만남은 전도유망하게 진행되었다.

본회퍼는 **사회 복음**에 관한 피스르트 호프트의 논문을 1930년부터 알고 있었고, 인근의 회의 장소들에서 서로 지나치긴 했지만 그때까지는 한 번도 만난 적이 없었다. 어쨌든 본회퍼는 이 사람이 자기와 마찬가지로 독일의 창조신학을 노골적으로 비난했다는 것을 알게 되었다. 이제 피스르트 호프트는 에큐메니칼 세계의 요직에 진급해 있었다. 윌리엄 템플이 1938년 5월에 노련한 앙리오가 아니라 젊은 네덜란드 사람을 임시 세계교회협의회 총무로 선임하고, 윌리엄 패튼과 헨리 레이퍼를 그에게 배속시키는 안을 관철시킨 덕분이었다.

이 교체와 함께 제네바 본부의 분위기도 차츰차츰 바뀌었다. 피스르트 호프트는 특히 독일어를 완벽하게 구사하고, 독일 신학 서적도 잘 아는 이였다. 그는 자기 신학의 뿌리를 칼 바르트에게 두고 있었고 장기간 독일을 여러 차례 방문한 까닭에 교회투쟁 세력을 평가하기 위한 새로운 전제를 제시했다. 이는 그가 고데스베르크 선언에 대한 임시 세계교회협의회의 항의성명을 강력히 추진하면서 모든 이에게 명백한 것으로 밝혀졌다.

본회퍼가 런던에 있을 때, 신임 총무가 영국을 방문할 것이라는 소문이 들려왔다. 그는 조지 K. A. 벨 주교에게 이렇게 말했다. "그가 런던에 머무는 동안 내가 그를 몹시 만나고 싶어 한다고 전해 주시겠습니까?"[125] 본회퍼는 처음부터 피스르트 호프트와 의견이 일치한다고 확신했다. 자신의 관심사들을 놓고 그와 의논하고 싶을 정도였다. 본회퍼가 레너드 호지슨을 방문하고 며칠 뒤에 그를 패딩턴 역에서 만난 것은 이 때문이었다.

본회퍼는 여섯 살 위의 피스르트 호프트와 장시간 대화를 나누면서, 고백교회가 제네바에서 잊히는 것을 우려했다. 이 첫 만남이 있고 2년 뒤, 쌓이고 쌓인 신뢰가 훨씬 큰 의미를 얻게 되지만, 본회퍼는 지금 이 시기에도 자기 소속 교회의 대표를 제네바에 두는 문제에 대해 피스르트 호프트와 협의함은 물론이고, 전쟁과 평화, 신학 윤리와 정치 윤리에 대해서도 논의했다. 피스르트 호프트는 전후(戰後)에 이 만남에 대해 아래와 같이 말했다.

> 우리는 서로에 대해 많은 것을 들은 상태였습니다. 뜻밖에도 우리는 첫 접촉의 자리를 통해 깊고 실질적인 대화의 자리로 들어가게 되었습니다. 그는 나를 오랜 친구처럼 대했습니다.……우리는 오랫동안 플랫폼을 오르락내리락하며 걸었습니다. 그는 자신이 속해 있는 고백교회와 독일의 처지에 대해 말했습니다. 놀랍게도 그는 앞일을 훤히 내다보듯이 그해 여름쯤이면 전쟁이 발발할 것이라고 말했습니다. 고백교회가 훨씬 큰 난관에 봉착하게 되리라는 거였습니다. 그는 이런 물음을 던졌습니다. "의식적으로 전쟁을 향해 돌진하는 정부, 모든 계명을 어기는 정부에 봉사하기를 거부할 때가 되지 않았을까요? 하지만 고백교회가 정부에 봉사하기를 거부한다면, 고백교회는 어떤 결과를 맞이하게 될까요?" 그의 답변보다는 그의 예리한 질문이 더 많이 떠오르는군요. 나는 그가 나의 답변들에서 배운 것보다는 내가 그의 질문들에서 배운 것이 더 많다고 생각합니다. "뮌헨"과 "바르샤바" 사이의 불투명한 세계, 아무도 실질적인 문제를 제기하려 하지 않는 세계에서 그의 질문 소리는 마치 해방의 음성 같았습니다.[126]

피스르트 호프트가 답변보다 질문을 더 많이 떠올린 이유는, 당시에 본회퍼가 자신의 질문에 대한 답변을 탐색한 지 얼마 안 되었기 때문일 것이다. 게다가 그는 그 답변을 여러 차례 곱씹고 나서야 새로운 것을 실제로 제시하는 사람이었다.

에큐메니칼 세력장이 현저히 바뀌었다. 그런데도 낡은 규정이 효력을 어느 정도 미치고 있었다. "생활과 실천" 협의회가 1938년 위트레흐트 대회에서 책임을 임시 세계교회협의회에 즉시 넘기고 그들의 총무들도 넘긴 상태였다. "생활과 실천" 협의회가 여전히 존재하고 있었으므로, 피스르트 호프트는 임시 세계교회협의회 총무로서 "생활과 실천" 협의회에 대한 책임까지 맡았다. 반면에 "신앙과 직제" 협의회는 위트레흐트에서 임시 세계교회협의회의 결성에 찬성하면서도 독립적인 기구와 집행기관을 고수했고, 레너드 호지슨이 그 총무를 맡고 있었다. 노회한 아서 헤들램도 "신앙과 직제" 협의회의 독립성을 위해 효과적으로 투쟁하는 사람 가운데 하나였다. 그는 1937년 체포 파동이 진행될 무렵 도로시 벅스턴Dorothy Buxton에게 보낸 편지에서 "독일에서 그리스도인 박해에 대해 떠드는 것은 바보 같은 짓이랍니다"라고 말한 자였다.

본회퍼는 "생활과 실천" 협의회의 신임 총무가 조지 K. A. 벨과 아문센이 전에 시작한 일을 계속 수행하는 것을 목격했다. 조지 K. A. 벨과 아문센이 전에 시작한 일은 피스르트 호프트가 『에큐메니칼 운동사』에서 정식화한 대로 "그리스도의 온 교회를 대표하여 그리스도교 메시지의 순수성과 진실성을 위해 투쟁하고 있다고 여겨지는"[127] 고백교회를 영적으로 지지하는 거였다.

다른 한편, 본회퍼는 "신앙과 직제" 협의회의 습관성 무뚝뚝함이 제국교회 대표들에게 얼마나 도움이 되었는지를 목격했다. 누구라도 독일의 상황에 직면하면 제아무리 진지하게 회피하고 싶어도 실제적인 가담을 피할 수 없음이 분명했다. 그럼에도 불구하고 판단을 피하려고 하는 자는 한쪽을 후원하는 것이나 다름없었다.

어쨌든 본회퍼는 조지 K. A. 벨을 방문하고 피스르트 호프트를 만난 뒤에, 배제된 고백교회도 에큐메니칼 세계에서 주목을 받게 되리라고 확신했다. 이 일이 있고 2년 뒤, 제네바에서 본회퍼와 피스르트 호프트 사이에 이루어진 두 번째 만남의 경우도 그랬다. 두 사람은 오래전부터 친하게 지낸 친구 같았다.

본회퍼는 자신이 맡은 임무와 의도를 곧바로 이루기는 했지만, 애초의 계획보다 다섯 주나 더 런던에 머물렀다. 전쟁이 곧 일어날 것이라고 생각했기 때문이다. 그는 히틀러가 3월 15일에 뮌헨 협정을 갑자기 파기하자 런던의 여론이 급변하는 것을 보고 깊은 인상을 받았다. 영국 정부가 폴란드에 대한 보증 선언의 형태로 답한 것을 모든 이가 반겼던 것이다.

본회퍼는 영국에 있는 누이의 집에서 머무르며 전쟁 소식을 기다려선 안 되는지를 고민했다. 그는 부모에게 보낸 4월 13일자 편지에서 이렇게 말했다. "제가 이곳에서 루디 이모부를 여전히 기다려도 되는지, 그것이 문제입니다. 그 문제가 나의 출발을 다소 지연시키는군요." 하지만 부모는 "루디 이모부"가 아직은 도착하지 않을 것 같다며 그를 안심시켰다.

어느 날, 그는 런던에서 아돌프 볼브뤼크Adolf Wohlbrück와 함께 영화 「빅토리아 여왕」을 관람했다. 본회퍼는 끊임없이 위협받고 있는 나라의 역사를 보는 순간 분노의 눈물을 억누를 수 없었다고 고백했다.

4월 18일, 본회퍼는 베를린으로 돌아갔다. 돌아와 보니, 히틀러가 샤를로텐부르크 공과대학 앞에서 생일 기념 열병을 하고 있었다. 위협적인 광경이었다. 독일 개신교회 관보에는 아래와 같은 글이 프리드리히 베르너의 서명과 함께 실려 있었다.

> 우리 총통 각하의 쉰 번째 생신을 기쁜 마음으로 축하드립니다. 하나님이 독일 국민에게 진정한 기적 수행자를 보내 주셨습니다.……우리의 감사가 단호하고 확고한 의지가 되어, 우리 총통 각하와 역사적 경사에 누가 되지 않기를 바랍니다.[128]

당시에 대담하게 돌변한 『젊은 교회』는 한 술 더 떴다.

> 낡은 세계를 돌파하며 힘차게 싸우고, 마음의 눈으로 새로운 것을 보고, 그것을

실현해 내는 총통 각하의 모습은 신기원을 연 이들을 위해 따로 마련된 연대기, 세계사의 얼마 남지 않은 연대기에 기록되었다. 이는 오늘날 모든 이에게 분명한 사실이다.……총통 각하의 모습은 교회에도 새로운 의무를 제시했다.[129]

VI. 미국, 1939년 6월과 7월

본회퍼는 영국에서 돌아온 지 한 달 보름밖에 안 되었지만 다시 독일을 떠났다. 그는 군 당국의 징병검사 통지를 사전에 막고, 얼마 남지 않은 신학 교사들 가운데 한 사람, 곧 바르멘과 달렘을 여전히 확고하게 고수하고 있는 이를 포기하려 하지 않는 구프로이센 연맹 형제협의회에 미국 여행의 합목적성을 납득시키며 5월 한 달을 긴장 속에서 보냈다. 형제협의회는 본회퍼의 바람을 거절하지 않았다. 이번에는 본회퍼의 외유가 다음의 세 가지 이유에서 권장할 만한 것으로 여겨졌다. 첫째는 에큐메니칼 세계에서 고립된 고백교회를 위해 무언가를 할 가망이 있었기 때문이다. 둘째는 그가 게르하르트 에벨링을 위해 했던 것처럼,[130] 고백교회가 누군가에게 특수 임무들을 맡겨 보낼 수 없다면, 교회가 끝장나고 말 것이라는 그의 오랜 원칙 때문이었다. 셋째는 징집될 경우에 내려야 할 병역 회피 결정을 한 번 더 피할 수 있다는 희망 때문이었다.

부담스러운 출발

엄밀히 말하면 본회퍼와 그의 친구들은 6월 2일 베를린 템펠호퍼 펠트 비행장에서 여행이 시작될 때 마음이 홀가분할 수도 있었다. 모든 것이 성공적이었다. 그는 런던에서 라이프홀츠의 가족을 만나고, 그런 다음 6월 7일에, 시카고 대학교로 초빙받은 맏형 칼-프리드리히와 함께 사우샘프턴에서 "브레멘" 호를 타고 대서양 횡단 여행을 시작하면 될 터였다. 게다가 5월에는 국제 정치가 첨예화되는 일도 일어나지 않았다.

하지만 작별은 생각보다 훨씬 어려웠다. 본회퍼는 난생 처음 베트게에게 유언장을 맡겼다. 그러고는 곧바로 독일에서 교회와 관련하여 맡고 있던 임무들을 기꺼이 내려놓았지만, 그 임무들이 생각대로 처리되지 않았다.

출발하는 그날까지도 수련목회자 모임을 이끌 대리자를 구할 수 없었다. 그는 지구르츠호프에서 자기의 자리를 이어받을 미지의 사람이 볼 수 있도록 책상 위에 다음과 같은 내용의 쪽지를 올려놓았다. "내 후임자에게. 귀하는 고백교회에서 가장 멋진 일 가운데 하나를 발견한 셈입니다." 거기에는 수업 대상자들과 관련된 부탁도 있었다. "형제들과 함께 가급적 많이 산책해 주시거나, 다른 어떤 방법으로든 함께 있어 주시기를 바랍니다."[131]

몇 주 뒤에야 칼 바르트의 제자 헬무트 트라우프가 도착하여, 쾨슬린과 지구르츠호프를 시계추처럼 오가며 강의를 시작했다. 불행하게도 본회퍼는 서너 주 뒤에야 그 소식을 접하고, 다른 일들에 신경을 쓰면서도 여전히 그 일을 걱정했다.

게다가 그가 작별할 무렵은 교회투쟁이 격화되기 시작하던 시기였다. 6월 1일, 헌금을 거두어 목회와 관련된 계획에 쓰지 않고 고백교회로 보내는 교구의 목사 급료 지원금을 프리드리히 베르너가 끊었다. 6월 2일, 그는 강제수용소에 있는 마르틴 니묄러를 휴직 처리했다. 고백교회의 소수파가 권리를 계속 박탈당하는 동안, 다수파는 새로운 어투에 순응하려고 노력했다. 5월 31일, 교회지도자회의에서 아우구스트 마라렌스, 테오필 부름, 한스 마이저의 서명을 담아 한스 케를을 겨냥한 성명서를 발표했다. 모종의 수정을 가하면 고데스베르크 선언에 동의하겠다는 내용의 성명서였다. 그 속에는 개신교회가 회원 교회들에게 다음과 같이 지시하는 내용도 들어 있었다. "총통 각하의 민족주의 정치 건설에 헌신적으로 순응해야 한다.……민족주의적 삶의 영역에서 우리 국민의 순수성을 보존하려면 책임을 의식하는 진지한 인종 정책이 꼭 필요하다."[132] 본회퍼는 여행을 시작할 때부터 남은 이들 생각에 마음이 괴로웠다.

여러분과 미래를 생각합니다. 형제들 모두에게 안부를 전해 주기 바랍니다. 지금 여러분은 저녁 예배를 드리고 있겠군요.

모든 것이 순조로워 지금도 놀랍기만 하다네. 자네가 나를 만나러 와 주면 기쁘겠네.[133]

그는 선상에서 보낸 편지에서 『로중』의 6월 8일자 묵상용 성구 "너희는 공정한 재판을 하여라"(슥 7:9)를 놓고 아래와 같이 말했다.

무엇보다도 고국에 있는 나의 형제 여러분에게 그것을 부탁합니다. 나는 아낌없이 여러분을 생각할 것입니다.

다수의 프로그램은 우리 자신이 있는 곳으로만 우리를 이끕니다. 하지만 우리는 그분이 계신 곳에서만 발견되어야 합니다. 우리는 그분이 계신 곳 이외의 장소에 있어서는 안 됩니다. 여러분이 그쪽에서 활동하고, 내가 미국에서 활동하더라도, 우리는 그분이 계신 곳에만 있을 것입니다. 그분께서 우리를 동행시키십니다. 그분이 계신 곳을 내가 피하겠습니까? 그분께서 나를 위해 계신 곳을요? 아닙니다. 하나님께서 말씀하십니다, 너는 나의 종이라고.

뉴욕에 상륙하기 전 어느 날에는 아래와 같이 편지했다.

내가 걷는 길에 대한 의심만이라도 극복했으면 좋겠네.[134]

본회퍼는 소싯적 여행 중에 그랬듯이 이번에도 일기장을[135] 휴대하고 그날그날의 기도 문구와 함께 내용을 간략하게 메모하곤 했다. 일기장은 바람직한 진로를 찾으려는 본회퍼의 내적 고투를 가장 감동적으로 보여준다.

부담스러운 도착

막상 뉴욕에 도착했지만 내적 불안이 끝나기는커녕 고뇌에 찬 숙고만 늘어났다. 사람들이 그를 환대, 호의, 친절로 맞이했음은 분명한 사실이다. 글랑 대회, 소피

1939년 6월, 뉴욕으로 가는 "브레멘" 호 갑판 위에서.

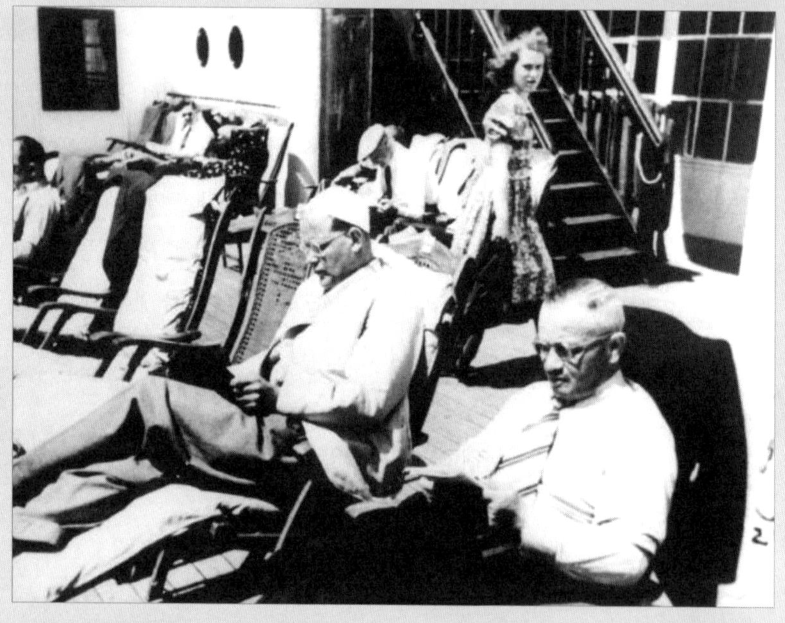

아 대회, 파뇌 대회에서 만나 그와 윌프레드 모노를 지지한 미국교회협의회 총무 레이퍼가 그의 도착을 반겼다. 이는 니부어에게 다음과 같이 편지하고 나서 한 일이었다. "나는 그를 잘 알고, 그에게 관심을 가지고 있습니다. 그를 돕기 위해 내가 할 수 있는 일을 하게 되어 기쁩니다."[136] 레이퍼는 새뮤얼 매크레아 캐버트 Samuel McCrea Cavert에게 아래와 같이 편지하기도 했다.

> 본회퍼를 대단히 잘 아는 나는 전에 우리가 논의하던 그 일의 적임자를 찾아내고서 감격했답니다. 곧바로 나는 나와 함께 위원으로 임명된 폴 틸리히 박사에게 전화를 걸어 한 사람을 찾았다고 알렸습니다. 틸리히는 나보다 더 본회퍼에게 열광하며, 본회퍼가 이 까다롭고 어려운 임무의 적임자라고 확신하더군요.……본회퍼의 목회 기술과 소질은 대단히 특별하거든요.[137]

하지만 미국 초청 준비 기간이 짧고 우편상의 주의가 요구되는 바람에 양측에서 전제 조건을 둘러싸고 오해와 착오가 발생했다. 본회퍼 자신의 불확실성, 곧 그가 애초에 자백하지 않은 불안정한 태도가 그로 하여금 너무 많은 것을 바라게 했다. 그는 독일을 떠나고 싶어 했지만, 자기 뒤의 모든 문이 닫히는 것을 원하지는 않았다. "본회퍼가 위험에 처했소. 그를 구해야 하오"라는 니부어의 전보를 받은 상태에서 뉴욕 친구들이 그것을 어찌 이해하겠는가?

본회퍼가 차차 알게 된 사실이지만, 그를 돕겠다는 제안은 네 개의 상이한 지점에서 비롯되었고, 제안된 프로젝트는 부분적으로 그의 기대와 일치하지 않았다.

6월부터 본회퍼를 **그리스도교 대학생 운동** 하계 대회에 투입하겠다는 첫 번째 제안은 곧바로 쓸모없는 것이 되고 말았다. 두 번째 제안을 한 곳은 유니온 신학교였다. 그 학교 총장 헨리 슬론 코핀 박사가(DBW 15:166 참조) 7월과 8월에 있을 전통적인 하계 강좌에 본회퍼를 강사로 초빙한 것이다. 본회퍼에게 가장 먼저 닿아, 병무 담당 사무소에서 놓여날 가능성을 조성한 초빙이었다. 또한 그것은 그가 장래와 관련하여 그린 그림을 "신학원의 바람직한 이상을 살펴볼 기회를 제공하는 것으로"[138] 규정한 초빙이기도 했다. 그는 이 과제를 준비하기 시작했다.

세 번째 제안을 한 사람은 폴 레만이었다. 여러 단과대학과 종합대학에 일련의 강의를 주선해 주겠다는 제안이었다. 레만은 6월에 움직이기 시작하여 전도유망한 반응을 얻어 냈다(DBW 15:201-206 참조). 하지만 그때는 본회퍼가 귀국 준비를 하고 있을 때였다.

결정적으로 중요한 제안은 네 번째 제안이었다. 미국교회협의회가 본회퍼를 고용하여 뉴욕 거주 **독일 난민**을 섬기게 하면서, 그를 여러 교단 회의와 여름 캠프에 투입하는 안이었다. 이는 레이퍼가 반 두센 및 새뮤얼 매크레아 캐버트와 의견의 일치를 이루어 마련한 자리이자, 본회퍼를 3년 동안 지켜 줄 자리였다. 이 안(案)이 본회퍼에게 닿은 것은 그가 베를린에서 출발하기 직전이었다. 하지만 그 속에는 두 번째 제안을 공식적으로 확인해 주는 것처럼 보이는 불분명한 표현이 들어 있었다. "하계 회의들과 여러 종합대학에서 신학 강사직과 교회 사역을 겸하는 중요한 직위."[139] 물론 실질적인 사역, 곧 **독일 난민** 사역은 공개적으로 전보에 담아 베를린으로 부칠 수 있는 내용이 아니었다.

본회퍼는 뉴욕에 도착하고 나서야 뉴욕 거주 독일인 망명자들을 보호하는 일이 자신에게 맡겨졌다는 소식을 들었다. **뉴욕 시 독일 그리스도인 난민 미국 위원회**가 위탁한 일이었다. 하지만 그러한 직위를 수락하는 것은 처음부터 독일 귀국을 차단하는 격이었다. 본회퍼는 6월 13일에 레이퍼를 만나고 나서 일기장에 아래와 같이 썼다.

> 나는 늦어도 1년 안에는 돌아갈 것이라고 처음부터 분명하게 못 박았다. 그는 깜짝 놀랐다. 하지만 돌아가야 한다는 것은 너무나 분명한 사실이다.[140]

이와 함께 내적 고투가 시작되었다. 유니온 신학교의 손님용 침실인 **예언자의 방**에서 머물 때에도, 헨리 슬론 코핀 총장의 별장에서 지낼 때에도, 뉴욕의 여러 거리를 거닐 때에도, 그는 독일에서 오는 조언이나 소식을 받지 못한 채 고투를 이어 갔다. 6월 13일 저녁, 그는 레이크빌의 울창한 풍경에 둘러싸인 헨리 슬론 코핀 박사의 별장에서 아래와 같이 기록했다.

"다 있는데, 독일과 형제들만 없다. 혼자 있는 처음 몇 시간이 괴로웠다. 내가 왜 이곳에 있는지, 이곳에 있는 것이 의미 있는 일인지, 결과가 보람 있을 것인지 모르겠다.……독일 소식을 접하지 못한 채 거의 두 주를 보내고 있다. 도무지 견딜 수 없다."

6월 14일.……"예배. 온 가족이 무릎을 꿇고, 독일 형제들을 생각하며 짤막하게 기도했다. 그 짧은 기도가 나를 거의 압도했다."

6월 15일. "어제 저녁 이후로 독일 생각이 떠나가지 않는다. 내 나이의 사람이 해외에서 여러 해를 보낸 뒤 그토록 괴로운 향수병에 걸리는 것이 가능하리라고는 생각지도 못했다.……형제단과 그들이 보낼 값진 시간을 생각하면, 이렇게 하는 일 없이 빈둥거리는 것, 혹은 중요하지 않은 자리에서 활동하는 것을 더는 견딜 수 없을 것 같다. 잘못된 결정 때문에 자기를 비난하는 괴로움이 다시 도져 나를 짓누른다."[141]

6월 15일, 그는 장문의 편지를 써서 레이퍼 박사에게 부쳤다. 자신의 장래와 관련하여 6월 20일에 열릴 마지막 대화에 대비해 자신의 관점을 미리 밝히는 내용이었다. 말하자면 돌아갈 길이 열려 있어야 한다는 거였다. "나는 고백교회에 충성해야 하기에 나의 귀국을 원천적으로 불가능하게 하는 직책을 수락해서는 안 됩니다." 그는 적어도 직책에 들어 있는 **난민**이라는 글자를 숨기고 활동하면 안 되는지를 묻고, 자신이 뉴욕에 온 것은 신학교육장을 알아보기 위함이니 이를 위한 시간을 갖고자 한다고, 게다가 내정된 직책은 진짜 망명자가 맡아야 하므로 자신처럼 활동을 마음대로 할 수 없는 이가 방해가 되어선 안 된다고 말했다.[142]

본회퍼는 이것들을 숙고하고 나서, 전쟁이 타국에 있는 자신을 급습하기라도 한 것처럼 두 달 전에 영국에서 처음으로 염두에 두었던 일을 거침없이 감행했다. 6월 16일, 그는 이렇게 기록했다. "일본의 정세가 불안하다는 소문. 일본의 정국이 안정되지 않는다면, 나는 당장 독일로 돌아갈 것이다. 나 혼자 독일 바깥에서 지내선 안 된다. 그것은 너무나 분명한 사실이다. 여하튼 나는 저쪽에서 살 것이다."[143]

6월 20일

본회퍼의 인생을 결정한 6월 20일이 되었다. 본회퍼는 그것을 예감했던 것 같다. 6월 19일, 그는 타임스퀘어에서 정처 없이 이리저리 뛰어다녔다. 그런 다음 아래와 같이 기록했다.

> 하루 종일 우체국을 오가며 독일 소식을 기다렸지만 보람이 없다. 화를 내는 것은 전혀 도움이 되지 않는다.……독일에서 어떤 일을 해야 하는지, 모든 일이 잘될 것인지, 사람들이 나를 필요로 하는지 알고 싶다. 내일 있을 결정적인 인터뷰를 위해 독일에서 암시를 받고 싶다. 어쩌면 암시가 오지 않은 게 좋은 일인지도 모른다.[144]

이튿날 그는 총무 레이퍼를 찾아갔다. 새로운 임무에 쓰라고 레이퍼가 먼저 1,000달러를 지급한 상태였지만, 본회퍼는 수령을 거부했다. 레이퍼는 배신감을 느꼈다. 본회퍼는 저녁에 아래와 같이 기록했다.

> 레이퍼를 방문했다. 결정은 잘 내려졌다. 하지만 나는 그 결정을 거절했다. 다들 실망하고 기분이 약간 상한 것 같았다. 거절하는 게 묵인하는 것보다 낫다는 생각이 들었다. 하나님만이 그것을 아실 것이다. 내가 이제까지 불분명한 동기로 결단을 내려 왔다는 것은 놀라운 일이 아닐 수 없다. 그것은 내가 흐릿하거나 내적으로 불성실하다는 표시일까? 아니면 우리가 알고 있는 것을 넘어섰다는 표시일까? 혹 둘 다일까? 오늘의 성구(聖句)는 하나님의 엄정한 심판을 대단히 거칠게 말한다. 그분은 확실히 개인의 감정을 속속들이 살피시고, 오늘의 결단이 용감해 보여도 그 속에 얼마나 많은 불안이 자리하고 있는지를 아신다. 우리가 다른 사람들과 자기 자신에게 어떤 행위의 이유를 제시하는 것은 부적절하다. 그러면 매사에 이유를 대려고 할 것이기 때문이다. 결국 우리는 우리가 모르는 어떤 차원에 따라 행동하는 것이다. 따라서 우리는 하나님께 '우리를 바로잡아 주시고, 우리를 용서해 주소서'라고 청할 수밖에 없다.……하루의 끝에 다

다른 지금, 나는 하나님께 '오늘이라는 날과 오늘 이루어진 모든 결단을 자비로이 판단해 주소서'라고 청할 수밖에 없다. 판단은 이제 그분의 손안에 있다.[145]

본회퍼는 자기 인생의 위대한 결정을 단독으로 내렸다. 미국에서 본회퍼를 가장 사려 깊고 따뜻하게 맞아 주었던 폴 레만은 뉴욕에 있지 않았다. 본국에 있는 친구들은 너무 바빠서 제때 편지할 수 없었다. 그들은 본회퍼가 어떤 위험에 처했는지를 몰랐을 것이다.

막상 결정을 내리긴 했지만, 그다음 며칠 동안은 새로운 반론들이 그를 엄습했다. 그는 이제야 비로소 이런저런 바람의 배후에 자리한 것을 명명할 수 있었다.

물론 나는 아직도 나의 결단을 놓고 여러 번 생각하고 있다. 혹자는 정반대의 이유들을 제시할지도 모른다. "당신은 이곳에 있습니다. (오해가[146] 하나님의 섭리였겠습니까?) 당신이 이곳에 온 것이 알려지면, 사람들이 그것을 기도에 대한 응답인 것 같다고 말하며, **당신을** 만나고 싶어 할 것입니다. 그들은 당신이 거절하는 이유를, 곧 그들이 당신의 미래를 위해 세워 놓은 계획을 당신이 뒤집어엎은 이유를 이해하지 못할 것입니다. 고국에서 소식이 없는 것은 당신이 없어도 모든 일이 잘 돌아가고 있다는 표시인지도 모릅니다." 혹자는 이렇게 물을지도 모른다. "당신은 독일과 그곳의 일이 그리워 단순하게 행동했다는 말인가요? 이 이해할 수 없고 이제까지 알려진 바 없는 향수병이, 당신의 거절을 좀 더 용이하게 해주려고 위에서 내려온 표지란 말인가요?" 혹자는 또 이렇게 물을지도 모른다. "당신 자신의 미래와 다른 많은 사람의 미래에 대해 '아니'라고 말하는 것은 무책임한 행위가 아닌가요? 후회하지 않겠어요?" 나는 후회하지 않을 것이다. 그 모든 것에도 불구하고 나에게는 약속이 먼저고, 그다음은 고국에서 일하는 기쁨이며, 마지막은 내가 밀어낸 일이다. 오늘의 성구를 읽으니 마음이 괴롭다. "그는, 은을 정련하여 깨끗하게 하는 정련공처럼, 자리를 잡고 앉을 것이다"(말 3:3). 꼭 필요한 말씀이다. 나는 어찌할 바를 모른다. 하지만 그분은 아신다. 결국에는 모든 행동과 행위가 깨끗해지고 순수해질 것이다.

6월 22일. "자비네는 나의 결정을 대단히 유감스럽게 여길 것이다."[147]

그는 곧바로 부모에게 새로운 상황을 알렸다.

몇 차례 협의하는 중에 모든 것이 바뀌었습니다. 사람들이 저를 초대한 것은 제가 원하는 동안 미국에 머물게 하려는 것이었지만, 저는 거부했습니다.……가을에는 귀국할 것 같습니다. 독일의 바람과 이쪽의 바람을 조화시키고 싶었지만, 달리 가능하지 않았습니다. 따지고 보면 그것은 저에게 대단히 잘된 일이기도 합니다. 제가 이곳의 분위기를 오랫동안 견뎌 낼 것 같지도 않습니다. 대단히 선정적이고 증오로 가득하며 끔찍할 정도로 위선적이거든요. 저는 개인적으로 당시에 사귄 친구들의 극진한 환대를 받았지만, 지금은 그것도 만족스럽지 않군요. 이제 저는 저의 동료들을 위해 일할 것입니다. 그것이 저를 매우 기쁘게 하거든요.[148]

그 시기의 모든 편지와 대화는 무엇이 그의 마음을 움직여 1939년 6월 20일에 독일 귀국 결정을 내리게 했는지를 명확하게 보여주지 않는다. 그가 그런 결정을 내린 것은 기꺼이 독일인이 되어 죄책과 책임을 온전히 짊어져야 한다는 것을 인식했기 때문이다. 이제 그의 일기장에는 이전과 달리 독일이 교회와 나란히 등장한다. 6월 22일, 그는 일기장에 아래와 같이 적었다.

일어나지는 않았지만, 이 재앙의 시기에 이곳에 있는 것은 생각할 수 없는 일이다. 하지만 쓸데없이 이쪽으로 나왔다고 자기를 탓하고 자책하는 것은 파괴적인 행위일 것이다. 그러나 우리는 운명에서 벗어날 수 없다. 타국에 있어도 벗어날 수 없다.……이상하게도 요 며칠 그런 생각들과, **힘들어도 하나의 거룩한 교회**Una Sancta**만을 생각하며 전진하려면 어찌해야 하는지**가 내 마음을 강하게 움직이고 있다.[149]

그는 도피하자마자 곧바로 **하나의 거룩한 교회**에 이르는 지름길을 갈망하고 시도도 해보았지만, 그 길은 차단되어 있었다. 오히려 그는 하나의 거룩한 교회를 희생하고, 이 흉흉한 시기에 자기 민족의 운명과 책무를 함께 짊어지지 않으면 안 되었다. 나중에 그는 하나의 보편적인 교회에 이르는 길을 이런 식으로만 다시 찾게 될 터였다.

그는 라인홀드 니부어에게 보낸 편지에서 무엇이 자기의 마음을 움직였는지를 가장 명확하게 밝혔던 것 같다. 충격적인 결정에 대해 변명하지 않으면 안 되었기 때문이다.

> 미국으로 건너온 것은 나의 실수였습니다. 나는 민족사의 이 힘든 시기를 독일에 있는 그리스도인들과 함께 겪지 않으면 안 됩니다. 이 시대의 시련을 나의 민족과 함께하지 않는다면, 나는 전후 독일에서 그리스도교적인 삶을 복구하는 일에 참여할 권리를 얻지 못할 것입니다.……지금 독일에 있는 그리스도인들은 독일의 패전에 동의하여 그리스도교 문명을 더 향유할 것인지, 아니면 전쟁에 동의하여 우리의 문명을 파괴할 것인지를 결정해야 하는 섬뜩한 양자택일의 기로에 서 있습니다. 나는 어느 쪽을 택해야 할지를 잘 알고 있습니다. 하지만 이곳에서 안전한 삶을 산다면, 나는 이 선택을 하지 못하게 될 것입니다.[150]

"유니온 신학교"의 하기 학교가 시작되자, 칼뱅 전문가 존 토머스 맥닐John Thomas McNeill 교수가 **예언자의 방**에 입실했다. 그는 자기보다 먼저 묵고 간 사람이 읽기 어렵게 기록해 놓은 다수의 전지(全紙)들과 수북이 쌓인 담배꽁초들을 보고 깜짝 놀랐다. 그는 그 사람을 집중력이 대단하거나 무질서한 사람으로 여겼을 것이다. 그는 누가 그곳에 묵으면서 어려운 결정을 내렸는지를 한참 뒤에야 알게 되었다.

여행 일정

귀국 결정을 내리자마자, 적절한 시기를 놓고 걱정이 시작되었다.

여행 경비의 문제는 본회퍼와 숙소 주인과의 관계에 부담을 주지 않았다. 매제 라이프홀츠의 계좌가 아직 폐쇄되지 않은 덕분에 그 계좌에서 여비를 충당했기 때문이다. 하지만 하기 학교에서 강의하는 의무가 아직 남아 있었다. 때문에 본회퍼는 6월 23일에 곧바로 출국 날짜를 8월 12일로 잡았다. 6월 24일, 오랫동안 고대하던 우편물이 힌터포메른에서 당도했다(DBW 15:183-185). "내가 일하러 돌아가야 한다는 사실이 이제야 분명해졌다"(DBW 15:232). 헤른후트 매일묵상집 『로중』에 실린 6월 26일의 성구는 디모데후서 4:21이었다. "그대는 겨울이 되기 전에 서둘러 오십시오."

> 그 말씀이 하루 종일 내 마음속에 자리를 잡고서 떠나지 않았다. 그것은 전선에서 휴가를 받아 귀가했다가, 모든 예상되는 일을 무릅쓰고 다시 전선으로 돌아가는 군인과 우리에게 주시는 말씀이다. 우리는 더 이상 전선에서 도망쳐선 안 된다. 이는 우리가 필요해서도 아니고, 우리가 (하나님에게!?) 쓸모가 있어서도 아니다. 우리의 목숨이 그곳에 있으니, 우리가 그 한가운데 있지 않으면 목숨을 잃게 되기 때문이다. 경건한 어떤 것이 아니라 다소 치명적인 충동에 훨씬 가깝다. 그러나 하나님은 경건한 감정을 통해서는 물론이고 치명적인 충동을 통해서도 활동하신다. "그대는 겨울이 되기 전에 서둘러 오십시오." 내가 이 말씀을 나에게 주시는 말씀으로 받아들이고, 하나님이 나에게 그리할 수 있는 은총을 주신다면, 이는 성서 오용이 아닐 것이다.[151]

정치적인 소식들이 날이 갈수록 점점 더 자극적으로 변했다. 요제프 괴벨스가 단치히에서 협박이나 다름없는 연설을 한 상태였다. 그 무렵 시카고에서 칼-프리드리히도 귀국을 추진하고 있으며 교수직 제의를 거부했다는 소식이 본회퍼의 귀에 들려왔다. 그런 이유로 본회퍼는 7월 8일에 출국하기로 결심했다.

> 6월 28일. "내가 전시에 별다른 임무를 맡지 않고 이곳에 머무르는 것이 하나님의 뜻이라고는 생각되지 않는다. 가급적 첫 번째 출항 날짜에 떠나지 않으면 안 된다."
>
> 6월 30일. "현 상태라면 늦어도 4주 뒤에 떠날 생각이었지만, 사정상 7월 8일에 칼-프리드리히 형과 함께 떠나기로 결심했다. 전쟁이 발발하면 이곳에 있고 싶

지 않다. 이곳에서는 독일의 정세에 관한 객관적 정보를 얻을 수가 없다. 그것은 중대한 결정이었다."

7월 1일. "하루 종일 독일의 상황과 교회의 사정이 마음속을 떠나지 않았다."[152]

7월 2일, 그는 부모에게 편지했다. "루디 이모부의 생일 전에 저에게 편지해 주시어, 제가 직접 축하할 수 있게 해주시겠습니까?"(DBW 15:211) 이번에는 영국에 머물다가 전쟁 발발 소식을 접하고 싶지 않았다.

그럼에도 폴 레만은 어렴풋한 예감을 바탕으로 본회퍼의 생각을 바꾸려고 했다. 본회퍼는 속으로 말했다. "4주 더 머물면 좋겠지만, 위험이 너무 크다."[153]

폴 레만

옛 우정은 오랜 침묵에도 불구하고 전혀 줄지 않고 진실하게 유지되었다. 본회퍼는 7월 8일에 출국하기로 결정하면서 이렇게 적었다. "내가 이곳에 머물 것이라고 낙관했던 폴의 편지가 아침에 도착했다."[154]

레만의 편지에는 아래와 같은 내용이 쓰여 있었다.

> 자네가 미국에 최대한의 기회를 베풀어, 운명적 시간을 맞이한 미국 신학계에 이바지함으로써 미국이 풍요로워지기도 전에 돌아간다는 것은 상상도 할 수 없는 일이네. 적어도 나는 그것을 이런 식으로 생각하고 싶네. 이 불안한 시대에 맞이한 기회, 곧 비극적이고 정치적인 기회는 대륙 전통과의 교류를 통해 미국의 신학적 사고를 확대하는 데에 중요하고 긍정적인 함의를 지니고 있는 것 같네. 그러니 자네는 이것을 책임으로 여김은 물론이고 미국에 독일인 교사가 필요하다는 것을 알아야 하네. 덧붙여 말하건대, 메리언과 나는 자네와의 재회를 간절히 원한다네. 부디 우리가 운터 덴 린덴에 있는 카페를 떠나던 날부터 줄곧 품어 온 이 바람을 앗아 가지 않기를 바라네. 나는 자네가 허락해 주리라 믿고 이 일을 성사시키기 위해 이미 조치를 취해 왔다네.[155]

레만은 엘름허스트 대학에서 30-40개 대학에 서한을 발송하고, 그때마다 니부어가 본회퍼에게 관심을 표명하고 있다는 내용을 빠뜨리지 않았으며(DBW 15:201-203), 이미 긍정적인 답신들도 받은 상태였다. 본회퍼는 레만의 편지를 읽는 중에 그 속에 경솔한 표현이 들어 있음을 알아챘다. 그의 약력에 "당국의 신학원 폐쇄 이후에도 본회퍼의 교수 활동이 포메른에서 은밀히 이어지고 있다"는 표현이 들어 있었던 것이다(DBW 15:202). 본회퍼는 레만에게 그 사실에 대한 주의를 환기시키며 이렇게 말했다. "그러한 편지가 독일 당국의 수중에 들어가면, 그사이에 이어지고 있던 일이 끝장나고 말 것이네."[156] 그는 레만에게, "모든 것이 오해이며 본회퍼는 다시 돌아갈 예정"임을 대학들에 알려 달라고 부탁했다. 레만은 곧바로 "오류"를 받아들이고, 자신의 새 편지 수신인들이 그 "불충분함"을 놓고 머리를 가로젓는 것도 감수했다.

> 본회퍼 씨의 미국 방문 내막을 두고 오해가 빚어졌다는 기별이 방금 도착했습니다. 따라서 그를 초빙할 기회가 그의 독일 귀국으로 말미암아 가시화될 수 없게 되었음을 알려드립니다. 위원회는[157] 귀 대학이 위원회의 노력에 관심을 기울여 주신 것에 감사드리며, 앞서 이루어진 통신 실수에 대해 심심한 유감을 표명하는 바입니다.[158]

폴 레만은 자기가 6월 12일에 뉴욕 선착장에서 본회퍼를 영접했더라면 어땠을까를 상상하면서 괴로워했다. 하지만 뒤늦은 후회였다. "그것이 메리언과 나를 얼마나 곤란하게 하는지를 차마 말할 수가 없네. 사실 나는 지금 대단히 무거운 마음으로 이 편지를 쓰고 있네."[159] 이제는 뉴욕으로 급히 가서 친구를 선착장에 데려다주는 것밖에 할 일이 없었다.

> 7월 6일. "2시 30분경에 내 방에서 폴 레만을 만났다. 나를 보겠다고 오하이오주 콜럼버스에서 도착한 거였다. 더없이 기뻤다. 이제부터는 남은 시간을 그와 함께 보낼 참이다."
>
> 7월 7일. "마지막 날. 폴이 나를 붙잡으려고 또 시도하고 있다.……폴과 함께

선상에 올랐다. 11시 30분에 그와 작별했다."[160]

「종교개혁 없는 신교」

일단 결정을 하고 나니, 출국이 더 이상 머릿속을 가득 메우지 않아 책상에서 하는 작업과 관찰에도 집중할 수 있었다. 그는 미국을 떠나면서 이렇게 기록했다. "9년 전 이곳에서 한 해를 보내며 배운 것보다 이곳에서 지난 한 달을 보내며 배운 것이 더 많은 것 같다."[161] 근무시간으로 따지면 보름도 안 되는 한 달이었다.

본회퍼는 1933년과는 다른 눈으로 1939년을 관찰했다. 미국 친구들이 전보다 더 개방적으로 바뀐 것처럼 보였다. 강사들 몇이 하기 강좌 초인 7월 1일에 도착했다. 본회퍼는 라인홀드 니부어를 만나지 못하고, 그의 동생 리처드 니부어를 만났다.[162] 라인홀드 니부어는 글래스고에 체류하고 있었다. 본회퍼는 며칠 동안 굉장히 많은 양의 작품을 읽고, 일련의 기사들을 분석했다. 『크리스천 센추리』*Christian Century*가 10년마다 '내 마음은 어떻게 변했는가?'라는 제목으로 게재하는 기사들로서[163] 1939년에 가장 먼저 게재된 기사는 바르트의 도발적인 회고록이었다. 그는 자신이 10년 전에 바르트를 두고 옹호했던 지점에 미국 사람들의 일부만 도달했음을 알았다. 그는 메모지에 이렇게 적었다. "바르트 신학이 조금씩 알려지고 있기는 하지만, 여느 곳과 마찬가지로 이곳에는 전례 없는 무지가 자리하고 있다." 1931년에 그랬듯이 이때에도 미국의 종교적 태도에 대한 비판이 행해지지 않고 있었다. 본회퍼는 교회투쟁에 가담하고 『나를 따르라』를 출간한 뒤였으므로 그 비판을 더욱 두드러지게 수행했다.

> 어쩌면 앵글로색슨족은 우리보다 더 종교적인지도 모른다. 그들이 아직도 그러한 설교들을 받아들인다면, 그들은 우리보다 더 나은 그리스도인이 되지 못할 것이다.[164]

이는 그가 6월 18일 주일에 리버사이드 처치에서 철학자 윌리엄 제임스의 말을 토대로 한 해리 에머슨 포스딕의 설교 '지평 받아들이기'를 듣고 한 말이었다(DBW

15:225). 그날 저녁, 본회퍼는 재기 발랄한 분석보다는 지시를 필사적으로 갈망한 까닭에 브로드웨이 장로교회로 가서 철저한 근본주의자 존 H. 매콤John H. McComb 박사의 설교를 들었다(DBW 15:226). 그는 매콤의 설교에서 자기가 찾고 있던 것을 발견했다. 매콤은 '그리스도와 닮은 우리'라는 제목으로 설교하면서, 자신의 설교를 듣고 있는 한 사람에게서 어떤 결단이 이루어지고 있는지를 알아채지 못했다. 며칠 뒤, 본회퍼는 포스딕의 설교와 매콤의 설교를 놓고 친구들과 토론했다. 그는 그 근본주의자가 모든 교회연합을 심하게 비난하는 버릇이 있다는 사실을 알지 못했고, 비상시에는 근본주의자들의 성서주의에도 불구하고 사람들이 그들보다는 리버사이드 사람들을 더 신뢰할 만한 이들로 여긴다는 말을 들었다(DBW 15:228). 이는 본회퍼가 독일에 있는 경건주의 집단들로부터 경험한 것이기도 했다. 그는 『크리스천 센추리』에 실린 한 근본주의자의 논문을 논평하기도 했다. 이 근본주의자는 "현대주의자들"과 "연합주의자들"의 생활 속에서 모든 악의 뿌리를 보고 있었다. 본회퍼는 이렇게 논평했다. "그렇게 해서는 사탄을 찌르지 못한다."

본회퍼는 1939년 미국에서 잠시 체류하는 동안, 1930년 체류 시절보다 더 깊이 보려고 했다. 본질적 이유는 그가 실존적 불안을 경험했기 때문이다. 이번에는 난민들의 모범적인 나라가 도피자이자 귀환자인 그의 눈에 띄었다. 1930년만 해도 본회퍼는 유럽 신학의 오만한 태도로 그리스도교 국가인 미국에 반항했었다. 1939년에는 미국의 특별한 역사를 명민한 애정을 담아 존중했다. 미국은 최근의 논쟁에서 벗어나 관용을 성스럽게 여기며 도주한 망명자들의 나라였다(DBW 15:235, 442f. 참조).

그는 며칠 동안 연구하고 나서 논문 한 편을 구상하기 시작했다. 그의 책상 속에서 전쟁보다 오래 살아남은 그 논문은 「종교개혁 없는 신교」Protestantismus ohne Reformation였다.[165] 그는 "유니온 신학교"와 런던에서 이 논문의 대부분을 쓰고, 나머지는 베를린에서 군 동원 시기에 썼다. 인쇄할 가능성이 전혀 없었지만, 그는 아랑곳하지 않았다. 단지 자신이 관찰한 것을 정리하여 설명하고 싶었을 따름이다.

논문은 본회퍼가 예전에 했던 에큐메니칼 숙고(「고백교회와 에큐메니칼 운동권」—옮긴이)의 변화를 제시한다. 교회론을 여전히 그리스도 중심으로 명문화하되 실증주의적으로 하지 않고, 교파의 역사적 사실(DBW 15:433-441)을 훨씬 세분화한다. 조직신학의 관점에서 성급히 평가하지 않고, 사회학적 여건들이 가치가 있다고 인정한다. 분석적인 관찰과 체계화하는 능력이 서로 밀어내지 않고, 서로 스며든다.

2부 "그리스도인들의 도피"(DBW 15:441-443)와 3부 "자유"가[166] 논문의 중심을 형성한다. 이 두 주제는 1931년에 작성한 미국 보고서와 1935년에 쓴 에큐메니칼 논문에 비해 새로운 주제다. 최근의 교회투쟁에서는 게슈타포에 의한 추방을 받아들일 것인지 거부할 것인지를 두고 논의하면서 "박해 시기에 참고 견디는 것과 달아나는 것"[167] 사이의 양자택일을 명확하게 제시한 터였다. 예컨대 파울 슈나이더가 훌륭한 답을 제시했고, 다른 동료들은 다른 답을 제시했다. 본회퍼도 『나를 따르라』에서 말씀의 약함에 대해 기술하는 가운데, 제자들에게 도피는 정당한 것이 될 수 있다고 말했었다.[168] 이제 그는 도피를 실존적으로 실험해 본 까닭에 그것을 미국 "교파"에 대한 새 이해의 열쇠로 삼을 수 있었다. 그는 유럽의 교회 개념 뒤에 의도적으로 남아 있는 교회의 애매한 자기 호칭에서 겸손과 권리 주장의 변증법을 보았다. 본회퍼는 이 신학적 현상학을 자신의 최근 경험들로 가득 채운다.

> 참고 견디며 최후까지 저항하는 것이 바람직할 수도 있고, 도피가 정당하고 어쩌면 바람직할 수도 있다. 그리스도인들이 박해를 받다가 도피하는 것 자체는 배반도 아니고 불명예도 아니다. 하나님은 모든 이를 순교로 부르시는 분이 아니기 때문이다. 도피는 죄가 되지 않지만, 부인(否認)은 죄가 된다. 도피가 부인과 다름없는 상황이 있을 수도 있고, 역으로 도피 자체가 순교의 일부가 될 수도 있다.……그리스도인의 도피는 궁극적인 고난을 피해 고요와 평화 속에서 하나님을 섬길 권리 자체를 요구한다. 하지만 도피처에서 투쟁을 지속하는 것은 더 이상 옳지 않다.……진리를 위한 결단을 갈망하며 진리 날조에 맞서는 것은 실현되지 않은 채로 머물고, 의당 그럴 수밖에 없다. 미국 그리스도교는 사유와 행동에서 진리 물음을 유난히 상대화하는데, 그 속에서 분명히 드러나는 것은 결국 자신의 교회 역사에 대한 신의다.[169]

그는 미국인들이 교회에 의해 제도화된 자유를 자랑스러워하자, 자신이 독일에서 충분히 경험한 것들을 토대로 대단히 비판적인 견해를 표명한다.

교회의 본질적인 자유는 세상이 교회에게 주는 선물이 아니라, 자신의 이야기를 경청하게 하시는 하나님의 말씀의 자유다.……하지만 선포의 자유를 희생시킨 채 제도상의 자유에 대한 감사가 표현되는 곳에서 교회는 제아무리 자유롭게 믿는다고 해도 사슬에 매이고 만다.[170]

1931년에 그랬듯이 본회퍼는 그리스도론이 없는 것을 안타까워하며 아래와 같이 말한다.

미국 신학에서 그리스도교는 여전히 종교와 윤리일 뿐이다. 신학을 위한 예수 그리스도의 인격과 사역이 주변으로 물러나 이해되지 않은 채로 머물러 있는 것은 그 때문이다.[171]

여기서 그는 그때그때의 역사에 대한 상호 이해가 증진된다고 해도 미국 동료들과의 본질적인 거리감을 지적할 수밖에 없다고 생각한다.

본회퍼는 자신의 에큐메니칼 열정을 재가동하면서 자신을 불안하게 하는 것을 비판적으로 진술한다. 왜냐하면 에큐메니칼 연대는 견해차를 표현하는 것을 포함하기 때문이다. 구속력이 없는 대화 영역에 머무르며 알아들을 수 없게 말한다면, 그러한 연대는 바람직하다고 할 수 없을 것이다. 그럴 경우 다들 "하나님은 미국에 있는 당신의 교회에 무얼 하실까? 하나님은 그 교회와 함께 무얼 하실까? 하나님은 미국교회를 통해 우리에게 무얼 하실까? 하나님은 우리를 통해 미국교회에 무얼 하실까?"라는 물음을 던질 것이다.[172]

상대방의 질문을 정확히 경청해야 하는 것은 그 때문이다. 말하자면 유럽의 종교개혁교회들은 분열행위에서 태어난 자신들의 고백에 대해 문의해 주기를 바라지만, 분열행위의 결과들을 물려받았으면서도 분열행위 자체를 더 이상 인지하지 못하는 미국 교파들—"종교개혁 없는 신교"—은 고백 의무(DBW 15:440)와 그 신학의 견지에서 더 이상 평가받고 싶어 하지 않는다는 것이다.

이 논문은 본회퍼가 자신의 미국 체류 경험—개인적으로 대단히 제한된 경험—을 보편타당한 에큐메니칼 인식의 기반으로 승화시킨 것이라고 할 수 있다.

귀국

7월 7일에서 8일로 넘어가는 한여름 밤, 여객선이 뉴욕항에서 미끄러지듯 출발했다. 디트리히 본회퍼와 칼-프리드리히 본회퍼는 전쟁을 향해 유럽으로 되돌아갔다.

> 여행은 이제 끝이다. 미국생활도 즐거웠지만, 고국으로 돌아가게 되어 기쁘다.……적어도 장차 결단을 내릴 때에는 무엇을 가장 중요한 기준으로 삼아야 하는지를 알게 되었기 때문이다. 이 여행은 나에게 많은 영향을 미칠 것 같다.
>
> 배에 오르자마자, 미래와 관련된 내적 갈등이 멎었다. 나는 미국에서 보낸 짧은 시간을 더 이상 탓하지 않기로 했다. 헤른후트 매일묵상집 『로중』에 실린 오늘의 성구는 다음과 같다. "고난을 당한 것이, 내게는 오히려 유익하게 되었습니다. 그 고난 때문에, 나는 주의 율례를 배웠습니다"(시 119:71). 내가 좋아하는 시편에서 뽑은, 내가 좋아하는 구절들 가운데 한 구절이다.[173]

본회퍼는 런던에서 열흘 더 머무르며 누이동생 집에서 지내다가 힐데브란트를 만났다. 조지 K. A. 벨 주교에게는 편지로만 연락했다.

> 여권이 내년 봄에 만료됩니다. 그래서 내가 언제 이 나라에 다시 오게 될지 분명치 않군요.……우리는 다가올 사건들이 진행될 때 주교님을 잊지 못할 것입니다.[174]

그사이에 니부어는 1930년에 함께 가르치던 동료 교수 존 베일리에게 다른 계획을 제안한 상태였다. 210파운드를 지급할 테니 에든버러 대학교의 "크로얼 강좌"Croall Lectures를 맡아서 진행해 달라는 초대장이 본회퍼에게 닿았다(DBW 15:191). 본회퍼는 런던에서 겨울에 그리하겠다고 약속하고(DBW 15:251f.), 8월 24일에는 베를린에서 베일리에게 주제를 통지했다. 주제는 "그리스도교 메시지 안에서 본 죽음"이었다.[175] 그리고 며칠 뒤에 전쟁이 시작되었다. 유년기에 골몰했던 주제를

1939년 7월, 런던 하숙집 정원에서 쌍둥이 자비네와 함께.
이 만남이 그들의 마지막이 되었다.

이 불길한 시기에 화제의 실마리로 삼은 셈이었다.[176] 그는 1차 세계대전이 끝나자마자 열네 살 소년이면서도 막스 클링거Max Klinger의 석판화 복제품 「죽음에 대하여」Vom Tode를 휴대하기도 했다. 나중에 그는 자신이 정말로 이른 죽음을 고대했다고 말하곤 했다.[177] 2차 세계대전 초인 지금, 그는 핑켄발데 신학원 출신자들에게 보낸 회람에서 우리에게 속한 죽음, 우리에게 속하지 않은 죽음, "밖에서 다가오는 죽음", "안에서 이루어지는 죽음"에 대해 쓰면서 이렇게 말하기도 했다. "우리가 이 본래의 죽음을 통해 준비가 될 때에만 밖에서 다가오는 죽음이 우리를 만나게 됩니다. 이것이 우리의 기도가 되어야 합니다. 그래야 우리의 죽음이 정말로 하나님의 완전한 사랑에 이르는 통로가 됩니다."[178] 이미 본회퍼는 아우구스트 크노르가 쾨슬린에서 건네준 요아힘 바흐Joachim Wach의 저서,[179] 프리츠 덴Fritz Dehn의 저서,[180] 조르주 바르바랭Georges Barbarin의 저서를 접하며[181] 죽음이라는 주제에 관해 알아보기 시작한 상태였다.

런던에서 머물던 어느 날 오후, 본회퍼가 피아노 앞에 앉아 조카딸들에게 영국 동요를 가르치고 있는데, 율리우스 리거가 찾아와 그를 밖으로 불러냈다. 그러고는 파울 슈나이더가 부헨발트 강제수용소에서 고생하다가 7월 18일에 죽었다는 소식을 전했다. 본회퍼가 1934년 런던에서 예레미야에 관해 설교할 때[182] 그의 눈앞에 아른거린 그대로 순전한 순교였다. 지금의 그에게는 아직 그럴 가능성이 감추어져 있었다. 1939년 7월 25일, 누이동생이 그를 역까지 바래다주었다. 그는 귀로에 엘버펠트에 거주하는 헤르만 알베르트 헤세와 도르트문트에 거주하는 한스 요아힘 이반트를 방문하고, 세미나 작업의 지속을 그들과 함께 숙의했다. 그런 다음 7월 27일에 베를린에 도착했다.

옛 업무의 지속

형제협의회와 교계 친구들은 본회퍼가 잠시 자리를 비운 사이 그의 인생에서 어떤 일이 일어났는지를 전혀 알아채지 못했다. 그가 레이퍼 및 니부어와 서신을 왕래했다는 사실도 알아채지 못했으니, 그 내용이야 말할 것도 없었다. 다들 교계와 국가에서 일어난 일에 신경을 곤두세우고 있었기 때문이다. 본회퍼에게서는 이렇다 할 변화를 찾아볼 수 없었다. 당연히 그는 히틀러의 전반적인 전쟁 준비에도 아랑곳하지 않고, 학기를 끝까지 이끌기 위해 힌터포메른의 수련목회자 모임으로 돌아갔다.

그의 귀환을 축하하기 위해 두 무리의 목사후보생들이 본회퍼와 함께 발트 해 바닷가에서 한여름의 한 주를 보냈다(DBW 15:260 참조). 동쪽 방면의 2번 국도에서 펼쳐진 공군 전투기 편대의 일상적 훈련, 장갑차 이동, 병력 이동 때문에 약간의 방해를 받았을 뿐이다. 본회퍼는 친구 한 명과, 폴 레만의 제자로서 암스테르담 청년 대회를 참관하고 자신을 찾아온 조지 칼프플라이쉬George Kalbfleisch를 모래언덕으로 데려가곤 했다.

부모가 마리엔부르크 알레에서 급사를 보내, "루디 이모부"가 안 좋아서 더 이상 희망이 없다고 알려왔다. 8월 23일에는 요아힘 폰 리벤트로프가 불가침협정 서명을 위해 모스크바에 도착했다. 본회퍼는 지구르츠호프와 쾨슬린에서 갖기로 했던 하계 강좌를 취소했다. 두 곳 모두 전선에서 너무 가까운 교구였기 때문이다.

8월 26일, 본회퍼는 베트게와 함께 마리엔부르크 알레에 있는 친가에 도착했다. 그는 얼마 남지 않은 평화로운 며칠과 전쟁 발발 후 몇 주를 보내며 10월 중순까지 그곳에서 지냈다.

6월 20일 뉴욕에 있을 때에는 전쟁 개시의 결과들을 상상만 했지만, 실제는 전혀 달랐다. 모든 것이 훨씬 덜 복잡해 보였다. 국민의 공황상태, 혁명을 바라는 사람들의 웅집, 연합국들의 타격, 소집령, 은밀한 교육 활동의 차단 같은 것이 전혀 없었다. 이미 영국이 히틀러와 요아힘 폰 리벤트로프의 계산과 달리 선전포고를 한 상태였다. 9월 3일, 본회퍼가 아이히캄프에 있는 클라우스 형의 집에서 그와 정세를 논의하고 있을 때, 도시에 공습경보 사이렌이 울렸다. 본회퍼는 급히 자전거를 타고 5분 안에 친가에 닿았다. 그러나 폭탄은 떨어지지 않았고, 항공기도 보이지 않았으며, 총성도 들리지 않았다. 아무 일도 일어나지 않았다.

이 9월 초에 감정소모가 약간 있었다. 아버지 칼 본회퍼는 회고록에서 아래와 같이 말한다.

> 1939년에 사람들이 출정할 때 감돈 분위기는 1914년의 분위기와는 사뭇 달랐다. 1914년에는 정당한 목적으로 벌이는 방어전이 중요하다는 신념이 상당히 일반적이었다. 당시의 국회에서 독일 사회민주당이 견지한 입장도 그랬다. 황제를 아는 이는 누구나, 평화를 애호하고 전쟁을 꺼리는 것이 황제의 성향임을 의심하지 않았다. 하지만 해군력을 증강하고, 자신의 신중한 성향을 이야기하며 다소 과장된 몸짓으로 허리에 찬 긴 칼을 치곤 하던 황제는 선동적인 성격의 소유자였다. 게다가 영국의 점진적 경제 발전은 달가워 보이기는커녕 균형의 중단으로 여겨지고, 심지어 수상쩍은 것으로 인식되기까지 했다. 그런데도 독일 정부에서는 군사적 충돌을 적극적으로 원하지 않았던 것 같다. 1939년에는 국민이 확신한 대로, 히틀러가 계획하고 준비한 공격전이 문제였다. 국민 대다수는 그 전쟁에 호감을 느끼지 않았다.[183]

지금의 시각으로 보면 1914년의 과정들을 바라보는 칼 본회퍼의 시각에 의구심이 들지도 모르겠다. 하지만 그 기록은 대체로 무슨 생각이 이루어지고 있었는지를 표현하고 있을 뿐이다.

1939년 9월 1일, 상당수의 그리스도교 동아리에서는 재앙을 불가피한 심판으로 여겨 격렬히 동의하는 분위기가 지배적이었다. 본회퍼는 전시에 핑켄발데 출신자들에게 보낸 첫 번째 회람에서 옛적의 신학생 가운데 첫 전사자인 테오도르 마아스Theodor Maaß를 애도하며(DBW 15:267) 아래와 같이 말했다.

1939년, 마리엔부르크 알레 43번지에서 어머니와 자형 슐라이허의 자녀들과 함께.

같은 해, 마리엔부르크 알레 43번지에서 부모님과 함께.
본회퍼는 8월부터 10월 중순까지 이곳에서 지냈다.

우리가 지난 전쟁에서처럼 이번에도 신정론 문제의 붕괴를 고통스럽게 경험하게 될 것인지는 모르겠습니다.……오늘날 그리스도인들은 세상과 역사에 대한 성서의 평가를 더 많이 알고 있는 것 같습니다. 따라서 그들은 현재의 사건들을 통해서 시험당하기보다는 그들의 신앙으로 인정을 받게 될 것입니다.[184]

1938년 9월과 달리 이번에는 체제 전복을 기대할 만한 출발점이 없었다. 사령관들 가운데 상당수가 의구심을 품었고, 국가사회주의 성향의 발터 폰 라이헤나우Walther von Reichenau 장군도 그랬지만,[185] 그들은 8월 22일 베르크호프에서 히틀러에게 더 이상 이의를 제기하지 않았다. 빌헬름 카나리스나 국방 경제국 수장 게오르크 토마스Georg Thomas 장군이 작성한 경고성 비망록은 최고사령부 수장 빌헬름 카이텔Wilhelm Keitel에게만 닿고 히틀러에게는 닿지 못했다. 장군들의 입지는 전격전을 고려하는 국가사회주의 총통에 비해 종전보다 훨씬 약화되어 있었다. 때문에 반정부 운동가들 가운데 불굴의 민간인들은 가까이 지내던 장군들에게 더 이상 접근하지 않았다. 그들은 장군들에게서 이런 소리만 들을 수 있었다. "상황이 1938년과는 다릅니다. 히틀러 측이 성공했습니다. 이제는 충성 서약을 통한 속박이 더욱 중시되고 있습니다." 가장 혹독한 전쟁을 경험하고 나서야 장교들이 새로운 쿠데타 계획을 세울 것이고, 그 시점은 오래 기다려야 올 것이었다. 그럼에도 본회퍼는 당시에 전쟁 개시는 히틀러 파멸의 서곡이 될 것이라고 생각했다. 히틀러의 파멸이 먼 미래에 이루어질 것이라고는 조금도 생각하지 않았다.

전쟁이 발발하면서 교계 상황의 색조가 약간 바뀌었다. 1939년 9월 1일 이후 교회투쟁은 명성과 비중을 잃었다고 할 수 있다. 8월 29일, 프리드리히 베르너 박사가 자신이 이끄는 교회 당국의 영적 위용을 폭넓게 과시한답시고 "성직자 자문 위원회"를 소집했다. 이 위원회는 세 사람으로 구성되어 있었다. 아우구스트 마라렌스, 프리드리히 힘멘Friedrich Hymmen, 메클렌부르크의 발터 슐츠Walther Schultz 감독이 그들이었다. 힘멘은 EOK(개신교 최고관리 위원회) 성직자 측 부위원장이었고, 발터 슐츠는 과격한 독일그리스도인연맹 소속으로서 자기 교회 안에서 성찬식이 피의 제의(祭儀)와 땅의 제의로 거행되는 것을 허락한 자였다. 누구도 이 "성직자 자문 위원회"를 특별히 중요하게 여기지 않았다. 9월 2일, 프리드리히 베르너가 공공 호소문을 발표했다. 개신교회에 관해 다음과 같이 말하는 호소문이었다. "개신교회는 강철같이 강인한 군대에 하나님 말씀의 어마어마한 능력을 제공했습니다."[186]

고백교회는 어느 정도 숨통이 트였다. 작센 주 종교국처럼 상당수의 종교국이 군에 징집되지 않은 불법 목사들의 목회 활동을 눈감아 주고, 공인된 회계과에서 급료를 지급받을 수 있게 해주었다. 자신들을 인정해 달라고 요구하지 않을 것이며, 피선거권도 주장하지 않겠다고 명시적으로 밝히는 불법 목사들만 그런 혜택을 받았다. 어쨌든 1939년 9월에 고백교회 목사 360명이 경찰의 온갖 방해를 받았고, 그들 가운데 14명이 체포되었으며, 소수만 석방되었다. 전쟁이 발발하면서, 전시 경제의 시작이 강제수용소 수감자들에게 화가 되어, 상당수가 즉결 처분될지 모른다는 강한 우려가 제기되었다.

마르틴 니묄러의 입대

전쟁이 발발하고 며칠 지나지 않아 마르틴 니묄러도 우려 대상에 포함되었다. 프리드리히 베르너 박사가 그의 목사직과 관련된 권리들을 박탈한 상태였다. 본회퍼는 니묄러를 이 위험에서 보호하려면 어찌해야 하는지를 두고 조언을 부탁받자 지체 없이 이렇게 조언했다. 전직 잠수함 함장인 니묄러가 해군에 자원입대하면 어떻겠느냐는 거였다. 라인하르트 하이드리히가 신설한 RSHA(제국보안본부)가 이 시기에 감방에서의 입대를 부추겨 과거의 판결들을 재검토하게 했던 것 같다. 어찌됐든 본회퍼는 그것을 주요 인사들을 구명할 수 있는 유용한 방법으로 여겼으며, 믿을 수 있는 사람들이 여러 사령부에 포진한 채 전쟁 기계의 조종간을 붙잡고 쿠데타를 생각하고 있다는 사실도 고려했다. 물론 이것(니묄러의 입대)은 해외에서는 이해하기 어려운 일이었다. 니묄러의 입대 소문이 영국에서 나돌았고,[187] 칼 바르트는 영국에 있는 친구 아르놀트 에르하르트Arnold Ehrhardt를 통해 그 소문을 반박하게 했다. 하지만 소문은 사실이었다. 본회퍼의 마음에는 떠오르지 않았겠지만, 1945년 이후 상당수의 사람이 해석한 대로, 그가 이 조언으로 인해 히틀러에 대한 저항을 저버리고, 니묄러와 함께 다른 진영에 투항했다는 오해를 받을 수도 있는 일이었다. 어쨌든 1939년에는 고백교회의 신의 있는 목사들 가운데 예비역 장교들이—본회퍼가 보기에는 많은 사람이 너무나 재빨리!—자원입대하여 활로를 모색하는 것이 흔한 일이었다. 요헨 클레퍼의 일기는 여느 기록과 달리 그 시기의 그리스도인 다수의 복선적인 사유와 감정을 드러내고 있다.

물론 본회퍼의 신학적 사유와 행동은 교회투쟁으로 다져진 유대관계와 우의에도 불구하고 니묄러의 사유 및 행동과 일치하지는 않는다. 본회퍼가 1930년대에 "평화주의"를 숙고할 때, 니묄러는 그것을 이해하지 못했다. 그는 나중에 고백한 바와 같이 자유의 몸이 된 1940년대에도 본회퍼의 공모 가담을 찬성하지 않았을 것이다. 당시 니묄러는 교회에 봉사하는 것과 조국에 봉사하는 것을 따로 떼어 놓고 생각한 반면, 본회퍼는 그런 식의 사고방식을 수상쩍게 여겼다.

본회퍼는 니묄러의 자원입대가 조지 K. A. 벨 주교와 같은 사람의 신뢰를 저버리는 짓이 될 수도 있다는 생각을 하지 못했을 것이다. 이 당시는 저마다 자신의 책임 속에서 애매해 보이는 일을 하지 않으면 안 되었고, 그럼에도 서로 신뢰하지 않으면 안 되었다. 조지 K. A. 벨도 절대적으로 그리했다. 이는 그가 변함없는 유대관계의 표시로서 세 사람—이 시기에 고백교회를 대표하는 것으로 여겨진 한스 뵘, 마르틴 니묄러, 디트리히 본회퍼—에게 보낸 편지들에서 여실히 드러난다. 그가 율리우스 리거의 가족이 본국 송환 조치를 받아 돌아가게 되었다는 소식을 듣고, 율리우스 리거 부인에게 부탁하여 보낸 것들로서, 니묄러가 해군 대장 에리히 레더Erich Raeder에게 입대 원서를 보낼 무렵에1939. 9. 7 쓴 편지들이었다. 조지 K. A. 벨이 본회퍼에게 보낸 편지의 내용은 아래와 같다.

친애하는 디트리히, 그대도 알겠지만 나는 이 슬픈 시기에 그대와 그대의 사람들을 깊이 동정합니다. 하나님께서 그대를 위로해 주시고 인도해 주시기를. 나는 우리가 여름에 나눈 대화를 종종 떠올린답니다. 그분께서 그대를 지켜 주시기를. 팔복을 읽으며 자주 기도합시다. 위에 계신 하나님의 평화가 우리 모두를 지켜 주기를. 친애하는 조지로부터.[188]

군 목회

징집은 위험에 노출된 고백 목사들 상당수에게 숨 돌릴 틈을 주기도 했지만, 이와 동시에 그들의 일을 차단하기도 했다. 공인 교회기관은 이의 제기를 꾀하지 않았고, 고백교회는 곧바로 동역자들의 이탈을 전국에 있는 다른 어떤 집단보다 크게 느낄 수밖에 없었다. 고백교회의 젊은 목사들 거의 전부가 전선으로 나갔고, 이들 가운데 대다수가 전사했다. 하지만 군과 행정 관청에는 그 문제를 아는 이가 더러 있었다. 그들은 곳곳에서 수완을 발휘하여, 몇몇 목사들을 가급적 전선에서 멀리 떨어져 있게 했다.

본회퍼는 슐라베에 있는 친구들이 자신을 가급적 오랫동안 징병검사로부터 지켜 주려 할 것이라고 기대하면서도, 거기에만 매달리고 싶지는 않았다. 그래서 군 목회 준비와 병원 목회 준비에 생각이 미쳤다. 본래 군 목회와 병원 목회에 이르는 길은 종교국을 거치게 되어 있었다. 종교국이 병무기관들과 합의하여 군목의 자격을 결정했기 때문이다. 이것은 본회퍼에게 문제가 되지 않았다.

본회퍼의 어머니가 군종 감독 프란츠 도르만Franz Dohrmann과 함께 자신의 사촌, 곧 베를린 시 사령관 폰 하제를 찾아가 적절한 방법과 길을 탐색했다. 1939년 9월, 본회퍼는 프란츠 도르만의 조언에 따라 군 목회 투신 신청서를 군종 감독에게 제출했다(DBW 15:262-264f.). 1940년 2월 중순에야 회신이 왔다. 반응은 부정적이었다. 군 최고사령부의 규정에 따라 현역 복무 증명서 지참자들만 군목이 될 수 있었다. 따라서 신청서 제출자들은 거절 통지를 받을 수밖에 없었다(DBW 15:293 참조). 본회퍼는 친가에 아래와 같이 편지했다.

> 문제의 다른 측면은 이미 군에 복무한 목사들이나 예비역 장교인 목사들이 소집을 받게 될 것이며 따라서 군목 자리가[189] 더 이상 남아 있지 않다는 것입니다. 게다가 고백교회 목사들의 징집과 종교국 사람들의 항의가 이루어지고, 고백교회 목사들이 떠난 고백교회 일자리를 종교국 사람들이 차지하면서 기존 교구들의 와해가 점점 현저해지고 있습니다.[190]

폴란드 원정이 끝나고 국내 문제가 어느 정도 안정된 뒤에, 빌헬름 니젤과 페렐스와 본회퍼가 협의하여, 전시임에도 수련목회자 모임을 지구르츠호프에서 계속한다는 구프로이센 형제협의회의 결정을 이끌어 냈다. 놀랍게도 여전히 고백교회에서 목사고시를 치르고 최종 교육을 기다리는 목사후보생이 몇 명 있었다. 힌터포메른에 있는 거처는 이제 모든 군 집결지 바깥에 위치하고 있었다. 10월 중순경, 베를린, 포메른, 베스트팔렌, 라인란트에서 목사후보생 여덟 명이 지구르츠호프로 소집되었다. 그들은 가장 원시적인 환경에서 본회퍼와 함께 연구를 시작하고, 자신들의 운명을 신뢰하며 목탄 문제, 석유 문제, 휘발유 문제, 양식 문제를 해결해 나갔다. 가장 혹독한 겨울의 위협을 받으면서도 보호를 받은 것이다. 병무청이 수련목회자 모임 강좌에서 차출해 간 목사후보생은 한 명뿐이었다.

본회퍼는 앞서 말한 혹한의 겨울에도 아랑곳하지 않고 신학 연구에 대단히 집중적으로 몰두했다. 시편 119편을 묵상하여 탁월한 작품을 내놓은 것도 이 무렵이었다.[191] 대학생 시절에는 이 시편이 가장 지루한 시편이라고 배웠지만, 이제는 이 시편 해석을 신학적인 삶의 절정으로 여겼다. 여러 해 전부터 이 구절들의 비밀을 캐려고 시도하고 나서 이룬 성과이자, 1938년 1월 18일에 프란츠 힐데브란트에게 아래와 같이 편지하고 나서 거둔 성과물이었다.

> 이번이 **세 번째** 시도가 될 것이네. 그곳의 율리우스가[192] 크롬웰Cromwell의[193] 도움을 받아 책 한 권을 나에게 보내 주면 좋겠네. 그 책은 옥스퍼드에서 출판한 R. M. 벤슨Benson 신부의 『거룩함의 길』이네. 시편 119편을 해설하는 데 필요하네. 수고해 주어 고맙네(DBW 15:23).

본회퍼가 지구르츠호프에서 해설한 것은 21절까지였다.[194]

이 겨울에 그는 요아힘 베크만의 설교집과 게오르크 아이히홀츠Georg Eichholz의 묵상집 출판에 협력했다.[195] 아이히홀츠의 시도는 교회투쟁 속에서 거둔 설교 쇄신의 첫 열매이자, 『괴팅겐 설교 묵상집』의 선구적 작품이었다. 본회퍼는 즉석에

1939년, 지구르츠호프에서 에버하르트 베트게와 함께.
1939-1940년 겨울, 지구르츠호프에서 맞이한 마지막 수련목회자 과정.
왼쪽부터 브루노 케를린, 디트리히, 에르나 슈트루베, 한스-볼프 리터샤이트, 하인리히 폴리데, 헬무트 비르크, 에버하르트 베트게, 막스 메베스, 칼-하인츠 프로프스타인, 한스-디트리히 미쉬너. 사진 촬영은 칼-하인츠 치글러.

서 협력 의사를 밝히긴 했지만, 처음에 한 차례 비평하고 나서 아이히홀츠에게 아래와 같이 편지했다.

나는 처음부터 귀하의 시도를 의심했습니다. 설교 묵상집이라니요? 나는 제대로 이해하지도 못했고, 지금도 그것은 그다지 변함이 없습니다. 주석들이 일부 보이고, 설교 초안들도 일부 보이는군요.[196] 주석들은 다른 곳에서도 찾아볼 수 있는 것 같습니다. 우리가 몇 차례 제공한 것보다 충분하고 좋은 설교들, 곧 복음서를 토대로 한 일련의 설교들도 있습니다. 신학적 고찰—하인리히 포겔의 것을 참조하십시오—이나 텍스트에 대한 일반적인 난외주—아스무센의 것을 참조하십시오—는 다른 곳에도 더 나은 것이 있습니다. 이것은 나 자신의 것도 포함시켜 평가한 것입니다.

주제 전체에 대한 의구심을 지울 수 없지만, 이제는 그와 반대로 말해야겠습니다. 젊은 신학도들의 말을 들어 보니, 다들 이 일에 감사하더군요. 자립하지 못한 이들은 물론이고 다른 이들도 그렇게 말하더군요. 도서의 결점은 흔히 있는 일이겠지만, 모종의 결점이 확실히 메워지면, 비용을 많이 들인 일의 정당성이 입증될 것입니다.……사도 서간들보다는 구약성서의 장절들을 다루는 것이 더 필요한 것 같습니다.[197] 젊은 형제 다수의 명시적 바람보다는 그 점을 더 알려 드리고 싶군요. 아직도 바꿀 의향이 없는지요? 이러다가는 정말로 도움을 얻지 못하게 될 것입니다.……모든 협력자를 한 번 초대해 주시기 바랍니다![198]

기꺼이 계속 협력할 의향이 있음을 밝히는 바입니다. 지난 몇 달 동안 동프로이센 출장을 다녀오면서, 묵상들이 고립된 형제들의 실제적인 설교에 도움이 되고 있음을 확신할 수 있었기 때문입니다. 거듭 부탁드리지만, 곧바로 구약성서 텍스트들에 착수해 주시면 고맙겠습니다! 지금은 신학적으로, 주석학적으로, 설교학적으로 대단히 난감하거든요.[199]

구약성서의 구절들을 논구하면 커다란 어려움이 필연적으로 따를 것이라는 귀하의 의견에 내가 동의한다고 해도, 나는 곧바로 이렇게 추론할 것입니다. 말하자면 우리가 일요일마다 모든 목사에게 이 텍스트들을 더 이상 설교하지 말라고 부당하게 요구하거나, 실제로 그것을 기대한다면, 우리의 이 일이 공격을 받을 수밖에 없다는 것입니다. 내 생각으로는 이 지점만큼 도움이 필요한 곳은 없는 것 같습니다.[200]

포메른 형제협의회도 예전의 비판적인 협력자를 다시 중시했다. 본회퍼는 포메른 지역의 목사들에게 달마다 보내는 회람에 정기적으로 신학 부록을 쓰는 의무를 짊어졌다.[201] 물론 이 일도 그에게 새로운 갈등을 안겨 주었다. 이번에는 성찬식 조항과 관련하여 개혁파 신학자 에버하르트 바우만과 겪은 갈등이었다(본서 810-811쪽 참조). 포메른 형제협의회의 신학 위원회도 다시 가동되었다. 안나 오네조르게 Anna Ohnesorge 여사의 일기장에는 1940년 1월 8일에 열린 포메른 형제협의회 회의에 대해 이렇게 기록되어 있다. "신학 위원회와 본회퍼는 대단히 적극적이다!"

쿠데타 준비가 새롭게 진행되고, 도나니가 그 속에서 핵심 역할을 하고 있었다. 그런데도 본회퍼는 베를린에 자주 있을 수 없었다. 하지만 분망한 베를린에서 벗어나 외딴 숲속에서 신학과 "공동생활"에 몰두하면서도 마냥 행복했다.

에큐메니칼 활동을 자제하다

전쟁이 발발하고 처음 맞는 겨울철에 그는 베를린에서 직업상의 활동을 할 수 있었다. 그가 주로 관심을 기울인 것은 정치적 사건들이었다. 교회투쟁에는 약간의 관심만 기울이고, 에큐메니칼 영역에서 일어나는 일에는 아예 관심을 기울이지 않았다. 에큐메니칼 영역에서는 여러 변화가 있었다.

1939-1940년 겨울에도 서구 국가들과 북구 국가들에서 몇몇 교회 인사들이 "평화"를 유지하기 위해 열성적으로 활약하고 있었다. 아이빈트 베르크그라프 Eivind Berggrav 대감독이 1939년 9월에 영국 외무부 장관 로드 에드워드 할리팩스를 찾아가고, 12월에는 조지 K. A. 벨 주교를 찾아갔으며, 1940년 1월에는 헤르만 괴링을 만나러 카린할로 갔다. 그런 다음 다시 할리팩스를 만났으며, 마지막에는—히틀러의 노르웨이 습격에 앞서—또 한 차례 베를린을 방문했다. 1940년 1월, 네

덜란드 아펠도른에서 열린 임시 세계교회협의회에서 평화호소문의 초안을 잡으려고 시도했지만, 영국교회 대표들과 스칸디나비아 루터교 대표들이 모든 경우의 평화를 전면에 내세울 것인지 아니면 평화의 조건들을 전면에 내세울 것인지를 놓고 의견의 일치를 보지 못했다.[202]

고백교회, 즉 임시지도부를 대표하는 한스 뵘은 이 활동들에서 배제된 상태였다. 아이빈트 베르크그라프는 베를린 방문 중에 고백교회와 연락하지 않고 교회-해외사무국과 연락했다. 본회퍼는 이 시도들에 주의를 기울이지 않았다. 이는 그가 에큐메니칼 관계들의 비극적 과거사를 통해 고립되었기 때문이 아니라, 히틀러 정권의 유지 내지 재가를 염두에 둔 평화 시도들에 흥미가 없었기 때문이다. 하지만 전쟁이 발발한 달[1939. 9]에 에큐메니칼 진영에서는 다양한 시도가 진행되었다. 우선은 무슨 일이 있어도 평화 상태를 복구하고, 그런 다음 히틀러에게서 벗어날 수 있는 방법을 모색하는 시도들이었다. 본회퍼는 그런 시도들에 대해 의혹을 품었다. 그가 중시한 것은 먼저 히틀러를 제거하고, 그런 다음 평화 조약에 합의하는 것이었다.

본회퍼는 제네바 연구분과, 곧 쇤펠트를 위해 자신의 입장을 변경할 이유도 찾지 못했다. 두 사람 사이는 몇 해 뒤에야 새롭게 우호적으로 바뀐다.[203]

지금 그렇게 가까워지기에는 때가 아직 일렀다. 예전의 반목 때문에 어떠한 것도 정리되지 않은 상태였다. 본회퍼가 보기에 쇤펠트는 여전히 교회-해외사무국 사람에 불과했다. 실제로 쇤펠트는 전쟁이 개시되면서 종전보다 더 교회-해외사무국에 의존했다. 1938년에 단호한 예산 삭감 조치가 이루어진 이래로 그는 헤켈이 베를린에서 임의로 보낸 외환에 의지해 제네바에서 생활해 온 상태였다. 외무부가 보기에 외교상의 효과가 입증되었을 때에만 외환 송금이 이루어졌다. 제네바에서 쌓은 쇤펠트의 입지가 칼 바르트의 신학적 견해와 정치적 견해를 공유하는 이들의 의심을 받은 것은 그 때문이었다. 그는 자신의 어려운 처지 때문에 자신의 능력을 거의 다 쏟아야 했다. 한편으로는 보고서를 작성하여, 제네바에서 교회와 관련된 직위를 유지하며 연합국의 전쟁 선전을 관찰하는 것이 얼마나 적절한 일인지를 외무부에 보여주어야 했고, 다른 한편으로는 의심의 눈초리를 보내는 이들에게 자신이 저항 세력에 속해 있음을 납득시켜야 했다.

물론 본회퍼는 여전히 교회-해외사무국과의 관계를 변경할 마음이 없었다. 교회-해외사무국에서는 출장 활동과 접촉 모색을 줄이기는커녕 더 늘리고 있었다. 본회퍼가 미국에서 돌아오고 있을 무렵, 오이겐 게르스텐마이어가 헤켈의 위임을 받아 요크의 대주교 윌리엄 템플의 관저에서 열린 에큐메니칼 연구 회의에 참석했다. 존 베일리, 라인홀드 니부어, 안데르스 니그렌, 조지프 홀즈워스 올덤, 닐스 한센 쇠에Nils Hansen Søe, 라이먼, 피터 그린, 한스 쇤펠트, 닐스 에렌스트룀이 참석한 회의였다. 10월에는 오이겐 게르스텐마이어, 닐스 에렌스트룀, 한스 쇤펠트가 스칸디나비아에 출장을 다녀왔다. 오이겐 게르스텐마이어가 이에 대한 보고서를 작성했다. 중립적인 루터교회들과 접촉한 것이 독일의 대의에 어떤 도움이 되었는지, "서구 이데올로기와의 논쟁"을 어떻게 지원했는지를 외무부에 알리는 보고서였다.[204] 1940년 4월, 교회-해외사무국이 제네바 연구분과와 함께 "국제 질서 유지를 위한 교회의 책임"이라는 주제로 에큐메니칼 연구 회의를 베를린에서 개최했다. 후일 이 회의를 토대로 에큐메니칼 구호 사업이 시작된다. 그 회의 이후 얼마 지나지 않아 본회퍼도 그 주제에 관심을 갖게 되지만, 1940년 4월에는 본회퍼도 해외사무국도 "국제 질서"란 무엇인가를 두고 의견의 일치를 보기가 어려웠을 것이다. 본회퍼는 4월에 베를린에 있었지만, 이 회의 참석자들 가운데 누구도 만나지 못했다.

그럼에도 견원지간의 두 진영, 곧 해외사무국 사람들과 본회퍼는 그때부터 양측 모두의 친구들과 함께 더 빈번하게 일하기 시작했다. 해외사무국 사람들은 자신들의 출장과 계획이 있을 때마다 외무부의 담당 부서들을 잘 구워삶아 징집 면제자 지위와 외환을 제공받고, 보고서를 제출하곤 했다. 그 와중에 오이겐 게르스텐마이어와, 1942년에 그를 크라이사우 동아리에 끌어들인 사람들의 관계가 발전했다. 본회퍼 측에서는 이 겨울에 외무부의 한스 베른트 폰 헤프텐과의 연락을 재개하여, 미국으로 여행을 떠나기 직전이었던 아담 폰 트로트 추 졸츠Adam von Trott zu Solz를 만났다. 아담 폰 트로트 추 졸츠는 본회퍼의 형제자매들, 특히 칼-프리드리히와 오래전부터 잘 아는 사이였다.

해외사무국을 겨냥하여 파놓은 도랑이 얼마나 깊고 완벽했는지를 지크문트-슐체 사건이 보여준다. 이 무렵 지크문트-슐체는 이미 루트비히 베크와 칼 프리드리히 괴어델러가 뜻을 같이하여 결성한 저항 단체와 연락하며 영국과의 관계도 유지하고 있었다.[205] 본회퍼도 당연히 스위스 출장 중에 취리히에서 그를 만났다. 하지만 교회-해외사무국은 이 망명자(지크문트-슐체)가 1940년 봄에 강연을 위해 스웨덴에 초대받자 그것을 저지할 필요를 느껴, 외무부에 아래와 같은 내용의 서한을 보냈다.

> 부정적인 태도로 보건대[206]……스칸디나비아에서 이루어지고 있는 독일의 주요 활동이 악화될 것으로 예상해야 합니다. 때문에 스웨덴에 있는 동아리들,[207] 곧 스웨덴-독일 관계의 체계적 심화를 소중히 여기는 동아리들과 협의하는 가운데, 있을 수 있는 일을 국가 측에서 사주하여 S. 슐체 교수의 스웨덴 입국을 조용히 불가능하게 해달라고 은밀히 부탁해야 할 것 같습니다.[208]

이와 같이 본회퍼는 전쟁이 발발하고 맞이한 첫 겨울에 외국교회 인사들과는 물론이고 에큐메니칼 분야에서 활동하는 독일인들과도 접촉하지 않았다. 1940년 5월 전만 해도 전쟁이 아직 맹위를 떨치지 않는 상황이었다. 때문에 에큐메니칼 회의들과 총회들은 어떠한 대가를 치르더라도 평화를 위해 전력투구할 수밖에 없었을 것이다. 하지만 본회퍼는 이미 평화의 전제 조건을 겨냥하고 있었다. 독일 안에 있는 교회 집단들이 협상 주제로 삼을 수 없었던 전제 조건, 그것은 다름 아닌 히틀러 제거였다.

새로운 쿠데타 희망들[208a]

전쟁이 발발하고 맞이한 첫 겨울에 독일 공모자들의 활동이 두 시기에 재개되었다. 주요 가담자 가운데 한 사람은 도나니였다. 디트리히 본회퍼의 참여는 미미했다. 아직은 준비 세력 안에서 특수임무를 수행하거나 특정한 분야를 책임져서는 안 되었다. 하지만 그는 그 동아리 안으로 깊이 파고들어, 전략과 원칙을 놓고 숙고하는 광경의 목격자가 되었다. 그는 결정적으로 중요하지는 않다고 해도 개신교회 문제와 에큐메니칼 문제의 전문가로서 공모자들에게도 주목할 만한 사람이었을 것이다.

가담자들에게 새로운 쿠데타 희망을 품게 한 두 사건은 다음과 같다.

1. 바르샤바가 항복한 1939년 9월 27일, 히틀러가 네덜란드와 벨기에 진군을 준비하라고 명령했다. 이제는 장군들이 히틀러와 손잡고 협박성 세계대전에서 실제적인 세계대전으로 나아갈 것인가, 아니면 히틀러에 반대하여 협박성 세계대전에서 품위 있는 평화로 나아갈 것인가를 놓고 어느 한쪽을 선택할 때가 되지 않았을까? 독일 저항 세력이 진군에 동의한 뒤에 연합국이 히틀러와 독일을 구분할 것이라고 기대하는 편이 낫지 않을까? 모든 것이 서유럽 공격 시점에 달려 있었다. 결정적인 것, 곧 히틀러와 그 정부를 제거하는 것이 먼저 이루어져야 했다.

2. 친위대의 만행을 알리는 정보가 유포되기 시작했다. 정상적인 시민은 그 끔찍한 소식을 외국의 흑색선전으로 여겼다. 처음에는 믿지 않았고, 그 뒤에는 믿으려 하지 않았다. 당시에는 폴란드에서 독일의 이름으로 무슨 일이 자행되었는지에 대한 정보를 입수하는 것도 어려운 일이었고, 자기 주변에 말하는 것도 어려운 일이었다.

빌헬름 카나리스가 폴란드에 진주한 사령관 요하네스 블라스코비치Johannes Blastowitz 장군과 공동으로 다른 장군들에게 친위대의 만행에 관한 보고서들을 제시했다. 군대가 국제법을 위반하며 민간인과 유대인에게 만행을 저지르는 것을 묵인했단 말인가? 군대가 친위대 때문에 자신의 지휘권이 위축되는 꼴을 두고 보았단 말인가? 블라스코비치는 아래와 같이 항의했다.

> 이제까지 국제 방송계가 공개한 것은 실제로 일어난 일 가운데 극히 작은 일부일 뿐이다.……이 고질병으로부터 자신을 지킬 수 있는 유일한 길은 죄인들과 그들의 추종자들을 군의 지휘와 군의 재판권에 즉각 종속시키는 것뿐이다.[209]

히틀러는 곧바로 블라스코비치를 면직시켰다.

1939년에서 1940년으로 넘어가는 겨울에 진행된 두 쿠데타 준비 시기는 서방세계 공격 시점에 의해 결정되었다. 11월로 잡힌 공격 시점은 여러 번 연기되다가 취소되었고, 두 번째로 잡은 공격 시점은 4월이었다. 본회퍼는 고비였던 1939

년 10월에도 베를린에 있었고, 1940년 3월에도 그랬다.

프란츠 할더와 발터 폰 브라우히치에게서 이런 말이 들려왔다. 자신들이 히틀러의 서방 세계 공격 계획에 맞서 싸울 것이며, 여의치 않을 때에는 사퇴할 마음까지 먹고 있다는 내용이었다.

1차 준비 시기 루트비히 베크는 도나니에게 히틀러의 범죄를 기록한 연대기에 최근의 상황을 담으라고 재촉했다. 이는 폴란드 침략을 촉발하기 위해 글라이비츠 방송국에서 벌인 사건과 점령지에서 자행한 만행들을 문서화하라는 뜻이었다.[210] 당시에는 히틀러를 투옥하고, 그러한 자료를 국민에게 제시하여 히틀러 정권의 실체를 보여줄 생각이었다. 도나니는 볼프-하인리히 폰 헬도르프 백작을 통해 폴란드 대학살과 관련된 SD(SS-Sicherheitsdienst의 약어로서 나치스 친위대 정보기관을 가리킨다—옮긴이) 보고서들과 SS(친위대) 필름을 입수하여, 자신이 기록하고 있는 '부끄러운 일의 연대기'에 끼워 넣은 다음, 의견을 같이하는 장군들에게 그 자료를 제출했다. 그는 노동조합 지도자들과의 제휴도 주선했다. 그리하여 루트비히 베크와 빌헬름 로이슈너Wilhelm Leuschner의 만남이 성사되었고, 둘은 총파업 가능성을 검토했다.

하지만 가장 중요한 일은 무난한 평화 조건들을 용의주도하게 타결하여, 연합국이 쿠데타 상황을 약점으로 이용할 수도 있지 않겠느냐는 장군들의 이의 제기를 극복하는 것이었다. 이것은 가장 위험하고 가장 불확실한 과제였다. 폴란드 원정 이후, 도나니와 오스터가 뮌헨 지역 변호사이자 바티칸과 끈끈하게 연결되어 있는 요제프 뮐러Josef Müller 박사와 연락을 개시한 것은 그 때문이었다. 루트비히 베크는 뮐러에게 지령을 내려, 바티칸과 영국 정부의 접촉을 주선하게 했다. 교황(피우스 12세—옮긴이)은 이 노력들이 진지한 것이며 다른 독일의 동아리에서 나온 것임을 서방 세계에 보증했다. 협상의 기본 조건으로 합의된 사항은 히틀러의 서방 세계 공격 이전에 쿠데타가 일어날 때에만 보증이 유효하다는 거였다. 영국 정부의 첫 번째 답신이 10월에 도착했다. 저 전제 조건 아래 상대방과 함께 진지한 평화 협상에 임할 용의가 있다는 내용이었다.

서방 세계 공격 개시일이 11월 12일로 예정되자, 11월 4일 게오르크 토마스 장군이 루트비히 베크의 위임을 받아 발터 폰 브라우히치에게 보내는 비망록을 참모총장 프란츠 할더에게 건넸다. 도나니, 오스터, 한스 베른트 기제비우스Hans Bernd Gisevius가 작성한 비망록이었다. 프란츠 할더는 가담할 것으로 보였지만, 정작 쿠데타 개시 명령권을 쥐고 있던 발터 폰 브라우히치는 가담을 거부했다. 히틀러가 쿠데타 계획에 관한 단서를 찾고 있다는 징후들이 있었고, 프란츠 할더는 문서를 파기했다. 뮌헨 뷔르거브로이켈러에서 불가사의하게 일어난 히틀러 암살 기도와, 벤로에서 발터 셸렌베르크가 영국인 리처드 스티븐스Richard Stevens와 페인 베스트Payne Best를 체포한 사건이 공모자들의 추진력을 무력화시킨 것이다. 비밀이 누설되지 않았고, 뮌헨과 벤로에서 일어난 돌발 사건들이 저항 계획 책임자들과 아무 관련이 없음이 분명해졌다. 그제야 공모자들은 11월에 여러 차례 연기된 공격 개시일을 향해 경주를 재개했다. 하지만 발터 폰 브라우히치는 저항을 적극적으로 지원하기를 거부했다. 이로 인해 명령 하달 문제가 대단히 곤란해지고 말았다. 결국 히틀러의 공격 계획이 수포로 돌아가고 겨울이 시작되면서 몇 주 동안은 쿠데타 계획이 잠잠했다.[211]

2차 준비 시기 그사이에 요제프 뮐러가 로마에서 대화를 진척시켰다. 카나리스가 그를 방첩대에 "충원하여" 뮌헨 지부에 배속해 주었고, 이 덕분에 그는 게슈타포의 감시를 피해 출장을 다니며 게슈타포의 항의와 신원 조회를 받지 않을 수 있었다. 그는 1940년 1월부터 베를린에 있는 도나니의 집을 자주 찾아갔고, 이를 계기로 디트리히 본회퍼를 알게 되었다. 이 두 사람은 기질도 다르고 외모도 다르고 소속 교파도 달랐지만 성향만은 잘 맞았다. 후일 공동으로 맡은 고도의 정치적 과제들을 넘어서 종종 두 사람을 끈끈하게 연결해 준 성향이었다. 본회퍼는 칼-프리드리히 형에게 보낸 편지에서 이 첫 만남을 슬쩍 언급하며 다음과 같이 낙관적으로 말했다. "이제는 불확실성의 시대가 더 이상 오래 지속되지 않을 것입니다."[212] 1월 말의 어느 날 밤, 요제프 뮐러는 크리스티네 폰 도나니에게 결정적인 보고서를 구술하며 이를 타이핑하게 했다.[212a]

교섭 담당인 요제프 뮐러의 이름은 X로 표시되었으며, 이로 인해 그가 작성한 문서도 'X-보고서'라는 명칭을 얻었다. 바티칸을 경유하여 몇 차례 협상한 결과로, 영국의 누군가가 히틀러의 서방 세계 공격에 **앞서** 히틀러가 제거된 **뒤에만** 휴전에 동의할 의향이 있음을 밝혔다. 적합한 평화협상의 토대는 1937년의 독일 국경선이어야 했다.

이 결과의 최종적인 처리는 불행하게도 2월에 몇 차례 지체를 겪었다. 특히 미국 특사 섬너 웰스Sumner Welles의 히틀러 예방이 그 지체에 영향을 미쳤다. 웰스가 히틀러를 예방한 이유는 갑자기 히틀러가 저항 동아리의 주장과 어긋나게 서방 세계와 협상할 것처럼 보였기 때문이다.

도나니, 오스터, 울리히 폰 하셀, 루트비히 베크가 'X-보고서'를 어떻게 소화할 것인지를 두고 협의하자, 본회퍼는 곧바로 수련목회자 모임이 이루어지던 눈과 얼음의 세계를 뒤로하고 베를린으로 돌아갔다. 울리히 폰 하셀의 일기는 1940년 3월 19일에 있었던 일을 아래와 같이 전한다.

> 나는 먼저 그(루트비히 베크)를 단독으로 만나 정세를 상의했다. 그때 O(오스터)와 D(도나니)가 왔다. 그들은 나에게 대단히 흥미로운 문서를 읽어 주었다. 가톨릭의 한 중재자가 교황과 대화를 나누었으며, 교황이 곧바로 프랜시스 데이시 G. 오즈번(바티칸 주재 영국 공사)Francis d'Acy G. Osborne을 거쳐 에드워드 할리팩스와 연락하기 시작했다는 내용의 문서였다. 그 문서에 따르면 교황은 놀랍게도 독일의 관심사에 대단히 정통한 것처럼 보이는 반면, 영국 정부를 확고하게 두둔하는 에드워드 할리팩스는 대체로 표현을 꼬치꼬치 따지고, "독일의 지방 분권"과 "오스트리아의 국민투표"와 같은 문제까지 언급한다. 대체로 품위 있는 평화에 이르려는 의지를 분명하게 엿볼 수 있다. 교황은 중재자를 마주하여, "지방 분권"과 "오스트리아의 국민투표"와 같은 것이 결코 평화의 걸림돌이 되지 않을 것이라고 힘주어 말했다. 물론 전체를 위한 전제 조건은 정권교체와 그리스도교 도덕 신봉이다. 나와 상의한 목적은 다음과 같다. 1. 외교에 대한 나의 평가를 듣기 위해. 2. 문제들을 프란츠 할더에게 가져가 달라고 나에게 부탁하기 위해. 다른 중개자들을 통해서는 성과를 기대할 수 없었기 때문이다.[213]

도나니는 신속한 거사를 위한 논거들이 담긴 비망록에 'X-보고서'를 끼워 넣었다. 그런 다음 상반되는 반론들, 예컨대 돌히슈토스 설과 충성 서약을 논하고, 친위대 때문에 군대의 독립성이 지속적으로 훼손된 것과 친위대가 저지른 만행들을 상세히 거론하며 주의를 환기시켰다. 본회퍼는 도나니의 집에서 모인 이 친밀한 무리에 들어가 이 비망록에 대한 숙고에 여러 차례 참여했다. 4월 4일, 게오르크 토마스 장군이 이 비망록을 프란츠 할더에게 건넸고, 이튿날 프란츠 할더가 그것을 발터 폰 브라우히치에게 보여주었다. 하지만 불행하게도 때늦은 조치였다. 이 무렵에는 프란츠 할더와 발터 폰 브라우히치 모두 임박한 스칸디나비아 침략과 서방 세계 침략을 위해 최종 훈련에 몰두하고 있어서 많은 시간을 낼 수도 없었고, 상세한 문서들을 살펴볼 준비도 되어 있지 않았다. 발터 폰 브라우히치가 가까운 미래에 전반적인 책임을 맡았더라면 좀 더 쉽지 않았을까? 프란츠 할더는 발터 폰 브라우히치의 반응을 아래와 같이 알렸다.

> 그는 나에게 문서를 돌려주며 이렇게 말했다. "그것을 나에게 제시하지 말았어야 했소! 이 자리에서 있었던 일은 명백한 반역이오."……그런 다음 그는 나에게 이 문서를 건넨 사람을 감금시키라고 명령했다.……당시에 나는 그에게 이렇게 대답했다. "누군가를 감금해야겠으면, 나를 감금하십시오!"[214]

계획 실행의 가장 중요한 도구인 총사령관을 포섭하지 못한 것이다. 일련의 사건들이 터지기 시작했고, 그 바람에 아직 파괴되지 않은 독일이 서방 열강의 협상 상대가 될 수 있는 기회가 날아가 버리고 말았다. 저항 세력의 신뢰성이 위험에 처했고, 라인하르트 하이드리히의 심복인 셸렌베르크가 리처드 스티븐스와 페인 베스트를 상대로 벤로에서 벌인 짓처럼, 요제프 뮐러와 서방 세계의 협상이 위장 협상으로 여겨질까 봐 걱정해야 했다. 막아야 할 것을 막기 위해, 적어도 저항 세력은 스스로를 임박한 중립 위반과 동일시하지 않는다는 사실을 알려야 하지 않았을까? 요제프 뮐러가 한 번 더 로마를 찾아간 것은 그 때문이었다. 그는 쿠데타 기회가 사라져, 우려하던 공격이 예상된다면서 이렇게 말했다. "다시 한 번 연결이 이루어져야 합니다. 뿐만 아니라 저들은 자신들이 누구와 관계하고 있는지를 알아야 하고, 협상할 줄 아는 점잖은 독일이 있다는 것도 알아야 합니다."[215]

이 절망적인 시기에, 시간이 흐를수록 독일이라는 이름으로 시작된 부정을 종식시키고 최근의 만행들을 저지할 가망이 점점 줄어들었다. 본회퍼는 이 몇 주 사이에 오스터도 만났다. 5년 뒤에 죽음을 함께 맞이할 사람이었다. 그는 오스터가 막 하려고 하는 일을 도나니에게 들어서 알고 있었다. 그것은 네덜란드 사람들에게 공격 시점을 알려 주어, 독일의 불행을 야기한 히틀러의 성공을 저지하는 거였다.[216]

히틀러의 서유럽 공격 전날, 본회퍼는 오스터의 행위를 가장 훌륭한 책임감에서 비롯된 행보로 여겼다. 그에게는 오스터의 행위가 적절해 보였다. 건방진 독일인 한 명이 조국을 수렁에 빠뜨려 양심을 마비시키고 모든 행동 능력을 쇠퇴시키는 상황이었기 때문이다. 정상적인 시대에는 인간쓰레기나 하는 짓을 그 애국자가 할 수밖에 없었던 것은 그 때문이었다. "반역"이 진짜 애국심이었고, 통상적인 "애국심"은 반역이었다. 모든 가치가 악마적으로 변한 것을 목격한 장교가 폴란드에서 일어난 참상을 경험한 뒤에 다른 나라들이 보기에 파렴치해 보이는 행위의 선구자가 되겠다고 홀로 나섰고, 목사는 그의 행보를 칭찬한 것이다. 그는 자신의 친구들과 함께 전부를 걸지 않았다는, 자기의 멋진 이름도 걸지 않았다는 오명을 받았다. 그의 이름은 전쟁이 끝나고 난 뒤에야 신중하게 거명되었다.

충성심의 분열을 겪어 보지 못한 사람과 민족은 가장 양심적인 사람이 치욕을 당해야 하는 한계 상황을 그대로 느끼기 어려운 법이다. 당시의 한계 상황을 자기의 원칙에 의거하여 성급하게 가늠하거나 그 상황의 특수성을 일부러 무시하는 자는 그 상황의 윤곽을 날조하고 그 세월의 실재를 보지 못하게 될 것이다. 보통의 안목 없는 예법으로는 독일의 명성을 더 이상 구출할 수 없었다. 이 세상에서 사리사욕을 꾀하여 조국에 손해를 끼치려 하는 것은 어느 모로 보나 "국가전복죄"에 속한다. 하지만 오스터, 도나니, 본회퍼의 경우는 정반대에 해당된다고 할 수 있다.

본회퍼는 곧 『윤리학』을 쓰기 시작했다. 그 속에는 이런 내용이 들어 있다. "악한 존재가 악한 행위보다 더 나쁘다. 진실을 사랑하는 이가 거짓말을 하는 것보다는 거짓말쟁이가 진실을 말하는 것이 더 나쁘다."[217] 그는 1942년에 '10년 후'Nach zehn Jahren라는 글에서 아래와 같이 말했다.

> 우리는 약빠른 사람이 되고 말았다. 위장술과 모호한 화술의 달인이 되고 말았다. 우리는 경험을 통해 인간을 불신하게 되었고, 사람들에게 진실을 알리고 솔직하게 말해야 하는데도 그러지 않았다.……우리를 강제하는 것에 대한 내적 저항력이 충분하고 우리 자신에 대한 솔직함이 충분히 남아 있다면, 단순함과 정직함으로 이어진 길을 다시 발견할 수 있지 않을까?[218]

VIII. 그리스도인에서 동시대인으로

1940년 봄까지만 해도 본회퍼에게서는 고백교회의 여느 강경한 목사들과 구별되는 점을 관찰할 수 없었을 것이다. 그의 신학과 그의 언어는 『나를 따르라』와 『신도의 공동생활』에서 읽을 수 있는 것과 여전히 일치했다. 이 시기에 선포한 설교들과 발송한 회람들은 종래와 마찬가지로 위로하고 촉구하는 것들이었다.

친구들은 나중에야 시편 119편 묵상 단편과[219] 같은 해설들 속에서 미래를 대략적으로 말하는 전환을 알아챘다. 그들은 1939년 2월 4일 그의 서른세 번째 생일에 힌터포메른 목사관의 벽난로를 등지고 했던 것과 같은 대화들을 뒤늦게 떠올렸다. 그때 그는 이렇게 말했다. "정치적 자유를 얻기 위해 목숨을 거는 것은 목사에게 유익한 일입니다."[220] 그제야 본회퍼가 사실상 그러한 행보를 위해 문틈을 열어 놓았음이 분명해졌다. 친가에서 이루어진 대화들과 처음부터 나치의 범죄에 대한 가족들의 관점을 고려할 때, 그것은 놀라운 일이 아니었다. 『나를 따르라』에는 이미 이런 문장이 숨어 있었다. "제자들이 예수의 이름에 대한 고백 때문에 직접적으로 고난을 당하는 것이 아니라 의로운 일 때문에 고난을 당하는 곳에서도 예수는 그들을 칭찬한다. 이 점이 중요하다."[221] 슈테글리츠 총회를 위해 그런 식으로 발언하기도 하고, 이후에 율법에 관한 논쟁에서 "인간적인 것"Humanum

을 언급하기도 했지만, 이 모든 것은 눈에 띄지 않는 틈에 불과할 뿐, 아직은 활짝 열린 문이 아니었다.

그럼에도 방금 언급한 시기에 변화의 길이 트여 새로운 생활 방식과 행동 방식으로 발전하고 그다음에는 신학을 위한 새로운 자극으로 발전했다. 이미 살펴본 대로, 본회퍼는 이 시기의 초기에 옳은 것으로 인식된 목사 양성을 집요하게 고수했다. 이 시기의 끝 무렵에는 지하 활동을 준비하고, 윤리 문제를 새롭게 철저히 천착하려는 바람을 품는다. 그러다가 "한계 상황"이 다가왔다. 언젠가 본회퍼가 테겔에서 말한 대로, 윤리 문제를 특별히 인식할 수 있게 하는 상황이었다.[222]

1931-1932년에 이루어진 첫 번째 전환에서 신학자 본회퍼는 그리스도인으로 살고자 의식적으로 노력했다. 신학자이자 그리스도인이었던 본회퍼는 1939년에 이루어진 전환을 토대로 자신이 살고 있는 세계, 자신이 딛고 선 곳, 자신이 마주한 시간의 충만한 현재 속으로 들어갔다. 이를테면 자신의 시민계급을 방해하지 않고 고양시키는 현재 속으로 들어간 것이다. 그는 이 현재를 위해 공동의 중책을 맡았으며, 죄책을 감당하며 새로운 것을 준비하고 구체화할 각오가 되어 있는 사람들과 연대하기 시작했다. 단지 이제까지 교회 영역에서 통상적으로 그랬듯이 이념적 항거를 실행에 옮기지 않았을 뿐이었다. 이와 같이 신학자이자 그리스도인이었던 그는 1939년에 동시대인이 되었다.

신학자-그리스도인-동시대인, 자명해 보이는 이 세 가지가 겹치는 경우는 역사상 결코 자주 있는 일이 아니다. 본회퍼의 경우 한쪽에서 다른 쪽으로 걸음을 옮길 때마다 인생행로의 차원이 바뀌었다.

본회퍼가 1932년과 1939년에 보인 두 행보는 남의 눈에 띄지 않게 이루어진 것이었다. 본회퍼는 그 행보들에 관해 직접적으로 혹은 공공연하게 말한 적이 없다. 오히려 그는 자신의 삶이 연속적이며 단절 없이 진행되었다고 생각했다.[223] 그럼에도 그의 친구들은 방향 전환 자체를 경험한 것은 아니었지만 그것의 가시적인 결과는 경험했다.

그가 1932년에 찾아낸 것은 그의 소명이었고, 1939년에 찾아낸 것은 그의 운명이었다. 그는 1932년에 뚜렷이 구별되는 문체에 도달했고, 이 문체로 신학 역사상 독보적인 글을 썼다. 그 글은 다름 아닌 『나를 따르라』와 『신도의 공동생활』

이라는 완결본이었다. 1939년부터 이루어진 발전은 『윤리학』(DBW 6)과 『저항과 복종』(DBW 8)에 반영되었다. 하지만 하나는 미완성 작품으로 남았고, 다른 하나는 사후에 편지들을 정선해서 엮은 것이다. 물론 그것들이 나온 뒤에야 그의 명성이 널리 퍼졌다. 언젠가 그는 농담 삼아 그 전환을 가리키며 『신도의 공동생활』을 자신의 "최후의 작품"(백조의 노래라는 뜻. 백조는 평소에 탁한 목소리로 울지만 죽음을 눈앞에 둔 마지막 울음은 맑고 청아하여 구름 너머로 퍼진다고 한다. 그리하여 작가나 예술가의 마지막 작품을 백조의 노래라고 한다—옮긴이)Schwanengesang이라 불렀다.[224]

1932년은 본회퍼를 정직한 동료들의 공동체로, 그와 함께 공공연하게 항의한 교회 단체들로 이끌었다. 1939년은 그를 동지들의 한정된 동아리로 끌어들였다. 그때부터 핑켄발데 형제들은 본회퍼의 실존 가운데 신분을 감추고 하는 익명생활이 일부 있다는 것을 알았다. 하지만 그것에 관해 묻지는 않았다. 이와 반대로 새 동지들은 본회퍼의 그리스도교적 실존을 다 알지는 못했다. 본회퍼는 나이 많은 친구들 앞에서, 그리고 새 친구들 앞에서 자기 삶의 다른 부분을 본능적으로 감추었다. 그와 관계하게 된 사람은 자기가 본 것 그 이상의 것이 있음을 알아챘지만, 누구도 균열이 생겼다는 느낌을 받지 않았다. 모든 것이 자연스러웠다.

1932년, 본회퍼는 고백과 부정(否定)이 문제가 되는 비교적 명료한 세계로 들어섰다. 그에게는 온 세상 속의 교회를 중시하고 국수주의적 분립주의를 배반하는 것이 중요했다. 그 길의 끝에는 파울 슈나이더의 운명과 같은 것이 있었다. 1939년, 그는 합목적성, 성공과 실패, 전략과 은폐를 어림잡는 까다로운 세계로 들어갔다. 1932년에는 확실한 직업이 있었지만 이제는 불확실하고 어중간한 일자리와 소리만 요란한 임시직을 감내해야 했다. 새로운 전환은 다른 모든 것의 희생을 요구하고, 그리스도교계에서 얻은 평판의 희생도 요구했다.

1932년은 본회퍼에게 에큐메니칼 세계를 열어 주었고, 그는 그 세계의 열렬한 옹호자가 되었으며, 그러면 그럴수록 독일은 점점 더 고립되었다. 1939년, 그는 이 에큐메니칼 세계로 피신할 수도 있었지만 스스로 탈퇴했다. 그러고는 자신의 길을 대단히 별난 독일의 운명에 한정시켰다.

예전의 우선순위들이 1939년부터 바뀌었고, 그렇게 함으로써만 이행될 수 있었다. 오직 그리스도인이 되겠다는 바람, 시도 때도 없이 따르는 제자가 되겠다는

1939년, 지구르츠호프에서.
이곳에서 혹한의 겨울을 보내며 신학 연구에 집중적으로 몰두했다. 특히 시편 119편을 묵상하며 에세이를 썼다. "손님이 되고 나그네가 되어야만 하는 나의 운명. 하나님께서 나를 이 나그네살이로 부르신 것을 회피한 채 천상만을 생각하며 이 세상살이를 놓쳐서는 안 된다. 나는 나그네가 되어,……하나님의 언약 이행을 끈질기게 기다리되, 현실에 충실하게 기다려야 한다."

바람은 이제 치명적인 특권이 되었다. 훨씬 애매하고 훨씬 재미없고 훨씬 부자유스러운 그 특권, 곧 자신의 현장에서 동시대인이 되는 것만이 그리스도인으로 남는 길이었다.

"공동생활"의 가능성은 1940년 봄에 영원히 끝났고, 『나를 따르라』의 신학은 개정될 날을 필요로 했다. 그 신학의 범위를 넘어섰기 때문이다. 전에 우선시한 교회론은 점점 뒷걸음질했다. 세속의 미래, 시민계급의 미래, 민족의 미래를 책임지고 싶었기 때문이다.

이 전환의 흔적은 첫 번째 전환의 흔적보다 덜 완성된 그림을 제공하지만, 또 다른 깊이로 손을 뻗는다.

3

독일의 운명에 참여하다

12

출장 여행

1940-1943

1940년 6월 17일 메멜에서 있었던 일이다. 이날 오전에 베르너 비스너Werner Wiesner 박사의 교회에서 목사 회의가 열렸다. 드문드문 참석하던 본회퍼도 이날 회의에 참석하여 연설했다. 이날 저녁에는 고백 예배가 거행될 예정이었다. 이날 오후에 본회퍼와 나는 나룻배를 타고 잠수 모함과 기뢰부설선 옆을 지나 도시 맞은편 모래톱으로 건너갔다. 우리는 모래톱 꼭대기에 차린 한 카페의 뜰에 앉아 있었다. 하루 전에 요제프 스탈린Josef Stalin이 발트 연안 국가들에게 최후통첩을 보낸 상태였지만, 세계의 이목은 히틀러의 프랑스 승전에 쏠려 있었다.

우리가 햇빛을 즐기는 동안, 갑자기 카페의 확성기에서 트럼펫 팡파르를 울리며 "프랑스가 항복했다!"는 특보를 내보냈다. 테이블 주위의 사람들은 흥분을 가라앉히지 못한 채 껑충껑충 뛰고, 더러는 의자 위에 올라섰다. 그들은 팔을 뻗으며 「만유 위에 뛰어난 독일」(1922년 지정된, 총 3절로 이루어진 독일 국가. 제3제국 치하에서는 독일 민족의 우월성을 강조하는 1절을 즐겨 불렀으나, 1952년부터는 형제애가 언급된 3절만 부른다—옮긴이)Deutschland über Alles와 「깃발을 높이 들어라」(호르스트 베셀이 작사한 돌격대 투쟁가, 나치당의 공식 당가—옮긴이)Die Fahne hoch를 불렀다. 본회퍼는 팔을 들어 올려 의례적으로 히틀러식 경례를 했다. 내가 넋이 나간 표정으로 우두커니 곁에 서 있자, 그는 "자네 미쳤나? 팔을 들어 올리게!"라고 속삭인 다음 이렇게 말했다. "우리는 다른 많은 일에 목숨을 걸어야 하네. 이 어리석은 경례는 목숨을 걸 일이 아니란 말일세!"

이중생활

이 시기에 본회퍼의 이중생활이 시작되었다. 목사의 신분으로 정치적 지하 운동에 참여한 것이다. 그는 1943년에 그 참여에 대해 이렇게 말했다. "어쩌면 그것이 나의 직업 수행을 위태롭게 하는지도 모르겠네."[1] 테겔에서 한 이 말은 이 무렵에 시작된 걸음을 놓고 남몰래 불안해하며 한 말이 아니었다. 그가 내적인 필요에 응한 뒤여서 아직은 교회를 위한 공식들을 준비하지 못했다 뿐이지, 그것은 오히려 정상적인 규범들을 마련하기 위해 사정을 샅샅이 조사했음을 가리키는 표현이었다.

내 기억에 의하면, 본회퍼는 메멜에서 보낸 저 저녁에 그날의 사건과 무관한 내용을 설교했다. 25년 전이었다면 독일 신교 안에서 당연히 설교했을 법한 사건인데도 그랬다. 본회퍼의 소속 동아리에서 1914년에 애타게 바랐던 일이 프랑스 승전으로 방금 실현되었건만, 놀랍게도 그는 환호하는 국민으로부터 멀찍이 떨어져 있었다. 본회퍼의 동년배 친구들과 제자들은 세계를 몰락시킨 승전을 거들었지만, 그는 외진 두메에서 성서 연구에 힘쓰면서 참전자들과 고국에 남은 이들의 사기 진작에 관여하지 않았다. 대중은 의자 위로 뛰어올라 떠들썩하게 기뻐하며 이 승리의 수단과 목적을 잊은 상태였다. 그는 범죄의 성공에 대해 수치심만 느꼈다.

그와 그의 가족 그리고 고백교회 인사들 상당수가 그러한 느낌을 공유했다. 하지만 6월 17일이 되면서 그와 소수만 알고 있던 다른 희망들도 무너졌다. 군의 부담감 때문에 혐오스러운 정권이 망할 것이라는 예측이 틀린 것으로 입증되고, 정권 붕괴의 모든 꿈이 무너지고 만 것이다. 프랑스 승전은 저항에 몸담고 있던 본회퍼의 소식통들과 친구들의 계산이 엄청난 착오였음을 여지없이 드러냈다. 전문가들인 루트비히 베크, 게오르크 토마스, 칼 프리드리히 괴어델러, 빌헬름 카나리스가 틀리고, 아마추어인 히틀러가 옳은 셈이 되고 말았다. 다른 이들의 눈에 비관적으로 보였던 것, 곧 적에 대한 히틀러의 평가와 그의 수완이 온 세상 사람들 앞에서 유효한 것으로 입증되고 말았다. 괴로운 일이지만 조절을 모색하지 않으면 안 되었다. 본회퍼는 쾨니히스베르크에서 부모에게 보낸 6월 21일자 편지에서 이렇게 말했다. "이제는 눈에 보이는 모든 것 이면에 다른 경험들이 자리하고 있군요. 다들 꿈속에서까지 그 경험들과 계속 씨름하고 있군요."[2] 군의 사정이 1차 세계대전에 비해 완전히 변한 것처럼 보였다. 이 전격적 승리가 1914년에 이루어진 공세의 정체를 잊지 못하고 절치부심하던 자를 압도했음에 틀림없다. 히틀러는 자기가 거둔 성공의 절정에 달해 있었다. 그것은 무슨 뜻이었을까?

쿠르트 샤르프Kurt Scharf, 빌헬름 니젤, 빌헬름 안나쉬 같은 구프로이센 형제협의회 회원 몇 명이 7월 초에 노바베스에[3] 있는 빅토르 하세Viktor Hasse 목사의 집에서 형제협의회 회의를 가졌던 일이 특별히 기억난다. 본회퍼는 그 회의에 참석하여 다음과 같은 발언으로 친구들을 깜짝 놀라게 했다. 이를테면 온 세상 사람들과 마찬가지로 자신도 하나님의 심판에 항복하듯이 히틀러의 어마어마한 성공에 항복했으며, 국가사회주의 국가에 대한 새로운 관점을 소개한다는 거였다.[4] 임시지도부의 보다 젊은 대표자들인 로트 목사와 헤르베르트 베르너Herbert Werner 박사까지 참석한 회의 석상에서 한 발언이었다. 그들은 본회퍼의 의견 표시를 다른 식으로 이해했다.

> 나는 물론이고 모든 이가 그의 말을 듣고 대단히 놀랐던 것 같다. 내 기억이 틀림없다면, 다들 그의 말을 듣고 입을 다물었던 것 같다. 그것은 우리의 우려에도 불구하고 승리로 끝난 프랑스 원정에 대한 일종의 상황 분석이었다.……암시적으로든 명시적으로든 루트 폰 클라이스트-레초브 여사의 전사한 손자를[5] 빗댄 것인지는 모르겠으나, 본회퍼는 다음의 사실을 상기시켰다. 말하자면 범접할 수 없는 가문 출신 젊은이들이 전사한 것은 싫든 좋든 히틀러가 조성한 새로운 현실에 참여한 것을 의미하고, 우리 동아리 출신 다수의 신념, 곧 정권을 위한 군대들의 충돌은 재앙을 초래할 것이라는 신념이 흔들리고 있으며, 어쨌든 히틀러의 통치에 오랫동안 적응하지 않으면 안 된다는 거였다. 돌아가는 길에 나는 회의 내용과 본회퍼의 연설을 놓고 베르너 형제와 이야기를 나누었다. 우리는 본회퍼의 연설을 새로운 사실에 대한 내적 항복으로, 혹은 "새로운 현

실"에 대한 인정으로 이해해도 되는지를 놓고 자세히 논의했다. 나는 대화 중에 그 가능성을 거부했다. 내가 보기에는 늘 탁월한 심리학자였던 본회퍼가 새로운 상황을—무방비 상태의 경청자 무리에게—대단히 긴박하게 묘사하여 예전의 바람직한 소견을 실정에 맞게 조정하려는 것으로 보였다. 당시의 내 대화 상대자가 지금도 동의하고 있듯이, 이 연설로 보건대, 그리고 이 회의의 전후에 보인 본회퍼의 분명한 태도로 보건대 "급변"의 인정은 불합리해 보였다.……그가 바벨스베르크에서 언급한 내용에서 국가사회주의에 대한 갑작스러운 열광과 히틀러 신봉이 느껴지긴 했지만, "급변"의 인정은 내게도 불합리해 보였다.[6]

노바베스 회의 이후 곧바로 슈테틴에서 포메른 형제협의회 회의가 열렸다. 이 회의에 참석한 한 여성의 일기도 있다. 그녀는 1940년 7월 11일자 일기에 아래와 같이 핵심어로 메모했다.

본회퍼의 상황 분석. 국민 안에서 근본적인 변화가 일어나 국가사회주의에 대한 역사적 긍정이 언급되고, 폭넓은 동아리의 생각이 바뀌고, 자유 민주 세계가 망하고, 나치당에 뚜렷한 성공이 주어짐. 이로 인해 교회가 상당히 힘든 상황에 처함. 여러 사람이 이렇게 물음. 그것이 득이 될까요? 장교 출신 목사들 다수가 이렇게 물음. 내가 그토록 보잘것없는 직무로 돌아가야 할까요? 등등. 힘써 복음의 영광과 영적 직무의 영광에 관해 말할 준비를 하는 것이 중요함![7]

당시 본회퍼는 교계 책임자들 앞에서는 이 방향의 의견을 개진하고, 다른 수취인들에게는 전혀 다른 것을 말했다.[8] 이 대목에서 그는 "역사적 긍정"에 관해 말하면서도 윤리적 긍정이나 신학적 긍정에 관해서는 아예 말하지 않았다. 그가 보기에 역사적 긍정에 관해 말하는 것과 신학적 긍정에 관해 말하는 것은 별개의 것이었기 때문이다. 역사적 사실들을 알고 인정하긴 했지만, 승자의 이데올로기에 감염된 것은 아니었다. 청중은 본회퍼가 내면의 재조정을 수행한 것으로 알아들었다. 그가 그러한 것을 소개했다는 점에서는 그들이 옳았다. 하지만 그들 가운데 상당수는 "재조정"의 방법을 명백히 이해하지 못했다.

본회퍼가 사실들 앞에서 굴복했다는 것은 말도 안 된다. 그는 한순간도 그러지 않았다. 그의 내면에서는 전혀 다른 일이 일어났다.

그는 불의한 정권이 성공을 거두고, 이제까지 교회와 정계에서 저항에 몸담고 있는 친구들이 추측해 온 것보다 훨씬 오래 지속될 경우, 그것이 무엇을 의미하는지를 파악하려고 했다. 여태껏 품어 온 희망들과 이 정권 고착 사이의 대립을 정보력이 떨어지는 청중보다 훨씬 심각하게 느꼈던 것이다.

게다가 그는 자신은 물론이고 다른 이들에게도 다음의 사실을 명심시키고 싶었다. 말하자면 예전의 존재 방식으로 돌아가는 것이 6월 17일부터 불가능하게 되었고, 이웃 나라 국민들과의 관계, 사회 구조들, 정치의 현재 상태 등 이 모든 것이 이제부터는 어쩔 수 없이 히틀러의 범행에 영향을 받게 되었을 뿐 아니라, 이제 히틀러 제거는 더 이상 과거의 복구를 목표로 하지 않으며, 새로움에 이르는 길은 훨씬 지루하고 훨씬 막대한 희생을 치르는 길, 알려지지 않은 형태의 목표가 되리라는 거였다.

이 회의가 있고 몇 주 뒤, 본회퍼는 자신에게 중요한 것을 분명하게 기록했다. 『윤리학』의 첫 부분들을 쓰는 일에 몰두한 것이다. 1940년 9월, "성공"을 다룬 장이 씌어졌다.

> 성공한 사람은 더는 무를 수 없는 사실들을 만들어 낸다. 그가 파괴한 것은 복구될 수 없으며, 그가 세운 것은 적어도 다음 세대에서 스스로 존립할 권리를 갖는다. 어떤 고발도 성공한 사람이 진 채무를 배상할 수 없다. 고발은 시간이 흐르면서 중지되고, 성공은 남아서 역사를 규정한다. 역사의 심판자들은 역사 창조자들 곁에서 한심한 역할을 한다. 역사는 그들을 무시한다.……이미 일어난 사건을 헛되이 바리새인처럼 비판하는 자는 결단코 현재와 행동과 성공에 이르지 못하고, 성공한 자의 악행이 인정받는 것을 보게 된다.……예수는 역사에서 성공한 자의 대변자가 분명코 아니다. 그렇다고 해서 성공한 자들에 대한 실패자들의 봉기를 지휘하는 분도 아니다. 예수가 중시하는 것은 성공이나 실패가 아니라, 하나님의 심판을 기꺼이 받아들이는 것이다.[9]

이는 그가 배울 필요가 있다고 여긴 실용주의적 관점이었다. 사람들이 그 관점을 일부 오해하긴 했지만, 그것은 "유화책"과는 아무 관계가 없었다. 그가 중요하게 여긴 것은 이 시기에 실패한 저항 세력이 역사의 추이에 정신적으로 위축되지 않게 하고, 완전히 흘러가 버린 것들에 연연하지 않게 하는 것이었다. 고백교회 소속의 친한 벗들과 관련하여 가야 할 길을 알고자 한 그의 시도는 그가 "지난 일들"로 되돌아가고 싶지 않았음을 암시한다. 너무나 당연한 일이었다.

노바베스에서 발언하던 시점은 교회를 위하고 다른 독일을 위하는 본회퍼의 이중생활이 구체적으로 시작되던 시점이었다. 정말로 심상치 않은 시기였다. 형제들이 형제협의회 회의에서 함께 들은 내용은 앞을 향한 재조정 과정의 일부였다. 물론 본회퍼에게 결정적이었던 정치적 배경들과 개인적 사실들은 형제협의회의 토의 주제가 될 수 없었다.

이어지는 3년은 대단히 불안한 세월이었다. 본회퍼는 고백교회를 위해서 일하고, 『윤리학』을 집필하고, 공모를 위한 여러 임무들을 맡으면서 그 세월을 보냈다. 그는 힌터포메른, 베를린, 바이에른을 시계추처럼 오가며 남쪽과 북쪽에 인접한 외국으로 출장을 감행했다. 그는 이 3년 동안 군인이 아닌 민간인 신분으로 머무는 데 성공했지만, 결국에는 방첩대 요원으로서 군 형무소에 넘겨지고 말았다.

그는 규정에 따라 경찰에 주소를 두 차례 신고했지만, 실제로 그곳에 체류하지는 않았다. 1940년 늦가을까지는 슐라베에 있는 교구감독 에두아르트 블로크의 집에서 체류했고, 뮌헨에서는 체포될 때까지 외할머니의 조카딸 크리스티네 폰 칼크로이트Christine von Kalckreuth 백작부인의 집에서 체류했다. 크리스티네 칼크로이트는 외할머니의 남동생이자 화가인 레오폴트 폰 칼크로이트의 딸로서 유명한 그래픽 예술가였다. 하지만 그의 생활의 본거지는 베를린에 있는 친가였다. 1940년 10월, 그는 핑켄발데, 쾨슬린, 지구르츠호프에서 모은 책들 가운데 일부를 친가에 있는 자신의 다락방에 쌓아 두었다. 이 다락방에는 그가 1938년 카셀 음악의 날을 참관한 뒤부터 줄곧 소유해 온 하프시코드도 자리를 차지하고 있었다.[10] 친가 이외에, 남부지방에 있는 베네딕트회 에탈 수도원, 북부지방에 있는 클라이스트 가문의 두 농장인 키코브 농장과 클라인-크뢰신 농장도 그에게 안식을 제공했다. 그는 힌터포메른에서 이런 내용의 편지를 보내기도 했다. "대단히 부끄러

1940년, 키코브에서 루트 폰 클라이스트-레초브, 콘스탄틴 폰 클라이스트-레초브와 함께.
클라이스트 가문의 키코브 농장은 그에게 안식처가 되어 주었다.

운 말이지만, 베를린에 체류할 때면 저는 소위 영적인 산소를 들이마시지 못한답니다."[11] 전쟁 때문에 조명이 어두운 열차 안에서 좌석을 얻기 위해 애쓰지 않으면 안 될 때도 종종 있었다. 물론 베를린 방첩대 본부와 뮌헨 지부가 그에게 공공기관 전용의 쾌적한 열차 이용권을 발급해 줄 때도 이따금 있었다. 남들이 부러워할 만한 이용권이었다.

이 3년 동안 그의 삶은 고도의 긴장과 이따금 찾아오는 사치스러운 기분 전환 사이를 오가고, 공모 계획들과 신학 몰두 사이를 오갔다. 그는 이 세월의 끝 무렵에 마리아 폰 베데마이어와 약혼했다. 이는 그가 묵시적 특성의 저항 속으로 쓸려 들어갈 마음이 없었음을 보여주는 가장 분명한 표지이다.

이 3년 동안 일어난 일들의 정확한 경과를 대략적으로 재구성하면 다음과 같다. 본회퍼는 서유럽 공격이 이루어지던 1940년 4월과 5월을 베를린에서 보냈다. 6월부터 8월까지는 동프로이센 지역을 세 차례 시찰했다. 9월과 10월에는 클라인-크뢰신에 머물렀다. 1940년 11월부터 1941년 2월까지는 에탈 수도원에서 지냈다. 1941년 2월 24일부터 3월 24일까지는 1차 스위스 출장을 감행했다. 그러고는 부활절을 지내고 프리드리히스브룬으로 돌아갔다. 1941년 5월부터 8월까지는 클라인-크뢰신, 베를린, 이따금 뮌헨을 오갔다. 1941년 8월 28일부터 9월 26일까지는 2차 스위스 출장이 이루어졌다. 10월 말과 11월에는 폐렴에 걸려 친가에서 옴짝달싹하지 못했고, 12월에는 키코브에서 회복기를 가졌다. 1942년 1월부터 4월까지는 주로 베를린에서 머무르고, 부활절은 키코브에서 보냈다. 1942년 4월 10일부터 18일까지는 노르웨이 출장을, 1942년 5월 12일부터 23일까지는 3차 스위스 출장을 다녀왔다. 1942년 5월 30일부터 6월 2일까지 스웨덴을 다녀오고, 이 6월에 클라인-크뢰신, 뮌헨, 프라이부르크를 방문하고, 그 사이사이에 베를린에서 체류했다. 6월 26일부터 7월 10일까지는 이탈리아에서 체류하고, 가을과 1942년에서 1943년으로 이어지는 겨울은 베를린에서 지내며 짬을 내어 뮌헨, 클라인-크뢰신, 프라이부르크, 마그데부르크, 장차 장모가 될 사람의 농장저택이 있는 페치히를 다녀왔다.

I. 전시의 고백교회

본회퍼의 이중생활은 고백교회의 운명과 그의 유대를 저하시키지 않았다. 군기관과 관련된 새로운 책무를 맡게 되었음에도 불구하고 그와 고백교회가 맺은 고용관계는 끊어지지 않았다. 그동안 그가 고백교회 총회에 대해 신랄하게 비판하긴 했지만, 바르멘 총회 결의사항과 달렘 총회 결의사항에 대한 그의 확신은 변한 게 없었다. 그가 보기에 권할 만하고, 그 속에서 고향을 찾을 만한 교회는 고백교회밖에 없었다. 고백교회는 여전히 그의 교회였다. 고백교회가 그를 더 이상 돌봐 주지 않고, 그의 변화와 보조를 맞추지 않을 때에도 그랬다.

1940년, 형제협의회 본부와의 접촉이 다시 이루어졌다. 전례 없이 긴밀하게 이루어진 접촉이었다. 이는 본회퍼가 전보다 오래 그리고 전보다 더 자주 친가에서 지내고, 그가 장차 맡게 될 업무가 불분명했기에 가능한 일이었다. 물론 접촉은 조심스럽게 이루어졌고, 그것이 직업과 관련한 증명을 용이하게 해주었다. 본회퍼는 얼마 뒤부터 자신이 정계 및 군과 맺은 특수한 관계들을 정당화될 수 있는 한도까지 이용하여, 특정 성직자들을 위해 징집 면제를 얻어 냄으로써 잔존하는 고백교회 당국이 정상적으로 작동할 수 있게 했다. 이는 1943년 여러 기소 이유 가운데 하나가 되었다.

1940년의 교계 사정

1940년의 교회투쟁은 눈에 띌 정도로 격화되지는 않았다. 프랑스 원정 끝 무렵, 히틀러는 내무 장관을 시켜 지방 장관들과 주 장관들에게 다음의 사실을 알리게 했다. "나는 국가 및 당과 교회의 관계를 악화시킬 수 있는 조치들, 절대로 필요하지 않은 온갖 조치를 피하고 싶다."[12] 실제로 1940년에 고백교회에서 작성하여 발표한 중보기도 명단의 길이는 예전보다 훨씬 짧았다.

그럼에도 간섭이 없지 않았고, 그 간섭에 대해 침묵할 수는 없었다. 공교롭게도 4월과 5월에 종교국이 형제협의회 위원 알베르츠와 한스 뵘에게 단호한 징계 처분을 내려 그들의 성직 권한을 박탈했다. 알베르츠와 한스 뵘이 1938년 가을에 기도서를 편찬했다는 이유로 취한 조치였다. 예전 핑켄발데 형제들 가운데 하나이자 베를린-브란덴부르크 불법 목사들의 친구 에리히 클라프로트가 본회퍼에게 소식을 알려 왔다. 자신이 일선 병사로서 항의를 감행했다는 소식이었다.

마르크 브란덴부르크 종교국 징계 위원회 귀하.

……1940년 5월 30일 벨기에에서.……일선 병사로서 날마다 목숨을 걸어야 하는 까닭에, 귀 위원회 여러분의 이와 같은 처리 방식이 내 안에 어떤 불만과 불쾌감을 만들어 냈는지를 대놓고 말할 수밖에 없군요. 친구들 대다수가 조국 수호를 위해 투입되어 효과적인 항의를 전개할 수도 없는데, 조국에 기여한 공로를 의심받아선 안 될 사람들이 한순간에 파멸되다니요.……무수히 많은 일선 병사들과 마찬가지로 나도 본건에서 유죄 판결을 받은 목사들을 지지합니다. 여러분은 안전한 관청의 회의실에서 "판결"을 내림으로써 특히 뻔뻔스러운 방식으로 나의 감정을 자극하고 상하게 했습니다. 여러분은 판결을 통해 무수한 병사들의 사기를 가장 짜증스러운 방식으로 떨어뜨렸다는 것을 분명히 알기 바랍니다. 나는 **여러분의** 지배를 옹호할 만한 것으로 여기지 않습니다.……고백교회는 의지할 데가 없음에도 여러분의 세속적 권좌보다 훨씬 확신에 차 있습니다.……(알베르츠와 한스 뵘은) 성서의 증언과 살아 있는 공동체의 증언에 따라 성직자계급의 권리와 말씀 봉사의 소명을 받은 이들입니다. 여러분은 **여러분의** 권리를 어디에서 이끌어 내는지요? 여러분의 대답이 대단히 궁색할까 봐 걱정되는군요. 이와 같은 사건들을 겪고 나니, 여러분이 하나님께 진지하게 호소하기는 하는지, 여러분이 진지한 중보기도를 바치기는 하는지 모르겠군요. 하지만 다음의 사실은 확실합니다. 말하자면 이곳 외부에서 죽음과 파멸을 오가며 드리는 기도들은 진지한 기도인 까닭에 약속을 들을 수밖에 없다는 것입니다. 이 기도들은 여러분에게 유죄 판결을 받은 이들을 **지지하고** 여러분과

여러분의 악행들에 반대합니다.

에리히 클라프로트, 목사, 현역 군인.

구프로이센 형제협의회는 1940년에 활동 능력을 거의 상실한 상태였다. 달렘의 프리츠 뮐러는 전선으로 나갔고, 여덟 번째 체포되어 베를린에서 추방된 빌헬름 니젤은 슐레지엔에서 일자리를 찾지 않으면 안 되었다. 그럼에도 대리인들과 추방된 이들이 도시의 경계 밖에 있는 곳, 즉 슈바베스 같은 곳에서 회동함으로써 꼭 필요한 회의들이 성사되었다. 그 바람에 모든 사무 서류를 기억하고 있는 프리드리히 유스투스 페렐스의 중요성이 다시 대두되었다. 작센 지방의 총회장 슈테플러가 구프로이센 형제협의회 의장직을 맡았지만, 1940년 11월에 다시 떨어져 나가고 말았다. 너무 대담한 발언들을 하여 1년 징역형을 선고받았기 때문이다. 하지만 본회퍼를 위해 중요한 결정들을 내릴 무렵에는 때마침 그 자리에 있었다.[13]

한스 케를이 금지령을 내려, 등사한 야전 우편은 물론이고 종교 저술 일체도 "민간교회 담당 관청"을 통해서만 군인에게 발송할 수 있게 했다.[14] 모든 교구 목사의 저작도 거기에 해당되었다. 본회퍼도 전선에 나가 있는 핑켄발데 형제들에게 반론의 여지가 없는 형식으로 편지를 보내려면 어찌해야 하는지를 고심하지 않으면 안 되었다.

3월부터 지방 장관 아르투르 그라이저Arthur Greiser의 13개 조항이(DBW 16:166f. 참조) 교회를 심히 불안하게 했다. 폴란드 "바르테가우"에 소재한 교회에(DBW 16:229 참조) 협회 지위만 부여하고, 공법 단체로서의 지위는 박탈하는 조항들이었다. 모든 이가 그것을 보고 승전 이후의 제국 안에서 교회가 민영화되고 파괴될 모습을 내다보았다. 그것이 중립적인 사람들과 교회-해외사무국까지 불안에 떨게 했다.[15]

전쟁으로 폐쇄된 국경지역의 보호시설에서 안락사 조치가 가속화되고 있었는데도, 소문은 귓속말로만 전해졌다. 본회퍼는 여름에 베텔의 보델슈빙과 로베탈의 파울 브라우네Paul Braune 목사를 아버지에게 연결시켜, 그들이 환자 양도를 거부하고, 적합한 주무 관청의 의료 증명을 받아 제시하게 했다. 안락사 조치는 1941년 8월에야 히틀러의 지시로 중지되었다.

1940년, 유대인들을 강제로 연행하고 있다는 소문이 슈테틴에서 처음 흘러나

왔다. 포메른 대관구 지도관이 2월에 슈테틴 지역의 유대인들을 화물 열차에 태워 폴란드로 떠나보냈다는 소문이었다. 그것이 어마어마한 사건의 시작인지, 아니면 특수한 사례인지를 아직은 다들 모르고 있었다. 베를린에 비(非)아리아인 구호소를 설립한 하인리히 그뤼버 목사가 항의하다가 경고를 받았으며, 몇 달 뒤 체포되어 강제수용소로 이송되었다.

테오필 부름 감독이 이 사건들을 접하고 이의를 제기했다. 1940년 7월에는 안락사에 대해, 1941년에는 유대인 문제에 대해 이의를 제기했다.[16] 이 덕분에 뷔르템베르크의 감독과 달렘 성향의 고백교회 사이에 새로운 관계가 조성되었다.

테오필 부름은 오래전부터 "급진적인" 본회퍼에 대해 알고는 있었지만, 본회퍼와 개인적으로 관계를 맺은 적은 없었다. 이 관계가 성사된 것은 앞서 말한 대로 본회퍼가 보델슈빙을 아버지에게 연결하면서부터였다. 당시 보델슈빙은 안락사 문제로 테오필 부름과 긴밀히 접촉하던 상태였다.[17] 테오필 부름과 본회퍼의 서신 왕래가 시작되었고, 테오필 부름은 자신의 이의 제기에 대한 본회퍼의 의견 표명을 부탁하기도 했다.[18] 하지만 테오필 부름이 중병에 걸리고, 본회퍼가 폐렴을 앓고 나서 활발한 출장 활동을 하는 바람에 관계는 더 이상 이어지지 못했다. 1942년에야 프라이부르크 대화를[19] 계기로 새로운 관계가 시작되었다. 1942년에서 1943년으로 넘어가는 시기에 테오필 부름은 반목하는 집단들 사이에서 자신이 전개한 포괄적 통합 작업을 "13개의 논제들"로 제시했고, 본회퍼는 그것들을 비판적으로 검토했던 것 같다. 그것들이 바르멘 결의사항과 달렘 결의사항을 포기했기 때문이다. 하지만 본회퍼가 보기에 테오필 부름의 조치는 카셀 협의회와 에센 초안들의 시기에 했던 시도와[20] 달리 미심쩍은 행위의 기미를 더 이상 지니고 있지 않았다. 그의 조치가 이 국가 안에서 고백교회의 의무나 다름없는 공개적 입장 표명과 함께 이루어졌기 때문이다. 본회퍼는 테오필 부름의 13개 논제에 대한 대화체의 입장 표명을 문서화하려 했지만 체포되는 바람에 그러지 못했다.

1941년의 교계 사정

전쟁 발발 둘째 해에 종이 배급이 정지되어 교계 언론과 문서선교의 가동이 중단되었다. 교회는 인쇄에 의한 의견 표명을 할 수 없었다. "교회는 그것을 수치로 여겼을 것이다."[21]

1941년 5월, 구프로이센 형제협의회 고시위원 전체가 체포되어, 성탄절 이틀 전에 대규모 재판에서 유죄 판결을 받았다.

> 요사이 베를린이 다시 불안에 휩싸이고 있습니다. 고시 문제로 마르틴 알베르츠, 귄터 덴, 한스 아스무센, 한스 뵘, 하인리히 포겔, 귄터 하르더, 여성 몇 명이 전격 체포되었거든요. 어째서 지금 교구들을 들쑤셔 불안하게 하는지, 그 이유를 정말로 모르겠습니다. 하지만 그것은 상황을 꼬이게 할 뿐입니다.[22]

앞으로 살펴보겠지만, 고시 위원회 소속 남녀 23명의 엄벌은[23] 전선에 나가 있는 불법 목사들을 간접적으로 겨냥한 것이기도 했다.

1941년 가을, "유대인 문제의 최종 해결"이 진행되자, 고백교회 잔류자들은 자신들의 생존 문제에 골몰했다. 하지만 약간의 용감한 개인행동만 가까스로 이루어졌다. 이 때문에 구프로이센 형제협의회가 고백총회를 대신하여 제5계명("살인하지 말라"—옮긴이)의 현실적 이해를 위해 위원회를 설치했지만, 목소리가 항의로 이어지지는 못했다. 유대인 강제 연행이 밤새도록 진행되자, 본회퍼는 곧바로 페렐스와 공동으로 개입했다. 이는 저항 활동과 관계가 있는 개입이었다.[24]

게다가 그는 1941년 가을에 페렐스의 자문을 받아 국방군에 보내는 진정서(DBW 16:228-233)를 작성했다. 국내에서 벌어지고 있는 반교회적 처사가 군의 노력들에 악영향을 미쳤음을 일깨우기 위해서였다. 그 속에는 전쟁 발발 후 2년 동안 벌어진 온갖 사건, 곧 바르테가우, 언론계, 안락사 분야에서 일어난 사건들, 체포를 통해 일어난 사건들이 담겨 있었고, 교회 부설 병원들에서의 목회 금지령 때문에 교회 대중이 얼마나 부담스러워하는지도 담겨 있었다.

> 적어도 전쟁이 지속되는 동안은 교회를 적대시하는 조처들이 중지될 것이라는 개신교 그리스도인들의 희망은 실망으로 바뀌고 말았습니다. 국방군이 다음과 같은 일들을 해주시면 안 될까요? 1. 전쟁이 지속되는 동안은 교회를 적대시하

는 온갖 조처가 중지되게 해주십시오. 2.교회 때문에 혹은 교회 정치 때문에 빚어진 체포, 추방, 발언 금지가 철회되게 해주십시오. 3.전시에 고향에서 책무를 다하는 교회가 지원과 보호를 받게 해주십시오.[25]

군기관의 영향력을 그다지 신뢰하지는 않았지만, 어쨌든 시험 삼아 해본 시도였다.

본회퍼는 자기의 연줄들을 끊임없이 활용하여, 무분별한 징집이나 근로봉사 의무로 인한 고백교회의 사멸을 막고자 안간힘을 썼고, 이따금 성공을 거두기도 했다. 1940년 초에는 쿠르트 샤르프와 빌헬름 니젤을 군 최고사령부 산하 방첩대의 연락 장교 하인리히 그로스쿠르트Heinrich Groscurth에게 연결시켜, 불법 목사들의 무한 징집을 막게 했다. 본회퍼는 이 상황에서 중개인들을 통해 종무부 장관 한스 케를에게 영향을 미치려고 시도했다. 도나니는 고백교회 목사들의 징집 면제를 가능하게 하려고 카나리스 및 일반 육군 국장 프리드리히 올브리히트Friedrich Olbricht와 이야기를 나누어, 이들로 하여금 한스 케를에게 이의를 제기하게 했다. 본회퍼는 도나니를 통해 법무 장관 프란츠 귀르트너까지 움직여, 고백교회 목사들이 자신들의 애국심을 어떻게 증명했는지를 케를에게 지적하게 했다. 1940년 12월 8일, 그는 "귀르트너와 케를의 대화가 유리하게 진행되는 것 같다"라고 썼다.[26] 그 대화는 페렐스가 준비해 준 폭넓은 입증 자료 덕분에 계속 이어졌다. 본회퍼는 프란츠 귀르트너와 함께 에탈의 대단한 추위를 헤치고 오랫동안 거닐며 상황을 상세히 논의했다. 프란츠 귀르트너는 낙관적인 암시를 주었다.

귀르트너가 어제 오후에 왔습니다. 우리는 낮 동안 함께 있으면서 많은 것을 의논했습니다. 그는 K. 문제에 대단히 낙관적입니다. 하지만 K. 자신이 어떻게 할지는 확실하지 않습니다. 지금은 상황이 상당히 다급합니다. 노역 소집을 알리는 소식들이 쌓이고 있기 때문입니다.[27]

한 달 뒤 프란츠 귀르트너는 숨을 거두고 말았다. 그가 추진하던 관심사는 되살아나지 않았다. 그러기는커녕 러시아 원정이 소집 영장의 수를 다시 증가시켰다. 에리히 클라프로트의 보고에 따르면, 1941년 여름 라인 지역에서는 젊은 목사 300명 가운데 270명이, 브란덴부르크에서는 154명 가운데 132명이 전장에 있었다. 핑켄발데 출신 목사는 대략 150명 중 80명 이상이 전사했다.

일반적인 징집 조정 시도가 물거품이 되더라도 개인적인 차원에서는 기묘한 조작이 가능했다. 병무청의 기록 시스템은 기입 대상자를 다 포착할 만큼 촘촘하지 않았다. 여러 교구감독은 물론이고 종교국과 최고관리 위원회에 있는 선의의 인사들 몇 명도 누군가를 위해 소집 보류를 얻어 냈다. 도나니의 도움과 오스터의 도움이 가장 효과적이었다. 이들은 본회퍼에게 징집 면제 증명서를 마련해 준 구조 속에 들어간 지 이미 여러 해가 지난 상태였다. 따라서 본회퍼는 군의 항의에도 불구하고 자신의 민간 업무에 종사하면서 다른 친구들까지 끌어들일 수 있었다. 도나니와 오스터는 징집 면제 건 때문에 받게 된 방위력 기피 비난에 맞서느라 상당한 어려움을 겪기도 했다. 본회퍼는 그들의 도움을 받아 위험에 처한 사람들, 예컨대 빌헬름 니젤,[27a] 빌헬름 얀나쉬, 목회 중인 에른스트 볼프, 프리드리히 유스투스 페렐스, 로트—로트의 임시지도부 사무실은 여전히 작동 중인 고백교회의 몇 안 되는 기관들 가운데 하나였다—를 지켜 주고, 그로스너 선교회에서 일하고 있던 나까지 지켜 주었다.

징집 면제를 받고 나서 방첩대 내지 그 저항 동아리를 위해 일하는 직접적인 책무는 본회퍼 자신만 맡았다. 다른 이들은 모든 의무를 면제받았다. 그들은 자신들이 낯모르는 누군가를 통해 교회를 양심껏 섬기게 되었다고 느꼈고, 처음부터 끝까지 그렇게 생각했다. 본회퍼는 도움을 부탁할 사람들의 수가 줄지 않기만을 바라면서, 방첩대에 있는 자형과 그 친구들에게 많은 것을 기대했다. 누군가가 교회 사역을 위해 징집을 면제받는 것이 다시 한 번 성사되었을 때, 그는 이렇게 말했다.

> 우리가 너무나 적은 사람을 알고 있고, 그 동아리가 대단히 좁은 데에는 역사의 교훈이 있는 것 같네. 나는 볼프강이 병에 걸리기 전에[28] 이것을 놓고 그와 대단히 상세하게 이야기하기도 했네. 그는 이와 관련된 일을 시작하고 싶어 하더군. 하지만 이제는 더 이상 그럴 수 없게 된 것 같네.[29]

교회를 위한 이 보호 조치로 말미암아 도나니와 국방군 최고사령부에 있는 그의 친구들은 1943년에 체포되고 나서 대단히 위험하고 경솔한 사람들이라는 비난을 받았다. 하지만 이 일들은 고백교회의 오랜 사투 기간과 모든 것이 금방 달라져 쿠데타가 일어나리라는 근거 있는 희망의 시기에 일어난 일들이자, 고대했던 변화를 위해 유능한 젊은이들을 무슨 일이 있어도 보존해야 한다는 책임감에서 이루어진 일들이었다. 체제 전복을 꾀하는 이는 뒷일을 무질서에 맡기지 않기 위해 적어도 새롭게 책임을 맡을 몇몇 사람의 생존을 생각하지 않을 수 없었을 것이다. 카나리스가 소심하게 행동하지 않고, 위험을 무릅쓰며 자신의 불투명한 직책을 선한 목적에 이용한 것은 칭찬할 만한 일이 아닐 수 없다.

합법화

전쟁 발발 둘째 해가 되면서 고백교회의 소장파 불법 목사 다수의 더 과감한 전선투입을 놓고 진행되던 논의가 차츰차츰 시들해지고, 불쾌한 합법화 유혹이 다시 모습을 드러냈다.[30] 여러 종교국의 압력과 유혹이 또 다시 증대되었다. 베를린 형제협의회 소속 고시 위원회를 상대로 한 대규모 소송 사건은 불법 목사들의 기반을 빼앗는 것으로 보였다. 이 소송 사건에 따라 고백교회를 통한 모든 고시행위가 유죄 확정 판결을 받은 상태였다. 게다가 전선투입 불합격자에게 부과되는 새로운 군복무가 고국에 남아 있는 이들에게서 고백교회를 위해 활동할 마지막 가능성까지 빼앗겠다고 으르대고 있었다. 본회퍼는 핑켄발데 출신 불법 목사들에게 조언하느라 대단히 분주한 나날을 보냈다.

1940년 11월, 노동 장관의 지시 회람이 공포되었다. 이는 마음을 바꾸지 않은 이들의 몸통이 파괴되지 않았다는 증거였다. 회람의 내용은 다음과 같았다. "고백전선의 금지된 보조대학에서 교육받거나 불법적으로 목사안수를 받고 주민 속에서 선동 활동을 통해 불온한 영향을 미치는 개신교 신학후보생, 수습 목사, 수련목회자 등은 지체 없이 적절한 일을 지정받아야" 한다.[31] 고백교회의 목사들 가운데 병역 수행 능력이 없는 목사와 여신학도가 거기에 해당되었다. 뜻하지 않게 고백교회에 "노동 목사들"이 생겨난 꼴이었다. 작센 주 출신으로서 불법 목사들의 대리인이자 수습 목사인 잉게 코흐Inge Koch는 로이나 공장에서 노동하면서(DBW 16:118 참조) 아래와 같이 썼다.

> 갑자기 그들의 지도자가 우리 몇 사람에게 이의를 제기해서, 우리가 노역에 투입되어 모든 힘이 소진되는 것을 경험하고, 지치고 공허하여 어찌할 바—성서 공부를 준비하는 법과 설교하는 법—를 모르게 되다니, 기이한 일이 아닐 수 없다.[32]

마그데부르크 종교국(작센 주 종교국—옮긴이)은 잉게 코흐처럼 공장 노역에 투입된 요하네스 하멜이 "종교국의 모든 기부금 징수를 거부하고, 모든 발표문을 큰 소리로 낭독했으며, 이름을 밝히며 하는 중보기도를 중단했다"는 이유로 그를 고소하기까지 했다.[33]

본회퍼는 이때에도 굴복하지 않고, 합법화에 굴복하라고 조언하지도 않았다. 하지만 예전과 달리 합법으로 인정받지 못한 이들에게는 물론이고 합법으로 인정받은 이들에게도 회람을 발송하고, 후자들의 개인적인 편지들에 답장하되 의견 차이를 논하지 않고, "진로 B"에 대체로 동의했다.

상당수가 전선과 공장에서의 새로운 생활을 강인하게 버텨 냈지만, 몇몇 이들은 우려스럽게도 그러지 못했다. 어찌 그들이 고향의 교구, 목사직, 가족의 안부를 알고 싶지 않았겠는가? 어찌 그들이 예전과 미세하게 다르다고 느꼈겠는가? 빌리 브란덴부르크는 동부전선에서 아래와 같이 편지했다.

> 들어서 아시겠지만, 저는 다년간의 투쟁 뒤에 종교국에서 주관하는 구두시험에 응시할 용의가 있음을 밝혔습니다. 선생님께서 제가 그릇된 길에 서 있다고 여기신다는 것도 알고 있습니다. 저는 제 직무가 어찌되었는지를 선생님께 직접 알려 드리는 것을 놓고 속으로 망설였습니다. 불안했기 때문이 아니라,—지금도 저는 제대로 처신했다고 생각합니다—제가 이 행보로 선생님과 여러 형제를 슬프게 하고 괴롭게 했기 때문입니다.[34]

고향에 잔류한 다른 목사는 자신의 합법화된 지위를 놓고 이렇게 떠벌렸다.

가능할 것으로 여기지 않았는데, 합법화가 업무를 간소화시켜 주더군요! 저는 이 업무 간소화를 흔쾌히 받아들입니다.……듣자니, 사람들이 고백교회의 신학 작업을 전적으로 인정하고, 교회의 실체를 보존하게 된 것에 대해서는 고백교회에만 감사해야 한다더군요.[35]

그러나 본회퍼는 기다리라고 조언했다.

이 전쟁이 우리에게 중요한 계기를 선사할 것이라고 전망하는 사람을 우리는 극복할 수 없습니다. 그러니 우리는 자신 있게 기다려야 합니다.[36]

전선에 나가 있는 한 형제에게 한 통의 편지가 도착했다. 휴가 중에 종교국에서 주관하는 간단한 재시험을 치르면 모든 권리가 보장된 목회지를 주겠다는 내용이었다. 그는 딱 잘라 거절했다. 하지만 본회퍼에게는 아래와 같이 편지했다.

그럼에도 우리 고백교회의 젊은 목사들이 꼭 필요한 길, 옳은 길을 걷고 있는지에 대한 의구심이 거듭 드는군요. 전후에 우리에게서 영적 직무 수행 능력의 일부를 빼앗아 갈 조짐도 있고요. 고백교회 쪽에서 우리 어깨 위에 너무 버거운 짐을 올려놓은 게 아닐까요?……고백교회에서 시험을 치른 우리 형제들은 부대로부터 차단되어 서서히 녹초가 되고 마는 돌격대를 닮은 게 아닐까요?……언젠가는 우리를 실업자로 취급하여 그에 걸맞은 일을 우리에게 할당할 텐데, 우리가 걷고 있는 이 길이 정말 필요한 길일까요? 불안하군요.……선생님께서 저에게 조언 좀 해주십시오! 언젠가 선생님은 이렇게 편지하셨습니다. "우리가 아직은 내다보지 못하는 변화들을 전쟁이 몰고 올 테니 기다리십시오!"……우리는 고백교회 목사로서 불법 속으로 밀려났는지도 모르겠습니다.……누구에게 물어보아야 할까요? 저는 형제협의회가 해산된 것으로 알고 있습니다. 그러니 선생님, 친애하는 본회퍼 형제님께서 제가 기다리고 듣고 싶어 하는 답변을

주시기 바랍니다.[37]

본회퍼는 그러한 편지들에 대한 답변으로 다음과 같이 적었다. "1. 절대로 불안에 싸여 행동하지 마십시오. 2. 절대로 홀로 행동하지 마십시오. 3. 절대로 경솔히 굴거나 밀어붙이는 일이 없게 하십시오. 하나님은 닫힌 것을 여는 분이십니다." 이는 그가 회람을 통해 한 답변이다.[38] 1942년에 한 이 발언은 합법화 문제와 관련하여 본회퍼의 펜 끝에서 나온 마지막 발언이기도 하다. 이 편지에서 그것은 다음과 같은 원칙에 머무르고 있다. "교회 진로의 광범위한 변화를 도모하기에는 현재의 전쟁 상황이 매우 좋지 않군요.……전선에 있는 형제들의 일자리에 우선권을 부여하지 않고 고국에 있는 형제들의 일자리에 우선권을 부여하는 모든 결정은 수상쩍은 일이 아닐 수 없습니다"(DBW 16:253). 그런 다음 그는 고시 위원회를 겨냥한 소송 사건 이후에 상당수의 사람들이 새로운 진로를 모색하되 종교국을 영적 지도부로 인정하지 않는 것이 가능해졌음을 처음으로 시인한다. 하지만 본회퍼가 보기에는 국민교회 목사직을 사양하는 것이 분명히 더 장래성이 있어 보였다.

그럴싸한 목사직 내지 영적 직무 수행을 **포기하고**, 거짓된 영적 지도부에 굴복하기보다는 오히려 다른 소명으로 그리스도를 섬길 준비를 하는 것이—후진들과 관련하여 중요한 까닭에—정당한 복음적 자세입니다.

현 상황에서 거짓 교회 당국을 인정하는 것은 있을 수 없는 일이기에, 모든 교회 당국을 단념하고 "개인의 신학적 확신을 유지하며" 목사직에 들어가, 목사로서 그리스도를 섬길 준비를 하는 것이 원칙적으로 그리스도교의 가능성이라는 것은 이론의 여지가 없습니다. 하지만 거기에는 교회의 위험과 개인의 위험 그리고 책임들이 따르게 마련입니다. 우리는 그것까지 보아야 합니다.[39]

본회퍼가 보기에 복고적 노선으로 돌아가는 것은 목표가 될 수 없었다. 그런 교회에서 목사직을 맡는 것도 그랬다! 고시 위원회 소송 사건으로 말미암아 목사후보생을 교육할 가능성과 그들을 목사직으로 이끌 가능성이 끝끝내 닫히고 말았고, 그 속에서는 부여할 만한 어떤 동기도 찾을 수 없었다. 그러기보다는 오히려 믿을 만한 말씀을 가능하게 하는 다른 형태의 사역을 고대하고, 그다음에는 낡은 집을 버리고 떠나는 것이 중요했다. 그래서 본회퍼는 각자의 자유로운 결정에 호소했다. 다들 본회퍼가 합법화와 관련하여 한 마지막 말을 읽고서, 그가 핑켄발데 출신자들의 양심을 자유롭고 홀가분하게 해주면서도 다른 결정을 내린 이들의 감정을 해치고 싶어 하지 않는다는 것을 알아챘다.

전에 알던 것—그는 1942년에 쓴 이 편지에서도 달렘 총회 결의사항을 여전히 엄히 가르친다![40]—에 대한 본회퍼의 신의가 역사적 사건의 전개로 인해 완전히 밀려났던 것일까? 실제로 그렇게 보였다. 본회퍼가 그것(전에 알던 것)을 끝까지 상세히 묘사하지 않았기 때문이다. 하지만 본회퍼는 남들처럼 모든 것을 묵인하는 엉터리 교회, 종교국 소속의 시시한 교회, 일찍이 자신이 뛰쳐나왔던 교회로 되돌아갈 마음이 없었다.

1942년 말, 몇몇 주에서 합법화 문제가 또 다시 불거졌지만, 근본적인 변화에는 이르지 못했다.[40a] 그러고는 총력전 속에서 점점 잦아들었다.

전후에 종교국은 나머지 불법 목사들에게 임용 자격, 연공서열, 특권 목사직에 속한 일체의 것을 무조건 서둘러 인정했다. 장기간 진행된 처절한 투쟁의 이면에 새로운 설교사직과 관련하여 어떤 구상이 자리하고 있었는지, 그리고 어떤 의도가 있었는지에 대해서는 누구도 해명할 생각을 하지 않았다.

II. 직업 문제

1940년 3월에 수련목회자 모임이 해체되고 나서 곧바로 본회퍼의 직업 사정이 불확실해진 것은 아니었다. 형제협의회가 뜸을 들이다가 그에게 새로운 과제를 맡기긴 했지만, 본회퍼는 4월과 5월 두 달만 일 없이 지냈을 뿐이다. 위기는 1940년 가을에야 찾아왔다. 그때까지는 여러 가능성이 있었다. 베를린 이외의 지역에서는 어떤 금지령도 그를 방해하지 않았기 때문이다. 그는 여전히 설교를 할 수 있었고, 즐겨 그리했다.

발언 금지령을 받고 몇 달 뒤, 그는 이모 폰 데어 골츠 백작부인이 암에 걸려 몇 주밖에 살지 못한다는 소식을 듣고, 나에게 이런 편지를 보내왔다. "4-6주가 지나면 끝이라는 것을 알지만, 내가 무엇을 하겠는가?…… 예전처럼 신학을 강의하고 **자주 설교하려고** 애써야겠네."[41] 루트 폰 클라이스트-레초브 여사가 그에게 클라인-크리신으로 와서 그녀의 가정 공동체를 상대로 날마다 성서를 설명해 달라고 재촉할 때면 기쁜 마음으로 그리했고, 친구들 가운데 한 사람이 그에게 설교 원조를 요청할 때에는 곧바로 설교 초안을 들고 그리로 달려가기도 했다. 그는 1940년 가을부터 공적인 설교를 금지당했다. 설교하지 않고 지내는 것이 그에게 결코 쉬운 일은 아니었다.

시찰사

주(州)교회들 사이의 의사소통이 악화되면서 시찰이 고백교회의 생존에 꼭 필요한 요소가 되었다. 고독한 목사들을 위한 정보 제공, 신학 안내, 설교 봉사에는 본회퍼가 적임자로 여겨졌던 것 같다. 그리하여 동프로이센 형제협의회를 대리하는 출장이 세 차례나 이루어졌다. 이 출장들은 직업 문제를 근본적으로 어렵게 하는 원인이 되었다.

1차 동프로이센 출장 본회퍼는 서부전선의 긴장감 넘치는 사태 전개로 인해 1차 동부지역 출장을 미루다가, 케르크 진격이 이루어지던 날—그는 해안 지방에서의 패배를 전하는 BBC의 보도를 주의 깊게 경청하며 영국에 있는 쌍둥이 누이의 안부를 크게 염려했다—인 6월 5일에야 나와 함께 출발하여(DBW 16:37-44 참조) 슐라베 지역 목사 회의에 참석한 뒤 틸지트와 메멜 부근의 교구들을 둘러보았다. 그 교구들에서는 한 농부가 최고 연장자의 자격으로 예배를 인도하고 있었고, 목사 부인들이 광범위한 구역에서 교회교육을 떠맡고 있었다. 본회퍼가 교회에 들어오지 못하도록 방해하는 곳도 있었다. 고백교회의 체포된 형제들을 위해 이름을 부르며 드리는 중보기도를 견딜 수 없었기 때문이다. 틸지트에서는 교회마다 만원이었다. "제국"에서 흔히 볼 수 없는 모습이었다. 그는 옛적 형제의 집 출신자들, 가령 쾨니히스베르크에 있는 호르스트 렉스차스를 찾아가거나 리하르트 그루노브와 그의 단치히 대학생 동아리를 방문하기도 했다. 또 소설 『리사우의 어부들』*Die Fischer von Lissau*로 세인의 주목을 끈 빌리 크람프Willy Kramp를 알게 되었고(DBW 16:39), 쾨슬린으로 돌아가는 길에는 사상이 풍부한 아우구스트 크노르 박사 및 그의 평신도 모임과의 관계를 복원했으며(DBW 16:40), 평신도교육용 제안서들을 집으로 가져갔다. 프랑스의 항복만으로도 자극이 충분했는지, 이 1차 출장 기간에는 이렇다 할 돌발 사건이 없었다. 본회퍼의 상황이 꼬이게 된 것은 2차 출장을 하면서부터였다.

2차 동프로이센 출장 본회퍼는 여러 날에 걸쳐 열린 쾨니히스베르크 목회자 수련회에서 힘차게 일했다. 그는 성서공부를 인도하고, "오늘날의 선포"Verkündigung heute, "세례 은총과 세례 규율"Taufgnade und Taufzucht, "개신교의 고해"Evangelische Beichte, 크로얼 강좌를 위해 주제로 잡았던[42] "죽음의 문제"Das Problem des Todes에 관해 발제했다. "교회의 예언자적 직무"Das prophetische Amt der Kirche와 "교회와 목사직"Kirche und Amt에 대해 자기의 생각을 말하기도 했다. 이 수련회는 목회자들로 만원을 이룬 전문대학이나 다름없었다. 수련회를 마친 뒤에는 달렘을 지지하는 동프로이센 청년 신학자 형제단 지도자들과, 신학자 신분의 군인 동아리도 만났다(DBW 16:40f. 참조).

주말인 7월 13일과 14일, 그는 한스 요아힘 이반트의 오랜 활동무대인 블뢰슈타우에 가 있었다. 고백 대학생들의 수련회에 초대를 받아, 등사한 전단들을 들고 찾아간 거였다. 하지만 이는 경솔한 초대였다. 본회퍼는 정세에 관해 발언하고, 부자 청년이 등장하는 본문을 토대로 성서공부를 인도했다. 그가 일요일 오전에 예배를 마치고 대학생 두서너 명과 동석하여 스스럼없이 이야기를 나눌 무렵, 그들보다 많은 수의 경찰이 게슈타포의 지휘를 받으며 모습을 드러냈다. 그러고는 수련회 참석자들에게 해산을 지시하고, 6월에 발효된 법령으로 지시를 뒷받침했다. 이 법령에 따르면 그리스도교 청소년 수련회 금지령에는 다 자란 이들의 "신앙 행사들"도 포함되었다. 출동한 경찰관들은 수련회 참석자들이 무엇을 했는지에 대해서는 관심을 기울이지 않고, 자신들이 훨씬 큰 규모의 집회를 예상했었음을 암시했다. 경찰관들은 마음이 놓였던지 인적사항을 조사하고 나서 뿔뿔이 흩어졌다. 심문을 당하거나 연행된 이가 한 명도 없었다. 물론 본회퍼는 경찰관들의 출동이 이 블뢰슈타우 수련회의 해산만 염두에 둔 것이 아니라 그 이상의 것을 염두에 둔 것이었다는 느낌을 떨쳐 버릴 수 없었다. 먼 곳에서 온 연사가 게슈타포의 마음에 걸렸을 테고, 그 연사가 전력이 있어서 더더욱 그랬을 것이다(DBW 16:48-55, 63f. 참조).

하지만 그는 뒤이어 동쪽 출장을 계속하여 슈탈루푀넨, 트라케넨, 아이트쿠넨에 있는 교구들을 탐방했다. 그곳은 혼란이 지배하는 곳이었다. 당시의 리투아니아 국경에 소비에트 군대가 주둔하고서 아이트쿠넨을 건너다보고 있었다. 1940년 7월과 8월, 발트 연안 국가들에서 변동이 일어나, 그 국가들이 소비에트 공화국들을 결성하여 소비에트 연방에 가입한 것이다. "결정되자마자, 나는 이제 막 러시아 국경에 편입된 지역에서 여러 날을 떠돌며, 국경에서 2-4킬로미터 떨어진 마을들, 그것도 가장 불가사의한 변동의 한가운데에 있는 마을들에서 설교를 했다네."[43] 본회퍼는 출장을 중단하고, 미리 계획했던 클라인-크뢰신에서의 휴가도 단념한 채(DBW 16:47 참조) 집으로 돌아갔다. 베를린에서 매형 도나니와 상의하기 위해서였다.

1940년 8월 초순에 있었던 일이다. 도나니가 카나리스 및 오스터와 의견의 일치를 이루어, 본회퍼에게 다음과 같이 확언했다. 그의 국경지역 출장이 게슈타포로 인해 방해를 받을 경우, 국가 비밀 정보기관인 방첩대가 각별히 관심을 기울이고 그에게 과업을 부여하여, 다음번에 이루어질 그의 동프로이센 출장을 용의주도하게 보호해 주겠다는 것이었다. 히틀러가 7월 말에 처음으로 소비에트 연방 공격 준비를 결정한 이래 아이트쿠넨은 잠재적 전선 근처에 위치하게 되었다. 따라서 카나리스나 오스터는 힘들이지 않고 국경지역 상황 보고에 대한 흥미를 꾸며 내고, 게다가 고백교회 목사의 보고까지 청구할 수 있었다. 그리되기만 하면 게슈타포의 조치들에 대처하는 것은 물론이고 혹여 있을지도 모를 징병검사를 피할 수 있을 것이라는 것이 도나니의 생각이었다. 물론 그것이 이 상의의 핵심이었지만, 그리되기만 하면 본회퍼가 오스터의 동아리와 도나니의 동아리에서 이루어지는 공모 활동에 자유롭게 참여하게 될 터였다. 8월의 어느 날 오후, 오스터,

기제비우스, 도나니, 본회퍼, 그리고 나는 마리엔부르크 알레에서 회동하여 잠정적인 약속을 했다. 게슈타포의 다음 조치를 보고 나서 본회퍼를 방첩대에 연결한다는 약속이었다.

3차 동프로이센 출장 8월 25일, 본회퍼는 여전히 구프로이센 형제협의회의 시찰사로서 쾨니히스베르크를 세 번째로 찾아갔다. 이제는 형제협의회만 방문하지 않고, 쾨니히스베르크 방첩대 지부의 장교들도 방문했다(DBW 16:59 참조). 예기치 않은 일이 일어날 경우에 그를 지켜 줄 사람들이었다. 이번에는 쓸데없이 게슈타포에게 주의를 환기시키지 않으려고 전단으로 자신의 형제협의회(동프로이센 형제협의회) 시찰을 광고하는 일이 없도록 조심했다. 이제껏 해왔던 것과 달리, 그는 시찰 기간 동안 자신이 방문한 촌락들과, 자신이 만난 인물들과, 자신이 참석한 행사들에 대해 일기를 쓰지 않았다. 본회퍼는 아이트쿠넨을 다시 찾아갔다. 그는 전환점에 섰음을 직감하고 이렇게 썼다. "지나온 세월을 생각하니 감사하고, 다가올 세월을 생각하니 기대가 크네."[44] 그 무렵 교구감독 에두아르트 블로크의 다급한 전화 호출이 그에게 닿았다. 그의 주소지 슐라베 코펠슈트라세 9번지에 즉시 와 있어야 한다는 내용이었다.

발언 금지령과 신고 의무

1940년 9월 4일, 쾨슬린 경찰서의 한 대리인이 그에게 다음과 같이 알려 왔다. "국민을 분열시키는 활동" 때문에 제국보안본부가 그에게 발언 금지령을 내렸으니, 이제부터는 주소지를 벗어나더라도 자신의 동태를 주소지 관할 경찰서에 정기적으로 신고해야 한다는 거였다. 몇 가지 방해를 불쾌하게 조합한 조치였다. 본회퍼는 이와 관련된 문서를 받지 못한 채 다음과 같은 처분 기호만 적어 두었다. Reichssicherheitshauptamt(제국보안본부) IV A 4 b 776/40.[45]

발언 금지령은 그럭저럭 봐줄 만했지만, 신고 의무는 치명적이어서 베를린에서 추방당했을 때 그랬듯이 반드시 무력화시키지 않으면 안 되었다. 본회퍼는 곧바로 제국보안본부에 항의서를 보냈다. 서류에 근거하여 조목조목 따지기 위해서였다. 이 항의서에서는 발언 금지 이유에 대한 비방과 선조의 애국적 평판이 적절한 역할을 했다. "나는 (국민을 분열시키는 행위라는) 치욕스런 비난을 받아 마땅한 동아리와 나를 동일시하는 것에 개의치 않는다." 그는 선조들과 친척들, 칼크로이트, 하제, 에밀 카우어Emil Cauer, 폰 데어 골츠, 슈베비슈 할에서 시의원을 지내는 이들을 열거하며 제국보안본부를 비웃기까지 했다.[46] 물론 제국보안본부는 이 항의서를 받고 답장하지 않았다.

본회퍼는 자신의 직책이 새롭게 구성되어 결정되기 전에 클라인-크뢰신으로 가서—실제적 이유가 곧 밝혀질 것이다—4주 동안 『윤리학』의 처음 몇 장을 집중적으로 집필했다. 저녁에는 영국의 라디오 방송이 보도하는 "영국의 전황"을 관심 있게 경청했다. "밖에서 가을 폭풍우가 나뭇잎들을 잡아 찢고 있지만,……나는 이곳에서 대단히 차분하게 연구 중입니다."[47]

해결책

본회퍼의 직업 사정이 정말로 복잡해졌다. 그의 교회 관련 업무는 얼마나 계속되었는가? 그는 방첩대의 제안을 어떻게 받아들였으며, 그 제안은 얼마나 효과적이었는가?

교수 활동은 생각할 수도 없었고, 시찰은 금지되었으며, 베를린에서 목사직을 수행하는 것도 금지되었다. 구프로이센 형제협의회는 자신이 채용하여 여러 구역을 맡긴 목사에게 어찌했는가? 형제협의회 회원 가운데 몇 사람이 그를 오지의 작은 목회지로 파송하려고 한 것은 당연한 일이었다. 그는 그곳에서 자신의 바람대로 신학 연구에 매진할 수 있지 않았을까? 사람들이 말한 오지는 알트마르크의 소도시 비스마르크였다.

페렐스는 본회퍼의 바람을 알고 있었고, 그 바람을 포기할 수 없어서 구프로이센 형제협의회 회의 석상에서 반대 의견을 말했다. 그는 학문 연구용 파송 면제를 지지했다. 본회퍼가 『윤리학』을 집필 중이었고, 어차피 베를린에서도 "군사적으로 쓸모가 있었기"—당시에 우리는 그렇게 표현했다—때문이다. 나는 예나로 가서 본회퍼의 미래 문제를 놓고 형제협의회 의장 슈테믈러와 의논하고, 특히 알트

마르크를 고려 대상에서 배제했다. 다음에 열린 형제협의회 회의에서 본회퍼의 계획들에 부합하는 결정이 이루어졌다.

11월 15일, 그는 뮌헨으로 가는 도중에 슈테믈러를 찾아갔다. 슈테믈러가 체포되기 하루 전에 이루어진 방문이었다! 그는 부모에게 그 방문 내용에 대해 아래와 같이 알렸다.

> St.(슈테믈러)가 저에게 알려 준 바에 따르면, 다들 저의 학문 연구를 중시한다는군요. 그는 목사직과 관련해서는 비관적으로 말했습니다. 저를 그들의 처분에 맡기는 것이 가장 좋겠다는군요. 나는 그에게 떠돌이생활에서 즉시 벗어나고 싶다고 말했습니다. 적어도 봄이 되면 그 생활에서 벗어날 것 같습니다. 하지만 여전히 군무에 종사해야 합니다. 어떤 것도 미리 결정할 수 없지만, 저는 학문 연구를 혼자 힘으로 하지 않고, 임무를 맡아 수행하며 해도 된다는 것을 알고 안심하고 있습니다.[48]

나에게 보낸 편지에서는 결정사항을 아래와 같이 알렸다.

> 다들 내가 고백교회 교육기관의 장을 계속 맡으면서 내 마음대로 처신해도 된다고 결정했네. 나는 그때까지 학문 연구에 힘쓸 것이네. 사람들이 나의 학문 연구에 커다란 관심을 갖고 있기 때문일세.……나는 사람들이 그것을 그토록 바란다는 것을 차분히 의식하면서 당분간 자유로이 지낼 참이네. 지금 내가 무엇을 하겠는가?[49]

군 쪽에서 본회퍼를 방첩대에 꼭 필요한 존재로 공언하는 것은 어려운 일이 아니었다. 그대로 이행되었고, 본회퍼는 오스터의 사무실에 배속되었다. 그는 나중에 심문을 받을 때 그것을 다음과 같이 영리하게 써먹었다. "방첩대는 공산주의자는 물론이고 유대인과도 손잡고 일한다. 그러니 고백교회 인사들과 손잡고 일하지 못할 이유가 무엇이란 말인가?"(DBW 16:413 Anm. 22) 그러나 본회퍼를 고용하는 것은 제국보안본부가 최근에 단행한 신고 조치로 인해 방첩대에도 까다로운 일이었다. 때문에 감시의 눈을 부릅뜬 포메른 경찰서로부터 가급적 멀리 떨어진 곳에 본회퍼를 투입하고, 방첩대 베를린 본부에 직접 출입하지 않게 하여 게슈타포를 자극하지 않는 것이 권장할 만한 일이었다.

오스터와 도나니는 묘안을 짜내어 본회퍼를 방첩대 뮌헨 지부에 배속시켰다. 뮌헨 지부에서는 1939년 가을에 요제프 뮐러 박사가 들어온 이래 신뢰할 만한 이들 몇 명이 활동하고 있었다. 1940년 10월, 도나니는 이탈리아 출장을 계기로 본회퍼의 미래 활동을 놓고 뮌헨 지부 동료들과 숙의했다. 본회퍼가 클라인-크뢰신에서 4주 동안 신학에 열중한 것은 그 때문이었다.

11월, 본회퍼는 뮌헨 지부에 자신을 소개했다. 뮌헨에 실제로 거주할 생각이 없었음에도 뮌헨 경찰서에 뮌헨 거주자로 신고하는 것이 첫 번째 일로 요구되었다. 그에게 아줌마뻘이 되는 칼크로이트 백작부인이 자기 집에 있는 명목상의 숙소를 제공하여 그를 뮌헨 시민으로 만들어 주는 일을 떠맡았다(DBW 16:68 참조). 방첩대 뮌헨 지부는 본회퍼가 주소 변경 신고를 하고 난 뒤에야 뮌헨 지방 병무 담당 사무소에 본회퍼의 징집 면제를 신청할 수 있었다. 1941년 1월 14일, 마침내 본회퍼의 징집 면제가 표명되었다. 그사이인 1940년 11월 21일에 본회퍼가 슐라베에서 퇴거 신고를 하자 자연히 경찰의 추적이 그의 뒤를 밟았다. 게슈타포의 신고 의무 견본은 본회퍼의 징집 면제가 이루어지고 난 뒤에야 방첩대 뮌헨 지부와 게슈타포 사이에서 다시 논의되다가, 본회퍼가 방첩대를 통해 계속 이의를 제기하면서 확실하게 파기된 것으로 선언되었다. 그사이에 칼크로이트 백작부인은 부재중인 본회퍼를 대신하여 다음과 같이 뒤숭숭하게 하는 전화 통지를 받았다. "비밀 국가경찰입니다. 귀댁에 본회퍼 씨가 살고 있군요. 그가 즉시 이쪽으로 와야겠습니다!" 걱정과 근심에 휩싸인 그녀는 게슈타포가 찾는 본회퍼를 에탈 수도원에서 뮌헨으로 여러 차례 불러들였고, 그러다가 좋은 소식, 곧 신고 의무의 잠정적 파기가 그를 기다리고 있다는 소식을 듣게 되었다. 결국 지루한 작전은 1월 31일에야 성공적으로 종결되었다.

하지만 다음의 두 가지, 곧 그의 생계 문제와 그의 실제 숙소 문제가 아직 해결되지 않은 상태였다.

본회퍼에게는 구프로이센 형제협의회에 자신의 급료를 계속 청구할 권리가 있었다. 그의 휴직은 대단히 신학적인 활동을 위한 부분적 휴직이었다. 그 활동을 알고자 하는 이에게는 이렇게 말해야 했다. "본회퍼는 국방군 최고사령부에서 활동하기 위해 면직 처리되었다." 전시에 군의 그러한 요구는 이례적인 일이 아니었다. 하지만 고백교회는 재정적인 난관에 처해 있었고, 목사긴급동맹은 처벌받은 목사들을 지원하는 과도한 임무를 맡고 있었다. 이때부터 본회퍼는 고백교회의 부담을 덜어 주기 위해 매제 라이프홀츠에게 정기적으로 기부금을 요구했고, 라이프홀츠는 당면한 어려움들에도 불구하고 독일 계좌에서 그에게 기부금을 이체해 주었다. 본회퍼는 회계보고에 필요한 재능이 대단히 부족했다. 그 바람에 세무서를 상대하는 형제협의회 재무 전문가들을 곤경에 빠뜨려, 이따금 그에게 재차 문의하게 만들곤 했다(DBW 16:187f. 참조). 그러나 이 결정은 본회퍼에게 독립심을 안겨 주었다. 그는 이제 많은 시간을 다른 목적에 바치면서 그 목적에 대해 해명해서도 안 되었고 그 목적을 달성하기 위해 자기가 속해 있는 교회를 이용하고 싶지도 않았다. 그는 이때부터 형제협의회에 자기 급료의 3분의 1 내지 절반을 삭감해 달라고 요구했다. 오해를 피하기 위해, 다음과 같은 말을 덧붙여야겠다. 본회퍼는 방첩대에서 활동하는 대가로 "정보 요원"처럼 그 어떤 보수를 기대하거나 받은 적이 한 번도 없었다.

그는 앞으로 체류할 곳을 해결하기 위해 11월 15일 예나 일주 중에 형제자매의 죽마고우이자 동료 신학자 게르하르트 폰 라트를 찾아갔다. 게르하르트 폰 라트는 그에게 킴제 호수 인근에 있는 자신의 집을 제안했다(DBW 16:72). 이와 관련된 문장이 본회퍼의 편지에 들어 있고, 게르하르트 폰 라트는 그것에 대해 다음과 같이 말한다. "그 계획이 번듯하게 이루어졌으면 대단히 기뻤을 텐데 아쉽게도 그리 되지 않았습니다."[50] 그때 요제프 뮐러가 매력적인 해결책을 떠올렸다. 바로 에탈 수도원이었다. 요제프 뮐러는 새로 사귄 개신교인 친구를 수도원장에게 소개하고, 요하네스Johannes 신부에게 부탁하여 그를 후견하게 했다. 요하네스 신부는 필요한 모든 것을 챙겨 주고, 내막을 알고도 침묵했다.

그리하여 본회퍼는 사실상 민간인 신분으로 그곳에 머물렀다. 자신이 속해 있는 교회를 섬기면서 신학 연구를 계속할 수 있게 된 것이다. 그는 핑켄발데 출신 형제들에게 "에탈 수도원 도서관에서의 학문 연구"에 대해 적절히 편지하기도

했다.[51]

그는 그 시절에 시간을 마음껏 쓰며 호사를 누렸다. 『나를 따르라』의 저자이자 에큐메니칼 활동가에게는 기괴한 상황이었지만, 그는 이제 독일 전쟁 기구 안에서 일하는 "비밀 정보원"(Vertrauensmann의 약어로서 신뢰할 수 있는 사람, 경찰의 끄나풀을 의미하기도 한다—옮긴이)V-Mann이기도 했다. 전 세계의 비밀 정보기관이 "비밀 정보원"을 활용하고 있다. 위장이 어디에서 시작되어 어디에서 끝나는지는 아무도 모른다. 적이 보기에 비밀 정보원은 "간첩"이다. 하지만 여기에서의 위장은 통상적인 것보다 한 차원 더 발전된 위장이었다. 이 경우에 "비밀 정보원"이라는 악명 높은 명칭은 적절한 것이었을까? 위임자들은 본회퍼와 그의 비범한 외국 연줄을, 자신들이 독일을 위해 세운 정치적 목적에 이용하려고 했다. 그는 이 목적을 추구하여 개인적으로 참여한 이들을 더 이상 회피하지 않았다. 신학원도 교구도 더 이상 그를 속박하지 않았다. "공모"의 길이 가까스로 있게 된 것이니, 이제는 목적 달성을 위한 수단의 적합성을 최대한 검토해야 했다.

본회퍼는 대단히 모호한 상황을 정확히 보고, 그 상황에 연루되어 자신의 에큐메니칼 연줄을 방첩대 안의 저항 그룹 마음대로 이용할 수 있게 하되, 처음부터 독일군 비밀 정보기관 마음대로 이용할 수 있게 했다. 나중에 살펴보겠지만, 그는 심문받을 때 다음과 같이 재치 있게 주장했다. "나는 나의 에큐메니칼 연줄을 포기했습니다. 그러니 그 희생정신을 보고 국가에 대한 나의 충성심을 추론해야 할 것입니다"(DBW 16:411f.). 그는 자신이 걷는 이 길을 혼자서 책임지되, 에큐메니칼 친구들에게서 얻은 신뢰를 이 길이 크게 해칠 수밖에 없다는 것도 알고 있었다. 그는 교회에 몸담고 있는 지인들, 예컨대 페렐스처럼 꼭 필요하고 비범한 사람들에게까지도 정확한 실상을 털어놓지 않았다. 그들은 본회퍼에게 품은 무한한 신뢰를 바탕으로 그것까지 존중해 주었다.

방첩대의 1차 출장 임무는 1941년 2월 말에나 실현될 터였다. 본회퍼는 그때까지 수도원에서 『윤리학』 집필을 계속하며 가톨릭 생활을 관찰하고, 핑켄발데 출신 불법 목사들과 열심히 편지 왕래를 했다.

방첩대는 그에게 계속 민간인 신분으로 지낼 수 있게 해줌과 동시에, 그가 10년 전부터 부름받았다고 느낀 일을 할 수 있게 해주었다. 전반적인 전쟁 상황에서 젊은 신학도를 도우며 신학에 몰두할 수 있게 해준 것이다. 그는 새로운 이중생활 속에서도 마음이 분열되는 것을 느끼지 않았다. 그러기는커녕 한 참여가 다른 참여를 떠받치며 끊임없이 새롭게 바로잡아 주었다. 그는 차출된 이들의 변하기 쉬운 야전 우편번호를 최신 상태로 유지하고, 전사자들의 부인(DBW 16:245f., 353f.) 및 그 부모들(DBW 16:243f.)과도 서신을 왕래했다. 1940년 성탄절에는 에탈에서 알브레히트 알트도르퍼Albrecht Altdorfer의 「폐허 속의 성가족」 복사본(DBW 16:83)과 친서를 100여 명의 형제에게 발송하기도 했다. 이는 한스 케를의 명령에 따라 복사가 금지되었는데도 감행한 일이었다(DBW 16:94 Anm. 1 참조).

본회퍼는 군인들과 섞여 지내는 형제들의 불안하고 고독한 처지를 절절히 공감했다. 그 역시 고독한 상황에 처하여, 핑켄발데 "공동생활" 속에서 지낸 것이 얼마나 유리했으며 그 속에서 어떤 보호를 받았는지를 알고 있었다. 그는 이때에도 형제들에게 다시 한 번 묵상의 선물을 특히 인상적으로 기술했다.[52] 하지만 회람에 담긴 새 어조는 훨씬 강력한 효력을 발휘했다. 히틀러의 전쟁 속에서 생활하는 신학도에게 실현 불가능한 규정을 부과하는 것이 아니라 그들의 양심을 해방시켜 주는 어조였다.

> 우리가 하는 헌신이 한계에 다다르더라도, 우리는 양심의 가책으로 녹초가 되는 일이 없어야 합니다.……여러분이 밖에 있어도 "목사직"에 있는 것이며 그래야 한다고 여러 번 편지하는 것이 옳은 것인지 모르겠습니다.……여러분 가운데 누군가가 "나는 군인들 사이에서 군인이 될 수밖에 없음에도 불구하고 그리스도인으로 머물고자 하지만, 나의 능력이 거기에 미치지 못하는군요"라고 조금은 우울하게 편지한다고 해도, 나는 그를 위로함은 물론이고 그와 똑같은 길을 걷는 모든 이도 위로하겠습니다. 나는 그것을 목사직에 대한 불성실로 여기지 않습니다.……여러분의 생활과 우리의 생활을 가르는 큰 차이는 다음

1940년 성탄절, 에탈에서 열린 작은 음악회.
왼쪽부터 디트리히 본회퍼, 바바라 폰 도나니, 크리스토프 폰 도나니, 클라우스 폰 도나니, 에버하르트 베트게.

과 같은 사실에 있는 것 같습니다. 말하자면 우리는 어떤 의미에서 소명을 통해 우리가 직접 자유롭게 결정한 자리에서 전력을 다하는 반면, 여러분은 지금 일과 삶에 전력을 다하지 못하는 수백만 명과 삶을 함께 나누고 있다는 것입니다.……우리 모두는 자신을 노예가 되게 해서는 안 됩니다. 하나님께서는 여러분의 현재 생활을 아시며, 여러분이 그분께 이르는 길을 더 이상 찾지 않는 가장 위태로운 시기나 가장 충만한 시기에도 여러분에게 이르는 그분의 길을 찾고 계십니다.[53]

본회퍼는 핑켄발데 시절에 자신의 규칙을 거역했던 형제들이 전선에서 보내온 답장을 받고는 부끄러워 몸 둘 바를 몰랐다.

저는 시간이 날 때마다, 그리고 시간이 없는 곳에서는 시간을 내어 묵상하면서 성서 본문을 암기했습니다. 그랬더니 성서 본문이 상상도 할 수 없을 만큼 깊은 곳에서 스스로를 자주 열어 보이더군요. 모름지기 사람은 성서 본문을 끌어안고 살아야 합니다. 그러면 성서 본문이 스스로를 열어 보이거든요. 선생님께서 우리를 격려하여 그리하게 해주셨는데, 이제야 감사를 드립니다.[54]

선생님께서도 아시겠지만, 저는 선생님께 고마움을 느끼는 제자들 가운데 한 사람입니다. 핑켄발데에서 지낼 때 저에게 가장 먼저 스스로를 열어 보인 시편이 이번 주 내내 저와 동행하면서 어둔 골짜기를 지나고 있습니다.[55]

본회퍼는 상당량의 읽을거리를 자기 돈으로 구입하여 발송하기도 했다. 또 형제들의 편지에 적힌 귀향 날짜를 기다리며 독일 신학 서적을 미리 모아 놓기까지 했다.

그는 전선 현실의 다른 쪽, 곧 고백교회 소속의 이 불법 목사들이 히틀러가 수행하는 무자비한 전쟁 속에서 겪는 혼란도 있는 그대로 마주했다. 그 혼란은 본회퍼를 점점 더 격분시키며 공모 속으로 밀어 넣었다. 1942년 2월 중순경, 클라프로트가 아래와 같은 내용의 편지를 보내왔다. 전사하기 직전에 쓴 편지였다.

연초부터 기온이 영하 45도로 산정되어, 난방을 지나치게 한 러시아 농가 안에 있으면서도 옷을 껴입고 있었더니, 옷이 몸에 들러붙는군요. 우리는 여러 날 동안 손을 씻지 못하고, 사체들을 뒤로하고 식사하러 갔다가 돌아와 소총을 붙잡곤 한답니다. 온 힘을 다해 동사할 위험에 맞서 싸우고, 과로사를 무릅쓰고 계속 움직이지 않으면 안 됩니다. 오랫동안 취사장에 가보지 못한 것도 여러 차례여서, 우리는 전투가 끝나고 나면 질 좋은 거위고기, 닭고기, 양고기를 구하러 농가로 달려가서 돼지 옆구리 살과 벌꿀과 맛좋은 러시아 감자를 물리도록 먹곤 한답니다.……우리는 교대를 몹시 꿈꾸지만, 교대병력 150명 가운데 독일에서 온 병력은 고작 40명뿐입니다. "경건함과 정직함 속에서 고요하고 차분한 삶을 영위하는 것"이 제 꿈입니다. 그러나 집으로 돌아갈 수 있을지 모르겠습니다.

방첩대의 차디찬 책상 위에 놓인 보고서도 그에게 그런 소식을 전했고, 그가 몹시 아끼던 제자도 그런 소식을 전했다. 이 제자는 아래와 같이 소식을 전하고 나서 전사했다.

1월 중순의 어느 날, 우리 대대의 한 분대가 50명의 포로를 총살해야 했습니다. 행군 중이어서 그들을 데리고 다닐 수 없었기 때문입니다. 빨치산 지역에서는 아이들과 아낙네들이 빨치산에게 양식을 공급했다는 혐의를 받고 경부 사격을 당했습니다. 이들을 제거하지 않으면 독일 병사들이 목숨을 잃을 수밖에 없기 때문입니다.……우리는 지난 3주 동안 군의 불가피성 때문에 어쩔 수 없이 여러 마을을 잿더미로 만들었습니다.[56]

핑켄발데 출신자 가운데 몇몇은 장교가 되었고, 여럿이 무공훈장을 받았다. 더러는 전쟁포로가 되어 강제노동수용소로 보내지고, 더러는 소비에트 군사법원에서 사형선고를 받았으며, 다수는 전사했다.

우리 핑켄발데 형제단에서도 죽음이 심각한 결과를 초래했습니다.……그들이

그리스도로 말미암아 죽었다고 말할 수 있다면, 우리는 형제단을 좀 더 쉽게 내어 주었을 것입니다.[57]

본회퍼는 형제가 전사할 때마다 매번 죽음을 애도하며 편지를 보냈다. 예컨대 게르하르트 피브란스가 전사했을 때에는 아래와 같이 편지했다.

그의 죽음이 내 안에 남긴 고통과 상실감은 그가 나의 친형제였더라도 다르지 않을 것입니다.……그와 나, 두 사람이 서로 가까워지면 가까워질수록, 나는 더욱 그에게 고개를 숙였습니다.……나는 다음 두 가지 이유로 평생토록 그에게 감사할 것입니다. 하나는 그의 주일 성수 방식 때문이었고, 다른 하나는 그가 마티아스 클라우디우스의 성가 「나는 하나님께 감사하며 기뻐하네」를 나에게 가르쳐 주었기 때문입니다.[58]

동아리 전체에게 보낸 편지에서는 아래와 같이 말했다.

아마도 하나님께서 일련의 젊은 목사들 내면에 커다란 빈자리를 남기시고, 우리에게 특별한 부담을 안겨 주시려는 것 같습니다.[59]

1943년에 테겔 형무소에 투옥되었을 때, 본회퍼는 전사한 형제의 친족에게 무려 스물다섯 차례나 편지했다. 투옥되는 바람에 더 이상 소식을 듣지 못했지만, 전사자의 수는 세 배 이상으로 불어나고 말았다.

본회퍼는 직업생활 내내 핑켄발데 출신 신학도와 교제를 이어갔다. 전혀 다른 길을 걸을 때에도, 그것은 여전히 그의 기쁨이었다. 그러나 그는 1940년 이후부터는 핑켄발데 출신자들을 더 이상 자신의 결단과 위험에 끌어들이지 않았다.

본회퍼가 전시에 영위한 삶은 주목할 만한 삶이었다. 그는 키코브 들판이나 에탈 눈비탈의 평화로운 환경에서 몇 주 동안 집필하며, 핑켄발데 시절과 달리 모든 시간을 거기에 할애했다. 공모에는 도움이 되지 않았지만, 베를린에 있을 때에는 4중주를 위한 만남도 자주 가졌다. 디트리히 본회퍼는 매형 뤼디거 슐라이허가 모차르트, 베토벤, 브람스의 바이올린 소나타를 연주할 때 예전보다 더 자주 반주를 맡기도 했다. 공모 활동에 대해 아무것도 알지 못하는 이는 본회퍼가 그 몇 주 동안 보인 처신을 이해하기 어려웠을 것이다. 그리고 클라이스트-레초브 여사처럼 공모 활동에 대해 아는 이는 때때로 그를 걱정했다. 키코브에 살던 손자 둘이 사흘 사이에 러시아에서 전사하자—본회퍼에게 견신례를 받은 한스-프리드리히 폰 클라이스트-레초브Hans-Friedrich von Kleist-Retzow도 그들 가운데 한 사람이었다—그녀는 아래와 같이 편지했다.

> 끔찍한 사건의 일부가 될 새로운 무언가가 내 안에서 깨어나는군요.……어쩐지 가혹한 운명과 책무로서 우리에게 다가온 것으로부터 제외되고 싶지 않습니다. 이렇게 말씀드려도 될까 모르겠습니다만, 이 시기에 목사님과 디트리히가 걷는 길이 처음으로 나를 불안하게 하는데, 나는 이 불안으로부터도 제외되고 싶지 않습니다. 우리는 이 복잡한 문제에 함께 연루된 것이 아닌가요? 그러니 우리의 영적 역량을 발휘하여 끝까지 그것과 씨름해야 하지 않을까요? 방금 말한 것을 피하지만 않는다면, 우리는 우리의 분명한 길을 계속 걷게 되지 않을까요?[60]

그러나 그녀는 바로 뒤이어 구하기 어려워진 초고 용지를 본회퍼에게 공급했다. "나는 타자 용지 500매와 관청 용지 200매를 가지고 있습니다.……소포를 베를린으로 부쳐 드릴까요?"[61]

본회퍼는 그녀를 잘 이해하고 있었다. 자신도 어린 시절에 일반적인 운명에 적응하려고 여러 차례 시도했기 때문이다. 히틀러의 전쟁 속에 있으면서도 그는 조카가 동갑내기 군인들과 격의 없이 지내려고 하자 그것을 용인하기까지 했다.

> 대체로 가능성, 숙고, 자유로운 결정이 중요하지 않고, 주어진 사실이 중요한 곳, 숙고와 가능성이 더 이상 존재하지 않는 곳에서는 갑자기 모든 것이 완전히 달라 보이는 법이니 우선 너에게 이런 말을 해주고 싶구나. 네가 불확실성의 시간과 기다림의 시간을 보내다가 이제는 그것을 넘어 네 동갑내기들도 있는 그곳에서 내적인 평온을 누리며 지내고 있다니 기쁘구나. 너를 주로 불안하게 한 것도 그것이었을 테고, 힘겨운 상황에서도 너의 내면에 도움을 주는 것도 그것일 게다. 다른 이들의 운명과 곤경을 외면하지 않고 그들과 함께 공동 사회를 이루려고 하는 것은 그저 참여하여 들러리 서는 것과는 전혀 다르단다. 다들 전쟁과 그것의 공포를 "함께 체험하고 싶지" 않을 거야. 가벼운 마음을 원하는 이는 누구나 결단의 순간에 어찌할지를 알기 때문이지. 하지만 징집받아 공동 사회에 참여하고, 자기 본분을 다하고, 무엇이든 함께 부담하는 것, 그것이야말로 딛고 서서 어려움을 헤쳐 나가는 데 필요한 대단히 확고한 토대인 것 같구나.[62]

본회퍼의 처지가 불분명해지면서 생활 방식과 관련하여 현실적인 불안이 그를 덮친 기간은 1940년 가을 몇 주뿐이었다. 당시에 그는 나에게 보낸 편지에서 자신의 교회 활동이 정리되었음을 이런 식으로 표현했다. "아무튼 자네는 지금쯤 나보다 더 생산적인 삶을……모든 이에게 소개하고 있겠군."[63]

본회퍼가 미국에서 돌아온 것은 다른 이들의 운명과 곤경을 외면하기 위해서가 아니라 그 반대를 위해서였다. 하지만 그것은 미리, 일부러, 수동적으로, 이 운명의 희생양이 되는 것을 의미하지는 않았다. 물론 그는 비교적 독자적인 결정을 토대로 시간이 허락하는 만큼 충분히 기여할 준비가 되어 있었다.

그가 자신의 정치적 결단을 뚜렷하게 밝힘으로써 신학을 마음껏 연구한 것은 굉장한 경험이었다. 그는 방첩대 업무를 처음으로 완수한 뒤에 당분간 신학 연구에 온전히 집중할 수 있었다. 그는 짬을 내어 신학에 온전히 몰두할 때면 자신이 멀리 떨어져 있으려고 하는 것은 공모 결과의 도출을 겁내어 뒷걸음치기 때문이라고 느꼈지만, 정치적으로 견해를 같이하는 친구들에게는 그런 느낌을 전혀 드러내지 않았다.

내용상으로는 새로운 생활 방식이 본회퍼로 하여금 윤리 문제 연구에 매진하게 했음에 틀림없다. 게다가 그 생활 방식은 신학적 윤리학 집필이 그의 필생의 과업이 되어야 한다는 느낌을 강화했다. 그 때문에 그는 집필과 출장 사이를 빈번히 오가면서도 결정적인 손해를 보지 않고 끝까지 집중할 수 있었을 것이다. 한쪽은 다른 쪽과 관계가 있었고, 따라서 그는 집필 중에 비자가 도착했다는 소식을 받으면 집필을 중단했다가 임무를 수행한 뒤 곧바로 다시 주제를 진전시킬 수 있었다.

물론 그의 집필 방식도 성공적이었다. 그는 하루에 몇 시간씩 아무 방해도 받지 않고 고요를 누리며 연구과제를 진척시킬 수 있었다. 그는 몸에 익은 책상과 휴대하기 어려운 카드 정리함에 의지하지 않았다.

세례 소견서

하지만 구프로이센 형제협의회도 자신이 면직시킨 신학자를 이따금씩 이용하며, 실제적인 문제들을 놓고 그의 견해를 요청했다. 1942년에 본회퍼에게 세례에 관한 소견서를 작성해 달라고 요청한 것이다.

국민교회의 와해, 고백교회의 출범, 그 속에서 교회의 징계를 집행하려는 새로운 시도가 세례에 관한 논의를 불러일으킨 상태였다. 이는 바르트가 '교회의 세례 교리'라는 문서에서[64] 유아 세례를 격하게 반대하기 전의 일이었다. 덧붙여 말하자면 본회퍼는 그 문서를 볼 기회가 없었다. 1941년에는 유아 세례를 비판한 슐레지엔의 고백교회 목사 아르놀트 히처Arnold Hitzer의 팸플릿만이 세상을 떠들썩하게 하고 있었다.

그 팸플릿에서 히처는 훨씬 멀리 나아갔다. 그는 믿음을 세례 허락의 전제 조건으로 삼은 신약성서 구절과 고백서의 장절들을 소개하면서, 최종 결정을 내려 성인들을 위한 "믿음 세례"만이라도 승인하자고 고백교회에 호소했다. 구프로이센 형제협의회는 그 호소를 진지하게 받아들여 몇몇 신학자—본회퍼도 그 가운데 한 사람이었다—에게 히처의 공격에 대한 소견서를 작성해 줄 것을 주문했다.

본회퍼는 소견서를 작성했다. 그는 제한된 시간과 장서 부족에도 불구하고 그 일을 썩 잘 해냈다. 본회퍼는 히처의 호소를 그다지 중요하게 대하지 않았던 것 같다. 그가 나중에 출간된 바르트의 세례 문서를 알았더라면, 우리는 더 상세한 입장 표명을 갖게 되었을지도 모른다. 그 입장 표명은 세례식과 관련된 두 사람의 변화를 우리에게 보여주었을 것이다.

본회퍼는 히처의 믿음 개념이 주관적이고 개인주의적이라며 이의를 제기하고, 유아 세례 규정을 옹호했다. 그는 은총의 찬미로서 그리고 교구 안과 밖 사이에 놓인 경계의 개방으로서 유아 세례를 유지해 주기를 바랐다. 그러면서도 강제 유아 세례를 지지할 생각은 전혀 없었다. 진지한 이유들에 의거하여 자기 자녀들에게 세례를 베풀지 않는 목사와 교구민을 교회가 징계하는 것은 불가능하다고 여겼기 때문이다. "교회는 두 경우에(교구민과 목사에게) 세례 은총의 중요성을 실질적으로 언급하는 법을 모색할 것이다."[65] 게다가 본회퍼는 "성인 세례를 승인하는 것"이 어떻겠느냐는 질의를 뒤집어 "유아 세례의 승인"을 엄밀히 요구해야 한다고 말하기까지 했다. 그는 국민교회 상황이 교회로 하여금 성인 세례를 실제로 알지 못하게 하고, 당연한 것을 보기 드문 예외가 되게 했으며(DBW 16:580 참조), 히처가 교회의 쇄신은 성인들의 "믿음 세례"(DBW 16:584)에 달려 있다고 미혹하지만, 참된 세례 규정(DBW 16:586)만이 쇄신을 일으킬 수 있다고 말했다. 그러면서도 본회퍼는 히처와 견해를 같이하여 현재의 국민교회 관습 자체를 결코 용납할 수 없는 것으로, 성례전을 경멸하는 것으로 여겼다.[66]

본회퍼가 이 소견서에서 취한 입장은 『성도의 교제』에서 취한 입장과 그다지 다르지 않은 것 같다.[67] 그 무렵에도 이미 유아 세례 집행의 한계가 보였었다. "공동체가 어린이를 '품는 일'을 더 이상 진지하게 생각할 수 없는 곳에서는……유아 세례의 의미는 한계성을 갖게 된다."[68] 본회퍼는 『성도의 교제』를 쓰던 당시에는 암시만 했던 것을 이 소견서에서 뚜렷하게 말했다. 이 소견서에서는 본회퍼가 히처와 바르트에 비해 대단히 보수적으로 보이지만, 오늘날 그의 견해는 지방교회들에게 대단히 혁명적인 견해로 여겨지고 있다.

그 시절에 본회퍼의 『나를 따르라』가 어떻게 회심 옹호와 핵심 공동체 옹호로 읽혔는지를 감안한다면, 이 소견서에서 강조되어야 할 것은 다음과 같다. 말하자면 본회퍼가 그 속에서 믿음에 대해 반론을 펴는 것은 물론이고 독자적 행위로서의 세례에 대해서도 단호하게 반론을 펴고 있다는 것이다. 그럼에도 그는 이렇게 말한다. "싸구려 은혜는……교회의 치리가 없는 세례다."[69] 세례는 모든 구체적 삶의 관계들 속에서 예수의 죽음에 참여하고[70] 공동체의 회원 자격에 참여하는 것이다.[71]

그는 1944년에 자기 대자(代子)의 부친(에버하르트 베트게—옮긴이)—전선에 나가 있었다—에게 다음과 같이 편지함으로써 그 부친의 마음을 홀가분하게 해주었다. "신약성서에는 유아 세례가 법규로 규정되어 있지 않네.……단지 보여주는 것에 불과하다면 유아 세례는 그 정당성을 잃고 만다네."[72]

율법의 제1용법

전시에 구프로이센 연맹이 자기 지역 바깥, 곧 라이프치히와 함부르크에서 함께 고백총회를 개최하여, 추방이나 체류금지 때문에 방해를 받는 이들이 준비된 회의에 신속히 참석할 수 있게 했다. 1941년 11월에 제10회 구프로이센 고백총회가 함부르크에서 개최되었고, 이 총회에서 위원회를 설치하여, "시대의 징조의 의미"를 논구하여 제안서를 작성하게 했다. 고백총회는 요아힘 베크만을 이 위원회 위원장으로 임명하고, 한스 요아힘 이반트와 페터 브룬너와 로타르 크라이시히Lothar Kreyssig와 에른스트 빌름Ernst Wilm과 본회퍼를 그 위원으로 임명했다. 1941년에서 1942년으로 해가 바뀔 무렵, 독일의 탈그리스도교화의 징후를 상세히 다룬 작품이 출판되었다.[73] 요아힘 베크만이 실질적으로 작성한 이 작품의 원리는 본회퍼가 국방군에 제출한 청원서와 유사했다.[74] 본회퍼는 그 총회 기간에 베를린에서 폐렴에 걸려 병석에 눕는 바람에 위원회 회의에 한 차례도 참석하지 못했다. 그 회의에 몇 차례 참석한 페렐스가 본회퍼가 국방군에 제출한 저 청원서 초안을 지니고 있었을 것이다.

그사이에 베를린과 여타의 지역에서 시작된 유대인 추방의 첫 번째 소식이 나돌았다. 이 범죄적 조치에 대하여 올바른 생각을 가진 목사들은 어찌 설교해야 하는가를 두고 양심의 갈등에 빠졌다. 그 때문에 형제협의회는 총회의 직접적인 위임이 없었음에도 위원회를 설치하여 제5계명에 대한 총회 성명서를 마련하게 했다. 그 위원회에는 본회퍼도 참여했다.

1942년 8월 10일, 귄터 하르더Günther Harder의 사회로 마그데부르크에서 연구 위원회 첫 회의가 열렸다. 페터 요르크 백작, 빌헬름 니젤, 오스카 함멜스베크Oskar Hammelsbeck, 페터 브룬너, 본회퍼가 그 위원회 소속이었다. 신학을 중히 여기는 이들이 중시한 것은 핑켄발데에서 다루었던 물음, 곧 "우리는 어떻게 율법을 설교하는가?"였다.[75] 본회퍼는 2차 회의에서 고백서들 속에 나타난 **율법의 제1용법**primus usus legis 이론을 사람들 사이의 외적인 법규 이론으로 서술하되, 비판적으로 서술하는 일을 떠맡았다. 이 회의는 본회퍼가 체포되기 며칠 전인 1943년 3월 15일에 마그데부르크에서 열렸다. 그날은 슐라브렌도르프의 히틀러 암살 시도가 수포로 돌아간 날이기도 했다. 본회퍼가 강연하고, 요르크, 하르더, 페렐스, 니젤이 본회퍼와 함께 그 강연을 놓고 온종일 숙의했다.[76] 본회퍼가 투옥되고 6개월이 지났을 무렵, 1943년 10월 16일부터 17일까지 브레슬라우에서 열린 마지막 구프로이센 고백총회에서 위원회의 예비 작업을 토대로 제5계명("살인하지 마라")에 대한 발언이 이루어졌다. "근절"과 "제거"를 통한 유대인 문제 해결까지 웃음거리로 만든 발언이었다. 그것은 '제5계명과 관련하여 목사들과 장로들에게 드리는 유인물'이라고 불렸으며, 설교 문제에 국한된 까닭에 공적인 설교단 발표문으로 생각되지는 않았다.[77] 물론 1943년 속죄의 날에는 설교단에서 발표문의 다음과 같은 내용을 큰소리로 낭독했다. "아, 슬프다……사람들이 살 가치가 없는 생명처럼 여겨진다는 이유로, 또는 그들이 다른 인종에 속한다는 이유로 그들을 죽이는 짓이 정당하게 여겨지다니……."[78]

1943년 3월 15일에 마그데부르크에서 열린 연구 위원회 2차 회의에서, 청중은 본회퍼의 전문적이고 무미건조한 연구 내용을 들으면서 그에게서 새로운 신학적 강조점이 생성되고 있음을 눈치챘을까? 그는 이 연구에서 복음과 율법을 믿음 깊음과 믿음 없음으로 분류하는 청중에게 맞선다. 복음도 율법과 마찬가지로 이 둘에 관계되기 때문이다. 본회퍼는 바르트의 문서를 상세히 논하지 않는다. 그러면서 복음과 율법에 순서 부여하기, 그것들을 구별하기, 그것들을 서로 귀속시키기를 단호히 거부한다.

> 하나님이 외적 질서를 원하시는 이유는 복음만 존재하는 것이 아니라 율법도 존재하기 때문이다.……복음과 율법이라는 순서가 그 정당성을 갖듯이, 율법과 복음이라는 순서도 그 정당성을 갖는다. 고백서들에서는 율법과 복음이라는 순서가 지배적이다. 그러나 이 둘 가운데 하나님의 "참된" 말씀은 복음이다.[79]

고백서들은 그리스도의 왕국이 완전히 교회에 해당된다고 생각했다. 본회퍼 자신도 『성도의 교제』에서 그리 생각했다. 하지만 이제는 더 이상 그리 생각하지 않는다.[80] 게다가 그는 현세적 책임 속에 있는 그리스도인의 그리스도 신앙고백에 **율법의 제1용법**을 귀속시킨다.

> 카타콤(지하 묘지) 공동체라고 해서 보편적인 과제를 면제받는 것은 아니다.……카타콤 "공동체는 이 세상이 혼란스런 상태이며, 이 세상으로부터는 그리스도의 왕국이 비롯되지 않는다는 것을 경험하겠지만, 그것으로 인해 이 세상에 대한 자신의 과제를 떠올리게 될 것이다.……묵시적인 선포는 제1용법을 회피하는 것이 될 수 있다."
>
> "제1용법에서 중요한 것은 세상 질서를 그리스도교의 지배 아래 두거나 교회의 지배 아래 두는 것이 아니라", 하나님의 말씀에 복종하는 "세상 질서의 진정한 세상성, 곧 '자연성'"이다.[81]

거기에서부터 그는 "그리스도인과 비그리스도인이 필연적으로 협력하여 특정 전문 분야를 해명하고 구체적인 과제를 장려하는 것"을 지지한다.[82] 본회퍼는 이 시점에서 종말론에 치우친 선포를 노골적으로 거부하고, 세상 질서를 그리스도교의 지배 아래 두거나 교회의 지배 아래 두는 것에 맞서 "진정한 세상성"을 내세운다(DBW 16:617 Anm. 113 참조). 이 강조점은 『윤리학』의 마지막 단계도 규정한다.

신학의 고립에 맞서서

1940년 2월, 에른스트 볼프의 주도로 "개신교 신학 협회"가 생겨났다. 고백교회의 나머지 단체들이 기능적으로, 영적으로 계속 고립되고 있던 와중에 이 장치의 고안은 모든 지방교회와 나머지 신학부들의 회동을 다시 가능하게 했다.

본회퍼는 이미 6년 전 런던에 있을 때 예민한 감각과 기획으로 『개신교 신학』을 창간한 볼프에게 아래와 같이 축하의 인사를 건넨 적이 있었다.

> 귀하가 나를 필요로 하시면 나는 기꺼이 도울 것이며, 귀하의 이 어마어마한 기획이 불투명한 것을 투명하게 하는 데에, 전인미답의 여러 길을 찾아내는 데에 도움이 되기를 바랍니다.[83]

그리고 이제는 새로운 출발을 장려했다. "그대가 개신교 신학 협회까지 준비할 것 같다고요? 어쨌든 존경스럽습니다!"[84] 물론 본회퍼는 개신교 신학 협회의 모임에 참석하지 못했다. 그 모임들이 베를린에서 열리고, 추방령이 그의 참석을 가로막았기 때문이다. 하지만 그는 점점 협소해지고 있는 고백교회 정규 신학 동아리에서 신학적 사유를 이끌어 낼 수 있도록, 협회가 토대를 제공해 주기를 바랐다. 협회는 기대한 것보다 더 빨리 그 일을 해냈다. 협회의 여러 모임에서 생생한 논쟁이 일어났다.

루돌프 불트만

1941년 6월 초, 협회가 성령강림절을 맞아 개최한 회의에서 루돌프 불트만이 '신약성서와 신화'Neues Testament und Mythologie를 강연하여 유명해졌다. 에른스트 푹스Ernst Fuchs가 회의록을 작성하며, 그 논문이 "개신교 신학 논총"의 단행본으로 출간되었다고 광고했다.[85] 푹스가 '회원들에게 알림'이라는 글에서 언급한 대로,[86] 그 화제를 논의하는 자리에는 페터 브룬너, 에드문트 슐링크, 프리드리히 델레카트Friedrich Delekat, 에른스트 비처Ernst Bizer, 게르하르트 크뤼거Gerhard Krüger, 에른스트 볼프, 헤르만 딤Hermann Diem, 귄터 보른캄Günther Bornkamm, 에른스트 푹스, 에리히 푀르스터Erich Foerster, 리하르트 비트만이 참석했다. 본회퍼는 참석하지 않았지만, 1941년 말에 푹스의 회의록과 불트만의 논문을 받았다. 그러고는 1942년에 휴가를 맞아 자신을 찾아온 이들에게 1941년에 출판된 불트만의 『요한복음 주석』*Johanneskommentar*과 이 논문을 필히 구입하라며 추천했다. 그는 이 작품들을 "최신 신학 서적 가운데 가장 중요한 책"으로 꼽았다.

베를린 목사 회의에서 종교재판을 벌이듯 불트만에 대한 견해들을 시끄럽게 지껄여 대자, 그는 격노로 반응했다. 그는 에른스트 볼프에게 보낸 편지에서 아래와 같이 말했다.

> 불트만의 신간을 받고 보니 기쁨이 큽니다. 그가 수행하는 연구들의 지적 성실성이 두고두고 나에게 깊은 인상을 주는군요. 이곳에서 듣자니, 하마터면 목사 회의에서 불트만의 신학에 대한 항의서를 귀하에게 보낼 뻔했다고 하더군요! 하필이면 베를린 사람들이 그런 일을 벌이다니! 그들 가운데 누가 『요한복음 주석』을 숙독하기나 했는지 알고 싶군요. 이곳에서 유행하고 있는 건방짐은 고백교회에 실제적인 수치가 아닐 수 없습니다.[87]

1942년에 개신교 신학 협회 베를린-브란덴부르크 지부는 불트만이 제기한 탈신화화 문제를 놓고 몇 차례 회합을 개최했다. 개신교 신학 협회가 1942년 6월 17일에 개최한 5차 회합에서 함멜스베크가 한스 아스무센의 편지를 큰소리로 낭독했다. "협회에 대한 '대단히 본질적인 의구심' 때문에 초대를 거부하며 불트만의 강연에 대한 거부의 뜻을 '단호히' 거부한다"는 내용의 편지였다.[88] 함멜스베크, 귄터 하르더, 마르틴 피셔, 폴크마르 헤른트리히Volkmar Herntrich, 한스 로키스, 지크프리트 크나크 등과 함께 젊은 게르하르트 에벨링도 발언권을 얻었다.

> 에벨링 박사는 이중적인 단초, 곧 신약성서로부터 시작하는 것과 동일한 방식으로 현대인의 존재 이해로부터 시작하는 것은 문제가 많다고 생각한다. 한쪽 사람들은 현대의 세계상보다는 신화의 세계상이 신앙에 더 가깝다고 말하는 반면, 불트만과 같은 다른 쪽 사람들은 현대의 세계상이 신앙에 더 가깝다고 말

한다. 루터에게서 나타나는 탈신화화 문제, 예컨대 그가 그리스도의 지옥 순례를 토대로 토르가우에서 한 설교의 문제를 이와 비교해 보는 것이 특히 유익할 것이다![89]

본회퍼는 베를린에서 열린 이 회합들에도 참석하지 못했지만, 회합의 과정을 개인적으로 알리거나 회의록들을 통해 알렸다. 그러자 핑켄발데 출신의 빈프리트 크라우제가 마르부르크에 있는 군인병원에서 본회퍼에게 편지를 보내어 문의했다. 고백교회 신학자들을 짜증나게 하는 불트만의 논제에 대해 어찌 말하겠느냐는 내용이었다. 본회퍼는 아래와 같이 답장했다.

나는 그의 논문을 환영한 사람들 가운데 한 사람인데, 이는 내가 그 논문에 동의했기 때문이 아닙니다. 나는 그 논문 속에 담긴 이중적인 단초를 유감으로 생각한답니다. (요한복음 1:14을 논하는 것과 라디오 방송을 논하는 것이 혼동되어서는 안 되지요. 그럼에도 나는 두 번째 것도 논증으로 여깁니다. 구별이 더 분명하게 이루어져야 하겠지만 말입니다.) 대략적으로 말하면 다음과 같습니다. B(불트만)는 자신을 위해서만이 아니라 상당히 많은 사람들(고백교회의 진보적 인사들)을 위해서도 비밀을 폭로한 것입니다. 그리고 나는 그 점을 반깁니다. 그는 다수의 사람들이 극복하지 못한 채 잊으려고 애쓰는(나도 여기에 포함됩니다) 것을 과감히 말한 것입니다. 뿐만 아니라 그는 지적 정확성과 성실성을 위해 애쓰기까지 했습니다. 이와 달리 동료 목사들은 신앙의 바리새주의를 펼치고 있으니, 나로서는 난처한 일이 아닐 수 없습니다. 이 정도면 해명이 되었을 겁니다. 나라면 B와 기꺼이 대화하면서 그에게서 불어오는 틈새 바람에 기꺼이 내 몸을 맡기겠습니다. 하지만 그런 다음에는 다시 창을 닫아야 합니다. 그러지 않으면 면역 없는 이들이 너무 쉽게 감기에 걸릴 테니까요. B를 만나거든 그에게 내 안부를 전해 주시고……내가 그를 기꺼이 만나고 싶어 하며, 내가 사태를 어찌 보는지를 그에게 이야기해 주시기 바랍니다.[90]

본회퍼가 이른 시기에 표명한 이 짧은 의견에서 불트만을 노골적으로 지지했다는 것은 분명한 사실이다. 본회퍼가 불트만을 반대하고 바르트를 지지했다고 1950년대에 주장한 자들이 있었다. 위의 편지는 그들에 대한 게르하르트 크라우제의 비판을 적절히 뒷받침해 준다.[91] 어쨌든 본회퍼는 질문들이 불가피하게 제기되는 것을 반겼으며, 스스로도 불트만의 발언을 해방으로 여겼다. 물론 그렇다고 해서 그가 불트만의 시각을 완전히 제 것으로 삼고자 했다는 말은 아니다. 그는 자신도 언젠가 절박하게 여겼던 해석학적 문제가[92] 답변되었다고는 여기지 않았다.

그는 고백교회의 불가피한 성서 집중이 철학을 과도하게 적대시하고, 문화와 학문을 밀어제치며, 지금까지 긴급한 문제가 해결되었다고 잘못 생각하는 것을 보면서 점점 더 의구심을 품게 되었다. 8년 전만 해도 그는 대학교에서 가르치는 신학에 대해 반대를 표명하고[93] 신학을 "교회-수도원 학교들"로 옮기는 것에 찬성하던 사람이었다. 하지만 그것은 비생산적이고 비굴하게 되어 버린 신학부들에 반대표를 던지고, 자유로운 지평의 회복에 찬성표를 던진 것이었다. 때문에 그는 자기가 몸담고 있는 동아리들 속에서 다른 부류의 지평 축소가 다시 일어나, "고백교회에 실제적인 수치"가 되는 것을 볼 수 있었다(DBW 16:248).

불트만의 연구를 반긴 것은 그 때문이었다. 하지만 불트만이 중요한 문제들을 제기하고 있다는 것을 알았음에도 불구하고 그에게는 이 문제 제기에 집중적으로 몰두할 시간이 없었다. 우선은 『윤리학』의 문제들과 같은 다른 문제들을 더 긴급히 해결해야 했다. 이 문제들이 없었으면, 그는 1942년에 동료 목사들의 이런저런 논쟁에 직접 참여했을지도 모른다.

테오도르 리트

이 불트만 논쟁이 있기 전에 이미 지평 축소를 타개하려는 욕구가 작동하고 있었다. 1938년에서 1939년으로 접어드는 겨울, 본회퍼는 철학자이자 교육학자인 테오도르 리트Theodor Litt의 소책자 두 권을 손에 넣었다. 하나는 『독일 정신과 그리스도교』*Der deutsche Geist und das Christentum*였고, 다른 하나는 『개신교도의 역사 의식』*Protestantisches Geschichtsbewusstsein*이었다. 그는 이 작품들 속에서 놀라운 내적 일치를 발견하고서 리트와 대화를 시작하지 않을 수 없었다. 리트에게 중요한 것은 그리스도교 신앙과 세계와의 관계였다. 본회퍼는 한 편지에서 리트를 알리면서, 자신이 위임의 문제 내지 그리스도인의 세속 활동 거부 문제를 얼마나 심각하게 느끼는지를 언급하기도 했다. 이는 본회퍼가 오랫동안 집중적으로 캐묻지 않았던 문제였다.[94] 하지만 이제 그는 『나를 따르라』와 『윤리학』 사이의 문턱에 서 있었다. 본회퍼는 리트의 현세 긍정이 그리스도의 성육신을 참조함으로써 부족한 근거를 보충해야 한다고 말했다. 하지만 그가 그렇게 쓴 것은 무엇보다도 리트의 "대지에 충성하기"가 그의 마음에 들었기 때문이며, "위엄과 영예와 저주를 받은 세계"를 선한 신학적 양심으로 진지하게 대하고 싶었기 때문이다.[95]

오스카 함멜스베크 안팎으로 삶의 층이 변화되던 이 시기에 본회퍼는 오스카 함멜스베크와도 관계를 맺는다. 함멜스베크는 칼 야스퍼스Karl Jaspers의 제자로서 바이마르 시기에 성인교육에 헌신하며 아돌프 라이히바인Adolf Reichwein과 공동으로 작업하다가, 세속 영역을 떠나 교회 영역으로 들어온 사람이었다. 일찍이 젊은 본회퍼가 그랬듯이 그도 교회를 발견했다. 하지만 그가 발견한 교회는 국민교회처럼 특권을 가진 형태의 교회가 아니라, 교회투쟁과 함께 바르멘 총회와 달렘 총회를 통해 생겨난 조직 속의 교회였다. 그는 이 교회를 위해 새로운 삶을 살기로 뒤늦게 결단했다. 이제 그는 자를란트에서 베를린으로 이사하여 구프로이센 고백교회의 교리문답교육 연구에 몸담고 있었다. 함멜스베크는 새로이 맡은 교회 사역에 힘쓰며, 한때 자신이 속해 있던 세속생활 영역을 경계하면서 자기 자신을 넘겨주지 않는 것을 중요하게 여겼다. 게다가 그는 본회퍼를 자신의 파트너로 생각하기도 했다. 그가 만난 본회퍼는 한때 예전의 생활 영역을 철저하게 등지려고 시도하다가 이제는 세속 실존과 교회 실존을 새롭게 서로 연결 지을 줄 아는 사람이었다.

본회퍼는 1937년부터 교육지도자 회의 석상에서 이따금 함멜스베크를 만났다. 1939년, 함멜스베크는 본회퍼가 미국으로 여행을 떠나 있을 때 수련목회자 모임에서 임시로 돕기도 했다. 그런 뒤에 직무상의 접촉을 몇 차례 하다가 개인적인 만남들이 이루어졌다. 베를린에 소재한 본회퍼의 망사르드 다락방에서 그가 본회퍼와 나눈 대화 소재는 정치와 철학이었다. 함멜스베크는 본회퍼에게 요헨 클레퍼도 소개하려고 했지만, 일이 성사되기도 전에 클레퍼가 가족과 함께 세상을 뜨고 말았다(요헨 클레퍼는 그리스도교 작가로서, 유대인 아내와 딸이 나치 치하에서 강제수용소로 끌려가 가스실에서 살해당할 위험에 처하자 가족과 함께 동반 자살했다—옮긴이).[96]

함멜스베크는 한 편의 자서전적인 단편 속에서 유익한 교류를, 1941년에 기록한 일기와 연관 지어 아래와 같이 요약한다.

> 공동체로 향하던 나의 행로가 다시 세상으로 향할 수 있을까? 나를 불안하게 하는 이 물음, 곧 그리스도인의 세계 책임에 관해 묻고, "세상을 위한 교회"에 관해 묻는 것은 디트리히 본회퍼의 물음이기도 했다. 그 때문에 이 시기에 그와 나눈 대화는 나에게 가장 중요한 대화가 되었다.……다른 대화에서[97] 생산적인 만남을 위한 공통의 근거였던 것, 곧 교육 문제와 사회적이고 문화적인 책임 의식이, 본회퍼의 집에서는 영적 교류의 행복한 기회를 갖는 가운데 전보다 더 많이 제공되었다. 특히 나에게는 짜릿한 기회이자 얻을 게 많은 기회였다. 내가 겁내며 신학 모험을 시작하여, 해석학 및 조직신학에 대한 조예가 깊은 그에게 재차 문의하고, 이해하고, 확인하여 알게 되고, 결정적인 변화를 장려받고 있음을 깨달았기 때문이다.……그는 1943년 2월에 출간될 칼 야스퍼스 회갑 기념 논문집을 위한 나의 준비 작업에 관심을 보였다.……나의 논문 「신학적 과제로서의 철학」을 한 번 더 특별 토론의 주제로 삼기로 했지만, 이 모든 기대는 본회퍼가 체포되는 바람에 물거품이 되고 말았다.……[98] 디트리히 본회퍼는 자신이 적극적으로 가담하고 있던 저항 운동과 관련하여 나를 신뢰하기까지 했다. 우리가 합의한 대로, 그는 내가 심문을 받을 경우에 부담이 없게 하려고 나에게 몇몇 공모자의 이름을 절대로 발설하지 않았다. 나는 문화 정책 비망록을 작성하여 세 부만 존재하게 했다.……투옥된 B(본회퍼)는 나머지 두 부를 없애겠다는 말을 페렐스를 통해 전하며 나를 안심시켰다.……[99] 우리는 이상한 정신 분열증을 앓으며 시대를 견디고, 유능과 무능이 기묘하게 혼합된 상태로 공동체를 경험한 것에 대해 행복한 마음으로 감사하기도 하고, 교회의 죄책 때문에 괴로워하기도 했다.[100]

만남은 본회퍼 자신의 사유 확장을 풍성하게 해주었다. 오스카 함멜스베크가 1941년 1월 24일에 기록한 일기는 본회퍼가 더 나중에 사용한 전문 용어를 연상시킨다.

> 여기에서는[101] 이 세상에서 "하나님 없이" 살겠다고 단호히 생각할 때에만 비로소 성과를 거둘 수 있다. 말하자면 이 세상에서 날마다 "하나님과 함께" 행동할 수 있다는 모든 환상을 멀리할 때에만 앞으로 나아갈 수 있다. 그 환상은 칭의와 은혜를 여러 번 포기하도록 유혹하고, 위선을 떨도록 유혹하고, 율법적인 도덕을 만들도록 유혹하며, 정반대의 규정들로 굴종시켜 부자유하게 살도록 유혹한다.[102]

본회퍼가 체포되기 전인 1943년 2월 4일, 함멜스베크는 다음과 같이 루터의 글귀를 인용한 우편엽서 한 통을 그에게 보냈다. "그리스도인은 별난 놈이다. 하나님은 우리들 다수가 당연한 정의를 준수하는—그리스도교적인 것을 전혀 말하지 않는—경건한 이방인이 되기를 바라셨다"(DBW 16:381).

『윤리학』

본회퍼는 1939년부터 신학 분야와 철학 분야의 윤리 서적을 모아들였다. 서점 내지 고서점이 무언가를 내놓으면 어디든지 찾아갔다. 그가 모아들인 윤리 서적들은 다음과 같다. 오트마르 디트리히Ottmar Dittrich의 네 권짜리 『윤리학의 역사』*Geschichte der Ethik*, 1926, 리하르트 로테Richard Rothe의 다섯 권짜리 『신학적 윤리학』*Theologische Ethik*, 2판, 1867, 1872년에 나온 요한 크리스티안 콘라트 폰 호프만의 윤리학, 알렉산더 폰 외팅겐Alexander von Oettingen, 아돌프 하를레스Adolf Harleß, 오토 피퍼의 작품들, 가톨릭의 윤리 신학 서적들, 막스 셸러의 윤리학과 니콜라이 하르트만Nicolai Hartmann의 윤리학. 이 시기에 그는 또 다른 저자들에게도 몰두했는데, 그들은 다음과 같다. 1939년에 『도덕의 기초 경험』*Die sittlichen Grunderfahrungen*을 출간한 헤르만 놀Herman Nohl, 『현대의 정신적 상황』*Die geistige Situation der Zeit*과 『니체』*Nietzsche*를 쓴 칼 야스퍼스, 브루노 바우흐Bruno Bauch, 미하엘 비트만Michael Wittmann, 헤르만 노아크Hermann Noack, H. H. 프렐Prell. 1940년에는 빌헬름 캄라Wilhelm Kamlah의 『그리스도교와 자기주장』*Christentum und Selbstbehauptung*을 읽었다. 그는 역사학자들의 작품들에도 손을 뻗었고, 라인홀트 슈나이더Reinhold Schneider의 책들을 읽고 자극을 받기도 했다. 자크 마리탱Jacques Maritain에게서는 "역사적 흉터"라는 개념을 발견했다. 또 프리드리히 빌헬름 폰 외르첸Friedrich Wilhelm von Oertzen이 1939년에 출간한 『융커』*Die Junker*, 테오도르 호이스의 『프리드리히 나우만』*Friedrich Naumann*, 조지 매콜리 트리벨리언George Macaulay Trevelyan의 영국사, 알프레트 폰 마르틴Alfred von Martin이 1941년과 1942년에 출간한 『니체와 부르크하르트』*Nietzsche und Burckhardt*와 『야콥 부르크하르트의 삶과 사유 속에 등장하는 종교』*Die Religion in Jacob Burckhardts Leben und Denken*를 읽고 감동을 받았다. 그는 여러 윤리 서적들에서는 물론이고 『돈키호테』에서도 배울 게 많다고 생각했다. 그는 오노레 드 발자크Honoré de Balzac의 저작들과 『짐플리치시무스』[독일의 작가 그리멜스하우젠(Grimmelshausen)의 작품—옮긴이]*Simplicissimus*를 다시 읽기 시작했으며, 19세기 독일 문필가들의 저작들에도 심취하기 시작했다. 그 문필가들은 다음과 같다. 고트프리트 켈러, 아달베르트 슈티프터, 테오도르 폰타네Theodor Fontane. 이들은 감옥에 갇힌 그의 마음을 놀랍도록 풍요롭게 해주었다. 몽테뉴Montaigne의 지혜가 그를 사로잡은 반면, 조르주 베르나노스는 마음에서 다소 멀어졌다. 그는 1938년과 1939년에 에르네스트 엘로Ernest Hello를 발견하기도 했다.

이 목록은 완전한 것이 아니며, 신뢰할 만하게 작성된 것도 아니다. 하지만 위에서 열거한 책들은 본회퍼의 문학적 취향과 수용 능력을 보여준다. 실존주의를 다룬 문헌 일체는 그의 다락방에서 많은 지지를 받지는 못했다. 그보다는 역사 저자들과 인문주의 저자들이 더 중요했다. 그는 많은 책을 읽되 인용문을 끌어모으지는 않고, 다른 저자들과 토론한 것을 소개하기만 했다. 그는 방향을 포괄적으로 설정하고, 그런 다음에는 자기가 소화한 자료에 매이지 않고 자신의 초안을 구상했다. 『윤리학』을 집필할 때, 그는 『나를 따르라』를 집필할 때와 달리 자기 자신만 의지하며 집필했다. 더 이상 예전처럼 세미나들, 강연들 내지 강의들에서 주고받으면서 준비하는 일이 없었다. 바로잡는 물음 내지 계속되는 물음을 던지거나 반박하는 이가 없었다. 그가 친구들 가운데 누군가에게 몇 쪽을 읽어 주는 일은 좀처럼 없었다. 설령 있었다고 해도 그때마다 너무 빨리 중단되었고, 그런 일이 다시 있으려면 오랜 시간이 지나야 했다. 본회퍼는 자신의 『윤리학』에 대한 현실의 반향도 전혀 듣지 못했다.

본회퍼는 『윤리학』을 쓰는 과제가 『나를 따르라』를 쓸 때보다 훨씬 어렵다고 생각했다. 바르트에게 감화를 받은 신학자 동아리에서는 다년간 윤리학 시도를 주제넘은 짓으로 여겼다. 에밀 브룬너와 프리드리히 고가르텐이 1932년에 시도하긴 했지만 호된 비판을 받았다. 1945년 이후에 효력을 발휘하긴 했지만, 새로운 윤리학을 구상하고자 하는 충동은 아직 주목을 받지 못하는 상황이었다. 그만큼 본회퍼의 새로운 시도는 시대에 뒤진 시도였다. 오토 알렉산더 딜슈나이더Otto Alexander Dilschneider가 윤리학 집필을 시도하자,[103] 그는 그 시도를 용감하긴 하지만 실패한 것으로 여겼다.[104] 딜슈나이더가 "개인적 품성"의 이름으로 세속 질서를 그리스도교의 지배 아래 두었지만, 그는 그것을 극복하려고 했다.[105]

본회퍼는 윤리학이 자신의 필생의 과업이라고 자주 말했다. 그는 『나를 따르라』를 집필할 때 자신이 누구도 손대지 못한 주제를 다루고 있으며, 그 주제가 자신을 기다리고 있었다고 확신했다. 『윤리학』을 집필할 때에는 더더욱 그랬다. "때때로 나는, 인생을 어느 정도 살았으니 이제는 나의 윤리학을 완성해야겠다고 생각하네."[106] 1932년과 1933년에는 자신을 매료시킨 윤리적 주제를 포기한 상태여서 창조 질서와 유지 질서를 둘러싼 논쟁에 참여하지 않았다. 당시에 그의 마음을 움직인 문제는 "교회가 구체적인 계명을 선포하려면 어찌해야 하는가?"였고, 그는 그리스도의 통치—공동체 통치와 세상 통치—문제를 파고들었다. 그러고는 공동체 안에서 이러한 그리스도의 통치를 진지하게 생각하는 사람들의 생활 규칙이라는 좀 더 좁은 범위에 다년간 집중했다. 하지만 이제는 자신이 1933년에 무시했던 것으로 돌아가서, 1932년에 구상했던 것들을 숙고하거나 좀 더 적절한 구상들로 교체했다.

그는 『행위와 존재』에서 사용하고 체코슬로바키아 강연에서 강조한 "현실"이라는 개념을(DBW 6:22 참조) 새롭게 발전시켜 그리스도론 안에 단단히 고정시킨다. 현실은 강생하신 분 안에 수용된 세상이다. 따라서 본회퍼는 현실에 대한 실증주의적 이해와 관념론적 이해를 피하려고 한다. 그는 이 둘을 추상화로 여긴다.

그는 현실만 중시하는 상황 윤리의 암초들을 피하려고 하면서도 그 윤리의 정당성을 고수한다. 그는 규범 윤리의 아득한 과거를 극복하려고 하면서도 연속성에 대한 그 윤리의 관심을 수용한다. 그의 작업은 상반되는 두 입장 사이를 조정하고 싶어 한다.

"세상"이라는 개념에서 새로운 면이 발전한다. 본회퍼는 『나를 따르라』에서[107] 세상을 찬미하기를 거부했었다. 하지만 이 세상에서 그리스도를 따르는 가운데 그리스도 찬미에 전념하려면 "공허한 존재의 영역을 마주보고 전진하며 복음을 관철시키는 과정"이 필요했다.[108] 1939년과 1940년에 일어난 대참사 한가운데에서 하나님의 심판과 은혜 사이에 있는 "세상"이 시야에 들어왔고, 그 속에서 인간의 역사적 책임이 기회를 얻고, 인간의 창조적 능력을 감사히 받아들이는 것도 기회를 얻었다. 이는 본회퍼의 교회가 오랫동안 관심을 요구하고, 세상의 피조성과 역사성이—정당한 이유로—주목받지 못하고 나서 일어난 일이었다. 이제야 세상이 **그리스도의 통치**regnum Christi 영역으로서 새로운 주목을 받게 된 것이다.

1932년에 본회퍼는 "창조 질서"라는 표현이 세상을 불법적으로 과대평가하는 것과 연결되어 있다고 여겨, 그 위험한 표현 대신에 결정적인 것으로 여겨진 "유지 질서"라는 표현을 **그리스도의 통치** 개념과 대립되는 것으로 확정하려고 시도했었다. 하지만 이제는 그리스도의 통치 영역인 세상과 인간의 관계를 "위임"이라는 덜 정적인 개념으로 표현하기 시작했다. 세상의 모든 선물과 과제 속에서 그리스도의 요구가 유지되게 하는 것은 "위임"**뿐**이었다. 하지만 책임자들의 자주성을 승인하여 진정한 역사를 성취하게 하는 것도 **위임**이었다. 본회퍼는 그리스도론에 입각하여 위임의 근거를 제시함으로써 현세적 요소와 종말론적 요소의 균형을 유지했다.

『윤리학』은 책으로 완성된 것이 아니었다. 우리가 가지고 있는 것은 유고로 남겨진 단편들뿐이다. 현재의 『윤리학』은 본회퍼가 출판을 염두에 두고 준비한 것이 아니다. 하지만 우리 수중에 있는 것은 이 주제에 관한 그의 사고 과정, 곧 특정한 시점에 갑자기 중단된 사고 과정을 응축한 것이라고 할 수 있다.[109]

"우리가 그리스도를 우리의 주님으로 점점 더 배타적으로 인식하고 고백하면 할수록, 주님의 통치 영역은 우리에게 점점 더 넓게 드러난다."[110] 그리스도의 통치의 배타성이 『나를 따르라』의 메시지라면, 그리스도의 통치 영역의 넓이는 『윤리학』의 새 강조점이다. 스스로 세운 게토의 의미로 오해되지만 않는다면, 배타성은 넓이를 요한다. 그 넓이는 자유, 허용, 책임, 발견, 합법적인 세속화를 의미한다.

그는 1940년 9월의 몇 날 동안 클라인-크뢰신에서 "현실", 절박한 현재, 서구 세계의 관점들을 공략했다. 그가 교회의 어마어마한 죄책 고백을 쓴 것은[111] 그가 오스터 대령을 만나고, 히틀러가 압도적인 승리를 쟁취할 무렵의 일이었다. 유럽의 새 주인이 선악의 피안에서 나타난 상태였고, 전통적인 윤리 관념들 속에서 생각하던 인간은 더 이상 그 주인에게 반대하여 어떤 것도 내놓지 못했다.

본회퍼는 자신의 신학적 입장을 성육신에서 찾고, 그리스도 중심의 "동일한 형태화"Gleichgestaltung를 표어로 삼는다. 그리스도는 이 세상의 일시적인 것들과 동일한 형태가 되심으로써 그것들을 자기 자신과 동일한 형태가 되게 하신다. 본회퍼는 서구 세계라는 무대를 윤리적 숙고의 결정적인 영역으로 삼는다. 하지만 본회퍼의 구상이 이 대목에서 다시 세상의 교직화(教職化)Klerikalisierung에 지나치게 가까이 접근한다는 것은 이론의 여지가 없다. 그럼에도 그는 교회를 용서받은 세상의 한 부분으로 분명하게 이해하고, 그럼으로써 『나를 따르라』에서보다 훨씬 적극적인 관계, 곧 교회와 세상의 관계를 확보한다. 『나를 따르라』에서는 세상이 믿음의 첫걸음을 위한 장소였다면, 이제는 그리스도의 통치가 역사적 책임 의식을 창출해 낸다. 그런 이유로 계몽주의 역시 처음으로 긍정적인 평가를 받는다. 이처럼 1940년 9월의 몇 날 동안 교회와 세상의 관계는 『윤리학』에서 서로를 발견하고 깜짝 놀라는 것 같은 특성을 띠었다.[112]

1940년에서 1941년으로 전환될 무렵, 본회퍼는 이 전쟁 기간 중 가장 긴 집필 시기를 에탈 수도원에서 보내며, 칭의로부터 시작하여 궁극das Letzte과 차극das Vorletzte의 구별을 확보했다. 새롭고 효과적인 구별이었다. 그는 감옥에서도 그것을 여러 번 화제로 삼았다.[113] 의도한 것은 아니었지만, 그 구별은 이미 오래전에 그의 신학 속에 자리하고 있었다. 칭의의 궁극적 말씀은 처음과 끝을 에워싸고, 차극의 경계를 정하고, 차극에게 필요한 권한을 주기도 한다. 그것은 차극에게 길을 제시하고, 자신의 장소와 자신의 시간을 차극보다 앞세우며, 차극으로부터 자신의 충만하고 방대한 자율성을 얻는다. 그리스도는 궁극의 구조와 차극의 구조를 대표하면서 "인간 현실을 독립시키거나 파괴하지 않고 그 현실을 차극으로서 존재하게 한다. 이때의 차극은 궁극을 덮어 가리는 차극이 아니라, 나름의 방식으로 진지한 대우를 받고 싶어 하는 차극이다."[114] 십자가는 궁극이며, 차극을 심판하고 차극에게 은총을 내린다. 그리스도교적 삶은 "차극의 파괴도 아니고 차극의 성화도 아니다.……그것은 그리스도와 세상의 만남에 참여하는 것이다."[115]

이처럼 본회퍼는 신교의 토양에서는 보기 드물게 "자연" 신학의 재발견을 위한 길을 터놓았다. 하지만 이 신학은 그가 가톨릭의 방식으로 **존재의 유비**analogia entis나 자연법에서 도출한 것이 아니라 칭의론과 그리스도론에서 도출한 것이었다. 이 분야는 전에 가톨릭 사람들이 떠맡거나 창조 교리에서 파생되어 미심쩍은 결과들을 가져온 분야였다. 그는 에탈에서 이 교리를 기쁘게 구상했다.

> 나는 지금 "자연적인 생명"을 다루는 부분에서부터 시작하고 있네. 자네 말대로, 자연적인 생명은 위험한 소재이긴 하지만, 바로 그 때문에 매혹적이기도 하다네.[116]

본회퍼는 인위적인 것이 판치는 시대 한복판에서 자신의 그리스도론을 토대로 자연적인 것과 이성을 정당화한다. 따라서 교화 너머의 "생명은 목적을 위한 수단인 것만이 아니라 목적 자체"가 되기도 한다.[117] 본회퍼는 칸트와 달리 의무로부터 시작하지 않고, 생명의 권리로부터 시작한다. "하나님은 요구하시기 전에 먼저 주신다."[118]

가장 행복한 『윤리학』 집필 시기는 방첩대 업무를 위한 1차 스위스 출장으로 인해 중단되고 말았다. 하지만 이 시기에 궁극과 차극을 놓고 구상한 것은 두고두고 효과를 발휘했다.

그런 다음 본회퍼가 정치와 관련지어 가장 힘차게 쓴 장(章)들이 이어진다. 공모 활동 중에 크리신과 프리드리히스브룬에서 잠시 휴식을 취하면서 구상하거나, 1941년과 1942년에 베를린에 있는 친가에서 구상한 것들이다. "사실 적합성"과 "죄책 감당"이 새로운 어조, 현실 감각이 있는 어조를 주도한다.

이념이 제아무리 인간에게 맹위를 떨쳐도 결국에는 인간을 버리고 만다. 이는 마치 악몽이 잠에서 깨어난 인간을 버리는 것과 같다. 그 이념에 대한 기억은 쓰라리다. 인간은 이념을 통해 더 성숙해지거나 더 강해지는 것이 아니라, 더 빈곤해지고 더 회의적인 존재가 될 뿐이다.[119]

본회퍼는 『나를 따르라』에서 유용한 것으로 여겨지던 영역적 사고를 비판적으로 반대하고, 현실의 단일성을 전제한다.

사실적인 모든 것은 예수 그리스도라 칭하는 현실적인 분으로부터 자신의 궁극적 근거와 자신의 궁극적 파기, 자신의 궁극적 정당화와 자신의 궁극적 모순, 자신의 궁극적 긍정과 자신의 궁극적 부정을 경험한다.[120]

이 시기에 본회퍼는 『돈키호테』를 다시 읽었다. "현실"로부터 고립된 채 자신의 원칙을 지키기 위해 힘쓰는 존경할 만한 기사의 이야기였다. 1932년의 본회퍼에게 현실은 선포가 가능한 곳이었고, 1935년에는 현실이 하나의 중간 단계에 불과했다. 이제야 현실은 행동에 형태를 부여하는 상대가 된다. 그리스도 안의 하나님이 계시지 않으면 현실은 더 이상 존재하지 않으며, 현실이 없으면 그리스도 안의 하나님도 더 이상 존재하시지 않는다. 그리스도는 밖에서 제시된 규범과 같은 절대적 현실이 아니며, 현실은 프로그램이나 이상들을 강요받아야 하는 재료에 불과한 것이 아니다. 그리스도는 현실을 파기하지 않으며, 그렇다고 현실을 "그리스도교로" 만들지도 않는다. 현실은 관념론에 의해 평가절하되지도 않지만, 그렇다고 실증주의에 의해 평가절상되지도 않는다. "그리스도 안에서 존재하기"는 세상에 참여하는 것을 의미한다. 선(善)은 추상적인 것으로 존재하는 것이 아니라, 세상과 인간을 끊임없이 받아들이고 그들의 생명에 참여하는 과정이자 움직임이다. 때문에 윤리는 "함께 사는 법을 배우는 것"이며,[121] 인간적인 것 한가운데에 있는 그리스도교적인 것이기도 하다. 그리스도는 낯선 통치를 실시하지 않는다. "그리스도의 계명은 피조물에게 자유를 주어, 피조물 고유의 율법을 실현하게 한다."[122] 그리스도는 내세로 안내하지 않고, 일상생활의 현실 한가운데로 안내한다. 그리스도교적인 생활은 자기 자신을 위해 사는 것이 아니라 하나님 앞에서 인간답게 살아가는 상태로 옮겨 가는 것이며, 초인이 되는 것이 아니라 "타자를 위해 존재하는 것"이다.[123] 그리스도 안에 있는 현실의 통일성은 로마 가톨릭의 이해처럼 종합적인 것도 아니고, 광신자들에게서 볼 수 있는 것처럼 분리에 붙잡히는 것도 아니다. 현실의 통일성은 마법적·우주적으로 실재하지 않고, 그리스도의 대리(代理)를 통해 역동적인 구속력이 있으며 따라서 실재한다.

이제 본회퍼는 옥중서간들이 놀랍도록 단순한 표현들을 동원하며 시작하는 지점에 이른다. 그는 "세상성"Weltlichkeit이라는 표현으로 끝을 맺는다.

> 화해의 십자가는 하나님 없는 세상 한가운데에서 하나님을 마주하며 살아가도록 해방한다. 그것은 진정한 세상사 속에서 살아가도록 해방한다.[124]

이 글귀가 적힌 원고는 본회퍼가 1943년 4월에 마리엔부르크 알레에서 체포될 때 그곳의 책상 위에 놓여 있었다. 그 곁에는 "주제로서 윤리적인 것과 그리스도교적인 것"이라는 장에 관해 쓴 메모지들이 드문드문 흩어져 있었다. 한 메모지에는 이미 "세상을 위해 존재하다"Für die Welt dasein라는 표현이 적혀 있었다[Zettelnotizen(본서 1321쪽 약칭 풀이 참조—옮긴이) 142 참조].

본회퍼는 1942년 성탄절에 공모자들을 위해 쓴 '10년 후'라는 소론에서 아래와 같이 말했다.

> 우리는 그리스도가 아니다. 그러나 우리가 그리스도인이 되고자 한다면, 자유를 누리는 가운데 시간을 포착하여 위험에 맞서는 책임 있는 행동 속에서, 그리고 참된 자비 속에서 그리스도의 너른 마음에 참여해야 한다. 이 참된 자비는 불안에서 비롯되는 것이 아니라 모든 고통당하는 이들을 해방하시고 구원하시는 그리스도의 사랑에서 비롯된다. 하는 일 없이 기다리며 흐리멍덩하게 구경하는 것은 그리스도인의 자세가 아니다. 자기 몸으로 겪어 얻은 지식들이 아니라, 동료 형제들—그리스도께서는 이들 때문에 고난을 당하셨다—의 몸을 통해 얻은 지식들이 그리스도인을 행동과 자비로 부른다.[125]

본회퍼는 『윤리학』을 집필하는 3년 동안 그리스도의 통치 범위를 사색하고, 그리스도와의 동일한 형태화에 대해 사색했다. 그런 다음 세상을 차극으로서 정당화했으며, 끝으로 그리스도의 강생에 의거하여 역사적 책임 의식을 숙고했다. 집필이 진척될 때면 늘 그리스도 중심성이 점점 단호해지고, 세상에 대한 개방성이 점점 현실주의적으로 바뀌었다.

그가 그때그때 살았던 환경에 대한 대략적인 설명이 이따금 집필 결과물들의 이면에서 모습을 드러낸다. 그 환경은 키코브와 클라인-크뢰신의 정치적으로 보수적인 세계—에발트 폰 클라이스트는 주변 환경이 점점 천박해지는 것을 혐오했다—와 가톨릭의 분위기를 풍기는 에탈 수도원 등이었다. 참고 서적 연구만 그의 집필에 영향을 준 것이 아니라, 최근 역사에 대한 독자적 참여, 지배 세력과 저항 세력에 대한 느낌, 친하게 지낸 사람들도 그의 집필에 영향을 주었다. 그리하여 생성된 주제들은 논리적으로 논거를 대려고만 하는 것이 아니라 행동을 위해서도 자유롭게 해주려고 한다. 물론 『윤리학』에서 정변에 대한 직접적인 변명과 정변을 위한 지침을 구하는 자는 실망할 것이다. 하지만 해방과 책임의 환기가 중요한 것이지, 행동할 때가 되었을 때 겁 많은 사람들에게 변명거리로 이용될 수 있는 보호책을 미리 제공하는 것은 중요한 것이 아니다. 역사적 행동—이런 이름을 받을 만한지는 모르겠지만—은 미리 정당화되는 것이 아니다. 본회퍼는 자신이 윤리학에서 중시하고 그때까지 어디서도 논구되는 것을 본 적이 없는 폭넓은 관점으로, 그리스도론의 단초와 자신이 살고 있는 세계의 구체적인 구조를 꼼꼼히 개관했다.

1942년 6월, 『윤리학』을 한창 집필하고 공모를 위해 출장을 다녀오는 가운데, 그는 자신이 새로운 통찰의 문턱에 서 있는 것 같다고 한 차례 말한 적이 있다. 이제껏 은폐되었던 차원들이 그에게 열렸고, 이미 포착한 상당수의 단초가 나름의 영향력을 보여주었다. 본회퍼는 스웨덴에서 조지 K. A. 벨 주교를 만나고 돌아와 국방군 열차를 타고 뮌헨으로 가는 도중에 아래와 같이 편지했다.

최근에 세속 영역에서 힘차게 이루어진 나의 활동은 거듭거듭 생각할 거리를 준다네. 내가 며칠간 성서 없이 지낼 수 있다니 기이한 일이 아닐 수 없네. 만일 억지로 그렇게 한다면, 나는 그것을 복종이 아니라 자기 암시로 여기는 셈이 될 것이네. 듣자니 그러한 자기 암시가 큰 도움이 된다더군. 하지만 나는 이런 식으로 진정한 경험을 날조해서 급기야 진정한 도움을 경험하지 못하게 될까 봐 두렵네. 그러다가 다시 성서를 펼쳐 읽으면, 성서가 전례 없이 새롭고, 나를 행복하게 한다네. 그러면 한 번이라도 설교하고 싶은 마음이 든다네. 나는 나 자신의 책들만 펼쳐 읽으며, 이 모든 것에 대해 어찌 충고하는지를 경청하는 게 낫다는 것을 알고 있네. 변명하고 싶지는 않고, 그저 내가 "영적으로" 대단히 풍성한 시간을 보낸 것에 감사할 뿐이네. 하지만 내 안에서 모든 "종교적인 것"에 대한 저항이 자라고 있음을 느끼네. 그것은 종종 본능적인 혐오로 자라기도 하는데, 확실히 좋지 않은 일이지. 나는 결코 종교적 체질이 아닐세. 그런데도 하나님과 그리스도를 끊임없이 생각한다네. 나에게는 참됨과 생명과 자유와 자비가 소중하다네. 내가 언짢아하는 것은 종교적 옷 입기라네. 이해하겠는가? 이 모든 것은 결코 새로운 생각도 아니고 새로운 견해도 아니네. 하지만 지금 여기에서 얽힌 것을 풀어야 한다고 생각하는 까닭에, 일의 경과를 일단 두고 보면서 방어하지 않고 있네. 나는 세속 영역에서 이루어지는 나의 활동도 이런 의미로 이해하고 있네.[126]

공모

1945년, 조지 K. A. 벨 주교는 1942년에 스웨덴에서 이루어진 본회퍼와의 만남을 다룬 첫 출판물에서 우리 시기의 초기인 1940년 여름철에 속하는 장면을 아래와 같이 보고했다.

알다시피, 1940년 7월과 8월에 체제 전복 활동에 가담한 모든 이는 절망에 사로잡혔다. 바로 그때 회동이 이루어졌고, 히틀러를 살해하면 그에게 순교자 역을 맡기는 셈이 될 테니 거사를 연기하여 그 일을 피하자는 주장이 제기되었다.

본회퍼의 대답은 확고했다. "우리가 그리스도인이 되고자 한다면 편의를 봐주어서는 안 됩니다. 히틀러는 적그리스도입니다. 따라서 우리는 그가 성공하든 그렇지 않든 간에 우리의 일을 계속하여 그를 제거해야 합니다."[127]

적절하면서도 엄청난 내용을 담고 있는 이야기가 아닐 수 없다. 히틀러를 적그리스도로 규정하는 표현이 본회퍼의 입에서 터져 나왔으니 엄청난 내용이 아니고 무엇이겠는가. 그럼에도 그 표현이 조지 K. A. 벨의 메모를 토대로 여러 이야기와 책들 속에 수록되고 있다.[128]

위의 보고는 조지 K. A. 벨이 사건이 일어난 뒤에 대단히 정확하게, 대개는 곧바로 기록한 일기를 토대로 한 것이었다. 위에서 언급한 상황은 본회퍼가 오스터, 기제비우스, 도나니와 함께 친가에서 가진 첫 회동에 관해 스웨덴에서 이야기한 것을 두고 묘사한 것일 수 있다.[128a] 그러나 히틀러를 적그리스도로 표현한 대목은 본회퍼에게서 발견되지 않는다. 윌리엄 패튼에게 보낸 메모 속의 구절,[129] 곧 소수의 "무리가 여기에서('역사적 정의의 집행자'인 히틀러 안에서) 빛의 천사로 가장한 사탄을 알아보았다"는 구절은 히틀러를 적그리스도로 표현한 것과 완벽하게 동일시되지는 않는다. 본회퍼의 신학적 양심상 동일시는 생각할 수도 없는 일이었다. 언젠가 우리가 그것에 관해 이야기하던 때가 또렷이 생각난다. 우리는 대답을 궁금해하며 그에게 문의했고, 성서적인 내용의 답변을 기대했다. 그는 이렇게 말했다. "그렇지 않아요, 그는 적그리스도가 아니에요. 히틀러는 그럴 만한 위인이 못 돼요. 적그리스도가 그를 이용하는 것이지요. 적그리스도는 히틀러처럼 미련하지 않아요!"

조지 K. A. 벨은 소심함과 단호함의 안배를 지나치게 단순화하여 묘사한 것 같다. 1940년 여름에 입은 타격은 본회퍼까지 심하게 압박했다. 형제협의회의 노바베스 회의에서 일어난 사건이 그것을 여실히 보여준다. 그는 1940년 12월 28일에 생일을 맞이한 어머니에게 아래와 같이 편지했다.

지난 연말에 우리는 모두, 올해에는 결정적인 일이 계속 일어날 것이며 우리가 그것을 더 분명히 보게 될 것이라고 생각했었습니다. 하지만 그 희망이 성취되었는지는 확실치 않군요.……제가 보건대, 우리는 다음과 같은 일에 오랫동안 만족해야 할 것 같습니다. 말하자면 미래에 대한 전망보다는 과거와 현재로, 곧 감사하는 마음으로 더 힘차게 사는 것입니다.[130]

공모가 최악의 상태에 이르렀을 때에 본회퍼가 적극적으로 가담하여, 오스터 및 도나니와 운명을 최종적으로 같이하게 되었다는 조지 K. A. 벨의 기록은 적절하다. 때문에 본회퍼는 저 신학적으로 조야한 표현이 친구들을 각성시킬 수 있을 것이라고 여겨 그것을 한 차례 말했을지는 모르나, 그 표현을 문서화할 수는 없었을 것이다.

우리는 지금 독일 저항 운동의[131] 3차 시기, 곧 1940년에 이루어진 서유럽 공격과 1943년 3월에 이루어진 슐라브렌도르프의 암살 시도 사이 내지 1943년 4월 5일에 일어난 본회퍼의 체포 사이의 기간을 다루고 있다. 이 시기는 본회퍼의 반(反)히틀러 공모 가담을 에워싸고 있다. 진퇴양난이 그 시기 전체를 그늘로 덮는다. 공모자들이 벗어나려고 끊임없이 시도한 진퇴양난은 다음과 같다. 말하자면 히틀러가 프랑스에서 어마어마한 성공을 거둔 뒤에 그의 실각을 계속 추진하는 자는 누구나 새로운 돌히슈토스 설을 촉발시키는 자라는 것이다. 조지 K. A. 벨의 기록이 그것을 정확히 묘사하고 있다. 다른 한편으로는 형세가 일변할 때까지 기다리고 있건만, 승리한 세력이 특별 기동대를 창설하여 공모 가담자들을 제거하겠다고 으르대고 있었다. 그렇지만 이러한 부담 속에서도 거사를 지속하겠다는 결정을 내리고, 혁명의 새로운 단초들을 모색할 수밖에 없었다. 이는 무력을 마음대로 사용할 수 있는 공모의 일부인 육군 최고사령부의 기능이 1940년 4월 초에 정지되고 난 뒤의 일이었다.

이 시기의 적극적 저항은 3단계로 진행된다. 각 단계는 절망적인 상황에서 시작되어 새로운 출발점을 발견하고, 쿠데타에 대한 강력한 희망을 고무하다가 실망으로 끝나고 만다. 각 단계마다 본회퍼의 참여와 연루가 현저해진다.

첫 단계는 프랑스가 항복한 1940년 6월 17일에 시작되어, 히틀러가 러시아 원정을 위해 정치위원 제거 명령을 내린 1941년 6월까지 이어진다. 이 시기에 본회퍼는 요제프 뮐러의 로마 출장 이래로 지리멸렬해진 연결들을 재개하고 정보들을 교환하기 위해 출장 중이었다.

둘째 단계는 소비에트 연방 침략과 함께 시작되어, 1941년 12월 19일 발터 폰 브라우히치의 면직을 초래한 겨울 위기와 함께 끝난다. 이 시기에 본회퍼의 출장은 연합국 그리스도교 동아리들의 평화 계획들을 탐색하고 그 동아리들에 영향을 미치는 것과 관련이 있었다.

셋째 단계에서는 결정적인 명령권 회수를 고려하여 쿠데타 조직 구조표가 재편된다. 이 단계는 1943년 3월 암살 시도가 실패하고 오스터의 저항본부가 일망타진되는 것으로 끝난다. 이 단계에서 본회퍼는 출장 명령을 받고 쿠데타 계획에 관해 미리 알렸다.

이제 본회퍼의 인생행로는 교회투쟁 사건들과 형제협의회 회의들보다는 여러 전선에서의 승리와 패배, 정치인들의 예측, 군의 공모 모험들과 훨씬 더 많이 연결된다. 그는 고백교회 소속 친구들에게 신의를 바쳤지만, 모반을 꾀하면서는 쿠데타를 겨냥한 공동 행동을 위해 그들에게 세심한 주의를 기울였다.

IV. 첫째 단계: 정보, 1941년 봄

뮌헨 거주는 나름의 매력이 있었다. 그 덕분에 바이에른 가톨릭교회 인사들의 저항 동아리가 본회퍼에게 열렸기 때문이다. 방첩대 뮌헨 지부를 중심으로 결성된 동아리였다. 요제프 뮐러가 자신의 새 친구를 그 저항 동아리에 데려갔다. 북부에서 저항에 몸담고 있는 개신교인이 자신의 공모자들을 만나주었으면 하는 마음으로 벌인 일이었다. 본회퍼는 에탈 수도원 측에서 밀실 열쇠까지 건네면서 보인 환대(DBW 16:72) 덕분에—그는 수도원호텔[에탈 수도원 바로 옆에 있는 "루트비히 데어 바이어"(Ludwig der Bayer)라는 수도원호텔—옮긴이]에서 지냈다—신학 방식, 전례 방식, 목회 방식, 교회 정치 방식을 들여다보고 경험할 수 있었다.[132] 그리고 그곳에서 요하네스 신부의 주선으로 그에게 정치적으로 중요하게 된 인사들도 만났다. 1940년 성탄절에 함께 앉아 반밤을 보낸 이들은 다음과 같다. 메텐 수도원 원장과 에탈 수도원 원장, 신부 로베르트 라이버Robert Leiber 박사, 신부 이보 차이거Ivo Zeiger 박사, 바티칸에서 온 몬시뇰 요하네스 쇤회퍼Johannes Schönhöffer 박사, 영사 빌헬름 슈미트후버Wilhelm Schmidhuber, 대위 하인리히 빌헬름 이크라트Heinrich Wilhelm Ickradt, 요제프 뮐러, 도나니, 본회퍼. 본회퍼는 바이에른 숲속의 메텐 수도원도 꽤 여러 차례 찾아갔다. 메텐 수도원 원장 알렉산더 코르비니안 호프마이스터Alexander Corbinian Hofmeister가 요제프 뮐러와 긴밀히 협력하고 있었기 때문이다. 뮌헨에서 포르투갈 영사 대리를 역임하고 방첩대 요원이 된 빌헬름 슈미트후버가 이크라트 대위와 함께 본회퍼의 직무상 조언자가 되었다. 그는 본회퍼를 프렐라트(가톨릭 고위 성직자)Prälat 요하네스 노이호이슬러Johannes Neuhäusler에게도 소개했고, 본회퍼는 이 인사와 몇 차례 상의했다. 노이호이슬러는 1941년 2월에 강제수용소에서 실종되었다.[133]

'십계'

본회퍼는 뮌헨에 거주하는 훌륭한 조언자들과 친구들에게 의지했다. 방첩대 뮌헨 지부의 매우 까다로운 일과표 속에서 움직이는 법을 익혀야 했기 때문이다. 사실 방첩대 뮌헨 지부는 그를 방첩대 베를린 본부 마음대로 활용할 수 있게 했다. 방첩대는 저항인사들로만 채워진 것이 아니었다. 때문에 남다른 것이 너무 눈에 띄어서는 안 되었다. 베를린 본부의 지시를 받고 베를린 본부를 방문하는 구조가 작동했는데, 이는 지부 간섭 권한과 지부 감독권이 방첩대 중앙국장인 오스터에게 있었기 때문이다.

본회퍼는 자신이 1940년에 동프로이센에서 보낸 정보들과 새롭게 기대를 모은 외국 정보들—목사를 채용하겠다는 카나리스 제독의 결정을 신빙할 만하게 뒷받침한 정보들—로 인해, 경합하는 비밀 정보기관들 사이의 위험지대 속으로 들어가고 말았다. 이 비밀 정보기관들 가운데 하나는 하인리히 히믈러의 조직들 중에서 유일하게 독립적인 기구로 자처할 만한 방첩대였고, 나머지 하나는 라인하르트 하이드리히의 제국보안본부였다. 하이드리히는 국가기관들이 제국보안본부를 회피하는 것을 참지 못했다.

하이드리히는 이미 1936년에 정치적 정보의 규칙적인 수집과 전달은 제국보안본부 홀로 담당해야 한다고 주장하며 카나리스와 여러 차례 힘겨운 협상을 벌였다. 두 사람은 격렬한 논쟁을 수차례 벌인 끝에 경계를 정했다. 한쪽은 정치적 비밀 정보기관으로, 다른 한쪽은 군사적 비밀 정보기관으로 이해되어야 한다는 내용을 '십계'에 담아 서명한 것이다. 그때부터 하이드리히는 이 합의안을 가급적 엄격하게 해석했다. 말하자면 카나리스는 군사적 업무들만 염탐해야 하고, 모든 정치적 정보의 수집과 전달은 프린츠-알브레히트 슈트라세의 몫이 되어야 한다는 거였다. 하지만 카나리스는 경계가 없어지는 곳에서 여전히 지시를 받으려 하지 않았다. 그는 군사 정치에 관해 잘 알고 있어야 한다고 주장하며 자신이 필요한 것으로 여기는 정보원(情報源)들을 국내와 외국에서 계속 개척했다. '십계'가 방첩대에 훨씬 불리한 합의안으로 대체되었을 때에도 변함없이 그랬다. 이 합의안은 카나리스와 하이드리히가 1942년 5월에 프라하 성에서 서명한 것이었다. 하이드리히는 이 합의안에 서명하고 며칠 뒤 암살되었다.

본회퍼가 맡은 방첩대 업무는 자연히 격렬한 논쟁을 불러일으키는 경계 위에 있거나 그것을 넘어서는 것이었다. 카나리스가 그를 엄호해 주었는데, 이는 그가 목사에게 친절했기 때문이 아니라, 다른 쪽의 압박 의도에 굴복할 마음이 없었기 때문이다. 다른 한편, 본회퍼는 여느 비밀 정보원과 마찬가지로 저 합의안을 허위로 지키는 체하면서, 방첩대의 테두리 안에서 진행되는 공모 활동이 계속되게 하고, 힘겹게 얻은 징집 면제 증명서가 무효화되지 않게 해야 했다. 1943년에 이루어진 심문은 "본회퍼와 그의 몇몇 친구가 징집 면제를 정말로 정당하게 받았는가?"라는 물음에 오랫동안 집중되었다. 이는 뮌헨에 있는 친구들과 베를린에 있는 친구들이 본회퍼의 출장 명령들과 그 보고들을 그럴싸하게 꾸미고, 정치적 기밀 내용이 군사적 기록에 나타나도록 문서화해야 했음을 의미했다. 앞으로 살펴보겠지만, 카나리스 제독은 이처럼 자신의 책임과 관련된 모든 필요한 조치를 취하고 조건을 충족했다.

1차 스위스 출장

1941년 2월 24일, 본회퍼는 1차 출장 명령을 받고 뮌헨에서 스위스로 출발했다. 정치적 상황이 저항 세력에게 새로운 정세와 전망을 암시하는 징후를 드러내 보이고 있었다. 독일의 영국 침공은 일어나지 않았고, 윈스턴 처칠은 굴하지 않을 것처럼 보였으며, 프랭클린 D. 루스벨트는 재선에 성공했고, 이탈리아는 그리스를 침략했다가 치명적인 패배를 겪었다. 그사이에 나치스의 무장 친위 군대가 계속 확대되었고, 이는 비판적 입장의 장성들을 공모 동아리에 다시 접근하게 했다. 울리히 폰 하셀, 오스터, 도나니, 벨기에에 나가 있는 군 사령관 알렉산더 프라이헤르 폰 팔켄하우젠Alexander Freiherr von Falkenhausen 장군이 대화를 나누었고, 팔켄하우젠 장군은 프리드리히 폰 라베나우Friedrich von Rabenau 장군과 함께 발터 폰 브라우히치 장군을 다시 찾아갔다. 발터 폰 브라우히치가 없으면 한 걸음도 움직일 수 없었기 때문이다. 이는 공모 세력이 중심점을 찾아다녔다는 뜻이 아니다. 어쨌든 오스터의 동아리가 보기에 중심점은 이미 루트비히 베크라는 인물을 둘러싸고 형성되어 있었다. 하지만 명령권을 지닌 군의 중심점을 되찾을 수 있는가라는 문제는 귀찮아도 중요한 문제였다. 본회퍼는 쿠데타에 대한 구체적이고 생생한 희망을 품고 스위스로 출발한 게 아니었다.

오스터와 도나니가 본회퍼의 출장을 위해 품고 있던 주된 생각은 새로운 상황에 직면하여 다른 진영들과의 연결을 조심스럽게 모색하지 않으면 안 된다는 거였다. 물론 다른 경로들도 있었다. 예컨대 울리히 폰 하셀과 요제프 뮐러를 경유하는 루트였다. 하지만 다른 진영에서 신뢰할 만한 것으로 여길지도 모르는 접촉을 이용하지 않고 방치해서는 안 되었다. 기대할 것이 많지도 않았다. 많기는커녕 서유럽 원정으로 인해 고통과 분노가 증가한 그만큼 정보원들에게 어려움이 가중되었다는 것을 고려하고, 연합국들이 자신들의 첫 승산을 기대하고 있다는 점도 고려해야 했다. 따라서 본회퍼가 이 1차 출장 기간에 처리해야 할 과제는 다음과 같았다. 1. 교회를 경유하여 연줄을 다시 연결하기, 2. 가능하다면 새로운 활동 신호를 보내기, 3. 평화 계획에 관한 생각을 탐색하기.

확실히 본회퍼의 명성은 그의 전력 덕분에 제네바의 에큐메니칼 중개자들과

도버 해협 이쪽과 저쪽의 대표들에게 신뢰를 일깨우는 데 특히 적합했다. 당시 제네바의 쇤펠트는 루트비히 베크-오스터-한스 폰 도나니 동아리와 어떤 연결도 취하지 않았다. 게다가 그는 오스터의 정보원이자 취리히 주재 독일 영사관 부영사인 한스 베른트 기제비우스도 소개받지 못했다. 기제비우스가 고백교회와의 관계, 특히 니묄러 및 아스무센과의 오랜 관계를 토대로 과거의 투쟁들, 이로 인해 앙금으로 남은 쇤펠트에 대한 의구심을 알고 있었기 때문이다. 그런 이유로 본회퍼와 기제비우스는 쇤펠트를 영국에 투입하지 말도록 주의시킬 계획이었다. 물론 기제비우스가 보기에 본회퍼가 맡은 임무의 정치적인 면은 어느 정도 수상쩍은 구석이 있었다. 그의 눈에는 정치에 문외한인 목사가 자신의 분야에서 활동하는 것으로 보였기 때문이다. 어쨌든 다른 진영의 주요 인사들에게 본회퍼의 신망은 대체할 수 없는 것이었다.

불쾌하게도 출발은 몇 차례 연기되었다. 독일 측에서는 방첩대 뮌헨 지부를 통해 여권 공급 및 외환 조달과 관련된 업무가 무사히 즉각 이루어졌다. 하지만 스위스 베른에서는 입국 비자를 내주지 않았다. 방첩대 베를린 본부가 슈미트후버를 시켜 스위스에 있는 그의 연줄들을 투입하게 했고, 마침내 비자를 받았다. 그랬건만 국경에서 또 지체되었다.

스위스 국경 경찰이 본회퍼에게 스위스 시민들 가운데 아는 이가 있는지 물었고, 그는 지체 없이 칼 바르트를 거명했다. 후일 칼 바르트는 자신이 어수선하고 불안한 마음으로 보증을 떠맡았다고 말했다. 본회퍼처럼 고백교회 목사로서 게슈타포로부터 추방을 당한 사람이 전시에 적법한 문서를 가지고 스위스 국경을 넘었다면, 일이 제대로 되었을까? 그는 어떻게 거기에 도착했는가? 독일이 연전연승을 한 뒤여서 본회퍼까지 감각이 변했던 것일까? 바르트는 그에게 자기를 찾아와 달라고 부탁했다. 취리히에서 제네바로 가는 도중에 방문이 이루어졌다. 본회퍼는 이 재회 기회를 대단히 흔쾌히 이용했다. 그는 바르트와 자세한 밀담을 나누며 그에게 진실을 밝혔다.[134]

본회퍼는 스위스에서, 주로 취리히와 제네바에서 4주를 보냈다. 우선 그는 자유로운 기회를 이용하여 영국으로 편지를 보냈다. 그는 쌍둥이 누이 자비네에게 아래와 같이 편지했다.

너는 상상도 하지 못할 거야. 이 침묵의 기간이 끝나자마자, 그리고 네가 지난 해 내내 온갖 일을 겪고 나자마자, 내가 곧바로 너에게 편지할 수 있게 된 기쁨을.[135]

그는 같은 날 치체스터의 주교에게 아래와 같이 문안 편지를 보냈다.

나는 주교님과 주교님의 나라에 있는 우리의 동료 그리스도인들과 거의 날마다 함께했습니다.……굳이 말씀드리지 않아도 아시겠지만, 우리는 믿음과 기도 안에서 우정을 지키기 위해서라면 무슨 일이든 할 것입니다.……우리는 언제 다시 만나게 될까요? 하나님만이 아실 테고, 우리는 기다리는 수밖에 없을 테지만, 나는 그날이 속히 오기를 바라고 기도하지 않을 수 없군요.[136]

본회퍼는 취리히에서 꽤 오래 머물렀다. 그는 라퍼스빌로 가서 주츠를 만났다. 전쟁 초기부터, 옥스퍼드로 이주한 라이프홀츠 가족과 베를린에 있는 본회퍼 사이에 정기적으로 소식을 전한 이였다. 주츠의 기억에 의하면, 본회퍼는 놀랍게도 다음과 같이 대단히 단호하게 말했다고 한다. "우리는 히틀러를 파멸시킬 것이네! 기대해도 좋네."

본회퍼는 옛 조언자 지크문트-슐체도 찾아갔다. 칼 프리드리히 괴어델러가 지크문트-슐체와 공동 작업하고 있었다. 지크문트-슐체는 런던과 연결된 독자적 연줄들을 유지하고 있었는데, 그 연줄들은 네빌 체임벌린에게까지 닿아 있었다.[137] 하지만 그는 윈스턴 처칠이 집권하고 나서부터 협상 시도들에 대해 회의적으로 바뀌었다. 게다가 그 시도들은 이제까지 공격에 관해 구체적인 보도로 뒷받침을 전혀 받지 못하고 있었다. 새 계획을 끊임없이 세우던 불굴의 사람들에게는 이 취약한 면이 점점 더 뚜렷하게 보였다.

본회퍼는 3월 둘째 주에 주 목적지 제네바에 도착했다. 그는 그곳에서 아돌프 프로이덴베르크를 만났다(DBW 16:159, 161 참조). 프로이덴베르크는 런던에서 제네바로 이주하여[138] 1940년 가을부터 임시 세계교회협의회를 위해 난민구호소를 설립하는 일에 종사하고 있었다. 본회퍼는 남프랑스의 귀르 수용소에 관해 물었다. 페렐스의 삼촌과 헤르베르트 옐레가 그곳에 수용되어 지내고 있었다. 본회퍼는 에큐메니칼 전쟁포로구호소 설립에 몰두하고 있던 자크 쿠르부아지에Jacques Courvoisier 교수도 만났다(DBW 16:160f.). 그러고는 세계교회협의회 사무실에서 지난 2년간의 에큐메니칼 교회사를 보충하고, 런던과 뉴욕에서 온 출판물 중에서 눈에 띄는 것을 읽었다(DBW 16:163). 그는 독일에서 벌어지고 있는 정치적 저항에 관해 대략적으로 알렸지만 많은 의심을 받았다.[139] 그러나 그의 말을 활짝 열린 마음으로 대단히 흔쾌하게 경청하는 사람이 있었으니, 다름 아닌 피스르트 호프트였다. 이 사람은 본회퍼에게 출장의 주 목적지가 되어 주었고, 많은 시간을 할애하여 이 독일인 방문자와 상의했다.[139a]

전시에 이루어진 이 첫 만남의 자리에서는 성명서나 각서의 교환은 이루어지지 않고, 저항의 지속을 알리는 보고만 이루어졌다. 피스르트 호프트는 즉시 개인적인 보고서를 작성하여 독일에도 "주교님과 나처럼" 대응하는 이들이 있다는 놀라운 사실을 조지 K. A. 벨 주교에게 알리고, 상세한 정세 묘사를 사무국에 있는 파트너 윌리엄 패튼을 통해 서양의 에큐메니칼 활동가들에게 발송했다. 조지 K. A. 벨에게 보낸 친서의 내용은 아래와 같았다.

> 본회퍼는 한 주 동안 우리와 함께 지내면서 여러 인물과 여러 문서로부터 에큐메니칼 자료를 발췌하는 데에 대부분의 시간을 보냈습니다. 그와 같은 사람이 다른 나라에 있는 형제들 소식을 얼마나 갈망하는지를 보게 되어 감동스럽고, 그가 고국에 있는 친구들에게 힘이 될 소식을 많이 가지고 돌아갈 수 있게 된 것을 보니 행복합니다.
>
> 다른 한편, 우리는 그에게서 많은 것을 들었습니다. 그가 대표하는 공동체의[140] 외적 상황과 관련하여 그가 제시한 그림이 대단히 어둡더군요. 압박이 전보다 훨씬 심합니다. 하지만 다행스럽게도 그는 그 공동체의 기본적 입장이 전혀 변하지 않았으며, 친교를 열망하고 있다는 표지를 우리에게 많이 알려 주었습니다. 그들 가운데 상당수가 이미 일어났거나 지금 일어나고 있는 모든 사태에 대해 주교님과 나처럼 대응하고 있습니다. 그토록 오랜 고립의 기간을 보냈는데도 그리하다니 놀라운 일이 아닐 수 없습니다. 정세와 관련하여 그에게 전해 들

은 모든 내용을 더 자세히 기록하여 조만간 빌Bill 편으로 보내 드리겠습니다.[141]

그 시기에 강제수용소에 있던 니묄러가 가톨릭교회로 개종했다는 소문이 나돌았고, 피스르트 호프트는 그런 일이 없었다는 본회퍼의 확언을 전했다. 실제로 본회퍼는 출국 전에 니묄러 여사에게는 물론이고 베를린 주교구사무국에도 소문이 사실인지를 알아보게 했다. 내가 직접 본회퍼에게 전화를 걸어 백작 클레멘스 아우구스트 폰 갈렌Clemens August von Galen 주교의 말을 전했다. 폰 갈렌 주교는 니묄러 여사에게 이렇게 말했다. "그는 지금 있는 자리에 남아 있겠다는군요."

윌리엄 패튼("빌")이 영국에 가져간 피스르트 호프트의 상세한 보고서에는 국가와 교회의 갈등이 전쟁 때문에 전혀 가라앉지 않고 있다는 소식도 들어 있다. 피스르트 호프트는 이 보고서에서 체포와 군복무 명령, 폴란드의 바르테가우 교회에 적용된 13개 조항, 안락사 조치, 정기 간행물의 전선 발송 금지령을 열거하는 한편, 고백교회가 목사안수를 계속하고 있다는 확언도 전한다. 그러고는 정치적 딜레마에 대한 입장을 표명한다. 본회퍼가 다른 정치 성향의 사람들과 달리 더 자주 표명한 것과 똑같은 입장이었다.

고백교회 안에는 교회가 취해야 할 입장과 관련하여 신념의 차이가 있습니다. 한쪽에는, 교회는 "내적 전선"이라 불리는 것에 충실하고 자신의 영성생활 증진에만 전념해야 한다고 생각하는 집단이 있습니다. 이런 성향은 종종 심히 묵시적인 음조와 연결되어 있습니다. 반면에 교회는 세상과 관련하여 예언자적이고 윤리적인 직무도 맡고 있으며, 그 직무를 다시 이행할 기회를 마련해야 한다고 믿는 다른 집단도 있습니다.

전쟁을 대하는 태도에 관해 말씀드리자면, 신앙심 있는 그리스도인들은 대체로 자기 정부의 승전이 자기 나라의 교회는 물론이고 다른 나라의 교회에도 중대한 결과를 몰고 올 것이라고 생각하는 한편, 자기 나라의 패전은 국가의 종말을 의미할 것이라고 생각합니다. 그런 이유로 상당수의 사람이 결과가 어찌되든 간에 그것은 자신들에게 불행한 일이 될 것이라고 생각하기에 이르렀습니다. 하지만 자신들의 나라가 다른 나라들에게 온갖 고난을 초래한 뒤에, 자신

들이 스스로 고난을 겪음으로써 대가를 치를 기회를 바라고 있다는 목소리도 들리는군요.[142]

1941년 3월 24일, 본회퍼는 조만간 다시 오겠다는 말을 제네바에 남기고 독일로 돌아갔다. 에큐메니칼 친구들과의 오랜 신뢰의 기초를 재발견하고 돌아간 것이다. 우선은 그것으로 족했다. 피스르트 호프트는 본회퍼가 속한 동아리의 결단력을 조금도 의심하지 않았다. 그 전에 이미 난관들에 대한 신뢰할 만한 통찰을 얻은 상태였다.

저술 금지

3월 25일, 본회퍼는 베를린에 보고하러 가다가 여행을 멈추고, 잘레 강변의 할레 대학교에서 가르치는 에른스트 볼프를 만났다. 새로운 골칫거리에 직면하여 볼프의 조언이 필요했기 때문이다. 귀국하여 뮌헨에 돌아와 보니 제국 작가 협회에서 보낸 1941년 3월 17일자 편지와 19일자 편지가 도착해 있었다. 첫 번째 편지에는 본회퍼가 저술가로서 협회 회원 자격을 획득하지 못했으니 벌금을 물어야 한다는 내용이 들어 있었다. 두 번째 편지는 그가 이미 "국민을 분열시키는 활동"으로 발언 금지령을 받은 까닭에 협회 등록 신청을 기각하며, 이것으로 "저술가로서의 모든 활동을 금한다"라고 통지했다.[143]

이와 관련하여 본회퍼는 특별한 의도로 주시를 받은 것이 아니라, 제국 작가 협회의 일반 심사를 받은 것으로 밝혀졌다. 1940년 가을부터 교계의 출판인들과 신학자들에게까지 미친 심사였다. 본회퍼는 이미 그 심사 소식을 들은 상태였고, "전문 학자들"은 회원 자격을 획득할 수 없다는 사전 결정이 예견된다는 소식도 들은 상태였다. 물론 특별 신청의 경우에는 회원 자격을 획득할 수 있었다. 그래서 그는 1940년 11월에 특별 신청서를 제출했고, 그 답변서를 이제야 받은 거였다.

이제 그는 저술가들과 학자들을 구별하는 규정을 근거로 다음과 같이 항의했다. "그래서 나에게는 제국 작가 협회에 등록할 자격이 없다는 것이로군요."[144] 그러고는 협회에 벌금 부과의 근거가 터무니없음을 입증했다. 협회가 그의 저작들을 완전히 잘못 열거했기 때문이다. 그 바람에 벌금 부과는 취소되었지만, 회원 자격 구제 내지 등록은 기각되었다.

> 이 기각은 관공서에 취업하여 저술 활동을 하는 것을 금지하는 효력도 갖고 있습니다.……다만 국립대학 교수직을 소유한 신학자는 면제입니다. 덧붙여 말하건대 나는 대체로 교리상의 의무 때문에 학자에 지나지 않는 성직자의 등록은 승인할 수 없습니다.[145]

이제까지 받은 방해 가운데서 저술 금지 조치는 본회퍼에게 그다지 영향을 미치지 못했다. 여가와 평정을 찾아 집필에 몰두하는 것이 그의 필생의 욕구 가운데 하나였지만, 그는 이미 오래전부터 집필한 것을 출판할 수 없는 사람들에 포함되어 있었다. 그럼에도 그는 이제까지 비어 있는 날을 이용하여 『윤리학』을 집필해 온 상태였고, 앞으로도 그럴 생각이었다.

이 침해 조치는 방첩대에서 그에게 임무를 부여하는 이들의 관심을 거의 끌지 못했다. 그런 조치들은 너무나 일상적인 성격을 띠고 있었고, 제국의 관공서들이 서로 반감을 품은 채 그러한 조치들을 자랑하는 것은 너무나 익숙한 경험이었다. 후일 심문을 받을 때, 저술 금지 조치는 훨씬 부담스러운 급소로서 중요한 역할을 했다.

낙관주의

1차 스위스 출장 다음에 긴장된 기다림의 시간이 뒤를 이었다. 때문에 본회퍼는 거처를 에탈 수도원으로 정할 수 없었다. 그는 프리드리히스브룬에서 부활절 기간을 보내고, 클라인-크뢰신에서 한여름 같은 몇 주를 보낸 뒤 베를린에서 시간을 온전히 보냈다. 히틀러가 소비에트 연방을 공격할 조짐이 보였다. 어떤 결과를 기대했을까? 베를린에는 소문만 무성했다.

바야흐로 반격의 때가 시작되었다는 의견이 연합국 쪽에서 유포되었다. 1941년 3월 11일, 영국과 미국이 무기 대여 협정을 체결했다. 이 협정과 함께 전쟁 물자가 대서양을 넘어 유입되기 시작했다. 그리고 몇 주 뒤, 영국인들이 그리스에 상륙하여 히틀러의 병력을 발칸 반도로 쫓아 버렸다. 7월 12일, 소련과 영국이 상호 군사 원조 조약을 체결했다. 저항 세력과 서방의 접촉 시도를 또다시 불안정하게 하는 조약이었다. 모든 조약 상대자가 상대방의 동의를 얻어야만 협상에 임할 수 있었기 때문이다. 8월 14일, 프랭클린 D. 루스벨트와 윈스턴 처칠이 대서양 헌장Atlantik Charta에 서명했다. 독일에서는 이 헌장이 그다지 주목받지 못했다. 북아프리카에서는 에르빈 롬멜Erwin Rommel이, 러시아에서는 대군이 앞서 돌진하고 있었기 때문이다. 하지만 독일 밖에서는 한층 더 영향을 미쳤다. "만남은……감격적인 사건이었고, 대서양 헌장의 8개조 원칙은 전 세계 여론에 영향을 미칠 수밖에 없을 것입니다."[146]

독일에서는 히틀러가 러시아 정치위원Kommissar 제거 명령과, 러시아 저항 세력에 대한 재판권 행사 명령을 내림으로써, 사령관들이 자신들의 명예와 조국애를 걸고 그 명령에 거역할 새로운 가능성을 제공했다. 3월 30일, 히틀러는 사령관들을 소집하여 러시아 침공 계획을 알리면서, "러시아 지도자 조직을 일망타진할 수밖에 없으며", 독일 수중에 떨어진 민간 정치위원과 군 정치위원을 소송 절차 없이 부대의 손으로 제거하는 것이 불가피하다고 말했다. 이제까지는 범죄행위를 나치스 친위대와 그 특수부대들에 맡겼지만, 이 자리에서는 범죄 명령을 단호히 내리고 수행할 것을 처음으로 정규 독일 국방군에 요구했다. 히틀러가 3월 30일에 자신의 의사를 표시하고 자리를 뜨자, 몇몇 장군이 발터 폰 브라우히치를 몰아붙이기 시작했다. 프란츠 할더가 이 부당한 요구를 근거로 그에게 철회를 종용했다. 하지만 발터 폰 브라우히치는 국제법을 숙고하기는커녕, 히틀러가 결정한 것이니 철회되지 않을 것이라고 대답했다. 그리하여 5월 13일, 실제로 "정치위원 제거 명령"이 카이텔의 서명과 함께 단위 부대들에 하달되었다. 이 명령이 보완되어 독일군이 소련 민간인에게 폭행을 가해도 군사 재판을 받지 않게 되자, 발터 폰 브라우히치는 "군율과 관련된 추가 명령"을 내려 이 엄청난 만행에 호응하려고 했다. 하지만 군은 "브라우히치가 히틀러의 명령에 복종함으로써 독일군의 명예를 실추시키고 있다"는[147] 이유로 이 치욕스러운 명령에 따르지 않았다.

명령은 불화를 일으켰다. 그것으로 인해 몇몇 장교는 히틀러와의 관계를 더 한층 돈독히 했고, 다른 장교들은 깜짝 놀라 쿠데타를 진지하게 숙고했다. 방첩대에서는 오스터와 도나니의 주도로 비망록을[148] 작성하여, 히틀러의 명령이 정치적으로 그리고 군사적으로 얼마나 미친 짓인지를 증명했다. 다른 쪽에서는 공공연한 폭동과 은밀한 폭동을 일으켰다. 개별 군단의 참모부에서 일으킨 폭동이었다.[149]

이와 동시에 쿠데타 준비를 위한 상황이 다시 훨씬 유리하게 조성되었다. 주목할 만한 사건과 심경 변화들이 있었다. "총통의 대리인" 루돌프 헤스가 국가사회주의 독일에 유리한 종전을 유도하여 파멸을 막을 수 있다고 생각하고 영국으로 날아갔다. 예전에 나치스에 협력하던 자들의 눈이 열린 것이다. 울리히 폰 하셀은 1941년 7월 13일자 일기에 아래와 같이 적었다.

> 한때 개신교회와 나치즘 사이에 가교를 놓으려는 온갖 시도에 고분고분 협력하던 헤켈 감독이 최근 나와 함께 있었다. 그는 이제 교회를 파괴하려고 하는 나치당의 확고한 의지를 대단히 명확하게 알고 있었다.[150]

사령관들이 친위대의 살인부대와 동등한 취급을 받는 것에 저항할 가능성이 있었다. 본회퍼가 속한 동아리의 낙관주의는 몇 주 동안 그 가능성에 집중되었다. 소련 진주 엿새 전인 6월 16일, 루트비히 베크와의 협의가 이루어졌다. 이 희망을 주제로 한 협의였다.[151] 예정대로 소련 공격이 진행되었고, 초기의 성과들은 더 이상 소심한 교전을 생각할 수 없게 했다. 그럼에도 본회퍼의 낙관주의는 프랑스 출정 초기와 달리 충격을 받지 않았다. 모든 것이 달랐다.

그랬다. 음모를 꾀하는 저항 동아리에서는 낙관주의를 신중하고 확실하게 유지했다. 회의론자들은 히틀러의 과도함에 경탄하기 시작하여 그의 "광적인 질서 재편 의지"가 불가능한 것을 현실화하고 있다고 여긴 반면, 공모자들은 차츰차츰 자멸을 향해 나아가는 히틀러의 가공할 모습에 속지 않았다. 그들은 자신들은 물론이고 다른 이들도 격려하여, 공포를 단축시키는 일을 계속하게 해야 한다고 생각했다. 그 일의 진척은 점점 어려워졌다. 히틀러가 러시아 출정 초기부터 동프로이센의 볼프스샨체(늑대의 성채)Wolfsschanze로 이주했기 때문이다. 겹겹의 출입 금지 구역 때문에 그에게 접근하는 것이 훨씬 어렵게 되고 말았다.

물론 공모 동아리는 육군 최고사령부Oberkommando des Heeres, OKH나 방첩대에 있는 친구들을 통해 그에게 접근할 수 있는 실증 자료를 확보하여 힘차게 일했다. 사실들은 언제나 중의적이며 신속히 구식이 되어 버리므로, 그것들을 어떻게 다루느냐가 대단히 중요하다. 수차례 논의를 거친 칼 프리드리히 괴어델러의 낙관주의와 사실들을 다루는 그의 솜씨가 공모의 진척에 대단히 현실적인 요소로 작용했다. 그 혼자서만 그리한 것이 아니었다. 상당수의 사람이 기한을 정해 히틀러의 실패를 기다렸고, 그 기한이 부적절한 것으로 판명되면 곧바로 다른 기한을 설정했다. 히틀러의 계획이 공상적이라는 것을 입증하는 자료가 많았다. 그 자료에서 도출한 결론들이 적합하지 않을 경우, 그 자료는 재검토되었다. 여러 차례 저녁시간을 활용하여 슐라이허의 집이나 클라우스 본회퍼의 집에서 예측들이 이루어졌다. 클라우스 본회퍼와 오토 욘, 유스투스 델브뤼크와 칼 루트비히 프라이헤르 폰 구텐베르크Karl Ludwig Freiherr von Guttenberg 남작, 뤼디거 슐라이허와 디트리히 본회퍼도 그러한 예측에 일조했다. 한스 폰 도나니는 그러한 예측에 늘 조금 더 회의적이었지만, 디트리히 본회퍼는 예측을 그만두게 하지 않는 내적 태도를 끊임없이 옹호했다. 그는 그것을 무분별함이나 매력적인 환상으로 여기지 않고, 순탄치 않은 투쟁에 꼭 필요한 무기로 여겼다. 예측이 빗나갈 때마다 칼 프리드리히 괴어델러가 새로운 예측을 끊임없이 제시했고, 그럴 때면 사람들은 그 예측을 비난했다. 하지만 본회퍼는 그러한 비난을 용인하지 않았다. 여기서는 피곤하고 일상적인 비관론보다는 확신이 정착되어야 했기 때문이다. 그리고 이 확신은 지지를 필요로 했다. 그는 이것을 "사실들"에 굴하지 않고 새로운 사실들을 창출하고자 하는 저항 세력의 일상적인 일 가운데 하나로 여겼다.

그는 1942년 성탄절에 친구들을 위해서 쓴 소론에서 별도로 한 단락을 할애하여 "낙관주의"를 다루었다. 루터교 신학자에게서도 바르트 학파에게서도 기대할 수 없었던 단락의 내용은 아래와 같다.

> 낙관주의는 본질적으로 현 상황에 대한 견해가 아니라 생명력이며, 모든 이가 절망하는 곳에 자리한 희망의 힘, 모든 것이 실패한 것처럼 보일 때 머리를 쳐드는 힘, 급격한 사태 악화를 견뎌 내는 힘, 미래를 적에게 절대로 내주지 않고

> 오히려 그것을 빼앗아 자기 것으로 삼는 힘이다. 수백 번 헤매더라도 미래에 대한 의지로서의 낙관주의는 그 누구도 업신여겨서는 안 된다.[152]

이 문장을 쓸 때 본회퍼의 눈앞에 아른거린 사람은 다름 아닌 칼 프리드리히 괴어델러였다. 본회퍼는 그를 이해했고, 이 점에서 그와 동질감을 느꼈다. 본회퍼는 이것을 "병자가 감염시킬 수 없는 삶의 건강"에 대한 책임이라고 매우 간결하게 명명했다.[153] 구텐베르크와 오스터 같은 이들도 유사한 태도를 취했다. 공모자 가운데 적지 않은 수의 사람이 목사의 원조를 놓치고 싶어 하지 않은 것은 바로 이 기본 자세 때문이었다.

V. 둘째 단계: 평화 계획들, 1941년 가을

2차 스위스 출장

전쟁이 끝난 뒤, 피스르트 호프트는 1941년 9월 본회퍼의 2차 방문 때 이루어진 환영 장면을 아래와 같이 묘사했다.

> 독일군은 러시아에서 믿을 수 없을 만큼 전진했다. 어째서 아시아를 가로질러 진군하지 않았는지를 이해할 수 없었다. 그때 그가 나의 사무실로 들어와 이렇게만 말했다. "이제 끝입니다. 그렇지 않습니까?" 나는 내 귀를 의심했다. 본회퍼가 독일의 승전을 예고하면서 나에게 인사하는 것일까? 그는 당혹스러워하는 내 표정을 보고 "(그게) 아니오"라고 하면서 이렇게 말했다. "내 말뜻은 독일이 파멸의 출발점에 서 있다는 겁니다. 왜냐하면 히틀러는 거기에서 절대로 벗어나지 못할 테니까요."[154]

방문 말미에 본회퍼는 취리히에서 조지 K. A. 벨에게 아래와 같이 편지했다.

개인적으로, 나는 조만간 더 나은 시절이 오기를 기대하며 낙관하고 있습니다. 또한 우리가 내년에 재회하리라는 희망을 버리지 않고 있습니다. 그날은 대단히 신기한 날이 될 것입니다.[155]

이 낙관주의는 베를린에서 이루어진 최근의 저항 활동을 먹고 자란 것이었다. 물론 그것은 본회퍼와 그의 친구들이 연합국에 바란 것과는 관련이 없었다.

본회퍼가 1941년 8월 29일에 국경을 넘어 바젤로 들어갈 무렵, 국방 경제국의 게오르크 토마스 장군도 같은 상관에게 파견받아 출장길에 올랐다. 동부전선에 있는 몇몇 사령관의 쿠데타 준비 상황을 탐색하고 촉진하기 위해서였다. 토마스는 루트비히 베크, 괴어델러, 오스터, 도나니를 중심으로 결성된 집단에게 군수물자 현황에 관한 정보를 끊임없이 제공함은 물론이고, 자신의 직무 범위 안에서 남몰래 수행할 수 있는 임무를 지칠 줄 모르고 맡았다.

혁명 활동과 나란히 평화 교섭을 위해 부단히 애쓰는 일도 수행되었다. 흔히들 주장하는 것처럼, 평화 교섭은 혁명 활동의 전제 조건은 아니었지만 혁명 활동이 이루어지는 데 중요한 역할을 했다. 공모자들이 연합국과의 교섭만을 지향하면서 아무것도 시도하지 않았다면, 이는 무책임한 짓이 되었을 것이다. 물론 1941년은 X-보고서 시기에 조성된 유리한 협상 국면이 지나가고 타협에 의한 평화를 더는 합의할 수 없게 된 상태였다. 그렇기는 해도 독일에 특별법을 적용한 대서양 헌장의 배경을 탐색하고, 그 헌장의 전쟁 계획을 반대하는 세력과 그 헌장의 평화 계획을 반대하는 세력도 탐색하지 않으면 안 되었다. 다음과 같은 물음이 중요했다. 다른 진영의 미래 구상은 여전히 영향을 미칠 수 있는가? 베르사유의 실책과 성과가 연합국에게도 있었기에, 연합국이 중부 유럽의 혼란이라는 위험을 예방하려면 어찌해야 하는가를 고심한 것은 아닌가?

본회퍼는 다른 진영에서 진행된 논의와 관련하여 1차 스위스 출장 때보다 훨씬 생생한 그림을 제공할 수 있었다. 특히 그 논의가 책임감 있는 그리스도교 동아리들 안에서 어떻게 진행되었는지를 생생히 기술했다. 물론 대서양 헌장은 이 논의를 공식적으로 잠정 종결한 상태였다. 대서양 헌장은 독일을 히틀러와 동일시했고, 독일 저항 세력은 그것을 그냥 보고만 있지는 않았다. 이 동일시의 결과를 헤아리는 동아리들이 저쪽에 있지 않았을까? 있다면, 그 동아리들을 격려할 수 있지 않았을까? 논의가 여전히 진행되고 있지 않았을까?

본회퍼는 1차 출장 때와 달리 출석 보고와 순수 정보 전달에만 그치지 않았다. 그는 서방의 주요 그리스도인들이 평화 계획을 놓고 진행하는 논의에 적극적으로 개입했다.

조지 K. A. 벨의 문고본 조지 K. A. 벨 주교는 지칠 줄 모르고 자기 나라의 평화 계획 논의를 선전에서 실질적인 지평으로 끌어 옮겼다. 하지만 그 일로 그다지 인기를 얻지 못했다. 그는 전쟁 초기부터 본회퍼의 매제 게르하르트 라이프홀츠—옥스퍼드에 있었다—와 연락을 취하며 그에게 조언과 입장 표명을 부탁하고, 자기 의견을 허심탄회하게 말하며 독일 측의 정확한 의견을 구하곤 했다. 조지 K. A. 벨이 대부분 상원에서 행하고 『교회와 인간애』*The Church and Humanity*라는 책에서 발표한 연설들은 게르하르트 라이프홀츠가 전시에 영국에서 출간한 것들과[156] 본질적으로 광범위하게 일치하고 있음을 보여준다.

먼저 본회퍼는 1940년에 나온 조지 K. A. 벨의 문고본 『그리스도교와 세계 질서』*Christianity and World Order*를 입수했다. 어찌나 반가운 견해였던지, 그는 그 책의 견해가 1940년에 영국에서 공감을 얻었을 거라고 경솔하게 추정할 정도였다. 그는 취리히에서 조지 K. A. 벨 주교에게 이렇게 편지했다. "주교님의 신간을 읽고 큰 기쁨과 만족을 얻었습니다. 주교님이 바라시는 것처럼, 나도 전후에 교회가 힘차게 일어서기를 바라고 있습 니다."[157]

대량으로 인쇄된 이 책에서 조지 K. A. 벨 주교는 영국과 프랑스가 히틀러를 대두시킨 공범이라고 말하는 한편, "전쟁은 상처 입은 독일인들이 1919년에 승리를 거둔 국가들에 맞서 벌이는 저항인 것만은 아니다"라고 말하기도 했다.[158]

> 내 생각에는 히틀러가 승리하면 그 결과가 도덕적으로 그리고 영적으로 어마어마한 재난이 될 것이므로 그리스도인들이 온 힘을 기울여 그를 패배시켜야 할 것 같다.[159]

그럼에도 조지 K. A. 벨 주교는 전쟁을 "그리스도교 전쟁", "성전"(聖戰), "십자군 전쟁" 등으로 부르는 것에 대해 결사반대하며, 다만 "질서와 정의의 원칙을 지키는 평화 협상의 진정한 기회를 놓치지 않도록" 조심해야 한다고 말한다.[160]

여기서 본회퍼는 자신이 생명의 위험을 느끼면서까지 얻으려고 노력한 해결책, 모든 문제의 해결책을 읽어 냈다.

> 적대국교회들 사이의 연결이 어떤 식으로든 강화되어야 한다. 중립국교회들의 지원을 받으면 가능하다.[161]

그때 다른 쪽에서 손을 내밀었다.

> 교전하는 한 국가의 그리스도인들이 혹여 열려 있을지도 모르는 기회를 모색하고, 어떤 조건의 평화가 항구적 평화를 창출하여 국제관계를 더 이상 악화시키지 않을 것인지를 중립적인 채널을 통해 가능한 모든 방법을 동원하여 찾아내는 것은 잘못된 것이 아니다.[162]

어찌나 고지식하고 거리낌 없이 말했던지, 영국의 독자층이 신문상에서 이 문장들을 근거로 조지 K. A. 벨 주교에게 "당신이 제안하는 것과 같은 취지의 조치가 실제로 취해진 적이 있었는지"[163] 말해 달라고 공공연히 요구할 정도였다.

그 책의 가장 중요한 장은 "그리스도교와 평화 계획"을 다룬 8장이었다.[164] 이 장에서 조지 K. A. 벨은 독일이 이성적이고 신중하며 그리스도교적인 조치로서 국가사회주의를 완전히 등지고 새로운 질서에 참여하는 것을 다룬다. 조지 K. A. 벨은 1942년 시그투나 회동 이후에 발언할 때마다 애타게 언급한 구별을 이미 여기에서 끊임없이 반복적으로 요구한다. "독일과 국가사회주의는 같은 것이 **아니다.**"[165] 그는 피스르트 호프트의 견해를 인용하면서 그 근거를 자세히 제시하고, 장차 꼭 필요한 기능을 하게 될 구별을 절박한 심정으로 수행한다.

이 견해는 연합국의 공식적인 정책과 맞지 않았다. 본회퍼가 취리히에 있는 지크문트-슐체를 찾아가서 확인한 바에 따르면 그랬다. 지크문트-슐체는 괴로운 경

1941년 7월 1일, 니묄러의 체포 1주기 중보 예배 후 런던 필즈 성 마틴 교회 앞에서 조지 벨과 프란츠 힐데브란트.

험을 몇 차례 한 상태였다.[166] 런던에서 "여하한 평화 제안의 수령"을 금했다는 이유로, 베른 주재 영국 대사관이 칼 프리드리히 괴어델러의 연락자인 그에게서 평화 제안이 담긴 문서를 수령하려 하지 않았던 것이다.[167] 지크문트-슐체는 곧바로 윌리엄 템플 대주교와 조지 K. A. 벨 주교를 통해 선수를 치려고 했다. 조지 K. A. 벨은 라이프홀츠에게 보낸 1941년 8월 27일자 편지에서 그 일에 관해 아래와 같이 말했다.

> 몇 주 전에 지크문트-슐체가 나에게 이렇게 문의하더군요. 내가 문고본에서 발표한 생각, 특히 내 책의 8장에 있는 내용과 같은 취지의 견해를 영국 공직 사회에서 진술할 수 있도록 주선해 줄 수 있느냐고요.

윈스턴 처칠이 평화 논의를 전혀 원하지 않았다는 것은 명명백백한 사실이다. 그의 견해와 앤터니 이든의 견해는 독일의 저항 세력이 집권해도 무조건 항복해야 함을 분명히 했다. 그들은 독일에서 결정적인 변화를 예고하는 일이 전혀 일어나지 않거나 가시화되지 않았을 때에는 이와 다른 내용을 말했었지만, 이제는 그럴 용의가 전혀 없었다.

스톨 극장 집회 공식적으로는 승전과 무조건적인 항복이라는 범주 안에서만 생각해야 하는 것으로 여겨진 까닭에, 1941년 신뢰할 만한 평화 계획을 둘러싼 논의와 그 이후를 둘러싼 논의가 영국의 유력한 그리스도인들 사이에서 한층 더 활기를 띠다가 여러 교파의 공동 집회로 이어졌다.

1940년 12월 21일, 캔터베리 대주교와 요크 대주교, 아서 힌즐리Arthur Hinsley 추기경, 자유교회협의회 회장의 서명이 딸린 문서가 「타임스」에 게재되어 많은 주목을 받았다. 1939년 성탄절에 발표된 교황의 유명한 5개조 평화안—평등한 생존권, 모든 민족의 독립, 군축, 베르사유 평화 조약 개정을 위한 국제기구 구성, 소수 민족의 욕구에 주의 기울이기—을 다시 받아들이고, 거기에 (템플의 영향으로!) 미래의 세계 경제 질서를 시험하는 5개조를 추가한 문서였다. 추가된 5개조는 아래와 같다.

1. 생계와 소유의 심각한 불평등을 제거해야 한다.
2. 모든 아동은 인종이나 피부색에 상관없이 평등한 교육 기회를 얻어야 한다.
3. 가정은 사회적 단위로서 보호되어야 한다.
4. 인간의 노동은 신성한 소명 의식을 회복해야 한다.
5. 대지의 천연자원은 미래 세대를 고려해서라도 만인을 위한 하나님의 선물로 인식되어야 한다.

1941년, 교황의 5개조와 이 문서가 평화에 대한 영국 내 모든 교회의 의견 표명 형식으로 「타임스」에 실려, 논의에 공적인 무게를 부여했다. 권력만 생각하는 회의론자들이 당장 무시할 수 없는 무게였다. 우리는 이 시기에 발간된 여러 호의 「뉴스 레터」에서 그 논의를 충분히 추적할 수 있다. 윌리엄 템플이 "그리스도교와 사회 질서"라는 주제로 1941년 1월에 개최한 몰번 회의Malvern-Konferenz와 1941년 5월 10일에 힌즐리 추기경의 사회로 스톨 극장에서 열린 대규모 집회가 논의의 의미심장한 지점이었다. 이 스톨 극장 집회에서 조지 K. A. 벨 주교는 아래와 같이 상술했다.

히틀러는 1941년은 유럽에서 새로운 질서의 역사적인 해가 될 것이라고 말합니다.……우리는 결코 "질서"를 선포하지 않습니다. 우리는 피정복 민족의 "승리"와 "생존"과 "해방"을 이야기할 따름입니다. 우리 정부의 공식 대변인들은 전후에 적이나 중립국의 눈에 전쟁을 촉발시킨 상황보다 더 나아 보이는 상황을 구상하는 것이 영국의 계획이라고 아직 공표하지 않았습니다.……장담하건대, 독일에는 게슈타포와 기관총 때문에 숨죽인 채 나치의 사악한 통치로부터 구출되기를 간절히 바라는 이가 아주 많습니다. 그들은 자신들과 우리가 참여할 수 있는 그리스도교적 질서가 도래하기를 간절히 바라고 있습니다. 영국에서 비상 나팔을 불어, 그들을 절망으로부터 깨어나게 해서는 안 되는 것일까요?……그리스도교의 견해를 전국에서 충분히 대표하는 이들의 이 집회가 영국 정부를 다그쳐, 그것들을[168] 향후에 공표할 전쟁과 평화 계획 성명서의 기초로 삼게 하는 것은 당연한 일입니다.[169]

조지 K. A. 벨은 다른 나라의 그리스도인들, 특히 독일에 있는 그리스도인들에게 10개조를 정의롭고 명예로운 평화의 공동 기초로 삼자고 호소하는 것으로 끝맺었다.

대단히 정치적인 서평 본회퍼는 제네바에 있는 피스르트 호프트의 사무실에서 다른 책도 입수했다. 1941년 7월에 런던의 SCM 출판사에서 출판되자마자 제네바에 도착한 그 책은 윌리엄 패튼의 『교회와 새 질서』*The Church and the New Order*였다. 윌리엄 템플, 조지프 홀즈워스 올덤, 아놀드 조지프 토인비Arnold Joseph Toynbee, 알프레트 침머른Alfred Zimmern, 데이비드 오웬David Owen을 중심으로 하는 동아리에서 수행된 논의와, 미국에서 헨리 피트니 반 두센을 중심으로 수행된 논의를 확대한 책이었다. 본회퍼와 피스르트 호프트는 이 책을 읽고 나서, 저항의 관점으로 직접 말하는 독일인 한 사람의 견해를 저 동아리에 소개하기로 결정했다. 그리하여 본회퍼는 9월 초순에 윌리엄 패튼의 책에 담긴 주제들의 순서를 유지하면서 초고를 작성했다.[170] 피스르트 호프트는 곧바로 영문 초안(DBW 16:541-549)을 작성한 다음 휴 마틴Hugh Martin(DBW 16:203)을 통해 그것을 런던에 소개하게 했다.

본회퍼는 신학적 입장을 기꺼이 표명했다. 그러나 그가 이 서평 형식에서 실제로 의도한 것은 전혀 다른 것이었다. 그는 임시 세계교회협의회의 영국인 사무총장으로부터 아래와 같이 고지식한 소견을 들었고, 이것이 그를 자극했다.

> 전체주의 체제가 내부 요인 때문에 붕괴하리라는 것은 있을 법한 일로 주장될 수 있다. 그렇다고 해도 현존하는 반(反)전체주의 세력이 치명적인 패배 이후에 유력한 예외가 될 가망은 거의 없는 것 같다.[171]

윌리엄 패튼은 미래를 다음과 같이 예견한다. "독일의 국가사회주의자들은 유럽의 상당 부분을 정복하고 옛 질서의 상당 부분을 파괴하여 회복 불능 상태로 만들었다.……"[172] 그의 견해에 의하면, 전쟁 종결 뒤에 양측 적임자들을 찾아내려면, 휴전과 평화 조약 체결 사이에 적잖은 기간이 경과해야 할 것이다. 그리될지도 모른다. 왜냐하면,

> 고백교회 지도자들을 알고 있던 극소수가 불안하게 생각하는 것처럼, 전후 협상에서 우정을 곧바로 재개할 독일인이 아예 없을지도 모르기 때문이다.[173]

본회퍼는 윌리엄 패튼의 책을 읽으면서 떠오른 것과 같은 미래 설계를 위한 전제가 고백교회에 없음을 알고 마음이 무거웠다. 10년 전만 해도 그는 앵글로색슨 진영이 결의한 세속의 지속을 도저히 참지 못했지만, 이제는 고국에 있는 친구들 대다수와 달리 이미 형성되고 있을지도 모를 세속의 미래에 몰두했다.

본회퍼는 두 번째 항목(**어째서 평화 계획인가?**)에서 임박한 쿠데타의 전제 조건들을 노골적으로 언급한다. 이를테면 연합국의 선전이 독일의 무장 해제를 일방적으로 요구하는 한, 그것은 쿠데타 준비에 좋지 않은 영향을 주게 된다는 것이다. 본회퍼는 BBC 방송이 "새 질서를 놓고 교계에서 대규모로 진행하고 있는 논의"를 전혀 언급하지 않는 것을 이상하게 여긴다. 논의된 내용 중 독일의 유력한 정치 저항 동아리의 귀에 들어간 것이 얼마 안 되는데도 그 동아리에 강한 인상을 남겼기 때문이다. (물론 베를린 사람들은 그를 통해 그 내용을 들었다.) 본회퍼는 충분히 깨닫지 못했겠지만, 영국 정부, 즉 윈스턴 처칠은 그 논의를 별로 거들떠보지 않았다. 영국 정부가 대단히 불분명한 승리를 얻기 위해 노력에 노력을 거듭하고 있건만, 교계의 논의가 그 노력을 분산시키고 있다고 생각했기 때문이다. 하지만 공모자들과 본회퍼가 볼 때, 그러한 합리적 미래 설계의 존재는 상당히 많은 것을 의미했다. 독일 밖에서 진행되는 미래 설계는 정치적으로 높은 평가를 받았는가? 피스르트 호프트의 영문 초안에는 본회퍼의 질의가 적극적으로 표현되어 있다.

> 평화 계획의 적극적 개진은 이 동아리의 영향력을 강화하는 데에 대단히 강력한 영향을 미칠 것이다. 최근의 사건들이 심리적 상황을[174] 조성했고, 그 바람

에 이 동아리가 1933년 이래로 잡지 못했던 기회를 잡고 있다는 것은 분명한 사실이다. 따라서 문제 전체의 이 국면을 크게 부각할 필요가 있다.……독일의 무장 해제를 요구하리라는 것을 우리는 알고 있다. 하지만 자주 그랬던 것처럼 독일의 무장 해제를 주요 평화 계획으로 언급해서는 안 될 것이다.[175]

본회퍼가 무슨 일이 있어도 저쪽에 알려서 얻어 내려고 한 것은, 희망찬 쿠데타를 미리 고지함으로써 이 예고를 들은 사람들로 하여금 영향력을 발휘하게 하여, 쿠데타가 진행되는 동안 연합국의 군사적 지지를 얻어 내는 것이었다.

그런 다음 본회퍼는 다른 독일이 혁명과 함께 곧바로 서방이 말하는 의미의 민주 정부를 수립할 수 있을 것이라는 기대를 진정시키려고 한다. 군사 쿠데타로부터 정부가 생겨나 "갑자기 수립될 수 있다. 그때에는 연합국의 지지를 기대할 수 있느냐가 대단히 중요할 것이다."[176] 이는 독일어 초안에 담긴 내용이었다. 영문 초안에서 이와 일치하는 대목의 내용은 아래와 같다.

직시해야 할 문제는 이것이다. 말하자면 독일 정부가 히틀러 및 그가 상징하는 모든 것과 완전히 절교하고 평화 협정을 체결하여 생존의 기회를 얻을 수 있느냐는 것이다.……이 질문에 답하는 것이 긴급한 문제라는 것은 분명한 사실이다. 어떤 답을 제시하느냐에 따라 독일 저항 단체의 태도가 정해질 것이기 때문이다.[177]

본회퍼의 문서와 피스르트 호프트의 문서는 영국 국교도(윌리엄 패튼—옮긴이)의 저작물에 대한 신학적·윤리적 논구의 형식으로 제시되고 있다. 분명한 사실은 본회퍼가 공모에 관해 알리는 것을 중시했다는 것이다. 피스르트 호프트는 그것을 매우 정확하게 이해했다. 그가 휴 마틴더러 전달하라고 동봉하여 보낸 9월 12일자 편지에는 아래와 같은 내용이 들어 있다.

나는 우리를 찾아온 친구, 곧 조지 K. A. 벨의 절친한 친구와 협력하여 귀하의 책을 읽고 이 서평을 썼습니다. 이 서평을 관심 있는 모든 이에게 회람시켜 주시고, 사본 한 부를 헨리 피트니 반 두센에게도 발송해 주시기를 바랍니다. 귀하는 내 부탁을 들어주어야 합니다. 우리가 다음 단계들 및 **긴박한 상황과 관련하여 하는 모든 말은 우리 쪽이 바라는 견해를 토대로 한 것이 아니라**, 관련국의 신뢰할 만한 사람들과 실질적인 논의를 진전시켜 하는 말이기 때문입니다. 따라서 나는 이 숙고들 가운데 얼마라도 **영국의 신뢰할 만한 사람들 앞에 제시되기를** 바랍니다.[178]

찬찬히 읽어 보면, 영국 정부 측과 독일 혁명가들에게 똑같이 알리려고 쓴 글이라는 것을 분명히 알 수 있다. 피스르트 호프트는 이러한 실제적 관점에서—신학적으로 반박하지 않고—위의 문장들에 다음과 같은 문장을 덧붙인다. "이 서평에 대해 가급적 가까운 미래에 답변해 주시면 고맙겠습니다." 본회퍼는 스위스에 머무는 동안 자신의 정치적 상상력으로 반응을 일으킬 수 있을 것이라는 그럴싸한 기대에 사로잡혀 있었다. 그는 9월 26일에야 스위스를 떠났다.

윌리엄 패튼이 이해하지 못하다

그러나 피스르트 호프트의 서평과 본회퍼의 서평이 지닌 의의와 의도는 런던에서 어떠한 이해도 얻지 못했다. 당시에 수신자들이 서평들 이면에 진정한 권위가 도사리고 있다는 이유로 정치인들을 부추겨 실제적인 조치를 취하게 해야 한다고 스스로 생각할 만큼, 두 발신자의 명성이 영국에서 대단했는지는 의문이다. 이 서평들은 주목을 받긴 했지만, 별다른 답변을 얻지는 못했다. 답변을 얻으려면 훨씬 많은 것을 노린 활동이 필요했다. 1942년 시그투나 회동이 있은 뒤에야[179] 조지 K. A. 벨을 통해 영국 정부에 대한 항의가 이루어졌고, 이것이 답변을 이끌어 냈다. "무조건 항복"을 요구하는 카사블랑카 선언이 나오기 직전이었고, 답변은 다른 것은 있을 수 없다는 듯이 부정적이었다.

물론 피스르트 호프트와 본회퍼의 탐색 시도가 반향을 전혀 얻지 못했던 것은 아니다. 하지만 답변은 서평이 기대에 부응하지 못했음을 입증할 뿐이었다. 런던 "평화 계획 단체"Peace Aims Group가 제네바에서 보낸 서평 사본들을 받았다. 1941년 10월에 영국을 방문한 헨리 피트니 반 두센이 그 단체에 협력하고 있었다. 그는 이와 유사한 미국 단체 "미국교회협의회 정의와 항구적 평화 위원회"The Just and Durable Peace Commission of the Federal Council of Churches의 위원이었다. 윌리엄 패튼은 피스르트 호프트에게 보낸 1941년 10월 9일자 편지에서 아래와 같이 희망찬 예고를 담아 답했다.

> 귀하가 보내온 서평을 감사한 마음으로 큰 관심을 기울여 숙독했음을 알려드립니다. 그것을 복사하여 몇 사람에게 보내게 했으니, 귀하에게 중요한 대답을 보내 드릴 수 있을 것 같습니다.

그러나 "중요한 대답"은 오지 않았다. 면밀한 심사는 행동은커녕 의심만 야기했다. 본회퍼는 이렇게 편지했다. "앞서 설명한 견지에서 내가 **대단히 중요한 인사들과** 견해를 같이하고 있다고 느끼는 정세에 실제로 영향을 미칠 수 있는 단체, 충분히 영향력 있는 단체가 있기나 한 것인지 의문이 드는군요."[180] 유력 인사들과의 대화가 수차례 진행되었으나, 본회퍼가 기술한 대로 독일의 진지한 저항 세력을 믿지 않는 바람에 중단되고 말았다. 이와 같이 결과는 실망스러웠다.

물론 조지 K. A. 벨은 윌리엄 패튼이 표명한 견해에 공감하지 않았지만, 그 견해가 유포되고 있음을 너무나 잘 알고 있었다. 그가 1942년에 자신을 만나러 시그투나로 찾아온 독일인 방문자들의 기대, 곧 그들이 영국의 긍정적인 답변에 걸고 있던 기대를 요령껏 진정시킨 것은 그 때문이었다. 그는 1941년 9월 제네바에서 작성된 서평을 라이프홀츠와 교환했고, 라이프홀츠는 그에게 자기 처남이 쓴 서평의 대단히 정치적인 대목을 주목하게 했다. 조지 K. A. 벨은 라이프홀츠에게 아래와 같이 편지했다.

> 패튼 박사의 책을 두고 제네바에서 작성한 서평과 관련한 당신의 견해에 전적으로 동의합니다. 당신이 서평 뒷면에 메모해서 말한 것에도 전적으로 동의합니다. 그리고 나는 패튼에게 보낸 편지에서 그 점을 강력히 피력했습니다.[181]

그리고 11월 5일 피스르트 호프트에게 독자적으로 보낸 답장에서는 아래와 같이 말했다.

> 패튼의 책을 놓고 당신이 쓴 서평을 흥미롭게 읽었습니다. 나는 당신이 주의를 촉구하며 쓴 독일 관련 발언들에 전적으로 찬동합니다.[181a]

피스르트 호프트가 1942년 5월에 아담 폰 트로트 추 졸츠의 비망록을 런던으로 가져가고, 조지 K. A. 벨 자신이 시그투나에서 직접 들은 내용을 보고하여 자극하자, 런던 "평화 계획 단체"의 숙고들이 다시 새로운 자극을 받아, 독일에서 독자적으로 벌어지고 있는 활동들에 주의를 기울였다. 이와 함께 본회퍼가 저 "서평"에서 개진했던 내용도 되살아났다.

칼 바르트가 전한 바에 따르면,[182] 이 시기의 본회퍼는 순진하게도 쿠데타 이후의 독일 국경선을 1939년 수준으로 온전히 유지할 수 있을 것으로 여겼다고 한다. 아마도 본회퍼는 루트비히 베크를 둘러싼 동아리 사람들의 생각을 그대로 옮겼을 것이다. 나는 본회퍼가 더는 그리 생각하지 않았다고 확신한다. 본회퍼 자신은 독일이 도덕적인 이유로 공동 제재를 받아야 한다는 사실을 기꺼이 받아들였고, 이는 소수의 저항 세력에게도 지나친 것이 아니었다. 몇몇 사람이 그를 "비정치적인" 사람이라 부른 것은 그 때문이었다. 그는 윌리엄 패튼의 책을 읽고 쓴 서평에서 연합국이 나치즘의 회귀에 맞설 "안전장치"와 "독일에 맞설 광범위한 군사적 조치"를 강구해야 한다고 노골적으로 말하기까지 했다(DBW 16:547). 이제 그에게 중요한 것은 국경선 문제의 타결이 아니라, 쿠데타 상황 개선을 위한 원조였다. 베크, 오스터, 도나니가 그를 파견한 것은, 그것이 정치적 쟁점임을 보여주겠다는 희망을 품고 에큐메니칼 파트너들과의 대화를 모색하게 하기 위해서였다. 그는 울리히 폰 하셀과 요제프 뮐러처럼 좀 더 전문 지식을 갖춘 친구들이 외교상의 실제적인 문제를 협의하도록 위임받았음을 알고 있었다. 어쩌면 본회퍼는 자신이 주목을 받아 확실한 영향력을 발휘할 수 있을 것이라고 잘못 생각했을지도 모른다. 하지만 그는 유력한 반정부 단체가 존재한다는 증거를 제시할 수 없었다. 그의 정당성은 일련의 활동에 머물러 있다. 조지 K. A. 벨 주교가 독일의 쿠데타 집권을 고무하는 성명서를 공표하게 하려고 영국 정부를 압박한 것도 그러한 활동 가운데 하나였다. 그러한 활동들이 현실적이었다는 데에는 오늘날 그다지 이의가 없다.

친구 방문 본회퍼는 이 2차 스위스 출장 기간에 옛 친구들과 새 친구들을 만났다. 예전에 크리스티안 카이저 출판사에서 『창조와 타락』의 출판을 관철시킨 오토 잘로몬이 그를 초대하여 취리히에 있는 자기 집에서 묵게 해주었다.[183] 본회퍼는 그와 함께 라퍼스빌로 가서 에르빈 주츠를 만나 친구의 결혼을 축하했다. 그는 이 일을 계기로 아래의 몇 가지를 생각했다.

> 이제는 사건들의 파편 속에서, 삶의 한가운데에서 시시각각 날마다 세우고 싶다. 미래를, 대지로부터 추방된 삶의 한가운데에서 한 조각 공간을, 전반적인 불행 한가운데에서 한 조각 행복을. 압도적인 사실은 하나님께서 이 보기 드문 열망에 찬성하시고, 우리의 의지를 승낙하신다는 것이다. 그렇지 않다면 정반대가 되었을 것이다. 따라서 혼인은 완전히 새로운 것, 강력한 것, 멋진 것이다. 특히 독일에서 그리스도인이 되려고 하는 우리에게는.[184]

이처럼 그는 혼인에 대해 긍정적인 말을 기록했지만, 그 자신이 약혼하겠다고 결심하기까지는 적어도 1년이 더 경과해야 했다.

그는 8월 31일 오전과 9월 19일 오후에 바르트에게 잠깐 들렀고,[184a] 스위스 교회협의회 의장 알폰스 쾨힐린을 방문하여 한 무리의 유대인에게 도움을 베풀어 달라고 요구했다. 그는 칼 루트비히 슈미트를 만났고, 슈미트는 그를 구약성서 신학자 빌헬름 비셔의 아버지 에버하르트 비셔Eberhard Vischer에게 데리고 갔다. 에버하르트 비셔가 영국 대리 대사와 연락을 유지하고 있었고, 본회퍼가 그것에 관심을 표했기 때문이다. 에버하르트 비셔와의 접촉 시도를 담은 상세한 설명은 지금까지 발견되지 않고 있다. 아마도 접촉을 시도하다 실패했을 것이다. 본회퍼는 프로이덴베르크의 초대를 흔쾌히 받아들여, 발리스 라크 샹페에 있는 그의 여름 별장에서 쉬기도 했다.[185]

이번에는 4주의 자유 기간 중 3주차에 접어들어서야 취리히를 찾았다. 피스르트 호프트가 전후에 곧바로 알린 저 대화,[186] 잊히지 않는 의견 표명을 남긴 저 대화는 첫 두 주 어간에 이루어졌을 것이다. 피스르트 호프트는 자크 쿠르부아지에, 앙리 데스핀Henri d'Espine 등등이 참석한 저녁 모임에서 본회퍼에게 이렇게 물었다. "당신은 현 상황에서 무엇을 위해 기도하고 계십니까?" 본회퍼는 이렇게 대답했다. "알고 싶으시다니 말씀드리지요. 나는 내 조국의 패전을 위해 기도하고 있습니다. 왜냐하면 나는 내 조국이 이 세상에 초래한 온갖 고난의 값을 치를 기회는 그것밖에 없다고 생각하기 때문입니다."

이것은 전후 시대의 독일에서는 널리 알려지지 않기를 원한 발언이었지만, 말 그대로 끊임없이 회자된 것처럼 그 본질적인 취지가 부정되어선 안 될 것이다. 우선 이 발언은 히틀러 치하의 상황이 얼마나 불합리하고 비정상적인지를 가리키는 표지이자, 진정한 애국자가 자신의 애국심을 보여주기 위해 비애국적으로 발언할 수밖에 없었음을 가리키는 표지이기도 하다. 그것은 하나의 반항으로서 정상적인 시대의 정상적인 감각에 조소를 퍼붓는다. 어쩌면 그것을 있는 그대로 전함으로써, 사람들이 그것에 부딪혀 저 시대의 상상도 할 수 없는 참상을 개괄하게 하는 것이 나을지도 모른다. 당시에 가장 선한 이들이 불의를 종식시키기 위해 독일의 패망을 바랄 수밖에 없다고 생각하며 살아간 것은 수백 번 옳은 일이다.

본회퍼는 귀국하기 전에 조지 K. A. 벨에게 보낸 편지에서 니묄러가 작센하우젠에서 다하우로 이송되어, 거기에서 두 명의 가톨릭 형제들과 감방을 같이 쓰고 있다는 소식을 전하며 이렇게 말했다. "그의 육체적, 정신적 건강 상태는 걱정하지 않아도 됩니다."[187]

그는 9월 26일에 스위스를 떠났다. 그는 지크문트-슐체와 연합국 사이에 이루어진 고무적인 경험에 영향을 받지 않고, 자신이 피스르트 호프트와 윌리엄 패튼을 거쳐 영국과 접촉한 것이 한 발 더 앞서나간 것이라고 여겼다. 그는 정신이 확 들게 하는 윌리엄 패튼의 답장에 대해서는 아무것도 알지 못했다. 그는 고국에서 조만간 결정적인 거사가 이루어지면 대화의 국면이 바뀌리라는 기대에 사로잡혀 있었고, 제네바에서 협력을 얻어 내어 들뜬 상태였다. 그에게는 출장을 떠나기 전에 아래와 같이 표명한 낙관주의를 포기할 이유가 전혀 없었다.

나는……이번 출장과 관련하여 우리가 함께 획득한 지평들을 생각하고, 유럽의 희망과 과제, 미래 교회의 과제를 생각할 것이네. 자네와 나 그리고 다른 많은 이들이 같은 생각을 하고 있으며, 우리 모두가 이 미래에 협력해야 한다는 바람을 품고 그 모든 일을 할 것이네.……기간이 얼마나 될지는 예측할 수 없지만, 나는 매우 확신에 차 있네.[188]

그는 스위스를 떠나며 아래와 같은 편지글로 쌍둥이 누이와 작별했다.

이곳에 있는 친구들과 대단히 만족스러운 시간을 보냈어. 이제 귀국하면 새로운 힘과 희망을 가지고 내 일을 할 거야.[189]

유대인 추방

본회퍼가 베를린으로 돌아오자, 경악스러운 새 소식이 그를 기다리고 있었다. 그가 자리를 비운 사이인 1941년 9월 1일에 황색 별표와 관련된 법령이 공표되었다. 모든 유대인은 9월 19일부터 별표를 기워 붙이고 다녀야 한다는 내용이었다. 본회퍼는 귀국 도중에 그 별표를 처음 보았다. 명예훈장이겠거니 하고 속으로 재해석했지만, 마음의 무거운 짐을 덜 수는 없었다. 10월 5일부터 12일 사이에 베를린 거주 유대인 가정들에 다음과 같은 내용이 통지되었다. "아리아인의 주택단지에 소재한 유대인 주택을 비워야 한다." 10월 16일에서 17일로 넘어가는 밤중에 사람들이 당사자들을 그들의 주택에서 끌어내어 레베초브슈트라세 회당에 집결시킨 다음 그들을 이송했다.

슈테틴에서 일어났던 사건은 이례적인 사건이 아니라 하나의 시범 사건이었다.[190] 지금껏 폴란드나 러시아 점령지로부터 전해 들었던 것을 이제는 두 눈으로 확인할 수 있었다. 마치 이웃집에서 가져온 것 같았고, 지멘스 공장에서 수송해 온 것 같았다.

본회퍼 가문과 알고 지내던 68세의 여인도 차례가 되었다. 그녀에게 철거 통보가 떨어졌고, 그녀는 테레지엔슈타트 강제수용소로 가지 않으면 안 되었다. 수화물 제한 규정을 충족시키기 위해 모든 것을 두고 갈 수 있음을 고려해서인지, 누구나 무력한 분노를 표출하며 그녀를 감싸려고 했다. 1944년에 심문을 받을 때, 본회퍼 집안사람들과 슐라이허 집안사람들도 마리엔부르크 알레에 있는 그들의 두 집이 별표 부착자들의 방문을 받았다는 이유로 질책을 당했다.

디트리히 본회퍼는 군대 내 저항 세력에게 제시하려고 첫날부터 입수 가능한 사실들을 수집했다. 페렐스가 그를 도와 제국의 다른 지역에서 보내온 정보들을 조달했다. 그리하여 1941년 10월 18일에 보고서 작성이 완료되었다(DBW 16:212-214). 베를린에서 일어난 사건을 설명하고 쾰른, 뒤셀도르프, 엘버펠트에서 일어난 사건을 언급하는 보고서였다. 10월 20일에는 보다 완벽한 보고서가 완성되었다(DBW 16:214-217). 그 속에는 10월 23일에서 24일로 넘어가는 야간과 10월 28일에서 29일로 넘어가는 야간에 수송물결이 계속 이어질 것으로 예상된다는 경고가 들어 있었다.

> 최근에 불행을 당한 이 가정들은 이 투서들이 무엇을 의미하는지를 이미 알고 있는 까닭에 전례 없이 낙담하고 있다. 심장병, 담석증 등과 같은 중증질환들, 자살 위험은 당연한 결과다. 무분별한 도주처럼 홍분 상태에서 저지르는 행위들도 그러하다.[191]

페렐스와 본회퍼는 군이 닦달을 받아 개입하거나 쿠데타 작업을 앞당겨 주기를 바라면서 도나니를 거쳐 보고서들을 오스터와 베크에게 제출했다.

한스 귄터 아들러Hans Günther Adler는 이 보고서들을 그에게 가장 먼저 알려진 문서, 즉 공모에 가담한 독일 저항 세력이 유대인 추방 정책 연구에 몰두했음을 입증하는 문서로 꼽는다.[192] 이 두 보고서 초안들 이외에 같은 시기에 소위 "혼혈들"의 새로운 위협과 관련하여 작성한 소견서도 존재한다. 페렐스의 보고서와 본회퍼의 보고서에는 서두른 흔적이 있다. 그 보고서들은 꼼꼼한 위원회 활동 속에서 작성된 것이 아니다. 그러한 것은 이 상황에서 불가능한 일이었다.

10월의 마지막 며칠 사이에 고질적인 폐렴에 걸리는 바람에 본회퍼는 방향을 제시하고 정보를 제공하는 데 몇 주, 거의 한 달이나 걸렸다. 바로 그 시기에 제국

수도는 영국 폭격기 편대의 야간 공습을 면한 상태였다. 본회퍼는 이 정적을 필요로 한 반면, 유대인은 폭탄이 베를린의 모든 우체국과 경찰서 위에 떨어지기를 빌었을 것이다.

유대인을 위한 교계의 산발적 활동은 여론의 주목을 전혀 받지 못했다. 브레슬라우에서 사역하는 수련목회자 카타리나 슈타리츠Katharina Staritz가 유대인을 위한 성명서를 발표하고 곧바로 체포되었다. 공동체에서 이름을 불러 가며 중보기도를 바칠 때 슈타리츠 양의 이름을 거명하면 무엇이 문제되는지를 다들 알고 있었다. 고백교회 소속 동료 목사들과 교구민들은 면밀하게 계획된 조직 속에서 몇몇 사람에게 불법을 저지르게 하고, 위조 여권, 식량 배급표, 피난처를 마련해 주었다. 예를 들면 나제반트의 칼-하인리히 라이머 목사와 달렘의 게르트루트 슈테벤 여사가 그런 식으로 행동했다. 1942년에서 1943년으로 넘어가는 겨울, 테오필 부름은 범법과 폭력행위에 맞서 항의서를 작성하며 그 속에 유대인 문제를 포함시켰다. 가톨릭 진영에서도 클레멘스 아우구스트 폰 갈렌 주교와 콘라트 폰 프라이징Konrad von Preysing 주교가 그리했다. 이미 언급한 대로 브레슬라우 고백총회는 제5계명("살인하지 말라")에 대한 성명서를 발표했다.[193] 당시에는 누구도 이 작은 용맹들을 자랑하지 않았다. 수효와 방법을 아주 대략적으로만 어림잡더라도 실제로 일어난 사건에 비하면 이 모든 것이 얼마나 부적절한 것인지를 누구나 알고 있었다. 하지만 일반 대중에게는 총회의 성명서가 명시하듯이 "솎아 내기"와 "제거하기"라는 표현이 속속들이 알려진 상태였다.

깊숙이 숨어 권력 기구의 조종간에 다가가고 있던 이들에게 유대인 추방은 서두르라고 닦달하는 신호나 다름없었다. 그들은 때늦은 성명서로 자신들을 노출시키지 않고 침묵했다. 하지만 행동하지 않고 지내는 날이 쌓이면 쌓일수록 그들의 고통스러운 딜레마도 정도가 심해졌다.

"작전 7"

그러나 본회퍼는 몇 달이 지나지 않아 방첩대가 유대인 몇 명을 위해 시작한 대담한 활동에 연루되었다. 이 활동은 1943년에 이루어진 심문에서 아슬아슬한 역할을 하기도 한다. 카나리스가 유대인 12명에서 15명으로 이루어진 동아리를 방첩대의 엄호 아래 스위스로 빼내라고 지시했다. 작전명은 "U-7"(작전 7)이었다. 처음에는 유대인 일곱 명만이 작전의 수혜자였기 때문이다. 카나리스는 친구 몇 명[콘첸(Conzen) 및 레네펠트(Rennefeld)와 그 친족]의 구출을 중시했고, 도나니는 변호사들인 율리우스 플리스Julius Fließ 박사와 프리츠 베르너 아르놀트Fritz Werner Arnold 박사를 구출하려 했다. 한스 폰 도나니에게 "작전 7"은 고도의 활약과 위장과 술수를 포함한 작전이었다. 작전은 1년에 걸쳐 진행되다가 1942년 늦여름에 대성공을 거두며 끝났지만, 6개월 뒤에 되살아나 치명적인 결과를 초래했다.

2차 스위스 출장을 마치고 돌아온 지 얼마 지나지 않아 로트가 디트리히 본회퍼를 찾아가, 고백교회 임시지도부에서 여러 해 동안 협력해 온 샤를로테 프리덴탈Charlotte Friedenthal 양의 구출을 놓고 협의했다. 프리덴탈은 황색 별표 부착자였다. 도나니가 그녀를 허위로 꾸린 방첩대 요원부대에 받아들였고, 아르놀트 박사는 이 부대의 조정자와 대변자가 되었다. 그가 1946년에 이 구출 작전을 두고 작성한 보고서에 따르면,[194] 그는 카나리스 제독이 그들 모두를 방첩대 요원으로 임명하여 빼내기로 결심했다는 말을 도나니에게서 전해 듣고 깜짝 놀라 처음에는 거절했었다고 한다. 도나니가 그의 이름을 추방자 명단에서 가장 먼저 삭제해 주었다. "훨씬 젊은 사람의 내적인 공감은 전혀 꾸밈이 없고 오인할 여지가 없는 것이었다." 하지만 아르놀트 박사는 국외 이주 방법을 고지받고 나서 아래와 같이 반응했다.

일찍이 내 동업자 플리스 박사는 물론이고 나도 방첩대의 목적을 위해 활동할 준비가 되어 있지 않았다.

나는 폰 도나니 씨의 답변을 듣고 나서, 내가 그와 친해지고 난 이래 처음으로 그를 완전히 오해했다는 것을 알게 되었다. 그는 자신도 그의 친구들도 나나 선발된 다른 어떤 사람에게 제3제국을 위한 활동을 기대하지 않는다고 대단히 솔직하게 밝혔다. 그의 상관 카나리스 제독, 그의 옆방 친구 오스터 대령, 그의 협력자들인 몰트케 백작, 델브뤼크, 칼 루트비히 프라이헤르 폰 구텐베르크도 그와 같은 생각이었다.

그러나 독일 쪽에는 헤아릴 수 없는 난제가 있었다. 방첩대를 통해 유대인을 고용하는 일은 그들을 세무서, 노동 관련 부서, 외국환 관련 부서에 들르게 하는 것만으로는 성사되지 않았다. 곤혹스럽게도 이들 관공서에서는 하급 공무원들의 소극적 반대에 부닺혀 처리가 지연되곤 했다. 유대인을 고용하려면 제국보안본부와의 직접적인 협상도 필요했다. 도나니가 장기간의 일괄처리를 위해 각자에게 방첩대가 발급한 보호 영장을 건넸지만, 이 영장이 바라던 대로의 보호를 늘 제공한 것은 아니었다. 방첩대 요원으로 선발된 유대인 가운데 어떤 사람이 추방자 명단에 올랐다가 명단에서 가까스로 빠지는 일이 거듭되었다. 카나리스가 악명 높은 친위대 분대장 하인리히 뮐러Heinrich Müller에게 직접 영향을 미침으로써만 최근의 과도한 지연 사태를 헤쳐 나갈 수 있었다. 장교들 전원이 이 "정보원 사건들"에 매달릴 수밖에 없었던 방첩대 자체에도 자기편과 반대편이 있었고, 그들 가운데 극소수만이 이 작전의 본 목적을 어렴풋이 알고 있었다.

스위스 쪽에도 난제가 있었다. 당시에 그쪽은 유대인을 받아들일 준비가 되어 있지 않았다. 이 시기에 임시지도부 구성원은 모두 불법적인 목사고시를 계속 실시했다는 이유로 모아비트 교도소에서 재판을 기다리고 있었다. 때문에 로트가 병중의 본회퍼와 상의한 뒤 페렐스의 도움을 받아 스위스 교회협의회 의장 알폰스 쾨힐린에게 청원서를 보냈다.

> 죄송합니다만, 현재 구속되어 수감 중인 독일 개신교 임시지도부 의장이자 교구감독인 알베르츠의 위임을 받아 스위스 개혁교회 의장인 귀하와 스위스 개혁교회에 간절하고 절박한 마음으로 부탁드립니다.
>
> 몇 주 전부터 우리의 여러 비(非)아리아계 그리스도인 형제자매들이 극심한 곤경을 겪고 있습니다.……대체로 10월 중순경부터 비(非)아리아인들을 베를린과 여타의 도시로부터 동부지역으로 수송하기 시작했습니다. 이 모든 일로 인해 그리스도교 교회가 문제들과 곤경들에 직면해 있고, 우리는 속수무책으로 그것들을 마주하고 있습니다.
>
> 우리는 귀하의 손도 묶여 있는 것이나 다름없음을 잘 압니다. 그쪽 외사 경찰의 태도와 여타의 이유들로 보건대 직접적인 위협을 받고 있는 비(非)아리

아게 그리스도인들을 스위스에 받아들이는 것이 불가능해 보이는군요. 얼마 전에 제네바의 자크 쿠르부아지에 교수가 그 점을 다시 한 번 확인해 주더군요.……오늘 우리가 귀하에게 드리고 싶은 질문은 이것입니다. 스위스 교계의 분명한 의견 표명과 공식적인 조치로 소수의 사람에게 혹은 적어도 우리가 특별히 옹호하는 몇 사람에게 문이 열릴 수 있지 않을까요?……(DBW 16:217f.)

이어서 로트는 샤를로테 프리덴탈 사례를 서술하고, 잉게 야콥젠Inge Jacobsen(DBW 16:219f.)과 에밀 츠바이크Emil Zweig(DBW 16:220) 박사도 청원서에 포함시키면서 아래와 같이 말한다.

당사자들이 스위스로부터 (전신) 확답을 빨리 받아, 그들의 스위스 입국 내지 통과가 성사된다면, 이는 대단히 중요하고 위험을 경감시키는 일이 될 것입니다.……우리는 의지가지없는 이들의 아버지이신 하나님께 이 모든 절망적인 곤경에서 벗어날 길을 보여달라고 청하고 있습니다.[195]

로트는 이 편지와, 본회퍼가 칼 바르트에게 두 번째로 보내는 편지를 뮌헨으로 가져가 슈미트후버 영사에게 건넸고, 슈미트후버는 실제로 스위스의 알폰스 쾨힐린에게 약간의 영향력을 행사하여, 유대인 "방첩대 요원부대"에 필요한 보증을 성사시켰다. 체재국에서 일하거나 벌이를 하지 않는다는 조건으로 입국 허가를 받았기 때문에, "작전 7"의 생계를 위해 도나니가 외환을 충분히 마련할 수밖에 없었다.

샤를로테 프리덴탈 양이 알렉산더 광장에 있는 게슈타포로 출두하여 완성된 여권을 수령하라는 호출을 받았다. 하지만 별표를 부착한 채로는 달렘에서 교통수단을 이용할 수 없었다. 그래서 별표가 부착된 외투를 둘둘 말아 알렉산더 광장으로 가다가, 규정대로 별표를 보이며 "알렉스"에 들어가기로 했다. 오래 기다린 끝에 다음과 같은 말이 들려왔다. "유대인 여자 프리덴탈, 들어오시오!" 하지만 여권에 도장을 찍어 주는 스위스 영사관에서는 어찌해야 하는가라는 문제가 남아 있었다. 별표를 부착해야 하는가? 말아야 하는가? 그다음에는 어떻게 이동할 것인가? 다들 그녀에게 이렇게 말했다. "별표를 부착하지 말아요!" 출발 한 시간 전에 도나니가 달렘에 있는 그녀에게 마지막으로 나타나서 "별표를 부착하세요!"라고 말했다. 이미 떼어 낸 별표를 황급히 꿰매 붙여야 했다. 직행 열차에서는 신중하게 만 외투가 방석 역할을 했다. 별표 부착자는 "아리아인"과 한 객실에 동석해서는 안 되었기 때문이다. 샤를로테 프리덴탈은 어느 정도 시간이 지난 뒤에야 외투를 걸쳐, 객실에 마지막으로 남은 독일인 여자 승객을 놀라게 했다. 국경역에서 공무원들이 그녀의 모든 서류를 빼앗았다가, 불안한 몇 분이 지나자 그 모든 것을 되돌려 주었다. 마침내 열차가 바젤에 진입했다. 한스 베른트 기제비우스가 넋이 빠진 그녀를 맞이하고는 그녀의 외투를 가리켜 보이며 다음과 같이 분명하게 말했다. "이곳에서는 별표를 부착하지 않아도 됩니다!" 1942년 9월 초의 일이었다.

성공했다는 소식이 베를린에 보고되었고, 몇 주 뒤에는 본진도 바젤에 도착했다. 알폰스 쾨힐린이 망명생활의 첫걸음을 뗀 그들을 보살펴 주었다.

물론 이 작전은 제국보안본부의 의심을 많이 샀다. 제국보안본부는 카나리스의 기습을 받고 실망감을 느꼈던 것 같다. 그러고는 1943년에 본회퍼와 도나니를 심문하면서 그 사건을 또 한 번 파고들었다. 제국보안본부는 관리들을 스위스에 파견하여 재정적인 면을 조사하게 했다. 도나니와 그의 친구들이 그 작전에서 얼마나 부당 이득을 챙겼는지를 알아내기 위해서였다. 하지만 그런 것을 알아내지 못했다. 의심이 가시지 않았지만, 그러한 모험에는 다른 범주들이 결정적이었음을 상상도 하지 못했을 것이다.

발터 폰 브라우히치의 실각

1941년 이 가을에 "유대인 문제의 최종 해결"로 독일의 명성이 더러워져 씻을 수 없는 상태가 되었다. 저항 세력이 고결한 평화의 희망을 더 이상 품을 수 없게 되고 말았다. 이 시기에 저항 세력은 이제껏 알려진 적이 없을 정도로 적극적인 활동을 펼쳤다. 새 가담자들이 합류하고, 예전에 미적거리던 관계자들이 다시 붙임성 있게 모습을 드러냈다. 한스 폰 도나니가 서둘러 논의에 논의를 거듭했다. 그가 경주한 노력을 울리히 폰 하셀의 일기에서 확인할 수 있다.[196] 희망차게 활성화되었지만, 새로운 문제들도 드러났다.

디트리히 본회퍼는 자기 형 클라우스를 더 자주 만났다. 클라우스는 루프트한자에서 함께 일하는 동료 오토 욘 박사와 긴밀히 접촉하고, 요제프 비르머, 야코프 카이저Jacob Kaiser, 빌헬름 로이슈너, 에른스트 폰 하르낙과도 접촉하고 있었다. 오토 욘은 1937년부터 루이스 페르디난트 공과 알고 지내다가 이 동아리에 그를 끌어들였다. 도나니는 오토 욘을 시켜 기업가 동아리, 예컨대 헤르만 마아스Hermann Maaß와 관계를 맺게 했다. 물론 도나니는 자기가 절대적으로 필요로 하는 이들에게만 관심을 기울였으며, 그 이상의 접촉은 추가 위험으로 여겼다.

이 시기에 대단히 젊은 사람들의 동아리도 자신의 존재를 알렸다. 나중에 "크라이사우 사람들"Kreisauer로 알려질 동아리였다. 이 동아리에서 재기발랄한 무리가 형성되어 적극적인 저항 세력의 지도자들에게 적지 않은 비판을 가했다. 이 젊은 이들은 칼 프리드리히 괴어델러의 계획이 반동적인 요소로 가득 차 있다고 비난하며, 최근에 대두되어 고려되고 있는 군주제를 거부했다. (국방군 최고사령부의 국제법 고문으로서 방첩대에 파견된) 헬무트 몰트케Helmuth Moltke 백작, (고위 사무관이었다가 나중에 국방 경제국에서 일하게 될) 페터 요르크 백작, (1940년 여름부터 외무부 문화 정책국에서 공사관 참사관으로 활동한) 아담 폰 트로트 추 졸츠가 울리히 폰 하셀의 집에 출현하여, 자신들의 비판에 대한 최대한의 양해를 그에게 기대했다. 하지만 이들과 다른 저항 단체 사이에 감돌던 위기는 1941년에서 1942년으로 넘어가는 겨울에, 양측 모두 베크가 정치적 저항 세력을 지휘하는 것에 동의하고 그 세력을 인정하는 선에서 억제되었다.

도나니는 이 꺼지지 않는 논쟁들에 꼭 필요한 시간만 투자했다. 그는 자기 발 앞에 놓인 것만 고려하고, 대수롭다고는 해도 대단히 이론적인 성향의 대화 동아리는 멀리했다. 그럼에도 구텐베르크 남작과 울리히 폰 하셀을 거쳐 방첩대 소속의 몰트케, 트로트, 요르크와의 개인적 접촉점과 직무상의 접촉점이 생성되었다. 차차 살펴보겠지만, 디트리히 본회퍼도 크라이사우 사람들과의 관계를 돈독히 할 기회를 잡지 않았다. 지적으로 그리고 개인적으로 그럴 기회가 충분히 있었을 텐데도 그 기회를 잡지 않은 것은 그가 이미 다른 곳에서 진행되고 있는 실제적인 쿠데타 준비에 깊이 연루되어 있었기 때문이다. 그 밖의 이유를 꼽자면, 본회퍼가 혹여 있을지도 모를 체포에 대비할 무렵에야 크라이사우 사람들의 활동이 전개되었고, 더구나 그 동아리의 결성이 그로 하여금 몸을 사리게 했기 때문이다.[197]

1941년 10월, 새로운 출발점이 제시되어 오스터와 도나니의 구미를 당겼다. 어느 날 군 집단의 슐라브렌도르프가 헨닝 폰 트레스코브Henning von Tresckow의 지시를 받고 동부전선의 중도파에게 나타나, 히틀러 정권의 종식을 위한 실질적인 걸음을 베를린 본부와 함께 시작할 의향이 있는지를 문의한 것이다. 트레스코브와 슐라브렌도르프가 판단하기에 후방에서는 친위대 특공대들 때문에, 전방에서는 히틀러의 작전 간섭 때문에 지휘관 상당수가 쿠데타에 가담할 준비가 되어 있는 것으로 여겨졌다. 이와 함께 베를린에 있는 저항본부와, 정규 부대까지 투입할 능력을 갖추고 거사를 준비하는 집단 사이에 긴밀한 연결이 이루어지기 시작했다. 확고한 계획이 세워져 계속 유지되었다.

이제는 발터 폰 브라우히치까지 쉽게 마음을 열면서 거사가 임박했다는 기대감이 계속 높아졌다. 겨울이 갑자기 닥쳐 동부전선에서 진행되던 작전들이 더 이상 기대만큼 진행되지 않고, 히틀러가 그 작전들의 진행에 가혹하게 간섭하면서부터, 브라우히치가 팔켄하우젠 장군과 게오르크 토마스 장군의 내방을 받고서, 히틀러가 실제로 제거될 경우 사령관으로서의 자신의 역할을 거부하지 않겠다고 약속했던 것이다.[198]

그러나 1941년 12월 19일, 바짝 긴장하며 쿠데타를 준비하는 사람들 한가운데로 다음과 같은 소식이 폭탄처럼 떨어졌다. 히틀러가 발터 폰 브라우히치를 직위해제하고 자신이 직접 군 최고사령관이 되었다는 소식이었다. 울리히 폰 하셀은 자신의 일기에 절망적인 심정으로 이렇게 적었다. "여러 달 동안 진행해 오던 작업이 물거품이 되고 말았다."[199] 다들 진지한 희망을 품고 그 명령자를 얻으려고 오랫동안 힘써 왔건만, 그 명령자가 실각하고 말았고, 이와 동시에 히틀러가 명령자가 되는 바람에 군 최고사령부가 더 이상 쿠데타 지휘 본부 역할을 하지 못하게 된 것이다.

디트리히 본회퍼는 이 시기에 키코브에 있는 클라이스트-레초브 가문에서 지내며 요양을 했다(DBW 16:234 참조). 그와 함께 새로운 기대감을 주고받았던 한 친구가 그에게 이런 편지를 보냈다. "자네는 능히 상상할 수 있을 것이네. 오늘 브라우히치의 직위해제가 공표되는 순간, 내 심장이 멎고 말았다는 것을."[200]

이제는 단호한 조직 개편을 고려하고 실행에 옮기지 않으면 안 되었다. 그러나 여러 차례 변화를 거친 뒤 1944년 7월 20일에 효과를 발휘하게 될 새로운 구상들이 이때부터 시작되었다. 새롭게 구상된 쿠데타 발발 순서는 다음과 같았다. 먼저 암살이 이루어지고, 그다음에 국방군 최고사령부에 몸담고 있는 베크의 지휘 아래 베를린으로부터 명령 하달이 이루어진다. 달리 말하면 정변은 히틀러 살해와 함께 시작되어야 한다는 것이다. 공모자들의 출신과 방법으로 볼 때, 이 결과를 얻는 것은 너무나 많은 것을 요구했다. 다들 이 문제를 놓고 마음이 편치 않았다. 도나니 가족은 1941년 9월부터 하펠 강변의 자크로브에 집을 마련해서 살고 있었다. 본회퍼는 그곳에서 지내는 가운데, 만일 행동할 기회가 자신에게 주어지면 자신은 그럴 준비가 되어 있으며, 하지만 이보다 먼저 고백교회에서 공식적으로 분명하게 탈퇴하는 것이 우선이라고 생각했다. 고백교회가 그를 보호해 줄 수도 없었고, 그도 고백교회에 보호를 요구할 생각이 없었기 때문이다. 물론 그것은 비현실적인 비약이었다. 본회퍼는 총포나 폭약에 관한 지식이 전혀 없었기 때문이다.

VI. 셋째 단계: 쿠데타 통지, 1942년

발터 폰 브라우히치의 실각은 충격이었다. 하지만 그것은 쿠데타를 지연시켰을 뿐 쿠데타 결정에 손실을 입히지는 않았다. 본회퍼는 오슬로에서 독일로 돌아오는 도중에 스톡홀름에서 영국에 있는 쌍둥이 누이 가족에게 아래와 같은 내용의 편지를 보냈다.

> 나는 친구들을 만나러 그곳으로[201] 가서, 온갖 난관을 헤치고 대단히 만족스러운 시간을 보냈답니다.……지금 나는 상당히 많은 곳을 여행하면서 책도 쓰고 있습니다.……지난번에[202] 여러분에게 편지하면서 나는 루디 이모부가[203] 그리 오래 살지 못할 거라고 생각했는데, 1월과 2월에 조금 회복되었습니다.[204] 하지

만 잠시만 그럴 거라고 생각합니다. 그가 몹시 허약해서, 나와 주변 사람들은 그가 몇 달도 더 살지 못할 거라고 생각하고 있거든요.[205]

행동 계획들이 변경되고 세분화되었다. 그 계획들이 진척되면 될수록, 쿠데타 이후에 이루어질 독일의 건설을 미리 계획할 필요성과, 온갖 비관적인 평가에도 불구하고 전시에 공격이 약화된 틈을 타서 외교적 보장을 얻어 내기 위해 노력할 필요성이 점점 커졌다.

본회퍼는 1942년에 이 두 노력에 협력했다. 첫 번째 노력에는 국가와 교회의 미래 관계 질서를 놓고 소견서들을 작성하여 베크 동아리에 제출하는 것으로 협력하고, 두 번째 노력에는 출장으로 협력했다. 이와 함께 본회퍼의 세 번째 단계 공모 활동이 극도로 불안하게 되었다. 그 이유는 대망(待望)이 실체화되다가 끝에 이르러 암살과 체포 사이의 경주로 끝나고 말았기 때문이다. 유언서 작성에서 시작하여 약혼하겠다는 결심에 이르기까지 개인적인 일에서도 긴장을 늦출 수 없었다.

노르웨이 출장[205a]

1942년 봄, 새로운 출장을 떠날 무렵 본회퍼는 도나니와 함께 난생 처음 경고를 받았다. 1942년 2월 중순에 변호사 칼 랑벤Carl Langbehn 박사와[206] 오스터의 협력자 루트비히 게레Ludwig Gehre 대위가 그의 전화 통화와 우편물이 게슈타포의 감시를 받고 있다고 알린 것이다. 칼 랑벤은 라인하르트 하이드리히와 보르만이 그 배후라고 말했고, 루트비히 게레는 제국보안본부의 좀머Sommer라는 자를 거명했다.

본회퍼는 출발 전에 편지 형식의 유언서를 작성했다. 새로운 출장 임무가 제국보안본부의 관심 분야와 상당히 겹쳤기 때문이다. 본회퍼는 가족에게 걱정을 끼치지 않으려고 농담을 하며 그 유언서를 나에게 맡겨 보관하게 했다.

4월 10일부터 18일까지 노르웨이 출장이 이루어졌다. 적과 접촉하기 위한 출장이 아니었다. 동맹자로 생각되는 사람들, 곧 중대한 고비에 처해 국가사회주의자들에 대해 반발하는 아이빈트 베르크그라프 주위 사람들의 태도를 지지하기 위한 출장이었다.

1942년 2월 1일, 비드쿤 크비슬링Vidkun Quisling이 수상직에 오르고, 같은 날 트론헤임 감독좌 대교회당 수석 목사 프옐부Fjellbu의 예배 집전이 금지되면서 노르웨이 교회투쟁이 불타올랐다. 곧바로 노르웨이 교회투쟁 세력과 독일 저항 세력의 제휴가 효과적으로 이루어졌다. 2월 20일 크비슬링이 프옐부를 해임하자, 노르웨이의 감독들이 직무를 그만두고 물러났다. 이들의 직무가 국가직속교회의 성격을 가지고 있었기 때문이다. 노르웨이 청년들을 대상으로 한 히틀러 청년단 창설 법령이 3월에 제정되자 1,000명 이상의 교사가 사직했다. 부활절인 4월 5일에는 노르웨이의 모든 목사가 사직했다. 저항을 수행하는 목사단의 발기인이자 인도자인 아이빈트 베르크그라프가 세족 목요일에 가택 연금을 당했다. 그는 부활절 이튿날 여러 차례의 심문과 가택 수색을 받고, 4월 8일에 투옥되었다. 다들 아이빈트 베르크그라프가 폭동죄와, 1940년에 있은 영국 여행을 토대로 적과 접촉했다는 죄목으로 기소되어 4월 13일에 나치 특별 재판소에서 재판을 받을 것으로 예상했다. 하지만 아무 일도 일어나지 않았다. 그러기는커녕 아이빈트 베르크그라프는 4월 16일 감옥에서 아스케르에 있는 산장으로 옮겨졌다. 그는 그곳에서 가택 연금을 당한 채 3년을 고독하게 보냈다. 베를린이 개입했기 때문이다.

당시 노르웨이에 주둔한 국방군 사령관 니콜라우스 폰 팔켄호르스트Nikolaus von Falkenhorst의 사령부에는 전임 군수이자 수송 장교인 테오도르 슈텔처가[207] 프리드리히 샤우어와 헤르베르트 크림Herbert Krimm과 같은 미하엘 형제단 출신의 친구들과 함께 있었다. 테오도르 슈텔처는 몰트케 및 요르크와 함께 크라이사우 동아리에 속해 있었다. 그는 크비슬링이 아이빈트 베르크그라프를 체포할 경우 곧바로 전보를 치기로 몰트케와 합의한 상태였다. 기어이 그런 일이 일어났고, 방첩대는 곧바로 두 명의 밀사를 파견하여, 국가사회주의 교회 정책이 아이빈트 베르크그라프를 해직함으로써 노르웨이 국민 전체를 불안하게 할 경우 독일군의 상황이 현저하게 위태로워질 수 있다며 이의를 제기했다. 오슬로에 있는 독일국가 위원회 위원 요제프 테르보벤Josef Terboven이 전신(電信) 명령을 받고 개입했다. 아이빈트 베르크그라프를 풀어 주라는 보르만의 전신이 4월 15일에 도착한 것이다.[208]

밀사 두 명은 몰트케와 본회퍼였다. 출장의 공식적인 명분은 독일 점령군의 안전을 위태롭게 하는 사건인 교회투쟁을 면밀히 관찰하는 것이었다. 감추어진 의도는 노르웨이 루터교도들에게 지금 걷고 있는 길에서 한 발짝도 물러서지 말라고 조언하는 것이었다. 아이빈트 베르크그라프는 15년 뒤에 테오도르 슈텔처에게 아래와 같이 말했다.

> 알렉스 존슨Alex Johnson은 최근에 다시 살아난 노르웨이 교회투쟁이 국방군에 유해한지를 확인하는 것이 의도일 거라고 말합니다.……본회퍼는 강한 인상을 준 것 같습니다.……존슨은 본회퍼의 노선을 다음과 같이 묘사합니다. 즉, 나치가 얼마나 비상식적인지가 이곳 노르웨이에서 드러나리라는 것입니다. 본회퍼는 순교에 이르기까지 맹렬하게 저항하자고 주장했습니다.[209]

출장 계획이 갑자기 잡혀 번개처럼 빠르게 실행되었다. 본회퍼는 원래 또 한 차례의 스위스 출장을 준비하고 있었다. 스웨덴 출장은 그 이후에 할 생각이었다. 그래서 부활절 며칠 동안 키코브와 클라인-크뢰신에서 스위스 출장 채비를 하면서 고요히 『윤리학』 집필에 몰두하고 있었다. 부활절이 지난 수요일에 도나니가 그를 베를린으로 다시 불러들였고, 그는 이틀 뒤에 몰트케와 함께 오슬로 출장길에 올랐다. 그들은 오슬로에서 사흘을 지내는 동안 감옥에 있는 아이빈트 베르크그라프를 면회하지 못하고 안부만 전하게 했다. 그 대신 아이빈트 베르크그라프의 협력자들인 알렉스 존슨, C. B. 스벤센Svendsen, H. 오르딩Ording 목사, 화가이자 아이빈트 베르크그라프의 친구인 헨릭 쇠렌센Henrik Sørensen을 만났다. 아이빈트 베르크그라프가 아스케르에 있는 산장으로 쫓겨나 구출된 것처럼 보이던 날, 몰트케와 본회퍼는 귀로에 올랐다.[210]

노르웨이 교회투쟁이 본회퍼의 관심을 끌었음은 물론이다. 그가 1933년에 직접 제안했다가 아무런 공명도 얻지 못했던 것,[211] 곧 교회 파업과 목사직 사퇴와 교회 탈퇴가 뜻밖에도 노르웨이에서 현실화되는 것을 목격했기 때문이다. 그가 제공한 조언은 전문 지식을 갖춘 조언이었다. 그는 자신의 경험을 토대로, 절대로 굴복하지 말라고 노르웨이 사람들에게 조언했다.

언제 다시 스웨덴에 가게 될지 알 수 없었다. 그래서 그는 스웨덴을 일주하는 김에, 4월 16일부터 17일까지 스톡홀름에 들러 옥스퍼드에 있는 쌍둥이 누이에게 편지를 보냈다.[212] 그는 에를링 아이뎀 대감독에게도 편지하여 자신을 떠올리게 했다.[213] 제네바에서 에렌스트룀을 자주 만났고, 정세 판단과 이를 토대로 한 과제 도출에서 그와 의견의 일치를 이루었으며, 공교롭게도 이 시점에 베를린에 있는 비르거 포렐이 소환을 당해서 유감이며, 에렌스트룀과 포렐이 자신에게 스웨덴 출장을 준비시켰다는 내용의 편지였다. 하지만 에를링 아이뎀은 이 편지의 배후관계를 간파하지 못했다. 몇 주 뒤 조지 K. A. 벨 주교가 에를링 아이뎀에게 문의했다. "대감독님에게 본회퍼의 스웨덴 체재와 형편에 대해 알려 드려도 될까요?" 에를링 아이뎀은 본회퍼가 군인이 되어 노르웨이로 가는 길에 스웨덴을 통과하게 된 것이라고 생각했다.[214]

4월 18일, 헬무트 제임스 폰 몰트케Helmuth James von Moltke와 본회퍼는 코펜하겐에서 출발하여 베를린에 착륙했다. 그들은 곧바로 티르피츠 강변에 자리한 방첩대 본부로 보고하러 갔다. 그곳에서 내가 본회퍼를 마중했다.

그는 노르웨이에서 며칠을 보내면서 한 살 어린 헬무트 제임스 폰 몰트케에게 매료되었다. 본회퍼는 크라이사우 동아리 창립자인 몰트케와 나눈 대화에 대해 나에게 이야기했는데, 자세한 내용은 기억나지 않는다. 당시에 우리는 이 단체의 특별한 능력에 주목하지 않았다. "크라이사우"라는 개념은 원래 있지도 않은 개념이었다. 그 동아리의 첫 번째 회의가 열리기 4주 전에 몰트케는 자신의 대농장 크라이사우에 있었다. 회의는 테오도르 슈텔처와 예수회 교구 신부 아우구스트 뢰쉬August Rösch의 발제로 문화 정책 및 교회 정책과 관련된 문제를 다루었다. 본회퍼가 했던 말이 생각난다. "몰트케와 함께한 출장은 대단히 흥미로웠지만 우리 의견이 같지는 않았네." 물론 몰트케와 본회퍼는 그리스도교 신념의 깊이 면에서 의견이 일치했고, 독일의 절망적인 상태에 대한 평가에서도 의견이 일치했으며, 루트비히 베크와 같은 인물에게 거는 기대에서도 의견이 일치했다. 하지만 몰트케는 그 당시 "폭력적인 수단으로 히틀러를 제거하는 것에 반대하는" 쪽이었고,[215] 본회퍼는 하나님의 심판을 방해해선 안 된다는 것을 알면서도 암살의 필요성을 지지하는 쪽이었다. 몰트케가 이 기회를 빌려 본회퍼에게 크라이사우 회의에 참석해 달라고 요청했는지는 모르겠다. 아마도 그랬을 것이다. 하지만 임박한 스위스 출장 날짜가 참석을 허락하지 않았다. 시간과 상황 때문에 노르웨이 출장 때와 같은 집중적인 만남이 더 이상 되풀이되지 않았다. 당시는 여러 동아리에 속해서 공모 활동을 동시에 전개할 상황이 아니었다. 위험이 배타성을 띠게 했기 때문이다.

3차 스위스 출장[215a]

3주 뒤 본회퍼는 옥스퍼드로 아래와 같은 내용의 편지를 부쳤다. 빌헬름 카나리스와 라인하르트 하이드리히가 프라하 성에서 카나리스의 정치적 정보 수집 업무를 제한한다는 합의서에 서명하던 시기에 우스꽝스러우면서도 내용을 정확하게 알리는 편지였다.

> 루디 이모부가 조금이나마 회복했지만,[216] 대단히 신경질적이고, 자신의 미래와 관련하여 잔뜩 불안해하고 있네요.……그의 병세가 어찌나 위중한지, 내가 보기에는 그가 오래가지 못할 것 같습니다.[217]

본회퍼는 3차 스위스 출장길에 올랐다. 짧은 기한의 출장이었다.

스위스 출장길에 오른 본회퍼와 쇤펠트에게 중복된 임무를 부여한 불명확한 이유를 들여다보려면, 날짜들을 살피는 것이 중요하다. 본회퍼는 5월 11일경에 스위스에 도착했을 것이다. 5월 12일에는 확실히 취리히에 있었다. 5월 13일에는 제네바에 출현하고, 5월 23일에는 임박한 스톡홀름 회동에 관해 아무것도 모른 채 취리히에서 영국의 조지 K. A. 벨에게 편지했다(DBW 16:276f.). 5월 26일에는 귀로에 올랐을 것이다(DBW 16:278 Anm. 1).

본회퍼는 5월 14일에 제네바에 있었다. 그는 실망스럽게도 그곳에서 피스르트 호프트를 만나지 못했다. 피스르트 호프트는 이미 4월 말에 제네바를 떠난 상태였다. 그는 스페인을 거쳐 영국으로 건너가 아담 폰 트로트 추 졸츠의 비망록을 전달했다. 영국에서 스태퍼드 크립스 경을 만났고, 크립스는 아담 폰 트로트 추 졸츠의 비망록을 윈스턴 처칠에게 보여주었다.[218] 피스르트 호프트는 윌리엄 패튼이 소집한 **평화 계획 단체**와 침머른, A. D. 린지Lindsay, 아놀드 조지프 토인비 앞에서 본회퍼가 1941년 9월에 제기한 논점들을 설명했다. 6개월 이상의 세월이 지나도록 독일에서 혁명의 조짐이 전혀 보이지 않았던 까닭에 정치적인 면에서 취약해진 논점이었다.[219] 본회퍼는 제네바에서 추측만 하면서, 이내 피스르트 호프트가 자신이 속해 있는 동아리의 관심사를 절박한 심정으로 대변할 것이라고 믿었다. 아담 폰 트로트 추 졸츠는 외무부 내에서 결성된 저항 동아리와 크라이사우 동아리의 일원이었다. 당시에는 다들 외국과의 접촉을 반대하지 않고 끝까지 추진했다. 기회들은 예기치 않게 왔고, 목표 달성은 확실하지 않았다.

본회퍼는 제네바에서 쇤펠트와 에렌스트룀을 더는 만나지 못했던 것 같다.[219a] 5월 14일에는 만남이 가능했을지 모르지만, 쇤펠트와 에렌스트룀은 이미 여러 날 전부터 5월 26일까지 스톡홀름에 있었고, 제네바에서 그곳으로 곧장 간 것이 아니라 독일에서 그곳으로 간 상태였다. 이는 오이겐 게르스텐마이어가 베를린에서 스웨덴 출장길에 오르는 쇤펠트를 배웅한 사실로 확인된다. 조지 K. A. 벨 주교는 자신을 찾아온 두 방문자가 그들 서로의 출장 의도를 전혀 모르는 상태였다고 증언한다. 본회퍼가 스위스에서 베를린으로 돌아왔을 때는—5월 28일이거나 아니면 5월 27일이었을 것이다—이미 쇤펠트와 조지 K. A. 벨 주교의 첫 만남이 이루어진 뒤였다.

제네바에서 본회퍼는 자신이 중요하게 여긴 이들을 만나지 못했다. 대신 프로이덴베르크의 집에서 열린 유쾌한 저녁 모임에서 피스르트 호프트 여사, 교회사학자이자 에큐메니칼 전쟁포로 위원회 위원장 자크 쿠르부아지에 교수, 나중에 스위스 교회협의회 의장이 된 앙리 데스핀 교수, 에큐메니칼 홍보실의 알렉산더 폰 바이마른Alexander von Weymarn 교수, 레나르Lenard 교수, 샤를 브뤼치Charles Brütsch 목사, 요하네스 슈나이더Johannes Schneider 설교사, 롤랑 드 퓌리Roland de Pury, 유대인 구호소에서 일하는 비트Witt 목사를 만났다.

이 모임에서 본회퍼는 조지 K. A. 벨이 스웨덴에 있거나 아니면 그곳으로 가는 도중이라는 말을 들었다. 조지 K. A. 벨이 5월 1일에 피스르트 호프트에게 보낸 전보가 제네바에 도착해 있었다. 피스르트 호프트는 이미 출발한 상태였다. 전보의 내용은 다음과 같았다. "3주간의 스웨덴 방문을 5월 11일에 개시함." 처음에 본회퍼는 좀 더 일찍 그 소식을 전해 듣지 못해서 유감이었다. 그렇지 않아도 그 무렵 자신도 베를린에서 포렐과 함께 스웨덴 출장을 준비하고 있었기 때문이다. 그는 이 상황에서 스위스 출장을 중단하고 베를린에 있는 친구들에게 기발한 착상을 알려 주교를 따라잡으려고 했다. 그리하여 그는 취리히로 돌아가 알폰스 쾨힐린을 만나고,—이는 "작전 7" 때문에 여전히 필요한 일이었다—5월 23일에 취리히에서 영국의 조지 K. A. 벨 앞으로 편지를 부쳤다. 주교가 스웨덴에 있는 것을 자신도 알고 있으며, 어떤 종류의 계획들이 세워지고 있는지를 은밀히 알리는 편지였다. 걸출한 영국인과의 만남은 **극비사항**이었고, 베를린에 있는 누구에게도 언급하지 않은 사항이었다.

> 주교님의 매우 친절한 편지를 이제야 받고서 감사드립니다.……마르틴 여사는[220] 몇 주 동안 몸져누웠고, 우리는 그녀의 남편에 관한 소식을 전혀 접하지 못하고 있습니다. 하지만 지난번에 들은 소식에 의하면 그는 육체적으로나 정신적으로나 매우 잘 지내고 있다더군요. 주교님이 중보기도를 하시는 특별한 날이 수요일이라는 것을 알기에, 나는 기도 속에서 주교님을 만날 생각입니다. 그리고 그것을 나의 친구들에게 알려, 그들도 똑같이 하게 할 생각입니다. 그것을 나에게 알려 주셔서 감사합니다. 우리에게는 어마어마한 가치가 있거든요. 내가 아는 한, 우리는 마음으로만 만나는 것이 아니라 조만간 다시 만날 것 같습니다.
>
> 그 순간에 주교님이 그곳에 계시리라는 것을 알게 되어 큰 위로가 되는군요! 다가올 그날들을 위해 하나님께서 우리에게 힘을 주시기를…….[221]

스웨덴 출장

임무

본회퍼는 조지 K. A. 벨의 스웨덴 방문이 공식적으로는 1942년 6월 2일에 끝난다는 소식을 제네바로부터 전해 들었다.[222] 본회퍼는 베를린에 도착하고 사흘 사이에 자신의 스웨덴 출장 계획을 제출했다. 협의와 결정을 거쳐, 출장이 기술적으로도 가능하게 되었다. 게다가 베크와 의논하는 것도 필요했다. 오스터와 도나니는 베크의 찬성이 없으면 결정적인 조치를 취할 수 없었다.

엄밀히 말하면 임무는 1941년 9월에 맡았던 것과 같은 것이지만, 목적은 그때보다 더 선명했다. 본회퍼는 이름을 넘겨주기로 결정한 몇몇 인사들의 지휘 아래 쿠데타가 일어날 경우에 그들의 평화적 성향을 보증하며 이렇게 말하도록 되어 있었다. "실제적인 설명이 이루어질 때까지는 이 인사들의 이름이 국민에게 노출되어서는 안 됩니다." 그러고는 영국 정부에 다음과 같이 단호하게 말해야 했다. "부탁드리건대, 영국군은 이 기회를 이용하여 가격해서는 안 되며, 새 정부에 어느 정도의 기간을 주어 내적으로 정화하게 해야 합니다."[223]

본회퍼는 5월 30일 토요일에 베를린에서 스톡홀름으로 가는 비행기에 올랐다. 그날은 비행기 여행과 파도를 꺼리는 본회퍼가 보기에 날씨가 몹시 사나운 날이었다. 스위스 출장 때에는 옥스퍼드에 있는 쌍둥이 누이의 식구들과 접촉할 가능성이 있어서 친가에 출장을 알렸지만, 이번에는 긴급을 요하는 일이었고 새로운 임무였으므로 비밀로 했다. 그는 카나리스의 직위를 이용하여 외무부의 특별 여권을 제공받았다.

> 특별 여권 474호. 이것을 지참한 본회퍼 씨는 1942년 5월 30일에 직무상의 서류들과 외무부의 행낭을 휴대하고 스톡홀름으로 가게 된다. 앞서 거명한 이의 출장에 온갖 편의를 제공해 주고, 불가피한 경우에는 그를 보호해 주기를 요망함.

이 여권은 5월 30일 새벽에야 발부되었다(DBW 16:299f.).

수수께끼 같은 두 특사 파견 조지 K. A. 벨 주교가 중립국 스웨덴에 있는 것을 이용하여 혁명의 외교적 보장을 강구하겠다는 것은 저항에 몸담은 집단들 가운데 적어도 두 집단이 품은 생각이었다. 책임자는 누구고 조치는 누가 결정했는가? 임무는 누가 부여했는가? 어째서 두 집단은 동조하지 않았는가? 수수께끼는 지금도 풀리지 않고 있다. 이 자리에서는 수수께끼 해결에 일조하기 위해 몇 가지 관점을 제시하고자 한다.

조지 K. A. 벨 주교가 여러 차례 말한 대로, 쇤펠트와 본회퍼 두 밀사는 서로 독립적으로, 그리고 다른 쪽의 계획을 전혀 모른 채 조지 K. A. 벨 주교에게 나타났다. 하지만 그들의 의도는 거의 완벽하게 일치했다. 조지 K. A. 벨 주교는 그것을 영국 정부에, 그들이 주장한 사실들의 진정성을 보여주는 증거 가운데 하나로 제시했다. 물론 독일 저항 활동 안에서는 이 이해되지 않는 병행이 큰 주목을 끈다.

쇤펠트가 본회퍼의 스웨덴 출장을 전혀 알지 못했고 알 수도 없었다는 것은 상당히 확실해 보인다. 조지 K. A. 벨 주교의 추측에도 불구하고,[224] 본회퍼가 쇤펠트의 스웨덴 출장을 알지 못했는지는 확실치 않다. 본회퍼가 제네바에서 쇤펠트와 에렌스트룀의 공동 출장에 관해 얼추 들었을 것이라고 추정해 볼 수는 있다. 하지만 본회퍼 자신의 출장이 베를린에서 숙의되고 결정된 것은 쇤펠트가 이미 스웨덴에 있을 때였다. 당시에 쇤펠트는 오스터 및 도나니와 개인적 친분이 전혀 없었고, 베크와도 친분이 전혀 없었다. 게다가 그의 크라이사우 친구들은 칼 프리드리히 괴어델러에 대해 의구심을 품고 있었다. 쇤펠트의 친구이자 조언자인 오이겐 게르스텐마이어와, 교회-해외사무국에서 그와 함께 일하는 이들은 외무부 소속 저항 세력, 곧 아담 폰 트로트 추 졸츠, 요하네스 포피츠Johannes Popitz, 울리히 폰 하셀과 친분을 맺고 있었다. 울리히 폰 하셀은 베크와 괴어델러를 가까이했음에도 불구하고 소위 "소장파"가 신뢰하는 인물이었다. 5월 초에 베를린의 크라이사우 동아리에서 다음과 같은 복안을 논의했다. 쇤펠트가 조지 K. A. 벨 주교에게 계획을 털어놓고 그것을 영국 정부에 전하여 협조를 구하자는 안이었다. 그러고는 출장을 활용하여 조지 K. A. 벨 주교와 회동하라고 쇤펠트를 격려했다. 쇤펠트가 4월에 제네바에서 아담 폰 트로트 추 졸츠를 만났다는 것은 분명한 사실이다. 오이겐 게르스텐마이어가 연결해 주어 이루어진 만남이었다. 그는 자신의 여권이나 비자를 사용하지 않았다. 교회-해외사무국과 외무부의 보증으로 에큐메니칼 조직들을 대신하여 중립국에서 여행 중이었기 때문이다. 어쩌면 베크가 본회퍼의 출장 전에 울리히 폰 하셀을 통해 쇤펠트의 출장 소식을 들었을 수도 있고, 본회퍼의 출장 전에 그 소식을 전혀 듣지 못했을 수도 있다. 쇤펠트의 스웨덴 출장 자체가 조지 K. A. 벨과의 만남을 보증하는 것은 아니었다. 게다가 쇤펠트의 출장은 본회퍼의 출장과 달리 조지 K. A. 벨을 만나기 위한 것만도 아니었다.

쇤펠트가 조지 K. A. 벨을 만나려 한다는 것을 오스터, 도나니, 베크가 알게 되면서, 본회퍼의 파견은 당연한 일이 되었다. 당시 방첩대 사람들은 본회퍼와 한스 베른트 기제비우스의 영향으로 쇤펠트가 (나중에 밝혀진 대로) 그다지 신뢰할 만한 사람이 못되며, 본회퍼만큼 조지 K. A. 벨 주교와 신뢰관계를 쌓은 이가 없다고 생각했다. 본회퍼와, 1938년부터 같은 노선에서 계속 일해 온 그의 위임자들이 보기에 쇤펠트와 그 친구들은 이 공모 영역에 발을 갓 들여놓은 신참들로서, 세를 불리긴 했지만 개인적인 영향력 면에서 고참들을 대신할 수 없었고, 애초부터 교회 정치의 걸림돌이었다. 베크, 오스터, 도나니가 보기에 에큐메니칼 활동가 중에서 영국 주교와 접촉할 수 있는 진정한 적임자는 쇤펠트가 아니라 본회퍼였다.

본회퍼가 쇤펠트의 출장에 관해 알고 있었다는 것은 상당히 믿을 만한 사실이다. 그의 눈에는 쇤펠트가 실제로 조지 K. A. 벨을 만날 가능성이 그다지 밝아 보이지 않았을 것이다. 기억하건대 본회퍼는 쇤펠트가 조지 K. A. 벨을 만났다는 것을 알고 귀국길에 놀람을 표시했었다. 1939년 봄에 에큐메니칼 협의회 제네바 사무국이 고백교회의 대표성을 충분히 인정하지 않는 것을 놓고 조지 K. A. 벨과 본회퍼 사이에 이루어진 대화를 떠올린다면,[225] 그 놀람은 당연한 것이다.

문헌 자료들 우리는 조지 K. A. 벨이 영국 측의 뛰어난 소식통들과 관련하여 상이한 시기에 작성한 문서들을 토대로 본회퍼가 시그투나와 스톡홀름에서 이틀을 어찌 보냈는지를 알 수 있다. 가장 나중에 나온 조지 K. A. 벨의 진술은 1957년에 작성된 것인데, 약간의 수정이 있었음을 보여준다. 12년의 시간 간격을 고려하면 그렇게 하는 것이 바람직하게 여겨졌을 것이다.

조지 K. A. 벨은 자신이 알게 된 것을 다섯 가지 상이한 단계로 나누어 수록했다. 다섯 단계는 다음과 같다. 1. 조지 K. A. 벨이 앤터니 이든에게 보낸 1942년 6월 18일자 편지(DBW 16:313f.). 그는 그 편지에서 자기가 알게 된 내용을 대략적으로 알리며 접견을 청한다. 2. 조지 K. A. 벨이 자기가 알게 된 내용에 쇤펠트의 문서를 포함시켜 작성한 비망록. 조지 K. A. 벨 주교는 그것을 6월 30일에 앤터니 이든에게 건넨다(DBW 16:315-320). 3. 이와 관련하여 1942년 7월과 8월에 앤터니 이든과 조지 K. A. 벨 사이에 이루어진 편지 교환(DBW 16:343, 345f., 347, 348). 4. 조지 K. A. 벨이 자신의 일기에 기초하여 포괄적으로 작성한 진술(DBW 16:280-299). 1945년 『현대 비평』*The Contemporary Review* 10월 호에 실린 이 진술에는 쇤펠트 및 그가 속한 동아리와 본회퍼가 속한 동아리의 차이가 뚜렷하게 드러나고, "고백교회"라는 표현도 자주 등장한다. 그는 나중에 이 표현을 "개신교회"Evangelical Church로 고쳐 쓴다. 5. 조지 K. A. 벨이 1957년 5월에 괴팅겐 강연에서 상세히 설명하며 완벽하게 보완한 진술. 이 진술에서 그는 쇤펠트에게까지 미친 심각한 위험에 적절한 관심을 기울인다.[226]

스웨덴 만남들에 관한 상세한 증거나 보고서가 독일 측에서도 나타나 이와 유사한 그림을 제공해 줄 것이라고는 거의 기대할 수 없다.[227] 방첩대 측에서는 업무를 극비로 유지했다. 바티칸을 거쳐 영국과 접촉한 적이 있는 까닭에 스톡홀름 대화에 관심을 기울이고 있던 요제프 뮐러조차도 자신에게 보고해 달라고 도나니에게 청하지 않을 정도였다. 결국 요제프 뮐러는 당시에 나에게 부탁했다. 본회퍼가 직접 자신에게 보고서를 제공해 주었으면 좋겠다는 내용의 부탁이었다. 이런 식으로 요제프 뮐러는 사건에 관한 지식을 바티칸에 전달했다. 그곳에서도 문헌들이 공개되기를 바란다.

앞서 언급한 조지 K. A. 벨의 보고서들에 의하면, 조지 K. A. 벨은 본국에서 스웨덴으로 출발하기 전에 이런 생각을 했다고 한다. "본회퍼를 제대로 만날 수 있을까?" 그는 라이프홀츠에게 보낸 5월 6일자 편지에서 아래와 같이 말했다.

> 그곳에서 디트리히를 만났으면 좋겠습니다. 하지만 그의 소식만은 반드시 듣고 오겠습니다.

그는 에를링 아이뎀의 도움을 받아 그의 자취를 수소문하려고 노력했다.

> 나는 그가 스웨덴을 거쳐 노르웨이로 가는 길이라는 말을 들은 상태였습니다.……하지만 대감독 아이뎀은 그가 군인 신분으로 지나갔다고 생각했습니

다. 아무리 애써도 그와 소통할 길을 찾을 수 없었습니다. 그랬건만 내가 스톡홀름에 있다는 말을 그가 듣고 이렇게 도착했답니다.[228]

주교와의 만남 1942년 5월 31일 일요일, 조지 K. A. 벨 주교가 시그투나에 있다는 말이 스톡홀름에 있는 본회퍼의 귀에 들려왔다. 조지 K. A. 벨 주교와 마찬가지로 본회퍼도 교회에서 설립한 유명한 시민대학과 만프레트 뵈르크비스트의 학술원을 향해 출발했다. 주교의 방에 들어섰을 때에는—1939년에 헤어진 뒤로 두 사람에게는 기억할 만한 순간이었을 것이다—이미 쇤펠트가 사전 작업을 최대한 해놓은 상태여서, 본회퍼는 단둘이 나누는 첫 대화에서 중요한 확인 이외에 구체적인 것들, 곧 공모자들의 이름을 밝히고 그들을 평가하는 일만 해야 했다. 그러고는 1941년 9월 피스르트 호프트와 함께 보낸 편지에서 강조한 그대로 했다. "그들(베크, 괴어델러)이 주도하는 봉기를 대단히 진지하게 받아들여야 합니다."[229] 전달사항은 직접적인 설명으로 인해 1941년과 다르게 절박함을 띠고 있었고, 현저하게 단축된 경로를 통해 원래 의도했던 수취인들에게 가닿았다.

제공된 이름들, 곧 베크, 쿠르트 프라이헤르 폰 함머슈타인Kurt Freiherr von Hammerstein, 괴어델러, 빌헬름 로이슈너, 카이저, 약간 신중하게 거명된 얄마 샤흐트(본회퍼가 표현한 대로 "당대 사건의 지진계였다!")는 이 시기의 저항 세력 지도부 안에서 결성된 집단의 상태를 대략적으로 암시한다. 울리히 폰 하셀은 거명되지 않는다. 현역 장군들 중에서는 한스 귄터 폰 클루게Hans Günther von Kluge와 페도르 폰 보크Fedor von Bock가 거명된다. 본회퍼는 오스터를 통해서만이 아니라 클라이스트-슈멘친과 슐라브렌도르프를 통해서도 그 두 사람이 쿠데타를 개시할 사람으로 알고 있었다. 그는 다소 무시하는 투로 에르빈 폰 비츨레벤을 거명하는데, 이는 비츨레벤이 공모자들의 첫 대열에서 한동안 물러나 있었음을 반영한 것이다. 비츨레벤은 낙담한 상태였고, 게다가 이제는 지휘권을 잃고 몸까지 병든 상태였다(DBW 16:290f.).

본회퍼와 조지 K. A. 벨 주교는 은밀한 대화를 나누고 나서, 똑같이 시그투나에 와 있던 쇤펠트와 함께 더 일반적인 시각들을 논의하고, 스웨덴 친구들과도 논의했다. 런던의 격려를 바라서는 안 된다는 조지 K. A. 벨의 경고에도 불구하고 다들 중립지역에서 런던과 저항 운동 사이에 있을지도 모를 추후 협상의 방법과 성격을 전할 수 있도록 여러 암호와 그 경로를 약속했다. 처음에는 중립지역으로 시그투나를 꼽았다가(DBW 16:296-298), 이튿날 이루어진 스톡홀름 회동에서 변경했다. 그사이에 만프레트 뵈르크비스트가 의구심을 품고, 동료 하리 요한손Harry Johansson의 투입을 스웨덴의 중립성과 모순되는 것으로 여겼기 때문이다(DBW 16:320 Anm. 18). 만프레트 뵈르크비스트가 (1936년) 본회퍼의 스웨덴 여행 때부터 그를 약간 기분 나쁘게 여기고, 조망하기 어려운 공모 영역에 들어서려 하지 않은 것도 거기에 한몫했을 것이다.

우리는 1945년에 작성된 조지 K. A. 벨의 첫 보고서에서, 어떻게 쇤펠트와 본회퍼가 공통의 임무와 공통의 관심사에도 불구하고 상이한 기질과 상이한 성향을 앞세워 조지 K. A. 벨 앞에서 저항 세력을 대변하는지를 눈치챌 수 있다. 나는 쇤펠트의 비망록이 크라이사우 주변에서 나온 것이 아니라 괴어델러와 베크의 주변에서 나온 것이라는 한스 로트펠스Hans Rothfels의 견해에 동의한다.[230]

쇤펠트는 협상하고, 본회퍼는 털어놓는다. 쇤펠트는 공통의 기반을 모색하고, 본회퍼는 그것을 전제한다. 쇤펠트는 결정적인 날에 협조를 얻으려고 독일의 힘을 들먹이며 위협하고, 본회퍼는 부탁한다. 쇤펠트는 경고하고, 본회퍼는 참회를 말한다. 쇤펠트는 책략적이고, 본회퍼는 원칙적이다. 물론 쇤펠트가 훨씬 정치적인 사람이지만, 이 경우와 이 시기에는 본회퍼와 그의 방법이 더 낫고 훨씬 효과적인 정치적 쟁점이었다.[231]

조지 K. A. 벨의 보고서에는 쇤펠트만이 말할 수 있는 내용들이 있고, 본회퍼만이 말할 수 있는 내용들이 있으며, 부수적으로 말한 것인데도 주교가 자신의 노력과 일치한다는 이유로 특별하게 받아들인 것들도 있다. 크라이사우 동아리와 연결된 쇤펠트는 "참으로 사회주의적인 노선"을 역설한 반면, 본회퍼는 이 시기에 보수적인 가능성들의 회복을 고려했다. 교회 저항 세력이 독일에서 대성공을 거두고 있다는 주장은 교회-해외사무국으로부터만 나올 수 있는 것이지, 포젠의 교구감독 파울 블라우Paul Blau가 말한 대로 본회퍼의 입에서 나온 것이라고는 생각할 수 없다. "그들은 스스로를 인상 깊게 입증해 보이는 믿음의 능력과 독일 그리스도교 교회의 자기주장에 대해 말했고, 이것들이 그들의 말에 바람직한 배경이 되어 주었다"는 게르하르트 리터Gerhard Ritter의 요약은[232] 본회퍼에게 맞지 않다. 그는 이 "자기주장"을 매우 비판적으로 보았고, 따라서 조지 K. A. 벨 앞에서 그것을 주장했을 리 없다. 식민지들은 본회퍼의 관심사가 아니었고, 따라서 그는 영국의 승전 가능성이 매우 희박하다고 말했을 리 없다. 친위대가 쿠데타를 일으킬지도 모른다는 언급은 본회퍼와 쇤펠트 모두 말했을 것이다. 요하네스 포피츠와 도나니(칼 랑벤을 거쳐)가 이따금 친위대 쿠데타의 이용을 진지하게 고려했기 때문이다(결국 그들은 그 고려를 내쳤다). 혹시 군주제가 재기하면 영국이 루이스 페르디난트 공을 내세우는 것이 어떻겠느냐는 물음은 본회퍼가 던졌을 것이다. 본회퍼는 이 시기에 자기 형 클라우스와 그의 연줄들을 통해서 그러한 고려사항들에 대해 알고 있었다.

게르하르트 리터의 견해에 따르면, 쇤펠트와 본회퍼는 베크 동아리의 지시를 받지 않은 채 연합국 정부 측의 **공개적인** 선언을 희망했다고 한다. "(저항 세력과 협상하겠다는) 선언이 공표되면 **가장 좋을**(강조 표시가 붙여져 있다) 것입니다."[233] 여기에는 협상에 진지하게 임하겠다는 약정과 서유럽의 심리 전술에 대한 바람 사이의 혼동이 아니라 위치 이동이 자리하고 있는 것 같다. 보고서들에 따르면 진지한 협상을 위해 세분된 암호와 비밀경로가 숙고되고, 공개적인 선언은 전혀 고려되지 않는다. 공개적인 선언은 쇤펠트의 보고서 내지 조지 K. A. 벨의 보고서 말미에서만 나타나고, 실질적인 대화들 자체에서는 나타나지 않는다.[234] 하지만 쇤펠트가 이 방향에서 조지 K. A. 벨의 요청에 따라 스톡홀름에서 급히—그다지 기쁘지는 않았을 것이다—기록한 것은[235] 본회퍼가 전에 윌리엄 패튼의 책에 대한 소견서에서 청한 것과 같은 내용이었다. 말하자면 영국의 라디오 방송과 신문에서 영국의 평화 계획을 합리적으로 알리고 선전하는 일이 일어났으면 좋겠다는 것이다.[236] 이미 암시한 대로, 이것은 조지 K. A. 벨이 1941년부터 런던에서 토대로 삼아 고투한 지점이기도 했다. 나중에 조지 K. A. 벨은 바로 이 지점에서 밴시터티즘Vansittartism에[237] 맞서며, 스탈린이 정치적으로 신중하게 공언한 것, 곧 히틀러와 독일 국민을 구별하겠다고 공언한 것을 지칠 줄 모르고 언급했지만, 런던은 그에 관해서 침묵을 지켰다.

본회퍼는 6월 2일 베를린에 다시 도착해 있었다. 특사는 체면을 유지해야 했다. 왔다가 신속히 돌아가야 했다. 그는 시간을 내어 옥스퍼드에 아래와 같이 다시 알렸다.

> 조지를 통해 여러분의 소식을 듣고 형언할 수 없이 기뻤습니다! 그 소식이 아직도 기적처럼 여겨지는군요.……우리가 이곳 스웨덴에서 들은 내용을 여러분도 들었을 것입니다. 지금 독일 바깥에서 살고 있는 비(非)아리아 혈통의 모든 독일인이 국외로 추방된 사람들이라는 이야기 말입니다. 내가 아는 한, 여러분의 조국의 미래는 여러분에게 좋은 일이니, 우리 모두가 갈망하는 그날이 되면 여러분의 귀국을 더 용이하게 해줄 것입니다.……요 며칠 내 마음은 감사로 충만하답니다. 조지는 내가 이제까지 살면서 만났던 대단한 위인 가운데 한 사람입니다.[238]

그는 아래와 같은 편지로 주교와 헤어졌다.

> 이 동료 의식과 그리스도교적 형제애는 저에게 가장 암울한 시간을 통과하게 해줄 것입니다. 사태가 우리가 바라고 기대하는 것보다 더 악화되더라도, 요 며칠의 빛은 제 마음속에서 결코 꺼지지 않을 것입니다.……저는 수요일에 주교님을 생각할 것입니다. 부디 우리를 위해서 기도해 주시기 바랍니다.[239]

임무 완수를 위한 조지 K. A. 벨의 고투

조지 K. A. 벨 주교는 이후에 펴낸 출판물에서 독일 공모자들의 예기치 않은 간청을 경청하고 회답하려고 아주 많이 애썼음을 보여주었다. 그는 영국 정부로부터 거부당하기는 했지만 그것에 굴하지 않았다. 1942년 7월 11일, 라이프홀츠는 에르빈 주츠에게 아래와 같은 편지를 부쳐 본회퍼 가문에 전하게 했다.

> 최근에 나는 조지를 만났습니다.……그는 최근의 출장에서 매우 깊은 인상을 받았습니다. 유감스럽게도 그의 친구들과 우리의 친구들 가운데 다수가 그의

> 폭넓은 판단력을 갖추지 못하고 잘못된 편견으로부터 좀처럼 벗어나지 못하고 있지만, 나는 그의 노력이 가시적인 성과도 얻기를 간절히 바라고 있습니다.[240]

앞서 살펴본 대로, 조지 K. A. 벨은 예전에 **평화 계획**의 합리적 공식화와 유럽의 미래 질서 선언을 열정적으로 호소하여, 국가사회주의로부터 해방된 독일이 베르사유의 실책을 피하면서 자기 자리를 얻게 하려고 했지만 보람이 없었다. 그가 스웨덴에서 자기 나라 정부에 충성하는 자세를 취하며 두 사람(쇤펠트와 본회퍼)에게 지나친 희망을 품지 말라고 경고한 것은 상황을 너무나도 잘 알고 한 말이었다. 하지만 그는 윈스턴 처칠에 대한 기대를 단념하며 수수방관할 마음이 없었다. 시그투나에서의 경험이 그 자신의 노력이 참되다는 것을 강하게 확인해 주었기 때문이다. 그래서 그는 두 가지 일을 했다. 그는 스웨덴에서 갈무리한 자신의 비밀 임무를 정부에 집요하게 압박하고, 여론에 공을 들이면서 예전에 하던 것처럼 미래 평화 계획의 공식화를 요구했다.

a) 내각의 거절

피스르트 호프트가 런던을 방문하여 아담 폰 트로트 추 졸츠의 비망록을 건넸다는 소식이 조지 K. A. 벨의 귀에 들려왔다(DBW 16:329 Anm. 12). 그는 그것을 제3자의 바람직한 원조로 여겼음에 틀림없다. 조지 K. A. 벨은 6월 18일에 스웨덴 회동을 짤막하게 기술하고 아담 폰 트로트 추 졸츠의 비망록을 참고하여 외무 장관 앤터니 이든에게 면담을 신청했다(DBW 16:313f.). 면담은 6월 30일에 이루어졌다(DBW 16:327). 조지 K. A. 벨은 앤터니 이든이 "대단히 흥미로워한다"는 것을 알고 기뻐했다(DBW 16:327). 하지만 앤터니 이든은 "평화를 모색하는" 목사들이 무의식적으로 나치스에게 이용당하거나 악용당하는 것은 아닌가라는 의심을 다 날려 버리지 못한 까닭에, 건네받은 문서들을 찬찬히 읽어 보고 답을 주겠다고 약속했다. 7월 10일, 조지 K. A. 벨은 라이프홀츠에게 아래와 같이 알렸다.

> 6월 30일에 앤터니 이든과 면담했지만, 아직까지 그에게서 아무 대답도 듣지 못했습니다. 바라건대 내가 그에게 제기한 문제들을 그가 심사숙고해 주었으

면 좋겠습니다. 내가 그에게 한 말이 내각의 다른 구성원들에게도 전해졌으면 좋겠습니다.……다들 매우 신속히 움직여야 할 것 같습니다.

7월 13일, 조지 K. A. 벨 주교는 자신과 친한 사람이자 내각의 일원인 스태퍼드 크립스 경을 만나서(DBW 16:328) 이런 말을 들었다. "나는 피스르트 호프트를 만나 이렇게 말했습니다. 비망록을 쓴 아담 폰 트로트 추 졸츠를 격려해 주십시오." 스태퍼드 크립스는 조지 K. A. 벨의 부탁과 바람을 이든에게 강조해서 말하겠다고 약속했다(DBW 16:329).

그러나 7월 17일에 앤터니 이든에게서 온 답변은 아래와 같이 대단히 부정적이었다.

> 당신의 정보 제공자들의 선의를 비난하는 것은 아니지만, 나는 그들에게 어떻게든 답변하는 것은 국익에 부합하지 않는다고 확신합니다. 나는 당신이 이 결정에 실망하리라는 것을 알지만, 해당 사안의 민감성을 고려하여 당신이 이 결정을 받아들여 주시기를 바랍니다.[241]

영국 정부기관이 6월 30일부터 7월 17일까지 조지 K. A. 벨의 문서들을 검토하고 나서 두 독일인 밀사의 신뢰성을 의심한 것은 아니었다. 하지만 "사안의 민감성"을 고려하지 않을 수 없었다. 처칠 정부는 서유럽의 제2전선 형성이 지체되자 소련이 품은 불만을 달래려고 조금 전인 1942년 5월 26일에 영-소 동맹 조약을 체결한 상태였다. 대서양 헌장을 뒷받침하고, 독일을 배제하는 조약이었다. 게다가 소련과 영국은 "히틀러 정부나, 침략 의도의 포기를 명시적으로 밝히지 않는 여타의 독일 정부와는 그 어떤 협상도 하지 않을 것이며, 양측의 동의 없이는 휴전 협정이나 평화 조약을 체결하지 않겠다"라고 합의한 상태였다.[242] 런던은 동맹에 대한 신의를 떨어뜨리는 것처럼 보일까 봐 몸을 사렸다.

7월 30일, 조지 K. A. 벨은 자신의 자료를 가지고 미국 대사 존 길버트 위넌트 John Gilbert Winant를 찾아갔다(DBW 16:376f. Anm. 2 참조). 라이프홀츠의 종용을 받고 나서 한 일이었다. 조지 K. A. 벨은 라이프홀츠에게 아래와 같이 편지했다.

그는 대단히 세심하게 경청했고, 나는 내 화제의 중요성과 그것의 출처를 영국 정치인 두 명에게 했던 것보다 훨씬 생생히 전한 것 같습니다.

존 길버트 위넌트는 워싱턴에 알리겠다고 약속했다. 하지만 워싱턴으로부터는 어떠한 답변도 오지 않았다. 같은 시기에 워싱턴에서는 미국 언론인으로서 1942년 6월에 독일에서 갓 돌아온 루이스 로크너Louis Lochner가 미국 정부와 접촉하다가 실망하고 말았다. 로크너는 베를린에 있는 저항 동아리에 관해 자신이 알고 있는 내용—디트리히 본회퍼까지 포함된 모든 인사들, 그 가운데 클라우스 본회퍼와 절친한 요제프 비르머—을 프랭클린 D. 루스벨트에게 가져가서 저항 세력의 진지함을 그에게 납득시키려고 시도했지만, 면담은 성사되지 않았고, 베를린에 있는 저항 세력에게 답변할 수 있는 권한을 자신에게 달라는 그의 제안서도 "대단히 곤란하다"는 이유로 거절 통보를 받았다.[243] 이 시점은 이미 저항 요소의 인정을 공식적인 방침에서 배제한 뒤였다. 따라서 위넌트에게서도 답변은 오지 않았다.

7월 23일, 조지 K. A. 벨은 영국 정부가 거절했다는 내용의 전보를 제네바에 있는 피스르트 호프트에게 보내는 것 외에 달리 할 수 있는 일이 없었다. 그러면서도 그는 상황을 너무 비관적으로 보지 않게 하려고 애썼다. "확실히 관심을 보이기는 하는데, 답변을 얻어 내지 못해서 심히 유감스러움. 조지 K. A. 벨."[244] 이 전보는 숙고에 숙고를 거듭하여 한 말이었다.

그러나 조지 K. A. 벨은 자기 나라에 대한 주목할 만한 충성심에도 불구하고 만족할 생각이 전혀 없었다. 영국 정부의 거절이 현명한 결정이 아니라고 확신했기 때문이다.

조지 K. A. 벨은 자기만의 방식으로 앤터니 이든에게 두 번째 서한을 보내어(DBW 16:345f., 348), 영국 정부와 정반대인 자신의 확신을 느낄 수 있게 했다. 그는 일반적인 전제에 반하는 밴시터트의 책략이 영국 정부의 정책이 아님을 확실히 밝혀 달라고 앤터니 이든을 압박했다.

나치스의 가공할 폭정에 맞서 싸울 준비가 되어 있는 이들이 독일에 있는데, 그들을 실망시키거나 무시하는 것이 옳은 일이겠습니까? 우리의 목적을 이루는 일에 그들의 원조를 거부할 여유가 있다는 말입니까?[245]

조지 K. A. 벨이 시인할 수밖에 없었던 그의 취약한 진영은 변함이 없었고, 독일 내부에서 저항이 일어날 가시적인 조짐이 있는 것 같지도 않았다. 그는 우격으로 말할 수밖에 없었다.

베를린 저항 단체와 본회퍼는 능력을 완전히 잘못 평가했던 것일까? 스태퍼드 크립스와 같은 유력 인사가 자신의 수상 및 외무 장관과 생각이 달랐다면, 영국 내각의 생각은 나중에 밝혀진 대로 처음부터 단호했던 것일까?

b) 계획적인 여론 선전 조지 K. A. 벨은 할 수 있는 한 모든 방법을 동원하여 여론에 호소하며 자기 나라 정부에 압력을 행사하려고 더 한층 애썼다. 그는 전후에 펴낸 보고서에서 이 대목을 별로 언급하지 않았다.

그는 스웨덴에서 돌아오자마자 조지프 홀즈워스 올덤의 『크리스천 뉴스레터』 *Christian News Letter*에 보고문을 기고했다.[246] 스웨덴에서 들은 자극적인 내용을 일일이 언급하지 않고, 히틀러가 몰락한 뒤에 해야 할 가장 중요한 일은 유럽을 새롭게 정돈하는 것이라는 자신의 견해를 다시 피력했다. 그 발언의 배경은 아래와 같다.

히틀러의 체제는 운이 다했다. 붕괴가 **예상보다 빨리 느닷없이** 일어날 것이다.……히틀러의 붕괴는 유럽에 공백을 남길 것이다. 그 공백을 적절히 메우려면 어찌해야 하는가라는 문제를 즉시 정면으로 마주하지 않으면, 유럽의 마지막 상태는 처음 상태보다 악화될 것이다.……그러나 당면한 질서의 확보 문제는 연합국이 대비하고 **지금** 마주하지 않으면 안 된다. 우리 정치인들이 지금 그 문제에 달려들지 않으면, 우리가 확신하는 승리는 재로 변하고 말 것이다.[247]

1942년 10월 15일, 그는 **영국 성공회 캔터베리 대주교구 회의 주교들의 집**에서 아래와 같이 말했다.

바라건대 영국 정부가 이제까지 해왔던 것보다 더 분명하게 밝혀 주었으면 좋겠습니다. 이것은 경합하는 생활 철학들 사이의 전쟁입니다. 이 전쟁에서 국제연합은 도처—독일 안팎—에서 나치스에 저항하는 이들의 도움을 기꺼이 환영하고 있거든요. 또한 영국 정부가 독일에서 나치스에 저항하는 이들에게, 자신은 히틀러와 히틀러주의를 효과적으로 거부하는 독일을, 히틀러가 다스리는 독일과는 다르게 대할 것임을 보증해 주었으면 좋겠습니다.[248]

11월에 조지 K. A. 벨은 한 출판물을[249] 통해, BBC가 1942년 7월에 독일을 위한 방송에서 몇 가지 같은 물음을 던지고 답했다는 것을 알게 되었다. 조지 K. A. 벨이 말하는 의미와 완전히 일치하는 답변이 주어진 질문은 다음과 같다. "히틀러의 패배는 독일의 파멸을 의미하는가?……영국은 독일인들이 히틀러 정권의 파멸에 이바지하기를 바라는가?" 그는 이 방송과 출판물을 계기로 삼아 상원에서 "의원들이 국왕 폐하 정부의 정책을 제대로 대변하는 사람들인지 아닌지를 알아볼" 요량으로 질문을 던지려고 했다.[250] 상원 연설에서 자신의 요구사항을 뒷받침하기 위해서였다. 하지만 그는 어려움에 맞닥뜨렸다. 상원 의장 크랜본Cranborne 경이 조지 K. A. 벨에게 까다로운 문제에 관해 대화를 나누고 나서 질의를 부탁한 것이다. 이 대화에서 조지 K. A. 벨 주교는 12월 9일에 있을 상원 회의에서 질의하기로 했다. 하지만 그는 상원 회의 직전에 다시 질의 중지를 요청받고, 앤터니 이든과의 대화를 부탁받았다.

이 나라는 이 문제와 답변들의 공표를 몹시 꺼리고 있습니다.[251] 이 점이 나를 대단히 조마조마하게 하는군요. 내가 보기에는 우리의 전쟁 목적이 어떤 것인지를, 이제까지 들어 왔던 것보다 훨씬 명쾌하고 만족스럽게 말하는 것만이 답인 것 같습니다.[252]

조지 K. A. 벨은 12월 15일에 앤터니 이든을 만났다(DBW 16:377 Anm. 6 참조). 앤터니 이든은 저 BBC 방송이 영국 여론에 결정적인 것이 되지 못했다는 이유를 들어, 상원 질의를 그 방송과 연계시키지 않았으면 좋겠다는 정부의 간절한 바람을 피력했다. 조지 K. A. 벨은 히틀러주의와 독일을 구별할 것이냐는 물음을 BBC 방송과 연계시키지 않고 1942년 11월 6일에 이루어진 스탈린의 연설과 연계시키겠다는 제안을 했다. 마침내 앤터니 이든이 동의의 뜻을 표했다. 하지만 질의와 연설은 의회의 휴회기가 끝난 뒤에나 가능했다. 질의시간이 1943년 1월 27일로 잡히자, 외무성이 또 다시 2월 10일로 연기할 것을 청했다. 조지 K. A. 벨은 2월 11일에 그것과 무관한 것으로 알려진 연설, 곧 밴시터트에 반대하는 연설을 하면서, 히틀러와 그 수하들의 온갖 만행을 독일 전체와 동일시하는 것에 반대했다.[253]

마침내 교정을 맡은 라이프홀츠와 상의한 뒤인 3월 10일에야 조지 K. A. 벨의 질의가 아래와 같이 이루어졌다(DBW 16:378 Anm. 6 참조).

히틀러는 저항 세력을 달랠 수 있는 유일한 길은 그들을 설득하는 것뿐이라는 것을 잘 알고 있습니다. 이를테면 자신뿐만 아니라 저항 세력도 연합국으로부터 파멸의 위협을 받고 있으며, 연합국이 나치스와 여타의 독일인들을 구별하지 않고 모든 독일인을 어둠으로 여긴다고 설득하는 것입니다.……이로써 저항 세력이 독일에 실재하고 있음을 어느 정도 보여준 셈이 되기를 바라고, 저항 세력이 자신의 원칙을 지키고 대의에 중요한 존재가 될 수 있도록 격려하고 지원할 필요가 있음을 증언한 셈이 되기를 바랍니다. 또한 파시즘과 자유를 구별하고, 전제 정치와 민주주의 사이의 선택을 가급적 명료하게 하는 데에 유럽의 미래가 달려 있다고 믿을 만한 이유를 어느 정도 제시한 셈이 되기를 바랍니다.[254]

정부 대변인은 아래와 같이 답했다.

국왕 폐하의 정부를 대표하여 분명하게 말씀드립니다. 우리는 다음의 두 사항에 관해 스탈린 총서기와 의견을 같이하고 있습니다. 첫째, 히틀러의 국가는 파괴되어야 한다. 둘째, 독일 국민 전체는 괴벨스가 그들을 설득하려고 시도한 것과 달리 파괴되지 않을 것이다(DBW 16:378 Anm. 6).

조지 K. A. 벨은 본국이 3월 10일 오후에 자기편이 되어 호의를 베풀었다는 인상을 받고 아래와 같이 편지했다.

> 내가 제기한 요점과 관련하여 나온 간결한 답변이 참으로 만족스러웠습니다.……나는 지금 정보부와 접촉하여 핸서드Hansard[255] 몇 부를 스웨덴으로 보내 줄 수 있는지 알아보고 있습니다.[256]

조지 K. A. 벨이 런던에서 이 연설을 하고 사흘 뒤(1943년 3월 13일—옮긴이), 스몰렌스크에서 동프로이센으로 향하는 히틀러의 비행기 안에 시한폭탄이 설치되었다. 슐라브렌도르프가 트레스코브와 함께 클루게의 사령부에서 가져다 설치한 폭탄이었다. 베를린에서는 도나니와 본회퍼가 친구들과 함께 잔뜩 긴장한 채 비행기 추락 소식을 기다리고 있었다. 정변 준비가 대체로 완료된 상태였고, 암살이 성공하면 프리드리히 올브리히트의 집무실에서부터 쿠데타가 개시될 터였다. 그러나 폭탄은 터지지 않았다. 우리는 조지 K. A. 벨이 쿠데타를 예측하고 얼마 지나지 않아 쿠데타 소식을 접했을 것이며, 그것이 그의 입장을 단숨에 변화시켰을 것이라고 상상할지도 모른다.

하지만 조지 K. A. 벨은 그러기는커녕 본회퍼가 체포되었다는 소식을 4월 7일에 접했다.

c)독일 친구들 걱정 조지 K. A. 벨 주교는 자신이 전한 영국 정부의 거절 전보가 독일 친구들에게 어떤 영향을 미쳤는지를, 그럼에도 불구하고 그들을 고무하려면 어찌해야 하는지를 끊임없이 생각했다. 그는 본회퍼의 직접적인 반응을 오랫동안 기다렸지만 보람이 없었다. 어찌나 걱정했던지 자신이 제네바로 보낸 전신 답장이 본회퍼에게 정말로 닿았는지를 라이프홀츠에게 문의할 정도였다. 마침내 조지 K. A. 벨은 본회퍼가 보낸 8월 28일자 편지를 9월에 받았다(DBW 16:353). 도나니가 런던의 답변을 얻으려고 스위스로 가져간 편지였다. 이 편지는 "답변을 얻어 내지 못해서 심히 유감스러움"이라는 표현에 대해 어떤 반응도 보이지 않았다.[257]

하지만 제네바 사람들은 그간의 사정을 알고 있었고, 개인 특사이자 YMCA 간사인 트레이시 스트롱Tracy Strong을 통해 그것을 조지 K. A. 벨 주교에게 알렸다. 조지 K. A. 벨 주교는 그것을 라이프홀츠에게 전했다.

> 제네바에서 건너온 미국인(YMCA 간사)이 전해 준 소식입니다.……제네바에 있는 그의 동료들—디트리히와 접촉을 유지하고 있는 사람들—이 낙담했다는군요. 어떠한 제안도 오지 않아서요. 그리고 그들은 러시아가 전면에 있는 한 더 이상 어떠한 일도 일어날 것 같지 않다고 생각했다는군요.[258]

조지 K. A. 벨은 스웨덴과 스위스를 거쳐, 편지들과 방문자들을 통해, 가능한 모든 경로를 이용하여, 그 모든 것에도 불구하고 그들이 말하는 의미의 여러 가지 일이 영국에서 일어났음을 알렸다. 11월에 스웨덴의 잉베 토르크니 브릴리오트 감독이 치체스터를 방문했고(DBW 16:377 참조), 조지 K. A. 벨은 그에게 내용을 소상히 알려 주었다. 조지 K. A. 벨은 하리 요한손에게 보내는 편지에서 자신과 닐스 에렌스트룀이 브릴리오트를 독일의 믿을 만한 소식통과 연결시키기 위해 애썼음을 암시했다. 또한 그는 **캔터베리 대주교구 회의**에서 발표한 연설문을 보내기도 하고, 1942년 5월 21일에 나온 앤터니 이든의 메모를 읽어 보라고 권하기도 했다. 그 메모는 희미한 희망의 빛을 담고 있었다. 또한 그는 BBC 방송의 질문과 답변들을 언급하기도 하고, 임박한 상원 토의를 알리기도 했다.[259]

브릴리오트는 1942년 12월에 쇤펠트와 오이겐 게르스텐마이어를 스웨덴에서 실제로 만나서, 자신이 조지 K. A. 벨에게서 들은 내용을 그들에게 전하고, 1943년 1월 12일에는 그들과 만나 이야기한 내용을 조지 K. A. 벨에게 알렸다.

> 나는 귀국하고 나서 대략 한 달 전에 귀하도 잘 아는 두 독일인의 방문을 받았습니다. 그들은 나의 생각을 듣고 싶어 했습니다. 특히 독일이 자기 정부와 그 정책을 바꿀 경우, 영국이 독일을 어찌 대할 것인지를 듣고 싶어 했습니다. 내가 그들에게 해준 말이 그들을 안심시켜 주었다고는 생각하지 않습니다. 나는 영국인들이 저항 세력에 대해 아는 게 별로 없기 때문에 저항 세력의 능력과 신뢰성을 제대로 평가하는 것이 얼마나 어려운 일인지를 그들에게 이해시키려고 애

> 썼습니다. 그러면서 독일에서 무언가가 정말로 일어나면 영국의 여론이 깜짝 놀랄 것이며, 결정적인 조치가 먼저 취해져야 많은 격려를 기대할 수 있다고 말했습니다. 이것이 상황을 매우 복잡하게 만들고 있습니다. 하지만 내 생각으로는 약간이라도 먼저 격려하는 것이 훨씬 바람직한 것 같습니다. 다른 한편, 영국 여론은 독일 정부가 저지른 소행의 모든 책임을 독일 국민에게서 쉽게 면제해 주지 않을 터인데, 이것을 그들에게 이해시키는 것은 대단히 어려운 일입니다. 아시다시피, 독일 국민이 자기 정부의 정책에 영향을 미칠 가능성이 거의 없고, 게다가 그들 대다수가 이미 일어난 일들 상당수를 모르고 있기 때문입니다.[260]

조지 K. A. 벨은 이 편지를 읽고 "귀하도 잘 아는 두 독일인"이 쇤펠트와 본회퍼일 거라고 착각했다. 그러나 쇤펠트와 함께 스웨덴을 방문한 이는 오이겐 게르스텐마이어였다.[261] 브릴리오트의 편지에서 감지되는 대화 태도는 다른 강조점도 지니고 있었다. 본회퍼가 보여주었을 법한 태도와 상반되는 태도였다. 본회퍼는 1942년에서 1943년으로 넘어가는 겨울에 해외 출장 기회를 전혀 얻지 못했다.

조지 K. A. 벨은 남프랑스가 독일에 점령되고 나서 스위스의 연줄들이 끊어질까 봐 걱정하면서도 스위스의 에르빈 주츠를 거쳐서라도 본회퍼와 연락을 취하려고 애썼다.

> 나는 밴시터트 경의 이름과 곧잘 연결되는 정책에 관해 이야기하려고 스위스와 얼마나 많은 연락을 취하는지 모릅니다. 밴시터트에게 동의하는 개인이 영국에 꽤 많은 것이 사실이지만, 독일 국민에 대한 영국 정부의 공식적 정책은 그러한 개인적 의견들과 정반대입니다. 내가 알기로 앤터니 이든 씨는 자신이 5월 21일에 행한 연설에서 나치스와 독일인들을 구별하겠다고 밝힌 것에 커다란 중요성을 부여하는 것 같습니다.[262]

1943년 3월 말, 지크문트-슐체가 스위스에서 걱정을 가득 담아 보낸 전보가 조지 K. A. 벨에게 도착했다. 1943년 1월 24일에 카사블랑카 선언이 (**무조건 항복**을 요구하며) 공표되었고, 이로 인해 촉발된 첨예한 갈등에 직면하여 연합국지역에 있는 교회들의 중대한 책임을 내용으로 삼은 전보였다. 조지 K. A. 벨은 외무성 차관보와 의논하여 1943년 4월 7일에 아래와 같은 내용의 답장을 지크문트-슐체에게 보냈다.

> 나치 정권과 독일 국민을 구별하는 것과 관련하여 이제까지 나온 것 가운데 가장 신중하고 건설적인 공식적 선언이 나왔음. 또한 선언은 히틀러나 여타의 나치 대표들과 협상하지 않고, 히틀러와 나치스를 독일에서 타도하기로 재차 단언했음. 개인적으로는 상황 전체가 바뀌었다고 확신함. 귀하의 영적 교섭과, 교회의 중재 기능에 대한 귀하의 강조에 심심한 사의를 표함.

조지 K. A. 벨은 라이프홀츠에게 보낸 편지에서 그간의 경위를 알리며 차관보와 나눈 대화를 언급했다.

> 나는 독일 군대 안에 건전한 세력이 존재하고 있음을 인정하는 것이 중요하며, 무장 해제를 논할 때 적절한 표현들, 곧 군 전체가 완전히 폐지되지는 않을 것이라고 명백히 밝히는 표현들을 찾아내는 것이 중요하다는 것을 그에게 인식시켰습니다. 또한 나는 독일 내부에서 체제 전복이 일어나려면 군사력의 도움이 있어야 한다는 사실도 지적했습니다. 그는 이 요점을 알아듣고 고맙게 여겼습니다.[263]

본회퍼가 이미 테겔 형무소에 갇혀 며칠을 보냈을 무렵에 지크문트-슐체에게 마지막으로 보낸 저 전보는 조지 K. A. 벨 주교가 독일에 있는 공모자들을 얼마나 이해하고 있었는지를 한 번 더 보여준다. 이것은 공식적으로 발표된 영국 정부의 견해와는 반대되는 태도였다. 때문에 그는 당시에 주목을 전혀 받지 못했다. 하지만 독일 저항 운동은 조지 K. A. 벨 주교를 얻었고, 조지 K. A. 벨 주교는 독일 저항 운동의 비길 데 없는 대변자이자 동지였다. 확실히 이 동지는 당시의 영국에서 영향력이 그다지 크지 않았고, 그 점에서 보면 그에게 너무 많이 의지한 것은 정치적 실책이나 다름없었다. 하지만 이는 그 시대의 정치 표준 속에서 그랬다는 말이지 장기적인 전망에서 그랬다는 말이 아니다. 영국의 유명한 군사 전문 작가 베이즐 헨리 리들 하트Basil Henry Liddel Hart는 1959년 6월 15일자 「데일리 텔레그래프」*Daily Telegraph*에서 아래와 같이 썼다.

> 조지 K. A. 벨이 전시에 상원에서 행한 연설의 지혜와 선견지명은 당시에 상당한 반대 의견에 맞닥뜨리기는 했지만 오늘날에는 대체로 인정을 받고 있으며, 특히 군사 전문 전쟁사학자들의 인정을 받고 있다. 오늘날이라면 그가 연합국이 내건 무조건 항복 정책의 어리석음을 거듭해서 경고한 것에 누구도 이의를 제기하지 않을 것이다.……기술적 전략의 지평은 군사 행동의 즉각적인 승리에 국한되는 반면, 총괄적인 전략은 전쟁을 넘어 그 이후의 평화 상태를 내다보고, 따라서 도덕성과 일치하는 경향이 있다. 이와 같이 조지 K. A. 벨은 자기 신념의 원칙을 지키기 위해 싸우며 총괄적인 전략을 정치인들보다 훨씬 분명하게 이해하고 있었다. 당장 듣기에 불쾌하기는 하지만 그의 경고와 안내에 좀 더 많은 주의를 기울였더라면, 서양의 현재 상태는 훨씬 나아졌을 것이다.

이탈리아 출장

1942년 6월 26일, 본회퍼는 이 해의 네 번째 외국 출장을 떠났다. 이번에는 한스 폰 도나니와 함께하는 이탈리아 출장이었다. 그들은 베네치아에서 며칠을 보냈다. 슈미트후버도 뮌헨에서 넘어와 그 며칠을 함께 보냈다. 도나니는 피렌체에서 그곳의 독일 영사와 친한 사이가 되었다. 이탈리아 저항 단체와 접촉을 유지하고 있는 사람이었다. 본회퍼와 도나니는 로마에서 런던의 답변을 접할 수 있게 되기를 바랐다. 본회퍼는 요제프 뮐러의 친구들, 곧 로베르트 라이버 신부, 쇤회퍼 신부,[264] 프렐라트 루트비히 카아스Ludwig Kaas를 만났다. 바티칸에서는 콜레기움 게르마니쿰(독일어로 말하는 로마 가톨릭 사제들을 위해 1552년 바티칸에 설립된 신학교—옮긴이)Collegium Germanicum의 학장 이보 차이거 박사와 면담하기도 했다. 본회퍼는 바티칸에서 이들의 도움을 이용하여 검열받지 않은 편지를 옥스퍼드에 있는 쌍둥이 누이에게 한 번 더 보냈다.

나는 조지와 가장 유쾌한 시간을 보냈단다. 너는 그분이 보낸 편지도 받았을 거야. 나는 머지않아 우리가 다시 만날 것이라고 믿을 만큼 여전히 낙관적이야.[265]

그러나 런던 소식은 7월 10일에 이탈리아를 떠날 때까지 도착하지 않았다.

8월 말에 도나니는 본회퍼 없이 스위스로 갔다. 그의 주요 업무는 "작전 7"을 위해 최종적으로 협의하는 거였다. 그 와중에 그는 조지 K. A. 벨이 피스르트 호프트에게 보낸 실망스러운 전보를 받았다. 성대한 환대를 기대한 것은 아니었을 것이다. 하지만 그 전보는 여러 장군이 쿠데타를 준비하기 위해 애쓸 때 그다지 논란거리가 되지 못했다.

본회퍼는 클라인-크뢰신에서 하던 『윤리학』 집필을 중단한 채, 스위스 출장을 떠나는 도나니를 배웅했다. 도나니는 앞서 언급한 대로 본회퍼가 조지 K. A. 벨에게 보내는 8월 28일자 편지를 가지고 떠났다. 조지 K. A. 벨 주교는 그 편지를 받고, 그 속에 자신의 전보에 대한 언급이 들어 있지 않아서 불안해했다. 그가 나지막하고 지친 어조로 은근히 알린 전보였기 때문이다. 본회퍼는 자기의 심중을 아래와 같이 표현했다.

일은 내가 기대한 대로 진행될 것입니다. 하지만 시간의 길이가 이따금 맥 빠지게 하는군요. 나는 악몽이 끝나고 우리가 다시 만날 날이 어서 오기를 여전히 바라고 있습니다. 우리 앞에 놓인 임무가 예전보다 더 중요해질 것입니다. 하지만 각오를 단단히 해야 할 것입니다. 어서 빨리 주교님 소식을 들었으면 좋겠습니다.[266]

디트리히 본회퍼가 자유 영토에서 손수 써 보낸 마지막 안부이자, 주교와 옥스퍼드 사람들이 마지막으로 받은 안부였다. 사태가 또 다시 "맥 빠지게" 전개되었다. 히틀러가 러시아와 아프리카에서 새롭게 거둔 성공이 공모자들의 활동을 약화시켰고, 점점 길어지는 준비 기간이 저항 동아리 안에서 불거진 내적 위기들을 통해 위험을 키우고 있었기 때문이다.

도나니는 스위스에서 옥스퍼드에 있는 라이프홀츠 가족에게 아래와 같이 편지했다.

> 보이지 않는 영역에서 어떤 일이 전개되고 있는지를 알아맞혀 보세요. 불변의 전제들에서 출발한다면, 수수께끼를 어렵지 않게 풀 수 있을 것입니다.……우리 형제자매들 사이의 유대 및 부모님과의 유대는 예전만큼 강하답니다. 우리는 서로 편들어 주고 있으니, 이 소란스러운 시대에 필연적으로 따르는 수많은 난제도 극복하게 될 것입니다.[267]

미래의 구성: 협력

1942년은 끊임없이 갈라진 저항 세력 안에서 공모 가담자들이 전례 없이 활약한 해였다. 개인들은 물론이고 연구 동아리 전체도 미래에 이루어질 공적 생활의 다양한 부문을 위해 일을 시작했다. 물론 본회퍼 자신은 미래의 국가 형태를 위해 자기만의 결정적인 초안을 잡거나 지지하지는 않았다.

1942년 7월, 칼 프리드리히 괴어델러가 오토 욘을 대동한 채 카디넨으로 가서 루이스 페르디난트 공을 만났다. 오토 욘이 주선하여 이루어진 만남이었다. 클라우스 본회퍼의 집에서는 야코프 카이저와 요제프 비르머까지 참석한 몇 차례의 대화 속에서, 페르디난트 공이 봉기 신호를 보내야 하지 않느냐는 문제를 숙고했다. 호엔촐레른 왕가 자체에 도사린 난제들로 인해 그 계획은 금방 중단되고 말았다. 하지만 본회퍼가 시그투나에서 조지 K. A. 벨 주교에게 적절히 알린 대로, 당시의 사람들은 대중성, 안정성, 명령 발효를 이유로 호엔촐레른을 생각하고 있었다. 그럼에도 본회퍼 형제들은 왕정주의를 목표로 삼지 않고 주로 실용적인 이유에서 이 숙고에 관여했다. 본회퍼가 체제 전복을 통해 유도하려고 한 것은 "왕정복고"가 아니었다. 난제들에 싸여 있기는 했지만 군주제의 단초가 반란 지시에 유리하다면, 그것도 고려하지 않으면 안 되었다. 가장 나이 많은 황세손이 1940년 전사하자 전 국민이 관심을 표하고, 히틀러도 관심을 기울여 호엔촐레른 왕가 사람들을 전부 전선에서 되돌려 보낸 상태였다. 어쨌든 쿠데타에 필요한 국민의 공감을 중시한다면, 그 관심을 생각하지 않을 수 없었다(DBW 16:295 참조).

본회퍼는 쿠데타 이후의 긴급 프로그램을 기획하는 일에 협력했다. 칼 프리드리히 괴어델러의 헌법 초안에서 국가와 교회의 미래 관계와[268] 관련된 문제, 쿠데타 이후 파괴된 지방교회들의 재정비와 관련된 문제를 베크 동아리를 위해 페렐스와 함께 논의하는 데 국한된 협력이었다. 긴급 조치들을 조정하는 것은 베크 동아리 안에서 특별히 도나니의 책무였다.

교회의 재정비

교회에 적용할 긴급 조치들과 관련된 제안서들 중에서 본회퍼의 초안과[269] 페렐스의 연필 초안(DBW 16:596-600)이 보존되어 있다.

본회퍼의 문서는 "신앙고백에 걸맞은 지도부"(DBW 16:593)를 복구하고, 국가교회의 특수 이해관계나 전통 "교단의 방해공작"이 새로운 독일 개신교회를 위협하지 못하게 하려면, 고백교회의 어느 세력이 재정비를 수행해야 하는지를 분명히 밝힌다. "옛 관구총감독들의 보수적인 동아리와 교회 당국의 관료 동아리가 지도부를 다시 장악하지 못하게 해야" 한다는 것이었다(DBW 16:593). 개별 조치들에 대한 일련의 제안들, 곧 법적 지위와 신앙의 자유를 회복해야 한다는 제안들 중에서, 독일그리스도인연맹에 속한 상당수의 사람이 자유신앙연맹의 자격으로 계속 존재하는 것은 있을 수 있는 일로 간주된다(DBW 16:595). "외국교회들과 해외 독일 공동체 대다수의 신뢰를 잃어버린 교회-해외사무국의 직원을 독일 개신교회협의회와 합의하여 교체한다." "1933년부터 도처에서 파괴되고 학문적 명성을 빼앗긴" 신학부들은 교회의 협력 아래 다시 정비되어야 한다(DBW 16:595). 종무부는 당연히 존재해서는 안 된다. 재정 상황을 놓고 논쟁이 이루어져야 한다. 그것이 국가와 교회의 관계에 "여러 번 부담을 주기" 때문이다(DBW 16:595). 본회퍼가 염두에 둔 교회는 국가의 간섭이 없는 교회였다.

페렐스는 자신의 초안에서 간결한 법조문을 만드는 작업에 치중한다. 그러나 이 작업은 본회퍼의 구상과 상응한다. 페렐스의 초안은 우리에게 날짜 표시를 위한 실마리를 제공한다. 1942년 9월 20일에 동유럽에서 불명확한 방식으로 죽은 달렘의 프리츠 뮐러가 그 초안의 인사(人事) 제안에서 여전히 거론되고 있기 때문이다(DBW 16:596 Anm. 1). 초안에는 "교회 업무 속에서 국가가 차지하는 권한"에 관한 법령, "그리스도교 신앙의 자유에 관한" 법규와 "시행령", "독일 개신교회의 신앙의 자유에 관한 법규", 목사직 임용을 위한 명부가 담겨 있다(DBW 16:596-598).

교회 재정비를 위한 최종 형태의 제안으로서 어떤 초안이 베크에게 제출되었는지는 알 수 없다. 초안은 본회퍼가 체포될 때 최고군사법원 법무관 뢰더의 수중에 떨어졌다. 하지만 '교회투쟁의 종료'(DBW 16:589)라는 초안의 제목은 본회퍼가 심문받을 때 본문의 진짜 배후관계를 은폐할 수 있게 해주었다.

본회퍼는 이처럼 긴급 조치들을 준비하면서 교회를 위한 설교단 발표문 초안과 성직자들에게 보내는 호소문 초안도 작성했다.[270] 설교단 발표문에는 강력한 죄책 고백, 양심에 의거하여 직무 유기와 의견 불일치를 없애라는 호소가 담겨 있다. 본회퍼는 공모에 한창 관여할 때에도 교회의 "위임"에 관해 부단히 숙고하고 따르면서 자신이 양다리를 걸치고 있다고는 느끼지 않았다. 그러기는커녕 이미 단절을 수행했던 터라 목회에 필요한 일을 마음껏 할 수 있었다.

미래의 구성: 발의

그 당시 공모 본부로부터 가능한 모든 제안이 흘러나와 미래 사회 구성 문제에 관한 비망록을 작성하게 했다. 예컨대 칼 프리드리히 괴어델러는 1942년 여름에 한스 아스무센에게 경제 문제에 관한 교회의 의견을 작성해 달라고 부탁했다.[271] 반면에 본회퍼는 자신의 에큐메니칼 접촉을 토대로 자신만이 할 수 있는 발의를 했고, 이 발의는 친구들 및 특정 분야 전문가들의 협력을 통해 일종의 의견서로 작성되었다. 이 의견서는 지금도 보존되어 있다.

본회퍼가 1941년에 영국 그리스도교 단체들의 출판물 가운데 스위스에서 읽은 것과, 조지 K. A. 벨이 1942년에 자신의 친구들이 히틀러의 몰락과 새로운 질서 사이의 공백기에 대비해 표명한 생각에 관해 그에게 이야기해 준 내용이 깊은 인상을 주었다. 에큐메니칼 친구들이 고백교회에 무엇을 기대하고 있는지를, 그리고 세상의 미래, 곧 사회의 미래를 숙고하고 준비하는 일이 고백교회 안에서 얼마나 적게 이루어지고 있는지를 설명해 준 것이 그를 놀라게 한 것이다.

그 생각들을 표명한 지체 높은 평신도와 성직자 단체는 다음과 같았다. 조지프 홀즈워스 올덤의 『크리스천 뉴스레터』를 중심으로 한 단체, **평화 계획 단체**, 윌리엄 템플의 **몰번 회의**, "정치 경제 계획 단체"Ploitical and Economic Planning Group, P. E. P.. 윌리엄 패튼은 자신의 책에서, 적대행위를 그만두고 곧바로 고백교회 지도자들과 대화를 개시하는 것을 당연한 일로 여기면서 다음과 같이 말했다.[272] "**강압에 의한** 베르사유 평화 조약"은[273] "제일급" 실책이니 반드시 피해야 한다. 고백교회 지도자들을 알고 있던 극소수가 불안하게 생각하는 것처럼, "전후 협상에서 우정을 곧바로 재개할 독일인이 아예 없을지도 모른다."[274] 그리고 조지 K. A. 벨은 자신의 책에서, 오랜 전쟁의 괴로움과 격분 때문에 이성이 효과를 발휘하지 못한다고 해도 두 전선의 배후에서 평화 조건을 위한 노력이 반드시 이루어져야 함을 언급하면서 아래와 같이 말했다.

> 휴전 뒤에 개신교와 가톨릭을 막론하고 교전국과 중립국의 그리스도교 지도자 회의를 소집하여 가급적 빨리 회합할 준비가 되어 있어야 한다.……교전국과 중립국의 평신도와 성직자는……최종 조약의 협상이 진행되기 전에 만나야 한다.[275]

그러나 독일 측에는 이러한 숙고들에 반응하여 협력을 준비하는 데 필요한 전제 조건이 없었다. 미래 사회 구상을 설계하여 협의하거나 기록하는 이는 반국가적 활동죄로 기소될 위험이 있었고, 이것은 신학 전통과 루터교 전통에 배치되는 일이었다. 파울 알트하우스는 1940년에 독자적으로 아래와 같이 썼다.

> 전 세계 그리스도교는 정치적 계획을 갖고 있지 않으며, 예수의 이름과 복음의 이름으로 정치생활을 감독하거나 검열할 권한이 없다.……실제로 정치는 자기 고유의 법칙과 필연성을 따른다.[276]

본회퍼가 (1941년 9월에) 제네바에서 윌리엄 패튼의 책을 비평하는 초안 속에 영국 협력자들에게 보내는 약간의 사전경고를 담은 것은 그 때문이었다.

인간생활의 절대적 불확실성은……그리스도인들에게 거의 언제나 미래에 관한 모든 생각을 완전히 회피하게 하고, 이는 다시 강력한 묵시적 태도를 야기한다. 최후 심판의 날이 임박했다는 느낌이 들면, 역사의 미래를 보는 시선은 쉽게 사라지고 만다.[277]

본회퍼는 비생산적으로 바뀌어 가는 종말론 신학과 고백교회의 점증하는 관계 단절을 놓고 이따금 불안해하면서 오스카 함멜스베크와 논의하고, 문제들을 실제적으로 다루는 기구의 차원에서 페렐스와 논의하기도 했다. 그는 임시지도부의 에큐메니칼 담당자 한스 뵘과도 협의하고, 오토 디벨리우스와 협의하기도 했다.[278] 결국 본회퍼의 잇단 재촉으로 고백교회 임시지도부 안에서 논의가 이루어졌다.

프라이부르크 의견서 고백교회 임시지도부 회의 참석자들은 프라이부르크 지역에서 마음대로 활용할 수 있는 고백교회의 탁월한 전문가들을 생각해 냈다. 발터 오이켄Walter Eucken, 콘스탄틴 폰 디츠, 아돌프 람페Adolf Lampe, 게르하르트 리터, 에릭 볼프Erik Wolf와 같은 교수들이 참석하여 정치 윤리 문제를 다루었다. 본회퍼는 그들과의 협력을 개시하고, 임시지도부의 명시적 지시와 에큐메니칼 운동권의 비밀 지시로 그것을 시그투나에서 조지 K. A. 벨에게 알렸다. 콘스탄틴 폰 디체는 자신의 일기를 토대로 이렇게 쓴다. "당시의 어느 날 오후에 (본회퍼가) 홀로 나를 찾아왔다. 나는 그와 함께 에릭 볼프에게 갔다."[278a] 콘스탄틴 폰 디체를 상대로 작성된 1945년 4월 20일자 공소장은 이 대목과 관련된 부분을 아래와 같이 기술한다.

(본회퍼가 와서) 무리한 요구를 했다. 제안서들을 작성하여, 전쟁이 종결된 뒤에 있을 것으로 기대되는 에큐메니칼 회합에 제출하자는 요구였다.……폰 디체는 본회퍼 목사의 요구에 응했고, 게다가 그와 합의하여 프라이부르크 대학교 교수들인 게르하르트 리터, 에릭 볼프, 아돌프 람페, 발터 오이켄을 부추겨……협력하게 했다. 1942년 10월 말 내지 11월 초에 베를린에서 협의가 이루어졌

다. 본회퍼 외에 관구총감독 오토 디벨리우스, 한스 아스무센 목사와 한스 뵘 목사, 페렐스의 시보가 그 협의에 참석하고……바우어도 참석했던 것 같다. 폰 디체는 그 협의 석상에서 자기가 확보한 프라이부르크 대학교 동료들의 명단을 알리고, 베를린에 있는 동지들과 합의하여, 브라이스가우의 프라이부르크에서 열기로 한 다음 모임에 "정치적 경험과 식견을 갖춘 인물" 괴어델러를 부르기로 했다.(DBW 16:466f.)

본회퍼는 프라이부르크에서 열린 이 11월 모임에 참석하지 않았다. 하지만 "베를린에서는 프라이부르크 의견서의 주제들을 놓고 수차례" 의논했다. "미리 작성한 의견서 초안에 관한 협의가 1941년 초에 본회퍼의 친가에서 열렸습니다. 나는 한 번은 디트리히 본회퍼와 함께 디벨리우스의 집에서 묵었고, 또 한 번은 그와 발터 바우어와 함께 간이 숙박업소에서 묵었습니다."[279]

프라이부르크에서 열린 11월 협의를 위해 본회퍼가 손수 쓴 쪽지가 지금도 존재하고 있다. 그는 이 쪽지를 11월 초 베를린에서 열린 사전협의에서 자신을 위해 적어 두었을 것이다. 그 쪽지에는 "17일 목"(11월 17일 목요일에 프라이부르크에서 열린 모임)이라는 날짜 표시 외에 아래와 같은 표현들이 담겨 있다.

경제 문제.
오이켄, 콘스탄틴 폰 디체, 바우어[프리드리히 카렌베르크(Friedrich Karrenberg)].

국가의 법률.
십계명 안에서.

하나님과 국가.
유럽 밖에서 아스무센, 게르하르트 리터-루터…….

하나님과 권리.
기본권과 인권, 베르너 폰 짐존Werner von Simson, 프란츠 뵘-예나.

자연법, 칼 멘징Karl Mensing, 형법, 국가-교회.

유대인들.

교육.

세상에 대한 교회의 선포. 하나님 말씀과 협의회.

법적 토대, 세상 안에서의 교회의 존재. 페렐스(DBW 16:360-362).

우리는 이 쪽지를 근거로 본회퍼가 프라이부르크 계획들을 위해 "세상에 대한 교회의 발언 가능성에 관하여"라는 초안을[280] 구상했을 것이라고 추측할 수 있다. 프라이부르크 의견서는 1943년 1월에 완성되었다. 그것은 법질서, 교회 정책, 교육, 사회 정책, 경제 정책, 대외 정책, 많든 적든 근본적·독립적으로 연구되고 있는 미래의 평화에 대하여 의견을 표명한다. 게르하르트 리터는 그 의견서를 보관하고 있다가, 1945년 7월에 그것을 그 발생사에 대한 소개와 함께 복사하여 거기에 다음과 같은 제목을 붙였다. "정치적 공동체 질서. 우리 시대의 정치적 곤경에 처한 그리스도교 양심의 각성을 위한 시도." 거기에서 게르하르트 리터는 이 작업이 윌리엄 패튼과 조지 K. A. 벨의 제안에 대한 독일의 답변 내지 준비였음을 공식적으로 인정한다.

법률문제에 관해 쓴 페렐스의 기고문은 제때에 도착하지 못해서 게슈타포에게 적발되고 말았다. 그 때문에 페렐스는 1944년에 고문당했다. 다수의 협력자가 체포되었지만, 괴어델러와 페렐스와 본회퍼를 빼고는 다들 구사일생으로 생환했다.

의견서는 1948년 암스테르담에서 열린 세계교회협의회 창립 회의를 위한 준비 작업의 하나로 이용됨으로써 여전히 효력을 발휘했다. 그것이 신학적 원칙과 실제적인 세부사항을 적절히 결합시켰기 때문이다.

본회퍼는 의견서 작성에 협력하는 동안 크라이사우 사람들과 연락을 취하거나 그들과 보조를 맞출 생각을 하지 않았다.[281] 크라이사우 사람들의 작업이 프라이부르크 사람들의 작업보다 다소 늦게 절정에 달했음을 제외하더라도, 당시 본회퍼가 생각한 것은 고백교회의 전적인 책임 의식 속에서 자라난 깨달음, 곧 쿠데타 이후의 에큐메니칼 공개 토론을 겨냥한 깨달음이었다. 그는 무참히 속박당해 온 고백교회의 시야를 여러 곳으로 열고 확대할 것을 요구하면서도, 희생이 컸던 임시지도부의 길과 형제협의회의 길을 함께 걷지 않은 교계 인사들과는 공동으로 작업하기가 어려웠다. 바르멘과 달렘을 지지한 고백교회는 크라이사우 사람들 가운데 개신교 성향의 교계 인사들, 이른바 쇤펠트, 게르스텐마이어, 하랄트 포엘하우Harald Poelchau, 테오도르 슈텔처와 같은 이들을 자기 사람들로 여길 수 없었다.

당시에 크라이사우 사람들과 프라이부르크 사람들이 서로 찾고 보완하지 않은 것은 비극이 아닐 수 없다. 거기에서 어떤 문들이 열렸는지를 본회퍼는 더는 듣지 못했다.

암살 미수

본회퍼의 중요한 출장 시기가 중단되었다. 1942년에서 1943년으로 넘어가는 가을과 겨울, 시간과의 무자비한 경주가 이루어졌다. 암살이 점점 절박해졌다. 독일군의 정치적 상황이 현저하게 악화되었기 때문이다. 제국보안본부도 카나리스의 사무실에 대한 공격을 준비하고 있었다. 게슈타포는 도나니와 그의 친구들을 추적함으로써 방첩대에 치명타를 가할 작정이었다. 하지만 실제로는 공모 본부를 성가시게 했을 뿐 마비시키지는 못했다. 이 핵심부는 1942년에서 1943년으로 이어지는 겨울에도 여전히 활동을 계속했다. 모든 준비를 완료하고 목적지에 다가서는 듯 보였다.

군의 정치적 상황 히틀러의 군대 상황에 변화의 물꼬가 트였건만, 당시의 독일 대중은 그것을 보지 못했다. 교전 확대가 상당수의 사람에게 다소 은밀해 보여서 그랬을 테지만, 히틀러는 이 가을에 자신의 점령지들 중에서 가장 넓은 점령지를 획득했다. 그는 러시아의 볼가 강과 코카서스로 돌격했고, 또 나일 강에 거의 다다른 상태였다. 프랑스의 비시가 점령당했다. 세계로부터의 차단을 우려하는 제네바 사람들에게는 불안한 시점이었다.

소수만이 그 이면을 보았다. 프란츠 할더가 히틀러의 9월 스탈린그라드 공격을 저지하려고 하자, 히틀러가 그를 해임하고 쿠르트 차이츨러Kurt Zeitzler 장군을 기용했다. 이는 쿠데타 계획자들에게 모종의 방해를 의미했다. 본회퍼는 휴가 중인 부모에게 보낸 1942년 9월 24일자 편지에서 아래와 같이 말했다.

> 스탈린그라드가 끔찍한 전쟁터로 바뀌고 있는 것 같습니다. 모든 이를 대단히 우울하게 하고 짜증나게 하는 소식이 아닐 수 없습니다.[282]

1942년 10월 23일, 버나드 로 몽고메리Bernard Law Montgomery가 알-알라메인에서 공격을 개시하여, 열이틀 동안의 교전 끝에 돌파에 성공하여 서진했다. 11월 8일, 연합국이 모로코와 알제리에 상륙하여 튀니지로 진격했다. 11월 19일부터 소련이 스탈린그라드에서 공격을 개시하여 독일군 22개 사단을 포위했다. 히틀러는 프리드리히 파울루스Friedrich Paulus 장군에게 다음과 같은 전신을 보냈다. "항복 배제." 1942년 성탄절 전에 쇼윈도마다 다음과 같은 내용의 포스터가 부착되었다. "오직 승리만 생각하고, 선물은 그 뒤에 생각하라." 1943년 1월 24일, 윈스턴 처칠과 프랭클린 D. 루스벨트가 "무조건 항복"을 요구하는 정책을 카사블랑카에서 선언했다. 1월 31일, 스탈린그라드의 포위지역에서 살아남은 이들은 포로로 끌려갔다.

울리히 폰 하셀은 도의심 있는 장군의 시각으로 1943년 1월 22일자 일기에 아래와 같이 기록했다.

> 상병(히틀러—옮긴이)이 우리를 지옥으로 데려가려 한다는 사실이 분명해질 때까지 요제프(스탈린—옮긴이)의 사람들이 호기를 부려 방해를 미루었다면, 이 꿈은 이루어지고 말았을 것이다. 방해가 너무 늦어져 새 정부마다 청산 위원회가 되고 말 것이라는 우리의 예측까지 그대로 적중해 그저 한스러울 따름이다.[283]

스탈린그라드에서의 패배는 전시에 처음으로 독일에 엄청난 충격을 야기했다. 그 후 2월 중순경에 "백장미"의 선전 삐라가 유포되었고, 뮌헨 대학교의 한스 숄Hans Scholl과 조피 숄Sophie Scholl 남매가 친구들과 함께 나치의 특별 재판소에 출두했다. 대중에게는 비극적이고 무의미해 보이는 봉화였다.[283a]

1943년 3월에 일어난 쿠데타 시도

뮌헨 대학생들이 목숨을 바칠 무렵, 공모자들은 자신들이 전례 없이 목적지 가까이에 이르렀다고 느꼈다. 습격 구상이 최종적으로 다듬어지고, 다들 예정된 발발 순간만을 고대했다.

오스터-도나니와 동부전선의 중앙 집단군에 있던 트레스코브-슐라브렌도르프 사이의 공동 작업이 1942년 여름부터 베크의 지휘를 받으며 착착 진척되고 있었다. 트레스코브와 슐라브렌도르프는 자신들의 지휘관을—처음에는 페도르 폰 보크, 그다음에는 폰 클루게를—점점 더 많은 동지로 에워쌌다. 히틀러가 예상대로 중앙 집단군의 전선을 시찰할 때 그를 암살한다는 계획이 무르익었다. 프란츠 할더가 베를린 육군 최고사령부에서 해임된 까닭에, 다들 동부전선의 이 출발점에 계획을 집중하고 쿠데타 발발을 기다렸다. 오스터가 통행권을 구해 준 덕분에, 칼 프리드리히 괴어델러는 1942년 10월에 계획을 장려하기 위해 스몰렌스크로 가서 클루게와 트레스코브를 만났다. 트레스코브는 자기 상관의 협력을 얻기 위해 끈질기게 애썼다. 본회퍼는 이 방면의 준비가 진척되고 있음을 다음과 같이 암호로 알렸다. "한스 크리스토프 부부와 그의 아내가 점점 좋아지고 있습니다."[284] 한스 크리스토프는 동부전선에 나가 있는 사촌으로서 병에 걸린 상태였다.

베를린에서는 프리드리히 올브리히트 장군이 쿠데타 발발 이후의 조치 책임을 맡았다. 올브리히트는 육군 참모총장으로서 국방군 중앙정보국을 좌지우지하고, 군관구 사령관들에게 명령을 내리는 권한을 가지고 있었다. 그는 암살 이후의 조치들을 위해 결정적인 명령을 준비하고 하달할 수 있었다. 프리드리히 올브리히트는 오스터의 오랜 친구였고, 고백교회 목사들의 징집 면제를 위해 꽤 많은 일을 한 사람이었다.[285] 1942년 11월 29일, 본회퍼는 요제프 뮐러라는 명칭을 활용하여, 올브리히트가 진행하는 일에 관해 아래와 같이 말했다. 요제프 뮐러라는 명칭은 국내 상황을 의미하는 암호였다.

> 제프[요제프 뮐러의 별명 "Ochsensepp"(황소 요제프)의 줄임말—옮긴이]Sepp는 다시 밝아지고 유쾌해져 늦어도 4주일 후에는 자기 일을 끝내기를 바라고 있습니다.[286]

이는 날짜를 최소한 절반으로 단축시켜서 말한 것이었다.

1943년 2월, 슐라브렌도르프가 마지막으로 베를린을 찾았다. 히틀러의 중앙 집단군 방문이 1943년 3월 13일 토요일에 이루어졌다. 도나니는 곧바로 비행기를 타고 스몰렌스크에 있는 친구들에게로 가서 최종 협정을 맺었다. 하지만 그것만 한 것이 아니었다. 그의 트렁크 속에는 방첩대의 지시를 따르는 트레스코브와 슐라브렌도르프에게 전달할 영국제 폭약이 들어 있었다. 나는 트렁크 내용물에 관해 전혀 알지 못한 채 도나니를 본회퍼 부친의 공무용 자가용으로 기차역까지 바래다주었다. 야간열차가 그를 동프로이센으로 데려다 주었고, 그는 그곳에서 비행기를 타고 카나리스에게로 갔다. 카나리스가 방첩대 중앙국 소속 정보장교들을 회의에 소집하는 동안, 도나니와 트레스코브와 슐라브렌도르프는 통지를 위한 암호를 확정했다.

대규모의 쿠데타 시도가 난생 처음 최종적으로 전개되기 시작했다.[287] 3월 13일, 히틀러가 스몰렌스크에 있는 클루게의 사령부 방문을 마치고 귀로(歸路) 비행을 시작했을 때, 그 비행기 속에는 소포 하나가 들어 있었다. 작동 중인 시한폭탄이 담긴 소포였다. 하지만 비행기는 온전한 상태로 동프로이센에 착륙했다. 시한폭탄의 점화 장치가 말을 듣지 않은 것이다. 어떻게 적발되지 않고 난처한 상황을 극복했는지는 슐라브렌도르프가 직접 이야기해 주었다.

쿠데타 준비를 포기하지는 않았다. 공모자들은 즉시 새로운 사건을 목표로 삼았다. 그 사건은 3월 21일 "영웅기념일"에 국가적 의식이 거행될 때 발생했다. 공모자들은 히틀러의 무기고 시찰 시간표를 입수했다. 이 무기고에는 중앙 집단군이 소련에서 노획한 무기들이 전시되어 있었다. 중앙 집단군의 방첩대 장교 루돌프 프라이헤르 폰 게르스도르프Rudolf Freiherr von Gersdorff 소령이 외투주머니에 장치한 두 개의 폭탄으로 시찰 기회를 이용하여 히틀러를 습격하고 자신의 목숨도 희생하겠다고 결심한 상태였다.

이 일요일 오전에 손자손녀들까지 포함한 온 가족이 슐라이허의 집에 모여, 아버지 칼 본회퍼의 75회 생일에 부를 생일 칸타타를 연습하고 있었다.[288] 디트리히 본회퍼는 피아노 앞에 앉고, 클라우스는 첼로를, 뤼디거 슐라이허는 바이올린을 연주하고, 한스 폰 도나니는 합창단 속에 끼어 있었다. 현관문 앞에는 도나니의 자동차가 운행 채비를 하고 있었다. 도나니가 잔뜩 긴장한 채 시계에 여러 번

시선을 보내며 결정적인 전화 호출을 기다리고 있었건만, 다른 이들은 그것을 전혀 눈치채지 못했다. 우르줄라 슐라이허는 동생 크리스티네 폰 도나니를 보고 그녀가 흥분 상태라는 것을 알아챘던 것 같다. 물론 게슈타포가 남편을 감시하고 있다는 경고와 관련하여 이미 여러 차례 긴장하는 기색을 보인 크리스티네였다. 우르줄라는 크리스티네에게 다음과 같이 속삭였다. "모든 순간은 지나가게 마련이야!" 하지만 몇 분이 흘렀는데도 전화는 꿈쩍도 하지 않았다.

무슨 일이 일어났던 것일까? 히틀러는 예정대로 무기고에 30분을 머물지 않고 8-10분 만에 시찰을 끝내 버렸다. 루돌프 프라이헤르 폰 게르스도르프는 미리 정해 놓은 위치, 곧 히틀러 가까이에 닿지도 못했고, 시한폭탄을 제때에 작동시킬 수도 없었다.

그 일이 있고 2주일 뒤, 본회퍼와 도나니 부부와 요제프 뮐러가 체포되었고, 오스터는 티르피츠 강변에 있는 방첩대 건물에서 쫓겨났다. 결국에는 베크마저 몇 달 동안 제대로 움직이지 못했다. 페르디난트 자우어브루흐에게 수술을 받아야 했기 때문이다. 쿠르트 프라이헤르 폰 함머슈타인은 죽었다. 공모 가담자들이 얼떨결에 깨달은 대로, 1943년 3월에 일어난 이 암살 미수는 중대한 전환점을 의미했다.

슐라브렌도르프, 유스투스 델브뤼크, 루트비히 게레, 클라우스 본회퍼는 3월 말에 오토 욘의 집에서 믿기지 않는 행운을 축하했다. 아무것도 적발되지 않았고, 아직까지는 쿠데타 조직이 파괴되지 않았기 때문이다. 하지만 사실은 독일 저항 세력의 가장 전도유망한 시기가 끝나고, 값진 활동이 허사가 되고, 새로운 죄와 괴로움을 쌓아 올린 셈이었다. 클라우스 솅크 폰 슈타우펜베르크Claus Schenk von Stauffenberg 백작이 1944년 7월 20일 직전에 한 말은 이때도 유효한 말이었다. 말하자면 쿠데타는 정치적·군사적으로 절망적인 상황에서 아무것도 변화시킬 수 없다는 것이다.

이 시점의 게슈타포는 자신이 1943년 4월 5일에 벌인 체포 활동으로 공모 활동 본부를 섬멸시켰다는 것을 아직은 모르고 있었다. 모든 것이 은폐되고 쿠데타 작업을 위한 새 상부 조직이 결성되기까지는 여러 달이 흘러야 했다.

본회퍼는 이 전환점으로 인해 적극적인 공모 활동에서 탈퇴했다. 이제부터 그의 투쟁은 진짜 발자취를 추적하는 자들의 주의를 딴 쪽으로 돌리는 것으로만 근근이 이루어졌다. 공모는 적발되지 않고 계속되었다. 본회퍼는 감방 안에서도 정보를 충분히 전달받았고, 1944년 7월 20일이 될 때까지 부푼 희망을 안고 지냈다.

VII. 체포

도나니와 본회퍼는 1943년 3월로 예정된 쿠데타를 준비하는 도중에 뮌헨 방첩대 지부에서 일어난 불행한 사건에 연루되는 바람에 바짝 긴장했다. 1942년 10월의 어느 날, 도나니는 조심하라는 주의를 받았다. 오래전부터 남몰래 공모에 협력해 온 제국보안본부 수사과장 아르투르 네베가 슈미트후버 영사를 상대로 한 소송에서 도나니와 본회퍼가 거명되어 불리한 입장에 처하게 되었다고 귀띔해 준 것이다. 방첩대에 폭풍우가 몰아쳤다. 1942년 초에 도나니가 받은 경고, 곧 그의 전화와 우편물이 감시당하고 있다는 경고가 좀 더 일반적인 성격을 띠었던 반면, 이번에 받은 경고는 방첩대가 범한 위반을 방첩대 섬멸의 출발점으로 이용하려고 하는 제국보안본부의 시도와 관계가 있었다.

원래 본회퍼는 1942년 9월 초부터 새로운 출장을 준비하고 있었다. 발칸 반도와 스위스에 있는 에큐메니칼 친구들을 방문해야 했기 때문이다. 9월 10일, 뮌헨 방첩대 지부가 본회퍼를 위해 새 여권을 신청했다. "3개월의 기한으로 여러 차례의 출국과 재입국을 반복하며 헝가리, 불가리아, 그리스, 터키, 크로아티아, 이탈리아를 다녀오게 하려는 것이었다."[289] 여권 사무와 관련된 새 법령 때문에 여권 발급이 지연되었다. 10월 2일, 본회퍼는 뮌헨으로 갔다. 여권을 찾아 출장을 개시하기 위해서였다. 그는 6주 동안 떠나 있게 될 것 같다며 부모와 상의했다.

그때 뮌헨 방첩대 지부에 위기가 밀어닥쳤다. 본회퍼는 10월 중순에 발칸 반도로 가지 못하고 베를린으로 돌아가, 사건들이 "해결되기"를 기다리는 수밖에 없었다. 무슨 일이 일어났던 것일까? 프라하 세관 검사소가 한 남자의 외환 밀반출을 적발했는데, 그 남자가 배후에 슈미트후버 영사의 지시가 있었다고 진술했던 것이다. 그 때문에 슈미트후버와 뮌헨 방첩대 지부의 하인리히 빌헬름 이크라트 대위가 심문을 받았고, 이 심문에서 "작전 7"의 유대인들을 위해 외환을 거래했느냐는 질문과 불리한 답변이 이루어졌다. 요제프 뮐러도 심문을 받았다. 10월 말에 슈미트후버가 체포되어 몇 달 동안 프린츠-알브레히트 슈트라세의 수감자가 되었다. 이것은 비상 신호나 다름없었다. 그가 2년간의 공동 작업으로 "작전 7", 본회퍼의 징집 면제, 온갖 대외관계에 관해 많은 것을 알고 있었기 때문이다.

베를린 방첩대 본부의 활동을 겨냥한 수사를 더는 저지할 수 없었다. 하지만 비밀 국가경찰이 갑자기 티르피츠 강변에 나타나 범인들을 색출하는 것은 간단한 일이 아니었다. 방첩대의 업무를 위해 제정된 특별 비밀유지 규정은 모든 법정에서 여전히 유효했다. 카나리스는 방첩대의 조처들이 직무상 불가피한 것이었다고 은폐해서 말하리라 굳게 결심했다. 그는 자기의 힘이 닿는 데까지 그럴 준비가 되어 있었다. 하지만 방첩대의 조처들이 제국보안본부 관리들의 수사를 받아야 하는지 아닌지를 최종적으로 결정하는 것은 빌헬름 카이텔의 몫이었다. 빌헬름 카이텔은 군 최고사령부 수장으로서 동의할 수밖에 없었다. 그는 방첩대의 복합적인 활동에 대한 증언 허가서를 발부하여 이 독립적인 조직을 끝장낼 수 있었지만, 제국보안본부가 간절히 바란 대로 카나리스의 부서를 샅샅이 뒤질 기회만 제공했다.

한쪽이 수사 결정을 얻어 낼 것인지, 아니면 다른 쪽이 그것을 저지할 것인지가 수개월간 중요한 관심사가 되었다. 한 개인의 외환 밀반출은 어디에서 시작되어 소송의 요건이 되었는가? 방첩대의 소행은 어디에서 비밀유지의 지배를 받지 못했는가? 관심을 갖고 지켜보는 적수가 도처에 널려 있었다. 제국보안본부는 한 개인의 실수를 이용하여 카나리스의 부서 전체를 웃음거리로 만들려고 했다. 그러나 공군과 그 우두머리 헤르만 괴링도 귀를 기울이고 있었다. 그들은 공군에서 발생한 "빨갱이 악대"Rote Kapelle 스캔들 때문에 웃음거리가 된 상태였고, 따라서 육군에도 스캔들이 들러붙기를 고대했다. 게다가 방첩대 안에는 도나니가 어려움에 빠지는 것을 보고 달가워하는 자들도 없지 않았다. 이 젊은 민간인이 너무 빨리 정상 근처에 발을 들여놓았기 때문이다. 슈미트후버가 체포될 때 방첩대 법무국의 한 사람이 결정적인 역할을 한 것도 그 때문이었다. 그도 도나니를 적대하는 사람들 가운데 한 명이었다. 그리고 후일 최고군사법원의 뢰더 법무관이 티르피츠 강변의 이곳저곳에서 호의적인 지원을 기대할 수 있었던 것도 그 때문이었다.

카나리스가 도나니의 행보와 본회퍼의 행보를 방첩대 차원에서 은폐할 준비가 되어 있었다는 것은 분명한 사실이다. 그러나 이미 그들의 이름이 프린츠-알브레히트 슈트라세에서 거명된 상태였다. 빌헬름 카이텔은 혹여 있을지도 모르는 체포와 대단히 포괄적인 수사에 동의해 달라는 재촉을 받았다.

안전장치들

이와 같은 상황에서 방첩대만의 설득력을 갖추기 위해 모든 가능한 조처를 숙고하고, 달갑지 않은 수사를 마주하여 그 조처도 강구하지 않으면 안 되었다.

도나니는 우선 스위스로 갔다. 슈미트후버 심문 때에 "작전 7"로 구출된 유대인들이 화제에 올랐고, 따라서 제국보안본부의 대리인이 스위스를 방문할 경우 그곳에 있는 이들이 안전하지 않을 것이기 때문이었다. 도나니는 스위스 주재 독일 대사관 무관을 만나고 베른에서 아르놀트 박사를 만나서, 유대인 무리의 재정 문제를 증명 가능하게 조정하고 여하한 질문을 받더라도 침묵을 엄수해 줄 것을 요구했다. 그는 11월 29일에 독일로 돌아왔다. 티르피츠 강변에서 검산이 이루어지고, 인간적인 판단으로는 스위스에 있는 유대인 무리의 신뢰도 확보한 상태였다.

징집 면제가 결정적인 문제였다. 전장이 확대되면 확대될수록 그리고 전쟁의 손실이 커지면 커질수록, 징집 면제는 더더욱 중대한 문제가 되었다. 어째서 본회퍼와 같은 사람이 방첩대라는 군 조직에 없어서는 안 될 존재였는지를 문서로 증명하지 않으면 안 되었다. 도나니와 본회퍼가 상의하여 장문의 편지를 작성한 것도 그 때문이었다. 본회퍼는 뮌헨에서 자형에게 1940년 11월 4일에 보내는 것으로 되어 있는 이 편지에서 자신의 에큐메니칼 지식이 방첩대에 얼마나 중요한 것인지를 밝힌다. 두 사람은 이를 위해 필요한 편지지와 봉투를 신중하게 구해 두기까지 했다. 1939년과 1940년에 상점에서 팔던 것과 똑같은 "막스 크라우제Max Krause 사의 편지지와 봉투"였다. 지금도 보존되고 있는 그 초안의 내용은 아래와 같다.

친애하는 자형!

에큐메니칼 문제를 놓고 나눈 짤막한 대화에서 자형은 내게 물었지요. "사안에 따라서 자네의 외국 지식과, 유럽과 미국에서 공적인 생활을 하는 사람들과 맺은 관계를 이용하여, 외국에 관한 믿을 만한 정보를 입수하는 일에 협조하지 않으려는가?" 나는 자형의 이 물음을 곰곰이 생각해 보았습니다.

자형에게 흥미를 느끼게 하는 문제들의 범위 안에서 이루어지는 에큐메니칼 활동의 특수성은 다음과 같습니다. 말하자면 로마교회를 제외한 세계의 좀 더 큰 교회 전체가 한데 어우러져 벌이는 이 운동에 여러 나라의 주요 정치인들이 관심을 갖고 있다는 것입니다. 따라서 그러한 인물들이 에큐메니칼 관계들을 어떻게 이해하고 평가하는지를 물어 아는 것은 실제로 어려운 일이 아닙니다. 나는 이 길 위에서 새로운 유대관계를 맺는 것도 전적으로 가능하다고 생각합니다. 그 관계는 특별한 문제의 답을 얻는 데에 중요한 관계랍니다.

그는 이 길 위에서 수많은 평신도를 파악해야 한다고 말하고, 그들의 이름을 줄줄이 열거한다. 그 가운데에는 스태퍼드 크립스, 필립 헨리 로디언 경(1940년에는 살아 있었다!), 리처드 H. 크로스먼, 노엘 벅스턴Noel Buxton, 월터 모벌리 경도 들어 있다.

나는 지금 뮌헨에 잠시 머물고 있답니다. 물론 이곳에서든 자형이 생각하는 곳에서든 자형에게 유용한 형식으로 자형 마음대로 이용할 수 있도록 준비할 것입니다. 현 상황에서 대다수의 유대관계를—어쩌면 중립국에서—재개하고, 그것들을 독일의 이익에 맞게 활용하는 것은 어렵지 않을 것 같습니다(DBW 16:385-390).

1943년 가장 희망찬 시기에 다다른 체제 전복 활동을 무슨 일이 있어도 은폐하기 위해서는 전쟁을 수행하고 있는 히틀러에게 에큐메니칼 교회 연줄을 제공하는 것처럼 보일 필요가 있었다. 유대인 지원, 적정 탐색, 출장……. 이 모든 것이 카나리스의 부서에서 당연하게 이루어진 첩보 활동, 곧 최고의 비밀유지 등급을 받아 복잡한 수사를 모면하는 첩보 활동으로 여겨져야 했다.

남은 위험은 오스터의 사무실을 통해 진행된 다른 목사들의 징집 면제였다. 면제받은 목사들도 최소한 몇 가지 서류를 서둘러 작성하기 시작했다. 나도 인도에 근거지를 둔 그로스너 선교 협회에서 활동한 것을 토대로 보고서를 작성했다. 군에서 중시하는 것에 초점을 맞추고 선교 분야의 흥미로운 사실들을 단순화하여 작성한 것처럼 보이게 하는 보고서였다. 나도 스위스에서 열리는 국제 선교협의회 출장을 준비했었다. 이 출장은 1943년 7월에야 실현되었지만, 그사이에 도나니와 본회퍼에게 무슨 일이 일어났는지를 피스르트 호프트와 바르트에게 알리는 출장이 되고 말았다.[290]

양심의 가책을 받는 것처럼 보여서는 안 되었다. 출장 요원은 한층 더 확실하게 출장 요원이 되어야 했다. 사건이 점점 지연되고 있었으므로, 본회퍼의 출장이 다시 주목을 받아 1943년 1월 말 발칸 반도와 스위스 출장 계획이 갱신되었다. 본회퍼는 쿠데타 날짜가 임박한 상태에서 자리를 비우는 것 같아 마음이 편치 않았지만, 스위스 단기 출장을 위해 뮌헨으로 출발했다. 뮌헨에서는 요제프 뮐러가—유사한 것을 고려하여, 그러면서도 임박한 암살과 관련하여—방금 로마로 다시 떠난 상태였다. 하지만 제국보안본부 수사과장 네베가 최근에 불리한 정보를 전해주는 바람에, 본회퍼는 2월 12일에 베를린으로 돌아갔다. "어제 급히 상의할 일"이 생겼기 때문이다.[291] 다들 본회퍼가 국경을 통과할 때 지명 수배령이 떨어지는 것을 무릅쓰고 싶지 않았던 것이다.

그러나 트레스코브와 슐라브렌도르프의 암살 시도가 있던 날인 1943년 3월 13일, 뮌헨 병무청에서 보낸 새로운 징병검사 요구서가 본회퍼에게 도착했다. 스탈린그라드 침공 이래로 독일의 모든 관청은 이제까지 징집 면제를 받았으나 병역 수행 능력이 있는 남자들에 대한 엄격한 심사 집행을 강요받고 있었다. 3월 22일, 본회퍼는 모든 징집 서류를 챙겨가지고 뮌헨 자이틀슈트라세에 출두했다. 그러나 이 순간에는 본회퍼의 징집 면제 지위가 무효화되어서는 안 되었다. 때문에 오스터는 자신의 전권을 마지막으로 활용하여 본회퍼를 징집에서 다시 면제해 주었다(DBW 16:437). 이와 동시에 그는 도나니와 함께—슐라브렌도르프가 암살을 시도한 날과 게르스도르프가 암살을 시도한 날 사이의 주간에—본회퍼의 새로운 출장을 준비했다. 그때 베크를 위해 작성한 쪽지가 문서철에 남아서(DBW 16:395-398) 도나니의 체포에 치명적인 역할을 했다. 본회퍼의 출장 기간을 4월 초순부터 보름까지 잡고, 출장 목적지로 발칸 반도, 이탈리아, 스위스를 꼽은 메모였다.

이처럼 다들 6개월 이상 프린츠-알브레히트 슈트라세 및 빌헬름 카이텔의 사무실에서 들려오는 나쁜 소식과 좋은 소식 사이를 오가고, 대담한 계획과 꼼꼼한 협의 사이를 오가면서 체포의 경우에 대비했다.

마지막 주간

1943년 3월 31일, 대가족은 실망과 안심 사이에서 마음의 갈피를 잡지 못한 채 칼 본회퍼 교수의 75회 생일을 축하했다. 자녀들과 손자손녀들이 할아버지를 위해 헬무트 발하Helmut Walcha의 칸타타 「주님을 찬양하라」Lobe den Herrn를 공연했다. 에르빈 주츠가 옥스퍼드에 있는 라이프홀츠 가족의 축전을 스위스에서 보내왔다. 클라우스가 아버지에게 축하의 말을 하면서 지혜와 진리 안에서 양육해 준 것에 감사의 뜻을 표했다. 하객 중에는 자선병원 사람들뿐만 아니라 히틀러의 증서를 전달하는 자도 있었다. 그 증서의 내용은 아래와 같았다.

> 나는 독일 국민의 이름으로 명예교수이자 정년퇴임한 교수 칼 본회퍼 의학박사에게 작고한 힌덴부르크 제국 대통령이 제정한 예술과 학문 부문 괴테 메달을 수여합니다. 총통 아돌프 히틀러.

이 일이 있고 며칠 뒤, 국방군 법무국장으로서 도나니에게 호의를 베풀던 루돌프 레만Rudolf Lehmann 박사가 앞으로 며칠 안에 상당히 좋은 일이 일어날 것이라며 카나리스 제독을 안심시켰다. 사건이 완전히 진정되지는 않겠지만 비밀 국가경찰의 손아귀에서 벗어나는 것은 그의 마음대로 될지도 모르는 일이었다. 4월 4일 일요일, 도나니와 본회퍼가 카나리스로부터 전달받은 것도 그런 정보였다.[292]

4월 5일 월요일 정오, 본회퍼는 마리엔부르크 알레에서 자크로브에 있는 누이 크리스티네 폰 도나니의 집으로 전화를 걸었다. 하지만 전화상으로 들려온 목소리는 남자들의 목소리였다. 갑자기 다음과 같은 생각이 그의 머리를 스쳤다. "가

1943년 3월 31일, 디트리히 본회퍼와 한스 폰 도나니가 체포되기 5일 전 칼 본회퍼의 75회 생일 사진.
앉아 있는 이들은 왼쪽부터 칼-프리드리히 본회퍼, 파울라 본회퍼와 무릎 위의 발터 본회퍼, 칼 본회퍼와 무릎 위의 안드레아스 드레스, 우르줄라 슐라이허. 서 있는 이들은 앞줄 왼쪽부터 디트리히 본회퍼, 크리스티네 폰 도나니, 크리스토프 폰 도나니, 프리드리히 본회퍼, 크리스티네 슐라이허, 주잔네 드레스, 그녀의 앞쪽에는 코르넬리 본회퍼, 바르바라 폰 도나니, 미하엘 드레스, 도로테 슐라이허, 칼 본회퍼, 클라우스 폰 도나니, 토마스 본회퍼, 뤼디거 슐라이허, 엠미 본회퍼, 클라우스 본회퍼, 발터 드레스. (그 뒤의 왼쪽) 에버하르트 베트게, (문 앞의 왼쪽) 위르크 추트 교수 부부, (오른쪽 문설주) H. G. 크로이츠펠트 교수와 페르디난트 자우어브루흐 교수, (문 바깥 오른쪽) 마리아 체판과 프리드리히 유스투스 페렐스.

택 수색이다!" 그는 낮잠을 자고 있는 부모를 방해하지 않으려고 누이 우르줄라 슐라이허가 살고 있는 옆집으로 건너가 누이와 상의했다. 그녀는 그에게 영양이 풍부한 식사를 재빨리 차려 주었다. 그는 식사를 마치자마자 자신의 다락방으로 올라가 책상을 한 번 더 점검했다. 그러고는 나와 슐라이허의 가족과 함께 대기했다. 오후 네 시 경에 아버지가 이쪽으로 건너와 이렇게 말했다. "남자 둘이 네 다락방에서 너와 얘기하고 싶다고 하는구나!" 곧바로 최고군사법원의 뢰더 법무관과 게슈타포의 존더레거Sonderegger 수사관이 그를 데리고 그곳을 떠났다.

이는 뢰더와 존더레거가 이날 직접 처리한 세 번째 체포이자, 그들의 지시로 이루어진 체포 가운데 다섯 번째 체포였다. 그들이 직접 체포한 또 다른 이들은 도나니 부부와 요제프 뮐러였다.

도나니의 체포

카나리스와 그의 기관을 끝장내는 일에 빌헬름 카이텔이 동의했던 것일까? 어쨌든 제국군사법원이 제국보안본부의 한 형사 앞에서 첫 조치를 취했고, 나중에는 뢰더가 심문할 때마다 게슈타포 사람들이 동석했다.

월요일 아침, 뢰더는 카나리스에게 도나니에 대한 수색이 진행될 것임을 알리고, 카나리스와 오스터가 지켜보는 가운데 존더레거와 함께 도나니의 사무실을 샅샅이 수색한다. 이 월요일 오전에 일어난 사건들은 한스 베른트 기제비우스가 1945년 이후에 제시한 해석 형태로 여러 출판물 속에 등장한다. 기제비우스는 그 사건들을 "오스터에 대한 지지와, 시대에 순응하지 못한 도나니에 대한 반대"로 해석했다.[293] 이 자리에서 나는 크리스티네 폰 도나니가 작성한 보고서를 재현하고자 한다. 사건에 대한 공공연한 서술이 아직 존재하지 않던 1945년에 작성한 것이니만큼, 그것의 작성에 논쟁적인 의도가 끼어들었다고는 볼 수 없을 것이다.

이 사건에서는 도나니가 베크에게 주기로 결심하고 쓴 몇 건의 메모가 중요하다. 한 메모가 밝힌 대로, 본회퍼는 4월 9일 금요일에 요제프 뮐러를 로마까지 바래다주기로 되어 있었고, 요제프 뮐러는 3월에 있었던 암살 미수를 그곳에서 설명하기로 되어 있었다. 방첩대 임무들에 통상적인 "활동 자료"Spielmaterial의 방법으로 유지된 메모에는 "O"라는 표식이 담겨 있었다. 이는 "바늘귀"Nadelöhr를 가명으로 쓰는 까닭에 그런 식으로 서명하는 베크가 임무에 동의했음을 알리는 표식이었다. 폰 도나니 여사의 보고에 의하면, 본회퍼는 콜레기움 게르마니쿰 학장 이보 차이거 박사를 만나서, 교황의 평화안에 대한 개신교 측의 제안과 바람을 논의하기로 되어 있었다.

이 복합적인 문제들은 앞서 말한 문건, 곧 한 메모 속에 들어 있었다. 가담자들은 그러한 계획들이 부적절한 손아귀에 들어갔을 경우에 그것들을 모든 가담자의 "언어 규정"이라고, 엄밀히 말하자면 본문의 목적을 지니지 않고 대화 상대자가 알아낼 수 있도록 방향만 표시하는 자료라고, 소위 방첩대의 "활동 자료"라고 말하기로 이미 옛날부터 약속한 상태였다.……그가 체포되던 날 오후에 베크와의 협의가 시작되었다. 본회퍼의 체포를 예상하지 못하고 그로 하여금 가급적 빨리 출장을 개시하게 하려고 이 제안들의 몇 가지 요점을 놓고 진행한 협의였다.……뢰더가 내 남편의 철제 금고를 샅샅이 수색하자, 남편은 뢰더가 지켜보는 가운데 제독에게 이 긴급한 용무를 처리해 달라는 부탁과 함께 앞서 말한 메모들을 앞쪽에 내놓는 수밖에 도리가 없었다. 그러나 매우 유감스럽게도 오스터는 남편이 그것들을—오스터도 그 내용을 속속들이 알고 있었다—내놓은 것은 자신으로 하여금 그것들을 옆으로 치우게 하기 위해서일 것이라고 잘못 이해했다. 게다가 남편으로부터 나중에 전해 들은 이야기에 의하면 남편은 오스터에게 다음과 같이 속삭였다고 한다. "내 아내에게 메모를 하나 보내 주십시오." 이 말은 나를 조심시켜 달라는 뜻으로 한 말이었다. 오스터의 귀에는 "메모"라는 말만 들렸을지도 모른다. 어쨌든 그는 신중함보다는 동지애를 앞세우는 사람이었으므로 아무도 보지 않을 것 같은 틈을 타서 그것들을 자기 윗옷 주머니에 넣어 보이지 않게 했다. 게슈타포 수사관 존더레거가 그것을 알아채고 끼어들어 오스터의 상황과 사건 전체의 상황을 악화시켰다. 그들은 오스터에게 자택 연금 조치를 내리고 집으로 갈 것을 요구했다. 이제 오스터는 국방군 최고사령부에 더 이상 발을 들여놓아서도 안 되고, 방첩대 대원들과 더 이상 접촉해서도 안 되었다.……첫 심문이 진행될 때 심문자들이 표적으로 삼은 것은 대체로 앞서 언급한 메모들이었다. 이 메모들은 대역죄 및 국가전복죄의 반박할 수 없는 증거를 공소권자에게 제시하는 것들이었다. 따라서 그것들을 직무상의 자료인 것처럼 보이게 해야 했다. 남편이 체포될 때 이 메모들을 공개 논의에 부치려고 한 것은 그것들을 직무상의 자료로 보이게 하기 위해서였건만, 오스터가 그이의 말을 오해하고 만 것이다. 여태껏 이 메모들의 내용을 소상히 알고 있어서 그랬겠지만, 오스터가 자신이 그것들을 감추려 했다는 사실을 고려하여 갑자기 믿을 수 없는 주장을 하는 바람에 상황이 위험해지고 말았다. 그는 메모 위쪽에 있는 생략 서명 방식을 통해 이것을 입증하려고 시도하면서, 메모 아래쪽에 표시되어 있는 "O"라는 표식은 자신이 한 것이 아니라고 말했다. 남편은 전반적으로 중요한 메모들을 공무상의 메모로 인정해 달라는 다급한 청을 암호 통신문으로 내게 보내왔고,……선의로 행동했던 오스터는 그 청을 받고서—자신이 직접 말한 대로, 기제비우스의 조언을 받아들여—그 표식이 자신의 생략 서명이라고 인정했다. 카나리스도 심문을 받으면서 이 메모들을 공무 활동의 범위 안에 있는 것으로 인정했다. 그러면서 주요 위험이 제거되었고, 뢰더는 이제 업무 처리 절차와 메모 작성 방법을 살피며 형식적 위반사항을 찾는 통상적인 길을 걸었다.

샤를로텐부르크 카이저담에 갇혀 있던 폰 도나니 부인의 출옥이 5월 초에 관철되고, 그녀가 남편, 오스터, 다른 사람들과 은밀히 연락을 취하면서, 위험한 메모 사건은 위험지대에서 그럭저럭 헤어나 복합적인 기소에 별 영향을 미치지 못했다. 그 사건은 본회퍼가 심문받을 때 더 이상 튀어나오지 않았다.

VIII. 약혼

본회퍼는 혁명과 구금이 경합을 벌이던 1942년 성탄절에 '10년 후'라는 소론을 썼다. 그는 그 사본을 부모, 도나니, 오스터에게 한 부씩 보내고, 한 부는 친가의 지붕 기와 밑에 숨겼다가 나에게 건넸다. 그것은 지금도 보존되고 있다. 그 속에는

1942년, 18세의 마리아 폰 베데마이어.
본회퍼는 이 사진을 자신의 형무소 감방 안에 세워 놓곤 했다.

아래와 같은 글귀가 들어 있다.

> 우리에게는 대단히 좁고 간혹 찾기 힘든 길만이 남아 있다. 그 길은 모든 날을 마지막 날처럼 여기되, 아직도 거대한 미래가 존재한다는 듯이 신앙과 책임 의식 속에서 사는 것이다.……최후 심판의 날이 내일 동튼다면 좀 더 나은 미래를 맞이하기 위한 활동을 손에서 내려놓겠지만, 그 전에는 그럴 수 없다.[294]

본회퍼의 약혼 이야기는 그가 계시록에 대한 그 시대의 잘못된 해석에 어떻게 저항했는지를 극명하게 보여준다. 이 겨울에 18세 소녀의 자연스러움과 기품이 그를 사로잡았고, 그는 그녀를 자신의 미래의 신붓감으로 여기기 시작했다. 그녀는 그가 10년 전만 해도 뗄 수 없었던 걸음을 뗄 수 있도록 그에게 특권을 부여했다.

마리아 폰 베데마이어는 그가 키코브와 클라인-크뢰신에 있는 그녀의 친척 클라이스트 가문에서 존중하게 된 것, 곧 명석함, 발랄함, 고상함, 재능, 그리고 인생의 짐을 확실하게 극복하는 태도를 골고루 갖춘 사람이었다. 그녀는 한스 폰 베데마이어와 루트 폰 베데마이어 부부의 일곱 자녀 가운데 셋째, 폰 클라이스트-레초브 노여사의 손녀, 본회퍼의 예전 견신례수업 학생 막시밀리안 폰 베데마이어Maximilian von Wedemeyer의 누이동생이었다. 베를린에서 북쪽으로 100킬로미터 정도 떨어져 있는 노이마르크에 페치히 대농장을 두고 있던 그녀의 아버지는 다방면에 관심을 가진 사람, 올곧은 사람, 그러면서도 섬세한 사람이었다. 그는 저택과 경작지를 정열적이면서도 효과적으로 경영하고, 무척 멋진 사냥터를 조성하고, 개신교회 안에서 쇄신 운동에도 헌신했다. 그는 베르노이헨 신도 단체의 창립 회원 가운데 한 사람이었으며, 베르노이헨의 대농장주 루돌프 폰 피반Rudolf von Viebahn이 죽은 뒤부터는 해마다 페치히에서 베르노이헨 신도 단체 연구 회의를 개최하기도 했다. 그는 국가사회주의의 발흥을 심히 우려한 나머지 자신의 옛 전우 프란츠 폰 파펜의 임명을 받고, 새로운 내각이 조직될 때 파펜을 돕기도 했다. 하지만 히틀러가 집권한 뒤에는 협력 시도가 절망적인 짓이자 명예를 손상시키는 짓이라는 것을 알고서 단호히 물러났고, 그 바람에 곧바로 일련의 정치적 비방을 받았다. 한스 폰 베데마이어는 공모—사촌 파비안 폰 슐라브렌도르프가 페치히를 출입했다—과 자신의 타고난 군인 기질 사이에서 갈등하며 괴로워하다가 1942년 8월에 동부전선에서 장교 신분으로 전사했다. 본회퍼는 이를 계기로 고인(故人)의 부인에게 보낸 1942년 8월 25일자 편지에서 아래와 같이 말했다.

매우 존경하는 여사님

7년 전 여사님의 남편께서 저의 핑켄발데 교무실에 앉아, 막스가 받아야 하는 견신례교육을 놓고 말씀하시던 때가 생각나는군요. 저는 그 만남을 결코 잊지 않았습니다. 견신례교육 기간 내내 그랬습니다. 저는 막스가 부모의 슬하에서 결정적인 교육을 이미 받았고, 앞으로도 그러리라는 것을 알아챘습니다. 저는 한 소년이 경건한 아버지, 생의 한가운데 우뚝 서 있는 아버지를 모신다는 것이 무슨 뜻인지를 분명히 알 수 있었습니다. 그 시기에 여사님의 자녀들 모두를 알게 되면서, 저는 그리스도를 믿는 아버지에게서 흘러나오는 축복의 능력에 깊은 인상을 받았습니다. 이와 같은 인상은 여사님의 확대가족을 만나면서, 곧 여사님 어머님의 집과 여사님 형제자매들의 집을 출입하면서 저에게 더더욱 중요하게 다가왔습니다. 물론 이 행복은 순전히 영적인 것이 아니라, 현세적인 삶에 깊은 영향을 미치는 어떤 것입니다. 생은 바른 행복 아래 있을 때에만 건강하고, 안전하고, 기대할 만하고, 활동적인 것이 됩니다. 그래야 생기, 힘, 기쁨, 활동성을 힘입어 살 수 있기 때문입니다. 여사님의 남편분은 그러한 행복을 힘입어 살고 가장 훌륭한 책임 의식 속에서 그러한 행복을 전하는 모습으로 제 눈앞에 서 계십니다. 저는 그 점에 감사하며, 이 힘겨운 시절에 매우 존경하는 여사님께 그 점을 기꺼이 말씀드리고 싶습니다. 자신이 받은 복을 사랑하는 이들과 많은 이들에게 전한 사람은 인생에서 가장 중요한 것을 성취한 것이나 다름없습니다. 하나님 안에서 행복한 사람이 되어, 하나님 안에서 다른 이들까지 행복하게 해주었으니까요. 그러나 그분이 살면서 누린 축복은 하나님의 얼굴빛처럼 그분 위에 머무를 것입니다.

그분 생전에 그분을 감쌌던 영이 이제는 여사님과 여사님의 자녀들을 함께 감쌀 것입니다. 당시에 그분이 아드님을 그리스도교식으로 교육하신 것에 관해 저에게 말씀하시던 그 진지함을 이제는 여사님이 갖추시어, 여사님의 자녀들이 아버지를 그리스도교식으로 애도하도록 도우시게 될 것입니다. 그분에게 선사되었던 말씀과 성례전에 대한 사랑이 여사님을 그분과 하나로 묶어 주고, 하늘에 있는 공동체와도 하나로 묶어 줄 것입니다. 그분이 지녔던 희생정신과 하나님의 말씀에 대한 복종의 정신이 여사님으로 하여금 하나님께서 여사님에게 보내신 모든 것을 고요히 그리고 감사히 받아들이게 할 것입니다. 어떤 찬미이든 하나님께 드리는 찬미는 하나님께로 부름받은 아버지에 대한 대가족의 그리스도교식 애도가 될 수 있습니다! 저는 막스를 특별히 생각합니다. 그에게는 이제 아버지가 안 계시니 말입니다. 하지만 저는 그가 부친에게서 받은 것을 결코 잊거나 잃어버리는 일이 없을 것이며, 부친께서 보호받으셨고 지금도 그러하시듯이 그 역시 보호받을 것이라고 확신합니다.

매우 존경하는 여사님이 하나님의 말씀과 성례전을 통해 위로받고 다른 이들을 위로하실 수 있도록 하나님께서 도와주시기를 바랍니다.

디트리히 본회퍼 삼가 올림(DBW 16:350f.).

마리아는 어릴 적에 이따금 슈테틴에 소재한 할머니 댁에서 지냈고, 언젠가는 사촌 남매들과 함께 핑켄발데에 가기도 했었다. 본회퍼가 스웨덴 출장과 이탈리아 출장 사이에 낀 1942년 6월에 클라인-크뢰신에서 며칠을 보내다가 만난 그 소녀는 이제 다 자란 성인이었다. 그 후에 그는 자신이 처음에 인정하려고 했던 것보다 재회를 더 많이 꿈꾸고 있음을 알아차렸지만, 로마로 가는 도중에 나에게 보낸 편지에서는 아래와 같이 말했다.

마리아에게는 편지하지 않았네. 아직은 그럴 때가 아니네. 더 이상의 만남이 가능하지 않게 된다면, 상당히 긴장된 몇 분간의 유쾌한 생각이, 안 그래도 이미 빽빽이 들어찬 영역, 곧 실현되지 못한 공상의 영역 속으로 다시 한 번 흩어지고 말 것이네. 그녀의 눈에 띄지 않게 그리고 그녀의 마음을 상하게 하지 않으면서 만남을 성사시키려면 어찌해야 하는지를 모르겠네. 폰 클라이스트 여사에게 그것을 기대할 수도 없고. 어쨌든 그분은 나와 생각이 다르네. 내가 분

명하고 단호하지 못해서 말일세.[295]

본회퍼는 그녀의 아버지가 전사하고 얼마 지나지 않아 클라인-크뢰신에 있는 그녀의 친척 클라이스트의 집에서 그녀를 만났고, 베를린에서도 여러 차례 만났다. 이제 그는 더 이상 주저하지 않았다. 하지만 그녀의 어머니도 그간의 일들을 알아차렸다. 당연히 그녀는 너무 어린 딸을 걱정하며 불안해했다. 그 소녀는 그의 정치적 모험과 다양한 연루를 전혀 조망하지 못한 채 그와 교제하기에 이르렀던 것일까? 그녀의 어머니는 본회퍼에게 협의를 청하기로 결심했다.

1942년 11월 24일, 그는 페치히로 가서 루트 폰 베데마이어 여사를 만났다. 자신의 가족에게는 "다시 한 번 포메른에 가봐야겠습니다"라고만 말했다. 이 협의는 마리아의 어머니가 그에게 1년간 떨어져 있을 것을 제안하는 것으로 끝났다. 그는 어느 정도 당혹해하면서, 11월 27일에 나에게 아래와 같이 편지했다.

마음만 먹었다면 내 생각을 주장했을 것이네. 다른 이들보다 논거를 더 잘 대어 그분을 설득할 수 있었을 것이네. 하지만 나 자신은 그런 짓을 기분 나쁘게 여기고, 부적절한 것으로 여기며, 남들의 약점을 이용하는 짓으로 여긴다네. 루트 폰 베데마이어 여사는 내가 그분 남편의 죽음 때문에 약해진 것보다 훨씬 심각하게 약해져 있다네. 나는 그분에게 무방비 상태의 느낌을 안겨 드려서는 안 되네. 그리한다면, 그것은 비열한 짓이 될 것이네. 이것이 내 상황을 어렵게 만들고 있네(DBW 16:370).

본회퍼는 마음을 고쳐먹고 이튿날 보낸 편지에서 이렇게 말했다. "때에 어울리지 않게 지난 시간들이 불쑥불쑥 떠오르는군."[296] 그리고 잠시 뒤 이렇게 썼다. "자네는 대단히 다정다감하고 총명하니……자네가 친구 자격으로 루트 폰 베데마이어 여사에게 편지를 보내면 어떨까도 이미 생각해 보았네. 하지만 나중에도 그리할 수 있을 것이네. 어쩌면 그게 더 나은 일인지도 모르네"(DBW 16:372).

그 편지는 불필요한 편지가 되고 말았다. 1943년 1월 13일, 디트리히 본회퍼와 마리아 폰 베데마이어가 약혼했기 때문이다. 그는 2월 초에 부모에게 그 사실을 알렸다. 그는 마리아의 후견인 한스-위르겐 폰 클라이스트-레초브와 마리아의 어머니의 부탁을 받고, 비교적 긴 시간이 지난 뒤에야 교제 사실을 알리고 결혼하겠다고 확약했다.

체포가 모든 합의를 방해했다. 가족들은 체포를 계기로 공표를 결심했다. 진기한 약혼기가 시작되었다. 1943년 6월 4일, 본회퍼는 테겔 감방에서 아래와 같이 편지했다.

> 장모님의 편지가 어찌나 저를 감동시키던지, 저는 아무 말도 하지 못했습니다. 저는 지난해에 온갖 고통을 겪은 그분에게 이런 걱정까지 안겨 드리게 되어, 체포되던 날부터 계속 괴로워했거든요. 하지만 이제 그분은 우리에게 다가온 이 어려움을, 기다림의 기간을 단축시키고 저를 행복하게 만드는 계기로 삼으셨습니다.[296a]

IX. "한계 상황"

> 자네도 알다시피, 나는 1939년에 이루어진 나의 귀국과 그 뒤에 이루어진 일에 대해 한순간도 후회한 적이 없네. 나의 귀국은 분명한 소신과 최선의 양심에 따라 이루어진 것이었네. 나는 그때 이후에 일어난 일 가운데 어떤 것도 내 생애에서 삭제하고 싶지 않네.[297]

> 나는 온갖 문제를 지닌 한계 상황을 견디는 것이야말로 나의 과제라고 확신하게 되었네.[298]

자유 속에서 하던 저항 활동이 종료되었으니, 이 자리에서는 본회퍼의 "공모"의 성격을 개괄적으로 기술해 보려 한다. 목사와 신학자에게는 이례적이라고 할 이 활동의 결과는 이어지는 심문 묘사에서 더 한층 드러나, 관습 윤리와 정상적인 상황에서 기준을 찾는 감각에 충격을 안겨줄 것이다. 하지만 지금은 오래전부터 결정되고 숙고된 것이 이 심문들 속에서 일관되게 유지되리라는 것을 아는 것이 중요하다.

오늘날처럼 좀 더 질서 잡힌 시대라면, 본회퍼를 "공모자"로 부르는 것에, 그리고 처음부터 불명예스러운 이 개념에 결정적인 의미를 부여하는 것에 상당수의 사람이 거부감을 표시할 것이다. 사건들로부터 멀어지면 멀어질수록, 이 명칭을 사용하기를 주저하는 마음도 점점 커지게 마련이다. 하지만 그 명칭을 조금 덜 엄격하게 사용하려는 모든 시도는 본회퍼가 맞섰던 이상한 현실을 간과하고, 이 자리에서 보여주려고 하는 바를 은폐하기만 했던 것 같다.

저항의 단계들

확실히 본회퍼는 적극적 지하 정치 활동—"공모"—을 향해 걸음을 내딛은 아주 적은 교인 집단의 일원이다. 1944년 7월 20일 사건으로 희생된 사람들의 명판에는[298a] 소시민과 귀족, 군인과 사회주의자 외에도 가톨릭교인 세 명의 이름이 들어 있다. 신부 알프레트 델프Alfred Delp, 프렐라트 오토 뮐러Otto Müller, 부사제 헤르만 베를레Hermann Wehrle가 그들이다. 개신교 측에서는 디트리히 본회퍼가 거기에 속하지만, 고백교회의 상임 법률가 프리드리히 유스투스 페렐스도 거기에 속한다고 할 것이다.[299]

본회퍼의 공모 행보는 "한계 상황"에서 이루어진 것이었다. 그가 1940년에 대다수의 동료 목사와 달리 목사직을 통해 교구에 매이지 않은 것이 도움이 되었다. 본회퍼가 1940년에 한 교구의 목사였다면, 여러 가지로 다른 길을 걸었을 것이다. 하지만 특수한 상황에서 히틀러에 대한 "모반" 권고가 그를 향해 가까이 다가왔고, 그는 이 권고에 응했다. 이는 제3제국에 맞서는 여러 단계의 저항을 돌파하고, 그럴 때마다 여러 단계의 격화된 투쟁 앞에서 망설이고 나서 한 일이었다. 망설인 까닭은 그가 새로운 단계의 저항을 마주할 때마다 현저한 고독에 빠졌기 때문이다.

다른 자리에서[300] 나는 국가사회주의 시기에 수행된 저항을 다음과 같이 다섯 단계로 구분하고, 새로운 단계의 저항에 돌입하는 것이 무엇을 의미하는지 서술하려고 시도한 바 있다. 1. 소극적 저항의 단계. 2. 교회들 내지 클레멘스 아우구스트 폰 갈렌 백작, 마르틴 니묄러, 테오필 부름과 같은 인사들이—새로운 정치적 미래를 구상하거나 추구하지 않고—이행한 공공연한 이념적 저항의 단계. 3. 쿠데타 준비를 묵인하는 단계. 한스 아스무센,[301] 오토 디벨리우스, 하인리히 그뤼버나 한스 릴예와 같은 교회 관리들도 이 단계에 휩쓸려 들었다. 4. 쿠데타 이후를 적극적으로 준비하는 단계. 이 단계의 가장 중요한 대표는 헬무트 몰트케이지만, 테오도르 슈텔처, 하랄트 포엘하우, 오스카 함멜스베크도 거기에 포함된다. 5. 개신교-루터교 전통의 한 구성원이 가장 무거운 마음으로 다가간 적극적 공모의 단계. 그가 가장 무거운 마음으로 다가간 이유는 개신교-루터교 전통이 그러한 것을 내다보지 못했기 때문이다. 이 마지막 단계에서는 교회의 엄호도 없었고, 온갖 통례에서 벗어난 일을 정당화해 주는 일도 없었다.

개신교 진영의 교회 인사들 중에서는 본회퍼-페렐스 쌍, 게르스텐마이어-쇤펠트 쌍만이 짝을 지어 이 마지막 단계를 수행했다. 이 각각의 쌍은 다른 상황에서, 다른 전제로, 너무나 다른 시기에 적극적인 공모의 어스름 속으로 들어갔다.

본회퍼-페렐스 쌍과 게르스텐마이어-쇤펠트 쌍은 서로 마주치는 일이 일어나지 않기를 바랐다. 게르스텐마이어는 1936년 헤켈과 본회퍼의 불화가[302] 최고조에 이르렀을 때 헤켈에게 봉사하고, 신학과 교회와 정치를 통해 제3제국에 봉사하던 교회-해외사무국의 무리 속에서 줄곧 본회퍼의 눈에 띄고, 공모의 시기에도 교회-해외사무국 소속 종교국 회원을 지낸 자였다. 물론 클라우스 본회퍼는 1941년부터 자신의 저항 동아리 안에서 그를 자주 만났다. 게르스텐마이어는 디트리히 본회퍼를 달렘 성향의 융통성 없고 세상 물정 모르는 고백 인사 동아리 출신의 바르트주의자로 여겼다. 두 사람이 관심을 갖고 선택한 신학 주제들은 정반대의 주제들이었다.[303] 게다가 두 사람은 소속 집단도 달랐다. 그 집단들은 여태껏 정치 저항 속에서 다른 시기에 주도적 역할을 하던 집단이었다.

앞서 살펴본 대로 게르스텐마이어의 친구 한스 쇤펠트와 본회퍼는 껄끄러운 사이였다. 그러다가 전쟁이 발발하고 몇 해가 지나면서 모종의 변화가 일어났다. 쇤펠트가 본회퍼에게 관심을 갖게 된 것은 본회퍼가 정치적 정보에 밝은 사람이라는 것을 알고 나서부터였다. 본회퍼가 쇤펠트를 소중히 여기게 된 것은 옥스퍼드에 있는 누이 가족과 연락을 유지하는 데 쇤펠트가 도움을 주면서부터였다. 쇤펠트는 1941년에서 1942년으로 이어지는 겨울에 처음으로 본회퍼의 친가를 방문했다. 그때에는 본회퍼가 에탈 수도원에 머물고 있었다. 그 뒤에 쇤펠트는 에큐메니칼 전쟁포로구호소를 위한 출장길에 자크 쿠르부아지에를 수행하면서, 베를린에서 자크 쿠르부아지에와 함께 본회퍼, 클라우스, 유스투스 델브뤼크, 오토 욘을 만났다.[304]

저항의 방법

첫째 단계의 저항에서 넷째 단계의 저항으로 이행하는 과정들에는 다섯째 단계의 저항, 곧 책임감 있는 공모 활동으로 넘어가는 과정에 비해 해가 거의 없었다. 드러내 놓고 항의할 때에는 사고, 행동, 고결한 인격 등 모든 것이 분명하게 드러났다. 하지만 공모 활동에서는 그러한 것을 포기하지 않으면 안 되었다. 따라서 본회퍼와 오이겐 게르스텐마이어는 이중생활의 오명을 감수하면서 수상한 생활의 결과를 견뎌 낼 수밖에 없었다.

직업상 본회퍼는 신학이라는 학문을 통해 고백교회에 조언하는 사람이었지만, 방첩대의 비밀 정보원이기도 했다. 오이겐 게르스텐마이어는 교회-해외사무국 소속 종교국 회원이자 "외무부 산하 정보국의 학술 보조요원"이었다. 본회퍼가 도나니와의 친척관계를 이용하여 방첩대 동아리에 들어간 반면, 게르스텐마이어는 교회-해외사무국을 위해 활동하다가 직무상 외무부와 관계를 맺고, 외무부로부터 "국익에 중요한 해외 출장"을 위임받고, 제네바에 있는 쇤펠트를 담당 부서에 앉혔다. 그는 프리츠 폰 트바르도브스키[305] 같은 사람들에게 협력하면서도 아담 폰 트로트 추 졸츠, 한스 베른트 폰 헤프텐과도 친하게 지내고, 이들을 거쳐 울리히 폰 하셀과도 친하게 지냈다. 그리고 이들이 그를 크라이사우 동아리에 소개했다. 본회퍼는 방첩대를 통해, 게르스텐마이어는 외무부를 통해 징집 면제를 얻어 냈다. 전쟁이 한창 진행되고 있었음에도 불구하고 본회퍼와 게르스텐마이어는 여권까지 발급받았다. 그들은 공모자들에게 알릴 내용을 자신들의 첩보 문서에 더 한층 은밀하게 담아 제출했다. 그들 각자는 확고한 국가사회주의자들이 이 기관들에 투입되어 있으며, 게다가 이 기관들이 제국보안본부와의 불안한 접촉에 이용될지도 모른다는 사실을 고려하지 않으면 안 되었다. 그래서 그들은 자신들의 교회기관과 세속 기관에서도 끊임없이 이중역할을 고수할 수밖에 없었다.

히틀러가 독재를 부리는 상황에서 책임 의식을 갖고 수행하는 저항은 "공모"의 형태를 띨 수밖에 없었다. 자발적인 반항은 일어나지도 않았고 기대할 수도 없었다. 자발적인 개인행동은 대담하긴 했지만 미래에 대한 책임을 안중에 두지 않았다. 폭발력을 갖추고 새로운 형태의 사회 계층을 끌어올리는 혁명의 단초도 거의 없었다.

본회퍼는 한 개인의 절망적인 행위나 격변의 광풍 혹은 혁명의 이데올로기에 동조하지 않았다.

> 그는 계획된 공모, 즉 과거를 책임지고 미래를 책임지는 "공모"에 가담했다. 그것은 기존 체제를 예정보다 일찍 뒤흔드는 일에 목숨을 거는 것이 아니라, 안에서든 밖에서든 성공의 가망이 확실하게 보여 새로운 독일을 기대할 수 있게 될 때에만 결행하는 공모를 의미했다. 위장과 속임수로 끝까지 밀어붙여, 가장 뛰어난 거짓말쟁이가 시범을 보인 것보다 더 잘 속이는 공모. 그것은 거의 모든 공모 가담자들이 살아남았을 경우에 면책 절차를 고려해야 함을 의미했다. 물론 그들이 출입하며 중요한 지위를 얻기 위해 애쓸 수밖에 없었던 기관들의 문서철에는 그들이 히틀러의 전쟁 기구에 더없이 유용했음을 입증할 수 있는 문서들이 들어 있었다. 당 휘장과 히틀러식 경례만 필요한 것이 아니었다. 위험한 사령부들, 군, 방첩대, 외무부, 친위대에 잔류해 있는 것도 필요했다. 이러한 희생을 치르지 않으면 안 되었다. "머무르면서 훨씬 악한 일을 방지해야 한다." 처음 몇 해 동안 입에 오르내리던 이 괘씸한 표현이 이제는 도의심 있는 사람들에게 시대의 계명이 되었다.[306]

"공모"로서의 이 저항은 늦게야 감행될 수 있었다. 합법적인 저항의 모든 길이 차단되고, 다양한 분야의 공적 생활에 적격인 책임자들이 벙어리가 되고 난 뒤에야 공모를 위한 순간이 찾아왔다. 본회퍼는 상황이 다급해지고, 신학자로서의 딜레마를 피하기 위해 다른 길들을 시험해 보고 난 뒤에야 이런 식의 저항에 응하고 더는 회피하지 않았다. 독재가 피지배자들의 이름으로 이웃들의 목숨을 위협하며 그들의 이름을 유죄로 만들자마자, 그리고 방법들이 더 이상 통하지 않게 되자마자, 그에게도 도덕적으로 요청된 시간, 곧 공모를 위한 시간이 다가왔다.

본회퍼는 자신이 이 "공모"에 연결되고 나서 사실들이 완전히 밝혀지면 그의 소속 교회가 그를 더 이상 필요로 하지 않을 것이라고 예상했다. 그는 교회에 연대 책임을 청구할 수 없는 일을 하고 있었고, 교회는 그런 그를 보호해 줄 수 없었다. 그도 알고 있었던 사실이지만, 고백교회는 그를 중보기도 명단에 올리기를 거부했다. 이는 고백교회가 위험한 상황에서 조심할 수밖에 없었고, 공모 활동에 관해 자세히 알지 못했으며, 아직은 본회퍼로 하여금 비정상적인 상황의 요구에 응답하게 한 범주들 속에서 사고할 수 없었기 때문이다.

이처럼 "한계 상황"은 본회퍼로 하여금 안팎의 모든 안전을 포기하게 만들었다. 그는 이런 식의 공모에 발을 들여놓음으로써 지지와 갈채와 일반적인 호평을 포기했다.

그는 대체로 공모를 확신하면서도 그것의 윤리적 정당성은 증명할 줄 모른다. 그는 모든 사람 앞에서 비난받는 것을 감수한다. 책임자가 성공에 애타게 마음을 써도, 그는 이 성공을 자기와 함께하시는 하나님처럼 떠받들지 않는다. 거사 순간에 정녕 생명의 이름으로 결행될 것인지는 참 하나님만이 아신다. 희생을 바쳤는데도 성공을 거부당한다면, 여느 때와 마찬가지로 불확실함이 가장 좋은 이름들의 안내자로 남을 것이다. 본회퍼는 이미 1932년에 그것이 어떤 예언인지 알지 못한 채 한 설교에서 이렇게 말했다. 순교자의 피를 요구하는 시대가 다시 닥치겠지만, "이 피는……초대교회 증인들의 피만큼 순결하게 빛나지 못할 것입니다. 우리가 흘린 피 위에는 어마어마한 죄과, 곧 어둠 속으로 내던져지는 무익한 종의 죄과가 놓이게 될 것입니다."[307]

누구나 사정에 따라서, 즉 관찰 관점에 따라서 본회퍼의 공모 가담을 중요한 것으로 여길 수도 있고, 별로 중요하지 않은 것으로 여길 수도 있다.

개인적인 참여를 고려하건대, 본회퍼는 야권의 얼마 안 되는 중심인물들의 동아리에 속한다. 본회퍼는 이들과 마찬가지로 자신을 공동의 운명에 온전히 맡겼다. 그가 1938년부터 그들의 공모에 적극적으로 함께하지 않고, 비밀을 아는 이로서만 함께한 이유는 그의 직업에서 밝혀진다. 그는 좋은 기회가 시야 밖 먼 곳에 자리하고 있을 때 정치적 지하 활동에 가담했다. 그런 다음에는 더 이상 사양하지 않았고, 교회와 신학 속에서 쌓은 자신의 직업적 평판까지 희생했다.

본회퍼가 저항 동아리 안에서 차지했던 위치의 정치적 중요성을 높이 평가해서는 안 된다. 그는 자신의 위치와 전문적인 능력을 과대평가하지 않았다. 그렇기는커녕 위험한 경기에서 승부를 가르는 것은 방법, 시점, 상황에 관한 전문적이고 숙련된 판단력임을 자신의 윤리 연구에서 설명하려고 애썼다. 게다가 정치적 야심은 그의 본성에 맞지 않았다. 물론 숙련된 정치적 판단력이 어떻게 근본적인 결정을 회피하는 구실이 되었는지를 그가 주의 깊게 관찰했더라면, 그는 정치 영역에서도 강력한 판단을 단호하게 감행하여 그리되지 못하게 했을 것이다. 본회퍼가 쿠데타 준비 세력 안에서 정치적으로 대단히 중요한 인물이 되었던 때는 스웨덴 출장 때뿐이었다. 하지만 그는 정통 정치인이 될 수 없었고, 그럴 마음도 없었다. 뿐만 아니라 그는 자신의 접선 시도가 여타의 시도들, 곧 대단히 전문적인 것으로 취급된 시도들 가운데 하나에 불과하다는 사실도 정확히 알고 있었다.

본회퍼는 공모 세력이 미래의 독일과 그 체제를 설계할 때에 그다지 관여하지 않았다. 그가 그러한 것들에 관해 손수 쓴 문건은 한 건도 존재하지 않는다. 그는 프라이부르크 사람들을 부추겨 그 일을 하도록 만들고, 주제 선정과 담당자 선정에 영향을 미쳤지만, 자신은 신학적이고 윤리적인 협력에 머물렀다. 그는 연구할 시간이 다시 주어지면, 독일 저항 세력 안에서 자신의 출신, 자신의 직업, 자신의 인격적 태도를 바탕으로 증대된 자신의 특수한 위치를 소속 교회 및 그 신학의 전통을 철저히 점검하기 위한 동력으로 여겼다. 왜냐하면 국가사회주의의 공세 아래에서는 교회의 교의가 대단히 무력한 것으로 입증되었기 때문이다. 그는 공모 활동을 마치고 나면—새로운 통찰들을 품고—자신의 본업으로 돌아가고 싶다고 꽤 여러 차례 말했다.

체제 전복 활동을 해석하고 영적으로 관철시킨다는 점에서 볼 경우, 우리는 본회퍼를 가장 긴밀한 후원자 동아리에 포함시킬 수 있을 것이다. 그는 오스터가 1940년 초에 공격 일정을 통지하자 곧바로 그 딜레마를 숙고하여, "반역"을 통해 조국을 사랑하고 구할 수밖에 없는 전례 없는 상황을 간결하면서도 탁월한 언어 구사 능력으로 표현했다. 당시에 그는 이성적 인간, 윤리적 엄숙주의자, 양심의 인간, 의무와 사적 덕행을 거부하는 이유를 분석하여 글로 표현하기도 했다.[308] 그 일이 있고 2년 뒤에는 가족과 친구들, 특히 오스터와 도나니에게 크리스마스 선물로 주기 위해 '10년 후'라는 소론을 쓰기도 했다.[309] 이 소론에서 그는 그들의 활동 공간에 관해 해명하며 그들의 대담한 활동에 장래성이 있다고 주장하고, 꼭 필요한 길에 도사린 심각한 위험을 냉정하게 기술한다.

> 우리는 악행을 목격하고도 침묵하는 증인이었다. 우리는 약빠른 사람, 위장술과 모호한 화술의 달인이 되고 말았다. 우리는 경험을 통해 인간을 불신하게 되었고, 사람들에게 진실을 알리고 솔직하게 말해야 함에도 불구하고 그러지 않았다. 우리는 견디기 힘든 갈등으로 인해 녹초가 되었고, 냉소적인 사람이 되기까지 했다. 그래도 우리는 여전히 쓸모가 있는가?[310]

본회퍼가 이 소론에서 "공모"에 관해 쓴 문장들은 거사 뒤에 쓴 변론이 아니라, 가장 희망찬 저항 시기들 중 한 시기에 친구들의 활동을 지지하기 위해 쓴 것들이다.[310a]

저항 세력의 다양한 헌법 제안들—그것들은 곧바로 시대에 뒤떨어진 것이 되었다—은 잊힐지 모르나, 독일 공모 세력에 관한 본회퍼의 이 분석은 여전히 남아서 주의를 끌 것이다. 공모 활동 정신을 표현하는 능력으로 볼 때, 그는 계속 영향을 미치는 저항의 증인이라고 할 것이다. 그러나 이 대목에서 그의 장점은 그가 그리스도교 저항 이론가로서 뒷짐을 지고 비판적으로 구경만 하며 분석한 것이

한스 오스터 대령.
방첩대 중앙국 수장으로, 본회퍼는 오스터의 사무실에 배속되어 저항 활동을 수행했다.

빌헬름 카나리스 제독.
방첩대의 수장으로, 유대인을 구출하는 "작전 7"을 주도했다.

한스 폰 도나니.
크리스티네의 남편이자 본회퍼의 매형으로, 카나리스의 참모진에 배속되어 공모의 중심부에서 활동했다.

뤼디거 슐라이허.
본회퍼의 매형으로, 법률가이자 공군 법무국 국원인 자신의 지위를 활용하여 본회퍼와 도나니가 체포되었을 때 긴밀히 도왔다.

클라우스 본회퍼.
본회퍼의 셋째 형이자 법률가로, 본회퍼와 도나니가 체포된 후 공모에 본격적으로 뛰어들어 활동했다.

아니라 활동 한가운데에서 풍부한 공식을 만들어 낸 것이라고 하겠다.

그렇지만 그가 공모자들의 공동 주제로서 공식화한 것은 "승리할 것으로 여겨지는 단 하나의 이데올로기에 대한 신봉"이 아니라, "독일의 오점—그들은 스스로를 이 오점의 공범으로 여겼다—을 공동으로 책임지고, 가족을 이룬 민족들 속에서 독일이 계속 살아갈 수 있게 하는 것"이었다.[311] 그는 1942년 성탄절에 아래와 같이 썼다.

> 책임을 의식하는 궁극적인 물음은, 내가 곤경에서 영웅적으로 벗어나려면 어찌해야 하느냐가 아니라, 다음 세대가 계속 생존하려면 어찌해야 하느냐다. 당분간은 대단히 굴욕적이겠지만, 역사적 책임을 의식하는 이 물음으로부터만 쓸모 있는 해결책이 생겨날 수 있다.[312]

13 테겔 형무소

1943-1944

1943년 4월 5일에서 6일로 넘어가던 밤, 테겔 형무소의 신설 감방은 추웠다. 하지만 본회퍼는 간이침대의 모포를 덮지 않았다. 모포의 냄새가 견딜 수 없을 정도로 고약했기 때문이다. 옆 감방에서는 시끄러운 울음소리가 흘러나왔다. 이튿날 아침, 부서진 빵이 문틈을 통해 감방 바닥으로 투입되었다. 상부의 지시를 받아서 그랬겠지만, 간수는 신입 수감자와 한마디도 주고받지 않았다. 교도관은 그를 "부랑자"라고 불렀다.[1]

누군가가 본회퍼를 독방 구역으로 데려갔다. 사형수들이 손발이 묶인 채로 지내는 곳이었다. 며칠 뒤 그는 손목이 묶인 채 군사법원에서 첫 심문을 받기 위해 시내로 이송되었다. 그는 방첩대 대원 신분으로 군사 재판을 받았다. 하지만 최고군사법원의 뢰더 법무관은 그의 맞은편에 앉아 제국보안본부에서 온 수사관만 비호했다.

낡은 테겔 형무소는 사병계급 전용 국방군 수사 감옥이었다. 처음에 본회퍼는 그곳의 4층에서 지냈으며, 나중에는 공습의 위험 때문에 2층 92호 독방에서 지냈다.[2] 그는 1년 6개월 동안 테겔 형무소에 수감되어 있다가 1944년 10월 8일에 프린츠-알브레히트 슈트라세의 지하 유치장으로 이감되었다. 제국보안본부 본청 지하에 마련된 이 유치장은 기차역에 바싹 붙어 있었다.

진실을 은폐하거나 위장하기 위한 지루한, 그러면서도 효과적인 노력이 테겔 형무소 시절을 채웠다. 복잡한 위장 그물을 짤 수 있도록 가족과 친구들이 도와주었다. 때때로 그물코가 헝클어지기도 했지만, 1944년 7월 20일의 비참한 결말 이후에 방첩대 방공호에서 대단히 불리한 자료가 발견될 때까지는 전반적으로 위장이 유지되었다. 1944년 9월 말, 이 문서철이 초센 사령부에서 적발되는 바람에 본회퍼의 테겔 군 형무소생활이 막을 내렸다.

제국군사법원에서 심문받는 동안 본회퍼가 구사한 전략을 이해하려면, 그것을 더 큰 전체의 일부로 인식해야 한다. 소송의 주요 피고로서 훨씬 위험한 처지에 놓인 이는 한스 폰 도나니였다. 추적자들은 도나니를 취조하면서 카나리스 제독 휘하의 방첩대 전체를 겨누려고 했다. 나머지 수감자들, 곧 요제프 뮐러, 폰 도나니 여사, 안니 뮐러Anni Müller 여사도 도나니 사건의 공범자였다. 때문에 본회퍼의 소송 절차는 도나니 사건의 상황에 달려 있었다. 그는 자형의 사건이 빨리 처리되기를 바랐고, 지체될 경우에는 한탄하기도 했다. 본회퍼는 도나니의 대응과 보조를 맞추지 않으면 안 되었다. 따라서 우리는 도나니 사건의 경과를 먼저 살펴보게 될 것이다.

그런 다음 본회퍼의 테겔 형무소 시절과 그 시절의 소송 내용을 살펴보고, 그의 군 형무소생활과 신학 연구에도 관심을 기울이게 될 것이다.

I. 한스 폰 도나니를 상대로 한 심문

도나니는 요제프 뮐러와 마찬가지로 레어터 슈트라세 64번지에 소재한 국방군 교도소에 수감되었다. 장교계급 수감자 전용 감옥이었다.

교도소장 루돌프 마아스Rudolf Maaß 중령이 곧바로 자신을 도나니와 그 가족의 진짜 친구라고 밝히긴 했지만, 한스 폰 도나니는 특히 처음 몇 주 동안 부담이 이만저만이 아니었다. 바깥에서 펼쳐지고 있는 저항 활동의 운명, 방첩대의 운명, 자기 가족의 운명이 다른 어떤 사람보다 더 자신에게 달려 있는 것처럼 여겨졌기 때문이다. 그는 아내마저 구금되었다는 말을 4월 12일에 전해 들었고, 처음에는 메모 사건을 놓고 오스터와 보조를 맞출 수도 없었다. 4월 16일에 아내와의 첫 대질이 이루어졌고, 4월 19일에는 디트리히 본회퍼와 대질이 이루어졌다. 이 대질로 그의 마음이 거의 홀가분한 상태가 되었다. 추적자들이 그들을 모순에 빠뜨리지 못한 것처럼 보였기 때문이다.

그는 지난겨울에 준비 작업을 하면서 다른 이들에게 기소 이유들이 생길 경우 가급적 모든 책임을 자신에게 돌리기로 작정한 상태였다. 그는 군의 정치적 맥락과 법률적 맥락을 훤히 아는 까닭에 어떤 기소 이유들을 방첩대의 기밀들로 분류하여, 카나리스만이라도 수사를 받지 않게 할 것인지를 가장 적절하고 가장 신속하게 결정할 수 있었다. 따라서 도나니는 같이 수감된 이들을 가급적 하찮은 인물로 보이게 하려고 애썼다. 그는 이 목적을 위해 부모와 자녀들에게 부활절 편지를 보내도 좋다는 허가를 반려하고, 테겔에 있는 디트리히 본회퍼에게 "개인적인" 편지를 보내기도 했다. 물론 뢰더가 읽을 것이라고 예상하고 쓴 편지였다. 1943년 4월 23일 성금요일에 쓴 그 편지에서 그는 아래와 같이 말했다.

> 나의 사랑하는 디트리히.
>
> 이런 인사편지를 자네에게 보내도 되는지 모르지만, 어쨌든 시도는 해보려네. 밖에서는 예배를 알리는 종소리가 울리고 있네.……자네와 크리스티네와 아이들과 나의 처부모님이 나 때문에 이 같은 고통을 겪게 되어서, 그리고 나의 사랑하는 아내와 자네가 나 때문에 자유를 빼앗기게 되어, 내 마음이 얼마나 착잡한지 자네는 상상도 하지 못할 걸세. 불행 속에서 친구를 **가졌다는 것**Socios habuisse malorum은 위안이 되기도 하지만, (불행 속에서 친구를) **갖는 것**habere은 대단히 무거운 짐이 되기도 한다네.……자네의 모든 식구들, 그리고 자네 자신이 나를 비난할 마음이 없다는 것을 내가 알게 된다면, 내 마음이 홀가분해질 것이네. 자네 남매가 자유를 되찾을 수만 있다면, 나는 그 방법을 알기 위해 무슨 일이든 할 것이네. 자네가 시험을 면할 수만 있다면, 어떤 책임이든 달게 지겠네. 자네를 볼 수 있어서 참 좋았네. 크리스티네와도 대화를 나누었네. 하지만 다른 이들 앞에서 무슨 말을 할 수 있겠나?……우리에게 부과된 고통을 그녀와 함

께 겪어선 안 되는데, 그것이 무엇을 의미하는지를 알 사람이 있기나 할까 모르겠네. 고통을 그녀와 함께 겪는다고 해서 **사건**에 도움이 되는 것도 아닌데 말일세……(DBW 8:47ff.).

최전선

형식적으로는 소송 절차의 관할권이 국방군에 있었지만, 티르피츠 강변의 방첩대와 프린츠-알브레히트 슈트라세의 제국보안본부 사이에 엄밀한 의미의 최전선이 형성되었다. 도나니는 중심인물이면서 동시에 희생자이기도 했다. 영악하게도 제국보안본부는 나서기를 싫어했지만, 빌헬름 카이텔이 이 복잡한 사건을 법원에서 심문할 수 있게 허가해 준 뒤부터 항상 한 명의 입회인을 통해 소송 사건의 진행을 들여다보면서 만족해했다.

수사는 최고군사법원 법무관 뢰더—공군 소속—박사가 지휘했다. 그는 헤르만 괴링의 별장 카린할에 출입하는 것을 자랑으로 여겼으며, 1942년에는 "빨갱이 악대" 소송에서 아르비트 하르낙Arvid Harnack, 밀드레트 하르낙Mildred Harnack, 하로 슐체-보이젠Harro Schulze-Boysen에게 사형선고를 내림으로써 출세 가도를 연 상태였다.[3] 뢰더는 악명 높은 친위대 분대장 하인리히 뮐러와도 관계를 유지하고 있었다. 언젠가 제국군사법원 안에 마련된 직책을 제안받고 양심상의 이유로 거절한 뤼디거 슐라이허의 기억에 따르면, 뢰더는 그에게 이렇게 말했다고 한다. "나는 게슈타포와 제국군사법원을 잇는 좁다란 다리 위에 서 있소." 뢰더는 방첩대 안에서도 지원을 모색하고 얻어 냈다. 방첩대의 법무국 안에는 도나니를 싫어하는 악의적인 사람이 더러 있었다. 카나리스가 그들의 두뇌를 써먹지 않고 법률적 조언자인 도나니의 두뇌를 써먹었기 때문이다. 뢰더는 방첩대의 법무국 사람들과 재무국 사람들에게서 비밀을 캐냄으로써 모종의 성과를 거두었다. 그는 새로운 조처들을 가속화하다가 나중에 진행된 소송 절차에서 그것들 때문에 괴로움을 겪기도 했다. 그가 1943년 여름에 카나리스까지 소송 사건에 포함시켜 여러 차례 심문하자, 카나리스가 이 심문에서 법무관의 질책들에 대한 철저하고 신속한 해명을 자신이 대단히 중시한다는 인상을 노련하게 견지한 것이다.

뢰더와 도나니 사이에서 격전이 시작되었다. 두 법률가는 저마다 자신이 상대방의 진짜 의도를 훤히 꿰뚫어 보고 있다고 생각했다. 국가사회주의자인 뢰더는 이미 수사단계에서 자신이 기소 이유를 잡았다고 밝히고—처음부터 대역죄와 국가전복죄로 사형선고를 내릴 심산이었다—미결수들을 이미 권리를 박탈당한 범죄자로 취급했다. 그러면서 폭력 행사 가능성을 내비치고, 수뇌부가 이 소송 절차에 관심을 기울이고 있음을 암시했다. 실제로 수사 과정에서 빌헬름 카이텔 외에도 하인리히 뮐러, 에른스트 칼텐브룬너Ernst Kaltenbrunner, 마르틴 보르만, 하인리히 히믈러가 사건들의 상황을 보고받았고, 히틀러도 그랬다. 하지만 적수인 도나니의 끈기와 기민함이 뢰더의 일을 어렵게 만들어, "빨갱이 악대" 소송 때처럼 신속한 종결에 이르지 못하게 했다.

도나니는 무방비 상태로 고소인에게 넘겨진 것이 아니었다. 요직에 있는 친구들이 그에게 도움을 주었고, 카나리스도 앞장서서 그에게 도움을 주었다. 카나리스는 적극적인 방어방법을 정확히 이해하고, 도나니의 친구들이 고립된 수감자들의 진술을 조정하기 위해 시도하는 것까지 감싸 주었다. 방첩대 건물에서는 특히 『바이세 블레터』*Weiße Blätter*의 발행인 칼 루트비히 프라이헤르 폰 구텐베르크와 엠미 본회퍼의 오빠 유스투스 델브뤼크가 활동하고 있었다. 이 두 사람은 언젠가 도나니가 카나리스의 기관으로 직접 끌어들인 이들이었다. 구금되고 4주가 지난 뒤, 크리스티네 폰 도나니가 다양한 개입—아버지도 한몫했다—에 힘입어 다시 자유의 몸이 되었다. 그녀는 남편, 티르피츠 강변 기관에서 일하는 친구들, 특히 4월 5일부터 직위해제된 오스터 사이를 정확하게 연결하는 일을 떠맡았다. 그녀는 이 도중에 도나니가 계속되는 수사를 놓고 한 부탁과 조언을 카나리스에게 전하기도 하고, 카나리스의 부탁과 조언을 도나니에게 전하기도 했다.

엄밀히 말하면 빌헬름 카이텔의 지시로 소송 전체를 뢰더의 수중에 넘겨야 했던 국방군 법무국 수장 루돌프 레만 박사도 호의적이었다. 예컨대 그는 수감자들을 국방군에서 제명하여 게슈타포로 넘기면 어떻겠느냐는 제안에 효과적으로 맞섰다. 게다가 참모부의 재판관이자 육군 법무국 수장인 칼 자크 박사의[4] 끊임없는 지원도 결정적이었다. 그는 도나니가 프리치 위기 때부터 존경하던 사람이었다. 그는 수감자들이 가급적 자신의 조언대로 처신하게 하고, 1944년 카나리스가 파면되었을 때에도 그리했다. 또 고백교회와 친분이 두터운 변호사 파울 슐체 추어 비셰Paul Schulze zur Wiesche 박사가[4a] 모아비트에 소재한 도나니의 감방과, 나중에는 베를린 북동쪽에 소재한 부흐 형무소 병원에 여러 차례 출입할 수 있도록 주선해 주기도 했다. 그 당시 파울 슐체 추어 비셰는 변호사로 활동할 수 없는 몸이었다. 칼 자크 박사가 그에게 설명해 준 대로, "그가 피고인들과 같은 무리에 속해 있다는 사실이 곧바로 드러날" 것이기 때문이었다.[5] 뤼디거 슐라이허가 칼 자크의 기관에 마음껏 출입할 수 있게 되어 다행이었다. 동료 법률가이자 공군 법무국 국원인 그가 제복 차림으로 눈에 띄지 않게 출입했기 때문이다. 민간인 신분으로는 대단히 위험한 일이었건만, 프리드리히 유스투스 페렐스도 칼 자크의 조언과 충고를 중개했다. 가족들은 그것들을 암호화하여 책이나 식료품 꾸러미 속에 숨겨 모아비트 감방과 테겔 감방으로 들여보냈다.

선한 뜻으로 한 일이었음에도 불구하고 칼 자크가 이따금 수감자들과는 다른 목적을 추구하는 바람에 안에서 하는 상황 판단과 밖에서 하는 상황 판단이 엇갈리는 일이 일어났다. 예컨대 1차 중대한 고소가 기각되었을 때, 도나니와 본회퍼는 자신들의 소송에 대한 신속한 판결을 촉구했다. 도나니는 카나리스에게 희망을 걸고 있었다. 이미 제국보안본부가 방첩대를 샅샅이 들여다보았음에도 불구하고 1943년에는 카나리스의 지위가 건재한 상태였다. 하지만 칼 자크는 뢰더에게서 사건을 가로채지 못한 채 소송을 무리하게 앞당길 경우, 이 사건에 내재한 정치적 계기로 인해 히틀러가 달갑지 않은 결정을 내릴 수도 있음을 우려했다. 칼 자크는 늘 말하던 대로 사건에서 정치적 색채를 없애고,—성공하기도 했다—뢰더를 꾸물거리게 하여, 쿠데타가 일어날 때까지 사건이 진척되지 않게 하는 전략을 추구했다. 요제프 뮐러가 자신의 재판을 분리시켜 1944년 3월 초에 무죄 판결을 받는 데 성공하면서—사전준비가 잘 이루어졌다!—칼 자크가 옳았음이 갑자기 입증되었다. 하지만 게슈타포는 요제프 뮐러가 석방되자마자 그를 강제수용소로 보내겠다고 곧바로 공언했다.

도나니와 본회퍼는 이 가담자들을 둔 덕분에 각자 자신의 감방에서 쿠데타 준비 과정에 관한 정보를 충분히 제공받았다. 방첩대 건물 안에 있던 오스터의 저항 본부가 분쇄되고 난 뒤에 이웃 건물, 곧 프리드리히 올브리히트 장군의 집무실에서 슈타우펜베르크를 중심으로 새로운 본부가 형성되었지만, 그 일은 계속되었다. 그때까지 본회퍼와 도나니는 "신출내기" 슈타우펜베르크와 별다른 관계를 맺은 적이 없었다. 반면에 슈타우펜베르크는 도나니와 그 사건에 관한 정보를 충분히 알고 있었다. 게다가 그는 지칠 줄 모르는 변호사 파울 슐체 추어 비세가 1944년 초에 부흐 형무소 병원에서 도나니를 면회할 수 있도록 값비싼 휘발유를 마련해 주기까지 했다.

세 가지 시기

도나니 사건은 세 가지 상이한 시기에 진행되었다. 첫째 시기는 1944년 1월까지 이어졌다. 이 시기에는 게슈타포의 지원을 받는 뢰더가 제국군사법원에서 활동하다가 물러났다. 둘째 시기는 1944년 7월 20일까지 이어졌다. 이 시기는 새로운 수사 책임자 헬무트 쿠츠너Helmuth Kutzner 휘하에서 사건이 "흐지부지된" 시기였다. 셋째 시기는 제국보안본부를 완전히 지배했다. 이 시기에는 친위대 연대의 지휘관 발터 후펜코텐Walter Huppenkothen이 활동했다.

뢰더의 공격

뢰더는 티르피츠 강변에서 체포 활동을 벌이다가 압류한 불쾌한 쪽지를[6] 도나니의 대역죄 활동과 국가전복죄 활동을 입증하는 증거로 취급했다. 하지만 도나니는 이 메모가 직무상 통상적으로 작성된 방첩대의 활동 자료 가운데 하나라고 끈질기게 주장했다. 당연히 오스터와 카나리스는 메모에 담긴 내용의 성격이 일상적인 적정 탐색을 위한 언어 규정이라고 확인해 주었다. 뢰더는 금고형 가중, 읽기·쓰기·흡연 허가 취소를 결정하고, 도나니를 "제거하겠다"고 으르대며, "실토하지" 않으면 "총통을 통해 간단히 해치우겠다"라고 말했다.[7] 마침내 오스터와의 은밀한 연락이 이루어졌다. 오스터는 뢰더를 통한 심문에서 수상쩍은 "O" 표식을 자신의 생략 서명이라고 밝히고, 메모의 공무상 성격을 활동 자료라고 단언했다. 카나리스도 모든 혐의를 반박하고, 메모를 도나니의 직무 활동 범위 안에서 이루어진 것으로 인정했다. 그런 뒤에야 가장 큰 위험이 사라졌다. 심문은 업무 처리 절차를 살피며 몇 가지 형식상의 실수를 찾아내는 것에 그쳤다. 처음에 떠들썩하게 제기된 고소에 비하면 아무것도 아닌 것처럼 보이는 실수들이었다. 그렇다고 불신과 의혹이 말끔히 제거된 것은 아니었다.

뢰더가 2차 공격을 지휘하며 "작전 7"을 샅샅이 수사하려고 시도했다.[8] 그는 이 목표를 위해 제국보안본부 등등의 도움으로 변호사 루게[Ruge]를 시켜 스위스에 있는 은행 계좌들을 뒤지게 했다. 하지만 이 수사에도 불구하고 도나니가 작전에서 이득을 챙겼다는 증거는 전혀 나오지 않았다. 공모자 측 내지 구출되어 스위스에 머무르는 이들 측에서 조금이라도 미숙하게 행동했다면 복합적인 위험을 초래했을 테지만, 그런 실수를 범한 이가 한 명도 없었고, 탈주하여 스위스에 머무르는 이들도 가급적 조심스럽게 처신했다. 카나리스는 이때에도 "작전 7"을 자신의 직무 범위 안에서 이루어진 것이라고 증언했다.

검찰은 오스터의 사무실과 도나니의 사무실을 통해 이루어진 고백교회 목사들의 징집 면제를 트집 잡아[8a] 방위력 기피를 무효화시키기 위해 지루하고 복잡하게 시도하다가, 서서히 좀 더 무해한 영역으로 옮겨 갔다. 그들은 특정 사무실들이 이용되었다는 사실을 더 문제 삼았다.

4차 공격은 본회퍼의 출장과 관련이 있었으며, 카나리스와 하이드리히가 도출한 합의안, 곧 '십계'를[9] 도나니와 오스터가 위반한 것과도 관련이 있었다. 하지만 이번에도 책임을 카나리스에게 돌릴 수 있었다.

이 모든 공격으로도 부족했던지 뢰더는 도나니의 업무용 자금 관리와 사적 용도의 자금 관리까지 집요하게 의심했다. 자금을 꼼꼼하지 못하게, 통일성이 없게 사용한 것이 도나니를 도덕적으로 고립시켰다. 도나니는 지독히 꼼꼼한 공무원이었지만 이 초라한 수준을 변명하느라 대단한 정신력을 발휘해야 했다. 하지만 전혀 다른 위험 지점들, 대단히 정치적인 위험 지점들을 고려할 때, 공격자들이 외환 정산, 출장비 정산, 세금 정산, 이자 정산처럼 시간을 지나치게 많이 잡아먹는 항목에 휩쓸려 들어가서 구체적인 성과를 올리지 못한 것은 다행한 일이기도 했다. 본회퍼 이야기와 관련하여 우리는 전쟁 법령의 미로 속에서 정산을 놓고 벌인 이 소전투를 파고들 필요가 없다. 검찰이 전면에 나서면 도나니는 그만큼 뒷걸음질했다.

1943년 7월 말, 도나니는 뢰더의 공격 시기들 가운데 가장 위험한 시기를 이겨냈다. 도나니 사건을 정치적 위험지대에서 논의의 여지가 있는 절차 문제의 영역으로 옮기는 데 성공한 것처럼 보였다. 그사이에 칼 자크 박사가 빌헬름 카이텔에게, 수사 책임자가 노리는 것은 도나니의 소멸이 아니라, 빌헬름 카이텔의 부하인 카나리스 제독의 명예 훼손과 그의 직위 훼손이라는 것을 납득시킨 상태였다. 빌헬름 카이텔은 루돌프 레만 박사에게 수사 기록을 조사하여 보고하라고 지시했다. 1943년 7월 23일, 빌헬름 카이텔은 이 보고서를 근거로, 이제부터 중대한 정치적 비난을 중지하고 대역죄 고발로 소송을 제기하지 말라고 명령했다. 이는 적잖은 성공이었다. 카나리스가 다시 한 번 이긴 것이다. 칼 자크는 남은 소송들, 곧 징집 면제로 인한 소송과 업무 처리실수로 인한 소송도 더는 중요하게 다루어지지 않을 것이라는 말을 감방에 전했다.

뢰더의 축출

그렇다고 위험이 사라진 것은 아니었다. 검찰이 형식 문제와 소송 절차 문제를 놓고 정치적 비난을 언제든 다시 제기할 가능성이 있었다. 때문에 칼 자크는 만만치 않은 수사 책임자를 축출하는 일이라면 무엇이든 장려하고, 신속한 소송 집행을 고집하지 않는 데에 중점을 두었다. 뢰더에게서 벗어나려면 반론을 모으거나, 그를 소송과 무관한 좀 더 높은 직위로 승진시켜야 했다. 그리고 두 가지 모두 행해졌다.

도나니도 1943년 5월 말에 수사 지휘에 대한 불만을 글로 적어 최고군사법원 변호사에게 보냈다. 그 변호사는 칼 본회퍼의 동료 "고슴도치" 회원 알프레트 슈라크 박사였다.[9a] 도나니는 불만을 신중하게 표현하지 않으면 안 되었다. 불만을 담은 글이 업무 처리 순서를 넘어 뢰더의 손까지 거쳤기 때문이다.

> 4월 19일, 수사 책임자는 나에게 이렇게 말했습니다. "당신 아내의 운명은 그대의 진술에 달려 있소."……5월 4일에는 이렇게 말했습니다. "당신이 이제까

지 진술한 것과 다르게 진술하지 않는 한, 면회 허가는 어림도 없소."……나는 대단히 어려운 상황에 처해 있습니다. 내가 교도소 안에서 나의 변호와 기억력 보강을 위해 작성한 기록들을 수사 책임자가 5월 13일에 직접 압류했거든요.……나는 압류된 변호 자료를 아직도 돌려받지 못했고, 그 바람에 불완전한 조서의 보완을 위해 그것을 한 번도 들여다보지 못했습니다.……이와 관련하여 드릴 말씀은 수사 책임자의 5월 9일자 발언으로 보건대 사선 변호인이 나에게 허락될지 확실치 않다는 것입니다.……나의 진술들을 내가 옳게 여기는 형식으로 기록하는 것이 대단히 중요한데도, 수사 책임자는 5월 13일부터 내가 나의 변호를 위해 중요하다고 여긴 나의 진술들을 조서에 포함시키지 않고 심문을 중단한 채 여태껏 속개하지 않고 있습니다. 조서 작성과 관련한 심문이 더 이상 이루어지지 않고 있습니다.

그는 곧이어 새 편지를 알프레트 슈라크와 루돌프 레만에게 보냈다. 하지만 그 편지는 검열을 통과하지 못했다. 그 편지에는 아래와 같은 내용이 들어 있었다.

수사 책임자가 사건들의 진상규명을 전혀 시도하지 않았고, 소장에 제기된 죄목들과의 연관이 전혀 알려지지 않았으며, 형사상의 결론들이 도출되지 않았습니다. 그런데도 검찰이 나의 명예를 훼손하는 것만 목표로 삼는 것은 방첩대 대장,[10] 그의 참모부장,[11] 그의 절친한 협력자를[12] 정치적으로 신뢰할 수 없는 사람으로 보이게 하려고 수사 책임자가 품은 일련의 계획 가운데 하나입니다.……수사 책임자는 수사가 시작되기 전 자기가 기정사실로 여긴 반역 계획들을 방첩대 대장의 참모부에서 적발해 내지 못하자, 일반 정치에 개입할 자격이 없다고 판정하는 간접적 경로로만 자신의 목적을 이룰 수 있다고 믿고 있습니다.……이 심문에서 수사 책임자는 다시 DV[13] 문서 조사에 골몰했습니다. 게다가 그는 자신의 공격이 나를 겨냥한 것이 아니라 방첩대 대장을 겨냥한 것임을 처음부터 나에게 분명히 밝혔습니다.……이 사건들과 관련하여 수사 책임자는—겉으로는 나를 비난한 것처럼 보이지만—사실은 정치적 성향이 불분명하다는 이유로, 그리고 제3자의 영역에 "거침없이 끼어들었다"는 이유로 방첩대 대장을 비난한 것입니다.

하지만 다른 쪽에서도 불만을 제기했다. 카나리스가 종종 제국군사법원에 파견한 바 있는 국방군 최고사령부 소속 지휘관 테오도르 뒤스테르베르크Theodor Duesterberg 박사가 구두로, 그다음에는 문서로 항의한 것이다. 뢰더가 그와 사무적인 논의를 하면서 방첩대 대원들의 개인적 성향과 정치적 성향을 캐내려 했기 때문이다. 빌헬름 카이텔의 집무실에서 회의가 열렸다. 카나리스, 칼 자크, 한스 피켄브로크Hans Piekenbrock, 에크베르트 폰 벤티베크니Egbert von Bentivegni, 베른하르트 클람로트Bernhard Klamroth, 테오도르 뒤스테르베르크가 참석한 회의였다. 방첩대 소속의 이들 모두 뢰더의 인간됨됨이를 부정적으로 평가했다. 테오드르 뒤스테르베르크가 자신의 항의서에서 언급한 대로, 뢰더가 방첩대의 상급 부대인 "브란덴부르크" 사단을 "징집기피자연맹"이라고 불렀기 때문이다. 도나니도 테오도르 뒤스테르베르크에게서 전해 들은 그 표현을 자신의 변호 자료에 명기한 상태였다. 도나니가 자선병원으로 이송되어 특별 문안객들이 닿을 수 있게 되자, 알렉산더 폰 풀슈타인Alexander von Pfuhlstein이 그 표현의 진위를 확인했다. 그러고는 그사이에 진급하여 자리를 옮긴 뢰더를 찾아가서 따귀를 갈겼다. 소송의 진행을 위해 뢰더의 시대가 조기에 끝나고, 헬무트 쿠츠너가 1944년 2월부터 그 자리를 넘겨받았다.

이로써 소송 방식이 완전히 바뀌었지만, 도나니에 대한 위협은 그렇지 않았다. 빌헬름 카이텔은 제국보안본부에 대한 미움을 전혀 거두지 않았다.

이 미움을 토대로 칼 랑벤 박사는[14] 이미 1943년 9월에 하인리히 히믈러와 하인리히 뮐러에게서, 제국보안본부가 사건 전체에 더 이상 관심을 기울이지 않는다는 선언을 이끌어 내려고 시도한 상태였다. 그러한 선언을 이끌어 내기만 한다면, 빌헬름 카이텔을 고무하여 포괄적 소송 중지 명령을 내리게 할 수 있을 터였다. 하지만 칼 랑벤은 이 조치를 준비하다가 체포되고 말았다. 이는 크리스티네 폰 도나니에게 중대한 순간이 아닐 수 없었다. 그녀는 칼 랑벤과의 연락을 암시할 만한 모든 자료를 즉각 없애지 않으면 안 되었다.

자선병원

어느 날, 빌헬름 카이텔은 병으로 자리에 누운 도나니에게 취했던 구금 완화 조치를 다시 중지시키는 일에 동의했다.

도나니는 끊임없는 부담으로 몹시 쇠약해져 있었다. 본회퍼와 달리 그는 이미 1943년 여름에 중병에 걸리고 말았다. 1943년 6월, 그의 양쪽 다리에 정맥염이 발병한 것이다. 당시에 뢰더는 그를 페르디난트 자우어브루흐에게 데려가 진찰을 받게 하려는 가족의 시도를 저지하려고만 했다.

1943년 11월 23일 밤, 영국이 엄청난 폭격을 시작했다. 교도소도 폭격의 첫 희생자였다. 소이탄이 도나니의 감방으로 뚫고 들어왔다. 사람들이 그를 찾아냈을 때, 그는 안면 마비와 언어 마비 상태였다. 뇌색전증이 그를 덮친 것이다. 이튿날 아침 칼 자크가 곧바로 루돌프 레만 박사에게—뢰더와의 전화 연결이 원활하지 못했다—자선병원에 있는 페르디난트 자우어브루흐의 병동에서 어느 정도 책임을 지고 도나니를 검진하게 했다. 뢰더는 이틀이 지난 뒤에야 자선병원의 자우어브루흐에게 나타나 화를 냈다. 하지만 자우어브루흐는 도나니가 색전증의 위험이 있다고 설명하며, 그를 움직이기를 거부했다. 뢰더에게는 불행한 일이었지만, 야간 공습 때 제국군사법원의 중요 문서들도 화염에 희생된 상태였다. 뢰더는 하는 수 없이 도나니의 아내와 자녀들 외에는 누구도 도나니를 면회해선 안 된다는 금지 명령을 내렸다. 하지만 페르디난트 자우어브루흐와 그의 조수 볼프강 볼게무트Wolfgang Wohlgemut 박사는 위반을 허락하고 그 사실을 은폐했다.

그 덕분에 시간이 흐르면서 중요한 친구들 모두가 밤마다 어두운 거리를 통과하여 도나니의 병상으로 걸음을 뗄 수 있었다. 그 친구들은 다음과 같다. 클라우스 본회퍼, 뤼디거 슐라이허, 프리드리히 유스투스 페렐스, 유스투스 델브뤼크, 칼 루트비히 프라이헤르 폰 구텐베르크, 오토 욘. 도나니는 1943년 10월부터 쿠데타의 희망이 새롭게 진전되었다는 말을 들었다. 클라우스 본회퍼와 오토 욘은 이제 더 긴밀한 공모 동아리의 일원이 되어 요제프 비르머 및 야코프 카이저와 함께 활동하고 있었다. 오토 욘은 스페인 너머와 접촉을 시작하고 슈타우펜베르크에게 정보를 제공하고 있었다.

그해 겨울에 갑자기 쿠데타 날짜가 잡혔다. 악셀 폰 뎀 부셰Axel von dem Bussche와 슈멘친에 있는 클라이스트의 아들과 같은 젊은 장교들이 새 군복을 선보일 기회를 틈타 히틀러를 암살하려고 한 것이다. 하지만 군복들이 폭격으로 소실되는 바람에, 날짜가 변경되고, 군복을 선보일 사람들도 변경되고 말았다. 아무튼, 타격을 너무 많이 받은 도나니를 다시 고무하기에 적합한 소식들이었다.

만프레트 뢰더가 페르디난트 자우어브루흐에게 처음 모습을 보이고 몇 주 뒤, 그의 대리인들이 자신들의 구급차를 몰고 와서 도나니를 데려가려고 했다. 그러나 자우어브루흐는 그들이 환자에게 접근하는 것을 허락하지 않고 그들을 병동에서 내쫓았다. 그럼에도 뢰더는 빌헬름 카이텔에게 알리고 막스 데 크리니스 교수에게 도나니의 상태에 관한 소견서를 청구했다. 칼 본회퍼의 교수직 후임자이자 자선병원의 정신 병동 수장인 막스 데 크리니스는[15] 친위대 안에서는 지휘관 지위를 차지했고, 제국보안본부 안에서는 발터 셸렌베르크의 절친한 친구였다. 그는 요구받은 소견서를 발급했다. 그리하여 자우어브루흐가 자리를 비우고 여행을 떠난 1944년 1월 22일, 뢰더와 의무감(醫務監)이 병실에 나타나 도나니를 부흐 형무소 병원으로 운송했다. 1944년 2월 10일, 막스 데 크리니스는 제국보안본부에 아래와 같이 보고했다.

> 분대장 귀하!……나의 검사 결과를 토대로 외과 병동 체류가 중단되었고, 폰 도나니는 부흐에 있는 특수병원으로 이송되었습니다.……나의 보고서로 유추하시겠지만, 나는 특별 수사 책임자에게 폰 도나니가 재판받을 수 있는 상태라고 알려 주고, 8-10일 뒤에는 그가 재판을 받아도 될 것이라고 예보했습니다.……하일 히틀러! 막스 데 크리니스. 칼텐브룬너 중대장에게도 이 보고서를 알려 주시기 바랍니다.

"흐지부지된" 시기

애타게 기다리던 순간, 곧 만프레트 뢰더가 사라져 보이지 않게 된 순간이 다가왔지만—뢰더는 발칸 반도에 주둔한 항공 편대의 재판장으로 진급했다—그다지 기쁘지는 않았다. 게슈타포의 관심이 전혀 줄지 않는 것처럼 보였다.

게다가 같은 시기에 친구 동아리에서 흉보들이 날아와 쌓였다. 헬무트 몰트케와 빌헬름 졸프Wilhelm Solf 동아리가 체포되고, 무엇보다도 카나리스가 전혀 뜻밖의 계기로, 곧 터키에서 일어난 한 방첩대 대원의 탈영으로 인해 밀려나 제국보안본부의 표적이 되었으며, 방첩대 조직 전체가 제국보안본부에 편입되었다는 비보였다.[16] 물론 도나니에게 더 결정적이었던 것은 유스투스 델브뤼크와 칼 루트비히 프라이헤르 폰 구텐베르크가 방첩대의 보호를 더는 받지 못하게 되었다는 소식이었다.

그럼에도 칼 자크는 "흐지부지" 전략을 변함없이 효과적으로 유지했다. 방첩대 안의 모든 것이 별안간 바뀐 것은 아니었다. 공모자 게오르크 알렉산더 한젠Georg Alexander Hansen 대령이 제국보안본부 부대의 국장으로서 군 방첩대 소관인 분야를 맡아, 자신의 공모 가담 사실이 7월 20일 이후에 드러날 때까지 계속 수행했다.

도나니는 법무 장관실과 대법원에서 일하던 시절부터 신임 수사 책임자와 알고 지내던 사이였다. 때문에 헬무트 쿠츠너는 전임자와 달리 도나니 사건을 정치적 열의 없이 다루었다. 그도 정치적 압박을 받기는 했다. 하지만 그는 칼 자크에게, 만프레트 뢰더가 제기한 고소는 법률적으로도 실제적으로도 시작되지 않을 것이라고 말했다. 이는 폰 도나니 여사가 생각한 대로, 그가 사건의 진상을 알아채고 한 말일 것이다. 크리스티네 폰 도나니는 부흐 형무소 병원에서 남편을 정기적으로 면회했다. 도나니의 변호 자료는 프리드리히 유스투스 페렐스와 절친한 파울 슐체 추어 비셰가 부흐에서 도나니와 함께 작성했다. 도나니가 재판을 받을 수 없는 상태였으므로, 그사이에 요제프 뮐러의 소송이 따로 진행되어, "명백한 무죄 사유로" 무죄 판결을 받았다. 쟁점이 제기될 때마다 그가 "방첩대의 권한을 잘 모르고 한 일"이라는 것을 증거로 끌어대고, 출장 업무가 방어 활동이라는 것을 믿을 만하게 제시했기 때문이다. 에른스트 칼텐브룬너가 판결 확인서를 받자마자 요제프 뮐러에게 강제수용소행을 예고했지만, 도나니와 본회퍼는 그것을 한동안 허풍으로 여겼다. 그들은 자신들의 재판을 재촉했다. 제국군사법원의 상황을 유리하게 여겼기 때문이다. 하지만 칼 자크는 재판 재촉을 만류했다. 1944년 6월, 도나니가 극심한 성홍열 디프테리아에 걸려 안면 마비 증세를 보였다. 그를 포츠담 전염병 병원으로 옮기지 않으면 안 되었다. 헬무트 쿠츠너는 칸막이 창문을 통해 그와 가까스로 이야기를 나눌 수 있었다.

칼 자크는 날마다 쿠데타를 기다리며 열성적으로 활약했다. 클라우스 본회퍼의 친구인 니콜라우스 폰 할렘이 특별 재판소에서 사형을 선고받자 그의 처형을 유예하는 데 성공했고, 7월 초에는 사람을 시켜 병든 도나니에게 다음과 같은 소식을 전하게 했다. 헬무트 쿠츠너가 마침내 소송 전체의 중지를 빌헬름 카이텔에게 제안했으며, 도나니의 소송을 전쟁 종결 때까지 정지하고 그를 요양원에 격리하여 게슈타포로부터 멀리 떨어져 있게 하자고 제안했다는 소식이었다. "흐지부지" 전략이 실제로 목표를 달성하기 직전이었다. 그때 1944년 7월 20일이 찾아왔다.

제국보안본부의 손아귀 안에서

1944년 7월 21일, 도나니 사건이 송두리째 게슈타포의 수중에 떨어졌다. 군사법원에서 제공하던 보호가 차단되고, 칼 자크마저 사형수 무리에 속하고 말았다. 1943년 4월 5일에 만프레트 뢰더를 수행했던 존더레거가 아침 7시 30분에 도나니의 장인 장모, 곧 칼 본회퍼와 파울라 본회퍼 부부가 살고 있는 마리엔부르크 알레에 들러 도나니에 관해 문의했다. 도나니의 장인은 그에게 자기 딸 크리스티네에게 가보라고 말했다. 존더레거는 크리스티네에게 오스터에 관해서도 문의했고, 크리스티네는 오스터에 관해 아는 게 전혀 없다고 우겼다. 전염병에 걸려 격리된 도나니는 게슈타포에게도 걱정거리였다. 칼 본회퍼는 전문의의 신분으로 한 번 더 사위를 면회했다.

> 지난주에 한스를 면회할 수 있었네. 그는 끔찍한 디프테리아성 마비 때문에 가여운 상태라네. 안면 마비와 구개(口蓋) 마비는 다소 호전되었지만, 팔과 다리와 몸통의 마비가 여전히 계속되어 그를 꼼짝도 못하게 하고 있네. 모든 것이 다시 좋아지기를 바라지만, 한스와 크리스텔에게는 무거운 짐이자 인내의 시험이 될 것 같네. 디트리히의 건강 상태는 양호하네. 며칠 있으면 그 애와 이야기를 나누게 될 것 같네. 그 애는 이 불안한 시기에 격리생활을 견디며 자신의 윤

리학 연구를 위해 빌헬름 딜타이에 집중하고 있을 것이네.[17]

8월 22일, 존더레거는 도나니를 구급차에 태워 포츠담에서 작센하우젠 강제수용소로 이송했다. 이로 인해 도나니와 그의 아내 사이의 접촉이 처음으로 얼마간 끊어지고 말았다. 1944년 10월 5일, 발터 후펜코텐이 강제수용소의 병실에 들어와 도나니의 병상에 조서를 던지며 말했다. "우리가 2년 전부터 당신에 대해 조사해 온 것이오." 도나니는 이렇게 대답했다. "그래, 당신이 그것을 가지고 있단 말이오? 도대체 그것을 어디서 얻었다는 말이오?"[18] 발터 후펜코텐은 존더레거가 9월 20일 내지 22일에 초센 서류 보관함에서 찾아낸 문서철을 평가하도록 위임받은 상태였다. 발터 후펜코텐이 도나니의 병상으로 던진 조서에는 도나니가 1939년에서 1940년으로 이어지는 겨울에 장군들을 위해 작성한 비망록의 복사본과 루트비히 베크를 위해 작성한 독일 국민에 대한 호소문의 복사본이 들어 있었다.

이날부터 도나니는 질병을 자신에게 남아 있는 유일한 무기로 삼았다. 그는 초인적인 힘을 발휘하여 병증을 연구하고 훈련했다. 앓는 기간을 필요한 만큼 늘이기 위해서였다. 어쩌면 그가 전반적인 붕괴의 시간을 넘어 공모자들의 몰살을 저지할 수 있을지도 모르는 일이었다. 그 일에 거의 성공할 것처럼 보이기도 했다.

II. 본회퍼에 대한 수사

이 구금 상태의 심문에서 방어하고 답변하는 일에 본회퍼도 가담했지만, 이는 도나니의 가담만큼 심각하게 여겨지지는 않았다. 그렇기는 해도 본회퍼가 소송을 두고 미리 합의한 규칙을 얼마나 정확하게 지키느냐에 상당히 많은 것이 달려 있었다. 부주의와 진술 차이가 드러날 때마다 모든 것이 수포로 돌아갈 수 있었다. 직업이나 개인적인 고결함을 이유로 독자적인 길을 걸을 경우, 이는 배반이 될 터였다.

따라서 본회퍼는 자신의 상황을 받아들였다. 오래전부터 결단하고 수백 번 미리 숙고한 상황이었다. 그러고는 결론을 이끌어 냈다. 그의 루터교 전통에 이를 뒷받침할 기준이 없는 상태에서 이끌어 낸 결론이었다. "처음에는 이 물음도 나를 불안하게 했네. 말하자면 그리스도 때문에 자네들 모두에게 그러한 걱정을 끼치는 것이 그리스도의 대의냐는 것이지. 그러나 나는 곧바로 이 물음을 유혹으로 여겨 머릿속에서 떨쳐 버리고, 온갖 문제를 지닌 한계 상황을 견디는 것이야말로 나의 과제라고 확신하며 기뻐했네. 그 생각은 오늘까지 변함이 없네."[19] 새로운 상황 아래 구금되어 있기는 하지만 노련한 유연성과 경계심을 품고 공모투쟁을 이어 가지 않으면 안 되었다.

본회퍼는 혹여 있을지도 모르는 학대에 직면할 경우 자신의 육체와 정신이 과민해질 것이라고 예상하여 두려움을 품었다. 하지만 그는 새로운 과제에 맞닥뜨려 그때그때마다 힘을 발휘했다. 그는 첫날부터 자신의 손발을 유연한 상태로 유지하고, 규칙적으로 체조하고, 그의 가족들이 원기보강에 좋다며 감방으로 들여보낸 것을 가리지 않고 먹었다. 그는 긴 투쟁의 시기에 막중한 과제를 자신의 인내력으로 뒷받침하면서 갈피를 못 잡은 적이 한 번도 없었다. "내가 유죄 판결을 받게 되리라는 것은 분명한 사실이네. 나는 그것을 자랑으로 여기기까지 하네."[20]

1944년 7월 20일 이전만 해도, 본회퍼는 자신의 사건을 해결할 나름의 기회가 올 것이라고 예상했다. 그는 이따금 자신의 구금이 조만간 끝날 것이라고 믿었다. 그럴 만한 안팎의 근거가 있었다. 그는 정치범의 자연스러운 본능으로 건강한 자위 차원에서 새로운 출옥 시기를 끊임없이 설정했다. 당시 비슷한 처지의 수백 명도 그러한 경험을 했다. 그러나 본회퍼는 실제로 유리한 조사 과정에 기댈 수 있었다. 물론 그것은 이따금 그를 더욱 희망차게 하기보다는 점점 더 초조하게 했다. 게다가 그는 우리가 도나니에게서 들은 대로 새로운 쿠데타 준비 소식을 지속적으로 전해 들었다. 어느 날에는 베를린 시 사령관 파울 폰 하제 장군이 테겔에 수감된 조카를 여봐란듯이 방문하기까지 했다. 이 방문이 있고 나서 본회퍼가 나에게 보낸 1944년 6월 30일자 편지에는 이런 글귀가 쓰여 있었다. "초가을에는 우리가 함께 있게 되기를 바라네!"[21]

본회퍼가 테겔에서 보낸 시간은 세 시기로 나뉜다. 1943년 4월부터 7월까지 이어진 첫째 시기는 만프레트 뢰더의 심문이 차지했다. 이 시기는 기소로 끝났다.

1943년 8월부터 1944년 4월까지 이어진 둘째 시기는 새롭게 촉발된 희망, 곧 재판이 이루어질 것이라는 희망이 가득 채웠다. 재판 개정일이 다가왔다가 흘러가기를 반복했다. 셋째 시기는 1944년 4월부터 1944년 9월까지 이어졌다. 이 시기에 본회퍼는 흐지부지 전략에 동의하고, 신학에 다시 전념했다. 이 시기는 초센 문서철이 적발되고 나서 탈주 계획을 세우다가 프린츠-알브레히트 슈트라세의 게슈타포 교도소에 이감되는 것으로 끝났다.

투쟁의 기회들

앞서 말한 세 시기 가운데 첫째 시기, 곧 1943년 4월과 8월 사이의 시기에 본회퍼는 자신의 사건을 놓고 본격적인 투쟁을 힘차게 벌였다.

사전에 신중하게 협의한 전략, 곧 세부 항목에 대한 모든 책임을 가급적 방첩대의 책임자 카나리스, 오스터, 도나니에게 전가한다는 전략이 처음 몇 주 동안 완전히 고립된 채 받는 심문을 극복하게 해주었다. 본회퍼는 이 전략을 구사하며 어느 정도 일관성을 유지했다.

그런 다음에는 미리 약속한 대로 형제자매들과 친구들을 통해 감옥에서 감옥으로 정보를 전달하는 일이 시작되었다. 예컨대 이 일은 읽을거리의 표지 안쪽에 특정한 표시를 하는 것으로 이루어졌고, 본회퍼는 미결수로서 그 읽을거리를 수령했다. 예를 들면 본회퍼는 칼 홀의 책을 가져다 달라고 친가에 청했다. 책 속의 장서인 이름 "D. Bonhoeffer"에 밑줄이 그어져 있으면, 이는 그 책 속에 메시지가 들어 있음을 의미했다. 메시지 기입은 책의 뒤쪽에서부터 시작하여 10쪽마다 몇 개의 자모에 연필로 가볍게 점을 찍는 것으로 이루어졌다. 표시된 자모를 한데 모으면 대체로 문장이 완성되었다. 예컨대 이런 메시지가 있었다. "O가 로마 난수표를 공식적으로 승인한다는군." 그 바람에 본회퍼는 메모 사건에서 필요한 논거를 확실히 댈 수 있었다. 본회퍼는 돌려보내는 책 속에다 이와 유사한 방식으로 표시하여 답장했다. 한번은 다음과 같은 정보를 점으로 표시하기도 했다. "한스의 교정이 담긴 편지를 찾아냈는지 확신할 수 없지만 그랬을 거라고 생각한다." 이는 징집 면제의 복합적인 문제, 곧 본회퍼가 1940년 9월에 국가 경찰에 보낸 이의 신청서와 관련된 메시지였다.[22] 온 가족이 둘러앉아 여러 시간 동안 암호를 해독했고, 덕분에 메시지가 레어터 슈트라세에 있는 도나니, 혹은 페렐스와 칼 자크, 혹은 델브뤼크와 카나리스에게까지 닿을 수 있었다.

얼마 뒤 테겔 형무소 안에서 본회퍼에게 가해진 격리 조치가 풀렸다. 수감자가 베를린 시 사령관과 친척관계라는 소문이 퍼지자, 곧바로 간수의 태도가 바뀌었다. 본회퍼의 어머니가 자신의 사촌이 테겔 군 형무소에 전화를 하도록 한 것이다. 본회퍼는 일약 스타 죄수가 되었다. 지휘관이자 형무소 소장인 발터 메츠Walter Maetz는 정확하기로 유명한 관리였음에도 수사 책임자의 허락을 받고 본회퍼의 부모와 약혼녀에게 면회 허가 기한을 한껏 연장해 주고, 생필품 꾸러미들이 본회퍼에게 닿을 수 있게 해주었다. 하지만 무엇보다도 본회퍼는 형무소 경계병들의 마음을 얻었다. 급기야 그들은 그를 위해 무슨 일이든 하고, 가장 위험한 중개자 직무까지 수행했다. 이들 가운데 한 사람은 1944년 6월에 면회 허가를 받은 나와 본회퍼를 면회실에 들여보내, 꼬박 한 시간 동안 상당히 많은 것을 논의할 수 있게 해주기도 했다. 만프레트 뢰더는 자신이 속았다는 의심을 품고 레어터 슈트라세 교도소의 루돌프 마아스 소장에게도 그 점을 표명했지만, 아무것도 찾아내지 못했다. 그 뒤에 게슈타포도 나섰지만 그것을 적발해 내지 못했다. 호의적인 경계병들 가운데 누구도 배반하지 않았으며, 다른 경계병들에게도 발각되지 않았다.

만프레트 뢰더는 처음에는 혹독한 심문을 했지만 그 뒤에는 동료 법률가 도나니를 다룰 때보다 본회퍼를 훨씬 세련되게 다루었다. 본회퍼는 실제보다 훨씬 협조적인 사람처럼 행동했다. 그는 자신을 군사 문제와 방첩대 문제에 정통하지 못한 목사로 보이게 했다.

> 나는 방첩대 업무처럼 생소하고 낯설고 복잡한 활동을 하면서 실수를 범했을 것이라고 주장하는 뻔뻔스럽기 그지없는 사람입니다.……당신의 질문 속도를 따라잡지 못할 때가 종종 있는데, 이는 내가 그 속도에 익숙하지 않아서일 것입니다(DBW 16:409, 401f.).

어쨌든 본회퍼는 미숙한 사람 행세를 하는 동안 그것을 자기변호의 무기로 삼았다. 여러 가담자의 우려와 달리, 그는 치명적인 실수를 범할 만큼 어줍지도 않았다. 그가 나에게 보낸 1943년 11월 30일자 편지에서 다음과 같이 자랑스럽게 말한 것은 당연한 일이었다. "뢰더는 처음에 나를 대놓고 골탕 먹이려 했지만, 지금은 대단히 가소로운 공소장, 자신에게 명예를 별로 가져다주지 못할 공소장으로 만족해야 할 것이네."[23]

심문이 진행되는 동안, 본회퍼는 감방에서 만프레트 뢰더에게 보낼 편지 초안들을 여러 장의 쪽지와 전지에 채워 넣었다. 심문을 받고 나서 자신의 진술들을 보완하거나 수정한 초안들이었다. 뢰더가 간간이 그에게 그러한 메모들을 요구한 상태였고, 그래서 그가 기회를 이용하여 시간도 절약할 겸 차분하게 숙고도 할 겸 자기 진술들의 건물을 계속 쌓아 올린 거였다. 현존하는 그 쪽지들은 다음의 물음들과 관련하여 상당히 정확한 그림을 제공한다. 저항 세력의 이 작은 투쟁 단면에서 무엇이 문제가 되었는가? 본회퍼는 스스로를 어떻게 변호했는가? 그는 엄연한 공모 사실을 어떻게 방어했는가? 그는 무엇을 말하고 무엇을 숨겼는가? 이 몇 달 사이에 '진실을 말한다는 것은 무엇을 의미하는가?'Was heißt: die Wahrheit sagen라는 단편적인 소론이 쓰였는데,[24] 쪽지들은 그 소론의 진짜 배경 가운데 일부를 드러낸다. 쪽지들의 혼란스러운 내용은 공모투쟁의 결과를 우리에게 가장 무자비하게 보여준다. 본회퍼가 그 시기에 소론을 썼다는 사실에서 알 수 있듯이, 그는 자신의 연루에 관해 해명하면서 속이거나 떨쳐 버릴 마음이 전혀 없었다. 오히려 그는 다른 식으로 행동했다. 그는 쪽지들과 얼마 안 되는 증빙 자료를 없앨 수도 있었지만, 그러기는커녕 그것들을 온전히 보관하고 있다가 7월 20일 이후에 감방에 모아 두었던 물품들을 치우면서 그것들을 부모에게 맡겨 보관하게 했다.

쪽지들은 본회퍼에 대한 수사가 도나니에 대한 조사와 유사하게 다음의 네 가지 복잡한 문제를 겨냥한 것이었음을 증명한다. 1. 게슈타포의 감시에서 벗어나 교회 활동을 계속하기 위한 방편으로서의 징집 면제, 2. 고백교회 여교역자 샤를로테 프리덴탈과 여타의 사람을 구출한 "작전 7", 3. 군 방첩대와 아무 관련이 없는 출장들, 4. 고백교회 관리들의 명백한 병역 기피(DBW 16:401-403, 405-423). 각각의 문제는 수사가 처음부터 "대역죄 및 국가전복죄"로 가정한 것에 근접해 있었다. 그러나 수사는 실제적인 공모 사실을 전혀 파헤치지 못했다.

방첩대를 위한 징집 면제

방첩대를 위한 본회퍼의 징집 면제 상황과 그 시점이 심문 과정에서 가장 많은 시공간을 차지했다. 처음에 그는 1940년 9월에 게슈타포가 부과한 발언 금지령과 신고 의무를 방첩대의 도움으로 회피하려 했다는 비난을 들었다.

본회퍼는 게슈타포의 달갑지 않은 영향을 정말로 겁냈다면 이를 피할 수 있는 좀 더 적절한 길은 징집 면제가 아니라 정규 군 소집이었을 것이라고 반박하고, 게다가 그 당시 게슈타포의 조치는 자신만 염두에 둔 것이 아니라, "대략 여섯 명"의 신학자를 겨냥한 명령 속에 자신까지 포함시킨 것이었다고 말했다.[25] 다른 한편 그는 아래와 같이 말했다.

> 나는 계속되는 모든 분쟁거리를 멀리하여 바이에른의 산악지대로 물러나 학문 연구에 매진했고, 의무에 따라 이 사실도 국가 경찰에 신고했습니다. 그러면서도 전혀 겁내지 않았습니다.……나의 교회 연줄을 가지고 방첩대 근무에 돌입할 기회를 열어 준 이는 나의 자형이었습니다. 양심의 가책이 상당했지만, 나는 그 기회를 이용했습니다. 그 기회가 전쟁 초기부터 내가 원했던 전시 투입을 나에게 제공하고, 그것이 신학자로서의 나의 신분에도 걸맞았기 때문입니다(DBW 16:410f.).

그는 게슈타포의 조치에 뒤이어 방첩대를 위한 징집 면제가 이루어졌다는 비난을 반박하며 징집 면제를 긍정적으로 해석했다.

> 이것은 대단한 내적 해방을 의미했습니다. 나는 그것을 국가 당국 앞에서 나의 명예를 회복할 절호의 기회로 여겼습니다. 내가 모욕적이고 대단히 부당해 보이는 비난을 접한 뒤 매우 중요하게 여긴 것이 그 일이었거든요. 나는 내가 군 기관의 쓰임을 받고 있다는 것을 알았고, 그것은 나에게 대단히 중요한 일이었습니다. 나는 이 명예 회복의 기회를 얻기 위해 그리고 국가를 섬기기 위해 막대한 희생을 치렀고, 군사적 용도를 위해 나의 모든 에큐메니칼 연줄을 제공했

습니다. 개인적으로 나를 너무나 잘 알고, 나의 내적 입장에 따르면 정치적 비난이 나와 무관한 것인데도 내가 그러한 비난에 진저리친다는 사실을 잘 아는 자형에게도 명예 회복에 대한 생각이 모종의 역할을 한 것 같습니다.……이런 말을 덧붙여도 되는지 모르겠지만, 내가 정말로 교회 활동을 위해 징집 면제를 중시했다면, 당시에 교구감독의 제안으로 슐라베에서 이 활동이 틀림없이 이루어졌을 것입니다.……[26] 하지만 나는 1941년 1월에 교회 활동을 위해 면제를 받은 것이 아니라 분명히 방첩대 근무를 위해 면제를 받았습니다.……나 개인은 방첩대를 위한 나의 면제에 대해 이의가 제기되리라는 생각을 전혀 하지 못했습니다. 이미 확인된 대로, 카나리스 제독이 나의 면제를 원하고 명령했거든요. 국가 경찰이 나를 괴롭히는 까닭에 방첩대에게도 나에게도 곤란한 일이 생길 수 있지 않겠느냐고 내가 이따금 물으면, 이런 대답이 돌아왔습니다. "군사적 용도에 비하면 그러한 곤란은 전혀 중요하지 않다. 덧붙여 말하건대 방첩대는 방첩대에 유용하다면 온갖 부류의 사람과 손잡고 일한다." 그 말을 듣고 나는 마음이 홀가분해졌습니다(DBW 16:411-413).

처음에 본회퍼는 자신의 쪽지에 쓴 "온갖 부류의 사람"이라는 표현 옆에 다음과 같은 글귀도 써넣었었다. "방첩대는 공산주의자는 물론이고 유대인과도 손잡고 일한다. 그러니 고백교회 인사들과 손잡고 일하지 못할 이유가 무엇이란 말인가?" 하지만 그는 이 대목에 삭제의 표시로 줄을 그었다(DBW 16:413 Anm. 22).

만프레트 뢰더는 게슈타포의 손아귀에서 벗어나는 것만 중요했던 것이 아니라 교회 사역을 계속 수행하는 것도 중요하지 않았냐며 새로운 방향에서 공격했다. 그러면서 그는 관구총감독 오토 디벨리우스의 말을 근거로 제시했다. 본회퍼가 오토 디벨리우스에게 그런 식으로 보고했다는 거였다. 본회퍼에게는 이 공격에 대한 대응이 그다지 어려운 게 아니었다.

이미 이런 이유로 여러 해 동안 광범위하게 회피해 온 동료들을 만나 나의 현재 활동을 알리는 것은 언제나 곤란한 일이었습니다. 관구총감독 디벨리우스, 교구감독 막스 디스텔과 같은 이들이 나와 자형의 관계를 알고서 문의해 왔고, 나는—자형과 상의하고 나서—그들에게 끊임없이 이렇게 말했습니다. "나는 국방군 최고사령부의 지시로 뮌헨과 해외에서 활동하고 있습니다. 국방군 최고사령부 사람들이 교회-에큐메니칼 문제에 관심을 가지고 있거든요." 디벨리우스는 내가 군 방첩대에서 근무하고 있다는 사실을 알지 못하고 추리만 할 수 있었습니다. 나는 그에게 그 사실을 일부러 말하지 않았습니다. 나의 활동이 교회에 중요하다는 허구를 디벨리우스 앞에서도 유지할 수밖에 없었고—절대적인 비밀 엄수를 제쳐놓더라도—다른 목사들 때문에도 그럴 수밖에 없었습니다. 그들 사이에 소문이라도 퍼지면 나 개인에게 해가 될 수 있었으니까요. 때문에 나는 나의 징집 면제가 교계에 그런 식으로 받아들여지는 것이 중요하다고 생각했습니다. 조금 유별난 시선이 나와 해당 군기관에 쏠리는 것은 감수할 수밖에 없었습니다. 물론 디벨리우스는 이런 의미에서 말했을 것입니다(DBW 16:413f.).

그런데 디벨리우스는 1961년 10월 13일에 다음과 같이 털어놓았다. "나는 제국군사법원의 심문을 받은 적이 없습니다. 여태껏 누구도 내가 본회퍼의 징집 면제를 놓고 그와 이야기한 것을 들어 본 적이 없을 것입니다." 만프레트 뢰더가 경솔하고 비현실적으로, 그리고 무례하게 희생자들을 반목시켜서 진위가 의심되는 자백을 얻어 내려 했음이, 도나니가 이와 관련하여 1943년 8월에 자기변호를 위해 작성한 메모에서 분명해진다.

뢰더가 나를 심문하면서 디트리히가 최근에 디벨리우스와 함께 자백했다고 주장했다. 디벨리우스가 교회 정치와 관련된 정보를 디트리히에게 제공했으며, 디트리히가 그것을 나에게 넘겼다는 내용이었다. 후자가 옳지 않으니 전자도 옳지 않을 것이다. 유감스럽게도 뢰더의 주장은 여러 허풍 가운데 하나였다.

본회퍼는 뮌헨 영사 슈미트후버의 진술을 통해 1942년 가을에 밝혀진 징집 면제 문제의 부담에 마주쳐, 슈미트후버의 지식이 피상적이라고 말했다. 그는 슈미트후버를 테겔 형무소에서 동료 수감자로 만나 그와 충분히 조정했다. 본회퍼는 만프레트 뢰더에게 보낼 속셈으로 아래와 같이 기록했다.

> 내가 알기로 그(도나니)는 내가 제독에게서 직접 부여받은 군사 임무에 관해 슈미트후버가 조금이라도 아는 것을 원하지 않았습니다.……나 자신은 에큐메니칼 관계를 독려할 기회를 얻고 나서 나의 기쁨을 여러 차례 확실하게 표현했습니다. 따지고 보면 대학생이나 화학자가 외국으로 파견되어, 자신의 관심을 끄는 일을 하면서 동시에 특정한 군사 임무를 수행하는 것과 조금도 다르지 않았습니다(DBW 16:414).

기소가 두드러지자, 본회퍼는—1943년 6월 말이었을 것이다—징집 면제 문제를 한 번 더 화제로 삼았다. 그는 자신의 해명서에서 곧장 로마서 13장에 대한 견해, 곧 현 정부를 신뢰하는 견해로 도전했다. 사실 그것은 그가 신랄히 반대한 견해였다.

> 설득력이 전혀 없어 보이겠지만, 귀하라면 믿어 줄 것 같다는 희망을 품고 진술해 보렵니다. 내가 예전에 비밀 국가경찰과 갈등을 빚었다고 해서, 즉 나의 가장 내적인 신념에 따라 교회만을 위해 행동하다가 갈등을 빚었다고 해서, 나를 민족과 국가에 대한 독일인의 자명한 의무를 위반할 사람으로 여기다니 나로서는 도무지 납득이 되지 않는군요. 정말로 나에게 그런 죄목을 씌우다니 아직도 믿기지 않는군요. 독일인의 자명한 의무를 위반하는 것이 나의 목표였다면, 내가 오랜 장교 가문, 그것도 전쟁이 시작된 이래로 아버지들과 아들들이 장교로 참전하여 최고의 훈장을 받고 가장 심각한 피의 희생을 치른 가문에서 나의 약혼녀, 그것도 전선에서 아버지와 오빠(한스 폰 베데마이어와 막시밀리안 폰 베데마이어—옮긴이)를 여읜 약혼녀를 찾았겠습니까? 독일인의 자명한 의무를 위반하는 것이 나의 목표였다면, 내가 미국에서 떠맡은 모든 책임을 포기하고 독일로 돌아왔겠습니까? 곧바로 징집될 것을 뻔히 알면서 말입니다. 독일인의 자명한 의무를 위반하는 것이 나의 목표였다면, 내가 전쟁이 발발하자마자 군목으로 자원했겠습니까? 정부에 대한 그리스도인의 복종 의무를 내가 어떻게 이해

하고 있는지를 조금이라도 알고 싶다면, 내가 나의 책 『나를 따르라』에서 로마서 13장을 어떻게 해석하고 있는지 살펴보면 될 것입니다. 그리스도교적 양심을 위해 정부의 뜻과 정부의 요구에 복종하라고 그 책보다 더 강하게 호소한 책은 찾아보기 어려울 것입니다. 그 책은 이 문제들에 대한 나의 개인적 입장입니다. 나는 그러한 개인적 논거들이 법률적으로 얼마나 의미가 있는지를 판단할 수 없지만, 그 논거들을 간과해도 된다고는 생각하지 않습니다(DBW 16:416f.).

"작전 7"

유대인 열네 명을 스위스로 수송한 것과[27] 관련된 심문이 1943년 6월 초에 집중적으로 진행되었다. 이 심문에서 본회퍼는 바짝 경계하며 도나니와 카나리스의 변론을 침해하지 않기 위해 애썼다. 당연히 그는 자신의 관여가 부차적이었다고 주장했다. 그는 샤를로테 프리덴탈을 무리에 추가한 일과 관계가 있었고, 슈미트후버를 알폰스 쾨힐린에게 소개하여 열네 명이 스위스에 입국할 수 있게 한 것과도 관계가 있었다. 따라서 그는 자신이 고백교회의 한 여교역자에게 관심을 기울인 것도 부인하지 않았고, 슈미트후버에게 위탁한 것도 부인하지 않았다. "내가 보기에 이 사건 전체에 내적으로 영향을 미친 것은 교회-박애의 관점이었습니다. 나는 한순간도 그 사실에 이론을 제기할 마음이 없습니다."[28]

슈미트후버가 알폰스 쾨힐린에게 파견된 정확한 시점과 본회퍼가 샤를로테 프리덴탈 양과 이야기를 나눈 정확한 시점을 둘러싸고 뢰더와 본회퍼 사이의 언쟁이 집요하게 진행되었다. 피소된 방첩대 사람들이 군 방첩대의 정당한 임무가 쟁점이라는 자신들의 주장을 뒷받침하기 위해 가급적 이른 시점, 곧 베를린 거주 유대인 추방이 시작되기 전의 시점에 관심을 기울였기 때문이다. 하지만 뢰더는 유대인 은닉 약속과 국가사회주의 유대인 정책에 대한 방해 공작이 쟁점임을 입증하기 위해 나중 시점에 관심을 기울였다. 처음에 본회퍼는 구두 유도 심문에 넘어가 1942년 봄의 어느 불특정 시점을 인정한 상태였다. 때문에 그는 나중에 뢰더에게 보내는 진술서에서 그것을 바로잡으며, 1941년 8월이 지나자마자 자신이 슈미트후버를 보냈으며, 이는 유대인 추방이 시작되기 전에 결정된 일이었다고 단언했다.

"작전 7" 사건은 곧바로 심문에서 사라졌다. 카나리스가 그 사건을 강력하게 방어했기 때문이다. 본회퍼는 만프레트 뢰더의 선한 양심에 대고 아래와 같이 말했다.

> 언젠가 프리덴탈 양이 나를 찾아와……자신에게 요구된 임무를 자신이 맡아서 책임질 수 있다고 생각하느냐 묻더군요. 나는 그 당시에 그렇다고 말했습니다. 그녀는 자신이 임무를 맡았다는 사실만 말하고, 임무의 내용에 관해서는 말하지 않았습니다. 나중에도 그 내용에 관해 들어 본 적이 없습니다(DBW 16:401).

그는 이 사실을 자신 있게 말할 수 있었다. "임무의 내용"이 아예 없었기 때문이다.

출장들

본회퍼의 쪽지들 속에서 외국 출장은 대단히 미미한 역할만 한다. 1944년 9월이 될 때까지 수사는 사실의 근처에 한 번도 다다르지 못했다.

만프레트 뢰더는 게슈타포에 의해 베를린에서 추방된 본회퍼가 임무를 수행하면서 무슨 이유로, 얼마나 자주, 얼마나 오래 베를린에 체류했는지에 특히 관심을 기울였다. 교회와 관련된 일에 종사하기 위해 베를린에 있었던 것이 아니냐는 거였다. 본회퍼는 아래와 같이 기록했다.

> 다음과 같은 직무상의 이유로 나는 반복적으로 베를린에 머무를 수밖에 없었습니다. 1. 출장 전후에, 2. 일부는 장기간을 요하는 특별 출장을 준비하느라, 3. 카나리스 제독이 나를 마음껏 써먹고 싶어 한다는 말을 듣고서. 카나리스 제독은 나에게 건의서, 추천서, 조언들을 구했습니다(DBW 16:414).

본회퍼는 자신이 1941년 4월부터 6월까지 베를린에 너무 오래 머무른 것은 쓸데없이 스웨덴 출장을 준비하느라 그런 것이며, 특히 비르거 포렐과의 접촉이 제대로 이루어지지 않아서 그런 것이라고 자세히 기술했다. 본회퍼가 1941년에서 1942년으로 이어지는 겨울에 폐렴에 걸린 것을 베를린 장기 체류의 이유로 꼽은 것도 그럴싸했다. 1942년 가을, 슈미트후버의 체포로 방첩대 본부가 새로운 계획을 끊임없이 도모할 수밖에 없었던 상황을 두고는 아래와 같이 기술했다.

> 나는 군과 관련된 활동이 너무 뜸해서 출장을 재개할 수 있게 해달라고 거듭 졸랐습니다.……내가 베를린에 기꺼이 체류한 것은 개인적 이유들 때문이었습니다. 연구에 쓸 나의 책들이 거기에 있었고, 특히 비상사태를 생각할 때 나의 부모를 홀로 두어서는 안 되었기 때문입니다. 나는 이 이유들을 이미 진술한 바 있습니다(DBW 16:415f.).

만프레트 뢰더는 심문 과정에서 징집 면제를 대단히 상세히 다루었음에도 불구하고 그것을 출장과 관련된 이 빈약한 진술과 연결하지 않는다. 출장 문제가 아닌 면제 문제만 뢰더의 기소 대상이 되었다. 이것은 공모를 위험지대에서 멀리 떨어져 있게 하는 일이 잘 이루어졌음을 보여준다. 특히 그것은 도나니가 체포당할 때 적발된 쪽지와 본회퍼의 새 출장 임무를 위해 베크가 서명한 "O" 표식의 역할이 나중에 출판된 여러 문건 속에서 과대평가되었음을 보여준다.[29]

빌헬름 니젤의 징집 면제

방첩대를 통해 고백교회의 관료 목사들이 교회기관에 잔류할 수 있게 하려는 본회퍼의 중재 시도—로트와 나를 방첩대에 차출하여 그리했고, 국방군 최고사령부의 다른 기관들에 영향력을 행사하여 빌헬름 니젤, 에른스트 볼프, 빌헬름 얀나쉬의 아들에게 그리했다—도 심문 과정에서 외국 접촉보다 훨씬 많은 공간을 차지했다. 스탈린그라드에서 입은 손실을 보충할 병력을 확보하기 위해 민간기관을 "샅샅이 뒤지고", 방위력 기피에 대한 처벌 규정이 강화되면서부터 이와 관련하여 특별한 긴장이 감돌았다.

1943년 4월 5일에 진행된 수색에서 만프레트 뢰더가 찾아낸 것들 가운데 본회퍼가 도나니에게 보낸 편지가 있었다. 징집이 빌헬름 니젤을 "위협하고" 있으니 도움을 베풀어 달라고 급히 청하는 편지였다. 뢰더가 보기에 "위협하다"라는 이 단어는 본회퍼가 방위력을 붕괴시키는 자임을 입증하는 논거나 다름없었다. 1943년 6월 말, 본회퍼는 뢰더에게 보내는 진술서에서 그것에 관해 아래와 같이 말했다.

시인하건대 ("위협하다"라는 표현이) 나 스스로 생각해도 대단히 불쾌한 인상을 주는 것 같습니다. 다른 한편으로 다음의 사실도 말하고 싶군요. 1. 니젤과 같은 사람이 국가가 인정하는 상급 교회 당국에 속해 있었다면, 그 당국은 순수 교회 법규를 근거로 그를 징집 면제자로 선언했을 것입니다. 2. 내적으로 믿음이 굳은 교회만이 전시에 조국에 대한 중요한 봉사를 수행할 수 있습니다. 하지만 그럴 때에도 교회는 조국 안에서 자신의 강한 능력 가운데 일부를 행사한답니다.……고백교회에 대해 마음대로 생각해도 괜찮지만, 고백교회의 한 가지만은 비난해선 안 될 것입니다. 말하자면 고백교회에서는 징집을 "위협적인 것"으로 여긴다고 완전히 오해해서는 안 된다는 것입니다. 고백교회의 젊은 성직자들 가운데 자원입대한 수백 명의 사람과 줄줄이 희생된 고위 관료 목사는 그러한 오해를 정면으로 반박할 것입니다. 나와 이야기를 나눈 이들 가운데, 자신의 징집을 고백교회에 드리운 정치적 의심의 격심한 압박으로부터 벗어날 내적인 기회로, 또 오래전부터 추구해 온 기회, 곧 군인이 되어 자신의 내적 입장과 희생 의지를 증명할 기회로 의연하게 받아들이지 않은 이는 단 한 명도 없습니다. 그리고 전쟁 초기에 고백교회 안에서 니묄러 목사가 군복무에 자원한 것도 효과가 없지 않았습니다.……그 점에서 우리는 양심에 거리낌이 없습니다. 그런 까닭에 나는 니젤의 경우처럼 절박하고 특수한 경우에 군의 관점에서 정당함을 인정받는다면, 목사가 교회기관과 본국에 잔류하는 것을 양심껏 편들어도 되며 꼭 그래야 한다고 생각했습니다. 나는 그것을 판정할 권한이 없었고, 그래서 나의 자형에게 부탁했던 것입니다. (당시에 나의 제자였던 이들 가운데 지금은 전사했거나 아직도 군인 신분으로 전선에 있는 다수가, 자신들은 기쁘게 복무하고 있지만 이 시기에 고국에 있는 공동체가 너무 곤궁하여 살아남지 못할까 걱정이라고 말했거든요.) 다음 두 가지가 나에게 그리하도록 명했습니다. 하나는 신심 깊은 사람들도 교회를 전혀 다르게 판단할 수 있지만, 전시에는 누구도 다른 이에게 시비를 걸어선 안 된다는 것입니다. 다른 하나는 독일 민족에 대한 사랑과, 전시에 힘닿는 대로 독일 민족에게 봉사하려는 마음이 그의 신념과 행동의 동기라는 것입니다. 나는 전쟁 개시 이래로 개인적 친분이 있는 귀르트너 장관과 긴 대화를 여러 차례 나누면서 교회 논쟁의 중재와 개신교 여러 세력의 협력을 두둔했습니다. 그러고는 귀르트너 장관에게 몇 가지를 제안했습니다. 귀르트너 장관은 그 제안들을 케를 종무부 장관과 논의하여 관심과 찬성을 얻어 냈습니다. 1940년 12월, 귀르트너 박사는 에탈에서 나와 함께 몇 시간 동안 산책하면서 자신이 목적을 달성하고 싶다고 말했습니다. 한 달 뒤 그가 죽고, 케를 장관도 병에 걸려 죽는 바람에 이 희망은 수포로 돌아갔습니다. 그것은 전시에 교계에 평화를 조성하여 가장 강력한 병력을 전쟁에 투입하려는 시도였습니다(DBW 16:417-420).

본회퍼의 고백교회를 의심했던 쪽은 이 글을 읽고 스스로를 변호하지 않으면 안 되었다.

기소

징집 면제, "작전 7", 출장들, 방위력 기피와 같은 네 가지 복잡한 문제를 놓고 만프레트 뢰더와 제국보안본부가 품었던 의혹이 말끔히 해소된 것은 아니었지만, 첫 번째 공소 주제인 국가전복죄는 유지되지 않았다. 1944년 가을에야 이 죄목을 뒷받침하는 더 나은 증거들이 나왔다.

더는 이 의혹으로 재판을 수행하지 말라는 빌헬름 카이텔의 명령에 따라 만프레트 뢰더는 본회퍼에 대한 심문을 종결했다. 7월 30일, 그는 본회퍼에게 기소되었으니 변호사를 구해야 한다고 말했다. 그리고 며칠 뒤에는 도나니를 위협하며, 사선(私選) 변호인을 허용하지 않을 작정이라고 말했다. 본회퍼는 곧바로 부모에게 두 통의 편지를 부쳤다. 뢰더의 검열을 거친 편지였다.

1943년 7월 30일. 사랑하는 부모님! 오늘 제국군사법원에서 가진 면담 중에 뢰더 박사가 나의 변호를 위해 두 분과 뤼디거 골츠[뤼디거 폰 데어 골츠(Rüdiger von der Goltz, 1894-1976). 본회퍼의 이종사촌으로 변호사. 본회퍼의 이모부이자 퇴역 장군인 뤼디거 골츠의 아들로서 아버지와 이름이 같다—옮긴이]Rüdiger Goltz에게 편지하는 것을 허락했습니다. 저는 뤼디거의 바이에른 주소를 정확히 알지 못하니 두 분께서 그와 연락을 취해 주시기 바랍니다. 그가 사건을 직접 맡아 줄 것인지는 의문입니다. 제가 알기로 그의 다리 부상이 다시 악화되었기 때문입니다. 하지만 그는 적합한 인물을 틀림없이 추천해 줄 것입니다. 뢰더 박사에 의하면, 변호인은 사흘의 시간이 필요할 것이라고 합니다. 하루는 문서들을 살피는 데에, 하루는 저와 협의하는 데에, 하루는 재판에 써야 한다는 것입니다. 그다지 많은 일은 아닙니다. 그러나 아버님께서도 많은 변호사를 알고 계실 것입니다. 물론 아버님은 루베 소송을 통해서 자크Sack 박사도 알고 계실 겁니다.[30] 하지만 그러한 "거물"이 이처럼 하찮은 사건을 제대로 맡아 줄지 의문입니다. 게다가 그의 수임료는 대단히 비쌀 것입니다. 저는 단지 그 점을 상기시켜 드리려는 것일 뿐 어떤 판단도 내릴 수 없습니다. 저는 교회 정치의 속박을 받는 사람보다는 침착하고 경험이 많으며 나이가 지긋해서 사람들이 사무적으로나 인간적으로 신뢰할 수 있는 사람을 생각하고 있습니다. 저 자신은 그런 이를 모르지만, 두 분께서 적임자를 찾아주시면 될 것입니다. 두 분께서 이 일을 빨리 해결해 주시면 좋겠습니다. 그 밖에 저는 지금부터 나흘에 한 번씩 두 분께 편지해도 된다고 합니다. 대단히 좋은 일입니다. 저는 두 분과 마리아에게 번갈아 가며 편지할 생각입니다. 범사에 감사하며 불안해하지 마시기 바랍니다! 두 분과 형제자매들에게 안부를 전하며. 두 분의 디트리히 올림(DBW 8:120f.).

꼼꼼히 숙고한 편지였다. 본회퍼는 함께 읽는 수사 책임자에게 자신의 빼어난 연줄들을 암시했다. 한때 요제프 괴벨스의 변호사였던 뤼디거 폰 데어 골츠는 히틀러에게까지 존경을 받는 인물이었다. 다른 한편, 부모는 호르스트 홀슈타인Horst Holstein처럼 그를 잘 아는 고백교회 변호사를 끌어들여서는 안 된다는 것을 알고 있었다. 본회퍼는 똑같이 뢰더의 손을 거친 8월 3일자 편지에서 모종의 실망감을 내비쳤다.

변호인을 구해 달라는 저의 부탁이 어찌 진행되든 간에, 제가 간절히 바라는 것은 두 분께서 지금까지 그랬던 것처럼 크게 걱정하지 않고, 저처럼 사건의 결말을 차분히 기다리시는 것입니다. 두 분께서는 제가 너무 낙담해 있다거나 불안으로 가득 차 있다고 생각하지 마시기 바랍니다. 물론 두 분께도 실망스러웠을 것입니다. 그러나 보기에 따라서는 우리가 그동안 기다려 온 사건의 완전한 해결이 조만간 이루어지리라는 것을 아는 것은 일종의 해방이기도 하답니다. 저는 날마다 좀 더 정확한 확답을 기다리고 있습니다. 뤼디거 폰 데어 골츠가 지금 갑자기 시간을 낼 수 없다고 해도 상관없습니다. 뢰더 박사에 의하면 이 사건은 평범한 변호사가 맡아도 되는 사건이라고 합니다. 유능하고 친절하고 행실이 바른 사람이라면, 게다가 침착하고 품위가 있으며 이제까지의 재판들을 통해 세련된 품격을 갖춘 변호사라면,—두 분께서 가장 잘 판단하실 것입니다—저는 전적으로 동의합니다. 개인적으로 저는 누군가가 할 말이 있다면 그 말을 가장 잘할 수 있는 이는 그 자신이라는 생각을 가지고 있습니다만, 제가 전혀 이해하지 못하는 법률 사건에는 변호사가 필요한 것 같습니다.

그리고 뒷부분에 다음과 같은 말—본심이었을 것이다—을 덧붙였다.

그 사람이 저를 위해 시간을 조금 내어 주되 너무 서두르지 않았으면 좋겠습니다. 이 일은 바쁜 인상을 풍기지 않는 의사와 함께 있을 때처럼 진행되어야 할 것 같습니다(DBW 8:125-127).

공소장에는 본회퍼와 니젤의 징집 면제 사건과 관련하여 방위력 붕괴라는 죄목만 적시되고, 다른 모든 죄목은 빠져 있었다. 이는 본회퍼가 뢰더에게 마지막으로 보낸 편지에서 여실히 드러난다.

존경하는 최고군사법원 법무관님께. 귀하에게 다시 한 번 편지할 수 있도록 허락해 주셨으니, 군사법원의 심리에 앞서 오늘 마지막으로 다시 한 번 편지하렵니다. 나에 대한 공소가 제기되었다고 귀하가 알려 주고 사흘이 지났군요. 나는 귀하의 권고에 따라 복잡한 문제 전체를 또 한 번 침착하게 숙고해 보았습니다. 개인적인 일로 귀하를 성가시게 하고 싶지는 않습니다. 방위력 붕괴를 이유로 제기한 공소 사실이 나의 직업과 나 개인과 그리고 나의 가족에게 무엇을 의미하는지는 굳이 말하지 않겠습니다. 나의 직업 사정과 개인적 처지는 충분히 아실 테니 말입니다. 법이 기소를 요구한다면, 기소가 이루어져야겠지요. 그 점은 나도 이해하는 바입니다. 내가 그것을 예견하지 못한 것은, 내가 법조문에 관한 지식이 부족하기 때문이기도 하지만, 내가 방위력 붕괴라는 죄목에 대해 결백하다고 생각했기 때문이기도 합니다. 귀하가 금요일에 나에게 말한 것을 다시 검토해 보았지만, 내가 결백하다는 생각은 지금도 변함이 없습니다 (DBW 16:420f.).

이어서 그는 자신이 두 개의 기소 이유, 곧 자신의 징집 면제와 니젤을 위한 도움 요청을 어찌 이해하는지를 상세히 변호했다. 그를 방첩대에 끌어들인 이유는 카나리스가 알고 있으니 카나리스가 해명해 줄 것이며, 어째서 니젤을 교회기관에 잔류시키려 했는지는 도나니가 해명해 줄 것이라는 내용이었다. 도나니는 그 사이에 본회퍼가 어찌 진술했는지를 훤히 알고 있었다.

몇 주 뒤, 클라우스 본회퍼와 친분이 있는 뛰어난 변호사 쿠르트 베르긴Kurt Wergin 박사가 디트리히 본회퍼의 변호를 맡았다. 그사이에 토르가우로 이전한 제국군사법원이 1943년 9월 16일에 이 변호사를 사선(私選) 변호인으로 인정했다. 그 뒤에 베르긴은 테겔 형무소에서 디트리히 본회퍼를 정기적으로 면회할 수 있었다. 어느 모로 보나 사건은 불리하지 않았다.

쪽지들

은폐와 위장을 위한 이 격렬한 투쟁의 자취는 본회퍼가 따로 맡겨서 보관하게 했을 정도로 그의 공모 가담을 온전히 그려 보이는 중요한 기록이 아닐 수 없다. 그것들을 비밀로 하려고 하는 자는 본회퍼가 공모자들과 함께 다졌던 연대감의 진정한 성격을 날조하게 마련이다. 정치적 책임은 "선의의" 예외를 허락하지 않았다. 비범한 시대는 비범한 희생을 요구했다.

본회퍼는 고결한 희생을 한순간도 거절하지 않았지만, 경솔하게 희생하지도 않았다. 그는 시민 도덕의 수호자인 고백교회, 이제껏 그와 같은 요구를 마주한 적이 없는 고백교회가 그를 자신들의 일원으로 간주하기를 겁내어 새로운 전망을 얻지 못하는 것을 있을 수 있는 일로 여겼다. 그는 1943년 12월 15일에 그것에 관해 아래와 같이 썼다.

> 그러면[31] 다음과 같은 물음을 놓고 자네와 이야기를 나눌 텐데 그러지 못해서 아쉽네. 자네는 나를 방첩대와 연관 지은 이 소송(나는 이것이 언젠가 드러날 것이라고 생각하네)이 나의 직업 수행을 위태롭게 할 것이라고 생각하는가? 나는 이 문제를 자네하고만 의논할 수 있다네. 면회가 허락되면 그것에 관해 조금이라도 이야기할 수 있을 것이네. 그것을 숙고해 보고 나에게 진실을 말해 주게나.[32]

면회가 이루어졌다. 이미 저 상황의 현실 속으로 깊숙이 들어가 있던 대화 상대자(에버하르트 베트게—옮긴이)는 반대 결론을 제시하지 않았다. 하지만 그 대화 상대자는 본회퍼의 이 질문을 절친한 그로스너 선교 협회 회장 한스 로키스에게 제기해 보고 나서, 1944년 1월 2일에 본회퍼에게 아래와 같이 답장했다.

> 그는 모든 베일이 벗겨지고 지도부 사람이나 다른 기관 사람이 종래와 같이 무지해서 그 문제를 진지하게 다루지 않을 경우에는 전혀 문제 없을 것이라고 생각하더군요. 그는 형을 대하는 전반적인 분위기가 결정적으로 악화되었다고 생각하지 않았습니다. 그러기는커녕 형이 누리고 있는 신학적 신뢰를 대단히 크고 확실한 것으로 여겼습니다(DBW 8:268).

그러나 본회퍼는 여기에 어떤 어려움이 도사리고 있는지를 알고 있었다. 그는 구프로이센 형제협의회가 자신을 중보기도 명단에 넣지 않았다는 사실을 분명히 알고 있었다. 그는 1943년 10월 17일에 열린 브레슬레우 고백총회가 중보기도시간에 무엇보다도 그를 생각했다는 소식을 듣고 더더욱 기뻐했다(DBW 8:199).

개인적으로 그는 자신의 길과 새로운 인식의 개척을 의심하지 않았다. 베드로전서 3:14을 주저하지 않고 자기를 위해 써먹기도 했다. "그러나 정의를 위하여 고난을 받으면, 여러분은 복이 있습니다. 그들의 위협을 무서워하지 말며, 흔들리지 마십시오."[33] 그리고 이 확신은 그가 1942년 성탄절에 했던 말과 관련이 있었다.

> 우리를 강제하는 것에 대한 내적 저항력이 충분하고 우리 자신에 대한 솔직함이 충분히 남아 있다면, 단순함과 정직함으로 이어진 길을 다시 발견할 수 있지 않을까?[34]

그 확신을 토대로 그는 감방 안에서 아래와 같이 쓸 수 있었다.

> 너희에게서 나를 내쳐라. 죄책은 내 몫이다.
> 하나님이 나에게 몹시 성을 내신다.
> 경건한 이가 죄인과 함께 죽어서는 안 되느니!
> 그들은 떨었다. 그러고는 강한 팔로
> 죄인을 내던졌다.
> 그때 바다가 잔잔해졌다.[35]

두 번째 시기: 소송 절차를 밟다

기소 이후에 긴장이 풀리고, 만프레트 뢰더는 이 희생자에게 긴급한 관심을 기울이지 않았다. 하지만 본회퍼에게는 인내의 시험이 갓 시작된 상태였다.

처음에 그는 제국군사법원에서 마지막 심문을 받고 나서 8월에는 소송 절차가 끝날 것이라고 생각했다. 하지만 그런 일은 한동안 일어나지 않았다. 함부르크가 세 차례의 심각한 공습을 받고 나서 요제프 괴벨스가 베를린으로부터 포괄적으로 철수하는 계획을 진행시키는 바람에 몇몇 법원이 토로가우로 이전했기 때문이다.

그 점이 가족을 불안하게 했다. 도나니를 토르가우로 수송하려면 며칠이 걸려야 했기 때문이다. 그리되면 수감자와 외부에서 돕는 이들 사이에 유지되던 중요한 의사소통이 끝나고 말 것이었다. 하지만 결국 제국군사법원의 담당국은 베를린에 남았고, 만프레트 뢰더만 베를린 주변에서 몇 주 동안 눈에 띄지 않았다.

1943년 9월 25일, 본회퍼에 대한 정식 구속 영장이 발부되고, 방위력 붕괴라는 죄목으로 공소가 제기되었다. 물론 이와 함께 재판 기일이 일찍 잡힐 것이라는 희망도 다시 싹텄다. 우리는 울리히 폰 하셀의 일기에서 저항 단체 회원들이 어떻게 외부에서 "도나니 사건"에 관여했는지를 찾아볼 수 있다. 하셀은 1943년 11월 일기에 이렇게 기록했다.

> 도나니를 상대로 공소가 제기되었다. 공소장을 본 하제(오스터)가 나에게 말해준 대로, 한두 가지 죄목 가운데 "결점"이 있기는 하지만, 그를 변호하는 뤼디거 폰 데어 골츠는 상당히 낙관적이다. 사악한 공소권자의 열심에도 불구하고 정치적으로 부각된 문제는 없어 보인다. 지금은 하제도 기소된 상태다. 그가 결제한 두 건의 징집 면제 때문이다. 이 모든 것은 카나리스 제독을 겨냥한 공격의 일부라고 할 수 있다. 그가 당에 거북한 짐이 되었기 때문이다.[36]

재판 기일이 1943년 12월 17일로 언급되었다. 하지만 이 기일은 도나니의 질병 때문에 다시 무효가 되고 말았다. 본회퍼 사건만 따로 떼어 먼저 심리하는 안이 고려되었지만 격렬한 반대에 부딪혔다. 방첩대 문제와 관련되어 예측이 불가능한 소송 절차에 본회퍼만 내맡길 생각이 없었기 때문이다.

본회퍼는 이 결정에 큰 불만을 품고 12월 18일에 아래와 같이 편지했다.

> 내 견해대로 되었다면 나는 재판 기일인 12월 17일에 석방되었을 것이네. 하지만 법률가들은 좀 더 안전한 길을 걸으려고 했고, 나는 몇 달 동안은 아니더라도 몇 주 동안은 이곳에서 지낼 것 같네. 나는 지난 몇 주 동안 예전보다 훨씬 심한 부담감을 안고 지냈다네.[37]

본회퍼는 "유죄 판결을 순수 법률상 불가능한 것으로" 여기면서도,[38] 게슈타포가 개입하여 성가시게 할지도 모른다는 사실을 놓치지 않았다.

나는 "믿음으로" 모든 것을 견디고, 유죄 판결도, 여타의 두려운 결과도 견딜 수 있(고 그리되기를 바라)네(시 18:29)[39]. 하지만 불안한 예견이 나를 지치게 하는군. 좋지 않은 일이 일어나더라도 나에 대해 걱정하지 말게. 다른 형제들도 이미 겪은 일이니 말일세.[40]

재판 기일이 1944년 2월로 잡히면서 희망이 다시 움텄다. 도나니가 "재판받을 수 있는 상태"라는 막스 데 크리니스의 소견서를 받고 부흐로 이송되고, 요제프 뮐러가 자기 입장을 바꾸지 않고도 자기 사건의 재판 전개를 재촉하는 데 성공했기 때문이다. 본회퍼는 두 가지 가능성에 초점을 맞추었다.

보아하니 여드레가 지나면 나에게 어떤 결정이 내려질 것 같네. 그리되었으면 좋겠네. 나를 마르틴이 있는 곳으로[40a] 보내더라도—그럴 거라고 생각하지 않지만—걱정하지 말게. 나로 말할 것 같으면 아무 걱정도 하지 않는다네. 자네도 그리되기를 바라네.[41]

재판 개정일이 다시 연기되어 실망감이 커졌고, 본회퍼는 밖에 있는 친구들에게 큰 불만을 품었다.

이런 소식을 전하게 되어 유감스럽지만, 나는 부활절이 지나야 이곳에서 풀려날 것 같네. 한스가 병들어 있는 한, 어떤 변화도 꾀할 수 없네. 손도 많이 대고 상상도 해보았지만, 가장 단순한 일조차 이루어지지 않았다는 느낌을 떨쳐 버릴 수 없네. 나는 모든 협력자의 선의를 의심하지는 않네.……확실히 그들은 많은 시간을 바치고 잠까지 설쳐 가면서 여러 차례 숙고하고 협의했네. 하지만 실제로는 지난 6개월 동안 이루어진 일이 전혀 없다는 사실을 확인하게 되었네. 그냥 두어도 저절로 이루어졌을 일, 즉 성탄절 전에 해결되었을 일이 방해

를 받고 있네.[42]

『저항과 복종』이라는 책의 제목은 이 편지에서 따 붙인 것이다. 이 제목은 두드러진 공모 시기의 커다란 맥락에서 유래한 것이 아니라, 가장 유리한 재판 기일을 놓고 친구들 사이에서 고통스럽게 수행한 여러 차례의 숙고 속에서 유래한 것이다.

세 번째 시기: 흐지부지되다

1944년 4월, 칼 자크의 결정적인 통지서가 테겔 감방에 닿았다. 재판 일정을 통한 즉각적인 변화를 더는 기대하지 말라는 내용이었다. 칼 자크가 테겔에 수감된 본회퍼에게 가장 성과가 큰 창작 시기를 열어 준 셈이었다. 본회퍼는 신학 연구를 굳게 결심했다.[43] 물론 본회퍼는 5월 4일과 5일에 신임 재판 책임자 헬무트 쿠츠너와 대결해야 했다. 하지만 이 대결은 그를 다시 긴장시키기보다는 안심시켰다.

지난 며칠 동안 나는 다시 시내에[44] 두세 차례 갔다가 대단히 만족스러운 결과를 얻었네. 하지만 재판 시기 문제가 풀리지 않아서 나는 내 사건에 대한 흥미를 잃고 말았네. 몇 주 동안은 그것을 완전히 잊고 지낼 생각이네.[45]

이제는 전혀 다른 쪽에서 온 소식, 곧 그가 소극적으로나마 가담한 바 있는 쿠데타 준비 소식이 그를 긴장시켰다. 그의 외숙 파울 폰 하제 장군이 테겔 형무소 위병 대기실을 방문한 뒤부터 기대감이 부풀어 올랐다.[46] 이로부터 한 주 뒤, 본회퍼는 아래와 같이 편지했다.

언젠가 때가 되면 너무 자주 있을[47] 필요가 없게 될 테고, 우리는 예상보다 일찍 만나게 될 것이네.……우리는 이제 곧 1940년 여름에 함께했던 우리의 여행과 나의 마지막 설교들을 아주 많이 떠올리게 될 것이네![48]

이 내용은 그가 동프로이센 본부에서 이루어질 암살을 가리켜 말한 것이다. 급기야 7월 16일자 편지에서는 훨씬 노골적으로 말하기까지 했다. 그는 그 편지에서 자신의 형 클라우스를 넌지시 언급하는데, 이는 공모가 막바지에 이르렀음을 의미했다.

> 클라우스의 일이 잘되고 있어서 매우 기쁘네! 그는 오랫동안 풀죽어 있었지. 이제는 그를 억누르던 모든 것이 곧 다시 정상을 회복할 것 같네. 나는 그와 온 가족에게 그런 때가 오기를 간절히 바라고 있네.[49]

탈주 계획

유일하게 인가받은 교회 신문은 7월 20일 암살 시도가 수포로 돌아간 뒤에 아래와 같은 내용을 게재했다.

> 무시무시한 날이었습니다. 결사적이고 용감한 우리 군이 조국을 지키고 최후 승리를 얻기 위해 고투하고 있건만, 한 줌밖에 안 되는 극악무도한 장교들이 야망에 사로잡혀 무시무시한 범죄를 감행하고 총통을 시해하려고 기도했습니다. 총통은 목숨을 건졌고, 입에 담기도 싫은 재앙이 우리 국민을 비껴갔습니다. 이 일로 우리는 마음을 다해 하나님께 감사드리고, 총통이 이 가장 힘든 시기에 수행하며 해결하려고 하는 중대한 과업에 원조와 도움을 베풀어 달라고 온 교회와 함께 하나님께 기도합니다.[50]

그 교회의 수천 명이 그것을 읽었다. 그들 다수에게 이것은 편집상의 의무가 아니라, 그들 자신의 생각을 표현한 것이나 다름없었다.

7월 21일, 본회퍼는 자기의 운명이 곧바로 결정되었다고 확신했다. 그는 형무소 의무실에서 외국 방송사의 뉴스를 듣고, 가족을 통해서는 존더레거가 도나니와 그가 있는 검역소에 관해 수사했다는 소식을 들었다. 오스터가 자살했다는 소문이 들려왔고, 카나리스가 7월 23일에 연행되었다는 소식도 대단히 신속하게 들려왔다. 하지만 그 자신에게는 몇 주 동안 아무 일도 일어나지 않았다. 그는 변함없이 신학 작품을 집필했다.

8월 말, 새로운 위험이 닥쳤다. 8월 18일, 한스 욘Hans John이 체포되었다. 뤼디거 슐라이허의 법률 조수로서, 공모 임무를 띤 수차례의 국내 출장을 위해 뤼디거 슐라이허에 의해 징집 면제를 받은 사람이었다. 그의 형 오토 욘은 적당한 때에 스페인으로 도주했다. 8월 22일, 도나니가 작센하우젠 강제수용소로 수송되었다. "레나테가 자네에게 편지하여 알렸을 테지만, 그동안 한스는 쿠르트 샤르프 형제의 교구에[51] 있는 군인병원에 수용되었네. 나는 크리스티네와 그가 불쌍해 죽겠네. 하지만 그것은 조속히 치료받을 수 있는 장점을 가지고 있을지도 모르네. 나는 걱정하지 말게. 그러나 중보기도는 잊지 마시게."[52]

크리스티네 폰 도나니가 본회퍼의 서신 왕래 상대에게, 형무소 경계병을 통해 본회퍼와 하던 비밀 서신 왕래를 중지하고 신중을 기해 달라고 부탁했다. 물론 디트리히 본회퍼는 이 부탁을 들어주지 않다가 한 달 뒤에야 들어주었다.

초센 문서철이 적발되어 가족의 사정이 전반적으로 악화될 무렵, 본회퍼는 이제껏 막연하게만 고려하던 탈주 계획을 심사숙고하고 결심했다. 그의 가장 충성스러운 간수이자 베를린 북부 출신의 직원인 크노블로흐Knobloch 하사관이 그와 함께 "잠적할" 의향이 있음을 밝혔다. 다른 공모 가담자들도 그것을 시도했고, 야코프 카이저 같은 소수만이 그런 식의 탈주에 성공했다. 크노블로흐는 자신이 경계 근무를 서는 동안 수감자 본회퍼와 함께 형무소 출입구를 빠져나가 함께 종적을 감출 생각이었다. 가족이 수리공 복장을 마련해 주었다. 본회퍼가 입을 옷이었다. 9월 24일 일요일, 뤼디거 슐라이허와 우르줄라 슐라이허가 딸 레나테 베트게와 함께 베를린 니더쇤하우젠으로 가서 크노블로흐에게 신사복, 돈, 식량 배급표가 들어 있는 꾸러미를 건넸다. 크노블로흐는 그것들을 교외에 있는 소규모 주말농장의 정자에 보관해 두었다. 10월 초순, 탈주 준비가 완료된 것처럼 보였다. 하지만 탈주 계획은 그 주 토요일에 무산되고 말았다.

9월 30일 토요일, 클라우스 본회퍼는 근무를 마치고 귀가하다가, 아이히캄프에 있는 자기 집 정원 입구에 수상쩍은 자동차 한 대가 정차해 있는 것을 먼발치에서 보았다. 그는 곧장 방향을 틀어 마리엔부르크 알레에 있는 누이동생 우르줄라 슐라이허의 집으로 갔다. 그곳으로 사건들이 쇄도했다. 교수형을 당한 파울 폰 하제 장군의 부인이 그날 출소했다. 그녀는 오명을 쓴 상태여서 달리 갈 곳이 없었다. 친척들이 그녀를 맞아 주려 하지 않아, 우르줄라 슐라이허가 그녀에게 은신처를 제공해 주었다. 이와 동시에 디트리히의 심부름꾼, 즉 테겔 형무소 간수가 우르줄라 슐라이허의 집에 나타났다. 위조 여권들과 혹여 있을지도 모를 스웨덴 대사관 목사와의 접촉을 두고 상세히 의논하기 위해서였다. 하지만 이 순간에는 더 이상 그리할 짬이 없었다. 그래서 최근의 변동사항—클라우스의 체포가 임박했다는 소식—을 디트리히에게 알리고 곧바로 다시 찾아와 달라고 그에게 부탁했다.

그 고통스러운 밤에 우르줄라 슐라이허와 그녀의 오빠 클라우스—그의 아내 엠미는 자녀들과 함께 슐레스비히-홀슈타인에 도피해 있었다—는 도주, 자살, 구금을 놓고 해결책을 모색했다. 이튿날인 10월 1일 일요일 예배 시각에 게슈타포의 자동차 한 대가 마리엔부르크 알레에 나타났다. 게슈타포는 우르줄라 슐라이허의 집에서 클라우스를 연행했다. 1년 6개월 전에 본회퍼를 연행해 갈 때보다 훨씬 암담한 상황이었다.

10월 2일 월요일, 테겔 형무소의 경계병이 다시 우르줄라 슐라이허의 집 입구에 나타났다. 그는 본회퍼가 자형의 상황을 악화시키지 않고 부모와 약혼녀를 위험에 빠뜨리지 않기 위해 탈주 계획을 포기했다고 알렸다. 이틀 뒤인 10월 4일, 뤼디거 슐라이허가 자신의 사무실에서 체포되었다. 10월 5일, 게슈타포가 프리드리히 유스투스 페렐스도 연행했다. 같은 날, 본회퍼는 「요나」라는 제목의 시를 썼다.[52a]

10월 8일 일요일, 디트리히 본회퍼는 테겔 형무소에서 프린츠-알브레히트 슈트라세에 있는 제국보안본부 지하 감옥으로 이감되었다. 그곳에서는 그와 고락을 같이한 동지 요제프 뮐러가 이미 9월 27일부터 수감생활을 하고 있었다. 이는 전혀 새로운 수사 단계의 시작이었다.

이제까지 우리는 군 형무소 수감생활을 종료할 때까지 살펴보았다. 이는 테겔 시기의 한 면을 들여다본 것에 불과하다. 하지만 테겔은 본회퍼에게 그의 인생 경험과 신학의 새로운 영역들도 열어 주었다. 이 영역들이 구속 영장 발부의 반사작용으로 그를 널리 알렸다.

베를린의 북서쪽 교외지역 테겔은 칼 프리드리히 쉰켈Karl Friedrich Schinkel이 훔볼트 형제를 위해 지은 작은 성과 아름다운 공원 때문에 본회퍼가 어린 시절부터 잘 아는 곳이었다. 이 근사한 지역은 연합국의 공습 표적인 보르지히 기관차 공장과 오래되고 거대한 형무소의 남쪽과 경계를 이루고 있었다. 그는 이 형무소의 6평방미터 공간에서 1년 6개월 동안 살았다. 그 공간에는 간이침대, 등받이 없는 긴 의자, 걸상, 대야, 밖에서 들여다보며 감시할 수 있도록 구멍이 뚫린 목재 문 한 개가 있었고, 문 맞은편 머리 높이에는 채광창이 있었다.

본회퍼는 이 감방에서 18개월을 지내면서 자기 생의 다른 시기에 쓴 것보다 훨씬 많은 증언, 곧 쪽지, 편지, 문학 습작을 손수 썼다. 그는 그것들 속에서 고통스러운 곤경과 분노를 표시하기는 했어도, 자신의 길을 놓고 흐느끼거나 양심의 가책을 느끼지는 않았다.

인간들에게 추격을 당하고 쫓기며
무방비 상태로 고소를 당하고
견딜 수 없는 짐을 지고 있지만,
우리야말로 원고랍니다.[53]

이는 그가 면회자들에게 보여준 자세였다. 1944년 6월의 어느 날, 내가 루트 폰 클라이스트-레초브 여사에게 면회를 허가받았다고 알리자, 그녀는 이렇게 말했다. "목사님에게 굉장히 감동적인 일이었겠군요." 나는 본회퍼에게 보낸 편지에서 그것을 알리며 이렇게 말했다. "물론 '감동적'이었습니다. 하지만 내가 마음속에 그린 것은 감동이 아니라, **문제 한가운데로**medias in res 대단히 명랑하게, 집중적으로, 되도록 신속하게 다가가는 모습입니다. 그러나 형이 수모를 당하고도 흐느끼지 않으면서 형의 역할을 인정받는 것도 중요하다고 생각합니다"(DBW 8:473).

그럼에도 시민의 아들이자 탐미주의자인 본회퍼는 익숙하지 않은 새 생활의 초기에 문제 상황을 꽤 많이 극복하지 않으면 안 되었고, 그 가운데 상당수를 알리지 않았다.

정당화할 것인가, 책임질 것인가

본회퍼는 감방살이와 소송 절차의 부담감에 관해 이렇게 말했다. "나는 그것을 독일의 운명에 동참한 것이라고 생각하네. 내가 결정하여 동참한 것이지. 나는 과거의 것을 생각하되 탓하지 않고, 현재의 것을 받아들이되 탓하지 않네."[54] 본회퍼의 형무소 기록에서는 "어째서 이 모든 일이 일어났는가? 어떻게 이 모든 일이 일어났는가?"라는 표현이 전혀 눈에 띄지 않는다. 앞서 언급하고 숙고한 대로, 그는 '진실을 말한다는 것은 무엇을 의미하는가?'라는 소론의 형식으로 행동했다.[55] 여러 문학 습작 속에 나타나는 변화도 여기에 속한다. 그 외에 우리가 가지고 있는 것은 공모와 그 결과를 배경으로 할 때에만 제대로 이해될 수 있다. 하지만 이 모든 것은 중대한 변화의 결과나 다름없다.

본회퍼는 자신이 구류 상태에서 공모를 속행한 것과 관련하여 체계적이고 윤리적인 방식이나 정당화하는 방식으로 자기 의견을 말하기를 삼갔다. 거기에는 나름의 이유가 있다. 표면적인 이유는 적에게 유리한 자료를 넘길 위험이 있었고, 이 위험이 그 주제를 문서로 다루는 것을 금했기 때문이다. 내적인 이유는 공모에 몸담고 있으면서 자신의 행위를 정당화하는 것이 그의 성격에 맞지 않았기 때문이다. 마땅한 광장이 없는데 정당화해서 무엇 하겠는가?

당시에 교계 대표들은 그러한 광장이 되어 주지 못했다. 그들은 사건들을 얼추 예감하고, 유대인 학살의 규모를 대략적으로 알고, 공모자들을 통한 참여의 정도를 어림잡기까지 했지만, 그들은 물론이고 형제협의회까지 입을 다물었다. 신학 교수들과 윤리학 교수들은, 모든 윤리의 위기로부터 새로운 교의들이 생겨났는데도 그 위기를 자신들의 지적 추론에 포함시키지 않았다.

관료들, 군인들, 독일 대중은 그러한 광장을 더더욱 제공하지 못했다. 그들은 이미 오래전부터 정권의 위법행위에 적극적으로 또는 암묵적으로 가담한 상태였다.

외국에서는—에큐메니칼 운동권, 중립국, 연합국에서는—소수만이라도 광장을 제공하여 정당화가 이루어지게 했을 법한데도 그러지 않았다. 그들 가운데 일부는 자신들도 연루되어 함께 책임져야 할 영역이 있음에도 그것을 깨닫지 못했다. 유대인 망명자들에 대한 정책이 그 영역 가운데 하나였다. 본회퍼는 그 영역에 관한 약간의 지식을 소유하고 있었다. 그들 가운데 또 다른 일부는 자신들의 정부나 조국에 대한 충성심의 분열을 독일 저항 세력만큼 경험한 적이 없어서 의견을 개진하지 못했다.

본회퍼는 자신의 행동을 정당화하지 않고 책임지려고 했다. 그는 자신의 행동이 시대의 도전에 대한 "훌륭한 반응"이 아니라, 너무 늦은 반응이었다는 비난을 받아들였을 것이다. 그가 비범한 행동을 어떻게 책임지고, 어떻게 해석하려 했는지는 저 쪽지들의 보관이 보여준다. 그가 보기에 정당화는 하나님 소관이었다. 그리고 책임은 그가 활동 전, 활동 중, 활동 후를 직접 정당화하지 않는 것을 의미했다.

그는 테겔 형무소에서 자신의 행위에 대한 의견을 좀처럼 말하지 않거나 간접적으로만 말했다. 가장 깊은 이유는 이 행위가 설명이나 동의 없이 이루어졌기 때문이다. 그는 이따금 이 행동을 인내의 한계까지 밀고 나갔다. 그는 1943년에 쓴 단편 희곡에서 주인공을 내세워 아래와 같이 말했다.

> 말없이 정의를 행하는 법을 가르쳐 다오.……자신이 죽음 근처에 있음을 아는 사람은 의연하면서도 말이 없다. 그는 불가피한 일과 정의를 되도록 말없이, 오해를 받으면서도 고독하게 수행하고, 자신을 희생한다.……그것은 얼마나 위대한 말인가? 어찌하여 나는 내가 생각하고 있는 것, 내가 알고 있는 것을 말하지 않는가? 말하지 않겠다고 하면서 어찌하여 나는 완전히 침묵하지는 않는가? 불가피한 일과 정의를 말없이 오해를 받으며 실행에 옮기는 것은 얼마나 어려운 일인가.[56]

수감생활의 충격

"말없는 행동"의 주변 상황, 이른바 감방생활은 본회퍼로 하여금 그가 시인하려

했던 것보다 많은 것을 성취하게 했다. 그곳에는 빈약한 식료품, 오물, 열쇠꾸러미를 든 난폭자, 수갑을 통한 굴욕이 있었지만, 그는 적응했다. 이보다 더 심한 것은 친구들과 가족들로부터 단절된 삶이었다. 그는 애매하게 나뉘어 지연되는 시간의 제물이 되었다는 느낌을 점점 더 강하게 받았다. 그가 한 쪽지에 메모한 대로, 이전의 어떤 수감자는 고통스러운 시간의 압박으로부터 벗어나기 위해 벽에다 다음과 같은 글귀를 새겨 넣을 정도였다. "100년 뒤에야 이 모든 것이 끝날 것이다"(DBW 8:62, 70).

먼저 그는 다음과 같은 자기만의 엄격한 일과를 정하고, 거기에서 벗어나지 않았다. 신체 단련, 습관이 되어 버린 묵상, 암기, 수감생활 셋째 날에 성서를 돌려받고 나서 하게 된 성서 읽기.

그러고는 이 수감생활과 적대적 시간 경험을 통해 자신의 과거와 단절하려고 했다. 예컨대 그는 심리학적 분석 속에서 자기 자신을 관찰하고, 연필과 종이를 얻자마자 연구 소재를 핵심어로 기록했다. 처음에는 필기도구가 넉넉하지 않아서 하찮은 쪽지들을 사용하지 않으면 안 되었다.

예를 들면 1943년 5월 8일, 아버지가 위병 대기실에서 형무소 안의 아들에게 생필품 꾸러미와 함께 그 내용물을 꼼꼼히 적어 들여보낸 쪽지가 그러한 것들에 속한다. 거기에는 아버지의 친필로 다음과 같은 내용이 길게 씌어 있다. 담배, 성냥, 돼지기름 한 병, 맥아 추출액, 거친 호밀 가루로 만든 검은 빵……. 이 쪽지는 본회퍼에게 맞춤한 필기 용지가 되었다. 그는 생필품이 기입된 곳 사이사이에 개념들과 반쪽 문장들을 기록했다. 그가 첫 주에 수행한 묵상 내용과 분석 내용을 감동 깊게 재현하는 문장들이었고, 몇 주 뒤에 보다 잘 정리된 작업들 속에서 다시 등장하여 서로 연결되는 개념들이었다. 이 쪽지에는 아래와 같은 내용이 쓰여 있다.

> 인간으로부터, 노동으로부터, 과거로부터, 미래로부터, 명예로부터, 하나님으로부터의 단절. 과거를 대하는 태도의 다양한 정신적 구조들.……**망각**……막히어 멈춤-경험. **역사**에 따르면 실현되기도 하고 실현되지 않기도 한다. 환상이 아닌 냉철함 속에서 과거와 현재를 스스로 잘못 생각하고 **이상화하기**. "회

상들의 망각", 자기연민. **심심풀이**—시간낭비, 유머와 흡연과 시간의 공허함을 [57] 극복한 사람의 경우에. 부정확해도 가능한 것을 기억하기. 환상의 의미(DBW 8:60f.).

뒷면에는 아래와 같은 내용이 씌어 있다.

과거의 인식—실현, 감사. 후회. 시간 감각—**인식된 것**은 현재의 것만 되는 게 아니라 과거의 것도 되지 않을까?……기다림-그러나 예를 들면 죽음을 대단히 침착하게 기다리는 것. **낮**시간—농부, 그러나 "그" 시간이 아니다—! 이별 경험으로서의 시간 경험-약혼자들. 하나님 앞에서. 과거: 왜: 100년 뒤에는 모든 것이 지나가고 아무것도 남지 않기 때문이다. 조금 전까지 모든 것이 좋았는가? (시간보다 오래가는) 소유는 없고, **과제**도 그러하다. 꿈결에 하는 시간 경험 앞에서 도피, 깨어나면서 놀람, 꿈결에 지나간 것=미래의 것, 무시간적. 시간의 파괴력-시간의 잠식. 구원하는 시간-흉터 형성(DBW 8:61-63).

이로써 우리는 그가 테겔 감방에서 구상한 첫 번째 연구가 "시간 감각"에 대한 연구였다는 것을 알 수 있다. 그는 1943년 6월까지 그 연구에 매진했다.[58] 안타깝게도 그 작품은 분실되었다. 이런 식으로 그는 처음 몇 주 동안의 형언할 수 없는 압박에 맞서면서, 자신의 "사건"에 신경질적으로 골몰하는 것을 피함으로써 여력을 비축했을 것이다.

이렇게 새로운 상황을 극복하기 위해 애쓸 무렵, 그의 내면의 안정에 대한 공격이 두 방향에서 거듭거듭 진행되었다. 살기 위해 고투해야 하는지, 아니면 자살해야 하는지를 알 수 없었던 것이다. 그는 자신의 "과거" 및 그것에 대한 그리움과 관계를 끊은 것처럼 여타의 시련보다 이 시련을 더 빨리 극복했다.

그가 이 상황에서 벗어나려고 자살을 고려했다는 것을 아는 이는 별로 없다. 그는 1943년 12월에 "내가 지금까지 써 보낸 모든 것에도 불구하고……무서운 인상들이 종종 밤늦게까지 나를 뒤좇고 있네"라고[59] 말했는데, 이것을 자살 고려와 직접 연결 지어서는 안 될 것이다. 그러나 수감생활 초기에 쓴 쪽지들에는 나중에

1년 6개월 동안 수감되었던 테겔 형무소 10호실 감방.
간이침대, 등받이 없는 긴 의자, 걸상, 대야, 밖에서 들여다보며 감시할 수 있도록 구멍이 뚫린 목재 문이 있고,
문 맞은편 머리 높이에는 채광창이 있다.

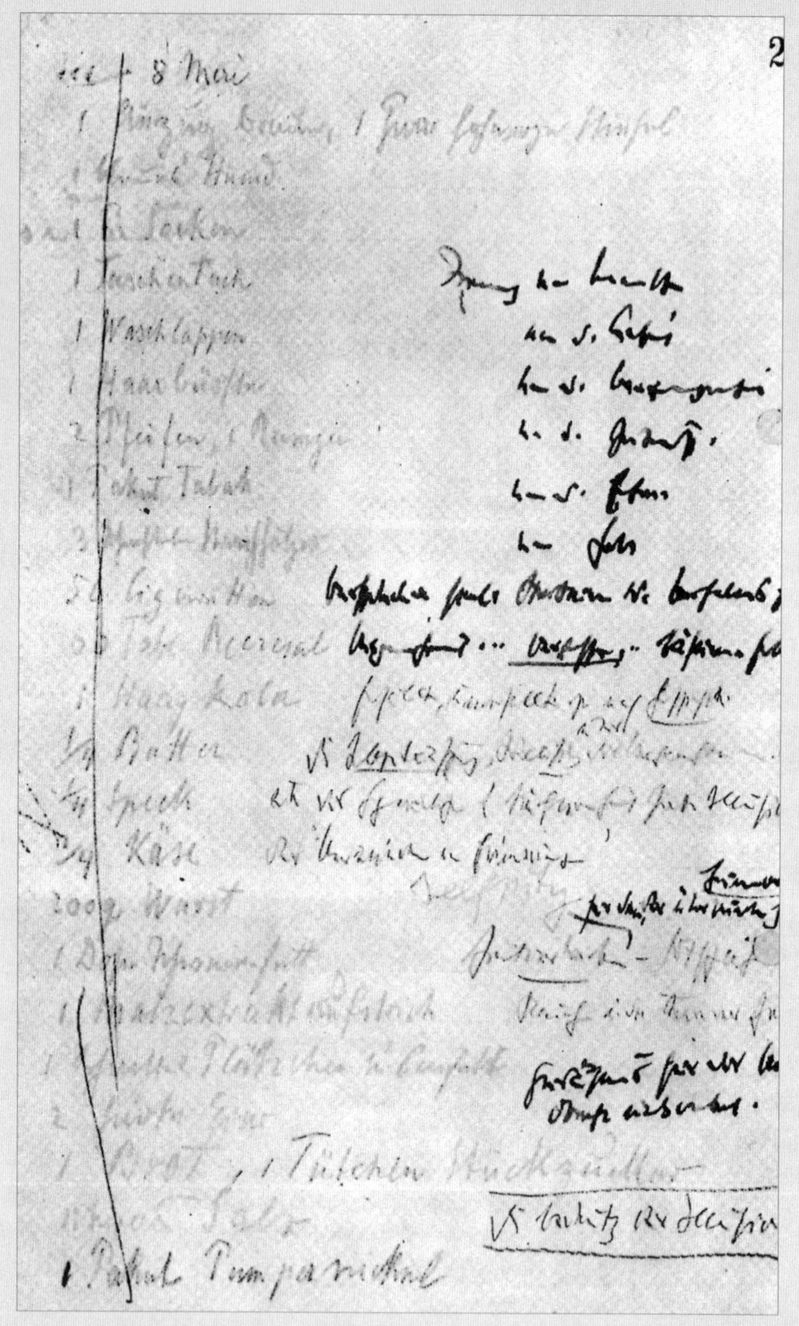

1943년, 테겔 형무소에서 작성한 메모.
그의 아버지가 형무소에 넣어 준 꾸러미의 내용이 적힌 종이 위에 기록한 것. 본서 1167-1168쪽 참조.

되풀이되지 않은 한 문장이 들어 있다. "자살, 죄의식 때문이 아니라 내가 이미 엄밀한 의미에서 죽었기 때문이다. 종지부, 결론"(DBW 8:64). 처음에는 목숨을 끊으라고 압박하는 충격이 있었을 것이다. 허약함 때문에 배신자가 되지 않으려고 전체를 위해 자살하는 것도, 정치적 저항 세력에 가담하여 활동하고 계획하다가 체포된 이의 고려사항 가운데 하나였을 것이다. 본회퍼는 자신이 신체 고문을 견뎌 낼 수 있을 것인지에 관해 여러 차례 말한 상태였다.

자살 고려는 그에게 이중적으로, 즉 투쟁을 지속하는 이들을 위해 책임을 지기 위한 방식과 슬픔tristitia이 가져오는 유혹으로 다가왔다. 그는 근거 있는 희망으로 효과적인 기분 전환과 충분한 인내를 고수하면서 전자를 떨쳐 냈다. 그는 스스로 놀랄 만큼 후자도 대단히 빨리 극복했다. 이는 심문 전략에 초점을 맞추고 고도의 집중력을 발휘한 덕분이었다. 그는 그 일에 성공하고 어찌나 놀랐던지, 대단히 이른 시기인 1943년 5월 15일, 뤼디거 슐라이허의 집에서 결혼식이 거행되던 날에 부모에게 편지하면서 그것에 관해, 즉 "사람을 지탱해 주던 평화와 냉정함"을 이해하기 어려운 이유로 뒤흔들고 "사람에게서 결정적인 것을 탈취해 가려고 하는" 시련에 관해 언급할 정도였다.[60] 1943년 11월, 그는 감방에서 나에게 보낸 첫 번째 편지의 서두에서 핑켄발데 시절에 자신을 집요하게 따라다니던 우울증과[61] 비교하면서, 수감생활 초기 몇 주 동안 "모든 심각한 시련으로부터", 즉 예전에 자신을 따라다니며 위협적인 결과를 안겨 주었던 슬픔과 우울로부터 "보호를 받았다"고 확언했다.[62] 투지가 우위를 차지한 것이다. 본회퍼는 자기의 소신을 굽히지 않고 이렇게 말했다. "온갖 문제를 지닌 한계 상황을 견디는 것이야말로 나의 과제라네."[63]

절망적인 우울증의 짧은 시기가 지나가고 본연의 삶에서 이탈한 것을 반성하는 시기가 찾아왔다. 그는 편지와 문학 습작에서 이 이탈에 관해 쓰고, 자신의 출생 세계를 집중적인 문학 탐색과 연결 지으면서 이 주제를 서정시로 해결하려고 시도했다. 약혼녀, 가족, 친구들, 윤리적 고찰. 그는 이 모든 것을 중시하고, 1944년에는 "과거"를 다룬 빼어난 신학 서신의 단초로 삼기까지 했다. 그러나 이 주제를 이성적으로 성찰하려는 선의는 여러 번 절박한 위험에 빠졌다.

나는 내 삶에서 향수병을 몇 차례 앓은 적이 있네. 그것보다 심한 고통은 없을 것이네. 나는 지난 몇 달 동안 이곳 형무소에서 지독한 동경을 몇 차례 품었다네.[64]

이것은 본회퍼 가(家)의 사람들이 가족들끼리 다진 이례적 결속의 어둔 면이었다. 또한 그것은 향수병을 현대적으로 객관화할 마음이 없다는 뜻이었다. 본회퍼는 향수병을 부끄러워하지 않았다. 본회퍼는 자신을 고통에 내맡기면서 동경에 관한 인상적인 편지를 몇 통 쓰기도 했다.[65]

그는 (1944년 초여름에) 약혼녀와 면회하고 나서 자신의 상황을 시구로 표현한 첫 번째 습작을 썼다. 그녀가 떠나가는 모습에서 자신의 생명이 자신으로부터 시시각각 멀어지는 것을 보고 쓴 시였다. 그는 그 시에 「과거」Vergangenheit라는 제목을 붙였다.[66] 그것은 가장 격정적인 시일 것이다. 그는 내가 이별 때문에 비슷한 상황에 처해 있다고 생각하여 나에게 그 "습작"을 보냈다.

나에게 과거와의 이 씨름은 그것을 붙잡고 되찾으려는 시도이고, 무엇보다도 그것을 잃어버리면 어쩌나 하는 걱정이며, 이곳에서 이루어지는 내 삶의 배경음악이라네. 그 음악은 이따금—특히 짧은 면회 뒤에 오랜 이별이 이어질 때면—다양한 변주곡을 거느린 주선율이 된다네. 나에게 이별과 과거의 경험은—어제의 시간들이든 지나간 세월이든 간에—신속히 합류하여 늘 되돌아오는 과제라네.……이 습작에서는 모든 것이 마지막 몇 행에 달려 있네. 나는 그것들이 너무 짧다고 생각하는데…….[67]

마지막 행들이 말한 대로, 그는 그리스도교적인 참회와 감사를 연습함으로써 흘러간 자신의 삶을 되찾을 수 있다고 생각했다. 드문드문 성공했지만, 어쨌든 그는 자신의 경험을, 고통스러운 이별들 사이에서 현재의 능력을 잃고 "이웃사랑의 능력을 잃도록"[68] 위협받는 이들의 유용한 지침서로 변화시켰다.

그러나 그는 아무리 힘들어도 "고난당하는 사람"으로 대우받기를 거부했다. 그는 자기에게 그리 말하는 발신인들과 면회자들을 꾸짖거나, 그러한 일들이 일어날 때면 별것 아니라는 분위기를 연출했다.

> 이것을 과장해서는 안 되네. 내가 자네나 대다수의 사람들보다 "고난을" 더 많이 "당하고" 있는지는 의문일세. 물론 끔찍한 일이 많지만, 어딘들 그렇지 않겠나? 어쩌면 우리는 이 문제에 너무 무겁고 너무 엄숙한 의미를 부여해 왔는지도 모르네.……아니, 고난은 내가 이제껏 경험한 것과는 전혀 다른 것이어야 하고, 전혀 다른 차원을 지녀야 하네.[69]

사태가 심각하면 심각할수록, 말수가 점점 적어졌다. 자기연민은 가족들에게 허용되지 않았다. 첫 면회 뒤, 아버지는 아들에게 아래와 같이 편지했다. 검열관이 함께 읽었다!

> 우리는 최근에 너와 이야기를 나누고, 네 신체의 건강 상태가 아주 양호하고, 네가 네게 부과된 혹독한 시련을 내적으로 침착하게 양심의 확신을 가지고 잘 견디는 모습을 두 눈으로 확인하고서 크게 안심했단다.[70]

11월 17일, 본회퍼는 어머니에게 아래와 같이 편지했다.

> 친애하는 어머니, 어머니께서는 최근에 보내오신 편지에서 어머니의 자녀들이 끔찍한 상황 속에서 "품위 있게" 처신하는 것을 보시고 "자랑스럽다"라고 말씀하셨지요. 사실 그것은 우리 모두가 두 분께 배운 것이랍니다. 특히 가족 가운데 누군가가 심각한 병에 걸렸을 때 두 분께서 침착하게 대처하시며 조금도 내색하지 않는 것을 보고 배운 것이지요. 이처럼 그것은 두 분으로부터 물려받은 것이랍니다(DBW 8:184).

약혼 상태

가족들은 테겔 형무소의 출입문이 두 약혼자를 갈라놓은 뒤에야 본회퍼의 약혼 사실을 알게 되었다. 디트리히 본회퍼는 그 상황에서 발생한 희극성에 가족 고유의 의미를 담아, 어떻게 자신이 감방 안에서 축하 편지들을 받게 되었는지를 기괴하게 기술했다. 그러나 약혼식과는 전혀 무관한 사건들에 온통 주의가 쏠려 있는 상황에서 약혼녀가 스스로를 대가족에게 단독으로 소개하는 일은 가혹한 일이었다.

노이마르크 대농장저택 출신의 젊은 약혼녀는 어떻게 베를린 대학교 교수 가문이라는 환경 속에 들어가게 되었을까? 부모가 페치히 별장을 방문하고, 아버지가 아래와 같은 내용의 편지를 보내오자, 본회퍼는 안심하며 기뻐했다.

> 어제는 루트 폰 베데마이어 부인이 우리에게, 남편이 시아버지를 회상하면서 쓴 글들을 읽어 주었단다. 그들이 나의 관심을 끌었던 것은 관심 분야가 전혀 다름에도 불구하고 인생과 교육 문제에 대한 근본적 입장이 우리 슈바벤 지방의 가족들이 지닌 입장과 거의 다르지 않았기 때문이란다.[71]

체포되기 전의 몇 주간은 비밀 약혼자들에게 너무나 짧고 제한된 시간이었다. 마리아 폰 베데마이어는 정치 공모의 내력을 전혀 알지 못하고, 처음에는 관료들 및 베를린 지인 동아리들과의 인격적인 관계들도 알지 못했다. 그래서 아직은 자기를 신뢰해 주지 않는 시아주버니들과 시누이들에게, 혹은 그들의 친구들에게 계획과 숙고를 맡겼다. 그녀는 미결수와 면회해도 된다는 허가를 가장 먼저 받은 사람도 되지 못했다. 그녀는 시부모가 면회하고 4주가 지난 뒤에야 디트리히를 면회할 수 있었다. 1943년 6월 24일, 디트리히는 이 면회 뒤에 아래와 같이 편지했다.

> 방금 마리아를 만나고 돌아왔습니다. 형언할 수 없는 놀라움과 기쁨이었습니다! 저는 면회 1분 전에야 그녀가 왔다는 말을 들었거든요. 아직도 꿈—현실에서는 거의 상상도 할 수 없는 상황—만 같습니다. 우리는 나중에 그 일을 회상하게 될 것 같습니다. 그와 같은 순간에 우리가 주고받을 수 있는 말은 하찮은 것이지만, 그것은 중요한 것이 아닙니다. 중요한 것은 그녀가 용기를 내어 찾아왔다는 것입니다. 그녀가 그리할 줄은 상상도 못했거든요. 그것은 저보다 그

녀에게 훨씬 더 어려운 일이었을 것입니다. 저는 제가 어디에 있는지를 잘 알지만, 그녀에게는 모든 것이 상상할 수 없고 수수께끼 같고 두려운 일일 것입니다. 이 악몽이 지나가고 나면 어찌될까요!(DBW 8:106f.)

당시에 본회퍼는 자신의 불법적인 송달 수단을 아직 확보하지 못한 상태였다. 그래서 약혼녀에게 전하는 모든 안부를, 열흘마다 부모에게 보내도록 허락받은 편지에 삽입하는 수밖에 없었다.

그러나 본회퍼의 어머니와 마리아 폰 베데마이어는 의기투합했다. 두 사람은 형무소 간수를 거쳐 얼마 안 되는 접촉 기회를 찾아내어 이용할 만큼 특별한 에너지와 기민성을 소유한 사람들이었다. 그들은 군사법원 직원들과 유용한 군 책임자들을 아끼지 않고 이용했다. 망설이는 사람들이 있을 경우에는 그들을 거침없이 재촉하여 "역할을 수행하게" 했다. 젊은 아가씨에게는 부당하다고 할 수밖에 없는 상황이 걱정되기는 했지만, 본회퍼는 보살핌도 흔쾌히 받아들였다.

전에는 이따금 목사가 체포될 때면 미혼자가 가장 쉽게 견딜 수 있을 것이라고 생각했습니다. 당시에는 아내와 가족의 사랑에서 비롯되는 온기가 형무소의 찬 공기 속에서 무엇을 의미하며, 그러한 이별의 시간 속에서 무조건적인 소속감이 어떻게 커지는지를 알지 못했습니다.[72]

뢰더는 심문이 종료될 무렵에야 본회퍼에게 약혼녀의 주소지로 편지하는 것을 허락했다. 마리아 폰 베데마이어는 1943년 7월 30일에 자기 앞으로 온 첫 편지를 받았다. 하지만 본회퍼는 다시 주저했다.

사랑하는 부모님! 이 편지는 원래 마리아에게 보내려고 쓰다가 그리하지 않고 두 분께 써 보냅니다. 그녀에게 보내는 편지 봉투에 저의 현재 주소를 적어 보내는 것이 옳은 일인지 모르겠습니다. 곧바로 동네에 온갖 소문이 퍼질 테고, "테겔, 자이델슈트라세 39번지"가 무엇을 의미하는지를 아는 이가 있을 수도 있거든요. 나는 마리아에게 그런 일을 면하게 해주고 싶습니다. 게다가 그녀가 지금 집에 있는 것도 아니고, 그래서 더욱 조심하려고 합니다. 제가 이곳에서 내다볼 수 없는 상황 속에 그녀를 빠뜨리고 싶지 않거든요. 그녀는 이미 충분히 고생했습니다. 그래서 그녀가 어떻게 생각하는지를 그녀에게서 들을 때까지 기다릴 생각입니다.[73]

그는 재판 기일을 1943년 겨울로 예측하고서 결혼식과 장래의 가구설비를 생각하기도 했다. 1943년 11월 18일에 나에게 보낸 편지에서는 아래와 같이 말했다.

나의 결혼 계획은 이러하네. 석방되어 적어도 몇 달 동안 징집되지 않는다면, 곧바로 결혼할 것이네. 징집될 때까지 두세 주밖에 남아 있지 않다면, 전쟁이 끝날 때까지 기다릴 것이네. 약혼기를 갖는 것이지![(DBW 8:192)]

그는 베르노이헨 관습을 잘 모르지만 양가의 양해를 받아 페치히에서 결혼식을 올리고 싶어 했다. 오전에 혼인 예배를 드리고, 정오에는 시청 결혼담당관 앞에서 성혼 확약을 하고, 저녁에는 신혼여행을 축복하는 것이 베르노이헨 관습이었다. 이 모든 절차는 대단히 아름답게 장식된 페치히 마을 교회에서 거행되었다. 1944년 2월 12일, 그는 약혼녀에게 아래와 같이 물었다.

혼숫감은 갖추었나요? 라디오는 어디에서 구할까요? 나의 대형 벡슈타인 피아노를 세미 그랜드 피아노로 바꿀 수 있는지 알아봐 주세요. 어딘가에서 우연히 쳄발로와 마주치거든 재빨리 입수하세요![(Brautbriefe 136)]

여러 재판 기일 중 한 기일에 걸었던 희망이 수포로 돌아가자, 그의 표현들이 달라졌다.

우리가 약혼한 지도 거의 1년이 되어 가건만, 우리만의 시간을 단 한 시간도 가져 보지 못했네. 이거야말로 미칠 노릇이 아닌가?……우리는 우리 두 사람에게 그다지 중요하지 않은 일들을 놓고 대화하거나 편지해야 했고, 한 달에 한 차례 주어진 한 시간 동안 학생용 걸상에 앉는 것처럼 얌전하게 나란히 앉아 있다가 다시 헤어졌으며, 서로에 대해 아는 것도 거의 없고, 함께 겪은 일도 거의 없네. 이 몇 달도 서로 떨어져 겪었기 때문이지. 마리아는 나를 덕스러움과 모범적인 삶과 그리스도인다운 삶의 전형으로 여기고 있네. 그녀를 안심시키려면 노련한 순교자처럼 편지해야 할 것이네. 그녀가 나에 대해 그리는 상이 점점 잘못되어 가고 있네. 그녀에게 이 상황은 상상도 할 수 없는 상황이 아니겠는가? 그런데도 그녀는 이 상황을 아주 당연하게 견디고 있네.[74]

1944년 5월 말, 「과거」라는 제목의 시가 생성될 무렵, 그는 형무소 의무실의 라디오를 통해 에드바르 그리그의 「솔베이지의 노래」를 듣고 감동을 받아, "그것은 공간의 적의에 대한 승리, 곧 이별에 대한 승리이자, 시간의 적의에 대한 승리, 곧 덧없음에 대한 승리라네"라고 말했다.[75]

예를 들면 나는 오늘 저녁 자네들의 집 정원에서 마리아와 함께 물가에 앉아 밤늦도록 함께 이야기하는 모습을 구체적으로 상상하려고 시도하지 않았네. 그것은 육체를 상하게 하는 자학일 뿐이네. 내가 사색, 편지 쓰기, 자네들의 행복을 보는 기쁨 속으로 도피하고, 자기방어의 일환으로 나 자신의 욕구를 피하는 것은 그 때문이네(DBW 8:456).

1944년 7월 20일 이후, 본회퍼는 자신의 약혼녀가 베를린을 멀리하여, 귀찮은 일에 연루되지 않기를 바랐다. 게슈타포가 그녀를 추적할지도 모르는 일이었다. 1944년 8월 3일, 그는 나에게 아래와 같이 편지했다.

마리아는 적십자사로 가게 될 것 같네.……그러면 우리가 어디에서 다시 만나게 될지 모르겠네. 이따금 나는 그녀에게 너무 많은 부담을 주었다고 생각하네. 하지만 그렇게 될 줄 누가 예견이나 했겠나. 내 뜻대로 진행되었다면, 나의 상황은 오래전에 달라졌을 것이네. 그러나 내가 그것 때문에 괴로워하고 있다고 생각하지는 말게. 내가 어찌나 "무덤덤해졌는지"(아니면 "둔감해졌다"고나 할까?) 나 자신도 이따금 놀란다네(DBW 8:554f.).

하지만 마리아는 더더욱 베를린으로 갔다. 그녀는 군 복무를 피하려고 시아버지에게 자신을 간호사로 등록하게 하여, 그의 진료실 소속이 되었다.

기대와 달리 테겔과의 익숙한 연락이 두 달 동안 더 이어졌다. 그런 다음 불확실한 시기에 고달프지만 혹여 있을지도 모를 본회퍼의 탈주와 잠적을 기다렸다. 하지만 10월 8일, 새로운 상황이 빚어졌고, 두 약혼자는 서로의 얼굴을 다시는 보지 못했으며, 서면상의 교류도 거의 완전히 끊기고 말았다. 프린츠-알브레히트 슈트라세에 비하면 테겔 형무소에서 보낸 약혼기가 훨씬 바람직한 것처럼 보였다.

고생스러운 테겔 형무소생활도 때와 장소의 불가피성에 대한 본회퍼의 긍정적인 입장을 파괴하지 못했다. "성취되지 않은 소원도 많지만 성취된 삶도 있다네."[76] 그는 과제들을 힘차게 추구했고, 즐거운 마음으로 찾았다. 그러고는 형무소의 장벽 안팎에서 그 과제들을 이행했다.

아직도 가지고 있고 여전히 할 수 있는 일을 고수하는 것, 그것이 중요합니다.[77]

미숙한 자와 달리, 자기 삶의 중심을 언제나 자기가 자리한 곳에 두고, 소원 성취를 갈망하더라도 자기가 서 있는 곳에서 있는 그대로의 온전한 자기가 되는 것을 단념하지 않는 것이야말로 성숙한 사람의 본질이 아닐까?……그가 많은 것을 이겨 내고 항상 현재에 온전히 머무르면 머무를수록, 그는 자기 본질의 근저에서 동료 인간에게 더욱 신비스럽고 더욱 신뢰할 만한 사람이 된다네.[78]

그는 과제들이 새롭게 발견되거나 제시될 때마다 스스로에게 일과를 부과하여 시간의 곤경에 빠지곤 했다. "유감스럽게도 저는 저의 일과를 대체로 완수하지 못하고 있습니다."[79] 긴급한 사안에 따라 변경되기는 했지만, 심문 준비와 재판 준비, 점증하는 서신 왕래, 문학적 기획과 신학적 기획, 연이은 독서, 동료 수감자들과 간수들의 빈번한 대화 요청과 도움 요청에 응하는 일이 일과를 구성했다.

본회퍼의 테겔 형무소생활에 영약(靈藥)이 되어 준 것은 편지들이었다. 그는 그것들을 목표로 하여 살고, 그것들에 의지하여 살았으며, 그것들을 통해 영향을 미쳤다. 그는 그것들을 위해 완벽한 체계의 비밀 송달 수단을 확보하기까지 했다.

약혼녀에게 보낸 편지들이 그러한 편지들에 속한다. 그것들은 1943년 7월 말부터 1944년 12월까지 이어진다. 일부는 검열을 거치고, 일부는 호의를 품은 간수들을 거쳐 은밀하게 전달되었다. 그것들은 현재 출판된 상태다.[79a]

그 밖에 1943년 4월부터 1945년 1월까지 부모에게 보낸 편지들이 있다. 이 편지들은 검열을 거쳐 전달된 것들이다.

마지막으로, 본회퍼가 나에게 보낸 편지들이 존재하는데, 대략 200쪽 분량으로서 빼곡히 쓴 것들이다. 1943년 11월부터 1944년 8월까지 쓴 이 편지들은 예외 없이 은밀히 보내온 것들이다. 1944년 9월에 보내온 편지들 가운데 마지막 글은, 내가 1944년 10월에(DBW 8:610 Anm. 5) 체포될 때 나와 본회퍼의 연락이 영향을 미칠 것 같아서 서둘러 소각했다.

처음에는 미결수인 본회퍼가 허락을 받고 열흘마다 부모에게 보낸 전지 한 장 크기의 편지들이 외부 세계와 연락하는 유일한 통로였다. 소요 기간은 검열관 뢰더가 제시한 변덕스럽고 관료적인 조건들에 따라 달랐다. 1943년 8월과 9월에 그랬듯이, 뢰더가 부재중일 때에는 몇 주 동안 편지가 부쳐지지 않은 채로 있었고, 질의하고 회신하는 데에 한 달 이상의 시간이 걸렸다. 본회퍼가 불법 우편집배원을 되도록 빨리 이용한 것도 그 때문이었다. 하지만 나와 서신 왕래를 할 때에는 질의하고 회신하는 데 소요되는 기간이 곧 다시 늘어났다. 내가 1944년 1월부터 이탈리아에서 느린 야전 우편을 통해서만 가까스로 연락할 수 있었기 때문이다. 물론 1944년 초여름 휴가 때는 예외였다.

부모에게 편지를 써 보낼 때가 되면, 본회퍼는 그 밖의 편지들과 자신의 작품들에서 좀처럼 하지 않던 일을 했다. 그 일은 초안 작성이었다. 허락된 분량인지, 무리 없는 내용인지를 살피며 적절한 표준을 얻으려고 한 일이었다. 몇 편의 초안이 보존되어(DBW 8:3 Anm. 12), 심문 주제의 대략적인 날짜 확인을 허락한다. 그가 진술서들을 뢰더의 주소지로 보내기 위해서도 그러한 문서들을 활용했기 때문이다. 물론 그토록 정교한 편지를 친가로 보낼 때에는 부탁하고 문의하는 것을 잊지 않았다. 하지만 가족을 불안하게 할 만큼 절제되지 않은 감정을 표출하여 그것을 즉석에서 재해석하게 하는 일은 하지 않았다. 그는 이 편지들 하나하나를 보낼 때마다 다음과 같은 과제들에 맞닥뜨렸다. 수감자 되기, 그러면서도 슬픔에 잠긴 모든 이를 침착하게 하는 일에 이바지하기, 상황을 잘못 보지 않기, 그러면서도 자신은 고생을 감당할 수 있으며, 그것을 계기로 장차 하게 될 새로운 인생 경험들 가운데 한 분야를 개척하고 있다는 확신을 전달하기.

부모에게 보낸 편지들과 친구에게 보낸 편지들 사이에는 태도의 차이가 존재한다. 부모에게 보낸 편지들에서는 감정을 이입하고 절제하는 반면, 다른 편지들에서는 자기 의견을 거리낌 없이 말한다. 그는 본회퍼 가(家)의 가정교육에 따라 다른 이의 바람과 용건을 문의하는 식으로만 자기의 감정을 드러내고, 자기의 곤경을 다른 이들을 위한 조언으로 바꾸어 알렸다. 어려운 일들이 특히 짓누를 때면, 일련의 사적인 경험뿐만 아니라 모범적인 경험들을 통해 공동으로 헤쳐 나가고 있다는 자각을 전했다.

본회퍼가 재판 기일의 지연을 놓고 초조감을 토로하는 대목에서 편지들의 차이가 두드러진다. 그는 부모에게 그 초조감을 한 차례만 드러내 보인다.[80] 반면에 친구에게는 자신이 가장 친한 이들의 "조작"을 어찌 생각하는지, 그 조작이 어떻게 자신의 평온을 위협하는지를 자주 설명한다.[81] 그는 자기 가족들의 민감한 상상력이 방해가 될 수 있음을 너무나도 잘 알고 있었다.

> 그들은 너무나 가볍게 대화, 착상, 희망을 행동으로 여긴다네.[82]……나의 지나친 신중함—자네는 그것을 보고 종종 나를 놀려 대곤 했지. 우리가 함께했던 여행을 떠올리며 하는 말이네—은 시민생활의 부정적인 면, 즉 일종의 불신앙이 아닐까 싶네. 그것은 안전이 보장된 시기에는 숨어 있다가 불안정한 시기에 나타나지. 게다가 그것은 "불안"의 형태로 나타난다네. 자명하고 명백한 행위 앞에서 품는 불안과 불가피한 결정들을 감수하는 것 앞에서 품는 불안 말일세. 내가 말하는 "불안"은 "비겁함"이 아니네. ("불안"은 비겁함으로 나타나기도 하지만 만용

으로도 나타나지.) 나는 이곳에서 "운명"에 대한 불가피한 저항과 불가피한 복종 사이의 경계가 어디에 있는지를 자주 생각한다네.[83]

엄밀히 말해서 본회퍼는 감방의 제한된 시각 때문에 생긴 그때그때의 초조감으로만 가족들을 걱정시켰다. 그것도 어느 날 사라졌다. 1년 뒤, 그는 무엇이 자기를 망가뜨릴 뻔했는지를 판단할 수 있었다. 그는 본성의 자기방어만이 자신을 변화시킨 게 아니라며 이렇게 말했다. "요즘 나는 인간들의 곤경과 궁핍을 더 침착하게 응시하고, 그리하여 그들을 더 잘 도울 수 있게 되었네."[84]

문학 습작들

본회퍼는 강요받은 고요를 곧바로 새로운 형상화에 이용했다. 그에게는 수감생활 경험을 객관화하여 글로 표현하는 것이 가장 유익한 자기방어였다. 그가 1943년에 테겔 형무소에서 쓴 글 대다수는, 그 자신의 세계가 시시각각 돌아오는 것을 보고서, 이미 언급했던 현상을 해명하거나 체계화한 것이라고 할 수 있다. 처음에 그는 분실한 시간을 연구하는 것으로 객관성을 철저히 유지했다. 하지만 그 뒤에는 용기를 내어 자신의 세계를 더 개성적으로 숙고했다. 그는 5월 말 성령강림절에 희곡 한 편에 착수하고, 그 뒤 곧바로 소설 한 편을 시도했다. 그가 나중에 이야기한 대로, 이 실험은 그에게 대단한 기쁨을 안겨 주었다. 희곡 습작은 자신의 역할을 지나치게 반성적으로 이야기하는 바람에 틀어지고 말았다. 그래서 그는 "이미 오래전부터" 자기 "머리에 떠올랐던" 「시민계급 가족사」Geschichte einer bürgerlichen Familie를 쓰기 시작했다.[85] 이 미완의 소설은 도회지의 의사 가문과 귀족 가문의 만남을 묘사한다. 그가 영국과 포메른에서 경험한 대로, 이 귀족은 자기 가문의 배경과 봉토의 배경을 중시했다. 하지만 이 단편도 장황한 독백들로 끝난다. 소설보다는 윤리적 훈계에 가까운 독백들이었다.[86] 그러나 이 문서에는 본회퍼 가(家)가 겪은 실제적이고 특수한 경험들이 각인되어 있다. 본회퍼가 우리(에버하르트 베트게와 레나테 슐라이허—옮긴이)의 결혼식과 우리 아이[디트리히 베트게(Dietrich Bethge)—옮긴이]의 세례식을 위해 감방에서 써 보낸 설교문들 속에도, 이 가문이 어떤 "경

험"을 했으며, 이별의 기간에 본회퍼에게 무엇을 의미했는지가 녹아들어 있다.[87]

그는 이 문학 습작들 속에서 순수함과 저속함의 충돌을 주로 다루었다. 이와 유사하게 작성된 소론, 즉 '진실을 말한다는 것은 무엇을 의미하는가?'라는 소론에서는[88] 진실한 사람의 거짓말과 거짓말쟁이의 진실, 크고 작은 권력을 통해 유혹하는 세상에서 삶의 기본 요소가 되는 순수함과 정직함을 주로 다루었다. 이는 본회퍼가 다음과 같은 물음에 큰 충격을 받았기 때문이다. 독일은 무엇의 화신인가? 빛나는 재능과 비운의 싹을 지닌 독일, 권력을 미숙하게 다루는 독일, 하급 관료들이 자기의 명성을 더럽히는데도 그것을 방치하는 독일에게 중요한 것은 무엇인가? 그는 이 나라의 전통을 책임지는 자들의 특권, 곧 수지맞는 특권을 반성했다.

그는 희곡 습작에서 크리스토프라는 주인공을 내세워 글을 쓰게 한다. 그러고는 그 글에서 독일의 무엇이 자기를 화나게 하는지를 알린다.[89] 소설도 독일에 관한 물음들로 끝난다.[90] 평소 핵심어를 적은 쪽지들에 의거하여 최종적인 글을 쓰는 습관 덕분에 꼼꼼히 작성된 두 편의 예비 습작이 생성되었다. 하나는 크리스토프의 글을 위해 작성한 것이고, 다른 하나는 그가 대단히 중시했을 장을 위해 쓴 것이다. 이 장은 "더럽혀진 단어들인 자유와 박애, 이른바 독일이라는 단어"가 침묵과 꼭 필요한 행동을 통해 존중받고[91] 새로운 의미를 획득하게 하려고 쓴 장이다.

이미 언급한 대로, 그는 1944년에 약혼녀를 위해 쓴 시에서 자신의 개인적인 주제인 "과거"(DBW 8:468-471)를 대단히 주관적이면서도 전례 없이 보편적으로 표현했다. 하지만 이 주제는 1944년 최악의 시기에 그를 지탱해 준 다른 주제로 교체되었다. 그 새 주제는 오로지 앞만 가리켰다. 그의 "한계 상황"이 미래의 그리스도인 됨Christsein을 철저히 조망하게 한 것이다. 그전까지는 자기 실존의 제한을 통해 자신의 주제까지 독일로 국한한 반면, 이때부터는 세상의 그리스도인 됨을 새롭게 고찰했다.

본회퍼의 습작 시들을 어떻게 평가해야 할까? 그것들은 고립을 극복하기 위한 노력의 결과들이다. 이 고립 상태에서 그는 청소년 시절 이래 처음으로 시 창작을 다시 시작했다. 이 모험은 그를 몇 달 동안 매료시켰다. 이 단편들에 담긴 사상들은 중요하긴 하지만, 시의 형식, 소설의 형식, 희곡의 형식을 벗어날 정도로 너무 자세히 제시된다. 「행복과 불행」, 「그리스도인들과 이교도들」, 「친구」, 「자유를 향한 도상의 정거장들」과 같은 시들(DBW 8:493f., 515f., 585-589, 570-572)은 오래도록 존속할 것이다. 그것들이 독창적인 진술과 적절한 형식으로 특수한 상황을 전하기 때문이다. 「선한 힘들에 관하여」(DBW 8:607f.)는 이미 교과서와 성가집에 실렸다. 그러나 희곡 습작과 미완의 소설은 권하기에 부담스럽다. 그가 아달베르트 슈티프터의 문체에 방해를 받고 주제에 눌린 나머지, 그 자신은 물론이고 독자에게도 위안을 주지 못하기 때문이다.

편지와 에세이, 이것은 신학적 표현 방식을 넘어서 본회퍼가 직접 말을 걸고 설득하는 문학 형식이다. 형무소 위의 여름밤, 칼 바르트의 여송연, 베를린 콘서트홀, 교회력(敎會曆)의 순환, 칼과 포크를 다시 손에 쥔 놀라움, 장모의 특권, "베를리너 바이세"(베를린 맥주로서 신맛이 난다—옮긴이)Berliner Weiße, 비겁함에 대한 분노……. 이 모든 것은 얼핏 생각해도 서간 문학의 매혹적인 소재들이다. 그 모든 것은 진지함과 유머를 갖추고 세속적인 기쁨을 전달하여, 신학자 초년 시절의 본회퍼를 알던 친구들, 그를 철저한 종말론자로 잘못 그렸던 친구들을 깜짝 놀라게 했다. 그는 "고전적이거나 악마적이지 않고, 단지 세속적이며 그 자체의 고유한 권리를 지닌 아름다움"을 예찬했다. "개인적으로 나는 이러한 아름다움을 접할 때마다 내 가슴이 두근거린다고 말할 수밖에 없네."[92]

연구, 독서

심문이 주변으로 물러나자, 그는 자신의 일과표를 확대하여 신학 작품을 집중적으로 읽었다. 하지만 철학서, 역사서, 문학서를 더 많이 읽었다. 그러면서 주위 환경과 위험을 완전히 잊을 수 있었고, 책과 관련하여 가족에게 부탁한 용무가 정체되거나, 구하기 힘든 전문 서적의 입수를 가족이 소홀히 했을 때에는 성을 내기도 했다. 그 결과로 그는 이렇게 말할 수 있었다. "대단히 훌륭한 공개강좌가 줄줄이 이어지는 한 학기를 선물로 받은 기분입니다. 물론 제 자신의 창작에도 여러 모로 유익했답니다."[93]

그가 읽은 책의 목록은 우리가 아는 것만 해도 어마어마하다. 실제 목록은 훨씬 길 것이다. 그는 세 경로를 통해 책을 입수했다. 친가에서 대부분의 책을 대주었다. 그 책들은 암호 전달의 목적으로만 쓰인 것이 아니었다. 형무소의 서고도 그에게 활짝 열려 있었다. 1933년부터 1920년대의 "조잡하고 더러운 작품"을 치우고, 프로이센 시대의 걸작 상당수를 변함없이 제공하는 서고였다. 게다가 그는 책을 다른 수감자들과 교환해서 읽거나, 형무소 담당 목사에게서 몇 권을 얻기도 했다. 예를 들면 한스 단넨바움 목사에게서 칼 킨트Karl Kindt의 『클로프슈토크』*Klopstock*를 얻었다. 그가 이 경로를 통해 입수한 책들과 읽은 날짜는 탐색이 가능하다.[94]

a)그는 신학 서적을 아주 많이 옹호하지는 않는다. 신학 서적은 19세기 문학 서적에 비해 수감 상태의 그에게 특별히 위안과 지속적인 영향을 주지는 못했던 것 같다. 그는 형무소 서고에서 평소라면 거의 읽지 않았을 몇 권의 책을 가져다 읽었다. 예컨대 그는 하노버의 루터교도 게르하르트 울호른Gerhard Uhlhorn이 1896년에 출간한 역사서 『그리스도교의 사랑의 행위』 삼부작을 1943년 5월과 6월에 읽었다. 마르부르크 대학교수 한스 프라이헤르 폰 조덴의 아버지 헤르만 프라이헤르 폰 조덴Hermann Freiherr von Soden이 1901년에 출간한 『팔레스타인 여행 편지』를 읽으면서는 만족을 얻었다. 특히 그에게 기쁨을 안겨 준 것은 테겔 형무소 서고에서 펼쳐 읽은 고대 교부들의 작품이었다. 그들은 그에게 종교개혁자들보다 "더 시의적절한" 영향을 미쳤다. 그들이 교회의 특권이 전혀 없던 시기에 사고를 펼쳤기 때문이다. 그들이 비(非)그리스도교적인 환경 속에서 품었던 윤리적 갈등이 1530년에 열린 아우크스부르크 제국 의회(가톨릭과 프로테스탄트의 대립을 해결하기 위해 황제 칼 5세가 아우크스부르크에서 개최한 의회—옮긴이)Augsburger Reichstag의 문제보다 훨씬 흥미진진하게 여겨졌다.

1943년 말, 본회퍼는 칼 바르트의 『교회교의학 II/2』를 읽고 싶어 했다. 그는 1942년 5월 스위스에서 "하나님의 은혜의 선택과 하나님의 계명" 교정쇄를 입수하여 읽은 상태였다(DBW 16:266f., DBW 6:431, DBW 8:249 Anm. 28 참조). 이는 본회퍼가 바르트의 창조론과 그의 독특한 윤리학만 알고 있었던 것이 아니라 바르트의 예정론까지 알고 있었음을 의미한다. 본회퍼가 예정론을 어떻게 이해하고 어떤 견해를 표명했는지를 알려 주는 문건은 유감스럽게도 존재하지 않는다. 바르트는 논쟁의 여지가 있는 이 교의, 곧 루터 비평과 칼뱅 비평에서 발전된 이 교의를 적극적으로 설교해야 한다고 강조했는데, 이는 본회퍼가 세미나에서 일치 신조의 예정 조항을 다루면서 씨름한 것과 가깝다고 할 수 있을 것이다. 말하자면 이 위험한 교의를 놓고 설교에서 추구해야 할 의미는 확신이지 위협이 아니라는 것이다.

본회퍼가 테겔 형무소에서 쓴 신학 작품은 그 이전에 신학 고전 및 개론서와 같은 참고서들을 갖추고서—자기 주위에 펼쳐 놓고 읽었을 것이다—쓴 작품보다 적다. 루터 역 성서, 헬라어 성서, 용어 색인집은 가지고 있었지만, 주석서나 사전은 가지고 있지 않았다. 그는 그 장비들을 가지고, 묻고 묵상하는 오랜 훈련을 좇아 성서를 읽었다. 그가 1944년에 두드러지게 제기한 문제는 신학 출판물의 지원을 받은 것이라기보다는 제국군사법원에서 동료 수감자들과 섞여 지내고 세속 문학과 사귀면서 겪은 경험의 지원을 받은 것이다.

b)철학서, 역사서, 문학서를 아우른 목록은 신학 서적 목록보다 훨씬 인상 깊다. 하지만 그것은 특히 문학서 선택과 관련하여 한계도 드러낸다. 본회퍼가 생애의 마지막 두 해에 읽은 책들은 국가사회주의가 독일에 안겨 준 고립과 관계가 있었다. 물론 테겔 형무소의 도서관 장서들은 요제프 괴벨스의 조치로 인해 지난 세기(19세기)의 고전들과 최근에 승인받은 키치(천박하고 저속한 작품)Kitsch에 국한되었다. 하지만 그가 다른 경로를 이용했다고 해도 이 결핍을 극복하지는 못했을 것이다. 가족이 나름의 입수 경로를 통해 토마스 만, 프란츠 베르펠의 책이나 외국의 신간을 감방 안으로 들여보내는 것은 상상도 할 수 없는 일이었다. 본회퍼도 독일인들의 운명을 나누어 짊어진 까닭에, 폭넓은 세계에서 이루어지고 있는 문학 발전의 흐름으로부터 배제될 수밖에 없었다.

물론 본회퍼는 이 결핍 때문에 슬퍼하지만은 않았다. 문학 분야의 제한이 그의 기호에 맞았다. 그는 19세기 문학의 특정한 면모를 더 잘 알고 싶었고, 현대 실존주의 사조에 맞서 고트프리트 켈러로부터 아돌프 폰 하르낙에 이르기까지 그리고 요한 하인리히 페스탈로치Johann Heinrich Pestalozzi로부터 빌헬름 딜타이에 이르기까지 선조들의 전통을 복권시키고 싶었다. 그가 예레미아스 고트헬프Jeremias Gotthelf 선집을 편찬하려는 계획을 세운 것도 그 때문이었다. 사람들이 그를 친숙한 세계에서 떼어 놓았지만, 그 세계가 이 문필가들과 함께 그의 감방 안으로 들어왔다.

Nächtliche Stimmen

Langgestreckt auf meiner Pritsche
starre ich auf die graue Wand.
Draußen geht ein Sommerabend,
der mich nicht kennt,
singend ins Land.
Leise verebben die Fluten des Tages
an ewigen Strand.
Schlafe ein wenig!
Stärke Leib und Seele, Kopf und Hand!
Draußen stehen Völker, Häuser, Geister u. Herzen
in Brand.
Bis nach blutroter Nacht
dein Tag anbricht –
halte stand!

Nacht und Stille.
Ich horche.
Nur Schritte und Rufe der Wachen,
eines Liebespaares fernes, verstecktes Lachen.
Hörst Du sonst nichts, fauler Schläfer?
Ich höre der eigenen Seele Zittern und Schwanken.
Sonst nichts?

본회퍼가 테겔 형무소에서 쓴 시 「밤의 소리들」 자필 원고.

Ich höre, ich höre,
die Stimmen, die Rufe,
die Schreie nach rettenden Planken,
der wachenden, träumenden Leidensgefährten
nächtlich stumme Gedanken.
Ich höre unruhiges Knarren der Betten,
ich höre Ketten.

Ich höre, wie Männer sich schlaflos werfen und dehnen,
die sich nach Freiheit u. zornigen Taten sehnen.
Wenn der Schlaf sie heimsucht im Morgengrauen
murmeln sie träumend von Kindern u. Frauen.

Ich höre glückliches Lispeln halbwüchsiger Knaben,
die sich an kindlichen Träumen laben.
Ich höre sie zerren an ihren Decken
und sich vor grässlichen Albträumen verstecken.

Ich höre Seufzen u. schwaches Atmen der Greise,
die sich im Stillen bereiten zur großen Reise.
Sie sahen Recht u. Unrecht kommen u. gehen,
nun wollen sie Unvergängliches, Ewiges sehn.

"인간들에게 추격을 당하고 쫓기며 / 무방비 상태로 고소를 당하고
견딜 수 없는 짐을 지고 있지만, / 우리야말로 원고랍니다."

그가 테겔 형무소에서 읽은 책의 목록에서 이들의 책이 인상적인 우위를 차지하고 있는 것은 그 때문이다.

반면에 본회퍼는 에른스트 비헤르트Ernst Wiechert와 베르너 베르겐그륀Werner Bergengruen처럼 독일에서 일반적으로 존경받는 동시대의 여러 작가에게 그다지 관심을 기울이지 않았다. 수감 시기 전에도 그들은 그가 알고 싶어 한 작가들이 아니었다. 그는 약혼녀에게 보낸 옥중연서에서 그 이유를 설명하기도 했다. 나에게 보낸 1943년 11월 28일자 편지에서는 훨씬 더 나아가 "라이너 마리아 릴케, 베르겐그륀, 루돌프 G. 빈딩Rudolf G. Binding, 비헤르트"의 특성을 묘사하면서 이렇게 말하기도 했다. "나는 그들 가운데 마지막 세 사람은 우리의 수준에 못 미치고, 라이너 마리아 릴케는 대단히 불건전하다고 생각하네"(DBW 8:213f.).

유감스럽게도 마리아의 세대는 동시대의 천박한 문학으로 양육되었네. 그녀의 세대가 더 오래된 문헌을 접하는 것은 우리 세대보다 더 어려울 것이네. 우리가 실로 좋은 작품을 접하면 접할수록, 최근에 생산된 싱거운 레몬수는 우리에게 밋밋하다 못해 메슥메슥한 맛을 낼 것이네. 자네는 최근 15년 사이에 나온 문학 작품 중에서 영속하리라고 생각되는 책을 한 권이라도 알고 있는가? 나는 알고 있지 못하다네. 그 이유는 그 책들이 일부는 잡담, 일부는 신념 조작, 일부는 우는 소리 잘하는 감상주의로 이루어져 있기 때문이고, 인식이라든가 사상이라든가 명료함이라든가 알맹이를 결여한 채 천박하고 부자유한 언어로 씌어져 있기 때문일세. 나는 이 점에서 의도적으로 laudator temporis acti(옛 시대 찬미자)가 되었다고 할 수 있네.

그는 다정하게 약혼녀에게 그녀의 독서에 관해 물었다.

라이너 마리아 릴케의 『말테의 수기』*Malte Laurids Brigge*를 어딘가에서 구해 줄 수 있나요? 최근에 나는 학술 서적만 읽고, 그대가 보내 준 빅토르 폰 셰펠Viktor von Scheffel은 드문드문 읽었거든요. 테오도르 폰타네의 작품을 읽고 있나요?[95]

그대가 파울 쉬츠의 책을[96] 읽고 있다니 대단히 멋진 일이라 여겨지는군요! 그러나 실제로는 조금 웃고 말았는데 용서해 주기 바랍니다! 지난날 신학자들의 책들 가운데 쉬츠의 책만큼 나에게 욕을 먹은 책도 별로 없거든요. 그러나 그 책은 신학자에게만 위험할 뿐—이유는 간단히 말할 수 없군요—그대에게는 위험하지 않은 것 같습니다. 물론 나는 그대가 그 책의 강력한 해독제로 키르케고르(『공포와 전율』, 『그리스도교의 훈련』, 『죽음에 이르는 병』)를 읽는다면 기쁘겠습니다. 그런데 예레미아스 고트헬프의 『시대정신과 베른의 정신』을 읽어 보았는지요? 그 책도 읽을 만합니다. 내가 무척 좋아하는 돈키호테가 그대에게 다소 중요하지 않을까 싶습니다. 그리고 빌헬름 마이스터는 어떨까요? 내가 보기에는 이 책이 테오도르 폰타네의 책보다 훨씬 중요한 것 같습니다. 테오도르 폰타네는 조금 더 기다렸다 읽어도 될 것 같습니다. 아달베르트 슈티프터의 『내 증조부의 서류 가방』을 아는지요?[97]

본회퍼가 테겔 형무소에서 발견하고 기뻐한 인물은 아달베르트 슈티프터였다. 본회퍼는 7월 20일 사건으로 수감된 다른 이들의 경험을 어느 정도 공유하고 있었고, 괴로운 감방생활 속에서 아달베르트 슈티프터의 문체만큼 그들에게 도움이 되는 것도 없었다. 정상적인 일상의 압박 속에서라면 거의 읽어 보지 못했을 문체였다. 그 문체는 본회퍼의 자형 뤼디거 슐라이허에게도 특히 도움이 되었다. 넉넉한 품, 정원 산책의 자연스러운 과정에서 이루어지는 쉼, 그것은 수감생활 속에서 감화력과 건설적인 영향력을 발휘했다.

그는 마음에 드는 인간들만을 묘사하는 구시대 사람이지만, 그가 그려 낸 인물들의 은밀하고 눈에 띄지 않는 삶은 이곳 형무소의 분위기에 대단히 유익한 것을 제공하여, 인생의 본질적인 의미를 생각하게 합니다.[98]

그는 가족이 오랫동안 찾고 찾았으나 구하지 못한 아달베르트 슈티프터의 『비티코』*Witiko*를 예기치 않게 테겔 형무소 서고에서 찾아냈다. 그 순간은 본회퍼가 테겔 형무소에서 맞이한 위대한 순간 가운데 하나가 되었다.

저에게 이 책은 제가 아는 고급 문학서 가운데 하나입니다. 그 책을 읽다 보면 언어와 인물의 순수성에 매료되어 특별하고 묘한 행복감에 젖어들게 됩니다.[99]

그를 사로잡은 것은 아달베르트 슈티프터의 문학성뿐만이 아니었다. 그 자신의 삶을 놀라울 정도로 위로하고 정화하며 위대한 역사의 가장 보편적인 맥락 속으로 이끈 주제도 그러했다. 그는 헤르만 바르Hermann Bahr가 1922년에 『비티코』를 읽고 예찬한 글을 찾아내기까지 했다.

이 고서는 우리가 읽어 주기를 고대하고, 오로지 우리를 위해서 저술된 것 같다.……우리는 이제야……그 의도를 파악하게 된다. "도덕—교만한 범죄자들을 섬멸하고 그들의 폭력 계획을 지푸라기처럼 꺾어버리는 도덕—의 섬뜩한 위엄을 힘차고 탁월하게 기술하여, 그 엄청난 광경을 접한 인간들로 하여금 악을 금지하는 힘에 전율과 경탄으로 굴복하게 하려는" 의도를…….

비티코는 선한 불의로 전환하여, 그것에서 새로운 정의가 생성되게 한다.……혁명이 승리한 곳에서는 언제나 정당성이 승리했으며, 불법적인 정의가 불의가 되어 버린 법을 이겼다.……새로운 정의는 언제나 극도의 슬픔을 통해 자신의 오점을 씻어야 한다. 새로운 정의는 먼저 깨끗해지고, 악행을 면해야 한다. 그제야 비로소 선한 불의로부터 참회를 거쳐 정의가 생성된다.[100]

본회퍼가 19세기 문학을 선호한 데에는 그의 내적 성향이 결정적인 영향을 미쳤다. 그는 불명료한 맞춤법, 이상한 생각에 집착하며 맴도는 것, 부자연스러운 미사여구를 싫어하고, 은밀한 영역을 파고드는 것도 싫어하는 사람이었다. 그는 내면의 과정을 외적 행동과 구별되게 암시하는 것을 좋아했다.

저는 지금 독서를 하면서 19세기의 세계에서 살고 있습니다. 요 몇 달 동안은 예레미아스 고트헬프, 아달베르트 슈티프터, 칼 레베레히트 임머만Karl Leberecht Immermann, 테오도르 폰타네, 고트프리트 켈러의 작품을 감탄하며 읽었습니다. 그 세기에 사람들이 그토록 명확하고 단순하게 독일어를 쓸 수 있었던 것은 필경 그들이 대단히 건전한 본성을 소유했기 때문일 것입니다. 그들은 가장 섬세한 것을 말하되 감상에 빠지지 않고, 가장 힘찬 것을 말하되 경박하지 않으며, 설득력을 갖추고 말하되 격하지 않고, 말하거나 대상을 묘사할 때에는 지나치게 단순하지도 지나치게 복잡하지도 않습니다. 요컨대, 이 모든 것이 제 마음에 쏙 들고, 대단히 건전해 보입니다. 그러나 그 바탕에는 독일어 표현에 대한 진지한 연구와 깊은 고요가 깔려 있습니다.[101]

이처럼 그는 조국의 고립과 마찬가지로 자신의 개인적인 고립의 결과도 긍정할 수 있었다.

물론 그는 19세기의 철학 문제들을 철저히 규명하지 않았다. 19세기에 두드러진 자연과학과 기술에도 그다지 관심을 기울이지 않았다. 유감스럽게도 그는 그것들을 손대지 않고 그대로 둘 수밖에 없었다.[102]

형무소의 세계

테겔 형무소는 시간이 흐르면서 본회퍼에게 운동 기회를 허락했다. 이는 제3제국의 교도소들에서는 상상도 할 수 없는 일이었고, 히틀러에게 희생된 이들 다수에게도 허락되지 않은 일이었다. 그가 운동 기회를 허락받을 수 있었던 것은 군 형무소의 성격 때문이기도 했지만, 간수들을 대하는 그의 태도 때문이기도 했다.

히틀러의 국방군 안에서 엄격한 형 집행을 실시하려는 시도가 국방군 수사 감옥인 테겔 형무소—"부크"WUG라 불렸다(본서 35쪽 참조)—에서도 감지되었지만, 군의 유서 깊은 규정이 이 새로운 조치들에 맞서 버팀목이 되어 주었다. 미결수들을 강력하고 교활하게 압박하기는 했지만, 그들의 일정한 권리는 보장해 주었다.

본회퍼는 부크 테겔의 고참병들 가운데 정부에 반감을 품은 경비병 서너 명을 알게 되었다. "정치인들"이나 고위층 담당자들이 그들에게 친절을 베풀고 관심을 기울여 주자, 다른 경비병들도 자진해서 도움을 주었다. 본회퍼는 경비병들의 무례한 언행을 거절했고, 그들은 그의 뜻에 순응했다. 경비대는 장기복무하며 산전수전 다 겪었지만 야전 근무 부적격 판정을 받은 상병들과 하사관들로 구성되어 있었다.

수감자 본회퍼는 이들에게 대단히 흥미로운 인물이었다. 처음에는 목사 신분으로 비밀 등급을 받고 넘겨졌다가, 그다음에는 베를린 시 사령관의 조카라는 정체가 드러나고, 그다음에는 곧바로 형무소 소장 발터 메츠와 함께 산책하는 사람이 되었기 때문이다. 본회퍼는 시간이 흐르면서 형무소의 유력한 수감자가 되었다. 1943년에서 1944년으로 넘어가던 겨울, 공습의 여파로 형무소의 질서가 흔들리자, 여러 사람이 본회퍼의 근처에서 보호받고 있다는 느낌을 받았고, 본회퍼는 기꺼이 그들에게 의탁했다. 특히 그는 무리한 요구를 절대로 하지 않았다. 그가 형무소에 있다는 사실만으로도 다수의 사람이 기뻐했다.

1943년 11월 26일, 보르지히 기관차 공장을 겨냥한 1차 야간 공습이 행해졌다. 그 바람에 형무소도 막대한 피해를 입었다. 본회퍼는 특유의 신중함으로 자기 몸을 지켰다. 발터 메츠 소장이 그에게 새로운 보호 조치에 대한 소견서를 작성하도록 격려한 것도 그 때문이었다. 함부르크 공습 이후 형무소의 자체 보호를 위한 특별 교육이 여러 차례 실시되었고, 본회퍼는 늦어도 1943년 늦여름에 훈련을 위해 그리고 경보가 울릴 때마다 감방에서 불려 나와 의무실에 위생병으로 투입되었다. 발터 메츠가 그사이에 본회퍼의 의료적 재능에 관해 충분히 알게 되고, 방공 훈련의 개선책에 관해 그와 대화하고 나서 이루어진 일이었다. 본회퍼는 이미 1943년 7월 3일에 부모에게 마리엔부르크 알레에 있는 친가의 지하실을 위한 제안, 달갑지 않으나 유익한 제안을 담아 편지한 상태였다. "저는 여기서 소장과 그것을 놓고 이야기를 나누었습니다"(DBW 8:110). 그렇게 두 사람의 관계가 발전했고, 본회퍼는 간수와 동료 수감자를 위해 그 관계를 다방면으로 활용하여 상황을 개선하거나 부패를 막았다. 그는 그러한 시설의 사무실과 주방으로부터 시작되는 학대, 아부, 범죄 묵인을 훤히 들여다보고 있었다.

부패 소식이 어찌나 그의 귀를 따라다녔던지, 그는—1943년 여름이었을 것이다—짤막한 이야기(「친구여, 안녕히!」)를 쓰면서 군국주의의 부패상을 그릴 정도였다. 이를테면 심각한 부상을 입은 젊은 경계병은 수감자를 학대하는 일과 사무실에서 부당 이득을 취하는 일에 함께하지 못하기 때문에 전우들 사이에서 오래 견디지 못한다는 것이다. 이 초고는 "부크"의 관례에 대한 정확한 지식을 보여준다.[103]

a) **간수들** 본회퍼가 테겔 시절에 작성한 풍부한 증거 자료는 몇몇 경계병의 친절 덕분에 보존될 수 있었다. 어느 날에는 그들 가운데 한 사람이 그에게 연구에 쓰라며 사무실에서 초고용지를 가져다주기도 했다. 그들 가운데 여럿이 본회퍼의 감방이 자리한 복도 구역에 배치되기 위해 근무 당번표를 조정하려고 시도하기도 했다. 그와 환담을 나누며 자신들의 작은 걱정거리를 털어놓고 유익한 조언을 늘 얻었기 때문이다. 이따금 그들은 그의 시간을 너무 많이 빼앗았으며, 형무소 안마당에서 함께 사진을 찍자고 여러 차례 청하기도 했다. 한 번은 상사가 그러기도 했다. 1944년 2월 4일에는 간수 한 명이 형무소 온실에서 꺾은 첫 봄꽃으로 생일 축하 꽃다발을 만들어 그의 감방에 들여보내기도 했다. 다른 간수는 시골에 있는 자신의 친척에게 부탁하여 본회퍼의 친척에게 양식을 보내게 하겠다고 나서기까지 했다. 경보기가 울리고, 폭격기 편대의 진로가 테겔 상공인 것으로 여겨질 때에는, 다들 의무실로 몰려와, 평온을 유지하는 것처럼 보이는 본회퍼 근처에 있곤 했다. 본회퍼를 의무실에서 감방으로 데려다 주던 하사관은 남몰래 그에게 기도를 부탁하기도 했다. 평안한 밤을 보낼 수 있게 기도해 달라는 내용이었다.[104] 어느 날 밤, 대피소가 인근의 폭발로 피해를 입었을 때에는 그들이 그를 찾아와 "약간의 위로를 얻기도" 했다."[105] 현관 경비병은 형무소 안마당에서 하는 "운동"이 끝나면 그를 다시 감금할 수밖에 없었는데도, 갑자기 그에게 그 일에 대해 용서를 구하기도 했다.

본회퍼는 몇몇 간수와 신뢰관계를 다졌다. 1943년 5월 중순, 내가 본회퍼의 조카딸과 혼례를 올릴 때에는 하사관 링케Linke를 보내어 결혼 설교문과[106] 안부와 선물을 전하게 했으며, 대자(에버하르트 베트게와 레나테 슐라이허 사이에 태어난 아들 디트리히 베트게—옮긴이)의 세례식 때에도 그리했다.[107] 한두 명의 심부름꾼이 본회퍼의 돈과 선물을 가로채기도 했던 것 같다. 하지만 그런 일은 드물었다. 1944년 6월, 링케는 면회자인 나를 본회퍼와 함께 면회실에 넣어 주어 한 시간 동안 단둘이 이야기를 나눌 수 있게 해주기도 했다. 마리아 폰 베데마이어와 가족이 면회할 때에는 하사관 홀첸도르프Holzendorf가 비슷한 일을 해주었다.[108] 본회퍼와 가장 가까운 사이로서 폭격에 목숨을 잃어 본회퍼를 크게 상심시킨 "엥겔" 씨도 있었다(DBW 8:301f.). 끝으로 1년 동안 본회퍼와 나 사이에 오가는 불법적 서신을 반입하고 반출해 준 하사관 크노블로흐—현재 행방불명 상태다—도 있었다. 본회퍼는 이 믿음직한 사람과 함께 탈주 계획을 세우기도 했다.[109]

이 간수들은 대피 훈련이나 공습경보가 없을 때에는 굳이 그럴 이유가 없는데도 본회퍼를 형무소 "의무실"로 데려갈 구실을 찾아내곤 했다. 의무실에는 공습경계경보를 청취할 수 있도록 라디오가 갖춰져 있었다.[109a] 본회퍼는 음악 애호가들과 함께 이 라디오에서 흘러나오는 「장엄 미사」(DBW 8:600)나 한스 에리히 피츠너Hans Erich Pfitzner의 「팔레스트리나」를 청취하기도 했다. 그는 「팔레스트리나」의 천사의 합창 대목에서만 감흥을 얻는 바람에 피츠너 숭배자를 실망시키기도 했다.[110] 그는 이 공간에서 다른 수감자들 및 경계병들과 함께 체스 놀이를 하며, 청소년 시절에 그랬듯이 체스 이론과 씨름하기도 했다. 이 시절의 어느 한때에는 예전에 좋아했던 필적 감정을 화제로 삼고, 곧바로 의뢰인 동아리를 꾸려 그들의 직업적 미래를 분석해 주기도 했다.[111]

> 그것은 매우 재미있는 일이라네. 나는 루트비히 클라게스Ludwig Klages의 책을 숙독하고 있네. 그러나 내 친척들의 필적은 감정하지 않겠네. 필적 감정에 관심을 보이는 이들이 이곳에도 많기 때문이지. 나는 필적 감정을 신뢰할 만한 것이라고 확신하네(DBW 8:376).

본회퍼가 감방에서 작성한 쪽지들 가운데에는 필적 분석을 위해 핵심어를 적어 놓은 것들도 있다.

b) **수감자들**

수감 초기에 본회퍼는 자기 감방 좌우편에서 죽음을 기다려야 하는 수감자들 생각에 꿈속에서까지 시달렸다. 그들과 연락할 수도 없었다. 하지만 그는 시간이 흐르면서 사형을 선고받은 자들 및 미결수들과 연락할 수 있게 되었고, 그들을 위해 무언가를 하거나 그들을 기쁘게 해주려고 애쓰기도 했다.

동료 수감자 한 명이 그에게 첫 기회를 제공했다. 처음 몇 주 동안 그의 감방을 청소하기 위해 파견된 사람이었다. 본회퍼는 이 사람으로부터 형무소 안에서 벌어지는 사건들의 자세한 내용을 들었고, 소포가 도착했을 때에는 그와 함께 나누기도 했다. 1943년 초여름, 그는 더위 때문에 3층의 보다 시원한 방으로 옮겨 주겠다는 제안을 거절했다. 그리하면 다른 수감자가 자신의 현재 감방으로 옮겨야 했기 때문이다.[112] 수감자들은 어딘가에서 함께 노역을 해야 했지만, 이야기 중에 언제 의무실에서 본회퍼를 만날 수 있는지를 알고 나서, 기를 쓰고 그곳에서 일하려고 했다. 본회퍼는 그 이유를 이렇게 말했다. "나와 이야기하는 것이 좋아서."[113] 본회퍼는 그러한 교제를 통해 젊은 수감자들에 관해 알게 되었다. 탈영, 방위력 붕괴, 사보타주(태업) 등의 죄목으로 공판을 받게 되었지만 전문가의 조언도 받지 못하고 변호사를 살 돈도 없는 이들이었다. 그는 진료시간에 자기 아버지를 찾아가면, 피고에게 유리한 정신감정서를 발급받아 법원에 제출할 수 있을 것이라며 피고들의 친척들을 동원하려고 애쓰기도 하고, 자기 변호사이자 형 클라우스의 친구인 쿠르트 베르긴 박사에게 사건을 맡아 달라고 부탁하기도 했다. 심지어 그는 이런저런 젊은이가 필요한 법률 상담을 받을 수 있도록 자기 계좌나 아버지의 계좌에서 비용을 대주기까지 했다. 실제로 본회퍼는 테겔 형무소에서 많은 수감자를 최악의 경우로부터 지켜 줄 수 있었다. 그들 중에는 이탈리아 사람 란프레디Lanfredi도 있었다. 가에타노 라트미랄Gaetano Latmiral 교수가 1946년 4월 2일의 편지에서 증언한 대로, 란프레디는 1심에서 사형선고를 받은 사람이었다. 본회퍼는 아래와 같은 기도로 다른 수감자들의 마지막 길을 인도하기도 했다.

들리네, 바깥에서 황망히 걷는 나지막한 발걸음 소리들.
그 소리들 내 근처에서 멈추어 서네.
나 차가워지다 뜨거워지네.
나는 아네, 아, 나는 아네……
형제여, 나 그대와 함께 저곳으로 가는데
그대의 마지막 말이 들리는구려.
"형제여, 태양이 내게서 서서히 사라지거든,
내 몫까지 살아 주게나!"[114]

동료 수인들의 최후를 되도록 가볍게 해주려고, 그는 형무소장에게서 받은 직책을 이용하여 '수감생활 보고서'를 작성했다.[115] 문서를 베를린 시 사령부에 있는 외숙에게 보내어 법규를 살펴보게 할 심산이었다. 그는 자신의 풍부한 관찰을 토대로 굴욕적인 처벌 방법, 영양공급 사정과 미결수들의 생활상을 기술했다. 이들은 대개 야전 근무를 감당할 능력이 있는 자로 분류되어 전선으로 갈 사람들이었다. 그는 이 보고서를 위해 신뢰할 만한 간수들에게 식사 배급량을 다시 측정하여 규정들과 대조하게 하고, 독창적인 형 집행 방법을 생각해 내기까지 했다.

보르지히 공장을 겨냥한 심각한 공습이 이루어진 뒤에 쓴 다른 보고서에서는 미진한 보호 조치와 예방 조치를 가차 없이 서술하고, 비품 부족을 고려하여 땅굴을 더 늘리고, 공습이 진행되는 동안 수감자들을 감방에서 적절히 내보낼 것을 제안했다. 이는 감금된 이들의 절규와 너무 더딘 부상자 치료를 위생벙커에서 생생히 경험하고서 한 제안이었다. 어머니에게서 물려받은 유전적 소질도 이 보고서 작성에 한몫했다. 그의 어머니는 피해자들이 불행에 에워싸여 옴짝달싹 못할 때 재빨리 상상력을 발휘하여 곧바로 정확하게 행동하는 사람이었다.

본회퍼에게 도움받은 사람도 많았지만 예외도 있었다. 모종의 과오를 범해 테겔 형무소에 수감된 나치당 간부 한 명이 본회퍼와 친해졌다. 본회퍼는 기력이 쇠진해진 그에게 편의를 제공했다. 하지만 이 사람이 반유대주의적 의견을 입 밖에 내자, 곧바로 그에게서 "몇 가지 편의"를 빼앗고, 그를 완전히 무시했다.[116]

1943년 성탄절, 그는 수인들을 위한 기도문 몇 편을 썼다.[117] 그것들은 그가 기도를 실천하고 날마다 시편 및 찬송가를 가까이한 데에서 나온 것이었다. 기도문들에는 삭제 표시가 전혀 없다. 삼위일체의 호칭에도 성서적 언어에도 삭제 표시가 없다. 규정을 어기고 본회퍼와 접촉한 두 목사 한스 단넨바움과 하랄트 포엘하우가 기도문들을 여러 감방에 배포했다.

형무소 안에는 지성인이 여럿 있었고, 그 가운데에는 외국인도 있었다. 본회퍼는 그들 가운데 몇 사람과 맺은 우정이 지속될 것이라고 믿었다. 그는 영국인 장교(?) 딕 존스Dick Jones와 친하게 지내며 책도 교환했다. 본회퍼는 그에게서 휴 월폴Hugh Walpole의 두툼한 소설 『헤리어 가족 연대기』*Herriers Chronicle*를 받았다. 이 책에는 "포로수용소 LB 2"에 수용된 영국인 전쟁포로들의 메모가 적혀 있었다. 존스가 그 포로수용소에서 그것을 테겔 형무소로 가져왔을 것이다. 1944년 10월 초순, 본회퍼는 불길한 국면 전환을 예견하여 자기 감방에서 불법적인 물품들을 치울 때 그 책을 친가로 보냈다. 그 책 1308쪽에는 1944년 9월 말에 발행된 신문 「민족의 관찰자」 한 조각이 서표(書標)처럼 끼워져 있었다. 한 가족의 역사를 여러 세기에 걸쳐 추적한 이 소설이 결국 그의 기분을 적절히 전환시켜 주었던 것이다.

이탈리아인 장교 두 명도 본회퍼와 친하게 지냈다. "기술 분야의 기밀 취급자"로서 피에트로 바돌리오Pietro Badoglio 쿠데타가 일어난 뒤에 독일에서 체포되어 1943년 11월 11일에 테겔 형무소에 수감된 그들은 가에타노 라트미랄 교수와 그의 친구 단테 쿠르시오Dante Curcio였다. 전후에 라트미랄은 본회퍼와 다진 우의를 아래와 같이 기술했다.

> 간수들 가운데 소수만이 광포하거나 악질적이었습니다. 대다수는 행실이 바르고 게다가 착하기까지 했습니다. 디트리히가 오랫동안 그들과 섞여 지낸 것이 영향을 미친 것 같습니다.……그는 면허를 받은 사람이었습니다. 예를 들면 그는 뻔질나게 의무실로 내려가 여러 친구를 만나거나, 그의 영적 원조를 원하는 수감자들을 방문할 수 있었습니다.……우리는 함께 산책할 때마다 30분 동안 혹은 날마다 정치 문제, 종교 문제, 과학 문제에 관해 이야기를 나누었습니다. 그는 나에게 칼 프리드리히 폰 바이체커Carl Friedrich von Weizsäcker의 책을 빌려 주었습니다.……그는 나에게 복음서의 여러 구절의 의미를 설명해 주며, 자신은 모세의 죽음에 관한 시를 쓰고 있다고 말했습니다. 모세가 죽기 전에 느보 산에 올라가자 하나님께서 그에게 땅을 보여주셨지요. 그 자신은 절대로 들어가지 못하고, 그의 부하들이 차지할 땅이었지요. 디트리히는 이 주제를 좋아했습니다.……[118] 그는 독일 민족의 비극적 운명, 독일 민족의 장점과 결점에 관해 이야기했습니다. 그는 독일 민족의 패배를 바라는 것이 괴롭기는 해도 꼭 필요한 일이라고 말했습니다. 그러면서 자신은 독일 정부가 이성적인 항복을 통해 패전이라는 최악의 결과로부터 독일을 지켜 낼 것이라는 희망을 전혀 품지 않는다고 말했습니다. 나치스가 광포하고 비극적인 의지를 품고서 모든 이를 재앙 속으로 끌어들였기 때문이라는 겁니다. 그는 리하르트 바그너의 음악은 이 이

교적이고 야만적인 심리학을 표현한 것에 지나지 않는다고 말했습니다. 또한 그는 목사로서 야만인—사람 많은 거리에서 미친놈처럼 자동차를 모는 야만인—에게 희생된 이들을 위로할 의무만 지고 있는 것이 아니라, 그 야만인을 저지하려고 노력할 의무도 지고 있다고 말했습니다.[119] 너무 늦었지만, 독일의 주요 가문들이 히틀러를 제거하려고 노력함으로써만 자신들의 죗값을 일부라도 치를 수 있다는 뜻이었습니다. 그는 자신이 최후를 경험하게 될까 봐 불안해했습니다. 강제수용소로 이송되어 그곳에서 다른 정치범들과 함께 죽는 것을 두려워했기 때문입니다. 그렇지만 그럴 경우에도 옳은 일을 위해 이런 일이 일어난 것이라는 확신 속에서 죽음을 두려움 없이 받아들일 수 있게 되기를 원했습니다.……그는 끊임없이 주의를 끄는, 기분 좋은 사람이었습니다. 내가 이제까지 알게 된 사람들 가운데 더없이 선한 사람, 가장 유능한 사람이었습니다.[120]

형무소 안의 교회

베를린 고백교회 형제협의회는 본회퍼에게 어떤 도움도 줄 수 없었다. 어떻게든 "순수" 정치적 기도(企圖)에 연루된 사람과 너무 가까이 관계되지 않도록 조심할 수밖에 없었다. 그럼에도 빌헬름 니젤, 한스 아스무센, 한스 뵘, 한스 로키스 같은 이들은 프리드리히 유스투스 페렐스를 거치거나 나를 거쳐 본회퍼의 근황을 전달받았다. 본회퍼를 중보기도 명단에 포함시켰던 브레슬라우 총회 회원들도[121] 저들과 마찬가지로 교회의 고백과 정치 활동 사이의 구별을 더 이상 고수해선 안 된다고 생각했다.

처음에는 본회퍼가 나에게 불법적으로 보낸 첫 번째 편지에서 말한 그대로였을 것이다. "이곳에서는 내가 목사와 만나는 것을 허락하지 않는다네."[122] 하지만 그는 심문이 끝나고 규제가 완화되면서 베를린 교계에서 활동하는 두 성직자의 면회를 더 자주 받았다. 베를린 선교 협회의 한스 단넨바움 목사는 국방군 주둔지 목사로서 국방군 형무소에서 면회하는 권한도 가지고 있었다. 그는 본회퍼 면회가 특별히 금지되었음에도 불구하고 그 권한을 행사하여 본회퍼를 면회했다. 1945년 이후에 단넨바움이 말한 대로, 본회퍼의 감방은 "대단히 쾌적하다고 할 만한 사실(私室)이었다.” 본회퍼는 “감방에서 손님맞이로 자신을 돋보이게 할 마음이 없었다.” 하지만 단넨바움이 찾아와 성서의 한 절을 읽어 주고 중보기도로 마치는 것만은 감사히 받아들였다. 그것은 그 자신이 하던 일이었고, 예전에 목회 심방 중인 핑켄발데 사람들에게 바라던 일이었다.

두 번째 방문자는 정식 교도소 담당 목사 하랄트 포엘하우 박사였다. 그는 테겔 형무소의 민간 부문만 담당하는 목사였다. 하지만 그는 자신의 정확한 지리 지식과 인적 지식을 토대로 1943년 말부터 본회퍼의 감방을 불법적으로 출입했다. 단넨바움은 물론이고 그도 형무소 안에서 뜻밖의 방식으로 “부목사”를 얻은 셈이었다.

본회퍼는 자기 자신을 위해 세운 원칙, 곧 성서 읽기와 기도와 묵상을 날마다 이어갔다. 그는 파울 게르하르트 성가 여러 곡을 기억해 내고는 기뻐하기도 했다. 또 고립된 상태에서 상징의 확신을 갈망하며 루터의 지침대로 십자성호를 긋기도 했다. 하지만 이 환경 속에서는 극도의 차이가 있음을 알고 하나님의 이름을 불렀다. 그리고 다른 이들 앞에서 입 밖에 내기도 했다. 한 사람의 진지함이 다른 사람 안에 있는 경솔함을 몰아냈다.

본회퍼는 1943년 봄부터 예배를 전혀 드리지 않았다. 언젠가는 자신이 예배를 그다지 그리워하고 있지 않으며 그 점이 이상하다고 말하기도 했다.[123] 이는 그와 함께 생활하던 동료 수감자들에게 그 “공공연한” 행사가 더 이상 엄숙한 기분 전환이 되지 못한 것과 관계가 있지 않을까? 그가 자기만의 소중한 시간에 솔직하고 영적인 말씀 읽기를 더 좋아하고, “예배”를 “비밀”Arkanum 속에 머무르게 한 것은 그 때문이었다. 이는 그가 신학 서신들에서 피력한 바이기도 하다.

그에게 예배에 대한 책임과 자유가 주어졌더라면, 그는 예배의 관행을 지키려고 애썼을지도 모른다. 그는 자기 주위의 수백 명과 똑같이 생활하며 그들의 불안과 궁핍과 소소한 기쁨을 공유했다. 그러면서 영적인 교제가 자연스럽게 생겨났다. 만일 이러한 것을 겨냥하여 행사들이 거행되었다면, 그것들은 그러한 교제를 장려하기보다는 해치고 말았을 것이다. 본회퍼는 자신이 이러한 상황에 대해 어떤 반응을 보이는지를 알고 이상하게 여기면서도 프로그램을 기획할 생각은 하지 않았다. 하지만 핑켄발데 형제 동아리에서 드렸던 것과 같은 예배는 이따금 그리워하기도 했다. 그러나 이 그리움은 그가 씨름한 "과거"라는 주제에 속한 것이었다.

회고해 보건대, 테겔 감방살이가 제약을 받았다고는 하지만, 그 생활은 같은 시기에 다른 곳에서 겪어야 했던 삶에 비하면 장밋빛에 가까웠던 것 같다. 이 시기에 본회퍼는 굶주릴 필요가 없었다. 폭격이 진행된 뒤 11월의 추위가 깨진 창문을 통해 거침없이 파고들어도, 그는 추위를 겪지 않았다.

> 방금 여러 개의 통조림이 들어 있는 가방과 모피 옷이 나에게 전달되었네. 나는 곧바로 내려가 자네를 한 번 더 보려 했네.……고맙고 감사하네.……자네 두 사람이 한결같이 모든 것을 생각해 주고 그것을 실행에 옮기다니 참으로 놀라운 일이 아닐 수 없네.[124]

그는 1943년 8월에는 독감으로, 1943년 12월에는 류머티즘으로, 1944년 2월에는 위장병으로 고생했다. 그럴 때면 필요한 모든 의료 수단이 곧바로 강구되었다. 그는 자기의 사건을 담당하는 변호사를 두고 있었고, 이 변호사는 그를 수시로 면회했다. 본회퍼는 자기 주위에 삶의 위기가 찾아왔을 때 잘 정리된 유언서를 작성하기도 했다. 하지만 무엇보다도 그는 스스로에게 엄격한 일과표를 부과했다. "이곳에서 이런저런 부차적인 일에 맞닥뜨릴 때면 이따금 기이한 느낌을 갖기도 합니다. '시간이 없거든요!'"[125] 게다가 그가 가장 중요하게 여긴 일은 다량의 편지 왕래였다.

그렇다고 해서 본회퍼가 같은 시기에 밖에서 진행된 일, 곧 다른 독일을 위한 공모의 속행, 전선—핑켄발데 형제 다수가 거기에 있었다—에서 벌어지는 엄청난 인명 희생, 유대인들의 운명을 도외시한 것은 아니었다. 그가 테겔 감방살이를 견딜 수 있었던 것은 이 모든 것이 은밀하게 뒤에 버티고 서서 부담을 주었기 때문이다. 다음의 문장만큼 그것을 잘 말해 주는 것도 없을 것이다. "나는 현재의 생활에서 한 가지 과제만을 보고, 내가 그것을 성취하게 되기만을 바라네."[126]

테겔 형무소 시절.

"나는……독일의 운명에 동참한 것이라고 생각하네. 내가 결정하여 동참한 것이지. 나는 과거의 것을 생각하되 탓하지 않고, 현재의 것을 받아들이되 탓하지 않네."

1944년 여름, 테겔 형무소에서 찍은 단체 사진.
왼쪽부터 마리오 길리, 단테 쿠르시오, 하사관 나프, 본회퍼, 토넬리.

"성년(成年)이 된 세상에서 성서의 개념들을 비종교적으로 해석하기." 이것은 본회퍼가 가장 먼저 감지한 과제를 가리키는 표어다. 이 표어는 옥중서간 선집1951-1952의 출간 이래 찬성 의견과 반대 의견을 함께 받았다. 1960년, 『브리태니커 백과사전』은 본회퍼의 이름을 항목에 수록하면서 "비종교적인"nonreligious이라는 형용사를 "터무니없는 말"이라며 범주에 넣지 않았다. 하지만 이 형용사는 존 A. T. 로빈슨John A. T. Robinson 주교의 『신에게 솔직히』*Honest to God*가 출간되면서 영국 성공회권에서도 그리스도교의 미래를 둘러싼 논쟁에서 친숙한 용어가 되었으며, 심지어 캔터베리 대주교까지 그 어간에 "비종교적 그리스도교"라는 제목으로 설교하고 글도 썼다.[127] 독일에서는 그 표어가 바르트 신학이나 불트만 신학에서 유래했다는 둥, 바르트나 불트만이 그 표어를 암시했다는 둥 하면서 논쟁이 일었다. 그 표어를 무신론적인 사상계에 포함시킨 자들도 있었다.

그 표어는 본회퍼가 새로운 자극을 받아 자신의 신학을 다시 한 번 점검할 때에 생겨났다. 본회퍼는 이 점검을 통해 돌파의 낙관주의를 발산했다. 그 시기에 그가 처해 있던 상황과는 전혀 다른 것이었다. 그는 새로운 신학 작업을 시작하면서 독특한 기쁨을 맛보았다. 그러나 이와 동시에 그 과제가 자신의 능력을 능가할 수 있으며, 따라서 예전처럼 집중적인 속박이 필요하다는 것도 예견했다.

> 우리가 이미 명쾌한 대화를 나누기는 했지만, 그러한 일은 오로지 기도에 의해서만 시작되고 수행되지 않을까 싶네.[128]

본회퍼가 하나님과 세상의 연대라는 신학을 새롭게 시도하면서, 지적인 속박이 없어야 한다고 선언할 생각이었다는 것은 말도 안 된다. 오히려 그는 자신을 "Spiritus Sanctus"(성령)의 보호에 맡기되, "esti deus non daretur"(마치 하나님이 존재하지 않는 것처럼)를 진지하게 생각하려고 했다. 우리는 그가 지금 말하기 시작한 "성년"(成年), 곧 자율을 거대한 자유가 아니라 겸손한 자유로 이해해야 한다.

우리는 그것을 신학적으로 증명하려고 시도해야 하지만, 본회퍼는 어떻게 "비밀훈육"에 새로운 사고의 여지를 열어 주려 하는가라는 난제도 증명해야 한다.

아래에서 우리는 본회퍼가 테겔에서 새롭게 연구하기 시작한 것의 전제들과 문제들을 다루게 될 것이다. 그런 다음 그가 던진 중요한 물음, 곧 "그리스도는 우리에게 어떤 분인가?"라는 상위 물음 아래 가장 뚜렷한 세 공식, 즉 "성년이 된 세상", "비종교적 해석", "비밀훈육"을 이해하고 평가하게 될 것이다. 마지막으로는 편지들에 대한 친구 및 제자들의 놀라운 이해를 일별하고 그 편지들을 조명하게 될 것이다. 따라서 충격, 핵심 표현들, 신학 서신들의 수용이라는 세 개의 절로 이야기하고자 한다.

새로운 충격

1944년 4월, 본회퍼의 감방살이에서 뚜렷한 전환점이 형성된다. 이는 그의 편지들에 담긴 새로운 독서물, 다른 연구 방식, 변화된 어투에서 분명해진다. 이 변화가 어찌나 지속적이었던지 1944년 7월 20일 암살 실패의 충격도 그것을 방해하지 못했다.

새로운 주제를 자세히 다룬 첫 번째 편지는 4월 30일자 편지다. 들은 바에 의하면, 당시 공판 날짜를 잡을지 말지를 두고 잠정적인 결정이 이루어졌다고 한다. 3월에 무죄 판결과 함께 석방되려던 요제프 뮐러의 시도가 무산되고, 도나니의 건강 상태는 재판에 대한 희망을 전혀 열어 주지 않았다. 본회퍼는 칼 자크의 전언을 듣고 이렇게 썼다. "당분간은 내 현재 상태의 변화를 꾀하지 말라더군."[129]

이로써 새로운 공판 날짜를 기다리는 시간, 특히 연구에 지장을 주던 시간이 지나갔다. 그는 은인자중에 초점을 맞추면서 기력을 비축했다. "오랫동안 아무것도 생산하지 않는 시간을 보냈으니 다가오는 봄에는 창작의 기쁨을 더 많이 느낄 것 같네."[130] 4월 30일, 그는 새 연구주제를 처음 언급하는 도입부에서 가급적 긍정적으로 말한다.

자네는 나에 대해 전혀 걱정할 필요가 없네. 나는 지나칠 정도로 잘 지내고 있네. 자네가 나를 찾아와 면회한다면 아마 깜짝 놀랄 것이네. 이곳 사람들은 나만 보면 이런 말을 하곤 하지. "목사님은 고요함을 발산하시는군요. 목사님은 늘 쾌활하시군요." 자네 눈에 선히 보이겠지만, 이는 그들이 나에게 하는 아부라네.……나의 신학 사상과 그 결론들을 듣게 된다면, 자네는 깜짝 놀라거나, 어쩌면 근심할지도 모르겠네.[131]

본회퍼의 읽을거리 선택이 눈에 띄게 달라졌다. 종래에는 주로 아달베르트 슈티프터, 예레미아스 고트헬프, 테오도르 폰타네, 콘라트 페르디난트 마이어Conrad Ferdinand Meyer, 고트프리트 켈러의 작품이 그가 1943년 여름과 겨울에 집요하게 천착한 것을 확인해 주고 바로잡아 준 상태였다. 하지만 그는 이제 빌헬름 딜타이, 칼 프리드리히 폰 바이체커, 호세 오르테가 이 가세트José Ortega y Gasset의 책들, 하르낙의 『프로이센 아카데미 역사』와 발터 프리드리히 오토Walter Friedrich Otto의 『그리스의 신들』을 구해 달라고 부탁했다. 그는 그런 문헌들을 입수하고 싶어 조바심을 치기도 했다. "유감스럽게도 제대로 되지 않는 일이 하나 있는데, 그것은 다름 아닌 도서 조달이라네."[132]

본회퍼가 테겔 감방살이 첫해1943에 쓴 문학 작품들, 예컨대 미완성 희곡들과 미완성 소설은 대체로 "과거"라는 복합적인 주제를 변주한 것들이다. 1944년, 본회퍼는 이 작품들이 진척되지 않는다고 하소연하면서도 그 작품들에 집중하지 않았다(DBW 8:512). 사실상 그는 다시 집중하지 않았고, 1944년 초여름과 한여름에 "과거"라는 주제를 (「과거」와 「모세의 죽음」에서) 시의 형식으로만 표현했다. 6월 6일에 이루어진 연합국의 침공이 여러 가지 개인적인 바람을 되살렸지만, 7월 20일에 일어난 암살 실패가 커다란 희망을 물거품으로 만들고 말았다. 그러나 새 주제만은 우위를 차지했다. 그는 1944년 8월 10일자 편지에서 이렇게 말했다. "자네가 말한 대로, '인식하는 것'은 세상에서 가장 짜릿한 것이라네. 내가 지금도 저술에 매달리는 것은 그 때문이네."[133] 필요한 것은 자신이 새로 선택한 주제의 결론들에 관해 가장 나지막한 목소리로 묻는 것뿐이었다. 내가 이탈리아에서 그에게 회신하면, 그는 화제를 바꾸지 않고 새로운 속편들로 답신했다. 그리고 공습경보가 방해할 때면, 그는 대체로 글의 실마리가 어디에서 끊어졌는지를 즉시 찾아냈다.

그가 테겔 감방살이 첫해에 19세기의 정신과 접목하려고 시도한 여러 작품은 오랫동안 배제되었던 신학 주제들, 곧 19세기의 신학 주제들을 재수용하게 했다. 그는 1930년대에 견지했던 자세와 달리 이 시기의 문제들과 성과들을 종합적으로 굽어보려고 했다. "이 자리에서 계보를 훑어보는 것이 중요할 것 같네."[134] 이는 그가 1944년 3월 9일자 편지에서 "세상성"Weltlichkeit, 곧 "해방되지는" 못했으나 "그리스도교적"이고 "반교권주의적인 세상성"을 수용하면서 한 말이다(DBW 8:353). 그는 『윤리학』에서 이 세상성을 나름대로 정리한 상태였다(DBW 6:404f.).

본회퍼는 공모에 가담하여 적극적으로 "죄책을 감당한" 뒤에 신학에 대한 새로운 열정에 사로잡혔다. 그 고독한 사람은 완수되지 못한 정치적 과제에서 신학의 새로운 단초를 보고, 거기에서 미래 그리스도교 믿음의 조건들과, 미래 그리스도교 믿음의 가능한 형태를 보았다. 결코 극복하지 못했던 것을 극복하기 시작한 것이다.

준비

본회퍼의 새로운 신학의 뿌리들은 초기의 특정 단초들로 거슬러 올라간다. 이 단초들 가운데 일부는 고수되고, 일부는 새롭게 강조된다. 그것들은 그의 인생행로에서 어느 정도 자극을 받은 것들이다. 그는 "지금 여기에서 얽힌 것을 풀어야" 한다고 생각했다.[135]

a) "비종교적 해석"은 본회퍼가 초기부터 추구한 그리스도론 안에 분명히 갖춰져 있다. 게르하르트 에벨링이 이 "해석"을 가리켜 처음부터 끝까지 그리스도론적 해석이라고 힘주어 말한 것은 당연하다.[136] 여기서도 확실한 연속성이 드러나는데, 이는 무엇보다도 우리가 몰두해야 할 사실이다. 그것은 그의 교회론의 요소들과도 관련이 있다. 하지만 이 교회론은 그에게 큰 어려움들을 안겨 주었다.

b) 『나를 따르라』를 집필할 때와 달리, 『윤리학』을 집필할 때에 이미 신학적 전망이 바뀐 상태였다. 일찍이 본회퍼의 초기 그리스도론이 그를 『나를 따르라』로 이끌 수밖에 없었다고는 하지만, 거기에서 관철된 그리스도의 배타성 주장은 수축의 위험도 안고 있었다. 따라서 일방적인 것이 되어 버린 "그리스도를 위한 세상"을 "세상을 위한 그리스도"로 강력히 변경할 필요가 있었다. 하지만 그 일로 세

상과 그리스도를 바라보는 눈이 바뀌었다. 복음의 보편성과 사실상의 국지성은 사이가 좋지 못했다. 윤리는 더 이상 서양의 세속화의 운명 앞에서 그리스도교의 영역으로 퇴각하는 것에 국한되어서는 안 되었다. 본회퍼가 『윤리학』의 처음 몇 장에서 달라진 언어로 말하며, 새로운 합리성이—성공의 적절성을 다룬 절에서[137]—효력을 발휘하게 한 것은 그 때문이다.

c)전기의 관점에서 말하면 무엇보다도 고백교회 경험과 정치적 공모 경험이 여기에 영향을 미쳤다고 할 수 있다.

이미 언급한 대로, 본회퍼는 고백교회와 어느 정도 거리를 두었다. 고백교회가 현재의 수치스러운 일을 분명히 알아볼 수 있게 지적하지 못하고, 그 설교도 자기도취적이었기 때문이다. 그는 고백교회가 불충분한 자기 이해의 시기를 거쳐 그리스도교의 위대한 개념들을 고수하는 것도 하나의 과제로 여겼다. 하지만 아무리 존경스러워도 시대의 현실들과 그다지 관련이 없는 교리들, 유약한 교리들에 만족할 생각이 없었다. "고백교회는 바르트의 단초를 망각하고 실증주의를 뒤로 한 채 보수적 복고에 빠지고 말았네." 위대한 교리들은 "해석이 없어서 발전하지 못하고 멀어진다네."[138]

본회퍼가 미국에서 귀국한 것과 그 결과도 새로움에 중요한 역할을 했다. 우리는 그의 귀국을 "동시대인" 되기로 명명한 바 있다.[139] 공모는 우호관계를 넘어서는 접촉, 즉 여러 세속 진영 출신 책임자들과의 접촉을 야기했다. 이 책임자들에게는 감상적인 것처럼 보이는 경건의 잔재가 전혀 없었다. 옛 "종교 영역들"로 되돌아간 이는 극소수였다. 본회퍼는 이제껏 친구들을 위해 공모를 윤리적으로 숙고해 왔지만, 이제는 교회의 신앙과, 가족을 통해 가까이하게 된 이 세속 세계의 관계를 인식하기 위해 힘써야 할 시점이었다. 타자를 위한 실제적이고 책임적인 삶이 전개되는 곳에서 보편적인 그리스도와 그의 이름은 무엇을 의미하는가? 본회퍼가 동시대의 철학 서적과 과학 서적을 새롭게 만나려고 한 것은 이 물음 때문이었다.

d)본회퍼는 새로운 구상에 착수하면서 그 시대의 신학 서적들과 그다지 씨름하지 않은 것처럼 보인다.

당시에 본회퍼는 프리드리히 고가르텐의 활동을 여러 해 동안 알지 못했다.

신앙과 세속화 과정의 긍정적인 관계를 부각시키려는 고가르텐의 시도는 전쟁이 끝나고 몇 년 뒤에야 빛을 본다. 1939년에 미국에 다녀왔음에도 불구하고 본회퍼가 폴 틸리히에 관해 아는 것은 국가사회주의 시대에 출판된 것뿐이었다. 틸리히와 논쟁하거나 틸리히를 반박할 때, 그의 눈에 띈 것이 그것뿐이었기 때문이다.[140]

본회퍼는 불트만을 시야에서 놓치지 않고 그의 탈신화화 논문과 『요한복음 주석』을 속속들이 이해하고 있었다.[141] 하지만 그는 기대와 달리 준비 작업에서 불트만에게 그다지 주목하지 않았다. 불트만의 논문이 여러 해에 걸쳐 전 세계에 불안을 지속적으로 안겨 주리라는 것을 본회퍼가 예견했는지는 의문이다. 어쨌든 그는 두 번째 신학 서신에서[142] 자신의 새로운 공식화 시도를 불트만의 탈신화화와 연계시키면서도 "불트만은 너무 덜 나아갔다"는 말로 급소를 찌르며 거리를 유지했다(DBW 8:414). 나는 1944년 휴가 중에 형제협의회에서 불트만 문제를 놓고 프리드리히 유스투스 페렐스와 대화하고 나서 아래와 같은 내용의 편지를 테겔로 보냈다.

> 나는 저녁에 유스투스에게 말했습니다. 형이 불트만 문제에 몰두하고 있다고요. 그러자 그가 곧바로 말하더군요. 그 문제는 해결되었고, 불트만은 몰상식한 사람이며……철학자가 된다면 모를까 신학 선생이 되어선 안 된다고요. 그들이 불트만 문제를 고민하지 않고 있으니 참 이상한 일입니다.[143]

본회퍼는 곧바로 그 사실을 논하면서[144] "바르트의 한계"에 맞서 불트만 동맹을 요구하되, 또 다시 그와 거리를 유지했다. 본회퍼는 옥중서신에서 불트만을 세 차례 언급한다. 그럴 때면 매번 자신의 견해를 말하려고 그를 다소 부수적으로 끌어들여, 자신의 생각이 그의 생각과 가깝다는 것을 알리면서 동시에 자신이 그와 완전히 일치하는 것은 아니라는 점도 드러낸다. 본회퍼는 자신의 새로운 단초에서 불트만의 면모를 어느 정도 파악했다고 여기고, 자신의 의도를 재인식하기 위해 불트만의 논문을 들여다보지 않았다. 본회퍼는 다른 전제들에서 출발하여 다른 전문 용어로 나아갔다. 그는 "해석"이라는 용어로 불트만과는 다른 것을 말하려고 했다. 그는 불트만에게 공감을 표명하면서도 자신이 불트만과는 다르다고 생각했다.

본회퍼가 1944년에 자신의 동기에 관해 한 말은 그가 동시대의 그 어떤 신학자에게 의지하기보다는 자신의 초기 신학에 더 많이 의지했다는 뜻일 것이다. 그는 테겔 감방에서 현대적 신학 도서관을 이용하지 못하고 자신의 기억력에 거의 전적으로 의지하여 저술에 착수했다. 바르트의 책과 불트만의 책을 읽는 중에 반대 의견이 떠올라서 새로운 저술의 뜻을 품은 것이 아니었다. 말하자면 이 동시대인들에 대한 의견 표명은 당면 문제를 숙고하는 도중에 생겨난 것들이다. 본회퍼는 자신이 숙고한 것들의 방향과 급진성이 고백교회 안에서조차 전혀 새롭고 충격적일 것이라고 생각했다. 그리고 실제로 그랬다.

전환점 문제 본회퍼가 1943년에 쓴 편지들에는 보수적인 문장이 들어 있다. 그는 공습과 그로 인한 파괴에 직면하여 "그리스도교의 기초" 위에서 수행해야 할 새 출발에 관해 아래와 같이 말했다.

> 우리가 (전쟁의 참상을) 견뎌 낸다면, 그것은 나중에 국내외 민족들의 삶을 그리스도교의 기초 위에서 재건하는 데 꼭 필요한 기초 경험이 될 것이네.[145]

이것은 『윤리학』의 어법이다. 1944년 여름에는 이 어법이 사라진다. 내용은 아래와 같다.

> 우리 세대의 과제는 "위대한 업적"을 희구하는 것이 아니다. 우리의 영혼을 혼돈에서 구출하여 보존하는 것, 불타는 집에서 "노획품"처럼 챙겨야 할 유일한 것이 바로 그 영혼임을 인식하는 것, 이것이 우리 세대의 과제다.……우리는 우리의 삶을 꾸미기보다는 견디고, 계획하기보다는 희망하고, 전진하기보다는 참고 견뎌야 한다.……우리는 역사적 정의를 인식함으로써만 우리의 특권을 포기할 수 있을 것이다.

이어서 그는 "그리스도교의 기초"(DBW 8:211)에 관해 이렇게 말한다. "우리도 이해의 기원들로 되던져졌다."[146]

본회퍼는 『윤리학』에서 이렇게 말했다. "인간이 하나님 앞에서 인간답게 사는 것이 그리스도교의 본질이다."[147] 솔직히 이 말은 그가 1944년에 쓴 다음과 같은 문장에 비하면 진부한 표현으로 여겨진다. "우리는 하나님 앞에서 하나님과 함께 하나님 없이 산다."[148]

그러한 발언들은 후일 본회퍼의 발전 과정 중 어디에 진짜 전환점이 자리하는가라는 물음을 불러 일으켰다. 어떤 이들은 전환점을 『윤리학』 이전으로 배치했다. 다른 이들은 『윤리학』과 1944년에 쓴 옥중서신들 사이에 배치했다. 예를 들면 로널드 그레고르 스미스Ronald Gregor Smith, 한프리트 뮐러, 존 A. T. 로빈슨, 한스 위르겐 슐츠Hans Jürgen Schultz가 그랬다. 그들은 진정한 진보를 1944년 4월에 일어난 변화 이후로 꼽고, 대체로 그 이전의 것을 준비 시기에 부속시키되, "오류들"이 자리한 정통 고수의 시기에 부속시키지는 않았다.[149] 다른 이들도 1944년 4월을 현저한 변화가 일어난 시점으로 꼽았다. 그들 가운데 바르트가 그랬다. 하지만 그들은 그 이전의 것, 무엇보다도 『나를 따르라』를 읽을 가치가 있는 것으로 여기고, 옥중서신들의 신학은 무르익지 않은 것으로, 전할 가치가 없는 것으로 여겼다.

전환점 문제는 쉽게 결정할 수 있는 것이 아니다. 『나를 따르라』에서도 연속적인 요소들이 검출되기 때문이다. 『나를 따르라』와 『저항과 복종』 둘 다 인상적일 정도로 유사하게 본받음imitatio의 모티프로 끝난다. 게다가 『윤리학』과 1943년에 쓴 편지들에서도 1944년에 개진한 여러 사상의 조짐이 분명히 보인다. 구약성서의 풍부함에 대한 애호, 신약성서와 너무 직접적으로 관계하는 것에 대한 경고,[150] 곤경에 처한 이에 대한 종교적 협박의 거부,[151] 부활절에 대한 "비종교적 해석"의 시도가[152] 그러한 조짐이다.

많은 것이 1944년 4월에 일어난 변화를 결정적으로 여기도록 뒷받침한다. 그렇다고 그 이전의 것이 대수롭지 않다는 말은 아니다. 그렇기는커녕 이전의 것은 새로운 것의 발생사에 필요하다. 그것은 새로운 것의 건축 자재로 이용된다.

그러나 이 건축 자재의 옛 질서가 흔들리고, 주제 변경과 다름없는 주제 확장이 시작된다. 어쨌든 본회퍼는 자신이 대담하고 위대한 발걸음을 뗐다고 생각했다.

"그리스도교 서구"의 와해 속에서 그는 변화된 그리스도교의 바람직한 형태에 대한 믿음에 사로잡혔다. 그의 신학 방법이 최근의 정치 행보를 가능하게 했다면, 이제는 이 행보가 그의 새로운 신학 방법을 형성했다.

본회퍼 자신의 평가 본회퍼는 1944년에 쓴 신학 서신들의 발언이 감방이라는 특수 상황에 기인한 것이라는 주장을 의도적으로 거부할 것이다. 하지만 그 상황이 그의 내면의 안정에 충격을 주었다는 것은 틀림없는 사실이다. 앞서 살펴보았듯이, 실제로 그가 충격을 표현했음을 증언하는 대목이 몇 군데 있다.[153] 그러나 그것들은 테겔 감방살이 첫해에 나온 것들이다. 반면에 새로운 신학의 단초가 생성될 무렵에는 그러한 충격적 상황이 그의 신중한 사고를 더는 침해하지 않았다. 우리가 앞서 읽은 대로, 그는 1944년 4월 30일에 보낸 첫 번째 신학 서신을 이중의 단언으로 시작했다. 자신은 잘 지내고 있으며 자신의 신학 사상과 그 결론이 나에게 걱정을 안겨 주리라는 내용이었다.[154]

본회퍼는 인습적인 것을 무너뜨리는 불가피한 과제에 착수해야겠다는 생각을 끝까지 유지했다. "나는 여전히 자유주의 신학의 유산을 지닌 '현대' 신학자로서 이 문제들을 제기할 의무를 지고 있네."[155]

두 통의 탁월한 신학 서신,[156] 곧 4월 30일자 신학 서신과 5월 5일자 신학 서신이 오랜 우편 경로를 거쳐 이탈리아 전선에 도착하자마자, 나는 다음과 같은 질문을 담아 회신했다. "이 편지의 단락들을……알브레히트 쇤헤르, 빈프리트 메흘러, 볼프-디터 침머만과 같은 이들에게 보내도 될는지요?"(DBW 8:497f.) 본회퍼는 7월 8일자 편지에서 앞서 말한 사람들이 국외자가 아니고 친한 핑켄발데 사람들임에도 불구하고 만류하면서 이렇게 답했다. "자네가 내 편지들을 발췌하여 알브레히트 등에게 보내고 싶다면 그리해도 되지만, 나라면 그러지 않겠네. 충분히 숙고되지 않은 생각을 자네에게만 말하여 명료하게 다듬고 싶어서라네."[157] 그는 자기 사상의 의미를 줄기차게 물었다. 그래서 그는 7월 8일자 편지 말미에 아래와 같은 내용을 덧붙였다.

덧붙여 말하건대 자네가 나의 신학 서신들을 버리지 않고, 그곳에서는 엄청난

> 짐이 될 테지만 때때로 레나테에게 보내 준다면 정말 기쁘겠네. 나는 나중에 그것들을 나의 연구를 위해 다시 한 번 읽어 보게 될 것 같네. 책보다는 편지에서 여러 가지 생각을 더 숨김없이, 더 생생하게 쓸 수 있는 것 같네. 그리고 나는 나 혼자 글을 쓸 때보다는 편지로 대화할 때 종종 더 좋은 착상을 얻는다네. 그러나 그것은 전혀 중요하지 않네!(DBW 8:513)

중요한 자기 평가를 담고 있는 이 편지 구절들 덕분에 나는 여러 해 뒤에 편지 형식을 유지하는 글, 그러면서도 전할 만한 글을 출판할 엄두를 낼 수 있었다.

끝으로 본회퍼는 자기 신학의 실질적인 신판(新版)을 집필하는 일에 자신이 얼마나 몰두하고 있는지를 한 번 더 말했다. 그는 편지 단계에서 실질적인 원고 집필의 단계로 넘어갈 무렵인 1944년 8월 23일에 나에게 마지막으로 보낸 편지에서 아래와 같이 말했다.

> 나는 지금 "그리스도교의 현황 개관"을 쓰고 있네.……나는 나의 명제들, 특히 비판적인 1부에 들어 있는 명제들에 이따금 놀라곤 하네. 실제적인 것을 쓸 수 있을 것 같아 기쁘네. 그러나 모든 것이 협의를 거치지 않은 까닭에 너무 조잡해 보인다네. 지금으로서는 출판할 수 없을 정도라네.[158]

저술 방식과 그 결과 본회퍼라면 자신의 새 주제와 관련된 부분을 옥중서신들로 이루어진 『저항과 복종』에 포함시켜 인쇄하게 했을 것 같지 않다. 그는 계획서에 제목을 달지 않았다. 우리에게 있는 것은 '어떤 저작의 초안'이라는 형식상의 제목으로 잡은 몇 쪽짜리 초안뿐이다. 그는 다음과 같이 3장으로 쓰겠다고 말한다. 1. 그리스도교의 현황 개관, 2. 그리스도교 신앙은 본질적으로 무엇인가, 3. 결론들.[159] 사후에 출판된 현재의 『저항과 복종』에 이 초안이 수록되어 있는데, 초안의 앞뒤에 첫 번째 단계, 곧 사색 단계를 반영한 편지가 자리하고 있다.

연구는 4개월에 걸쳐 진행되었다. 첫 석 달은 서신 왕래를 통해 논의하는 데 쓰였고, 남은 한 달은 초안을 잡고 집필을 본격적으로 시작하는 데 쓰였다. 우리는 이 집필로 이루어진 완성작 가운데 단 한 페이지도 가지고 있지 않다.

본회퍼는 4월 말에 신학적 견해를 교환하기 시작했다. 그는 한 주에도 여러 통의 편지를 쓰면서 이렇게만 말했다. "그것이 나를 끊임없이 움직이게 하고 있네"(DBW 8:402). 그는 편지 왕래를 할 때면 부지중에 연구 구상에 빠져들곤 했는데, 그 속에는 그가 라틴어로 쓰다가 거의 판독하기 어려운 독일어로 쓴 내용도 들어 있다.[160]

그는 8월에 편지와 작품을 병행해서 쓰기 시작했다. 그는 이 두 번째 단계에서 앞서 말한 '어떤 저작의 초안'을 발송했다. 초안을 감방에서 보낸 여타의 문서들과 함께 보관하게 하기 위해서였다. 8월과 9월, 본회퍼는 미래의 책을 집필하는 일에 매진했다. 가족이 전한 좋지 않은 소식들, 탈주 계획, 제국보안본부로의 이감 때문에 작업이 중단되기도 했다. 그는 이 몇 주에 걸쳐 감방에서 불필요한 것, 간직할 만한 가치가 있는 것을 포함해서 거의 모든 것을 내보냈다. 하지만 한창 집필 중인 작품의 원고만은 내보내지 않았다. 그는, 우리가 거의 확실하다고 간주하는 바와 같이, 그 원고를 프린츠-알브레히트 슈트라세 지하 감옥으로 가져가, 그곳에서도 집필했다.

그는 1944년 4월 말부터 8월 말까지 넉 달 동안 신학 서신을 보낸 뒤에 대략 한 달에 걸쳐 신학적인 견해를 여러 편지에 담아 보냈다. 그가 보관을 위해 발송한 것은 아니었지만, 나는 그 편지들을 없앨 수밖에 없었다.[161]

그는 처음에 이 연구를 위해 대화할 상대가 없어서 속상하다고 하소연했지만, 이따금 몇몇 대화 상대가 나타나기도 했다. 자신이 몰두하고 있는 이런저런 것을 이야기해도 될 만한 상대들이었다. 형무소를 담당하는 두 목사 하랄트 포엘하우와 한스 단넨바움은 본회퍼의 감방에서 일어나고 있는 일 가운데 여러 가지를 다른 누구보다 더 많이 들었다. 몇 해 뒤 가에타노 라트미랄이 떠올린 대로, 본회퍼는 형무소 안마당을 산책할 때 가에타노에게 자기의 생각들을 알리기도 했다.[162]

유일하게 존재하는 문헌의 이러한 성격 때문에 다음과 같은 물음이 반복적으로 제기되었다. 처음의 설익은 숙고들로 이루어진 단편들, 더욱이 앞서 말한 대로 충격적인 상황에서 구상되었을 단편들, 심각하게 생각해선 안 될 단편들이 중요하단 말인가? 이미 인식 가능하고 효과를 적절히 발휘하는 비전이 있지 않은가?

내가 보기에는 우리가 가지고 있는 것이 본회퍼의 연구에서 싹튼 새 묘목의 무르익은 열매는 아니지만, 그렇다고 막연하고 구속력이 없는 시도라고 할 수도 없는 것 같다. 불충분한 단편들의 내용을 살피고 그 내용을 이해한 뒤에야 최종 결정을 내릴 수 있을 것이다. 하지만 우리는 본회퍼의 저술 방식을 살펴봄으로써 초기 단계에서 표명된 이 견해들의 정당성을 뒷받침할 수 있다. 본회퍼의 예전 책들의 경우 첫 착상에서 원고 완성까지는 3-4년의 시간이 걸리곤 했다. 예컨대 그는 『나를 따르라』의 핵심 표현들을 1932년에 처음으로 세미나, 성서공부시간, 설교들에서 여러 차례 개진했다. 그 표현들에는 핵심어도 몇 개 들어 있었다. 1935년과 1936년, 바로 이 핵심어들이 책의 최종 형태로 자라났다. 『윤리학』의 경우, 본회퍼는 1940년에 자신의 그리스도론에 입각한 현실성 개념의 핵심을 발전시키고, 1942년에는 『윤리학』의 몇 장을 마지막으로 쓰기 시작했다. 물론 이때에는 『나를 따르라』를 쓸 때보다 훨씬 많은 내용을 변경했다. 그럼에도 하나의 확실한 기본 개념만은 고수했다.

이처럼 본회퍼는 장차 완성될 책의 기본 주제들을 대체로 상당히 일찍 제시하고, 그것들을 공식화할 때에도 거의 바꾸지 않는다. 따라서 우리는 그의 1944년 개요들이 그의 저술 방식에 의거하여 최종 완성 때까지 고수되리라는 것을 능히 짐작할 수 있다. 신학 서신들의 시작 단계인 4월부터 "초안"의 단계인 8월에 이르기까지 그 개요들이 변함없이 유지되었기 때문이다. 그는 처음에 품었던 생각들을 갈수록 선명하고 확실하게 다듬었다. 나중에 기본 주제들을 더 구체화하곤 했지만, 그 주제들의 예리함을 무디게 하지는 않았다. 그에게 완성본이란 만반의 안전대책을 신중히 강구하는 것보다 훨씬 많은 것으로 뒷받침된 도전을 의미했다.

본회퍼의 생애에는 주저(主著) 이외의 주제들을 일시적으로 기획하여 원래의 전문가들에게 곧바로 넘긴 사례도 있다. 그의 그리스도 중심 구약성서 해석도 그런 사례에 든다.[162a] 하지만 우리는 1944년에 이루어진 작업을 일시적으로 숙고된 과제로 여겨선 안 된다. 본회퍼의 직접적인 증언이 그것에 이의를 제기하기 때문이다.

우리는 본회퍼의 주요 기본 주제들을 가지고 있다. 그의 새로운 단초는 명쾌하기 그지없다. 그가 집필을 계속했다면 틀림없이 결론들까지 숙고하여 예시했을 것이다. 그러나 우리가 기본 주제들을 식별할 수 있는 곳은 편지 형식의 글뿐이다. 그 속에서 본회퍼는 의견들과 신학적 전제들을 공유하는 상대에게 동의를 받았다는 듯이 거침없이 그리고 축약해서 말한다.

새로운 핵심 표현들

"성년이 된 세상에서 성서 개념들을 비종교적으로 해석하기." 이는 본회퍼가 1944년 4월부터 말한 새 주제가 아니다. IV절 서두에서 암시한 대로, 이 표어는 하위 주제다.[162b] 명확히 해명된 상위 주제, 즉 본회퍼가 질문의 형태로 혹은 중심 사상의 형태로 여러 차례 표현한 상위 주제는 따로 있다.

주요 주제 본회퍼는 자신에게 정말로 중요한 것이 무엇인지를 적어도 네 차례나 공식적으로 진술함으로써 비종교적 해석에 대한 자신의 생각과 균형을 맞추고, 그 진술 속에서 비종교적 해석을 보려고 했다.

1. 1944년 4월 30일 본회퍼가 새로운 논의를 시작하기 전에 제시한 주제는 다음과 같다. "내 마음을 끊임없이 움직이는 것은,……그리스도는 오늘날 우리에게 어떤 분인가라는 물음이네."[163] 오늘날 여전히 신앙으로 수락할 수 있는 것은 **무엇**인가라는 물음이 아니라, 그분은 오늘날 우리에게 **어떤 분**인가라는 물음이 최상위 물음이라는 것이다. 본회퍼는 전통의 존속이 가능한가를 묻는 대신, 『행위와 존재』와 『그리스도론』에서 그랬듯이 그리스도의 인격에 관해 묻고, 오늘날 그 인격이 우리를 어떻게 제약하고 어떻게 마주하는지를 묻는다.[164]

2. 본회퍼는 같은 편지에서 세상의 성년 됨을 논하면서 동일한 자세로 자신의 물음을 한 번 더 세분화한다.

> 우리가 그리스도교의 서구적 형태를 완전한 비종교성의 전단계로 판단할 수밖에 없다면, 우리와 교회에는 어떤 상황이 벌어질 것인가? 어떻게 그리스도는 비종교인들의 주님도 되시는가?……어떻게 우리는—종교 없이, 즉 시대의 제

약을 받는 형이상학, 내면성 등등의 조건들 없이—하나님에 관해 말하는가? 어떻게 우리는 "하나님"에 관해 "세상적으로" 말하는가? (어쩌면 종래의 방식으로는 하나님에 관해 더 이상 말할 수 없을지도 모르네.) 어떻게 우리는 "종교 없이 세상적으로" 그리스도인이 되는가? 어떻게 우리는 우리 자신을 종교적 특권자로 이해하지 않고 세상에 완전히 속한 자로서 "ἐκ-κλησία"(에클레시아), 즉 부름받은 자들이 되는가? 그리만 된다면 그리스도는 더 이상 종교의 대상이 아니라, 전혀 다른 무엇, 즉 실제로 세상의 주님이 되실 것이네. 그러나 그것은 무엇을 의미하는가?[165]

본회퍼는 우리가 오늘날 그리스도를 제시하려면 어찌해야 하는가라는 방법을 묻지 않고, 현존하는 그리스도의 통치관계에 관해 묻는다. 이런 질문 방식으로 그는 이미 1932년에 말했던 것을 갱신한다. 이를테면 오늘날 복음을 어떻게 말해야 하는가가 중요한 것이 아니라, 역사적으로 중요해진 서구 세계의 모습을 고려할 때 복음의 내용은 도대체 어떤 분인가가 중요하다는 것이다. 본회퍼는 그리스도의 현존을 가정하며 그리스도의 현존을 오늘날에도 파악하고 싶어 한다.

3. 그는 6월 8일자 편지에서 다음과 같이 가장 간결한 진술 형식으로 주제를 표현했다. "그리스도와 성년이 된 세상."[166] 그는 이 편지에서 자유주의자들을 비난했지만, 칼 하임과 파울 알트하우스도 비난했다. 최종 결과로 볼 때, 이들이—상이한 이유에서 그랬겠지만—앞장서서 포용하시는 그리스도의 통치권 주장을 필요 없게 했다는 것이다. 하지만 본회퍼는 그런 것을 시도할 마음이 전혀 없었다.

4. 그는 6월 30일자 편지에서 주제를 한 번 더 변주했다. "내가 중요시하는 주제를 다시 한 번 공식화하면, '예수 그리스도는 성년이 된 세상을 요청하신다'가 될 것이네."[167] 그리스도는 과거에도 주님이셨고, 지금도 주님이시며, 앞으로도 주님이시라는 것이다. 지금까지 표현한 네 가지 주제 가운데 본회퍼가 중시하는 것은 그리스도의 주(主) 되심이다. 주님은 무력(無力), 섬김, 십자가를 통해서만 자신의 주권을 행사하신다. 본회퍼가 교권주의화와 성직 계급화 추세에 맞서 그리스도의 주 되심을 보호하는 것은 그 때문이다. 그는 그리스도의 통치를 의심하지 않는다. 본회퍼가 옹호하려고 시도하는 통치권은 이미 없어져 버린 통치권이 아

니다. 사라져 가는 지위들은 더더욱 아니다. 그는 "지위들"마저 포기하고, 고난당하는 그리스도, 무력한 그리스도가 어떻게 이 세상의 한복판에서 제약하고 해방하며 창조적으로 중심이 되시는지를 새롭게 파악하려고 한다.

본회퍼는 자신의 물음, 곧 그리스도의 현존에 관한 물음의 근본적인 특징을 여러 번 고정시키고 나서, 자신의 과제를 판이하게 기술하기도 한다. 모순처럼 보이지만 사실은 저 확고한 중심을 통해 해방되었기 때문이다. 말하자면 자신은 "최종 심판자"(DBW 8:403)에 맞서 세상의 옹호자가 되지 않으면 안 된다는 것이다. "내가 의도하는 바는……세상의 성년 됨과 인간의 성년 됨을 그대로 인정하고, 인간의 세상성을 '비웃지' 않고, 인간으로 하여금 자신의 가장 강한 자리에서 하나님과 대결하게 하는 것이네."[168] 세상의 성년 됨과 인간의 성년 됨을 인정하겠다는 이 의도가 나중에 어찌나 독자들을 매료시켰던지, 상당수의 독자들이 본회퍼의 성년 요구는 그리스도의 현존이라는 주제 아래에서 한 것이며, 그들을 격리시킨 것이 아니라 "하나님과 대결하게" 한 것이라는 사실을 망각할 정도였다. 이 편지 구절들 중에는 하나님 말씀의 위엄을 알리는 표현도 들어 있다. "하나님의 말씀이 그것들을 지배하네"(DBW 8:512). 내가 걱정스러운 마음으로 질문하는 편지에다[169] 그는 몇 개의 표어를 대답 삼아 적었다. 그 표어들 가운데 하나가 "귀족적 그리스도교"다(DBW 8:465).

이것이 본회퍼가 테겔에서 씨름한 주제의 성격이라면, 이 주제에 대한 그의 모든 설명은 처음부터 호교론(護教論)의 분야에서 벗어난 것이라고 할 수 있다. 기대와 달리 그의 물음은 지침의 성격을 전혀 유지하지 않는다. 그는 교회나 한 세대에게 그리스도를 선포하는 능력이 있는지를 의심하면서도 "신앙은 구하는 바를 얻는다"는 사실을 추호도 의심하지 않는다. 이전에 비해 훨씬 빈번해진 본회퍼의 시대분석은 칼 하임의 시대분석과 프리드리히 고가르텐의 시대분석을 특징지으며 따라다니던 염세주의적 고음과 저음을 전혀 유지하지 않는다. 본회퍼는 교회와 그 불신앙을 위협하면서도 암울하고 절망적인 상태를 결코 예언하지 않는다. 그는 위의 주제들을 제시할 때 나사렛 예수 및 그의 현존에 대한 지지를 한순간도 접지 않고 유통시키면서, 그것이 대단히 중요한 일이라는 듯이 항상 또박또박 말한다. 본회퍼가 진행한 "해석"은 관조적이고 지적인 이해 문제의 영역, 즉 연구만 수행하고 그 결과로 생겨난 것을 전혀 고려하지 않는 영역에 머무르지 않는다. 그의 시도는 지나간 참여를 뒤로하고 새로운 참여로 뛰어드는 발걸음과 흡사하다. 본회퍼의 주제 설정이 중시하는 것은 오늘날의 세상 속에서 그리스도의 현존을 알아내기 위해 길을 떠나는 것이지, 현대 세계를 찾기 위해 길을 떠나거나, 그리스도를 찾겠답시고 이 현대 세계에서 벗어나는 것이 아니다. 요컨대 본회퍼의 주제 설정은 이 세상에서 나사렛 예수IHN 찾기를 의미한다. 본회퍼는 누구도 변화되지 않고는 벗어날 수 없는 물음 가운데 가장 단순한 물음을 던진다. "당신은 어떤 분이십니까?" 그가 작업 초기에 기도를 언급하는 것도 그 때문이다.[170]

이 물음은 본회퍼의 대화법을 지배하며, 성년이 된 세상, 비종교적 해석, 비밀훈육과 같은 폭발적 공식들의 바른 관계와 균형을 유지한다. 상위 주제가 없다면 이 공식들은 와해되거나, 힘을 잃거나, 천박해질 수밖에 없다. 고립된 개별 현상들로서의 그것들은 본회퍼의 사상과 별 관계가 없다. 그리스도론에 입각하여 그의 주요 물음과 관계를 맺을 때에만, 그것들은 완전하고 독자적인 권리를 얻는다. 따라서 "오늘날 당신은 어떤 분이십니까?"라는 물음은 본회퍼가 중시한 다음 두 가지를 포괄한다. 과거와의 연속성 속에서 그리스도론에 입각하여 충분히 답변하기, 과거에 했던 답변들의 신선도가 떨어질 때 그리스도론에 입각하여 새로운 답변을 감행하기.

우리는 옥중서신들의 논술 속에 들어 있는 세 표어를 '어떤 저작의 초안'에[171] 들어 있는 세 개의 장과 유사하게 분류하고, 해설하고, 연관 지을 수 있다. 1. 성년이 된 세상(1장 현황 개관), 2. 비종교적 해석(2장 세속적 신앙), 3. 비밀훈육(3장 교회 형태를 위한 결론들).

a) 성년이 된 세상 본회퍼는 편지들의 광범위한 지면 속에서 성년이 된 세상에 관해 의견을 개진했다. 그렇게 개진된 관념군은 가장 참신한 것임이 증명되었고, 기분을 상쾌하게 하는 그의 분석들 때문에 최초의 독자들에게 가장 강력한 여운을 남겼다.

본회퍼는 특정한 역사 발전의 단계를 거론하고, 현재에 머물려고 하는 이에게 언젠가는 그 단계를 보는 눈이 열리게 될 것이라고 말하는 것 같다. 그는 "성년이

된 세상" 내지 "성년 **됨**"에 관해 언급하고,[172] "성숙한 세상"에 관해서는 별로 언급하지 않는다.[173] 그리함으로써 그는 "더 좋아진다"는 뜻의 도덕적 발전이 중요할 것이라는 오해를 막는다. 말하자면 어른이 되어 더 이상 책임을 회피하지 않는 것이 중요하다는 것이다. 다시 노예가 된 세상도 성년을 이상으로 품고, 자신의 상태를 이상이 부족한 탓으로 돌리며, 이상을 학수고대한다. 심지어 현대의 노예 소유자도 희생자에 대한 자신의 폭정을 자립을 위한 진정한 해방으로 제시한다.

"성년"이라는 개념은 본회퍼의 신학 개념들 속에 곧바로 출현하지 않고, 6월 8일자 편지에서 비로소 출현한다(DBW 8:511). 본회퍼는 그 이전까지는, 특히 다양한 생활 영역이 자기 책임성으로 발전하는 것을 기술할 때, "자율"이라는 개념을 사용한다. 그러다가 6월 8일자 편지에서 "'하나님'이라는 후견인"으로부터 벗어나는 것에 관해 언급한다.[174] 하나님이 작은따옴표 안에 들어 있다! 이때부터 성년이라는 표현은 전혀 없어지지 않고, 거의 혼자서 주도권을 쥔다. 본회퍼는 다음과 같은 의미에서 칸트의 핵심 표현을 사용한다. "계몽주의란 인간이 스스로 짊어진 미성년 상태에서 벗어나는 것이다. 미성년 상태란 인간이 자신의 오성을 다른 이의 지도 없이 사용하지 못하는 것을 가리킨다."[175] 이 뜻매김은 교회를 한 세기 동안 악몽처럼 괴롭혔다. 19세기에 리하르트 로테가 신앙을 윤리학으로 과감히 전환하고, 그리스도교가 성년이 된 인간의 윤리적 자율—끊임없이 자라는 윤리적 자율—로 전환되는 것이 그리스도교의 발전이라고 말한 것도 그 때문이었다. 하지만 본회퍼는 성년을 본질적인 요소로 꼽는 칸트의 결정적인 의견을 자신의 **십자가의 신학**theologia crucis에 수용한다.

그러나 세속화가 발전하여 성년에 이르는 것을 저주하지 않고 환영한 최초의 신학자는 본회퍼가 아니었다. 본회퍼는 더 정확한 조사를 통해 예전에 레온하르트 라가츠Leonhard Ragaz나 폴 틸리히에게서 유사하게 이루어진 돌파들을 다루어야 했지만 그러지 않았다. 그러나 다른 이들의 단초가 종교개혁의 그리스도론을 등지는 것과 관계가 있었던 반면, 본회퍼는 십자가에 달리시고 부활하신 그리스도의 이름으로 성년을 선언하고, 성년을 자신의 그리스도론에 상응하는 것으로 여겼다. 그가 보기에 십자가에 달리신 분은 "참된 세상성", "진정한 현세성", "성년"을 해방하고 바로잡고 쇄신하는 분이었다. 이렇게 그는 성년이라는 범주를 신학적으로 규정했다.

신학적 평가 본회퍼는 불트만 비평과 관련된 대목에서 다음과 같이 힘주어 말했다. "그러나 나는 신학적으로 생각하고자 하네."[176] 본회퍼에게 성년 인식은 철학도 아니고 현상학도 아니다. 그에게 성년 인식은 하나님 인식, 곧 "신학"이다. 그리고 그것은 하나님께서 우리보다 먼저 가계신 곳으로 그분을 뒤따라가겠다는 인식이다. 그 때문에 성년이 된 세상이라는 명제는 그에게 철두철미 신학적인 명제다. 덧붙여 말하건대 그것은 "무의식적 그리스도교"라는 명제와 유사하다.[177]

신학적 명제는 통계에 들지 못한다. 그래서 그것은 한 토막의 역사에 대한 하나님의 선언을 붙잡는다. 어느 날, 그것은 자신이 채용되어 참여하고 있다고 할 만한 시간을 갖는다. 그런 다음 그것은 "신학적" 명제로서 비판적이고 도발적이며 해방적인 요소들을 보여준다. 그 절호의 시기에 하나님을 위해 세상의 성년 됨을 인정해야겠다는 생각이 본회퍼—자신의 세계상이 히틀러 세계관의 지시를 받게 할 마음이 없었던 본회퍼—의 머리에 떠올랐다. 그와 동시에 성년을 인식하는 것뿐만 아니라 그것을 해명하는 것도 그의 관심사가 되었다. 이 신학적 명제 속에서 보는 일과 인식하는 일은 판결의 집행, 즉 성년을 인정하는 것과 밀접하게 결합된다.

세계가 이미 오랫동안 스스로 수행해 온 것을 본회퍼 또는 교회가 파악한 것에 불과하다는 항변은 사안의 핵심을 간과한 것이다. 교회의 축복행위들은 완수된 사실들에 한하여 합법적으로 이루어진다. 하나님의 신실하심을 말하기 위해, 그리고 개인 내지 공동체가 수행한 단편적 역사에 대한 하나님의 요구를 말하기 위해, 교회는 언제나 "나중에" 축복한다. 저주나 축복은 이미 생성된 것 위에 내려져, 그것의 미래를 결정한다. 이제까지 교회는 자율적으로 발전하는 세상을 축복하지 않고 도리어 저주하고 "불경죄"를 선고했다. 그 정도로 "성숙한 세상"은 버림을 받은 상태였다. 그러나 성년 선언이 이루어지지 않으면, 세상은 스스로에게 성년 선언을 하고 말 터였다.

본회퍼는 자신의 신학 발전 과정 가운데 바로 이 지점에서 그 개념을 만났다. 그리고는 그 개념에 대단히 폭넓은 논쟁의 여지를 부여하며 상세히 논했다. 물론 그는 세상의 현대적 발전을 지칭하기 위해 교회 안에서 자주 사용되던 "세속화"라는 표현을 오래전부터 사용하지 않았고,[178] 그전에도 좀처럼 사용하지 않았다. 그는 비난하는 말투의 그 표현이 싫었고, 그런 표현으로 자신의 주제를 설명하고 싶지도 않았다. 그가 긍정적인 것을 유효하게 해줄 단어를 채택하여, 그리스도와 현대 세계를 서로 연관시킨 것은 그 때문이었다.

> 이제 세상의 성년 됨은 더 이상 논쟁과 변증의 빌미가 되지 않는다네. 이제 세상은 스스로를 이해할 때보다 복음과 그리스도에 의해 더 잘 이해되고 있다네.[179]

본회퍼는 변증법적인 사고를 멈추지 않는다. 그런 까닭에 성년 됨에 관한 그의 언설도 실증주의처럼 이중적이거나 천박하지 않다. **십자가의 신학**의 복음은 성년을 용납하고, 성년으로부터 이의를 제기받기도 하지만, 그것이 일어서서 활동하도록 돕기도 한다. 1944년 7월 16일자 편지의 한 구절—널리 알려진 구절—속에는 십자가의 신학과 성년의 일치 및 역설이 가장 간결하게 표현되어 있다.

> "마치 하나님이 계시지 않는 것처럼"esti deus non daretur 우리는 세상 속에서 살아야 하네. 그리고 우리는 바로 이것을—하나님 앞에서!—알고 있네. 하나님 자신이 우리에게 이러한 인식을 갖게 하시지. 우리의 성년 됨이 우리로 하여금 하나님 앞에서 우리의 상태를 확실히 인식하게 하는 것도 그 때문이라네. 하나님은 우리가 하나님 없이 삶을 영위하는 자로 살아야 한다는 것을 알게 하시네. 우리와 함께하시는 하나님은 우리를 버리는 하나님이시지!(막 15:34) 우리를 하나님이라는 작업가설 없이 세상에서 살게 하시는 하나님이야말로 우리가 항상 마주하는 하나님이라네. 우리는 하나님 앞에서 하나님과 함께 하나님 없이 살고 있네. 하나님은 스스로를 이 세상에서 십자가로 밀어내시네. 하나님은 이 세상에서 무력하시고 연약하시며, 오직 그렇기 때문에만 그분은 우리와 함께 계시고 우리를 도우시네.[180]

십자가의 신학에 대한 인식과 성년에 대한 인식을 양 방향으로 검토할 수 있게 된 본회퍼는 성년이 된 세상을 알면 복음을 더 잘 알 수 있다고 뒤집어 말하기도 한다.

그 한도 안에서 우리가 말할 수 있는 것은 이것이네. 즉 앞서 말한 대로 성년이 된 세상을 지향하며 그릇된 신(神) 관념을 제거하는 발전이 눈을 열어 주어, 이 세상에서 자신의 무력함을 통해 힘과 공간을 획득하시는 성서의 하나님을 볼 수 있게 한다는 것이지.[181]

그는 더 과감하게 말하기도 한다. "성년이 된 세상은 무신성이 훨씬 강하다네. 바로 그 때문에 성년에 이르지 못한 세상보다 더 하나님께 가까운지도 모르네."[182] 물론 본회퍼는 매우 주의 깊은 신학자여서, 모든 새로운 인식이 곧바로 고립되며, 성년이 된 세상을 향한 자유가 실증주의에 의해 악용되리라는 것을 모르지 않았다. 그는 자기의 심중을 토로할 기회를 더는 얻지 못할 것이라고 생각했을 법한 어느 날, 곧 1944년 7월 21일에 아래와 같이 말했다.

내가 말하는 현세성은 교양인들, 분주한 자들, 나태한 자들, 호색한들의 천박하고 저속한 현세성이 아니라, 충분히 훈련되고 죽음과 부활을 늘 생생히 의식하는 심오한 현세성이라네.[183]

그가 성년이 된 세상을 이토록 과감히 긍정할 수 있었던 것은 성년이 된 세상이 십자가의 복음과 명백하게 관련되어 있다고 여겼기 때문이다. 사실 그의 마음을 다른 그 무엇보다 사로잡고 그의 사유 구조를 움직인 것은 이 새로운 긍정이었다. 이는 그가 서구 정신, 법률, 철학, 세속생활을 해방시킬 수 있는 길을, 4년 전 『윤리학』의 "유산과 몰락"이라는 장에서 했던 것과는 다른 어투로 선보인 것이다. 새롭게 검토하는 그의 기쁨이 감지된다. 이제야 현대의 "세속화"가 그리스도교의 불가피한 유산, 특수한 유산으로 보이고, 그리스도교로부터 더 이상의 고발을 당하지 않게 된다. 세속화는 더 이상 불쾌한 쓰레기가 되지 않고, 그리스도교의 자유로운 책임이 된다. 그리고 세속화의 길을 걷는 이들은 더 이상 강력한 유혹자가 아니라, 인간성을 위해 선봉에 서서 싸우는 사람, 인간성에 이바지하는 사람이 된다. 지금은 교회가 인간을 인간답게 하는 일에 함께 참여하기는커녕 발전을 여러 번 악마로 매도하고 있지만, 언젠가는 발전이 교회에 유죄 선고를 내리게 될 것이다. 왜냐하면 인간성과 성년이 된 세상이 떼려야 뗄 수 없게 서로 의지하고 있음이 갑자기 드러날 것이기 때문이다.

해방이 들불처럼 번지고 있다. 그 속에서 그리스도교도는—처음부터 끝까지 양심껏—루트비히 포이어바흐Ludwig Feuerbach와 니체의 말까지 귀담아듣고, 진보에 대한 그들의 관심을 허용하고 있다. 그래서일까, 이들은 교회에 경고를 보내어 천상적 욕구의 약방을 자처하지 못하게 하고, 세상만사를 도맡지 못하게 하고 있다. 이와 달리 교회의 **십자가의 신학**은 계몽주의의 유산이 실현 불가능한 것이 되지 않게 하는 데에 도움이 될 수 있다. 십자가의 신학은 충족시키기 어려운 인간의 갈망, 곧 진보를 찬미하고 신격화하며 악마화하려는 갈망을 바로잡아 준다. 어쩌면 십자가의 신학은 다른 방향에 더 필요할지도 모르겠다. 이를테면 계몽주의자가 염세주의적 체념과 회의주의적 불가지론에 빠져 자신과 자신의 행위를 헛된 것으로 여기는 것을 막는 데 도움이 되는 것이다.

본회퍼가 세상의 성년 됨을 놓고 했던 언설은 영향력이 더더욱 증대되었다. 그가 무자격 권력 집행기관의 무력한 희생자가 되었으면서도 이 놀라운 명제를 말했기 때문이고, 반역죄로 투옥된 고대 후기 철학자 보에티우스Boethius처럼 가장 우선적인 일을 대단히 정확하게 보았기 때문이다. 그래서 다들 다음과 같은 말은 들어 본 적이 없다고 말했다. "그리스도의 주 되심은 세상성과 상응하고, 제자도는 현세성에 참여하는 것과 상응한다. 자연 그대로의 것, 세속적인 것, 이성적인 것, 인간적인 것은 그리스도에게 엇서지 않고 그리스도와 자리를 같이한다."

b) 비종교적 해석 성년이 된 세상의 특징 가운데 하나는 "종교"의 시대가 지나갔다는 것이다. 본회퍼는 성년이 된 세상이라는 핵심어를 말하기에 앞서 종교의 최후를 논한다. 그는 처음에는 종교를 "형이상학과 내면성"으로 뜻매김했다(DBW 8:405). 하지만 그러고 나자 종교의 후견인 지위가 유통 정지되어야 할 것으로 여겨진다.

때문에 그리스도의 현존은 "비종교적 해석" 안에서 경험될 수밖에 없다. 본회퍼는 이 과제를 자주 언급하지만, 충분히 성취하지는 못한다.[184] 여기서 가장 큰 실질적 어려움을 느꼈기 때문이다. 나는 6월 3일자 편지에서 그에게 불트만에 관해, 신교도들이 공간을 포기하고 있는 것에 관해, 제의(祭儀)와 예언의 역할에 관해, 이 "해석"에서 전통이 차지하는 의미에 관해 물었다(DBW 8:463f.). 그는 아래와 같이 답장했다.

> 자네는 최근에 내가 생각하고 있는 것들과 관련하여 중요한 물음을 많이 던지는데, 내가 그 물음들에 답할 수 있다면 좋겠지만 그러지 못해서 안타깝네. 지금으로서는 모든 것이 시작 단계에 있고, 대체로 나는 이미 규명한 문제들보다는 미래의 문제들에 본능적으로 더 끌린다네.[185]

그러나 그는 미래의 과제들이 다음과 같은 방향을 취하게 될 것이라고 확신했다. 곧 전통의 속박에서 벗어나 복음을 "비종교적으로" 이해하고 전하고 계승하려면 어찌해야 하느냐는 것이다.

본회퍼는 여러 차례 대화를 나누는 중에 용어를 다양화하며, "세상적 해석", "세상적 재해석",[186] "새로운 비종교적 언어"라는 표현을 입 밖에 내기도 했다.[187] 본회퍼는 주로 종교 없이 "해석하기"를 언급하고, 어떤 때에는 "종교 없는 그리스도교"를, 다른 때에는 "종교 없이 그리스도인 되기" 내지 "종교 없이 살기"를 언급하기도 한다. 독일어권에서는 주로 "비종교적 해석"을 둘러싸고 논의가 이루어지는 반면, 영어권에서는 주로 "종교 없는 그리스도교"에 관한 논의가 이루어지고 있다. 그때마다 거론하는 주제도 다르다. 한쪽은 설교의 문제를 거론하고, 다른 한쪽은 기도와 제도의 문제를 거론한다. 하지만 본회퍼는 둘 다 거론한다,

바르트는 "비종교적으로 해석하기"라는 표현을 "도무지 종잡을 수 없는 것"으로 여겼지만,[188] 본회퍼는 그러지 않았던 것 같다. 그는 자신의 과제를 확신하고서, "성년이 된 세상에서 비종교적으로 해석하기"라는 가제목을 자신의 과제에 거리낌 없이 붙이고, 이 계획을 자신의 미래 과제로 삼았다.

"종교" 본회퍼는 그 당시에 "종교"를 어떻게 이해했는가? "비종교적으로 해석하기"는 무엇을 의미하는가?

그는 여러 문제를 좀 더 상세히 조사하다가 "종교"라는 개념을 다루게 되었다. 하지만 『행위와 존재』에서 상세히 했던 것과 달리, 테겔에서는 종교 현상에 관한 역사적 연구논문이나 조직신학적 연구논문을 집필하려 하지 않았다. 자신이 완벽하게 규명된 개념을 사용했는지를 두고 옥신각신하기보다는, 자신의 주제가 그리스도론과는 무관한 현상 그 자체로서, 오류로서 생겨난 까닭에, 여느 문답 교수법과 달라 보인다는 점을 인정한 때문일 것이다. 그는 "종교"에 정통하지 못한 사람이 아니었다. 이는 대체로 그의 장서가 증명하는 사실이다. 그의 장서에는 특히 콘라트 폰 오렐리Conrad von Orelli의 『일반종교사』*Allgemeine Religionsgeschichte*와 게오르크 지멜Georg Simmel의 『종교』*Die Religion*가 들어 있었고, 둘 다 그가 숙독한 것이었다. 말년에는 게라르두스 판 드르 레이으브Gerardus van der Leeuw의 『종교 현상학』*Phänomenologie der Religion*과 『인간과 종교』*Der Mensch und die Religion*에 몰두하고, 피에르 다니엘 샹트피드 라 소세이Pierre Daniel Chantepie de la Saussaye의 포괄적 종교사에도 몰두했다.

그는 성년이 된 세상에서의 그리스도의 현존이라는 상위 주제를 다루면서, 무언가가—그는 자기 전통에 따라 이것을 "종교"라고 불렀다—때를 얻어 현대 세계와 그리스도를 보지 못하도록 눈을 흐리게 하고 차단해 왔다고 주장할 만큼 종교 현상을 번번이 신속하게 무시했다. 믿음과 종교를 정면으로 대립시키는 것은 그가 대학생 시절에 기본적으로 경험한 것 가운데 하나였다. 그가 바르셀로나에서 수련목회자로 재직할 때 했던 모든 설교는 그가 칼 바르트에게서 무엇을 배웠으며, 성서에 자리한 종교 혐오를 어떻게 바르트의 시각으로 알아채게 되었는지를 알린다.[189] 그사이에 신앙과 종교를 대하는 이러한 시각은 고백교회 소속 신학자 동아리의 보편적 상식이 되어 있었다. 본회퍼가 형무소에서 바르트의 업적을 다시 한 번 명시적으로 치하한 것은 그 때문이었다. "바르트는 종교 비판을 가장 먼저 시작한 신학자라네. 그리고 그것은 그의 대단히 큰 공로로 남아 있네."[190] 이 비판에서 종교는 인간이 내세에 이르기 위해, 신격을 요구하기 위해, 도움과 보호를 강청하기 위해 움직이는 것을 의미한다. 요컨대 종교는 인간의 자기 정당화라는 것이다.

본회퍼는 바르트가 종교 없는 그리스도교의 방향에서 유일하게 "사고하기 시작한" 사람이지만 "이 사고를 관철하거나 집요하게 천착하지는 못했으며",[191] "신학적 개념들의 비종교적 해석에서……구체적 지침을 전혀 제시하지 않았다"라고[192] 지적했다. 어째서 본회퍼는 바르트가 "시작"만 하고 "관철하지는" 못했다고 생각하게 되었는가? 벵트-에릭 벵트손의 지시를 따라 바르트의 초기 논문들을 참조하다 보면 의문이 풀린다. 이 논문들 속에 들어 있는 바르트의 표현들은 본회퍼가 1944년에 제시한 표현들과 대단히 흡사하다.[193]

그러나 본회퍼는 "종교"라는 용어를 바르트와는 다른 방식으로 취급했다. 바르트는 경건을 의미하는 종교를 신앙인의 불가피한 특징으로 이해했다. 본회퍼도 초창기에는 『행위와 존재』에서 그렇게 이해했었다. 하지만 이제는 종교 현상을 더 이상 인간을 영원히 따라다니는 심적 상태로 여기지 않고, 역사적이고 일시적이며 재발되지 않을 수도 있는 "서구적"[194] 현상으로 여긴다. 그리함으로써 그는 당연히 바르트를 넘어섰다. 하지만 모든 것이 어떻게 본궤도에 오르는지는 충분히 숙고하지 않는다. 그 때문에 현존하는 표현들은 취약점을 드러낸다.

본회퍼가 말하는 종교 개념의 특징들

단편적 상태의 설명들이기는 하지만, 본회퍼의 편지들을 읽다보면 "종교"라 불리는 것에 뚜렷한 윤곽을 부여하는 특징들이 눈에 띈다. 그가 임시로 규정하여 원래의 것을 상기시키는 두 특징은 형이상학과 개인주의이다. 그의 사고와 행동 전체에서 끈질기게 떠오르는 또 다른 특징들은 종교의 특권적 지위, 종교의 국지성, 종교의 "deus ex machina"(본서 536쪽 옮긴이 주 참조) 구상, 종교의 후견인 지위, 종교의 무용성(無用性)이다.

혹자는 그러한 특징들이 무조건 "종교"의 본질적 특징들이어야 하는가라고 자문할지도 모르겠다. 하지만 본회퍼는 사실상 그것들을 찾아내고, 이러한 본질적 특징들을 지닌 종교가 서구의 현상이 되어 예수의 주장과 실체를 확정적인 선로에 고정시켰지만, 이 선로가 막다른 골목으로 이어지는 까닭에 당연히 제거되어야 한다고 말한다. 용어들이 마음에 들지 않는다고 계속 트집을 잡을 경우에는 본회퍼가 본래 의도한 바를 보지 못할 수도 있다.

형이상학 "내가 보기에 종교적으로 해석한다는 것은……형이상학적으로 말하는 것을……의미하는 것 같네."[195] "시대의 제약을 받는 형이상학의 전제들."[196] "절대자, 형이상학적인 것, 무한자의 개념 형태를 취하는" 신(神).[197]

이것은 본회퍼 자신이 종교를 형이상학의 영향을 받는 것으로 규정하며 언급한 것들이다. 본회퍼는 내재-초월 도식 속에서 사고하지 않고, 내재를 위해 초월을 제거하지도 않는다. 오히려 그는 쓸모없게 되어 버린 형이상학, "연장된 세계"가 되어 버린 형이상학, 신앙의 필수 선결 조치가 되어 버린 형이상학에 맞서 진정한 초월의 회복을 중시한다.[198]

본회퍼가 알브레히트 리츨의 베를린 대학교 재학 시절에 감명 깊게 분석하고 바르트의 신학을 통해 깊이 아로새긴 것도 서양 철학의 형이상학에 포박된 성서적 신앙이었다. 그는 예전에 압도적이었던 신앙의 초월성이, 형이상학으로 신앙을 꾸미는 오랜 역사를 거치면서, 죽은 사실로 축소되었다고 생각한다. 초자연적인 것과 신화적인 것의 응고가 복음의 현재적 접근을 차단하고, 복음을 포위한 낯선 것들이 메시지Botschaft의 생소함과 더 이상 관계하지 못했기 때문이다. 형이상학의 특색을 지닌 그리스도교적 종교는 세계에게, 그 세계가 갈망하는 초월성을 공급했다. 현존재의 상부 구조로서 하나님이 필요했고, 종교적 동경은 천상의 집에 이르는 것을 목표로 삼았다. 이처럼 형이상학은 그리스도교적 종교를 유혹하여 두 영역 속에서 정적으로 사고하게 하고, 그리스도교적 종교로 하여금 구속의 특성을 일방적으로 강조하게 했다.

본회퍼는 "형이상학"이라는 개념을 사용할 때 폴 틸리히를 통해 약간의 정정을 받아야 했을지도 모른다.[199] 그럼에도 본회퍼의 비종교적 해석은 예수의 메시지를 위해 종교의 "형이상학적" 오해를 거부한다. 그의 비종교적 해석은 틸리히 및 불트만과 대단히 가깝다. 틸리히가 "초자연적인 것"을 제거하려 하고, 불트만이 "신화적인 것"을 제거하려 하듯이, 그는 하나님을 객관화하여 시대의 제약을 받게 하는 짓, 곧 "종교적" 옷 입히기를 하나님을 위해 제거하려고 한다. 틸리히와 불트만이 그랬듯이, 본회퍼도 교리들과 그 관념들의 전통적인 구조를 가동시키고, "유신론"을 논의하고, "무신론자들"과 새로운 대화를 시작하는 것을 중시한다.[199a] 그럼에도 본회퍼에게서는 인식론 성향의 질의들과 함께 다른 요소들, 곧 실존과 관련된 의지주의의 요소들도 강력하게 공명한다. 기억하겠지만, 그는 초창기에 "윤리적 초월성"에 관심을 기울였다.[200]

> 중요한 것은 내세가 아니라, 창조되고, 유지되고, 율법에 사로잡히고, 화해되고, 갱신된 이 세상이네. 이 세상을 초월해 있는 것이 복음에서는 이 세상을 **위해** 존재하려 하지.[201]

이것에 상응하는 진술, 곧 『성도의 교제』와 『행위와 존재』 속에서 이루어진 진술에 따르면, 형이상학적 요소와 그 뒤를 잇는 개인주의적 요소 사이에는 밀접한 관련이 있다. 왜냐하면—당시에 그가 지칠 줄 모르고 제시한 대로—형이상학적인 것의 인식론적 초월 속에서는 모든 것이 주체 속에 "편입되고", 결국에는 이 주체만 홀로 남기 때문이다. 그가 편지들 속에서 이 두 요소를 긴밀히 연결시켜 언급하는 것도 그 때문이다.

개인주의

"종교적으로 해석한다는 것은……다른 한편으로는……개인주의적으로 말하는 것을……뜻하네."[202]

> 종교의 시대는 사실상 "내면성의 시대이자 양심의 시대"였다.[203] "내면성처럼 시대의 제약을 받는 전제들."[204] 하나님을 최소한 "개인적인 것", "내면적인 것", "사적인 것"의 영역에 붙잡아 두려는 시도.[205] "복음적 그리스도교를 종교로 유지하려고 한 최후의 시도인 경건주의……."[206]

이것은 본회퍼가 종교를 개인주의의 영향을 받는 것으로 언급한 것들이다.

본회퍼는 이미 『성도의 교제』에서 그리스도교의 모든 개념의 사회성을 개진한 상태였다. 사실 그는 입만 열면 개인의 헌신을 말하는 편이었지만, 그럼에도 정의의 나라와 신앙의 사회적이고 반개인주의적인 성향에서 한 번도 눈을 떼지 않았다. 덧붙여 말하건대, 그는 그다지 모질지 못해서 파울 게르하르트 성가의 심히 개인적인 신앙 진술에 동의하기도 했다. 하지만 인간의 사적인 영역을 주목하는 경향, 즉 세상과 **하나님의 가족**familia Dei을 희생한 채 "영혼 구원"을 장려하는 경향에 대한 반감이 자라면서, 그는 "성년이" 된 이들을 그러한 개인주의적 내면성의 울타리 속으로 도로 데려가려 하지 않았다.

형이상학(하나님을 형이상학적으로 대상화하기)이라는 표제어 아래에서는 비종교적 해석과 실존적 해석이 일치한다고 주장할 수 있지만, 두 번째 표제어(개인주의)에서는 그 둘의 일치가 확실치 않은 것 같다. 실존적 해석은 분명히 개인적인 것에 관심을 기울이고, 개인적인 것을 초월하는 물음을 단적으로 싫어한다. 흔히들 불트만의 신학이 경건주의의 세계—본회퍼가 "종교"라고 부르는 세계—와 유사하다고 말하는 것은 그 때문이다. 본회퍼도 이와 유사하게 추측했던 것 같다. 그는 경건주의 성향 내지 "감리교" 성향의 목회가 사생활 영역이나 인간 실존의 "내면성"에 머무르는 것을 혐오하고, 그 혐오를 실존철학에까지 연장했다. 어쩌면 그는 다음과 같은 질문을 제기한 것인지도 모른다. "현대의 실존적 해석은 '시종(侍從)의 비밀들이……현대 목회자들의 사냥터가 되었다'는[207] 나의 판결을 받게 되지 않을까? 현대의 실존적 해석은 '하나님의 영역을 인간의 은밀한 곳에 마련'하려는[208] '종교적 해석'의 왕국으로 들어간 게 아닐까?"

극지성 방금 본회퍼가 거론한 "종교" 정의들에는 몇 가지 중요한 특징이 덧붙여질 수 있다. 이 특징들은 본회퍼의 생활 영역과 신학적 확신에서 눈에 띄거나, 편지들의 우회적 표현 속에서 분명하게 눈에 띄면서, "비종교적으로 해석하기"라는 관념을 훨씬 돋보이게 한다.

본회퍼는 이미 프리드리히 나우만의 책에서 그리스도교적 종교가 어떻게 여느 생활 영역 가운데에서 분리된 영역, 곧 전체의 부분이 되었는지를 읽고 불안해한 적이 있다. 하나님은 일상생활 전체에서 다소 주목할 만한 영역을 할당받는다. 이는 그의 스승 라인홀트 제베르크가 가르친 "종교의 선험적 인식"과 관계가 있다. 이 인식은 여타의 선험적 인식에 비해 독자적인 영역을 양도받는다. 또한 그것은 사회학적으로 혹은 심리학적으로 이해된 종교의 효험이 있는 영역과도 유사한 관계가 있다. 더 확대해서 말하자면, 그것은 과거의 성물(聖物), 상황에 따라 생명을 제공하는 성물, 문화부가 담당하는 유적들과도 관계가 있을 것이다. 도도한 세속화 과정 속에서 종교적으로 여전히 살아 있는 이 영역들이 관련 분야들 때문에 하나씩 제거되고, 급기야 그리스도교의 하나님마저 규명되지 않은 삶의 영역에만 가까스로 거주한다는 비난을 받는 것으로 여겨진다. 본회퍼는 이 "지속적 후퇴"—그리스도교적 종교의 운명—를 지칠 줄 모르고 기술한다.[209] "'종교적' 행위는 항상 부분적인 것이고, '신앙'은 항상 전체적인 것, 즉 삶의 행위라네."[210]

여기서 치명적인 것은 종교가 모든 관심을 자기의 경계선으로 두르고 제도화하여 그 경계선의 준수를 감시한다는 것이다. "결정적으로, 교회는 자기방어에 치중한다. 타자를 위한 모험이 없다."[211]

Deus ex machina 본회퍼는 「그리스도인들과 이교도들」이라는 시의[212] 첫 구절에서 일반종교의 신(神) 구상인 'deus ex machina'를[213] 가장 인상적으로 묘사한다. 모든 종교는 이 구상으로 먹고산다. 곤경 속에서 도움을 받고, 수수께끼의 답을 얻고, 질의에 대한 응답을 얻으려면, "전능, 전지, 편재"가[214] 있어야 한다는 것이다. 그 때문에 그리스도교적 종교는 영적 약방이 된다. 종교적 설교는 청중에게 그들의 궁핍 상태를 알려 주고, 그들에게 적당량의 약제를 나누어 준다.

이 대목에서 본회퍼는 어떻게 인간의 진정한 무신성이 종교성, 경건주의로 인해 치명적으로 은폐되었는지를 보여주려고 한다. 그리스도는 "대답"이나 "해결책"이나 의약품이 되어서는 안 된다. 종교는 하나님의 능력으로 먹고살지만, "성서는 인간들에게 하나님의 무능과 하나님의 고난을 가리켜 보인다."[215]

종교는 이 구상을 탈출구 삼아, 현실생활과 그 속에서 이루어지는 성숙한 책임을 회피한다. 그러고는 대리 만족에 적응하게 한다. 본회퍼가 "그리움"에 관해 상세히 설명한 것도 아마 이와 관련해서였을 것이다. 그는 이 설명에서 하나님은 틈새를 메워 주는 분이 아니라고 말한다. 그는 이것을 1943년 성탄 전야에 보낸 편지 속에서 특히 인상적으로 언급한다.[216]

특권 종교의 이 특징은 개념상으로는 편지들 속에서 "종교적 특권자"라는 표현으로[217] 한 차례 언급되고 있지만, 실제로는 끊임없이 영향을 미치는 까닭에[218] 거의 수위를 차지할 정도다. 본회퍼의 생애는 다음과 같이 그리스도교적 종교의 치명적 특권을 극복하려는 끊임없는 투쟁으로 이루어져 있다. 신학을 하겠다는 결단, 대학교수직에서 목사직으로의 전환, 공모 협력 등.

그리스도교적 종교의 역사는 특권으로 점철된 역사다.[219] 그리스도교적 종교는 자신이 갖가지 형태의 특권을 타고난 자로 이해되는데도 그것을 저지하지 않았다. 개인과 사회를 막론하고 생활과 사고의 모든 가능한 분야에서 물질적으로, 재정적으로, 법률적으로, 육체적으로, 정신적으로 타고나거나 획득된 능력이 생겨나고 가시화되었다. 신앙은 공로로 얻은 재산 내지 그렇지 않은 재산이 되어, 무관하게 강요되거나 선전되다가 급기야 복고적 "계시실증주의"라는[220] 판결까지 받는다. 신앙의 실증은 일정한 사회 계층의 호사스러운 행사가 되고, 이 계층은 그것을 관례에 따라 일시적으로 거행한다. 실제로 종교는 기존의 질서, 기존의 권력, 기존의 사고방식을 보장하고 재가하는 가장 강력한 보증인이 되었다.

본회퍼가 말한 "율법"으로서의 종교, 구원의 조건으로서의 종교도 여기에 속한다.[221] 종교는 사실상 차별의 특징이 된다. 차별하는 특권에 빠진 종교는 역사상의 온갖 폭력행위, 곧 그리스도인이 비그리스도인에게, 유신론자가 무신론자에게, 백인종이 유색인종에게 가한 폭력행위의 배후다.

후견인 지위 위에서 말한 종교의 특권적 지위와 긴밀히 연결된 것이 있다. 적어도 이 방면의 미성년 상태인 인간의 "후견인"으로서 종교가 감당하는 역할이 그것이다. 이 특징은 특히 부각되어야 한다. 한편으로는 그리스도교적 종교의 군주적·가부장적 성격이 그 제도들은 말할 것도 없고 그 사고 도식과 기대 도식 속에도 뿌리 깊이 고착되어 있기 때문이고, 다른 한편으로는 본회퍼에게서 다음의 두 가지가 연결되면서도 정반대로 설명되고 있기 때문이다. "성년이 된 세상에서 비종교적으로 해석하기"와 "미성년 상태의 세계에서 종교적으로 해석하기."

"종교적 해석", 이것은 그리스도의 일반적 무력(無力)에 대한 복음의 해석이다. (생명 수여자로서의) 성직자 혹은 (진리 관리자로서의) 신학자가 교인에 대해 갖는 후견 및 치리관계를 고무하고, 종속관계를 만들어 내고 유지하는 것이 바로 이 해석이다. 교권 제도, 신학, 교리를 극복하는 것만큼 까다로운 일은 없다. 성년 됨이 대단히 해방적인 요소를 갖는 것은 그 때문이다.

이런 의미에서 본회퍼는 "교회를 구원기관으로 유지하려는 시도"인[222] "정통 고수"에 관해, 그리고 "잘못된 종교적 속박과 억압"에[223] 관해 이야기하는 한편, 타인을 대리하고, 세상의 협력과 연대를 가능하게 하라고 훈계한다. 교회는 "인간 공동체의 세상적 과제에 참여하되, 지배하는 자세가 아니라 돕고 봉사하는 자세로 그리해야 한다."[224] 덧붙여 말하건대 본회퍼의 개인적 영향은 인간으로 하여금 성년의 길로 나아가게 하는 그의 신비로운 능력에서도 밝혀지지 않을까?

무용성(無用性) 이미 서두에서 언급한 본회퍼의 종교 개념의 특징, 곧 옥중서신들에서 나타나는 종교 개념의 특징—종교는 지나간다!—은 이 배열에 훨씬 의도적으로 수용된 것임에 틀림없다. 하지만 갑갑하게도 본회퍼는 바르트의 조직신학적 종교 개념과 이 역사화한 종교 개념 사이의 관계를 어떻게 이해할 것인가라는 문제를 해명하지 않는다. 신앙은 서구적 특징의 종교, 혹은 동양적 특징의 종교, 혹은 아프리카적 특징의 종교가 되는 것을 피할 수 있을 것인가? 하지만 본회퍼는 믿음을 가능하게 하려고 "서구적 형태"(DBW 8:404 참조)의 "종교"를 불필요한 것이라고, 과거 시대의 잔재라고 단언한다. 그의 판단은 믿을 만하다. 그가 예수의 시대를 종교의 시대와는 다른 것으로 여기기 때문이다.

본회퍼는 이제까지 언급한 종교의 특징들이 현재를 소홀히 함은 물론이고, 예수의 참모습까지 소홀히 하고 있다고 판단한다. 엄밀히 말해서 중요한 것은 언제나 예수와 그의 현존이다. 1. 예수는 기존의 사고방식과 행동 방식을 받아들이라고 요구하지 않는다. 2. 예수는 개인주의를 반대하고, 타자를 위한 인간을 은폐하지 않는다. 3. 예수는 분할불의 방식으로 대속하지 않고, 자기의 목숨을 바쳐 대속한다. 4. 예수에게는 'deus ex machina'의 유혹이 없다. 5. 예수는 특권자를 멀리하고 버림받은 이와 함께 한 식탁에 앉는다. 6. 예수는 자신의 넘치는 무력(無力)으로 인간을 해방하여 스스로 책임질 수 있게 한다.

본회퍼는 그리스도인들이 자신의 분석을 날마다 뒷받침해 주고 있다고 여긴다. 그들의 그리스도교적 활동이 사실상 그들의 일상생활 전체 속에서 일요일에 한정된 영역이 되고 있기 때문이다. 요한 하인리히 페스탈로치는 종교로 인해 무슨 일이 벌어지고 있는지를 이미 자기 시대의 언어로 개인주의적이지만 타당하게 표현한 바 있다. 이는 오스카 함멜스베크가 주목한 사실이다.

> 나는 내 마음을 종교로 이끄는 감정들과 내 마음을 종교로부터 멀어지게 하는 판단들 사이에서 갈팡질팡하며 내 시대의 죽은 길을 걸어갔다. 나는 나의 내면에 자리한 서구적 종교가 차갑게 식도록 방치하면서도 종교를 반대하지는 않았다.……말로 다할 수 없는 불행이 나를 덮쳤을 때, 조금이나마 격리되어 남아 있던 내 젊은 시절의 종교적 감정의 힘은 바닥난 상태였다.……내가 신앙을 갖지 않는 이유는, 내가 무(無)신앙을 진리로 여기기 때문이 아니라, 내가 이제껏 살아오면서 받은 인상들 전체가 나의 가장 내적인 감정으로부터 신앙의 축복을 밀어냈기 때문이다.……내가 내 자아의 완성으로부터 멀어진 채, 완벽한 진리가 오를 수 있는 고지를 알지 못하고 오히려 비난하는 것은 그 때문이다.[225]

아담 폰 트로트 추 졸츠는 1944년 7월 20일 사건 이후 처형되기 직전에 자기 부인에게 이와 유사한 상태를 훨씬 절박하게 기술했다. "우리 그리스도교의 소박한 신앙이……확대되면, 오늘날 우리가 안고 있는 문제들 전체와 그 심각함을 엄히 가르쳐 줄까요?" "소박한 그리스도교 신앙"이라는 표현은 본회퍼의 "종교" 비판을 정확히 대변하고, "확대되다"라는 말은 본회퍼가 오늘날의 세계 연루 속에서 온전한 믿음과 성년mündige Verantwortlichkeit의 관계를 추구한 것에 상응한다. 그리고 "엄히 가르치다"라는 말은 본회퍼가 포괄적으로 말한 "해석"과 다름없다. 아담 폰 트로트 추 졸츠는 죽음 직전에 반신반의하면서 본회퍼의 물음을 제기하고 있는 것이다.

요컨대 "종교"가 국지성을 가지고 있다면, 우리는 "비종교적" 해석 대신에 "비국지적" 해석에 관해 말해도 될 것이다. 본회퍼가 "세상적"이라는 표현을 쓰는 곳에서는 "충격을 주고 부담을 주는 해석 전체"라는 표현을 써도 될 것이다. 본회퍼가 『비티코』를 얼마나 좋아했는지가 다음의 글에서 여실히 드러난다. "종교적 행위는 항상 부분적인 것이고, '신앙'은 항상 전체적인 것, 즉 삶의 행위라네. 예수는 새로운 종교를 촉구하지 않고, 삶을 촉구하네.……어느 날 젊은 비티코는 이렇게 말하더군. '나는 〈전체적인 것을 행하기 위해〉 세상 속으로 들어간다.'"[226] "전체적인 것"은 자신의 무신성을 밝히고, 공동의 죄책을 짊어지고, 이 세상에서 하나님의 무력(無力)에 참여하는 것이다. 본회퍼의 비종교적 해석은 온전한 의미의 그리스도론적 해석이다.

해석 프로그램을 넘어 본회퍼의 "비종교적 해석"은 교회의 설교와 공동체의 생활 형태에 풍부하고 엄격한 기준들을 마련해 준다. 그것은 해석 도구들을 서재에 갖추어 놓고서 하는 해석 프로그램으로 수행될 수 있는가? 그것은 "실존적 해석"의 변주로 수행될 수 있는가? 게르하르트 크라우제는 후자를 권한다. 그는 우리가 이제까지 진행해 온 서술 시도들을 마주하여 어느 정도의 정당성을 갖추고서 본회퍼와 불트만의 사이를 너무 벌려서는 안 된다고 말한다.[227] 존 A. T. 로빈슨이 폴 틸리히와 비교하면서 믿게 하는 것처럼, 본회퍼의 "비종교적 해석"은 초자연적 교리 구조가 빠진 해석인가? 그럴 수도 있고 아닐 수도 있다.

불트만, 틸리히, 본회퍼는 상당한 유사성을 띠고 있는 것 같다.[228] 이 세 사람은 다음과 같이 말할지도 모른다. "우리는 '이해의 기원들로 되던져졌다.'"[229] 본회퍼에게는 해석학적 문제가 존재한다. 전에는 그 문제가 절박하다고 생각하기도 했지만, 그는 이제 다른 길로 나아간다. 이를테면 교회를 세차게 공격하는 것이다. 이 세 사람이 서로에게서 영향을 받지 않고 자신들의 논제들을 공식화한 뒤에, 각자의 전제들을 토대로 전문 용어를 포착하여 그 주제들을 담았다는 사실도 중요한 일이 아닐 수 없다. 한 사람은 어문학적 번역 작업과 그 철학적 장점을 숙고하는 데에서 출발하고, 다른 한 사람은 유화적 보편 구제설에 대한 철학적 관심에서 출발한다. 그렇다면 나머지 한 사람은?

게르하르트 에벨링은 본회퍼를 새로운 언어에 맞서 새로운 "형태"를 두둔한 사람으로 그리지 말라고 경고했다.[230] 물론 본회퍼도 현대와 설교를 연결하는 일에, 즉 복음이 "화제에 오르는 일"에 지대한 관심을 기울인다. 하지만 그는 세계상의 문제, 개념의 문제, 번역의 문제를 넘어서는 곳에 강세를 둔다. 그가 구상한 두 장(章), 곧 "현황 개관"과 "그리스도교 신앙은 무엇인가?"에는 세 번째 장인 "결론들"이 곧바로 이어진다. 이 "결론들"(DBW 8:560)은 누구도 벗어날 수 없는 "형태" 문제들을 제기한다. 따라서 본회퍼에게 비종교적 해석은 윤리적 해석이라기보다는 해석학적 범주이자, 교회와 그 형태에 보내는 참회 권고라고 할 수 있다. 설교를 위한 범주, 언어를 위한 범주라고 해도 무방할 것이다.

독특하게도 그의 사유 단초에는 "비밀훈육"Arkandisziplin에 대한 관심, 곧 해석하는 이가 무력(無力)을 통해 강력해진 주님과 연결되려면 어찌해야 하는가에 대한 관심이 따라다닌다. 이 관심사는 신학 논의 속에서는 대단히 드문 일이지만, 그리스도인이 자신과 세상의 일치를 보기 시작하는 순간 곧바로 그리스도인의 정체성의 문제로서 다가온다. 비종교적 해석이 일치를 의미한다면, 비밀훈육은 정체성의 보장을 의미한다.

본회퍼의 "해석 프로그램"은 교회에 특정한 형태의 침묵을 권고한다.[231] "교회의 말은 개념들을 통해서가 아니라 '모범'을 통해서 힘과 능력을 얻기" 때문이다.[232] 성실한 정신노동이 윤리적 결단과 결합하는 것도 그 때문이다. 본회퍼는 이해의 문제와 방법의 문제도 논의하지만, 그럴 때면 언제나 곧바로 민감하고 예민한 결론들, 예컨대 교회 재산의 처분과 같이 비난받기 쉬운 결론들에 이른다. 그는 사람들이 예언자적인 것으로 받아들이거나 회피하는 지점들로 나아가는데, 그 이유를 논하기는 쉽지 않다. 본회퍼가 보기에, 방법의 문제는 자신이 언젠가는 지적으로 해결될 것이라는 기만적인 기대 속에서 "해석"의 행위를 오랫동안 미루고, 과거의 예수 그리스도와 미래의 예수 그리스도의 현재적 만남을 시야에서 사라지게 하여 부적절한 의존을 초래한다.

우리는……모든 가능성을 미리 숙고하여 모든 행동의 안전을 확보하면 그 행동이 완전히 저절로 이루어질 것이라고 생각해 왔단다.……너희들은 행동하면서 책임져야 한다는 것만 생각하면 될 거야.[233]

c) **비밀훈육** 이제 본회퍼는 "이 세상에서 하나님의 고난에 참여하는 행위"의 신비에 관해 말한다(DBW 8:537). 이 참여 속에서 "융합"이 일어나고, 이 융합이 언젠가 "해방하고 구원하는 언어"를 다시 풀어주면, 이 언어 아래에서 "세상이 변화되고 갱신된다"는 것이다.[234] 본회퍼는 이 중요한 신비를 "비밀훈육"이라는 핵심어로 표현하며, 협의와 광의에서 저 참여의 "경건한" 측면을 가리킨다. 본회퍼의 제안들을 수용하는 가운데 이 비밀훈육에 관한 논의가 대략적으로라도 이루어질 경우, 엄청난 불확실성이 논의를 지배하거나 일방적 표현이 논의를 지배하게 될 것이다. 그럼에도 여기에서 주요 주제의 중요성이 다시 직접적으로 부각된다. 말하자면 "그리스도는 오늘 우리에게 어떤 분인가?"라는 물음 속에서 현존하는 그리스도와의 관계—실제로 훈련되고 면제된 적이 전혀 없는 관계—가 부각되는 것이다. 침묵과 은신에 관한 발언, 의인의 기도와 행위에 관한 발언, 궁극과 차극(次極)의 구별에 관한 발언도 여기에 속한다.[235]

이 핵심어 자체는 옥중서신들에서 새로운 신학 작업을 처음으로 전개할 때 두 차례만 등장한다.[236] 이는 내적인 관련들이 없어지면 일방적 표현이 될 위험이 있음을 본회퍼가 곧바로 알아챘기 때문일 것이다. 그렇다고 해도 그에게는 단어가 암시하는 것처럼 비밀훈육의 목적이 대단히 중요했다. 이미 그는 자신의 역할을 다한 뒤 중요한 삶의 과정들을 은폐할 필요를 느껴서 초기 그리스도교의 관례에 관심을 기울이던 상태였다. 초기 그리스도교 관례는 아직 잘 모르는 이들, 아직 세례받지 못한 이들을 성찬식이 거행되고 **사도신경**Apostolicum이 암송되는 본예배에서 제외시켰다. 이것이 "비밀훈육"의 시초였다. 우리가 목사후보생으로서 핑켄발데에서 수학하던 시절에, 본회퍼는 가장 오래된 교회사의 이 단편, 곧 우리가 거들떠보지도 않던 이 단편을 살려 내려고 함으로써 우리를 놀라게 했다.[237]

본회퍼는 "성년이 된 세상에서 비종교적으로 해석하기"라는 자신의 사상을 전개할 때에도 예부터 내려오는 교회의 교리들 및 관례들과의 관계를 끊을 생각이 없었다. 자신과 **종교적 인간**homo religiosus의 차이를 언급하고 『나를 따르라』의 문제점을 말하는(DBW 8:542) 편지—1944년 7월 21일 고립무원의 상태에서 쓴 편지—에서 그는 아래와 같이 말했다.

> 물론 나는 신학적 사고에 끊임없이 몰두하고 있지만, 성찰 없는 생활과 그런 신앙에 만족하며 지내는 시간들도 있네. 그럴 때면 헤른후트 매일묵상집 『로중』에서 기쁨을 얻는다네. 예를 들면 어제와 오늘의 성구가 특히 좋았네.[238] 파울 게르하르트 성가들로 돌아가, 그것을 소유하고 있다는 사실만으로 기뻐하기도 한다네.[239]

본회퍼는 비종교적 해석의 대척점인 비밀훈육을 포기할 수 없는 것으로 여겼음에 틀림없다. 물론 그는 이 문제를 신학적으로 제거하여 자신의 불편한 심기를 달래려 하지 않는다. 그가 새로운 시각을 전개하면서 곧바로 "제의"(祭儀)는 무엇이어야 하는가라는 물음을 던진 것은 그 때문이다. 이것은 해체나 단호한 폐지를 염두에 두고 던진 물음이 아니다. 그 물음은 "진정한 제의(祭儀)"를[240]—단호히!—고수한다. 그는 종교 없는 세상을 무턱대고 교회로 떠밀거나 교회와 세상을 일치시키려 하지 않는다. 세상적 해석을 수행하면 예배 참석자들이 더 이상 존재하지 않게 되어, 말씀, 성례전, 공동체가 카리타스(박애)caritas로 교체될 것이라고 생각하는 것은 본회퍼를 철저히 오해하는 짓이 될 것이다. 따라서 우리는 비종교적 해석 속에서 이루어지는 교회의 자기 증여—본회퍼가 교회와 자신을 위해 생각한 것—를 교회 정체성의 상실과 동일시할 것이 아니라, 이 정체성이 새로워지는 것으로 이해해야 할 것이다.

본회퍼는 기도, 훈련, 묵상, 예배, ("진정한 제의"에) 참석한 이들 속에서 이루어지는 **훈육**disciplina을 일상적인 식사처럼 포기할 수 없는 것으로 여긴다. 하지만 그것은 **비밀**arcanum이기도 하여서 일상생활의 주요 과정들처럼 선교의 과시에는 전혀 도움이 되지 않는다. 비종교적으로 해석하는 이들을 유지하고 재촉하고 "영적으로 양육하는" 것은 대외적으로 선전하거나 과시하기 위한 것이 아니다. 이 과정에 붙은 이름들과 구경꾼들의 세계를 알기 쉽게 연결할 수 없는 상황이 전개될 때에도 그러하다.

따라서 교회는 "창조", "타락", "화해", "종말", "참회", "부활"과 같은 명칭들과 개념들을 버려선 안 되고, 그것들을 계승해야 한다. 하지만 그것들을 성년이 된 세상과 더 이상 연결 짓지 못하고, 자신의 활동과 생존이 이 현대 세계에서 현저한 영향을 미치지 못할 경우에는[240a] 그것들에 대한 문의가 다시 이루어지고, 자신의 말이 이론의 여지가 없을 만큼 값진 내용이 될 때까지 침묵해야 한다. 본회퍼는 끊임없이 말하는 "말씀의 교회"에 당연히 요구되는 것 이상의 비밀스러운 수단과 실행 가능한 침묵을 요구한다. 그러나 그는 이렇게 말하고 싶었을 것이다. 이를테면 복음 선전이 추진되는 곳에서는 하나님의 말씀과 그분의 세계의 관계가 명확하게 이루어질 수 없으니, 책략에 의지해 그것을 강행해서는 안 된다는 것이다. 새로운 말들을 고안하는 것으로는 아무것도 전달하지 못한다. 이 관계는 오순절 성향을 띤다. 선전은 모든 오순절 성향을 파괴한다. 끈덕진 재촉은 설득력을 파괴한다.

본회퍼가 비밀훈육을 복원하여, "그리스도교 신앙의 비밀들이 세속화되는 것을 막으려고"[241] 한 것은 그 때문이다. 이 "비밀들"은 성령의 창조 "과정들"이다. 하지만 그것들이 이유 없이 제공되고, 강요되고, 값싸게 낭비되면, 그것들은 "종교적" 대상들, "계시실증주의"가 되고 만다. 본회퍼는 시대와 대립에 따른 구별의 책임이 교회에 있다고 말함으로써 교회로 하여금 "의미의 단계들"(DBW 8:415)을 주목하게 한다. 다른 측면에서는 이렇게 추론해도 될 것이다. 말하자면 비밀훈육은 세상을 보호하여 종교의 억압을 받지 않게 한다는 것이다. 이처럼 비밀훈육은 비종교적 해석을 보호하여 종교적인 것으로 되돌아가지 않게 한다.

경계선들의 문제

그러나 그것은 이미 쟁취된 것을 모두 파기하는 것이 아닐까? 비밀훈육은 이미 철거된 경계선들을 다시 불러내는 것이 아닐까? 분명한 사실은 "**비밀**"arcanum은 가르고, "**훈육**"disciplina은 구별한다는 것이다.

본회퍼는 두 영역에서 사고하는 것은 불가능하다고 힘주어 말하면서, 그러한 사고를 정적이고 율법적인 사고라고 비난했다.[242] "세상의 현실을 벗어난 진정한 그리스도인은 존재하지 않으며, 예수 그리스도의 현실을 벗어난 진정한 세상성도 존재하지 않는다. 외면적으로든 내면의 영역이든 그리스도인이 세상으로부터 물러날 수 있는 도피처는 존재하지 않는다."[243] 비밀훈육을 "도피처"Rückzugsort로 이해한다면, 이는 본회퍼가 의도한 것을 깡그리 파기하는 짓이 될 것이다. 하지만 관건은 **그리스도**의 현실인 세상성—하나의 현실—과, 이 세상의 현실 안에서 이루어지는 **그리스도교적 생활**이다. 외르크 마르틴 마이어Jörg Martin Meier가 자신의 논문에서[244] 본회퍼에게서 드러나는 통일성을 포착하려고 애쓰며 말하는 것처럼, 본회퍼는 세상성이라는 개념으로 그리스도가 현실적인 분임을 입증하고, 비밀훈육이라는 개념으로는 그리스도가 현존하는 분이라는 것을 입증한다. 세상성과 비밀훈육은 "현실적인 분의 현존으로 가능해진 그리스도인의 상관적 행동 방식이다."[245]

새로운 경계선을 막을 수 있는 길은 비밀관계 속에서 홀로 중요한 분, 곧 현실적이시고 현존하시는 분에게서 온다. 그렇지 않으면 어떤 구조로도 그 길에 이를 수 없다. 그 길은 당연히 그분에게서 시작되는 까닭에, 어떠한 새 특권도, 어떠한 도피처도 마련되지 않는다. 누구든지 그분을 비밀 속에서 현실적으로 만나면, 그분ER은 그를 어깨에 태워 인간 상호간 관계성의 세상으로 향하게 하신다. 그렇지 않으면 정적인 두 영역의 주장을 막을 길이 없고, 특권을 부여하는 경계선의 율법을 막을 길이 없다.

따라서 그것은 역설로 머무를 수밖에 없다. "경계선"이 존재하는 것은 결국 특권이라는 경계선을 없애기 위함이고, 비밀이라는 "경계선"은 교회와 세상을 가르는 경계선에 관심을 기울이는 것을 포기하게 만들기 때문이다.

> 교회의 영역에 관해 말하려면, 이 영역이 예수 그리스도에 대한 교회의 증언을 통해 매 순간 파괴되고 폐기되고 극복되었다는 사실을 인식해야 한다. 이로써 그릇된 영역적 사고는 모두 교회 이해에 해가 되는 것으로서 배제된다.……믿음 안에서 예수 그리스도의 몸을 보는 사람은 세상에 관해 말할 때에 마치 세상이 버림을 받았다는 듯이, 마치 세상이 그리스도에게서 분리되었다는 듯이 말해서는 안 되며, 더 이상 교권주의의 오만을 부리며 세상을 버려서도 안 된다.[246]

하지만 비밀에 주의를 기울이는 까닭은 바로 이 때문이다. 비밀의 "영역"에 발을 들여놓는 이유는 영역적 경계 설정을 끝장내기 위해서다. 달리 말하면 입문자들이 "궁극"을 함께 찬양하는 이유는 "차극" 속에서 무신성에 참여하기 위해서다. 그리스도는 제의(祭儀) 시편을 읊조리면서 세속적으로 죽는다. 오스카 함멜스베크는 그것을 아래와 같이 말했다.

> 우리는 비밀을 통해 그리스도에게 매인다. 그렇다고 우리는 선택받고 우대받는 자로서 여하한 특권이나 별난 종교생활을 만들어 내지는 않는다. 내가 설교, 세례, 성찬식을 지지하고, 공동체 안에서 경배하는 것도 이 비밀의 일부다.[247]

이는 세상성과 성년이 된 세상에서의 비종교적 해석이 비밀훈육과 결합되어야 하며 그 역도 마찬가지임을 의미한다. 서로를 바로잡아 주지 않으면, 그것들은 무의미하고 시시한 것이 되고 만다. 세상성 없는 비밀훈육은 게토(고립 상태)에 불과하며, 비밀훈육 없는 세상성은 번화가일 뿐이다. 비밀훈육은 고립된 채 제의적 수도생활이 되어 버리고, 비종교적 해석은 지적 유희가 되고 만다. 본회퍼는 이 문제 속에서 자신이 정식화한 것들에 만족하지 못했지만, 그렇다고 한쪽을 위해 다른 쪽을 해체할 생각은 결코 하지 않았다.

따라서 우리는 다음과 같이 생각해야 할 것이다. 비밀 속에서 찬양, 요청, 감사, 공동 식사와 같은 신앙생활의 과정들이 이루어지고, 이것들은 대외적으로 해석되지 않는다. 이 비밀훈육의 중심이신 분은 "입문자들"을 끊임없이 파송하여 세상에 참여하게 하시며, 세상에서 그들을 만나고 물으시겠다고 약속하신다. 그들은 자신들의 직업 영역 속에 있는 사람들과 연대하며 "타자를 위해 현존한다."[248] 그들은 자신들이 "해석될" 날을 고대한다. 그들은 기존의 종교를 꾸미는 것이 아니라 새로운 생활을 창출한다. 그들은 침묵과 익명의 생활을 제물로 바친다. 선포의 시기를 알고 안내하는 성령을 믿기 때문이다.

따라서 본회퍼의 비종교적 해석에서는 은혜가 "값비싼" 것이 된다. 어쩌면 그것은 『나를 따르라』에서 평가된 것보다 훨씬 값비싼 것인지도 모른다.

주요 주제에 대한 대답 본회퍼가 성서적 개념들의 비종교적 해석 가운데 신학적·이성적으로 대단한 노력을 요하는 부분을 구상할 때면 거의 매번 공습경보가 그의 작업을 중단시켰다. 나중에 종이에 옮겨 적은 것은 분실되었고, 그 때문에 우리는 그가 작성한 상황도(狀況圖) 없이 미지의 땅에 남겨진 상태다. 하지만 그는 우리에게 한 자락의 길을 보여준 게 아닐까?

먼저 우리는 본회퍼가 종교적 언설의 구성요소를 열거함으로써 상당히 결정적인 설교 기준을 제시했다고 되풀이해서 말할 수 있다. 우리의 세계에서 예수의 메시지나 다름없는 설교는 미봉책, 개인주의적 협소화, 성직자의 별실, 기계장치로 이루어진 신deus ex machina을 피해야 한다. 설교는 세상물정을 알기 위해 힘써야 하고, 설교 준비에는 "현세주의자"를 참여시켜야 한다. 설교는 종교의 옷을 입히거나 세계관의 옷을 입히는 짓을 더 대담하고 더 노골적으로 지적할 줄 알아야 한다. 설교는 스스로를 제한할 줄 알아야 한다. 왜냐하면 설교는 죄과와 넘치는 특권 때문에 인간 집단에 대한 지배력을 잃었기 때문이다. 설교는 설교자의 실존에 대등하게 맞서서는 안 된다. 설교자의 실존은 말로 표현된 모든 것을 큰 소리로 압도하기 때문이다. "세상에서 하나님의 무력함에 참여하는 생활"만이[249] 쇄신의 말을 할 것이다. 따라서 공동체는 모든 장소에, 모든 상황에, 모든 때에, 모든 사람에게 적용되는 것으로 여겨지는 설교를 하지 않도록 조심해야 한다. 비종교적 해석으로서의 공동체의 선포는 객관적인 번역 과정 그 이상이기 때문이다.

옥중서신들에는 비종교적 해석의 본보기로 여겨지는 대목 상당수가 들어 있다. 모방을 불허할 만큼 빼어난 대목은 다음과 같다. 틈새를 다룬 편지(DBW 8:255), 1944년 3월 27일자 부활절 인사편지,[250] 구약성서를 다룬 편지,[251] 축복에 대한 해석,[252] 메시아적 고난에 대한 해석들,[253] 종교적인 자세를 비종교적이고 그리스도교적인 자세로 전환시키는 것을 다룬 시 「그리스도인들과 이교도들」,[254] "타자를 위한 인간"이라는 그리스도의 칭호.[255]

본회퍼의 말년 설교들과 주해들을 그의 초창기 설교들 및 주해들과 비교해 보면, 새로운 "방법"을 입증할 만한 차이들이 눈에 띄지 않는다. 1944년 6월과 7월에 첫 세 계명을 놓고 수행한 주해들은[256] 물론이고 1944년에 헤른후트 기도서 『로중』의 성구를 토대로 작성한 성령강림절 기도문도[257] 종래와 같은 언어를 사용한다. 하지만 이것은 본회퍼가 전혀 다른 언어의 모색을 자신의 과제로 여기지 않았음을 입증한다. 그가 만일 그것을 중시했더라면, 아래와 같은 바르트의 풍자 글이 옳았을 것이다.

> 길거리와 신문과 문학작품에서 얻은 약간의 비종교적 언어가 때로는 철학의 품위 있는 언어보다 의사소통에 훨씬 적합하다.……약간의 가나안 말도 나쁘지 않다. 계시실증주의라는 말도……가장 유별난 국외자들에게까지 이해된다.[258]

그러나 주해들과 설교들이 본회퍼가 종교의 특징으로 언급한 일곱 가지 구성요소를 얼마나 기피하고 있는지—어떤 실존을 토대로 설교가 이루어지고 있는지 그리고 십자가에 달리신 분의 세상 친화성이 얼마나 설명되고 있는지—를 분석해 보면 확실한 결론에 도달하게 된다. 그리고 "종교적" 언어 기피와 세상 친화성이 이미 전부터 본회퍼의 설교 방식에 영향을 미쳤음을 알 수 있게 된다.

하지만 이 증거들은 본회퍼에 관한 한 겉핥기에 불과하다. 중요한 것은 열 시간 분량의 설교들이 아니라, 본회퍼가 이 마지막 신학 구상으로 자신의 길을—굳이 그럴 필요가 없었을 텐데도—다음과 같이 풀이했다는 것이다. 그리스도교적 특권 생활의 포기와 결코 폐지해선 안 될 익명생활에 동의하기. 이는 같은 해인 1944년에 시몬 베유Simone Weil와 앙리 페랭Henry Perrin이 그와 무관하게 미래의 그리스도교를 위해 모범적으로 실행한 것이기도 하다. 결국 중요한 것은 본회퍼의 저항의 길과 그의 비종교적 해석이 서로를 설명해 주고 있다는 것이다.

본회퍼는 "한계 상황"에서 시작된 자신의 길, (정치적 저항 인사들과) 연대하는 자신의 길이 한계 상황에 봉착했지만, 마지막 몇 달 동안 씨름한 이 신학을 통해 자신이 그 길에서 멀어지는 것을 저지한다. 갑자기 그는 "한계 상황"(DBW 8:188)을 오늘날 과제와 운명을 따르는 모범적 그리스도교 생활로 해석한다. 그는 이 신학과 함께 그리고 이 길을 따라 돌파를 이루어 내고, 이 이례적인 길의 본질을 다음과 같이 미래의 기준으로 제시한다. 예수의 고난에 참여하는 행위로서의 "타자를 위한 존재"(DBW 8:558). 이로써 본회퍼는 이미 언급한 대로 예부터 내려오는 예수의 칭호들에 새로운 칭호를 추가한다. 알기 쉬우면서도 의미심장한 그 칭호는 "타자를 위한 인간"이다(DBW 8:559). 그에게 이 칭호는 폭로하고 부끄럽게 하고 고무하는, 대단히 신학적인 진술이자, 현실 연관성을 분명하게 드러내는 실존 진술이기도 하다. 그 칭호는 윤리적 추진력을 갖추고, 종교적 세계 도피와 교권주의의 지배를 막고, 풍부한 현실 인식을 담은 말로 예수를 기린다. 이 칭호는 고백, 찬송, 기도, 해석이다.

미완의 교회론 교회에는 걱정스러운 일이지만, 본회퍼는 자신의 신학 활동 말미에 구체적이고 완결된 교회론을 제공하지 못하고 미완의 상태로 남겨 둔다. 교회 신학자들은 그의 교회론에서 미진함을 느끼고, 교회 법학자들은 그의 교회론이 국민교회가 받아들일 수 없는 제안이라는 것을 간파한다. 본회퍼가 불충분한 단편을 넘어서지 않은 것은 부담 때문만이 아니다. 자신의 새로운 단초를 토대로 공동체의 형태, 공동체의 제의, 공동체의 공동생활을 신학적으로 서술하는 것이 어려울 것이라고 판단했기 때문이다. 그는 "비밀훈육"에 대한 암시와 "결론"(DBW 8:560f.)을 확실한 방향으로 여겼을 뿐이다.

그럼에도 그는 1945년에 재앙이 끝나면 교회가 많은 것을 밀어내고 새로운 구조들을 모색해야 할 것이라고 생각했다. 그는 1945년에 빚어질지도 모를 최악의 상태를 낙관적으로 생각했던 것 같다. 그는 새로운 재정 관리, 새로운 교육 설계, 새로운 형태의 목사직, 새로운 형태의 고백 형식이 이루어지기를 기대했다. 그는 국가사회주의 시기에 웃음거리가 되어 버린 국민교회가 그대로 살아남는 것을 용납하지 않았고, 그래서 온갖 것을 "성급하게" 제안했다.[259] 그는 재정 집행 방식과 조직 방식이 전혀 바뀌지 않은 채 되살아나고, 독일의 일부 지역에서만 목사직의 구조가 개정되고, 목회자 양성 문제와 고백 문제가 너무 느리게 제기되고, 자신이 제기한 "모범"의 문제가 개념들의 문제 아래로 다시 가라앉을 수 있음을 생각하지 않았다. 그는 자신이 함께 체험한 쇄신을 근거로 아래와 같이 희망했다.

나에게 중요한 것은, 우리가 회피하고 싶어 하는 것들을 단순하고 분명하게 말하려고 시도하는 것이네. 대화의 도움 없이도 성공할 것인지는 별개의 문제일

세. 나는 그리함으로써 교회의 미래를 위해 봉사할 수 있게 되기를 바라네.[260]

그러나 1945년 이후의 교회 설계와 관련하여 본회퍼의 실제적 교회론만 무산된 게 아니었다. 그가 예전에 자기 신학 이력의 토대로 삼고 교회에 관해 펼쳤던 신학적 가르침도 미해결 문제로 끝나고 만다. 본회퍼가 교회 비평 시기의 끄트머리에 자리해서였을까. 교회론이 **십자가의 신학** 속으로 빨려 들어간 것으로 보인다. 그의 사고의 출발점이었던 교회론이 그리스도론에 우위를 내어 준 것이다. 그렇지만 그것은 『나를 따르라』의 시기와 교회투쟁의 시기에 구체적인 의견들을 불러일으키기도 했었다. 우리는 이제 그리스도론을 통해 교회론을 다시 문제 삼는 시기에 자리하고 있다. 물론 이러한 조사 결과를 토대로, 본회퍼가 교회론에 관심을 기울이지 않았다고 추론하는 것은 부적절한 행위일 것이다. 그가 **십자가의 신학**을 중시하는 것은, 이 신학이 그리스도의 고난에 참여하는 이들의 구체적인 공동 사회를 요구한다는 사실을 알고 있기 때문이다.

미완성 작품의 완벽한 보완은 불가능하다. 그리스도론과 교회론 사이의 움직임에는 체계적으로 완결된 결말이 있을 수 없기 때문이다.

실제로 모든 것의 결말이 활짝 열려 있었다. 나는 본회퍼에게 마지막으로 보낸 편지들 가운데 한 통인 1944년 9월 30일자 편지에서 「모세의 죽음」이라는 시를 숙고한 적이 있는데, 그 시의 마지막 부분은 아래와 같다.

죄를 벌하시고 또 즐겨 용서하시는 분,
하나님, 저는 이 백성을 사랑했습니다.
제가 이 백성의 치욕과 짐을 짊어지고
이 백성의 구원을 보았으니, 이것으로 족합니다.[261]

"이 백성의 치욕"이라는 표현은 그리스도를 의미하지 않고, "이 백성"이라는 표현도 교회를 의미하기보다는 독일을 의미했을 것이다.

본회퍼는 나에게 보낸 편지들 가운데 마지막 편지,—지금도 보존되어 있다—곧 1944년 8월 23일자 편지에서 아래와 같이 말했다.

나의 잠정적인 생각들을 발췌하느라 고생하고 있겠군. 자네라면 그것들을 다른 이에게 넘길 때 숙고할 것을 다 따져 보고 넘길 거야. 그렇지 않은가?……자네가 그 일을 맡아 주어 내가 얼마나 기뻐하는지를 자네는 능히 상상할 수 있겠지. 지금 나에게 필요한 것은 이 문제들 전체를 객관적으로 걸러 주는 의견 교환인 것 같네. 그리만 된다면, 그날은 내 인생의 멋진 날 가운데 하루가 될 것이네(DBW 8:575).

루터는 진정한 신학자에 관해 이렇게 말한다. "인간은 앎, 독서, 사색으로 신학자가 되는 것이 아니라, 삶으로, 아니 죽음과 저주받음으로 신학자가 된다."[262]

수용

나는 본회퍼의 미완성 묵상 편지들을 출간해도 되는지, 된다면 어떻게 출간할 것인지를 놓고 망설이고 주저한 뒤에야 그것들을 1951-1952년 겨울에 출간했다. 그것은 엄청난 놀람을 자아냈다.

그때까지 본회퍼의 상은 『나를 따르라』를 통해 그리고 그가 고백교회의 투쟁 속에서 보여준 철저한 정통 고수를 통해 고정되어 있었고, 때문에 그가 진보적인 질문들을 격렬히 재개하리라고는 누구도 예상하지 못한 상태였다. "핑켄발데 사람들"도 본회퍼가 뜻밖의 모습으로 나타났다고 생각했다. 첫 반응자인 게르하르트 에벨링은 유고집을 가리켜 "지침서의 역할"을 한다며 아래와 같이 말했다.

나는 특히 신학적 전망들에 완전히 매료되었다고 분명히 말씀드립니다. 그것들이 나에게 낯선 느낌을 주어서가 결코 아닙니다. 놀랍게도 그 전망들이 내가 본회퍼의 제자라는 것을 확인해 주기 때문입니다. 내가 핑켄발데 시절의 신학적 상태를 넘어 발전할 수 있게 해준 문제들, 나에게 한 길을 제시해 준 문제들 속에서 볼 때 그렇다는 말입니다. 나는 그 길이 그의 길이기도 했다는 것을 이제야 비로소 알게 되었거든요.[263]

두 번째 반응은 헬무트 틸리케Helmut Thielicke에게서 왔다.

> (『저항과 복종』이)……지난 주간을 온통 차지하고 집중적으로 나를 따라다니며, 마치 여러 해 전부터 아무것도 하지 못했다는 듯이 삶 자체를 각인시켰습니다.[264]

다른 이들은 격한 반응을 보였다. 칼 바르트는 이 후기 본회퍼를 조심하라고 주의시키기까지 했다. 발터 헤렌브뤼크Walter Herrenbrück가 바르트에게 본회퍼의 논제들 전체에 대해 그리고 본회퍼를 겨냥한 개별적 비난들에 대해 어찌 생각하느냐고 문의하자, 그는 고독한 수감자가 "어떤 귀퉁이 주위를 둘러보다가" 옳은 것을 찾아냈겠지만 "수수께끼 같은 구석"이 지배적이니 예전의 본회퍼를 신뢰하는 것이 더 나을 것이라고 답했다.[265]

놀람은 본회퍼의 전작들, 즉 전에 주목을 전혀 받지 못했던 작품들을 끄집어내게 했다. 놀랍게도 베를린 시절과 테겔 시절의 폭넓은 연속성이 포착되었다. 널리 퍼진 견해와 달리, 『저항과 복종』에 담긴 충격적인 표현들과 신학적 암시들은 전혀 새로운 것이 아니었다. 그것들은 이미 『성도의 교제』 속에 토씨 하나 틀리지 않고 들어 있거나, 『행위와 존재』 혹은 전에 드문드문 개진된 발언들 속에 들어 있던 것들이었다. 그리스도론은 루터의 겸비(謙卑, 온전한 낮아짐으로 충만한 상태, 빌 2장)—그리스도론으로서 『행위와 존재』 안에 자리하고서, 당시에 그가 수행한 바르트 비평을 격려했다. 이 그리스도론이 15년 넘게 고수되고 끊임없이 심화되어, 예수의 인간적 고난의 약함 속에 현존하는 그리스도의 능력을 뒷받침한 것이다. "타자를 위한 현존재"는 『행위와 존재』 및 그리스도론 강의에 들어 있는 표현이었고, 그리스도의 대리적 존재 속으로 끌려 들어감을 뜻하는 신앙은 『나를 따르라』에 들어 있는 표현이었다. 하지만 세계 유지의 측면을 심판의 측면보다 훨씬 고무적인 것으로 표현한 것은 새로운 내용이었다. 그리스도론의 형이상학적 요소들로부터 "삶의 한복판으로" 방향을 전환한 것, 그리스도는 삶의 심리학적 경계선이나 도덕적 경계선에서 발견되기를 원하시지 않고 인간 한가운데에서 그리고 인간의 "가장 강한 자리에서" 발견되기를 원하신다고 언급한 것, 이 모든 것은 우리가 『창조와 타락』에서 읽은 내용이다. 대다수의 사람을 놀라게 한 것으로 보이는 전환, 곧 초월성을 형이상학으로부터 이웃에게로 옮긴 것은 사회적 초월성으로서 『성도의 교제』 안에 들어 있는 것과 거의 똑같은 내용이었다. "초월적인 것은 그때그때마다 도달 가능한 이웃이다."[266] 본회퍼는 이미 1932년에 종교적 "세계 도피"를 신랄히 비판했고, 베를린 시절에는 스승 라인홀트 제베르크의 핵심 개념인 "종교의 선험적 인식"과 대결하기도 했었다.

연속성은 굉장히 광범위해 보였다. 하지만 용어가 변함없고 단독 개념들이 일정함에도 불구하고, 1932년에 말한 것과 1944년에 말한 것이 똑같지는 않았다. 1932년의 열정적인 신학자는 이 전문 용어들을 왕성하고 비판적인 지성의 능력들과 함께 사용한 반면, 1944년의 신학자는 그것들을 풍부한 경험의 능력과 함께 사용했다. 1932년에는 그것들을 가지고 기존 교회구조와 사유구조를 공격한 반면, 1944년에는 그것들을 가지고 새로운 미래를 위한 해방에 도움을 주고자 했다.

그러나 본회퍼의 목소리는 약간의 예외를 빼면 학술적 신학계에 폭넓게 수용되지 못했다. 1964년에도 윌리엄 해밀턴William Hamilton은 본회퍼의 전반적인 명망과 영향력에 반대한다는 듯이 아래와 같이 단언했다.

> 교수들은 본회퍼를 그다지 많이 인용하는 편이 아니다. 그에 관한 책들과 논문들의 목록이 대단히 빈약하고, 게다가 좋은 책들과 논문들의 목록은 훨씬 더 빈약하기 때문이다.[267]

『저항과 복종』이 출간될 무렵, 독일에서는 불트만 논쟁 2라운드가 한창 격렬히 진행되었고, 이와 동시에 프리드리히 고가르텐의 견해가 널리 퍼졌으며, 독일의 지평선에서 사라졌던 폴 틸리히가 다시 출현했고, 바르트의 창조론과 윤리학과 인간학이 노대가의 새로운 안목을 보여주었다. 변증법적 신학을 대대적으로 검증하고 고백을 새롭게 의식하던 시기가 지나가자, 자유주의 신학의 문제들이 1952년에 다시 사람들의 시선을 강력하게 끌었다. 이러한 상황에서 본회퍼의 견해들 가운데 얼마 안 되는 것들이 학계의 논의에 너무 늦게 도착했고, 그것들은 곧바로 그때그때의 병기고—고정된 형태의 무기를 갖춘 병기고—에서 가져다 쓸 수 있는 보급품 역할을 할 수밖에 없었다. 바르트에 싫증 난 이는 "계시실증주의"라는 말에서 자신의 탄약을 발견했고, 실존적 해석을 옹호하는 이는 자신이 "비종교적 해석"의 인정을 받았다고 생각하면서 혹여 있을지도 모르는 차이들에는 관심을 기울이지 않았다. 구체적인 교회에 실망한 이는 "성숙한 세상"을 발견하고서, 본회퍼의 **십자가의 신학**이라는 이름 속에서 무신론적 세계관을 위한 해방 가능성을 보았다. 바르트의 정신 속에서 교육받고 본회퍼의 제자가 된 이들 가운데 몇몇은 마르부르크의 과도한 영향으로부터 그를 지키려고 했다.

이는 본회퍼의 미완성 작품들이 나름의 독자적 주제를 말하기에는 시대가 호의적이지 않았음을 의미한다. 그러나 그 작품들은 지금 도처에서, 즉 집단 실험과 소규모 단체 실험이 이루어지는 곳에서, 새로운 공동체 구조들이 실험되고 정치적 연대의 모험이 이루어지는 곳에서, 공동생활의 인간화를 도모할 때 제기되는 무신론 문제들과 비(非)그리스도인들과의 협력 문제들이 받아들여지는 곳에서 대대적인 성공을 거두고 있다. 본회퍼는 모래에 파묻히고 있는 항구에서 속히 벗어나도록 고무하는 사람으로 도처에서 인정받고 있다.

산발적으로 이루어진 진지한 연구들의[268] 첫 번째 파도가 지나가고, (본서를 구상할 무렵인) 지금은 폭넓은 연구라는 두 번째 파도가 밀려오고 있는 것 같다. 처음에는 다들 본회퍼를 제대로 알지도 못하면서, 그를 어디에 편입시킬 것인지를 대단히 빨리 알아낼 수 있다고 여겼다. 의도에 비해 통일성이 없기는 하지만, 존 A. T. 로빈슨이 본회퍼가 구상한 것들을 보다 효과적으로 수용함으로써[269] 본회퍼가 쌓은 공로의 특징에 대한 새로운 탐색을 촉발시켰다. 그 탐색은 유럽 대륙의 경계선들을 넘어 영미 언어권에서는 물론이고, 특히 종파를 가르는 도랑들을 넘어 로마 가톨릭 권역에서도 이루어지고 있다.[270]

본회퍼는 그리스도의 대의를 낙관적으로 냉정하게 판단했다. 그는 『윤리학』을 위해 쓴 원고가 흩어지고 분실된 것을 걱정하면서 이렇게 말했다. "자네가 그것을 더 이상 기억하지 못한다고 해도, 그것은 어떤 식으로든 간접적으로라도 다시 떠오를 것이네. 뿐만 아니라 당시 나의 생각들은 익지 않은 상태였네."[271]

제국보안본부 유치장에서

14

1944-1945

1944년 10월 8일, 국방군 수사 감옥에서 제국보안본부 지하 유치장으로 이감되면서 본회퍼의 생활 조건이 완전히 바뀌었다. 사람들이 나치 제국 게슈타포 치하에서 상상하는 감금생활 그대로였다.

테겔에서 진행된 심문은 비교적 중요하지 않은 영역에 국한되었던 반면, 이제는 본래의 시도들이 문제가 되었다. 테겔에서는 잃은 게 전혀 없는 것으로 보였고, 소송도 히틀러의 파멸을 위해 밖에서 벌이는 광범위하고 유망한 투쟁의 일부나 다름없었다. 고립되어 있었지만, 쿠데타에 대한 희망이 능동적인 인내를 가능하게 해주었다. 밖에서는 가족, 페렐스, 지칠 줄 모르는 칼 자크 박사, 공모자들이 움직이고 있었다. 그 자신도 상대방의 주의를 딴 쪽으로 돌리지 않으면 안 되었다. 그러면서 무력감이 훨씬 줄어들었다. 테겔을 떠나기 며칠 전까지 친구들과의 연락이 생명선 역할을 했다.

그러나 이제는 오랜 위장이 무의미해졌고, 정치적 변화를 유도하기 위해 움직이는 사람도 없었다. 칼 자크와 페렐스, 카나리스와 오스터, 클라우스 본회퍼와 뤼디거 슐라이허도 멀지 않은 독방에 감금되어 혹독한 심문을 받았다.

그럼에도 근소한 희망의 시기들과 인간적인 만남들이 여전히 존재했다. 게다가 전쟁이 1944-1945년 겨울로 접어들 무렵, 수사관들 중에는 심각한 전환에 깊은 인상을 받고 이따금 수감자의 견해와 식견을 묻는 이도 여럿 있었다. 때로 본회퍼와 도나니는 자신들이 집단 학살기관을 속일 수 있을 것이라고 생각했다.

가족에게 1944년 10월과 1945년 2월은 가혹한 달이었다. 1944년 10월에는 감옥과 친가 사이에 잘 구축되었던 연락망은 물론이고 감방에서 감방으로 이어지던 연락망까지 끊어지고 말았다. 세 명이 더 체포되면서 결국 게슈타포에게 감금된 이는 가족 구성원 가운데 다섯 명이 되고 말았다. 한스 폰 도나니는 작센하우젠 강제수용소에, 디트리히 본회퍼는 프린츠-알브레히트 슈트라세에 감금되었고, 클라우스 본회퍼와 뤼디거 슐라이허 그리고 나는 레어터 슈트라세 3 교도소의 측랑(側廊)에 감금되었다. 이 측랑은 게슈타포가 점거하고 있었다. 어쨌든 수감자들은 모두 베를린이나 근교의 도달 가능한 교도소들에서 지냈다. 가족들은 그들을 위해서 무언가를 할 수 있었다. 그 일은 소포를 통해서만 이루어졌다. 소포는 간수들이 인계받아 수감자들에게 건네주었다.

1945년 2월에는 클라우스 본회퍼와 뤼디거 슐라이허가 사형선고를 받았고, 디트리히가 베를린에서 사라져 그를 찾을 수 없었다. 살아남은 이들은 몇 달 뒤에야 그가 거쳐 간 정류장들에 관해 알게 되었다.

본회퍼의 생애 가운데 마지막 6개월은 상당히 평탄치 않은 세 단계를 거쳤다. 그는 프린츠-알브레히트 슈트라세에서 4개월을 보내며 수차례의 심문을 받았다. 그런 다음 부헨발트 강제수용소 지하 감옥에서 7주를 보냈고, 남은 한 주 동안은 죄수 호송차를 타고 남독일을 거쳐 플로센뷔르크로 갔다.

I. 프린츠-알브레히트 슈트라세

영국에서 걱정하다

1944년 10월, 도버 해협 저편에서 처음으로 기사가 게재되었다. 7월 20일 사건을 일으킨 사람들에게는 서로 학살하는 군국주의자 도당과 자유의 적들이 문제가 되지 않았다고 영국 대중에게 알리는 기사였다. 작성자는 게르하르트 라이프홀츠였다. 7월 20일 거사 공모자 명단이 이미 알려진 상태였고, 그가 그 명단을 근거로 적극적인 분석을 제공한 것이다.

> 분명한 사실은 공모가 조심스럽게 이루어지고 여러 해 동안 준비되었다는 것이다.……오늘 밝히는 사실이지만, 이 나라에서는 베크와 괴어델러와 로이슈너가 주도하는 광범위한 저항 운동의 실체를 지난 얼마 동안 내내 알고 있었다. 공모 실행이 먼저 계획되었고, 군사적 패배의 누적이라는 결과가 현 정권을 전복시키려는 공모자들의 결단에 중요성을 더해 주었음을 입증하는 증거도 있다.……그들의 투쟁이 실패하는 바람에 연합국이 나중에 독일에서 수행하게 될 과제는 확실히 만만치 않을 것이다.[1]

라이프홀츠는 1939년에 이루어진 본회퍼의 영국 방문과 1942년에 이루어진 조지 K. A. 벨 주교의 전언들을 통해 공모자들의 명단과 맥락을 더 많이 알고 있었지만, 자기가 아는 것을 다 말할 수는 없었고, "대(大)독일 라디오 방송"Großdeutscher Rundfunk과 특별 재판소의 중립적 신문이 왜곡 보도한 내용만을 말할 수밖에 없었다. 베를린에 있는 친척들의 이름을 언급해서는 안 되었다. 하지만 라이프홀츠가 조금이나마 적극적으로 말한 정보는 당시 영국 대중에게는 꽤 많은 정보였다. 8월 2일, 윈스턴 처칠이 하원에서 다음과 같은 말을 입 밖에 낸 상태였다. "군국주의자들의 공모는 고위직 인사들이 독일 제국 안에서 서로를 학살한 사건일 뿐이다."[2] 라이프홀츠가 조지 K. A. 벨의 도움을 받아 주요 일간지들 가운데 한 곳에 자신의 기사를 게재하기를 원하자, 「타임스」가 먼저 거부했고, 그다음에는 「맨체스터 가디언」*Manchester Guardian*이 거부했다. 9월 중순경, 조지 K. A. 벨은 라이프홀츠에게 다음과 같이 편지했다. "(영국 언론이) 히틀러 공모의 중요성을 시시하게 여긴다는 당신의 견해에 동감입니다." T. S. 엘리엇이 편집인 가운데 한 사람으로 있는 「더 뉴 잉글리시 위클리」*The New English Weekly*가 1944년 10월 19일 그 기사를 게재했다.[3] 곧바로 부정적인 내용의 편지가 편집인에게 날아들었다. "선생님, 당신이 그러한 기사의 게재를 적절하게 여기셨다니 유감입니다." 망명자들이 보낸 긍정적인 편지도 몇 통 있었다. 진상을 알리지 못하게 하려는 공공연한 움직임은 훨씬 많은 세월이 지난 뒤에야 중단되었다.

조지 K. A. 벨은 윈스턴 처칠의 하원 연설이 있고 난 뒤 곧바로 라이프홀츠에게 편지하여, 자신이 공모자들을 크게 걱정하고 있음을 알렸다. 그가 통지한 모든 내용이 사실로 여겨지지는 않았지만, 그 모든 것은 에큐메니칼 정신을 보여주는 하나의 표지였다. 8월 3일, 그는 옥스퍼드에 있는 라이프홀츠에게 아래와 같은 내용으로 편지했다.

> 나는 어제 처칠의 연설을 들었습니다. "전쟁"이라는 말이 난무했고, 그것을 이데올로기 및 "국내의 불건전 세력"과 연관 지어 언급함으로써 듣는 사람을 심히 우울하게 하는 내용이었습니다. 나는 이든에게 편지를 보내어, 내가 2년 전에 스톡홀름에서 돌아와 그에게 건넨 정보를 상기시키고, 7월 20일 거사는 1942년보다 훨씬 열악한 환경에서 이루어진 것이며, 두 지도자도 그때와 마찬가지로 베크와 괴어델러였고, 계획과 조직도 그때와 똑같았음을 지적했습니다. 그때 그라도 행동에 돌입했더라면 얼마나 좋았을까를 얘기한 것이지요. 나는 그에게 부탁했습니다. 최소한의 노력이라도 기울여, 탈출할 수 있는 이들의 탈출을 도와달라고요. 우리에게는 전쟁포로들의 탈출을 도울 만한 방법과 수단이 있다고 생각하기 때문입니다. 나는 그에게 이런 부탁도 했습니다. 독일에서 정권 타도를 모색하는 이들에게 용기를 줄 만한 말을 한마디라도 해달라고요.

조지 K. A. 벨은 이틀 뒤 자신이 목표를 집요하게 추구하면서 무엇을 시도했는지를 좀 더 정확하게 표현했다.

> 나는 크랜본에게[4] 편지를 보내어 일련의 "정치투쟁"을 고려해 달라고 부탁한 상태였습니다. 하지만 히믈러가 괴어델러의 이름을 주동자로 공표했기 때문에, 나는 이든에게 직접 편지를 보내어, 내가 1942년에 스톡홀름에서 가져온 정보가 1944년 7월 20일 사건의 사실들과 딱 맞아떨어짐을 지적하고, 베크와 괴어델러와 비츨레벤 이외에 다른 이름들도 상기시키기로 결심했습니다. (물론

이것은 현재의 신문에서 새로운 비난을 선택하기 전에 한 일입니다.) 나는 이든에게 다음과 같은 조치를 취해 줄 수 있느냐고 물었습니다. 1. 반역 지도자들 가운데 아직 살해되지 않은 이들의 탈출을 돕기 위해 조치를 취하기. (만만치 않은 과제이긴 하지만) 전쟁포로들을 탈출시키기 위해 그러한 조치들을 취할 수 있었습니다. 2. 늦기는 했지만 히틀러와 히믈러를 제쳐 놓고 독일의 반나치 세력에게 공개적으로 호소하고, 독일이 나치를 타도하면 안전한 삶을 보장하겠다고 약속하기. 나는 크랜본에게도 내가 어떤 활동을 해왔으며 무슨 이유로 그리해 왔는지를 우편으로 알렸습니다.

또 지난주에 이든에게 편지를 보내어, 독일에서 훨씬 심각한 위험에 처해 있는 목사를 1942년 여름에 개방된 지역들을 통해(예컨대 스톡홀름을 경유하여) 도울 의향이 있는지를 물었습니다. 하지만 이 편지에 대한 답장은 받지 못했습니다.……처칠의 연설을 들었지만……그는 전쟁의 세계 속에서만 살고, 심원한 정책—국내사정과 대단히 중대한 유럽 문제를 위한 정책—에 관해서는 애처럼 시간만 보고 있습니다. 재앙은 시시각각 다가오고, 나는 무력감만 느끼고 있습니다.……당신과 당신의 아내가 디트리히를 걱정하듯이 나도 크게 걱정하고 있습니다. 하나님께서 교회와 독일과 세계의 생존을 위해 그의 목숨을 살려 주시기를.……나는 지금 위넌트에게 편지를 보내어, 내가 1942년에 스톡홀름에서 가져와 전한 정보를 상기시킬 생각입니다.[5]

조지 K. A. 벨과 라이프홀츠 일가는 여러 주가 지났음에도 가족의 이름이 신문지상에 전혀 오르내리지 않은 것을 알고 깜짝 놀랐다. 그들은 제네바를 경유하여 보다 자세한 소식을 들으려고 시도했다. 1944년 11월 14일, 조지 K. A. 벨은 옥스퍼드로 아래와 같은 내용의 편지를 보냈다.

그(피스르트 호프트)는[6] 그(본회퍼)가[7] 해를 입었다고 생각할 만한 근거를 갖고 있지 않았습니다. 그가 아는 한, 본회퍼는 안전하다고 합니다. 7월 20일 이전에 오랫동안 투옥되어 있었던 것이 그에게 유리하게 작용했던 것 같습니다. 그는 기소되지 않을지도 모르겠습니다.

이 시기에 본회퍼는 피스르트 호프트가 말한 것과 달리 더 이상 안전한 상태가 아니었다. 하지만 공식적으로는 기소가 연기된 상태였다. 처음에는 본회퍼와 7월 20일 사건의 관계가 드러나지 않았다. 앞으로 살펴보겠지만, 심문자들이 그에게 관심을 기울인 것은 나중의 일이다. 전쟁의 대혼란이 그의 사건의 종결을 또 다시 지체시킨 것이다.

새로운 수사

방첩대의 운명을 악화시킨 초센 문서철이 1차 기소 연기를 초래했다. 후펜코텐이 1950년대에 기소를 당하여 진술한 바에 의하면 문서철에는 특히 아래와 같은 내용이 들어 있었다고 한다.

오스터가 1938년부터 정변 준비와 관련하여 부분적으로 작성한 기록들.
바티칸을 거쳐 영국 정부와 협상한 결과들의 기록.
베크 원수가 폴란드 전선의 상황과 관련하여 포괄적으로 기술한 것.
오스터 장군이 쿠데타 실행을 놓고 손수 작성한 것.
카나리스 제독이 저항 운동 업무들에 관해 기록하고, 여러 사령부를 쿠데타에 끌어들이기 위해 진행한 전선 출장들에 관해 기록한 일기의 일부.
이미 언급한 본회퍼의 활동 등등과 관련해서 이루어진 서신 왕래.[8]

존더레거 수사관이 적발해 낸 이 문서철은 7월 20일 사건의 전사(前史)에 관한 제국보안본부의 지식, 곧 시간(1938년부터!), 공간(바티칸과 영국), 사람들(히틀러가 7월 20일에 언급한 "한 줌도 안 되는 도당……어리석은 장교 도당")과 관련된 지식을 현저하게 넓혀 주었다. 이 자료를 알게 된 히틀러는 원래 내렸던 명령, 공모자들을 신속히 "숙청하라"는 명령을 변경하고, 공모자 동아리에 대한 조사를 확대하라고 지시했다.[9] 그 바람에 특별 재판소에서 사형선고를 받은 상당수의 사형 집행이 관례와 다르게 몇 주, 몇 달 동안 연기되었다.

이미 제국보안본부의 더 많은 수사반이 롤란트 프라이슬러 휘하의 특별 재판소 공판 준비를 위해 7월 20일부터 두 달 동안 활동해 온 상태였다. 그들의 성과물은 "칼텐브룬너 보고서들"로 요약되어 정기적으로 보르만을 거쳐 히틀러에게 전달되었다. 그러나 초센 문서철이 적발된 뒤에는 친위대 연대 지휘관 발터 후펜코텐의 지휘 아래 추가 수사반이 꾸려져, 초센 자료와 그 주위를 선별하고 평가하라는 특별 지시를 받고 활동을 시작했다. 후펜코텐은 통상적인 칼텐브룬너 보고서들과 구별되게 자기만의 보고서를 작성하지 않으면 안 되었다.[10] 이 '수사지휘 보고서'는 대략 160쪽에 달했고, 사진과 원문을 수록한 부록도 두 권이나 되었다. 이 보고서는 최고 기밀 유지 등급을 받았고, 부본(副本)도 세 부밖에 안 되었다. 한 부는 히틀러가, 한 부는 하인리히 히믈러가, 나머지 한 부는 에른스트 칼텐브룬너와 친위대 분대장 뮐러가 보게 되어 있었다. 그는 카나리스, 오스터, 도나니, 칼 자크, 요제프 뮐러, 디트리히 본회퍼에 대한 수사를 요약했다. 후펜코텐의 주장에 따르면 부본은 모두 폐기되었다고 한다. 실제로 이제까지 발견된 것이 없다.

이 특별 수사는 디트리히 본회퍼와 도나니가 방대한 분량의 칼텐브룬너 보고서에서 별로 거론되지 않는 반면,[11] 클라우스 본회퍼와 뤼디거 슐라이허가 훨씬 많은 지면을 차지하고 있음을 짐작할 수 있게 한다.

클라우스 본회퍼와 뤼디거 슐라이허는 디트리히 본회퍼와 한스 폰 도나니가 체포된 이후에야 비로소 쿠데타 계획에 집중적으로 가담한 상태였다. 그들은—특히 클라우스는—이미 전부터 저항 단체에 독자적으로 가담한 상태였을 것이다. 하지만 그들의 역할이 중요해진 것은 오스터의 사무실이 폐쇄되고 어쩔 수 없이 저항 세력이 재건되면서부터였다. 칼 프리드리히 괴어델러 및 슈타우펜베르크 주변 사람들과 회동하는 횟수가 늘어났다. 때로는 클라우스 본회퍼의 집에서, 때로는 뤼디거 슐라이허의 집에서 루프트한자—클라우스가 법률 고문이었다—의 미래에 관한 협의들이 이루어지고, 쿠데타 이후 클라우스 본회퍼 내지 뤼디거 슐라이허를 통한 특정 관할권의 인수 계획들이 논의되었다. 그러한 활동이 적발됨으로써 두 사람은 칼텐브룬너 보고서에—이따금 대단히 부정확하게—들게 되었다. 클라우스 본회퍼와 뤼디거 슐라이허(나는 뤼디거 슐라이허의 사위로서 거의 이와 관련해서만 심문을 받았다)는 제국보안본부 소속 한스 귄터Hans Günther와 요제프 바우머Josef Baumer 심문조의 제물이었다. 이 심문조는 12월에 해체되고, 귄터와 바우머는 전투 부대에 입대했다. (고문과 함께 이루어진) 그들의 예비 조사를 토대로 특별 재판소의 검찰총장이 1944년 12월 20일 클라우스 본회퍼와 뤼디거 슐라이허에 대한 공소장을 작성했다

이와 달리 도나니 건과 디트리히 본회퍼 건은 특별 재판소에 닿지 못했다. 디트리히 본회퍼는 칼텐브룬너 보고서에서 부수적으로만 언급된다. 그것도 부정확하게.[12] 칼텐브룬너 보고서들은 1944년 성탄절 무렵에 완전히 중지되지만, 후펜코텐의 수사반은 바짝 긴장한 채 계속 활동했다.

디트리히 본회퍼—그는 제국보안본부의 7월 20일 사건 수사 과정에 비교적 늦게 포함되었다—가 특별 수사를 받은 것은 그 때문이었다. 칼텐브룬너 보고서들은 히틀러가 그에게 주의를 적게 기울였을 것이라는 추측을 불러일으키지만, 사실은 그 반대다. 그와 그의 절친한 공모자들이 다른 이들보다 더 오래 붙잡혀 있던 것도 그 때문이었고, 그가 1945년 4월 5일 최종 섬멸 결정을 내린 "총통 담화문"의 희생자가 된 것도 그 때문이었다.

후펜코텐

갱신된 심문 시기는 1944년 10월부터 1945년 1월까지 이어졌다. 후펜코텐과 존더레거가 본회퍼에 대한 수사를 지휘했다. 앞으로 살펴보겠지만, 그들은 제국보안본부에 속한 자신들의 관할권 안에서 이 수사로 사적인 이익도 추구했다.

라인란트 출신의 유능한 법률가 발터 후펜코텐은 1935년에 게슈타포에서 경력을 쌓기 시작했다. 1941년부터는 베를린 제국보안본부 4국("적군 연구와 적군 극복" 담당)의 방첩기관(E부)을 이끌었다. 1944년 봄에 카나리스의 기관이 제국보안본부에 편입되자, 제국보안본부 4국의 조직도 그에 상응하여 재편되었다. 후펜코텐은 기존 임무를 유지한 채 A부에 신설된 3과를 맡았다. A부는 옛적 카나리스의 군 방첩대 임무 영역을 맡은 부서였다.

그는 이미 7월 20일 사건 전체 수사대 안에 마련된 수사반의 지휘를 맡음과 동시에, 아직 밝혀지지는 않고 추측만 무성하던 사실, 곧 카나리스, 오스터, 도나니가 7월 20일 사건 준비 과정에 연루된 사실을 밝히는 임무도 맡았다. 그에게는 존

더레거가 붙여졌다. 존더레거는 전에 뢰더와 함께 도나니와 본회퍼를 체포하고, 제국군사법원에서 진행된 뢰더의 심문에 수개월간 동참했으며, 9월 20일 초센 문서철을 적발해 낸 자였다.

후펜코텐은 신설된 특별 수사반의 적임자였다. 그는 이 임무를 맡으면서 1인 2역을 하게 되었다. 한편으로는 피의자들의 "국가전복죄"를 추적하고, 다른 한편으로는 제국보안본부에 알려지지 않은 채 묵혀지고 있을지도 모르는 방첩대 접선들을 자신이 맡은 A부 3과를 위해 조사하는 것도 중요했다. 결국 제국보안본부에 통합되긴 했지만, 그 비밀 정보기관은 파괴력이 있었다. 이것도 이 복잡한 사건과, 도나니 및 본회퍼와 같은 연루자들을 특별 재판소에 넘길 생각을 하지 않은 주된 이유 가운데 하나였다. 이 때문에 피의자들은 혹독한 심문 한가운데에서도 자신들의 사건 종결이 좌우간 연기될 것이라는 일말의 희망을 품을 수 있었다.

K. H. 아프스하겐Abshagen은 자신이 쓴 카나리스 전기에서 후펜코텐을 "교양 있는 행정관과 경찰관의 인상"을 주는 사람으로 묘사한다.[13] 실제로 그는 시끄럽지 않았다. 그는 고문을 심각하게 여겨 자신이 직접 가하지는 않았지만, 고문에 의한 협박이 이루어질 때면 수감자에게 담배 한 대를 권하며, 사건 해결이 피차 중요하니 자세히 논해 보라고 요구하곤 했다. 그는 권력 수단을 마음껏 휘두르면서도 총명한 사람처럼 구는 것을 더 좋아했다. 반면에 후펜코텐의 지휘를 받는 수사관 존더레거는 서민 출신이었다. 그는 "누군가가 그의 신사다움을 강조해서 말하면 좋아하고, 무정하지 않으나 노회한" 사람이었다.[14] 그는 본회퍼와 도나니를 여기저기서 만날 때마다 진심으로 안심시키곤 했다.

심문

클라우스 본회퍼는 고문을 당했고, 도나니는 악명 높은 수사관 슈타비츠키Stawitzky에게 수치스러운 취급을 당했다. 디트리히 본회퍼는 고문을 당하지 않았음이 거의 확실해 보인다. 그러나 부담감은 만만치 않았다. 슐라브렌도르프는 제국보안본부 지하 유치장에서 만난 본회퍼가 심문을 "간결하면서도 역겨운" 것으로 묘사했다고 알린다. 그는 처음에 고문의 위협을 받고, 약혼녀, 부모, 형제자매의 운명이 그의 진술에 달려 있다는 위협도 받았다. 하지만 그다음에는 심문 어투가 바뀌었다. 이번에도 본회퍼의 감화력이 그를 심문하는 수사관들에게 미쳤을 것이다. 부헨발트에서 본회퍼를 만난 영국인 장교 페인 베스트 대위는 전쟁이 끝난 뒤에 본회퍼의 자신 있는 태도에 관해 아래와 같이 기술했다.

> 본회퍼는 자신이 그러한 시험을 견딜 만큼 충분히 강인하지 못할까 봐 늘 두려워했지만, 인생에는 두려워할 만한 것이 없다는 것을 알았습니다.

본회퍼는 자기 사건의 수사를 넘어서 실질적인 관심을 받고 있음을 곧바로 알아채고, 이곳에서도 운신의 기회를 어느 정도 이용했다. 그는 마지막으로 보낸 1945년 1월 17일자 편지, 곧 존더레거가 장려하고 읽기도 한 편지에서 "국민헌납" 참여에 관해 말하면서 아래와 같이 기술한다.

> 뭔가 궁금한 것이 있으면 존더레거 수사관에게 전화해 보시기 바랍니다!……마리아가 그 책들을 이리로 가져오면, 존더레거 수사관이 (그 책들을) 중개해 줄 것입니다.……편지지도 수사관에게 건네주십시오(DBW 8:610f.).

지금까지 심문 내용과 과정 자체는 대단히 불완전하게 재구성될 수밖에 없었다. 후펜코텐은 미국 군대가 도착하기 전에 자료 전체를 폐기했다고 주장한다. 관계자들의 기억들은 막연한 것들이거나 자기 관점의 영향을 받은 것들이다. 보고서들은 여러 대목에서 서로 어긋난다. 공문서들 가운데 이제까지 발견된 흥미진진한 것은 한 건뿐이다. 따라서 우리는 똑같지 않은 자료들을 토대로, 그것들의 시간적인 순서를 고수하면서 심문의 실질적인 과정에 대한 몇 가지 암시를 얻고자 한다. 본회퍼가 손수 쓴 것은 없다. 그가 1944년 성탄절 이후에 쓴 두 통의 편지는 심문 상황에 대한 우리의 추측을 입증해 주지 않는다.

a)1944년 8월 말에 프린츠-알브레히트 슈트라세에 투옥된 파비안 폰 슐라브렌도르프는 그때까지 생존해 있던 여러 친구 가운데 아마 본회퍼를 가장 일찍 만났던 것 같다. 물론 그는 당시에 전선 휴가병으로 베를린을 아주 드물게 찾은 까닭

에 본회퍼의 저항 활동에 관해 아는 바가 거의 없었고, 테겔 시절의 내용과 방어용 진술의 필요성 및 그 책략들에 관해서는 더더욱 아는 게 없었다. 그는 1945년에 본회퍼의 가족을 위해 보고서 한 통을 작성한다. 1944년 10월과 12월 사이에 이루어진 심문 상황과 관련이 있는 그 보고서는 상황을 눈에 띌 만큼 낙관적으로 기술한다.

> 그는 나에게 게슈타포가 자신의 실제 활동에 대한 단서를 전혀 잡지 못했다고 반복해서 말했다. "나는 괴어델러와의 친분을 아무것도 아닌 것으로 만들었습니다. 페렐스와의 관계도……그다지 큰 짐이 되지 않았습니다. 게슈타포는 나의 해외 출장과 영국교회 고위 인사들과의 잦은 회동이 어떻게 시작되었는지를 전혀 알아채지 못할 것입니다. 현재의 속도로 조사가 이루어진다면, 몇 해가 지나야 결론이 날 것입니다." 그는 희망에 부풀어 있었다.……또한 그는……자신의 매형 폰 도나니와의 관계를 그럴싸하게, 도나니에게 짐이 되지 않게 묘사했다고 생각했다.[15]

슐라브렌도르프는 1944년 말에 홀로 풀려날 약간의 가능성을 보았다. 이때를 대비하여 본회퍼는 그에게 이런 부탁을 했다. "내 부친을 찾아가서, 히믈러를 친히 만나도록 고무해 주십시오."[16] 이는 아직 소송 절차가 완료되지 않았지만 이 시점에서 몇 가지 가능성들을 예상하고 한 부탁이었다. 우리는 무엇이 그로 하여금 그런 부탁을 하게 했는지를 살펴보게 될 것이다.

b)1944년 11월, 나를 상대로 한 심문이 제국보안본부 지부인 쿠르퓌르스텐슈트라세에서 진행되었다. 심문은 잠시 동안 본회퍼 사건의 근처로 아슬아슬하게 접근했다. 이상하게도 바우메르 수사관은 나와 뤼디거 슐라이허의 관계만 캐물었다. 그러던 어느 날 그가 갑자기 굵은 글자로 타자된 문서를 내 앞에 내밀더니, 본회퍼의 서명이 담긴 여러 장의 문서 가운데 마지막 장을 보여주면서 본회퍼의 자술서라고 말했다. 그는 그 문서의 이곳저곳에서 따온 두서너 문장을 나에게 읽어 주었다. 그 문서에는 1942년에 열린 프라이부르크 협의[17] 당사자들—내가 아는 이들이었다—이 언급되어 있었고, 오랜 휴전 기간에 있을지도 모르는 독일-영

국교회 접촉과 관련된 제안들도 들어 있었다. 내가 너무나 잘 아는 내용이었다. 나중에 들은 바에 의하면, 귄터와 바우메르는 페렐스와 발터 바우어에게도 동일한 문서를 제시하면서 유사한 방식으로 심문했다고 한다. 나는 그 문서의 내용을 잘 알고 있음에도 불구하고 그 사실을 부인했다. 나는 본회퍼가 지난 시절부터 쌓아온 우리의 가까운 관계를 감추었음을 알아채고서, 그가 그토록 포괄적인 자술서를 썼을 리 만무하다고 추정했다. 나는 심문을 받으면서 일곱 부의 조서 사본에 서명이 달려 있음을 알고, 그 문서 전체가 공동 피의자들의 심문을 위해 게슈타포의 여러 습득물을 짜깁기하고 본회퍼의 서명들 가운데 하나를 거기에 추가한 것이라는 결론에 도달했다. 바우메르는 곧바로 내가 슐라이허의 집에 자주 있었던 이유를 다시 캐물었고, 나는 뤼디거 슐라이허의 딸과 약혼하고 결혼했다는 말로 근거를 분명하게 댔다. 그는 심문 중에 다시는 디트리히 본회퍼와의 관계를 묻지 않았다.

하지만 이 돌발 사건은 제국보안본부 측 사람들이 1944년 10월과 11월에 본회퍼의 활동과 연관 지은 범위가 얼마나 위험하게 확대되었으며 얼마나 정확하게 알려졌는지를 보여주었다. 그들은 테겔 시절의 심문에서 얻은 사실들을 훨씬 적절하게 해석하는 것은 물론이고, 새로운 사실들을 찾아내기까지 했다. 그럼에도 슐라브렌도르프가 말한 낙관주의는 근거 없는 것이 아니었다.

c)요르겐 글렌트요는 이제까지 유일하게 소개된 직접적인 자료, 즉 제국보안본부의 본회퍼 심문과 관련된 자료를 발굴하여 발표했다.[18] 에른스트 칼텐브룬너는 1945년 1월 4일에 외무부로 한 통의 서한을 보냈다. 이 서한은 요아힘 폰 리벤트로프에게도 제출되었다. 이 서한에는 본회퍼와 조지 K. A. 벨 주교의 회동, 영국의 상황을 놓고 진행된 본회퍼 심문 보고들만 들어 있고, 수감자의 반역 활동에 관한 내용은 전혀 들어 있지 않다. 이 서한은 본회퍼가 자신의 중요한 해외 출장들을 "애국적인 것으로" 해석하고,—더 이상 숨길 수 없었다—뢰더에게 심문받을 때 진술했던 것들과의 일관성을 변함없이 유지하려고 시도하고, 결국에는 제국보안본부까지 그의 지식들에 관심을 기울이게 했을 것이라고 추론할 수 있게 해준다. 서한의 내용은 아래와 같다.

런던에 있는 독일인 개신교회 전임 목사이자, 1944년 7월 20일 사건과 관련하여 체포된 개신교 목사 디트리히 본회퍼는 1942년 5-6월에 전임 제독 카나리스의 지시를 받아, 자기가 잘 아는 치체스터의 조지 K. A. 벨 주교를 스웨덴에서 만났습니다. 심문시간에 본회퍼는 조지 K. A. 벨과 상의한 내용에 관해 아래와 같이 진술하더군요.

영국 성공회 주교들 가운데 가장 명망 있고 가장 널리 알려졌으며, 에큐메니칼 운동권 안에서도 권위를 인정받는 조지 K. A. 벨 주교는 화해와 타협의 사람으로 여겨지고, 독일의 특별한 친구라고 합니다. 그가 예상과 달리 전쟁 상황을 감안하여 캔터베리 대주교 랭의 후임자가 되지 않은 것도 그 때문이고, 예전에 독일을 자주 방문하고 루돌프 헤스를 더 가까이 알게 된 것도 그 때문이라고 합니다. 처음에 그는 루트비히 뮐러 치하의 독일 개신교 제국교회와 친하게 지내려 했으나, 고백교회로 방향을 돌려 니묄러, 디벨리우스, 코흐와 교분을 쌓았다고 합니다.

스웨덴과 소련의 관계를 조사하고, 스칸디나비아 지역에서 발생한 교회 사건들을 조사하는 것이 조지 K. A. 벨 주교의 스웨덴 출장 목적이었습니다. 조지 K. A. 벨의 설명에 의하면, 그는 출장 개시에 앞서 이든과 상세한 대화를 나누며 이런 물음을 던졌다고 합니다. "스웨덴에서 어떤 진영이 평화 의사를 타진해 오면, 내가 어찌해야 할까요?" 이든은 영국의 승리를 앞두고 평화에 관해 이야기해서는 안 된다며 아주 쌀쌀맞게 대답했다고 합니다. 이든은 이 문제에 관한 한 처칠과 의견이 완전히 일치한다고 합니다.

전쟁 문제들에 대한 스태퍼드 크립스의 태도는 이든의 태도와는 완전히 딴판이라고 합니다. 다들 그가 공산주의자라고 부당하게 주장하지만, 그는 그리스도교 사회주의자로서 영국 도처에서 과소평가된 러시아의 힘에 관해 크게 우려하며 말한다고 합니다. 크립스는 모스크바의 상황을 정확히 알고, 소련군이 브란덴부르크 입구까지 진주할 경우 그것을 저지할 힘이 전혀 없을까 봐, 영국마저 그것을 저지하지 못하게 될까 봐 우려한다고 합니다. 영국은 소련이 승리할 경우 그 결과가 어찌될지를 전혀 예상하지 못하고 있다고 합니다. 조지 K. A. 벨이 말한 바에 의하면, 이든 측보다는 영국교회의 인사들이 이러한 견해에 더 많이 동조한다고 합니다.

미국이 영국을 파멸시키거나 흡수할 의도를 품고 있지 않느냐는 물음에, 조지 K. A. 벨 주교는 확신에 차서 이 가능성을 논박했다고 합니다. 미국은 강한 영국을 필요로 하고, 영국은 세계 제국이 없으면 힘을 못 쓴다는 것입니다. 조지 K. A. 벨은 미국과 영국의 동맹에 관해 더 이상 논하려 하지 않았다고 합니다.

조지 K. A. 벨은 얼마 전에 이루어진 윌리엄 비버브룩William Beaverbrook 경의 스위스 방문에 관해서도 언급했다고 합니다. 비버브룩이 스위스에서 독일 기업가들과 회동하여, 서방 연합국과 독일이 공동전선을 형성하여 러시아에 맞선다는 의미의 평화 가능성을 협의했다는 겁니다.

이 일련의 영국 접촉과 관련된 심문은 늦어도 성탄절 무렵에 이루어졌다. 에른스트 칼텐브룬너의 서한을 본회퍼가 어떻게 대응했는지를 보여주는 전형으로 여길 수 있다면, 거기에서 나오는 결론은 이와 같을 것이다. 말하자면 본회퍼는 진실들을 능숙하게 숨겨 누구에게도 해가 되지 않게 하고, 제국보안본부 사람들이 솔깃해할 만한 내용들, 즉 그들이 전쟁 종결에 대해 그리고 동유럽과 서유럽의 새로운 상황에 대해 숙고할 경우, 형편에 따라 재고할 여지가 있는 내용들만 강조하여 말했다는 것이다. 게다가 그는 보다 상세한 조사(비버브룩)를 필요로 하는 내용을 충분히 언급함으로써 시간 끌기를 암시했다. 슐라브렌도르프의 전언에 의거하여 말하면, 이는 어째서 "게슈타포가 실제 활동에 대한 단서를 전혀 잡지" 못했는지를 입증해 준다. 본회퍼는 스웨덴 회동을 베크의 지시를 받고 한 것이 아니라, 방첩대를 위해 근무하는 가운데 "전임 제독 카나리스의 지시를 받고" 한 출장으로 분명하게 서술했다. 그러고는 자신이 '십계'에 따라[19] 마땅히 중지되었어야 할 전임 제독 카나리스의 정치 정보 수집 업무에 가담했다고 시인하면서도, 출장의 본질적인 성격—쿠데타 사건에 대비해 공모 세력과 영국 정부 사이의 연락망을 복구하는 임무—은 은폐했다. 게다가 그는 "평화 타진"을 전혀 다른 맥락에서 자신의 진술 속에 끼워 넣기까지 했다. 본회퍼가 감행한 스웨덴 출장의 온전한 진실은 끝까지 밝혀지지 않을 것 같다.

1945년 초에 제국보안본부는 몇 주에 걸쳐 여러 가지를 시도하면서 7월 20일 사건 연루자들에게 전쟁의 출구에 관한 의견을 묻고, 혹여 있을지도 모르는 외교 정책 재편 활동에 그들을 투입하는 안을 고려했다. 내가 겪은 일을 말하자면, 레어터 슈트라세 3 교도소에서는 알브레히트 하우스호퍼Albrecht Haushofer가 갑자기 온갖 구금 완화 조치를 받았다. 그는 책들, 요리들, 훈제품들을 넘치도록 공급받았다. 정세에 대한 자신의 견해들과 적절한 조언들을 글로 적어 하인리히 히믈러에게 제출해야 했기 때문이다. 도나니도 "7월 20일 사건의 전개를 자신의 관점과 연관 지어 기술하고",[20] 정치적 미래의 전망들을 분석해 달라는 요구를 받았다. 본회퍼도 그와 같은 문의를 받았는지는 알 수 없다. 하지만 저 칼텐브룬너 서한의 내용 전체는 이 일시적인 추세와 딱 맞아떨어진다.

도나니는 1945년 2월 25일자 암호 통신문에서 자신의 부인에게 이렇게 알렸다. 레어터 슈트라세 교도소 소장은 "수감자들에게 애정을 보이며, 미래의 안전장치를 구하려 하고 있답니다.……시간 끌기가 유일한 해결책이에요.……그렇지 않아도 경보음이 울리고 있구려."

d)본회퍼가 베를린에서 사라지기 전인 2월 초순, 도나니가 작센하우젠에서 제국보안본부로 이송되었다. 이 두 사람은 은밀히 재회하여 이야기를 나눌 기회를 잠시 가졌다. 본회퍼가 공습경보의 혼란을 틈타 순식간에 도나니의 감방에 가닿은 것이다.[21] 도나니가 4월 초 국립병원에서 가진 마지막 만남의 자리에서 자기 부인에게 이야기한 바에 따르면, 본회퍼가 전임 제독 카나리스의 금지된 정치 정보 수집 업무에 가담했다고 시인한 것을 놓고 대화가 이루어졌다고 한다. 요제프 뮐러도 같은 사실을 전한다. 그는 4월 3일과 4일에 부헨발트에서 바이덴으로 이동하는 중에 본회퍼에게서 그러한 내용을 듣게 되었다. 본회퍼가 카나리스의 정치 정보 수집 업무와 관련하여 징집 면제를 받았음을 더 이상 부인하지 않았다는 내용이었다.

e)후일 후펜코텐 재판에서 오토 토르베크Otto Thorbeck 박사가 밝힌 바에 따르면, 친위대 출신 판사인 그가 4월 8일에서 9일로 이어지는 밤중에 즉결재판장의 자격으로 본회퍼의 심문 내용에 대한 약식 판결을 내렸을 때, 본회퍼는 "아무것도" 부인하려 하지 않았다고 한다. 물론 토르베크가 밝힌 사실은 겉핥기였을 뿐이다.

도나니가 1945년 3월 8일에 보낸 마지막 암호 통신문은 그와 본회퍼에 대한 심문이 "핵심"을 비껴갔을 것이라는 추측을 반박한다. 편지의 내용은 아래와 같다.

> 저들은 전모를 다 알고 있습니다. 비밀 누설자가 누구인지는—모르겠지만—나에게 중요하지 않습니다.……덧붙여 말하건대 P가 디트리히에 관해 어설프게 진술하는 바람에, 디트리히가 나를 중요 인물로 지목한 것 같습니다. 서로 어설프게 연기하는 바람에 불리한 내용의 진술이 연속으로 이루어진 셈이지요. 나는 더 이상 많은 도움이 되지 못할 것 같아요.

f)후펜코텐이 1955년 자신의 재판에서 상세히 설명한 바에 따르면, 저들이 "전모"를 안 것 같다는 도나니의 발언과 달리, 제국보안본부의 후펜코텐 수사반은 자신들의 조사 결과에 만족하지 않았던 것 같다. 한편으로는 결정적인 문제들과 관련하여 다른 기관들과의 협력이 더디게 이루어졌고, 다른 한편으로는 공습이 끊임없이 방해했기 때문이다.

이따금 제국보안본부는 피의자들의 신속한 유죄 판결보다는 아직 규명되지 않은 경로들과 집단들을 새롭게 알아내는 데에 관심을 기울였던 것 같다. 그들은 본회퍼를 상대로 에큐메니칼 교회 실마리들에 대한 새로운 조사를 벌였다. 제국보안본부 4국의 B부("교회와 프리메이슨 운동" 담당)가 몇 해 전부터 교회-해외사무국의 모든 활동을 포함하여 교회와 외국의 관계 전체를 감시하긴 했지만, 이제는 아직 적발되지 않은 채 카나리스의 엄호를 받으며 존속해 온 고백교회의 경로들이 조사되고 새롭게 활용되어야 했다. 후펜코텐이 다른 여러 기관에 질의서를 보내어, 본회퍼와 스위스의 관계, 본회퍼와 영국의 관계를 캐묻고 그것들의 사실성을 조사했을 것이다. 따라서 이 복잡한 문제와 관련된 제국보안본부의 모든 서류뭉치가 실제로 폐기되었다고는 하지만, 언젠가는 종무부나 외무부의 보관 문서들 속에서 제국보안본부의 본회퍼 심문과 관련된 자료가 발견될지도 모른다.

후펜코텐은 그와 같은 조사들이 국내와 외국에서 시도되었지만, 1944년에서 1945년으로 해가 바뀔 무렵부터는 항공전의 상황 때문에 지체되고, 일부는 불가능하게 되었다고 진술했다.[22] 1945년 1월에는 심문 상황과 관련하여 본회퍼에게 여유가 생긴 것처럼 보인다. 그에게 쏠린 관심과 몇 차례의 지연 덕분이었다. 이

는 그가 이 시공간에서 집으로 써 보낸 두 통의 편지에서도 확인된다.[23]

이렇게 간추려 말해도 될 것이다. 1. 새롭게 적발된 문건들 때문에, 그리고 프라이부르크 협의 문제, 시그투나 회동 문제, 비망록 문제 같은 일련의 복잡한 문제들에 대한 공동 피의자들의 진술 때문에 테겔 시절의 사실들이 현저하게 확대되었다. 2. 짐을 함께 졌던 친구들과 여전히 지고 있는 친구들이 제국보안본부의 수중에 있었다. 형제와 자형들 외에도 프라이부르크 대학교수들인 콘스탄틴 폰 디체와 아돌프 람페와 게르하르트 리터가 그랬고, 발터 바우어, 한스 욘, 프리드리히 유스투스 페렐스도 그랬다. 뒤의 세 사람은 부분적으로 심각한 고문을 당하기도 했다. 예컨대 나의 옆방 사람인 발터 바우어 박사는 나에게 이런 부탁을 할 정도였다. "가능하다면 본회퍼의 아버지를 통해 나에게 독약을 보내 주시면 좋겠습니다." 고문을 더는 견딜 수 없어서 그렇게 말한 것이었다. 본회퍼는 그들 모두와 더 이상 보조를 맞출 수 없었다. 3. 본회퍼는 이때에도 포기하지 않고, 부인할 수 없는 사실들을 힘차게 해석하거나, 새로운 사실들을 끌어와 해석들을 뒷받침했다. 그가 말한 대로, "자신이 포기하면 투쟁만 위험해질"[24] 것이기 때문이었다.

지하 유치장생활

본회퍼는 제국보안본부 지하 유치장에서 시간을 보냈다. 처음에는 19호실에서, 그 뒤에는 25호실에서 지냈다. 옆 감방에는 슐라브렌도르프가 있었다. 감방은 테겔 형무소 감방보다 비좁았다. 가로 1.5미터, 세로 2.5미터 크기의 감방에는 낮에 위로 젖히게 되어 있는 침대와 탁자와 등받이 없는 의자가 있었다. 1945년 2월 초에는 난방장치가 완전히 가동을 멈추었다. 그러나 그것은 기억할 만한 경험이었다. 수감자 대다수가 이 결핍을 예상보다 잘 견뎌 냈다.

아침과 저녁에 카페인 없는 커피 한 잔과 잼을 바른 빵 두 조각이 공급되었고, 정오에는 수프가 공급되었다. 식료품 소포는 자주 배달되지 않았지만, 본회퍼는 매주 수요일마다 마리아 폰 베데마이어가 들여보내는 것을 받거나, 양친과 누이들이 매주 들여보내는 것을 받았던 것 같다. 페인 베스트가 2월 말에 부헨발트에서 알게 된 본회퍼의 모습을 기술한 것은 믿을 만한 것처럼 보인다. "(그는) 감방에서 몇 달을 보내면서 목숨을 잃을까 봐 두려워하는 사람처럼 보이지 않았습니다."[25]

세면장과 화장실을 겸한 공간은 죽 늘어선 감방의 끝에 있었다. 이 공간에는 겨울철의 추위에도 불구하고 환영을 받은 샤워 시설이 딸려 있었다. 바로 이 샤워 시설 덕분에 수감자들은 아침마다 비밀 대화를 나눌 수 있었다. 프린츠-알브레히트 슈트라세에서는 교도소 안마당에서 통상적으로 하던 "운동"을 전혀 할 수 없었다. 하지만 공습이 빈번하게 이루어질 때에는 다들 안마당에 자리한 콘크리트 방공호로 대피하곤 했다. 이 방공호는 히믈러 방공호라고 불렸다. 그럴 때면 명령받은 훈련은 엄격하게 시행되지 않았고, 그 덕분에 적지 않은 교제가 이루어졌다. 슐라브렌도르프가 묘사한 대로, 그들은 1945년 2월 3일 극심한 베를린 공습을 경험했다.

> 우리는 방공호 안에 빽빽이 밀집한 채 서 있었다. 폭탄이 강력한 폭음과 함께 방공호를 때린 것 같았다. 방공호가 폭파되어 천장이 우리 머리 위로 무너져 내릴 것 같았다. 방공호는 폭풍우에 흔들리는 배처럼 흔들리다가 버텨 냈다. 그 순간 디트리히 본회퍼는 자신의 기개를 유감없이 보여주었다. 대단히 침착했고,……무슨 일이 일어났느냐는 듯 태연자약했다.[26]

간수들—모두 친위대 대원들이었다—은 한때 고위직을 역임한 수감자들을 마주하여 천차만별로 행동했다. 가학행위에서부터 지나치게 꼼꼼한 예의바름에 이르기까지 단계도 다양했다. 그들 가운데 상당수는 전반적인 상황을 욕했다. 간첩을 예우해서는 안 되었기 때문이다. 수감자들은 난폭자 앞에서 비굴하게 구는 것 외에 다른 도리가 없는 것처럼 여겨졌다. 본회퍼는 이곳에서도 간수들의 존경을 받았다고 한다. "그는 얼마 지나지 않아 늘 친절하지만은 않은 간수들의 마음을 사로잡았다."[27] 그는 사소한 것도 거리낌 없이 부탁하고, 간수들의 개인적인 사정이나 걱정거리를 제때에 묻고, 비상식적인 것을 결코 요구하지 않았다. 간수들도 신경과민 상태라는 것을 알았기 때문이다. 도나니는 2월 25일자 암호 통신문에서 자기 부인에게 이렇게 말했다. "디트리히를 만났는데, 쾌활해 보였습니다.……그 게으름뱅이가 마리아를 보고 싶어 하더군요.……그는 '품위 있는 사람'처럼 보였습니다.”

본회퍼는 프린츠-알브레히트 슈트라세에서 특별 경험을 했는데, 그것은 오랫동안 보지 못한 친구들을 만나는 일이었다. 그가 만난 옆방 사람 슐라브렌도르프는 마리아 폰 베데마이어의 사촌이었다. 마리아와 약혼하기 전에도 그 후에도 만난 적이 없는 사람이었다. 그는 요제프 뮐러도 만났다. 훨씬 열악한 환경에 있는 줄로 생각했던 카나리스와 오스터도 만났다. 칼 프리드리히 괴어델러도 만났다. 칼 프리드리히 괴어델러는 2월 2일에 처형될 때까지 본회퍼의 감방에서 몇 감방 떨어져 지냈다. 본회퍼는 나중에 레겐스부르크에서 괴어델러의 가족에게 그에 관한 소식을 전하기도 했다. 고백교회 목사이자 에큐메니칼 담당자인 한스 뵘도 만났다. 한스 뵘은 한스 베른트 기제비우스와 아르투르 네베의 도주를 도왔다는 이유로 이곳에 수감된 상태였다. 끝으로 며칠 동안이긴 하지만 한스 폰 도나니도 만났다. 본회퍼는 이들 가운데 여러 명에게 자신의 소포 우편물을 나누어 주곤 했다. 그럴 때면 이 감방 저 감방에서 흡연 후에 나는 냄새가 강하게 진동했다.[28]

마리엔부르크 알레에 있는 가족에게 소식을 전하는 연락망은 거의 완전히 끊긴 상태였다. 이따금 존더레거가 수요일 소포를 건네주면서 안부를 전하거나, 쪽지 동봉을 허락해 주었다. 부모는 편지를 두 통밖에 받지 못했다. 한 통은 1944년 12월 28일 어머니의 생일에 급히 써 보낸 것이고,[29]—시 「선한 힘들에 관하여」(DBW 8:607f.)는 마리아에게(그녀에게 보낸 1944년 12월 19일자 편지에 동봉되어) 건네졌다—나머지 한 통은 1945년 1월 17일에 보낸 것이다.[30] 이 마지막 편지는 국가보안본부가 그의 영국 정보에 관심을 기울일 때 써 보낸 것이다. 부모는 면회 허가를 더는 받지 못했다.

이 시기에 마리아 폰 베데마이어는 베를린에 상주했다. 부모에게 보낸 1944년 12월 28일자 편지에는 이런 내용이 들어 있다. “마리아가 두 분과 함께 지내게 되어 여간 기쁜 게 아닙니다”(DBW 8:609). 그녀가 약혼자에게서 마지막으로 받은 편지는 1944년 12월 19일자 편지다. 그녀의 기민성은 후펜코텐의 마음까지 감동시켰다. 하지만 그에게 면회 허가를 받지는 못했다. 제국보안본부는 그녀에게 이렇다 할 공갈 협박을 시도하지 않았다.

앞서 우리는 본회퍼가 "성년이 된 세상에서 성서적 개념들을 비종교적으로 해석하기"를 속행하여 상당히 진척시켰을 것이라고 추측한 바 있다.[31] 그것을 입증할 증거는 존재하지 않는다. 얼마 안 되는 편지들에는 그것에 관한 직접적 암시가 들어 있지 않다. 일련의 새로운 심문이 이 방면에도 방해가 되었을 것이다. 그러나 그가 계속 글을 썼다는 것은 다수가 증명하는 사실이다.

알다시피, 그는 테겔에서 다면적인 원고를 마지막 순간까지 썼다. 그러고는 그것을 짐 속에 챙겨 프린츠-알브레히트 슈트라세로 가져갔다. 제국보안본부에 수감되어 있을 때에도 그가 종이와 연필을 지니고 있었다는 것은 분명한 사실이다. 1월 17일자 마지막 편지에서 다음 수요일 소포를 보낼 때 새로운 종이를 보내 달라고 다시 한 번 부탁했기 때문이다. 슐라브렌도르프는 본회퍼가 자기와 달리 감방에서 글을 쓸 수 있었으며 거기에 필요한 모든 것을 갖추고 있었다고 확인해 준다. 여타의 저명한 수감자들도 제국보안본부에서 온전한 비망록을 썼다. 상당수가 낮에는 헐거운 수갑을 차고 있다가 밤에는 꽉 끼는 수갑을 찼지만, 본회퍼는 그러지 않았다.

우리도 아는 사실이지만, 그는 제국보안본부에 수감되어 있으면서도 읽을거리를 지속적으로 반입받아 읽었다. 1월 17일자 편지에서는 지난 수요일 소포에 책이 들어 있지 않았다며 유감스러워하다가, 존더레거를 통해 반입하면 될 것이라고 말한다. 그러고는 일련의 새 책들, 요한 하인리히 페스탈로치의 책들, 파울 나토르프의 책, 플루타르크Plutarch의 책을 넣어 달라고 부탁한다(DBW 8:611). 플루타르크의 책은 그가 베를린에서 사라지기 직전에 실제로 반입받아 쇤베르크까지 지니고 다녔던 책이다. 이 책은 나중에 가족에게 반환되었다. 헤르만 퓐더Hermann Pünder 박사가 1945년 여름에 알려 준 바에 따르면, 본회퍼는 부헨발트에서 그와 책을 교환했다고 한다. 퓐더는 헨트 출신 역사학자 요제프 비데츠Joseph Bidez의 전기 『배교자 율리아누스』*Julian der Abtrünnige*를 본회퍼에게 주고, 쿠르트 레제Kurt Leese의 책 『변화하는 새 시대의 개신교』*Der Protestantismus im Wandel der neueren Zeit*를 받았다.

쿠르트 레제의 책은 1941년에 출간되었다. 당시에 저자는 고백교회 안에서 신학적 이방인으로 여겨졌고, 그의 책은 "사람들이" 거의 읽지 않는 책이었다. 하지만 본회퍼는 신학의 선조세대인 알브레히트 리츨과 에른스트 트뢸치, 근대의 정신사적 전통인 휴머니즘, 자연과학의 발견을 받아들여 소화하려고 시도한 한 사람에게 관심을 기울였다. 본회퍼는 부헨발트에서 신학박사이자 장군인 프리드리히 폰 라베나우와 감방을 같이 쓰면서 몇 주 동안 토론하기도 했다.

본회퍼가 신학 집필을 계속했음을 알려 주는 증거가 또 있다. 알다시피, 그는 확고한 집필 계획을 세움으로써 힘겨운 나날을 견디려고 했다. 그가 프린츠-알브레히트 슈트라세에서 집필 활동을 전혀 하지 않은 채 넉 달을 보냈다는 것은 상상도 할 수 없는 일이다. 그가 비종교적 해석 이외의 신학 주제에 관심을 기울였을 수도 있지만, 이는 우리가 알지 못하는 사실이다.

그의 마지막 여정의 어딘가에서 원고뭉치가 다른 짐과 함께 뒤처졌음에 틀림없다. 도중에 혹은 플로센뷔르크 강제수용소가 해체될 때에 수감자의 판독 불가능한 기록에 흥미를 느껴 그것을 보관하려 한 사람이 있었을까? 구사일생으로 도망친 친구들이라고 해도 결국에는 딴생각을 했을 것이다.

본회퍼가 마지막으로 형상화한 신학적 증언은 시 「선한 힘들에 관하여」라고[32] 할 수 있다. 그것은 한 편의 기도문이다. 사상적인 면에서는 시 「그리스도인들과 이교도들」(DBW 8:515f.)의 정신과 가깝다. 하지만 그것은 교훈적인 구성을 능가하는 시였다. 그가 어머니와 약혼녀에게 주려고 쓴 시였기 때문이다.

잔인한 2월

1945년 2월 초, 대규모의 불행이 가족에게 밀어닥쳤다. 그것은 안팎의 모든 이에게 너무 많은 것을 요구했다. 페치히 함락, 한스 폰 도나니의 제국보안본부 지하 유치장 이감 및 자해성(自害性) 감염, 특별 재판소를 통해 진행된 뤼디거 슐라이허와 클라우스 본회퍼의 사형선고, 디트리히 본회퍼의 수수께끼 같은 실종 등의 사건들이 쇄도했던 것이다.

1. 마리아 폰 베데마이어는 1월 하순에 오데르 강 건너편에 있는 페치히로 귀향했다. 러시아 군이 다가오고 있었다. 마리아의 어머니는 본회퍼 여사에게 보낸

1945년 1월 30일자 편지에서 아래와 같이 말했다.

사랑하는 본회퍼 여사님!

여사님께 너무 야속하게 굴 수밖에 없는 저를 용서해 주시기 바랍니다. 저는 영하 12도의 추위와 얼음장같이 찬 동풍을 무릅쓰고 마리아와 저의 세 자녀, 되프케 부인과 그녀의 두 자녀, 열병에 걸린 라트 양과 약하디약한 디멜 부인을 덮개 마차에 태워 서쪽 첼레 방면으로 떠나보냈습니다. 그곳에 되프케 씨의 친척이 살고 있거든요.

저는 마리아가 너무나 필요했습니다. 사실 이 일은 그 애의 능력을 훨씬 넘어서는 일이랍니다. 그 애에게 폴란드인 마부 한 명과 가장 좋은 말 세 필을 딸려 보냈습니다. 그 애가 이 힘든 일을 잘 감당할 수 있게 기도해 주시기 바랍니다.

모든 것이 순조롭게 진행된다면, 마리아는 열나흘 안에 목적지에 닿게 될 것입니다. 하지만 그사이에 눈이 몹시 내리고 바람도 사납게 불었네요.

다들 저에게 베를린으로 보내지 말라고 하더군요. 아이들을 맞아 주시려고 베풀어 주신 호의에 진심으로 감사드립니다. 되프케 씨가 처음부터 끝까지 자기 가족을 자기 부모가 살고 있는 서쪽으로 데려가기를 원했습니다. 저는 거기에 필요한 부품들과 마부 때문에 그들을 두 조로 나누어 보내지 못했습니다. 비용도 더 이상 마련할 수 없었고요.

이곳에는 조만간 집단 이주 명령이 떨어질 것 같습니다. 우리는 비밀리에 모든 것을 준비하고 있습니다. 저는 사람들의 생명을 구하는 일과 그들을 공포로부터 보호하는 일에 도움이 될 수 있기를 소망합니다. 마리아는 아이들을 저쪽에 안착시킨 뒤에, 여사님이 계신 곳으로 뚫고 들어가려고 시도하게 될 것입니다. 그러나 그때까지는 상당한 시간이 걸릴 것입니다.

하나님께서 자비를 베푸시어 여사님과 여사님의 가족들을 지켜 주시기를, 그리고 너무 긴 고통을 면하게 해주시기를. 우리가 이 세상에서 재회하게 될지, 아니면 저세상에서 재회하게 될지는 그분께 달려 있습니다. 어느 경우이든 그 재회는 말로 다할 수 없는 기쁨이 될 것입니다.

여사님께서 어머니처럼 그리고 아버지처럼 제 아이에게 베풀어 주신 온갖 사랑에 깊이 감사드립니다.

루트 베데마이어 드림(Brautbriefe 213f.).

이 편지를 보내고 이틀 뒤, 페치히는 집중 포격을 받고 함락되었다.[33]

마리아 폰 베데마이어의 행렬은 오데르 강과 엘베 강을 건너는 데 성공했다. 2주 뒤 그녀가 베를린에 돌아와 보니 모든 것이 바뀌어 있었다. 제국보안본부는 확실한 언급을 피했다. 그녀는 디트리히 본회퍼의 체류지를 찾아내기 위해 트렁크에 따뜻한 옷을 가득 채워 남쪽으로 출발했다. 다하우로 갔다가, 트렁크를 들고 마지막 남은 7킬로미터를 더 걸어 플로센뷔르크까지 갔지만, 그곳에서도 이렇다 할 암시를 얻지 못하고 퇴짜를 맞았다(DBW 8:614f.). 그녀는—그사이에 3월이 되었다—완전히 녹초가 된 상태에서 베를린으로 돌아가려고 애쓰며, 그곳에서 좀 더 정확한 정보를 얻게 되기를 바랐다. 그러나 조금이라도 아는 이가 없었다. 프린츠-알브레히트 슈트라세에서는 어떠한 정보도 제공하지 않았다.

2. 1월 말 후펜코텐의 존더레거 수사반은 질질 끄는 수사를 가속화하려고 다시 시도했다. 2월 1일, 그들은 도나니를 중요 인물로 꼽아 작센하우젠에서 제국보안본부로 데려왔다. 그들은 더 이상 그의 질병에 개의치 않았다. "지금까지는 나를 성가시게 하지 않았었건만."[34] 슈타비츠키라는 이름의 잔인한 수사관이 그의 심문을 맡아, 도나니가 어떤 도움도 받지 못하게 했다. 예를 들면 사람들이 그를 세면장이나 화장실에 데려다주지 못하게 했다. 그럼에도 도나니는 슈타비츠키가 3주 뒤에 존더레거와 교대하고, 정치범으로서 레어터 슈트라세에 수감되어 있던 의사가 그의 간호자로 임명될 때까지 버텨 냈다. 그런 다음 도나니는 2월 25일에 상세한 내용의 암호 통신문을 빨랫감 꾸러미에 싸서 부인에게 보냈다. 그 속에는 아래와 같은 내용이 들어 있었다.

사흘 전부터 일반 개업의가 나의 간호자로 임명되었습니다.……나처럼 수감자 신분인 그는 오이겐 엔제Eugen Ense 박사입니다.……사흘 전까지 나를 맡았던 이는 잔인하기 그지없는 담당자였습니다. 그는 내가 일체의 간호를 받지 못하게 함으로써 나의 기를 꺾을 수 있다고 생각했습니다. 그렇게 3주가 흘러갔습니다. 하지만 내게서 나는 악취가 도움이 되었답니다. 이제 존더레거와 엔제가 와서 내 감방을 드나들게 되었으니—내 감방 문은 활짝 열려 있답니다—최대의 난관이 사라진 셈이지요. 내 모습을 보노라면 어찌나 우스꽝스러운지, 비웃음이 자주 나온답니다.……나는 병을 투쟁 수단으로 이용함으로써 유익을 얻는답니다. 다들 나를 실제보다 더 위중한 사람으로 여기기 때문이에요.……사실 기분이 좋은데, 당신 덕분에 영양 상태도 좋아지고 있기 때문입니다. 밤에는 남몰래 걷기도 해요. 건강 상태는 곧 완전히 좋아질 겁니다. 독립해야 하는 까닭에 낮에는 온종일 도움을 받지 않고 지내기도 한답니다.……시간 끌기가 유일한 해결책입니다. 나는 심문받을 수 없는 상태로 보여야 합니다. 안정된 이질균을 구할 수 있다면 가장 좋을 것입니다. 코흐 연구소에서 의료 목적으로 배양되고 있을 겁니다. 당신이 고형 음식을 붉게 포장하고 잔에 잉크 자국을 묻혀 놓으면, 나를 병원으로 데려갈 상당량의 전염병이 그 속에 들어 있는 것으로 알겠습니다.……다들 사건을 무리하게 종결지으려고 하지만, 우리는 그것을 저지해야 할 것입니다.……전염병 조달 문제를 고려해 보길 바랍니다. 위르크 추트가 당신에게 그러한 고형 음식을 만들어 줄 겁니다. 이 일은 가급적 빨리 해야 합니다. 그렇지 않으면 저들이 나를 베를린에서 다른 곳으로 옮길지도 모르기 때문이에요. 감염된 음식을 붉게 포장하세요.……이 생각을 실행에 옮기지 못하겠거든, 음식 위에 녹색 종이를 올려놓으세요. 내가 입원하게 된다면, 사실상 국립병원만 논의의 대상이 될 겁니다.……후펜코텐에게는 의사(아버님?)의 까다로운 문의가 통할 겁니다. 이를테면 이곳이 간호와 처치, 수동적 운동, 마사지, 주사가 가능한 곳이냐고 묻는 것이지요. 당신이 개입하지는 마세요!……슈타비츠키 수사관을 멀리하세요!

3월 8일에는 꾸러미를 주고받으면서 아래와 같은 내용의 암호 통신문을 보냈다.

어제 트렁크에서 붉은 모자를 쓴 잔이 나오는 것을 보고 내가 얼마나 조마조마했는지 당신은 모를 겁니다. 그다음에는 책과 보온병이 나오더군요. 드디어, 마침내 당신에게서 짤막한 편지를 받게 되었군요. 6개월 만의 선물인 셈입니다.……심문이 계속되고, 기적이 일어나지 않는다면, 내가 무엇을 고려할지는 분명합니다. 내 주위의 불행이 너무나 커서, 당신이 없었다면, 한 줌 인생을 포기했을 겁니다.……그 때문에 나는 전염병도 걱정하지 않는답니다. 내가 앓아 눕는다면, 그것은 나 자신은 물론이고 다른 이들—이들의 사건이 나의 사건과 연결되어 있으므로—의 생명도, 좌우간 디트리히의 생명도 구하겠다는 심정으로 그리하는 것이랍니다. 물론 나는 곧바로 디프테리아 조직을 입속에 넣고 충분히 씹었답니다. 하지만 기술적인 이유로 저녁 7시 30분에야 가능하게 되었습니다.……탈지면이 이미 말라버린 것 같군요. 나는 지금 사탕을 가급적 빨리 씹어 먹고 있습니다. 풍문에 의하면 디프테리아균은 그다지 날쌔지 않지만 건조를 견디지 못해서 어느 정도의 수분이 있어야 유지된다고 하는군요. 잠복기는 사흘에서 여드레까지라고 합니다. 내가 면역이 있어서 아예 걸리지 않을까 봐 걱정입니다. 하지만 반복하다 보면 꼭 걸리게 될 겁니다.

하지만 나는 이곳을 떠나 병원에 들어가야만 심문을 받지 않을 수 있습니다! 실신, 심장발작이 일어나지 않고, 새로운 병에 걸리지 않은 채 입원하는 것은 위험한 일입니다. 저들이 나를 신속히 고칠 것이기 때문입니다. 오늘 존더레거가 이렇게 말하더군요. "당신이 관심을 기울여야 할 것은 심문을 빨리 마치는 것입니다. 친위대 중앙 지도자는[35] 당신을 이곳에 붙잡아 두는 것에 관심이 없습니다. 그분은 당신이 건강하기를 바라고 있습니다." 그의 말을 독일어로 번역해 볼까요? "친위대 중앙 지도자는 심문을 가급적 빨리 끝내고 싶어 합니다. 당신은 공소장이 작성될 무렵 병원에 들어가게 될 겁니다.—전황에 달린 일이지만, 독일 중부나 바이에른으로[36] 가게 될 수도 있습니다—그러면 우리는 당신을 재판받을 수 있는 상태로 만들 겁니다. 당신을 지금 현재의 상태로 재판정에 세울 수도 있지만, 우리는 3주 내지 4주 뒤에나 그리하게 될 겁니다!" 나는 케를 측의 이 구상을 고의로 어그러뜨릴 겁니다! 나는 이제까지 사태를 정확히 보아 왔습니다. 그러니 나를 믿으세요. 다시 중병에 걸리는 것 외에 다른 해결책이 없습니다. 나에 대해 걱정하지 마세요. 나는 그것을 이겨 낼 겁니다. 설령 마음먹은 대로 되지 않는다고 해도, 다른 이들에게 대단히 유익한 일이고, 결과적으로 나에게도 잃을 것이 없는 일이랍니다. 잃을 것을 더 이상 가지고 있지 않기 때문이지요.……에버하르트도 체포되었다는 소식을……오늘에야 존더레거를 통해 들었습니다.……덧붙여 말하건대 그는 나와 아무 관계가 없답니다. 존더레거는 그가 우리와 함께 지내게 되다니 어찌된 일이냐고 묻기만 하더군요.……우리는 행동할 수 있을 때 행동해야 합니다. 전쟁, 곧 친위대가 우리의 계획을 망쳐 놓을지도 모릅니다. 그래서 나는 베를린에서 다른 곳으로 이송될까 봐 걱정입니다. 나는 무슨 일이 있어도 이곳 베를린에, 가급적 당신 곁에 머무를 겁니다. 그러는 동안은 케를의 사람들에게 넘겨지지 않을 것입니다. 새로운 병에 걸려야 모든 것이 끝날 것입니다. 장인장모님의 처지가 매우 괴로울 겁니다. 나라도 도움이 되어 드리려고 합니다—내가 다른 방식으로 그리할 수 있을까요?

공조는 성공적이었다. 장인 칼 본회퍼와 제국보안본부 소속 위르크 추트의 의료적 문의가 성공을 거두어, 국립 경찰병원 신경과장 티체[Tietze] 박사의 진찰을 받게 된 것이다. 도나니는 암호 통신문을 작성하고 2주 뒤에 샤른호르스트슈트라세에 있는 티체 박사의 구금과로 옮겨졌다. 티체 박사는 크리스티네 폰 도나니가 남편과 은밀하게 만날 수 있도록 해주었다.

3. 2월 2일 오후, 롤란트 프라이슬러가 포츠담 광장 근처의 특별 재판소에서 클라우스 본회퍼와 뤼디거 슐라이허, 프리드리히 유스투스 페렐스와 한스 욘에게 사형선고를 내렸다. 그날 저녁에 이들은 레어터 슈트라세 교도소 측랑 B의 감방들—시야에 들어오는 이 감방들 맞은편에 나의 감방이 있었다—에서 측랑 D로 옮겨졌다. "사형수" 전용 통로가 마련되어 있는 측랑이었다.

이튿날, 곧 토요일 이른 아침에 우르줄라 슐라이허가 딸 도로테 슐라이허[Dorothee Schleicher]를 데리고 길을 떠났다. 사형선고와 관련하여 검찰총장 에른스트 라우츠[Ernst Lautz]와 면담하기 위해서였다. 그녀의 시동생이자 의학박사이며 군의(軍醫) 소령으로서 자기 형의 유예를 위해 베를린에 와 있던 롤프 슐라이허[Rolf Schleicher]도 사면원(赦免願)을 제출하기 위해 시내로 갔다. 그가 포츠담 광장의 S 지하철역에 도착했을 때, 지상으로 올라가는 것이 허락되지 않았다. 베를린 도심 상공에서 연합국 폭격기의 극심한 주간 공격이 시작된 상태였다. 비행 중대가 두 시간 동안 꼬리에 꼬리를 물며 파란 겨울하늘을 날아다녔고, 티어가르텐에서 동쪽으로 이어지는 시 구역이 연기와 재의 사막으로 변했다. 공공시설 전체가 파괴되었다.

폭격이 끝나자 롤프 슐라이허는 근처에서 불타고 있는 특별 재판소로 달려갔다. 그때 누군가가 제복으로 식별 가능한 그 의사를 불렀다. 그러고는 그를 특별재판소 안마당으로 안내했다. 그는 한 저명인사를 맡았다. 너무 늦게 안마당을 뛰어 건너다가 파편에 맞은 자였다. 하지만 롤프 슐라이허가 할 수 있는 일은 고작 그자의 사망을 확인해 주는 것밖에 없었다. 그자는 전날 낮에 롤프의 형 뤼디거, 클라우스 본회퍼, 페렐스, 한스 욘에게 사형선고를 내린 롤란트 프라이슬러였다. 롤프 슐라이허는 사망 진단서를 발급해 달라는 무리한 요구를 거절하고, 법무장관 오토 게오르크 티어라크Otto Georg Thierack를 찾아갔다. 티어라크는 기이한 동시성에 상당히 충격을 받고 롤프 슐라이허에게 이렇게 말했다. "사형 집행은 연기될 것이오. 사면원이 제출되면 판결이 재고될 것이오." 몇 시간 뒤, 롤프 슐라이허는 마리엔부르크 알레에 돌아가 있었다. 그는 방으로 들어서면서 이렇게 외쳤다. "사기꾼이 죽었다!" 그사이에 우르줄라 슐라이허와 그녀의 딸은 아무것도 찾아내지 못한 상태였다. 교도소가 무사한지 확인하러 레어터 슈트라세로 달려갔던 것이다. 그녀는 며칠 뒤에 남편을 볼 수 있었다. 본래 사형선고를 받은 수감자들에게는 수갑을 항상 채워 놓아야 했지만, 때때로 간수들은 그 지시를 무시하곤 했다. 사형선고를 받은 이 인사들이 심문을 받을 때보다 훨씬 침착한 상태라는 것을 알고 있었기 때문이다.

4. 같은 날인 2월 3일, 부모는 본회퍼의 생일에 쓸 꾸러미를 제때에 전해 주려고 며느리 엠미 본회퍼를 대동하고 프린츠-알브레히트 슈트라세로 출발했다. 꾸러미에는 흔한 강장제 외에 몇 권의 책과 아버지가 보내는 편지 한 통이 들어 있었다. 그 속에는 이런 내용이 들어 있었다. "네가 경험하는 아름다운 것들에 대한 회상과, 네 시련의 때가 곧 끝나리라는 희망이 네 생일을 견딜 만한 날로 만들어 줄 거야"(DBW 8:613). 아버지는 이번에는 즉석 면회 허가를 요구하기로 마음먹고 있었다.

그들은 급행 전철역에서 두 번 갈아타고 안할터 역에 도착했지만 공습경보 때문에 지하 승강장을 떠날 수 없었다. 마침내 숨 막히는 지하 감옥을 벗어나 거리로 올라왔지만 잔해를 뚫고 제국보안본부로 전진하는 것이 불가능했다. 심각한 피해를 입은 건물에 접근하는 것이 금지된 상태였다. 그들은 불안한 마음을 안고 발걸음을 돌려 집으로 걸어가다가 교외에서 다시 도시 고속 열차를 탔다. 엠미 본회퍼는 레어터 슈트라세에서 남편을 찾아다녔다. 세 사람이 집에 도착했을 때에는 너나없이 그을음과 재로 더렵혀진 모습이었다. 그들은 이튿날에야 비로소 제국보안본부 방공호가 명중탄을 맞았음에도 불구하고 수감자들이 타격을 전혀 입지 않았다는 확신을 얻었다.

부모는 통상적으로 꾸러미를 주고받는 날인 2월 7일 수요일에 다시 한 번 제국보안본부 안으로 들어가려고 시도했다. 이번에는 꾸러미를 들여보낼 수 있었다. 그 속에는 플루타르크의 책이 들어 있었다. 동봉한 편지에는 아래와 같은 글귀가 적혀 있었다.

1945년 2월 7일

사랑하는 디트리히에게!

우리가 토요일에 전달하려 했던 4일자 생일 축하 편지는 공습 때문에 보내지 못했단다. 공습이 진행되는 동안 우리는 안할터 전철역에 앉아 있었는데, 그다지 매력적인 일은 아니었단다. 우리가 굴뚝 청소부처럼 보였다는 것을 나중에 안 것을 제외하면, 아무 일도 일어나지 않았단다. 하지만 네게 가려고 시도할 때에는 매우 불안했단다. 불발탄 때문에 접근이 허락되지 않았거든. 이튿날 우리는 수감자들에게 아무 일도 일어나지 않았다는 소식을 들었단다. 소식대로 되었기를 바란다.……마리아는 페치히에 있는 동생들을 데리고 서부로 갔단다.……유감스럽게도 도서관에서는 행운을 얻지 못했단다.[37] 요한 하인리히 페스탈로치의 책은 도서관에서만 읽게 되어 있더구나. 파울 나토르프의 책은 대출된 상태란다. 플루타르크의 책은 네 형 칼 프리드리히가 네 생일을 축하하려고 생각해 낸 것이란다. 이 편지가 네게 닿았으면 좋겠구나. 조만간 면회할 수 있게 되기를 바란다. 자식들과 논의한 여러 가지 일을 처리하는 것이 우리 늙은이들의 몫이란다. 읽기 쉽게 타자기로 쓴다. 여러 사람의 진심이 담긴 안부를 전한다.

네 아버지가(DBW 8:613f.).

이는 본회퍼가 가족에게서 받은 마지막 안부 편지였다.

이 2월 7일 오후에 누군가가 본회퍼를 베를린에서 미지의 목적지로 옮겼다. 마리아 폰 베데마이어와 부모는 다음 꾸러미 전달일인 2월 14일에야 자신들의 선물 수령자가 더 이상 프린츠-알브레히트 슈트라세에 존재하지 않는다는 것을 알게 되었다.

2월 4일은 마리아의 외할머니 루트 폰 클라이스트-레초브 여사의 생일이기도 했다. 힌터포메른 클라인-크뢰신에서 생일을 맞은 그녀는 고령임에도 원기와 판단력을 전혀 잃지 않은 상태였다. 그녀는 러시아 군의 진입에 대비하면서도 그곳을 떠나려 하지 않았다. 1945년 가을에 그녀의 딸, 곧 마리아의 어머니가 도보로 폴란드 영토를 거쳐 클라인-크뢰신에 다시 도착했을 때, 디트리히 본회퍼의 오랜 후원자인 그녀는 위독한 상태였다. 그녀는 무슨 일이 있었는지를 듣고, 몇 시간 뒤에 숨을 거두었다.

2월 2일, 치체스터에서는 조지 K. A. 벨 주교가 옥스퍼드에서 살고 있는 디트리히의 쌍둥이 누이에게 생일 축하 편지를 보냈다.

친애하는 라이프홀츠 여사님, 독일에서 중대한 사건들이 벌어지고 있는 요즘 디트리히와 여사님이 아주 많이 생각나는군요. 우리의 공동 생일을 맞이하여 다시 한 번 진심으로 말씀드리지만, 나는 디트리히를 몹시 아끼고 신뢰하며, 그의 구출을 간절히 바라고, 이를 위해 기도하고 있습니다. 나는 전쟁이 난폭한 모습으로 베를린에 접근할 때마다 여사님이 크게 걱정할 것이라고 생각합니다. 하나님께서 바로 지금 히틀러의 성 전체가 부서져 폐허가 되게 해주시기를 빕니다. 그리고 독일 군대를 항복시킬 수 있는 수단들, 진정한 독일 정신―침묵하는 이들, 디트리히처럼 억압받고 핍박받는 다수의 애국자들이 소중히 여기는 정신―을 구출하는 데 필요한 수단들, 아무리 희생이 커도 민족을 서서히 재건하는 데 필요한 수단들도 공급해 주시기를 빕니다. 우리는 히틀러의 마력을 분쇄하여 전쟁을 끝내 달라고, 훨씬 무자비한 파괴로부터 유럽을 구해 달라고 하나님께 기도해야 합니다. 회복과 조명을 필요로 하는 이들이 구명되기를 빕니다. 자비로우신 하나님께서 연합국의 세 지도자를 인도하셔서 그들이 공동의 정책을 추구하게 하시고, 유럽에 일치와 자비의 희망을 주시고, 유럽 가족인 민족들이 그리스도교 전통과 신앙의 정신을 다시 들이마시도록 공간과 자유를 주시기를 빕니다.

지금이 고비이니, 하나님께서 지혜와 자비와 평화를 주실 것입니다. 여사님의 가족 모두에게 안부를 전해 주시고, 특히 디트리히에게 안부를 전해 주십시오.

친애하는 조지 치체스터 드림.

대피소들

2월 3일에 이루어진 폭격은 지속적으로 영향을 미쳤다. 본회퍼는 후펜코텐 수사반에 다시 인도되지 않았다. 하지만 2월 1일에 도나니가 이송된 것에서 분명히 알 수 있듯이 "초센 연루자들"을 상대로 한 새로운 소송이 개시되었다.

후펜코텐이 1955년에 서술한 대로, 제국보안본부도 2월 3일에 피해를 입었다. 수많은 사무실이 여러 공한지에 마련된 임시 대피소들 안에 다시 개설되고, 심지어 상상도 할 수 없을 만큼 교통이 불편한 곳에도 개설되었다. 작센하우젠은 전선이 다가오는 바람에 소개(疏開)되고 말았다. 프린츠-알브레히트 슈트라세의 "지하 유치장"은 아주 제한적으로만 이용되었다. 공판이 코앞으로 다가온 수감자들만 지하 감옥에 머물렀고, 다른 이들은 모두 그 밖의 다른 곳에서 지냈다. 작센하우젠에서 남쪽으로 이동하는 와중에 제국보안본부에 며칠 동안 감금되었던 페인 베스트는, 『벤로 사건』에서 이 2월에 프린츠-알브레히트 슈트라세에서 겪은 형언할 수 없는 신경과민을 격한 유머와 함께 묘사하기도 했다.

2월 7일 정오, 20명의 수감자가 이송을 위해 호명되었다. 좌석이 여덟 개에 불과한 한 호송차에 열두 명이 짐 꾸러미와 함께 배치되었다. 이들 중에는 벨기에 전선과 북프랑스 전선에서 사령관으로 복무한 알렉산더 프라이헤르 폰 팔켄하우젠 장군, 고트프리트 폰 비스마르크Gottfried von Bismarck 백작, 베르너 폰 알벤스레벤Werner von Alvensleben, 요제프 뮐러 박사, 나중에 본회퍼의 옆방 사람이 된 헤르만 뤈더 박사, 해군 소령이자 방첩대원으로서 1938년 쿠데타 계획에 적극 가담한 프란츠 리디히Franz Liedig, 오스터의 동료이자 한스 욘의 친구인 루트비히 게레, 디트리히 본회퍼도 섞여 있었다. 다른 호송차에는 빌헬름 카나리스, 한스 오스터, 육군 판사 칼 자크, 게오르크 토마스 장군, 프란츠 할더 원수, 얄마 샤흐트 박사, 오스터의 동료 테오도르 슈트륑크Theodor Strünk 박사, 전임 오스트리아 연방 수상 쿠르트 에틀러 폰 슈슈니크Kurt Edler von Schuschnigg가 올라탔다. 나중에 밝혀진 바에 따르면, 첫 번째 호송차는 튀링겐에 있는 부헨발트 강제수용소로 가도록 되어 있었고, 두 번째 호송차는 오버팔츠에 소재한 플로센뷔르크로 가도록 되어 있었다.

이 두 무리의 선발 기준은 파악하기 어렵다. 명성에 따라 선발이 이루어졌던 것일까? 아니면 혹여 있을지도 모를 연합국과의 교환가치가 영향을 미쳤던 것일까? 수감자들에게서 아직 다 캐내지 못한 정보들의 중요성이 결정적이었던 것일까? 그 기준들이 이 두 무리의 구성원들에게 다 들어맞는 것은 아니다.

수감자들은 전반적으로 어리둥절해하면서도 상당한 희망을 품고, 갑자기 이루어진 일이었지만 옛 친구들을 만나서 즐거워했다. 그러나 호송차에 올라탈 시간이 되자, 요제프 뮐러와 디트리히 본회퍼의 손에 수갑이 채워졌다. 디트리히가 항의했지만 소용이 없었다. 요제프 뮐러가 디트리히를 설득했다. "그리스도인답게 차분히 교수대로 갑시다!" 부헨발트에 이르러서야 수갑이 풀렸다.

II. 부헨발트

한 명의 탁월한 기록자가 부헨발트 시절에 관한 정보를 전한다. 영국 내무성 비밀검찰국 소속 장교로서 1939년 벤로에서 SD(나치 친위대 정보기관)SS-Sicherheitsdienst에게 붙잡힌 페인 베스트가 『벤로 사건』이라는 자신의 책에서 이 수용소의 상황을 예리한 관찰력으로 생생하게 기술했다.[38] 그는 영국군 장교 휴 폴커너Hugh Falconer, 비야체슬라프 미하일로비치 몰로토프Vyacheslav Mikhailovich Molotov의 조카이자 소련 공군 장교인 바실리 바실리예비치 코코린Vassily Vassilyevich Kokorin, 폰 라베나우 장군과 함께

2월 24일에 부헨발트에 도착했다.

환경

악명 높은 영창으로 격상된 부헨발트 영창의 감방들은 축축하고, 춥고, 햇빛도 들어오지 않았다. 그 감방들은 수용소 본관 바깥 건물들의 지하에 있었다. 이 건물들은 전에 수용소 직원 숙소로 지은 것이었지만, 폭격을 받고 나서 사령부 용도와 병영 용도로 변경된 상태였다. 애초에 지하 감방은 처벌받을 친위대 대원들을 가두어 두던 곳이었다. 1944년 8월, 연합국이 수용소 바깥 건물들을 폭격했고, 그 와중에 에른스트 텔만, 루돌프 브라이트샤이트Rudolf Breitscheid, 마팔다 폰 헤센Mafalda von Hessen 공주가 목숨을 잃었다. 그 때문이었는지 경비병들은 경보기가 울릴 때마다 수감자들을 가두어 둔 채 멀리 떨어진 산병호로 줄행랑치곤 했다. 이는 지하실에 탄약이 비축되어 있음을 의미했다.

지하실의 넓은 중앙 통로는 세로로 난 두 개의 격벽을 통해 세 개의 평행 복도로 나뉘어 있었다. 왼쪽은 세면장을 비롯하여 감방들이 죽 이어졌다. 축축한 세면장 옆의 1호실은 본회퍼가 썼고, 14일 뒤에는 프리드리히 폰 라베나우와 함께 썼다. 2호실은 헤르만 퓐더 박사와 프란츠 리디히가 쓰고, 3호실은 전임 스페인 공사 헤베를라인Heberlein과 그의 부인이 썼다. 4호실은 폰 알벤스레벤과 폰 페터스도르프von Petersdorff가 쓰고, 보다 쾌적한 5호실은 폰 팔켄하우젠이, 6호실은 휴 폴커너가, 7호실은 바실리 바실리에비치 코코린이, 8호실은 요제프 뮐러와 루트비히 게레 대위가 썼다. 오른쪽에 자리한 감방들은 보다 넓었다. 8호실 맞은편에는 경비병 대기실이 자리했다. 그 옆의 9호실은 하이들Heidl 양이 쓰고, 10호실은 지크문트 라셔Siegmund Rascher 박사가, 11호실은 페인 베스트가, 12호실은 사형당한 장군의 동생 회프너Hoepner 박사가 썼다. 페인 베스트의 11호실은 본회퍼의 감방 맞은편에 자리했지만 격벽 때문에 볼 수는 없었다.

2월 7일에서 8일로 넘어가던 밤, 수용소 소장이 감방에 출현하여 직접 지시를 내렸다. 그런 다음 부하 간수들의 구구한 트집잡이가 이어졌다. 정오에는 수프가, 저녁에는 약간의 빵, 버터, 잼이 식사로 제공되었다. 제국보안본부의 요란한 훈령 때문에 수감자들은 재판받을 수 있는 상태를 유지해야 했다. 서쪽으로부터 전선이 점점 넓어지면서 수용소로 다가오고, 동쪽과 서쪽에서 밀려온 피난민이 튀링겐 지역에 운집한 까닭에, 식사 제공이 어려운 문제가 되었다.

산책하면서 신선한 공기를 들이마시는 것은 어림도 없었다. 수용소 구역 바깥에서는 제대로 감시할 수 없었기 때문이다. 그 대신 수감자들은 세 개의 평행 복도로 이루어진 지하실 중앙 통로에서 “산보하는 것”을 허락받는 데 성공했다. 17인의 수감자가 산보할 때 일일이 감시하며 안내하는 것은 간수들에게 성가신 일이었다. 그래서 함께 모여 오락가락할 수 있게 되었고, 그 덕분에 서로를 좀 더 자세히 알게 되었다. 페인 베스트는 소규모의 담배 암거래도 이루어졌다고 전한다.[39] 간수 보조들이 저명한 수감자들을 위해 수용소 구역에서 행한 거래였다. 페인 베스트는 지하 감옥에서 수감자들 사이의 교제 분위기를 다소 밝게 만들고, 본회퍼는 그것을 거들었던 것 같다. “그는 유쾌하고, 농담을 맞받아칠 줄 아는 사람이었습니다.”[40]

고난을 함께한 사람들

본회퍼는 옆 감방의 헤르만 퓐더 박사와 친해졌다. 라인란트 출신의 가톨릭 정치가 헤르만 퓐더는 처형당하지 않고 살아남는다. 앞서 말한 대로 두 사람은 책을 교환하기도 했다.[41] 그들의 대화는 문화와 정치 문제, 가톨릭과 개신교의 미래 관계를 중심으로 이루어졌다.

2주 뒤 프리드리히 폰 라베나우가 본회퍼와 감방을 같이 쓰게 되었다. 폴커너는 이 두 사람 사이를 다른 수감자들과 비교하며 이렇게 말했다. “그들은 감방을 같이 쓰는 수감자들 중에서 사이가 원만하고 서로 말벗이 되는 것을 즐거워하는 유일한 쌍이었습니다.”[42] 프리드리히 폰 라베나우 장군은 사령부를 맡지 않고, 육군 기록 보관소 소장을 역임한 이였다. 그는 1940년에 출간된 방대한 분량의 책 『제크트의 생애 1918-1936』*Seeckt. Aus seinem Leben 1918-1936*의 저자이기도 했다. 본회퍼는 그 책을 소장하고 있었고, 그 책을 1940년에 출판할 수 있게 해준 문구들도 알고 있었던 것 같다.

프리드리히 폰 라베나우는 발터 폰 브라우히치의 영향력을 얻고자 고심하던 몇몇 사령관과 베크의 저항본부 사이에서 중개자 역할을 한 인물이다.[43] 1941년 3월, 울리히 폰 하셀과 괴어델러는 언제 브라우히치에게 항의할 것인지를 놓고 프리드리히 폰 라베나우와 의논했다. 7월 20일 사건이 터질 때까지 괴어델러는 자신이 터놓고 지내는 사람 가운데 한 사람인 프리드리히 폰 라베나우를 두서너 장군에게 여러 차례 파견했다.[44] 1942년에 전역한 노장은 베를린 대학교 신학부의 박사 학위 취득에 매진하여 자신의 명예박사 학위에 신학석사 학위를 추가했다. 하지만 그 뒤에 괴어델러의 친구라는 사실이 발각되면서 제국보안본부에 붙잡히고 말았다.[45]

장군이자 신학자인 프리드리히 폰 라베나우의 경력과 배경은 본회퍼의 그것과는 상당히 달랐다. 그럼에도 두 사람에게는 함께 보낸 다섯 주의 시간이 대단히 고무적이었던 것 같다. 헤르만 퓐더의 전언에 따르면, 프리드리히 폰 라베나우는 부헨발트에서도 자신의 비망록을 썼다고 한다. 헤르만 퓐더는 본회퍼도 글을 썼는지는 기억해 내지 못하고, 본회퍼가 감방에서 프리드리히 폰 라베나우와 벌인 토론만 떠올린다. "두 사람은 교리를 놓고 열심히 대화를 나누었고, 그럴 때면 나는 대단히 흥미롭게 경청하곤 했습니다."[46] 페인 베스트가 신학자들의 감방에 체스 기구를 제공한 덕분에, 본회퍼는 다시 한 번 옛 열정에 빠지기도 했다.

베를린에서 페인 베스트와 함께 부헨발트에 도착한 프리드리히 폰 라베나우는 세면장에 처음 들어서는 기회를 틈타 자신의 새 감방 동료 본회퍼를 페인 베스트에게 소개했고, 본회퍼는 또 다시 영어로 말할 수 있게 된 것을 기뻐했다. 본회퍼의 전력, 중요성, 배경은 페인 베스트에게 대단히 낯선 것이었다. 페인 베스트는 후일 동료 수감자들의 특징을 때로는 신랄하게 때로는 익살맞게 묘사하면서 본회퍼에게서 받은 직접적인 인상을 아래와 같이 기술했다.

> 본회퍼는 한결같이 겸손하고 친절했다. 그는 늘 행복감을 발산하고, 삶의 가장 하찮은 사건에도 기뻐하고, 그저 살아 있다는 사실에 감사하는 것 같았다. 그의 눈매에는 무언가 충직한 것이 담겨 있었다.……그는 내가 이제껏 만났던 몇 안 되는 사람들, 무엇보다도 하나님이 실재하시면서 늘 가까이하시는 사람들 가

운데 한 사람이었다.

그리고 본회퍼의 쌍둥이 누이에게 보낸 편지에서는 아래와 같이 말한다.

사실 나의 느낌은 이 말들이 함축하고 있는 것보다 훨씬 강했습니다. 그는 내가 이제까지 만났던 사람들 가운데 가장 훌륭하고 가장 사랑스러운 사람이었습니다.

이 편지에서 그는 대다수의 사람들이 어떻게 슬퍼했는지를 말하면서 아래와 같이 기술한다.

팔켄하우젠과 본회퍼는 예외였습니다.……본회퍼는 남다르고, 상당히 차분하고, 정상적이고, 마음이 더할 나위 없이 편안해 보였습니다.……그의 영혼은 우리가 갇혀 있던 감옥의 절망적인 어둠 속에서 참으로 빛났습니다. (우리는) 간수들과 경비병들이 우리보다 동정을 더 필요로 하고 있으며, 그들의 행동을 탓하는 것은 우스꽝스러운 일이라는 데에 의견이 일치했습니다.[47]

자유에 대한 희망

1945년 4월 1일 부활절 일요일, 지하 감옥에서도 미군의 포성을 들을 수 있었다. 베라 강 건너편에서 들려오는 소리였다. 이와 같은 상황에서 누가 조사 재개와 특별 재판을 상상하겠는가? 탈주 계획이 다시 한 번 검토되었지만 실제적인 결과로 이어지지는 않았다. 간수 지파흐Sippach가 출발 준비를 하라고 명령하자, 다른 간수가 다들 걸어서 가게 될 것이라고 알렸다. 숲속 처형을 의미하는 말이었을까? 다른 간수는 화물차를 구하게 되리라는 것을 알고 있었다.

베를린에서는 부모가 다시 한 번 프린츠-알브레히트 슈트라세를 거쳐 디트리히의 자취들을 찾아내려고 시도했다. 그들은 그에게 아래와 같이 편지했다.

네가 베를린을 떠난 뒤부터 네 소식을 듣지 못했으니, 너도 우리 소식을 듣지 못했겠구나.……너에게 속옷가지와, 그 밖에 우리가 보내려고 하는 자잘한 것들을 다시 보낼 수 있게 되었으면 좋겠구나. 하지만 지금까지는 방도를 전혀 찾지 못했단다. 크리스티네가 오늘 프린츠-알브레히트 슈트라세에서 무언가를 물어서 알아 왔으면 좋겠구나.……우리 같은 늙은이들에게 편지를 자주 하는 것은 괜찮을 거야. 네 아버지가 보낸다.

나는 밤낮 근심하며 네가 어찌 지내는지를 생각하고 있단다. 네가 무언가를 집필하고 읽을 수 있게 되었으면 좋겠고, 너무 낙심하지 않았으면 좋겠구나! 이 힘든 시기를 잘 견뎌 내도록 하나님께서 너와 우리를 도와주시기를 바란다. 무슨 일이 있어도 우리는 베를린에 머무르련다. 네 늙은 엄마가 보낸다(DBW 8:615f.).

편지는 반환되었다. 프린츠-알브레히트 슈트라세에서는 더 이상 어떤 것도 받아 주지 않았고, 어떤 정보도 알려 주지 않았다.

III. 플로센뷔르크로 가다

본회퍼 생애의 마지막 주1945. 4. 3-8가 어땠는지를 전하는 기록으로는 쇤베르크에 이를 때까지 기록한 페인 베스트의 상세한 연대기가 있다. 생존자인 헤르만 퓐더, 요제프 뮐러, 안넬리제 괴어델러Annelise Goerdeler 여사, 파비안 폰 슐라브렌도르프 등도 그 증인이다. 끝으로 1951년부터 1955년까지 열린 후펜코텐 재판과 오토 토르베크 박사 재판 기록의 상세한 내용들도 있다.

쇤베르크로 이송되다

그들은 베를린의 명령으로 부헨발트를 떠나게 되었을 것이다. 그렇지 않았다면 수용소 지휘부가 적군이 접근하기 전에 특별 수감자들을 제거하라는 기본적인 명령을 수행했을 테고, 끔찍한 교통 상황과 열악한 생필품 공급 상황을 이유로 화물차도 내주지 않았을 것이다. 수감자 몇 명은 플로센뷔르크로, 다른 수감자들은 남쪽 방향으로 수송하라는 명령이 수송 책임자들에게 떨어졌을 것이다.

그리하여 1945년 4월 3일 화요일 늦은 밤, 볼품없고 폐쇄적인 홀츠가저[목(木)가스로 동력을 얻는 화물차—옮긴이]Holzgaser가 부헨발트를 떠나 암흑 속으로 굴러 들어갔다. 화물차의 앞 공간에는 가스 발생로에 투입할 장작이 비축되어 있었다. 악명 높은 지하 감옥의 수감자들은 저마다 자기 짐 꾸러미를 든 채 그 뒤의 공간, 즉 고작 여덟 명이 정원인 공간에 만족해야 했다. 화물차는 매시간 멈춰 섰고, 속도는 시속 30킬로미터를 넘지 못했다. 연도(煙道, 통풍장치)를 청소하고, 가스 발생로에 장작을 보충하고, 15분마다 새로운 열을 가해 원동기를 작동시켜야 했다. 그럴 때면 매번 화물 적재실의 공기가 견딜 수 없을 만큼 탁해졌다. 빛도 들어오지 않고, 먹을 것도, 마실 것도 없었다. 그러나 장작이 줄어들면서 두 사람씩 교대로 뒷문을 향해 움직여 가서 문에 달린 통풍창으로 신선한 공기를 들이마실 수 있게 되었다. 페인 베스트 옆에 앉아 있던 본회퍼가 자신의 보물 담배를 찾아내어 돌렸다. "본회퍼는……그것을 모두를 위해 내놓겠다고 고집했다.……그는 훌륭한 사람이자 거룩한 사람이었다."[48] 새벽녘에 누군가가 한 마을을 알아보았다. 화물차가 남동쪽으로 가고 있었다. 승객들은 자신들이 플로센뷔르크로 가고 있다고 추론했다. 그들에게 플로센뷔르크는 재앙을 가져오는 이름이었다. 하지만 아침 식사 때가 되었고 간수들이 생소한 양식을 꺼냈다.

4월 4일 수요일 정오 무렵, 바이덴에 다다랐다. 왼쪽 계곡으로 방향을 틀어 플로센뷔르크까지 갈 것인지를 결정해야 했다. 화물차가 멈춰 섰다. 밖에서 말다툼 소리가 들려왔다. "방향을 틀지 말고 계속 타고 가시오. 당신들을 받아들일 수 없소.……꽉 찼소!" 화물차는 다시 움직이면서 남쪽으로 직진했다. 결국 집단 학살 수용소 행이 아니었던 것일까? 하지만 몇 킬로미터도 못 가서 경찰 오토바이 운전사 두 명이 멈추라는 신호를 보냈다. 그들은 뮐러와 프란츠 리디히를 호명했다. 두 사람은 짐 꾸러미 더미에서 자신들의 물건을 뽑아냈다. 디트리히 본회퍼는 눈에 띄지 않으려고 몸을 구부렸다. 하지만 불쌍한 루트비히 게레가 뒤에서 뛰어나갔다. 감방을 함께 쓰면서 가까워진 뮐러와 떨어지고 싶지 않아서 그랬을 것이다.

전반적인 대혼란 속에서 명령이 떨어졌다가 변경되었던 것일까? 어쨌든 세 사람이 화물차에서 내려 플로센뷔르크로 가야 했던 것일까? 플로센뷔르크에서 최종적으로 일어난 사건들은 본회퍼가 세 번째 사람이 되어야 했지만 루트비히 게레로 인해 잠시 누락된 것 같다는 추측을 불러일으킨다. 아니면 원래는 수송 인원 전체가 플로센뷔르크로 배정되었는데, 플로센뷔르크의 상황을 고려하여, 선발된 세 사람만 빼고 수송 책임자가 새로운 체재지를 찾기로 했던 것일까?

결국 홀츠가저가 다시 움직이기 시작했다. 플로센뷔르크를 뒤로하면서 간수들이 보다 친절해졌다. 그들은 수감자들을 한 농가 옆에 내리게 했다. 수감자들은 펌프에 접근해도 되었고, 한 촌부가 우유 한 항아리와 호밀 빵을 내왔다. 나프 골짜기 아래에서 맞이한 화창한 오후였다.

날이 어둑해지고 화물차는 레겐스부르크를 향해 나아갔다. 피난소마다 만원인 듯했다. 마침내 문이 열리고, 수감자들은 간수들의 지시에 따라 연방 교도소 안으로 들어갔다. 교도소 측에서 너무 거친 욕을 해대자, 인솔 간수가 그런 말투를 제지하고 나섰다. 그러자 교도소 측 간수들 가운데 하나가 이렇게 말했다. "또 지체 높은 귀족들이시군! 저들을 다른 귀족들이 있는 삼층으로 올려 보내서." 삼층으로 올라가는 복도에는 연좌제에 걸린 수감자들이 있었다. 다들 전에 만난 적이 있는 사람들이었다. 이들 가운데에는 노소(老少)를 불문하고 괴어델러, 슈타우펜베르크, 프란츠 할더, 쿠르트 프라이헤르 폰 함머슈타인, 울리히 폰 하셀의 친척들이 있었다. 갓 도착한 이들은 감방 하나를 다섯 명이 쓰되, 함께 지낼 사람을 각자 선택해야 했다. 본회퍼와 감방을 함께 쓰게 된 이들은 프리드리히 폰 라베나우, 헤르만 퓐더, 팔켄하우젠, 회프너 박사였다. 취사장은 이미 닫혀 있었다. 하지만 수감자들이 소란을 피우자, 겁먹은 간수가 채소 스프를 조달하고 커다란 빵 한 덩어리를 내주었다.

목요일 아침, 감방 문이 열리고 세면장으로 갈 수 있게 되자, 여러 복도에서 재회, 소개, 교환이 이루어졌다. 페인 베스트가 전한 대로, 그 장면은 교도소에서 맞이한 아침 장면이라기보다는 성대한 환영식 같았다. 간수들이 수감자들을 감방으로 다시 들여보내려 시도했지만 허사였다. 하는 수 없이 간수들이 조반을 감방 안으로 들여놓았고, “수감자들”이 차츰 다시 들어가 앉자, 그제야 감방 문이 닫혔다. 본회퍼는 감방 문의 빗장 곁에서 대부분의 시간을 보내며, 프린츠-알브레히트 슈트라세에서 알게 된 동료 수감자들의 친척들에게 자신이 아는 소식을 전했다. 그는 괴어델러의 부인에게 괴어델러의 마지막 몇 주에 관해 이야기했다. 아마 괴어델러가 최악의 위험에서 빠져나왔을 거라고 말했을 것이다. 공습경보가 대화를 중단시켰다. 밖에서 조차역이 파괴되는 동안, 다들 지하실에 머물렀다. 다시 지상으로 올라가는 것이 허락되자, 아침에 연출되었던 장면이 반복되었다.

저녁 무렵 분위기가 차분히 가라앉고 피로감이 몰려왔다. 하지만 부헨발트 간수들 가운데 하나가 다시 나타나 수감자들을 예의 홀츠가저로 인솔했고, 이 화물차는 비 내리는 암흑 속으로 사라졌다. 다뉴브 강을 따라 흔들흔들하면서 달릴 때에는 기분이 좋았다. 하지만 화물차는 몇 킬로미터도 못 가서 갈팡질팡하다가 완전히 멈춰 서고 말았다. 전문가인 폴커너가 확인해 보니 조향장치가 부러져 있었다. 그 도로 위에서는 난관을 극복할 수 없었다. 간수들이 행인에게 부탁했다. 레겐스부르크 경찰서에 알려 대체 화물차를 보내 달라는 내용이었다. 간수들은 경기관총을 소지하고 있었음에도 불구하고 전소된 채 국도 가장자리에 널브러져 있는 자동차들 사이에서 불안해했다. 비가 화물차의 지붕을 계속 때려 댔다.

마침내 동이 터서 4월 6일 아침이 되었다. 간수들은 수감자들을 화물차에서 내리게 하여, 그들이 운동하면서 몸을 풀 수 있게 해주었다. 정오 무렵, 드디어 레겐스부르크에서 창문이 온전히 달려 있는 버스 한 대가 나타났다. 수감자들은 자질구레한 소유물을 옮겨 실었다. 본회퍼는 몇 권의 책을 여전히 지니고 있었다. 완전히 인정 넘치는 사람으로 변한 부헨발트 간수들은 폐화물차에 남고, 경기관총을 멘 SD 분견대원 열 명이 수송 책임을 맡았다. 하지만 그럼에도 불구하고 보다 쾌적한 버스를 타고 경치 좋은 협곡을 관통하는 것, 즉 다뉴브를 뒤로하고 협곡을 오르다가 메텐 수도원을 지나 아달베르트 슈티프터의 바이에른 삼림지대로 들어서는 것은 즐거운 경험이었다. 마을 소녀 몇 명이 태워 달라고 부탁했고, 버스는 그들을 태워 주었다. 운전사가 이 멋진 버스에 타고 있는 무리는 선전 영화를 찍는 영화 회사 직원들이라고 말했다. SD 분견대원들이 한 농가에서 달걀을 모자에 가득 담아 가져왔지만, 수감자들에게 나눠주지 않고 자기들끼리 먹었다.

이른 오후에 목적지 쇤베르크에 도착했다. 쇤베르크 북쪽에는 츠비젤이 자리했고, 남쪽 40킬로미터 지점에는 파사우가 자리하고 있었다. 수감자들은 한 학교에서[48a] 짐을 내렸다. 레겐스부르크에서 만났던 연좌제에 걸린 수감자들이 이미 그곳에 와 있었다. "수감자들"은 일층에 있는 넓은 방으로 들어갔다. 녹색 풍광의 골짜기를 바라볼 수 있도록 삼면에 창이 달린 방이었다. 간수들이 빗장을 질렀지만, 방은 밝고 따스했다. 본회퍼는 열려 있는 창가에 앉아서 오랫동안 햇볕을 쬐며 헤르만 핀더와 수다를 떨기도 하고, 코코린에게 러시아어를 배우기도 했다. 그는 잠자리를 코코린 옆으로 정했다.

> 그는 우울증과 불안에 시달리는 약한 형제들 가운데 일부를 상당히 많이 보살펴 주었습니다. 그는 바실리 바실리에비치 코코린과 상당히 많은 시간을 보냈습니다. 코코린은 비야체슬라프 미하일로비치 몰로토프의 조카로서 무신론자였지만 쾌활한 청년이었습니다. 당신의 오빠는 시간을 쪼개어 그와 함께 나누는 가운데, 그리스도교의 기초를 조금씩 가르치면서 러시아어를 배운 것 같습니다.[49]

모든 것이 고무적이었고, 다들 웃으며 자기 침대 위에 이름을 적었다. 하지만 급식 문제는 해결되지 않았다. 불평들을 쏟아냈지만 상당히 정확한 해명을 들을 수밖에 없었다. 이를테면 이 지역은 피난민이 넘쳐나고, 징발할 차량을 찾아낼 수 없으며, 찾아낸다고 해도 가솔린이 없다는 거였다. 물론 나중에 다른 용도로 쓸 차량과 가솔린이 있기는 했다. 하지만 좀 더 자유로운 상태의 수감자들, 곧 연좌제에 걸린 수감자들을 통해 동정심 많은 마을 주민들과의 접촉이 이루어졌다. 곧바로 껍질째 삶아 김이 모락모락 나는 감자 한 대접이 굶주린 수감자들에게 당도했고, 다른 날에는 감자 샐러드가 도착했다. 토요일은 평온하고 화창한 날이었다. 그날은 페인 베스트가 자신의 짐 꾸러미에서 전기면도기를 찾아내는 바람에 모든 남자가 교실의 전기 콘센트 옆에서 우수한 기구를 활용하여 면도하는 것으로 시작되었다. 게다가 교실은 공간이 넓어 약간의 산보도 할 수 있었다. 그들은 전국이 혼란 상태이니 더 이상 재판이 이루어지지 않을 것으로 여겼다.

하지만 그 어간에 다른 곳에서는 제국보안본부의 조직 전체가 예상 외로 꼼꼼하게 일을 진척시키고 있었다. 게다가 그 조직은 이미 범한 실수를 바로잡기까지 했다.

말살 결정

4월 5일 정오, 히틀러의 주문으로 다른 이들은 물론이고 본회퍼와 도나니도 살려두어선 안 된다는 결정이 이루어진 것 같다.[50] 이날 오후 제국보안본부에서 이튿날의 조치들을 명령했다.

> 1945년 4월 5일 목요일, 에른스트 칼텐브룬너가 그에 상응하는 명령들을 내렸습니다. 어쨌든 그는 이와 관련하여 친위대 분대장 하인리히 뮐러와 협의한 상태였고, 적어도 히틀러의 인가를 받은 상태였습니다. 아마 히틀러가 그에 상응하는 명령을 내렸을 것입니다. 히믈러가 개입했는지는 의문입니다.[51]

4월 5일 저녁, 도나니가 이튿날 아침에 작센하우젠으로 "이송될" 것이라는 소식이 국립병원의 티체 박사에게 닿았다. 티체는 크리스티네 폰 도나니를 급히 데려와, 남편을 다시 한 번 면회할 수 있게 해주었다. 하지만 도주 계획을 갑자기 실행할 수는 없었다. 티체는 도나니에게 독한 약을 주어, 그가 재판을 받을 수 있게 해주었다. 4월 6일 아침 일찍 존더레거가 도나니를 마중하러 왔다. 티체는 4월 6일에 있었던 사건을 곧바로 아래와 같이 글로 적었다.

> 존더레거가 병원 앞에 서서 자동차를 기다리고 있었다. 자동차는 프린츠-알브레히트 슈트라세에서 오기로 되어 있었다. 나는 도나니에게 가 보려고 했다. 존더레거가 나를 가지 못하게 하면서 다음과 같은 대화에 끌어들였다.
> 티체: 공판을 시작하려는 건가요?
> 존더레거: 사건이 종결되었습니다.

티체: 도나니의 최후를 의미하는 건가요?

존더레거: 그가 잘못했으니까요. 그는 총통 반대 활동을 펼쳤습니다. 그런데도 그에게는 기회가 몇 차례 주어졌습니다. 그가 총통 반대 활동을 펼쳤음에도 불구하고, 총통께서 그에게 보수가 상당히 좋은 일자리를 주셨거든요. 도나니의 태도는 배은망덕한 태도였습니다.

티체: 그를 없애려는 건가요?

존더레거: (대답 회피.) 우리는 그가 7월 20일 사건의 정신적 우두머리였다는 것을 알고 있습니다.

티체: 그를 어디로 데려갈 건가요?

존더레거: 나도 모릅니다.

티체: 이미 공소장이 작성되고 재판도 진행되는 건가요?

존더레거: 우리는 그를 반박할 온갖 증거를 가지고 있어서 더 이상 아무것도 필요하지 않습니다.

티체: 그것은 죽음을 의미하는 건가요?

존더레거: (어깨만 으쓱 추켜올림.)

4월 6일 오전, 후펜코텐도 작센하우젠으로 가서 수용소 소장과 함께 겉핥기식 즉결재판을 열어, 반쯤 의식을 잃고 들것에 누운 도나니에게 사형을 선고했다.

그 어간에 제국보안본부에서는 교도소 수석 집행관 고갈라Gogalla가 명령을 받았다. 4월 7일 토요일에 플로센뷔르크로 가서 준비하고, 그다음에는 쇤베르크와 다하우로 가서 준비하고 있으라는 명령이었다. 고갈라는 몇 가지 비밀 "국가 업무 서류"를 넘겨받았다. 그가 플로센뷔르크, 쇤베르크, 다하우에서 전달해야 할 것들이었다. 이 업무 서류들에는 누구를 죽이고 누구를 남쪽으로 수송할 것인지가 담겨 있었을 것이다. 공교롭게도 페인 베스트가 이 "비밀 국가 업무 서류들" 가운데 한 부를 다하우에서 원본 상태로 찾아냈다. 그 서류가 후펜코텐 공판 때 재판정에 제출되었다. 그 서류 속에는 몇 가지 명령, 곧 특정 저명인사들을 계속 운송하라는 명령, 그들을 깍듯이 예우하라는 명령, 1939년 뷔르거브로이에서 암살을 기도하여 다하우에 수감된 게오르크 엘저Georg Elser를 우선적으로 "제거하라"는 명령이

들어 있었다.[52] 본회퍼와 관련된 명령들이 담긴 비밀 국가 업무 서류는 발견되지 않았다. 아마도 명령에 따라 폐기되었을 것이다.

4월 7일 토요일, 후펜코텐은 자기 아내와 함께 남부로 향하는 고갈라의 차량 행렬 속에 있었다. 가솔린, 다수의 트렁크, 중요한 문서들을 실은 행렬이었다. 이 문서들 속에는 카나리스 제독의 일기도 있었을 것으로 추정된다. 후펜코텐은 같은 날 플로센뷔르크 강제수용소에 도착하여 곧바로 약식 즉결재판을 준비했다. 친위대 판사인 오토 토르베크 박사도 4월 5일 저녁에 뉘른베르크에서 재판장으로 임명받은 상태였다. 토르베크는 일요일 아침에 화물 열차를 타고 바이덴으로 갔다. 그리고 나머지 20킬로미터는 자전거를 타고 플로센뷔르크로 올라갔다. 플로센뷔르크 수용소는 카나리스, 오스터, 칼 자크, 테오도르 슈트륑크,[52a] 게레, 본회퍼에 대한 즉결재판을 시작할 만반의 준비를 갖추고 있었다. 그러나 점호가 맞지 않았다. 본회퍼는 어디에 숨었던 것일까? 다들 일요일로 이어지는 밤중에 여러 감방에 재차 조회했지만, 수감자는 부헨발트에서 인도받은 본회퍼가 아니었다. 그들은 슐라브렌도르프에게 두 번이나 호통을 쳤다. "당신이 본회퍼지!"[53] 요제프 뮐러와 프란츠 리디히도 같은 일을 겪었다. 그는 그곳에 없었다. 남쪽으로 수송된 것임에 틀림없었다. 3일에서 4일로 이어지는 밤중에 바이덴에서 범한 실수를 바로잡지 않으면 안 되었다. 이 조직에서는 차량들이 여전히 작동하고 있었다. 이 조직은 수송 파견대에 가솔린을 공급하여 최소한 160킬로미터 길이의 산길과 골짜기 길을 거쳐 쇤베르크에 다녀오게 했다.

최후

쇤베르크에 있는 학교에서도 부활절 후 첫 주일 예배 의식을 거행했다. 헤르만 퓐더가 본회퍼에게 아침 예배를 인도해 달라고 부탁했다. 이는 헤르만 퓐더, 페인 베스트, 폴커너가 전하는 사실이다. 하지만 폴커너는 예배를 원하지 않았다. 동료들 다수가 가톨릭교도였다. 그리고 그 자리에 바실리 바실리에비치 코코린이 있었다. 본회퍼는 자신의 베를린 주소와 코코린의 모스크바 주소를 교환한 상태였지만 그에게 예배 공세를 펴고 싶지 않았다. 그러나 코코린은 예배를 지지했고,

본회퍼는 전반적인 바람을 받아들여 예배를 인도했다. 그는 부활절 첫 번째 주일 본문을 읽고 기도들을 욉 다음, 동료들에게 그날의 성서 구절을 읽어 주었다. 그날의 성서 구절은 "그가 매를 맞음으로써 우리의 병이 나았다"(사 53:5)와 "우리 주 예수 그리스도의 하나님 아버지께 찬양을 드립시다! 하나님께서는 그 크신 자비로 우리를 거듭나게 하시고, 예수 그리스도를 죽은 사람 가운데서 다시 살리심으로써, 우리에게 산 소망을 안겨 주셨습니다"(벧전 1:3)였다. 그는 이 모든 수감자를 성숙시킨 생각들과 결심들에 관해 말했다. 이 예배가 끝나자 연좌제에 걸린 수감자들이 본회퍼가 자신들의 교실로 잠입하여 예배를 인도해 주기를 원했다. 하지만 얼마 지나지 않아 문이 열리고 민간인 복장의 두 사람이 소리쳐 불렀다. "본회퍼 죄수, 우리와 함께 갈 수 있도록 준비하시오!"

그는 자기 물건을 주섬주섬 그러모았다. 그러고는 무딘 연필을 들고 플루타르크의 책 앞부분, 중간부분, 뒷부분에 자신의 주소와 이름을 큼지막한 글자로 적어 넣은 다음 그냥 내버려 두었다. 이후의 혼란 속에서 자신의 발자취를 분명히 알리기 위해서였다. 괴어델러의 아들들 가운데 하나가 그 책을 보관하고 있다가, 몇 해 뒤에 그 마지막 생존의 흔적을 본회퍼의 가족에게 건네주었다. 그 책은 그가 1월 17일에 제국보안본부에서 구해 달라고 간청하고 2월 7일에 입수한 책이었다.

그는 페인 베스트에게 고국으로 돌아가거든 치체스터의 주교에게 안부를 전해 달라고 부탁했다. "이로써 끝입니다. 그러나 나에게는 삶의 시작입니다." 이 말은 페인 베스트가 우리에게 전해 준 본회퍼의 마지막 말이었다.[54] 본회퍼는 계단을 급히 내려가면서 괴어델러 여사와 작별인사를 나누기도 했다.

이 일요일 여행은 저녁 늦게까지 이어졌다. 즉결재판은 꼼꼼히 집행되었다고 한다. 재판장은 토르베크, 검사는 후펜코텐, 배석판사는 수용소 소장 쾨글Kögl이 맡았다. 그들은 피고들을 개별적으로 심문하고, 서로 대질시켰다. 그들은 카나리스, 오스터, 자크, 슈트륑크, 게레, 그리고 마지막으로 디트리히 본회퍼였다. 자정이 지나 카나리스가 잠시 비웠던 자신의 감방으로 돌아와, 옆 감방에 있는 덴마크군 한스-마티센 룬딩Hans-Mathiesen Lunding 대령에게 "나는 이제 끝이오"라고 노크 소리로 알렸다.[55]

한편 1차 수송차는 동이 트기 전에 알마 샤흐트, 프란츠 할더, 보기슬라브 폰 보닌Bogislaw von Bonin, 쿠르트 에틀러 폰 슈슈니크 가족, 게오르크 토마스 장군을 태우고 플로센뷔르크를 떠나, 알프스 산맥으로 들어가는 비밀 행렬과 한 패가 되었다. 고갈라가 수송을 지휘했다. 자동차는 쇤베르크에 정차하여 팔켄하우젠, 코코린, 페인 베스트, 휴 폴커너 등을 태웠고, 다하우에서는 마르틴 니묄러를 태웠다.

플로센뷔르크에서는 이날 새벽녘에 사형 집행이 이루어졌다. 수용소에서 근무하던 의사는 당시에 자기가 지켜보고 있는 본회퍼가 누구인지를 전혀 알지 못했다. 10년 뒤 그는 아래와 같이 기록했다.

> 그날 아침 5시와 6시 사이에 카나리스 제독, 오스터 장군,……자크 판사 등의 피고들이 감방에서 끌려 나왔다. 군사법원의 판결문이 낭독되었다. 막사에 있는 한 방의 반쯤 열린 문을 통해, 나는 본회퍼 목사가 죄수복을 벗기 전 바닥에 무릎을 꿇고 자신의 주 하나님께 진심으로 기도하는 모습을 보았다. 나는 이 신비한 힘을 지닌 사람이 기도하는 방식을 보고 가장 깊은 감명을 받았다. 어찌나 경건한지, 하나님이 그의 기도를 들어주셨다고 확신할 정도였다. 그는 형장에서 다시 짤막한 기도를 드린 다음, 용감하고 침착하게 계단을 밟고 교수대로 올라갔다. 그는 몇 초 뒤에 죽었다. 나는 지난 50년 동안 의사로 일하면서, 그토록 경건하게 죽음을 맞이한 사람을 본 적이 없다.[56]

플로센뷔르크에서 여러 해 동안 복역해 온 필립 폰 헤센Philipp von Hessen 공이 이날 오전 경비실에 있는 짐 꾸러미들 속에서 두 권의 책을 입수했다. 한 권은 에른스트 칸토로비치Ernst Kantorowicz의 『호엔슈타우펜가의 프리드리히 2세』*Friedrich II. von Hohenstaufen*였고, 다른 한 권은 동판화를 곁들인 요한 볼프강 폰 괴테의 책이었다. 전자에는 카나리스의 이름이 적혀 있었고, 후자에는 본회퍼의 이름이 적혀 있었다. 이 책들은 다시 압수되었다. 모든 유물이 시신들과 마찬가지로 소각되었다.[56a]

플로센뷔르크 강제수용소의 처형장 유적.

"나는 본회퍼 목사가 죄수복을 벗기 전 바닥에 무릎을 꿇고 자신의 주 하나님께 진심으로 기도하는 모습을 보았다. ……지난 50년 동안 의사로 일하면서, 그토록 경건하게 죽음을 맞이한 사람을 본 적이 없다."

4월 5일 크리스티네 폰 도나니의 국립병원 야간 면회 이후 한스 폰 도나니와의 연결이 끊어졌다. 존더레거의 믿을 만한 정보에 의하면, 도나니는 본회퍼와 마찬가지로 4월 9일에 작센하우젠에서 처형되었다고 한다.

가족은 베를린에서 3월 한 달 내내 그리고 4월에도 뤼디거 슐라이허와 클라우스 본회퍼를 구명하려고 애썼다.

뤼디거 슐라이허의 상사로서 1933년 이전에 교통부 항공국장이 된 에른스트 브루노 브란덴부르크Ernst Bruno Brandenburg 박사는 뤼디거를 위해 쓴 사면원에서 그의 성격을 아래와 같이 적절하게 기술했다.

> 모든 상황에서 그의 솔직함과 그의 진실함은 한없이 명백했습니다. 그는 삶의 음모와 비열함을 보지 못하는 것 같았습니다. 그럼에도 그의 일은 언제나 성공을 거두었습니다. 그가 노력해서 얻은 열매는……오로지 때 묻지 않은 무기로 쟁취한 것이었습니다. 당시에 나는 그를 종종 "우리의 파르치팔(아서 왕 영웅담의 주인공이자 성배 수호자—옮긴이)Parzival"이라고 익살스럽게 부르곤 했습니다. 속임수와 위장은 그의 삶에 전혀 낯선 것이었습니다. 그가 보여준 인간에 대한 신뢰와 인간 앞에서의 대담함은 같은 뿌리에서 온 것이었습니다. 그 뿌리는 "정의"의 실제와 진실에 대한 확신이었습니다. 그의 삶 전체에는 이 확신이 속속들이 스며들어 바위처럼 확고하게 자리하고 있습니다. 그의 말에는 가장 묵직한 종교적 내용이 들어 있었습니다. 어쩌면 이것이 또 다른 성격을 파악하는 열쇠인지도 모르겠습니다. 그의 삶에는 언제나 다음과 같은 양심의 가책이 따라다녔습니다. "나의 생각은 정말로 '정의'에 맞았는가? 불의한 일을 저지르지는 않았는가? 나는 내 생각의 내적인 흐름을 실제로도 진실하게 표현하거나 강의했는가?"……그의 확신에 찬 활동은 양심에 거리낌이 없었던 것 같습니다! 그러나 그는 자신이 갑자기 자신의 논제에 반대되는 입장을 취했음을 알고 이따금 소스라치게 놀라기도 했습니다. 말하자면 그의 내적인 사고는 늘 모순된 논쟁 속

에 있었던 것입니다.

심문과 대질의 시간이 그러한 성격의 사람을 인내의 한계까지 몰아댔음에 틀림없다. 하지만 사형선고를 받고 난 뒤의 그는 아주 매력적인 침착함을 발산했다. 교도소 안마당을 걸을 때면 대단히 생기 넘치는 눈길로 동료 수감자들을 격려하곤 했다. 그는 마지막으로 보낸 편지들 속에서 자신에 관해서는 한마디도 하지 않았다. 그는 작별 편지들을 썼지만 내보낼 수 없었다. 사면을 위한 고투가 중단되었음을 알리고 싶지 않다는 이유로 그의 아내가 그를 면회하지 않았기 때문이다. 그 바람에 그 편지들은 분실되고 말았다.

클라우스 본회퍼는 공판 재개를 두려워했지만, 판결 집행을 기다릴 때에는 그다지 두려워하지 않았다. 그가 사형 언도를 받기 전에 작성한 쪽지에는 아래와 같은 글이 쓰여 있다.

> 교수형은 두렵지 않다. 하지만 타락의 극치인 이 얼굴들은 더 이상 보고 싶지 않다.……이 얼굴들을 또 다시 보느니 차라리 죽는 게 낫다. 나는 악마를 보았고, 그 녀석에게서 벗어나지 못하고 있다.

판결이 내려지고 나서 칼-프리드리히 본회퍼가 레어터 슈트라세 면회실에서 동생 클라우스를 면회했다. 클라우스는 그에게 이렇게 말했다. "나는 요즘 마태 수난곡을 접이식 탁자 위에 놓고 보고 있습니다." 칼-프리드리히는 이렇게 말했다. "악보를 읽으면서 음까지 들을 수 있다니 근사하구나." 클라우스는 이렇게 대답했다. "그래요, 하지만 가사도 읽고 있습니다! 가사도!" 그가 부모, 아내, 자녀에게 써 보낸 작별 편지들은 지금도 보존되어 있다. 그 속에는 아래와 같은 내용이 들어 있다.

> 온 가족이 기적처럼 어마어마한 불행에서 무사히 벗어나리라는 희망은 차마 말하지 못하겠습니다. 불행은 오래전부터 자연재해처럼 인간을 스쳐 지나가곤 했습니다. 그리고 자연은 무차별적입니다. 하지만 저는 우리 집을 덮친 폭풍우

가 곧 지나갈 것이라고 생각합니다. 박해는 끝날 것이고, 생존자들은 꿈꾸는 사람처럼 될 것입니다.……나는 살아남고 싶지만, 먼저 나의 일을 끝내고 싶습니다. 이제는 내가 죽어야 이 일이 이루어질 것이기에, 나는 죽음과도 친해졌습니다. 죽음과 악마 사이에서 벌이는 이 승마에서 고귀한 동반자는 죽음입니다. 악마가 시간의 비위를 맞추고 있고, 어쩌면 기사의 검까지 지녔는지도 모르겠습니다. 이처럼 악마를 이상화한 것은 계몽주의입니다. 중세는 악마의 악취에 관해 이야기해 주었을 뿐만 아니라 악마를 훨씬 잘 알고 있었습니다.

어쨌든 얽히고설킨 시대에 살기보다는 죽는 것이 훨씬 깔끔한 임무입니다. 죽음을 임무로 명받은 사람들은 오래전부터 행복한 사람들이라고 회자되어 왔기 때문입니다.[57]

4월 22일에서 23일로 이어지는 밤중에, 제국보안본부의 처형 파견대가 석방을 위해 다른 피난소로 이송한답시고 레어터 슈트라세 교도소의 게슈타포 분과에서 16인의 수감자를 데려갔다. 이는 친위대 분대장 하인리히 뮐러의 갑작스러운 결정에 따른 조치였을 것이다. 친위대 대원들은 무리를 백여 미터 정도 데려가다가 레어터 역 근처의 "울라프 지역"에 이르자 잔인하게 쏘아 죽였다. 클라우스 본회퍼, 뤼디거 슐라이허, 한스 욘, 프리드리히 유스투스 페렐스, 알브레히트 하우스호퍼가 그들 무리에 포함되어 있었다.

이 무리에서 탈출한 이는 H. 코스나이Kosney뿐이었다. 가족은 클라우스와 뤼디거에게 무슨 일이 일어났는지를 1945년 5월 31일에야 코스나이를 통해 확실히 알 수 있었다. 클라우스 본회퍼와 뤼디거 슐라이허는 프리드리히 유스투스 페렐스, 한스 욘, 지난 전쟁에 희생된 무명의 다수와 함께 도로텐슈타트 묘지의 폭탄 구덩이에 묻혀 있다.[58] 감옥에서 살아남은 이들과 유가족들이 1945년 6월 11일 그들을 위해 그곳에서 장례 예배를 드렸다.

그사이에 요제프 뮐러와 파비안 폰 슐라브렌도르프는 플로센뷔르크에서 수송되어, 미군이 보호하는 알프스를 거쳐 이탈리아로 탈주했다. 그들은 그곳에서 마르틴 니묄러도 만났다. 그들은 디트리히 본회퍼가 운명했다는 소식을 베를린에 전하지 않은 채 제네바의 피스르트 호프트에게 먼저 전했다. 그리고 피스르트 호프트는 그 소식을 조지 K. A. 벨 주교와 옥스퍼드에 있는 쌍둥이 누이에게 전했다. 5월 30일, 프로이덴베르크가 제네바에서 영국에 있는 율리우스 리거에게 아래와 같은 내용의 전보를 쳤다.

> 미군이 해방시키기 직전인 4월 15일, 디트리히 본회퍼와 그의 형 클라우스가 노이슈타트 인근의 클로센부르크 강제수용소에서 살해당했다는 슬픈 소식을 방금 받았음. 라이프홀츠 가족과 그의 친구들에게 알려 주기 바람. 깊은 슬픔과 동료애를 표함. 프로이덴베르크.[59]

마리아 폰 베데마이어는 전쟁이 끝날 무렵에 독일 서부지역에서 본회퍼를 찾고 있었다. 6월에야 믿을 수 없는 비보가 그녀에게 닿았다. 부모는 7월에 H. B. 기제비우스가 베를린을 찾고, 영국 방송사가 런던에서 본회퍼 추모 예배를 중계할 때에야 자초지종을 알게 되었다.

1945년 7월 27일, 조지 K. A. 벨 주교, 프란츠 힐데브란트, 율리우스 리거가 런던 킹스웨이에 있는 성 삼위일체 교회에서 본회퍼 추모 예배를 거행했다.[60] 그 시기에 독일인 한 명을 공식적으로 추모한다는 사실을 알리고, BBC를 통해 행사를 중계하는 것은 이례적인 일이었다. 전쟁이 끝나 베르겐-벨젠 강제수용소에서 발견된 참상이 영국 언론에 알려지고, 패전국 독일인 전체를 싸잡아 전범으로 생각하는 분위기가 팽배했기 때문이다.

영국인들, 독일인 이민자들, 신학자들, 평신도들로 성 삼위일체 교회의 마지막 좌석까지 꽉 찼다. 그중에는 본회퍼의 쌍둥이 누이와 그 가족도 끼어 있었다.

조지 K. A. 벨 주교는 설교에서 본회퍼의 순교가 에큐메니칼 세계에 무엇을 의미하는지를 아래와 같이 간략하게 말했다.

> 그의 죽음은 독일을 위한 것이자 유럽을 위한 것이기도 합니다.……그의 죽음은 그의 삶과 마찬가지로 고백교회의 증언 가운데 가장 인상적이고 값진 사실을 분명하게 가리키고 있습니다. 그는 다양한 전통의 순교자 무리 가운데 한 사람으로서 다음 두 가지를 구현하고 있습니다. 하나는 믿는 영혼이 하나님 이름

으로 악의 공격에 저항하는 것이고, 다른 하나는 인간의 양심이 불의와 만행을 도덕적으로, 정치적으로 혐오하는 것입니다. 그와 그의 동료들은 사도들과 예언자들의 터 위에 서 있습니다. 그와 여타의 다수가……다른 저항자들, 즉 교회 밖에 있지만 인도주의 정신과 자유주의 정신을 공유하고 있는 사람들과 긴밀히 교류한 것은 정의를 위한 열정 때문이었습니다.……그와 클라우스에게는……죽은 자들의 부활이 있을 것입니다. 독일에는 구원과 부활이 있을 것입니다. 하나님께서 그분의 성령을 받은 사람들, 본회퍼처럼 거룩하고 겸손하고 용감한 사람들을 통해 민족을 이끄시는 것을 기뻐하신다면 말입니다. 교회에는—그가 사랑한 저 독일교회는 물론이고, 그가 자기 민족보다 더 위대하게 여긴 세계교회에도—신생의 희망이 있을 것입니다.[61]

본회퍼의 소속 교회, 즉 베를린-브란덴부르크 교회는 이러한 입장과는 거리가 상당히 멀었다. 그 시기에 베를린-브란덴부르크 교회는 그리스도교적 순교와 정치적 저항을 엄격하게 구별한 나머지, 7월 20일 사건 연례 기념일(1946년 7월 20일—옮긴이)에 대한 설교단 발표문에서 예배 참석자들에게 파울 슈나이더를 "온전한 의미의 순교자"로 제시하고, 본회퍼의 이름은 비밀로 했다. 심지어 그 교회는 이렇게 단언하기까지 했다. "교회는 1944년 7월 20일 사건에 관해 알리는 광고가 어떤 의도로 행해지든 간에 그것을 절대로 허가할 수 없습니다. 고난을 당한 사람들 가운데에도 그러한 광고를 바라지 않는 이들이 부지기수입니다."[62]

빌레펠트 지역의 목사들도 이와 비슷한 생각이었다. 그들은 본회퍼의 가족에게 파울 슈나이더와 디트리히 본회퍼의 이름을 딴 거리들을 다른 저항자들의 이름을 딴 거리들과 나란히 하는 것에 이의를 제기해 달라고 부탁했다. "우리는 신앙을 위해 죽임당한 우리 동료 목사들의 이름이 정치적 순교자들의 이름과 나란히 놓이는 것을 원치 않기 때문입니다."

칼 본회퍼는 아래와 같이 답장했다.

나의 아들은 거리들을 자기의 이름으로 명명하기를 바라지 않았을 것입니다. 다른 한편, 나는 정치적인 이유로 목숨을 잃은 이들, 내 아들이 감옥과 강제수용소에서 몇 년 동안 함께 지낸 이들을 멀리하는 것은 내 아들의 정신에 맞지 않다고 확신합니다. 따라서 나는 시 의회의 결정에 이의를 제기하지 않으렵니다. 두 성직자의 선택은 의회가 정치적 입장을 고려하지 않고 선택했음을 보여 주는 것 같습니다.[63]

형제들 가운데 유일한 생존자인 칼-프리드리히 본회퍼는 그 여름철 몇 달 동안 물리학 연구소를 라이프치히에 다시 설립하려고 시도했다. 라이프치히는 미군의 수중에 있다가 소련군의 수중으로 넘어가기 직전이었다. 일체의 소식을 접하지 못한 그는 몇 주가 지나면 자신이 살아남지 못할 것이라고 생각한 나머지, 하르츠로 피신한 자녀들에게 지난 몇 달 동안의 삶에 관해 알리는 편지를 써 보냈다.

너희들 모두에게 이야기하고 싶구나. 왜냐고? 우리에게 소식이 전혀 닿지 않는 저 잔해더미에 나의 생각이 가 있기 때문이란다. 그곳은 3개월 전에 사형을 언도받은 클라우스 삼촌을 면회한 곳이란다. 베를린에 있는 감옥들이지! 나는 그곳들을 몇 년 전에 알게 되면서부터 달리 보게 되었단다. 샤를로텐부르크 수사 감옥은 크리스티네 고모가 잠시 갇혀 있던 곳이고, 테겔 군 수사 감옥은 디트리히 삼촌이 1년 6개월 동안 수감되어 있던 곳이고, 모아비트 군 형무소는 한스 고모부가 수감생활을 한 곳이고, 프린츠-알브레히트 슈트라세에 있는 친위대 감옥의 지하실은 디트리히 삼촌이 억류되어 있던 곳이며, 레어터 슈트라세에 있는 감옥은 클라우스 삼촌이 고문당하고 뤼디거 고모부가 고통당한 곳이자 이 두 사람이 사형선고를 받고 두 달을 지낸 곳이란다.

나는 지난 몇 해 동안 베를린에 있거나 그곳에서 "업무"를 처리할 때면 이 모든 감옥의 무거운 철문 앞에서 기다리곤 했단다. 우르줄라 고모와 크리스티네 고모, 엠미 숙모와 마리아 숙모를 그리로 데려가서 물품들을 넣어 주거나 받아 오기도 했단다. 그들은 면회를 갔다가 헛되이 돌아오거나, 비열한 수사관들에게 욕을 먹기도 했지만, 이따금 친절한 간수의 도움을 받기도 했단다. 이 간수는 인도적으로 생각하여 안부를 전해 주고, 규정된 시간을 어기면서까지 무언가를 인수하여 수감자들에게 가져다주거나, 금지된 것임에도 음식을 수감자들

1945년, 전쟁이 끝난 후 디트리히의 부모.

"이 일은 우리 두 늙은이에게 어마어마한 상흔을 남겼네.
……하지만 우리는 슬퍼하면서도 그 아이들의 올곧은 자세를 자랑으로 여기고 있네."

8.10.45

Lieber Herr Kollege!

Ich habe mich außerordentlich gefreut durch Ihren Nachbarn Grüße von Ihnen zu bekommen und zu hören, daß es Ihnen drüben gut geht und Sie eine interessante Tätigkeit haben. Daß wir viel Schlimmes erlebt und 2 Söhne (Dietr. den Theol. und Klaus Chefsyndikus der Lufthansa) und 2 Schwiegersöhne (Prof. Schleicher und Dohnanyi) durch die Gestapo verloren haben, haben Sie, wie ich höre, erfahren. Sie können sich denken, daß das an uns alten Leuten nicht ohne Spuren vorübergegangen ist. Die ganzen Jahre hindurch stand man unter dem schrecklichen Druck der Sorge um die Verhafteten und die noch nicht Verhafteten aber Gefährdeten. Da wir alle aber über die Notwendigkeit zu handeln einig waren und meine Söhne auch sich im Klaren waren, was ihnen bevorstand im Falle des Mißlingens des Komplottes und mit dem Leben abgeschlossen hatten, sind wir wohl traurig, aber auch stolz auf ihre gradlinige Haltung. Wir haben von beiden Söhnen schöne Erinnerungen aus dem Gefängnis – von Dietrich Gedichte und von Klaus Abschiedsbriefe an uns und seine Kinder, die uns und ihre Freunde sehr bewegen. Dohnanyi ist im Sachsenhausen irgendwie ums Leben gebracht, die andern durch Genickschuß beim Transport. Von den im Felde gewesenen Collegen weiß man noch nichts [illegible]. [illegible] war in Prag [illegible] soll verhungert sein. – [illegible] schlimm, da der Beruf weg ist. Ich hoffe ich kann bald wieder schreiben und Ihnen ausführlicher auch für Ihre Hilfe danken.

Herzliche Grüße Ihnen und Ihrer Gattin auch von meiner Frau. Ihr Bonhoeffer

1945년 10월 8일. 디트리히의 아버지가 보스턴으로 망명한 동료 파울 요스만 교수에게 보낸 편지. 본서 1305쪽 참조.

에게 가져다준 사람이란다.

음식 날라다 주기에 대해 얘기해 줄게! 그것은 지난 몇 해 동안 녹록치 않은 일이었단다. 특히 우르줄라 고모가 지치지 않고 그 일을 했단다. 우르줄라 고모는 그 일로 피골이 상접할 정도였단다. 뤼디거 고모부가 음식을 되돌려 보내며 "나는 됐소"라는 말을 전해 올 때면, 그것은 비극이 아닐 수 없었단다. 뤼디거 고모부가 그럴 줄 누가 생각이나 했겠니? 우르줄라 고모가 그것을 다시 들여보내면, 다시 되돌아오곤 했단다. 클라우스 삼촌은 달랐단다. 삼촌은 닥치는 대로 음식을 먹었단다. 디트리히 삼촌은 테겔에 있는 동안은 음식 사정이 그다지 나쁘지 않았단다. 그곳에서 간수들 및 형무소 소장과 친하게 지냈지. 한스 고모부도 처음에는 음식 사정이 나쁘지 않았단다. 형무소 소장은 고모부를 매우 친절하게 대했지. 하지만 고모부는 그러다 병에 걸려 자선병원 외과 병동의 페르디난트 자우어브루흐를 찾아갔고, 나는 그곳에서 고모부를 마지막으로 보았단다. 고모부는 형무소로 돌아가고 나서 성홍열과 디프테리아에 걸렸고, 결국에는 디프테리아 말기의 극심한 마비 증세에 시달리며 오라니엔부르크 강제 수용소와 베를린 국립병원에서 거의 6개월 동안 병상에 누워 있었단다.

이제는 현재 이야기를 해보련다! 나는 지난 3월 말에 베를린에 있다가 할아버지의 77회 생신 직전에 돌아왔단다. 클라우스 삼촌과 뤼디거 고모부는 여전히 살아 있었고, 한스 고모부는 전혀 희망이 없는 게 아니라는 소식을 의사를 통해 전해 왔단다. 디트리히 삼촌은 2월 초에 친위대에 의해 베를린에서 어딘가로 끌려갔는데 행방이 묘연하단다. 너희들이 있는 프리드리히스브룬으로 출발하기 전인 4월 8일, 나는 라이프치히에서 할아버지 할머니와 마지막으로 통화했단다. 당시에는 모든 것이 바뀌지 않은 상태였지. 그러고 2개월 이상의 시간이 지났구나. 러시아군이 베를린을 점령하기 전에 무슨 일이 일어났는지 아니? 거기에서 온 사람이 전하는 말에 의하면, 4,000명의 정치범이 미리 죽임을 당했다는구나. 점령이 진행되는 동안과 그 이후에는 어떤 일이 일어났는지, 다들 살아 있는지, 할아버지 할머니가 이 괴로운 시절을 잘 견뎌 내고 계신지 모르겠구나. 두 분께서는 이미 기력이 쇠한 상태였단다. 할머니는 지난 몇 년 동안 기억상실로 가벼운 발작을 자주 겪으셨고, 말년에는 과로, 흥분, 영양실조

로 고생하셨단다. 두 분은 이렇다 할 도움을 받지 못한 채 집에서 지내신단다. 누군가가 4월 5일에 파사우 부근에서 디트리히 삼촌과 이야기를 나누었다더구나.[64] 그곳에서 바이덴에 있는 플로센뷔르크 강제수용소로 끌려갔을 거야. 어째서 그는 아직도 이곳에 없는 것일까?(DBW 8:619-621)

디트리히 소식을 다 듣고 난 칼 본회퍼는 망명한 동료에게[65] 보내는 편지에서 아래와 같이 말했다.

우리가 매우 끔찍한 일을 겪고 게슈타포에게 두 아들과 두 사위를 잃었다는 소식을 자네도 들었다더군. 짐작하겠지만, 이 일은 우리 두 늙은이에게 어마어마한 상흔을 남겼네. 수감된 아이들과, 감옥에 갇히지는 않았지만 위험에 처해 있는 아이들 걱정에 짓눌린 세월이었지. 하지만 우리 모두는 행동할 필요성과 관련하여 의견이 일치했고, 내 아들들도 모반이 실패할 경우 자신들에게 어떤 일이 닥칠지를 분명히 알고 목숨을 바쳤네. 우리는 슬퍼하면서도 그 아이들의 올곧은 자세를 자랑으로 여기고 있네. 우리에게는 두 아들이 감옥에서 보내온 아름다운 추억거리들이 있네.……그것들이 우리 부부와 그 애들의 친구들의 심금을 울리고 있네.

부록

A. 초센 문서들에 관하여

크리스티네 폰 도나니가 1945-1946년에 기록하다

I

(그이는) 법무 장관실에서 일하던 시절에 한 보고서를 작성했다. 히틀러의 명령으로 처리가 기각되어서 그랬을 테지만, 나치당 내부나 당 조직 내부의 추문들이 법무 장관에게 직접 닿던 시절에 한 일이었다. 법무 장관은 그 추문들을 예외 없이 그이에게 넘겨주었다. 그이는 '부끄러운 일의 연대기'라는 제목으로 이 모든 사건의 완벽한 목록과 나치당 권력자들의 범행 목록을 상세히 작성했다. 강제수용소들에서 벌어진 학살과 그 시도, 그 어간에 강제수용소들에서 자행되어 알려진 만행들, 대관구 지도관들의 통상적인 외환 암거래, HJ(히틀러 청년단) 지도층과 SA(돌격대) 지도층 내부의 불쾌한 탐욕들이 이 '연대기'에 거의 모두 범죄행위로 기록되었다. 그이는 이 연대기를 카드식 목록과 접목하여 작성함으로써 나치당 인사들 개개인의 범죄행위와 그들의 문서들을 찾아볼 수 있게 했다. 그러고는 이 기록들을 특별히 중요한 "사건들"과 함께 서류 보관함 등에 은닉하여, 어쩌다 보관하게 된 것처럼 보이게 했다. 그이는 해가 갈수록 이 자료를 보충하고 완벽하게 다듬었다. 히틀러의 연설들, 전쟁포로 처리에 관한 보고들, 폴란드 만행을 담은 필름들, 브롬베르크에서 일어난 "피의 일요일"의 원인들에 관한 보고들, 요제프 괴벨스의

유대인 학살 지시들, 기타 등등의 자료가 거기에 들어 있었다. 그이는 이 보고서들이 사안에 따라서 다른 부서들로부터 전해 들은 것들을 통해 충분히 보완되었다고 확신하며 나에게 이렇게 말했다. "이 정도의 자료들이라면 들여다볼 마음이 있는 모든 이에게 히틀러와 그의 정권에 주목하게 할 수 있을 것이오."

II

그이가 숨겨 둔 문서들의 소재지 문제와 관련하여 잘못된 정보가 상당히 많이 언급되고 있는 까닭에 몇 마디 덧붙이고자 한다. 내가 이러는 까닭은 특히 게오르크 토마스 장군의 서술 때문이다.[2] 이 문서들에 관한 정확한 정보는 나만이 제공할 수 있다. 그이가 수감되어 있을 때, 내가 그이와 베크 사이를 오가며 이 문서들에 관한 협의를 전했기 때문이다. 이미 나는 이와 관련된 상세한 내용들을 연합국의 여러 당국자에게 알린 바 있다. 모든 것을 고려하고 그이의 마지막 정보들에 의거하여 추론하건대, 문서들은 기대와 달리 전체가 은닉된 것이 아니라, 일부만 베르너 슈라더Werner Schrader 대령의[3] 사냥 막사 내지 그 인근의 뤼네부르크 황무지에 은닉되었다. 따라서 일부가 게슈타포의 수중에 떨어진 것이다. 베르너 슈라더 대령의 운전사 케르스텐한Kerstenhahn 씨도 이 추론을 두둔한다. 내가 문서들 전체가 게슈타포의 수중에 떨어진 것이 아니라고 추론하는 까닭은 그이가 나에게 말해 준 내용 때문이다. 말하자면 게슈타포가 1944년 10월에 그이에게 (복사본으로) 제시한 것은 그이가 작성하여 장군들에게 보낸 메모, 곧 독일 민족에 대한 호소문이었지, 게슈타포들을 틀림없이 격분시켰을 1933-1938년 자료와 연대기가 아니었기 때문이다. 게슈타포는 심문 과정에서 여러 사람에게 습득 장소를 잘못 언급하기까지 했다. 제대로 알았다면, 문서들이 우리의 토지에 묻혀 있지 않았다고 말할 필요가 없었을 것이고, 그이에게 가장 심각한 부담을 안겨 줄 문서들을 내가 게슈타포에게 넘길 생각을 할지 모른다는 말도 할 필요가 없었을 것이다.

의사소통의 수단들이 보다 개선되면, 언젠가는 내가 이 문제를 해명하고, 어쩌면 문서들 가운데 일부도 찾아내게 될 것이라고 생각한다. 게슈타포 측에서는 강제수용소에서 그이에게 문서 사본들을 제시했던 친위대 연대 지휘관 후펜코텐이 이 문제 해결에 가장 유용한 진술을 해줄 수 있을 것이다. 아니면 이 소송 담당자 존더레거 수사관이 그리해 줄 수 있을 것이다. 물론 나는 그의 운명이 어찌되었는지 모른다. 후펜코텐은 현재 연합국 측에 구치되어 있다.

III

1942년 봄, 변호사 칼 랑벤 박사와 루트비히 게레 씨가 그이에게 게슈타포의 감시를 받고 있으니 조심하라고 말했다. 우편물을 검열하고 전화를 감청하는 것도 모자라서 그이 자신까지 감시하고 있다는 거였다. 칼 랑벤은 라인하르트 하이드리히나 마르틴 보르만이 그 배후라고 말했고, 루트비히 게레는 루돌프 헤스 내각이 파견한 좀머라는 자가 그 배후라고 말했다.

그때부터 그이는 초센으로 가는 것을 피했다. 그곳의 철제 금고에는 그이의 문서들이 들어 있었다. 내 기억에 의하면, 오스터와 구텐베르크, 혹은 유스투스 델브뤼크가 그곳을 찾아갔던 것 같다. 어쨌든 국방군 최고사령부에 있던 그이의 철제 금고가 치워지고, 종전 이후를 위해 보관하고 있던 중요 문서들이 그곳으로 옮겨진 상태였다. 내 기억(과 그이의 묘사)에 의하면, 철제 금고는 매우 깊숙한 지하실에 있었고, 초센이 본부였던 시절에는 하인리히 그로스쿠르트 대령이 위험한 문서들을 그이에게 건네주었다고 한다.

1943년 4월 5일 그이가 체포될 무렵에 다음과 같은 일이 일어났다. 체포되기 며칠 전, 카나리스가 그이에게 루돌프 레만 참사관의 말을 전했다. 프리드리히 프롬Friedrich Fromm 사건과 여타의 두서너 돌발 사건 때문에 게슈타포와 군사법원들이 다른 곳에 관심을 기울이고 있으니, 앞으로 며칠간은 그이의 체포가 논의되지 않으리라는 내용이었다. 이 말은 적중하지 않았다. 카나리스가 이 말을 전한 바로 그날, 그이는 체포되었다.

그때 초센 철제 금고 열쇠는 국방군 최고사령부에 비치된 철제 금고 속의 한 서류철에 매달려 있었다. 그이가 위장을 위해 그리한 것이다. 이 서류철에는 공문서들을 위한 표시와 여러 장의 메모들, 다양한 암호로 처리된 기밀 공문서들이 들어 있었다. 초센 철제 금고의 내용을 암호로 알리는 목록도 그 기밀 공문서들 속에 섞여 있었다. 체포조인 뢰더와 존더레거가 그이가 보는 앞에서 그이의 철제 금고를 뒤지며 금지된 정치 문서들을 찾아내려고 애쓰다가 열쇠가 달린 서류철을 순수 공무용 문건으로 여겨 다시 금고 속으로 던져 넣었다. 여기까지가 그이가 목격한 광경이다. 그이가 연행되자마자, 오스터가 곧바로 열쇠를 챙겼다.

나는 그이가 체포되던 시각에 집에서 체포되었다가 1943년 4월 30일에 풀려났다. 저들이 우리 부부의 말을 듣고, 내가 아무것도 모른다고 생각했기 때문이다. 그때부터 나는 교도소 소장인 루돌프 마아스 중령을 거쳐 그이와 연통할 기회를 얻었다. 마아스를 우리 부부에게 믿을 만한 사람으로 추천한 이는 칼 자크였다. 내가 갇혀 있는 동안, 칼 자크가 마아스와 접촉하여 미리 손을 써둔 상태였다.

루돌프 마아스는 나에게 그이와 관련하여 이런 물음을 던졌다. "문서들은 다 정리했는지요? 즉시 오스터에게 연통하여, 문서들을 폐기해야 한다고 말하십시오. 게슈타포 측에서 그것들을 찾고 있습니다." (이 대목에서 다음의 사실을 덧붙여야겠다. 방첩대의 한 대원이 압박을 못 이겨, 자신이 로마에서 그이에게 바티칸의 주문사항을 전했다고 실토하고 말았다. 바티칸의 주문사항은 "문서들을 폐기하라"는 내용이었다. 그이는 물론이고 나도 심문 과정에서 문서들의 행방에 관한 질문을 여러 번 받았다.)

방첩대 사람들 가운데 (나를 거쳐) 그이와 정기적으로 연통한 이는 오스터와 구텐베르크뿐이었으므로 델브뤼크가 주문사항을 오스터에게 전달했다. 오스터는 나를 거쳐 그이에게 이렇게 말했다. "절대 안심해도 됩니다. 문건들은 내가 가지고 있습니다. 베르너 슈라더에게 이미 알렸으니, 그가 문건들을 정리할 겁니다." (이 대목에서 다음의 사실을 추가해야겠다. 비상시에 베르너 슈라더가 문건들을 뤼네부르크 황무지로 옮겼을 가능성에 관해서는 이미 앞에서 말한 바 있다.)

8-9월 어간에 그이가 나에게 다시 물었다. 문건들이 어찌 처리되었느냐는 물음이었다. 당시에 나는 델브뤼크에게 부탁하여 오스터에게 문의하게 했다. 내 기억이 옳다면, 그 당시 오스터는 베를린에 있지 않았다. 그래서 프리드리히 유스투스 페렐스가 칼 자크를 거쳐 루트비히 베크에게 문의했다.

베크는 곧바로 이런 말을 전해 왔다. "문서들은 폐기되지 않았습니다. 역사적으로 중요한 문서들이기 때문입니다." 내 기억에 의하면, 당시에 베크는 병중이었거나 회복 중이었고, 그이는 그 문제를 좌시하지 않았던 것 같다. 어쨌든 그이는 나에게 이렇게 말했다. "나는 역사를 중요시하지 않아요. 그들에게 전하세요. 그것 때문에 여럿이 목숨을 잃을 판이라고!"

나는 곧바로 페렐스에게 부탁했다. "자크에게 가서 폐기를 고수해 주세요."

페렐스는 나에게 이렇게 알려 왔다. "베크가 당신의 남편에게 이렇게 전하라고 하더군요. '자료가 폐기되어선 안 됩니다. 특히 1939-1940년 문건들은 더더욱 안 됩니다. 나중에 우리는 모든 것을 잃고 난 뒤에 행동한 것이 아니라 세인들이 우리의 승리를 믿고 있을 때에 행동한 것임을 세계에 입증해야 합니다.'" (그가 언급한 두 번째 문서는 내가 잊고 있던 문서였다.) 나는 9-10월경 면회시간에 그이에게 이 사실을 직접 알렸다.

그이는 곧바로 이렇게 말했다. "그것은 베크가 늘 하던 말이에요. 그것도 논거라고 대고 있으니. 그는 자기가 옳다고 여기는 일을 하는 거겠지만, 무사하기를 바라야 할 거요. 나는 이미 저쪽 사람들(그이는 바티칸과 영국 사람들이라고 말했다)에게 죄를 지은 것이나 다름없어요."

나는 그이의 말을 구두로 페렐스에게 전했다.

그이가 자선병원에 누워 있던 1943년 겨울, 나는 페렐스, 델브뤼크, 그리고 내 기억이 정확하다면 한스 욘과 함께 그 문제를 여러 차례 숙고했다. 그이는 문서들을 운반하는 중에 부주의가 발생할까 봐 늘 걱정했다. 그이는 당시에 델브뤼크에게 이렇게 말했다. "문건들 속에 있는 모든 메모가 사형선고감이에요. 조심해서 운반하세요. 여러분이 그 많은 문서를 어떻게 운반하려는지 도무지 모르겠군요." (당시에 델브뤼크는 더 이상 방첩대 소속이 아니었다.)

카나리스가 파면되면서 상황이 긴박해지자, 1944년 2월에 그이가 페렐스를 거쳐 이렇게 문의해 왔다. "어찌 되고 있소?" 당시에 나는 다음과 같이 다소 격한 답변을 받았다. "당신의 남편에게 안심해도 된다고 줄곧 말해 왔습니다. 문서들은 안전한 곳에 있습니다." 당시에 나는 더 이상 캐묻지 않았다. 문서들이 실제로 어디에 있는지를 여자인 나에게 말하고 싶지 않았을 것이라고 생각했기 때문이다. 1944년 7월 20일 사건이 터지고 베르너 슈라더가 죽었다는 소식이 들려오자, 포츠담 전염병 병원에 누워 있던 그이가 또 다시 물어보라고 시켰고, 그래서 나는 이렇게 문의했다. "그이의 문서들이 어디에 있는지, 그이가 알고 싶어 합니다."

페렐스가 곧바로 나에게 말했다. "뤼네부르크 황무지에 있는 슈라더의 사냥 막사 지하 6미터에 있습니다."

7월 20일 사건의 여파로 게슈타포가 나까지 포츠담 병원을 출입하지 못하게 하자, 그이는 자신의 간호사를 시켜 나에게 이런 말을 전해 왔다. "당신이 내 책(이는 초센 문서들을 가리키는 우리의 표현이었다)을 챙겨, 누구도 그것에 마음을 쓰지 않게 하세요." 그리고 며칠 뒤 그이는 작센하우젠 강제수용소로 이송되었다.

11월 초, 나는 그이가 강제수용소에서 보낸 편지를 받았다. 암호로 쓴 편지의 내용은 다음과 같았다. "병약자는 모든 비밀을 누설할 수밖에 없다고 하니, 우리는 시간을 벌어야 해요."

그 뒤에 프린츠-알브레히트 슈트라세에서 암호 통신문 세 통이 도착했다. 한 통에는 이런 내용이 들어 있었다. "비밀 누설자가 누구인지 모르겠지만 그것은 나에게 중요하지 않습니다. 저들이 전모를 다 알고 있습니다."

나는 베를린 경찰병원의 티체 박사 진료실에서 그이와 두 차례 밀담을 나누었다. 그이는 다음과 같이 말했다. "1944년 10월 5일, 후펜코텐이 작센하우젠 강제수용소에 있는 나를 찾아와, 내가 1939년에 장군들에게 보낸 메모의 사진과, 요제프 뮐러 박사가 1939년에 작성한 바티칸 보고서의 사진을 나의 병상에 던지더군요. 이 둘은 내가 장군들에게 함께 보냈던 것인데, 하나는 내가 베크를 위해 작성한 호소문, 곧 독일 국민에 대한 호소문이었고, 다른 하나는 X-보고서였습니다. 후펜코텐은 나에게 이렇게 말하더군요. '우리가 2년 전부터 추적해 온 것을 드디어 손에 넣었소.'" 그이는 나에게 이렇게 말했다. "내가 가지고 있던 문건들뿐이어서 나는 태연자약한 척하며 이렇게 물었습니다. '그래, 그것을 손에 넣었다고요? 어디서요?' 그러자 후펜코텐이 이렇게 대답하더군요. '초센에서 발견했소.'" 그이가 그 말을 믿으려 하지 않자(그이의 동료들의 여러 단언에 따르면 그이는 그럴 이유가 없었다고 한다), 후펜코텐이 (혹은 존더레거가) 보관 장소를 밀고한 장교를 거명했다고 한다. 그런 다음 후펜코텐은 그이에게 이렇게 말했다고 한다. "당신이 주범이라는 사실을 반박하는 것은 소용없는 짓이오. 사실들이 너무나 명백하기 때문이오.” 그이는 상황을 고려하여 반박하지 않았다고 한다.

저들은 1939-1940년에 진행된 공모 가담자들의 이름을 불게 하려고 그이에게 온갖 형태의 압박을 가했으며, 디프테리아 후유증을 심하게 앓고 있는 그이를 프린츠-알브레히트 슈트라세 지하 감옥에 눕혀 놓은 채 아무 도움도 받지 못하게 했다고 한다. (이 일을 책임지고 수행한 자는 슈타비츠키 수사관이었다.) 저들은 만일 실토하면 마음껏 병원에 갈 수 있게 해주고 가족과도 연락할 수 있게 해주겠다며 그이를 회유하고, 그이에게 사실들이 모두 밝혀졌다고 단언하면서 이렇게 말했다고 한다. “이제는 실토해도 해를 입을 사람이 더는 없을 거요. 친위대 중앙 지도자는 당신의 진술만을 원하고 계시오. 7월 20일로 이어진 것들을 알고 계신 것 같소.” 그이는 마지막 날까지 거절하고, 자신의 질병 뒤에 진을 쳤다. 그런 다음 그이는 1945년 4월 5일 작센하우젠 강제수용소로 다시 이송되었고, 다시는 돌아오지 못했다.

문서들의 최종 운명에 관한 나의 추론은 다음과 같다. 사실, 문서들의 일부를 뤼네부르크 황무지로 운반한 이는 베르너 슈라더였다. 그의 운전사인 케르스텐한 씨의 진술들도 이 추론을 지지한다. 케르스텐한에 의하면 2차 운반은 한 장교가 가솔린 공급을 거절하는 바람에 무산되었다고 한다. 게다가 몇몇 문서들로 볼 때 그이의 동아리의 일원으로 추정되는 몇몇 인사가 체포되지 않았다는 사실도 나의 추론을 지지한다. [예를 들면 하소 폰 에츠도르프(Hasso von Etzdorf), 슈미트(Schmidt) 공사, 테오도르 코르트(Theodor Kordt)가 그들이다.] 뿐만 아니라 나는 저들이 게슈타포를 특별히 격분시켰을 것임에 틀림없는 문서들, 예컨대 그이가 1933년부터 법무부에서 프란츠 귀르트너의 허가를 받아 나치의 범죄행위와 비행을 담아 작성한 ‘부끄러운 일의 연대기’와 같은 문서들을 그이에게 제시하지 못했다고 확신한다. 저들은 프리치 공판에 관해 기록한 문서들도 제시하지 못했다. 그이가 나에게 해준 말에 의하면, 후펜코텐은 그것들조차 그이에게 제시하지 못했다고 한다. 나는 그이와의 마지막 대화를 서두르는 바람에 더 많을 것을 물어볼 시간을 갖지 못했다.

이로써 내가 겪은 일을 다 기술했다. 나는 게슈타포가 그이에게 밀고자로 거명했던 장교의 이름을 빼고는 다 말했다. 나는 그 장교의 이름을 밝히지 않으련다. 그이가 게슈타포의 이 무고(誣告)를 믿고 싶지 않다며 누구에게도 발설하지 말라고 나에게 당부했기 때문이다.

나는 오스터가 그이에게 약속한 대로 그이의 다소 개인적인 소유였던 문서들을 안전한 곳에 갖다 두었지만, 1939-1940년의 계획들을 담은 문서들은 베크의 명령을 받고 초센에 두었다가 압류당했을 것이라고 확신한다.

그래야 그이에 대한 오스터의 석연치 않은 태도가 해명되고, 하소 폰 에츠도르프와 슈미트와 코르트가 체포되지 않은 이유도 해명되며, 후펜코텐의 진술들도 대체로 참되다는 것이 입증될 것이다.

물론 이것은 문서들의 본질적이고 흥미로운 부분이 여전히 뤼네부르크 황무지(?)에 은닉되어 있으며, 따라서 누구라도 찾아낼 수 있음을 의미할 것이다.

B. 감옥에서 읽은 책들

읽은 책	독서 기간	언급한 곳 (DBW) 8: 옥중서신 p.: 본서 페이지
O. Schilling, Lehrbuch der Moraltheologie: Spezielle Moraltheologie[도덕론].	1943. 4-5	8:51
J. Gotthelf, Geld und Geist[돈과 정신].	1943. 4-5	8:56
Jean Paul, Leben des vergnügten Schulmeisterleins Maria Wuz in Auenthal[마리아 부츠 선생의 즐거운 생애].	1943. 4-5	8:56
J. Gotthelf, Zeitgeist und Berner Geist[시대정신과 베른의 정신].	1943. 5	8:71 p. 1189
I. Kant, Anthropologie[인간학].	1943. 5	8:92
J. Gotthelf, Jacobs Wanderungen durch die Schweiz[야코프의 스위스 편력].	1943. 5-6	8:92
G. Uhlhorn, Die Christliche Liebenstätigkeit[그리스도교의 사랑의 행위].	1943. 5-6	8:92 p. 1184
K. Holl, Gesammelte Autsätze zur Kirchengeschichte III: Der Westen[교회사 논총 III: 서방교회].	1943. 5-6	8:57, 92
A. Stifter, Waldsteig. (『숲속의 오솔길』, 문학과지성사)	1943. 6	8:92, 106
Calderon, Werke[전집].	1943. 6	8:89
E. Lasker, Schachstrategie[체스 전략].	1943. 6	8:89, 114
R. M. Rilke, 제목미상.	1943. 6	8:93
E. C. Hoskyns&F. N. Davey, Das Rätsel des Neuen Testaments[신약성서의 수수께끼].	1943. 6	8:93

R. Röw, Häuser über dem Rhein[라인 강 위의 집들].	1943. 6	8:96
F. Reuter, Ut mine Festungstid[나의 감옥 시절].	1943. 6	8:96, 100f., 117
G. Ritter, Die Weltwirkung der Reformation[종교개혁의 세계적 영향].	1943. 6	8:98
E. v. Naso, Moltke. Mensch und Feldherr[몰트케. 인간 그리고 최고지휘관].	1943. 6	8:101
K. v. Hase, Ideale und Irrtümer[이상과 오류].	1943. 6	8:103, 106
A. Stifter, Nachsommer. (『늦여름』, 문학동네)	1943. 6	8:106, 175
J. Gotthelf, Uli der Knecht[머슴 울리].	1943. 6	8:71, 86, 106
M. Heidegger(E. Husserl), Pänomenologie des inneren Zeitbewußtseins[내적 시간 의식의 현상학].	1943. 7	8:112
F. Reuter, Ut mine Stromtid[나의 농장 견습 시절].	1943. 7	8:89, 96, 117
K. L. Immermann, 제목미상.	1943. 7	8:117
C. F. Meyer, Jürg Jenatsch[위르크 예나치].	1943. 7	8:126
F. Reuter, Kein Hüsung[집 없는 사람].	1943. 7	8:127
W. Andreas, Staatskunst und Diplomatie der Venzianer im Spiegel ihrer Gesandtenberichte[베니스인들의 정치적 수완과 사교술].	1943. 7	8:127
G. Keller, Der grüne Heinrich. (『초록의 하인리히』, 한길사)	1943. 7	8:127, 175
Th. Fontane, Frau Jenny Treibel[예니 트라이벨 부인].	1943. 8	8:127
Th. Fontane, Irrungen, Wirrungen[얽힘과 설킴].	1943. 8	8:127
Th. Fontane, Der Stechlin[슈테힐린 호수].	1943. 8	8:127
W. Hauff, Märchen[동화집].	1943. 8	8:129

W. Hauff, Lichtenstein[리히텐슈타인].	1943. 8	8:129
P. de Kruif, Mikrobenjäger. (『미생물을 쫓는 사람』, 교문사)	1943. 8	8:140, 146
H. Delbrück, Weltgeschichte[세계사].	1943. 8-겨울	8:146, 285
Th. Storm, Werke?[전집?].	1943. 8-10	8:146, 172
W. Schur, Das Zeitalter des Marius und Sula[마리우스와 술라의 시대].	1943. 9	8:145
R. Benz, Die deutsche Musik[독일 음악].	1943. 9-10	8:158, 440
Th. Fontane, Wanderungen durch die Mark Brandenburg[마르크 브란덴부르크 여행].	1943. 9-10	8:162
J. W. Goethe, Wilhelm Meister. (『빌헬름 마이스터』, 민음사)	1943. 9-10	8:175
저자불명, Englische Grammatik[영문법].	1943. 10	8:173
W. Raabe, Der Hungerpastor[굶주린 목사].	1943. 10	8:169, 175
N. Hartmann, Systematische Philosophie[체계적 철학].	1943. 9-10	8:135, 158, 162, 171, 175
Jean Paul, Siebenkäs[지벤케스].	1943. 10	8:158
Jean Paul, Flegeljahre[개구쟁이 시절].	1943. 10	8:158, 175, 182f.
W. D. Rasch, Lesebuch deutscher Erzähler[독일 작가의 독본].	1943. 11	8:180
W. v. Scholz, Die Ballade[담시].	1943. 11	8:180
F. Reck-Malleczewen, Briefe der Liebe aus acht Jahrhunderten[8세기 연서들].	1943. 11	8:180
A. Stifter, Weisheit des Herzens, Brevier[마음의 지혜, 작품 발췌록].	1943. 11	8:182
A. Stifter, Witiko[비티코].	1943. 11	8:182 p. 1189-1190, 1234

E. Lasker[?], Schachtheorie[체스 이론].	1943. 11	8:183
J. W. Goethe, Reineke Fuchs[여우 라이네케].	1943. 11	8:185
Kirchenväter, (Tertullian, Cyprian) 제목미상.	1943. 11	8:198
W. H. Riehl, Geschichten aus alter Zeit[옛날 이야기들].	1943. 11	8:213, 219
저자불명, Über den Aberglauben[미신에 대하여].	1943. 11-12	8:219
Thomas a Kempis, Imitatio Christi. (『그리스도를 본받아』, 포이에마)	1943. 12	8:246f.
Hermann v. Soden, Reisebriefe aus Palästina[팔레스타인 여행기].	1943. 12	8:249
K. Barth, Kirchliche Dogmatik II/1 Gotteslehre; II/2 Die Lehre von Gott: Gottes Gnadenwahl(Prädestinationslehre). Gottes Gebot[하나님의 계명]. (『교회교의학 II/1 하나님에 관한 교의』, 『교회교의학 II/2 하나님에 관한 교의: 예정설』, 대한기독교서회)	1944. 1	8:249 p. 1184
A. L. Philipps[?], Scotland Yard[런던 경찰청].	1944. 1	8:285
저자불명, Geschichte der Prostitution[매춘의 역사].	1944. 1	8:285
R. Schneider, Sonette[소네트].	1944. 1	8:285
E. About, Mariages[결혼].	1944. 1	8:286
H. Walpole, The Herriers Chronicle[헤리어 가족 연대기].	1944. 1-9	8:286 p. 1196
W. Dilthey, Das Erlebnis und die Dichtung[체험과 문학].	1944. 1-2	8:280, 286
W. Dreist[?], Buch für Sanitätspersonal[위생사 교본].	1944. 1-2	8:286
H. Rothe, Daumier und die Justiz[도미에와 사법].	1944. 1-2	8:301
A. v. Harnack, Geschichte der Preußischen Akademie[프로이센 아카데미 역사].	1944. 1-2	8:304, 335, 349 p. 1205

저자불명, Der Magdeburger Dom[마그데부르크 대교회당].	1944. 2	8:313
W. Dilthey, Von deutscher Dichtung und Musik[독일 문학과 음악].	1944. 2	8:319
J. V. v. Scheffel, 제목미상.	1944. 2	p. 1188
K. Leese, Der Protestantismus im Wandel der neueren Zeit[변화하는 새 시대의 개신교].	1944. 2-3	p. 1268
L. Klages, Handschrift und Charakter[필적과 성격].	1944. 3-4	8:376
K. Kindt, Klopstock[클로프슈토크].	1944. 3-4	8:377 p. 1184
Ortega y Gasset, Geschichte als System. Über das römische Imperium[체계로서의 역사].	1944. 5	8:171, 400
Ortega y Gasset, Das Wesen geschichtlicher Krisen[역사적 위기의 본질].	1944. 5	8:400
H. Pfeffer, Das britische Empire und die USA[대영 제국과 미국].	1944. 5	8:400
C. F. v. Weizsäcker, Zum Weltbild der Physik[물리학의 세계상].	1944. 5	8:98, 158, 449, 454
W. Dilthey, Weltanschauung und Analyse des Menschen[세계관 그리고 인간 분석].	1944. 6-7	8:349, 476, 492, 507, 511
W. F. Otto, Die Götter Griechenlands[그리스의 신들].	1944. 6-7	8:492, 509 p. 1205
F. Dostojewskij, Aus einem Totenhause. (『죽음의 집의 기록』, 열린책들)	1944. 7	8:528, 544
G. v. Bülow, Briefe[편지들].	1944. 8	8:567
P. Natorp, Sozialpädagogik[사회 교육학].	1945. 1	8:611f., 614 입수하지 못함.
J. H. Pestalozzi, Lienhard und Gertrud. Abendstunde eines Einsiedlers[린하르트와 게르트루트].	1945. 1	8:611f., 614 입수하지 못함.
Plutarch, Große Männer[영웅전].	1945. 2-4	p. 1268, 1276
J. W. Goethe, 제목미상.	1945. 3-4	p. 1293

디트리히 본회퍼 전집(Dietrich Bonhoeffer Werke, DBW)

Dietrich Bonhoeffer Werke, hg. von E. Bethge, E. Feil, Chr. Gremmels, W. Huber, H. Pfeifer, A. Schönherr, H. E. Tödt, I. Tödt, München 1986 ff., Gütersloh 1944 ff. (인용시 DBW)

1권 *Sanctorum Communio*. Eine dogmatische Untersuchung zur Soziologie der Kirche(1930), hg. von J. von Soosten, München 1986. (『성도의 교제』, 대한기독교서회)

2권 *Akt und Sein*. Transzendentalphilosophie und Ontologie in der systematischen Theologie(1931), hg. von H.-R. Reuter, München 1988, Gütersloh ^{2}2002. (『행위와 존재』, 대한기독교서회)

3권 *Schöpfung und Fall*. Theologische Auslegung von Genesis 1-3(1933), hg. von M. Rüter und I. Tödt, München 1989, Gütersloh ^{2}2002. (『창조와 타락』, 대한기독교서회)

4권 *Nachfolge*(1937), hg. von M. Kuske und I. Tödt, München 1989, Gütersloh ^{3}2002. (『나를 따르라』, 대한기독교서회)

5권 *Gemeinsames Leben*(1938). *Das Gebetbuch der Bibel*(1940), hg. von G. L. Müller und A. Schönherr, München 1987, Gütersloh ^{2}2002. (『신도의 공동생활, 성서의 기도서』, 대한기독교서회)

6권 *Ethik*, hg. von I. Tödt, H. E. Tödt, E. Feil, C. Green, München 1991, Gütersloh ^{2}1998. (『윤리학』, 대한기독교서회)

7권 *Fragmente aus Tegel*, hg. von R. Bethge und I. Tödt, Gütersloh 1994.

8권 *Widerstand und Ergebung*. Briefe und Aufzeichnungen aus der Haft, hg. von Chr. Gremmels, E. Bethge, R. Bethge in Zusammenarbeit mit I. Tödt, Gütersloh 1998. (『저항과 복종』, 대한기독교서회)

9권 *Jugend und Studium 1918-1927*, hg. von H. Pfeifer in Zusammenarbeit mit C. Green und C.-J. Kaltenborn, München 1986.

10권 *Barcelona, Berlin, Amerika 1928-1931*, hg. von R. Staats und H. Chr. von Hase in Zusammenarbeit mit H. Roggelin und M. Wünsche, München 1991.

11권 *Ökumene, Universität, Pfarramt 1931-1932*, hg. von E. Amelung und Chr. Strohm, Gütersloh 1994.

12권 *Berlin 1932-1933*, hg. von C. Nicolaisen und E. A. Scharffenorth, Gütersloh 1997.

13권 *London 1933-1935*, hg. von H. Goedeking, M. Heimbucher, H.-W. Schleicher, Gütersloh 1994.

14권 *Illegale Theologenausbildung: Finkenwalde 1935-1937*, hg. von O. Dudzus und J. Henkys in Zusammenarbeit mit S. Bobert-Stützel, D. Schulz und I. Tödt, Gütersloh 1996.

15권 *Illegale Theologenausbildung: Sammelvikariat 1937-1940*, hg. von D. Schulz, Gütersloh 1998.

16권 *Konspiration und Haft 1940-1945*, hg. von J. Glenthøj, U. Kabitz und W. Krötke, Gütersloh 1996.

17권 *Register und Ergänzungen*, hg. von H. Anzinger und H. Pfeifer unter Mitarbeit von W. Anzinger und I. Tödt, Gütersloh 1999.

약칭 풀이

Brautbriefe: *Brautbriefe Zelle 92*. Dietrich Bonhoeffer-Maria von Wedemeyer 1943-1945, hg. von Ruth-Alice v. Bismarck und Ulrich Kabitz. Mit einem Nachwort von Eberhard Bethge, München 1992. (『옥중연서』, 복 있는 사람)

Begegnungen: *Begegnungen mit Dietrich Bonhoeffer*, hg. von Wolf-Dieter Zimmermann, 4. Aufl., München 1969.

Dokumente: *Dokumente zur Bonhoeffer-Forschung 1928-1945*, hg. von Jørgen Glenthøj(MW V), München 1969.

Zettelnotizen: Dietrich Bonhoeffer, *Zettelnotizen für eine "Ethik"*, hg. von Ilse Tödt(DBW 6 Ergänzungsband), Gütersloh 1993.

정치		교회	
1914.8.16	리에주가 점령되다.	1914	교회 친선을 위한 세계 동맹이 창설되다.
1919.6.28	베르사유 조약이 체결되다.	1919	칼 바르트의 『로마서』 1판이 출간되다.
1923.11	1달러당 독일 제국화폐 2.5마르크의 환율.		
		1925	스톡홀름에서 "생활과 실천" 협의회가 출범하다.
		1927	로잔에서 "신앙과 직제" 협의회가 출범하다.
1929.10.3	바이마르 공화국 총리 겸 외무부 장관이자 노벨평화상 수상자인 구스타프 슈트레제만이 사망하다.		
1930.9	나치당(NSDAP) 제국의회 의석 수가 12개에서 107개로 늘어나다.	1930.6.10	아돌프 폰 하르낙 사망.
1931.9 1931.10 1931.12	일본이 만주를 침공하다. 하르츠부르크 전선(戰線) 결성. 실업자가 570만 명에 달하다.	1931	파울 알트하우스와 에마누엘 히르쉬가 세계 동맹에 반대하는 성명서를 발표하다.
1932.5.30	바이마르 공화국 총리 겸 외무부 장관 하인리히 브뤼닝 사임.	1932.8	조지 K. A. 벨 주교가 "생활과 실천" 협의회 의장으로 선출되다.

생애

1906.2.4	브레슬라우에서 8남매 가운데 여섯째로 태어나다.
1912	아버지 칼 본회퍼가 베를린 대학교에 초빙되다.
1918	둘째 형 발터 본회퍼가 프랑스에서 전사하다.
1923	튀빙겐 대학교에서 신학공부를 시작하다.
1924	여름학기부터 베를린 대학교에서 공부하다.
1927.12.17	라인홀트 제베르크 밑에서 「성도의 교제」(Sanctorum Communio)로 박사 학위를 취득하다.
1928	22세에 1차 신학고시에 합격하고, 바르셀로나에서 수련목회자 사역을 시작하다.
1929	베를린 대학교에서 빌헬름 뤼트게르트의 수습 조교로 일하다.
1930.7	2차 신학고시에 합격하고, 「행위와 존재」(Akt und Sein)로 대학교수 자격을 취득하다.
1930.9	미국 유니온 신학교에서 연구하다.
1931.8.1	25세에 베를린 대학교 신학부에서 대학 강사로 일하기 시작하다.
1931.9.1-5	케임브리지에서 열린 "세계교회친선연맹 대회"에 참석하여 청년 간사로 선출되다.
1931.11.15	목사 안수를 받고 (1932년 3월까지) 베를린 베딩에서 견신례 학급을 맡아 지도하다.
1932.5	베를린 대학교 학생들과 견신례 대상자들을 위해 비젠탈에 오두막을 마련하다.
1932.7-8	베스터부르크, 체르노호르스케 쿠펠레, 제네바, 글랑에서 열린 에큐메니칼 회의에 참석하다.

정치	
1933.1.30	히틀러가 제국수상이 되다.
1933.3	국민과 국가를 보호하기 위한 대통령령, 반역행위 관련법, 수권법이 발효되다.
1933.4	유대인 상점 배척 운동이 일어나고, 유대인을 배제하는 "직업공무원계급 재건법"이 발효되다.
1933.7.20	바티칸과 정치 및 종교에 관한 조약이 체결되다.

교회	
1933.4	"독일그리스도인연맹"의 제국총회가 개최되다.
1933.5	"젊은 개혁자 운동"이 결성되다. 보델슈빙이 제국교회 감독으로 선출되었으나 6월에 사임하다.
1933.7.23	교회선거에서 "독일그리스도인연맹"이 70%의 득표로 승리하다. "젊은 개혁자 운동"이 독일 교회 정치에서 후퇴하다.
1933.9.5	갈색 총회에서 "아리안 조항"이 수용되다.
1933.9.27	루트비히 뮐러가 제국교회 감독으로 선출되다.
1933.11.13	베를린 스포츠팔라스트에서 열린 대규모 집회에서 라인홀트 크라우제가 연설하다.

정치	
1934.6.30	에른스트 룀 장군의 쿠데타가 발발하다.
1934.8.2	파울 폰 힌덴부르크 대통령이 사망하고, 아돌프 히틀러가 대통령과 총통을 겸직하게 되다.
1934.11.6	히틀러의 외교 특사 요아힘 폰 리벤트로프가 치체스터를 방문하다.
1934.12	런던과의 경제 분쟁이 일어나다.

교회	
1934.1.25	교회 지도자들이 히틀러를 면담.
1934.2	테오도르 헤켈이 해외사무국 담당관으로 임명되다.
1934.4	주(州)교회가 통합되다.
1934.5.31	바르멘에서 고백총회가 열리다.
1934.8	덴마크 파뇌에서 에큐메니칼 협의회 총회가 열리다.
1934.10.20	달렘 고백총회를 통해 긴급 교회당국이 구성되다.
1934.12.20	바르트가 본 대학교에서 해직되다.

정치	
1935.3.16	국민개병제가 실시되다.
1935.7.16	한스 케를이 종무부 장관에 임명.
1935.9.15	유대인과 독일계 혈통 간의 결혼 및 성관계를 금지하는 뉘른베르크 법률이 승인되다.
1935.9.28	한스 케를이 "독일 개신교회 보호법"을 제정하다.

교회	
1935.3	목사 715명이 정부를 비판하는 설교단 발표문 때문에 체포되다.
1935.6.4	아우크스부르크 고백총회가 개최되다.
1935.10.17	제국교회 위원회가 출범하다.

1933.2.1 라디오 방송에서 '지도자 개념의 변화'라는 제목으로 강연하다.
1933.4 논문 「유대인 문제에 직면한 교회」를 발표하다.
1933.5 매형 한스 폰 도나니가 법무장관의 개인 보좌관으로 발령받다.
1933.7.18 제국교회 감독 선거와 관련하여 프린츠-알브레히트 슈트라세에 있는 게슈타포 본청에 항의 방문하다.
1933.8 "독일그리스도인연맹"에 맞서 베텔 신앙고백을 작성하다.
1933.9 마르틴 니묄러와 함께 목사긴급동맹 초안을 작성하고, 이후 「전국총회에 고함」이라는 성명서가 발표되다. 비텐베르크 전국총회에서 이 성명서에 서명한 2천 명이 항의하다.
1933.10.17 27세에 런던에서 목사직에 취임하다.

1934.3.6 베를린에서 열린 자유총회에서 테오도르 헤켈 감독에게 소환되다.
1934.8 덴마크 파뇌에서 열린 에큐메니칼 협의회 총회에서 회원으로 선출되다.
1934.11 런던 독일인 교회들이 제국교회 당국에서 탈퇴하다.

1935.4 치체스터의 조지 K. A. 벨 주교를 고별 방문하고, 칭스트(발트 해)에서 신학원을 시작하다.
1935.6.24 슈테틴 핑켄발데로 신학원을 이전하다.
1935.9 교회지도부에 '형제의 집' 설립을 제안하다.

정치		교회	
1936.3.7	라인 주(州)가 재무장하다.	1936.2	외인하우젠 고백총회에서 2차 임시 교회지도부가 선출되다.
1936.7	모로코에서 프랑코 쿠데타 발발.	1936.5.28	고백교회 임시지도부가 히틀러에게 보내는 항의서를 작성하다.
		1936.7.23	「바젤 신문」에 항의서 전문이 실리다.
1937.2.15	히틀러가 교회들에 선거 공고를 내리다.	1937.2.12	제국교회 위원회가 해체되다.
1937.9	하인리히 히믈러가 고백교회 신학원에 폐쇄 명령을 내리다.	1937.7.1	마르틴 니묄러가 체포되다.
1937.11.6	이탈리아가 국제공산당 반대 협약을 체결하다.	1937.7	옥스퍼드 회의가 열렸으나 독일이 불참하다.
		1937.12	고백교회 신학원 원장 한스 이반트가 구금되다.
1938.2.4	베르너 프라이헤르 폰 프리치 육군대장이 해임되다.	1938.3.2	니묄러가 무죄판결을 받았음에도 불구하고 강제수용소로 이송되다.
1938.3.12	오스트리아 침공 및 합병.	1938.4.20	목회자들이 히틀러의 생일을 맞아 충성을 맹세하다.
1938.8	유대인 여권에 "Israel"과 "Sara"라는 표시를 날인하게 하다.	1938.9.19	바르트가 프라하의 신학자 요제프 로마드카에게 서한을 보내다.
1938.9.29	뮌헨 협정이 체결되다.	1938.9.30	고백교회 임시 교회지도부의 결의로 주데텐 사태의 평화적 해결을 간구하는 예배를 드리다.
1938.11.9	"수정의 밤" 사건 발발.		
1939.3.15	프라하를 침공해 보호령으로 삼다.	1939.1.28	니콜라스 호숫가에서 구프로이센 총회가 개최되어, "불법 인사들"과 연대하기로 결의하다.
1939.8.24	독일-소련 불가침조약 체결.	1939.8.29	프리드리히 베르너가 아우구스트 마라렌스, 프리드리히 힘멘, 발터 슐츠로 구성된 "성직자 자문 위원회"를 소집하다.
1939.9.1	폴란드를 침공하다.		
1939.9.3	영국에 선전포고를 하다.		
1939.11.8	뮌헨 뷔르거브로이켈러에서 게오르크 엘저가 히틀러 암살 기도.		

1936.2	베를린 대학교에서 마지막 강의를 하다.
1936.3	핑켄발데 신학원생들과 함께 덴마크와 스웨덴을 견학하다.
1936.6	논쟁적인 논문 「교회 공동체의 문제」 작성.
1936.8	제국교육부 법령에 따라 대학교수 자격을 박탈당하다. 에큐메니칼 협의회 샹뷔 대회에 참석하다.

1937.2	에큐메니칼 런던 대회에 마지막으로 참석하다.
1937.7.1	마르틴 니묄러가 체포되다. 니묄러 목사관에서 수색이 진행되는 동안 본회퍼는 엘제 니묄러, 프란츠 힐데브란트, 오이겐 로제, 에버하르트 베트게와 함께 가택 연금을 당하다.
1937.9	게슈타포가 핑켄발데 신학원을 폐쇄하다.
1937.11	31세에 『나를 따르라』(*Nachfolge*) 출간.
1937.12	쾨슬린과 그로스-슐뢴비츠에서(나중에는 지구르츠호프에서) "수련목회자 모임"을 시작하다.

1938.1	베를린과 브란덴부르크에 체류하는 것을 금지당하다.
1938.2	프리치 사건을 공동으로 조사하던 한스 폰 도나니와 오스터에게서 쿠데타 계획을 처음으로 알게 되다.
1938.9	괴팅겐에서 『신도의 공동생활』(*Gemeinsames Leben*)을 집필하다. 라이프홀츠 가족이 망명하다.

1939.3	런던으로 가서 조지 K. A. 벨 주교, 피스르트 호프트, 라인홀드 니부어, 게르하르트 라이프홀츠와 상의하다.
1939.6	뉴욕에서 1개월 정도 체류하다.
1939.8.25	한스 폰 도나니가 카나리스 제독 산하 정보국 부관으로 임명되다.
1939.9	군목이 되려고 시도하다.

정치		교회	
1940.2	요제프 뮐러의 'X-보고서'가 완성되다.	1940.3.14	지방 장관 아르투르 그라이저가 공표한 13개 조항이 폴란드 바르테가우 지역의 교회들에게 적용되다.
1940.4.9	덴마크와 노르웨이를 침공하다.	1940.11	하인리히 그뤼버가 강제수용소에 수용되고, 볼프강 슈테믈러가 체포되다.
1940.5.10	베네룩스 삼국과 프랑스를 침공.		
1940.6.17	프랑스가 항복하다.		
1940.6.22	콩피에뉴에서 독일과 프랑스의 휴전 협정이 조인되다.		
1940.9	영국을 공습하다.		
1940.10.28	이탈리아가 그리스를 침공하다.		
1940.11	제국 작가 협회에 가입하지 않은 저자들의 저술 금지 조치가 내려지다.		
1941.4	발칸 반도를 침공하다.	1941.5.6	구프로이센 형제협의회 고시위원 전체가 체포되어 12월에 기소되다.
1941.6.6	히틀러가 붉은 군대(소련군)의 정치위원 처리 지침(Kommissarbefehl)을 내리다	1941.12	테오필 부름이 「독일 개신교 목회자들에게」라는 격문을 발표하다.
1941.6.22	소련을 침공하다.		
1941.9.1	유대인에게 황색 별표를 부착하도록 하는 법령이 공표되다.		
1941.12.7	일본이 미국의 진주만을 공격하다.		
1942.1.20	반제 회의에서 유대인을 처리하기 위한 "최종 해법"이 논의되다.		
1942.6.4	라인하르트 하이드리히 암살.		
1942.6.30	조지 K. A. 벨 주교가 보고를 위해 영국 외무부 장관 에덴과 만나다.		
1942.7.23	벨 주교가 전보로 취소를 알리다.		
1942.11.8	연합군이 북아프리카에 상륙하다.		

1940.3.18	게슈타포가 지구르츠호프의 "수련목회자 모임" 폐쇄 명령을 내리다.
1940.6	고백교회의 요청으로 동프로이센을 시찰하다.
1940.7	2차로 동프로이센을 시찰하다. 블뢰슈타우에서 열린 수련회가 해산되다.
1940.8	오스터로부터 정보국 민간요원으로 위촉받고 3차로 동프로이센을 시찰하다.
1940.9	발언 금지 조치를 당하다. 관할 경찰서에 주소지 신고 의무를 부과받다.
1940.9-10	클라인-크뢰신에서 『윤리학』(*Ethik*)을 집필하다. 방첩대 뮌헨 지부에 배속되다.
1940.11	에탈에 있는 베네딕트회 수도원에서 수개월간 체류하다.

1941.2-3	1차 스위스 출장. 칼 바르트와 피스르트 호프트를 방문하다. 저술 및 출판 금지 조치를 받다.
1941.8-9	2차 스위스 출장. 윌리엄 패튼에게 쿠테타 계획을 암시하다.
1941.10	베를린에서 유대인이 추방당하기 시작하자, 유대인 구출 계획인 "작전 7"을 수행하다.

1942	봄에 우편물 검열과 전화 도청이 있을지 모른다는 경고를 받다.
1942.4.10-18	크라이사우 동아리의 지도자 헬무트 제임스 폰 몰트케와 함께 노르웨이와 스톡홀름으로 출장을 가다.
1942.5.10-24	3차 스위스 출장.
1942.5.30-6.2	스톡홀름에서 조지 K. A. 벨 주교를 만나다.
1942.6	게르하르트 리터, 아돌프 람페, 콘스탄틴 폰 디츠 등이 주도한 프라이부르크 모의에 가담하다.
1942.7	한스 폰 도나니와 함께 로마 바티칸과 베네치아를 방문하다.
1942.10	뮌헨 영사이자 방첩대 요원인 슈미트후버가 체포되다.

정치

1943.1.14	카사블랑카 회담에서 처칠과 루즈벨트가 독일, 일본, 이탈리아의 무조건 항복을 논의하다.
1943.2	스탈린그라드를 둘러싼 전투가 종료되다.
1943.3	트레스코브, 슐라브렌도르프, 게르스도르프 3인이 히틀러 암살을 시도하다.
1943.7.25	이탈리아의 바돌리오가 쿠데타를 일으켜 성공하다.
1943.8	히믈러가 내무부 장관에 임명되다.
1944.2	카나리스 제독이 전출되고, 방첩대가 제국보안본부에 편입되다.
1944.6.6	연합군이 노르망디에 상륙하다.
1944.7.20	슈타우펜베르크가 히틀러 암살을 기도하다.
1944.9.22	초센 문서가 발견되다.
1945.4.5	히틀러가 후펜코텐에게 카나리스 그룹의 제거를 지시하다.
1945.4.30	히틀러 자살.

교회

1943.10.16	고백교회 마지막 총회가 브레슬라우에서 개최되다. 비(非)아리아인들과 "보잘것없는 생명"을 학살하는 행위에 맞서겠다면서 제5계명을 언급하다.

1943.1.13 37세에 마리아 폰 베데마이어와 약혼하다.
1943.2 트레스코브의 히틀러 암살 준비를 위해 한스 폰 도나니가 스몰렌스크에 체류하다.
1943.3.31 75회 생일을 맞은 아버지 칼 본회퍼가 괴테 메달을 수상하다.
1943.4.5 가택 수색을 받고 체포당해 테겔 형무소로 연행되다. 동시에 한스 폰 도나니 부부와 요제프 뮐러 부부도 체포되다.
1943.9 구속 영장이 발부되고, "방위력 붕괴"라는 죄목의 공소장이 작성되다.

1944.1 수사책임자 뢰더가 교체되어 기소가 무기한 연기되다.
1944.6.30 외숙이자 베를린 시 사령관 파울 폰 하제가 테겔 형무소를 방문하다.
1944.9.22 게슈타포 수사관 존더레거가 초센 방첩대 방공호에서 문서철을 적발하다.
1944.10 탈주 계획을 세웠으나 같은 달 5일 클라우스 본회퍼, 뤼디거 슐라이허, 에버하르트 베트게 등이 체포되는 바람에 연좌제를 우려하여 계획을 포기하다. 8일에 프린츠-알브레히트 슈트라세 게슈타포 지하 감옥으로 이송되다.
1944.10.8 프린츠-알브레히트 슈트라세에 있는 게슈타포 교도소로 압송되다.

1945.2.7 부헨발트 강제수용소로 이송되다. 같은 해 4월 3일에 부헨발트에서 레겐스부르크로 이송되다.
1945.4.6 쇤베르크(바이에른 삼림지대)로 이송되다. 이틀 뒤 플로센뷔르크로 이송되어, 야간에 즉결 재판을 받다.
1945.4.9 플로센뷔르크 강제수용소에서 빌헬름 카나리스, 한스 오스터, 칼 자크, 테오도르 슈트룅크, 루트비히 게레 등과 함께 39세의 나이로 교수형에 처해지다. 한스 폰 도나니는 작센하우젠에서 살해당하고, 같은 달 23일에는 클라우스 본회퍼와 뤼디거 슐라이허, F. J. 페렐스가 베를린에서 총살당하다.

주

1장

1) J. Kalckreuth, Wesen und Werk meines Vaters. Lebensbild des Malers Graf Leopold von Kalckreuth, 1968.

1a) 에버하르트 베트게에게 보낸 1944년 3월 25일자 편지, DBW 8:367.

2) 본서 6장 343쪽.

3) 1916년 12월 28일자 편지.

4) Karl August v. Hase, Annalen meines Lebens, 1891, 5.

5) DBW 8:319.

6) 1881년 대학생들에게 한 인사말, in: Karl Alfred v. Hase, Unsre Hauschronik. Geschichte der Familie Hase in vier Jahrhunderten, 1898, 227.

7) K. Bonhoeffer, Lebenserinnerungen, für die Familie vervielfältigt, 1946-48, 51f.

8) G. Wunder, Ratsherrn der Reichsstadt Hall 1487-1803, Württembergisch-Franken, Bd. 40, 1962, 127.

9) K. Bonhoeffer, aaO, 7.

10) Karl August v. Hase, Ideale und Irrtümer, 7. Aufl., 1917, 211.

11) K. Bonhoeffer, aaO, 13.

12) K. Bonhoeffer, aaO, 35.

13) K. Bonhoeffer, aaO, 16.

14) 본서 10장 726쪽.

15) K. Bonhoeffer, aaO, 38.

16) R. Gaupp, in: Deutsche Zeitschrift für Nervenheilkunde, Bd. 161, 3.

17) S. Leibholz, Kindheit und Elternhaus, in: Begegnungen, 15f.

18) K. Bonhoeffer, aaO, 85.

19) 1944년 1월 22일자 편지, Brautbriefe 125. (『옥중연서』, 복 있는 사람).

20) 주잔네 드레스가 전해 준 말.

21) DBW 7:63-71.

22) Grundfragen einer christlichen Ethik, DBW 10:324.

23) DBW 12:244f.

24) DBW 13:272f; DBW 14:303 참조.

25) Große Nervenärzte, Bd. I, hg. von K. Kolle, 1956. 특히 G. Sterz의 기고문, Karl Bonhoeffer 1868-1948, 17-26 참조.

26) E. Jones, Sigmund Freud. Life and Work, London 1958, Bd. II, 271. 칼 본회퍼와 프로이트의 관계에 대한 전혀 다른 설명을 살펴보려면 C. Green, Two Bonhoeffers on Psycholoanalysis, in: A Bonhoeffer Legacy, edited by A. J. Klassen, Eerdmans 1981, 58-75.

27) Deutsche Zeitschrift für Nervenheilkunde, Bd. 161, 5f.

28) K. Bonhoeffer, aaO, 94.

29) DBW 8:322.

30) K. Bonhoeffer, aaO, 98.

31) Sabine Leibholz, Kindheit und Elternhaus, in: Begegnungen, 23.

32) K. Bonhoeffer, aaO, 104.

33) DBW 14:764-770; DBW 11:398-408.

34) 1918년 7월 15일자 편지, DBW 9:13f.

35) W. Kranz, Die Kultur der Griechen, 1943.

36) K. Bonhoeffer, aaO, 105.

37) 1919년 1월 11일자 편지, DBW 9:19.

38) 1919년 5월 20일자 편지, DBW 9:21f.

39) 1919년 8월 15일에 할머니에게 보낸 편지, DBW 9:23.

40) 1965년 6월 2일, W. 드라이어가 알려 준 정보.

41) Grundfragen einer christlichen Ethik, Kap. III, S. 152f.; DBW 10:325.

42) DBW 10:576f.

43) DBW 12:242-260.

44) 1922년 7월 7일자 편지, DBW 9:44.

45) 페터 H. 올덴(Peter H. Olden)이 1946년에 전해 준 말.

45a) 견신례는 1921년 3월 15일에 있었다. 견신례 때 외울 구절인 로마서 1:16을 헤르만 프리베 목사가 장식 있는 종이 위에 희랍어로 써서 그에게 주었다. DBW 9:31.

46) 1934년 2월 2일자 편지, DBW 13:90.

47) S. Leibholz, Kindheit und Elternhaus, in: Begegnungen, 17f.

48) 본서 6장 334쪽.

49) 그 밖에도 그는 1939년 에든버러 대학교의 크로얼 강좌 초청에 응하여 죽음을 강연 주제로 삼을 계획이었다. 본서 11장 933쪽. DBW 15:261.

50) DBW 8:187.

51) 디트리히의 누나. 그녀는 그 후 얼마 지나지 않아 생물학을 공부하기 시작했다.

52) 1920년 11월 1일자 편지, DBW 9:30.

53) 결혼 전의 성이 바이게르트(Weigert)인 마리아 브렌델(Maria Brendel)이 1965년 12월 12일에 전해 준 말.

54) F. Naumann, Briefe über Religion, 1917, 61.

55) 귄터 덴의 모아비트 사역에 대해서는 G. Dehn, Die alte Zeit, die vorigen Jahre, 1962.

55a) F. Neumann, Werke I, 1964, 587 참조. "개념들은 변하는 반면, 감정들은 불변한다."

56) 1923년 2월 1일에 내린 평가, DBW 9:218, Anm. 154.

2장

1) 1928년 10월 22일자 편지.

2) K. Bonhoeffer, Lebenserinnerungen, 31.

3) 빌헬름 프레셀은 뤼디거 슐라이허의 친구로 여겨지는데, 나중에 개신교 최고관리국 위원이 되었다.

4) 1923년 5월에 쓴 편지, DBW 9:50f.

5) 로베르트 헬트(Robert Held)가 보내온 1965년 3월 15일자 편지.

6) DBW 8:376.

7) W. 드라이어가 보내온 1965년 6월 2일자 편지.

8) H. U. 에셰(Esche)가 보내온 1965년 3월 23일자 편지.

9) 1919년 프로이센의 전쟁부 장관을 역임하고, 그런 다음 국방 장관 구스타프 노스케(Gustav Noske)를 보좌했으며, 1920년 중반에 군 사령부 수장으로서 볼프강 카프(Wolfgang Kapp) 쿠데타를 진압했다. F. L. Carsten, Reichswehr und Politik 1918-1933, 2. Aufl., 1965, 특히 62-66.

10) 히틀러가 1923년 11월 9일에 뮌헨에서 일으킨 쿠데타에 비해.

11) "고슴도치" 사무실에.

12) 부모에게 보낸 1923년 12월 1일자 편지, DBW 9:73.

13) K. Kupisch, Studenten entdecken die Bibel, 1964, 117.

14) 종조모 H. 요르크 백작부인에게 보낸 1923년 11월 3일자 편지, DBW 9:64.

15) 1923년 5월에 부모에게 보낸 편지, DBW 9:51.

16) H. 포크트(Vogt)는 괴팅겐 대학교에서 수행한 슐라터 연구 41쪽 이하에서 슐라터의 "교의학"을 본회퍼의 "윤리학"과 비교해 볼 것을 제안한다. 그에 따르면 "현실 세계의 부정은 자연과 자아와 하

나님의 상실을 의미한다"는 슐라터의 논제는 다음과 같은 본회퍼의 논제와 일치한다. "자연 파괴는 생명 파괴를 의미한다", DBW 6:169.

17) 본서 7장 462쪽.

18) W. Trillhaas, ZThK 52, 1955, 285-287, 292f.; 또한 RGG3, IV, 1328.

19) DBW 8:111.

20) DBW 12:213-231.

21) 그는 그 책을 김나지움 학생 시절에 이미 한 차례 읽은 상태였다. 본서 1장 103쪽.

22) 부모에게 보낸 1923년 8월 16일자 편지, DBW 9:58.

23) F. D. E. Schleiermacher, Reden über die Religion, hg. von G. C. B. Pünjer, 1879, 68.

24) 1923년 5월에 보낸 편지, DBW 9:51.

25) 부모에게 보낸 1923년 11월 3일자 편지, DBW 9:63.

26) 아돌프 폰 하르낙의 아들. 당시 도서관 사서로 로마에 거주했다.

27) DBW 8:365.

28) DBW 8:293, 323.

29) 트리폴리에서 부모에게 보낸 1924년 5월 9일자 편지, DBW 9:123f.

30) 부모에게 보낸 1924년 4월 19일자 편지, DBW 9:115f. 일기(DBW 9:91)에는 그 사제의 이름이 플라테-플라테니우스(Platte-Platenius)로 적혀 있다.

31) DBW 8:335.

32) 부모에게 보낸 1924년 4월 19일자 편지, DBW 9:115.

33) DBW 8:334f.

34) 부모에게 보낸 1924년 5월 21일자 편지, DBW 9:129.

35) 부모에게 보낸 1924년 5월 27일자 편지, DBW 9:134.

36) 부모에게 보낸 1924년 5월 27일자 편지, DBW 9:134.

37) 데틀레프 알베르스(Detlef Albers)가 디트리히 본회퍼에게 보낸 1929년 4월 14일자 편지, DBW 10:142.

38) W. 드라이어가 1965년 6월 2일에 알려 준 정보.

39) DBW 1:290-293.

40) A. v. Zahn-Harnack, Adolf Harnack, 1. Aufl., 1936, 496f.

41) 1946년 7월 29일자 편지.

42) 1964년 5월 30일에 에리히 핑크(Erich Fink)가 전해 준 정보.

43) DBW 10:157f.

44) 장례식에서 발표한 조사(弔辭), 본서 4장 243쪽, DBW 10:346-349.

45) 1946년 7월 29일에 헬무트 괴스가 전해 준 정보.

46) DBW 2:39, 52, 74, 83, 136; DBW 10:369 u. ö 참조.

47) DBW 10:370.

47a) H. M. 뮐러(Müller)는 자신의 논문 「루터의 십자가 명상과 교회의 그리스도 설교」(Luthers Kreuzesmeditation und die Christuspredigt der Kirche), in: Kerygma und Dogma 15, 1969, Heft 1,

35-49에서 칼 홀이 루터의 동형 사상을 확고하게 강조했다고 말한다. 그때부터 본회퍼는 "그리스도와 같은 모습이 되는 것"(Gleichförmigkeit mit Christus)을 키워드로 삼는다.

48) DBW 8:92, 179.

49) H. Ehrenberg, Östliches Christentum, 1923-1925.

50) H. Ehrenberg, Östliches Christentum, Bd. II, 246ff.

51) H. Ehrenberg, aaO, Bd. I, 333f.

52) 강의 "Das Wesen der Kirche" 1932, DBW 11:239-303.

53) 1964년 5월 30일 에리히 핑크가 전해 준 정보.

54) 그러나 본회퍼는 J. Fickers Ausgabe "Luthers Vorlesung über den Römerbrief 1515/16"(3. Aufl., 1925)도 대부분 꼼꼼히 숙독했다.

54a) 칼-위르겐 칼텐보른(Carl-Jürgen Kaltenborn)은 자신의 박사 학위 논문 「디트리히 본회퍼의 스승 아돌프 폰 하르낙」(Adolf von Harnack als Lehrer Dietrich Bonhoeffers, Humboldt-Universität Berlin 1969)에서 그러한 원리들을 하르낙의 영향 탓으로 돌린다.

55) L. Richter, Reinhold Seebergs Beitrag zu theologischen Gegenwartsfragen, in: Zeichen der Zeit 1959, 133-137; G. Koch, Reinhold Seeberg und die Bekennende Kirche, in: Kirche in der Zeit 1959, 208-211.

56) R. Seeberg, Christliche Dogmatik, Bd. I, 1924, 103.

57) R. Seeberg, Lehrbuch der Dogmengeschichte, Bd. IV, 3. Aufl., 1917, 340.

58) 1928년 7월 20일 바르셀로나에서 보낸 편지, DBW 10:82.

59) 스톡홀름 국제회의.

60) 리하르트 비트만이 보낸 1926년 2월 25일자 편지, DBW 9:159.

61) 부모에게 보낸 1924년 8월 5일자 편지, DBW 9:141.

62) 부모에게 보낸 1924년 8월 5일자 편지, DBW 9:141.

63) W. 드라이어가 보낸 1924년 9월 8일자 편지와 1924년 11월 18일자 편지, 한스 크리스토프 폰 하제가 1925년 2월에 보낸 편지.

64) F. Gogarten, Die religiöse Entscheidung, 1921.

65) Neu abgedruckt in: Anfänge der Dialektischen Theologie, hg. von J. Moltmann, Bd. I, 2. Aufl., 1966, 323-347.

66) A. v. Zahn-Harnack, aaO, 530f.

67) A. v. Zahn-Harnack, aaO, 536.

68) 1929년 12월 22일자 편지, DBW 10:160.

69) DBW 8:352.

70) M. Strauch, Die Theologie Karl Barths, 1924.

71) M. Strauch, aaO, 15.

72) 본서 4장 235쪽; DBW 2:84f.

73) 1965년 9월 28일에 리하르트 비트만이 전해 준 정보.

74) B. E. Benktson, Christus und die mündiggewordene Welt. Eine Studie zur Theologie Dietrich

Bonhoeffers, in: Svensk teologisk Kvartalskrift, Jg. 40, 1964, Heft 2; 본서 13장 1226쪽.

75) DBW 8:404.

76) DBW 8:184.

77) R. Seeberg, Zur Frage nach dem Sinn und Recht einer pneumatischen Schriftauslegung, in: Zeitschrift für Systematische Theologie 1926, IV, 3-59; 그 밖에 E. Seeberg, Zum Problem der pneumatischen Exegese, in: Sellin-Festschrift 1927, 127-137.

78) 1925년 8월 31일자 편지, DBW 9:155.

79) H. 스펜서(Spencer)의 네 권짜리 『사회학』(*Soziologie*)과 『사회학 연구 개론』(*Die Einleitung in das Studium der Soziologie*)인 듯하다.

80) D. 뵐러(Böhler)는 저자(베트게)에게 보낸 1964년 7월 2일자 편지에서 이렇게 말한다. "『성도의 교제』 시기에 본회퍼는 시민 사회의 헤겔 르네상스를 체감하면서도 헤겔을 거의 섭취하지 않았습니다."

81) DBW 1:151.

82) DBW 1:156.

83) Wünschbarkeit und Möglichkeit eines allgemeinen reformierten Glaubensbekenntnisses, in: K. Barth, Die Theologie und die Kirche. Gesammelte Vorträge, Bd. II, 1928, 76ff.

84) 리하르트 비트만이 디트리히 본회퍼에게 보낸 1925년 11월 17일자 편지, DBW 9:158.

85) P. Althaus, Communio Sanctorum, 1929.

86) 1930년 10월 13일자 편지.

87) G. W. F. Hegel, Sämtliche Werke, hg. von G. Lasson, Bd. XIV, 3. Teil, 198.

88) E. Grisebach, Die Grenzen des Erziehers und seine Verantwortung, 1924.

89) DBW 1:109-111 Anm. 28에서 바르트에게 가하는 대단히 독특한 비판을 보라.

90) Lutherische Monatshefte 1965년 6월, 264.

90a) 본서 4장 230쪽.

91) K. Barth, Kirchliche Dogmatik IV/2, 725.

92) DBW 9:477.

93) ZNTW 24, 1925, 116f.; DBW 9:441f.

94) DBW 2:95.

95) H. Pfeifer, Das Kirchenverständnis Dietrich Bonhoeffers. Ein Beitrag zur theologischen Prinzipienlehre, Dissertation Heidelberg 1964, 67ff.; DBW 9:408.

96) 미완성 초고로만 남아 있다. DBW 9:325-335.

97) M. Honecker, Kirche als Gestalt und Ereignis. Die sichtbare Gestalt der Kirche als dogmatisches Problem, 1963, 156.

98) 이 장 166-167쪽.

99) 본서 10장 806쪽.

100) F. H. R. Frank, Theologie der Concordienformel, 1858, 또는 1863.

101) 1926년 6월, DBW 9:517-532; Exegese 517-521.

102) K. Barth, Die Gerechtigkeit Gottes, 1916, in: Das Wort Gottes und die Theologie, aaO, 8; DBW 9:487.

103) 1926년 5월, DBW 9:514.

104) 1928년 3월 13일자 편지.

105) 리하르트 비트만이 보낸 1926년 3월 13일자 편지, DBW 9:162.

106) 리하르트 비트만이 보낸 1926년 3월 13일자 편지, DBW 9:162f.

107) 1965년 9월 28일에 리하르트 비트만이 전해 준 정보.

108) 이 장 135-137쪽.

109) 1929년부터 1931년까지 목요 동아리에서 디트리히 본회퍼에게 보낸 편지들 중에서.

110) DBW 9:476-479.

3장

1) 본서 1장 66쪽.

2) 헬무트 뢰슬러에게 보낸 1928년 8월 7일자 편지, DBW 10:90.

3) 제네바는 당시 에큐메니칼 본부가 아니었다. 제네바가 에큐메니칼 본부가 된 것은 나중 일이다. 하지만 이미 국제 사회과학 연구소[1928년부터 한스 쇤펠트(Hans Schönfeld)가 협력자로 일하고 있었다], 세계 그리스도교 학생회, YMCA 및 YWCA와 같은 단체의 사무실과 간사들이 국제연맹 본부로 이동하고 있었다. 하지만 "생활과 실천" 협의회는 제네바 사무국 설치를 놓고 사전 숙고 중이었고, "세계교회친선연맹"은 3년 뒤에야 제네바에 사무실을 마련했다.

4) 부모에게 보낸 1929년 2월 22일자 편지, DBW 10:132f.

5) 클라우스 본회퍼가 할머니에게 보낸 1928년 4월 16일자 편지.

6) 부모에게 보낸 1928년 5월 17일자 편지, DBW 10:58.

7) 라인홀트 제베르크에게 보낸 1928년 7월 20일자 편지, DBW 10:84.

8) DBW 6:35, 66f.; DBW 7:183; DBW 8:24f., 133.

9) 부모에게 보낸 1928년 6월 8일자 편지, DBW 10:62.

10) 라인홀트 제베르크에게 보낸 1928년 7월 20일자 편지, DBW 10:83.

11) 부모에게 보낸 1928년 5월 17일자 편지, DBW 10:57f.

12) 라인홀트 제베르크에게 보낸 1928년 7월 20일자 편지, DBW 10:82-84.

13) 1928년 4월 12일자 편지.

14) 부모에게 보낸 1928년 4월 11일자 편지, DBW 10:48.

15) 클라우스 본회퍼가 슐라이허 가족에게 보낸 1928년 5월 16일자 편지.

16) 1928년 7월 11일자 편지, DBW 10:74.

17) 1928년 7월 13일자 편지.

18) 클라우스 본회퍼가 디트리히 본회퍼에게 보낸 날짜 불명의 편지.

19) H. U. 에세가 1965년 3월 25일에 전해 준 정보.

20) 할머니에게 보낸 1928년 2월 23일자 편지, DBW 10:36.

21) DBW 10:36.

22) 부모에게 보낸 1928년 2월 20일자 편지, DBW 10:32f.

23) 라인홀트 제베르크에게 보낸 1928년 7월 20일자 편지, DBW 10:82.

24) 부모에게 보낸 1928년 2월 20일자 편지, DBW 10:34; 일기, DBW 10:23-25, 27 참조.

25) 1928년 3월 6일자 편지, DBW 10:38.

26) 1928년 3월 13일자 편지, DBW 10:40.

27) 칼-프리드리히 본회퍼에게 보낸 1928년 7월 7일자 편지, DBW 10:70-72.

28) K. Bonhoeffer, Beiträge zur Kenntnis des großstädtischen Vagabundentums, 1900; 본서 1장 58쪽 참조.

29) 1928년 8월 14일자 편지, DBW 10:96.

30) 할머니에게 보낸 1928년 6월 5일자 편지, DBW 10:60.

31) 부모에게 보낸 1928년 12월 10일자 편지, DBW 10:115.

32) 교구감독 막스 디스텔에게 보낸 1928년 6월 18일자 편지, DBW 10:65.

33) 부모에게 보낸 1928년 11월 27일자 편지, DBW 10:112.

34) 부모에게 보낸 1928년 11월 27일자 편지, DBW 10:112.

35) 헬무트 뢰슬러에게 보낸 1928년 8월 7일자 편지, DBW 10:91f.

36) 본서 9장 650쪽.

37) 『고백록』 1권 6장.

38) 고린도후서 12:9을 토대로 1928년 9월 9일에 한 설교, DBW 10:505-511.

39) 본서 2장 135쪽.

40) 마태복음 28:20을 토대로 1928년 4월 15일에 한 설교, DBW 10:470, 473.

41) 요한계시록 3:20을 토대로 1928년 강림절 첫 주에 한 설교, DBW 10:533.

42) 부모에게 보낸 1928년 7월 30일자 편지, DBW 10:88.

43) 본서 1장 104쪽.

44) DBW 8:537(에버하르트 베트게에게 보낸 1944년 7월 18일자 편지—옮긴이).

45) 부모에게 보낸 1929년 2월 6일자 편지, DBW 10:131.

46) DBW 10:331, 327.

47) DBW 10:329.

48) DBW 10:330.

49) DBW 1:74.

50) F. Naumann, Briefe über Religion, 7. Aufl., 1917, 19. Brief, 61ff.; 같은 책 75: "'우리는 사랑의 원리만을 가지고 있습니다'라고 말하는 순간, 우리는 하나님과 세계 앞에서 냉혹한 인상을 주는 행위를 멋대로 할 수 없게 된다. 그러나 그러한 행위는 생존에 필요한 행위다."

51) E. Bizer, Der "Fall Dehn", in: Festschrift für Günther Dehn, hg. von W. Schneemelcher, 1957, 239-261, 특히 239ff.

52) DBW 10:345.

53) DBW 10:345.

54) 부모에게 보낸 1929년 2월 6일자 편지, DBW 10:131.

55) 1928년 12월 18일자 편지, DBW 10:118.

56) 1928년 7월 20일자 편지, DBW 10:84

57) 1930년 가을에 출간되었다.

58) 1928년 10월 10일자 편지, DBW 10:102f.

59) 1928년 10월 19일자 편지, DBW 10:106.

60) 본서 4장 236쪽.

61) 라인홀트 제베르크에게 보낸 1928년 7월 20일자 편지, DBW 10:85.

62) 이 장 205쪽, 1928년 8월 7일자 편지, DBW 10:92.

63) DBW 10:105.

64) 부모에게 보낸 1929년 2월 6일자 편지, DBW 10:129.

65) 옛적 하숙집 동료 헤르만 툼(Hermann Thumm)의 결혼식이 1930년 4월 10일 바르셀로나에서 있었기 때문이다. DBW 10:170.

4장

1) Karl Bonhoeffer, Lebenserinnerungen, 114.

2) E. Peterson, Theologische Traktate, 1951, 301.

3) Karl Barth zum Kirchenkampf, ThExh NF 49, 1956, 91.

4) 헬무트 뢰슬러에게 보낸 1932년 12월 25일자 편지, DBW 12:41.

5) 헬무트 뢰슬러에게 보낸 1930년 2월 23일자 편지, DBW 10:169f.

6) 본서 6장 331쪽; DBW 14:112f.

7) 베를린 학생 동아리에서 본회퍼에게 보낸 1931년 6월 19일자 편지(본서 2장 180쪽 참조).

8) DBW 1:85.

9) "Communio Sanctorum"이라는 알트하우스의 배어법에 대해서는 DBW 1:77 Anm. 1.

10) DBW 1:107 Anm. 26, 166 Anm. 111, 177 Anm. 129.

11) ThLZ 1931, Sp. 590f.

12) RKZ 1931년 3월, 4.

13) Protestantenblatt, 64, Jg., Nr. 45, Sp. 717f.

14) 이 장 243쪽.

15) ZZ 1933, 11. Jg., 56.

16) 칼-프리드리히 본회퍼에게 보낸 1928년 7월 7일자 편지, DBW 10:72.

17) Christliche Welt(이하 CW) 1929, 525.

18) H. Stephan, Die evangelische Theologie. Ihr jetziger Stand und Aufgabe, in: Zeitschrift für Systematische Theologie, Heft 3, 1928.

19) CW 1929, 528.

20) DBW 2:71f. Anm. 89, 92 Anm. 24.

21) DBW 2:84f.

22) DBW 2:153에만 등장한다.

23) 1929년에 22쇄를 찍은 루돌프 오토의 『거룩함의 의미』(*Das Heilige*)는 이미 모든 주요 언어로 번역된 상태였다.

24) 예컨대 『시간과 시간 사이에서』(ZZ) 11호(1933년도분) 179-183에 수록된 H. Knittermeyer의 비평을 보라.

25) DBW 2:85.

25a) 본서 13장 1223-1236쪽.

26) DBW 8:559.

27) DBW 2:90.

28) DBW 10:378.

29) 1931년 3월 6일자 편지.

30) ThLZ 1933, Spalte 188ff.

30a) 본서 2장 142쪽 참조.

31) W. Frei, in: ThZ 1957, Nr. 5, 391f.

32) H. Müller, Von der Kirche zur Welt, 1961, 152.

33) 할머니에게 보낸 1930년 8월 18일자 편지, DBW 10:194.

34) H. Chr. v. Hase, Die Gegenwart Christi in der Kirche, Gütersloh 1934.

35) W. Dress, Die Theologie Gersons. Eine Untersuchung zur Verbindung von Nominalismus und Mystik im Spätmittelalter, Gütersloh 1931.

36) E. Zinn, Die Theologie des Friedrich Christoph Oetinger, Gütersloh 1932.

37) F. Hildebrandt, EST. Das lutherische Prinzip, StzSTh Heft 7, Göttingen 1931.

38) A. v. Zahn-Harnack, aaO, 436; 인용문은 1929년 12월 18일자 편지, DBW 10:158에 상세히 수록되어 있다.

39) 아돌프 폰 하르낙이 디트리히 본회퍼에게 보낸 1929년 12월 22일자 편지, DBW 10:160.

40) DBW 10:347f.

41) 1930년 6월 19일자 편지, DBW 10:180f.

42) DBW 8:187.

43) G. Bernanos, Die Sonne Satans, Taschenbuch-Ausgabe 1950, 226. (『사탄의 태양 아래』, 문학과 지성사)

44) AaO, 292.

45) G. Bernanos, Der Abtrünnige, 1929, umbennant in: Der Betrug, Taschenbuchausgabe 1963, 51f.

46) 1930년 10월 18일자 편지, DBW 10:201.

47) 오토 디벨리우스의 책 『교회의 세기』는 1927년 보라색 장정으로 출판되었다.

48) CW 1929, 809.

49) 학술 교류처의 고위 사무관 아돌프 모르스바흐(Adolf Morsbach)에게 보낸 1930년 1월 11일자 편지, DBW 10:164f.

50) 1930년 2월 3일자 편지.

51) The US and the War. Political addresses by Elihu Root, collected and edited by R. Bacon and J. B. Scott, 1918.

52) DBW 10:385.

53) CW 1929, 858.

5장

1) 할머니에게 보낸 1930년 9월 6일자 편지 "'콜럼버스' 호 선상에서", DBW 10:197.

2) 크리스티네 폰 도나니가 1930년 11월에 보낸 편지.

3) 1930년 12월 21일자 편지.

4) 1931년 1월에 보낸 편지.

5) 1931년 2월 23일자 편지, DBW 10:245.

6) 이 물음에 대해 살펴보려면 1932년 2월 4일 베를린에서 행한 강연, DBW 11:220.

7) 자비네 라이프홀츠에게 보낸 1931년 1월 21일자 편지, DBW 10:227.

8) 제국 의회 의석이 14석에 불과했던 국가사회주의 독일노동당(NSDAP)이 107석을 확보함으로써 자신의 입지를 개선했다.

9) 1931년 3월 20일자 편지.

10) 1931년 4월 7일자 편지.

11) DBW 10:381-388.

12) 자비네 라이프홀츠에게 보낸 1930년 11월 7일자 편지, DBW 10:206f.

13) 터커호 21번지에 위치한 메모리얼 감리교회가 인쇄한 1930년 11월 6일자 초청장.

14) 할머니에게 보낸 1931년 4월 12일자 편지, DBW 10:251.

15) DBW 15:231, 239.

16) DBW 10:274.

17) DBW 12:204f.; DBW 15:231, 452f.

18) 1931년 1월 24일자 편지.

19) DBW 10:222.

20) CW 1931, 43.

21) 본서 6장 319-320쪽.

22) 신명기 32:48-52(DBW 10:582-587). 본회퍼가 후일 이 본문과 씨름하는 대목을 보려면 본서 8장 1197쪽 참조.

23) 장 라세르가 전해 준 정보.

24) DBW 8:541.

25) DBW 10:381-388.

26) DBW 10:581.

27) J. Lasserre, Der Krieg und das Evangelium, 1956, 31.

28) P. Lehmann, 1960년 3월 13일에 BBC에서 한 라디오 강연.

29) P. Lehmann, aaO.

30) 본서 11장 927-928쪽.

31) DBW 10:262-280.

32) DBW 10:263.

33) DBW 15:228f., 231.

34) DBW 10:265-268.

35) 뤼트게르트가 본회퍼에게 보낸 1931년 2월 18일자 편지, DBW 10:236.

36) 존 베일리는 캐나다에서 유니온 신학교로 옮겨 온 신학자였다.

37) Union Seminary Quarterly Review, vol. XII, 2, 1957, 3ff.

38) "본회퍼는 '하나님의 계시는 관념의 영역에서 이루어지는 것이 아니라 현실의 영역에서 이루어진다'(DBW 10:436)라는 표현, 혹은 '실체 개념은 그리스도교적 사유에 어울리지 않는다'(DBW 10:440f.)라는 사상을 바르트의 것으로 돌리지만, 관념과 현실의 이 절대적 대립은 바르트의 논문 「신학의 운명과 관념」(Schicksal und Idee in der Theologie, Gesammelte Vorträge III, 72ff.)에서 말하는 의미가 아니다. 주목할 만한 사실은 본회퍼가 경계라는 개념의 의미를 자신이 발전시키고도 바르트의 것으로 돌리고 있다는 것이다.……예컨대, '바르트는 이렇게 말했습니다. 〈깊이 반성하라. 그러나 담대하게 믿어라〉'라는 문장 속의 '깊이 반성하라. 그러나 담대하게 믿어라'는 바르트의 표현이 아니라 본회퍼 자신의 표현이다. DBW 2:134를 보라!"(H. Pfeifer, Das Kirchenverständnis Dietrich Bonhoeffers. Ein Beitrag zur theologischen Prinzipienlehre, Dissertation Heidelberg 1964, 79)

39) DBW 10:435.

40) DBW 15:455-460.

41) DBW 10:264.

42) 본회퍼의 세미나 논문 「종교적 은혜 체험과 윤리적인 생활」(The religious experience of grace and the ethical life)에 자필로 쓴 라인홀드 니부어의 논평, DBW 10:423 Anm. 5.

43) 헬무트 뢰슬러에게 보낸 1931년 10월 18일자 편지와 1932년 12월 25일자 편지, DBW 11:32-34; DBW 12:38-41.

44) DBW 10:252.

45) DBW 10:268f.

46) DBW 10:262-280, 특히 268-271.

47) DBW 6:145.

48) 조지 버나드 쇼의 후기에 따르면, 1차 세계대전 중에 반독일 동맹이 영국 성공회 주교들의 동의하에 작은 독일인 교회의 폐쇄를 강요한다. 그 주교들의 눈에 하나님이 독일어로 경배받는 것이 못마땅해 보였기 때문이다. "내가 관찰한 바에 의하면, 숨이 멎을 정도로 놀란 이들은 자유사상가들뿐이었다." G. B. Shaw, Androcles and the Lion, Penguin Books Reprint 1957, 156ff. 참조.

48a) 라인홀드 니부어에게 보낸 1933년 2월 6일자 편지; DBW 10:391 참조.

49) DBW 10:278.

50) 본서 6장 366-369쪽.

51) DBW 12:203-212, 특히 210.

52) 1930년 11월 19일자 편지와 1931년 1월 21일자 편지, DBW 10:226-228; 227(금주법).

53) DBW 6:357.

54) 칼 본회퍼가 보내온 1931년 3월 20일자 편지.

55) 이 때문에 독일의 여러 대학교에서는 상당히 많은 독일 대학생들이 동프로이센에서 몇 학기를 공부하겠다는 서약까지 했다.

56) R. Niebuhr, in: Union Seminary Quarterly Review, vol. I, 1946년 (3월), no. 3, 3.

57) 1932년 12월 25일자 편지, DBW 12:41.

58) P. Lehmann, aaO.

59) 헬무트 뢰슬러에게 보낸 1931년 10월 18일자 편지, DBW 11:33.

60) 1930년 11월 3일자 편지.

61) 어머니가 보내온 1931년 1월 20일자 편지.

62) 아버지가 보내온 1931년 1월 12일자 편지.

63) 뤼디거 슐라이허가 보내온 1931년 1월 1일자 편지.

64) DBW 10:238.

65) DBW 10:222.

66) 귄터 덴은 1928년 말 마그데부르크에서 행한 그리스도와 전쟁에 관한 연설로 우익언론으로부터 맹렬한 공격을 당했는데, 이제는 "평화주의자와 전몰장병 비방자"로 불리기까지 했다. 교회당국은 그를 보호하지 않았고, 상당수의 교수들도 그를 두둔하지 않았다. E. Bizer, Der Fall Dehn, in: Festschrift für Günther Dehn, 1957, 231ff. 참조.

67) 본서 6장 295쪽.

68) ZZ 1931, Heft 2.

69) 1931년 2월 23일자 편지, DBW 10:244.

70) 『성도의 교제』와 관련된 발언이었다.

71) DBW 10:253.

1) 에르빈 주츠에게 보낸 1931년 10월 8일자 편지, DBW 11:28.
2) 헬무트 뢰슬러에게 보낸 1931년 10월 18일자 편지, DBW 11:33.
3) DBW 10:90.
4) DBW 11:28.
5) DBW 11, DBW 12.
6) 아버지에게 보낸 1932년 3월 28일자 편지, DBW 11:78.
7) 1931년 7월 15일자 우편엽서, DBW 11:17.
8) 마리아 라흐 수도원의 베네딕트회 수도사들과 함께한 저녁모임이었다.
9) 1931년 7월 14일자 편지, DBW 11:15.
10) 빈프리트 메흘러(Winfried Maechler)가 전해 준 정보. 사실 본회퍼는 그 루터의 말을 『행위와 존재』에 인용하고 있다. "cum tales blasphemie, quia sunt violenter a diabolo hominibus invitis extorte, aliquando gratiores sonet in aure dei quam ipsum Alleluja vel quecunque laudis jubilatio"(이따금 하나님의 귀에는 사악한 인간들의 입에서 격하게 발설된 악담이 할렐루야나 환희의 찬가보다 더 즐겁게 들린다. DBW 2:160 Anm. 31). 그는 1932년 '교회의 본질'이라는 강의에서 그 인용구를 다시 한 번 되풀이한다(DBW 11:293 Anm. 377); DBW 6:115도 보라.
11) DBW 11:19.
12) DBW 11:19.
13) DBW 11:18f.
14) ZZ 1932, Heft 3, 189ff.
15) ZZ 1932, Heft 4, 351 Anm.: "변증법적 신학의 대표와 다수의 사람들에 의해 이루어진 '총통' 개념의 매장……." "목자는 하나님이 기르시는 목장으로만 인도해야 한다."
16) DBW 11:88.
17) E. Bizer, Der Fall Dehn, in: Festschrift für Günther Dehn, 1957, 239ff.
18) 아버지에게 보낸 1932년 3월 28일자 편지, DBW 11:78.
19) 1933년 2월 4일자 편지, DBW 12:48f. 이 일과 관련하여 바르트와 본회퍼 사이에 오간 1933년 4월 14일자 편지와 4월 18일자 편지, DBW 12:56f., 60f., DBW 12:57-59도 참조.
20) DBW 1:85, 109-111 Anm. 28; DBW 2:78, 84f., 88, 94-96, 121-124, 153f.
21) DBW 10:373.
22) DBW 12:48f.
23) DBW 12:228; 1944년에 정식화하여 평한, 이른바 사유 대상으로서의 "계시실증주의"도 이 관점에서 이해될 수 있지 않을까?
24) ThLZ 1932, 563ff.; DBW 12:203.
25) KD III/1, 219.
26) KD IV/2, 604ff., 725.

27) DBW 11:17.

28) K. Barth, Fides quaerens intellectum. Anselms Beweis der Existenz Gottes, 1931.

29) KD I/1, VIII.

30) DBW 11:51.

31) 요아힘 카니츠의 필기 노트에 따른 인용, DBW 11:211, 203.

32) DBW 14:252.

33) 에르빈 주츠에게 보낸 1931년 7월 24일자 편지, DBW 11:20.

34) DBW 2:78.

35) 에르빈 주츠에게 보낸 1931년 7월 24일자 편지, DBW 11:20.

36) 1932년 8월 초 에르빈 주츠에게 보낸 편지, DBW 11:100.

37) 헬무트 뢰슬러에게 보낸 1932년 12월 25일자 편지, DBW 12:41.

38) 헬무트 뢰슬러에게 보낸 1932년 12월 25일자 편지, DBW 12:39.

39) DBW 12:39.

40) 에르빈 주츠에게 보낸 1932년 5월 17일자 편지, DBW 11:89.

41) DBW 11:416-423.

42) DBW 11:89.

43) DBW 13:15.

44) DBW 11:330; DBW 1:190 참조.

45) DBW 12:37.

46) DBW 8:542.

47) 에르빈 주츠에게 보낸 1934년 4월 28일자 편지, DBW 13:128f.

48) DBW 8:209.

49) DBW 11:228-237.

50) DBW 11:228.

51) WA 30, I, 94; DBW 11:229.

52) J. Glenthøj, Dietrich Bonhoeffer und die Ökumene, MW II, 128.

53) DBW 10:338.

54) DBW 11:232.

55) DBW 14:795.

56) DBW 14:796.

57) DBW 14:814.

58) DBW 14:814.

59) MPTh 1932, Heft 5/6, Sp. 167-172. 이 출판 자료로 인해 이 교리문답서를, 본회퍼가 베딩 지역에서 베푼 견신례수업과 연관 짓는 오류가 빚어졌다. Zeichen der Zeit, 1957, Heft 6, 213-218. 그리고 MW II, 128 참조.

60) JK 1933, 122; 본서 8장 460-461쪽.

60a) 베를린 이외의 지역에 자리 잡은 인사들은 다음과 같다. 헤르만 마아스(Hermann Maas), 빌헬

름 멘(Wilhelm Menn), 빌헬름 슈텔린(Wilhelm Stählin), 에리히 슈탕게(Erich Stange), 빌헬름 쵤너(Wilhelm Zoellner).

61) CW 1930, 947.

62) DBW 11:129.

63) 1931년 5월 29일자 편지, DBW 10:529f.

64) 이 성명서의 앞부분에 그 상황이 묘사되어 있다. 그 상황은 다음과 같다. 1918년 독일을 무장해제 시키면서 했던 연합국의 약속 파기, 생존에 필요한 공간의 강탈, 배상이라는 위선적인 명목으로 전쟁 의연금을 거두어 피폐해질 대로 피폐해진 상황, 연합국을 통해 평화조약에 명기된 군축 의무의 명백한 위반.

65) 예컨대 CW 1931, 605.

66) CW 1931, 1034.

67) 1931년 교회 연감, 480, 483.

68) Die Eiche, 1931, Heft 3, 218.

69) Die Eiche, 1931, Heft 3, 337.

70) DBW 11:17.

71) 에르빈 주츠에게 보낸 1931년 7월 24일자 편지, DBW 11:21f.

72) 1931년 5월 29일자 편지, DBW 10:259.

73) F. Siegmund-Schultze in: Die Eiche, 1931, 481.

74) Die Eiche, 1931, 481에서 재인용.

75) CW 1931, 975, 982.

76) Die Eiche, 1931, 457.

77) Foi et Vie Nr. 30, 611. Die Eiche, 1932, 268에서 재인용.

78) Die Eiche, 1931, 453.

79) ThBl 10. Jg., Sp. 299ff., DBW 11:125-131에 인쇄되어 있다.

80) Die Eiche, 1931, 449.

81) DBW 11:314 Anm. 5.

82) 한스 쇤펠트가 아르비트 루네스탐(Arvid Runestam)에게 보낸 1932년 2월 6일자 편지, Dokumente 52에 인쇄되어 있다.

83) 1944년 4월 22일자 편지, DBW 8:397.

84) R. H. Bainton, Hier stehe ich, 2. Aufl., 1958, 47.

85) DBW 12:416.

86) 본서 7장 412쪽.

87) 1955년에 요아힘 카니츠가 알려 준 정보,

88) DBW 11:63.

89) 핑켄발데에서 보낸 1936년 1월 27일자 편지, DBW 14:112-114.

90) DBW 13:272f.

91) DBW 14:146-148.

92) 본서 1장 97-102쪽, DBW 11:369-374.

93) 에르빈 주츠에게 보낸 1931년 12월 25일자 편지, DBW 11:50.

94) CW 1930, 1162.

95) 이 필기 노트는 날짜도 제시한다. 그때는 1932년 7월 프란츠 폰 파펜(Franz von Papen) 수상이 정부의 위임을 받아 제네바 회담에 참가하고 돌아와 결과를 설명하던 때였다. Die Eiche, 1932, Heft 4, 305ff. 참조. 지크문트-슐체는 이 잡지에서 프랑스가 모종의 고립 상태로 내빼려 한 까닭에 독일이 방해자의 오명을 뒤집어쓰게 되었다고 불만을 토로했다.

96) 칼 바르트에게 보낸 1933년 10월 24일자 편지, DBW 13:13도 보라.

97) DBW 11:325, 326f.

98) DBW 11:341.

99) DBW 12:264-278.

100) 1931년 12월 25일자 편지, DBW 11:50.

101) 에르빈 주츠에게 보낸 1932년 10월 27일자 편지, DBW 11:117.

101a) J. 나르친스키-바르샤우(Narzynski-Warschau) 교수가 1969년 1월 6일에 전해 준 정보에 따르면, 본회퍼가 알트담(다비) 내지 핑켄발데에서 강의한 원고들도 발견되지 않는다고 한다.

102) 필기 노트를 재현해 놓은 것을 살피려면 DBW 11:139-213.

103) DBW 11:214f.

104) 에르빈 주츠에게 보낸 1932년 2월 26일자 편지, DBW 11:63.

105) DBW 11:239-303.

106) DBW 1:170f.

107) 1932년 5월 17일자 편지, DBW 11:88.

108) DBW 12:39.

109) DBW 11:331.

110) DBW 11:89.

111) DBW 12:264-278, 235-239.

112) DBW 11:303-313.

113) DBW 11:327-349, 350-357.

114) DBW 11:416-423.

115) 이것에 대해서는 특히 DBW 12:39.

116) DBW 2:26, 152.

117) DBW 15:499-503, 516.

118) DBW 3:22. DBW 3:50, 77f., 80, 83도 참조.

119) 우도 쾰러(Udo Köhler)의 필기 노트; DBW 3:22(-23) Anm. 9 참조.

120) DBW 3:21.

121) 1934년 1월 17일자 편지, DBW 13:79.

122) ThBl 1934, Nr. 4, 110-112.

123) 예컨대 오이겐 게르스텐마이어(Eugen Gerstenmaier)는 1938년에 출간한 자신의 책 『교회와 창

조』(*Die Kirche und die Schöpfung*)에서 본회퍼의 작업을 무시했다. 이 책 속에는 "창조와 죄"라는 제목의 장도 들어 있었다. 게다가 한 장은 『행위와 존재』의 문제에 할애하고 제목까지 그렇게 달았는데도, 본회퍼의 책은 전혀 언급도 하지 않았다.

124) KD III/1, 218f.; 더 살펴보려면 이 장 299쪽도 참조.

125) DBW 12:153-178.

126) DBW 12:178-199.

127) E. Brunner, Gott und Mensch, 1930, 70ff.

128) DBW 12:279-348.

128a) K. Heim, Glaube und Denken, DBW 12:213-231을 보라.

129) 1931년 11월 11일자 규정, DBW 11:39.

130) 헬무트 뢰슬러에게 보낸 1931년 10월 18일자 편지, DBW 11:33; 이 장 290쪽 참조.

131) 에르빈 주츠에게 보낸 1931년 10월 8일자 편지, DBW 11:29.

132) 1931년 6월 12일자 공문; DBW 11:23 참조.

133) CW 1932, 669.

134) 1931년 7월 10일자 편지, DBW 11:14.

135) DBW 11:394-396, 396-398, 414-416; DBW 12:431-433.

136) DBW 11:224f.

137) Die Technische Hochschule 1932, Heft 99, 200f., DBW 11:226f.

138) DBW 11:50.

139) 에르빈 주츠에게 보낸 1931년 12월 25일자 편지, DBW 11:50.

140) Begegnungen, 50.

141) 에르빈 주츠에게 보낸 1932년 2월 26일자 편지, DBW 11:64.

142) DBW 11:64.

143) DBW 11:64.

144) DBW 11:65.

145) DBW 11:408-414.

146) DBW 15:482.

147) 1932년 3월 28일자 편지, DBW 11:77.

148) DBW 11:64.

149) 에르빈 주츠에게 보낸 1932년 5월 17일자 편지, DBW 11:90.

150) R. Rother, Konfirmanden am Wedding, in: Begegnungen, 49-51.

151) 본회퍼가 안넬리제 슈누르만에게 보낸 1932년 11월 23일자 편지, DBW 12:26f.

152) DBW 12:45.

153) DBW 12:439-447; W.-D. Zimmermann in: Begegnungen, 53f. 참조.

154) 칼-프리드리히 본회퍼에게 보낸 1933년 1월 12일자 편지, DBW 12:45f.

155) Sitzungsprotokoll des GKR von St. Bartholomäus vom 2. 2. und 28. 2. 33.

156) 1933년 10월 24일자 편지, DBW 13:12f.

157) DBW 7:51-71.

158) CW 1931, 694, 740.

159) CW 1932, 142, 1103.

159a) Dokumente, 80f.

160) 이 장 332쪽 참조.

161) 에르빈 주츠에게 보낸 1932년 5월 17일자 편지, DBW 11:90.

162) 에르빈 주츠에게 보낸 1932년 10월 27일자 편지, DBW 11:118.

163) 에르빈 주츠에게 보낸 1932년 5월 17일자 편지, DBW 11:89f.

164) DBW 10:221, 265.

165) 1933년 1월 15일자 편지, DBW 12:443.

166) 1932년 5월 29일자 편지, DBW 11:427.

167) 1932년 5월 29일자 설교, DBW 11:426-435.

168) DBW 11:100, 102, 63.

169) 1932년 6월 12일과 19일자 설교, DBW 11:435-443, 444-453.

170) DBW 11:380f.; 에르빈 주츠에게 보낸 1931년 10월 8일자 편지, DBW 11:28에서 비슷하게 언급한 내용도 참조.

171) DBW 11:400.

172) DBW 11:440f.

173) DBW 11:446.

174) DBW 11:456f.

175) 요한계시록 2:4 이하가 설교 본문이었다.

176) DBW 12:423-425.

177) DBW 12:429f.

178) 예컨대 11:423-426, 463-466; 본서 7장 427쪽도 참조.

179) Die Eiche, 1931, 99, 230.

180) 1931년 10월 28일자 편지, DBW 11:36.

181) 1932년 2월 14일자 편지, DBW 11:60.

182) CW 1932, 142; Die Eiche, 1932, 253f.

183) DBW 11:314 Anm. 5.

184) F. A. Iremonger, William Temple, 1948, 403.

185) DBW 11:317-327.

186) 본회퍼에게 보낸 1932년 11월 11일자 편지, DBW 12:23.

187) DBW 12:43.

188) DBW 12:260-263.

189) DBW 12:261, 262.

190) 본서 9장 697-701쪽 이하. 그 밖의 유익하고 상세한 자료들은 Dokumente 60-62, 63f.; DBW 12:46에 있다.

191) DBW 12:210.

192) 모라비안 교단 감독 옌젠이 1933년 10월 7일에 본회퍼에게 보낸 초대장, DBW 12:148, Anm. 2.

193) 본서 9장 694-697쪽.

194) 이 장 294쪽.

195) DBW 11:314-316.

196) DBW 11:88.

197) DBW 11:359; DBW 16:538, 545 참조.

198) DBW 12:432.

199) 체코슬로바키아 교회의 목사 아돌프 마드르(Adolf Mádr)가 친구들과 함께 저 회의와 그 전사(前史)를 연구하여 다음과 같은 꼼꼼한 연구논문을 완성했다. Die Tschechoslowakische Kirche und die regionale Jugendfriedenskonferenz des Weltbundes in Ciernohorské Kúpele vom 20. bis 30. 7. 1932 in der Tschechoslowakei mit der Teilnahme Dietrich Bonhoeffers, Manuskript mit zahlreichen Dokumenten, Brno 1964/1965. 자유주의 신학과 **사회 복음**으로 무장하고, 뜻밖에도 이 시점에 국가사회주의를 조심하라고 경고하고, 참석자들이 증언한 대로 독일에서 치러질 선거 때문에 미리 회의장을 떠나겠다고 고집하는 한 독일인의 등장은 주로 자유주의 신학과 **사회 복음**을 지향하는 체코슬로바키아에게, 본회퍼가 당시에 의식했던 것보다 훨씬 강력하고 지속적인 영향력을 의미했다. 앞서 언급한 논문에서 아돌프 마드르가 입증한 대로, 회의석상에서의 이 만남은 체코슬로바키아 신학자들의 발전과 장차 있을 그들의 정치적 저항에 영향을 미쳤다. Zeichen der Zeit, Heft 3, 1967, 106ff.도 참조.

200) DBW 11:344-347.

201) 1932년 8월에 에르빈 주츠에게 보낸 편지, DBW 11:99f.

202) DBW 11:329.

203) DBW 11:342.

204) DBW 11:338.

205) DBW 11:343.

206) Die Eiche, 1932, Heft 4, 308f.

207) DBW 11:359f.

208) 1932년 5월 7일자 편지.

209) F. Siegmund-Schultze in: Die Eiche, 1932, 13ff., 183, 304ff.

210) F. A. Iremonger, aaO, 376.

211) J. Richter in: Die Eiche, 1932, 326.

212) 본서 7장 477-478쪽.

213) 1932년 8월에 보낸 편지, DBW 11:101.

214) 1932년 8월 6일자 편지, DBW 11:99.

215) 1932년 9월 27일자 신문; DBW 11:360 Anm. 15, (360f.) Anm. 23도 참조.

216) 피에르 C. 투레유.

217) 파리에서 온 니콜라스 체르노프 박사.

218) 이 장 303쪽, DBW 11:416-423.

219) DBW 11:362, 365f.

220) DBW 11:350-357.

221) DBW 11:352.

222) DBW 11:353.

223) Die Eiche, 1933, 99ff.에 실린 보고서.

224) 1932년/1933년 세계교회친선연맹 활동 보고서 5쪽.

225) DBW 12:269.

226) DBW 12:270.

227) 체르노호르스케 쿠펠레에서, DBW 11:332.

7장

1) CW 1933, 45(는 1932년 11월 말과 관련되어 있는 듯하다); Reformierte Kirchenzeitung 82, Nr. 49 vom 4. 12. 33, 386.

2) 1933년 2월 26일자 설교, DBW 12:448f.

3) K. Bonhoeffer, Lebenserinnerungen.

4) 에르빈 주츠에게 보낸 1933년 4월 14일자 편지, DBW 12:59.

5) 칼 바르트에게 보낸 1933년 10월 24일자 편지, DBW 13:13.

6) 에르빈 주츠에게 보낸 1933년 4월 14일자 편지, DBW 12:59.

7) 본서 6장 382-383쪽 참조.

8) DBW 12:240.

8a) 이것에 대해서는 H. E. Tödt in IBF 4, 139-183. 또한 E. A. Scharffenorth, aaO, 184-234.

9) DBW 12:254.

10) DBW 12:257, 259f.

11) DBW 12:242 Anm. 1(242f.); 1933년 2월 23일에 공과대학에서 행한 강연; DBW 12:52 참조.

12) News Letter 1933년 3월, 10.

13) CW 1933, 240.

14) Völkischer Beobachter 36/37 vom 5./6. 2. 33.

15) DBW 12:453, 454.

16) W. Hofer, Der Nationalsozialismus. Dokumente 1933-1945, 1957, 53.

17) 이 장 405쪽, DBW 12:59 참조.

18) 판 더 루베 사건 공판은 11월 21일에야 열렸고, 처형은 1934년 1월 10일에 집행되었다.

19) Monatschrift für Psychiatrie und Neurologie, Bd. 89, 1934, 185-213.

20) K. Bonhoeffer, Lebenserinnerungen, 115.

21) Bracher-Sauer-Schutz, Die nationalsozialistische Machtergreifung, 2. Aufl., 1962, 82.

22) CW 1933, 239.

23) K. Scharf, D. Dr. Dibelius im Kampf der Bekennenden Kirche, in: Die Stunde der Kirche, 1950, 35.

24) G. van Norden, Kirche in der Krise, 1933, 1963, 175.

25) W. Hofer, aaO, 56.

26) 이 완곡한 명칭의 법령은 1933년 4월 7일자 RGBl I, 175에서 찾아볼 수 있다.

27) 본서 1장 53쪽.

28) W. Hofer, aaO, 283f.

29) 예컨대 1933년 4월 6일자 "Reichsanzeiger"에 실린 보고서 82쪽.

30) W. Hofer, aaO, 57.

31) G. van Norden, aaO, 45.

32) DBW 6:36.

33) H. Müller, Katholische Kirche und Nationalsozialismus, Dokumente, 1963.

34) CW 1933, 413.

35) DBW 12:57f.

36) DBW 12:60f.

37) 에르빈 주츠에게 보낸 1933년 4월 14일자 편지, DBW 12:58; 하인츠 에두아르트 퇴트는 이 설명을 세분화하여 설득력 있게 누그러뜨린다. IBF 4, 139-183 그리고 IBF 5, 85-117을 보라.

38) 에른스트 슈톨텐호프가 빌헬름 멘에게 보낸 편지, G. van Norden, aaO, 60에 실린 정보.

39) Die Kirche vor der Judenfrage, DBW 12:349-358.

40) DBW 12:355-358.

41) DBW 12:358.

42) DBW 12:350-355.

43) DBW 12:350.

44) 잠언 31:8; 본서 8장 607쪽.

45) DBW 12:350.

46) DBW 12:350f.

47) 1932-1933년 강의 "최근 신학"에서 다룬, 알프레드 드 퀘르뱅의 책 『국법』에 대한 비평을 살피려면 DBW 12:169, Anm. 78 참조.

48) DBW 12:351f.

49) "Neuer Anfang", CW 1933, 377f.

50) 본서 10장 760-762쪽 이하.

51) DBW 12:353.

51a) H. 그뤼버(Grüber)가 고백교회의 위탁을 받아 1937년부터 이끈, 비아리아인 그리스도인을 위한 개신교 구호소.

52) DBW 12:354.

53) DBW 12:353; 본서 13장 1198쪽.

54) DBW 12:351.

55) DBW 12:354.

56) 에르빈 주츠에게 보낸 1933년 4월 14일자 편지, DBW 12:57.

57) 1933년 4월 14일자 편지, DBW 12:56; 본서 6장 296쪽 참조.

58) 1933년 4월 18일자 편지, DBW 12:60.

59) 본서 8장 498쪽, 609쪽; DBW 15:188; DBW 13:75, 267도 참조.

60) Minutes von Novi Sad, 4, 5.

61) 날짜 기록 없음, DBW 12:55.

62) "생활과 실천" 협의회 연차 보고서, 1933년 9월, 45.

63) 세계교회친선연맹 연차 보고서, 1932-1933년, 20f., 33.

64) 회의는 1933년 4월 22일 루너리에서 열렸다.

65) K. Bonhoeffer, Lebenserinnerungen, 118.

66) K. Bonhoeffer, aaO, 115.

67) CW 1933, 476.

68) DBW 12:66f.

69) DBW 12:459-465.

70) 1933-1934년 세계교회친선연맹 연차 보고서, 21.

71) Gotthardbriefe, 27. 1933년 5월, 80.

72) 그 과정에 대해서는 DBW 12:78-80 참조.

73) 본서 8장 511쪽, DBW 13:37.

74) DBW 13:37.

75) DBW 12:78f.

75a) 오토 두추스가 알려 준 정보에 의하면 이 대학생은 에른스트 틸리히(Ernst Tillich)였다.

76) DBW 12:85; Kirchenkampfarchiv Berlin. 괄호 속 글귀들은 헝가리 출신의 대학생 페렝크 레헬(Ferenc Lehel)의 메모에서 따왔다(Begegnungen, 60-62).

77) 이는 믿음이 연약한 자들을 참아 주어야 한다는 뜻이지 아리안 조항 자체를 참아 주어야 한다는 뜻이 아니다.

78) JK 1933, Nr. 2 vom 30. 6., 22f.; DBW 12:85 Anm. 20 참조.

79) 1933년 6월 26일자 우편엽서, DBW 12:91.

80) 그가 맡은 교구를 영적으로 지도하는 능력으로서, 교회가 그에게 위임하고 그만이 알아볼 수 있는 능력을 가리킨다.

81) 1933년 6월 27일자 기록.

82) G. van Norden, aaO, 74.

83) DBW 12:94-96.

84) DBW 12:92-94; 4. 7. 33.

85) 본서 12장 1059-1060쪽.

86) G. Niemöller, Die erste Bekenntnissynode der Deutschen Evangelischen Kirche zu Barmen, 1959, 42.

87) 에르빈 주츠에게 보낸 1933년 7월 17일자 편지, DBW 12:98.

88) 에르빈 주츠에게 보낸 1933년 7월 17일자 편지, DBW 12:97f.

89) G. van Norden, aaO, 82.

90) JK 1933, 43, 59.

91) 19세기의 국가가 교회에 대하여 잘못된 중립을 고수한 것.

92) W. Niemöller, Die Evangelische Kirche im Dritten Reich, 1956, 87.

93) Deutsches Volkstum 1933, 918ff.

94) 예컨대 GS II, 59-61(von F. Hildebrandt).

95) JK 1933, 60.

96) DBW 12:100.

97) DBW 12:99f.

98) 1933년 10월 28일자 편지, DBW 13:16.

99) 1933년 11월 6일자 편지, DBW 13:22.

100) Kirchliches Jahrbuch 1933-1944, hg. von J. Beckmann, 1948, 22.

101) DBW 12:465-470.

102) Gotthardbriefe, 95.

103) JK 1933, 80ff.

104) Kirchliches Jahrbuch 1930, 492f. 참조.

105) 1933년 7월 21일자 편지, DBW 12:103.

106) DBW 12:101 참조.

107) 에르빈 주츠에게 보낸 1933년 7월 17일자 편지, DBW 12:98.

108) 1933년 7월 21일자 편지, DBW 12:103f.

109) 1956년 9월 28일에 헤르만 자세가 전해 준 정보.

110) 징거에게 보낸 1933년 7월 19일자 편지, DBW 12:102.

111) 1933년 8월 21일자 편지, DBW 12:119.

112) 1933년 8월 20일자 편지, DBW 12:117.

113) Riederauer Thesen zur Volksmission, in der Schriftenreihe "Bekennende Kirche", hg. von Chr. Stoll, Heft 1, 1933.

114) JK 1933, 44ff.

115) JK 1933, 99ff.

116) JK 1933, 101.

117) DBW 11:228-237.

118) JK 1933, 120.

119) DBW 12:117f.

120) 칼 바르트에게 보낸 1933년 10월 24일자 편지, DBW 13:14.

121) 율리우스 리거(Julius Rieger)의 필기 노트에 의하면 1933년 11월 28일경의 일이다. 본서 8장 510쪽 참조.

122) DBW 12:362 Anm. 1 참조.

123) Nachschrift J. Rieger, DBW 13:39.

124) 마르틴 니묄러에게 보낸 1933년 12월 5일자 편지.

125) Das Bekenntnis der Väter und die Bekennende Gemeinde, Chr. Kaiser München. 제목에는 다음과 같은 말이 덧붙어 있었다. "분별을 위해 개신교 신학자들이 제시하고, 그들의 이름으로 마르틴 니묄러가 발행하다"(DBW 12:503-507 참조).

126) DBW 13:14.

127) 1933년 8월 20일자 편지, DBW 12:118.

128) CW 1933, 840.

129) 독일 국가와 교회에 관해 다룬 찰스 스테드먼 맥팔랜드의 『새로운 교회와 새로운 독일』(*The New Church and the New Germany*) 69-71쪽에 수록된 '구프로이센 연맹 목회자들에게 드리는 호소문'에서 이 전단지의 초기 형태를 접할 수 있다. 요르겐 글렌트요가 규명한 바에 따르면, 본회퍼가 7월말에 위르겐 빈터하거에게 이 문구를 받아쓰게 하고, 빈터하거가 그것을 맥팔랜드에게 번역해 준 것으로 보인다. J. Glenthøjs Bericht und Dokumentation in: MW V, 103f.

129a) 요아힘 슈바르츠(Joachim Schwarz)는 자신의 박사 학위 논문 「사회의 모델인 그리스도론」(Christologie als Modell der Gesellschaft, Wien 1968)에서 이 전단지에 담긴 문장들이 본회퍼의 『성도의 교제』(DBW 1)에서 논쟁적으로 끄집어내어 명료화한 것임을 증명한다.

130) DBW 12:408-415.

131) "복음과 교회"를 가리킨다.

132) 1933년 9월 13일자 편지.

133) 본회퍼가 F. 지크문트-슐체에게 보낸 1933년 11월 6일자 편지, DBW 13:22.

134) GS II, 59.

135) 1933년 9월 25일자 소견서.

136) JK 1933, 273.

137) JK 1933, 269ff.

138) JK 1933, 270.

139) 이미 공동체의 목사가 된 유대계 그리스도인들은.

140) CW 1933, 912.

141) Die Deutsche Evangelische Kirche und Judenfrage, 36.

141a) 마르틴 니묄러의 목사관 달력에는 다음과 같이 기록되어 있다. "9월 6일 11시, 여행자 숙소에서 '젊은 개혁자 운동'과 '복음과 교회': 크나크-본회퍼 의견 교환. 슈텔린 등. 20시, 본회퍼와 다수의 대학생, 에버하르트 뢰리히트, 프란츠 힐데브란트. 2 1/4 숙박.

142) 크나크가 율리우스 리히터에게 보낸 1933년 9월 13일자 편지 참조.

143) DBW 12:128-130.

144) 1933년 9월 9일자 편지, DBW 12:124.

145) DBW 12:126f.

146) DBW 12:123.

147) 1958년 3월 23일 W. 니묄러(Niemöller)가 전해 준 텍스트.

147a) Bonhoeffers und Hildebrandts Vorentwurf vom 24. 9. 33 in DBW 12:135f.

148) DBW 12:141-144.

148a) DBW 12:124.

149) 이 장 434-435쪽에 있는 인명 참조.

150) Minutes of the Meeting, Novi Sad, 2, 15, 37ff.; Die Eiche, 1933, 368ff.

151) 본서 8장 553쪽.

152) Vervielfältigtes Protokoll von Sofia, 8.

153) 본서 9장 693쪽.

154) 앙리 루이 앙리오가 1958년 3월 29일에 알려 준 정보.

155) 1933년 11월 6일자 편지, DBW 13:23.

156) Minutes(등사본), 12f.

157) 디트리히 본회퍼가 F. 지크문트-슐체에게 보낸 1933년 11월 6일자 편지, DBW 13:23; Dokumente, 341-344.

158) 1933년 9월 25일자 편지.

159) 1933년 10월 28일자 편지, DBW 13:16.

160) Die Eiche, 1933, 372-381.

161) 1933년 11월 6일자 편지, DBW 13:22.

162) 노비 사드에서 열린 집행 위원회.

163) DEK KK III, 474, vom 30. 11. 33.

164) 이 장 466쪽.

165) Die Gutachten in: Die Evangelische Kirche in Deutschland und die Judenfrage, Genf 1945, 46ff. 참조.

166) 본서 9장 696쪽.

167) Evangelium im Dritten Reich, 1933, Nr. 41; W. Niemöller, Kampf und Zeugnis, 64; 이 학교는 재빨리 돌격대로 전환한 설교자 신학원이었다. W. Niemöller, Wort und Tat im Kirchenkampf, 1969, 67f.에 있는 게르트루트 슈테벤의 보고도 살펴보라.

168) 프란츠 힐데브란트가 전해 준 정보.

169) 프란츠 힐데브란트가 전해 준 정보.

170) 지크문트-슐체에게 보낸 1933년 11월 6일자 편지, DBW 13:22.

171) DBW 12:145f.

171a) DBW 12:147 참조.

172) DBW 12:145 Anm. 2 참조.

173) DBW 12:416-419.

174) DBW 12:418.

175) Bonhoeffer Gedenkheft, hg. von E. Bethge, 1947, 26.

176) DBW 12:508f.

177) 본회퍼가 손수 썼으나 날짜가 적혀 있지 않은 원고 외에도 볼프-디터 침머만의 필기 노트가 존재한다. 1933년 여름 내지 가을에 쓴 노트다. 본회퍼가 1934년 4월에 런던의 독일 그리스도교청년연맹(CVJM)에서 자신의 논제들을 강의할 때 받아쓴 율리우스 리거의 노트도 존재한다. DBW 12:508 Anm. 1.

178) 1960년 12월 9일에 율리우스 리거가 전해 준 정보.

179) 고린도전서 1:9.

180) 1933년 10월 24일자 편지.

8장

1) 1933년 10월 24일자 편지, DBW 13:13f.

2) DBW 12:124-128; DBW 13:11-15, 31-34.

3) DBW 13:31, 33. 이 대목에서 한참 뒤의 상황에 대한 일별을 유도하는 것 같다. 1944년 9월, 본회퍼는 전혀 새로운 상황에 처해 자신의 운명을 요나의 운명과 연결 짓는다(DBW 8:606).

4) 1933년 12월 22일자 편지, DBW 13:55.

5) 에르빈 주츠에게 보낸 1934년 4월 28일자 편지, DBW 13:128.

6) 1934년 1월에 칼-프리드리히 본회퍼에게 보낸 편지, DBW 13:75.

7) DBW 13:167.

8) DBW 15:188.

9) 1934년 1월에 칼-프리드리히에게 보낸 편지, DBW 13:75; 문필가 아르민 T. 베크너(Armin T. Wegner)와 관련하여 라인홀드 니부어에게 보낸 1934년 7월 13일자 편지, DBW 13:169-171.

10) DBW 13:313-343, 347-356, 359-363, 365-418.

11) 에르빈 주츠에게 보낸 1934년 4월 28일자 편지, DBW 13:129.

12) 제자 세 명과 관련된 대목인 누가복음 9:57-62에 대해서는 DBW 13:344-346. DBW 4:48-50도 참조.

13) DBW 13:332.

14) DBW 13:407.

15) DBW 13:405.

16) 게르하르트 라이프홀츠에게 보낸 1933년 11월 23일자 편지, DBW 13:35; 본서 7장 427쪽.

16a) J. Rieger, Kontakte mit London, in: Begegnungen, 88-96.

17) DBW 12:508f., Anm. 1.

18) DBW 13:44f.

19) DBW 13:47. 이에 대해서는 JK 1934, 25 참조. M. 니묄러는 이 항의 전보에 대한 답신에서 다음과 같이 말했다. "당신들은 대단히 부담스러운 시절에 내 삶을 괴롭게 하는군요!"(DBW 13:59)

20) DBW 13:48.

21) 마르틴 니묄러에게 보낸 1933년 12월 15일자 편지, DBW 13:49.

22) 할머니에게 보낸 1933년 12월 21일자 편지, DBW 13:52.

23) DBW 13:58.

24) 런던 성 게오르크 교회 문서들 사이에서 찾아낸 목사 회의 회의록에서 인용.

25) 본회퍼의 브래드퍼드 강연을 받아쓴 율리우스 리거의 필기노트, DBW 13:41에서 인용.

26) 전문을 살피려면 DBW 13:41-43 참조.

27) 루트비히 뮐러는 12월 중순이 되어서야 이 후원자 직분을 내려놓았다.

28) 베를린의 프리드리히 타우쉬(Friedrich Tausch) 목사를 가리킨다.

29) 본회퍼가 손수 쓴 메모에서 인용(DBW 13:42 Anm. 39 참조).

30) 헤켈이 호센펠더, 한스 라우어러(Hans Lauerer), 헤르만 볼프강 바이어(Hermann Wolfgang Beyer), 오토 베버, 프리드리히 베르너를 배제하고 새 성직자단을 구성한 것과, 루트비히 뮐러가 강요에 의해 독일그리스도인연맹 후원자 역할을 그만둔 것을 가리킨다.

31) 런던 성 게오르크 교회 문서와 교구협회 문서에서.

32) 1934년 1월 2일자 편지, DBW 13:64.

33) 이 사건에 대해서는 무엇보다도 J. Glenthøj, Hindenburg, Göring und die evangelischen Kirchenführer, Bd. 15 der Arbeiten zur Geschichte des Kirchenkampfes, 45ff.를 보라.

34) 파울라 본회퍼의 제부 폰 데어 골츠(von der Golz) 장군.

35) 마르틴 니묄러의 힌덴부르크 알현.

36) 1934년 1월 17일자 편지, DBW 13:79.

37) DBW 13:77.

38) DBW 13:81.

39) 본서 7장 476쪽 참조.

40) 1933년 10월 23일자 편지, GS I, 183.

41) J. Glenthøj의 빼어난 문서, in: Dansk Theologisk Tidsskrift, 26. Jg., Heft 4, 224ff. und Bd. 15 der Arbeiten zur Geschichte des Kirchenkampfes, 70ff.

42) 프리츠 베어한에게 보낸 편지, DBW 13:78.

43) 프리츠 베어한에게 보낸 편지, DBW 13:84.

44) 극적인 히틀러 면담 연구서, W. Niemöller, Hitler und die evangelischen Kirchenführer. Zum 25. Januar 1934, 1959; 같은 책, "히틀러 면담 후기"(Epilog zum Kanzlerempfang), in: EvTh 1960, 107-124, 앞서 언급한 J. 글렌트요의 연구와 이 장 523-524쪽에 나오는 헤켈의 서술도 참조.

45) J. Beckmann, Kirchliches Jahrbuch 1933-1944, 39; DBW 13:85.

46) DEK KK III, 334/34, 31. 1. 34; DBW 13:85.

47) 테오도르 드 펠리스에게 보낸 편지, 날짜 기록 없음, DBW 13:65.

48) 날짜 기록 없음, DBW 13:84.

49) Nach den Akten des Gemeindeverbandes, Schröder-Bank, London(DBW 13:95f. 참조).

50) 런던 성 게오르크 교회 문서에서, DBW 13:97-104.

51) 1933년 12월 12일자 편지 참조, FA 120/33, Ökumenisches Archiv, Genf.

52) JK 1934, 346.

53) J. Beckmann, aaO, 39, DBW 13:85.

54) 브루노 슈뢰더가 헤켈에게 보낸 1934년 2월 9일자 편지, DBW 13:106f.; 헤켈이 브루노 슈뢰더에게 보낸 1934년 2월 15일자 편지.

55) 1934년 1월에 칼-프리드리히 본회퍼에게 보낸 편지, DBW 13:75.

56) "신앙과 직제" 협의회에서 중요한 역할을 맡고 있던 주교 아서 헤들램. 헤들램은 독일그리스도인연맹에게, 그리고 나중에는 헤켈에게 반복해서 도움을 주고, 요아힘 폰 리벤트로프의 방문을 환영하고, 새로운 독일을 홍보하는 광고성 글들을 「타임스」에 기고했다. 그는 고백교회를 전혀 인정하지 않았다.

57) 성 게오르크 교회의 율리우스 리거 목사가 무산시켰다.

58) 독일 대사.

59) 1933년 11월 6일자 편지, DBW 13:24.

60) 본서 6장 393쪽.

61) G. K. A. Bell, A Brief Sketch of the Church of England, 1928. 본서 6장 400쪽도 참조.

62) 소피아 대회를 의미한다. 본서 7장 478쪽도 참조.

63) Ökumenisches Archiv, Genf.

64) 1933년 11월 15일자 편지.

65) F. 지크문트-슐체에게 보낸 1933년 11월 6일자 편지, DBW 13:23.

66) H. v. Koenigswald, Birger Forell, 1962, 97ff.

67) 에르빈 주츠는 알프스 글레처 여행 중에 히틀러 주치의를 알게 되었고, 이 만남으로부터 무언가를 기대했다.

68) 에른스트 룀 사건을 계기로 벌인 살육 사건.

69) 오스트리아 수상 엥겔베르트 돌푸스 암살 사건.

70) 공화국 대통령직과 제국수상직을 "총통"으로 병합하는 것과 관련된 국민투표.

71) 1934년 9월 11일자 편지, DBW 13:205.

72) DBW 13:28f.

73) DBW 13:29.

74) 본서 7장 476쪽 참조.

75) DBW 13:36.

76) DBW 16:468.

77) D. Bonhoeffer, The Cost of Discipleship, London 1948, 7.

78) DBW 14:100f.

79) 본서 7장 415-417쪽.

80) DBW 13:69f.

81) 1934년 1월 4일자 편지, DBW 13:68.

82) 전국총회.

82a) 사실상 이 기사의 줄거리는 알폰스 쾨힐린이 작성한 거였다. 이것에 대해 알아보려면 A. Lindt(Hg.), G. Bell-A. Koechlin. Briefwechsel 1933-1954, 1969, 102f., 107f. 참조.

83) DBW 13:75, Anm. 4 참조.

84) DBW 13:82.

85) Minutes of the meeting of the Council, Fanö, 63f.에 있는 내용을 보라.

86) DBW 13:93 Anm. 8.

87) 1934년 2월 5일자 편지, DBW 13:93.

87a) 런던의 폴 몰에 자리한 클럽, 이 장 525쪽 참조.

88) DBW 13:109.

89) 1934년 4월에 파리로 초대하여. DBW 13:114 참조.

90) 율리우스 리거의 1934년 2월 27일자 일기에 기록된 내용. DBW 13:111f. 참조.

91) DEK Kirchliches Außenamt K. III 637 II, vom 27. 2. 34.

92) 에르빈 주츠에게 보낸 1934년 4월 28일자 편지, DBW 13:127.

93) DBW 13:115-117.

94) 본서 7장 488쪽.

95) 1934년 4월 28일자 편지, DBW 13:127f.

96) 본서 7장 446쪽.

97) DBW 13:28.

98) 한스 쇤펠트가 1934년 1월 17일 "세계교회친선연맹 소속 전문분야 대표 자격으로" 본회퍼에게 보낸 초대장, DBW 13:80f., 119.

99) 본회퍼의 전보 위에 쓴 메모, Ökumenisches Archiv in Genf, 아르민 보옌스가 전해 준 정보. DBW 13:119, Anm. 1.

100) DBW 13:114f.

101) DBW 13:28.

102) DBW 13:81f.

103) 1934년 3월 14일자 편지, DBW 13:112.

104) DBW 13:122.

105) H. Hermelink, Kirche im Kampf, 1950, 87, DBW 13:126 Anm. 4.

106) DBW 13:132.

107) DBW 13:134.

108) DBW 13:138.

109) 1934년 5월 15일자 편지, DBW 13:141.

110) 여섯 항의 바르멘 테제를 살피려면 Die Barmer Theologische Erklärung, hg. von Alfred Burgsmüller und Rudolf Weth, Neukirchen-Vluyn, 4. Aufl., 1984, 13-15를 보라.

111) JK 1934, 673.

112) 1934년 4월 28일자 편지, DBW 13:128. 라인홀드 니부어에게 보낸 1934년 7월 13일자 편지(DBW 13:170)에서 본회퍼는 에른스트 룀 사건 때문에 총살당한 목사가 한 명도 없다는 사실에 놀라움을 금치 못했다.

113) 이 장 527쪽, DBW 13:205.

114) 테오도르 드 펠리스에게 보낸 1934년 6월 17일자 편지와 1934년 8월 12일자 편지, DBW 13:152, 182 참조.

115) 테오도르 드 펠리스에게 보낸 1934년 7월 4일자 편지, DBW 13:161.

116) 테오도르 드 펠리스에게 보낸 1934년 8월 12일자 편지, DBW 13:182.

117) 테오도르 드 펠리스에게 보낸 1934년 7월 4일자 편지, DBW 13:161f.

118) 본서 7장 478쪽.

119) 1934년 6월 14일자 편지, DBW 13:151.

120) 독일인들에게 불리한 문서들 상당수가 1940년 제네바에서 폐기되었다. 독일군이 제네바에 진주할지도 모른다고 우려했기 때문이다.

121) DBW 13:163-165.

122) 앙리오에게 보낸 1934년 7월 12일자 편지, DBW 13:167.

123) DBW 13:166f.

124) DBW 13:158f.

125) GS I, 203; DBW 13:168 Anm. 5 참조.

126) GS I, 204; DBW 13:178 Anm. 4 참조.

127) GS I, 205f.; DBW 13:178 참조.

128) R. Rouse, S. C. Neill, A History of the Ecumenical Movement 1917-1954, London 1954, 583.

129) W. Stapel, Die politisierende ökumenische Weltkonferenz in Fanö, in: Deutsches Volkstum, 2. Septemberheft 1934.

130) 1934년 8월 8일자 편지, DBW 13:179.

131) 소피아 대회에서.

132) DBW 13:179.

133) DBW 13:186.

134) 할머니에게 보낸 1934년 8월 19일자 편지, DBW 13:187.

135) Minutes of the meeting of the Council, Fanö, 37.

136) AaO, 50-52. W. Birnbaum, Kirchenkampf-Fanö Anno 34. Kritische Anmerkungen zu Marc Boegners Memorien, in: Welt und Wort 26, Heft 8, August 1971, 404-411을 보라.

137) Aao, 51f.

138) AaO, 51.

139) AaO, 52f.

140) AaO, 75.

141) AaO, 60. DBW 13:200 Anm. 8 참조.

142) 1934년 9월 7일자 「타임스」.

143) JK 1934, 704-705.

144) JK 1934, 705, 750.

144a) 예컨대 W. Niemöller, Kampf und Zeugnis, 254ff.가 그러하다.

145) DBW 13:201f., 202f.

146) DBW 14:381.

147) 본서 7장 478쪽.

148) DBW 13:295-297.

149) 1934년 8월 10일자 편지, DBW 13:184 Anm. 3.

150) 1934년 8월 13일자 편지, DBW 13:184.

151) 이 장 561쪽, DBW 13:181.

152) Minutes, 31.

153) 1933년 12월 12일자 편지, FA 120/33, Ökumenisches Archiv in Genf, General Church Struggle 1933.

154) Minutes, 39.

155) World Alliance Handbook 1935, 46.

156) G. F. Allen(Oxford), in: The Church in Action, News Letter 6, 2.

157) DBW 13:298-301, 302-305(in English), 298 Anm. 1 참조.

158) 이 설교 원고는 현존하지 않는다.

159) DBW 12:316; DBW 14:398f.; 본서 7장 443쪽; 9장 699-700쪽; 강의 '교회의 본질'(DBW 11:286f.)에서 공의회에 대해 설명한 부분을 보라.

160) DBW 13:301.

161) DBW 13:300.

162) DBW 13:299f.

163) O. Dudzus, Dem Rad in die Speichen fallen, in: Begegnungen, 83.

164) R. Rouse, S. C. Neill, aaO, 583.

165) W. Maechler, Vom Pazifisten zum Widerstandskämpfer. Bonhoeffers Kampf für die Entrechteten, in: MW I, 92.

166) GS I, 209-211.

167) GS I, 209, 3. Abschnitt.

168) GS I, 210 unten.

169) Minutes of the Council, Fanö, 39. DBW 13:197 참조.

170) 1935년 1월 29일자 메모, DBW 13:278f. 참조.

171) DBW 13:278.

172) Protokoll, DBW 13:200f.

173) DBW 13:200.

174) 1965년 12월 17일에 장 라세르가 전해 준 정보. 브뤼에에 대해서는 Dokumente 235-237;

DBW 13:202, 208 참조.

174a) 힐데브란트는 1934년 10월 15일에 조지 K. A. 벨을 만났다. A. Lindt, aaO, 157f. 참조.

175) 1934년 10월 24일자 편지, DBW 13:211.

176) 1935년 1월 13일에 한 말.

177) J. Beckmann, aaO, 77.

178) 성 바울(St. Paul) 교회, 성 마리아(St. Marien) 교회, 성 게오르크(St. Georg) 교회, (런던에 있는 모든) 함부르크(Hamburger) 교회, 훌(Hull) 교회, 리버풀(Liverpool) 교회, 사우스실즈(South Shields) 교회, 뉴캐슬(Newcastle) 교회.

179) 44명의 서명이 이어진다. 이 가운데 24명은 본회퍼의 교구 사람과 율리우스 리거의 교구 사람들이다. DBW 13:220, 215 참조.

180) 1934년 11월 17일자 편지, DBW 13:236.

181) DBW 13:220f.

182) DBW 13:222f.

183) DBW 13:241-243.

184) 전문은 DBW 13:223f.에 있다.

185) Dokumente 152. DBW 13:247, Anm. 10 참조.

186) 제국교회 탈퇴.

186a) DBW 13:231-234. 본회퍼와 헬무트 뢰슬러가 서신을 왕래하면서 벌인 격렬한 논쟁을 살피려면 DBW 13:237-241, 253-256 참조.

187) DBW 14:43.

188) DBW 13:246-249.

189) 한스 바이어(Hans Bayer) 박사에게 보낸.

190) A. Freudenberg, Besuche in Genf, in: Begegnungen, 158 참조; DBW 13:250-253.

191) DBW 14:43.

192) 1934년 11월 27일자 편지, DBW 13:245.

193) DBW 13:245f.

194) Gesetzblatt der DEK Nr. 70, 1934.

195) DBW 13:257f., 258-261.

196) 교구협회 의장 브루노 슈뢰더 남작에게 보낸 편지에서 한 말, DBW 13:257f.

197) 교구들에게 보내는 상세한 서한에서 한 말, DBW 13:259.

198) 1935년 1월 21일자 편지.

199) DBW 13:262f.

200) DBW 13:263-265 참조.

201) II와 V에 대해서는 G. Niemöller, Die deutschen evangelischen Gemeinden in London und der Kirchenkampf, in: EvTh 3, 1959, 131-146도 참조.

202) DBW 13:75.

203) DBW 13:129.

204) DBW 13:145f.

205) DBW 14:249.

206) DBW 13:301.

206a) 본회퍼는 라인홀드 니부어에게 보낸 1934년 7월 13일자 편지에서 이렇게 말한다. "나는 그(간디)의 편지와 초대장을 기다리고 있습니다"(DBW 13:171).

207) J. Rieger, Kontakte mit London, in: Begegnungen, 89f.

208) 1934년 10월 22일자 편지, DBW 13:210.

208a) 마하트마 간디가 본회퍼에게 보낸 1934년 11월 1일자 초청서, in: Collected Works of Mahatma Gandhi, vol. 59, 273; DBW 13:213f.

209) 1934년 1월에 칼-프리드리히 본회퍼에게 보낸 편지, DBW 13:75.

210) DBW 13:137.

211) 1934년 5월에 위르겐 빈터하거에게 보낸 편지, DBW 13:148.

212) 할머니에게 보낸 1934년 5월 22일자 편지, DBW 13:145.

213) 프란츠 힐데브란트가 알려 준 정보, DBW 13:150, Anm. 4.

214) 1934년 8월 19일자 편지, DBW 13:187.

215) 이 장 537쪽.

216) DBW 13:204f.; 본서 424-425쪽, 706쪽.

217) DBW 13:209.

218) J. Rieger, aaO, Begegnungen, 90f.

219) "에른스트"(Ernst)에게 보낸 엽서가 아니라 에른스트 크롬웰에게 보낸 엽서일 것이다. DBW 13:285.

219a) 본서 623-625쪽과 727쪽 참조.

220) DBW 14:267-270.

221) DBW 13:267-269.

221a) A. Lindt, aaO, 185.

222) JK 1935, 559-562.

222a) 본서 685쪽.

223) 디트리히 본회퍼가 조지 K. A. 벨에게 보낸 1935년 1월 7일자 편지, DBW 13:268.

224) DBW 13:268f.

225) 프란츠 힐데브란트가 코흐에게 보낸 1935년 1월 12일자 편지, DBW 13:270f.

226) 율리우스 리거의 일기에 그렇게 기록되어 있다. DBW 13:212f.

227) GS II, 198. A. Lindt, aaO, 215도 참조.

228) DBW 13:206.

229) K. Barth, Die Kirche Jesu Christi, ThExh Heft 5, 1933, 7f.

230) 1934년 5월 15일자 편지, DBW 13:141.

231) 1934년 7월 12일자 편지, DBW 13:168.

9장

1) DBW 14:97f.
2) 본서 3장 218-219쪽.
3) 이 장 849-854쪽.
4) W. Rott, Ihm fiel immer etwas ein, in: Begegnungen, 124.
4a) 본회퍼는 신학원 활동을 에큐메니칼 방향에 맞추어 수행하기 위해 노력하는 가운데(본서 609쪽 참조) 비어 있는 시간을 의미로 가득 채우기 위해 스웨덴교회 탐방을 위한 접촉을 시작했다(Dokumente 157f. 참조). 그 계획은 1936년 3월 다른 상황에서 다루어지고 실현되었다(본서 727쪽 참조).
5) 1935년 3월 16일 이미 일반 병역 의무가 실시된 상태였다.
6) B. 리머(Riemer)가 에버하르트 베트게에게 보낸 1935년 8월 27일자 편지.
7) Du hast mich heimgesucht bei Nacht. Abschiedsbriefe und Aufzeichnungen des Widerstands 1933-1945, hg. Helmut Gollwitzer, Käthe Kuhn und Reinhold Schneider, 233ff.에서 찾아보라.
8) 본서 8장 615쪽, DBW 13:250.
9) 본서의 저자가 가지고 있는 당시 사본에 의하면.
9a) 나중에 이루어진 본회퍼와 테오도르 슈텔처의 회동에 대해서는 본서 12장 1060쪽 참조.
10) DBW 14:79.
11) DBW 14:369-377. 보다 자세한 내용을 알려면 G. Krause, Bruderschaft und Kirche 1934-1936 in Pommern, in: G. Sprondel (Hg.), Zeugnis und Dienst. Beiträge zu Theologie und Kirche in Geschichte und Gegenwart. Günther Besch zum 70. Geburtstag, 1974, 101을 보라.
12) DBW 14:878-904.
13) 1935년 8월 30일자 편지, DBW 14:74.
14) DBW 14:851-860.
15) 빌헬름 니묄러가 달렘 회합에 대해 기록한 일기, in: W. Niemöller, Aus dem Leben eines Bekenntnispfarrers, 1961, 145.
16) "가이사의 것은 가이사에게, 하나님의 것은 하나님께 바쳐라."
17) DBW 14:65.
18) 3차 포메른 지방 고백총회가 우리 측 젊은 신학자들에게 공표한 담화문(Archiv W. Niemöller, Bielefeld).
19) 본서 1장 49쪽.
20) DBW 15:476-481, 482에 나오는 견신례 이야기를 읽어 보라.
21) 본서 12장 1111쪽.
22) H. von Petersdorff, Kleist-Retzow. Ein Lebensbild, 1907.
23) DBW 14:399-421.
24) DBW 14:945-950.

25) 이 장 678-679쪽.

26) DBW 8:164, 새로 판독해 보니 "볼프강"(Wolfgang)이 아니라 "발터"(드레스)로 쓰여 있다.

27) H. Asmussen, Ordnung des Gottesdienstes, 1936.

28) 본회퍼가 이 발언을 직접 기록한 문서는 존재하지 않는다. 본서 11장 861쪽 참조. H. Traub, Zwei Erinnerungen, in: Begegnungen, 149도 참조.

29) DBW 14:495-499.

30) DBW 14:510-513.

31) 본서 6장 374쪽.

32) DBW 11:427.

33) DBW 14:483-485, 399f., 408-411.

33a) DBW 14:502-507.

34) DBW 14:378-399(「고백교회와 에큐메니칼 운동권」—옮긴이).

35) DBW 14:655-680.

36) 이 개념쌍은 칼 바르트가 1934년에 사용한 것이다. Gottes Wille und unsere Wünsche, ThExh Heft 7, 1934, 16-30 참조.

37) K. Barth, KD I/1, 105f.

38) DBW 14:293; DBW 16:71.

39) M. Schneckenburger, Vergleichende Darstellung des lutherischen und reformierten Lehrbegriffs, 1855.

40) DBW 14:238.

41) DBW 4:33-43.

42) DBW 4:52.

43) DBW 4:59-65.

44) DBW 4:53-57.

45) DBW 4:57-59.

45a) 본회퍼는 라인홀드 니부어에게 보낸 1934년 7월 13일자 편지에서 이렇게 말한다. "나는 산상수훈과 관련된 논문을 쓰고 있습니다", DBW 13:171.

46) K. Barth, KD IV/2, 604도 그리 말한다.

47) DBW 14:422-434.

48) DBW 15:15.

49) 1938년 1월 3일자 편지, DBW 15:22f.

50) DBW 15:146-150, 81-83.

51) 1936년 9월 19일자 편지, DBW 14:235f.

52) 1936년 10월 14일자 편지, DBW 14:250, 252.

53) K. Barth, KD IV/2, 604.

54) Unser Weg nach dem Zeugnis der Schrift, 1938, DBW 15:414.

55) DBW 4:52.

56) DBW 4:275.

57) DBW 4:54.

58) DBW 8:179.

59) DBW 4:233.

60) DBW 4:181.

61) DBW 4:303.

62) DBW 4:53-56.

63) 1943년 강림절 둘째 주일, DBW 8:226.

64) H. Müller, Von der Kirche zur Welt, 1961, 20, 38, 197 u. ö.

65) DBW 8:542.

66) DBW 10:332.

67) 바르셀로나에서, DBW 10:91f.; 또한 DBW 2:152-161.

68) DBW 3:82-86, 105, 127, 130.

69) DBW 2:89.

70) DBW 11:285 참조.

71) 본서 6장 338-339쪽. DBW 12:234.

72) DBW 13:344-346.

73) DBW 13:129.

74) 트라우고트 포겔(Traugott Vogel)은 자신의 박사 학위 논문 「모범이자 화해자이신 그리스도. 쇠렌 키르케고르의 작품 속에 나타나는 율법과 복음의 관계 문제에 대한 비판적 연구」(Christus als Vorbild und Versöhner. Eine kritische Studie zum Problem des Verhältnisses von Gestetz und Evangelium im Werke Sören Kierkegaards, Humboldt-Universität Berlin 1968)의 부록에서 본회퍼의 『나를 따르라』 속에 나타난 키르케고르의 흔적들을 조사했다. 하지만 그가 찾아낸 키르케고르의 표현들은 본회퍼가 초기에 사용한 키르케고르 저작[슈렘프(Schrempf) 출판사본]에는 없던 표현들이다. 그는 본회퍼가 1934년 빌헬름 퀴테마이어(Kütemeyer) 출판사에 의해 출판된 키르케고르 일지 선집 『단독자와 교회. 루터와 개신교에 대하여』(*Der Einzelne und die Kirche. Über Luther und den Protestantismus*)에서 그 표현들을 읽었을 것이라고 추론했다. 실제로 본회퍼의 장서에는 이 선집이 들어 있고, 포겔이 규명한 표현들에는 본회퍼가 손수 그은 줄도 보인다. 이를테면 신앙에 필요한 상황에 관한 말씀(Kütemeyer 152, 159, DBW 4:50, 60), 20년간 단식하고 고행한 뒤에 루터가 한 말(Kütemeyer 153, DBW 4:38), "성과"(Resultat)라는 개념(Kütemeyer 182, DBW 4:37f.) 등등에 줄이 그어져 있다.

75) 1932-1933년 겨울, DBW 12:273-276. 하지만 「유대인 문제에 직면한 교회」(Die Kirche vor der Judenfrage), 1933년 4월, DBW 12:351-353에서도 읽을 수 있다.

76) 여기에 대하여는 특히 "Dein Reich komme", DBW 12:264-278.

77) 본서 10장 807쪽, DBW 14:257.

78) DBW 8:542.

79) 바움게르텔(Baumgärtel) 교수의 편지, GS IV, 339; 본서 10장 756쪽.

80) DBW 14:76.

81) DBW 10:378-380.

81a) 1933년(!) 9월 14일, 빌헬름 슈텔린이 "수도원 정주 계획들"("규칙적인 공동생활", "육체노동", "명상 훈련이 가미된 예배생활")을 숙고하자며 본회퍼를 마르부르크에서 열리는 베르노이헨 집회에 급히 초대했다. 하지만 당시의 본회퍼에게는 강제노동수용소에 대한 언급이 지나치게 많아 보이고 산상수훈에 대한 언급은 지나치게 적어 보였던 것 같다. 슈텔린은 그에게 보낸 편지에서 이렇게 말했다. "이 교회 정치에 대해 귀하와 합의하기보다는 젊은이들을 대상으로 하는 공동의 인격적인 생활에 대해 귀하와 합의하는 것이 훨씬 중요할 것 같군요." DBW 12:131f.

82) 1934년 5월에 보낸 편지, DBW 13:148.

83) 1935년 1월 14일자 편지, DBW 13:272f.

84) DBW 13:129.

85) DBW 13:204.

86) 본서 8장 607-608쪽.

87) 본서 8장 608-609쪽, DBW 13:278f.

87a) A. Lindt, aaO, 216.

88) DBW 14:945-950.

89) 칼 바르트에게 보낸 1936년 9월 19일자 편지, DBW 14:237f.

90) 1935년 11월 17일자 편지, DBW 14:910f.

91) DBW 14:75-80.

92) W. 슈테믈러에게 보낸 1936년 6월 27일자 편지, DBW 14:175.

93) 구프로이센 형제협의회에 보낸 편지에서 그리 말했다. DBW 14:80.

94) DBW 14:77.

95) DBW 14:945-950.

96) "Der Morgen", DBW 14:871-875.

97) 예컨대 DBW 14:480f.

98) 본서 13장 1236-1238쪽 참조.

99) 에르빈 주츠에게 보낸 1934년 9월 11일자 편지, DBW 13:205.

100) 에르빈 주츠에게 보낸 1936년 10월 24일자 편지, DBW 14:256.

101) 에버하르트 베트게에게 보낸 1936년 7월 31일자 편지, DBW 14:210.

102) DBW 14:111f.

103) 1936년 1월 25일자 편지, DBW 14:106f., 221.

104) DBW 16:73f., 76, 102, 128, 198.

105) 1935년 6월 27일자 의사록, DBW 14:47-49.

106) Dokumente 243.

107) GS I, 227, Dokumente 242f. 참조.

108) 칼 코흐 의장에게 보낸 1935년 6월 4일자 비망록, DBW 14:41-44.

109) DBW 14:41.

110) 이 장 694-697쪽.

111) 1935년 6월 27일자 회의록, Dokumente 243.

112) GS I, 228f., Dokumente 243f. 참조.

113) 이 장 697-701쪽과 DBW 14:378-399.

114) GS II, 199.

115) DBW 14:42.

116) 본서 8장 609-611쪽.

117) 이 장 639쪽, DBW 14:66-68.

118) Minutes of the Meeting of the Executive Committee, Chamby, 18-22. 8. 35, 45.

119) 이 일은 조지 K. A. 벨이 앙리오에게 지시하여 이루어진 것이다. DBW 14:46 참조.

120) 본서 8장 580쪽.

121) H. L. Henriod, The Joint Ecumenical Youth Commission: How and Why It Came to Be, Genf 1936, 8.

122) Ebda.

123) Minutes, 53, 72.

124) 에드윈 이스파이가 본회퍼에게 보낸 1936년 4월 13일자 편지. 에드윈 이스파이가 본회퍼에게 보낸 1936년 5월 7일자 편지, DBW 14:153-155도 참조.

125) 1965년 12월 23일, 아르민 보옌스가 제네바에 있는 세계교회협의회 문서실 자료를 근거로 알려준 정보.

126) 쉰펠트가 오이겐 게르스텐마이어에게 보낸 1936년 6월 2일자 편지, DBW 14:164f.

127) 본서 8장 569-572쪽.

127a) 본서 710쪽.

128) Minutes, 45, 48.

129) Minutes, 56.

130) Ebda.

131) 1935년 6월 22일자 편지, DBW 14:52 Anm. 5; MW V, 245f.

132) DBW 11:328 참조.

133) 레너드 호지슨이 본회퍼에게 보낸 1935년 7월 9일자 편지, DBW 14:52.

134) DBW 14:53-56.

135) DBW 14:55.

136) DBW 14:56.

137) DBW 14:56f.

138) DBW 14:59.

139) DBW 14:59.

140) 본서 8장 502쪽.

141) DBW 14:60. 본서 7장 484쪽도 참조.

142) 본서 11장 905-906쪽 참조.

143) DBW 14:378-399.

144) DBW 14:378f.

145) DBW 14:381.

146) DBW 14:383.

147) DBW 14:383.

148) DBW 14:385.

149) DBW 14:387.

150) DBW 14;388.

151) DBW 14:389.

152) DBW 14:396.

153) DBW 14:397.

154) DBW 14:398.

155) DBW 14:399.

156) 본서 10장 743-754쪽.

157) 아르민 보옌스가 주의를 환기시킨 바에 따르면, W. A. 피스르트 호프트(Visser't Hooft)는 옥스퍼드 대회를 위해 쓴 논문 「에큐메니칼 공동체로서의 교회」(Die Kirche als ökumenische Gemeinschaft) in: Die Kirche und ihr Dienst in der Welt, 1937, 79-96에서 본회퍼가 제기한 물음들을 명백히 참조하면서도 고백교회의 독일인 저자들을 언급하기를 주저하여 본회퍼를 거명하지 않았다. 하지만 피스르트 호프트의 「'교회 속의 교회'에 대한 생각들」(Gedanken über die 'Kirche in den Kirchen')도 당시에는 주목을 받지 못했다. 그 생각들은 1948년에야 암스테르담에서 관심 있게 조명되었다. 이 글에서 피스르트 호프트가 자신의 교회론적 관점을 뒷받침하기 위해 인용한 사람은 다음과 같다. 칼 바르트, 디트리히 본회퍼, 윌리엄 템플(아르민 보옌스가 에버하르트 베트게에게 보낸 1966년 7월 7일자 편지).

158) DBW 4:167(-175).

159) W. Niemöller, Kampf und Zeugnis der Bekennenden Kirche, 1948, 289.

160) 디트가르트 마이어(Dietgard Meyer)를 통해 출판한 사본, in: H. Erhart u.a., Katharina Staritz 1903-1953, Bd. I, 1999, 218-261.

161) W. Niesel, Um Verkündigung und Ordnung der Kirche, 20.

162) 본서 10장 760-762쪽.

162a) 본서 7장 425쪽, 8장 607쪽.

10장

1) DBW 14:676.

2) W. Niemöller, Kampf und Zeugnis, 303f.; G. Niemöller, Die erste Bekenntnissynode der Deutschen Evangelischen Kirche in Barmen, Bd. I, 1959, 233ff.

3) DBW 14:101f.

4) H. Brunotte, Antwort auf den "Osnabrücker Aufruf" vom 10. 12. 1935, in: G. Niemöller, Die erste Bekenntnissynode, Dissertation(Manuskript), 206.

5) 작센 주 형제협의회가 관할 목사후보생들에게 보낸 1936년 2월 29일자 편지.

6) 본회퍼가 손수 쓴 핵심 표현 메모. 제목은 '바르멘에서 외인하우젠을 향해'(Von Barmen nach Oeynhausen)였다. DBW 14:597-601.

7) DBW 14:106-112.

8) DBW 14:930f. 참조.

9) DBW 14:937.

10) DBW 14:930-945.

11) 이 장 756-757쪽.

12) J. Beckmann, Kirchliches Jahrbuch für die Evangelische Kirche in Deutschland 1933-1944, 107f.

13) 에버하르트 베트게가 게르하르트 피브란스(Gerhard Vibrans)에게 보낸 1936년 1월 21일자 편지.

14) DBW 14:263.

15) DBW 14:655-680.

16) 귄터 코흐(Günther Koch)에게 보낸 1935년 12월 8일자 편지. W. Niemöller, Die Evangelische Kirche im Dritten Reich, 181 참조.

17) 1936년 7월 22일자 핑켄발데 회람 10호, DBW 14:200.

18) 알브레히트 쇤헤르, 1936년 1월 15일자 핑켄발데 회람 4호, GS II, 464.

19) DBW 14:924.

20) DBW 8:187, 70 참조.

20a) 본서의 609쪽과 623-625쪽 참조.

21) DBW 14:115f.

22) DBW 14:124.

23) JK 1936, 4, Jg., Heft 9, 420-426.

24) DBW 14:121.

25) DBW 14:125.

26) DBW 14:142f.

27) DBW 14:167.

28) DBW 14:125 참조.

29) 예컨대 Svenska Morgenbladet, Stockholms Tidningen, Stockholms Dagblad, Dagens Nyheter 등이 그랬다.

30) Dokumente 185.

31) DBW 14:126.

32) JK 1936, Heft 9, 420.

33) 1936년 5월 22일자 회람.

34) Dokumente 196.

35) GS II, 474.

36) Minutes des Management Committee des Weltbundes, Chamby 1936, 46.

37) DBW 14:213f.

38) DBW 14:248.

39) DBW 14:930-945.

40) DBW 14:655-680.

41) DBW 14:954-969.

42) DBW 14:786-819.

43) DBW 14:829-843.

44) 이 논문은 보존되어 있지 않다. DBW 14:292f. 참조.

45) DBW 15:371-406, 670도 참조.

46) DBW 14:102.

47) DBW 14:122.

48) DBW 14:124.

49) DBW 14:109f.

50) DBW 14:676.

51) DBW 14:676.

52) "붉은 헌장"은 고백교회 회원들의 자기의무헌장을 가리키는 말이었다. 물론 이 헌장의 색깔을 녹색으로 한 지방도 더러 있었다.

53) DBW 14:676f. Anm. 45.

54) 1936년 8월 17일자 편지.

55) 형제협의회에 보낸 편지. 본회퍼가 에버하르트 베트게에게 보낸 1936년 7월 11일자 편지, DBW 14:187.

56) 핑켄발데 사람들에게 보낸 1936년 7월 22일자 편지, DBW 14:201.

57) DBW 14:383.

58) 1936년 9월 19일자 편지, DBW 14:238.

58a) W. 엘러트는 "본회퍼의 신성 모독 발언들에 대해" 이렇게 말했다. "그는 그 발언들 속에서 주 하나님에게 인간 행위의 책임을 지웠다.……그리하여 그는 개혁파교회와 결별했다." (K. D. Schmidt, Dokumente des Kirchenkampfes II, Dok. 306, 885.)

59) 1936년 10월 24일자 편지, DBW 14:257.

60) 게르하르트 피브란스에게 보낸 편지, DBW 14:191-193.

61) H. Sasse, Wider das Schwärmertum, in: AELKZ 1936, 69. Jg., Nr. 33, Sp. 780.

62) 헬무트 골비처가 에른스트 볼프에게 보낸 1936년 8월 21일자 편지에 쓴 내용.

63) 본회퍼의 논문에서 따온 표현들, 곧 고백교회를 독일의 진정한 교회로 묘사하는 표현들이 이어진다.

64) 예컨대 바이에른이 이 견해를 대변했다.

65) Kirche oder Gruppe? Ein Briefwechsel vom Rat der Evangelischen Bekenntnissynode im Rheinland, 1936, 19, 23-27. 이 입장표명의 초안을 잡은 페터 브룬너는 자신이 쓴 부분을 다음과 같이 알린다(1965년 6월 20일). "1장(22쪽 아랫부분부터 27쪽 중간부분까지)은, 극히 미미하게 수정한 부분과 잘게 부서진 몇몇 조각을 제외하고 내가 쓴 것입니다. 4장(30쪽 이하)도, 31쪽 중앙에 나타나는 결론부분을 제외하고 내가 쓴 것입니다. 2장과 3장(27쪽부터 30쪽까지)은 내가 잡은 초안을 확대한 것으로 추정됩니다. 나의 표현들에 뿌리를 둔 것으로 여겨지는 부분을 꼭 집어서 말하기는 어려울 것 같습니다.……나는 23쪽 이하의 객관적이고 신학적인 내용을 라인 협의회에서 주장했습니다. 입증하라면 확실히 입증할 수도 있습니다. 25쪽 중앙에 있는 내용('우리가 계속하기 전에……')도 내가 직접 쓴 것으로 기억합니다."

66) DBW 14:700f.

67) DBW 14:668.

68) EvTh 1936년 10월, 398-405. DBW 14:680-691 참조.

69) EvTh 1936년 10월, 405-410. DBW 14:691-700 참조.

70) DBW 14:696, Anm. 109.

71) 1937년 2월 10일자 편지.

72) DBW 14:696.

73) DBW 14:924.

74) 핑켄발데 회람 4호에서 알브레히트 쇤헤르가 한 말. DBW 14:31 참조.

75) 이 장 785쪽.

76) DBW 14:708f.

77) DBW 14:930-945.

78) JK 1936, 64-69, 157-161, 197-203; DBW 14:878-904 참조.

79) DBW 14:904 Anm. 97.

80) 이 장 720-722쪽.

81) 비아리아인 목사 한스 에렌베르크(Hans Ehrenberg).

82) 본서 6장 346쪽.

83) F. Baumgärtel, Die Kirche ist Eine-die alttestamentliche jüdische Kirche und die Kirche Jesu Christi? Eine Verwahrung gegen die Preisgabe des Alten Testaments, 1936.

84) Das Evangelische Westfalen, September 1936, 142.

85) GS IV, 336-343.

86) 바움게르텔이 바우만에게 보낸 편지, GS IV, 339.

87) 이 장 807-808쪽.

87a) 이 문제에 대해서는 마르틴 쿠스케(Martin Kuske)의 박사 학위 논문 Das Alte Testament als Buch von Christus. Dietrich Bonhoeffers Wertung und Auslegung des Alten Testaments, Rostock 1967 참조.

88) 본서 9장 640-641쪽.

89) 1936년 7월 22일자 호소문(핑켄발데 회람 10호 별지), DBW 14:204.

90) GS II, 466.

91) 1936년 7월 22일자 핑켄발데 회람 10호, DBW 14:195f.

92) 바우만이 바움게르텔에게 보낸 1936년 10월 26일자 편지, GS IV, 242.

93) 원문과 보다 자세한 사정을 살피려면 W. Niemöller, Die Bekennende Kirche sagt Hitler die Wahrheit, 1954를 보라. J. Beckmann, Kirchliches Jahrbuch, 1948, 130ff.도 참조.

94) 49. Brief zur Lage, nur für Mitglieder der Bekenntnisgemeinden, hg. von der Evangelischen Bekenntnissynode Rheinland, 2. 3. 1936, 23.

95) W. Niemöller, aaO, 45.

96) 1936년 7월 22일자 핑켄발데 회람 10호, DBW 14:200.

97) 1936년 7월 28일자 편지, DBW 14:207.

98) 1936년 10월 29일에 열린 전국형제협의회 회의 참조. W. Niemöller, aaO, 48.

98a) 1933년 10월에는 프란츠 힐데브란트의 목회지 클라인-마흐노브를 물려받았다.

99) 1935년 11월 18일자 편지, DBW 14:100.

100) 베르너 코흐가 1948년 7월 12일에 알려 준 사실.

101) DBW 14:217 참조.

102) 에버하르트 베트게에게 보낸 1936년 8월 6일자 편지, DBW 14:216; 1936년 8월 4일자 「타임스」에도 조지 K. A. 벨 주교의 편지가 실렸다. DBW 14:216 Anm. 5 참조.

103) 에버하르트 베트게에게 보낸 1936년 7월 23일자 편지, DBW 14:204; DBW 14:193f.도 참조.

104) 항의서 발표일이 아직 정해지지 않은 상태였다.

105) 1936년 8월 6일자 편지, DBW 14:215.

106) 1965년 8월 30일에 아르민 보옌스가 알려 준 정보.

107) 1936년 9월 22일자 핑켄발데 회람 12호를 보라.

108) DBW 14:189f.

109) 에버하르트 베트게에게 보낸 1936년 7월 23일자 편지, DBW 14:205.

110) CW 1936, Nr. 16. DBW 14:720 Anm. 37 참조.

111) DBW 14:216f.

112) DBW 14:714-720에 실린 강연 필기 노트 참조.

113) 본서 9장 679쪽, DBW 14:77 참조.

114) DBW 14:199, 201-203.

115) 1936년 6월 24일자 편지, DBW 14:169.

116) GS II, 503.

117) DBW 16:321, 373.

118) DBW 14:166 Anm. 3, 183f., 199 참조.

119) DBW 14:218f. 참조.

120) DBW 14:265.

121) 1938년 12월 9일자 편지, DBW 15:89f.

122) DBW 14:212.

123) L. Müller, Deutsche Gottesworte, 1936, 9, 17.

124) DBW 14:514 참조.

125) DBW 14:513-517.

126) DBW 14:76.

127) DBW 14:515f.

128) DBW 14:514.

129) DBW 14:181. 예컨대 가정방문 때 성경을 읽는 것(DBW 14:574).

130) DBW 14:195.

131) DBW 8:405.

132) 오토 두추스가 본회퍼에게 보낸 1939년 1월 11일자 편지, DBW 15:106.

133) DBW 14:203f. 참조.

134) DBW 14:161.

135) H. L. 앙리오에게 보낸 1936년 6월 16일자 편지. Kopie im Kirchenkampfarchiv der Kirchlichen Hochschule Berlin, Mappe Nr. 260, 49.

136) 에큐메니칼 협의회 제네바 사무국 문서실에 있는 영문 원본은 "교회의(ecclesiastical) 권한", 곧 "교회 당국의 권한"으로 되어 있다. 하지만 베를린 임시지도부의 번역자가 당시에 독특하게도 "영적 권한"으로 번역했다.

137) 임시지도부 문서철에 있는 앙리오의 편지 번역본에서 인용.

138) "협의회는 독일 개신교회 소속의 모든 단체와 우호관계를 유지하기를 원한다." 본서 8장 570-571쪽.

139) 아르민 보옌스가 제네바에 있는 에큐메니칼 협의회 문서실에서 발견하여 1965년 8월 30일에 알려 준 정보.

140) 조지 K. A. 벨 주교가 에를링 아이뎀에게 보낸 1936년 9월 8일자 편지.

141) Minutes of the Council, 2, 4.

142) 본서 751-754쪽.

143) 칼 코흐 의장이 베스트팔렌에서 교회위원회들과 협력하려고 수개월간 시도해 왔지만, 그 시도는 막 끝장난 상태였다. DBW 14:217, 222 참조.

144) 마르틴 니묄러에게 보낸 1936년 8월 12일자 편지, DBW 14:224f.

145) 조지 K. A. 벨 주교가 에를링 아이뎀에게 보낸 1936년 9월 8일자 편지.

146) MW II, 171.

147) Minutes, 67.

148) 1936년 8월 25일에 행한 췰너의 연설에서 인용, Dokumente 252f.

149) Minutes, 69.

150) 1936년 9월 19일자 편지, DBW 14:239f.

151) DBW 14:234-239, 249-253; 본서 9장 662쪽.

152) 1936년 9월 28일자 Report DEK, K. A. A. 4942/36.

152a) 본서 8장 573쪽, 1933년 12월 12일자 편지.

153) 헤켈이 자신의 보고서에서 거명한 "학술 논문들"에는 게르스텐마이어의 신학 논문도 들어 있었다. 본회퍼와 헤켈의 대립이 첨예화되던 시점에 헤켈의 자리를 이어받은 그는 공동 연구를 받아들여 「창조와 계시. 제1 신조 신학을 위한 체계적 연구」(Schöpfung und Offenbarung. Systematische Untersuchung zu einer Theologie des ersten Artikels)로 프리드리히 브룬슈테트에게서 박사 학위를 취득했다. 이 논문에서 그는 자기 스승의 뜻대로 단호히 칼 바르트를 겨냥하며, 창조와 민족의 문제에 몰두했다. 그는 이 박사 학위 논문의 상당 부분을 『교회와 창조』(*Die Kirche und die Schöpfung*)라는 책에 수록하여 1937년 11월에 퇴고하고, 1938년에 푸르헤 출판사에서 출판했다. 그 속에서 그는 다음과 같은 알트하우스의 문장들을 인용하며 동의의 뜻을 표했다. "민족의 배타적인 '우리 의식'(Wirbewuβtsein)은 개인들의 가산된 수의 결과가 아니라, 추론 불가능한 자연발생이다"(Dissertation, 65, Anm. 1. in "Die Kirche und die Schöpfung", 78, Anm. 1). 다음과 같은 상세한 설명도 이와 연결되어 있다. "역사상 공동 사회 조직을 굴복시킨 조직 교란은……민족들과 인종들의 종(種) 상이성, 공동 사회 조직이 그때그때 지니는 개별적 특수성을 의미하는 것이 아니라, 민족들과 인종들의 뒤얽힘 및 혼합, 곧 민족들과 인종들이 부정적으로 교차하여 변종을 낳는 것을 의미한다. 하지만 우리는 혈통 및 인종의 뒤얽힘을 조직 교란으로 간주함은 물론이고 역사 및 국가의 뒤얽힘도 조직 교란으로 간주해야 한다. 역사가 뒤얽히고 국가가 뒤얽힐 경우, 소속이 같은 공동 사회 조직 내지 민족 개성은 완벽한 공통점을 발전시키지 못하고, 자신의 역사적 특성을 위협하는 외세에 완전히 굴복하거나 부분적으로 굴복하고 만다." 다음의 논평도 마찬가지다. "외세의 지배 아래 자신의 생존을 위해 투쟁하는 독일 민족 집단의 곤경을 생각한다"(Dissertation, 67, 또는 "Die Kirche und die Schöpfung", 89). 그 뒤에 이어지는 내용은 다음과 같다. "하나님의 피조물을 위한 투쟁, 피조물의 존속을 위한 투쟁이 끊임없이 이루어지는 곳에서 교회는 무기를 들고 축복하고 함께 싸워야 한다.……이것은 국가와 민족의 재통합 시도와 관련하여 특히 중요하다. 국가와 민족의 재통합 시도는 참된 공동 사회의 회복과 관계가 있기 때문이다"("Die Kirche und die Schöpfung", 269f.). 오이겐 게르스텐마이어는 서문에서 출전들과 후원자들에 관한 정보를 다음과 같이 알렸다. "민족과 교회를 아우르는 공동사회조직이 자신의 토대와 존속을 위해 투쟁을 벌이는 광범위한 견해들의 장(場)에서 저자는 독일 국내를 넘어 독일 해외 동포, 독일 개신교 해외디아스포라의 투쟁으로부터 감명을 받고, 특히 에큐메니칼 운동의 연구 활동을 통해 비독일교회로부터도 감명을 받았다." 오이겐 게르스텐마이어는 로스토크 대학의 스승에게 감사를 표한 다음 "독일 개신교회-해외사무국의 수장 헤켈 감독에게도 적지 않은" 감사를 표했다. "그의 자극과 가장 값진 감동의 전달이 이 연구 수행을 장려했다."

154) DBW 14:280-282.

155) Minutes, 68f. 참조.

156) Schreiben der VL II D 3, 3803/36 vom 13. 11. 1936.

157) 1936년 9월 8일부터 15일까지 라 보르카르데리에서 "청년 그리스도인 그리고 평화에 이르는 길"이라는 주제로 열렸다.

158) DBW 14:239.

159) GS I, 271f.

160) GS I, 272.

161) DBW 14:271 참조.

162) DBW 14:275f. 참조.

163) DBW 14:271.

164) DBW 14:277-280.

164a) 폰 디츠가 보내온 1969년 4월 29일자 편지.

165) DBW 14:283.

166) "킬 출신의 대학 강사 마인홀트 씨"가 제국교육부에 보낸 "1936년 7월 28일부터 8월 14일까지 제네바에서 열린 3차 에큐메니칼 세미나 보고서"에서. 제국교육부 문서철 Nr. 2931 IX 06 사본.

167) 하노버 DEK 문서실에 사본으로 존재한다. 종무부 문서철에는 위에서 언급한 마인홀트의 문서와 함께 등록되어 있다. 제국교육부의 수령 번호는 Akte C-I-IV이다.

168) G I 20043/37.

169) 보다 자세한 내용을 살피려면 본서 11장 911-913쪽 참조.

169a) 1945년 이후에도 빌헬름 멘과 한스 쇤펠트는 DEK와 에큐메니칼 운동의 관계에 관해 쓴 논문들에서 고백교회와 에큐메니칼 운동의 관계에 대해 한마디도 언급하지 않는다. (W. Menn im Kirchlichen Jahrbuch 1950 und H. Schönfeld in: Ordnung Gottes und Unordnung der Welt, 1948).

170) GS II, 505.

171) 「타임스」에 보낸 1937년 3월 27일자 편지; DBW 14:276 Anm. 2 참조.

172) DBW 14:267-270.

173) GS II, 514.

174) DBW 14:260.

175) 본서 9장 708-709쪽.

176) Zeitschrift für Elektrochemie, Bd. 62, 223.

176a) 그는 이미 7월 4일에 니묄러의 대리를 맡은 상태였지만, 부임한 것은 힐데브란트가 국외로 이주하고 나서였다.

177) 본서 4장 244-245쪽.

178) 핑켄발데 회람 16호에서 그리했다.

179) 루트 로베르타 슈탈베르크(Ruth Roberta Stahlberg)에게 보낸 편지, DBW 16:25.

180) 본서 13장 1136쪽.

181) J. Zutt in: Der Nervenarzt, 1949, 20. Jg., Heft 6, 242f.

181a) Aufzeichnung von J. Mickley(NL B 131); DBW 14:778 Anm.1 참조. 뒤이어 프리드리히 고가르텐과 한스 아스무센이 목사후보생들에게 강연했다.

182) DBW 14:261.

183) DBW 14:845-847, 845 Anm. 49, 847 Anm. 60 참조.

184) G. Ebeling, Evangelische Evangelienauslegung. Eine Untersuchung zu Luthers Hermeneutik,

1942.

185) 1936년 10월 24일자 편지, DBW 14:257.

186) 본서 2장 157쪽.

187) 본서 9장 670-671쪽, 이 장 756쪽.

188) DBW 14:829-843(844).

189) DBW 14:843.

190) H. Sasse, Was heiβt lutherisch?, 1936.

191) 헤르만 자세의 책에 대한 본회퍼의 메모에서 인용.

192) DBW 14:238.

193) 1937년 6월 24일자 회람, DBW 14:293.

194) DBW 16:15f., 17f., 25-27, 35.

195) 1936년 7월 22일자 편지, DBW 14:197.

196) DBW 16:71.

197) 1936년 9월 4일자 편지, GS II, 503.

198) 이 장 717쪽.

199) DBW 14:222, 217.

200) W. Niemöller, Kampf und Zeugnis der Bekennenden Kirche, 1948, 353.

201) 1936년 8월 10일자 편지, DBW 14:221f.

202) 형제협의회의 전체 회의 보고서, 1936년 10월 17일자 편지에 첨부된 글.

203) DBW 14:700-713.

204) G. Niemöller, Die erste Bekenntnissynode, Bd. I, 236을 보라.

205) W. Niesel, Um Verkündigung und Ordnung der Kirche, 23, 27.

206) DBW 14:170f. 이 성명서 덕분에 동부지역의 세 신학원이 교회 위원회로 넘어가지 않았다.

207) 핑켄발데 회람 14호에서 에버하르트 베트게가 한 말. DBW 14:263 참조.

208) W. Niemöller, Kampf und Zeugnis der Bekennenden Kirche, 380.

209) J. Beckmann, Kirchliches Jahrbuch 1933-1944, 162.

210) E. Klügel, Die lutherische Landeskirche Hannovers und ihr Bischof 1933-1945, 503, Anhang E "Gwaltakte von Staat und Partei...gegenüber Pastoren der hannoverschen Landeskirche."

211) 오이겐 로제가 알려 준 정보.

212) DBW 15:225f.

213) 1937년 6월 24일자 회람, DBW 14:291f.

214) DBW 14:301.

215) W. Niesel, aaO, 51-57.

216) DBW 15:14.

217) W. Rott, Ihm fiel immer etwas ein, in: Begegnungen, 128.

218) W. Niemöller, Die Evangelische Kirche im Dritten Reich, 343; DBW 14:298.

11장

1) "뮌헨 협정"을 통한 평온.

2) 1938년 10월 1일자 편지.

3) 율리우스 리거에게 보낸 1937년 10월 4일자 편지, DBW 14:300.

4) 에버하르트 베트게가 보낸 1940년 1월 19일자 편지.

5) 본회퍼가 부모에게 보낸 1940년 1월 29일자 편지, DBW 15:289.

6) 본회퍼가 부모에게 보낸 1940년 2월 14일자 편지, DBW 15:291f.

7) 본회퍼가 부모에게 보낸 1940년 2월 27일자 편지, DBW 15:293f.

8) 본회퍼가 부모에게 보낸 1940년 3월 6일자 편지, DBW 15:295f.

9) 게르하르트 레네(Gerhard Lehne)가 본회퍼에게 보낸 1939년 2월 2일자 편지, DBW 15:129f.

10) DBW 15:48; 본서 10장 743쪽도 참조.

11) DBW 15:72.

12) 에르빈 주츠에게 보낸 1938년 9월 19일자 편지, DBW 15:72.

13) 폴 레만에게 보낸 1938년 12월 14일자 편지, DBW 15:91.

14) 1938년 12월에 율리우스 리거에게 보낸 편지, DBW 15:94.

15) H.-W. Jensen, Gemeinsames Leben, in: Begegnungen, 143f.

16) 1937년 11월 29일자 편지, DBW 14:303.

17) DBW 15:33f.

18) O. Dudzus, Dem Rad in die Speichen fallen, in: Begegnungen, 68.

19) W. Niemöller, Kampf und Zeugnis, 437.

20) DBW 15:38.

21) J. Beckmann, Kirchliches Jahrbuch 1933-1944, 237ff.

22) AaO, 262.

23) Karl Barth zum Kirchenkampf, ThExh 49, 79-83.

24) DBW 15:50(-57).

25) DBW 15:56.

26) DBW 15:56f.

27) 서약 문제를 처리함으로써.

28) DBW 15:64, 66f.(64-67).

29) DBW 15:69f.

30) G. Niemöller, Die erste Bekenntnissynode der Deutschen Evangelischen Kirche in Barmen, Bd. I, 1959, 247-254.

31) 본서 12장 972-973쪽.

32) J. Beckmann, aaO, 265.

33) 1938년 10월 20일자 회람. J. Beckmann, aaO, 265f. 참조.

34) Th. Wurm, Erinnerungen aus meinem Leben, 2. Aufl., 1953, 147f.

35) G. Maltusch, Beim Brand der Synagogen, in: Begegnungen, 142f.

36) DBW 15:84.

37) 스가랴 2:8.

37a) 본서 9장 주 28. 이는 1935년에 한 발언이었다. "Konsequenzen. Dietrich Bonhoeffers Kirchenverständnis", IBF 3, 1980, 195f.

38) 오토 키스트너(Otto Kistner)가 1939년 1월에 보낸 편지, DBW 15:123.

39) 한스 호프만(H. Hofmann)이 보낸 1939년 2월 3일자 편지, DBW 15:134f.

40) 오토 키스트너가 1939년 1월에 보낸 편지, DBW 15:122.

41) 게르하르트 크라우제가 보낸 1939년 2월 18일자 편지, DBW 15:151.

42) 인내에 관해 말한 1938년 11월 20일자 회람, DBW 15:81f.

43) 1939년 1월 28일자 편지, DBW 15:116f.

44) An die jungen Brüder in Pommern, DBW 15:23-32.

45) DBW 15:27.

46) Gesetzblatt der DEK 1938, Nr. 3.

47) 1939년 주현절에 열린 총회가 베스트팔렌을 겨냥하여 특별 성명을 내놓은 것은 그 때문이었다. W. Niesel, Um Verkündigung und Ordnung der Kirche, 1949, 72f.

48) 1938년 8월 23일자 회람, DBW 15:59.

49) 프리츠 온나쉬의 1938년 9월 3일자 편지.

50) 에버하르트 베트게의 정보.

51) '성서의 증거를 따르는 우리의 길'(Unser Weg nach dem Zeugnis der Schrift), DBW 15:407-431.

52) DBW 15:411f.

53) DBW 15:419.

54) DBW 15:430.

55) 베르너의 종교국들.

56) 아리아 혈통 증거를.

57) W. Niesel, aaO, 71.

58) 1939년 2월 14일자 회람, DBW 15:146f.

59) 이 장 910쪽.

60) DBW 15:170f.

61) 예컨대 마그데부르크 종교국이 에버하르트 베트게에게 보낸 1939년 3월 13일자 명령서가 그랬다.

62) 에버하르트 베트게가 작센 주 종교국에 보낸 1939년 3월 17일자 편지.

63) 볼프강 슈테믈러의 1939년 5월 2일자 회람.

64) '성서의 증거를 따르는 우리의 길'(Unser Weg nach dem Zeugnis der Schrift), DBW 15:407-431.

65) 주현절 총회 성명서.

66) 루돌프 링커(Rudolf Lynker)의 1939년 2월 3일자 편지, DBW 15:137.

67) 베르너 드 보어와 게르하르트 자스의 1939년 2월 13일자 회람, DBW 15:138-145.

68) 주현절 총회 성명서.

69) 1939년 2월 18일자 편지, DBW 15:150-154.

70) 프리츠 온나쉬의 1939년 1월 24일자 편지와 1월 28일자 편지.

71) 1939년 2월 16일자 편지.

72) 안나 오네조르게(A. Ohnesorge)가 1939년 2월 19일과 20일에 기록한 회의록.

73) Ebda.

74) 프리츠 온나쉬의 1939년 3월 1일자 기록.

75) 안나 오네조르게가 기록한 회의록.

76) 본서 8장 608쪽, 이 장 943쪽.

77) DBW 15:530.

78) H. Traub, Zwei Erinnerungen, in: Begegnungen, 148.

79) 「칭의와 율법」 및 로마드카에게 보낸 편지와 관련하여 내린 평가.

80) Christianity and Crisis, vol. V, no. 2, 1945, 6.

81) 본서 10장 762-766쪽.

82) 본서 8장 575-576쪽.

83) 초센 문서철과 그 내용에 관해서는 이 장 950-951쪽, 12장 1069쪽, 13장 1139쪽, 14장 1254쪽과 1289쪽, 부록 A에 있는 크리스티네 폰 도나니의 기록, H. C. Deutsch, Verschwörung gegen den Krieg, 1969, 309-324 참조.

84) 그로스-슐뢴비츠에서 보낸 1938년 6월 29일자 편지, DBW 15:41.

85) Das "Hoßbach-Protokol", in: W. Hofer, Der Nationalsozialismus, Dokumente 1933-1945, 1957, 193-196.

86) 크리스티네 폰 도나니가 1945년에 알려 준 정보.

87) 1939년 1월 23일자 편지, DBW 15:115.

88) 크리스티네 폰 도나니가 1945년에 알려 준 정보.

89) W. Schellenberg, Memoiren, 1956, 40f.

90) 국방군 측이.

91) H. Krausnick, in: Die Vollmacht des Gewissens, 1956, 315.

92) 성 게오르크 교회는.

93) Gemeindeprotokol, 72f.

94) H. Krausnik, aaO, 365.

94a) 파울 폰 하제의 전임자로서 베를린 시 사령관이었던 이는 자이페르트(Seifert) 장군이었고, 비츨레벤의 후임자로서 3군단 사령관이 된 이는 쿠르트 하아제(Kurt Haase) 장군이었다. 이 점이 종종 혼동되고 있다. 특히 휠러-베넷(Wheeler-Bennett)의 책이 그러하다.

95) 칼-하인리히 라이머는 그렇게 전한다.

96) G. Reitlinger, Die Endlösung, 1956, 9.

97) 게르하르트 라이프홀츠는.

97a) 당시 열한 살이었던 마리안네 라이프홀츠(Marianne Leibholz)의 보고문 in: S. Leibholz-

Bonhoeffer, Vergangen, erlebt, überwunden, 1968, 113-116.

98) 1938년 11월 10일자 편지, DBW 15:77f.

99) E. Bethge, Gegen den Strom der Zeit. Aus einem Briefwechsel zwischen dem Lordbishop of Chichester G. K. A. Bell und G. Leibholz während der Kriegsjahre, in: Die moderne Demokratie und ihr Recht. Festschrift für G. Leibholz, hg. von K. D. Bracher, Chr. Dawson, W. Geiger, R. Smend, 1966, 3ff.

100) 에버하르트 베트게의 1938년 8월 21일자 편지.

101) DBW 15:168f.

102) 쾨슬린에서 날짜를 명기하지 않고 "토요일"에 보낸 편지, DBW 15:169f.

103) 이 장 841쪽. DBW 15:72.

104) DBW 15:90.

105) 필자의 강조.

106) 런던에서 보낸 1939년 3월 25일자 편지, DBW 15:160.

107) 니부어가 레이퍼에게 보낸 편지, DBW 15:165.

108) 형제협의회는.

109) 1939년 6월 15일자 편지, DBW 15:187f.

110) DBW 8:253, 391.

111) GS I, 400.

112) 1939년 4월 13일자 편지, DBW 15:164.

113) J. Rieger, Kontakte mit London, in: Begegnungen, 93.

114) 본서 9장 694-696쪽 참조.

115) DBW 15:159.

116) DBW 15:162.

117) 제네바 본부 문서실에 있다.

118) 이 장 910쪽.

119) DBW 15:159.

120) 1939년 3월 31일자 편지. Dokumente 258f.

121) 1939년 4월 1일자 편지, Dokumente 258f.

122) 1939년 4월 3일자 편지, Dokumente 259.

123) J. Beckmann, aaO, 284f.

124) 제네바 문서실, Eine Kundgebung an die christlichen Kirchen.

125) 조지 K. A. 벨 주교에게 보낸 1939년 3월 25일자 편지, DBW 15:158f.

126) W. A. Visser't Hooft, Zeugnis eines Boten, 6f.

127) Rouse-Neil, aaO, 707.

128) J. Beckmann, aaO, 297.

129) JK 1939, Heft 8, 309.

130) 본서 10장 806-807쪽.

131) DBW 15:175f.

132) J. Beckmann, aaO, 300f.

133) 에버하르트 베트게에게 보낸 1939년 6월 4일자 편지와 6월 6일자 편지, DBW 15:179, 182. 그는 베트게가 뒤따라오게 할 생각이었다.

134) DBW 15:217-219.

135) DBW 15:217-240.

136) DBW 15:173.

137) 1939년 5월 31일자 편지, DBW 15:178.

138) DBW 15:189.

139) DBW 15:167.

140) DBW 15:220.

141) DBW 15:222f.

142) DBW 15:188f., 192f.

143) DBW 15:224.

144) DBW 15:227.

145) DBW 15:228f.

146) Plan Nr. 4 von Leiper.

147) DBW 15:229f.

148) 1939년 6월 22일자 편지, DBW 15:194.

149) DBW 15:230f. 두터운 글씨는 필자의 강조.

150) DBW 15:210.

151) DBW 15:234.

152) DBW 15:235-237.

153) DBW 15:239.

154) DBW 15:236.

155) DBW 15:204f.

156) DBW 15:209.

157) 라인홀드 니부어와 폴 레만이 주축이 되어 구성한 위원회, DBW 15:169.

158) DBW 15:213.

159) DBW 15:211.

160) DBW 15:239f.

161) DBW 15:240.

162) 이 시기 본회퍼의 대화 상대자들 가운데는 영국 작가이자 시 「금요일의 아이」(Friday's Child, MW IV, 175ff.)의 저작자인 위스턴 휴 오든(Wystan Hugh Auden)도 있었다. 이는 위스턴 휴 오든이 크리스토프 폰 도나니에게 구두로 직접 알려 준 사실이다. (「금요일의 아이」는 W. H. 오든이 디트리히 본회퍼를 추모하여 쓴 시—옮긴이.)

163) DBW 15:224.

164) DBW 15:225.

165) DBW 15:431-460.

166) DBW 15:443-445.

167) DBW 15:441f.

168) DBW 4:181, 206.

169) DBW 15:442f.

170) DBW 15:444f.

171) DBW 15:459.

172) DBW 15:433.

173) DBW 15:240.

174) 1939년 7월 22일자 편지, DBW 15:253.

175) DBW 15:260f.

176) 본서 1장 96-97쪽.

177) W.-D. Zimmermann in: Begegnungen, 6.

178) DBW 15:271.

179) J. Wach, Das Problem des Todes in der Philosophie unserer Zeit, 1934.

180) F. Dehn, Das Gespräch vom Tode, 1938.

181) G. Barbarin, Der Tod als Freund.

182) 본서 8장 501쪽, 520쪽.

183) K. Bonhoeffer, Lebenserinnerungen, 120.

184) 1939년 9월 20일자 편지, DBW 15:270.

185) Vollmacht des Gewissens, hg. von der Europäischen Publikation, 1956, 377.

186) W. Niemöller, Die Evangelische Kirche im Dritten Reich, 391.

187) 1939년 11월 3일자 Daily Telegraph.

188) 1939년 9월 6일자 편지, DBW 15:262.

189) 이 목사직이.

190) 지구르츠호프에서 보낸 1940년 2월 27일자 편지, DBW 15:293.

191) 본서 8장 608쪽, 이 장 943쪽.

192) 율리우스 리거가.

193) 본회퍼가 목회하던 런던 교구의 이민자.

194) DBW 15:499-535.

195) J. Beckmann und F. Linz, Meine Worte werden nicht vergehen, 1940, 42-46; G. Eichholz, Herr tue meine Lippen auf, 1941, 120ff., 124ff., 141ff., 145ff.; DBW 15:492-498, 554-577.

196) 본회퍼는 설교학 세미나를 할 때면 언제나 자신의 목사후보생들에게 짤막한 초안들을 제공하곤 했다.

197) 본회퍼는 일련의 복음서 작업에 협력하고 나서 일련의 사도 서신 작업에 협력하기로 되어 있었다.

198) 1940년 5월 20일자 편지, DBW 16:34.

199) 1940년 9월 14일자 편지, DBW 16:61.

200) 1941년 2월 17일자 편지, DBW 16:151.

201) DBW 15:537-553; DBW 16:471-474, 475-481, 490-493.

202) Rouse-Neill, aaO, 708f.; A. Johnson, Eivind Berggrav, 1960, 110-114.

203) 본서 12장 1115-1116쪽.

204) F. v. Schlabrendorff, Eugen Gerstenmaier im Dritten Reich, 1965, 26.

205) G. Ritter, Karl Goerdeler, 1954, 252.

206) 지크문트-슐체를 두고 한 말.

207) "독일 신교와 긴밀히 연락하며 행동하기를 바라는" 닐스 에렌스트룀 박사가 시그투나에 설립한 에큐메니칼 연구소.

208) DEK 교회-해외사무국 대리인 오이겐 게르스텐마이어가 1939년 9월 27일부터 10월 2일까지 수행한 출장과 관련하여 외무부 문화정책국과 외무부 정보국에 보낸 보고서, 8; F. v. Schlabrendorff, Eugen Gerstenmaier im Dritten Reich, 26도 참조.

208a) 1939년에서 1940년으로 넘어가는 겨울에 진행된 공모에 관해서는 하롤트 C. 도이치(Harold C. Deutsch)의 상세한 연구서 Verschwörung gegen den Krieg, 1969, 특히 X-보고서와 그로스쿠르트의 일기와 관련하여 참조.

209) L. Poliakov & J. Wulf, Das Dritte Reich und seine Diener, 1956, 517.

210) 이 장 883쪽.

211) 이 과정들에 관해서는 Vollmacht des Gewissens, 408ff. 참조.

212) 1940년 1월 15일자 편지, DBW 15:287.

212a) X-보고서에 관한 보다 정확한 자료는 H. C. Deutsch, aaO, 309-324에 실려 있다.

213) U. von Hassell, Vom Andern Deutschland, 1964, 124.

214) Vollmacht des Gewissens, 473.

215) 크리스티네 폰 도나니의 보고서. Vollmacht des Gewissens, 487.

216) F. Bauer, Oster und das Widerstandsrecht, in: Politische Studien, Heft 154, 188-194.

217) DBW 6:62.

218) DBW 8:38; 본서 12장 1120쪽.

219) 이 장 943쪽.

220) H.-W. Jensen, Gemeinsames Leben, in: Begegnungen, 145.

221) DBW 4:108.

222) DBW 8:188.

223) DBW 8:397.

224) DBW 16:128.

1) DBW 8:236.
2) DBW 16:46.
3) 오늘날의 바벨스베르크. 그러한 회의를 위해 여러 차례 도피처로 사용되었다. DBW 16:40 참조.
4) W. Niesel, Vom Kielschwein zum Seminardirektor, in: Begegnungen, 139.
5) 라스베크 사람 비스마르크의 아들을.
6) 빌헬름 로트가 1966년 2월 14일에 알려 준 정보.
7) 안나 오네조르게 교감의 일기. 오네조르게는 포메른 형제협의회 회원으로서 교리문답 문제 담당이었다.
8) 이 장 1018-1019쪽.
9) DBW 6:75, 77.
10) DBW 8:234.
11) 1940년 8월 26일자 편지, DBW 16:60.
12) 1940년 7월 24일자 내무 장관 법령.
13) 이 장 987쪽.
14) 1940년 7월 12일자 법령, J. Beckmann, Kirchliches Jahrbuch 1933-1944, 460 참조.
15) W. Niemöller, Die Evangelische Kirche im Dritten Reich, 369f.
16) J. Beckmann, aaO, 412ff.
17) Th. Wurm, Erinnerungen aus meinem Leben, 157.
18) DBW 16:151, 153 참조.
19) 이 장 1090-1093쪽.
20) 본서 11장 854-855쪽.
21) J. Beckmann, aaO, 350.
22) 본회퍼가 한스-베르너 옌젠(Hans-Werner Jensen)에게 보낸 1941년 5월 14일자 편지, DBW 16:180.
23) W. Niemöller, aaO, 247f.
24) 이 장 1050-1051쪽.
25) DBW 16:228, 233.
26) DBW 16:89.
27) 부모에게 보낸 1940년 12월 22일자 편지, DBW 16:100.
27a) W. Niesel, Kirche unter dem Wort, 1978, 214 Anm. 19. 이 책에 따르면 그는 당시에 브레슬라우에 있는 궁정교회의 항의를 받았다고 한다.
28) 볼프강 슈테믈러는 1940년 11월 16일에 체포되었다.
29) 에버하르트 베트게에게 보낸 1940년 12월 1일자 편지, DBW 16:85.
30) 본서 11장 861-877쪽 참조.

31) J. Beckmann, aaO, 466f.

32) 1941년 2월 14일자 회람.

33) Ebda.

34) 1941년 10월 5일자 편지.

35) 하인츠 되베르트(Heinz Doebert)가 본회퍼에게 보낸 1942년 1월 13일자 편지.

36) 1941년 8월 15일자 편지, DBW 16:195.

37) 요하네스 미클라이(Johannes Mickley)의 1942년 1월 9일자 편지.

38) DBW 16:252f.

39) DBW 16:253.

40) DBW 16:253f.

40a) 헬무트 뢰슬러의 보고에 의하면 1942-1943년 그의 관할 지역인 라인란트에서 국방군에 입대한 고백 신학자 60여 명이 합법으로 인정되었다고 한다.

41) DBW 16:153.

42) 본서 11장 931-932쪽 참조. 이 강의들의 메모는 보존되어 있지 않다.

43) 에버하르트 베트게가 한 친구에게 날짜를 기록하지 않고 보낸 편지.

44) 에버하르트 베트게에게 보낸 1940년 8월 26일자 편지, DBW 16:60.

45) 제국보안본부가 독일의 모든 경찰청에 이 서류 번호로 보낸 회람 견본이 전후에 뒤셀도르프 경찰청의 문서철에서 발견되었다. 1940년 8월 22일로 날짜가 기입된 그 견본의 내용은 다음과 같다. "국민을 분열시키는 그의 활동을 이유로 나는 포메른(슐라베)의 디트리히 본회퍼 목사에게 전국 어디에서나 발언 금지를 내린다. 에리히 로트(Erich Roth)의 위임으로"(DBW 16:58). 뒤셀도르프 게슈타포의 한 "통신원"이 받은 회람에는 1940년 9월 20일자의 다음과 같은 평결이 동봉되어 있다. "나는 다음에 상술하는 인물들과 관련하여 그때그때 필요한 조치를 부추겨 줄 것을 당부한다.……1. 디트리히 본회퍼는……전국 어디에서나 발언 금지다. B(본회퍼)가 그곳에 이주하거나 다른 어떤 방법으로 출현했을 경우, 보고서를 제출해 주기 바람. 그가 출현할 때마다 방해하기 바람." 이 통신원의 문서에는 유사한 평결과 함께 일곱 명의 이름이 더 거명되고 있는데, 헬무트 골비처, 프리드리히 린츠(Friedrich Linz), 발터 크레크, 쾨슬린 교구감독 프리드리히 온나쉬도 거기에 들어 있다. 본회퍼는 게슈타포의 그러한 회람들이 어떤 역할을 했는지를 에탈에서 곧바로 경험하고 이렇게 썼다. "이곳에서 나에 대해 문의한 일이 있었다는군. 내가 이곳에서 무슨 일을 했는지, 그리고 내가 무엇 때문에 이토록 자주 이곳에(베네딕트 수도원에) 있는지를 물었다더군"(1940년 12월 10일자 편지, DBW 16:92).

46) DBW 16:61f.

47) 부모에게 보낸 1940년 10월 8일자 편지. DBW 16:66도 참조.

48) 부모에게 보낸 1940년 11월 16일자 편지, DBW 16:72.

49) 1940년 11월 16일자 편지, DBW 16:70.

50) G. v. Rad, Begegnungen in frühen und späten Jahren, in: Begegnungen, 163.

51) 한스-베르너 옌젠에게 보낸 1940년 12월 26일자 편지, DBW 16:102.

52) 1942년 3월에 보낸 회람, DBW 16:241f.

53) 1940년 5월에 보낸 회람, DBW 16:29-32.

54) 프리드리히 에른스트 슈뢰터(Friedrich Ernst Schröter)의 1940년 9월 29일자 편지.

55) 에리히 클라프로트의 1942년 2월 5일자 편지.

56) 에르빈 잔더(Erwin Sander)의 1942년 2월 4일자 편지, DBW 16:238f.

57) 프란츠 에른스트 피스터러(Franz Ernst Pfisterer)의 1941년 10월 25일자 편지.

58) DBW 16:243f. 미망인에게 보낸 편지, DBW 16:245f.도 참조.

59) DBW 16:224.

60) 에버하르트 베트게에게 보낸 1941년 8월 24일자 편지, DBW 16:196f.

61) 본회퍼에게 보낸 1941년 12월 12일자 편지, DBW 16:234.

62) 한스-발터 슐라이허(Hans-Walter Schleicher)에게 보낸 1942년 10월 10일자 편지, DBW 16:363f.

63) 1940년 10월 9일자 편지, DBW 16:65.

64) 1943년 여름에 개신교 출판사 촐리콘(Zollikon)의 『신학 연구』 14호에 게재되었다. F. E. Schröter in: Beiträge zur Evangelischen Theologie, hg. von E. Wolf, Bd. 2, Kirche und Amt I. Zur Frage von Taufe und Ordination, Amt und Sakrament, 1939.

65) DBW 16:586.

66) DBW 16:582 참조.

67) DBW 1:164-166; DBW 2:159f.

68) DBW 1:165.

69) DBW 4:30; DBW 14:834f.

70) DBW 4:81, 221-226.

71) DBW 4:250f.; DBW 12:411; DBW 15:453.

72) DBW 8:364.

73) J. Beckmann, aaO, 383-388.

74) DBW 16:228-233.

75) 본서 10장 804-805쪽 참조.

76) DBW 16:600-619.

77) W. Niesel, Um Verkündigung und Ordnung der Kirche, 105-110.

78) W. Niesel, aaO, 110.

79) DBW 16:613.

80) DBW 16:614.

81) DBW 16:614f., 556f.

82) DBW 16:617.

83) 1934년 5월 11일자 편지, in: Begegnungen, 222; DBW 13:139f.

84) 1941년 2월 14일자 편지, DBW 16:145.

85) Bd. 7: R. Bultmann, Offenbarung und Heilsgeschehen, 1941, 27-69.

86) Mitteilungen an die Mitglieder, 1941, Nr. 1, 6-10(등사본).

87) 1942년 3월 24일자 편지, DBW 16:248.

88) 1942년 6월 17일자 5차 회의록(등사본). DBW 16:249f. 참조.

89) Ebda.

90) 1942년 7월 25일자 편지, DBW 16:344f.

91) G. Krause, Dietrich Bonhoeffer und Rudolf Bultmann, in: Zeit und Geschichte. Dankesgabe an Rudolf Bultmann zum 80. Geburtstag, hg. von E. Dinkler, 1964, 457ff. 유감스럽게도 게르하르트 크라우제는 본회퍼의 해석에 다른 어떤 의미가 있는지를 부연하지 않는다.

92) 본서 10장 807-808쪽.

93) DBW 13:204.

94) DBW 15:112-114.

95) DBW 15:114.

96) O. Hammelsbeck, Mit Bonhoeffer im Gespräch, in: Begegnungen, 172.

97) 안나 폰 기르케의 집에서 모인 동아리에서 게르트루트 보이머(Gertrud Bäumer), 엘리 호이스-크나프(Elly Heuss-Knapp)와 나눈 대화, 그리고 에두아르트 슈프랑거의 집에서 나눈 대화.

98) 초안 1부가 본회퍼의 유품 속에서 발견되었다.

99) 이 가운데 어떤 것도 남아 있지 않다.

100) O. Hammelsbeck, Vita. Pädagogische Autobiographie(등사본), 1959, 42.

101) 그리스도인이 세상 속에서 봉사할 때에는.

102) O. Hammelsbeck, aaO, 45.

103) O. Dilschneider, Die evangelische Tat, 1940.

104) DBW 16:550-562.

105) 이 대목에서 위르겐 몰트만(Jürgen Moltmann)에게 다음과 같이 질의해 볼 수 있겠다. "당신은 본회퍼가 개인적인 현상들을 일방적으로 서술하는 반면 사실적인 것들을 거들떠보지도 않았다고 비판하는데(MW III, 52), 그가 오토 알렉산더 딜슈나이더와 논쟁한 것을 충분히 주목하긴 했는가?"

106) DBW 8:237.

107) 본서 9장 670쪽.

108) H. Bürkle, Die Frage nach dem "kosmischen Christus" als Beispiel einer ökumenisch orientierten Theologie, in: Kerygma und Dogma, 1965, 105.

109) 순서와 날짜 표시를 살펴보려면 DBW 6:470, 16f.을 참조.

110) DBW 6:347.

111) DBW 6:126-133. 1992년판은 연도를 1941년으로 적고 있다.

112) DBW 6:124.

113) DBW 8:226, 244, 406, 477f., 503.

114) DBW 6:149.

115) DBW 6:151.

116) 에버하르트 베트게에게 보낸 1940년 12월 10일자 편지, DBW 16:92.

117) DBW 6:171.

118) DBW 6:173.

119) DBW 6:247.

120) DBW 6:261.

121) DBW 6:372.

122) DBW 6:406.

123) DBW 6:404 참조.

124) DBW 6:404.

125) DBW 8:34.

126) 에버하르트 베트게에게 보낸 1942년 6월 25일자 편지, DBW 16:325.

127) GS I, 397f.

128) 예컨대 Fraenkel-Manvell, Der 20. Juli, 1964, 65와 T. Prittie, Deutsche gegen Hitler, 1965, 137이 그러하다.

128a) 이 장 984-985쪽.

129) DBW 16:538.

130) DBW 16:103.

131) 본서 11장 879-880쪽 참조.

132) 에탈 수도원에 관해 빠짐없이 알려면 DBW 16:67-156 참조. 여기에는 아스무센의 Una-Sancta-Praktiken(하나의 거룩한 교회 실습, DBW 16:70), 프란츠 귀르트너의 장례식(DBW 16:129), 고해 문제(DBW 16:139), 수도원에서 본회퍼의 책들을 낭독한 내용(DBW 16:102)이 담겨 있다.

133) DBW 16:135.

134) J. Glenthøj, Bonhoeffer und die Ökumene, in: MW II, 198. 바르트의 업무용 달력에 의하면 본회퍼는 3월 4일 저녁, 3월 6일, 3월 7일 아침에 바르트와 함께 있었다. (3월 6일에는 한스 베른트 기제비우스도 동석했다.) 따라서 취리히-바젤-제네바가 본회퍼의 출장 경로였다.

135) 1941년 2월 25일자 편지, DBW 16:157.

136) 1941년 2월 25일자 편지, DBW 16:158f.

137) G. Ritter, Carl Goerdeler und die deutsche Widerstandsbewegung, 1954, 252, 316.

138) 본서 11장 903쪽.

139) A. Freudenberg, Besuche in Genf, in: Begegnungen, 147.

139a) 피스르트 호프트가 본회퍼의 방문을 두고 평가한 것을 살피려면, A. Boyens, Kirchenkampf und Ökumene 1939-1945, 171 이하와 202 참조. 피스르트 호프트는 거기에서 이 방문을 대단히 높이 평가하고 있다. 무엇보다도 다음과 같은 닐스 에렌스트룀의 달력 메모들이 이를 입증하고 있다. 1941년 3월 8일, 피스르트 호프트, 프로이덴베르크, 닐스 에렌스트룀이 본회퍼를 만나다. 3월 10일, ("유대인 난민구호소") 이들이 오후에 샤를 귀용(Charles Guillon)을 만나다. 3월 11일, 피스르트 호프트, 닐스 에렌스트룀, 앙리오, 귀용. 3월 12일, 피스르트 호프트, 닐스 에렌스트룀("그리스도교 평화계획 비망록"). 3월 13일, 피스르트 호프트, 닐스 에렌스트룀("'교회와 세상'이라는 주제를 피스르트 호프트의 메모와 연관 지어 토론"), 저녁에 앙리 데스핀(Henri d'Espine), 자크 쿠르부아지에, 프란츠 J. 렌하르트(Franz J. Leenhardt), 프로이덴베르크(Freudenberg). 3월 14일,

닐스 에렌스트룀. 3월 15일, 피스르트 호프트, 닐스 에렌스트룀, 프로이덴베르크, 앙리 데스핀, 자크 쿠르부아지에, 프란츠 J. 렌하르트, 자크 드 세나르클랑(Jaques de Senarclens), 다른 몇 사람과 합류하여 신학 세미나에 참석("세상 안에서 그리고 세상을 마주한 교회의 윤리적 선포와 행동, 그 정당성과 그 형식들에 관하여"). Archiv Nils Ehrenström, Genf, DBW 16:159-161.

140) 고백교회.

141) 1941년 3월 19일자 편지, DBW 16:163.

142) W. A. 피스르트 호프트가 필자에게 넘겨 준 사본에서, DBW 16:166-169.

143) DBW 16:170f.

144) DBW 16:178.

145) DBW 16:181.

146) Letters of Herbert Hensley Henson, London 1951, 130.

147) U. v. Hassel, Vom Andern Deutschland. Aus den nachgelassenen Tagebüchern 1938-1944, 1946, 202, Tagebuchnotiz vom 4. 5. 41; H. Graml, Die deutsche Militäropposition vom Sommer 1940 bis zum Frühjahr 1943, in: Aus Politik und Zeitgeschichte, Beilage zur Wochenzeitung "Das Parlament" vom 16. 7. 58, 361.

148) 비망록 작성에는 헬무트 제임스 폰 몰트케가 관여했다. K. H. Abshagen, Canaris, Patriot und Weltbürger, 1959, 307.

149) 헤닝 폰 트레스코브(Henning von Tresckow)의 반발에 대해 알아보려면 H. Graml, aaO, 362.

150) U. v. Hassell, aaO, 214.

151) U. v. Hassell, aaO, 212.

152) DBW 8:36.

153) DBW 8:36.

154) W. A. Visser't Hooft, Zeugnis eines Boten, 1945, 7. 닐스 에렌스트룀의 달력 메모: 9월 3일, 본회퍼가 제네바에 도착했다. "놀라운 소식: 히틀러와 나치 정권을 제거하려는 저항 세력의 계획들이 점차 구체화되고 있다"(Boyens, aaO, 174); 9월 5일, "본회퍼……이곳에 있는 동안, 그가 메모들을 작성했다. 메모들은 피스르트 호프트를 거쳐 조지 K. A. 벨, 윌리엄 패튼 등에게 발송되었다"(피스르트 호프트는 1941년 9월 13일부터 28일까지 프랑스에 있었다. Boyens, aaO, 105). DBW 16:202 참조.

155) 1941년 9월 25일자 편지, DBW 16:211.

156) Germany, the West and the Possibility of a New International Order, Winter 1939/40. Report on behalf of the Study Department of the Universal Council for Life and Work; Christianity, Politics and Power, in: Christian News-Letter Books, London 1942, mit einem Vorwort von L. Hodgson; Germany between West and East, in: The Fortnightly, October 1942, unter dem Pseudonym S. H. Gerhard; Ideology in the Post-War Policy of Russia and the Western Powers, in: The New English Weekly vom 19. 10. 44, 5f. G. Leibholz, Politics and Law, 1965, 91-132, 154-173, 174ff., 182ff., 210ff. 참조.

157) 1941년 9월 25일자 편지, DBW 16:210.

158) G. Bell, Christianity and World Order, London 1940, 83.

159) G. Bell, aaO, 84.

160) G. Bell, aaO, 85.

161) G. Bell, aaO, 87.

162) G. Bell, aaO, 105f.

163) 조지 K. A. 벨이 게르하르트 라이프홀츠에게 보낸 1941년 8월 27일자 편지.

164) G. Bell, aaO, 88-101.

165) G. Bell, aaO, 92.

166) G. Ritter, aaO, 316ff.

167) G. Ritter, aaO, 318.

168) 「타임스」에 게재된 저 문서의 10개조를.

169) G. Bell, The Church and Humanity 1939-1946, London 1946, 50, 56.

170) DBW 16:536-541.

171) W. Paton, The Church and the New Order, London 1941, 75.

172)W. Paton, aaO, 85.

173) W. Paton, aaO, 179.

174) "정치 위원 제거 명령."

175) DBW 16:543f., 537f. 참조.

176) DBW 16:541.

177) DBW 16:548.

178) DBW 16:203, 굵은 글씨는 필자의 강조.

179) 이 장 1069-1070쪽.

180) 1942년 1월 6일자 편지.

181) 1941년 10월 30일자 편지.

181a) 반 두센도 그 서평을 받고(DBW 16:203 참조), 그것을 존 포스터 덜레스(John Foster Dulles)에게 전했다(반 두센이 피스르트 호프트에게 보낸 1941년 11월 27일자 편지).

182) MW II, 185.

183) O. Salomon, Der Gastfreund, in: Begegnungen, 162ff.; DBW 16:209 참조; 본서 6장 350쪽도 참조.

184) DBW 16:206f.

184a) D. Bonhoeffer, Schweizer Korrespondenz 1941/42, 1982, 13, 25ff.; DBW 16:205f., 207f.에 발표된 편지들도 참조.

185) A. Freudenberg, Besuche in Genf, in: Begegnungen, 161.

186) W. A. Visser't Hooft, Zeugnis eines Boten, 7.

187) 1941년 9월 25일자 편지, DBW 16:210.

188) 에버하르트 베트게에게 보낸 1941년 8월 26일자 편지, DBW 16:198.

189) 1941년 9월 19일자 편지, DBW 16:204.

190) 이 장 971쪽.

191) DBW 16:216.

192) H. G. Adler, Theresienstadt 1941-1945. Das Antlitz einer Zwangsgemeinschaft, 1955, 18f.와 아들러가 필자에게 보낸 1956년 7월 3일자 편지를 보라.

193) 이 장 1001쪽.

194) Bericht von Dr. Arnold, Schreibmaschinenmanuskript 1946.

195) 제네바 세계교회협의회 문서실에서 찾아낸 사본. 편지에는 "1941년 10월, 베를린"으로 날짜가 쓰여 있다. DBW 16:217-220.

196) U. v. Hassell, aaO, 228, 231, 238, 248.

197) 이 장 1062쪽, 1092-1093쪽.

198) U. v. Hassell, aaO, 235.

199) U. v. Hassell, aaO, 246.

200) 빈프리트 크라우제가 보낸 1941년 12월 21일자 편지.

201) 오슬로로.

202) 1941년 9월 취리히에서, DBW 16:204f.

203) 전쟁을 암시하는 암호.

204) 발터 폰 브라우히치의 면직, 에리히 회프너(Erich Hoepner) 장군의 문책, 에르빈 폰 비츨레벤의 와병과 사임을 통해.

205) 라이프홀츠 가족에게 보낸 1942년 4월 17일자 편지, DBW 16:262f.

205a) Freya v. Moltke, Helmuth James v. Moltke 1907-1945. Anwalt der Zukunft, 1975, 182ff. mit terminlichen Korrekturen.

206) 그는 친위대와 관계를 유지하고 있었으며, 잠시 저항세력의 내각 명단에 미래의 법무 장관으로 오르기도 했다. 또한 본서 13장 1134쪽 참조.

207) 본서 9장 636쪽.

208) A. Johnson, Eivind Berggrav, Mann der Spannung, 1960, 138.

209) 1957년 1월 29일자 편지.

210) 본회퍼가 1942년에 쓴 일기에는 약간의 기록만 있다. 노르웨이 출장에 대해서는 다음과 같이 기록되어 있다.

4월 10일 금요일 10시 35분, St.(베를린 슈테틴 역)에서 출발-자스니츠 빅토리아 호텔.

4월 11일 토요일 4시, 트렐레보리를 향해 출발. 말뫼에서 숙박.

4월 12일 일요일 오전 8시에 출발하여 24시에 오슬로에 도착.

4월 13일 월요일. O(오슬로).

4월 14일 화요일. O.

4월 15일 수요일. O.

4월 16일 목요일. 낮에 스톡홀름을 향해 출발.

4월 17일 금요일. 스톡홀름. 저녁에 말뫼를 향해 출발. 항공편.

4월 18일 토요일. 10분간 코펜하겐으로 비행. 4시에 베를린을 향해 출발(DBW 16:255).

211) 본서 7장 449쪽, 469쪽.

212) DBW 16:262f.

213) DBW 16:259-261.

214) 조지 K. A. 벨이 게르하르트 라이프홀츠에게 보낸 1942년 6월 20일자 편지, DBW 16:324.

215) E. Gerstenmaier, Graf Moltke und die Kreisauer, in: "Christ und Welt" vom 21. 3. 57.

215a) 1942년 5월에 바르트와 본회퍼 사이에 오간 편지, DBW 16:266-272, 277f.

216) 볼가 공격과 코카서스 공격 그리고 에르빈 롬멜의 알-알라메인 공격을 가리킨다.

217) 취리히에서 라이프홀츠에게 보낸 1942년 5월 13일자 편지, DBW 16:266.

218) H. Rothfels, Zwei außenpolitische Memoranden der deutschen Opposition, in: Vierteljahreshefte für Zeitgeschichte 5, 1957, 388-397; GS I, 410.

219) 빌름 아돌프 피스르트 호프트가 1961년 5월 30일에 알려 준 정보.

219a) 요르겐 글렌트요의 Dokumente 267에 의하면, 쇤펠트는 5월 18일에 제네바를 떠난 상태였다.

220) 마르틴 니묄러 여사는.

221) 취리히에서 보낸 1942년 5월 23일자 편지, DBW 16:276f.

222) 주교는 6월 9일에야 런던으로 돌아갈 수 있었다. DBW 16:299.

223) 크리스티네 폰 도나니의 보고서, 1945년.

224) 상이한 표현 방식: 1945년 "내가 확신하는 바로는"(GS I, 393), 1957년 "그는 쇤펠트의 방문을 전혀 알지 못한 상태였다"(GS I, 404) 참조.

225) 본서 11장 905쪽.

226) Punkt 4, 5; GS I, 390-398, 399-413; DBW 16:313f., 321-323, 327-329, 330-337.

227) 요르겐 글렌트요는 에른스트 칼텐브룬너(Ernst Kaltenbrunner)가 제국보안본부에서 진행된 본회퍼 심문(본서 14장 1260-1261쪽, DBW 16:461-463 참조)과 관련하여 1945년 1월 4일에 작성한 문서를 공개하며 나의 추측에 이론을 제기했다(EvTh 1966, Heft 9, 463f.). 지금도 나는 그가 나의 글을 부정확하게 읽었으며, 그의 발굴물이 시그투나에서 일어난 일들과 관련하여 조지 K. A. 벨의 기록만큼 "상세한 그림"을 제공하지 못하고 있다고 생각한다. "상세한 그림"은 시그투나 회동에 간접적으로 참여한 이들이 아니라 직접적으로 참여한 이들에게서 나와야 한다.

칼텐브룬너의 문서는 1944년에서 1945년으로 바뀔 무렵에 작성된 것이지 1942년 5월과 6월에 작성된 것이 아니다. 조지 K. A. 벨의 보고서들은 사건 참여자의 입장에서 사건의 진의를 기술하려고 애쓰며 진실을 힘닿는 데까지 규명하려고 한다. 반면에 칼텐브룬너의 문서는 제국보안본부가 특정한 목적을 위해 사건 관계자의 진술을 듣고 작성한 간접적인 보고서다. 이 진술은 사건 관계자가 자신을 감추려고 한 것일 뿐, 시그투나 대화의 진의를 밝힌 것이 아니다. 칼텐브룬너의 문서는 엄청난 가치를 지니고 있는데, 이는 그것이 1944년에서 1945년으로 넘어가는 겨울철에 진행된 본회퍼 심문의 상황들과 방법들과 수단들을 보여주기 때문이다. 그 문서 속에는 본회퍼가 카나리스의 위임을 받아 영국의 상황을 정탐했다는 내용이 들어 있다. 하지만 시그투나 대화에서 중요하게 다루어진 것은 그것이 아니라, 베크의 지시사항이었다. 본회퍼는 심문을 받을 때 실제적으로든 건성으로든 그것을 조금도 언급하지 않았다. 이는 본회퍼 심문을 토대로 한 몇몇 다른 증언과도 일치한다. 그런데도 요르겐 글렌트요는 그 증언들을 참작하지 않는다. 그는 이 심문 보고서를 제국보안본부와 방첩대가 정치 정보 수집이냐 군사 정보 수집이냐를 놓고 벌이던 경합과 연관시키지도 않았다(프라하 협정, 본서 12장 1022-1023쪽, 14장 1262쪽). 이 맥락에서 보면 본회퍼가 1943년에 심문을 받으면서 한 진술과 1944-1945년 겨울에 심문을 받으면서 다시 한 진술은 방첩대의 혐의를 풀거나 위임자 베크에게 쏠린 주의를 다른 데로 돌리기 위해 한 것임을 알 수 있는데도 그 점을 놓친 것이다.

불행하게도 요르겐 글렌트요는 여러 가지 그럴싸한 추리를 제시하며 초센 문서철과 관련된 논제를 다룬다. 그러면서 초센 철제 금고와 관련된 밝혀지지 않은 사실과 존더레거 수사관이 찾아낸 것을 모호하게 하고, 문서철의 목적과 성격을 변조한다(초센 문서철, 그것의 유래와 운명에 관해서는 본서 11장 883쪽, 951쪽, 14장 1254쪽, 14장 주50, 특히 크리스티네 폰 도나니 여사가 기록한 부록 A를 보라). 요르겐 글렌트요는 본회퍼가 시그투나 대화에 관해 카나리스에게 제출한 보고서가 초센에서 발견되었다는 가정에서 출발한다. 제국보안본부가 초센에서 그 보고서를 찾아내는 것은 불필요한 일이었다. 인계받은 방첩대 문서들에서 그것을 찾아내면 되었기 때문이다. 게다가 그 보고서를 찾아내는 것은 불가능한 일이기도 했다. 초센 철제 금고에 그러한 성격의 보고서는 존재하지도 않았기 때문이다. 존재했다면, 베크에게 제출한 출장 보고서를 찾아냈을 테지만, 이는 있음직하지 않은 일이다. 요르겐 글렌트요는 자신의 추정을 명백하게 뒷받침하는 증거나 전거를 전혀 제시하지 않는다. 그가 후펜코텐(Huppenkothen) 법무관의 공소장과 (나에게 구두로 통지된) 이 소송에서 녹음된 진술들의 청취를 증거로 끌어대려면, 거기에서 실제로 무엇이 언급되었으며 정확한 내용이 무엇인지 확인해볼 필요가 있다. 공소장 속에는 본회퍼 메모가 초센에서 발견되었다는 표현이 들어 있는 것 같다. 하지만 그것이 시그투나 보고서였다거나, 직무와 관련하여 카나리스에게 (위장으로) 제출한 보고서였다는 내용은 전혀 언급되지 않는다. 초센 발견물들을 언급하는 1955년의 후펜코텐 판결문은 그러한 자료를 언급하지 않는다. 특히 자료에 정통한 크리스티네 폰 도나니도 이와 관련하여 시그투나 보고서를 언급한 적이 전혀 없다.

카나리스에게 제출한 시그투나 보고서가 초센에 있을 것이라고 추측하는 것은 문서철의 성격을 오인할 경우에만 가능한 일이다. (요르겐 글렌트요는 오해하기 쉽도록 다음과 같이 요약한다. "초센 문서철은 카나리스의 사무실에서 나온 자료로 구성되어 있었다", aaO, 465.) 본회퍼가 방첩대의 지시로 스웨덴, 노르웨이, 스위스에 출장을 다녀와서 직무와 관련하여 "은밀하게" 제출한 보고서들은 당연히 티르피츠 강변에 있는 카나리스의 사무실 문서철에 들려고 작성된 것이다. 그 보고서들이 거기에 있는 것은 당연한 일이다. 나도 1943년에 스위스 출장을 마치고 보고서를 작성하여 카나리스에게 제출했다. 그 보고서는 정식 확인이 가능하도록 문서철에 들어 있다. 본회퍼의 시그투나 출장은 1943년 여름에 최고군사법원 법무관 만프레트 뢰더가 본회퍼를 심문할 때 카나리스의 책임 아래 이루어진 방첩대 업무로 취급한 사항이었고, 프라하 협정이 말하는 월권의 맥락에서 위험한 역할을 하기는 했지만, 당시에 카나리스가 막아 낸 사항이었다(본서 13장 1130-1131쪽).

초센 철제 금고는 결코 카나리스에게 제출된 직무상 비밀 보고서의 보관소가 아니다. 만일 직무상 비밀 보고서의 보관소였다면, 이와 유사한 다수의 출장 보고서도 그곳에 보관되어 있어야 마땅하지만 그러지 않았다. 도나니와 오스터는 베크의 지시로 방첩대에서 맡고 있던 직무상의 책임 범위를 벗어나—카나리스의 양해와 허락이 있었을 것이고, 직무상의 활동이 아닌 그의 일기의 일부도 보관했을 것이다—봉기를 위해 혹은 쿠데타 이후에 증거로 제시하기 위해 자료를 보관하고 있었고, 초센 철제 금고는 바로 그 자료를 두던 곳이었다. 예컨대 그 금고에는 1939-1940년에 진행된 요제프 뮐러의 로마 협상들을 다룬 X-보고서(본서 11장 952-953쪽)가 들어 있었다. 쿠데타 발발 시 연합국 측의 책임 있는 약속들과 조건들을 담은 보고서였다. 1942년의 시그투나는 공모자들의 첫 번째 더듬이에 불과했고, 1939년에 진행된 로마 협상과 달리 첫 행보에서 아무런 결과도 얻지 못했다. 때문에 아직은 초센 철제 금고에 보관할 것이 전혀 없었다. 우리가 1차 출처와 2차 출처를 토대로 규명하려 해도, 본회퍼는 뢰더에게 심문받을 때와 마찬가지로 1944-1945년 겨울에도 베크의 지시를 받고 시그투나에 간 것에 관해 심문받지 않았다. 만일 시그투나가 고무적인 성과들을 냈더라면, 그것과 관련된 문서들도 확실히 철제 금고에 들어갈 거리가 되었을 것이다. 갓 시작된 접촉들을 증명하는 서류들을 보관하기 위해 금고를 마련한 것이라면, 어째서 트로트, 몰트케, 괴어델러, 울리히 폰 하셀 등이 추진한 훨씬 중대한 접촉, 곧 적과의 접촉을 다룬 문서가 그 속에 들어 있지 않았는가? 하지만 도나니와 오스터는 이 고도의 정치적이고 위험한 보관소를 불필요한 것을 담아 두는 금고로 이용하지 않았다. 요르겐 글렌트요의 추리는 도나니와 오스터가 그리했을 것이라는 느낌을 뒷받침하지 않으면 안 된다. 이 때문에 그의 가정이 "불행한" 것이다. 이 가정이 없으면, 발견물과 요르겐 글렌트요의 불필요한 설명들은 그 중요성과 지속적인 의미를 잃고, 이 논제들에서도 마땅히 제외되어야 한다.

228) 1942년 6월 20일자 편지, DBW 16:324.

229) DBW 16:290 참조.

230) H. Rothfels, Zwei auβenpolitische Memoranden, aaO, 388.

231) H. Rothfels, aaO, 389 이하.

232) G. Ritter, Carl Goerdeler, aaO, 322 참조.

233) G. Ritter, aaO, 322, 515; H. Rothfels, aaO, 388.

234) GS I, 396, 410; DBW 16:320, 345.

235) DBW 16:300-303.

236) DBW 16:537, 544; 이 장 1042쪽 참조.

237) 언젠가 조지 K. A. 벨은 한 신문의 질의를 받고 라이프홀츠와 협의한 뒤 밴시터티즘(Vansittartism)을 다음과 같이 정의했다. "피해자들로 하여금 나치즘(독일 국가사회주의)을 독일과 동일시하게 하고, 나치즘 속에서 독일만의 특정한 현상, 곧 다른 토양에서는 결코 번성할 수 없는 현상을 보게 하는 병. 이 심상치 않은 병이 각 개인 안에 다양하게 도사리고 있다. 나치스가 모든 유대인을 인간 이하의 존재로 여기듯이, 극심한 피해를 입은 이들이 모든 독일인을 때까치로 여긴다"[1943년 9월 11일자 「일러스트레이티드」(*Illustrated*, 사진이 들어 있는 잡지), 17]. 로버트 밴시터트(Robert Vansittart) 경 자신은 동일한 질의를 받고 이렇게 응답했다. "밴시터티즘의 핵심은 독일 군국주의가 진짜 적이라는 것이다. 군국주의가 독일 전역에 퍼져 있다. 따라서 히틀러가 제거되면 그것도 끝장날 것이라고 말하는 것은 어불성설이다. 우리는 독일에서, 양차 대전을 일으킨 그 체제를 폐해야 한다. 그런데도 나치즘이나 파시즘이 최근의 전쟁을 일으켰다고 말하는 이가 아직까지 아무도 없다"(aaO, 16).

238) 게르하르트 라이프홀츠에게 보낸 1942년 6월 1일자 편지, DBW 16:306.

239) DBW 16:305.

240) DBW 16:341.

241) DBW 16:343(과 333).

242) G. Ritter, aaO, 321.

243) H. Rothfels, Die deutsche Opposition gegen Hitler. Eine Würdigung, 1949, 166f.

244) DBW 16:343 Anm. 1.

245) DBW 16:346.

246) 1942년 6월 24일자 "Christian News Letter." DBW 16:327, (Anm. 3) 참조.

247) The Church Humanity, 74, 76. 굵은 글자는 필자의 강조.

248) AaO, 84.

249) H. Fraenkel, The Other Germany. DBW 16:379 참조.

250) 자비네 라이프홀츠에게 보낸 1942년 12월 4일자 편지.

251) BBC 방송.

252) 조지 K. A. 벨이 게르하르트 라이프홀츠에게 보낸 1942년 12월 11일자 편지.

253) G. Bell, The Church and Humanity, 95-109; GS I, 411.

254) G. Bell, The Church and Humanity, 95-109.

255) 영국 국회 의사록.

256) 조지 K. A. 벨이 게르하르트 라이프홀츠에게 보낸 1943년 3월 16일자 편지.

257) DBW 16:353 (또한 343 Anm. 1).

258) 게르하르트 라이프홀츠에게 보낸 1942년 10월 14일자 편지.

259) 조지 K. A. 벨이 하리 요한손에게 보낸 1942년 12월 3일자 편지, DBW 16:376-380.

260) 1943년 1월 12일자 편지.

261) U. v. Hassel, aaO, 308도 참조.

262) 앞서 언급한 BBC 방송과 관련한 언급이 이어진다. 본회퍼에게 건네라고 써 보낸 1942년 12월 3일자 편지, DBW 16:375f.

263) 1943년 4월 7일자 편지.

264) DBW 8:238.

265) 1942년 7월 9일자 편지, DBW 16:339.

266) DBW 16:353.

267) 비츠나우에서 보낸 1942년 8월 30일자 편지.

268) G. Ritter, aaO, 295.

269) DBW 16:589-595.

270) DBW 16:587-589.

271) Lutherisches Informationsblatt, 1. Jg., Nr. 17, 284f.

272) 이 장 1042쪽.

273) W. Paton, aaO, 76.

274) W. Paton, aaO, 179.

275) G. Bell, Christianity and World Order, 107.

276) P. Althaus, Luther in der deutschen Kirche der Gegenwart, 1940, 24f.

277) DBW 16:537.

278) 오토 디벨리우스는 1960년 7월 20일에 행한 설교에서, 본회퍼가 그에게 자신의 에큐메니칼 만남들에 관해 이야기했지만, 본질적인 공모 사실을 털어놓음으로써 그를 놀라게 한 것은 1943년 초였다고 말했다. "당시에 나는 저 동아리 안에 자리한 양심의 고통을 과소평가했습니다."

278a) 콘스탄틴 폰 디체의 1969년 4월 23일자 편지. 폰 디체가 에릭 볼프와 관련하여 쓴 1942년 10월 9일자 일기는 다음과 같다. "저녁에 게르하르트 리터 및 본회퍼와 오래 담소했다."

279) 콘스탄틴 폰 디체의 1969년 4월 23일자 편지.

280) DBW 6:354-364.

281) 크라이사우 동아리의 회의 문서들을 살펴보려면 Th. Steltzer, Sechzig Jahre Zeitgenosse, 1966, 307ff., 317ff. 참조.

282) DBW 16:359f.

283) U. v. Hassel, aaO, 292.

283a) Chr. Petry, Studenten aufs Schafott. Die Weiße Rose und ihr Schicksal, 1968. 그 책 77쪽 이하와 87쪽 이하에서 묘사된 팔크 하르낙(Falk Harnack) 박사의 기억은 앞으로 좀 더 정확히 조사되어야 할 것이다. 그 기억에 따르면 팔크 하르낙은 1942년 말에 뮌헨 대학생 조직의 지시로 디트리히 본회퍼 및 클라우스 본회퍼와 접촉하여 대화하고, 1943년 2월에도 이 두 사람과 한스 숄과의 직접적인 만남을 준비했다고 한다.

284) 1942년 11월 27일자 편지, DBW 16:371.

285) DBW 16:199.

286) DBW 16:372.

287) F. v. Schlabrendorff, Offiziere gegen Hitler, 1946, 69ff.; E. Zeller, Geist der Freiheit, 1952, 139ff.

288) DBW 8:367.

289) Antrag der Abwehrstelle im Wehrkreis VII München, DBW 16:355f.

290) DBW 16:209.

291) 에버하르트 베트게가 뤼디거 슐라이허에게 보낸 편지, DBW 16:384.

292) 이 기억은 K. H. Abshagen, Canaris, aaO, 351에 나오는 설명과 대립되지만, 이미 1945년에 크리스티네 폰 도나니가 기록한 내용이다.

293) K. H. Abshagen, aaO, 358f.; G. Ritter, aaO, 346; M. Boveri, Der Verrat im XX. Jahrhundert, Bd. II, 1956, 54; G. Buchheit, Der deutsche Geheimdienst. Geschichte der militärischen Abwehr, 1966, 419f. u. a.

294) Aus "Nach zehn Jahren", DBW 8:35f.

295) 1942년 6월 25일자 편지, DBW 16:325f.

296) 에버하르트 베트게에게 보낸 1942년 11월 28일자 편지, DBW 16:371.

296a) 부모에게 보낸 1943년 6월 4일자 편지, DBW 8:90f.

297) DBW 8:253.

298) DBW 8:188.

298a) K. D. Bracher, Die deutsche Diktatur, 498은 1944년 7월 20일 사건과 관련하여 다음과 같이 어림잡는다. "(제국군사법원의 판결 이외에) 민사 판결만으로도 대략 5,000명이 죽임을 당했다."

299) "20. Juli 1944. Ein Drama des Gewissens und der Geschichte." Dokumente und Berichte, 3. Aufl., 1960, 214ff.; A. Leber(Hg.), Das Gewissen steht auf, 1954, 187f.; T. Prittie, Deutsche gegen Hitler. Eine Darstellung des deutschen Widerstands gegen den Nationalsozialismus während der Herrschaft Hitlers, 1965, 127.

300) E. Bethge, Adam von Trott und der Deutsche Widerstand, Vierteljahreshefte für Zeitgeschichte, 11. Jg., 1963, 3. Heft, 213-223; hier 221f.

301) 그는 자신이 1942년에 가담했다기보다는 끌려 들어갔다고 말한다. Lutherisches Informationsblatt, 7. Jg., Nr. 17, 284f.

302) 본서 10장 732-735쪽.

303) 본서 10장 792쪽.

304) J. Courvoisier, Theologische Existenz, in: Begegnungen, 166; ebenso O. Hammelsbeck, Mit Bonhoeffer im Gespräch, in: Begegnungen, 172.

305) 본서 10장 732쪽.

306) E. Bethge, aaO, 219f.

307) E. Bethge, aaO, 222; 본서 6장 1118쪽 참조.

308) DBW 6:64-66.

309) DBW 8:19-39.

310) DBW 8:38; 본서 11장 956쪽.

310a) 본서 1033-1034쪽, 낙관주의의 기능에 관한 상세한 설명들, DBW 8:36.

311) E. Bethge, aaO, 219.

312) DBW 8:25.

13장

1) DBW 8:380f.

2) DBW 8:153.

3) "빨갱이 악대"는 게슈타포가 공산주의 저항단체에 붙인 별명이었다. 이 저항단체는 하로 슐체-보이젠, 아르비트 하르낙, 밀트레트 하르낙을 중심으로 결성된 단체로서 1942년 가을에 적발되었다. 뒤이은 소송에서 이 단체의 회원 75명이 사형 선고를 받았다(Das Gewissen steht auf, hg. von A. Leber, 1954, 111f.).

4) 본서 11장 882쪽, 887쪽; H. Bösch, Heeresrichter Dr. Karl Sack im Widerstand, 1967.

4a) 라인란트 출신으로서 그 시기에 베를린 육군 병기국 경리부장이었다.

5) 파울 슐체 추어 비셰 박사가 1966년 6월 2일에 알려 준 정보.

6) 본서 12장 1105-1107쪽.

7) 한스 폰 도나니의 1943년 5월 5일자 일기에 그렇게 기록되어 있다.

8) 본서 12장 1051-1055쪽.

8a) 1943년 6월 22일, 베를린으로부터 방첩대의 모든 하위 기관들로 지시가 하달되었다. 징집 면제를 엄격하게 재심사하라는 지시였다(Amt Ausland/Abwehr ZO Nr. 467/643 geheim).

9) 본서 12장 1022-1023쪽.

9a) 본서 2장 114쪽.

10) 카나리스.

11) 오스터.

12) 도나니.

13) "작전 7."

14) 본서 12장 1059쪽.

15) 본서 10장 801쪽.

16) 이는 고백교회 출신의 방첩대 대원들이 자동적으로 제국보안본부의 대원이 되는 기괴한 상황으로 이어졌다. 예컨대 빌리 로트가 그랬다. 그 바람에 로트는 전쟁이 끝나고 수개월 동안 흔적 없이 사라지고 말았다. 미국이 설치한 모스부르크 민간인 전쟁포로수용소에 "자동적으로 구금되어" 있었기 때문이다.

17) 에버하르트 베트게에게 보낸 1944년 7월 30일자 편지, DBW 8:552f.

18) 그는 자기 아내에게 그 소식을 암호로 알렸다. 부록 A도 참조.

19) DBW 8:187f.; 본서 12장 1113-1123쪽.

20) DBW 8:190.

21) DBW 8:505.

22) 본서 12장 985-986쪽, 1100-1101쪽.

23) DBW 8:216.

24) DBW 16:619-629.

25) 본서 12장 주 45.

26) 이 대목에서 그는 이 교회 동아리 소속 목사들의 징집 면제를 언급한다. 이들의 징집 면제는 슐라베 지역 교구감독 에두아르트 블로크와 폰 클라이스트 소령의 친분관계를 통해 이루어졌다. DBW 16:412.

27) 본서 12장 1051-1055쪽.

28) "작전 7"과 관련된 쪽지들은 1943년 6월 10일과 12일에 작성되었다. DBW 16:407.

29) 본서 12장 1105쪽.

30) 이 자크 박사는 칼 자크 박사와 동일인이 아니다. 이 장 1128-1129쪽 참조.

31) 자세한 대화를 위해 내가 자네와 함께 있게 된다면.

32) DBW 8:235f.

33) DBW 8:188.

34) DBW 8:38.

35) DBW 8:606(시「요나」).

36) U. v. Hassell, Vom Andern Deutschland, 333.

37) DBW 8:241f.

38) DBW 8:198.

39) "당신께서 함께해 주시면 나는 군대도 격파할 수 있고, 나의 하나님께서 함께해 주시면 성벽도 뛰어넘을 수 있습니다"(옮긴이 사역).

40) 1943년 12월 22일자 편지, DBW 8:252.

40a) 다하우 강제수용소. 이곳에 니묄러가 수용되어 있었다.

41) 1944년 2월 14일자 편지, DBW 8:325.

42) 1944년 2월 21일자 편지, DBW 8:332f. 『저항과 복종』의 형식에 관한 자세한 설명이 뒤를 잇는다. DBW 8:333f.; DBW 8:330f.도 참조.

43) DBW 8:391.

44) 제국군사법원에.

45) 1944년 5월 7일자 편지, DBW 8:420.

46) DBW 8:503, 505. 알렉산더 폰 하제(Alexander von Hase)가 (1969년 1월 9일에) 언급한 바에 의하면, 그의 아버지(파울 폰 하제)는 국방군 사법부에서 소송 절차를 효과적으로 지연시키고 확인하는 일에 관여했다고 한다. 그가 그 시기에 10개월 동안 투병 중이던 제국군사법원의 수장 막스 바스티안(Max Bastian) 제독을 대신하여 실질적인 수장 역할을 했기 때문이다. 그 당시 본회퍼의 부모는 본회퍼의 어머니 파울라 폰 하제의 사촌 오빠 파울 폰 하제를 만나러 베를린 시 사령부에 자주 들르곤 했다.

47) 편지를 쓸.

48) DBW 8:509, 512.

49) DBW 8:528.

50) Pfarramt und Theologie, Nr. 7/8, 35.

51) 작센하우젠.

52) 1944년 8월 23일자 편지, DBW 8:575f.

52a) DBW 8:606.

53) DBW 8:520(시「밤의 소리들」).

54) DBW 8:253f.

55) 이 장 1143쪽.

56) DBW 7:49f.

57) DBW 8:92. "칸트가 흡연을 자기 보존으로 해석한 것"을 가리킨다.

58) DBW 8:70, 92, 101, 188.

59) DBW 8:235.

60) DBW 8:70.

61) 본서 10장 726쪽.

62) DBW 8:187.

63) DBW 8:188.

64) 1943년 12월 18일자 편지, DBW 8:243.

65) DBW 8:243-245, 255f., 358f., 389f.

66) DBW 8:468-471.

67) 1944년 6월 5일자 편지, DBW 8:466f.

68) DBW 8:359.

69) 1944년 3월 9일자 편지, DBW 8:356f.

70) 1943년 5월 25일자 편지, DBW 8:83.

71) 1944년 3월 27일자 편지, DBW 8:372.

72) DBW 8:105.

73) 1943년 8월 7일자 편지, DBW 8:128.

74) 에버하르트 베트게에게 보낸 1943년 12월 15일자 편지, DBW 8:236.

75) DBW 8:457.

76) DBW 8:359.

77) DBW 8:69f.

78) DBW 8:358.

79) 1943년 10월 22일자 편지, DBW 8:175.

79a) Maria v. Wedemeyer-Wellers Bericht "The Other Letters from Prison", in: Union University Seminary Quarterly Review vol. XXIII, no. 1, Fall, 1967, 23-29, und seit 1992: Brautbriefe. (『옥중연서』 복 있는 사람)

80) DBW 8:330.

81) DBW 8:251f., 332f.; 이 장 1157-1160쪽.

82) 이 대목은 그가 자기 형 클라우스를 생각하며 쓴 것이다.

83) 1944년 2월 21일자 편지, DBW 8:332f.; 이 장 1159-1160쪽 참조.

84) DBW 8:398.

85) DBW 8:189.

86) DBW 7:21-71(희곡), 73-191(소설).

87) DBW 8:73-80, 428-436.

88) 이 장 1143쪽, DBW 16:619-629.

89) DBW 7:49.

90) DBW 7:185f.

91) DBW 7:49.

92) DBW 8:367. 본서 1장 43쪽.

93) 부모에게 보낸 1943년 10월 22일자 편지, DBW 8:175f.

94) 부록 B를 보라.

95) 1944년 2월 15일자 편지, Brautbriefe 136.

96) P. Schütz, Warum ich noch Christ bin, 1938; Das Evangelium, dem Menschen unserer Zeit dargestellt, 1940.

97) 1944년 2월 18일자 편지, Brautbriefe 139.

98) DBW 8:92f.

99) DBW 8:182.

100) 헤르만 바르(Hermann Bahr)의 논문 「슈티프터」(Stifter), neu abgedruckt in: Der goldene Schnitt, 1960, 199, 214.

101) 1943년 7월 25일자 편지, DBW 8:117.

102) DBW 8:312, 449.

103) DBW 7:193-204.

104) DBW 8:227.

105) DBW 8:310.

106) DBW 8:73-80.

107) DBW 8:425-436.

108) S. Dreß, Begegnungen in Tegel, in: Begegnungen, 188-194.

109) 이 장 1161-1163쪽.

109a) DBW 8:528. 1944년 여름에는 그곳에서 외국 방송도 청취했다.

110) DBW 8:399.

111) DBW 8:392; 본서 2장 117쪽 참조.

112) DBW 8:125; 본서 124쪽(DBW 8:153).

113) DBW 8:249.

114) 시 「밤의 소리들」에서, DBW 8:522f.

115) DBW 8:217f., 380-386.

116) DBW 8:227, 249, 294, 312.

117) DBW 8:204-208.

118) DBW 8:590-598.

119) 본서 7장 주 53; O. Dudzus, Dem Rad in die Speichen fallen, in: Begegnungen, 75.

120) 가에타노 라트미랄이 게르하르트 라이프홀츠에게 보낸 1946년 3월 6일자 편지와 4월 2일자 편지.

121) 이 장 1157쪽, DBW 8:199.

122) DBW 8:186.

123) DBW 8:238.

124) 에버하르트 베트게에게 보낸 1943년 11월 29일자 편지, DBW 8:215.

125) DBW 8:173.

126) DBW 8:421.

127) A. M. Ramsey, Sacred and Secular, London 1965, Kap. IV.

128) 1944년 8월 3일자 편지, DBW 8:555.

129) 1944년 4월 11일자 편지, DBW 8:391.

130) 1944년 4월 22일자 편지, DBW 8:399.

131) DBW 8:402.

132) DBW 8:312.

133) DBW 8:563.

134) DBW 8:353.

135) 본서 12장 1017-1018쪽, DBW 16:325.

136) MW II, 19ff.

137) DBW 6:76-78.

138) DBW 8:481.

139) 본서 11장 956-960쪽.

140) DBW 8:480. 본회퍼가 틸리히를 비판했다는 사실은 H. Cox, The Secular City, 1965, 79-84에서 확인된다.

141) 본서 12장 1003-1006쪽.

142) 1944년 5월 5일자 편지, DBW 8:414.

143) 1944년 6월 3일자 편지, DBW 8:463.

144) 1944년 6월 8일자 편지, DBW 8:482.

145) 1943년 11월 27일자 편지, DBW 8:211.

146) 1944년 5월 21일자 편지, DBW 8:433-435.

147) DBW 6:404.

148) DBW 8:534.

149) H. Müller, Von der Kirche zur Welt, 20.

150) 1943년 12월 5일자 편지, DBW 8:226.

151) DBW 8:301.

152) DBW 8:368f.

153) 이 장 1166-1171쪽.

154) DBW 8:402.

155) 1944년 8월 3일자 편지, DBW 8:555.

156) DBW 8:401-408, 413-416.

157) DBW 8:512.

158) DBW 8:576.

159) DBW 8:556-561.

160) DBW 8:416.

161) 이 장 1179쪽, DBW 8:3 Anm. 25.

162) 이 장 1197-1198쪽.

162a) M. Kuske, Das Alte Testament als Buch von Christus, aaO, 33 Anm. 2.

162b) 본회퍼가 직접 분류한 것, 예를 들어 DBW 8:509를 보라. "우리의 주제를 위해 몇 가지 생각할 것들. 사안의 성서적 측면……성서적 개념들의 비종교적 해석……."

163) DBW 8:402.

164) DBW 2:123f.; DBW 12:282-289.

165) DBW 8:404f.

166) DBW 8:479.

167) DBW 8:504. 미국 신학자 토마스 J. J. 알티저(Thomas J. J. Altizer)는 (The Gospel of Christian Atheism, Philadelphia 1966에서) 그런 식으로 공식화하지 않고, "세속화된 세상을 통해 그리스도를 요청하기"에 관해 말했던 것 같다.

168) DBW 8:511.

169) 1944년 6월 3일자 편지, DBW 8:461-464.

170) DBW 8:555. "누구인가"라는 물음과 "무엇인가"라는 물음의 차이에 대해서는 DBW 12:282-289; DBW 8:558, "하나님은 무엇인가?"가 아니라 "하나님은 누구인가?" 참조.

171) DBW 8:556-561.

172) DBW 8:477, 503, 504, 533, 557.

173) DBW 8:537.

174) DBW 8:477.

175) I. Kant, Was ist Aufklärung?(1784), Einleitungssatz. 그사이에 두 편의 박사 학위 논문인 E. Feil, Christus und die mündig gewordene Welt(Münster 1970)와 Chr. Gremmels, Mündige Welt und Planung(Marburg 1970)에서 다음의 사실이 설득력 있게 증명되었다. 1944년 1월 내지 1944년 6월부터 본회퍼의 빌헬름 딜타이 독서에서 자라난 "성년" 등등의 개념은 칸트의 계몽주의에서 유래한 것이라기보다는 딜타이의 생철학에서 유래한 것이라고 할 수 있다. 본회퍼는 딜타이의 생철학을 자신의 신학적 성찰에 거의 글자 그대로 끌어다 썼다.

176) DBW 8:414.

177) DBW 8:545. 이 개념은 로테의 것이다. R. Rothe, Zur Orientierung über die gegenwärtige Aufgabe der deutsch-evangelischen Kirche(1862), in: Gesammelte Vorträge und Abhandlungen, 1886, 36.

178) 『윤리학』의 앞부분, DBW 6:103에서 마지막으로 사용되었다.

179) DBW 8:482.

180) DBW 8:533f.

181) DBW 8:534f.

182) DBW 8:537.

183) DBW 8:541.

184) DBW 8:414, 481, 529, 546 참조.

185) DBW 8:476.

186) DBW 8:535, 416.

187) DBW 8:436.

188) MW I, 121.

189) 본서 3장 206-210쪽.

190) DBW 8:415.

191) DBW 8:404.

192) DBW 8:481.

193) 본서 2장 152-154쪽.

194) DBW 8:404.

195) DBW 8:414.

196) DBW 8:405.

197) DBW 8:559.

198) DBW 8:558.

199) P. Tillich, Systematische Theologie Bd. I, 28; Die Frage nach dem Unbedingten, in: Gesammelte Werke Bd. V, 141f.

199a) D. Ugrinovič, Das nichtreligiöse Christentum Dietrich Bonhoeffers und seiner Fortsetzer, in der Monatszeitschrift der Akademie der Wissenschaften der UdSSR "Voprosy Filozofii", 1968, Nr. 2, 94-102.

200) DBW 1:31.

201) DBW 8:415.

202) DBW 8:414.

203) DBW 8:402.

204) DBW 8:405.

205) DBW 8:509.

206) DBW 8:557.

207) DBW 8:509.

208) DBW 8:510f.

209) DBW 8:454.

210) DBW 8:537.

211) DBW 8:558.

212) DBW 8:515.

213) DBW 8:407, 503, 534.

214) DBW 8:558.

215) DBW 8:534.

216) DBW 8:255, 243-245.

217) DBW 8:405.

218) DBW 8:434.

219) Die Vorlesung "Das Wesen der Kirche" von 1932, DBW 11:245-251도 참조.

220) DBW 8:404, 415, 481f.

221) DBW 8:406, 482.

222) DBW 8:557.

223) DBW 8:535.

224) DBW 8:560.

225) J. H. Pestalozzi, Brief an Nikolovius, 1793.

226) DBW 8:537, 303.

227) G. Krause, Dietrich Bonhoeffer und Rudolf Bultmann, aaO, 439ff.

228) 이 장 1227-1228쪽.

229) DBW 8:435.

230) G. Ebeling, MW II, 34f.

231) DBW 8:435 참조.

232) DBW 8:561.

233) DBW 8:433.

234) DBW 8:436.

235) 1944년 4월 30일자, 5월 5일자, 7월 18일자 편지, DBW 8:405f., 415, 535f.; 세례에 대한 설명(DBW 8:435), 시 「그리스도인들과 이교도들」(DBW 8:515f.); DBW 16:23, 668 참조. 기젤라 모이스(Gisela Meuß)는 본회퍼의 저작 전체를 관통하며 비밀훈육이라는 주제로 나아가는 흐름을 추적했다. Arkandisziplin und Weltlichkeit bei Dietrich Bonhoeffer, in: MW III, 68-115; A. Pangritz, Dietrich Bonhoeffers Forderung einer Arkandisziplin, 1988. 본회퍼 자신의 기도 훈련 모범과 해석되지 않은 행위의 모범도 추가된다. 이 장 주 244도 참조.

236) DBW 8:405, 415.

237) DBW 14:526, 549-551, 553; '교회의 본질'(Das Wesen der Kirche)이라는 강의(1932년)에 담겨 있는 "신앙고백"의 비밀도 참조. "세상 앞에서 으뜸가는 신앙고백은 먼저 자기가 자기를 해석하는 행위이다", DBW 11:285.

238) "저들은 마차와 준마를 의지하나……주님은 나의 목자시니……."

239) DBW 8:541.

240) DBW 8:481.

240a) R. Prenter, Dietrich Bonhoeffer und Karl Barths Offenbarungspositivismus, MW III, 15, 19.

241) DBW 8:415.

242) DBW 6:46.

243) DBW 6:47.

244) J. M. Meier, Weltlichkeit und Arkandisziplin bei Dietrich Bonhoeffer, ThExh 136, 1966; 이 장 주 235도 참조.

245) J. M. Meier, aaO, 79.

246) DBW 6:50, 53.

247) O. Hammelsbeck, Zu Bonhoeffers Gedanken über die mündig gewordene Welt, in: MW I,

55f.

248) DBW 8:558 참조. 에른스트 랑게(Ernst Lange)는 이 실상을 공동체의 에클레시아(Ekklesia) 측면과 디아스포라(Diaspora) 측면이라는 양면성으로 설득력 있게 기술했다, in: Der Pfarrer in der Gemeinde heute, MPTh 1966, Heft 6, 199-229.

249) DBW 8:537.

250) DBW 8:368f.

251) DBW 8:499-501.

252) DBW 8:548f.

253) DBW 8:536.

254) DBW 8:515f.

255) DBW 8:559.

256) DBW 16:658-672.

257) DBW 16:651-658.

258) K. Barth, Die Menschlichkeit Gottes, 55.

259) DBW 8:560f. 참조.

260) DBW 8:561.

261) DBW 8:598.

262) "Vivendo, immo moriendo et damnando fit theologus, non intelligendo, legendo aut speculando"(WA 5, 163:28, operationes in psalmos. 1518-1521).

263) 1951년 9월 30일자 편지.

264) 1951년 10월 11일자 편지.

265) MW I, 121f.

266) DBW 8:558과 DBW 1:32-34 참조.

267) Bonhoeffer, Christology and Ethic United, in: Christianity and Crisis, vol. XXIV, no. 17, 1964, 195.

268) R. Gregor Smith, The New Man, London 1956; G. Ebeling, Die nicht-religiöse Interpretation biblischer Begriffe, in: MW II, 1956, 12-73; J. D. Godsey, The Theology of Dietrich Bonhoeffer, Philadelphia, 1960; H. Müller, Von der Kirche zur Welt, 1960; M. Marty, The Place of Bonhoeffer, London 1963.

269) J. A. T. Robinson, Honest to God, London 1963. (독일어판: Gott ist anders, 1963.)

270) G. Krause, Dietrich Bonhoeffer und Rudolf Bultmann, in: Zeit und Geschichte. Dankesgabe an Rudolf Bultmann zum 80. Geburtstag, 1964, 439-460; H. Ott, Wirklichkeit und Glaube, Bd. I: Zum theologischen Erbe Dietrich Bonhoeffers, 1966; J. A. Phillips, The Form of Christ in the World. A Study of Bonhoeffer's Christology, London 1967; E. Feil, Die Theologie Dietrich Bonhoeffers, 1971, 41991; T. R. Peters, Die Präsenz des Politischen in der Theologie Bonhoeffers, 1976.

271) 1943년 11월 18일자 편지, DBW 8:188.

14장

1) The New English Weekly, vol. XXVI, no. 1, 6.

2) G. Bell, The Church and Humanity, London 1946, 174.

3) G. Leibholz, Politics and Law, Leyden 1965, 210f.

4) 영국 상원 의장.

5) 1944년 8월 5일자 편지.

6) 피스르트 호프트는.

7) 본회퍼가.

8) Urteil im Prozeß gegen Huppenkothen vom 15. 10. 55, 1 Ks 21/50 (LG München) AK Schw[urgericht] 4/55 (LG Augsburg). 후펜코텐의 진술들은 저 문서철에 대한 크리스티네 폰 도나니의 기억들과 부분적으로 일치한다. 부록 A 참조.

9) Aussage von Huppenkothen, aaO, 18.

10) AaO, 41.

11) Spiegelbild einer Verschwörung. Die Kaltenbrunner-Berichte an Bormann und Hitler über das Attentat vom 20. Juli 1944, hg. von K. H. Peter, 1961.

12) 예컨대 몰트케와 함께한 출장을 복수로 언급한다. 이에 대해서는 die These von Glenthøj in: Dietrich Bonhoeffer vor Kaltenbrunner, EvTh 1966, Heft 9, 480ff. 본서 12장 주 227 참조.

13) K. H. Abshagen, aaO, 378.

14) 한스 폰 도나니가 보낸 1945년 2월 25일자 암호 통신문.

15) F. v. Schlabrendorff, Mit Dietrich Bonhoeffer im Gefängnis, in: Begegnungen, 200f.

16) F. v. Schlabrendorff, aaO, 200.

17) 본서 12장 1090-1093쪽.

18) J. Glenthøj, Bonhoeffer vor Kaltenbrunner, EvTh 1966, Heft 9, 462-499; 본서 12장 주 227 참조. DBW 16:461-463.

19) 본서 12장 1022-1023쪽.

20) 크리스티네 폰 도나니가 알려 준 내용.

21) 이는 크리스티네 폰 도나니와 요제프 뮐러 외에 F. v. Schlabrendorff, aaO, 201도 전하는 사실이다.

22) Urteil im Prozeß gegen Huppenkothen, 1955, 19.

23) DBW 8:609, 610f.

24) F. v. Schlabrendorff, aaO, 188.

25) 페인 베스트가 자비네 라이프홀츠에게 보낸 1951년 3월 2일자 편지.

26) F. v. Schlabrendorff, aaO, 202.

27) F. v. Schlabrendorff, aaO, 200.

28) F. v. Schlabrendorff, aaO, 201.

29) DBW 8:609.

30) DBW 8:610f.

31) 본서 13장 1213쪽 참조.

32) DBW 8:607f.

33) 그곳에는 본회퍼의 장서 가운데 일부, 특히 에를랑겐 판 루터 전집과 본회퍼가 아끼던 작은 찬장(본서 1장 45쪽과 DBW 8:319 참조)이 보관되어 있었다.

34) 한스 폰 도나니의 1945년 2월 25일자 암호 통신문.

35) 하인리히 히믈러.

36) 부헨발트나 다하우로.

37) 이에 관해서는 DBW 8:611 참조.

38) P. Best, The Venlo Incident, 171ff.

39) P. Best, aaO, 178ff.

40) 페인 베스트가 자비네 라이프홀츠에게 보낸 1951년 3월 2일자 편지.

41) 페인 베스트는 수감자들이 옷가지 외에 아무것도 소유하지 않았다고 언급한다. 하지만 이는 틀린 언급인 것 같다.

42) 휴 폴커너가 자비네 라이프홀츠에게 보낸 1945년 10월 1일자 편지.

43) 본서 12장 1024쪽 참조.

44) G. Ritter, Carl Goerdeler und die deutsche Widerstandsbewegung, 383.

45) 그도 본회퍼처럼 플로센뷔르크에서 처형당한 것 같다. 이 장 주 56a 참조.

46) 헤르만 퓐더가 1960년 9월 19일에 쾰른 풀하임에 소재한 디트리히 본회퍼 학교 봉헌식에서 행한 강연 중에서.

47) 페인 베스트가 자비네 라이프홀츠에게 보낸 1951년 3월 2일자 편지.

48) P. Best, The Venlo Incident, 180.

48a) 전에는 레겐슈트라세 2 소녀학교였다. Ansprachen bei der Enthüllung der Bonhoeffer-Gedenktafel in Schönberg am 12. Juli 1982, hg. vom Evangelisch-Lutherischen Dekanat Passau.

49) 휴 폴커너가 자비네 라이프홀츠에게 보낸 1945년 10월 1일자 편지.

50) E. Zeller, Geist der Freiheit, 466에는 다음과 같이 기록되어 있다. "전쟁 종료 한 달 전에 카나리스의 일기 전체가 발견되자, 히틀러는 분노에 사로잡혀 아직 재판받지 않은 무리에게 친위대가 급조한 야전군사법원을 통해 유죄 판결을 내리게 하고 4월 9일에 처형하게 했다(카나리스, 오스터, 도나니, 본회퍼, 게레, 슈트륑크, 칼 자크)." 이 견해의 원천은 후펜코텐 재판에서 나온 존더레거 수사관의 진술인 것 같다. 하지만 이 진술은 사실상 전혀 다른 사건을 위해 다소 불충분하게 입증된 논거라고 할 수 있다. 게르하르트 리터는 다음과 같이 기술한다. "그러나 (존더레거의 진술에 의하면) 플로센뷔르크에 생존해 있던 공모자들을 처형하도록 빌미를 제공한 것은 4월에 발견된 카나리스의 온전한 일기였다. 이 일기가 특히 히틀러의 분노를 유발했다"(aaO, 546). G. 부흐하이트(G. Buchheit)는 다음과 같은 말을 덧붙인다. "1945년 초, 우연히 초센에 숙영하게 된 발터 불레(Walter Buhle) 장군이 한 철제 금고에서 일기 I-IV와 여섯 권의 '출장 보고서'를 발견하고서, 그것

들을 총통호위참모부 수장이자 친위대 연대 지휘관인 라텐후버(Rattenhuber)에게 넘겼다. 라텐후버는 그것들을 4월 6일에 에른스트 칼텐브룬너에게 넘겼다. 라텐후버는 러시아의 전쟁포로였다가 뮌헨으로 돌아온 상태였으므로 전부터 알고 지내던 요제프 뮐러 박사를 찾아가, 칼텐브룬너가 히틀러의 명령을 받고 '공모자들의 말살'을 지시했다고 알렸다"(Der deutsche Geheimdienst. Geschichte der militärischen Abwehr, 1966, 445).

51) 후펜코텐의 진술. Urteil im Prozeβ gegen Huppenkothen 1955, 21.

52) AaO, 23f.

52a) 슈트룅크 대위는 이미 1944년 10월 10일에 사형선고를 받았지만, 오스터 동아리의 회원으로서 이제야 제거 결정에 포함되었다.

53) F. v. Schlabrendorff, aaO, 202 참조.

54) P. Best, aaO, 200쪽에는 이렇게 기록되어 있다. "우리는 그에게 작별인사를 했다. 그는 나를 곁으로 끌어당겨 이렇게 말했다. '이로써 끝입니다. 그러나 나에게는 삶의 시작입니다.' 그러고는 나에게, 할 수만 있으면 독일에 있는 모든 개신교 목사의 친구인 치체스터의 주교에게 메시지를 전해 달라고 부탁했다." 조지 K. A. 벨 주교도 이 마지막 말을 자세히 알렸다. 그가 1945년에 페인 베스트에게서 그 말을 전해 듣고 나서 즉석에서 작성한 메모에 따르면, 말의 내용은 다음과 같았다고 한다. "그분에게 이렇게 전해 주십시오. '나에게는 이것이 끝이지만 시작이기도 합니다. 나는 주교님과 더불어 모든 민족의 증오를 넘어서는 우주적이고 그리스도교적인 형제애의 원칙을 믿으며, 우리의 승리가 확실하다는 것도 믿습니다.' 그분에게 이 말씀도 전해 주십시오. '나는 우리의 지난 만남에서 주교님이 하신 말씀을 잊은 적이 없습니다'"(DBW 16:468 참조). 이 표현은 페인 베스트의 책에 기록된 시점보다 훨씬 이른 시점에 기록되었다. 페인 베스트는 조지 K. A. 벨과 본회퍼가 공유한 전사(前史)를 충분히 알지 못했다. 그래서 자기가 전한 말의 두 번째 부분을 중요하게 여기지 않았다. 하지만 조지 K. A. 벨은 1942년에 스웨덴에서 함께 나눈 대화와 연결 지은 말을 소중히 여겼다. 그래서 두 번째 표현을 고수한 것이다.

덧붙여 말하건대 테겔 옥중서신들 속에는 본회퍼의 마지막 말과 대단히 유사한 글귀가 들어 있다. 그는 1944년 8월 21일자 편지에서 예수의 삶, 말씀, 행동, 고난, 죽음을 깊이 생각해야 한다면서 이렇게 말했다. "확실한 것은 고난 속에 우리의 기쁨이, 죽음 속에 우리의 삶이 감추어져 있다는 것이네"(DBW 8:573).

55) 후펜코텐 재판에서 한스-마티센 룬딩이 한 진술. Urteil 1955, 50f. 참조.

56) H. Fischer-Hüllstrung, Bericht aus Flossenbürg, in: Begegnungen, 207.

56a) R. 폰 플레센(von Plessen)의 새로운 연구논문들, 팔켄하우젠의 발언과 라인하르트 괴어델러(Reinhard Goerdeler)의 발언 덕분에 다음의 사실이 밝혀졌다. 말하자면 아이텔-프리드리히 폰 라베나우도 4월 8일에 본회퍼와 함께 쇤베르크에서 플로센뷔르크로 이송되어 4월 9일에 처형되었다는 것이다(Ansprachen in Schönberg, aaO, 2).

57) Dietrich und Klaus Bonhoeffer, Auf dem Wege zur Freiheit. Gedichte und Briefe aus der Haft, 1946.

58) 1962년 7월 18일자 프랑크푸르트 알게마이네 차이퉁(Frankfurter Allgemeine Zeitung) 11면 기사.

59) J. Rieger, Kontakte mit London, in: Begegnungen, 96 참조.

60) Bonhoeffer Gedenkheft, 1946.

61) AaO, 9.

62) 필자가 입수한 발표문 등사본.

63) 1948년 2월 11일자 편지.

64) 그날 레겐스부르크에서 있었던 일.

65) 보스턴의 파울 요스만 교수.

부록

1) 이 문서는 날짜 기록이 없다. 둘째 부분은 1945년 7월 20일에 나온 토마스 장군의 경험담에서 잘못 설명된 부분에 대한 답변을 위해 작성되었다. 셋째 부분은 뉘른베르크 전범 재판소의 미군 장교들에게 복잡한 문제들을 설명하는 데 도움이 되었다. 이것에 관해서는 본서 1254-1255쪽 참조.

2) 보병 장군 게오르크 토마스가 자신의 체포 및 심문과 관련하여 1945년 7월 20일에 한 서술. 이 서술에 따르면 후펜코텐이 토마스 장군에게 이렇게 말했다고 한다. "오스터와 도나니가 자신들의 활동을 다 불었소."

3) 국방군 최고사령부 군부대 소속 방첩 분대 지휘관으로서 1944년 7월 28일에 자살했다. 그의 아들 하인리히 프렝켈(Heinrich Fraenkel)이 1967년 8월 11일자 편지에서 필자에게 알려 준 정보들은 이와 관련하여 약간 다른 견해를 제공한다. "황무지에는 사냥 오두막이 없었다. 문서들(특히 카나리스의 일기)은 (브라운슈바이크 인근) 그로스-덴크테에 소재한 슈라더 여사의 친척 집에 은닉되어 있었다. 하지만 베르너 슈라더가 자살하자, 슈라더 여사가 아직 체포되지 않은 이들을 위험에 빠뜨리지 않으려고 그것들을 소각했다."

찾아보기(인명)

ㄱ

ㅁ

ㅂ

ㅅ

ㅇ

ㅈ

ㅌ

ㅍ

찾아보기(주제)

ㄱ

ㄹ

ㅁ

ㅂ

ㅅ

ㅇ

ㅈ

ㅋ

ㅌ

ㅍ

옮긴이의 글

이 책의 지은이 에버하르트 베트게는 "어찌어찌하다가 그의 전기 작가가 되긴 했지만, 이는 꿈에도 생각하지 못했던 일이다"라고 했는데, 이는 이 책의 역자에게도 해당되는 말인 듯싶다. 신학도 시절, 디트리히 본회퍼의 『옥중서간』(유고집), 『나를 따르라』, 『신도의 공동생활』을 몇 차례 읽으면서 그의 신학사상과 생애에 흠뻑 매료되긴 했지만, 내가 그의 전기를 세 차례나 번역하는 것은 꿈에도 생각하지 못한 일이었다. 본회퍼를 전공한 신학자도 아니고, 그에 대해서 이렇다 할 논문이나 글을 써본 적도 없었기 때문이다.

본회퍼가 탄생한 지 100주년, 그가 서거한 지 61주년, 베트게의 이 책이 독일에서 출간된 지 30주년이 되던 2006년에 이 책의 축약판이나 다름없는 베트게의 『디트리히 본회퍼』를 번역하고, 이 일이 계기가 되어 2011년에 에릭 메택시스의 『디트리히 본회퍼: 목사, 순교자, 예언자, 스파이』를, 그 후 본회퍼 전기의 결정판이자 세밀한 서술과 방대한 분량을 자랑하는 이 책, 곧 베트게의 『디트리히 본회퍼: 신학자-그리스도인-동시대인』을 2년여 세월의 고투 끝에 완역하게 되었으니, 베트게의 말대로 "나를 본회퍼의 주위로 점점 더 가까이 잡아끈 것은……운명"이 아니었을까? 축약판을 번역할 때부터 이 책의 번역을 염두에 두었고, 출판사와도 그리 이야기했던 것으로 기억한다. 그러니까 전작 두 권은 이 책을 좀 더 알차게 번역할 수 있도록 든든한 밑거름과 소중한 지침의 역할을 했다고 하겠다.

스승과 제자의 길, 동무의 길, 동지의 길, 형제의 길을 걸으며 본회퍼의 운명적 동행이 된 베트게는 본회퍼의 생애를 "신학자-그리스도인-동시대인"으로 규정하고, 본회퍼의 생애가 이 세 가지를 이례적으로 아우른다고 말한다. 베트게의 안내를 따라 본회퍼의 생애에서 이루어진 전환과 행보를 간단하게 정리하면 다음과 같다.

본회퍼는 김나지움 상급학년 시절인 열네댓 살 무렵에 목사와 신학자가 되겠다는 바람을 품고 고수하여, 그 바람을 기어이 이루어 낸다. 자립에 대한 갈망, 1차 대전에서 벌어진 둘째 형의 전사, 뚜렷이 구별되는 자기실현의 욕구, 형제자매들보다 더 돋보이는 사람이 되려는 명예심이 그 계기가 되었다. 그는 대학생 시절인 1925년에 칼 바르트를 발견하고서 처음으로 결정적인 심화를 경험하고, 1927년 21세의 나이에 논문 「성도의 교제」로 박사 학위를 받았으며, 2년 뒤인 1929년에는 논문 「행위와 존재」로 대학교수 자격을 취득한다. 이는 "신학을 냉정하고 책임감 있게 공부"하고 오로지 신학에만 몰두하여 거둔 성과였다.

신학자 본회퍼는 1930년 9월 5일부터 1931년 6월까지 미국 유니온 신학교에서 연구 기간을 보내고, 귀국한 뒤인 1932년에 자신의 소명을 찾아낸다. "신학자는 그리스도인이기도 하다"는 마음자세를 확립하고, 언제나 어디서나 그리스도인으로 살고자 의식적으로 노력하는 것, 이것이 그가 찾아낸 소명이었다. 이때부터 1939년 전반기까지 그는 산상수훈과 그리스도교 평화주의를 바탕으로, 교회에 속한 사람으로서 그리스도의 제자가 되어 무시로 그리스도를 따르겠다는 바람을 품는다. 그리하여 목회와 대학교 강의 활동, 에큐메니칼 활동, 제3제국에 맞서 "벙어리처럼 말 못하는 이들을 위해 입을" 여는 교회투쟁, 핑켄발데 신학원 활동과 수련목회자 모임 활동 등을 펼치며 『나를 따르라』와 『신도의 공동생활』이라는 독보적인 책을 집필한다.

1939년 후반기에 신학자이자 그리스도인인 본회퍼는 자신이 살고 속해 있던 시민계급의 세계로 발걸음을 옮겨 동시대인이 된다. 그는 성(聖)과 속(俗)을 구별하는 이분법적이고 영역적인 사고의 극복이랄 수 있는 이 행보를 다음의 글귀로 뒷받침한다. "세상의 현실을 벗어난 진정한 그리스도인은 존재하지 않으며, 예수 그리스도의 현실을 벗어난 진정한 세상성도 존재하지 않는다." 그리스도교계에서 쌓은 그의 명성과 평판까지 희생할 것을 요구하고, 급기야 그의 운명까지 결정한 그 세계는 은폐와 위장, 익명생활과 이중생활을 요구하는 세계, 제3제국의 몰락과 히틀러 암살을 공모하는 정치적 지하활동의 세계였다. 그는 이 세계에서 죄책을 짊어지고 히틀러의 제3제국과는 전혀 다른 독일을 준비할 각오가 되어 있는 동지들과 함께한다. 방첩대 정보요원 신분으로 수차례의 외국 출장을 수행하는 틈틈이 『윤리학』을 집필하고, 테겔 형무소에 투옥되고 나서는 편지 형식으로 신학적 사고를 왕성하게 펼친다. 미완의 작품으로 남은 『윤리학』과, 옥중서신들을 정선하여 엮은 『저항과 복종』은 사후에 출간되어 신학계를 놀라게 하고, 본회퍼의 명성을 널리 퍼뜨린다.

나는 이 전기를 우리말로 옮기면서 예전에 몰랐던 사실을 하나둘 알아 가는 즐거움에 푹 빠졌고, 자신의 신학과 삶을 일치시키려는 본회퍼의 치열한 고투에 말로 다할 수 없는 감동을 받았으며, 그가 체포되는 장면과 심문받는 장면에서는 바짝 마음을 졸였다. 그리고 그가 형장의 이슬로 스러져 가는 대목에서는 너무 안타깝고 마음이 아파서 눈물짓고 울먹이기도 여러 차례 했다.

1906년 2월 4일 브레슬라우에서 8남매 가운데 여섯째로 태어나 유복하고 전통 있는 가문에서 행복한 유년기를 보낸 사람, 뛰어난 피아노 연주자로 형제들과 자주 협연하고 베트게와 함께 『후고 볼프 가곡집』을 발굴해 낼 만큼 음악을 사랑한 사람, 이십대 초반의 나이에 박사 학위와 대학교수 자격을 취득한 천재 신학자, 대학 강단(이론)과 목회 현장(실천)의 조화를 구현하기 위해 힘쓴 사람, 히틀러의 하수인이 되어 가던 독일교회에 맞서 싸운 교회 투쟁가이자 에큐메니칼 활동가, 전쟁에 몰두하는 히틀러 치하에서 평화를 입 밖에 낼 수 없는 상황임에도 평화를 힘차게 외친 평화주의자, 신앙의 영역과 정치 영역의 일치를 꾀하여 목사 신분으로 히틀러 암살 공모에 가담한 사람, 1943년 4월 5일에 체포되어 갖은 옥고를 치르다가 안타깝게도 히틀러가 항복을 선언하고 자살하기 보름 전인 1945년 4월 9일 어스름한 새벽에 39세의 나이로 교수형을 당한 사람, 수감생활 내내 그리스도의 대리 고난에 참여하며 "타자를 위한 존재"로 살았던 사람, 무엇보다도 『그리스도를 본받아』를 쓰고 신앙은 그리스도를 본받는 것이어야 함을 역설하며 그대로 살았던 행동가 디트리히 본회퍼.

안타깝게도 그는 형장의 이슬로 스러져 갔지만, 온갖 종류의 억압과 차별이 있는 곳, 전쟁을 부추기는 곳, 종교적 획일화가 획책되는 곳, 그리스도를 본받는 값비싼 제자의 길을 역설하지 않고 싸구려 은혜만을 팔아 자기 배를 불리는 종교 장사꾼이 있는 곳이면 어디서나 그의 삶과 신학은 되살아나, "그리스도를 따른다는 것은 무엇을 뜻하는가? 그리스도는 오늘 우리에게 어떤 분이신가?"를 진지하게 묻게 할 것이다.

끝으로 부족한 역자에게 디트리히 본회퍼의 생애를 차분하고 꾸준하게 공부할 수 있도록 길을 열어 주고, 수차례 반복된 번역 탈고 지연을 묵묵히 참아 주며 따뜻한 격려로 힘을 돋우어 준 복 있는 사람 출판사와 박종현 대표께 머리 숙여 감사를 드린다. 그리고 번역 원고를 꼼꼼히 읽고 미진한 부분을 지적하여 좀 더 어엿한 모습이 되게 해준 손성현 박사께 마음을 다해 감사드린다. 그동안 본회퍼의 삶과 신학을 널리 알리려는 열정으로 한국본회퍼학회를 형성하여 본회퍼의 작품들을 착착 출판해 내고 계신 본회퍼 연구자들께도 마음 깊이 감사를 드린다. 번역 도중에 복잡하고 난해한 대목을 만날 때마다 그 작품들을 참조할 수 있어서 더없이 든든했다. 마지막으로 번역 기간 내내 돌덩이처럼 딱딱하게 굳어져 가는 역자의 뒷덜미와 어깻죽지를 날마다 두드려 풀어 준 아내 미현에게 더없이 고마운 마음을 전한다.

2014년 여름, 여수 돌산 갈릴리 바닷가에서

김순현